RÉPERTOIRE GÉNÉRAL.

JOURNAL DU PALAIS.

RÉPERTOIRE GÉNÉRAL

CONTENANT

LA JURISPRUDENCE DE 1791 A 1845,

L'HISTOIRE DU DROIT,

LA LÉGISLATION ET LA DOCTRINE DES AUTEURS,

PAR

M. LEDRU-ROLLIN,

DOCTEUR EN DROIT, ANCIEN AVOCAT A LA COUR DE CASSATION ET AU CONSEIL D'ÉTAT,
MEMBRE DE LA CHAMBRE DES DÉPUTÉS.

PUBLIÉ PAR

M. F.-P. PATRIS,
Propriétaire du *Journal du Palais*.

TOME DEUXIÈME.

AS. — CAR.

PARIS,

AU BUREAU DU JOURNAL DU PALAIS,
rue des Grands-Augustins, 7.

1845.

JOURNAL DU PALAIS.

Le RÉPERTOIRE GÉNÉRAL DU JOURNAL DU PALAIS est publié sous la direction de **M. LEDRU-ROLLIN**, docteur en droit, ancien avocat à la Cour de Cassation et au Conseil d'Etat, membre de la Chambre des Députés ;

ASSISTÉ DE MM.

J.-A. LEVESQUE, docteur en droit, avocat à la Cour royale de Paris ;

F. NOBLET, avocat à la Cour royale de Paris ;

AM. BOULLANGER, avocat à la Cour royale de Paris ;

AD. BILLEQUIN, avocat à la Cour royale de Paris ;

TH. GELLE, ancien magistrat, avocat à la Cour royale de Paris ,

ET AVEC LA COLLABORATION DE

MM.

LIGNIER, avocat à la Cour royale de Paris ;

BERTIN, avocat à la Cour royale de Paris ;

D'AUVILLIERS , avocat à la Cour royale de Paris ;

BENOIT , avocat auteur du *Traité de la Dot, etc.*;

CH. ROYER, avocat à la Cour royale de Paris ;

DOMENGET, docteur en droit, avocat à la Cour royale de Paris ;

FABRE, ancien avocat avoué à la Cour royale de Paris ;

TIXIER DE LA CHAPELLE, docteur en droit, avocat à la Cour royale de Paris ;

RÉQUÉDAT, docteur en droit, avocat à la Cour royale de Paris ;

FAVÈRIE, avocat à la Cour royale de Paris ;

BARNOUVIN, avocat à la Cour royale de Paris ;

CAUCHOIS, avocat à la Cour royale de Paris ;

DUBRÉNA , avocat à la Cour royale de Paris ;

PEYRUSSE, avocat à la Cour royale de Paris ;

HECTOR LECONTE, avocat à la Cour royale de Paris :

RICHARD, avocat à la Cour royale de Paris ;

F. HOUSSET , docteur en droit, avocat à la cour royale de Paris;

MM.

GARNIER-DUBOURGNEUF, directeur des affaires civiles et du sceau au Ministère de la Justice ;

MEYNARD DE FRANC, substitut du procureur du Roi près le tribunal de la Seine ;

JOUAST, président du tribunal civil de Rennes ;

SOUËF, avocat général à la Cour royale de Montpellier ;

MONGIS, substitut du procureur du roi, près le tribunal de la Seine ;

SULPICY, procureur du roi à Coulommiers ;

MOURIER, substitut du procureur du roi à Coutances ;

CHEVILLOTTE, docteur en droit, substitut du procureur du roi à Philippeville (Algérie), ancien avocat à la Cour royale de Paris ;

CAPMAS, professeur-suppléant à la Faculté de droit de Toulouse.

MAILHER DE CHASSAT , ancien magistrat, avocat à la cour royale de Paris, auteur de différens ouvrages;

Et plusieurs autres magistrats et jurisconsultes.

PARIS. — IMPRIMERIE LANGE LÉVY ET COMP., RUE DU CROISSANT, 16.

JOURNAL DU PALAIS.

RÉPERTOIRE GÉNÉRAL.

ASSURANCE.

1. — C'est en général la convention par laquelle un individu (l'assureur) s'engage envers un autre (l'assuré), à l'indemniser des pertes ou dommages que certaines choses désignées pourront éprouver dans des circonstances et pendant un temps déterminés.

2. — Les risques de la navigation étant les plus fréquens et intéressant au plus haut point le commerce, ont donné la première idée du contrat d'assurance. — V. ASSURANCE MARITIME.

3. — Ce n'est que plus tard et vers la fin du dix-huitième siècle qu'on a pensé que toutes les choses mobilières ou immobilières qui sont dans le commerce, et même les choses incorporelles, telles que les actions ou les créances, pouvaient être l'objet d'une assurance. — V. ASSURANCE TERRESTRE.

4. — On a même reconnu que des choses qui ne sont pas dans le commerce pouvaient être assurées pourvu que leur utilité fût appréciable en argent, telles que la liberté ou la vie des personnes. Toutefois les assurances sur la vie sont soumises à quelques règles particulières.—V. ASSURANCE SUR LA VIE.

5. — Ordinairement, dans tout contrat d'assurance, l'assureur stipule pour prix du risque qu'il prend à sa charge une somme d'argent ou *prime* que l'assuré s'engage à lui payer, que les objets assurés subissent ou non quelque dommage. L'assurance est alors appelée *assurance à prime*.

6. — Cependant il existe un autre mode d'assurance par lequel plusieurs personnes exposées aux mêmes risques s'associent pour se garantir réciproquement ces risques : c'est l'*assurance mutuelle*. — Dans ce cas chaque associé, étant en même temps assureur, n'est soumis au paiement d'aucune prime; il doit seulement contribuer, en proportion de la valeur de la chose, à la réparation des sinistres éprouvés par les autres assurés. — V. ASSURANCE MUTUELLE.

V. DOUBLE ÉCRIT.

ASSURANCE MARITIME.

Table alphabétique.

Abordage, 205 s., 270.
Action, 944, 1025, 1088 s., 1203 s. — correctionnelle, 443, 147, 287.—(cumul), 744 s., 969, 1034, 1075 s. — d'avarie, 736, 1072 s. 1467 s.
Agent de compagnie, 514.
Agrés et apparaux, 8, 728 s.
Acquiescement, 1163.
Aller, 15, 312-316, 1033.— et retour, 309 s., 1033.
Armateur, 279 s., 288, 1091.
Arrérage (droit), 296.
Animaux, 252.
Arbitrage, 425, 562 s.

Armement, 8.
Arrêt de prince, 230-225, 749, 898-907, 933.
Arrimage, 272 s., 639, 1157 s.
Arrivée, 427. — heureuse, 427.
Assurance antérieure, 938 s., 972, 980 s. — à prorata, 484. — à temps limité, 420, 317 s., 937 s. — conjointe, 533. — distinctes, 62, 533. — illimitée, 4082.— *in quovis*, 889, 573 s. — partielle, 8, 533. —pour compte, 465, 492-513 s., 614 s., 632, 983.
Attestation, 645 s.

Authenticité, 451.
Autorité administrative, 805. — judiciaire, 805.
Avances, 809, 1090. — à l'équipage, 1001 s.
Avaries, 63, 649-659, 753, 770, 777, 1087, 1127, 1156.—(action d'), 1029, 4032, 1068, 1072 s., 1098, 1203. — (réglement d'), 719, 1125.— communes, 4094, 4126, 1432 s., 1490. — par séries, 1128. — particulières, 1190, 1204.
Avenant, 448 s., 470.
Avis, 577, 687 s., 758 s., 963 s., 1043.
Baraterie de patron, 33, 257, 261-265, 277 s., 282 s., 298, 890, 912.
Bateau à vapeur, 804, 820.
Billet de grosse, 26, 29, 604, 631.— de prime, 399, 455.
Blanc, 465 s.
Blocus, 282 s.
Bris, 786 s.
Cabotage, 828. — (petit), 99.
Capitaine, 261 s., 281, 286 s., 292 s., 535 s., 643 s., 691 s., 702, 765, 805, 842, 855, 858, 880-884, 889, 1009 s., 1074, 1091, 1094.— changé, 838 s.
Cargaison, 13 s.
Cas fortuit, 95, 194, 277, 1011.
Cassation, 468, 245, 314, 425, 624, 628, 739, 806, 855, 862, 878, 919, 1080, 1082, 1113.
Caution, 634, 636, 740, 936, 1018, 1024.
Cautionnement, 38, 68.
Certificat de visite, 247, 782 s., 834, 887 s., 894 s., 935, 1017.
Chaloupe, 11.
Chambre du commerce, 967.
Chancelier de consulat, 440.
Chargement, 9-13, 17, 21, 469 s., 334, 368-369, 572, 569, 615, 617, 640 s., 879, 953, 962 — (évaluation du), 703 s. — (lieu du), 541 s. — (preuve du), 663 s., 673 s., 1004, 1083. — (temps du), 679 s. s., 1007, 1078 s.
Clause compromissoire, 423, 562 s. — *taille ou non taille*, 745 s. — *que dit être*, 678, 1008.

Colonies, 699.
Commissionnaire, 68, 449 s., 451, 257, 492 s., 498-805, 509, 513, 1027, 1169.
Compagnie d'assurance, 514.
Compensation, 742, 1039.
Consignation, 742, 1039.
Compétence, 805 s., 1202 s. — administrative, 805 s., 1203.
Composition, 761 s.
Compte, 1062. — courant, 1168.
Connaissement, 584, 668 s., 677-701, 1005 s.
Confiscation, 904.
Congé, 690.
Consignation, 259.
Consul, 847, 859 s.
Consulat, 296, 651, 759, 802, 1016.
Contrainte par corps, 809.
Contrebande, 57-60, 286, 258, 268, 608 s., 901.
Contribution, 4098, 1404, 1106, 1132 s.
Corps, 11, 16, 19 s., 879, 1133 s., 1179, — et facultés, 18, 1044.—et quille, 9.
Correspondance, 682 s.
Corsaire, 998, 1056.
Coulage, 249 s.
Courtage, 250 s., 1151.
Courtier, 440-446, 464 s., 500.
Créancier, 545.
Date, 476-481, 185, 457 s., 1043.
Décès, 55 s., 252.
Déchéance, 937-959, 966, 977, 1025 s.
Déclaration, 842, 967 s.
Découvert, 996, 1042, 4178, 4026, 1057 s., 1088, 1174.
Délaissement, 291, 736, 743, 1192.—conditionnel, 999.— (action du), 1167, 1203. (forme du), 963 s. — partiel, 990-995.
Demande nouvelle, 804, 1020, 1201 s.
Demi pour cent, 106 s., 472 s., 488, 368, 385-387.
Départ, 544, 590-598, 910.
Déplacemens, 69, 780, 1129.
Déroutement, 28, 345, 842 s., 354.
Désarmement, 299.

Désignation, 385. — des objets, 849.
Destination, 546 s., 547.
Détérioration, 242-244, 889, 892, 914 s.
Diffamation, 297.
Différence du vieux au neuf, 1430 s., 1442 s.
Diligences, 910.
Dissimulation, 1041.
Dol, 142, 148, 158-164, 168, 256, 258, 587, 671, 708, 1169.
Domicile, 486.
Dommages, 193, 752.
Dommages - intérêts, 459, 639, 897, 964 s., 1162 s.
Donation, 393.
Dons, 1113.
Double écrit, 449, 452 s.
Drogueries, 305.
Droit de vente, 1151.
Échelle, 13, 341-344, 348-351, 552, 382, 619-621, 997, 1049.
Échelles du Levant, 572.
Échouement, 204, 267, 749, 786 s.
Écriture, 434-433.
Enregistrement, 450.
Erreur, 157, 524, 1036, 1062, 1102, 1104. commune, 623.
Escale, 353, 372, 1049.
Escorte, 302, 328, 527.
Estimation, 45, 154 s., 169, 548, 707 s., 1004.
Étranger, 4 s., 66 606, 700. — (pays), 59, 814, 547, 858 s., 864, 878, 903, 4096 s.
Éventualité, 7.
Exagération, 453, 162-167, 706, 712.
Exécution, 89.
Exceptions, 481, 510 s., 1066, 1165.
Expédition, 362, 368, 620.
Expertise, 174, 824, 863 s., 1183 s., 1206.—(requête), 1186-1189, 1493.
Factures, 680 s 747.
Facultés, 9-20, 96, 879, 885 s., 894, 1009, 1044, 1068, 1169.
Faillite, 179 s., 634 s., 666, 740 s.
Fait, 255-260. — d'autrui, 1012 — personnel, 256.
Fausse déclaration, 588 s., 604.
Faux incident, 1007.
Faute, 255, 260, 266, 281, 292.

Fin de non-recevoir, 442, 1472 s.
Formalités omises, 290.
Fortunes de mers, 194 s., 846 s., 1012.
Force majeure, 95 s., 210 s., 277, 750, 1011.
Frais, 747, 862 s., 916-s., 1125-1129, 1446 s., 1448.
Franchise, 1124. — d'avaries, 194, 251, 322, 891, 926, 1416-1421, 1423, 1128, 1131, 1153.—partielle, 1419 s., 1428.
Fraude, 434, 434 s., 441, 147-149, 154-162, 168, 488, 258, 288, 297, 557, 674, 708, 985 s.
Fret, 81 s., 747, 882, 1045-1050, 1432 s. — (es-péré), 89.
Gabarre, 93, 388.
Gens de l'équipage, 261, 698, 702.
Guerre, 224-226, 276, 308, 400 s., 610-613, 903.
Historique, 2 s., 824 s.
Incendie, 215-224, 209, 904.
Indemnité, 98 s., 106 s., 444.
Indivisibilité, 49 s.
Indivision, 22.
Innavigabilité, 291, 749, 800 s., 816 s., 953, 954.— (déclaration d'), 846 s.— relative, 870 s., 877. — (preuve), 1045 s.
Intérêt, 814, 1061, 1086, 1130.
Interdiction de commerce, 359, 905.
Interprétation, 569-574, 711, Jet, 243 s., 643, 1104-1108.
Jour férié, 1474.
Juges, 1113.
Jugement définitif, 1023.
Lamanage, 239, 275.
Lettre de change, 773. — missive, 768.
Liberté personnelle, 48 s., 52.
Livres, 747. — de bord, 645, 861.
Loi étrangère, 878.
Loyer de l'équipage, 78-80, 884, 4032 s.
Magasinage, 882.
Mandat, 493 s., 508.
Marchandises, 24, 79, 709 s. 779 s. — assorties, 1159. —assurées, 1199.— (désignation des), 575.—

ASSURANCE MARITIME. — 1. — C'est un contrat par lequel un individu s'engage envers un autre à répondre, moyennant une somme déterminée, des risques de la navigation auxquels sont exposés certains objets désignés.

2. — Le contrat d'assurance maritime ne fut connu ni des Grecs ni des Romains ; on n'en trouve même aucune trace dans les recueils d'usages et dans les statuts antérieurs au treizième siècle, tels que le *Consulat de la mer*, les *Rôles d'Oléron* et la compilation de *Wisbuy*. Les premiers monumens qui en fassent mention datent du commencement du quatorzième siècle.

3. — L'idée du contrat d'assurance maritime dut, pour ainsi dire, sortir du contrat à la grosse qui en contenait virtuellement les principes.—Straccha, cap. 53, glos. 45, *De assecurationibus.*

4.—En matière d'assurance, les bâtimens étrangers armés et chargés dans un port de France sont soumis aux lois et réglemens français. — Cass., 25 mars 1806, John Ellery c. assureurs du navire la *Bonne Aventure* ; — Merlin, *Rép.*, v° *Police*, n° 48 ; Alauzet, *Dr. général des assurances*, t. 1er, p. 364.

5.—Mais, si le contrat avait été passé en pays étranger, et conformément aux lois de ce pays, le Français actionné, même en France, par un Français, ne serait pas admis à invoquer les dispositions de la loi française, et serait tenu d'exécuter le contrat, soit comme assureur, soit comme assuré.— *Trib. de comm. du Havre*, 15 mai 1843 ; — Alauzet, t. 1er, p. 363 ; Delvincourt, t. 3, p. 345; Emérigon, chap. 4, sect. 3e.

CHAPITRE 1re. — *Quelles choses peuvent être assurées.*

6. — En règle générale, on peut faire assurer tout ce qui, étant susceptible de devenir l'objet d'une transaction commerciale, est sujet aux risques de la navigation (C. comm. art. 334), et court le danger de périr, en tout ou se détériorer en tout ou en partie, par des accidens maritimes.— Pardessus, *Dr. comm.*, 1. 3, n°758.

7. — Toutefois, le but licite de l'assurance étant d'épargner une perte à l'assuré dans le cas de sinistre, et non de lui procurer un bénéfice, on ne peut faire assurer que ce que l'on court risque de perdre, et rien de plus.— Pothier, *Des assurances*, n° 31. — La crainte des abus, celle surtout de voir convertir l'assurance en gageure, ne permettent pas qu'on puisse faire assurer des produits purement éventuels. Le contrat d'assurance diffère en cela du contrat de vente.— Pardessus, *Dr. comm.*, n° 589, 4° ; Goujet et Merger, *Dict. de Dr. comm.*, v° *Assurance maritime*, n° 43.

8. — L'assurance peut avoir pour objet le corps et quille du vaisseau, vide ou chargé, armé ou non armé, seul ou accompagné, les agrès et apparaux ; les armemens, les victuailles ; les sommes prêtées à la grosse ; les marchandises du chargement, et généralement toutes autres choses ou valeurs estimables à prix d'argent (C. comm., art. 334).—L'assurance peut être faite sur le tout ou sur une partie desdits objets, conjointement ou séparément. (C. comm., art. 835.)

9.—L'art. 18 (liv. 3, tit. 6) de l'ord. 1681 voulait que l'assurance *sur facultés* ne comprît que les neuf dixièmes du chargement, et que l'assuré courût le risque de l'autre dixième, à moins de stipulation contraire, d'après l'art. 19, lorsque les assurés étaient sur le navire ou qu'ils en étaient propriétaires. — Mais le Code n'a pas maintenu cette disposition.— Dageville, t. 3, p. 428 ; Locré, sur l'art. 335 ; Boulay-Paty, t. 3, p. 392.

10.—Ainsi jugé qu'il n'y a plus lieu aujourd'hui, lorsque l'assurance porte expressément sur la totalité du navire et de son chargement, de faire la déduction du dixième des valeurs assurées sur le prix de l'assurance, quoique l'assuré soit propriétaire du navire. — *Cass.*, 19 mai 1624, assureurs des navires le *Cyrus* et le *Gange* c. Debacque.

11. — L'assurance sur un navire, sans aucune restriction, embrasse dans sa généralité tout ce qui concerne le bâtiment ; ainsi, en pareil cas, le contrat comprend le corps, les agrès, même les victuailles et armemens, si on ne les a pas exceptés, ainsi que les objets du même genre qui pourraient y être substitués pendant le voyage.— Boulay-Paty, t. 3, p. 379; Lemonnier, *Comment. sur les princip. polices d'assur. marit.*, t. 1er, p. 21. — La chaloupe même se trouve comprise dans l'assurance dont l'objet est exprimé par le mot *navire*, parce qu'elle *quille ou corps*, pour qu'on soit présumé n'avoir voulu faire aucune restriction.— Pardessus, t. 3, n° 758.

12. — Les différens objets dont nous venons de parler, considérés comme autant de corps distincts, pourraient être assurés séparément et limitativement ; mais ce mode d'assurance, assez rare, ne se présume jamais. — Pardessus, t. 3, n° 758.

13. — L'assurance *sur facultés* comprend toutes les marchandises chargées sur le navire, sans qu'il soit besoin d'en spécifier la quantité ou la qualité. — *Guidon de la mer*, chap. 2, art. 3 ; Boulay-Paty, t. 3, p. 380. — Il en est de même de l'assurance *sur chargement et sur cargaison* ; ce sont des expressions génériques, qui comprennent tout ce qu'il a été chargé sur le navire, sans que le détail des objets assurés soit nécessaire.— Pardessus, t. 3, n° 759.

14. — L'assurance de la cargaison embrasse non seulement l'argent et les bijoux, dont il y a connaissement ou factures, mais même les *pacotilles*, ou portions de marchandises qui peuvent appartenir à chacun des assurés indépendamment de sa part dans le chargement principal. — Emérigon, t. 1er, p. 303 ; Dageville, t. 3, p. 409. — Mais l'assurance des pacotilles ne s'appliquerait pas aux droits de l'assuré dans une part quelconque du chargement. — Boulay-Paty, t. 3, p. 381 ; Pardessus, t. 3, n°759.

15. — L'assurance *sur facultés* ne comprend les marchandises chargées dans le cours du voyage qu'autant que la police contient la clause de *faire échelle*, c'est-à-dire la permission de décharger dans des ports intermédiaires, désignés ou non, tout ou partie des marchandises et de les remplacer par d'autres. Si l'assurance n'a été faite que pour l'aller, elle ne porte point sur les marchandises que l'assuré aurait achetées au lieu de la destination ou pendant la traversée du retour. — Pardessus, t. 3, n° 760; Delvincourt, *Inst. de droit comm.*, t. 2, p. 381 ; Goujet et Merger, *Assurance maritime*, nos 18 et 49.

16. — Les parties ont une entière latitude pour faire assurer, comme elles l'entendent, les choses qui leur appartiennent ; mais il est de la plus haute importance pour elles de bien spécifier les objets sur lesquels doit porter le contrat d'assurance. L'assurance des uns n'influe nullement sur les autres ; l'assurance *sur corps* ne s'étend point

aux marchandises, et l'assurance sur *facultés* ne s'étend point au navire. — Boulay-Paty, t. 3, p. 380; Dageville, t. 3, p. 104.

17. — Ainsi, l'assurance faite sur le navire ne comprend pas le chargement, alors même qu'il appartiendrait à l'assuré, à moins que l'on ne puisse induire des circonstances et des termes du contrat que les parties avaient l'intention de tout comprendre dans une seule et même assurance. — Pardessus, t. 3, n° 759.

18. — Quand les parties veulent exprimer cette intention, elles déclarent dans la police que l'assurance est faite sur *corps et facultés*. Dans ce cas, il importe de distinguer si l'assurance est faite *séparément* ou *conjointement* : elle est faite séparément lorsqu'on a spécifié la somme qui s'applique sur le corps et celle qui s'applique sur les facultés; elle est faite conjointement lorsque la somme assurée porte indistinctement sur le navire et la cargaison. — Dans ce dernier cas, l'assurance est répartie par moitié sur le navire et le chargement. — Locré, sur l'art. 334; Pardessus, t. 3, n° 761; Boulay-Paty, t. 3, p. 379; Alauzet, t. 1er, p. 468.

19. — Une assurance sur corps et une assurance sur facultés faites dans une seule police et pour le même voyage, ne sont pas indivisibles; dès-lors, la cause qui fait annuler l'une ne doit pas nécessairement faire annuler l'autre. — *Bordeaux*, 23 janv. 1826, Ducasson et Barateau c. comp. d'assurances générales.

20. — L'assurance peut encore être faite, d'une manière alternative, *soit sur corps, soit sur facultés*; elle porte alors simultanément sur ce qui appartenait à l'assuré dans l'un et l'autre objet. — Pardessus, t. 3, n° 760; Alauzet, t. 1er, p. 171.

21. — Lorsqu'on a spécialement désigné dans la police les marchandises qu'on a voulu faire assurer, l'assurance ne s'étend point aux marchandises du chargement, autres ou en plus grande quantité, qui appartiennent à l'assuré, mais qui ne peuvent, par leur nature, espèce, qualité ou quantité, être comprises dans la désignation de la police. — Pardessus, t. 3, nos 759 et 760.

22. — L'assurance indéfinie des marchandises de l'assuré comprend non-seulement celles qui sont sa propriété exclusive, mais encore celles qui ne lui appartiennent que pour partie. Les assureurs seraient non recevables à soutenir que l'assurance n'est valable que pour la portion d'intérêts appartenant à l'assuré : *Quia*, dit Valin, *et quod commune nostrum esse dicitur*, ce qui nous est commun est notre propriété. — Boulay-Paty, t. 3, p. 386; Goujet et Merger, v° *Assurances maritimes*, n° 67.

23. — On peut faire assurer des marchandises chargées sur plusieurs navires dénommés; il est important alors de s'expliquer de manière qu'on reconnaisse si l'assurance a été faite divisément ou conjointement. — Pardessus, n° 807.

24. — Le prêteur à la grosse peut faire assurer le capital qu'il a prêté, puisqu'il est chargé des risques par le contrat. (C. comm., art. 334.) — Mais si l'assurance était souscrite par l'emprunteur lui-même, la convention serait nulle, comme renfermant une usure déguisée; le prêteur se trouverait, en effet, déchargé des risques moyennant une prime ordinairement inférieure au profit maritime; la stipulation de l'excédant de ce profit n'aurait donc plus de cause, et le contrat à la grosse serait ainsi vicié dans son essence. — Émérigon, t. 1er, p. 243; Pardessus, t. 3, n° 762.

25. — Si le navire sur lequel l'emprunteur n'a rien chargé venait à périr, l'assureur n'est tenu à rien envers le prêteur, parce que l'aliment de l'assurance n'a pas été exposé aux risques. — Boulay-Paty, t. 3, p. 494.

26. — On ne peut réputer nuls à l'égard des assureurs des billets de grosse sur lesquels il a été fait une assurance, en ce qu'ils ont été souscrits par un capitaine non propriétaire du navire, sans l'observation des formalités prescrites par l'art. 234, C. comm., et en ce que la totalité des deniers prêtés n'avaient pas été réellement employée au voyage projeté et entrepris par les assureurs. — *Aix*, 8 déc. 1820, Crozet et Bargmann.

27. — L'assurance prise sur argent prêté à la grosse est nulle pour défaut d'aliment, si elle précède la création du contrat à la grosse. — *Trib. comm. de Marseille*, 2 fév. 1825, Mathy (*J. de Marseille*, 7, 1, 87).

28. — Un contrat à la grosse devenu exigible par le déroutement du navire, ne peut pas servir d'aliment à une assurance. — *Trib. comm. de Marseille*, 29 déc. 1820, Gras (*J. de Marseille*, 8, 1, 125).

29. — L'assurance faite sur argent prêté à la grosse est nulle lorsqu'il n'y a pas de concordance entre le billet de grosse et la police d'assurance; par exemple, lorsque le billet porte affectation sur marchandises et victuailles, tandis que la police porte sur avictuaillement et autres affectations. — *Trib. comm. de Marseille*, 9 oct. 1829, Mazzitelli (*J. de Marseille*, 1, 11, 457).

30. — L'assuré peut faire assurer le coût de l'assurance (C. comm., art. 342), c'est-à-dire stipuler d'un tiers que celui-ci paiera, moyennant une prime convenue, à son lieu et place, la somme due à l'assureur en cas d'arrivée du navire à bon port.

31. — L'assureur peut faire réassurer par d'autres les effets qu'il a assurés. — C. comm., art. 342. — Par le nouveau contrat, il se décharge sur un tiers des risques dont il s'était chargé, mais il continue cependant à être responsable à l'égard de l'assuré primitif.

32. — La prime de réassurance peut être moindre ou plus forte que celle de l'assurance. — C. comm. art. 342. — Cela dépend des circonstances dans lesquelles se fait la réassurance; si, par exemple, un navire éprouve un retard extraordinaire, il est facile de concevoir que la prime de réassurance devra être calculée en conséquence.

33. — De même, les conditions de la réassurance peuvent ne pas être les mêmes que celles de l'assurance. Ainsi le réassuré peut affranchir le réassureur d'une partie des risques de mer ou de toutes les avaries qu'il aurait garanties lui-même; il peut également l'affranchir de la baraterie de patron, quoique lui-même il s'en fût chargé. — Dageville, t. 3, p. 167.

34. — L'assureur ne saurait faire assurer la prime qui lui a été promise dans le cas d'heureuse arrivée du navire; car cette prime n'est pas pour lui une perte qu'il court risque de subir si le navire vient à périr. C'est un gain qu'il manque de faire, un profit espéré qu'il ne réalise pas. — Pothier, n° 35; Boulay-Paty, t. 3, p. 256; Valin, *Comment.* sur l'art. 20, liv. 3, tit. 6, ord. 1681. — V. *contrà* Émérigon, chap. 8, sect. 14; Delvincourt, t. 2, p. 350.

35. — Si le réassureur s'était obligé à rembourser la perte ou les avaries sur la simple représentation des quittances qui auront été fournies au réassuré par l'assuré primitif, cette clause serait valable, et elle devrait être exécutée, si toutefois l'assureur réassuré avait payé de bonne foi, et s'il n'y avait ni dol ni fraude. — Dageville, t. 3, p. 167.

36. — L'assureur qui se fait réassurer est soumis envers son réassureur aux mêmes règles et déchéances que l'assuré primitif. — Dageville, t. 3, p. 178.

37. — En cas d'insolvabilité du premier assureur, l'assuré a-t-il action directe contre le réassureur, et par conséquent privilége sur la somme provenant de la réassurance? Non, la réassurance est un contrat nouveau, complétement étranger au contrat d'assurance primitif; elle ne saurait donc attribuer à l'assuré aucun droit nouveau; c'est pour lui *res inter alios acta*. — L'assuré ne peut donc agir contre le réassureur que comme exerçant les droits du réassuré son débiteur. — Émérigon, t. 1er, p. 252; Boulay-Paty, t. 3, p. 430; Dageville, t. 3, p. 166; Delvincourt, t. 2, p. 338; Locré, sur l'art. 342.

38. — Il en serait autrement si l'assureur avait stipulé du réassureur qu'il paierait à son acquit la perte au premier assuré, et si celui-ci avait accepté. Le contrat de réassurance contiendrait alors une novation ou un cautionnement; une novation, si le premier assuré avait déchargé son assureur; un cautionnement, si le premier assureur demeurait obligé et que le réassureur ne fût que son garant. — Locré, sur l'art. 342; Boulay-Paty, t. 3, p. 430.

39. — La réassurance peut-elle comprendre la prime et les primes des primes? — Oui, il peut en résulter un bénéfice pour le réassuré en cas de perte; mais aussi il court le risque, en cas d'heureuse arrivée, de payer une plus forte prime que celle qu'il reçoit. — Il peut aussi, comme tout assuré en a le droit, se faire couvrir à tout événement d'une manière entière en faisant assurer les primes des primes que lui aura coûtées la réassurance. — Émérigon, t. 1er, p. 253; Dageville, t. 3, p. 172; Delvincourt, t. 2, p. 337; Pardessus, t. 3, n° 790. — V. *contrà* Valin sur l'art. 20, ord. 1681; Pothier, n° 35; Boulay-Paty, t. 3, p. 431; Estrangin, sur le n° 35 de Pothier; Lemonnier, t. 1er, p. 121. — La prime étant acquise à l'assureur quel que soit l'événement, il n'y a aucun risque à courir pour lui. D'ailleurs, l'art. 342 ne permet de faire réassurer que les *effets assurés*; ce qui exclut la prime, dont l'assurance serait en réalité celle d'un profit espéré, défendue par l'art. 347.

40. — Il peut également faire assurer le coût de l'assurance (C. comm., art. 342) en cas de perte. Car alors, comme il ne recouvre que la somme assurée et qu'il n'est indemnisé par rien du paiement de la prime, il y a pour lui chance de perte. La prime, d'ailleurs, fait partie des frais de la chose, elle en augmente la valeur; il y a donc double motif pour que l'assurance en soit possible et légitime. — Pardessus, t. 3, n° 763. — La prime promise au second assureur s'appelle *prime de prime*.

41. — L'assuré peut encore faire assurer la prime de la prime promise par le second contrat, et ainsi de suite à l'infini. Il se forme autant de contrats distincts qu'il y a d'assurances successives.

42. — A la différence de l'assurance de la prime à payer en cas d'heureuse arrivée, qui ne peut être stipulée qu'avec un tiers, l'assurance de la prime à payer en cas de perte peut se faire avec l'assureur lui-même. Alors l'assuré peut faire avec son assureur une seule convention qui remplace toutes les conventions isolées qu'il pourrait valablement faire avec des tiers. C'est ce qui se pratique dans l'usage. — L'assuré fait assurer la prime et la prime des primes à l'infini par la même personne qui a déjà assuré le capital, de sorte qu'en cas de sinistre, l'assureur est tenu de lui rendre son capital entier, sans déduction d'aucune prime. L'opération à faire pour savoir quelle est la somme à payer pour la prime d'un capital donné et pour la prime des primes à l'infini, consiste à multiplier ce capital par le taux de l'assurance et à diviser le produit par la différence de 100 à ce même taux. — Pardessus, t. 3, n° 790; Dageville, t. 3, p. 130; Boulay-Paty, t. 3, p. 437; Locré, sur l'art. 342; Lemonnier, t. 1er, p. 116.

43. — L'assurance de la prime et de la prime des primes ne se présume pas; elle doit être constatée dans la police, cependant elle peut s'induire de certains termes usités pour l'exprimer, par exemple, de la stipulation que la prime ne sera payable *qu'en cas d'heureuse arrivée*. — Pardessus, t. 3, n° 790; Boulay-Paty, t. 3, p. 439.

44. — Il y a des polices dans lesquelles les assureurs disent aux assurés : *Nous vous permettons de vous faire assurer en entier la prime et la prime de la prime*. L'usage attribue à ces expressions le même effet que si les assureurs avaient dit qu'ils assuraient eux-mêmes la prime et la prime de la prime. — Valin, sur l'art. 20, liv. 3, tit. 6, ord. 1681; Pardessus, t. 3, n° 790; Boulay-Paty, t. 3, p. 438; Delvincourt, t. 2, p. 339.

45. — Il est de l'essence du contrat d'assurance que la chose qui en fait l'objet soit estimable à prix d'argent.

46. — Ainsi on ne peut pas, en matière d'assurances maritimes, faire assurer la vie humaine. — Pothier, n° 27. — L'art. 10, liv. 3, tit. 6, ordonn. 1681, portait : « Défendons de faire aucune assu- » rance sur la vie des personnes. » Quoique le Code n'ait pas reproduit cette prohibition, ces mots *choses ou valeurs estimables à prix d'argent*, suffisent pour suppléer la disposition de l'ordonnance. Le discours de l'orateur du gouvernement ne peut laisser aucun doute à cet égard. — « Nous avons dit à l'art. 145 (du projet de loi), disait le conseiller d'état Bégouen, que toutes les valeurs estimables à prix d'argent et sujettes aux risques de la navigation peuvent former un sujet d'assurances. Cette rédaction nous a paru répondre avec une plus grande exactitude à l'esprit des art. 9 et 10, ord. 1681, qui permettent d'assurer la vie des hommes et qui défendent d'assurer sur leur vie. La liberté est estimable à prix d'argent; la vie de l'homme ne l'est pas. Cependant il y a une exception à ce second principe : la vie des esclaves de Guinée est estimable à prix d'argent, quoique ce soient des hommes, car l'application qu'on leur a fait de la jurisprudence romaine n'est pas allée jusqu'à leur refuser cette qualité. L'ordonnance, en défendant en général l'assurance sur la vie des hommes, paraissait ou supposer que les nègres ne l'étaient pas, ou proscrire l'assurance sur la vie. La rédaction du projet écarte toute équivoque. » — Locré, sur l'art. 334. — Sans doute les assurances sur la vie sont autorisées aujourd'hui par le gouvernement; mais elles constituent une branche d'assurances à part, soumises à des règles spéciales; la vie du marin peut être assurée comme celle de toute autre personne; mais une pareille assurance ne pourra être l'objet d'un contrat d'assurance maritime. — Boulay-Paty, t. 3, p. 366; Dageville, t. 3, p. 121; Laporte, sur l'art. 334.

47. — Sous l'empire de l'ordonnance, les nègres, dont le commerce était alors toléré, pouvaient être l'objet d'une assurance, comme toute autre espèce de marchandises ou de meubles, auxquels l'art. 44 du Code noir les avait assimilés; mais aujourd'hui que la traite est abolie, une assurance des nègres destinés à être vendus serait radicalement nulle; appliquée à un trafic prohibé par la morale et la loi, elle ne pourrait produire aucun effet. — Dageville, t. 3, p. 125. — Mais les esclaves étant dans quelques colonies, aujourd'hui encore comme sous l'ord. de 1681, une propriété appréciable à prix d'argent pour leurs maîtres, ceux-ci pourraient assurer la vie d'esclaves dont ils n'auraient pas la pensée de faire un objet de trafic, mais qu'ils feraient transporter d'un point à un autre de la colonie.

48. — Mais on peut faire assurer *la liberté des personnes*, c'est-à-dire *le prix du rachat*, en cas de prise par les pirates. L'ordonnance contenait une disposition formelle à cet égard, art. 9, au titre *Des assurances*.

49. — Faut-il que la somme promise pour la rançon soit fixée dans la police? — Oui, suivant Dageville (t. 3, p. 128), qui ne considère l'assurance comme praticable qu'à cette condition, et qui ne voit pas le moyen de régler les prétentions de l'assuré, si celles du capteur étaient exorbitantes. — Mais telle n'est pas l'opinion commune; on admet généralement qu'il est loisible aux parties, ou de fixer une somme déterminée pour être employée au rachat de la personne assurée, ou bien de stipuler que l'assureur sera tenu de lui procurer la liberté, sans spécifier aucune somme. — Pothier, no 174; Émérigon, t. 1er, p. 202; Boulay-Paty, t. 3, p. 371; Delvincourt, t. 2, p. 332.

50. — Dans le cas où aucune somme n'a été spécifiée, si la rançon demandée était exorbitante, Pothier (no 175) pense que l'assureur ne serait tenu de donner que la somme à laquelle il a pu prévoir que pourrait monter au plus haut prix la rançon de l'assuré, eu égard à sa qualité. — Mais il est plus conforme à la nature du contrat d'assurance de décider, en pareil cas, que l'assureur doit supporter toute l'étendue du risque auquel il s'est soumis. — Émérigon, t. 1er, p. 208; Boulay-Paty, t. 3, p. 373.

51. — Si la personne assurée, après avoir été faite prisonnière, vient à s'échapper ou à être reprise avant le rachat, il faut distinguer :

Si une somme déterminée a été convenue pour la rançon, l'assureur est tenu de la payer, parce que la condition, qui ne consiste qu'en un événement ou en un fait, dès qu'elle est une fois accomplie, se trouve accomplie pour toujours. — Émérigon, t. 2, p. 203; Pothier, nos 171 et 174; Boulay-Paty, t. 3, p. 371; Dageville, t. 3, p. 124. — V. *contrà* Delvincourt, t. 2, p. 332. — Suivant ce dernier auteur, la somme promise n'est due qu'autant que le rachat a eu effectivement lieu; sans cela, l'assurance procurerait à l'assuré un bénéfice certain. — Il n'y a aucune analogie à établir entre ce cas et celui de la prise d'un navire qui vient à être relâché plus tard (art. 385), parce que l'assuré ne peut réclamer de l'assureur la somme assurée qu'en faisant le délaissement du navire assuré, et que, dans l'espèce, le délaissement de la personne assurée est impossible.

Si l'assurance a été faite *sans spécification d'aucune somme*, l'obligation de l'assureur se trouve éteinte, puisque l'exécution du fait qu'elle avait pour objet est devenue impossible par le résultat des circonstances. — Pothier, no 174; Émérigon, t. 1er, p. 103; Boulay-Paty, t. 3, p. 372; Delvincourt, t. 2, p. 333. — A moins toutefois que l'assureur n'ait été mis en demeure de satisfaire à son obligation avant l'évasion. — Pothier, *loc. cit.*

52. — Si la liberté a été assurée *sans spécification d'aucune somme*, et que l'assureur soit dans l'impossibilité de racheter le captif, ou parce qu'on ignore l'endroit où il a été conduit, ou parce que les capteurs ne veulent pas le rendre, ou parce qu'il est mort, l'assureur est alors libéré de toute obligation; il y a, en effet, impossibilité d'exécuter le contrat, et, l'obligation du rachat étant personnelle à l'assuré, l'action qui naît de cette obligation n'est pas transmissible à ses ayant-cause, à moins que l'assureur n'ait été mis en demeure de remplir son engagement avant la mort du captif. — Pothier, no 174; Émérigon, t. 1er, p. 203; Boulay-Paty, t. 3, p. 371.

53. — Dans ces divers cas, où l'exécution du contrat est impossible, l'assureur est-il obligé de restituer la prime? — Oui, si la prime avait été payée à la condition que l'assuré, au cas qu'il fût fait esclave, serait racheté; non, si elle avait été acquittée purement et simplement sans condition spéciale. — Émérigon, t. 1er, p. 203; Boulay-Paty, t. 3, p. 371.

54. — L'assuré qui a touché le prix convenu pour son rachat peut ne pas l'employer à payer sa rançon, s'il a l'espérance de recouvrer sa liberté de toute autre manière. — Dageville, t. 3, p. 124.

55. — Si la personne assurée meurt en captivité, la somme qui a été stipulée dans la police pour sa rançon appartient à ses héritiers. — Pothier, no 174.

56. — « Pourront, ceux qui rachèteront les captifs, faire assurer sur les personnes qu'ils tireront d'esclavage *le prix du rachat* que les assureurs seront tenus de payer, si le racheté faisant son retour est repris, tué, noyé, ou s'il périt par autre voie que par la mort naturelle. » — Ord. de 1681, art. 11, au tit. *Des assurances*. — L'assurance, en pareil cas, peut être faite par quiconque a payé la rançon du captif. — Boulay-Paty, t. 3, p. 374.

57. — Les marchandises ou objets qui constituent le commerce de contrebande ne peuvent être la matière d'un contrat d'assurance valable. — En cas de confiscation, les assureurs ne sont pas responsables, quand même la circonstance que les marchandises étaient prohibées leur aurait été signalée par une énonciation spéciale de la police. — Émérigon, t. 1er, p. 215; Dageville, t. 3, p. 228; Vincens, *Lég. comm.*, t. 8, p. 275; Boulay-Paty, t. 4, p. 67; Lemonnier, t. 1er, p. 306; Estrangin, p. 92.

58. — Cependant, le gouvernement, dans certaines circonstances, peut permettre le chargement de pareils objets; alors on doit faire connaître à l'assureur leur nature d'effets de contrebande ou de choses hostiles. — Boulay-Paty, t. 3, p. 387. — Cela résulte de l'art. 2, chap. 12 du *Guidon de la mer*, qui porte : « Toutefois, en prenant congé ou licence de Sa Majesté, assurance se peut faire sur marchandises défendues, auquel cas la licence doit être notifiée à l'assureur et spécifiée dans la police. » Autrement l'assurance serait nulle. — Goujet et Merger, vo *Assurance maritime*, no 87.

59. — Mais l'assurance, en France, de marchandises destinées à un commerce de contrebande chez l'étranger, est valable. L'usage de faire le commerce de contrebande chez ses voisins est devenu, pour ainsi dire, le droit commun de toutes les nations; les étrangers le pratiquent à notre égard; en déclarant valables les assurances faites en pareil cas, nous ne faisons donc qu'user de justes représailles. — Émérigon, t. 1er, p. 214; Valin, sur l'art. 49, ord. 1681, tit. *Des assurances*; Estrangin, sur Pothier, no 58; Dageville, t. 3, p. 228; Lemonnier, t. 1er, p. 306. — V. *contrà* Pothier, no 58.

60. — Ainsi jugé que la contrebande à l'étranger peut être, en France, l'objet licite d'un contrat d'assurance. — *Aix*, 30 août 1833 (sous *Cass.*, 25 mars 1835, Boy de la Tour c. Charbonnel). — Car elle n'est point réprimée par les lois françaises. — *Cass.*, 25 août 1835, Lacrouts c. Babédat.

61. — Du principe qu'on ne peut faire assurer que ce qu'on court risque de perdre, il suit que l'assuré ne peut faire assurer une seconde fois les objets qui sont déjà garantis par une première assurance, puisqu'ils ne sont plus à ses risques; à moins que ces objets n'aient été assurés qu'en partie, auquels cas il peut valablement faire assurer l'excédant. La seule condition exigée, c'est que toutes les assurances réunies n'excèdent pas la valeur totale de la chose. Si elles l'excèdent, il y a lieu à ce qu'on appelle *ristourne*. — Mais on peut faire assurer la chose déjà assurée, contre certains risques différens. — C. comm., art. 359; — Pardessus, t. 3, no 767; Boulay-Paty, t. 3, p. 494 et 495; Goujet et Merger, *Dict. de dr. comm.*, vo *Assurance maritime*, no 31.

62. — Toutefois l'art. 359, C. comm., qui déclare sans effet les seconds ou subséquens contrats d'assurance maritime lorsque la valeur de la marchandise est entièrement couverte par une première police d'assurance, n'est pas applicable au cas où celle-ci ne produit elle-même aucun effet par suite des infractions commises par l'assuré aux conventions intervenues entre lui et les premiers assureurs. — *Orléans*, 7 janv. 1845 (t. 1er 1845, p. 171), Assureurs orléanais c. Sejourné.

63. — Si une première police portait la clause *franc d'avaries*, l'assuré pourrait contracter, à raison des mêmes objets, une seconde assurance pour tous les risques en général; ce ne serait pas faire assurer deux fois la même chose. — Alauzet, t. 2, p. 3.

64. — L'assuré peut faire assurer la solvabilité de son assureur; ce n'est pas faire assurer une seconde fois ce qui est déjà assuré. L'ord. de 1681 (art. 20) permettait ces sortes d'assurances. Le Code n'en parle point; mais il suffit qu'il ne les ait pas comprises dans les assurances formellement interdites par l'art. 347. — Pothier, no 33; Locré, sur l'art. 342; Boulay-Paty, t. 3, p. 439; Dageville, t. 3, p. 176. — En tout cas, ce n'est plus là une assurance maritime. — Boulay-Paty, t. 3, p. 494.

65. — Les auteurs sont partagés d'opinions sur les effets de cette assurance. — Valin (sur l'art. 20, ord. 1681, tit. *Des assurances*), et Pothier (no 38) pensent que le second assureur accède à l'obligation du premier et devient sa caution, et de là ils concluent qu'il ne peut être poursuivi qu'après discussion du premier assureur. — Émérigon est d'un avis contraire (t. 1er, p. 257); suivant lui, le bénéfice de discussion n'est pas admis en matière commerciale, et d'ailleurs il y a, dans l'espèce, deux contrats distincts; les deux assureurs, n'ayant pas traité ensemble, demeurent étrangers l'un à l'autre, de sorte que le second assureur ne devient ni la caution ni le codébiteur solidaire du premier; mais pour agir contre le second assureur, il faut attendre que l'insolvabilité du premier assureur résulte, au moins, d'un commandement de payer resté infructueux. — Cette dernière opinion nous paraît préférable. — V. dans le même sens Boulay-Paty, t. 3, p. 440; Locré, sur l'art. 342; Dageville, t. 3, p. 177.

66. — En remboursant à l'assuré ce qui lui est dû, le second assureur peut se faire subroger aux droits et actions résultant de la première assurance. — Dageville, t. 3, p. 177.

67. — On peut, du reste, prévenir toute difficulté à cet égard, en stipulant dans la police qu'après jugement de condamnation, si l'assureur originaire n'a pas payé sur le commandement qui lui aura été signifié, au moyen de la justification qui en sera faite, le second assureur sera tenu de payer dans les vingt-quatre heures de la sommation, et qu'il lui sera fait toute subrogation de droit pour poursuivre le premier assureur. — Dageville, t. 3, p. 178.

68. — Le commissionnaire chargé de faire assurer, peut se rendre garant de la solvabilité des assureurs; mais cette convention doit être expresse. — Boulay-Paty, t. 3, p. 445.

69. — On peut aussi faire assurer les dépenses extraordinaires que l'on a été obligé de faire pendant le voyage pour réparer un navire déjà assuré. « Supposons, en effet, dit M. Pardessus (t. 3, no 767), un navire estimé à son départ 100,000 fr. et assuré pour cette somme; le capitaine, après une tempête, est obligé de faire un radoub montant à 10,000 fr.; si le navire arrive à bon port, l'armateur aura sans doute droit de se faire rembourser ces 10,000 fr. par son assureur; mais s'il vient à périr postérieurement au radoub, comme l'armateur ne pourra demander à son assureur que la somme promise de 100,000 fr., il sera en perte des 10,000 fr. employés au radoub du navire; et une telle chance suffit pour lui donner le droit de faire assurer cette dépense. » — Valin, sur l'art. 19, ord. 1681, tit. *Du capitaine*; Émérigon, t. 1er, p. 221; Boulay-Paty, t. 3, p. 363; Delvincourt, t. 2, p. 329.

70. — De même, si pendant le cours du voyage, le navire est pris et qu'il soit racheté, on peut faire assurer le prix du rachat; car c'est un déboursé qui augmente la quotité des risques de l'armateur. — Émérigon, t. 1er, p. 221; Pardessus, t. 3, no 767.

71. — L'emprunteur à la grosse ne court aucun risque, en cas de sinistre; il ne peut donc faire assurer soit les sommes empruntées, s'il les a emportées avec lui pour les employer postérieurement à des opérations commerciales, soit les objets qu'il a achetés avec ces sommes. — C. comm., art. 347.

72. — La convention par laquelle un tiers se chargerait, moyennant une prime convenue, de rembourser à l'emprunteur le capital prêté et le profit maritime, en cas d'heureuse arrivée, ne serait pas non plus valable. Une pareille convention renfermerait une véritable gageure, puisque l'assurance porterait sur des choses dont l'assuré ne court pas les risques, et elle pourrait d'ailleurs procurer un bénéfice certain à l'assuré; ce qui serait doublement contraire aux principes du contrat d'assurance. — Pardessus, t. 3, no 768.

73. — Lorsque les cessionnaires du prêteur, porteurs de la police d'assurance faite sur ces billets de grosse, ont été auparavant adjudicataires, pour compte d'un tiers, du navire affecté au prêt, les assureurs ne sont pas recevables à exciper contre eux du défaut d'acceptation par le tiers de la déclaration de command, pour considérer ces porteurs de la police comme étant restés propriétaires du navire, et pour demander la nullité de l'assurance aux termes de l'art. 347, C. comm. — *Aix*, 8 déc. 1820, Crozet et Bargmann.

74. — Ainsi que nous l'avons vu, le prêteur à la grosse peut bien faire assurer son capital en entier, mais il ne peut faire assurer le profit maritime, parce qu'en cas de sinistre c'est moins une perte effective qu'il éprouve qu'un gain éventuel dont il est privé. — C. comm., art. 347; — Pothier, no 32; Gouget et Merger, vo *Assurance maritime*, no 21.

75. — Toutefois l'assurance du capital prêté à la grosse ne pourrait pas être donnée par l'emprunteur lui-même au prêteur; car ce n'est qu'en considération du risque maritime dont le prêteur s'est chargé que l'emprunteur a promis un profit. Or, s'il se rendait assureur de ce qui lui a été prêté, l'essence du contrat à la grosse serait blessée, ce serait véritablement une usure déguisée. — Pardessus, t. 3, no 762; Goujet et Merger, *ibid.*, no 22.

76. — La nullité de l'assurance du profit maritime n'est relative qu'à ce profit et n'empêche pas que l'assurance ne subsiste pour le capital. — Boulay-Paty, t. 3, p. 493.

77. — Les assureurs sur argent prêté à la grosse, qui ont su que le capital énoncé dans la police comprenait le change maritime, ne sont point recevables, après avoir, sur la justification de la perte, effectué en entier le paiement de la somme assurée à répéter des assurés la partie de cette somme relative

au change maritime. — *Trib. comm. de Marseille*, 23 juin 1836, Divers assureurs (*J. de Marseille*, 16, 1, 19).

78. — On ne peut assurer pour tout ou partie les loyers des gens de mer, ni la part du voyage ou du fret qu'ils ont stipulée pour leur en tenir lieu. — C. comm., art. 347. — Cette prohibition est fondée sur un double motif : d'abord les loyers ne sont dus qu'en cas d'heureuse arrivée, et ensuite on a voulu lier les gens de mer par le sentiment de leur intérêt personnel à la conservation et à la défense du navire. — Pothier, no 39 ; Pardessus, t. 3, no 766.

79. — Mais les gens de mer peuvent valablement faire assurer les marchandises qu'ils ont achetées au moyen des avances qui leur ont été faites, ou des à-compte qu'ils ont reçus pendant le voyage ; ces avances et ces à-compte sont devenus leur propriété irrévocable. — C. comm., art. 258. — Émérigon, t. 1er, p. 239 ; Boulay-Paty, t. 3, p. 495.

80. — Il faut encore remarquer que cette prohibition ne s'applique qu'aux gens de mer proprement dits, et que l'armateur peut, sans aucun doute, faire assurer les avances par lui faites aux équipages, ces avances faisant partie de l'armement. — Dageville, t. 3, p. 230.

81. — L'assurance est encore nulle si elle a pour objet le fret à faire ou le profit espéré des marchandises existant à bord du navire (C. comm., art. 347) ; car ce sont là pour les propriétaires du navire de simples gains qu'il manquent de réaliser si le navire ou les marchandises périssent, et non une perte qu'ils courent risque de faire. — Goujet et Merger, vo *Assurance maritime*, no 25.

82. — Sous l'empire de l'ord. 1681, on distinguait entre *le fret à faire* et *le fret acquis*. On entendait par *fret à faire* le prix ou la valeur moyennant lesquels le fréteur s'était engagé à transporter les marchandises du chargeur au lieu convenu. Le *fret à faire* ne pouvait être la matière d'une assurance. — Art. 15, tit. *Des assurances*. — Il constitue, dit Émérigon (t. 1er, p. 228), un profit incertain ; il *sera* le prix de la navigation heureuse, et le fruit civil du navire, mais il ne l'est pas encore. — Quant au *fret acquis*, l'assurance en était permise par l'art. 6, déclar. 17 août 1779.

83. — Mais que doit-on entendre par *fret acquis ?* Le fret est *acquis* lorsque, les marchandises étant mises à terre, le fréteur a le droit d'en exiger le paiement ; mais, dans ce cas, le fret ne peut être assuré que comme créance et par précaution contre l'insolvabilité du chargeur. — Pardessus, t. 3, no 765 ; Boulay-Paty, t. 3, p. 485.

84. — Il est une autre hypothèse dans laquelle le fret des marchandises chargées sur un navire peut avoir le caractère de fret acquis. Par exemple, un navire est frété à la Martinique pour être consigné à Cadix, avec cette condition que le fret sera augmenté dans une certaine proportion, s'il continue sa route jusqu'à Bordeaux ; le capitaine, arrivé à Cadix, peut y désarmer et exiger le fret convenu ; mais, s'il préfère poursuivre son voyage jusqu'à Bordeaux, il pourra faire assurer le fret de la Martinique à Cadix, parce que cette portion de fret constitue un droit acquis qui va se trouver exposé aux chances de la navigation. — Émérigon, t. 1er, p. 230 ; Locré, sur l'art. 317 ; Pardessus, t. 3, no 765 ; Boulay-Paty, t. 3, p. 486. — V. *contrà* Estrangin, sur Pothier, no 36.

85. — Un affréteur peut faire assurer le fret qu'il a payé d'avance avec la clause qu'il ne serait pas restitué en cas de naufrage (art. 302), ou qu'il a promis de payer *à tout événement*. — Valin, sur l'art. 15, ord. 1681, tit. *Des assurances* ; Pothier, no 36 ; Boulay-Paty, t. 3, p. 484 ; Dageville, t. 3, p. 230 ; Émérigon, t. 1er, p. 229.

86. — Mais, si une assurance qui a pour objet le profit espéré des marchandises est nulle (C. comm., art. 34), on peut faire assurer le profit acquis. — Pothier, nos 36 et 37 ; Boulay-Paty, t. 3, p. 488 ; Dageville, t. 2, p. 230 ; Pardessus, t. 3, no 764 ; Goujet et Merger, *ibid.*

87. — On ne peut faire assurer les prises qu'on a le dessein ou l'espoir de faire ; mais on peut faire assurer les prises faites quoiqu'elles ne soient pas arrivées à destination et qu'elles soient encore susceptibles de recousse. Elles doivent être considérées comme un bénéfice acquis, quoique non réalisé. — La prise est réputée faite lorsque le capteur a arboré son pavillon sur le navire ennemi. — Émérigon ; Pothier, no 39 ; Pardessus, t. 3, no 766 ; Boulay-Paty, t. 3, p. 489 et 362 ; Dageville, t. 3, p. 230.

88. — Toute assurance faite au mépris des prohibitions énumérées dans l'art. 347 est radicalement nulle, et la nullité ne saurait être couverte par la renonciation insérée dans la police. — Dageville, t. 3, p. 227 ; Pardessus, t. 3, no 766 ; Boulay-Paty, t. 3, p. 356 et 493. — Car ces prohibitions sont motivées sur des raisons d'ordre public qu'il faut nécessairement respecter. — Goujet et Merger, vo *Assurance maritime*, no 40.

89. — Ainsi la défense résultant de l'art. 347, C. comm., d'assurer le fret d'un navire, est d'ordre public, et il ne peut y être dérogé par des conventions particulières entre l'assuré et l'assureur ; la nullité qui en résulte est tellement absolue qu'elle ne serait pas couverte par la ratification ou l'exécution des parties. — *Cass.*, 5 juin 1832, François c. Baranchipy ; *Trib. comm. de Marseille*, 8 août 1821, Divers assureurs (*J. de Marseille*, 3, 1, 35) ; 27 nov. 1835, Armand (*J. de Marseille*, 15, 1, 380).

90. — Toutefois, si le contrat comprenait à la fois des choses non susceptibles d'être assurées et d'autres choses qui peuvent l'être, il ne serait pas complètement nul, mais seulement réductible à la portion licitement assurée. — Valin, sur l'art. 17, ord. 1681 ; Pardessus, t. 3, no 766 ; Boulay-Paty, t. 3, p. 356 et 193 ; Dageville, t. 3, p. 227 ; Goujet et Merger, vo *Assurance maritime*, nos 39 et 41.

91. — Ainsi l'assurance qui porte à la fois sur le profit espéré des marchandises et sur leur valeur réelle n'est pas absolument nulle ; elle est seulement réductible à la valeur réelle. — *Bordeaux*, 20 août 1835, Assurances maritimes c. Dufresne.

CHAPITRE II. — *Des risques.*

Sect. 1re. — *Nécessité d'un risque maritime.*

92. — Il est de l'essence du contrat d'assurance que la chose assurée soit exposée à un risque, de manière qu'il y ait pour les deux parties chance de gain ou de perte ; si donc cette condition n'est pas accomplie, le contrat ne peut pas recevoir son exécution.

93. — Il suit de là que si le voyage est rompu *avant le risque commencé*, même par le fait de l'assuré, l'assurance est annulée. — C. comm., art. 349. — Le Code dit : *avant le départ du vaisseau* ; mais ces expressions prises à la lettre pourraient induire en erreur. En effet il faut distinguer entre le *voyage du navire* et le *voyage assuré* ; le *voyage du navire* commence au moment où il met à la voile ; le *voyage assuré* commence, au contraire, aussitôt que les risques sont à la charge de l'assureur. Quelquefois le voyage du navire et le voyage assuré se confondent : par exemple, lorsque l'assurance est sur corps ; mais quand elle est sur facultés, le voyage assuré commence avant le voyage du navire, puisque, aux termes de l'art. 341, les risques partent du moment que les marchandises sont chargées dans des gabares pour être portées à bord du navire ; il en est de même, dans le cas d'une assurance sur corps, si l'on avait stipulé que le risque commencerait *dès que le navire aurait pris charge ou serait mis en charge*. — Delvincourt, t. 2, p. 352 ; Boulay-Paty, t. 4, p. 6 ; Dageville, t. 3, p. 243 ; Lemonnier, t. 1er, p. 84.

94 — Cependant on accorde, dans ce cas, à l'assureur, à titre d'indemnité, demi pour cent de la somme assurée. — C. comm., art. 349. — Cette exception aux règles du droit commun a été dictée par l'intérêt du commerce. — L'assuré supporte en outre les frais dus au courtier d'assurance ou au notaire. — Règlement du conseil d'état, 7 nov. 1778, et 6 fév. 1779. — En aucun cas l'assureur ne serait admis à réclamer une plus forte indemnité, en se fondant sur la résiliation du contrat. — Pardessus, t. 3, no 873.

95. — L'indemnité de demi pour cent est accordée dans tous les cas, même lorsque la rupture du voyage a lieu par un cas fortuit ou de force majeure. — Émérigon, t. 2, p. 202 ; — V. *contrà* Pothier, no 181. — La rédaction de l'art. 349 ne paraît pas laisser de doute à cet égard. — Delvincourt, t. 2 p. 354 ; Lemonnier, t. 1er, p. 94. — Cependant Dageville (t. 3, p. 245) et Locré, sur l'art. 349, exceptent les cas de rupture par le fait du prince, et d'interdiction de commerce avec le port de destination.

96. — La force majeure n'annule l'assurance qu'autant qu'elle empêche absolument le voyage, comme si, par exemple, l'assurance était sur le corps, et que le navire fût incendié. Si en effet, dans le même cas, l'assurance était sur facultés, et que l'assuré trouvât un autre navire pour y charger ses marchandises, l'assurance subsisterait. Mais, s'il n'était pas possible de trouver un autre navire, ou que l'assuré ne voulût pas y charger, il y aurait lieu au ristourne de l'assurance avec l'indemnité de demi pour cent. — Delvincourt, t. 2, p. 370.

97. — On doit assimiler au cas de voyage rompu celui où le navire prend avant le départ ses expéditions pour un autre endroit que celui qui est désigné dans la police, lors même que cet endroit serait sur la route et plus rapproché du point de départ. — Pardessus, t. 3, no 872 ; Boulay-Paty, t. 4, p. 7.

98. — Dans une assurance faite pour un voyage d'aller et de retour, d'un port à un autre, avec la clause de toucher et *faire échelle*, on ne peut prétendre qu'il y ait rupture ou changement de voyage, et par conséquent lieu à prononcer la nullité de l'assurance, lorsque le capitaine du navire assuré a pris ses expéditions pour un port intermédiaire, mais sur la route directe du voyage assuré, et s'est ensuite rendu de ce port à celui désigné dans la police, comme terme du voyage. — *Aix*, 23 oct. 1819, Février c. ses Assureurs.

99. — En matière de petit cabotage, lorsque, dans les expéditions délivrées au capitaine, un port sur la route est indiqué comme destination, quoique d'après l'assurance ce port ne soit qu'un port d'échelle, cette différence entre le voyage énoncé et le voyage assuré ne constitue pas un changement de destination, parce qu'elle provient du fait de l'administration maritime, qui oblige les capitaines au petit cabotage à prendre des expéditions pour chaque lieu d'échelle. — Dageville, t. 3, p. 246 ; Lemonnier, t. 1er, p. 101 ; — V. *contrà* Estrangin, p. 475.

100. — Lorsqu'au commencement du voyage la route pour se rendre à la nouvelle destination est la même que celle pour accomplir le voyage assuré, il faut recourir aux expéditions prises par le capitaine pour décider si le voyage a été changé avant le départ, ou s'il n'a été rompu que depuis. — Pardessus, t. 3, no 872 ; Lemonnier, t. 3, p. 97.

101. — Lorsque l'assurance doit se terminer à l'arrivée du navire dans un port intermédiaire, la circonstance que le capitaine a pris ses expéditions pour le lieu même de la destination ne peut influer sur la validité de l'assurance. — Dageville, t. 3, p. 251.

102. — Lorsque la police permet expressément au capitaine de faire un ou plusieurs voyages intermédiaires dans des mers désignées, avant son départ pour le lieu indiqué comme terme du voyage principal, cette clause comprend généralement la faculté de faire entreprendre au navire, dans les limites fixées, tel voyage que le capitaine trouvera bon, lors même qu'un voyage intermédiaire serait plus long que le voyage principal. Spécialement, lorsque la police porte : « Permis au capitaine, avant son départ d'Alexandrie pour Marseille (voyage principal), de faire un ou plusieurs voyages intermédiaires sans interruption de risques dans toutes les mers de la Méditerranée, y compris Constantinople, avec augmentation de prime pour chaque voyage intermédiaire, » le capitaine peut, sans qu'il y ait rupture du voyage assuré, aller d'abord d'Alexandrie à Livourne, puis retourner à Alexandrie avant de se rendre à Marseille. Les moyens de nullité que l'assureur voudrait tirer et de la modicité de la prime, et de la longueur du voyage intermédiaire entrepris, eu égard au voyage principal, sont suffisamment repoussés par la généralité des termes de la police. — *Trib. comm. de Marseille*, 24 nov. 1830 (*J. de Marseille*).

103. — Le voyage assuré n'est pas censé n'avoir jamais été entrepris ou avoir été rompu dès le principe au cas où l'assurance étant à prime liée pour l'aller et le retour, les expéditions auraient été prises pour un port plus éloigné que celui désigné comme terme du voyage d'aller. — *Trib. comm. de Marseille*, 23 juill. 1823, Amoretti (*J. de Marseille*, 4, 1, 225). — V. *contrà* Dageville, t. 3, p. 248.

104. — Lorsque après avoir fait assurer ses marchandises pour le voyage d'aller, et dans l'ignorance du sinistre majeur qu'elles ont déjà éprouvé pendant ce voyage, un négociant fait de nouvelles assurances sur des marchandises qu'il attend en retour, le sort de ces dernières assurances est subordonné à la volonté de l'assuré, qui peut les rendre nulles pour défaut d'aliment, et sans être passible d'aucune indemnité, en faisant le délaissement aux assurés d'entrée, délaissement dont l'effet rétroactif fait réputer l'assuré dépouillé, depuis le sinistre, de la propriété des choses délaissées. Il en est ainsi quand même l'assuré, en apprenant le sinistre, ne l'a fait notifier qu'aux assureurs d'entrée, et non aux assureurs de sortie. — *Trib. comm. de Marseille*, 19 juin 1826 (*J. de Marseille*, 7, 1, 175).

105. — Cependant le voyage ne devrait pas être considéré comme rompu, par cela seul que le capitaine aurait affrété le navire pour un lieu autre que celui désigné dans la police, si cet affrètement n'avait pas reçu d'exécution, et si le navire prenait ses expéditions pour la destination primitivement indiquée. — Pardessus, t. 3, no 872.

106. — Si l'assurance était annulée, soit parce qu'elle aurait été faite en contravention des prohibitions portées dans l'art. 347, soit parce qu'elle aurait eu lieu après la cessation connue ou présumée connue des risques, dans l'hypothèse prévue par l'art. 365, l'indemnité de demi pour cent serait-elle due à l'assureur ? Il faut distinguer : si le motif qui donne lieu à la nullité était ou devait être connu de l'assureur, il n'a rien à prétendre ; dans le cas contraire le demi pour cent lui est dû. — Pardessus, t. 3, no 874 ; Boulay, t. 4, p. 7.

107. — Lorsqu'il y a lieu à l'annulation de l'assu-

rance et à l'indemnité de demi pour cent en faveur de l'assureur, il ne peut réclamer pour le paiement de cette indemnité, le privilége établi pour la prime.—Boulay-Paty, t. 4, p. 7; Delv., t. 2, p. 355.

108. — Si l'assurance a pour objet des marchandises pour l'aller et le retour, et si, le navire étant parvenu à sa première destination, il ne se fait point de chargement en retour, ou si le chargement en retour n'est pas complet, l'assureur reçoit seulement les deux tiers proportionnels de la prime convenue s'il n'y a stipulation contraire.—C. comm., art. 356.

109. — Cette disposition ne s'applique pas à l'assurance qui a pour objet le navire; qu'il effectue ou qu'il n'effectue pas son retour, la totalité de la prime est acquise à l'assureur, en vertu de la règle générale qui veut que la prime soit acquise aussitôt que les risques ont commencé à courir.—Locré, sur l'art. 356; Boulay-Paty, t. 4, p. 101; Pardessus, t. 3, nº 864; Dageville, t. 3, p. 288. — V. *contrà* Emérigon, t. 1er, p. 63.

110. — Lorsque le chargement en retour est incomplet, les deux tiers proportionnels auxquels l'assureur a droit se calculent de la manière suivante : par exemple, la cargaison assurée pour l'aller et le retour était de cent mille francs à douze pour cent de prime, et le chargement de retour n'a été que de cinquante mille francs. Alors on suppose le changement complet pour l'aller et le retour jusqu'à concurrence de cinquante mille francs, pour lesquels l'assureur peut exiger six mille francs de prime. Quant aux autres cinquante mille francs, on agit comme si cette somme avait été assurée pour l'aller et le retour et qu'il n'y eût pas eu de retour; dans ce cas la prime eût été réduite aux deux tiers, c'est-à-dire à quatre mille francs, qui, ajoutés aux six mille francs précédemment obtenus, forment le total de ce que l'assureur peut réclamer. —Boulay-Paty, t. 3, p. 101; Pardessus, t. 3, nº 864; Dageville, t. 3, p. 290; Delvincourt, t. 2, p. 374.

111. — Cet art. 356 suppose évidemment que le voyage d'aller a été accompli sans accident; car si le navire venait à périr en allant, le défaut de retour ne pourrait être invoqué par l'assuré pour faire réduire la prime; elle serait due intégralement à l'assureur, qui a couru la totalité des risques, et qui est obligé de rembourser en entier la somme assurée.—Boulay-Paty, t. 3, p. 102; Pardessus, t. 3, nº 864; Locré, art. 356; Delvincourt, t. 2, p. 374.

112. — Si le navire est pris pendant le voyage d'aller, et que l'assurance ait été faite, *franc aux assureurs de tout événement de guerre*, l'assureur doit supporter la réduction d'un tiers de la prime, parce que le défaut de retour provient d'un fait dont il n'est point responsable.—Emérigon, t. 1er, p. 64; Dageville, t. 3, p. 292; Boulay-Paty, t. 3, p. 104.

113. — Dans le cas d'une assurance à prime liée sur la cargaison d'un navire allant d'abord en Guinée, par exemple, de là à Saint-Domingue, pour retourner ensuite en France, la prime devra-t-elle pareillement être réduite aux deux tiers si le retour de Saint-Domingue en France s'effectue sans chargement? Valin incline pour la négative parce qu'il y a eu plus de la moitié du voyage accompli; mais il faut considérer avec Emérigon (t. 1er p. 64) la relâche en Guinée comme une simple échelle qui modifie, sans l'altérer, le voyage d'aller. En matière d'assurance, on ne suppose jamais deux termes intermédiaires *ad quem* qui soient également principaux. — Boulay-Paty, t. 4, p. 104; Dageville, t. 3, p. 292.

114. — Valin (sur l'art. 6, ord. 1681, tit. *Des assurances*) soutient que la stipulation des parties ne pourrait pas avoir pour effet d'élever le taux de la prime au-delà des deux tiers, que cela serait contraire aux principes de la matière et à l'équité naturelle. — Mais on doit décider avec Emérigon (t. 1er, p. 63) que le Code a entendu accorder aux parties la plus grande latitude, et qu'il leur est libre de convenir que l'assuré paiera la prime entière. — Boulay-Paty, t. 4, p. 105.

115. — De ce principe que les risques sont de l'essence du contrat et qu'il ne peut y avoir d'assurance là où il n'y a pas de risques, devrait résulter la conséquence que, si la chose avait péri ou était arrivée à bon port, au moment où le contrat est passé, l'assurance devrait être nulle malgré la bonne foi des parties contractantes. Mais il n'en est pas ainsi en matière d'assurances maritimes. Lorsque l'assureur n'a su ni pu savoir, lors du contrat, que le navire était arrivé à bon port, et que les risques étaient ainsi terminés, la loi fait subsister le contrat, en supposant par une fiction de droit que le navire n'est arrivé à bon port et que les risques n'ont cessé que du jour de la nouvelle qu'on en a reçue. De même quoique le navire eût déjà péri, si l'assuré n'a su ni pu savoir cette perte, lors du contrat, ce navire, par une fiction de droit et en considération de la bonne foi de l'assuré, est supposé avoir été encore existant au moment du contrat et n'avoir péri que lors de la nouvelle qu'on a eue de la perte. L'ignorance du fait est mise ici à la place de la réalité, et l'*opinion* des parties sur la chose, qui est l'objet du contrat, est pour sa validité à l'égal de la vérité. — Emérigon, t. 2, p. 151; Valin, sur l'art. 3, ord. 1681; Pothier, nos 1246; Boulay-Paty, t. 4, p. 184, 185; Dageville, t. 3, p. 337; Locré, art. 365.

116. — Mais il faut qu'il s'agisse d'une chose qui ait existé et qui ait été mise en risque. Ainsi un armateur qui a chargé son correspondant au Brésil, par exemple, de lui faire construire un navire, persuadé que ce navire existe, le fait assurer; mais si, par le fait, le navire n'a pas été construit, l'assureur ne pourra réclamer la prime malgré sa bonne foi. — Pardessus, t. 3, nº 782.

117. — Toute assurance faite après la perte ou l'arrivée des objets assurés, est nulle, s'il y a présomption qu'avant la signature du contrat, l'assuré a pu être informé de la perte, ou l'assureur de l'arrivée des objets assurés. — C. com., art. 365.

118. — La présomption existe, si, en comptant trois quarts de myriamètre (une lieue et demie) par heure, sans préjudice des autres preuves. Il est établi que de l'endroit de l'arrivée ou de la perte du vaisseau, ou du lieu où la première nouvelle en est arrivée, elle a pu être portée dans le lieu où le contrat d'assurance a été passé, avant la signature du contrat. — C. com., art. 366.

119. — Sous l'empire de l'ordonnance, la jurisprudence de Marseille et celle du parlement d'Aix avaient établi, pour la supputation du délai, qu'il fallait mesurer la distance seulement à partir du premier port de terre ferme où la première nouvelle avait été apportée. — Émérigon, t. 2, p. 170.— Mais aujourd'hui une pareille jurisprudence serait inconciliable avec les termes formels du Code de commerce, qui consacrent la faculté alternative de mesurer la distance, soit à partir de l'endroit de l'événement, soit à partir du premier port de terre ferme où la nouvelle a été apportée.—Boulay-Paty, t. 4, p. 191; Dageville, t. 3, p. 342; Pardessus, t. 3, nº 785; Lemonnier, t. 2, p. 287. — V. *contrà* Estrangin, sur le nº 22 de Pothier.

120. — Si un navire assuré, sauf un découvert, pour un certain temps, vient à périr dans ce délai, et que l'armateur non instruit de cette perte fasse une nouvelle assurance à l'expiration du temps fixé, pourra-t-il réclamer du second assureur le montant de son découvert? Évidemment non; malgré la bonne foi de l'assuré, la seconde assurance ne peut s'appliquer au premier terme fixé par la première police, car dans les assurances à terme les assureurs ne peuvent jamais répondre des risques que pendant le délai déterminé par le contrat. — Boulay-Paty, t. 4, p. 187; Dageville, t. 3, p. 340.

121. — Le risque doit être réputé fini, sinon du jour où l'événement est arrivé, du moins du moment où l'assureur est présumé avoir eu connaissance de cet événement. Et l'époque de cet événement se détermine en calculant une lieue et demie par heure du lieu *à quo* au lieu *ad quem*. — *Aix*, 28 juin 1813, Long c. Assureurs de *la Vierge du Rosaire*.

122. — Le délai pour établir la présomption dont parle l'art. 366 se compte *de momento ad momentum*; les heures de la nuit se comptent comme celles du jour. Lorsque la police exprime l'heure à laquelle elle a été souscrite, le délai court à partir de ce moment; mais lorsqu'elle énonce seulement que c'est avant ou après midi qu'elle a été signée, on doit présumer qu'elle a été signée au dernier moment de la partie du jour qu'elle indique, c'est-à-dire à midi, si l'énonciation porte avant midi; ou au coucher du soleil, si l'énonciation porte après midi. Si la police contient seulement l'indication du jour, sans dire si c'est avant ou après midi, c'est encore l'heure du coucher du soleil qu'il faut prendre pour point de départ. — Pardessus, t. 3, nº 785; Locré sur l'art. 366; Boulay-Paty t. 4, p. 193. —V. *contrà* Pothier, no 22; Dageville, t. 3, p. 342, qui font remonter l'heure de la signature au moment de l'ouverture des bureaux d'après les usages des lieux et suivant la saison. — En tout cas la preuve testimoniale ne serait pas admissible pour prouver que la police a été signée à cette heure. — Pardessus et Boulay-Paty, *loc. cit.*

123. — Le moment précis de l'arrivée du navire ne saurait être incertain; il est fixé par le rapport que le capitaine est tenu de déposer dans les vingt-quatre heures. — Le moment de la perte ne l'est pas davantage, lorsque quelques-uns de ceux qui se trouvaient à bord ont échappé au naufrage; il est exprimé par le procès-verbal ou le rapport prescrit par l'art. 246, et en tout cas on peut le constater par une enquête; mais si personne n'a survécu au sinistre, ce moyen de preuve devient

impraticable, et on ne peut plus compter que depuis l'heure où la nouvelle de la perte est parvenue dans un lieu d'où elle ait pu se répandre. — Locré, sur l'art. 366; Boulay-Paty, t. 4, p. 194; Pardessus, t. 3, nº 785.

124. — Si la présomption légale est établie par l'une des parties, le contrat d'assurance est déclaré nul; mais la partie contre laquelle la nullité est prononcée n'est tenue à aucune indemnité envers l'autre. Cela résulte de la comparaison de l'art. 365 avec l'art. 368 qui n'accorde une indemnité que dans le cas où la police est annulée sur des preuves positives, et non dans celui où la nullité ne résulte que du seul effet de la présomption. — Boulay-Paty, t. 4, p. 196; Locré, sur l'art. 365.

125. — La présomption établie par l'art. 366 est une présomption *juris et de jure*, qui dispense de toute preuve celui au profit duquel elle existe, et qui ne peut pas être détruite par la preuve contraire. — Locré, sur l'art. 366; Pardessus, t. 3, p. 343; Boulay-Paty, t. 4, p. 194; Dageville, t. 3, nº 785; Lemonnier, t. 2, p. 287.

126. — La présomption légale n'exclut pas d'ailleurs la preuve que peut faire celle des parties, qui a intérêt à faire annuler l'assurance, que l'autre partie connaissait l'événement au moment du contrat. Comme il s'agit de prouver une fraude, la preuve peut en être faite tant par titres que par témoins. — Emérigon, t. 2, p. 173; Valin, sur l'art. 39, ord. 1681; Dageville, t. 3, p. 367; Locré sur l'art. 366.

127. Au surplus, les parties peuvent renoncer à cette présomption. — Si l'assurance est faite sur bonnes ou mauvaises nouvelles, la présomption mentionnée dans les art. 365 et 366 n'est point admise. — Le contrat n'est annulé que sur la preuve que l'assuré savait la perte, ou l'assureur l'arrivée du navire avant la signature du contrat.—C. comm., art. 367.—Cette clause, *sur bonnes ou mauvaises nouvelles*, est devenue de style dans toutes les polices.

128. — Le code n'a pas tracé de règles à suivre pour l'administration de la preuve en pareil cas. C'est aux juges qu'il appartient d'apprécier l'importance des circonstances et la valeur des présomptions invoquées devant eux pour prouver que l'une des parties avait connaissance de l'événement, lors de la signature du contrat. A défaut de preuves écrites, la preuve testimoniale et tous les autres moyens d'investigation sont admissibles. — Lemonnier, t. 2, p. 289.

129.—Lorsqu'une police d'assurance sur bonnes ou mauvaises nouvelles a été close, après midi, la connaissance, arrivée à l'assuré, après midi, de la perte de l'objet assuré, ne donne pas lieu à l'annulation de l'assurance et au paiement de la double prime, s'il est constant que la police a été signée par les assureurs entre dix et onze heures du matin et si l'assureur ne prouve pas que l'assuré savait la perte, ou que cette perte était de notoriété publique avant la signature du contrat.—*Trib. comm. de Marseille*, 16 déc. 1830, Cohen (*J. de Marseille*, 11, 1, 308).

130. — Il n'est pas nécessaire d'établir que la partie contre laquelle on demande la nullité du contrat avait une connaissance personnelle de l'événement; exiger une pareille preuve, ce serait le plus souvent réduire l'autre partie à une démonstration impossible; en pareil cas, une certitude morale suffit; par exemple, si la nouvelle était répandue dans le lieu où a été signé le contrat. — Emérigon, t. 2, p. 158; Boulay-Paty, t. 4, p. 204; Dageville, t. 3, p. 367; Pardessus, t. 3, nº 783; Lemonnier, t. 2, p. 289.

131. — Il ne suffit pas, pour annuler l'assurance, que l'assuré ait craint la perte, quand même il aurait eu un juste sujet de la craindre, et qu'il ait témoigné ses craintes à des tiers, sans les communiquer à l'assureur; la moindre incertitude suffit pour valider l'assurance. —Pardessus, t. 3, nº 783.— Mais si une feuille publique, quoique non officielle, avait annoncé la perte du navire, et que l'assuré eût caché cette circonstance à l'assureur, le fait de cette dissimulation pourrait constituer un fait de fraude capable de faire annuler l'assurance. — Pothier, nº 24; Boulay-Paty, t. 4, p. 202.—V. *contrà* Estrangin, sur le nº 24 de Pothier.

132. — Le *bruit public* de la perte ou de l'arrivée du navire ne devrait pas avoir l'autorité de la *notoriété publique*, si ce bruit ne présentait rien de certain et consistait seulement dans une rumeur vague. — Boulay-Paty, t. 4, p. 203. — Mais si l'assuré était instruit, sans que l'assureur le fût, des craintes répandues sur le sort du navire, s'il avait eu connaissance du rapport d'un capitaine constatant la prise ou le naufrage d'un navire inconnu, mais que certaines circonstances, certaines désignations, pouvaient faire considérer comme le navire assuré, dans la réunion de ces diverses circonstances, les tribunaux pourraient trouver les élémens d'une no-

ASSURANCE MARITIME, ch. 2, sect. 1re.
ASSURANCE MARITIME, ch. 2, sect. 1re. 7

toriété suffisante pour prononcer la nullité de l'assurance. — Dageville, t. 3, p. 346.

133. — L'assurance est nulle, bien que le sinistre ne fût connu ni de l'assuré ni des assureurs au moment du contrat, si d'ailleurs ce sinistre était de notoriété publique à cette époque dans le lieu même de l'assurance. Dans ce cas, la notoriété publique est suffisamment établie, à l'encontre de l'assuré, par une feuille de commerce étrangère, annonçant l'événement, parvenue au lieu de l'assurance avant la signature de la police et répandue soit dans plusieurs endroits publics, soit parmi les négocians et les courtiers de commerce. — *Trib. comm. de Marseille*, 7 janv. 1829, Divers assureurs (*J. de Marseille*, 11, 1, 146).

134. — Dans le cas d'une assurance faite sur bonnes ou mauvaises nouvelles, la présomption tirée du court intervalle écoulé entre le jour du départ du navire et le jour où l'assurance a été commise ne suffit pas pour établir contre l'assuré, en faveur des assureurs, l'exception de fraude et de réticence. — *Paris*, 29 avr. 1831, Bournichon et Juette c. Assureurs.

135. — Cette exception ne peut, dans ce cas, être établie que par la preuve certaine que l'assuré savait la perte au moment où il a donné l'ordre de faire assurer. — Même arrêt.

136. — L'assurance faite après la perte de la chose assurée est nulle, s'il n'y a présomption qu'avant la signature du contrat l'assuré a pu être informé de cette perte; mais si l'assurance est faite sur bonnes ou mauvaises nouvelles, la présomption n'est point admise; le contrat ne peut alors être annulé que sur la preuve que l'assuré savait la perte avant la signature de la police. — *Aix*, 8 oct. 1813, Gismondi c. Réassureurs du brigantin la Notre-Dame.

137. — Lorsque l'assurance a été faite *sur bonnes ou mauvaises nouvelles*, l'assureur ne peut exciper de ce que le perte a eu lieu avant l'assurance qu'autant qu'il prouve que l'accusé en avait connaissance au moment du contrat. — *Aix*, 16 avr. 1839, (t. 1er 1839. p. 608), Rodoconachi c. les assureurs.

138. — L'assuré ne peut être réputé avoir connu la perte du navire lorsqu'il n'a été informé par le capitaine que d'un simple retard, alors même que le bruit public aurait annoncé comme certaine la perte du navire. — *Aix*, 8 oct. 1813, Gismondi c. Réassureurs du brigantin la Notre-Dame.

139. — Le taux de la prime qui embrasse les risques de guerre ne peut être une présomption que l'assureur était informé du départ du navire et du défaut de nouvelles. — *Aix*, 14 avr. 1818, Cazalis et Tutein c. Assureurs de Marseille.

140. — Si, au moment de la signature du contrat l'assureur était instruit de l'entrée du navire dans un port intermédiaire, cette circonstance qu'il connaissait la cessation d'une partie des risques devrait faire annuler l'assurance en cas d'heureuse arrivée du navire. — Estrangin sur Pothier, p. 469; Boulay-Paty, t. 4, p. 205.

141. — Émérigon va jusqu'à soutenir que si un armateur, sur la fausse nouvelle de la perte de son navire, le fait assurer, l'assurance est nulle, parce que la fraude consiste dans la volonté, et qu'un acte frauduleux ne doit jamais profiter à son auteur. — Pardessus, t. 3, p. 783; Dageville, t. 3, p. 250; Boulay-Paty, t. 4, p. 205, approuvent cette décision. — Cependant il faut reconnaître que si elle est conforme aux véritables principes des art. 348 et 367, elle est contraire au droit commun, qui exige le fait et l'intention, *consilium et eventus*, pour constituer la fraude.

142. — Peu importe que la partie lésée ait déjà exécuté en tout ou en partie le contrat; elle peut poursuivre son adversaire tant que la présomption n'est pas acquise, car l'assureur ou l'assuré, en recevant indûment, commet un nouveau dol, qui ne peut créer une fin de non-recevoir en sa faveur. — Pardessus, t. 3, n° 783.

143. — En cas de preuve contre l'assuré, celui-ci paie à l'assureur une double prime. — En cas de preuve contre l'assureur, celui-ci paie à l'assuré une somme double de la prime convenue. — Celui d'entre eux contre qui la preuve est faite est poursuivi correctionnellement. — C. comm., art. 368.

144. — Il faut entendre cette disposition en ce sens que l'assuré coupable n'aura, en cas de sinistre, aucune répétition à exercer, quoiqu'il paie une double prime, et que l'assureur à qui la prime a été payée d'avance doit la restituer indépendamment de l'indemnité à laquelle il est condamné. — Locré, sur l'art. 368; Dageville, t. 1er, p. 353; Boulay-Paty, t. 4, p. 209; Lemonnier, t. 2, p. 293.

145. — Cette peine ne doit pas être appliquée dans le cas où la clause d'assurance *sur bonnes ou mauvaises nouvelles* n'existant pas, le contrat n'est annulé que par l'effet de la présomption légale établie par l'art. 366. — Pothier, n° 24; Estrangin, p. 30; Lemonnier, t. 2, p. 292. — Mais comme la partie qui est de bonne foi conserve dans tous les cas la faculté de prouver la mauvaise foi de l'autre, elle a droit, si elle parvient à faire cette preuve, d'exiger la même peine. — Lemonnier, *loc. cit.*

146. — La partie qui se prétend lésée peut déférer à l'autre le serment et si cette dernière se refuse à la prestation du serment, il doit demeurer pour constant qu'elle avait connaissance de l'événement lors de la signature du contrat. — Pothier, n° 16; Émérigon, t. 2, p. 177; Boulay-Paty, t. 4, p. 206. — Mais ce refus de serment ne peut avoir d'autres effets qu'une présomption légale; il ne devrait donc pas entraîner les peines portées par l'art. 368. — Émérigon, *loc. cit.*; Estrangin, sur le n° 16 de Pothier; Boulay-Paty, t. 4, p. 207; Lemonnier, t. 2, p. 290.

147. — C'est au ministère public et non à la partie lésée qu'appartient l'exercice de l'action correctionnelle, et elle ne peut être intentée qu'après l'action commerciale et alors seulement qu'il en est résulté des preuves de fraude contre l'une des parties. — Dageville, t. 3, p. 351; Estrangin, p. 17 et 18; Lemonnier, t. 2, p. 294. — V. *contrà* Locré, sur l'art. 368, et Boulay-Paty, t. 4, p. 209. — Suivant les auteurs, l'action que la partie trompée exerce contre l'autre, dans l'espèce de l'art. 368, est essentiellement une plainte en escroquerie, et à ce titre il n'appartient qu'aux tribunaux correctionnels d'en connaître et de statuer en même temps sur les réparations civiles.

148. — Les principes ci-dessus s'appliquent à tout contrat d'assurance maritime, quel qu'en soit l'objet et entre qui que ce soit qu'il ait été formé seulement, les condamnations prononcées en vertu de l'art. 368 ne doivent être encourues que par celui qui a contracté personnellement, parce que la peine du dol ne peut être infligée qu'à celui qui l'a commis. C'est ainsi que le tuteur qui a fait assurer, en cette qualité, des effets appartenant à un mineur, qu'il savait péri, est personnellement responsable envers l'assureur de la double prime encourue. — Locré sur l'art. 368; Boulay-Paty, t. 4, p. 213; Dageville, t. 3, p. 354; Lemonnier, t. 2, p. 299.

149. — Lorsque l'assurance est faite par un commissionnaire, il y a lieu d'établir les distinctions suivantes: si le commissionnaire était instruit de l'événement lors de la signature de la police, la bonne foi du commettant ne saurait empêcher la nullité de l'assurance; mais la double prime et autres peines portées par l'art. 368 sont à la charge du commissionnaire. — L'assurance est également nulle, si le commissionnaire est de bonne foi, mais que le commettant ait été instruit de l'événement lorsqu'il a donné l'ordre de faire faire l'assurance. — S'il n'a reçu la nouvelle qu'après l'ordre envoyé et qu'il ait fait toute diligence pour révoquer son ordre, l'assurance faite par le commissionnaire avant la réception de ce nouvel avis est valable; mais s'il n'a pas contremandé ou s'il a tardé à contremander son ordre, la fraude est présumée, et en conséquence il y a lieu à la nullité de l'assurance et au paiement de la double prime. — Boulay-Paty, t. 4, p. 211; Pardessus, t. 3, n° 784; Dageville, t. 3, p. 348; Lemonnier, t. 2, p. 300 et 5.

150. — La présomption que l'assuré commettant connaissait la perte au moment où il a donné l'ordre de faire assurer ou que la connaissance lui en était parvenue assez à temps pour qu'il pût révoquer cet ordre suffit pour faire annuler l'assurance, quoiqu'au lieu où elle a été souscrite, l'assuré commissionnaire n'eût aucune connaissance de la perte. Par suite, les assureurs sont en droit de répéter de l'assuré commissionnaire le paiement qu'ils ont effectué de la somme assurée sur la notification qui leur avait été faite de la perte. — *Trib. comm. de Marseille*, 25 mars 1830, Chantal et Benassit (*J. de Marseille*, 11, 1, 201); 13 fév. 1836, divers assureurs (*J. de Marseille*, 7, 1, 89).

151. — Lorsque le commissionnaire était de bonne foi, l'assurance doit être déclarée valable, quoique le commettant eût, au moment du contrat, connaissance de l'événement, si le commissionnaire a agi sans aucun ordre spécial de son commettant, à son insu et en vertu du pouvoir général qu'il avait de gérer ses affaires; dans ce cas, il n'y a aucun dol, ni de la part du commissionnaire ni de la part du commettant, qui puisse faire annuler le contrat. — Pothier, n° 20.

152. — L'assurance faite sur bonnes ou mauvaises nouvelles et sur facultés déjà perdues est valide, si l'assuré qui ignorait l'événement au moment où il a donné l'ordre de faire assurer, et qui le connaissait lors de la signature de la police, a fait tout ce qu'il a pu, mais n'a pas été à temps pour révoquer l'ordre. En pareil cas, la nullité du contrat ne peut être prononcée qu'autant que l'assuré aurait été de mauvaise foi, c'est-à-dire qu'il aurait connu l'événement au moment de l'ordre, ou que, ne l'ayant connu qu'après l'ordre donné, il n'aurait pas fait toutes les diligences nécessaires pour le révoquer et pour empêcher la confection du contrat. — *Trib. comm. de Marseille*, 24 avr. 1826, Gower et comp. (*J. de Marseille*, 7, 1, 99).

153. — L'aliment au risque peut encore manquer en tout ou en partie, par suite d'erreur ou de fraude, ou par tout autre motif, soit parce que la valeur des objets assurés aura été exagérée, soit parce que deux assurances auront été contractées sur le même objet.

154. — En cas de fraude dans l'estimation des effets assurés, en cas de supposition ou de falsification, l'assureur peut faire procéder à la vérification et à l'estimation des objets, sans préjudice de toutes autres poursuites, soit civiles, soit criminelles. — C. comm., art. 336.

155. — Il suffit que l'assureur ait été trompé sur l'estimation des objets assurés pour être fondé à en demander une autre, quand même il n'y aurait pas eu de fraude de la part de l'assuré. — Boulay-Paty, t. 3, p. 399; Delvincourt, t. 2, p. 368.

156. — L'assuré ne pourrait exciper de sa propre fraude pour se soustraire à ses engagemens, dans le cas où l'assureur le poursuivrait en paiement de la prime après l'heureuse arrivée du navire. — Pardessus, t. 3, n° 876.

157 — Si l'assurance a été faite dans un lieu autre que la demeure de l'assuré et par quelque intermédiaire, on présume facilement qu'il n'y a pas eu fraude, mais simplement erreur. — Pardessus, t. 3, n° 876.

158. — Un contrat d'assurance ou de réassurance consenti pour une somme excédant la valeur des effets chargés est nul, à l'égard de l'assuré seulement, s'il est prouvé qu'il y a eu dol ou fraude de sa part (C. comm., art. 357), c'est-à-dire que l'assuré sera tenu de payer la prime, tout en perdant le droit de réclamer le bénéfice de l'assurance. — Dageville, t. 3, p. 294.

159. — Dans ce cas, la prime est due à l'assureur, non plus comme prix des risques, dont il est déchargé, mais à titre de dommages-intérêts. — Dageville, *loc. cit.*; Alauzet, t. 2, p. 245.

160. — C'est à l'assureur, s'il invoque le dol, à le prouver. — La loi n'a pas indiqué les caractères auxquels on devrait le reconnaître; c'est une question de fait pour l'examen de laquelle elle s'en est rapportée aux tribunaux. — Alauzet, t. 2, p. 245; Goujet et Merger, v° *Assurances maritimes*, n° 440.

161. — Le dol et la fraude vicient le contrat d'assurance et en opèrent la nullité à l'égard de l'assuré qui s'en est rendu coupable. — *Rennes*, 18 mars 1826, syndics Botrelle c. compagnies d'assurances.

162. — Une évaluation exagérée dans les marchandises assurées ne suffit pas pour vicier le contrat d'assurance, et élever, dans ce cas, contre l'assuré, une exception de dol et de fraude, s'il ne résulte d'aucune circonstance que l'assuré ait voulu tromper l'assureur. — *Aix*, 2 juill. 1826, Bouffey c. Assur. mar.; *Bordeaux*, 20 (et non 29) août 1835, Assur. marit. c. Dufresne.

163. — En conséquence, il n'y a pas lieu d'annuler le contrat, surtout si, dans le cours de l'instance, l'assuré réduit sa demande à la valeur réelle des marchandises assurées. — *Aix*, 2 juill. 1826, Bouffey c. assur. marit.

164. — La preuve du dol ne résulterait pas suffisamment de ce que les objets assurés, délaissés aux assureurs pour cause de prise, n'auraient, après la restitution faite par les capteurs, été vendus, au lieu de leur destination, que pour une somme moitié moindre que celle à laquelle ils étaient évalués dans la police. — *Trib. comm. de Marseille*, 6 sept. 1821 (*J. de Marseille*, 1, 213).

165. — L'évaluation du navire, faite de gré à gré dans la police d'assurance pour tenir lieu de capital, peut être réduite à de justes bornes si elle est évidemment exagérée; mais cette exagération ne donne pas lieu à l'annulation totale de l'assurance si elle n'est pas le résultat du dol ou de la fraude des assurés. — *Aix*, 24 mars 1830, Signoret et Gazan c. Assureurs.

166. — Il y a lieu à l'annulation du contrat d'assurance, et non à ristourne seulement, lorsque l'assuré a sciemment exagéré la valeur des marchandises chargées, pour se faire garantir un bénéfice espéré considérable, et encore bien qu'il n'y ait eu de sa part aucune manœuvre pour déterminer l'assentiment que les assureurs ont donné à l'évaluation. — *Aix*, 6 janv. 1841 (t. 2 1841, p. 54), Assureurs c. Luce.

167. — Lorsqu'une décision passée en force de chose jugée a rejeté la demande en nullité d'un contrat d'assurance fondée sur ce qu'il y aurait eu exagération dans la valeur des objets assurés, on ne peut demander une seconde fois cette nullité en se fondant sur une prétendue réticence de l'as-

suré. — *Amiens*, 14 fév. 1840 (t. 2 1841, p. 718), Chambre d'assur. c. Labaraque.

168. — Lorsqu'un arrêt prononce la nullité d'un contrat d'assurance, pour cause de dol et de fraude, en déclarant que les objets assurés n'ont pas été réellement confiés au capitaine qui a délivré le connaissement, on ne peut être admis à soutenir en cassation que le dol et la fraude ont été jugés sans preuve, et que l'arrêt conséquemment a fait une fausse application de la loi qui proscrit la fraude. — *Cass.*, 15 fév. 1826, Syndics Duchêne c. Assurance de Bordeaux.

169. — S'il n'y a ni dol ni fraude de la part de l'assuré, le contrat est valable jusqu'à concurrence de la valeur des effets chargés, d'après l'estimation qui en est faite ou convenue. — C. comm., art. 358.

170. — C'est aux juges du fait qu'il appartient exclusivement de décider, d'après les circonstances de la cause et les actes produits, s'il y a eu réellement sur le navire chargement des objets assurés. — *Cass.*, 25 mai 1835, Boy de la Tour c. Charbonnel.

171. — Faute par les parties de s'entendre, des experts font l'évaluation des objets assurés, conformément à l'art. 339, C. comm. — Pardessus, t. 3, nº 876.

172. — En cas de pertes, les assureurs sont tenus d'y contribuer chacun à proportion des sommes par eux assurées. — Ils ne reçoivent pas la prime de cet excédant de valeur, mais seulement l'indemnité de demi pour cent. — C. comm., art 358.

173. — L'assuré peut, au moyen de la clause de *franc à l'assuré du droit de ristourne*, se dispenser de payer à l'assureur un demi pour cent de droit de ristourne sur l'excédant du chargé réel. — Dageville, t. 3, p. 81.

174. — S'il existe plusieurs contrats d'assurance faits sans fraude sur le même chargement, et que le premier contrat assure l'entière valeur des effets chargés, il subsistera seul. — Les assureurs qui ont signé les contrats subséquens, sont libérés; ils ne reçoivent que demi pour cent de la somme assurée. — C. comm., art. 359.

175. — Si l'entière valeur des effets chargés n'est pas assurée par le premier contrat, les assureurs qui ont signé les contrats subséquens répondent de l'excédant en suivant l'ordre de la date des contrats. — C. comm., art. 359.

176. — Si les polices ont la même date, elles sont censées n'en former qu'une seule, et elles sont réduites proportionnellement, par voie de répartition, au marc le franc. — Locré, sur l'art. 359; Pardessus, t. 3, nº 879.

177. — Réciproquemment, si dans chaque police il y a des dates différentes, le sort des assureurs est fixé par l'ordre de ces actes, qui détermine le rang de chacun d'eux. — Dageville, t. 3, p. 343 Alauzet, t. 2, p. 244.

178. — Le principe de réduction par date posé par l'art. 359 ne s'applique pas au cas où les assurances de dates successives ont eu lieu pour des portions aliquotes. Par exemple, un négociant a fait assurer par une première police la moitié de son chargement, évaluée 100,000 fr.; par une seconde, un quart, évalué 50,000 fr.; et enfin par une troisième, le dernier quart, évalué aussi 50,000 fr.; la valeur réelle du chargement total n'étant que de 150,000 fr., il y aura lieu au ristourne pour un quart sur chaque police. — Pothier, nº 77; Pardessus, t. 3, nº 879.

179. — La faillite d'un ou plusieurs assureurs, premiers en date, quoiqu'elle puisse autoriser la résolution du contrat, ne change rien à la condition des derniers assureurs, à l'égard desquels le ristourne doit avoir lieu, comme si les premiers n'étaient pas devenus insolvables. — Pardessus, t. 3, nº 880; Dageville, t. 3, p. 214; Boulay-Paty, t. 4, p. 123.

180. — Si l'assuré, pour se garantir, avait contracté une nouvelle assurance, ou fait assurer la solvabilité du premier assureur, les nouveaux assureurs seraient placés au même rang que les assureurs faillis. — Émérigon, ch. 16, sect. 4e; Pardessus, t. 3, nº 880; Dageville, t. 3, p. 314; Alauzel, t. 2, p. 238; Boulay-Paty, t. 4, p. 123.

181. — On doit suivre, pour le ristourne, l'ordre des dates des polices, sans distinction entre celles qui sont faites sous seings-privés et celles qui sont reçues en la forme authentique. — Alauzet, t. 2, p. 244. — V. *contrà* Boulay-Paty, t. 4, p. 122.

182. — Lorsque de deux assurances prises sur le même chargement, la première a été ristournée de bonne foi, la seconde doit être exécutée. — *En d'autres termes*, si rien ne fait présumer que l'annulation de la première police ait été frauduleusement pratiquée, les assureurs qui ont souscrit la seconde ne peuvent exciper de la première assurance pour demander la nullité de leur contrat, aux ter-

mes de l'art. 359, C. comm. — *Bordeaux*, 27 janv. 1829, Arrigunaga c. Georges frères.

183. — S'il est certain, en règle générale, que, lorsqu'il existe plusieurs contrats d'assurance pour un même chargement, le premier contrat doit seul subsister, il en est autrement lorsque avant le sinistre la première assurance a été annulée de bonne foi et sans fraude entre l'assureur et l'assuré. — En ce cas, le second contrat doit recevoir son exécution, et le second assureur ne serait pas fondé à se prétendre libéré en vertu de l'art. 359, C. comm., qui ne reçoit pas d'application à ce cas. — *Bordeaux*, 18 avr. 1839 (t. 2 1839, p. 137), Autchestky et Arnault c. Dublaix.

184. — L'assurance *à prorata*, comme celle faite à temps fixe, ne peut être résolue que par le concours des volontés de l'assureur et de l'assuré. — L'assurance *à proratà* peut bien être résolue à la volonté de l'assuré, en ce sens qu'il pourra faire cesser la navigation et les risques, et qu'alors le cours de la prime sera arrêté; la résolution dépend ici d'un fait qui n'est pas entièrement à la disposition libre et absolue de l'assuré; mais elle ne pourrait résulter de l'intention seule et non suivie d'un fait; autrement ce serait soumettre l'assureur à tous les caprices de l'assuré et apporter aux règles générales des contrats une exception qui ne serait justifiée par rien. — Le fait d'une nouvelle assurance prise par ce dernier ne suffit donc pas pour annuler la première faite *à prorata*; seulement, la nouvelle assurance est sans effet, et les premiers assureurs supportent seuls la perte des objets assurés. — *Aix*, 9 janv. 1827, Divers assureurs c. Arquier.

185. — Lorsqu'une police d'assurance a été souscrite avec la condition qu'elle ne serait valable qu'après l'approbation du commettant de l'assuré, la ratification donnée postérieurement par le commettant et acceptée par les assureurs a pour effet de rendre la police obligatoire à compter du jour de sa date, et non pas seulement du jour de l'acceptation de la ratification. En conséquence, la police souscrite à une date postérieure à celle de la première, quoique antérieure même à l'approbation donnée à celle-ci par le commettant, doit être ristournée si cette première couvrait l'entière valeur des objets assurés. — *Trib. comm. de Marseille*, 20 mars 1832, Rosland (*J. de Marseille*, 13, 1, 91).

186. — Lorsque deux assurances ont lieu séparément sur un même chargement, l'estimation adoptée par le premier assureur ne détermine pas la valeur des effets chargés à l'égard du second, et celui-ci peut consentir une estimation différente. Dans ce cas, et si la première assurance ne couvre pas l'entière valeur des marchandises d'après les estimations adoptées entre les parties, chaque convention doit recevoir son exécution jusqu'à concurrence de cette entière valeur d'après les estimations faites ou convenues avec chacun des assureurs. — Ainsi, et spécialement, si une première assurance a eu lieu au prix de facture, et qu'une seconde assurance ait fixé le prix à un taux supérieur, cette deuxième assurance doit, en cas de perte, recevoir son exécution (jusqu'au paiement de la somme qui en fait le montant) pour toute la différence qui existe entre la première assurance et la deuxième estimation. — Il n'y a pas lieu, dans ce cas, de faire application des principes relatifs au délaissement. — *Cass.*, 8 mai 1839 (t. 1er 1839, p. 551), Labarraque c. Lacheurié.

187. — Lorsqu'une première assurance a eu lieu au prix de facture, et qu'une seconde assurance faite sur le même chargement a fixé le prix à un taux supérieur, cette seconde assurance doit, en cas de perte, recevoir son exécution pour le montant de la somme faisant la différence entre l'estimation de la première assurance et celle de la deuxième. — *Amiens*, 14 fév. 1840 (t. 2 1841, p. 718), Chambre d'assurances c. Labaraque.

188. — La nullité prononcée par l'art. 359 produit les mêmes effets, relativement aux assureurs, soit que l'assuré ait agi avec bonne foi, soit qu'il y ait eu fraude de sa part. — Quant à l'assuré, s'il a été de bonne foi, il ne doit à l'assureur que le demi pour cent de la somme ristournée; mais s'il y a eu fraude de sa part, il tombe sous l'application de l'art. 357. — Boulay-Paty, t. 4, p. 124.

189. — Il peut arriver que, dans le cas d'une assurance faite par un seul assureur, celui-ci se fasse réassurer par diverses personnes, et qu'au moment du réglement on s'aperçoive que l'assurance principale excédait la valeur des objets chargés; dans cette hypothèse, le ristourne devra s'opérer sur les diverses réassurances successives, dans le même ordre qui aurait eu lieu, si, primitivement, l'assurance avait été faite par plusieurs assureurs. — Pardessus, t. 3, nº 880.

190. — Lorsque l'assurance porte sur une partie aliquote des objets chargés, et que le surplus forme

un découvert pour lequel l'assuré est réputé son propre assureur, en cas d'évaluation exagérée, on doit opérer le ristourne comme si les objets chargés avaient été assurés en entier par plusieurs assureurs. — Pardessus, t. 3, nº 881.

191. — S'il y a des effets chargés pour le montant des sommes assurées, en cas de perte d'une partie, elle sera payée par tous les assureurs de ces effets, au marc le franc de leur intérêt. — C. comm., art. 360.

Sect. 2e. — *Nature des risques.*

192. — Sont aux risques des assureurs toutes pertes et dommages qui arrivent aux objets assurés, par tempête, naufrage, échouement, abordage fortuit, changemens forcés de route, de voyage ou de vaisseau, par jet, feu, prise, pillage, arrêt par ordre de puissance, déclaration de guerre, représailles, et généralement par toutes les autres fortunes de mer. — C. comm., art. 350.

193. — Tel est le droit commun, c'est-à-dire que la responsabilité de l'assureur existe pour tous les cas, sans qu'il soit besoin de la stipuler dans la police; mais les parties ont la faculté d'étendre ou de restreindre d'un commun accord les risques, qui sont, de droit, à la charge de l'assureur (C. comm., art. 332). C'est ainsi que la clause *franc d'avaries* peut affranchir l'assureur de tous dommages, autres ceux qui occasionnent la perte entière ou presque entière des objets assurés.

194. — On entend généralement par *fortunes de mer*, tous les événemens qui arrivent sur mer, par cas fortuits ou par force majeure : par cas fortuits, lorsqu'ils ont pour cause les élémens; par force majeure, lorsqu'ils proviennent de l'autorité publique ou de la violence des hommes. — Dans les rapports de l'assureur et de l'assuré, les résultats de ces événemens sont compris sous la désignation générique de *sinistre* : on distingue le *sinistre majeur*, qui a pour effet de causer la perte totale ou presque totale des objets assurés, du *sinistre mineur*, dont le résultat est de diminuer la valeur de ces objets, sans en causer la perte totale.

195. — On doit entendre par ces mots, *toutes pertes et dommages*, non seulement les pertes et dommages occasionnés *directement* aux objets assurés par suite d'accidens maritimes, mais encore les frais extraordinaires auxquels ces accidens peuvent donner lieu. — Boulay-Paty, t. 4, p. 11; Estrangin, sur le nº 49 de Pothier; Delvincourt, t. 2, p. 392.

196. — Les salaires et la nourriture de l'équipage pendant le voyage intermédiaire nécessité par les réparations du navire sont pareillement à la charge des assureurs sur corps. — *Bordeaux*, 6 déc. 1830, Chobelet c. Assureurs.

197. — Les assureurs ne peuvent être tenus des salaires et nourritures de l'équipage du navire en réparation, que jusqu'au moment où les réparations sont terminées, et non pour le temps postérieur pendant lequel le navire continue à séjourner au lieu des réparations. — *Trib. comm. de Marseille*, 31 déc. 1830, Candolle (*J. de Marseille*, 11, 1, 321); 5 sept. 1833, Fabry (*J. de Marseille*, 15, 1, 135).

198. — L'assuré ne peut, en réclamant de l'assureur le montant des avaries souffertes par le navire dans le cours du voyage assuré, comprendre les dépenses faites au lieu du reste, après le voyage terminé, pour salaires et nourritures de l'équipage pendant les réparations, ni les frais de l'emprunt à la grosse, fait au lieu, du reste, pour le paiement de ces réparations. — *Trib. comm. de Marseille*, 24 déc. 1838 (*J. de Marseille*, 11, 312).

199. — Bien que les avaries survenues pendant le voyage assuré ne soient réparées qu'après l'arrivée du navire au lieu de sa destination, et par conséquent à une époque postérieure à la cessation des risques, les assureurs n'en sont pas moins tenus des vivres et gages de l'équipage pendant le temps des réparations. — *Bordeaux*, 3 mai 1841 (t. 2 1841, p. 252), Fabre c. Assureurs.

200. — Les assureurs sont tenus envers l'assuré du remboursement tant du capital que du profit maritime des sommes empruntées à la grosse par le capitaine, même après l'arrivée du navire au terme du voyage assuré, mais seulement pour payer les réparations des avaries survenues dans le cours de ce voyage. Et, dans ce cas, les assureurs sont obligés à toutes les stipulations, même conditionnelles, auxquelles le prêt à la grosse a été consenti. — Ainsi, lorsque le prêt a été fait avec prime simple pour le cas de retour direct du navire au lieu du départ, et augmentation de prime pour le cas où il ferait un voyage intermédiaire, les assureurs sont passibles de l'augmentation si le voyage intermédiaire a été fait, bien que ce voyage fût en dehors du contrat d'assurance et postérieur à la cessation des risques assumés par les assureurs. — *Bordeaux*, 3 mai 1841 (t. 2 1841,

p. 252, Fabre c. Assureurs;—Lemonnier, t. 2, p. 187.

201. — Le *naufrage*, suivant la déclaration du 15 juin 1735, est l'événement par lequel un navire est submergé par l'effet de l'agitation violente des eaux, de l'effort des vents, de l'orage ou de la foudre, de manière qu'il s'abîme entièrement dans la mer, sans qu'il en reste aucun vestige permanent sur la surface des eaux. — Boulay-Paty, t. 4, p. 12.

202. — Indépendamment de ce naufrage, que l'on peut appeler *absolu*, il en existe une seconde espèce : c'est lorsque le navire échoué donne accès à l'eau de la mer, qui remplit sa capacité sans qu'il disparaisse entièrement. — Boulay-Paty, *loc. cit*; Pardessus, t. 3, nº 643.

203. — La loi n'ayant pas défini ce qu'on doit entendre par le mot *naufrage*, il appartient aux juges de caractériser cet événement selon les circonstances. — Il y a naufrage lorsque le navire démâté, poussé par la tempête sans pouvoir recevoir aucune direction, coulant bas par l'invasion de l'eau de la mer, est abandonné par l'équipage au moment où l'on suppose qu'il va sombrer. — Peu importe que, postérieurement, le navire soit retrouvé flottant et qu'il soit ramené dans le port. —*Bordeaux*, 31 janv. 1837, Divers assureurs (*Mémor. de Jurisp.*, 4, 1, 60); — Lemonnier, t. 1er, p. 176.

204. — Il y a *échouement* lorsqu'un navire donne sur des roches, sur un bas-fond ou banc de sable, où il touche et demeure arrêté faute d'eau pour le soutenir. — Boulay-Paty, t. 4, p. 14; Lemonnier, t. 1er, p. 176.

205. — *L'abordage* est le choc de deux navires l'un contre l'autre. — L'art. 407, C. comm., distingue trois espèces d'abordages : 1º celui qui est purement fortuit; — 2º celui qui arrive par la faute de l'un des capitaines; — 3º celui sur les causes duquel il y a doute.

206. — Quoique l'art. 350 ne mette expressément à la charge de l'assureur que l'abordage fortuit, on doit néanmoins décider que l'assureur est également responsable, sauf son recours contre qui de droit, lorsque l'abordage provient de toute autre cause que la faute du capitaine du navire assuré. — Boulay-Paty, t. 4, p. 16; Alauzel, t. 2, p. 6; Lemonnier, t. 1er, p. 178.

207. — Mais, lorsque la cause de l'abordage demeurant inconnue, il peut être attribué à une imprudence commune, les assureurs ne doivent pas répondre de la part de dommage afférente à chaque navire, à moins qu'ils ne se soient chargés des cas de baraterie de patron.—Lemonnier, t. 1er, p. 179.

208. — Lorsqu'à la suite d'un sinistre arrivé par l'abordage de deux navires, le capitaine à la négligence duquel il est attribué, et la compagnie qu'il représente, au lieu de faire immédiatement l'abandon du navire et du fret, contestent la demande de leurs adversaires, et déclarent n'abandonner que subsidiairement pour le cas où la condamnation poursuivie contre eux serait prononcée, ils peuvent être condamnés solidairement, à titre de dommages-intérêts, aux frais et dépens auxquels le procès donne lieu. — *Rouen*, 1er juin 1841 (t. 2 1841, p. 117), Stranack et comp. anglaise de navigation c. comp. française du Phénix.

209.— Lorsque le Code parle de changement de route, cela doit toujours s'entendre du voyage assuré; parce que ce voyage est le seul dont l'assureur réponde, et qui soit déterminé par les énonciations de la police.

210. — On considère comme *changement forcé* de route, toute déviation nécessitée par la crainte de l'ennemi, le besoin de se procurer des vivres, de l'eau, de radouber le navire, de laisser à terre des pestiférés ou autres malades contagieux, d'éviter la prise ou les dangers résultant d'un blocus. — Pardessus, t. 3, nº 867; Valin, sur l'art. 26, liv. 3, tit. 6, ord. 1681; Boulay-Paty, t. 4. p. 17.

211. — Le changement de route n'est pas présumé fatal; c'est à l'assuré à prouver qu'il a été occasionné par force majeure ou fortune de mer. — Boulay-Paty, t. 4, p. 18; Alauzel, t. 2, p. 7; Lemonnier, t. 1er, p. 189.

212. — Les assureurs ne sont pas censés s'être soumis à la garantie des suites du déroutement forcé par la prohibition d'entrée au lieu du reste, par cela seul que l'assurance a été prise pour compte d'un individu de la nation dont les produits sont prohibés et sous telle simulation ou dénomination de *pour compte* que portent les connaissemens.—*Trib. comm. de Marseille*, 7 août 1827, Guerrero (*J. de Marseille*, 9, 1, 187).

213. — Le jet est à la charge des assureurs, quand bien même les marchandises assurées ne se trouvent pas parmi les marchandises jetées, parce que la contribution, dont elles se trouvent alors frappées, constitue une perte causée par fortune de mer. — Pothier, nº 52; Boulay-Paty, t. 4, p. 19; Lemonnier, t. 1er, p. 190.

214 — En cas de jet des effets chargés sur le tillac, les assureurs ne sont pas responsables de la perte résultant du jet, lorsque la police ne contient point la clause *permis de charger sur couverte*. — *Trib. comm. de Marseille*, 19 janv. 1820, comp. royale d'assurance de Paris (*J. de Marseille*, 3, 1, 243).

215. — Les assureurs ne sont responsables des pertes et dommages occasionnés par le feu qu'autant qu'il est produit par un événement fortuit ou de force majeure. — En pareil cas, le sinistre est réputé fatal, tant que le contraire n'est pas prouvé. —Pardessus, t. 3, nº 771; Alauzel, t. 2, p. 25; Lemonnier, t. 1er, p. 192.

216. — *L'incendie* n'est présumé arrivé par cas fortuit et à la charge des assureurs, que lorsqu'il a eu lieu sans qu'on ait pu porter secours au navire et sauver les personnes qui s'y trouvaient, de sorte que l'on ne puisse se procurer aucun renseignement sur la cause du sinistre. — Emerigon, t. 1er, p. 433; Dageville, t. 3, p. 263.

217. — Lorsqu'un navire assuré a été détruit en mer par un incendie, cette cause doit, à défaut par le capitaine de l'avoir fait connaître, être réputée provenir de la faute du capitaine : il n'y a point présomption, en ce cas, que le sinistre soit arrivé par fortune de mer ; par suite, la perte du navire et des objets assurés n'est point à la charge des assureurs. — *Cass.*, 4 janv. 1832, Charbonnel c. Assureurs maritimes.

218. — L'incendie d'un navire en mer, dont la cause n'est pas exprimée au rapport du capitaine, est par cela même présumé de plein droit provenir de la faute ou de la négligence du capitaine, et les assureurs sont, dans ce cas, affranchis de la perte, faute par les assurés de justifier que l'événement provient d'un cas fortuit ou de force majeure. — *Aix*, 10 déc. 1821, Assurés sur le navire la Divine Providence et Macedo c. Assureurs.

219. — L'incendie qui a lieu à bord d'un navire ne peut être rangé dans la classe des cas fortuits que lorsque le capitaine en indique la cause, et qu'il prouve qu'il n'y a eu ni faute ni négligence de sa part ou de la part de son équipage. — *Aix*, 11 juill. 1833, Signoret c. Héry.

220. — La perte d'un navire assuré survenue par suite d'incendie ne peut être mise à la charge des assureurs qu'autant que ce sinistre est le résultat d'une fortune de mer. — En pareil cas, c'est à ceux qui réclament des assureurs la réparation du dommage éprouvé à rapporter la preuve que le sinistre a été occasionné par un accident de mer ; et cela, parce que la présomption qui veut que l'on attribue à la fatalité, et non à la négligence, la perte du navire dont l'équipage a péri, ne s'applique pas à la destruction du navire dont l'équipage a survécu au sinistre. — *Douai*, 1er fév. 1841 (t. 2 1841, p. 385), Caux c. comp. d'assurances marit. l'Union du Nord.

221. — Lorsque le feu a été mis par le capitaine pour empêcher le navire de tomber entre les mains de l'ennemi, ou par ordre supérieur pour cause de salubrité publique, la perte est à la charge des assureurs, à moins qu'ils ne prouvent que le capitaine pouvait, sans incendier le navire, le sauver des mains de l'ennemi, ou que l'événement de la peste soit imputable au capitaine. — Emerigon, ch. 12, sect. 17e; Valin, sur l'art. 26, liv. 3, tit. 6, ord. 1681; Pothier, nº 53; Boulay-Paty, t. 4, p. 20; Locré, sur l'art. 350; Alauzel, t. 2, p. 33; Lemonnier, t. 1er, p. 212.

222. — Dans le sens du contrat d'assurance, la *prise* existe dès l'instant où un navire est arrêté pour soupçon ou pour cause de contrebande et qu'il est conduit dans un autre port que celui de destination, même hors le fait de guerre ou de déprédation.—*Trib. comm. de Marseille*, 19 sept. 1825, Berardi (*J. de Marseille*, 6, 1, 281).

223. — L'assureur qui a garanti, outre les risques de mer, ceux de capture par sujets de puissances non reconnues par la France, et non ceux de guerre avec une puissance reconnue, n'est pas tenu de supporter la perte résultant de la prise faite par un navire étranger armé en course, si, en fait, à l'époque de la capture, la France était en état de guerre avec la puissance reconnue à laquelle appartenait le navire capteur. — *Cass.*, 6 avr. 1831, Changeur c. Reilly.

224. — L'arrêt qui décide en fait que la France est en état de guerre avec une puissance, et que, par suite, la prise d'un navire français par un navire appartenant à cette puissance est un fait de guerre, et non un acte de piraterie, est à l'abri de la censure de la cour de Cassation. — Même arrêt.

225. — Les colons révoltés et constitués en gouvernement de fait, ne doivent pas être considérés comme pirates par cela seul qu'ils attaquent le pavillon et les propriétés de leur métropole, si d'ailleurs ils respectent le pavillon et les propriétés des autres puissances. En conséquence, la prise d'un chargement faite par ces colons et déclarée valable sur le fondement qu'il provient de la métropole, ou qu'il appartient à des sujets de la métropole, doit, relativement aux assureurs, être considérée comme un événement de guerre et non comme un événement de mer.—*Trib. comm. de Marseille*, 19 janv. 1824, Bazin (*J. de Marseille*, 5, 1, 235).

226.—Les assureurs seraient déchargés de toute responsabilité, si le capitaine avait pu éviter soit la rencontre de l'ennemi, soit le combat, ou s'il ne s'était pas suffisamment défendu. — Locré, sur l'art. 350. — Pothier (nº 54) semble, quoiqu'en termes fort peu positifs, adopter l'opinion contraire : « On m'a assuré, dit-il, que dans les tribunaux on n'admettait pas cette preuve (que le vaisseau avait été pris par la lâcheté du capitaine), et que le capitaine qui s'était rendu était présumé n'avoir pu faire autrement. » — Nous croyons que, sous le Code de comm., d'après lequel (art. 321) le capitaine est garant de ses fautes, les assureurs seraient recevables à faire, par toute espèce de mode, la preuve que le capitaine pouvait empêcher la prise du navire. — V. au surplus *infrà* nº 270.

227.—Le *pillage* n'est à la charge des assureurs qu'autant qu'il a eu lieu sur mer; par conséquent, ils n'en répondraient plus, si pendant le cours du voyage les marchandises avaient été mises à terre conformément à la convention ou d'après l'ordre d'une autorité supérieure. — Alauzel, t. 2, p. 34; Pardessus, t. 3, nº 770; Delvincourt, t. 2, p. 392.

228. — Il y a cependant un cas où le pillage fait sur terre serait à la charge des assureurs, c'est lorsque les effets assurés sont pillés sur le rivage, après y avoir été jetés par les flots. — Pothier, nºs 51 à 55; Merlin, *Rép.*, vº *Police*, nº 16; Alauzet, t. 2, p. 34; Lemonnier, t. 1er, p. 218.

229. — Le vol opéré à bord pendant le naufrage sous prétexte de sauvetage et avec une violence qui a plusieurs fois forcé l'équipage de recourir aux armes, constitue un cas fortuit dont l'assureur est responsable. — *Bordeaux*, 6 déc. 1838 (*Mém. de jur. comm.*, t. 6, p. 216); — Lemonnier, t. 1er, p. 213.

230. — *L'arrêt par ordre de puissance* est l'acte d'un gouvernement ami qui, pour une nécessité publique et hors le cas de guerre, arrête quelques vaisseaux ou tous les vaisseaux qui se trouvent dans un port ou dans les ports et mers de sa domination.—Alauzel, t. 2, p. 35; Lemonnier, t. 1er, p. 238.

231. — Il n'est pas de l'essence de l'arrêt qu'il soit fait dans un port, il peut avoir lieu en pleine mer. — Emerigon, t. 1er, p. 527; Lemonnier, t. 1er, p. 239; Alauzet, t. 2, p. 35.—V. *contrà* Pothier, nº 56.

232. — L'avarie essuyée par un navire arrêté par ordre de puissance sous prétexte de violation de blocus, est considérée comme fortune de mer aux risques des assureurs, conformément à l'art. 349, C. comm., lorsqu'il est prouvé que la violation de blocus n'a pas existé. — *Cass.*, 2 août 1827, Comp. d'assurances c. Changeur.

233. — L'assureur qui prend à sa charge les risques de guerre et leurs conséquences n'est pas tenu de garantir la dépréciation morale des marchandises assurées, en cas de retour forcé du navire par suite du blocus du lieu de destination; il n'est responsable que des avaries matérielles subies par les marchandises, et des frais extraordinaires de retour. — *Paris*, 25 nov. 1839 (t. 2 1839, p. 670), Cardozo et Séchès c. le Lloyd français; — Lemonnier, t. 1er, p. 260.

234.—Lorsque, par suite du blocus du lieu de destination et de tous les autres points du littoral de la même nation, le navire est forcé de rentrer au port d'armement avec sa cargaison, il y a là un risque de guerre dont le dommage doit être couvert par l'assureur, encore bien que l'assurance n'ait pas été faite pour le retour. — On doit comprendre dans le dommage résultant de ce risque, non seulement les pertes matérielles, mais encore le frêt *d'aller* payé pour la marchandise assurée, et la dépréciation de cette marchandise, quoique aucune avarie proprement dite ne soit alléguée. — Mais la prime d'assurance ne peut faire l'objet d'une répétition de la part de l'assuré. — *Paris*, 7 mai 1839 (t. 1er 1839, p. 631), Perineau c. Chambre d'assurances maritimes de Paris.

235. — Les risques qui dérivent d'une convention diplomatique conclue entre deux puissances, autorisant l'une d'elles à retenir pour les besoins publics les denrées et autres objets qui entrent dans ses ports et rades et qui appartiennent aux sujets de l'autre, sont à la charge des assureurs, si d'ailleurs la convention est également connue ou inconnue de l'assuré et des assureurs. — *Trib. comm. de Marseille*, 18 oct. 1824, Amoretti (*J. de Marseille*, 5, 1, 278); — Goujet et Merger, nº 221.

236. — Les assureurs ne sont pas responsables des pertes qui dérivent d'une tentative de contrebande qui a lieu en pays étranger, alors qu'ils n'ont pas assumé cette responsabilité par un pacte formel.—*Trib. comm. de Marseille*, 9 mars 1824, Plu-

vinet et comp. (*J. de Marseille*, 5, 1, 49); 7 août 1827, Guerrero (*J. de Marseille*, 9, 1, 187); 16 oct. 1827, Maury Calsada (*J. de Marseille*, 9, 1, 257).

257. — Lorsque la police d'assurance met sans distinction à la charge des assureurs les risques et toutes relâches du navire, cette clause comprend même les relâches volontaires. — *Rennes*, 28 oct. 1816, N...

238. — La vente d'une partie du chargement du navire après relâche forcée et pour payer les dépenses que cette relâche et les réparations du navire ont occasionnées doit être considérée comme le résultat d'une fortune de mer, et le dommage qui peut en résulter se trouve, en conséquence, compris dans les risques mis par la loi à la charge des assureurs. — *Cass.*, 9 fév. 1842 (t. 1er 1842, p. 509), Zizania.

239. — L'assureur ne répondant que des dommages causés par fortune de mer, sa responsabilité ne doit pas s'étendre aux frais ordinaires du voyage; ainsi il n'est pas tenu du pilotage, touage et lamanage, ni d'aucune espèce de droits imposés sur le navire et sur les marchandises (C. comm., art. 354), quand même la perception de ces droits n'aurait été ordonnée que depuis l'époque du contrat; ce n'est pas là un accident maritime. —Pardessus, t. 3, no 773.

240. — Mais si ces frais avaient été occasionnés extraordinairement et par suite d'événemens dont l'assureur est responsable, si, par exemple, un navire était obligé d'opérer une relâche forcée pour échapper à la tempête ou à la poursuite de l'ennemi, l'assuré serait alors fondé à en demander le remboursement. — Pardessus, t. 3, no 773; Dageville, t. 3, p. 284.

241. — Les déchets, diminutions et pertes qui arrivent par le vice propre de la chose ne sont point à la charge des assureurs (C. comm., art. 352). — Cette disposition ne s'applique pas seulement au cas où, par suite de sa mauvaise qualité, la chose porte en elle-même un germe de destruction, mais aussi au cas où elle serait détériorée ou perdue par un des accidens auxquels sa nature la rendrait sujette. On peut citer pour exemples des étoffes qui se piquent, des vins qui se gâtent, etc. On ne considère pas si la navigation, soit à raison de sa durée, soit à raison des régions où elle s'effectue, a pu développer ou augmenter le vice propre de la chose. — Locré, sur l'art. 352; Pardessus, t. 3, p. 773; — Lemonnier, t. 1er, p. 275.

242. — Il en est de même des détériorations que subit une chose par suite de l'usage auquel elle est destinée. — C'est ainsi que les détériorations des accessoires du navire par leur emploi ordinaire, la rupture d'un câble usé par le frottement, et même la perte d'une ancre qui en aurait été la conséquence, ne tomberaient point à la charge des assureurs. — *Secùs* si les détériorations provenaient d'un accident de mer, si, par exemple, la rupture du câble et la perte de l'ancre avaient été occasionnées par la tempête. — Boulay-Paty, t. 4, p. 78; Pardessus, t. 3, no 773.

243. — Les assureurs d'une marchandise sujette par sa nature à se détériorer sont responsables de l'aggravation que son vice propre peut recevoir des événemens de mer mis à leur charge par la loi. — *Aix*, 16 juin 1840 (t. 2 1840, p. 699), Plasse et Hompry c. Assureurs; — Lemonnier, t. 1er, p. 277.

244. — Lorsqu'une assurance sur faculté non désignée par la police, porte la clause *en quoi que le tout consiste ou puisse consister*, cette clause générale a pour effet de mettre aux risques des assureurs même les marchandises sujettes à détérioration dont il est parlé dans l'art. 355, C. comm. — *Trib. comm. de Marseille*, 28 avr. 1830, Audric et Barthélemy (*J. de Marseille*, 11, 1, 191).

245. — L'arrêt qui, par appréciation des faits et circonstances de la cause, déclare qu'un navire a péri par son vice propre et non par fortune de mer, ne peut, de ce chef, tomber sous la censure de la cour de Cassation. — *Cass.*, 29 juin 1836, Vasquez c. Arnaud.

246. — Lorque l'assuré ne justifie pas que le navire fût en bon état au moment du départ ni que la voie d'eau qui a causé la perte du corps et des facultés soit provenue d'événemens majeurs de la navigation, la perte doit être attribuée au vice propre du navire. — Même arrêt.

247. — Le certificat de visite constatant le bon état d'un navire forme, en faveur de l'assuré, et jusqu'à certification contraire, la preuve que les avaries éprouvées sont le résultat de sinistres maritimes, et non du vice propre. — *Bordeaux*, 7 mai 1839 (t. 2 1839, p. 287), Fabre c. Assureurs maritimes; *Bordeaux*, 8 mars 1841 (t. 1er 1841, p. 700), Bouard c. Assureurs; — Locré, sur l'art. 389; Emerigon, t. 1er, p. 558; Boulay-Paty, t. 1er, p. 263; Dageville, t. 3, p. 277; Lemonnier, t. 1er, p. 280.

248. — Néanmoins, si les réparations faites à

l'occasion de l'avarie comprenaient certaines parties du navire qui auraient été usées par le temps, l'assuré supporterait les dépenses particulières qui en seraient résultées. — *Bordeaux*, 8 mars 1841 (t. 1er 1841, p. 700), Bernard c. Assureurs.

249. — Le coulage, auquel certaines marchandises sont naturellement sujettes, est aussi considéré comme un vice propre dont les assureurs ne sont pas tenus. — Il en serait autrement si ces marchandises avaient éprouvé un coulage extraordinaire par suite de fortunes de mer : les assureurs en devraient tenir compte, sous déduction de la diminution opérée par le coulage ordinaire, pourvu toutefois que l'assuré ait fait, dans la police, la déclaration prescrite par l'art. 355. — Si le coulage extraordinaire provenait du mauvais arrimage des marchandises, les assureurs n'en seraient alors responsables qu'autant qu'ils auraient garanti la baraterie de patron. — Boulay-Paty, t. 4, p. 78; Pardessus, t. 3, no 773.

250. — La clause *franc de coulage* affranchit les assureurs, non seulement du coulage ordinaire provenant de la faute de l'homme ou du vice propre de la chose, mais encore de celui qui provient d'un événement de mer et de force majeure. — *Aix*, 23 nov. 1818, Comp. royale d'assurances c. Roulet et Brassart; *Trib. comm. de Marseille*, 5 mai 1818, Guez (*J. de Marseille*, 3, 1, 177; *Aix*, 14 mars 1823, Séjourné c. Rebecqui; — Émérigon, t. 1er, p. 392.

251. — Lorsqu'une police d'assurance relative à des huiles, contient à la fois, en faveur des assureurs, la clause de franchise d'avaries de tant p. 100 et la clause de franc de coulage des liquides, s'il est reconnu que les huiles assurées n'ont souffert dans le voyage aucune détérioration et n'ont éprouvé qu'un coulage, les assureurs sont entièrement affranchis de la perte du coulage, quelque extraordinaire qu'il soit, et quelle que soit la cause qui l'ait produit. — *Trib. comm. de Marseille*, 9 mars 1829 (*J. de Marseille*, 10, 129).

252. — Les assureurs ne sont pas tenus non plus de la mort naturelle des animaux embarqués; mais s'ils avaient péri pendant une tempête et par suite de cette tempête, les assureurs seraient alors garans de leur perte, sauf à eux à prouver que toutes les précautions usitées en pareil cas n'avaient pas été prises pour leur embarquement; auquel cas la responsabilité des assureurs cesserait, à moins qu'ils ne se fussent chargés de la baraterie de patron. — Boulay-Paty, t. 4, p. 80; Pardessus, t. 3, no 773.

253. — Dans les pays où la traite est encore tolérée, la mort des nègres, fût-elle causée par le désespoir ou la révolte, ne devrait pas être à la charge des assureurs. — Valin, sur l'art. 11, liv. 3, tit. 6, ord. 1681; Pothier, no 66; Pardessus, t. 3, no 773; Boulay-Paty, t. 4, p. 80 et suiv. — V. *contrà* Emérigon, t. 1er, p. 392, pour le cas de révolte.

254. — Dans ces divers cas, c'est à l'assuré qu'il appartient de justifier du dommage et de ses causes, sauf à l'assureur, s'il prétend que le dommage ne provient pas d'un cas fortuit, mais bien du vice propre de la chose, à prouver ce dernier fait. — Dageville, t. 3, p. 274; Boulay-Paty, t. 4, p. 83; Pardessus, t. 3, no 773. — Les parties pourraient d'ailleurs, par une clause expresse, mettre à la charge des assureurs les déchets, diminutions et pertes qui proviennent d'un vice propre de la chose. — Pardessus, t. 3, no 774.

255. — Les pertes et dommages qui arrivent par le fait ou la faute de l'assuré, ne sont pas à la charge des assureurs (C. comm., art. 351). Il en est de même de ceux qui arrivent par le fait ou la faute de ses préposés, agens ou facteurs. — C'est à l'assureur à prouver que le dommage provient du fait de l'assuré; dans le doute, il est présumé avoir été causé par un accident maritime. — Delvincourt, t. 2, p. 367; Dageville, t. 3, p. 274.

256. — La convention par laquelle l'assureur prendrait à sa charge le fait de l'assuré, ne serait pas valable; nul ne peut se faire garantir contre son propre dol, ce serait là une convention *ad delinquendum*. — Pothier, no 65; Boulay-Paty, t. 4, p. 59; Dageville, t. 3, p. 273.

257. — Mais *quid* si la convention avait pour objet le fait du commissionnaire ou du préposé de l'assuré? — Cette question, qui divisait Valin (sur l'art. 27, tit. 6, liv. 3, ord. 1681) et Emérigon (V. *infrà* no 280), paraît tranchée maintenant par l'art. 353, qui permet de stipuler que l'assureur sera chargé de la baraterie de patron, sans distinguer si le capitaine est ou non du choix de l'assuré.

258. — On entend par dommage provenant du fait de l'assuré tout ce qui peut arriver par suite de sa fraude, de sa négligence ou d'une contravention aux lois. La fraude consisterait par exemple à charger des marchandises déjà avariées; la négligence, à ne pas prendre toutes les précautions nécessaires pour les garantir d'accidens pendant le

voyage; la contravention aux lois, à charger des marchandises de contrebande. — Nous avons vu (no 591) que l'assurance d'objets de contrebande destinés à l'exportation était licite; mais pour que l'assureur soit, en pareil cas, responsable de la confiscation des marchandises ou de l'arrêt du navire, il faut qu'il se soit chargé de ces risques par une clause expresse. — Pardessus, t. 3, no 771; Locré, sur l'art. 326; Dageville, t. 3, p. 274.

259. — Le consignataire d'une marchandise assurée qui prend sur lui de faire changer le mouillage du navire dans le lieu de l'arrivée, sans le consentement du capitaine et pendant son absence du bord, est sans action, tant contre le capitaine que contre l'assureur, à raison de l'avarie causée à la marchandise par le chavirement du navire après son changement de place. — *Poitiers*, 24 juin 1831, Levavasseur c. Chicot et Chaigneau.

260. — Les assureurs ne répondent point non plus des pertes et dommages qui proviennent du fait ou de la faute des propriétaires, affréteurs ou chargeurs (C. comm., art. 352), c'est-à-dire de celles de ces personnes qui n'ont pas fait assurer. — Les parties peuvent déroger à cette règle du droit commun par une convention particulière. — Locré, sur l'art. 352; Dageville, t. 3, p. 275.

261. — L'assureur n'est pas tenu des prévarications et fautes du capitaine et de l'équipage connues sous le nom de *baraterie de patron*. — C. comm., art. 353.

262. — On entend par baraterie de patron non seulement les crimes, prévarications, délits et fautes graves commises par un capitaine dans l'exercice de ses fonctions, mais même les fautes légères et les simples négligences qu'il peut commettre, en un mot tous les faits dont l'art. 216 rend le propriétaire responsable. — L'expression générique *baraterie de patron* s'applique également aux délits et aux fautes de l'équipage. — Locré, sur l'art. 353; Dageville, t. 3, p. 279; Boulay-Paty, t. 4, p. 61; Lemonnier, t. 1er, p. 215.

263. — Avant l'ordonnance de 1681, la baraterie avait été de droit et sans stipulation à la charge de l'assureur, et cet usage s'est maintenu en Angleterre et chez presque toutes les nations du Nord. — Aujourd'hui la clause qui met à la charge de l'assureur la baraterie de patron est devenue, pour ainsi dire, de style dans les polices.

264. — Il n'est pas nécessaire que la faute du capitaine ait directement donné lieu au sinistre : il suffit qu'il soit possible qu'elle l'ait occasionné. Ainsi, le capitaine qui met à la voile par un temps évidemment contraire, ou qui éprouve une tempête par suite d'un retard volontaire, se rend coupable d'une imprudence ou d'une négligence qui affranchit les assureurs de toute responsabilité. — Boulay-Paty, t. 1er, p. 63; Pardessus, t. 3, no 771.

265. — Il en est de même des accidens qui arriveraient dans les circonstances suivantes : si, en plaçant le navire dans le port, la distance prescrite n'avait pas été observée; s'il avait été mal amarré ou amarré avec des câbles insuffisans; s'il embarrassait le passage; si, lors de la sortie du port, les précautions prescrites par les réglemens maritimes n'avaient pas été prises, etc.; en un mot, si le dommage éprouvé par le navire pouvait être attribué à l'impéritie ou à la négligence du capitaine ou de l'équipage. — Boulay-Paty, t. 4, p. 66.

266. — Le capitaine d'un navire qui néglige, soit avant son départ, soit dans le cours du voyage, de faire à son navire toutes les réparations nécessaires pour le mettre et maintenir en bon état de navigation, commet une faute telle que les assureurs sur facultés affranchies de la baraterie de patron, peuvent, en cas de perte du navire et du chargement, se prévaloir de cette faute à l'encontre de l'assuré, pour refuser le délaissement, surtout en l'absence d'événemens de mer auxquels on puisse attribuer exclusivement la perte du navire. — *Trib. comm. de Marseille*, 19 avr. 1830 (*J. de Marseille*, 11, 213).

267. — L'échouement arrivé par la faute du capitaine n'est pas non plus à la charge des assureurs; mais il en serait autrement si l'échouement avait eu lieu volontairement pour éviter un plus grand désastre ou pour échapper à la poursuite de l'ennemi. — Boulay-Paty, t. 4, p. 65.

268. — Les assureurs ne répondent pas non plus des pertes et dommages que peut causer le fait, par le capitaine ou les gens de l'équipage, de s'être livrés à la contrebande; il en est de même de la confiscation encourue pour n'avoir pas payé les droits de l'état, ou faute de s'être prémuni de patentes nécessaires. — Boulay-Paty, t. 4, p. 67.

269. — Si le navire assuré est incendié dans un port, et que les précautions prescrites par l'ord. 1681 (art. 8, 9, et 14, tit. *des Ports*, et art. 4 et 5, tit. *du Maître du quai*), pour prévenir l'incendie des navires qui sont dans un port, n'aient pas été

observées, cette négligence du capitaine ou de l'équipage décharge les assureurs de toute responsabilité à cet égard. — Boulay-Paty, t. 4, p. 66.

270. — Les assureurs ne répondent pas de l'abordage occasionné par la faute du capitaine ou de l'équipage, ni de la prise arrivée parce que le capitaine n'a pas su éviter l'ennemi, ou parce qu'il ne s'est pas suffisamment défendu, ou parce qu'il s'est volontairement écarté de l'escorte avec laquelle il devait voyager. — Pardessus, t. 3, nº 771; Boulay-Paty, t. 4, p. 66.

271. — Il en est de même lorsque, par suite de l'inobservation des réglemens, le capitaine a reçu dans son navire des passagers attaqués de la peste ou des marchandises susceptibles de la communiquer, et que le navire est condamné à être brûlé, comme cela peut arriver dans les cas prévus par l'art. 6, L. 3 mars 1822. — Pardessus, t. 3, nº 771.

272. — La perte des marchandises par défaut de soins dans l'arrimage ou aménagement à bord, est réputée baraterie de patron à la charge du capitaine. — *Cass.*, 9 août 1826, Olard c. Serbi-Lomond, et Comp. d'assurance c. Lahens; — Pardessus, t. 3, nº 771.

273. — C'est le capitaine, et non l'affréteur ou le chargeur qui est responsable du défaut d'arrimage. — *Bordeaux*, 10 août 1822 (sous *Cass.*, 7 juill. 1824, Layens c. Otard.

274. — Les assureurs ne sont pas tenus des conséquences de la révolte qui éclaterait parmi l'équipage par suite d'insubordination; il en serait autrement si c'était par une juste crainte de faire naufrage ou d'être pris par l'ennemi que l'équipage refusât de continuer la route. — Le cas de désertion de l'équipage constituerait au contraire toujours et sans distinction un cas de baraterie. — Dageville, t. 3, p. 279; Boulay-Paty, t. 4, p. 68; Pardessus, t. 3, nº 771; Delvincourt, t. 2, p. 368. — V. *contrà* Lemonnier, t. 1er, p. 221.

275. — Les faits du pilote lamaneur que le capitaine a pris dans les cas prévus, et en se conformant pour son choix aux réglemens, sont à la charge des assureurs, parce que le pilote ne fait pas partie de l'équipage; mais ils ne répondraient pas des accidens arrivés par la faute du capitaine qui n'aurait pas eu la précaution de prendre un pilote lamaneur. — Pardessus, t. 3, nº 771; Boulay-Paty, t. 4, p. 68; Delvincourt, t. 2, p. 368.

276. — Dans les faits du capitaine et de l'équipage, on ne doit pas comprendre ceux des passagers et des gens de guerre, à moins qu'il n'ait été au pouvoir du capitaine de les empêcher, et qu'il ne l'ait pas fait. — Boulay-Paty, t. 4, p. 69; Dageville, t. 3, p. 279; Pardessus, t. 3, nº 771; Lemonnier, t. 1er, p. 221.

277. — Dans tous ces cas, la perte est réputée provenir d'un cas fortuit ou de force majeure tant que le contraire n'est pas prouvé; c'est donc à celui qui allègue la baraterie, à en administrer la preuve — Il suit de là que le navire qui ne revient pas est présumé péri par fortune de mer, à moins que l'assureur ne prouve que c'est la faute du capitaine qui a causé ce sinistre. — Pardessus, t. 3, nº 771; Boulay-Paty, t. 4, p. 70; Delvincourt, t. 2, p. 368.

278. — La stipulation qui rendrait l'assureur responsable de la baraterie de patron, ne serait pas valable si c'était le capitaine lui-même qui se fût fait assurer, l'assuré ne pouvant stipuler la garantie de ses propres fautes. — C. comm., art. 351; — Valin, sur l'art. 28, tit. 6, liv. 3 de l'ord. 1681; Pothier, nº 65; Emérigon, t. 1er, p. 369; Boulay-Paty, t. 4, p. 73; Pardessus, t. 2, nº 772; Lemonnier, t. 1er, p. 228. — Cependant la convention vaudrait pour la baraterie des gens de l'équipage, à laquelle le capitaine n'aurait point participé. — Locré, sur l'art. 353; Boulay-Paty, t. 4, p. 73; Dageville, t. 3, p. 280; Lemonnier, *loc. cit.*

279. — Il en serait de même si le propriétaire ou armateur commandait lui-même son navire. — Mais si le capitaine était le fils de l'assuré, la stipulation serait valable, à moins qu'il n'y eût plus tard preuve de collusion. — Valin, sur l'art. 28, ord. 1681; Pothier, nº 65; Boulay-Paty, t. 4, p. 74; Pardessus, t. 3, nº 772.

280. — Si l'assuré est en même temps l'armateur du navire, et qu'en cette qualité il ait choisi le capitaine, peut-il également se faire garantir contre la baraterie de patron? — Emérigon (t. 1er, p. 367) soutient la négative, parce que dans ce cas la garantie deviendrait illusoire; l'armateur étant tenu lui-même des faits du capitaine, l'assureur pourrait à son tour exercer un recours contre lui; ce qui amènerait un circuit d'actions contraire au principe du droit. — Dageville (t. 3, p. 281) se range à cette opinion, en exceptant toutefois le cas où l'assuré aurait obtenu des assureurs une renonciation expresse au bénéfice de l'art. 216. — Mais l'opinion contraire nous paraît préférable: de ce que l'armateur est responsable vis-à-vis des tiers des faits du capitaine, il ne s'ensuit pas qu'il ne puisse se faire garantir contre les pertes que les faits du capitaine peuvent lui occasionner. La clause dont s'agit constitue de la part de l'assureur un véritable cautionnement de la conduite du capitaine, pour lequel il ne peut exercer aucun recours contre l'assuré. — V. Boulay-Paty, t. 4, p. 75, et Emerigon lui-même, qui dans un autre passage (t. 1er, p. 368) émet un avis opposé au premier.

281. — La convention par laquelle les assureurs se chargent de la baraterie de patron ne comprend que les fautes et prévarications dont le capitaine peut se rendre coupable en sa qualité de capitaine et pour ce qui a trait aux fonctions qu'il doit remplir en cette qualité. Si donc le capitaine réunissait à cette qualité celle de subrécargue ou gérant, soit de la cargaison, soit d'une pacotille, les prévarications dont il pourrait se rendre coupable à cet égard ne seraient pas garanties par l'assurance de la baraterie de patron. — Boulay-Paty, t. 4, p. 76; Dageville, t. 3, p. 282; Lemonnier, t. 1er, p. 216.

282. — La baraterie de patron résulte de faits précis, et l'appréciation de ces faits rentre dans le domaine exclusif des juges du fond. Ainsi, l'arrêt qui juge en fait qu'un capitaine qui a vendu son bâtiment, après avoir fait constater son état de vétusté et les dépenses excessives que coûterait sa réparation, n'est pas coupable de baraterie, parce qu'il a agi sans fraude, échappe à la censure de la cour suprême. — *Cass.*, 18 mai 1824, Pouilly c. Guillon.

283. — Les assureurs qui se sont rendus responsables de la baraterie de patron sont tenus envers l'assuré des fautes du capitaine, lors même que celui-ci est en même temps subrécargue. — Ainsi, lorsque le capitaine, qui est en même temps subrécargue, prend sur lui, après une relâche forcée, au lieu d'effectuer les réparations indiquées et évaluées par experts, de vendre le navire sans déclaration judiciaire d'innavigabilité, à un prix inférieur au quart de sa valeur, l'assureur qui a garanti la baraterie de patron ne peut repousser le délaissement en opposant que, le capitaine subrécargue étant le représentant de l'assuré, c'est à ce dernier à répondre des faits de son mandataire. — *Bordeaux*, 18 mai 1832, Pouilly c. Assureurs.

284. — L'assureur qui a pris à sa charge tous les accidens et fortunes de mer, et notamment la baraterie de patron, est responsable des avaries occasionnées à la marchandise assurée par suite du ravage des rats. — Quel que soit l'attrait présenté par la nature de cette marchandise (des noix de galle) à la voracité de ces animaux, on ne peut pas dire que ce soit là un dommage résultant du vice propre de la chose. — *Paris*, 21 déc. 1843 (t. 1er 1844, p. 82), Cuit c. Compagnie d'assurances maritimes.

285. — L'assuré-armateur qui, au lieu du reste, congédie l'équipage et le capitaine, et fait procéder par des journaliers au débarquement de la cargaison, ne peut se prévaloir de la clause par laquelle les assureurs sur corps et facultés lui ont garanti la baraterie de patron, pour réclamer d'eux le remboursement des avaries provenues de la faute des journaliers dans l'opération du déchargement. — *Trib. comm. de Marseille*, 17 janv. 1833, Arnaud (*J. de Marseille*, 13, 1, 253).

286. — Des assureurs sur marchandises qui ont pris à leur charge la baraterie de patron, ne peuvent, en attribuant le sinistre à la faute du capitaine, opposer à l'assuré-chargeur que le capitaine n'a fait faute qu'en agissant contre sa volonté et d'après les ordres même de l'assuré, si d'ailleurs il n'est pas prouvé qu'il y ait eu violence et que l'autorité du capitaine à bord ait été méconnue. — *Trib. comm. de Marseille*, 16 fév. 1826, Pimenta (*J. de Marseille*, 7, 1, 56).

287. — L'assuré qui a mis à la charge de l'assureur la baraterie de patron, ne peut profiter de cette assurance quand il est convaincu de complicité dans la baraterie. — La preuve de cette complicité peut être faite devant les tribunaux ordinaires, quoique l'assuré poursuivi criminellement ait été acquitté par le jury sur la question de complicité. — Dageville, t. 2, p. 280.

288. — La clause de garantie de la baraterie de patron cesse d'être obligatoire pour l'assureur, si le sinistre provient uniquement d'un concert frauduleux entre le patron et l'assuré. — Il en est de même si le chargeur est en même temps propriétaire et armateur du navire. — Le dol et la fraude peuvent se prouver par une réunion de circonstances graves, précises et concordantes. — *Rennes*, 13 mars 1826, Botrelle c. Comp. d'assurances.

289. — On ne peut pas considérer comme baraterie de patron à la charge de l'assureur qui l'a garantie, la négligence du capitaine qui n'a pas fait constater régulièrement les causes du sinistre. — L'assuré doit avant tout justifier de la perte ou du dommage ainsi que de la cause qui l'a produit, et l'assurance contre la baraterie de patron ne saurait avoir pour effet de le dispenser de ces justifications. — Dageville, t. 3, p. 282.

290. — On ne peut considérer comme baraterie de patron à la charge des assureurs l'omission faite par le capitaine des formalités prescrites pour constater les causes de délaissement. Cette expression ne comprend que les délits et fautes que le capitaine peut commettre au préjudice de l'armateur dans la conduite du navire. — *Cass.*, 3 août 1821, Damiens c. Balguerie-Dandiran.

291. — Le délaissement fait par le capitaine des marchandises composant son chargement, pour cause d'innavigabilité du navire, mais sans observer les délais et les formalités prescrits par les art. 387, 391, 394 C. comm., constitue de sa part la faute grave connue sous le nom de *baraterie de patron*, qui engage sa responsabilité personnelle à l'égard des assurés, mais dont les assureurs ne sont pas garans. — Peu importe que la vente des marchandises ait eu lieu sur l'avis écrit de négocians qui, d'ailleurs, n'auraient pas été commis à cet effet par la justice. — *Paris*, 8 avr. 1839 (t. 1er 1839, p. 476), Pelletreau et Vivès c. Chambre d'assurances maritimes.

292. — Les propriétaires d'un navire ne sont responsables des fautes du capitaine qu'autant qu'il agissait en qualité de leur mandataire, et non s'il agissait dans l'exercice de ses fonctions de capitaine. — Ainsi, par exemple, en cas de naufrage ou de sinistre, l'omission par le capitaine des obligations imposées par les art. 242 et 248, C. comm., ne peut être opposée aux propriétaires, et ne décharge pas les assureurs de tout recours de leur part. — *Cass.*, 1er sept. 1813, Thomaseau c. Assureurs du Calvados.

293. — L'assureur qui a garanti la baraterie de patron est recevable, même avant d'avoir payé le montant de l'assurance, à agir contre le capitaine pour le rendre, s'il y a lieu, responsable du dommage arrivé à la marchandise assurée. — *Poitiers*, 24 juin 1831, Levavasseur c. Chicot et Chaigneau.

294. — Lors même que l'assureur d'un chargement a pris à sa charge la baraterie de patron, l'assureur sur corps n'est pas tenu des dommages arrivés par la faute du capitaine, non au navire, mais au chargement, bien que la réparation de ces dommages donne en définitive au chargeur une action en garantie contre l'armateur, et par suite, une action réelle sur le navire. S'il en était autrement, la clause si usitée par laquelle les assureurs *sur facultés* répondent de la baraterie de patron, deviendrait sans objet, puisqu'en définitive ce seraient les assureurs sur corps qui devraient en supporter tout le poids. — *Trib. comm. de Marseille*, 11 janv. 1831 (*J. de Marseille*, 12, 26 et suiv.).

295. — L'assureur qui a garanti la baraterie de patron est tenu d'indemniser l'assuré du dommage résultant pour lui de la rupture du voyage provenant d'un fait de baraterie, bien que ce dommage consiste non dans une détérioration matérielle des objets assurés, mais dans la différence estimative entre la valeur des marchandises au jour du chargement et le produit de la vente qui en a été faite par suite de la baraterie. — Accorder aux assurés la réparation d'un pareil dommage ce n'est pas contrevenir à l'art. 347, C. comm., qui défend l'assurance du profit espéré des marchandises. — *Cass.*, 14 mai 1844 (t. 2 1844, p. 65), Assurances générales c. François.

296. — Lorsqu'un navire, obligé par des avaries de retourner au lieu du départ, n'a pu y être réparé faute de matériaux, et a été conduit en vertu d'autorisation de partir dans un autre port où il a reçu les réparations nécessaires, on doit mettre comme conséquences de ces réparations à la charge des assureurs, les frais de pilotage, ancrage, procédure, consulat, expertise, visite d'amirauté et cautionnement du navire au lieu des réparations. — *Trib. comm. de Marseille*, 31 déc. 1830 (*J. de Marseille*, 11, 321).

297. — Lorsque les assureurs attaqués en paiement de la perte publient une défense dans laquelle ils excipent, contre les assurés, d'une baraterie frauduleuse du capitaine, en se fondant sur des circonstances qui, sans suffire pour prouver la fraude, rendent néanmoins la conduite du capitaine répréhensible, ils ne peuvent être soumis à une réparation et à des dommages-intérêts envers ce capitaine, pour calomnie, injure et diffamation. — *Aix*, 10 déc. 1821, Assurés sur le navire *la Divine Providence* et Macedo c. Assureurs.

298. — L'assurance à tous risques ne comprend pas nécessairement la baraterie de patron. — *Trib. comm. de Marseille*, 11 nov. 1829, Chun et Stein (*J. de Marseille*, 11, 1, 93).

299. — Le désarmement du navire dans un port de la route, par crainte de l'ennemi, fait cesser les risques garantis par l'assureur, à qui la prime est acquise, quoique le désarmement ait eu lieu contre

la volonté du chargeur assuré. — *Aix*,... août 1817 (*J. de Marseille*, 5, 17).

300. — La perte ou avarie d'une marchandise, survenue pendant le temps du risque et par le fait d'une personne qui était à bord du navire, est à la charge de l'assureur, s'il n'est pas prouvé que la personne désignée faisait partie de l'équipage, c'est-à-dire qu'elle était placée sous la surveillance du capitaine. — *Bordeaux*, 23 nov. 1830, Sigas c. Loubet.

301. — La vente volontaire en cours de voyage d'un navire affecté à un prêt à la grosse, ne fait pas cesser les risques à la charge de ceux qui ont assuré le navire depuis la vente; mais dans le cas de voyage déterminé dans la police, la perte est à la charge des assureurs. — *Trib. comm. de Marseille*, 22 juill. 1830 (*J. de Marseille*, 12, 128).

302. — Lorsque l'assuré s'est engagé à faire partir son navire avec escorte, et que cette condition n'a point été remplie, l'assurance est nulle. — Dageville, t. 3, p. 241.

303. — Il n'y a pas lieu à l'annulation de l'assurance d'un navire qui vient à périr, par cela seul que le navire a pris un poids plus considérable que celui des tonneaux qu'il peut contenir d'après la jauge : la jauge d'un navire, fixée quant à sa capacité, est moins relative au poids qu'à l'encombrement du chargement. — *Bordeaux*, 20 (et non 29) août 1833, Assurances maritimes c. Dufresne.

304. — Lorsqu'une police d'assurance ne fait qu'exprimer d'une manière plus précise et plus spéciale les risques que le contrat à la grosse généralisait en ces termes : *tous les risques quelconques*, il y a concordance entre ces deux actes, et la garantie des assureurs doit être déterminée d'après les termes de la police. — *Aix*, 18 fév. 1828, Dubaton et Lomée c. Compagnie d'assurances.

305. — L'expression de *drogueries* employée dans l'imprimé des polices d'assurances en usage sur la place de Marseille, doit être entendue de toutes marchandises généralement quelconques qui composent le commerce de la droguerie sur cette même place, et par conséquent les *safranums* qui, bien que servant à la teinture, ne font pas moins partie de ce commerce; telle est, au reste, l'acception donnée par l'usage à cette expression en matière d'assurances. — *Trib. comm. de Marseille*, 11 avr. 1831, Conneler (*J. de Marseille*).

Sect. 3e. — *Temps et lieu des risques.*

306. — De ce qu'un accident provient d'une fortune de mer, il ne s'ensuit pas que les assureurs en soient responsables, il faut encore qu'il soit arrivé dans le temps et le lieu des risques.

307. — La durée des risques est fixée par la convention des parties, ou, à son défaut, par la loi.

308. — L'assurance peut être faite, non seulement en temps de paix ou en temps de guerre (C. comm., art. 335), mais aussi dans la prévoyance de la guerre ou de la paix.

309. — L'assurance peut être faite pour l'*aller* et le *retour* (C. comm., art. 335); c'est ce qu'on appelle une assurance à prime liée. — L'aller et le retour sont considérés comme un voyage unique, dont les risques sont indéfiniment à la charge des assureurs.

310. — Mais il faut pour cela que les parties s'en soient clairement expliquées; sans cela, l'aller et le retour seraient considérés comme deux voyages distincts, et les risques intermédiaires, c'est-à-dire dans l'intervalle de l'arrivée au départ pour revenir, ne rentreraient ni dans la première ni dans la seconde assurance, à moins qu'il n'eût été stipulé que les risques du voyage d'aller ne finiraient que lorsque le voyage de retour commencerait. — Valin, sur l'art. 7, ord. 1681, tit. *des Assurances*; Pothier, no 62; Boulay Paty, t. 3, p. 390; Pardessus, t. 3, no 776.

311. — Lorsque après l'arrivée et le déchargement du navire assuré au lieu de sa destination, il y a nécessité de l'envoyer dans un autre port pour réparer ses avaries, le risque des assureurs sur corps continue à courir pendant le second voyage et jusqu'au retour du navire au lieu de sa destination primitive. — Dans ce cas, le terme des risques fixé dans la police à un certain nombre de jours après l'arrivée au lieu de la destination est suspendu pendant le voyage intermédiaire nécessité par les réparations, et ne reprend son cours qu'à compter du retour du navire au lieu de sa destination. — *Bordeaux*, 6 déc. 1830, Chobelet c. Assureurs.

312. — L'assurance peut être faite seulement pour l'*aller*, ou seulement pour le *retour*. — C. comm., art. 335.

313. — Lorsqu'un navire a été assuré pour le retour de Bourbon à Marseille, avec cette clause « que les risques partiront du moment où ceux des assureurs d'aller auront pris fin, » le contrat ne contient pas alors une assurance pure et simple, c'est-à-dire une assurance ordinaire d'un voyage de retour qui ne puisse recevoir d'effet qu'autant que le navire serait navigable ou remis en bon état de navigation. — Il résulte au contraire de cette stipulation que l'assuré a voulu que le navire ne fût pas un seul moment à ses risques; que, dès-lors, les seconds assureurs, improprement appelés *de retour*, doivent prendre le navire dans l'état où il se trouve au moment de la cessation des risques du voyage d'aller, sauf leur recours contre les premiers assureurs, pour raison des avaries éprouvées dans le voyage d'aller. — *Paris*, 12 déc. 1840 (t. 1er 1841, p. 218), le Lloyd français c. Chambre d'assur. marit. et Laporte.

314. — En cas d'assurance d'un navire pour le voyage d'aller, si la police a reçu son effet par le paiement de la prime, par l'arrivée du navire à sa destination, et par le paiement que l'armateur a reçu du fret, l'assurance qui est faite pour le retour du navire déjà en voyage pour ce retour, sans mention d'aucune dépense antérieure susceptible de tomber à sa charge, ne s'applique qu'aux risques de ce voyage commencé; et, les deux voyages étant distincts, on ne doit comprendre les gages du capitaine dans les charges résultant du second voyage que pour la partie qui en a couru depuis la seconde assurance; en conséquence, l'assureur à qui le délaissement a été fait, et qui a satisfait, sur le navire délaissé, au privilége du capitaine pour ses gages antérieurs au voyage de retour, a un recours contre l'armateur. Du moins l'arrêt qui décide ainsi, par interprétation de la police, et par appréciation des faits, des actes et de l'intention des parties, n'encourt pas la censure de la cour de Cassation. — *Cass.*, 3 juin 1828, Deslongrais c. Assureurs de Caen.

315. — L'assurance prise sur corps, pour le voyage de retour, est frappée de nullité, lorsque les risques devant commencer à la fin du voyage d'aller, le navire après être arrivé au lieu de destination a déroulé, c'est-à-dire a entrepris un voyage intermédiaire non prévu par la police. — Mais cette nullité n'atteint pas l'assurance de retour faite par la même police, sur facultés chargées ou à charger à bord du même navire. — *Bordeaux*, 23 janv. 1826, Ducasson et Barateau c. comp. d'assur. générales.

316. — Lorsque l'assurance porte sur le *voyage d'aller*, que des avaries surviennent dans le cours de ce voyage, et qu'elles sont réparées *au lieu du reste*, les salaires et la nourriture de l'équipage pendant les réparations ne sont pas des avaries à la charge des assureurs. — *Trib. comm. de Marseille*, 26 nov. 1833, Farrenc (*J. de Marseille*, 14, 1, 11).

317. — L'assurance peut être faite pour le voyage entier ou pour *un temps limité* (C. comm., art. 335); dans ce dernier cas, elle peut être faite sans désignation de voyage ou avec désignation de voyage.

318. — C'est d'après les circonstances que l'on doit décider si le voyage désigné est l'objet principal du contrat, et si la limitation du temps est un simple accessoire, ou bien si les risques doivent prendre fin par l'expiration du temps fixé avant l'achèvement du voyage. — Pardessus, t. 3, no 777.

319. — L'assurance faite pour un temps limité ne prend pas fin, quoique le navire revienne au port d'où il est parti, et l'assureur continue de courir les risques si le navire reprend la mer; mais, le terme arrivé, l'assurance finit, quel que soit le lieu où se trouve le navire.

320. — Dans l'assurance à temps limité, on ne considère ni le lieu du départ ni celui d'arrivée, mais seulement la partie de voyage accomplie entre les deux époques fixées par la police.

321. — Si l'assurance est faite pour un temps limité, l'assureur est libre après l'expiration du temps, et l'assuré peut faire assurer les nouveaux risques. — C. comm., art. 363.

322. — Lorsqu'une assurance est prise *à temps limité* et avec la clause *franc d'avarie*, les assureurs répondent de la continuation du voyage, en ce sens qu'ils sont responsables d'un sinistre majeur constaté postérieurement au terme de l'assurance, mais dérivant d'une cause survenue pendant la durée de ce terme. — *Trib comm. de Marseille*, 1er fév. 1822, Estien (*J. de Marseille*, 3, 1, 310).

323. — Si le contrat d'assurance ne règle point le temps des risques, les risques commencent et finissent dans le temps réglé par l'art. 328 pour les contrats à la grosse. — C. comm., art. 341.

324. — Aux termes de l'art. 328, le temps des risques court, à l'égard du navire, des agrès, apparaux, armement et victuailles, du jour que le navire a fait voile jusqu'au jour où il est ancré ou amarré au port ou lieu de sa destination, soit qu'il puisse arriver directement, soit qu'il faille l'alléger au moyen de gabares. Ainsi, l'arrivée aux lieux où l'on est obligé de s'arrêter pour les visites de santé ou pour la quarantaine ne fait pas cesser les risques. — Pardessus, t. 3, no 778; Lemonnier, t. 1er, p. 349.

325. — Lorsque, dans un contrat d'assurance maritime à terme, il a été convenu que, le jour du commencement des risques serait ultérieurement déterminé, l'assuré n'est pas fondé à prétendre que le terme a dû courir de plein droit à partir de la mise à la voile du navire, conformément aux art. 328 et 341, C. comm. — Cette disposition ne peut recevoir son application lorsqu'il s'agit d'assurances à terme dont la durée est limitée, et dont le point de départ peut varier suivant les circonstances ou les conventions des parties. Aussi il est nécessaire, dans ces sortes d'assurances, de s'expliquer sur le temps à partir duquel le risque devra courir. — *Paris*, 16 fév. 1841 (t. 1er 1841, p. 393), Lemerle c. l'Union des ports.

326. — Les assureurs d'un voyage de Marseille à l'île Bourbon, avec clause que « les risques cesseront cinq jours après que le navire aura été ancré ou amarré au lieu de sa destination, » sans indication d'aucune des rades de l'île, sont déchargés cinq jours après que l'ancre a été jetée dans la rade d'arrivage. — La clause sus-relatée ne doit pas être entendue en ce sens que l'assuré a le droit de toucher aux différentes rades de l'île pour y faire ses déchargemens, et que la garantie de l'assurance ne cesse qu'après un séjour de cinq jours dans la rade de retour. — *Paris*, 12 déc. 1840 (t. 1er 1841, p. 218), le Lloyd français c. la Chambre d'assur. marit. et Laporte. — Mais V. *infrà* no 355.

327. — Lorsqu'il y a des rivières à descendre, comme à Bordeaux ou à Nantes, on convient assez ordinairement que les risques commenceront à courir du jour où le navire aura pris charge. — Boulay-Paty, t. 3, p. 419.

328. — S'il a été expliqué dans la police que le navire devait voyager sous escorte ou de conserve, l'assureur ne commence à courir les risques que du jour où le navire a été réellement placé sous cet accompagnement. — Pardessus, t. 3, no 778.

329. — Lorsque deux assurances ont été prises sur corps du même navire, l'une d'entrée, l'autre de sortie, les assureurs d'entrée sont libérés par l'arrivée, sans accident, au lieu de la destination et par le déchargement des marchandises. — *Aix*, 3 août 1830, Gastinel c. divers Assureurs.

330. — L'innavigabilité survenue après le débarquement, et avant que le navire ait remis à la voile, c'est-à-dire pendant le temps nécessaire pour disposer le navire à recevoir le chargement de retour, est à la charge des assureurs de sortie, lorsque d'ailleurs il est constant qu'elle provient de fortunes de mer, telles que le long séjour dans une rade, l'exposition aux vents, aux orages et aux ardeurs du soleil. — *Aix*, 3 août 1830, Gastinel c. divers Assureurs.

331. — A l'égard des marchandises, le temps des risques court du jour qu'elles ont été chargées dans le navire, ou dans les gabares pour les y porter, jusqu'au jour où elles sont délivrées à terre. — Art. 328.

332. — Est censée être arrivée pendant le temps du risque la perte d'une marchandise qui a eu lieu dans un temps où, déchargée du navire, elle avait déjà été placée sur un canot, mais avant d'être délivrée à terre. — *Bordeaux*, 23 nov. 1830, Sigas c. Loubet.

333. — Si, au lieu des réparations, le navire a reçu des marchandises en remplacement de son lest, les avaries qu'il éprouve à son retour au lieu de sa destination primitive, avant le déchargement, sont à la charge des assureurs sur corps. — *Bordeaux*, 6 déc. 1830, Chobelet c. Assureurs.

334. — La disposition de l'art. 328 doit être étendue au cas où les marchandises sont chargées pendant le voyage; si le capitaine, dit en effet l'art. 362, a la liberté d'entrer dans différens ports pour compléter ou changer son chargement, l'assureur ne court les risques des effets assurés que lorsqu'ils sont à bord, s'il n'y a convention contraire.

335. — Tout changement de route, de voyage ou de vaisseau provenant du fait de l'assuré n'est point à la charge de l'assureur; et même la prime lui est acquise s'il a commencé à courir les risques. — C. comm., art. 351.

336. — Le changement volontaire de route, de voyage ou de navire annule le contrat, sans qu'il soit nécessaire d'examiner si ce changement a aggravé ou diminué les risques de l'assureur. — Dageville, t. 3, p. 270; Locré, sur l'art. 351.

337. — Il y a changement de route, lorsqu'au lieu de suivre la voie directe et usitée, ou celle qui lui est permise par la police d'assurance, le navire en prend une différente, sans perdre toutefois de vue l'endroit de sa destination. — Emérigon, t. 4, p. 94; Boulay-Paty, t. 4, p. 54.

338. — Quoique la police ne désigne pas la route à suivre, l'assureur est déchargé de tous risques ultérieurs si la route que le navire a suivie n'est point connue pour celle usitée relativement au

voyage assuré; l'assureur est toujours présumé n'avoir voulu courir que les risques de la route ordinairement suivie. — Estrangin, sur le nº 73 de Pothier; Boulay-Paty, t. 4, p. 55.

539. — Le changement de route annule tellement le contrat que, quand même le navire reprendrait ultérieurement la route désignée par la police, les risques qui surviendraient postérieurement ne seraient plus à la charge des assureurs. — Emerigon, t. 2, p. 95; Boulay-Paty, t. 4, p. 54; Dageville, t. 3, p. 270; Delvincourt, t. 2, p. 370.

540. — Lorsqu'il y a eu changement de route, la nullité du contrat remonte au jour de sa date, et empêche qu'il ait jamais pu produire aucun effet. Si donc des dommages ont été éprouvés pendant que le navire était encore dans la ligne des risques, il suffit qu'il l'ait quittée plus tard pour décharger les assureurs de toute responsabilité. — Alauzel, t. 2, p. 12.

541. — L'assuré peut, au surplus, se réserver la faculté de changer de route, en stipulant, par exemple, la clause de faire *échelle* ou *escale*. Echelle est le mot usité dans la Méditerranée, et escale le mot usité sur l'Océan.

542. — A cette clause partielle, on peut ajouter celles *naviguer à droite et à gauche*, de *dérouter* et même de *rétrograder*. Chacune de ces clauses accorde plus ou moins d'étendue à la liberté de l'assuré. Elles doivent, de toute nécessité, être exprimées dans la police: si elles sont omises, elles ne peuvent être suppléées. — Boulay-Paty, t. 4, p. 138.

543. — La simple clause de faire échelle n'autorise le capitaine à relâcher que dans les ports ou rades qui se trouvent directement sur sa route; la clause de dérouter, et même de rétrograder, permet bien de changer de route, mais non de voyage. — Boulay-Paty, t. 4, p. 137 et 138; Delvincourt, t. 2, p. 357; Emérigon, t. 2, p. 66.

544. — Lorsque le capitaine est autorisé à faire échelle, non seulement partie des marchandises peut être chargée dans les ports de relâche, mais le chargement entier peut y être fait; et les marchandises chargées en remplacement de celles qui sont vendues leur sont subrogées, de sorte que les assureurs en courent les risques. — Emérigon, t. 2, p. 73; Valin, sur l'art. 47, liv. 3, tit. 6, ord. 1681; Pothier, nº 63; Boulay-Paty, t. 4, p. 144; Delvincourt, t. 2, p. 374.

545. — Lorsque ces différentes clauses sont conçues d'une manière vague et indéterminée, elles doivent être interprétées suivant les principes et la pratique du commerce. — Emérigon, t. 2, p. 68.

546. — La faculté de relâcher dans un port ne comprend pas celle de transborder la cargaison; elle ne comprend pas non plus celle de remonter le cours d'une rivière. — Emérigon, t. 2, p. 67; Boulay-Paty, t. 4, p. 142.

547. — La clause de faire échelle donne le droit de relâcher dans un port, d'y faire une quarantaine, d'y débarquer et d'y vendre des marchandises. — *Trib. comm. de Marseille*, 10 flor. an XIII et 11 juill. 1821 (*J. de Marseille*).

548. — La clause d'une police d'assurance par laquelle il est permis au navire assuré de faire échelle ou d'entrer, charger et décharger dans divers ports, n'emporte pas de plein droit la faculté de rétrograder. — *Rouen*, 19 janv. 1806, Schmack c. Assureurs du navire le Solide.

549. — La clause de faire échelle ne s'entend que de la faculté de s'arrêter dans des ports, rades et autres lieux de stations maritimes, et non d'entrer dans des rivières que les réglemens locaux ne permettraient pas de considérer comme lieux de relâche. — Pardessus, t. 3, nº 779; Boulay-Paty, t. 4, p. 142; Goujet et Merger, nº 333.

550. — En matière d'assurance maritime, le droit de faire échelle, accordé moyennant une augmentation de prix déterminée par chaque échelle, ne permet au navire que d'entrer dans les ports qui sont immédiatement sur sa route; il ne comprend pas la faculté de *rétrograder, d'aller à droite ou à gauche, ni de remonter les rivières*. — En conséquence, l'assureur n'est pas responsable de l'échouement et du pillage du navire lorsque ces sinistres ont eu lieu en remontant une rivière dans une direction opposée à celle du lieu de destination, ce qui constituait un *détournement de route* non compris dans le droit de faire échelle. — *Paris*, 9 mars 1841 (t. 1er 1841, p. 352), Raba c. l'Union des ports.

551. — Le capitaine à qui le contrat d'assurance d'un navire destiné à la pêche donne le droit de faire échelle, de dérouter et rétrograder sans aucune restriction, peut se détourner de sa route pour prendre un chargement destiné à une autre expédition, alors d'ailleurs qu'il ne perd pas de vue le but de son voyage. — *Aix*, 18 fév. 1828, Rubaton et Lemée c. Compagnie d'assurances.

552. — Lorsqu'il est stipulé dans une police d'assurances que le navire assuré pourra descendre de la Martinique, *lieu de sa destination*, à Saint-Domingue, *lieu indiqué seulement comme échelle*, et qu'en fait, le navire est au contraire remonté de Saint-Domingue à la Martinique, il y a là un changement de route qui la rend plus longue, plus difficile, et qui décharge les assureurs de la responsabilité des risques. — Du moins, l'arrêt qui le juge ainsi par appréciation des faits et des actes, échappe à la censure de la cour de Cassation. — *Cass.*, 27 janv. 1808, Doullé et Mazza c. Assureurs de la *Bellonne*.

553. — Le projet formé par le propriétaire assuré de changer la destination du navire, projet abandonné ensuite avant qu'il eût reçu exécution, ne constitue pas une rupture de voyage. — *Trib. comm. de Marseille*, 10 flor. an XIII, Chausse (*J. de Marseille*).

554. — La faculté de faire échelle implique celle d'user, respectivement aux lieux soumis, des moyens indispensables pour réaliser les négociations formellement autorisées et que les clauses où la faculté est stipulée avaient pour objet. — *Bordeaux*, 23 avr. 1834, Assureurs maritimes c. Foussat.

555. — D'après l'usage reçu à Bordeaux, l'île Bourbon est considérée, dans les stipulations maritimes, comme ne formant qu'un seul lieu d'escale. — Ainsi, la faculté accordée par un contrat d'assurance de faire escale à l'île Bourbon comprend tous les postes de l'île, sans pouvoir être restreinte aux seuls ports de l'île qui se trouvent placés dans la ligne du voyage assuré. — *Bordeaux*, 23 avr. 1834, Assureurs maritimes c. Foussat.

556. — Il ne faut pas confondre la clause portant permission de faire échelle avec celle de *quitte au lieu de l'entière décharge*. Cette dernière clause n'emporte pas, comme la première, le droit d'échanger les marchandises assurées, elle a seulement pour but d'empêcher que les décharges partielles ne puissent faire considérer le terme du voyage comme arrivé. — Dageville, t. 3, p. 325.

557. — On peut encore stipuler la clause de *naviguer partout*; elle a lieu ordinairement pour un temps limité, et elle diffère des autres en ce qu'il n'y a pas d'indication de voyage. En tous cas, elle n'autorise pas le capitaine à faire l'interlope. — Emérigon, t. 2, p. 68; Boulay-Paty, t. 4, p. 143; Delvincourt, t. 2, p. 369.

558. — La relâche du navire dans un port, même situé sur la route, termine le risque, si le capitaine n'a pas la permission de faire échelle. — Boulay-Paty, t. 4, p. 55; Dageville, t. 3, p. 270.

559. — La faculté accordée par l'assureur à l'assuré de relâcher dans tout autre port que celui de destination, si ce port est interdit au commerce, n'implique pas l'obligation pour l'assuré d'exercer cette faculté dans le premier port où le navire n'a relâché que par nécessité de ravitaillement. — *Paris*, 7 mai 1839 (t. 1er 1839, p. 631), Perineau c. Chambre d'assur. marit. de Paris.

560. — L'assurance ne concerne que le voyage désigné dans la police; c'est ce qu'on appelle le *voyage assuré*; il est déterminé par *ses deux extrêmes*, le terme *à quo* et le terme *ad quem*, c'est-à-dire le lieu ou le temps d'où les risques commencent à courir pour les assureurs, et le lieu ou le temps où ils cessent d'être à leur charge. — Casa-Regis, *Disc.* 67, nºs 5 et 31; Boulay-Paty, t. 3, p. 416; Lemonnier, t. 1er, p. 83.

561. — Il peut y avoir changement de voyage dans plusieurs cas; par exemple, le navire peut mettre à la voile pour une destination autre que celle du voyage assuré; parvenu à la hauteur et vue du lieu de destination, il peut aller à un endroit plus éloigné; ou bien, s'écartant de sa route, il peut abandonner sa destination primitive pour se rendre ailleurs, etc. — Emérigon, t. 2, p. 92; Boulay-Paty, t. 4, p. 56.

562. — Le changement de voyage par la prise de nouvelles expéditions pour un lieu situé hors de la ligne du voyage assuré, constitue, dès-lors, de la part de l'assuré, une infraction au contrat d'assurance telle, que l'assureur est déchargé de tous risques subséquens, même des avaries survenues pendant que le navire se trouvait encore dans la ligne du voyage assuré. — *Bordeaux*, 3 fév. 1819, Arnaud c. Darlan.

563. — Lorsque le lieu du chargement a été indiqué dans la police, l'assurance deviendrait nulle s'il était effectué dans un lieu différent, à moins cependant que la clause de faire échelle n'eût été stipulée. — Casaregis, *Disc.*, t. 1er, nº 109; Alauzet, t. 1er, p. 426.

564. — Le changement de navire annule le contrat, quand même le navire substitué serait aussi fort ou même meilleur que le navire désigné dans la police, et quand bien même ce dernier aurait péri en effectuant le voyage assuré. — Pothier, nºs 68 et 69; Boulay-Paty, t. 4, p. 57; Dageville, t. 3, p. 73; Delvincourt, t. 2, p. 370.

565. — Le changement de navire suppose qu'il a été désigné dans la police; sinon, l'assureur est présumé s'en être rapporté à l'assuré pour le choix du bâtiment. — Locré, sur l'art. 351; Boulay-Paty, t. 4, p. 58.

566. — L'assureur est également déchargé des risques, et la prime lui est acquise, si l'assuré envoie le navire en un lieu plus éloigné que celui qui est désigné par le contrat, quoique sur la même route. — Mais l'assurance a son entier effet, si le voyage est seulement raccourci (C. comm., art. 364), à moins que la prime n'ait été fixée à tant par jour ou par mois, au prorata de la durée du voyage. — Delvincourt, t. 2, p. 371.

567. — Si le navire périt sur la route de la destination énoncée dans la police, l'assureur doit payer la somme assurée, quand même il prouverait que l'intention du capitaine était de se rendre dans un lieu plus éloigné. — Delvincourt, t. 2, p. 370.

568. — Mais il en serait autrement si, avant le départ, le navire avait pris ses expéditions pour un lieu plus éloigné que celui désigné dans le contrat; l'assuré pourrait même, dans ce cas, demander le ristourne de l'assurance, en payant l'indemnité de demi pour cent. — Delvincourt, *loc. cit.*

569. — Lorsque le capitaine, au départ, prend ses expéditions pour un endroit plus rapproché, mais sur la même route que celui désigné par la police, le voyage assuré est rompu, et non pas seulement raccourci dans le sens de l'article 364. — Emérigon, t. 2, p. 82; Delvincourt, t. 2, p. 371.

570. — Dans une assurance à prime liée pour un voyage d'aller et retour, le fait par le capitaine qui, parvenu au premier lieu de destination, remet à la voile avec des expéditions pour un autre port que celui où il devait revenir, d'avoir pris de nouvelles expéditions, constitue non une rupture de voyage avant le départ (dans le sens de l'art. 349, C. comm.), mais un changement de voyage pendant le voyage lui-même (dans le sens de l'art. 351). — *Bordeaux*, 3 fév. 1829, Arnaud c. Darlan.

571. — Il y a changement et non simple raccourcissement de voyage, lorsque le navire se rend dans un lieu moins éloigné que le lieu de destination désigné dans la police d'assurance, mais situé hors de la ligne du voyage assuré. — *Bordeaux*, 3 fév. 1829, Arnaud c. Darlan.

572. — La faculté accordée au capitaine par la police, de faire toutes escales, ne peut l'autoriser à terminer le voyage dans un port qui ne lui est pas désigné. — *Rennes*, 20 déc. 1821, Magon de la Vieuville c. Blaise.

573. — Il y a rupture de voyage, toutes les fois que le navire ne se rend pas à sa destination. — Même arrêt.

574. — Il faut entendre par voyage raccourci le cas où le navire désarme dans un port désigné simplement comme lieu d'échelle, ou bien celui où la cargaison est prise en route par l'ordre d'une puissance qui en paie la valeur. — Delvincourt, t. 2, p. 371.

575. — Pour qu'un voyage soit réputé raccourci et non changé, il faut non seulement que le port où s'arrête, hors le cas de force majeure, le navire assuré, soit sur la ligne des risques tracés par la police d'assurance, mais même que le navire ait été autorisé par cette police à y faire *escale*. — *Paris*, 16 août 1837 (t. 2 1837, p. 396), Hagermann c. le Lloyd français.

576. — Lorsqu'une assurance est faite pour l'aller et le retour, avec la clause de faire échelle, et que le navire, au lieu de pousser jusqu'au port de destination, revient d'un lieu d'échelle intermédiaire au port de départ, le voyage est considéré comme raccourci, et non pas comme rompu. — Dageville, t. 3, p. 333. — V. *contrà* Estrangin, p. 479. — En tout cas c'est là une question d'interprétation de contrat livrée à l'appréciation des juges.

577. — Dans le cas d'une assurance prise pour revenir d'un lieu à un autre, avec faculté de faire escale, le voyage n'est pas réputé rompu par cela seul que le navire est parti, non du lieu indiqué dans le contrat d'assurance, mais d'un port intermédiaire, pour se rendre, même en remontant à une des escales prévues, et de là au port de déchargement; le voyage est seulement raccourci. L'assurance doit recevoir son exécution, et les risques sont à la charge des assureurs dès que le navire a quitté le port intermédiaire. — *Bordeaux*, 29 janv. 1833, Assureurs c. Balguerie.

578. — En matière d'assurance maritime, c'est aux juges du fait qu'il appartient de décider souverainement s'il y a eu changement de voyage ou seulement voyage raccourci. — *Cass.*, 7 déc. 1838 (t. 1er 1839, p. 46), Hagerman c. Société d'assur. marit. du Lloyd français.

579. — Si le navire, après avoir mis à la voile, rentre volontairement et sur-le-champ dans le

port, la prime n'en est pas moins acquise aux assureurs, qui sont désormais déchargés des risques. — Mais si le retour du navire était occasionné par la tempête ou la crainte des ennemis, ce serait une relâche forcée, et il pourrait ensuite reprendre la mer aux risques des assureurs. — Émérigon, t. 2, p. 87, Boulay-Paty, t. 4, p. 180.

380. — Lorsque l'assurance porte sur un voyage partiel, il faut non seulement que le voyage se trouve compris entre les points de départ et d'arrivée du navire, mais encore qu'il se trouve sur la route que doit suivre le navire; si l'un des termes du voyage assuré se trouvait en dehors de cette route, il y aurait lieu au ristourne du contrat. — Boulay-Paty, sur Émérigon, t. 2, p. 91; Delvincourt, t. 2, p. 378.

381. — Si la valeur du chargement excède la somme assurée, que le capitaine, qui a la permission de faire échelle, décharge en route l'excédant de la cargaison sur la somme assurée, et que le surplus périsse, l'assureur est-il tenu de rembourser en entier la somme assurée? Oui, il suffit qu'il y ait dans le navire, au moment du sinistre, un chargement égal en valeur à la somme assurée, pour que l'assureur soit tenu de la rembourser en totalité. — Valin, sur l'art. 36, liv. 3, tit. 6, ord. 1681; Dageville, t. 3, p. 331; Boulay-Paty, t. 4, p. 146; Émérigon, t. 2, p. 74; Pothier, nº 80; Delvincourt, t. 2, p. 371.

382. — Il est bon de remarquer que si, avant d'arriver au lieu d'échelle, une partie de la cargaison avait souffert des avaries, le capitaine ne pourrait pas, à son gré, débarquer d'abord les marchandises avariées jusqu'à concurrence de la somme assurée; dans ce dernier cas, les avaries, s'il n'en était pas survenu de nouvelles jusqu'au lieu de destination, seraient supportées par l'assureur et l'assuré dans la proportion de leurs intérêts respectifs. — Dageville, t. 3, p. 333.

383. — Si le capitaine a la liberté d'entrer dans différens ports pour compléter ou échanger son chargement, l'assureur ne court les risques des effets assurés que lorsqu'ils sont à bord, s'il n'y a convention contraire. — C. comm., art. 362.

384. — Cette disposition ne fait qu'appliquer aux relâches, pendant le voyage, la règle que les art. 341 et 328 établissent pour le chargement avant le départ ou au retour. — Locré, sur l'art. 362.

385. — Si l'assurance a lieu divisément pour des marchandises qui doivent être chargées sur plusieurs vaisseaux désignés, avec énonciation de la somme assurée sur chacun, et si le chargement entier est mis sur un seul vaisseau, ou sur un moindre nombre qu'il n'en est désigné dans le contrat, l'assureur n'est tenu que de la somme qu'il a assurée sur le vaisseau ou sur les vaisseaux qui ont reçu le chargement, nonobstant la perte de tous les vaisseaux désignés, et il recevra néanmoins demi pour cent des sommes dont les assurances se trouvent annulées. — C. comm., art. 361.

386. — La nullité de l'assurance, pour défaut de chargement sur partie des navires dénommés, peut être invoquée aussi bien par l'assuré, en cas d'heureuse arrivée, que par l'assureur, en cas de perte. — Delvincourt, t. 2, p. 372.

387. — L'inexécution du contrat de la part de l'assuré, dans le cas prévu par l'art. 361, est soumise à la règle générale posée par l'art. 349; en conséquence, l'assuré paie à l'assureur le demi pour cent pour ce qui manque sur chaque navire au chargement qu'il y devait placer. — Locré, sur l'art. 361; Boulay-Paty, t. 4, p. 133.

388. — Si les marchandises destinées à être chargées sur plusieurs navires, étaient mises dans une seule gabare pour y être transportées, et que cette gabare vînt à périr pendant ce transport, l'assureur serait tenu de la totalité de la perte. — Valin, sur l'art. 32, liv. 3, tit. 6, ord. 1681; Émérigon, t. 1er, p. 176; Boulay-Paty, t. 4, p. 135; Pardessus, t. 3, nº 872. — Le *Guidon de la mer* (ch. 13, art. 1er) décidait au contraire que l'assureur n'était tenu que jusqu'à concurrence de la plus forte valeur qui devait être chargée sur l'un des navires.

389. — Si la somme assurée sur chaque navire n'était point énoncée dans la police, l'assurance produirait son entier effet à l'égard de chacun de ceux sur lesquels il y aurait quelque chose de chargé; dans ce cas, l'assuré est resté maître de répartir le chargement à son gré. — Il en serait de même de l'assurance faite *in quovis*, *sur tel ou tel* navire. — Pardessus, t. 3, nº 872; Delvincourt, t. 2, p. 372.

CHAPITRE III. — *De la prime.*

390. — La prime est, ainsi que nous l'avons dit, le prix que l'assuré paie ou promet de payer à l'assureur, comme équivalent des risques dont ce dernier se charge envers lui. C'est pourquoi on l'appelle quelquefois *coût de l'assurance.*

391. — L'étymologie du mot *prime* vient du mot *præmium*, qui signifie *prix*, ou du mot *primò*, à cause de l'usage où l'on était autrefois de payer la prime avant tout, au moment de la signature de la police.

392. — La prime peut consister en argent ou en toute autre valeur, en marchandises, par exemple, ou en services appréciables. — Pardessus, t. 3, nº 786; Boulay-Paty, t. 3, p. 339; Lemonnier, t. 1er, p. 160. — On peut aussi assurer à la condition d'avoir une portion déterminée dans le produit net de la chose assurée, si elle arrive à bon port, ou d'en payer la valeur primitive, si elle se perd. Mais une pareille stipulation renferme un double contrat, celui d'assurance et celui de société. — Émérigon, t. 1er, p. 87; Boulay-Paty, t. 3, p. 340.

393. — Si une personne s'engageait à réparer gratuitement le dommage que des marchandises pourraient éprouver en cours de voyage, il y aurait dans une convention de ce genre une véritable donation conditionnelle, et non pas un contrat d'assurance. — Émérigon, t. 1er, p. 90; Delaborde, *Traité des avaries particulières*, p. 164.

394. — La prime peut être d'une somme déterminée ou à déterminer, d'après les bases de la police, par exemple d'une somme de *tant* pour 100 de la valeur des choses assurées. Elle peut être fixe ou susceptible d'augmentation, soit par sa nature, soit par une clause de la police. Du reste, le taux peut en être fixé par les parties, comme elles l'entendent, sans qu'elles puissent plus tard se plaindre de la lésion, à moins qu'il n'y ait dol ou surprise manifeste. — Pothier, nº 82; Boulay-Paty, t. 3, p. 341.

395. — La prime peut être réglée à tant par mois ou à tant par voyage. — Si l'assurance est faite pour un temps limité, sans *désignation* de voyage, la prime ne sera due que pour le temps limité; mais si le voyage est en outre désigné par la police, l'assureur courant le risque du voyage entier, la prime sera augmentée à proportion de la durée excédant le temps limité. Elle sera acquise en entier si le voyage a une moindre durée. — Pardessus, t. 3, nº 886; Boulay-Paty, t. 3, p. 341; Lemonnier, t. 1er, p. 165.

396. — La prime est acquise en entier et irrévocablement aux assureurs lorsqu'ils ont commencé à courir les risques des objets assurés, quelque abrégé qu'ait été le voyage (Émérigon, t. 1er, p. 61). — Ainsi, lorsque l'assurance est faite pour le voyage entier, la prime stipulée ne peut être ni augmentée ni diminuée par le plus ou moins de durée du voyage assuré. — Boulay-Paty, t. 3, p. 340; Lemonnier, t. 1er, p. 165.

397. — Mais lorsque l'assurance est faite à tant de prime par jour ou par chaque mois que durera le voyage, la prime n'est due qu'à proportion de cette durée, et dans le dernier cas la prime de chaque mois est acquise du premier jour du mois, parce que les risques sont commencés pour le mois.

398. — La prime peut être stipulée seulement pour l'aller ou le retour; dans le dernier cas elle est appelée *liée*, parce que l'aller et le retour sont liés et ne forment qu'un voyage.

399. — La prime se paie quelquefois lors de la signature de la police; mais le plus souvent l'assuré souscrit à l'assureur un billet séparé, qu'on nomme *billet de prime*, et qui sert de contre-lettre à la quittance mentionnée dans la police. La souscription de ces billets de prime n'entraîne pas de novation. — Lemonnier, t. 1er, p. 161. — Dans plusieurs villes de commerce il est d'usage que la prime ne se paie qu'après la cessation des risques; surtout en temps de guerre, où les primes sont très élevées, on stipule qu'elles ne seront payables qu'après l'événement de l'assurance et compensables avec la perte en cas de sinistre.

400. — L'assurance peut être faite en temps de paix ou en temps de guerre; mais la prime ne saurait être ni augmentée ni diminuée par la survenance de la guerre ou de la paix depuis la signature de la police, même avant le risque commencé, à moins de stipulation formelle à cet égard. — Boulay-Paty, t. 3, p. 342; Dageville, t. 3, p. 180; Lemonnier, t. 1er, p. 164.

401. — Lorsque l'assurance est faite en temps de paix, on peut stipuler, pour le cas de survenance de guerre, une augmentation de prime; et, en sens inverse, lorsque l'assurance est faite en temps de guerre, une diminution pour le cas de survenance de la paix. Pour qu'il y ait lieu à cette augmentation ou à cette diminution de la prime, il faut qu'elle ait été expressément convenue; on ne pourrait la faire résulter des circonstances ou des inductions tirées, soit de la conduite, soit de la position des parties. — Pardessus, t. 3, nº 787; Delvincourt, t. 2, p. 375.

402. — La réduction de la prime convenue pour le cas où le navire partirait avec la paix est acquise aux assurés par cela seul que le navire est parti après la cessation des hostilités, quoique la nouvelle de cette cessation n'ait pu être connue dans le lieu et au temps du départ du navire. — — *Trib. comm. de Marseille*, 17 juin 1825, Fabron (*J. de Marseille*, 61, 1, 154).

403. — L'augmentation de prime qui aura été stipulée en temps de paix pour le temps de guerre qui pourrait survenir, et dont la quotité n'aura pas été déterminée par les contrats d'assurance, est réglée par les tribunaux, en ayant égard aux risques, aux circonstances et aux stipulations de chaque police d'assurance. — C. comm., art. 343.

404. — Réciproquement, la diminution de prime qui aura été stipulée en temps de guerre pour le temps de paix qui pourrait survenir, et dont la quotité n'aura pas été déterminée par les contrats d'assurance, est réglée par les tribunaux, en ayant égard aux risques, aux circonstances et aux stipulations de chaque police d'assurance.

405. — Si la quotité d'augmentation de prime est fixée par le contrat, la convention des parties doit recevoir son exécution, sans qu'il soit permis aux tribunaux d'augmenter ou de diminuer la quotité déterminée par le contrat, à titre d'augmentation de prime. — Dageville, t. 3, p. 180.

406. — Si l'augmentation consiste en une somme fixe, elle est la même, soit que le navire ait fait la totalité ou seulement une partie du voyage depuis l'événement prévu. Si elle consiste en une somme proportionnelle à raison de tant par mois, l'augmentation n'a lieu qu'à partir de la déclaration du guerre. — Pardessus, t. 3, nº 787.

407. — La clause d'*augmentation de prime en cas de guerre* est devenue de style dans les polices, depuis qu'il a été reconnu qu'à défaut de stipulation formelle la survenance de la guerre ne donnait pas lieu à augmentation de la prime convenue en temps de paix. — Pothier, *Traité des assur.*, nº 86; Valin, sur l'art. 7, liv. 3, tit. 6, ord. 1681; Émérigon, *Des assurances*, tit. 1er, p. 74; Estrangin, sur Pothier, nº 83; Locré, *Esprit du Code comm.*, art. 343; Favard, *Répert.*, vº *Assurance*, § 3; Boulay-Paty, t. 3, p. 450. — Mais la stipulation d'augmentation de prime a elle-même donné lieu à deux questions: — La première, celle de savoir quand la condition de la survenance de guerre est censée réalisée: faut-il qu'il y ait déclaration de guerre, ou de simples hostilités suffisent-elles? — La deuxième, celle de savoir quand la condition de la clause doit avoir son effet dans toutes les mers: est-ce du jour de la déclaration de guerre ou du premier acte d'hostilité qui établit l'état de guerre, en quelque mer qu'il ait eu lieu?

408. — La condition de la survenance de guerre est censée réalisée lorsque les premières hostilités ont eu lieu, soit contre les vaisseaux ou autres propriétés de l'État, soit contre les navires ou autres propriétés particulières, quoiqu'il n'y ait pas eu de manifeste ou de déclaration solennelle de guerre. — Pardessus, t. 3, nº 787; Boulay-Paty, t. 3, p. 451; Dageville, t. 3, p. 211; Lemonnier, t. 1er, p. 235.

409. — En pareil cas, il faut consulter l'intention des parties sans s'arrêter aux termes dont elles se sont servies; ainsi on doit décider que les mots: *en cas d'hostilités ou représailles, en cas de guerre, en cas de déclaration de guerre, en cas de guerre déclarée*, expriment la même pensée et doivent être entendus de la même manière. — Dageville, t. 3, p. 210; Delvincourt, t. 2, p. 375.

410. — Mais, pour constituer l'état de guerre, les hostilités doivent se composer d'une série d'actes continus; car on ne devrait pas considérer comme équivalant à une déclaration de guerre une hostilité commise isolément et sur-le-champ désavouée. — Pardessus, t. 3, nº 787; Boulay-Paty, t. 3, p. 453.

411. — Les actes d'hostilité constituent l'état de guerre alors qu'ils ont eu lieu avant la déclaration tout aussi bien que la déclaration elle-même. — *Rennes*, 28 mars 1821, Biarotte c. Dupuy-Fromy.

412. — La surprime d'assurance stipulée pour le cas de guerre entre la France et l'Angleterre a été acquise aux assureurs pendant les cent jours. — *Rennes*, 27 janv. 1821, Dupuy-Fromy c. Magnon de Villeneuve.

413. — En 1815, pendant les cent jours, il y a eu guerre maritime entre la France et l'Angleterre. — *Rennes*, 27 janv. 1821, Dupuy-Fromy c. Magnon de Villeneuve; 28 mars 1821, Biarotte c. Dupuy-Fromy.

414. — On n'a pu considérer comme une déclaration de guerre ou actes équivalens l'acte du congrès de Vienne du 13 mars, ni le traité fait entre l'Angleterre et les puissances, le 25 mars 1815. — *Rennes*, 28 mars 1821, Biarotte c. Dupuy-Fromy.

415. — En 1815, l'état de guerre a cessé aussitôt après la défaite et la fuite de l'*usurpateur*. — *Aix*, 6 déc. 1816, hospices de Marseille c. Masvert.

416. — L'augmentation de prime pour le cas de guerre n'est pas due aux assureurs si l'assuré a raccourci son voyage avant toute hostilité ou déclaration de guerre. — *Rennes*, 28 mars 1821, Biarotte c. Dupuy-Fromy.

417. — Quant à la seconde question, il avait été, sous l'ancienne jurisprudence, décidé par divers arrêts des parlemens, et surtout par un arrêt de réglement du parlement de Provence du 19 juill. 1779, basé sur une lettre du roi du 5 avr. 1779, et par un arrêt du conseil de 1780, etc., que le pacte d'augmentation en temps de guerre était vivifié dès le moment de la première hostilité caractérisée, *sans distinction de lieux*. — Emérigon, p. 79 et 80. — Ce système a été également adopté sous l'empire du Code. — Boulay-Paty, t. 3, p. 460; Merlin, *Rép.*, v° *Police d'assurance*, n° 4; Pardessus, t. 3, n° 787; Lemonnier, t. 1er, p. 236.

418. — Le fait seul de la déclaration de guerre donne ouverture à la prime d'assurance stipulée en temps de paix pour le cas éventuel de la guerre, quoique le vaisseau assuré ait été rendu à destination avant que les hostilités fussent commencées dans les parages qu'il a parcourus. — *Cass.*, 28 janv. 1807, Armateurs du navire la Côte-d'Or c. Assureurs de Bordeaux; — Goujet et Merger, v° *Assurances maritimes*, n° 351.

419. — L'augmentation de prime stipulée pour le cas de guerre ou d'hostilités avec une puissance *maritime* n'est pas acquise aux assureurs aussitôt que les hostilités *continentales* se sont réalisées, si d'ailleurs il n'existe aucune déclaration de guerre. Cette augmentation n'est acquise au contraire, toujours hors le cas de déclaration de guerre, que dès le moment où des actes réels d'hostilité *maritime* ont été exercés. — *Trib comm. de Marseille*, 8 août 1823 (*J. de Marseille*, 4, 1, 243).

420. — La première capture d'un vaisseau par une puissance étrangère, ne fût-elle qu'une simple saisie, vivifie la clause de surprime d'assurance stipulée pour le cas de guerre dès le moment de son existence et dans toutes les mers. — *Rennes*, 28 mars 1821, Biarotte c. Dupuy-Frómy.

421. — Dans une espèce où la clause d'augmentation de prime se trouvait imprimée dans la police avec un espace en blanc pour désigner la puissance maritime dont la déclaration de guerre devait donner lieu à la clause, et où le blanc n'avait pas été rempli par les parties, le tribunal de commerce de Saint-Malo a décidé que la clause devait être interprétée par l'usage du lieu où le contrat avait été passé, et qu'en conséquence, si l'usage du lieu du contrat était de stipuler une augmentation de prime en cas de survenance de guerre, pendant le voyage assuré, entre la France et une autre puissance maritime, la police devait être interprétée dans un sens conforme à cet usage. — Jugement rapporté par Dageville, t. 3, p. 204.

422. — Lorsque la clause d'augmentation de prime est insérée dans la police, l'assuré n'est pas fondé à refuser l'augmentation de prime, le cas de guerre survenant, sous le prétexte que les marchandises assurées ont été chargées sur des navires neutres; en temps de guerre, le pavillon ne couvre pas la marchandise. — Dageville, t. 3, p. 188.

423. — La convention qui, en cas de survenance de guerre, défère à des arbitres la fixation de l'augmentation de prime, ne suffit pas pour autoriser les tribunaux à constituer des arbitres, juges de la question de savoir s'il y a lieu à augmentation de prime; ce n'est que lorsque la clause compromissoire est générale, que le renvoi devant arbitres doit être prononcé sans examen des pièces et avant toute contestation en cause. — *Aix*, 18 vent. an XII (cité par Dageville, t. 3, p. 188).

424. — Si la police portait que la prime, en cas de guerre, serait réglée au cours de la place, les tribunaux devraient se borner à constater le cours de la place désigné à l'ouverture de la guerre, sur chaque nature de voyage, et à en faire l'application à chaque navire assuré dont le réglement est demandé, sans pouvoir graduer les primes suivant les risques plus ou moins grands que les navires peuvent avoir courus depuis la guerre. — *Trib. comm. de Saint-Malo*, 26 oct. et 7 déc. 1808.

425. — Au cas d'un contrat d'assurance exprimant que la prime serait augmentée en cas de survenance de guerre, à proportion du risque couru et suivant ce qui serait réglé par la chambre du commerce, et portant en outre : « S'il survient des contestations entre les parties sur le fait de la présente assurance et dépendances d'icelle, pour quelque cause que ce soit, nous conviendrons d'arbitres pour juger nos différends », une cour d'appel a pu décider que les parties avaient entendu mettre hors de l'arbitrage général le réglement de l'augmentation de prime en cas de guerre. Cette décision, statuant en fait et par interprétation du contrat, échappe à la censure de la cour de Cassation. — *Cass.*, 14 janv. 1806, Boudet et Bardon c. assureurs de l'*Achille*.

426. — Les juges ou les arbitres qui sont chargés de fixer l'augmentation de prime ne doivent pas s'occuper du sort qu'a éprouvé le navire, mais de ce que pouvait valoir la prime de guerre, au moment où les hostilités ont commencé, à l'égard du navire assuré. — Ils ne doivent pas non plus prendre pour base invariable de leur estimation les assurances qui ont pu avoir lieu sur le même navire depuis les hostilités. — Leurs calculs doivent être fondés sur la situation présumée du navire à l'ouverture des hostilités, et sur les chances qu'il avait à courir avant de terminer son voyage. — Dageville, t. 3, p. 183 et suiv.

427. — Il y a des polices qui contiennent la clause que la prime sera réduite dans une certaine proportion, *le navire arrivant heureusement*. — Dans ce cas, un navire est censé arrivé heureusement, dans le sens du contrat d'assurance et du langage maritime, toutes les fois qu'il n'a éprouvé aucun sinistre majeur en cours de voyage, quoique d'ailleurs il ait éprouvé des avaries. — *Trib. comm. de Marseille*, 18 juin 1824 (*J. de Marseille*, 5, 1, 193); — Alauzet, t. 1er, p. 462.

428. — Les assureurs ont, pour le paiement de la prime, un privilége sur les effets assurés. — C. comm., art. 191. — Pour l'exercice de ce privilége V. NAVIRE.

429. — Avant le Code de commerce, comme depuis, les assureurs avaient un privilége sur la chose assurée pour le paiement de la prime d'assurance. — *Rouen*, 5 déc. 1807, Delavigne et Barabé c. Mesnager et Blétry.

430. — L'assureur conserve le privilége accordé par la loi sur le navire assuré, et peut poursuivre le paiement de la prime d'assurance contre l'acquéreur du navire, lorsque la vente lui a été cachée par le fait de l'assuré. — *Trib. comm. de Bordeaux*, 14 sept. 1831, Kerval (*J. de Bordeaux*, 8, 1, 362).

CHAPITRE IV. — *Formes du contrat d'assurance. — Police.*

431. — Le contrat d'assurance est rédigé par écrit, il peut être fait sous signatures privées. — C. comm., art. 332. — L'acte qui le contient s'appelle *Police d'assurance*.

432. — Au milieu des opinions divergentes que cette disposition a fait naître parmi les auteurs, nous pensons que le contrat d'assurance ne peut pas être prouvé par témoins, et qu'il doit être constaté par écrit. — Emérigon, t. 1er, p. 25.

433. — Aussi jugé que la loi ayant déterminé spécialement la forme de ce contrat, ou exigeant qu'il soit rédigé par écrit, on n'est pas fondé à exciper des règles générales du droit commun, qui ne sont point applicables là où il existe des règles particulières. — *Aix*, 23 nov. 1813, Marion c. N.

434. — Cependant tel n'est pas le sentiment général. A défaut d'acte, la preuve du contrat peut être établie par les livres, la correspondance des parties, l'aveu de celle qui se refuse à l'exécution du contrat, par la quittance que l'assureur aurait donnée de la prime, et enfin par le serment *litis* décisoire. — Lemonnier, t. 1er, p. 23; Estrangin, p. 347 et suiv.; Pardessus, t. 3, n° 792. — Ce dernier auteur admet même la preuve testimoniale lorsqu'il y a un commencement de preuve par écrit.

435. — D'autres auteurs vont plus loin; ils soutiennent que lors même qu'il n'existerait pas de commencement de preuve par écrit, la preuve testimoniale serait admissible s'il s'agissait d'une somme inférieure à 150 fr. — Locré, sur l'art. 332; Boulay-Paty, t. 3, p. 245. — Dageville (t. 3, p. 15) va même jusqu'à prétendre que les tribunaux de commerce pourraient, suivant les circonstances, admettre la preuve par témoins d'un contrat d'assurance excédant 150 fr., bien qu'il n'existât pas de commencement de preuve par écrit.

436. — L'art. 332, C. comm., portant que le contrat d'assurance doit être rédigé par écrit, a pour objet de désigner l'espèce de preuve dont cette convention est susceptible, plutôt que de faire regarder cette écriture comme étant de l'essence du contrat. — *Rennes*, 15 déc. 1832, Lemercier c. Plait et Cuvillier.

437. — La preuve d'un contrat d'assurance peut résulter des registres des négocians, et, si le contrat est nié, la partie qui l'invoque peut exiger la représentation des registres de la partie adverse, en offrant de s'en rapporter à leur contenu, alors surtout qu'un commencement de preuve rend l'existence du contrat vraisemblable. En cas de refus de la partie adverse, les juges doivent accepter le serment de l'autre partie. — Même arrêt.

438. — L'existence d'un contrat d'assurance peut être prouvée par témoins, ou être induite par le juge de présomptions graves et précises, lorsque ce n'est pas entre l'assureur et l'assuré qu'il s'agit de prouver si ce contrat existe, mais entre l'un des deux contractans et un tiers intéressé; par exemple, entre l'individu qui a été chargé de faire faire l'assurance au nom d'un autre, et celui pour qui elle a dû être faite. — *Cass.*, 5 août 1823, Thèze c. Basse et Hocquet; — Lemonnier, t. 1er, p. 30.

439. — Le besoin de célérité nécessaire aux affaires commerciales a fait naître l'usage des polices imprimées, dans lesquelles se trouvent reproduites les clauses et conditions les plus usitées. Les conventions spéciales et additionnelles des parties y sont écrites à la main. Si quelque contradiction paraissait exister entre la partie écrite et la partie imprimée, il faudrait s'en tenir au sens de la clause écrite. — Pardessus, t. 3, n° 793; Dageville, t. 3, p. 16.

440. — La police peut être rédigée soit par les parties elles-mêmes, soit par un courtier, soit par un notaire, conformément aux dispositions de l'art. 79. Ce droit appartient, en pays étranger, aux chanceliers des consulats. — Boulay-Paty, t. 3, p. 246 et suiv.; Pardessus, t. 3, n° 793.

441. — Les notaires peuvent rédiger et certifier les polices d'assurances dans la même forme que les courtiers. — *Cass.*, 7 fév. 1833, Courtiers d'assurance de Marseille c. Notaires de Marseille; — Durand Saint-Amand, *Man. des court. de comm.*, p. 284.

442. — Ils peuvent, comme les courtiers d'assurance, attester la vérité d'un contrat d'assurance par leur seule signature; ils ont également comme eux le pouvoir de les négocier. — Même arrêt.

443. — Les notaires sont dispensés, pour rédiger et certifier les polices d'assurances, de suivre les formalités prescrites par la loi du 25 vent. an XI, relative à l'organisation du notariat. — Même arrêt.

444. — Quand un courtier ou un notaire rédigent une police d'assurance, ils n'en gardent pas minute; ils la délivrent ordinairement en brevet, en se bornant à l'inscrire sur leur répertoire et dans un registre spécial tenu conformément à l'art. 69, liv. 3, tit. 6, de l'ord. de 1681. — Pardessus, t. 3, n° 793; Estrangin, p. 338.

445. — Le courtier qui reçoit une police doit, comme les notaires, la faire signer par les parties contractantes sur le livre qu'il doit avoir pour cet objet. — Boulay-Paty, t. 3, p. 250.

446. — Le courtier par l'entremise duquel une assurance a été prise, et qui a négligé d'exécuter auprès des assureurs l'ordre donné par l'assuré de ristourner l'assurance, est tenu de garantir l'assuré du paiement de la prime réclamée par les assureurs. — *Trib. comm. de Marseille*, 22 sept. 1830 (*J. de Marseille*).

447. — Lorsqu'une police d'assurance est ouverte, la signature de chaque assureur forme en quelque sorte un contrat parfait; un assureur ne serait donc point admis à révoquer sa signature sous le prétexte que la police ne serait point encore close par l'officier public. — Emérigon, t. 1er, p. 43; Boulay-Paty, t. 3, p. 259; Dageville, t. 3, p. 17. — Mais tant qu'il a la plume à la main, l'usage veut qu'il puisse ou bâtonner sa signature ou réduire son assurance à une somme équivalente à l'annulation du contrat. — Dageville, *eod. loc.* — V. *contrà* Boulay-Paty, *loc. cit.*

448. — L'assureur ne peut plus rétracter sa signature, quand bien même la police ne serait pas remise à l'assuré. Une fois parfait, le contrat ne peut plus être révoqué ou modifié que du consentement des deux parties par un acte qu'on nomme *avenant*. — Boulay-Paty, t. 3, p. 259; Pardessus, t. 3, n° 796.

449. — La déclaration mise au bas d'une police authentique d'assurance, à une époque postérieure à sa clôture, et dont le but est de substituer un nouvel aliment à l'aliment primitif du contrat, est valide à l'égard des assureurs qui l'ont signée, encore que d'autres aient refusé de la signer, et qu'elle n'ait pas été signée par l'assuré lui-même, si d'ailleurs elle a été transcrite sur le registre du courtier, et si une note contenant sa substance a été remise à chaque assureur. — Une semblable déclaration est valide, quoiqu'elle ne contienne pas la mention qu'elle a été faite en autant d'originaux qu'il y a de parties intéressées. — *Trib. comm. de Marseille*, 29 oct. 1823, Amoretti (*J. de Marseille*, 5, 1, 1).

450. — Les polices rédigées par l'entremise des courtiers d'assurance ne sont soumises à l'enregistrement que lorsqu'elles sont produites en justice. — Décis. minist. du 27 sept. 1816. — Mais cette faveur ne s'applique pas aux polices reçues par les notaires. — Dageville, t. 3, p. 30.

451. — Toute police d'assurance reçue ou dressée par le ministère d'un courtier, signée de lui et

des parties, si elles savent et peuvent écrire, transcrite enfin sur son registre, est un acte authentique, et il n'y a de police sous seing-privé que celle qui a été rédigée et dressée, ou par les parties elles-mêmes, sans l'intermédiaire d'un courtier, ou en l'absence de quelques unes des formalités requises. — Lemonnier, t. 1er, p. 35 et suiv.

452. — Lorsque la police est rédigée par acte sous seing-privé, doit-elle être faite en double original? — Oui, la règle générale de l'art. 1325, C. civ., doit être appliquée toutes les fois qu'il n'y a pas été dérogé par une disposition contraire. — Boulay-Paty, t. 3, p. 252; Locré, sur l'art. 332; Vincens, t. 3, p. 207; Merlin, *Quest. de droit*, t. 6, p. 289; Goujet et Merger, *Dict. droit commerc.*, vº *Assurances marit.*, nº 99. — V. *contrà* Dageville, t. 3, p. 31; Pardessus, t. 3, nº 793; Delvincourt, t. 2, p. 475; Toullier, t. 8, nº 509; Lemonnier, t. 1er, p. 32 (par le motif que l'art. 1325, C. civ., n'est point applicable aux matières commerciales).

453. — Jugé dans le premier sens qu'une police d'assurance renferme un contrat synallagmatique, lorsque le prix n'en est pas payé comptant; dès-lors, si elle est rédigée sous seing-privé, il doit en être fait, à peine de nullité, autant d'originaux qu'il y a de parties ayant un intérêt distinct. — *Cass.*, 19 déc. 1816, Dallest et Masse c. Lenadier et Reimbaud; *Aix*, 23 nov. 1813, Marion c. N.

454. — Mais lorsque la prime est payée comptant, ou en un billet de prime, à l'assureur, le contrat étant unilatéral, un double original est inutile. — Boulay-Paty, t. 3, p. 257; Favard de Langlade, vº *Assurance*.

455. — Le contrat d'assurance est parfait entre l'assureur et l'assuré, si ce dernier a souscrit un billet de prime, encore bien qu'il n'ait point signé la police d'assurance. — *Rouen*, 26 mai 1840 (t. 2 1840, p. 208), Lacroix c. Lloyd français.

456. — Si l'assureur ou l'assuré avaient exécuté le contrat, celui-ci en payant la prime, et l'autre en payant la somme assurée, ils ne seraient plus recevables à demander la nullité de la police, parce qu'elle n'aurait pas été faite en double. — Boulay-Paty, t. 3, p. 257.

457. — Le contrat d'assurance *est daté du jour auquel il est souscrit; il y est énoncé si c'est avant ou après midi.* — C. comm., art. 332. — Cette disposition n'était pas dans l'ordonnance de 1681; mais le besoin en était généralement senti, et elle fut adoptée sur la réclamation de la cour de Cassation, qui demandait même que l'heure fût exprimée dans le contrat. Pour s'accommoder aux formes larges et faciles du commerce, le conseil d'état remplaça l'énonciation trop précise de l'heure par celle de la date générale *avant ou après midi.* — Locré, sur l'art. 332.

458. — Si l'acte ne contient pas l'énonciation qu'il a été fait avant ou après midi, l'effet de cette omission sera, d'après l'opinion de Locré (sur l'art. 332), Pardessus (t. 3, nº 794), Dageville (t. 3, nº 28), de consacrer l'antériorité des autres contrats datés de la même journée, avec mention qu'ils ont été passés avant ou après midi, parce que ceux qui les ont souscrits méritent la faveur de la loi à laquelle ils se sont conformés. — M. Lemonnier (t. 1er, p. 56) déclare incliner vers cette opinion que la police datée de l'après-midi doit être préférée à la police datée du même jour, sans autre indication. « En effet, dit-il, la première doit profiter de son exactitude à vêtir les dispositions de la loi. » — Mais il ressort de la nature des choses une raison qui nous porte à adopter l'opinion contraire. En effet, l'art. 332 n'admet que deux classes de polices : celles qui ont été passées *avant midi*, et celles qui ont été passées après-midi. Nous comprenons bien que les polices portant avant midi soient préférées à celles qui n'indiquent que le jour de leur rédaction; mais à l'égard de ces dernières, il faut *nécessairement* qu'elles aient été passées à un instant quelconque, aussi retardé que l'on voudra le supposer, de l'après-midi du jour dont elles portent la date. Dès-lors elles coïncident, pour le temps, avec celles qui sont datées de l'après-midi, et par conséquent doivent concourir avec ces dernières.

459. — Si la date a été omise, quelles seront les conséquences de cette omission? — Entre les parties qui l'ont souscrit, l'acte fera nécessairement preuve de la convention; seulement le défaut de date pourrait fortifier la présomption de fraude prévue par l'art. 365, si on se trouvait dans le cas de cet article. Mais à l'égard des tiers, l'acte sans date ne pourra produire aucun effet, soit pour annuler des assurances que l'on prétendrait avoir été postérieurement faites, soit pour établir le privilége de l'assureur, à moins que l'acte n'acquière date certaine par l'enregistrement ou de toute autre manière, auquel cas il pourrait être opposé aux tiers qui ne produiraient qu'une police postérieure à la

date acquise. — Locré, sur l'art. 332; Pardessus, t. 3, nº 794; Dageville, t. 3, p. 28.

460. — Lorsqu'une police contient des assurances successives, la double énonciation de date et de temps doit accompagner la signature de chaque assureur. Sans cela on retomberait dans l'abus auquel le Code a voulu remédier; il arrivait, en effet, souvent, sous l'empire de l'ordonnance, qu'une police couverte de plusieurs assurances souscrites à plusieurs jours d'intervalle était close à la date de l'ouverture qui en avait été faite. — Dageville, t. 3, p. 23; Boulay-Paty, t. 3, p. 262. — Les engagemens non datés doivent être présumés signés le même jour que celui dont la date suit immédiatement. — Pardessus, t. 3, nº 795.

461. — La preuve testimoniale ne suppléerait ni à l'omission ni à l'insuffisance de l'énonciation de la date, pour faire obtenir une préférence contraire à cette présomption. — Pardessus, t. 3, nº 795.

462. — La désignation seule du mois, sans indication de jour, ferait reporter le contrat au dernier jour du mois. — Bernard, p. 68.

463. — Le contrat d'assurance *ne peut contenir aucun blanc.* — C. comm., art. 332. — Cette disposition est prescrite pour que l'assuré ou le courtier qui demeure gardien de la police n'y puisse insérer après coup des clauses étrangères à la teneur des conventions.

464. — L'ord. de 1681, art. 68, tit. *Des assurances*, faisait défense à tous les officiers publics chargés de recevoir les contrats d'assurance, et aux commis des chambres d'assurance, de faire signer des polices *où il y eût aucuns blancs*, à peine de tous dommages-intérêts. — L'art. 11 du réglement en forme de lettres-patentes, du 28 mai 1778, condamne en outre à l'amende *tout négociant, notaire, courtier ou autre personne* qui aura participé à la confection d'une police signée en blanc.

465. — Le Code de commerce n'a pas reproduit ces dispositions; mais la peine des dommages-intérêts n'en subsiste pas moins, aux termes du droit commun (C. civ., art. 1382), contre les courtiers ou notaires qui se trouveraient dans le cas prévu. Les polices sous seings-privés ne donneraient pas ouverture à une action en dommages-intérêts, parce qu'il ne peut s'y trouver des blancs sans que ce ne soit la faute de toutes les parties. — Boulay-Paty, t. 3, p. 265; Dageville, t. 3, p. 35; Locré, sur l'art. 332. — Les notaires et courtiers encourent en outre la peine de l'amende infligée aux notaires pour pareille contravention par l'art. 13, L. 25 vent. an XI, les courtiers étant, pour la rédaction des polices, assimilés aux notaires par l'art. 79, C. comm. — Locré, sur l'art. 332; Boulay-Paty, *loc. cit.*; Dageville, *loc. cit.*; Pardessus, t. 2, p. 438. — V. *contrà* Lemonnier, t. 1er, p. 60.

466. — La loi ne prononce pas la nullité d'une police par cela seul qu'il s'y trouve des blancs. Un blanc non rempli ne constitue qu'une omission, et pour apprécier les conséquences d'une pareille omission, il faudra examiner si le blanc porte sur une clause qu'on ait pu omettre, laisser en suspens, ou abandonner à la discrétion de l'une des parties contractantes, sans ruiner soit la convention, soit la preuve que l'acte doit fournir. — Locré, sur l'art. 332; Boulay-Paty, t. 3, p. 266; Dageville, t. 3, p. 36.

467. — Le blanc qui existe dans les clauses d'une police ne la rend pas nulle, lorsqu'il ne porte pas sur une clause ou énonciation essentielle du contrat. — *Aix*, 29 avr. 1823, Puginier et Bompar.

468. — Si un assureur insère avant la signature quelque modification ou dérogation à certaines clauses de la police, imprimée ou écrite à la main, ceux qui signent après lui, purement et simplement, sans faire de réserves contraires, sont censés adhérer à ces clauses dérogatoires. — Valin, sur l'art. 3, ord. 1681, tit. *Des assurances*; Emérigon, t. 1er, p. 42; Pardessus, t. 3, nº 796; Boulay-Paty, t. 3, p. 264; Delvincourt, t. 2, p. 376.

469. — Suivant l'usage du commerce, les assureurs sont, à moins de stipulations particulières, censés se référer aux conditions consenties par le premier signataire de la police, ou par celui qui les précède dans l'ordre des signatures. — *Aix*, 23 avr. 1825, Amoretti.

470. — La police une fois signée, elle ne peut plus être annulée ni même modifiée qu'avec le consentement des parties contractantes (V. *suprà* nº 448); on appelle *avenant* l'acte qui intervient pour constater cette annulation; on donne également ce nom à toute clause nouvelle ajoutée d'un commun accord après la signature, quel qu'en soit le motif.

471. — Tant que la prime reste due aux assureurs, le contrat est synallagmatique et ne peut être anéanti que du consentement des deux parties; l'une d'elles, après avoir consenti à l'annu-

lation, peut révoquer son consentement jusqu'à la manifestation du consentement de l'autre. — *Trib. comm. de Marseille*, 3 fév. 1823 (*J. de Marseille*, 4. 1. 77).

472. — La même police peut contenir plusieurs assurances, soit à raison des marchandises, soit à raison du taux de la prime, soit à raison de différens assureurs. — C. comm., art. 333.

473. — La question de savoir si la police renferme un contrat unique ou plusieurs contrats différens est très importante, comme on le verra, dans le cas où il peut y avoir lieu à ristourne, et dans ceux où il s'agit de savoir s'il y a matière à délaissement ou à un simple réglement d'avaries.

474. — La réunion de plusieurs assurances dans une même police n'est pas une circonstance de laquelle on doive nécessairement conclure que l'intention des parties a été de constituer une assurance unique; et réciproquement, la diversité des marchandises ou des taux de la prime ne prouve pas exclusivement que les parties aient entendu diviser les assurances. C'est une question de fait que les termes de l'acte et les circonstances peuvent seuls décider. — Pardessus, t. 3, nº 798; Boulay-Paty, t. 3, p. 336.

475. — Lorsqu'une assurance a été faite en plusieurs polices distinctes et séparées, dont l'une pour le navire et les autres pour le chargement, les juges peuvent valablement prononcer la nullité de toutes ces polices en masse, s'il est constant que l'assuré n'avait multiplié les connaissemens et divisé les risques que pour mieux masquer la fraude concertée entre lui et le capitaine, à l'égard des assureurs. — *Cass.*, 4 août 1829, Botrelle.

476. — Lorsque le chargeur a multiplié les connaissemens, pour déguiser la fraude envers les assureurs, il n'y a pas lieu de statuer sur chaque police séparément. — *Rennes*, 13 mars 1826, Botrelle.

477. — Chaque changement de date établit un contrat distinct entre chaque série d'assureurs de la même date et l'assuré. De même, lorsqu'un assureur établit une prime plus forte ou plus faible que celle accordée aux assureurs précédens, et en général, lorsqu'un assureur opère un changement dans les conditions adoptées par les précédens signataires, cet assureur et les suivans forment une convention différente des précédentes. — Dageville, t. 3, p. 97 et suiv.

478. — L'assurance par une même police de deux navires expédiés pour des destinations différentes constitue deux assurances différentes. — Dageville, t. 3, p. 98.

479. — L'assureur qui fait réassurer par une seule police tous les risques qu'il a souscrits forme autant de réassurances distinctes qu'il y a de risques différens, et pour des voyages tous indépendans les uns des autres. — Dageville, *loc. cit.*

480. — La police peut être *à ordre* ou *au porteur*; dans ces deux cas, le cessionnaire ou le porteur doivent, pour être payés, remplir toutes les obligations résultant, soit des clauses, soit de la nature du contrat. — Pardessus, t. 3, nº 797; Dageville, t. 3, p. 93; Boulay-Paty, t. 3, p. 350.

481. — On ne saurait opposer au tiers porteur aucune exception du chef des porteurs intermédiaires ou de l'assuré primitif; à moins cependant, à l'égard de ce dernier, qu'il ne s'agit d'exceptions dérivant du contrat, telles que le défaut de sincérité des déclarations ou des actes justificatifs de la perte. — Pardessus et Boulay-Paty, *loc. cit.*; Goujet et Merger, vº *Assurances maritimes*, nº 117.

482. — Dans le cas où la police ne serait pas stipulée payable au porteur, et où il n'y aurait pas eu de cession régulière, le paiement fait au détenteur de la police ne serait pas valable. — Boulay-Paty, t. 3, p. 354; Alauzel, t. 2, p. 115.

483. — Le porteur d'une police d'assurance qui a le droit de recouvrer la perte a aussi le droit de reprendre en son nom l'instance engagée au nom d'un précédent porteur, même en absence de toute cession et de toute signification de cession. — *Trib. comm. de Marseille*, 29 juin 1830, Milanesy (*J. de Marseille*, 11. 1. 147).

484. — La clause, insérée dans les polices d'assurances, et portant que la perte sera payée à l'assuré ou au porteur de la police, sans pouvoir en exiger ni ordre, ni procuration, est tellement absolue qu'elle doit recevoir son exécution même après que la perte a été déclarée ou que les avaries ont été liquidées par le jugement, et que le nom seul de l'assuré a figuré dans le jugement. — En conséquence, si l'assuré, après avoir obtenu lui-même un jugement qui déclare la perte ou liquide les avaries, remet la police à un tiers, le tiers est seul apte à recevoir et quittancer le montant de la perte ou des avaries. Par suite, les assureurs ne peuvent opposer au tiers porteur de la police aucune compensation de la perte ou de l'avarie

avec des sommes qui leur seraient dues par l'assuré, même antérieurement au jugement déclaratif de la perte, ou portant liquidation de l'avarie. — *Trib. comm. de Marseille*, 17 oct. 1823, Roccofort (*J. de Marseille*, 4, 1, 294).

485. — Le contrat d'assurance exprime *le nom et le domicile de celui qui fait assurer*. — C. comm., art. 332.

486. — L'omission du nom de l'assuré dans la police ne serait pas une cause de nullité, si d'autres énonciations ou les circonstances pouvaient y suppléer. — Pardessus, nº 593; Alauzet, t. 1er, p. 407.

487. — Quant au nom de l'assureur, il est toujours nécessairement connu par la signature de la police.

488. — Le contrat d'assurance exprime aussi *la qualité de propriétaire ou de commissionnaire de celui qui fait assurer*. — C. comm., art. 332.

489. — La loi prescrit aux parties d'exprimer la qualité dans laquelle elles contractent, afin de prévenir toute contestation entre le commissionnaire et le commettant. Lorsque la qualité dans laquelle l'une des parties a contracté ne se trouve pas exprimée, c'est d'après les circonstances que l'on doit décider si elle a traité pour son propre compte ou pour le compte d'autrui. — Locré, sur l'art. 332; Alauzet, t. 1er, p. 407; Lemonnier, t. 2, p. 306.

490. — Le contrat d'assurance peut être conclu par le propriétaire des objets assurés de trois manières, selon qu'il traite avec l'assureur, soit directement en son nom propre, soit au moyen d'un mandataire, soit au moyen d'un commissionnaire.

491. — L'assurance pour compte résulte d'une déclaration qui se formule ordinairement par l'une des expressions suivantes : un tel se fait assurer... *pour compte d'ami*, *pour compte d'une personne à nommer*, *pour compte des intéressés*, *pour compte de la personne désignée dans le connaissement*, *pour compte d'autrui*, *pour compte de qui il appartiendra*. — Émérigon, chap. 11, sect. 4e.

492. — La position du commissionnaire, dans ses rapports avec l'assureur, est identique à celle d'un assuré ordinaire, pour ce qui concerne le paiement de la prime et la justification de la réalité d'un intérêt mis en risque. — Delaborde, p. 146 et suiv.; Lemonnier, t. 2, p. 308.

493. — Dans ses rapports avec son commettant, la position du commissionnaire est celle de tout mandataire envers son mandant.

494. — En matière d'assurance, l'assuré commissionnaire stipulant pour personnes dénommées ou pour compte de qui il appartiendra est personnellement obligé. Il n'en est pas de ce cas comme de celui du mandat ordinaire, où le mandataire qui agit en cette qualité n'oblige que le mandant. — *Bordeaux*, 7 juin 1836, Deyme c. assureurs de Bordeaux.

495. — L'assuré *pour compte de qui il appartiendra* est, à l'égard des assureurs, le véritable assuré, et, comme tel, personnellement soumis à toutes les obligations de la police d'assurance. — *Bordeaux*, 6 avr. 1830, Bouscasse.

496. — La règle suivant laquelle la clause *pour compte de qui il appartiendra* donne à tout porteur de la police le droit d'exiger la perte, s'il résulte de connaissemens passés en son nom que des marchandises ont été chargées pour son compte sur le navire désigné, est applicable, alors même que le porteur qui invoque la police où il n'est pas dénommé en a fait souscrire en son nom une autre d'une date postérieure, sur facultés du même navire, et quoiqu'il ne soit devenu possesseur de la première police qu'après avoir fait souscrire la seconde. Alors, si la première police suffit pour couvrir le montant du risque du porteur, la seconde doit être entièrement ristournée. — *Trib. comm. de Marseille*, 1er mars 1831 (*J. de Marseille*, 11, 92).

497. — La clause *pour compte de qui il appartiendra* ne doit pas être confondue avec celle *pour compte de l'assuré et de ses intéressés*; car si, dans le cas de la première, il suffit que le porteur de la police présente des connaissemens de marchandises d'une valeur relative à la somme assurée, pour qu'elles doivent être comprises dans l'assurance, il n'en est pas de même dans le cas de la seconde; l'aliment de l'assurance est restreint aux seules facultés appartenant à l'assuré ou à ses intéressés, et ne peut s'étendre aux autres facultés arrivées seulement à la consignation de l'assuré par le navire désigné. L'assuré, en cas de sinistre, est tenu de justifier quels sont les intéressés. — *Trib. comm. de Marseille*, 4 déc. 1830 (*J. de Marseille*, 12, 5); — Émérigon, t. 1er, p. 323.

498. — Le commissionnaire d'une assurance pour compte d'un tiers qui, en touchant après naufrage, a fait connaître celui pour lequel il agissait, et qui a versé la somme perçue dans les mains de ce dernier ou de ses porteurs d'ordre, ne peut être tenu, s'il n'y a pris part, du dol et de la fraude dont son commettant s'est rendu coupable en faisant assurer des objets qui n'existaient pas. — Ce commissionnaire a qualité dès-lors pour se prévaloir de la prescription de cinq ans établie, en matière de contrat d'assurance, par l'art. 432, C. comm., afin de repousser l'action en répétition du montant de l'assurance dirigée contre lui, sans qu'on puisse lui opposer, comme en étant personnellement responsable, le dol de l'assuré pour le soumettre à la prescription trentenaire que ce dol a fait encourir à ce dernier. — *Cass.*, 8 mai 1844 (t. 2 1844, p. 30), Assurances maritimes c. Foussat.

499. — Le commissionnaire qui fait assurer se rend le contrat personnel, quoiqu'il désigne le commettant par ordre et pour compte duquel il agit. — En conséquence, les assureurs peuvent valablement diriger leur action en nullité de l'assurance contre le commissionnaire qui a fait assurer, lors surtout que celui-ci leur a signifié des protestations avec réserve de réclamer le paiement de la perte. — *Aix*, 17 juill. 1829, Charbonnel c. Trouchaud et Lambert.

500. — Le courtier d'assurances qui a fait faire, au nom d'un individu, une assurance pour compte, est responsable de la prime envers les assureurs, alors qu'il ne justifie pas d'un ordre formel de celui au nom de qui il a fait souscrire l'assurance. — Mais cette responsabilité n'existe pas lorsque l'assurance a été faite sur la représentation aux assureurs d'un ordre signé des assurés, mais non de l'assuré commissionnaire. Dans ce cas, les assureurs doivent s'imputer le préjudice qui peut résulter pour eux de ce qu'ils n'auraient pas d'action contre l'assuré commissionnaire. — *Bordeaux*, 7 juin 1836, Deyme c. comp. d'assur. de Bordeaux.

501. — Le commissionnaire qui a reçu mandat spécial de faire assurer un navire, et qui a fait l'avance pour son commettant de la prime d'assurance, en restant nanti du contrat et de l'acte de reconnaissance de la prime par lui payée, a un privilége sur la somme assurée, à l'encontre des tiers devenus postérieurement acquéreurs du navire pour le recouvrement du principal et des intérêts de la somme par lui avancée. — *Rouen*, 5 mai 1823, Touzain c. Dubreuil et Vidaillon.

502. — Celui qui a fait assurer un navire pour compte d'autrui, et qui, après naufrage, a reçu le montant de l'assurance en indiquant, dans le premier cas, celui au nom duquel il agissait, et, dans le second, qu'il touchait pour cet assuré, doit être considéré comme mandataire, et non comme commissionnaire, et l'on ne peut dès-lors l'actionner en restitution des sommes par lui perçues, s'il vient à être constaté plus tard que la perte du navire provenait du fait même de l'assuré. — *Cass.*, 12 mars 1844 (t. 2 1844, p. 29), Assurances maritimes c. Pinatelle Raoul et Podesta.

503. — Le commissionnaire à l'assurance n'est garant personnel de l'exécution du contrat qu'en sa qualité de commissionnaire; mais sa mission ne s'étendant point au-delà de la formation de ce contrat, s'il obtient, au nom de l'assuré, le paiement de l'assurance, ce n'est plus comme commissionnaire responsable, mais seulement en qualité de mandataire, et, dès-lors, il n'encourt de responsabilité qu'autant qu'il s'y est formellement soumis. — En conséquence, lorsque après le paiement effectué, l'assuré commissionnaire a été condamné comme coupable de baraterie, l'assureur ne peut répéter contre le commissionnaire les sommes qu'il lui a payées pour le compte de l'assuré, sans protestation ni réserve. — D'ailleurs, le commissionnaire qui, en sa qualité, aurait reçu de bonne foi et se serait dessaisi de même entre les mains de son commettant, ne pourrait, pas plus que le simple mandataire, être personnellement soumis à l'action en répétition. — *Aix*, 10 juin 1842 (t. 2 1842, p. 214), Pinatella c. Podesta.

504. — Celui qui a souscrit une police d'assurance maritime pour le compte d'une chambre d'assurance est personnellement obligé. — *Rennes*, 17 janv. 1810, N.... — V. conf. Émérigon, t. 1er, p. 138. — Il cite, comme l'ayant décidé ainsi, deux arrêts du parlement d'Aix, des 25 juin 1761 et 11 janv. 1763. « C'est, dit-il, une exception introduite par les usages de commerce maritime au principe que celui qui agit pour compte d'autrui, ou pour une personne à nommer, n'est pas obligé en son nom propre, dès qu'il nomme la personne pour laquelle il s'était montré. »

505. — Toutefois, le commissionnaire peut déclarer qu'il n'entend pas être obligé personnellement, mais sa déclaration doit être faite au moment de la signature de la police. — Locré, sur l'art. 332; Alauzet, t. 1er, p. 411; Estrangin, p. 364; Dageville, t. 3, p. 41. — V. *contrà* Valin, sur l'art. 3, ord. 1681, tit. *Des assurances*, qui enseigne que la déclaration est valable tant que les risques ne sont pas commencés.

506. — L'assureur qui souscrit une police d'assurance, *pour compte de qui il appartiendra*, contracte directement, non seulement avec le mandataire qui la lui présente, mais encore avec celui pour le compte duquel l'assurance a été prise, dans quelque temps qu'il lui soit nommé. — En conséquence, bien que l'assureur soit étranger, et la police souscrite en pays étranger, avec un étranger agissant *pour compte de qui il appartiendra*, si l'assuré, désigné plus tard, est Français, l'assureur est censé avoir traité directement avec un Français, et peut, par cela même, à raison du paiement de la perte, être traduit devant les tribunaux français. — *Aix*, 5 juill. 1833, Aquarone c. Boccardo. — V. *contrà* Lemonnier, t. 2, p. 315.

507. — Si le propriétaire des objets assurés a été désigné dans la police, il n'y a que lui, son cessionnaire ou son mandataire, qui puissent réclamer les effets du contrat de l'assurance. — Alauzet, t. 1er, p. 414.

508. — Si l'assurance a été faite *pour compte de qui il appartient*, sans autre désignation, le droit de demander l'exécution du contrat appartient à toute personne dénommée dans un connaissement dont les énonciations coïncident exactement avec celles de la police d'assurance. — Émérigon, t. 1er, p. 138.

509. — Le commissionnaire qui a fait assurer pour compte a action pour exiger de l'assureur le montant et valeur de la chose assurée (Solut. impl.). — *Trib. comm. de la Seine*, 19 août 1830 (sous *Paris*, 29 avr. 1831, Bournichon et Juette c. Assureurs). — Valin, sur l'art. 3, ord. 1681, tit. *Des assur.*; Locré, sur l'art. 332.

510. — L'assureur est admissible à opposer à celui qui a fait faire l'assurance *pour compte*, toutes les exceptions qu'il pourrait opposer au propriétaire de la chose assurée, en tant qu'elles tiennent au fond du contrat. — *Aix*, 7 janv. 1823, Fusier frères c. comp. royale et d'assurances générales de Paris.

511. — Celui qui a pris une assurance pour compte d'autrui est passible des exceptions qui pourraient être opposées à celui pour compte duquel l'assurance a été prise. — *Aix*, 13 nov. 1822, Fonsino c. Divers assureurs.

512. — Bien qu'une assurance ait été faite *pour compte de qui il appartiendra*, l'assureur est reçu à agiter la question de propriété, lorsque la personne du véritable propriétaire peut influer sur le sort du contrat. — *Aix*, 7 janv. 1823, Fusier et comp. royale et d'assur. générales de Paris; — Alauzet, t. 1er, p. 415.

513. — Bien que la clause *avec ou sans ordre* autorise l'assuré commissionnaire à ne pas faire connaître à l'assureur l'ordre d'assurer qu'il a reçu de son commettant, toutefois, si le commissionnaire se prévaut en justice des lettres d'ordre qu'il a reçues, il ne peut se dispenser de les communiquer dans la partie qui concerne l'assurance. — *Aix*, 16 avr. 1839 (t. 1er 1839, p. 608), Rodoconachi.

514. — Une compagnie d'assurance maritime est tenue de payer les bons souscrits par son agent en faveur d'un assuré qui a éprouvé des avaries. Elle y est tenue alors même qu'il est dit dans la police d'assurance *que toutes pertes et avaries doivent être payées comptant*, surtout si l'usage de régler ainsi les obligations résultant des contrats d'assurance est généralement reçu sur la place où l'agent représente la compagnie, et si celle-ci, ayant eu connaissance de la manière dont son agent réglait ces sortes d'affaires, ne s'y est point opposée. — *Aix*, 22 fév. 1841 (t. 2 1841, p. 322), Comp. d'assur. c. Robert et Gower.

515. — Un créancier, même privilégié, ne peut faire assurer, *en son nom personnel*, des facultés appartenant à son débiteur. — *Aix*, 7 janv. 1823, Fusier c. comp. royale et d'assur. générales de Paris; — Dageville, t. 3, p. 45; Vincens, t. 3, p. 218. — V. *contrà* Pardessus, t. 3, nº 803; Lemonnier, t. 2, p. 252, dont l'opinion nous paraît préférable, le créancier pouvant toujours, aux termes des principes généraux du droit, conserver les droits que son débiteur néglige.

516. — Le contrat d'assurance exprime *le nom et la désignation du navire*. — C. comm., art. 332. — Cette double énonciation est prescrite afin qu'il ne puisse s'élever aucun doute sur le navire auquel on entend appliquer l'assurance. — L'ord. de 1681 ne parlait que du *nom*; mais l'usage et la jurisprudence y avaient suppléé, en exigeant la *désignation* du navire. — Par cette expression, il faut entendre la qualification donnée au navire, qui désigne quelle en est la force, la capacité.

517. — Le navire doit être désigné dans l'assurance par le nom que lui donnent les expéditions et les actes faits à douane, c'est-à-dire qu'il doit

être dénommé comme dans l'acte de francisation.

518. — L'assuré peut, en déclarant d'abord sur quel navire le chargement primitif sera fait, se réserver le droit de charger intermédiairement sur un autre navire les effets assurés, sans le désigner immédiatement dans la police. Par exemple, un commerçant qui a des marchandises à expédier à Madère peut les charger sur un navire qui part pour Cadix, avec ordre à son correspondant de les diriger sur Madère ; il peut donc stipuler dans la police qu'arrivés à Cadix les effets assurés seront transportés sur un autre navire, qui n'est ni nommé ni désigné, et qui deviendra le lieu des risques pour le reste du voyage. — Pardessus, t. 3, n° 806.

519 — Le navire peut être considéré sous deux rapports : comme objet, ou comme lieu des risques.

520. — Lorsque le navire est simplement lieu des risques, l'omission de la double énonciation dont s'agit n'influe en rien sur la validité du contrat ; en n'exigeant pas que le navire fût désigné, l'assureur est présumé s'en être rapporté à l'assuré sur le choix du bâtiment. — Boulay-Paty, t. 3, p. 320 ; Locré, sur l'art. 332 ; Pardessus, t. 3, n° 804.

521. — Mais lorsque le navire est l'objet et non pas seulement le lieu des risques, il est alors de l'essence du contrat qu'il soit désigné par son nom et sa qualification. — Pardessus, t. 3, n° 811.

522. — Lorsque le changement de nom aura une cause légitime, en cas de guerre par exemple, l'assuré devra faire la notification de ce changement à l'assureur, aussitôt qu'il lui sera connu. — Dageville, t. 3, p. 56.

523. — En principe, l'erreur commise sur le nom du navire détruit l'assurance, parce que la différence de nom détruit l'identité. Mais ce principe doit recevoir une modification toutes les fois qu'aucun doute ne peut s'élever sur l'identité du navire que les parties ont eu en vue. Par exemple le navire, dont le nom a été changé à l'insu des contractans, aura été désigné dans la police sous son ancien nom ; en cas de guerre, on aura été forcé de donner un autre nom au navire pour dérouter l'ennemi ; les deux parties, quoique connaissant parfaitement le navire assuré, lui auront néanmoins, par erreur, donné dans la police une autre dénomination que celle qu'il porte réellement, etc. ; dans tous ces cas, la différence des noms est sans influence sur le contrat, parce que l'identité est certaine. *Error nominis alicujus navis non attenditur, quandò ex aliis circumstantiis constat de navis identitate* (Casaregis, *Disc.* 1, n° 159). A plus forte raison, on ne devrait attacher aucune importance à l'erreur résultant de la mauvaise orthographe du nom. — Pothier, n° 105 ; Pardessus, t. 3, n° 806 ; Boulay-Paty, t. 3, p. 317 ; Dageville, t. 3, p. 53 ; Delvincourt, t. 2, p. 378.

524. — A l'égard de l'erreur dans la désignation, elle ne vicie le contrat qu'autant qu'elle est de nature à diminuer l'opinion du risque ; elle est indifférente si elle ne peut avoir cet effet. Par exemple, dans une police qui désignerait un navire, tandis que ce ne serait qu'un brick, si ce brick était aussi fort et aussi gros qu'un navire ordinaire, les assureurs ne seraient pas fondés à exciper de cette différence dans la désignation ; *à fortiori*, si la qualité réelle du navire était supérieure à celle qui est énoncée dans la police. — Locré, sur l'art. 332 ; Dageville, t. 3, p. 57 ; Boulay-Paty, t. 3, p. 320 — V. *contrà* Estrangin, p. 369 ; Lemonnier, t. 1er, p. 67. — Il faut appliquer ici les principes de l'art. 348, C. comm., et non ceux de l'art. 337.

525. — Si l'assureur avait vu ou connu le navire, il ne serait pas admis à se plaindre que la fausse désignation a diminué dans son esprit l'idée du risque dont il se chargeait. — Pardessus, t. 3, n° 806 ; Lemonnier, t. 1er, p. 68.

526. — Lorsque l'assurance porte sur le navire, il est important de déclarer s'il est *vide* ou *chargé* ; dans ce dernier cas, sa marche est plus lente, sa capture plus facile ; ensuite le fret appartient à l'assureur en cas de délaissement ; sous ce double rapport, la déclaration est donc indispensable. — Boulay-Paty, t. 3, p. 357.

527. — Il importe également de savoir, surtout en temps de guerre, si le navire est *armé* ou *non armé*, s'il est *seul* ou *accompagné*, s'il est *armé en course*, ou *armé en guerre et marchandises*, et s'il doit voyager *sous escorte*. Toutes ces circonstances, qui sont de nature à influer sur l'étendue des risques, doivent être connues de l'assureur. — Boulay-Paty, t. 3, p. 358 ; Alauzet, t. 1er, p. 423.

528. — Lorsque le navire a été désigné sous plusieurs dénominations différentes avec la clause *ou tel autre nom qui plus exact serait*, les assureurs ne sont pas recevables à exciper de l'insuffisance de

ASSURANCE MARITIME, ch. 4.

la désignation. — *Aix*, 16 avr. 1839 (t. 1er 1839, p. 608), Rodoconachi c. Assureurs.

529. — Le défaut d'énonciation, dans la police d'assurance, soit du port et de la qualité du navire sur lequel est faite l'assurance, n'emporte pas nullité, à moins qu'en raison des circonstances, ce défaut d'énonciation ne constitue une réticence. — *Bordeaux*, 28 août 1829, Despechers c. Calvé.

530. — Une autre désignation importante est celle du pavillon du navire. Cette énonciation tient à l'essence du contrat. — Dageville, t. 3, p. 59 ; Alauzet, t. 1er, p. 423 ; Lemonnier, t. 1er, p. 127.

531. — Lorsqu'un navire étranger a été acheté par un Français, qui le ramène en France pour en obtenir la francisation, le consul du lieu où se trouvait le navire délivre au capitaine un passavant et lui permet d'arborer provisoirement le pavillon français. Dans ce cas, le propriétaire du navire doit déclarer dans la police qu'il a le droit d'arborer les pavillons français, mais qu'il n'a que des expéditions provisoires délivrées par un consul français. — Dageville, t. 3, p. 60 ; Lemonnier, t. 1er, p. 74.

532. — L'assuré peut, en déclarant le navire sur lequel le chargement sera primitivement opéré, se réserver le droit de charger intermédiairement sur d'autres navires les effets assurés, sans désigner celui qui pourra être substitué. — Pardessus, t. 3, n° 806.

533. — On peut aussi faire assurer des marchandises sur plusieurs navires dénommés ; mais il faut avoir soin d'expliquer si l'on fait assurer divisément ou conjointement. L'assurance est faite divisément, lorsqu'il y a une somme déterminée pour chaque navire ; elle est faite conjointement lorsque l'assurance comprend, sans spécification, les marchandises chargées sur les navires dénommés. — Dageville, t. 3, p. 143 ; Pardessus, t. 3, n° 807.

534. — Si l'assurance est faite sur *tel* navire ou sur *tel autre*, et que des marchandises soient chargées sur les deux, celui qui part le premier épuise l'assurance jusqu'à concurrence du chargé, et le surplus de la somme assurée se reporte sur les marchandises chargées à bord du navire parti le dernier. — Dageville, t. 3, p. 143.

535. — Le contrat d'assurance exprime *le nom du capitaine*. — C. comm., art. 332. — Cette énonciation est encore prescrite pour mieux faire connaître le navire sur lequel porte l'assurance.

536. — Dans l'usage, on ne manque jamais d'ajouter au nom du capitaine les mots *ou tout autre pour lui*. Mais cette clause, par laquelle l'assureur s'en rapporte à l'assuré du choix du capitaine, ne se présume pas ; il faut qu'elle soit écrite. — Pardessus, t. 3, n° 808 ; Lemonnier, t. 1er, p. 76.

537. — Lorsque le nom du capitaine n'est pas exprimé dans la police, l'assureur est présumé avoir laissé à l'assuré le droit de choisir le capitaine qui lui convient, et même de le changer. Dans ce cas, l'assuré serait responsable d'un choix évidemment mauvais ou imprudent, surtout si l'assuré s'était chargé de la baraterie de patron. — Pardessus, t. 3, n° 808 ; Boulay-Paty, t. 3, p. 323 ; Pothier, n° 106 ; Lemonnier, t. 1er, p. 77.

538. — Mais la substitution volontaire d'un capitaine à celui qui a été désigné dans la police pourrait anéantir le contrat, parce que l'assureur serait fondé à prétendre qu'il n'a contracté que sous la condition que le bâtiment serait commandé par le capitaine indiqué. — Locré, sur l'art. 332 ; Dageville, t. 3, p. 60 ; Boulay-Paty, t. 3, p. 324.

539. — Il en serait autrement si le changement du capitaine n'avait eu lieu que par nécessité et pendant le cours du voyage. Si avant le départ le capitaine était empêché de prendre le commandement ou obligé de le quitter, par l'effet d'une maladie grave, ou toute autre cause de force majeure, l'assuré devrait obtenir le consentement de l'assureur pour le remplacer. Dans certains cas, l'approbation tacite de l'assureur pourrait s'induire des circonstances, par exemple s'il n'avait pas empêché le fait du remplacement, quoiqu'il en fût instruit par avance. — Locré, sur l'art. 332 ; Dageville, t. 3, p. 61 ; Boulay-Paty, t. 3, p. 324 ; Estrangin, p. 165. — V. *contrà* Lemonnier, t. 1er, p. 79.

540. — Il arrive quelquefois que le capitaine, arrivé au port de destination, y reste pour vendre la cargaison, et qu'il fasse partir le navire sous le commandement du second ; dans ce cas, l'assureur qui a souscrit une assurance à prime liée, et qui n'a pas été prévenu que le capitaine de l'aller ne serait pas le capitaine du retour, serait fondé à demander la décharge des risques pour la seconde partie du voyage. — Boulay-Paty, t. 3, p. 325.

541. — Le contrat d'assurance exprime *le lieu où les marchandises ont été ou doivent être chargées*. — C. comm., art. 332.

542. — L'omission de cette énonciation ne serait

ASSURANCE MARITIME, ch. 4.

point une cause de nullité, si d'ailleurs les autres clauses offraient le moyen d'y suppléer, et si cette omission n'avait pas empêché l'assureur de connaître toute l'étendue des risques. — Locré, sur l'art. 332 ; Pardessus, t. 3, n° 809.

543. — Le contrat d'assurance exprime *le port d'où le navire a dû ou doit partir*. — C. comm., art. 332.

544. — Il n'est pas nécessaire que la police d'assurance détermine le jour du départ du navire. — Dans tous les cas, le silence sur ce point de la part des assurés ne pourrait être considéré comme une réticence dans le sens de l'art. 348, C. comm., qu'autant qu'en ayant connaissance ils l'auraient dissimulé frauduleusement et mensongèrement ; mais leur bonne foi est présumée de droit jusqu'à preuve de dol. — *Rennes*, 10 janv. 1817, assureurs de l'*Ameline* c. assurés.

545. — Le contrat d'assurance exprime *les ports ou rades dans lesquels il doit charger ou décharger*. — C. comm., art. 332.

546. — Il exprime également *les ports dans lesquels il doit entrer*. — C. comm., art. 332.

547. — Lorsque l'assurance est faite pour un temps limité, la désignation du lieu de destination a moins d'importance ; on peut supposer alors que l'assurance a été contractée pour tel voyage qu'il plaira à l'assuré d'entreprendre. — Alauzet, t. 1er, p. 428 ; Lemonnier, t. 1er, p. 89.

548. — Le contrat d'assurance exprime *la nature et la valeur ou l'estimation des marchandises ou objets que l'on fait assurer*. — C. comm., art. 332.

549. — La désignation des objets assurés a pour but de faire connaître à l'assureur ceux qui sont plus ou moins susceptibles d'être endommagés par les accidens de la navigation. C'est ainsi que l'art. 355 prescrit de désigner, dans la police, les marchandises sujettes, par leur nature, à détérioration particulière ou diminution, comme blés ou sels, ou les marchandises susceptibles de coulage.

550. — Quant à la valeur des choses assurées, il faut qu'elle soit exactement établie, afin que l'assureur sache si la somme assurée excède ou n'excède pas la valeur réelle de la chose mise en risque. — L'omission de cette estimation ne saurait, du reste, vicier le contrat, puisqu'il y est pourvu par l'art. 339. — Locré, sur l'art. 332 ; Dageville, t. 3, p. 75 ; Pardessus, t. 3, n° 815 ; Boulay-Paty, t. 3, p. 396.

551. — Lorsqu'une assurance est prise sur corps, l'énonciation dans la police de la valeur du navire assuré n'est pas tellement de l'essence du contrat que l'omission de cette valeur annule l'assurance. — *Aix*, 29 avr. 1823, Puginier et Bompar, et, sous cet arrêt, le jugement du *Trib. comm. de Marseille* du 6 mars 1823, mêmes parties. — V. conf. *Bordeaux*, 28 août 1823, Despêchers c. Calvé.

552. — L'estimation du navire dans la police n'était pas sous l'ordonnance et n'est pas davantage aujourd'hui une clause substantielle. — Tout ce qui résulte de son omission, c'est que l'assuré court les risques de l'estimation à laquelle l'assureur a le droit de faire procéder, estimation qui peut amener la diminution du capital de l'assuré. — *Aix*, 29 avr. 1823, Puginier et Bompar c. leurs assureurs ; — Valin, sur l'art. 8, ord. 1681, t. 1, *Des assurances* ; Pothier, n° 112 ; Boulay-Paty, t. 3, p. 393.

553. — Le contrat d'assurance exprime *les temps auxquels les risques doivent commencer et finir*. — C. comm., art. 332.

554. — Si le contrat d'assurance ne règle point le temps des risques, les risques commencent et finissent dans le temps réglé par l'art. 328, C. comm. — C. comm., art. 341.

555. — A défaut de conventions, l'assurance est présumée faite pour le voyage que le navire est sur le point d'entreprendre. — Si le navire est déjà en route, l'assurance concerne le voyage commencé et non pas celui qu'il effectuera ensuite. — Pardessus, t. 3, n° 810 ; Boulay-Paty, t. 3, p. 414 ; Dageville, t. 3, p. 158. — Il est toujours sous-entendu que le navire ne fera, après la signature de la police, aucun voyage avant celui qui y est désigné.

556. — Le contrat d'assurance exprime *la somme assurée* (C. comm., art. 332), c'est-à-dire la somme que l'assureur s'oblige à payer, à titre d'indemnité, à l'assuré au cas où la chose assurée viendrait à périr par suite de fortune de mer. — Cette indemnité peut, du reste, être stipulée autrement qu'en argent.

557. — La fixation de la somme assurée n'est pas de l'essence du contrat ; aussi, à défaut de cette énonciation, le contrat ne serait pas nul ; l'assureur serait seulement tenu, en cas de perte, de payer la valeur des choses assurées, suivant leur estimation. — Pothier, n° 75 ; Locré, sur l'art. 332 ; Pardessus, t. 3, n° 821 ; Boulay-Paty, t. 3, p. 330 ; Alauzet, t. 1er, p. 440 ; Lemonnier, t. 1er, p. 158.

558. — L'indemnité payée par l'assureur représente-t-elle la chose assurée, de manière que les

priviléges et autres droits réels qui existaient sur la chose soient transférés sur cette indemnité? Non, la prime ayant été acquittée avec les deniers de l'assuré, qui étaient le gage commun de ses créanciers, la somme remboursée par l'assureur doit profiter à tous les créanciers de l'assuré. — Emérigon, *Contrats à la grosse*, chap. 12, sect. 7e; Pardessus, t. 2, no 594; Alauzet, t. 1er, p. 209. — V. *contrà* Valin, sur l'art. 3, ord. 1681, tit. *Des prescriptions*.

559. — Le contrat d'assurance exprime *la prime ou le coût de l'assurance* (C. comm., art. 332). — Ces deux expressions ne désignent qu'une seule et même chose.

560. — Il est assez difficile d'admettre que les parties aient oublié la prime dans la rédaction de leurs conventions; néanmoins, l'assurance ne perdrait pas le caractère de contrat onéreux, par cela seul qu'aucune prime ne serait fixée dans la police, si l'intention d'en stipuler une était évidente. — Locré, sur l'art. 332.

561. — Le silence de la police pourrait alors être suppléé par un extrait du livre du courtier, ou par le billet de prime, s'il en existait un; et à défaut de ces documens, les tribunaux pourraient déterminer le taux de la prime, en prenant pour base les assurances semblables faites à la même époque. — Locré, sur l'art. 332; Dageville, t. 3, p. 83.

562. — Le contrat d'assurance exprime *la soumission des parties à des arbitres, en cas de contestation, si elle a été convenue* (C. comm., art. 333). — On avait proposé de rendre l'arbitrage forcé en matière d'assurance, comme en matière de société; mais on adopta l'arbitrage facultatif tel qu'il était établi par l'ordonnance.

563. — En matière de contrats d'assurance, contenant soumission à des arbitres, leur nomination, à défaut par les parties de les désigner, appartient aux juges de commerce, et non aux juges ordinaires. — Un membre du tribunal de commerce peut être, dans ce cas, choisi pour arbitre par l'une des parties. — *Bruxelles*, 16 avr 1831, N...

564. — Dans une police d'assurance, où les parties sont convenues qu'en cas de contestations sur l'exécution du contrat, elles soumettraient leur différend à des arbitres, la renonciation à cette clause doit être expresse. Elle ne peut s'induire du seul fait que les assurés, traduits d'abord devant un tribunal qui s'est récusé en entier, ont consenti au renvoi de l'affaire à un autre tribunal, lorsque devant celui-ci, et avant toute contestation en cause, ils ont demandé à être jugés par des arbitres, aux termes de la police. — *Rennes*, 22 août 1810, associés du navire l'*Heureux Espoir* c. N.

565. — La clause d'une police d'assurances qu'en cas de contestation sur l'exécution du contrat, les parties soumettraient leur différend à des arbitres, doit recevoir son exécution tant qu'il n'y a pas été renoncé expressément. — *Rennes*, 21 juin 1810, Audebert c. Lory.

566. — Bien que la police porte que des arbitres devront prononcer sur toutes contestations entre l'assureur et l'assuré, le tribunal de commerce est néanmoins compétent, si l'une des parties n'a demandé son renvoi qu'après l'avoir saisi. — *Rennes*, 7 mars 1835, Bonfils c. Hervé.

567. — Enfin le contrat d'assurance exprime *généralement toutes les autres conditions dont les parties sont convenues*. — C. comm., art. 332.

568. — La preuve testimoniale n'est pas admissible pour établir l'existence de convention, non insérées dans une police d'assurance. — *Trib. comm. de Marseille*, 18 oct. 1824, Amoretti (*J. de Marseille*, 5, 1, 278).

569 — C'est contre les assureurs, s'ils ont été stipulans, que doivent être résolus les doutes élevés sur le sens d'une clause insérée dans une police d'assurance. — Ainsi, par exemple, la clause par laquelle des assureurs stipulent qu'ils assurent des facultés à la prime de 6 0/0 réduite à 2 0/0, le risque finissant à Constantinople, pour quelque motif que ce soit, n'a pas pour effet d'exempter les assureurs des risques de l'arrêt de prince, dans le cas où le vaisseau est arrêté par le gouvernement dans le port désigné. — *Aix*, 23 avr. 1825, Amoretti c. divers Assureurs.

570. — Les polices d'assurance doivent se renfermer strictement dans les termes dans lesquels elles sont conçues. — *Rennes*, 28 mars 1821, Biarotte c. Dupuy-Fromy.

571. — Le contrat d'assurance est de droit étroit; dans le doute, la convention doit s'interpréter en faveur de l'assureur. — *Paris*, 12 déc. 1840 (t. 1er 1841, p. 218), Lloyd français c. la Chambre d'assurances maritimes et Laporte.

572. — Les chargemens faits aux échelles du Levant, aux côtes d'Afrique et autres parties du monde, pour l'Europe, peuvent être assurés sur quelque navire qu'ils aient lieu, sans désignation du navire ni du capitaine. — C. comm., art. 337. — Mais on doit exprimer dans la police la partie du monde où les marchandises doivent être chargées. — Valin, sur l'art. 4, ord. 1681; Boulay-Paty, t. 3, p. 411; Delvincourt, t. 2, p. 379.

573. — Ce mode d'assurance est usité dans le commerce sous la dénomination d'assurance *in quovis*. — Lemonnier, t. 1er, p. 129. — Il n'est pas limité au seul cas du retour du Levant ou de tout autre pays situé hors d'Europe. — *Trib. comm. de Marseille*, 16 juin 1831 (*J. de Marseille*, 12, 1, 192); — Lemonnier, t. 1er, p. 161.

574. — Il est généralement employé, 1o lorsque l'assuré ignore la composition du nouveau chargement que le capitaine, dûment autorisé à cet effet, aura substitué au chargement primitif, vendu dans un port d'escale; 2o lorsqu'il attend pour son propre compte des retours, ou, pour le compte d'autrui, une consignation dont il ne connaît ni la nature ni l'importance; 3o lorsqu'il a intérêt à ne pas révéler, par une désignation positive des objets assurés, le secret d'une opération d'ailleurs licite en elle-même; 4o lorsqu'il est chargé par un correspondant de soigner sur place l'assurance de marchandises qu'on ne lui fait pas préalablement connaître. — Delaborde, p. 102.

575. — Les marchandises elles-mêmes peuvent, en ce cas, être assurées sans désignation de leur nature et espèce. — Mais la police doit indiquer celui à qui l'expédition est faite ou doit être consignée, s'il n'y a convention contraire dans la police d'assurance. — C. comm., art. 337.

576. — La police doit également énoncer d'une manière expresse la quotité de la somme assurée, puisque cette énonciation peut seule déterminer l'étendue de la responsabilité à laquelle l'assureur se soumet. — Delaborde, p. 104.

577. — Ordinairement on fixe un délai suffisant, soit pour voir le risque se réaliser, soit pour recevoir des nouvelles qui complètent les renseignemens sur l'aliment de l'assurance. — Il est aussi dans l'usage de stipuler que l'assuré transmettra à l'assureur tous les avis qu'il pourra recevoir relativement à l'expédition assurée. — Dageville, t. 3, p. 138; Lemonnier, t. 1er, p. 358.

578. En matière d'assurance *in quovis*, l'application s'en fait à la totalité de l'intérêt qu'aura l'assuré dans les objets qui lui seront expédiés, de sorte que, pour le cas de perte comme pour le cas d'heureuse arrivée, il existe pour l'assuré un découvert ou un ristourne, proportionnés à la somme assurée et à la valeur des objets inconnus soumis à l'assurance. — Dageville, t. 3, p. 138.

579. — Lorsque l'assurance *in quovis* fixe une époque, pendant laquelle le chargement doit avoir lieu, ce qui a été chargé avant ou après cette époque ne peut être compris dans l'assurance, qui ne s'applique qu'aux marchandises chargées pendant l'époque fixée par la police. — *Trib. comm. de Marseille*, 3 déc. 1823, Plasse (*J. de Marseille*, 4, 1, 558); — Dageville, t. 3, p. 141.

CHAPITRE V. — *Obligations de l'assuré*.

580. — L'assuré a diverses obligations à remplir envers l'assureur : les unes sont relatives à la formation même du contrat d'assurance, telles que la sincérité dans la déclaration des objets soumis à l'assurance ou dans leur évaluation; les autres concernent l'exécution du contrat, telles que le paiement de la prime, la justification du chargé en cas de sinistre, les mesures conservatoires à prendre dans l'intérêt de l'assureur. De là les deux divisions suivantes.

Sect. 1re. — *Réticences et fausses déclarations*.

581. — L'assureur a le droit de connaître toute l'étendue du risque dont on lui propose de se charger; aussi, toute réticence, toute fausse déclaration de la part de l'assuré, toute différence entre le contrat d'assurance et le connaissement, qui diminueraient l'opinion du risque ou en changeraient le sujet, annulent l'assurance. — L'assurance est nulle même dans le cas où la réticence, la fausse déclaration ou la différence n'auraient pas influé sur le dommage ou la perte de l'objet assuré. — C. comm., art. 348.

582. — Sous l'empire de l'ordonnance de 1681, l'assurance était nulle lorsque l'assuré avait dissimulé aux assureurs une circonstance essentielle qu'il leur importait de connaître. — *Bordeaux*, 4 fruct. an VIII, Roy et Laguigneux c. assureurs de Bordeaux.

583. — Il n'est pas nécessaire à l'assureur de prouver qu'il y a eu mauvaise foi de la part de l'assuré; toute réticence, toute fausse déclaration de la part de celui-ci, doivent entraîner la nullité du contrat, quoiqu'elles ne puissent être attribuées qu'à l'oubli, la négligence ou l'erreur. — Boulay-Paty, t. 3, p. 510.

584. — La moindre différence entre le connaissement et la police, qui serait de nature à diminuer l'opinion du risque ou à en changer l'objet, annulerait l'assurance. — Boulay-Paty, t. 3, p. 512.

585. — Il y a réticence, dans le sens de la loi, dès que le fait non déclaré à l'assureur est de nature à influer sur l'opinion du risque, encore que l'assuré ne soit pas de mauvaise foi. — Spécialement, il y a réticence de la part de l'assuré qui se borne à déclarer simplement que le navire, objet de l'assurance, est de relâche dans un port, sans énoncer que la relâche est forcée par les événemens de mer, et que le navire, encore hors du port, se trouve dans une situation périlleuse. — En conséquence, si l'on apprend que le navire a péri avant le jour de l'assurance, les assureurs peuvent, sur le délaissement qui leur est fait, opposer l'exception de réticence, et, par suite, la nullité de l'assurance, alors même que cette assurance serait souscrite sur bonnes ou mauvaises nouvelles et avec renonciation à la présomption légale résultant de la lieue et demie par heure. — *Bordeaux*, 7 avr. 1835, Aguirrevengoa et Urribaren c. Assureurs.

586. — Dans les mêmes circonstances, les assureurs ne peuvent exiger le paiement de la double prime s'ils ne prouvent pas qu'au moment de l'assurance l'assuré connaissait l'événement de la perte. — *Trib. comm. de Bordeaux*, 21 juill. 1834, sous l'arrêt de *Bordeaux* cité au no précédent.

587. — En tout cas, la nullité ne peut être invoquée que par l'assureur; l'assuré ne peut, en cas d'heureuse arrivée des objets assurés, se prévaloir de son dol ou de sa faute, pour se refuser au paiement de la prime. — Delvincourt, t. 2, p. 76.

588. — Toute fausse déclaration est de nature à faire annuler l'assurance, quand même elle ne porterait que sur des circonstances que l'assuré n'était pas obligé de déclarer, si toutefois elles ont pu déterminer l'opinion de l'assureur. — Delvincourt, t. 2, p. 76; Boulay-Paty, t. 3, p. 510. — Si, par exemple, des marchandises ont été, du consentement de l'assuré, chargées sur le tillac, l'assureur doit en être informé, parce qu'en cas de jet elles ne lui seront pas remboursées, et qu'ensuite elles sont plus exposées aux risques de la navigation. — Pardessus, t. 3, no 814; Boulay-Paty, t. 3, p. 511.

589. — Il y a réticence entraînant nullité de la police, de la part du commissionnaire qui, en faisant assurer les marchandises, ne fait pas connaître le nom et le domicile de ses commettans, lorsque la connaissance de ces deux circonstances était indispensable aux assureurs pour apprécier l'étendue du risque qu'ils avaient garanti. — *Orléans*, 7 janv. 1845 (t. 1er 1845, p. 171), Assureurs orléanais c. Séjourné.

590. — L'assurance est nulle, pour cause de réticence, lorsque l'assuré, qui connaissait l'époque du départ du navire, n'a point déclaré ce fait à l'assureur. — *Aix*, 13 nov. 1822, Sonsino c. Assureurs; — *Trib. comm. de Marseille*, 8 août 1821, Paul Bernard (*J. de Marseille*, 8, 1, 35); 21 juill. 1819, Picaotto (*J. de Marseille*, 1, 1, 280); 5 déc. 1833 (*J. de Marseille*, 14, 1, 110); *Aix*, 14 janv. 1826, Parrot c. R... — Dageville, t. 3, p. 235; Boulay-Paty, t. 3, p. 515.

591. — L'assuré qui a connaissance de l'époque du départ du navire qu'il assure pour sa destination, et, par suite, du retard qu'il a dû éprouver, est, à peine de nullité du contrat d'assurance, tenu de le faire connaître aux assureurs. — Alors même que la réticence aurait été commise involontairement, l'assuré en est responsable. — *Rennes*, 30 déc. 1824, Lauriol c. Geoffroy.

592. — L'assuré qui sait que le navire sur lequel porte l'assurance est parti depuis plus de deux mois et demi, et que depuis le départ le capitaine n'a pas donné de ses nouvelles, quoique le voyage ne dût être, d'après les calculs ordinaires, que de six semaines, commet une réticence qui annule le contrat, lorsqu'il ne déclare pas ces circonstances à l'assureur. La clause sur bonnes ou mauvaises nouvelles ne couvre pas cette réticence. L'assuré ne peut être admis à prouver qu'il avait verbalement donné connaissance à l'assureur des circonstances non déclarées, lorsque des termes de la police résulte la preuve que l'assureur avait été laissé, à cet égard, dans une ignorance absolue. Le taux de la prime qui embrasse les risques de guerre ne peut être une présomption que l'assureur était informé du départ du navire et du défaut de nouvelles. — *Aix*, 14 avr. 1818, Cazalis et Tutein c. assureurs de Marseille.

593. — La réticence sur le départ antérieur à l'assurance produit aussi la nullité de la police, lorsque l'assuré ignorant l'époque du départ, elle était connue de celui pour compte de qui l'assurance était faite. — *Trib. comm. de Marseille*, 12 déc. 1821, San-

sino (*J. de Marseille*, 3, 1, 33); — Dageville, t. 3, p. 235.

594. — L'assuré n'est tenu de déclarer le départ du navire, antérieur à l'assurance, que dans le cas où, à cette époque, le navire serait en retard, c'est-à-dire qu'il aurait déjà dépassé d'un certain temps la durée ordinaire du voyage qu'il effectue. En conséquence, l'assureur ne peut exciper de la *réticence* résultant du défaut d'indication de l'époque du départ du navire, lorsque non-seulement il n'est pas prouvé que l'assuré en ait eu connaissance quand il a commis l'assurance, mais qu'il est justifié au contraire qu'à cette époque le navire avait un temps de navigation moindre que la durée ordinaire du voyage. — *Aix*, 16 avr. 1839 (t. 1er 1839, p. 608), Rodoconachi c. Assureurs.

595. — Il y a de la part de l'assuré réticence de nature à entraîner la nullité de l'assurance, lorsque sachant, au moment de l'assurance, que deux navires partis, quatre jours après le sien, du lieu désigné dans la police, étaient arrivés depuis deux jours au même lieu de destination, il n'a pas instruit les assureurs de cette circonstance, alors, d'ailleurs, qu'un court trajet sépare le lieu du départ de celui de la destination. — *Aix*, 9 fév. 1830, Petrocochino c. Assureurs.

596. — La réticence sur le fait du départ du navire assuré peut être une cause de nullité de l'assurance, quand même l'assuré alléguerait que l'assurance ayant été passée au lieu même d'où le départ s'est effectué, l'assureur a dû en être instruit. — *Trib. comm. de Marseille*, 19 juill. 1819 (*J. de Marseille*, 1, 29).

597. — Le silence sur le départ du navire, de la part des assurés, ne pourrait être considéré comme une réticence dans le sens de l'art. 348, C. comm., qu'autant qu'en ayant connaissance ils l'auraient dissimulé frauduleusement et mensongèrement; mais leur bonne foi est présumée de droit jusqu'à preuve de dol. — *Rennes*, 10 janv. 1817, assureurs de *l'Améline* c. Assurés du même navire.

598. — L'assurance n'est pas nulle pour réticence de l'époque du départ du navire, lorsque la connaissance de ce fait ne peut avoir aucune influence sur l'opinion du risque. — *Trib. comm. de Marseille*, 1er oct. 1833, Arnaud (*J. de Marseille*, 14, 1, 116); 6 déc. 1833, Moynier (*J. de Marseille*, 14, 1, 113).

599. — Celui qui fait réassurer un navire doit déclarer les circonstances qui peuvent aggraver l'opinion du risque, à peine de nullité de la réassurance. — *Aix*, 8 oct. 1813, Gismondi c. réassureurs du brigantin *la Notre-Dame*.

600. — Le contrat de réassurance est nul, pour cause de réticence, lorsque les réassurés ont laissé ignorer aux réassureurs que le navire objet de l'assurance comptait, à l'époque du premier contrat, quatre-vingt-trois jours de navigation. — *Aix*, 17 juill. 1829, Charbonnel c. Trouchaud et Lambert.

601. — La seule dissimulation des inquiétudes que peut avoir, lors du contrat d'assurance, le consignataire d'un navire qui connaît le jour du départ, et qui sait que la durée ordinaire de la traversée est de beaucoup dépassée sans que le navire soit arrivé à sa destination, constitue une réticence qui doit faire annuler l'assurance commise par le consignataire, et faite par son mandataire. — *Rennes*, 24 janv. 1844 (t. 1er 1844, p. 409), Chauvet et Bonamy c. Bonnemort et Becker.

602. — L'assurance doit être annulée pour cause de réticence, lorsque l'assuré qui connaissait l'existence de la peste à bord du navire, à l'époque de l'embarquement des facultés assurées, n'a point déclaré ce fait aux assureurs. — La nullité doit être prononcée, alors même que la peste n'aurait point influé sur le sinistre. — *Trib. comm. de Marseille*, 20 fév. 1824, Autran (*J. de Marseille*, 5, 1, 39). — Dageville, t. 3, p. 237.

603. — Lorsque le voyage assuré fait partie d'un plus long voyage que doit entreprendre le navire, l'assuré doit déclarer cette circonstance sous peine de voir annuler la police pour cause de réticence. — Boulay-Paty, sur Emérigon, t. 2, p. 91.

604. — Il n'y a pas fausse déclaration et différence dans le sens de l'art. 348, C. comm., entre la police d'assurance et les billets de grosse qui en font l'objet, en ce que la police porte que l'argent emprunté a été employé aux corps, agrès, armement, avitaillement, salaires et dernières expéditions, tandis que les billets énoncent, de plus, que l'argent a eu en outre pour objet d'acquitter les droits et engagemens du navire. — *Aix*, 8 déc. 1820, Crozet et Bargmann c. Assureurs.

605. — L'assuré qui se borne à déclarer aux assureurs sur le corps *d'un navire*, que ce navire prendra des *passagers*, sans faire connaître que ces passagers sont des soldats, ne commet pas, par cela seul, une réticence qui, aux termes de l'art. 348, C. comm., soit de nature à annuler le contrat, et à autoriser les assureurs, en cas de sinistre, à refuser le paiement de l'assurance, si d'ailleurs l'assuré ne se livre à aucun commerce illicite et prohibé. — *Rouen*, 9 mai 1823, comp. royale d'assurances c. Laffitte.

606. — Il n'est pas nécessaire que l'assuré fasse connaître aux assureurs, sur le navire seulement, ce que ce navire est destiné à transporter. — Même arrêt.

607. — L'existence d'une cabane construite sur le pont du navire et renfermant des bêtes de somme, n'est pas, relativement à l'assurance prise sur facultés, une circonstance tellement influente sur l'opinion du risque, que l'assuré se rende coupable de réticence s'il ne la déclare pas aux assureurs. — *Trib. comm. de Marseille*, 27 déc. 1826, Pagano (*J. de Marseille*, 8, 1, 33).

608. — L'omission, dans la police, de la déclaration que les marchandises objet de l'assurance sont articles de contrebande à l'étranger, ne constitue pas, de la part de l'assuré, une réticence qui doive entraîner la nullité de l'assurance. — *Aix*, 30 août 1833 (sous *Cass.*, 25 mars 1835, Boyde-la-Tour c. Charbonnel); — Alauzet, t. 2, p. 252. — V. *contrà* Pardessus, t. 3, n° 814.

609. — La circonstance qu'un navire est destiné à faire la contrebande n'aggrave pas l'opinion du risque; dès-lors, le silence qui est gardé sur ce point ne constitue pas la réticence dans le sens légal, et ne peut, dès-lors, vicier le contrat d'assurance. — *Aix*, 9 janv. 1827, divers assureurs c. Arquier.

610. — L'assurance présentant plus ou moins de risques, suivant que l'objet assuré appartient au sujet d'une puissance belligérante ou à un neutre, il est essentiel que cette circonstance ne soit pas dissimulée à l'assureur. — Pardessus, t. 3, n° 814; Boulay-Paty, t. 3, p. 527.

611. — Dans l'ancienne jurisprudence, il était généralement admis que la clause *pour compte de qui il appartiendra* suffisait pour indiquer aux assureurs qu'il s'agissait d'un chargement masqué, appartenant au sujet d'une nation belligérante, mais l'application de cette règle doit être subordonnée au point de fait, qui consiste à savoir si la question de propriété a influé sur l'opinion du risque. — Alauzet, t. 2, p. 250.

612. — L'assurance est nulle pour cause de réticence, lorsque les effets assurés étant propriété hostile et se trouvant exposés à de plus grands risques que les neutres, leur nationalité n'a point été déclarée aux assureurs. — En général, la clause *pour compte de qui il appartient*, qui, en temps de guerre, suffit pour indiquer aux assureurs que les effets assurés sont propriété hostile simulée neutre, ne suffit pas pour indiquer une propriété hostile et non masquée par la simulation de neutralité. — En conséquence, la propriété des effets hostiles, dans le cas où elle n'est pas couverte par simulation de neutralité, doit être explicitement déclarée aux assureurs, encore que l'assurance ait été prise *pour compte de qui il appartient*. — *Aix*, 26 juin 1826, Fontanellle c. divers assureurs; — Boulay-Paty, t. 3, p. 527; Estrangin, p. 361.

613. — La clause *pour compte de qui il appartiendra*, insérée dans une police d'assurance, ne peut pas, sous le Code comm., être considérée comme équivalente à la déclaration que les marchandises assurées sont la propriété de sujets d'une puissance belligérante, masquée à la faveur d'un nom allié ou neutre. Dès-lors, le défaut de déclaration expresse à cet égard doit être regardé comme une réticence, s'il a influé sur l'opinion du risque, nonobstant la clause *pour compte de qui il appartiendra*. — *Bordeaux*, 18 fév. 1828, Sorbé-Lormont c. Loriague; *Trib. comm. de Marseille*, 6 janv. 1826, Fontaneille (*J. de Marseille*, 7, 1, 217); — Dageville, t. 3, p. 239.

614. — Il n'y a pas réticence, aux yeux de la loi, alors que le fait et les circonstances non déclarés ou dissimulés ne peuvent influer sur l'opinion du risque. — Spécialement, l'assurance prise *pour compte de qui il appartiendra* n'est pas nulle, pour cause de réticence, par cela seul que la nationalité des marchandises assurées n'a pas été déclarée, si d'ailleurs, à l'époque du contrat, l'opinion du risque n'était point aggravée par la nationalité de ces marchandises. — *Cass.*, 7 déc. 1824, Divers assureurs c. Loriague. — V. au journal une consultation donnée dans cette affaire par MM. Delvincourt et Grappe, professeurs à l'école de droit de Paris.

615. — Une assurance prise *pour compte de qui il appartiendra*, sur facultés non désignées dans la police, sans indication du chargeur et sans fixation précise du lieu du reste, ne doit pas être annulée, en faveur de l'assuré, par cela seul qu'il serait justifié qu'il n'a été chargé aucunes facultés pour compte de celui qui a fait assurer ou pour compte de ses commettans, à bord du navire qui devait contenir l'aliment des risques. Une telle assurance ne doit être annulée en faveur de l'assuré qu'autant qu'il serait prouvé qu'aucunes facultés n'ont été chargées à bord du navire pour compte de qui que ce fût. — *Trib. comm. de Marseille*, 3, avr. 1824, Larguier et compagnie (*J. de Marseille*, 5, 1, 325).

616. — Une assurance prise sur corps et facultés d'un navire indiqué comme portant pavillon d'une certaine puissance, ne doit pas être annulée pour cause de réticence, par cela seul que la nationalité du navire est différente de la nationalité du pavillon, et que l'équipage se trouve composé en moyenne partie d'étrangers, si d'ailleurs le navire porte réellement le pavillon de la puissance déclarée, et s'il est muni d'expéditions délivrées par les agens de la même puissance. — *Trib comm. de Marseille*, 4 oct. 1827, Bérardi (*J. de Marseille*, 9, 1, 1).

617. — L'assurance prise sur les facultés chargées ou à charger à bord d'un navire de sortie d'un port désigné, tandis que le chargement avait été embarqué antérieurement sur le même navire, dans un autre port plus éloigné, est nulle à l'égard des assureurs, soit pour défaut d'identité dans le chargement, soit pour fausse déclaration ou réticence de la part de l'assuré. — *Aix*, 22 mai 1836, Crozet et Roullet (*J. de Marseille*, 16, 1, 102).

618. — La clause insérée dans une police d'assurance par laquelle les assureurs prennent à leur charge le *vice propre* de la marchandise assurée, doit être réputée non écrite, pour cause de réticence, s'il est prouvé qu'au moment du contrat, les assurés savaient que des marchandises de même espèce et de même provenance étaient en général atteintes d'un vice propre qui les détériorait considérablement pendant le voyage, et que cette circonstance était au contraire ignorée des assureurs. — *Trib. comm. de Marseille*, 3 nov. 1830 (*J. de Marseille*, 11, 1, 297).

619. — Dans une assurance faite pour un voyage désigné d'un port à un autre, mais avec faculté de *faire échelle, rétrogader, etc.*, le contrat n'est pas nul pour cause de réticence, en ce que le navire, afin d'aller prendre son chargement pour le lieu de destination convenu, aurait fait un voyage intermédiaire non désigné dans la police, si d'ailleurs, au moment où l'ordre de faire assurer a été donné, ce voyage intermédiaire n'était que facultatif de la part du capitaine. — *Aix*, 24 mars 1830, Signoret et Gazan c. Assureurs.

620. — Lorsqu'un navire fait voile sous le pavillon d'une puissance, qu'il a pris seulement en vertu de la patente ou permis du consul de cette puissance, l'assuré ne commet pas une réticence de nature à faire annuler l'assurance, s'il dit le navire de telle nation, sans dire qu'il n'est muni que d'expéditions provisoires. — Cela résulte implicitement d'un arrêt d'*Aix*, 28 janv. 1822, Israël Gervasi.

621. — Lorsque l'assurance d'un navire baleinier porte qu'il est assuré *pour la pêche à la cote du Brésil et dans ses baies*, ces expressions doivent s'entendre, non seulement des baies du Brésil, mais encore de toutes les baies d'Afrique. Cette clause ne contient ni réticence ni dissimulation du risque. Dans tous les cas, ce n'est là qu'une interprétation d'acte qui échappe à l'appréciation de la cour de Cassation. — *Cass.*, 19 mai 1824, assureurs des navires *le Cyrus et le Gange* c. Debacque.

622. — Les instructions données par un armateur au capitaine d'un navire baleinier de ne point effectuer son retour sans produits satisfaisans, tant que le navire pourra tenir la mer, ne sont point contraires à l'usage; le défaut de communication de ces instructions aux assureurs ne constitue pas une réticence qui doive amener l'annulation de la police d'assurance et, par suite, du délaissement. — *Paris*, 27 nov. 1841 (t. 1er 1842, p. 119), Gavard c. Compagnies d'assurances belges.

623. — On ne peut pas considérer comme réticence ou fausse déclaration la fausse interprétation d'un fait vrai en lui-même, et l'erreur commune aux assurés et aux assureurs, l'erreur involontaire et réciproque, n'est point un motif de nullité de l'assurance. — Ainsi décidé par un jugement du tribunal comm. de Marseille, 3 fév. 1828, rapporté par Dageville, t. 3, p. 238.

624. — L'assurance de marchandises en cours d'expédition, faite sur le vu du connaissement de ces marchandises, lequel est visé par l'assureur, ne peut être annulée pour cause de réticence, alors même que la nouvelle de la perte du navire arriverait deux jours après l'assurance, s'il est constant que l'assuré n'en a pas été averti antérieurement, car la communication du connaissement met l'assureur à même de calculer l'époque probable du départ du navire et d'apprécier la portée des risques. — *Paris*, 29 nov. 1843 (t. 1er 1844, p. 158), Union des ports c. Vérel.

625. — Lorsqu'une assurance a été souscrite avec faculté de transborder les marchandises assurées d'un navire sur un autre, au choix de l'assuré, l'erreur commise, même de bonne foi, dans la dési-

gnation du navire sur lequel le transbordement a eu lieu, entraîne, en cas de sinistre, l'annulation de l'assurance si le navire qui a reçu le chargement était moins fort de tonnage et moins bien coté que celui désigné aux assureurs.—*Paris*, 25 mai 1844, (t. 1er 1844, p. 673), Massé et Huder c. comp. d'assurances la Sécurité.

626. — L'application de l'art. 348 est livrée à la conscience des juges. C'est à eux seuls qu'il appartient d'apprécier, d'après les circonstances de la cause, le degré d'influence qu'une réticence ou une fausse déclaration ont pu exercer sur l'opinion du risque. — Pardessus, t. 3, no 883; Dageville, t. 3, p. 234; Goujet et Merger, no 453.

627. — Les tribunaux de commerce et les juges d'appel sont souverains appréciateurs des faits qui constituent, de la part de l'assuré, une réticence ou une fausse déclaration, diminuant l'opinion du risque et annulant le contrat. — *Cass.*, 19 mai 1824, Assureurs du *Cyrus* et du *Gange*, c. Debacque; 21 déc. 1826, assurances et Perrée c. Gaetano Mérea; 25 mars 1835, Boy de Latour c. Charbonnel.

628. — Ainsi, est à l'abri de la cassation l'arrêt qui décide que le défaut d'énonciation dans la police d'assurance, de la nature de certaines marchandises dont l'importation était prohibée, ne constitue pas, de la part de l'assuré, une réticence diminuant l'opinion du risque. — *Cass.*, 21 déc. 1826, assurances et Perrée c. Gaetano-Mérea.

Sect. 2e. — *Paiement de la prime, justification du chargé, etc.*

629. — Une fois le contrat d'assurance formé, la première et la principale obligation de l'assuré est celle de payer la prime. — L'exécution de cette obligation dépend des conventions. La prime doit être payée lors de la signature de la police s'il n'y a convention contraire. Si elle a été promise pour n'être payée qu'en cas d'heureuse arrivée du navire, ou pour se compenser, en cas de sinistre, avec l'indemnité due par l'assureur, c'est l'événement qui règle alors les droits des parties.

630. —La radiation de la signature des assureurs sur la police ne produit pas en leur faveur une présomption légale de paiement, telle que cette présomption ne puisse être détruite par la preuve contraire. — *Bordeaux*, 24 nov. 1829, Arrigunaga c. Assureurs.

631. — Lorsqu'un billet pour argent prêté à la grosse à un capitaine illetré n'est signé que par l'écrivain du navire, et n'a point été transcrit au greffe du tribunal de commerce, l'assurance prise par le prêteur sur la somme prêtée est nulle si les assureurs n'ont pas été instruits de ces circonstances. — *Trib. comm. de Marseille*, 28 janv. 1829 (*J. de Marseille*).

632 — L'assureur a directement action contre le commissionnaire de l'assuré pour le paiement de la prime, lorsque l'assurance a été faite pour compte. — Locré, sur l'art. 332; Valin, sur l'art. 3, tit. *Des assur.*; Emérigon, ch. 5, sect. 4e, § 1er; Pothier, no 98.

633. — Il peut diriger son action, soit contre le commettant, soit contre le commissionnaire, ou même contre les deux à la fois. — Boulay-Paty, t. 3, p. 310; Locré, sur l'art. 332. — *Contrà* Emérigon (ch. 5, sect. 4e, § 1er) pense que si le commettant avait payé de bonne foi la prime à son commissionnaire, l'assureur n'aurait d'action que contre ce dernier. — Dageville, t. 3, p. 42; Lemonnier, t. 2. p. 309.

634. — En cas de faillite de l'assuré, lorsque le risque n'est pas encore fini, l'assureur peut demander caution ou la résiliation du contrat (C. comm., art. 346), si toutefois la prime n'a pas encore été payée.—Delvincourt, t. 2, p. 383.

635. — L'assureur pourrait même, indépendamment du cas de faillite, et à défaut du paiement de la prime au terme convenu, demander la résolution du contrat. (Arg. de l'art. 1184, C. civ.) — Delvincourt, t. 2, p. 383.

636. — L'assureur ne peut, en cas de faillite de l'assuré, demander caution ou la résiliation du contrat, dans les termes de l'art. 346, C. comm., qu'autant que le risque n'est pas fini. — *Aix*, 28 juin 1813, Long c. assureurs de *la Vierge du Rosaire*; — Alauzet, t. 2, p. 238.

637. — Dans le cas d'accidens aux risques des assureurs, l'assuré est tenu de signifier à l'assureur les avis qu'il a reçus, encore bien qu'il ne connaisse ni la nature ni l'importance des avaries. — Delaborde, p. 208. — La signification doit être faite dans les trois jours de la réception de l'avis. — C. comm., art. 374.

638. — L'assuré qui n'a pas notifié à ses assureurs les événemens arrivés à son navire, objet de l'assurance, n'est pas, par cela même, hors le cas de sinistre majeur, non-recevable à répéter les avaries provenues de ces événemens. — *Aix*, 29 avr. 1823, Puginier et Bompar.

639. — L'inaccomplissement de cette obligation rend l'assuré passible de dommages-intérêts envers l'assureur, dans le cas où celui-ci, par suite de cette négligence, a éprouvé un préjudice réel, sauf à l'assuré à prouver que le retard ou le défaut de communication de nouvelles n'a été le résultat d'aucune négligence de sa part.—Delaborde, p. 208.

640. — Après avoir établi sa qualité, l'assuré doit donc fournir une triple justification : la première a pour objet l'événement qui donne ouverture à l'action contre l'assureur; la seconde a pour objet l'existence de la chose assurée au moment du sinistre, et, s'il s'agit de marchandises, la preuve qu'elles ont été réellement chargées; la troisième, la valeur des choses assurées. — Pardessus, t. 3, no 829; Delaborde, p. 211; Alauzet, t. 2, p. 116; Lemonnier, t. 2, p. 234.

641. — Les actes justificatifs du chargement et de la perte doivent être signifiés à l'assureur avant qu'il puisse être poursuivi pour le paiement des sommes assurées. — C. comm., art. 383.

642. — Les événemens qui peuvent donner ouverture à l'action de l'assuré sont de diverses sortes; on conçoit par conséquent que la manière de les prouver doive varier avec eux. — Lemonnier, t. 2, p. 244.

643. — Ainsi, les pertes arrivées par suite de jet devront être prouvées par les procès-verbaux que doit rédiger le capitaine—C. comm., art. 412 et suiv. —Si elles provenaient d'une déclaration de guerre, de représailles, etc., les renseignemens officiels serviraient alors de pièces justificatives. — Pardessus, t. 3, no 831.

644. — Mais, en général, le rapport du capitaine est le moyen le plus régulier pour constater les accidens maritimes; de simples déclarations du capitaine, des gens de l'équipage ou des passagers seraient insuffisantes. — Pardessus, t. 3, no 830; Lemonnier, t. 2, p. 245.

645. — Cependant, il ne faut pas conclure de là que l'assuré devrait être déclaré non-recevable s'il ne pouvait justifier la perte, ni par un rapport régulier ni par un livre de bord tenu régulièrement —Emérigon, ch. 14, sect. 8e; Pardessus, t. 3, no 830; Alauzet, t. 2, p. 118. — Les attestations de l'équipage, les procès-verbaux des officiers des ports qui ont concouru au sauvetage, etc., pourraient servir à prouver l'existence du dommage. — Dageville, t. 3, p. 499.

646. — La preuve de la perte des objets naufragés, que l'assuré est tenu de faire, n'est soumise à aucune forme particulière et de rigueur.—Ainsi, de ce que, d'après l'art. 246, C. comm., le capitaine naufragé est tenu de faire son rapport devant l'autorité locale, cet acte n'est pas indispensable pour prouver le sinistre. La preuve peut en être établie notamment au moyen d'une déclaration faite dans un autre lieu que celui du naufrage, et certifiée par les gens de l'équipage. — *Rennes*, 24 août 1824, comp. d'assur. de Marseille c. Ruello.

647.— En cas de naufrage ou de sinistre, l'omission par le capitaine des obligations imposées par les art. 242 et 248, C. comm., ne peut être opposée aux propriétaires, et ne décharge pas les assureurs de tout récours de leur part. — *Cass.*, 1er sept. 1813, Thomazeau c. assureurs du Calvados. — V. *contrà Rennes*, 9 août 1811, Thomazeau c. assureurs du *Calvados*.

648. — Le rapport du capitaine (prescrit en cas d'avarie) peut, bien qu'il n'ait pas été vérifié conformément à l'art. 247, C. comm., être pris en considération, lorsqu'on ne l'invoque pas pour la décharge du capitaine; notamment au cas où il s'agit d'établir, entre l'assuré et l'assureur, la vérité de l'avarie. — *Bordeaux*, 11 juill. 1826, Brandam c. Salignac.

649. — Les avaries arrivées aux marchandises chargées sur un navire peuvent être déclarées constantes par les tribunaux, quoique le capitaine ne les prouve pas par un rapport déposé dans les vingt-quatre heures de son arrivée et vérifié dans les formes légales. Ainsi, lorsqu'il est constant, d'après l'expérience du commerce, que des marchandises, consistant en vins de Champagne, ne passent jamais la ligne sans éprouver des avaries, les juges peuvent, sans violer la loi et sans donner ouverture à cassation, allouer au capitaine une somme quelconque pour cet objet. — *Cass.*, 22 avr. 1823, Jaudas c. Chatelain.

650.—Un tribunal ne peut fixer arbitrairement les avaries essuyées par un navire. — A défaut de preuves contraires, on doit prendre pour base les faits constatés dans le *consulat* ou rapport de mer du capitaine, et vérifiés par procès-verbal des gens de l'art. — *Rennes*, 22 mai 1826, Fereira Alvez c. Hendrech Schmid.

651. — Les causes de l'avarie éprouvée par la marchandise peuvent être justifiées par d'autres preuves que le *consulat* ou rapport de mer. — *Aix*, 14 mars 1840 (t. 2 1840, p. 79), Zizinia c. Mellema et assureurs de Marseille.

652. — Il n'est pas nécessaire qu'un procès-verbal d'avaries rapporté par le capitaine au lieu du déchargement soit vérifié par les passagers, quand il l'a été par les gens de l'équipage. L'art. 247, C. comm., ne s'entend, d'ailleurs, que du cas de naufrage.—*Rennes*, 9 janv. 1821, Savary c. Perchais.

653. — Le procès-verbal d'avaries rapporté par le capitaine est nul, quand il n'a pas été vérifié par les gens de l'équipage, et que ceux-ci n'ont pas été interrogés. —*Rennes*, 12 juin 1817, Leroy c. N.

654. — En matière d'assurances maritimes, on peut, suivant les circonstances, réputer valable et régulier un rapport d'experts fait en pays étranger, bien que l'un des experts ne l'ait affirmé que par simples lettres missives. —*Bordeaux*, 14 nov. 1838 (t. 1er 1839, p. 198), Beyt c. assureurs du *Landais*.

655. — En matière d'assurances maritimes, un rapport d'expert fait en pays étrangers peut, à raison des circonstances, être admis comme valable et régulier, quoiqu'il n'ait pas été affirmé par serment. — En ces matières, un rapport d'expert, quoique non affirmé, pourrait néanmoins être invoqué pour établir l'existence des avaries, lorsqu'il se trouve corroboré soit par le livre de bord, soit par d'autres rapports réguliers et affirmés. — *Bordeaux*, 7 mai 1839 (t. 2 1839, p. 287), Fabre c. Assurances maritimes.

656. — Le rapport, dûment vérifié, fait foi contre l'assuré, en ce sens qu'il ne peut alléguer d'autres accidens que ceux qu'a déclarés le capitaine; mais il ne peut être discuté par l'assureur, qui peut combattre les énonciations qu'il contient par la preuve contraire, sans être obligé de recourir préalablement à la voie de l'inscription de faux.—Pardessus, t. 3, no 830; Delaborde, p. 221.

657. — Le rapport d'un capitaine de navire ne fait pas tellement foi qu'il ne puisse être combattu par des preuves contraires. — Spécialement, sa déclaration que les marchandises jetées à la mer étaient, avant le jet, avariées de vice propre, peut être combattue par la preuve qu'il ne les avait pas vérifiées, ou la certitude morale qu'il n'avait pas pu les vérifier. — *Bordeaux*, 13 janv. 1841 (t. 1er 1841, p. 458), Assureurs c. Ybarrondo et d'Abnour.

658.—Lorsque l'avarie reconnue sur des blés assurés est attribuée par les experts chargés de vérifier, partie au *vice propre* de la marchandise, partie aux *événemens de mer*, l'opinion conjecturale des experts que cette dernière cause remonte à une époque antérieure au voyage assuré doit céder aux preuves résultant du connaissement et du consulat du capitaine qui établissent que les blés ont été embarqués *secs et bien conditionnés*, et que, dans la traversée, le navire qui en était porteur a, par suite de mauvais temps, reçu de l'eau à bord. — Dans cette circonstance, la portion de l'avarie attribuée aux événemens de mer doit être mise à la charge des assureurs. —*Aix*, 16 juin 1840 (t. 2 1840, p. 699), Plasse et Hompry c. Assureurs.

659. — Lorsqu'il existe un procès-verbal d'avaries dûment vérifié et un procès-verbal d'experts constatant que l'arrimage était bien fait, la demande afin de constatation par experts et par témoins des avaries causées aux marchandises peut être repoussée.—*Rennes*, 9 janv. 1821, Savary c. Perchais.

660. — Serait nulle toute convention en vertu de laquelle l'assureur se serait soumis par anticipation à la déclaration affirmative de l'assuré sur l'existence du dommage et l'aurait dispensé de toute justification à cet égard. — Émérigon, chap. 14, sect. 3e; Delaborde, p. 210.; Pardessus, t. 3, no 830. — V. *contrà* Alauzet, t. 1er, p. 374. — Mais les parties pourraient convenir de s'en rapporter à l'attestation du capitaine, sauf à l'assuré le droit de la combattre par la preuve contraire. — Pardessus, *loc. cit.*

661. — L'existence du dommage prouvé, l'assuré doit encore justifier qu'il est survenu dans le temps et le lieu des risques. — Delaborde, p. 216.

662. — Bien que la police d'assurance porte que l'assuré sur marchandises sera dispensé de rapporter le certificat de visite constatant le bon état du navire, cependant si l'assuré se trouve être en même temps propriétaire, il ne peut recourir contre les assureurs, à raison de la perte de ses marchandises, qu'autant qu'il prouve que le navire était en bon état lors du départ.—*Cass.*, 29 juin 1836, Vasquez c. Arnaud.

663. — Si l'assureur a reconnu dans la police la réalité du chargement, cette énonciation produit en faveur de l'assuré une présomption qui le dispense d'une nouvelle justification, sauf à l'as-

sureur à démontrer qu'il a été trompé par l'allégation de l'assuré. — Pardessus, t. 3, no 832; Alauzet, t. 2, p. 125.

664. — L'assuré pourrait, par une clause de la police, s'affranchir de l'obligation de prouver la réalité du chargement, et forcer l'assureur à s'en tenir à sa propre déclaration; mais cette clause, qui devrait être formellement exprimée, n'aurait pour but que d'intervertir les rôles, et l'assureur resterait toujours le maître de déférer le serment à l'assuré, et de prouver que le chargement n'a pas eu lieu. — Émérigon, chap. 11, sect. 8e; Pardessus, t. 3, no 832; Boulay-Paty, t. 4, p 348; Lemonnier, t. 2, p. 241. — V. *contrà* Valin, sur l'art. 57; Pothier, no 144.

665. — Mais la clause qui, en dispensant l'assuré de justifier du chargé, enlèverait à l'assureur la faculté de prouver que le chargement n'a pas été effectué, serait nulle comme contraire à l'essence du contrat d'assurance. — Pardessus, t. 3, no 832. — V. *contrà* Alauzet, t. 1er, p. 374.

666. — La circonstance que l'assuré serait tombé en faillite ne suffirait pas pour autoriser l'assureur à récuser son serment, et à exiger de lui la preuve du chargé, nonobstant la clause qui l'en aurait dispensé. — Bernard, p. 502. — V. *contrà* Casaregis, *Disc.* 10, no 128.

667. — « Il y a un cas, dit Pothier (no 147), où il n'y a pas de preuve à faire du chargement, c'est lorsqu'un corsaire fait assurer une prise qu'il a faite: il est évident qu'il ne peut y avoir lieu alors à cette preuve, puisque le corsaire n'a rien chargé. »

668. — Le connaissement est la pièce la plus importante pour établir la preuve du chargé.

669. — Mais, quelle que soit en général la foi due au connaissement, l'assureur est toujours recevable à en critiquer les énonciations et à démontrer qu'elles sont frauduleuses ou au moins erronées. — Pardessus, t. 3, no 832; Delaborde, p. 214; Alauzet, t. 2, p. 123.

670. — L'art. 283, C. comm., qui dispose que le *connaissement* (rédigé dans la forme prescrite) *fait foi contre les assureurs*, ne met pas obstacle à ce que la fausseté de son contenu soit établie par des *preuves* positives, et encore par des *présomptions* résultant de circonstances graves, précises et concordantes, sans qu'il soit besoin d'avoir recours à une inscription de faux. — *Cass.*, 15 fév. 1826, Duchêne c. assur. de Bordeaux.

671. — Les assureurs peuvent être admis à faire valoir, contre ce qui est porté dans les connaissemens relatifs aux facultés assurés, des faits de simulation, de dol et de fraude résultant de présomptions graves, précises et concordantes. — *Cass.*, 4 août 1829, Botrelle. — Jugé au contraire que la disposition de l'art. 283, C. comm., fait obstacle à ce qu'on admette la preuve de faits contraires à ceux qui sont consignés dans les attestations dont parle l'art. 384, même Code. — *Rennes*, 13 mars 1826, Botrelle.

672. — L'assureur ne cesse pas d'être recevable à attaquer la sincérité des déclarations de l'assuré, parce qu'il a visé les connaissemens qui contiennent ces déclarations, ou que les connaissemens ont été relatés dans la police d'assurance qu'il a souscrite. Ainsi il est admis à prouver qu'en réalité les marchandises chargées ne sont pas celles qui devaient, d'après les connaissemens, former l'aliment de l'assurance; sauf à l'assuré à démontrer de son côté que l'assureur était instruit de cette supposition et qu'il y avait volontairement consenti. — Pardessus, t. 3, nos 885 et 886.

673. — L'assureur est admis non seulement à discuter les preuves produites par l'assuré pour justifier son chargement dans le navire, mais encore à faire la preuve contraire, tant par titre que par témoins. — Pardessus, t. 3, no 886.

674. — L'assuré ne pourrait pas lui opposer, comme preuve qu'il ne lui serait pas permis de contrôler, des procès-verbaux de douanes qui constateraient le changement prétendu. — Pardessus, t. 3, no 886.

675. — La foi qui est due jusqu'à inscription de faux aux actes et procès-verbaux des préposés des douanes ne s'applique qu'aux contraventions qui tendent à léser les intérêts de l'état, et ne peut pas être invoquée dans un procès entre particuliers, pour régler leurs droits respectifs. — *Cass.*, 4 août 1829, Botrelle.

676. — Dès-lors l'assuré ne peut opposer à l'assureur, comme actes authentiques et faisant preuve jusqu'à inscription de faux quant aux marchandises assurées, les procès-verbaux de visite et de visa d'embarquement dressés par les préposés de la douane. — Même arrêt.

677. — Quant à l'assuré, il ne doit pas être admis à contester l'exactitude du connaissement, lors même qu'il aurait été rédigé par son commissionnaire. — Pardessus, t. 3, no 832; Alauzet, t. 2, p. 123.

678. — Lorsque le connaissement contient la clause *que dit être*, les assureurs peuvent exiger une justification plus complète, à cause de l'incertitude que laisse une pareille clause, soit par l'exhibition des factures, ou par tout autre moyen. — Pardessus, t. 3, no 832; Alauzet, t. 2, p. 123.

679. — Il peut arriver que le connaissement n'ait pas été fait, ou qu'il se trouve détruit; dans ce cas la réalité du chargement peut se prouver par d'autres documens, telles que les livres, les factures, la correspondance, les expéditions de douanes, les attestations des capitaines et les gens de l'équipage, sauf toujours le droit réservé à l'assureur de discuter le mérite et la valeur de ces divers élémens de preuve. — Pardessus, t. 3, no 832; Delaborde, p. 215; Alauzet, t. 2, p. 124; Boulay-Paty, t. 4, p. 345; Lemonnier, t. 2, p. 234.

680. — Quoique le connaissement soit la preuve légale du chargé, l'assuré peut néanmoins suppléer, à son défaut, par d'autres preuves, pourvu qu'elles constatent le changement; et dans ce cas le tribunal de commerce fait une juste évaluation de ce changement, d'après la facture primitive et les précédentes polices d'assurance. — *Bordeaux*, 11 juill. 1832, Borderia.

681. — Comme il est d'usage à Constantinople que les capitaines turcs qui font les voyages de Constantinople à Abajea ou aux environs ne signent aucun connaissement, et que le commerce, sur cette côte, se fait par échange, sans qu'il en soit passé acte, il en résulte que, dans le cas d'une assurance faite en France, sur marchandises sorties de Constantinople pour Abajea, et sur celles qui seront chargées au retour, il peut suffire, s'il y a sinistre durant le voyage de retour, que l'assuré exhibe, pour toute preuve justificative du chargé, des factures extraites de ses livres et constatant la valeur des marchandises chargées lors du départ de Constantinople. — *Trib. comm. de Marseille*, 31 déc. 1821 (*J. de Marseille*).

682. — Le chargement assuré peut être constaté autrement que par un connaissement, notamment par une facture et par la correspondance de l'assuré avec l'expéditeur. — *Bordeaux*, 27 janvier 1829, Arrignaga c. Georges.

683. — Dans une assurance sur facultés chargées ou à charger, la preuve du chargement peut, lorsqu'elles ne résulte pas du connaissement, être faite par toute autre pièce. — Spécialement, lorsque le connaissement produit par l'assuré est daté d'une époque à laquelle rien n'avait encore été chargé sur le navire désigné dans la police d'assurance, l'assuré peut être admis à justifier par facture et autres pièces que les marchandises assurées ont été réellement chargées postérieurement aux dates énoncées. — *Aix*, 9 août 1836, Etienne, Natalini, Dumas c. Assureurs.

684. — Le connaissement pour faire preuve du chargement des marchandises assurées, doit être signé non seulement par le capitaine, mais encore par le chargeur, en telle sorte que le défaut de signature de l'un ou de l'autre peut autoriser les assureurs à refuser le paiement des assurances en cas de naufrage du navire et de perte des marchandises. — En conséquence, l'arrêt qui, appréciant les faits et les actes, décide que, dans l'absence d'un connaissement régulier, la preuve du chargement ne résulte pas suffisamment du rapport de mer ni des déclarations des gens de l'équipage, qui n'ont pas fait de vérification personnelle à cet égard, et décharge par suite les assureurs de leur obligation, échappe à la censure de la cour suprême comme ne violant aucune disposition de la loi. — *Cass.*, 7 (et non 6) juill. 1829, Guloz c. Goureau.

685. — Dans une assurance faite sur des caisses d'espèces d'or ou d'argent non évaluées de gré à gré dans la police, l'aliment de l'assurance est suffisamment prouvé par des connaissemens énonçant la quantité des caisses désignées dans la police, quoique le connaissement porte la clause que le capitaine n'a pas vu compter les espèces. — *Trib. comm. de Marseille*, 18 août 1829, Tivolier (*J. de Marseille*, 11, 1, 19).

686. — Le connaissement ne peut pas être suppléé par la charte-partie, parce qu'il est possible que, malgré l'affrétement de tout ou partie d'un navire, le chargement n'ait pas lieu, ou n'ait lieu que d'une manière incomplète, par suite de diverses circonstances. — Pardessus, t. 3, no 832; Alauzet, t. 2, p. 122.

687. — Les assureurs sont admissibles à prouver que l'assuré a fait enlever du navire les objets de l'assurance, quoique ce dernier ait été déclaré, par un arrêt de la cour d'assises, non coupable d'avoir soustrait frauduleusement du navire ces objets. — *Aix*, 7 janvier 1823, Fusier c. Compagnies royale et d'assurances générales de Paris.

688. — L'assurance des vivres et provisions d'un navire peut être assimilée à l'assurance sur corps; par conséquent leur existence à bord peut être valablement reconnue sans autre preuve que celle de la police d'assurance. — *Bordeaux*, 12 janv. 1834, Dupeyrat c. David.

689. — Dès que l'assuré a fait la preuve du chargé, l'existence des choses assurées au moment du sinistre se présume naturellement, sauf à l'assureur à administrer la preuve contraire. — Pardessus, t. 3, no 832.

690. — S'il s'agit d'une assurance sur corps, la preuve de l'existence du navire au moment du sinistre, se tire des différentes pièces, tels que les congé et le rôle d'équipage, qui en attestent le départ. — Pardessus, t. 3, no 832; Lemonnier, t. 2, p. 243.

691. — Quand c'est le capitaine lui-même qui est assuré, la loi lui impose d'autres formalités, parce que, dans ce cas, la garantie du connaissement n'est plus suffisante.

692. — En cas de perte des marchandises assurées et chargées pour le compte du capitaine sur le navire qu'il commande, le capitaine est tenu de justifier aux assureurs l'achat des marchandises et d'en former un connaissement signé par deux des principaux de l'équipage. — C. comm., art. 344.

693. — Le capitaine doit prendre les mêmes précautions, lorsque le chargeur est son parent au degré prévu par l'ordonnance de 1681. — Dageville, t. 3, p. 220.

694. — Le capitaine n'a d'action à exercer contre les assureurs qu'autant qu'il s'est conformé aux prescriptions de la loi; aussi les assureurs peuvent-ils discuter les preuves par lesquelles le capitaine prétend établir qu'il a acheté les marchandises portées au connaissement, et contester soit le fait de l'achat, soit l'identité des objets assurés. — Locré, sur l'art. 344; Dageville, t. 3, p. 220; Boulay-Paty, t. 3, p. 478.

695. — En cas de perte de marchandises assurées, appartenant en totalité ou même en partie au capitaine du navire, les assureurs peuvent refuser le paiement des assurances, si le chargement n'est pas justifié par un connaissement signé des deux principaux de l'équipage; cette signature ne peut être suppléée par un connaissement signé seulement du capitaine, ni par le rapport de mer racontant le sinistre et la perte, ni par les déclarations de gens de l'équipage (surtout s'il n'apparaît d'aucune vérification personnelle de leur part). En vain aussi allèguerait-on l'usage contraire. — *Bordeaux*, 8 août 1828, Assurances de Bordeaux c. Sandrié et Pouydebat

696. — L'énonciation faite par le capitaine, dans son consulat, d'une pacotille lui appartenant qui aurait été jetée à la mer ne suffit pas pour fournir la preuve de l'existence de cette pacotille à bord du navire, et par suite la faire admettre en avarie commune. — Cette preuve ne peut non plus résulter d'une facture sans authenticité, qui n'indique pas même le port où la pacotille aurait été achetée. — *Aix*, 9 juin 1840 (t. 2 1840, p. 259), Vafiopulo c. Luce.

697. — Lorsque dans une assurance faite pour le compte du capitaine, il a été stipulé que le chargé serait prouvé par les expéditions de la douane, on peut, en cas de sinistre, exiger que le capitaine assuré justifie de l'achat des marchandises, et produise en outre un connaissement signé par deux des principaux de l'équipage, aux termes de l'art. 344, C. comm. — *Trib. comm. de Marseille*, 11 juill. 1821, Montolen (*J. de Marseille*, 2, 1, 184).

698. — Tout homme de l'équipage et tout passager qui apportent des pays étrangers des marchandises assurées en France, sont tenus d'en laisser un connaissement dans les lieux où le chargement s'effectue, entre les mains du consul de France, et, à défaut, entre les mains d'un Français, notable négociant, ou du magistrat du lieu. — C. comm., art. 345.

699. — Les colonies ne sont pas comprises dans cette disposition, parce que, relativement aux chargemens qui s'y font, l'acquit des droits de douanes est un moyen suffisant pour justifier de la réalité du changement. — Dageville, t. 3, p. 222; Boulay-Paty, t. 3, p. 479.

700. — Le Français dépositaire du double connaissement doit jouir de ses droits civils; s'il avait perdu la qualité de Français, le dépôt ne serait pas régulièrement fait entre ses mains. — Boulay-Paty, t. 3, p. 480.

701. — L'assuré doit se faire délivrer un acte du dépôt du double connaissement. — Boulay-Paty, t. 2, p. 480.

702. — Quoique le Code se serve de l'expression générique, *tout homme de l'équipage*, cet article n'est pas applicable au capitaine, dont les devoirs sont tracés par l'art. 344. — Dageville, t. 3, p. 222. — Ainsi jugé par le tribunal de *Marseille*,

le 30 oct. 1822 (*Journal de Marseille*, 3, 1, 349).

703. — Quant à la valeur du chargé, lorsque la police contient une évaluation, elle est présumée juste, et elle forme le titre de l'assuré, qui est dispensé de toute justification. Mais il est bien entendu que les droits de l'assureur, quant à la preuve contraire, demeurent réservés. — Valin, sur l'art. 64, ord. 1681, tit. *Des assur.*; Boulay-Paty, t. 3, p. 397; Pardessus, t. 3, nº 833; Alauzet, t. 1er, p. 435.

704. — L'assureur qui stipule l'assurance d'une somme déterminée sur marchandises, mais sans aucune indication de la qualité de cette marchandise, est toujours en droit de réclamer la justification de la valeur servant d'aliment à l'assurance. — *Bordeaux*, 21 juill. 1830, Guestier c. Assureurs.

705. — Les juges peuvent, lorsque l'énonciation de la valeur des marchandises assurées, contenue dans une police d'assurance, leur paraît évidemment erronée, ordonner que la valeur de ces marchandises sera fixée d'après les factures. — *Cass.*, 3 août 1825, Assureurs de Nantes c. Cabarrus et Appian; — Dageville, t. 3, p. 148.

706. — Dans le cas d'une police d'assurance faite sans dol ni fraude, et contenant une estimation des objets assurés, l'assureur n'est pas fondé à refuser le paiement de la somme assurée, à moins qu'il ne prouve qu'il n'y a pas eu aliment au risque, ou que la valeur des objets assurés a été exagérée. — *Bordeaux*, 12 janv. 1824, Dupeyrat c. David.

707. — Dans le cas d'une assurance faite sur des marchandises, sans désignation de leur quantité en nombre, poids et mesure, l'assuré peut être soumis, nonobstant l'évaluation conventionnelle stipulée dans la police, à justifier que la valeur des marchandises chargées est égale à la somme assurée. — *Trib. comm. de Marseille*, 16 fév. 1826, Pimenta (*J. de Marseille*, 8, 1, 53).

708. — Les assureurs ne sont pas fondés à réclamer une estimation des valeurs assurées, lorsque le contrat a été souscrit en parfaite connaissance de cause, et qu'ils n'argumentent d'aucun dol ou fraude contre les assurés. — *Trib. comm. de Bordeaux*, 3 août 1831, Closman (*J. de Bordeaux*, 8, 1, 320).

709. — Il est d'un usage assez fréquent de déterminer de *gré à gré*, dans la police, la valeur des marchandises assurées, en représentant cette valeur par une somme précise.

710. — Telle est la clause en vertu de laquelle l'assureur déclare : *qu'il assure une somme de...., valeur agréée et respectivement convenue de telle marchandise* (pour le cas où il assure la valeur de la totalité des objets mis en vente), ou bien : *qu'il assure une somme de.... sur celle de...., valeur agréée de telle marchandise* (dans le cas où il n'assure que la valeur d'une partie de ces objets).

711. — Le sens de cette clause est que l'assureur tient pour justifiée, au moment de la signature de la police, la valeur des objets assurés; mais elle ne constitue contre lui qu'une présomption qui, comme toute autre, peut être détruite par la preuve contraire. — Delaborde, p. 130; Lemonnier, t. 1er, p. 144.

712. — La clause portant estimation de gré à gré des objets assurés, dans le but de dispenser les assurés de toute autre preuve sur la valeur réelle de ces objets, n'a pas l'effet de rendre les assureurs non-recevables à prouver que l'évaluation a été enflée, ou qu'il y a eu surprise dans l'évaluation. *Trib. comm. de Marseille*, 31 janv. 1823, Maysire (*J. de Marseille*, 4, 1, 406).

713. — Quant à l'assuré, il n'est jamais recevable à critiquer l'estimation portée dans la police, parce que cette estimation est son fait. — Pardessus, t. 3, nº 820; Valin, sur l'art. 3, ord. 1681, *Tit. des assur.*; Boulay-Paty, t. 3, p. 401.

714. — Bien que l'assuré paraisse avoir donné dans la police, aux effets assurés, une valeur moindre que celle qu'il avait dessein de déclarer, il ne peut, si rien ne prouve que l'assureur ait connu ou partagé cette erreur, être admis à changer l'estimation après l'arrivée et le désastre du navire. — *Rennes*, 17 août 1825, N...

715. — Quelquefois on ajoute à l'estimation des choses assurées une clause qui indique expressément que la valeur *a été convenue* entre l'assureur et l'assuré, *pour tenir lieu de capital en tout lieu et en tout temps, vaille ou non-vaille.*

716. — La clause de *vaille ou non vaille et pour tenir lieu du capital en tous temps et en tous lieux*, mise dans la police à la suite de l'estimation conventionnelle des marchandises assurées, a pour effet non de repousser par elle seule la preuve de l'exagération d'estimation, mais seulement de mettre cette preuve à la charge des assureurs, et de dispenser l'assureur de toutes justifications — *Aix*, 6 janv. 1841 (t. 2 1841, p. 54), Assureurs c. Luce. — En effet, une pareille clause ne saurait être pour les parties un moyen de porte atteinte au principe essentiel en vertu duquel l'assurance ne peut comprendre que la valeur qui est réellement en risque. — Pothier, nº 159. — V. pourtant Emérigon, chap. 9, sect. 5e; Lemonnier, t. 1er, p. 138.

717. — Si la valeur des marchandises n'est point fixée par le contrat, elle peut être justifiée par les factures ou par les livres : à défaut, l'estimation en est faite suivant le prix courant au temps et au lieu du chargement, y compris tous les droits payés et les frais faits jusqu'à bord (C. comm., art. 339), c'est-à-dire ceux de transport, de magasinage, d'entrepôt, de commission, de courtage, d'embarquement, de douanes, etc. — Delaborde, p. 124; Lemonnier, t. 1er, p. 137. — Pardessus (t. 3, nº 817) y comprend même le fret que l'assuré a payé, ou promis de payer à tout événement.

718. — Quoique la loi reconnaisse deux manières d'estimer les marchandises, l'une d'après le prix d'achat, et l'autre d'après le prix courant au temps et au lieu du chargement, cependant si le prix d'achat, même justifié par les factures et les livres, excédait notablement le prix courant, il ne pourrait être pris pour base de l'estimation. — Alauzet, t. 1er, p. 480.

719. — L'art. 402, C. comm., qui veut qu'en cas d'avaries le prix des marchandises soit établi pour leur valeur au lieu du déchargement, ne reçoit pas son application entre l'assureur et l'assuré. A leur égard, l'estimation de l'avarie doit être faite selon le prix donné aux marchandises dans la police d'assurance, ou, à défaut, d'après leur valeur au temps et au lieu du chargement. — *Bordeaux*, 11 juill. 1826, Brandam c. Salignac.

720. — Tout effet dont le prix est stipulé dans le contrat en monnaie étrangère, est évalué au prix que la monnaie stipulée vaut en monnaie de France, suivant le cours à l'époque de la signature de la police. — C. comm., art. 338.

721. — La déclaration du 17 août 1779, art. 11, à laquelle la disposition du Code a été empruntée, contenait de plus la prohibition *de faire aucune stipulation à ce contraire à peine de nullité.* Cette prohibition avait pour but de remédier à un abus qui était devenu général, et qui consistait à donner à la monnaie étrangère un accroissement de valeur fictif. — Pothier, nº 146; Delvincourt, t. 2, p. 347.

722. — Quoique cette défense ne soit pas reproduite par le Code, il ne faudrait pas moins considérer comme illicite toute stipulation contraire à l'esprit qui a dicté l'art. 338, C. comm. — Boulay-Paty, t. 3, p. 403; Dageville, t. 3, p. 145.

723. — Il en serait de même de la clause par laquelle on déclarerait dans la police que les marchandises de provenance étrangère *ont été estimées, du consentement des parties, à telle somme argent de France*, quoiqu'elles ne valussent qu'une somme inférieure en monnaie étrangère. — Boulay-Paty, t. 3, p. 405.

724. — Si l'assurance porte sur des marchandises qui ne sont point encore achetées, et qui doivent l'être avec le produit de celles qu'on expédie, on prend pour base la valeur des achats et celle de la monnaie, au jour qu'ils ont eu lieu. — Boulay-Paty, t. 3, nº 818.

725. — Si l'assurance est faite sur le retour d'un pays où le commerce ne se fait que par troc, et que l'estimation des marchandises ne soit pas faite par la police, elle sera réglée sur le pied de la valeur de celles qui ont été données en échange, en y joignant les frais du transport. — C. comm., art. 340.

726. — Que doit-on entendre par *frais de transport?* — Valin (sur l'art. 65, ord. 1681, tit. *Des assur.*) veut qu'on comprenne par là le fret, la prime d'assurance, les frais de chargement et de séjour, et les frais faits par les marchandises prises en troc, jusqu'à ce qu'elles aient été conduites à bord. — Il veut de plus qu'on y ajoute le bénéfice présumé fait sur les marchandises livrées en échange, et qu'on doit arbitrer à 10 %. — Dageville (t. 3, p. 151) approuve l'opinion de Valin, et propose d'ajouter encore aux frais de transport la commission accordée au capitaine ou subrécargue qui a été chargé de l'échange des marchandises. — V. *contrà* Delvincourt, t. 2, p. 347.

727. — Si dans l'endroit les marchandises respectives avaient été estimées en monnaie du pays, ce ne serait plus un troc, mais une double vente; et alors il faudrait se conformer à l'art. 388, c'est-à-dire réduire la monnaie étrangère en argent de France. — Boulay-Paty, t. 3, p. 408; Pardessus, t. 3, nº 819.

728. — Quant au navire, il faut comprendre dans sa valeur non seulement le prix du corps, mais encore celui des agrès et apparaux, les dépenses de radoub, les munitions de bouche et de guerre, les avances payées à l'équipage, et généralement tous les frais faits pour la *mise hors.* — Boulay-Paty, t. 3, p. 402; Pardessus, t. 3, nº 816.

729. — L'assuré justifie cette valeur au moyen des pièces qui constatent l'achat du navire, ainsi que les dépenses de l'armement, et de l'état constaté par les procès-verbaux de visite, conformément à l'art. 10, décl. 17 août 1779. — Pardessus, t. 3, nº 833.

730. — Quant aux dépenses faites en route, elles sont prouvées par mémoires, factures et états visés par les autorités des lieux où la dépense a été faite. — Pardessus, t. 3, nº 833.

731. — Lorsque la valeur du navire assuré n'est pas fixée dans la police, l'assuré est tenu de supporter la diminution possible du capital soumis à l'assurance, et cette diminution doit être déterminée suivant la valeur estimative du navire à l'époque du contrat. — *Aix*, 29 avr. 1823, Puginier et Bompar.

732. — En cas de réassurance, on ne peut exiger de l'assureur qu'il prouve, pour avoir le droit d'être remboursé par son propre assureur, autre chose que le paiement par lui fait au premier assuré, sauf au réassureur à prouver la collusion qui pourrait exister entre eux. — Pardessus, t. 3, nº 834. — V. *contrà* Lemonnier, t. 2, p. 251, à moins que par une clause l'assureur ne fût convenu, en se faisant réassurer, qu'il serait dispensé de toute justification, moyennant la représentation de la quittance de l'assuré primitif.

733. — Lorsque la police est négociable ou au porteur, le cessionnaire ou porteur doit, pour être payé, remplir toutes les obligations résultant soit des clauses, soit de la nature du contrat; il suit de là que l'assureur peut opposer au cessionnaire ou porteur, comme à l'assuré lui-même, toutes les exceptions fondées sur des motifs qui peuvent donner lieu au ristourne total ou partiel du contrat d'assurance. — Pardessus, t. 3, nºs 797 et 865; Alauzet, t. 2, p. 114. — Jugé d'après le même principe que le commissionnaire qui a fait assurer les marchandises de son commettant a qualité pour réclamer, en sa qualité de commissionnaire, et alors qu'il est porteur de la police d'assurance et du connaissement, l'exécution de ladite police d'assurance et, sauf le droit qui appartient à l'assureur de lui opposer toutes les exceptions qui procèdent du chef du commettant. — *Orléans*, 7 janv. 1845 (t. 1er 1845, p. 111), assureurs orléanais c. Séjourné.

CHAPITRE VI. — *Obligations de l'assureur.*

734. — L'assureur est obligé d'indemniser l'assuré de la perte occasionnée par tout événement dont il est responsable.

735. — Selon qu'il s'agit d'un *sinistre-majeur* ou d'un *sinistre-mineur*, l'assuré peut exiger de l'assureur le paiement intégral de la somme convenue, en lui abandonnant ce qui reste de la chose, ou bien, en gardant ce qui reste, réclamer une indemnité proportionnelle au dommage.

736. — Dans le premier cas, l'assuré exerce l'*action en délaissement*; dans le second, il exerce l'*action d'avarie*

737. — Les obligations de l'assureur dans les deux cas distincts seront l'objet des deux sections ci-après.

738. — Les assureurs ne sont pas, à moins de stipulations contraires, obligés solidairement pour les engagemens résultant des signatures qu'ils mettent au bas des polices. — *Bordeaux*, 8 mars 1841 (t. 1er 1841, p. 700), Bernard c. Assureurs. — V. *contrà* Lemonnier, t. 2, p. 226.

739. — Des assureurs engagés par la même police d'assurance, et n'ayant qu'un même intérêt, ne sont tenus de consigner qu'une seule amende pour se pourvoir en cassation; et en cas de rejet ils ont droit à la restitution de celles qu'ils ont surabondamment consignées. — *Cass.*, 3 août 1825, Assureurs de Nantes c. Cabarrus et Appian.

740. — Si l'assureur tombe en faillite lorsque le risque n'est pas encore fini, l'assuré peut demander caution ou la résiliation du contrat. — C. comm., art. 346.

741. — Sous l'ancienne jurisprudence, l'assuré avait de plus la faculté de faire réassurer le risque aux frais de l'assureur failli. — Dageville (t. 3, p. 242) pense qu'il doit en être de même aujourd'hui.

742. — Lorsque la faillite de l'assureur auquel la prime est encore due survient après la fin des risques, l'assuré peut, le cas de perte échéant, compenser sa dette avec sa créance, c'est-à-dire retenir entre ses mains la totalité de la prime dont il est débiteur, l'imputer en déduction sur la somme assurée dont il est créancier, et se présenter à la masse seulement pour la différence. — Emérigon, t. 1er, p. 83; Lemonnier, t. 1er, p. 167.

Sect. 1re. — *Du délaissement.*

743. — Le délaissement est l'abandon que l'assuré fait à l'assureur de ce qui reste de la chose assurée et de tous les droits qu'il a sur cette chose, ou à son occasion, pour obtenir en échange le paiement intégral de la somme stipulée, dans le délai fixé par la police.

744. — Dans le cas où il y a lieu à délaissement, l'assuré a le choix entre l'action en délaissement et l'action d'avarie, quand même l'assurance aurait été faite avec la clause *franc d'avaries* (art. 409); mais l'assuré ne peut jamais les cumuler. — V. *infrà*, nº1075; — Boulay-Paty, t. 4, p. 274 et 517; Favard, *Rép.*, vº *Assurance*, § 6. — V. *contrà* Locré, t. 4, p. 305.

745. — Une fois que l'assuré a fait son option pour l'action d'avarie, il ne peut plus revenir à l'action en délaissement; de même, s'il a fait choix de l'action en délaissement, il a par cela même renoncé à l'action d'avarie. — Boulay-Paty, t. 4, p. 517. — V. *contrà* Dageville, t. 4, p. 201, et Lemonnier, t. 2, p. 7. — Suivant eux, l'assuré peut revenir sur sa détermination, tant que le délaissement n'est ni accepté par l'assureur, ni validé par un jugement.

746. — Celui qui a opté pour l'action en délaissement ne peut plus recourir à l'action en avaries. — *Rennes*, 26 juill. 1819, Luzet c. N...

747. — L'assuré qui, du consentement de l'assureur, procède à un réglement amiable d'avaries, ne renonce pas à l'action en délaissement. — *Rouen*, 25 juill. 1840 (t. 2 1840, p. 305), Harel c. Assurances maritimes du Havre.

748. — Mais remarquons que l'assuré qui, depuis l'accomplissement du voyage, a passé avec l'assureur un compromis portant pouvoir à des arbitres de régler les avaries souffertes par le navire, n'est point censé, par cela seul, avoir renoncé au droit de faire le délaissement, lorsque rien ne lui indiquait, au moment du compromis, qu'il y ait lieu de sa part à l'exercice en délaissement, et qu'il n'a été instruit de cette circonstance qu'à la suite des opérations ordonnées par les arbitres. — En conséquence, l'assuré est recevable, dans ce cas, à délaisser, et il doit être sursis au réglement d'avaries, sur lequel les parties avaient compromis, jusqu'au jugement à intervenir sur la validité du délaissement. — *Trib. comm. de Marseille*, 27 oct. 1829 (*J. de Marseille*, 12, 76).

§ 1er. — *Cas de délaissement.*

749. — Les cas dans lesquels le délaissement peut être fait sont énumérés dans les art. 369, 375 et 376, C. comm. Ces cas sont ceux de prise, de naufrage, d'échouement avec bris, d'innavigabilité par fortune de mer, d'arrêt de la part d'une puissance étrangère, et même de la part du gouvernement après le voyage commencé, de perte ou détérioration des effets assurés, si la perte ou la détérioration va au moins à trois quarts, et enfin de défaut de nouvelles.

750. — Le délaissement ne peut être fait que pour l'une des causes que nous venons d'énumérer. L'action en délaissement étant une action extraordinaire, le législateur a dû limiter d'une manière claire et précise les seuls cas dans lesquels on pourrait l'exercer, et ce serait violer l'esprit et le texte de la loi que de les étendre par analogie. — Pardessus, t. 3, p. 381; Locré, sur l'art. 369; Dageville, t. 3, p. 356; Boulay-Paty, t. 4, p. 219. — Ainsi, tous les cas de force majeure, par suite desquels la chose assurée ne parviendrait pas à sa destination, ne seraient pas des causes de délaissement, s'ils n'avaient pas les caractères et s'ils n'étaient pas de la nature de ceux que la loi a pris soin de spécifier.

751. — Mais il est permis aux parties d'étendre ou de modifier les dispositions de la loi, en restreignant ou en augmentant les cas de délaissement par une clause expresse. Les termes de la loi n'ont rien d'impératif, et elle ne statue que pour les cas où les parties ont gardé le silence. — L'ord. de 1681 s'exprimait d'une manière plus restrictive : *ne pourra le délaissement être fait.* Cependant même alors on tenait pour principe que la prohibition n'était établie que pour déterminer les droits légaux et nullement pour gêner les droits conventionnels. — Emerigon, chap. 17, sect. 2e, § 7; Locré, sur l'art. 369; Pardessus, t. 3, p. 382; Boulay-Paty, t. 4, p. 225; Dageville, t. 3, p. 348; Delvincourt, t. 2, p. 384.

752. — Tous dommages autres que ceux rapportés ci-dessus, sont réputés simples avaries, et se règlent entre les assureurs et les assurés à raison de leurs intérêts. — C. comm., art. 371.

753. — L'art. 371, C. comm., n'est pas applicable au cas de réglement par suite d'avaries; il ne

peut être fait avant le voyage commencé. — C. comm., art. 370.

755. — *Prise.* — L'événement de la prise donne lieu à l'action en délaissement (C. comm., art. 369), seul et indépendamment de ses suites.

756. — Ainsi, peu importe que la prise soit juste ou injuste, et qu'on doive espérer une prochaine restitution; que le navire soit repris par son équipage, recous dans les vingt-quatre heures ou abandonné par le capteur, le droit de l'assuré est né au moment où la chose assurée a cessé de lui appartenir, et dès ce moment l'exécution du contrat d'assurance lui est irrévocablement acquise. — Valin, sur l'art. 46, ord. 1681, liv. 3, tit. 6; Pothier, nº 118; Locré, sur l'art. 369; Boulay-Paty, t. 4, p. 227, Dageville, t. 3, p. 359. — *Trib. comm. de Marseille*, 19 nov. 1823 (*J. de Marseille*, 4, 1, 279).

757. — Au contraire, Delvincourt (t. 2, p. 384) et Pardessus (nº 888) pensent que si le navire recouvre sa liberté, soit par la recousse, soit par les forces de l'équipage, soit par rachat, soit par un jugement qui le relâche, il n'y a pas lieu à l'action en délaissement, mais seulement à l'action d'avarie; il se fonde sur l'art. 396, qui décide formellement que le fait seul de la prise ne donne pas ouverture au délaissement en cas de rachat, et sur l'art. 385, qui semble étendre cette décision à tous les cas, puisqu'il n'oblige l'assureur au paiement de la somme assurée, qu'autant que le retour n'a lieu qu'après la signification du délaissement.

758. — La preuve de la prise peut résulter d'une simple lettre du capitaine capturé, au moins pour obtenir une condamnation par provision. — Dageville, t. 3, p. 359. — *Trib. comm. de Marseille*, 1er oct. 1823 (*J. de Marseille*, 2, 1, 309).

759. — Lorsqu'un assuré sur corps fait abandon pour cause de prise, sans produire un consulat du capitaine, la production de cette pièce, si elle est possible, doit être ordonnée avant de soumettre les assureurs au paiement définitif de la perte. — *Trib. comm. de Marseille*, 18 sept. 1828, Crozet (*J. de Marseille*, 10, 1, 180).

760. — L'avis de la prise doit être signifié à l'assureur dans les trois jours de la réception de la nouvelle. — C. comm., art. 374.

761. — Si l'assuré n'a pu transmettre cet avis à l'assureur, il peut racheter les effets sans attendre son ordre. Dans ce cas, l'assuré est tenu de signifier à l'assureur la composition qu'il aura faite aussitôt qu'il en aura les moyens. — C. comm., art. 395.

762. — La loi n'a pas prononcé de peine contre l'assuré négligent; mais on devrait considérer comme négligence capable de donner lieu à des dommages-intérêts contre lui le retard qu'il apporterait à donner connaissance à l'assureur et de la prise et de la composition qui en aurait été la suite. — Pardessus, t. 3, nº 839; Boulay-Paty, t. 4, p. 424.

763. — Le rachat d'un navire capturé est un contrat du droit des gens, par lequel, moyennant une certaine somme ou un profit déterminé, le capteur relâche la prise et la rend aux anciens propriétaires, qui en font par là, en quelque sorte, une nouvelle acquisition. — Emerigon, t. 1er, p. 463; Boulay-Paty, t. 4, p. 420; Locré, sur l'art. 395.

764. — Le rachat peut se faire soit en mer, soit dans le lieu où la prise a été conduite, en tout temps et pour une somme quelconque, par les intéressés, c'est-à-dire par les propriétaires du navire et de la cargaison, s'ils sont présens, ou, à leur défaut, par leurs commis ou facteurs, ou par le capitaine lui-même. — Ce dernier ne doit composer que de l'avis des principaux de l'équipage. — Valin, sur l'art. 66, ord. 1681; Boulay-Paty, t. 4, p. 421. — Si la composition était faite sur des bases évidemment désavantageuses, l'assuré serait fondé à désavouer le capitaine. — Dageville, t. 2, p. 598.

765. — Le capitaine n'étant que le mandataire des propriétaires du navire et de la cargaison, il est évident qu'il ne peut opérer le rachat en son nom et pour son propre compte; en pareil cas, il est toujours censé agir pour le compte des propriétaires. — Si même il recevait du capteur une partie des effets pris, il devrait les restituer à ceux à qui ils appartiennent. — Boulay-Paty, t. 4, p. 421.

766. — L'assuré peut effectuer le rachat pour son compte, et si son intention n'est pas de réclamer la somme assurée, il peut se dispenser de notifier la composition aux assureurs. Le navire continuera, comme si l'événement n'était pas arrivé, de naviguer aux risques de ces derniers; mais si l'assuré entend exiger la somme assurée, il faut absolument qu'il signifie la composition aux assureurs, parce que ceux-ci doivent être mis en demeure d'opter entre le choix de prendre la com-

position à leur compte ou d'y renoncer. — Boulay-Paty, t. 4, p. 423 et suiv.

767. — L'assureur a le choix de prendre la composition à son compte ou d'y renoncer; il est tenu de notifier son choix à l'assuré dans les vingt-quatre heures qui suivent la signification de la composition. — C. comm., art. 396. — Le choix n'est du reste réservé à l'assureur qu'autant que la composition a été faite à son insu; car s'il y avait consenti, si, par exemple, il se trouvait à bord du navire, il est évident qu'il ne pourrait refuser de la prendre à son compte. — Delvincourt, t. 2, p. 390.

768. — La nouvelle du rachat et la déclaration de l'assureur doivent être *signifiées*, c'est-à-dire notifiées par le ministère d'un huissier. Mais l'avertissement et la réponse donnée de tout autre manière, par exemple, par lettres missives, ne seraient pas nuls. — Locré, sur les art. 395 et 396; Boulay-Paty, t. 4, p. 424. — La notification verbale serait même suffisante, si elle n'était pas déniée; mais, en cas de dénégation, l'assuré n'aurait pas d'autre moyen de preuve que de déférer le serment à l'assureur. — Dageville, t. 3, p. 599.

769. — Les auteurs qui ont écrit sous l'empire de l'ordonnance n'étaient pas d'accord sur les conséquences que devait avoir l'option de l'assureur lorsqu'il acceptait la composition pour son compte. Pothier (nº 135) concluait des expressions de l'ordonnance que l'assureur continuait d'être chargé des risques du retour du navire, sans qu'il pût, en cas de sinistre ultérieur, faire sur la somme assurée aucune déduction ni imputation de la somme qu'il aurait payée pour le rachat. — Emérigon (t. 1er, p. 467) trouvait ce système injuste, en ce que l'assuré profitait seul du chargement, en cas d'heureuse arrivée du navire, et il soutenait que l'assureur devenait propriétaire de la chose rachetée, en remboursant la part de l'assuré dans le rachat et le montant de la somme assurée; qu'en conséquence, cette chose était désormais à ses risques, non plus comme assureur, mais comme propriétaire subrogé aux droits des anciens assurés.

770. — Le Code a consacré l'opinion de Pothier; le contrat d'assurance reprend tous ses effets après la prise et le rachat, qui n'est alors considéré que comme une dépense extraordinaire mise au nombre des avaries. — Si l'assureur déclare prendre la composition à son profit, il est tenu de contribuer, sans délai, au paiement du rachat, dans les termes de la convention, et à proportion de son intérêt; et il continue de courir les risques du voyage, conformément au contrat d'assurance. — C. comm., art. 396.

771. — Il peut suivre de là que, contrairement aux principes du contrat d'assurance, l'assureur ait à payer une somme plus forte que la somme assurée, puisqu'il peut être tenu du montant entier de l'assurance, indépendamment de sa contribution à la composition. Mais cette anomalie est le résultat de la chance que l'assureur a voulu courir, en acceptant le rachat pour son compte; le premier contrat est censé terminé par l'événement de la prise, et si l'assureur est exposé à répondre des sinistres ultérieurs et étrangers à la prise, c'est en vertu du second contrat passé entre les parties, du moment où il a déclaré qu'il entendait prendre la composition à son compte. — Boulay-Paty, t. 4, p. 429; Dageville, t. 3, p. 602; Pardessus, t. 3, nº 839.

772. — La loi disant *sans délai et dans les termes de la convention*, il ne faut pas séparer les expressions du législateur, et on doit en conclure que si la convention accordait un délai à l'assuré, l'assureur devrait en profiter. — Dageville, t. 3, p. 602; Boulay-Paty, t. 4, p. 430; Delvincourt, t. 2, p. 391. — L'assureur ne serait pas admis, d'ailleurs, en acceptant la composition, à discuter les conditions qui y sont stipulées. — Pardessus, t. 3, nº 839.

773. — Dans le cas où le rachat a eu lieu par lettres de change ou au moyen d'otages, l'assureur, qui accepte la composition, est tenu de garantir l'assuré du paiement des lettres de change tirées à l'ordre du capteur, et de délivrer les otages. La perte ultérieure du navire ne peut modifier en rien ces obligations. — En acquittant le prix du rachat, l'assureur se trouve subrogé aux actions que pourrait avoir l'assuré contre le capteur, pour faire déclarer sa prise non valable et lui faire restituer le prix de la rançon. — Boulay-Paty, t. 1er, p. 481.

774. — Si l'assureur déclare renoncer au profit de la composition, la signification faite par l'assuré équivaut alors à un véritable délaissement, et l'assureur est tenu au paiement de la somme assurée, sans pouvoir rien prétendre aux effets rachetés, qui, à son égard, sont présumés avoir été pris. — C. comm., art. 396. — Dès que l'assureur ne veut pas accepter le rachat, c'est pour lui *res inter alio*,

s'applique qu'au cas de délaissement. — *Cass.*, 21 avr. 1830, Béranger c. Olive.

774. — Il est de principe que le délaissement ne *acta*; et il ne lui reste que le droit d'agir contre le capteur en restitution de la rançon, s'il prétend que la prise a été induement faite. — Boulay-Paty, t. 4, p. 426; Delvincourt, t. 2, p. 392; Locré, sur l'art. 396.

775. — Lorsque l'assureur n'a pas notifié son choix dans le délai fixé, il est censé avoir renoncé au profit de la composition. — C. comm., art. 396. — Cette disposition proscrit le système de Pothier (no 137), qui prétendait que l'assureur était toujours à temps d'échapper à l'exécution du contrat, en offrant à l'assuré sa part dans la composition, les intérêts et les frais faits jusqu'à cette offre.

776. — Lorsque c'est l'assureur, qui effectue le rachat pour son compte, il ne peut se soustraire au paiement de la somme assurée, en offrant à l'assuré la restitution des effets capturés et rachetés, et en consentant à courir les risques de la navigation ultérieure. Le droit de l'assuré contre l'assureur a été ouvert au moment de la prise, et il ne saurait être modifié par aucun acte postérieur de la part de ce dernier. — Dageville, t. 3, p. 607; Locré, sur l'art. 396; Boulay-Paty, t. 4, p. 430.

777. — Dans le cas où le capteur se contente, à titre de composition, de la remise d'une certaine quantité d'effets, cet accident cesse d'avoir le caractère d'une prise et ne donne plus ouverture à l'action en délaissement. Ce n'est plus qu'une opération faite pour le salut commun, qui constitue une avarie commune. — Boulay-Paty, t. 4, p. 430; Dageville, t. 3, p. 606.

778. — *Naufrage.* — Le naufrage est, comme on l'a vu (*suprà* no 201), l'événement par lequel un navire est submergé par l'effet de l'agitation violente des eaux, de l'effort des vents, de l'orage ou de la foudre, de manière qu'il s'abîme entièrement dans la mer ou que de simples débris surnagent. — Déclaration 15 juin 1735.

779. — Le seul fait du naufrage donne ouverture à l'action en délaissement, non-seulement pour le navire lui-même, mais pour les marchandises qui s'y trouvent chargées. Le délaissement des facultés peut donc avoir lieu, dans ce cas, malgré le sauvetage de tout ou partie des choses assurées. — Dageville, t. 3, p. 360; Pardessus, t. 3, no 840; Delvincourt, t. 2, p. 386.

780. — En cas de naufrage du navire, les marchandises assurées sont considérés comme totalement perdues, lors même que, par l'effet du sauvetage, elles ont été recouvrées avec perte de moins des trois quarts. — En conséquence, l'assuré est autorisé à en faire le délaissement à l'assureur. — Et il en est ainsi bien que le corps du navire n'ait pas été assuré en même temps que la cargaison. — *Cass.*, 29 déc. 1840 (t. 1er 1841, p. 204), l'Union des assureurs de Granville c. Langlois.

781. — Quoique le navire *submergé* ait été remis à flot, il n'en a pas moins fait naufrage, et l'événement qui donne naissance à l'action en délaissement se trouve dès-lors accompli. — Boulay-Paty, t. 4, p. 230; Delvincourt, t. 2, p. 386.

782. — Sous l'empire de l'ord. de 1681, lorsque le navire avait péri en entier par suite d'accident ou de fortune de mer, l'assuré n'était pas tenu pour obtenir la prime d'assurance de justifier préalablement d'un procès-verbal constatant qu'avant son départ le navire était en bon état et capable de naviguer; cette justification n'était exigée que dans le cas d'innavigabilité. — *Cass.*, 25 mars 1806, John Ellery c. assureurs du navire la *Bonne-Aventure.*

783. — Il en est de même sous le Code comm. *Trib. comm. de Marseille*, 5 mars 1821, Maduille (*J. de Marseille*, 2, 1, 175); — Boulay-Paty, t. 4, p. 280; Merlin, *Répert.*, vo *Police et contrat d'assurance*, § 1er.

784. — La perte du navire dans le voyage assuré est présumée, à l'encontre des assureurs, avoir eu lieu par fortune de mer s'il résulte de certificats de visite réguliers que le navire était avant le départ en bon état de navigation, et si les assureurs ne prouvent pas qu'il a péri par vice propre. — *Bordeaux*, 20 (et non 29) août 1835, Assurances maritimes c. Dufresne.

785. — En cas de naufrage ou de sinistre, l'omission par le capitaine de l'accomplissement des obligations imposées par les art. 242 et 243, C. comm., ne peut être opposée aux propriétaires et ne décharge pas les assureurs de tout recours de leur part. — *Cass.*, 1er sept. 1813, Thomazeau c. assureurs du Calvados. — *Contrà Rennes*, 9 août 1811, mêmes parties.

786. — *Echouement avec bris.* — La rédaction du Code comm. présente ici une différence importante avec les termes de l'ordonnance de 1681, qui autorisait le délaissement (art. 46) en cas de *naufrage, bris, échouement.* L'échouement et le bris constituaient alors deux causes bien distinctes de délaissement.

787. — Une interprétation de l'ordonnance fut jugée nécessaire, et pour faire cesser les doutes, une déclaration du 17 août 1779 porta : « Ne pourront les assurés être admis à faire le délaissement » du navire échoué, si ledit navire relevé, soit par » la force de l'équipage, soit par des secours empruntés, continue sa route jusqu'au lieu de sa » destination, sauf à eux à se pourvoir ainsi qu'il » appartiendra, tant pour les frais dudit échouement, que pour les avaries soit du navire, soit » des marchandises. »

788. — Ces principes ont été adoptés par le Code de commerce, qui n'autorise le délaissement que dans le cas d'échouement *avec bris*, et il faut en conclure que l'échouement simple ne donne pas lieu au délaissement, si le navire peut être relevé, réparé et mis en état de continuer sa route pour le lieu de sa destination. — Dageville, t. 3, p. 361; Boulay-Paty, t. 4, p. 229; Delvincourt, t. 2, p. 386.

789. — Mais l'échouement qui ne serait pas accompagné de bris ne serait pas moins une cause de délaissement, s'il était impossible de relever le navire, et si on était obligé de le dépecer au lieu de l'échouement pour tirer parti de ses débris. — Dageville, t. 3, p. 363.

790. — Il y a échouement avec bris, lorsqu'un navire, en touchant sur des écueils, des bas-fonds ou sur une côte, éprouve, par la violence du choc, une rupture, soit totale, soit dans ses parties essentielles, de manière à être entr'ouvert ou rempli d'eau, sans qu'il disparaisse absolument, ou sans que les débris en soient dispersés.

791. — L'échouement avec bris donne-t-il toujours lieu au délaissement, alors même que le navire échoué peut être relevé, réparé et mis en état de continuer sa route pour le lieu de sa destination? — Dageville (t. 3, p. 364), Estrangin, sur Pothier (no 120) enseignent la négative.

792. — Sous l'empire de l'ord. de 1681, la simple circonstance de l'échouement du navire ne donnait pas lieu au délaissement contre les assureurs : il fallait encore que le navire n'eût pu continuer sa route jusqu'au lieu de sa destination. — Même dans ce cas les assurés ne pouvaient faire le délaissement qu'autant qu'ils avaient fait signifier aux assureurs les pièces qui constataient son innavigabilité, et qu'ils les avaient sommés de se réunir à eux pour trouver un autre bâtiment sur lequel les marchandises pussent continuer leur route. S'il ne s'en trouvait pas, alors seulement les assurés pouvaient faire le délaissement, en se conformant à la disposition des art. 49 et 50, tit. *Des assurances*, ord. 1681. — *Cass.*, 3 niv. an XIII, Olivier et Lacorne c. Baudry et Boulogne.

793. — La loi, en exigeant, pour donner lieu au délaissement, le concours de deux circonstances : l'échouement et le bris, n'exige pas le bris *absolu*, suivi de la perte totale du navire, et abandonne aux tribunaux l'appréciation des accidens de cette nature. — *Paris*, 27 août 1842 (t. 1er 1843, p. 65), compagnie d'assurances l'Avenir c. Gailleton et Boulay.

794. — Il n'y a pas lieu à délaissement pour cause d'échouement avec bris lorsque cet échouement, étant arrivé à l'entrée du port, n'a pas empêché le navire, relevé, de parvenir à sa destination. Le dommage, dans ce cas, ne peut donner lieu qu'à un réglement d'avaries. — *Paris*, 27 fév. 1841 (t. 1er 1841, p. 331), Vancauwanberghe c. l'Union des ports.

795. — Toutefois Boulay-Paty (t. 4, p. 232), et M. Lemonnier (t. 2, p. 34), soutiennent qu'on a tort de se fonder sur l'art. 389 pour prétendre que le concours du bris et de l'échouement peut ne pas donner toujours ouverture au délaissement : suivant ces auteurs cet article n'est applicable qu'au délaissement à titre d'innavigabilité.

796. — En cas d'échouement avec bris et de perte ou détérioration jusqu'à concurrence de plus des trois quarts de la valeur du navire, il y a lieu à délaissement, encore que le navire puisse être relevé, réparé et mis en état de continuer sa route, alors surtout que la police d'assurance porte expressément que le délaissement pourra avoir lieu en cas de perte excédant les trois quarts de la valeur de l'objet assuré. — *Rouen*, 22 juin 1819, compagnie royale d'assurances de Paris c. Potel.

797. — Le bris de quelque partie accessoire du navire qui n'endommage pas le corps, ou le dommage au corps qui ne procure pas de voie d'eau, ou la voie d'eau susceptible de réparation, qui n'occasionne ni naufrage ni échouement, ne doivent être considérés que comme de simples avaries. — Dageville, t. 3, p. 363; Boulay-Paty, t. 4, p. 232.

798. — Dans ce cas, comme dans celui de naufrage, le délaissement des facultés peut avoir lieu, malgré le sauvetage de tout ou partie des objets assurés. C'est ce qui résulte du texte même de l'art. 381 : « En cas de naufrage ou d'échouement avec bris, l'assuré doit, *sans préjudice de délaissement* à faire en temps et lieu, travailler au recouvrement des effets naufragés. » — Boulay-Paty, t. 4, p. 229; Pardessus, t. 3, no 840; Emérigon, ch. 17, section 2e, § 5. — *Contrà* Valin, sur l'art. 46, ord. 1681, tit. *Des assurances.* — Delvincourt (t. 2, p. 387) partage ce dernier avis, à moins qu'il n'ait pas été possible au capitaine de trouver un navire pour recharger les marchandises.

799. — En cas de perte du navire résultant d'un échouement avec bris, soit parce que le navire n'a pu être relevé, soit parce qu'il n'était pas susceptible de radoub, il y a lieu au délaissement de la marchandise sauvée, qu'elle ait été ou non avariée par suite de ce naufrage. — *Rouen*, 14 août 1818, N..... — Dageville, t. 3, p. 364.

800. — L'échouement sans bris, lorsque le navire ne peut être remis à flot, donne, ainsi que nous l'avons vu, ouverture au délaissement du navire, mais ce n'est qu'à titre d'innavigabilité; il faut donc, dans ce cas, suivre pour les facultés les règles tracées pour l'innavigabilité. — Dageville, t. 3, p. 364.

801. — Alors même qu'à la suite d'échouement, le navire pourrait être relevé et réparé, s'il n'existait à proximité de l'endroit où le sinistre est arrivé, ni matériaux nécessaires pour le radoub, ni ouvriers capables de l'effectuer, le délaissement pourrait avoir lieu à titre d'innavigabilité. — Dageville. t. 3, p. 362; Boulay-Paty, t. 4, p. 278; Delvincourt, t. 2, p. 386.

802. — L'échouement avec bris d'un navire, qui a été relevé, mais qui avait besoin d'un radoub considérable, donne ouverture à l'abandon pour cause d'innavigabilité, lorsqu'il a été impossible de se procurer les objets nécessaires au radoub, et que, par suite, le navire n'a pu être mis en état de continuer sa route pour le lieu de sa destination. — Dans ce cas, l'innavigabilité peut être constatée autrement que par la sentence du juge : par exemple, par le consulat du capitaine et par un rapport d'experts. — *Trib. comm. de Marseille*, 4 déc. 1820 (*J. de Marseille*, 2, 1, 40).

803. — Il en serait de même, alors que les matériaux et les ouvriers nécessaires à la réparation du navire se trouveraient sur les lieux, si le capitaine n'avait pas de cargaison dont la vente pût faire face à ces dépenses, et s'il ne trouvait pas à emprunter les fonds indispensables. — Valin, sur l'art. 46, ord. 1681, tit. *Des assur.*; Dageville, t. 2, p. 363. — Le capitaine ne doit alors négliger aucun moyen de justifier de l'impossibilité où il s'est trouvé d'emprunter.

804. — Dans le cas d'échouement avec bris d'un bateau à vapeur, si l'assureur peut demander qu'on vérifie si le navire est susceptible d'être réparé, l'assuré peut, de son côté, demander qu'on déclare quelle est sa valeur actuelle dans l'état où il se trouve par suite de l'événement et avant toute réparation. — Il peut en outre demander qu'il soit procédé à l'estimation de la valeur actuelle tant du bâtiment et de la machine pris isolément, que du bâtiment et de la machine réunis. — Et les conclusions qui seraient prises pour la première fois en ce dernier sens sur l'appel du jugement qui aurait seulement ordonné l'examen de l'état du navire et de la machine, du coût des réparations de l'un et de l'autre, et de la possibilité d'adapter l'un à l'autre pour les faire fonctionner, ne sauraient être considérées comme une demande nouvelle, mais bien comme une conséquence de l'expertise, qui ne préjuge rien quand à la validité de l'abandon. — *Bordeaux*, 18 avr. 1839 (t. 2 1839, p. 159), Delmestre c. assureurs; — Lemonnier, t. 2, p. 38.

805. — En cas de naufrage et d'échouement avec bris, l'autorité judiciaire est seule compétente pour constater le sinistre; une décision de l'autorité administrative serait insuffisante pour autoriser le délaissement. — Dageville, t. 3, p. 365. — V. *contrà* Pardessus, t. 3, no 840 : « Les procès-verbaux des autorités compétentes, dit-il, les ordres qu'elles ont donnés, soit pour réunir les débris du naufrage absolu, soit pour dépecer ou vider le navire qui serait échoué avec bris, fussent-ils évidemment arbitraires ou imprudens, eût-on, mal à propos, considéré comme brisé totalement, un navire que les efforts de l'équipage auraient pu relever, et que peu de frais auraient pu remettre en état, sont des preuves de sinistre que l'assureur ne saurait contester, sauf son recours contre l'agent de l'autorité dont il aurait à se plaindre. »

806. — C'est aux tribunaux de commerce qu'il appartient de décider s'il y a lieu ou non au délaissement d'un navire échoué, et ils peuvent,

même dans le cas où les commissaires de la marine auraient ordonné la vente du navire, comme brisé et innavigable, décider qu'il n'y avait pas innavigabilité. Leur décision, quant à la question d'échouement et d'innavigabilité, échappe à la censure de la cour de Cassation. — *Cass.*, 3 août 1821, Damiens c. Balguerie-Dandiran. — V. *contrà* Pardessus, n° 840.

807. — En cas de naufrage ou d'échouement avec bris, l'assuré doit, sans préjudice du délaissement à faire en temps et lieu, travailler au recouvrement des effets naufragés. — Sur son affirmation, les frais de recouvrement lui sont alloués jusqu'à concurrence de la valeur des effets recouvrés. — C. comm., art. 381.

808. — Lorsque les assureurs ont donné à l'assuré un pouvoir spécial de travailler au sauvetage, ils sont alors obligés de lui rembourser intégralement tous les frais qu'il a faits, sans avoir égard à la valeur des effets sauvés. — Valin, sur l'art. 45, ord. 1681, tit. *des Assurances*; Locré, sur l'art. 381; Boulay-Paty, t. 4, p. 312.

809. — En matière de sauvetage de marchandises, le mandataire a droit au remboursement de ses avances et déboursés, avec intérêts. — Mais ces avances et déboursés ne doivent pas être ajoutés à la valeur de la marchandise sauvée pour calculer le droit proportionnel de commission qui lui est alloué. — Le propriétaire de marchandises sauvées est passible de la contrainte par corps, à raison du droit proportionnel par lui dû à celui qui a opéré le sauvetage. — *Douai*, 26 mars 1841 (t. 1er 1842, p. 122), Wacrenier c. Chauveau-Sire.

810. — L'assureur ne peut pas se refuser à rembourser la somme assurée, sous le prétexte que l'assuré n'a pas travaillé ou fait travailler au sauvetage des effets naufragés, sauf à réclamer ensuite des dommages-intérêts (Arg. de l'art. 384); Boulay-Paty, t. 4, p. 309; Delvincourt, t. 2, p. 392.

811. — Lorsque le produit du sauvetage d'un navire assuré a été employé à payer des dettes ne rentrant pas dans l'assurance, l'intérêt des sommes payées au préjudice de l'assureur est dû à partir du jour de l'emploi de ces sommes et non pas seulement à partir du jour de la demande en restitution faite par lui. — *Bordeaux*, 6 av. 1830, Bouscasse c. Assureurs maritimes.

812. — L'assuré pour compte de qui il appartiendra, étant personnellement soumis à toutes les obligations de la police d'assurance, doit travailler au recouvrement des effets naufragés dont le délaissement transporte la propriété aux assureurs, et il est tenu de leur en rendre compte, en ne prélevant sur la valeur que les frais de ce recouvrement. — En conséquence, si les sommes provenant du sauvetage ont été employées à payer soit des dettes personnelles à l'armateur, soit des dépenses antérieures au voyage ou qui n'étaient mises ni légalement ni conventionnellement à la charge des assureurs, l'assuré pour compte est personnellement responsable de ce produit de sauvetage indûment distribué. — Même arrêt.

813. — S'il y a contestation entre l'assureur et l'assuré sur le point de savoir si partie du produit du sauvetage a été employée à payer les frais de recouvrement des effets naufragés, c'est à l'assuré, en sa qualité de comptable, à prouver l'emploi qu'il allègue. — Même arrêt.

814. — Le commissionnaire qui a fait assurer en France, et a fait le délaissement à ses assureurs, peut encore, bien que le sauvetage soit détenu en pays étranger par le propriétaire assuré, contraindre les assureurs au paiement intégral de l'assurance, sans être obligé d'attendre que le produit du sauvetage ait été remis entre leurs mains, sauf le droit qu'ont ces derniers de prendre les mesures propres à empêcher le commissionnaire de faire compte du recouvrement de l'assurance à son mandant. — *Trib. comm. de Marseille*, 19 oct. 1825 (*J. de Marseille*).

815. — L'assuré qui, postérieurement au sinistre, reçoit les marchandises et les vend aux enchères, sans formalités de justice ni autorisation demandée préalablement, ne perd pas le droit d'intenter l'action en délaissement. — *Trib. comm. de Marseille*, 14 mai 1824 (*J. de Marseille*); — Dageville, t. 3, p. 490.

816. — *Innavigabilité par fortune de mer.* — On appelle ainsi l'état d'un navire qui est réduit à l'impossibilité de continuer la navigation.

817. — L'ordonnance de 1681 n'avait pas mis l'innavigabilité au nombre des causes qui autorisent le délaissement; mais la jurisprudence l'avait admise comme l'équivalent d'un naufrage ou d'un échouement, et lui faisait en conséquence produire les mêmes effets. — La déclaration du 17 août 1779 vint suppléer, sur ce point, à l'ordonnance; elle rangea l'innavigabilité parmi les causes de délaissement; et elle établit sur cette

ASSURANCE MARITIME, ch. 6, sect. 1re.

matière des principes qui ont été adoptés par la loi nouvelle.

818. — Sous l'empire de l'ordonnance sur la marine, de 1681, le délaissement pouvait, comme sous le Code de commerce, être opéré pour cause d'innavigabilité. — *Bordeaux*, 5 avr. 1832, Salles et Tieubert c. assureurs.

819. — L'innavigabilité doit être absolue. Par conséquent, le délaissement à titre d'innavigabilité ne peut être fait, si le navire échoué peut être relevé, réparé et mis en état de continuer sa route pour le lieu de sa destination. — Dans ce cas, l'assuré conserve son recours sur les assureurs pour les frais et avaries occasionnés par l'échouement. — C. comm., art. 389.

820. — Il y a lieu de reconnaître le cas d'innavigabilité d'un bateau à vapeur, et, par suite, d'admettre le délaissement de la part de l'assuré, alors qu'il a été déclaré par les experts que, bien qu'il fût rigoureusement possible de réparer le navire, ces réparations ne seraient point efficaces, et que le bateau naufragé ne naviguerait pas comme par le passé, c'est-à-dire avec l'ensemble des conditions de durée et de sécurité qu'il réunissait avant le sinistre. — *Paris*, 31 déc. 1840 (t. 1er 1841, p. 221), Compagnies d'assurances c. Delmestre.

821. — Est réputé dans un état d'innavigabilité absolue, et susceptible de délaissement, le navire échoué avec bris, lorsque, après avoir été submergé et disloqué dans son ensemble, il a été détruit dans ses parties les plus essentielles, en sorte que la réparation en serait plus coûteuse que la construction d'un neuf. — Dans ce cas, peu importe que le navire ou ce qui en est resté après le sinistre ait pu être renfloué et ramené au port, et que l'échouement avec bris ait eu lieu sur un point plus ou moins éloigné du lieu de destination; l'assuré n'est pas moins fondé à en faire le délaissement. — *Douai*, 7 avr. 1842 (t. 2 1843, p. 318), Delrue c. Hubert.

822. — L'assureur ne répond pas toujours de l'innavigabilité, de quelque cause qu'elle provienne. — Le contrat ne mettant à sa charge que les accidens causés par fortune de mer, il est évident qu'il ne doit pas être responsable de l'innavigabilité qui a sa cause dans le vice propre du navire. — C. comm., art. 369.

823. — Mais comment arriver à connaître quelle est la véritable cause de l'innavigabilité? En faveur de qui, de l'assureur ou de l'assuré, doit être la présomption? — Avant la déclaration de 1779, la question de savoir à la charge de qui était la preuve était sérieusement controversée. — Casaregis (*Disc.* 141), et d'après lui Valin (sur les art. 28 et 46), enseignaient que c'était à l'assuré à prouver que l'innavigabilité provenait d'une fortune de mer, et qu'à défaut par lui de faire cette preuve, elle était réputée procéder du vice propre de la chose. — Cependant l'opinion contraire, appuyée de l'autorité d'Émérigon (chap. 12, sect. 38), avait prévalu dans la jurisprudence.

824. — La déclaration de 1779 eut pour objet de mettre fin à cette controverse. Elle ordonna que les navires marchands, avant de partir du lieu où ils étaient armés, seraient visités par des experts, chargés de vérifier *s'ils sont en bon état de navigation*, et qu'avant de prendre leur chargement de retour, ils seraient de nouveau visités, à l'effet de constater les avaries qui pourraient être survenues pendant le cours du voyage, par fortune de mer ou par le vice propre du navire. — Art. 1er, 2 et 3. — L'art. 4 porte : « Les assurés ne sont admis à faire » le délaissement qu'en représentant les procès-» verbaux de visite du navire ordonnés par les » art. 1er et 3. »

825. — Cette déclaration établissait deux présomptions: l'une contre l'assuré, lorsque la visite du navire n'avait pas eu lieu; l'autre contre les assureurs, lorsque les procès-verbaux de visite étaient représentés. Dans le premier cas, l'innavigabilité était présumée provenir du vice propre du navire; dans le second cas, elle était presumée fatale, à moins que les assureurs ne prouvassent le contraire. — Émérigon, *loc. cit.*

826. — Depuis la déclaration de 1779, un décret du 9-13 août 1791, relatif à la police de la navigation et des ports de commerce, a tracé de nouvelles formalités à suivre pour la visite des navires (art. 12 et 13), et n'assujétit à ces formalités que les navires destinés aux voyages de long cours (art. 14) — Le Code, de son côté, a imposé au capitaine l'obligation, avant de prendre charge, de faire visiter son navire, aux termes et dans les formes prescrites par les réglemens (art. 225); mais il n'a pas reproduit la décision contenue dans l'art. 4 de la déclaration de 1779.

827. — De là la question de savoir si la déclaration de 1779 n'a pas été abrogée par le décret des

ASSURANCE MARITIME, ch. 6, sect. 1re.

9-13 août 1791. D'abord on ne peut nier qu'elle n'ait été abrogée en ce qui concerne le nombre et les époques des visites prescrites, et la rédaction des procès-verbaux, puisque l'art. 4 dispose formellement que *toutes autres visites ordonnées par les précédentes lois sont supprimées.* — Dageville, t. 3, p. 391.

828. — Il doit donc demeurer pour constant que les navires destinés au cabotage ne sont plus soumis aux visites ordonées par la disposition générale de l'art. 1er de la déclaration de 1779. — *Bordeaux*, 27 fév. 1826, Compagnie d'assurancec . Ferrière.

829. — Mais tout ce qui, dans la déclaration de 1779, est relatif à la manière de rendre authentiques les procès-verbaux de visites, et aux conséquences de leur non représentation, continue de subsister dans toute sa force. Le décret des 9-13 août 1791 n'a pas abrogé à cet égard la déclaration, puisque leur objet n'est pas le même; le premier s'applique à la police des ports et de la navigation, et la seconde a eu pour but de régler les droits des assureurs et des assurés. — Boulay-Paty, t. 4, p. 267; Merlin, *Rép.*, v° *Police d'assurance*, § 1er, n° 58.

830. — Les présomptions établies par la déclaration de 1779 continuent donc a être applicables, depuis la promulgation du Code, comme elles l'étaient auparavant. — Ainsi, lorsqu'il n'existe pas de procès-verbaux de visite, l'innavigabilité est réputée procéder d'un vice propre du navire, à moins que l'assuré ne prouve qu'elle doit être attribuée à une fortune de mer. — Boulay-Paty, t. 4, p. 267; Pardessus, t. 3, n° 866; Delvincourt, t. 2, p. 287; Dageville, t. 3, p. 376; Locré, sur l'art. 394. — Mais lorsque les certificats de visite sont représentés, l'innavigabilité est présumée fatale, sauf aux assureurs à prouver qu'elle provient d'un vice propre du navire. L'innavigabilité peut, en effet, résulter de vices cachés et intérieurs qui auraient échappé à l'attention des visiteurs. — Pardessus, t. 3, n° 866; Boulay-Paty, t. 4, p. 267; Delvincourt, *loc. cit.*; Lemonnier, t. 2, p. 47. — V. *contrà* Dageville, t. 3, p. 376, et Estrangin (p. 446 et suiv., qui soutiennent que si la représentation des procès-verbaux de visite fait cesser la présomption légale en faveur de l'assuré, elle n'établit pas la présomption contraire contre l'assureur. — Mais, la jurisprudence paraît fixée dans le premier sens.

831. — Le certificat de visite avant de prendre charge forme, en faveur de l'assuré, jusqu'à justification contraire, la preuve que l'innavigabilité en cours de route du navire est le résultat de fortune de mer, et non du vice propre de la chose. — *Paris*, 20 avr. 1841 (t. 1er 1841, p. 709), Comp. d'assur. générales maritimes et l'Union des ports, Lamand et Cortès.

832. — Lorsqu'un navire, reconnu en bon état de navigation au moment de son départ est devenu innavigable pendant la traversée, l'innavigabilité (surtout s'il s'est passé quelque événement de nature à l'occasionner) est, jusqu'à *preuve contraire*, et alors même que certaines présomptions pourraient en faire suspecter la cause, réputée provenir de fortune de mer. — *Rouen*, 18 avr. 1837 (t. 1er 1838, p. 41), Comp. d'assur. universelles de Bruxelles c. Mestre.

833. — Le navire visité au départ, et jugé propre à faire un voyage de long cours, est réputé par-là même, et sans qu'il soit nécessaire de procéder à une nouvelle visite avant le départ pour le retour, en état de faire une bonne navigation pendant l'aller et le retour. — *Cass.*, 3 juill. 1839 (t. 2 1839, p. 370), Prébois Bonhomme c. Biarnès.

834. — L'innavigabilité constatée dans le trajet à parcourir pour le retour est présumée, sauf preuve contraire, provenir de fortune de mer, et non d'un vice propre au navire. — *Rennes* (sous *Cass.*, 3 juill. 1839 [t. 2 1839, p. 370], Prébois-Bonhomme c. Biardès).

835. — La présomption de navigabilité, résultant de ce qu'avant son départ le navire a été visité conformément à la déclaration du 17 août 1779, ne met pas obstacle à ce que l'assureur prouve que l'innavigabilité provient du vice propre du navire. — *Cass.*, 18 mai 1824, veuve Poullly c. Guillon.

836. — Si le navire a été, avant son départ, visité et jugé en état de supporter la navigation, c'est aux assureurs et non à l'assuré à prouver que l'innavigabilité survenue pendant le voyage provenait d'un vice propre au navire. — *Bordeaux*, 1er mai 1828, Compagnie d'assurance c. Raba; *Trib. com. de Marseille*, 11 juill. 1834, Ségur (*J. de Marseille*, 15, 1, 114).

837. — Le défaut de certificat de visite n'emporte pas présomption que la perte du navire provient d'innavigabilité. — De ce que le navire a

péri par suite d'une voie d'eau, il ne s'ensuit pas nécessairement qu'il était innavigable. — *Aix*, 28 janv. 1822, Israël Gervasi.

838. — L'innavigabilité survenue pendant le voyage et dont la cause est connue ne permet pas de tirer de l'absence des procès-verbaux de visite une présomption légale d'innavigabilité lors du départ. — *Trib. comm. de Marseille*, 4 déc. 1820, Pons (*J. de Marseille*, 2, 1, 10).

839. — Sous l'empire de l'ord. de 1681, l'assuré qui ne représentait pas le procès-verbal de visite au lieu de retour prescrit par la déclaration du 17 août 1779, n'était pas privé du droit de faire le délaissement lorsqu'il était constant en fait qu'il y avait eu impossibilité de faire procéder à cette visite. — *Cass.*, 2 août 1808, Blandin c. Kunckel.

840. — La disposition de la déclaration de 1779, qui exigeait, de la part de l'assuré qui veut délaisser, pour cause d'innavigabilité par fortune de mer, la représentation du procès-verbal de visite du bâtiment antérieure à son départ, a été abrogée, soit par le Code comm. qui ne l'a pas renouvelée, soit par la loi du 15 sept. 1807, et cela, qu'il s'agisse de navires destinés aux longs cours ou au cabotage : dès-lors, il suffit que l'assuré prouve, d'une manière légale, la cause qui a rendu le navire innavigable. — La disposition de la déclaration de 1779 avait été restreinte, par l'art. 14, L. 13 août 1791, aux navires destinés au long cours. — *Bordeaux*, 27 fév. 1826, Compagnie d'assurance c. Ferrière.

841. — Les procès-verbaux destinés à constater l'innavigabilité doivent rappeler ceux qui ont eu lieu lors du départ du navire pour sa destination. — *Bordeaux*, 9 fruct. an VIII, Vignes c. Assureurs de Bordeaux.

842. — Une déclaration du capitaine, même affirmée par l'équipage, ne peut suppléer le certificat de visite destiné à constater le bon état d'un navire au moment du départ, alors d'ailleurs qu'aucune preuve n'en confirme la sincérité. — *Bordeaux*, 7 mai 1822, Hawighorst.

843. — La vétusté du navire à l'époque où l'assurance a été faite n'est pas une présomption de mauvais état ou d'innavigabilité, surtout à l'égard des assureurs auxquels le navire était parfaitement connu. — *Trib. com. de Marseille*, 10 janv. 1834, Madulle (*J. de Marseille*, 14, 1, 161).

844. — Le délaissement pour cause d'innavigabilité est admissible, quoique des experts en aient attribué la cause au vice propre et à la vétusté du navire, si d'ailleurs ces experts n'ont fait connaître aucuns motifs de leur opinion, si les certificats de visite établissent la présomption légale du bon état du navire au départ, et s'il y a preuve de fortunes de mer éprouvées pendant le voyage assuré. — Même jugement.

845. — Le délaissement pour cause d'innavigabilité déclarée à la suite d'une voie d'eau, qui n'a pu être réparée, est admissible, quoique les experts aient reconnu que le navire était *vieux*, et avait plusieurs de ses membres en mauvais état, si d'ailleurs ils ont attribué la voie d'eau à des fortunes de mer, et s'il résulte des certificats de visite avant le départ que le navire, après avoir subi des réparations importantes, était en état de navigabilité. — Il doit en être ainsi alors surtout que les assureurs qui excipent de la vétusté et du vice propre du navire avaient eux-mêmes provoqué la visite du navire avant le départ, et par suite, avaient parfaitement connu son âge et la nature de sa construction avant de souscrire l'assurance. — *Trib. comm. de Marseille*, 16 mai 1834, Calvo (*J. de Marseille*, 14, 1, 330).

846. — Dans tous les cas, quelle que soit la cause de l'innavigabilité, il faut qu'elle ait été déclarée pour donner ouverture à l'action en délaissement. L'art. 390, comme la déclaration de 1779, a subordonné la faculté de délaisser à l'accomplissement de cette formalité. — Boulay-Paty, t. 4, p. 258; Dageville, t. 3, p. 380; Pardessus, t. 3, n° 806. — Mais, à la différence de la déclaration de 1779, qui exigeait que le navire fût *condamné* par le juge, comme incapable de naviguer, le Code se contente de la *déclaration* d'innavigabilité. — Dageville, t. 3, p. 392; Lemonnier, t. 2, p. 48.

847. — La loi n'a pas tracé de formes spéciales à suivre pour cette déclaration. Autant que possible, elle doit être constatée, en pays étranger, par le consul français; mais si le navire échoue ou relâche dans un lieu qui ne soit pas sous l'empire des lois et autorités françaises, alors les tribunaux français sont appelés à prononcer la validité de la déclaration d'après les circonstances et les formalités suivies. — Boulay-Paty, t. 4, p. 258; Dageville, t. 3, p. 392; Lemonnier, t. 2, p. 49.

848. — L'innavigabilité doit, pour donner naissance à l'abandon, avoir été préalablement et légalement déclarée. — Lorsqu'une pièce authentique produite à cet effet énonce l'existence et le contenu d'une autre pièce non représentée, cette énonciation ne peut suppléer à la représentation de la pièce elle-même. — *Trib. com. de Marseille*, 1er fév. 1822, Estien (*J. de Marseille*, 3, 1, 310).

849. — Lorsque l'innavigabilité a été légalement constatée ou déclarée, il n'est pas nécessaire, pour la validité du délaissement, qu'elle soit prononcée par le juge du lieu; la loi n'impose pas cette obligation. La condamnation du navire peut être légalement prononcée en France, sur le vu des pièces établissant la preuve de l'innavigabilité. — *Cass.*, 3 juill. 1839 (t. 2 1839, p. 370), Prébois-Bonhomme c. Biarnès.

850. — Sous le Code de commerce, pour qu'il y ait lieu au délaissement pour cause d'innavigabilité, il faut qu'elle ait été prononcée par les tribunaux ou toute autre autorité compétente, à moins que le navire ne se soit trouvé dans telles situations ou dans un tel lieu qu'il n'ait pas été possible de remplir les formalités prescrites. — Lorsqu'un navire a été assuré en France, bien que l'innavigabilité se soit manifestée en pays étranger, elle doit être constatée selon les lois françaises, et non selon les usages et les lois de ce pays. Si donc il existe dans le pays étranger un consul français, c'est devant lui qu'il faut se pourvoir pour faire reconnaître et déclarer l'innavigabilité. — Si l'innavigabilité n'a été régulièrement prouvée ni déclarée, l'abandon ne peut être déclaré valide. — *Bordeaux*, 5 avr. 1832, Sulles et Thieubert c. Assureurs.

851. — Pour qu'il y ait innavigabilité dans le sens de la loi et, par suite, ouverture à délaissement, il n'est pas nécessaire qu'elle soit expressément déclarée par le juge, lorsque d'ailleurs elle est prouvée par les circonstances et par les documens réguliers produits par l'assuré, notamment par l'ordonnance du juge local qui a autorisé la vente du navire. — *Trib. comm. de Marseille*, 14 mars 1834, Rostand-Vidal (*J. de Marseille*, 14, 1, 167).

852. — Les formes tracées par le Code de commerce pour constater l'innavigabilité d'un navire ne sont pas prescrites à peine de nullité. — *Cass.*, 14 juin 1832, Bonnarie et Pinguet c. Assureurs; *Paris*, 28 mai 1838 (t. 2 1838, p. 63), Pelletreau c. Lloyd français; *Cass.*, 31 juill. 1839 (t. 2 1839, p. 373), mêmes parties.

853. — Ainsi, la déclaration et la constatation de l'état d'innavigabilité résultent suffisamment de la requête adressée par le capitaine au juge du lieu, à l'effet d'obtenir l'autorisation de vendre le navire, fondée sur ce que les dépenses nécessaires excéderaient sa valeur, et de l'ordonnance du juge accordant l'autorisation par les motifs exprimés dans la requête. (Solut. implic.) — *Cass.*, 14 juin 1832, Bonnarie et Pinguet c. Assureurs.

854. — On doit prendre en considération la distance des lieux, la nature des événemens, et l'impossibilité de remplir les formes légales. — Il suffit, dans ce cas, que le capitaine ait eu recours aux mesures autorisées par la législation du pays, lorsque d'ailleurs il ne s'élève contre lui aucun soupçon de fraude. — *Paris*, 26 mai 1838 (t. 2 1838, p. 63), Pelletreau c. Lloyd français.

855. — Une Cour royale peut, en prenant en considération la distance des lieux, la nature des événemens, l'impossibilité de remplir les formes légales, et appréciation faite des documens tendant à constater l'innavigabilité, regarder comme suffisant tel mode de constatation qui a été employé. — Et l'arrêt qui, en l'absence de tout soupçon de fraude contre le capitaine, juge qu'il a suffisamment rempli le vœu de la loi en ayant recours aux mesures autorisées par la législation du pays où il se trouvait, échappe à la censure de la cour de Cassation. — Spécialement, en cas de relâche forcée dans un port étranger où il n'existe pas de consul français, l'innavigabilité du navire a pu être considérée comme suffisamment constatée, de manière à autoriser le délaissement aux assureurs, par la déclaration faite par le capitaine devant un notaire juré du lieu, au lieu de l'être devant le magistrat, et par une expertise des officiers du port, reçue par le notaire, le tout conformément à la législation du pays. — *Cass.*, 31 juill. 1839 (t. 2 1839, p. 373), Assureurs du Lloyd français c. Pelletreau.

856. — Il peut arriver certains cas où l'innavigabilité existe, sans qu'il soit possible de la faire constater; si, par exemple, un équipage abandonnait en pleine mer un navire dont le délabrement ferait craindre un naufrage imminent pour se réfugier à bord d'un autre navire, le rapport du capitaine qui constaterait ce cas de force majeure pourrait suffire pour justifier la demande en délaissement. — Pardessus, t. 3, n° 842.

857. — Si, en principe, le cas d'innavigabilité doit être constaté par des procès-verbaux et prononcé par une autorité compétente, il n'en résulte pas que, s'il y a eu impossibilité de remplir ces formalités, l'innavigabilité et les causes d'où elle provient ne puissent être établies de manière à autoriser le délaissement. — *Cass.*, 14 mai 1834, assur. mar. de Bordeaux c. Fieffé et Cotineau.

858. — Il est de principe en jurisprudence maritime que, pour apprécier le cas d'innavigabilité, ses causes et ses effets, la distance des lieux, la nature des événemens, l'ignorance des formalités légales ou le refus de les remplir de la part des autorités qui ont juridiction sur les mers où s'est trouvé le navire, doivent influer sur la nature des preuves et sur leur résultat, et que la décision qui intervient en présence de ces divers élémens de conviction doit échapper au pourvoi. — Spécialement, lorsqu'un navire français a été forcé de relâcher par fortune de mer dans un port où il n'existait ni juge, ni tribunal, ni consul d'aucune nation, ni aucun navire d'Europe, ni aucune maison de commerce, et où le capitaine n'a pu obtenir du gouvernement du pays aucun secours pour faire au navire les réparations sans lesquelles il ne pouvait reprendre la mer, ce navire peut, même en l'absence du livre de bord perdu dans une catastrophe, et sur le vu de lettres du capitaine et de son lieutenant, ainsi que sur la déclaration des gens de l'équipage, être réputé dans un état d'innavigabilité donnant lieu à délaissement, sans que la décision qui le juge ainsi tombe sous la censure de la cour de Cassation. — *Cass.*, 14 mai 1834, comp. d'assur. mar. de Bordeaux c. Fieffé et Cotineau.

859. — Le consul de France dans un port étranger a qualité pour déclarer l'innavigabilité d'un navire et en ordonner la vente; du moins l'arrêt qui, sur la contestation élevée par les assureurs en France, reconnaît que le navire a été régulièrement vendu pour cause d'innavigabilité, et en valide le délaissement aux assureurs, en se fondant sur les documens de la cause, tels que des avis d'experts et la décision du consul, échappe à la censure de la cour de Cassation comme reposant sur une appréciation souveraine. — *Cass.*, 5 août 1839 (t. 2 1839, p. 374), Haranchipy c. Paranqué.

860. — Mais les consuls de France à l'étranger, compétens pour ordonner des expertises à l'effet de constater l'innavigabilité d'un navire, sont incompétens pour prononcer ensuite la nullité de ces expertises et pour en ordonner de nouvelles. — *Cass.*, 1er août 1843 (t. 1er 1844, p. 442), Bonamy c. Boucher et Genson.

861. — La décision par laquelle un consul ordonne la vente d'un navire, en se fondant sur son état d'innavigabilité, étant purement administrative et conservatoire, ne peut constituer la chose jugée vis-à-vis des assureurs qui n'y ont pas été représentés, et ne lie pas les tribunaux saisis de la question de validité du délaissement. — En conséquence, ces tribunaux peuvent rejeter la demande en délaissement, sans avoir égard à la décision du consul et à l'expertise sur laquelle elle s'appuie, et en s'en référant au contraire aux expertises par lui annulées. — Même arrêt.

862. — L'arrêt qui rejette une demande en délaissement, en se fondant sur des expertises déclarées nulles par ordonnance d'un consul de France à l'étranger, ne saurait être cassé sous le prétexte qu'il violerait l'autorité de la chose jugée, et que dans tous les cas il aurait dû prononcer la nullité des expertises, si l'assuré n'a pas invoqué la chose jugée et n'a pas conclu à la nullité des rapports d'experts. — On devrait le décider ainsi, encore bien que l'assuré eût demandé qu'on insérât dans les qualités de l'arrêt la question de savoir si le consul était compétent pour annuler les procès-verbaux d'expertise, si les qualités ont été maintenues malgré son opposition. — Même arrêt.

863. — L'opposition formée par des assureurs à la sortie d'un navire, pour sûreté de l'indemnité réclamée à raison de l'innavigabilité qu'une première expertise attribue au vice propre du navire, ne fait pas peser sur eux les conséquences du préjudice qui en résulte, encore même qu'ultérieurement une seconde expertise ait constaté que l'innavigabilité provenait de fortune de mer, s'il apparait que l'erreur des opposans doit être imputée au fait personnel et aux déclarations de ceux sur qui l'opposition a été pratiquée. — *Cass.*, 31 mai 1843 (t. 2 1843, p. 706), Jennequin et Darnel c. Lacherrié et Ployer.

864. — En cas de relâche forcée dans un port étranger où il n'existe pas de consul français, à la Jamaïque par exemple, l'innavigabilité par fortune de mer est également constatée dans le sens de l'art. 237, C. comm., si elle l'a été soit par les livres de bord, soit par une expertise, même peu régulière, mais confirmée par trois officiers de la

marine anglaise, nommés par le commodore commandant de la station. — *Cass.*, 3 juill. 1839 (t. 2 1839, p. 370), Prébois-Bonhomme c. Biarnès.

865. — La déclaration d'innavigabilité doit, pour pouvoir autoriser le délaissement, mentionner que l'innavigabilité provient de fortune de mer et non du vice propre du navire, sinon les juges peuvent, d'après les circonstances, décider que l'innavigabilité provient du vice du navire et rejeter la demande en délaissement. — *Bordeaux*, 9 fruct. an VIII, Vignes c. assureurs de Bordeaux.

866. — Lorsque l'innavigabilité n'est déclarée qu'au port de destination, il faut distinguer : si l'innavigabilité provient d'accidens éprouvés pendant le voyage, et constatés par le rapport du capitaine, les attestations de l'équipage et le livre du bord, la déclaration, qui reconnaît les causes de l'innavigabilité, remonte, quant à ses effets, à l'époque même de ces causes. — Mais si l'innavigabilité n'est survenue qu'après la cessation des risques au port de destination, par suite d'un ouragan ou par tout autre événement, elle reste à la charge de l'assuré. — Dageville, t. 3, p. 388.

867. — L'innavigabilité par fortune de mer est à la charge des assureurs, quoiqu'elle ait été déclarée au lieu où devait finir le risque, si d'ailleurs sa cause se réfère au temps du risque. — *Trib. comm. de Marseille*, 29 juill. 1825, Nègre (*J. de Marseille*, 7, 1, 260). — V. conf. Dageville, t. 3, p. 388.

868. — L'innavigabilité survenue après le déchargement et avant que le navire ait remis à la voile, c'est-à-dire pendant le temps nécessaire pour disposer le navire à recevoir et pour recevoir, en effet, le chargement de retour, est à la charge des assureurs de sortie, lorsque d'ailleurs il est constant qu'elle provient de fortune de mer, telle que le long séjour dans une rade, l'exposition aux vents, aux orages et aux ardeurs du soleil. — *Aix*, 3 août 1830, Gastinal c. Divers assureurs.

869. — Lorsque les assureurs prétendent que les avaries qui ont donné lieu à la déclaration d'innavigabilité, et par suite au délaissement, sont survenues après que le risque avait cessé par l'entier déchargement du navire, c'est aux assureurs à prouver cette exception, et non aux assurés à justifier que les avaries ont eu lieu pendant la durée du risque, c'est-à-dire avant l'entier déchargement. — Dans de telles circonstances, les juges peuvent, bien que les assureurs ne prennent pas de conclusions formelles à cet égard, les admettre à prouver, dans un certain délai, le fait dont ils excipent, et ne les soumettre qu'au paiement provisoire de la somme assurée, moyennant caution. — *Trib. comm. de Marseille*, 14 mars 1834, Rostand-Vidal (*J. de Marseille*, 14, 1, 169).

870. — Si pour réparer le navire il fallait employer autant de temps et d'argent que pour en construire un nouveau, ou bien si le capitaine se trouvait hors d'état d'effectuer les réparations nécessaires, ce serait un cas d'innavigabilité *relative* qui n'en donnerait pas moins ouverture au délaissement. — Boulay-Paty, t. 4, p. 277 ; Emérigon, ch. 12, sect. 38e ; Pardessus, t. 3, no 842 ; Lemonnier, t. 2, p. 42.

871. — L'innavigabilité *relative* résultant, par exemple, du temps et des dépenses excessives que coûterait la réparation du navire suffit, aussi bien que l'innavigabilité absolue, pour autoriser le délaissement. — *Cass.*, 14 juin 1832, Bonnaric et Binguet c. Assureurs.

872. — De ce que des experts ont déclaré qu'un navire coûterait trop cher à réparer à cause de son extrême vétusté, et l'ont jugé innavigable, il ne résulte pas que l'innavigabilité doive être réputée, vis-à-vis des assureurs, provenir d'un vice propre au navire, et qu'il ne doive pas y avoir lieu au délaissement, alors d'ailleurs qu'il est reconnu par les experts que, sans un coup de mer, le navire eût pu se rendre au lieu de sa destination. — *Bordeaux*, 1er mars 1828, Compagnie d'assurance c. Raba.

873. — Il y a innavigabilité et, par suite, lieu au délaissement, non seulement lorsque le navire éprouve par fortune de mer des avaries non susceptibles d'être réparées, mais encore lorsque ces avaries ne peuvent être réparées parce que le capitaine ne trouve pas dans le lieu où il aborde soit les matériaux, soit les ouvriers, soit l'argent, nécessaires pour mettre le navire en état de reprendre la mer. — *Paris*, 27 nov. 1841 (t. 1er 1842, p. 119), Gavard c. Comp. d'assur. belges ; *Bordeaux*, 15 nov. 1842 (t. 1er 1845, p. 213), Assur. marit. c. Cabrol. — En pareil cas, le capitaine qui justifie avoir usé de tous les moyens possibles pour emprunter à la grosse sans pouvoir y réussir, a pu se dispenser de se faire autoriser à faire des emprunts. — *Bordeaux*, 15 nov. 1842 (t. 1er 1845, p. 213), Assur. marit. c. Cabrol.

874. — La vente d'un navire, en cours de voyage, par ordre de l'autorité compétente, ne peut être considérée comme la suite d'une innavigabilité par fortune de mer, nonobstant l'impossibilité où a été le capitaine de trouver à emprunter pour payer les réparations nécessaires au navire, lorsque l'armateur était sur les lieux, et se trouvait à même de faire face aux dépenses, et que ce n'a été qu'à cause du refus par lui fait de fournir les fonds pour les réparations, que la vente du navire a été ordonnée ; une telle vente ne peut être considérée que comme purement volontaire et comme le fait de l'armateur, et dès-lors elle ne peut motiver le délaissement fait par celui qui, ayant prêté à la grosse sur le navire, avait fait assurer son prêt. — *Trib. comm. de Marseille*, 22 juill. 1830 (*J. de Marseille*).

875. — Si le navire revenait au lieu du départ, dans la crainte de devenir innavigable et de faire naufrage, cette rupture du voyage terminerait les risques, et rendrait l'assuré non-recevable dans son action en délaissement, parce que l'innavigabilité n'aurait pas été déclarée, et que la crainte de l'innavigabilité ne peut pas produire les mêmes effets que l'innavigabilité même. — Pardessus, t. 3, no 842 ; Boulay-Paty, t. 4, p. 278.

876. — Quand même le navire, après avoir été déclaré innavigable et vendu, aurait été remis en état de naviguer par son nouveau propriétaire, le délaissement n'en doit pas moins être déclaré valable en faveur de l'assuré, dont le droit a été ouvert par la déclaration d'innavigabilité sans pouvoir être modifié par une circonstance ultérieure. — Pardessus, t. 3, no 842 ; Boulay-Paty, t. 4, p. 279 ; Estrangin, p. 452.

877. — L'innavigabilité *relative* résultant de l'impossibilité où l'assuré s'est trouvé de se procurer des fonds pour réparer les avaries survenues au navire par fortune de mer donne ouverture au délaissement alors même que cette innavigabilité ne s'est réalisée qu'au lieu du reste. — *Trib. com. de Marseille*, 14 mai 1834, Rostand-Vidal (*J. de Marseille*, 14, 1, 67).

878. — Bien que la disposition d'une loi étrangère qui prescrit de faire vérifier l'état des navires avant leur départ n'ait été promulguée que postérieurement à la perte d'un navire, un arrêt a pu, sans violer le principe de la non rétroactivité des lois et sans encourir la cassation, déclarer que cette disposition nouvelle faisait supposer que, même antérieurement à sa promulgation, on avait reconnu, dans le pays étranger, la nécessité de faire constater l'état des navires avant leur départ, et, par suite, mettre à la charge de l'armateur la preuve que la perte du navire a été occasionnée par fortune de mer, si celui-ci veut exercer le délaissement sans rapporter de certificat de visite. — *Cass.*, 29 juin 1836, Vasquez c. Arnaud.

879. — L'innavigabilité peut donner lieu au délaissement, soit qu'il s'agisse d'une assurance sur corps, soit qu'il s'agisse d'une assurance sur facultés ; mais les effets de l'innavigabilité constatée ne sont pas les mêmes dans l'un et l'autre cas. — Lorsque l'assurance porte sur le navire, l'innavigabilité est une cause absolue d'abandon, puisqu'il n'est plus possible de le faire arriver à sa destination. — Mais lorsque l'assurance porte sur le chargement, c'est l'arrivée des marchandises et non celle du navire qui a été garantie par l'assureur ; si donc il y a moyen de transporter la chose assurée par une autre voie, il n'y a plus lieu alors au délaissement. — Lemonnier, t. 2, p. 55.

880. — Ainsi, le capitaine est tenu, dans le dernier cas, de faire toutes diligences pour se procurer un autre navire, à l'effet de transporter les marchandises au lieu de leur destination. — C. comm., art. 391.

881. — Si le capitaine vient à bout de trouver un autre navire, l'assureur court les risques des marchandises chargées sur ce navire, jusqu'à leur arrivée et à leur déchargement. — C. comm., art. 392. — Ces dernières expressions ne peuvent s'appliquer qu'à la durée ordinaire des risques ; car, si l'assurance avait été faite à terme ou jusqu'à telle hauteur en pleine mer, elles ne pourraient avoir pour effet de prolonger les risques au-delà du temps fixé par la police. — Dageville, t. 3, p. 579.

882. — L'assureur est tenu, en outre, des avaries, frais de déchargement, magasinage, rembarquement, de l'excédant du fret, et de tous autres frais qui auront été faits pour sauver les marchandises, jusqu'à concurrence de la somme assurée. — C. comm., art. 393.

883. — L'assureur peut-il être tenu cumulativement de la perte entière, et des autres frais et dépenses qui ont précédé cette perte ? La cour de Cassation avait présenté une observation dans ce sens, et Locré soutient (sur l'art. 393) que cette opinion a été consacrée par le Code. La difficulté lui paraît tranchée par la liaison qui existe entre

l'art. 393 et l'art. précédent, et par ces mots *en outre*, qui ajoutent évidemment à l'obligation de répondre, suivant les circonstances, de la perte ou des avaries qui pourraient survenir, l'obligation de payer les avaries et les frais occasionnés par l'innavigabilité. Seulement, dans le cas où l'assuré serait forcé de payer l'assurance entière, il le dispense de rembourser à l'assuré les dommages que l'échoûment aura causé aux marchandises, parce que ce dernier, en recouvrant la perte totale, se trouve pleinement indemnisé. — Ce système est avec raison combattu par Boulay-Paty (t. 4, p. 272 et suiv.) et Dageville (t. 3, p. 590 et suiv.), comme contraire au principe qui veut que l'assureur ne soit jamais tenu au-delà de la somme assurée. — Si l'assuré craint de perdre les frais et dépenses occasionnés pour le sauvetage des marchandises, il n'a qu'à les garantir par une nouvelle assurance.

884. — L'innavigabilité et même la vente du navire n'empêchent pas que le capitaine ne soit tenu de veiller à la conservation et au transport de la cargaison, et de payer les loyers de l'équipage, ainsi que les frais nécessités par le sinistre ; il en résulte que ce capitaine a le droit, même dans ce cas, d'emprunter à la grosse sur la cargaison. — *Rouen*, 29 déc. 1831, Assureurs maritimes c. Heurtault.

885. — Si dans le délai prescrit par l'art. 387, C. comm., le capitaine n'a pu trouver de navire pour recharger les marchandises et les conduire au lieu de leur destination, l'assuré peut en faire le délaissement (C. comm., art. 394), quand même les marchandises ne seraient pas avariées. — Pardessus, t. 3, no 841.

886. — La clause d'un contrat d'assurance qui, au cas de perte ou détérioration des objets assurés, n'en autorise le délaissement qu'autant que cette perte va au moins aux trois quarts, n'enlève pas à l'assuré le droit de faire le délaissement de ses marchandises sauvées *sans perte*, lorsque le navire sur lequel elles étaient chargées étant déclaré innavigable, elles n'ont pu être transportées, à défaut d'autre navire, au lieu de leur destination ; du moins l'arrêt de cour royale qui le décide ainsi par interprétation des clauses de la police ne viole aucune loi. — *Cass.*, 22 juin 1826, Assurances générales de Rouen c. Hall.

887. — Le délai dont parle l'art. 387, C. comm., est de six mois, à compter de la notification de l'innavigabilité, lorsque le navire se trouve dans les mers d'Europe, dans la Méditerranée ou dans la Baltique, et d'un an s'il est dans des mers plus éloignées. — Dans le cas où les marchandises chargées seraient périssables, le délai ci-dessus mentionné est réduit à un mois et demi pour le premier cas, et à trois mois pour le second cas.

888. — Si le délaissement est fait avant l'expiration du délai, il est nul ; mais comme ce délai est établi dans l'intérêt de l'assureur seul, il n'y a que lui qui peut en demander la nullité. — Delvincourt, t. 2, p. 394.

889. — Mais si les marchandises étaient gâtées ou en voie de détérioration si rapide, qu'il fallût ou les vendre avant la fin des délais, ou les laisser infailliblement se corrompre, le capitaine pourrait valablement se faire autoriser par qui de droit à en opérer la vente. — Lemonnier, t. 2, p. 56.

890. — Le délaissement fait par le capitaine des marchandises composant son chargement, pour cause d'innavigabilité de navire, mais sans observer les délais et les formalités prescrites par les art. 387, 391 et 394, C. comm., constitue, de sa part, la faute grave connue sous le nom de *baraterie de patron*, qui engage sa responsabilité personnelle à l'égard des assurés, mais dont les assureurs ne sont pas garans. — Peu importe que la vente des marchandises ait lieu sur l'avis de négocians qui, d'ailleurs, n'auraient pas été commis à cet effet par justice. — *Paris*, 8 avr. 1839 (t. 1er 1839, p. 476), Pelletreau et Vivès c. Chambre d'assurance maritime.

891. — Lorsque l'assurance renferme la clause *franc d'avaries*, l'assureur peut-il invoquer cette clause pour se soustraire à l'application de l'art. 393 ? Non ; l'action que la loi accorde à l'assuré n'est pas une action d'avarie proprement dite, mais une action extraordinaire, qui remplace, dans ce cas, l'action en délaissement. La clause *franc d'avaries* ne concerne que les avaries simples ou communes, et nullement les cas de sinistre majeur, qui sont de nature *à pouvoir* donner lieu au délaissement. — Emérigon, t. 2, p. 15 ; Dageville, t. 3, p. 580 et suiv.

892. — Si la prolongation du voyage, causée par l'innavigabilité, faisait éprouver aux marchandises assurées une détérioration qu'on pourrait, dans tout autre cas, attribuer au vice propre de la chose, ou une dépréciation pour être arrivées hors

de saison, ces détérioration et dépréciation pourraient être considérées comme une conséquence et un résultat du sinistre majeur à la charge de l'assureur. — Dageville, t. 3, p. 596.

893. — Si l'assurance était à prime liée, et que lors de la déclaration d'innavigabilité, les marchandises du voyage d'aller fussent déjà débarquées à terre, les assureurs répondraient des risques courus sur les retraits chargés sur un autre navire. Mais si l'assuré ne trouvait pas d'autre navire, il ne serait pas fondé à faire le délaissement des marchandises de retour; ce serait simplement le cas de réduire la prime aux deux tiers, comme dans le cas où le retour n'a pas lieu. — Dageville, t. 3, p. 596.

894. — S'il n'est pas justifié que le navire ait été visité avant le départ, la présomption qui résulte de cette omission en faveur de l'assureur peut même être invoquée contre l'assuré sur facultés qui veut délaisser. Quoique l'obligation de faire visiter le navire ne soit pas à sa charge, il doit s'imputer de n'avoir pas demandé la représentation des procès-verbaux de visite, avant d'avoir effectué son chargement. — Boulay-Paty, t. 4, p. 268; Pardessus, t. 3, nº 865; Dageville, t. 3, p. 597.

895. — La convention par laquelle l'assuré serait dispensé de justifier de la visite du navire, valable à l'égard du simple chargeur, serait illicite et devrait être réputée non écrite, à l'égard du propriétaire du navire, parce qu'il ne peut alléguer qu'il n'avait pas qualité pour faire visiter le navire. — Pardessus, t. 3, nº 866.

896. — Bien que la police d'assurance porte que l'assuré sur marchandises sera dispensé de rapporter le certificat de visite constatant le bon état du navire, cependant si l'assuré se trouve être en même temps propriétaire, il ne peut recourir contre les assureurs, à raison de la perte de ses marchandises, qu'autant qu'il prouve que le navire était en bon état lors du départ. — *Cass.*, 29 juin 1836, Vasquez c. Arnaud.

897. — L'assuré n'est pas obligé, pour être admis à faire le délaissement, de rapporter les procès-verbaux de visite prescrits par l'art. 225, lorsqu'il s'agit d'un sinistre majeur autre que l'innavigabilité. En effet, la présomption légale qui résulte de l'absence des procès-verbaux de visite doit cesser lorsque la cause de l'accident est connue et que la perte est occasionnée par un événement sur lequel le mauvais état du navire n'a pu avoir aucune influence. — Dageville, t. 3, p. 381; Boulay-Paty, t. 4, p. 279; Pardessus, t. 3, nº 866. — V. *contrà* Estrangin, p. 446 et suiv. — Mais l'absence des procès-verbaux de visite pourrait autoriser une demande en dommages-intérêts (art. 228). — Dageville, t. 3, p. 383.

898. — *Arrêt de prince.* — L'arrêt d'une puissance étrangère, comme l'arrêt du gouvernement, ne donne lieu au délaissement que s'il arrive après le commencement du voyage assuré. — Boulay-Paty, t. 4, p. 238 et suiv.; Pardessus, t. 3, nº 843.

899. — Lorsqu'en cours de voyage la cargaison d'un navire est retenue et payée par un prince ami, pour les besoins du pays, cet événement ne peut être considéré comme un arrêt de prince donnant ouverture au délaissement. — Dans ce cas, le droit des assurés se borne à réclamer des assureurs, par forme d'avarie, la perte ou le déficit résultant de la différence qui existe entre le prix qui a été payé et la valeur primitive de la marchandise. — *Trib. comm. de Marseille*, 22 fév. 1822, Baudouin (*J. de Marseille*, 3, 1, 73); — Boulay-Paty, t. 4, p. 240; Pardessus, t. 3, nº 843.

900. — La défense faite par un souverain de laisser passer certaines marchandises dans ses états, et même de les laisser rétrograder lorsqu'elles y sont parvenues, n'est pas constitutive d'un arrêt de prince dans le sens de la loi, et ne donne pas ouverture à l'action d'abandon, si d'ailleurs elle est générale, préexistante au contrat d'assurance, et si elle n'est pas suivie de la dépossession des marchandises. — *Trib. comm. de Marseille*, 9 mars 1824, Pruvinet (*J. de Marseille*, 5, 1, 49).

901. — Si un navire est arrêté, et si la marchandise est confisquée pour fait de contrebande, il n'y a lieu au délaissement qu'autant que l'assureur est présumé s'être chargé de ce risque par la connaissance qu'il a eue de la destination du navire. — Pardessus, t. 3, nº 843.

902. — Il n'est pas nécessaire que l'arrêt ait lieu par ordre direct du prince; l'ordre du magistrat, celui du juge, peuvent avoir le même effet que l'ordonnance du souverain de qui émane leur autorité. Mais il faut que cet ordre soit fondé sur quelque motif d'utilité publique, spontané de la part du juge, et non qu'il soit provoqué par un intéressé, ou déterminé par une cause particulière. — Dageville, t. 3, p. 564 et suiv.; Estrangin, p. 455 et suiv.

903. — Ainsi, on ne peut assimiler à un arrêt de prince un jugement rendu en pays étranger, sur la demande du capitaine, et qui l'a autorisé à terminer son voyage dans un port intermédiaire, sur le refus des chargeurs de consentir à une augmentation de fret, demandée par le capitaine, à raison de l'aggravation de risques occasionnée depuis le départ par la survenance de la guerre. — *Trib. comm. de Marseille*, 23 avr. 1807, rapporté par Dageville et Estrangin, *loc. cit.*

904. — Pareillement, on ne peut considérer comme arrêt de prince le jugement rendu sur la demande du capitaine, et par lequel il s'est fait autoriser à désarmer dans un port de la route, dans la crainte de l'incendie que pourrait causer à bord l'échauffement des laines composant le chargement. — *Aix*, 30 mai 1808, cité par Dageville et Estrangin, *loc. cit.*

905. — De même encore il n'y a pas arrêt de prince, autorisant le délaissement, lorsque le capitaine a obtenu un jugement qui lui permet de terminer son voyage dans un port intermédiaire, en se fondant sur l'interdiction de commerce survenue, depuis le départ, avec le lieu de destination. — *Trib. comm. de Marseille*, 23 avr. 1807 (*J. de Marseille*); — Estrangin, p. 461; Dageville, t. 3, p. 570. — Ce dernier auteur fait observer que si l'interdiction par elle-même n'autorise pas le délaissement, néanmoins ce droit doit être accordé à l'assuré, lorsque cet événement lui cause une perte de plus 75 %.

906. — Lorsqu'un navire parti de Marseille à la destination d'Odessa a été arrêté à Constantinople par le refus de la Porte Ottomane de délivrer le firman d'entrée dans la mer Noire, et que par suite il a fallu y débarquer et vendre la cargaison, la privation qu'éprouve l'assuré de sa marchandise au lieu de la destination est un événement qui donne ouverture au délaissement des facultés assurées. Il importe peu que la police donne au capitaine la faculté de *dérouter, rétrograder et séjourner.* — *Trib. comm. de Marseille*, 20 oct. 1829, Isnard; 10 nov. 1829, Nicolas.

907. — En cas d'arrêt de la part d'une puissance, l'assuré est tenu de faire la signification à l'assureur dans les trois jours de la réception de la nouvelle. — Le délaissement des objets arrêtés ne peut être fait qu'après un délai de six mois de la signification, si l'arrêt a eu lieu dans les mers d'Europe, dans la Méditerranée ou dans la Baltique; — qu'après le délai d'un an, si l'arrêt a eu lieu en pays plus éloigné. — Ces délais ne courent que du jour de la signification de l'arrêt. — C. comm., art. 387.

908. — A défaut de signification dans les trois jours, la loi ne prononce aucune déchéance; seulement le délai après lequel le délaissement peut être fait ne court que du jour de la signification.

909. — Dans le cas où les marchandises arrêtées seraient périssables, les délais ci-dessus mentionnés sont réduits à un mois et demi pour le premier cas, et à trois mois pour le second cas. — *Ibid.*

910. — Si pendant ces délais l'arrêt est levé, il n'y a pas lieu au délaissement; en conséquence, les assurés sont tenus, pendant les mêmes délais, de faire toutes diligences qui peuvent dépendre d'eux, à l'effet d'obtenir la main-levée des effets arrêtés. — Peuvent, de leur côté, les assureurs, ou de concert avec les assurés, ou séparément, faire toutes démarches à même fin. — C. comm., art. 388.

911. — *Perte ou détérioration des trois quarts de la chose assurée.* — La perte concerne la quantité, la détérioration, la qualité.

912. — Il y a perte du navire, quand le capitaine l'a vendu illégalement, sans l'avoir fait préalablement condamner; mais une pareille vente constituant un cas de baraterie, le délaissement ne peut avoir lieu qu'autant que les assureurs se sont chargés de la baraterie de patron. — Pardessus, t. 3, nº 845; Boulay-Paty, t. 4, p. 250.

913. — Il y a perte des marchandises lorsque le capitaine en a vendu ou engagé les trois quarts, pendant le voyage, même avec autorisation de justice. — Pardessus, t. 3, nº 845; Boulay-Paty, t. 4, p. 250; Dageville, t. 3, p. 296; Lemonnier, t. 2, p. 73.

914. — L'action en délaissement est ouverte à l'assuré, soit que le dommage provienne d'un accident unique, soit qu'il ait pour cause une succession d'avaries, survenues toutes pendant le voyage assuré, mais à diverses époques. — Dageville, t. 3, p. 418; Lemonnier, t. 2, p. 78.

915. — Pour évaluer le montant de la détérioration, il faut d'abord déduire les détériorations, dont les assureurs ne sont pas tenus, évaluer ensuite la marchandise, indépendamment des avaries souffertes, et déterminer la valeur de cette même marchandise, en l'état où elle a été réduite par les accidens maritimes. Les experts chargés de cette opération n'ont pas à examiner d'où vient la chose assurée, ni combien le fret a pu coûter. — Boulay-Paty, t. 4, p. 250; Pardessus, t. 3, nº 845.

916. — Les frais de sauvetage et de recouvrement des marchandises ne peuvent être mis en compte, pour compléter la perte des trois quarts et pour en autoriser l'abandon. — *Trib. comm. de Marseille*, 20 fév. 1817, Sonsino (*J. de Marseille*, 1, 1, 303). — Cette décision est vivement combattue par Dageville (t. 3, p. 411 et suiv.). — Suivant cet auteur, la perte ou la détérioration, dont parle l'art. 369, ne doivent pas seulement s'entendre de la perte *matérielle et corporelle* de l'objet, mais encore des pertes numériques que l'assuré supporte par suite ou à l'occasion de l'événement qui donne lieu à l'abandon. — Lemonnier, t. 2, p. 70. — V. *contrà* Estrangin, p. 428; Boulay-Paty, t. 4, p. 252; Pardessus, t. 3, p. 356. — En tout cas, il ne faut pas ajouter au montant de la perte ou de la détérioration les frais de la demande en justice; on ne doit admettre dans la composition du compte que les dépenses légitimes antérieures aux poursuites judiciaires, même les frais de justice du magistrat sur les lieux, qui sont une conséquence nécessaire des événemens de mer. — Dageville, t. 3, p. 420.

917. — Les dépenses qui sont la suite directe et immédiate de fortunes de mer doivent entrer en ligne de compte, aussi bien que le dommage matériel, lorsqu'il s'agit de reconnaître s'il y a perte ou détérioration des trois quarts. — Ainsi, spécialement, les frais de déchargement et de séjour, pour mettre le bâtiment en état de continuer sa route, l'achat de nouvelles victuailles, lorsqu'un événement de mer a fait corrompre les anciennes, doivent entrer dans l'appréciation qui a pour objet de déterminer s'il y a lieu ou non à l'abandon du navire sur lequel le prêt à la grosse est affecté. — *Aix*, 5 déc. 1827, Fesquet c. Fournier.

918. — Le délaissement motivé sur la perte des trois quarts est admissible, lorsque, par suite de fortunes de mer et d'une vente autorisée, en cours de voyage, on consigne à l'assuré moins du quart de la marchandise sans lui remettre la contre-valeur de ce qui a été vendu, à l'époque de l'arrivée du navire sur lequel le changement a eu lieu. — La perte des trois quarts ne doit pas nécessairement, pour donner ouverture au délaissement, résulter, dans tous les cas, de la disparition réelle ou de la détérioration matérielle de l'objet assuré. — La privation de l'objet assuré jusqu'à concurrence des trois quarts en poids, valeur ou quantité, doit, relativement à l'assuré, être considérée comme une perte réelle et donne ouverture au délaissement. — *Aix*, 13 juin 1823, Figueroa c. divers Assureurs.

919. — Lorsqu'il a été dit dans une police d'assurance que le délaissement ne pourrait avoir lieu que lorsqu'il y aurait perte ou détérioration au moins des trois quarts des marchandises assurées, s'il arrive qu'en cours de voyage les marchandises aient été vendues pour éviter une perte totale, l'arrêt qui, par interprétation de la clause, décide qu'il y a lieu à délaissement, bien que le prix qui a été retiré des marchandises se soit élevé à une somme supérieure aux trois quarts de leur valeur primitive, et en se fondant sur ce qu'il y a eu perte des marchandises *pour les assurés*, ne viole aucune loi. — Dans ce cas, si les assureurs ont soutenu devant les juges du fond qu'il n'y avait eu perte ni en droit ni dans les termes de la police d'assurance, l'arrêt qui admet le délaissement en se basant sur ce qu'il y a eu perte pour les assurés, répond suffisamment aux questions tirées tant de la convention que du droit, et ne peut être cassé pour défaut de motifs. — *Cass.*, 5 nov. 1839 (t. 2 1839, p. 437), Comp. d'assur. mar. du Havre c. Bonnet et Boulard.

920. — Au contraire, bien que, par suite de la vente des marchandises effectuée pour solder le montant du contrat à la grosse, la totalité de ces marchandises soit absorbée, l'assuré n'est point fondé à offrir le délaissement, la dépossession, dans ce cas, n'étant pas arrivée par fortune de mer. Il y aurait lieu, tout au plus, de procéder par voie de réglement d'avaries. — *Paris*, 27 mars 1838 (t. 1er 1838, p. 536), Liais c. Comp. d'assur. mar. de Paris. — Mais, dans l'espèce, la police d'assurance, par une dérogation aux dispositions du Code de commerce, contenait un article ainsi conçu : « En aucun cas, sauf ceux prévus par les art. 375 et 394, C. comm., le délaissement des assurés ne peut être fait, si, indépendamment de tous frais quelconques, *la perte ou la détérioration matérielle* n'absorbe pas les trois quarts de la valeur. »

921. — Il est essentiel de distinguer le cas où les marchandises ont été assurées par une seule police

ou par plusieurs. Par exemple, dit Delvincourt (t. 2, p. 388), si trois ballots de valeur à peu près égale ont été assurés par la même police, que deux périssent entièrement et que le troisième n'éprouve aucune avarie, il n'y aura pas lieu à délaissement, parce que la perte ne va pas aux trois quarts; mais s'il y a eu trois polices distinctes, le délaissement des deux ballots perdus pourra avoir lieu.

922. — Lorsque le navire a été évalué dans la police, et que le délaissement est motivé sur la perte ou détérioration des trois quarts, la quotité de la perte ou de la détérioration doit être déterminée par la comparaison de la valeur estimative portée dans la police, avec la valeur donnée au navire au lieu où l'événement est survenu, et non avec le montant des dépenses jugées nécessaires pour réparer le navire. — Boulay-Paty, t. 4, p. 452.

923. — Lorsqu'une assurance porte sur un navire évalué de gré à gré dans la police, et que le délaissement est motivé, sur la perte ou la détérioration des trois quarts, la quotité de la perte ou de la détérioration ne doit pas être déterminée par la comparaison de la valeur estimative portée dans la police avec le montant de la dépense jugée nécessaire pour réparer le navire. Cette perte ou cette détérioration doit au contraire être déterminée par la comparaison de la valeur estimative portée dans la police avec la valeur donnée au navire au lieu où l'événement est survenu. — *Trib. comm. de Marseille*, 1er fév. 1822, Estien (*J. de Marseille*, 3, 1, 310).

924. — Pour qu'il y ait lieu au délaissement du navire assuré en cas de détérioration, cette détérioration doit résulter d'un dommage matériel éprouvé par le navire, de façon qu'il n'ait, après le sinistre, que le quart de la valeur qu'il avait à son départ. — Il n'y a lieu, pour constater cette détérioration, que de rechercher la valeur réelle du navire, sans examiner le prix des réparations à faire ou de la vente du bâtiment opérée par l'assuré. — *Bordeaux*, 5 avr. 183., Salles et Tieubert.

925. — En disant que la perte ou la détérioration des effets assurés en autorise le délaissement si elle s'élève aux trois quarts, la loi a entendu parler d'une perte ou détérioration portant sur les effets eux-mêmes et diminuant ainsi leur quantité ou leur valeur. — Mais on ne peut admettre comme élément de cette perte ou détérioration des trois quarts la contribution de la chose assurée aux dépenses occasionnées par des avaries communes. — *Cass.*, 19 fév. 1844 (t. 1er 1844, p. 599), Comp. d'assur. de Marseille c. Massot et Vergnes.

926. — Pour apprécier la détérioration matérielle du navire donnant lieu à délaissement pour perte des trois quarts, c'est plutôt d'après le montant des dépenses nécessaires pour le réparer, que par le prix auquel il a été vendu en état d'avarie qu'il faut se diriger; en conséquence, le délaissement est valable si les avaries constatées ont été évaluées par experts au-delà des trois quarts de la valeur primitive du navire, encore bien qu'il ait été vendu pour plus du quart de cette valeur (Sol. impl.) — *Cass.*, 14 juin 1832, Bonnaric et Pinguel.

927. — Le délaissement doit être admis, si les dommages survenus au navire pendant le voyage, constatés et évalués au retour, constituent pour l'assuré une perte des trois quarts de la somme assurée; encore bien que le navire ait pu, malgré ces dommages, arriver au lieu du reste. — *Trib. comm. de Marseille*, 11 juill. 1834, Ségur (*J. de Marseille*, 15, 1, 14).

928. — En cas de perte ou de détérioration de plus des trois quarts, l'assuré peut, malgré la clause *franc d'avaries*, renoncer à l'action en délaissement pour exercer l'action d'avaries (Arg. de l'art. 409) — Dageville, t. 3, p. 419.

929. — Dans le cas d'une demande en délaissement formée pour cause de perte ou détérioration du navire excédant les trois quarts, l'absence des procès-verbaux de visite doit produire les mêmes conséquences légales qu'au cas d'innavigabilité. — Dageville, t. 3, p. 583.

930. — *Défaut de nouvelles.* — Si, après un an expiré, à compter du jour du départ du navire, ou du jour auquel se rapportent les dernières nouvelles reçues, pour les voyages ordinaires, — après deux ans pour les voyages de long cours, — l'assuré déclare n'avoir reçu aucune nouvelle de son navire, il peut faire le délaissement à l'assureur, et demander le paiement de l'assurance, sans qu'il soit besoin d'attestation de la perte. — C. comm., art. 375.

931. — Il faut, non seulement que l'assuré n'ait reçu aucunes nouvelles de son navire, mais que personne n'en ait reçu. Si donc les assureurs ont eu des nouvelles, ou s'ils peuvent justifier que des tiers en ont eu, l'assuré n'est pas fondé dans sa demande. — Pothier, no 122; Pardessus, t. 3, no 884; Valin, sur l'art. 58, ord. 1681, tit. *Des assur.*; Locré, sur l'art. 375; Dageville, t. 3, p. 462; Lemonnier, t. 2, p. 20.

932. — Après l'expiration des délais fixés, l'action en délaissement est acquise à l'assuré, nonobstant la survenance de nouvelles ultérieures, de l'arrivée même du navire au lieu de sa destination. — Dageville, t. 4, p. 463; Lemonnier, t. 2, p. 21.

933. — Lorsque après les délais fixés par l'art. 375, la présomption légale de la perte est acquise, on peut encore faire assurer le navire; seulement l'assuré doit déclarer dans la police l'époque précise des dernières nouvelles, et il ne peut être admis à faire le délaissement qu'après l'expiration d'un nouveau délai d'un an ou de deux, suivant la nature du voyage, à partir du jour de l'assurance. — Émérigon, t. 2, p. 143; Dageville, t. 3, p. 464.

934. — Dans le cas de délaissement pour défaut de nouvelles, lorsque l'assuré prouve l'affrètement du navire et le chargement au moyen d'une charte-partie et d'un connaissement argués de faux par les assureurs, mais maintenus pour vrais par la justice, le délaissement doit être validé malgré l'absence de pièces légales et justificatives du départ, si d'ailleurs il résulte d'un ensemble de faits et de documens que l'expédition, que le chargement et le départ du navire ont eu réellement lieu à l'époque signalée par l'assuré, et si l'ignorance où l'on est resté des traces et du sort de son navire depuis son départ s'explique par la nature *interlope* de l'expédition et par diverses possibilités, telles qu'un naufrage total du navire, ou une action coupable du capitaine pour s'approprier le chargement. — *Aix*, 30 août 1833 (sous *Cass.*, 25 mars 1835, Boy-de-la-Tour c. Charbonnel).

935. — Le délaissement pour défaut de nouvelles est recevable, quoique l'assuré ne représente pas de certificat de visite. — *Trib. comm. de Marseille*, 28 fév. 1821, Bucelle (*J. de Marseille*, 2, 1, 651); — Dageville, t. 3, p. 463.

936. — Les assureurs auxquels abandon est fait pour défaut de nouvelles ne peuvent, sans articuler aucun fait positif, et par cela seul qu'ils offrent le paiement provisoire sous caution, demander et obtenir un délai pour administrer la preuve contraire à la déclaration du défaut de nouvelles et autres faits attestés par l'assuré. — *Aix*, 4 mai 1825, Divers assureurs.

937. — Dans le cas d'une assurance pour temps limité, après l'expiration des délais établis, comme ci-dessus, pour les voyages ordinaires et pour ceux de long cours, la perte du navire est présumée arrivée dans le temps de l'assurance. — C. comm., art. 376. — Mais l'assureur peut prouver que la perte est arrivée après la cessation des risques. — Pardessus, t. 3, no 844; Dageville, t. 3, p. 467.

938. — Il résulte de là que si une seconde assurance est faite, à l'expiration de la durée de la première assurance, et que le délaissement ait lieu pour défaut de nouvelles, la perte doit retomber sur les premiers assureurs, à moins qu'ils ne prouvent que le navire existait encore après l'expiration de l'époque fixée par la première police. — Pardessus, t. 3, no 844; Dageville, t. 3, p. 466; Lemonnier, t. 2, p. 25.

939. — Si plus tard on avait la preuve que le navire existait encore au moment de la signature de la seconde police, l'assuré serait tenu de restituer aux premiers assureurs les sommes par lui reçues, sauf son recours contre les seconds assureurs, s'il se trouvait encore dans les délais utiles pour agir. — Dageville, t. 3, p. 467. — V. *contrà* Lemonnier, t. 2, p. 26 et suiv.

940. — Si l'assurance avait été faite après le départ avec la condition que les risques ne commenceraient qu'à la date du contrat, la perte serait pour le compte de l'assuré, à moins qu'il ne prouvât que le navire existait encore lors de la signature de la police. — Dageville, t. 3, p. 467; Lemonnier, t. 2, p. 28.

941. — Si les parties avaient déterminé elles-mêmes l'époque où, faute de nouvelles, l'assuré pourrait faire le délaissement, il faudrait s'en tenir à ce qui aurait été stipulé. — Locré, sur l'art. 376.

942. — Sont réputés voyages de long cours ceux qui se font aux Indes-Orientales et Occidentales, à la mer Pacifique, au Canada, à Terre-Neuve, au Groënland et aux autres côtes et îles de l'Amérique méridionale et septentrionale, aux Açores, Canaries, à Madère et dans toutes les côtes et pays situés sur l'Océan, au-delà des détroits de Gibraltar et du Sund. — C. comm., art. 377.

943. — D'après l'art. 377, C. comm., on ne doit entendre par voyage de long cours, indépendamment des lieux qui s'y trouvent nominativement désignés, que ceux qui se font aux côtes et pays situés sur l'Océan au-delà du Sund et de Gibraltar. — Ainsi, spécialement, on ne doit pas considérer comme voyage de long cours celui de Rouen à Saint-Pétersbourg. — *Cass.*, 23 mai 1826, assurance maritime de Paris c. Carré.

944. — Après l'expiration de l'an ou des deux ans, l'assuré a pour agir les délais établis par l'art. 375. — C. comm., art 375.

§ 2. — *Délais du délaissement.*

945. — Le délaissement doit être fait aux assureurs dans le terme de six mois, à partir du jour de la réception de la nouvelle de la perte arrivée aux ports ou côtes de l'Europe, ou sur celles d'Asie ou d'Afrique, dans la Méditerranée ou bien, en cas de prise, de la réception de celle de la conduite du navire dans l'un des ports ou lieux situés aux côtes ci-dessus mentionnées; — dans le délai d'un an après la réception de la nouvelle ou de la perte arrivée, ou de la prise conduite aux colonies des Indes-Occidentales, aux îles Açores, Canaries, Madère et autres îles et côtes occidentales d'Afrique et orientales d'Amérique; — dans le délai de deux ans après la nouvelle des pertes arrivées ou des prises conduites dans toutes les autres parties du monde. — Ces délais passés, les assurés ne sont plus recevables à faire le délaissement. — C. comm., 373.

946. — Sous l'ord. 1681 (liv. 3, tit. 6, art. 48), la demande en paiement d'une assurance maritime devait être intentée dans le délai de deux ans après la nouvelle de la perte du navire échoué sur les côtes de l'Amérique. — *Cass.*, 4 oct. 1793, Azevedo et Robles c. Maillat.

947. — Sous la même ord. c'était à partir du jour où l'assuré avait reçu personnellement la nouvelle du sinistre que courait le délai du délaissement, et non à partir du jour de l'arrivée de la nouvelle au lieu de la résidence de l'armateur qui n'avait pas fait assurer son navire. Il ne suffisait pas que la nouvelle fût parvenue dans la province où demeuraient les assurés et annoncée dans les feuilles publiques pour qu'elle fût, par cela même, censée connue d'eux. — *Cass.*, 6 janv. 1813, Despêchers c. assureurs du navire les *Quatre-Amis*; — Valin, sur l'art. 48, tit. 6, liv. 3 de l'ord. 1681.

948. — Il est de même sous le Code de commerce. La nouvelle qu'exige l'art. 373, pour faire courir les délais, doit s'entendre d'une nouvelle non seulement certaine, mais encore notoire et publique, de manière qu'il y ait certitude morale que l'assuré en a été instruit. Un bruit vague, de simples ouï-dires ne donneraient pas à la nouvelle une consistance suffisante pour faire courir la prescription. — Locré, sur l'art. 373; Boulay-Paty, t. 4, p. 297; Dageville, t. 3, p. 454.

949. — Si l'assuré avait reçu une nouvelle particulière, et qu'il la dénonçât aux assureurs, il la rendrait par cela même notoire et donnerait ainsi ouverture au délai. Mais s'il gardait le silence, la preuve de l'avis particulier qu'il a reçu pourrait être acquise, soit par le témoignage de ceux qui lui ont transmis la nouvelle, soit par leurs livres ou leur correspondance; elle pourrait encore résulter de l'ensemble de la conduite de l'assuré, si quelques-uns de ses actes faisaient présumer la connaissance qu'il a eue de l'événement. — Locré, sur l'art. 373; Boulay-Paty, t. 4, p. 298; Dageville, t. 3, p. 454.

950. — Le délai dans lequel le délaissement doit être fait aux assureurs ne court qu'à partir du jour où l'assuré a reçu la nouvelle de la perte du navire, sinon accompagnée de preuves légales, au moins d'une manière positive et présentant le caractère de la certitude. — Spécialement, la lettre dans laquelle on annonce aux assureurs qu'il court des bruits inquiétans sur la perte de leur navire, et qu'on va demander des renseignemens sur cette nouvelle, afin, *si elle était vraie*, d'envoyer les documens nécessaires pour exiger la réparation de la perte, ne donne pas à la nouvelle ainsi annoncée les caractères de certitude qui peuvent seuls faire courir le délai du délaissement. — *Aix*, 23 déc. 1842 (t. 2 1843, p. 790), Brès c. Assureurs maritimes.

951. — La nouvelle de la perte dont parle l'art. 373, et qui sert de point de départ à la prescription de l'action en délaissement, doit s'entendre d'une nouvelle ayant les caractères de la certitude, et non point d'une nouvelle qui ne ferait naître que des soupçons et des doutes. La notoriété publique ne suffit pas pour faire courir la prescription en délaissement. — *Trib. comm. de Marseille*, 19 fév. 1830, Guerrero (*J. de Marseille*, 11, 1, 112).

952. — La prescription de l'action en délaissement court du moment où la nouvelle de la perte a été de notoriété publique au lieu de l'assurance, quoique cette nouvelle ne soit point parvenue directement à l'assuré, et quoiqu'il n'ait reçu que postérieurement des documens authentiques éta-

blissant la preuve positive du sinistre. — *Trib. comm. de Marseille*, 19 janv. 1835, Julliany (*J. de Marseille*, 15, 1, 104).

953. — En cas d'innavigabilité, lorsque l'assurance porte sur le navire, les délais pour opérer le délaissement sont ceux fixés par l'art. 373; ils sont calculés à raison de la distance du lieu où l'innavigabilité est déclarée. — Lorsque l'assurance porte sur le chargement, le délai ne court que du jour de l'expiration de celui donné au capitaine pour trouver un autre navire. — C. comm., art. 387 et 394.

954. — Lorsque c'est l'innavigabilité du navire qui donne ouverture à l'action d'abandon, il suffit, pour que les assurés soient recevables à exercer cette action, qu'ils aient fait, dans les délais de droit, signifier aux assureurs le jugement qui déclare l'innavigabilité, alors même qu'à l'époque de cette signification il se serait écoulé plus d'un mois depuis le sinistre. — *Aix*, 18 fév. 1828, Bubaton et Lemée c. Compagnie d'assurance.

955. — En cas d'arrêt de puissance, le délai ne court que du jour de l'expiration de celui accordé pour obtenir la main-levée. — Art. 387.

956. — Dans le cas de délaissement pour défaut de nouvelles, les délais courent du jour de l'expiration de ceux requis pour que la présomption de perte soit acquise. — C. comm., art. 375; — Émérigon, ch. 29, sect. 12e; Pardessus, t. 3, no 848; Dageville, t. 3, p. 457.

957. — L'assuré qui ne se conforme pas à l'art. 373, C. comm., est déchu de sa demande envers l'assureur. — *Rennes*, 12 janv. 1817, Leroy c. N..... — V. Locré, sur l'art. 373; Vincens, t. 3, p. 260.

958. — Le réassuré est soumis, à l'égard du réassureur, aux règles et déchéances auxquelles l'assuré est soumis à l'égard de l'assureur; le réassuré doit donc faire le délaissement au réassureur dans les délais fixés à l'assuré originaire par l'art. 373. — Émérigon, t. 2, p. 229, note; Dageville, t. 4, p. 208.

959. — Jugé en ce sens que l'assureur est soumis à l'égard du réassureur, en ce qui concerne l'abandon, aux mêmes règles et délais, et aux déchéances auxquelles l'assuré est soumis à l'égard de l'assureur. — *Rouen*, 7 déc. 1822, Assur. gén. de Paris c. Boutet; *Cass.*, 1er juin 1824, mêmes parties; *Aix*, 4 mai 1836, Pagano c. Assur. marit.

960. — En conséquence, ces délais courent, à l'égard de l'assureur qui a fait réassurer, non du jour où l'abandon lui a été signifié, mais bien du jour de la réception de la nouvelle de la perte. — *Rouen*, 7 déc. 1822, et *Cass.*, 1er juin 1824, Comp. d'assur. génér. de Paris c. Boutet.

961. — Cependant, si l'assuré ne signifiait son délaissement que le dernier jour du délai, et que le réassuré demeurât loin du réassureur, un nouveau délai devrait lui être accordé pour délaisser à son tour; ce délai devrait être calculé comme si l'événement était arrivé dans le lieu où demeure le réassuré, et il commencerait à courir du jour de la réception de la notification qui a dû lui être faite par l'assuré primitif. — Pardessus, t. 3, no 848.

962. — La clause d'une police de réassurance portant qu'en cas de sinistre ou de perte, il en sera justifié par l'exhibition pure et simple de la quittance du porteur de la police d'assurance, ne dispense le réassuré que de la preuve de la perte et du chargement, mais elle ne le dispense pas de faire le délaissement au réassureur. — *Aix*, 4 mai 1836, Pagano c. Assureurs maritimes.

§ 3. — *Formes du délaissement.*

963. — Nous avons déjà vu que l'assuré était tenu de signifier à l'assureur les avis qu'il avait reçus, et que cette signification devait être faite dans les trois jours de la réception de l'avis. — C. comm., art. 374. — Ce délai de trois jours est susceptible, comme tous autres délais dans lesquels on doit faire des significations, de la prorogation accordée par le droit commun, à raison de la distance du lieu d'où part l'ordre de signifier à celui où la signification doit être faite. — Locré, sur l'art. 374; Dageville, t. 3, p. 461; Pardessus, t. 3, no 846.

964. — Il n'est pas nécessaire que l'avis donné à l'assuré soit certain et justifié pour qu'il doive le notifier à l'assureur : il suffit qu'il ait une apparence de certitude et de vérité. Si plus tard il est reconnu que la nouvelle était fausse, la signification qui en a été faite sera considérée comme non avenue. — Pothier, no 126; Valin, sur l'art. 42, ord. 1681, tit. *Des assur.*; Boulay-Paty, t. 4, p. 293. — V. *contrà* Pardessus, t. 3, no 846. — Suivant ce dernier auteur, le silence ou le retard de l'assuré ne l'expose à des dommages-intérêts qu'autant qu'il a dû regarder l'événement comme bien certain et bien positif; en un mot, il doit être facilement excusé, toutes les fois qu'il n'a pas eu les nouvelles, par des avis directs du capitaine, ou par des pièces dignes de confiance, ou qu'il n'a pas fait lui-même des actes annonçant qu'il les a considérées comme certaines.

ASSURANCE MARITIME, ch. 6, sect. 1re.

965. — La loi n'ayant attaché aucune peine à l'omission de la signification prescrite, il faut décider, d'après le droit commun, que la négligence de l'assuré pourrait seulement donner lieu à des dommages-intérêts en faveur de l'assureur, si elle lui avait causé quelque préjudice. — Pardessus, t. 3, no 846; Dageville, t. 3, p. 460; Boulay-Paty, t. 4, p. 293; Locré, sur l'art. 374.

966. — Le défaut de communication de la nouvelle du sinistre aux assureurs, en conformité de l'art. 374, C. comm., n'entraîne pas la déchéance de l'action en délaissement; elle peut seulement donner lieu, de la part des assureurs, à une demande en dommages intérêts, pour le cas où le défaut de participation de cette nouvelle leur a causé préjudice. — *Rennes*, 26 juill. 1819, Luzel c. N...

967. — Il est d'usage, dans quelques places maritimes, que l'assuré fasse à la chambre du commerce une déclaration des avis qu'il a reçus et que cette déclaration soit consignée dans un registre à ce destiné; mais nonobstant cet usage, l'accomplissement de cette formalité ne dispense pas l'assuré de faire la signification prescrite par le Code, à moins que la police ne lui ait formellement réservé cette faculté. — Pardessus, t. 3, no 847; Boulay-Paty, t. 4, p. 294. — Une communication amiable pourrait cependant suffire. — Pardessus, *loc. cit.* — Mais il faudrait qu'elle fut constatée ou du moins avouée par la partie intéressée.

968. — Lorsque la connaissance du sinistre du navire parvient seulement à l'assuré par le retour de l'équipage, ce n'est point là un avis dont il doive faire la signification aux assureurs dans les trois jours; dans ce cas, le délaissement est valable sans avis préalable, pourvu qu'il soit notifié dans l'année à compter du retour de l'équipage. — *Cass.*, 3 juill. 1839 (t. 2 1839, p. 370), Prébois Bonhomme c. Biarnès.

969. — Le délaissement étant irrévocable, il est juste que l'assuré jouisse de tous les délais qui lui sont accordés pour délibérer sur la question de savoir s'il doit opter entre le délaissement ou l'action d'avarie, qu'il est maître d'exercer par préférence, chaque fois que la nature du sinistre lui donne le droit de délaisser. Aussi l'assuré peut-il, par la signification mentionnée en l'art. 374, ou faire le délaissement avec sommation à l'assureur de payer la somme assurée dans le délai fixé par le contrat, ou se réserver de faire le délaissement dans les délais fixés par la loi. — C. comm., art. 378.

970. — Si l'assuré se contentait de faire la signification prescrite par l'art 374, sans délaisser ni faire de réserve, il n'en aurait pas moins un droit acquis à délaisser, pourvu qu'il intentât son action dans les délais voulus.

971. — L'assuré qui use de la faculté que lui accorde l'art. 369, C. comm., de faire le *délaissement* des objets assurés, n'est pas tenu de former en même temps la demande en paiement de l'assurance, et de signifier à l'assureur les actes justificatifs du chargement et de la perte. — *Cass.*, 26 mars 1823, Luzès c. Taffa et assurances de Nantes.

972. — L'assuré est tenu, en faisant le délaissement, de déclarer toutes les assurances qu'il a faites ou fait faire, même celles qu'il a ordonnées, et l'argent qu'il a pris à la grosse, soit sur le navire, soit sur les marchandises; faute de quoi, le délai du paiement, qui doit commencer à courir du jour du délaissement, sera suspendu jusqu'au jour où il fera notifier ladite déclaration, sans qu'il en résulte aucune prorogation du délai établi pour former l'action en délaissement. — C. comm., art. 379.

973. — La disposition finale de cet article doit être entendue en ce sens, que le délaissement régulier, suivi d'une assignation en justice dans le délai de la loi, conserve l'action de l'assuré, et que tant qu'elle n'est ni prescrite ni périmée, la peine du retard se réduit toujours à la suspension du délai qu'il peut faire courir en faisant la déclaration qu'il avait oubliée, ou en rectifiant celle qu'il avait faite incomplétement. — Dageville, t. 3, p. 480. — V. *contrà* Boulay-Paty, t. 4, p. 303; Locré, sur l'art. 379; Estrangin, p. 207 et 208; Valin, sur l'art. 53, ord. 1681, tit. *Des assur.*; Delvincourt, t. 2, p. 406.

974. — La déclaration exigée par l'art. 379, C. comm., n'est pas limitée comme l'action d'abandon dans un délai de rigueur qui soit fatal. L'absence ou le retard de la déclaration n'ont d'autre effet que de suspendre la poursuite en paiement de la perte. En conséquence, cette déclaration peut non-seulement être isolée de l'acte d'abandon, mais être faite après les délais de l'abandon, sans qu'on puisse opposer aucune déchéance tirée de la prescription. — *Trib. comm. de Marseille*, 11 août 1826, Guerrero (*J. de Marseille*, 8, 1, 1).

975. — La décision constatant que le délaissement des marchandises assurées a été notifié aux

assureurs avant l'expiration du délai de six mois, à partir du jour où les assurés ont pu connaître la perte de ces marchandises, échappe, comme statuant en fait, à la censure de la cour de Cassation. — *Cass.*, 19 fév. 1844 (t. 1er 1844, p. 599), comp. d'assurances de Marseille c. Massol et Vergues.

976. — Le défaut, par l'assuré, de déclaration, conformément à l'art. 379, C. comm., de toutes les assurances qu'il a faites ou fait faire, n'emporte pas la nullité du délaissement. Son seul effet est de suspendre le délai du paiement des sommes assurées, jusqu'à la régularisation du délaissement par la notification de la déclaration prescrite. — *Rennes*, 24 août 1824, comp. d'assur. de Marseille c. Ruello.

977. — Sous l'empire de l'ord. 1681, l'omission par l'assuré de déclarer, en faisant le délaissement, les assurances qu'il avait pu contracter, n'entraînait contre lui déchéance du bénéfice de l'assurance qu'autant que la réticence aurait été frauduleuse. — *Cass.*, 2 août 1808, Blandin c. Kunckel.

978. — En cas de délaissement, l'assureur a le droit de déduire, sur le montant de la somme assurée, les emprunts à la grosse, bien qu'ils soient postérieurs à l'assurance, lorsque ces emprunts ont été faits pour des causes antérieures au voyage assuré. — *Rouen*, 14 mai 1824, Tardif c. Levavasseur.

979. — La déclaration prescrite par l'art. 379 doit comprendre les sommes empruntées à la grosse et les assurances prises tant par le commissionnaire de l'assuré que par l'assuré lui-même. — *Trib. comm. de Marseille*, 13 août 1824, Maury (*J. de Marseille*, 5, 1, 241).

980. — L'assuré qui, en faisant le délaissement, est tenu de déclarer toutes les assurances qu'il a faites, fait faire, ou ordonnées, a suffisamment rempli cette obligation dès qu'il a déclaré les assurances qui portent sur l'aliment spécial du risque; il n'est pas tenu de déclarer, en outre, celles qui portent sur les autres facultés de même espèce qu'il a chargées et qui se trouvent énoncées dans les mêmes connaissemens ou les mêmes factures que les objets assurés. — *Trib. comm. de Marseille*, 11 août 1826, Guerrero (*J. de Marseille*, 8, 1, 1).

981. — L'assuré ne fait pas une déclaration complète dans le sens de l'art. 379, si, en déclarant les assurances qu'il a faites ou fait faire, il ne déclare pas en même temps celles qu'il peut avoir ordonnées. *En d'autres termes*, la déclaration des assurances que l'assuré a faites ou fait faire, ne renferme pas implicitement et virtuellement la déclaration de celles qu'il peut avoir ordonnées. — Le défaut de déclaration relativement aux assurances qui ont été ordonnées, ne doit pas être considéré comme une déclaration négative. — *Trib. comm. de Marseille*, 12 nov. 1824, Fabre (*J. de Marseille*, 5, 1, 358).

982. — Lorsqu'une assurance est unique sur un ou plusieurs objets, l'assuré qui fait le délaissement aux assureurs est tenu, pour faire courir le délai du paiement de la perte, de faire une déclaration négative de toute assurance. Le défaut de déclaration ne peut pas être considéré comme une déclaration négative. — *Trib. comm. de Marseille*, 26 janv. 1820, Madaille (*J. de Marseille*, 2, 1, 151).

983. — L'assuré commissionnaire qui fait le délaissement doit, pour remplir les conditions exigées par l'art. 379, déclarer non seulement qu'il n'a fait ni fait faire aucune autre assurance sur l'objet assuré, mais encore qu'il n'est pas à sa connaissance que son commettant en ait fait ou fait faire. En conséquence, on doit surseoir à statuer sur la demande en validité de l'abandon jusqu'à ce que cette déclaration soit complète. — *Trib. comm. de Marseille*, 2 mars 1830, Maury Cassada (*J. de Marseille*, 11, 1, 212).

984. — Le tiers-porteur d'une police d'assurance est tenu, en cas d'abandon, et pour faire courir le délai de paiement de la perte, de déclarer non seulement les assurances et l'argent à la grosse qu'il a pris lui-même, mais encore les assurances et l'argent à la grosse pris par l'assuré dénommé dans la police. — *Trib. comm. de Marseille*, 11 août 1823, Boucuet (*J. de Marseille*, 4, 1, 228).

985. — En cas de déclaration frauduleuse, l'assuré est privé des effets de l'assurance; il est tenu de payer les sommes empruntées, nonobstant la perte ou la prise du navire. — C. comm., art. 380. — L'assuré reste soumis à l'obligation de payer la prime, s'il ne l'a point acquittée, sans pouvoir demander le remboursement des sommes assurées ni faire le délaissement.

986. — L'ord. de 1681 n'attribuait à la déclaration de l'assuré les effets que la loi lui donne, que lorsque le montant des assurances et des sommes empruntées excédait la valeur des objets assurés. De la différence de rédaction que présente l'art. 380 avec la disposition correspondante de l'ordonnance, il faut conclure que le seul fait de la décla-

ration frauduleuse, indépendamment de toute autre circonstance, fait encourir à l'assuré qui s'en rend coupable la privation des effets de l'assurance et le paiement des emprunts à la grosse.— Locré, sur l'art. 360 ; Boulay-Paty, t. 4, p. 304 ; Dageville, t. 3, p. 486.

987. — En imposant à l'assuré l'obligation de faire connaître dans quelle position d'assurance il se trouve, la loi ne s'occupe aucunement, *quant à la déclaration*, de la validité ou de la nullité des assurances, mais bien de leur existence. — Dageville, t. 3, p. 487.

988. — Il faut que la déclaration soit *frauduleuse*; si donc il n'y a point de fraude de la part de l'assuré, la peine n'est pas encourue, quand même sa déclaration contiendrait des erreurs ou des omissions. Dans ce cas, l'assurance est réduite à la valeur des objets assurés. — Locré, sur l'art. 380; Boulay-Paty, t. 4, p. 30 ; Dageville, t. 3, p. 486; Delvincourt, t. 2, p. 406; Pardessus, t. 3, nº 847. — La question de savoir jusqu'à quel point ces erreurs ou ces omissions peuvent être entachées de fraude, est livrée à l'appréciation des tribunaux.— Dageville, t. 3, p. 486.

989.—C'est à l'assureur à prouver la fraude dont l'assuré se serait rendu coupable.—Locré, sur l'art. 380; Dageville, t. 3, nº 486. — V. *contrà* Pardessus, t. 3, nº 847; Boulay-Paty, t. 4, p. 306. — La présomption est contre l'assuré, dès qu'il n'a pas fait une déclaration exacte.

990. — Le délaissement des objets assurés ne peut être *partiel* (C. comm., art. 372), c'est-à-dire que l'assuré doit délaisser la totalité des objets assurés.

991.— Mais il faut que ces objets aient été compris dans la même assurance. — Si les polices étaient distinctes, quand même il y aurait identité d'objets assurés, d'assureur et de prime, l'assuré pourrait délaisser les objets désignés dans une police et garder les autres. — Pardessus, t. 3, nº 850; Boulay-Paty, t. 4, p. 283; Dageville, t. 3, p. 448 Delvincourt, t. 2, p. 398.

992.—Il en serait de même si, dans la police, on avait désigné des effets qui auraient été embarqués sur un autre navire, et n'auraient pas été compris dans l'assurance. — Vincens, t. 3, p. 282.

993. — Quoiqu'il n'existe qu'une seule police, il faut distinguer : il n'y a qu'une assurance, si tous les objets qui y sont compris ont été assurés moyennant une somme unique; il y en a plusieurs, si chaque nature d'objet a été assurée pour une somme différente. — Locré, sur l'art. 372; Pardessus, t. 3, nº 850; Boulay-Paty, t. 4, p. 283; Delvincourt, t. 2, p. 398.

994. — Il ne faut pas non plus toujours conclure de la pluralité des polices à la pluralité des assurances; s'il apparaissait de la contexture des actes, ou d'autres circonstances, que l'une des polices est la suite ou le complément de l'autre, elles ne devraient être considérées que comme constituant une seule assurance.— Locré, sur l'art. 372; Pardessus, *loc. cit.*

995. — En cas de stipulation, dans la police d'assurance, que chaque espèce de marchandises assurées formerait un capital distinct et séparé, l'assuré a la faculté, si une partie seulement des marchandises arrive à sa destination, de faire l'abandon de chaque espèce dont le déficit atteint les trois quarts, et d'exercer l'action d'avarie à l'égard des autres espèces, dont la perte est inférieure à cette quotité. — *Bordeaux*, 15 déc. 1828, Zangronitz.

996. — Dans le cas où l'assurance ne porte que sur une quotité du chargement, par exemple sur le tiers ou le quart, l'assuré n'est tenu de faire le délaissement que dans la proportion de la quotité assurée, et il entre en répartition avec les assureurs sur la valeur des objets sauvés, pour son découvert, chacun au prorata de son intérêt. — Pardessus, t. 3, nº 851 ; Delvincourt, t. 2, p. 400.

997. — Lorsque la police contient la clause de faire échelle, les marchandises déchargées en route ne font point partie du délaissement, pourvu toutefois que celles qui sont restées à bord aient une valeur égale au montant de l'assurance. Autrement l'assuré ne pourrait délaisser que les objets restés dans le navire, et ne réclamer qu'une somme égale à la valeur desdits objets, comparée au montant de l'assurance. — Pardessus, t. 3, nº 851 ; Delvincourt, t. 2, p. 399.

998. — Le délaissement d'un corsaire pris par l'ennemi ne doit pas comprendre celui de la prise faite par le corsaire.—Emérigon, t. 2, p. 264; Boulay-Paty, t. 4, p. 289; Dageville, t. 2, p. 450. — V. *contrà* Boucher, *Inst. de dr. marit.*, p. 525.

999. — Le délaissement des objets assurés ne peut être *conditionnel*.—C. comm., art. 372.—Ainsi, en cas de prise, l'assuré ne peut, dans l'espoir d'une restitution, se réserver le droit de reprendre

les objets délaissés, même en tenant compte des intérêts de la somme qui lui a été remboursée par l'assureur. — Dageville, t. 3, p. 446; Delvincourt, t. 2, p. 398.

1000.—Le délaissement ne s'étend qu'aux effets qui sont l'objet de l'assurance et du risque. — C. comm., art. 372. L'assuré peut donc retenir, soit les effets par lui chargés en particulier pour son compte et sans assurance, soit la portion qu'il a dans l'objet assuré, au-delà de la somme pour laquelle l'assurance a été faite.

1001. — L'assurance sur vivres et avances à l'équipage a principalement pour objet de faire parvenir le navire au lieu de sa destination. — Dès-lors, dans le cas d'une pareille assurance, si le navire n'a pu, par fortune de mer, arriver à sa destination, il y a lieu à délaissement, comme pour toute autre assurance; et, par suite, les assureurs sont obligés de payer le montant de la somme assurée, sans même qu'il y ait lieu à diminuer l'assurance proportionnellement à la distance parcourue. — *Bordeaux*, 1er juill. 1839 (t. 2 1839, p. 548), Assureurs c. Ducau.

1002. — Lorsqu'un contrat d'assurance sur *vivres* et *avances* stipule que les risques sur *vivres* et *avances* seront assimilés à ceux sur corps, sans que, dans ce cas, il puisse être fait diminution pour *vivres consommés*, *avances gagnées* ou *pour quelque cause que ce puisse être*, s'il arrive qu'un sinistre majeur, survenu au moment de l'arrivée au lieu de destination, ait donné ouverture au délaissement, ce délaissement est également ouvert pour les vivres et avances, encore bien que ces vivres aient été consommés et les avances gagnées pendant le voyage. — En pareil cas, les *vivres* et *avances* nécessités par les besoins de l'équipage qui fait mouvoir le navire doivent être considérés comme accessoires du bâtiment, et par suite, être soumis aux mêmes règles. — *Bordeaux*, 9 nov. 1839 (t. 2 1840, p. 389), Cantegril c. Assureurs.

1003. — Pour être admis à délaisser, l'assuré est tenu de justifier du chargement et de sa valeur et de l'existence de l'événement qui donne lieu au délaissement. De là l'obligation qui lui est imposée de signifier à l'assureur les actes justificatifs du chargement et de la perte, avant de le poursuivre pour le paiement des sommes assurées.—C. comm., art. 383.

1004. — Le Code n'oblige à justifier que du chargement, parce que le navire est un objet réel qui n'a pas besoin de preuve ; il ne peut donner matière à discussion que par rapport à l'estimation qui en a été faite dans la police, ou à la valeur qui doit lui être attribuée à défaut d'évaluation. — Delvincourt, t. 2, p. 403.

1005. — La preuve du chargement se fait ordinairement par le connaissement, pour ce qui concerne la quantité, les espèces ou qualités des objets assurés.— Quant à la justification de la valeur, elle se fait suivant les règles établies par l'art. 339. — V. ci-dessus nos 703 et suiv.

1006. — De ce que les assureurs ont signé une police d'assurance portant que le connaissement des marchandises assurées leur a été représenté, il n'en résulte pas qu'ils soient non-recevables à quereller, en cas de sinistre, ou de délaissement pour défaut de nouvelles, cette pièce et toutes celles que les assurés présentent à l'appui du délaissement. — *Aix*, 30 août 1833 (sous *Cass.*, 25 mars 1835, Boy de la Tour c. Charbonnel).

1007. — Il en doit être ainsi, lors même que les assureurs ont succombé dans l'inscription de faux incident civil par eux formé contre le connaissement et autres pièces produites par les assurés, si l'arrêt qui a rejeté les moyens de faux a réservé en même temps aux assureurs tous leurs droits et moyens lors de la discussion du procès au principal. — Même arrêt.

1008. — Lorsque le connaissement produit par l'assuré, comme justification du chargement, a été signé par le capitaine avec la clause *que dit être*, les assureurs sont en droit d'exiger en outre de l'assuré l'exhibition des factures et autres pièces propres à constater les qualité, quantité et valeur de la chose assurée. Il en doit être ainsi surtout lorsque le connaissement n'est pas en concordance parfaite avec la police d'assurance. — *Trib. comm. de Marseille*, 2 déc. 1834, Divers assureurs (*J. de Marseille*, 5, 1, 185).

1009. — Lorsque l'assurance est faite sur facultés chargées pour compte du capitaine, il n'est pas nécessaire, à peine de nullité, que le chargement soit prouvé par connaissement signé des principaux de l'équipage. — *Trib. comm. de Marseille*, 1er oct. 1833, Arnaud (*J. de Marseille*, 14, 1, 116).

1010. — La preuve de la perte s'obtient par le registre que l'art. 224 oblige le capitaine de tenir, par le rapport que l'art. 246 l'oblige de faire, et à

défaut de ces documens, par les attestations de ceux qui ont vu l'événement.

1011. — En thèse générale, l'assuré qui fait abandon est obligé de prouver à ses assureurs non-seulement que la perte a eu lieu, mais encore qu'elle provient d'un cas fortuit ou de force majeure. — *Aix*, 10 déc. 1821, Assurés sur le navire la *Divine-Providence* et Macédo c. Assureurs.

1012. — L'assuré qui veut délaisser doit prouver que le sinistre est arrivé par fortune de mer. L'assureur n'est point tenu d'établir que ce sinistre provient du fait du capitaine ou de l'équipage. — *Aix*, 4 avr. 1829 (sous *Cass.*, 4 janv. 1832, Charbonnel c. Assureurs maritimes).

1013. — La perte d'objets naufragés n'a besoin, dit M. Pardessus (nº 830), que d'être constatée d'une manière suffisante pour convaincre tout homme raisonnable. Ainsi jugé qu'un avis adressé par un gérant de consulat de France en pays étranger à la chambre de commerce d'une ville de France, et annonçant : 1º la perte d'un navire présumé français ; — 2º le sauvetage de quelques effets portant les noms d'un bâtiment français, du capitaine de ce bâtiment et de quelques uns des affréteurs suffisait pour établir contre les assureurs de ce navire la preuve du sinistre majeur, alors surtout que le paiement par la majeure partie des assureurs peut être invoqué comme cause influente sur l'opinion du juge, et que la notoriété publique se joint aux autres preuves du naufrage. — *Trib. comm. de Marseille*, 31 oct. 1823 (*J. de Marseille*).

1014. — La preuve de la perte des objets naufragés, que l'assuré est tenu de faire, au cas de délaissement, n'est soumise à aucune forme particulière et de rigueur. Ainsi, de ce que, d'après l'art. 246, C. comm., le capitaine naufragé est tenu de faire son rapport devant l'autorité locale, cet acte n'est pas indispensable pour prouver le sinistre. La preuve peut en être établie notamment au moyen d'une déclaration faite dans un autre lieu que celui du naufrage et certifiée par les gens de l'équipage. — *Rennes*, 24 août 1824, Comp. d'assur. de Marseille c. Ruello.

1015. — La preuve de la perte résultant de l'innavigabilité absolue ou relative peut être établie par des actes justificatifs et des attestations, sans spécification d'aucune forme particulière et sans limitation des personnes de qui ces documens peuvent émaner. — *Trib. comm. de Marseille*, 9 juill. 1833, Randou (*J. de Marseille*, 14, 1, 86).

1016. — Cette perte peut être établie par la notoriété publique, indépendamment même du consulat du capitaine. — Le consulat du capitaine, signé par les gens de l'équipage et des passagers suffit, quoique non affirmé sous serment. — *Trib. comm. de Marseille*, 1er oct. 1836, Arnaud (*J. de Marseille*, 14, 1, 116).

1017. — Lorsque le navire et le chargement assurés de sortie d'un port étranger sont propriétés étrangères, l'assuré qui fait le délaissement pour perte du corps et des facultés à la suite d'une voie d'eau est tenu, à l'encontre de ses assureurs français, de rapporter, sinon un certificat du droit de visite tel qu'il est prescrit par la loi française, au moins la preuve (suivant les lois du pays) que le navire était, au moment du départ, en bon état de navigation. — Cette preuve doit résulter, non de simples enquêtes faites sans intervention de justice et sans que les assureurs y aient été appelés, mais bien d'un examen spécial et détaillé, fait par des experts nommés par les juges du lieu du départ. — *Cass.*, 29 juin 1836, Vasquez c. Arnaud.

1018. — L'assureur est admis à la preuve des faits contraires à ceux qui sont consignés dans les attestations. — L'admission de la preuve ne suspend pas la condamnation de l'assureur au paiement provisoire de la somme assurée, à la charge par l'assuré de donner caution. — C. comm., art. 384.

1019.—La preuve des faits contraires à ceux consignés dans les attestations produites par l'assuré n'est pas tellement de droit absolu pour les assureurs qu'il ne soit pas permis aux juges d'appel de refuser son admission, suivant les circonstances. — Dès-lors les juges d'appel peuvent refuser de l'admettre, encore qu'aucun consulat n'ait été produit en première instance, et que même la preuve du sinistre y ait été reconnue insuffisante, si d'ailleurs les assureurs ont eu le temps nécessaire et les moyens pour justifier leurs exceptions. — *Aix*, 15 nov. 1825, Guerrero c. Comp. commerciale d'assurance.

1020. — Lorsque l'assureur n'a pas demandé, devant le premier juge, un délai pour faire la preuve contraire aux attestations de la perte produites par l'assuré, et qu'il s'est borné à soutenir l'insuffisance de ces mêmes attestations, il ne peut pas, en cause d'appel, réclamer le bénéfice de l'art. 384, C. comm., et obtenir un délai pour faire

la preuve contraire. — *Aix*, 16 juill. 1825, Comp. royale d'assur. c. Berardi.

1021. — En admettant l'assureur à la preuve des faits contraires, le juge n'est pas toujours forcé d'accorder la provision à l'assuré; il peut la refuser suivant les circonstances. — Valin, sur l'art. 61, ord. 1681, tit. *Des assur.*; Locré, sur l'art. 384; Delvincourt, t. 2, p. 404.

1022. — Si aux termes du § 2 de l'art. 384, C. comm., provision est due aux actes justificatifs de la perte, c'est seulement quand les faits consignés dans les attestations paraissent de nature à motiver la demande en paiement de la somme assurée. — *Douai*, 1er fév. 1841 (t. 2 1841, p. 385), Caux c. comp. d'assur. marit. l'Union du Nord.

1023. — La condamnation provisoire au paiement des sommes assurées, aux termes de l'art. 384, C. comm., n'en doit pas moins être prononcée, bien que la remise de la cause soit ordonnée d'office et préparatoirement par les juges pour obtenir la production d'une pièce contraire aux attestations de l'assuré. — Le jugement qui, en ordonnant la production d'une pièce par les assureurs, rejette implicitement les conclusions à fin de paiement provisoire prises par l'assuré, doit être réputé définitif sur ce dernier chef, quoique qualifié de préparatoire et avant dire droit; dès-lors, il est susceptible d'appel. — *Aix*, 8 déc. 1835, Escalon.

1024. — L'engagement de la caution est éteint après quatre années révolues, s'il n'y a pas eu de poursuite. — C. comm., art. 384.

1025. — Quoique l'art. 378 ne parle que d'une simple sommation à payer la somme assurée dans le délai fixé par le contrat, il faut encore que l'assuré forme, dans les délais prescrits, une demande en paiement des sommes assurées. — C. comm., art. 431; — Dageville, t. 3, p. 453, et t. 4, p. 190 et suiv.

1026. — Le délaissement doit, à peine de déchéance, être formé par une action en justice dans les six mois de la réception de la nouvelle du sinistre. Il ne suffirait pas que, dans ce délai, l'assuré eût fait aux assureurs une déclaration de délaissement par acte extrajudiciaire. — *Cass.*, 29 avr. 1835, syndics Capard c. Assur. gén.

1027. — Un mandataire ou commissionnaire ne peut être jugé responsable de l'exception de prescription admise en matière d'assurance, laquelle repose sur le défaut d'action en paiement de l'assurance dans le délai de la loi, lorsqu'il est constant qu'il n'a pas été mis à même de former cette demande. — *Rennes*, 29 juill. 1819, Luzet c. N.

1028. — Des pourparlers qui auraient eu lieu entre les assureurs et l'assuré par suite de la déclaration extrajudiciaire du délaissement ne peuvent être considérés comme faits interruptifs de la prescription de l'action en délaissement. — *Cass.*, 29 avr. 1835, syndics Capard c. Assurances générales.

1029. — L'assuré qui, après avoir manifesté par une déclaration à l'amiable l'intention de délaisser, a laissé prescrire le délai fixé pour l'exercice de cette action, est recevable à revenir ensuite contre l'assureur par action d'avarie. — *Trib. comm. de Marseille*, 26 nov. 1835, Arnaud (*J. de Marseille*, 15, 1, 329).

1030. — L'action en délaissement une fois intentée se prescrit dans les mêmes délais que l'action non intentée. — *Trib. comm. de Marseille*, 29 juin 1830, Milanesy (*J. de Marseille*, 11, 147).

1031. — La prescription de l'action en délaissement n'entraîne pas nécessairement celle de l'action en paiement de l'indemnité, en raison des sinistres, ouverte à l'assuré par l'art. 350, C. comm. Ces deux actions sont distinctes. — *Rouen*, 10 mars 1826, Anrès c. Divers assureurs.

1032. — Le délaissement formé en temps utile, et accompagné d'une assignation à fin de voir statuer, non seulement sur le délaissement, mais encore sur toutes contestations qui pourraient exister entre les parties à raison des assurances, a pour effet d'interrompre la prescription de l'action d'avaries. Par suite, et si ultérieurement une action d'avaries a été substituée au délaissement, les intérêts de l'indemnité peuvent être accordés non pas seulement à partir du jour de cette substitution d'une action à l'autre, mais à partir du jour de l'assignation donnée, à fin de voir statuer sur le délaissement et sur toutes autres contestations. — *Cass.*, 13 mai 1844 (t. 2 1844, p. 65), Assurances générales c. François.

§ 4. — *Effets du délaissement.*

1033. — Le délaissement signifié et accepté ou jugé valable, les effets assurés appartiennent à l'assureur, à partir de l'époque du délaissement. — L'assureur ne peut, sous prétexte du retour du navire, se dispenser de payer la somme assurée. — C. comm., art. 385.

1034. — Mais le délaissement ne produit ses effets qu'autant qu'il a été signifié, ou du moins que l'assureur a accepté par écrit la proposition confidentielle du délaissement et dispensé l'assuré de toutes formalités. — Pardessus, t. 3, n° 854.

1035. — Le délaissement à l'assureur et de l'objet assuré et des droits qui peuvent résulter de la perte de cet objet ne doit pas être assimilé à un transport de créance. Le délaissement, en pareil cas, est un moyen légal de transmission de l'objet assuré et de l'indemnité à toucher, s'il y a lieu, en raison de sa perte, et rend inutile toute signification, soit au débiteur, soit à celui qui doit payer l'indemnité. — *Cass.*, 4 mai 1836, Dreux c. Abeille et Laveyssière.

1036. — L'acceptation du délaissement ou le jugement qui le déclare valable en font remonter les effets au jour de la signification, et même du sinistre. Il suit de là que l'assuré ne peut rétracter le délaissement, sauf le cas d'erreur. De sorte que, quand même le navire reviendrait dans l'intervalle de la signification à l'acceptation ou au jugement de validé, le délaissement n'en serait pas moins valable, tant à l'égard de l'assuré que de l'assureur. — Pardessus, t. 3, n° 854; Boulay-Paty, t. 4, p. 377; Delvincourt, t. 2, p. 407.

1037. — L'assuré ne pourrait pas non plus rétracter le délaissement qu'il a fait signifier, sous prétexte qu'il est conditionnel, partiel ou fait avant les délais. Ces exceptions n'ont été introduites qu'au profit des assureurs. — Boulay-Paty, t. 4, p. 378; Pardessus, t. 3, n° 854. — V. *contrà* Delvincourt, t. 2, p. 407; il se fonde sur l'art. 385, qui veut, pour que les effets délaissés appartiennent à l'assureur, que le délaissement soit valable, et il en conclut que, s'il ne l'est pas, l'assuré peut le révoquer et retenir les effets assurés.

1038. — Les assureurs qui ont accepté, moyennant certaines conditions, le délaissement qui leur a été signifié avec assignation en validité, ne peuvent ensuite revenir contre leur acceptation sur le motif qu'il n'y avait pas lieu à délaissement, mais seulement à une action en réglement d'avaries. — *Trib. comm. de Marseille*, 24 mai 1833, Bobilier (*J. de Marseille*, 13, 1, 185).

1039. — Le délaissement accepté ou jugé valable ayant un effet rétroactif au moment du sinistre, il en résulte que le sauvetage qui s'opère, soit en vertu du mandat légal dont l'assuré est investi, soit en vertu du mandat spécial des assureurs, est uniquement fait pour le compte et aux risques de ces derniers. — En conséquence, les assureurs ne peuvent contraindre l'assuré à compenser, sur le montant de la perte qu'il réclame, les sommes provenant du sauvetage qui ne sont point entrées dans ses mains, mais qui sont encore entre les mains du correspondant chargé par lui de les recouvrer. — *Trib. comm. de Marseille*, 24 mai 1832, Bobilier (*J. de Marseille*, 13, 1, 185); 19 juill. 1826, Pagano (*J. de Marseille*, 7, 1, 167).

1040. — Le délaissement serait nul s'il avait été signifié par suite d'une nouvelle dont la fausseté aurait été reconnue plus tard. — Pardessus, t. 3, n° 854; Boulay-Paty, t. 4, p. 379; Delvincourt, t. 2, p. 378.

1041. — Lorsque, dans la présomption de perte d'un navire, il a été dit, par un abandon anticipé, que l'assureur jouirait, moyennant un prix convenu, de la propriété pleine et entière du navire s'il venait à être retrouvé, celui-ci peut, le navire retrouvé, et s'il découvre que l'assuré lui a dissimulé des contrats à la grosse qui en diminuent la valeur, obtenir la rescision de la transaction. — *Bordeaux*, 2 avr. 1835, comp. Leali Assecuratori c. Lavau et Curtius.

1042. — Le délaissement ne se faisant que jusqu'à concurrence des sommes assurées, il s'ensuit que l'assuré, relativement à son découvert, concourt avec les assureurs sur les effets sauvés. — Dageville, t. 3, p. 520; Pothier, n° 79; Boulay-Paty, t. 4, p. 387. — Si le découvert de l'assuré n'existait que depuis le départ et par suite de bénéfices réalisés dans les lieux d'échelle, il devrait également concourir avec l'assureur au prorata de ce découvert. — Dageville, t. 3, p. 521; Boulay-Paty, t. 4, p. 388.

1043. — Lorsque plusieurs assurances portent sur le même objet, il faut distinguer : si les sommes assurées sont égales ou inférieures à la valeur de l'aliment des risques, la propriété des effets délaissés est acquise à chaque assureur au prorata de son intérêt, sans avoir égard à la date des polices; mais dans le cas où les assurances excèdent la valeur des objets mis en risques, on doit consulter la date des polices pour écarter du concours les derniers assureurs en date, et les effets sauvés ne sont affectés qu'à ceux qui viennent en ordre utile. — Pardessus, t. 3, n° 854; Boulay-Paty, t. 4, p. 385; Dageville, t. 3, p. 521.

1044. — Les assureurs sur *facultés* et les assureurs sur *corps et facultés* concourent également sur les marchandises sauvées à proportion des sommes assurées par chacun d'eux, parce que l'assurance sur corps et facultés est indivisible. — Boulay-Paty, t. 4, p. 385; Delvincourt, t. 2, p. 399.

1045. — Le fret des marchandises sauvées, quand même il aurait été payé d'avance, fait partie du délaissement du navire, et appartient également à l'assureur, sans préjudice des droits des prêteurs à la grosse, de ceux des matelots pour leurs loyers, et des frais et dépenses pendant le voyage. — C. comm., art. 386.

1046. — Le fret payé d'avance doit appartenir à l'assureur, quand même il aurait été convenu, entre le capitaine et le chargeur, qu'il ne serait pas restitué en cas de sinistre, parce qu'une semblable convention est étrangère à l'assureur, et qu'elle ne saurait le priver du droit que la loi lui accorde. — Pardessus, t. 3, n° 852; Dageville, t. 3, p. 538; Delvincourt, t. 2, p. 401.

1047. — Mais, dans ce cas, le fret étant ordinairement inférieur au taux ordinaire, à raison même de la clause de non restitution, il paraît juste d'accorder à l'assureur le droit d'exiger le fret des objets sauvés, non pas sur le pied de la convention, mais d'après le cours du commerce pour les objets de même nature et pour un semblable voyage. — Valin, sur l'art. 15, ord. 1681; Pardessus, t. 3, n° 852; Delvincourt, t. 2, p. 410.

1048. — Sous l'empire de la déclaration du 17 août 1779, art. 6, le fret, déclaré acquis par le connaissement et non compris dans la police d'assurance, ne devait point faire partie du délaissement du navire, lors même que les marchandises chargées appartenaient au propriétaire du bâtiment. — *Cass.*, 28 sept. 1792, Monneron de Launay c. Gradis.

1049. — Dans le cas d'une assurance en prime liée avec faculté de faire escale, le fret des *marchandises sauvées*, que l'art. 386, C. comm., accorde aux assureurs, dans le cas de délaissement du navire, ne doit s'entendre que de celui des marchandises *sauvées du naufrage* qui étaient à bord au moment du sinistre, et non de celui des marchandises qui ont pu être déchargées dans les différentes *escales* ou stations que le navire a faites pendant le voyage et antérieurement au naufrage. — *Rennes*, 23 août 1822, Assurances générales c. Blaise; *Cass.*, 14 décembre 1825, mêmes parties. — Déclaration de 1779, art. 6; — Locré, sur l'art. 386; Boulay-Paty, t. 4, p. 417; Dageville, t. 3, p. 534 et suiv.; Pardessus, t. 3, n° 152; Estrangin, p. 57. — V. *contrà* Delvincourt, t. 2, p. 401; Lemonnier, t. 2, p. 164.

1050. — Le propriétaire qui fait assurer son navire peut-il stipuler que le fret ne fera pas partie du délaissement? — Non. L'art. 6 de la déclaration de 1779 permettait une pareille stipulation, mais l'art. 386 n'autorise aucune convention à cet égard; et bien loin de là, le Code repousse sévèrement, par l'ensemble et l'esprit de ses dispositions, toute stipulation qui pourrait contenir l'assurance d'un bénéfice pour l'assuré. — Boulay-Paty, t. 4, p. 417; Estrangin, p. 483; Delvincourt, t. 2, p. 402. — V. *contrà* Dageville, t. 3, p. 553 et suiv.; Pardessus, t. 3, n° 842. — Suivant ces auteurs, la stipulation d'une prime plus forte peut compenser alors ce qu'une pareille stipulation a de défavorable pour l'assureur.

1051. — Du reste, les parties peuvent convenir que le fret acquis et le fret des marchandises déchargées en route avant le sinistre, feront partie du délaissement, quoique la loi ne les y comprenne pas. — Si l'assuré ne peut pas diminuer l'objet du délaissement, il peut l'augmenter. — Boulay-Paty, t. 4, p. 418; Estrangin, p. 483.

1052. — Dans le cas où le fret ne fait pas partie du délaissement, l'assuré est tenu de payer les loyers des gens de mer sur ce fret, sans pouvoir exercer de recours contre l'assureur, sous prétexte que les débris du navire délaissé sont également affectés au paiement de ces loyers. Par conséquent, si les gens de mer avaient reçu tout ou partie de ce qui leur est dû sur le prix des débris du navire délaissé, l'assureur, subrogé à leurs droits, pourrait répéter sur le fret les sommes qu'il a payées à ce titre. — Dageville, t. 3, p. 556; Pardessus, t. 3, n° 852; Lemonnier, t. 2, p. 156.

1053. — Lorsque les engagemens entre l'armateur d'un navire et le capitaine n'ont pas été interrompus, le voyage d'aller et celui de retour sont censés ne faire qu'un seul et même voyage, alors même que le navire a été assuré pour chacun de ces voyages par deux polices distinctes; en conséquence, en cas de délaissement, le capitaine peut exercer son privilége sur le navire pour les loyers qui lui sont dus tant pour le voyage d'aller que pour le

voyage de retour. — *Rennes*, 23 août 1823 (sous *Cass.*, 3 juin 1828, Deslongrais c. Assureurs de Caen).

1034. — S'il y a contrat à la grosse et assurance sur le même objet ou sur le même chargement, le produit des effets sauvés du naufrage est partagé entre le prêteur à la grosse pour son capital seulement et l'assureur pour les sommes assurées, au marc le franc de leur intérêt respectif, sans préjudice des priviléges établis par l'art. 191. — C. comm., 331.

1035. — Ce privilége est exercé en concours, non seulement sur les objets sauvés, mais encore sur le fret dû par les marchandises sauvées, sans préjudice toutefois du prélèvement des frais à dépenser et du privilège antérieur des gens de l'équipage. — Dageville, t. 3, p. 335.

1036. — Les prises faites par un corsaire assuré ne font pas partie du délaissement; elles sont plus les fruits de la bravoure de l'équipage que les fruits du navire, et il importe en outre d'encourager les courses. — Emérigon, ch. 17, sect. 10; Delvincourt, t. 2, p. 402.

1037. — Si l'époque du paiement de la somme assurée n'est point fixée par le contrat, l'assureur est tenu de payer l'assurance trois mois après la signification du délaissement. — C. comm., art. 382.

1038. — Ce délai ne court que du jour où l'assuré signifie le délaissement effectif et non de celui où il signifie l'avis de la perte, fût-ce même avec réserve de faire le délaissement. — Locré, sur l'art. 382, C. comm.; Valin, sur l'art. 44, ord. 1681, tit. *Des assur.*; Boulay-Paty, t. 4, p. 324; Delvincourt, t. 2, p. 408.

1039. — Le terme fixé par la convention des parties ou, à défaut, par la loi, une fois arrivé, l'assureur doit rembourser le montant de l'assurance, sans attendre que la liquidation des effets sauvés soit faite. — Boulay-Paty, t. 4, p. 325.

1060. — Sous l'ord. 1681, les juges pouvaient, même avant l'échéance du terme fixé par la police d'assurance, condamner les assureurs au paiement du montant de la somme promise, pourvu toutefois que la réalisation de ce paiement ne pût avoir lieu qu'après l'expiration du terme. — *Cass.*, 10 pluv. an XII, Comp. d'assurances de Lille c. Salomez.

1061. — Lorsqu'il a été stipulé qu'en cas de délaissement, les assureurs ne seraient tenus de payer la somme assurée que six mois après la signification du délaissement, c'est-à-dire après trois mois de plus que le délai accordé par l'art. 382, C. comm., les assureurs peuvent être condamnés au paiement des intérêts de la somme assurée à compter de l'expiration du délai légal, c'est-à-dire de trois mois. — *Cass.*, 19 mai 1824, Assureurs des navires *le Cyrus* et *le Gange* c. Debacque.

1062. — L'assuré qui a fait abandon et a réglé avec les assureurs un compte de ristourne dont ils lui ont payé le montant en rayant leurs signatures sur la police, peut ensuite, nonobstant cette radiation, exiger d'eux le paiement des valeurs qu'il a, par erreur, omises dans son compte, et qu'il prouve avoir été comprises dans l'assurance. — *Bordeaux*, 24 nov. 1829, Arrigunaga c. Assureurs.

1063. — L'assureur devenu par le délaissement propriétaire des objets assurés est subrogé à tous les droits de l'assuré. Toutes les actions en indemnité que peut avoir l'assuré sont donc transmises à l'assureur, qui peut réclamer de l'assuré tout ce qu'il a pu toucher à raison de ces indemnités. — Pardessus, t. 3, n° 855.

1064. — En conséquence, les assureurs qui, par suite de l'abandon, ont payé des marchandises capturées, peuvent, si ces marchandises viennent à être introduites en France, et si l'assuré est français, exercer, comme il l'aurait fait lui-même aux termes de la déclaration de 1638, le droit de revendication. — *Aix*, 26 août 1809, Ivanich c. Assureurs de Marseille.

1065. — Celui qui a introduit ces marchandises ne peut, en alléguant avoir ignoré leur origine, échapper à la revendication. — Même arrêt.

1066. — L'assureur qui, en cas de délaissement, est devenu propriétaire du navire, ne pourrait, s'il en disposait comme de sa chose propre, repousser l'action en paiement des prêteurs à la grosse pour le radoub du navire, sous prétexte que la police d'assurance serait prescrite, alors d'ailleurs que le prêt à la grosse ne le serait pas. — *Cass.*, 27 déc. 1830, Sanders et Wiché c. Vailhen.

1067. — Si l'assureur ne s'est pas immiscé dans la disposition du navire délaissé, il est à l'abri de l'action en paiement que les prêteurs à la grosse pour le radoub du navire, qui ont disposé du navire pour une autre destination, intentent contre lui, alors qu'il a payé de bonne foi à l'assuré le prix intégral de l'assurance, sans opposition de la

part des prêteurs, qui ont eux-mêmes disposé du navire et l'ont fait vendre pour se rembourser d'une partie de leur prêt. — Même arrêt.

1068. — Le délaissement des facultés assurées de la part des consignataires à leurs assureurs ne fait pas obstacle à l'exercice de l'action en contribution par le capitaine à raison des avaries éprouvées par le navire. — *Trib. comm. de Marseille*, 28 avr. 1834, Razoulx (*J. de Marseille*, 15, 1, 1).

1069. — L'armateur d'un navire peut, même après avoir fait aux assureurs le délaissement du navire et du fret, faire au chargeur sur le navire l'abandon de ce navire et du fret, aux termes de l'art. 216, C. comm. — Le chargeur, dans ce cas, a, contre les assureurs, un recours pour se faire payer des créances qui lui sont dues par privilége sur le navire; et les assureurs ne peuvent s'en affranchir qu'en faisant eux-mêmes l'abandon. — *Rennes*, 12 août 1822, Lecoq c. Trevert; — Boulay-Paty, t. 1er, p. 293, et t. 4, p. 381.

1070. — Le délaissement à l'assureur et de l'objet assuré et des droits qui peuvent résulter de la perte de cet objet, ne doit pas être assimilé à un transport de créance. — Le délaissement, en pareil cas, est un moyen légal de transmission de l'objet assuré et de l'indemnité à toucher, s'il y a lieu, en raison de la perte, et rend inutile toute signification, soit au débiteur, soit à celui qui doit payer l'indemnité. — *Cass.*, 4 mai 1836, Dreux c. Abeille Lavayssière.

1071. — Le refus par le capitaine d'accepter l'offre d'un emprunt à la grosse, comme proposée à une prime trop élevée, ne rend pas nul le délaissement par lui fait ultérieurement, s'il résulte des circonstances qu'il a agi de bonne foi dans l'espérance de conditions moins onéreuses, et que d'ailleurs la somme offerte était insuffisante pour réparer le bâtiment. — *Paris*, 27 nov. 1841 (t. 1er 1842, p. 119), Gavard c. Comp. d'assur. belges.

Sect. 2e. — *De l'action d'avarie.*

1072. — L'assuré a le droit, en gardant ce qui reste de la chose, de demander à l'assureur une indemnité proportionnelle au dommage; tel est le but de l'action d'avarie. — Cette action est la seule qui naisse, à proprement parler, du contrat d'assurance; le délaissement n'est qu'une faculté accordée à l'assuré.

1073. — Quel que soit le dommage éprouvé, l'assuré peut se contenter d'en demander la réparation par la voie de l'action d'avarie; l'assureur ne serait pas admis à prétendre qu'il y a lieu au délaissement, quand même il prouverait que l'action en délaissement serait plus avantageuse à l'assuré que l'action d'avarie. — Pardessus, t. 3, n° 857.

1074. — Il n'y a pas lieu à option entre l'action en délaissement et celle en règlement d'avaries, lorsque la perte est absolue et sans aucune espérance. — *Rennes*, 26 juill. 1819, Luzet c. N.

1075. — L'assuré ne peut cumuler l'action d'avaries avec l'action en délaissement (V. *suprà* n° 1038). — *Cass.*, 8 janv. 1823, Comp. d'assurance c. Kermel; — Boulay-Paty, t. 4, p. 518; Goujet et Merger, n° 277. — V. *contrà Bordeaux*, 3 déc. 1827, Assureurs de Bordeaux c. Barde. — V. aussi *suprà* nos 744 et suiv.

1076. — Spécialement, quand un navire assuré a éprouvé, avant de périr, des sinistres partiels dont la réparation n'a pas été l'objet d'une nouvelle assurance, l'assuré qui fait le délaissement ne peut, outre la valeur du navire sur laquelle la prime a été perçue, exiger de l'assureur le montant des dépenses occasionnées par ces sinistres partiels sur lesquels celui-ci n'a reçu aucune prime. — *Cass.*, 8 janv. 1823, Comp. d'assurances c. Kermel.

1077. — Si l'assuré a succombé dans son action en délaissement, parce qu'elle n'était pas formée dans les cas prévus par la loi, il peut ensuite intenter l'action d'avaries. — Il n'y a pas chose jugée à son égard, parce que cette nouvelle action n'a pas la même cause et le même objet. — Pardessus, t. 3, n° 861.

1078. — Mais, lorsque la chose assurée a péri en totalité, et sans espoir d'en recouvrer aucune partie, si l'assuré a succombé dans la demande qu'il avait formée en délaissement et en paiement de l'assurance, il n'est plus recevable ultérieurement à intenter l'action d'avarie. — *Cass.*, 26 mars 1823, Luzet c. Taffu et comp. royale d'assur. de Nantes. — V. *contrà* Dageville, t. 4, p. 494 et suiv.; Pardessus, n° 861.

1079. — Le même assuré n'est pas fondé à rendre responsable de la prescription encourue le commissionnaire qu'il avait chargé de faire le délaissement, et d'exiger le paiement des sommes

assurées, lorsque le délai pour l'action en paiement a été accompli avant que l'assuré eût mis à la disposition de son commissionnaire les pièces justificatives du chargement et de la perte. L'arrêt qui le juge ainsi par appréciation de faits n'encourt pas la censure de la cour de Cassation. — Même arrêt.

1080. — L'assuré qui a fait le délaissement pour cause de sinistre majeur ne peut exiger de l'assureur le paiement des avaries antérieures à la perte totale ou presque totale; ce dernier ne peut jamais être tenu au-delà de la somme assurée, à moins de conventions particulières entre les parties. — Pardessus, t. 3, n° 862; Dageville, t. 3, p. 79; Boulay-Paty, t. 4, p. 274; Lemonnier, t. 2, p. 219, et t. 1er, p. 148.

1081. — Bien qu'en thèse générale l'assureur ne soit tenu, même au cas de perte totale, que jusqu'à concurrence de la somme assurée, cependant il n'est pas interdit aux parties de faire des stipulations qui mettent à la charge de l'assureur, outre le remboursement de la somme assurée, celui des avaries qui ont précédé la perte totale du navire. — *Cass.*, 15 déc. 1830, Assur. de Bordeaux c. Barde.

1082. — Ainsi, lorsqu'un navire qui a éprouvé des avaries partielles que l'assuré a réparées, éprouve en outre un sinistre majeur donnant lieu au délaissement, l'assureur est tenu, non seulement de la somme assurée, mais aussi de la somme avancée par l'assuré pour réparer les avaries, alors que, par la police, il a pris à sa charge *tous les périls généralement quelconques*; et l'arrêt qui le décide ainsi par appréciation de la police ne contient qu'une appréciation d'acte qui le met à l'abri de la censure de la cour de Cassation. — Même arrêt. — V. aussi *Bordeaux*, 3 déc. 1827, Assureurs de Bordeaux c. Barde; — Lemonnier, t. 2, p. 224.

1083. — Les actes justificatifs du chargement et de la perte doivent être signifiés à l'assureur avant qu'il puisse être poursuivi pour le paiement des sommes assurées. — C. comm., art. 383.

1084. — Les assureurs appelés dans une instance en règlement et répartition d'avaries entre les armateurs et les chargeurs n'ont pas le droit d'exiger qu'avant de procéder au règlement les pièces qui constatent l'avarie leur soient communiquées: ils ne peuvent réclamer cette communication qu'autant qu'après le règlement effectué l'action d'avaries est formée contre eux. — *Bordeaux*, 25 janv. 1831, Foussat c. Assureurs; — Alauzet, t. 2, p. 144.

1085. — En cas d'avaries, les pièces justificatives du chargement et de la perte peuvent n'être signifiées aux assureurs qu'après la nomination de l'expert répartiteur, lors la notification de l'état d'avaries et avant les poursuites en paiement des sommes assurées. — *Aix*, 15 juin 1840 (t. 2 1840, p. 695), Deltil et Reggio c. Assureurs de l'industrie.

1086. — L'assuré n'a droit à l'intérêt des sommes assurées que du jour de la communication ou signification des pièces justificatives de la perte. — *Aix*, 3 août 1839, Gastinel c. Divers assureurs.

1087. — En cas de non arrivée d'une partie des marchandises assurées au lieu de leur destination, soit par fortune de mer, soit par suite de fautes ou prévarications du capitaine, l'assureur, alors d'ailleurs qu'il a garanti la baraterie de patron, ne peut différer la réparation de ce dommage, sous le prétexte que le règlement des avaries grosses n'a pas encore eu lieu, règlement qui est le fait du capitaine. — *Bordeaux*, 15 déc. 1828, Zangronitz.

1088. — L'assuré ne peut agir contre l'assureur qu'après l'expiration des risques, arrivée, soit par la fin du voyage, soit par l'écoulement du temps convenu, soit par un sinistre majeur; jusque-là, quelles que soient les avaries souffertes, l'assuré n'a pas d'action. — Pardessus, t. 3, p. 352 et 353; Alauzet, t. 2, p. 112. — V. *contrà* Lemonnier, t. 2, p. 150. — Suivant cet auteur, aucun texte et aucune raison de droit ne peuvent justifier l'exception que l'on voudrait tirer de la continuation du voyage; la possibilité d'un dommage postérieur ne doit point empêcher de régler et de payer le sinistre survenu et constaté.

1089. — Delaborde (p. 368) établit une distinction pour les dépenses faites en cours de voyage, pour le bien et la conservation des marchandises assurées; selon lui, l'assuré peut en poursuivre le recouvrement avant même que le navire ne soit parvenu au lieu de sa destination.

1090. — Lorsqu'un navire a besoin de réparations pour continuer sa route, c'est l'assuré qui doit avancer les fonds nécessaires, sauf son recours contre l'assureur. Mais ce dernier, alors même que les avaries auraient été éprouvées dans le lieu où il réside, et que les vérifications auraient

été faites contradictoirement avec lui, ne peut être obligé, à moins de stipulation contraire, de contribuer au paiement avant tout réglement ou liquidation. — *Poitiers*, 25 juin 1824, Pouilly c. Comp. royale d'assur.

1091. — Le capitaine et l'armateur d'un navire échoué qui ont dépassé dans les dépenses de réparations le montant de l'évaluation fixée par des experts contradictoirement nommés entre les intéressés, ne peuvent mettre cet excédant à la charge des réclamateurs et assureurs. — *Cass.*, 13 juill. 1829, Pouilly c. Assur. marit.

1092. — L'assuré dont les marchandises ont été vendues en cours de voyage peut, malgré l'action qu'il a contre le capitaine, s'adresser directement à l'assureur, sauf à lui céder ses droits contre le capitaine; et entre eux la valeur des marchandises ne peut être que celle portée dans la police, ou celle fixée au lieu de l'embarquement. — Pardessus, t. 3, nº 856; Alauzet, t. 2, p. 156.

1093. — Si le prix courant des marchandises au lieu du reste est inférieur au prix convenu dans la police d'assurance, le chargeur, indépendamment de l'action qui lui appartient contre le capitaine ou les propriétaires, en vertu de l'art. 234, en paiement de ce prix d'après le cours au lieu du reste, a un recours contre les assureurs pour se faire rembourser la différence, ou même pour obtenir le paiement intégral des marchandises vendues, sans que ceux-ci puissent prétendre que l'obligation imposée par l'art. 234, C. comm., au capitaine et aux propriétaires les ait déliés de leur responsabilité. — L'assureur a seulement le droit de se faire tenir compte de la somme due par ce capitaine ou ces propriétaires, ou de réclamer contre eux, comme subrogés dans les droits des assurés, le bénéfice de l'art. 234 C. comm. — *Cass.*, 9 fév. 1842 (t. 1er 1842, p. 509), Comp. d'assur. marit. c. Zizinia.

1094. — L'assureur qui a payé à l'assuré le prix de la chose assurée, laquelle a été vendue dans le cours du voyage, a droit, comme exerçant les droits de l'assuré, d'en demander le remboursement tant contre l'armateur que contre le capitaine. — Toutefois, si le capitaine a vendu par nécessité, par exemple pour acquitter les frais de sauvetage de la marchandise, et qu'il n'y ait aucune faute de sa part, il ne saurait être réputé obligé en son nom personnel, mais bien comme mandataire des armateurs. — *Bordeaux*, 14 avr. 1839 (t. 2 1839, p. 335), Destangue, Balguerie et comp. c. Assureurs.

1095. — La vente de marchandises faite pour pourvoir aux réparations du navire ne donne lieu qu'à une simple action d'avaries, quand même la perte s'élève à plus des trois quarts. — Il ne s'agit pas là en effet d'une détérioration matérielle de la chose qui puisse autoriser le délaissement, aux termes de l'art. 369. — Alauzet, t. 2, p. 157; Pardessus, t. 3, nº 845. — V. *contrà* Dageville.

1096. — La propriété des marchandises ainsi vendues ayant été régulièrement transférée à l'acheteur, elles ne peuvent être l'objet d'aucun délaissement; il s'agit d'une action d'avaries. — *Cass.*, 9 fév. 1842 (t. 1er 1842, p. 509), Compagnie d'assurances maritimes c. Zizinia.

1097. — Le droit des chargeurs serait le même, alors même qu'après la vente le capitaine aurait fait assurer le prix des marchandises vendues; cette assurance ne pourrait nuire à celle des chargeurs. — Même arrêt.

1098. — Il en est de même dans le cas où un objet assuré est frappé d'une contribution à des avaries communes s'élevant à plus des trois-quarts de sa valeur; il n'y a pas lieu au délaissement, mais seulement à l'action d'avaries, parce qu'il n'y a pas perte ou détérioration des effets assurés dans le sens de la loi. — Boulay-Paty, t. 4, p. 239; Pardessus, t. 3, nº 845; Alauzet, t. 2, p. 158.

1099. — Le réglement d'avaries se fait entre les assureurs et les assurés à raison de leurs intérêts. — C. comm., art. 371.

1100. — L'assureur est lié par le réglement d'avaries qui a eu lieu avec l'assuré, lors même qu'il y aurait été procédé par une autorité étrangère, pourvu qu'elle fût compétente (Delvincourt, t. 2, p. 262), à moins que l'assureur n'allègue une fraude, ou qu'il ne prouve que l'assuré a sacrifié des droits certains et évidens. — Pardessus, t. 3, nº 859.

1101. — Delvincourt (*loc. cit.*) ajoute même que, dans ce cas, « la prévarication du juge, à moins que l'assuré n'en soit complice, est un risque dont l'assureur est chargé, sauf son recours contre qui de droit. » — Alauzet, t. 2, p. 145.

1102. — Les assureurs sont garans de l'erreur commise par le juge dans un réglement d'avaries communes fait dans un port étranger. — *Aix*, 1er fév. 1827, Speiser.

1103. — Les dispositions du Code de comm. concernant le réglement des avaries en matière d'assurances maritimes, par exemple, les art. 401 et 402 sur la nécessité d'indiquer, dans la répartition de l'indemnité, le taux du fret et le prix des marchandises, ne sont pas prescrites sous peine de nullité, et les tribunaux doivent prendre en considération les circonstances particulières et exceptionnelles qui, en cas de sinistre, s'opposent à leur observation. — Spécialement, le rapport de mer fait devant un notaire juré, en l'absence du consul, le procès-verbal d'experts choisis par le capitaine du navire et affirmé par eux devant lui, le réglement d'avaries dressé par le consignataire et approuvé par des courtiers publics, peuvent, en quelques occasions, être pris comme documens réguliers et suffisans pour asseoir le chiffre de l'indemnité. — *Bordeaux*, 8 juill. 1840 (t. 2 1840, p. 356), Bergès c. Assureurs de la *Mima*.

1104. — Lorsque, par suite de jet à la mer, il y a lieu à contribution sur des marchandises assurées, cette contribution est à la charge des assureurs, qui profitent du jet s'il a sauvé les marchandises assurées.

1105. — L'assuré doit subroger l'assureur dans tous ses droits par rapport aux effets assurés; par conséquent, si l'assureur a indemnisé l'assuré de pertes et dommages soufferts pour le salut commun, il a droit à la contribution qui en est la conséquence. — Pardessus, t. 3, nº 860; Alauzet, t. 2, p. 148; Lemonnier, t. 1er, p. 191.

1106. — Mais si l'assuré, par sa négligence à réclamer en temps opportun un réglement d'avaries, se mettait hors d'état de transmettre à ses assureurs les droits qui lui appartiennent, il devrait être débouté de toute action contre eux. — *Trib. comm. de Bordeaux*, 29 juin 1838 (*Mémorial*, t. 5, p. 209). — Lemonnier, t. 1er, p. 191.

1107. — Bien que l'assuré dont les marchandises ont péri pour le salut commun ait contre l'armateur et les autres chargeurs une action en contribution pour le paiement de l'avarie, il peut néanmoins demander la totalité de cette avarie à son assureur, sauf le recours de celui-ci contre qui de droit. — *Bordeaux*, 11 juill. 1826, Brandam c. Salignac; — Alauzet, t. 2, p. 144.

1108. — L'action en indemnité dirigée par le propriétaire d'un navire et de sa cargaison contre les assureurs, pour les avaries communes provenant d'un jet à la mer, n'est pas subordonnée à l'observation des art. 414 et suiv., C. comm., placés sous le titre : *Du jet et de la contribution*. — Ces articles, les formalités qu'ils prescrivent, et la compétence du juge du lieu de déchargement qu'ils établissent, ne sont relatifs qu'à la fixation de la contribution à exiger des marchandises sauvées, pour indemniser les propriétaires des marchandises jetées. — *Cass.*, 16 fév. 1841 (t. 1er 1841, p. 531), Durin-Chammel c. Bergès.

1109. — Lorsque la marchandise assurée arrive au port de destination grevée d'un contrat à la grosse, c'est à l'assuré, et non à l'assureur, de désintéresser le prêteur à la grosse. — *Paris*, 27 mars 1838 (t. 1er 1838, p. 536), Llais c. comp. d'assur. marit. Paris; — Alauzet, t. 2, p. 158.

1110. — Si l'assuré peut désintéresser le prêteur, il pourra agir ensuite en remboursement contre son assureur, en justifiant du paiement. — Sinon, il laissera le prêteur poursuivre la vente des objets affectés à l'emprunt, sauf à revenir par l'action d'avarie contre l'assureur. — Alauzet, t. 2, p. 159; Pardessus, t. 3, nº 859.

1111. — Si la vente produit moins que les objets n'étaient évalués dans la police, l'assureur doit néanmoins payer à l'assuré toute cette évaluation, sauf les déductions et franchises convenues; si la vente produit davantage, l'assureur ne devra toujours que la somme convenue dans la police. — Pardessus, t. 3, nº 859.

1112. — Les assureurs du voyage d'aller d'un navire sont tenus de rembourser aux assurés le profit maritime d'un emprunt à la grosse contracté par le capitaine, même après l'arrivée du navire à sa destination, mais pour avaries survenues pendant le voyage. Les assureurs ne seraient pas fondés à soutenir que l'art. 234, C. comm., n'autorisant le capitaine à emprunter que pendant le cours du voyage, et le navire étant arrivé à sa destination, l'emprunt ne pouvait avoir lieu : par *voyage*, l'art. 234 n'entend pas le *voyage assuré*, mais celui du bâtiment jusqu'à son retour au lieu de l'expédition. — Si néanmoins il était constant que l'assuré avait des fonds libres au lieu où l'emprunt a été fait, les assureurs ne seraient pas tenus de rembourser au-delà de l'intérêt au taux ordinaire du commerce de terre. En un tel cas, il n'y aurait pas eu nécessité d'emprunter. — *Bordeaux*, 30 mars 1830, Assureurs c. Vignes; — Alauzet, t. 2, p. 160.

1113. — Les dons ou présens que le capitaine d'un navire capturé fait en pays étranger, après délibération de l'équipage, aux avocats et aux juges de la prise, afin d'obtenir la libération du navire et de la cargaison, doivent être admis en avarie à la charge des assureurs; du moins l'arrêt qui le décide ainsi est à l'abri de toute censure, lorsqu'il constate que les dons ont été faits pour le bien et le salut commun du navire et des marchandises; et que le capitaine, qui savait que la commission était associée au bénéfice des prises, a agi prudemment en subissant la loi de la nécessité. Vainement les assureurs diraient-ils qu'ils ne sont point passibles du remboursement de ce qui a été payé pour corruption de juges, cause immorale et illicite. — *Cass.*, 2 août 1827, Compagnie d'assurances c. Changeur.

1114. — S'il a été stipulé dans le contrat de grosse que, dans le cas où la somme prêtée serait remboursée avant l'arrivée du bâtiment au lieu de destination, la prime serait moindre que celle due après l'arrivée, l'assureur, auquel dénonciation a été faite en temps utile de la lettre de grosse et de ses conditions, est tenu de rembourser à l'assuré la prime la plus élevée, faute par lui d'avoir autorisé ce dernier à rembourser la somme prêtée avec la prime la moins élevée avant l'arrivée du navire au lieu convenu. — *Paris*, 20 mars 1841 (t. 1er 1841, p. 518), Wiolett c. l'Union des ports et l'Indemnité.

1115. — Les assureurs tenus de payer la prime stipulée dans le contrat de grosse n'ont pas droit à une diminution à raison de ce que le prêteur à la grosse courait le risque de guerre, tandis que l'assurance n'avait point garanti ce risque. — Même arrêt.

1116. — La police contient quelquefois la clause *franc d'avaries*; cette clause a pour but d'affranchir les assureurs de toutes avaries, soit communes, soit particulières, excepté dans les cas qui donnent ouverture au délaissement; et, dans ces cas, les assurés ont l'option entre le délaissement et l'exercice de l'action d'avarie. — C. comm., art. 409; — Valin, sur l'art. 47, ord. 1681, tit. *Des Assurances*; Pothier, nº 165; Émérigon, chap. 12, sect. 45e.

1117. — Lorsqu'au nombre des marchandises se trouvaient des fers en barres, la clause *franc d'avaries sur les marchandises sujettes à la rouille, s'il n'y a échoûment*, affranchit les assureurs de toute indemnité envers l'assuré, si l'avarie, quoiqu'elle résulte, non d'une avarie matérielle, mais de la non arrivée des marchandises, ne va pas aux trois quarts, et si d'ailleurs le navire n'a point échoué. — *Bordeaux*, 15 déc. 1828, Zangronitz c. Assureurs.

1118. — Indépendamment de la *franchise totale*, la police peut aussi contenir la clause de *franchise partielle*. — Lemonnier, t. 2, p. 201.

1119. — Une demande pour avaries n'est point recevable, si l'avarie commune n'excède pas 1 p. % de la valeur cumulée du navire et des marchandises, et si l'avarie particulière n'excède pas aussi 1 p. % de la valeur de la chose endommagée. — C. comm., art. 408. — Des conventions particulières peuvent porter le taux de la franchise à un chiffre plus élevé; en tout cas l'assurance est conditionnelle, c'est-à-dire qu'il n'y aura lieu à l'action d'avarie que dans le cas où l'avarie excédera le taux déterminé.

1120. — On peut encore stipuler en faveur de l'assureur une exemption jusqu'à concurrence d'une quotité déterminée, dont il pourra se prévaloir dans tous les cas. — Le taux de cette quotité est toujours en raison directe de l'étendue des risques inhérens à telle ou telle classe d'objets.

1121. — La disposition de l'art. 408, C. comm., a pour but d'éviter aux parties des frais plus considérables que le dommage dont elles cherchent à obtenir la réparation; mais il est loisible aux parties contractantes de stipuler que toute avarie sera payée. — Locré, sur l'art. 408; Boulay-Paty, t. 4, p. 509; Lemonnier, t. 2, p. 117.

1122. — La franchise s'exerce sur la totalité de l'assurance, encore bien qu'une partie seulement ait éprouvé des avaries. — Pardessus, t. 3, nº 858.

1123. — Mais on peut diviser la masse totale des objets assurés dans une seule et même police en plusieurs parties distinctes, dont chacune représente un capital particulier, sur lequel porte le calcul de l'indemnité réclamée, et par conséquent l'application de la franchise; c'est ce qu'on appelle dans la pratique le réglement d'avaries *par séries*. — Delaborde, p. 326 et suiv.

1124. — Lorsqu'il y a plusieurs assureurs par la même police, le calcul de 1 p. % s'établit sur l'intérêt total. — Il en est de même lorsque les assurés sont distincts, s'il n'y a qu'une même police et un

seul assureur ; les coassurés forment, à cet égard, une espèce de société, et ne représentent tous ensemble qu'une même personne à l'égard de l'assureur. — Pardessus, t. 3, n° 860 ; Delvincourt, t. 2, p. 410 ; Boulay-Paty, t. 4, p. 510 ; Emérigon, t. 2, p. 3. — V. *contrà* Lemonnier, t. 2, p. 144.

1125. — Les frais de justice faits pour obtenir le réglement d'avarie ne doivent pas être compris dans le calcul de l'avarie ; il faut que l'avarie en elle-même excède le taux fixé par le Code. — Dageville, t. 4, p. 66 ; Boulay-Paty, t. 4, p. 510 ; Pardessus, t. 3, n° 860 ; Delvincourt, t. 2, p. 410 ; Emérigon, t. 2, p. 3.

1126. — Cependant M. Pardessus (t. 3, p. 860) restreint cette décision au cas d'avaries particulières : elle ne lui semble pas applicable à la demande en remboursement d'avaries communes. La valeur des sacrifices faits, les frais d'estimation des choses jetées et de celles qui ont été sauvées, les frais de contribution forment une masse de dépenses qui ne sauraient être séparées les unes des autres.

1127. — Lorsqu'une fois l'avarie excède 1 p °/o ou la somme convenue dans la police, les assureurs ne peuvent se prétendre affranchis jusqu'à concurrence de cette quotité, en offrant de payer l'excédant. La condition imposée par la loi ou convenue entre les parties s'étant accomplie, l'action d'avaries doit être exercée dans son entier. — Emérigon, t. 2, p. 4 ; Valin, sur l'art. 47, ord. 1681, tit. *Des assur.* ; Pothier, n° 165 ; Locré, sur l'art. 408 ; Pardessus, t. 3, n° 860 ; Boulay-Paty, t. 4, p. 510 ; Lemonnier, t. 2, p. 117 ; Delvincourt, t. 2, p. 410. — V. *contrà* Delaborde, p. 316.

1128. — L'art. 409, C. comm., qui, dans le cas de sinistre, autorisant le délaissement du navire, accorde à l'assuré l'option entre le délaissement et l'exercice de l'action d'avarie, nonobstant la clause *franc d'avaries*, est applicable au cas de stipulation d'une franchise *partielle* d'avaries, tout aussi bien qu'au cas d'une stipulation d'une franchise *totale*. — Ainsi, l'assuré qui, en cas de sinistre majeur, opte pour l'action en avaries de préférence à l'action en délaissement, ne cesse pas d'avoir le droit de répéter le montant total des avaries sans aucune déduction, encore que, dans la police, les assureurs auraient stipulé qu'ils ne paieraient que l'excédant d'une certaine somme sur le montant des avaries. — *Cass.*, 8 fév. 1831, Arnoux c. Fabre.

1129. — Les franchises ne s'appliquent pas aux frais et dépenses qui ont eu lieu pour le bien et la conservation des marchandises ; il ne s'agit pas, dans ce cas, d'une avarie proprement dite, c'est-à-dire d'un dommage matériel subi par des marchandises. — Delaborde, p. 318 ; Alauzet, t. 2, p. 166.

1130. — L'assureur doit à l'assuré l'intérêt des sommes que celui-ci a avancées pour réparations d'avaries, à compter du jour où, au moyen de ces réparations, le navire a repris le cours de sa navigation. — *Bordeaux*, 3 déc. 1827, Assureurs de Bordeaux c. Barde.

1131. — L'affréteur d'un navire, qui s'en est en même temps constitué assureur, ne peut prélever la franchise d'avaries de cinq pour cent, établie par un usage commercial, si le dommage souffert par ce navire lui est imputable, en ce que, par exemple, il provient de l'abordage causé par l'équipage d'un autre navire qui lui appartient. — *Trib. comm. de Marseille*, 17 janv. 1831, Bonamour (*J. de Marseille*).

1132. — Les assureurs sur corps doivent supporter la portion des avaries communes à la charge du fret ; dans la réalité, c'est le navire assuré qui a seul contribué ; en effet, s'il n'a contribué que pour moitié, la contribution de l'autre moitié est représentée par celle du fret. — Pardessus, t. 3, n° 859 ; Boulay-Paty, t. 4, p. 464 ; Alauzet, t. 2, p. 132 ; Lemonnier, t. 2, p. 133.

1133. — Dans les avaries grosses qui doivent être supportées par les marchandises et par la moitié du navire et du fret, aux termes de l'art. 401, C. comm., il n'y a pas lieu, à l'égard de l'assureur, de distinguer la part d'avaries à la charge du navire et celle à la charge du fret. — L'assureur sur corps d'un navire doit indemniser l'assuré de toute la portion d'avaries grosses répartie sur la moitié du navire et du fret, sans pouvoir exiger qu'on en déduise la part contributive pour laquelle le fret est compris dans cette répartition. — *Rennes*, 7 mai 1823, Magon-Vieuville c. Dupuy-Fromy.

1134. — Les assureurs sur corps sont garans de la contribution du fret dans les avaries communes. — En d'autres termes, la moitié du fret contribue aux avaries communes comme accessoire, ou comme moyen d'évaluation du navire, et non point comme valeur distincte du navire. — *Aix*, 24 juin 1829, Régis.

1135. — Les assureurs sur corps sont garans de

la contribution du *fret* dans les avaries communes, même alors que le frêt, en cas d'abandon, ne doit pas être rapporté, et quoique le navire ait contribué pour son entière valeur. — *Aix*, 1er fév. 1827, Speiser.

1136. — L'obligation de l'assureur, pour ce qui concerne la réparation des avaries du navire, consiste à rembourser à l'assuré ce qu'il a dépensé pour remédier aux détériorations ou pertes éprouvées par le navire. Mais, les principes du contrat d'assurance s'opposant à ce que l'assureur paie implicitement les détériorations que le navire ou ses agrès ont pu subir par le simple usage, peut-on en conclure que l'assureur soit fondé à opposer à l'assuré une déduction sur le montant intégral des réparations, dont il lui demande le remboursement ? — Non. — Pardessus (n° 859) et Dageville (t. 4, p. 7) ne pensent pas non plus qu'une pareille prétention, de la part des assureurs, dont on ne trouve d'ailleurs aucune trace dans Pothier, Valin, Emérigon et Estraugin, soit fondée. « En général, disent-ils, l'assuré ne gagne rien à avoir du neuf pour du vieux. Le bois neuf qu'on ajoute au vieux ne rend pas celui-là meilleur ; une ancre vieille, qui a fait ses preuves, est préférable au mérite incertain d'une neuve. L'assuré peut gagner quelque chose relativement aux voiles et aux cordages, mais jusqu'à ce jour on n'avait fait aucune attention à ces faibles avantages. » Il faut, au reste, dire qu'aujourd'hui cette différence du neuf au vieux est l'objet d'une clause spéciale dans presque toutes les polices d'assurance. — Alauzet, t. 2, p. 153. — V. *contrà* Lemonnier, t. 2, p. 171.

1137. — L'assureur est tenu de rembourser à l'armateur le prix intégral des dépenses faites pour réparer les dommages causés au navire par fortune de mer, sans que l'on puisse, dans le silence de la police d'assurance, déduire du prix de ces réparations un tiers pour la différence du neuf à l'usé, en se fondant sur l'usage général des places de commerce. — *Cass.*, 13 juill. 1829, Pouilly c. Assurance maritime ; — Pardessus, n° 859 ; Alauzet, n° 322.

1138. — En matière d'avaries communes, on ne peut opérer sur le prix des dépenses faites pour la réparation du navire, alors qu'il n'est intervenu à cet égard aucune convention spéciale, la déduction d'un tiers pour la différence du neuf à l'usé, en se fondant sur l'usage de quelques places de commerce. — Il faudrait au moins, pour que cet usage pût servir de règle, qu'il fût général. — *Rouen*, 15 mars 1842 (t. 2 1842, p. 41), Bilard c. Forster.

1139. — Jugé au contraire qu'au cas d'avaries, l'assureur peut, même en l'absence de toute stipulation dans les polices d'assurance, faire supporter une déduction à l'assuré sur le coût des réparations, à l'effet de compenser la différence entre le neuf et le vieux. — *Aix*, 28 juin 1831, Maye c. Assureurs de Paris ; — Pardessus, n° 859.

1140. — Les assureurs ne sont tenus d'indemniser l'assuré qu'en proportion de la valeur de l'objet endommagé, au moment où le dommage a eu lieu. Par suite, les articles de dépenses, pour réparations au navire assuré, doivent subir une réduction proportionnée au degré d'usure dans lequel les objets réparés se trouvaient au moment de l'événement. Ainsi, le coût des réparations faites au carénage ou doublage en cuivre doit être réduit en proportion de son usage antérieur, en prenant pour sa base la durée ordinaire qui est de cinq ans. — *Trib. comm. de Marseille*, 5 sept. 1835, Fabry (*J. de Marseille*, 15, 1, 135).

1141. — Lorsque la police a déterminé les bases et la quotité de la réduction, soit d'une manière uniforme pour toutes les avaries, soit d'une manière spéciale pour chacune d'elles, suivant leur nature, les conventions, quelles qu'elles soient, doivent être exécutées. — Pardessus, t. 3, n° 859 ; Alauzet, t. 2, p. 154.

1142. — Mais si les parties, tout en posant le principe d'une déduction pour la différence du vieux au neuf, n'en ont pas réglé le mode d'exécution, les experts doivent calculer la déduction d'après le prix que les réparations auraient coûté au port de départ, si l'assurance est faite pour l'aller et le retour, ou au port de décharge si l'assurance est seulement faite pour l'aller. — Pardessus, t. 3, n° 859. — V. *contrà* Dageville (t. 4, p. 7), et Lemonnier (t. 2, p. 76) ; ces auteurs enseignent que la déduction doit se calculer sur le coût justifié au lieu des réparations.

1143. — Jugé en ce sens que la différence entre le neuf et le vieux doit être calculée, non sur le coût réel des réparations au lieu où elles ont été faites, mais sur le coût qu'elles auraient occasionné si elles avaient été faites au port d'armement. — Mais la dérogation à cette dernière règle est suffisamment exprimée par une clause portant *qu'en cas d'avaries, il sera déduit au profit des assu-*

reurs un tiers de rabais sur le coût justifié. — *Aix*, 28 juin 1831, Maye c. Assureurs de Paris.

1144. — S'il est d'usage, dans les réglemens d'avaries, de prélever le tiers pour compenser la différence du neuf au vieux sur les objets remplacés, cette déduction doit se borner aux objets isolés et qui sont intégralement remplacés, tels, par exemple, qu'un câble, une voile, qui, étant entièrement perdus, sont remplacés par une voile ou un câble neuf. — *Trib. comm. de Marseille*, 17 juin 1825, Fabron c. assureurs (Jugement rapporté par Dageville, t. 4, p. 16).

1145. — Lorsque les avaries consistent dans un dommage matériel éprouvé par des marchandises, pour établir le réglement de ces avaries, « on compare le produit brut de la vente ou de l'estimation faite en état d'avarie au produit brut que les marchandises auraient fourni dans leur état sain, au même lieu et à la même époque ; la différence qui en résulte constitue la perte de l'assuré, et cette perte est supportée par l'assureur dans la même proportion sur le capital assuré. » — Delaborde, p. 234 ; Alauzet, t. 2, p. 151.

1146. — Les frais extraordinaires occasionnés par la vente publique des marchandises avariées doivent, comme conséquence du dommage que l'assureur est obligé de réparer, demeurer à sa charge. — Delaborde, p. 280.

1147. — En cas d'assurance portant sur la totalité des marchandises, l'arrêt qui, pour régler le montant des avaries entre les assurés et les assureurs, a pris en considération la valeur que la marchandise aurait eue au moment de l'arrivée du navire, si la marchandise eût été saine, et les frais de vente publique, a pu, dans son réglement, et sans violer les art. 397 et 403, C. comm., mettre à la charge des assureurs, soit la totalité des avaries sans déduction aucune, résultant du découvert ou de la valeur de la marchandise excédant l'assurance, soit la totalité des frais judiciaires occasionnés par l'estimation des avaries. — *Cass.*, 21 avr. 1830, Béranger c. Olive.

1148. — Il en est de même des frais de l'expertise qui a eu pour but de déterminer quel aurait été le produit de la vente des marchandises en état sain. — Delaborde, p. 280.

1149. — Mais ces frais, soit de vente, soit d'expertise, ne doivent pas entrer dans le calcul de la perte ; ils doivent être remboursés à l'assuré séparément. — Delaborde, p. 280.

1150. — Si l'assuré fait vendre simultanément la partie avariée et la partie saine de ses marchandises, l'assureur ne doit lui tenir compte que de la portion de frais relative seulement à la vente de la partie avariée. — Delaborde, p. 284.

1151. — De même, si la vente se fait dans le lieu du domicile de l'assuré, il est d'usage de ne point mettre à la charge de l'assureur le droit de courtage du fonctionnaire qui a procédé à la vente, parce que ce droit eût été, en tout état de choses, supporté par l'assuré. — Delaborde, p. 285.

1152. — Lorsque le montant de l'avarie est inférieur à celui de la franchise, l'assureur n'est pas tenu de rembourser à l'assuré les frais de vente et d'expertise, puisque les frais sont réputés n'être que la conséquence du dommage matériel et que, dans l'espèce, le dommage est considéré comme n'existant pas. — Delaborde, p. 335.

1153. — Dans le cas où une franchise a été stipulée, et où le réglement des avaries doit s'opérer par séries, d'après la convention des parties, la masse des frais de vente et d'expertise faits pour l'ensemble des marchandises doit être subdivisée, autant que possible, d'une manière égale entre les séries, et, dans chaque série, la quotité proportionnelle de frais ne sera remboursée par l'assureur que lorsqu'il sera tenu d'indemniser l'assuré de l'avarie dont cette série aura été atteinte. — Delaborde, p. 386.

1154. — Lorsque des marchandises de diverses natures sont assurées par la même police, le réglement des avaries doit se faire sur chaque nature de marchandises, en particulier, abstraction faite des autres. — Delaborde, p. 285.

1155. — Le même mode d'opérer doit être suivi, lorsque les marchandises assurées portent des marques différentes, quoique ces marchandises soient comprises dans le même connaissement. — Delaborde, p. 288.

1156. — Lorsqu'il y a une diminution de poids dans les marchandises assurées, et que l'assuré prouve que cette diminution provient d'un accident quelconque de la navigation, l'assureur est alors responsable de cette perte de poids, qui constitue une véritable avarie. — Delaborde, p. 290.

1157. — L'absence de procès-verbal d'arrimage ne peut être opposée aux assurés et au capitaine que dans le cas où il n'est pas justifié des véritables causes qui ont déterminé les pertes et dé-

tériorations des marchandises. — *Rouen*, 20 janv. 1840 (t. 1er 1840, p. 456), Syndics Motelay c. Levavasseur et Elie Lefebvre.

1158. — L'absence du procès-verbal d'arrimage ne rend pas nécessairement le capitaine responsable des avaries. Celui-ci est admis à faire la preuve de tous faits tendant à sa décharge. — *Rouen*, 30 janv. 1843 (t. 1er 1843, p. 654), Compagnie l'Alliance c. Lemaître et Dorey.

1159. — Lorsque l'assortiment des marchandises assurées est détruit par l'effet de l'avarie, l'assureur n'est responsable de la dépréciation qui en résulte qu'autant que le texte de la police, ou toute autre déclaration écrite émanée de lui, établissent qu'il a entendu se soumettre à un pareil risque. — Delaborde, p. 392.

1160. — Avant de faire vendre les marchandises avariées, l'assuré, ou son représentant au lieu de la destination, doivent prendre, dans le plus bref délai, toutes les mesures possibles pour opérer le bénéficiement de ces marchandises; néanmoins ils ne seraient responsables que d'une incurie manifeste et prolongée. — Delaborde, p. 301.

1161. — Lorsque, par suite d'un événement dont l'assurance est responsable, on a été forcé de vendre les marchandises avariées dans un port intermédiaire, on doit prendre pour base du calcul de la perte et de celui de l'indemnité, la valeur de ces marchandises constatée au lieu de destination du navire et au temps où il eût dû y arriver. — Dubernad, *Comment. sur le traité des indemnités en matière d'assurances maritimes, par W. Benecke*, t. 2, p. 559. — V. *contrà* Delaborde, p. 342. — Il trouve cette règle trop absolue, et veut que les circonstances seules servent de guide.

1162. — L'assureur ne peut demander des dommages-intérêts fondés sur ses frais de déplacement et la conservation en caisse de capitaux qui seraient restés sans fruit. — *Rennes*, 26 juill. 1819, Luzet c. N........

1163. — Le paiement de la prime d'assurances faite par l'assuré postérieurement au jugement qui a rejeté son action en règlement d'avaries, ne constitue pas un acquiescement s'il n'a pas été fait en exécution du jugement. — *Bordeaux*, 7 mai 1839 (t. 2 1839, p. 287), Fabre c. Assurances maritimes.

1164. — L'assureur qui a réglé compte avec l'assuré et lui a payé la somme assurée, sous déduction d'un ristourne convenu, est présumé avoir reçu de l'assuré tous les renseignements et toutes les justifications nécessaires sur l'aliment de l'assurance. L'assureur ne peut, en pareil cas, sans signaler une erreur matérielle ou une surprise dans le compte réglé et suivi de paiement, faire ou demander un nouveau compte et exiger un ristourne plus élevé. — *Aix*, 27 juill. 1825, Blanc c. Comp. royale et Comp. d'assur. génér. de Paris. — Dageville, t. 3, p. 309.

1165. — Le consignataire d'une marchandise qui, après l'avoir reçue, l'a fait jauger et l'a mise dans son magasin, hors la présence du capitaine, n'est pas recevable à exercer un recours contre celui-ci à raison du déficit prétendu existant sur cette marchandise. — *Trib. comm. de Marseille*, 20 août 1828 (*J. de Marseille*).

CHAPITRE VII. — *Prescriptions et fins de non recevoir.*

1166. — Toute action dérivant d'une police d'assurance est prescrite après cinq ans à compter de la date du contrat (C. comm., art. 432), à moins qu'il n'y ait cédule, obligation, arrêté de compte ou interpellation judiciaire (C. comm., art. 434).

1167. — Sous l'empire de l'ord. de 1681, l'action en paiement d'avaries était soumise à la même prescription que l'action en délaissement. — Cette prescription commençait à courir à compter du jour de la nouvelle du sinistre, et non pas seulement à partir du règlement d'avaries. — *Cass.*, 26 juin 1810, Sarrans et Buzille c. Assureurs de Dunkerque.

1168. — La remise d'un compte courant non arrêté au créancier par le débiteur n'a pas pour effet d'empêcher la prescription, non plus qu'un paiement partiel fait par le débiteur. — *Gand*, 2 juin 1836, De Bal c. Maass.

1169. — L'art. 432, C. comm., est général et s'applique à toute action qui dérive du contrat d'assurance. Dès-lors, le commissionnaire qui a fait faire l'assurance peut, alors que sa bonne foi est reconnue, s'en prévaloir pour repousser l'action dirigée personnellement contre lui par les assureurs, après plus de cinq années, en répétition des sommes payées pour le montant de l'assurance, et cela encore bien que cette action repose sur le dol et la fraude dont l'assuré commettant se serait rendu coupable. — *Bordeaux*, 5 août 1840 (t. 2 1840, p. 722), Assureurs c. Foussat.

1170. — L'assureur est recevable à exercer l'action en répétition après avoir payé la perte, si le paiement est le fruit d'une erreur. — *Aix*, 14 janv. 1826, Parrot c. R....

1171. — La prescription de l'action en délaissement n'entraîne pas nécessairement celle de l'action en paiement de l'indemnité, en raison des sinistres, ouverte à l'assuré par l'art. 350, C. comm. Ces deux actions sont distinctes. — *Rouen*, 10 mars 1826, Anrès c. divers Assureurs. — V. conf. Dageville, t. 4, p. 192.

1172. — Toutes actions contre les assureurs, pour dommages arrivés à la marchandise, sont non-recevables si elle a été reçue sans protestation (C. comm., art. 435). — Toute protestation est nulle si elle n'est faite et signifiée dans les vingt-quatre heures, et si, dans le mois de sa date, elle n'est suivie d'une demande en justice. — C. comm., art. 436.

1173. — Si l'avarie est cachée et n'a pu être aperçue de suite, Valin (sur l'art. 6, ord. 1681, tit. *Des prescriptions*) pense que les tribunaux peuvent admettre la protestation tardive. Il cite une sentence de l'amirauté de Marseille qui l'a décidé ainsi les 10-15 déc. 1750.

1174. — Le délai de vingt-quatre heures accordé à l'assuré pour signifier ses protestations est suspendu, lorsqu'il tombe un dimanche ou tout autre jour férié. — Dageville, t. 4, p. 224; Boulay-Paty, t. 4, p. 609.

1175. — Le délai de vingt-quatre heures dans lequel cette protestation doit être faite, aux termes de l'art. 436, même Code, ne court du jour de la réception de la marchandise que lorsque, par cette réception, les réclamateurs ont été mis dans la possibilité d'acquérir la connaissance des avaries. — Ainsi la mise à quai en présence du réclamateur, constituant, dans les cas ordinaires, de la part de ce dernier, une réception, en ce sens que la marchandise est dès-lors à ses risques et périls, ne peut cependant faire courir le délai de la protestation, si le réclamateur n'a pu connaître les avaries que par l'ouverture des colis en douane. — La loi laisse aux tribunaux la faculté d'apprécier, suivant les circonstances, le moment où le réclamateur est, quant au délai ci-dessus, réputé avoir reçu la marchandise. — *Rouen*, 30 janv. 1843 (t. 1er 1843, p. 654), Comp. l'Alliance c. Lemaître et Dorey.

1176. — La fin de non-recevoir établie en faveur des assureurs par l'art. 436, C. comm., contre l'action de l'assuré, à raison des avaries éprouvées par la marchandise assurée, n'est pas applicable dans le cas où l'assuré n'a point pris livraison réelle de la marchandise. — *Cass.*, 21 avr. 1830, Franjon et Leydet c. Assureurs.

1177. — L'action d'avarie n'est pas éteinte dans le cas où l'armateur ou le capitaine ont, sans aucune protestation, livré les marchandises chargées et reçu le fret convenu, quoique l'affréteur, passager à bord du vaisseau, ait été témoin du sinistre survenu dans la traversée et du jet à la mer nécessité par ce sinistre, et qu'il ait signé non seulement le journal de route, mais encore la déclaration d'avarie faite dans le port du désarmement au greffe du tribunal de commerce. — *Bordeaux*, 24 avr. 1816, Dieudonné Nanhert c. Carrié.

1178. — L'excédant de l'estimation des avaries au lieu de reste sur le montant de l'assurance, ne constitue pas pour l'assuré un découvert qui l'oblige à supporter sa part contributive des avaries, s'il est constant que l'assurance porte sur la totalité de la marchandise. — *Cass.*, 21 avr. 1830, Franjon et Leydet c. Assureurs.

1179. — L'art. 435, C. comm., qui déclare non-recevables toutes actions à défaut de protestation de la part du capitaine, ne peut être invoqué que par les assureurs sur facultés, et non par les assureurs sur corps. — *Bordeaux*, 7 mai 1829 (t. 2 1839, p. 287), Fabre c. Assurances maritimes.

1180. — Si des propositions d'accommodement avaient eu lieu entre les parties, et qu'en conséquence aucune protestation n'eût été faite dans les vingt-quatre heures, la fin de non-recevoir ne serait point acquise. Mais la preuve de ces pourparlers devrait être justifiée par écrit ou par l'aveu des parties; sans cela, la preuve testimoniale ne serait point admissible. — Valin, sur l'art. 8, ord. 1681, tit. *Des prescript.*; Boulay-Paty, t. 4, p. 608.

1181. — La nullité provenant de ce que la protestation n'a point été faite dans le délai voulu peut être couverte par les pourparlers qui ont eu lieu depuis entre les parties. — Ces pourparlers peuvent également rendre irrecevable la fin de non-recevoir tirée de ce que la protestation et sa signification n'ont pas été suivies, dans le mois de leur date, d'une demande en justice. — *Rouen*, 30 janv. 1843 (t. 1er 1843, p. 654), comp. l'Alliance c. Lemaître et Dorey.

1182. — Lorsque les parties ont nommé amiablement des experts pour régler les avaries, les assureurs ne doivent plus être admis à se prévaloir du défaut d'accomplissement des formalités prescrites par l'art. 436. — Dageville, t. 4, p. 222.

1183. — Les assureurs qui, après avoir été avertis par les lettres des assurés d'avaries survenues aux marchandises (dont ceux-ci n'ont d'ailleurs pas pris livraison), ont consenti à ce que l'appréciation des avaries à leur charge fût faite judiciairement, ne sont pas fondés à opposer aux assurés la fin de non-recevoir tirée de ce que ceux-ci n'ont pas formé, dans le mois de leur réclamation, une demande en justice. — *Cass.*, 21 avr. 1830, Béranger c. Olive.

1184. — Les art. 435 et 436, C. comm., qui déclarent non-recevables toutes actions contre le capitaine et les assureurs pour dommage arrivé à la marchandise, si elle a été reçue sans protestation, ou si la protestation n'a point été suivie dans le mois d'une demande en justice, ne sont pas applicables au cas où le dommage a été judiciairement constaté avant la réception de la marchandise, et alors surtout qu'il n'en a pas été pris livraison réelle. — *Paris*, 4 juill. 1828, Assureurs de Paris c. Radiguet.

1185. — Un rapport d'experts constatant les avaries peut être considéré comme une protestation suffisante, dans le cas des art. 435 et 436, C. comm., sauf l'obligation de le faire signifier dans les vingt-quatre heures. — *Cass.*, 12 janv. 1825, Salavy c. Comp. comm. d'assurance.

1186. — La requête tendant à faire nommer des experts chargés de constater les avaries peut être considérée comme une protestation suffisante dans le sens de l'art. 435, C. comm. — *Rouen*, 30 janv. 1843 (t. 1er 1843, p. 654), comp. l'Alliance c. Lemaître et Dorey.

1187. — L'assuré qui, à l'époque de l'arrivée et avant la réception de sa marchandise, a fait constater par expert le déficit ou coulage extraordinaire qu'elle a éprouvé pendant le voyage et auquel les assureurs ont refusé de payer ce déficit, faute de représentation du consulat ou rapport de navigation qu'une clause de la police l'obligeait à produire, n'est pas non-recevable dans l'action qu'il dirige, ensuite de ce refus, contre le capitaine ou l'armateur, pour ne l'avoir pas intentée conformément à ce qui est prescrit par les art. 435 et 436, C. comm. — La prescription d'un mois dont parle l'art. 436 ne court, dans ce cas, que du jour du refus des assureurs. — *Aix*, 7 mai 1821, Treillet c. Richard.

1188. — Les art. 435 et 436, C. comm., ne doivent s'entendre que d'une demande qui a pour objet d'obtenir le paiement de la somme à laquelle peut s'évaluer le dommage occasionné par les mêmes avaries, et non d'une demande formée devant le tribunal de commerce tendant à faire nommer des experts pour évaluer ces avaries. — *Cass.*, 7 nov. 1822, Sorbé-Leleu c. Leleu.

1189. — Dageville (t. 4, p. 226 et suiv.) combat vivement cette décision, qu'il prétend contraire à l'ancienne jurisprudence attestée par Valin et Émérigon; suivant lui, les auteurs du Code, comme ceux de l'ordonnance, n'ont entendu par ces mots: *demande en justice*, qu'une demande faite au lieu de décharge, pour obtenir du magistrat compétent la nomination des experts et la vérification des marchandises.

1190. — La déchéance prononcée par les art. 435 et 436, C. comm., en faveur des assureurs, pour dommage arrivé à la marchandise, a lieu, soit qu'il s'agisse d'avaries communes, soit qu'il s'agisse d'avaries particulières. — Dès-lors, le défaut de protestations et significations prescrites par ces articles, tant de la part du capitaine que de celle des consignataires de la cargaison, les rend non-recevables, à l'égard des assureurs, à demander un règlement d'avaries communes, quoique le capitaine ait fait un consulat dans lequel sont relatés tous les dommages soufferts pour le salut commun. — *Aix*, 29 (et non 21) nov. 1830, Rivière c. Assureurs.

1191. — Le capitaine ne peut se prévaloir de la fin de non-recevoir pour défaut de protestation à raison du dommage arrivé à la marchandise, lorsqu'il a lui-même fait à l'autorité compétente le rapport de l'événement qui a causé ce dommage, et lorsque d'ailleurs il a été assigné par l'assureur, dans les vingt-quatre heures qui ont suivi la livraison qu'il prétend avoir faite au consignataire

de la marchandise assurée. —*Poitiers*, 24 juin 1624, Levavasseur c. Glicot et Chaineau.

1192.—La fin de non-recevoir établie en faveur des assureurs par les art. 435 et 436, C. comm., contre l'action de l'assuré pour dommages arrivés à la marchandise, est applicable, même dans le cas où l'assuré fait abandon.—*Cass.*, 12 janv. 1825, Salavy c. Assureurs; *Bordeaux*, 27 janv. 1829, Santos c. Assureurs.

1193. — En tous cas, dût-on regarder comme protestation suffisante la requête présentée au consul en nomination d'experts, cette requête serait sans effet, si elle n'a pas été signifiée au capitaine ou au consignataire. — *Bordeaux*, même arrêt.

1194. — La protestation ne doit être signifiée au capitaine qu'autant qu'il peut être déclaré responsable des avaries. —*Rouen*, 30 janv. 1843, (t. 1er 1843, p. 654), comp. l'Alliance c. Lamaitre et Dorcy.

1195. — Lorsque la protestation exigée par l'art. 435 C. comm. n'a point été signifiée dans les vingt-quatre heures, conformément à l'art. 436 du même Code, le réclamateur ne peut, pour échapper à la nullité résultant de ce défaut de signification, prétendre qu'il ignorait au moment de l'arrivée du navire l'existence de l'assurance, et les noms et demeure des assureurs, le propriétaire de la marchandise, qu'il représente, n'ayant pas dû la lui expédier sans lui donner les moyens de faire tous les actes nécessaires à la conservation de ses droits. — *Rouen*, 8 fév. 1843 (t. 1er 1843, p. 659), Gauthier-Mager c. comp. l'Ordonnaise et l'Indemnité.

1196. — Les règles tracées par les art. 435 et 436 sont applicables aux marchandises reçues à l'étranger comme à celles qui sont reçues en France, que les marchandises soient déposées dans les magasins du consignataire ou dans ceux des douanes. — Dageville, t. 4, p. 221.

1197. — Ces mêmes règles ne sont applicables, bien que la marchandise ait été reçue en pays étranger par le consignataire de l'assuré, que si le contrat a été passé en France. —*Cass*, 12 janv. 1825, Salavy c. Comp. d'Assurances.

1198.—Lorsque la protestation est faite en pays étranger, il n'est satisfait au vœu de l'art. 436, C. comm., qui exige qu'elle soit signifiée dans les vingt-quatre heures, par la dénonciation qui en est faite aux assureurs dans un délai augmenté à raison des distances, conformément à l'art. 73, C. procéd. civ.—*Rouen*, 30 janv. 1843 (t. 1er 1843, p. 654); comp. l'Alliance c. Lemaître et Dorcy.

1199.— Les assureurs de la marchandise peuvent, de leur chef, aussi bien que l'affréteur lui-même, invoquer l'exception résultant de l'art. 435 C. comm. — Et ce droit existe en leur faveur alors même que l'affréteur, par des accords faits avec le capitaine, se serait rendu non-recevable à invoquer la même exception; ces accords ne peuvent être opposés aux assureurs qu'autant qu'ils y auraient participé ou adhéré. —*Aix*, 8 janv. 1836, sous *Cass.*, 10 fév. 1840 (t. 1er 1840, p. 600), Guérin c. Fournier et Ogereau.

1200.— Si la fin de non-recevoir établie par l'art. 435 n'était pas opposée en première instance, elle ne pourrait plus l'être en appel, elle est couverte par la défense au fond. —Dageville, t. 4, p. 223; Boulay-Paty, t. 4, p. 669.

1201.— Jugé au contraire que la fin de non-recevoir établie par l'art. 435, C. comm., peut être invoquée en cause d'appel, lors même qu'il n'en aurait pas été fait usage en première instance. —*Aix*, 4 janv. 1820, Mauria c. Salavy.

CHAPITRE VIII. — Compétence.

1202. — La juridiction compétente pour connaître des contestations relatives aux assurances maritimes est la juridiction commerciale, à moins que la police ne contienne la clause compromissoire autorisée par l'art. 332 C. comm. —Alauzet, t. 2, p. 294; Lemonnier, t. 1er, p. 41 et suiv.

1203. — Quelle que soit l'action dirigée contre les assureurs, c'est devant le tribunal de commerce qu'elle doit être portée, soit qu'il y ait eu délaissement ou action d'avarie. — Les art. 414 et suiv., C. comm., qui ont établi les règles d'une compétence spéciale en matière de contribution, ne sont pas applicables à l'action de l'assuré contre les assureurs. — Alauzet, t. 2, p. 294 et suiv.

1204. — Le tribunal du lieu du déchargement d'un navire, compétent aux termes de l'art. 414, C. comm., pour connaître du règlement et de la répartition des avaries communes entre les différens propriétaires du navire et des marchandises, n'est pas également compétent pour connaître entre les assureurs et les assurés de l'action en paiement des avaries particulières arrivées aux marchandises; à cet égard, l'action de l'assuré contre l'assureur est une action purement personnelle, qui doit être portée devant le tribunal du domicile de l'assureur.—*Aix*, 25 juill. 1826, Chicaillot c. Comp. d'assur. marit. de Bordeaux.

1205. — L'assureur actionné par l'assuré en règlement en paiement d'avaries simples doit être assigné devant le juge de son domicile, et non devant le tribunal du lieu du déchargement du navire. — *Rennes*, 9 fév. 1829, Autran-Bernon c. Quérangal.

1206.— L'action formée contre les assureurs des marchandises, à fin d'indemnité ou à fin de répartition entre eux de la part à supporter par chacun d'eux, en exécution du contrat d'assurance, peut être portée devant le tribunal du domicile des assureurs, et le règlement des avaries peut être fait par des experts nommés par contribunal. — *Cass.*, 16 fév. 1841 (t. 1er 1841, p. 534), Darin-Chaumel c. Bergès.

1207.— L'action d'avarie peut être portée devant le tribunal de commerce du lieu où le navire a désarmé et où le règlement d'avarie a été fait, quel que soit d'ailleurs le lieu du domicile des chargeurs contre lesquels elle est dirigée. —*Bordeaux*, 24 août 1816, Dieudonné Vanhert c. Garrié.

1208.— Un contrat passé entre l'administration de la guerre et un particulier qui s'engage à assurer contre les risques de la mer, moyennant une prime, les transports de bestiaux pour l'approvisionnement des troupes, ne rentre pas dans la classe des contrats d'assurance régis par le Code de commerce; ce n'est qu'un marché administratif. — En conséquence toutes contestations relatives à son exécution forment du tribunal administrative. —*Cons. d'état*, 11 avr. 1837, Garavini.

V. BARATERIE DE PATRON, ENREGISTREMENT, PREUVE TESTIMONIALE.

ASSURANCE SUR LA VIE.

Table alphabétique

ASSURANCE SUR LA VIE. — 1. — C'est en général toute assurance dans laquelle la chance de gain et de perte pour l'assureur dépend de la durée de la vie de l'assuré.

Sect. 1re. — Observations préliminaires.

2. — Les assurances sur la vie peuvent se diviser en assurances pour le cas de mort et en assurances pour le cas de vie:

3.—Considérée sous le premier point de vue, l'assurance est un contrat par lequel une personne s'engage, moyennant une prime convenue, à payer une somme déterminée dans le cas où l'assuré viendrait à mourir, soit dans un certain temps, soit dans de certaines circonstances prévues.

4.—Elle a pour objet de dédommager de la perte que doit occasionner la mort de celui dont la vie est assurée.

5.—Dans ce contrat, on appelle assuré la personne qui figure au contrat et qui en exécute les conditions, alors même qu'une autre est appelée à profiter de l'assurance.

6.—Considérée sous le second point de vue, l'assurance est un contrat par lequel une personne s'engage, moyennant une prime convenue, à payer, soit un capital, soit une rente annuelle jusqu'au décès de l'assuré.

7.—Cette assurance a pour but de préparer à l'assuré des ressources pour l'avenir s'il arrivait à vivre plus avancé.

8.— Il y a cette différence entre ces deux espèces d'assurances, que les assurances en cas de mort ne profitent nullement aux assurés, qui n'envisagent que le bien-être de leurs héritiers, tandis que les assurances en cas de vie ne profitent qu'à la personne même des assurés qui améliorent leur condition sans se préoccuper de leurs héritiers.

9.— Autrefois, on contestait la légalité des assurances sur la vie. L'ord. de 1681 sur la marine les prohibait expressément. On donnait pour raison que la vie n'était pas une chose ou une valeur appréciable, qu'elle n'était pas dans le commerce, et qu'il était odieux que la possibilité de la mort d'un individu pût être l'objet d'une spéculation. —Toullier, *Droit civ.*, t. 6, n° 182.

10.— Mais, en ce qui concerne l'assurance pour la vie, on répond avec raison que, si la vie d'un homme ne peut pas être vendue, et sous ce rapport n'est point susceptible d'estimation, il ne s'en suit pas que l'on ne puisse estimer le tort que fait la mort d'une personne. — Pardessus, *Droit comm.*, n° 589; De Juvigny, *Coup d'œil sur les ass. sur la vie des hommes*; Goujet et Merger, *Dict. de dr. comm.*, v° *Assurance sur la vie*, n° 6.

11.— Ainsi, dans l'assurance sur la vie, la somme promise n'est pas le prix de la vie: elle est seulement l'indemnité du préjudice causé par suite du décès d'un individu.—Quesnault, *Traité des assur.*, n° 8.

12.— Quant aux assurances pour le cas de vie, on répond qu'elles n'ont, à plus forte raison, rien de contraire à la morale, puisqu'elles sont destinées à procurer à l'assuré une ressource pour ses vieux jours.

13.— Tout le système des assurances sur la vie a pour base l'application du calcul des probabilités à la durée de la vie humaine, au moyen de tables de mortalité, qui servent aussi à former les premier leurs tarifs d'assurances.— Grün et Joliat, n° 363; Quesnault, *Introduct.*

14.— Ce n'est que depuis quelques années que les assurances sur la vie ont commencé à se populariser en France et à acquérir la faveur dont elles jouissent depuis long-temps en Angleterre.

15.— En 1818, le Conseil d'état fut appelé à se prononcer sur la légalité du contrat d'assurance sur la vie. Il reconnut que ce genre de contrat pouvait être assimilé aux contrats aléatoires permis par le Code civil, qu'il était même très digne de protection que le contrat de rente viagère; puisqu'il portait le souscripteur à s'imposer des sacrifices annuels pour assurer aux objets de son affection une aisance dont la mort pourrait les priver.— Toutefois le Conseil d'état fut d'avis qu'en cas d'assurance sur la vie d'un tiers, on devait exiger le consentement de la personne dont la vie était assurée.

16.— La légalité des assurances sur la vie ne nous paraît donc plus susceptible aujourd'hui d'une controverse sérieuse.— Grün et Joliat, n° 307; Persil, n° 265; Thémis, t. 5, p. 339. —V. contra Boulay-Paty; Alauzet, t. 2, p. 455 et suiv.

17.— Aussi, plusieurs autorisations ont été accordées par le gouvernement pour l'établissement de sociétés anonymes d'assurances sur la vie.

18.— Il serait sans intérêt d'énumérer ici les diverses sociétés qui ont été jusqu'à ce jour autorisées à faire ces sortes d'opérations; disons seulement qu'elles ont été astreintes à constituer, pour leurs opérations d'assurances sur la vie, un capital spécial et distinct de celui qui leur sert pour leurs autres opérations d'assurances.

19.— Les compagnies d'assurances sur la vie doivent être considérées comme des sociétés commerciales; par conséquent, il faut leur appliquer pour la juridiction et la compétence les règles qui sont éta-

bles pour les assurances terrestres. — Grün et Joliat, nº 419; Alauzet, t. 2, p. 496.

20. — Indépendamment des assurances sur la vie dont nous venons de parler, et dans lesquelles l'assureur et l'assuré sont des personnes différentes, il en est d'autres où les contractans sont tout à la fois assureurs et assurés, les uns par rapport aux autres. Ce sont les assurances mutuelles.

21. — Une ordonnance royale du 12 juill. 1820 autorise la société anonyme dite *Société d'assurance mutuelle sur la vie.*

22. — Une autre ord. du 12 mars 1842 autorise la société anonyme la *Concorde* pour la formation et la gestion de sociétés mutuelles d'assurances sur la vie.

23. — Nous diviserons donc les assurances sur la vie en assurances à primes et en assurances mutuelles.

Sect. 2e. — *Assurance à prime sur la vie.*

24. — Les assurances à prime sur la vie se distinguent, comme on l'a vu, en assurances en cas de mort et en assurances en cas de vie.

§ 1er. — *Assurance en cas de mort.*

25. — L'assurance en cas de mort se divise en : 1º assurance pour la vie entière, ou assurance viagère; — 2º assurance temporaire; — 3º et assurance de survie.

26. — L'assurance pour la vie entière ou l'assurance viagère est celle par laquelle l'assureur s'engage à payer lors du décès de l'assuré, à quelque époque qu'il ait lieu, un capital déterminé.

27. — L'assurance temporaire est celle par laquelle l'assureur s'engage à payer une somme au décès de l'assuré, si ce décès a lieu dans un intervalle déterminé.

28. — L'assurance de survie est celle par laquelle l'assureur s'engage à payer un capital ou à servir une rente à une personne désignée par l'assuré, mais seulement dans le cas où cette personne survivrait à l'assuré.

29. — On sent aisément que, dans ces diverses assurances, les primes à payer par l'assuré varient en raison des âges des personnes et de l'étendue présumable des obligations que l'assureur aura à remplir.

30. — Les assurances sur la vie sont soumises aux mêmes règles que les autres assurances, sauf les modifications qui résultent de la nature particulière du contrat. — Persil, nº 266; Alauzet, t. 2, p. 479.

31. — Ainsi, la mort de la personne sur la tête de laquelle repose l'assurance ne devant jamais être pour l'assuré la source d'un bénéfice, on ne peut faire, à son profit, assurer la vie d'un tiers que si l'on a intérêt à la conservation de son existence. — Persil, nº 268; Alauzet, t. 2, p. 480; Grün et Joliat, p. 421.

32. — Un simple intérêt d'affection peut suffire : lorsque, par exemple, un parent ou un ami assure une somme sur la tête de son parent ou de son ami, au profit des enfans ou héritiers de celui-ci ou d'une autre personne. — Grün et Joliat, p. 422.

33. — Il n'est pas nécessaire pour la validité d'un contrat d'assurance sur la vie d'un tiers que la personne qui doit, en cas de décès de ce tiers, recevoir une somme d'argent, justifie d'un intérêt à la conservation de la vie de ce tiers. — *Limoges*, 1er déc. 1836 (t. 1er 1837, p. 484), Comp. royale d'assur. c. Cramouzaud et Navarre.

34. — Nous avons vu (*suprà* nº 13) que, dans ce cas, le Conseil d'état exigeait le consentement de la personne dont la vie était assurée. — Lorsqu'on assure sur la vie d'un enfant ou d'une personne inhabile à contracter, le consentement doit être donné par les père et mère, par le tuteur ou le curateur, ou bien par le mari s'il s'agit d'une femme mariée (Comp. royale, art. 8). — Certaines compagnies se contentent du consentement personnel des mineurs et des femmes mariées (Grün et Joliat, p. 424). — Si c'est un père ou une mère qui assure sur la vie et au profit de ses enfans, le consentement de ceux-ci se présume. — Pardessus, t. 2, nº 589; Grün et Joliat, *loc. cit.*

35. — Lorsqu'il s'agit d'une assurance faite par un créancier sur la vie de son débiteur, il semble difficile de justifier une disposition qui le laisse à la merci d'un consentement que rien n'oblige le débiteur à donner. — Alauzet, t. 2, p. 481

36. — En tout cas, le créancier ne peut profiter de l'assurance que jusqu'à concurrence de ce qui lui est dû au moment du décès du débiteur, et pour que son assurance soit valable, il faut que la dette ait une cause licite et honnête. — Grün et Joliat, p. 423; Alauzet, t. 2, p. 484; Quesnault, p. 402.

37. — Celui qui a fait assurer sur sa propre vie peut transférer le bénéfice de l'assurance à un tiers, pourvu que celui-ci ait intérêt à la conservation de l'existence de l'assuré. La transmission s'opère ordinairement par un simple endossement sur la police. — Grün et Joliat, p. 425.

38. — De ce que le tiers sur la vie duquel repose l'assurance n'a pas, ainsi que l'exigeaient, non la police, mais les statuts de la compagnie d'assurance, consenti au transport de cette assurance à une tierce personne, il n'en résulte pas que soit le transport, soit le contrat d'assurance lui-même, soit frappé de nullité. — L'assureur ne peut refuser le paiement du montant de l'assurance lorsque le cédant reconnaît ce transfert et consent à ce que la somme soit payée au cessionnaire. — *Limoges*, 1er déc. 1836 (t. 1er 1837, p. 484), Comp. royale d'assur. c. Cramouzaud et Navarre.

39. — L'assurance faite sur la vie d'une personne qui aurait cessé d'exister serait nulle. Car, pour qu'il y ait assurance, il faut qu'il y ait un risque actuel. — Quesnault, nº 22; Grün et Joliat, nº 384.

40. — L'assureur n'est pas responsable des risques que l'assuré peut courir par sa faute; par conséquent, ses obligations cessent si l'assuré vient à périr par suite de duel, de suicide ou d'exécution judiciaire. Tous les statuts des compagnies contiennent des stipulations expresses à cet égard. — Grün et Joliat, p. 428; Alauzet, t. 2, p. 492. — V. *contrà* Persil, nº 271.

41. — Mais, s'il s'agit d'une assurance faite sur la vie d'un tiers, la faute de celui sur la tête duquel repose l'assurance ne peut être opposée à l'assuré. — Pardessus, t. 2, nº 591; Grün et Joliat, p. 428; Alauzet, t. 2, p. 492. — V. *contrà* Persil, nº 273.

42. — Si l'assurance embrasse la vie entière, le risque dure jusqu'au jour du décès de celui dont la vie fait l'objet de l'assurance. — Grün et Joliat, p. 433; Persil, nº 276.

43. — A défaut de stipulation contraire, les risques commencent à courir pour l'assureur à partir du jour de la signature de la police. — Grün et Joliat, p. 433; Persil, nº 276.

44. — Si l'assurance a été contractée pour un temps limité, et que dans l'intervalle l'événement prévu ne se soit pas accompli, elle prend fin par l'expiration du terme. — Grün et Joliat, nº 417; Alauzet, t. 2, p. 495; Quesnault, p. 390.

45. — Par conséquent, si l'assuré venait à mourir après le délai fixé, l'assureur ne serait plus responsable, quand bien même la mort proviendrait d'une blessure ou d'une maladie antérieure de quelques jours à l'expiration du terme. — Quesnault, p. 405; Grün et Joliat, p. 434; Persil, nº 278; Alauzet, t. 2, p. 488.

46. — Dans l'assurance différée, le risque cesse, si le décès arrive avant le moment prévu. — Persil, nº 276.

47. — Le contrat d'assurance sur la vie doit, comme tout autre contrat d'assurance, être rédigé par écrit.

48. — La police doit contenir le nom et la qualité de l'assuré; le nom, les prénoms, la profession, l'âge, la demeure et toutes les particularités relatives à la santé de la personne dont la vie doit servir d'aliment à l'assurance; la somme assurée, la prime et l'époque où commencent et finissent les risques. — Grün et Joliat, p. 436; Alauzet, t. 2, p. 489; Persil, nº 279.

49. — L'assuré doit faire connaître aux assureurs toutes les circonstances qui peuvent influer sur les risques qu'ils courent. Toute fausse déclaration à cet égard, même sans fraude, entraînerait la nullité du contrat, si elle était de nature à influer sur l'opinion du risque. — Grün et Joliat, p. 438; Persil, nº 269; Alauzet, t. 2, p. 490.

50. — Il en serait de même de toutes les omissions ou réticences qui seraient susceptibles de diminuer l'opinion du risque. — Grün et Joliat, p. 440; Alauzet *loc. cit.*

51. — Par conséquent, celui qui fait assurer sur sa propre vie, ou qui fait assurer sur la vie d'un tiers, doit déclarer son âge et son état de santé, ou l'âge et l'état de santé du tiers assuré. — Grün et Joliat, p. 441; Quesnault, p. 392.

52. — Si, depuis la signature de la police, il survient de nouveaux faits qui augmentent les risques et qui ne soient pas prévus dans la police; si, par exemple, l'assuré est obligé d'entreprendre un voyage sur mer ou d'entrer au service militaire, il doit en faire la déclaration aux assureurs; — ceux-ci peuvent alors demander la résiliation du contrat, à moins qu'il ne soit modifié d'un commun accord. — Persil, nº 275; Grün et Joliat, p. 442; Alauzet, t. 2, p. 490.

53. — Enfin, l'assuré doit payer la prime aux époques déterminées, à moins qu'elle ne consiste dans une somme unique, versée ordinairement en souscrivant la police.

54. — Les compagnies sont dans l'usage d'accorder un délai de grace de trente jours pour le paiement de la prime; après ce délai, elles laissent encore à l'assuré pendant deux mois la faculté de faire revivre sa police moyennant une certaine somme, si sa santé n'est pas altérée; mais, faute par lui d'user de cette faculté, il est déchu définitivement de tous ses droits. — Grün et Joliat, p. 443.

55. — La déchéance d'une assurance sur la vie, pour non paiement des primes dans les délais fixés par la police, ne peut être opposée par l'assureur lorsqu'il a reçu les primes après ce terme, et qu'il en a donné une quittance portant la date de déchéance. — *Limoges*, 1er déc. 1836 (t. 1er 1837, p. 484), comp. royale d'Assurances c. Cramouzaud et Navarre.

56. — Quant à l'assureur, la seule obligation qu'il ait à remplir consiste à payer à l'assuré ou à ses ayant-droit le capital ou les rentes stipulés, dans le cas où l'événement prévu s'est réalisé.

57. — Dans les assurances sur la vie, il n'y a jamais lieu à discussion sur le montant du dommage ou à règlement d'avarie comme dans les assurances terrestres et maritimes; le sinistre est toujours total. — Grün et Joliat, p. 448; Persil, nº 282; Quenault, p. 404; Alauzet, t. 2, p. 479.

58. — L'événement qui donne ouverture à l'obligation de l'assureur doit lui être notifié par la personne appelée à profiter de l'assurance. — Grün et Joliat, p. 445. — Les délais de cette notification sont ordinairement déterminés par les statuts.

59. — Quand c'est le décès qui donne lieu au paiement de la somme assurée, la justification doit en être faite conformément aux dispositions du Code civil. — Persil, nº 280; Grün et Joliat, p. 445; Alauzet, t. 2, p. 489; Quesnault, p. 185. — La déclaration d'absence ne suffirait pas (Grün et Joliat, p. 446; Alauzet, *loc. cit.*), à moins que l'absence n'eût continué pendant trente ans depuis l'envoi en possession provisoire, ou qu'il ne se fût écoulé cent ans depuis la naissance de l'absent. — Persil, nº 281. — Les juges pourraient aussi, selon les circonstances, admettre la preuve testimoniale et même des présomptions. — Grün et Joliat, Alauzet, *loc. cit.*

60. — En aucun cas, la mort civile ne pourrait être prise en considération; car c'est la mort naturelle qu'il s'agit de prouver. — Quesnault, p. 185; Alauzet, t. 2, p. 489.

61. — Les causes de nullité ou de résiliation sont les mêmes que dans les autres assurances. C'est ainsi que le contrat doit être annulé s'il manque d'une des conditions essentielles à sa validité, et qu'il doit être résilié si l'assuré a contrevenu aux obligations qui lui sont imposées par la nature de son engagement ou les clauses particulières de sa police. — Grün et Joliat, nº 415; Alauzet, t. 2, p. 495.

62. — Lorsque le contrat est annulé, parce qu'il manque d'une des conditions nécessaires à son existence, la prime doit être restituée; mais lorsqu'il est résilié par la faute de l'assuré, la prime est acquise à l'assureur, s'il a commencé à courir les risques. — Alauzet, t. 2, p. 490; Grün et Joliat, p. 444.

63. — Si l'assureur tombe en faillite, l'assuré a le droit d'exiger une caution ou la résiliation de l'assurance; en cas de faillite de l'assuré le même droit appartient à l'assureur, si l'assuré n'a pas payé la prime. — Grün et Joliat, nº 416; Alauzet, t. 2 p. 495.

64. — Quant à la prescription, si la police ne contient pas de déchéances particulières, il faut suivre les principes du Code civil. — Grün et Joliat, nº 421; Alauzet, t. 2, § 496.

§ 2. — *Assurance en cas de vie.*

65. — Le contrat d'assurance en cas de vie a lieu, comme nous l'avons vu, quand l'assuré stipule moyennant un capital une fois payé ou une prime annuelle, que tant que lui, ou le tiers dont la vie est assurée, vivront, ou que, s'ils vivent encore à une époque déterminée, l'assureur paiera à lui ou à ce tiers une somme ou une rente convenues. — Grün et Joliat, p. 410; Persil, nº 261.

66. — Cette espèce d'assurance comprend les rentes viagères proprement dites, constituées sur une ou plusieurs têtes (V. RENTE VIAGÈRE) et les rentes viagères ou annuités différées.

67. — Les rentes viagères ou annuités différées sont constituées de manière à ce que la jouissance n'en commence qu'après un certain nombre d'années.

68. — Les annuités différées constituent une opé-

ration légale. — Grün, *Journ. des assureurs*, t. 1er, p. 239. — *Contrà* Quesnault, *Introduct.*

69. — Les annuités différées peuvent être constituées aussi bien par le paiement des primes annuelles que par le versement d'un capital. Souvent même les versemens peuvent n'être pas réguliers.

70. — L'assurance en cas de vie n'est pas une assurance proprement dite, car elle tend à garantir un bénéfice plutôt qu'à indemniser d'une perte. — Quesnault, *Introduct.*

71. — Les assurances en cas de vie sont soumises aux règles que nous venons de tracer relativement aux assurances en cas de mort, sauf les modifications particulières qui résultent de la nature particulière du contrat.

Sect. 3e. — Assurance mutuelle sur la vie.

72. — Par suite de l'analogie qui existe entre ces opérations et celles des tontines (V. ce mot), la législation qui régit ces dernières est applicable aux compagnies d'assurances sur la vie; aucune société ne peut donc se former en ce genre sans l'autorisation du Conseil d'état, aux termes de l'avis du Conseil d'état, du 1er avril 1809.

73. — Cette combinaison, critiquée par M. Quesnault (n° 16), fut permise à la compagnie établie par arrêt du conseil du 27 juill. 1788, et figure parmi les combinaisons de la société autorisée par ordonnance du 12 juill. 1820. — Persil, n° 262.

74. — Les souscripteurs ont ordinairement le choix, ou de payer une prime annuelle, ou de verser, au moment de la souscription, un capital déterminé. Ces mises sont placées par l'agence, le plus habituellement en rentes sur l'état; et chaque année la masse commune se grossit des intérêts. — A l'époque déterminée par les statuts, et suivant la catégorie dans laquelle le souscripteur a voulu se ranger, il est procédé à une répartition générale du fonds commun, entre tous les souscripteurs survivans, au prorata de la mise de chacun.

75. — Enfin, un certain nombre d'individus peuvent former une masse commune d'une certaine somme, qui, payée en une seule fois ou par annuités, constitue la mise de chacun. La communauté est administrée par des agens qui perçoivent les mises et les placent à intérêt; et, à une époque déterminée, le capital et les intérêts ainsi accumulés sont répartis entre les sociétaires survivans, prélèvement fait des droits de gestion, au prorata de la mise de chacun d'eux.

76. — Dans ces dernières années, le gouvernement a autorisé plusieurs compagnies qui se livrent à ce genre d'opérations, qu'on appelle improprement : *Assurances sur la vie.*

77. — Les compagnies, fondées sur le principe de la mutualité, se divisent communément en:—Sociétés d'accroissement du revenu sans aliénation du capital; — Sociétés d'accroissement du capital sans aliénation du revenu; — Sociétés d'accroissement du revenu avec aliénation du capital; — Sociétés d'accroissement du capital avec aliénation totale ou partielle du revenu; — Sociétés de formation d'un capital par l'accumulation du revenu, sans aliénation du capital des mises, soit en cas de survie, soit en cas de mort.

78. — Le salaire de l'agence chargée de l'administration des diverses sociétés consiste en une commission prélevée sur chaque souscription, à titre de *frais de gestion.*

79: — Une association qui est fondée sur des chances de décès ou de survie, les individus associés présente les caractères d'une tontine, et ne peut conséquemment être créée sans l'autorisation préalable du gouvernement. — Néanmoins, les sommes versées pour frais de gestion ne peuvent être répétées par les souscripteurs, et ceux-ci ne sauraient être admis à réclamer la restitution de ces frais, fixés à forfait par les polices, qu'en établissant que le contrat d'assurance a été le résultat du dol et de la fraude, ou que les sommes versées n'ont pas reçu l'emploi auquel elles étaient destinées, ou bien encore que l'assureur n'a pas accompli son mandat autant qu'il pouvait l'être.—Paris, 30 nov. 1842 (t. 1er 1843, p. 342), Banque philanthropique c. Saussier-Bèque et Bernauda ; 26 janv. 1843 (t. 1er 1843, p. 343), Caisse mutuelle d'épargne c. Méry et Bernier; 11 fév. 1843 (t. 1er 1843, p. 244), Caisse mutuelle d'épargne c. Biot et autres; 28 fév. 1843 (t. 1er 1843, p. 344), Banque des écoles c. Madeleine.

80. — Dans ces sociétés, chaque assuré est à la fois sociétaire et assureur. Il y a lieu par conséquent de faire au contrat l'application des principes relatifs aux assurances et de ceux relatifs aux sociétés. -V. ASSURANCE TERRESTRE, SOCIÉTÉ.
— V. ANNUITÉ, ENREGISTREMENT.

ASSURANCE TERRESTRE.

Table alphabétique.

ASSURANCE TERRESTRE. — 1. — On désigne ainsi les assurances qui ont pour but de garantir contre les risques de terre.

2. — Les accidens étant infiniment variés, il peut y avoir lieu à une infinité d'espèces d'assurances.— La plus ancienne et la plus communément répandue est l'assurance contre l'incendie. C'est dans l'année 1684 que s'établit à Londres la première assurance des maisons. En France, l'assurance terrestre n'apparut qu'au dix-huitième siècle. Pothier (*Contr. d'assur.*, n° 3) nous apprend que des deux compagnies d'assureurs qu'il y avait à Paris, il en était une qui, ne se bornant pas aux dangers du feu, assurait aussi contre les dangers maritimes, assurait aussi contre les dangers du feu les propriétaires des maisons. Les statuts de cette compagnie, en date du 29 mars 1754, avaient été enregistrés au Châtelet. Plus tard deux compagnies d'assurances contre le feu furent établies par arrêt du conseil du 20 août et du 6 nov. 1786. — Mais, comme elles étaient privilégiées, elles ont été dissoutes en 1789, et ce ne fut que dans les années 1816 et 1817 que ces compagnies reprirent une véritable importance.

3. — Les fléaux qui détruisent les récoltes, les ravages de la grêle, les épizooties qui déciment les animaux domestiques, peuvent aussi donner lieu à des conventions d'assurances. Des compagnies se sont même récemment organisées pour garantir contre les accidens occasionnés par le feu et voiture.

4. — Les sociétés d'assurances terrestres ont adopté deux modes généraux d'assurance : l'assurance mutuelle et l'assurance à prime.

5. — L'assurance mutuelle consiste dans l'association que forment entre eux les propriétaires d'objets exposés aux mêmes risques, dans le but d'indemniser, à frais communs, ceux des associés qui subiraient quelque sinistre. Les membres de cette association se trouvent en même temps assureurs et assurés.

6. — L'assurance à prime est un contrat par lequel des assureurs (ordinairement réunis en société) se chargent, moyennant un prix déterminé à forfait, qu'on appelle prime, d'indemniser chaque assuré des pertes que lui font éprouver un sinistre prévu.

7. — En l'absence des dispositions législatives relatives aux assurances terrestres, on est obligé de recourir aux principes généraux du contrat d'assurance, ou aux dispositions du Code de comm., que l'équité et l'analogie permettent d'appliquer. Chaque espèce d'assurance est en outre soumise à des conditions et à des règles qui lui sont propres. C'est surtout en cette matière, où l'est érigé par aucun texte de loi, qu'il est vrai de dire que les conventions légalement formées sont la loi des parties.

8. — En matière d'assurances terrestres, et spécialement en matière d'assurances contre l'incendie, de même qu'en matière d'assurances maritimes, l'objet ne peut être que de garantir une perte et non d'assurer un bénéfice. —Paris, 15 fév. 1834, comp. du Soleil c. Bidard.

Sect. 1re. — Quelles choses peuvent être assurées.

9.—Il est de l'essence du contrat d'assurance, ainsi que nous l'avons déjà dit, qu'il y ait une ou

plusieurs choses soumises à des risques. Le contrat d'assurance suppose donc l'existence de la chose, qui en fait l'objet au moment où il est formé. — Ce principe, qui souffre une exception en matière d'assurance maritime par des motifs particuliers tirés des besoins et usages du commerce (V. ASSURANCE MARITIME, nº 640, et C. comm., art. 365), doit recevoir ici une rigoureuse application. Tout contrat d'assurance terrestre est donc nul, lorsque la chose que l'on soumet à l'assurance a cessé d'exister à l'époque du contrat. — Goujet et Merger, *Dict. du dr. comm.*, vº *Assurances terrestres*, nº 7.

10. — Toutes les choses qui peuvent être détruites ou endommagées par des accidens fortuits ou de force majeure peuvent être la matière d'un contrat d'assurance terrestre. — Ainsi l'on peut assurer des maisons, des objets mobiliers contre l'incendie, des récoltes contre la grêle, des animaux domestiques contre diverses chances de mortalité. — Les édifices publics rentrent également dans cette catégorie (Circ. min. 21 oct. 1826.) — E. Persil, *Tr. des ass. terr.*, p. 115; Boudousquié, p. 51; Grün et Joliat, *Tr. des ass.*, p. 163; Quesnault, *Tr. de l'ass. terr.*, p. 27.

11. — Cependant, dans l'usage, les compagnies d'assurances ont adopté quelques restrictions à cette faculté générale. — C'est ainsi qu'elles refusent d'assurer contre l'incendie les fabriques et dépôts de poudre à tirer, et qu'elles n'assurent jamais les salles de spectacle que jusqu'à concurrence d'une partie de leur valeur. Plusieurs même d'entre elles les excluent complètement de leurs polices. — E. Persil, p. 115; Boudousquié, p. 52; Grün et Joliat, p. 168.

12. — De ce que les statuts d'une compagnie d'assurance mutuelle, par exemple ceux de la société anonyme d'assurances mutuelles pour Paris, n'excluraient expressément de l'association que les salles de spectacle, il n'en résulte pas que les autres propriétés immobilières ne puissent en être exclues lorsqu'elles offrent des risques d'incendie. Ces statuts, d'ailleurs, ne peuvent fournir à aucun propriétaire le principe d'une action judiciaire, soit pour être admis dans l'association contre la volonté de la société, soit pour y entrer après en être sorti. — *Paris*, 15 juill. 1832, Thayer c. comp. d'Assurances.

13. — On excepte aussi communément dans les assurances d'objets mobiliers, les bijoux, les pierreries, l'or et l'argent monnayés, les titres, les valeurs au porteur, les objets rares et précieux, parce qu'en cas de sinistre, il serait trop facile à l'assuré de soustraire ces objets et d en supposer la perte, sans qu'il soit possible aux assureurs de contrôler les déclarations de l'assuré à cet égard. — E. Persil, p. 115; Boudousquié, p. 52; Grün et Joliat, p. 169.

14. — Mais si aucune exclusion ou exception ne se trouvait clairement mentionnée dans la police signée par l'assuré, la compagnie ne serait pas fondée à invoquer l'usage de toutes les compagnies de refuser telle assurance, pour se soustraire à certains risques. — E. Persil, p. 116. — Jugé en outre et d'après le même principe que l'assureur qui s'est transporté sur les lieux et qui a pris connaissance exacte et complète de l'objet sur lequel porte l'assurance ne peut opposer plus tard à l'assuré de bonne foi une délibération du conseil d'administration de sa compagnie prohibant l'assurance des objets de cette nature. — *Paris*, 1er août 1844 (t. 2 1844, p. 559), Compagnie la Prudence c. Merckel.

15. — On peut assurer contre l'incendie, non seulement les corps de bâtimens des fermes, mais encore tous les animaux qu'elles renferment, et les récoltes qui se trouvent dans les greniers. Dans l'usage, on n'assure les récoltes que pour trois ou six mois, et presque toujours pour une somme inférieure à leur valeur réelle. — E. Persil, p. 116; Boudousquié, p. 52; Grün et Joliat, p. 170.

16. — On peut aussi assurer les récoltes mises en meules. — E. Persil, p. 117; Grün et Joliat, p. 171.

17. — Les marchandises qui sont en route peuvent être assurées aussi bien que celles qui sont en magasin. Le risque est à la charge de l'assureur tant qu'elles ne sont pas rendues au lieu de destination, ou revenues dans les magasins du propriétaire, si le cas de retour a été prévu dans l'hypothèse où elles seraient invendues. — E. Persil, p. 117; Grün et Joliat, p 172.

18. — L'objet de l'assurance étant de se garantir contre une perte, il s'ensuit qu'on ne peut faire assurer une chose qui serait déjà en totalité couverte par une assurance précédente — Mais si cette chose n'a été assurée qu'en partie, on peut la faire assurer pour une autre partie ou pour le reste par un autre contrat. — La seule condition est que toutes les assurances réunies n'excèdent pas la valeur totale de la chose. — Pareillement, si la chose n'a été assurée que contre certains risques, on peut, par une nouvelle convention la faire assurer contre des risques d'une espèce différente. — Pardessus, t. 2, nº 589 5º; E. Persil, p. 120; Boudousquié, p. 71; Grün et Joliat, p. 178; Goujet et Merger, *Dict. du dr. comm.*, vº *Assurances terrestres*, nºs 13 et 14.

19. — La disposition de l'art. 359, C. comm., doit s'appliquer rigoureusement aux assurances terrestres comme aux assurances maritimes; elle est d'ordre public et tient à l'essence du contrat d'assurance. — C'est donc à tort que plusieurs compagnies y dérogent en stipulant dans leurs statuts: « Qu'après la déclaration de l'existence d'assurances antérieures, la compagnie ne contribue aux pertes que dans la proportion des sommes garanties par elle, comparativement au montant total des assurances, et à la valeur réelle, au moment de l'incendie, des objets assurés. » (Comp. d'ass. gén., art. 9 et 10; comp. Royale et comp. du Phénix). — Persil, p. 120. — V. *contrà* Grün et Joliat.

20. — La clause insérée dans une police d'assurance, qui interdit à l'assuré de faire assurer les mêmes objets par aucune autre compagnie est valable, et peut être considérée par les tribunaux comme une condition résolutoire, dont l'inexécution entraîne la résolution du premier contrat d'assurance. — *Cass.*, 27 août 1828, Phénix c. comp. de l'Aisne; 6 juill. 1829, Phénix c. comp. de l'Yonne; *Paris*, 2 juill. 1835, Assurances mut. de l'Aisne, etc., c. Ass. gén.; *Paris*, 12 juill. 1834, Ass. mut de l'Aisne c. Mortas; — Persil, nº 97; Rolland de Villargues, *Rép. not.*, vº *Assurances terrestres*, nº 25, 2e éd.. — Pardessus, nº 596, 5º; Goujet et Merger, *Dict. du dr. comm.*, vº *Assurances terrestres*, nºs 234 et 250.

21. — ... Surtout quand la convention avec la seconde compagnie a pour objet, non pas la garantie de la solvabilité de la première, mais une véritable réassurance, en mettant la nouvelle compagnie à la place des assurés. — *Paris*, 12 juill. 1834, Ass. mut. de l'Aisne c. Mortas.

22. — Lorsque les compagnies d'assurance n'interdisent pas à l'assuré la faculté de se faire assurer par une autre compagnie, elles peuvent lui imposer l'obligation de déclarer les assurances postérieures. — E. Persil, p. 126.

23. — S'il s'agit d'augmentations survenues à la chose assurée depuis le contrat, et qui, par conséquent, ne sont pas comprises dans l'assurance, l'assuré n'est obligé de déclarer les nouvelles polices par lui souscrites, qu'autant qu'il est impossible de distinguer parmi les choses assurées celles auxquelles s'applique telle ou telle police. — E. Persil, p. 126; Grün et Joliat, p. 85.

24. — Il n'est pas nécessaire que ce que l'on fait assurer soit dans le commerce. — La vie humaine peut elle-même être l'objet d'une assurance. — V. ASSURANCE SUR LA VIE.

25. — On peut faire assurer non seulement les choses corporelles, mais aussi les choses incorporelles, pourvu qu'elles soient soumises à l'un des risques auxquels s'appliquent les assurances. — Boudousquié, p. 53; Goujet et Merger, vº *Ass. terr.*, nº 5.

26. — Ainsi, l'hypothèque étant un droit réel sujet à s'éteindre par la destruction de l'immeuble sur lequel il repose, une créance hypothécaire peut être assurée, indépendamment de la maison hypothéquée, pour le cas où cette maison viendrait à périr par incendie. — Quesnault, p. 33; E. Persil, p. 141; Boudousquié, p. 60. — Toutefois, l'assurance n'est valable qu'autant que l'assuré peut justifier que sa créance aurait été utilement colloquée eu égard à la valeur de l'immeuble au jour du sinistre. — Boudousquié, p. 63.

27. — L'usufruitier d'un immeuble peut également faire assurer son droit d'usufruit, qui peut incontestablement être qualifié de droit réel; et il faut en dire autant du droit d'usage et d'habitation. — Quesnault, p. 36 et 37; E. Persil, p. 142; Alauzet, *Tr. gén. des ass.*, t. 2, p. 350.

28. — On peut faire assurer la solvabilité d'un créancier, et notamment l'assuré peut faire assurer celle de son assureur. Ce nouveau contrat est connu sous le nom de *reprise d'assurance*. — Cette opération ne constitue pas une double assurance de la même chose et pour les mêmes risques; l'assuré ne fait que céder ses droits à l'indemnité à un tiers qui, en cas de sinistre, s'engage à en réparer personnellement le montant. — Pardessus, t. 2, nº 589; E. Persil, p. 118; Boudousquié, p. 71; Grün et Joliat, p. 186 et 192.

29. — La reprise d'assurance ne se présume pas, elle doit être clairement exprimée; sans cela on doit décider qu'il existe deux assureurs sur le même objet. — Ainsi décidé par un jugement du tribunal de Grenoble, rapporté par Persil, p. 129.

30. — L'assureur qui s'est chargé des risques d'une chose, peut lui-même s'en faire garantir par un autre assureur, moyennant une prime et des conditions qui peuvent être différentes. Cette opération se nomme *réassurance*. — E. Persil, p. 117; Boudousquié, p. 59.

31. — La réassurance est une assurance véritable, dans laquelle l'assureur primitif devient lui même assuré. Elle est soumise à toutes les règles de l'assurance ordinaire. — Grün et Joliat, pº 149.

32. — Toutefois, l'assuré primitif n'acquiert aucune action directe contre le réassureur; l'assureur avec lequel il a contracté, demeure son seul obligé. — Quesnault, nº 29. — Il pourrait uniquement, en vertu de l'art. 1166, C. civ., agir contre le réassureur comme exerçant les droits de son débiteur; mais les sommes qu'il toucherait seraient le gage commun de tous les créanciers de celui-ci. — Goujet et Merger, vº *Assurances terrestres*, nº 17.

33. — Le coût de l'assurance lui-même, ou la prime, peut devenir aussi l'objet d'une assurance (C. comm., art. 342); c'est un moyen pour l'assuré de se ménager, en cas de perte, le remboursement, non seulement de l'objet perdu, mais encore de la prime qu'il a déboursée.

34. — L'assurance de la prime peut se renouveler à l'infini, c'est-à-dire que l'assuré peut, non seulement faire assurer la prime qu'il paie pour l'assurance des objets assurés, mais encore la prime qu'il paie pour l'assurance de cette première prime, et ainsi de suite. C'est ce qu'on appelle faire assurer la *prime des primes*. — Boudousquié, p. 69, Quesnault, p. 30; E. Persil, p. 118.

35. — On peut encore se garantir par une assurance contre les pertes et dommages, dont on peut, par suite d'un sinistre, être responsable envers les tiers. Ainsi, le propriétaire d'une maison peut se faire assurer contre le risque qui résulte pour lui de sa responsabilité envers ses voisins, dans le cas où un incendie commencé chez lui, se communiquerait aux maisons voisines. Ce risque est connu sous le nom de *risque du recours du voisin*. — Grün et Joliat, p. 226; Boudousquié, p. 57.

36. — De même, le locataire que l'art. 1733, C. civ., rend responsable, en cas d'incendie, envers son propriétaire, peut, indépendamment des objets qui lui appartiennent dans les lieux loués, faire assurer le risque que fait peser sur lui cette responsabilité. Cette assurance est connue sous le nom d'assurance du *risque locatif*. — Persil, p. 133; Grün et Joliat, p. 226; Boudousquié, p. 58.

37. — L'assurance du risque locatif est toujours subordonnée à l'exercice de l'action du propriétaire; elle ne peut jamais être le principe d'un accroissement d'actif pour l'assuré; elle a seulement pour effet de le libérer d'une obligation. — *Paris*, 13 mars 1837 (t. 1er 1837, p. 239), Comp. d'assur. mut. c. les syndics Devoluet.

38. — On peut aussi se faire assurer contre la *part du feu*, c'est-à-dire contre le risque auquel sont exposées les maisons voisines d'un incendie, d'être abattues pour couper toute communication entre la maison incendiée et les maisons environnantes.

39. — Les choses qui n'existent point encore peuvent-elles faire la matière d'une assurance terrestre? Il faut distinguer: s'il s'agit de produits purement éventuels, par exemple d'un profit à faire sur des marchandises, il faut se décider pour la négative; sans cela l'assurance serait pour l'assuré un moyen de gagner, ce qui est contraire à sa véritable nature. — Pardessus, nº 589 4º. — Mais on peut faire assurer une récolte future contre la gelée ou la grêle, parce que le but de l'assurance n'est pas ici de garantir le bénéfice probable de la récolte, mais d'indemniser du préjudice réel que cette récolte peut éprouver. — Pardessus, t. 2, p. 541; Grün et Joliat, p. 172; Quenault, p. 42; Boudousquié, p. 76.

40. — Il suit de là que le propriétaire ou l'usufruitier d'une maison ou d'une ferme ne peuvent pas faire assurer leurs loyers. — Arg. par analogie de l'art. 347, C. comm., qui défend l'assurance du fret. — Pardessus, nº 589 4º; Boudousquié, p. 73. — V. *contrà* Alauzet, t. 2, p. 350.

41. — *A fortiori* le propriétaire ne peut pas stipuler une indemnité pour la non-valeur qui peut résulter, en cas de sinistre, du défaut de location de sa maison. — Boudousquié, nº 45.

42. — Le même principe s'oppose à ce que le locataire par bail d'un bâtiment, puisse se faire assurer une indemnité pour le cas où son bail serait résilié par l'incendie du bâtiment. — Boudousquié, nº 46; Persil, nº 103; Quesnault, nº 44.

43. — Toute assurance qui a pour objet de garantir des marchandises de contrebande, même contre d'autres risques que ceux de la confiscation, est nulle, quand même l'assureur aurait eu

connaissance de la qualité des marchandises. — Grün et Joliat, nº 138 ; Persil, p. 143 ; Pardessus, nº 814 ; Goujet et Merger, vº *Assurances terrestres*, nº 58.

44. — Cette décision serait applicable même à des assureurs étrangers, parce qu'il n'est pas permis d'assurer des marchandises prohibées par la loi du pays où l'assurance est contractée. — Mais on peut faire assurer, en France, des marchandises chargées en France et expédiées dans un pays où elles sont prohibées ; les lois de douanes sont particulières aux pays qu'elles sont destinées à régir. — Grün et Joliat, p. 177.

Sect. 2e. — *Capacité pour contracter une assurance.*

45. — Toutes les personnes maîtresses de leurs droits peuvent en général concourir à un contrat d'assurance.

46. — Toutefois, il y a lieu de distinguer entre la capacité de l'assureur et celle de l'assuré. — Cette distinction est d'autant plus nécessaire qu'à l'égard du premier l'assurance est, en quelque sorte, active, tandis qu'elle est passive à l'égard du second.

§ 1er. — *Qui peut assurer.*

47. — L'assurance active est un acte essentiellement commercial et n'est permise qu'aux personnes qui ont la capacité de se livrer au commerce. Ainsi, le mineur non commerçant, la femme non marchande publique, ne pourraient pas se constituer valablement assureurs.

48. — Indépendamment de ces personnes frappées d'une incapacité absolue, il y en a d'autres qui sont atteintes par une prohibition accidentelle, comme les courtiers, les notaires et les commissionnaires.

49. — La loi interdit aux courtiers de se mêler, pour leur compte, à aucune opération de commerce ou de banque. — C. comm., art. 85. — La même prohibition s'étend aux notaires, et, par conséquent, ne leur permet pas de se rendre assureurs. — V. COMMERÇANT, NOTAIRE.

50. — La même incapacité frappe le commissionnaire, mais elle est restreinte à la seule personne de son commettant. — Alauzet, t. 1er, p. 191.

51. — L'assurance étant un contrat du droit des gens, la capacité nécessaire pour être partie dans un pareil contrat est indépendante de la jouissance des droits civils. — V. ÉTRANGER.

52. — L'ord. 1681 (liv. 3, tit. 6, art. 1er) consacrait formellement ce principe : « Permettons même aux étrangers, y est-il dit, d'*assurer* et *faire assurer*, dans l'étendue de notre royaume, les navires et marchandises. » — Si le Code de comm. n'a pas reproduit cette disposition, c'est qu'utile alors, elle est aujourd'hui suffisamment suppléée par le droit commun. Toutefois, le ministre de l'intérieur ayant reconnu aux étrangers le même droit d'assurer qu'aux Français, de vives réclamations furent adressées au gouvernement par des compagnies françaises ; mais ces réclamations furent repoussées comme contraires aux principes qui gouvernent les contrats du droit des gens. — Aussi les étrangers peuvent assurer en France, comme les nationaux eux-mêmes, mais à la condition de se conformer aux règles et aux formalités prescrites par la loi française. — Boudousquié, p. 113 ; Grün et Joliat ; Alauzet, t. 1er, p. 187 ; Goujet et Merger, vº *Assurances terrestres*, nº 21.

53. — Les Français peuvent également être assureurs à l'égard des étrangers, même pour des choses situées hors de France.

54. — De même, rien ne s'oppose à ce que les sujets de deux puissances en guerre puissent contracter des assurances. — Alauzet, t. 1er, p. 188 ; Grün et Joliat, nº 121.

55. — Les assurances terrestres sont ordinairement faites par des compagnies, tandis que les assurances maritimes sont en grande partie souscrites par des assureurs individuels. Cela tient à la différence essentielle qui existe entre ces deux genres d'opération. — Dans les assurances terrestres les risques embrassent un temps beaucoup plus long, le taux des primes est moins élevé et le nombre des opérations est incomparablement plus considérable. De là une immense responsabilité, qui excède les moyens personnels d'un assureur isolé et qui force de recourir au levier plus puissant de l'association.

56. — Il existe, pour ces sociétés, des règles de constitution diverses, suivant la nature et le but de la société, suivant que l'assurance doit être mutuelle ou à primes. — Les sociétés d'assurance mutuelle sont nécessairement des sociétés anonymes ; leur nature s'oppose à ce qu'elles aient un autre caractère. — Les compagnies d'assurance à prime, au contraire, sont susceptibles des diverses formes d'association indiquées par la loi ; elles peuvent être anonymes, en commandite, ou en nom collectif. Toutefois, la plupart sont anonymes.

57. — La formation des compagnies anonymes doit être soumise à l'approbation de l'autorité publique (C. comm., art. 37 ; — avis du Conseil d'état, 15 oct. 1809). — Pour obtenir l'autorisation nécessaire, on soumet les statuts à l'approbation du roi ; et les statuts approuvés sont annexés, dans le *Bulletin des Lois*, à l'ordonnance d'autorisation, publiés et affichés. Malgré cette insertion et cette publication, les statuts approuvés n'en restent pas moins en eux-mêmes un contrat entre particuliers qui ne participe en rien aux prérogatives des actes de la puissance législative. L'intervention du gouvernement n'a pour but que de contrôler les garanties offertes par les assureurs et de protéger le public contre la fraude et la déception, en examinant si les statuts de la société sont bien conformes au but qu'elle annonce.

58. — Jugé, en ce sens, que les statuts d'une société anonyme n'acquièrent pas force de loi par l'approbation du roi, leur insertion au *Bulletin des Lois*, et leur publication ; et que, dès-lors, on ne peut attaquer par la voie de Cassation les arrêts et les jugemens en dernier ressort, auxquels il est reproché de les avoir violés. — *Cass.*, 15 fév. 1826, Comp. d'assur. du Phénix c. Wolff et Schmitt.

59. — ... Qu'une association ayant pour but l'assurance mutuelle contre l'incendie est une société anonyme, en ce sens qu'il faut l'autorisation du roi. Jusque-là l'acte n'est qu'éventuel ; cette sanction le rend seul authentique. — *Colmar*, 7 déc. 1821, Schraug c. N...

60. — Quant aux compagnies, soit en nom collectif, soit en commandite, on avait élevé la question de savoir si elles ne devaient point être assujéties à la formalité de l'autorisation préalable. On invoquait pour l'affirmative un avis du Conseil d'état, approuvé le 15 oct. 1809, et dont la publication dans le *Bulletin des Lois* a été prescrite par une ordonnance du 14 nov. 1821, relative aux compagnies de remplacement. Mais en appréciant exactement les termes de cet avis on doit se convaincre qu'il ne concerne que les sociétés mutuelles et non les sociétés à prime non anonymes.

61. — Les compagnies d'assurances ont, dans les villes où n'existe pas le siége de la société, des agens, qui, du moment où ils sont reconnus par elles, ont capacité pour les obliger, en signant les polices et en recevant les primes ou les billets de primes, sans qu'on puisse opposer aux personnes qui ont traité de bonne foi avec ces agens que ceux-ci ont dépassé leurs instructions. — Pardessus, nº 593 2º ; Grün et Joliat, p. 67 ; Goujet et Merger, vº *Assurances terrestres*, nº 80.

62. — Bien que les statuts d'une compagnie d'assurance ne donnent qu'*aux agens* le droit de faire les assurances, néanmoins les actes faits par un sous agent doivent être considérés comme obligatoires pour la compagnie, si ce sous-agent était accrédité dans le public comme sous-agent, et à ce titre dépositaire des plaques à délivrer aux assurés. Dans ce cas, la compagnie n'a qu'un recours à exercer contre le sous-agent. — *Colmar*, 2 mars 1825 (sous *Cass.*, 15 fév. 1826, Comp. d'assur. du Phénix c. Wolff et Schmitt).

63. — Les agens d'une compagnie d'assurance qui ont contracté au nom de la compagnie à des conditions inférieures à celles qui leur étaient prescrites sont responsables envers elle de cette faute jusqu'à concurrence du préjudice qui en a été la suite immédiate, tel, par exemple, que la différence des primes, ou l'amende due aux autres compagnies à raison de la violation des traités qui auraient pu intervenir entre elles ; mais cette responsabilité ne saurait la soustraire à l'obligation de payer le sinistre, ni l'autoriser à se décharger de cette obligation sur ses agens. — *Grenoble*, 28 janv. 1837 (t. 2 1837, p. 501), Comp. d'assur. de l'Union c. Marlhier, Guesdron et Ramel.

64. — Une société d'assurances contre l'incendie qui a publiquement annoncé sa réunion à une autre société, ne peut pas, en cas de sinistre d'un immeuble assuré par cette société, se refuser au paiement de l'indemnité, par le motif que l'incendie a eu lieu antérieurement à l'époque à laquelle, d'après le traité de réunion, les sinistres devaient être à sa charge. Cette exception doit être repoussée, alors surtout que, pour l'évaluation du dommage, elle a concouru à une expertise comme étant substituée aux droits de la première société. — *Colmar*, 18 janv. 1841 (t. 2 1841, p. 688), comp. l'Immortelle c. Morand-Brand.

§ 2. — *Qui peut faire assurer.*

65. — Pour figurer comme assuré dans un contrat d'assurance, il faut avoir *capacité* et *qualité*, c'est-à-dire qu'il faut d'abord être capable de contracter, comme pour toute espèce de convention, et que de plus il faut avoir qualité pour soumettre une chose à l'assurance.

66. — *Capacité.* — En règle générale, l'assurance passive ou l'acte de se faire assurer ne constitue point un acte de commerce ; elle n'est jamais qu'un acte d'administration. — Grün et Joliat, p. 73 ; Boudousquié, nº 88 ; Locré, *Esprit du Code de comm.*, sur l'art. 332 ; Goujet et Merger, vº *Assurances terrestres*, nº 92 ; Quesnault, p. 103. — L'assurance passive, dit ce dernier auteur, est permise à quiconque est capable de contracter et d'administrer son patrimoine.

67. — Ainsi, elle peut être valablement contractée 1º par le mineur émancipé sans l'assistance de son curateur. La loi lui accorde le *pouvoir de s'obliger par voie d'achats ou autrement*, pourvu que ses obligations soient renfermées dans de certaines limites et qu'elles se justifient par leur utilité (C. civ., art. 484) ; or, il est juste de considérer comme telles toutes celles qui tendent à la conservation de son patrimoine. — Pardessus, nº 593 ; Alauzet, nº 120 ; Persil, p. 154 ; Boudousquié, p. 117.

68. — ... 2º Par la femme séparée de biens, soit contractuellement, soit judiciairement, sans l'autorisation de son mari ; en effet, elle peut non seulement administrer librement ses biens (C. civ., art. 1536), mais même disposer de son mobilier et l'aliéner au cas de séparation judiciaire (C. civ., art. 1449). — Le paiement de la prime, qui est la principale obligation de l'assuré, rentre donc dans la catégorie des actes qui lui sont permis. — Pardessus, nº 593 ; Alauzet, nº 120 ; Persil, p. 155 ; Boudousquié, p. 117.

69. — ... 3º Par la femme mariée sous le régime dotal, pour ses biens paraphernaux ; quant à l'administration de ces biens, la loi l'assimile à la femme séparée de biens. — (C. civ., art. 1576). — Pardessus, nº 593 ; Alauzet, nº 120 ; Persil, p. 156 ; Boudousquié, p. 117.

70. — ... 4º Par la femme marchande publique, pour les objets de son commerce, puisqu'elle a la capacité de s'obliger, sans l'autorisation de son mari ou de justice, pour ce qui concerne son négoce (C. civ. art. 220 ; C. comm., art. 5). — Boudousquié, p. 117.

71. — Dans ces différens cas, la capacité de la femme mariée se borne à contracter l'assurance ; elle ne pourrait ester en jugement, à l'occasion de ce contrat, qu'avec l'autorisation du mari, ou, à son refus, avec l'autorisation de la justice (C. civ., art. 215, 218 et 1576). — Boudousquié, p. 118.

72. — La femme commune en biens aurait même qualité pour souscrire une assurance, si son mari lui avait laissé une partie de l'administration intérieure, par exemple, si elle était dans l'habitude d'acheter les objets nécessaires à la famille ; elle serait alors réputée avoir reçu un mandat tacite du mari. — Toullier, t. 2, nº 841 ; Boudousquié, nº 94.

73. — ... 5º Par la personne à qui il a été donné un conseil judiciaire ; les restrictions apportées à sa capacité de contracter ne doivent pas aller jusqu'à lui interdire un acte justement considéré comme un acte de sage administration.

74. — Il faut toutefois remarquer que le mineur émancipé et la femme séparée de biens n'ayant pas le pouvoir d'accorder une hypothèque, ce que nous venons de dire ne serait pas applicable, si le contrat d'assurance devait entraîner l'obligation de fournir hypothèque, ainsi que cela est exigé par les statuts de quelques sociétés mutuelles, pour la garantie des engagemens de l'assuré ; à moins cependant qu'il ne s'agisse d'une femme marchande publique ou d'un mineur autorisé à faire le commerce, auquel cas la faculté d'hypothèques leur est accordée par la loi (C. comm., art. 6 et 7). — Boudousquié, nº 90 ; Alauzet, nº 94.

75. — L'assurance contractée par un mineur non émancipé, par un interdit et par une femme non séparée de biens (V. cependant, quant à cette dernière, *suprà* nº 72) est nulle. Mais cette nullité, étant purement relative, ne peut être invoquée que par ceux dans l'intérêt desquels elle est établie ou en leur nom, et l'assureur ne serait pas recevable à l'opposer (C. civ., art. 1125). — Pardessus, nº 593 ; Persil, p. 152, 155 et 156 ; Boudousquié, nºs 91 et 92.

76. — Ainsi, le mineur assuré qui aura éprouvé un sinistre pourra en demander la réparation à l'assureur ; mais ce dernier, en payant le dommage, aura droit de retenir la prime acquise, parce que le mineur ne peut profiter du contrat sans en supporter les charges corrélatives. — Pardessus, nº 593 ; Boudousquié, p. 119. — Si aucun sinis-

tre n'est arrivé pendant la durée des risques, le mineur n'est pas tenu de payer la prime; elle devrait même lui être restituée, si elle avait été acquittée. — Pardessus; *ibid.*; Alauzet, n° 121; Grün et Joliat, p. 64. — V. *contrà* Boudousquié, p. 120. — La demande en paiement de la prime doit être admise, dans le cas où le mineur a fait un acte de bonne et sage administration.

77. — Dans le cas où la femme ne peut faire assurer ses biens mobiliers ou immobiliers sans l'autorisation de son mari, il n'est pas nécessaire que cette autorisation ait précédé l'engagement de la femme; il suffit qu'il l'ait ratifié expressément ou tacitement. — Boudousquié, p. 122.

78. — Quant aux étrangers, il faut leur appliquer, relativement à l'assurance passive, ce que nous avons dit (*suprà* n°s 51 et suiv.) au sujet de l'assurance active.

79. — *Qualité.* — Du principe général *qu'on peut faire assurer autant qu'on risque de perdre*, il résulte que pour faire assurer une chose il suffit d'avoir des droits sur cette chose ou d'être intéressé à sa conservation. — Boudousquié, p. 56; Grün et Joliat, p. 81; Persil, p. 157; Goujet et Merger, n° 27.

80. — Le propriétaire d'une chose exposée au risque, doit donc figurer au premier rang de ceux qui peuvent la faire assurer. — Mais il n'a pas ce droit lui seul exclusivement.

81. — Le copropriétaire d'une chose appartenant à plusieurs personnes peut évidemment la faire assurer jusqu'à concurrence de sa part. — Mais s'il assure la chose entière sans la participation de ses copropriétaires, il faut distinguer deux cas: celui où le contrat est ratifié par ceux qui n'y ont pas figuré, et celui où la ratification n'a pas lieu. Dans le premier cas, le quasi-contrat de gestion d'affaires se présume naturellement, et l'assurance doit recevoir son plein et entier effet; dans le second, le copropriétaire n'ayant pu assurer au-delà de sa part dans la propriété commune, l'assurance doit être réduite à cette part. — Pardessus, n° 593 3°; Grün et Joliat, p. 85. — La ratification doit avoir lieu avant le sinistre. — Pardessus, *ibid.*; Grün et Joliat, *loc. cit.*; Persil, p. 192.

82. — Jugé dans ce sens que, lorsqu'une assurance comprend des choses qui n'appartiennent pas à l'assuré, ce dernier peut être considéré comme le *negotiorum gestor* du tiers propriétaire, et comme courant, à ce titre, la chance soit du désaveu, soit de l'approbation de celui-ci. — *Colmar*, 25 août 1826, Wilt.

83. — L'acquéreur avec pacte de rachat est un véritable propriétaire tant que le vendeur n'exerce pas le réméré; il a donc qualité pour faire assurer sa propriété. — Persil, p. 74; Grün et Joliat, p. 103. — La même faculté existe pour le vendeur à réméré qui a sur l'immeuble un droit suspendu jusqu'à l'événement d'une condition. — Boudousquié, p. 66.

84. — Il en est de même du vendeur qui a été lésé de plus des sept douzièmes dans la vente d'un immeuble; il peut le faire assurer, jusqu'à concurrence de l'excédant de sa valeur sur le prix qu'il en a reçu. — Boudousquié, p. 65.

85. — Le créancier gagiste, nanti d'une chose mobilière pour garantie de sa créance, a également le droit de la faire assurer; car il répond de la perte ou détérioration qui surviendrait par sa négligence. — Persil, p. 175.

86. — Un héritier bénéficiaire peut, sans perdre cette qualité, faire assurer les biens de la succession qu'il a acceptée sous bénéfice d'inventaire. — Quesnault, p. 321.

87. — Mais l'héritier présomptif ne peut faire assurer, en son nom, les biens de celui à qui il est appelé à succéder. — Boudousquié, p. 68.

88. — L'usufruitier peut faire assurer en cette qualité les choses dont il a la jouissance. En effet, son droit, pour n'être pas aussi complet que celui du propriétaire, n'en est pas moins un démembrement de la propriété; son intérêt à la conservation de la chose est donc évident. — Quesnault, p. 36; Grün et Joliat, n° 86; Boudousquié, p. 67; Persil, n° 121; Alauzet, n° 124.

89. — La même décision doit s'appliquer aux droits d'usage et d'habitation qui sont de même nature. — Boudousquié et Quesnault, *loc. cit.*

90. — Le locataire n'a pas qualité pour faire assurer la maison qu'il habite. Son droit se borne à garantir son mobilier par une assurance, et alors il agit, non comme locataire, mais comme propriétaire. Il en est de même du fermier, et du colon partiaire, auquel on doit appliquer ce que nous avons dit plus haut du copropriétaire, relativement au cas où il aurait fait assurer au-delà de sa part dans les fruits.

91. — Jugé cependant que le locataire peut faire assurer en son nom propre les bâtimens qu'il a loués, non seulement à cause des risques de res-

ponsabilité qu'il court, mais encore à cause des bénéfices que lui promet son bail. — *Colmar*, 23 avr. 1838 (t. 2 1838, p. 612), Koechlin c. Zickel et Hellmann. — Conf. Alauzet, n° 124; Goujet et Merger, n° 33.

92. — Ceci admis, il faut en conclure que, dans ce cas, le locataire a aussi qualité pour toucher l'indemnité, en s'engageant à reconstruire, lors même que l'incendie provient d'accident ou de force majeure.

93. — La clause d'un bail par laquelle le locataire d'une maison s'est obligé à la faire assurer contre l'incendie pour toute sa valeur et pendant toute la durée du bail, doit s'entendre dans le sens d'une assurance faite en vue de tous les accidens quelconques d'incendie, et non pas seulement dans le sens d'une assurance bornée aux seuls cas où le locataire est responsable d'après le Code civil. — Le propriétaire a, en vertu de ladite clause du bail, une action directe pour poursuivre les effets de l'assurance contre la société avec laquelle son locataire a contracté. — *Bruxelles*, 12 nov. 1829, Louhienne c. Société d'assurances.

94. — Le locataire qui, en prenant un immeuble à bail, se réserve le droit d'en devenir propriétaire à la fin de sa jouissance moyennant un prix déterminé, a intérêt et qualité pour faire assurer l'immeuble. — *Cass.*, 7 mars 1843 (t. 2 1843, p. 19), Assur. mut. c. Faulzwoil et Fascie; — Troplong, *Louage*, t. 2, n° 394.

95. — Quoique le dépositaire ne soit tenu, en aucun cas, des accidens de force majeure (C. civ., art. 1929), et qu'il ne soit tenu de rendre la chose que dans l'état où elle se trouve au moment de la restitution (C. civ., art. 1933), il faut néanmoins décider qu'il peut soumettre à une assurance les choses qui lui sont confiées. Sa responsabilité est d'ailleurs plus étendue dans certains cas prévus par l'art. 1928, C. civ. notamment lorsqu'il reçoit un salaire; dès-lors il a intérêt à se décharger de cette responsabilité, lors même que le dépôt est gratuit, et que le dépositaire n'est astreint qu'aux soins ordinaires d'un propriétaire; il peut avoir encore intérêt à se garantir par une assurance, si, par exemple, la chose venait à périr par suite d'une faute assez grave, pour l'exposer au recours du déposant, sans l'être assez pour anéantir les obligations de l'assureur à son égard. D'une autre part, le dépositaire, auquel la chose a été enlevée par une force majeure, et qui a reçu un prix ou quelque chose à la place, devant restituer ce qu'il a reçu en échange (C. civ., art. 1934), une pareille assurance n'offre aucun danger d'incendie volontaire, dans le but de s'approprier la valeur de l'objet assuré. — Boudousquié, p. 58; Grün et Joliat, n° 95; Persil, n° 127.

96. — Il en est de même du séquestre conventionnel et du séquestre judiciaire. — Grün et Joliat, n° 95; Pardessus, n° 593 3°.

97. — ... De l'ouvrier qui applique son travail ou son industrie à mettre en œuvre ou à réparer des matières appartenant à autrui. — Pardessus, n° 593 3°.

98. — Tous les créanciers, en général, ont un intérêt évident à la conservation des biens de leur débiteur. Mais ont-ils tous indistinctement qualité pour les faire assurer? D'abord il n'est pas douteux que les créanciers hypothécaires ou privilégiés puissent faire assurer en cette qualité jusqu'à concurrence de leur créance, les propriétés affectées à leur hypothèque ou à leur privilége. C'est une conséquence naturelle du principe que le créancier peut faire tous les actes conservatoires propres à garantir le recouvrement de sa créance. La solvabilité personnelle du débiteur peut être douteuse, et la perte de la chose hypothéquée peut entraîner la perte de la créance; le créancier doit donc être admis à prendre toutes les précautions que lui suggère sa prudence. Les statuts de presque toutes les compagnies d'assurance contiennent une disposition formelle dans ce sens.

99. — Toutefois, un créancier hypothécaire a-t-il également la faculté de faire assurer personnellement le fonds hypothéqué *pour la totalité de la valeur?* et dans ce cas, si la valeur de l'immeuble excède la montant de la créance, le débiteur peut-il profiter du surplus de l'assurance? Tout en admettant que le créancier hypothécaire puisse se présenter en nom personnel à l'assurance, Grün et Joliat (p. 128) refusent au propriétaire tout droit à l'indemnité. Pour le décider ainsi, ils se fondent sur le double principe que l'on ne peut stipuler en son nom que pour soi-même (C. civ. art. 1119), et que, l'assurance ne pouvant jamais être un moyen d'acquérir, le créancier ne peut valablement se faire garantir au delà de ce qui lui est dû.

100. — Mais cette opinion n'est pas généralement suivie: et il nous paraît plus juste de dire que, toute stipulation au profit d'un tiers étant valable, lors-

que telle est la condition d'une stipulation que l'on fait pour soi-même (C. civ., art. 1121), le contrat doit être déclaré valable si le propriétaire au profit duquel il a été fait déclare vouloir en profiter. — Quesnault, p. 115; Boudousquié, p. 126.

101. — Jugé en ce sens que, lorsqu'un créancier hypothécaire, agissant en cette qualité, fait assurer, en son nom personnel, contre l'incendie, le fonds hypothéqué pour une somme égale à sa valeur intégrale, et sans faire aucune stipulation particulière pour sa créance, il peut être considéré comme le *negotiorum gestor* du propriétaire; dès-lors, le cas de sinistre arrivant, ce propriétaire peut réclamer à son profit l'entière exécution des obligations contenues dans la police d'assurance. — *Colmar*, 27 juin 1823 (sous *Cass.*, 29 déc. 1824, comp. du Phénix c. Coquerille).

102. — Quant aux créanciers chirographaires, ils ne peuvent faire assurer les biens de leur débiteur en leur nom personnel; ils ne peuvent agir qu'au nom de leur débiteur, en qualité de gérans d'affaires. La validité de l'assurance est donc soumise à la ratification du propriétaire qui ne peut la refuser en cas de sinistre (C. civ., art. 1375). — Quesnault, p. 112; Boudousquié, p. 64. — *Contrà* Persil, p. 160.

103. — Il n'est pas nécessaire que le propriétaire d'une chose stipule personnellement et directement l'assurance; elle peut être contractée par tout mandataire légal ou conventionnel. — Ainsi un père peut faire assurer les biens personnels de son enfant mineur (C. civ., art. 389); — un tuteur, les biens de son pupille (C. civ. art. 450); — un mari, les biens de la communauté et les propres de sa femme (C. civ., art. 1428, 1531 et 1549); — un maire ou un administrateur, les biens de la commune ou de l'établissement qu'il représente (C. civ., art. 1984). — Circ. du min. de l'intérieur 21 oct. 1826. — Persil, p. 189 et 191; Boudousquié, n° 95; Goujet et Merger, n° 29.

104. — Dans les sociétés civiles, le droit de faire assurer les biens de la société appartient à celui ou à ceux des associés qui ont été chargés de l'administration (C. civ., art. 1856, 1857 et 1859). — A défaut de stipulations spéciales sur le mode d'administration de la société, ce droit appartient à chacun des associés indistinctement. Ils sont, en effet, dans ce cas, présumés s'être donné réciproquement le pouvoir d'administrer (C. civ., art. 1859), et le paragraphe 8 de cet article autorise d'ailleurs chaque associé à faire les dépenses nécessaires pour la conservation de la société. — Persil, p. 192. — *Contrà* Grün et Joliat, p. 87; Quesnault, p. 119.

105. — Ce qui vient d'être dit doit s'appliquer aux sociétés commerciales en nom collectif. — Mais dans les sociétés en commandite et dans les sociétés anonymes, les gérans et les administrateurs ont seuls qualité pour faire assurer.

106. — Lorsqu'un mandataire conventionnel se présente pour faire assurer les biens de son mandant, il suffit qu'il produise une procuration générale portant pouvoir d'administrer les biens qu'il fait assurer. — Boudousquié, p. 724.

107. — Un commissionnaire peut également faire assurer pour le compte de ses commettans, et en déclarant sa qualité, les marchandises qu'il a en consignation. — L'assurance, dans ce cas, peut être faite de deux manières: ou *pour compte de telle personne désignée*, ou bien *pour compte de la personne qui sera nommée*, *pour compte des intéressés*, *pour compte de qui il appartiendra*.

108. — Lorsque la personne est désignée, le commissionnaire n'en est pas moins obligé personnellement au paiement de la prime; car, d'après l'art. 91, C. comm., le commissionnaire agit bien pour le compte d'autrui, mais *en son propre nom*. — Grün et Joliat, p. 93; Boudousquié, p. 127. — *Contrà* Persil, p. 182.

109. — Cependant si, en faisant connaître son commettant, le commissionnaire déclare agir au nom de ce commettant, on ne doit plus le considérer que comme un simple mandataire, qui ne contracte aucune obligation personnelle. — Boudousquié, p. 127; Grün et Joliat, p. 96.

110. — Lorsque l'assurance est faite *pour compte de qui il appartiendra*, le commissionnaire est personnellement obligé au paiement de la prime envers les assureurs, qui ne connaissent que lui. — Boudousquié, p. 127; Grün et Joliat, p. 93.

111. — Si la prime n'est pas acquittée par le commissionnaire, les assureurs n'ont pas le droit d'en poursuivre le remboursement contre le commettant, lorsqu'il leur est connu. — Grün et Joliat, p. 97. — *Contrà* Persil, p. 182.

112. — Enfin, l'assurance faite par un tiers sans aucun mandat est valable à l'égard du propriétaire assuré, si celui-ci la ratifie. Le quasi-contrat qui résulte de la gestion d'affaires s'ap-

plique aussi bien à l'assurance des biens d'autrui qu'à leur gestion. — Persil, p. 177; Boudousquié p. 126; Pardessus, t. 3, nº 826. — *Contrà* Estrangin, p. 354; Grün et Joliat, p. 91. — Ces derniers auteurs admettent cependant que l'assurance serait valable si elle était faite par un quasi-mandataire, au nom et dans l'intérêt d'un propriétaire absent (p. 92).

113. — La ratification du propriétaire peut avoir lieu après comme avant le sinistre; le tiers qui a souscrit l'assurance est, en effet, présumé avoir stipulé pour le propriétaire des objets assurés, et l'assureur est non recevable à se plaindre d'être forcé de payer la somme pour laquelle il a perçu la prime. — Goujet et Merger, vº *Assurances terrestres*, nºs 38 et 39; Pardessus, t. 3, nº 826; Persil, p. 178. — *Contrà* Boudousquié, p. 125.

114. — Ainsi jugé que la police d'assurance, quoique faite au nom de celui qui n'est encore que locataire, est néanmoins valable, lorsque le propriétaire déclare ratifier le contrat et vouloir en profiter, encore bien que cette approbation ne soit donnée qu'après le sinistre. — *Paris*, 12 août 1841 (t. 2 1841, p. 404), Comp. d'assur. mut. contre l'incendie c. Fautzwol et Fascie; *Cass.*, 7 mars 1848 (t. 2 1848, p. 404), mêmes parties.

115. — En règle générale, quand la ratification du propriétaire est nécessairement exigée, le défaut de cette ratification entraîne la résolution du contrat, car dans ce cas le propriétaire n'est pas lié; et d'un autre côté, l'assurance vis-à-vis de celui qui a stipulé avec l'assureur n'est plus qu'une simple gageure. — Pardessus, nº 593 3º.

Sect. 3e. — *Des risques.*

116. — On appelle *risques* les dangers qui menacent les choses assurées, et contre lesquels l'assuré cherche une garantie dans le contrat d'assurance.

117. — Si tous les risques auxquels sont exposées les choses assurables, peuvent être assurés, il faut que ce soient des risques provenant d'événemens fortuits ou de force majeure, ou du moins d'événemens qui offrent ce caractère par rapport à l'assuré. Le contrat d'assurance cesserait en effet d'être aléatoire, si des causes dépendant de la volonté ou du fait de l'assuré pouvaient venir influer sur l'évènement qui doit donner ouverture aux obligations de l'assureur. — En général donc, l'assureur ne doit pas répondre des pertes et dommages causés par la faute ou la négligence de l'assuré. — Pardessus, t. 2. p. 548.

118. — Mais en matière d'incendie, où le sinistre peut provenir de la faute, de l'imprudence ou négligence de l'assuré, le contrat perdrait toute son utilité si l'assureur ne garantiss it que le sinistre procédant d'une cause purement fortuite. Aussi admet-on, en pareille matière, et malgré le silence de la police sur l'étendue des risques, la garantie du dommage résultant d'une faute de l'assuré, pourvu que cette faute ne soit pas tellement grave, qu'elle puisse être considérée comme volontaire. L'assureur devrait donc être déchargé des risques, si la faute de l'assuré était telle qu'évidemment il ne l'aurait pas commise, s'il n'eût point été assuré. — Frémery, *Etudes sur le droit commercial*, p. 342; Alauzet, nº 508; Persil, nº 16; Toullier, t. 2, p. 214

119. — Persil (nº 21) va même jusqu'à considérer le défaut de ramonage comme une faute légère, que l'assureur ne peut pas mettre à la charge de l'assuré en cas d'incendie. — V. *contrà* Boudousquié, p. 342.

120. — Du reste, l'appréciation de la faute de l'assuré est nécessairement abandonnée à la prudence des juges. — Boudousquié, nº 294.

121. — On ne peut demander la résiliation du contrat d'assurance par le motif que l'assuré, après avoir allumé le feu dans une pièce où il avait amoncelé des objets assurés de nature combustible, s'est absenté sans laisser personne pour surveiller le feu, s'il y avait une galerie de foyer et un garde-feu — *Paris*, 10 mars 1836 (sous *Cass.*, 12 juill. 1837 (t. 1er 1838, p. 126), Comp. du Phénix et d'assur. c. Ardisson.

122. — L'assureur est-il responsable de l'incendie occasioné par la faute des personnes dont l'assuré est civilement responsable? — Non, suivant M. Quesnault, p. 55. — Mais nous pensons, avec MM Grün et Joliat (p. 203), qu'il faut appliquer dans ce cas ce que nous avons dit de la faute de l'assuré lui-même. L'imprudence et la négligence de ceux qui habitent une maison, maîtres ou serviteurs, sont les causes les plus fréquentes d'incendie, et si l'on s'en tenait à la rigoureuse application des art. 352 et 353, C. comm., l'assurance manquerait complètement son but. — Pardessus, nº 590 2º; Alauzet, nº 509.

123. — Quant aux pertes ou dommages qui proviendraient de la faute ou du crime de personnes étrangères à l'assuré, l'assureur en est évidemment responsable, car cette faute ou ce crime sont réputés des événemens de force majeure à l'égard de l'assuré.

124. — Le locataire qui a été déclaré responsable d'un incendie arrivé par sa négligence ou son imprudence ne perd pas pour cela son recours contre l'assureur qui l'a garanti contre les risques de voisin. — *Cass.*, 19 mars 1840 (t. 2 1840, p. 483), Brandt c. Guérin.

125. — En matière d'assurances maritimes, l'assurance embrasse tous les risques de mer, prévus ou imprévus, auxquels peuvent être exposés les objets assurés; mais en matière d'assurances terrestres, où chaque risque forme l'objet d'une assurance spéciale, l'assureur ne répond pas des dommages causés par un événement autre que celui désigné dans la police.

126. — Les compagnies ne garantissent pas généralement les incendies occasionnés par guerre, invasion, émeute populaire, force militaire quelconque, tremblement de terre.

127. — Mais, à défaut d'une stipulation expresse, elles seraient, en cas d'assurance contre l'incendie, responsables du sinistre, quelle que fût la cause qui l'aurait occasionné. — Persil, nº 20; Alauzet, t. 2, p. 353.

128. — Il paraît juste de comprendre dans l'assurance contre le *feu du ciel* les cas où il y a destruction et détérioration, sans qu'il y ait cependant combustion; la responsabilité de l'assureur doit donc s'étendre à tous les dommages causés par la foudre, alors même qu'elle n'aurait causé aucun incendie. — Cependant quelques compagnies expriment formellement dans leurs polices qu'elles ne répondent que des dégâts occasionnés par un *incendie* provenant du feu du ciel. — Grün et Joliat, p. 211; Alauzet, t. 2, p. 354; Boudousquié, p. 270.

129. — En matière d'assurance, le mot *incendie* doit s'entendre de toute perte ou dommage qui est le résultat de l'action directe du feu. — Boudousquié, p. 264.

130. — Ainsi, la responsabilité des assureurs s'étend aux dégâts causés aux choses assurées pour arrêter les progrès du feu, et aux frais faits pour la conservation des objets assurés. — Boudousquié, p. 272; Quesnault, p. 56.

131. — Lorsque la chose assurée n'a éprouvé que des dégâts par l'action de la chaleur, de la fumée ou de la vapeur, ces dégâts ne sont des risques à la charge de l'assureur qu'autant qu'ils sont les suites d'un incendie; mais s'ils sont produits par l'action d'un feu ordinaire et régulier, ils ne peuvent être à la charge de l'assureur, puisqu'on ne peut les considérer comme l'effet d'un cas fortuit. — Boudousquié, p. 265; Alauzet, t. 2, p. 355.

132. — L'assureur n'est pas non plus responsable des dégâts causés par l'explosion d'un dépôt de poudre ou d'une machine à vapeur établis dans un lieu voisin, à moins que l'explosion n'ait allumé un incendie. — Boudousquié, p. 268; Alauzet, t. 2, p. 354.

133. — Lorsqu'une maison assurée est démolie pour empêcher la communication du feu, il faut établir plusieurs distinctions: si la maison a été abattue par ordre de l'autorité compétente, l'assureur est responsable; mais si la démolition a lieu d'autorité privée, soit par l'assuré, soit par les voisins, l'indemnité n'est due qu'autant que le feu est parvenu, après l'abattis, jusqu'à la maison abattue. — Toullier, t. 11, nº 181; Quesnault, nº 66; Boudousquié, p. 275.

134. — L'étendue des risques est déterminée par les termes de la convention; ainsi l'assurance d'une maison ne comprend pas celle du mobilier et des marchandises, et l'assurance du mobilier ne s'étend pas à celle des marchandises et réciproquement. En cas de difficulté, il faut, d'ailleurs, recourir à ce principe que les contrats doivent être exécutés de bonne foi, et d'après la commune intention des parties. — Persil, nº 22; Goujet et Merger, nºs 62 et 92.

135. — Ainsi jugé que l'assurance d'un appartement et des provisions de ménage qu'il comporte renferme implicitement l'assurance de la cave et du grenier où sont serrées ces provisions. — *Lyon*, 11 août 1837 (t. 1er 1838, p. 205), comp. de l'Union c. Nardon.

136. — Le locataire qui n'a fait assurer que son mobilier ne peut exiger de l'assureur le remboursement des indemnités qu'il est obligé de payer à son propriétaire ou à ses voisins. — Pardessus, nº 590 3º.

137. — Mais les sommes que le locataire est obligé, en cas d'incendie, de payer au propriétaire

pour loyers des lieux dont il ne peut plus jouir, doivent lui être remboursées par la compagnie d'assurance qui lui a garanti les risques locatifs. — *Paris*, 2 janv. 1832, comp. du Phénix c. Lainné; *Orléans*, 12 fév. 1836, mêmes parties; *Cass.*, 24 nov. 1840 (t. 2 1840, p. 729), mêmes parties; — Grün et Joliat, nºs 295 et 296; Pardessus, nº 595 5º; Boudousquié, nº 329; Duvergier, *Louage*, nº 418; Troplong, *Louage*, nº 339; Goujet et Merger, nºs 56 et 177.

138. — Jugé, cependant, que le locataire assuré, qui a été condamné à payer une indemnité au propriétaire pour perte du loyer et pour les dépenses occasionnées par le retard dans la confection des réparations, ne peut prétendre, à raison de cette condamnation, exercer un recours contre la compagnie d'assurance qui n'a garanti que la réparation des dommages matériels causés directement et immédiatement par l'incendie. — *Paris*, 19 mars 1840 (t. 2 1840, p. 483), Brandt c. Guérin.

139. — L'assurance des marchandises et du mobilier d'une boutique n'entraîne pas contre l'assureur l'obligation, en cas de sinistre, d'indemniser l'assuré à raison de la suspension de son commerce pendant le temps nécessaire pour effectuer les réparations. — *Paris*, 26 avr. 1833, Assur. génér. c. Lavigne; — Boudousquié nº 236; Goujet et Merger, nº 113.

140. — La durée des risques est ordinairement fixée par les conventions des parties. — En général, les risques commencent au moment même de la signature de la police. Cependant, pour éviter toute surprise, les compagnies à prime sont dans l'usage de fixer le commencement des risques au lendemain de la date de la police à midi. L'effet de la police cesse alors, jour pour jour, à la même heure, lors de l'expiration de la durée convenue. — Persil, nº 29.

141. — C'est une règle essentielle en cette matière, que l'assuré doit faire connaître à l'assureur tout ce qu'il lui importe de savoir pour apprécier l'étendue des risques. — Il doit de même déclarer à l'assureur tous les changemens qu'il opère ou qui surviennent dans les lieux ou les objets assurés, et qui sont de nature à augmenter, ou seulement modifier les risques, comme les nouvelles constructions, les changemens de destination, l'introduction de professions dangereuses, etc.

142. — Tous les changemens que l'assuré opère dans les objets ou dans les lieux assurés, et qui sont de nature à aggraver ou seulement à modifier les risques, sont pour l'assureur des causes de résolution: par exemple, lorsque des marchandises qui devaient être expédiées par une voie désignée l'ont été par une autre; lorsqu'une maison a changé de destination, qu'on y a introduit une usine ou une profession dangereuse (Pardessus, nº 596 3º; Boudousquié, nº 365; Goujet et Merger, nº 262); mais l'assurance n'en devrait pas moins produire ses effets, si des effets déplacés avaient été replacés dans les lieux désignés avant le sinistre.

143. — Quoique la police d'assurance indique les pièces d'un appartement dans lesquelles sont distribués des meubles assurés, l'assuré peut changer ces meubles de pièces et les mettre tous dans la même sans que les assureurs aient droit de lui reprocher d'avoir accru les risques. — *Paris*, 10 mars 1836, sous *Cass.*, 12 juill. 1837 (t. 1er 1838, p. 126), Comp. du Phénix et d'assur. génér. c. Ardisson.

Sect. 4e. — *De la prime.*

144. — La prime est ce que l'assuré donne ou s'oblige de donner à l'assureur pour le prix des risques dont il se charge. — La prime s'appelle quelquefois le *coût de l'assurance*. Le contrat n'est parfait que lorsque les parties sont convenues de la prime.

145. — La prime étant l'équivalent de risques dont l'assureur est seul appréciateur, l'élévation du taux de la prime ne peut jamais donner lieu à une action en rescision du contrat pour cause de lésion, sauf les cas de fraude ou de dol. — De son côté, l'assureur ne pourrait se plaindre de la modicité de la prime qu'autant qu'on aurait diminué l'opinion du risque par des réticences ou de fausses déclarations. — Quesnault, p. 79 et 80.

146. — Dans le contrat d'assurance contre l'incendie la prime consiste ordinairement en une prestation annuelle de *tant* par mille de la valeur des objets assurés. Elle peut aussi consister en marchandises et même en services appréciables. — Le montant de la prime doit être déterminé par le contrat, ou du moins susceptible de l'être par la proportion fixée entre la prime et le capital assuré.

147. — Les assureurs peuvent stipuler une augmentation de prime, pour le cas où les risques viendraient à être augmentés pendant le cours de l'assurance. — Alauzet, t. 2, p. 326; Persil, no 33; Boudousquié, no 65.

148. — La prime étant le prix des risques, elle n'est point due si la chose assurée n'a pas été un seul instant aux risques de l'assureur. — Pothier, no 179; C. comm., art. 349. — Mais il suffit que les risques aient commencé, n'eussent-ils duré qu'un seul instant, pour faire acquérir à l'assureur un droit irrévocable à la totalité de la prime. Le sinistre, en effet, pouvait se réaliser dans cet instant, et il est vrai de dire alors que l'assureur a couru le risque entier. — C. comm., art. 351 et 354. — Persil, no 36; Quesnault, p. 81.

149. — Si la prime a été divisée en plusieurs fractions, payables par mois ou par année, en cas de résolution du contrat, l'assureur n'a pas droit à la totalité des primes pendant la durée de l'assurance; il n'a droit qu'à la prime du mois ou de l'année commencée.

150. — Le privilége accordé par l'art. 191, C. comm., pour le recouvrement de la prime en matière d'assurances maritimes, ne saurait être étendu aux assurances terrestres, en l'absence d'une disposition formelle. — Grün et Joliat, no 226; Quesnault, no 349; Alauzet, t. 2, p. 335; Persil, no 155. — V. *contrà*, mais à tort, Boudousquié, no 289.

151. — Ainsi décidé qu'en matière d'assurance terrestre, la créance de l'assureur qui a pour objet les frais d'assurance et les amendes encourues par l'assuré pour défaut de paiement dans les délais prescrits par les réglemens de la compagnie d'assurance, n'est pas privilégiée. — *Paris*, 8 avr. 1834, société d'assur. mut. contre la grêle c. de Castries.

152. — Les frais faits pour l'assurance ne peuvent être classés parmi ceux faits pour la conservation de la chose, et à ce titre primer le propriétaire. — Même arrêt.

153. — Cependant, en cas de sinistre, l'assureur serait fondé à retenir, par voie de compensation, sur le montant de l'indemnité, les sommes qui lui seraient dues pour les primes échues, même en cas de faillite de l'assuré. — Boudousquié, no 289; Pardessus, no 591. — V. *contrà* Persil, no 189.

Sect. 5e. — *Formes du contrat d'assurance.*

154. — Comme dans les assurances maritimes, l'acte destiné à constater les conventions des parties en matière d'assurances terrestres, se nomme *police d'assurance*. — Cette dénomination de *police* s'applique plus particulièrement aux actes contenant les conventions d'assurances à primes.

155. — L'art. 332, C. comm., qui détermine la forme des polices d'assurances maritimes, doit être suivi pour les assurances terrestres dans toutes celles de ses dispositions qui sont applicables.

156. — En matière d'assurances terrestres, la preuve du contrat est soumise aux principes généraux du Code civil, pour la preuve des obligations. — Pardessus, no 593-1o; Grün et Joliat, nos 23 et 97; Persil, no 48; Goujet et Merger, no 64. — V. *contrà* Boudousquié, no 206; Alauzet, no 401.

157. — L'existence du contrat entre une compagnie d'assurance contre l'incendie et l'individu qui fait assurer sa maison, peut être considérée comme suffisamment prouvée par la quittance du montant de la prime consentie à ce dernier par l'agent de la compagnie, et par la délivrance que celui-ci lui a faite de la plaque indicative de cette compagnie, quand même il n'existerait pas de police d'assurance. — *Cass.*, 15 fév. 1826, comp. du Phénix c. Wolff et Schmitt.

158. — De ce que l'acquéreur d'un immeuble assuré par une société d'assurances mutuelles n'a pas fait renouveler en son nom la police d'assurance souscrite par son vendeur, il n'en résulte pas qu'il ne puisse être considéré comme sociétaire, s'il résulte des actes et livres de la société (lesquels constituent un commencement de preuve par écrit qui autorise la preuve par toutes les voies de droit) qu'il a toujours été considéré comme tel — *Douai*, 18 mai 1835, Charles et Dufay c. assur. mut. du Pas-de-Calais.

159. — La police peut être rédigée par acte notarié ou par acte sous signatures privées. Mais cette dernière forme est généralement adoptée par les compagnies d'assurances terrestres. Elles rédigent leurs polices, soit par elles-mêmes, soit par des agens commissionnés à cet effet, sans employer l'intermédiaire de courtiers d'assurances. — Boudousquié, p. 239; Grün et Joliat, p. 248; Persil, no 50; Quesnault, p. 126.

160. Lorsque la police est faite sous signatures privées, elle doit être rédigée en double original, conformément à l'art. 1325, C. civ. — Aussi les compagnies d'assurances à prime ont toutes adopté la rédaction de la police en double et même triple original; l'un reste entre les mains de l'assuré, l'autre dans les bureaux de la direction, et si l'assurance a été faite par un agent, il en conserve également un original. — Grün et Joliat; Boudousquié. — *Contrà* Quesnault, p. 128.

161. — Lorsque en souscrivant la police l'assuré paie sa prime, soit en argent, soit en billet de prime, la formalité de plusieurs originaux et la mention de cette formalité deviennent inutiles. L'obligation principale de l'assuré ayant alors reçu son exécution, il ne reste plus, pour ainsi dire, qu'un seul obligé, et c'est le cas d'appliquer le quatrième paragraphe de l'art. 1325, qui porte que *le défaut de mention que les originaux ont été faits doubles, triples, etc., ne peut être opposé par celui qui a exécuté, de sa part, la convention portée dans l'acte.* — Toullier, t. 8, no 343; Boudousquié, p. 253.

162. — De même, lorsque la police est rédigée par acte notarié, et que le montant de la prime est acquitté soit comptant, soit en billet de prime, l'acte peut être délivré en brevet à l'assuré. — Persil, no 50.

163. — Du reste, la police faite en simple original ou dépourvue de la mention du *fait double*, forme un commencement de preuve par écrit. — Boudousquié, p. 254; Grün et Joliat, p. 249.

164. — La police doit être datée du jour où elle est souscrite.

165. — Cette énonciation n'est point indispensable pour rendre le contrat valable entre les parties; mais elle est importante en ce qu'elle fixe généralement le moment où commencent les risques. — Quesnault, no 159; Boudousquié, p. 241; Persil, no 57; Alauzet, t. 2, p. 299; Grün et Joliat, no 203.

166. — L'énonciation de la date est encore nécessaire pour déterminer l'antériorité et par suite l'ordre des ristournes entre plusieurs polices. — Quesnault, no 159; Boudousquié, p. 241; Persil, no 57.

167. — La police d'assurance sous signatures privées fait foi de sa date à l'égard des tiers, quoiqu'elle n'ait pas acquis date certaine, soit par l'enregistrement, soit par un des autres moyens indiqués par l'art. 1328, C. civ. — Quesnault, no 160. — *Contrà* Persil, no 58.

168. — La police ne peut contenir aucun blanc; mais aucune nullité n'est attachée à l'inobservation de cette formalité. — Persil, no 56; Alauzet, t. 2, p. 298.

169. — La police doit exprimer les *nom, prénoms et domicile des parties contractantes*. — Si cette énonciation ne se trouvait pas dans le corps de l'acte, elle pourrait être suppléée par la signature des parties. — Quesnault, no 164; Boudousquié, no 202; Persil, no 62.

170. — L'assuré doit déclarer la qualité en laquelle il agit; il doit, par conséquent, faire connaître son titre de propriétaire, d'usufruitier, de locataire, de créancier hypothécaire, etc. (Arg. de l'art. 332, C. comm.). — Boudousquié, p. 128; Persil, no 66; Alauzet, t. 2, p. 299; Quesnault, no 167.

171. — Lorsque l'assurance est souscrite par un tiers au nom de l'assuré, ce tiers doit faire connaître, indépendamment de la qualité de l'assuré, son titre de mandataire, d'administrateur ou de commissionnaire (Arg. de l'art. 332, C. comm.). — Boudousquié, p. 128.

172. — Si la même personne réunit la qualité de propriétaire et de commissionnaire, cette double qualité doit être mentionnée dans la police; à défaut de cette mention, l'assureur ne serait tenu envers l'assuré que jusqu'à concurrence de ce que ce dernier possédait comme propriétaire. — Grün et Joliat, p. 101.

173. — La police doit contenir *la désignation des objets assurés*. — Dans les assurances contre l'incendie, on doit indiquer la situation des bâtimens, la nature de leur construction, leur usage, la profession de ceux qui les habitent, et même la nature et l'usage des bâtimens adjacens. — Quesnault, no 171; Pardessus, no 591; Grün et Joliat, no 203; Alauzet, t. 2, p. 300.

174. — Quant aux meubles, on se contente d'en faire la description dans la police, de manière qu'aucune substitution ne puisse avoir lieu; mais on a soin de désigner aussi le bâtiment et l'étage où ils sont renfermés. — Persil, no 68; Quesnault, no 170; Grün et Joliat, no 203.

175. — Pour les marchandises, on distingue deux sortes d'assurances, celle avec désignation et celle sans désignation : dans la première, on décrit les marchandises par leur espèce, quantité, marque et numéros; dans la seconde, on ne fait qu'énoncer sommairement les différentes espèces de marchandises; mais dans l'une et l'autre on indique le magasin ou entrepôt dans lequel elles sont déposées. — Grün et Joliat, p. 255; Alauzet, t. 2, p. 301.

176. — Dans les assurances de récoltes, il est nécessaire de désigner la terre ensemencée, sa contenance, sa situation, la nature des produits et leur valeur moyenne. Chaque année, l'assuré doit renouveler sa déclaration relativement à la nature des semences, au moins lorsqu'il change la culture. — Quesnault, no 172; Alauzet, t. 2, p. 302.

177. — La police doit énoncer *l'estimation des objets assurés*. — Cette estimation doit être faite d'après leur valeur vénale. — Boudousquié, no 247.

178. — L'estimation est ordinairement faite de gré à gré, ou par experts, si les parties ne peuvent tomber d'accord; elle peut aussi être faite sur la simple déclaration de l'assuré.

179. — L'estimation donnée par la police aux objets assurés ne lie pas les parties. L'assureur est toujours recevable à la critiquer lors du sinistre. — Elle a pour but de déterminer le montant de la prime due et le *maximum* des indemnités que l'assuré pourra réclamer. — Pardessus, nos 594-3o et 595-2o; Persil, no 40; Grün et Joliat, no 252; Alauzet, no 468; Boudousquié, no 252.

180. — Des objets d'art peuvent être assurés d'après la valeur d'affection ou d'opinion que leur donne l'assuré. — *Cass.*, 12 juill. 1837 (t. 1er 1838, p. 126), comp. du Phénix et d'Assur. génér. c. Ardisson.

181. — Lorsque la valeur des objets assurés a été exagérée dans le contrat, l'assurance peut être annulée, s'il y a eu fraude et dol de la part de l'assuré; dans le cas contraire elle est seulement réductible à la valeur des choses assurées.

182. — La police doit indiquer *la nature et l'étendue des risques*. — Il ne suffit pas de déterminer la nature du risque mis à la charge de l'assureur, l'assuré doit encore faire connaître toutes les circonstances qui peuvent influer sur l'étendue de ce risque.

183. — Toute réticence, toute fausse déclaration de la part de l'assuré qui peuvent diminuer l'opinion du risque ou en changer le sujet, annulent l'assurance. — L'assurance est nulle, même dans le cas où la réticence ou la fausse déclaration n'auraient pas influé sur le dommage ou la perte de l'objet assuré (C. comm., art. 348). — Aussi il a été jugé que la fausseté de la déclaration faite par les assurés sur le mode de construction de l'immeuble objet du contrat est une cause de nullité de ce contrat; et lorsque la nullité est demandée par les assureurs, les juges ne peuvent se dispenser de la prononcer en se bornant à décider que l'indemnité due pour le sinistre sera diminuée du montant de la différence existant entre la prime réellement stipulée et celle qui l'eût été en cas de déclaration véritable : ce serait, en effet, de la part des juges, créer une convention nouvelle, laquelle ne saurait résulter valablement que du consentement mutuel des parties. — *Cass.*, 27 janv. 1845 (t. 1er 1845, p. 204), Comp. d'assur. génér. c. société des bitumes de Bastennes.

184. — Toutefois il faudrait que les différences entre les énonciations de la police et les faits véritables eussent une importance réelle, de nature à diminuer l'opinion des risques dans l'esprit de l'assureur. — Goujet et Merger, no 280.

185. — La question de savoir s'il y a eu *réticence* de la part des assurés dans un contrat d'assurance terrestre rentre dans l'appréciation souveraine des juges du fond et échappe à la censure de la cour de Cassation. — *Cass.*, 24 fév 1835, comp. du Phénix c. Voiron et Béal.

186. — La police doit indiquer *le temps auquel les risques doivent commencer et finir*. — Si la police ne contenait aucune détermination assez positive à cet égard, il paraîtrait naturel de fixer le commencement des risques au jour du contrat. Ce serait d'ailleurs aux juges à rechercher la commune intention des parties d'après l'appréciation des faits et l'interprétation du contrat. — Pardessus, t. 2, p. 588.

187. — Lorsqu'une police d'assurances laisse, par la contrariété des énonciations qu'elle renferme, des doutes sur l'époque précise où l'engagement de la compagnie a dû commencer, il appartient aux juges du fond de fixer cette époque d'après les pièces et documens de la cause. — *Cass.*, 8 avr. 1834, comp. d'assur. du Soleil c. Freiss.

188. — Pour déterminer la fin des risques, MM. Quesnault (no 177) et Alauzet (t. 2, p. 321) pensent qu'en l'absence de toute autre présomption il faut recourir à la règle tracée par l'art. 1758, C. civ, en matière de baux; mais cette opinion est combattue par M. Persil (no 77), qui veut que l'on consulte la nature de l'objet assuré, c'est-à-dire que la durée de l'assurance se fixe sur la durée de

l'existence de la chose soumise à l'assurance.

189. — Pour les récoltes, l'assurance doit, à défaut d'indication, être présumée faite pour les récoltes de l'année dans laquelle le contrat a lieu. — Quesnault, n° 178; Persil, n° 77; Alauzet, t. 2, p. 321.

190. — La police doit énoncer *la somme assurée*. — La détermination de cette somme est indispensable; lorsque l'assurance est faite en bloc sur des objets indéterminés; mais elle ne l'est pas, lorsque l'assurance porte sur des objets déterminés dont l'évaluation est faite dans la police ou peut se faire plus tard. — Quesnault, n° 189; Persil, n° 79.

191. — Elle doit également énoncer *la prime ou le coût de l'assurance*. — Si cette énonciation était omise, elle pourrait être suppléée par les autres énonciations du contrat ou par les livres de l'assureur; à défaut, on pourrait fixer le taux de la prime au moyen du tarif de l'assureur ou du cours ordinaire des divers assureurs. — Quesnault, n° 191; Boudousquié, n° 202; Grün et Joliat, p. 236; Persil, n° 80.

192. — La police doit enfin contenir toutes les autres conditions dont les parties sont convenues.

193. — La rédaction de la police étant le fait de la compagnie d'assurance, cette compagnie ne peut se prévaloir d'une omission dans le texte qui n'a point été dans l'intention des parties. — *Lyon*, 11 août 1837 (t. 1er 1838, p. 205); comp. de l'Union c. Nardon. — De même, lorsque la déclaration contenue dans une police d'assurance présente quelque ambiguïté, cette obscurité doit tourner à la charge de l'assureur qui a reçu et rédigé la déclaration. — *Paris*, 1er août 1844 (t. 2 1844, p. 559), comp. le Sauveur c. Tuvol.

194. — Le nombre et la complication des différentes clauses que comporte le contrat d'assurance terrestre ont fait adopter aux compagnies à prime l'usage de polices imprimées et uniformes pour tous les contrats d'assurances. A la suite de ces conditions générales, un espace blanc est réservé pour recevoir les énonciations et les clauses particulières à chaque assurance. L'ensemble de ces stipulations, tant imprimées qu'écrites, forme la loi des parties. Mais si quelque contradiction pouvait exister entre elles, les clauses écrites devraient obtenir la préférence. — Boudousquié, p. 256; Grün et Joliat, p. 252.

195. — L'énonciation d'une clause des statuts d'une compagnie d'assurance qui se trouve imprimée à la suite de la police, en dehors des conventions et de la signature des parties, ne peut être considérée comme obligatoire. — *Limoges*, 1er déc. 1836 (t. 1er 1837, p. 484), Comp. royale d'assur. c. Gramouzaud et Navarre.

196. — Il y a dérogation à la disposition générale d'une police d'assurance imprimée portant qu'il n'est assuré que la valeur vénale des propriétés, si une clause manuscrite déclare que la valeur des objets assurés sera réglée d'après les prix portés à un inventaire, et non autrement. En conséquence, en cas de sinistre, l'assureur ne peut demander à faire fixer par expert la valeur de ces objets. — *Cass.*, 12 juill. 1837 (t. 1er 1838, p. 126), comp. du Phénix et d'assur. génér. c. Ardisson.

197. — Dans tous les cas où il survient quelque changement qui modifie les conditions de l'assurance et oblige de modifier les clauses du contrat, les parties peuvent, si elles ne veulent pas faire une nouvelle police, constater ce changement par une addition à l'ancienne, qu'on nomme *avenant*. — L'avenant doit être, comme la police, daté, signé par les deux parties et rédigé en double original. — Boudousquié, n° 214; Grün et Joliat, n° 204.

Sect. 6e. — *Obligations de l'assuré.*

198. — La première obligation de l'assuré est de payer la prime aux époques fixées par le contrat. — Lorsque la police se tait sur l'époque du versement de la prime, elle doit être payée comptant. — Grün et Joliat, n° 221; Persil, n° 150; Boudousquié, n° 281.

199. — L'assuré, membre d'une société d'assurance mutuelle qui a cessé de faire partie de la société pour avoir, contrairement aux statuts, fait assurer ses mêmes biens par une autre compagnie, reste néanmoins obligé au paiement des cotisations annuelles, tant qu'il n'a pas donné connaissance régulière à la société mutuelle du fait de la nouvelle assurance contractée. — *Nancy*, 14 déc. 1829, Beaurain.

200. — Lorsque l'assuré ne paie pas la prime, l'assureur a le choix de poursuivre la résiliation du contrat, ou bien de se faire de cette inexécution une exception à la demande en paiement de l'indemnité. — C. civ., art. 1184; — Pardessus, n° 596.

201. — La négligence et le retard dans le paiement des cotisations n'opère pas de plein droit la résolution de l'assurance mutuelle. — *Douai*, 18 mai 1835, Charles et Dufay c. assur. mut. du Pas-de-Calais.

202. — Mais, pour éviter les lenteurs d'une résiliation judiciaire, les compagnies ont soin de fixer un délai de grâce de quinze jours pour le paiement des primes échues, et de stipuler que le défaut de paiement dans ce délai entraîne de plein droit la nullité du contrat.

203. — Si donc l'assuré laisse passer ce délai sans satisfaire à ses engagemens, il perd son droit à toute indemnité en cas de sinistre; sans qu'il soit besoin d'aucune mise en demeure, à moins que l'assureur ne consente à recevoir sans aucune réserve, malgré l'expiration du délai, le paiement fait par l'assuré. — Alauzet, t. 2, p. 328.

204. — Une demande en paiement formée par l'assureur produirait le même effet que le paiement reçu, et purgerait également la mise en demeure de l'assuré. — Alauzet, t. 2, p. 332.

205. — Dans le cas où une clause de police d'une assurance terrestre porte que la première prime sera payée comptant en souscrivant la police, et celles des années suivantes par des billets payables dans la quinzaine de leur échéance, à défaut de quoi, et sans qu'il soit besoin de mise en demeure, l'assuré n'aura aucun droit à l'indemnité, l'assuré qui, après avoir souscrit un billet, même pour la première année, laisse passer les délais sans l'acquitter, est déchu du droit de réclamer une indemnité pour le sinistre qu'il éprouve à une époque où, malgré le laps de cinq mois depuis l'échéance du billet, aucune prime n'avait encore été payée par lui. — *Lyon*, 29 déc. 1830, Assurances générales c. Monfray.

206. — Si un sinistre survient pendant le délai de grâce accordé à l'assuré pour le paiement de la prime, les assureurs en sont reponsables; mais ils sont alors fondés à déduire de l'indemnité le montant de la prime. — Pardessus, n° 596.

207. — Les compagnies sont encore dans l'usage de convenir que le paiement devra se faire au domicile de la compagnie, de sorte que, la dette étant portable, elles ne sont tenues, pour résilier le contrat, à aucune signification ni formalité. — A défaut de cette clause, ce serait au domicile de l'assuré que la prime devrait être payée. — C. civ., art. 1247.

208. — La clause, insérée dans une police d'assurance, qu'à défaut de paiement de la prime au terme convenu, sans qu'il soit besoin d'aucune demande ni mise en demeure, l'assuré n'aura droit à aucune indemnité en cas d'incendie, ne peut pas être opposée par la compagnie dont l'usage constant et invariable est de faire présenter à l'échéance, et long-temps après, au domicile des assurés, les quittances des primes dues par eux. Les primes, dans ce cas, doivent être réputées quérables. — *Paris*, 27 janv. 1837 (t. 1er 1838, p. 389), Henri c. comp. du Soleil; *Colmar*, 8 juill. 1841 (t. 2 1841, p. 706), comp. du Soleil c. Lorentz; *Rouen*, 28 mai 1844 (t. 2 1844, p. 401), comp. du Phénix c. Innocent. — Jugé encore que, lorsqu'à côté d'une clause qui déclare l'assuré déchu de son droit à toute indemnité à défaut de paiement de la prime dans le délai fixé, un contrat d'assurance en contient un autre qui, pour le cas de non paiement, laisse à la compagnie le droit de résilier la police ou de la maintenir, à son choix, sur simple notification, ces deux clauses doivent s'interpréter l'une par l'autre, et il résulte de leur combinaison que la notification seule a la puissance d'opérer la résolution du contrat et de délier la compagnie de ses obligations; — qu'il en est ainsi surtout lorsque, par dérogation à la police, la compagnie est dans l'usage de faire recevoir les primes au domicile des assurés. — *Paris*, 29 août 1844 (t. 2 1844, p. 400), Comp. du Phénix c. Dubois-Delaître.

209. — La clause d'une police d'assurance portant qu'à défaut de paiement de la prime ou du billet qui la représente, dans la quinzaine de son échéance, au domicile de la compagnie, l'assuré n'aura droit, en cas d'incendie, à aucune indemnité, peut être modifiée par des faits d'exécution; ainsi, quand il est prouvé que la compagnie d'assurances a introduit l'usage de faire présenter, lors des échéances, au domicile des assurés les quittances ou billets de prime dus par eux, il y a dérogation suffisante pour que le retard dans le paiement, s'il n'y a pas de refus constaté, ne soit point constitutif d'une fin de non-recevoir touchant la réclamation de l'indemnité due par la compagnie, qui n'a pas manifesté, avant le sinistre, l'intention de faire résilier le contrat existant entre elle et l'assuré incendié. — *Bordeaux*, 11 mai 1840 (t. 2 1840, p. 186), comp. du Phénix c. Boyer-Fonfrède.

210. — Lorsqu'une compagnie d'assurances est dans l'usage de faire toucher à domicile la prime *portable* d'après la police, elle ne peut se prévaloir, en cas de retard de la part de l'assuré au moment du sinistre, de la clause de cette même police qui prononce la déchéance du droit à l'indemnité. — Mais la compagnie serait en droit d'invoquer cette disposition, si elle pouvait justifier que son agent s'est présenté plusieurs fois au domicile de l'assuré après l'échéance de la prime, et que celui-ci s'est constamment refusé à la payer, bien qu'il ait été averti sur les conséquences de ces refus. — Ces faits rentrant dans les matières commerciales, la preuve testimoniale en est admissible, encore bien qu'elle porte sur une somme excédant 150 fr. — *Colmar*, 17 mai 1843 (t. 2 1843, p. 751), Hermann c. comp. royale d'assur. contre l'incendie.

211. — Jugé, en sens contraire, que la clause insérée dans une police d'assurance, qu'à défaut de paiement de la prime ou du billet qui la représente, dans la quinzaine de son échéance, et sans qu'il soit besoin d'aucune demande ni mise en demeure, l'assuré n'aura droit à aucune indemnité, en cas d'incendie, est parfaitement licite; que cette stipulation n'est pas détruite par l'usage adopté et avoué par la compagnie d'assurances de faire présenter à l'échéance, au domicile de ces assurés, les quittances ou billets de primes dus par eux. — *Paris*, 6 mars 1838 (t. 1er 1838, p. 389), Poupinel c. Assur. génér.

212. — Lorsqu'il est stipulé, dans une police d'assurance, que la prime sera payable au domicile de l'assureur, et qu'à défaut de paiement de la prime dans la quinzaine de son échéance, l'assuré, sans qu'il soit besoin d'aucune demande, d'aucune mise en demeure, n'aura droit, en cas d'incendie, à aucune indemnité, on ne peut soutenir que la compagnie, par cela qu'elle faisait toucher les primes à domicile, a renoncé à se prévaloir de l'intégralité de cette stipulation, de telle sorte que, même en justifiant qu'elle a infructueusement exigé la prime à domicile, elle serait non-recevable à invoquer la clause résolutoire, si elle ne justifiait également d'une mise en demeure par écrit. — *Colmar*, 17 mai 1843 (t. 2 1843, p. 751), Hermann c. Comp. royale d'assur. contre l'incendie.

213. — L'assuré ne peut lui-même se faire, du défaut de paiement de la prime, un motif de résiliation. — *Paris*, 23 août 1822.

214. — La faculté de diviser les paiemens des primes est toute dans l'intérêt de l'assuré; il peut donc renoncer au bénéfice du terme et payer comptant la totalité des primes. — C. civ., art. 1187. — Persil, n° 152; Grün et Joliat, n° 224.

215. — Si l'assuré tombe en faillite, l'assureur a le droit de demander la résolution du contrat, ou une caution qui lui garantisse, pour la durée de la police, le paiement des primes non échues (C. comm. art. 346). — Boudousquié, n° 279; Grün et Joliat, n° 332; Quesnault, n° 388.

216. — Mais, si la prime avait été payée en totalité, l'assureur serait sans intérêt pour demander la résiliation et il demeurerait garant des risques jusqu'à l'expiration de la police. — Grün et Joliat, n° 333.

217. — Indépendamment du paiement de la prime, l'assuré a encore d'autres obligations à remplir, soit pendant le cours de l'assurance, soit en cas de sinistre. — Quant à ses obligations relativement aux énonciations que doit contenir la police, V. *suprà* n° 154 et suiv.

218. — Ainsi, il doit donner connaissance à l'assureur de tous les changemens survenus dans la chose assurée depuis la signature du contrat, et qui peuvent modifier les risques. — Presque toutes les polices des diverses compagnies contiennent une disposition formelle à cet égard. — Persil, n° 158; Pardessus, n° 492; Boudousquié, n° 115; Grün et Joliat, n° 231.

219. — Cependant, il n'est pas tenu de déclarer les changemens survenus dans la valeur des objets assurés; l'assureur peut les connaître par le prix courant. — Persil, n° 159.

220. — Le contrat pourrait être résilié si les déclarations de l'assuré relatives aux changemens opérés depuis la police ne se trouvaient pas conformes à la vérité. — Grün et Joliat, n° 232.

221. — Si la police ne fixe aucun délai pour ces sortes de déclarations, l'assuré est toujours à temps de les faire, tant qu'aucun sinistre n'a éclaté. — Grün et Joliat, n° 233.

222. — Après un sinistre, la première formalité que doit remplir l'assuré est d'en donner avis aux assureurs. — Ordinairement les polices fixent le délai dans lequel cet avis devra être transmis par l'assuré. — Quand même rien n'aurait été stipulé à

cet égard, tout retard qui n'aurait pas ses motifs d'excuse pourrait faire naître des doutes sur la bonne foi de l'assuré et élever contre lui des présomptions de fraude.

223. — Une compagnie d'assurance ne pourrait se soustraire à ses obligations par le motif qu'on n'aurait pas, conformément aux statuts, fait connaître l'incendie dans les vingt-quatre heures, s'il n'est pas prononcé de déchéance pour cette omission. — *Bruxelles*, 12 nov. 1829, Lonhienne c. Société d'assurance.

224. — Si un délai fatal et emportant déchéance a été fixé pour la dénonciation du sinistre, l'assuré qui laisse passer ce délai perd son recours contre l'assureur, à moins qu'il ne justifie d'un empêchement légitime. — Boudousquié, p. 285.

225. — Dans les assurances contre la grêle, la déclaration de toute perte de fruits ou de récoltes doit contenir la date et l'heure de l'accident, la désignation des objets grêlés, la mention de l'espèce de récolte détruite et si le dégât est intégral ou partiel. — V. assurances mutuelles contre la grêle, de Paris, art. 17.

226. — Les obligations imposées à l'assuré par le Code de commerce relativement au sauvetage des objets assurés, en cas de sinistre, doivent être appliquées aux assurances terrestres. — C'est donc un devoir pour l'assuré de ne rien négliger pour atténuer les effets du sinistre et préserver autant que possible les choses assurées. — Boudousquié, p. 286; Alauzet, t. 2, p. 426; E. Persil, nº 168.

227. — Il a droit au remboursement de tous les frais qu'il a faits dans l'intérêt de l'assureur, mais à la charge de les justifier. — Alauzet, t. 2, p. 247.

228. — Si l'assuré avait refusé ou négligé de travailler au sauvetage, l'assureur pourrait se prévaloir de cette circonstance pour se soustraire au paiement de l'indemnité stipulée. — Persil, nº 168. — V. *contrà* Alauzet, t. 2, p. 427; Grün et Joliat, nº 243.

229. — Trois obligations sont imposées à l'assuré, pour justifier sa demande en paiement d'indemnité contre l'assureur. — Il faut qu'il prouve : 1º que les objets assurés ont éprouvé un sinistre dont l'assureur est responsable; 2º que le montant de la perte s'élève à la somme qu'il réclame; 3º qu'au moment du sinistre, il n'avait pas perdu la qualité dans laquelle il s'était fait assurer.

230. — La preuve du sinistre se fait en suivant les formalités qui sont ordinairement tracées par la police. — L'incendie, par exemple, se prouve par le procès-verbal que le maire ou le juge de paix doivent dresser sur la déclaration circonstanciée de l'assuré, aux termes des statuts des compagnies d'assurance. — A défaut de procès-verbal, la preuve du sinistre pourrait être faite par l'inspection des lieux, par la notoriété publique ou par témoins. — Pardessus, nº 594 3º, Boudousquié, nº 276.

231. — Le sinistre prouvé, il faut de plus que l'assuré établisse que les objets assurés ont été détruits ou détériorés par suite de ce sinistre. Pour cela il faut qu'il justifie de l'existence des objets assurés au moment de l'accident.

232. — Cette justification n'offre point de difficultés dans certains cas; par exemple, lorsqu'il s'agit de la mort d'un animal atteint par l'épizootie, d'une récolte ravagée par la grêle, et surtout d'un bâtiment ravagé par un incendie. Dans ces différens cas, l'existence des objets assurés résulte de la preuve matérielle elle-même du sinistre. — Pardessus, nº 594 3º.

233. — Mais le cas d'objets mobiliers détruits par un incendie, et c'est un des plus fréquens, n'est pas aussi simple. On s'accorde alors à décider que l'assuré peut établir l'existence des objets assurés par tous les genres de preuves qui sont en son pouvoir. L'appréciation de ces moyens de justification est laissée à la prudence des juges ou des arbitres. — Boudousquié, nº 277; Pardessus, nº 594 3º; Goujet et Merger, nº 141.

234. — Jugé en ce sens que l'existence des objets assurés au moment de l'incendie peut être établie par tous les moyens possibles. — *Cass.*, 12 juill. 1837 (t. 1er 1838, p. 126), Comp. du Phénix et d'Assur. génér. c. Ardisson.

235. — Quant au montant de l'indemnité à payer, il consiste dans la différence qui existe entre la valeur des objets assurés au moment du sinistre et leur valeur après le sinistre. Cette évaluation, qui n'est autre chose que celle des dommages causés par le sinistre, se fait à l'amiable si les parties tombent d'accord, sinon par une expertise contradictoire.

236. — En matière d'assurance contre l'incendie, on n'estime, d'après une stipulation généralement admise, les choses détruites ou endommagées par l'incendie que suivant leur valeur au moment du sinistre, sans égard à celle qu'elles pouvaient avoir lors de la signature de la police. — Grün et Joliat, nº 248; Pardessus, nº 595 2º.

237. — Si l'estimation contenue dans la police n'est pas obligatoire pour l'assureur, qui peut toujours être admis à la critiquer (V. *suprà* nº 179), elle peut, dans certains cas, être prise en considération pour arriver à une évaluation plus ou moins exacte. — E. Persil, nº 40; Alauzet, t. 2, p. 425; Boudousquié, nº 254; Goujet et Merger, nº 154.

238. — Comme en matière d'assurances contre l'incendie, de même qu'en matière d'assurance maritime, l'objet ne peut être que de garantir une perte et non d'assurer un bénéfice, il s'ensuit que l'assureur ne doit payer que les pertes réelles et non l'estimation portée dans la police, et l'assuré est tenu de justifier de ses pertes. — Toutefois, si l'évaluation donnée dans la police d'assurance aux objets assurés ne peut servir à fixer d'une manière invariable leur existence, leur quotité et leur valeur au moment de l'incendie, elle peut au moins, à défaut de stipulations contraires, servir de base pour apprécier leur valeur réelle au moment du contrat, et de renseignemens pour fixer l'étendue des pertes éprouvées par l'assuré. — *Paris*, 15 fév. 1834, Comp. du Soleil c. Bidard.

239. — La justification de la valeur des objets assurés, au moment de l'incendie, peut être établie par tous les moyens possibles. — *Cass.*, 12 juill. 1837 (t. 1er 1838, p. 126), Comp. du Phénix et d'Assur. gén. c. Ardisson. — Alauzet, t. 2, p. 425; Boudousquié, nºs 252 et 253; Pardessus, nº 594 3º.

240. — Une compagnie d'assurances qui oppose au locataire qu'elle a assuré la subrogation au recours du propriétaire, ne peut exciper de l'expertise qui a servi à déterminer contradictoirement entre elle et le propriétaire le dommage causé à l'immeuble. — *Colmar*, 19 août 1830, Wurschmidt.

241. — Le sinistre prouvé et l'évaluation des dommages effectuée, il reste encore à l'assuré à justifier qu'au moment de l'événement il n'avait pas perdu la qualité dans laquelle il s'était fait assurer, et qu'ainsi il a encore intérêt à toucher le montant de l'indemnité; sans cela il ne pourrait être indemnisé d'une perte qui ne serait point à sa charge; ce qui serait contraire aux vrais principes et au but du contrat d'assurance. — Si c'est un mandataire conventionnel ou légal qui réclame les effets d'une assurance, il doit justifier que la qualité dans laquelle il a contracté n'a pas cessé de lui appartenir.

242. — L'assureur est recevable à exciper non seulement du dol, mais des actes de négligence ou d'imprudence par lesquels l'assuré aurait donné lieu au sinistre et en aurait assumé sur lui la responsabilité. — L'assuré doit donc se conformer aux ordonnances et réglemens qui ont prescrit l'observation de différentes règles pour prévenir les incendies. — C. pén., art. 458

Sect. 7e. — *Obligations de l'assureur. — Paiement de l'indemnité. — Subrogation.*

243. — L'assureur contracte deux obligations principales envers l'assuré, savoir : — 1º de payer le montant de l'assurance, en cas de perte totale de la chose assurée, par suite d'un accident de force majeure, mis à sa charge; — 2º d'indemniser l'assuré du dommage causé à la chose assurée par un accident de même nature.

244. — En matière d'assurance terrestre, il n'y a pas lieu à distinguer entre le sinistre *mineur*, qui ne donne lieu qu'à l'*action d'avarie*, et le sinistre *majeur*, qui, indépendamment de l'action d'avarie, fait naître l'*action en délaissement*.

245. — La faculté de délaisser n'est point applicable aux assurances terrestres — Boudousquié, p. 304; Quénault, p. 156; Grün et Joliat, p. 331. — En effet, tous les auteurs qui ont écrit sur le droit maritime sont unanimes pour reconnaître que non seulement le délaissement ne tient pas à l'essence du contrat d'assurance, qui est un contrat d'indemnité, mais qu'il est même contraire à sa nature et à son but. Si des raisons particulières au commerce et aux accidens de la navigation l'ont fait appliquer aux assurances maritimes, on ne doit pas l'étendre, par une fausse analogie, à une classe d'assurances pour laquelle les mêmes motifs n'existent pas.

246. — Cependant la faculté de délaisser peut être stipulée par une clause expresse du contrat. — Boudousquié, p. 310; Grün et Joliat, p. 332. — La Compagnie mutuelle de Paris est presque la seule qui consente au délaissement des matériaux provenant d'un incendie. Cela tient à la nature même des objets sur lesquels elle opère; elle n'assure que des immeubles, et seulement dans la ville de Paris. Les polices des compagnies à prime contiennent au contraire une disposition formelle contre le délaissement.

247. — L'obligation de l'assureur d'indemniser l'assuré de la perte que lui fait éprouver le sinistre garanti, ne doit pas, à moins de conventions expresses, s'étendre à toutes les conséquences du sinistre. La réparation du préjudice matériel causé aux objets assurés est, d'après la nature même du contrat d'assurance, la seule qui puisse fournir matière à indemnité. — Ainsi le propriétaire d'une maison incendiée n'a droit à aucune indemnité pour la perte des loyers qu'il éprouve pendant le temps de la reconstruction ou des réparations. Mais l'assureur est responsable des conséquences immédiates du désastre, par exemple, du dommage causé par l'eau jetée pour éteindre le feu. — Grün et Joliat, p. 293; Alauzet, t. 2, p. 379.

248. — Jugé, d'après ce principe (V. *suprà* nº 129), que l'assurance des marchandises et du mobilier d'une boutique n'entraîne pas contre l'assureur l'obligation, en cas de sinistre, d'indemniser l'assuré à raison de la suspension de son commerce pendant le temps nécessaire pour effectuer les réparations. — *Paris*, 26 avr. 1833, Assur. génér. c. Lavigne.

249. — La réparation des dommages résultant du défaut d'avoir fait réparer de suite les dégâts, n'est à la charge des assureurs que depuis qu'ils ont été mis en demeure de satisfaire à cette obligation. — *Bruxelles*, 12 nov. 1829, Lonhienne c. Société d'assurance.

250. — Ainsi que nous l'avons vu ci-dessus (nº 179), l'assureur n'étant pas lié définitivement par l'estimation qui a eu lieu dans la police, la valeur dont il est tenu est celle des objets assurés au moment du sinistre.

251. — Aux termes de toutes les polices d'assurance, l'assureur n'est tenu de la totalité du sinistre qu'autant que la somme assurée est au moins égale à la valeur des objets assurés au moment du sinistre. Si donc, au moment du sinistre, la valeur des objets assurés excède le montant de l'assurance, l'assuré est censé son propre assureur pour cet excédant, et il supporte en cette qualité sa part des dommages au marc le franc.

252. — Décidé, dans ce sens, que si, lors d'une assurance, il a été convenu que dans le cas où, au moment de l'incendie, la valeur des objets en risques excéderait la somme garantie, l'assuré demeurerait son propre assureur pour l'excédant, et supporterait, en cette qualité, sa part des pertes et dommages au marc le franc, l'assureur et l'assuré doivent tous deux supporter le sinistre proportionnellement à la valeur des objets assurés et à la valeur des effets restés à la charge de l'assuré. — *Paris*, 19 mars 1840 (t. 2 1840, p. 483), Brandt c. Guérin.

253. — Lorsque l'assureur s'est réservé la faculté de rétablir en nature les objets détruits ou endommagés, son obligation est purement facultative et non alternative. L'assuré n'aurait pas le droit d'exiger le rétablissement, si l'assureur opte pour ce moyen de remplir ses engagemens; les créanciers de l'assuré n'auraient pas le droit de s'y opposer en formant des saisies-arrêts sur le montant de l'indemnité. — Grün et Joliat, p. 335.

254. — L'indemnité devient exigible immédiatement après l'estimation du dommage, à moins qu'un délai n'ait été accordé par la police aux assureurs. Elle se compense avec le montant des primes échues et non encore acquittées. — Pardessus, nº 595 5º; Boudousquié, nº 313; Grün et Joliat, nº 274.

255. — Une compagnie d'assurance contre l'incendie ne peut demander que des intérêts civils aux assurés, et ceux-ci, de leur côté, ne peuvent en exiger de plus élevés. — *Paris*, 5 janv. 1837 (t. 1er 1837, p. 617), Lahure c. Comp. d'assur. l'Union.

256. — Cette décision est critiquée par Goujet et Merger (vº *Assurances terrestres*, nº 174). Du moment, disent-ils, que l'assurance constitue un acte de commerce de la part de la compagnie, il en résulte que les intérêts auxquels elle est condamnée pour retard dans l'exécution de ses engagemens doivent être payés d'après le taux commercial, c'est à dire à raison de 6 % par an. Il est vrai que, si l'assuré n'acquitte pas exactement la prime, il n'est tenu d'en payer les intérêts que sur le pied de 5 %; mais cela tient à ce que le contrat est purement civil à son égard.

257. — Une compagnie d'assurance qui, par son refus prolongé de payer la somme réclamée ou d'opérer la reconstruction des bâtimens incendiés, a causé aux assurés un préjudice notable, leur doit un dédommagement autre que celui des intérêts des indemnités. — *Colmar*, 8 juill. 1841 (t. 2 1841, p. 706), comp. du Soleil c. Lorentz.

258. — En matière d'assurances mutuelles, les assurés ne reçoivent d'indemnités que déduction faite de la part pour laquelle ils sont tenus de contribuer; ils sont, en effet, à la fois assurés et associés, et, en cette dernière qualité, ils doivent, con-

me les autres, contribuer, pour leur part, aux charges sociales.

259. — Le paiement de l'indemnité libère l'assureur, mais il faut, pour cela, qu'il soit fait à celui ou à ceux qui ont intérêt et qualité pour recevoir.

260. — L'assureur qui a payé le prix du sinistre, n'est pas subrogé de plein droit au recours qui appartient à l'assuré, soit contre l'auteur de l'incendie, soit contre les voisins, soit contre les locataires, en vertu de l'art. 1733, C. civ. — En effet, la subrogation légale ne peut exister que dans les cas prévus par l'art. 1251, C. civ., et l'assureur ne se trouve dans aucun de ces cas. — Persil, nº 200; Quesnault, nºs 327 et 328; Grün et Joliat, nº 294; Pardessus, nº 595 5º; Duranton, t. 12, nº 181. — *Contrà* Boudousquié, nº 330; Toullier, t. 11, p. 254.

261. — La compagnie d'assurances qui a payé au propriétaire la valeur d'une maison incendiée n'est pas, par cela seul, subrogée *de plein droit* à l'action que le propriétaire de la maison a contre le locataire, responsable de l'incendie aux termes de l'art. 1733, C. civ. — *Cass.*, 2 mars 1829, Assurances c. Lanquetin.

262. — Toutefois, il ne faut pas conclure de là que l'assureur n'ait aucune action contre l'auteur du dommage; il peut, de son chef, lui demander des dommages-intérêts pour le préjudice qu'il lui a causé en donnant ouverture au recours de l'assuré. — C. civ., art. 1382 et 1383; — Pardessus, nº 595-5º; Alauzet, nº 478; Goujet et Merger, nº 182. — Mais l'assureur sera tenu dans ce cas de prouver que celui qui l'actionne est réellement l'auteur du dommage, et il ne pourra, dans ce cas, s'aider contre lui d'aucune présomption légale.

263. — La clause par laquelle l'acquéreur stipule sa subrogation aux droits, recours et actions que l'assuré peut avoir à exercer contre les auteurs reconnus ou présumés du sinistre, les locataires, les propriétaires voisins, et, généralement, tous garans, quels qu'ils puissent être, est valable. — Persil, nº 201; Grün et Joliat, nº 295; Quesnault, nº 326; Boudousquié, nº 329; Persil, nº 281; Duvergier, *Du louage*, nº 418; Troplong, *Du louage*, nº 339; Goujet et Merger, nº 177.

264. — Est licite et valable la stipulation, insérée dans une police d'assurance, par laquelle le propriétaire cède à la compagnie d'assurance les droits qui pourraient résulter à son profit contre les locataires et voisins, en cas d'incendie, de la responsabilité imposée à ces derniers par les art. 1733 et 1734, C. civ. — *Amiens*, 13 avr. 1825, Leblant c. comp. du Phénix; *Cass.*, 1er déc. 1834, Comp. du Phénix c. Bayon et Teyssier; 13 avr. 1836, Comp. du Phénix c. Hemberger; 24 nov. 1840 (t. 2 1840, p. 729), comp. du Phénix c. Lainé; *Paris*, 12 mars 1841 (t. 1er 1841, p. 590), comp. du Phénix c. Hardy et Joannès.

265. — La clause d'une police d'assurance par laquelle une compagnie est subrogée de plein droit au recours que l'assuré pourrait avoir à exercer, au cas d'incendie, contre tous locataires voisins et garans généralement quelconques, doit être considérée comme générale et comprendre l'action pouvant appartenir au propriétaire ou au locataire contre des locataires ou sous-locataires, en vertu de l'art. 1733, C. civ. — *Cass.*, 24 nov. 1840 (t. 2 1840, p. 729), comp. du Phénix c. Lainné.

266. — Une telle subrogation n'est pas astreinte aux formes prescrites par l'art. 1250, C. civ., pour la subrogation conventionnelle. — *Cass.*, 13 avr. 1836, comp. du Phénix c. Hemberger.

267. — Toutefois, le tribunal peut, sans violer aucune loi, décider que la clause d'une police d'assurance par laquelle l'assuré subroge l'assureur à tous les droits, recours et actions qu'il pourrait avoir à exercer contre les voisins, locataires et garans généralement quelconques, ne renferme pas la cession, au profit de l'assureur, de l'indemnité à laquelle l'assuré a droit contre son propre locataire, en cas d'incendie arrivé par la faute de celui-ci; il peut, en conséquence, décider que l'assuré n'est pas tenu d'insérer dans la quittance de l'indemnité la clause de subrogation nécessaire pour que l'assureur puisse agir contre le locataire. — *Cass.*, 1er déc. 1834, comp. du Phénix c. Bayon et Teyssier.

268. — Est nulle la convention par laquelle une compagnie d'assurance est subrogée au droit qu'a le propriétaire assuré à un recours contre les tiers (locataire ou voisin) par la faute duquel un sinistre pourrait arriver. — L'éventualité du recours d'un propriétaire contre son locataire, en cas d'incendie, est incessible. — *Colmar*, 13 janv. 1832, comp. du Phénix c. Drogant; — Alauzet, nºs 480 à 483.

269. — Une société d'assurances qui a indemnisé le propriétaire d'une maison des dégâts causés par un incendie peut être subrogée par celui-ci dans les droits et actions contre le locataire. — *Bruxelles*, 21 sept. 1829, Société Sécuritas c. Manderlier.

270. — De même, la compagnie d'assurances qui, en payant au propriétaire la valeur d'une ferme incendiée, s'est fait subroger par lui dans tous ses droits, peut exercer son recours contre le fermier, responsable de l'incendie en vertu de l'art. 1773, C. civ. — *Cass.*, 11 fév. 1834, Assur. gén. c. d'Autremer.

271. — La clause de subrogation contenue dans une police d'assurance contre l'incendie, ne peut être considérée comme un mandat donné à l'assureur d'agir en toute circonstance au nom de l'assuré. — En conséquence, l'assuré qui reconnaît n'avoir aucun droit à exercer ne peut être responsable des suites d'une saisie-arrêt faite *en son nom*, mais à son insu, *poursuite et diligence de l'assureur*. — *Paris*, 16 fév. 1843 (t. 1er 1844, p. 146), Emingson c. Gouin.

272. — Le propriétaire, en stipulant de son locataire que l'immeuble loué sera assuré contre l'incendie, et en s'obligeant à payer la prime d'assurance de compte à demi avec le preneur, renonce à faire valoir contre ce dernier les droits que lui conférait l'art. 1733, C. civ. — Dès-lors, est sans résultat la clause de la police par laquelle le propriétaire a subrogé *sans garantie* la compagnie dans les droits et actions qui, d'après l'art. 1733, C. civ., lui compétaient contre son locataire. — *Aix*, 22 fév. 1837 (t. 1er 1837, p. 510), Compagnie royale d'assurances c. Granval.

273. — La subrogation ne peut avoir lieu que jusqu'à concurrence de ce qui a été payé au propriétaire; elle ne doit pas être, pour l'assureur, un moyen de gagner. — *Bruxelles*, 12 sept. 1829, Société Securitas c. Manderlier; — Persil, nº 202; Grün et Joliat, p. 349.

274. — L'assuré qui, par sa police, cède à la compagnie d'assurances tous ses droits et actions en responsabilité contre les locataires de l'immeuble assuré, ne conserve pas le droit d'être payé, par préférence à la compagnie, des sommes qu'il prétend lui être dues à raison de l'excédant de la valeur de son immeuble sur le prix du sinistre à lui payer. La disposition finale de l'art. 1252, C. civ., ne reçoit pas ici son application. — *Grenoble*, 15 fév. 1834, Proby c. Comp. d'assur. mut.

275. — L'assureur ne peut exercer la subrogation qu'après avoir payé le dommage. — Grün et Joliat, nº 297.

276. — Ainsi, une compagnie d'assurance contre l'incendie ne peut, quelles que soient les clauses de sa police, agir directement contre l'auteur du sinistre qu'après avoir désintéressé l'assuré et s'être fait subroger conventionnellement à ses droits. — Elle a néanmoins qualité pour les diligences nécessaires pour faire fixer la quotité du sinistre. — *Paris*, 19 mars 1840 (t. 2 1840, p. 483), Brandt c. Guérin.

277. — L'assureur qui exerce, en vertu de la subrogation conventionnelle, le recours de l'assuré, peut se prévaloir contre le locataire de la présomption établie par les art. 1733 et 1734. — *Cass.*, 1er déc. 1834, Comp. du Phénix c. Bayon et Teyssier; — Boudousquié, nº 332.

278. — Mais l'assureur ne peut invoquer la même présomption lorsque, le feu ayant été communiqué par une maison voisine à la maison assurée, il exerce son recours contre le propriétaire voisin. — Arg. *Cass.*, 18 déc. 1827, comp. du Phénix c. de Belsague. — Boudousquié, nº 332.

279. — La présomption de l'art. 1733 ne peut être invoquée à l'égard d'un voyageur logé dans une hôtellerie qui vient à être détruite par un incendie. — Boudousquié, nº 334.

280. — Dans le cas d'une assurance contre *la part du feu*, l'assureur peut-il, en vertu de la subrogation stipulée, exercer une action contre les propriétaires des maisons sauvées pour les faire contribuer à la réparation du préjudice causé à la propriété démolie ou endommagée par ordre de l'autorité? — Non. — Grün et Joliat, nº 303. — Mais l'affirmative est soutenue par Persil, nº 203, et Proudhon (*Traité de l'usufruit*), nº 1594.

281. — Lorsqu'un immeuble a été assuré par un créancier hypothécaire, l'assureur peut invoquer la subrogation conventionnelle, pour exercer son recours contre le débiteur propriétaire de l'immeuble incendié. — Grün et Joliat, nº 300; Boudousquié, nº 337. — *Contrà* jugement du tribunal d'Altkirch du 29 mai 1824.

282. — L'assureur peut exercer son recours contre l'assuré lui-même, lorsque celui-ci est propriétaire d'une maison voisine non assurée, par laquelle le feu s'est communiqué à la maison assurée. — Boudousquié, nº 335.

283. — Mais il n'a aucun recours à exercer contre l'assuré, lorsqu'une maison et le mobilier qu'elle renferme ayant été assurés l'un sans l'autre, le feu s'est communiqué au mobilier assuré par le bâtiment non assuré, ou réciproquement. — Boudousquié, nº 336.

284. — Si l'incendie de la chose assurée donne lieu à des poursuites de la part du ministère public, l'assureur qui a indemnisé l'assuré peut se porter partie civile dans l'action criminelle, ou, s'il le préfère, intenter son action séparément devant les juges civils. — Boudousquié, nº 339.

285. — Si le locataire use de la faculté de rebâtir la maison, la société d'assurance qui a indemnisé le propriétaire a une action en répétition contre lui. — *Bruxelles*, 21 sept. 1829, Société Sécuritas c. Manderlier.

286. — L'indemnité payée par l'assureur est purement mobilière, soit qu'elle représente la valeur d'un meuble, soit qu'elle représente celle d'un immeuble; elle doit donc être distribuée par contribution entre tous les créanciers de l'assuré, sans égard pour les priviléges et les hypothèques. — Pardessus, nº 594-2º; Persil, nº 180; Grün et Joliat, nº 110; Quesnault, nº 309; Troplong, *Hyp.*, nº 890; Duranton, t. 12, nº 182; Alauzet, nº 145; Goujet et Merger, nº 289. — V. *contrà* Boudousquié, nº 316.

237. — Jugé, en ce sens, qu'en cas d'incendie de l'immeuble assuré la somme qui forme le montant de l'assurance n'est pas subrogée à l'immeuble pour l'exercice des priviléges et hypothèques, et que cette somme est également dévolue à tous les créanciers chirographaires et hypothécaires. — *Cass.*, 28 juin 1831, Pinel et Duthuit; *Liége*, 24 nov. 1831, Dubois c. Cokerill; *Grenoble*, 27 fév. 1834, Campana et Maury c. Dussert et Biava; *Paris*, 8 avr. 1834, Société d'assur. mut. contre la grêle c. de Castries.

288. — Jugé au contraire que le prix de l'assurance d'un immeuble représente l'immeuble assuré; en conséquence, il est le gage des créanciers hypothécaires. — *Colmar*, 25 août 1826, Witt.

289. — ... Qu'en cas de perte par incendie d'un établissement industriel assuré, les sommes provenant, non seulement de l'immeuble réel, mais encore de l'immeuble fictif, c'est-à-dire des objets réputés immeubles par destination, doivent être distribuées aux créanciers privilégiés et hypothécaires sur l'immeuble, par préférence aux créanciers chirographaires, alors d'ailleurs que l'assurance a précédé la constitution d'hypothèque. — *Rouen*, 27 déc. 1828, Pinel c. Duthuit.

290. — ... Que lorsque le locataire qui a fait assurer le risque locatif tombe en faillite, le propriétaire peut, en cas de sinistre, réclamer, à l'exclusion des autres créanciers, l'indemnité due au locataire par les assureurs. — *Paris*, 13 mars 1837 (t. 1er 1837, p. 249), Comp. d'assur. mut. c. Syndics Devoluet. — V. *contrà* Goujet et Merger, nº 190.

291. — Si l'assureur tombe en faillite lorsque le risque n'est pas encore fini, l'assuré peut demander caution ou la résiliation du contrat (C. comm., art. 346). — L'état de déconfiture doit avoir les mêmes conséquences que l'état de faillite. — Persil, nº 227; Grün et Joliat, p. 382.

292. — Ainsi jugé que la faillite de l'assureur, en matière d'assurance terrestre, entraîne la résolution de l'assurance, si l'assuré n'aime mieux demander caution. — *Paris*, 10 mars 1825, N.....

293. — L'assuré qui, en cas de faillite de l'assureur, n'a point usé du droit que lui accorde l'art. 345, C. comm., de demander la résiliation du contrat, est tenu de payer la prime qu'il peut devoir encore. — *Douai*, 23 fév. 1826, Dupin de Valène c. Mille (sous *Cass.*, 1er juill. 1828).

294. — Mais il est fondé à réclamer des dommages-intérêts pour le préjudice qu'il a éprouvé, soit par suite d'inexécution du contrat, soit à raison d'une nouvelle assurance, que l'assuré aurait fait faire des mêmes objets par un autre assureur. — *Cass.*, même arrêt.

295. — L'usufruitier d'une maison assurée par le nu-propriétaire, tant pour la nu-propriété que pour l'usufruit, n'a pas, au cas d'incendie, le droit d'exiger que le prix de l'assurance soit employé à la reconstruction de la maison. — Mais il a droit à l'intérêt de ce prix, comme représentant l'immeuble soumis à son usufruit. — *Colmar*, 25 août 1826, Witt. — Goujet et Merger, nº 294.

296. — Le droit de marronnage pour la reconstruction d'une maison incendiée ne peut être exercé par l'usager, si la maison de ce dernier était assurée par une compagnie qui lui a payé une indemnité. — *Nancy*, 28 mai 1833, commune de Bremenil c. de Poix.

297. — En cas de destruction partielle d'un immeuble assuré, le preneur ou locataire n'a pas le droit d'exiger que l'indemnité reçue par le bailleur de la compagnie d'assurances soit employée à la

reconstruction ou réparation de l'immeuble. — *Paris*, 5 mai 1826, Godfrin c. Ausmont.

Sect. 8e. — *Extinction du contrat d'assurance.*

298.—L'assurance terrestre finit par l'expiration du temps fixé par la police d'assurance, ou bien, avant cette époque, par le consentement réciproque des parties.

299. — La clause des statuts d'une compagnie d'assurance mutuelle qui porte qu'à l'expiration d'un délai déterminé le propriétaire associé peut déclarer qu'il n'entend pas continuer à faire partie de la société, crée réciproquement, au profit de la société, le droit de refuser, ce délai une fois expiré, d'admettre de nouveau dans la société l'ancien associé. — *Paris*, 15 juill. 1832, Thayer c. comp. d'assur.

300.—Indépendamment de cette fin commune à toutes les assurances, plusieurs autres circonstances peuvent faire prononcer la nullité ou amener la résolution du contrat.

301. — Nous avons successivement énuméré les élémens qui constituent l'essence de l'assurance et sans la réunion desquels elle n'est pas valable. L'absence d'un de ces élémens doit donc entacher le contrat de nullité.—Ainsi, il est nul 1° s'il a été souscrit par des personnes sans capacité et sans qualité; 2° si la chose assurée n'existe pas; 3° si aucune prime n'a été stipulée; 4° si le consentement des parties ou de l'une d'elles a été vicié par l'erreur, la violence ou le dol. — Boudousquié, n° 341.

302.— Les causes de nullité tiennent à l'essence même du contrat. —Les causes de résolution sont au contraire postérieures à sa formation; elles sont au nombre de quatre principales : 1° l'extinction des risques; — 2° l'inexécution du contrat; — 3° le changement ou l'aggravation des risques; — 4° la faillite de l'assureur ou de l'assuré.— Nous avons déjà eu occasion de parler principalement des trois dernières.

303.—L'extinction des risques a lieu de plusieurs manières.—L'objet peut périr, pendant la durée de l'assurance, par suite d'un événement autre que celui qui est prévu dans la police; l'assurance se trouve alors dépourvue d'aliment. Il en est de même lorsque le sinistre entraîne la perte totale de la chose assurée. Le rétablissement en nature de l'objet détruit n'aurait pas pour effet de faire revivre le contrat, il faut pour cela une nouvelle convention des parties.— Pardessus, n° 593; Boudousquié, n° 361.

304.—En cas de sinistre partiel, l'assurance continue de subsister sur la partie restante. Mais dans ce cas presque toutes les compagnies se réservent la faculté de résilier à leur gré la police. — Boudousquié, n° 362.

305. — De même que l'extinction des risques, le défaut de risque peut devenir une cause de résiliation, par exemple, lorsque des marchandises assurées dans un magasin désigné n'y sont pas transportées, ou lorsqu'assurées seulement pendant le temps du transport d'un lieu à un autre, elles ne changent pas de place.

306.—L'assurance est encore résolue par la perte de la qualité en laquelle l'assuré a figuré au contrat. — Ainsi l'extinction d'une créance hypothécaire ou d'un droit d'usufruit à l'occasion desquels un immeuble avait été assuré entraîne l'extinction du contrat, qui n'a plus d'objet.—Boudousquié, n° 368.

307. — Presque toutes les compagnies stipulent que le changement survenu dans la personne du propriétaire leur donne le droit de résilier le contrat. Mais en l'absence d'une pareille stipulation l'acquéreur succède de plein droit au bénéfice de l'assurance.—Grün et Joliat, n° 327; Boudousquié, p. 205; Alauzet, t. 2, p. 443.—A moins que l'assurance ait été consentie en considération de l'assuré personnellement.—Pardessus, n° 596.

308. — On a vu plus haut (n° 20) que la clause d'une police d'assurance qui interdit à l'assuré de faire assurer les mêmes objets par une autre compagnie pouvait être considérée comme une condition résolutoire, dont l'inexécution entraîne la résolution du contrat d'assurance.

309.— Dès-lors, si, au mépris d'une pareille clause, l'assuré a contracté une autre assurance, le premier contrat est résolu, en ce sens que les nouveaux assureurs, subrogés aux droits de l'assuré, ne peuvent exiger de la première compagnie l'exécution du contrat et le paiement du prix de l'assurance.—*Cass.*, 27 août 1828, Phénix c. comp. de l'Aisne.

310. — De même, si, contrairement à un article des statuts d'une société mutuelle, l'assuré sociétaire a fait assurer les mêmes biens par une autre compagnie, il cesse de faire partie de la société, en ce sens qu'il perd tout droit à l'indemnité en cas de sinistre. — *Nancy*, 14 déc. 1829, Beaurain.

311. — Mais une compagnie d'assurance mutuelle ne peut s'affranchir de ses obligations sous le prétexte que l'assuré, malgré la prohibition des statuts, aurait contracté avec une autre compagnie, si cet engagement n'a pas eu pour objet de faire assurer de nouveau la même propriété, mais seulement le remboursement des cotisations annuelles, mode d'assurance non compris dans la prohibition.—*Cass.*, 12 janv. 1842 (t. 1er 1842, p. 116), Comp. d'assur. mut. de l'Aisne c. Mouton et Boudin.

312. — Jugé aussi que l'assureur ne peut invoquer le bénéfice de la clause qui le décharge de toute responsabilité dans le cas où il existerait une première assurance, alors que cette assurance avait (suivant les conventions des parties) pris fin au moment du second contrat par suite de l'aliénation de l'objet assuré. — Peu importe, d'ailleurs, que les primes aient continué à être payées à la première compagnie par l'ancien propriétaire, si elles ne l'ont pas été du consentement du second. — *Colmar*, 15 déc. 1831, Pfanner c. comp. du Phénix.

313.—La mort de l'assuré, non plus que l'aliénation de la propriété assurée, ne sont pas des causes de résolution d'un contrat d'assurance, alors surtout (circonstance relevée par l'arrêt attaqué) que la compagnie a continué, soit après le décès de l'assuré, soit après le changement de propriétaire, à percevoir les cotisations annuelles s'il s'agit d'une assurance mutuelle, ou le paiement des primes si l'assurance est à primes. — La compagnie ne peut donc se soustraire, ni dans l'un ni dans l'autre cas, à la réparation du sinistre s'il y a lieu. — *Cass.*, 12 janv. 1842 (t. 1er 1842, p. 116), Assur. mut. de l'Aisne c. Mouton et Boudin.

Sect. 9e. — *Prescription.*

314. — L'art. 432, C. comm., qui fixe à cinq années, à compter *de la date du contrat*, la prescription de toute action dérivant d'une police d'assurance, n'est pas applicable aux assurances terrestres; d'abord, parce que toutes les dispositions qui établissent des déchéances sont de droit étroit, et ensuite parce que cette règle serait impraticable dans les assurances terrestres. Il pourrait arriver, en effet, que l'action de l'assuré fût éteinte avant d'avoir pris naissance, dans le cas, par exemple, où le sinistre n'aurait éclaté que plus de cinq ans après la signature de la police.— Boudousquié, p. 443; Grün et Joliat, p. 406; Persil, p. 353.—V. *contrà* Quesnault, p. 190, qui fait courir la prescription avec l'année dans laquelle le sinistre est arrivé.

315. — L'action de l'assuré en paiement de l'indemnité dure donc trente ans (C. civ., art. 2262), à moins qu'une clause de la police n'en ait limité l'exercice à un plus court délai. — Boudousquié, p. 445; Grün et Joliat, p. 407; Persil, p. 354.

316. — Lorsqu'un délai a été déterminé par une clause de la police, la prescription court contre toutes personnes même contre les mineurs et les interdits, sauf leur recours contre leurs tuteurs (C. civ., art. 2278); mais elle est interrompue s'il y a cédule, obligation, arrêté de compte ou interpellation judiciaire (C. comm., art. 434). — Boudousquié, p. 446; Quesnault, p, 192.

317. — Quant à l'action de l'assureur pour le paiement de la prime, il faut distinguer : si l'assurance a été faite moyennant une prime unique, payable en une seule fois, cette action dure trente ans; si au contraire la prime a été stipulée payable par année, l'action de l'assureur se prescrit par cinq années pour chaque prime successive (C. civ., art. 2277). — Boudousquié, p. 445; Grün et Joliat, n° 722; Persil, p. 354; Quesnault, p. 261.

318. — Il avait été jugé que l'art. 2277, C. civ., est applicable aux annuités que doit un assuré à une compagnie d'assurances mutuelles. — *Metz*, 10 juill. 1839 (t. 1er 1840, p. 722), ville de Bitche c. ancienne comp. d'Assur. mut. de Nancy.

319. — Mais cette décision a été cassée, et il a été jugé au contraire qu'en matière d'assurances mutuelles, la part contributive de chaque assuré dans la réparation des sinistres (laquelle part est essentiellement éventuelle) ne constitue pas une charge fixe payable annuellement ou à des termes périodiques plus courts. — Dès-lors la prescription de cinq ans établie par l'art 2277, C.civ., n'est pas applicable à cette espèce de créance. — *Cass.*, 8 fév. 1843 (t. 1er 1843, p. 296), mêmes parties.

Sect. 10e. — *Compétence.*

320. — La clause de soumission à des arbitres se trouve généralement insérée dans toutes les polices d'assurances; mais elle n'est pas forcée, elle n'est que facultative.—C. comm., art. 332. — Persil, p. 340; Quesnault, p. 311; Boudousquié, p. 431. — Du reste, la promesse de compromettre n'est valable qu'autant qu'elle désigne l'objet en litige et le nom des arbitres (C. procéd., art. 1006). La jurisprudence est aujourd'hui fixée sur ce point. — V. COMPROMIS.

321. — Toutes les personnes qui sont capables de contracter une assurance ne sont pas également habiles à souscrire une clause compromissoire (C. procéd., art. 1003). — Ainsi, le mineur émancipé qui peut valablement stipuler une assurance, ne pourrait se soumettre à la justice arbitrale pour les difficultés que peut faire naître l'exécution de la police. Il en est de même du tuteur qui fait assurer les biens de son pupille, et généralement de tous ceux qui n'agissent qu'en qualité d'administrateurs, ou en vertu d'un mandat spécial, à moins que ce mandat ne renferme le pouvoir exprès de compromettre. — Quesnault, p. 320 et 322.

322.— Quoique la police renferme la clause compromissoire, c'est néanmoins devant les tribunaux ordinaires que doivent être portées les demandes en nomination d'experts; car l'expertise précède nécessairement, en cas de sinistre, toute discussion devant les arbitres. — Grün et Joliat, p. 391.

323. — Il en est de même des demandes en paiement de prime, surtout lorsque les compagnies ont par une clause spéciale soustrait ces sortes de demandes à la juridiction des arbitres.—Boudousquié, p. 440; Grün et Joliat, p. 389.

324. — Lorsque la police porte qu'en cas de non-paiement de la prime aux époques convenues, l'assuré, sans qu'il soit besoin de mise en demeure, perd tout droit à l'indemnité, et que l'assureur peut, à son choix, maintenir le contrat ou le résilier au moyen d'une simple notification, et que le refus, par la compagnie d'assurance, du paiement de l'indemnité d'un sinistre, est fondé, d'après l'intention clairement manifestée par cette compagnie, sur cette clause de la police, la contestation à laquelle ce refus donne naissance met en question l'existence même et la force obligatoire du contrat. — Dès-lors, elle ne saurait être soumise à des arbitres, encore que le contrat contienne une clause compromissoire portant que toutes contestations autres que celles relatives au paiement des primes arriérées seront jugées par des arbitres. — *Colmar*, 12 août 1840 (t. 2 1840, p. 472), comp. du Soleil c. Lorentz. — Boudousquié, n° 394.

325. — La clause d'une police d'assurance qui dispose que toute *contestation* relative à son exécution sera soumise à des arbitres, ne doit pas être entendue en ce sens que les arbitres seront compétens pour statuer sur l'existence ou la validité de la police elle-même. La connaissance de ces questions ne peut appartenir qu'au tribunal de commerce, et la juridiction arbitrale ne s'applique qu'aux questions agitées sur l'exécution de la police non contestée et reconnue valable. — *Cass.*, 2 déc. 1839 (t. 1er 1840, p. 179), compagnie du Phénix c. Sigallas.

326. — Lorsque la police ne contient pas de clause compromissoire, les parties restent soumises, pour le jugement de leurs contestations, à l'empire du droit commun.

327. — Envisagé dans ses rapports avec l'assuré, le contrat d'assurance est toujours un contrat civil. Il n'est, en effet, de sa part qu'un acte d'administration exclusif de toute idée de gain et de spéculation. — Dans ses rapports avec l'assureur le contrat d'assurance est au contraire commercial ou civil suivant le mode d'assurance employé. — Boudousquié, p. 432.

328. — Les opérations des compagnies à prime sont des actes de commerce; on doit leur appliquer par analogie la disposition de l'art. 633, C. comm., qui range au nombre des actes de commerce l'assurance des risques maritimes. Ce sont donc de véritables sociétés commerciales. « La parfaite conformité de spéculation, dit Vincens (t. 1er, p. 234), entre l'assurance des risques de mer et celle des risques de feu, moyennant une prime, a fait pencher le Conseil d'état (comité de l'intérieur et du commerce) à décider par analogie que la dernière est aussi commerciale. » — Persil, p. 343; Quesnault, p. 312; Boudousquié, p. 432; Grün et Joliat, n° 346.

329. — Les sociétés d'assurances à prime contre l'incendie sont des sociétés commerciales.— *Paris*, 23 juin 1825, Muraine c. Dupin de Valène; *Cass.*, 8 avr. 1828, Dupin de Valène c. Delcourt.

330. — Par conséquent, en cas de cessation de paiement, elles peuvent être déclarées en faillite. — *Cass.*, même arrêt.

331.—Par la même raison elles sont justiciables des tribunaux de commerce.

332. — Jugé également que les assurances con-

tre l'incendie des immeubles doivent être considérés comme des actes de commerce, et par conséquent être soumises à la juridiction commerciale. — *Colmar*, 25 juin 1843 (t. 2 1843, p. 665), le Réparateur c. Boin.

333. — ... Et que les contestations entre les propriétaires assurés contre l'incendie et les compagnies d'assurances à primes sont également de la compétence des tribunaux de commerce. — *Rouen*, 24 mai 1825, compagnie d'Assurances c. Lemasson.

334. — Jugé toutefois que les assurances terrestres ne sont pour les assurés que des actes purement civils. — Dès-lors, l'art. 822, C. comm., relatif aux assurances maritimes (réputées actes de commerce par l'art. 633), et l'art. 51, relatif aux sociétés commerciales, ne sont pas applicables aux assurances contre l'incendie et autres de même nature. — *Metz*, 31 août 1843 (t. 1er 1844, p. 596), Lacolle et Lacroix c. la Salamandre.

335. — Mais les compagnies mutuelles n'ont aucun caractère commercial; elles ne sont pas formées par des capitalistes réunis dans le but de spéculer, mais par des propriétaires qui s'associent dans un but de garantie commune, sans aucune idée de bénéfice pour la société ni pour aucun d'eux. Leurs opérations sont donc des contrats du droit civil. — Persil, p. 341; Quesnault, p. 312; Boudousquié, p. 433; Grün et Joliat, p. 393.

336. — Ainsi jugé que des compagnies d'assurances mutuelles contre l'incendie ne sont point des sociétés commerciales justiciables des tribunaux de commerce. — *Rouen*, 9 oct. 1820, Thuillier c. Gosselin; *Douai*, 4 déc. 1820, Charret Sauvage c. comp. d'assur. du Nord.

337. — Par la même raison elles ne sont pas sujettes au droit de patente. — Grün et Joliat, no 48. — C'est aujourd'hui la disposition formelle de la loi du 25 avr. 1844. — Mais les directeurs d'assurances non mutuelles sont rangés par la loi du 25 avr. 1844, sur les patentes, dans la classe des patentables, et imposés à 1o un droit fixe de 1,000 fr. pour vingt départemens ou plus; de 500 fr. pour six à vingt départemens; de 300 fr. pour moins de six départemens; — 2o un droit proportionnel du quinzième de la valeur locative de la valeur d'habitation et des locaux servant à l'exercice de la profession. — V. PATENTE.

338. — Il suit donc de tout ce qui précède : 1o que l'assuré doit être traduit, pour l'exécution de ses engagemens devant les tribunaux civils. — On doit excepter de cette règle le commissionnaire qui a fait assurer pour le compte de son commettant. L'assurance est, en effet, un acte de commerce de sa part, à cause du bénéfice que lui procure sa commission. — Grün et Joliat, p. 391; Boudousquié, p. 434; Persil, p. 343; Quesnault, p. 312.

339. — ... 2o Que les assureurs à prime doivent être traduits devant les tribunaux de commerce.

340. — 3o ... Que les actions dirigées, soit par les membres d'une société mutuelle contre la société, soit par la société contre ses membres, pour l'exécution de leurs engagemens respectifs, doivent être portées devant les tribunaux civils. — Boudousquié, p. 434; Grün et Joliat, p. 391.

341. — 4o ... Que les contestations qui peuvent s'élever entre les sociétaires des compagnies à primes soient soumises à l'arbitrage forcé (art. 51, C. comm.). — Persil, p. 343; Grün et Joliat, p. 387; Quesnault, p. 318.

342. — Sous le rapport de la compétence territoriale, on doit suivre les règles ordinaires. — Ainsi c'est devant le tribunal de son domicile que l'assuré doit être assigné (C. de procéd., art. 59); ou bien devant le tribunal du domicile élu, en cas d'élection de domicile faite par lui dans la police (C. civ., art. 3.) — Grün et Joliat, p. 399; Persil, p. 347; Quesnault, p. 318; Boudousquié, p. 435.

343. — Les compagnies d'assurance mutuelle doivent être assignées devant le tribunal du lieu où elles sont établies (C. de procéd., art. 59). — Persil, p. 346; Boudousquié, p. 436.

344. — Les compagnies d'assurance à prime peuvent être assignées, soit devant le tribunal du lieu où elles sont établies (C. procéd., art. 59), soit devant le tribunal du lieu où la police a été souscrite (C. comm., art. 420). — Persil, p. 346; Boudousquié, p. 435; Quesnault, p. 317.

345. — Les agens de ces compagnies établis dans les divers départemens sont ordinairement autorisés à faire élection de domicile en leur demeure, pour l'exécution des polices; dans ce cas, les compagnies peuvent être poursuivies devant le tribunal du domicile élu par leurs agens. — Quesnault, p. 318.

346. — L'assignation en paiement de l'indemnité d'un sinistre donnée à l'agent principal d'une compagnie d'assurance chargé de toutes les affaires de la société dans un département, est valable, et il n'est pas nécessaire que le délai de l'ajournement soit augmenté à raison des distances entre le domicile de l'agent et celui de la société. — *Colmar*, 8 juill. 1841 (t. 2 1841, p. 706), comp. du Soleil c. Lorentz.

347. — Une compagnie d'assurances dont le siége est à Paris peut être assignée au domicile du directeur gérant qui la représente dans le département où a lieu le sinistre, alors surtout que la police porte que le tribunal dans le ressort duquel réside l'agent principal sera chargé de prononcer sur toutes les contestations. — *Cass.*, 15 mai 1844 (t. 1er 1844, p. 718), comp. le Réparateur c. Silberman.

348. — Lorsqu'il a été stipulé, dans la police d'une compagnie d'assurances à primes établie à Paris, que toutes les demandes et contestations qui pourraient s'élever entre cette compagnie et les assurés seraient portées devant le tribunal dans le ressort duquel le sinistre aurait eu lieu, et, dans le cas où la compagnie n'aurait pas d'agent principal dans ce ressort, devant le tribunal du domicile de l'agent le plus voisin, une assignation donnée à l'agent principal de cette compagnie, à son domicile, dans le ressort du lieu du sinistre, aux fins de la condamnation de la compagnie au paiement de l'indemnité, doit être déclarée valable. — Il en doit être ainsi alors même que le délai de l'assignation n'a pas été augmenté à raison de la distance entre le domicile de l'agent et celui de la société. — *Colmar*, 25 janv. 1843 (t. 2 1843, p. 665), le Réparateur c. Boin.

349. — Cependant, une saisie-arrêt ne serait pas régulièrement formée entre les mains d'une compagnie d'assurance, si elle était seulement signifiée au domicile de l'agent qui a souscrit la police en vertu de laquelle est due la somme arrêtée. — Boudousquié, p. 436.

350. — En matière de police d'assurance comme en toute autre matière, la demande en garantie doit être portée devant le tribunal de l'action principale. — *Cass.*, 8 avr. 1834, comp. d'assur. du Soleil c. Freiss.

V. ANNUITÉ, AVAL, ENREGISTREMENT, MONT-DE-PIÉTÉ.

ASSURANCE MUTUELLE.

1. — C'est le contrat par lequel plusieurs individus conviennent de se garantir réciproquement, pendant un temps déterminé, contre certains risques auxquels sont exposées des choses de même nature qu'ils possèdent.

2. — Les assurances mutuelles participent tout à la fois du contrat d'assurance proprement dit et du contrat de société.

3. — Ainsi, c'est par les règles particulières du contrat d'assurance que se détermine, en cas de sinistre, l'étendue des droits de chaque contractant vis-à-vis de l'association (V. ASSURANCE TERRESTRE). — Et les rapports des divers associés les uns à l'égard des autres sont réglés par les principes relatifs au contrat de société (V. SOCIÉTÉ).

4. — On peut voir aussi vis ASSURANCE TERRESTRE et ASSURANCE SUR LA VIE, à quelles conditions peuvent être légalement formées les associations pour les assurances mutuelles, et quel est le caractère de ces associations.

ASSURÉ.

On nomme ainsi celui envers qui, dans un contrat d'assurance, l'assureur répond des risques auxquels sont exposés les objets assurés. — V. ASSURANCE MARITIME, — TERRESTRE, — SUR LA VIE.

ASSURER LE PAVILLON.

Lorsqu'on attaque un bâtiment ou qu'on lui intime l'ordre de se rendre ou de souffrir la visite, le pavillon national doit être arboré avant de tirer le premier coup de canon à boulet qui sert de *semonce*. C'est ce qu'on appelle *assurer le pavillon*. — E. Vincens, *Législ. comm.*, t. 3, p. 314. — V. ARMEMENT EN COURSE et PRISES MARITIMES.

ASSUREUR.

On nomme ainsi celui que le contrat d'assurance oblige à répondre des risques que peuvent courir les objets assurés. — V. ASSURANCE MARITIME, — TERRESTRE, — SUR LA VIE.

ATELIER.

1. — Lieu où travaillent les ouvriers d'un artisan ou d'un fabricant. — Ce mot, lorsqu'il s'agit de travaux d'une certaine nature ou d'une certaine importance, a pour synonyme ceux de *fabrique* ou de *manufacture*.

2. — La police des ateliers, en ce qui concerne les contestations entre maîtres et ouvriers, rentre dans la juridiction des prudhommes. — V. PRUD'HOMMES.

3. — Une loi des 22-24 mars 1841 a réglé le travail des enfans employés dans les *manufactures*, *usines* ou *ateliers*. — V. TRAVAIL DES ENFANS DANS LES MANUFACTURES.

4. — Les ateliers que la loi répute *dangereux*, *insalubres* ou *incommodes* pour les habitations voisines, sont soumis, pour leur établissement, à certaines formalités particulières. — V. ÉTABLISSEMENS INSALUBRES.

ATELIERS INSALUBRES.

V. ÉTABLISSEMENS INSALUBRES.

ATERMOIEMENT.

1. — C'était le nom qu'on donnait à un contrat passé entre un débiteur en faillite et ses créanciers, par lequel ils lui accordaient des termes pour les payer de ce qu'il leur devait ou lui faisaient remise d'une partie de leurs créances.

2. — L'atermoiement est un acte volontaire et amiable passé, dans le but que nous venons d'indiquer, entre un débiteur et ses créanciers. L'atermoiement ne fait pas supposer la faillite, il a lieu ordinairement dans le cas de déconfiture, ou pour prévenir la déclaration de faillite.

3. — L'atermoiement diffère de l'abandonnement ou de la cession de biens en ce que le débiteur conserve l'administration de ses propriétés.

4. — Pour que ce contrat fût valable sous l'ancien droit, il fallait qu'il fût passé devant notaire avec minute, qu'il contînt un état circonstancié des biens du débiteur et des recouvremens qu'il avait à faire, avec un état des dettes passives. Il fallait de plus que ce contrat fût imprimé et homologué.

5. — Jugé cependant qu'un contrat d'atermoiement passé entre un débiteur et ses créanciers assemblés à cet effet, non pas chez un notaire, mais devant les *juges consuls* (de Chartres), devait être exécuté. — *Parlem. Paris*, 3 mai 1765. — Denizart, vo *Atermoiement*, no 2.

6. — Le tribunal d'appel de Turin a jugé aussi, le 25 vent. an XII (Bronzet c. Tranquillio), avant le Code de commerce, qu'un contrat d'atermoiement pouvait être passé sous seings-privés et hors la présence des magistrats.

7. — L'homologation des contrats d'atermoiement était de la compétence des juges royaux et non de la juridiction consulaire. — *Parlem. Paris*, 27 mars 1702.

8. — Mais une déclaration du roi, du 10 juin 1715, attribua aux juridictions consulaires de la ville où demeuraient les faillis, l'homologation des contrats, et cette attribution fut renouvelée annuellement pour avoir lieu jusqu'en 1739.

9. — Une déclaration du 30 juill. 1715 n'avait fait d'exception à la règle générale qu'en faveur du Châtelet de Paris; et la Conservation de Lyon tenait d'un édit du mois de juill. 1669 le même privilége qui a été reconnu par un droit du parlement de Paris rendu sur les conclusions de M. l'avocat général Séguier, le 7 mars 1761. — Denizart, vo *Atermoiement*, no 5.

10. — Par la déclaration du 23 sept. 1739, l'attribution aux juridictions consulaires avait cessé, et l'homologation des contrats d'atermoiement, d'union, de direction, était retournée aux juges ordinaires, conformément à l'arrêt du parlement du 27 mars 1702.

11. — Les abus qui résultent de cette jurisprudence ont déterminé les auteurs des Codes civil et de commerce à l'abroger. Cette abrogation se trouve implicitement dans le Code civil, titre des *Obligations*, au paragraphe *de la cession de biens*; mais elle est prononcée d'une manière explicite par le Code de commerce, qui prohibe tout concordat, si ce n'est après les formalités de la faillite, et dans une assemblée à laquelle tous les créanciers soient appelés.

12. — C'est seulement en ce cas que la majorité peut faire la loi à la minorité des créanciers. Il résulte de là que les accords volontaires faits sans qu'il y ait de faillite déclarée ou prononcée, ne peuvent obliger que les créanciers qui les ont signés, et que ceux qui n'y ont point accédé ne peuvent être contraints à leur exécution.

13. — Au contraire, sous l'ancien droit, lorsque dans les contrats d'atermoiement tous les créanciers n'étaient pas du même avis, l'opinion embrassée par ceux qui réunissaient les trois quarts de ce que devait le débiteur en faillite prévalait sur celle des autres créanciers qui n'avaient entre eux que le quart de ce qui était dû. — Denizart, vo *Atermoiement*, no 6.

14. — Denizart (v° *Atermoiement*, n° 8) émettait l'opinion que les créanciers réunissant les trois quarts n'auraient dû pouvoir contraindre ceux qui formaient l'autre quart qu'à souscrire des contrats accordant seulement des termes et non pas ceux par lesquels on convenait de faire des remises au débiteur. Car il n'est pas naturel, disait il, qu'une ou plusieurs personnes puissent forcer une autre de donner une partie de son bien. — Mais la jurisprudence avait autorisé l'usage contraire. — V. notamment *Parlem. Paris*, 23 août 1706, rapporté au *Journal des Audiences*.

15. — Un semblable arrangement intervenant entre des créanciers et leur débiteur avant la déclaration de faillite de celui-ci, rentre aujourd'hui dans la classe des obligations conventionnelles régies par les principes des obligations à terme ou de la remise volontaire.

16. — Dès-lors, quand un traité a été fait entre un négociant débiteur et plusieurs de ses créanciers, sans qu'il y ait eu faillite déclarée ni observation des formalités prescrites en pareil cas, le refus de quelques créanciers d'accéder au traité le rend caduc, et les signataires ne peuvent plus en exiger l'exécution. — *Paris*, 14 déc. 1814; *Angers*, 14 janv. 1815, N....; — Goujet et Merger, v° *Atermoiement*, n° 5.

17. — Avant le Code de commerce, il n'était pas nécessaire que les affirmations et vérifications des créances précédassent le contrat d'atermoiement fait entre un débiteur et ses créanciers. Il suffisait que ces affirmations et vérifications fussent faites avant que la demande en homologation formée contre les créanciers refusant d'adhérer à l'atermoiement fût portée en justice. — *Paris*, 6 messid. an XIII, Razuret et Faber c. Thibault.

18. — Mais depuis le Code de commerce l'observation des formalités prescrites par les dispositions qui précèdent l'art. 319, C. comm., n'est pas exigée pour la validité d'un contrat d'atermoiement qui a obtenu l'assentiment unanime des créanciers du failli. — *Douai*, 22 juin 1820, Deforges c. Anceaume. — Goujet et Merger, v° *Atermoiement*, n° 6.

19. — Les créanciers qui ont exécuté ce contrat peuvent figurer dans la procédure de faillite. — *Angers*, 14 janv. 1815, N...

20. — Doivent être exécutées, malgré la promulgation du Code civil, les conventions arrêtées antérieurement entre le failli et ses créanciers, et par exemple la clause d'un acte d'atermoiement par laquelle pouvoir a été donné au failli par ses créanciers d'administrer et de vendre les biens formant le gage desdits créanciers. — *Cass.*, 18 mai 1813, Pinot c. Bodin et Bontoux.

21. — Bien qu'en cautionnant les dettes de son fils failli, un père ait stipulé que le contrat serait résolu dans le cas où le fils n'obtiendrait pas la signature de tous les créanciers sur le contrat d'atermoiement, cependant, si le père a, dans son intérêt personnel, fait une livraison de marchandises faisant partie de l'actif du failli, il a pu être déclaré non-recevable vis-à-vis des créanciers signataires à invoquer la clause résolutoire, lors même que quelques créanciers n'auraient pas signé. — C. civ., art. 1168 et 1181. — *Cass.*, 20 août 1838, Thibaut c. Boc-Saint-Hilaire.

22. — Avant le Code de commerce, les étrangers ne pouvaient atermoyer en France. — Denizart, v° *Atermoiement*, n° 11. — Cette décision ne saurait être suivie aujourd'hui sous l'empire du Code civil et du Code de commerce.

23. — Les créanciers privilégiés ou hypothécaires ne pouvaient pas être tenus d'entrer en aucune composition, remise ou atermoiement, à cause des sommes pour lesquelles ils avaient privilége ou hypothèque. — Ord. 1673, tit. 11, art. 5, 6 et 7.

24. — Cependant jugé que l'art. 520, C. comm., n'est pas applicable au concordat amiable obtenu par un négociant en état de simple suspension de paiement. — *Cass.*, 27 mai 1827, A... c. D...

25. — Il semble toutefois que l'atermoiement ne serait pas nul parce que les créanciers privilégiés n'y auraient pas adhéré, puisque, dans un concordat légalement consenti, ces créanciers n'auraient subi aucune remise. Il semble qu'il serait injuste de vouloir les astreindre à en supporter une par voie de transaction amiable.

26. — Les créanciers employés et dénommés dans un contrat d'atermoiement devaient affirmer que leurs créances étaient sérieuses, et qu'ils ne prêtaient pas leur nom; ce n'était que sur le montant des créances de ceux qui avaient fait cette affirmation qu'on pouvait décider s'il y avait vraiment les trois quarts des créanciers qui agréaient ce contrat. Ceux qui n'avaient pas fait l'affirmation ne devaient pas compter dans le calcul des trois quarts.

27. — Les règles que nous venons de rappeler étaient suivies lorsqu'il n'y avait pas de fraude; s'il y en avait, par exemple, si l'état des dettes actives et passives était faux, soit parce qu'il comprenait des créanciers simulés, soit parce qu'il passait sous silence quelques effets, le contrat ne produisait aucun effet contre ceux qui l'avaient signé. — Denizart, v° *Atermoiement*, n° 10.

28. — Il nous semble qu'aujourd'hui un contrat conventionnel d'atermoiement ne pourrait, après une déclaration de faillite, être passé qu'avec la sanction de la justice; il prend alors le nom de *concordat*. — V. FAILLITE.

V. aussi CESSION DE BIENS, DOUBLE ÉCRIT, ENREGISTREMENT.

ATOUR.

Statuts ou réglemens faits par des maires qui, dans certaines villes, étaient anciennement appelés *attournez*. — V. ord. du pays Messin, art. 86. — Laurière, *Gloss. du droit fr.*, t. 1er, p. 83.

ATRE.

V. BAIL, SERVITUDE.

ATTACHE.

1. — On appelait autrefois *lettre d'attache* une ordonnance jointe à une autre pour la faire mettre à exécution. — En Provence l'attache était connue sous le nom d'*annexe*. — V. ce mot.

2. — Les lettres d'attache étaient nécessaires dans certaines provinces du royaume pour l'exécution des bulles, brefs, rescrits et provisions émanés de la cour de Rome. — Merlin, *Rép.*, v° *Attache*, — V. BULLE, CULTE.

ATTACHE.

Dans la coutume de Berry signifiait *affiche*. — V. tit. 5, art. 20; tit. 9, art. 2, 50, 61, 67 et 74.

ATTACHÉ.

1. — On appelle ainsi, en France, des employés appointés sur le budget du ministre des affaires étrangères et qui sont placés dans les ambassades.

2. — Les attachés avaient été supprimés par un réglement du 25 av. 1830, et en quelque sorte remplacés par des secrétaires surnuméraires d'ambassade, mais ils ont été rétablis par l'ordonnance du 1-22 mars 1833 (art. 2) dans les ambassades ou légations de Turin, Naples, Bruxelles, Francfort, Hambourg, Carlsruhe et de Grèce pour l'Europe, dans celle de Washington et de Rio de Janeiro pour l'Amérique.

3. — Ces attachés concourent seuls par voie d'avancement, avec les employés expéditionnaires de la division politique du département des affaires étrangères, soit aux emplois de seconds secrétaires dans les missions de premier ordre, et de secrétaires uniques dans celles de second ordre, soit à ceux de rédacteurs dans l'intérieur du département. — Même ordonnance (art. 3). — V. AGENT DIPLOMATIQUE.

ATTÈLES.

Les fabricans et marchands d'attèles pour colliers de bêtes de trait sont rangés par la loi du 25 avr. 1844, sur les patentes, dans la septième classe des patentables et imposés à 1° un droit fixe basé sur le chiffre de la population de la ville ou commune où est situé l'établissement; — 2° un droit proportionnel du quarantième de la valeur locative de la maison d'habitation et des locaux servant à l'exercice de la profession.

ATTENTAT.

Table alphabétique.

Acte extérieur, 16. — matériel, 26.
Ancien droit, 29.
Armes de guerre, 13.
Association, 13.
Attaque contre les droits du roi, 13.
Attentat, 27.
Attroupement, 13.
But, 12.
Chambre des pairs, 9, 30, 33.
Chose publique, 14.
Commencement d'exécution, 16, 25.
Compétence, 29-33. — facultative, 31.
Complot, 18, 19.
Cour d'assises, 30, 32.
Discours, 26, 27.
Ecrit, 26, 27.
Exécution, 20, 23.
Gouvernement, 10, 11.
Haute trahison, 33.
Inexécution, 24.
Intention, 15.
Ministère, 11.
Provocation, 27, 28.
Renversement du gouvernement, 28.
Résolution d'agir, 18.
Roi, famille royale, 7.
Sûreté de l'état, 8, 9, 10.
Tentative, 15, 17, 20-24.

ATTENTAT. — 1. — Ce mot exprime toute attaque dirigée contre la sûreté de l'état, la Charte constitutionnelle, les personnes ou les propriétés.

2. — Pour les attentats contre les personnes, V. ASSASSINAT, BLESSURES ET COUPS, EMPOISONNEMENT, HOMICIDE, INFANTICIDE, MEURTRE, PARRICIDE.

3. — Pour la menace d'un attentat contre les personnes, V. MENACES.

4. — Il est aussi une autre nature d'attentats contre les personnes, qui ont dû être traités sous les mots ATTENTAT A LA PUDEUR, ATTENTAT AUX MOEURS.

5. — L'attentat commis par un militaire à la sûreté et à la liberté des citoyens, et que punit la loi du 12 mai 1793, tit. 1er, sect. 3e, art. 18, est mentionné au mot DÉLITS MILITAIRES.

6. — Pour ce qui concerne les attentats à la liberté prévus et punis par la sect. 2e, chap. 2, liv. 3, C. pén., V. ATTENTAT A LA LIBERTÉ, ARRESTATION ILLÉGALE ET SÉQUESTRATION DE PERSONNES, LIBERTÉ INDIVIDUELLE.

7. — Quant aux attentats contre la vie ou la personne du roi et des princes, bien que groupés par le Code pénal avec les attentats contre la sûreté intérieure de l'état, ils nous ont paru devoir être traités séparément. — V. ATTENTAT CONTRE LE ROI ET SA FAMILLE.

8. — Les attentats contre la sûreté de l'état, que la loi du 8 oct. 1830, art. 7, déclare crimes *politiques*, ont été rangés sous le mot CRIMES CONTRE LA SURETÉ DE L'ÉTAT, où ils se trouvent rapprochés d'autres crimes qui, sans en prendre le nom, ont beaucoup de rapport avec les attentats. — C'est aussi sous le mot CRIMES CONTRE LA SURETÉ DE L'ÉTAT que nous avons classé les attentats ayant pour but de détruire ou de changer le gouvernement ou d'exciter à la guerre civile.

9. — L'art. 28 de la Charte constitutionnelle, en attribuant à la chambre des pairs la connaissance des attentats à la sûreté de l'état, semblait annoncer une loi destinée à définir cette sorte d'attentat. En l'absence de cette loi promise, mais non encore rendue, les attentats à la sûreté de l'état demeurent définis et régis par le Code pénal.

10. — Le Code pén. donne spécialement le nom d'attentat aux crimes qui, dirigés contre la sûreté intérieure de l'état, attaquent dans leur essence même les pouvoirs qui gouvernent, ou ont pour but, soit d'exciter la guerre civile, soit de porter la dévastation, le massacre et le pillage dans le sein de la société.

11. — Indiquons en passant que, par gouvernement, on entend ici ce que la Charte (art. 12 et 59) appelle la forme du gouvernement du roi, abstraction faite des individus qui y participent. Ainsi l'attentat qui aurait pour but le changement de tel ministère n'est pas compris dans cette définition, sauf l'application des lois sur la rébellion ou autres crimes semblables. Mais l'attentat ou le complot qui aurait pour but de faire gouverner l'état sans ministres responsables serait un cas qui rentrerait dans le crime dont il s'agit. — Rauter, n° 294.

12. — L'attentat est un crime générique et complexe qui comprend des crimes différens par leur nature, quoique identiques dans le but qu'ils se proposent. Car c'est son but qui lui imprime son caractère, et les actes d'exécution ne sont poursuivis que comme révélateurs de ce but.

13. — A défaut d'une preuve suffisante de l'intention, du but, qui leur impriment ce caractère d'attentat, ces crimes peuvent constituer soit le délit d'attroupement (L. 10 avr. 1831), soit le délit d'association (L. 10 avr. 1834), soit celui de détention d'armes de guerre (L. 24 mai 1834), soit enfin le délit d'attaque contre les droits que le roi tient du vœu de la nation française, prévu par la loi du 29 nov. 1830.

14. — Les attentats contre la chose publique ont toujours été placés au premier rang des crimes, et comme tels réprimés par des lois exorbitantes en général du droit commun.

15. — Dans les délits commis contre les particuliers, la loi ne punit pas la seule intention de nuire à autrui, non manifestée par une tentative extérieure. Une autre règle a été fréquemment adoptée pour les crimes contre la sûreté de l'état. — V. L. 4, *Ad legem Jul. Majest.*; Const. du 3 sept. 1791; C. pén. de 1791; C. du 3 brum. an IV; L. 9-11 mars 1793, qui créa le tribunal révolutionnaire; sén.-cons. du 28 flor. an XII; L. 20-27 déc. 1815; 9 sept. 1835.

16. — Le Code du 25 sept.-6 oct. 1791 et le Code pén. de 1810 ne faisaient aucune distinction entre le complot et l'attentat. La manifestation par un simple acte extérieur était assimilée à l'attentat, avant même qu'il y eût commencement d'exécution. — Il y avait donc attentat, d'après l'art. 88, C. pén. de 1810, dès qu'un acte était commis ou

commencé pour parvenir à l'exécution du crime, quoique le crime n'eût pas été consommé. Ainsi les préparatifs de la tentative étaient, sous cette loi, punis comme la tentative même.

17. — Mais, d'après la loi du 28 avr. 1832, il n'y a de tentative d'attentat qu'autant que l'action réunit les caractères de la tentative spécifiés par l'art. 2, C. pén.

18. — La loi du 28 avr. 1832 a séparé le complot et l'attentat. « La simple résolution du crime, a dit le rapporteur de la chambre des députés (M. Dumon), peut-elle se comparer à son accomplissement? » — V. COMPLOT.

19. — La peine capitale est réservée au simple attentat, et l'attentat n'existe que là où les actes d'exécution le révèlent; toute manifestation d'une résolution criminelle par les simples actes extérieurs qui précèdent le commencement d'exécution cesse d'être assimilée au crime lui-même. Enfin les peines de la non-révélation ont été écartées. — V. au reste COMPLOT, CRIMES CONTRE LA SURETÉ DE L'ÉTAT.

20. — L'exécution ou la tentative constituent seules l'attentat (L. 28 avr. 1832). — Ainsi il est nécessaire qu'il y ait exécution ou commencement d'exécution. Par là on rentre dans le droit commun. C'est ce qui devient évident en présence de l'ancienne rédaction de l'art. 88, qui définissait l'attentat un acte commis ou commencé pour parvenir à l'exécution.

21. — Cependant la thèse contraire a été soutenue par le ministère public à l'aide de l'argumentation suivante : « L'exécution dont parle l'art. 88, C. pén., ne peut s'entendre que de la tentative, et, dès-lors, le mot tentative employé dans le même article ne peut plus désigner que les actes du degré précédent, c'est-à-dire les préparatifs. Comment, en effet, admettre que, par le mot exécution, le législateur ait voulu désigner la consommation, l'accomplissement du crime? La consommation du crime de lèse-majesté, c'est la victoire; et dans le nouvel état de choses que la victoire aura fondé, quel sera le vengeur du système aboli? »

22. — Mais la cour de Cassation, repoussant ce système, a jugé qu'en matière d'attentat contre la sûreté intérieure de l'état la tentative ne peut pas résulter d'un acte quelconque commis ou commencé; elle ne se constitue que par les caractères déterminés de l'art. 2, C. pén., pour les crimes en général. — Cass., 13 oct. 1832, Poncelet (aff. dite de la rue des Prouvaires). — V. conf. Chauveau et Hélie, Th. du C. pénal, t. 2, p. 45.

23. — L'exécution ou la tentative qui constituent seules l'attentat, aux termes de l'art. 88, C. pén., sont nécessairement comprises dans l'accusation d'avoir commis l'attentat prévu par l'art. 87. — Dès-lors, les questions posées au jury sur le point de savoir si l'accusé est coupable 1° d'exécution ou de complot, 2° de tentative de ce complot, sont régulières et suffisamment conformes à l'arrêt qui a renvoyé les accusés devant la cour pour avoir commis un attentat tendant à changer le gouvernement. — Cass., 20 juin 1833, Laroche et Mornet du Temple.

24. — Il n'y a point de crime d'attentat toutes les fois qu'il y a eu désistement volontaire, même après le commencement d'exécution, car alors, aux termes de l'art. 2, il n'y a point de tentative légale. — Chauveau et Hélie, t. 2, p. 433.

25. — Ainsi donc la tentative dans le sens de l'art. 88 c'est le commencement d'exécution; l'exécution, c'est la consommation de l'attentat. Et l'on ne doit pas confondre ici deux choses bien différentes, l'exécution matérielle et les effets de cette exécution. Cette distinction répond à l'argument que, dans l'affaire Poncelet citée plus haut, on tirait de l'impossibilité de punir ceux qui auraient fait exécuter la révolte sur les ruines du gouvernement qu'ils auraient renversé.

26. — L'attentat dont il s'agit doit être un acte matériel (comme, par exemple, d'ériger publiquement un autre drapeau que le drapeau national); des attaques par écrit ou par des discours ne peuvent être regardées comme telles, sauf l'application des lois sur les délits de la presse. — Rauter, n° 295.

27. — Jugé même sous le Code de 1810 que les discours et les écrits contenant des provocations aux crimes contre la sûreté de l'état, ne peuvent jamais être considérés comme constituant l'acte ou fait extérieur dont se prévient l'attentat. — Cass., 26 avr. 1817, Auguste Challas c. Ministère public.

28. — De même, la provocation au renversement du gouvernement du roi, non suivie d'effet, est un simple délit correctionnel distinct de l'attentat prévu par l'art. 87, C. pén., et qui peut exister sans qu'il y ait attentat ou complot. — Cass., 13 juill. 1832, de Fleury (aff. de la Gazette de France).

29. — La connaissance des crimes de cette nature a toujours été confiée à des tribunaux exceptionnels; ils étaient jugés autrefois par le parlement de Paris, siégeant comme cour des pairs; ils l'ont été successivement par la haute cour nationale (const. 3 sept. 1791), par le tribunal révolutionnaire (L. 8 brum. an II, an IX, an XI, mai 1793), par la haute cour de justice criminelle (const. 5 fruct. an III), par la haute cour impériale (sénatus-consulte du 28 flor. an XII), par la cour spéciale (C. inst. crim.), par les commissions militaires (décr. 24 déc. 1811) et par les cours prévôtales (L. 20-27 déc. 1815).

30. — Aujourd'hui, ces crimes sont déférés au jury ou à la cour des pairs.

31. — Mais la compétence de cette haute juridiction est facultative (V. COUR DES PAIRS). Ces crimes rentrent dans la compétence des tribunaux criminels ordinaires, c'est-à-dire de la cour d'assises.

32. — Ainsi jugé que les cours d'assises sont compétentes pour procéder au jugement de tous les attentats contre la sûreté de l'état, jusqu'à ce qu'une loi ait déterminé ceux qui, aux termes de la charte constitutionnelle, doivent être déférés à la cour des pairs. — Cass., 14 déc. 1815, Chamans Lavalette c. Ministère public; 3 déc. 1820, Ministère public c. Planzeau; 8 nov. 1834, Ministère public c. Avril et Pirault.

33. — Jugé de même que l'art. 33 de la charte, en attribuant à la cour des pairs la connaissance des crimes de haute trahison et des attentats à la sûreté de l'état, n'indique pas en même temps que pour ces crimes mêmes la compétence de la cour soit exclusive de toute autre. — Cour des pairs, 16 juill. 1821, Ministère public c. Gauthier de Laverderie (conspiration du 19 août 1820).

34. — La loi du 10 avr. 1834 sur les associations, art. 4, et celle du 9 sept. 1835 sur les crimes et délits de la presse, art. 1er, 2 et 5, ont, à la vérité, attribué à la cour des pairs la connaissance de divers faits qualifiés d'attentats; mais elles disposent seulement que ces délits pourront être déférés à la cour des pairs, ce qui confirme la compétence des cours d'assises, dans toutes les affaires où le gouvernement n'a pas usé de la faculté que ces lois lui ont réservée. — Merlin, Rép., v° Cour des pairs, n° 2. — V. COMPLOT, COUR DES PAIRS, CRIMES CONTRE LA SURETÉ DE L'ÉTAT.

ATTENTAT A LA LIBERTÉ.

Table alphabétique.

ATTENTAT A LA LIBERTÉ. — 1. — C'est, en général, toute atteinte portée à la liberté des citoyens en dehors des cas prévus par la loi. — Plus spécialement, ce mot désigne la violation arbitraire ou illégale de la liberté individuelle par un dépositaire de l'autorité publique ayant agi en cette qualité. — C. pén., art. 114 et suiv.

§ 1er. — Historique. — Règles générales (2).
§ 2. — Arrestation ou détention illégale ou arbitraire (13).
§ 3. — Refus de constater les détentions arbitraires ou d'y mettre fin (55).
§ 4. — Violation des règles prescrites pour l'arrestation ou la détention (63).
§ 5. — Violation des garanties accordées à certains fonctionnaires (82).
§ 6. — Complicité (85).

—

§ 1er. — Historique. — Règles générales.

2. — La liberté individuelle est le plus précieux de tous les droits de l'homme; sans elle, il ne peut vaquer à ses affaires ni subvenir aux besoins de sa famille, ni veiller à la conservation de sa fortune. Aussi, ce droit a-t-il besoin d'une protection toute spéciale, et le but de toute législation sage est-il de réprimer les atteintes dont il est l'objet hors des cas où l'intérêt général exige qu'on fasse fléchir la rigueur du principe.

3. — Les législations de tous les pays se sont, en effet, préoccupées de la liberté individuelle. — La loi romaine notamment portait des peines rigoureuses contre ceux qui s'en rendaient les violateurs.

4. — De nos jours, le code des États-Unis d'Amérique punit de deux ans d'emprisonnement le magistrat qui a ordonné une arrestation manifestement illégale. — Chauveau et Hélie, Théorie du Code pénal, t. 3, p. 88.

5. — En Angleterre, la loi prononce la peine du præmunire, c'est-à-dire d'une prison qui peut être perpétuelle, et la confiscation des biens contre les atteintes les plus graves portées contre la liberté individuelle. Mais les juges de paix ont, dans ce pays, le pouvoir de rendre la liberté sous caution aux prévenus, à moins qu'ils ne soient accusés de crimes capitaux : aussi les peines du præmunire sont-elles d'une application très rare. Quant aux arrestations illégales de courte durée, elles ne donnent lieu qu'à une amende, à l'emprisonnement et à une saisine civile de la partie lésée. — Blakstone, Comment. sur le Code criminel, 1re part., ch. 15, n° 8.

6. — Le Code prussien (art. 384 et suiv.) punit d'une réclusion de deux à quatre ans le magistrat qui procède par voie criminelle contre un innocent pour porter atteinte à sa réputation ou à sa fortune, et d'une amende le juge qui retient plus de quarante-huit heures un prisonnier sans l'interroger.

7. — Le Code de brumaire an IV punissait de six ans de gêne les attentats à la liberté individuelle, sans distinguer entre les auteurs du crime, les frappant tous de la même peine, à moins qu'ils ne fussent membres du pouvoir exécutif, auquel cas la peine était doublée. — C. du 3 brum. an IV, art. 634 et 635. — Du reste, il ne les définissait dans aucune de ses dispositions.

8. — Sous ce Code, les affaires d'attentats contre la sûreté individuelle des citoyens, dans lesquelles le directeur du jury exerçait immédiatement les fonctions d'officier de police judiciaire, devaient, à peine de nullité, être soumises à des jurés spéciaux d'accusation et de jugement. — Cass., 24 brum. an VII, Joseph Rieu.

9. — Jugé que, sous le Code du 3 brum. an IV, suivant lequel les attentats à la liberté individuelle devaient être soumis à des jurés spéciaux, aucune disposition de loi n'ayant défini ce que l'on devait entendre par ces sortes d'attentats, il ne pouvait résulter aucune ouverture à cassation de ce qu'une cour de justice criminelle aurait refusé de considérer comme tels l'assassinat et le viol. — Cass., 18 pluv. an XII, N...

10. — Jugé aussi que, sous le Code du 3 brum. an IV, des vols et des excès commis par un attroupement armé dans l'intention de faire mettre en liberté un prêtre incarcéré avaient tous les caractères d'une atteinte à la liberté et à la sûreté individuelles des citoyens. En conséquence, le directeur du jury devait remplir immédiatement les fonctions d'officier de police judiciaire, et l'affaire devait être portée devant un jury spécial à peine de nullité. — Cass., 4 vendém. an VII, N.

11. — Le Code pénal de 1810 prévoit également les atteintes à la liberté individuelle; mais il distingue et gradue les peines selon qu'elles ont été commises soit par des fonctionnaires ou agents

déjà investis par la loi du droit d'arrestation, soit par des fonctionnaires auxquels ce droit n'a jamais appartenu, ou même par de simples particuliers. — Dans le premier cas, ces atteintes conservent le nom générique d'*attentats à la liberté*, et sont réprimées par les art. 114 et suivans; dans le second, on les appelle plus spécialement *arrestations arbitraires et séquestrations de personnes* et elles sont prévues par les art. 341 et suivans.— Les premières seules doivent nous occuper ici; quant aux autres, V. ARRESTATION ARBITRAIRE ET SÉQUESTRATION DE PERSONNES.

12. — La loi du 8 octobre 1830 a rangé les attentats à la liberté prévus par les art. 114 et suivans parmi les délits politiques. — V. cette loi, art. 7; de Grattier, *Lois de la presse*, t. 2, p. 218 et suiv.

13. — Le droit d'arrestation ne peut être exercé que par les fonctionnaires ou agens que la loi a formellement investis de ce pouvoir, dans les cas prévus et selon les formes prescrites. — V. ARRESTATION. — L'arrestation ordonnée par un fonctionnaire ou opérée par des agens, même compétens, en dehors des cas prévus par la loi est dite *arbitraire* : elle est *illégale* si elle a lieu sans l'observation des formes prescrites ou par des agens incompétens munis néanmoins d'ordres légaux.

14. — Les seuls fonctionnaires auxquels la loi ait accordé le droit d'arrestation dans des limites plus ou moins larges sont les juges d'instruction, les procureurs du roi, les juges de paix, officiers de gendarmerie, maires et adjoints, les préfets, les présidens de cours d'assises, les juges et administrateurs outragés dans leurs fonctions, l'officier supérieur commandant un conseil de guerre, les préfets maritimes, commandans de forces navales, capitaines de vaisseaux commandans supérieurs des ports, etc. — V. ARRESTATION.

15. — Quant aux agens chargés d'effectuer les arrestations, ce sont les gardes champêtres et forestiers, les gendarmes, huissiers, agens de police, et tous autres agens de la force publique. — V. AGENT DE LA FORCE PUBLIQUE, AGENT DE POLICE, ARRESTATION.

16. — Tous fonctionnaires ou agens autres que ceux expressément désignés par la loi se rendent donc forcément, comme les simples particuliers, coupables d'un attentat à la liberté individuelle quand ils ordonnent ou opèrent une arrestation; mais à leur égard, le fait constitue, ainsi que nous l'avons vu *suprà* nº 11, un crime ou délit spécial réprimé par d'autres dispositions (art. 341 et suiv.). — V. ARRESTATION ARBITRAIRE ET SÉQUESTRATION DE PERSONNES.

17. — Le Code pénal qualifie spécialement d'attentats à la liberté certains faits qui font l'objet des dispositions de la section 2e, ch. 2, tit. 1er, liv. 3, art. 114 à 122 du Code pén., et que nous classerons, pour plus de clarté, dans autant de paragraphes spéciaux.

§ 2.—*Arrestation ou détention illégale ou arbitraire.*

18.—Opérée en dehors des règles et des cas prévus, l'arrestation d'un citoyen constitue le crime réprimé par l'art. 114, C. pén., et devient punissable toutes les fois qu'elle n'est pas en quelque sorte autorisée par le pouvoir discrétionnaire dont le juge est investi, comme il arrive quand l'ordre émane du juge d'instruction.—Chauveau et Hélie, t. 3, p. 111; Morin, *Dict.*, p. 71.

19. — L'art. 114 est ainsi conçu : « Lorsqu'un » fonctionnaire public, un agent ou un préposé du » gouvernement, aura ordonné ou fait quelque » acte arbitraire, ou attentatoire soit à la liberté » individuelle, soit aux droits civiques d'un ou de » plusieurs citoyens, soit à la Charte, il sera con- » damné à la peine de la dégradation civique. — » Si néanmoins il justifie qu'il a agi par ordre de » ses supérieurs pour des objets du ressort de » ceux-ci, et sur lesquels il leur était dû obéis- » sance hiérarchique, il sera exempt de la peine, » laquelle sera, dans ce cas, appliquée seulement » aux supérieurs qui auront donné l'ordre. »

20. — Il résulte de la distinction que nous avons faite entre les fonctionnaires investis du droit d'arrestation et ceux qui ne le sont pas et les simples particuliers, que l'art. 114, C. pén., ne s'applique qu'aux fonctionnaires, préposés ou agens du gouvernement chargés d'ordonner ou d'exécuter les arrestations.

21.—Ainsi jugé que l'huissier qui, sans être porteur d'un mandat de justice et sans y être autrement autorisé, arrête un individu qu'il soupçonne d'avoir favorisé l'évasion d'un détenu pour dettes, et qui le confie à des gendarmes, commet un attentat à la liberté individuelle. — *Cass.*, 1er frim. an XIII, Rolpot c. Gayant; — Merlin, *Rép.*, vº *Arrestation*, § 5.

22. — De même l'agent de police qui, sans ordre de l'autorité compétente, et hors le cas de flagrant délit, fait arrêter par la force armée et conduire un citoyen devant un commissaire de police se rend coupable du crime d'attentat à la liberté individuelle — *Cour d'assises de la Seine*, 13 avr. 1826, Gallin.—V. conf. Collinières, *Tr. de la liberté individuelle*, t. 2, p. 407, nº 30.

23. — Les voies de fait et l'arrestation arbitraire commises par un garde champêtre dans l'exercice de ses fonctions constituent également ce crime prévu par l'art. 114, C. pén., de la compétence de la cour d'assises et non du tribunal correctionnel. — *Cass.*, 25 mai 1827, Zuber. — V. conf. Mangin, *Tr. des procès verbaux*, p. 208, nº 98.

24. — L'art 114, C. pén., punit non seulement les actes attentatoires à la liberté individuelle, mais encore les actes attentatoires, soit aux droits civiques d'un ou plusieurs citoyens, soit à la Charte.

25. — L'incrimination générale de l'art. 114 est, il faut en convenir, un peu vague, et il est à regretter que le législateur, reculant devant les difficultés d'une plus grande précision, ait tant laissé à l'arbitraire et à l'interprétation; mais la disposition relative aux droits civiques et à la Charte est réellement trop élastique et échappe à toute définition. — En vertu d'une semblable disposition, tout acte arbitraire ou inconstitutionnel pourra être poursuivi, pour peu qu'il porte préjudice à un citoyen : la sagesse seule des magistrats chargés d'appliquer cet article peut en modérer les dangers; il eût été certes préférable de leur laisser, dans leur intérêt, autant que dans l'intérêt public, moins de latitude.

26. — L'agent qui, chargé de former la liste d'électeurs, en aurait sciemment rayé quelques uns rentrerait dans les prévisions de l'art. 114.—Chauveau et Hélie, *Th. C. pén.*, t. 3, p. 112.

27. — Il en serait de même, selon les mêmes auteurs (*ibid*), de celui qui aurait mis obstacle à ce qu'il fût statué sur les réclamations d'un électeur.

28. — Pour qu'il y ait lieu à l'application de notre article, il est indispensable que l'intention criminelle ait été jointe au fait attentatoire à la liberté, car il est de principe qu'il n'y a pas de crime sans intention.

29. — Jugé ainsi qu'un attentat contre la liberté ou la sûreté individuelle des citoyens ne pouvant se concevoir sans qu'il y ait eu dessein prémédité de le commettre, on n'a pas pu qualifier comme tel une rixe survenue à l'occasion de la perception du droit de passe. En conséquence, sous le Code du 3 brum. an IV, qui chargeait le directeur du jury d'accusation de poursuivre immédiatement, comme officier de police judiciaire, les attentats contre la liberté ou sûreté individuelle des citoyens (art. 140), le directeur du jury était incompétent pour exercer immédiatement les fonctions d'officier de police judiciaire sur une affaire de cette nature qui ne pouvait pas être soumise à des jurés spéciaux.—*Cass.*, 28 frim. an IX, Jean Fraisse c. Ministère public.

30. — De même, il n'y a pas lieu d'autoriser la mise en jugement d'un maire pour une arrestation ordonnée sans motifs légaux, mais dans l'intérêt évident de la personne arrêtée et pour la soustraire à de graves dangers. — *Cons. d'état*, 10 fév. 1816, Comte.

31. — Le maire qui chasse arbitrairement, et avec la force armée, une femme de la maison qu'elle habite, doit être mis en jugement, quels que soient les motifs de mœurs ou de convenances qu'il invoque. — *Cons. d'état*, 10 (et non 18) fév. 1816, Langle.

32. — Jugé que, lorsque la question de savoir si un accusé d'attentat à la liberté individuelle était autorisé par la loi à opérer l'arrestation n'a été soumise au jury que sous le rapport du fait, et lorsque les juges l'ont décidée sous le rapport du droit, il ne peut résulter de là aucune ouverture à cassation. — *Cass.*, 1er frim. an XIII, Rolpot c. Gayant.

33. — La seconde disposition de l'art. 114 accorde au fonctionnaire qui a agi par ordre de ses supérieurs, la faculté de rejeter sur eux la responsabilité de l'acte illégal.

34. — Toutefois trois conditions sont nécessaires pour rendre son excuse admissible. Il faut 1º qu'il rapporte l'ordre; 2º que l'ordre émane de ses supérieurs hiérarchiques; 3º qu'il se rattache à leurs fonctions légales.—Chauveau et Hélie, t. 3, p. 115.

35. — Si ces trois conditions ne se trouvaient pas réunies, il n'y aurait point de justification. — Ainsi, un ordre d'arrestation donné par un préfet à un sous-préfet, ne rentrant point dans les attributions de ces fonctionnaires, un ordre donné par un commandant militaire à un maire, n'émanant pas d'un supérieur hiérarchique, ne sauraient fournir une excuse valable à l'inférieur. — Chauveau et Hélie, t. 3, p. 115.

36. — Toutefois l'inférieur doit toujours être poursuivi, sauf à ne lui appliquer aucune peine s'il justifie qu'il est dans les cas d'excuses prévus par la loi. — Mais c'est à lui de faire cette justification. — Mêmes auteurs, *ibid.*

37. — L'approbation donnée par le supérieur postérieurement à l'acte arbitraire ne saurait justifier l'agent, puisque ce qui le justifie c'est la présomption qu'il a été entraîné par l'obéissance hiérarchique, présomption qui n'existe plus quand l'agent a agi sans avoir reçu d'ordre. — Chauveau, *ibid.*

38. — L'art. 117 complète, quant aux dommages-intérêts que peuvent réclamer les parties lésées, les dispositions de l'art. 114; il est ainsi conçu : « Les dommages-intérêts qui pourraient » être prononcés à raison des attentats exprimés » en l'art. 114, seront demandés, soit sur la pour- » suite criminelle, soit par la voie civile, et seront » réglés, eu égard aux personnes, aux circonstan- » ces et au préjudice souffert, sans qu'en aucun » cas, et quel que soit l'individu lésé, lesdits dom- » mages-intérêts puissent être au-dessus de 25 fr. » pour chaque jour de détention illégale et arbi- » traire et pour chaque individu. »

39. — Les attentats à la liberté prévus par l'art. 114 constituent un crime : il en résulte que les dommages-intérêts auxquels ils donnent lieu ne peuvent être prononcés que par les tribunaux civils ou une cour d'assises : un tribunal correctionnel ne saurait donc en aucun cas être appelé à prononcer en pareille matière. — *Cass.*, 30 août 1822, Douanes c. Pernelet et Dupin; — Chauveau et Hélie, t. 3, p. 118.

40 — Les art. 115 et 118 prévoient le cas où l'attentat aurait été commis par les ordres vrais ou supposés d'un ministre.

41. — « Si c'est un ministre, dit l'art. 115, qui a » ordonné ou fait les actes ou l'un des actes men- » tionnés en l'article précédent; et si, après les in- » vitations mentionnées dans les art. 63 et 67 du » sénatus-consulte du 28 flor. an XII, il a refusé » ou négligé de faire réparer les actes dans les dé- » lais fixés par ledit acte, il sera puni du bannis- » sement. »

42. — Les art. 63 et 67 du sénatus-consulte du 28 flor. an XII voulaient que, pour que le ministre pût être traduit devant la haute cour (commission sénatoriale de la liberté individuelle et de la liberté de la presse, aujourd'hui abolie), il eût été interpellé trois fois de mettre en liberté le citoyen détenu, et que la détention eût duré dix jours depuis la dernière interpellation.

43. — Il résulte de ces dispositions et des explications données au conseil d'état par M. Berlier, qu'il n'y a crime punissable de la part d'un ministre, qu'autant qu'il a méconnu l'autorité du sénat et refusé de réparer l'acte : il ne suffirait donc point que l'attentat eût été commis? — La triple interpellation non suivie d'effet semblerait, par suite, devoir être considérée comme un des élémens du crime. — Chauveau et Hélie, p. 120.

44. — D'après la Charte (art. 84), les ministres ne sont justiciables que des chambres pour les faits qu'ils commettent dans l'exercice de leurs fonctions (la charte de 1830 ne limite plus comme le fait celle de 1814 le droit d'accusation des ministres aux cas de concussion et de trahison); dès-lors, l'attentat à la liberté qu'ils auraient commis ne pourrait, par la force même des choses, être poursuivi qu'autant qu'il constituerait un crime très grave, et par conséquent dans des cas très rares. — Chauveau et Hélie, t. 3, p. 120; Carnot, *C. pén.*, art. 115.

45. — Les institutions auxquelles se rattache la nécessité du triple avertissement, sont, ainsi que le fait observer avec raison une note mise au bas de l'art. 115 dans l'édition officielle de 1816, tombées par l'effet de la Charte : mais faut-il en conclure avec Rauter (t. 1er, nº 312, p. 443) que, dans le cas de poursuites exercées, ces avertissemens ne soient plus nécessaires? — Nous ne le pensons pas; il nous semble qu'alors les invitations prescrites par l'art. 115 devraient être faites par la chambre des députés chargée de la poursuite.

46. — Jugé qu'en l'absence de lois particulières sur la responsabilité des ministres, et d'après la division des pouvoirs judiciaire et administratif, l'autorité judiciaire doit se déclarer incompétente pour connaître de toute action, même civile, en dommages-intérêts, dirigée contre un ancien ministre, à raison de ses fonctions. — *Paris*, 2 mars 1829, Fabien et Boisselle c. Peyronnet; — Mangin, *Tr. de l'action publique*, t. 2, nos 243 et 269 : de Grattier, *Comm. sur les lois de la presse*, t. 1er, p. 327.

47. — Carnot (sur l'art. 115, nº 2) ne partage point cette opinion et les raisons sur lesquelles il se fonde ne manquent pas de gravité, nous devons faire remarquer toutefois que c'est à tort qu'il in-

voque une décision du conseil d'état du 22 fév. 1821 (Lambert contre Puymaurain). — Cette ordonnance décide seulement, en effet, qu'un particulier pourrait par action principale demander l'annulation d'une décision ministérielle approbative du refus du directeur de la monnaie de frapper une médaille; mais elle ne s'occupe aucunement du droit de poursuivre un ministre.

48. — Si les ministres, prévenus d'avoir ordonné ou autorisé l'acte contraire à la Charte, prétendent que la signature à eux imputée leur a été surprise, l'art. 116 porte qu'ils seront tenus, en faisant cesser l'acte, de dénoncer celui qu'ils déclareront auteur de la surprise, sinon qu'ils seront poursuivis personnellement.

49. — L'excuse introduite par l'art. 116 s'applique à tous les fonctionnaires dont la signature aurait été surprise. Cela résulte clairement de la discussion de cet article au conseil d'état, où M. Berlier déclara qu'il n'abandonnait l'amendement qu'il proposait dans le but de faire comprendre tous les fonctionnaires nominativement dans l'art. 116, que parce que le procès-verbal de la discussion y suppléerait. — *Procès-verbaux* du conseil d'état, séance du 18 oct. 1808; Chauveau et Hélie, t. 3, p. 120; Carnot, sur l'art. 116, nº 4.

50. — Mais l'excuse admise par cet article n'exempterait pas le fonctionnaire des dommages-intérêts portés par l'art. 117; c'était du moins l'avis de Cambacérès : « Il se peut, disait-il au conseil d'état, qu'un secrétaire surprenne la signature d'un préfet : il faut donc que le préfet puisse alléguer cette excuse, non, à la vérité, pour échapper aux dommages-intérêts, car il y a toujours de sa part une faute qu'il doit réparer, mais du moins pour échapper à la peine. — Chauveau et Hélie, t. 3, p. 121 et 122.

51. — L'art. 118 prévoit le cas où l'acte contraire à la Charte a été fait d'après une fausse signature, soit du ministre, soit d'un fonctionnaire public; alors il prononce contre les auteurs du faux et ceux qui en ont fait usage sciemment, le maximum de la peine des travaux forcés à temps.

52. — A défaut de cet article, le fait qu'il prévoit rentrerait dans les dispositions générales relatives au faux : il est donc spécial à ce faux particulier et a pour but de le frapper plus rigoureusement, eu égard à l'atteinte plus grande qu'il porte à la paix publique.

53. — Dès-lors, il s'applique aussi bien aux simples particuliers qu'aux fonctionnaires, car il ne distingue point. — Chauveau et Hélie, t. 3, p. 123.

54. — De même, la fixité de la peine qu'il prononce ne permet point l'application des dispositions de l'art. 198, qui ont pour but d'élever contre les fonctionnaires l'échelle de la pénalité attachée aux crimes ou délits auxquels ils ont participé, et qui ne sont pas spécialement relevés par le Code pénal. — Carnot, *C. pén*, art. 118, nº 5.

§ 3. — *Refus de constater les détentions arbitraires ou d'y mettre fin.*

55. — Les détentions arbitraires ou illégales peuvent être effectuées dans les lieux destinés à la garde des détenus ou dans de simples locaux particuliers. — La marche à suivre pour les faire cesser est indiquée dans les art. 119, C. pén., et 615 et 616, C. inst. crim.

56. — L'art. 119, C. pén., est ainsi conçu : « Les fonctionnaires publics chargés de la police administrative ou judiciaire qui auront refusé ou négligé de déférer à une réclamation légale tendant à constater les détentions illégales et arbitraires, soit dans les maisons destinées à la garde des détenus, soit partout ailleurs, et qui ne justifieront les avoir dénoncées à l'autorité supérieure, seront punis de la dégradation civique, et tenus des dommages-intérêts, lesquels seront réglés comme il est dit dans l'art. 117. »

57. — L'art. 119 ne punissant le fonctionnaire que s'il a refusé de déférer à une réclamation qui lui était légalement faite, il faut en conclure qu'il n'est passible d'aucune peine s'il n'a pas été mis en demeure, alors même qu'il aurait eu connaissance de l'acte de détention arbitraire.

58. — On devrait entendre par une réclamation légale, dans le sens de l'art. 119, celle qui était bien fondée, c'est-à-dire qui avait pour objet de demander la cessation d'une détention illégale ou arbitraire. — Il y a réclamation légale, selon MM. Chauveau et Hélie (t. 3, p. 126), toutes les fois qu'elle est parvenue à la connaissance de l'officier public. — C'est, au reste, ce qui résulte de la discussion qui a eu lieu sur cet article. — V. aussi Carnot, *C. pén.*, art. 119, nº 2.

59. — Le devoir du fonctionnaire supérieur auquel celui qui a reçu la réclamation l'a transmise, est de dénoncer lui-même l'avertissement qu'il a reçu à son supérieur, ainsi de suite jusqu'à ce que la réclamation arrive à celui qui a ordonné la détention, et au besoin au ministre qui devra ordonner la mise en liberté. — Chauveau et Hélie, t. 3, p. 126 et 137.

60. — Du reste, nous devons faire remarquer avec MM. Chauveau et Hélie (t. 3, p. 127), que la pénalité ne s'appliquerait point à ces fonctionnaires intermédiaires : celui qui a été saisi directement par le détenu en est seul passible. — Toutefois nous ne saurions admettre, comme ces auteurs, qu'ils soient également exempts de tous dommages-intérêts : le droit du détenu, en cas de faute ou négligence de leur part, résulterait des principes généraux et non de l'art. 119, qui le rappelle bien dans l'hypothèse qu'il prévoit, mais qui ne le crée point.

61. — L'art. 119, C. pén., ne concerne pas seulement le juge de paix, le juge d'instruction, le ministère public et les autres officiers de police judiciaire, qui sont spécialement chargés de veiller à la police judiciaire, mais encore tous les fonctionnaires publics chargés de la police administrative, même le ministre de l'intérieur. — Rauter, t. 1er, nº 314, p. 444.

62. — Aux termes des art. 615 et 616, C. inst. crim., quiconque a connaissance qu'un individu est détenu dans un lieu qui n'a pas été destiné à servir de maison d'arrêt, de justice ou de prison, doit en donner avis au juge de paix, au procureur du roi, ou à son substitut, ou au juge d'instruction, ou au procureur général près la cour royale (art. 615). — Tout juge de paix, tout officier chargé du ministère public, tout juge d'instruction, est tenu d'office, ou sur l'avis qu'il en aura reçu, sous peine d'être poursuivi comme complice de détention arbitraire, de s'y transporter aussitôt, et de faire mettre en liberté la personne détenue, ou, s'il est allégué quelque cause légale de détention, de la faire conduire sur-le-champ devant le magistrat compétent (art. 616).

63. — Cet article présente une différence notable avec l'art. 119, C. pén. — En effet, celui-ci ne donne le droit que de constater la détention illégale ou arbitraire, et veut seulement qu'elle soit dénoncée au fonctionnaire qui peut la faire cesser; les premiers, au contraire, donnent aux fonctionnaires qu'ils désignent le droit de mettre eux-mêmes fin à la détention.

64. — Cela vient de ce que les art. 615 et 616 ne prévoient que le cas de détention dans les lieux non affectés à cet usage, et opérée en dehors de toute légalité par des personnes sans caractère : tandis que l'art. 119 s'applique surtout à celle qui, fondée sur un titre régulier en apparence, a lieu dans les prisons ordinaires. — Ici, en effet, il eût fallu examiner la légalité du titre, les causes qui motivaient la détention, contrôler, en un mot, un ordre émané peut-être d'un fonctionnaire supérieur ou indépendant, et il était impossible de confier un pareil pouvoir à un juge de paix, et même au ministère public.

§ 4. — *Violation des règles prescrites pour l'arrestation et la détention.*

65. — La loi considère encore comme attentat à la liberté la violation de certaines règles qu'elle a prescrites pour la régularité de toute détention. — Les art. 120 et 122 prévoient le cas où la détention a lieu, soit sans ordre de la justice, soit hors des lieux spécialement déterminés par l'autorité.

66. — Les gardiens et concierges des maisons de dépôt, d'arrêt, de justice ou de peine, porte l'art 20, qui auront reçu un prisonnier sans mandat ou jugement, ou sans ordre provisoire du gouvernement; ceux qui l'auront retenu, ou auront refusé de le représenter à l'officier de police ou au porteur de ses ordres, sans justifier de la défense du procureur du roi ou du juge; ceux qui auront refusé d'exhiber leurs registres à l'officier de police, seront, comme coupables de détention arbitraire, punis de six mois à deux ans d'emprisonnement, et d'une amende de 16 fr. à 200 fr.

67. — Le premier paragraphe de l'article 120, C. pén., est relatif à la détention d'un prisonnier sans ordre légal, il sert de sanction à l'art. 609, C. inst. crim., qui défend à tout gardien de recevoir ni retenir personne en prison, si ce n'est en vertu d'un mandat d'arrêt ou de dépôt revêtu des formalités légales, d'un arrêt de renvoi, d'un arrêt ou jugement de condamnation.

68. — L'art. 609, C. inst. crim., est muet, et avec raison, sur les mandats d'amener. Ces actes, en effet, n'ont pour objet que l'interrogatoire des prévenus, qui doivent seulement être gardés à vue. La détention de ceux qui ne sont que sous le coup d'un pareil mandat, constituerait une détention illégale. — *Cass.*, 4 avr., 1840 (t. 2 1840, p. 505), Jardé; — Bérenger, *Just. crim.*, p. 375; Carnot, *Inst. crim.*, art. 609, nº 2; Legraverend, t. 2, p. 314, note.

69. — Il n'appartient pas aux concierges et gardiens des prisons d'apprécier la régularité des mandats ou jugemens qui leur sont représentés; dès qu'ils émanent d'un fonctionnaire ou d'une autorité ayant pouvoir de les décerner ou rendre, les geoliers et gardiens n'encourent aucune responsabilité à raison de leur illégalité. — Carnot, *Inst. crim.*, art. 609, nº 3; Chauveau et Hélie, t. 3, p. 129.

70. — Mais si l'ordre émanait d'un fonctionnaire incompétent, il n'aurait aucune valeur, et le concierge ne pourrait l'exécuter qu'à ses risques et périls.

71. — Parmi les ordres légaux d'arrestation, l'art. 120 comprend *l'ordre provisoire du gouvernement* : cette disposition s'appliquait aux arrestations par mesure de police permises par la constitution de l'an VIII (art. 46); mais l'art. 4 de la charte qui garantit la liberté individuelle et défend de poursuivre ni arrêter personne si ce n'est dans les cas prévus par la loi et dans les formes qu'elle prescrit, a rendu depuis lors sans objet ces mots de l'art. 120, du moins à l'égard des citoyens. Toutefois, la charte ne concernant point les étrangers, cet article leur reste pleinement applicable. — Rauter, t. 1er, nº 315.

72. — Le § 2 de l'art. 120 prévoit le refus de représenter à l'officier de police le détenu dont la mise au secret n'aurait pas été ordonnée par le juge d'instruction. Cette disposition assure par une sanction pénale l'exécution des art. 79 et 80 de la constitution du 22 frim. an VIII et de l'art. 618, C. d'inst. crim., d'après lesquels tout gardien doit montrer à l'officier civil ayant la police de la maison de détention, ou au porteur de son ordre, la personne détenue, à moins d'ordre légal contraire.

73. — Le dernier paragraphe concerne le refus d'exhibition des registres de la prison. Il sanctionne l'art. 78 de l'acte du 22 frim. an VIII, et les art. 607, 608, 610 et 618, C. inst. crim, qui prescrivent la tenue d'un registre sur lequel doivent être inscrits les mandats et jugemens, et sa vérification par les officiers de justice. — Chauveau et Hélie, t. 3, p. 130.

74. — Mais cette disposition n'est relative qu'au refus de représentation du registre, et non à la négligence du gardien à le tenir. L'irrégularité du registre n'est en effet qu'une simple contravention qui ne présente point les caractères de gravité qui s'attachent à un refus d'obéissance hiérarchique et les présomptions de malveillance que ce refus comporte. — Carnot, sur l'art. 120; Chauveau et Hélie, t. 3, p. 131.

75. — L'art. 122 est ainsi conçu : « Seront punis » de la dégradation civique les procureurs géné- » raux ou du roi, les substituts, les juges ou les » officiers publics qui auront retenu ou fait retenir » un individu hors des lieux déterminés par le gou- » vernement ou par l'administration publique, ou » qui auront traduit un citoyen devant une cour » d'assises, sans qu'il ait été légalement mis en ar- » restation. »

76. — Indépendamment des maisons d'arrêt et de justice, et des maisons de correction et de détention, instituées soit par les art. 603 et 604, C. inst. crim., soit par les art. 16, 17, 19, 21 et 40, C. pén., il existe d'autres lieux de détention sous le nom de maisons de police municipale, prisons cantonnales, maisons de dépôt. — Comme ces maisons sont placées en dehors de la surveillance organisée par la loi, la détention qu'on y ferait subir pourrait, selon les circonstances, donner lieu à l'incrimination de la première disposition de l'art. 122. — Chauveau et Hélie, t. 3, p. 131.

77. — Néanmoins la nécessité et le but de la détention infligée dans une de ces maisons, pourvu qu'elle n'eût duré que le temps où il n'était pas possible d'opérer le transfert dans les prisons légales pourraient enlever à la détention son caractère criminel. — *Théor. du C. pén.*, t. 3, p. 132; Morin, *Dict.*, p. 487; Carnot, sur l'art. 122, nº 1er.

78. — Il ne faut pas confondre les chambres de sûreté de la gendarmerie avec les maisons dont nous avons parlé au numéro précédent. Ces chambres de sûreté sont parfaitement légales, puisque l'art. 85 de la loi du 28 germin. an VI en consacre formellement l'institution dans les lieux de résidence de brigades où il ne se trouve ni maisons de justice ou d'arrêt, ni prisons. — Chauveau et Hélie, t. 3, p. 132.

79. — La seconde disposition de l'art. 122, relative au renvoi devant la cour d'assises d'un citoyen non légalement mis en accusation, porte sanction à l'art. 271, C. inst. crim.

80. — Suivant MM. Chauveau et Hélie (*Théor. C. pén.*, t. 3, p. 433), cette disposition, jusqu'ici ce jour inappliquée, n'aurait pas d'utilité, puisqu'un renvoi fait sans une mise en accusation préalable, serait évidemment repoussé par la cour d'assises elle-même qui se déclarerait illégalement saisie, et par la cour de Cassation qui annullerait l'arrêt intervenu sur un renvoi qui n'aurait pas été précédé de la mise en accusation.—Cette opinion nous paraît trop absolue; il n'est point nécessaire que la poursuite ait été accueillie par la cour d'assises pour que l'art. 122 devienne applicable, il suffit qu'il y ait eu traduction aux assises, et l'intention malveillante qui a pu diriger l'auteur de la poursuite, aussi bien que le préjudice qu'en peut éprouver la victime justifient la pénalité prononcée par la loi.

81. — Au surplus, les lois du 10 avr. 1831 et du 9 sept. 1835, en accordant au ministère public, dans les cas qu'elles prévoient, le droit de citation directe devant la cour d'assises, ont introduit une exception formelle à la deuxième disposition de l'art. 122.

§ 5. — *Violation des garanties accordées à certains fonctionnaires.*

82. — L'art. 121 a pour but de protéger les hauts fonctionnaires de l'état contre une accusation précipitée; il déclare coupables de la forfaiture et punit de la dégradation civique tous procureurs généraux ou du roi, tous substituts, juges ou officiers de police judiciaire qui ont provoqué ou exercé la poursuite ou mise en accusation d'un ministre, membre de l'une des deux chambres ou du conseil d'état, ou contribué à un jugement rendu contre eux sans les autorisations préalables prescrites par la loi, ou enfin qui les auront fait arrêter hors des cas de flagrant délit ou de clameur publique.

83. — Les actes réprimés par cet article sont proscrits d'autre part, soit par les art. 70 et 71 de la constitution du 22 frim. an VIII, soit par les art. 29, 44 et 47 de la Charte constitutionnelle.

84. — Bien que ces actes constituent, d'après le C. pén., de véritables attentats à la liberté, leur explication trouvera mieux sa place au mot FONCTIONNAIRE PUBLIC, où nous examinerons par suite plus utilement les dispositions de l'art. 121, qui leur sert de sanction.

§ 6. — *Complicité.*

85. — Les complices d'un attentat à la liberté doivent être frappés des mêmes peines que l'auteur principal. Le texte formel de l'art. 59, C. pén. et l'absence d'une exception à leur égard, semblent ne laisser place à aucun doute.

86. — Cependant on a dit contre cette décision que, l'attentat à la liberté, tel qu'il est prévu par les art. 114 et suiv., C. pén., supposant la violation des limites dans lesquelles le pouvoir d'arrestation de l'auteur principal était compris, celui en qui ne réside aucune partie de ce pouvoir ne saurait être coupable d'en avoir abusé. La complicité, ajoute-t-on, rentre nécessairement dans les prévisions de l'art. 341, C. pén., qui s'applique précisément à ceux qui sans ordre et sans droit ont attenté à la liberté d'autrui. — Enfin, on invoque l'absence de dispositions spéciales qui érigent en attentat à la liberté un cas de complicité de ce genre d'incrimination. Morin, *Dict. dr. crim.*, v° *Liberté individuelle*, p. 488.

87. — Ces objections ne nous touchent point: nous avons vu d'abord que le silence du Code, loin d'être exclusif de la complicité en cette matière, doit au contraire être considéré comme laissant, quant à ce, les attentats à la liberté dans le droit commun. — D'un autre côté, il ne s'agit pas, pour frapper le complice de la même peine que l'auteur du crime, d'ériger la complicité en attentat à la liberté, pas plus que pour punir le complice d'un parricide de la même peine que ce dernier il n'est nécessaire d'ériger la complicité en parricide. — En outre, l'art. 341, C. pén., prévoyant le cas d'une arrestation faite *sans ordre*, ne peut apporter aucun obstacle à la poursuite du complice de l'attentat à la liberté, dans lequel la loi suppose un *ordre* de l'autorité, mais qui constitue un crime parce qu'il est illégalement donné. Enfin les art. 609, C. inst. crim., et 129, C. pén., incriminent et punissent comme *attentat à la liberté* la détention illégale ou arbitraire à laquelle le geôlier a concouru, bien qu'un geôlier n'ait pas plus qu'un simple particulier le droit d'arrestation; ce qui démontre clairement l'intention qu'a eue le législateur de ne pas se départir des règles ordinaires de la complicité.

V. AGENT DE L'AUTORITÉ PUBLIQUE, AGENT DE LA FORCE PUBLIQUE, ALIÉNÉS, ARRESTATIONS, ARRESTATION ARBITRAIRE, RÉBELLION.

ATTENTAT A LA PUDEUR.

Table alphabétique.

ATTENTAT A LA PUDEUR. — **1.** — L'attentat à la pudeur est tout acte extérieur exercé sur une personne avec l'intention d'offenser sa pudeur et de nature à produire une telle offense, alors même qu'il n'aurait pas été commis dans le but de procurer à son auteur des jouissances sensuelles. — Chauveau et Hélie, *Théorie C. pén.*, t. 6, p. 464.

CHAPITRE Ier. — *Notions générales.*

2. — L'attentat à la pudeur est rangé par le Code pénal, au nombre des attentats aux mœurs qualifiés crimes, et puni comme tel. — V. ATTENTAT AUX MŒURS.

3. — L'attentat à la pudeur diffère du viol en ce que celui-ci a essentiellement pour but de procurer à son auteur des jouissances sexuelles, tandis que l'attentat à la pudeur peut avoir pour but un tout autre motif (V. *infra* n° 33). — La loi pénale a prononcé contre l'attentat à la pudeur des peines moins sévères que contre le viol; sauf dans le cas d'aggravation prévu par l'art. 333. — V. VIOL.

4. — Les crimes de viol et d'attentat à la pudeur étant distincts, on a dû juger que le ministère public ne peut requérir la position d'une question d'attentat à la pudeur qui ne résulte point des débats, lorsque le dispositif de l'arrêt de renvoi et le résumé de l'acte d'accusation ne comprennent que le crime de viol. — *Cass.*, 7 mai 1829, Feraud.

5. — On a dû juger encore que l'individu poursuivi et jugé pour délit d'attentat aux mœurs depuis son acquittement du crime de viol, est mal fondé à prétendre qu'il a été poursuivi et jugé à raison du même fait, et ne peut invoquer l'autorité de la chose jugée. — La poursuite peut avoir lieu pour des circonstances qui se seraient passées soit avant soit après celles qui ont motivé l'accusation de viol, sans qu'il soit nécessaire que le président ait ordonné une instruction conformément à l'art. 361, C. inst. crim., qui n'est applicable que lorsqu'il s'agit d'un fait nouveau, ou que le ministère public ait fait des réserves devant la cour d'assises, si le délit a été signalé dans le cours de l'instruction et si la poursuite en a été

---

réservée par l'ordonnance de la chambre du conseil. — *Cass.*, 22 nov. 1816, Gauchart. — V. aussi Mangin, *Tr. de l'act. publ.*, t. 2, p. 307, n° 409; Carnot, sur l'art. 300, *C. inst. crim.*, t. 2, p. 745, n° 2.

6. — Mais la question d'attentat à la pudeur avec violence peut être, dans une accusation de viol, posée comme résultant des débats. — *Cass.*, 16 janv. 1818, Drujon; 17 déc. 1836 (1. 1er 1838, p. 50), Louis.

7. — Avant la loi du 28 avr. 1832, le Code pénal n'atteignait l'attentat à la pudeur que dans le cas où il était accompagné de violence, et cela quel que fût l'âge de la victime; si cette circonstance constitutive du crime n'existait pas, l'accusé reconnu coupable devait être absous.

8. — On jugeait donc en principe et d'une manière générale que l'accusé déclaré coupable d'un attentat à la pudeur commis *sans violence* devait être absous de l'accusation. — *Cass.*, 2 oct. 1819, Bompar; 48 avr. 1822, Richard; 28 janv. 1830, Maulhe; 28 oct. 1830, Gagnaux.

9. — Et par violence, il fallait entendre violence *physique*, sans que la violence morale pût suffire. — *Cass.*, 28 oct. 1830, Gagnaux; Carnot, sur l'art. 331, *C. pén.*; Chauveau et Hélie, *loc. cit.*

10. — On jugeait aussi que lorsque, sur une question ayant pour objet de savoir si l'accusé était coupable d'avoir commis des attentats à la pudeur avec violence, le jury répondait que l'accusé était coupable, mais sans avoir usé de violences physiques, cette déclaration était incomplète en ce qu'elle ne décidait pas d'une manière suffisante la circonstance de la violence; la cour d'assises devait donc renvoyer les jurés dans leur chambre à l'effet de donner une réponse catégorique. — V. 9 mars 1821, Parisis; — Bourguignon, *Jurisp. C. crim.*, sur l'art. 350, *C. inst. crim.*, t. 2, p. 132; Legraverend, *Législat. crim.*, t. 2, chap. 2, p. 426.

11. — Une véritable lacune, disent MM. Chauveau et Hélie (*loc. cit.*) existait donc dans la législation pénale. — Si l'attentat à la pudeur en s'appliquait qu'aux cas où il s'agit des jeunes enfans ne sont pas accompagnés d'une violence physique; ils n'en sont que plus odieux puisqu'on corrompt leur esprit tout en laissant pure leur enfance; c'est une action distincte, une autre criminalité. — Cette lacune a été comblée par la loi du 28 avr. 1832, qui a établi un âge au-dessous duquel la violence est toujours présumée sur la personne de ces enfans; cet âge est celui de 11 ans.

12. — Le principe de cette incrimination particulière se trouve dans la loi romaine qui puniait spécialement « *virgines nondum viripotentes* » (L. 38, § 3, ff., *De pœnis*; L. 4, § 2, ff., *De extraordinariis criminibus*) et dans les opinions des jurisconsultes, qui voulaient des peines particulières applicables plus ou moins rigoureusement suivant l'âge de la victime. — Farinacius Quest. 147, n° 45; Julius Clarus, *Pract. crim.*, § *Stuprum*, *in fine*; Muyart de Vonglans, *L. crim.*, p. 342; Jousse, *Tr. inst. crim.*, t. 3, p. 737; Chauveau et Hélie, *loc. cit.*

13. — Le Code pénal de 1832 distingue donc ainsi qu'il suit les attentats à la pudeur : « Tout attentat à la pudeur, dit l'art. 331, consommé ou tenté *sans violence* sur la personne d'un enfant de l'un ou de l'autre sexe *âgé de moins de douze ans* sera puni de la réclusion. » — Art. 332 : « Quiconque aura commis un attentat à la pudeur consommé ou tenté *avec violence* contre des individus de l'un ou l'autre sexe, sera puni de la réclusion. » — Si le crime a été commis sur la personne d'un enfant au-dessous de quinze ans accomplis, le coupable subira la peine des travaux forcés à temps. » — L'art. 333 contient ensuite l'énumération de certaines circonstances aggravantes résultant tant des rapports particuliers de l'agent et de la victime que de l'assistance prêtée à l'agent pour la perpétration de son crime. — Ces circonstances s'appliquent à la fois à l'attentat prévu par l'art. 331 et à celui réprimé par l'art. 332.

CHAPITRE II. — *Attentat à la pudeur sans violence.*

14. — Les élémens constitutifs et essentiels du crime prévu par l'art. 331 sont : 1° l'attentat; 2° l'âge de la victime.

15. — Par attentat, il ne faut pas comprendre tout acte contraire à la pudeur exercé sur la personne d'un enfant; il faut que cet acte *attente* à la pudeur de cet enfant, c'est-à-dire qu'il ait pour effet et pour but de le corrompre ou de le flétrir. — Chauveau et Hélie, t. 6, p. 458.

16. — La cour de cassation a jugé que le fait d'avoir employé des jeunes filles âgées de moins de onze ans à satisfaire *sur soi-même* sa propre incontinence, constitue non le délit de corruption prévu par l'art. 334, C. pén., mais le crime d'attentat à la pudeur consommé ou tenté sans violence. — *Cass.*, 2 avr. 1835, Dairou. — Conf. Chauveau et Hélie, t. 6, p. 158; Morin, *Dict. dr. crim.*, v° *Attentat aux mœurs.*

17. — Et la même cour avait déjà posé en principe (ce qui ne pouvait souffrir difficulté) que l'attentat à la pudeur commis sans violence sur un enfant de moins de onze ans ne peut être considéré comme un simple délit d'excitation à la débauche et à la corruption de la jeunesse, prévu par l'art. 334, C. pén. — *Cass.*, 27 fév. 1835, Mathieu.

18. — Ne peut-on pas dire toutefois, sur l'arrêt du 2 avr. 1835, que les termes de l'art. 331 semblent indiquer qu'il faut que l'attentat ait eu pour objet *la personne de l'enfant.* Les faits qui ne portent atteinte qu'aux mœurs des enfans n'annoncent-ils pas moins d'audace, ne présentent-ils pas moins de dangers, et, dès-lors, ne doivent-ils pas constituer une simple corruption de la jeunesse? Est-il juste de confondre celui qui, bien qu'il emploie la main de l'enfant pour commettre des turpitudes sur sa propre personne, se borne à lui corrompre le cœur, avec celui qui, non content de cette immoralité, se permet en outre de lever le voile dont la pudeur de l'enfant se couvre et d'y commettre des obscénités?

19. — L'art. 331 ne disposant que pour le cas où il y a eu absence de violence, il en résulte que, si l'enfant avait résisté et que sa résistance n'eût été vaincue que par l'emploi de la violence, ce serait l'art. 332 qui deviendrait applicable. — Chauveau et Hélie, *loc. cit.*

20. — La circonstance de l'âge au-dessous de onze ans est essentiellement constitutive du crime prévu par l'art. 331. — *Cass.*, 1er oct. 1834, Bourdesol; 23 juillet 1836, Thourot; 28 sept. 1838 (t. 1er 1839, p. 388), Gilles; 23 sept. 1837 (t. 1er 1840, p. 96), Marc; 7 avr. 1843 (t. 1er 1844, p. 447), Leroux; 4 mars 1842 (t. 2 1842, p. 211), Arrazeau; 9 sept. 1841 (t. 2 1841, p. 559), Enjalbert; — Chauveau et Hélie, p. 160.

21. — De là il résulte que cette circonstance doit être comprise dans la question posée au jury sur le fait principal, sans pouvoir faire l'objet d'une question séparée, comme s'il s'agissait d'une circonstance simplement aggravante. — *Cass.*, 28 sept. 1838 (t. 1er 1839, p. 338), Gilles; 4 mars 1842 (t. 2 1842, p. 211), Arrazeau; 7 avr. 1843 (t. 1er 1844, p. 447), Leroux; 23 sept. 1837 (t. 1er 1840, p. 96), Mare.

22. — Il en résulte aussi que c'est au jury seul et non à la cour d'assises qu'il appartient de résoudre une pareille question. — *Cass.*, 11 juin 1812, Chiatone; 29 avr. 1824, Chaussard.

23. — Et la cour d'assises ne peut, en se fondant sur l'acte de naissance de la victime, suppléer à l'absence d'une question et d'une réponse à cet égard. — *Cass.*, 30 juin 1814, N......; 1er oct. 1834, Bourdesol. — Chauveau et Hélie, *Théorie du Code pén.*, t. 6, p. 160; Morin, *Dict. crim.*, v° *Attentat aux mœurs.* — V. *contrà* Legraverend (t. 2, ch. 2, p. 227) et Serres (*Manuel des cours d'assises*, t. 1er, p. 378), qui regardent comme une chose également contraire à la loi et à la raison de consulter un jury sur l'âge de la victime, lorsque cet âge est authentiquement prouvé par un acte de naissance dont on ne conteste ni l'exactitude ni l'application à la personne. « De deux choses l'une en effet, dit Legraverend : ou le jury décidera conformément à l'extrait de naissance, et sa déclaration est sans objet, puisqu'elle n'ajoute rien à la preuve matérielle, légale, authentique qui en résulte, ou il décidera contre le contenu de cet acte, et l'on sent ce que cette déclaration aura de ridicule. Rien ne serait, ajoute-t-il, plus nuisible qu'une semblable marche à la considération dont le jury doit être investi, rien ne tendrait plus à anéantir l'institution, etc. » — Quoi qu'il en soit de ces observations, elles sont repoussées par une jurisprudence constante.

24. — La cour de Cassation a même jugé que lorsqu'un accusé a été déclaré coupable d'un attentat à la pudeur commis sans violence sur un enfant de moins de onze ans, il ne peut, devant la cour de Cassation, être admis à établir, à l'aide d'un acte de naissance qui n'a pu être produit devant la chambre des mises en accusation, que la victime avait, lors du crime, plus de onze ans. — *Cass.*, 1er mars 1838 (t. 1er 1840, p. 381), Bertrand. — L'arrêt est fondé sur ce qu'il n'appartient pas à la cour de Cassation d'apprécier un fait de ce genre, qui ne peut l'être qu'à l'aide des voies légales d'instruction, soit dans le cours de l'information, soit dans l'instruction devant la cour d'assises. — V. anal. *Cass.*, 17 mars 1838 (t. 1er 1840, p. 382, Selunet. — V. COMPÉTENCE CRIMINELLE.

25. — L'art. 331 étant une exception au principe qui veut que l'attentat à la pudeur ne soit réputé crime que lorsqu'il a eu lieu avec violence, il en résulte qu'on ne peut l'étendre par analogie d'un cas à un autre; la cour royale de Paris a donc dû juger que la disposition de cet article n'est pas applicable *au cas d'imbécillité de la victime* (âgée de plus de onze ans), « attendu que ce serait livrer l'application de la loi à une appréciation de l'état moral de la victime, ce qui conduirait à l'arbitraire, et punir un crime que le coupable pourrait avoir commis sans le savoir : les signes de la faiblesse d'esprit n'étant pas apparens toujours et pour tous ». — *Paris*, 1er août 1835, Guimier; — Chauveau et Hélie, p. 185.

26. — La disposition nouvelle introduite par l'art. 331 (L. 28 avr. 1832) contre tout attentat à la pudeur, même tenté ou consommé sans violence sur la personne d'un enfant de l'un ou de l'autre sexe âgé de moins de onze ans, n'a pu être applicable qu'aux attentats commis depuis l'époque du 1er juin 1832, époque à laquelle elle est devenue exécutoire, et non aux attentats dont la perpétration aurait eu lieu auparavant, et même postérieurement à la date même de la loi. — *Cass.*, 20 sept. 1832, Benoît; 13 déc. 1832, Daniaud; 17 déc. 1836, Giraud.

27. — Par suite, la déclaration du jury, affirmative sur la question de savoir si un accusé s'est rendu coupable d'un attentat à la pudeur *sans violence, dans le courant du mois de mai*, n'a pu, à raison de son équivoque, servir de base légale à une condamnation. — *Cass.*, 17 déc. 1836 (t. 1er 1838, p. 50), Giraud. — V. JURY.

28. — L'art. 331 étend son incrimination aussi bien à l'attentat *tenté* sans violence qu'à l'attentat *consommé*. — V., sur les caractères de cette tentative, le chapitre qui suit.

CHAPITRE III. — *Attentat à la pudeur avec violence.*

29. — Lorsque l'attentat à la pudeur a été consommé ou tenté sur une personne âgée de plus de onze ans, il ne devient punissable qu'autant qu'il y a eu violence physique employée. — C. pén., art. 332.

30. — Il a donc été jugé par la cour de Cassation que l'attentat à la pudeur, sans violence, sur une jeune fille de moins de quinze ans, mais de plus de onze, n'est atteint par aucune loi pénale. — *Cass.*, 23 juill. 1836, Thourot.

31. — Et lorsque le jury, répondant aux questions qui lui ont été posées, a déclaré l'accusé coupable d'attentat à la pudeur, sans violence, sur une jeune fille de moins de quinze ans, la cour d'assises ne peut plus, après la lecture et la signature de la déclaration, poser la question de savoir si cette jeune fille avait moins de onze ans et la faire résoudre par le jury. — Même arrêt.

32. — Il a été jugé que lorsque l'accusation et les questions posées au jury concernent seulement un attentat à la pudeur tenté avec violence sur la personne d'un enfant âgé de moins de quinze ans, la réponse portant que l'accusé est coupable d'attentat à la pudeur tenté sans violence sur un enfant âgé de moins de quinze ans, purge complétement l'accusation, et entraîne l'absolution de l'accusé. — *Cass.*, 1er oct. 1814, Bourdesol.

33. — Il a été encore décidé que, lorsque, sur une accusation d'attentat à la pudeur avec violence sur une jeune fille de cinq à six ans, le président se borne à poser au jury la question de savoir si la victime avait moins de quinze ans, si le jury, tout en répondant affirmativement sur la question d'attentat et sur celle de l'âge, exclut la circonstance de violence, ce qui doit entraîner l'absolution de l'accusé, l'accusation n'est pas purgée par ces réponses, qui laissent indécis le point de savoir si la victime était âgée de moins de onze ans, cas auquel l'attentat, même tenté ou consommé sans violence, aurait un caractère de criminalité. — *Cass.*, 29 août 1839 (t. 2 1839, p. 312), Sulpice Bile.

34. — Il n'y a aucune contradiction entre cette dernière décision et celle rapportée au numéro précédent, car la circonstance consistant en ce que l'attentat avait été commis sur une jeune fille de moins de onze ans résultait de l'arrêt de renvoi : le président devait donc poser la question. — V. COUR D'ASSISES, JURY.

35. — Il a été dit plus haut que l'attentat à la pudeur se distinguait du viol en ce qu'il n'avait pas nécessairement pour objet, de la part de l'agent, de se procurer des jouissances sexuelles. — Aussi la cour de Cassation a-t-elle décidé que l'attentat existait avec son caractère de criminalité, encore qu'il eût été commis par tout autre motif, tels que haine, vengeance ou curiosité. — *Cass.*, 6 fév. 1829, Jean Jehan.

ATTENTAT A LA PUDEUR, ch. 3.

36. — Jugé encore que l'attentat à la pudeur avec violence se constitue par le fait même, indépendamment du but de celui qui le commet, et encore bien qu'il ne soit accompagné d'aucune circonstance annonçant la lubricité ou l'impudicité; et qu'en conséquence, l'attentat à la pudeur avec violence, commis par des femmes sur la personne d'une autre femme dans un esprit de dérision ou de vengeance, rentre dans l'application de la loi pénale. — *Cass.*, 14 janv. 1826, Philippeau.

37. — MM. Chauveau et Hélie (*Th. du Code pén.*, t. 6, p. 164) pensent également qu'il suffit que l'attentat ait eu pour objet d'outrager la pudeur. Un arrêtiste a cependant soutenu que la distinction proscrite par la cour de Cassation était juste et nécessaire. A l'appui de cette opinion, il a invoqué l'art. 316, C. pén., qui place la castration au nombre des blessures quoiqu'elle porte toujours le caractère d'un attentat à la pudeur. Mais il résulte bien clairement de l'art. 331, C. pén. 1810, qu'après avoir prévu le viol qui suppose nécessairement le but de se procurer des jouissances sensuelles, le législateur a voulu atteindre *tout autre attentat à la pudeur* consommé ou tenté avec violence, quelle qu'en fût la nature et quel qu'en fût le but. Aucune restriction n'a été établie à cet égard, et, en effet, d'abord le législateur voulait frapper l'individu qui, sans avoir commis des actes assez positifs pour constituer une tentative de viol, n'en a pas moins eu l'intention de commettre ce crime. La distinction proposée eût offert à ce coupable un moyen infaillible d'échapper à la vindicte publique. D'ailleurs, il ne s'agissait pas seulement de réprimer les passions brutales qui cherchent à se satisfaire par la violence : il fallait aussi protéger la pudeur qui est un bien des plus précieux, surtout pour les femmes. Enfin, si la castration a été classée dans la rubrique des blessures, c'est parce que l'attentat qui la constitue a un double caractère, et que le législateur a dû l'envisager sous le rapport qui présente le plus de gravité.

38. — L'attentat à la pudeur, puni par l'art. 332, n'étant un crime aux yeux de la loi pénale, qu'autant qu'il a été tenté ou consommé avec violence, il en résulte que dans une accusation qui a pour principe un pareil attentat, la violence rentre essentiellement dans le fait principal, et ne peut pas être considérée comme une circonstance aggravante. — *Cass.*, 2 fév. 1815, Vaulroys; 22 mars 1821, Vincent; 10 mars 1827, Jean Jean; 12 janv. 1843 (t. 1er 1844, p. 446), Huard.

39. — En conséquence, l'accusé ne peut tirer un moyen de nullité de ce qu'au lieu de faire de la violence l'objet d'une question particulière, on l'aurait comprise dans le fait principal. — *Cass.*, 10 mars 1827, Jean Jean.

40. — Et comme conséquence de ce principe, on jugeait avant la loi du 4 mars 1831, que lorsque l'accusé n'était déclaré coupable sur le fait de la violence, qu'à la majorité simple des jurés, la cour d'assises devait délibérer sur la totalité de la réponse du jury, dont toutes les parties devaient être réunies pour former un fait principal. — *Cass.*, 22 mars 1821, Vincent; 2 fév. 1815, Vaulroys.

41. — Il est nécessaire, pour que l'art. 332 reçoive son application, que le jury déclare d'une manière claire et non équivoque, que l'attentat a été tenté ou consommé avec violence; c'est ce qui ressort de l'arrêt de la cour de Cassation du 20 janv. 1820, Carpentin.

42. — La loi comprend dans son incrimination l'attentat tenté avec violence comme le crime consommé (C. pén., art. 2 et 332); mais ici se présente une question qui n'est pas sans difficulté. Devra-t-on s'en référer, pour la tentative, à l'art. 2, C. pén., et soumettre au jury, dans la position de la question, l'examen des différentes circonstances constitutives de la tentative légale et énumérées par l'art. 2?

43. — La cour de Cassation a jugé, par un grand nombre d'arrêts, que la tentative violente d'un attentat à la pudeur comprend en elle-même toutes les circonstances déterminées par l'art. 2, C. pén., pour les tentatives de crime en général, et suffit pour motiver l'application de la peine, quoique le jury ne se soit point expliqué sur chacune des circonstances mentionnées audit article. — *Cass.*, 17 fév. 1820, Rullion; 10 mars 1820, Brouillard; 20 sept. 1822, Bouillé; 30 nov. 1827; Villars; 10 juin 1830, Picardat; 15 sept. 1831, Salard; — Chauveau et Hélie, t. 6, p. 167.

44. — Carnot (sur l'art. 331, C. pén., t. 2, p. 102, n° 3) combat fortement cette jurisprudence; après

avoir fait remarquer qu'il n'est pas permis de baser des peines sur l'esprit de la loi, et qu'il faut un texte précis, il dit que tout se réduit à savoir si des termes de l'art. 331 il résulte une dérogation spéciale aux dispositions générales de l'art. 2 : « Or, ajoute-t-il, cet article porte bien que la tentative des crimes qu'il prévoit sera punie, mais il ne dit pas aussi qu'il y aura tentative punissable, lors même qu'elle n'aura pas été accompagnée des circonstances voulues par l'art. 2, qui est le siége de la matière. Enfin, continue-t-il, lorsque le législateur a voulu que la tentative de l'attentat fût placée dans la même catégorie que le crime consommé, sans qu'il fût besoin d'y rattacher les circonstances exigées par l'art. 2, il l'a formellement déclaré, comme on peut s'en convaincre en recourant à l'art. 88, et l'on ne retrouve plus la même disposition dans l'art. 331. »

45. — C'est, suivant nous, à cette dernière opinion qu'il convient de s'arrêter. — Distinguons la forme du fond : dans l'attentat à la pudeur, comme dans tout autre crime, la tentative ne peut se constituer que par la réunion des circonstances énumérées en l'art. 2, C. pén. La cour de Cassation le reconnaît elle-même (V. notamment l'arrêt du 10 mars 1820, Broillard), et c'est à tort que Carnot lui reproche d'avoir jugé que la tentative serait punissable, quoiqu'elle ne fût pas accompagnée desdites circonstances ; mais cette cour pense que la tentative qui a été poussée jusqu'à la violence est suffisamment caractérisée pour devoir être réputée criminelle et complète, sans qu'il soit besoin d'exprimer les élémens qui la composent. Elle base ce système sur ce que, au lieu de se référer à la disposition générale de l'art. 2, C. pén., le législateur a prévu la tentative par une énonciation spéciale : le mot *tenté* dont elle s'empare n'a point pour objet, selon nous, d'écarter l'application de l'art. 2, C. pén. Il n'y a rien dans la loi qui autorise à le croire ; au contraire, l'attentat à la pudeur commis avec violence n'étant souvent lui-même qu'une tentative de viol, on aurait pu douter que le législateur eût voulu prévoir aussi la tentative de l'attentat ; c'est pour prévenir toute contestation qu'il s'en est catégoriquement expliqué. Mais il n'est résulté de là aucune dérogation au principe général de l'art. 2, qui domine toutes les matières comprises au Code pénal. Cela étant, pourquoi, lorsqu'il s'agit de tout autre crime, exige-t-on une déclaration expresse des circonstances énoncées en l'art. 2 ? C'est parce que les jurés pourraient se méprendre sur la signification légale du mot *tenté*. Ici les mêmes dangers se présentent : il y a même nécessité de les prévenir. Enfin, il faudra bien, depuis la loi du 28 avril 1832, recourir à l'art. 2, C. pén., pour la tentative d'attentat à la pudeur sans violence sur la personne d'un enfant âgé de moins de onze ans, qui fait l'objet du nouvel art. 331, où le mot *tenté* est employé de la même manière. La cour de Cassation lui donnera-t-elle, dans les art. 331 et 332, une interprétation différente ?

46. — Il a été jugé que le fait d'avoir saisi une jeune fille par le bras et par le corps pour l'entraîner dans un bois, de lui avoir fait des propositions déshonnêtes, et d'avoir annoncé l'intention d'attenter à sa pudeur, en la saisissant par les jambes pour la renverser, en lui soufflant dans la bouche pour l'empêcher de crier, et en cherchant à lui relever les jupes, constitue une tentative d'attentat à la pudeur avec violence, lorsqu'il est établi que ces voies de fait ont laissé des traces sur le bras de la jeune fille et lui ont occasioné des vomissemens et même la fièvre. — *Cass.*, 5 septembre 1828, Payneau.

47. — Jugé que les coups portés à une femme par suite de sa résistance à des attentats à sa pudeur constituent un crime, et non un simple délit correctionnel. — *Cass.* 8 mars 1821, Chaballier. — Ces coups, en effet, se lient essentiellement en pareil cas à l'attentat *tenté* ou commis et lui impriment le caractère de la violence.

48. — L'attentat ou la tentative d'attentat à la pudeur peut exister bien que l'agent et la victime soient du même sexe ; sauf aux juges à distinguer ce qui appartient à la facilité et à la liberté des mœurs et ce qui décèle un dessein criminel. (Chauveau et Hélie, p. 171.) — C'est au surplus ce qui se présentait dans les espèces des arrêts de la cour de Cassation du 14 janvier 1826, Philippeau, et 6 février 1829, Jehan, cités plus haut.

49. — On a agité récemment la question de savoir si le mari qui, employant la violence, contraint sa femme à subir des actes contraires à la fin légitime du mariage, commet le crime d'attentat à la pudeur, et cette question a été résolue affirmativement. — *Cass.*, 21 nov. 1839 (t. 1er 1840, p. 5), J... — On trouvera sous cet arrêt la plaidoirie de M. Ledru-Rollin et le réquisitoire de M. le procureur général Dupin. — MM. Chauveau et Hélie (t. 6, p. 171, etc.) approuvent cet arrêt ; mais, ajoutent-ils, c'est avec circonspection que des poursuites de cette nature doivent être intentées, et, pour qu'elles puissent l'être d'office, il faudrait la réunion des circonstances les plus graves ; les secrets du lit nuptial doivent être respectés ; les investigations de la justice n'y doivent pas légèrement pénétrer.

50. — La question de savoir s'il y a eu ou non violence est du domaine exclusif de la chambre des mises en accusation, et ne peut donner ouverture à cassation. — Même arrêt.

51. — Sous l'ancien code pénal, la peine réservée aux attentats à la pudeur commis avec violence était la même que celle du viol. — Dès-lors, en présence du principe qui veut que, lorsque le jury a répondu affirmativement à une question alternative, il suffise que chacune de ces alternatives entraîne la même peine pour que l'accusé ne puisse se faire un moyen de cassation de la position des questions, on avait dû juger que si, sur la question de savoir si l'accusé était coupable d'un crime de viol ou de tout autre attentat à la pudeur consommé ou tenté avec violence, le jury s'était borné à répondre : *Oui, l'accusé est coupable*, la déclaration du jury devait être considérée comme complète et régulière. — *Cass.*, 3 mai 1832, Bray.

52. — On ne pourrait plus juger de même depuis la loi du 28 avr. 1832, parce que les deux crimes entraînent des peines différentes.

53. — On a jugé avec raison : 1° que, l'attentat à la pudeur étant puni de la même peine soit qu'il ait été consommé soit qu'il ait simplement été tenté, l'accusé ne peut se faire un moyen de nullité de ce que la déclaration du jury n'exprimerait pas si le crime a été consommé ou tenté. — *Cass.*, 30 nov. 1827, J. B. Villars.

54. — 2° ... Qu'à raison de l'identité des peines, la réponse du jury à la question alternative de savoir si un attentat à la pudeur a été *tenté* ou *consommé* par l'accusé ne peut être annulée. — *Cass.*, 9 fév. 1837 (t. 1er 1838, p. 75), Houllier.

55. — Dans une accusation d'attentat à la pudeur avec violence, si les débats révèlent la circonstance de la publicité, la cour d'assises peut soumettre au jury, comme résultant tout à la fois de l'acte d'accusation et des débats, une question d'outrage public à la pudeur. — *Cass.*, 14 oct. 1826, Denis Beauventre.

CHAPITRE IV. — *Circonstances aggravantes.*

56. — Le crime d'attentat à la pudeur peut être accompagné de circonstances qui l'aggravent et font augmenter la sévérité de la peine à appliquer.

57. — De ces circonstances, l'une s'applique exclusivement à l'attentat avec violence prévu par l'art. 332 ; les autres sont communes à cet attentat et à l'attentat sans violence dont parle l'art. 331.

§ 1er. — *Circonstance aggravante spéciale à l'attentat à la pudeur avec violence.*

58. — Cette circonstance aggravante est l'âge de la victime : « Si le crime, dit l'art. 332, a été commis sur la personne d'un enfant *au-dessous de l'âge de quinze ans accomplis*, la peine sera celle des travaux forcés à temps. » — « Au dessous de l'âge de quinze ans, disait le rapporteur au corps législatif, l'innocence doit plus particulièrement commander le respect et faire taire jusqu'aux désirs ; l'emploi de la force est d'autant plus révoltant qu'il offre une violation de l'instinct même de la nature et un abus de l'ignorance autant que de la faiblesse de la victime. »

59. — Ainsi, à la différence du cas prévu par l'art. 331 (V. *suprà* ch. 2), l'âge de la victime n'est pas ici une *circonstance constitutive* du crime, mais une *circonstance aggravante*. — On a jugé dès lors, et avec raison qu'il devait faire l'objet d'une question distincte soumise au jury. — *Cass.*, 11 juill. 1839 (t. 2 1839, p. 555), Froger ; 9 sept. 1841 (t. 2 1841, p. 559), Enjalabert ; 28 sept. 1837 (t. 1er 1840, p. 96), Marc ; — Chauveau et Hélie, t. 6, p. 189.

60. — Jugé de même que, dans une accusation d'attentat à la pudeur avec violence sur la personne d'un enfant âgé de moins de onze ans, l'âge de la victime est une circonstance aggravante qui doit faire l'objet d'une question posée séparément au jury. — *Cass.*, 12 janv. 1843 (t. 1er 1844, p. 446), Huard.

61. — Le jury est seul compétent pour résoudre la circonstance d'âge de la victime, et la cour d'assises commettrait un excès de pouvoir en statuant sur cette circonstance. — *Cass*, 11 juin 1812, Chiatane. — Il faut, au surplus, appliquer ce qui a été dit au ch. 2, relativement à la déclaration de l'âge, lorsque l'âge forme, non une circonstance aggravante, mais une circonstance constitutive.

62. — Dans le cas d'attentat avec violence, il n'y a aucune distinction à faire, en ce qui concerne la peine à appliquer, entre le cas où la victime, âgée de moins de quinze ans, a ou non dépassé l'âge de onze ans.

§ 2. — *Circonstances aggravantes communes à l'attentat avec ou sans violence.*

63. — Ces circonstances sont : 1° l'existence dans la personne de l'agent d'une certaine qualité ; 2° l'assistance que le coupable reçoit d'une ou plusieurs personnes pour l'exécution de son crime.

64. — *Qualité de l'agent.* — Soit que l'attentat ait été commis sans violence (art. 331) ou avec violence (art. 332), la qualité de l'agent peut, dans certains cas déterminés par la loi, devenir une circonstance aggravante du fait et conséquemment de la pénalité. — C'est ce qui résulte de l'art. 333, ainsi conçu : « Si les coupables sont les ascendans de la personne sur laquelle a été commis l'attentat, s'ils sont de la classe de ceux qui ont autorité sur elle, s'ils sont ses instituteurs ou ses serviteurs à gages, ou serviteurs à gages des personnes ci-dessus désignées, s'ils sont fonctionnaires ou ministres d'un culte.... la peine sera celle des travaux forcés à temps dans le cas prévu par l'art. 331, et des travaux forcés à perpétuité dans les cas prévus par l'art. 332.

65. — Le principe de cette aggravation existait dans les lois romaines (L. 6, Cod., *De judic.*) ; il a été recueilli par la déclaration du 22 nov. 1730, laquelle punissait plus sévèrement le crime aggravé par la qualité et l'indignité des coupables. — Muyart de Vouglans, *Lois crim.*, p. 243. — Négligé par le Code pénal de 1791, ce principe a été reproduit par le Code de 1810, puis par la loi de 1832, qui s'est bornée à modifier et compléter la disposition qu'elle était destinée à remplacer.

66. — Il résulte évidemment des termes de l'art. 333 que le crime d'attentat à la pudeur commis ou tenté avec violence par des père et mère sur leur enfant est passible de la peine des travaux forcés à perpétuité, et non de la peine des travaux forcés à temps. — *Cass.*, 13 sept. 1833, Tourniant.

67. — .... Alors même que la victime aurait plus de quinze ans. — *Cass.*, 19 fév. 1819, Sel.

68. — On ne peut, au surplus, rien ajouter à la peine prononcée par l'art. 333 ; ainsi, l'instituteur déclaré coupable d'attentat à la pudeur sans violence sur la personne de jeunes filles âgées de moins de onze ans ne doit pas, indépendamment de la peine aggravée des travaux forcés à temps dont le frappe l'art. 333, être condamné à la peine de l'amende prononcée par l'art. 330. — *Cass.*, 6 (et non 16) oct. 1836, Chollet.

69. — L'accusé en état de récidive déclaré coupable du crime d'attentat à la pudeur avec violence sur une fille âgée de moins de quinze ans, mais en faveur duquel le jury a admis des circonstances atténuantes, ne peut pas être condamné à plus de cinq années de travaux forcés. — *Cass.*, 31 juill. 1834, Gonthier.

70. — *Ascendans.* — L'expression *ascendans* n'était pas écrite dans le Code de 1810 ; ce Code se bornait à énoncer en général : « Ceux *qui ont autorité* sur la personne envers laquelle ils ont commis l'attentat ». Aussi avait-on agité la question de savoir si l'on pouvait ranger dans cette classe le père qui s'était rendu coupable d'un attentat à la pudeur sur *sa fille majeure*. — La chambre criminelle de la cour de Cassation (27 mars 1828, Crosnier) avait jugé l'affirmative ; mais la doctrine contraire avait prévalu devant les chambres réunies de la même cour : « Attendu que *l'autorité* des père et mère cesse par la majorité ou l'émancipation des enfans... et que, malgré l'indignation que soulève la gravité du crime, les magistrats ne doivent pas moins se renfermer rigoureusement dans le texte de la loi pénale. » — *Cass.*, 6 déc. 1828, Crosnier. — V., en ce sens, *Cour d'assises du Loiret*, 13 juill. 1828, Crosnier, sous l'arrêt précité du 6 décembre.

71. — On pouvait peut-être se plaindre de cette manière restrictive d'appliquer la loi pénale et soutenir que la cour de Cassation avait confondu les effets de la *puissance paternelle* avec l'autorité même du père, et que les art. 148 et 152, C. civ., reconnaissent l'existence de cette autorité, même après la majorité. On devait surtout regretter l'obscurité du texte qui rendait possible une aussi déplorable interprétation. — Au surplus, la question ne peut plus se reproduire depuis la loi de 1832.

72. — On doit donc considérer comme ayant perdu toute importance, sous le rapport que nous venons de signaler, l'arrêt qui a jugé que lorsque

ATTENTAT A LA PUDEUR, ch. 4, § 2.

ATTENTAT A LA PUDEUR, ch. 4, § 2.

l'arrêt de renvoi et l'acte d'accusation énoncent que l'accusé de viol sur la personne de sa fille avait autorité sur elle, le président de la cour d'assises doit, à peine de nullité, poser aux jurés la question de savoir si, au moment de la consommation du crime, la victime avait moins de vingt-un ans, pour que la cour d'assises puisse ensuite décider si l'accusé avait ou non autorité sur elle. — *Cass.*, 9 déc. 1831, Bonnichon.

73. — Le mot *ascendant* comprend les ascendans naturels aussi bien que les ascendans légitimes. C'est ce qui résulte de l'arrêt de la cour de *Cass.*, du 25 mars 1843 (t. 2 1843, p. 72), Rieux.

74. — Mais s'il n'y avait pas eu reconnaissance de paternité, l'aggravation de peine pourrait-elle être prononcée? — La cour de Cassation a décidé, en matière de viol (et la décision serait la même s'il s'agissait d'attentat à la pudeur), que la question de savoir si la victime était enfant naturel de l'accusé n'était qu'une question de fait qui pouvait être soumise à un jury, bien que cet enfant n'eût pas été reconnu. — Même arrêt.

75. — Jugé en tous cas qu'un individu déclaré coupable de viol (ou d'attentat à la pudeur avec violence) sur sa fille a été justement puni de la peine la plus élevée lorsqu'il a été déclaré que quelques-uns des faits étaient postérieurs à la légitimation de cette fille par le mariage de ses père et mère, sans qu'il y ait lieu de rechercher si, relativement aux faits antérieurs, la paternité naturelle, d'ailleurs non reconnue jusqu'au mariage, aurait dû produire le même effet que la paternité légitime. — *Cass.*, 22 déc. 1842 (t. 2 1843, p. 71), Marignan.

76. — *Personnes ayant autorité.* — De quelle autorité la loi a-t-elle entendu parler? est-ce seulement de l'autorité de droit ou bien aussi de l'autorité de fait? — Carnot (*C. pén.*, sur l'art. 333, t. 2, p. 115) s'exprime ainsi : « Par ceux qui ont autorité sur les personnes, on ne peut entendre que *les père et mère, les tuteurs et curateurs.* » — La même opinion a été professée par un savant étranger, M. Haus (*Obs. sur le Code pén. belge*, t. 3, p. 7), par le motif que, la disposition de l'art. 333 étant exceptionnelle et pénale, elle doit être expliquée dans le sens le plus favorable à l'accusé. « Cet article, dit-il, parle *nominativement* des instituteurs, fonctionnaires publics, ministres du culte, c'est-à-dire des personnes qui ont une *autorité de fait*. Or, cette désignation spéciale serait inutile, si les termes de l'art. 333 comprenaient l'autorité *de droit et de fait.* »

77. — Cette doctrine est combattue, et avec raison selon nous, par MM. Chauveau et Hélie (*Théor. du Code pén.*, t. 5, p. 193), qui se fondent sur ce que la loi se sert du mot *autorité* sans distinction aucune. Quelle est, disent-ils, la raison de l'aggravation? C'est que le coupable investi d'une puissance *quelconque* sur la victime, s'en est servi comme d'un instrument pour commettre son crime. — Après cela qu'importe que l'autorité dérive de la loi ou de la condition sociale? Il suffit qu'elle ait existé pour que le crime devienne plus grave, parce que c'est par l'abus de cette autorité qu'il a été consommé. — Quant à l'objection tirée de ce que l'art. 333 a mentionné spécialement les instituteurs, fonctionnaires, etc., etc., elle disparaît devant cette considération qu'à l'égard de ces personnes l'aggravation se puise, non plus dans l'autorité qu'elles exercent (car elles peuvent n'en exercer aucune sur la victime), mais dans la violation du devoir que leur imposaient leurs fonctions. — Les mêmes auteurs s'appuient des paroles de M. Monseignat au Corps-Législatif.

78. — La cour de Cassation a confirmé cette dernière doctrine en décidant 1° que *les maîtres* qui se rendent coupables d'attentat à la pudeur sur la personne de leurs domestiques encourent l'aggravation de peine portée par l'art. 333, C. pén., comme se trouvant nécessairement compris dans la classe de ceux qui ont autorité sur la personne envers laquelle ils ont commis l'attentat. — *Cass.*, 26 déc. 1823, Laurencin; — Bourguignon, *Jurisp. des Codes crim.*, t. 3, p. 311, n° 2.

79. — 2° ... Que le contre-maître a réellement autorité sur les personnes qui travaillent sous sa surveillance et qu'en conséquence, s'il commet un attentat à la pudeur sur une de ces personnes, l'art. 333, C. pén., lui est applicable. — *Cass.*, 5 août 1841 (t. 1er 1842, p. 448), Baux.

80. — La jurisprudence a également considéré comme *ayant autorité* et comme passibles, dès-lors, de l'aggravation de peine prononcée par l'art. 333 : 1° le mari à l'égard des enfans mineurs et non émancipés, issus du premier mariage de sa femme. — *Cass.*, 25 mars 1830, Blain; 3 mai 1832, Bray; 26 fév. 1836, Dutilleul; — V. dans le même sens, Chauveau et Hélie, t. 6, p. 197.

81. — Un arrêt plus récent a de même posé en principe que, par l'effet seul de la puissance maritale et de sa qualité de chef et de maître du domicile commun, le mari entre nécessairement en partage de l'autorité de sa femme sur les enfans mineurs et non émancipés du premier mariage, et que, dès-lors, il doit être réputé avoir autorité sur ces enfans dans le sens de l'art. 333. — *Cass.*, 16 fév. 1837 (t. 1er 1837, p. 144), Audibert.

82. — ... Et cela alors même que, faute par sa femme d'avoir rempli les formalités nécessaires pour la conservation de la tutelle, il n'aurait pas eu légalement la qualité de cotuteur. — Même arrêt.

83. — Mais il semble aussi résulter de ces divers arrêts que le beau-père ne devrait plus être réputé avoir autorité du jour de la majorité ou de l'émancipation des enfans.

84. — Il a été jugé que l'aggravation de peine prononcée par l'art. 333, C. pén., ne résulte pas *de la seule qualité de beau-père*, mais des circonstances de fait reconnues et déclarées constantes par le jury, qui attribuent aux coupables de cette classe autorité sur leurs victimes. — En conséquence, n'est point passible de cette aggravation de peine l'individu reconnu coupable d'attentat à la pudeur consommé ou tenté avec violence, à l'égard duquel le jury s'est borné à déclarer qu'il avait autorité sur la victime, *parce qu'elle était sa belle-fille*, sans qu'il résultât de l'acte d'accusation et de l'ordonnance de prise de corps, confirmés par l'arrêt de renvoi, que la jeune fille objet de l'attentat était mineure au moment de la perpétration du crime, et soumise à la cotutelle de son beau-père. — *Cass.*, 10 août 1839 (t. 2 1840, p. 17), Lemanach.

85. — La cour de cassation a de même considéré comme *ayant autorité* le mari de la mère d'un enfant naturel légalement reconnu, attendu qu'il participe de l'autorité que celle-ci a elle-même sur son enfant; et que d'ailleurs, il a lui-même une autorité directe sur cet enfant mineur habitant le domicile conjugal. — *Cass.*, 11 juin 1841 (t. 2 1841, p. 419), Migeot; *Orléans*, 20 août 1841 (t. 2 1841, p. 420), mêmes parties; *Cass.*, 25 mars 1843 (t. 2 1843, p. 72), Rieux.

86. — *Instituteurs.* — On doit comprendre dans l'expression *instituteurs* tous les maîtres attachés, soit à la surveillance de la personne, soit à l'enseignement de l'élève, et appliquer, comme sous l'ancien droit, l'aggravation de peine aux maîtres de danse, de musique, de dessin qui commettraient le crime d'attentat à la pudeur sur un de leurs élèves. — Jousse, t. 3, p. 737; Chauveau et Hélie, p. 198; Morin, *Dict. crim.*, v° *Attentats aux mœurs.*

87. — *Serviteurs à gages.* — L'ancien art. 333 ne frappait de l'aggravation de peine que les serviteurs à gages *de la personne* même sur laquelle l'attentat avait été commis; toutefois, la cour de Cassation avait décidé, et avec raison, que cet article comprenait dans sa disposition l'attentat à la pudeur avec violence commis par un serviteur à gages *sur la femme ou sur la fille de son maître*, à l'égard desquelles il devait être réputé avoir la qualité de serviteur à gages comme à l'égard de son propre maître. — *Cass.*, 6 sept. 1821, Mercœur; 22 juill. 1824, Legrand. — V. conf. Carnot, sur l'art. 333, C. pén., n° 6; Legraverend, t. 2, p. 126, note 2e.

88. — Cette décision devrait, à plus forte raison, être suivie sous la loi du 28 avr. 1832, qui semble appliquer la qualité de serviteurs à gages, en ce qui concerne non seulement le chef de la famille, mais encore tous les membres qui la composent. — Chauveau et Hélie, t. 6, p. 199.

89. — *Fonctionnaires et ministres du culte.* — Suffit-il d'avoir cette qualité pour devenir passible des peines portées par l'art. 333; ne faut-il pas encore que le crime ait été commis *dans le lieu* où les fonctions sont exercées, et sur des personnes sur lesquelles ces fonctions *donnent autorité?* — Lors de la discussion de la loi du 28 avr. 1832, un député, M. Lherbette, avait demandé que les termes de la loi fussent restreints à ce dernier cas à l'égard des fonctionnaires (Chauveau, *Code pén. progressif*, p. 215); mais sa proposition fut rejetée sans discussion à une faible majorité.

90. — Il semble résulter de là qu'il suffit d'avoir la qualité de fonctionnaire public ou de ministre du culte pour tomber sous l'application de l'art. 333, en quelque lieu et sur quelque personne que l'attentat ait été commis. — Cette conséquence répugne à MM. Chauveau et Hélie (p. 201) : « Attendu que ce n'est que l'abus du pouvoir dont les fonctionnaires sont investis qui rend leur crime plus grave; et que si leurs fonctions n'ont pu exercer aucune influence sur sa perpétration, s'ils ne se sont servis ni de leur autorité ni de leurs prérogatives pour le consommer, on ne voit pas pourquoi ils seraient punis d'une peine plus forte que les autres citoyens. » Il ne faut pas toutefois oublier les paroles prononcées par M. Berlier : « Les fonctionnaires publics, a-t-il dit, doivent aux autres citoyens l'exemple d'une conduite pure et sans tache. Plus répréhensibles quand ils commettent des crimes, ils doivent être punis davantage. »

91. — La cour de Cassation n'a pas eu à se prononcer sur cette question; mais dans une espèce où il s'agissait d'un attentat commis par un préposé des douanes, elle a déclaré l'art. 333 applicable, attendu qu'un préposé des douanes est fonctionnaire public puisqu'il dresse des procès-verbaux faisant foi jusqu'à inscription de faux, et que le crime avait été commis dans un lieu où le prévenu exerçait ses fonctions. — *Cass.*, 24 fév. 1822, Grillet et Chamban; — Carnot, sur l'art. 333, C. pén., t. 2, p. 110.

92. — On remarquera que cet arrêt se borne à constater la qualité de fonctionnaire public, sans rechercher s'il y a eu abus de l'autorité que donnait la fonction pour commettre le crime. — On remarquera, en outre, que s'il constate que les fonctions étaient exercées dans le lieu où le crime a été commis, il ne fait pas de cette circonstance une condition nécessaire de l'aggravation. — On ne saurait donc rien en induire contre la généralité des termes de l'art. 333.

93. — *Compétence.* — A quelle juridiction appartient-il de décider si l'accusé fait ou non partie de la classe des personnes énumérées dans l'art. 333? — A cet égard une distinction est nécessaire. Si le fait et ses circonstances ne peuvent être appréciés que par le jury, c'est la cour d'assises qui est compétente pour tirer de ces faits leurs conséquences légales. De là les décisions qui suivent.

94. — C'est au jury à déclarer si l'accusé est protecteur et beau-père de la victime. — *Cass.*, 3 mai 1832, Bray.

95. — Ce serait de même à lui de déclarer l'existence de la qualité d'ascendant ou de telle autre qualité de nature à soulever la question d'autorité ou celle de domesticité, etc. — Car, ainsi que le dit pour l'espèce sur laquelle il prononce l'arrêt précité, cette question ne porte que *sur un point de fait.* — *Cass.*, 2 déc. 1843 (t. 1er 1844, p. 738), Rampant. — V. aussi *suprà* p. 74.

96. — De même, et sous l'empire de la jurisprudence qui ne reconnaissait l'autorité des père et mère, au point de vue de l'art. 333, C. pén., que pendant la minorité de l'enfant, c'eût été au jury à décider si, au moment de la consommation du crime, la victime était âgée de moins de vingt-un ans. — *Cass.*, 9 déc. 1831, Bonnichon.

97. — Mais c'est à la cour d'assises seule qu'il appartient de décider si l'accusé, en sa qualité de beau-père, déclarée par le jury, jouissait, sur la fille de sa femme, d'une autorité de nature à le faire rentrer dans les termes de l'art. 333. C'est là, en effet, une question *de droit.* — *Cass.*, 25 mars 1830, Blain; 3 mai 1832, Bray; 2 oct. 1835, Letard; 22 sept. 1836 (t. 2 1837, p. 54), Laurent; 25 mars 1843 (t. 2 1843, p. 72), Rieux; 2 déc. 1843 (t. 1er 1844, p. 378), Rampant; — Chauveau et Hélie, t. 6, p. 195 et suiv.

98. — C'est également la cour d'assises qui doit juger si l'oncle exerce une autorité sur sa nièce; (*Cass.*, 4 avr. 1833; Cieutat); le maître sur sa domestique; le tuteur sur sa pupille.

99. — Jugé encore que, dans une accusation d'attentat à la pudeur consommé avec violence par un père sur la personne de la femme de son fils, la question de savoir si l'accusé doit être considéré comme l'ascendant de sa victime ne peut être posée au jury et résolue par lui. — La solution d'une telle question est dans les attributions exclusives de la cour. — *Cass.*, 14 sept. 1837 (t. 1er 1840, p. 109), Assenat.

100. — De même, il résulte d'un arrêt déjà cité que c'est à la cour d'assises seule qu'il appartiendrait de décider, en présence de la réponse du jury qui déclare que la victime était enfant naturel de l'agent, si cet agent doit être classé parmi les personnes *ayant autorité.* — *Cass.*, 25 mars 1843 (t. 2 1843, p. 72), Rieux.

101. — De même, et sous la jurisprudence déjà signalée relativement à l'autorité des père et mère sur leurs enfans majeurs, lorsque le jury avait déclaré l'âge de la victime, c'était à la cour d'assises à décider si les pères et mères reconnus coupables avaient ou non autorité sur elle. — *Cass.*, 9 déc. 1831, Bonnichon.

102. — On doit donc réputer nulle et comme ne pouvant servir de base à une condamnation la déclaration du jury, qui, au lieu de porter que l'attentat a été commis par l'accusé sur la fille de sa femme, porte qu'il a été commis par lui pendant *qu'il avait autorité sur sa victime.* — *Cass.*, 2 déc. 1843 (t. 1er 1844, p. 738), Rampant.

103. — *Aide et assistance.* — L'aggravation pro-

noncée par l'art. 333 s'étend également au cas où *le coupable, quel qu'il soit* (c'est-à-dire qu'il s'agisse ou non des personnes énumérées dans le même article), *a été aidé dans son crime par une ou plusieurs personnes*.

104. — Si cette circonstance se rencontre dans l'attentat prévu par l'art. 331 (*sans violence*), la peine est celle des travaux forcés à temps, au lieu de celle de la réclusion prononcée par ledit article. — Mais s'il s'agit d'un attentat *avec violence*, prévu par l'art. 332, la peine est celle des travaux forcés à perpétuité.

105. — Peu importe, dans ce cas, *l'âge de la victime*; quel que soit cet âge, la peine est celle des travaux forcés à perpétuité, les circonstances aggravantes de l'attentat à la pudeur avec violence étant indépendantes les unes des autres. — *Cass.*, 19 déc. 1811, Grung; 3 avr. 1812, Bruckens; 24 avr. 1813, Donnieux.

106. — Il a été jugé que l'aide ou l'assistance d'une autre personne dans la perpétration du crime d'attentat à la pudeur prévu par l'art. 332, C. pén., est une circonstance aggravante qui entraîne nécessairement l'aggravation de peine prononcée par l'art. 333, même *Cass.*, 22 août 1835, Donzion.

107. — L'aggravation est la même, soit que l'assistance ait été donnée par des complices dont le seul but ait été de faciliter à l'auteur l'exécution du crime, soit qu'elle l'ait été par des coauteurs se prêtant leur coopération mutuelle pour l'exécution successive du même crime. — *Cass.*, 20 mars 1812, Pissis. — C'est, en effet, ainsi que le disent MM. Chauveau et Hélie (t. 6, n° 203) le fait matériel de l'assistance, quelle que soit l'intention de ceux qui la prêtent, peut aggraver la criminalité.

108. — Quant aux coauteurs et aux complices de l'attentat à la pudeur, ils sont punis des mêmes peines que l'auteur principal, les uns en vertu de l'art. 59, les autres en vertu de l'art. 333 du Code pénal. — Chauveau et Hélie, *loc. cit.*

109. — La déclaration du jury portant, à l'égard d'un accusé, qu'il est coupable d'avoir, de complicité avec les autres accusés, consommé avec violence plusieurs attentats à la pudeur sur une personne dénommée, exprime suffisamment la simultanéité d'action et l'assistance réciproque dans la perpétration du crime. — *Cass.*, 31 juill. 1818, Decaux; 29 janv. 1829, Veyret. — V. VIOL.

110. — Il a été jugé également, en matière de viol (et la décision serait la même s'il s'agissait d'attentat à la pudeur), que la déclaration du jury portant qu'un accusé s'est rendu coupable du crime *conjointement* avec un autre individu, comprend implicitement la circonstance aggravante de l'aide et de l'assistance. — Chauveau et Hélie, t. 6, n° 204.

111. — Il a été jugé, avant la loi du 13 mai 1836, que si à la question, N... est-il coupable de s'être rendu complice d'un attentat à la pudeur, commis ou tenté avec violence, aidé et assisté d'une ou plusieurs personnes, pour avoir, avec connaissance, aidé ou assisté les auteurs dans les faits qui l'ont préparé, facilité ou consommé? le jury a répondu : *Oui*, mais sans aucune des circonstances aggravantes, une telle réponse ne présentait pas un sens clair et complet, ne peut, en effet, servir de base à une condamnation. — *Cass.*, 27 déc. 1832, Guérin. — La loi du 13 mai 1836 exigeant que les circonstances aggravantes soient comprises dans les questions séparées, la difficulté ne semble plus pouvoir se produire. — V. COUR D'ASSISES, JURY.

V. ATTENTAT AUX MŒURS, BLESSURES ET COUPS, EXCITATION A LA DÉBAUCHE, OUTRAGE A LA PUDEUR, TENTATIVE, VIOL.

ATTENTAT AUX MŒURS.

1. — On indique sous ce titre général tous les délits ou les crimes qui outragent les mœurs et blessent la pudeur.

2. — Mais sont, parmi les actes divers qui peuvent blesser la pudeur, ceux que les lois humaines doivent réprimer? — Cette question se rattache aux principes fondamentaux du droit de punir. — Avant d'examiner comment elle est résolue par le Code pénal, voyons comment elle l'était par nos anciennes lois.

3. — Dominé par la pensée de réformer les mœurs, le législateur incriminait et frappait de peines plus ou moins sévères, non pas seulement les faits de violence et de corruption, ou ceux qui dégénèrent en scandale public, mais presque tous les actes de libertinage, presque toutes les actions honteuses qui dégradent l'homme et outragent la morale.

4 — La simple fornication n'était frappée d'au-cune peine. — Julius Clarus, § *Fornicatio*, n° 4 ; Farinacius, *De delictis carnis*, *Quæst.* 127, n° 41 ; Jousse, t. 8, p. 707. — Mais on ne comprenait sous ce nom que le commerce avec des prostituées. — Damhouderius, *Praxis crimin.*, cap. 93 et 94; Muyard de Vouglans, *Lois crim.*, p. 212.

5. — Quant à la séduction exercée, soit par des promesses, soit par des présens, sur une fille ou une veuve dont la conduite avait été jusque-là régulière, elle prenait le nom de *stupre* et, constituait un délit. — *Instit.*, lib. 4, *De publicis jud-ciis*, § 4; Muyart de Vouglans, *Lois crim.*, p.212; Chauveau et Hélie, *Théorie du C. pén.*, t. 6, p. 105.

6. — La loi romaine punissait ce délit de la confiscation de la moitié des biens, si le coupable était d'une condition honnête, et d'une peine corporelle avec la relégation, s'il était d'une condition inférieure (*Instit.*, ibid.). — Le droit canonique obligeait le séducteur à épouser la fille séduite ou à la doter. Et cet usage, long-temps observé, était resté en vigueur dans quelques parties de la France. Mais comme il arrivait fréquemment que les filles spéculaient sur cette peine pour se procurer des partis avantageux, une déclaration du 22 nov. 1730 en prononça l'abrogation expresse, et décida qu'à l'avenir les personnes majeures ou mineures qui se trouveraient seulement coupables d'un commerce illicite, seraient condamnées à telles peines qu'il appartiendrait suivant l'exigence des cas (Art. 3). — D'après la jurisprudence, ces peines consistaient en de simples aumônes avec des dommages-intérêts, à moins que les circonstances ou la qualité des personnes ne vinssent aggraver la criminalité de l'acte. — Muyart de Vouglans, *Lois crim.*, p. 212 ; Chauveau et Hélie, t. 6, p. 106.

7. — Le fait d'avoir séduit et suborné par artifices, intrigues ou mauvaises voies, des fils ou filles (même des veuves) mineurs de vingt-cinq ans, pour parvenir à un mariage à l'insu ou sans le consentement des pères, mères ou tuteurs, constituait un délit nommé *rapt de séduction*, que les lois punissaient de mort, sans laisser au coupable la faculté de s'y soustraire en épousant la personne ravie. — Ord. de Blois, art. 42 ; Déclar. du 26 nov. 1639 ; Déclar. du 22 nov. 1730, art. 2. — Mais les parlemens n'appliquaient cette peine que dans le cas où l'accusé avait employé des moyens odieux pour réussir, ou, lorsqu'il était, soit domestique de la personne séduite, soit son tuteur, son médecin, son seigneur ou son confesseur. — Chauveau et Hélie, *Théorie du C. pén.*, t. 6, p. 107.

8. — L'inceste était puni de mort, soit qu'il eût eu lieu entre ascendans ou descendans, entre frères et sœurs, beaux-pères et belles-filles, beaux-fils et belles-filles. — Damhouderius, cap. 94, n° 4; Boërius, *Quæst.* 318, n° 3 ; Farinacius, *Quæst.* 149, n° 62; Julius Clarus, § *Incestus*, n° 7 ; Menochius, *De arbitr. jud.*, cap. 102, n° 9. — V. aussi Chauveau et Hélie, t. 6, p. 108.

9. — La même peine était appliquée à celui qui avait eu commerce successivement avec la mère et la fille. — Farinacius, *Quæst.* 149, n° 401 ; Chauveau et Hélie, *ibid.*

10. — Quant à l'inceste commis entre beaux-frères et belles-sœurs, oncles et nièces, il n'était passible que d'une peine arbitraire. — Farinacius, *ibid.* ; Chauveau et Hélie, *ibid.*

11. — La *sodomie* n'était punie par les anciens Romains que d'une amende de dix mille sesterces. — Loi Santinia, Cicéron, *Epist.*, liv. 8, 12 et 14 ; Suétone, *in Domitiano*, cap. 8; Quintilien, *Inst. orat.*, lib. 4, cap. 2.

12. — A cette peine purement pécuniaire les empereurs chrétiens substituèrent la peine de mort. — L. 31, Cod., *Ad legem Juliam de adulteriis*. — Un capitulaire de Charlemagne prononce également la même peine. — *Capitul. carol. Magn.*, add. 4, cap. 162. — L'usage constant était de punir les coupables de ce crime de la peine du feu, à l'exemple du châtiment que la justice divine en avait tiré. — Muyart de Vouglans, *Lois crim.*, p. 244 ; Jousse, t. 4, p. 119.

13. — La *bestialité* était également punie de mort. — Chauveau et Hélie, *Théorie du C. pén.*, t. 6, p. 109.

14. — Quelques uns de ces crimes encore aujourd'hui punis par les législations étrangères. — Ainsi notamment le statut de New-York punissent l'inceste d'un emprisonnement de dix ans au plus (tit. 5, § 12, n° 3); le code de Géorgie, de la même peine pendant un an à trois ans (106 div., sect. 4); le code d'Autriche, de six mois à un an de prison (art. 113); le code de Prusse d'une détention dans le même état de choses, à l'exemple du châtiment que la justice divine en avait tiré.— Ainsi encore l'attentat contre nature est puni par le code d'Autriche (art. 113) d'un emprison-ment de six mois à un an ; par le code prussien (art. 4070) d'une détention correctionnelle avec peine du fouet et bannissement à perpétuité; les statuts de New-York, de la peine de mort, n'ont point été abrogés; enfin les stat.ts de New-York prononcent une dé-tention qui peut s'élever jusqu'à dix ans. — Chauveau et Hélie, t. 6, p. 108 et 110.

15. — Mais aucun des faits dont nous venons de nous occuper ne tombe aujourd'hui sous l'action de nos lois pénales. Effacés de notre législation criminelle par les lois du 19-20 juill. et 25 sept.-6 oct. 1792, ils n'ont pas depuis reparu dans nos Codes. Les faits contraires à la décence qui se produisent en public, ceux qui attentent à la pudeur de l'enfance, ou qui ont pour objet de corrompre la jeunesse à l'âge où la loi la couvre de sa protection spéciale, les violences commises sur les personnes, enfin les atteintes portées à la sainteté du ma-riage, tels sont les faits auxquels le législateur a borné son action répressive. Quant aux actes qui, quelque honteux qu'ils soient en eux-mêmes, n'ont d'autre effet que de dégrader leurs auteurs, on sent que leur répression n'était point commandée par des motifs aussi impérieux. D'ailleurs il serait souvent difficile de les saisir au milieu des ténèbres où ils se cachent d'ordinaire; d'un autre côté, il y a toujours de graves inconvéniens à livrer à la publicité de pareils scandales; enfin il ne serait pas sans danger d'autoriser l'inquisition du ma-gistrat dans le secret de la vie privée. Aussi le législateur en a-t-il abandonné le châtiment à la justice divine et à la conscience des coupables. — Chauveau et Hélie, *Théorie du C. pén.*, t. 6, p. 110.

16. — Ainsi les seuls attentats aux mœurs qui figurent dans le Code pénal sont : l'outrage public à la pudeur, l'excitation à la débauche de la jeunesse, l'attentat à la pudeur commis sans violence sur les enfans de moins de onze ans, l'attentat à la pudeur tenté ou consommé avec violence, le viol, l'adultère, et enfin la bigamie. — V. ADULTÈRE, ATTENTAT A LA PUDEUR, BIGAMIE, EXCITATION A LA DÉBAUCHE, OUTRAGE PUBLIC A LA PUDEUR, VIOL.

V. aussi COMPLICITÉ.

ATTENTAT CONTRE LE ROI ET SA FAMILLE.

Table alphabétique.

ATTENTAT CONTRE LE ROI ET SA FAMILLE. — **1.** — Attaque, violences ou voies de fait dirigées contre la vie ou la personne du roi ou d'un membre de la famille royale.

§ 1er. — *Historique* (n° 2).

§ 2. — *Attentats contre le roi* (n° 21).

§ 3. — *Attentats contre les membres de la famille royale* (n° 41).

§ 1er. — *Historique.*

2. — Le terme *crimen læsæ majestatis* qui, dans l'origine, signifiait le crime contre la majesté du peuple romain, désigna ensuite le crime contre la majesté impériale.

3. — En effet, le crime de lèse-majesté était, à Rome, considéré comme un sacrilége. — L. 1, *pr.*, ff., *Ad legem Juliam Majest.* — Les séditions, la mutilation des statues de l'empereur, toutes les actions, les pensées mêmes, étaient devenues des crimes de lèse-majesté. *Eâdem severitate voluntatem sceleris quâ effectum puniri jure voluerunt*, disait la loi 5, Cod., *Ad leg. Jul. Majest.* On recevait tous les témoignages, mêmes ceux des esclaves. La peine, qui d'abord était celle de l'interdiction du feu et de l'eau, fut ensuite le supplice du feu et l'exposition aux bêtes: tous les biens étaient confisqués. — LL. 1, *pr.*, et 6, ff., *Ad leg. Jul. Majestatis.*

4. — L'ancien droit français recueillit en partie ces excès du despotisme. — Tous ceux qui attentaient à la personne du prince, à celles de ses enfans et de sa postérité, et au repos de l'état, soit ouvertement avec armes et violences ou par le poison, soit en composant des libelles séditieux, soit en excitant les sujets à la révolte ou à la désobéissance, étaient coupables du crime de lèse-majesté.

5. — En effet, une ordonnance de François Ier, d'août 1539, disposait par son article 1er: « Ordonnons que ceux qui auront aucune chose, machiné, conspiré ou entrepris contre notre personne, nos enfans et postérité ou la république de notre royaume, soient étroitement et rigoureusement punis, tant en leur personne qu'en leurs biens, tellement que ce soit chose exemplaire et à toujours. »

6. — Il y avait plusieurs différences entre le crime de lèse-majesté humaine et les autres crimes.

7. — La première différence était que dans ces autres crimes on ne punissait que les effets, mais en ce crime de lèse-majesté on punissait la simple volonté manifestée par un acte quelconque. — Boucheul, *Trésor du docteur François*, vo *Lèse-majesté.* — Ainsi le vicaire de la paroisse Saint Nicolas-des-Champs, pour avoir dit en tenant un couteau: « Il se trouvera encore quelque homme de bien, comme frère Jacques Clément, pour tuer le roi, et ne fût-ce que moi! » a été condamné par arrêt du 11 janv. 1595, confirmatif de la sentence du prévôt de Paris, à être pendu et étranglé, et a été exécuté le même jour à la porte de Paris. — Boucheul, vo *Lèse-majesté.*

8. — La seconde différence est qu'aux autres crimes on ne punissait que les auteurs et les complices, et en celui-ci on punissait tous ceux qui avaient eu connaissance, même du seul dessein de commettre le crime, et qui ne l'avaient pas déclaré.

9. — En effet, l'ordonnance de Louis XI, de déc. 1477, portait: « Ordonnons que toutes personnes qui auront eu connaissance de quelques traités, conspirations ou entreprises à l'encontre de notre personne, ou de nos successeurs et de la chose publique, soient tenues et réparties criminelles de lèse-majesté, et punies de semblables peines que les principaux auteurs. » — Pour prouver cette dernière maxime, ajoute Denizart (vo *Lèse-majesté*, no 6), on peut citer l'exemple de M. de Thou. — V. aussi les art. 170 et 175 de l'ord. de Louis XIII, de 1629.

10. — Les témoignages des dénonciateurs mêmes étaient admis comme preuve; l'aveu seul de l'accusé suffisait pour emporter condamnation. — Rousseaud de Lacombe, *Matières criminelles*, p 72; Muyart de Vouglans, p. 132.

11. — Il n'y avait ni excuse ni prescription pour le crime de lèse-majesté, et la peine est spécifiée dans ses horribles détails par le passage suivant de l'arrêt du parlement de Paris, rendu le 29 mars 1757, c. Damiens. — «..... Ce fait, mené et conduit dans ledit tombereau à la place de Grève et sur un échafaud qui y sera dressé, tenaillé aux mamelles, bras, cuisses et gras de jambes, sa main droite tenant en icelle le couteau dont il a commis ledit parricide, brûlé de feu de soufre, et sur les endroits où il sera tenaillé, jeter du plomb fondu, de l'huile bouillante, de la poix-résine brûlante, de la cire et soufre fondus ensemble, et ensuite son corps tiré et démembré à quatre chevaux, et ses membres et corps consumés au feu... »

12. — Mais quand les coupables avaient seulement machiné contre l'état, et entretenu des correspondances séditieuses, la peine qu'on prononçait contre le gentilhomme était d'avoir la tête tranchée.

13. — Une notable différence était qu'aux autres crimes la punition se terminait en la personne des coupables. Ici elle passait aux pères, frères, femmes et enfans, bien qu'ils fussent innocens; ils n'étaient pas punis de mort, mais du bannissement hors du royaume.

14. — Les biens du coupable étaient confisqués. Le crime de lèse-majesté ne permettait pas aux parens en ligne directe ou collatérale de recueillir, dans la succession du condamné, les biens substitués dont ceux-ci jouissaient comme grevés; de manière que, soit que ces biens fussent sujets à substitution, à retour par testament ou disposition d'iceux (criminels) ou de leurs prédécesseurs en quelque manière que ce soit, ils étaient déférés et appliqués au fisc et domaine du roi sans aucune desdites charges. — Ordonn. de Villers-Cotterets de 1531, art. 2; — Denizart, vo *Lèse-majesté*, no 8; Bacquet, *Traité des droits de justice*, ch. 11, no 17; Lebret, *De la souveraineté*, liv. 3, ch. 13; Ord. d'août 1589, art. 2.

15. — En outre, ce crime ne s'éteignait pas comme les autres par la mort des coupables, ils pouvaient être accusés et condamnés après leur mort, et la punition exécutée sur leur cadavre et contre leur mémoire, par la suppression et anéantissement de leur nom et de leurs armes, confiscation de leurs biens, démolition de leurs maisons et châteaux, et coupe de bois de haute futaie jusqu'à une certaine hauteur.

16. — Le Code du 25 sept.-6 oct. 1791, rejetant des incriminations et des peines empruntées aux temps de barbarie, portait: « Tous les complots et attentats contre la personne du roi, du régent ou de l'héritier présomptif du trône, seront punis de mort. »

17. — Sous le Code du 3 brum. an IV, un attentat aux jours du premier consul devait être considéré comme compromettant la liberté et la sûreté individuelle des citoyens, et dès-lors eût été passible des mêmes peines. — *Cass.*, 9 pluv. an IX, Demerville, Ceracchi, Aréna et Topino Lebrun.

18. — Le Code pén. de 1810, à l'exemple de la loi du 25 sept. - 6 oct. 1791, ne sépare pas le complot de l'attentat, et, rétablissant pour l'empereur le crime de lèse-majesté, applique à la résolution criminelle d'agir, comme à l'attentat et à sa tentative, la peine du parricide. — Art. 88.

19. — Cette dénomination de crime de lèse-majesté qu'avait employée l'art. 86, C. pén. de 1810, n'est plus pour ces sortes d'attentats une dénomination légale depuis la révision du Code pén., par la loi du 28 avr. 1832.

20. — La loi du 28 avr. 1832 a apporté au Code pén. des modifications d'une bien plus haute importance, en séparant le complot de l'attentat, en distinguant des actes criminels qui constituent le commencement d'exécution, les manifestations d'une résolution criminelle sans doute, mais que des lois despotiques pourraient seules assimiler au crime lui-même; enfin, en punissant l'attentat seul de la peine de mort.

§ 2. — *Attentats contre le roi.*

21. — L'attentat contre la vie ou contre la personne du roi est puni de la peine du parricide. — C. pén., art. 86.

22. — L'expression d'attentat contre la vie du roi présente une idée précise; car l'assassinat, l'empoisonnement, le meurtre même, sont des crimes qui menacent l'existence du souverain, et on admet sans difficulté qu'un acte attentatoire à l'existence du monarque soit puni comme le parricide.

23. — Mais les mots d'attentat contre la personne mis en opposition avec ceux d'attentat contre la vie, n'offrent peut-être pas un sens aussi net.

24. — Selon MM. Chauveau et Hélie (*Théorie du C. pén.*, 2e édit., t. 2, p. 104), l'attentat contre la personne ne peut s'entendre que de blessures ou de violences graves commises sans intention de tuer. Et pour déterminer la gravité que les violences doivent avoir pour être qualifiées d'*attentat*, ces auteurs pensent qu'elles doivent être de la nature de celles qui sont rangées par le Code dans la classe des crimes. Leur argumentation s'appuie sur les termes de l'art. 305, C. pén.

25. — Au contraire, selon M. Rauter (t. 1er, no 290), par attentat *contre la personne*, on entend, dans l'art. 86, toute violence physique, quand même elle n'aurait pas pour but d'ôter la vie; ainsi l'enlèvement, ou la séquestration, ou l'arrestation de la personne du roi, serait un attentat qui tomberait sous l'application de l'art. 86.

26. — Cette dernière interprétation nous paraît préférable. Nous pensons qu'elle est, plus que l'opinion de MM. Chauveau et Hélie, en harmonie avec les puissans intérêts attachés au principe constitutionnel qui déclare la personne du roi inviolable et sacrée. La raison tirée de l'art. 305, C. pén., n'a pas, suivant nous, d'autorité en présence de la notion si générale, si absolue, qui se rattache au mot *attentat*. La peine du parricide pourrait sans doute paraître rigoureuse, si elle était appliquée à l'auteur de violences légères. Mais si l'on s'écarte de l'art. 86, à quel texte se rattachera-t-on pour lui emprunter une pénalité? Nous demanderons à notre tour, pour opposer une considération aux considérations invoquées dans l'opinion contraire, si le coup porté à la personne du roi sera puni d'un simple emprisonnement correctionnel de quelques jours? Il nous semble impossible d'introduire une distinction qui, incontestablement, ne résulte pas du texte de la loi et qui peut être aussi opposée à son esprit. En effet, ces mots de l'art. 86: « L'attentat contre la vie ou contre la personne du roi... » se trouvaient dans le Code de 1810, et ils ont été conservés lors de la révision de 1832, car le Code de 1810 les résumait par ce mot: crime de *lèse-majesté*, et l'Exposé des motifs présenté par M. Berlier, le Rapport fait au corps législatif par M. Bruneau de Beaumez, laissent, par la généralité de leurs expressions et par les développemens auxquels ils se sont livrés, l'opinion que, dans l'art. 86, le mot attentat doit recevoir la plus large interprétation, et s'appliquer même à de simples voies de fait, pourvu qu'elles soient de nature à constituer des blessures ou coups.

27. — Rappelons encore que, pour qu'il y ait attentat, il faut un acte extérieur direct; des écrits ou des discours ne pourraient donc constituer l'attentat. — Carnot, sur l'art. 87; Rauter, no 290.

28. — La simple résolution d'agir ne suffit pas pour constituer l'attentat contre la vie ou la personne du roi et celle des membres de sa famille, mais cette résolution constitue un crime spécial qui trouve sa répression dans l'art. 90 du Code pénal. — V. COMPLOT.

29. — Il n'est pas nécessaire, pour qu'il y ait attentat, que le crime soit le résultat d'une pensée politique. Nous adoptons cette opinion de MM. Chauveau et Hélie (*Théorie du C. pén.*, t. 2, p. 106), qui, pour la justifier, disent cette fois: « La généralité de l'art. 86 ne peut être restreinte par une distinction puisée dans les sources d'où le crime émane, dans le sentiment qui l'a produit. »

30. — Le régent du royaume doit, aux termes de la loi du 30 août 1842, jouir du même privilége que le roi. Sa personne et sa vie seraient donc protégées par l'art. 86, C. pén.

31. — La loi du 28 avr. 1832 a ajouté à l'art. 86, C. pén., une disposition qui punit toute offense commise publiquement envers la personne du roi, d'un emprisonnement de six mois à cinq ans, et d'une amende de cinq cents francs à dix mille francs. Le coupable pourra, en outre, être interdit de tout ou partie des droits mentionnés en l'art. 42, pendant un temps égal à celui auquel il aura été condamné. Ce temps courra à partir du jour où le coupable aura subi sa peine.

32. — Déjà la loi du 17 mai 1819, art. 9, punissait l'offense commise envers la personne du roi, soit par des discours, des cris ou menaces proférés dans des lieux ou réunions publics, soit par des écrits, des imprimés, des dessins, des gravures, des peintures ou emblèmes vendus ou distribués, mis en vente ou exposés dans des lieux ou réunions publics, soit par des placards et affiches exposés aux regards du public.

33. — La loi du 28 avr. 1832, en révisant le Code pénal, a complété l'œuvre de la loi du 17 mai 1819, en punissant l'offense envers la personne du roi lorsqu'elle a été commise *publiquement*, c'est-à-dire lorsque l'offense a acquis de la publicité par un moyen quelconque, ce moyen fût-il autre que ceux spécifiés en l'art. 1er, L. 17 mai 1819.

34. — C'est ce que le rapporteur de la chambre des pairs a expliqué en ces termes: « Il y avait dans le Code pénal une lacune qu'on n'avait pu remplir au moyen d'un article introduit dans la loi du 17 mai 1819, puisque cette loi ne s'occupait que des délits commis *par voie de publication*. Il convient aujourd'hui de réparer cette omission et d'établir une peine quelconque contre les offenses *publiques* qui pourraient être adressées au roi (les offenses secrètes ne sont pas du domaine de la loi). »

35. — L'art. 86 punit l'offense envers la *personne* du roi considérée comme personne privée, c'est-à-dire abstraction faite de la dignité royale (Rauter, no 290). — L'arrêt de condamnation devrait donc, pour justifier l'application de la peine édictée par cet article, constater que l'offense a été adressée à la personne même du roi. — Sebire et Carteret, *Encycloped. du droit*, vo *Attentats politiques*, no 82.

36. — Les offenses punies par l'art. 86, C. pén., ou par l'art. 9, L. 17 mai 1819, sont des offenses d'une nature ordinaire, et telles que celles qui, adressées à certains fonctionnaires publics ou à

des particuliers, sont qualifiées *outrages*, *diffamation*, *injures*.

37. — Mais l'offense commise par l'un des moyens énoncés en l'art. 1er, L. 17 mai 1819, pourrait être qualifiée attentat contre la sûreté de l'état, si toutefois elle avait pour but d'exciter à la haine et au mépris de la personne du roi et de son autorité constitutionnelle. — L. 9 sept. 1835, art. 2.

38. — L'offense prévue par l'art. 2, disait M. Renouard dans la discussion de cette loi à la chambre des députés, est celle qui joint à la qualité générale d'offense un but particulier qui est hautement criminel; c'est l'offense qui a pour but d'exciter à la haine ou au mépris de la personne du roi; il ne faut pas la confondre avec l'offense qui ne joint pas à la criminalité ordinaire cet élément particulier. Lorsque l'offense présentera quelques atténuations, lorsqu'elle ne paraîtra pas au jury devoir être punie comme un crime d'attentat, la disposition de l'art. 3 (L. 9 sept. 1835) présente un moyen simple d'arriver à une pénalité beaucoup moindre. Lorsqu'un écrivain sera traduit en vertu de l'art. 2, deux questions seront soumises au jury. On demandera : *Y a-t-il offense au roi?* On demandera ensuite : *Cette offense a-t-elle pour but d'exciter à la haine et au mépris de la personne du roi?* Si les deux questions sont résolues affirmativement, le coupable, aux termes de l'art. 2 précité, devra être condamné à la peine de la détention et à une amende de 10,000 fr. à 50,000 fr.

39. — Les attentats contre la personne du roi sont rangés par le Code pénal dans la catégorie des crimes contre la sûreté intérieure de l'état, et dès-lors ils sont soumis, soit à la compétence ordinaire des cours d'assises, soit à la compétence facultative de la cour des pairs. — V. ATTENTAT, COUR DES PAIRS.

40. — La preuve des attentats commis contre la vie ou la personne du roi est soumise aujourd'hui aux règles générales du droit criminel. La loi n'impose pas à ceux qui sont appelés à prononcer sur le sort du prévenu d'un crime de cette nature, l'obligation de courber leur conscience devant *telles pièces* ou devant tant de témoins ou d'indices; elle leur demande seulement : Avez-vous une intime conviction? — C. inst. crim., art. 342.

§ 3. — *Attentats contre les membres de la famille royale.*

41. — L'attentat contre la vie ou contre la personne des membres de la famille royale est puni de la peine de mort (C. pén., art. 87, 2e alin.). — Que doit-on entendre par *membres de la famille royale?*

42. — Préalablement à l'examen de cette question, il faut rappeler que l'art. 3 du sénatus consulte du 30 mars 1806 portait : « La maison impériale se compose : 1° des princes compris dans l'ordre d'hérédité établi par l'acte du 28 flor. an XII, de leurs épouses et de leur descendance en légitime mariage; — 2° des princesses nos sœurs, de leurs époux et de leur descendance en légitime mariage jusqu'au cinquième degré inclusivement; — 3° de nos enfans d'adoption et de leur descendance légitime. »

43. — La reine qui donne un héritier au trône est évidemment comprise dans la famille royale.

44. — Carnot (*C. pénal*, art. 87, n° 2) est d'avis que, l'art. 87 ayant parlé des membres de la famille royale sans restriction, il les a *tous* compris dans sa disposition, quel que soit leur degré de parenté en *ligne collatérale* comme en *ligne directe*.

45. — Selon M. Morin (*Dict. de dr. crim.*, v° *Attentats contre le roi*), on ne doit entendre par famille royale que « la famille dont le roi est le chef comme époux, comme père, comme beau-père ou comme ascendant, famille qui, ainsi composée, donne à la dynastie régnante des garanties de stabilité et de durée. »

46. — Lors de la discussion de la loi du 28 avr. 1832, on a demandé si les collatéraux, *jusqu'au cinquième degré*, faisaient partie de la famille royale, s'ils jouissaient de la protection de l'art. 86, C. pén. Le rapporteur (M. Dumon) a répondu : « Le sens de ces mots est déterminé par l'usage constant : un prince du sang n'est pas membre de la famille royale. »

47. — Cette distinction entre les princes de la famille royale et les princes du sang, se retrouve dans plusieurs monumens législatifs, et par exemple dans l'intitulé de l'ordonnance du 3 juill. 1816, par laquelle le roi Louis XVIII a conféré la grand'croix de l'ordre royal de la Légion-d'honneur aux princes de la famille royale et aux princes du sang. Durant le règne de Louis XVIII, les princes et princesses de la famille royale étaient MONSIEUR, comte d'Artois, le duc et la duchesse d'Angoulême, le duc et la duchesse de Berry. — Le duc d'Orléans, le prince de Condé et le duc de Bourbon étaient les princes du sang.

48. — Selon Carnot (*C. pén.*, art. 87, *Observat. addit.*, n° 3), il fut reconnu par la chambre des députés, le 6 déc. 1831, que l'on ne devait entendre par membres de la famille royale que ceux de la branche régnante. — Nous nous sommes reportés au *Moniteur* du 7 déc. 1831, et dans le compte-rendu de la séance de la chambre des députés du 6, nous avons lu ce qui suit : — « *M. Bavoux*..... Il est impossible, avec le sens précis de cet article (aujourd'hui 86), de ne pas considérer comme membres de la famille royale les parens qui se trouvent en pays étranger. Il y a là une difficulté qu'il faut lever. — *Le rapporteur* (M. Dumon) : L'observation du préopinant n'est pas fondée. La branche aînée se trouve avec la branche cadette dans les mêmes rapports aujourd'hui que la branche cadette à l'égard de la branche aînée avant la révolution. A cette époque, les princes de la branche cadette n'étaient que princes du sang. Le sens des mots *membres de la famille royale* est déterminé par l'usage constant. Un prince du sang n'est pas membre de la famille royale. — *M. Bavoux* : La branche aînée peut repousser la branche cadette, mais il serait difficile à la branche cadette de pas considérer comme faisant partie de la famille royale les membres de la branche aînée (oh! oh!). — *Quelques voix* : Ils sont hors du territoire, ils sont exclus. — *M. Bavoux* : La loi n'est pas encore rendue! — *M. le rapporteur* : La loi d'exil ne change pas les rapports d'une branche cadette à une branche aînée... » — On voit que le fragment que nous venons de citer n'est rien moins que concluant relativement à la proposition qu'en tire Carnot. — Au surplus, aujourd'hui la loi de bannissement du 10-11 avril 1832 tranche la question relativement à la famille de Charles X, et pour l'avenir nous croyons que la solution donnée par Carnot ne s'appuie sur aucune base légale.

49. — Carnot (*C. pén.*, art. 87, n° 2) pense que les alliés ne peuvent être considérés comme membres de la famille royale du moment qu'ils ne se trouvent pas compris dans la disposition de la loi. En effet, ajoute-t-il, lorsque nos Codes ont voulu que les alliés fussent assimilés aux *parens*, ils en ont renfermé des dispositions expresses. — Cette interprétation devrait être repoussée, car elle est contraire au sens naturel et légal que présente le mot *famille*. Il faut remarquer d'ailleurs que le législateur n'a pas employé le mot *parent*, qui aurait pu servir de prétexte à l'exclusion des *alliés*; il a parlé de la famille, expression qui comprend évidemment, avec les parens, les alliés du même degré.

50. — Ainsi la famille royale ne doit pas être réduite au roi et à l'héritier présomptif de la couronne, pour lesquels seulement le Code pénal du 25 sept. 1791 avait édicté une garantie particulière; on n'y comprend pas sans doute tous les parens dont parle le sénatus-consulte du 30 mai 1806; mais d'abord la famille royale se compose certainement des personnages dont le roi est le chef comme ascendant et époux. Il faut de plus y adjoindre les neveux et nièces du roi; c'est ce qui a eu lieu sous Louis XVIII, et ce qu'avait consacré l'art. 23, L. 8 nov. 1814 (relative à la liste civile de Louis XVIII). Cet article disposait qu'il serait payé annuellement par le trésor royal une somme de huit millions pour *les princes et princesses de la famille royale*, pour leur tenir lieu d'apanage; en outre, les actes de l'état civil relatifs au mariage, au décès du duc de Berry et à la naissance du duc de Bordeaux, ont été reçus dans les formes prescrites par l'ordonnance royale du 23 mars 1816. Enfin, nous trouvons un argument tout-à-fait concluant dans l'arrêt de la cour des pairs du 6 juin 1820, qui a condamné Louvel à la peine de mort comme coupable « d'attentat contre la personne et la vie de S. A. R. le duc de Berry, l'un des *membres de la famille royale*. »

51. — MM. Sebire et Carteret (*Encyclop. du dr.*, v° *Attentats politiques*, n° 79) ne comprennent pas dans la famille royale les personnes nées hors mariage et non légitimées par mariage subséquent.

52. — Les enfans adoptifs du roi font-ils, dans le sens de l'art. 86, C. pén., partie de la famille royale? — La négative est enseignée par Carnot (*C. pén.*, art. 87, n° 3), qui se fonde sur l'art. 348, C. civ., d'après lequel l'adopté demeure dans sa famille naturelle et y conserve tous ses droits, et de ce texte conclut que l'adopté ne devient pas dès lors membre de la famille royale. — Dans le même sens, on ajoute que ce n'est pas seulement à cause de leurs droits héréditaires au trône que les membres de la famille royale sont protégés par l'art. 86, mais que c'est surtout à cause des liens de parenté naturelle qui les rattachent au souverain. Mais pour l'affirmative, on peut répondre que l'adoption établit entre l'adoptant et l'adopté des rapports civils de paternité et de filiation; qu'il serait étrange que celui qui, d'après la loi civile, serait le fils du roi, ne fût pas membre de la famille royale; que s'il est vrai que l'adopté ne pourrait jamais être appelé au trône, et n'aurait pas, à ce titre héréditaire, droit à la garantie de l'art. 86, ce n'est pas en vue seulement des droits à l'hérédité de la couronne que l'art. 86 a été porté, puisqu'il protége aussi les princesses de la famille royale, qui jamais ne peuvent être appelées à la couronne de France. La deuxième disposition de l'art. 86, C. pen., est le complément de la garantie de l'inviolabilité royale, et il a pour objet de protéger le souverain contre toutes les atteintes que des actes criminels pourraient chercher à porter à ses affections les plus chères.

53. — Les princes qui, pendant le règne de leur père ou aïeul, en un mot, de leur auteur commun, auraient fait partie de la famille royale ne cesseraient pas, suivant nous, d'en être membres à l'avénement de leur frère, neveu ou cousin germain appelé au trône par l'ordre de successibilité que règle la primogéniture. Ces princes ne peuvent-ils pas d'ailleurs, dans certaines éventualités, être appelés à régner? D'autre part, n'est-ce pas du milieu d'eux qu'à la minorité d'un roi futur devrait se lever un régent?

54. — Ce que nous avons dit (*suprà* nos 39 et 40) relativement à la preuve du crime et à la compétence relativement aux attentats contre le roi, s'applique aussi aux attentats contre les membres de la famille royale.

55. — L'offense envers les membres de la famille royale est réprimée comme délit politique par la loi du 17 mai 1819, art. 1er à 10. On ne pourrait lui appliquer les dispositions exceptionnelles des art. 1er et 2, L. 9 sept. 1835. — Morin, *Dict. de dr. crim.*, v° *Attentats contre le roi*.

V. au surplus DÉLITS DE PRESSE, TENTATIVE.

ATTERRISSEMENS.

1. — L'atterrissement est, selon le Code civil (art. 556), l'accroissement qui, de même que l'alluvion, se forme successivement et imprescriptiblement dans le lit ou aux fonds riverains d'un fleuve ou d'une rivière.

2. — Mais dans la pratique on ne donne point à ce mot une acception aussi étendue, et, en désignant sous le nom d'*alluvion* les accroissemens lents et successifs, on appelle plus spécialement *atterrissemens* ceux qui se forment subitement, ou les terrains qui, enlevés violemment par le courant, sont portés contre une autre partie de la rive; dans ce dernier cas, les commentateurs du droit romain donnaient au terrain ainsi enlevé le nom d'*avulsion*.

3. — Quant aux règles à suivre en matière d'atterrissement, aux questions qu'ils peuvent soulever et au mode de partage à suivre à cet égard, V. ALLUVION.

ATTESTATION.

1. — C'est l'acte par lequel on certifie la vérité d'un fait.

2. — L'attestation d'un fait a lieu le plus souvent par acte de notoriété. — V. ce mot, nos 3, 13 et 16.

3. — L'attestation peut aussi avoir pour objet un point de droit. — V. ACTE DE NOTORIÉTÉ, n° 22.

4. — Quand une attestation a pour objet l'individualité des parties non connues du notaire qui doit rédiger les conventions (L. 25 vent. an XI, art. 11), elle se fait dans l'acte même qui est dressé. — V. ACTE NOTARIÉ, n° 153 et suiv.

ATTORNÉ.

1. — C'était le nom que portaient anciennement les procureurs. — *Est is*, dit Spelman, *qui aliena negotia ad mandatum domini administrat, vel is qui ad* TURNUM, *id est vicem alterius constitutus, domini sui causas in foro promovet, ejusque nomine respondet.*

2. — C'est aussi la définition qu'en donne Eusèbe de Laurière dans son Glossaire : « Sont solliciteurs, officiers, commis ou députés, qui en justice poursuivent les droits et actions d'autrui, ou qui ont charge et pouvoirs d'autrui par commission. » — V. PROCUREUR.

3. — Cependant, suivant Terrien (*Comment. dr. civ.*, liv. 9, ch. 6), les attornés différaient des procureurs; mais il ne faut pas s'y tromper, les différences qu'il signale ne s'appliquent pas aux procureurs jurés, aux procureurs officiers publics, institués en titre d'office, mais à ces mandataires

ad negotia, receveurs ou administrateurs des biens d'une maison, « n'estant establis et ordonnez par justice. »

4. — C'était surtout en Normandie que l'expression *attornés* était en usage. De là elle passa en Angleterre où elle est encore employée avec sa signification primitive.

5. — Les attornés devaient être régnicoles, de condition libre, vassaux du roi et non de seigneurs particuliers pour pouvoir prêter leur ministère dans les juridictions royales. — Houard, *Dict. de dr. normand*, t. 4er, p. 444, v° *Attornés*.

ATTRIBUTION DE JURIDIC-TION.

V. DOMICILE ÉLU, JURIDICTION.

ATTROUPEMENT.

Table alphabétique.

ATTROUPEMENT. — 1. — Réunion *accidentelle* de plusieurs personnes dans un lieu public.

§ 4er. — *Historique.* — *Législation.*

2. — L'attroupement, étant une réunion *accidentelle* se distingue par cela même des associations de malfaiteurs et des bandes armées qui supposent une organisation préméditée. — V. ASSOCIATION DE MALFAITEURS, BANDES ARMÉES.

3. — L'attroupement se distingue également des associations de malfaiteurs en ce que, pour être hostile et appeler sur lui la répression pénale, il n'a pas besoin de se recruter de gens sans aveu, ou réunis dans le but de faire le mal. — Ainsi que nous le verrons, dans le système actuel de la loi, il y a attroupement par le seul fait d'une réunion assez nombreuse pour inquiéter l'ordre public, indépendamment du caractère des individus qui la composent, et de la fin à laquelle ils peuvent tendre. — V. *infra* n° 44 et suiv.

4. — Cette réunion, bien qu'accidentelle, a paru au législateur de nature à motiver, dans un intérêt de sûreté publique, des mesures prohibitives et répressives. C'est ce qui a fait l'objet des diverses lois dont il va être parlé.

5. — Il n'existait, avant 4789, aucune loi contre les attroupemens. La première loi rendue sur cette matière fut celle du 21 oct. 4789, appelée loi *martiale*. Cette loi était d'une excessive sévérité ; mais cette sévérité s'expliquait par les circonstances mêmes au milieu desquelles on se trouvait alors placé : « Considérant, dit le préambule de la loi, que la liberté affermit les empires, mais que la licence les détruit ; que le droit de tout faire, la liberté n'existe que par l'obéissance aux lois ; que si, dans les temps calmes, cette

obéissance est suffisamment assurée par l'autorité publique ordinaire, il peut survenir des époques difficiles où les peuples, agités par des causes souvent criminelles, écoutent l'instrument d'intrigues qu'ils ignorent ; que ces temps de crise nécessitent momentanément des moyens extraordinaires pour maintenir la tranquillité publique et conserver les droits de tous... : l'assemblée nationale a décrété et décrète la présente loi martiale. »

6. — A cette loi succéda un décret des 26 et 27 juill.-3 août 4791, qui régla, en cas de troubles, l'emploi de la force publique, et fixa à quinze personnes (art. 9) le nombre nécessaire pour former un attroupement illicite. — La loi de 4791, qui restreignait l'application de la loi martiale, contenait un article additionnel ainsi conçu : « La loi martiale continuera à être proclamée lorsque la tranquillité publique sera *habituellement* menacée par des émeutes populaires ou attroupemens séditieux, qui se succéderaient l'un à l'autre. Pendant le temps que la loi martiale sera en vigueur, toute réunion d'hommes au-dessus du nombre quinze, dans les rues ou places publiques, avec ou sans armes, sera réputée *attroupement*. »

7. — Enfin, la loi de 4789 fut définitivement abolie par un décret de la convention du 23 juin 4793, qui, sans explication ni préambule, dispose en ces termes : « La Convention nationale, sur la proposition d'un de ses membres, décrète que la loi martiale est abolie. »

8. — La loi martiale une fois abolie, la matière des attroupemens ne fut plus régie que par la loi de 4791, qui ne contenait guère que des dispositions purement réglementaires relatives à l'emploi de la force publique. — Et cet état de choses subsista jusqu'à la loi du 40 avr. 4834 : à cette époque le législateur pensa à remplacer la loi de 4789. — Toutefois, il fut entendu et déclaré que la loi nouvelle n'emportait pas abrogation de la loi de 4791. « Tout au contraire, disait M. le garde des sceaux, nous avons voulu la maintenir. » — Cette loi est donc en vigueur et doit être encore appliquée, surtout quant au règlement de l'exercice de la force publique, aux cas où l'on peut en faire usage et aux précautions à prendre dans ce cas. — V. sur le rapport de M. Schonen, discussion sur la loi du 40 avr. 4834.

9. — La loi du 40 avr. 4834 se complète aujourd'hui par la loi du 24 mai 4834, sur les *détenteurs d'armes de guerre*, dont les art. 5 et suiv. ont introduit de nouvelles dispositions pénales en cas de certaines circonstances qui peuvent accompagner et aggraver le fait de l'attroupement. — Les circonstances politiques qui ont donné lieu à la loi de 4834, dit à cet égard M. Morin (v° *Attroupement*, p. 99), l'esprit et les termes, tant de ses art. 5 et suiv. (sur les faits qui accompagnent les *mouvemens insurrectionnels*), que de l'art. 8, L. 40 avr. 4834 (V. *infra* n° 37 et suiv.), tout s'accorde pour établir une analogie entre les mouvemens insurrectionnels dont parle la loi de 4834, et les attroupemens politiques dont parle l'art. 8 de la loi de 4834 ; d'où il suit que les art. 5 et suiv., L. 4834, sont le complément de l'art. 8, L. 4834, c'est-à-dire sont applicables au cas d'attroupement, mais seulement quand cet attroupement, par la résistance à la seconde sommation *et son but politique*, est devenu un véritable mouvement insurrectionnel. »

10. — Il sera ici question de l'attroupement prévu et puni par la loi de 4834. — Quant au mouvement insurrectionnel, V. MOUVEMENT INSURREC-TIONNEL.

§ 2. — *Caractères.*

11. — Le principe de la loi du 40 avr. 4834, c'est que l'attroupement est un délit que s'il y a sommation de l'autorité compétente pour se disperser, et que cette dispersion n'est point opérée. Il n'est pas nécessaire que le but coupable de l'attroupement soit connu, ou qu'un autre délit ait été commis : le délit, c'est l'attroupement sur la voie publique, *persistant malgré la voix du magistrat*, qui s'aggrave suivant sa persistance. — Rapport de M. de Schonen à la chambre des députés.

12. — Cette loi ne s'explique pas sur le nombre de personnes nécessaire pour constituer un attroupement. La dernier article de la loi de 4791 fixe, il est vrai, ce nombre à *quinze*, mais cet article *additionnel à la loi martiale* semble avoir disparu avec cette dernière loi dont il n'était que le complément. — Toutefois, M. Morin pense (*Dict. de dr. crim.*, v° *Attroupement*, p. 99) que surtout en le combinant avec l'art. 294, sur les associations, la disposition tant de l'art. 9 que de l'article final de la loi de 4791 peut être considérée par les magistrats comme une interprétation anticipée sur ce point de la loi de 4834. Quant aux auteurs de l'*Encyclo-*

pédie du droit, ils n'attribuent le caractère d'attroupement qu'à une réunion de plus de vingt personnes : « Il est impossible de penser, disent-ils (v° *Attroupement*, n° 3), qu'un attroupement composé de moins de vingt individus puisse être dangereux pour la sûreté publique ou pour la circulation. » — Pour nous, il nous semble qu'on ne saurait sur ce point tracer de règle absolument fixe, sauf aux magistrats à avoir égard, quant à l'appréciation, aux enseignemens qui paraissent résulter de la combinaison de la loi de 4794 avec l'art. 294, C. pén.

13. — L'attroupement n'est pas toujours un délit distinct : il est quelquefois aussi considéré comme la circonstance aggravante d'un délit principal ; ainsi, l'art. 409 punit plus sévèrement le fait d'avoir empêché un ou plusieurs citoyens d'exercer leurs droits civiques, lorsque ce fait aura lieu par attroupement. — V. aussi MOUVEMENT INSURRECTIONNEL.

§ 3. — *Mesures à prendre pour dissiper les attroupemens.* — *Magistrat compétent.* — *Sommation.* — *Emploi de la force publique.*

14. — Toutes personnes qui formeront des attroupemens sur les places ou sur la voie publique seront tenues de se disperser à la *première sommation* des préfets, sous-préfets, maires, adjoints du maire, et de tous magistrats et officiers civils chargés de la police judiciaire, autres que les gardes champêtres et gardes forestiers. — L. 40 avr. 4834, art. 4er.

15. — Si l'attroupement ne se disperse pas, les sommations seront renouvelées trois fois ; chacune d'elle sera précédée d'un roulement de tambour, ou d'un son de trompe : si les sommations sont demeurées inutiles, il sera fait emploi de la force, conformément à la loi de 4791. — Les maires et adjoints de la ville de Paris ont le droit de requérir la force publique et de faire les sommations. Les magistrats chargés de faire lesdites sommations seront décorés d'une écharpe tricolore. — Même article.

16. — *Magistrats.*—L'énumération faite par la loi des magistrats et officiers ayant pouvoir de faire les sommations est limitative. — Il a donc été bien entendu que, quoique les officiers de gendarmerie soient, aux termes de l'art. 9, C. d'inst. crim., officiers de police judiciaire, cependant ils n'auraient pas le droit de faire les sommations ; ce ne sont pas, en effet, des *magistrats et officiers civils*. — Duvergier, *Coll. des lois*, t. 84, p. 297.

17. — Les commissaires de police sont au nombre des magistrats ayant pouvoir de faire les sommations ; un amendement qui tendait à les en exclure n'a pas été adopté.

18. — Quant aux maires et adjoints de Paris, à l'égard desquels une disposition spéciale a paru nécessaire, à raison de la différence qui existe entre leurs attributions et celles des maires des autres communes, chacun d'eux ne peut exercer le droit conféré par la loi de 4834 que dans son arrondissement.

19. — L'obligation, pour le magistrat qui fait les sommations, d'être décoré de l'écharpe tricolore, est impérieuse (Rapport de M. le duc de Choiseul à la chambre des pairs). — Et l'inaccomplissement de cette formalité rendrait les sommations illégales et nulles, si, d'ailleurs, rien n'indiquait qu'il y eût impossibilité de la remplir (*Cass.*, 3 mai 4834), Bertrand.—C'est, en effet, là le seul moyen, pour le magistrat de faire connaître sa qualité aux individus attroupés.

20. — Forme à suivre pour les sommations. — La rédaction de l'article en ce qui touche le nombre des sommations a donné lieu à une vive discussion. — Mais il a été reconnu que par ces mots : *Sommations renouvelées trois fois*, on devait entendre « une sommation trois fois réitérée » en tout, trois sommations. »—Duvergier, *Coll. des lois*, t. 34, p. 297.

21. — Les sommations doivent être précédées d'un roulement de tambour ou d'un son de trompe. — Mais de simples injonctions de se retirer, ne suffiraient pas : « Ce n'est, a dit M. le garde des sceaux, qu'après une première sommation accompagnée d'un roulement de tambour que la mise en demeure commence. »—Et il résulte d'un arrêt de la cour royale de Grenoble qu'on ne saurait suppléer à cette formalité par des cris et des exhortations. — Grenoble, 47 avr. 4832, Bastide.

22. — La nécessité d'un roulement de tambour a été également reconnue par un arrêt de la cour de Cassation. — Mais cet arrêt excepte le cas où il aurait été impossible de remplir cette formalité. — *Cass.*, 3 mai 4834, Bertrand. — Toutefois M. Morin (*Dict. dr. crim.*, v° *Attroupement*) ne pense pas que l'on puisse, en présence des art. 4er et 2 de la

loi de 1831, étendre cette exception au-delà de la première sommation, et pour une formalité secondaire comme l'écharpe. — V. à cet égard *suprà*.

23 — Les sommations préalables cesseront d'être nécessaires (art. 25, L. 1791), si *des violences* ou voies de fait sont exercées contre les dépositaires de la force publique, ou si ceux-ci ne peuvent défendre que par la force le terrain qu'ils occupent ou les postes dont ils sont chargés (L. 3 août 1791). C'est là, disait M. Duboys Aimé, le cas de légitime défense.

24. — Mais hors le cas de légitime défense constatée, les dépositaires de la force publique qui en feraient ou laisseraient (par imprudence) faire usage avant l'accomplissement des formalités légales seraient responsables. Il a donc été jugé que le commissaire de police qui, chargé de diriger des troupes pour dissiper un rassemblement, s'est mis par son imprudence dans l'impossibilité de faire les sommations légales avant le choc qui a eu lieu entre les militaires et les citoyens, choc dans lequel des blessures ont été faites et la mort donnée, se rend coupable du délit prévu par les art. 319 et 320 (V. HOMICIDE, BLESSURES et COUPS), quelles que soient, d'ailleurs, ses bonnes intentions. — *Grenoble*, 17 avr. 1832, Bastide.

25. — Et le même arrêt ajoute que l'imprudence du magistrat, et conséquemment sa responsabilité résultent du fait d'avoir quitté la force armée après l'avoir requise et conduite en présence d'un attroupement. — Même arrêt.

26. — *Emploi de la force publique.* — Si les trois sommations sont devenues inutiles, il est fait emploi de la force conformément à la loi du 3 août 1791. Cette loi portait, art. 26, que dans ce cas, un officier civil (de ceux qu'elle désignait) se présenterait sur le lieu de l'attroupement, et prononcerait ces mots à haute voix : *Obéissance à la loi, on va faire usage de la force; que les bons citoyens se retirent.*

27. — L'art. 27 de la même loi ajoutait que, après les sommations, et même dans le cas où après une première ou une seconde sommation il ne serait pas possible de faire la seconde ou la troisième sommation, si les personnes attroupées ne se retiraient pas paisiblement, et même *s'il en restait plus de quinze rassemblées* en état de résistance, la force des armes serait à l'instant déployée contre les séditieux, sans aucune responsabilité des événemens.

§ 4. — *Pénalités.*

28. — Les peines portées par la loi sont graduées suivant que l'individu est arrêté après la première, la deuxième ou la troisième sommation. « Ceux, dit l'art. 2, L. 10 avr. 1831, qui, après la première sommation, continueront à faire partie d'un attroupement pourront être arrêtés et seront traduits devant les tribunaux de simple police pour y être punis conformément aux art. 465 et 470, C. pén. »

29. — Le même article ajoute qu'ils y seront traduits *sans délai* : mais il ne résulte pas de là qu'on puisse procéder au jugement sans avoir observé les délais des citations fixés par l'art. 146, C. inst. crim. M. le garde des sceaux a donné sur ce point une explication catégorique. — « Si, a-t-il déclaré, quand un individu est arrêté, on donne au ministère public ou au commissaire de police la faculté de le faire détenir sans le faire juger, lorsque cet individu arrivera devant les tribunaux, il pourra avoir déjà subi une peine plus longue que celle qui est portée par la loi. C'est dans cette prévision que la commission a mis *sans délai*. »

30. — Après la seconde sommation, la peine est de trois mois d'emprisonnement au plus; et, après la troisième, si le rassemblement ne s'est pas dissipé, la peine pourra s'élever jusqu'à un an de prison. — L. 1831, art. 3.

31. — Est-ce aux juges qu'il appartient de décider si l'individu arrêté s'était ou ne s'était pas déjà séparé de l'attroupement au moment de son arrestation, de même que la question de savoir de savoir s'il se trouvait assez éloigné pour qu'on doive présumer qu'il n'a pas entendu les sommations. L'affirmative de cette question ne peut pas souffrir la moindre difficulté. Morin (*Dict. dr. crim.*) cite comme l'ayant résolue en ce sens un arrêt de la cour d'assises de la Seine du 8 nov 1831, Lebon.

32. — Le même auteur ajoute que l'intention d'obéir aux sommations de l'autorité, établie par un commencement d'exécution, doit faire cesser toute solidarité entre l'attroupement et l'individu qui s'en sépare. Cette solidarité pourra pareillement tomber devant un cas de force majeure qui seul aurait empêché l'individu de se retirer après la première, la deuxième ou la troisième sommation (vº *Attroupement*, p. 100).

33. — La peine est celle de trois mois à deux ans d'emprisonnement : 1º contre les chefs et provocateurs de l'attroupement s'il ne s'est pas entièrement dispersé après la troisième sommation; — 2º contre tous individus porteurs d'armes, apparentes ou cachées, s'ils ont continué à faire partie de l'attroupement après la première sommation (art. 4). Et l'art. 7 ajoute que toute arme saisie sur une personne faisant partie d'un attroupement sera en cas de condamnation, déclarée définitivement acquise à l'état (art. 7.)

34. — Si les deux circonstances prévues par l'art. 4, à savoir la qualité de chef ou provocateur et le port d'armes, se trouvaient réunies sur le même individu, il n'y aurait pas lieu à une aggravation de peine, la loi n'ayant pas prévu spécialement ce cas. — C'est ce que fait remarquer Morin (*Dict. dr. crim.*, vº *Attroupement*, p. 100); sauf aux magistrats à apprécier cette circonstance pour la détermination de la durée de la peine dans les limites autorisées par ledit article.

35. — Si les individus condamnés en vertu des art. 3 et 4 (V. les numéros qui précèdent) n'ont pas leur domicile dans le lieu où l'attroupement a été formé, ils peuvent être, par le jugement de condamnation, obligés, après l'expiration de leur peine, de s'éloigner de ce lieu à un rayon de dix myriamètres pendant une année au plus, si mieux ils n'aiment retourner à leur domicile (art. 5). — Il a été reconnu dans la discussion que la faculté de retourner à son domicile a lieu dans tous les cas, soit qu'il y ait plus ou moins de dix myriamètres de distance entre ce domicile et le lieu où la condamnation a été prononcée. — Duvergier, *Coll. lois* t. 31, p. 298).

36. — L'infraction à la prohibition écrite dans l'art. 5, doit être punie correctionnellement, d'un emprisonnement qui ne pourra excéder le temps restant à courir pour le condamné pour son éloignement du lieu où aura été commis le délit originaire (art. 6). — Sur l'observation d'un député, M. le garde des sceaux a expliqué que la seconde condamnation serait prononcée par le tribunal qui aurait prononcé la première, et non par le tribunal du lieu où le condamné aurait résidé. — Duvergier, *Coll. lois, loc. cit.*

37. — Si l'attroupement a un caractère politique, les coupables des délits prévus par les art. 3 et 4 de la loi peuvent être interdits pendant trois ans au plus, en tout ou partie, de l'exercice des droits mentionnés dans les quatre premiers paragraphes de l'art. 42, C. pén., savoir : 1º des droits de vote et d'élection; — 2º d'éligibilité; — 3º d'être appelés aux fonctions de juré ou autres fonctions d'emplois publics; — 4º de port d'armes. — L. 1831, art. 8.

38. — Voyez aussi ce qui a été dit plus haut (nº 9) sur la liaison de l'art. 8, relatif au cas où l'attroupement a eu un caractère politique avec la loi de 1834, sur les mouvemens insurrectionnels.

39. — Enfin la responsabilité civile et solidaire des condamnations pécuniaires pour réparation des dommages causés par l'attroupement, peut être prononcée contre les personnes qui auraient continué à faire partie d'un attroupement après les trois sommations (art. 9). — D'où il résulte, disent les auteurs de *l'Encycl. du droit* (vº *Attroupement*, nº 18), que, dans ce cas, la responsabilité des communes déterminée par la loi du 10 vendém. an IV, ne peut être prononcée qu'en second ordre. — Morin, *Dict. dr. crim.*, *loc. cit.* — V. COMMUNES.

40. — Les dispositions qui précèdent ne punissent que le fait d'avoir persisté à figurer dans un attroupement malgré les avertissemens de l'autorité. — Mais les peines portées par ces dispositions n'excluent pas celles qu'auraient encourues les auteurs et complices des crimes et délits commis par l'attroupement. Seulement, dans le cas de concours desdites peines, la plus grave doit être seule appliquée. — L. 10 avr. 1831, art. 11.

§ 5. — *Compétence.*

41. — C'est aux tribunaux de simple police qu'il appartient de connaître de la contravention prévue par l'art. 2, et qui consiste à ne pas s'être retiré après la première sommation (art. 2).

42. — Quant aux délits énoncés dans les art. 3 et 4 (V. *suprà* nºs 30 et 33), et qui entraînent une peine correctionnelle, ils sont de la compétence des tribunaux correctionnels (art. 10).

43. — Toutefois, même dans ce cas, si l'attroupement a un caractère politique, les prévenus doivent être renvoyés devant la cour d'assises, conformément à la charte constitutionnelle et à la loi du 8 oct. 1830. — L. 10 avr. 1831, art. 10.

44. — En cas de connexité, a dit M. de Schonen rapporteur, la juridiction supérieure l'emportera sur celle de la police correctionnelle.

45. — L'examen des principes de compétence soulève une question que M. Duvergier pose et résout en ces termes (*Coll. lois*, t. 31, p. 298) : « L'art. 10 attribue aux cours d'assises la connaissance des délits commis lorsque les attroupemens ont un caractère politique. — Or il est possible que le prévenu traduit devant le tribunal de police correctionnelle présente un déclinatoire et demande son renvoi devant la cour d'assises. Si son déclinatoire est admis soit en première instance, soit en appel, si dès-lors et sur sa demande même le jury est saisi, et si le jury le déclare coupable, faudra-t-il que le jury soit en outre consulté sur la question de savoir si l'attroupement avait un caractère politique, et que cette question soit résolue affirmativement pour que l'interdiction des droits civiques soit applicable? Je ne le pense pas : comment le prévenu pourrait-il prétendre que l'attroupement n'avait aucun caractère politique, comment le jury pourrait-il le déclarer, lorsque le renvoi à la cour d'assises a été précisément prononcé sur sa demande, et que le caractère du délit est reconnu par un jugement passé en force de chose jugée. — Autre hypothèse : il peut se faire que ce soit le ministère public qui ait lui-même soutenu la compétence de la cour d'assises, ou que le ministère public ait saisi la cour d'assises, sans qu'aucune difficulté se soit élevée sur la compétence. Dans ces deux derniers cas, il y a sans doute une considération de moins pour refuser au prévenu le droit de soumettre au jury la question relative au caractère de l'attroupement; mais, en droit, ne faut-il pas reconnaître que la question de compétence étant définitivement jugée, ou le prévenu ayant tacitement acquiescé en n'élevant aucune difficulté sur la compétence, il n'est plus possible de poser au jury une question qui mettrait en doute la compétence de la cour d'assises. »

46. — Tel n'était pas néanmoins l'avis de M. de Vatisménil, lorsque répondant à M. de Salverte devant la chambre des députés, il disait : « L'art. 8 ne pourra être appliqué que sur la déclaration du jury. Deux questions lui seront posées : 1º la question du fait principal, celle de savoir si l'individu a fait parti d'un attroupement et a persisté à y rester; — 2º celle de la circonstance aggravante qui consiste à savoir si l'attroupement avait un caractère politique, car s'il n'avait pas un caractère politique, la privation des droits civiques ne pourrait être appliquée. La première décision n'est attributive que de la juridiction; elle ne statue pas définitivement sur le caractère du délit ni sur la culpabilité. Ainsi, par exemple, lorsqu'une chambre d'accusation renvoie devant une cour d'assises pour un délit avec une circonstance aggravante, la circonstance aggravante n'est pas pour cela résolue : le jury a toute liberté pour déclarer si le fait est constant et si la circonstance aggravante existe. Ce sera donc le jury, c'est-à-dire le pays, qui aura déclaré que l'attroupement avait un caractère politique. »

47. — Pour nous, sans méconnaître la gravité des observations de M. Duvergier, et sans admettre entièrement la raison d'analogie proposée par M. de Vatisménil, il nous semble difficile de concilier avec le principe de la souveraineté du jury le système qui aurait pour résultat de dépouiller le jury lui-même du droit de caractériser le délit. — Ne doit-on pas dire avec les auteurs de l'*Encycl. du dr.* (vº *Attroupement*, nº 21) que ce serait en réalité transporter du jury aux tribunaux ordinaires l'appréciation d'un délit politique, et laisser le plus souvent sans application l'art. 10, L. 1831, « puisqu'un prévenu n'oserait plus demander son renvoi devant la cour d'assises, dans la crainte de voir préjuger par le seul fait du déclinatoire la question de circonstance aggravante; puisque en outre, dans le cas où le ministère public demanderait ce renvoi, il ôterait aux juges du pays l'appréciation du caractère politique de l'attroupement, droit qui leur est essentiellement réservé par la loi. »

AUBAIN.

1. — Ce mot est synonyme d'*étranger*.

2. — L'étymologie le plus communément attribuée au mot *aubain (albanus)* est celle qui le fait dériver, par contraction, de *alibi natus*, né ailleurs. — C'est celle qui nous paraît la plus naturelle.

3. — Il en est une autre toutefois, qui, indiquée par de Laurière dans ses notes sur Ragueau, et par Ducange (*Gloss.*, vº *Albanare*), a été adoptée de nos jours par MM. Rossi (*Encyclop. du dr.*, vº *Aubain*) et Demangeat (*Hist. de la condit. civ. des étrangers en France*, nº 23). — Autrefois, dit-on, les Ecossais étaient appelés *Albani*, *Albanici*, habitans du pays appelé *Alben*, *Albin*, *Albinich*;

or, ces peuples avaient l'humeur voyageuse : « *Quibus consuetudo peregrinandi penè in naturam conversa est* », dit en parlant d'eux un ancien auteur. — Il est donc vraisemblable qu'on s'habitua à désigner tous les étrangers sous le nom particulier de ceux qu'on voyait le plus souvent, et que tous devinrent des *Albani*. C'est ainsi que, dans l'antiquité, les juifs donnaient aux étrangers le nom de *Grecs*; c'est ainsi encore que, dans l'Orient, le nom de *Franc* s'applique à tous les Européens.

4. — A côté de ces deux étymologies, M. Sapey (*Les Etrangers en France*, p. 52) en propose une troisième. Elle consisterait à faire dériver le mot *Albanus* du mot *album*, qui, suivant Ducange (*Gloss.*, v° *Album*), s'appliquait en général aux registres des fonctionnaires publics. Or, on trouve dans les anciens auteurs, notamment dans Bacquet, que les étrangers qui fixaient leur résidence en France étaient obligés de donner tous les ans leurs noms au collecteur des mains-mortes, qui les inscrivait sur son registre. C'est à l'aide de cet état qu'on exigeait d'eux le tribut annuel qui leur était imposé sous le nom de *chevage*, et qui se percevait chaque année à la Saint-Remi.

5. — Le nom d'*aubain* n'était point donné à tous les étrangers indistinctement, mais seulement à ceux qui avaient pris naissance dans un lieu assez rapproché pour qu'on pût connaître leurs noms et nativités. C'est ce qui résulte d'un ancien extrait des registres de la chambre des comptes, rapporté par Bacquet : « *Aubains*, y est-il dit, sont hommes et femmes qui sont nez en ville dehors le royaume, si prochain que l'on peut connoistre les noms et nativitez de tels hommes et femmes. » — Quant aux hommes et femmes « nez dehors le royaume, de si loingtains lieux que l'on n'en peut au royaume avoir connoissance de leurs nativitez, » on leur donnait le nom d'*épaves*. — Il paraît que cette distinction entre les aubains et les épaves était à peu près sans importance pratique. — Demangeat, *Hist. de la condit. civ. des étrangers en France*, n° 23.

6. — On désignait sous le nom commun d'*aubains* deux classes d'individus qu'il ne faut pas confondre. — La première comprenait les individus qui quittaient, soit l'évêché, soit la châtellenie dans laquelle ils étaient nés, pour aller s'établir sur un autre territoire. C'étaient les aubains *qui diocœsim mutaverant*. — La seconde classe comprenait les aubains d'origine étrangère qui étaient venus se fixer dans le royaume. Dans les *établissemens de Saint-Louis*, ces derniers sont appelés *mécrus* ou *méconnus*, c'est-à-dire gens qu'on ne peut croire sur leur origine. — Demangeat, *Hist. de la cond. civ. des étrangers en France*, n° 23.

7. — Dans l'origine, les aubains, en s'établissant sur le territoire d'une seigneurie, y devenaient serfs, comme le reste de la population. — Mais à mesure que les affranchissemens, soit individuels, soit collectifs, émanés des seigneurs et des églises, donnèrent naissance à cette classe intermédiaire appelée bourgeoisie, la condition des aubains s'améliora graduellement, et la servitude personnelle fut peu à peu remplacée par le régime du droit d'aubaine.

8. — L'une des causes qui exercèrent le plus d'influence sur la condition des aubains, ce fut la transformation du droit d'aubaine en droit régalien. — Indépendamment de ses autres effets, cette transformation avait pour conséquence nécessaire d'effacer toute une classe d'aubains, ceux *qui diocœsim mutaverant* ; car en changeant de châtellenie ou de diocèse, on ne devenait point étranger relativement au roi, pas plus qu'en se déplaçant sur le territoire d'une seigneurie on ne devenait étranger pour le seigneur.

9. — Ce fut saint Louis qui le premier proclama ce grand principe que les aubains n'ont en France d'autre seigneur que le roi. Du moins, c'est dans le recueil connu sous le nom d'*Etablissemens de saint Louis* qu'on le trouve formulé pour la première fois.

10. — Mais ce principe ne produisit point tout d'abord les conséquences qu'il contenait ; les seigneurs ne pouvaient abandonner sans résistance ce qu'ils regardaient comme une des prérogatives de leur suzeraineté. — Aussi voyons-nous encore dans quelques coutumes (au seizième siècle) un reste du droit des seigneurs sur les aubains. — Cout. de Saint-Cyran, en Touraine, et Cout. du Loudunois, art. 5; — Demangeat, n° 24.

11. — Les aubains, en les considérant à l'époque où, affranchis du servage des seigneurs, ils étaient soumis au droit régalien, étaient soumis à certains droits et frappés de certaines incapacités spéciales.

12. — Et d'abord ils étaient soumis à un tribut annuel, appelé droit de *chevage*, qu'ils devaient payer sous peine d'amende. — Sapey, *Les étrangers en France*, p. 55; Demangeat, *Hist. de la condit., etc.*, p. 100. — V. CREVAGE.

13. — Ils ne pouvaient, sans la permission du roi, se marier hors de leur condition, et pour obtenir cette permission ils étaient obligés de payer un droit appelé *formariage*. — En cas de mariage sans autorisation, ils étaient passibles d'une amende. — Demangeat, p. 103; Sapey, p. 55. — V. FORMARIAGE.

14. — Ils ne pouvaient posséder ni offices ni bénéfices en France. — Loisel, *Instit. coutumières*; Sapey, p. 56. — V. ÉTRANGER.

15. — Lorsqu'ils intentaient un procès, ils étaient, comme demandeurs, soumis à la caution *judicatum solvi*. — Demangeat, p. 81 ; Sapey, p. 56. — V. CAUTION JUDICATUM SOLVI.

16. — Lorsqu'ils décédaient sans laisser des enfans régnicoles ou des parens naturalisés, leurs biens étaient dévolus au roi. C'était là le droit d'aubaine proprement dit. — Loisel, *loc. cit.*; Sapey, p. 56. — V. AUBAINE (droit d').

17. — Le roi pouvait accorder aux aubains des lettres de naturalité. Alors ils devenaient français et jouissaient de tous les droits attachés à ce titre. — V. NATURALISATION.

17. — V. au reste, sur les charges auxquelles les aubains étaient soumis en France et sur leur condition actuelle, les mots AUBAINE (droit d') et ÉTRANGER.

AUBAINE (Droit d').

Table alphabétique.

AUBAINE (droit d'). — 1. — Le droit d'aubaine, dans son acception la plus étendue, était le droit spécial des aubains (*jus alibi natorum*). — Dans un sens moins large, cette expression s'employait pour exprimer l'ensemble des incapacités légales dont les étrangers se trouvaient frappés en France par rapport au droit de recueillir une succession *ab intestat*, et à celui de disposer ou de recevoir par acte de dernière volonté. — Enfin, dans sa signification la plus restreinte et la plus commune, le droit d'aubaine était celui en vertu duquel le roi recueillait les biens délaissés en France par l'étranger qui mourait *testat* ou *intestat*, sans enfans légitimes et régnicoles.

2. — Les auteurs ne sont pas d'accord sur le point de savoir d'où dérive le droit d'aubaine, ni à quelle époque en remonte l'origine. Quelques uns ont pensé qu'il était connu à Athènes et à Rome (Bodin, *Tr. de la républ.*, liv. 1er, chap. 6). Cependant on ne trouve, dans la législation de ces pays, rien qui soit comparable au droit d'aubaine.

3. — En effet, si à Athènes le fisc s'appropriait la sixième partie de la succession des étrangers et les enfans de leurs esclaves, les cinq autres sixièmes leur restaient; ils pouvaient, par conséquent, les transmettre et avoir un héritier. — A Rome, la loi n'accordait, il est vrai, *faction* de testament qu'aux citoyens. Mais aucun texte ne dit que les étrangers ne pouvaient pas tester suivant la loi de leur pays. Ulpien (*Frag.*, tit. 20, § 14) leur reconnaît même formellement ce droit. Ainsi, à Rome et à Athènes, il était possible que les étrangers eussent un héritier. Donc le droit d'aubaine proprement dit n'y existait point. — V. en ce sens Gaschon, *Code diplom. des aub.*, *Disc. prélim.*, 134 et suiv.; Rossi, *Encyclop. du dr.*, v° *Aubaine (Droit d')*, n° 2; Demangeat, *Hist. de la condition des étrang. en France*, n° 1er.

4. — C'est ainsi que le Languedoc, d'après Basnage, n'admettait pas autrefois le droit d'aubaine, parce qu'il n'était pas suivi à Rome. — Sapey, *Les étrang. en France*, p. 16. — V. *infrà* n° 36.

5. — D'autres en placent la source dans les mœurs et les coutumes germaines, qui considéraient tout étranger comme un être indigne de participer à la loi, et chez lesquels le meurtre d'un étranger ne donnait pas lieu à la composition. — Le monde germain, en effet, était celui de la tribu, et l'étranger, se trouvant en dehors de la tribu, ne participait à aucun de ses avantages : aussi, perdait-il sa liberté lorsqu'il n'avait pas, en quelque sorte, été recueilli et placé sous l'*avouerie* et la protection d'un Germain. — Il paraît même que dans ce cas on était dans l'usage de le vendre. — Montesquieu, *Espr. des Lois*, liv. 21, chap. 17. — V., sur ce système, un exposé assez complet de M. Demangeat, *Hist. de la condition civ. des étrang. en France*, n° 4. — V. cependant Sapey, *loc. cit.*, p. 19 et suiv.

6. — Il en est qui ne font remonter le droit d'aubaine qu'au quatorzième siècle. — Un statut d'Edouard III, de 1328, ayant défendu d'admettre les étrangers aux successions immobilières en Angleterre, on aurait établi en France, par représailles, et sans distinction de nation ni de meubles ou immeubles, une prohibition semblable. — Sur quoi Edouard III, par un nouveau statut, défendit aux Français d'habiter l'Angleterre, sous peine de mort. — Ce statut ne paraît avoir été rapporté en Angleterre par aucune autre disposition; mais il n'est pas probable qu'on songe jamais à le ressusciter pour en faire l'application. — Demangeat, *loc. cit.*, n° 2, p. 8.

7. — Un autre système attribue l'introduction de ce droit par l'invasion des barbares dans les Gaules. — Rien de régulier et de stable, dit-on, ne pouvait en effet sortir du chaos qui en résulta. — Les conquérans et les vaincus, qui dans l'origine de l'invasion vivaient selon la loi de leur race, n'ayant pu eux-mêmes résister aux empiétemens de ceux d'entre eux que les circonstances poussaient à la seigneurie, comment les étrangers auraient-ils pu conserver leur propre liberté, comment auraient-ils pu invoquer la loi de leur patrie dans un pays où la loi du plus fort était dominante? — Ils étaient donc, par la force même des choses, exposés à toutes sortes de vexations et de spoliations : un moyen de s'y soustraire leur fut, à la vérité, offert plus tard : c'était de se placer sous le *mundium* (garde particulière) du roi, d'un seigneur ou d'une église, mais un des effets de ce *mundium* était d'attribuer à celui qu'il concernait le droit de leur succéder quand ils décédaient sans enfans légitimes. — Toutefois, si cet effet avait quelque analogie avec le droit d'aubaine, ce n'était pourtant pas encore le droit d'aubaine lui-même. — V. Rossi, *Encyclop. du dr.*, v° *Aubaine*, n° 3; Gaschon, p. 137 et suivans.

8. — L'opinion la plus générale lui donne une origine féodale, ou du moins contemporaine de la feodalité. — C'est alors que les seigneurs, ayant acquis un pouvoir absolu sur les terres et sur les personnes dépendantes de leur seigneurie, réduisirent les étrangers qui venaient s'y établir à l'état de serfs ou main-mortables de corps; comme tels, ils perdaient la propriété de leurs biens, qui étaient confisqués au profit des seigneurs.

9. — Les aubains étaient alors de deux sortes : ceux qui avaient quitté la terre de leur seigneur, pour chercher ailleurs une condition moins dure, *omnes qui diocœsim mutant*, et ceux qui, venus des pays étrangers, étaient désignés sous le nom d'*aubains*, proprement dits, d'*épaves* ou *mécrus*. — Tous subissaient un sort commun; c'étaient, en un mot, des *serfs-aubains*. — Sapey, *Les étrang. en France*, p. 26 et suiv. — V. AUBAIN.

10. — Mais une classe nouvelle, la bourgeoisie, s'éleva entre les seigneurs et les serfs. — Les bourgeois étaient libres. — La servitude, au lieu d'être la règle, ne devint plus qu'une exception. — Et la condition des étrangers, changeant également, devint, du moins pendant leur vie, analogue à celle des bourgeois; on la traduisait par cette règle : l'*aubain vit libre et meurt serf*.

11. — Les étrangers conservèrent donc, pendant leur vie, la propriété de leurs biens, et purent même en acquérir de nouveaux. Mais, à leur mort, les seigneurs sous la juridiction desquels ils étaient venus se placer, recueillaient leur succession, à moins qu'ils ne laissassent des enfans régnicoles, nés en loyal mariage, auquel cas la succession était dévolue à ces derniers. C'est là le droit d'aubaine. — Rossi, nos 3 *in fine* et 4. — V. aussi, sur l'origine féodale du droit d'aubaine, Merlin. *Répert.*,

v° *Aubaine*, n° 1er; Coin-Delisle, *Commentaires*, sur l'art. 11, n° 1er.

12. — Mais la royauté, prenant chaque jour plus de puissance, proclama bientôt ce principe que les aubains n'ont en France d'autre seigneur que le roi. — Dès-lors il n'y eut plus qu'une seule classe d'aubains, les *mécrus*; quant à ceux *qui diocœsim mutaverant*, étrangers pour un seigneur particulier, ils étaient Français pour le roi. — Les seigneurs tentèrent bien de résister, mais le pouvoir royal l'emporta, et le droit d'aubaine devint définitivement un de ses attributs. — On a même dit que c'était *un fleuron de la couronne du roi.* — Rossi, *ibid.*, nos 5 et suiv.; Merlin, *loc. cit.*, nos 1er et suiv.

13. — Quoique, dès le quatorzème siècle, il fut déjà bien constant que le droit d'aubaine était essentiellement inhérent à la couronne, quelques unes des coutumes qui ont été rédigées au seizième siècle ont, néanmoins réservé ce droit aux seigneurs. Mais, comme le fait remarquer Merlin (*ubi suprà*), les dispositions particulières des coutumes, à cet égard, ne peuvent être d'aucune considération ni d'aucun poids; car les coutumes ne sauraient ôter au roi ses droits ni y préjudicier. — V. aussi, dans le même sens, Rossi, n° 12.

14. — Les coutumes qui réservaient le droit d'aubaine aux seigneurs étaient au nombre de douze au moins. — C'étaient notamment celles de Touraine (art. 43, 44 et 45), de la Marche (art. 828), d'Anjou (art. 41 et 41), du Maine (art. 48), de Dunois (locale du Maine) (art. 45), du Bourbonnais (chap. 2, art. 198), du Hainault (chap. 83, 86 et 106), de Montargis (art. 47), de Chablis (art. 26), de Senlis (art. 205), de Sens (art. 10) et d'Auxerre (art. 13). — Dix-sept coutumes, au contraire, l'attribuaient au roi. — C'étaient celles de Poitou (art. 298), de Melun (art. 6), de Valois (art. 4), de Vitry en Partois (art 72), de Vermandois (art. 11), de Châlons (art. 16), de Chauny (art. 8 et 43), de Ponthieu (art. 19), de Reims (art. 340 et 341), d'Amiens (art. 253), de Péronne (art. 7 et 8), de Normandie (art. 148), de Montrichard (locale de Touraine), du Perche (art. 18), du Berry (tit. 6, art 2), de Laon et d'Orléans (art. 345). — Celles des coutumes qui gardent le silence se rangent naturellement du pouvoir dominant. — La coutume d'Artois n'admettait pas le droit d'aubaine (art 40). — Cependant la royauté l'emporta. — Rossi, *ibid.*, n° 7, p. 237.

15. — Bacquet (chap. 2 et 27) résume ainsi les effets de l'aubaine : « Toute personne native hors du royaume, y demeurant, ou bien passant par le royaume et décédant en icelui, ou demeurant en France, décédant hors du royaume et ayant biens en icelui, n'ayant obtenu lettres de naturalité du roi, n'a et ne peut avoir autres successeurs et héritiers que le roi de France. » Et Loysel (*Institutes coutumières*) ajoute : « S'ils ne laissent des enfans nés et demeurant au royaume, ou d'autres parens naturalisés et y demeurant, le roi leur succède. »

16. — Le droit d'aubaine n'empêchait pas l'étranger de recevoir et de donner entre vifs, de faire une institution contractuelle par contrat de mariage. — Loysel, *Institut. coutum.*, liv. 1er, régl. 51; Merlin, n° 4; Pothier, *Tr. des Personnes*, 1re part., tit. 2, section 2e, n° 6; édit. Dupin, t. 8, p. 28 *in fine*; Rossi, nos 9 et 14 *in fine*; Zachariæ, t. 1er, n. 165, note 5e; Demangeat, *Condit. civ. des étrangers en France*, n° 34, p. 132.

17. — Le roi ne pouvait même jamais, dans ces cas, venir réclamer les réserves coutumières accordées en général aux héritiers. — La disposition faite par l'aubain valait pour le tout, sans que le roi, exerçant le droit d'aubaine, pût la faire réduire. — Valin, *Comment. sur la cout. de La Rochelle*, tit. *Des donat.*, art. 64.

18. — On trouve également, dans quelques auteurs, que les aubains pouvaient tester jusqu'à concurrence de 5 sols. Selon eux, cette exception dérivait d'un ancien usage de l'église, qui refusait la sépulture et le saint-viatique à ceux qui mouraient *intestat*. C'est ainsi que dans ses *Institutes coutumières* Loysel dit : « Aubains ne peuvent succéder *ni tester* que jusqu'à 5 sols, et pour le remède de leurs ames. »

19. — Il ne faut point confondre l'aubaine, c'est-à-dire le droit du roi de s'emparer de la succession de l'étranger non naturalisé, mort sans enfans nés et demeurant en France, avec l'exclusion de l'étranger du droit de succéder. — Ce sont deux choses parfaitement distinctes, et que quelques auteurs n'ont point suffisamment distinguées. — Dans l'aubaine, c'est la nationalité du défunt qui fait ouvrir sa succession au profit du roi. — Dans l'autre cas, c'est l'incapacité du successible qui l'empêche de recueillir. — Sapey, p. 113.

20. — Pour succéder en France, il fallait être Français, et les étrangers étaient rigoureusement exclus de ce droit, alors même que des coutumes, telles par exemple que celle de Vitry en Partois, le leur auraient accordé; leurs dispositions à cet égard étaient considérées comme non avenues; les lettres de naturalité portaient même une clause spéciale sur ce point : *Poviso quod hæredes impetrantis sint regnicolæ.* — Sapey, p. 114.

21. — La prohibition absolue de succéder et celle de transmettre à tous autres qu'à ses enfans régnicoles, portées contre les aubains, se justifiaient fort bien par la constitution de la société à cette époque. — Dans un temps, en effet, où la possession territoriale donnait la suzeraineté, il était prudent d'empêcher que des étrangers pussent posséder en France un de ces châteaux forts dont le propriétaire, à la tête de ses vassaux, pouvait braver les lois et créer des embarras sérieux au pays et au roi. — Il est donc inexact, du moins tant que la féodalité se maintint redoutable, de confondre le droit d'aubaine dans la même réprobation que le droit de naufrage, et de le qualifier, ainsi que le fait Montesquieu, de *droit insensé*. (*Espr. des lois*, liv. 21, ch. 17). — Demangeat, n° 33, p. 123. — Aussi voit-on, à partir du moment où la féodalité perdit sa puissance, les exceptions s'étendre au point que le droit d'aubaine avait fini, lorsqu'il fut définitivement aboli, par être presque nominal.

22. — La loi d'aubaine frappait non seulement l'étranger résidant en France, mais le voyageur qui mourait sur la terre française, l'ôtage donné conformément aux traités, et jusqu'à l'étranger qui jamais n'avait mis le pied en France, mais qui y avait des biens. — Chassanée, *Cout. de Bourgogne*, tit. *Des confiscations*; Sapey, *Des étrangers en France*, p. 108.

23. — Toutefois elle n'était point applicable quand l'étranger laissait des enfans régnicoles, c'est-à-dire nés et résidant en France ou nationalisés. — A leur égard, l'étranger était relevé de l'incapacité de transmettre sa succession. — Coul. d'Anjou, art. 41; du Maine, art. 48; de Péronne, art. 7. — Bacquet, 4e part., ch. 30 et suiv. — V. cependant Cout. de Melun, art. 6; de Châlons, art 14. — Dans ce cas, si l'aubain avait un enfant légitime né et résidant en France, et un autre né à l'étranger et résidant en France, c'est-à-dire, aubain lui-même, la coutume autorisait celui ci à prendre part à la succession de son père; c'est en ce sens que Lebrun disait que « les enfans régnicoles valent à l'aubain des lettres de naturalité. » — Demangeat, n° 42. — V. cependant Lefèvre de la Planche, *Tr. du domaine*, liv. 6, ch. 9, n° 2.

24. — Quand l'étranger venait à mourir dans les conditions de l'aubaine, le procureur du roi faisait faire une saisie sur ses biens, puis, après une enquête sommaire pour constater son extranéité, les biens qu'il avait laissés étaient adjugés au prince sur les conclusions du ministère public. — Le prix du mobilier inventorié et tous les deniers de la succession étaient versés entre les mains du receveur ordinaire des lieux et l'administration lui en était confiée. — Sapey, p. 115.

25. — Au reste, les rois ne conservaient point d'ordinaire les biens qu'ils recueillaient en vertu du droit d'aubaine, une ancienne maxime remontant à Philippe-le-Bel leur recommandait « d'avoir les mains pures de toute confiscation »; aussi le plus souvent en faisaient-ils des libéralités, sauf le droit accordé à la chambre des comptes chargée de vérifier les *lettres de don* de restreindre le don à une certaine somme (ord. de Charles VIII, du 24 juin 1492; ord. de Blois, art. 304). — Ces formalités remplies, une sentence des trésoriers de France subrogeait le donataire aux droits du roi, et il entrait en possession. — Le donataire était souvent un parent de l'étranger.

26. — Le roi pouvait à sa volonté effacer dans les étrangers le vice de pérégrinité dont nous venons de voir quelques effets. — Il lui suffisait de leur accorder des lettres de naturalité. — Dès-lors, l'étranger devenu Français était affranchi du droit d'aubaine et pouvait transmettre soit par testament, soit *ab intestat*, il devenait également apte à succéder en France. — V. NATURALISATION.

27. — A côté des lettres de naturalité se placent les lettres *de déclaration* accordées a ceux qui, bien que pouvant être considérés comme étrangers, avaient en leur faveur un titre ancien que ces lettres renouvelaient. — Tels étaient notamment les habitans des provinces qui, après avoir appartenu à la France, étaient passées sous la domination étrangère (V. *inf.* n° 32). — V. LETTRES DE DÉCLARATION.

28. — Plusieurs restrictions et exceptions avaient été apportées successivement à l'exercice du droit d'aubaine. — Une des plus anciennes existait en faveur des étrangers nobles, et spécialement des princes souverains non résidant au royaume; ils pouvaient transmettre et recueillir par succession leurs immeubles situs en France; ce droit s'était conservé dans l'art. 72 de la coutume de Vitry, mais il paraît qu'à dater du règne de Charles VIII l'usage contraire fut observé, et que toutes les fois que nos rois voulaient garantir l'exemption du droit d'aubaine soit à des princes étrangers, soit à des princes français allant s'établir à l'étranger, ils leur donnaient des lettres particulières d'exemption. — Dupuy, *Traité touchant les droits du roi*; Demangeat, n° 41.

29. — En étaient également et entre autres exemptés les marchands fréquentant les foires de Lyon (ord. de Charles VII, de 1443; lettres patentes de Louis XI, de 1462; *id.* de Charles IX, vérifiées au parlement le 4 fév. 1572); sauf en ce qui touche les immeubles ou rentes constituées; ceux qui se rendaient aux foires de Champagne (Bouteiller, *Somme rurale*, liv. 1er, tit. 25; ord. de Philippe-de-Valois, de juill. 1344); les marchands castillans venant trafiquer dans le royaume (ord. de Charles V, de 1364); les marchands des « nacions de Brabant, Flandres, Hollande et Zeilande venant par mer ou autrement en ce royaume » (lettres patentes de fév. 1461); les marchands de la Hanse Teutonique (ord. d'avr. 1464; decl. de Henri II, du 20 janv. 1552); les marchands écossais trafiquant dans le royaume (décl. de Henri II, d'oct. 1554); les étrangers employés au dessèchement des marais, au défrichement des terres incultes et aux travaux des mines (lettres du 10 oct. 1552, édit de 1607); ceux qui avaient servi pendant cinq ans comme gens de mer sur les vaisseaux du roi (éd. d'avr. 1687); les gens de guerre, catholiques ayant servi dans les armées pendant dix ans (éd. de Louis XV, de 1715); les bénédictins anglais « pour l'avantage et le progrès de la religion » (décl. du 22 août 1736); les ambassadeurs, les étrangers qui travaillaient dans des établissemens et manufactures, soit de Beauvais (édit de 1664), soit des Gobelins (édit de 1668), ou des Glaces (édit d'oct. 1665). — Merlin, v° *Aubaine*, nos 6 et 7; Rossi, n° 12; Demangeat, n° 46; Sapey, p. 101.

30. — Lebret (*De la souver. du roi*, liv. 2, ch. 11), Chopin (*Du dom.*, liv. 1er, tit. 11), Rebuffe (*De scholast. privil.*) prétendent que les écoliers étrangers qui venaient étudier, d'abord à Paris, ensuite dans d'autres universités françaises étaient exempts du droit d'aubaine pendant le cours et en considération de leurs études, mais Bacquet (ch. 2) nie ce privilége et, de fait, en 1556, la succession de Jean Nyver, du collége de Bourgogne, fut adjugée au roi malgré les réclamations bruyantes des écoliers. — M. Demangeat (n° 46, p. 189) cite cependant une ordonnance de Louis X, de 1315, qui tranche formellement la question en faveur de l'Université.

31. — Les Anglais eux-mêmes, contre lesquels avaient toujours eu lieu nos luttes les plus vives, virent aussi s'adoucir pour eux le droit d'aubaine. — Un traité passé entre Henri IV et Elisabeth, en 1606, permettait (art. 20) aux marchands de cette nation de disposer librement de leurs meubles en France. — Cependant le droit commun paraît avoir repris son empire vers la fin du dix-septième siècle. — Mais le même privilége fut accordé à tous les Anglais indistinctement par le traité d'Utrecht de 1713. — Plus tard une déclaration de Louis XV, du 19 juillet 1739 abolit le droit d'aubaine pour les meubles en faveur des Anglais résidant en France, jusqu'à ce qu'enfin l'exemption la plus complète leur fût accordée par lettres patentes de Louis XVI, données le 18 janvier 1787.

32. — Quant aux étrangers nés dans des pays dont la France avait eu ou prétendait avoir la souveraineté, ils échappaient également au droit d'aubaine à l'aide de lettres de déclarations (Rossi, *ubi suprà*). — C'étaient notamment les habitans du comté de Bourgogne, les Bretons, les habitans de la ville et du comté d'Avignon (Maynard, *Not. et sing. quest.*); les pays de Flandres, du Tournesis et du Cambrésis (lettr. de 1406), même sans lettres de déclaration. — Lebret, *De la souv. du roi*, liv. 2, ch. 11. — Il faut y joindre aussi le Milanais depuis qu'il échut à Louis XII par droit successif, les habitans du duché de Bourgogne, enfin les personnes originaires des trois villes de Toul, Metz et Verdun, avant qu'elles n'eussent été cédées à la France par la convention du 7 nov. 1551.

33. — De même, il paraît que les Français de la religion réformée émigrés après la révocation de l'édit de Nantes étaient considérés comme redevenant Français et échappaient au droit d'aubaine lorsqu'ils rentraient en France et renonçaient à leurs erreurs pour faire profession de la foi catholique. — Bourjon, *Dr. commun*, liv. 1er, tit. 7, 8, 29; Rossi, *loc. cit.*, n° 12, *in fine*.

34. — Dans certains cas, par des considérations financières, il était permis aux étrangers d'acquérir certaines rentes et de les transmettre à leur gré : — ainsi les rentes sur l'état (édit de Henri III, de mai 1586), les rentes sur l'hôtel-de-ville de Paris (décl. du 19 juin 1720), les rentes sur les re-

celles des finances, tailles, etc. (édit d'août 1720), les rentes à 4 % sur la ville de Paris, celles sur les États de Bretagne, etc., les rentes constituées par le clergé (lettres pat. 9 août 1723). — Demangeat, *De la condit. civ. des étrangers en France, loc. cit.*

35. — Des villes et même des provinces entières furent, par suite de circonstances politiques ou de la bienveillance spéciale de nos rois, ouvertes aux étrangers, qui y restaient libres de tout droit exceptionnel, — par exemple, la ville de Châlons-sur-Marne (charte donnée à cette ville par Charles V en 1364), celles de Lyon, Toulouse et Bordeaux (Guy Coquille, *Comm. de la cout. de Nivernais*, ch. *Des successions* sur l'art. 24), le port et le havre de Marseille (éd. de Louis XIV, de 1669), la ville de Calais, excepté pour les Anglais (let. de Charles IX en 1567 et de Henri IV en 1599), celle de Metz (*Cout.*, art. 3, *De l'état et cond. des person.*, arr. du parlement du 16 avril 1689), celles de Longwig (lett. de décemb. 1684), de Dunkerque (édit de 1662) et de Reims en faveur des étrangers membres du chapitre (édit du 26 févr. 1362), les provinces de Guyenne et de Provence (Boerius et Choppin, cités par M. Demangeat, n° 47, p. 198), enfin l'Artois, dont l'art. 40 de la Cout. est ainsi conçu : « En Artois on n'use point d'aubanité. »

36. — Il est à remarquer, du reste, que dans les pays de droit écrit qui suivaient la loi romaine, le droit d'aubaine paraît avoir été d'abord inusité. — Basnage, *Comment. sur cout. Bourgogne*; Caseneuve, *Tr. de franc alleu*. — Mais lorsqu'ils furent réunis à la couronne, les officiers du domaine y pratiquèrent le droit d'aubaine malgré toutes les réclamations, jusqu'à ce que des exemptions formelles leur eussent été accordées par nos rois. — V. pour la ville de Toulouse, lettr. pat. du 20 avr. 1472; pour celle de Bordeaux, lettres de la même année, et pour la province entière du Languedoc, édit de Louis XI, de juill. 1475, et de Charles VIII, du 6 juill. 1484.

37. — Une autre exception à l'exercice du droit d'aubaine était fondée sur les *traités* passés avec les puissances étrangères. La *réciprocité* était ordinairement la base de ces traités, dont les dispositions étaient d'ailleurs plus ou moins étendues. Les unes consistaient à admettre les étrangers à venir recueillir la succession de leur parent étranger décédé en France; les autres donnaient à l'étranger la capacité de succéder à ses parens régnicoles, et lui communiquaient les effets du droit civil. D'après d'autres traités enfin, le droit d'aubaine était remplacé par un droit que le fisc prélevait sur la succession des étrangers décédés en France.

38. — Ce droit prélevé en France sur les successions des étrangers s'appelait droit de *détraction*. — Son importance variait selon les pays. — Dans quelques uns il était du quart, dans d'autres du cinquième ou même du sixième, le plus grand nombre ne le faisaient monter qu'au dixième, quelquefois même au vingtième. — V. DÉTRACTION.

39. — L'édit de 1780 fait entre la France et l'Autriche a aboli non seulement le droit d'aubaine, mais encore celui de déshérence et de détraction. — *Colmar*, 2 avr. 1824, Zwickert c. Mayer.

40. — On décidait, du reste, que les traités portant ainsi abolition ou restriction du droit d'aubaine n'étaient point applicables dans nos colonies. — Cela résulte formellement de deux dépêches du ministre de la marine aux consuls de Saint-Domingue et du Cap-Français des 4 janv. 1777 et 29 juill. 1779. — Cependant ce droit fut aboli dans la Guyane française par un édit de juin 1783. — Demangeat, *ibid.*, p. 219.

41. — Dans un rapport présenté au conseil d'état dans sa séance du 24 thermid. an IX, M. Rœderer, après avoir dressé le tableau des états et pays avec lesquels la France avait fait des traités relativement à l'abolition du droit d'aubaine, affirme qu'il n'y avait alors que quatre états : la Prusse, les États du pape, la Turquie et la république de Gênes, et quelques petits pays d'Allemagne, avec lesquels il n'existait aucun traité, et où la capacité de succéder aux nationaux n'était accordée aux sujets d'aucun pays. — V. le rapport dans Fenet, *Recueil des trav. prép. du C. civ.*, t. 7, p. 69 et suiv.

42. — Il n'y a peut-être pas une rigoureuse exactitude dans ces assertions, notamment en ce qui concerne la Prusse, avec laquelle un traité avait été conclu le 14 fév. 1753, et les Anglais, qui, d'après des lettres patentes de juin 1787, étaient habiles à succéder en France *aux nationaux* comme à leurs compatriotes. — Cependant il y a cela de vrai qu'au moment où Rœderer parlait, le droit d'aubaine, qui, d'après le compte des finances présenté par Necker en 1787, ne rapportait pas plus de 40,000 écus, avait presque complétement disparu par suite des nombreux traités qui en avaient successivement exempté presque tous les autres pays.

43. — Nous donnons, au reste, plus bas, d'après les tableaux dressés par Denizart (*Nouv. Rép.*, v° *Aubaine* (droit d')), par Rœderer dans son rapport ci-dessus cité, et par M. Rossi (*Encyclop. du dr.*, v° *Aubaine* [droit d'], n° 12, p. 241 [note]), la nomenclature complète et par ordre alphabétique des contrées auxquelles, par suite de traités, l'exemption plus au moins complète du droit d'aubaine avait été accordée.

44. — C'était à l'assemblée constituante qu'il était réservé d'abolir, d'une manière générale et absolue, sans condition de réciprocité, le droit d'aubaine. Le décret du 6-18 août 1790 est en effet ainsi conçu : « L'assemblée nationale, considérant que le droit d'aubaine est contraire aux principes de fraternité qui doivent lier tous les hommes, quels que soient leur pays et leur gouvernement; que ce droit, établi dans des temps barbares, doit être proscrit chez un peuple qui a fondé sa constitution sur les droits de l'homme et du citoyen, et que la France libre doit ouvrir son sein à tous les peuples de la terre, en les invitant à jouir, sous un gouvernement libre, des droits sacrés et inaliénables de l'humanité, a décrété ce qui suit : « Le droit d'aubaine et celui de détraction sont *abolis pour toujours.* »

45. — Ce décret était obligatoire pour les pays réunis, de plein droit et par le seul fait de la réunion, notamment pour le Piémont. — *Turin*, 24 messid. an XIII, Grisella c. Defranchi.

46. — L'incapacité des étrangers à l'égard du droit de succéder étant, comme nous l'avons dit plus haut (n° 19), tout-à-fait distincte du droit d'aubaine proprement dit, il en résultait en principe que l'abolition de ce dernier droit ne suffisait pas pour habiliter les étrangers à succéder à leurs parens français qui laissaient des biens en France. Leur incapacité ne pouvait cesser que par l'effet d'une dérogation expresse et formelle. — Chabot, *Comment. sur les success.*, art. 726; Gaschon, *Code diplom. des aubains*, p. 136; — *Cass.*, 28 déc. 1825, Roblon c. Locquet de Grandville.

47. — C'est ainsi qu'il a été jugé que le traité du 15 août 1761, dit *Pacte de famille*, intervenu entre la France et l'Espagne, n'abolissant que le *droit d'aubaine* en faveur des Espagnols, avait laissé subsister leur incapacité de succéder à leurs parens français. — Même arrêt. — V. aussi dans le même sens Duvergier, *Collection des lois*, 2e édit., t. 1er, p. 272, note 1re.

48. — ... Que l'abolition du droit d'aubaine prononcée en général par la loi du 16-18 août 1790, et, en particulier, pour les Genevois, par les lettres patentes de juin 1608, n'avait point eu pour effet de rendre ces derniers habiles à succéder en France à leurs parens français. — *Cass.*, 2 prair. an IX, Bastard c. Gros. — V. aussi, en ce sens, les motifs de l'arrêt de *Nîmes* du 15 nov. 1808, Baumier c. Brouet.

49. — L'assemblée constituante était animée de sentimens trop philantropiques pour ne pas relever aussi les étrangers de toute espèce d'incapacité quant aux successions échues en France. C'est ce qui eut lieu par le décret du 8-15 avr. 1791. L'art. 3 de ce décret porte : « Les étrangers, quoique établis hors du royaume, sont capables de recueillir en France les successions de leurs parens, même français; ils pourront de même recevoir et disposer par tous les moyens qui seront autorisés par la loi. » Cependant cet article ne pouvait recevoir d'exécution qu'à l'égard des successions qui s'ouvriraient depuis sa publication.

50. — Le 13 avr. 1791, un nouveau décret de l'assemblée nationale décida que le décret du 6 août 1790, portant permission aux étrangers de transmettre leur succession, serait appliqué dans les possessions françaises, même des deux Indes.

51. — Les généreuses dispositions de l'assemblée constituante furent encore solennellement confirmées par la constitution du 3 sept. 1791 (tit. 6), et par celle de l'an III (art. 335).

52. — Mais elles furent accueillies froidement par les nations étrangères, qui laissèrent subsister chez elles ce droit que nous venions de retrancher de notre législation; aussi se lassa-t-on bientôt d'accorder aux étrangers des priviléges qu'ils persistaient à nous refuser, et l'on revint, lors de la rédaction du Code civil, au principe plus politique, sinon plus généreux, de la *réciprocité*. Ce fut lui qui, formulé par l'art. 11, présida dans ce Code aux dispositions relatives aux étrangers.

53. — Cet art. 11 est ainsi conçu : « L'étranger jouira en France des mêmes droits civils que ceux qui sont ou seront accordés aux Français par les traités de la nation à laquelle cet étranger appartiendra. »

54. — Puis, comme complément ou application du même principe, vinrent les art. 726 et 912, portant, art. 726 : « Un étranger n'est admis à succéder aux biens que son parent étranger ou Français possède dans le territoire du royaume, que dans les cas et de la manière dont un Français succède à son parent possédant des biens dans le pays de cet étranger, conformément aux dispositions de l'art. 11, au titre *De la jouissance et de la privation des droits civils.* » Art. 912 : « On ne pourra disposer, au profit d'un étranger, que dans le cas où cet étranger pourrait disposer au profit d'un Français. »

55. — Après la chute de l'empire, le traité de paix du 30 mai 1814, confirmé par celui du 20 nov. 1815, déclara (art. 28) que « l'abolition des droits d'aubaine, de détraction et autres de même nature, dans les pays qui l'ont réciproquement stipulée avec la France ou qui lui avaient précédemment été réunis, était expressément maintenue. » Tous les états qui avaient stipulé l'abolition réciproque et plus ou moins complète du droit d'aubaine, les états qui venaient de former avec la France des conventions semblables; enfin tous ceux qui avaient fait partie de l'empire français se trouvèrent exempts du droit d'aubaine. — Rossi, *ibid.*, n° 16, *in fine.*

56. — Toutefois on ne tarda pas à se convaincre que le système consacré par le Code civil n'était pas de nature à attirer en France beaucoup d'étrangers; que, loin de là, il les détournait d'y venir faire des acquisitions, ce qui était un obstacle à la circulation des capitaux, aux progrès du commerce et à ceux de l'industrie. — En conséquence, et dans des vues d'utilité matérielle pour la France plutôt que dans des idées abstraites de justice ou de générosité (V. les paroles de M. de Serres, *Moniteur* du 14 mai 1819), la loi du 14 juill. 1819 vint supprimer les art. 726 et 912, C. civ.

57. — L'art. 1er, L. 14 juill. 1819, est conçu en ces termes : « Les art. 726 et 912 du Code civil sont abrogés : en conséquence les étrangers auront le droit de succéder, de disposer et de recevoir de la même manière que les Français dans toute l'étendue du royaume. » — L'art. 2 règle la marche à suivre en cas de partage d'une succession entre cohéritiers français et étrangers, et n'a dès-lors que fort indirectement trait à notre matière. — V. PARTAGE.

58. — L'aubaine, ainsi que nous l'avons vu, était le droit qu'avait le roi de s'emparer de la succession de l'étranger, et nous l'avons distingué de l'exclusion de l'étranger du droit de succéder (V. *suprà* n°s 16 et 46). — Ce n'est donc point le droit d'aubaine que le Code civil avait rétabli et qu'a aboli la loi de 1819. — Considéré sous ce point de vue, il a été aboli à tout jamais par l'assemblée constituante; et si, dans l'intervalle qui s'est écoulé entre la promulgation du Code civil et celle de la loi de 1819, l'état a été quelquefois appelé à recueillir les successions délaissées en France par des étrangers décédés sans héritiers ou successeurs français, ce n'a pas été par effet du droit d'aubaine, mais en vertu du droit de déshérence. — Chabot, *Des successions*, édit. 1839, revue par M. Mazerat, sous l'art. 726, n° 4; Duvergier, *Coll. des lois*, 2e édit., t. 1er, p. 272, note 1re; Valette, sur Proudhon, *Tr. des personnes*, t. 1er, p. 170, *in fine*; Sapey, *Les étrangers en France*, p. 162; Rossi, *Encyclop. du dr.*, v° *Aubaine*, n° 14; Zachariæ, *Code de droit civil français*, t. 1er, p. 165. — V. aussi Demangeat, p. 280.

59. — Toutefois les dispositions des art. 726 et 912 du Code civil, bien qu'étrangères au droit d'aubaine, en réveillent si naturellement le souvenir; les restrictions apportées au droit de succéder et de déposer touchent de si près au droit de dévolution, qui appartenait au roi, de la succession des étrangers, que beaucoup de bons esprits ont pu les confondre. — C'est ainsi que la loi de 1819 elle même est intitulée, bien à tort sans doute, *loi abolitive du droit d'aubaine*, et est désignée comme telle par un grand nombre d'auteurs. — Ces circonstances nous déterminent à rappeler et à examiner ici les effets de ces articles du Code civil, ainsi que de cette loi de 1819, et les difficultés auxquelles ils ont donné lieu.

60. — L'art. 726 avait été originairement rédigé d'après un système de *réciprocité pure et simple*, dont la base pouvait être puisée dans les *lois* du pays de l'étranger. Ce système ayant été abandonné, la section de législation, sur les observations du consul Cambacérès, ajouta à cet article les mots suivans : *Conformément aux dispositions de l'art. 11* : ce qui plaçait, de la manière la plus formelle, sous le coup de la réciprocité des traités, le droit de successibilité en France des étrangers. — Merlin, *Rép.*, v° *Succession*, sect. 1re, § 2, art. 4, n° 4; Toullier, t. 4, n° 102; Rossi, n° 14, *in fine*; les annotateurs de Zachariæ, t. 1er, p. 163, note 7e.

61. — Ainsi, il a été jugé que les lettres patentes du 18 janv. 1787, qui déclaraient les Anglais habiles à succéder en France à leurs parens français, avaient été abrogées par le Code civ., qui fait dépen-

dre la successibilité des étrangers de la réciprocité établie en faveur des Français, non par des lois; mais par des traités conclus entre les états respectifs. — *Cass.*, 6 avr. 1819, de Flavigny c. Adair.

62. — Dans l'intervalle de la promulgation du Code civil à la loi de 1819, abolitive du droit d'aubaine, un Anglais n'avait pas capacité pour recueillir par succession des immeubles situés en France. — *Agen*, 26 janv. 1825, Austen c. Latour-Saint-Igest.

63. — Et cela, alors même que, d'après la législation d'Angleterre, un étranger aurait eu le droit de succéder à ses parens anglais. — *Cass.*, 6 avr. 1819, cité *suprà* n° 61.

64. — En conséquence, des tiers détenteurs d'immeubles revendiqués par un Anglais qui se présentait comme héritier du précédent propriétaire pouvaient, en leur simple qualité de défendeurs, exciper contre le demandeur du droit d'aubaine qui avait refusé à cet étranger la capacité pour recueillir les biens revendiqués. — *Agen*, 26 janv. 1825, Austen c. Latour.

65. — Jugé au contraire que les Français et les Anglais étaient réciproquement habiles à succéder en Angleterre et en France, en vertu des lettres patentes du 18 janv. 1787, non abrogées par le Code civil. — *Metz*, 16 août 1817, Adair c. Charlogne.

66. — Un avis du conseil d'état, approuvé le 4e jour complémentaire de l'an XIII, après avoir dit qu'un prisonnier de guerre avait pu valablement contracter mariage en France, ajoute que les conventions matrimoniales en tout ce qui touche la *successibilité* ne devaient avoir d'effet en faveur de cet étranger qu'autant que les lois du pays dont il était sujet accorderaient les mêmes avantages aux Français qui se marieraient dans ce pays.

67. — Cet avis confirme, loin de l'affaiblir, la règle établie par le Code civil, car c'est, ainsi que le fait remarquer Chabot, *Success.*, art. 726, n° 2, un acte du gouvernement, qui, pour un cas particulier, a bien voulu accorder aux étrangers prisonniers de guerre en France des droits de successibilité égaux à ceux accordés dans leur pays aux Français. — Ce n'est donc pas des lois de leur pays que ces prisonniers tirent leur droit de succéder en France, mais uniquement de la bienveillance expresse du gouvernement français. — C'est le cas d'appliquer la maxime *exceptio firmat regulam*.

68. — L'habitant d'un pays étranger réuni à la France qui, au moment de la réunion, était au service d'une puissance étrangère, n'est point, par ce seul fait, réputé étranger et déchu du droit de succession en France. — *Liége*, 12 janv. 1813, de Galen c. le Doma ne et Zurmurlen.

69. — Pour qu'un étranger pût être, avant la loi de 1819, admis à succéder en France à ses parens français, conformément aux dispositions des art. 11 et 726, C. civ., il fallait qu'il y eût une réciprocité, non seulement d'*état à état*, mais aussi de particulier à particulier. — *Cass.*, 24 août 1808, Huseman c. van Thyssen.

70. — Ainsi, l'étranger ne pouvait recueillir à titre de succession ou de donation les biens d'un Français situés en France qu'autant que les lois indigènes et la capacité de cet étranger auraient autorisé la réciprocité en faveur des Français. — Même arrêt.

71. — Plus particulièrement, des enfans nés d'un père français, mais qui avaient fait vœu de religion dans un monastère étranger, avaient, malgré la réciprocité admise par les deux peuples, perdu toute aptitude à recueillir la succession de leur père ouverte en France, parce qu'à raison de la mort civile dont il étaient frappés, ils n'avaient eux-mêmes aucune succession qu'ils pussent transmettre à leur père. — V. l'arrêt qui précède, et en outre Merlin, *Rép.*, v° *Succession*, sect. 1re, § 2, art. 2; Toullier et Rossi, *loc. cit.*

72. — Un religieux italien devait être également déclaré incapable de succéder en France à l'un de ses parens français, par la raison qu'étant réputé mort civilement en Italie, ce parent n'aurait pu lui succéder. — *Cass.*, 1er fév. 1813, Tarchiol c. Magnocavalli.

73. — Jugé aussi que l'étranger n'était admis à succéder aux biens, soit meubles, soit immeubles que son parent possédait en France, que, dans le cas où son parent français n'aurait pas été lui-même personnellement exclu de la succession par quelque loi particulière du pays de l'étranger, indépendamment de sa qualité de Français. — *Cass.*, 9 févr. 1831, Raggio c. Cerconi.

74. — Mais la successibilité réciproque n'existait pas moins entre Français et étrangers, encore bien que la loi française et la loi étrangère réglassent différemment la succession suivant la nature des biens et le rang des successibles. — *Metz*, 16 août 1817, Adair c. Charlogne; *Douai*, 1er mai 1819, de Rohan c. d Asbeck.

75. — Au surplus, le droit d'aubaine établi par les art. 11 et 726, C. civ., était facultatif pour le gouvernement, qui, en donnant main-levée du séquestre qui frappait un immeuble compris dans la succession d'un étranger, avait manifesté par là l'intention de ne pas user de ce droit. — *Cass.*, 11 août 1841 (t. 2 1841, p. 534), duc de Richmond c. Napier.

76. — Quant à l'art. 912, C. civ., qui règle le mode de tester au profit d'étrangers, il fut adopté sans aucune observation, tel qu'il avait été primitivement proposé. Mais l'intention de rejeter le système d'une réciprocité pure et simple avait été, comme nous l'avons vu, positivement manifestée lors de la discussion sur les art. 11 et 726; et il était dès-lors évident que cet art. 912 devait aussi être soumis au principe dirigeant posé dans les art. précités. — Rossi, n° 14 *in fine*; les annotateurs de Zachariæ, p. 168, note 7e *in fine*.

77. — Il a été jugé, en effet, que l'art. 912 ne permettait pas aux Français de disposer, au profit d'un Américain, de leurs biens situés en France, attendu que la convention du 30 sept. 1800 ne permettait pas aux Américains de disposer au profit d'un Français des biens situés en Amérique. — *Rouen*, 2 avr. 1821, Paulmier c. Trichard.

78. — L'art. 999, C. civ., qui autorise le Français en pays étranger à tester selon les formes usitées dans ce pays, n'a pu le soustraire à l'application de l'art. 912. — Même arrêt.

79. — Ainsi encore, le legs fait par un Français en faveur d'un Américain, d'une somme à prendre sur des biens situés à la Martinique, a pu être déclaré nul si, au moment de l'ouverture de la succession (1813), il n'existait dans les traités entre la France et les Etats-Unis aucune stipulation de réciprocité relativement au droit de succéder entre les sujets américains et les sujets français. — *Cass.*, 1er fév. 1837 (t. 1er 1837, p. 84), Magill c. Monnet-Gonnier.

80. — Tel était l'état des choses en 1813 : aussi, quoique à cette époque la Martinique fût possédée par les Anglais, cette occupation temporaire, fruit de la conquête, n'ayant pu porter atteinte aux droits de la France, ni changer le caractère de sa possession sur la Martinique, qui, quant au droit, n'avait pas cessé d'être régie par les lois françaises, un Américain ne pouvait succéder aux biens d'un Français situés dans cette colonie. — Même arrêt.

81. — Décidé, au contraire, que, relativement à la faculté de recevoir par testament, la capacité d'un étranger n'était pas subordonnée à la réciprocité résultant des traités, mais uniquement à la condition qu'il pût lui-même disposer au profit d'un Français, quelle que fût cette somme et l'étendue de cette faculté. — *Bordeaux*, 26 janv. 1829, Duchesne c. Eade et autres.

82. — Spécialement, le legs universel fait en 1816 par un Français au profit d'un Anglais était valable jusqu'à concurrence de la fortune mobilière du testateur, un Anglais pouvant, d'après la législation de son pays, disposer de toute sa fortune mobilière envers un Français. — Même arrêt.

83. — Quoi qu'il en soit, la réciprocité, qu'elle dérivât d'un traité ou d'une loi particulière d'un pays étranger, n'était nécessaire que pour habiliter l'étranger à recevoir par acte de dernière volonté. Un étranger pouvait, par conséquent, disposer valablement par testament de ses biens situés en France, au profit d'un Français, encore qu'il n'existât pas entre les deux nations de conditions de réciprocité, conformément aux art. 726 et 912, C. civ. — *Trèves*, 13 août 1813, Goerres.

84. — L'étranger n'aurait-il pas pu au moins, dans le système du Code civil, recevoir par donation entre-vifs? Le droit d'aubaine ne lui refusait pas cette capacité. Mais, dans le silence de l'art. 912 à cet égard, et en présence du principe général qui ne reconnaissait à l'étranger d'autre capacité civile, en France, que celle qui était garantie par un traité, il est permis de douter qu'elle lui eût été accordée. — V. Merlin, *Rép.*, v° *Aubaine*, n° 4, note 1re; Proudhon, t. 1er, p. 161; Rossi, *loc. cit.*, n° 14; Coin-Delisle, sur l'art. 11, n° 4 *in fine*. — V. cependant Valette, *Observat.* sur Proudhon, t. 1er, p. 176.

85. — Au surplus, la rigueur du Code civil ne devait être que d'une bien rare application, car les traités déjà existans étaient si nombreux et la puissance française étendait ses conquêtes en Europe avec une telle rapidité qu'il devenait de jour en jour plus difficile de trouver un individu qui ne fût appelé à recueillir des biens en France. Nous avons vu (*suprà* n° 55) que dans le traité de paix conclu, après la chute de Napoléon, le 30 mai 1814, et confirmé par celui du 20 nov. 1815, l'abolition des droits d'aubaine et de détraction fut expressément maintenue pour les pays qui l'avaient déjà stipulée avec la France.

86. — Les traités anciens rétablissant la réciprocité, antérieurs aux lois de l'Assemblée constituante abolitives du droit d'aubaine, pouvaient même être invoqués de l'étranger, depuis que les lois de l'Assemblée constituante avaient perdu l'effet d'assurer la successibilité de l'étranger, et que cette successibilité ne pouvait plus avoir lieu en France qu'au cas de réciprocité entre les deux états. Si, en effet, les lois de l'Assemblée constituante ont produit ce résultat que les citoyens d'un autre état n'avaient pas eu besoin, pour succéder en France, d'exciper des traités politiques qui avaient supprimé l'aubaine, elles n'ont pas annulé ces traités. — *Poitiers*, 2 juin 1824, Romieux c. Nord.

87. — Mais une question qui s'est élevée, c'est celle de savoir si les traités par lesquels la France et une nation étrangère avaient établi le droit de successibilité réciproque pour les Français et les individus de cette nation avaient été anéantis par la survenance d'une guerre entre les deux puissances, ou simplement suspendus, de telle sorte qu'au retour de la paix ils eussent repris leur effet, et elle a été résolue dans ce dernier sens. — *Turin*, 10 janv. 1810, Berjéra c. Caréna; *Metz*, 16 août 1817, Adair c. Charlogne; *Colmar*, 2 avr. 1824, Zwickert c. Mayer; *Poitiers*, 2 juin 1824, Romieux c. Nord.

88. — Spécialement, le traité du 8 oct. 1767 entre la France et la ville libre de Francfort, lequel établissait la réciprocité en matière de succession, traité dont l'effet a été suspendu pendant l'état de guerre, a repris toute sa vigueur à la paix. — *Cass.*, 9 juin 1825, Romieux.

89. — Sous l'empire de la loi du 8-15 avr. 1791, le sujet d'une puissance étrangère avait pu, même en temps de guerre, recueillir une succession ouverte en France. — *Cass.*, 3 vendém. an X, Fassy c. Bérand.

90. — Enfin, ce n'était pas le droit de succéder en France que la loi du 17 niv. an II, art. 59, refusait aux étrangers en état de guerre, mais simplement la faculté d'y recueillir les avantages résultant de l'effet rétroactif de cette loi. — Même arrêt.

91. — Jugé encore que les traités conclus entre la France et une puissance étrangère sur le droit réciproque de succéder n'avaient point été anéantis par le fait survenu de la réunion politique ou de l'incorporation de cette puissance dans un autre état. — *Poitiers*, 2 juin 1824, Romieux.

92. — La loi du 14 juill. 1819 a mis fin, ainsi que nous l'avons vu, à toutes ces difficultés et rendu sans intérêt toutes ces décisions, en abrogeant, par son art. 1er, les art. 726 et 912, C. civ.

93. — Le décret du 26 août 1811, qui prononce la perte des droits civils contre le Français naturalisé en pays étranger sans autorisation, a-t-il été également abrogé par cette loi, en telle sorte que le Français devenu étranger par sa naturalisation ait eu, depuis cette loi, comme tout autre étranger, la capacité de disposer de ses biens situés en France? L'affirmative a été décidée par la cour de Paris. — V. arrêt du 1er fév. 1835, Imbert et Prioux c. Dubois et de Chemant. — Mais le contraire a été jugé par la cour de Pau. — V. arrêt du 19 mars 1834, Caminondo c. Bordes. — Cette dernière opinion est aussi celle de Delvincourt (t. 1er, p. 203) et de Duranton (t. 1er, nos 180 et 195).

94. — Cependant, le droit d'aubaine, c'est-à-dire l'incapacité de succéder, peut n'avoir pas été aboli chez toutes les nations. — D'un autre côté, dans les pays mêmes où il a été aboli, les Français peuvent encore, par des lois et coutumes spéciales, être exclus du droit de succéder. — En sorte que la nation française, en accordant aux étrangers, d'une manière absolue, le droit de successibilité en France, laisserait quelquefois les Français dans l'impossibilité de recueillir certaines successions en pays étrangers, alors qu'ils sont obligés de supporter le partage des biens situés en France.

95. — La loi du 14 juill. 1819 a voulu prévenir une semblable conséquence. Son art. 2 n'a point d'autre but; il est ainsi conçu : « Dans le cas de partage d'une même succession entre des cohéritiers étrangers et français, ceux-ci prélèveront sur les biens situés en France une portion égale à la valeur des biens situés en pays étrangers dont ils seraient exclus, à quelque titre que ce soit, en vertu des lois et coutumes locales. »

96. — Cette loi a été étendue aux colonies françaises par l'ordonnance royale du 21 nov. 1821, sauf l'ancienne réserve de l'édit de juin 1783, d'après laquelle les étrangers héritiers ne peuvent exporter des colonies les objets servant à l'exploitation des habitations et à la culture. — Légat, *Code des étrangers*, p. 239 et suiv.; Rossi, *Encycl. du dr.*, v° *Aubaine*, n° 17.

97. — La capacité de l'étranger par rapport au droit de successibilité en France ne dépendant

plus d'un traité, mais étant établie par une loi, la guerre ne peut plus même la suspendre. Amis ou ennemis, tous les étrangers testent, donnent, succèdent et reçoivent en France, comme les nationaux eux-mêmes. — Rossi, nº 18.

98. — D'après la généralité des termes de l'art. 1er de la loi précitée, on est encore porté à conclure que l'étranger pourrait être admis en France à succéder, et conséquemment à partager la succession d'un étranger avec des cohéritiers français, lors même qu'il serait frappé dans son pays de l'incapacité de succéder, si cette incapacité n'est point une de celles prévues par la loi française. — Legat, p. 254.

99. — Si, aux termes de cette loi, les étrangers sont appelés à jouir en France, en matière de succession, des mêmes avantages que les Français, ils doivent aussi acquitter les charges auxquelles ils sont assujétis. Ainsi, comme eux, ils sont passibles des droits d'enregistrement, de mutation.

100. — Le but de l'art. 2 ayant été, comme nous l'avons dit, l'égalité complète entre les différens cohéritiers, et cet article parlant d'ailleurs d'une manière générale de succession et de biens situés en France il s'ensuit qu'on ne doit pas distinguer entre les biens meubles et immeubles, entre les successions ouvertes en France et celles qui se sont ouvertes en pays étranger, entre les étrangers également domiciliés en France et ceux qui s'y trouvent en passage, ou qui y résident sans autorisation spéciale. Toute distinction serait directement opposée au but que s'est proposé le législateur, à la protection accordée aux Français contre les exclusions que peuvent prononcer les lois étrangères. — Rossi, *loc. cit.*, nº 19.

101. — Ainsi, il a été jugé que cet article s'appliquait au cas où la succession en France ne se composait que de valeurs mobilières, et cela sans distinction du cas où l'exclusion proviendrait de la loi étrangère et de celui où elle résulterait d'un testament du défunt. — *Paris*, 1er fév. 1836, Imbert et Prioux c. Dubois de Chemant.

102. — Mais le prélèvement autorisé par l'art. 2 de la loi précitée ne pourrait avoir lieu dans le cas où les héritiers français, admis à la vérité à succéder aux mêmes conditions que les héritiers étrangers, seraient cependant empêchés, par les lois du pays, d'exporter les biens recueillis. Car ces lois n'ont aucun rapport avec celles qui règlent les successions. Elles ne pourraient donner lieu qu'à des négociations diplomatiques, tendant à faire lever l'obstacle qu'elles érigent contre la libre circulation des richesses. — Rossi, nº 20.

103. — Ce droit de prélèvement étant une faveur établie dans l'intérêt des Français, il ne saurait être étendu aux étrangers eux-mêmes. Le principe que les étrangers succèdent en France conformément à la loi française, ne doit s'appliquer qu'aux biens situés en France. — Legat, p. 254; Rossi, *ubi suprà*.

104. — De ce que le prélèvement est une faveur qui n'appartient qu'aux Français, ne pourrait-on pas en conclure que si les biens situés en France ne suffisaient pas pour compenser la valeur de ceux situés en pays étranger et dont ils seraient exclus, ils auraient une action contre leurs cohéritiers étrangers, dans le cas où ceux-ci auraient des biens situés en France, pour obtenir ce qui manque à leur lot? — M. Rossi (*eod. loc.*) enseigne l'affirmative, et va même jusqu'à soutenir qu'une action contre les cohéritiers étrangers devrait être accordée aux héritiers français, lorsque, faute de tout bien en France, ils n'auraient rien pu obtenir.

105. — Toutefois, l'opinion contraire pourrait peut-être se justifier par la nature tout exceptionnelle de la faveur accordée par l'art. 2. — En effet, cet article n'ayant excepté que le cas où les biens de la succession existeraient en France, le vœu du législateur ne paraît-il pas accompli lorsque pour se remplir de leur part, les héritiers français ont recueilli tous les biens, même insuffisans, situés en France? et si, quand le défunt ne possède aucun bien en France, il fallait accorder aux héritiers français une action contre leurs cohéritiers étrangers, ne serait-il pas à craindre que cette rigueur imprévue ne vînt contribuer encore à éloigner les étrangers de France et n'allât ainsi directement contre le but de la loi tout entière de 1819!

106. — Dans le cas où des étrangers qui auraient des biens en pays étranger et en France et laisseraient des héritiers réservataires, disposeraient de leur fortune par testament, ce ne pourrait jamais être que sous la condition de se conformer aux dispositions des art. 913, 914 et 915 du Code civ., relatifs à la réserve qui appartient à certains héritiers. Les Français même ne peuvent dépouiller ces héritiers de leur réserve : à plus forte raison, ce droit doit-il être également interdit aux étrangers. — V. Legat, p. 246; Rossi, *loc. cit.*

AUBAINE (Droit d').

107. — M. Rossi examine encore la question de savoir si l'art. 2 de la loi du 14 juill. 1819 serait applicable lorsque les cohéritiers étrangers appartiendraient à un état qui, antérieurement, aurait stipulé avec la France l'abolition du droit d'aubaine et la successibilité réciproque, selon les lois respectives de chaque pays, et il la résout négativement, en se fondant sur ce que les traités, à moins de clauses contraires, sont irrévocables, sur ce qu'ils ne peuvent être modifiés ni abrogés par la volonté d'une seule des parties contractantes, et sur ce qu'une loi, un acte de souveraineté intérieure ne peuvent modifier les droits conventionnels que les traités garantissent. Cet auteur pense donc que la cour de Cassation devrait casser tout arrêt permettant le prélèvement en faveur d'un héritier français, toutes les fois que, par l'effet de ce prélèvement, les cohéritiers étrangers se trouveraient dans une position autre que celle qui leur aurait été garantie par les traités de leur nation avec la France.

108. — Enfin, l'article 1er portant que la succession des étrangers en France doit s'effectuer *de la même manière* que celle des Français, il en résulte que l'art. 755, C. civ., suivant lequel « les parens au-delà du douzième degré ne succèdent pas... » est applicable aux étrangers; et, dans le cas où la loi de leur pays leur permettrait de succéder au-delà du dit degré, ils ne pourraient se prévaloir de cette loi pour exclure la veuve du défunt ou l'état, quand même le droit de succéder au-delà du douzième degré serait accordé par la même loi aux Français. — Legat, p. 245.

109. — Quant à toutes les autres différences existant entre les Français et les étrangers qui résident passagèrement en France, elles n'en continuent pas moins de subsister, nonobstant la loi du 14 juill. 1819, cette loi n'étant relative qu'aux seuls droits de succéder, de disposer et de recevoir entre-vifs et par testament. — *Cass.*, 7 juin 1826, héritiers de Canillac c. Sollima. — « Les autres droits civils, disait encore M. de Serres, n'ont rien de commun avec celui qu'il nous est avantageux de restituer. » — Merlin, *Répert.*, vº *Etranger*, § 1er, nº 7; Zachariæ, t. 1er, p. 169. — V. au reste sur ce point ÉTRANGER.

Tableau, par ordre alphabétique, des divers états avec lesquels la France a conclu des traités relativement aux droits d'aubaine et de détraction.

AIX-LA-CHAPELLE (ville d') — Lettres patentes de mai 1764. — Elles accordent aux habitans, à charge de réciprocité, l'affranchissement à perpétuité du droit d'aubaine, et la faculté de recueillir, dans toute l'étendue du royaume, toutes les successions testamentaires ou *ab intestat*, mobilières ou immobilières, comme les régnicoles eux-mêmes, à condition que ceux ci jouiront, dans ladite ville et territoire d'Aix-la-Chapelle, de la même exemption, dans toute son étendue, sans être assujétis à aucune sorte de droits locaux sur les successions qui viendront à échoir aux Français, lesquels seront traités aussi favorablement que les sujets d'aucune autre nation étrangère.

ALGER (régence d'). — Même droit qu'avec la Turquie (traité du 23 avr. 1684). — V. Turquie. — Depuis la prise de possession de l'Algérie par la France, ces traités sont évidemment, quant à ce pays, devenus sans objet.

ALLEMAGNE (villes impériales d'), savoir : Batisbonne, Cologne, Augsbourg, Nuremberg, Worms, Ulm, Pise, Eslingen, Nordlingen, Hall en Souabe, Nordhausen, Rothweil, Dowmund, Uberlingen, Friedberg, Heisbrown, Wetzlar, Memmingen, Lindau, Punkellspiel, Offenbourg, Gengebach, Schweinfurt, Rothembourg-sur-le-Fauber, Wendsheim, Goslar, Mulhausen en Thuringen, Gemunde en Souabe, Biberach, Weil, Wangen, Ofullendorf, Zelle en Souabe, Ravensbourg, Wimpfen, Weissembourg en Franconie, Giengen, Kempten, Ysni, Kauffbenren, Leutkirch, Aalen, Buchau, Buchorun, Bopfingen — Lettres patentes de juill. 1770 et nov. 1774 — Abolition réciproque des droits d'aubaine avec réserve, aussi réciproque d'un droit de détraction de dix pour cent de la valeur des successions.

ALSACE ET SEIGNEURIE DE LAHR. — Lettres patentes de déc. 1766.

ALTEMBOURG. — V. Saxe-Gotha.

AMÉRIQUE. — V. États-Unis.

ANGLETERRE ET HANOVRE. — Traité de Blois, 29 août 1572, entre Charles IX et Elisabeth, confirmé par Henri III, le 29 avr. 1575, suspendu sous Henri IV — Traité de commerce du 24 fév. 1606, entre Henri IV et le roi d'Angleterre, rétablissant les clauses du traité de 1572; confirmé en 1610, 1629, 1632. En 1644, Louis XIV, mineur, en jura solennellement l'observation — Suspendu par les guerres civiles d'Angleterre de 1648, le traité de 1606 est renouvelé en 1655. — Traité d'Utrecht, 11 août 1713, entre Louis XIV et la reine Anne, rétablissant le traité de commerce de 1606 (art. 13). — Déclaration explicative de l'art. 13 du traité de 1713 le 19 juill. 1739. — Confirmation du traité d'Utrecht en 1748, 1763 et 1783.

AUBAINE (Droit d').

D'après ces traités, les Anglais peuvent tester en France relativement à leurs meubles; leurs héritiers succèdent en France, selon la loi anglaise, pour les meubles seulement; ils ne succèdent pas aux nationaux.

Le 26 sept. 1786, nouveau traité de commerce, et, en conséquence de ce traité, lettres patentes du 18 janv. 1787, qui abolissent purement et simplement le droit d'aubaine relativement aux successions mobilières et immobilières, testamentaires ou *ab intestat*, qui pourront s'ouvrir dans les états du roi situés en Europe, en faveur des sujets du roi d'Angleterre. — L'art. 7 des lettres patentes leur permet d'acquérir des maisons et biens-fonds dans le royaume. — L'art 9 porte qu'il ne sera fait aucune retenue ou détraction sur les successions d'Anglais qui décéderont en France, et seulement dix pour cent sur les successions de Français qui seront recueillies par des Anglais.

On voit ici que la France accorde, outre l'abolition du droit d'aubaine proprement dit, c'est-à-dire du droit de succéder à l'Anglais, celui de succéder au Français même qui n'aurait pour héritier que des Anglais. C'est le seul exemple bien positif qui existe de cette concession; il a fallu un arrêt du parlement de Paris, du 20 fév. 1715, pour décider qu'un Hollandais pourrait succéder en France à un Français. — Pas un mot n'annonce ni ne suppose la réciprocité en faveur des Français; mais cette réciprocité serait impossible à l'égard des successions immobilières, puisque les lois anglaises ne permettent pas aux étrangers de posséder des fonds chez eux. A l'égard des successions mobilières, l'art. 13 du traité d'Utrecht, du 11 avr 1713, établit la réciprocité entre la France et l'Angleterre : et la déclaration du 17 juill 1739 confirme cette disposition (Rapport de Rœderer).

ANSPACH ET BAREYTH (margraviats d') — Convention du 19 fév. 1778.

ARTOIS, BOURGOGNE, BRABANT, ESTREVANT, FLANDRE, HÉRAULT, HOLLANDE, LEMBOURG, LUXEMBOURG, MALINES, NAMUR, SALINS, TOURNAY, TOURNESIS, ZÉLANDE (duchés, comtés, pays et seigneuries d'). — Traité du 5 août 1529, de 1544; Radstadt, de 1714, etc.; d'Aix-la-Chapelle, en 1748.

AUTRICHE (états de la maison d'), comprenant l'Autriche, la Hongrie, la Bohême et une partie de l'Italie septentrionale — Convention du 24 juin 1766, abolissant réciproquement le droit d'aubaine entre les sujets de l'empereur d'Autriche et ceux du roi de France, pour les meubles comme pour les immeubles, et conférant auxdits sujets la capacité de succéder aux nationaux sous la réserve d'un droit de détraction indéterminé et fondé sur la réciprocité.

BADE-BADE (margraviat de). — Convention du 20 mars 1765 portant abolition réciproque du droit d'aubaine avec réserve indéterminée de droits locaux de détraction.

BADE-DOURLACH (margraviat de). — Convention du 20 mars 1765 portant abolition réciproque du droit d'aubaine avec réserve indéterminée de droits locaux de détraction.

BALE — Convention du 16 août 1781. — Abolition réciproque du droit d'aubaine avec réserve, également réciproque, d'un droit de détraction de cinq pour cent.

BAMBERG ET WURTZBOURG (principauté ecclésiastique de) — Lettres patentes de juin 1778, portant abolition du droit d'aubaine avec réserve générale des droits particuliers des seigneurs.

BAVIÈRE (électorat de). — Lettres patentes du 6 sept. 1767, portant abolition réciproque du droit d'aubaine avec réserve, de part et d'autre, des droits de détraction ou autres fixés par les usages locaux. — L'électeur de Bavière ayant depuis, par ordonnance du 23 déc. 1767, fixé ce droit à une taxe invariable de cinq pour cent, une déclaration du roi, du 18 mars 1768, fixa ce droit en France au même taux, par réciprocité.

BEURLINGEN (ville de). — Lettres patentes de janv. 1775.

BOHÊME — V. ci-dessus Autriche (états de la maison d').

BRÊME (ville de). — V. Lubeck et Brême (villes anséatiques de).

BRUNSWICK ET LUNEBOURG (duché de). — Lettres patentes du 16 oct. 1778, portant abolition réciproque du droit d'aubaine, avec réserve, aussi réciproque, d'un droit de détraction de dix pour cent de la valeur des successions.

COLOGNE (électorat de). — Convention du 6 oct. 1768. — Abolition réciproque du droit d'aubaine, avec réserve, pour chaque pays, de droits locaux, de détraction, au cas où il en serait exigé dans l'autre pays.

DANEMARCK. — Traité de commerce signé à Copenhague, le 23 août 1742, pour quinze ans seulement, indéfiniment prorogé par une convention signée à Versailles, le 30 sept. 1749, confirmé enfin par lettres patentes du 6 mars 1772. — Ces conventions abolissent le droit d'aubaine entre le Danemarck et la France, pour les meubles comme pour les immeubles, sans restriction ni réserve, mais ne confèrent pas aux sujets de l'un ou de l'autre état la capacité de succéder aux nationaux.

DANTZICK (ville de). — Convention du 6 juill. 1726, portant abolition réciproque du droit d'aubaine, sans restriction ni réserve.

DEUX-PONTS (duché des). — Lettres patentes du 29 mai 1766, portant abolition réciproque du droit d'aubaine, avec réserve de droits locaux de détraction.

DEUX-SICILES. — V. Espagne.

ÉCOSSE. — V. Angleterre et Hanovre.

ESPAGNE. — Traité des Pyrénées, de 1659, d'après lequel les habitans du comté du Roussillon et ceux de la Catalogne jouirent réciproquement, dans chacune de ces provinces, de la même capacité que les nationaux pour tester, donner à cause de mort et succéder; ledit traité, confirmé par le traité de Nimègue de 1678, et ce dernier confirmé à son tour par le traité de paix de 1763.—*Pacte de famille*, 15 août 1761, abolissant le droit d'aubaine entre les Espagnols et les Français, et consacrant la même exemption entre les Espagnols, les Français et les sujets du royaume des Deux-Siciles. — Confirmation du *pacte de famille* par lettres patentes de juill. 1762. — Le 17 mars 1769, convention réglant les juges des successions des Espagnols et des Français en Espagne.

ÉTATS-UNIS. — Traité conclu à Paris le 6 fév. 1778, ratifié le 16 juill., même année. — Déclaration du 14 nov 1788. — Ces actes abolissent le droit d'aubaine entre les Etats-Unis et la France, pour les meubles et pour les immeubles, mais ne confèrent pas la capacité de succéder aux nationaux.

FRANCFORT (ville de). — Lettres patentes d'oct. 1767, portant abolition réciproque du droit d'aubaine, avec réserve d'un droit de dix pour cent de la valeur des successions.

FULDE (principauté de). — Lettres patentes d'août 1778, portant abolition réciproque du droit d'aubaine, avec réserve, aussi réciproque, d'un droit de dix pour cent de la valeur des successions.

FURSTEMBERG (principauté de). — Lettres patentes du 16 mars 1777, portant abolition du droit d'aubaine, avec réserve, aussi réciproque, d'un droit de dix pour cent sur la valeur des successions.

GÊNES (république de). — Traité d'alliance en 1578, portant abolition du droit d'aubaine — Lettres patentes du 22 janv. 1596, pour le même objet. — Autres lettres patentes de juin 1608.

GENÈVE (république de). — Lettres patentes de juin 1608.

GUASTALLA (duché de). — V. Parme, Plaisance et Guastalla (duchés de).

HAMBOURG (ville de). — Elle se trouvait comprise dans la même convention que les villes de Lubeck et de Brême; mais depuis est intervenue, avec Hambourg, à la date du 1er avr 1769, une convention particulière portant abolition réciproque du droit d'aubaine, avec réserve, aussi réciproque, d'un droit de détraction de dix pour cent de la valeur des successions.

HANOVRE. — V. ci-dessus Angleterre et Hanovre.

HESSE-CASSEL (landgraviat de). — Lettres patentes de mars ou avril 1767, enregistrées le 9 fév. 1768 portant abolition réciproque du droit d'aubaine, avec réserve indéterminée de droits locaux de détraction — L'art. 3 porte que le bénéfice de l'abolition du droit d'aubaine ne pourra pas être réclamé par tous les sujets indistinctement, et que ceux qui passeront dorénavant d'une domination à l'autre, pour s'y établir à demeure, ne seront admis à recueillir les successions qui leur écherront dans leur patrie, que dans le cas où ils auraient demandé et obtenu, de leur souverain naturel, la permission de s'établir sous une domination étrangère.

HESSE-DARMSTADT (états du prince de) — Lettres patentes de sept. 1767, en tout semblables à celles concernant Hesse-Cassel.

HESSE-HOMBOURG (landgraviat de). — Lettres patentes du 6 juill. 1779, portant abolition réciproque du droit d'aubaine, avec réserve, aussi réciproque, d'un droit de dix pour cent de la valeur des successions

HOLLANDE ET PROVINCES-UNIES. — Traité du 17 avr. 1662; de Nimègue, 10 août 1678; d'Utrecht, 11 avr. 1713; de 1739. — Convention du 23 juill. 1773 — Le droit d'aubaine est réciproquement aboli sans restriction ni réserve.

HONGRIE. — V. ci-dessus Autriche (états de la maison d')

IRLANDE. — V. Angleterre et Hanovre.

ITALIE. — V ci-dessus Autriche (États de la maison d').

LA LEYEN (comté). — Convention du 17 sept. 1781

LIÉGE (principauté de). — Convention du 6 déc. 1768, abolissant le droit d'aubaine entre la France et les états de Liége, sous la réserve, pour chaque pays, des droits locaux de détraction pour les cas où il en serait exigé dans l'autre.

LUBECK ET BRÊME (villes anséatiques de). — Convention du 28 déc. 1716, portant abolition réciproque du droit d'aubaine sans restriction ni réserve.

LUNÉBOURG. — V. Brunswick et Lunébourg (duché de).

MALTE (ordre de). — Lettres patentes de juin 1765, enregistrées le 9 août suivant, abolissant le droit d'aubaine entre les Français et les sujets de l'ordre de Malte, et accordant la faculté de succéder aux nationaux.

MAROC (empire de). — Même droit qu'avec la Turquie (traité du 19 janv. 1689).

MEKLEMBOURG-SCHWERIN (duché de). — Lettres patentes d'avr 1778, portant abolition réciproque du droit d'aubaine, avec réserve d'un droit de dix pour cent de la valeur des successions

MEKLEMBOURG-STRELITZ (duché de). — Lettres patentes d'avr. 1778, semblables aux précédentes.

MONACO (principauté de). — Convention du 24 juill. 1770, abolissant le droit d'aubaine sans restriction ni réserve.

MUNSTER (évêché de). — Convention du 18 juin 1780, portant abolition réciproque du droit d'aubaine, avec réserve, pour chaque pays, des droits locaux de détraction, au cas où il en serait exigé dans l'autre.

NASSAU-SAARBRUCK (principauté de). — Convention du 26 avr. 1774, portant abolition réciproque du droit d'aubaine, avec réserve, pour chaque pays, de droits locaux de détraction, pour le cas où il en serait exigé dans l'autre — Ce traité contient une clause pareille à celle qui est rapportée ci-dessus, vº *Hesse-Cassel*.

NASSAU-USINGEN (principauté de) — Lettres patentes de mai 1777, portant abolition réciproque du droit d'aubaine, avec réserve indéterminée des droits locaux de détraction — Clause pareille à celle qui est rapportée ci-devant, vº *Hesse-Cassel*.

NASSAU-WEILBOURG (états de la branche de). — Traité de juin 1776, portant abolition du droit d'aubaine, avec réserve indéterminée des droits locaux de détraction.

NEUCHATEL ET VALANGIN (principautés de). — Traité du 28 mai 1771, appliqué par lettres patentes de 1774.

NOBLESSE IMMÉDIATE DE L'EMPIRE (possessions de la). — Lettres patentes de fév. 1769, portant abolition réciproque du droit d'aubaine, sans restriction ni réserve.

ORDRE TEUTONIQUE (états de l'). — Convention du 17 août 1774, portant abolition réciproque du droit d'aubaine, avec réserve indéterminée de droits locaux de détraction.

PALATINAT. — Convention de nov. 1781, portant abolition réciproque du droit d'aubaine, sans restriction ni réserve

PAPE (états du). — Pas de traité.

PARME, PLAISANCE ET GUASTALLA (duchés de). — Convention du 23 fév. 1769, portant abolition réciproque du droit d'aubaine, sans restriction ni reserve.

PIÉMONT. — V. Sardaigne.

PLAISANCE (duché de). — V. Parme, Plaisance et Guastalla (duchés de).

POLOGNE (ancienne). — Constitution de la diète tenue à Varsovie en 1768, portant abolition du droit d'aubaine, sous la déduction du dixième des successions au profit du seigneur des lieux où les étrangers seraient décédés, à condition toutefois que les héritiers se présenteraient dans le délai de trois ans pour réclamer lesdits biens, à peine de déchéance de tout droit contre le prince royal — Lettres patentes du 9 nov. 1777, établissant pour les Polonais le même droit, dans les mêmes termes et sous les mêmes conditions.

PORTUGAL. — Lettres patentes du 21 août 1778. — Abolition réciproque du droit d'aubaine, avec réserve, pour chaque pays, de droits locaux de détraction, pour le cas où il en serait perçu dans l'autre.

PRUSSE (non compris les démembremens de la Pologne). — Convention du 14 fév. 1753, entre Louis XV et Frédéric, confirmée par lettres patentes du roi de France, du 11 mars 1753, stipulant, pour dix ans seulement, l'abolition du droit d'aubaine. — Ces dix ans furent interrompus par la guerre de sept ans; mais, à leur expiration, la Prusse, par une sorte de prorogation tacite de la convention, continua à ne point appliquer le droit d'aubaine aux Français Ces bons rapports furent de nouveau interrompus par la guerre de la révolution, mais tout fut rétabli sur l'ancien pied par l'art. 6 de la paix de Bâle. — Martens, *Cours diplomatiq.*, t. 3; Rossi, *Encyclopéd. du dr.*, vº *Aubaine*, nº 14. — Ces traités ne confèrent pas la capacité de succéder aux nationaux.

RAGUSE (république de). — Lettres patentes du 29 oct. 1776, portant abolition réciproque du droit d'aubaine, sans restriction ni réserve.

RUSSIE. — Traité de navigation et de commerce, du 11 janv. 1787, abolissant le droit d'aubaine entre la France et la Russie, pour les successions mobilières comme pour les successions immobilières. — Ce traité ne confère pas la capacité de succéder aux nationaux.

SALM-SALM ET SALM-KYRBOURG (principauté de). — Lettres patentes de fév. 1782, portant abolition du droit d'aubaine, avec retenue du dixième sur les effets exportés.

SARDAIGNE, SAVOIE ET PIÉMONT. — Lettres patentes du 24 mars 1760.

SAVOIE. — V. Sardaigne.

SAXE (électorat de). — Lettres patentes du 16 juill. 1776, portant abolition réciproque du droit d'aubaine, avec réserve, aussi réciproque, d'un droit de détraction de dix pour cent de la valeur des successions.

SAXE-GOTHA ET ALTEMBOURG (duché de). — Convention du 7 août 1778, portant abolition réciproque du droit d'aubaine, avec réserve indéterminée de droits locaux de détraction.

SAXE-HILDBURGHAUSEN (duché de). — Convention du 20 juill 1778, portant abolition réciproque du droit d'aubaine, avec réserve indéterminée de droits locaux de détraction.

SAXE-MEINUNGEN (duché de). — Lettres patentes du 11 mars 1779.

SAXE-SAALFELD COBOURG (duché de). — Convention du 7 avr. 1778, portant abolition réciproque du droit d'aubaine, avec réserve indéterminée de droits locaux de détraction.

SAXE-WEYMAR, EISENACH ET IENA (grand duché de). — Convention du 26 fév. 1771, portant abolition réciproque du droit d'aubaine, avec réserve d'un droit de détraction de cinq pour cent.

SCHWARTZEMBERG (principauté de). — Lettres patentes de sept. 1776, portant abolition réciproque du droit d'aubaine, avec retenue du dixième des effets exportés.

SPIRE (états du prince et évêque de). — Lettres patentes d'août 1768, portant abolition réciproque des droits d'aubaine, avec reserve indéterminée de droits locaux de détraction.

STRASBOURG (évêché de). — Lettres patentes de mars 1767, portant abolition réciproque du droit d'aubaine, avec réserve indéterminée de droits locaux de détraction.

SUÈDE. — Ordonnance du roi de Suède, 7 sept 1752. — Déclaration du roi de France, 24 déc. 1754. — D'après ces actes, le droit d'aubaine est aboli entre la Suède et la France, pour les meubles seulement. Les Suédois en France, les Français en Suède, peuvent tester pour les meubles et succèdent pour les mêmes biens à leurs compatriotes seulement.

SUISSE (treize cantons), république et pays du Valais, villes de Saint-Gall et Brienne. — Convention du 9 mai 1715, 18 mai 1771, 30 mai 1779.

TOSCANE (grand duché de). — Convention du 19 janv. 1769, portant abolition réciproque du droit d'aubaine, sans restriction ni réserve.

TRÈVES (électorat de). — Convention d'avr. 1767, portant abolition réciproque du droit d'aubaine, avec réserve, pour chaque pays, de droits locaux de détraction, pour le cas où il en serait exigé dans l'autre pays.

TRIPOLI (régence de). — Même droit qu'avec la Turquie (traité du 29 juin 1685).

TUNIS (régence de). — Même droit qu'avec la Turquie (traité du 15 nov. 1665).

TURQUIE. — Traité de paix entre Henri IV et le sultan Ahmed 1er, de mai 1604. — Capitulations entre Louis XIV et l'empereur Méhémed IV, du 5 juin 1673, entre Louis XV et le sultan Mahmoud, conclues à Constantinople, le 4 de la lune de rebi ul ewel, l'an 1153 de l'hégire correspondant au 18 mai 1740. — D'après ces conventions, qui abolissent le droit d'aubaine dans l'empire ottoman, pour la France, mais pour les meubles seulement, les Français testent et succèdent les uns aux autres dans les états du grand-seigneur. Leurs biens sont remis aux exécuteurs testamentaires ou aux consuls français.

VALAIS. — V. Suisses (cantons).

VALANGIN (principauté de). — V. Neuchâtel (principauté de).

VENISE (république de). — Convention du 28 fév. 1774, portant abolition réciproque du droit d'aubaine, sans restriction ni réserve.

VILLES ANSÉATIQUES. — V. Dantzick (ville de), Hambourg (ville de), et Lubeck et Brême (villes anséatiques de)

WIED-NEWIED (comté de). — Lettres patentes du 16 mars 1777. — Abolition du droit d'aubaine avec retenue d'un dixième sur les effets exportés.

WURTEMBERG (duché de). — Convention du 14 avr. 1778, portant abolition réciproque du droit d'aubaine, avec réserve, aussi réciproque, d'un droit de détraction de dix pour cent.

WURTZBOURG. — V. Bamberg et Wurtzbourg (principauté ecclésiastique de).

Ces traités n'étaient pas applicables aux colonies françaises (lettre du ministre de la marine, 4 janv. 1777, au conseil de Saint-Domingue; *idem*, 25 juill. 1779, au conseil du Cap). Mais un édit de juin 1783 déclara l'abolition du droit d'aubaine, par les traités, communs à la Guyane française et aux îles de Sainte-Lucie et de Tabago, sans permettre toutefois aux héritiers étrangers d'emporter les esclaves et les objets servant à l'exploitation des terres.

V. AGENT DIPLOMATIQUE.

AUBEC, AUBOUR.

Mots employés dans la coutume de Bordeaux pour désigner le bois blanc employé à la fabrication des tonneaux. — La coutume prohibait sous peine d'amende l'emploi de ce bois à cause de sa mauvaise qualité.

AUBENAGE.

1. — On appelait *aubenage* un droit dû, dans quelques coutumes, et notamment dans celles de Touraine et de Loudunois, au seigneur ayant la moyenne justice, à la mort de celui qui n'avait pas son domicile dans le bailliage ou dans le diocèse où la terre du seigneur était située. — Denizart, vº *Aubenage*. — V. aussi Rossi, *Encyclop. du dr.*, vº *Aubaine*, nº 10.

2. — Ce droit consistait en « une bourse neuve et quatre deniers dedans. » Il devait être payé au seigneur, à son receveur ou fermier, ou, en son absence, à son officier, ou porté à son logis ou maison, vingt-quatre heures après que le corps avait été inhumé et mis en terre. — Cout. de Touraine, tit. 2, art. 43; Cout. de Loudunois, chap. 2, art. 5. — Denizart, vº *Aubenage*; Rossi, *Encyclop. du dr.*, vº *Aubaine*.

3. — A défaut de paiement, l'inhumation ne

pouvait être retardée, mais le seigneur pouvait lever 60 sols d'amende sur les héritiers et biens du défunt, et ce,u indépendamment du droit d'authe-naue —Cout. de Touraine, loc. cit ; Cout. de Loudinois, loc. cit. — V. aussi Denizart et Rossi, loc. cit.

AUBERGE.

1. — Maison dans laquelle les voyageurs et les passans sont logés et nourris pour leur argent. — V. HOTELIER.

2. — Il est défendu aux huissiers, à peine d'être remplacés, de tenir auberge, cabaret, café ou billard, même sous le nom de leurs femmes, à mo is d'en avoir obtenu l'autorisation.—V. HUISSIER.

AUBERGISTE.

1. — C'est celui qui tient une maison dans laquelle les voyageurs et les passans sont logés et nourris pour leur argent. — V. HOTELIER.

2. — Les aubergistes sont rangés par la loi du 25 avril 1844, sur les patentes, dans la quatrième classe des patentables et imposés à 1° un droit fixe basé sur le chiffre de la population de la ville ou commune où est situé l'établissement ; — 2° un droit proportionnel du vingtième de la valeur locative de la maison d'habitation et des locaux servant à l'exercice de la profession.

3. — Les aubergistes ne logeant qu'à cheval sont rangés par même loi dans la cinquième classe des patentables et imposés à 1° un droit fixe basé sur le chiffre de la population de la ville ou commune où est situé l'établissement ; — 2° un droit proportionnel du vingtième de la valeur locative de la maison d'habitation et des locaux servant à l'exercice de la profession.

V. APPROBATION D'ÉCRITURE, COMPÉTENCE COMMERCIALE, PREUVE TESTIMONIALE.

AUDIENCE.

1. — Lieu où se rend la justice. On emploie aussi ce mot pour désigner les séances consacrées par les tribunaux à l'audition des parties ou de leurs défenseurs et à la prononciation des jugemens. — C'est dans ce sens qu'on dit : tenir l'audience, — lever l'audience ; — les audiences solennelles.

2. — Les juges ne peuvent pas tenir leurs audiences où bon leur semble ; ils ne doivent rendre la justice que dans les lieux consacrés à cet usage. Tous actes et procès-verbaux du ministère du juge doivent être faits au lieu où siège le tribunal. — C. procéd. civ., art. 1040. — V. aussi ord. d'Ys-sur-Tbille, art. 42, chap. 12, et art. 94, chap. 14.

3. — Cependant cette règle reçoit exception d'abord pour les juges de paix , qui peuvent tenir audience dans leur maison particulière (C. procéd. civ., art. 8), et ensuite pour les référés urgens, pour la réponse aux requêtes qui requièrent célérité, et pour les actes d'instruction qui exigent un déplacement. — C. procéd., art. 808, 1040, 786, 295, 828, etc.

4. — L'art. 85 de la charte de 1830 veut que les débats soient publics en matière criminelle, ce qui pourrait faire croire qu'il n'en est pas de même en matière civile. Mais le principe est le même pour toutes les juridictions, excepté devant les conseils de préfecture et devant la cour des comptes; et si la charte ne parle que des tribunaux criminels, c'est que la publicité, dans ce cas, est une conquête de la révolution qu'on a voulu consolider en la plaçant sous la garantie d'une disposition constitutionnelle.

5. — Quant à la publicité en matière civile, elle a en quelque sorte toujours existé en France, et se trouve consignée au besoin par des textes formels. — C. procéd. civ. art. 87, 8, 111 ; L. 20 avt. 1810, art. 7; L. 24 août 1790, tit. 2, art. 14. — Treilhard la considérait comme un principe sacré. — V. Locré, Lég. civ. , t. 21, p. 534.

6. — Cependant ce principe reçoit quelques exceptions diverses — Ainsi, par exemple, en matière d'adoption, le jugement est prononcé dans la chambre du conseil (art. 355, C. civ.).—V. ADOPTION.

7. — Il en est de même pour les demandes à fin de subrogation qui sont formées dans les ordres (art. 779, C. procéd.). — V. ORDRE. — Encore quelques auteurs pensent ils que cette exception au principe de la prononciation publique des jugemens ne peut être attribuée qu'à un ? à défaut de rédaction qui n'aurait rien d'extraordinaire, car la disposition n'a ajouté rien dans le discussion ; elle n'existait pas dans le projet. — Berriat , t. 2, p. 679, note 5e, obs. A.

8. — Il en est de même aussi , suivant quel ques auteurs, pour les demandes à fin d'autorisation de femme mariée. — V. Prat. franç. , t. 5 , p. 424 ; Carré, Lois de la procéd., Quest. 2923; Merlin, Rép., v° Autoris. marit., sect. 6, n° 2 bis; Berlier, Exposé des motifs. — Mais M. Berriat-Saint-Prix (t. 2, p. 744, note 12e, soutient avec beaucoup de force l'opinion contraire, qui lui paraît beaucoup plus conforme à la loi. — Du reste la question est fort controversée. — V. AUTORISATION DE FEMME MARIÉE.

9. — Il y a encore exception au principe de la publicité des audiences ; l'audience publique doit entraîner du scandale, ou peut avoir des inconvéniens (art. 87, C. procéd.); et encore faut-il, dans ce cas , que les magistrats en délibèrent et rendent compte de leur délibération au procureur général ; c'est un tribunal qui est saisi, et au ministère de la justice, si c'est devant une cour royale que la cause est portée. — Ibid.

10. — .. 2° Dans les affaires disciplinaires concernant les officiers ministériels. — Décr. 30 mars 1858, art. 102 et 103. — V. DISCIPLINE.

V. OFFRES RÉELLES.

AUDIENCE DE SEPT HEURES.

1. — C'était la première audience que tenait, chaque jour, la grand'chambre du parlement, et dans laquelle s'expédiaient les causes les moins importantes.

2. — A cette audience, les magistrats se plaçaient sur les bas sièges et ne portaient que la robe noire.

3. — Les gens du roi n'assistaient pas ordinairement aux audiences de sept heures.

4. — Pendant le carême l'audience de sept heures commençait et finissait une heure plus tard.

5. — L'audience de sept heures s'arrêtait à neuf heures, au coup de la baguette de l'huissier. — La grande audience s'ouvrait dix minutes après une apparition des magistrats à la buvette. — Les audiences de relevée duraient depuis deux heures jusqu'à cinq.

6. — On appelait avocats de sept heures les avocats de second ordre qui n'aient d'emploi que dans les affaires les moins importantes. — V. Berryer père, Mém., t. 1er, p. 53 et 54.

AUDIENCE SOLENNELLE.

Table alphabétique.

AUDIENCE SOLENNELLE. — 1. — Audience extraordinaire où l'on appelle le concours d'un plus grand nombre de magistrats et qui comporte un plus grand appareil pour le jugement de certaines causes.

2. — Autrefois on donnait ce nom aux audiences publiques par opposition aux audiences à huis-clos. — Nouveau Denizart, v° Audience, § 3, n° 2.

3. — Aujourd'hui c'est une question que de savoir si la publicité est un des élémens nécessaires à la solennité de l'audience.

4. — La Cour de cassation avait décidé, par un premier arrêt (16 nov. 1825, Cairon), qu'il n'y avait pas lieu à juger en audience solennelle même une question d'état lorsque l'affaire avait dû être débattue à huis-clos.

5. — Mais plus tard elle est revenue à un autre principe. Elle a jugé que le huis-clos n'est pas inconciliable avec la solennité de l'audience ; que dès lors, quand une affaire a pour objet une question d'état, et qu'il la discussion est de nature à blesser la morale publique, elle peut être jugée à la fois en audience solennelle et à huis-clos. — Cass., 12 juin 1839 (1. 2,1839, p. 380), Brindejonc.

6. — Ce dernier système est celui qui doit prévaloir, c'est le plus rationnel.

7. — Quels sont les tribunaux qui doivent, dans certains cas, juger en audience solennelle ? — Les auteurs ne citent que les cours royales et la cour de Cassation, mais il est certain que les tribunaux civils jugent aussi quelquefois solennellement.

8. — En effet, aux termes de l'art. 103 du décret du 30 mars 1808, les tribunaux statuent en assemblée générale sur toutes les mesures de discipline à prendre contre les avoués, huissiers et autres officiers ministériels, à raison des faits qui ne se sont point passés ou qui n'ont point été découverts à l'audience, et ces décisions, sauf le cas d'incompétence, ne sont susceptibles ni d'appel ni de recours en cassation.

9. — Ainsi, dans ce cas, les tribunaux de première instance jugent en audience solennelle, puisque toutes les chambres(quand il y en a plusieurs) doivent se réunir pour prononcer. — V. DISCIPLINE.

10. — On remarquera seulement que ces audiences ont toujours lieu à huis-clos; mais nous avons vu suprà, n° 5, que la publicité n'était pas un des élémens ainsi constitutifs des audiences solennelles.

11. — On remarquera, en outre, que pour ces audiences les tribunaux conservent leur costume ordinaire.

12. — Quant aux cours royales, c'est le décret du 30 mars 1808, art. 22, qui a déterminé les cas dans lesquels elles doivent juger en audience solennelle.

13. — Aux termes de cet article, les causes qui doivent être jugées solennellement sont : 1° les contestations sur l'état civil des citoyens ; 2° les prises à partie; — 3° les renvois après cassation.

14. — Cette disposition est-elle limitative? — Oui. — On avait d'abord soutenu le contraire, on voulait que, dans certaines causes d'une gravité et d'une importance réelle, les plaidoiries eussent lieu en audience solennelle ; mais la jurisprudence a repoussé cette doctrine. On a compris que la composition du tribunal appelé à juger ne devait avoir rien d'arbitraire.

15. — Jugé en ce sens que la réunion des chambres d'une cour royale pour juger en audience solennelle est restreinte aux matières pour lesquelles la loi a expressément disposé. — Cass., 17 janv. 1832, Saint-Aon c. Gullicher ; 40 nov. 1830, Berlant c. Montion; 7 fév. 1832, Sassenay c. commune de Vircy; 25 mars 1833, commune de Navilly c. Chagot; 13 août 1833, Chaudouet c. Beguier; 22 mars 1835, commune de Vernoy c. Duclergot.

16. — Ainsi, on doit déclarer nul l'arrêt rendu en audience solennelle sur une question d'action réelle. — Cass., 13 mars 1839, Dubessey de Contenson c. commune de Culler.

17. — Sur une demande en nullité de transaction pour cause de dol ou de fraude. — Cass., 25 mars 1833, commune de Navilly c. Chagot.

18. — Ou lorsqu'il s'agit de savoir s'il est nécessaire de l'autorisation du gouvernement pour la validité d'un don manuel fait à un séminaire. — Cass., 28 déc. 1830, l'évêque de Poitiers c. Fraigneau.

19. — Ou lorsqu'il s'agit d'une instance en requête civile. — Rennes, 27 avr. 1836, Poulet c. Administrateurs des mines de Montrelais.

20. — Ou d'une tierce opposition formée à un arrêt rendu sur une question de propriété de immeubles. — Cass., 23 mars 1835, Vernoy c. Duclergot.

21. — En effet, l'incompétence des cours royales pour connaître en audience solennelle des causes autres que celles prévues par le décret du 30 mars 1808 (art. 22) est d'ordre public, et la cour ainsi saisie doit se déclarer incompétente même après l'audition des plaidoiries et des conclusions du ministère public. — Dijon, 2 janv. 1831, Seguin c. Ouvrard.

22. — Cette nullité est absolue, et peut être proposée devant la Cour de cassation, encore bien qu'elle ne l'ait pas été en cour d'appel. — Cass., 10 nov. 1830, Berlant c. Montion; 19 juill. 1827; de Villemont c. commune de Gannat ; 45 (et non 14) mars 1826, Ballain c. Buteson.

23. — Nous avons vu que les questions d'état étaient dans la catégorie des affaires qui doivent être jugées en audience solennel ; il en est ainsi lors même qu'elles ne s'élèvent qu'à l'occasion d'intérêts privés. — Montpellier, 7 janv. 1840 (t. 1er 1840, p. 524), Lagarrigue c. Alel.

24. — Jugé que le déclinatoire proposé par une partie dans une contestation qui soulève une question d'état, ne peut être jugé qu'en audience solennelle, si la question de compétence dépend elle-même de l'état qui sera attribué à cette personne, ainsi, par exemple, s'il s'agit de savoir si elle doit être considérée comme française ou comme étrangère. — *Cass.*, 16 juill. 1832, Despine c. Demidoff.

25. — La question de savoir si un individu est mort, et si, par suite, sa femme est veuve ou encore en puissance de mari, est une véritable question d'état qui doit être jugée en audience solennelle. — *Cass.*, 7 juill. 1835, Papon c. Puray.

26. — Les demandes afin d'interdiction sont-elles des questions d'état qui doivent être jugées en audience solennelle? — La cour de Bruxelles s'est prononcée pour la négative par arrêt du 21 mai 1809 (N...); mais cette décision isolée est contraire aux principes et à une pratique universelle. Partout on juge ces sortes de causes en audience solennelle.

27. — On juge même que la demande tendant à nomination d'un conseil judiciaire constitue une question d'état qui, comme telle, doit, à peine de nullité, être portée en audience solennelle. — *Cass.*, 29 août 1836, Vasseur; 12 juin 1839 (t. 2 1839, p. 380), Brindejonc; 14 mars 1836, Chevalier.

28. — ... Et que la demande en nomination d'un administrateur provisoire, n'étant qu'un incident de la demande en interdiction, doit être jugée par les Cours royales en audience solennelle. — *Paris*, 7 nov. 1838 (t. 1er 1839, p. 62), Douay c. Sénéchal.

29. — Jugé aussi que l'arrêt qui prononce sur la tierce opposition au jugement qui accorde des droits et avantages à un individu comme conséquence de la reconnaissance de l'enfant naturel a pu, comme jugeant une question d'état dans le sens du décret de 1808 et de 1810, être rendu en audience solennelle. — *Cass*, 21 avr. 1835, Moutchenu.

30. — Jugé, au contraire, que la question de savoir qui doit être envoyé en possession des biens de l'absent, des parens collatéraux qui se sont trouvés ses héritiers présomptifs au jour des dernières nouvelles, ou bien de ceux qui se prétendent enfans de l'absent nés et conçus depuis ces dernières nouvelles, n'est pas une question d'état qui doive se juger en audience solennelle, alors surtout que la cour ne statue sur ce litige que tous droits des parties réservés sur la question de filiation. — *Cass.*, 3 déc. 1834, Noel c. Tinlot.

31. — ... Que la demande en nullité d'un testament, lorsqu'elle est fondée sur le prétendu état de démence du testateur, ne doit pas être portée en audience solennelle comme présentant une question d'état. — *Cass.*, 29 déc. 1835, de La Nougarède c. Admont.

32. — ... Qu'il ne suffit pas qu'une contestation puisse avoir pour résultat d'influer sur l'état d'une personne pour qu'elle doive être considérée comme contestation sur l'état de la personne, et dès-lors soumise, quant à son jugement, à des formes solennelles; ainsi, la demande en nullité d'un testament dans lequel se trouve une reconnaissance d'enfant naturel est régulièrement jugée dans les formes employées pour les affaires ordinaires. — *Cass.*, 14 août 1828, Jean-François c. Ricard.

33. — ... Que l'action en réduction du legs fait par un père à son enfant naturel reconnu, comme excédant la portion attribuée par la loi aux enfans naturels, doit être jugée en audience ordinaire, et non en audience solennelle, alors même que la filiation est contestée, mais surtout si elle ne paraît pas l'être sérieusement. — *Cass.*, 14 mars 1837 (t. 1er 1837, p. 330), Delaunay c. Tempé.

34. — Que de ce que pour décider une question de succession, on peut examiner si la présomption relative à la légitimité établie par l'art. 312, C. civ., s'applique au cas de survivance, il ne résulte pas qu'il y ait là une question d'état qui exige la réunion de deux chambres en audience solennelle. — *Cass.*, 28 nov. 1833, Chesne c. Mesnard.

35. — Les instances en séparation de corps doivent-elles être jugées en audience solennelle? — En d'autres termes doivent-elles être considérées comme des questions d'état? — Pendant long-temps ce point fut très controversé.

36. — D'abord la jurisprudence décida que l'action en séparation de corps n'était pas, à proprement parler, une question d'état, et qu'elle devait être jugée en audience ordinaire. — *Cass.*, 28 mai 1828, de Chabannes; 26 mars 1828, Châtellier; *Poitiers*, 3 déc. 1833, Guillonet; 16 janv. 1834, de Bastard; *Rennes*, 15 mars 1834, Allaire; *Bordeaux*, 9 mai 1834, Dutheil.

37. — Ensuite on jugea que, sous l'empire du décret du 30 mars 1808, une demande en séparation de corps *pouvait* être considérée comme présentant à juger une question d'état, et à ce titre être portée en audience solennelle. — *Cass.*, 27 déc. 1831, Dumas de Polard.

38. — Enfin, on alla plus loin et l'on décida que les demandes en séparation de corps rentrent dans la catégorie des questions d'état, et doivent, à ce titre être jugées par les cours royales en audience solennelle. — *Cass.*, 15 janv. 1834, Bonny; même jour, Boyé; *Orléans*, 11 avr. 1832, B...; *Montpellier*, 17 nov. 1834, Beteille c. Fuges; *Cass.*, 4 mars 1835, Delroyes; 18 mars 1835, Rousselet; 3 juin 1835, Raoux; 23 juin 1835, Guillonet; 14 juill. 1835, de Kermellec; 24 août 1835, Riou; 15 déc. 1835, Logelle.

39. — Pour mettre fin à toutes les incertitudes, il fut rendu, à la date du 16 mai 1835, une ordonnance royale qui décida qu'*à l'avenir* les appels relatifs aux séparations de corps seraient jugés en audience ordinaire.

40. — Cette ordonnance était ainsi motivée: « L'expérience a démontré en beaucoup de lieux, » et particulièrement dans ceux où, comme à Paris, » les instances en séparation de corps sont nombreuses, que l'attribution de ces instances aux audiences solennelles ralentit, d'une manière fâcheuse, l'administration de la justice, en forçant » plusieurs chambres d'interrompre leurs audiences » ordinaires. Il est facile de reconnaître qu'un pareil concours de magistrats n'est pas nécessaire » pour la complète appréciation des questions que » les demandes en séparation de corps présentent » habituellement à juger. Il importe aussi de considérer que ni la morale publique, ni l'intérêt des » familles n'ont à gagner au retentissement qu'une » solennité extraordinaire ajoute à des débats toujours affligeans. Aucun intérêt particulier ne peut » souffrir d'une mesure qui fera juger les demandes » en séparation de corps en audience ordinaire; aucune famille ne peut se plaindre de voir ses douleurs privées et ses fautes domestiques échapper à l'éclat des audiences solennelles et, tout en » obtenant la garantie commune de la publicité et » le nombre de juges déterminé par la loi, cesser » néanmoins de provoquer spécialement, par un » accroissement de pompe extérieure, la curiosité » et le scandale. »

41. — On a contesté la légalité de cette ordonnance; on a soutenu qu'il s'agit de l'abrogation d'une disposition législative qui ne pouvait avoir lieu que par une loi; mais la Cour de Cassation a rejeté ce système, quoique l'ordonnance contrariât la jurisprudence.

42. — Ainsi, elle a jugé que le décret du 30 mars 1808 n'est qu'un règlement d'administration publique qui a pu être légalement modifié par une ordonnance royale; qu'ainsi l'ordonnance royale du 16 mai 1835, qui a ordonné que les appels en matière de séparation de corps seraient jugés à l'avenir en audience ordinaire, était *légale* et *obligatoire*. — *Cass.*, 11 janv. 1837 (t. 1er 1840, p. 225), Barberaud; 26 mars 1838 (t. 2 1838, p. 133), Boisnard. — V. conf. Duvergier, *Collect. des lois*, dans ses annotations sous l'ordonnance du 16 mai 1835. — Maintenant la question ne se discute même plus, quoique la difficulté soit certainement très sérieuse.

43. — L'art. 22, décret 30 mars 1808, reçoit exception, en ce qui concerne les questions d'état, dans quelques circonstances qu'il faut faire connaître.

44. — 1° Les questions d'état peuvent n'être pas jugées en audience solennelle lorsqu'elles requièrent célérité ou qu'elles doivent être décidées avec des formes particulières qui ne comportent pas une instruction solennelle. — C'est l'art. 22 lui-même qui fait cette distinction.

45. — Ainsi une cour peut ordonner qu'une cause, bien qu'elle puisse présenter une question d'état à décider, sera jugée en audience ordinaire, et non en audience solennelle, alors qu'il est respectivement reconnu qu'elle *requiert célérité*, et qu'à raison de sa nature scandaleuse, il convient qu'elle ne reçoive pas une trop grande publicité. — *Rennes*, 9 déc. 1834, Grosser c. M...

46. — Inutile de faire remarquer que le dernier motif donné par la cour de Rennes doit être écarté comme contraire à la jurisprudence; le premier motif suffit pour justifier sa décision.

47. — Les arrêts rendus en matière d'adoption, quoique relatifs à des questions d'état, ne sont pas non plus jugés en audience solennelle; l'art. 357, C. civ., règle les formes particulières à cette espèce d'instances. — V. ADOPTION.

48. — Avant la loi du 8 mai 1816, les appels en matière de divorce n'étaient pas jugés non plus en audience solennelle. D'après l'art. 262, C. civ., ces affaires étaient instruites et jugées comme *urgentes*; elles rentraient sous ce rapport dans l'exception.

49. — 2° Une autre exception au principe posé dans l'art. 22, décret 30 mars 1808, est encore admise par la jurisprudence; on décide que lorsque la question d'état à juger ne se présente qu'*incidemment* à une autre question, l'affaire ne doit pas être renvoyée en audience solennelle.

50. — Ainsi, il a été jugé qu'il n'y a pas lieu à renvoyer une question d'état en audience solennelle lorsqu'elle ne s'élève qu'incidemment et comme défense à une demande ordinaire. — *Bourges*, 20 juill. 1838 (t. 2 1838, p. 521), Augu c. Loretto Demar.

51. — ... Que les questions d'état ne doivent être jugées en audience solennelle qu'autant qu'elles sont la matière d'une action principale. Si la question d'état ne se présente qu'incidemment, par exemple à l'occasion d'une demande en pétition d'hérédité, la chambre de cour royale saisie de la question principale peut juger, elle seule, la question d'état incidente. — *Cass.*, 23 mars 1825, Bouel, de Cussy et Bignon c. Louvel.

52. — ... Qu'une demande en nullité de mariage peut être jugée en audience ordinaire lorsqu'elle est proposée incidemment et par exception à une demande en nullité de testament. — *Cass.*, 12 nov. 1839 (t. 2 1839, p. 493), Delahaye c. Gest.

53. — ... Que lorsqu'une question d'état n'est agitée qu'incidemment à une demande d'une toute autre nature, par exemple à une action en revendication des biens substitués, et qu'il n'existe d'ailleurs ni désaveu formel, ni demande principale en supposition de personne ou d'état, la cour royale peut se dispenser de juger *en audience solennelle*. — *Cass.*, 29 nov. 1826, de Busseuil c. de Vauban.

54. — ... Que lorsque ce n'est qu'incidemment et comme défense à l'action principale que s'élève une question d'état, il n'y a pas lieu au jugement en audience solennelle. Ainsi, lorsque pour repousser une demande en partage dont une cour royale se trouve saisie, le défenseur conteste l'état civil des prétendans droit, il n'y a pas lieu à renvoi de la cause pour être jugée en audience solennelle. Ici ne s'applique pas l'art. 22 du décret du 30 mars 1808. — *Bordeaux*, 31 janv. 1833, Blondy c. Mathieu.

55. — ... Que la demande en nullité d'une sentence d'interdiction ne doit point être jugée en audience solennelle, si elle n'est présentée que dans des conclusions incidentes dans une cause ordinaire. — *Rennes*, 30 juill. 1833, Campion c. Varennes.

56. — ... Que le jugement d'un incident qui s'élève à l'audience d'une cour royale jugeant en audience solennelle peut être renvoyé à l'une des chambres de cette cour. — *Cass.*, 18 (et non 1er) mars 1817, Letondal c. Milsent.

57. — On a vu (*suprà* n° 13) que les affaires jugées par suite de renvoi après cassation devaient être jugées en audience solennelle, et cela quelle que fût la nature des questions à décider.

58. — Ainsi il a été jugé que la demande en péremption d'une instance, renvoyée devant une cour royale après cassation, doit, comme incident de l'instance principale, être jugée en audience solennelle. — *Cass.*, 24 mars 1835, Devaux c. Esnault.

59. — Toutefois, ce principe reçoit exception lorsque l'affaire est renvoyée après *deux cassations* par les mêmes motifs dans la même affaire; dans ce cas, elle doit être jugée en audience ordinaire. — L. 1er avr. 1837, art. 2.

60. — Du reste, il est évident que cette loi du 1er avr. 1837, qui dispose qu'après deux cassations par les mêmes motifs la cour royale à laquelle l'affaire est renvoyée se conformera à la décision de la cour de Cassation sur le point de droit et jugera en audience ordinaire, n'est point applicable au renvoi fait antérieurement à cette loi, après deux cassations, à une cour royale, toutes chambres réunies. — En conséquence, la troisième cour de renvoi doit juger l'affaire en audience solennelle et connaître du fond. — *Paris*, 30 juin 1838 (t. 2 1838, p. 115), Frottier c. Poupel.

61. — Indépendamment des causes énumérées dans l'art. 22, décr. 30 mars 1808, il est encore certaines affaires qui doivent être jugées par les cours royales, toutes les chambres réunies. — V. AVOCAT, DISCIPLINE.

62. — Relativement aux affaires qui doivent être jugées par la cour de Cassation en audience solennelle, V. CASSATION.

63. — Les audiences solennelles se tiennent dans la chambre présidée par le premier président. — Décr. 6 juill. 1810, art. 7.

64. — Elles sont composées des deux chambres civiles; et dans le cas où il y en a trois, la seconde et la troisième font alternativement le service avec la première. — Même disposition.

65. — Dans les cours royales qui n'ont qu'une chambre civile, les audiences solennelles sont tenues par cette chambre et par celle des appels de police correctionnelle.

66. — Sous l'empire du décret du 6 juill. 1810, art. 7, cette adjonction, quoiqu'elle fût légale, était purement facultative. — *Cass.*, 27 nov. 1833, de La Marine c. de Bernis.

67. — Ainsi, l'on jugeait que, lorsqu'il n'existait dans une cour royale qu'une chambre civile, cette chambre, avec le concours de son premier président, pouvait juger seule et en audience solennelle une question d'état, sans qu'il fût nécessaire d'appeler la chambre correctionnelle. — *Cass.*, 29 nov. 1826, de Basseuil c. de Vauban; 13 mai 1824, de Maynoncourt c. Aymonet de Contreglise; 24 août 1831, Humbert c. Henin; 27 déc. 1819, Seillivaux c. de Greische; 28 fév. 1828, Sire c. David de Gavedot; 26 fév. 1816, Clara c. Pagès.

68. — Mais depuis l'ordonnance du 24 sept. 1828, le concours de la chambre des appels de police correctionnelle est nécessaire pour la composition des audiences solennelles. — V. art. 3.

69. — Avant cette ordonnance, lorsque le premier président d'une cour royale n'ayant qu'une seule chambre civile jugeait nécessaire d'appeler, pour la tenue d'une audience solennelle, la chambre des appels de police correctionnelle, cette chambre devait fournir au moins les cinq juges exigés par la loi pour sa composition. — *Cass.*, 19 août 1821, Petit-Dumottet c. Chocat.

70. — ... Mais si l'arrêt était rendu seulement par la chambre civile, il n'était pas nécessaire, à peine de nullité, que l'arrêt exprimât qu'il avait été rendu en audience solennelle; la mention qu'il avait été prononcé en audience publique était suffisante. — *Cass.*, 28 fév. 1828, Sire c. David de Gavedot.

71. — On jugeait aussi avant l'ordonnance du 24 septembre que dans les cours où il n'existe qu'une chambre civile, mais où il a été créé une chambre temporaire, la réunion de ces deux chambres n'était pas nécessaire pour former l'audience solennelle. — *Cass.*, 4 déc. 1827, commune de Montagnac c. Cazelles.

72. — Pour que l'arrêt rendu en audience solennelle soit valable, il faut que chacune des chambres appelées à y concourir soit composée d'un nombre de conseillers égal à celui qu'elle devrait avoir pour juger isolément.

73. — ... Et sans qu'aucune de ces deux chambres puisse se compléter en empruntant des magistrats de l'autre. — *Cass.*, 15 janv. 1834, Bony.

74. — Jugé en conséquence que, lorsqu'une cour royale ne renferme qu'une chambre civile, et que cette chambre est appelée seule à composer l'audience solennelle, il suffit qu'il y ait sept conseillers au moins. — *Cass.* (et non *Agen*), 23 févr. 1825, Dolézac c. Poulet

75. — ... Que l'arrêt rendu en audience solennelle par les deux chambres civiles d'une cour royale est nul, si le nombre des conseillers qui y ont concouru était au-dessous de quatorze. — *Cass.*, 31 juill. 1821, Picard.

76. — ... Que lorsqu'un arrêt rendu en audience solennelle ne mentionne que la présence de quatorze juges, dont deux sont alliés au degré prévu par l'art. 3 de l'ordonnance royale du 24 sept. 1828, sans faire connaître que les opinions de ces deux juges ont été différentes, il n'y a pas certitude que les quatorze voix aient pu être utilement comptées, et l'arrêt ainsi rendu doit être cassé. — *Cass.*, 23 juin 1840 (t. 2 1840, p. 249). N...

77. — ... Que la présomption que la cour royale s'est conformée à la loi lors de son délibéré, et qu'elle n'aurait pas jugé si elle ne se fût pas trouvée composée d'un nombre suffisant de juges, quelque forte qu'elle soit, ne peut pas suppléer à une mention expresse, sans laquelle un jugement ne porte pas avec lui la preuve de sa régularité. — Même arrêt.

78. — Jugé cependant que s'il ne manquait à l'une des deux chambres qui ont siégé qu'un seul membre pour atteindre le nombre nécessaire, et si le premier président a concouru à l'arrêt, il y a présomption suffisante que ce magistrat, bien que présidant habituellement la chambre qui se trouvait complète, a assisté à l'audience comme membre de la chambre qui avait besoin de son adjonction pour être complétée, la loi lui donnant l'autorisation de présider celle des chambres de la cour qu'il lui convient de choisir. — *Cass.*, 15 janv. 1834, Bony.

79. — Jugé aussi qu'on ne peut demander la cassation d'un arrêt rendu en audience solennelle par les deux chambres civiles d'une Cour, composées, la première du premier président et de sept conseillers, la seconde de six conseillers seulement, quoique, pour que celle-ci présentât sept conseillers, on eût appelé un membre de la première au lieu d'un membre de la chambre correctionnelle ou des mises en accusation. — Cette irrégularité est couverte par la présence du premier président, qui, ayant le droit de présider toutes les chambres, a pu compléter avec les six membres de la deuxième chambre le nombre de sept qu'elle devait fournir. — *Cass.*, 15 mai 1839 (t. 1er 1839, p. 667), de Villechaise c. Pupier.

80. — Dans le cas où deux chambres d'une cour royale ont été réunies en audience solennelle, si l'une d'elles n'a point, à raison de l'absence d'un de ses membres, le nombre de conseillers dont elle devrait nécessairement être composée si elle jugeait isolément, elle peut, pour se compléter, appeler un membre d'une section autre que celle à laquelle elle est réunie, quand même celle-ci aurait un excédant de conseillers présens à l'audience suffisant pour composer le nombre de rigueur de membres que les deux chambres ensemble devraient avoir pour pouvoir juger en audience solennelle. — *Cass.*, 28 juin 1824, Vandolon c. Bourreau.

81. — Un conseiller auditeur peut, quoique attaché par délégation au service du parquet, concourir légalement au jugement d'une affaire civile en audience solennelle. — *Cass.*, 27 nov. 1833, de La Marine c. de Bernis.

82. — Une cour jugeant en audience solennelle peut appeler des avocats pour se compléter. Les avocats appelés ne sont pas obligés de prêter un nouveau serment avant d'exercer les fonctions de juges. — *Cass.*, 8 déc. 1818, Nitot c. Balmain.

83. — Lorsqu'un arrêt rendu en audience solennelle déclare qu'un conseiller de la première chambre a été appelé pour compléter la seconde, il y a présomption que les conseillers qui auraient dû être appelés avant lui étaient légitimement empêchés. — *Cass.*, 15 mai 1839 (t. 1er 1839, p. 667), de Villechaise c. Pupier.

84. — La disposition du décret du 30 mars 1808 qui veut que les audiences solennelles des cours soient composées de quatorze juges n'est relative qu'aux affaires civiles et ne concerne point les affaires correctionnelles. — *Cass.*, 22 sept. 1832, de Magnoncourt c. de Raucourt.

85. — Jugé aussi que la disposition de l'art 22 du décret du 30 mars 1808, et de l'art. 7 du décret du 6 juill. 1810, relativement à la composition des audiences solennelles, sont des prescriptions purement réglementaires établies dans l'intérêt du service, et non dans celui des parties, qui, dès lors, ne peuvent se prévaloir de leur inexécution. — *Cass.*, 2 juin 1840 (t. 2 1840, p. 420), Rion.

86. — Avant le décret du 30 mars 1808, lorsqu'un tribunal d'appel avait arrêté par un réglement dressé conformément à l'art. 27, L. 27 vent. an VIII, que certaines affaires seraient jugées par les deux sections réunies, on ne pouvait considérer comme rendu véritablement en sections réunies le jugement lors duquel les deux sections réunies de ce tribunal d'appel n'étaient composées que de treize juges lorsqu'il en eût fallu quatorze pour qu'elles fussent légalement complètes. — Mais une pareille irrégularité dans un jugement ne donne pas ouverture à cassation; il présente seulement de la part du tribunal une infraction à sa discipline, ce qui ne peut opérer une nullité. — *Cass.*, 18 brum. an XI, commune de Jasseron c. le Domaine.

87 — Dans les audiences solennelles, les magistrats siégent en robe rouge, mais aucune loi n'exige, à peine de nullité, que l'arrêt en fasse mention. — *Cass.*, 24 août 1831, Humbert c. Chenin.

AUDIENCIER.

1. — Qualification donnée aux huissiers qui sont chargés du service des audiences près les cours et tribunaux.

2. — Les audienciers sont désignés chaque année, au mois de novembre, par le tribunal aux audiences duquel il s'agit d'assister. — Décr. 14 juin 1813, art. 4; décr. 30 mars 1808, art. 94.

3. — Ils ont quelques avantages particuliers attachés à leurs fonctions. — Par exemple : ils ont seuls le droit de faire certaines significations; ils participent seuls au droit d'appel de cause; lors des adjudications il leur est alloué un émolument pour les publications et pour les frais de bougies. — V. HUISSIER AUDIENCIER.

AUDITEUR.

1. — Titre donné, dans l'ancien droit, à certains fonctionnaires de la chambre des comptes de Paris.

2. — Les conseillers auditeurs en la chambre des comptes de Paris étaient au nombre de quatre-vingt-deux, dont quarante-un pour le semestre de janvier, et pareil nombre pour le semestre de juillet.

3. — Ils étaient distribués en six chambres, et ne pouvaient être rapporteurs que des comptes attachés à chacune de ces chambres, dans lesquelles ils ne restaient que trois ans.

4. — Lorsqu'un auditeur était dans sa première année de service, il était réputé des deux semestres et pouvait être attaché à toutes les chambres jusqu'au premier roulement.

5. — Le nom d'*auditeur* leur fut donné par Louis XII, dans son édit du mois de décembre 1511. Avant cet édit, on les désignait sous le nom de *clerc*. Ce fut Henri II qui leur conféra le titre de conseiller, à cause de l'importance de leurs fonctions. — V. édit de février 1551. — V. au surplus CHAMBRE DES COMPTES.

6. — Le mot *auditeur* désignait encore certains magistrats du Châtelet, qui ne connaissaient que de quelques affaires purement personnelles. — V. AUDITEUR AU CHATELET.

7. — Suivant Philippe de Beaumanoir (*Coutume de Beauvoisis*, ch. 40), on donnait de son temps le nom d'*auditeurs* aux commissaires chargés des enquêtes « por che que ils devoient oïr che que » les tesmoins disoient, et faire escrire leurdiet et » seeler de leur sceaux, et rapporter ledict des tesmoins escrit et scellé en jugement pardevant » les jugeurs, à qui la querele appartient à ju» ger. »

8 — Aujourd'hui les auditeurs ne font plus partie de notre organisation judiciaire, bien qu'ils aient eu une existence légale sous l'Empire et sous la Restauration. — V. CONSEILLER AUDITEUR, JUGE AUDITEUR. — Ils ne figurent plus que dans notre organisation administrative. — V. AUDITEUR AU CONSEIL D'ÉTAT.

AUDITEUR AU CHATELET.

1. — Juge royal, attaché au Châtelet, et connaissant des affaires purement personnelles jusqu'à 50 livres.

2. — Cette juridiction des auditeurs était fort ancienne : Delamarre, en son traité de la police, prétend que c'est saint Louis qui, lors de la réforme qu'il fit du Châtelet, institua des auditeurs et voulut que leurs fonctions fussent distinctes de celles des enquêteurs et examinateurs.

3. — A cette époque, il y avait deux auditeurs, et ils étaient choisis par le prévôt. — V. l'ordonnance de Philippe-le-Bel de 1302.

4. — L'auteur du *Grand coutumier* (liv. 1er, ch. 2) nous donne quelques détails sur la compétence des auditeurs au Châtelet dans le passage suivant : « Audit Chastellet y a deux auditeurs, que l'on dit » estre suffragans dudit prévost de Paris : lesquels » sont subjects dudit prévost. Et ont lesdits audi» teurs congnoissances des causes et matières li» mitées : car ils congnoissent des causes person» nelles jusques à vingt livres parisis, et au-des» sous tant seulement. Et de leurs jugemens ou » appointemens, quand on se sent grève, on peut » demander l'amendement dudit prévost Et si le » jugement par eux donné est confirmé par ledit » prévost, celuy qui demande l'amendement doit » estre condamné en quarante solz parisis d'a» mende. »

5. — Sous Charles IX, la compétence des auditeurs fut portée à 25 livres parisis, et enfin elle fut étendue par Louis XIV à 50 livres tournois (déclarat. 6 juill. 1683) : elle n'a pas été augmentée depuis.

6. — Un réglement fait pour le Châtelet, en 1327, portait que les auditeurs devaient faire continuelle résidence audit siége, à moins d'excuse légitime. — Dans ce cas, le prévôt les pourvoyait d'un lieutenant.

7. — On voit par une ordonnance du roi Jean, du mois de février 1350, que les auditeurs avaient inspection sur les métiers et marchandises et sur le sel; qu'à défaut du prévôt de Paris, ils étaient appelés avec les maîtres des métiers, pour connaître de la qualité des marchandises amenées à Paris par les forains; que, dans le même cas, ils avaient inspection sur les bouchers et chandeliers, élisaient les jurés de la marée et du poisson d'eau douce, et avaient inspection sur eux; qu'ils élisaient pareillement les quatre *prud'hommes* qui devaient faire la police du pain.

8 — Quoique ayant une juridiction propre, les auditeurs assistaient aux grandes causes et aux jugemens que rendait le prévôt ou son lieutenant civil, depuis sept heures du matin jusqu'à dix. — Après dix heures, ils descendaient aux bas auditoires, et jugeaient seuls les menues causes dont connaissance leur était attribuée. — Joly, *Offices*, t. 2.

9. — Quoique la juridiction des auditeurs fût toute sommaire, il y avait anciennement douze procureurs en titre postulant auprès d'eux; mais

dans la suite ces offices furent supprimés, les parties elles-mêmes et les clercs de procureurs furent admis à plaider devant eux.

10. — En 1685, Louis XIV décida qu'à l'avenir il n'y aurait plus qu'un seul auditeur, et les choses restèrent ainsi jusqu'en 1789.

11. — Le juge auditeur tenait son audience au Châtelet près du parquet. — On assignait devant lui à trois jours; l'instruction y était sommaire. Il ne pouvait entendre de témoins qu'à l'audience, et n'avait droit qu'à cinq sous par chaque sentence définitive.

12. — Les sentences du juge auditeur ne pouvaient être expédiées que sur papier, et non sur parchemin (arrêt du conseil du 11 sept. 1688); elles étaient exécutoires nonobstant appel. — Déclarat. 6 juill. 1683.

AUDITEURS AU CONSEIL D'É-TAT.

Fonctionnaires établis près le conseil d'état. — V., pour leurs devoirs et leurs attributions, CONSEIL D'ÉTAT.

AUDITOIRE.

Ce mot désigne le lieu où s'assemblent les juges pour donner audience à ceux qui viennent devant eux porter leurs demandes, et les contredire, et pour y prononcer leurs décisions. — V. AUDIENCE.

AUGMENT.

1. — L'augment est un gain nuptial et de survie que la femme prend, en récompense et à proportion de sa dot, sur les biens de son mari prédécédé. — Boucher d'Argis, *Tr. des gains nuptiaux*, chap. 2, p. 47; Merlin, *Rép.*, v° *Augment*, n° 4.

2. — Il ne faut pas confondre l'augment avec l'*augmentum dotis* des Romains: le premier était une donat on faite par le mari à la femme, le second n'était autre chose que l'augmentation de la dot faite pendant le mariage. — V. la Nov. 97. — Si quelques auteurs ont désigné l'augment par ces mots *augmentum dotis*, ce n'est que par un abus d'expression. — Boucher d'Argis, p. 48. — Cujas le nomme avec plus de raison *incrementum dotis* (*Observ.*, liv. 5, cap. 4). — V. aussi Merlin, v° *Augment*, n° 1er.

3. — L'augment était établi tant en faveur des enfans qu'en faveur de la femme; celle dernière n'en a que l'usufruit, seulement si la femme survivante et ayant des enfans restait veuve jusqu'à son décès, elle gagnait une portion de l'augment, qu'on appelait *part virile*, et qui était égale à une part d'enfant.—Boucher d'Argis, p. 47; Roussilhe, *De la dot*, t. 2, n° 577; Benoît, v° *Augment*, n° 5; Benoît, *De la dot*, n° 22.

6. — Il y avait deux sortes d'augment, le coutumier ou légal et le préfix ou conventionnel.

7. — L'augment coutumier ou légal était un gain de survie que la coutume de quelques provinces accordait à la femme survivante en récompense de sa dot sur les biens de son mari décédé.—Roussilhe, t. 2, n° 578; Boucher d'Argis, p. 34.

8. — L'augment coutumier n'avait lieu qu'à défaut de stipulation; s'il n'y avait pas de stipulation, on était censé l'avoir adopté tel qu'il était fixé par la coutume. — Roussilhe, t. 2, n° 578; Benoît, t. 4, n° 6.

9. — Si l'on s'était contenté d'une stipulation d'augment pure et simple sans fixation de quotité, l'augment restait fixé à la somme déterminée par la coutume. — Boucher d'Argis, *eod. loc.*; Merlin, v° *Augment*, n° 4.

10. — Il ne faut pas confondre l'augment coutumier avec le douaire; ces deux libéralités avaient leurs analogies et leurs différences, dont on peut voir l'énumération dans Boucher d'Argis, p. 30 et suiv.

11. — Dans les pays coutumiers, on pouvait, par le contrat de mariage, diminuer l'augment fixé par la coutume, et même y renoncer entièrement. — Boucher d'Argis, n° 49. — Toutefois, Revel, sur les *Statuts de la Bresse*, quest. 27e, et Faber, *De donat. ante nupt.*, def. 3, soutenaient le contraire:

ejus est tántus favor, dit cet dernier auteur, ut ne ulla conventione deterior ejus conditio fieri possit. — Cependant la première opinion avait prévalu.

12. — L'augment, sous les coutumes qui l'avaient admis, était de la moitié de la dot, lorsqu'elle consistait en objets d'une valeur déterminée; lorsqu'el e consistait en meubles, immeubles, objets en litige dont la valeur n'était pas déterminée, le montant de l'augment était abandonné à l'arbitrage du juge. — Boucher d'Argis, *Tr. des gains nuptiaux*, p. 38; Roussilhe, *De la dot*, t. 2, n° 582. — Denizart, *eod. verbo*, n° 5, dit que dans ce dernier cas l'augment n'était que du tiers.

13. — En Dauphiné, l'augment légal dépendait de la qualité des parties; pour les filles nobles il était de la moitié de la dot, et du tiers pour les roturières. — Denizart, v° *Augment*, n° 7.

14. — L'augment préfix ou conventionnel est celui dont la quotité est fixée par une stipulation spéciale du contrat de mariage. — Boucher d'Argis, p. 47.

15. — Dans les pays où l'augment avait lieu, il était d'usage de stipuler, de la part de la femme, une donation dont la quotité était ordinairement de la moitié de l'augment; on appelait cette libéralité *contre-augment*.

16. — L'augment était dû bien que la dot n'eût pas été payée; il suffisait qu'il y eût la constitution de dot. — Roussilhe, n° 583; Basset, t. 1er, liv. 4, chap. 2; Chorier, sur Guy-Pape, liv. 4, sect. 2e, art. 8; Denizart, v° *Augment*, n° 5.

17. — La femme, lorsqu'elle avait des enfans, ne pouvait obtenir la délivrance de l'augment qu'en donnant caution. — Roussilhe, t. 2, n° 557.

18. — Au parlement de Paris, on jugeait que l'intérêt de l'augment était dû de plein droit à la femme; il en était de même à l'égard des enfans dans laquelle la quotité était dû aux héritiers du père. — Merlin, *Répert.*, v° *Augment*, n° 11.

19. — Le Code civil ne reconnaît ni augment ni contre-augment, en ce sens que si de pareilles libéralités sont stipulées par les époux, elles sont régies par les dispositions des art. 1091 et suiv., et non par les lois anciennes. — Benoît, *De la dot*, t. 4er, n° 28.

20. — La stipulation en faveur de la femme, dans un contrat de mariage, à titre d'augment, de bagues et joyaux, quoiqu'elle présente une libéralité évidente, est permise: cependant cette stipulation doit être annulée si, pour apprécier dans son ensemble, on est obligé de se référer à des lois abolies. — Grenoble, 6 juin 1829, Bertholon c. Reynaud.

21. — Suivant l'ancien droit, l'augment constituait, au profit des enfans, une espèce de biens qu'ils pouvaient conserver en répudiant la succession paternelle. — Grenoble, 16 juin 1829, Brun c. Marchand.

22. — La prescription de la part virile de l'augment ne court, au profit des tiers possesseurs, que du jour du décès de la mère. — Grenoble, 18 fructid. an XIII, Bonquin c. N... — V. au surplus CONTRE-AUGMENT, DOT.

AUGMENTATION DE DÉLAI.

V. DÉLAI, ENQUÊTE, EXPLOIT.

AUMAILLES.

1. — Ce mot, selon Ducange, vient du latin *manuale*, et désigne des animaux domestiques, des animaux privés qui viennent quand on leur tend la main.

2. — Ménage, au contraire, tire l'étymologie de ce mot du latin *almatia*, et il entend par aumailles des animaux qu'on nourrit pour les engraisser.

3. — Dans l'art. 148 de la coutume de Sens, *bestes aumailles* sont bœufs ou vaches selon Bourdot de Richebourg.

4. — Dans l'ordonnance des eaux et forêts du mois d'août 1669, tit. 19, art. 1er, le mot *aumailles* désigne les animaux domestiques de la classe herbivore.

AUMONE.

1. — Don fait aux pauvres par charité. — Merlin, *Rép.*, v° *Aumône;* Durieu et Roche, *Rép. des établissemens de bienfaisance*, v° *Aumône*, n° 3; Sébire et Carteret, *Encyclop. du droit*, v° *Aumône*, n° 1er.

2. — Dans l'ancien droit, le caractère de charité n'était pas le seul qu'on reconnût à l'aumône. Dans certains cas, on la considérait comme un impôt, dans d'autres, comme une peine pécuniaire.

3. — Ainsi, une ordonnance du 3 nov. 1572 et une autre de 1580 obligeaient les ecclésiastiques et bénéficiers à contribuer aux aumônes publiques et générales en faveur des pauvres.

4. — Et un arrêt du parlement d'Aix, 10 oct. 1688, condamna un prieur décimateur à abandonner, à titre d'aumône, le tiers de son revenu.

5. — La loi du 12 juill. 1790 ayant supprimé les bénéfices ecclésiastiques, il en résulte que l'aumône cessa comme impôt d'exister depuis cette époque.

6. — Certains délits faisaient autrefois encourir l'aumône comme *peine pécuniaire.* Elle pouvait même être prononcée en matière civile. — Ordonn. 1670, tit. 13. — Durieu et Roche, *loc. cit.*, n° 2; Merlin, *Rép.*, v° *Aumône.*

7. — Un arrêt du 16 fév. 1673 condamna à une aumône de cent livres Joseph Euseigne, appelant d'une sentence de l'officialité de la Rochelle, qui avait déclaré son mariage nul et clandestin. — Merlin, *Rép.*, n° 6.

8. — Sous l'empire de l'ordonnance de 1670, l'aumône était une peine infamante. — Carnot, C. pén., art. 8, n° 6.

9. — L'infamie n'était, du reste, attachée à l'aumône qu'autant qu'elle avait été prononcée en matière civile. On donne pour raison de cette différence entre l'aumône prononcée au criminel et celle qui avait lieu au civil, que, dans le premier cas, elle avait pour objet la réparation morale du coupable, son amendement, au lieu qu'en matière civile, elle avait pour objet la réparation du dommage. — Sébire et Carteret, *Encyclop. du droit,* v° *Aumône.*

10. — Mais le Code pénal de 1791 n'avait pas conservé à l'aumône son caractère infamant. — Carnot, *ibid.* — Il n'en est pas même fait mention dans ce Code.

11. — L'enregistrement fut chargé, par un décret du 5-19 déc. 1790, art. 19, de percevoir l'aumône avec les autres amendes.

12. — Comme les lois criminelles postérieures à ce décret n'ont pas compris l'aumône au nombre des peines, les tribunaux ne peuvent plus la prononcer. — V. AMENDE.

13. — Autrefois, il existait des fondations pieuses, suivant lesquelles des distributions étaient faites à des époques déterminées, soit aux pauvres en général, soit à certaines classes de pauvres désignées par les fondateurs.

14. — Le parlement de Paris ordonna la confection d'un rôle des pauvres qui auraient droit aux secours. Il voulut par là éviter à l'avenir les inconvéniens résultant des distributions publiques dans lesquelles les étrangers se présentaient, et où les vieillards ne conservaient que rarement les objets que l'on leur avait donnés, les autres les leur arrachant par violence. — Merlin, *Rép.*, v° *Aumône.*

15. — Chaque évêque avait autrefois son majordome ou vidame chargé de pourvoir aux besoins des pauvres et des étrangers. — Merlin, *Rép.*, v° *Aumône.*

16. — Les bureaux de bienfaisance, créés par la loi du 7 frim. an V, sont aujourd'hui chargés de la recette et de la distribution des aumônes affectées aux pauvres.

17. — La loi du 18 germin. an X attribue aux fabriques l'administration des aumônes; mais elle n'a pour objet que les aumônes offertes pour les frais du culte, l'entretien et la conservation des temples.

18. — Il existe, sur l'application que l'on doit faire actuellement des aumônes fondées sous l'ancien régime, un décret fort important, c'est celui du 12 juill. 1807. — L'art. 1er est ainsi conçu : « Conformément au décret du 27 prair. an IX, les biens et revenus qui ont appartenu à des établissemens de bienfaisance, sous le nom de caisse de secours, de charité ou d'épargne, en général ayant pour but le soulagement de la classe indigente, sont mis à la disposition des bureaux de bienfaisance dans l'arrondissement desquels ils sont situés, à la charge par ces administrations de se conformer, dans l'emploi de ces biens, au but institutif de chaque établissement. »

V. AMENDE, DOMICILE DE SECOURS, ÉTABLISSEMENS DE BIENFAISANCE, FABRIQUES, MENDICITÉ.

AUMONE DOTALE.

1. — C'est la somme apportée ou promise à la supérieure d'une communauté religieuse, soit par la femme qui veut faire profession dans cette communauté, soit par son père, ou sa mère ou toute autre personne en son nom.

2. — Jugé que la convention par laquelle le père s'oblige à payer entre les mains de la supérieure une somme déterminée, à titre d'aumône dotale, et la supérieure à pourvoir à tous les besoins de la fille du contractant, présent les caractères d'un contrat commutatif, et non ceux d'une donation.

10

— *Agen*, 22 mars 1836, communauté de la visitation de Saint-Céré c. Bressac.

3. — ...Alors même qu'elle serait qualifiée donation. — *Agen*, 12 juill. 1836 (t. 1er 1837, p. 81), Sousseyrac c. Daynac.

4. — En conséquence, elle ne saurait être soumise aux formalités requises pour la validité des donations. — Même arrêt.

5. — La circonstance que la fille serait intervenue dans l'acte, et que la stipulation aurait été faite à son profit et sous son acceptation, ne suffit pas pour la constituer propriétaire du fonds ct rendre la communauté simple usufruitière, alors surtout que le fonds a été stipulé payable entre les mains de la communauté, ct que les intérêts ne sont pas suffisans pour fournir aux besoins de la personne qu'elle admet dans son sein. — Dès-lors, en cas de prédécès de la fille, la somme abandonnée ne fait pas retour au père, et elle reste la propriété de la communauté. — Dès-lors également, la convention ne formant réellement de lien qu'entre le père et la communauté, la fille, quoique présente, ne peut être réputée y avoir été partie à ce point que l'acte ait dû être rédigé en triple original. — Même arrêt.

6. — Une pareille convention renferme les caractères d'un contrat aléatoire, et doit, en conséquence, avoir son effet, quelle qu'ait été la durée de l'existence de la jeune fille. — Même arrêt.

V. au surplus DONATION ENTRE VIFS.

AUMONE FIEFFÉE.

On appelait ainsi autrefois certaines fondations que nos rois faisaient en faveur des églises, des monastères, des hôpitaux, et dont le palement était assigné sur le domaine de la couronne pour être fait en deniers ou en nature.—Merlin, *Rép.*, v° *Aumône*, n° 4.

AUNE.

1. — Mesure de longueur qui servait autrefois au mesurage des étoffes, rubans, toiles, etc.

2. — Cette mesure variait suivant les localités. L'aune de Paris était de trois pieds sept pouces et huit lignes. Elle était reçue dans plusieurs provinces, alors même qu'une aune particulière y était plus spécialement usitée.

3. — Un arrêt du conseil, du 24 juin 1687, ordonna, en Languedoc, l'usage de l'aune de Paris. Avant cet arrêt on se servait, dans cette province, d'une mesure appelée *canne*.

4. — Un autre arrêt, du 27 oct. 1687, prescrivit la même mesure en Dauphiné.

5. — L'aune devait être ferrée par les deux bouts, afin de prévenir le raccourcissement produit par l'usage ou même par la fraude. L'ordonnance de 1673 (tit. 1er, art. 11) porta la peine du fuet et celle de 150 liv. d'amende contre les marchands qui emploieraient des aunes non ferrées.

6. — L'uniformité des poids et mesures, établie d'après un système nouveau par un décret du 1er août 1793, par la constitution du 5 fructid. an III et la loi du 19 frim. an VIII, a été rendue obligatoire et est devenue usuelle dans toute la France par l'arrêté du 13 juin, an IX, et surtout par la loi du 4 juill. 1837. — Ce nouvel état de choses a fait successivement disparaître d'abord l'emploi, puis la dénomination elle-même de l'aune ancienne. — V. POIDS ET MESURES.

AUTEUR.

V. BREVET D'INVENTION, PROPRIÉTÉ INDUSTRIELLE, PROPRIÉTÉ LITTÉRAIRE.

AUTHENTICITÉ.

1. — L'authenticité est le caractère qui rend un acte digne de foi par lui-même, lorsqu'il émane d'officiers compétens pour le recevoir et qu'il est revêtu de certaines formes prescrites par la loi.— Il ne faut pas confondre les conditions nécessaires pour la validité des actes avec celles requises pour leur authenticité. Ces conditions sont indépendantes les unes des autres, de sorte qu'un acte peut être valable sans être authentique, et réciproquement.

2.— Il ne faut pas non plus confondre l'*authenticité* d'un acte avec son *exécutorialité*, c'est-à-dire sa qualité d'exécutoire. — Toullier, t. 8, n° 50; Rolland de Villargues, *Rép. du notar.*, v° *Authenticité*, n° 2.

3.— On peut voir (v° ACTE AUTHENTIQUE) à quels signes on reconnaît l'authenticité dans les actes et à quels actes l'authenticité est nécessaire pour pouvoir produire effet. — V. aussi ACTE, ACTE ANCIENS, ACTE NOTARIÉ, ACTE DE L'ÉTAT CIVIL, ACTE SOUS SEING-PRIVÉ, AMBASSADEUR, ARRÊT, COLONIE, CONSEIL D'ÉTAT, CONSULS, JUGEMENT, LÉGALISATION, SCEAU.

AUTHENTIQUE (Peine de l').

1. — C'était une peine prononcée par la novelle 134, ch. 10, contre la femme mariée qui se rendait coupable d'adultère.

2. — Elle consistait à faire fustiger la femme et à la faire enfermer dans un monastère dont le mari pouvait, pendant deux ans, la retirer. Si après ce terme elle n'était point sortie, elle devait être rasée, prendre le voile, et rester toute sa vie en habit de religieuse dans le monastère où elle était obligé d'observer les règles de la communauté. — Merlin, *Rép.*, v° *Authentique (peine de l')*.

3. — Dans notre ancien droit français, on a longtemps appliqué la peine de l'authentique. — Aujourd'hui, dit Jousse (*Justice crim.*, t. 3, p. 215), la jurisprudence qui s'observe en France est que l'égard de la femme adultère on suit dans toute sa vigueur la novelle 134, ch. 10, et l'authentique *Sed hod e*, Cod., *Ad leg. Juliam de Adulteriis*; on a seulement retranché la peine du fouet : ainsi, on condamne la femme à être *authentiquée*. »

4. — Elle était en outre privée de tous les avantages dont elle aurait pu jouir, soit en vertu de la coutume, soit en vertu de son contrat de mariage, même de sa dot, qui passait à ses enfans si elle en avait, ou, à leur défaut, au mari, à la charge par lui de payer à sa femme une pension. — Si le mari était marrie, il pouvait faire ordonner que sa femme serait enfermée dans un hôpital au lieu de l'être dans un monastère.—Merlin, *Rép.*, v° *Authentique*.

5. — La peine de l'authentique disparut avec les lois révolutionnaires. Le Code pénal de 1791 n'avait même prononcé aucune peine contre l'adultère. — V. ADULTÈRE, n°s 164 et suiv.

AUTHENTIQUES.

V. NOVELLES.

AUTOPSIE.

1. — Ce mot, formé du grec αυτος (soi-même) et οψις (vision), est un terme de médecine légale employé fréquemment en matière criminelle pour exprimer les diverses parties d'un cadavre fait le plus souvent dans le but de rechercher les causes de la mort.

2.— Lorsqu'il s'agit d'une mort violente où d'une mort dont la cause est inconnue ou suspecte, l'inhumation ne peut se faire qu'après qu'un officier de police, assisté d'un homme de l'art (d'un docteur en médecine ou en chirurgie, selon l'art. 81, C. civ., d'un ou de deux officiers de santé, d'après l'art. 44, C. inst. crim.), a dressé procès verbal de l'état du cadavre, et fait son rapport sur les causes de la mort.— C. inst. crim., art. 44; C. civ., art. 81.

3. — Dans le cas prévu par ces articles, le ministère public, aussitôt qu'avis lui a été donné de l'événement, peut, à son choix, soit se transporter lui-même, soit désigner un officier de police judiciaire de son ressort, pour procéder à la visite. — Massabiau, *Man. du proc. du roi*, t. 1er, n° 810.

4. — Si l'avis de l'événement était donné directement à l'officier de police judiciaire, il devrait en informer sur-le-champ le ministère public, et procéder à la levée du cadavre sans attendre sa réponse. — Massabiau, *ibid.*

5. — Les hommes de l'art ne peuvent se livrer à aucune opération sans avoir été requis.—Ils doivent donc se renfermer strictement dans les limites tracées par les réquisitions, et ne procéder qu'aux opérations qui leur sont demandées. — *Ibid.*

6. — La réquisition qui leur est adressée doit être faite par écrit : ils doivent prêter, entre les mains du fonctionnaire qui les a requis, le serment de faire leur rapport, et de donner leur avis en leur honneur et conscience. — C. inst. crim., art. 44.

7. — C'est au fonctionnaire requérant seul qu'il appartient de décider s'il y a lieu de procéder à l'autopsie. Elle ne doit être requise qu'alors qu'il y a nécessité absolue, et qu'autant que la reconnaissance du genre de mort ne résulte pas suffisamment de l'inspection extérieure du cadavre et des renseignemens fournis. — Massabiau, n° 813.

8. — L'autopsie doit se faire, autant qu'il est pos-

sible, dans le délai de vingt-quatre heures, qui est accordé pour l'inhumation. Néanmoins, elle est souvent retardée par suite des formalités nécessitées pour le transport du magistrat.—West, *Encycl. du droit*, v° *Autopsie*, n° 8.

9. — L'autopsie ne peut être pratiquée qu'en la présence du magistrat qui l'a ordonnée, et, s'il est possible, en présence de l'inculpé. — Massabiau, *Manuel*, n° 813 ; West, n° 8.

10. — Elle peut être faite, soit dans le domicile du défunt, soit dans un établissement public. — Massabiau et West, *loc. cit.*

11. — Chacun des médecins doit faire son rapport, qu'il rédige séparément s'il n'est pas d'accord avec son collègue. Mais si les hommes de l'art sont du même avis, un seul rapport, rédigé par les deux, est suffisant.— Massabiau, n° 814.

12. — Les rapports sont ordinairement faits sur les lieux ; et toutes les fois qu'il est possible d'y procéder ainsi, il y a un véritable avantage à ne pas remettre à les rédiger plus tard, car il est souvent utile de compléter les observations déjà faites par un nouvel examen du cadavre. Mais, quand le cas est compliqué et grave, on ne rédige les rapports que sur les notes écrites à l'instant de l'opération. — West, n° 7.

13. — Le procès-verbal du magistrat, contenant les observations et les conclusions des rapports des hommes de l'art, est signé par le magistrat et par les personnes qui l'assistent. Et ensuite, avec le rapport des médecins, soit déposé au parquet si aucune poursuite n'a été encore intentée, soit joint à la procédure si l'opération a eu lieu dans le cours d'une instruction. — Massabiau, n° 847.

V. au surplus FLAGRANT DÉLIT, INSTRUCTION CRIMINELLE, MINISTÈRE PUBLIC, PROCÈS-VERBAL.

AUTORISATION.

1. — Il est certaines personnes auxquelles la loi, soit d'une manière absolue, soit d'une manière restreinte, ne répute pas la capacité nécessaire pour agir, et qui dès-lors ne peuvent le faire sans une autorisation spéciale. Tels sont, dans certains cas que la loi détermine, le tuteur, le mineur émancipé, la femme mariée, les communes, les établissemens publics, tels que les hospices, les fabriques, les collèges royaux. — V. AUTORISATION DE FEMME MARIÉE, AUTORISATION DE PLAIDER, ENSEIGNEMENT, ÉTABLISSEMENS PUBLICS, FABRIQUES, HOSPICES, TUTELLE. — V. aussi DONATION ENTRE-VIFS, PARTAGE D'ASCENDANT, TESTAMENT.

2. — Il en est d'autres que la loi, à raison de leur qualité même, a dû garantir contre toute poursuite indiscrète. — Pour celles-là, dès-lors, il n'est pas permis d'agir sans autorisation. —Tels sont, dans certains cas, les membres des deux chambres (V. CHAMBRE DES DÉPUTÉS, CHAMBRE DES PAIRS). — Charte constitutionnelle, art. 39 et 44. — Tels sont également les fonctionnaires publics. — Constitution de l'an VIII, art. 75. — V. FONCTIONNAIRE PUBLIC, MISE EN JUGEMENT. — V. aussi APPEL COMME D'ABUS.

AUTORISATION DE FEMME MARIÉE.

Table alphabétique.

Sect. 1re. — Historique.

2. — Sous l'ancienne jurisprudence, il existait
des usages et des principes différents sur la matière
de l'autorisation, suivant qu'il s'agissait de pays
de coutume ou de pays de droit écrit.

Requête, 444 s., 484, 494.
— civile, 90, 295, 305,
349, 642.
Rescision, 260.
Responsabilité, 585, 590.
Révocation, 444, 458.
Saisie-arrêt, 154 s.
Saisie immobilière, 58 s.
Sén.-cons. vulléien, 25.
Séquestre judiciaire, 443.
Séparation de biens, 40, 49,
343, 503. — de corps, 27,
74 s., 433, 502. — de fait,
225, 228.
Serment, 130.
Servitude, 409.
Signature, 322, 384 s. — du
mari, 670.
Signification, 91, 638. — à
personne, 442. — à do-
micile, 443.
Simple police, 94.
Sommation, 437 s., 476,
488.
Statut personnel, 33. —
réel, 28 s.
Surenchère, 456 s., 360,
362, 585.
Succession, 405.
Sursis, 359. — 301.
Syndics, 606.
Tierce opposition, 83, 640.
Tiers, 569, 617. — déten-
teur, 619.
Transaction, 129, 342, 354,
449, 661.
Transcription, 159.
Transport, 604.
Tribunal de commerce, 462.
Tutelle, 53, 184, 271.
Tuteur ad hoc, 269.
Usufruit, 415.
Usure, 189.
Vacation, 498.
Vente, 418, 529 s. — de
bois, 659.
Voie de nullité, 641. — de
recours, 635.

5. — Dans nos pays de droit écrit, la femme conservait l'entière disposition de ses biens non dotaux, sauf la défense du S.-C. velléien de s'obliger
pour autrui, et celle de l'art. 9 de l'ordonnance de
1731 d'accepter une donation entre vifs sans être
autorisée par le mari ou par justice à son refus, à
moins que la donation n'eût été faite à la femme
pour lui tenir lieu de bien paraphernal. — Guyot,
Répert., vo Autorisation, sect. 1re; Merlin, Répert.,
vo Autorisation maritale, sect. 1re; Duranton, t. 2,
nos 442 et 443.

4 — Dans le pays de coutumes, et même dans
les pays de droit écrit qui ressortissaient du parlement de Paris, il était généralement reçu que les
femmes mariées ne pouvaient ni contracter ni ester
en justice sans l'autorisation de leurs maris, et, à
son défaut, sans celle de justice. — Nouveau Denizart, t. 2, vo Autorisation.

5. — Cependant les coutumes n'avaient pas, tant
s'en faut, des dispositions uniformes sur cette
matière.

6. — La coutume d'Artois posait en principe
que la femme mariée n'a ni vouloir ni noloir. —
Art. 10.

7. — La coutume du Nivernois portait que la
femme mariée est et demeure en tout en la puissance
de son mari. La coutume de Bretagne dispensait de
l'autorisation les aumônes, amendements et récompenses de services à elle faits. — Art. 619.

8.—La coutume de Paris n'exigeait l'autorisation
que pour les actes entre vifs ; celles de Normandie,
de Bourgogne, de Bretagne, de Bourbonnais, d'Artois, etc., l'exigeaient même pour les actes de dernière volonté.

9. — La coutume de Cambrai permettait aux
femmes de tester sans autorisation lorsqu'elles
n'avaient pas d'enfans. — Tit. 14, art. 6 et 7.

10. — A Paris, la séparation de biens laissait à la
femme l'administration de ses biens, sans sans
lui donner la capacité d'aliéner ; les coutumes de
Hainaut, de Montargis, de Dunois et autres déclaraient la femme séparée de biens aussi libre que
si elle n'était pas mariée.

11. — A Paris, l'autorisation devait être expresse,
au moins pour contracter ; les coutumes de la
Marche, de Sens, de Bar ne demandaient que le
consentement du mari, sans l'autorisation écrite
pour paraître en justice.

12. — A Paris, l'autorisation devait être spéciale
pour chacun des actes ou des procès de la femme;
à Lille, Douai, Valenciennes, Arras, une autorisation générale suffisait. Il en était de même dans le
Berry, pourvu que cette autorisation eût été
donnée par le contrat de mariage.

13. — A Paris, les obligations que la femme mariée contractait sans autorisation étaient radicalement nulles et demeuraient telles après la mort du
mari ; dans d'autres coutumes, et notamment à
Bayonne, les obligations n'étaient pas nulles ;
l'exécution en était seulement suspendue pendant
la vie du mari.

14. — A Paris, la nullité était tellement absolue
qu'elle pouvait être invoquée contre la femme par
ceux qui avaient contracté avec elle ; qu'elle n'était
couverte par aucune ratification et que la ratification
ou la femme n'était pas plus que qu'elle valait-
blement obligée ; enfin que des lettres de rescision
étaient inutiles, la nullité étant d'ordre public et
ayant lieu de plein droit. — Merlin, eod. verb.,
sect. 4e; §§ 1er, 2 et 3, et sect. 4er, nº 1er. — V. au
surplus Pothier, De la puissance marit., nº 6 et
passim.; Nouveau Denizart, ubi supra, § 1er.

15. — Les auteurs n'étaient pas plus d'accord
que les coutumes sur le fondement et sur le caractère de l'autorisation maritale.

16. — Quelques uns l'ont croyaient fondée sur l'u-
nique intérêt des femmes mariées, propter fragili-
tatem sexus ; d'autres, sur l'unique intérêt des
maris, qui par le mariage devenaient maîtres et
seigneurs de leurs femmes ; d'autres encore la faisaient dériver de l'établissement de la communauté ; les plus nombreux la disaient introduite
dans l'intérêt commun et dans l'intérêt de la bienséance et
l'honneur des mariages.—V. Guyot, Répert., sect. 2e;
Nouveau Denizart, ubi supra.

17. — Du reste, on remarquera que, dans l'ancien droit, l'incapacité des femmes mariées était
plus entière que celle des mineurs. En effet, pour
faire annuller leurs engagements et leurs actes sans
autorisation, il n'était pas nécessaire de prendre
des lettres de rescision. — Le Nouveau Denizart
(vo Autorisation) compare l'incapacité de la
femme à celle d'un interdit.

18. — Toutefois, on reconnaissait généralement
que, quoique nulles, les obligations contractées
par les femmes non autorisées produisaient un lien
naturel qu'elles ne pouvaient rompre dans le for

intérieur. — V. Boubier, *Cout. de Bourgogne*, Observat., ch. 19.

19. — On décidait même que la femme ne pouvait exciper du défaut d'autorisation lorsqu'elle avait profité de l'engagement par elle indûment contracté.—Nouveau Denizart, *loc. cit.*, § 1er, n° 12.

20. — Aujourd'hui, cette diversité de coutumes, de doctrine et de jurisprudence que nous avons signalée a complétement cessé; et les dispositions du code civil sur l'état et la capacité des femmes mariées étant un statut personnel ont dû recevoir leur exécution du jour même de sa promulgation, nonobstant toutes lois et conventions contraires.

21. — Ainsi, depuis le Code, n'a pu agir sans autorisation de mari ou de justice la femme mariée sous un régime qui lui permettait de disposer de ses paraphernaux et d'ester en jugement sans autorisation. — *Agen*, 7 prair. an XIII, Lescure c. Temans; *Turin*, 20 messid. an XIII, Simondi; *Limoges*, 22 juin 1828, Reyjolas; *Cass.*, 7 déc. 1836 (t. 1er 1837, p. 258), Delioux c. Boisgelin.

22. — ... Alors même que la dispense d'autorisation résulterait en outre du contrat de mariage. — *Cass.*, 19 nov. 1832, Debelle c. Piot.

23. — Ainsi encore, la femme qui, avant le Code, avait valablement engagé une instance sans être autorisée, n'a pu, depuis, obtenir jugement sans autorisation. — *Cass.*, 16 prair. an XIII, Castaing. — *Turin*, 20 messid. an XIII, Simondi.

24. — Et la femme qui avait valablement plaidé seule en première instance et en appel, n'a pu suivre en cassation sans l'assistance de son mari, quoique le pourvoi fût déjà formé au moment de la promulgation du Code.—*Cass.*, 20 thermid. an XII, Capblanc c. Caratier.

25. — De même, la femme mariée en pays de droit écrit a cessé d'être soumise au S.-C. velléien qui lui défendait de cautionner son mari ou tout autre. — *Paris*, 11 frim. an XIV, Mesnager c. Sautet; *Cass.*, 27 août 1810, Levacher c. Lejeune; 5 mars 1811, Leduc c. Worbe; 17 août 1813, Caron c. Roussel; 30 janv. 1838 (t. 1er 1838, p. 169), de Sainneville c. Baignères.

26. — Et la femme mariée sous la coutume de Bourgogne a recouvré le droit de tester sans la permission de son mari. — *Cass.*, 19 janv. 1807, Brossart c. Belot.

27. — Mais elle ne l'aurait pas recouvré auparavant par la séparation de corps ni par la fixation de son domicile dans un lieu où cette autorisation n'était pas exigée.—Même arrêt; V. Merlin, *Rép.*, v° *Effet rétroactif*, sect. 3e, § 2, art. 5, n° 4.

28. — Il en serait autrement s'il s'agissait d'un statut réel, ou d'un statut matrimonial. — Ainsi, la femme mariée sous l'empire d'un statut qui lui interdisait l'aliénation de ses propres n'a pas reconquis par la publication du Code civil la faculté de les aliéner ou de les hypothéquer. — *Rouen*, 21 avr. 1809, Rousseau c. Lecœur; *Cass.*, 19 déc. 1810, Intérêt de la loi, Martin.

29. — La prohibition faite à la femme par l'art. 1er, tit. 18 de la coutume d'Auvergne, de s'obliger pour le fait de son mari, étant un statut réel, n'a point été abrogée par les lois postérieures.—*Cass.*, 10 avr. 1834, Lizet c. Degrinon; 25 mars 1840 (t. 2 1840, p. 603), d'Ussel c. Rogier.

Sect. 2e. — *Droit nouveau. — Caractère de l'autorisation.*

30. — D'après les art. 215 et 217 C. civ., la femme mariée ne peut, en son nom personnel, ni ester en justice, ni contracter, sans l'autorisation de son mari ou de la justice.

31. — La nécessité de cette autorisation n'est pas fondée sur la faiblesse de la femme, puisque celle qui n'est pas mariée ou qui a cessé de l'être n'y est pas soumise, ni même uniquement sur la puissance du mari, mais aussi et principalement sur l'intérêt commun des deux époux et de leurs enfans. — « Sanctionner pour tous les actes de la vie civile le devoir d'obéissance imposée à la femme mariée et garantir son patrimoine autant qu'il est destiné à subvenir aux besoins du ménage et à l'avenir de la famille, tel est le double but du législateur, en établissant le principe de l'autorisation maritale. » — Zachariæ, t. 3, § 472, note 5e, p. 323.

32. — Institution de droit civil et statut personnel, le principe de l'autorisation maritale ne s'applique qu'à la femme française et la suit partout.

33. — Il n'est point applicable à la femme étrangère et au mari étranger, parce que la femme étrangère est régie, quant à sa capacité personnelle, par les lois de son pays, et parce que le mari ne peut réclamer en France la jouissance d'un droit

purement civil. — *Bruxelles*, 29 août 1811, Perdriset c. Smith — V. *infrà* nos 239 et suiv.

34. — Jugé de même que les dispositions du Code civil relatives à l'autorisation nécessaire aux femmes mariées pour ester en jugement ne sont point applicables à la femme étrangère, alors qu'il n'est pas établi que cette autorisation soit nécessaire d'après les lois du pays du mari.—En tout cas l'autorisation de la justice peut et doit suppléer celle du mari étranger et non résidant en France. — *Bastia*, 16 fév. 1844 (t. 1er 1845, p. 216), P...

35. — Conséquence du mariage, l'incapacité de la femme mariée commence au moment même de la célébration, et non pas à partir du contrat. — Merlin, *Répert.*, v° *Autorisation maritale*, sect. 5e, § 1er; Vazeille, t. 2, n° 302.

36. — On sait qu'elle commençait à partir *des fiançailles* dans les coutumes d'Artois (art. 87), de Bourgogne (art. 232), d'Auvergne, art. 1er, ch. 25 et autres. — Dumoulin n'hésite pas à déclarer *ineptes* de semblables dispositions.

37. — L'autorisation étant nécessaire à compter du mariage, il s'ensuit que si une instance avait été commencée par ou contre la femme avant le mariage, il faudrait, pour y donner suite, obtenir l'autorisation du mari ou celle de la justice. — Delvincourt, t. 1er, p. 333, note 8e. — V. *infrà* n° 80.

38. — L'incapacité ne cesse qu'à la dissolution du mariage, par la mort naturelle ou civile.

39. — Sont donc affranchies de l'autorisation : 1° La femme du condamné à une peine emportant mort civile, si la condamnation a été contradictoire, ou si, étant par contumace, elle est devenue définitive. — C. civ., art. 25, 26 et 227; — Merlin, sect. 7e, n° 3.

40. — 2° La femme de l'émigré, si elle a fait prononcer son divorce. — *Paris*, 14 fruct. an XII, Rohan-Guéménée; *Riom*, 15 juin 1820, Depierre c. Darcis.

41. — ... Et même par le seul fait de l'émigration et sans que le divorce ait été prononcé. — *Cass.*, 24 flor. an XIII, Joubert c. Kofoed; *Paris*, 20 mars 1817, Gandu c. Contades; — Merlin, *Répert.*, v° *Autorisation maritale*, sect. 7e, n° 3, et *Quest. de dr.*, v° *Emigré*. — *Contrà Paris*, 14 fructid. an XII, Rohan-Guéménée.

42. — ... Mais seulement à partir de la loi du 28 mars 1793.—*Cass.*, 5 fév. 1830, Dieulouhec c. Preissac. — V. ÉMIGRÉ.

43. — Ainsi les obligations souscrites par une femme mariée pendant l'émigration de son mari et sans autorisation sont valables.—*Paris*, 20 mars 1817, Gandu c. Contades.

44. — Jugé à plus forte raison que l'autorisation de contracter donnée par justice à une femme mariée est régulière, quoique le mari n'ait point été préalablement interpellé, si ce dernier se trouvait alors en état de mort civile résultant de sa qualité d'émigré. — *Toulouse*, 22 juin 1844 (t. 2 1844, p. 219), Folmont c. Gobert.

45. — Du reste, quoique valables, ces obligations ne peuvent engager ni le mari ni ses héritiers, alors même qu'elles auraient pour origine des subsistances fournies à la femme. — *Paris*, 20 mars 1817. Gandu c. Contades.

Sect. 3e. — *Autorisation du mari pour ester en justice.*

§ 1er. — *Cas où l'autorisation est nécessaire.*

46. — Aujourd'hui, comme sous l'ancienne jurisprudence, la femme mariée ne peut ester en justice sans l'autorisation du mari. — C. civ., art. 215.

47. — L'autorisation est nécessaire, que la femme mariée soit demanderesse, défenderesse ou intervenante. — *Nîmes*, 16 mai 1812, Pical. — Marcadé, *Elém. de dr. civ.*, t. 2, p. 257, n° 1er; Valette sur Proudhon, *Etat des personnes*, t. 1er, p. 455, note *a*.

48. — L'autorisation est nécessaire, quel que soit le régime sous lequel la femme est mariée : ainsi, quoiqu'elle ne soit pas commune en biens, ou qu'elle soit mariée sous le régime dotal. — *Nîmes*, 16 mai 1812, Pical c. Dupuy.

49. — ... Ou séparée de biens judiciairement ou par contrat de mariage, ou même séparée de corps. — *Cass.*, 6 mars 1827, Delasseau c. Soyez-Hecquet. — V. aussi *Rennes*, 2 juill. 1819, Dacosta; 17 nov. 1819, Pougeolle c. Lamarzelle; 24 nov. 1819, Pougeolle c. Roullier; — Duranton, t. 2, n° 453.

50. — ... Ou même qu'elle soit marchande publique et qu'il s'agisse des affaires de son commerce. Si une autorisation générale suffit à la femme pour faire des actes de commerce nécessairement multipliés lorsqu'elle en fait sa profession habituelle (art. 220, C. civ.), il n'en est pas de même pour intenter ou soutenir un procès, fait excep-

tionnel et isolé, dont les conséquences peuvent être fort graves, et dont les délais permettent toujours de recourir à l'autorisation maritale. — Merlin, sect. 7e, n° 6; Duranton, t. 2, n° 455.

51. — Il a cependant été jugé que, sous la coutume de Paris, en matière mobilière, la signification faite à la femme séparée de biens était valable, quoiqu'elle n'eût pas été faite au mari.—*Paris*, 8 fév. 1808, Giard c. Basmarin — V. cependant *Cass.*, 7 sept. 1808, Berthier c. Villemenaut.

52. — L'autorisation est nécessaire, quelle que soit la nature du procès. — Ainsi, la femme ne peut citer ni être citée sans le consentement de son mari, même au bureau de conciliation. — Duranton, t. 2, n° 452; Zachariæ, t. 2, p. 324 et 325

53. — ... Bien qu'elle agisse comme tutrice des enfans issus de son premier mariage. — *Grenoble*, 17 avr. 1831, Michalon c. héritiers Simian.

54. — ... Bien qu'elle défende à une demande en interdiction formée contre elle par sa famille. Le mari, qui n'a pas autorisé, peut faire annuler le jugement par voie de tierce opposition. — *Cass.*, 9 janv. 1822, Barnand c. Robert; — Merlin, sect. 7e, n° 18 *bis*; Duranton, t. 2, n° 456.

55. — ... Bien qu'il s'agisse de demander la nullité d'un appel dirigé contre elle seule. — *Nîmes*, 16 janv. 1832, Guiane c. Richard. — *Contrà Colmar*, 19 avr. 1815, Elssein c. Mennet.

56. — ... Ou de se pourvoir en cassation contre un arrêt rendu contre elle, sans qu'elle ait été autorisée. — *Cass.*, 21 germin. an XII, Césan c. Castaing; 12 oct. 1807, Desmaux c. Ménager.

57. — ... Bien qu'il s'agisse d'une simple procédure d'ordre ou de contribution. — Ainsi, aucune déchéance ou forclusion ne peut courir contre la femme mariée qui n'a pas produit ses titres, ou qui n'a pas contredit le réglement provisoire dans les délais fixés, lorsqu'elle n'a pas été autorisée par son mari ou par justice, avant l'expiration de ces délais. — *Cass.*, 21 avr. 1828, Duvillard c. Colomb; *Toulouse*, 19 mars 1833, Delvin c. Morin.—V. aussi *Colmar*, 3 avr. 1816, Erhard c. N...

58. — ... Ou même qu'il s'agisse de poursuites de saisie immobilière. — Ainsi, tous les actes de poursuite sur les biens propres de la femme, y compris le commandement, doivent être notifiés à la femme et au mari, à peine de nullité (art. 2208, C. civ.). — *Colmar*, 2 déc. 1806, Soulla c. Montavan. — V. cependant *Bordeaux*, 1er août 1834, Debreniffi c. Gourgues, qui excepte le commandement.

59. — ... Tellement qu'à défaut de cette notification au mari, l'autorisation de justice ne peut être demandée ultérieurement, et surtout en appel. — *Paris*, 24 août 1840 (t. 2 1840, p. 743), Grillot c. Quinegagne.

60. — Il a été jugé, avant la loi du 2 juin 1841, que cette notification suffisait jusqu'à l'adjudication préparatoire, la saisie ne constituant pas jusque là une véritable instance. — *Bordeaux*, 4 août 1829, Guichard c. Anduteau; 22 juin 1840 (t. 2 1840, p. 270), Ducau-Niboul c. Desbats.

61. — ... De même, jusqu'à l'adjudication définitive, le créancier, qui s'est conformé aux dispositions de l'art. 2208, C. civ., ne pouvant être responsable du défaut d'autorisation. — *Toulouse*, 27 déc. 1809, Suère c. Molinier; *Limoges*, 30 juin 1816, Jancourt c. N...

62. — Mais si le mari fait défaut, il n'y a plus concours de sa part à l'instance d'un jugement; de telle sorte que, dans ce cas, l'autorisation de justice est nécessaire à la femme : 1° pour ester valablement à l'adjudication préparatoire, et surtout à l'adjudication définitive.—*Bordeaux*, 4 août 1829, Guichard c. Anduteau; 22 juin 1840 (t. 2 1840, p. 270), Ducau-Niboul c. Desbats.

63. — ... 2° Pour élever un incident dans le cours de la poursuite, et, par exemple, pour former une demande en nullité de saisie.—*Cass.*, 18 nov. 1828, Planard c. Sarrot.—V. aussi (impl.) *Limoges*, 30 juin 1816, Jaucourt c. N...

64. — L'autorisation est nécessaire, quelle que soit la partie adverse de la femme, la loi ne faisant aucune exception.

65. — Cependant, si la femme ne fait que défendre à une demande de son mari, l'autorisation résulte pour elle du fait même du mari et de sa volonté d'obtenir un jugement valable. — *Nancy*, 14 avr. 1811, Velvest; *Colmar*, 14 janv. 1812, Nelter.

66. — Si c'est la femme qui dirige une action contre son mari, celui-ci ne pouvant l'autoriser à agir contre lui même, la justice intervient alors, et confère à la femme la capacité nécessaire.—*Bordeaux*, 8 juin 1831, de Lajaunie c. Imbert; Merlin, sect. 7e, n° 16

67. — Ainsi la femme ne peut, sans autorisation du juge, poursuivre l'interdiction de son mari. — Arr. de réglement. 17 avr. 1734, Deménars; — *Rouen*, 16 flor. an XIII, d'Héricy; *Toulouse*, 8 fév. 1823, Ba-

ron c. O.; — Denizart, v° *Interdit*, n° 53; Merlin, sect. 7e, n° 16; Delvincourt, t. 1er, p. 477, note 2e, t. 2, p. 322; Duranton, t. 3, n° 672. — V. *contrà* Demiau Crouzilhac, p. 593.

68. — Mais, dans ce cas, elle est suffisamment autorisée à ester en jugement par l'ordonnance du tribunal qui lui permet de convoquer le conseil de famille, et par les autres formalités qui lui sont imposées par la loi. — *Rouen*, 16 flor. an XIII, Reynier c. Gaudion; *Toulouse*, 8 fév. 1823, Baron c. O.

69. — La femme a-t-elle besoin d'autorisation pour demander la nullité de son mariage et pour s'inscrire en faux contre l'acte de célébration qui lui est opposé? — La cour de Cassation s'est prononcée pour l'affirmative par arrêt du 21 janv. 1845 (t. 1er 1845, p. 202), dans l'affaire Merle c. Despiet, en se fondant sur ce que la loi n'a fait aucune exception pour ce cas au principe posé dans les art. 215 et 218.

70. — Déjà elle avait jugé, dans une autre espèce, qu'il fallait que la femme s'adressât à la justice pour obtenir cette autorisation; car elle ne pourrait s'adresser au mari sans reconnaître ce qu'elle conteste, l'existence et la validité du mariage. — *Cass.*, 31 août 1824, Milleveau c. Jourdan.

71. — Cette jurisprudence a soulevé de graves objections. En effet, on ne peut se dissimuler tout ce qu'il y aura de bizarre et de choquant dans l'obligation où se trouvera la femme de solliciter, pour former et soutenir une pareille action, l'autorisation de son mari: car, si la loi exige que le mari soit consulté, elle suppose apparemment qu'il pourra consentir; or son consentement ne serait-il pas le signe évident d'un accord, d'une connivence qu'il ne doit pas entrer dans la pensée du législateur de favoriser et encore moins de respecter. — Dans des cas incontestablement analogues, la loi a dispensé la femme de l'autorisation maritale; tel était autrefois le cas d'une demande en divorce, tel est encore aujourd'hui celui d'une demande, soit à fin de séparation de corps, soit en séparation de biens; en pareille hypothèse, en effet, elle n'a pas voulu présumer qu'il pût y avoir accord entre le mari et la femme. Est-il permis de croire que son intention ait été différente lorsqu'il s'agit d'une demande en nullité de mariage, c'est-à-dire d'une action dont les conséquences sont bien plus graves encore? Il est vrai que dans ces divers cas elle a suppléé à la nécessité de l'autorisation maritale, soit en exigeant *de plano* l'autorisation de justice (par exemple, pour la séparation de biens), soit en imposant l'accomplissement de certaines formalités préliminaires (par exemple, pour la séparation de corps). Mais de ce qu'elle n'a rien dit de spécial pour le cas de demande en nullité du mariage, est-il rigoureusement logique d'en conclure qu'elle ait voulu nécessairement le faire rentrer sous la règle absolue des art. 215 et 218, C. civ.? — M. le premier avocat général Pascalis reculait devant cette conclusion, laquelle, disait-il, aurait d'ailleurs pour résultat de mettre la femme dans la position la plus fausse et la plus contradictoire, puisqu'elle l'obligerait à faire acte de femme valablement mariée, alors précisément qu'elle proteste contre cette qualité; aussi pensait-il que la femme était suffisamment habilitée à se pourvoir en nullité de son mariage pour défaut de consentement ou d'erreur dans la personne, par l'art. 180, C. civ., qui pose le principe de son droit.

72. — Au surplus, la cour de Cassation avait elle-même fait un bien grand pas vers cette doctrine lorsqu'elle décidait, le 31 août 1824, « que la femme demanderesse en cassation d'un arrêt qui a rejeté sa demande en inscription de faux dirigée par elle contre son acte de mariage n'a pas besoin de l'autorisation que lui donne cet acte ou de celle de la justice », et lorsqu'elle donnait pour motif de sa décision « que tant que cet acte (l'acte de mariage) n'avait pas recouvré l'autorité et la foi due à tout acte authentique par un jugement passé en force de chose jugée, la femme qui soutenait la simulation de son mariage était, durant le litige, suffisamment fondée à agir de son chef, et *sans requérir une autorisation qu'elle n'aurait pu demander sans se mettre en contradiction avec elle-même?* » — Aussi était-ce bien moins sur la nécessité de l'autorisation maritale que sur l'obligation de rapporter l'autorisation de justice que la demanderesse en cassation paraissait, dans l'espèce actuelle, faire reposer l'espoir de son pourvoi. — Mais on oubliait 1° qu'en principe l'autorisation de justice n'intervient qu'à *défaut* de celle du mari, ce qui suppose que le mari devra être préalablement consulté; 2° que si, dans certains cas, l'autorisation de justice peut et doit être directement demandée, ces cas ont fait l'objet de certaines exceptions spéciales au delà desquelles il n'est pas permis d'aller.

73. — On oubliait d'ailleurs qu'obliger la femme à demander l'autorisation de justice, ce serait reconnaître à la justice le droit de refuser son autorisation; or, concevrait-on que la justice pût paralyser ainsi l'exercice d'une action aussi grave que celle qui tendrait à la nullité d'un mariage, lorsqu'on sait que dans un cas bien moins important, celui où il s'agit d'une demande en séparation de corps, elle n'a que le droit d'observations et de remontrances, mais sans pouvoir apporter de veto absolu? — Ces considérations nous disposeraient à donner la préférence au système soutenu par M. l'avocat général.

74. — Elle ne peut pas, sans autorisation, former une demande en séparation de corps ou de biens. — *Bordeaux*, 21 floréal an XII, Royer; *Cass.*, 13 brumaire an XIV, Royer.

75. — Mais l'autorisation résulte ici des formalités préalables à la demande, et notamment de l'ordonnance du président mise au bas de la requête à lui présentée. — *Colmar*, 12 déc. 1816; *Cass.*, 9 fév. 1819, Costard; — Merlin, *Rép.*, v° *Séparation de corps*, § 3, n° 8; Favard, *Rép.*, v° *Séparation de corps*, p. 902, n° 1er; Toullier, t. 3, nos 766 et 767; Duranton, t. 2, n° 585; Rauter, *Procédure*, n° 345; Valette sur Proudhon, t. 1er, p. 456.

76. — Jugé toutefois qu'il faut que l'autorisation du président soit expresse. — *Orléans*, 20 janv. 1809, N...

77. — Peu importe que la femme soit encore mineure. — *Bordeaux*, 1er juil. 1806, S... c. F...; — Merlin, Toullier, Duranton, *loc. cit.*; Carré, *L. de la procéd.*, n° 2964; Zachariæ, § 472; Massol, *Séparat. de corps*, p. 105.

78. — Il en était de même soit avant le Code civil, soit avant la loi abolitive du divorce. L'autorisation pour la femme demanderesse résultait de toutes les formalités préalables à l'action qu'elle voulait intenter contre son mari. — *Paris*, 29 pluv. an X, Travers; 6 germin. an X, Donneville; *Cass.*, 9 brum. an XI, mêmes parties; *Bruxelles*, 20 pluv. an XII, Duchambge; *Poitiers*, 2 prairial an XII, Lambert; *Cass.*, 25 germin. an XII, Delisl-Lacoste; *Cass.*, 3 flor. an XIII, Adelbert c. Desroches; *Cass.*, 25 germin. an XIII, Delitz-Lacoste; — Merlin, *Répertoire*, v° *Divorce*, sect. 1re, § 7.

79. — Jugé même que la femme, qui, avant la publication du Code civil, a pu intenter sans autorisation une action en divorce, n'a pas eu besoin, depuis cette publication, de se faire autoriser pour suivre les intérêts nés de la même cause, et, par exemple, une demande en provision alimentaire. — *Bruxelles*, 20 pluviôse an XII, Duchambge.

80. — L'autorisation est nécessaire lors même que le procès est commencé antérieurement au mariage. — Si donc une femme se marie pendant un procès, elle doit, pour le continuer valablement, être autorisée de son mari ou de justice. — Pothier, *Traité de la puissance maritale*, n° 56; Merlin, sect. 3e, § 4; Maleville, sur l'art. 215, p. 216; Delvincourt, t. 1er, p. 333; Toullier, t. 2, n° 620; Duranton, t. 2, n° 457; Vazeille, t. 2, p. 302. — V. *suprà* n° 37, et *infrà* n° 87.

81. — A cette règle, deux exceptions: — 1° Lorsque l'affaire est en état au moment du mariage (C. procéd., art. 342 et 343); — 2° lors même que l'affaire n'est pas en état, si le mariage n'a pas été notifié à la partie adverse, celle-ci n'étant pas obligée de savoir qu'un changement d'état peut avoir rendu l'autorisation nécessaire (C. procéd., art. 345. — Duranton, t. 2, n° 457; Delvincourt, t. 1er, p. 333, note 8e *in fine*.

82. — Ainsi il a été jugé que la femme qui s'est remariée pendant l'instance et avant le jugement, n'est pas recevable à attaquer ce jugement lorsqu'il est constant qu'elle n'a pas fait notifier son mariage. — *Toulouse*, 27 avr. 1820, Cazeaux c. Bers.

83. — Que le mari n'est pas non plus recevable à attaquer ce jugement par voie de tierce opposition. — *Cass.*, 10 déc. 1812, Miette.

84. — La notification faite, l'autorisation du mari devient nécessaire; il devra donc intervenir ou être mis en cause, à peine de nullité. — C. procéd., art. 345; — Duranton, t. 2, n° 457; Bioche, nos 61 et 62 (2e édition).

85. — Merlin (sect. 3e, § 4) est d'un avis contraire. Il résulterait, selon lui, de la combinaison des art. 344 et 345, C. procéd., que, malgré la notification du mariage avant la mise en état de la procédure, le mari pourrait rester étranger à cette procédure et au jugement.

86. — Un appel ne peut être valablement interjeté par ou contre la femme seule depuis son mariage, alors même que ce changement d'état n'aurait pas été notifié. L'appel étant considéré comme une instance nouvelle, on rentre dans le droit commun, et chacun doit connaître l'état de celui avec qui il agit. — Duranton, t. 2, n° 458. — V. *suprà* nos 37 et 81.

87. — Si donc le mariage a eu lieu avant l'appel, il y a nécessité de mettre le mari en cause et de l'assigner, afin d'autoriser sa femme. — *Cass.*, 7 août 1815, Vandercolme; *Orléans*, 5 févr. 1835, Goin c. Régis.

88. — ... Surtout lorsque celle-ci a pris le nom du mari et fait ainsi connaître son changement d'état. — Merlin, sect. 3e, § 4.

89. — Cependant, lorsque c'est par le fait de la femme que ses adversaires ont ignoré son changement d'état, elle ne peut se prévaloir de ce que l'appel n'a été signifié qu'à elle seule ou n'a été signifié à son mari qu'après les délais. — *Cass.*, 17 août 1831, Gaucher c. Nogé.

90. — Un pourvoi en cassation, une requête civile constituent, à plus forte raison, des instances nouvelles dans lesquelles la femme mariée ne peut s'engager ni être engagée sans l'autorisation du mari ou de la justice, alors même que le mariage n'a eu lieu que depuis l'arrêt qui a admis le pourvoi mais avant que la femme ait été assignée devant la chambre civile; la sommation faite à la femme d'avoir à se faire autoriser ne couvrirait pas cette nullité. — *Cass.*, 7 oct. 1811, François c. Brichot.

91. — Mais la femme qui s'est mariée depuis un jugement ou un arrêt n'a pas besoin d'autorisation pour le signifier ou faire exécuter; la signification faite par elle seule est valable, alors même que les termes dans lesquels elle est conçue peuvent entraîner interdiction d'interjeter appel. — *Toulouse*, 9 mai 1811, Perissé.

92. — La femme mariée a-t-elle besoin d'autorisation pour faire des actes extrajudiciaires? — V. *infrà* nos 155 et suiv.

§ 2. — *Cas où elle ne l'est pas.*

93. — Le principe général de l'autorisation n'admet qu'une seule exception. « L'autorisation du » mari n'est pas nécessaire, lorsque la femme est » poursuivie en matière criminelle ou de police. » — C. civ., art. 216. — Alors l'autorité du mari disparaît devant celle de la loi, et la nécessité de la défense naturelle dispense la femme de toute formalité. — Portalis, *Exposé des motifs*; Locré, *Législat. civ.*, t. 4, p. 523, n° 64.

94. — L'autorisation est donc inutile à la femme mariée soit pour comparaître, soit pour donner procuration à l'effet d'être défendue devant un tribunal de simple police. — *Cass.*, 24 fév. 1809, Oriol et Barillon c. Baptisard; 20 janv. 1825 (int. de la loi), Mercier.

95. — L'autorisation est-elle nécessaire pour défendre à l'action civile? — Sous l'ancien droit, Dareau (*Traité des injures*, chap. 8, n° 2) posait en principe que, quand l'affaire est civilisée, c'est-à-dire que l'offensé prend la voie civile, il faut que le mari soit mis en cause pour autoriser sa femme, ou que, sur son refus, celle-ci soit autorisée par le juge. — *Parlem. Rouen*, 12 mai 1722.

96. — Plusieurs coutumes, qui, sur cette matière, formaient notre droit commun, portaient au contraire que la femme peut être *convenue pour injures*, sans l'autorisation de son mari. Or, ces termes comprennent tant la demande au civil que la plainte, et s'entendent de tous les délits commis par la femme contre quelqu'un. — Pothier, n° 65; Merlin, sect. 7e, n° 18.

97. — Aujourd'hui il faut distinguer: — 1° Si l'action est portée directement devant les tribunaux civils, l'autorisation est nécessaire. La femme, quoique poursuivie à l'occasion d'un crime ou d'un délit, n'est pas poursuivie en matière criminelle et de police. — Merlin, sect. 7e, n° 18; Zachariæ, t. 2, p. 325.

98. — 2° Si l'action a été formée accessoirement à la poursuite du ministère public, il est évident que l'accessoire suit le principal. Le juge valablement saisi, quant au délinquant, de l'action publique, est aussi valablement saisi à son égard de l'action civile. — Merlin et Zachariæ, *ibid.*

99. — 3° Si l'action est intentée, même par voie de citation directe, devant la police correctionnelle, l'autorisation est inutile, parce que la femme est alors poursuivie criminellement. L'action civile dépend tellement, dans ce cas, de l'action publique, qu'une condamnation à dommages-intérêts ne peut être prononcée qu'accessoirement à une condamnation pénale. — Merlin, *loc. cit.* — V. *contrà* Zachariæ, *loc. cit.*

100. — L'autorisation ne sera pas nécessaire pour défendre devant la cour d'assises à une demande en dommages-intérêts incidemment formée pour dénonciation calomnieuse. — *Cass.*, 31 mai 1816, Roger c. Colombe Moulin; — Vazeille, t. 2, n° 311; Zachariæ, *loc. cit.*; — V. *contrà* Merlin, *loc. cit.* — « C'était, dit-il, incidemment à un procès criminel, mais non pour raison criminelle, que la femme était poursuivie en dommages-intérêts. »

101. — Il n'y a pas nécessité d'accuser, comme il y a nécessité de se défendre. — Cependant plusieurs coutumes et de nombreux auteurs décidaient autrefois qu'au criminel la femme mariée n'avait pas plus besoin d'autorisation pour la demande que pour la défense. — Coutume de Poitou, tit. 8, art. 126; Orléans, art. 200; Paris, 23 avr. 1749. — V. aussi Pothier, nos 64 et 65; Merlin, sect. 7, no 18.

102. — Mais l'art. 216, C. civ., en n'exceptant que le cas où la femme est poursuivie, a laissé sous l'empire de la règle générale le cas où la femme poursuit elle-même la réparation d'une injure. — Delvincourt, t. 1er, p. 338; Duranton, no 454; Vazeille, t. 2, no 311; Berriat-Saint-Prix, t. 2, p. 665.

103. — Ainsi, dès qu'elle se porte demanderesse, la femme a besoin d'autorisation, fût-elle séparée de fait de son mari. — *Cass.*, 30 juin 1808, intérêt de la loi c. Hellot et Perant.

104. — Mais si la partie poursuivie et condamnée à la requête de la femme non autorisée n'a pas excipé du défaut d'autorisation, l'arrêt qui, sur le pourvoi du ministère public, casse par ce motif le jugement de condamnation, n'intervient que dans l'intérêt de la loi. — Même arrêt.

Sect. 4e. — *Autorisation du mari pour contracter et disposer.*

§ 1er. — *Cas où l'autorisation est nécessaire.*

105. — Sous nos anciennes coutumes, la femme mariée ne pouvait, sans autorisation, disposer ni contracter (V. nos 4 et suiv.)

106. — Il en était ainsi notamment sous la coutume d'Auxerre. — *Cass.*, 18 prair. an X, Fouinat c. Totillier.

107. — ... Et sous celle de Chaumont. — *Cass.*, 8 thermid. an X, Guienot c. Collas.

108. — C'est aussi le principe général de la législation actuelle, quoique ce principe admette de nombreuses exceptions. « La femme, même non commune ou séparée de biens, ne peut donner, aliéner, hypothéquer, acquérir à titre gratuit ou onéreux, sans le concours du mari dans l'acte ou son consentement par écrit. — C. civ., art. 217.

109. — La règle posée par l'art. 217 ne doit pas être restreinte aux actes qui s'y trouvent nominativement indiqués plutôt par forme d'exemple que dans une intention restrictive. Ainsi, la femme ne peut, sans autorisation, constituer sur ses immeubles les servitudes, effectuer ou recevoir un paiement, faire une renonciation, accepter un legs, une donation ou une succession, s'obliger envers des tiers, contracter enfin d'une manière quelconque. — C. civ., art. 776, 905, 934.

110. — Elle ne peut donc, sans autorisation, 1o vendre des objets mobiliers dépendant de la communauté. — C. civ., art. 1426 et 1427.

111. — ... 2o Ni s'engager sur ses biens paraphernaux ou en disposer, comme elle le pouvait autrefois en pays de droit écrit. — *Aix*, 25 juin 1824, Charve c. Vigne; *Limoges*, 22 juin 1828, Reyjolas; *Cass.*, 19 nov. 1832, de Belle c. Piot; — *contrà Bruxelles*, 25 août 1810, Latour Taxis c. Van Campenhout. — V. aussi *Turin*, 19 janvier 1810, Stroppo.

112. — ... 3o Ni acquérir à titre onéreux, lors même que les sommes employées à cette acquisition proviendraient des fruits de ses biens paraphernaux, à moins qu'il ne s'agît d'une acquisition utile à l'administration de ses biens.

113. — Jugé cependant, que la femme commune en biens, mais autorisée par son contrat de mariage à toucher partie de ses revenus sur ses simples quittances, a pu, sans l'intervention du mari, employer ces revenus en constitution viagère. — *Paris*, 7 mai 1816, Lecoup c. Breton.

114. — ... 4o Ni contracter une obligation qui, quoique souscrite en exécution d'une première obligation valable, serait d'une nature différente et plus onéreuse; par exemple, un engagement commercial en renouvellement d'un engagement civil. — *Cass.*, 26 juin 1839 (t. 2 1839, p. 12), Sanguier c. Villard.

115. — ... 5o Ni, fût-elle séparée de corps et de biens, donner l'usufruit d'un immeuble à antichrèse jusqu'au paiement de la créance, cette affectation pour un temps indéterminé étant une véritable aliénation immobilière.... Alors surtout qu'il en résulterait l'obligation de payer seule un legs mobilier dont elle ne devrait être tenue, comme légataire de l'usufruit que concurremment avec le légataire de la nu-propriété. — *Cass.*, 22 nov. 1841 (t. 1er 1842, p. 189), Cherel c. Duluc.

116. — ... 6o Ni, si elle est commune en biens, prendre à bail un appartement: de telle sorte que l'inexécution de ce bail ne pourrait entraîner contre elle aucuns dommages-intérêts. — *Cass.*, 25 juin 1842 (t. 2 1842, p. 608), de Nenchèze c. Leroy. — V. cependant no 223.

117. — ... 7o Ni prendre un engagement dramatique. — Vivien, *Code des Théâtres*, no 302.

118. — ... 8o Ni s'engager pour constituer une dot, même modique, à ses enfans. — C. civ., art. 1427. — Pothier, no 41; Merlin, sect. 7e, no 10.

119. — ... Ou pour tirer son mari, ses enfans ou elle-même, de prison. — Merlin, sect. 7e, nos 12, 13 et 14.

120. — ... 9o Ni consentir à l'exécution d'un legs qui, sous la coutume de Bourbonnais, léserait son institution. — *Riom*, 8 déc. 1819, Bourderie c. Dedouhet.

121. — ... 10o Ni enfin payer une dette avant l'échéance du terme: jusqu'à cette échéance, le mari pourrait agir en répétition contre le créancier. — Merlin, sect. 7, no 9. — V. cependant C. civ., art. 1238.

122. — L'autorisation est aussi nécessaire à la femme mariée pour acquiescer à une demande judiciaire intentée contre elle, ou à un jugement qui la condamne. — *Cass.*, 15 juill. 1807, Possel c. Ollevaere. — Vazeille, t. 2, no 304; Duranton, t. 2, no 453. — V. ACQUIESCEMENT, no 88, et *infrà* no 126.

123. — ... Ou pour se désister d'une demande par elle formée, et spécialement d'une demande en reddition de compte. — Même arrêt.

124. — ... Ou pour se désister d'un appel. — *Cass.*, 12 fév. 1828, Bellouche c. Delabrière. — V. DÉSISTEMENT.

125. — Dans tous ces cas, la femme a besoin de l'autorisation, parce qu'il s'agit d'aliéner un droit.

126. — Jugé, conformément à ce principe, que la femme, même séparée de corps et de biens peut former opposition au jugement qui valide les offres de sa dot à elle faites par son mari, quoiqu'elle ait acquiescé à ce jugement, si elle n'a pas été expressément autorisée par son mari ou par justice. — *Paris*, 16 mars 1839 (t. 1, 1839, p. 447), Alléon.

127. — Jugé aussi que l'autorisation de justice donnée à la femme dès la demande en séparation de corps pour la poursuite de ses droits et l'assignation du mari en validité d'offres, ne contient pas virtuellement l'autorisation nécessaire pour cet acquiescement. — Même arrêt. — V. *infrà* nos 502 et suiv.

128. — La femme non autorisée ne peut compromettre sur une action réelle immobilière (*Montpellier*, 17 juil. 1827, Bourrel c. Escollier) *secùs* sur les revenus de la communauté par elle comptés. — *Paris*, 3 juin 1808, Leleu c. Levit.

129. — ... Ni transiger sur une contestation relative à des biens dotaux. — *Cass.*, 12 févr. 1828, Bellouche c. Delabrière; — V. aussi (impl.) *Cass.*, 3 mai 1808, Deymes c. Piette.

130. — ... Ni prêter un serment décisoire. — *Angers*, 28 janv. 1825, Chanteau c. Poupart. — Pothier, *Obligations*, no 831. — V. aussi SERMENT.

131. — Si l'autorisation de plaider était émanée de justice, dans un cas où le mari ne pouvait valablement autoriser sa femme, c'est de justice seule que devrait émaner l'autorisation de se désister; par exemple, en matière de séparation de biens. — *Cass.*, 14 fév. 1810, Gouin.

132. — L'autorisation est nécessaire à la femme mariée, même pour les actes faits dans l'intérêt de son mari, soit que par ces actes elle s'oblige envers des tiers, soit qu'elle s'oblige envers le mari lui-même. — Mais l'autorisation maritale suffit-elle dans ce cas ou faut-il l'autorisation de justice?

133. — Sous l'ancienne jurisprudence, il était généralement admis que la maxime *nemo potest auctor esse in rem suam* n'était pas applicable au mari, et que l'autorisation maritale suffisait à la femme lors même qu'elle disposait ou contractait dans l'intérêt de son mari. — Cout. de Ponthieu, art. 47; Pothier, *Puissance maritale*, no 42; Merlin, sect. 6e, § 1er; — *Contrà* d'Argentré, sur l'art. 197, Cout. de Bretagne.

134. — Le Code civil établit comme principe l'autorisation maritale. Il ne fait aucune exception pour le cas où la femme contracte dans le seul intérêt du mari. Il suppose au contraire, dans les art. 1419 et 1431, qu'elle peut ainsi s'obliger sans avoir besoin de l'autorisation de justice. — Delvincourt, t. 1er, p. 159; Zachariæ, t. 2, p. 333.

135. — Décisions contraires: — *Turin*, 17 déc. 1808, Pansoja c. Viotti; *Toulouse*, 21 mai 1810, Rocolle c. Garac; *Agen*, 26 juill. 1810 et 25 août 1810, Gironde c. Chanut.

136. — Cependant on a fait une distinction qu'il est difficile d'adopter. — Duranton, t. 2, nos 471, 472 et 473; Vazeille, t. 2, no 306 et 354; Favard, t. 1er, p. 254 et 256.

137. — On a prétendu que l'autorisation du mari est suffisante, lorsque l'obligation est contractée par la femme envers des tiers, quoiqu'elle le soit dans l'intérêt du mari: *valet in suâ causâ*. — *Besançon*, 27 janv. 1807, N. c. Lagut; *Gênes*, 30 août 1811, Trenglia c. Sporez; *Cass.*, 13 oct. 1812, Tabassa c. Boussi; *Bordeaux*, 2 août 1813, Broussier c. Maisonneuve.

138. — ... Et lorsque l'aliénation des immeubles de la femme est consentie à des tiers, quoiqu'elle ait pour unique objet de tirer le mari de prison. — *Colmar*, 8 déc. 1812, Burghoffer c. Hau; *Cass.*, 8 nov. 1814, mêmes parties.

139. — Mais on a soutenu, d'un autre côté, que l'autorisation de justice est nécessaire, lorsque la femme s'oblige *directement et personnellement* envers son mari. — *Besançon*, 27 janv. 1807, N. c. Lagut; *Cass.*, 14 fév. 1810, Gouin; 13 oct. 1812, Tabassa. — V. aussi par anal. *Cass.*, 12 fév. 1811, int. de la loi.

140. — Cette distinction nous paraît contraire au texte comme à l'esprit de la loi. En effet, la loi n'exige en principe que l'autorisation maritale. Elle n'admet l'autorisation de justice qu'en cas de refus ou d'impossibilité du mari. L'art. 1595, C. civ., le décret du 17 mai 1809 permettent à la femme de vendre ses biens propres ou de constituer un majorat à son mari sans l'intervention des tribunaux. Enfin la femme ne court pas moins de danger lorsqu'elle traite avec des tiers dans l'intérêt de son mari que lorsqu'elle contracte directement avec son mari lui-même. — Ces considérations nous portent à penser que dans tous les cas l'autorisation du mari suffit, car elle remplit les exigences de la loi. — *Paris*, 12 déc. 1820, Oudet c. Ducrouzol; — Zachariæ, p. 333, no 38.

141. — Aussi a-t-on jugé que l'acquiescement donné par une femme avec l'autorisation du mari, à un jugement rendu contre elle au profit du mari lui-même est valable. — Il serait d'ailleurs rigoureusement vrai de dire qu'en pareil cas, la femme agit non seulement avec le concours de son mari, mais encore avec l'autorisation de la justice. Cet acquiescement est valable, alors surtout que le jugement ne statuait que sur des valeurs mobilières que la femme séparée de biens pouvait aliéner. — *Nîmes*, 9 févr. 1842 (t. 1er 1842, p. 424), Eymard.

142. — Suivant M. Zachariæ (*loc. cit.*), no 40, le mari autorise valablement sa femme à accepter le mandat qu'il lui confère. — Si, sous le régime de la communauté, la femme n'est pas tenue envers lui de toutes les obligations que l'acceptation d'un mandat impose au mandataire, ce n'est pas que l'autorisation maritale ait été suffisante pour l'engager; c'est parce que le mari ne peut se soustraire aux obligations que lui impose vis-à-vis de sa femme la qualité de chef de la communauté, ni la femme renoncer aux garanties que la loi lui donne à ce sujet.

143. — Le concours du mandataire du mari dans un acte consenti également par la femme de ce dernier, et qui leur est commun, n'a pas, en ce qui concerne l'autorisation nécessaire à la femme pour contracter, la même force que le concours de l'arrêt lui-même — Dès-lors l'acte est nul relativement à l'obligation de la femme, si elle y a figuré sans autorisation spéciale soit de son mari, soit du mandataire de ce dernier, à ce formellement autorisé. — *Cass.*, 19 avr. 1843 (t. 2 1843, p. 62), Millerand.

144. — Le mari a la faculté de révoquer l'autorisation par lui accordée aussi long-temps que l'affaire à l'occasion de laquelle il l'a donnée n'est pas entièrement consommée; mais la révocation ne peut jamais porter atteinte aux droits valablement acquis à des tiers.

145. — Le mari qui a, au moins tacitement autorisé sa femme à toucher les arrérages d'une rente que les père et mère de celle-ci lui ont constituée en dot, peut donc, en retirant cette autorisation, exiger que le paiement soit fait à lui directement. — *Rennes*, 26 août 1820, Delauzanne c. des Nétumières.

146. — Réciproquement, la femme qui a donné mandat à son mari de poursuivre une instance relative à ses droits immobiliers, peut, même pendant le cours de l'instance, révoquer ce mandat sans l'autorisation de son mari ou de la justice. Toutefois, la révocation ne fait cesser l'instance qu'en ce qui touche le fonds de propriété de la femme, l'instance peut être continuée par le mari en ce qui touche l'usufruit ou les revenus dont il a la jouissance comme mari. — *Caen*, 15 juill. 1824, Henzebrocq c. Lemonnier et Lemière.

147. — La caution d'une femme non autorisée de son mari n'a aucun recours contre ce dernier. — *Rennes*, 26 août 1820, de Lauzanne c. des Nétumières.

§ 2. — *Cas où l'autorisation n'est pas nécessaire.*

148. — Les exceptions au principe de l'autorisation maritale résultent d'abord de la nature de certains actes qui ne peuvent tomber sous la puis-

sance du mari et rester personnels à la femme.

149. — Ainsi la femme peut, sans l'autorisation du mari, prendre les mesures qui ont uniquement pour objet la conservation ou la sûreté de ses droits.

150. — ... Et, par exemple, requérir les transcriptions prescrites par les art. 171 et 939, C. civ. — Art. 940.

151. — ... Faire inscrire son hypothèque légale sur les biens du mari ou toutes autres hypothèques contre des tiers. — *Paris*, 31 août 1810, N... ; — Delvincourt, t. 1er, p. 156 ; Duranton, t. 2, n° 469, note 2e ; Berriat, t. 2, p. 667, n° 2.

152. — ... Faire un inventaire.

153. — ... Signifier, par le ministère d'huissier, des actes extrajudiciaires, qui ne mènent pas par eux-mêmes à un jugement. — Delvincourt, t. 1er, p. 332, note 8e.

154. — Ainsi, une femme peut, sans autorisation faire un protêt, et même une saisie-arrêt.

155. — Toutefois, comme l'art. 563, C. procéd., veut que l'opposition soit suivie dans la huitaine de la dénonciation au débiteur saisi avec assignation en validité, il est évident que cette assignation étant un acte judiciaire qui doit mener à un jugement, ne peut être donnée que par la femme valablement autorisée.

156. — Par la même raison, une femme, même séparée de biens, ne peut donc sans l'autorisation de son mari former une surenchère sur un immeuble qui lui est hypothéqué. La surenchère ne serait même pas validée par l'autorisation du mari donnée après les délais. — *Cass.*, 14 juin 1824, Assise-Deschamps c. Grasset ; — Merlin, *Répert.*, v° *Transcription*, § 5, n° 4 ; Grenier, *Hypoth.*, n° 459 ; Troplong, *Hypoth.*, n° 952.

157. — Jugé cependant que l'autorisation de surenchérir l'immeuble du mari résulte pour la femme du jugement qui prononce sa séparation de biens et qui l'autorise à poursuivre le recouvrement de ses reprises matrimoniales. — *Orléans*, 25 mars 1831, Trinquart.

158. — La femme peut aussi, sans autorisation, faire un testament ou le révoquer, parce que les dispositions testamentaires n'ayant d'effet qu'après la mort du testateur et par conséquent après la dissolution de l'union conjugale, ne peuvent porter aucune atteinte aux lois de cette union. — Art. 226, 905 alin. 2 ; — Toullier, n° 621 ; Delvincourt, t. 1er, p. 73, note 7e.

159. — Il en était autrement sous plusieurs coutumes, contraires en cela au droit romain (L. 22, ff., *De hæred. instit.*), et notamment sous les coutumes de Bourgogne et de Normandie. — *Cass.*, 19 janv. 1807, Brossard c. Belot. — V. *suprà* n°s 8 et 9.

160. — .. Et sous la coutume de Liége, à cause du droit de *mainplévie*. Le consentement du mari ne résultait pas de ce qu'il aurait fait un testament conçu dans les mêmes termes que celui de sa femme, le même jour et devant le même notaire, et ce consentement ne pouvait être prouvé par témoins. — *Bruxelles*, 30 juin 1818, Mineur c. Lebrun.

161. — Mais depuis la loi de niv. an II, la femme normande a pu faire, sans autorisation, un testament en faveur de son mari. — *Cass.*, 12 mai 1814, Chevreux.

162. — ... Ou de toute autre personne. — Duranton, t. 1er, n° 53 ; Proudhon, *État des personnes*, t. 1er, p. 16.

163. — D'après les lois anglaises, la femme ne peut, sans autorisation, disposer par testament de tout le mobilier qu'elle possède au jour du mariage ou qu'elle acquiert durant l'union conjugale, parce que ce mobilier devient en règle générale la propriété du mari. — La séparation volontaire des époux n'établit point de dérogation à cette règle. — La seule exception reconnue est relative au mobilier acheté par la femme avec les économies par elle faites sur la pension que lui aurait servie son mari, et ne s'étend pas au mobilier acheté avec les produits d'une profession qu'elle aurait exercée sans autorisation maritale. — *Douai*, 24 janv. 1840 (t. 2 1840, p. 246), Larkman c. Delaporte.

164. — Cette incapacité de la femme de disposer par testament sans l'autorisation de son mari, s'étend même aux *choses en action* dont ce dernier ne s'est pas mis en possession durant le mariage, et la seule différence qui existe entre les choses en action et celles qui ne le sont pas, c'est que le mari est saisi de plein droit de celles-ci tandis qu'à l'égard des autres, il doit faire tomber le testament et obtenir ensuite de la cour ecclésiastique des lettres d'administration de la succession de sa femme. — Même arrêt. — V. aussi Blackstone, t. 3, p. 531.

165. — Il ne faut pas conclure de la faculté de tester à celle de faire une institution contractuelle : instituer contractuellement, c'est aliéner, c'est frapper ses biens d'indisponibilité, c'est se lier pour l'avenir. — Delvincourt, t. 2, p. 423 ; Duranton, t. 9, n° 723. — *Contrà* Grenier, *Traité des donations*, n° 431.

166. — La femme peut aussi sans autorisation révoquer une donation entre vifs qu'elle aurait faite à son mari depuis le mariage. — C. civ., art. 1096. — Favard, v° *Don mutuel*, n° 2.

167. — ... Et retirer à son mari le mandat qu'elle lui aurait donné de poursuivre une instance relative à ses droits immobiliers, sauf au mari à continuer les poursuites pour l'usufruit ou les revenus dont il a la jouissance. — *Caen*, 15 juill. 1824, Henzebrocq c. Lemonnier.

168. — Elle peut encore, sans l'autorisation du mari ou de justice, exercer sur les enfans légitimes ou naturels qu'elle a eus d'un autre que son mari tous les droits de la puissance paternelle, et, par exemple, donner son consentement à leur mariage. — Merlin, *Répert.*, v° *Empêchement de mariage*, § 5, art. 2, n° 10.

169. — ... Leur accorder l'émancipation. — C. civ., art 378. — Rolland de Villargues, v° *Émancipation*, n° 9.

170. — ... Accepter pour eux une donation. — C. civ., art. 935. — Furgole, sur l'art. 7 de l'ord. 1731 ; Toullier, t. 2, n° 630 ; Proudhon, t. 1er, p. 267 ; Vazeille, t. 2, n° 69.

171. — ... Reconnaître un enfant naturel qu'elle aurait eu avant son mariage, de son mari ou de tout autre. — C. civ., art. 337.

172. — .. Écrire une lettre par laquelle elle semblerait reconnaître pour mère la personne à laquelle la lettre est adressée. — *Montpellier*, 11 avr. 1826, Gourral c. Clara.

173. — Il a même été jugé, sous la loi du 25 germin. an XI, que la femme mariée pouvait adopter sans l'autorisation de son mari. — *Cass.*, 13 déc. 1809, Vertamy c. Granet.

174. — Mais, sous le Code civil, nul époux, hors le cas de l'art. 366, ne peut adopter qu'avec le consentement de l'autre conjoint. — C. civ., art. 344 et 345. — Il en est de même relativement au contrat de tutelle officieuse. — Valette sur Proudhon, t. 1er, p. 459, note *a*.

175. — La femme ne peut être adoptée qu'avec le consentement du mari et, à son défaut, avec l'autorisation de justice. — Duranton, t. 3, n° 292. — V. ADOPTION.

176. — La nécessité de l'autorisation n'est imposée à la femme que quand elle agit en son nom personnel. — Ainsi la femme mariée peut être constituée mandataire et valablement exécuter dans l'intérêt de son commettant le mandat qu'elle a reçu sans l'autorisation de son mari, parce qu'en traitant pour et au nom d'autrui, elle ne s'oblige pas elle-même. — C. civ., art. 1990.

177. — Mais si le mandant vient à agir contre elle en vertu du mandat, elle pourra lui opposer l'exception résultant du droit d'autorisation. — La femme mariée peut recevoir un mandat, mais ne peut s'obliger par ce mandat. — V. MANDAT.

178. — Il y a encore exception au principe de l'autorisation maritale, pour toutes les obligations que la femme contracte sans convention expresse et sans aucun fait de sa part, mais par la seule force de la loi. — Pothier, n° 50 ; Toullier, n° 627 ; Marcadé, *loc. cit.*, t. 2, p. 262, n°s 2 et 3.

179. — Il ne faut donc pas dire que la femme est obligée par tout quasi-contrat, mais distinguer si le quasi-contrat résulte du propre fait de la femme ou s'il est indépendant de sa volonté.

180. — Dans le premier cas, l'autorisation maritale est nécessaire.

181. — Ainsi la femme n'est pas obligée, sans autorisation de son mari, 1° par l'acceptation d'une succession (C. civ., art. 776) ; — 2° par une gestion d'affaires d'autrui ou d'affaires communes ; — 3° par la réception d'un paiement non dû. — Pothier, n° 50 ; Duranton, n°s 497, 499 et 502 ; Zachariæ, p. 338, n° 19.

182. — A moins que ces faits ne constituent de sa part des délits ou quasi-délits ou n'aient en tout ou partie tourné à son profit. — Marcadé, t. 2, p. 262 et 263.

183. — Mais la femme peut, indépendamment de l'autorisation maritale, se trouver valablement obligée, lorsque l'obligation dérive de la loi, de l'équité naturelle ou du fait d'autrui.

184. — Telle est l'obligation de gérer une tutelle à laquelle la femme a été appelée, et de répondre soit du défaut de gestion, soit de la mauvaise administration de cette tutelle. — Zachariæ, n° 18. — *Contrà* Duranton, t. 2, n° 500.

185. — Telle est encore l'obligation imposée par le quasi-contrat de gestion d'affaires, à celui dont les affaires ont été utilement gérées, de remplir les engagemens que le gérant a contractés en son nom, de l'indemniser de tous les engagemens personnels qu'il a pris et de lui rembourser toutes les dépenses utiles ou nécessaires qu'il a faites. — C. civ., art. 1375. — Pothier, n° 50 ; Toullier, t. 11, n° 39 ; Zachariæ, n° 19 ; Marcadé, t. 2, p. 262 et 263.

186. — La femme est tenue au-delà même de ce dont elle a profité. — V. les auteurs cités au numéro précédent. — *Contrà* Delvincourt, t. 1er, p. 163 ; Duranton, t. 2, n° 497.

187. — Telle est enfin l'obligation naturelle de rembourser à autrui tout ce dont on a profité à son préjudice. Si donc la somme empruntée par la femme a été employée au paiement d'une dette légitime, le prêteur peut la réclamer non en vertu de l'acte du prêt qui est nul, faute d'autorisation, mais en vertu du principe d'équité naturelle qui ne permet pas qu'on s'enrichisse aux dépens d'autrui. — L. 206, ff., *De Reg. juris* ; C. civ., art. 1238, 1241 et 1312. — Pothier, n° 51 ; Merlin, sect. 7e, n° 8 ; Duranton, *ibid.* ; Toullier, t. 2, n° 628 ; Marcadé, *loc. cit.*

188. — La femme peut même s'obliger, sans autorisation, par son propre fait, lorsque ce fait constitue un délit ou même un quasi-délit. C'était une maxime constante sous l'ancienne jurisprudence. Elle résulte aujourd'hui des art. 216, 1310 et 1424 du C. civ. Mais le délit de la femme ne peut jamais porter atteinte aux droits du mari. — V. Pothier, n° 52 ; Merlin, sect. 7e, n° 18 ; Delvincourt, t. 1er, p. 162 ; Duranton, t. 2 n° 493 ; Toullier, t. 2, n° 625.

189. — Ainsi, la femme qui a aidé son mari dans des faits d'usure habituelle doit être condamnée comme sa complice, quoiqu'elle soit sous sa puissance et nonobstant les diverses dispositions du Code civil qui règlent la constitution civile de la société conjugale, mais qui ne sont pas applicables aux matières criminelles. — *Cass.*, 14 oct. 1826, Thévenin.

190. — Le principe de l'autorisation maritale peut être modifié, dans certaines limites, par les conventions matrimoniales.

191. — Ainsi, 1° la femme mariée sous le régime dotal n'a pas besoin de l'autorisation de son mari pour tous les actes relatifs à l'administration de ses biens paraphernaux. — C. civ., art. 1576 et suiv. — V. DOT.

192. — 2° La femme séparée de biens par contrat de mariage ou par jugement, conserve ou reprend l'administration de ses biens meubles et immeubles et la jouissance de ses revenus, et peut faire, sans autorisation de son mari, tous les actes relatifs à cette administration et à cette jouissance. — C. civ., art. 1536 et 1449. — V. SÉPARATION DE BIENS.

193. — 3° Il en est de même de la femme qui, en se mariant sous le régime de la communauté ou sous le régime exclusif de communauté, se réserve l'administration ou jouissance de tout ou partie de sa fortune. — V. COMMUNAUTÉ.

194. — Le principe peut encore être modifié par la volonté formelle ou présumée du mari, lorsqu'il donne à sa femme une procuration générale ou lorsqu'il l'autorise à faire un commerce séparé, ou même lorsqu'il ne s'oppose pas à ces actes d'administration domestique qui sont le partage naturel de la femme. — V. *infrà* n° 200.

195. — Ainsi la femme, si elle est marchande publique, peut, sans l'autorisation de son mari, s'obliger pour ce qui concerne son négoce. — C. civ., art. 220 ; C. comm., art. 5.

196. — Elle n'est pas réputée marchande publique, si elle ne fait que détailler les marchandises du commerce de son mari, mais seulement lorsqu'elle fait un commerce séparé. — C. civ., art. 220 ; C. comm., art. 5.

197. — Il ne suffit même pas qu'elle fasse un commerce séparé, il faut encore qu'elle le fasse avec l'autorisation de son mari. — C. comm., art. 5.

198. — Cette autorisation peut être expresse ou présumée : elle sera présumée lorsque le commerce aura été fait au vu et su du mari. — V. COMMERÇANT.

199. — Au surplus, le pouvoir accordé à la femme marchande publique est bien moins une dérogation au principe de la nécessité de l'autorisation maritale qu'au principe de la spécialité de cette autorisation.

200. — L'autorisation maritale n'est pas nécessaire pour les simples actes d'administration domestique. La femme agit comme mandataire de son mari et l'oblige sans s'obliger elle-même. Ce mandat tacite résulte de l'ordre que la nature même semble avoir établi pour l'administration intérieure de la famille. — Merlin, sect. 7e, § 7.

201. — Nos coutumes déclaraient nulles les obligations des femmes non autorisées. Cependant « obligation de la femme faite sans l'autorisation » du mari pour victuailles et provisions ordinaires » de la maison, pour marchandises de drap, linges » et autres étoffes servant à l'usage nécessaire et » ordinaire, est valable. » Cette règle, posée par

M. le président Lamoignon, dans ses arrêtés (tit. *De la communauté*, art. 69), était reproduite par tous les auteurs et consacrée par la jurisprudence des parlemens. — Merlin, sect. 7e, no 7; Pothier, no 49; Bouhier, *Cout. de Bourgogne*, ch. 19, no 98; Toullier, t. 12, no 265.

202. — Ainsi, la femme pouvait, sans l'autorisation de son mari, s'obliger pour tout ce qui était relatif à son entretien et à celui de la maison, pourvu que ces dépenses fussent proportionnées à son rang, à ses facultés. — *Cass.*, 7 nov. 1820, Stainville c. Bertin.

203. — Ainsi le parlement de Paris validait les engagemens souscrits par la femme soit pour argent à elle prêté et employé aux dépenses de la maison, soit pour l'habillement et la livrée de ses domestiques, quoique le mari prétendît lui avoir donné une somme annuelle pour ces objets. — Arrêté des 6 juin 1766 et 13 juill. 1781.

204. — Le parlement de Dijon ordonnait également contre le mari l'exécution de billets souscrits par la femme sans autorisation, lorsqu'ils avaient pour cause des dépenses de ménage. — Arrêts, 5 fév. 1582, 15 juin 1598, 4 juill. 1605, 1er juin 1682, 13 janv. 1788.

205. — Il en était de même au parlement de Flandres. — Arrêt, 29 fév. 1692.

206. — ... Et au parlement de Bretagne. — Arrêt 1591.

207. — Cependant des circonstances particulières motivaient quelques exceptions qui ont été admises par la jurisprudence moderne. — V. nos 218 et suiv.

208. — Aujourd'hui, comme alors, la règle générale est que la femme engage son mari pour les provisions qu'elle prend à crédit, dont elle règle les mémoires, pour lesquelles elle souscrit des obligations, lorsqu'elle agit pour l'administration de sa famille et de sa maison. — Toullier, t. 2, no 641, et t. 12, nos 261 et 267; Vazeille, t. 2, p. 76.

209. — Ce principe a souvent été appliqué par les tribunaux. — Ainsi, la femme, quoique non autorisée, peut, pour les fournitures qui lui ont été faites, obliger son mari, lorsqu'au vu et su de ce dernier elle est dans l'usage de pourvoir aux besoins du ménage et à l'entretien de la famille. — *Rennes*, 30 déc. 1818, C... c. B...

210. — ... Lorsque les dépenses ne sont pas excessives, qu'elles sont relatives à l'administration de la maison commune, et que la femme a toujours passé pour être chargée de cette administration. — *Rennes*, 11 déc. 1813, A... c. M.

211. — ... Et surtout lorsque le mari les a ratifiées en ne renvoyant pas les objets achetés, aussitôt qu'il en a eu connaissance, et en laissant payer des à-compte. — *Rennes*, 21 janv. 1814, D... c. C..

212. — Ainsi encore les billets souscrits par la femme en paiement de fournitures sont valables et obligent le mari et la communauté, lorsque ces fournitures ne sont pas excessives, qu'elles ont été faites de bonne foi pour l'entretien de la femme et des enfans et qu'à ce titre elles ont profité à la communauté et au mari chargés de cet entretien. *Cass.*, 14 fév. 1826, Caubotte c. Condom.

213. — Mais la femme ne s'engage pas elle-même, quand même ses reconnaissances et ses arrêtés de compte porteraient qu'elle s'est personnellement engagée. Cette obligation personnelle serait nulle pour défaut d'autorisation du mari. — Merlin, sect. 7e, no 7; Toullier, t. 2, no 642 et t. 12, no 273; Duranton, t. 2, no 485

214. — Les dépenses ainsi faites par la femme pendant l'existence et dans l'intérêt de la communauté doivent donc être admises au passif de cette communauté. — *Cass.*, 3 fév. 1830, Pontard.

215. — Et elles ne peuvent être réclamées de la femme renonçante, sous le prétexte qu'elles lui ont profité. — *Paris*, 21 avr. 1830, Montholon c. Angot. — Toullier, t. 12, no 273.

216. — Il en serait autrement des fournitures postérieures à la séparation de biens. — C. civ., art. 1448. — *Paris*, 21 avr. 1830, Montholon c. Angot. — V. SÉPARATION DE BIENS.

217. — Jugé que la femme qui a été dotée et qui depuis le divorce prononcé entre elle et son mari a payé de ses deniers des comptes de fournitures faites durant le mariage a le droit d'en répéter le montant contre lui. — *Nîmes*, 20 août 1807, Nogarède c. Coutel.

218. — La règle générale cesse toutes les fois que la présomption du mandat tacite sur lequel elle est fondée vient elle-même à cesser.

219. — Il ne suffirait pas que le mari alléguât ni même qu'il prouvât avoir donné à sa femme de quoi fournir aux dépenses du ménage : ces arrangemens domestiques ne sont pas opposables aux tiers : la présomption subsiste. — *Rennes*, 30 déc. 1813, C. c. B. — « S'il faut que quelqu'un souffre de » la mauvaise conduite d'une femme, en pareil » cas, il vaut mieux que ce soit le mari que le mar» chand qui a livré sa marchandise à la bonne » foi. » — Valin; sur l'art. 23, *cout. de la Rochelle*, no 16. — V. aussi Merlin, sect. 7e, no 7; Toullier, t. 12, no 271. — V. cependant Nouveau Denizart § 2, no 10; *Parlem. Paris*, 26 août 1724, Thibaut; 1er août 1727, Lambesc.

220. — Il ne suffirait pas que les époux n'eussent pas un ménage commun. L'absence du mari serait au contraire un nouveau motif de légitimer les dépenses faites par la femme, pendant cette absence, pour les besoins de la famille. — *Parlem. Dijon*, 5 fév. 1582; *Rennes*, 30 déc. 1818, C. c. B; — Toullier, t. 12, no 272.

221. — Ainsi, en cas d'absence du mari, la femme peut valablement s'obliger pour sommes modiques destinées à lui procurer des alimens. — *Paris*, 1er mai 1823, Hamelin c. de Tilly-Blaru.

222. — Elle peut obliger le mari, qui est allé s'établir en pays étranger, par quelques emprunts alimentaires. — *Paris*, 25 fév. 1826, Dreys c. Marlin.

223. — ... Le mari qui est en voyage, par la location d'un appartement nécessaire à sa famille. — *Bordeaux*, 29 mai 1838 (t. 2 1838, p. 570), Laborde c. Blanc.

224. — ... Le mari qui lui refuse le domicile conjugal, par des dépenses d'entretien, quoique ces dépenses n'aient pas été précédées d'une demande en pension alimentaire. — *Cass.*, 18 déc. 1830, Kenny.

225. — Mais si les époux, sans être séparés judiciairement, ne vivent pas ensemble et ont, soit d'un commun accord, soit par le fait de la femme, pris des habitations séparées, les obligations que la femme contracte même pour fournitures n'engagent ni le mari dont elle ne peut se dire alors la préposée, ni elle-même qui n'est pas valablement autorisée. — Nouveau Denizart, vo *Autorisation*, § 2, no 51; *Parlem. Paris*, 27 juill. 1761, Devilleroy; Toullier, t. 12, no 272.

226. — Ainsi, dans le cas où la femme a quitté le domicile conjugal sans motifs légitimes et bien que son mari n'ait exercé contre elle aucune poursuite et ne lui ait fait même aucune sommation de réintégrer le domicile conjugal, l'obligation par elle souscrite envers un tiers, est nulle, même pour dépenses de nourriture et d'entretien conformes à l'état et à la fortune des époux.

227. — Le billet souscrit par la femme mariée sous le régime dotal, sans autorisation du mari, est nul et ne peut obliger le mari, alors même qu'il aurait pour objet des alimens fournis à la femme, si ces alimens ont été pris hors du domicile conjugal. — Ce billet ne peut même servir de commencement de preuve par écrit contre le mari, à l'effet de prouver par témoins qu'il a profité de la valeur du billet. — *Grenoble*, 20 juill. 1824, Albert c. Thomé.

228. — Jugé cependant que les billets souscrits par la femme pour fournitures alimentaires sont obligatoires pour le mari, quoique les époux soient séparés de fait, et que la femme ait des revenus suffisans pour acquitter ces fournitures. — *Pau*, 19 juill. 1823, Caubotte c. Condom; *Cass.*, 14 fév. 1826, mêmes parties.

229. — La présomption du mandat cesse encore, et les dépenses faites par la femme n'obligent ni elle ni son mari : 1o lorsque ces dépenses sont excessives eu égard à la position et à la fortune des époux. « Mandataire n'oblige mandant que lorsqu'il se tient dans les limites de son mandat (L. 5, ff., *De inst. actione*). » — *Parlem. Dijon*, 1er juin 1682; 8 janv. 1693; — Bouhier, *sur Cout. Bourgogne*, ch. 19, no 98; Merlin, *loc. cit.*; Toullier, t. 12, no 275; Duranton, t. 14, no 450.

230. — Ainsi est nulle l'obligation souscrite par la femme mariée pour fournitures de pure fantaisie, hors de proportion avec la fortune des époux et dont le mari n'a pas profité. — *Rennes*, 11 déc. 1813, A. c. M.; *Rouen*, 27 déc. 1809, Capron c. Marie. — V. aussi (implic.) *Cass.*, 14 fév. 1826, Caubotte c. Condom.

231. — Les juges ont tout pouvoir d'apprécier les circonstances pour déterminer si l'obligation sort ou non des bornes d'une simple administration. — *Cass.*, 18 mars 1829, Chambon c. Vallade.

232. — 2o Lorsque le mari a fait défense aux marchands de rien fournir à crédit (L. 11, § 2, ff., *De instit. actione*). — *Parlem. Aix*, 11 avr. 1696; — *Rennes*, 11 déc. 1818, A... c. M...; *Pau*, 19 juill. 1823, Caubotte c. Condom (sous *Cass.*, 14 fév. 1826); — Duparc-Poullain, t. 5, p. 143; Valin, sur l'art. 23, Cout. de La Rochelle; Merlin, *loc. cit.*; Toullier, t. 12, no 270; Duranton, t. 14, no 250.

233. — 3o Lorsque les marchands ont laissé grossir leurs mémoires, sans en parler au mari (L. 5, ff., *De inst. act.*). — *Parlem. Dijon*, 1er juin 1682; 8 janv. 1693.

234. — 4o Enfin, s'ils se sont prêtés à quelque fraude, et s'ils ont favorisé les dépenses de la femme à l'insu du mari. — Toullier, t. 12, no 274; Duranton, t. 14, no 250.

235. — Dans tous les cas cependant, le mari serait non-recevable à demander la nullité des engagemens de sa femme, s'il les avait ratifiés, soit en payant des à-comptes, soit en ne renvoyant pas aux marchands les objets achetés, dès qu'il en a eu connaissance, soit en tirant un profit quelconque des faits ou des actes dont il demande la nullité. — *Rennes*, 21 janv. 1814, R... c. L...; — Merlin, *loc. cit.*; Toullier, t. 12, no 277; Duranton, t. 14, no 250.

236. — La femme serait également non-recevable à contester la validité des engagemens dont elle aurait profité (C. civ., art. 1312), si les nourritures et vêtemens avaient servi à la femme elle-même; l'équité demanderait qu'elle fût tenue de les acquitter en partie ou en totalité, jusqu'à la concurrence à laquelle il y aurait lieu de présumer qu'elle se les fût appropriés. — *Parlem. Dijon*, 30 juin 1672, et 8 janv. 1693; — Merlin, *loc. cit.*; Raviot, sur Perrier, quest. 249, no 11; Bouhier, ch. 19, nos 92 et 99.

237. — Cependant la femme renonçante ne serait pas tenue des fournitures alimentaires faites à la communauté, sous le prétexte qu'elles lui ont profité. — *Paris*, 21 avr. 1830, Montholon c. Angot.

238. — L'autorisation du mari, lorsqu'elle n'est pas expressément limitée, ne saurait être scindée de manière à valider une partie de la créance qui en est l'objet, et à rendre l'autre nulle. — *Rennes*, 21 janv. 1814, B... c. C...

239. — Les principes du mandat tacite s'appliquent nécessairement à la femme étrangère pour les dépenses alimentaires qu'elle est dans la nécessité de faire en France. — *Bruxelles*, 23 fév. 1808, Letour c. d'Hamirogen. — V. *suprà* no 4.

240. — Ainsi, la femme étrangère qui séjourne momentanément en France peut valablement s'obliger et ester en jugement sans l'autorisation de son mari, pour tout ce qui concerne ses alimens, et notamment son habitation. — Même arrêt.

241. — La femme étrangère, qui est établie en France, qui y administre ses biens et y possède des propriétés, est par cela seul censée autorisée par son mari à contracter, et celui-ci ne peut demander la nullité des obligations par elle souscrites sans autorisation expresse. — *Bruxelles*, 25 août 1810, de Latour-Taxis c. Vancampesthoul.

242. — La femme étrangère n'a pas besoin de l'autorisation de son mari ou de justice pour ester en jugement; cette autorisation n'est prescrite que pour les femmes françaises. — *Bruxelles*, 29 août 1811, Perdrisel c. Smith-Mosse.

Sect. 5e. — *Autorisation de justice. — Cas où elle est nécessaire.*

243. — Le droit d'autorisation, étant une des conséquences de la puissance maritale, est un droit personnel au mari, qui ne peut être ni transmis ni délégué à des tiers. Ainsi le mari ne pourrait charger un mandataire de donner ou de refuser à sa femme l'autorisation d'ester en justice ou de contracter. Tout au plus pourrait-il autoriser sa femme à souscrire un engagement ou à intenter un procès, à la condition qu'une personne désignée en reconnaîtrait l'utilité.

244. — Cependant il fallait prévoir, et la loi a prévu le cas où le mari ne pourrait ou ne voudrait pas accorder à sa femme une autorisation nécessaire. Alors la justice intervient, remplace le mari, et dans l'intérêt de la femme, des tiers et du mari lui-même, accorde ou refuse l'autorisation. — « Comme il n'y a, dit Portalis (*Exposé des motifs*), Locré (t. 4, p. 524, no 66), aucun pouvoir particulier qui ne soit soumis à la puissance publique, le magistrat peut intervenir pour réprimer les refus injustes du mari, et pour rétablir toutes choses dans l'état légitime. »

245. — L'autorisation de la justice est nécessaire à la femme, en cas de la part du mari : 1o de refus; — 2o d'absence; — 3o de minorité; — 4o d'interdiction; — 5o de nomination d'un conseil judiciaire; — 6o de condamnation à une peine afflictive ou infamante.

246. — 1o Le mari est libre d'accorder ou de refuser son autorisation. Mais la femme est admise à réclamer devant la justice contre son refus. — C. civ., art. 218. — Bouhier, ch. 17, *in fine*; — Merlin, sect. 8e, no 5.

247. — Le refus du mari ne peut être fondé sur ce que la femme refuse de réintégrer le domicile conjugal, alors même qu'elle y a été condamnée par un arrêt. — *Toulouse*, 23 fév. 1832, Anzies.

248. — Mais il serait valablement fondé sur ce que l'action que la femme veut intenter rejaillirait contre lui.

249.—2° Lorsqu'il y a absence déclarée ou même présumée du mari, la femme peut demander l'autorisation de justice.—C. civ., art. 222; C. procéd. civ., art. 863.

250. — Selon la plupart des auteurs, il n'est pas même nécessaire qu'il y ait absence, dans le sens légal du mot. L'éloignement du mari suffit, sauf à la justice à n'agir qu'avec la plus grande circonspection. — Pothier, § 3, n° 12; Merlin, sect. 7°, n° 1; Delvincourt, t. 1er, p. 340, n° 15; Toullier, t. 2, n° 651; Duranton, t. 2, n° 506.

251. — C'est ainsi que l'art. 222 avait été entendu au conseil d'état, lors de la discussion du Code civil. — Le premier consul avait demandé s'il suffisait que le mari ne fût pas présent à son domicile pour que l'autorisation de justice pût être obtenue du tribunal.

252. — Berlier répondit affirmativement et fit observer au surplus que le tribunal ne donnerait l'autorisation qu'en connaissance de cause.

253. — Tronchet ajouta qu'autrefois l'autorisation s'accordait sur simple requête; mais que les lieutenans civils d'Argouges et Angran avaient voulu qu'elle ne le fût qu'en connaissance de cause; que cette précaution sauvait tous les inconvéniens, et permettait de laisser subsister un usage nécessaire, car il était possible que, quoiqu'un mari ne fût pas éloigné, il y eût cependant tellement urgence que la femme n'eût pas le temps de prendre son autorisation. — Sur cette observation, l'article fut adopté.

254. — Toutefois cette doctrine a été contredite. On a soutenu que les articles 222 C. civ. et 863 C. procéd. ne sont applicables qu'en cas d'absence déclarée ou tout au moins présumée. Si l'existence du mari est certaine, mais que son éloignement le mette dans l'impossibilité d'agir, la femme pourra sans aucun doute s'adresser à la justice, mais en vertu de l'article 219 C. civ. et suivant les formes de l'art. 861 C. procéd. — De Moly, *Traité des absens*, nos 738 et 746; Zachariæ, t. 3, note 27°; Marcadé, t. 2, p. 273.

255. — Ainsi, bien que le mari soit momentanément éloigné de son domicile, la femme ne peut, sans que celui-ci ait été préalablement assigné pour donner ou refuser son autorisation, être autorisée par justice à ester en jugement. — *Colmar*, 31 juill. 1810, Richard c. Lévy.

256. — Jugé aussi que si le mari n'est ni déclaré, ni présumé absent, il doit être assigné à personne ou à domicile pour donner ou refuser son autorisation conformément aux art. 219 C. civ. et 861 C. procéd. Les formalités prescrites par les art. 222 C. civ. et 863 C. procéd., doivent lui rester étrangères. — *Cass.*, 15 mars 1837 (t. 1er 1837, p. 460), Langlois c. Renaud. — V. ABSENCE.

257. — Jugé au contraire qu'il suffit que le mari ne soit pas présent dans le lieu où la femme réside et où elle exerce ses droits pour que l'art. 222 fût applicable. — *Agen*, 31 juill. 1806, Frontgons c. Faulte.

258. — En cas d'absence, la femme n'a pas besoin d'une autorisation spéciale pour chaque acte d'administration. Une autorisation générale de justice suffit pour tous les actes de cette nature. Le jugement qui lui donne acte de son option pour sa continuation de communauté lui confère implicitement le pouvoir d'administrer les biens de la communauté et ses biens propres. — Talandier, *Des absens*, p. 60.

259. — Avant le Code, le mari mineur pouvait autoriser sa femme, tant pour ester en justice et aliéner que pour de simples actes d'administration. — *Paris*, 19 nov. 1810, Bergerat et Riquet c. Yver.

260. —...Sauf la rescision, en cas de lésion, de la part du mari mineur, soit qu'il eût simplement autorisé sa femme majeure. — *Parlem. Paris*, 21 av. 1707.

261. — ... Soit qu'il se fût obligé conjointement avec elle. — *Parlem. Paris*, 22 juin 1673, 19 av. 1717. — Merlin, *loc. cit.*, sect. 5, § 1er.

262. — Aujourd'hui le mari mineur est incapable d'autoriser sa femme à faire ce qu'il n'est pas capable de faire lui-même. — L'autorisation de justice a pour objet de suppléer à l'incapacité qui résulte de sa minorité.

263. — De là deux conséquences : — 1° L'autorisation de justice est inutile pour tous les actes qu'à raison de son émancipation le mari pourrait faire par lui-même et sans l'assistance d'un curateur. — Pothier, n° 29; Duparc-Poullain, t. 5, p. 153; Nouv. Denizart, v° *Autorisation*, § 31, n° 6; Delvincourt, t. 1er, p. 183; Toullier, t. 2, n° 653; Duranton, t. 2, n° 505; Vazeille, t. 2, n° 349.

264. — 2° Elle est inutile encore pour tous les actes que la femme pourrait faire sans l'autorisation du mari. — Ainsi la femme majeure, mariée sous le régime dotal ou de séparation de biens, n'a pas besoin d'une autorisation judiciaire pour les actes relatifs à la jouissance et à l'administration de ses paraphernaux, à l'aliénation de son mobilier, à la perception des capitaux qui lui sont propres. — C. civ., art. 1556 et 1449.

265. — La minorité de la femme modifie encore ces principes et rend applicables les règles relatives à l'émancipation. La femme mineure est émancipée par le mariage et a son mari pour curateur de plein droit. Si donc le mari est majeur, elle pourra faire, avec son autorisation, tout ce que peut faire le mineur émancipé avec l'assistance de son curateur et, par exemple, défendre à une action immobilière et même l'intenter. — *Paris*, 11 mars 1811, Mondran c. Gapharre. — Marcadé, t. 2, p. 280, n° 3.

266. — Si le mari est aussi mineur, elle pourra, avec son autorisation, agir seulement dans les limites de la capacité du mineur émancipé. Hors de ces limites, l'autorisation de justice devra suppléer celle du mari; l'intervention d'un curateur *ad hoc* et l'autorisation d'un conseil de famille, lorsqu'elle est requise, relèveront la femme de son incapacité. — Duranton, t. 2, n° 505; Marcadé, *loc. cit.*

267. — Dans tous ces cas, la justice n'ayant pour objet que de suppléer à l'incapacité qui résulte de la minorité du mari, les juges feront bien de ne statuer sur la demande de la femme que le mari entendu ou dûment appelé. — Toullier, t. 2, n° 653; Vazeille, t. 2, n° 348.

268. — Cependant la loi n'exige pas cette formalité. — C. procéd., art. 864. — Bioche, v° *Femme mariée*, n° 105.

269. — Remarquons que, quand le mari autorise sa femme, en tant que mineure, et comme lui servant de curateur, l'autorisation n'est valable que pour les actes passés avec les tiers, et non pour ceux qu'elle passerait avec lui-même. Alors, en effet, la femme est vraiment incapable, et elle a besoin, en outre de l'autorisation du mari, de l'assistance d'un tuteur *ad hoc*.

270. — 4° Si le mari est interdit, ou si, sans être interdit, il est retenu dans une maison d'aliénés, conformément à la loi du 30 juin 1838, la femme doit demander l'autorisation de justice pour les affaires excédant la simple administration. — C. civ., art. 222. — Toullier, t. 12, n° 308.

271. — Ainsi autorisée, elle peut exercer les actions qui lui sont personnelles, notamment demander le paiement d'une rente viagère à elle due par son père en vertu de son contrat de mariage et réclamer la remise au domicile conjugal des effets de la communauté, ainsi que le paiement d'une somme suffisante à l'entretien des enfans communs. Mais elle ne peut, si elle n'est pas tutrice de son mari, exercer les actions de la communauté. — *Rennes*, 3 fév. 1819, Lebastard c. Biet. — V. INTERDICTION.

272. — Le femme de l'interdit ne serait pas valablement autorisée par le tuteur de son mari, ni par son curateur; elle doit s'adresser à justice. — C. civ., art 222. — Bioche, n° 107.

273. — Mais il ne s'ensuit pas qu'une succession à elle échue ne puisse être partagée qu'en justice et non à l'amiable. Le partage en justice n'est nécessaire que si le mari interdit y est personnellement intéressé comme chef de la communauté dans laquelle tomberaient les fruits et revenus de cette succession. — *Paris*, 12 oct. 1836, Beaugrand.

274. — 5° Le mari pourvu d'un conseil judiciaire peut-il autoriser sa femme pour les actes de la nature de ceux qu'il ne pourrait faire qu'avec l'assistance de son conseil? — Trois opinions sur cette question.

275. — *Première opinion.* — Il peut autoriser, parce que la loi n'excepte que le mari interdit et que l'exception ne peut être étendue. — Duranton, t. 2, n° 506.

276. — *Deuxième opinion.* — Il peut autoriser, mais seulement avec l'assistance de son conseil. — *Paris*, 27 août 1833, Bonvalet c. Orsini.

277. — *Troisième opinion.* — Il ne peut accorder aucune autorisation, car il est incapable de transférer à sa femme une capacité qu'il n'a pas lui-même, et il n'appartient qu'à la justice d'autoriser la femme quand le mari est incapable de l'autoriser. — Zachariæ, t. 3, n° 33.

278. — Ainsi le mari qui ne peut plaider sans l'assistance d'un conseil judiciaire n'a pas capacité pour autoriser sa femme à ester en justice. — *Cass.*, 11 août 1840 (t. 2 1840, p. 455), Dubois-Beaulieu c. Guermond. — C'est à la justice que la femme doit s'adresser dans ce cas.

279. — 6° L'autorisation doit encore être demandée à la justice lorsque le mari est frappé d'une condamnation emportant peine afflictive ou même simplement infamante, encore qu'elle n'ait été prononcée que par contumace. — C. civ., art. 221.

280. — Le tribunat avait demandé que le mari condamné à une peine simplement *infamante* ne fût pas privé du droit d'autorisation; mais cette proposition ne fut pas accueillie. — V. Locré, t. 4, p. 459.

281. — Il en est de même, dans le cas d'une condamnation par contumace à la dégradation civique (argum. de l'art. 465, C. inst. crim.), quoique cette condamnation, lorsqu'elle est contradictoire, n'entraîne pas déchéance des droits qui découlent de la puissance maritale.

282. — Le mari n'est incapable d'autorisation que pendant la durée de la peine. On a dit à tort que l'infamie accompagnait le coupable pendant toute sa vie et que son incapacité ne cessait que par sa réhabilitation. Après l'expiration de sa peine, le mari reprend l'exercice de tous ses droits. — C. civ., art. 221; C. pén., 34. — Duranton, t. 2, n° 507; Vazeille, t. 2, n° 347; Bioche, n° 108. — *Contrà* Delvincourt, t. 1er, p. 164.

283. — Si la femme dont le mari a été condamné à une peine afflictive ou infamante ne requiert pas l'autorisation de la justice pour ester en jugement, la partie adverse doit la provoquer ou les juges l'ordonner d'office. — *Cass.*, 29 mars 1808, Ménager et Marchais c. Demeaux.

284. — L'autorisation de justice est encore nécessaire pour l'aliénation de l'immeuble dotal. — C. civ., art. 1558. — Mais cette autorisation n'a rien de commun avec celle que la justice est appelée à donner au lieu et place du mari. — *Riom*, 9 juill. 1810, Mioche c. Philippe.

285. — Il est de principe que les incapacités ne doivent pas être étendues. — Ainsi, 1° la faillite ne dépouille pas le mari du droit d'autorisation. — *Bordeaux*, 18 mars 1828, Biot c. Saumard; 21 déc. 1840 (t. 1er 1841, p. 351), Mendès c. Laroque. — V. FAILLITE.

286. — 2° L'intérêt qu'il a dans un acte ou dans un procès ne le prive pas du droit d'habiliter sa femme à cet acte ou à ce procès. — V. *suprà* nos 133 et suiv.

287. — ... A moins que le procès ne soit dirigé contre lui-même. — V. nos 66 et suiv.

Sect. 6°. — *Formes de l'autorisation maritale.*

§ 1er. — *Formes de l'autorisation pour ester en justice.*

288. — L'autorisation du mari est nécessaire à la femme qui paraît en justice, qu'elle y vienne comme demanderesse, comme défenderesse ou comme partie intervenante. — Mais quand doit-elle être donnée? comment doit-elle l'être? doit-elle être expresse ou tacite?

289. — L'autorisation, peut intervenir en tout état de cause, pourvu que ce soit avant le jugement définitif.

290. — Si la femme est demanderesse, le tribunal ne peut d'office ni sur les conclusions du défendeur, la déclarer non recevable, parce qu'elle procède sans autorisation. — Le défendeur a seulement le droit d'exiger que le mari soit appelé à donner son autorisation; car il a intérêt à n'accepter qu'une procédure régulière et un jugement valable. — Le tribunal, soit en première instance, soit en appel ou même en cassation, doit accorder alors un sursis pour régulariser la procédure par l'autorisation du mari ou, à son défaut, par celle de justice.

291. — Ainsi le défaut d'autorisation pour ester en justice, ne rend pas l'action de la femme non recevable. Seulement les tribunaux doivent surseoir, jusqu'à ce que l'autorisation ait été accordée. — *Cass.*, 11 août 1840 (t. 2 1840, p. 455), Dubois Beaulieu c. Guermont.

292. — Il en est de même en appel : la cour ne doit pas d'office déclarer la femme non recevable, mais surseoir jusqu'à l'expiration du délai qu'elle fixe pour obtenir l'autorisation. — *Bourges*, 17 nov. 1829, Dapremont c. Hérand; *Cass.*, 21 nov. 1832, Lavignesie c. Joyeux; 17 janv. 1838 (t. 2 1838, p. 193), Revel c. Faugier; *Paris*, 27 août 1840 (t. 2 1840, p. 743), Thomas c. Chiavaka.

293. — Il en est de même devant la cour de cassation. — *Cass.*, 21 germ. an XII, Ceran c. Castaing; 20 therm. an XII, Caplanc c. Cavatier; 12 oct. 1807, Desmaux c. Ménager.

294. — Jugé de même qu'est recevable le pourvoi formé par une femme plaidant contre son mari avant d'avoir obtenu l'autorisation d'ester en jugement, pourvu qu'elle rapporte cette autorisation dans le cours de l'instance, bien que postérieurement à l'arrêt d'admission et à la signification du mémoire en défense dans lequel le mari invoque la nullité résultant du défaut d'autorisation. — *Cass.*, 21 nov. 1843 (t. 1er 1844, p. 403), Levarlet.

295. — La décision est la même, quand c'est par voie de requête civile que la femme s'est pourvue. — *Florence*, 16 août 1810, Gorrini.

296. — Le délai ainsi accordé peut même dépasser celui d'appel et de pourvoi. — Bioche, nº 87. — Lorsqu'il est expiré, la demande, l'appel ou le pourvoi de la femme peut être rejeté, faute d'autorisation.

297. — Si l'autorisation intervient avant l'expiration du délai ou même avant le jugement, elle valide toute la procédure antérieure. — *Cass.*, 13 brum. an XIV, Royer; *Besançon*, 1er oct. 1810, Moulet c. Baveux; *Poitiers*, 14 mars 1828, Brunet c. Fouquet.

298. — La demande intentée par la femme sans autorisation, peut être régularisée après la mort du mari par assignation nouvelle. — *Nîmes*, 25 nov. 1819, Ducoingt c. Revoil.

299. — L'intervention du mari dans la procédure faite sur l'opposition formée par la femme à une sentence arbitrale, couvre la nullité de l'opposition. — *Rome*, 5 oct. 1810, Accoramboni.

300. — Il suffit à la femme procédant devant le conseil d'état d'indiquer le domicile de son mari et de justifier de son autorisation avant le prononcé de l'arrêt, pour empêcher son adversaire d'exciper de cette fin de non recevoir. — *Cons. d'état.*, 1er mars 1826. Paulée.

301. — Mais l'autorisation donnée en appel ne peut pas couvrir le vice de la procédure et du jugement de première instance rendu sans que l'autorisation ait eu lieu. — Ainsi le jugement de première instance doit être déclaré nul, sur la demande de la femme. Les juges d'appel ne peuvent surseoir dans ce cas, jusqu'à l'obtention de l'autorisation du mari ; puis, sur le refus de celui-ci, accorder eux-mêmes cette autorisation, et enfin confirmer purement et simplement la sentence des premiers juges. — *Cass.*, 15 juin 1842 (t. 2 1842, p. 608), Dessenchère c. Leroy.

302. — La nullité d'un acte d'appel interjeté par une femme mariée sans autorisation préalable peut être couverte par une autorisation postérieure avant toute contestation sur l'appel. — *Rennes*, 17 nov. 1819, Pougeolle c. Lamarzelle.

303. — Et même par une autorisation donnée seulement avant l'arrêt. — *Bourges*, 10 avr. 1812, Choquas c. Balandreau et les arrêts qui précèdent.

304. — Ainsi une femme séparée de biens qui, après avoir accepté une succession sans l'autorisation de son mari, a concouru à tous les actes et procédures faits entre les co-héritiers, se disant autorisée de justice, et a depuis reçu de son mari une autorisation en vertu de laquelle elle a continué de procéder, ne peut devant la cour, au moment des répliques, demander l'annulation de toutes les procédures, actes et partages auxquels elle a concouru, en soutenant n'avoir jamais été autorisée en justice. — *Rennes*, 6 juill. 1820, Manuel c. Gauchet.

305. — La demande en requête civile n'est pas non recevable faute d'autorisation maritale préalablement obtenue lorsque cette autorisation intervient dans le cours de l'instance. — *Florence*, 16 août 1810, Gorrini c. Gossini.

306. — Si la femme est défenderesse, c'est à la partie adverse à provoquer l'autorisation en assignant aussi le mari. — *Cass.*, 22 mars 1808, Ménager c. Desmeaux ; 5 août 1840 (t. 2 1840, p. 205), de Sainneville c. de Narbonne.

307. — En principe, l'assignation donnée soit en première instance, soit en appel, soit en cassation à la femme mariée est nulle, si le mari n'est pas aussi appelé en cause pour l'autoriser. — *Cass.*, 7 oct. 1811, François, c. Brichot ; 25 mars 1812, Enregistrement c. Lambert ; 14 juill. 1819, Mignot c. Marion. — Pothier, nº 55 ; Merlin, sect. 3e, § 4 ; Duranton, nº 460.

308. — ... Lors même que le mari figure devant la cour, comme appelant dans son intérêt personnel. — *Colmar*, 25 avr. 1817, Carbriston.

309. — Jugé aussi qu'on ne peut induire une autorisation implicite de la part du mari du fait qu'il aurait figuré dans l'instance comme défendeur, alors même qu'il se serait borné à s'en rapporter à justice. — *Cass.*, 21 janv. 1845 (t. 1er 1845, p. 202), Merle c. Dupiel.

310. — Mais cette nullité n'est pas radicale et peut être réparée par une assignation postérieure au mari. — *Cass.*, 5 août 1812, Genti c. Filleul Beaugé ; *Bordeaux*, 31 juill. 1833, Brivazac c. Page.

311. — En première instance, l'assignation peut être donnée au mari en tout état de cause.

312. — Mais, en appel, l'acte doit être signifié au mari avant l'expiration du délai d'appel. — *Colmar*, 25 avr. 1817, Carbriston ; *Aix*, 3 mai 1827, Sabatier c. Mousaille ; *Nîmes*, 16 janv. 1832, Guiane c. Richard ; *Agen*, 5 janv. 1832, Labro c. Garey. — V. par anal. *Cass.*, 17 nov. 1823, Clermont-Tonnerre c. Latour d'Auvergne.

313. — En cassation, l'assignation au mari devant la chambre civile doit être donnée dans les trois mois de l'arrêt d'admission. — *Cass.*, 7 oct. 1811, François c. Brichot ; 14 juill. 1819, Mignot c. Marion ; 29 nov. 1836 (t. 1er 1837, p. 131), Ramandié c. Dufour Lachaise.

314. — Il a cependant été jugé que l'appel signifié à la femme seule pouvait être régularisé par la mise en cause du mari postérieurement aux délais. — *Paris*, 13 août 1823, Soulet c. Colin.

315. — ... Et que la femme ne peut, sous prétexte du défaut de signification à son mari qui ne figure pas dans les qualités de la cause, invoquer la nullité de l'appel, surtout si elle s'est déclarée autorisée et a conclu à la confirmation de la sentence. — *Besançon*, 13 juill. 1808, Moul c. Martelet.

316. — Au surplus, il ne suffit pas que le mari soit appelé en cause, il faut que le jugement soit rendu avec lui.

317. — Ainsi, lorsque le mari d'une femme actionnée en justice a été mis en cause pour l'autoriser, le jugement, même par défaut, s'il n'est rendu que contre la femme, est nul. — *Paris*, 5 juin 1810, Collin c. Leclerc et Sauvage.

318. — La loi ne prescrit aucune forme d'autorisation. On admet donc l'autorisation tacite aussi bien que l'autorisation expresse : *eadem vis est taciti ac expressi*.

319. — L'autorisation expresse peut être donnée directement à la femme par le mari. — Elle résulte aussi du pouvoir que le mari donne à l'officier ministériel.

320. — Si la femme est défenderesse, c'est à la partie adverse à provoquer l'autorisation en assignant aussi le mari. — *Cass.*, 22 mars 1808, Ménager c. Desmeaux ; 5 août 1840 (t. 2 1840, p. 205), de Sainneville c. de Narbonne.

321. — Elle peut être constatée par acte sous seing-privé et même par lettre tout aussi bien que par acte authentique.

322. — Lorsque c'est par exploit que la femme ou les tiers la demandent au mari, l'huissier a qualité pour constater sur l'exploit même l'autorisation que le mari donnerait lors de la remise de l'assignation ou de la sommation à lui signifiée. — Mais l'huissier doit dans ce cas faire signer par le mari l'original et la copie ou mentionner le refus de signer et la cause de ce refus.

323. — La preuve de l'autorisation doit être faite par celui qui a intérêt à la validité du jugement.

324. — Ainsi, une femme mariée ne peut être regardée comme suffisamment autorisée, sur le seul fondement que dans tous les actes de la procédure ou dans des actes émanés d'elle, elle s'est dite autorisée de justice à défaut du mari. — *Parlem. de Paris*, 4 sept. 1704. — Merlin, sect. 6e, § 1er.

325. — ... Ou qu'elle s'est défendue en se qualifiant faussement de procuratrice de son mari. — *Cass.*, 16 juill. 1806, Dessou c. Pallier.

326. — Est donc nul le jugement ou l'arrêt rendu contre une femme mariée, alors que rien ne constate qu'elle ait été autorisée. — *Cass.*, 5 fév. 1817 ; Deségaux c. Roger ; 7 avr. 1819, Bribant c. Peramont.

327. — ... Quoique la qualité de *femme autorisée* lui ait été donnée par son avoué dans l'un des actes de la procédure. — *Colmar*, 19 avr. 1815, Eisben c. Mennel.

328. — ... Et même dans les qualités de l'arrêt. — *Cass.*, 5 août 1840 (t. 2 1840, p. 205), Sainneville c. Narbonne Pelet.

329. — Avant le Code, toutes les coutumes reconnaissaient la validité d'une autorisation tacite lorsqu'il s'agissait d'actes judiciaires, il suffisait que le mari et la femme procédassent conjointement pour que le premier fût censé avoir donné son autorisation (C. procéd., art. 224). — *Parlem. Paris*, juin 1603 ; 13 mai 1702 ; 28 juin 1714 ; *Parlem. Flandres*, 22 nov. 1696. — V. Merlin, *loc. cit.*, sect. 6e, nº 1er.

330. — Mais pour établir une autorisation tacite, il fallait qu'il existât une preuve légale du consentement du mari, à ce que sa femme intervînt dans la procédure. « On ne doit pas, dit le président Bouhier, tenir l'approbation du mari comme certaine, s'il n'a signé quelque acte de la cause ou donné pouvoir au procureur de poursuivre. Autrement cela pourrait être sujet à de grands inconvénients. » — *Parlem. Paris*, 4 sept. 1707 ; — Merlin, sect. 6e, § 1er.

331. — La femme est suffisamment autorisée à ester en justice, lorsqu'il est constant qu'elle n'a pas agi seule, mais avec le concours de son mari qui a correspondu avec l'avoué de sa femme, et qui lui a remis les pièces nécessaires à la défense de celle-ci. — *Caen*, 9 oct. 1815, de Gruel c. Fauvel.

332. — La femme est encore tacitement autorisée, par cela seul que sur l'action introduite par elle ou contre elle, son mari figure conjointement avec elle dans tous les actes de la procédure. Pourquoi le concours du mari, qui suffit à la validité d'une obligation, ne suffirait-il pas à la validité d'une instance ? — *Agen*, 20 pluv. an XII, Luberny c. Verdier ; *Cass.*, 26 frim. an XIII, Fayard c. Bonnet ; 22 avr. 1808, Fournier c. d'Acquin ; *Montpellier*, 2 janv. 1811, Rech c. Larut ; *Cass.*, 5 fév. 1817, Deségaux c. Roger ; *Toulouse*, 27 avr. 1820, Cazeaux c. Bosc ; *Bruxelles*, 5 janv. 1822, Buylant c. Buylant ; *Cass.*, 22 avril 1828, Lafont c. Boc ; 3 juin 1835, Leroy c. Desbassyns de Montbrun ; — Pothier, *Puiss. marit.*, nº 75 ; Renusson, *Communauté*, part. 1re, ch. 8, nº 12 ; Merlin, sect. 6e, § 1er.

333. — ... Alors même que les intérêts sont distincts. — *Cass.*, 10 juill. 1811, Colmet Durieu c. N... ; *Montpellier*, 14 juill. 1823, Ramon c. Gencé ; *Grenoble*, 21 fév. 1832, Trapet c. Brunaud.

334. — ... Mais, à plus forte raison, s'il s'agit d'un effet de communauté. — *Paris*, 16 nov. 1815, Bourdillon c. Gavaudan.

335. — Jugé cependant que l'appel d'un jugement rendu en faveur d'une femme mariée est nul, s'il n'a pas été signifié au mari, à l'effet d'autoriser son épouse, lors même que celui-ci figure devant la cour comme appelant du jugement dans son intérêt personnel. — *Colmar*, 25 avr. 1817, Carbriston c. N...

336. — ... Et que la femme ne peut pas sans autorisation de son mari ou de justice demander soit la distraction d'un immeuble compris dans une saisie immobilière faite sur son mari. — *Bordeaux*, 25 août 1810, Roborel c. Corneillac.

337. — ... Soit la nullité de poursuites d'expropriation dirigées contre elle et son mari à raison d'une dette à elle personnelle et sur un immeuble à elle propre. — *Cass.*, 18 nov. 1828, Planard c. Sarret.

338. — En effet, de ce que les poursuites sont dirigées tant contre le mari que contre la femme, il ne s'ensuit pas que le mari autorise sa femme à ester en jugement sur ces poursuites, s'il n'a pas fait défaut et s'il ne se rend pas comme elle partie agissante au procès. — *Cass.*, 18 nov. 1828, Planard c. Sarret.

339. — La femme est encore tacitement autorisée à ester en justice, lorsqu'elle y est appelée par son mari. — *Nancy*, 14 avr. 1811, Valvert ; *Colmar*, 14 janv. 1812, Netter ; *Paris*, 29 mars 1843 (t. 1er 1843, p. 487), Thinel ; — impl. *Cass.*, 24 fév. 1841 (t. 1er 1841, p. 543) Eymard ; — Delvincourt, t. 1er, p. 815 ; Duranton, t. 2, nº 467 ; Merlin, *ubi suprà*, sect. 6e, § 1er.

340. — Cette autorisation se continue, s'il interjette appel du jugement qui a statué sur la contestation, par la nécessité où il a placé sa femme de se défendre. — *Paris*, 29 mars 1843 (t. 1er 1843, p. 487), Thinel.

341. — Il a été jugé même, mais ceci est très contestable, que lorsque le mari forme opposition à un jugement par défaut obtenu par sa femme contre lui, cette opposition le constituant demandeur équivaut à une autorisation. — *Colmar*, 12 déc. 1816, Klein.

342. — En principe, l'autorisation donnée par le mari ne doit pas s'étendre d'un acte à un autre. — Ainsi, l'autorisation par lui donnée à sa femme de transiger sur des droits litigieux ne l'habilite pas à ester en justice sur l'exécution de la transaction. — *Parlem. de Paris*, 4 sept. 1704 ; — Merlin, sect. 6e, § 1er.

343. — L'autorisation de poursuivre sa séparation de biens ne l'autorise pas à exercer contre un tiers l'action en rescision pour lésion d'une vente faite par le mari. — *Paris*, 13 mars 1817, Bodin c. Bosquillon.

344. — L'autorisation donnée à la femme de former une demande ou de défendre à celle qui est dirigée contre elle, ne l'autorise pas, du moins en général, à attaquer ou à soutenir en appel le jugement rendu en première instance. — Delvincourt, t. 1er, p. 157 ; Duranton, nº 459.

345. — L'appel est une instance nouvelle. — *Aix*, 3 mai 1827, Sabatier c. Monsaille ; *Nîmes*, 16 janv. 1832, Guiane c. Richard ; *Cass.*, 5 août 1840 (t. 2 1840, p. 205), de Sainneville c. de Narbonne ; *Paris*, 27 avr. 1840 (t. 2 1840, p. 743), Thomas c. Chinraka ; *Bordeaux*, 24 fév. 1842 (t. 1er 1842, p. 661), Dubois c. Fourlons. — V. *contrà Bourges*, 17 nov. 1829, d'Apremont c. Saint-Hérand ; *Montpellier*, 1er mars 1825, Calmette c. Paule.

346. — Ainsi, de ce que le mari qui actionne sa femme est censé l'autoriser à se défendre, il ne résulte pas que la femme soit implicitement autorisée à interjeter appel contre son mari. — Cet appel, la constituant demanderesse, rend l'autorisation du mari ou, à son défaut, celle de la justice nécessaire. — *Cass.*, 24 fév. 1841 (t. 1er 1841, p. 548), Eymard. — *Contrà Colmar*, 14 janv. 1810, Netter.

347. — Et de ce que le mari a concouru à la procédure de première instance ne résulte pas pour la femme l'autorisation tacite d'interjeter appel du jugement auquel le mari a acquiescé. — *Bordeaux*, 13 juin 1828, Regonet c. Duguet.

348. — Une nouvelle autorisation est également nécessaire pour se pourvoir en cassation, ou même pour défendre à un pourvoi. — *Cass.*, 14 juill. 1810, Mignot c. Marion. — V. aussi (implic.) *Cass.*, 12 oct. 1807, Desmaux c. Ménager; 25 mars 1812, Enregist. c. Lambert. — V. enfin Delvincourt, t. 1er, p. 137 et 333; Duranton, t. 2, no 460.

349. — Il faudrait de même à la femme mariée une autorisation spéciale pour se pourvoir en requête civile. — Thomine-Desmazures, t. 2, no 1009; Bioche, no 113.

350. — Le mari qui n'est intervenu dans la cause que pour autoriser sa femme à opposer un moyen de nullité tiré du défaut d'autorisation n'est pas obligé par le fait de son intervention d'autoriser sa femme à plaider au fond. — *Colmar*, 2 mars 1810, Westerhold c. N...

351. — Cependant l'autorisation ne doit pas être judaïquement restreinte dans les termes de l'acte; elle s'étend virtuellement aux antécédens et aux suites nécessaires de l'affaire pour laquelle elle a été donnée. Qui veut la fin veut les moyens.

352. — Ainsi, l'autorisation du mari donnée à la femme pour former opposition au mariage de leur fille l'autorise à ester en jugement sur la demande en main-levée de cette opposition. — *Limoges*, 15 janv. 1823, Descombes.

353. — La femme autorisée à former une demande en justice est, par cela même, autorisée à tenter la conciliation préalable à l'introduction de cette demande. — *Cass.*, 3 mai 1808, Deymes c. Piette. — Merlin, *Rép.*, vo *Bureau de conciliation*, no 4.

354. — Une nouvelle autorisation ne deviendrait nécessaire que si la tentative de conciliation donnait naissance à une transaction.

355. — La femme, qui a été autorisée à plaider, est aussi censée l'être pour exécuter, même par des actes extrajudiciaires, le jugement qu'elle a obtenu. — *Parlem. Paris*, 28 avr. 1722; — Merlin, sect. 8, no 4.

356. — L'autorisation de procéder au partage et à la liquidation d'une succession entraîne pour la femme le droit de former toute action ayant pour objet la délivrance de la portion à elle afférente dans cette succession. — *Poitiers*, 28 fév. 1834, Mandineau.

357. — L'autorisation de poursuivre la licitation d'un immeuble emporte nécessairement celle d'en poursuivre la vente sur folle enchère. — *Cass.*, 20 juil. 1835, Leguedois c. Levivier.

358. — De l'autorisation donnée par le mari à sa femme, séparée de biens, pour régler les droits qu'elle a dans une succession, résulte l'autorisation suffisante pour reconnaître l'un des co-héritiers comme enfant légitime du défunt.

359. — La femme autorisée par son mari à se rendre adjudicataire sur expropriation forcée est, par cela même, autorisée à défendre à toutes les suites de l'adjudication et notamment à une demande en validité de surenchère. Le surenchérisseur n'est donc pas obligé d'appeler le mari en cause. — *Rouen*, 26 janv. 1839 (t. 1er 1841, p. 499), Barré c. Renault.

360. — L'autorisation générale donnée au tuteur d'une femme interdite d'agir contre les acquéreurs des biens du mari de cette femme suffit pour l'autoriser à former une surenchère au nom de celle-ci : il n'est pas besoin d'une autorisation spéciale pour la surenchère. — *Amiens*, 29 déc. 1825, Demarly c. Anciaux.

361. — La femme qui, dûment autorisée, a obtenu sa séparation de biens, peut, sans nouvelle autorisation, exercer toutes les actions relatives à la liquidation de ses droits. — *Bourges*, 13 août 1814, Anceau.

362. — Elle peut former une surenchère sur les immeubles vendus par son mari. — *Orléans*, 25 mars 1831, Trinquart c. Delafaire; *Bourges*, 25 août 1840 (t. 2, 1840, p. 654), Garsaut c. Delorme. — — V. aussi *Cass.*, 14 juin 1843 (t. 2 1843, p. 213), Garsault c. Delorme — *Contrà Cass*, 14 juin 1824, Assire-Deschamps c. Grasset. — Troplong, *Hypothèq.*, no 952; Toullier, t. 13, no 104; Duranton, t. 20, no 403; Zachariæ, t. 2, no 294, note 19e; Grenier, *Hypothèq.*, no 459; Merlin, *Répertoire*, vo *Transcription*, § 5, no 5. — V. aussi SURENCHÈRE.

363. — ..... Se présenter à l'ordre ouvert sur le prix de ces immeubles. — *Colmar*, 3 avr. 1816, Erhard c. N.; *Nîmes*, 12 juill. 1831, Latourfonduc c. Giscard.

364. — ... Et, à plus forte raison régler amiablement avec son mari ses reprises matrimoniales. — *Cass.*, 29 août 1827, Couturier c. Bellet; *Poitiers*, 1 mars 1830, Comnan Pasquier c. Rivière.

365. — La femme autorisée à interjeter appel n'a pas besoin d'une nouvelle autorisation pour former opposition à un arrêt par défaut rendu sur cet appel. — *Montpellier*, 6 mars 1828, Baile c. Blanc.

366. — La femme, qui a été spécialement autorisée par un acte authentique à intenter contre un tiers détenteur toutes actions relatives à ses biens personnels et à défendre à toutes celles qui seraient intentées contre elle pour le même objet, est par cela seul autorisée à défendre à un pourvoi en cassation, sans qu'il soit nécessaire de mettre le mari en cause. — *Cass.*, 2 août 1820, Aubry c. Bellot de Bussy.

367. — Lorsque la femme autorisée à ester en justice reconnaît la dette contre elle réclamée, son aveu fait foi contre elle. — *Cass.*, 22 avr. 1828, Lafonta c. Boc.

368. — Jugé que, lorsqu'à la suite d'une autorisation donnée à sa femme, le mari a été condamné solidairement avec elle au paiement d'une dette, il n'est pas besoin d'une nouvelle autorisation pour poursuivre l'expropriation des immeubles de la femme. — *Toulouse*, 27 déc. 1809, Suère c. Molinier-Fombelle. — V. cependant C. civ., art. 2208.

369. — Au surplus, lorsqu'un tribunal décide qu'une femme n'a pas été autorisée et que le contraire résulte des pièces du procès, l'erreur des juges peut donner ouverture à cassation. — *Cass.*, 2 mai 1815, Sombret c. Enregist.

§ 2. — *Formes de l'autorisation pour contracter et disposer.*

370. — L'autorisation nécessaire à la femme pour contracter peut accompagner ou précéder l'acte pour lequel elle est donnée. — C. civ., art. 217; Merlin, sect. 6, § 3; Toullier, no 645.

371. — Peut elle n'intervenir qu'après que l'obligation a été contractée? — Ce n'est plus alors une autorisation proprement dite, mais une ratification. — V. nos 647 et suiv.

372. — Il s'était établi dans la plupart des pays coutumiers une jurisprudence fondée sur de vaines subtilités, et d'après laquelle il ne suffisait pas que le mari intervînt dans l'acte avec sa femme, qu'il signât cet acte, ou même qu'il déclarât y consentir, s'il ne disait pas expressément qu'il autorisait sa femme à le passer. — *Besançon*, 13 nov. 1811, Arcelin c. Roch. — V. *contrà Agen*, 22 pluv. an XII, Hebray c. Verdier.

373. — Ainsi, dans le parlement de Paris, on tenait que l'autorisation pour contracter devait être expresse et formelle, tellement que rien ne pouvait y suppléer. Le mot d'*autorisation* était comme sacramentel. Pothier ne voyait que le mot *habiliter* qui pût équivaloir à celui d'*autoriser*. — Pothier, no 78; Merlin, sect. 6, § 1er; Acte de notoriété du Châtelet, 13 juin 1632. — Du reste, la jurisprudence était constante.

374. — Dans l'ancienne Alsace, l'intervention du mari dans l'acte n'équivalait pas à son consentement formel. — *Colmar*, 23 déc. 1809, Boodmann.

375. — Un engagement souscrit par la femme envers ses père et mère, avec le concours de son mari mais sans son autorisation formelle, était nul. — *Colmar*, 2 févr. 1822, Zimmermann c. Richard.

376. — Il en était de même dans la coutume de Bretagne. — Duparc-Poullain, sur l'art. 197; arrêts de mars 1727 et 21 mars 1643; — *Rennes*, 8 janv. 1813, Chefdubois.

377. — Mais il n'en était pas ainsi en Normandie (Basnage, sur l'art. 538); en Flandre (arrêt du 17 juin 1722); en Artois (*Parlem. Paris*, 14 mai 1709); en Bourgogne (*Parlem. Dijon*, 24 janv. 1583; 29 mars 1597; 21 mars 1674); en Franche-Comté (*Besançon*, 27 janv. 1807, N... c. Lagut)

378. — Mais le consentement du mari nécessaire à la femme pour aliéner ses immeubles pouvait n'être pas contenu dans le contrat même d'aliénation *in ipso actu*. Il pouvait être donné par acte séparé antérieurement à la vente. — Pothier, no 71.

379. — Ainsi jugé sous l'empire de la Coutume de Paris. — *Cass.*, 22 brum. an XII, Lecomte c. Mauperon.

380. — Aujourd'hui, l'autorisation de contracter peut être expresse ou tacite. Elle résulte du consentement par écrit, ou du concours du mari dans l'acte. — C. civ., art. 217; Merlin, sect. 6, § 1er; Toullier, nos 618 et 633.

381. — La validité de l'autorisation maritale n'est donc subordonnée qu'aux conditions requises pour la validité de tout consentement en général.

382. — L'autorisation expresse peut être écrite ou verbale. Mais, en général, la preuve testimoniale ne serait pas admissible pour établir une autorisation verbale, lors même qu'il s'agirait d'un acte d'une valeur inférieure à 150 fr., sauf les cas prévus par les art. 1347 et 1348, C. civ. — Zachariæ, p. 337, nos 50 et 51.

383. — L'autorisation peut être donnée par acte sous seing-privé, et même par lettre, dans le cas même où l'acte qu'il s'agit de passer devrait, pour sa validité, être constaté par acte authentique. La loi ne distingue pas. — Duranton, t. 2, no 446; Zachariæ, p. 337, no 52.

384. — Mais ne serait pas valablement obligée la femme qui, mineure et en puissance de mari, aurait souscrit des billets que le mari, faute de savoir signer, aurait seulement marqués d'une croix. — *Paris*, 13 juin 1807, Floral c. Huart-Leterte.

385. — C'est à celui qui se prévaut d'un acte émané d'une femme mariée à prouver qu'elle y a été autorisée. En vain la femme se serait dite autorisée, si l'autorisation n'était pas constatée soit par la signature du mari à l'acte qui en contiendrait l'énonciation, soit par un acte antérieur et séparé, cette énonciation ne ferait preuve ni contre le mari ni contre la femme elle-même. — *Cass.*, 16 juill. 1806, Desson c. Pallier; *Paris*, 2 janv. 1808, Lalande c. Lardi; — Merlin, sect. 6e, § 4.

386. — Lorsque la femme a été réellement autorisée, il n'est pas nécessaire qu'elle déclare agir en vertu de l'autorisation qui lui a été donnée. Il suffit qu'elle ait le consentement par écrit : l'art. 217 n'exige pas autre chose. — Duranton, t. 2, no 451; Zachariæ, p. 339. — *Contrà* Bourjon, t. 1er, p. 583; Lebrun, *Communauté*, sect. 4e, no 17; Pothier, no 74; Toullier, t. 2, no 647. — C'est la même chose, dit Toullier, qu'il n'existe pas d'acte d'autorisation ou que la femme n'en fasse pas usage.

387. — Sous l'ancien droit, quelques auteurs voulaient que l'acte d'autorisation fût annexé au contrat ou qu'il y eût minute : c'était, selon Bourjon, une pratique constante au Châtelet.

388. — Il fallait, selon Lebrun, que l'autorisation fût annexée à la minute du contrat, ou du moins qu'elle fût représentée dès qu'une discussion s'élevait sur la validité de ce contrat. — *Parlem. Paris*, 8 mars 1661.

389. — L'annexe ou le dépôt était même toujours nécessaire pour les donations entre-vifs à cause de leur irrévocabilité. — *Parlem. Paris*, oct. 1750; — Merlin, sect. 6e, § 1er.

390. — Aujourd'hui, le plus prudent est d'annexer à la minute du contrat ou de se faire remettre l'acte d'autorisation. La simple représentation de cet acte, en cas de contestation, pourrait suffire : mais il faudrait prouver qu'il n'est pas postérieur à l'obligation que la femme a contractée. — Toullier, no 646; Duranton, no 450.

391. — L'extrait des registres de l'enregistrement où l'acte d'autorisation aurait été transcrit ne dispenserait pas de produire l'acte lui-même : il serait insuffisant pour prouver son existence et sa validité. — Toullier, no 646; Duranton, t. 2, no 450.

392. — L'énonciation du notaire suffirait moins encore. Le notaire n'a pu attester, *propriis sensibus*, que le mari a autorisé sa femme, puisqu'on suppose que l'autorisation est antérieure à l'acte qu'il a reçu. — Duranton, no 450

393. — L'autorisation tacite est, d'après une présomption légale qui n'admet pas de preuve contraire, nécessairement attachée au concours du mari dans l'acte. — C. civ., art. 217. — Peu importe que par cet acte les intérêts des époux soient identiques ou opposés.

394. — La seule présence du mari ne constitue pas son concours dans le sens de l'art. 217, C. civ. Le mari n'est censé concourir à l'acte passé par la femme qu'autant qu'il figure comme partie dans cet acte. Il faut qu'il signe, et il serait trop dangereux, dit Bouhier, de s'en rapporter à la foi des notaires sur une chose d'une aussi grande conséquence.

395. — Une femme est suffisamment autorisée par la présence et la signature de son mari au contrat, encore que le mari s'y soit seulement qualifié de futur époux. — *Cass.*, 11 nov. 1828, Tintent c. Cezeprat.

396. — L'autorisation résulte de l'obligation solidairement ou conjointement contractée par les deux époux, encore bien que l'acte ne mentionne pas cette autorisation. — *Paris*, 1er oct. 1806, Duchauffour c. Sacquant; 10 déc. 1811, Languedoc c. Dupuis; *Rennes*, 14 déc. 1828, Cavelier c. Lucas; *Cass.*, 8 avr. 1829, Girard c. Samson.

397. — Il a même été jugé que la présence du mari à un compromis passé par sa femme devant le juge de paix sur une citation en conciliation, emportait consentement de sa part et le rendait non recevable à attaquer ce compromis, encore qu'il n'y eût pas apposé sa signature. — *Aix*, 29 nov. 1811, Gaulthier c. Latil.

398. — Le fait de la part du mari d'une femme qui a été autorisée par justice à aliéner ses biens dotaux, de signer le cahier des charges, de consentir le dépôt de ce cahier chez un notaire, de requérir la mise aux enchères et d'assister à l'adjudication, constitue une autorisation suffisante, alors même qu'il n'a pas signé le procès-verbal d'adjudication et qu'il a même refusé d'y donner

son adhésion. — *Grenoble*, 14 janv. 1830, Durand c. Martin.

399. — Le mari qui se porte fort pour sa femme est censé par cela seul l'autoriser à ratifier les actes pour lesquels il s'est porté fort. — *Liége*, 25 pluv. an XI, N...

400. — Une femme qui est présentée comme caution conjointement avec son mari, est présumée suffisamment autorisée, et a, par suite, capacité de s'obliger, tant qu'il n'est pas prouvé que le mari refuse de concourir au cautionnement. — *Bordeaux*, 20 août 1831, Magnon c. Valotte et Simiot.

401. — Les tribunaux peuvent en outre faire résulter une pareille autorisation de toute espèce de faits établissant d'une manière non équivoque l'approbation donnée par le mari aux affaires que la femme a traitées ; l'art. 217 ne doit pas être interprété d'une manière restrictive.

402. — Ainsi, par exemple, le mari qui tire une lettre de change sur sa femme l'autorise par cela même à l'accepter. — *Caen*, 2 août 1814, Lamotte c. Lacauve; *Paris*, 2 fév. 1830, Belon c. Montolé. — V. *contrà Paris*, 10 avril 1810, L... c. de Volder. — Merlin, sect. 6e, § 3, n° 2; Duranton, n° 518, note 2e ; Pardessus, *Contrat de change*, t. 1er, n° 44.

403. — Il suffit qu'au bas d'une lettre de change souscrite par le mari la femme ait signé un aval pour qu'elle soit réputée valablement autorisée, lorsqu'il apparait de toutes les circonstances que les lettres de change d'aval ont été créées en même temps. — *Riom*, 23 janv. 1829, de Giat c. Debord. — V. *contrà* Vazeille, t. 2, n° 336.

404. — Lorsqu'un acte enregistré, souscrit par la femme, énonce l'autorisation du mari et porte en outre la signature de ce dernier, il en résulte preuve suffisante que la femme a été autorisée lors de la passation de l'acte. — *Cass.*, 22 mars 1831, Durand c. Astier.

405. — L'autorisation nécessaire pour accepter une succession échue à la femme peut résulter de faits et actes communs à la femme et au mari, et par exemple de l'appréhension d'objets mobiliers de cette succession par la femme au vu et su du mari. — *Bourges*, 9 juill. 1831, Bernard c. Poitrenand.

406. — Mais il faut que l'autorisation préalable ou le concours à l'acte soit certain de la part du mari.

407. — Ainsi, lorsqu'au bas d'une lettre de change signée par le mari, sa femme a ajouté ces mots : *bon pour caution*, avec sa signature, ce cautionnement est nul à défaut du concours dûment justifié du mari. — *Riom*, 2 fév. 1810, Farges c. Dupit; *Limoges*, 26 mai 1821, Laborde c. Ribat; — Duranton, t. 2, n° 445.

408. — Lorsque la femme tire une lettre de change sur le mari, l'acceptation de celui-ci ne peut être considérée comme un concours à l'obligation de la femme et valider cette obligation. — *Paris*, 12 janv. 1815, Joly c. Renet; — Duranton, t. 2, n° 518 ; Persil, *L. de change*, art. 13, n° 4.

409. — L'autorisation du mari ne doit pas, en général, être étendue d'un acte à un autre.

410. — Ainsi, la femme autorisée à vendre un immeuble ne peut pas le donner sous forme de contrat onéreux. — *Pau*, 19 mars 1831, Soulé c. Capdestaing.

411. — La femme chargée par son mari de lui acheter un immeuble, ne peut valablement faire l'acquisition, tant pour elle que pour lui. — *Cass.*, 1er brum. an XIII, Grandjard c. Guichelet et Jeantet.

412. — Celle qui a reçu de son mari une procuration générale à l'effet de gérer ses affaires de commerce et autres, n'est point autorisée par cela même à cautionner le paiement de la dette d'un tiers. — *Bruxelles*, 13 fév. 1809, Fenenille c. Legrand.

413. — Celle qui fait un commerce avec son mari ne peut, sans l'autorisation de celui-ci, s'engager valablement comme séquestre judiciaire, qu'autant que le fait du séquestre se rattache à son commerce. — *Cass.*, 10 fév. 1840 (t. 1er 1840, p. 499), Contrib. indir. c. Rodier.

414. — Celle qui est autorisée à s'obliger moyennant des conditions déterminées, jusqu'à concurrence d'une certaine somme, n'a pas le droit de donner un aval de garantie sur un billet à ordre de cette somme. On ne peut pas dire que cet aval, alors surtout qu'il aggrave la position de la femme, n'est que l'exécution de l'obligation qui avait été autorisée. — *Cass.*, 26 juin 1839 (t. 2 1839, p. 12), Saugnier c. Villard.

415. — La femme qui a reçu de son mari le pouvoir de faire les fonds nécessaires à l'acquit des lettres de change par lui souscrites, n'est pas par cela seul autorisée à s'obliger personnellement au paiement. — *Paris*, 4 déc. 1813, Vanderoorde c. Vaugrineuse.

416. — Elle n'est pas, dans ce cas, engagée personnellement par l'acceptation mise par elle au bas des lettres de change, quoiqu'elle n'y ait pas mentionné la procuration du mari. — *Paris*, 10 avr. 1810, L. c. de Volder; *Bruxelles*, 10 fév. 1818, Mylas c. Coché.

417. — Celle qui gère le commerce de son mari, qui a l'habitude de signer des billets pour lui, sans faire aucun commerce pour son compte particulier, n'engage pas son mari en endossant un billet souscrit à l'ordre d'elle-même et qui n'avait pas pour cause le commerce du mari. — *Paris*, 23 août 1828, Bontrais c. Transon.

418. — Celle qui a reçu de son mari le pouvoir de vendre et hypothéquer leurs biens, traiter avec tous créanciers, emprunter toutes sommes et l'obliger conjointement et solidairement avec elle, ne peut non plus s'obliger personnellement au paiement, faute de spécialité dans l'autorisation du mari. — *Poitiers*, 5 pluv. an XIII, Cornilleau c. Gaillard et Bodin.

419. — Celle qui est autorisée à transiger, même par médiation d'arbitres, n'a pas, par cela seul, le pouvoir de compromettre. — *Aix*, 6 mai 1812, Rouf c. N... — V. par anal. *Cass.*, 15 janv. 1812, Michel c. N...

420. — ...Ni de proroger un compromis. — *Cass.*, 18 août 1819, Roger Priban c. Perrier.

421. — Cependant l'autorisation doit s'appliquer à toutes les suites naturelles et nécessaires de l'acte pour lequel elle a été donnée.

422. — Ainsi, la procuration donnée par le mari à sa femme, à l'effet de s'obliger solidairement avec lui envers un créancier et d'hypothéquer des biens à lui appartenant, habilite la femme à renoncer à son hypothèque légale sur ces mêmes biens. — *Nancy*, 24 janv. 1825, Delalance c. Allié.

423. — Le pouvoir général donné à la femme par le mari à l'effet de gérer ses affaires de commerce et autres autorise la femme à emprunter comme mandataire du mari. — *Douai*, 15 fév. 1814, Lecharlier c. Bourgeois.

424. — ...Et à céder un billet de change, une pareille cession équipllaent à un paiement en écus. — *Bruxelles*, 21 déc. 1809, Cellier c. Jacquemeyns.

425. — La procuration à l'effet d'administrer donnée par le mari à sa femme autorise celle-ci à former une action en paiement d'arrérages de rente et même à demander subsidiairement la résolution du bail à rente. — *Cass.*, 13 thermid. an VII, Droulin c. Gourdet.

426. — Celle à l'effet de consentir toutes obligations relatives à son commerce autorise la femme à souscrire un billet pour le montant d'un reliquat de compte. — *Cass.*, 8 juill. 1807, Saulon c. Gourdon.

427. — ... Mais toujours sans obligation personnelle de sa part. — *Cass.*, 8 thermid. an X, Guimot c. Collas.

428. — Ainsi encore la femme qui, de notoriété publique, gère depuis longues années le commerce de son mari, oblige celui-ci par les engagemens de commerce qu'elle souscrit. — *Cass.*, 25 janv. 1821, Quitteray c. Cangy, 2 avr. 1822, Boullanger c. Caron.

429. — Elle l'oblige également en vendant en gros les marchandises de son commerce, sans l'obliger personnellement elle-même. — *Poitiers*, 14 mai 1823, Darbez c. Aubin.

430. — Mais la femme qui ne fait pas un commerce séparé ne peut, en son propre nom, obliger son mari que si elle a été instituée et commise par lui pour gérer une partie de ses opérations. Alors seulement, elle aurait le droit de l'obliger pour tous les actes concernant sa gestion. — *Bruxelles*, 12 vent. an XII, Blondeau c. Caroly.

431. — Bien que des ventes d'immeubles faites avec autorisation de justice pour payer ses dettes par une femme séparée de corps et de biens excèdent ces dettes, le tribunal peut les maintenir, malgré la demande contraire du mari, si elles sont avantageuses à la femme et augmentent ses moyens d'existence. Mais le mari, quoique séparé, étant obligé à des alimens envers sa femme, a le droit de demander que les fonds excédant les dettes payées soient placés de manière à en prévenir la dissipation. — *Angers*, 6 mars 1828, Rousseau c. F.

Sect. 7e. — *Formes de l'autorisation de justice pour ester en justice et pour contracter. — Compétence.*

432. — Lorsque le mari refuse à sa femme l'autorisation de contracter ou d'ester en justice, c'est à la justice que la femme doit s'adresser. — C. civ. art. 218, 219.

433. — L'autorisation ne peut émaner d'un seul juge, ni même du président du tribunal. Elle doit, à peine de nullité, être donnée par le tribunal même. — Merlin, sect. 8, n° 2 *ter*.

434. — Jugé qu'un seul juge ne peut, à peine de nullité, donner à la femme l'autorisation dont elle a besoin pour provoquer la nomination d'un tuteur à l'interdiction de son mari. — *Bordeaux*, 14 avr. 1806, Damirer.

435. — Cependant il y a exception à cette règle, en matière de séparation de corps. Dans ce cas, l'autorisation est donnée par le président seul. — — C. procéd., art. 865 et 878. — V. SÉPARATION DE CORPS.

436. — Lorsqu'il s'agit d'ester en justice, il faut distinguer si la femme est défenderesse ou demanderesse, ou bien intervenante.

437. — Lorsque la femme veut introduire une demande ou intervenir dans une instance déjà formée, elle doit, avant tout, requérir l'autorisation de son mari par une sommation. — C. procéd., art. 861.

438. — La sommation doit-elle contenir un délai? — Le Code ne le dit pas, mais le bon sens l'exige; ainsi, la femme doit laisser un certain délai à son mari pour se décider.

439. — Suivant Demiau (p. 589), dans le silence de la loi, le délai doit être arbitraire. — Carré ajoute qu'il ne peut être de moins de vingt-quatre heures. — *Lois de la procéd.*, t. 6, n° 2918.

440. — M. Chauveau sur Carré (t. 6, n° 2918) est d'avis qu'il n'y a aucun délai de rigueur. « C'est au président, dit-il, à qui la requête afin d'autorisation est présentée, de voir s'il a été donné assez de temps au mari pour que son silence doive être considéré comme un refus ou tout au moins un défaut de consentement; or un délai de vingt-quatre heures, suffisant à peine pour constater matériellement l'autorisation, devrait en général être considéré comme trop restreint, à moins qu'il ne s'agisse d'affaires sans importance, ou que les circonstances particulières de la cause n'établissent déjà la mauvaise volonté du mari. »

441. — Dans la pratique, la sommation au mari ne lui donne qu'un délai de vingt-quatre heures ; mais il est rare que la requête soit présentée dans un délai aussi court.

442. — Lorsque la signification est faite au mari en personne, l'huissier constate sa réponse dans la sommation même ou dans un acte à la suite; le mari signe ou déclare qu'il ne le peut. — Carré et Chauveau, t. 6, n° 2919. — Son silence équivaut à un refus.

443. — Si la sommation est faite à domicile, le mari donne l'autorisation par acte authentique ou sous seing-privé séparé. — Il peut aussi (et suivant Carré, n° 2919, c'est la marche la plus simple), s'il consent à autoriser sa femme et s'il sait signer, apposer sa signature sur l'original et la copie de l'exploit introductif d'instance dans les qualités duquel l'huissier a soin alors de le faire figurer.

444. — En cas de silence ou de refus du mari, la femme présente requête au président du tribunal et joint à sa requête la sommation qu'elle a faite, conformément à l'art. 861. — Bioche, n° 121.

445. — La requête doit exposer les motifs sur lesquels la femme se fonde pour obtenir l'autorisation; mais ce n'est pas une formalité dont l'inobservation entraîne nullité. — Pigeau, t. 1, p. 85; Chauveau et Carré, t. 6, n° 2920.

446. — Il n'est pas nécessaire que la requête contienne constitution d'avoué, le ministère des avoués n'étant pas de rigueur dans cette procédure. — Carré et Chauveau, n° 2922; Chauveau sur Carré, n° 2920 ; Thomine-Desmazures, t. 2, p. 467, 2e alin. ; Demiau, p. 539 et 540 ; Bioche, n° 122.

447. — Sur la requête de la femme, le président rend une ordonnance portant permission d'assigner le mari à jour fixe devant la chambre du conseil pour déduire les causes de son refus. — — C. procéd., art. 86.

448. — Quoique la loi ne prescrive pas les formalités dont il est question dans les art. 86 et suiv., C. procéd., à peine de nullité, cependant, si la procédure est irrégulière, les tribunaux ont certainement le droit de n'y avoir aucun égard.

449. — Ainsi, par exemple, nul doute que le président ne puisse refuser de répondre à la requête de la femme, lorsqu'elle ne lui justifie pas de la sommation préalable adressée au mari, ou au moins de son refus dûment constaté.

450. — Jugé, en conséquence, que la femme ne peut s'adresser aux tribunaux, et les tribunaux autoriser la femme, qu'après la mise en demeure du mari, sa comparution devant la chambre du

conseil ou son refus d'y comparaître. — *Aix*, 9 janv. 1810, Michel; *Toulouse*, 18 août 1827, Delhom c. Caillan-Dordac.

451. — ..... Que la femme ne peut, sans avoir accompli les formalités que la loi prescrit, demander ni obtenir l'autorisation de justice au commencement des plaidoiries. — *Rennes*, 24 nov. 1819, Pougeolle c. Roullier.

452. — On a jugé cependant, mais cette décision est très contestable, que la sommation et la citation préalables ne sont pas nécessaires lorsque, le mari étant déjà dans la cause, la femme a conclu incidemment à être autorisée par justice. Le silence du mari doit alors être considéré comme un refus de motiver l'autorisation de la justice. — *Rennes*, 13 fév. 1818, Pougeolle c. Lamarzelle.

453. — Jugé aussi qu'il suffit que le mari, dûment assigné au principal, ne comparaisse pas, pour que le tribunal saisi de la demande de la femme accorde incidemment à celle-ci l'autorisation d'ester en jugement. — *Cass.*, 5 août 1840 (t. 2 1840, p. 205), Sainneville c. Narbonne Pelet.

454. — Il a été jugé encore que le mari d'une femme autorisée par justice à plaider en séparation de corps, ne peut appeler du jugement d'autorisation, sous le prétexte que la sommation préalable ne lui a pas été faite lorsqu'il a déclaré, par l'organe de son avoué, ne pas s'opposer à la demande de sa femme afin d'autorisation. — *Agen*, 21 janv. 1806, Saubour c. Couture. — V. aussi *infrà* n° 470.

455. — Devant quel tribunal la demande en autorisation peut-elle être portée? Elle doit être formée par la femme devant le tribunal du domicile du mari, lors même que le procès à intenter est de la compétence d'un autre tribunal. On le jugeait ainsi avant le Code, et il doit en être de même aujourd'hui, parce qu'il s'agit d'une demande principale qui, par sa nature, doit être portée devant le juge de celui contre lequel elle est dirigée. — Merlin, sect. 8, n° 7; Toullier, t. 2 et 3; Proudhon, t. 1, p. 270; Chauveau et Carré, t. 6, n° 2909.

456. — Il doit en être ainsi, lors même que la femme demande l'autorisation d'interjeter appel ou de se pourvoir en cassation. La cour de Cassation doit donc surseoir à statuer sur le pourvoi formé par une femme mariée jusqu'à ce qu'elle ait rapporté l'autorisation de son mari ou, à son refus, celle du tribunal civil d'arrondissement de son domicile. — *Cass.*, 21 germ. an XII, Uzan c. F. Castaing.

457. — Jugé de même que la demande en autorisation maritale, bien que formée par la femme dans une instance dirigée contre elle à l'occasion d'une demande reconventionnelle de sa part, doit être portée non devant le tribunal saisi de cette double action, mais par voie d'instance principale devant le domicile du mari. — *Cass.*, 24 avr. 1843 (t. 1 1843, p. 690), Lefèvre.

458. — Jugé cependant qu'il n'en est ainsi que lorsque l'autorisation forme l'objet d'une demande principale. Ainsi, la femme demanderesse peut s'adresser incidemment au tribunal saisi de sa demande lorsque le mari est en cause et ne comparaît pas, quoique régulièrement assigné. — *Cass.*, 5 août 1840 (t. 2 1840, p. 205), Sainneville c. Narbonne Pelet.

459. — La cour royale peut, en annulant un jugement qui a déclaré que la femme n'avait pas besoin d'autorisation pour ester en justice, donner cette autorisation par son arrêt, s'il résulte des faits preuve du refus du mari d'autoriser l'action de la femme contre lui-même. — *Turin*, 20 mess. an XIII, Simondi.

460. — Remarquez que c'est lorsque la femme est demanderesse ou intervenante qu'il y a nécessité de suivre les formalités prescrites par l'art. 861, C. procéd., et de s'adresser au tribunal du domicile de son mari. Lorsqu'au contraire la femme est défenderesse, et que sa partie adverse a, dans l'exploit d'assignation, sommé son mari de donner l'autorisation ou de l'assister dans l'instance, dans ce cas, la permission de plaider ne pouvant pas être refusée et n'étant plus qu'une simple formalité, l'autorisation peut être donnée par le tribunal saisi. — Chauveau sur Carré, t. 6, n° 2909; Merlin, sect. 8, n° 7.

461. — ... Alors même qu'il serait tribunal d'exception. — Merlin, sect. 8, n° 7; Duranton, t. 2, n° 466; Vazeille, n° 344.

462. — Ainsi, dans ce cas, l'autorisation pourrait être donnée par le tribunal de commerce, s'il s'agit d'une affaire commerciale. — *Colmar*, 31 juil. 1810, Richard c. Lévy; *Bruxelles*, 29 août 1811, Perdrisset c. Smith; *Cass.*, 17 août 1813, Caron c. Roussel. — Chauveau sur Carré, t. 6, n° 2910 *bis*; Favard de Langlade, t. 1, p. 55; Berriat, t. 2, p. 666, note 8.

AUTORISATION DE FEMME MARIÉE.

463. — ... Par le juge de paix, quand il s'agit d'une affaire de sa compétence.

464. — Mais un juge de paix ne peut autoriser une femme qui comparaît en conciliation à compromettre ni à plaider sur l'action dirigée contre elle. — *Montpellier*, 17 juil. 1827, Bonnel c. Escollier. — Dans ce cas, il n'est pas juge, il n'est que conciliateur.

465. — Jugé aussi que le président ne peut, en référé, autoriser la femme, contre la volonté de son mari, à vendre partie de son mobilier et à transporter le surplus dans un domicile par elle choisi. — *Paris*, 19 oct. 1836, Laurence.

466. — Ce que nous avons dit des tribunaux de commerce et des tribunaux de paix, il faut l'appliquer aussi aux cours royales et à la cour de cassation.

467. — Ainsi, lorsque le mari ne comparaît pas sur l'assignation à lui donnée devant la cour de cassation pour autoriser sa femme à défendre à un pourvoi formé contre elle, la cour peut autoriser la femme à procéder, même sur une demande par elle formée en déchéance du pourvoi. — *Cass.*, 14 juil. 1819, Mignot c. Marion.

468. — Remarquez que si, quoique défenderesse la femme provoquait l'autorisation du mari, sa position serait semblable à celle qu'elle aurait comme demanderesse au principal, en ce qui concernerait la procédure à suivre en pareil cas.

469. — Mais dans cette position de défenderesse, la femme peut jouer un rôle purement passif et laisser au demandeur le soin de provoquer l'autorisation, en assignant le mari conjointement avec la femme, sans sommation ni requête préalables. — Duranton, t. 2, n° 466; Chauveau et Carré, t. 6, n° 2911.

470. — L'autorisation de justice peut intervenir en tout état de cause. Il n'est pas nécessaire qu'elle précède sa demande. — *Cass.*, 13 brum. an XIV, Royer.

471. — L'autorisation peut-elle être accordée par le jugement ou l'arrêt qui statue au fond? — On a dit que conclure en justice c'est former un véritable contrat judiciaire, et que la femme est inhabile à ce contrat tant qu'elle n'y est pas autorisée; qu'il faut donc autoriser la femme par un premier jugement avant qu'elle puisse conclure et se défendre. — Mais la femme défenderesse n'a pas besoin, comme celle qui intente une action, d'une autorisation préalable. Il suffit que la justice l'ait admise à se défendre, et que le jugement qui statue sur le fond du procès fasse d'abord mention de l'autorisation accordée.

472. — Ainsi l'arrêt même qui, sur la demande de la femme, annulle un jugement rendu contre elle pour défaut d'autorisation, peut lui donner cette autorisation. — *Bordeaux*, 25 août 1810, Reboul c. Conceillant.

473. — Lorsqu'une femme, assignée conjointement avec son mari a toujours fait défaut, l'autorisation que lui donne le tribunal lors du jugement définitif suffit pour valider les actes de la procédure antérieure, alors qu'ils ne constituent que des erremens de pure instruction non susceptibles de porter préjudice à la femme. — *Cass.*, 17 déc. 1834, Page c. Brivazac.

474. — L'autorisation peut ne pas être préalable à l'instruction et n'être donnée que par le jugement qui statue sur le fond même du procès; — alors même que le seul fait de la défense devrait faire encourir à la femme l'application d'une clause pénale qui la priverait de partie d'une succession qui devait lui être dotale. — *Cass.*, 16 janv. 1838 (t. 1er 1838, p. 543), Berland et Lapoirière c. Mansat. — V. cependant *Rennes*, 24 nov. 1819, Pougeolle c. Roullier.

475. — Lorsqu'il s'agit de contracter, si le mari refuse son autorisation, la femme peut le faire citer directement devant le tribunal de première instance. — C. civ., 219.

476. — Le refus du mari n'a pas besoin d'être constaté par une sommation préalable. Il suffit qu'il résulte des circonstances. L'art. 861 du C. de procéd. n'est point ici applicable. — *Rennes*, 13 fév. 1818, Pougeollé c. Lamarzelle.

477. — C'est devant le tribunal civil du domicile commun ou, si les époux sont séparés de corps, devant celui du domicile du mari, que la citation doit être directement donnée. — C. civ., art. 219. — Merlin, sect. 8, n° 2.

478. — C'est à la chambre du conseil et non en audience publique que le mari doit être cité et déduire les motifs de son refus. — Merlin, sect. 8e, n° 2 *bis*.

479. — Il peut, ainsi que sa femme, s'y faire assister d'un avocat ou d'un mandataire. — *Pau*, 30 juin 1837 (t. 1er 1838, p. 103), Lafonta.

480. — ... Quoiqu'à Paris l'usage soit contraire. — Bioche, v° *Femme mariée*, n° 726.

481. — Le tribunal apprécie les causes du refus du mari ou, s'il fait défaut, les motifs de la demande de la femme, et, sur les conclusions du ministère public, il accorde ou refuse, s'il y a lieu, l'autorisation. — Bioche et Goujet, *Dict. de procéd.*, v° *Femme mariée*, n° 133.

482. — Mais le tribunal ne peut refuser à une femme l'autorisation de poursuivre contre son mari la nullité du mariage, en se basant sur des motifs tirés du mérite des moyens du fond par elle surabondamment articulés à l'appui de sa demande. — *Rennes*, 24 août 1814, Rasle c. Gilbert.

483. — Lorsque le mari est absent, mineur, interdit ou condamné, une sommation préalable et une citation devant la chambre du conseil sont inutiles, soit qu'il s'agisse d'une autorisation pour contracter, soit d'une autorisation pour ester en justice.

484. — Il suffit alors de présenter une requête au président du tribunal du domicile du mari, accompagnée du jugement qui constate l'absence, l'interdiction ou la condamnation à une peine afflictive et infamante ou de l'acte de naissance qui constate la minorité du mari. — Toullier, t. 2, n° 654; Chauveau et Carré, *Lois de procéd.*, t. 6, n° 2926.

485. — S'il y a absence déclarée, il faut produire le jugement de déclaration d'absence; si elle est présumée, le jugement qui ordonne l'enquête; si aucun jugement n'a encore été rendu, un acte de notoriété ou même un certificat du maire. — Duranton, t. 2, n° 506, et la note; Bioche, n° 128.

486. — Dans tous ces cas, le président ordonne que la requête de la femme soit communiquée au ministère public et commet un juge pour faire son rapport au jour indiqué. — C. procéd., art. 863 et 864.

487. — Sur le rapport du juge commissaire et les conclusions du ministère public, la chambre du conseil accorde ou refuse l'autorisation.

488. — Le jugement qui statue sur la demande de la femme doit toujours être rendu sur les conclusions du ministère public. Il doit être motivé.

489. — Doit-il être prononcé publiquement à l'audience ou rendu simplement en chambre du conseil? — On dit que les art. 219 du C. civ., 861 et 862 du C. de procéd. n'ont pas dérogé au principe général de la publicité des jugemens, et qu'en l'absence d'une dérogation formelle le principe doit être maintenu, à peine de nullité. — *Nîmes*, 8 févr. 1823, N...; 9 janv. 1828, Portal c. Brulard. — V. aussi (impl.) *Cass.*, 23 août 1826, Charve. — V. enfin Berriat, p. 666, note 12e.

490. — Mais ne peut-on pas répondre que le jugement d'autorisation est un acte de tutelle, qu'il peut y avoir des motifs de refus qui doivent rester secrets, et que si l'instruction doit avoir lieu dans la chambre du conseil, c'est dans cette chambre aussi, et non publiquement, que le jugement doit être ou au moins peut être rendu. — *Riom*, 29 janv. 1829, Mabru c. Beaulaton; *Bordeaux*, 27 févr. 1834, Amat c. Amat. — Berlier, *Exposé des motifs* de l'art. 862, C. pr.; Chauveau et Carré, ns 2928; — Bioche, n° 133; Merlin; *loc. cit.*

491. — Le jugement d'autorisation est mis au pied de la requête présentée par la femme, qui lui tient lieu de qualités.

492. — Le jugement est susceptible d'appel, puisque aucune loi ne déroge ici au droit commun. Bioche, n° 136.

493. — ... Tant de la part du mari que de celle de la femme. — *Cass.*, 23 août 1826, Charve.

494. — L'appel doit être formé d'après les règles ordinaires et par voie d'assignation devant la cour. Cependant, dans les cas où le mari n'a pas dû être appelé et où le jugement n'a pas été rendu avec lui, soit contradictoirement, soit par défaut, la femme présente à la cour une simple requête. — Bioche, nos 137 et 138.

495. — Mais l'assignation ne doit pas être, en appel, donné en la chambre du conseil. Les débats et l'arrêt doivent avoir lieu en audience publique et selon les règles ordinaires « attendu qu'il résulte des art. 219, C. civ., et 861, C. de procéd., que le législateur a eu pour but un essai de conciliation et qu'il serait inutile de le renouveler devant la cour. » — *Cass.*, 23 août 1826, Charve.

496. — ... Et « attendu qu'en appel toute cause doit être portée à l'audience. » — *Nîmes*, 16 janv. 1830, Brigadet.

497. — Pourquoi cette différence entre la procédure à suivre devant le tribunal de première instance et la procédure à suivre devant la cour royale? — Les art. 219 du C. civ. et 861 du C. de procéd. ne font aucune distinction. Les motifs d'ordre public qui ont déterminé le législateur à prescrire le secret de la chambre du conseil existent devant les deux juridictions. C'est donc devant la chambre du conseil de la cour que la citation doit être donnée. — *Paris*, 5 déc. 1840 (t. 1er 1841, p. 197), R...

498. — Le ministère des avoués n'étant pas nécessaire en première instance pour former ou déposer la demande en autorisation, il s'ensuit que ces officiers n'ont droit à aucunes vacations ; l'usage, à Paris, est cependant de leur en accorder. Mais il est constant que le mari qui, sur son refus ou à son défaut, est condamné aux dépens envers sa femme ne peut être tenu d'acquitter ces vacations. — Chauveau, *comment. du tarif*, t. 2, p. 348 et 349.

499. — Les seuls frais qu'entraîne cette procédure consistent dans le droit de l'huissier pour la sommation, celui de l'avoué pour la requête au juge (laquelle ne doit pas être grossoyée), la copie de l'ordonnance et le coût du jugement et de la signification. — *Id.*, p. 349.

500. — L'autorisation de la justice peut être virtuelle et implicite comme celle du mari. Ainsi l'ordonnance du président qui permet à la femme de convoquer un conseil de famille pour délibérer sur une demande en interdiction contre le mari l'autorise suffisamment à ester en justice afin de poursuivre cette interdiction. — *Rouen*, 16 floréal an XIII, d'Héricy ; *Toulouse*, 8 févr. 1823, Baron c. O....

501. — La femme, dont le mari est absent et contre laquelle on poursuit la nomination d'un conseil judiciaire pour cause de prodigalité, peut être réputée suffisamment autorisée à ester en justice par le jugement qui ordonne son interrogatoire et la convocation d'un conseil de famille. — *Cass.*, 9 mai 1829, Debandre c. Senot.

502. — L'ordonnance qui autorise la femme à assigner son mari devant le président du tribunal avant de former une demande en séparation de corps lui vaut autorisation pour suivre ultérieurement cette demande. — *Colmar*, 12 décemb. 1816, Klein.

503. — L'autorisation donnée par justice à une femme séparée de biens pour obtenir jugement contre un de ses débiteurs lui suffit pour poursuivre par toutes les voies de droit et même par celle de saisie immobilière l'exécution de ce jugement. — *Poitiers*, 10 juin 1823, Boulanger c. Guyon.

504. — La femme autorisée à poursuivre sa séparation l'est par cela même pour suivre l'exécution du jugement qui la prononce. — *Cass.*, 11 avr. 1842 (t. 1er 1843, p. 630), Baloffet c. sa femme.

505. — L'autorisation résulte suffisamment de ce que le tribunal, sur le refus du mari, mis en cause d'autoriser sa femme à ester en jugement, ordonne à celle-ci de plaider au fond. — *Bruxelles*, 19 mars 1814, B... c. de V.... — *Contrà Turin*, 20 messid. an XIII, Simondi.

506. — La femme, qui demande à la chambre du conseil une autorisation que son mari lui refuse, n'est pas dans l'obligation de se faire d'abord autoriser par celui-ci ou, à son défaut, par la justice elle-même, pour ester dans le jugement qui devra prononcer sur cette demande ; elle est suffisamment autorisée par le refus même du mari. — *Aix*, 27 août 1827, Lejourdan.

507. — La femme, mariée sous le régime dotal et valablement autorisée par justice à attaquer la vente consentie par son père à son mari en fraude d'une institution contractuelle à elle faite, est par cela même autorisée à demander contre les créanciers de son mari la distraction de l'immeuble par eux compris dans une saisie. — *Riom*, 20 juin 1821, Lacour c. Jacob.

508. — L'autorisation de justice, soit pour ester en jugement, soit pour contracter, est régie par les mêmes principes que l'autorisation maritale. Ainsi elle ne peut être étendue d'un cas à un autre. Accordée pour plaider en première instance, elle doit être renouvelée pour plaider en appel. — V. nos 344 et suiv.

509. — L'autorisation de justice accordée à la femme d'une manière incidente doit être restreinte à l'instance portée devant le tribunal, alors même que cette restriction n'y serait pas exprimée. Peu importe que, dans son acte d'appel, la femme se soit déclarée autorisée, si elle ne présente pas une autorisation régulière. — *Cass.*, 5 août 1840 (t. 2 1840, p. 205), Sainneville c. de Narbonne-Pelet.

510. — Jugé cependant que l'autorisation donnée par justice, lorsqu'elle n'a pas été limitée au premier degré de juridiction, doit produire son effet jusqu'à la décision définitive. — *Poitiers*, 24 mai 1827, Rideau c. Gouin.

511. — ... Et que le jugement qui, postérieurement à une première sentence rendue contre la femme d'un interdit, autorise celle-ci à ester en justice, « attendu qu'elle se trouve engagée dans de graves contestations avec ses créanciers », s'applique tant aux instances commencées qu'à celles à suivre, et par conséquent la rend habile à interjeter appel. — *Cass.*, 22 juin 1842 (t. 2 1842, p. 670), Sainneville c. Burel.

512. — Lorsque, sur refus du mari, la justice autorise une femme séparée de biens à rendre tout ou partie de ses immeubles pour se libérer, le jugement d'autorisation doit fixer le mode de vente et indiquer l'emploi du prix. — *Lyon*, 6 mars 1811, Valadome c. N...

513. — L'autorisation accordée à la femme par la justice ne peut valider des actes antérieurs et notamment une cession faite sans autorisation préalable. — *Toulouse*, 13 août 1827, Delhom c. Caillau-Dordac.

Sect. 8e. — *Spécialité de l'autorisation.*

514. — Plusieurs coutumes admettaient les autorisations générales, surtout quand elles étaient données par contrat de mariage. — Il en était autrement sous la coutume de Paris, art. 223. La jurisprudence du parlement annulait toutes les autorisations générales d'aliéner ou d'ester en justice, même celles données par contrat de mariage. — *Poitiers*, 5 pluv. an XIII, Cornilleau c. Guillard ; — Lebrun, *Communauté*, liv. 2, ch. 1er ; Merlin, sect. 6e, § 2, art. 1er et 2.

515. — Peu importait que la femme fût séparée de biens. Ainsi ont été déclarées nulles les aliénations consenties par des femmes qui, lors de leur séparation de biens ordonnée par justice ou stipulée par contrat, s'étaient fait autoriser généralement à disposer de leurs biens. — *Parlem. Paris*, 18 déc. 1652 ; 26 janv. 1660.

516. — A été annulé un contrat de constitution fait en vertu d'une autorisation générale et irrévocable. — *Parlem. Paris*, 16 janv. 1660.

517. — Aujourd'hui, toute autorisation générale, même stipulée par contrat de mariage, n'est valable que quant à l'administration des biens de la femme. — C. civ., art. 223, 1538 et 1576.

518. — Pour ester en justice et pour s'obliger, l'autorisation doit être spéciale, *ad rem quæ geritur accommodata*. Une autorisation générale constituerait une renonciation implicite aux droits de la puissance maritale, renonciation qui, même par contrat de mariage, ne peut avoir lieu. — C. civ., art. 1388.

519. — L'autorisation de justice, comme celle du mari, doit être spéciale et circonscrite dans des limites déterminées.

520. — Le principe s'applique à la femme séparée comme à la femme commune en biens.

521. — Ainsi une autorisation générale d'ester en justice donnée à la femme par son contrat de mariage est nulle. — *Cass.*, 24 fév. 1841 (t. 1er 1841, p. 543), Eymard.

522. — Une procuration générale par laquelle un mari absent autorise sa femme à l'obliger et à ester en justice, ne dispense pas la femme de se faire autoriser par le juge, toutes les fois qu'il s'agit de plaider ou de contracter. — *Cass.*, 22 avr. 1828, Lafonta c. Bac.

523. — L'autorisation générale donnée à la femme d'aliéner ses immeubles est nulle. — Par conséquent la procuration générale qu'elle donne elle-même à un tiers avec autorisation du mari, de les aliéner en son nom, est également nulle. On ne peut faire indirectement ce que la loi défend de faire directement.

524. — En serait-il de même si cette procuration générale d'aliéner a été donnée au mari lui-même ? — On dit que chaque fois que le mari agira en vertu de cette procuration générale, il autorisera implicitement la femme pour l'acte particulier qu'il passera en son nom. — *Paris*, 16 janv. 1838 (t. 1er 1838, p. 173), Dubois c. Lelong.

525. — Mais cette autorisation spéciale est postérieure à la procuration générale donnée par la femme et ne peut dès-lors, en son absence, la valider. — *Cass.*, 18 mars 1840 (t. 1er 1840, p. 424), Chevalier c. Flavigny.

526. — A quels caractères reconnaît-on la spécialité voulue par la loi ? — En principe, l'autorisation doit être donnée séparément pour chaque instance judiciaire ou pour chaque acte d'aliénation que la femme se propose de soutenir ou de passer : *ad rem quæ geritur accommodata*.

527. — Ainsi doivent être considérées comme générales dans le sens de l'art. 223, C. civ., et par conséquent comme nulles : 1o La procuration générale donnée par le mari à sa femme d'aliéner leurs immeubles. — La vente faite en vertu d'une pareille procuration est nulle, mais l'acquéreur, vu sa bonne foi, fait les fruits siens. — *Riom*, 28 déc. 1816, Chailloux c. Magnignat.

528. — ... 2o L'autorisation donnée par le mari pour certains actes déterminés, seulement par leur nature, et sans que les objets auxquels ils doivent se rapporter soient désignés d'une manière individuelle.

529. — ... 3o L'autorisation donnée à la femme d'emprunter et de renoncer à son hypothèque légale pour toutes les affaires des époux, quoique cette autorisation ait un caractère spécial en ce qu'elle s'applique à certaines affaires seulement. — Dès-lors l'emprunt fait par le mari au nom de sa femme, en vertu d'une procuration consentie en vertu de cette autorisation générale du mari, est nul. — *Cass.*, 18 mars 1840 (t. 1er 1840, p. 424), Chevalier c. Flavigny.

530. — ... 4o L'autorisation donnée par le mari absent pour un long voyage, de vendre et hypothéquer leurs biens, traiter avec tous créanciers et débiteurs, emprunter telles sommes qu'elle jugera nécessaires et l'obliger conjointement et solidairement avec elle. — La femme qui a souscrit ainsi des billets à ordre tant en son nom personnel que comme fondée de pouvoir de son mari n'est pas personnellement obligée, encore que celui-ci en ait reconnu la légalité en payant des à-compte. — *Poitiers*, 5 pluv. an XIII, Cornilhau c. Guillard ; — Toullier, no 644.

531. — Ainsi le pouvoir d'emprunter doit dire jusqu'à quelle somme, sans quoi, à moins que le prêt ne fût modique, il n'y aurait pas sûreté pour le prêteur. — Valin, *Cout. de La Rochelle*, t. 1er, p. 546.

532. — ... 5o L'autorisation de faire les fonds nécessaires à l'acquittement de lettres de change tirées par le mari, lorsque cette autorisation ne contient pas la désignation du montant des effets. — *Paris*, 4 déc. 1813, Vandercoode c. Vangrineuse.

533. — ... 6o L'autorisation donnée par contrat de mariage à la femme d'aliéner un immeuble à elle propre et spécialement désigné, lorsque l'autorisation n'indique ni le nom de l'acquéreur ni le prix, ni les conditions de la vente. — *Cass.*, 14 déc. 1840 (t. 2 1840, p. 761), Yger c. Boisnard.

534. — 7o L'autorisation donnée par justice à une femme mariée de traiter et transiger avec une personne désignée ou avec toute autre, pour la poursuite d'un procès aux clauses et conditions qui lui paraîtront convenables. — *Bordeaux*, 18 mai 1838, sous *Cass.*, 30 juin 1841 (t. 2 1841, p. 121), Blajan c. Chauvin.

535. — Une femme, même séparée de biens, ne peut, sans l'autorisation spéciale de son mari, former une surenchère sur un immeuble qui lui est hypothéqué. — La surenchère ne serait pas validée par une autorisation subséquente du mari donnée après l'expiration des délais. — *Cass.*, 14 juin 1824, Assire Deschamps c. Grassel.

536. — Mais une autorisation peut être spéciale, bien qu'elle soit comprise dans une procuration qui sous d'autres rapports serait générale ; et bien qu'elle s'appliquât à différens actes, si ces actes étaient spécialement désignés. — Toullier, no 644 ; Duranton, t. 2, no 449.

537. — Ainsi, l'autorisation d'ester en justice pour toutes les affaires qu'une femme a ou pourrait avoir, générale et par conséquent nulle pour les affaires futures, peut être considérée comme spéciale et comme suffisante pour ester sur un procès déjà intenté. — *Cass.*, 22 mai 1815, Sombret c. Enregistr.

538. — L'autorisation d'ester en justice donnée à une femme tant pour liquider et recouvrer ses reprises dotales que pour demander l'annulation des engagemens par elle souscrits solidairement avec son mari, n'étant pas relatives à *toutes* les affaires de la femme, mais seulement à *certaines* de ces affaires, ne peut être considérée comme une autorisation générale prohibée. — *Cass.*, 22 juin 1842 (t. 2 1842, p. 670), Sainneville c. Burel.

539. — Il n'est pas nécessaire sur le pourvoi en cassation formé contre une femme mariée d'assigner en même temps le mari, lorsque la femme a été autorisée par acte authentique à intenter toutes actions relatives à ses biens personnels et à défendre à toutes celles qui seraient dirigées contre elle pour le même objet et par une personne désignée. — *Cass.*, 2 août 1820, Aubry c. Billot de Bussy.

540. — Est à l'abri de la cassation l'arrêt qui juge qu'une procuration donnée par le mari à sa femme de vendre, aliéner et faire tous les actes nécessaires au mariage de leur fils a conféré à cette dernière une autorisation suffisante pour constituer une dot au futur époux, tant en son nom personnel qu'en celui de son mari. — *Cass.*, 14 juin 1827, de Luxembourg c. de Béranger.

541. — Lorsque sur la demande formée par une femme afin d'être autorisée à passer, avec un individu désigné et en vue d'une affaire déterminée, un traité dont le projet est soumis aux magistrats, intervient un jugement qui visant le traité et posant ainsi le point de droit : doit-on accorder l'autorisation demandée ? déclare dans son dispositif que la femme est autorisée à transiger, soit avec l'individu désigné soit avec tout autre, aux condi-

tions et clauses qui lui paraîtront les plus avantageuses à ses intérêts pour la poursuite de cette affaire, une telle autorisation doit, à raison de la corrélation du dispositif au traité et alors d'ailleurs que le traité a été réalisé tel qu'il avait été soumis aux juges, être considérée comme ayant le caractère de spécialité et de détermination voulu par la loi. — *Cass.*, 30 juin 1841 (t. 2 1841, p. 121), Blajan c. Chauvin.

542. — Le pouvoir d'emprunter, quoiqu'il ne limite pas la somme à emprunter, est spécial ; et l'emprunt contracté en conséquence est valable quoique exorbitant pour la fortune de la femme. —*Poitiers*, 25 fév. 1823, Deconcisi c. Pain.

543. — Le pouvoir d'hypothéquer donné par le mari à sa femme et par suite la promesse de consentir hypothèque sont valables, bien qu'ils ne désignent pas l'immeuble qui devra être grevé d'hypothèque.—*Paris*, 16 mars 1823, Muller c. Péranne.

544. — Et même, un pouvoir général de contracter toutes obligations suffit à la femme séparée de biens pour souscrire valablement un cautionnement de lettres de change dans l'intérêt de son mari.—*Paris*, 12 déc. 1829, d'Housset c. Raymond.

545.—Il ne faut pas confondre une autorisation générale avec la procuration également générale que le mari peut donner à sa femme. La procuration est évidemment valable, non seulement pour administrer les biens du mari et ceux de la communauté, mais aussi pour aliéner et hypothéquer ces biens; parce que la femme agit alors comme mandataire et, qu'à ce titre, elle n'est pas responsable de l'obligation qu'elle contracte. — *Poitiers*. 5 pluv. an XIII, Cornilleau c. Roullier ; —Toullier, n° 644 ; Duranton, t. 2, n° 448.

546. — Lorsqu'une femme agissant au nom de son mari a, pour le préserver des exécutions résultant du défaut de paiement, renouvelé des billets à ordre souscrits par lui, en y ajoutant les frais et accessoires nécessairement dus, le mari, dont l'affaire a été ainsi administrée, ne peut se refuser au paiement des billets, sous prétexte que la femme aurait agi sans aucun pouvoir ni autorisation de sa part. — *Dijon*, 26 juin 1816, Sarrode c. Vincenot.

547.—Lorsqu'un mari a, par testament, autorisé sa femme à hypothéquer à certains emprunts les immeubles de la communauté, les hypothèques qu'elle a consenties doivent être annulées, s'il est prouvé que les sommes empruntées n'ont pas reçu la destination prescrite. — *Liége*, 19 avr. 1809, Ghysals c. Rosen.

548. — Une femme, même séparée de biens, ne peut pas être autorisée par justice d'une manière générale et absolue à s'absenter du domicile de son mari et sans sa permission toutes les fois que l'administration de ses biens pourra l'exiger. — *Paris*, 22 prair. an XIII, Plenmartin.

Sect. 3e. — *Effets de l'autorisation maritale ou judiciaire.*

549.— L'autorisation du mari et celle de justice ont cela de commun qu'elles suffisent pour faire tomber l'incapacité de la femme, et en conséquence pour l'obliger personnellement, soit par contrat soit par jugement, comme si elle n'était pas mariée. — Pothier, n° 76 ; Toullier, t. 2, n° 655 ; Zachariæ, t. 3, p. 341.

550.— Ainsi la femme mariée peut, avec le consentement de son mari, poursuivre en son propre nom le recouvrement de ses créances paraphernales. —*Lyon*, 16 janv. 1834, Crussy c. Vange et Niouret.

551. — Elle peut également, avec autorisation de justice, aliéner ses immeubles personnels pour payer ses dettes, et elle ne saurait, non plus que son mari, attaquer cette aliénation sous prétexte que l'autorisation d'aliéner lui a été accordée contrairement à ses intérêts — Zachariæ, p. 341. — V. cependant *Angers*, 6 mars 1828, Rousseau.

552. — Mais elle pourrait l'attaquer par tout autre moyen et, par exemple, la faire annuler, s'il y avait lieu, pour cause d'erreur, de violence ou de fraude. — L'autorisation du mari comme celle de la justice ne fait qu'habiliter la femme, et ne donne pas une plus grande valeur intrinsèque aux actes passés et aux jugemens rendus avec elle. — Toullier, t. 2, n° 655 ; Vazeille, t. 2, n° 355.

553. — Une femme, bien que non marchande publique, peut valablement s'obliger par lettre de change, avec le concours de son mari. — Seulement cet acte ne l'oblige pas *par corps*. — *Cass.*, 17 août 1813, Caron c. Roussel.

554. — Elle ne peut, après avoir obtenu l'autorisation d'aliéner sa dot pour tirer son mari de prison, en demander le remboursement, même sur des biens échus à son mari, au préjudice des créanciers de celui-ci postérieurs à l'aliénation. — *Toulouse*, 3 juill. 1841 (t. 2 1841, p. 472), Séverac c. Salomon.

555. — Si l'autorisation du mari et l'autorisation de la justice ont à l'égard de la femme, des effets complètement identiques, il n'en est pas de même à l'égard du mari.

556. — L'autorisation donnée à la femme par la justice, soit pour contracter, soit pour ester en jugement, ne peut en général engendrer aucune obligation à l'égard du mari, quel que soit le régime sous lequel les époux soient mariés.—Merlin, sect. 8, n° 6 ; Toullier, t. 2, nos 656 et 658 ; Duranton, t. 2, n° 508.

557. — Les obligations contractées par la femme ou les condamnations contre elle, dans ce cas, ne s'exécutent que sur ses biens personnels et même sur la nu-propriété seulement de ces biens lorsque le mari en a la jouissance.—Elles ne peuvent atteindre ni les biens personnels du mari ni ceux de la communauté ni même les revenus des biens propres de la femme, lorsqu'ils appartiennent au mari ou à la communauté. — Pothier, *Communauté*, nos 13 et 15 ; Toullier, t. 2, n° 656 ; Duranton, t. 2, n° 508.

558.—Ainsi les faits exposés par la femme pour une demande en séparation de corps ne peuvent être à la charge de la communauté ou du mari. — *Paris*, 7 fév. 1806, Louault, c. Labarre ; *Limoges*, 28 avr. 1813, Beaune Borie c. Parotin ; *Cass.*, 8 mai 1821, Bosles c. Gugès ; *Paris*, 8 nov. 1827, Guérin c. Baudin ; — solut. impl. *Cass.*, 14 juill. 1837 (t. 2, 1837, p. 255), Fornyer c. Marchand.

559.— Si donc la compensation des dépens a été ordonnée, le mari ne peut être obligé de payer les frais de l'avoué de sa femme. —*Limoges*, 28 avr. 1813, Beaune Borie c. Parotin.

560. — Il a cependant été jugé que ces dépens pouvaient être pris sur la communauté. —*Bruxelles*, 5 juill. 1809, D... c. D... ; *Paris*, 11 mai 1815, Lemaire c. Houvaux.

561. — ... Et sur les biens dotaux de la femme, malgré les droits de jouissance du mari. — *Nîmes*, 5 avr. 1838 (t. 2 1838, p. 287), David c. Talaron.

562. — Ainsi point d'obligation de la part du mari, à moins : 1° que la femme commune en biens ne soit marchande publique et qu'il ne s'agisse des affaires de son commerce. — C. civ., art. 220 et 1426. — Duranton, t. 2, n° 508.

563.— ... 2° Que les obligations contractées par la femme n'aient pour objet de tirer le mari de prison ou de pourvoir à l'établissement des enfans communs. —C. civ., art. 1427. —Pothier, *Commun.*, n° 35 ; Toullier, t. 2, n° 656 ; Duranton, t. 2, n° 508.

564.— ... 3° Ou que ces obligations n'aient tourné au profit de la communauté ou du mari. —C. civ., art. 1241 et 1312.—Toullier, *ubi suprà* ; Duranton, *loc. cit.* ; Vazeille, t. 2, n° 308.

565. — Mais, dans ce dernier cas, le mari n'est tenu que par l'action *de in rem verso*, c'est-à-dire jusqu'à concurrence du profit. — Merlin, sect. 8, n° 8 ; Delvincourt, t. 3, p. 36 ; Zachariæ, p. 342, notes 10 et 75.

566. — Ces cas exceptés, le mari n'est point obligé. Il importe peu que l'autorisation de justice ait été accordée au refus du mari ou qu'elle l'ait été à raison de son incapacité ou de tout autre empêchement de sa part. L'art. 1426 C. civ. pose le principe général ; les art. 1413 et 1417, qui ne parlent que du refus du mari, énoncent seulement des exemples. — Zachariæ, § 74.

567. — Il ne peut même pas être condamné aux dépens, s'il fait défaut sur l'assignation à lui donnée par un tiers pour autoriser sa femme ; aucune loi ne l'obligeant à comparaître, il est censé s'en rapporter à justice et met ainsi à couvert sa responsabilité. — *Bruxelles*, 23 mars 1833, Caigny c. Roux ; — Merlin, sect. 8, n° 6.

568. — C'est donc à tort qu'il a été jugé que le mari qui a refusé d'autoriser sa femme plaidante pour ses deniers dotaux, sans faire connaître au tribunal les motifs de son refus, avait par son silence adhéré à l'autorisation d'office et participé ainsi au contrat judiciaire dont il devait subir les conséquences. — *Besançon*, 28 avr. 1806, Pelletier c. Dauphin.

569. — Lorsque l'autorisation a été donnée par le mari, elle ne l'oblige pas non plus envers les tiers avec lesquels la femme a contracté ou plaidé. Le mari ne devient pas par-là partie à l'acte ou au procès. *Aliud est vendere, aliud vendenti consentire.* —L. 160, ff., *De reg. juris* ; —Merlin, sect. 7 *bis*, nos 1 et 5 ; Delvincourt, t. 1er, p. 163 ; Duranton, n° 461 ; Vazeille, nos 356 et 375.

570. — Il n'est donc pas engagé par l'autorisation qu'il donne à sa femme de contracter, sous le régime dotal, à raison de ses paraphernaux, et, en cas de séparation de biens, à raison de ses biens propres. — Merlin, sect. 7 *bis*, n° 1 ; Vazeille, t. 2, p. 121.

571. — S'il a autorisé la vente de biens propres ou paraphernaux, il n'est pas garant de l'éviction vis-à-vis des acquéreurs. — Si même il a autorisé l'acquisition d'un immeuble qui, d'après le contrat de mariage doit être dotal, il ne peut être poursuivi en paiement du prix. —*Bordeaux*, 30 mai 1816, Peyredoulc c. Mirande.

572.—S'il a simplement autorisé sa femme dans une donation par elle faite, il ne peut être tenu à aucuns dommages-intérêts envers le donataire pour n'avoir pas déclaré que sa femme était mariée sous le régime dotal. — Cette autorisation n'emporte même pas de la part du mari renonciation aux fruits de la chose donnée. — *Grenoble*, 14 mai 1829, Sibend c. Rouget ; —Tessier, *De la dot*, p. 24.

573.—Il n'est pas engagé par l'autorisation qu'il donne à sa femme d'ester en justice comme demanderesse ou défenderesse en matière civile ou criminelle.—Merlin, sect. 7e *bis*, n° 2 ; Delvincourt, t. 1er, p. 163 ; Vazeille, n° 375. — V. (impl.) *Cass.*, 21 févr. 1832, Herand c. Paillet.

574. — Ainsi, sous l'ancienne jurisprudence, le mari ne pouvait être exécuté sur les biens dotaux pour cause de dépens obtenus contre sa femme autorisée. — *Parlem. Toulouse*, 3 juin 1567 ; fév. 1574.

575. — La disposition de l'ordonn. de 1667, qui met les dépens à la charge de la partie qui succombe ne pouvait être appliquée qu'aux personnes véritablement parties au procès, et non pas aux maris appelés uniquement pour autoriser leurs femmes, surtout lorsqu'il s'agissait des biens paraphernaux à l'égard desquels les femmes étaient indépendantes de leurs maris. — *Cass.*, 24 vendém. an VII, Bourses et Lasméjas c. Lafon.

576. — Aujourd'hui l'autorisation donnée par le mari à la femme pour ester en justice en matière civile, dans des contestations où il n'a aucun intérêt, ne peut évidemment l'exposer ni à des dépens ni à aucuns dommages intérêts. — *Montpellier*, 10 flor. an XIII, Trébose c. Muratel.

577. — Par exemple, lorsqu'il s'agit de biens paraphernaux de la femme dotale ou des intérêts mobiliers et immobiliers de la femme séparée de biens. — Merlin, sect. 7 *bis*, n° 2 ; Delvincourt, t. 1er, p. 163 ; Vazeille, t. 2, n° 375.

578. — En matière criminelle, le mari qui autorise sa femme à se porter partie civile ne répond pas personnellement des suites que l'action peut avoir relativement aux dépens et aux dommages-intérêts, si le délit a été commis sur les paraphernaux de la femme dotale ou sur les biens propres de la femme séparée de biens. — Il n'en répond pas davantage quand la femme est défenderesse, malgré l'autorisation surabondante qu'il lui a donnée. — *Cass.*, 24 vendém. an VII, Bourses et Lasmejas c. Lafond ; *Montpellier*, 10 flor. an XIII, Trébose c. Muratel ; — Merlin, sect. 7e *bis*, nos 3 et 5.

579. — Les obligations et les condamnations qui pèsent sur la femme ainsi autorisée par son mari, ne devant pas même indirectement nuire à celui-ci, ne s'exécutent que sur les biens personnels de la femme et même que sur la nu-propriété de ceux dont le mari a la jouissance. — Pothier, nos 51 et 52.

580.—Elles ne peuvent atteindre la nue propriété même des biens dotaux qui sont inaliénables, même pour les condamnations de dépens. —*Agen*, 26 janv. 1833 (sous *Cass.*, 28 fév. 1834, Favre c. Goubié) ; 11 mai 1833, Boutau et Ferrein c. Capurau. — V. *contrà Toulouse*, 20 juill. 1822, Martin c. Palgayrac et Daleus. — V. DOT.

581. — Mais le principe cesse d'être applicable toutes les fois que le mari se rend partie ou a intérêt au contrat ou à la contestation.

582. — Et même si, sur les conclusions prises directement contre lui à fin de condamnation aux dépens, le mari n'a point excipé, soit de son défaut d'intérêt, soit de la séparation de biens, il ne peut se plaindre ultérieurement d'avoir été condamné aux dépens conjointement avec sa femme seule intéressée au procès. — *Cass.*, 21 fév. 1832, Héraud c. Paillet.

583. —Cependant, bien que le dispositif d'un jugement prononce une condamnation en termes collectifs contre le mari et la femme, on doit la considérer comme particulière à la femme, s'il s'agit d'une dette qui lui soit personnelle et s'il résulte d'ailleurs des motifs du jugement que l'intention du tribunal a été de ne condamner le mari que comme autorisant sa femme. — *Cass.*, 8 mai 1821, Bosles c. Gugès.

584. —Ainsi, 1° lorsque les époux sont mariés sous le régime de la communauté, les obligations contractées par la femme avec l'autorisation du mari grèvent tant les biens de la communauté que ceux du mari et de la femme, sauf récompense s'il y a

lieu.—Merlin, sect. 7e *bis*, no 1; Toullier, t. 2, no 657; Duranton, no 461 ; Vazeille, § 359.

585. — 2o Lorsque les obligations sont contractées à raison de biens sur lesquels le mari a quelques droits d'usufruit ou de jouissance, c'est alors dans son propre intérêt qu'il autorise sa femme à s'obliger, et il reste responsable. —Merlin, sect. 7e *bis*, no 1.

586. — 3o En matière civile ou commerciale, il est tenu de toutes les conséquences des procès qu'il a autorisé sa femme à intenter ou soutenir, lorsque ces procès sont relatifs à des biens sur lesquels il a quelque droit. — Merlin, sect. 7e *bis*, no 2; Toullier, t. 2, no 658; Proudhon, t. 1er, p. 272; Boncenne, t. 2, p. 552.

587. — Par exemple, le mari, même non commun en biens, doit supporter conjointement avec sa femme les dépens d'un procès qu'il l'a autorisée à soutenir relativement à son état civil et à sa capacité pour recueillir des immeubles qu'elle s'était constitués en dot. — *Lyon*, 2 fév. 1825, Saunier c. Lambert.

588. — 4o En matière criminelle, l'autorisation qu'il donne à sa femme a contre lui les mêmes conséquences, s'il y a entre eux communauté, ou si le délit a été commis sur des biens dont il a la jouissance ou sur la personne même de sa femme. Car, le mari et la femme ne formant qu'une seule et même personne, ce n'est pas seulement sa propre action, mais aussi celle du mari que la femme exerce, tellement que le mari pourrait poursuivre seul cette action. —Merlin, sect. 7e *bis*, no 3.

589.—Il en serait de même, dans les mêmes cas, si le mari autorisait surabondamment sa femme défenderesse. En autorisant sa femme à se défendre il consent à l'obligation qu'elle contracte par sa défense d'en payer les frais; et il s'expose même aux dommages-intérêts, parce qu'il en aurait profité si sa femme en eût obtenu. On le jugeait ainsi au Châtelet.—Bourjon, *Droit commun*, t. 1er, p. 570 et 571 ; Merlin, sect. 7e *bis*, no 4.

590.—Cette théorie sur la responsabilité du mari a été vivement contestée.—Le seul fait de l'autorisation du mari, a-t-on-dit, ne peut entraîner contre lui de condamnation aux dépens. L'autorisation ne rend pas le mari partie au procès, et il faut qu'il y soit partie pour y être condamné. — S'il s'agit d'un objet qui tombe dans la communauté ou sur lequel le mari a quelque droit, la partie adverse devra mettre le mari en cause; sinon, elle aura à s'imputer de n'avoir pas fait déclarer la femme non recevable dans une action sur laquelle elle ne peut procéder seule puisqu'elle n'est pas seule intéressée.—parré, *Lois de la procéd.*, sur l'art. 130; Bellot, t. 1er, C. 477 ; Bioche, no 150.

Sect. 10e. — *Effets du défaut d'autorisation.*

591. — Les contrats des actes passés par la femme, les procédures faites par elle ou contre elle, sans l'autorisation du mari ou de justice, dans le cas où cette autoriration est nécessaire, sont nuls. —Quand même, soit par l'événement soit par la convention, ces actes ne commenceraient à être exécutés qu'après la dissolution du mariage. — Toullier, no 659.

592. — Et sans qu'il y ait à considérer si ces actes ou non sont avantageux à la femme. — Solon, *Tr. des nullités*, t. 1er, p. 97. — V. cependant *Angers*, 6 mars 1828, Rousseau.

593. — Mais si la femme a fait des actes de commerce sans l'autorisation de son mari, elle n'en est pas moins justiciable du tribunal de commerce, sauf à opposer devant ce tribunal la nullité résultant du défaut d'autorisation. — *Grenoble*, 31 août 1818, Aubry c. Christophe.

594. — Sous l'empire de la coutume de Paris, cette nullité était radicale et absolue; tellement qu'elle pouvait être invoquée par celui qui avait traité avec la femme, et qu'elle n'était pas couverte par la ratification de celle-ci, même depuis la dissolution du mariage. — Nouveau Denizart, nos 2 et suiv.; Rousseau Lacombe, no 7; Merlin, sect. 2e et 3e.

595.—... Et qu'elle s'étendait au cautionnement consenti par un tiers, à moins qu'il n'apparût des termes de l'acte que la caution avait entendu garantir la validité de l'engagement, nonobstant tout vice de nullité. — *Paris*, 15 fév. 1840, Depinieux c. d'Arcy; —Merlin, sect. 3e, § 2; Pothier, *Oblig.*, no 395. — V. *contrà Parlem. Dijon*, 24 avr. 1573; 24 avr. 1574; — Domat, *L. civ.*, tit. *Des cautions*, sect. 1re, no 3.

596. — Aujourd'hui cette nullité n'est que relative et ne peut être opposée que par la femme, par le mari ou par leurs héritiers (C. civ., art. 225 et 1125). — *Bourges*, 17 thermid. an VIII, Besnard c. Guyot d'Amiens.

597. — La femmme peut invoquer cette nullité pendant et après le mariage. — Ses héritiers succèdent à ce droit et peuvent, par exemple, demander la nullité d'une donation par elle faite sous forme de contrat onéreux, lorsque l'autorisation de vendre lui avait seule été accordée. — *Pau*, 19 mars 1831, Soulé c. Cap d'Estaing.

598. — Le droit du mari n'est pas aussi étendu que celui de la femme. Il doit avoir pour base et pour mesure un intérêt certain. De là, une distinction nécessaire.—Pendant le mariage, le mari peut invoquer la nullité dans le seul intérêt de son autorité méconnue.

599. — C'est donc à tort qu'il a été jugé que cette nullité n'était que relative et personnelle à la femme, et ne pouvait être invoquée pour elle par le mari qu'autant qu'elle y avait un intérêt personnel; qu'ainsi le mari n'était pas recevable à demander la nullité d'une expropriation forcée poursuivie contre lui, et dans laquelle la femme avait sans autorisation figuré comme créancière. — *Besançon*, 29 germin. an XII, Chamecin c. Vuillard.

600. — Mais, après la dissolution du mariage, le mari, n'ayant plus à maintenir les droits de son autorité, doit avoir un intérêt personnel et pécuniaire à invoquer la nullité, tandis que la femme n'a jamais à justifier d'un intérêt : elle est présumée lésée par cela seul qu'elle n'a pas été autorisée. — Vazeille, no 378; Bioche, no 171.

601. — Ainsi, le mari ou ses héritiers ne sont pas recevables à demander de leur chef la nullité des engagemens contractés sans autorisation par la femme qui n'a que des paraphernaux.— *Grenoble*, 23 déc. 1822, Mayousse c. Allard et Chapot.

602.—Les héritiers du mari doivent, à plus forte raison, avoir un intérêt pécuniaire à faire valoir; et ils auront rarement cet intérêt, puisque la femme n'a pu engager les biens de la communauté.— Duranton, no 515; Bioche, no 174.

603. — Les créanciers de la femme ne peuvent faire annuler les obligations qu'elle a contractées sans autorisation. — L'art. 225, C. civ., est limitatif; l'action exorbitante qu'il accorde à la femme, au mari ou à leurs héritiers, ne peut être étendue à d'autres personnes. — *Turin*, 30 nov. 1811, Bonfante c. Brochiero; — Toullier, t. 7, no 567.

604. — Ainsi, le créancier d'une femme mariée est sans qualité pour demander la nullité, pour défaut d'autorisation, d'un transport par elle consenti à un autre créancier. — *Bruxelles*, 30 janv. 1808, Toris c. Roclens.

605.—...Et pour contester l'effet rétroactif d'une ratification donnée par une femme veuve à une obligation qu'elle avait consentie pendant son mariage sans autorisation de son mari. — *Grenoble*, 2 août 1827, Jacob c. Mayousse.

606. — Les syndics même de la faillite de la femme ne peuvent faire annuler, en vertu de l'art. 225, C. civ., les actes qu'elle a passés sans autorisation. — *Angers*, 1er août 1810, R... c. Delessart.

607. — A plus forte raison, les créanciers du mari ne peuvent pas exercer ce droit.

608. — Un grand nombre d'auteurs pensent au contraire que l'art. 225, C. civ., doit se concilier avec l'art. 1166; que le droit qu'il accorde à la femme n'est pas exclusivement attaché à sa personne, puisqu'il passe à ses héritiers; que dès-lors il peut être exercé par ses créanciers toutes les fois qu'elle pourrait l'exercer elle-même. — Delvincourt, t. 2, p. 523; Duranton, no 512; Vazeille, no 382; Proudhon, *Usufruit*, no 2317; Bioche, no 169.

609. — Dans ce système, la nullité pourrait être aussi invoquée par les créanciers du mari, mais seulement quand le mari aurait un intérêt pécuniaire à le faire.

610. — Du principe que la nullité résultant du défaut d'autorisation ne peut être opposée que par la femme, le mari ou leurs héritiers, il résulte qu'elle ne peut être opposée à la femme : — 1o Par ceux qui ont contracté avec elle.

611. — Ainsi, le donateur ne peut pas exciper du défaut d'autorisation de la donataire pour révoquer sa donation. Sans doute, il n'est dessaisi que par l'acceptation de la donataire, et l'acceptation de la femme non autorisée est nulle. Mais cette nullité ne peut être invoquée par le donateur ni par conséquent lui profiter. — Toullier, no 661; Duranton, no 511; Vazeille, no 386. — *Contrà* Proudhon, t. 1er, p. 375.

612. — Ainsi, en cas d'annulation d'un bail à ferme consenti à une femme sans l'autorisation de son mari, cette femme ne peut être condamnée à payer soit le prix du bail, soit la valeur des fruits produits à dire d'experts; elle n'est tenue de restituer que les fruits qu'elle a perçus, et dont elle a profité. — *Cass.*, 27 déc. 1843 (t. 1er 1844, p. 371), Cahours c. Tourangin. — V. *infrà* no 646.

613. —...2o Ni par ceux qui plaident contre elle : ainsi, la nullité résultant de ce qu'elle a, sans autorisation, interjeté appel ou donné une citation devant le tribunal de police, ne peut lui être opposée par sa partie adverse. — *Cass.*, 23 déc. 1819, Bernard c. Girard; 11 août 1840 (t. 2 1840, p. 455), Dubois Beaulieu c. Guermont.

614. — Ainsi encore, le mari contre lequel la femme séparée de biens exerce des poursuites en exécution du jugement de séparation est non-recevable à opposer la nullité résultant du défaut d'autorisation, ce droit n'étant accordé au mari qu'en qualité de mari, et non au mari poursuivi comme débiteur. — *Cass.*, 11 avr. 1842 (t. 1er 1843, p. 630), Baloffet.

615. — Le seul droit qui appartienne à l'adversaire de la femme, tant que la contestation n'est pas définitivement jugée, est, s'il est demandeur, de mettre le mari en cause, ou, s'il est défendeur, d'exiger, par exception dilatoire, que la femme soit tenue de rapporter l'autorisation du mari, ou, à son défaut, celle de justice. — *Cass.*, 12 oct. 1807, Desmeaux c. Menager. — V. aussi les motifs d'un arrêt de *Bourges*, 17 nov. 1829, d'Apremont c. Saint-Hérand; — Merlin, sect. 3e, § 4; Duranton, t. 2, no 468.

616. —... 3o Ni par ceux qui, ayant plaidé contre elle, ont été condamnés.—*Poitiers*, 29 prair. an XII, Rabaud c. Zinguis; *Paris*, 28 germin. an XIII, Carcatrison c. Niquille; *Cass.*, 26 août 1808, Karn c. Bender; 28 mai 1823, Choisy c. Pothier; — Vazeille, no 377; Merlin, sect. 3e, § 4. — *secùs*, sous l'ancienne jurisprudence.

617. — Du même principe il résulte que la nullité ne peut être invoquée par des tiers, et notamment : — 1o par le débiteur d'une créance propre à la femme et cédée par elle à un tiers sans autorisation. — *Paris*, 13 août 1823, Soufflet c. Colin.

618.— ... 2o Par l'acquéreur des biens du mari, pour faire annuler une surenchère formée sur les biens par la femme non autorisée. — *Grenoble*, 11 juin 1825, Toullier c. Magnin. —V. aussi *Orléans*, 25 mars 1831, Trinquart c. Delafaire.

619.— ... 3o Par le tiers détenteur d'un immeuble hypothéqué, pour faire radier l'hypothèque consentie par une femme sans autorisation du mari.— *Lyon*, 27 mars 1832, Gangiraud c. Faubert.

620. — 4o Par le garant de la femme mise en cause avec elle, pour obtenir décharge de la garantie par lui donnée. — *Cass.*, 17 déc. 1834, Gautier c. de Brivazac; — Merlin, sect. 3e, § 2; Duranton, t. 2, no 510.

621. — Du même principe résulte encore que le défendeur à une action intentée sans autorisation par une femme mariée devant un tribunal de police, s'il n'a pas réclamé contre le défaut de qualité de la femme demanderesse, ne peut pas profiter de l'annulation des jugemens requis par le ministère public. — *Cass*, 1er juill. 1808, Heliot.

622. — Le défaut d'autorisation constituant un fait négatif, on ne peut mettre la preuve à la charge du mari, de la femme ou de leurs héritiers; c'est à ceux qui ont contracté ou plaidé avec la femme à prouver qu'elle a été régulièrement autorisée. — *Paris*, 2 janv. 1808, Lalande c. Picoyen Lardi.

623. — A quelle époque et par quelles voies la nullité peut-elle être invoquée? — Il faut, à cet égard, distinguer entre les contrats, les procédures et les jugemens.

624. — Quant aux contrats, ils peuvent être attaqués par l'action ou par l'exception de nullité.

625. — L'action doit être intentée dans les dix ans à partir de la dissolution du mariage. — C. civ., art. 1304. — Toullier, t. 2, no 660; Duranton, t. 2, no 514.

626. —...Sans qu'il y ait lieu de distinguer entre le mari et la femme et à prétendre que l'action se prescrit contre le mari du jour où les actes lui ont été connus. — *Montpellier*, 27 avr. 1831, Hortalier c. Andrieu; — Delvincourt, t. 1er, p. 596. — *Contrà* Solon, *loc. cit.*, t. 2, no 489.

627. — L'exception peut toujours être opposée: *Quæ temporalia sunt ad agendum, perpetua sunt ad excipiendum.* — Merlin, sect. 3, § 3; Vazeille, t. 2, no 279.

628. — Quant aux actes de procédure, la nullité peut en être proposée en tout état de cause, tant par la femme que par le mari. — Ainsi, la femme non autorisée à ester en justice peut opposer la nullité pour la première fois devant la cour. — *Toulouse*, 8 fév. 1828, Baron c. O...

629. —...Et malgré les conclusions au fond prises par elle dans son acte d'appel.—*Bordeaux*, 1er mars 1826, Vasaveau c. Brouillet.

630. — Elle peut s'opposer pour la première fois devant la cour de Cassation, pour faire annuler les poursuites dirigées et les jugemens rendus contre elle. — *Cass.*, 29 mars 1808, Ménager et Marchais c. Demeaux; 7 août 1815, Héritiers De-

vinck c. Vandercolme; 5 août 1840 (t. 2 1840, p. 205), De Sainneville c. Narbonne Pelet ; 24 fév. 1841 (t. 1er 1841, p. 543), Eymard c. son mari; 13 nov. 1844 (t. 2 1844, p. 564), Deschamps c. Brice.

651. — Le mari peut également intervenir en tout état de cause. — *Montpellier*, 27 avr. 1831, Hortalier c. Andrien; *Metz*, 16 juin 1841 (t. 2 1841, p. 522), Grosjean c. Malherbe.

652.— ... Et se prévaloir de la nullité, même pour la première fois en appel. — *Bordeaux*, 1er mars 1826, Versaveau c. Brouillet; *Metz*, 16 juin 1841 (t. 2 1841, p. 522), Grosjean c. Malherbe.

653.—...Et même devant la cour de Cassation.— *Cass.*, 7 août 1815, Devinck c. Vandercolme.

654. — Il ne pourrait cependant pas l'opposer à sa femme devant la cour de Cassation, s'il avait plaidé volontairement au fond et sans en exciper en première instance et en appel.— *Cass.*, 16 nov. 1825, Decairon.

655. — Quant aux jugemens, la femme, le mari et leurs héritiers peuvent les attaquer pour défaut d'autorisation par toutes les voies ordinaires et même par voie de Cassation, tant qu'ils ne sont pas passés en force de chose jugée. — *Cass.*, 7 oct. 1812, Pagès c. Galy; 7 août 1815, Vandercolme c. Devinck.

656. — Mais ces jugemens n'acquièrent l'autorité de la chose jugée que par des significations régulièrement faites à la femme et au mari. La signification à la femme seule ne suffirait pas. Il faut que le mari ait été mis en demeure d'agir, pour que les délais aient pu courir contre lui et même contre la femme qui ne peut rien faire valablement sans lui.

657. — Le mari, ainsi que ses ayant-cause, peut en outre attaquer les jugemens rendus contre sa femme par la tierce opposition, pendant tout le temps nécessaire à la plus longue prescription. — *Cass.*, 9 janv. 1822, Barnaud et Grangeneuve c. Robert.

658. — ... Quoique ces jugemens lui aient été signifiés, un jugement ne devenant pas obligatoire contre celui qui n'y a point été partie, par cela seul qu'il lui est signifié.— Merlin, *Quest. de dr.*, sect. 3, § 4; Vazeille, n° 379; Bioche, n° 163.

659.—...Et même quoi qu'il ait été cité à l'époque de ces jugemens pour autoriser sa femme, et qu'à son défaut de comparaître l'autorisation ait été donnée par justice. — *Montpellier*, 27 avr. 1831, Hostalier c. Andrieu.

640. — ... L'objet de la tierce-opposition n'étant pas, dans l'espèce, de faire annuler les jugemens, puisque la femme avait été autorisée par justice, mais de les faire réformer parce qu'ils ordonnaient l'exécution de contrats passés par la femme sans aucune autorisation.

641.— Mais ces jugemens, rendus sans autorisation de mari ou de justice, ne peuvent être attaqués par la voie principale d'action en nullité. L'art. 1304, C. civ., n'est applicable qu'aux contrats. — Ainsi, une femme mariée n'est pas recevable, après l'expiration du délai d'appel, à attaquer par voie de nullité un jugement rendu contre elle dans une instance où elle aurait procédé sans l'autorisation maritale. — *Cass.*, 7 oct. 1812, Pagès c. Galy. — *Contrà* Delvincourt, t. 1er, p. 157.

642. — Ils ne peuvent pas l'être par la voie de la requête civile. L'art. 480, C. procéd., ne s'applique qu'à la violation des formes requises pour la validité des actes de juridiction considérés en eux-mêmes et abstraction faite de la qualité des parties. —Zachariæ , t. 3, note 81.—*Contrà* Duranton, n° 468; Vazeille, n° 379.

643. — Il faut distinguer, selon Merlin : ou la femme a laissé ignorer au juge qu'elle était mariée, et dans ce cas, c'est par la requête civile qu'elle doit se pourvoir; ou la femme n'a pas dissimulé son état, et nul doute alors que la voie de cassation ne lui soit ouverte. — Merlin, *Rép.*, vis *Autorisation*, sect. 3, § 4, et *Nullité*, § 7, n° 4; *Quest. de droit*, vis *Cassation*, n° 37, et *Chose jugée*, § 11.

644. — Lorsque la femme mariée a été admise à se faire restituer, contre ses actes, le remboursement de ce qui aurait été, en conséquence de ces actes, payé pendant le mariage, ne peut en être exigé, à moins qu'il ne soit prouvé que ce qui a été payé a tourné à son profit. — C. civ., art. 1312.

645. — Elle n'a point à rembourser le montant de l'obligation annulée, encore bien qu'elle reconnaisse en avoir reçu la valeur, s'il est constant que cette valeur au lieu de lui profiter, a été employée dans l'intérêt unique de l'un de ses enfans majeurs, ne vivant pas avec ses père et mère et n'ayant rien à exiger d'eux à aucun titre. — *Metz*, 16 juin 1841 (t. 2 1841, p. 522), Grosjean c. Malherbe.

646. — En cas d'annulation d'un bail à ferme, elle ne peut être condamnée à payer soit le prix du bail, soit la valeur des fruits produits à dire d'experts : elle n'est tenue à restituer que les fruits qu'elle a perçus et dont elle a profité. — *Cass.*, 25 août 1841 (t. 2 1841, p. 646), Cahours c. Tourangin; —Malleville, sur l'art. 1312, C. civ.; Duranton, t. 12, n° 562. — V. *suprà* n° 612.

Sect. 11e. — *Ratification. — Exécution. — Fins de non recevoir.*

647. — La nullité des actes faits par la femme sans autorisation n'étant pas absolue, il s'ensuit qu'elle peut être couverte par la ratification.

648. — La ratification est expresse ou tacite : expresse, lorsqu'elle réunit les conditions exigées par l'art. 1338, C. civ.; tacite quand l'acte a été volontairement exécuté.

649. — Jugé que la ratification nécessaire pour valider la vente faite par la femme mariée d'un de ses immeubles sans l'autorisation de son mari peut résulter d'une série d'actes qui prouvent qu'il y a eu concours de volonté de la femme pour exécuter le contrat. — *Cass.*, 1er fév. 1843 (t. 2 1843, p. 119), Pontet de Perganson c. Delaroze.

650. — La ratification, soit expresse, soit tacite, peut être donnée ou par le mari et par la femme, ou par l'un des deux époux seulement. — Quel est, dans ces diverses hypothèses, l'effet de la ratification?

651.— La ratification, lorsqu'elle émane des deux époux, les rend tous deux non-recevables à attaquer les actes ainsi ratifiés.

652.—Ainsi, le mari ne peut demander la nullité d'une obligation consentie par sa femme sans son autorisation, lorsque, par un acte postérieur, les deux époux ont conjointement reconnu l'existence de la dette. — *Paris*, 31 décemb. 1836, Delannoy c. Veuille.

653. — Ainsi encore, un acte d'opposition à une ordonnance d'*exequatur* signifié par la femme non autorisée de son mari est validé par la comparution en justice du mari et de la femme, et par leurs conclusions afin de faire accueillir cette opposition. — *Rome*, 5 oct. 1810, Accoramboni c. Précilli.

654. — La ratification peut être valablement donnée par la femme, soit pendant le mariage avec autorisation du mari ou de justice, soit après la dissolution du mariage, sans aucune autorisation.

655. —Lorsqu'elle est donnée par la femme seule, soit pendant le mariage avec autorisation de justice, soit après la dissolution du mariage, elle ne peut priver le mari ou ses héritiers du droit qu'ils peuvent avoir intérêt à exercer.

656. —Lorsqu'elle est donnée par la femme autorisée de son mari, elle élève une fin de non-recevoir contre l'action de l'un et de l'autre.

657. — Ainsi l'autorisation accordée par la justice, à défaut de celle du mari, ne peut avoir pour effet de valider, à l'égard de ce dernier, une cession antérieurement faite par sa femme sans autorisation. — *Toulouse*, 18 août 1827, Delhom c. Caillandordac.

658. —La ratification du mari, soit pendant, soit après le mariage, élève aussi une fin de non-recevoir contre son action en nullité.

659. —Ainsi il ne peut attaquer pour défaut d'autorisation : 1° La vente d'une coupe de bois faite par la femme après qu'il l'a approuvée et exécutée. — *Riom*, 23 janv. 1809, Saint-Hérem c. Jusserand.

660.—... 2° L'acte de partage fait avec sa femme, après qu'il a possédé pendant plusieurs années le lot attribué à celle-ci. — *Colmar*, 28 nov. 1816, Pfeiffer c. Shuster.

661.— ... 3° La transaction consentie par sa femme, lorsqu'il l'a depuis volontairement exécutée. — *Dijon*, 1er août 1818, Lantissier c. Deschamps.

662. — La ratification du mari peut-elle avoir quelque effet à l'égard de la femme ou de ses héritiers?—Non, évidemment, si les choses ne sont plus entières, et, par exemple, si la femme a déjà intenté son action en nullité ou si le mariage est dissous par une cause quelconque. — Proudhon, *loc. cit.*, t. 1er, p. 260.

663. — *Quid* si les choses sont encore entières? —Pour établir que la ratification du mari oblige la femme, on dit qu'il en était ainsi sous les coutumes qui n'exigeaient que le consentement et non l'autorisation expresse du mari; que ce principe avait même fini par prévaloir dans les coutumes qui requéraient l'autorisation expresse; qu'aujourd'hui, comme alors, la nullité n'étant fondée que sur le défaut de consentement marital, le consentement fait, par son intervention, disparaître la nullité; qu'enfin l'art. 217, C. civ., n'établit aucune distinction entre l'approbation antérieure et celle postérieure à l'acte.

664. — Si donc les choses sont encore entières, c'est-à-dire, si la femme n'a pas rétracté son obligation, ou si son décès n'a pas transmis à ses héritiers un droit de nullité que le mari ne peut plus anéantir à leur préjudice, la ratification du mari est possible et valide à l'égard de la femme comme à l'égard de lui-même l'obligation primitive.— Charondas, Le Caron, sur l'art. 223, *Cout. de Paris;* Leprêtre, cent. 2, chap. 16 et 20; Lebrun, *Communauté*, sect. 5e, nos 7, 8 et 9; Pothier, n° 74; Delvincourt, t. 1er, p. 159; Proudhon, t. 1er, p. 269; Vazeille, t. 2, nos 379 et 380; Marcadé, *Elémens*, t. 2, p. 282, n° 1er.

665.—Jugé en ce sens que le consentement postérieur du mari suffit pour valider les engagemens contractés par la femme sans son autorisation. — *Angers*, 1er août 1810, R. c. Delestat.

666. — Mais, dans l'opinion contraire, on s'appuie aussi sur l'ancienne jurisprudence et sur la jurisprudence nouvelle. On dit que la femme, non autorisée au moment du contrat, est incapable de contracter; qu'il n'appartient pas au mari de lui enlever, par un acte postérieur, le bénéfice que la loi attribue aux incapables, d'être relevés de leurs engagemens; que le dernier alinéa de l'art. 217, qui donnait un pareil effet au consentement postérieur du mari, a été retranché; qu'il en résulte que l'autorisation du mari doit précéder ou tout au moins accompagner l'engagement de la femme. — Pothier, *Puiss. marit.*, n° 71; Lebrun, liv. 2, chap. 1er, sect. 4e, n° 19; Duparc-Poullain, t. 5, p. 134; Nougarède, *Lois du mariage*, p. 461; Merlin, sect. 6e, § 2, n° 2, et § 4; Toullier, t. 2, n° 645, et t. 7, n° 571; Duranton, t. 2, n° 518; Locré, *Esprit du C. civ.*, sur l'art. 217.

667. — Le consentement du mari doit être antérieur à l'acte, et l'approbation par lui mise à la suite d'une obligation contractée par sa femme séparée de biens, ne valide pas cette obligation, si sa date est postérieure. — *Rouen*, 18 nov. 1825, Delabrière c. Belonde; *Cass.*, 12 fév. 1828, même partie; *Grenoble*, 26 juill. 1828, Chapuis c. Prompsal;— V. *Bourges*, 17 nov. 1829, d'Apremond c. Saint-Hérand.

668. — Une ratification, même écrite, qui aurait été donnée par le mari seul, postérieurement à l'obligation contractée sans autorisation par sa femme, ne saurait valider cette obligation, ni suppléer au consentement écrit, en l'absence duquel la femme était sans capacité pour s'obliger.— *Cass.*, 26 juin 1839 (t. 2 1839, p. 12), Sauguier c. Villard.

669. — L'autorisation consignée dans l'obligation après la signature de la femme n'est valable qu'autant qu'elle est prouvée avoir été donnée simultanément et lors de la confection de l'acte. — Ce fait peut être établi par témoins. — *Turin*, 17 déc. 1810, Masan c. Corneillan.

670. — Lorsqu'un acte enregistré, souscrit par une femme mariée, énonce que cette femme était autorisée par son mari, et porte en outre la signature de ce dernier, il y a preuve suffisante que le mari a donné son autorisation, et qu'il l'a donnée lors de la passation de l'acte; de sorte que les juges ne peuvent, sans violer la loi, décider, d'après de simples présomptions, que l'autorisation et la signature du mari n'ont été données qu'après coup. — *Cass.*, 21 mars 1831, Durand c. Astier.

671. — C'est par application de ces principes qu'il a été jugé que l'acceptation par le mari d'une lettre de change que sa femme a tirée sur lui ne peut être considérée comme un concours du mari dans l'acte, ni comme un consentement capable de valider l'obligation de sa femme. *Quod nullum est ratum haberi nequit.* — *Paris*, 12 janv. 1815, Joly c. Renel.

672. — ... Tandis que l'acceptation par la femme d'une lettre de change tirée sur elle par son mari est parfaitement valable. — *Caen*, 2 août 1814, Lamotte c. Lacanve; *Paris*, 2 fév. 1830, Belon c. Montoli.

673. — La ratification a-t-elle un effet rétroactif au jour où l'acte ratifié a été fait? — Autrefois, la nullité étant absolue, la ratification était considérée comme un engagement nouveau qui n'avait effet que du jour de sa date. Aujourd'hui, la nullité étant relative et étant établie dans l'unique intérêt de la femme, du mari et de leurs héritiers, la ratification doit rétroagir au jour du contrat. En vain on oppose que la ratification ne peut pas nuire aux droits des tiers : cela est vrai quand la nullité couverte par la ratification est une de celles que les tiers peuvent invoquer. Mais il s'agit d'une nullité dont les créanciers ne peuvent jamais exciper. — V. *suprà* nos 603 et suiv. — V. *contrà* Merlin, vo *Autorisation maritale*, sect. 9e; *Quest. de dr.*, vo *Hypothèque*, § 4, nos 4-7.

674. — Il reste à examiner le mérite de quelques exceptions à ces principes, introduites par l'équité

Col 1

des tribunaux. — Chacun doit connaître la condition de celui avec lequel il contracte, ou subit les conséquences de son ignorance ou de son erreur. « *Contrahens gnarus esse debet conditionis ejus quocum contrahit.* » Celui qui a contracté ou plaidé avec une femme non autorisée doit s'imputer de n'avoir pas eu égard à son état de femme en puissance de mari. L'acte ou le jugement est nul.

675. — Peu importe que la femme ait pris, en contractant ou en plaidant, la qualité de fille majeure, de femme divorcée ou de veuve, ou qu'elle se soit dite autorisée par son mari. L'acte ou le jugement n'en est pas moins nul. Autrement, il serait trop facile d'éluder la loi (arg. art. 1307, C. civ.). — Dupare-Poullain , t. 5, n° 421 ; Pothier, n°s 53 et 54 ; Merlin, *ubi suprà*, sect. 7e, n° 19 ; Toullier, n° 622 ; Duranton, n° 462 et 495 ; Vazeille, t. 2, n° 812.

676 — Ainsi, les contrats ou jugemens sont nuls, quoique la femme ait plaidé ea qualité de fille ou de veuve. — Bordeaux, 12 germin. an XIII, Guiraudel c. Aubert ; Caen, 22 fév. 1826, Alexandre c. Legrouley.

677. — ...Ou qu'elle se soit présentée faussement comme autorisée.—Paris, 9 thermid. an XII, Préverand c. Guebhard.

678.—Ainsi donc, le protêt fait contre une femme mariée sous son nom de fille, l'assignation à elle donnée et le jugement contre elle rendu sous le même nom et sans qu'elle ait été autorisée sont des actes nuls, que les tribunaux ne peuvent valider sous le prétexte de la bonne foi des parties et de l'ignorance où elles étaient de la véritable qualité de leur débitrice.—*Cass.*, 15 nov. 1836, L'Official c. Chevrier.

679. — Peu importe que l'erreur sur la vraie condition de la femme fût une erreur commune et générale : *Error communis facit jus?* L'erreur commune ne suffit pas pour valider la condition ou le jugement. — Vazeille, t. 2, n° 813 ; Zacharie, t. 3, p. 347, § 372, n° 91. — V. contrà Pothier, n° 28 et 54 ; Merlin, loc. cit., n°s 4 et 19 ; Delvincourt, t. 1er, p. 334 ; Toullier, n° 623 ; Duranton, n°s 463 et 495.

680. — Peu importe aussi que le mariage ait été tenu secret ou que, célébré à l'étranger, il n'ait pas été publié en France, conformément à l'art. 171, C. civ. — V. *contrà* Vazeille, n° 813 ; Toullier, t. 1er, n° 579 ; Duranton , t. 2, n°s 239 et 240 ; Merlin, v° *Mariage*, § 11.

681.—Peu importe même que la femme ait produit de faux actes ou employé des moyens frauduleux pour tromper celui avec lequel elle contractait. Dans tous ces cas, la femme n'a pu être valablement engagée soit par contrat soit par jugement.

682. — Cependant le mari s'est rendu complice de la fraude, il y a eu de sa part consentement au contrat, il est dès-lors ce contrat oblige les deux époux. Si la femme est seule coupable, comme quiconque, porte préjudice à autrui est tenu de le réparer, et comme la réparation doit être égale au préjudice, on réclamera d'elle, à titre de dommages-intérêts, l'équivalent de l'obligation dont elle ou son mari demande la nullité. Les principes seront respectés et l'égalité sera satisfaite. — Vazeille, n° 314. — V. cependant Toullier, n° 624 ; Duranton , n° 494 ; Merlin, sect. 7e, n° 19.

683. — C'est en ce sens que nous approuvons les arrêts qui suivent : —1° Le mari n'est pas recevable à attaquer les actes que sa femme a passés sans son autorisation, lorsqu'il est de son consentement qu'elle s'est dite l'être et que le mariage a été tenu secret.—*Cass.*, 30 août 1808, Sanson Tapis c. N...

684. —2° La femme dont le mari est absent depuis quelques années, et qui, dans un but frauduleux, s'est fait passer pour veuve et est parvenue à accréditer ce bruit dans le public, ne peut faire annuler les obligations par elle consenties en cette qualité. — Grenoble, 23 déc. 1822, Mayousse c. Allard et Charpe.; *Cass.*, 13 mars 1824, mêmes parties.

685.—3° L'héritier d'une femme dont le second mariage a été tenu secret ne peut faire annuler, pour défaut d'autorisation, la donation contractuelle faite par cette femme en sa qualité de veuve. — Agen, 18 nov. 1822, Vieillescaxes c. Decros.

686.—Lorsque dans un acte une femme a pris la qualité de femme libre ou mari absent, ceux qui ont contracté avec elle en cette qualité sont recevables à établir qu'elle était veuve pour prouver la nullité de l'acte. — *Cass.*, 12 mars 1807, Desmée c. Demons.

V. ANNEXE DE PIÈCE, ANTICHRÈSE , ASSURANCE TERRESTRE, AVEU , BREVET (acte ancien), CAUTIONNEMENT, ENREGISTREMENT, RÉPÉTITION.

Col 2

AUTORISATION DE PLAIDER. — 1. — L'autorisation que, dans un procès, certaines parties intéressées doivent obtenir pour ester en justice. — Ces parties sont, notamment, les communes, les départemens, les établissemens publics, fabriques, hospices, les femmes mariées, etc — La capacité des

Col 3

femmes mariées pour procéder en justice et même pour contracter fait l'objet d'un article unique et spécial. (V. AUTORISATION DE FEMME MARIÉE). — Quant à la capacité de contracter des communes, établissemens publics, etc., il en sera traité sous les mots généraux consacrés à chacune de ces matières. Il n'est question dans cet article, ainsi du reste, que l'indique son titre, que de l'autorisation qui leur est nécessaire pour procéder en justice.

CHAPITRE 1er. — Des communes.

Sect. 1re.—*De la nécessité de l'autorisation.*

§ 1er. — *Dispositions générales.*

2. — Aux termes de l'édit d'avr. 1683 (août suivant quelques auteurs en arrêts) et des déclarations du 2 août 1687 et 2 oct. 1703, il était fait défense aux communautés et à leurs maires, échevins, syndics, jurats et consuls d'intenter aucune action, ni de demander aucun procès, tant en cause principale que d'appel, sans en avoir obtenu le consentement des habitans dans une assemblée générale dont l'acte de délibération devait être confirmé et autorisé par écrit, par l'intendant ou commissaire de la province ou généralité.—Merlin, *Rép.*, v° *Communauté d'habitans*, n° 7.

3. — S'il n'apparaissait d'une autorisation régulière, il était également fait défense aux procureurs d'occuper pour les communautés, et aux premiers juges de rendre aucuns jugemens sur les affaires qui les concernaient, à peine de nullité des procédures et des jugemens rendus en conséquence, et de répondre, en leurs noms, des dommages-intérêts des parties. — Déclaration du 2 oct. 1703.

4. — A défaut d'autorisation, les dépens prononcés contre les communes ne pouvaient être répétés sur leurs biens et revenus, mais devaient être payés par les officiers municipaux et délibérans, en leurs propres et privés noms, sans espérance de répétition. — *Ibid.*, et Édit d'août 1764, art. 45.

5. — La nécessité de l'autorisation fut maintenue par la loi du 14 déc. 1789, dont l'art. 54 appelait nécessairement le conseil général de sa commune à délibérer sur le procès à intenter, même sur les procès à soutenir, dans le cas où le fonds du droit serait contesté, et dont l'art. 56 déclarait que toutes les délibérations relatives à cet objet ne pourraient être exécutées qu'après l'approbation du directoire ou de l'administration du département qui devait être donnée, s'il y avait lieu, sur l'avis de l'administration ou du directoire du district.

6. — La loi du 29 vendém. an V, en conférant aux agens des communes et, à leur défaut, à leurs

adjoints le droit *de suivre* les actions intéressant les communes, disposa (art. 3) que ces agens ou adjoints et officiers municipaux ne pourraient suivre aucune action devant les autorités constituées sans y avoir été préalablement autorisés par l'administration centrale du département, après avoir pris l'avis de l'administration municipale.

7. — Le principe relatif à la nécessité d'autorisation de la part des communes qui veulent introduire des actions en justice a été appliqué par un grand nombre de décisions dont il suffit de faire une énumération sommaire. — Il a donc été jugé qu'une commune ne peut intenter une action sans y avoir été autorisée par les administrations supérieures. — *Cass.*, 5 germin. an V, de Montmorency c. comm. de Grainville; 18 germin. an V, Labriffe c. comm. de Nolzay; 9 brum. an VII, Anselme c. comm. de Rognonas; 6 frim. an VII, comm. de Nogaret c. Rivier et Vignon; 19 messid. an VII, comm. de Montorsier c. Giraud; 17 prair. an XI, Mairot Froissard c. comm. de Dommartin; 3 brum. an XII, Boroger c. comm. de Marimont; 6 niv. an XII, Lamberty c. comm. de Mautivilliers; 26 messid. an XIII, Guillaume de Chavaudon c. comm. de Droup-Saint-Basle; 22 janv. 1806, préfet de l'Aube c. comm. de Saint-Mesmin; 5 fév. 1806, de Grammont c. comm. du Grand et Petit Magny et de Villers-la-Ville; 17 mars 1806, de Chavaudon c. comm. de Méry-sur-Seine; 17 mars 1806, Desfriches-Dorin c. comm. de Savières; 9 avr. 1806, Fenaux c. comm. de Halles, Maismont-et-Sainte-Radegonde; 29 oct. 1806, Sauvan d'Aramon c. comm. d'Aramon; 8 déc. 1806, Mengin c. comm. de Santes; 20 juill. 1807, Montangon c. comm. de Chaudenocy; 9 nov. 1808, comm. de Monteplain c. Franchet; 18 déc. 1809, Fabert c. comm. de Moulins-les-Metz; 9 mars 1818, prince de Gavre c. comm. de Bourg-en-Montagne.

8. — De son côté, le Code de procéd., art. 1032, prescrit aux communes de se conformer aux lois administratives pour former une demande en justice.

9. — Jugé par application du même principe, qu'une commune ne peut intenter une action, par exemple en revendication de biens qu'elle prétend avoir été usurpés sur elle par abus de la puissance féodale, sans y avoir été autorisée par l'administration supérieure. — *Cass.*, 2 juin 1817, d'Ainesy c. comm. de Montpezat.

10. — Jugé de même que le besoin d'autorisation pour les communes, à l'effet de plaider et défendre aux actions intentées contre elles, existe aussi bien lorsqu'il s'agit d'une action réelle (ainsi, par exemple, d'une demande en affranchissement de pâturage), que lorsqu'il s'agit d'une action personnelle ou mobilière. — *Cass.*, 17 nov. 1835, de Trélans c. Sinègre.

11. — Enfin, l'art. 49, L. 18 juill. 1837, n'a fait que formuler le principe de la législation précédente, en ces termes : — « Nulle commune ou section de commune ne peut introduire une action » en justice sans être autorisée par le conseil de » préfecture. »

12. — La nécessité de l'autorisation s'étend-elle au cas où la commune est défenderesse ? Et la commune, dans ce cas, ne peut-elle ester en justice qu'autant qu'elle y a été autorisée ? — Cette question pouvait sembler douteuse en principe avant la loi du 18 juill. 1837. — En effet, d'une part, les édits d'avr. 1683 et d'août 1764, et les déclarations des 2 août 1687 et 2 oct. 1703 n'avaient soumis les communes à la nécessité d'aucune autorisation pour défendre aux actions dirigées contre elles. (On cite cependant un arrêt du conseil, du 8 août 1713, qui leur aurait imposé pour la défense les mêmes formalités que pour la demande). — D'autre part, la loi du 14 déc. 1789 n'exigeait formellement l'autorisation, pour les procès à soutenir, que *dans le cas où le fond du droit était contesté* (art. 54 et 56 combinés), et celle du 29 vendém. an V, art. 3, se servait de cette expression : « Les agens ou leurs adjoints, les offi» ciers municipaux, ne pourront *suivre* aucune » action... », ce qui pouvait paraître s'appliquer seulement au cas où la commune était demanderesse, d'autant plus que l'art. 1032, C. procéd., ne s'appliquait évidemment qu'à ce cas. — V., dans ce sens, Locré, sur cet article.

13. — Néanmoins on décidait, avec raison, que l'autorisation était nécessaire, même au cas où la commune était défenderesse. — Henrion de Pansey, *Des biens communaux*, chap. 19, § 4 ; Carré, *Lois de la procéd.*, quest. 3403.

14. — Ainsi jugé que les communes ne peuvent plaider, même en défendant, sans y être autorisées. La nécessité de l'autorisation est substantielle. — *Cass.*, 25 juill. 1825, comm. d'Erp c. Morère; 14 déc. 1835, comm. de Cheu (intérêt de la loi).

15. — ... Que l'autorisation de plaider est indispensable aux communes pour pouvoir ester valablement en justice, en défendant comme en demandant. — *Bourges*, 7 mars 1835, comm. de Mouloy-sur-Yèvre c. comm. d'Osmoy (intérêt de la loi).

16. — Cette jurisprudence est désormais sanctionnée par l'art. 54, L. 18 juill. 1837, portant, *in fine* : « En aucun cas, la commune ne pourra défendre à » l'action qu'autant *qu'elle y aura été expressément » autorisée.* »

17. — La nécessité de l'autorisation a été reconnue même au cas où il s'agissait d'une commune plaidant contre une autre commune. — *Cass.*, 19 thermid. an VI, comm. d'Au c. comm. de Berg; 24 pluv. an VII, comm. de Margival c. comm. de Villery; 17 vendém. an VIII, comm. d'Au c. comm. de Berg; 11 messid. an X, comm. de Carvin c. comm. d'Oignies; 16 fructid. an XIII, comm. de Damloup c. comm. de Soupleville et d'Abancourt; *Bourges*, 7 mars 1835, comm. de Moulins-sur-Yèvre c. comm. d'Osmoy.

18. — Dans ce cas, l'autorisation donnée à la commune demanderesse n'emporte pas autorisation implicite pour la commune défenderesse. — *Bourges*, 7 mars 1835, comm. de Moulin-sur-Yèvre c. comm. d'Osmoy.

19. — Les premières lois de la révolution, sur l'organisation judiciaire, imposèrent la juridiction arbitrale à tous les plaideurs. Mais il n'y en avait pas moins procès et instance engagés devant eux. Aussi a-t-on décidé qu'une commune ne pouvait être partie dans une décision arbitrale sans y avoir été autorisée. — *Cass.*, 1er brum. an IX, de Grammont c. comm. de Magny et Villers-la-Ville; 17 et 18 thermid. an XIII, de Bavière c. comm. de Mergey, Chasseigny, Saint-Messin et Courlanges; 16 fructid. an XIII, de Chavaudon c. comm. de Vallan et d'Orvilliers.

§ 2. — *Règles spéciales au cas où la commune est défenderesse.*

20. — L'édit d'avr. 1683 portait défense *aux créanciers des communautés* d'intenter contre elles, en la personne de leur représentant : « aucunes actions, même pour emprunts légitimes qu'après qu'ils en auraient obtenu la permission par écrit des intendans ou commissaires départis, dont ils feraient donner copie avec l'exploit de demande, à peine de nullité de toutes les procédures qui pourraient être faites, au préjudice, et des jugemens rendus en conséquence. »

21. — Quant à la loi du 14 déc. 1789, elle était muette sur l'obligation imposée aux créanciers demandeurs par l'édit d'avr. 1683.

22. — Mais quelques auteurs (Henrion de Pansey, *Des biens communaux*, chap. 32, § 6, Merlin, *Quest.*, vo *Communes*) ont pensé que la disposition de l'édit d'avr. 1683 avait encore force de loi quand elle a été reproduite par l'arrêté du 17 vendém. an X, lequel a défendu aux créanciers des communes d'intenter contre elles aucunes actions « qu'après qu'ils en auraient obtenu la permission, par écrit, du conseil de préfecture, sous les peines portées par l'édit. »

23. — Par application de cet arrêté, il a été jugé que le créancier d'une commune ne pouvait intenter contre elle une action qu'après en avoir obtenu la permission par écrit du conseil de préfecture. — Qu'en conséquence, devaient être cassés les jugemens par lesquels un juge de paix, sur une demande en paiement du prix de location d'une voiture qui a servi au transport de la musique de la garde nationale, ordonne la mise en cause du maire et condamne la commune au paiement du prix de cette location. — *Cass.*, 4 janv. 1834, comm. de Thann (intérêt de la loi).

24. — Les créanciers des communes ne peuvent, à peine de nullité, intenter contre elles aucune action en justice qu'après une autorisation administrative. — *Cass.*, 14 déc. 1835, comm. de Cheu (intérêt de la loi).

25. — Celui qui veut exercer contre une commune un recours en garantie, à raison d'une action personnelle dirigée contre lui, et dérivant de l'art. 1388, C. civ., doit préalablement s'y faire autoriser. — *Rennes*, 22 août 1820, Damour c. comm. de Redon.

26. — Toutefois le créancier d'une commune auquel le conseil de préfecture avait refusé l'autorisation de la poursuivre, n'était pas tenu de se pourvoir au conseil d'état contre ce refus, afin d'intenter son action devant les tribunaux. — *Nîmes*, 1er fév. 1831, Daussegure c. Maigron.

27. — L'arrêté du 17 vendém. an X établissait une distinction importante entre les *créanciers* des communes et ceux qui réclamaient contre elles des droits de propriété. Aucun texte n'obligeait ceux-ci à se munir d'une permission pour agir, et cette distinction avait été consacrée par un avis du Conseil d'état, du 3 juill. 1806. — Reverchon, *Des autor. de plaid.*, p. 383.

AUTORISATION DE PLAIDER, ch. 1er.

28. — Jugé en ce sens que celui qui introduit une action réelle contre une commune n'est pas tenu de se faire autoriser préalablement ou de faire autoriser la commune, comme il y serait contraint dans le cas où il n'agirait que comme simple créancier. — *Toulouse*, 29 avr. 1833, Coudere c. comm. de Saint-Michel; 17 juill. 1834, Dauriol c. maire d'Azas.

29. — Jugé encore que, sous l'empire de l'édit de 1683 (renouvelé par l'arrêté du 17 vendém. an X), ceux qui voulaient intenter des poursuites judiciaires contre une commune n'étaient pas tenus de provoquer eux-mêmes son autorisation, et n'étaient astreints à se munir préalablement d'une permission administrative qu'alors qu'ils agissaient *en qualité de créanciers.* — Mais la disposition de cet édit était inapplicable au cas où il s'agissait d'une action possessoire dirigée contre une commune. — *Cass.*, 23 janv. 1844 (t. 1er 1844, p. 252), ville de Tours c. Chaudesais.

30. — C'est aussi la jurisprudence du conseil d'état, attestée par un grand nombre de décrets et d'ordonnances qui ont appliqué la distinction indiquée, soit en annulant, pour cause d'excès de pouvoirs, les arrêtés des conseils de préfecture qui avaient statué sur des demandes formées par des particuliers, à l'effet d'être autorisés à intenter des actions réelles, soit en rejetant les pourvois dirigés contre les arrêtés par lesquels ces conseils avaient refusé de statuer sur des demandes de cette nature. — *Cons. d'état*, 21 mars 1809, Robert; 4 juin 1816, Jousselin; 18 nov. 1818, Roques; 23 janv. 1820, Postel; 23 fév. 1820, Pervry; 12 mai 1820, Dières; 21 avr. 1832, Genlis; — Reverchon, *ibid.*, p. 7.

31. — Dans ce cas, c'est le maire de la commune assignée qui doit obtenir l'autorisation nécessaire, et s'il procédait dans l'instance sans se l'être procurée, il pouvait être condamné personnellement aux frais du procès. — *Toulouse*, 17 juill. 1834, Dauriol c. maire d'Azas.

32. — La faveur de la liberté d'action a même fait décider qu'en matière d'action *mixte*, une commune peut être assignée sans l'autorisation préalable du conseil de préfecture. — *Pau*, 24 juill. 1835, Mainhague c. comm. de Gens.

33. — Le refus d'autorisation d'une commune pour plaider ne peut avoir l'effet de priver celui qui est demandeur d'obtenir contre elle l'adjudication des fins de sa demande, lorsque les formalités nécessaires pour provoquer cette autorisation ont été remplies. — *Bourges*, 17 août 1831, comm. de Marval c. Chaumette.

34. — De même, le refus de l'autorité administrative d'autoriser une commune à plaider comme défenderesse à une action immobilière ne peut priver les demandeurs du droit d'exercer cette action. — *Cass.*, 20 janv. 1838 (t. 2 1838, p. 144), comm. de Marval c. Coperie et Rouilhac.

35. — Aujourd'hui, d'après la loi du 18 juill. 1837 (art. 51), quiconque veut intenter une action contre une commune ou section de commune est tenu, ainsi qu'on le verra *infrà* (nos 209 et suiv.), d'adresser préalablement au préfet un mémoire exposant les motifs de sa réclamation; il lui en est donné récépissé. — La présentation de ce mémoire interrompt la prescription et toutes déchéances.

36. — Toute action intentée contre une commune, soit au civil, soit au criminel, doit être précédée du mémoire exigé par l'art. 51, L. 18 juill. 1837. — *Rennes*, 29 mai 1839 (t. 2 1839, p. 504), Propriétaires de la forêt du Brécilien c. comm. de Paimpont et Hervé-Saulnier. — V. *infrà* nos 54 et suiv.

37. — Les tribunaux devraient refuser tout accès à celui qui porterait devant eux une action contre une commune sans justifier du dépôt qu'il a dû faire par la représentation du récépissé, ou avant l'expiration des délais fixés pour l'obtention par la commune d'une autorisation à l'effet de défendre. — Reverchon, *Des autor. de plaider*, p. 182 et suiv.

38. — Toutefois, malgré les termes absolus de la loi, M. Reverchon (p. 41) pense que l'État est dispensé d'adresser au préfet le mémoire dont parle l'art. 51, L. 18 juill. 1837. Cette solution peut s'appuyer sur ce que les autorisations de plaider sont considérées comme des actes administratifs et non comme des affaires contentieuses, de sorte que le conseil de préfecture qui y statue n'est pas un tribunal, mais un agent administratif de l'état lui-même.

39. — C'est à la commune elle-même et non à celui qui veut l'actionner, à se pourvoir de l'autorisation. Le demandeur a rempli toutes ses obliga-

tions, à cet égard, par l'envoi de son mémoire.

40. — Mais il n'y a pas même lieu de statuer sur la demande en autorisation de défendre présentée par une commune avant que le demandeur ait satisfait aux prescriptions de l'art. 51, par la présentation du mémoire dont parle cet article. — *Cons. d'état*, 8 juill. 1840, comm. de la Calmette; — Reverchon, p. 185.

§ 3. — *Dispenses d'autorisation.*

41. — Avant la loi du 18 juill. 1837, le maire d'une commune n'était, dans un procès, le représentant légal de cette commune que pour la réception des notifications faites à la commune. Dans le cas d'une demande formée contre elle, il ne pouvait faire, sans autorisation, que les actes conservatoires, et à cette condition que leur validité restait subordonnée à l'obtention de l'autorisation. — *Bourges*, 7 mars 1835, comm. de Moulins-sur-Yèvre c. comm. d'Osmoy.

42. — La loi du 18 juill. 1837, art. 55, autorise le maire à intenter, sans autorisation préalable, toute action possessoire, ou y défendre et faire tous autres actes conservatoires ou interruptifs des déchéances.

43. — Ainsi jugé que les maires peuvent faire, sans autorisation, tous les actes conservatoires exigés par les circonstances dans l'intérêt des villes qu'ils administrent. — *Nîmes*, 7 mai 1841 (t. 2 1841, p. 462), fabrique de Saint-Siffrein c. ville de Carpentras.

44. — Les lois antérieures à 1837 ne dispensaient pas les communes de l'autorisation, en matière d'actions possessoires; elles y restaient donc soumises à cet égard, comme à l'égard de toutes autres actions.

45. — Aussi une commune ne pouvait plaider sans autorisation, même en matière possessoire. — *Cass.*, 25 juill. 1825, comm. d'Erp c. Morère; 10 mars 1829, comm. de Villers c. comm. de Saint-Germer; 16 avr. 1834, comm. de Saint-Bresson c. Grosjean; 18 août 1840 (t. 1er 1841, p. 35), Quétier de Saint-Eloy c. maire du Plessis-Ballisson et Collas.

46. — Le maire peut non seulement intenter l'action possessoire, mais la suivre et poursuivre jusqu'au jugement définitif. Il n'est donc pas même nécessaire qu'il se munisse d'une autorisation avant la décision. — Reverchon, p. 62 et 63.

47. — La disposition de l'art. 55, L. 18 juill. 1837, qui permet au maire d'une commune d'intenter, sans autorisation préalable, toute action possessoire et y défendre, comprend évidemment les actions actives et passives de toute espèce exercées ou suivies, en matière possessoire, dans les deux degrés de juridiction. — Dès-lors, le maire peut, sans autorisation, intervenir en appel dans une instance possessoire pendante entre des tiers. — *Cass.*, 2 fév. 1842 (t. 1er 1842, p. 191). comm. de la Croix-Saint-Leufroy c. de Chantemesle.

48. — De même les communes n'ont pas besoin d'autorisation pour appeler d'un jugement sur action possessoire. — *Cons. d'état*, 30 déc. 1842, comm. de Saint-Laurent-d'Arce.

49. — Une seconde dispense est relative aux oppositions mises aux états dressés par le maire pour le recouvrement des recettes municipales, lorsque la matière est du ressort des tribunaux. — « Ces oppositions sont jugées comme affaires sommaires, et la commune peut y défendre sans autorisation du conseil de préfecture. » — L. 18 juill. 1837, art. 63.

50. — Déjà on avait jugé que les lois qui soumettent les communes qui veulent plaider à l'autorisation préalable, ne sont pas applicables en matière de recouvrement de droit d'octroi. — *Cass.*, 2 juin 1836, Sorel c. ville d'Amiens.

51. — Une troisième exception au principe de l'autorisation concerne les actions administratives, qui en ont toujours été considérées comme dispensées, la loi n'exigeant ce préalable que pour les actions *judiciaires*. — Cormenin, *Dr. admin.*, 5e édit., vo *Communes*, t. 1er, p. 403; Reverchon, p. 69 et 70; Magniltot et Delamarre, *Dict. de dr. publ. et admin.*, vo *Communes*, t. 1er, p. 253.

52. — Ainsi nul besoin d'autorisation pour se pourvoir devant le conseil de préfecture ni au conseil d'état, soit contre des arrêtés du conseil de préfecture, soit contre des décisions ministérielles, soit contre des ordonnances royales portant préjudice aux communes. — *Cons. d'état*, 16 fév. 1826, comm. d'Ervy; 1er nov. 1826, comm. d'Istres, 16 janv. 1828, comm. d'Etrechy; — Cormenin, *ibid.*; Reverchon, *ibid.*; Magnitot et Delamarre, *ibid.*

53. — Les dispositions de la loi du 18 juill. 1837 qui obligent la commune ou tout contribuable

inscrit au rôle qui veut intenter une action au nom de la commune à obtenir préalablement l'autorisation du conseil de préfecture, ne sont applicables qu'au cas où il s'agit d'actions devant les tribunaux ordinaires. — *Cons. d'état*, 8 avr. 1842, Duvergier.

54. — L'autorisation est-elle nécessaire à une commune pour agir en matière criminelle? La négative pourrait s'appuyer sur ce que l'art. 1032, C. procéd. civ., n'a en vue que les affaires civiles.

55. — Ainsi jugé, du moins avant la loi de 1837, que les communes ne sont pas tenues de se faire autoriser pour plaider en matière criminelle ou correctionnelle. — *Cass.*, 3 août 1820, Garbe c. comm. de Brimeux. — V. conf. Cormenin, *ibid.*, p. 404, note 3e; Magnitot et Delamarre, *ibid.*, p. 253.

56. — L'affirmative résulterait de ce que le conseil d'état a autorisé diverses communes à suivre des procès de cette nature. — *Cons. d'ét.*, 12 mai 1820, comm. de Chichiliane; 16 mai 1839, comm. de Brenod; — Reverchon, p. 59 et 60.

57. — Jugé également qu'un maire ne peut, sans autorisation administrative, intervenir dans une instance correctionnelle intentée pour bris de clôture d'un terrain, sous prétexte que ce terrain, dont le plaignant se dit propriétaire, est une propriété communale. — Le maire est non-recevable dans son intervention, encore bien qu'il ait été autorisé à introduire une action contre le plaignant, pour lui contester la propriété du terrain qu'il s'attribue. — *Bordeaux*, 6 janv. 1831, Dufour et Gourdon c. Sault.

58. — En présence des termes généraux de l'art. 49, L. 18 juill. 1837, il est difficile d'admettre aujourd'hui qu'il y ait dispense. — V. conf. Reverchon, p. 62.

59. — Une commune n'est pas dispensée de se faire autoriser à plaider par le conseil de préfecture, parce que la cause a d'abord été engagée devant la juridiction correctionnelle qui, sur une question préjudicielle, l'a renvoyée devant le tribunal civil. — *Cass.*, 27 nov. 1828, comm. de Bernay c. Cerisy.

60. — L'arrêté du 17 vend. an X, qui porte que les créanciers des communes ne pourront intenter aucune action contre elles qu'après qu'ils en auront obtenu, par écrit, la permission du conseil de préfecture, n'est pas applicable à l'action formée contre une commune en réparation des pillages commis par des attroupemens sur son territoire. — *Cass.*, 17 juin 1817, comm. d'Haplincourt c. Bresson.

61. — ... Ni aux demandes en dommages-intérêts formées contre les communes, à raison des délits dont la loi du 10 vend. an IV leur impose la responsabilité. — *Cass.*, 19 nov. 1821, Cazelles c. comm. de Montagnac; 28 janv. 1826, mêmes parties.

62. — ... Ni lorsqu'il s'agit d'une action formée par un particulier, contre une commune, à raison des dispositions d'ordre public et de haute police, prescrites par une loi spéciale. — *Cass.*, 19 nov. 1821, Cazelles c. comm. de Montagnac.

63. — *Particulièrement* lorsque les procès-verbaux de l'autorité administrative constatant un délit dont la responsabilité incombe à une commune, d'après la loi du 10 vend. an IV, ont été transmis au ministère public, que le tribunal civil a été saisi, la partie lésée n'a pas besoin, pour intervenir dans l'instance ainsi engagée, de se faire autoriser à agir contre la commune, et les juges ne peuvent ordonner un sursis jusqu'à l'obtention de cette autorisation. — V. conf. Cormenin, *ubi suprà*, p. 410, no 48, note 1re. — *Contrà* Reverchon, p. 41 et suiv.

64. — Au reste si, avant la loi de 1837, on pouvait craindre que l'administration n'accordât difficilement la *permission* de poursuivre les communes, en vertu de la loi du 10 vend. an IV, cette raison n'existe plus aujourd'hui que le demandeur n'a plus de *permission* à demander, comme sous l'empire de l'arrêté du 17 vend. an X, et qu'il n'est plus obligé que d'adresser au préfet le mémoire prescrit par la loi du 18 juill.; aussi pensons-nous que l'art. 49 de cette loi embrasse, dans sa généralité, les actions fondées sur la loi du 10 vend. an IV.

65. — Le maire d'une commune peut, en vertu des attributions générales dont il est investi, actionner devant les tribunaux, sans l'autorisation du conseil de préfecture, le propriétaire d'une maison qui menace ruine et compromet la sûreté publique pour en faire ordonner la démolition. — *Montpellier*, 25 mai 1830, Albarel c. maire de Carcassonne.

66. — De même, l'action civile intentée par le maire d'une commune agissant en vertu des pou-

AUTORISATION DE PLAIDER, ch. 1er.

voirs généraux attachés à sa qualité, et non pour les propriétés et les intérêts matériels de la commune, ne doit pas être précédée d'une autorisation de plaider. — *Cass.*, 14 août 1832, Albarel c. maire de Carcassonne.

67. — L'action dirigée contre un maire, et dont l'objet est d'obtenir main-levée d'une opposition formée par ce maire à la délivrance des marchandises d'un négociant, pour frais de magasinage dus à la commune, n'est pas dans la catégorie des actions pour lesquelles est nécessaire l'autorisation préalable du conseil de préfecture. — *Rouen*, 7 nov. 1836, Perluzon c. comm. du Havre.

68. — Une commune n'a pas besoin de l'autorisation du conseil de préfecture lorsque la contestation dans laquelle elle est intéressée a été portée au conseil d'état, qui a renvoyé les parties devant les tribunaux. — *Cass.*, 3 (et non 2) déc. 1828, Bouis c. comm. de Tourves. — V. aussi no 205. — Il en est de même quand l'une des parties est un établissement public. — V. *infrà* no 319.

69. — Jugé, au contraire, que, lorsque le conseil d'état prononce purement et simplement sur l'exception d'incompétence, le renvoi devant les tribunaux n'est que conditionnel; il ne dispense pas la commune de se faire autoriser par le conseil de préfecture; il n'implique pas non plus l'obligation de plaider. — *Cons. d'ét.*, 5 nov. 1823, comm. de Petit-Pierre c. les Forêts; — Cormenin, *Dr. adm.*, vo *Communes*, t. 2, p. 409, et Append., vo *Communes*, no 7; Serrigny, *Organis. compét. et procéd. en matière contentieuse adm.*, no 409.

70. — Mais si le conseil d'état, tout en statuant sur l'exception d'incompétence, examine le fond de l'affaire et autorise expressément la commune à ester devant les tribunaux, il n'est pas besoin de recourir au conseil de préfecture pour obtenir une autorisation nouvelle, et l'autorisation du conseil d'état suffit pour intenter l'action judiciaire. — — *Cons. d'ét.*, 7 mars 1821, comm. de Cauneille c. Delucq; — Serrigny, *loc. cit.*

71. — Une commune peut, sans autorisation préalable, exciper en justice de ce qu'elle n'a pas été autorisée à défendre sur le fond de la contestation. — *Rennes*, 22 août 1820, Damour c. comm. de Redon.

Sect. 2e. — *Cas où il y a lieu à une nouvelle autorisation.*

72. — En règle générale, l'autorisation de plaider accordée à une commune est spéciale et ne peut être étendue d'un cas à un autre. Il faut, si une contestation différente s'élève, provoquer une nouvelle autorisation. — Toutefois la première suffit lorsqu'elle ne s'applique qu'aux accessoires de l'affaire pour laquelle elle a été donnée, ou à l'exécution d'un jugement régulièrement obtenu. — Merlin, *Quest.*, vo *Commune*, § 5, no 3; Foucart, *Elém. du dr. publ. et administ.*, t. 3, no 1627. — On va voir l'application de ce principe dans les espèces suivantes:

73. — *Demande modifiée ou nouvelle.* — Une commune qui a été autorisée à se faire réintégrer dans un droit d'usage d'une forêt, ne peut pas, sans une nouvelle autorisation, conclure à ce que le tribunal lui adjuge la propriété de cette forêt. — *Cass.*, 27 vent. an V, Courdurier c. comm. de Montbrun.

74. — De même, l'autorisation accordée à une commune, à l'effet de revendiquer un droit d'usage sur un fonds, ne lui suffit pas pour revendiquer ensuite la propriété de l'immeuble. — *Cass.*, 5 oct. 1807, Guiter c. comm. de Saint-Laurent de la Salonque.

75. — Jugé qu'au contraire l'autorisation donnée à une commune, en première instance, de réclamer un droit de propriété lui donne le droit, sur l'appel interjeté contre elle, de restreindre sa réclamation à un droit d'usage; elle n'a pas besoin pour cela d'une autorisation nouvelle. — *Cass.*, 26 fév. 1838 (t. 2 1838, p. 469), section de Corréo c. Mondet.

76. — L'autorisation accordée à une commune de revendiquer un terrain vendu à son ci-devant seigneur, ne peut être étendue à la réclamation du prix d'un bâtiment élevé sur ce terrain depuis la vente, mais démoli depuis l'autorisation. — *Liége*, 31 janv. 1811, de Brias c. comm. de Petit-Rechain.

77. — L'autorisation donnée à une commune de plaider devant les tribunaux ordinaires est insuffisante, lorsque le procès, porté devant un tribunal arbitral, change de face, et, par exemple, lorsque la commune, qui n'avait d'abord réclamé qu'un droit d'abreuvage des bestiaux dans une partie d'un étang, a étendu sa réclamation devant les arbitres à la propriété de cette partie de l'étang. —

Cass., 19 pluv. an VII, Clairon c. comm. de Virming.

78. — La commune autorisée à revendiquer la propriété exclusive d'un terrain, n'est pas suffisamment autorisée à en demander le partage. — *Colmar*, 10 (et non 18) fév. 1824, comm. de Plobsheim c. comm. d'Eschau et de Wibolsheim.

79. — Il suffit qu'une commune ait été autorisée à défendre, en première instance et en appel, ses droits à la propriété d'un terrain formé par alluvion sur les bords d'un chemin pour que, si la question de propriété du chemin qu'elle prétend être vicinal se présente accessoirement pour décider celle du terrain, elle n'ait pas besoin d'une nouvelle autorisation. — *Cass.*, 1er déc. 1835, comm. de Roques c. Guillard.

80. — Une commune autorisée à poursuivre, tant en demandant qu'en défendant, au possessoire comme au pétitoire, certains habitans d'une autre commune pour voies de fait commis sur un terrain qu'elle prétend lui appartenir, est, par cela même, autorisée à défendre à la demande en revendication de ce même terrain, qui plus tard est formée contre elle par cette dernière commune, intervenant au procès, en se joignant à ceux de ses habitans qui figuraient déjà dans la cause. — *Cass.*, 12 déc. 1838 (t. 2 1839, p. 253), comm. de Saint-Perreux c. comm. de Bains.

81. — L'autorisation donnée à une commune de plaider sur une question de propriété n'est pas applicable à un procès connexe en réparation de voies de fait survenues depuis cette autorisation. — *Cass.*, 21 août 1809, Levaillant c. Dupont, Chrétien et Rousselin.

82. — Lorsqu'une commune a laissé périmer l'appel par elle interjeté, elle ne peut, sans y avoir été préalablement autorisée, former devant la cour royale une demande en dommages-intérêts contre le garant appelé en cause par le défendeur principal originaire. — Cette demande en dommages-intérêts est une action principale, qui, d'ailleurs, doit être formée par ajournement, et non par acte d'avoué à avoué. — *Poitiers*, 23 janv. 1829, comm. de Savigné c. Charlelègue.

83. — L'exercice du retrait litigieux n'est pas un simple incident, mais une sorte de transaction destinée à couper court au procès. Or, les communes, en raison de leur état de minorité, ne peuvent transiger sans l'autorisation ou l'approbation de l'autorité supérieure. — V. à cet égard L. 18 juill. 1837, art. 59.

84. — Jugé en ce sens que l'autorisation de plaider accordée à une commune n'entraîne pas l'autorisation d'exercer le retrait du droit litigieux. — *Cass.*, 3 (et non 2) mai 1832, Hugues c. comm. de Champoléon.

85. — En pareil cas, les tribunaux doivent surseoir à statuer, quant au retrait, jusqu'à ce que l'autorisation ait été obtenue, encore bien que le maire se portât fort pour la commune. — Même arrêt.

86. — Jugé au contraire qu'une commune autorisée par l'autorité administrative à soutenir ses prétentions est par là même autorisée à exercer le retrait des droits litigieux cédés contre elle. — Il y a lieu d'admettre la commune à l'exercice du retrait ou de subrogation demandée en son nom par le maire, qui s'engage personnellement à payer le prix du retrait, sauf ensuite à se faire rembourser par la commune. — Si l'autorité administrative refuse d'autoriser la commune à exercer le retrait litigieux, les parties doivent être autorisées à reprendre l'instance suspendue par la demande en retrait ou subrogation. — *Grenoble*, 19 mai 1828, comm. de Champoléon c. Hugues.

87. — La demande reconventionnelle, lorsqu'elle naît des circonstances de l'action principale et qu'elle peut servir d'exception ou de défense, pour la repousser, l'anéantir ou la restreindre, est purement incidente (Boncenne, *Th. de la procéd.*, t. 2, p. 5), et, à ce titre, dispensée d'une autorisation nouvelle. — Reverchon, *ubi sup.*, p. 19 et 20

88. — Mais la demande reconventionnelle formée par une commune doit, lorsqu'elle n'est pas une défense à l'action exercée contre elle, être considérée comme une action principale, pour l'exercice de laquelle il est besoin d'une autorisation spéciale de l'administration. — *Grenoble*, 2 août 1832, Jubié c. comm. de Saint-Antoine.

89. — L'autorisation donnée à une commune à l'effet de poursuivre des entrepreneurs de travaux qui ont péri par vice de construction, est suffisante à l'égard de l'ingénieur-architecte appelé postérieurement en cause, sans qu'il soit nécessaire d'en obtenir une nouvelle. — Dans tous les cas l'autorisation obtenue pour plaider en appel à la fois contre l'architecte et les entrepreneurs suppléerait au défaut d'autorisation en première instance. — *Dijon*, 10 janv. 1816, ville de Dijon c. Montfen.

90. — *Juridiction modifiée.* — Une commune autorisée à plaider avant la loi du 10 juin 1793, n'a pas eu besoin d'être de nouveau autorisée pour plaider devant des arbitres nommés en exécution de cette loi. — *Cass.*, 2 juill. 1827, comm. de Moulhier c. comm. de Lods.

91. — L'autorisation donnée à une commune pour soutenir un procès est suffisante pour l'habiliter à former opposition. — *Colmar*, 10 (et non 18) fév. 1824, comm. de Plobsheim c. comm. d'Eschau et de Wibolsheim.

92. — L'édit d'août 1764, art. 44, dispensait formellement les communes de se pourvoir d'une nouvelle autorisation, pour défendre, en appel, les jugemens qu'elles avaient obtenus. Aucun texte législatif n'a dérogé à cette disposition.

93. — Ainsi une commune autorisée à plaider en première instance, n'a pas besoin d'une autorisation nouvelle pour défendre à l'appel dirigé contre le jugement qui lui a donné gain de cause. — *Cass.*, 2 mars 1815, comm. de Blaindevache c. de Lutzelbourg; 23 juin 1835, Gaumain c. comm. d'Appeville.

94. — Ainsi encore l'autorisation donnée à une commune pour défendre à une action intentée contre elle, en première instance, doit avoir tout son effet devant la cour royale où elle est intimée, lorsque, sur l'appel d'un jugement provisoire, cette cour s'est trouvée saisie par les conclusions respectives des parties de la connaissance du fond de cette action. — *Cass.*, 1er juill. 1818, Dangeville c. comm. de Lompes, Hauteville et Cormaranches. — V. conf. *Cass.*, 2 mars 1815, comm. de Blaindevache c. de Lutzelbourg; *Metz*, 9 janv. 1818, fabrique de Neuville c. N..; *Cass.*, 23 juin 1835, Gaumain c. comm. d'Appeville; *Grenoble*, 18 juill. 1838 (t. 2 1838, p. 641), Dupalais de Guaymard c. ville de Valence; — Henrion, *Biens commun.*, chap. 32, § 10; Cormenin, *Quest. de droit adm.*, v° *Commune*, t. 2, p. 150; Bost, *Organisat. munic.*, t. 1er, p. 202; Bioche et Goujet, *Dict. de procéd.*, v° *Commune*, n° 41; Merlin, *Quest.*, v° *Commune*, § 6.

95. — En ce qui concerne l'appel à interjeter par les communes, l'édit d'avril 1683 et les déclarations des 2 août 1687 et 2 oct. 1703 exigeaient l'autorisation « *pour commencer aucun procès, tant en cause* » *principale que d'appel.* »

96. — Jugé en conséquence que sous les édits de 1683 et de 1764 une commune ne pouvait, sans autorisation préalable, interjeter appel des jugemens rendus contre elle. — *Cass.*, 3 avr. 1826, comm. de Salles c. Ribeau.

97. — ... Qu'une commune autorisée à plaider et qui perd son procès en première instance, a besoin d'une nouvelle autorisation pour interjeter appel. — *Cass.*, 24 juin 1829, comm. de Piana c. comm. de Renno.

98. — ... Que l'autorisation donnée à une commune de défendre à la demande formée contre elle ne l'autorise pas à interjeter appel. — *Paris*, 9 déc. 1825, comm. de Thors.

99. — ... Que l'autorisation accordée à une commune d'intenter une action ne suffit pas pour habiliter la commune qui a succombé en première instance à appeler du jugement. — *Rouen*, 18 nov. 1826, comm. de Marcouville c. Grandin; *Grenoble*, 4 janv. 1830, comm. de Brangues c. Sillac de Lapierre.

100. — En pareil cas, le maire qui a omis de faire autoriser la commune peut être condamné personnellement aux dépens. — *Paris*, 9 déc. 1825, comm. de Thors.

101. — Jugé au contraire que la commune autorisée à ester en justice et à défendre à une demande, n'a pas besoin d'une nouvelle autorisation pour appeler du jugement et suivre sur cet appel. — *Grenoble*, 7 janv. 1830, comm. de Rivière c. Blanchet; *Rennes*, 9 avr. 1835, comm. de Pornic c. Lebreton.

102. — ... Que l'autorisation donnée à une commune pour soutenir un procès est suffisante pour l'habiliter à interjeter appel. — *Colmar*, 10 (et non 18) fév. 1824 comm. de Plobsheim c. comm. d'Eschau et de Wibolsheim.

103. — ... Que l'autorisation donnée à une commune de défendre à une action pétitoire est suffisante pour l'habiliter à interjeter appel incident du jugement qui n'a reconnu à cette commune qu'un droit de co-propriété. — *Bourges*, 6 mars 1826, Poubeau c. comm. de Lunery.

104. — Un maire autorisé à poursuivre et à défendre les intérêts de la commune contre les acquéreurs du domaine de... l'est également à appeler et à poursuivre l'instance en appel. — *Cass.*, 26 juin 1827, comm. de Saint-Amarin c. Eggerlé et Metigger.

105. — La commune qui a été autorisée à procéder *jusqu'au jugement définitif* est dispensée de solliciter une nouvelle autorisation pour interjeter appel. — *Cass.*, 26 déc. 1810, comm. de Neuil-sur-Dives c. de Brezé; *Bourges*, 7 janv. 1831, comm. de Saint-Palais c. préfet du Cher. — *Contrà Paris* 9 déc. 1825, comm. de Thors.

106. — L'autorisation donnée à une commune de défendre, *en première instance*, à l'action dirigée contre elle, ne lui confère pas le droit d'interjeter appel. — *Bordeaux*, 28 juill. 1830, Marchand c. comm. de Montcarret; *Rennes*, 13 août 1835, comm. de Betton c. comm. de Montbourcher; — *Cass.*, 14 janv. 1840 (t. 1er 1840, p. 111), comm. de Claix c. Bon. — *Contrà Cass.*, 12 juill. 1808, Gouyon c. comm. de Plerguer.

107. — L'autorisation donnée à une commune de plaider *devant tous tribunaux compétens* sur une demande à laquelle elle est obligée de défendre comprend l'autorisation de plaider, en qualité d'appelante, devant les juges d'appel comme devant ceux de première instance. — *Cass.*, 11 janv. 1830, comm. de Ventavon c. Jaubert; 7 janv. 1845 (t. 1 1845, p. 349), comm. de Chanois c. comm. de Magnils.

108. — Il en est de même de l'autorisation donnée à une commune *de se présenter devant les tribunaux* pour y défendre à une demande. — *Cass.*, 1er mai 1832, ville d'Ajaccio c. Colonna-d'Ornano.

109. — ... De l'autorisation de plaider *devant tous les tribunaux*. — *Cass.*, 14 nov. 1825, comm. d'Aurel c. des Adrets; *Bourges*, 28 avr. 1827, comm. d'Issoudun c. Bobée. — Lorsque dans une autorisation donnée à une commune de plaider devant les *tribunaux civils*, ces mots sont indiqués comme juridiction ordinaire, par opposition à la juridiction administrative, l'autorisation comprend les *tribunaux de commerce*. — *Rouen*, 26 déc. 1840 (t. 2 1844, p. 50), comm. d'Ingouville c. Berson et Letendre.

110. — ... De l'autorisation donnée au maire d'une manière générale de soutenir *devant l'autorité judiciaire* tous les droits réclamés par la commune. — *Cass.*, 15 avr. 1833, Lacroix c. comm. de Rouffach.

111. — Jugé au contraire qu'une commune autorisée à plaider *devant les tribunaux et les cours* ne peut, quand elle a succombé, appeler sans une nouvelle autorisation. — *Bourges*, 7 mars 1822, comm. de Valatte c. Brière et Saint-Phal.

112. — Aujourd'hui, cette question ne peut plus s'élever, au moins pour les procès nés depuis la loi du 18 juill. 1837; car l'art. 49, 2e alin., porte : « Après tout jugement intervenu, la commune ne » peut se pourvoir devant un autre degré de juri- » diction qu'en vertu d'une nouvelle autorisation » du conseil de préfecture. »

113. — Jugé toutefois, ainsi qu'il l'avait été avant cette loi (V. nos 93 et suiv.), que la commune dûment autorisée à plaider en première instance n'est pas tenue de se pourvoir d'une nouvelle autorisation pour défendre à l'appel du jugement qui lui a donné gain de cause. — *Grenoble*, 18 juill. 1838 (t. 2 1838, p. 641), Dupalais-de-Gueymard c. ville de Valence; *Cass.*, 4 mai 1840 (t. 2 1840, p. 371), de Gastine c. comm. de Tiérée; — Foucart, *Elém. de dr. admin.*, t. 3, p. 146, n° 179; Bioche et Goujet, *Dict. de procéd.*, v° *Commune*, n° 41; Bost, *Tr. de l'organ. munic.*, t. 1er, p. 202.

114. — Les maires n'ont pas besoin d'être pourvus d'une autorisation pour défendre en appel un jugement qu'ils ont pu obtenir sans autorisation. — *Nîmes*, 7 mai 1841 (t. 2 1841, p. 462), fabrique de Saint-Siffrein c. ville de Carpentras.

115. — *Incidens.* — Une commune n'a pas besoin d'être autorisée pour défendre à une demande incidente à une instance déjà jugée pour laquelle elle a été régulièrement autorisée. — *Amiens*, 12 janv. 1821, Lépine c. Tronc de Gressac et comm. de Reilly.

116. — De même l'autorisation donnée au maire d'une commune pour intenter une action ou pour y défendre s'étend nécessairement à tous les incidens auxquels cette action peut donner lieu, par exemple au droit de consentir au renvoi du jugement définitif de la cause, dans les matières de la compétence du juge de paix, à un jour hors du délai des quatre mois de l'interlocutoire. — *Cass.*, 7 janv. 1835, comm. de Lainsecq c. Lecarruyer et Petit-d'Arthé.

117. — Une commune autorisée non seulement à défendre en appel à la demande d'un droit d'usage réclamé par une autre commune, mais encore à soutenir son droit à la propriété, est par cela même autorisée à répondre à tous les incidens qui pourraient s'élever relativement à cette propriété : dès-lors, elle n'a pas besoin d'une autorisation nouvelle pour défendre à l'intervention d'un tiers qui vient lui contester le droit de propriété par elle prétendu, alors que l'intervention est appuyée sur les mêmes faits et les mêmes titres que le conseil de préfecture avait appréciés lors de son arrêté d'autorisation. — *Cass.*, 7 mai 1839 (t. 2 1839, p. 254), comm. d'Ossun c. Feline.

118. — Sous l'empire de l'édit d'avr. 1683, les communes ne pouvaient valablement intervenir dans une instance d'appel pendante devant un parlement sans y avoir été dûment autorisées par le commissaire départi en la généralité. — *Cass.*, 5 nov. 1832, comm. de Belesta c. de Larochefoucauld.

119. — Jugé également qu'un maire ne peut pas intervenir sur l'appel d'un jugement dans lequel il n'est pas partie sans autorisation de l'administration supérieure. — *Riom*, 16 déc. 1809, N... c. maire de la comm. de Cheylade et Garinot.

120. — *Acquiescement.* — Est nul l'acquiescement donné par un maire sans y être autorisé dans les formes légales, à un jugement rendu contre sa commune. — *Toulouse*, 23 fév. 1818, Vendomois et Montaut c. comm. de Miglos; *Besançon*, 1er fév. 1828, comm. de Leschaux c. comm. de Villars et Rixouse.

121. — Le maire assigné en délaissement d'un bien dont sa commune s'est emparée sans titre, peut valablement acquiescer à la demande, lorsqu'il y est autorisé par une délibération du conseil municipal approuvé par le conseil de préfecture. — Dès-lors, les juges ont pu, sans contrevenir aux lois relatives à l'autorisation nécessaire aux communes pour ester en justice et pour transiger sur leur droit de propriété, fonder sur ce désistement leur décision qui maintient un particulier dans la propriété d'un bois originairement revendiqué par la commune. — *Cass.*, 6 fév. 1816, comm. d'Agnos c. Courrèges. — Merlin, *Quest.*, vis *Commune*, § 3, no 2, et *Délit forestier*, § 13.

122. — Une commune ne peut accepter un désistement qu'après y avoir été formellement autorisée. — *Colmar*, 3 août 1837 (t. 1er 1838, p. 213), Lacroix c. comm. d'Etuffon.

123. — Pour que le désistement d'une commune soit régulier, il faut qu'il y ait eu délibération du conseil municipal, et autorisation du conseil de préfecture, et il est insuffisant s'il contient des réserves. — *Besançon*, 23 déc. 1809, comm. de Molay c. comm. de Parcey.

124. — Lorsqu'une commune a été régulièrement autorisée, a interjeté appel, le maire ne peut personnellement et sans autorisation nouvelle se désister de cet appel. — *Toulouse*, 23 fév. 1818, Vendomois et Montaut c. comm. de Miglos. — Jugé même que le maire qui, par mesure conservatoire, a appelé, sans y être autorisé, d'un jugement rendu contre sa commune, a besoin d'être autorisé pour se désister de cet appel. — *Toulouse*, 21 mars 1832, comm. Lécussan c. d'Uzès. — *Contrà Riom*, 1er juin 1830, maire de Moissac (section de Laval) c. maire de Joursac.

125. — Lorsqu'un pourvoi en cassation a été formé dans l'intérêt d'une commune autorisée à cet effet par le conseil de préfecture à ester en justice, il n'appartient ni au maire ni au conseil municipal de terminer ce procès par une transaction ou un désistement. — Ce désistement ou cette transaction ne peuvent avoir lieu que sous l'autorisation du conseil de préfecture. — On ne saurait considérer comme renfermant une autorisation implicite de se désister du pourvoi, l'arrêté qui donne pouvoir au maire de prendre telles conclusions qu'il appartiendra. — *Cass.*, 5 mars 1845 (t. 1er 1845, p. 335), ville de Clermont-Ferrand c. N...

126. — Le maire qui représente la commune dans une instance ne peut, sans autorisation spéciale, déférer le serment décisoire, même sur un point qui ne touche qu'à la procédure, mais qui peut avoir de l'influence sur le jugement du fond. — *Nancy*, 10 juin 1842 (t. 2 1842, p. 650), comm. de Chenimeuil c. de Vaudechamp.

127. — Les communes ont besoin d'autorisation pour défendre à une demande en péremption d'instance formée contre elles. — *Cass.*, 26 mars 1834 (solut. implic.), Pitiot c. comm. de Mons et de Murennes.

128. — La commune qui, anciennement autorisée à plaider, a laissé périmer l'instance par elle commencée et fondée sur d'autres lois, ne peut reprendre cette instance, sans une nouvelle autorisation. — *Cass.*, 16 prair. an XII, Lamotte c. comm. de Lusigni.

129. — Jugé au contraire qu'une commune n'a pas besoin d'une autorisation nouvelle pour opposer la péremption d'une instance à laquelle elle a été autorisée à défendre. — *Toulouse*, 19 déc. 1828, comm. de Campon c. B...

130. — ... Que lorsqu'une commune autorisée à intenter une action se fait encore autoriser à défendre à une demande en péremption de l'instance, elle n'a pas besoin d'une troisième autorisation pour défendre à une nouvelle demande en péremption. — *Cass.*, 10 janv. 1840, comm. de Saint-Ouen c. Dugrès.

131. — Une commune autorisée à interjeter appel, n'a pas besoin d'une autorisation nouvelle pour défendre à une demande en péremption formée contre elle sur cet appel; cette demande ne constitue qu'un simple incident, qu'une défense à cet appel. — *Poitiers*, 8 juill. 1828, Dupuy c. comm. une de Savigné.

132. — *Désaveu.* — Le désaveu, qu'il soit formé, dans le cours d'une instance encore pendante, ou qu'il intervienne, après l'instance terminée, constitue, sinon à l'égard du demandeur en désaveu, au moins à l'égard de l'officier ministériel désavoué, une demande introductive, pour laquelle l'autorisation devrait être obtenue, avec d'autant plus de raison que le rejet du désaveu peut entraîner des dommages-intérêts plus ou moins considérables. — C. procéd., art. 361. — Reverchon, *ubi suprà*, p. 30.

133. — *Inscription de faux.* — Il en devrait être de même à l'égard de l'inscription en faux principal qui a pour effet d'introduire une action et de saisir une juridiction nouvelle. — Reverchon, *ibid.*

134. — Mais il en est autrement de l'inscription en faux incident civil, qui n'est qu'une défense à l'action principale ou à une exception, et qui a dû entrer dans la prévision des débats auxquels le procès pouvait donner naissance. — Reverchon, *ibid.*, p. 31.

135. — *Requête civile.* — La requête civile constitue une action spéciale de sa nature, et ne saurait être considérée comme un simple incident d'une contestation judiciaire. — Une commune devrait donc se faire autoriser pour attaquer un jugement ou un arrêt par voie de requête civile. — Reverchon, *ibid.*, p. 29.

136. — Il suit de là, 1o que celui qui veut se pourvoir, par voie de requête civile contre une décision rendue au profit d'une commune doit adresser préalablement au préfet le mémoire prescrit par l'art. 51, L. 18 juill. 1837; — 2o que la commune ne peut défendre à la requête civile, avant d'en avoir obtenu l'autorisation. — Reverchon, *ibid.*, p. 47.

137. — Jugé cependant, avant la loi de 1837, que les communes n'avaient pas besoin d'une nouvelle autorisation pour défendre à une demande en requête civile. — *Cass.*, 25 nov. 1828, comm. de Chazelot c. comm. de Rougemont. — *Toulouse*, 1er mars 1830, comm. de Cagnac c. Daulou. — *Contrà* Merlin, *Quest.*, vo *Autorisation de plaider*, § 3.

138. — *Pourvoi en cassation.* — D'après l'édit d'août 1764, art. 44, une commune n'avait pas besoin d'autorisation pour se pourvoir par devers le roi, en son conseil, remplacé aujourd'hui par la cour de Cassation.

139. — Aussi décidait-on qu'une commune pouvait se pourvoir en cassation sans autorisation. — *Conseil d'état*, 1er nov. 1826, comm. d'Istres. — V. Merlin, *Quest.*, vo *Commune*, § 6; Cormenin, *Dr. administr.*, vo *Commune*, t. 1er, p. 404, note 3e; Tarbé, *Cour de cass.*, p. 110.

140. — Jugé également qu'une commune autorisée à plaider sur une contestation déterminée n'a pas besoin d'une autorisation nouvelle pour attaquer par les voies de droit, et notamment par voie de cassation, un jugement qui lui est opposé dans l'instance, et qui a statué sur l'objet en litige. — Il en doit être ainsi, surtout quand cette autorisation ayant été requise par la commune, le conseil de préfecture l'a refusée, par le motif que la première était suffisante. — *Cass.*, 28 janv. 1824, comm. de Barizey-la-Côte c. comm. de Barizey-au-Pain.

141. — Mais la commune qui n'a été autorisée ni en première instance ni sur l'appel a-t-elle besoin d'autorisation pour se pourvoir contre l'arrêt qui l'a condamnée? — *Cass.*, 25 juill. 1825, comm. d'Erp c. Morère. — La question n'a point paru sans doute à la cour de nature à faire impression sur son esprit, puisque, dans l'arrêt précité, elle ne s'en est point occupée. Mais de ce fait résulte implicitement sa solution négative. S'il était permis de présumer les motifs qui ont empêché d'accueillir la fin de non-recevoir qui était prise du défaut d'autorisation pour faire rejeter le pourvoi, il ne nous paraîtrait pas invraisemblable d'admettre que le rejet de cette fin de non-recevoir ait dû être déterminé par la raison que ce recours ne présentait pas le caractère des actions pour lesquelles l'autorisation est requise.

142. — La loi du 18 juill. 1837 a-t-elle, par son art. 49, innové, à cet égard? — Le texte de cet article semblerait, au premier abord, indiquer la négative; car il ne suppose la nécessité de l'autorisation que pour se pourvoir devant les divers *degrés de juridiction*; or, il est de principe élémentaire que la cour de Cassation n'est pas un degré de juridiction. Mais la discussion qui a eu lieu dans les

chambres ne permet pas d'adopter cette opinion. Il en résulte, au contraire, que l'autorisation est nécessaire même au pourvoi en cassation. — Reverchon, p. 37 et suiv.

143. — Aussi le conseil d'état saisi, depuis 1837, de deux demandes, à fin de pareilles autorisations, a-t-il statué sur ces demandes, ce qu'il ne faisait pas auparavant. — *Cons. d'état*, 28 janv. 1841; comm. de Bellon; 4 sept. 1840, comm. de Fayence; — Reverchon, *ibid.*, p. 38.

144. — *Exécution des jugemens.* — Les communes ne sont pas tenues de se faire autoriser pour plaider en matière civile à l'effet de suivre l'exécution des jugemens qu'elles ont obtenus, et non plus que pour plaider sur les difficultés relatives à cette exécution. — *Cass.*, 3 août 1820, Garbe c. comm. de Brimeux; 17 nov. 1824, comm. de Sombacour, Byans et Goux c. comm. de Dammartin Houtaud et Vuillecin.

145. — Il en est surtout ainsi, quand les jugemens ou arrêts obtenus sont passés en force de chose jugée. — *Cass.*, 14 mai 1835, de Lorge c. habitans de Champlemy; 7 mars 1842 (t. 1er 1842, p. 723), comm. de Mesmay c. préfet du Jura; — Reverchon, *ibid.*, no 7, p. 19.

146. — Et il en est ainsi, alors même qu'il s'agit d'un incident qui n'a point une connexité rigoureuse avec l'affaire primitive. — *Cass.*, 29 fév. 1832, comm. de Taransteire c. comm. de Gayan.

147. — Une commune ne peut se faire un moyen de cassation de ce qu'une autre commune contre laquelle elle est en procès n'a pas été autorisée à plaider, lorsque l'arrêt qu'elle attaque devant la cour de Cassation n'avait pour objet que des actes d'exécution d'un premier jugement passé en force de chose jugée. — Peu importe que pendant l'instance sur l'exécution de la sentence passée en force de chose jugée, le préfet ait pris un arrêté pour interdire aux communes défenderesses de poursuivre devant les tribunaux la délimitation de leur territoire. — Un semblable arrêté ne peut faire obstacle à l'exécution de la sentence dont il s'agit, en ce qui concerne soit la propriété, soit un droit de parcours sur lesquels elle a statué. — *Cass.*, 17 nov. 1824, comm. de Sombacour, Byans et Goux c. comm. de Dammartin, Houtaud et Vuillecin.

148. — L'autorisation du conseil de préfecture, nécessaire à une commune pour ester en justice, n'a pas besoin d'être renouvelée lorsqu'il ne s'agit que de statuer sur l'exécution d'un arrêt intervenu dans une instance dans laquelle la même commune a déjà figuré comme suffisamment autorisée. — Et une cour royale ne fait que statuer sur l'exécution d'un arrêt par elle rendu, lorsqu'elle déclare explicitement que, par ce précédent arrêt, elle a reconnu une partie propriétaire d'une portion de terrain qu'on prétend ne lui avoir pas été attribuée par ce premier arrêt. — *Cass.*, 13 nov. 1838 (t. 2 1838, p. 526), comm. de Monceau c. Doublier.

149. — Lorsqu'un maire ayant été autorisé à intervenir dans une instance correctionnelle engagée contre les habitans de sa commune, par suite d'actes de possession par eux exercés sur un terrain communal, à l'effet de conserver les droits à la jouissance dudit terrain communal contestés par une autre commune, partie plaignante, le tribunal correctionnel a renvoyé aux fins civiles sur l'exception préjudicielle de propriété, ce maire se trouve implicitement autorisé à défendre à l'action pétitoire introduite par la commune voisine. — *Cass.*, 23 juin 1840 (t. 2 1840, p. 481), section de Champ-Laurent c. section de Taravant.

Sect. 3e. — *A quelle époque l'autorisation doit être accordée.*

150. — A la rigueur, il semblerait que la commune devrait être munie de l'autorisation avant tout acte judiciaire émané d'elle. Cependant, avant la loi du 18 juill. 1837, il était généralement reçu qu'elle pouvait faire sans autorisation tous les actes conservatoires ou interruptifs de déchéances ou prescriptions, sauf à obtenir ensuite l'autorisation nécessaire pour suivre judiciairement sur ces actes.

151. — Ainsi jugé que les communes peuvent, sans autorisation préalable, faire des actes conservatoires de leurs droits. — *Cass.*, 20 mars 1827, comm. de Chaumes c. Gaudry.

152. — Une commune défenderesse peut constituer avoué et demander communication des pièces de la partie adverse, avant d'avoir été autorisée à plaider. — L'incident tendant à faire déclarer nulles la constitution d'avoué et la sommation de communiquer les pièces est sans intérêt si l'autorisation est signifiée avant le jugement sur l'inciden

— *Douai*, 4 mai 1836, comm. de Courcelles-lèz-Lens c. Fouen.

153. — L'appel étant un acte conservatoire, le maire de la commune peut valablement l'interjeter pour elle sans une autorisation préalable. — *Cass.*, 28 (et non 21) brum. an XIV, comm. de Vic-sur-Allier c. Nathey; *Besançon*, 10 fév. 1816, N. c. comm. de...; *Cass.*, 7 déc. 1819, Chevassus c. comm. de Moyrans; *Poitiers*, 9 janv. 1827, comm. d'Allas-Bocage c. Trochon; *Cass.*, 29 mars 1827, comm. de Chaumes c. Gaudry; 10 mars 1829, comm. de Villiers c. comm. de Saint-Germer; 14 nov. 1832, Mélissent c. comm. d'Ecouis.

154. — Mais alors il faut que la commune soit ultérieurement autorisée à procéder sur cet appel. — *Cass.*, 28 (et non 21) brum. an XIV, comm. de Vic-sur-Allier c. Nathey; 7 déc. 1819, Chevassus c. comm. de Moyrans; 14 nov. 1832, Mélissent c. comm. d'Ecouis; — Merlin, *Rép.*, vº *Communauté d'habitans*, nº 7; *Quest.*, vis *Commune*, § 6, et *Usage*, § 2; Henrion de Pansey, *Biens communaux*, chap. 32, § 10; Berriat, p. 669, nº 18; Favard, vº *Commune*, sect. 3e, § 4; Carré, *Lois de la procéd.*, t. 3, nº 3405.

155. — L'autorisation ultérieurement obtenue rend l'appel valable. — *Cass.*, 24 juin 1829, comm. de Piana c. comm. de Renno (impl.).

156. — L'autorisation d'interjeter appel est valablement donnée à une commune après l'expiration du délai de l'appel; dans ce cas, l'appel interjeté en temps utile par le maire, non autorisé, se trouve régularisé, et l'intimé ne peut plus opposer le défaut d'autorisation préalable. — *Douai*, 28 mars 1836 (sous *Cass.*, 7 août 1839, t. 2 1839, p. 435), de Villoutreys c. comm. de Busigny.

157. — L'autorisation de plaider accordée à une commune pendant le cours d'une instance, valide nécessairement la procédure qui lui est postérieure. — Quant aux actes antérieurs, la commune ne peut plus mettre leur régularité en question, lorsque la nullité en a été couverte par une sentence rendue sur ces mêmes actes, laquelle n'a pas été attaquée dans les délais de la loi, et est ainsi devenue définitive. — *Cass.*, 6 juin 1811, comm. de Bellefontaine c. d'Anthès.

158. — Cependant il ne faudrait pas conclure d'une manière absolue de ce qui précède que l'autorisation valide nécessairement tous les actes antérieurs. Cela n'est vrai qu'à l'égard des simples erremens de procédure, mais ne saurait s'appliquer aux actes qui auraient pour effet d'obliger ou d'engager la commune, et qui ne peuvent valoir qu'en vertu d'une approbation de l'autorité supérieure. L'autorisation survenue en cours d'instance ne validera ces actes qu'autant qu'ils auraient été portés à la connaissance du conseil de préfecture, et qu'il les eût, dans sa décision, formellement ou implicitement approuvés.

159. — Quand l'appel a été interjeté par une commune qui n'y a pas été autorisée, la cour saisie peut surseoir et donner à la commune appelante un délai pour se faire autoriser. — *Poitiers*, 9 janv. 1827, comm. d'Allas-Bocage c. Trochon; *Cass.*, 20 mars 1827, comm. de Chaumes c. Gaudry; 24 juin 1829, comm. de Piana c. comm. de Renno.

160. — En accordant un délai pour rapporter l'autorisation, la cour peut même dire que, ce délai passé, la commune sera déchue, si elle n'est autorisée. — *Grenoble*, 4 janv. 1830, commune de Brangues c. Sillac de Lapierre.

161. — Lorsqu'un jugement est intervenu sur une action possessoire intentée par une commune non autorisée à plaider, les juges d'appel devant lesquels la nullité est proposée pour la première fois, peuvent accorder à la commune un délai d'un mois pour se procurer l'autorisation d'ester en justice. — *Cass.*, 24 déc. 1828, Clément c. comm. de Blaise.

162. — Si une commune représente une autorisation de plaider que l'on conteste comme insuffisante, le tribunal ne peut refuser à cette commune le sursis qu'elle demande pour obtenir une suffisante autorisation et régulariser la procédure. — *Cass.*, 16 avr. 1834, comm. de Saint-Bresson c. Grosjean.

163. — Dans le cas où le maire d'une commune intervient sur la poursuite exercée contre quelques uns de ses habitans pour un fait de pâturage et élève la question préjudicielle de propriété, le tribunal ne peut rejeter son intervention, sous le prétexte que la délibération du conseil municipal qui l'y autorise n'a pas reçu l'approbation du préfet, à moins d'avoir donné au maire un délai suffisant pour obtenir cette approbation. — *Cass.*, 9 mars 1821, Laporte c. Vergès-Trape.

164. — L'acquiescement d'une commune à une demande formée contre elle ne la lie, en aucune manière, s'il a été donné avant que cette commune eût été autorisée à plaider. — *Cass.*, 11 janv. 1809, comm. de Toulouse et de Fontenay c. comm. de Calonne. — L'autorisation de plaider obtenue ultérieurement, même avant le jugement de l'instance, ne peut valider cet acquiescement. — Même arrêt.

165. — En supposant que les communes ou les établissemens qui leur sont assimilés aient besoin d'être autorisés pour faire déclarer une instance périmée, il suffit que l'autorisation leur soit accordée avant qu'il ait été fait aucun acte de nature à couvrir la péremption, bien que cette autorisation n'ait été demandée et obtenue qu'après que la demande en péremption avait été formée. — *Bruxelles*, 13 oct. 1827, V... c. Bureau de bienfaisance de M...

166. — Lorsqu'une cour royale a décidé, non pas qu'une commune n'avait pas été autorisée à plaider, mais qu'il ne constait pas qu'elle l'eût été, il suffit, pour la régularité de la procédure, que la commune justifie d'une autorisation régulière, pour écarter le pourvoi en cassation fondé sur ce prétendu défaut d'autorisation. — *Cass.*, 4 mai 1819, prince de Bauffremont c. comm. de Traves.

167. — L'art. 55 de la loi du 18 juill. 1837, sanctionnant l'opinion unanime des auteurs et la jurisprudence, porte que : « Le maire peut, sans autorisation *préalable*, faire tous actes conservatoires ou interruptifs des déchéances. »

168. — Ainsi, il suffit que l'autorisation intervienne en cours d'instance et avant le jugement. — Reverchon, *ibid*, p. 165; Macarel et Delamarre, *Dict. de dr. administr.*, vº *Communes*, t. 1er, p. 253; Dufour, *Dr. administ.*, t. 1er, nº 758.

169. — Ainsi encore, l'appel interjeté sans autorisation par une commune est validé par l'autorisation que le conseil de préfecture donne, dans le cours de l'instance, de poursuivre sur cet appel. — *Lyon*, 29 juin 1841 (t. 1er 1842, p. 636), comm. de Bélignat c. Machard.

170. — Au surplus, il n'est pas indispensable que l'autorisation, nécessaire aux communes pour plaider devant la Cour de cassation, précède ou accompagne la déclaration de pourvoi. Il suffit qu'il en soit justifié devant la cour. — *Cass.*, 25 mars 1844 (t. 1er 1844, p. 519), comm. de d'Artagnan c. ville de Vic. — Dans l'espèce, l'autorisation avait été rapportée antérieurement à la signification du mémoire dans lequel la fin de non-recevoir était opposée.

171. — Le pourvoi en cassation formé par une commune, quoique sans autorisation préalable du conseil de préfecture, n'en est pas moins régulier si l'autorisation est intervenue avant le moment où la chambre civile statue sur le pourvoi. Peu importerait d'ailleurs qu'elle ne fût intervenue que postérieurement à l'arrêt d'admission et à la signification des défenses de la partie défenderesse. — *Cass.*, 8 nov. 1843 (t. 1er 1844, p. 225), comm. de la Bellière c. Porquet.

Sect. 4e. — *De l'instance en autorisation.*

§ 1er. — *Par qui l'autorisation doit être demandée.*

172. — Au maire seul ou à ceux qui peuvent être appelés à le remplacer dans ses fonctions, appartient le droit de demander, pour la commune, l'autorisation nécessaire pour plaider, sauf le droit accordé au contribuable par l'art. 49, L. 18 juill. 1837. — V. *infrà* nº 297; — L. 29 vendém. an V, art. 1er; L. 18 juill. 1837, art. 10, § 8; — Reverchon, p. 73.

173. — Ainsi, des particuliers, des habitans de la commune, des conseillers municipaux non appelés à remplacer le maire suivant les règles de l'administration municipale ne peuvent demander, pour cette commune, l'autorisation de plaider. — *Cons. d'état*, 19 fév. 1823, Faucher; 6 sept. 1826, Terral; 9 juin 1830, commune de Beaufort. — Reverchon, *loc. cit.*

174. — Le conseil municipal étant nécessairement appelé à délibérer sur les actions judiciaires qui intéressent la commune, on a demandé si le maire pouvait demander l'autorisation de plaider, malgré l'avis contraire du conseil municipal.

175. — L'édit d'avril 1683 ayant défendu d'introduire aucune action, *sans le consentement des habitans* en assemblée générale, et l'arrêt du Conseil du 8 août 1713 soumettant les communes, pour la défense, aux mêmes formalités que pour la demande, cette question ne pouvait s'élever sous l'empire de cette législation.

176. — Bien que l'art. 54, L. 14 déc. 1789, appelât seulement le conseil général de la commune à *délibérer* sur les actions judiciaires, et qu'aux termes de l'art. 56, ces délibérations ne pussent être exécutées qu'avec l'approbation de l'administration supérieure, on tenait pour constant que le maire ne pouvait, soit demander l'autorisation de plaider, soit intenter ou soutenir un procès quelconque, sans y être autorisé par une délibération régulière du conseil de la commune. — *Cons. d'état*, 13 nov. 1810, comm. de Moy c. Labouret; 8 sept. 1819, Ruellan; 13 mars 1822, Fourtoin; 5 nov. 1823, comm. de Longevelle; 5 août 1829, Uthurbide; 9 juin 1830, comm. de Beaufort; 9 mars 1832, comm. de Curlu; — Reverchon, p. 77.

177. — Une commune a été valablement autorisée à plaider par une délibération de l'administration municipale du canton, si, à ce moment, le conseil de la commune institué par la loi du 28 pluv. an VIII n'était pas encore organisé. — *Cass.*, 12 juill. 1808, héritiers Gouyon c. comm. de Plerguer.

178. — La même solution, quant aux actions à intenter, résulte, sous l'empire de la loi de 1837, d'une décision du conseil d'état du 30 juill. 1840 (comm. de Saint-Pierre-les-Calais) rapportée par Reverchon, p. 84, annulant, pour excès de pouvoirs, un arrêté de conseil de préfecture qui, malgré l'avis contraire du conseil municipal, avait autorisé un maire à porter une action devant les tribunaux.

179. — La difficulté est plus grande à l'égard des actions à soutenir, l'art. 52, L. 18 juill. 1837, prescrivant l'envoi de la délibération, *dans tous les cas*, au conseil de préfecture « qui décidera si la » commune doit être autorisée à ester en jugement, » d'où l'on avait conclu : 1º Que si le conseil de préfecture donnait l'autorisation, le maire devrait suivre l'instance; — 2º Qu'à défaut de maire, le préfet pourrait, en vertu de l'art. 15, se saisir, en cette partie, du pouvoir municipal, et défendre au nom de la commune.

180. — Mais cette opinion aurait l'inconvénient grave d'entraîner la commune, malgré elle, dans un litige dont les frais peuvent retomber à sa charge; et d'ailleurs *obliger* le maire à suivre, en vertu de la décision du conseil de préfecture, ce serait supposer que, dans les procès, il représente la commune, sous l'*autorité* de l'administration supérieure, tandis qu'il n'est placé, à cet égard, que sous sa *surveillance*, distinction importante formulée par les art. 9 et 10. D'un autre côté, l'art. 15 ne donne au préfet le droit de se substituer au maire que dans les actes qui sont *prescrits* à celui-ci *par la loi*, et qu'il refuserait ou négligerait de faire. Or, il est plus que douteux que la loi *prescrive* de soutenir un procès. Aussi paraît-il conforme à l'esprit de la loi de ne pas rendre obligatoire la décision du conseil de préfecture dans le procès, et de ne la considérer au contraire que comme un avis donné à la commune d'examiner de nouveau l'affaire et de modifier, s'il y a lieu, sa première résolution. — Reverchon, p. 86 et suiv.

181. — Mais si la défense à l'action n'est pas obligatoire, est-elle du moins facultative pour le maire? Dans le cas où il userait de cette faculté, engagera-t-il la commune, la soumettra-t-il au paiement des frais qu'il exposera? — L'affirmative ne saurait guère être contestée; autrement il faudrait, en cas de perte du procès, laisser ces frais à la charge du maire, et la responsabilité de celui-ci semble parfaitement à couvert, dès qu'il est muni de l'autorisation du conseil de préfecture.

§ 2. — *Par qui l'autorisation doit être donnée.*

182. — D'après l'édit d'avr. 1683 et les déclarations des 2 août 1687 et 2 oct. 1703, c'était aux commissaires départis dans les provinces qu'il appartenait d'autoriser les communautés d'habitans à intenter ou à suivre toute espèce de procès. — Merlin, vº *Communauté d'habitans*, nº 7.

183. — Toute requête en autorisation devait être accompagnée d'une consultation d'avocats, laquelle devait en outre être annexée à l'ordonnance d'autorisation, à peine de nullité (Edit d'août 1764, art. 43). — Les lois postérieures n'ont point parlé de cette formalité. Seulement, un décret du 17 avr. 1812 prescrit au préfet de communiquer la demande de la commune à trois jurisconsultes et de transmettre leur avis au conseil de préfecture, avant la décision. Tel était l'usage suivi jusqu'en 1837 par les conseils de préfecture et le conseil d'état; mais depuis la loi du 18 juill. de cette année le conseil d'état a cessé de demander ces consultations qui avaient l'inconvénient de retarder considérablement la marche des affaires par la lenteur avec laquelle elles étaient données.

184. — Sous la loi du 14 déc. 1789, il fallait, pour intenter ou soutenir un procès au nom d'une commune, une délibération du conseil général de la commune, et sur cette délibération, une décision approbative de la part de l'administration ou directoire du district et du département.

185. — En conséquence, jugé qu'une délibération de la commune non approuvée par l'administration ou directoire du district et du département

ne suffisait pas pour conférer l'autorisation.—*Cass.*, 15 niv. an V, Régnier c. comm. d'Herny; 27 vent. an V, Courdurier c. comm. de Montbrun; 8 messid. an V, Gauville c. comm. de Coole; 8 brum. an VI, Delrye c. comm. de Sigy; 8 frim. an XII, Rochambeau c. comm. de Vulaine; 5 niv. an XIII, Bavière c. comm. de Villacerf; 17 mars 1806, de Chavandon c. comm. de Méry-sur-Seine; 2 avr. 1806, Erard des Isles c. comm. de Saint-Remi-des-Landes; 8 déc. 1806, Flamen et Verlegans c. habitans du hameau d'Ancoisne; 19 juin 1815, N...; — Merlin, *Rép.*, vº *Communauté d'habitans*; Cormenin, *Quest. dr. admin.*, vº *Commune*, nº 7, § 3; Bost, *Tr. des attrib. municip.*, t. 1er, p. 197.

186. — Par la même raison, une délibération de tous les habitans d'une commune ne suffisait pas pour autoriser à intenter devant les tribunaux une action au nom de cette commune. — *Cass.*, 24 pluv. an V, comm. de Chaumont c. Lépine.

187. — La loi du 28 pluv. an VIII, qui institua les conseils de préfecture, les appela en même temps à prononcer sur les demandes en autorisation de plaider qui seraient présentées par les communautés des villes, bourgs ou villages (art. 4).

188. — D'où il suit que l'autorisation donnée par le préfet lui-même, ou par le conseiller de préfecture qui le remplace, serait sans force ni valeur. —*Cons. d'état*, 10 mars 1807, Pierrard;—Cormenin, *ibid*, p. 404; Reverchon, p. 174.

189. — Un préfet commettrait un excès de pouvoir s'il refusait de renvoyer au conseil de préfecture la demande à fin d'autorisation formée par une commune.—*Cons. d'état*, 28 déc. 1835, comm. de Granvilliers; — Reverchon, p. 173.

190. Une commune peut être autorisée à interjeter appel de tous les chefs d'un jugement rendu contre elle, quoique les trois jurisconsultes désignés pour donner leur avis aient estimé que l'autorisation devait être accordée relativement à l'appel de certains chefs du jugement, mais refusé à l'égard des autres.—*Cons. d'état*, 28 fév. 1837, comm. de Maillot.

191. — Les arrêtés par lesquels les conseils de préfecture statuent sur les demandes formées par les communes, à l'effet d'être autorisées à plaider ne sont que des actes de simple tutelle, et dès-lors il n'en peut résulter autorité de chose jugée. — *Cons. d'état*, 2 mai 1837, comm. de Nalliers.

192.—Par conséquent, un conseil de préfecture qui, par un premier arrêté, a refusé d'autoriser une commune d'interjeter un appel, peut accorder cette autorisation par un second arrêté, et l'intimé ne peut exciper de la rétractation de la première décision. — *Pau*, 20 nov. 1831, comm. de Ris et Bareilles c. duc d'Uzès.

193. — Sans doute, l'autorisation accordée à un particulier, de faire statuer sur ses prétentions contre une commune dont il se prétend créancier, ne préjuge pas la question de savoir si ses droits sont fondés. — *Cass.*, 25 mai 1819, Albert de la Jaubertie c. ville de Bordeaux.

194. — De même, l'arrêté du conseil de préfecture qui a autorisé une commune à plaider et à intenter sa demande devant les tribunaux ne fait pas obstacle à ce que cette commune, après avoir en effet soumis son action aux juges ordinaires, ne décline plus tard leur compétence. — *Colmar*, 2 mai 1838 (t. 2 1838, p. 608), comm. de Woerth c. Fels.

195. — Mais, motivée ou non, la décision qui intervient sur la demande en autorisation n'en constitue pas moins un précédent dont l'influence peut se faire sentir dans le jugement du procès.

196. — Ainsi, lorsqu'un arrêté du conseil de préfecture a refusé à une commune l'autorisation de former une action en revendication de certains terrains, en se fondant sur ce que la possession immémoriale de ces terrains militait au profit des adversaires de cette commune, la cour royale, appelée postérieurement à statuer sur la question de propriété de ces immeubles, peut faire résulter de cet arrêté la preuve que, à l'époque où il a été rendu, la commune n'était pas en possession des terrains litigieux, et, par suite, rejeter la demande formée par cette commune à fin d'être admise à prouver qu'elle a acquis par la prescription la propriété de ces terrains. — *Cass.*, 18 janv. 1836, Jouslin c. Dutreilh.

197. — La nécessité imposée au conseil de préfecture par la loi du 5 nov. 1790 de statuer, dans le mois du dépôt sur la demande en autorisation qui doit lui être adressée avant d'agir contre le domaine, n'est pas également applicable aux créanciers des communes.—*Paris*, 14 janv. 1832, Lefebvre c. ville de Paris.

198. — L'autorisation de plaider contre le domaine, accordée à une commune après la demande introductive d'instance, n'a pu suppléer le défaut de mémoire préalable qui aurait dû être remis à l'autorité administrative, conformément à l'art. 15, tit. 3, L. 28 oct.-5 nov. 1790. — *Bastia*, 9 juin 1831, Domaine c. comm. de Campitello.

199.—Les arrêtés des conseils de préfecture qui autorisent les communes à ester en justice sont des actes de tutelle administrative contre lesquels nul recours n'est ouvert aux tiers. Ceux-ci sont, par conséquent, non-recevables à se pourvoir contre ces arrêtés. — *Cons. d'état*, 9 fév. 1823, Faucher; 6 sept. 1826, Terral; 9 juin 1830, comm. de Beaufort; — Cormenin, *ibid.* — V. *infrà* nº 218.

200. — Depuis l'ord. du 12 mars 1831, d'après l'art. 5 de laquelle l'ord. du 2 fév. précédent n'est pas applicable aux autorisations de plaider demandées par les communes ou établissemens publics, les pourvois en cette matière ont toujours dû être introduits et jugés en la forme administrative.

201. — En conséquence, l'arrêté d'un conseil de préfecture qui refuse à une commune l'autorisation de plaider ne peut être attaqué devant le conseil d'état par la voie contentieuse. — *Cons. d'état*, 2 mai 1837, comm. de Nalliers.

202. — Les autorisations de plaider sont des actes purement administratifs. On ne peut donc attaquer par la voie contentieuse devant le conseil d'état les arrêtés du conseil de préfecture qui refusent à une commune l'autorisation de plaider. —*Cons. d'état*, 2 juin 1837, comm. de Voray c. Quégain.

203. — Le conseil d'état, comme juge d'appel à l'égard des conseils de préfecture, peut, par conséquent, en cas d'annulation : 1º ou renvoyer devant le conseil de préfecture.—*Cons. d'état*, 13 juill. 1813, comm. de Vingran; 23 oct. 1816, de Montmort c. comm. de Jully-le-Châtel; 20 janv. 1819, Lanusse; 24 oct. 1821, Boison; 5 nov. 1823, comm. de la Petite-Pierre; — Reverchon, p. 230.

204. — Ou, si l'affaire est en état, évoquer le fond, et accorder ou refuser lui-même l'autorisation. — *Cons. d'état*, 6 nov. 1817, Jacomet; 14 juill. 1819, Guy; 7 mars 1821, comm. de Cauncilles; 15 août 1821, Brulée; — Reverchon, *ibid.*; Cormenin, *ubi suprà* p. 407.

205. — Lorsque, après avoir annulé un arrêté du conseil de préfecture comme incompétemment rendu, le conseil d'état renvoie une commune devant les tribunaux, il peut l'autoriser lui-même à plaider, sans que la commune soit obligée de se retirer devant le conseil de préfecture. — *Cass*, 24 juill. 1822, Bacqueville c. comm. de Bacqueville; —Cormenin, *Quest. de dr. administr.*, vº *Communes*, § 2, nº 5. — V. aussi *suprà* nº 68.

206. — Le conseil municipal ne peut autoriser le maire à plaider à ses risques et périls dans l'intérêt de la commune lorsque cette autorisation a été refusée par le conseil de préfecture. — *Cass.*, 18 août 1840 (t. 1er 1841, p. 35), Quétier de Saint-Éloy c. maire du Plessis-Ballisson et Collas.

207. — D'après l'art. 49, L. 18 juill. 1837, c'est également par le conseil de préfecture que toute commune ou section de commune doit être autorisée, soit pour introduire une action en justice, soit pour se pourvoir devant un autre degré de juridiction, après qu'un jugement a été rendu.

208. — La commune ou section de commune à laquelle le conseil de préfecture a refusé l'autorisation de plaider peut se pourvoir devant le roi en conseil d'état. Le pourvoi est introduit et jugé en la forme administrative. Il doit avoir lieu, à peine de déchéance, dans les trois mois de la notification de l'arrêté du conseil de préfecture. — L., 18 juill. 1837, art. 50.

209. — Celui qui veut intenter une action contre une commune ou section de commune est tenu d'adresser préalablement au préfet un mémoire exposant les motifs de sa réclamation. Il lui en est donné récépissé. — Le préfet doit transmettre le mémoire au maire avec l'autorisation de convoquer immédiatement le conseil municipal pour en délibérer (art. 51).

210. — Doit être annulé l'arrêté du conseil de préfecture qui a statué sur le mémoire à lui transmis, sans que le conseil municipal ait été préalablement appelé à délibérer. — *Cons. d'état.*, 29 janv. 1840, comm. de Mornay; —Reverchon, p. 188.

211. — La délibération du conseil municipal est, dans tous les cas, transmise au conseil de préfecture, qui décide s'il y a lieu d'autoriser. Sa décision doit être rendue dans les deux mois de la date du récépissé délivré au demandeur (art. 52).

212. — Les décisions des conseils de préfecture portant refus d'autorisation doivent être motivées (L. 18 juill. 1837, art. 53). — Cet article paraît, il est vrai, ne s'appliquer qu'au cas où la commune est défenderesse; mais il résulte de la discussion qui a eu lieu aux chambres qu'on a entendu lui donner une application générale pour les deux cas où la commune est demanderesse ou défenderesse. — Reverchon, p. 177.

213. — Le conseil de préfecture ne peut se dispenser de statuer sur la demande. Ainsi, il doit refuser l'autorisation au lieu de se déclarer incompétent s'il pense que l'action n'est pas du ressort des tribunaux.— *Cons. d'état*, 12 mai 1840, section de Trinquetaille; — Reverchon, p. 175.

214. — Le conseil de préfecture qui, au lieu de se borner à refuser l'autorisation de plaider à une commune, par le motif que l'action qu'on veut intenter devant les tribunaux est de la compétence administrative, renvoie l'adversaire de la commune à se pourvoir administrativement, commet un excès de pouvoir, et son arrêté peut être réformé par la voie contentieuse. — *Cons. d'état*, 8 juin 1842, Maupuy.

215. — En cas de refus de l'autorisation, le maire peut, en vertu d'une délibération du conseil municipal, se pourvoir devant le roi en son conseil d'état, conformément à l'art. 50. — Il devra être statué sur le pourvoi dans le délai de deux mois, à partir du jour de son enregistrement au secrétariat général du conseil d'état (art. 53).

216. — En cas de pourvoi contre la décision du conseil de préfecture, l'instance doit être suspendue jusqu'à ce qu'il ait été statué sur le pourvoi, et à défaut de décision dans le délai fixé par l'art. 53, jusqu'à l'expiration de ce délai (art. 54).

217. — La commune seule peut se pourvoir au conseil d'état en matière d'autorisation de plaider. — Reverchon, p. 196; Cormenin, p. 408; Magnitot et Delamarre, p. 254.

218. — Les décisions des conseils de préfecture qui accordent ou refusent l'autorisation de plaider n'étant que des actes de tutelle administrative intervenus dans l'intérêt des communes, les parties adverses n'ont ni intérêt ni qualité pour attaquer une décision qui refuse cette autorisation. — *Cons. d'état*, 2 janv. 1838, Gruler; 8 juin 1842, Maupuy. — V. *suprà* nº 199.

219. — Il n'appartient même pas au ministre de l'intérieur de former ce pourvoi. — *Cons. d'état*, 8 sept. 1809, comm. de Gonès c. Meyville; — Cormenin, *ubi suprà*.

220. — Il y aurait lieu d'excepter toutefois le cas où l'arrêté serait entaché d'excès de pouvoirs. — Reverchon, p. 197.

221. — La demande d'une commune à fin d'autorisation de plaider devant les tribunaux ne peut être présentée au conseil d'état par la voie contentieuse. — *Cons. d'état*, 21 déc. 1837, comm. de Pimprez.

222. — Cependant si l'arrêté du conseil de préfecture était attaqué pour excès de pouvoirs, il pourrait être indifféremment déféré par la voie contentieuse ou par la voie administrative. —*Cons. d'état*, 5 sept. 1838, comm. de Chatillon d'Azergues; 19 fév. 1840, ville d'Ivetot; 12 mai 1840, section de Trinquetaille; — Reverchon, p. 225 et suiv.

Sect. 5e. — *Du défaut ou de l'insuffisance d'autorisation.*

223. — C'est à l'autorité administrative et non aux tribunaux qu'il appartient de statuer sur la régularité de l'autorisation qu'un conseil de préfecture a donnée à une commune, sans l'avis préalable du conseil municipal, pour intenter une action judiciaire. — *Cass.*, 29 juill. 1823, comm. de Civray c. Bourliaud et Bourdon.

224. — Un tribunal ne peut prononcer d'office sur la question de l'insuffisance de l'autorisation à fin de plaider représentée par une commune. — *Cass.*, 16 avr. 1834, comm. de Saint-Bresson c. Gros-Jean.

225. — Lorsque, sur le refus du conseil de préfecture d'autoriser une commune à plaider, un maire a, en cette qualité, pris des conclusions; les juges ne peuvent considérer ce dernier comme agissant en son nom personnel, encore bien que, sur le refus du conseil de préfecture, le conseil municipal eût autorisé ce maire à plaider à ses risques et périls. Car les tribunaux ne peuvent changer les qualités dans lesquelles les parties ont agi devant eux, ni les conclusions prises, ni substituer ainsi un procès à un autre. — *Cass.*, 18 août 1840 (t. 1er 1841, p. 35). Quétier de Saint-Eloy c. Maire du Plessis-Ballisson et Collas.

§ 1er. — *Conséquences du défaut ou de l'insuffisance d'autorisation.*

226. — Sous les édits de 1683 et 1764, le défaut d'autorisation d'une commune pour interjeter appel rendait l'arrêt susceptible d'annulation. — *Cass.*, 3 avr. 1826, comm. de Salles c. Ribeau.

227. — Jugé également que, même avant la loi du 14 déc. 1789, le défaut d'autorisation des com-

munes, entraînait la nullité de l'arrêt. — *Cass.*, 26 nov. 1834, comm. de Bélesta, Fougax et Laguillon c. duc de Larochefoucault.

228. — Sous l'empire de la loi du 14 déc. 1789, le jugement qui n'avait pas été précédé de l'autorisation approuvée dans les formes prescrites, devait être annulé. — *Cass.*, 15 niv. an V, Régnier c. comm. d'Herny; 27 niv. an V, Courdurier c. comm. de Montbrun; 24 pluv. an V, comm. de Chaumont c. Lépine; 9 vent. an V, Labriffe c. comm. Du Chesne.

229. — Lorsque l'agent d'une commune a été admis à plaider sans y être autorisé par l'administration centrale du département, cette commune n'a point été légalement représentée, et le jugement de condamnation prononcé contre elle doit être cassé. — *Cass.*, 9 flor. an VII, comm. d'Oberlarg c. Fleury.

230. — Est nul le jugement intervenu sur une demande formée par une commune qui n'a point été autorisée à plaider — *Cass.*, 22 fév. 1820, Dumont c. comm. de Carvin-Epinoy. — Est nul le jugement rendu avec une commune non autorisée. — *Cass.*, 5 janv. 1824, comm. d'Anguilcourt-le-Sart c. comm. de Danizy.

231.—Le défaut d'autorisation d'une commune, pour intenter ou suivre une action, est un vice radical qui infecte de nullité tous les actes de la procédure et tous les jugemens qui en ont été la suite. — *Cass.*, 28 brum., an VI, Detrye c. comm. de Sigy; 18 déc. 1809, Fabert c. comm. de Moulins-les-Metz.

232. — Lorsqu'une commune ne s'est fait autoriser que sur l'appel, la procédure de première instance et le jugement qui l'a suivi sont entachés d'une nullité radicale. Un maire ne peut, en acquiesçant à quelques chefs du jugement, couvrir cette nullité. — *Besançon*, 22 déc. 1808, comm. d'Emagny. — V. conf. Merlin, *Rép.*, v° *Communauté d'habitans*, § 7, et *Quest. de dr.*, v° *Commune*, § 7. — V. toutefois *infrà* nos 246 et suiv.

233. — Un jugement rendu sur une demande en complainte possessoire contre une commune non autorisée à plaider est absolument nul, ainsi que toute la procédure qui a précédé ce jugement. — *Cass.*, 10 mars 1829, comm. de Villers c. comm. de Saint-Germer.

234. — L'action d'une commune en réintégration de biens prétendus usurpés, dirigée à tort dans ce cas contre l'émigré, et la nomination d'arbitres qui devaient statuer, n'ont pas été régularisées par l'approbation donnée par un arrêté du district non autorisé par l'administration départementale. Le jugement arbitral qui est intervenu doit être annulé, surtout si depuis l'arrêté du district il ne s'est pas écoulé un mois pour la production des titres et des défenses de la nation. — *Cass.*, 15 messid. an XI, Poultier c. comm. de Billey.

235. — Toutefois la nullité n'a pas lieu de plein droit; il faut qu'elle soit proposée ou tout au moins prononcée par le tribunal compétent.

236. — En conséquence, lorsque la partie tierce opposante est une commune à laquelle l'autorisation de plaider avait été refusée, et que, nonobstant ce refus d'autorisation, elle a figuré au jugement de première instance, où elle a été représentée et défendue par son maire, cette commune n'est pas fondée à soutenir que sa présence à ce jugement, qui est nul à son égard, doit être considérée comme non avenue, et ne peut former un obstacle à l'admission de sa tierce opposition. La commune doit au contraire, dans ce cas, se pourvoir par la voie de l'appel pour faire prononcer la nullité de ce jugement, lequel, à défaut, acquiert contre elle l'autorité de la chose jugée s'il lui a été régulièrement signifié. — *Bourges*, 17 août 1831, comm. de Marval c. Chaumette.

237. — Une commune qui a interjeté appel d'un jugement, mais dont l'acte d'appel est nul, ne peut soutenir que néanmoins ce jugement doit être annulé comme étant entaché d'une nullité radicale à défaut d'autorisation de plaider. — *Bruxelles*, 21 nov. 1827, comm. de G... c. M....

238. — Un jugement rendu contre une commune qui a constitué avoué avant d'être autorisée par l'administration ne doit pas être considéré comme un jugement par défaut soumis à la péremption de six mois aux termes de l'art. 156, C. procéd. civ., mais comme un jugement *faute de plaider*, lequel est susceptible d'opposition, seulement dans les délais fixés par l'art. 157, même Code. — *Montpellier*, 1er juin 1840 (t. 2 1840, p. 347), de Belloc c. comm. de Portirargues.

239. — La nullité résultant du défaut d'autorisation est absolue et d'ordre public. — *Cass.*, 9 nov. 1808, comm. de Monteplain c. Franchet.

240. — Par conséquent, le défaut d'autorisation peut être pour la première fois opposé en cassation. — *Cass.*, 19 messid. an VII, comm. de Montorsier c. Giraud; 17 prair. an XI, Mairot-Froissart c. comm de Dommartin; 8 frim. an XII, Rochambeau c. comm. de Vulaine; 4 flor. an XIII, comm. de Torcy-Lepitit et comm. de Torcy-le-Grand; 22 janv. 1806, préf. de l'Aube c. comm. de Saint-Mesmin; 5 fév. 1806, Grammont c. comm. du Grandet Petit-Magny et de Villers-la-Ville; 17 mars 1806, Desfriches-Doria c. comm. de Savières; 17 mars 1806, Chavaudon c. comm. de Méry-sur-Seine; 2 avr. 1806, Erard des Isles c. comm. de Saint-Remi-des-Landes; 29 oct. 1806, Sauvan d'Aramon c. comm. d'Aramon; 9 déc. 1806, Dufraisse c. habitans du Cheix; 20 juill. 1807, Montangon c. comm. de Chaudeney; 5 oct. 1807, Guiter c. comm. de Saint-Laurent-de-la-Salonque; 9 nov. 1808, comm. de Monteplain c. Franchet; 18 déc. 1809, Fabert c. comm. de Moulins-les-Metz; 9 mars 1818, Gavre c. comm. de Bourg-en-Montagne; 22 févr. 1820, Dumont c. comm. de Carvin-Epinoy.

241. — Il en est de même de la nullité résultant de l'insuffisance de l'autorisation. — *Cass.*, 5 oct. 1809, Guiter c. comm. de Saint-Laurent-de-la-Salonque.

242. — Mais le moyen tiré de la tardiveté de l'autorisation ne saurait être proposé pour la première fois devant la cour de Cassation. — *Cass.*, 7 août 1839 (t. 2 1839, p. 435), Villoutreys c. comm. de Bussigny.

§ 2. — *Qui peut opposer le défaut ou l'insuffisance d'autorisation.*

243. — Il n'y a nul doute que le droit de se prévaloir du défaut d'autorisation n'appartienne à la commune. Les communes sont mineures (Cormenin, *Dr. admin.*, v° *Communes*, n° 33) et ne peuvent, par conséquent, renoncer au bénéfice de la loi.

244. — La nullité résultant du défaut d'autorisation est d'ordre public et peut être pour la première fois proposée en Cassation par la commune non autorisée. — *Cass.*, 16 fructid. an XIII, comm. de Damloup c. comm. de Soupleville et d'Abancourt; 6 frim. an VII, comm. de Nogaret c. Rivier et Vignon; 5 janv. 1824, comm. d'Anguilcourt-le-Sart c. comm. de Danizy; 14 janv. 1840 (t. 1er 1840, p. 111), commune de Claix c. Bon.

245. — Il résulte même de ce que la voie de la requête civile est ouverte aux communes *si elles n'ont été valablement défendues* (C. procéd., art. 481) qu'une commune serait recevable à attaquer par cette voie les jugemens ou arrêts rendus contre elle, si elle avait plaidé sans autorisation. — Reverchon, p. 245.

246. — Il peut arriver cependant que la nullité ait été couverte par le fait de la commune.

247. — Les communes qui, après avoir été assignées, n'ont pas demandé l'autorisation de défendre à l'action formée contre elles, ne peuvent pas opposer ce défaut d'autorisation qu'elles ne peuvent imputer qu'à leur négligence, et les jugemens obtenus contre elles sont valables. — *Colmar*, 6 flor. an XI, comm. de Sainte-Croix et de Dessenheim c. Mérian.

248. — Il suffit qu'une commune ait été autorisée à appeler d'un jugement pour qu'elle ne puisse invoquer, comme moyen de nullité contre le jugement rendu sur l'appel, l'absence d'autorisation à plaider en première instance. — *Cass.*, 18 fév. 1835, comm. de Géménos c. d'Albertas. — Mais V. *suprà* n° 232.

249. — Lorsqu'une commune, après avoir plaidé en première instance sans autorisation, s'est fait autoriser en appel, et a plaidé et conclu au fond devant la cour royale sans opposer le défaut d'autorisation en première instance, la nullité qui en résultait est couverte et ne peut être invoquée par cette commune pour la première fois devant la cour de Cassation. En vain dirait-on que la nullité, étant substantielle et d'ordre public, n'a pu être couverte et aurait dû être prononcée d'office. — *Cass.*, 1er août 1837 (t. 2 1837, p. 385), comm. de Saint-Germain-le-Rocheux c. le hameau de Grange-Didier. — Il faut bien remarquer que cet arrêt ne décide pas que l'autorisation donnée pour la première fois en appel couvre le vice de la procédure suivie en première instance sans autorisation, il juge seulement que la commune, une fois autorisée régulièrement, a pu couvrir la nullité qu'elle eût été en droit d'opposer.

250. — Jugé encore qu'en supposant qu'il fût nécessaire de se munir d'une autorisation pour assigner une commune en réparation des pillages commis par deux attroupemens sur son territoire, la commune ne pourrait faire résulter un moyen de cassation de ce que cette autorisation n'aurait pas été obtenue en première instance, si le demandeur l'a obtenue sur l'appel, et si le jugement de première instance a été, par quelque motif que ce soit, annulé par la cour qui a évoqué l'affaire au fond. — *Cass.*, 17 juin 1817, comm. d'Haplincourt c. Bresson.

251. — Quant à l'adversaire de la commune, il est incontestable qu'il est fondé à demander que l'audience lui soit refusée, si elle n'est munie d'une autorisation régulière. A ce titre, nous admettons pleinement les décisions suivantes :

252. — Il y a lieu de casser même le jugement rendu au profit d'une commune, lorsqu'il ne fait pas mention de l'autorisation obtenue, ou lorsque cette autorisation n'est pas représentée. — *Cass.*, 9 avr. 1806, Fenaux c. comm. de Halles, Maismont et Sainte-Radegonde.

253. — Jugé de même, si on articule que la commune a plaidé sans autorisation, et si, dans le fait, ni l'expédition du jugement ni rien ne prouve qu'elle ait été autorisée. — *Cass.*, 3 juin 1812, de Caumont c. comm. de Vaugines; 8 avr. 1829, Devault c. comm. de Bay.

254. — Mais, dans les instances anciennes entre communes, la preuve de l'autorisation de plaider, lorsque l'acte même d'autorisation n'est pas rapporté, résulte suffisamment de présomptions et de simples énonciations contenues dans des actes anciens. — *Cass.*, 2 juill. 1827, comm. de Mouthier c. comm. de Lods. — V. conf. Bioche et Goujet, *Dict. de procéd.*, v° *Commune*, n° 27.

255. — L'autorisation obtenue par une commune de défendre à la cassation d'un jugement rendu en sa faveur n'empêche point que ce jugement doive être cassé, si elle n'a pas été autorisée à ester dans l'instance qu'il a vidée. — *Cass.*, 12 frim. an XIV, Brisy c. comm. de Famproux et Roueux; — Merlin, *Rép.*, vis *Communauté d'habitans*, n° 7, et *Acquiescement*, § 6; Berriat, p. 668, note 15e, n° 3; Carré, *Lois de la procéd.*, t. 3, n° 3406.

256. — Le défaut d'autorisation peut être opposé devant la cour de Cassation, par l'adversaire de la commune. — *Cass.*, 9 brum. an VII, Anselme c. comm. de Rognonas.

257. — Lorsque le défendeur à une action intentée par une commune lui oppose une fin de non-recevoir tirée du défaut d'autorisation, la commune est sans intérêt pour se faire un moyen de cassation de ce que les juges, en déclarant son action mal fondée, n'auraient pas statué sur la fin de non-recevoir. — *Cass.*, 28 juin 1842 (t. 1er 1843, p. 449), comm. de Mailly-le-Château et de Méry-sur-Yonne c. le préfet de l'Yonne.

258. — L'omission de statuer sur l'exception opposée à une commune de ce qu'elle n'a pas été autorisée à plaider constitue non un moyen de cassation, mais une ouverture de requête civile. — *Cass.*, 14 mai 1835, de Lorge c. habitans de Champlemy.

259. — *Quid* si l'adversaire de la commune a attendu pour opposer le défaut d'autorisation que l'on eût épuisé un ou deux degrés de juridiction ?

260. — Pendant long-temps, la jurisprudence n'a admis, sous ce rapport aucun tempérament à la règle de l'autorisation qu'elle appliquait même contre l'intérêt des communes.

261. — Ainsi jugé que la nullité qui résulte du défaut d'autorisation, étant absolue et d'ordre public, ne peut être couverte par le silence des parties, et peut être opposée *par l'adversaire de la commune*, en tout état de cause, *même pour la première fois* devant la cour de Cassation. — *Cass.*, 28 brum. an VI, Detrye c. comm. de Sigy; 3 vent. an VIII, Lesenechal c. comm. du Theil, du Chiez et de la Vialle; 3 brum. an XII, Boroger c. comm. de Marimont; 6 niv. an XII, Lamberty c. comm. de Mauliviliers; 16 prair. an XII, Lamotte c. comm. de Lusigni; 5 niv. an XIII, Bavière c. comm. de Villacerf; 26 messid. an XIII, Guillaume de Chavaudon c. comm. de Droup-Saint-Basle; 17 et 18 thermid. an XIII, de Bavière c. comm. de Mergey, Chasseigny-Saint-Messin et Courlanges; 16 fructid. an XIII, de Chavaudon c. comm. de Vallan et d'Orvilliers; 9 avr. 1806, Fenaux c. com. de Balles Maismont et Sainte-Radegonde; 19 juin 1815, N....; 2 juin 1817, d'Ainesy c. comm. de Montpezat.

262. — ...Et que cette nullité peut même être présentée d'office, par le ministère public, devant la cour de Cassation. — *Cass.*, 10 niv. an XIII, de Fougières c. comm. le Soleil.

263. — Jugé au contraire que, lorsqu'en première instance, on n'a pas opposé à une commune son défaut d'autorisation, on ne peut, en appel, se faire un moyen de ce défaut d'autorisation. — *Cass.*, 27 messid. an VIII, Gonnel c. comm. de de Marles. — V. conf. Merlin, *Quest.*, v° *Commune*, § 5.

264. — La jurisprudence rappelée plus haut at-

lait directement contre le but de l'autorisation. Sous prétexte d'ordre public, on enlevait aux communes le bénéfice du principe posé dans l'art. 1125, C. civ. Au lieu de prendre la loi de l'autorisation pour ce qu'elle devait être, une sauvegarde destinée à protéger les communes, on en faisait une obligation *sine quâ non*; on retournait ainsi contre elles le bienfait qu'on avait voulu leur accorder, en admettant leur adversaire à s'armer de ce bienfait, qui ne s'adressait point à lui, pour leur enlever le fruit de la victoire, comme le dit la cour de Cassation dans un arrêt du 14 juin 1832 (Domaine); on méconnaissait en un mot les vues du législateur, qu'il avait cependant pris soin d'exprimer formellement dans la loi du 4 germin. an II : « Si c'est par le fait de l'une des » parties..... qu'a été violée ou omise une forme » prescrite..., cette violation ou omission ne peut » donner ouverture à la cassation que lorsqu'elle » a été alléguée par l'autre partie, devant le tri- » bunal dont celle-ci prétend faire annuler le juge- » ment pour n'y avoir pas eu égard (art. 4). — » Il ne peut également y avoir lieu à cassation, » *au préjudice des mineurs, des interdits, des absens* » *indéfendus, des femmes mariées, des communes ou* » *de la république*, sous prétexte que le commis- » saire national n'aurait pas été entendu dans les » affaires qui les intéressaient et *qui ont été jugées* » *à leur avantage* (art. 5).

265. — Aussi cette jurisprudence fut-elle abandonnée en 1828, et la doctrine contraire, énergiquement soutenue par Henrion de Pansey (*Biens commun.*, chap. 32, § 12), paraît aujourd'hui définitivement adoptée par la cour suprême.

266. — Ainsi jugé que, lorsque l'adversaire d'une commune ne s'est prévalu ni en première instance ni en appel du défaut d'autorisation de la commune pour ester en justice, il est non-recevable devant la cour de Cassation à invoquer ce moyen contre l'arrêt qui l'a débouté de sa demande. — *Cass.*, 27 nov. 1828, Pichet c. comm. de Paranquet.

267. — ...Que lorsqu'une commune, autorisée à plaider en première instance, a, sans autorisation nouvelle, interjeté appel du jugement, et que l'intimé n'a point, devant la cour royale, opposé ce défaut d'autorisation, il ne peut l'invoquer pour demander la cassation de l'arrêt rendu contre lui au profit de la commune. — *Cass.*, 7 mai 1829, Rousseau c. comm. d'Asnau; 14 juin 1832, Domaine c. comm. de Saint-Georges et autres.

268. — ...Que la nullité du désistement d'appel de la part d'une commune, pour défaut d'autorisation, ne peut être opposée pour la première fois devant la cour de Cassation, si elle ne l'a pas été en appel. — *Cass.*, 27 avr. 1835, Landragin-Raine c. comm. d'Asfeld.

269. — ...Que la nullité résultant du défaut d'autorisation d'une commune ne peut être proposée contre elle, pour la première fois, devant la cour de Cassation. — *Cass.*, 2 févr. 1833, Pinçon c. section du Berval, comm. de Bonneuil; 15 avr. 1833, Lacroix c. comm. de Rouffach; 2 juin 1836, Sorel c. ville d'Amiens.

270. — Bien que l'autorisation nécessaire à une commune pour plaider tienne à l'ordre public, néanmoins les adversaires d'une commune ne peuvent, pour la première fois, devant la cour de Cassation, opposer le défaut d'autorisation, lorsqu'ils ne se sont pas prévalus de ce moyen avant l'arrêt définitif qui a terminé le procès d'une manière favorable à la commune. — *Cass.*, 30 mai 1837 (t. 1er 1837, p. 567), d'Aubigny c. habitans des hameaux de la Sole et de Jean-Guyard.

271. — ...Qu'une commune dûment autorisée à plaider contre une *autre* commune est non-recevable à opposer en cassation le moyen tiré de ce que cette autre commune qui a gagné son procès n'était pas autorisée à ester en jugement. — *Cass.*, 15 févr. 1841 (t. 2 1841, p. 198), comm. de Colonne c. comm. de Biefmorin.

272. — Jugé encore que la nullité résultant de ce qu'une commune a plaidé sans autorisation ne peut lui être opposée par celui contre qui elle a obtenu gain de cause. — *Cass.*, 2 juin 1836, Sorel c. ville d'Amiens.

273. — ...Qu'en admettant qu'une commune autorisée à plaider en première instance ait eu besoin d'une nouvelle autorisation pour défendre en appel le jugement qu'elle a obtenu, elle seule aurait le droit de se prévaloir de ce défaut d'autorisation. — *Cass.*, 23 juin 1835, Gaumain c. comm. d'Appeville. — Et qu'en conséquence, le moyen tiré de ce qu'une commune n'était pas autorisée à ester devant la cour royale ne peut, en cassation, être invoqué pour la première fois que par cette commune et non par son adversaire. — *Cass.*, 7 janv. 1845 (t. 1er 1845, p. 349), comm. de Chanais c. commune de Magnils.

274. — Que lorsqu'une commune autorisée seulement à plaider devant le conseil de préfecture, a obtenu gain de cause devant les tribunaux civils, le défaut d'autorisation d'une commune pour plaider devant ces tribunaux, ne peut êre opposé que par la commune elle-même, et non par l'adversaire de la commune. — *Cass.*, 4 mai 1836, Bourbon-Busset c. comm. de Saint-Hilaire-en-Lignières.

275. — Jugé même que le défaut d'autorisation de plaider ne peut être opposé à une commune pour la première fois en appel. — *Besançon*, 30 nov. 1843 (t. 2 1844, p. 70), Painchaux c. comm. de l'Abergement-du-Navois et c. Bourgeois et Bolle.

276. — Toutefois cette jurisprudence ne saurait aller jusqu'à dépouiller l'adversaire de la commune du droit d'exiger qu'elle procède en justice, avec toutes les garanties de capacité qui peuvent le mettre à l'abri de toute action en nullité de la part de cette commune, dans le cas où elle viendrait à succomber. Il conserve donc toujours le droit de lui opposer le défaut d'autorisation, pourvu qu'il s'y prenne à temps.

CHAPITRE II. — *Des sections de communes.*

277. — Nous verrons au mot COMMUNE ce qu'il faut entendre par *section de commune*, ce qui la constitue (V. aussi *infrà* nos 281 et suiv.), et quand il y a lieu d'établir un syndicat pour la représenter dans les actions judiciaires à intenter ou à soutenir. Il s'agit seulement ici d'appliquer aux sections de commune, les règles relatives à l'autorisation nécessaire pour plaider.

278. — A cet égard, il suffit de renvoyer aux principes qui précèdent relativement à l'autorisation des communes. — Voici néanmoins quelques applications spéciales aux sections de communes.

279. — La section de commune anciennement autorisée à plaider sur un exposé fait en son nom, et nullement en celui de la commune entière, n'a pu se prévaloir de cette autorisation depuis l'arrêté du 24 germin. an XI, relatif à la manière dont les contestations entre les différentes sections d'une même commune doivent être saisies devant les tribunaux. — *Nîmes*, 10 flor. an XIII, habitans de Montrusset c. habitans de la Vialette.

280. — L'action intentée dans l'intérêt d'une section de commune doit être autorisée par l'administration supérieure, et suivie par un agent ou préposé désigné à cet effet. — L'omission de ces deux conditions peut être opposée en tout état de cause, même devant la cour de Cassation. — *Cass.*, 24 avr. 1809, comm. de Turkeim c. habitans de Zimmerback.

281. — Un hameau peut être considéré comme une généralité d'habitans qui a besoin de l'autorisation administrative pour ester en justice. — *Cass.*, 29 frim. an XII, de Croeser c. Martens et Saclens.

282. — Mais cette autorisation cesse d'être nécessaire lorsqu'une action est intentée par plusieurs habitans d'un village ou hameau joints à d'autres habitans d'une autre commune, agissant tous en leur nom personnel et privé, pour la conservation d'une copropriété indivise, et sans annoncer l'intention d'agir au nom de tous les habitans du village ou hameau, comme formant une section de commune. — *Cass.*, 10 nov. 1812, Faubertaud c. Etelcim.

283. — Une collection de propriétaires riverains d'un marais ne peut être assimilée à une section de commune, et, dès-lors, n'a pas besoin, pour réclamer en justice un droit de pâturage sur ce marais, de justifier de l'autorisation préalable des corps administratifs. — *Cass.*, 15 nov. 1808, Hardouin et Soudé c. Duperrier.

284. — Les propriétaires riverains d'un canal d'irrigation, qui se réunissent pour défendre leurs droits à l'usage commun de ce canal, ne peuvent être assimilés à une section de commune, en telle sorte que les syndics chargés de les représenter devant les tribunaux aient besoin de l'autorisation administrative, préalablement exigée des communes, pour plaider. — *Cass.*, 3 (et non 2) déc. 1828, Bouis c. syndics de la comm. de Tourves.

285. — Un maire qui a été autorisé à revendiquer pour toute la commune sa propriété d'une lande, n'est pas implicitement autorisé à poursuivre la même action au nom d'une section de cette commune, qui seule aurait droit à cette lande. — *Rennes*, 8 juin 1816, maire de Sucé c. Saulnier.

286. — Jugé cependant qu'il n'est pas nécessaire que l'autorisation donnée au maire d'une commune, à l'effet de plaider dans une cause concernant seulement des sections de cette commune, fasse mention de ces dernières. — On n'est pas

tenu pour obtenir cette autorisation de suivre les règles tracées pour les autorisations des sections d'une commune qui veulent plaider entre elles. — *Cass.*, 13 mai 1828, comm. de Fontenay et des Tremeurs.

287. — Le maire d'une commune comprenant plusieurs sections du même nom peut déclarer, même en appel, qu'il n'agit que pour l'une des sections, quoique l'autorisation et le jugement de première instance ne désignent que la commune, sans distinction de sections. — Cette déclaration du maire, destinée à faire cesser une équivoque, ne peut être considérée de sa part comme un désistement en ce qui touche l'action des autres sections de la commune. — Par suite, les sections au nom desquelles le maire a déclaré n'avoir point agi ne peuvent attaquer les décisions rendues par requête civile. — *Cass.*, 1er déc. 1836 (t. 1er 1837, p. 151), sections de la commune de Roussillon c. de Chastellux.

288. — Les sections de communes ont-elles besoin d'autorisation pour intenter ou soutenir des actions possessoires? — On argumente pour la négative du voisinage des art. 55 et 56, L. 18 juill. 1837, dont le premier accorde dans ce cas dispense aux communes, et dont le second a pour objet d'organiser, lorsqu'il y a lieu, le syndicat des sections. — L'affirmative paraît plus conforme à l'esprit de la loi, d'autant plus que l'art. 55 vient couronner, en quelque sorte, par une exception générale tout ce qui concerne l'autorisation. S'il fallait s'arrêter à l'argument puisé dans le rapprochement des art. 55 et 56, il faudrait aussi en conclure, le premier ne parlant que du maire, que le syndic d'une section ne peut faire les actes conservatoires sans autorisation, ce qui paraît inadmissible.

289. — Pour tout ce qui concerne l'instance en autorisation lorsqu'il y a syndicat, il faut appliquer au syndicat et au membre chargé par lui de suivre l'action ce qui a été dit ci-dessus de l'intervention du conseil municipal et du maire. — Ainsi, lorsque la section est défenderesse, c'est à la commission syndicale que doit être renvoyé, par le préfet, le mémoire qui a dû être adressé à ce fonctionnaire par le demandeur. — Reverchon, p. 276.

CHAPITRE III. — *Des habitans et des contribuables.*

290. — Il appartient au maire seul, ou à ceux qui sont appelés à le remplacer, dans l'ordre hiérarchique, d'exercer ou de soutenir les actions communales (V. le mot COMMUNE). Avant 1837, ce principe était suivi dans toutes ses conséquences, et la jurisprudence avait souvent établi qu'un habitant de la commune était sans qualité pour demander l'autorisation de les exercer. — V. Reverchon, *ibid.*, p. 99.

291. — Ainsi jugé que les habitans d'une commune ne peuvent pas exercer individuellement et sans l'autorisation du pouvoir administratif une action qui n'appartient qu'à la commune, et, par exemple, la revendication de la propriété et jouissance de la seconde herbe d'une prairie. — *Cass.*, 10 niv. an XIII, de Fougières c. comm. le Soleil.

292. — Un procès ne peut être intenté, au nom des habitans d'une commune, en vertu de simples procurations particulières; il ne peut l'être qu'en vertu d'une délibération approuvée par les administrations de district et de département. — *Cass.*, 3 vent. an VIII, Lesénéchal c. comm. Du Theil, Du Chiez et de Lavialle.

293. — Lorsque les habitans d'une commune agissent *ut universi*, ils doivent, à peine de nullité, être autorisés, conformément aux art. 54 et 56, L. 14 déc. 1789, à intenter leur demande. — *Cass.*, 9 déc. 1806, Dufraisse c. habitans du Cheix.

294. — En pareil cas, ils doivent être représentés par le maire ou l'adjoint, et être pourvus de l'autorisation prescrite. — *Rennes*, 12 août 1811, Mouraud c. Ploger.

295. — Mais lorsque les habitans d'une commune forment une action en nom individuel, au lieu de la former en nom collectif, ils n'ont pas besoin de l'autorisation administrative. — Même arrêt; *Cass.*, 20 août 1833, préfet de l'Ain c. comm. de Nayrolles.

296. — Lorsqu'un particulier revendique le droit de passer sur un terrain qu'il articule être un chemin communal, que les juges ordonnent la mise en cause du maire de la commune, mais que le conseil municipal et le conseil de préfecture, tout en reconnaissant que le chemin dont il s'agit est une voie publique, refusent l'autorisation nécessaire au maire pour intervenir, ce particulier peut, à ses risques et dans son seul intérêt, être admis

à établir que le terrain litigieux est une rue qui de tout temps a servi de passage à tout le monde. — *Bourges*, 22 mai 1826, Baudat c. Chauchet.

297.—Aujourd'hui : « Tout contribuable inscrit au rôle de la commune a le droit d'exercer, à ses frais et risques, avec l'autorisation du conseil de préfecture, les actions qu'il croirait appartenir à la commune ou section, et que la commune ou section, préalablement appelée à en délibérer, aurait refusé ou négligé d'exercer. La commune ou section sera mise en cause, et la décision qui interviendra aura effet à son égard. » — L. 18 juill. 1837, art. 49. — On développera cette proposition au mot COMMUNE, en parlant de l'exercice des actions des communes.

298.—Ainsi, l'action d'un habitant d'une commune contre plusieurs autres habitans de la même commune afin d'obtenir une indemnité pour raison du refus que font ces derniers d'envoyer leurs troupeaux au pâtre nommé par le maire est une action communale qui doit suivre les formalités préalables prescrites par l'art. 49, L. 18 juill. 1837.—*Paris*, 29 août 1842 (t. 1er 1843, p. 64), Aubert Jullion c. Jaunet-Delandice.

299.—Quand, une commune ayant perdu son procès en première instance, le conseil municipal a été d'avis d'interjeter appel, mais que le conseil de préfecture a refusé l'autorisation, la commune qui ne se pourvoit pas contre l'arrêté du conseil de préfecture se constitue réellement et légalement en refus d'appeler. Dès-lors, tout contribuable a droit d'interjeter appel à ses frais et risques. —*Bourges*, 6 avr. 1840 (t. 1er 1841, p. 302), Quoy et Gaulier c. Jolly. — V. toutefois Reverchon, n° 102.

300. — Une commune ne pouvant être représentée en justice que par son maire, l'autorisation donnée par le conseil municipal au contribuable de faire valoir les droits appartenant à cette commune ne saurait suppléer à la mise en cause de la commune elle-même, et à sa représentation par son maire. Par suite, le contribuable est non-recevable à intervenir au nom de la commune. — *Grenoble*, 6 juin 1843 (t. 1er 1845, p. 214), Poncet c. Loubet. — V. COMMUNE.

301. — Bien que l'art. 49 n'attribue expressément au contribuable le droit d'agir au nom de la commune que dans le cas où il s'agit d'une action à intenter, on ne voit pas pourquoi il n'en serait pas de même et sous les mêmes conditions dans le cas d'une action à soutenir.—Reverchon, p. 109.

302.—De même que la commune, « le contribuable auquel l'autorisation aura été refusée pourra se pourvoir devant le roi au conseil d'état. Le pourvoi sera introduit et jugé en la forme administrative. Il devra, à peine de déchéance, avoir lieu dans le délai de trois mois, à dater de la notification de l'arrêté du conseil de préfecture. » — L. 18 juill. 1837, art. 50.

303.—Le contribuable qui, usant du bénéfice de l'art. 49, L. 18 juill. 1837, a exercé à ses frais et risques une action appartenant à la commune, après une autorisation préalable du conseil de préfecture, a besoin, pour interjeter appel du jugement intervenu, d'une nouvelle autorisation.—*Metz*, 31 mai 1842 (t. 2 1842, p. 718), Grosselin c. Mouclin et la comm. de Courcelles-Chaumont; *Poitiers*, 16 août 1844 (t. 2 1844, p. 589), Savariau c. Meunier.

304.—Toutefois, l'appel interjeté par le contribuable, sans autorisation préalable du conseil de préfecture, est régularisé par une autorisation survenue postérieurement. — *Bourges*, 6 avr. 1840 (t. 1er 1841, p. 302). Quoy et Gaulier c. Jolly.

305.—Il n'y a donc pas lieu de déclarer non-recevable l'appel interjeté par le contribuable, sans nouvelle autorisation, mais seulement de lui accorder un délai pour se mettre en règle. — *Poitiers*, 16 août 1844 (t. 2 1844, p. 589), Savariau c. Meunier.

306. — L'autorisation est même nécessaire au contribuable pour exercer ou soutenir, au nom de la commune, les actions à l'égard desquelles celle-ci est dispensée d'autorisation, telles que les actions possessoires, les actions administratives, etc. (V. *suprà* nos 41 et suiv.) — C'est ce qui résulte d'une ordonnance du conseil d'état (*Cons. d'état*, 30 juin 1841, Isnard) accordant l'autorisation à des contribuables en matière d'action possessoire. — V. conf. Reverchon, p. 109.

307.—Jugé également, en matière administrative, qu'un simple habitant ne peut exercer les actions d'une commune qu'au nom de cette commune et dans la forme prescrite par l'art. 49, L. 18 juill. 1837. — *Cons. d'état*, 23 fév. 1841, de Villette. — V. dans le même sens Foucard, *Elém. de droit public et admin.*, t 3, n° 177; Cormenin, *Droit admin.*, v° *Communes*, t. 1er, p. 411; Serrigny, *De l'organisat., de la compétence et de la procédure en matière contentieuse admin.*, t. 1er, n° 401.

CHAPITRE IV. — *Des départemens et des établissemens publics.*

Sect. 1re.— *Des départemens.*

308. — Aucune loi, avant celle du 10 mai 1838, ne s'était occupée des actions à intenter ou à soutenir par les départemens. Il existait même une controverse sérieuse sur la question de savoir si les départemens pouvaient avoir à ester en justice.

309. — La loi précitée a mis un terme aux incertitudes en disposant que les actions du département sont exercées ou soutenues par le préfet, ou, en cas de litige entre les départemens et l'état, par le conseiller de préfecture le plus ancien en fonctions. — Art. 36.

310. — Mais les actions à exercer ne peuvent l'être qu'en vertu des délibérations du conseil général et avec l'autorisation du roi en son conseil d'état, et le département ne peut se pourvoir devant un autre degré de juridiction qu'en vertu d'une nouvelle autorisation. — *Ibid.*

311. — Quant aux actions à soutenir, le préfet peut agir en vertu des délibérations du conseil général et sans autre autorisation. — *Ibid.*

312. — Il peut même en cas d'urgence, intenter toute action ou y défendre, sans délibération du conseil général, ni autorisation préalable. — Il fait d'ailleurs tous actes conservatoires ou interruptifs de prescription. — *Ibid.*

313.—Comme la loi du 10 mai 1838 ne dispense pas les départemens de se faire autoriser pour former les actions provisoires, il s'ensuit que, même à l'égard de ces actions, les départemens restent soumis à la nécessité de l'autorisation, lorsqu'ils sont demandeurs. — La dispense n'a lieu, comme les autres, qu'en cas d'urgence, ce qui, d'ailleurs, à raison de la nature de ces actions, arrivera le plus fréquemment. — V. Reverchon, *Des autorisat. de plaider*, p. 320.

314. — Aucune action judiciaire autre que les actions possessoires ne peut, à peine de nullité, être intentée contre un département qu'autant que le demandeur a préalablement adressé au préfet un mémoire exposant l'objet et les motifs de sa réclamation, il lui en est donné récépissé. L'action ne peut être portée devant les tribunaux que deux mois après la date du récépissé, sans préjudice des actes conservatoires. Durant ces intervalles, le cours de toute prescription demeure suspendu. — L. 10 mai 1838, art. 37.

315. — Sauf les différences qui résultent des dispositions qui précèdent, les principes applicables aux communes, en matière d'autorisation de plaider, sont également applicables aux départemens. — Il suffit de s'y reporter.

316.—Bien que formant une division administrative et judiciaire, les arrondissemens n'ont pas une existence propre et ne constituent pas des personnes civiles. Ils ne peuvent donc avoir aucune action à intenter ni à soutenir; partant il n'y a pas lieu à s'occuper d'eux, à propos de l'autorisation d'ester en justice. — V. Reverchon, p. 325; Duvergier, *Coll. des lois*, t. 38 (*Anal. de la disc. de la loi du* 10 mai 1838); Macarel et Boulatignier, *De la fortune publique en France*, t. 2, n° 532. — V. au surplus CONSEIL GÉNÉRAL DE DÉPARTEMENT, ORGANISATION ADMINISTRATIVE.

Sect. 2e. — *Des établissemens publics.*

317. — Les établissemens publics sont, comme les communes, sous une espèce de tutelle, et il est de leur intérêt de ne pas courir inconsidérément les chances d'un procès. Ils ont donc en général besoin d'être préalablement autorisés, et la plupart des règles tracées relativement aux communes leur sont applicables.

318.—Aussi l'art. 1032, C. procéd., porte-t-il que les communes et les établissemens publics sont tenus, pour former une demande en justice, de se conformer aux lois administratives.

319. — Lorsqu'à l'occasion d'une instance pendante devant lui, le conseil d'état renvoie les parties devant les tribunaux, cette décision renferme nécessairement, si l'une des parties est un établissement public, l'autorisation de plaider. — *Cass.*, 22 mai 1822, caisse Lafarge c. Lafarge et Mitouflet. — V. *suprà* nos 68 et suiv.

320.—L'interprétation et l'application des actes du gouvernement qui ont restitué aux hospices et établissemens de bienfaisance leurs biens non vendus, appartiennent exclusivement aux tribunaux administratifs. En conséquence, s'il a été demandé une autorisation de plaider à l'effet d'obtenir l'interprétation ou l'application de ces divers actes dans les tribunaux ordinaires, cette autorisation doit être refusée. — *Cons. d'état*, 11 fév. 1842, ville d'Avignon.

321. — *Hospices.* — Un arrêté des Consuls du 7 mess. an IX, relatif aux rentes et domaines nationaux affectés aux hospices, dispose, art. 11, 12 et 13, que les commissions administratives des hospices ne pourront intenter aucune action juridique, pour le cas prévu par cet arrêté, sans avoir préalablement pris l'avis d'un comité consultatif composé de trois jurisconsultes choisis par le sous-préfet, sur lequel avis transmis au conseil de préfecture, celui-ci accordera ou refusera la déclaration.

322. — Bien que cet arrêté n'exige l'autorisation que pour les procès à intenter, relativement aux objets dont il s'occupe, on peut dire cependant que, par cela seul que les hospices sont en général soumis à la tutelle administrative, les principes ordinaires de cette tutelle doivent leur être appliqués; qu'ainsi ils ne peuvent, sans autorisation du conseil de préfecture, intenter ou soutenir des procès qui pourraient indirectement leur fournir les moyens de s'engager ou d'aliéner sans contrôle, ce qui est contraire à toutes les règles auxquelles ils sont assujétis. — V. Reverchon, p. 334. — V. HOSPICES.

323. — Aussi le conseil d'état a-t-il toujours statué sur les demandes en autorisations portées jusqu'à lui par les hospices.—*Cons. d'état*, 28 mars 1821, hospice de Grenoble; 13 juill. 1825, hospice de Bar; 8 janv. 1831, hospice de Compiègne; 4, 18 juill. 1834, hospice du Mans; 28 nov. 1834, hospice de Montpellier; 15 juill. 1835, hospice d'Auxerre; 6 fév. 1839, hospice de Vierzon; 1er juill. 1839, hospice de Beauvais. — V. Reverchon, *ibid.*

324. — Jugé également, en principe, que les hospices, comme les communes, ont besoin d'une autorisation préalable pour plaider. — *Limoges*, 13 fév. 1826, hospices de Limoges c. Chabrier.

325. — Celui qui veut actionner un hospice n'est pas tenu, comme le demandeur qui agit contre une commune ou un département, d'adresser préalablement au préfet un mémoire explicatif de sa réclamation. Pour que cette mesure fût de rigueur à son égard, il faudrait qu'il en eût aussi les avantages, c'est-à-dire que la présentation du mémoire fût interruptif ou au moins suspensif de la prescription et de toutes déchéances. Or ce sont là des exceptions qui ne peuvent être suppléées dans les cas non prévus par la loi. — V. conf. Reverchon, p. 336.

326. — La nullité résultant du défaut d'autorisation d'un hospice, pour plaider, est d'ordre public et frappe la procédure déjà faite, quoique l'autorisation survienne pendant le cours de l'instance. — *Limoges*, 13 fév. 1826, hospice de Limoges c. Chabrier. — V. toutefois nos 246 et suiv.

327.—Bien qu'une administration publique, celle des hospices par exemple, ne puisse plaider sans y être autorisée, il n'en résulte pas qu'elle ne puisse, sans autorisation, interjeter un appel, pour éviter une déchéance. — Il suffit qu'elle soit plus tard autorisée à poursuivre sur l'appel. — *Paris*, 24 mai 1844 (t. 2 1844, p. 90), hospices de Paris et Simon Lecouteux c. Théodore Lecouteux.

328. — Aux formalités prescrites par l'arrêté du 7 mess. an IX, la loi municipale du 18 juill. 1837 en a ajouté une autre. — Le conseil municipal est toujours appelé à donner son avis sur les demandes en autorisation de plaider formées par les établissemens de charité et de bienfaisance, ce qui comprend évidemment les hospices. — Art. 21 5°.

329. — La maison royale de Charenton étant placée, par l'arrêté du 27 germin. an V, sous la surveillance immédiate du ministre de l'intérieur et à la charge de l'état, ne doit pas pour l'exercice des actions judiciaires qu'elle intente, se conformer aux formalités imposées aux hospices dépendant de l'administration municipale et départementale. — Il suffit pour la validité des poursuites qu'elle soit autorisée par ordonnance royale. — *Paris*, 9 avr. 1836, Palluy c. Charles X.

330. — *Bureaux de bienfaisance.* — L'administration des bureaux de bienfaisance est, en général, soumise aux mêmes principes que celle des hospices. — Ils doivent donc, lorsqu'ils ont à ester en justice, être autorisés d'après les mêmes règles. — Inst. ministr. 8 févr. 1823. — V. aussi Reverchon, p. 339.

331. — Avant la loi du 18 juill. 1837, les membres des bureaux de charité pouvaient ester en jugement avec la seule autorisation du conseil de préfecture, sans qu'il fût besoin de l'avis préalable du conseil municipal.— *Cass.*, 10 juill. 1828, Davy c. Bureau de charité de Villedieu.

332. — L'autorisation nécessaire aux bureaux de bienfaisance pour plaider n'étant requise que dans leur seul intérêt, leurs adversaires sont non-

recevables à opposer le défaut d'autorisation. — Même arrêt.

333. — L'autorisation donnée à un bureau de bienfaisance de former la demande en délivrance d'un legs fait aux pauvres emporte virtuellement l'autorisation de faire toutes les poursuites nécessaires à cet effet, notamment celle de plaider sur la validité d'une saisie-arrêt pratiquée par le bureau de bienfaisance sur les deniers appartenant à la succession de testateur. — Même arrêt.

334. — *Fabriques.* — La nécessité de l'autorisation est formellement imposée aux fabriques par l'art. 77 et 165 du décret impérial du 30 déc. 1809, qui défendent aux marguilliers d'entreprendre aucun procès, ni d'y défendre, sans une autorisation du conseil de préfecture auquel sera adressée la délibération prise à ce sujet par le conseil de fabrique et le bureau des marguilliers réunis. — V. aussi les art. 14 et 53, décr. 9 déc. 1813.

335. — Les fabriques ne peuvent former une action judiciaire, par exemple, une demande en validité de saisie-arrêt, sans une autorisation du conseil de préfecture. — *Cass.*, 7 juin 1826, fabrique de Tar c. Sartelon.

336. — Mais, bien qu'une fabrique assignée par un particulier n'ait pas été autorisée à plaider au moment où est rendu un jugement préparatoire, l'autorisation d'ester en jugement régulièrement accordée avant le jugement définitif valide la procédure antérieure. — *Cass.*, 14 mars 1833, fabrique de Vavincourt c. Varin.

337. — Une fabrique autorisée à plaider ne peut, lorsqu'elle a succombé en première instance, interjeter appel sans une nouvelle autorisation. — *Metz*, 9 janv. 1818, fabrique de Neuville c. N.

338. — La nullité résultant du défaut d'autorisation peut être opposée par la fabrique, pour la première fois, en cassation. — *Cass.*, 7 juin 1826, fabrique de Tar c. Sartelon.

339. — Les fabriques ne peuvent être assimilées à des établissemens de charité et de bienfaisance, et par conséquent il n'est pas nécessaire que le conseil municipal soit appelé à donner son avis sur les demandes en autorisation formées par elles. — Reverchon, p. 346.

340. — Ainsi décidé que le concours de la commune n'est plus nécessaire si les fabriciens ont pris l'engagement personnel de supporter les frais qui pourraient résulter de l'action par eux intentée. — *Cons. d'état*, 25 fév. 1818, Marguilliers de la fabrique de Fontenay. — M. Affre (*Du gouvernement des paroisses*, p. 407) conclut de cette décision que, dans ce cas, non seulement l'autorisation du conseil municipal, mais encore celle du conseil de préfecture, sont inutiles ; mais il donne à leur décision une portée qu'elle n'a point, et nous pensons qu'en aucun cas les fabriques ne peuvent se passer de l'autorisation du conseil de préfecture, alors même que les membres de la fabrique se seraient soumis personnellement à payer les frais en cas d'insuccès. — C'est du reste ce qu'a explicitement jugé la cour d'*Orléans*, par arrêt du 19 avr. 1845 (t. 1er 1845, p. 535), fabrique de la cathédrale de Tours c. Larochejacquelin et l'État.

341. — Elles n'ont pas besoin non plus de produire à l'appui de leur demande un avis de jurisconsultes. La législation à cet égard est toute dans l'article précité du décret de 1809, qui ne leur a point imposé cette obligation, sauf à elles toutefois, si bon leur semble, à prendre ce surcroît de garanties, et au conseil de préfecture à s'éclairer davantage en demandant cet avis. — Reverchon, *ibid.* — A ces restrictions près, on peut appliquer aux fabriques les règles exposées ci-dessus pour les hospices.

342. — *Clergé, séminaires.* — Le décret du 6 nov. 1813, art. 14, porte : « Ils (les titulaires des cures et succursales) ne pourront..., soit plaider en demandant ou en défendant, soit même se désister, lorsqu'il s'agira des droits fonciers de la cure, sans l'autorisation du conseil de préfecture, auquel sera envoyé l'avis du conseil de fabrique. » — Art. 29. « Les archevêques et évêques auront l'administration des biens de leurs menses, ainsi qu'il est expliqué aux art. 6 et suiv. de notre présent décret » (ce qui comprend l'art. 14, placé dans le même titre et la même série de dispositions que l'art. 6. — Art. 53. « Le trésorier (des chapitres cathédraux ou collégiaux) ne pourra plaider en demandant ni en défendant, ni consentir à un désistement, sans qu'il y ait eu délibération du chapitre et autorisation du conseil de préfecture. » — Art. 70 (relatif aux séminaires). « Nul procès ne pourra être intenté, soit en demandant, soit en défendant, sans l'autorisation du conseil de préfecture, sur la proposition de l'archevêque ou évêque, qu'après avoir pris l'avis du bureau d'administration. »

343. — Jugé, par application de ces dispositions, que les bureaux chargés de gérer les biens du clergé ne peuvent intenter aucune action en justice sans l'autorisation du conseil de préfecture, soit qu'il s'agisse de la propriété, soit qu'il s'agisse seulement de l'administration. — *Cass.*, 2 fév. 1835, Lienhart c. évêque de Strasbourg. — V. conf. Cormenin, *Quest. de dr. admin.*, 4e édit., t. 3, p. 160 ; Affre, *Admin. des paroisses*, p. 62 ; Noyon, *Législat. sur les cultes*, p. 289 ; Carré, *Gouv. des paroisses*, no 509 ; Reverchon, p. 349 et suiv.

344. — La nécessité de cette autorisation est d'ordre public, et l'exception en résultant peut légalement être proposée pour la première fois en appel, même par l'adversaire des administrateurs. — Même arrêt.

345. — Un curé ou desservant n'est pas recevable à intenter une action *en complainte*, relative à un droit foncier de la cure, par exemple, à un droit de servitude, sans avoir préalablement obtenu l'autorisation du conseil de préfecture, sur l'avis du conseil de fabrique. — *Cass.*, 8 fév. 1837 (t. 2 1837, p. 104), Petit Dugours c. Chaulier.

346. — Mais l'autorisation du conseil de préfecture n'est nécessaire aux évêques pour plaider, soit en demandant, soit en défendant, que lorsqu'il s'agit des droits fonciers attachés à leur mense épiscopale, et non lorsque l'action, purement mobilière, n'a pour objet qu'une somme d'argent et n'intéresse pas directement les droits fonciers de la mense épiscopale. — *Colmar*, 2 avr. 1833, évêque et séminaire de Strasbourg c. Lienhart et Martin.

347. — En tout cas, l'autorisation de plaider en appel couvrirait la nullité résultant du défaut d'autorisation en première instance. — Même arrêt.

348. — L'évêque peut, sans délibération préalable des administrateurs des biens de l'évêché et sans autorisation du conseil de préfecture, intenter contre un directeur de séminaire destitué par lui une action à l'effet de le faire déguerpir. — *Colmar*, 28 janv. 1831, Lienhart c. l'évêque de Strasbourg.

349. — *Consistoires protestans.* — La nécessité de l'autorisation pour les administrateurs des biens du culte protestant ne s'appuie sur aucun texte précis, et ce n'était que par induction, et en assimilant les consistoires aux fabriques, qu'on a pu l'exiger.

350. — Les consistoires des églises protestantes ne peuvent ester en justice sous la seule autorisation du directoire général. — *Colmar*, 13 nov. 1833, comm. de Hengwiller c. consistoire de Wasselonne.

351. — Ils sont soumis, comme les fabriques des églises catholiques, à se faire autoriser à plaider par les conseils de préfecture. — Même arrêt.

352. — Une fabrique d'église protestante ne peut intenter contre un particulier une action en revendication d'un immeuble, sans être pourvue d'une autorisation de plaider. — *Colmar*, 12 déc. 1833, Durckeim c. fabrique de Mietersheim.

353. — Le défaut d'autorisation est d'ordre public et peut être proposé en tout état de cause par l'adversaire, et même suppléé d'office. — *Colmar*, 13 nov. 1833, comm. de Hengwiller c. consistoire de Wasselonne ; 12 déc. 1833, Durckeim c. fabrique de Mietersheim.

354. — Cette matière est aujourd'hui réglée par l'ordonnance royale du 23 mai 1834, qui, après avoir posé en principe l'obligation pour les consistoires protestans des deux communions, de se faire autoriser par le conseil de préfecture en demandant et en défendant, indique en même temps la marche à suivre pour obtenir l'autorisation.

355. — Les consistoires du culte réformé adressent directement leurs délibérations au conseil de préfecture, tandis que celles des consistoires de la confession d'Augsbourg doivent être transmises par l'intermédiaire du directoire du consistoire général, qui doit y joindre son avis.

356. — *Synagogues.* — En autorisant les administrateurs de la synagogue de Halstadt à poursuivre l'annulation d'une saisie immobilière pratiquée sur cette synagogue, le conseil d'état a implicitement décidé affirmativement la question de nécessité d'autorisation pour le culte israélite. — *Cons. d'état*, 9 juin 1842, commissaires de la synagogue de Halstadt.

357. — *Congrégations religieuses.* — Un avis du conseil d'état, du 21 mai 1841, porte que les congrégations religieuses en général ne peuvent plaider sans une autorisation obtenue dans la forme prescrite pour les hospices et établissemens de bienfaisance. — Toutefois, le conseil exprima le vœu que cette règle fût établie explicitement par une ordonnance royale, ainsi que cela a eu lieu pour les consistoires en 1834. — V. *suprà* no 354. — Nous ne sachions pas qu'il ait encore été déféré à ce vœu. — V. Reverchon, p. 362 et suiv. — V. le mot COMMUNAUTÉ RELIGIEUSE.

AUTORITÉ.

1. — Puissance légitime à laquelle on doit être soumis.

2. — Le mot *autorité* s'emploie aussi quelquefois pour indiquer les personnes chargées d'exercer l'autorité. — V. AGENT DE L'AUTORITÉ, COMPÉTENCE, COMPÉTENCE ADMINISTRATIVE, FONCTIONNAIRE PUBLIC, ORGANISATION ADMINISTRATIVE, ORGANISATION JUDICIAIRE, ETC.

AUTORITÉ ADMINISTRATIVE.

V. COMMUNE, COMPÉTENCE ADMINISTRATIVE, CONSEIL D'ÉTAT, CONSEIL DE PRÉFECTURE, HOSPICES, MAIRE, MINISTRE, ORGANISATION ADMINISTRATIVE, POUVOIR MUNICIPAL, PRÉFETS.

AUTORITÉ JUDICIAIRE.

V. POUVOIR JUDICIAIRE.

AUTORITÉ MUNICIPALE.

1. — Autorité chargée de prendre des réglemens pour la gestion des biens communaux et pour la police de la cité.

2. — Nous avons traité les attributions des officiers publics chargés d'exercer l'autorité municipale sous le mot POUVOIR MUNICIPAL, qui nous paraît exprimer sans ambiguïté l'idée spéciale des attributions, dégagée des fonctionnaires auxquels ces attributions ont été conférées. — V. aussi COMMUNE, CONSEIL MUNICIPAL, DÉLIT RURAL, MAIRE.

AUTORITÉS (Citation).

1. — Lois, arrêts, opinions d'auteurs cités à l'appui d'un point de droit, en vue de s'en autoriser. — Dupin, *Manuel*, p. 780.

2. — Rien de plus fréquent au Palais que de voir alléguer le sentiment des auteurs, mais encore faut-il que ce soit avec mesure et convenance. « Je » n'appelle *autorité*, dit M. Dupin, dans le discours prononcé à l'ouverture des conférences, le » 1er déc. 1829, je n'appelle autorité que ce qui est » capable de faire impression sur l'esprit de ceux » que l'on prétend convaincre. »

3. — On sait combien on a abusé pendant longtemps, et surtout aux quinzième et seizième siècles, des autorités ou plutôt des citations. L'admiration pour l'antiquité était telle à cette époque que, sauf de rares exceptions, on n'osait émettre aucune proposition, même la plus évidente, sans la fortifier par quelque passage grec ou latin. Le ridicule a fait justice depuis long-temps de cette déplorable habitude.

4. — Mais la réaction contre l'abus des autorités n'a-t-elle pas été trop loin de nos jours ? Faut-il admettre cette opinion toute nouvelle qui, pendant quelques années, a été assez accréditée à la cour de Paris, à savoir : qu'en plaidant ou en consultant *on ne doit pas citer des auteurs vivans?*

5. — Personne aujourd'hui n'ose plus soutenir en thèse cette singulière proposition, bien qu'en fait on ne laisse pas toujours à l'avocat une entière liberté. — Du moins, le principe est sauf : c'est un résultat auquel a puissamment contribué M. Dupin aîné par la lettre aussi sensée que spirituelle qu'il a adressée en 1827 à la *Gazette des Tribunaux* (V. no du 10 février), et qu'il a insérée depuis dans les *Lettres sur la profession d'avocat.* V. édit. de 1832, t. 2, p. 523 et suiv.

6. — Au dix-huitième siècle, on a quelquefois contesté aux avocats le droit de rester couverts lorsqu'ils faisaient lecture de textes de lois et de coutumes ou de quelques passages empruntés à des auteurs dont ils invoquaient l'autorité; mais cette prétention a toujours été repoussée comme elle le devait, ainsi que l'atteste Boucher d'Argis. — « Quelques magistrats, dit-il, ignorant la diffé- » rence que l'on doit faire entre ces sortes de lec- » tures et celle des pièces, ont voulu, en divers » temps, obliger les avocats de se découvrir en li- » sant les textes et autorités ; mais ces difficultés » ont toujours été décidées à l'avantage des avo- » cats. » — V. *Histoire abrégée de l'ordre des avocats*, ch. 12.

7. — Aujourd'hui la question est tranchée par l'art. 35, § 2, décret du 14 déc. 1810. — V. au surplus AVOCAT.

AUVENT.

1. — Petit toit en saillie pour garantir de la pluie et du soleil.

2. — On ne peut établir un auvent sur la voie publique sans une permission de l'autorité municipale (à Paris du préfet de police), et sans avoir acquitté préalablement les droits de petite voirie. —Trébuchet, *Dictionnaire de police*, v° *Auvent*.

3. — Les auvens doivent être placés à la hauteur de dix à douze pieds du sol. — Ord. du 26 oct. 1666.

4. — A Paris il est défendu de construire des auvens et corniches *en plâtre* au-dessus des boutiques. Il ne peut en être établi en bois avec la faculté de les revêtir extérieurement de métal; toute autre manière de les couvrir est prohibée. — Ord. 24 déc. 1823, art. 13.

5. — Aux termes de la même ordonnance royale les auvens et corniches en plâtre alors établis ne pouvaient être réparés. Ils devaient être démolis lorsqu'ils auraient besoin de réparation et ne devaient être rétablis qu'en bois.

6. — Les auvens de boutique ne peuvent excéder 80 centimètres de saillie, et les petits auvens au dessus des croisées 25 centimètres. — Ord. 24 déc. 1823, art. 8.

7. — On ne peut placer un auvent en saillie sur le fonds dont on n'a pas la pleine et entière propriété, sous peine d'être poursuivi en suppression. — Vaudoré, *Dr. civ. des juges de paix*, v° *Auvent*.

V. VOIRIE.

AVAL.

Table alphabétique.

Acceptation, 58, 77.
Acte de commerce, 92, 98, 106. — notarié, 31. — séparé, 15 s., 31, 32, 71, 106 s. — sous seing-privé, 31.
Agent de change, 14.
Approbation de somme, 34, 35, 41.
Assurance, 70.
Billet à ordre, 42 s., 96.
Blanc-seing, 25 s.
Capacité, 6.
Cautionnement, 5, 41, 46, 50, 56, 78 s., 111.
Chiffre, 66.
Commerçant, 88, 49 s., 98, 104.
Commission, 76.
Compétence commerciale, 92, 106.
Contrainte par corps, 55, 92, 102.
Courtier, 14.
Créancier, 70.
Désignation des effets, 32 s.
Ecriture, 21.
Endossement, 24, 29, 45, 47, 108.
Endosseur, 83.
Exception, 78, 80 s.
Femme, 8 s., 13, 27 s., 102.
Forme, 21 s., 31 et s.
Garantie, 88, 48 s., 55, 75.
Hypothèque, 63, 109.
Immeuble, 62.
Interprétation, 69.
Lettre de change, 42 s., 95. — de crédit, 68. — missive, 31.
Mineur, 7.
Opération future, 64.
Prescription, 79, 90.
Preuve testimoniale, 20.
Protêt, 57, 81 s.
Provision, 85.
Recours, 110.
Restriction, 51 s., 58 s.
Signature, 25 s.
Solidarité, 28, 44, 50, 72 s., 91.
Somme illimitée, 64. — supérieure, 61.
Subrogation, 110.
Sursis, 107.
Tiers, 5, 28. — porteur, 46.
Traites à créer, 67.

AVAL. — 1. — Souscription qu'on met sur une lettre de change ou sur un billet à ordre, et par laquelle on s'engage à payer le montant de l'effet, dans le cas où il ne serait pas acquitté par un ou plusieurs des débiteurs.

2. — Le mot *aval* vient de à *valoir*, c'est-à-dire que la lettre sera acquittée ou que l'argent sera restitué, en cas qu'elle revienne à protêt. — Savary, *Parfait négociant*, parères 37 et 84.

3. — On appelle à Paris très faussement du nom d'*aval* le reçu du prix de la négociation usité lorsque, malgré la formule *valeur reçue comptant*, on délivre le papier sans exiger le paiement immédiat. — E. Vincens, *Législat. comm.*, t. 2, p. 222, n° 2.

4. — On appelle encore, mais improprement, *aval*, l'acte par lequel le cédant d'une lettre de change s'oblige à délivrer la copie de l'original qu'il négocie.

§ 1er. — *Qui peut donner un aval* (n° 5).
§ 2. — *Formes de l'aval* (n° 15).
§ 3. — *Caractère de l'aval* (n° 42).
§ 4. — *Effets de l'aval* (n° 71).

§ 1er. — *Qui peut donner un aval.*

5. — L'aval constituant une espèce de cautionnement, il est évident qu'il faut être étranger à la lettre de change, c'est-à-dire, être un *tiers* pour le donner valablement; car on ne saurait se cautionner soi même. — C. comm., art. 142; Disc. de Duveyrier, séance du cons. d'état du 11 sept. 1807; Favard, *Rép.*, v° *Lettre de change*, sect. 2e, § 1er, n° 1er; Nouguier, *Des lettres de change*, t. 1er, p. 311; Pardessus, n° 396; Goujet et Merger, *Dict. de dr. comm.*, v° *Aval*, n° 5; H. Say, *Encyclop. du droit*, v° *Aval*, n° 18.

6. — De plus, l'effet de l'aval, soit pur et simple, soit modifié, étant d'accéder en tout ou en partie à une stipulation de change, ceux à qui la loi prohibe cette stipulation ne peuvent souscrire d'aval, ou du moins l'aval qu'ils donnent ne les oblige que comme le simple cautionnement qu'ils auraient la capacité de contracter. — Pardessus, *Contr. de change*, n° 187; Favard, *Rép.*, v° *Lettre de change*, sect. 2e, § 1er, n° 1er; Goujet et Merger, *loc. cit.*, *Encycl. du dr.*, *loc. cit.*

7. — Ainsi pour ce qui concerne les mineurs, V. LETTRE DE CHANGE.

8. — A l'égard des femmes ou des filles non négociantes ou marchandes publiques, toute signature apposée par elles au bas d'une lettre de change ou d'un billet à ordre, par forme d'*aval* ou autrement, ne vaut à leur égard que comme simple promesse. — *Grenoble*, 14 déc. 1833, Vuaillet c. Vessilier. — V. au surplus LETTRE DE CHANGE.

9. — La femme mariée ne peut, si elle n'est marchande publique, donner d'aval sans l'autorisation expresse de son mari. — C. civ., art. 217 et 220. — V. AUTORISATION DE FEMME MARIÉE.

10. — L'autorisation donnée par le mari à sa femme de s'obliger jusqu'à concurrence d'une certaine somme, moyennant des conditions déterminées, n'est pas suffisante pour lui permettre de donner un aval de garantie à un billet à ordre de cette somme. — On ne peut soutenir que cet aval, alors surtout qu'il aggrave la position de cette femme, n'est que l'exécution de l'obligation autorisée; il faut nécessairement dans ce cas que le mari concoure à l'acte ou qu'il autorise spécialement sa femme à cet effet. — *Cass.*, 26 juin 1839 (t. 2 1839, p. 12), Saugnier c. Villard.

11. — Lorsqu'une femme appose un aval sur une lettre de change souscrite même par son mari, il n'y a pas pour cela preuve du concours de ce dernier à l'engagement; l'aval est donc nul pour défaut d'autorisation. — *Riom*, 2 fév. 1810, Farges c. Dupic; *Limoges*, 26 mai 1821, Laborde c. Ribat.

12. — Jugé néanmoins que par cela qu'au bas d'une lettre de change souscrite par le mari, sa femme a apposé les mots *bon pour aval*, avec sa signature, elle est réputée avoir été valablement autorisée par lui, alors surtout qu'il apparaît des circonstances (par exemple, si l'on s'est servi de la même plume et de la même encre), que la lettre de change et l'aval ont été créés en même temps. — *Riom*, 23 janv. 1829, de Giat c. Debord.

13. — Jugé de même que lorsqu'une femme a signé une lettre de change immédiatement au-dessous d'une marque apposée par son mari pour tenir lieu de sa signature, elle n'est point fondée à prétendre qu'elle n'a signé que comme témoin de la marque et sans s'obliger personnellement, alors surtout que deux autres témoins ont signé pour attester l'apposition de la marque du mari. — *Bruxelles*, 13 nov. 1830, N. c. de Koninck.

14. — Les agens de change et les courtiers de commerce, ne pouvant faire aucune opération de de commerce ou de banque pour leur compte (C. comm., art. 85), ne sauraient accéder à des opérations de cette nature au moyen d'un aval. — Cependant l'art. 10 de l'arrêté du 27 prair. an X, après avoir énuméré les prohibitions consacrées depuis par le Code de comm., conserve aux agens de change la faculté de donner *leur aval pour les effets de commerce*. Mais cet aval n'a point pour objet de cautionner le paiement de la lettre; l'effet de cet aval, qui n'en a qu'improprement le nom, est de certifier la vérité de la signature de celui pour le compte de qui la négociation est faite. — Pardessus, *Contr. de change*, nos 51 et 185. — Il en était de même sous l'ordonnance de 1673. — Savary, *Parf. négociant*, part. 2e, liv. 3, chap. 7.

§ 2. — *Formes de l'aval.*

15. — De ce que l'ordonnance de 1673 portait : « Ceux qui auront mis leur aval *sur* des lettres de change... seront tenus, etc., » on concluait que l'aval devait être placé *sur* les lettres elles-mêmes. — Jousse, sur l'art. 33, tit. 5. — Mais la loi ne fut pas long-temps appliquée ainsi, et on suivit généralement l'usage contraire de donner les avals par billets séparés. — Savary, *Parf. négoc.*, parère 14; Pothier, *Contr. de change*, n° 50.

16. — Ainsi jugé que sous l'ordonnance de 1673, l'aval d'une lettre ou billet de change pouvait être donné par un acte séparé. — *Toulouse*, 23 mars 1822, Orliac c. Lasbaysses.

17. — Lors de la rédaction du Code de comm., la commission chargée de sa préparation proposa de proscrire l'aval fait sur la lettre même. Son motif était que beaucoup de personnes non négociantes ou marchandes ignoraient la portée de ce mot particulier au commerce et pouvaient être facilement surprises. Mais le Conseil d'état, éclairé par les observations des cours et tribunaux, a combiné les deux systèmes. — Locré, sur l'art. 142, C. comm.

18. — Ainsi l'art. 142, C comm., porte que l'aval peut être donné sur la lettre même ou par acte séparé.

19. — Chacune de ces deux espèces d'aval a ses avantages. L'aval par acte séparé permet d'écarter la défaveur qui doit s'attacher aux noms des signataires cautionnés; il donne en outre la faculté de comprendre dans la même garantie plusieurs effets de commerce. — L'aval sur la lettre même peut être plus facilement transmis; il ôte au signataire le moyen d'équivoquer sur son engagement, chose qui arrive fréquemment dans l'aval par acte séparé, si les traites auxquelles il s'applique n'ont pas été bien spécifiées. — Nouguier, *Lettres de change*, t. 1er, p. 314.

20. — Du moment que l'aval doit être donné sur la lettre même ou par acte séparé, il s'ensuit qu'il ne peut être donné que par écrit. — Pardessus, *Contrat de ch.*, n° 186; Vincens, *Législ. comm.*, t. 2, p. 221. — Dès-lors il ne saurait être remplacé par la preuve testimoniale à l'aide de laquelle on établirait l'engagement pris par un individu de garantir le paiement d'un effet de commerce. Il n'y aurait lieu à cet égard qu'à des dommages-intérêts.

21. — L'aval donné sur la lettre même n'est soumis à aucune forme particulière, ni quant aux expressions dans lesquelles il peut être conçu, ni quant à la place qu'il peut occuper; les juges ont donc, quant à l'appréciation du point de savoir s'il y a ou non aval un pouvoir discrétionnaire d'appréciation. — Cependant le plus souvent on l'exprime par ces mots, *bon pour aval*, mis au bas de la lettre, ou à côté du nom de la personne, et près de la signature de celui qui le souscrit. — Merlin, *Rép.* v° *Aval*, n° 1er; Nouguier, *Lettres de change*, p. 315; Pardessus, *Contrat de change*, n° 183; *Droit comm.*, n° 396; Goujet et Merger, n° 11.

22. — Il a été jugé 1° que ces mots *pour caution*, apposés au bas d'une lettre de change, sans aucune modification ni réserve, constituent un véritable aval. — *Riom*, 26 juill. 1822, Brunet c. Laget.

23. — 2° Que l'aval peut être placé au dos du billet à ordre ou de la lettre de change, et dans telle forme que les parties jugent à propos d'employer, par exemple, dans la forme d'un endossement. Ces mots apposés au dos d'un billet : *Payez à l'ordre de M...* (au profit duquel l'effet était cependant souscrit par une autre personne) peuvent être réputés constituer un véritable aval. — *Cass.*, 30 mars 1819, Moulin c. Pailleux.

24. — Mais l'endossement causé simplement *valeur reçue* constitue un endossement irrégulier, et ne saurait être considéré comme un aval. — *Cass.*, 18 mai 1813, Royanel c. Chevalier.

25. — Une simple signature, même apposée par un tiers sur un effet de commerce, peut constituer un aval. — *Colmar*, 22 nov. 1811, Kautz c. Neulinger; *Bruxelles*, 13 nov. 1830, N. c. de Koninck; — *Encyclop. du droit*, v° *Aval*, n° 13; Goujet et Merger, v° *Aval*, n° 11; Pardessus, *Contrat de change*, n° 183; *Droit comm.*, n° 396; Merlin, *Rép.*, v° *Aval*; Vincens, t. 2, p. 221; Nouguier, *Lettres de change*, t. 1er, p. 315; Ponsot, *Tr. du cautionnement, en matières civ. et comm.*, n° 118; — Savary, *Parfait négoc.*; parère 37; Bornier, sur l'art. 33, tit. 5, ord. 1673.

26. — Jugé encore que la simple signature mise au bas d'un effet négociable et suivie du mot *solidaire* n'est considérée que comme un aval et ne produit point une obligation principale. — *Grenoble*, 3 fév. 1816, Besson c. Cuinat.

27. — Une simple signature apposée sur une copie même de la lettre de change doit être également considérée comme aval; car une pareille signature n'a pu être donnée qu'avec une intention quelconque, et cette intention est présumée avoir été de s'obliger. — Pardessus, *Contrat de change*, n° 184.

28. — Lorsqu'une lettre de change porte au dos une simple signature, cette signature constitue-t-elle un aval ou un endossement en blanc? — Il faut distinguer : — si le signataire est le même individu que celui au nom de qui est l'ordre qui précède cette signature, il n'y a là qu'un endossement en blanc équivalent à une procuration. Il ne saurait y avoir un aval, puisque l'aval ne peut être donné que par un tiers, et que le propriétaire de la lettre ne peut se donner de garantie à lui même : — si au contraire l'ordre

qui précède la signature n'est pas au nom de celui qui l'a donnée, elle est un véritable aval ; car, le signataire n'ayant pu donner d'endossement, même irrégulier, d'une lettre qui ne lui était point transmise; il n'a pu avoir, en signant, d'autre intention que de s'obliger. — Pardessus, *Contr. de change*, nº 183, *Droit comm.*, nº 396; Persil, *Lettres de change*, art. 142, nº 2; Nouguier, *Lettres de change*, t. 1er, p. 316; Ponsot, nº 419; Savary, *Parf. négoc.*; parères 87 et 43; Nouv. Denizart, vis *Aval*, § 2, nº 3, et *Endossement*, § 4, nº 1; *Encycl. du droit*, vº *Aval*, nº 14; Goujet et Merger, nº 11.

29. — *Quid* quand tous les endossemens sont en blanc? — Si rien n'indique que la signature a été donnée plutôt pour un aval que pour un endossement, c'est à celui qui allègue que la signature a eu pour but un aval à le prouver. Et cela, non pas, comme dit Dalloz (*Eff. de comm.*, art. 7, nº 8), parce qu'un cautionnement ne se présume pas et doit être prouvé : ici le cautionnement sera prouvé, puisqu'une simple signature suffit pour cela (V. nºs 25 s.) ; mais c'est qu'une signature apposée au dos d'une lettre de change est présumée l'avoir été pour ce qui se pratique le plus souvent, c'est-à-dire à titre d'endossement, et que, l'aval étant un contrat moins fréquent, il faut nécessairement en induire la présomption existant en faveur de l'endossement.

30. — De même M. Horace Say (*Encycl. du droit*, vº *Aval*, nº 14) pense qu'une nouvelle signature apposée à la suite d'un premier endossement en blanc ne peut constituer un aval ; il n'y a là, dit-il, qu'un nouvel endossement irrégulier ; or, l'irrégularité de l'endossement ne fait pas perdre à l'endosseur sa qualité, et ce serait violer la loi que de le considérer comme un aval, puisque l'aval ne peut être valablement fourni que par un tiers.

31. — L'aval par acte séparé est également valable, quelle que soit la forme de l'acte qui le contient. Ainsi il peut être donné par acte sous-seing privé ou par acte notarié, il peut l'être par lettre missive. — Nouguier, *Lettres de change*, t. 1er, p. 315; Persil, art. 142, nº 4; Pardessus, *Contrat de change*, nº 186; *Encycl. du droit*, vº *Aval*, nº 15.

32. — Lorsque l'aval a été consenti par acte séparé, il n'est pas nécessaire qu'il contienne une désignation précise des effets auxquels il s'applique. — *Cass.*, 24 juin 1816, Saguhes c. Boissier; *Encycl. du droit*, vº *Aval*, nº 16; — *Contrà* Nouguier, *Lettres de change*, t. 1er, p. 318.

33. — Jugé, en ce sens, qu'on doit considérer comme aval l'engagement pris par un individu de garantir le paiement de diverses lettres de change dont il déclare connaître la cause et qu'il reconnaît avoir été endossées dans son intérêt jusqu'à concurrence d'une certaine somme, et cela encore bien que cet individu ne soit pas commerçant, que la garantie soit donnée dans un acte séparé et que cet acte n'exprime ni la date, ni l'échéance, ni le montant de chaque lettre de change. — *Toulouse*, 23 mars 1822, Lasbaysses.

34. — Jugé également que celui qui, *par lettre*, se porte garant jusqu'à concurrence d'une certaine somme, et pendant un temps déterminé, des endossemens consentis par un tiers par suite d'un crédit ouvert, se constitue donneur d'aval. — *Rouen*, 15 mars 1844 (t. 2 1844, p. 573), Dubos c. Cauvet.

35. — L'art. 1326, C. civ., qui n'admet la validité d'une promesse ou d'un engagement souscrit par un non négociant qu'autant que le signataire y a apposé, outre sa signature, un bon ou approuvé portant en toutes lettres la somme, est-il applicable à l'aval? Il faut distinguer :

Ou bien le billet à ordre sur lequel l'aval est souscrit émane d'un négociant et a une cause commerciale; dans ce cas l'approbation prescrite par l'art. 1326, C. civ., n'est pas nécessaire. — *Cass.*, 25 janv. 1814, Chabaud c. Lascoux ; — Merlin, *Rép.*, vº *Billet*, § 1er, nº 8; Favard, *Rép.*, vº *Aval*, nº 4; Pardessus, *Contr. de change*, t. 2, nº 459, et *Droit comm.*, nº 395; Ponsot, nº 420; Goujet et Merger, nº 13.

36. — Ou bien le billet à ordre a un caractère purement civil, et, dans ce cas, le bon ou approuvé devient nécessaire. — Nouguier, t. 1er, p. 315 et 316; Goujet et Merger, *loc. cit.*, Ponsot, nº 420. — Dans ce cas en effet, il n'y a pas, à proprement parler, aval. — V. le paragraphe qui suit.

37. — Lors même que l'aval se rapporterait à un titre commercial par lui-même, c'est-à-dire à une lettre de change, s'il est souscrit par une femme non marchande publique, il doit être accompagné d'un bon ou approuvé pour pouvoir produire effet, car l'art. 113 du Code de commerce défendant aux femmes non négociantes de contracter un engagement commercial, il en résulte virtuellement que l'aval donné par elles doit être revêtu des formalités prescrites par la loi commune pour avoir la force d'un engagement civil.

— Nouguier, p. 316; Goujet et Merger, nº 13.

38. — Jugé, en ce sens, que l'approbation en toutes lettres de la somme ou de la chose appréciable, portée en un billet à ordre souscrit par un mari non commerçant, est nécessaire de la part de sa femme également non commerçante, qui a *cautionné* le paiement de ce billet, encore bien qu'il soit écrit en entier de la main du mari. — *Cass.*, 18 févr. 1822, Parmentier c. Laubepin.

39. — .... Que l'aval *par acte séparé* souscrit par une femme non commerçante, pour garantie de lettres de changes créées par son mari, doit, à peine de nullité, être revêtu d'un *bon* ou *approuvé en toutes lettres* de la somme à payer. — *Paris*, 20 mars 1830, Nicolet c. Goure.

40. — Jugé en sens contraire que l'aval souscrit par une femme, même non négociante, n'a pas besoin d'être précédé de l'approbation de la somme en toutes lettres; les mots *bon pour aval*, suivi de la signature de la femme suffisent pour former valablement de sa part un cautionnement solidaire. — *Riom*, 23 janv. 1829, de Giat c. Debord.

41. — Le cautionnement (résultant de signatures en blanc) étant un contrat unilatéral, doit, s'il n'est écrit en entier par la partie qui s'engage, contenir une approbation en toutes lettres de la somme ou de la quotité de la chose. — *Grenoble*, 14 déc. 1833, Vuaillet c. Vessilier.

§ 3. — *Caractères de l'aval.*

42. — Si aucunes expressions ni aucunes formes sacramentelles ne sont requises pour la validité de l'aval, soit sur la lettre même, soit par acte séparé, il faut cependant qu'il soit constant qu'on a eu l'intention de donner un aval pour une lettre de change ou un billet à ordre. Ce n'est qu'à ce titre qu'on en peut réclamer les prérogatives. De plus, l'aval peut être modifié, soit dans son objet, soit dans son étendue.

43. — On doit considérer comme aval la garantie de paiement d'effets de commerce donnée par acte séparé et conçu en ces termes : « Je déclare me rendre garant, principal payeur, comme caution ou endosseur. » — *Grenoble*, 24 janv. 1829, Rivoire c. Grange.

44. — Sous l'ord. 1673, un engagement ainsi conçu : « Nous garantissons le présent billet, apposé sur un effet de commerce, pouvait être considéré, non comme un aval, mais comme une simple garantie n'entraînant pas, par conséquent, la solidarité. — *Cass.*, 14 therm. an IX, Barré c. Brière.

45. — Sous la même ordonnance celui qui, même sur un simple billet, s'était obligé de payer à défaut du souscripteur, était considéré comme donneur d'aval et assimilé à un endosseur. — *Cass.*, 14 flor. an X, Parsy c. Charpentier.

46. — On ne saurait considérer comme un aval qui puisse profiter aux tiers porteurs le cautionnement donné par un individu pour le paiement, non de traites déterminées, mais de traites *valeur d'une certaine somme* déjà tirées et d'une autre somme non tirées, sous la condition qu'une certaine quantité de marchandises serait de suite mise à sa disposition, et cela parce qu'on ne saurait déterminer quelles traites en particulier concerne le cautionnement. — Dès-lors, le garant n'est pas obligé d'appeler en cause des tiers porteurs pour constater avec eux que la condition apposée à son cautionnement n'ayant pas été remplie, ce cautionnement ne saurait produire aucun effet. — *Bruxelles*, 27 juill. 1816, Vanderstraeten c. Gevers-Leuven.

47. — Sous l'ord. 1673, on a dû considérer comme simple endossement de lettres de change un engagement séparé ainsi conçu : « Nous nous engageons solidairement de faire personnellement les fonds pour l'acquit desdites traites, si elles n'étaient pas acquittées à leur échéance, ainsi et de la même manière que si nous étions endosseurs desdites traites, au moyen de quoi le présent engagement servira d'aval, et aura en justice la même force à notre égard que lesdites traites. » — *Cass.*, 9 flor. an X, Lanfrey c. Leleu. — Le tribunal de cassation avait d'abord décidé que cet engagement constituait un aval et un acte de garantie solidaire avec l'accepteur. — *Cass.*, 14 germin. an IX, même affaire. — La raison de cette différence est que de nouvelles pièces explicatives de l'engagement furent produites, mais seulement lors du second pourvoi. — Merlin, *Quest.*, vº *Aval*, § 1er. — V. ses conclusions dans cette affaire.

48. — L'aval étant un contrat exceptionnel applicable seulement aux effets de commerce, on ne peut considérer comme aval celui qui est apposé sur d'autres effets ou souscrit à l'occasion d'autres effets; c'est une garantie pure et simple. — Pardessus, *Contr. de change*, nº 487.

49. — Ainsi jugé qu'on ne peut réputer aval, la garantie donnée dans un acte particulier par un individu non marchand d'un billet à ordre causé valeur reçue comptant et dont le souscripteur n'est point commerçant. — *Paris*, 25 mai 1807, Sancède c. Corbie.

50. — L'aval donné après l'échéance de la lettre de change n'est plus qu'un cautionnement pur et simple, sans solidarité. — Nouguier, *Lettres de change*, t. 1er, p. 316. — Il y a lieu d'appliquer ici nos observations sur l'endossement après échéance. — V. ENDOSSEMENT.

51. — L'aval n'étant qu'un cautionnement et par conséquent un contrat de bienfaisance, celui qui le souscrit a le droit d'y mettre les conditions qui lui conviennent. — Ainsi, le donneur d'aval peut s'obliger pour une partie seulement de la dette aussi bien que pour la totalité; il peut stipuler qu'il ne sera obligé que sur ses meubles ou ses immeubles, que dans certains cas ou sous telles conditions. — Pardessus, *Droit comm.*, nº 397; Nouguier, *Lettres de change*, t. 1er, p. 321; Persil, art. 141, nº 3, et 142, nº 5; Vincens, *Législat. comm.*, t. 2, p. 221; H. Say, *Encycl. du dr.*, vº *Aval*, nº 6. — Cela résulte, d'ailleurs, de l'art. 142, C. comm., lequel détermine les effets de l'aval, *sauf les conventions différentes des parties*.

52. — Lors de la discussion au Conseil d'état, on n'était pas d'accord sur cette faculté de limitation et on voulait que le donneur d'aval fût engagé pour le montant de la traite. La disposition contraire fut adoptée par ce motif qu'il était de l'intérêt du commerce de laisser une juste latitude à la volonté, et que tel, qui cautionnait la moitié d'une dette, ne consentirait pas à la cautionner en entier. — Locré, sur l'art. 141.

53. — Le principe que l'aval peut être donné sous condition est rappelé dans l'arrêt de *Bruxelles*, 27 juill. 1816, Vanderstraeten c. Gevers-Leuven.

54. — Il résulte également de divers arrêts que le donneur d'aval pourrait stipuler la décharge de la contrainte par corps. — *Paris*, 16 juin 1843 (t. 2 1843, p. 100), Grossetête c. Flaction; 8 juill. 1843, Nuyts c. Dubosq; 2 août 1843 (t. 2 1843, p. 308), Devillier c. Jarland.

55. — Sous l'ord. 1673, la clause pure et simple par laquelle le donneur d'aval séparé déclarait affecter ses meubles présens et à venir à la garantie des traites, excluait l'affectation de ses immeubles et à plus forte raison l'exercice à son égard de la contrainte par corps. — *Paris*, 20 vent. an XIII, Boula de Nanteuil c. Roux.

56. — L'aval ainsi conçu : « Je me porte garant desdits effets de commerce, mais jusqu'à leur échéance seulement », doit s'interpréter dans ce sens que la caution a entendu se soumettre au paiement des effets en question dans le cas où ils seraient protestés à leur échéance... On ne peut pas dire que par ces mots, *jusqu'à l'échéance*, le donneur d'aval a restreint son cautionnement seulement au cas de survenance de faillite des débiteurs principaux dans l'intervalle de la garantie à l'échéance. — *Colmar*, 24 nov. 1840 (t. 1er 1841, p. 180), Schwindenhammer c. Bastard.

57. — Si le donneur d'aval s'est obligé à payer une lettre de change un certain nombre de jours après son échéance, à la condition qu'on lui justifiera du protêt faute de paiement, le porteur qui ne rapporte point ce protêt ne peut contraindre le donneur d'aval à payer. — Savary, *Parfait négoc.*, parère 16.

58. — L'aval peut même être restreint à la garantie de l'acceptation, c'est-à-dire que le donneur d'aval s'oblige à procurer au porteur la signature du tiré. Pour exercer son action en garantie, le porteur serait tenu de faire constater avant l'échéance et par un protêt, le refus d'acceptation. Après l'échéance il ne serait pas en droit de recourir contre le donneur d'aval qui n'aurait pas été mis en demeure de procurer l'acceptation, seule chose à laquelle il s'était engagé. — V. néanmoins nº 77.

59. — Le donneur d'aval qui modifie son engagement doit apporter le plus grand soin dans sa rédaction. Car les restrictions ne se supposent point; les tiers qui ignorent jusqu'à quel point il a voulu s'engager ne peuvent être induits en erreur. Faute par lui de s'exprimer il reste obligé purement et simplement. — E. Persil, *Lettres de change*, art. 142; *Encycl. du dr.*, *loc. cit.*, nº 5.

60. — Toutefois, M. Nouguier (*Lettres de change*, t. 1er, p. 321), pense qu'en cas d'ambiguïté dans les termes, on doit pencher en faveur du donneur d'aval, car il n'a rien reçu en échange de sa garantie.

61. — Si celui qui a donné l'aval s'était, par erreur, engagé pour une somme excédant celle de la lettre, son engagement ne serait pas nul, mais réductible à la mesure de l'obligation principale. — C. civ., art. 2013; — Locré, sur l'art. 142.

62. — Un aval peut être constitué en immeubles. — *Bruxelles*, 14 juin 1819, Degous c. David.

63. — Sous l'ord. 1673, celui qui avait consenti une hypothèque pour sûreté du paiement d'une lettre de change était considéré comme avant donné un aval. — *Cass.*, 5 (et non 8) niv. an XIII, Perrier c. Jerneau.

64. — Un aval peut-il être donné d'avance pour des opérations futures ou pour des sommes illimitées? — M. Persil soutient la négative (*Lettres de ch.*, art. 142, nº 6), par le motif que les femmes pourraient trop facilement s'engager pour leurs maris, et qu'une pareille stipulation consacrerait la présomption de solidarité qu'exclut l'art. 1202, C. civ., et il cite un jugement conforme du tribunal comm. de *Paris*, 14 fév. 1831.

65. — D'ailleurs, ajoute M. Nouguier (*Lettres de change*, t. 1er, p. 348), l'un des caractères principaux de l'aval, c'est d'offrir un sens précis et de se rapporter à des lettres déjà émises.

66. — D'autres auteurs soutiennent l'affirmative (Dalloz, *Effets de comm.*, sect. 7e, nº 7; E. Vincens, *Législat. comm.*, t. 2, p. 221), en se fondant sur ce que la faveur du commerce exclut, de la part du législateur, la pensée de prohiber la garantie par un aval de traites à créer par suite d'un crédit ouvert. — Pardessus, *Dr. comm.*, nº 395. — Toutefois, suivant ces auteurs, bien que les sommes ne soient pas déterminées, elles doivent être limitées par la nature et l'étendue de l'obligation principale, au moment de l'aval; l'éventualité ne doit s'appliquer qu'au chiffre.

67. — Jugé, dans le premier sens, que la garantie de traites à créer ne réunissant pas les conditions exigées par l'art. 142, C. comm., ne peut être considérée comme un aval. — *Paris*, 12 avr. 1834, Paravey c. Jollimon de Marolles.

68. — Et, dans le second sens, que la lettre de crédit donnée à un négociant sur un autre négociant peut être réputée, non un simple cautionnement, duquel il résulte une obligation purement civile, mais un véritable aval consenti par acte séparé. — *Bourges*, 23 août 1823, 9 avr. 1824, Imbert et Senly c. Lyons et Breton. — V. en outre l'arrêt cité *suprà* nº 33 *bis*.

69. — En cas de contestation sur la question de savoir s'il y a aval ou non, ou sur l'interprétation et l'étendue de l'aval donné, c'est aux juges du fait à décider souverainement. — Pardessus, *Dr. comm.*, nº 397; Vincens, *Législ. comm.*, t. 2, p. 221 et 222; E. Persil, *Lettres de change*, art. 142; Goujet et Merger, *Dict. de dr. comm.*, vº *Aval*, nº 10. — A moins toutefois qu'après avoir reconnu le fait de l'aval comme constant, les juges ne lui aient appliqué une fausse qualification. — Nouguier, *Lettres de change*, t. 1er, p. 315. — V. CASSATION.

70. — Au lieu d'être donné en faveur du débiteur avec lequel on s'oblige, l'aval peut l'être à la demande et dans l'intérêt du créancier; alors il n'a plus le caractère d'un cautionnement, mais d'une assurance. En ce cas, le créancier est tenu de se conformer aux clauses moyennant lesquelles cette assurance a été donnée. — Pardessus, *Dr. comm.*, nº 397. — V. ASSURANCE TERRESTRE.

§ 4. — *Effets de l'aval.*

71. — Sous l'ord. de 1673, on distinguait entre l'aval apposé sur la lettre de change et celui qui était donné par acte séparé. Par le premier, le donneur était obligé de la même manière que les tireur, accepteur et endosseur, sans qu'il pût limiter ses obligations. Le second, au contraire, n'avait les effets que d'un cautionnement, à moins de stipulation contraire. — De plus, le donneur d'aval était assimilé à l'endosseur quant aux diligences qu'on devait pratiquer à son égard.

72. — L'art. 142, C. comm., dispose que le donneur d'aval est tenu solidairement et par les mêmes voies de droit que les tireurs et endosseurs (il faudrait ajouter *et accepteur*), sauf les conventions différentes des parties.

73. — L'aval ne doit point être confondu avec le cautionnement. L'aval emporte par lui même une solidarité réelle, qui rejette tout bénéfice accordé aux cautions et assujétit celui qui l'a souscrit à toutes les charges de l'obligation, de même que s'il l'avait directement et personnellement contractée (Pothier, *Contr. de change*, nº 122), à moins que les parties n'aient fait une stipulation contraire. — Pardessus, *Contr. de change*, nº 179.

74. — Dans le cautionnement, il n'y a de solidarité que si elle est stipulée ou si la loi la prononce formellement. Dans l'aval, la solidarité a lieu de plein droit, à moins qu'elle ne soit exclue. — Pardessus, *Contr. de change*, nº 179; Favard, *Rép.*, vº *Lettre de change*, sect. 2e, § 1er, nº 1er. — Par conséquent, le donneur d'aval ne jouit ni du bénéfice de division, ni de celui de discussion. — Heineccius, *Elém. jur. camb.*, cap. 6, § 10; Delvincourt, *Instit. comm.*, t. 1er, p. 83; Pothier, *Contr. de change*, nº 123; Ponsot, nº 421.

75. — Mais il n'y a pas lieu à condamnation solidaire quand il est reconnu qu'une garantie n'est point un véritable aval. — *Paris*, 25 mai 1807, Sancède c. Corbie.

76. — Le donneur d'aval est obligé solidairement avec celui qu'il a cautionné, lors même qu'il n'aurait apposé l'aval que par commission et pour faire plaisir à son correspondant. — Jousse, sur l'ordonn. 1673, tit. 5, art. 33.

77. — Tous les signataires de la lettre étant tenus des deux obligations principales, savoir de procurer l'acceptation et de faire payer, il en résulte que le donneur d'aval n'est point libéré, lorsque l'acceptation intervient par ses soins. — Nouguier, *Lettres de change*, t. 1er, p 324. — V. cependant nº 58.

78. — Le donneur d'aval étant tenu solidairement avec les tireurs et endosseurs, doit être admis à se prévaloir contre le porteur des mêmes fins de non-recevoir; ayant les mêmes obligations, il doit avoir les mêmes moyens de défense. — Pardessus, *Dr. comm.*, nº 397, et *Contr. de change*, nº 402.

79. — Ainsi il pourrait opposer notamment l'exception tirée de la prescription. — Goujet et Merger, vº *Aval*, nº 29.

80. — Par la même raison, il ne peut opposer que les mêmes exceptions ou fins de non-recevoir que pourrait opposer celui qu'il a garanti. — En un mot, il est toujours assimilé à celui dont il se porte caution.

81. — Ainsi, le donneur d'aval en faveur du *souscripteur* de billets à ordre, ne peut se prévaloir du défaut de protêt ou du défaut de signification du protêt en temps utile, pour échapper à la garantie résultant de son aval. — *Lyon*, 1er juill. 1817, Moulin c. Pailleux; *Cass.*, 26 janv. 1818, Presset c. Gauvenet; 30 mars 1819, Moulin c. Pailleux; *Bruxelles*, 12 fév. 1820, N... c. Hambrouck; *Riom*, 26 juill. 1822, Brunet c. Laget; *Grenoble*, 24 janv. 1829, Rivoire c. Grange; — Merlin, *Rép.*, vº *Aval*, § 2; Pardessus, nº 435. — V. cependant Ponsot, nº 425.

82. — Jugé encore que le donneur d'aval qui a cautionné le *tireur* d'une lettre de change ne peut, comme l'endosseur, exciper du défaut de protêt en temps utile. — *Riom*, 29 nov. 1814, Méliodon c. Noilat.

83. — Il avait été jugé, sous l'ord. de 1673, que le donneur d'aval et d'un acte de garantie solidaire avec l'accepteur de traites, ne pouvait, comme l'eût fait un endosseur, exciper de la déchéance contre le porteur faute de poursuites dans la quinzaine du protêt. — *Cass.*, 14 germin. an IX, Lanfrey c. Leleu.

84. — Toutefois, on a jugé aussi sous la même ordonnance que celui qui, même sur un simple billet, s'était obligé de payer à défaut du souscripteur, étant considéré comme donneur d'aval et assimilé à un endosseur, pouvait exciper de ce que le protêt ne lui avait pas été dénoncé dans les délais prescrits pour faire cette dénonciation aux endosseurs. — *Cass.*, 14 flor. an X, Parsy c. Carpentier.

85. — Le donneur d'aval ou la caution *du tireur* d'une lettre de change est tenu, comme le tireur lui-même, à prouver qu'il y avait provision à l'échéance pour pouvoir exciper de la tardiveté du protêt. — *Riom*, 3 juin 1809, Bec c. Tantillon; *Limoges*, 18 juin 1810, Rannoux c. Dupuy; — *Encycl. du dr.*, vº *Aval*, nº 27.

86. — Le donneur d'aval peut-il se prévaloir de ce que le porteur, après avoir fait le protêt à l'échéance ne le lui a pas dénoncé et ne s'est pas pourvu contre lui *personnellement* dans le délai fixé par l'art. 165 C. comm.? — L'affirmative était décidée par l'art. 32, tit. 5, ord. 1673. On doit adopter la négative aujourd'hui. En effet, cette disposition, bien que proposée par la commission chargée de la rédaction du Code a été omise. D'un autre côté, le donneur d'aval n'étant qu'une caution solidaire, ne peut opposer que les exceptions qui appartiennent à celui qu'il a cautionné. Or, les diligences faites contre le principal obligé étant censées faites contre la caution, celle-ci n'est pas fondée par un défaut de poursuites à son égard. — Merlin, *Quest.*, vº *Aval*, § 3. — *Contrà* Ponsot, nº 424.

87. — Ainsi jugé que le protêt d'effets de commerce dont un tiers s'est rendu caution par acte séparé, n'a pas besoin d'être dénoncé à cette caution comme à un endosseur ordinaire. — *Paris*, 13 déc. 1813, Taillepied de la Garenne c. de Presle. — Mais cet arrêt, dit Merlin (*ibid.*), qui eût bien jugé s'il se fût agi d'un aval donné sous le Code de commerce, a mal jugé, attendu que l'aval avait été donné sous l'ord. 1673.

88. — Toutefois, quelques auteurs pensent que, si l'aval se réfère seulement à la signature *d'un endosseur*, le porteur ne conserve son recours contre celui qui l'a fourni qu'en observant à son égard les mêmes formalités et les mêmes délais qu'à l'égard de l'endosseur lui-même. — Pardessus, t. 2, p. 442; *Encycl. du dr.*, nº 27.

89. — Et il a été jugé en ce sens par la cour de Rouen (15 mars 1844 [t. 2 1844, p. 372], Dubois c. Cauvel) que le donneur d'aval qui a cautionné un endosseur, même par acte séparé, est déchargé de ses obligations si on ne lui notifie pas le protêt dans les délais légaux.

90. — Si le donneur d'aval a garanti l'*accepteur*, il ne peut opposer d'autre déchéance que la prescription quinquennale. — Vincens, *Lég. comm.*, t. 2, p. 221; *Encycl. du dr.*, *loc. cit.*

91. — La solidarité entre deux donneurs d'aval, au bas d'une lettre de change, n'existe qu'autant qu'elle a été exprimée. — *Montpellier*, 16 nov. 1839 (t. 1er 1840, p. 324), Gardes c. Raynal.

92. — Quand l'aval a été donné sur une lettre de change sans aucune stipulation contraire, le donneur est justiciable des tribunaux de commerce et contraignable par corps, puisqu'il est devenu partie dans un acte de commerce.

93. — Ainsi jugé sous l'ord. de 1673, que celui qui, par un aval séparé, avait garanti le paiement de lettres de change était justiciable du tribunal de commerce. — *Paris*, 20 vent. an XIII, Bonla de Nanteuil c. Roux.

94. — Toutefois, si la lettre de change était imparfaite, et bien que le tribunal de commerce restât toujours compétent à raison de la nature de la dette, ou à raison de ce que l'un des signataires serait commerçant, on ne pourrait appliquer à l'obligation du donneur d'aval que les règles du droit civil. — Pardessus, *Dr. comm.*, nº 1349.

95. — De même, de ce que le donneur d'aval par acte séparé ne pourrait être poursuivi que par les mêmes voies que l'accepteur qu'il a cautionné, il résulte que si la lettre de change est réputée simple promesse par suite de supposition de lieu, l'accepteur n'étant plus passible de la contrainte par corps, le tireur n'a plus contre le donneur d'aval, quoiqu'il soit négociant, que les voies ordinaires. — *Paris*, 12 déc. 1837 (t. 1er 1838 p. 108), Joyeux c. Libault; 12 juill. 1843 (t. 2 1843, p. 309), Desmazines c. Raynard.

96. — Quand c'est sur un billet à ordre que l'aval a été apposé, il faut consulter la nature et la cause de ce billet, et suivre les distinctions que la loi établit entre les lettres de change et le billet à ordre. — H. Say, *Encycl. du dr.*, vº *Aval*, nº 24 et suiv.

97. — Ainsi, dans le cas où l'aval a été fourni sur un billet souscrit par un simple particulier et pour une cause non commerciale, le débiteur principal lui-même n'étant tenu que par les voies ordinaires, le donneur d'aval ne saurait être contraignable par corps. — *Paris*, 9 janv. 1839 (et non 1837) (t. 1er 1839, p. 231), Morin c. Ridail; 12 juill. 1843 (t. 2 1843, p. 308), Desmazines c. Raynard.

98. — Mais celui qui appose son aval sur des billets à ordre souscrits pour fait de commerce, est justiciable des tribunaux de commerce et soumis à la contrainte par corps, quoiqu'il ne soit pas négociant. — *Bruxelles*, 17 mars 1812, Goormachtig et Bevers c. Nèves.

99. — Jugé encore en ce sens que l'aval donné par un non commerçant au bas d'un billet à ordre souscrit par un commerçant pour une opération commerciale à laquelle le premier est personnellement intéressé entraîne contre lui la contrainte par corps. — *Paris*, 15 nov. 1841 (t. 1er 1842, p. 24); *Grenoble*, 24 janv. 1829, Rivière c. Grange; *Paris*, 31 mai 1843, Huard c. Desvoyer; 16 juin 1843 (t. 2 1843, p. 100), Grosselète c. Flaction; 8 juill. et 2 août 1843, (t. 2 1843, p. 308), Huyts c. Duboscq et Devilliers c. Jacland.

100. — Il a cependant été jugé que l'aval mis par un non-commerçant au bas d'un billet à ordre souscrit par un commerçant pour cause commerciale n'entraîne pas contre lui la contrainte par corps si la signature qu'il a donnée n'a pas eu pour cause une opération de commerce. — *Rouen*, 22 déc. 1840 (t. 1er 1841, p. 80), Peyrusson c. Depeaux; — Ponsot, nº 421.

101. — Mais cette décision nous semble erronée. — L'art. 637 C. comm., est inapplicable ici; en apposant sa signature, le donneur d'aval s'est rendu personnelle l'opération commerciale du souscripteur. Il est donc contraignable par corps. — V. au surplus Heineccius, *Elém. jur. Camb.*, cap. 6, § 10; Pothier, *Contr. de change*, nº 123.

102. — Dans tous les cas, quoique la femme non marchande soit obligée comme caution solidaire, par suite d'un aval apposé sur une lettre de change, elle n'est cependant pas soumise à la con-

trainte par corps. — *Riom,* 23 janv. 1829, de Giat c. Debord.

105. — Mais, bien que cet aval ne vaille de la part de cette femme que comme simple promesse, la juridiction commerciale n'en reste pas moins compétente pour en connaître. — *Cass.,* 26 juin 1839, (t. 2 1839, p. 12), Sauguier c. Villard.

104. — Le non négociant qui garantit par un aval un billet à ordre souscrit par un négociant, peut être actionné devant le tribunal de commerce, bien que le signalaire de la lettre ne soit pas mis en cause conjointement avec lui. — Même arrêt.
— V. COMPÉTENCE COMMERCIALE.

105. — Tout ce que nous venons de dire suppose que la signature du donneur d'aval n'est pas méconnue, ou que l'opération n'est point contestée.

106. — Mais si le donneur d'aval par acte séparé, méconnaît que son aval s'applique à l'opération commerciale, objet du procès, il ne peut être traduit devant le tribunal de commerce. — Le débat préalable qui s'élève sur ce point appartient à la juridiction civile. — *Rouen,* 24 févr. 1841 (t. 2 1841, p. 610), Beaucousin c. Duval.

107. — De ce qu'il y a contestation sur le point de savoir si un individu avait capacité pour accepter des traites, il ne s'ensuit pas que le donneur d'aval, poursuivi en paiement, puisse demander un sursis jusqu'à ce qu'il ait été statué sur la validité des acceptations. — *Paris,* 12 déc. 1837 (dans ses motifs), (t. 1er 1838 p. 108), Joyeux c. Libaut.

108. — Les droits contre le donneur d'aval sont-ils transmis par un endossement pur et simple ? — Oui, si l'aval est sur la lettre ; car il s'incorpore à elle. Mais s'il est sur acte séparé, il faut consulter l'intention des parties et voir si l'aval n'a pas été donné ainsi pour *être livré au public* et dans le but de ménager la considération de la personne cautionnée. En pareil cas, l'endossement n'a pas transmis au porteur les droits résultant de l'aval, que celui-ci est censé ignorer. Il faut décider de même si l'aval a été donné en faveur d'une personne déterminée. — Nouguier, *Lettres de change,* t. 1er, p. 335.

109. — On a jugé sous l'ord. 1673 que celui qui avait consenti une hypothèque pour sûreté du paiement d'une lettre de change étant considéré comme ayant donné un aval ; l'effet de cette hypothèque s'appliquait, en quelques mains que passât la lettre, et celui qui en était porteur, avec stipulation contraire. — *Cass.,* 5 (et non 3) niv. an XIII, Perrier, Saint-Étienne c. Jerneau.

110. — Le donneur d'aval qui paie le porteur est subrogé aux droits de celui-ci. Toutefois il faut distinguer : 1o s'il a donné l'aval indéfiniment, il pourra recourir contre les mêmes individus que le porteur (Locré, sur l'art. 142) ; — 2o s'il l'a donné pour le tireur, il n'aura pas de recours contre les endosseurs, envers lesquels le tireur, et partant sa caution, sont garans du paiement de la lettre; — 3o si l'aval avait été fourni pour un endosseur le donneur aurait action contre l'accepteur, le tireur et les endosseurs antérieurs à celui cautionné et qui sont garans envers les subséquens; — 4o enfin, le donneur d'aval ne pourra recourir contre les endosseurs, s'il a cautionné seulement l'accepteur lequel est garant de la traite envers tous les signataires; mais il serait subrogé aux actions de l'accepteur contre le tireur. — Delvincourt, *Inst. de dr. comm.,* t. 2, p. 148; Rolland, *Rép.,* vo *Aval,* nos 17 et 18.

111. — Les effets de l'aval entre celui qui l'a donné et la personne qu'il a cautionné doivent être réglés par les principes du Code civil sur le cautionnement.—Pardessus, *Contrat de change,* no 487; Favard, *Rép.,* vo *Lettre de change,* sect. 2e, § 1er, no 2.
— V. CAUTIONNEMENT.

V. APPROBATION DE SOMME, BILLET A ORDRE, COMPÉTENCE COMMERCIALE, ENDOSSEMENT, LETTRE DE CHANGE.

AVANCEMENT D'HOIRIE.

1. — *Hoirie* et *hé- édité* sont synonymes.—Sous l'expression *avancement d'hoirie,* on comprend tout ce qui est donné à un héritier présomptif par anticipation sur une hérédité à laquelle il doit être appelé. — Merlin, *Répert.,* vo *Avancement d'hoirie.*

2. — Lorsqu'il est question du mariage de l'enfant d'un individu, la doi ou l'*avancement d'hoirie* et les autres conventions matrimoniales sont réglées par un avis du conseil de famille, homologué par le tribunal, sur les conclusions du procureur du roi.
— C. civ., art. 511.

V. DONATION ENTRE VIFS, DONATION PAR CONTRAT DE MARIAGE, ENREGISTREMENT, PARTAGE D'ASCENDANS, PARTAGE DE SUCCESSION, QUOTITÉ DISPONIBLE, RETOUR CONVENTIONNEL.

AVANCES.

V. BANQUE, COMMISSIONNAIRE, FRAIS, INTÉRÊTS, MANDAT.

AVANCES MARITIMES.

V. ASSURANCE MARITIME, CAPITAINE, ENREGISTREMENT, LOYER DE GENS DE MER, PRÊT A LA GROSSE.

AVANIE.

On désigne quelquefois par ce mot, dans le droit maritime, un pillage des marchandises sur terre, ou encore un péage établi contre le droit des gens.
— V. ASSURANCE MARITIME.

AVANTAGE.

1. — Ce qui est utile, profitable, favorable à quelqu'un.

2. — Chacun peut faire son avantage pourvu qu'il ne nuise pas à autrui. *Prodesse sibi unusquisque, dùm alii non noceat, non prohibetur* (L. 1, § 4, ff., *De aquâ et aquæ pluv. arc.*) — V. BÉNÉFICE.

3. — Celui qui a les charges de la chose doit nécessairement en avoir les avantages : *secundùm rationem est commoda cujusque rei cum sequi quem sequuntur incommoda* (L. 10, ff., *De reg. juris*).—*Ubi periculum, ibi et lucrum collocetur.* L. fin., § 3, Cod., *De furtis.*

4. — Et réciproquement celui qui retire les avantages de la chose doit en supporter les charges.
— Arg. L. 10, ff., *De reg. juris.*

5. — Ces deux principes d'équité respectifs et inséparables s'appliquent à tous les titres d'acquisition, au droit d'accroissement, à l'alluvion, à l'usufruit, aux successions, aux donations, aux legs, aux contrats, etc.—V. Dantoine, *Rég. du dr. franç.,* L. 10.

6. — Le second des deux principes ci-dessus est applicable au cas où un individu retire du profit de ce que fait un autre ; il doit alors répondre de ses faits : *ex quâ personâ quis lucrum capit, ejus factum prœstare debet* (L. 149, ff., *De reg. juris*). —*Æquum est ut cujus participavit lucrum, participet et damnum* (L. 55, § uit., ff., *Pro socio*).—V. RESPONSABILITÉ, SOCIÉTÉ.

AVANTAGE (Prendre).

En procédure, *prendre avantage,* c'est obtenir jugement. Ce mot s'emploie surtout dans les avoués; on somme l'avoué de la partie adverse de se trouver à l'audience qu'on lui indique pour y plaider, en le prévenant que, faute par lui d'y comparaître, il sera *pris avantage.* V. au surplus JUGEMENT, JUGEMENT PAR DÉFAUT.

AVANTAGE INDIRECT.

1. — On désigne en général par ces mots toute libéralité faite par des voies détournées en faveur d'un successible ou d'un conjoint.

2. — Mais, dans un langage précis, on ne doit entendre par *avantage indirect* que celui qui est la conséquence d'actes passés par le défunt ou avec lui, sans intention par les parties de déguiser ou de dissimuler cet même avantage : tel est celui qui résulte d'une renonciation à succession ou à communauté, d'une vente faite à vil prix quoique privée, etc. — Rolland de Villargues, *Rép. du notar.,* vo *Avantage indirect.*

3. — Ainsi, il ne faut pas confondre l'avantage indirect, qui suppose toujours un acte licite, soit avec une donation déguisée sous l'apparence d'un contrat onéreux, soit avec une donation faite par des personnes interposées. Cette distinction est d'ailleurs formellement établie par l'art. 1099, C. civ., en matière de donation entre époux.—Rolland de Villargues, *ibid.*

4. — On verra aux mots QUOTITÉ DISPONIBLE et RAPPORT A SUCCESSION quels sont les actes qui peuvent être considérés comme produisant un avantage indirect.

5. — Les avantages indirects sont soumis au rapport, comme les donations indirectes (C. civ., art. 843). — V. RAPPORT A SUCCESSION.

6. — Ils sont imputables, soit sur la portion disponible, soit sur la réserve. — V. QUOTITÉ DISPONIBLE ET RÉSERVE LÉGALE.

7. — Celui qui excipe d'avantages indirects faits à un autre doit prouver : 1o que l'acte dont il les fait résulter existe ; — 2o que cet acte produit des avantages auxquels il avait lui-même droit à raison de sa qualité ; —3o et qu'enfin ces mêmes avantages

s'élèvent à telle quotité. —V. DONATION DÉGUISÉE, RAPPORT A SUCCESSION.

AVANTAGES (Libéralités).

On désigne par ce mot : 1o ce qu'un père donne à l'un de ses enfans de plus qu'aux autres dans sa succession future (V. PRÉCIPUT (hors part) ; — 2o ou bien certaines espèces de libéralités indiquées dans les articles suivans.

AVANTAGES ENTRE ÉPOUX.

On désigne sous ce nom les libéralités directes ou indirectes que les époux se font respectivement dans les limites de la loi. — V. DONATION ENTRE ÉPOUX, NOCES (SECONDES).

AVANTAGES PROHIBÉS.

Les libéralités peuvent être restreintes, soit par suite des rapports entre le disposant et le bénéficiaire, soit à raison d'existence de certains héritiers au profit desquels la loi fait une réserve. On entend par avantages prohibés ceux qui dépasseraient les limites fixées par la loi. — V. DONATION DÉGUISÉE, DONATION ENTRE ÉPOUX, DONATION ENTRE VIFS, DONATION PAR CONTRAT DE MARIAGE, LEGS, QUOTITÉ DISPONIBLE, TESTAMENT.

AVANT-BASSIN (Droit d').

Droit perçu par les navires qui entrent dans les avant-bassin d'un port. — V. NAVIRE.

AVANT-PARLIER.

1. — Mot qui est employé quelquefois dans nos vieux auteurs comme synonyme d'avocat. — *Établissements de Saint-Louis,* liv. 2, chap. 14; *Somme rurale,* tit. 6, note E, édition de Charondas et Caron. — V. aussi AMPARLIER.

2. — Quelquefois le mot *avant-parlier* désignait aussi les procureurs des parties litigantes. —*Glossaire du droit français,* vo *Parlier* ; Prost de Royer, *Dict.,* vo *Amparlier.*

3. — Mais il était très rare que ce mot fût pris avec cette dernière signification. En voici cependant un exemple que nous trouvons dans l'art. 102 des ordonnances de Liége. — « Les avant-parliers escriront en fait le plus brièvement et substancieusement que la matière requerra, et subsignerontleurs écritures ou ils les feront signer par les advocats qui les auront faict. — Nous ferons remarquer seulement que le texte ne remonte pas à une date très ancienne.

4. — Dans les assises de Jérusalem (ch. 7, p. 17, édit. de la Thaumassière), on lit le traité : *Quels doivent estre les homes qui sont juges en la haute court,* on leur recommande « estre entenlifs de « oyr et de bien retenir les paroles et les points « que les plaideours dient en la court del plait... » Et l'on ajoute : « Pourquoi il me semble que tous « les homes de la haute court doivent laisser tou- « tes autres ententes pour entendre et retenir « bien les paroles que les *avant-parliers* dient en la « court. » — C'est une recommandation que l'on retrouve dans le *Conseil de Pierre de Fontaine,* et dans tous nos anciens praticiens; elle y revient presque aussi souvent que l'invitation aux avocats d'être courts.

AVARIES.

Table alphabétique.

AVARIES. — 1. — On comprend sous ce mot toutes dépenses extraordinaires faites pour le navire et les marchandises, conjointement ou séparément, — tout dommage qui arrive aux navire et marchandises, depuis leur retour et départ jusqu'à leur retour et déchargement. — C. comm., art. 397. — Cette définition a été empruntée à l'art. 1er, tit. Des avaries, de l'ord.

Sect. 1re. — Avaries en général.

2. — Les avaries diffèrent entre elles sous le double rapport de leurs causes et de leurs effets ; de là leur division en deux classes : avaries grosses ou communes, et avaries simples ou particulières.

3. — Les premières sont appelées communes parce qu'elles sont supportées pour l'intérêt et le salut communs, et grosses parce qu'elles sont supportées par le gros, c'est-à-dire par l'ensemble du navire et du chargement.

4. — Les autres sont nommées avaries simples et particulières, parce que leur propre est d'atteindre purement et simplement des choses prises isolément parmi celles qui sont mises en risque, et que, conséquemment, elles sont uniquement supportées par le propriétaire de la chose qui a essuyé le dommage ou occasionné la dépense.

5. — Les lamanages, touages, pilotages, pour entrer dans les hâvres, rivières, ou pour en sortir, les droits de congés, visites, rapports, tonnes, balises, ancrages et autres droits de navigation ne sont pas réputés avaries ; ce sont de simples frais à la charge du navire. — C. comm., art. 406.

6. — Toutefois, si ces frais avaient eu lieu extraordinairement, par exemple s'ils avaient été nécessités par une relâche forcée ou par tout autre événement, ils rentreraient dans la classe des dépenses extraordinaires, etc.—Dageville, t. 4, p. 46; Boulay-Paty, t. 4, p. 487. — V. les sections qui suivent.

Sect. 2e. — Avaries grosses ou communes.

7. — Les avaries communes sont, en général, les dommages soufferts volontairement et les dépenses faites d'après délibérations motivées pour le bien et le salut communs du navire et des marchandises, depuis leur chargement et départ jusqu'à leur retour et déchargement. — C. comm., art. 400.

8. — Le même art. 400 donne, il est vrai, l'énumération de certains dommages qui doivent être réputés avaries communes (V. no 17 et suiv.) ; mais cette énumération n'est évidemment pas limitative, ainsi que nous l'expliquerons plus bas (no 97 et suiv.).

9. — Bien que le texte de la loi exige une délibération motivée et même écrite (C. comm., art. 412), cependant les circonstances peuvent être telles qu'il ne soit pas possible de se conformer à ses prescriptions. — Dans ce cas, c'est aux juges à apprécier la nécessité sous l'empire de laquelle l'opération a été faite, et à décider si elle a eu en vue le salut commun. — Locré, sur l'art. 400 : Pardessus, t. 3, no 736 ; Dageville, t. 4, p. 21 ; Goujet et Merger, Dict. comm., vo Avaries, no 16.

10. — Jugé en ce sens qu'une délibération motivée du capitaine et de l'équipage n'est pas un préalable tellement indispensable pour attribuer le caractère d'avarie commune à un échouement volontaire, ou à tout autre sacrifice fait pour le salut commun, qu'il ne puisse être suppléée, et la nécessité du sacrifice justifiée par d'autres pièces, telles que des procès-verbaux de pilotes. — Bordeaux, 23 fév. 1829, Balguerie c. Fallander.

11. — Le principe qu'une délibération motivée n'est pas indispensable pour constituer le dommage volontairement souffert, résulte encore d'un arrêt de la cour de Rouen du 6 fév. 1843 (t. 1er 1843, p. 657), Imbart c. Vitry.

12. — En disant que la délibération sera motivée, le Code suppose évidemment que l'opportunité de la mesure adoptée pourra être discutée par les parties intéressées. L'appréciation de cette question est abandonnée à la prudence et aux lumières des magistrats. En pareille matière, on doit tenir compte du danger : au milieu duquel la délibération a eu lieu, et il doit suffire que les motifs qui ont déterminé la délibération, soient apparens et plausibles. — Dageville, t. 4, p. 20 ; Locré, sur l'art. 400.

13. — Lorsque le navire a échappé au péril qui le menaçait, on doit admettre que le sacrifice qui a eu lieu a contribué au salut commun, si la délibération a été prise de bonne foi. — Dageville, t. 4, p. 21.

14. — Il est, au surplus, indispensable, pour qu'un dommage soit réputé avarie commune, qu'il ait en réalité contribué au salut du navire et de la cargaison, ou qu'il n'aurait pas ce caractère si, bien

que soufferti dans l'intention du salut commun, il n'avait pas effectivement procuré sa conservation du navire. C'est ce qui résulte, comme nous le verrons plus bas, des termes et de l'économie de la loi. — Boulay-Paty, t. 4, p. 443 : Pothier, Louage des matelots, no 497 ; Goujet et Merger, vo Avaries, no 18.

15. — Mais que doit-on entendre par dommages soufferts volontairement ? — Il est évident que ces mots imposent nécessairement la condition que le dommage soit présent, actuel, et que la volonté humaine le consomme elle-même. Que si, au contraire, le dommage est non prévu, s'il n'a pas été pris en considération au moment de la délibération, on doit dire qu'il s'est réalisé fortuitement, et que, dès-lors, il ne peut constituer qu'une avarie particulière. — Il ne suffira donc pas que le dommage soit la conséquence de la manœuvre délibérée ; s'il n'en a pas été la conséquence directe, immédiate, ou s'il n'a pas fait lui-même l'objet de la délibération, il sera avarie particulière. — Boulay-Paty, t. 4, p. 457 : Fremery, Etudes de dr. comm., p. 286 ; Horson, Quest. sur le Code de comm. (qui a fait retour sur l'opinion contraire par lui émise aux nos 442 et suiv.)

16. — C'est en ce sens qu'il a été jugé qu'il n'y a d'avaries communes que celles qui sont la conséquence et le résultat de la volonté de l'homme, constatée par une délibération prise dans l'intérêt commun du navire et de la cargaison, et qu'ainsi, lorsque, l'équipage ayant délibéré de gagner un port pour fuir la tempête, et mettre le navire à l'abri, il arrive que dans le trajet un grain violent le fait échouer sur un banc de sable, cet échouement (non délibéré spécialement) peut être considéré comme un événement imprévu et de force majeure, et, par suite, les avaries qui en sont résultées être rangées dans la classe des avaries particulières. — L'arrêt qui décide ainsi ne viole aucune loi. — Cass., 2 août 1844 (t. 2 1844, p. 499), Vandalle et Bommelaer c. Lafond, qui rejette le pourvoi dirigé contre un arrêt de Montpellier du 23 déc. 1837 (t. 2 1838, p. 380).

17. — L'art. 400, C. comm., range au nombre des avaries communes : 1o les choses données par composition et à titre de rachat du navire et des marchandises.

18. — Les choses ainsi données s'appliquent sans distinction au rachat du navire et à celui des marchandises. — Boulay-Paty, t. 4, p. 441.

19. — En cas de prise, le capitaine a le droit de procéder au rachat du navire et des marchandises. — V. CAPITAINE. — Le rachat peut avoir lieu, soit au moyen de lettres de change tirées par le capitaine sur son commettant au profit du capteur, soit par la remise de valeurs consistant en argent, marchandises, vivres, etc. Dans tous ces cas, les choses données pour le rachat, et même l'indemnité due à l'ôtage, si le capteur en a exigé un, sont avaries communes. — Pardessus, t. 3, no 733 ; Boulay-Paty, t. 4, p. 440.

20. — Mais il faut qu'il y ait eu composition, c'est-à-dire un traité par lequel le capteur se soit engagé à relâcher sa prise moyennant certaines conditions. Si donc le capteur, après s'être emparé du navire et de la cargaison, pillait une partie des effets et marchandises, et abandonnait le surplus sans composition, ce serait là un acte de violence qui devrait rester, comme avarie particulière, à la charge du propriétaire victime de cette spoliation, mais non une avarie commune. — Pardessus, t. 3, no 733 ; Boulay-Paty, t. 4, p. 442 ; Dageville, t. 3, p. 22 ; Delvincourt, t. 2, p. 250 ; Goujet et Merger, vo Avaries, no 21.

21. — Il en est de même des choses qu'un chargeur aurait données pour le rachat particulier de ses marchandises ou de sa personne, ou de ses gens et domestiques ; elles. ne constitueraient que des avaries simple, parce qu'elles n'auraient pas été données pour le salut commun. — Pardessus, t. 3, no 733 ; Boulay-Paty, t. 4, p. 442 ; Delvincourt, t. 2, p. 250.

22. — Non seulement il faut qu'il y ait eu composition, mais il faut encore que la composition ait sauvé le navire. Si, par exemple, le capteur le gardait contre la foi du traité, les propriétaires des effets donnés dans la vue du rachat ne pourraient rien réclamer à ceux dont les effets auraient été sauvés par quelque autre événement, même par l'abandon ultérieur du navire. — Pardessus, t. 3, no 733 ; Dageville, t. 4, p. 22 ; Boulay-Paty, t. 4, p. 442.

23. — Il en serait autrement si le navire, après avoir été relâché en exécution de la composition, venait depuis, et dans le cours du voyage, à retomber entre les mains des ennemis. — Boulay-Paty, t. 4, p. 442.

24. — Si un navire est arrêté sous le prétexte que sa cargaison appartient à l'ennemi, et que le capi-

taine trouve le moyen de persuader au capteur que tout n'est pas hostile, la partie de la cargaison conservée par cette ruse de guerre devra contribuer à la perte de celle qui aura été confisquée. — Émérigon, t. 1er, p. 612; Boulay-Paty, t. 4, p. 443.

25. — Tous les frais faits de bonne foi pour parvenir à la relaxation du navire sont considérés comme avaries communes, s'il est remis en liberté. — Émérigon, t. 1er, p. 612; Boulay-Paty, t. 4, p. 443.

26. — Ainsi jugé que les frais de séjour et les dépenses faites pour obtenir la relaxation d'un navire capturé doivent être considérés, non comme avaries simples, particulières aux capitaines et armateurs, mais comme avaries grosses, à la charge tant du bâtiment que de sa cargaison. — *Rouen*, 2 frim. an X, Hendrick-Look c. Sanson.

27. — Ricard (*Négoce d'Amsterdam*, p. 279) dit même que « si un navire est pris par force et conduit dans quelque port, et que l'équipage reste dessus pour le garder et le réclamer, non seulement les frais de sa réclame entrent en avarie grosse, mais encore les gages et la dépense de l'équipage pendant que le navire a demeuré en arrêt. » Et Émérigon ajoute : « C'est ainsi que la question a été décidée parmi nous toutes les fois qu'elle s'est présentée. » On déciderait de même sous le Code comm., qui (art. 400) met au nombre des avaries grosses ou communes *tous dommages* soufferts volontairement pour le bien et le salut commun du navire et des marchandises; énonciation qui comprend nécessairement le cas dont il s'agit, bien qu'elle ne le relate pas spécialement. — Pardessus, no 741; Goujet et Merger, no 26.

28. — Il a également été jugé que les dons et présens que le capitaine d'un navire capturé fait en pays étranger, après délibération de l'équipage, aux avocats et aux juges de la prise pour obtenir la libération du navire et de la cargaison, doivent être admis en avarie; du moins l'arrêt qui le décide ainsi est à l'abri de toute censure lorsqu'il constate que ces dons ont été faits pour le bien et salut commun du navire et des marchandises, et que le capitaine, qui savait que la commission était associée au bénéfices des prises, a agi prudemment en subissant la loi de la nécessité. — Vainement dirait-on que la cause de ces présens est immorale et illicite. — *Cass.*, 2 août 1827, Compagnie d'assurances c. Changeur.

29. — 2o *Les choses jetées à la mer, — les dommages occasionnés par le jet aux marchandises restées dans le navire* (C. comm., art. 400, §§ 2 et 5) : lorsque le jet a eu lieu pour le salut du navire et de la cargaison. — Pardessus, no 734; Dageville, t. 4, p. 111.

30. — Si, par tempête ou par la chasse de l'ennemi, le capitaine se croit obligé, pour le salut du navire, de jeter en mer une partie de son chargement, il prend l'avis des intéressés au chargement qui se trouvent dans le vaisseau, et des principaux de l'équipage. — C. comm., art. 410.

31. — Le mot *tempête* est employé ici génériquement pour désigner la violence des vents, les dangers de la position du navire et toutes les circonstances critiques où les fortunes de mer peuvent le placer. — Dageville, t. 4, p. 104; Locré, sur l'art. 410.

32. — S'il y a diversité d'avis, celui du capitaine et des principaux de l'équipage est suivi (C. comm. art. 410), quand bien même les intéressés au chargement seraient en majorité et s'opposeraient au jet. — Pardessus, t. 3, no 734; Delvincourt, t. 2, p. 251.

33. — S'il y avait partage entre les principaux de l'équipage, la voix du capitaine devrait l'emporter. — Pardessus, t. 3, no 734; Favard, vo *Jet*, § 1er, no 1er. — Dans le cas où la majorité serait opposée au jet, le capitaine ne pourrait y procéder que sous sa responsabilité personnelle; les tribunaux auraient alors à apprécier l'opportunité de la mesure, en comparant les raisons produites de part et d'autre. — Pardessus, *loc. cit.*

34. — On comprend qu'il n'est pas toujours possible de délibérer; l'imminence du danger peut être telle qu'il n'y ait pas un moment à perdre, et qu'on soit réduit à prendre conseil des circonstances, sans avoir le temps de se consulter.

35. — Aussi a-t-on toujours distingué deux sortes de jets : le *jet régulier*, qui a lieu lorsque le danger permet de remplir les formalités tracées par l'art. 410; et le *jet irrégulier*, qui a lieu dans des circonstances tellement critiques qu'il faut plutôt agir que délibérer. — Locré, sur l'art. 410; Dageville, t. 4, p. 105; Pardessus, t. 3, no 736.

36. — Si la nécessité du jet est contestée, c'est aux juges à l'apprécier. — Gouget et Merger, vo *Avarie*, no 33.

37. — La délibération terminée, l'exécution en en appartient exclusivement au capitaine, qui n'est pas tenu de se conformer à l'avis de l'équipage, parce qu'il faut éviter toute discussion dans l'exécution d'une mesure urgente, pour laquelle le capitaine est plus compétent que les autres. Cependant il doit se conformer pour le jet à l'ordre établi par le Code. — Dageville, t. 4, p. 107; Pardessus, t. 3, no 735.

38. — Ainsi, les choses les moins nécessaires, les plus pesantes et de moindre prix, sont jetées les premières, et ensuite les marchandises du premier pont, au choix du capitaine, et par l'avis des principaux de l'équipage. — C. comm., art. 411.

39. — Il est juste de jeter avant toutes autres les marchandises dont il n'y a ni connaissement ou pièce équivalente, ni déclaration du capitaine. — Pardessus, t. 3, no 735.

40. — Il en est de même des effets placés sur le tillac, avec ou sans la permission du propriétaire. — Le capitaine qui ne procéderait pas dans cet ordre, pour se soustraire au recours du propriétaire, s'exposerait à des dommages-intérêts envers les autres intéressés. — Pardessus, t. 3, no 735; Dageville, t. 4, p. 107.

41. — Le capitaine est tenu de rédiger par écrit la délibération, aussitôt qu'il en a les moyens. — La délibération exprime les motifs qui ont déterminé le jet, les objets jetés ou endommagés. — Elle présente la signature des délibérans, ou les motifs de leur refus de signer. — Elle est transcrite sur le registre. — C. comm., art. 412.

42. — On ne saurait exiger l'accomplissement de ces formalités de la part d'un capitaine au petit cabotage. — Tout ce qu'on peut exiger de lui, c'est qu'il fasse un rapport détaillé du jet et des circonstances qui l'ont accompagné, dans les vingt-quatre heures de son arrivée, et devant l'autorité compétente. — Dageville, t. 4, p. 111.

43. — Au premier port où le navire abordera, le capitaine est tenu, dans les vingt-quatre heures de son arrivée, d'affirmer les faits contenus dans la délibération transcrite sur le registre. — C. comm., art. 413.

44. — Lorsqu'il n'a pas été possible de délibérer, le capitaine fait un rapport qui tient lieu du procès-verbal de délibération. — Dans ce cas, la nécessité du dommage volontairement souffert peut être prouvée par toutes autres pièces ou témoignages que le registre du bord. — Pardessus, t. 3, no 736; Favard, vo *Jet*, § 1er, no 3

45. — Ainsi jugé que les formalités prescrites à un capitaine par l'art. 412, C. comm., dans le cas de jet à la mer, savoir, la rédaction d'une délibération de l'équipage et la transcription de cet acte sur le livre de bord, sont pour le mode et le temps de leur accomplissement subordonnées aux circonstances de la navigation et à la position plus ou moins critique dans laquelle le capitaine a pu se trouver. — Ainsi, par exemple, un capitaine qui a fait jet à la mer est recevable à faire entrer les marchandises *jetées* en avarie commune, quoiqu'il ne justifie de la nécessité du jet que par un procès-verbal de délibération de l'équipage dressé quelque temps après le jet, et non transcrit dans le registre de bord, si d'ailleurs le procès-verbal est mentionné sur ce registre, et s'il est reconnu que le capitaine l'a rédigé aussitôt que les soins qu'il devait donner à la direction du navire lui en ont laissé la possibilité. — *Rouen*, 2 janv. 1826, Bataille.

46. — L'affirmation prescrite par l'art. 413 est faite, en France, devant le président du tribunal de commerce, ou devant le juge de paix, dans les lieux où il n'y a pas de tribunal de commerce; à l'étranger, devant le consul français ou le magistrat des lieux (Arg. art. 243 et 414, C. comm. — Favard, vo *Jet*, § 1er, no 4; Delvincourt, t. 2, p. 251.

47. — L'inexécution des formalités prescrites par les art. 412 et 413 rend le capitaine non-recevable à exercer l'action en réglement d'avarie commune contre tous les chargeurs. — *Trib. comm. de Marseille*, 13 janv. 1823, Dalmann (*J. de Marseille*, 4, 1, 19).

48. — Si pour opérer ou pour faciliter le jet, on a été obligé de briser quelques parties intérieures du navire, si même, pour extraire les marchandises jetées, on a été forcé de *saborder*, c'est-à-dire d'ouvrir le navire; tous ces dommages, qui sont une suite immédiate du jet, sont soumis aux mêmes règles. — C. comm., art. 422 et 426; — Pardessus, t. 3, no 736; Dageville, t. 4, p. 174.

49. — De même si, pour opérer le jet, on a été obligé d'endommager d'autres portions du chargement, la nécessité d'en indemniser les propriétaires est la conséquence du principe qui ne permet de détruire la propriété de l'un pour sauver celle de l'autre qu'à la charge d'une indemnité. — Pardessus, no 736.

50. — 3o *Les câbles ou mâts rompus ou coupés, les ancres ou autres effets abandonnés pour le salut commun* (C. comm., art. 400, §§ 3 et 4), par exemple, pour alléger le navire ou faciliter la manœuvre.

51. — La rupture des câbles ou mâts doit s'entendre ici d'une rupture occasionnée par un accident de mer. Le mot *rompu* a été ajouté au mot *coupé*, parce qu'il peut arriver qu'un mât vienne à se rompre pour le salut commun; par exemple, lorsque les événemens forcent de couper les cordages et les haubans, et que le mât tombe de lui-même. — Locré, sur l'art. 400; Favard, vo *Avarie*, no 2; Dageville, t. 4, p. 24.

52. — L'abandon des câbles et des ancres, et l'échouement, après délibération, pour le salut commun, constituent des avaries communes, ainsi que les droits consulaires, les frais judiciaires et d'expertise, et les intérêts des sommes empruntées à la grosse pour réparer le navire. — *Bastia*, 18 juin 1844 (t. 2 1844, p. 302), Puccinelli c. Rogliano.

53. — Si un coup de vent avait fracassé un mât, sans le rompre entièrement, et qu'il devînt ensuite nécessaire de le couper et de le jeter à la mer avec voiles et cordages, cette dernière partie de l'avarie seulement serait commune. — Pardessus, t. 3, no 738.

54. — On doit regarder comme avarie commune la valeur estimative des voiles, d'abord déchirées par la tempête, lorsque, pour le salut commun, on était réduit à couper ce qui en restait et à le jeter à la mer, ainsi que les cordages qui en dépendaient, et la perte des mâts et des manœuvres courantes. — Dans ce cas, il est juste d'en allouer la valeur par contribution, déduction néanmoins faite du vieux au neuf. — *Rennes*, 22 mai 1826, Fereira Alvez c. Hendreck Schmid. — V. *infrà* nos 260 et suiv.

55. — Jugé, par la même cour, que le jet à la mer du mât de misaine précédemment rompu par un abordage, des agrès et des voiles, constitue, lorsque ce jet a été résolu par l'équipage, pour le salut commun du navire, du chargement et de l'équipage, une avarie commune et non une avarie particulière à la charge du navire seul. — Cependant le mât déprécié par la rupture qu'avait causée l'abordage, antérieurement au jet à la mer, ne doit être compris dans l'avarie commune que pour la valeur qu'il pouvait avoir après la rupture. — *Rennes*, 9 janv. 1844 (t. 1er 1844, p. 286), Obolsen c. Jeffresen.

56. — Si le capitaine est obligé de forcer de voiles pour échapper à l'ennemi ou à la tempête, et que le vent brise les mâts, rompe les cordages et déchire les voiles, les dommages causés par ces accidens sont des avaries communes. — Pardessus, t. 3, no 738; Delvincourt, t. 2, p. 253; Dageville, t. 4, p. 33.

57. — On doit réputer avaries communes les dommages résultant du forcement des voiles, délibéré et opéré *pour le salut commun*, et dans le but de prévenir, en évitant la côte ou les écueils, de plus grands malheurs que la perte d'une partie des marchandises ou des agrès du navire. — *Rouen*, 3 mai 1827, Combal c. Bazire.

58. — Jugé en sens contraire qu'on doit considérer comme avarie particulière à la charge exclusive du navire le dommage résultant du développement ou du forcement des voiles opéré, même après délibération de l'équipage, pour le salut commun, lorsque cette manœuvre a été faite sans déviation de la route du navire, et qu'en outre elle était la seule praticable à raison du danger qu'il y aurait eu de mouiller ou relâcher dans d'autres ports pour arriver à celui de destination. — *Douai*, 11 mai 1843 (t. 2 1844, p. 303), Prémuda c. Devette.

59. — L'abandon de la chaloupe ou du canot, mis à la mer dans l'intention d'échapper au danger ou de donner le change à l'ennemi, doit également être réputé avarie commune. — *Rouen*, 15 mars 1842 (t. 2 1842, p. 41), Bilard c. Forster; — Émérigon, t. 1er, p. 622; Pardessus, t. 3, no 738; Boulay-Paty, t. 4, p. 446; Goujet et Merger, vo *Avaries*, no 37.

60. — ...Ainsi que les pertes et dommages volontairement soufferts pour éviter un abordage, tels que l'abandon d'ancres, câbles et cordages. — *Aix*, 31 déc. 1824, Duff c. Administration de la marine.

61. — Les dommages qui sont la suite immédiate, directe et inévitable de l'avarie commune, doivent être accessoirement réputés avarie commune. Ainsi, lorsqu'un mât et des vergues coupés pour le salut commun sont tombés dans la mer, et, avant qu'on pût s'en dégager, ont occasionné une voie d'eau par les secousses données au navire, la voie d'eau et les dommages qu'elle a produits sur les marchandises sont avaries communes. — *Trib. comm. de Marseille*, 14 mai 1828, Dick (*J. de Marseille*, 9, 1, 116).

62. — Et en général, les pertes ou dommages éprouvés par les objets abandonnés dans l'intérêt commun pour faciliter le déchargement sont réputés avaries communes. — *Trib. comm. de Mar-*

seille, 4 avr. 1839 (*J. de Marseille*, t. 18, p. 273); 20 fév. 1840 (*J. de Marseille*, t. 19, p. 283).

63. — 4° *Les pansement et nourriture des matelots blessés en défendant le navire* (C. comm., art. 400, § 6), ou en manœuvrant pendant le combat que le navire soutient contre l'ennemi. — Boulay-Paty, t. 4, p. 449; Pardessus, t. 3, n° 739; Delvincourt, t. 2, p. 254.

64. — Cette disposition s'applique aux officiers et à tous autres gens de l'équipage, conformément à l'art. 272, C. comm. — Quant aux passagers blessés en combattant ou en manœuvrant pour le salut du navire en danger, il y a même justice à considérer les frais de leur traitement comme une avarie commune. — Pardessus, t. 3, n° 739; Boulay-Paty, t. 4, p. 449; Delvincourt, t. 2, p. 253; Goujet et Merger, v° *Avaries*, n° 44. — V. *contrà* Locré, sur l'art. 400, par le motif qu'en défendant le navire, les passagers se défendent eux-mêmes. — Mais on répond avec avantage que les hommes de l'équipage sont guidés par le même sentiment, et que d'ailleurs il suffit que le passager ait coopéré à sauver le navire pour qu'on l'indemnise du prix de son traitement. — Boulay-Paty et Goujet et Merger, *loc. cit.*

65. — Mais si un homme de l'équipage tombe malade naturellement, ou s'il est blessé en faisant les manœuvres et le service ordinaire, les frais de pansement et de nourriture ne sont que des avaries simples à la charge de l'armateur. — Pardessus, t. 3, n° 789; Boulay-Paty, t. 4, p. 450.

66. — Les frais de traitement et de sépulture d'un matelot décédé à terre, à la suite de la maladie qui avait nécessité son débarquement, sont avaries particulières au navire. — *Trib. comm. de Marseille*, 14 juin 1832, Borelly (*J. de Marseille*, 14, 1, 193).

67. — Si un matelot est envoyé sur un canot ou débarqué à terre pour remplir une mission, et qu'il soit blessé ou fait esclave en exécutant cet ordre, l'objet de sa mission détermine par qui les frais de son traitement ou de sa rançon doivent être supportés. Si cette mission intéresse seulement le navire ou la cargaison, c'est une avarie simple; mais s'il a été envoyé pour le service commun du navire et de la cargaison, l'avarie est commune. — Emérigon, t. 1er, p. 617; Pardessus, t. 3, n° 739; Boulay-Paty, t. 4, p. 450.

68. — Les loyers dus aux héritiers du matelot tué en défendant le navire ou mort des suites de ses blessures, pour ce qui en a couru depuis cette mort jusqu'à la fin du voyage (art. 265), doivent être rangés dans la même classe. — Boulay-Paty, t. 4, p. 451. — Cependant, Pardessus (t. 3, n° 739), propose une distinction : suivant lui, l'avarie n'est commune qu'autant que le matelot tué a été remplacé par l'armateur; dans le cas contraire, le paiement des loyers continués aux héritiers ne constitue pas une dépense extraordinaire et par conséquent une avarie commune, puisque l'armateur ne paie pas plus que si le matelot eût continué de servir.

69. — Il doit en être de même des loyers et de l'indemnité dus au matelot qui a été pris et fait esclave pour le service commun du navire et de la cargaison (art. 267 et 268). — Boulay-Paty, t. 4, p. 451; Pardessus, t. 3, n° 739.

70. — Les dommages que le feu de l'ennemi a fait éprouver au navire pendant le combat constituent également une avarie commune. — Valin, sur l'art. 6, titre *Des avaries*; Boulay-Paty, t. 4, p. 452; Pothier, n° 144; Delvincourt, t. 2, p. 254; — *Contrà* Emérigon, t. 1er, p. 610, qui, sur ce point, ne paraît pas conséquent avec lui-même, puisqu'il admet au nombre des avaries communes le dommage souffert pour fuir l'ennemi; — Pardessus, t. 3, n° 737; Dageville, t. 4, p. 33.

71. — Au reste, dans tous ces cas, il n'y a lieu à contribution qu'autant que le combat a procuré la conservation du navire. — Pothier, *Louage des matelots*, n° 197; Boulay-Paty, t. 4, p. 450.

72. — 5° *Les loyer et nourriture des matelots pendant la détention, quand le navire est arrêté en voyage par ordre d'une puissance, et pendant les réparations des dommages volontairement soufferts pour le salut commun, si le navire est affrété au mois.* — C. comm., art. 400, § 6.

73. — Le Code de commerce n'a fait que reproduire en cela l'art. 7 de l'ord., tit. *Des avaries*, qui réputait avaries *grosses* ou *simples*, suivant que le navire était loué *au mois* ou *au voyage*, la nourriture et les loyers des matelots d'un navire arrêté en voyage par ordre du souverain. — Valin s'est élevé fortement contre cette distinction entre l'affrétement *au mois* et celui *au voyage*, qui est approuvée par Pothier (*Traité de la charte partie*, nos 84 et suiv.). — Mais l'ordonnance ne disposait ainsi que pour le cas où le navire avait été *arrêté par ordre du souverain*. Et, suivant Pothier (*Traité des avaries*, n° 151), c'est avec raison que Valin met au nombre des avaries les frais faits pendant le séjour d'un navire qui s'est réfugié dans un port ou sous une citadelle en fuyant des vaisseaux ennemis qui le poursuivaient et qui y reste jusqu'à ce qu'ils se soient retirés : car ce sont des dépenses extraordinaires faites pour le salut commun, et par conséquent des avaries communes; c'est pour le salut commun que le maître y a réfugié son navire et y est resté.

74. — En présence de l'art. 400, § 6, et de l'art. 403, § 4, on s'est demandé si la nourriture et le loyer des matelots, pendant les réparations faites au navire, par suite d'une avarie commune, sont avarie commune, quoique le navire *eût été affrété au voyage*. — La plupart des auteurs, s'attachant au texte, ne veulent pas dévier de la distinction qu'il établit entre l'affrétement *au mois* et l'affrétement *au voyage*, et donnent pour raison que l'armateur a pris à forfait la longueur ou la brièveté du voyage. — Dageville, t. 4, p. 25; Pardessus, t. 3, p. 740. — Les autres combattent cette distinction par les dispositions finales des art. 400 et 403 : ils invoquent l'autorité de la raison naturelle, et ils soutiennent que la nourriture et le loyer des matelots sont *avaries communes* dans tous les cas où la réparation du navire est la suite d'une *avarie commune*. — Suivant Valin, il est bien difficile de saisir le véritable but de la distinction entre l'affrétement *au mois* et l'affrétement *au voyage*, si par suite de cette distinction on veut classer la nourriture et le loyer des matelots *en avarie commune* ou *particulière*. Il pense que l'affrètement, quel qu'il soit, n'a rien de commun avec la classification des *avaries*.

75. — C'est dans ce dernier sens qu'il a été décidé que, bien que l'affrétement ait eu lieu *au voyage* et non au mois, les frais de loyers et de nourriture des matelots pendant la relâche du navire dans un port doivent être considérés comme des *avaries communes* et non comme de *simples frais de navigation*, ni comme des *avaries particulières*, si la relâche a été déterminée, après délibération de l'équipage, dans la crainte d'être capturé par des corsaires qui infestaient les mers voisines depuis la survenance d'une guerre. — *Aix*, 15 fév. 1828, Vasseur c. Zizinia; 31 déc. 1824, Duiff c. Administration de la marine. — V. *contrà Trib. comm. de Marseille*, 2 août 1823, Okke (*J. de Marseille*, 6).

76. — Si l'arrêt de prince a eu lieu avant le départ du navire, mais depuis le commencement des risques, le loyer et la nourriture des matelots, pendant l'arrêt, sont avaries communes ou simples suivant que le navire est frété au mois ou au voyage. — Dageville, t. 4, p. 30.

77. — Les gages et la nourriture de l'équipage et du capitaine pendant le temps de la détention du navire capturé doivent être réputés avaries grosses ou communes; mais, à partir de la délivrance du navire, ils perdent ce caractère. — *Rouen*, 6 germin. an X, Héreck Patrick c. Meyen.

78. — 6° *Les frais du déchargement pour alléger le navire et entrer dans un hâvre ou dans une rivière, quand le navire est contraint de le faire par tempête ou par la poursuite de l'ennemi.* — C. comm., art. 400, § 7.

79. — Il n'en est pas de même lorsque l'allégement a lieu pour faire entrer le navire dans le port de sa destination. — Pardessus, t. 3, n° 740; Dageville, t. 4, p. 32. — V. la section suivante.

80. — Lorsqu'un navire auquel une voie d'eau a été occasionée par un forcement de voiles délibéré et exécuté pour le salut commun a néanmoins continué sa marche sans qu'on ait reconnu la nécessité de relâcher, si plus tard le capitaine, de l'avis de l'équipage, est obligé, à cause de l'accroissement de la voie d'eau, de relâcher et de mettre en carène, les dépenses de cette carène doivent être considérées comme provenant d'une *cause mixte* et classées moitié en avaries communes, moitié en avaries particulières. — Mais les frais de relâche proprement dits, ceux de débarquement, et la valeur tant des objets jetés volontairement à la mer que de ceux emportés par le forcement de voiles, doivent être mis au nombre des avaries communes. — *Rouen*, 26 nov. 1841 (t. 2 1842, p. 49), Gautier et Mauger c. Lhotellier.

81. — Lorsque des effets et marchandises placés sur les bateaux ou allèges ont péri, cette perte soufferte pour le salut commun, est, avec les frais de déchargement, une avarie grosse. — C. comm., art. 427. — Vincens, t. 3, p. 192; Favard, v° *Avaries*, n° 2.

82. — Les frais de décharge et de recharge des marchandises sont avaries communes, lors même qu'il s'agit de réparer des avaries particulières. — *Trib. comm. de Marseille*, 27 oct. 1834, Rabaud (*J. de Marseille*, 6, 1, 72); 5 sept. 1838, Fabry (*ibid.*, 15, 1, 135).

83. — Lorsqu'après jet à la mer, une relâche a été effectuée dans le but d'éviter la tempête et de faire au navire les réparations dont il avait besoin pour continuer son voyage, les objets jetés, les frais de relâche, ceux de déchargement et de rechargement de la cargaison et de magasinage, sont avaries communes. — *Trib. comm. de Marseille*, 22 avr. 1834, Ewalds (*J. de Marseille*, 15, 1, 152).

84. — Il en est de même des dépenses faites en cas de relâche forcée pour retirer de l'eau le navire et la cargaison. — *Trib. comm. de Marseille*, 28 août 1828, Buonomo (*J. de Marseille*, 10, 1, 51).

85. — On est généralement d'accord pour réputer avarie commune le dommage souffert pour fuir l'ennemi. — Mais en est-il de même de celui causé au navire par le feu de l'ennemi? — M. Pardessus (n° 737) décide la négative par le motif que ce dommage est un des dangers de la destination du navire, ce qui doit le faire ranger parmi les avaries particulières. — Au contraire, Valin (sur l'art. 6, ord. 1681, tit. *Des avaries*), Pothier (*Des avaries*, n° 144), Boulay-Paty (t. 4, p. 452), et Goujet et Merger (v° *Avaries*, n° 101), attribuent à ce dommage le caractère d'avarie commune, et ils en donnent une raison qui nous paraît décisive; en effet disent-ils, comment adopter pour le cas où le navire a combattu une solution différente de celle adoptée pour le cas où il a péri? — Le combat étant soutenu pour la défense des marchandises aussi bien que du navire, le dommage souffert par le navire l'est évidemment pour le salut *commun*. — Il en est de même des avaries causées par le feu de l'ennemi à certaines marchandises. — Boulay-Paty, t. 4, p. 452.

86. — 7° *Les frais faits pour remettre à flot le navire échoué dans l'intention d'éviter la perte totale ou la prise.* — C. comm., art. 400, § 8.

87. — Il en est de même des frais faits pour réparer les dommages survenus au navire ou aux marchandises par l'effet de l'échouement qui a eu lieu par la même cause. — Delvincourt, t. 2, p. 254; Pardessus, t. 4, n° 738; Dageville, t. 4, p. 33.

88. — L'échouement ne peut constituer une avarie commune que dans le cas où, le navire étant menacé d'un péril, le capitaine, pour éviter la perte totale ou la prise, le fait échouer *volontairement*. — Valin, sur l'art. 6, tit. *Des avaries*; Emérigon, t. 1er, p. 569; Pardessus, t. 3, n° 738; Dageville, t. 4, p. 32; Boulay-Paty, t. 4, p. 454.

89. — Et l'échouement volontaire d'un navire pour le salut commun ne cesse pas d'avoir le caractère d'avarie commune, par cela seul qu'au moment où l'échouement a été résolu, le navire était en danger imminent de périr. — *Bordeaux*, 23 fév. 1829, Bulguerie c. Fallander.

90. — L'échouement, quoique non volontaire, produirait encore des avaries communes, s'il était la conséquence d'un sacrifice fait pour le salut commun; par exemple, si un capitaine, après avoir coupé ses mâts pour sauver le navire, se trouvait après la fin de la tempête hors d'état d'éviter les écueils sur lesquels il est obligé d'échouer. — Pardessus, t. 3, p. 738; Boulay-Paty, t. 4, p. 455.

91. — Les pertes et dommages résultant d'un échouement doivent être considérés comme avaries communes, si cet échouement est la suite d'un sacrifice volontaire fait pour le salut commun. — *Aix*, 31 déc. 1824, Duiff c. Administration de la marine.

92. — De même, les dommages soufferts par la cargaison par suite de l'échouement volontaire du navire, et les dépenses extraordinaires de sauvetage, mise en magasin, transport, etc., doivent entrer en avarie commune. — *Trib. comm. de Marseille*, 28 avr. 1834, Razoulx (*J. de Marseille*, 15, 1, 11).

93. — Les frais de déchouement et de remorque du navire échoué, opérés avant le débarquement de la cargaison, sont avaries communes. — *Trib. comm. de Marseille*, 26 nov. 1833, Farreuc (*J. de Marseille*, 14, 1, 11).

94. — Jugé aussi que les pertes, dommages et dépenses qui proviennent immédiatement et directement du déchouement opéré pour le bien et le salut commun du navire et de la cargaison, sont avaries communes quoique l'échouement antérieur ait été purement fortuit. — *Trib. comm. de Marseille*, 15 avr. 1828, Guignard (*J. de Marseille*, 9, 1, 337).

95. — Néanmoins, les dépenses faites et les objets sacrifiés pour le déchouement du navire avant le débarquement doivent, comme ayant eu lieu volontairement et pour le salut commun, entrer en avaries communes, comme les frais de pilotage, tonnage et de justice. — Mais il n'en est pas de même des dépenses de transport, commission et autres, devenues inévitables pour sauver les marchandises. Elles sont particulières à la cargai-

son. — *Montpellier*, 25 déc. 1837 (t. 2 1838, p. 380), Vaudelle et Bourmclaer c. Lafond.

96. — Les frais de déchargement, mise en magasin et rembarquement de la cargaison payés par les consignataires, par suite de la nécessité où l'on a été de réparer le navire en cours de voyage, doivent être admis à leur profit dans le réglement des avaries communes. — *Trib. comm. de Marseille*, 4 déc. 1830 (*J. de Marseille*, 12, 5).

97. — Ainsi qu'il a été dit plus haut (V. n° 8), l'énumération des avaries communes contenue dans l'art. 400, n'est pas limitative ; le législateur a seulement proposé les exemples les plus ordinaires. Dans les autres cas qui peuvent se présenter, il faut recourir à la définition générale qui fixe les caractères auxquels on peut reconnaître dans quels cas il y a avarie commune.

98. — Ainsi, lorsque la crainte d'être pris par des pirates ou des croiseurs ennemis oblige la capitaine, soit à voyager de conserve, soit à se placer sous escorte, ces frais d'escorte constituent une avarie commune. — Pardessus, t. 3, n° 741. — Si, dans le même cas, le capitaine était contraint de dérouter, les dépenses extraordinaires occasionnées par ce déroulement devraient être rangées dans la même catégorie. — Émérigon, t. 1er; Boulay-Paty, t. 4, p. 456.

99. — Il en serait de même des frais faits pour recouvrer un navire abandonné, lorsque cet abandon a eu lieu dans l'imminence d'un danger, sans fraude ni imprudence grave. — Boulay-Paty, t. 4, p. 456; Pardessus, t. 3, n° 741.

100. — Lorsque le capitaine est obligé de prolonger son voyage, soit pour éviter un pays où règne une maladie contagieuse, soit pour aller relâcher ailleurs, parce que la santé de son équipage donne des inquiétudes à l'autorité locale, ces frais de déviation et de prolongation de voyage, sont avaries communes. — Pardesuss, t. 3, n° 740.

101. — Mais, si dans ce déroutement, le navire éprouvait quelques dommages, soit par tempête ou autrement, ces dommages, à moins qu'ils n'eussent par eux-mêmes le caractère d'une avarie grosse, ne constitueraient qu'une avarie simple. — Dageville, t. 4, p. 31 ; Pardessus, t. 3, n° 740.

102. — Les frais de pilotage extraordinaire, tels que ceux qui sont occasionnés par la nécessité de faire secourir le navire atteint par une voie d'eau à la suite d'une tempête, doivent, à la différence des frais de pilotage ordinaire, entrer en avarie grosse. — *Caen*, 20 nov. 1828, Bradhering c. Lecoq; *Trib. comm. de Marseille*, 29 fév. 1840 (*J. de Marseille*, 19, 233).

103. — Jugé encore que les droits dus à des pilotes, dont les efforts réunis ont été employés à sauver le bâtiment et le chargement, ne sont point, comme dans le cas de pilotage ordinaire, des frais à la charge du bâtiment: on doit les réputer avaries communes. — *Bordeaux*, 23 fév. 1829, Balguerie c. Fallender.

104. — Les frais de pilotage que le capitaine a été obligé de payer à la suite d'une relâche nécessitée par le salut commun, sont avaries communes. — Il n'en serait pas de même si le relâchement n'avait eu pour but que l'intérêt du voyage. — *Trib. comm. de Marseille*, 28 août 1828, Buonomo (*J. de Marseille*, 10, 1, 51).

105. — Le prix des marchandises vendues pour subvenir aux besoins du navire et de l'expédition (art. 234), est une avarie commune, lorsque le propriétaire des marchandises ne peut être remboursé de ce qui lui est dû à raison de l'insolvabilité de l'armateur et de l'insuffisance du prix du navire. — Dageville, t. 4, p. 35 ; Pardessus, t. 3, n° 740.

106. — La perte ou différence entre le prix des marchandises vendues en cours de voyage par le capitaine pour payer les frais de relâche et de réparations et leur valeur au lieu du reste, doit être admise en avarie commune au prorata de la partie du prix employée à la réparation du dommage. — *Trib. comm. de Marseille*, 24 avr. 1834, Ewalds (*J. de Marseille*, 1, 152).

107. — Lorsqu'un navire, assailli par une tempête, a éprouvé des avaries *particulières* telles qu'il a été impossible de continuer le voyage sans compromettre à la fois le navire, l'équipage et la cargaison, les frais de la relâche opérée pour réparer ces avaries particulières doivent être classés comme avaries grosses ou communes. — *Rouen*, 6 fév. 1843 (t. 1er 1843, p. 657), Imbart c. Vitry.

108. — Doivent également dans le même cas, être considérés comme avaries communes, les frais de débarquement, d'emmagasinage et de rembarquement de la cargaison, occasionnés par la nécessité d'abattre le navire pour le visiter et le radouber. — Même arrêt.

109. — Les sommes payées aux hommes employés en dehors de l'équipage pour dégréer et regréer le navire sont avaries communes. — *Rouen*, 15 mars 1842 (t. 2 1842, p. 41) Bilard c. Forster.

110. — Les relâches occasionnées par des réparations à faire au navire par suite de voies d'eau, sont également avaries communes ou du moins peuvent être réputées telles, si elles ont été exécutées en vertu d'une délibération motivée et pour le salut commun. — V. à cet égard la section suivante.

111. — Les frais relatifs au curateur nommé par l'autorité au lieu de la relâche pour représenter les assureurs à l'expertise, formant un accessoire de la relâche et des formalités que les avaries souffertes par ce navire ont occasionnées, ces frais sont réputés avaries communes, si la relâche a eu pour objet de réparer des avaries communes, et avaries particulières si la relâche n'a eu lieu que pour réparer des avaries particulières. — *Trib. comm. de Marseille*, 2 et 27 juill. 1837 (*J. de Marseille*, t. 18, p. 179 et 238).

112. — Les objets considérés comme avaries communes, doivent supporter une part proportionnelle des frais nécessités par la relâche, autres néanmoins que ceux qui, aux termes des art. 403 et 406, C. comm., demeurent propres au navire ou ne sont pas réputés avaries. — *Rennes*, 22 mai 1826, Fereira Alvez c. Andrech Schmid.

Sect. 3e. — *Avaries simples ou particulières. Abordage.*

113. — Sont avaries particulières, en général, les dépenses faites et le dommage souffert *pour le navire seul*, ou pour les *marchandises seules*, depuis leur chargement et départ jusqu'à leur retour et déchargement. — C. comm., art. 403.

114. — En conséquence, sont au nombre des avaries particulières : — 1° *le dommage arrivé aux marchandises* (ou au navire) *par leur vice propre, par tempête, prise, naufrage ou échouement* (C. comm., art. 403, § 1er) ; à moins que l'échouement n'ait eu lieu pour sauver le navire; par exemple, en cas de poursuite par l'ennemi, cas auquel ce serait une avarie grosse. — V. la section qui précède.

115. — La somme payée volontairement par le capitaine en cours de voyage pour avarie sur une marchandise de son chargement ne peut, en absence de toute justification d'événemens de mer ou de force majeure, constituer une dépense à la charge de l'armement. — *Trib. comm. de Marseille*, 6 avr. 1830 (*J. de Marseille*); *Aix*, 19 nov. 1830, Cannac c. Bonnet.

116. — On ne peut considérer comme venant d'un vice propre au navire le dégât causé par des rats pendant la traversée. — *Paris*, 21 déc. 1843 (t. 1er 1844, p. 82), Cult.

117. — Les dommages survenus à un navire sous pavillon neutre, par suite de sa capture par un corsaire, tels, par exemple, que ceux résultant d'un choc du navire sur une jetée ou de son long séjour dans le port où il a été conduit, doivent être considérés comme avaries simples ou particulières, et non comme avaries grosses dont les propriétaires du chargement puissent être tenus. — *Rouen*, 6 germin. an X, Hereck Patrick c. Meyen.

118. — On doit réputer avaries particulières, à la charge respective de chacun de ceux qui en ont souffert, les avaries résultant de l'échouement du navire occasionné par un grain survenu au moment de l'entrée dans le port de destination. — *Douai*, 11 mai 1843 (t. 2 1844, p. 303), Prémuda c. Devette.

119. — 2° *Les frais faits pour sauver les marchandises.* — C. comm., art. 403, § 2.

120. — 3° *La perte des câbles, ancres, voiles, mâts, cordages, causée par tempête ou autre accident de mer, les dépenses résultant de toutes relâches occasionnées soit par la perte fortuite de ces objets, soit par le besoin d'avitaillement, soit par voie d'eau à réparer.* — C. comm., art. 403, § 3.

121. — Jugé dès-lors qu'on doit considérer comme avaries particulières les accidens survenus au guindeau et aux câbles, et une voie d'eau, lorsqu'ils ont été occasionnés par la tempête. — On doit le décider ainsi, lorsque, par la même cause, le navire a chassé sur son ancre, dérivé sur la terre, et éprouvé de violens talonnemens. — *Rennes*, 22 mai 1826, Fereira Alvez c. Hendrech Schmid.

122. — Jugé encore que tous dommages éprouvés par suite d'un coup de vent et des abordages provenant de force majeure ne constituent que des avaries particulières. — *Bastia*, 18 juin 1844 (t. 2 1844, p. 302), Puccinelli c. Roglioni ; — Horson, *Quest. sur le C. comm.*, t. 2, nos 144 à 150 ; Frémery, *Études de dr. comm.*, p. 206.

123. — Si la relâche pour réparer une voie d'eau a été précédée d'une délibération motivée portant qu'elle a lieu pour le salut commun, cesse-t-elle, dans ce cas, d'être avarie particulière, malgré le texte de l'art. 403, pour devenir avarie grosse, suivant l'art. 400, et par voie de conséquence, les frais de déchargement, magasinage et rechargement de la cargaison nécessités par la relâche constituent-ils une avarie grosse?

124. — A cet égard, la cour de Cassation a décidé que la disposition de l'art. 403, n° 3, C. comm., ne déroge pas à la disposition générale de l'art. 400, même Code, qui déclare avaries communes les dommages soufferts *volontairement*, et les dépenses faites, d'après délibérations motivées, *pour le bien et le salut communs du navire et des marchandises*, et qu'en conséquence, si, à la suite d'une voie d'eau, le capitaine et l'équipage ont délibéré de relâcher dans le port le plus voisin pour réparer le navire, les dépenses occasionnées par cette relâche, notamment les frais de déchargement et rechargement de tout ou partie de la cargaison sont des avaries communes à répartir entre la totalité des marchandises débarquées ou non débarquées, et la moitié du navire et du fret. — *Cass.*, 19 fév. 1834, Vacquerie c. Baudry; *Rouen*, 27 mai 1841 (t. 2 1841, p. 110), Gautier c. Regnault; — Émérigon, t. 1er, p. 608 ; Locré, sur l'art. 400, n° 6.

125. — Jugé de même qu'il y a lieu de ranger au nombre des avaries communes les frais de débarquement, magasinage et rechargement de la cargaison, lorsque, par suite d'accidens majeurs et de voies d'eau, le navire a été contraint d'interrompre sa course pour se réparer. — *Rennes*, 22 mai 1826, Fereira Alvez c. Hendrech Schmid ; *Caen*, 20 nov. 1828, Bradhering c. Lecoq.

126. — Mais, dans une espèce où il était constaté par la cour royale que le navire n'était entré dans le port de relâche, ni par relâche forcée, ni par délibération motivée, que les frais de réparation du navire avarié, ainsi que ceux de déchargement, avaient eu pour but unique le salut du navire, la cour de Cassation a décidé que ces frais de déchargement et de rechargement sont, comme les avaries elles-mêmes, à la charge du navire exclusivement. — *Cass.*, 2 déc. 1840 (t. 1er 1841, p. 136), Foucault c. Vandercruyer.

127. — Les frais de déchargement de la cargaison ne sont avaries communes qu'autant que la nécessité des réparations à faire au navire a été la cause unique et déterminante du déchargement. Par suite, les frais de déchargement restent avaries particulières à la cargaison lorsque cette opération a été jugée nécessaire non seulement pour visiter et réparer le navire, mais aussi pour bénéficier la marchandise et en enlever les parties avariées. — *Trib. comm. de Marseille*, 24 nov. 1835, Diederichsen (*J. de Marseille*).

128. — Lorsqu'en effectuant une relâche délibérée pour le salut commun un navire éprouve des dommages dans son gréement, les dépenses nécessitées par la réparation de ces dommages doivent être considérées comme de simples avaries particulières au corps du navire. — *Trib. comm. de Marseille*, 28 août 1828, Buonomo.

129. — Au surplus, comme le font remarquer MM. Goujet et Merger (v° *Avaries*, n° 66), il ne faut pas conclure de l'arrêt du 19 fév. 1834 précité, qu'il suffise dans tous les cas au capitaine, pour rendre les dépenses dont il s'agit avaries communes, d'obtenir une délibération de l'équipage. C'est aux juges qu'il appartient d'apprécier si cette délibération a eu réellement pour cause l'intérêt commun. — Il ne peut, en effet, dépendre du capitaine de changer la nature de l'avarie.

130. — 4° *La nourriture et le loyer des matelots pendant la détention, quand le navire est arrêté en voyage par l'ordre d'une puissance, et pendant les réparations qu'on est obligé d'y faire si le navire est affrété au voyage.* — C. comm., art. 403, § 4. — V. *suprà* n° 72.

131. — Cette disposition n'est pas limitative; ainsi la nourriture et les loyers des matelots pendant le voyage qu'un navire, parvenu à sa destination, est obligé de faire dans un autre port pour la réparation d'avaries qu'il a éprouvées, sont réputées avaries particulières, aussi bien que la nourriture et les loyers pendant la durée des réparations. — *Bordeaux*, 6 déc. 1830, Chobelet c. Assureurs.

132. — Il en est de même du logement à terre du capitaine pendant les réparations faites au navire au lieu de relâche (*Trib. comm. de Marseille*, 11 oct. 1837). — Du moins, lorsque les réparations se rapportent à des dommages provenant de simples fortunes de mer. — *Trib. comm. de Marseille*, 2 juill. 1838.

133. — Il en est de même également des frais de traitement et de sépulture des matelots décédés à terre à la suite de maladies qui avaient nécessité

leur débarquement. — *Trib. comm. de Marseille*, 14 juin 1832 (*J. de Marseille*).

134. — 5° *La nourriture et le loyer des matelots pendant la quarantaine, que le navire soit loué au voyage ou au mois.* — C. comm., art. 403, § 5.

135. — De même, les dépenses extraordinaires faites par suite d'une relâche ou quarantaine à laquelle le capitaine a été contraint par l'administration sanitaire ne constituent pas une avarie commune au navire et à la cargaison. — *Trib. comm. de Marseille*, 7 avr. 1824, Chicallat; 29 oct. 1819, Anderson (*J. de Marseille*).

136. — Cependant si une manœuvre ou une relâche faite pour le salut commun obligeait le navire à subir une quarantaine qu'il n'eût pas subie sans cette circonstance, cette dépense devrait être considérée comme une avarie grosse. — Dageville, t. 4, p. 42.

137. — On doit réputer *avaries particulières* les droits de lazaret payés pour la quarantaine du navire au lieu de la relâche effectuée à la suite d'événemens de mer. — La quarantaine au lieu de relâche étant moins onéreuse que celle à laquelle le navire aurait été soumis au lieu du reste, la dépense faite au lieu de relâche remplace des frais que la loi considère comme étant à la charge de l'armement. — *Trib. comm. de Marseille*, 18 mai 1841.

138. — Il est important de remarquer que, dans ce titre, le législateur ne s'est occupé que des avaries *en elles-mêmes*, et nullement des droits qui en résultent pour les propriétaires, soit du navire, soit des marchandises, à l'égard des assureurs. Ainsi, le dommage arrivé aux marchandises par leur *vice propre* est rangé ici au nombre des avaries particulières. Et il ne faudrait pas cependant en conclure qu'un pareil dommage soit à la charge des assureurs. — C. comm., art. 352. — V. ASSURANCE MARITIME.

139. — Les dommages arrivés aux marchandises, faute par le capitaine d'avoir bien fermé les écoutilles, amarré le navire, fourni de bons guindages, et par tous autres accidens provenant de la négligence du capitaine ou de l'équipage, sont également des avaries particulières supportées par le propriétaire des marchandises, mais pour lesquelles il a son recours contre le capitaine, le navire et le fret. — C. comm., art. 405. — V. CAPITAINE, FRET, NAVIRE.

140. — Dans ce cas, il y a responsabilité solidaire entre le navire, le capitaine et le fret. Le chargeur peut donc s'adresser, à son choix, au capitaine, au propriétaire du navire ou même aux chargeurs qui doivent encore le fret, sans perdre son recours contre les autres. Il peut aussi les poursuivre tous à la fois. Il peut, enfin, se payer sur le fret qu'il doit lui-même. — Locré, sur l'art. 405; Boulay-Paty, t. 4, p. 484.

141. — La preuve que la détérioration des marchandises ne provient pas de mauvais arrimage résulte suffisamment du procès-verbal par lequel les officiers publics compétens ont constaté, au moment de l'arrivée du navire, que les écoutilles en étaient biens fermées et sèches, que quelques ballots avariés étaient bien arrimés, et que la cargaison se trouvait dans un état général de bon arrimage, alors surtout qu'il a été reconnu par les mêmes officiers, lors de la visite en douane desdites marchandises, et par des experts nommés depuis à cet effet, que les avaries avaient été causées par l'eau de mer qui s'était introduite dans le navire pendant les gros temps éprouvés dans le cours de la traversée, et dont il est fait mention dans le rapport du capitaine. — *Rouen*, 30 janv. 1843 (t. 1er 1843, p. 654), comp. l'Alliance c. Lemaitre et Dorey.

142. — Les droits imposés sur les marchandises, à quelque titre que ce soit, sont à la charge exclusive des chargeurs; néanmoins, si, par fortune de mer, le navire était obligé d'effectuer son déchargement dans un lieu où les droits seraient plus considérables qu'au port de destination, cet excédant de droits deviendrait une avarie dont les assureurs seraient tenus. — Boulay-Paty, t. 4, p 487; Pardessus, t. 3, n° 741; Delvincourt, t. 2, p. 270.

143. — *Abordage.* — Une cause fréquente d'avaries est l'*abordage* des navires. On appelle ainsi le heurt ou choc de deux navires. — Quant au choc du navire contre tout objet quelconque, il ne constitue pas l'abordage. — *Bordeaux*, 17 mars 1830 (et non 1820), comp. du pont de Langon c. Monthus; — Valin, sur l'ord. de 1681, art. 10 et 11; Pardessus, t. 3, p. 87; Locré, sur l'art. 407.

144. — Lorsque l'abordage a causé des dommages aux deux navires ou à l'un d'eux, les règles tracées par le Code sur cette matière ont pour but de mettre, autant que possible, le dommage à la charge de celui des navires qui l'a occasionné.

145. — L'art. 407, C. comm., dispose donc qu'en cas d'abordage de navires, si l'événement a été *purement fortuit*, le dommage est supporté, sans répétition, par celui des navires qui l'a éprouvé — Tout abordage est présumé fortuit, jusqu'à preuve contraire. — Pardessus, t. 3, n° 653; Delvincourt, t. 2, p. 272.

146. — Est réputé fortuit l'abordage qui a eu lieu lorsqu'un commandement donné par le capitaine à temps et à distance convenable pour approcher son navire d'un autre afin de prendre langue a été mal entendu et exécuté en sens contraire par le timonier. — *Trib. comm. de Marseille*, 22 déc. 1824.

147. — Si, pour éviter un naufrage imminent, un capitaine, qui n'aurait que ce moyen de salut, était obligé de couper les câbles d'un autre navire, il ne devrait répondre ni de ce dommage ni de ses suites — L. 29, § 3, ff., *Ad legem aquiliam*; — Émérigon, t. 1er, p. 416; Dageville, t. 4, p. 53; Boulay-Paty, t. 4, p. 493; Delvincourt, t. 2, p. 272. — Cependant, dans ce cas, l'équité voudrait que le dommage fût supporté en commun. — Pardessus, t. 3, n° 655.

148. — Si l'abordage a été fait par la faute de l'un des capitaines, le dommage est payé par celui qui l'a causé (art. 407), c'est-à-dire par le capitaine *in solidum*, et par les propriétaires du navire jusqu'à concurrence du navire et du fret, conformément à l'art. 216. — Delvincourt, t. 2, p. 272.

149. — L'appréciation des causes de l'abordage est livrée aux tribunaux qui doivent se décider d'après les circonstances, la nature de l'événement, et le résultat des enquêtes. Pour les guider dans leur décision, l'usage et l'ancienne jurisprudence ont établi certaines règles, qui peuvent servir à déterminer, dans le doute, si l'abordage peut être considéré comme fortuit, ou peut être imputé à l'un des capitaines.

150. — Ainsi, lorsque deux navires se présentent pour entrer dans le même port, le plus éloigné doit attendre que le plus proche soit entré, et, s'il y a abordage, le dommage doit être imputé au premier venu, à moins qu'il ne prouve qu'il n'y a eu aucune faute de sa part. (Cons. de la mer, ch. 197 et 199). — En cas de concours de deux navires, le plus faible doit céder le pas au plus fort, si les circonstances du lieu et du temps ne s'y opposent. — Le navire qui sort du port doit faire place à celui qui y entre. — Celui qui sort du port le dernier doit prendre garde à celui qui est sorti avant lui; en général, le navire qui est derrière doit faire attention à celui qui est devant. — Le capitaine d'un navire en rade, qui veut mettre à la voile pendant la nuit, est tenu de prendre, dès la veille, ses précautions pour éviter un abordage avec les navires mouillés sur la même rade. (Ord. de 1681, tit. *Des rades*, art. 5). — Le navire qui navigue à voiles déployées est présumé avoir, par sa faute, abordé celui qui, étant à la cape ou amarré, ne peut se mettre à l'écart, quand même l'équipage de ce navire aurait été averti de lever l'ancre et de se déplacer, s'il en a été empêché par défaut de temps, par crainte d'un plus grand danger ou autre motif légitime. (Parlement de Provence, 30 juin 1750). — Celui qui est mal placé dans le port, ou qui n'observe pas la distance prescrite, est réputé en faute. — Celui qui est mal ancré ou amarré dans un lieu qui n'est pas destiné à cet effet, ou dont les câbles sont insuffisans, ou qui, enfin, est laissé sans gardien, est également réputé en faute. (Consulat de la mer, ch. 198 et 200; ord. de 1681, tit. *Des ports*, art. 2). — Il en est pareillement du navire qui laisse ses ancres sans *bouées* ou *gravitaux* pour en faire reconnaître la place et prévenir du danger de s'en approcher. — Jugemens d'Oléron, art. 15; ord. de Wisbuy, art. 28 et 51; ord. 1681, tit. *Des ports*, art. 5; — Émérigon, t. 1er, p. 410; Pardessus, t. 3, n° 653; Dageville, t. 4, p. 51; Boulay-Paty, t. 4, p. 497; Delvincourt, t. 2, p. 273.

151. — La responsabilité à raison d'un abordage entre deux navires doit peser sur celui qui, ayant vent en arrière, tandis que l'autre avait vent au plus près, n'a pas fait la manœuvre nécessaire pour franchir le premier le point d'intersection et éviter l'abordage. — Il en doit être ainsi, lors même que le navire qui aurait vent au plus près aurait pu, par une manœuvre prompte, prévenir la rencontre des deux navires. — La circonstance que le capitaine du navire qui avait vent au plus près n'était pas sur le pont au moment de l'accident, ne suffit pas pour atténuer la faute primitive du capitaine du navire qui avait vent arrière, et pour faire supporter le dommage par moitié. — L'arrêt qui le décide ainsi par appréciation des faits échappe à la censure de la cour de Cassation — *Cass.*, 7 juill. (et non 7 avr.) 1835, Wichman c. préfet maritime; *Rennes*, 6 juin 1833, Wichman c. Préfet maritime; — Delvincourt, t. 2, p. 179; Goujet et Merger, v° *Avaries*, n° 134.

152. — Lorsqu'un navire fait une manœuvre, à la réquisition du capitaine d'un autre navire, pour éviter à ce dernier un abordage ou tout autre dommage, les avaries qu'il peut éprouver en faisant cette manœuvre, sans la faute du capitaine ou de l'équipage, sont à la charge du navire secouru. — Pardessus, t. 3, n° 655; Boulay-Paty, t. 4, p. 501.

153. — Lorsqu'un pilote est à bord d'un navire pour y exercer les fonctions du pilotage, l'administration du pilotage est, à l'exclusion du capitaine, responsable des fautes qui peuvent être commises par le pilote dans l'exercice de ses fonctions. — C'est ainsi que le tribunal de Marseille a, par un jugement du 11 mai 1827 (*J. de Marseille*), mis hors de cause un capitaine, en réservant au capitaine du navire abordé tous ses droits contre l'administration du pilotage. — Dageville, t. 4, p. 53.

154. — Toutefois, MM. Goujet et Merger (*loc. cit.*, n° 133) disent que l'abordage peut être réputé avoir eu lieu par la faute du capitaine, quoique le navire se trouvât sous la conduite d'un pilote lamaneur; et que c'est au tribunal à apprécier si cette circonstance décharge le capitaine de toute responsabilité. — Ils citent deux jugemens de Marseille des 14 janvier et 21 avril 1830 (*J. de Marseille*, t. 11, p. 55 et 302).

155. — S'il y a doute dans les causes de l'abordage, le dommage est réparé à frais communs, et par égale portion, *par les navires* qui l'ont fait et souffert. — C. comm., art. 407, § 3.

156. — Dans le cas où il y a lieu à évaluation des avaries causées par l'abordage, l'estimation du dommage est faite par experts. — C. comm., art. 407, § 4.

157. — Toutefois, pour fixer les dommages-intérêts résultant d'un abordage, les juges peuvent se dispenser d'avoir recours à l'expertise, s'ils trouvent dans la cause des élémens suffisans de décision — *Cass.*, 13 déc. 1842 (t. 1er 1843, p. 411), Stranak c. Phénix.

158. — En mettant le dommage à la charge des navires, la loi veut 1° qu'il soit supporté par les propriétaires du navire, et non par le capitaine, ce qui serait injuste, puisque l'article suppose que l'on n'a pas pu prouver qu'il fût en faute; — 2° que cette action en réparation du dommage causé ne puisse s'exercer que jusqu'à concurrence du navire et du fret. — Delvincourt, t. 2, p. 273. — V. NAVIRE.

159. — Il peut arriver que l'abordage qui endommage le navire cause aussi un dommage à la cargaison; dans ce cas, il faut distinguer : si l'abordage est arrivé par la faute de l'un des capitaines, les chargeurs ont contre le capitaine et les propriétaires de son navire la même action que les propriétaires du navire endommagé; — Si, au contraire, l'abordage est fortuit, c'est une avarie particulière qui est supportée par les marchandises qui l'ont soufferte. Enfin, il en est de même dans le cas où la cause de l'abordage est incertaine, parce que le réglement établi dans l'art. 407 est une exception qui n'est applicable qu'aux navires et non aux marchandises. — Émérigon, t. 1er, p. 41; Valin, sur l'art. 10, tit. *Des avaries*; Boulay-Paty, t. 4, p. 502; Dageville, t. 4, p. 52; Delvincourt, t. 2, p. 274.

160. — Lorsque le navire assuré a éprouvé divers dommages dans un abordage qu'on n'a pu faire cesser qu'en coupant des manœuvres, il faut, à l'égard des assureurs, distinguer les dommages résultant de cette opération, de ceux qui ont été la suite immédiate de l'abordage. Dans ce cas, le coupement des manœuvres et agrès pour dégager le navire assuré, constitue une opération volontaire de salut commun, qui donne aux dommages qui en résultent le caractère d'avarie commune; tandis que ceux qui ont été causés par l'abordage, c'est-à-dire par le choc du navire contre un autre, sont avaries particulières. — *Trib. comm. de Marseille*, 24 déc. 1830, Candolle (*J. de Marseille*, 11, 1, 312).

161. — Toutes actions en indemnité pour dommages causés par l'abordage dans un lieu où le capitaine a pu agir, sont non-recevables s'il n'a point fait de réclamation. C. comm. art. 435.

162. — Cette réclamation est nulle, si elle n'est faite et signifiée dans les vingt-quatre heures, et si, dans le mois de la date, elle n'est suivie d'une demande en justice. — C. comm., art. 436.

163. — Si l'abordage est arrivé dans un lieu où le capitaine n'a pu agir, en mer par exemple, le délai de vingt-quatre heures pour réclamer, doit courir du moment de l'arrivée. — Delvincourt t. 2, p. 274; Boulay-Paty, t. 4, p. 608.

164. — L'impossibilité d'agir, pour le capitaine d'un navire avarié par suite d'abordage, ne résulte pas suffisamment de ce que l'abordage a eu lieu un dimanche, ni de ce qu'il ne se trouvait pas d'huissier dans le lieu même de l'abordage, s'il en existait dans le canton, et à un myriamètre de distance. — En conséquence, le défaut de signification de la réclamation dans les vingt-quatre heures du

sinistre rend non-recevable l'action en indemnité. — *Rouen*, 2 mars 1842 (t. 1er 1842, p. 590), Jeannin c. Doucet.

165. — En conséquence, les règles et délais prescrits par les art. 435 et 436, C. comm., ne sont applicables qu'au cas d'abordage proprement dit, et non à l'action en indemnité pour dommages éprouvés par un bateau qui a échoué contre un pieu placé dans une rivière. — *Bordeaux*, 17 mars 1830 (et non 1820), comp. du pont de Langon c. Monthus.

166. — L'art. 8, ord. 1681, suivant lequel toute action pour raison d'abordage devait être intentée dans les vingt-quatre heures s'appliquait au cas où le navire était naufragé comme à celui où il n'avait éprouvé qu'une simple avarie. — *Cass.*, 5 mess. an XIII, Bardon et Moreau c. Massé et Bonnefons; — Boulay-Paty, t. 4, p. 609. — *contrà* Émérigon, chap. 19, sect. 16e. — Les art. 435 et 436, C. comm., ne font pas de distinction.

167. — Le propriétaire du navire abordé qui a négligé de former en première instance sa demande en indemnité n'est pas recevable à le faire sur l'appel. — *Rennes*, 6 juin 1833, Wichman c. préfet maritime, sous *Cass.*, 7 juill. 1835.

168. — En cas de dommages causés par l'abordage, les protestations faites par l'armateur profitent au consignataire des marchandises. — Il n'est pas indispensable que les protestations soient faites au nom du capitaine du navire. — *Rennes*, 8 août 1832, Genevois c. Lamasne et Trattier.

169. — En cas d'abordage par un navire alors frappé d'embargo et à bord duquel l'administration de la marine avait par suite placé un pilote pour la conduite du navire, il suffit que l'action en indemnité, à raison des dommages résultant de l'abordage, ait été formée de bonne foi contre le capitaine du navire dans les délais prescrits par les art. 435 et 436, C. comm., pour qu'elle conserve les droits du demandeur contre l'Administration de la marine, responsable des dommages. — *Bordeaux* 31 juill. 1833; *Cass.*, 19 mars 1834, administration de la marine c. Noël.

Sect. 4e. — *De la Contribution aux avaries et du réglement des avaries.*

170. — Toute avarie *commune* donne droit à celui qui l'a soufferte pour le salut commun à une action en indemnité ou en contribution contre les intéressés au navire et au chargement. Cette action est la conséquence légitime de la communauté d'intérêts qui existe entre l'armateur et les chargeurs du navire.

171. — Ce principe importe trop à la sécurité de la navigation pour qu'on puisse y déroger par une convention particulière; seulement l'armateur et les chargeurs peuvent modifier les règles que le Code a tracées et convenir d'un mode spécial de régler les pertes en commun, soit en étendant les cas d'avaries communes, soit en changeant le mode de les estimer et de les répartir. — Pardessus, t. 3, no 742.

172. — Quant aux avaries particulières, elles sont supportées et payées par le propriétaire de la chose qui a essuyé le dommage ou occasionné la dépense. — C. comm., art. 404.

173. — Toutefois, si l'avarie particulière, quoique provenant, non d'un vice propre à la marchandise, mais de fortune de mer, était la conséquence du fait de l'homme, ou si elle devait être imputée aux faits du propriétaire ou chargeur, ou à ceux soit du capitaine, soit des gens de l'équipage, le propriétaire des marchandises aurait dans ce cas un recours contre l'auteur de la faute. — V. CAPITAINE, NAVIRE.

174. — Jugé néanmoins que lorsque, par leur vice propre, des marchandises non seulement éprouvent une détérioration, mais encore causent des dommages soit au navire, soit à la cargaison, le propriétaire de ces marchandises n'est pas responsable envers le capitaine et les autres chargeurs des dommages qu'elles ont occasionnés, si le connaissement indiquait la véritable nature des marchandises. — *Trib. comm. de Marseille*, 9 janv. 1824, rapporté par Dageville, t. 4, p. 43.

175. — Lorsqu'une partie des marchandises a essuyé des avaries par l'eau salée de la mer qui a pénétré dans le navire, et une autre partie par l'eau douce et le vin formant les provisions de l'équipage, renfermés dans des futailles placées dans l'intérieur, et qui ont coulé, le dommage peut être partagé entre le maître du navire et le propriétaire des marchandises, s'il est constant que ces diverses causes ont agi sur les marchandises avariées. — *Bruxelles*, 17 janv. 1822, Dewael c. Wright.

176. — Lorsque le navire ou les marchandises sont assurés, le propriétaire a contre l'assureur, soit qu'il s'agisse d'avaries grosses ou simples, deux actions tendant à être indemnisé des dommages soufferts ou des dépenses faites par suite de l'avarie. Ces deux actions sont : 1o l'action d'*avarie*. — 2o l'action en *délaissement*. — V. ASSURANCE MARITIME, nos 736 et suiv.

177. — L'action du propriétaire des choses avariées contre le navire et le fret s'appelle *exercitoire*; — l'armateur, comme civilement tenu des faits du capitaine et des gens de l'équipage, est tenu envers le propriétaire jusqu'à concurrence seulement de son intérêt dans le navire et dans le fret; il peut se soustraire à cette responsabilité par l'abandon du navire et du fret. — C. comm., art. 216, 280 et 405.

178. — A défaut de conventions spéciales entre toutes les parties, les avaries sont réglées conformément aux dispositions du tit. 11, liv. 2 du Code de commerce. — C. comm., art. 398.

179. — Le réglement des avaries peut être envisagé sous un double rapport, selon qu'il se fait entre les propriétaires du navire et de la cargaison, ou bien entre l'assureur et l'assuré. — A ce dernier égard et en ce qui concerne la clause *franc d'avaries*. — V. ASSURANCE MARITIME.

180. — Toutes personnes ayant intérêt peuvent demander le réglement des avaries. — Ainsi, par exemple, le consignataire dont partie des marchandises a été jetée à la mer, en cours de voyage, pour alléger le navire, peut, faute par le capitaine de demander le réglement d'avaries communes, provoquer lui-même ce réglement. — *Trib. comm. de Marseille*, 26 fév. 1838 (*J. comm.*, t. 18, p. 54).

§ 1er. — *Dans quel cas il y a lieu à contribution.*

181. — Il ne suffit pas, pour qu'il y ait lieu à contribution, que le jet ou tout autre sacrifice ait eu lieu en vue du salut commun, il faut encore qu'il ait effectivement sauvé le navire. — Si le navire périt, il n'y a lieu à aucune contribution, et les marchandises sauvées ne sont point tenues du paiement ni du dédommagement de celles qui ont été jetées ou endommagées (C. comm., art. 423), parce que ce n'est pas le jet qui les a sauvées.

182. — Ceci s'applique à la prise comme au naufrage. Si le jet avait été fait dans l'intention d'échapper à l'ennemi, et que le navire ait été néanmoins capturé par cet ennemi, il n'y aurait pas lieu à contribution, quand même le navire viendrait à s'échapper ou à être relâché ultérieurement.

183. — En général, dès que le navire n'a pas été préservé par le sacrifice auquel on avait cru devoir recourir, la survenance du sinistre majeur affranchit de toute contribution les effets sauvés, la règle *res perit domino* reprend tout son empire. — Dageville, t. 4, p. 174.

184. — Mais une fois que les objets volontairement sacrifiés ont un droit acquis à la contribution, le sinistre majeur qui peut survenir ultérieurement ne détruit pas ce droit; si donc le navire est sauvé pour le moment et que par la suite, en continuant sa route, il vienne à se perdre, les effets sauvés contribuent au jet, sur le pied de leur valeur, en l'état où ils se trouvent, déduction faite des frais de sauvetage. — C. comm., art. 424.

185. — Toutefois, dans ce dernier cas, la perte du navire doit être l'effet d'un nouvel événement et non de la suite du premier, quoiqu'elle en soit séparée par un intervalle de temps. Car, si le jet n'avait eu pour résultat que de soulager *momentanément* le navire ou de *retarder* sa prise, on ne pourrait pas dire que le jet l'avait d'abord sauvé, et que son naufrage ou sa prise n'ont été que l'effet d'un nouvel accident. — Valin, sur l'art. 16, tit. *Des avaries*; Locré, sur l'art. 424; Boulay-Paty, t. 4, p. 582; Delvincourt, t. 2, p. 255.

186. — En cas de perte des marchandises mises dans des barques pour alléger le navire entrant dans un port ou une rivière, la répartition en est faite sur le navire et son chargement en entier. — Si le navire périt avec le reste de son chargement, il n'est fait aucune répartition sur les marchandises mises dans les alléges, quoiqu'elles arrivent à bon port. — C. comm., art. 427.

187. — Il en est de même des marchandises qui auraient été mises dans la chaloupe pour soulager et relever le navire qui se trouvait en danger de périr. — Boulay-Paty, t. 4, p. 584.

188. — Si, au lieu de la perte totale du navire, il survenait des accidens qui occasionnassent des avaries communes, les marchandises mises dans les alléges devraient être soumises à la contribution, parce qu'elles sont considérées comme faisant encore partie du chargement, tant qu'elles n'ont pas été délivrées à terre. — Locré, sur l'art. 427; Dageville, t. 4, p. 185.

189. — Il n'y aurait pas lieu à contribution, si les marchandises n'avaient été placées dans des alléges que pour les débarquer à quai ou les mettre à la disposition des consignataires; dans ce cas la perte de ces marchandises ne constituerait qu'une avarie simple, à la charge du propriétaire. — Dageville, t. 4, p. 184; Boulay-Paty, t. 4, p. 585.

190. — En cas de perte des alléges, y a-t-il lieu à contribution pour leur valeur? Il faut distinguer: si la chaloupe ou le canot dont on s'est servi appartenait au navire, la perte de cette chaloupe ou de ce canot doit entrer dans la contribution; mais il en serait autrement, si les marchandises avaient été placées sur des barques ou gabares louées à des tiers; dans ce cas le fret est le prix du péril — Boulay-Paty, t. 4, p. 585; Delvincourt, t. 2, p. 256.

191. — Pothier (no 146, tit. *Des Avaries*) pense que la contribution ne doit pas avoir lieu si l'allégement est donné au navire pour entrer *au port de sa destination*. Mais cette distinction ne nous paraît pas en harmonie avec la disposition générale de l'art. 427, qui semble applicable toutes les fois qu'il y a eu nécessité d'alléger le navire. — *Contrà* Pardessus, t. 3, no 744; Delvincourt, *loc. cit.*

192. — Si les effets jetés sont recouvrés avant la répartition par leurs propriétaires, il n'est dû de contribution que pour raison de la détérioration qu'ils ont pu éprouver et des frais de recouvrement; s'ils ne sont recouvrés que depuis la répartition, les propriétaires sont tenus de rapporter au capitaine et aux intéressés ce qu'ils ont reçu dans la contribution, déduction faite des dommages causés par le jet et des frais de recouvrement. — C. comm., art. 429.

193. — Lorsque le navire se perd ou devient innavigable par fortune de mer, les marchandises sauvées ne contribuent point au paiement de la valeur du bâtiment. — C. comm., art. 425.

194. — Il n'y a lieu à contribution pour raison du dommage arrivé au navire que dans le cas où le dommage a été fait pour faciliter le jet. — C. comm., art. 422.

§ 2. — *Quelles choses sont soumises à la contribution.*

195. — En pareille matière, le principe général est que tout ce qui a été sauvé par l'effet du sacrifice volontairement souffert doit contribuer au paiement des effets jetés, perdus ou détériorés, et des dépenses faites pour le salut commun.

196. — Ainsi la répartition doit être faite d'abord sur le navire. — Elle doit être également supportée par le fret, parce que si le navire eût péri avec son chargement, il n'eût pas été dû de fret, et qu'ainsi il a été conservé par les mesures prises pour le salut commun. Seulement, comme le fret n'est que la représentation de ce que le navire perd de sa valeur pendant le voyage et des dépenses dont il a été l'objet, on a pensé que ce serait un double emploi que de faire contribuer les propriétaires du navire pour la totalité du navire et du fret, et le Code, conforme en cela à l'ordonnance, a décidé qu'ils ne contribueraient que pour la moitié de chacun de ces deux objets. — C. comm., art. 401 et 417.

197. — Les marchandises sauvées contribuent également (C. comm., art. 401 et 417). Il n'y a pas de distinction à faire entre les marchandises chargées au lieu du départ et les marchandises chargées dans le cours du voyage; ces dernières doivent contribuer, comme les autres, lorsqu'elles sont sauvées. — Pardessus, t. 3, no 745; Dageville, t. 4, p. 146. — Elles doivent, de même, être remboursées, quand elles ont été jetées. — Dageville, *loc. cit.*

198. — Les marchandises débarquées ne doivent pas contribuer aux avaries grosses survenues après leur débarquement. — Le fret de ces mêmes marchandises ne doit pas non plus contribuer à ces avaries. — *Trib. comm. de Marseille*, 1er avr. 1822, Maurand (*J. de Marseille*, 3, 1, 15). — Pardessus, t. 3, no 744; Dageville, t. 4, p. 146.

199. — Il en est de même des marchandises qui, antérieurement au jet, auraient été vendues pour les besoins du navire. — Pardessus, *loc. cit.*; Dageville, t. 4, p. 147.

200. — Lorsque les propriétaires du navire, ainsi que le capitaine, ont embarqué des marchandises pour leur compte, il doivent contribuer pour la valeur entière de ces marchandises. — Boulay-Paty, t. 4, p. 559.

201. — Les munitions de guerre et de bouche et les hardes des gens de l'équipage ne contribuent point au jet; la valeur de celles qui auront été jetées sera payée par contribution sur tous les autres effets. — C. comm., art. 419.

202. — Mais les comestibles et les munitions de

guerre qui n'auraient été chargés que pour être transportés, font partie de la cargaison, et à ce titre ils ne doivent pas profiter de l'exemption qui ne comprend que les munitions de guerre et de bouche destinées à la défense et à l'approvisionnement du navire. — Locré, sur l'art. 419; Delvincourt, t. 2, p. 260; Dageville, t. 4, p. 165; Boulay-Paty, t. 4, p. 559.

203. — Dans les munitions de bouche il faut comprendre même les vivres que les passagers ont embarqués pour leur usage particulier, puisqu'ils font partie de la masse des victuailles et que même au besoin, ils peuvent être mis en commun (art. 249). — Locré, sur l'art 419; Dageville, t. 4, p. 165; Boulay-Paty, t. 4, p. 559.

204. — L'exemption accordée aux hardes des matelots comprend le coffre dont ils se servent pour les serrer, et les objets de menu commerce qu'ils pourraient avoir dans ce coffre. — Pardessus, t. 3, nº 745; Dageville, t. 4, p. 166.

205. — Mais l'exemption ne s'étend point à leur *port permis*, c'est-à-dire aux marchandises que l'armateur leur permet d'embarquer sans payer le fret. — Boulay-Paty, t. 4, p. 560.

206. — Le capitaine et les officiers sont compris dans la désignation contenue dans l'art. 419, *gens de l'équipage*; l'usage l'avait déjà décidé ainsi, sous l'ordonnance qui s'était servie du mot *matelots*. En remplaçant cette expression par celle de *gens de l'équipage*, l'intention des rédacteurs du Code a été que l'exemption profitât à tous ceux par lesquels le navire est servi. — Locré sur l'art. 419; Dageville, t. 4, p. 166; Delvincourt, t. 2, p. 260.

207. — Quant aux hardes et bijoux des passagers, il est d'usage de ne pas les soumettre à la contribution; le principe général étant de ne faire contribuer que les choses qui sont transportées et non celles dont on se sert pendant le voyage. —Dageville, t. 4, p. 166; Locré, sur l'art. 419. — Cependant Emérigon (t. 1er, p. 627) prétend que, si la difficulté s'élevait, il serait difficile de dispenser ces objets de la contribution. Telle est aussi l'opinion de Pothier (nº 123). — Cela doit s'appliquer à plus forte raison aux coffres des passagers. — Emérigon, *loc. cit.*; Delvincourt, t. 2, p. 261; Boulay-Paty, t. 4, p. 562.

208. — Pour déterminer la valeur du coffre appartenant à un passager, le juge peut lui déférer le serment jusqu'à une certaine somme, ou suivre tel autre mode d'évaluation suggérée par la qualité des parties ou les circonstances du fait. — Emérigon, t. 1er, p. 628; Boulay-Paty, t. 4, p. 562.

209. — L'art. 419 garde le silence sur les loyers des matelots; mais il faut néanmoins décider qu'ils ne doivent pas contribuer; ils sont une charge du frêt, qui contribue séparément; et d'ailleurs le Code (art. 304) les ayant exemptés de la contribution pour le rachat, il doit être censé à plus forte raison les avoir exceptés de la contribution pour le jet. « L'art 419 ne garde le silence sur cet objet, » que parce que toutes les garanties pour le sa- » laire des gens de l'équipage sont déjà assurées » par les art. 258, 259, 260 et surtout 428 du » Code. » Discours au tribunat. — Locré sur l'art. 419; Delvincourt, t. 2, p. 260; Dageville, t. 4, p. 166, Pardessus, t. 3, nº 743.

210. — Enfin il est juste que même les objets jetés contribuent (C. comm., art. 417). Mais ils ne contribuent en aucun cas au paiement des dommages arrivés, depuis le jet, aux marchandises sauvées (C. comm., art. 425), quand même ils seraient recouvrés par la suite.

211. — Suivant l'art. 420, les effets dont il n'y a pas de connaissement ou déclaration du capitaine, ne sont pas payés, s'ils sont jetés; ils contribuent, s'ils sont sauvés.

212. — Mais cela doit s'entendre des effets chargés à l'insu du capitaine; si au contraire après avoir découvert leur existence à bord, il les inscrivait sur son livre-journal, au lieu de les décharger, comme il en aurait le droit, et s'il les tarifait pour le plus haut fret qui est payé dans le même lieu par les marchandises de même nature, alors ces effets rentreraient, quant au jet et à la contribution, dans la catégorie des autres marchandises. — Boulay-Paty, t. 4, p. 564; Valin sur l'art. 12, tit. *Du jet*.

213. — Il en serait de même dans le cas, où le capitaine ne se serait aperçu du chargement, fait à son insu, qu'après le départ. — *Contrà* Dageville, t. 4, p. 169.

214. — Les effets chargés sur le tillac du navire contribuent s'ils sont sauvés. — S'ils sont jetés ou endommagés par le jet, le propriétaire n'est point admis à former une demande en contribution : il ne peut exercer son recours que contre le capitaine. — C. comm., art. 421.

215. — Le chargeur, qui a consenti à ce que les marchandises fussent chargées sur le tillac, perd son recours contre le capitaine (arg. art. 229, C. comm.). — Locré sur l'art. 421; Dageville, t. 4, p. 171. — V. CAPITAINE.

216. — Le propriétaire des effets chargés sur le tillac ne peut, en cas de jet à la mer de tout ou partie de ces effets, forcer les autres chargeurs à une contribution lorsque ces derniers n'ont ni connu ni approuvé ce mode de chargement. — *Trib. comm. de Marseille*, 19 janv. 1820, la Comp. royale d'assur. de Paris, *J. de Marseille*, 3, 1, 243.

217. — Les dunettes, dont certains navires sont pourvus, ne doivent pas, sous le rapport de la sûreté et de la conservation des marchandises, être assimilées au *tillac*. — Ainsi, le jet des marchandises placées dans la dunette, effectué pour le salut commun, constituent une avarie grosse, pour laquelle le propriétaire des marchandises jetées a une action en contribution contre les propriétaires du navire et du chargement, ou leurs assureurs. — *Bordeaux*, 13 janv. 1841 (t. 1er 1841, p. 452), Assureurs c. Ybarrondo d'Abnour; 6 déc. 1838 (t. 1er 1841, p. 464), Assureurs c. Malvezin et Lagarde.

218. — La disposition de l'art. 421 relative à la responsabilité du capitaine, n'est point applicable au cas de jet de marchandises chargées sur le tillac dans une navigation au petit cabotage; on doit appliquer ici l'exception que fait l'art. 229 pour le petit cabotage, à moins qu'il n'ait été défendu au capitaine de charger sur le tillac. — Valin, sur l'art. 13, tit. *Du fret*; Locré sur l'art. 421; Boulay-Paty, t. 4, p. 556; Dageville, t. 4, p. 172.

219. — L'art. 421, C. comm., qui refuse au propriétaire d'effets chargés sur le tillac, jetés à la mer ou endommagés par le jet, *l'action en contribution contre les autres chargeurs*, sauf à exercer son recours contre le capitaine, est-il applicable au cas de voyage de petit cabotage, si les marchandises étaient chargées sur le tillac, sans le consentement du chargeur ou propriétaire? Cette question est controversée.

220. — Sous l'empire de l'ordonnance de 1681, la défense de charger des marchandises sur le tillac était absolue et sans exception (liv. 2, tit. 1er, art. 12). — Toutefois Valin, dans son commentaire sur cet article, nous atteste que, dans l'usage, cette défense n'était pas appliquée aux bâtimens de petit cabotage, et il en conclut, dans son commentaire sur l'art. 13, liv. 3, tit. 8, que la disposition qui refuse l'action en contribution pour le jet des marchandises placées sur le tillac ne doit point être appliquée à ces bâtimens. Il cite même, dans son commentaire sur l'art. 12, tit. 1er, liv. 2, une sentence rendue en l'amirauté de la Rochelle, en date du 28 sept. 1747, qui, attendu la notoriété de l'usage, condamne le propriétaire de marchandises chargées sous le pont à contribuer, *au prorata* de la valeur desdites marchandises, conjointement avec les autres marchands chargeurs, et avec le propriétaire du bâtiment, pour la moitié de sa valeur et du fret, au jet de marchandises qui avaient été chargées sur le tillac d'un bateau, et qui avaient été jetées à la mer pour éviter le naufrage du bateau; et il ajoute que cette sentence, dont il n'y a point eu d'appel, a depuis servi de règle en pareil cas. — On doit décider de même *à fortiori* sous l'empire du Code de commerce, qui, érigeant en loi ce qui n'était autrefois qu'un usage, déclare formellement inapplicable au petit cabotage la disposition qui rend le capitaine responsable du dommage survenu aux marchandises chargées sur le tillac sans le consentement écrit du chargeur. — C. comm., art. 229; — *Bordeaux*, 21 nov. 1827, Pitel c. Rodrigues; — Locré, *Esprit du Code de commerce*, sur l'art. 421; Dageville, t. 4, p. 172; Boulay-Paty, *Droit comm. maritime*, t. 4, p. 566.

221. Jugé de même que bien que le capitaine d'un navire de petit cabotage, en chargeant sur le tillac des marchandises qui, aux termes du connaissement, devaient être placées *sous couverture*, se rende responsable de toutes les suites de cette infraction, il n'est cependant pas obligé d'en payer le prix si elles ont été jetées à la mer pour le salut commun. — Ce jet constitue une avarie commune et en conséquence ne donne ouverture qu'à l'action en contribution envers les intéressés au navire et à la cargaison. — *Aix*, 4 mars 1844 (t. 2 1843, p. 686), Rocca et Cousins c. Valzy.

222. — Jugé encore que lorsqu'un capitaine au petit cabotage a renoncé dans le connaissement au droit de charger sur le tillac, s'il contrevient à cette clause du connaissement, et si les marchandises sont jetées à la mer pour le salut du navire, la perte doit néanmoins être admise en avaries communes; elle ne doit pas être laissée à la charge du capitaine seul. — Dans ce cas, l'assureur ne peut pas argumenter de ce qu'il n'a pas connu les clauses du connaissement, pour refuser de porter garantie à l'assuré. — *Rouen*, 25 juill. 1840 (t. 2 1840, p. 385), Harel c. Assurances maritimes du Hâvre.

223. — La cour de Rennes a cependant jugé, par arrêt du 24 janv. 1822 (Litou c. Vincel), que la disposition de l'art. 421, C. comm., qui porte que les effets chargés sur le tillac ne sont pas admis à contribution s'ils sont jetés, est essentiellement prohibitive, et n'admet aucune exception, même au cas de navigation de petit cabotage; que l'exception contenue dans l'art. 229, C. comm., en faveur du petit cabotage, au principe que le capitaine est responsable des dommages qui peuvent arriver aux marchandises chargées sur le tillac, sans le consentement par écrit du chargeur, n'est pas applicable au cas où le connaissement renferme une clause prohibitive de charger sur le tillac; que, dans ce dernier cas, le capitaine au petit cabotage est responsable. — Mais cet arrêt nous paraît reposer sur une interprétation erronée des art. 229 et 421, C. comm.

224. — Et le même arrêt ajoute qu'on doit considérer comme prohibitive du chargement sur le tillac, la clause que les marchandises seront chargées *sous* le franc tillac. — Et que lorsque le connaissement porte une pareille clause *imprimée*, cette clause lie les contractans, à moins que la radiation n'en ait été opérée.

225. — Lorsqu'un navire est loué en bloc *per aversionem*, les effets chargés par le capitaine, à l'insu de l'affréteur, sont soumis comme la cargaison elle-même, aux règles ordinaires du jet et de la contribution, sauf le recours de l'affréteur contre le capitaine, le navire et le fret. — Emérigon, t. 1er, p. 623; Boulay-Paty, t. 4, p. 567.

§ 3. — *De la constatation et du règlement des avaries. De l'action en contribution.*

226. — Pour parvenir à la contribution, il est fait au lieu du déchargement un état des pertes et dommages. Cet état est dressé à la diligence du capitaine et par experts. — C. comm., art. 414.

227. — Par *lieu de déchargement*, l'art. 414, C. comm., n'a eu en vue que le lieu de destination définitive et non un déchargement fortuit et forcé dans un port intermédiaire. — Dès-lors, c'est au lieu de la destination définitive que doit être fait l'état des pertes et des dommages; et c'est au tribunal de ce lieu qu'il appartient d'examiner, approuver, régler ou modifier le compte des dépenses faites au port intermédiaire. — *Montpellier*, 25 déc. 1837 (t. 2 1837, p. 380), Vannale-Bonnelaer c. Lafond.

228. — Néanmoins, lorsqu'il y a nécessité d'effectuer le déchargement dans un autre port, le règlement doit se faire dans le lieu où l'accident a fait terminer le voyage, si toutefois on n'a pas trouvé de navire pour transporter la cargaison à destination; car dans ce dernier cas la contribution ne devrait se faire qu'au port de destination. — Delvincourt, t. 2, p. 261; Emérigon, t. 2, p. 365; Dageville, t. 4, p. 127 et suiv.; Pardessus, t. 3, nº 746.

229. — Si la perte arrivait dans le port de chargement, il n'en faudrait pas moins attendre l'arrivée du navire au port de décharge pour procéder à la contribution. En effet, si elle se faisait plutôt, il pourrait arriver ultérieurement tel sinistre majeur ou mineur qui la rendrait inutile, et puis, comme les marchandises doivent être estimées au lieu de la décharge, il faut y être arrivé pour le connaître. — Delvincourt, t. 2, p. 261; Pardessus, t. 3, nº 745.

230. — Le principe consacré par l'art. 414, C. comm., qui veut que le règlement d'avaries soit fait au lieu du déchargement, à la diligence du capitaine et par des experts, n'est pas tellement absolu que ce règlement ne puisse être fait dans un autre lieu. — Ainsi, par exemple, si par suite de difficultés élevées au lieu du déchargement, et qui sont le résultat imprévu de la destination du navire et des marchandises, il a été impossible d'établir dans ce lieu les bases d'un règlement d'avaries juste et légitime, l'armateur peut, sur la demande dirigée contre lui en paiement de la marchandise perdue pour le salut commun, conclure, par voie d'exception, à un règlement d'avaries, et cette demande, ainsi formée reconventionnellement, est de la compétence du tribunal de commerce devant lequel est portée l'action en paiement de la marchandise. — *Bordeaux*, 14 avr. 1839 (t. 2 1839, p. 355), Destanque, Balguerie c. les Assureurs.

231. — Jugé encore que, bien que la constatation des avaries survenues dans le cours d'un voyage de mer, ainsi que l'état des pertes et dommages, soient de la compétence des juges du lieu du déchargement, cependant cette règle cesse dans le cas où il y a eu impossibilité de faire procéder à ces opérations dans le lieu même du déchargement. — Et il y a impossibilité lorsque le capitaine n'a pu conduire son navire jusqu'au lieu de sa des-

lination, que les marchandises y ont été amenées par un autre navire, et qu'on n'a pu se procurer dans ce lieu les pièces justificatives des avaries. — En pareille circonstance, la constatation des avaries et leur réglement peuvent être valablement faits au lieu du chargement du navire. — *Cass.*, 13 août 1840 (t. 1er 1841, p. 101), mêmes parties.

232. — La marche tracée par le Code pour le réglement de la contribution ne doit être suivie que dans le cas où il n'y a pas de réglement à l'amiable entre les parties; lorsqu'elles sont toutes présentes ou représentées, elles peuvent régler leurs comptes comme elles l'entendent, et sans l'intervention d'experts. — Locré, sur l'art. 414 ; Dageville, t. 4, p. 130; Pardessus, t. 3, no 746; Boulay-Paty, t. 4, p. 550; Delvincourt, t. 2, p. 263.

233. — Quand les parties ne sont pas d'accord sur le choix des experts chargés de faire le réglement, ils sont nommés par le tribunal de commerce, si le déchargement se fait dans un port français. — Dans les lieux où il n'y a pas de tribunal de commerce, les experts sont nommés par le juge de paix. — Ils sont nommés par le consul de France, et, à son défaut, par le magistrat du lieu, si la décharge se fait dans un port étranger. — Les experts prêtent serment avant d'opérer. — C. comm., art. 414; — Pardessus, t. 3, no 746 ; Boulay-Paty, t. 4, p. 549 ; Locré, sur l'art. 414.

234. — Les diligences pour obtenir la nomination des experts doivent être faites par le propriétaire du navire lorsqu'il est présent ; à son défaut, par le capitaine, et, à défaut du capitaine, par l'un des chargeurs. — Dageville, t. 4, p. 131 ; Boulay-Paty, t. 4, p. 589.

235. — Les dispositions du Code de comm., suivant lesquelles les experts chargés de procéder au réglement des avaries éprouvées par le navire doivent être nommés par le juge du lieu du déchargement, ne s'appliquent qu'aux navires français: dès-lors, le capitaine d'un navire étranger peut s'adresser au consul de sa nation; ce ne serait qu'à défaut du consul qu'il y aurait obligation de recourir au juge du lieu. — *Aix*, 2 mai 1828, Cohen c. Vincent.

236. — En pays étranger et au lieu du reste, le consul du pavillon est compétent, à l'exclusion du juge local, pour opérer le réglement des avaries communes survenues en cours de navigation. En conséquence, le réglement d'avaries communes fait en pays étranger et au lieu du reste par le consul de la nation à laquelle appartient le pavillon, est obligatoire pour les assureurs français. — *Trib. comm. de Marseille*, 17 sept. 1827, Cohen (*J. de Marseille*)

237. — Dans les pays régis par la législation anglaise, l'intervention de l'amirauté n'est pas exigée pour la constatation des événemens maritimes, non plus que pour la nomination des experts qui doivent être chargés de vérifier les avaries, et, dès-lors, on peut s'adresser, dans cet objet, à un notaire juré, sauf à suivre les formes usitées dans le port de relâche. — *Bordeaux*, 8 juill. 1840 (t. 2 1840, p. 356), Bergès c. assureurs de la *Mima*.

238. — Au surplus, l'observation des art. 414 et suiv., C comm., ne reçoit pas son application au cas où il s'agit de l'action dirigée par le propriétaire d'un navire et de sa cargaison contre les assureurs.—En ce cas, le réglement des avaries peut être fait par des experts nommés par le tribunal du domicile des assureurs, saisi de l'exécution du contrat d'assurance.—*Cass.*, 16 fév. 1841 (t. 1er 1841, p. 531), Durin c. Bergès. — V. ASSURANCE MARITIME.

239. — Le prix produit par la vente publique des marchandises assurées et avariées peut servir de base au réglement des avaries, si d'ailleurs il n'est pas démontré par les assureurs qu'il soit résulté pour eux de cette vente un préjudice. — *Rouen*, 30 janv. 1843 (t. 1er 1843, p. 654), comp. l'Alliance c. Lemaître et Dorcy. — V. ASSURANCE MARITIME.

240. — L'action en contribution doit être introduite contre les consignataires; mais, quel que soit leur nombre, il est d'usage de n'agir que contre deux d'entre eux, qui sont considérés comme les représentans légaux de la masse des consignataires. — Emérigon, t. 2, chap. 20, sect. 2e; Boulay-Paty, t. 4, p. 589; Dageville, t. 4, p. 131.

241. — Le commissionnaire ou consignataire, domicilié ou établi en France, de marchandises à lui expédiées de l'étranger par des étrangers, peut être personnellement assigné par un étranger devant les tribunaux français en réglement des avaries relatives à ces marchandises. — *Cass.*, 26 avr. 1832, Hugues c. Tracy.

242. — Le réglement d'avaries, ainsi fait par des experts nommés par une autorité compétente, lie toutes les parties intéressées à cette opération. —Boulay-Paty, t. 4, p. 590; Emérigon, chap. 20, sect. 2e, § 5; Delvincourt, t. 2, p. 262.

243. — L'armateur ou capitaine représente légalement, en sa qualité de consignataire des marchandises chargées sur son vaisseau, tous les chargeurs dans la procédure en réglement d'avaries. — Dès lors, l'affréteur n'est pas fondé à prétendre qu'il n'est pas lié par ce réglement, par le motif qu'il a été fait sans sa participation. — *Bordeaux*, 24 août 1816, DieudonnéVanhert c. Carrié; *Cass.*, 6 nov. 1817, mêmes parties. — V. aussi Pardessus, t. 2, p. 197.

244. — Le tribunal de commerce du lieu où s'est fait l'armement et le désarmement d'un navire, ainsi que le réglement des avaries communes survenues pendant la traversée, est compétent pour connaître de toute action d'avaries intentée par l'armateur de ce navire. — Même arrêt.

245. — L'opération des experts consiste à déterminer tout à la fois le *quantum* des avaries et celui de tous les effets soumis à leur contribution : en un mot, le chiffre du *passif* à répartir, et celui de l'*actif* imposable, si on peut s'exprimer ainsi. — Bravard, *Droit comm.*, p. 442.

246. — La répartition des pertes et dommages, à laquelle les experts doivent se livrer, suppose une évaluation préalable des effets sur lesquels elle porte. Les bases de cette estimation sont posées par l'art. 415 pour les marchandises jetées ou endommagées, et par l'art. 417 pour les autres objets.

247. — Les marchandises jetées ou endommagées sont estimées suivant le prix courant du lieu du déchargement ; leur qualité est constatée par la production des connaissemens et des factures, s'il y en a (C. comm., art. 415), lorsque les connaissemens ne contiennent pas d'indication suffisante

248. — Le droit romain (L. 2, § 4, ff., *De leg. Rhod.*) prenait pour base de l'estimation des marchandises jetées le prix qu'elles avaient coûté; mais le Code, conforme en cela à l'ord. de 1681, s'est montré plus équitable, en mettant sur la même ligne les propriétaires des marchandises jetées et ceux des marchandises sauvées, puisque ces derniers profitent, par suite du jet, de l'augmentation de valeur de leurs marchandises au lieu de décharge.— Boulay-Paty, t. 4, p. 554 ; Delvincourt, t. 2, p. 262.

249. — Il n'y a pas d'antinomie entre cette disposition de l'art. 415 et l'art. 339, qui veut que, en matière d'assurance, la valeur des marchandises soit estimée suivant le prix courant, au temps et lieu du chargement. L'une et l'autre dispositions sont fondées sur le même principe, qui consiste à donner à la chose la valeur qu'elle a au temps où l'affaire se traite. Une valeur éventuelle ne peut être prise pour base dans le contrat d'assurance, ni une valeur passée dans l'estimation du dommage. — Locré, sur l'art. 415; Dageville, t. 4, p. 133; Boulay-Paty, t. 4, p. 552.

250. — Les marchandises chargées sur un navire doivent contribuer aux avaries, non d'après leur valeur suivant les factures, mais d'après leur estimation dans l'endroit où elles sont déchargées par suite de sinistres. — *Rennes*, 9 mars 1815, N...

251. — Si la qualité des marchandises a été déguisée par le connaissement, et qu'elles se trouvent d'une plus grande valeur, elles sont payées d'après la qualité désignée par le connaissement, si elles sont perdues. — C. comm., art. 418.

252. — Si les marchandises déclarées sont d'une qualité inférieure à celle qui est indiquée par le connaissement, elles sont payées sur le pied de leur valeur, si elles sont jetées ou endommagées. — Même article.

253. — En tout cas, il faut déduire, sur le prix de l'estimation, le fret que les marchandises ont payé ou devront payer, et qui, autrement, contribuerait deux fois. — Pardessus, t. 3, no 747 ; Dageville, t. 4, p. 163; Delvincourt, t. 2, p. 263; Boulay-Paty, t. 4, p. 554.

254. — Lorsqu'il s'agit de fixer une contribution à des avaries, et qu'il est impossible de déterminer la valeur des marchandises au lieu du déchargement, on doit s'attacher au prix d'achat, sauf à faire raison de l'augmentation présumée qu'elles ont dû subir au lieu où elles ont été déchargées. — *Rennes*, 28 mars 1827, Ferreira Alvès c. Hendrich Schmidt.

255. — L'énonciation faite par le capitaine, dans son consulat, d'une pacotille à lui appartenant, qui aurait été jetée à la mer, ne suffit pas pour fournir la preuve de l'existence de cette pacotille à bord du navire, et, par suite pour la faire admettre en avarie commune. — Cette preuve ne peut non plus résulter d'une facture sans authenticité, qui n'indique pas même le port où cette pacotille aurait été achetée.—*Aix*, 9 juin 1840 (t. 2 1840, p. 249), Vañopulo c. Luce.

256. — Si des marchandises ont éprouvé des avaries particulières, par un vice propre ou tout autre événement, on doit les estimer dans l'état où elles étaient lorsqu'elles ont été sacrifiées pour le salut commun, sans avoir égard au recours que le propriétaire de ces marchandises peut avoir à exercer contre l'auteur de dommage, ou ses assureurs, s'il en a. — Pardessus, t. 3, no 747; Dageville, t. 4, p. 164; Boulay-Paty, t. 4, p. 554.

257. — Par la même raison, si ces marchandises étaient tenues de supporter des avaries précédentes, cette dette devrait être déduite du prix de leur estimation. — Pardessus, *loc. cit.*

258. — Le chargeur dont partie des marchandises a été sacrifiée pour le salut commun ne peut en réclamer la valeur contre l'armateur que sous la déduction de sa part contributive dans les frais généraux de sauvetage. — *Bordeaux*, 14 avr. 1839 (t. 2 1839, p. 335), Deslanque et Balguerie c. Assureurs.

259.—Si, avant le réglement, des choses jetées étaient recouvrées par leurs propriétaires, il ne serait dû de contribution que pour la détérioration qu'elles auraient subie, et les frais de sauvetage qu'elles auraient occasionnés. — Pardessus, t. 3, no 747.

260. — Dans l'évaluation des pertes et dommages, il faut encore comprendre toutes les choses dont la perte constitue une avarie commune, les câbles et mâts coupés ou rompus, les ancres abandonnées, en un mot tous les objets du navire qui ont été sacrifiés pour le salut commun. Ces objets doivent être estimés d'après leur valeur réelle au moment de la perte. — Locré, sur l'art. 415; Pardessus, t. 3, no 747; Boulay Paty, t. 4, p. 550.

261.— La cour de Rennes (28 mars 1827, Ferreira Alvès c. Hendrich Schmidt) a jugé qu'on ne doit pas mettre au compte des avaries communes, sans réduction, le prix de la main-d'œuvre d'agrès qui, avant d'être jetés à la mer, étaient tellement détériorés par les avaries simples, qu'ils n'eussent pu servir sans être refaits en entier ; et que, dans ce cas, une réduction *du tiers* par différence *du vieux au neuf* est autorisée par l'usage général du commerce.

262. — Au contraire, suivant la cour de Rouen (15 mars 1842 [t. 2 1842, p. 41], Bilard c. Forester), on ne peut, en matière d'avaries communes opérer sur le prix des dépenses faites pour la réparation d'un navire, alors qu'il n'est intervenu à cet égard aucune convention spéciale, la déduction d'un tiers pour la différence du neuf à l'usé, en se fondant sur l'usage de quelques places de commerce. Il faudrait au moins, pour que cet usage pût servir de règle, qu'il fût général.

263. — Et la même cour a jugé depuis qu'on ne peut, en matière d'avaries communes, opérer la déduction *d'un tiers* pour la différence du neuf au vieux sur les dépenses faites pour la réparation du navire. C'est aux demandeurs en réduction à prouver la *différence* de valeur existant entre les objets remplacés et les objets neufs. — *Rouen*, 6 fév. 1843 (t. 1er 1843, p. 657), Imbart c. Vitry. — V. ASSURANCE MARITIME, nos 1136 et suiv.

264. — Après avoir dressé l'état des pertes et dommages, les experts procèdent à la formation de la seconde masse, de celle sur laquelle se doit répartir la contribution.

265. — Des experts nommés en justice pour procéder au réglement des avaries éprouvées par un navire doivent commencer leur opération par fixer le montant des avaries grosses ou communes.—Ils doivent arbitrer en conscience ce qu'elles ont coûté, lorsqu'il leur est impossible de distinguer les dépenses qu'elles ont nécessitées de celles relatives aux avaries particulières. — *Rennes*, 28 mars 1827, Ferreira Alvès c. Hendrich Schmidt.

266. — La répartition pour le paiement des pertes et dommages est faite sur les effets jetés et sauvés, et sur moitié du navire et du fret, à proportion de leur valeur au lieu du déchargement.— C. comm., art. 417.

267. — Le navire devant contribuer au paiement des avaries communes pour la moitié de sa valeur au lieu du débarquement, il en résulte que cette valeur doit se composer non seulement du montant de l'estimation qui en a été faite par les experts au moment de la constatation du dommage, mais encore de la part contributive que paie au navire la cargaison à raison des avaries qu'il a souffertes pour le salut commun. — *Rouen*, 6 fév. 1843 (t. 1er 1843, p. 657), Imbart c. Vitry.

268. — Les marchandises sauvées sont estimées sur les mêmes bases que les marchandises perdues ou avariées, c'est-à-dire suivant le prix courant au lieu de décharge, et avec les mêmes déductions pour fret ou autres causes. Leur qualité est cons-

tatée de la même manière. — Pardessus, t. 3, no 748; Boulay-Paty, t. 4, p. 557.

269. — Si la qualité des marchandises sauvées a été déguisée par le connaissement, et qu'elles se trouvent d'une plus grande valeur, elles contribuent sur le pied de leur estimation; si elles sont d'une qualité inférieure à celle qui est indiquée par le connaissement, elles contribuent d'après la qualité indiquée par le connaissement.—C. comm., art. 418.

270. — Jugé que dans un règlement d'avarie commune entre l'assuré et l'assureur, c'est d'après la valeur conventionnelle telle qu'elle est déterminée dans la police d'assurance, et non d'après sa valeur au lieu du déchargement, que la contribution du navire doit être réglée. — La disposition de l'art. 417, C. comm., d'après laquelle la répartition doit être faite sur les effets jetés et sauvés, et sur la moitié du navire et du fret, à proportion de leur valeur au lieu du déchargement, n'est applicable qu'au cas de jet à la mer, et non à toutes les avaries communes en général. — *Bordeaux*, 20 mai 1833, Coquebert c. Mestre.

271. — Dans un règlement d'avaries grosses, le navire ne doit contribuer que pour la moitié de la valeur qu'il avait dans l'état où il se trouvait à la suite du sinistre, et pour la moitié du fret, sans addition du montant des réparations que le navire a reçues au port de salut. — *Caen*, 20 nov. 1828, Brandhering c. Lecoq.

272. — Lorsque l'affrétement du navire a été convenu moyennant une somme fixe pour l'aller et le retour, la contribution du fret doit porter seulement sur le montant présumé afférent au voyage de retour. — *Trib. comm. de Marseille*, 28 avr. 1834, Bazoulx (*J. de Marseille*, 15, 1, 1).

273. — Lorsque le montant du fret n'a pas été stipulé, il faut, pour fixer sa contribution à l'avarie commune, l'établir fictivement, en prenant pour base le prix ordinaire de la navigation effectuée.— *Trib. comm. de Marseille*, 24 déc. 1832, Brinken (*J. de Marseille*, 13, 1, 337).

274. —Lorsque l'assuré qui réclame un règlement d'avaries grosses et particulières se trouve à la fois propriétaire du navire et de la cargaison, et que par cette raison aucun fret n'a été fixé, il y a lieu, pour déterminer la part contributive du fret à l'avarie commune, de l'établir tel que le navire l'aurait gagné, si cette circonstance ne se fût point rencontrée, eu égard à la nature du voyage, à celle de la cargaison et à celle du navire. — *Trib. comm. de Marseille*, 22 juill. 1830, Delpino (*J. de Marseille*, 11, 1, 174).

275.— La répartition faite par les experts est rendue exécutoire par l'homologation du tribunal. — Dans les ports étrangers, la répartition est rendue exécutoire par le consul de France, ou, à son défaut, par tout tribunal compétent sur les lieux. — Art. 416.

276. —La répartition des experts peut être déclarée exécutoire par provision, à la charge de donner caution. — Tel était du moins le sentiment de Valin (art. 22, tit. *Du jet*) sous l'empire de l'ordonnance qui gardait à cet égard le même silence que le Code. — Boulay-Paty, t. 4, p. 595.

277.—Le capitaine doit, en sa qualité de mandataire de tous les intéressés au corps et à la cargaison, rendre compte à tous de ce qui leur revient dans l'opération commune; il peut donc exercer contre chacun des contribuables une action directe pour sa contribution effective.

278. — A cet effet, le capitaine et l'équipage sont privilégiés sur les marchandises ou le prix en provenant pour le montant de la contribution. — C. comm., art. 428. — Le capitaine exerce le privilége dans les mêmes formes que sont exercés tous les priviléges, c'est-à-dire par voie d'opposition, de condamnation et de vente judiciaire. — Locré, sur l'article précité; Boulay-Paty, t. 4, p. 591.

279.—Le privilége de l'équipage a pour objet ce qui lui revient dans la contribution, par exemple, dans le cas de l'art. 419, lorsque ses hardes ont été jetées à la mer, et dans le cas du § 6 de l'art. 400.

280. — L'art. 435 déclare non-recevables, 1o toutes actions contre le capitaine et les assureurs pour dommage arrivé à la marchandise, si elle a été reçue sans protestation; — 2o toutes actions contre l'affréteur pour avaries, si le capitaine a livré les marchandises et reçu le fret sans avoir protesté.

281. — Et l'art. 436 ajoute que ces protestations sont nulles si elles ne sont faites et signifiées dans les vingt-quatre heures, et si, dans le mois de leur date, elles ne sont suivies d'une demande en justice.

282.—Cette règle est applicable soit qu'il s'agisse 1o d'une action en contribution ou en paiement des sommes dues en vertu d'une contribution déjà réglée;—2o de l'action directe contre le capitaine et les gens de l'équipage; —3o de l'action en responsabilité contre l'armateur; —4o des actions d'avarie ou en délaissement de la part de l'assuré contre l'assureur. — V. à ce sujet ASSURANCE MARITIME, CAPITAINE.

283. — Le consignataire qui a reçu sa marchandise sans protester à raison de l'avarie qu'il a soufferte ne peut être admis à prouver par témoins que le capitaine s'était engagé à payer le dommage d'après le règlement qui en serait fait. — *Trib. comm. de Marseille*, 26 juin 1820 (*J. de Marseille*).

284. — Le capitaine n'est pas personnellement responsable de l'insolvabilité des contribuables, à moins cependant que les intéressés n'aient formé des oppositions entre ses mains avant la livraison des marchandises, ou qu'il n'ait effectué cette livraison malgré l'insolvabilité notoire des consignataires, ou bien qu'il ait négligé de prendre les mesures de précaution qui lui étaient indiquées.— L. 2, § 6, ff., *De leg. Rhod.*; — Valin, Émérigon, Dageville, t. 4, p. 486; Boulay-Paty, t. 4, p. 601.

285. — S'il n'est pas prouvé que le navire ait été mis en état d'innavigabilité, au moment et par suite d'un échouement qui a été considéré comme une avarie commune, le consignataire ne peut, bien qu'il ait reçu les marchandises, se dispenser de contribuer à renflouer ou réparer le navire; et il se prévaudrait en vain de ce que, pendant le litige occasionné par son refus de contribuer, le navire, à défaut de réparation, serait devenu innavigable. — *Bordeaux*, 23 fév. 1829, Balguerie Junior et compagnie c. Follander.

286. — Les art. 435 et 436, C. comm., ne peuvent être invoqués par l'affréteur qui, connaissant à la fois l'existence de l'avarie et la valeur des pertes qui en ont été la suite, a pris avec le capitaine, au moment même du débarquement, des arrangemens pour ce débarquement, arrangemens qui emportent renonciation de sa part à se prévaloir de l'inobservation des formalités prescrites. — *Cass.*, 10 fév. 1840 (t. 1er 1840, p. 601), Guerin c. Fornier et Ogereau.

287. — Aucune demande pour avarie n'est recevable si l'avarie commune n'excède pas un pour cent de la valeur cumulée du navire et des marchandises, et si l'avarie particulière n'excède pas un pour cent de la valeur de la chose endommagée. — C. comm., art. 408. — Cette disposition est générale et ne doit pas être restreinte au cas d'action dirigée contre l'assureur par l'assuré. — Boulay-Paty, t. 4, p. 5 8; Goujet et Merger, vo *Avarie*, no 174. — *Contrà Trib. comm. de Marseille*, 1er déc. 1824 (*J. de Marseille*, 5, 305).

288. — Il convient, disent Goujet et Merger (*loc. cit.*), d'appliquer la même fin de non-recevoir à toutes les actions qui naissent de l'avarie entre les diverses personnes intéressées au navire et à la cargaison à quelque titre que ce soit.

289. — Le Code de commerce soumet à une prescription particulière les actions naissant du contrat d'assurance; ce qui comprend l'action d'avarie envisagée dans les rapports de l'assureur et de l'assuré. — V. ASSURANCE MARITIME, no 1166 et suiv.— Quant aux actions indépendantes du contrat d'assurance et qui se rattachent au règlement des avaries, elles ne sont soumises expressément à aucune prescription particulière. — Mais Goujet et Merger (no 175) font remarquer qu'elles se trouvent pour la plupart indirectement régies par l'art. 433, C. comm., qui déclare la demande en délivrance de marchandises prescrite un an après l'arrivée du navire.— Ainsi, disent-ils, un an après l'arrivée du navire l'armateur, le capitaine et les gens de l'équipage ne peuvent plus être recherchés à l'occasion des marchandises avariées, ni par l'action directe *ex conducto*, ni par celle en responsabilité dite *exercitoire*. — V. ACCESSOIRE, ASSURANCE MARITIME, CAPITAINE, CHARTE-PARTIE, FRET, NAVIRE.

AVELETS.

Terme usité dans les ordonnances du pays Messin pour désigner les enfans des enfans. (*Nepotes, neptes*).

AVENANT.

1. — C'est l'acte par lequel l'assureur et l'assuré conviennent de modifier ou d'annuler une police d'assurance.

2. — Cet acte additionnel n'exige pas les formes rigoureuses des actes civils ou ordinaires; il n'a pas besoin, lorsqu'il est fait sous seing-privé, d'être rédigé en autant d'originaux qu'il y a de parties contractantes; quelquefois même il n'est signé que par les assureurs. — Dageville, *Code de comm. expliqué*, t. 3, 11, 17 et suiv.

3. — L'existence et la régularité de cet acte sont constatées, à l'égard des assureurs, par la transcription qui est faite à sa date, dans le registre destiné aux assurances, par le notaire ou le courtier qui a reçu le contrat d'assurance, et qui, au moment de la signature, donne de cet avenant, à chaque assureur, un extrait substantiel et succinct des conditions qu'il renferme, comme il a donné un extrait du contrat d'assurance. — Dageville, *ibid.* — V. au surplus ASSURANCE MARITIME, nos 448 et suiv. et 470.

AVENANT (Mariage).

V. MARIAGE AVENANT.

AVÉNEMENT.

Avénement au trône. — V. ROI.

AVENIR.

1.—Acte par lequel un avoué est sommé par son confrère de se présenter à une audience qu'il lui indique, soit pour poser des conclusions, soit pour plaider l'affaire dans laquelle il est constitué.

2. — On donne encore à l'avenir le nom de *sommation d'audience*. — Il ne doit point être grossoyé. — *Comment. du tarif*, t. 1, p. 137, no 40.

3.—Ce sont les huissiers audienciers qui sont chargés de la signification des avenirs comme de tous les actes d'avoué à avoué.—V. HUISSIER AUDIENCIER.

4. — Il doit y avoir entre la signification de l'avenir et le jour indiqué pour l'audience un intervalle que la loi n'a pas déterminé, mais que la doctrine fixe à un jour franc au moins.

5. — En conséquence, est nul l'arrêt par défaut rendu le jour même où l'avenir a été donné, encore bien que cet acte porte qu'il a été signifié avant l'audience. — *Paris*, 21 oct. 1841 (t. 2 1841, p. 476), de Linac c. Hémery.

6. — Dans l'ancienne pratique, les procureurs étaient dans l'usage de se signifier, coup sur coup, des avenirs, des sommations d'audience qui grossissaient le dossier et augmentaient les frais en pure perte. — Pour prévenir de tels abus, l'art. 82, C. procéd., dispose qu'il ne peut être admis en taxe qu'un seul avenir pour chaque partie sur chaque demande.

7. — Jugé en conséquence que lorsqu'il y a jugement de remise à un jour indiqué, il n'est pas nécessaire de donner un nouvel avenir. — *Paris*, 20 août 1814, P... c. Fouchard.

8. — Le défendeur peut sommer l'avoué de ses adversaires de comparaître à l'audience, et prendre contre eux, sur cette sommation, mais après le délai de l'ajournement, un jugement par défaut qui les déclare non-recevables. — C'est ce qui a été jugé par la cour de *Toulouse*, 3 juin 1817, Mouniot c. Broc.

9. — Pour que le jugement soit régulièrement rendu, faut-il que chaque avoué signifie un avenir? — Non, la signification faite par l'un d'eux suffit pour que l'autre prenne avantage, s'il y a lieu. — Tel est aussi l'avis de M. Boucher d'Argis, *Dict. de la taxe*, vo *Avenir*, p. 62.

10. — « Quelques avoués, dit cet auteur (*loc. cit.*), sont dans l'usage, quand ils reçoivent un avenir, d'en signifier aussitôt un autre pour le même jour. Ils en donnent pour raison que cet acte est nécessaire afin de leur donner droit de requérir défaut contre leur adversaire, s'il ne se présente pas à l'audience, ce qu'ils ne pourraient faire sur l'avenir de ce dernier. Mais cet acte n'étant ordinairement que de pure forme, et rien ne s'opposant, suivant nous, à ce que l'avoué qui a été appelé à l'audience par son adversaire requière défaut contre lui s'il ne se présente pas, nous pensons qu'il doit être rejeté de la taxe. »

11.—M. Sudraud-Desisles (*Manuel du juge taxateur*, p. 70, no 209, *in fine*) prétend que c'est à tort que les avoués, après une requête, signifient un avenir par acte séparé, et qu'il doit être contenu dans la requête autant que possible, à *peine de rejet de la taxe*. C'est une opinion à laquelle il ne faut pas s'arrêter, et qui est personnelle à cet honorable magistrat. Pour la repousser, il suffirait de faire remarquer, 1o que la loi n'a rien dit de semblable et que la pratique y est absolument contraire; — 2o que les surprises seraient trop faciles si l'on adoptait cette opinion. Mais il est une réponse plus décisive, c'est que lorsqu'on signifie une requête, le plus souvent la loi accorde à la partie adverse un délai pour y répondre : or comment voudrait-on que l'on donnât dans cette situation une sommation pour venir plaider, alors que le délai pour la défense n'est pas encore expiré? C'est impossible. — Aussi devons nous ajouter que toutes les dispositions de la loi qui parlent des sommations d'audiences supposent qu'elles sont

faites *par acte séparé.* — V. notamment C. procéd., art. 79, 80, 82, 280, 286, 299, 321; Tarif, art. 70, etc.

12.—Quoique l'art. 82 porte qu'il n'y aura qu'un avenir dans chaque affaire pour chaque partie, cette disposition ne doit pas être prise à la lettre et appliquée rigoureusement. Ce que le législateur a voulu dire, c'est qu'il ne fallait pas d'avenir lorsqu'il y avait remise de cause pour quelque motif que ce fût. Dans ce cas, en effet, l'avoué a su ou pu savoir à quel jour l'affaire avait été renvoyée. — Delaporte, t. 1er, p. 95; Chauveau et Carré, t. 1er, p. 495, n° 399.

13. — Mais lorsque dans la même affaire, il intervient plusieurs jugemens, lorsqu'il s'élève des incidens, lorsque le tribunal statue par avant faire droit, alors il faut un nouvel avenir pour chaque nouveau jugement. On se comprendrait pas, en effet, qu'après une expertise ordonnée par un premier jugement, qu'après une enquête, on pût faire statuer au fond, sans que le jour de l'audience eût été préalablement indiqué à l'adversaire.

14. — Du reste, le Code lui-même justifie cette interprétation. Ainsi, par exemple, l'art. 286, Code procéd., dispose que lorsque le délai pour faire enquête sera expiré, la partie la plus diligente *poursuivra l'audience sur un simple acte.*

15. — On trouve une disposition semblable en matière d'expertise. — V. art. 321, C. procéd.

16. — En conséquence, lorsqu'un jugement ordonnant une expertise a été rendu, le tribunal ne peut, après l'expertise consommée, statuer sans qu'il soit donné *avenir préalable.* En effet, si l'on procédait autrement, la justice du tribunal pourrait être trop facilement surprise. — Aussi a-t-il été jugé que le jugement rendu sans avenir préalable dans les circonstances qui viennent d'être indiquées est radicalement nul.—*Orléans,* 20 nov. 1832, Royer et Sicard.

17. — Enfin l'art. 70, § 2, du Tarif explique l'art. 82 et précise sa disposition en déclarant qu'il ne peut être passé en taxe qu'un avenir par *chaque jugement par défaut, interlocutoire ou contradictoire.*

18.—M. Bioche, v° *Avenir* n°2, étend même cette décision au cas où il s'agit d'un simple jugement préparatoire, mais c'est une erreur; l'art. 70, § 3, du Tarif dit positivement que les avoués sont tenus de se représenter au jour indiqué par les jugemens *préparatoires,* SANS QU'IL SOIT BESOIN D'AUCUNE SOMMATION.

19. — Il en est de même après les jugemens de *remise.* — Même article. — *Paris,* 20 août 1814, P. c. Fouchard; — *Comment. du tarif,* t. 1er, p. 138, n°42.

20. — Lorsque les conclusions prises par le défendeur sont exceptionnelles, quand il a été statué sur l'exception, on donne un nouvel avenir pour plaider au fond. — Bioche, t. 1er, v° *Avenir,* n° 2; Souquet, *Dict. des temps légaux,* v° *Avenir,* 3e tableau; Vervoort, *Tarifs annotés,* p. 402, note 6.

21. — Il faut également un avenir lorsque l'affaire est renvoyée en vacations; car, dans ce cas, le renvoi n'a jamais lieu à jour fixe. — Boucher d'Argis, *loc. cit.,* p. 63.

22. — Il en est de même lorsque l'affaire a été portée directement en vacations, et qu'il n'y a pas reçu de solution. — Boucher d'Argis, *loc. cit.*

23. — Suivant M. Boucher d'Argis (*ubi suprà*), la décision doit être différente quand il s'agit d'une cause revenant après vacations à la chambre qui en était saisie, sans doute le personnel des juges composant la chambre a pu changer, mais au résumé c'est toujours la même chambre : il n'y a pas plus de raison d'admettre la nécessité d'un nouvel avenir, qu'au cas, beaucoup plus fréquent, où, dans le cours de l'année, un juge se trouve empêché pendant l'instance engagée. Il suffira de reprendre les conclusions.

24. — Jugé que la partie qui poursuit l'exécution d'un jugement dans l'endroit du jour dans la prononciation, peut, aux termes de l'art. 1008, C. de procéd. civ., appeler valablement son adversaire à l'audience par un avenir signifié à l'avoué qui avait occupé dans l'instance. — *Paris,* 29 janv. 1818, Jurry.

25. — Lorsqu'une partie a constitué avoué, il ne peut être pris valablement contre elle de jugement par défaut sans qu'il y ait eu signification préalable d'un avenir.

26. — Il suffit, cependant, qu'en matière d'enregistrement un jugement n'est point nul pour n'avoir pas été précédé d'un avenir signifié par la régie. — *Cass.,* 20 fév. 1809, Enregistrement c. Quirin; — Berriat, t. 1er, p. 138, note 5e; Merlin, *Répert.,* v° *Avenir,* t. 1er, p. 636, 5e édit.

27.—Du reste, les dispositions des art. 81 et 82, C. procéd., ne doivent être regardées que comme de fortes recommandations au juge taxateur de se montrer sévère à l'égard des actes dont l'utilité ne

serait pas reconnue. Il y a beaucoup plus d'inconvénient à surprendre un jugement en ne donnant pas un avenir nécessaire, qu'à signifier un avenir inutile. — Thomine-Desmazures, t. 1er, p. 493; Boitard, *Leçons de procéd.,* t. 1er, p. 235, 2e édit.

AVENTURE (Grosse).
V. PRÊT A LA GROSSE.

AVERTISSEMENT.

1. — Dans la langue du droit, ce mot, qui a plusieurs acceptions, s'emploie le plus souvent pour désigner un avis écrit, officiel, adressé à la partie intéressée.

2. — Autrefois, le mot *avertissement* se disait d'un acte de procédure rédigé par l'avocat dans un procès appointé en première instance pour établir l'état de la question et les moyens de fait et de droit. Dans ce sens, le mot avertissement n'est plus en usage.

3. — Dans les contestations portées devant les juges de paix, ceux-ci peuvent interdire aux huissiers de leur résidence de donner aucune citation sans qu'au préalable les parties aient été appelées devant le magistrat, sans frais et par une simple lettre d'avertissement. — L. 25 mai 1838, art. 17.—
V. CONCILIATION, JUSTICE DE PAIX.

4. — L'usage de ces sortes de lettres d'avertissement existait déjà, avant la loi du 25 mai 1838, dans la plupart des justices de paix. Les greffiers percevaient 15 ou 25 centimes par chaque avertissement. Aujourd'hui, il ne leur est rien dû pour cet objet.

5. — Dans les procès pendans devant les cours d'assises, le président doit adresser verbalement à l'accusé, à son défenseur ou au jury, plusieurs avertissemens.

6. — Ainsi, il doit avertir le conseil de l'accusé qu'il ne doit rien dire contre sa conscience ou contre le respect dû aux lois, et qu'il doit s'exprimer avec décence et modération. — C. inst. crim., art. 311.

7. — Il doit avertir l'accusé d'être attentif à la lecture de l'acte d'accusation. — *Ibid.,* art. 313.

8. — Il avertit le jury de la déclaration qu'il doit faire, s'il admet des circonstances atténuantes. Cet avertissement est prescrit à peine de nullité.—*Ibid,* art. 341.

9. — Il avertit le condamné de la faculté qu'il a de se pourvoir en cassation contre l'arrêt qui le frappe, et du délai dans lequel ce pourvoi doit être formé. — *Ibid.,* art. 371. — V. au surplus COUR D'ASSISES.

10. — Aux termes de l'art. 1768, C. civ., le preneur d'un bien rural est tenu, à peine de tous dépens et dommages intérêts, d'avertir le propriétaire des usurpations qui peuvent être commises sur les fonds affermés. Cet avertissement, qui est une véritable dénonciation, doit être donné dans le délai ordinaire des ajournemens, avec augmentation dudit délai à raison des distances. — C. procéd., art. 72 et 1033.

11. — Lorsque le bail permet, en cas de vente de l'immeuble loué, d'expulser le preneur, l'acquéreur qui veut user de cette faculté doit avertir celui-ci d'avance et dans le délai usité dans le lieu pour les congés. Le fermier d'un bien rural doit être averti au moins un an d'avance. — C. civ., art. 1748.

12. — L'avertissement est une sommation lorsque, en matière d'expropriation pour cause d'utilité publique, l'administration avertit collectivement les parties intéressées de prendre connaissance à la mairie du plan parcellaire des immeubles expropriés. — L. 3 mai 1841, art. 6.

13. — En matière disciplinaire, l'avertissement est une peine : c'est la plus légère qui puisse être prononcée. L'avertissement, dans ce cas, c'est l'invitation d'être plus circonspect à l'avenir.—V. DISCIPLINE.

14. — On donne encore le nom d'avertissement à l'avis que les percepteurs adressent aux contribuables, pour que ceux-ci aient à payer le montant de leurs coles. — V. CONTRIBUTIONS DIRECTES.

15. — Les receveurs de l'enregistrement envoient aussi des avertissemens aux parties intéressées pour le recouvrement des droits et amendes dus au fisc. — V. ENREGISTREMENT.

AVEU.

Table alphabétique.

AVEU. — 1. — C'est la déclaration par laquelle une partie reconnaît la vérité d'une obligation ou

d'un fait qui s'y rapporte. On donne aussi à l'aveu le nom de *confession*.

§ 1er.—*Nature de l'aveu. — Ses espèces* (nº 2).

§ 2. — *De l'aveu extra-judiciaire* (nº 7).

§ 3. — *De l'aveu judiciaire* (nº 30).

§ 4. — *De l'indivisibilité de l'aveu* (nº 95).

§ 5. — *De l'irrévocabilité de l'aveu* (nº 181).

§ 6. — *De l'aveu en matière criminelle* (nº 210).

—

§ 1er. — *Nature de l'aveu. — Ses espèces.*

2. — Ce n'est point le fait de l'aveu qui forme une obligation contre l'avouant. L'aveu est et ne peut être, par sa nature, que la preuve d'une obligation préexistante résultant de la convention ou du fait dont la vérité est reconnue.—Toullier, t. 10, nº 260.

3. — L'aveu étant un acte de la volonté et le témoignage de la partie elle-même, on pourrait dire que l'aveu et le consentement ne sont au fond qu'une seule et même chose. Cependant, il y a cette différence que le consentement se rapporte plutôt à une convention ou à un fait présent et l'aveu à une convention ou à un fait antérieur, déjà passé. De plus, le consentement est toujours libre dans son origine, tandis que l'aveu est toujours moralement forcé; il est l'accomplissement d'un devoir rigoureux. — Toullier, t. 10, nº 260.

4. — Malgré ces différences, l'aveu s'identifie avec le consentement, comme étant l'un et l'autre la manifestation de la volonté. D'où il suit que l'aveu, comme le consentement, n'est pas valable s'il n'a été donné que par erreur, extorqué par violence ou surpris par dol.—C. civ., art. 1109.

5. — L'aveu donné librement et en connaissance de cause devient, contre celui qui l'a fait, la plus forte et la plus sûre de toutes les preuves. — L. 25, § 4, ff. *De probat.* — L. 13, C. de *non numer. pecun.* Les docteurs l'appellent *probatio probatissima.* — Merlin, *Quest.*, vº *Terrage*, § 1; Toullier, t. 10, nº 261.

6. — Le Code divise l'aveu en extrajudiciaire et judiciaire. Nous suivrons la même division.

§ 2. — *De l'aveu extrajudiciaire.*

7. — L'aveu extrajudiciaire est celui qui a lieu hors de justice.

8. — On n'entend point par là les aveux que les parties font de leurs conventions par des actes formels et exprès. Dans ce cas, les actes rentrent dans la classe des actes notariés ou sous seings-privés, et font foi complète d'après les principes de la preuve littérale. — C. civ., art. 1320 et 1322; Toullier, t. 10, nº 306. — Il en est de même des aveux faits dans les papiers domestiques des parties et qui ont pour objet de constater des obligations ou des paiemens. — Duranton, *Dr. franç.*, t. 13, nº 535.

9. — Les aveux dont il est question ici sont ceux que fait le débiteur, soit dans une conversation, soit par une lettre missive, ou qui se trouvent incidemment dans quelque acte qui n'a pas été passé exprès pour cela. — Pothier, *Oblig.*, nº 835; Toullier, t. 10, nº 306.

10. — Car l'acte en lui-même étant l'écrit qui contient une convention ou un fait, *id quod actum est*, tout acte qui contient un aveu quelconque fait foi contre celui qui l'a souscrit librement, encore bien que cet acte n'ait pas été fait exprès pour former une preuve du fait avoué. — Toullier, t. 10, nº 307.

11. — Ainsi, une lettre missive adressée au créancier, et par laquelle le débiteur demande un délai pour payer une somme déterminée qu'il lui doit, fait une preuve complète contre le débiteur qui l'a souscrite, parce qu'elle contient l'aveu de la dette; il en serait de même si la lettre avait été écrite à un tiers, avec charge ou permission de la communiquer au créancier.—Toullier, t. 10, nº 307.

12. — Si la lettre était adressée à un tiers non chargé de la communiquer, elle aurait moins de force, et le débiteur pourrait révoquer ou retracter son aveu sans être obligé de prouver que cet aveu était la suite d'une erreur. Cependant, si le tiers avait remis la lettre au créancier, et que celui-ci eût, avant la révocation, déclaré qu'il entendait profiter de l'aveu, il nous semble qu'alors le débiteur ne pourrait révoquer son aveu qu'en prouvant qu'il a été la suite d'une erreur. — Arg. C. civ., art. 1121; Toullier, t. 10, nº 307.

13. — Et il a été jugé que celui à qui l'on oppose des lettres écrites et non déniées par lui, lesquelles contiennent de sa part un aveu formel, n'est pas recevable à rétracter cet aveu extrajudiciaire, contre lequel il n'a pas pris la voie de la rescision. — *Rennes*, 3 juill. 1821, Veuve Davigo c. Dondel.

14. — L'allégation d'un aveu extrajudiciaire purement *verbal* est inutile toutes les fois qu'il s'agit d'une demande dont la preuve testimoniale ne serait point admissible. — C. civ., 1355 — Sans cela rien ne serait plus aisé que d'éluder les règles sur la preuve par témoins. — Duranton, *Dr. franç.*, t. 13, nº 536; Bigot de Préameneu, *Exposé des motifs.*

15. — Mais l'aveu extrajudiciaire verbal peut se prouver par témoins dans tous les cas où la preuve testimoniale est admise. Par exemple, en matière de dépôt nécessaire, de quasi-délit, lorsqu'il existe un commencement de preuve par écrit, etc. — Pothier, *Oblig.*, nº 836; Toullier, t. 10, nº 301; Duranton, t. 13, nº 537; Baroche, *Encycl. du dr.*, vº *Aveu*, nº 6.

16.—L'aveu extrajudiciaire fait, comme l'aveu judiciaire, pleine foi contre celui qui en est l'auteur (L. 25, § *ult.*, ff., *De probat.*; L. 13, Cod., 1, *De non numerat. pecun.*): *fides enim contra se cuique habetur* (L. 1, §§ 1 et 3, ff., *De interrog. et jure faciend.*).—Pothier, *Oblig.*, nº 835; Toullier, t. 10, nºs 267 et 301; *Encycl. du dr., loc. cit.*

17. — Si l'aveu forme une preuve contre celui qui l'a fait, c'est parce qu'on présume qu'il a été fait avec réflexion et en connaissance de cause. Or, si les aveux judiciaires sont toujours faits avec réflexion, quoiqu'ils puissent être la suite d'une erreur, il n'en est pas de même des aveux extrajudiciaires, surtout de ceux qui ne sont faits que verbalement. Ils peuvent avoir été faits par légèreté et sans réflexion, en un mot sans cette maturité qui peut seule leur donner du poids. De là la difficulté, et nécessité de considérer les circonstances et le caractère de celui qui a fait l'aveu. — Toullier, t. 10, nº 302.

18.—Par suite, les auteurs font une distinction importante. Si l'aveu verbal a été fait en présence de la personne, ou à la personne même qui peut en tirer avantage, il fait preuve complète, et cela quand bien même l'aveu ne serait pas accepté d'une manière expresse par le créancier ou qu'il n'énoncerait pas la cause de la dette. Tel serait le cas où un débiteur, en présence de témoins dignes de foi, ferait à son créancier l'aveu qu'il lui doit une somme de 150 fr. en lui demandant un délai.—Pothier, nº 835; Toullier, t. 10, nº 303.

19.—Mais lorsque l'aveu extrajudiciaire purement verbal a été fait à des *tiers*, en l'absence de la partie qui pourrait en tirer avantage, il ne fait plus qu'une preuve imparfaite qui a besoin d'être complétée par d'autres indices ou présomptions, au moins par le serment supplétoire.—Dumoulin, *Ad. leg.* 3, Cod., *De reb. cred.*; Pothier, *Oblig.*, nº 835; Toullier, t. 10, nºs 303 et 305.

20.—Pothier (*ibid.*) faisait encore à cet égard une distinction: « Lorsque mon débiteur, dit-il, qui est convenu hors justice me devoir une certaine somme, assigné pour la payer, nie avoir contracté envers moi la dette de cette somme, la confession qu'il a faite ci-devant le convainc de mensonge et établit la preuve de la dette dont je lui demande le paiement, sans qu'il puisse être ensuite écouté à alléguer sans preuve qu'il a payé cette somme, dont il a d'abord nié avoir jamais été débiteur.—Mais si mon débiteur assigné est convenu m'avoir effectivement dû cette somme, mais soutient me l'avoir payée depuis qu'il est convenu me la devoir; soit que sa confession ait été faite à un tiers, soit qu'elle ait été faite à moi-même, soit qu'elle ait été faite dans une conversation, soit qu'elle se trouve dans une lettre missive, ou dans quelque autre acte qui n'ait pas été fait pour me servir de preuve de la dette, elle ne fera aucune preuve que la somme me soit encore due aujourd'hui. »

21.—Enfin, il est certains cas où l'aveu fait à des tiers doit faire preuve complète. Par exemple: 1º si un malade fait venir deux personnes auxquelles, dans la crainte où il est d'être surpris par la mort, il déclare qu'il me doit une somme de 150 fr. que je lui ai prêtée sans billet;—2º si mon débiteur, dans un inventaire pour dissoudre une société, comprend dans le passif la dette dont il est tenu envers moi; quoique cet aveu ait été fait hors de ma présence, il doit encore faire preuve, au moins en général;—3º à plus forte raison, si un créancier a avoué à des tiers, sur la réquisition du débiteur ou d'une personne chargée par lui à cet effet, avoir reçu un paiement, cet aveu fait pleine foi; car la libération étant favorable, elle doit se prouver plus facilement que l'obligation.—Pothier, *Oblig.*, nº 835; Duranton, *Des contr.*, nº 1457.

22. — M. Duranton (*Dr. français*, t. 13, nº 540) pense que les distinctions entre l'aveu fait à la partie en présence de témoins, et celui qui a été fait à des tiers hors sa présence sont inadmissibles dans le droit actuel, et que l'aveu fait hors la présence de la partie fait pleine preuve; seulement, s'il est purement verbal, il ne peut être prouvé par témoins que dans le cas où la preuve testimoniale est admissible.—Quant à M. Baroche (*Encycl. du dr.*, vº *Aveu*, nº 8), il est d'avis, et avec raison, selon nous, que la solution de la question doit surtout dépendre des circonstances. Les magistrats, dit-il, admettront sans doute avec quelque réserve l'aveu fait hors la présence du créancier, mais, à moins de preuve contraire, cet aveu doit être présumé sérieux et vrai, alors surtout qu'il résultera de l'enquête qu'il a été fait avec réflexion et de bonne foi.—Nulle distinction ne sera possible, et il faudra accorder autant de confiance à l'aveu fait hors la présence du créancier qu'à celui qui s'adresse à sa personne elle-même.

22 *bis*.—En tous cas, jugé qu'on ne peut opposer à une partie une déclaration qu'elle aurait faite sans la signer devant le juge de paix n'agissant ni comme conciliateur ni comme juge, déclaration dont ce dernier aurait dressé procès-verbal, même avec mention que le déclarant ne sait pas signer. —*Bourges*, 30 déc. 1843 (t. 1er 1845, p. 187), commune de Saint-Denis-de-Palin c. Gamard.

23.—Si, en principe, du moment qu'une transaction n'a point été définitivement conclue, mais est restée à l'état de simple projet, les parties ne peuvent s'opposer l'une à l'autre les aveux et déclarations qui s'y trouvent mentionnés, cela n'est vrai qu'autant que ces aveux n'auraient eu lieu qu'en vue de la transaction même.—Spécialement, la déclaration, contenue dans un projet de transaction entre le propriétaire d'une forêt et une commune usagère, que ce propriétaire a fait signifier à la commune un arrêt de surséance qu'il avait précédemment obtenu contre elle, continue, nonobstant l'abandon du projet de transaction, de subsister en faveur de la commune, qui prétend en induire la suspension de la prescription de son droit.—*Nancy*, 25 avr. 1844 (t. 2 1844, p. 277), duc de Poix c. commune de Landange.

24.—Pour que l'aveu fasse preuve, il est nécessaire que celui qui l'a fait fût alors capable de s'obliger pour l'objet auquel se rapporte l'aveu. Ainsi, l'aveu d'un mineur ou d'une femme mariée non autorisée ne ferait foi que sous les distinctions établies au titre de la capacité des personnes.—Pothier, *Oblig.*, nº 837; Duranton, t. 13, nº 542.

25.—Toutefois, l'aveu de l'incapable n'est pas absolument nul, la maxime *qui non potest donare, non potest confiteri*, ne s'applique pas au cas où la vérité de l'aveu résulte des circonstances.—*Cass.*, 11 juill. 1809, Quarré c. Leroux.

26.—Il a été jugé que l'aveu fait dans un projet de transaction par un mandataire autorisé à transiger, mais non à faire un aveu, peut néanmoins être déclaré valable et obligatoire, si ce mandataire était en outre l'homme de la famille initié depuis long-temps à ses procès et à tout ce qui tenait à l'administration de ses propriétés.—*Nancy*, 25 avr. 1844 (t. 2 1844, p. 277), duc de Poix c. commune de Landange.—V. MANDAT.

27.—L'aveu extrajudiciaire fait preuve non seulement contre celui qui l'a fait, mais encore contre ses héritiers. Toutefois, si quelqu'un avait confessé devoir à une personne incapable de recevoir une libéralité, cette confession ne ferait pas, contre ses héritiers, preuve de la dette, à moins que la cause n'en fût bien circonstanciée: c'est le cas de la maxime *qui non potest donare, non potest confiteri.*—Pothier, *Oblig.*, nº 838; Duranton, *Dr. fr.*, t. 13, nº 543.

28. — L'aveu tacite a le même effet que l'aveu formel. Ainsi, par exemple, le paiement que fait une personne étant un aveu tacite de sa part qu'elle devait la chose payée, il en résulte une preuve contre elle que la chose qu'elle a payée était effectivement due. — L. 25, ff., *De probat.*; Pothier, *Oblig.*, nº 839; Duranton, *Dr. fr.*, t. 13, nº 542.—D'où il suit que, si la personne prétend après coup avoir payé mal à propos, elle doit justifier qu'elle ne l'a fait que par erreur, c'est-à-dire prouver qu'il n'y avait pas de dette.—Pothier, *ibid.*; Duranton, *ibid.*; *Encyclop. du dr., loc. cit.*

29.—Le silence que garde une partie sur un acte extrajudiciaire qui lui est signifié ne peut être pris pour un aveu. C'est surtout à ces sortes d'actes que s'applique la règle, *qui tacet non utique fatetur.* —Merlin, *Quest.*, vº *Faux*, § 6; Rolland de Villargues, *Rép.*, vº *Aveu*, nº 26.

§ 3. — *De l'aveu judiciaire.*

30. — L'aveu judiciaire est la déclaration que fait en justice la partie ou son fondé de pouvoir spécial. — C. civ., art. 1356.

31. — Dans le droit romain, on distinguait : 1° les aveux qui étaient faits *in jure*, c'est-à-dire devant le préteur ou le magistrat chargé de donner des juges aux parties ; — 2° ceux qui étaient faits *in judicio*, c'est-à-dire devant les juges donnés par le préteur, chargés d'instruire le procès et de prononcer sur la contestation. — V. ACTION (droit romain), n° 244.

32. — La différence qui existe entre l'ordre judiciaire des Romains et le nôtre fait assez voir que nous ne pouvons connaître les aveux faits *in jure*, ni les distinguer de ceux qui sont faits *in judicio*. — Cependant, il est des aveux qu'on peut appeler judiciaires, quoiqu'ils ne soient pas faits, à proprement parler, en jugement depuis le procès pendant devant le tribunal chargé de juger : ce sont ceux qui sont faits au bureau de paix ou de conciliation, qui n'est point un tribunal, et qui n'est établi que pour concilier les parties, s'il est possible; et, dans le cas contraire, pour dresser un procès-verbal sommaire de leurs dires, *aveux* et dénégations sur les points de fait. — L. 24 août 1790, art. 3, tit. 10. — De tels aveux, quoiqu'ils ne soient pas faits en jugement, sont authentiques, puisqu'ils sont reçus par des officiers publics spécialement chargés de les recevoir ; il doivent donc faire pleine foi en jugement contre celui qui les a faits, jusqu'à ce qu'il ait prouvé qu'ils sont le résultat d'une erreur de fait.—Toullier, t. 10, n° 271 ; Duranton, *Des contr.*, n° 1469; *Dr. franç.*, t. 13, n° 561.

33. — Aussi, jugé que la reconnaissance d'une dette faite au bureau de conciliation peut être considérée comme un aveu judiciaire. — *Turin*, 6 déc. 1808, Signora c. Ropolo.

34. — Jugé cependant que l'aveu fait par le défendeur au bureau de conciliation n'est pas obligatoire; surtout si le demandeur n'en a pas requis acte, et si le défendeur a refusé de signer le procès-verbal de conciliation. — *Bruxelles*, 11 fév. 1820, de V... c. Desalderède.

35. — Ce qu'on vient de dire (n° 32) paraît entièrement applicable aux aveux faits devant un notaire commis par justice pour procéder à une liquidation ou à un partage, et consignés dans son procès-verbal. — Rolland de Villargues, *Rép.*, v° *Aveu*, n° 29 *bis*.

36. — L'aveu fait devant un tribunal qui se déclarerait ensuite incompétent à raison de la matière, ne serait plus qu'un aveu extrajudiciaire. Il en serait autrement si le tribunal n'était incompétent que *ratione personæ*; le défendeur, n'ayant pas proposé le déclinatoire quand il le devait, ne le pourrait plus après son aveu, car il aurait reconnu la compétence du juge. — Duranton, *Dr. fr.*, t. 13, n°s 562 et 563 ; *Encyclop. du dr.*, n° 13.

37.— Un tribunal peut, tout en se déclarant incompétent pour connaître d'une contestation, donner acte à l'une des parties d'un aveu de l'autre relativement au fond du litige...; sauf au tribunal compétent à apprécier le mérite et les conséquences de cet aveu. — *Riom*, 18 août 1842 (t. 2 1843, p. 162), Poncillon c. Sauret.

38.— On ne peut reconnaître le caractère d'aveu judiciaire à des énonciations insérées dans des réclamations soumises à l'autorité administrative, lors surtout qu'elles sont étrangères au procès dans lequel on veut s'en prévaloir. — *Cass.*, 9 janv. 1839 (t. 1er 1839, p. 141), préfet du Pas-de-Calais c. de Montblanc.

39. — L'aveu fait par une partie dans une instance peut-il lui être opposé dans une autre? — La cour de Cassation a jugé l'affirmative : — *Cass.*, 9 mai 1834, Genty c. Maugold; *Encyclop. du dr.*, n° 14.—Car contre celui qui l'a fait, l'aveu est assimilé à l'autorité de la chose jugée.—L. *unic.*, Cod., *De confessis*; Duranton, *Dr. franç.*, t. 13, n° 552.

40. — Toullier (t. 8, n° 26), au contraire, soutient la négative par le motif qu'aucune des preuves reçues en justice n'est un moyen infaillible de connaître la vérité. Elles peuvent tromper, et elles trompent souvent. — En pareil cas, l'aveu ne devrait former qu'une forte présomption : *Gravem inducit probationem.*—L. 41, Cod., *De liberali causâ*; Voet, *Ad pandect.*, tit. *De confessis*, n° 7 ; Merlin, *Quest.*, v° *Confession*, § 1er.

41. — Sous le droit romain, on décidait que les aveux faits dans une instance portée devant les arbitres conservaient leur force devant les juges ordinaires.—L. 20, Cod., *De test.* — Mais cela ne doit s'entendre que du cas où l'instance dont les juges ordinaires sont saisis n'est que la continuation de l'instance commencée devant les arbitres. — Merlin, *Quest.*, v° *Confession*, § 1er; Toullier, t. 8, n° 26 ; Rolland de Villargues, *Rép.*, v° *Aveu*, n° 46 ; *Encyclop. du dr.*, v° *Aveu*, n° 14.

42. — Les aveux judiciaires sont de deux espèces, forcés ou spontanés.

43. — Les aveux forcés sont ceux qui ont été *provoqués* dans un interrogatoire sur faits et articles.

44. — Ainsi jugé que les réponses faites par une partie dans un interrogatoire sur faits et articles, provoqué par son adversaire, sont des aveux judiciaires. — *Paris*, 4 juin 1829, Loysel c. Defrecine. — V. INTERROGATOIRE SUR FAITS ET ARTICLES.

45. — Les aveux spontanés sont : 1° ceux que font les parties elles-mêmes, soit verbalement et à l'audience, lorsqu'elles plaident leur cause avec l'assistance de leurs avoués, soit dans les écritures qu'elles ont souscrites et fait signifier ; — 2° ceux que font leurs avoués ou avocats, soit verbalement à l'audience, soit dans les écritures du procès. — Toullier, t. 10, n° 280.

46. — Dans le premier cas, il faut que la partie ait eu capacité pour faire l'aveu, et que, s'il s'agit d'un incapable, l'aveu ait été fait avec les autorisations requises ou par la personne qui le représente légalement. — Pothier, *Oblig.*, n° 837 ; Merlin, *Rép.*, v° *Confession*, n° 8 ; Duranton, *Dr. franç.*, t. 13, n° 551. — V. *suprà* n°s 24 et suiv.

47. — Il a été jugé, d'après ce principe, 1° que l'aveu judiciaire d'une femme mariée, dans une instance où elle était assistée de son mari, fait pleine foi contre elle. — *Cass.*, 28 avr. 1828, Lafonta c. Boc.

48. — ... Et cela sans qu'il soit besoin, indépendamment de l'assistance du mari, d'une autorisation spéciale. — Même arrêt. — V. au surplus AUTORISATION DE FEMME MARIÉE.

49. — 2° ...Que l'aveu judiciaire fait par par quelques uns des associés qu'une dette a été contractée dans l'intérêt et pour le compte de la société ne peut être opposé aux autres associés et aux créanciers intervenans, quand il est démontré, d'après les faits et circonstances, que cette dette est personnelle à l'emprunteur. — Le seul résultat d'un tel aveu est d'obliger ceux qui l'ont fait. — *Cass.*, 13 mai 1835, de Lalande c. Laurence.

50. — 3° ...Que les aveux faits en justice par un maire plaidant pour sa commune ne peuvent en aucun cas préjudicier à celle-ci ; ils sont réputés non avenus, alors surtout qu'il n'en a pas été demandé acte.—*Douai*, 4 juill. 1838 (t. 2 1839, p. 447), commune d'Ouves-Verquin c. Hermant.

51. — L'aveu judiciaire du tuteur peut-il être opposé au mineur ?—L'affirmative semble résulter d'un arrêt de la cour de *Dijon*, du 22 déc. 1828, Lebrun de Virloy c. Boudrot (sous *Cass.*, 27 avr. 1831). — Mais on peut opposer à cette décision : 1° l'art. 467, C. civ., qui défend au tuteur d'aliéner, même par transaction, les biens du mineur sans les formalités qu'il exige ; — 2° l'art. 1356, qui veut que la partie ne puisse être engagée que par son aveu ou par un fondé de pouvoir *spécial*. La loi 6, § 4, ff., *De confessis*, disait : «*Sed an et ipsos procuratores vel curatores fateri sufficiat videamus?* » Et Ulpien répond : « *Non puto sufficere.* »

52. — Dans tous les cas, jugé que cet aveu devrait être écarté s'il n'avait pour fondement qu'une note insignifiante par elle-même, écrite par le père des mineurs.—*Cass.*, 27 avr. 1831, Lebrun de Virloy c. Boudrot. — L. 6, § 4, *De confessis*.

53. — Bien que les avoués soient les mandataires de leurs parties, ils ne peuvent, à peine de désaveu, faire aucun aveu sans un pouvoir spécial. — C. procéd., art. 352.

54. — L'avoué ne pourrait être admis à prouver que le fait avoué par lui est conforme à la vérité. Que ce fait soit vrai ou faux, il a manqué à son devoir, en le reconnaissant sans pouvoir spécial; il ne peut donc s'excuser que de trois manières : 1° en représentant le pouvoir spécial en vertu duquel il a agi ; — 2° en faisant voir que sa conduite a été approuvée expressément ou tacitement ; — 3° ou enfin, que le fait avoué se trouve prouvé par les pièces que lui a remises son client. — Toullier, t. 10, n° 294.

55. — Toutefois, dans le mandat donné à l'avoué, il y a présomption qu'il a pouvoir de faire tout ce qui est relatif au procès ; il est considéré *tanquàm dominus litis*. Jusqu'au désaveu, l'aveu fait par l'avoué lie donc le client. — Pigeau, t. 1er, p. 126 ; Duranton, *Dr. franç.*, t. 13, n° 546. — V. DÉSAVEU.

56. — Les avocats ne représentent point leurs cliens et ne sont point leurs mandataires, mais seulement leurs conseils. Ils ne sauraient donc les lier par des aveux. En pareil cas, il n'est pas même besoin d'un désaveu formel ; et c'est en ce sens que l'on dit que les avocats ne peuvent être désavoués. — Rolland de Villargues, *Rép.*, v° *Aveu*, n° 38 ; Toullier, t. 10, n° 298.

57. — Ainsi jugé que les tribunaux ne peuvent donner acte de déclarations énoncées dans une requête signifiée, ou faites par un avocat à l'audience, parce que, dans le premier cas, la requête signifiée fait partie de la procédure, et que, dans le second cas, de simples déclarations faites par l'avocat seul dans une plaidoirie ne peuvent lier la partie. — *Paris*, 2 déc. 1836, Gentil et Bart c. Debelle.

58. — Il suffit donc que les aveux de l'avocat soient rétractés par la partie ou son avoué présent à l'audience, et s'ils sont contenus dans un écrit, qu'ils soient désavoués par un autre écrit notifié le plutôt possible à l'avoué de la partie adverse. Le retard pourrait faire présumer que l'aveu a été fait du consentement de la partie.—Toullier, t. 10, n° 298.

59. — Jugé, en conséquence, que l'aveu fait par un avocat sur un fait étranger à la contestation, et qui est immédiatement rétracté par l'avoué présent à l'audience, ne lie pas sa partie. — *Cass.*, 9 avr. 1838 (t. 2 1838, p. 73), Huchard et Dumont c. Delabrière.

60. — Mais l'énonciation d'un fait par l'avocat en plaidant peut être considérée comme un aveu judiciaire, quand cette énonciation est ensuite reproduite dans les qualités du jugement. — *Cass.*, 21 juill. 1836, Thomas c. Roussan.

61. — La cour de Cassation avait posé en principe que l'avocat plaidant, assisté de l'avoué de sa partie, la représente, et que les aveux qu'il peut faire dans la plaidoirie sont censés faits par la partie elle-même ; qu'en conséquence les aveux faits par un avocat, ne peuvent être critiqués devant la cour de Cassation, si la partie ne l'a pas légalement désavoué.—*Cass.*, 16 mars 1814, Allauze c. Dulaqueille.

62. — Mais il résulte d'un arrêt plus récent que dans ce cas, c'est contre l'avoué présent aux plaidoiries et qui n'a pas rectifié l'erreur échappée à l'avocat, que l'action en désaveu doit être dirigée. —*Cass.*, 26 avr. 1824, Voyer d'Argenson c. commune de Bolwiller.

63. — Et la cour de Colmar, dont l'arrêt avait été déféré à la cour suprême, avait jugé que la profession libre et indépendante de l'avocat ne le rend pas susceptible d'une action en désaveu, et qu'il n'y a que le dol et la fausseté qui puissent l'exposer à ce recours, et qu'en conséquence c'est contre l'avoué, qui seul est garant de la conséquence des aveux faits dans le procès, que l'action en désaveu peut être dirigée. — *Colmar*, 22 déc. 1820, époux R... c. J..., avoué (sous *Cass.*, 26 avr. 1824, précité).

64. — Quant aux aveux faits par les agréés, ils ne peuvent lier les parties qu'autant qu'ils rentrent dans le mandat *ad litem* donné par celles-ci. Pour tout autre aveu, il faut un pouvoir spécial. — V. DÉSAVEU.

65. — Une lettre missive par laquelle le fils déclare à sa sœur que le père commun lui a donné une place à titre de dot, qu'il s'en est démis en sa faveur, etc., ne constitue point l'aveu judiciaire. — *Cass.*, 7 nov. 1827, Durieux c. Damien.

66. — Quand une commune a revendiqué la propriété d'un bois en soutenant que les droits d'usage qu'elle a sur ce bois équivalent, d'après leur nature et la législation locale, au droit de propriété même, l'arrêt qui rejette cette prétention de la revendication de la propriété du bois, sauf aux habitans à exercer leurs droits d'usage, conformément aux lois et à leurs titres, a, quant à la reconnaissance des droits d'usage des habitans, la force de la chose jugée et de l'aveu judiciaire, si en défendant sur la question de propriété, le propriétaire du bois a lui-même déclaré que la commune avait des droits d'usage. — *Cass.*, 15 juill. 1835, commune de Saint-Thiébault c. de Rutant.

67. — Par cela que, sur la demande en nullité, pour dol ou fraude d'une vente qui lui aurait été consentie, une partie soutient que la vente est sincère et sérieuse, il ne s'ensuit pas qu'elle ne puisse soutenir plus tard l'efficacité du contrat, comme renfermant, sinon une vente réelle, du moins un don déguisé de la part du vendeur apparent. Les juges pourraient, même d'office, maintenir la vente comme don déguisé, alors que l'acquéreur se serait borné à en réclamer l'efficacité comme vente ; ce ne serait là ni commettre un excès de pouvoir, ni violer la force due aux aveux judiciaires. En pareil cas, la défense de l'acquéreur n'est pas un aveu judiciaire qu'il n'y a pas eu donation. — *Cass.*, 3 juin 1829, Vial c. Gaspard.

68. — On ne peut contester en cause d'appel la validité d'une dette qu'on a reconnue en première instance : cette reconnaissance constitue un aveu judiciaire faisant pleine foi contre celui dont elle émane. — *Aix*, 28 mai 1841 (t. 2 1841, p. 470), Salomon c. Génouillat.

69. — On ne peut considérer comme aveu le silence gardé par l'une des parties sur un fait allégué ou avancé par l'autre, soit à l'audience, soit dans ses écritures, même avec l'interpellation d'y répondre ou de le contester. Car on n'est tenu de

répondre qu'aux interpellations de la justice : *Qui tacet non utique fatetur ; verum est tamen eum non negare.* — L. 124, ff., *De reg. jur.*; — Merlin, *Rép.*, v° *Partage*, § 11, et *Quest.*, v[is] *Faux*, § 6, et *Monnaie décimale*; Toullier, t. 10, n° 299.

70. — Ainsi jugé que la non-dénégation d'une partie, lorsqu'elle n'a pas été forcée de s'expliquer, ne peut pas être envisagée comme un aveu formel. — *Limoges*, 22 janv. 1836, Commune de Thenay c. Chamblant.

71 — ... Que l'analyse, exprimée dans les qualités d'un jugement, d'un acte dont la sincérité est déniée, ne peut, à défaut d'opposition sur ce chef, être considérée comme une reconnaissance de la sincérité du contenu de cet acte, alors d'ailleurs que ce contenu a été toujours nié. — *Aix*, 14 juin 1839, sous *Cass.*, 31 janv. 1843 (t. 2 1843, p. 204), Génissieux.

72. — ... Que le silence gardé par une partie sur les allégations de son adversaire ne peut être considéré comme un aveu judiciaire. Toutefois les juges peuvent prendre en considération le défaut de contradiction, comme faisant partie des documens de la cause qu'il leur appartient d'apprécier. — *Cass.*, 19 avr. 1842 (t. 2 1842, p. 234), Quilliard c. Truchy.

73. — Il en serait autrement s'il s'agissait d'un fait avancé par forme d'interpellation judiciaire, c'est-à-dire d'un fait compris dans un interrogatoire sur faits et articles. En ce cas, d'après les lois romaines et le Code de procéd., le refus ou le défaut de répondre tiennent lieu d'aveu formel. — Merlin, *Quest.*, v° *Monnaie décimale*; Toullier, t. 10, n° 299.

74. — Jugé, en conséquence, que le défaut de réponse à une interpellation faite en forme d'interrogatoire sur faits et articles devant le bureau de conciliation peut former un commencement de preuve par écrit. — *Rouen*, 8 avr. 1824, Juves c. Duchaussoy.

75. — L'art. 1356, C. civ., n'a déterminé aucune forme pour la reconnaissance faite en justice. — *Cass.*, 21 juill. 1836, Thomas c. Roussan.

76. — La question de savoir si les élémens d'un aveu judiciaire se rencontrent dans les actes signifiés ou produits par une partie est tout entière soumise à l'appréciation des juges du fond. — *Cass.*, 31 déc. 1834, Romain c. Mourgues.

77. — De même, les cours royales sont investies du droit d'apprécier si les explications d'une partie, soit dans un interrogatoire, soit à l'audience, ont le caractère d'un aveu judiciaire. — Ainsi, lorsqu'une partie a déclaré que l'obligation causée pour prêt dont elle demande le paiement n'est point le résultat d'un prêt, mais bien d'un fidéicommis fait à son profit, il peut être décidé, sans violation des règles sur l'aveu judiciaire, que cette obligation n'est ni un prêt ni un fidéi-commis, et qu'elle doit être exécutée comme donation. — *Cass.*, 25 fév. 1836, Eymard c. Caron.

78. — Les juges qui basent leur décision sur un aveu judiciaire émané des parties ne sont pas tenus d'indiquer les actes dont ils font résulter cet aveu. — *Cass.*, 17 fév. 1835, Martin c. Poirré.

79. — La déclaration faite par les juges du fond que l'une des parties n'a jamais reconnu la valeur ni les effets d'une quittance qui lui était opposée est exclusive de l'idée de l'existence d'un aveu judiciaire sur la date de cette quittance et les conséquences de cet acte. — Dès lors, en présence de cette déclaration, on invoquerait vainement devant la cour de Cassation la violation des principes sur l'aveu judiciaire. — *Cass.*, 31 janv. 1843 (t. 2 1843, p. 204), Génissieux c. Génissieux.

80. — Il n'y a pas lieu de discuter devant la cour de Cassation, pour arriver à décider s'il en résulte ou non un aveu judiciaire, les énonciations d'un acte extrajudiciaire contenant des offres qui n'ont pas été acceptées, alors surtout qu'il n'a été requis acte d'aucun aveu judiciaire devant la cour royale. — *Cass.*, 18 juill. 1843 (t. 2 1843, p. 590), commune de Kaysersberg c. Hofer.

81. — L'effet de l'aveu judiciaire est de faire pleine foi contre celui dont il émane (C. civ., art. 1356). — A son égard il est assimilé à l'autorité de la chose jugée. — L. *unic.*, Cod., *De confessis* : « *Confessus pro judicato est qui quodam modo suâ sententiâ damnatur*; Duranton, *Dr. fr.*, t. 13, n° 552; Merlin, *Questions*, v° *Terrage*, § 1er; Toullier, t. 10, n° 287.

82. — En conséquence, si un individu assigné a confessé devoir la somme ou la chose qui lui est demandée, ou si le demandeur avoue avoir fait une remise ou reçu un paiement, la demande ou l'exception se trouve pleinement justifiée. — Pothier, *Oblig.*, n° 832; Duranton, t. 13, n° 551.

83. — Ainsi, quand l'héritier a déclaré que les fruits d'une succession dont il a joui et dont il doit rendre compte s'élevaient par an à une certaine somme, et qu'il a été condamné à faire état de ces fruits, d'après sa déclaration, il ne peut se faire un moyen de cassation de ce que les juges n'auraient pas ordonné l'évaluation des fruits d'après les mercuriales ou d'après une expertise. — *Cass.*, 30 mars 1831, Méon.

84. — Celui qui reconnaît en justice l'existence d'une dette ne peut, en apposant à son aveu cette condition que ses immeubles resteront libres de toute inscription au profit du créancier, les soustraire à l'hypothèque attachée par la loi au jugement qui donne acte de la reconnaissance de la dette. — *Bruxelles*, 9 janv. 1807, Vanbrengel c. Rottiers.

85. — Des aveux judiciaires faits à des époques séparées, et déclaratifs de la propriété d'un immeuble, autorisent des tiers à frapper de leurs inscriptions ce même immeuble, dont la propriété est attribuée, par l'effet de ces aveux, à leur débiteur, lors même que, depuis ces aveux et ces mêmes inscriptions, la propriété en a été fictivement rétrocédée à celui qui s'en était désisté. — *Paris*, 13 juin 1809, Seguin c. Ouvrard.

86. — La nullité d'une contre-lettre ayant pour objet une augmentation du prix stipulé dans un acte public ne dispense pas l'acquéreur de payer la somme convenue, si d'ailleurs la sincérité de la convention est établie par un aveu judiciaire. — *Cass.*, 6 déc. 1808, Signora c. Ropolo.

87. — Des aveux judiciaires soutenus de présomptions légales ne suffisent pas pour détruire l'effet d'une contre-lettre sous seing-privé, mais reconnue, qui annule un contrat de rente authentique. — *Cass.*, 9 avr. 1807, Sanzé c. Sanzé.

88. — La présomption de mutation résultant de l'aveu judiciaire d'une partie suffit pour autoriser la prescription du droit proportionnel d'enregistrement, quelque allégation contraire qu'on puisse présenter. — *Cass.*, 1er avr. 1822, Enregistrement c. André — V. ENREGISTREMENT.

89. — L'aveu judiciaire de paternité peut être considéré comme une reconnaissance authentique. — *Colmar*, 24 mars 1813, Gillmann c. Anne Mussel. — V. ENFANT NATUREL.

90. — Le tiers auquel un titre sous seing-privé a été remis par le créancier, sans exiger de reconnaissance de sa part, doit en être cru sur sa déclaration, tant pour le fait même de la remise que pour les circonstances ultérieures qui ont pu libérer le souscripteur; sa déclaration à cet égard fait la loi des parties. — *Nîmes*, 9 janv. 1833, Rosière c. Portal.

91. — Les déclarations faites par les ascendans d'émigrés, devant le directoire du district de leur domicile, des rentes dues à l'état, afin de procéder au partage de présuccession, conformément à la loi du 9 flor. an III, font foi de l'existence et de la nature non féodale de ces rentes, nonobstant la non-représentation des titres originaux, en sorte que le défaut de représentation de ces titres ne suffit pas pour faire réputer les rentes éteintes comme féodales. — *Cass.*, 29 août 1831, préfet de la Manche c. Choiseul-Praslin.

92. — La preuve d'une transaction non écrite peut être établie par l'aveu judiciaire; parce que celui qui en allègue l'existence a le droit de faire interroger son adversaire sur faits et articles. — *Bruxelles*, 1er déc. 1810, Ciplet c. Quertemont. — V. TRANSACTION.

93. — La présomption de droit établie par l'art. 1356, C. civ., ne s'étend pas aux formes extrinsèques et subséquentes des actes. — En d'autres termes, la présomption que la loi attache à l'aveu judiciaire de l'existence d'un acte, ne suppose pas nécessairement l'observation ultérieure des formes requises pour sa validité. — *Cass.*, 19 flor. an XIII, de Vichy c. Laugiard.

94. — L'aveu judiciaire ne fait point, comme le serment décisoire, une preuve en faveur de celui qui l'a fait. Car ce n'est pas pour en faire dépendre la décision de la cause qu'il est provoqué, c'est afin de fournir la preuve qui manque, *ut confitendo vel mentiendo sese oneret* (L. 4, ff. *De interrog. in jure factâ*), au lieu que le serment est une sorte de transaction. — Duranton, *Droit fr.*, t. 13, n° 551. — V. SERMENT.

§ 4. — *Indivisibilité de l'aveu.*

95. — L'aveu judiciaire, s'il fait pleine foi contre celui qui l'a fait, ne peut être divisé contre lui. — C. civ., art. 1356.

96. — Par exemple, je forme contre vous la demande en paiement de 200 fr. que je soutiens vous avoir prêtés. Si, sur cette demande, vous êtes convenu en justice du prêt, mais qu'en même temps vous ayez ajouté que vous m'avez rendu cette somme, je ne puis tirer de votre aveu une preuve du prêt, qu'il ne fasse en même temps foi du paiement. Car si je veux m'en servir contre vous, il faut que je le prenne tel qu'il est et dans son entier. — Bruneman, sur la L. 28 ff. *De pactis*; Pothier, *Oblig.*, n° 833.

97. — Sous l'empire du droit romain, l'indivisibilité de l'aveu n'était pas admise d'une manière absolue. L'application du principe dépendait beaucoup des faits. — Merlin, *Quest.*, v° *Confession*, § 2; Toullier, t. 10, n°s 335 et suiv.

98. — Aussi jugé qu'avant le Code, l'aveu judiciaire en matière civile ne pouvait être divisé. — *Cass.*, 15 therm. an XI, Amet c. Fromental.

99. — ... Que sous l'empire du droit écrit, la faculté de décider si l'aveu de l'une des parties devait ou non être divisé, était abandonnée aux lumières et à la conscience des juges. — *Cass.*, 10 mars 1806, Pabiot c. Séguin.

100. — Bien qu'avant le Code civil on décidât diversement la question de savoir si l'aveu judiciaire pouvait être divisé, cependant, depuis le Code, cet aveu doit être déclaré indivisible, quoiqu'il s'agisse d'une opération commencée antérieurement, les tribunaux devant, en pareil cas, appliquer les dispositions du Code comme contenant l'interprétation des véritables principes. — *Grenoble*, 25 mars 1824, Buisson c. Guivier.

101. — Depuis le Code, jugé qu'en matière civile, l'aveu du défendeur ne peut pas être divisé, quand le demandeur n'a point d'autre preuve à l'appui de sa demande. — *Nîmes*, 24 janv. 1812, Malaval c. Boulet; — Toullier, t. 10, n° 339.

102. — En pareil cas le serment ne peut être déféré d'office au demandeur contre le défendeur qui, tout en reconnaissant la dette, déclare en même temps l'avoir payée. — *Paris*, 12 fructid. an XIII, Durand c. Fessar.

103. — Lorsque le créancier déclare en justice que l'obligation a pour cause, non celle exprimée dans l'acte, mais une autre qui est licite, un pareil aveu est indivisible, et l'obligation ne peut être annulée comme étant sans cause. — *Cass.*, 28 avr. 1807, Gorlay c. Vivien; 13 juill. 1808, mêmes parties — *Bordeaux*, 9 juill. 1833, Blanchard c. Nau Sauvagère.

104. — Est indivisible l'aveu constatant qu'un paiement a été fait en telle monnaie et à telle époque. — *Cass.*, 3 déc. 1817, Blanc c. Gérardot.

105. — Si, après avoir reconnu sa dette, un individu ajoute qu'il s'est libéré par la souscription de billets à ordre lesquels ont opéré novation, on ne saurait prétendre que l'on peut examiner la question de novation sans violer l'indivisibilité de l'aveu. — *Cass.*, 16 janv. 1828, Mathelin c. Rousseau Saint Philippe.

106. — Lorsqu'un créancier déclare qu'il a cédé sa créance à un tiers, mais sous la réserve d'en poursuivre en son nom le paiement, les juges ne peuvent, sans contrevenir à la loi qui défend de diviser l'aveu judiciaire, se fonder sur cette déclaration pour établir l'existence de la cession, et décider en même temps que le cédant est sans qualité pour réclamer le paiement de la créance cédée. — *Cass.*, 4 déc. 1827, Mairan c. Luttenschlager.

107. — Lorsqu'un individu assigné en paiement d'une somme qu'on prétend lui avoir été remise à titre de prêt, déclare qu'il a en effet reçu cette somme, mais en toute propriété, à la charge par lui de servir une rente viagère, il ne peut être condamné au remboursement de la somme, sous prétexte qu'il ne l'aurait reçue qu'à titre de prêt. Une pareille déclaration constitue un aveu qui ne peut être divisé. — *Riom*, 25 juill. 1827, Papon c. Bontemps.

108. — Bien que les offres de payer les arrérages d'une rente soient accompagnées de réserve d'opposer la prescription pour le cas où ces offres ne seraient pas acceptées, les juges peuvent, en cas de non acceptation, interpréter ces réserves et déclarer qu'elles ne détruisent pas l'aveu ou la reconnaissance de la dette résultant implicitement des offres. — *Cass.*, 3 juin 1835, Maucuit c. Levaillant.

109. — Si le détenteur d'objets dépendant d'une succession affirme que le don manuel lui en a été fait par le défunt, à la charge de certaines œuvres pies, cette déclaration est indivisible, de telle sorte qu'il ne peut être tenu de remettre ces objets aux héritiers qu'à la charge par ceux-ci de remplir à cet égard les intentions du défunt. — *Montpellier*, 6 mars 1828, Baile c. Blanc.

110. — Est indivisible l'aveu du mandataire d'un créancier qui déclare qu'il a reçu le montant de la dette du débiteur, mais que, sur la demande de celui-ci, il le lui a remis sans opérer la libération. — *Cass.*, 20 mars 1826, Audiguier c. Cadeli.

111. — Lorsqu'un mandataire se reconnaît débiteur de différentes sommes pour le compte du mandant, en indiquant toutefois l'emploi qu'il en

a fait, cet aveu doit être pris dans son entier. Dès-lors, si le mandant ne veut pas reconnaître l'aveu dans la partie du compte qui le constitue débiteur du mandataire, il ne peut s'en prévaloir pour établir sa créance contre lui, alors surtout que la division du compte par colonnes est l'œuvre du notaire et nullement du mandataire qui ne sait ni lire ni écrire.—*Bourges*, 27 janv. 1831, Limousin c. Degourgues.

112. — Dans le cas où le défendeur poursuivi en remboursement d'avances avoue les avoir reçues, mais seulement en paiement d'une dette, si les avances ne sont prouvées que par cet aveu, la somme est censée reçue en paiement de la dette jusqu'à preuve contraire, laquelle peut se faire par serment. — *Colmar*, 12 juill. 1824, Bucher c. Schirmeyer.

113. — L'aveu fait par l'agent de change qu'il a reçu effectivement des valeurs de son client, mais qu'il les a reçues à titre de paiement de la différence du cours entre l'achat et la revente, est indivisible. — *Cass.*, 25 janv. 1827, Rouvière c. Gublin.

114. — La régle posée par l'art. 1356, suivant laquelle l'aveu judiciaire fait pleine foi contre celui qui l'a fait et ne peut être divisé contre lui est applicable, en matière de reddition de compte, à la discussion dont il se compose, bien que l'obligation du compte soit convenue, prouvée même, et qu'il n'y ait plus qu'à en déterminer la quotité.—*Rouen*, 27 janvier 1840 (t. 1er 1840, p. 534), Bottier c. Colombe.

115. — Lorsqu'un mandataire rend un compte dont les recettes et les dépenses ne sont établies que par son propre aveu, cet aveu est indivisible. Par suite, l'ayant-compte ne peut accepter les recettes et se borner à nier les dépenses. S'il ne fait aucune preuve contre ces dépenses, le compte doit être accepté comme sincère dans son entier. — *Cass.*, 8 juin 1842 (t. 2 1842, p. 661), Fourré c. Mauboussin.

116. — Celui qui avoue en justice avoir consenti un contrat verbal de vente, doit être cru sur les conditions sous lesquelles il affirme avoir contracté. — *Bruxelles*, 22 juill. 1812, Vanhoutte c. Goethaels.

117. — Le principe de l'indivisibilité de l'aveu est applicable, lorsqu'un bail ayant été fait sans écrit, le bailleur déclare *que le bail a été consenti pour neuf ans, mais avec réserve de le résilier en cas de vente de la maison.* — Les juges ne peuvent, sans violer la loi, admettre la première partie de l'aveu, et soumettre la seconde à la preuve testimoniale. — *Bordeaux*, 18 juin 1839 (t. 2 1839, p. 552). Daney c. Chauvin.

118. — Lorsque, sur la demande tendant à la propriété d'un terrain, et, dans tous les cas, au maintien de certains droits d'usage, le défendeur déclare par des conclusions reconnaître les droits d'usage prétendus, mais dénier la propriété, cette déclaration est indivisible, de telle sorte qu'on ne peut l'opposer comme constituant un aveu judiciaire quant aux droits d'usage, qu'autant qu'elle a été acceptée dans son entier. — *Cass.*, 12 août 1839 (t. 1er 1840, p. 274), commune de Meyrargues c. d'Alberfas.

119. — L'aveu du propriétaire voisin qui, tout en convenant que le fait du passage réclamé par son fonds existe depuis plus de trente ans, soutient en même temps qu'il n'a eu lieu que précairement, ne peut être divisé contre lui.—*Bruxelles*, 4 févr. 1806, Degrotte c. Tierlinck.

120. — Il suffit qu'il n'existe aucune preuve écrite d'un engagement allégué pour qu'on doive réputer indivisible l'aveu de celui qui, tout en convenant de cet engagement, déclare en même temps s'en être libéré. — Ainsi, lorsque l'acquéreur d'un immeuble, tout en avouant l'existence d'une convention verbale par laquelle il a renoncé au bénéfice de son acquisition et consenti à prêter son nom pour des reventes partielles, convient, en même temps, être resté détenteur de certaines parties de biens moyennant un prix déterminé, mais déclare également s'être libéré entre les mains d'un tiers mandataire du vendeur, s'il n'existe aucune preuve ni de la renonciation au premier contrat, ni de la deuxième vente faite au renonçant, le principe de l'indivisibilité de l'aveu a pour effet de dispenser ce dernier de l'obligation de prouver soit l'existence du mandat, soit la libération qu'il allègue. — Dans le même cas, les juges du fond sont souverains pour décider que le renonçant n'a encouru aucune responsabilité en ne retirant pas de quittance du mandataire indiqué et qui dénie le mandat. — *Cass.*, 25 mai 1841 (t. 2 1841, p. 209), Dubreuil c. Laporte et Montouroy.

12 . — Les réponses faites par une partie dans un interrogatoire sur faits et articles, provoqué par son adversaire, sont des aveux judiciaires, qui ne peuvent être divisés contre elle. — *Paris*, 4 juin 1829, Loysel c. Defrecine.

122. — Jugé également, qu'avant le Code civil l'aveu fait par une partie, dans un interrogatoire sur faits et articles, ne pouvait être divisé contre elle. — *Besançon*, 3 fruct. an XII, Séguin c. Pathiot.

123. — La déclaration d'un fournisseur de vivres, chargé de l'approvisionnement des troupes stationnées dans une commune, qu'il a effectivement introduit des bestiaux dans la ville, mais qu'il a été convenu avec l'autorité qu'il ne paierait aucun droit pour cette introduction, est indivisible, et, par suite, insuffisante pour devenir le fondement d'une condamnation contre lui. — *Cass.*, 4 août 1828, Maire de Carcassonne c. Cazanave.

124. — Quand la preuve d'une mutation verbale ne résulte que de la déclaration des parties, la régie de l'enregistrement ne peut pas scinder cette déclaration pour changer la date déclarée. — *Cass.*, 12 juill. 1836, Enregistrement c. Weber.

125. — Lorsque l'époux défendeur au divorce avoue les faits qui lui sont reprochés, cet aveu, surtout s'il est accompagné de moyens d'excuses, ne suffit pas, abstraction faite de toute autre preuve, pour faire admettre la demande. — *Turin*, 25 mess. an XII, dame Buniva c. son Mari.

126. — En supposant qu'un tiers fût fondé à tirer avantage d'un aveu fait par son adversaire dans un procès qui aurait été parfaitement étranger à celui qui voudrait s'en prévaloir, toujours est-il qu'un pareil aveu judiciaire serait indivisible. — *Cass.*, 3 juin 1812, Caroillon-Destillières c. Séguin.

127. — Sont indivisibles, comme les aveux judiciaires, ceux faits par une partie au bureau de paix; en conséquence, ils doivent être ou reçus ou rejetés pour le tout. — *Paris*, 31 janv. 1807, Monty c. Maire.

128. — Quoiqu'en matière commerciale, où la preuve testimoniale est admissible presque dans tous les cas, on doive se montrer moins sévère dans l'application du principe de l'indivisibilité de l'aveu, on ne saurait néanmoins déroger à ce principe, qu'autant que des circonstances graves s'opposeraient à son application. — *Pau*, 11 nov. 1834, Semmartin c. Begué.

129. — Cependant la régle concernant l'indivisibilité de l'aveu n'est pas tellement absolue qu'elle ne doive souffrir des exceptions.

130. — D'abord, il est clair qu'elle ne doit s'entendre que du cas où l'aveu ne sera pas fait par une seule et même déclaration; car s'il était fait par deux actes signifiés successivement, ou par deux déclarations à l'audience, séparées par un intervalle quelconque, quelque court qu'il fût, les aveux pourraient être divisés, en ce sens qu'on pourrait s'en tenir à l'un ou à l'autre. En effet, il y aurait deux aveux, quelque corrélation qu'il y eût entre eux. — Duranton, *Des Contrats*, nº 1465; *Dr. franç.*, t. 13, nº 555; Toullier, t. 10, nº 339; Rolland, *Rép.*, vº *Aveu*, nº 49.

131. — Ainsi, celui qui s'est reconnu débiteur et qui, en renouvelant cette reconnaissance, ajoute qu'il s'est libéré, ne peut invoquer l'indivisibilité de son aveu. — En effet, le renouvellement de la reconnaissance forme un second aveu tout-à-fait distinct du premier, lequel subsiste sans restriction. — *Rennes*, 7 août 1817, Pihan du Feillay c. Litré.

132. — Ensuite, quelque générales que soient les expressions du texte, on ne saurait présumer que le législateur ait voulu que l'application de la loi entraînât une injustice ou une absurdité. On en conclut avec raison qu'il y a là des exceptions tacites. — Grotius. *De jure pacis et belli*, lib. 2, cap. 16, §22; Heineccius, *Prælect. in Grotium, ibid.*; Toullier, t. 10, nº 338.

133. — Ainsi jugé que le principe de l'indivisibilité de l'aveu, énoncé d'une manière générale dans l'art. 1356, C. civ., reçoit des exceptions. — *Dijon*, 27 déc. 1828, Lebrun de Virloy c. Boudrot (sous *Cass.*, 27 avr. 1831).

134. — D'après la jurisprudence qui existait avant le Code, l'aveu pouvait être, suivant les circonstances, divisé dans les quatre cas suivans :

135. — *Premier cas :* — Lorsque l'aveu portait sur des faits distincts, ou qu'il portait sur des faits même connexes, mais qui ne se référaient pas à une même époque, et ne formaient pas par conséquent un acte continu. — Merlin, *Quest.*, vº *Confession*, § 2; Toullier, t. 10, nº 336; *Encycl. du dr.*, nº 28. — Cette exception a été consacrée par les décisions suivantes :

136. — Jugé que l'aveu n'est indivisible qu'autant qu'il s'applique à un même objet, et non à des faits distincts. — *Douai*, 13 mai 1836, Debril c. Bourgois.

137. — Il est divisible, s'il porte, non sur un fait ou un point de contestation unique, mais sur plusieurs points distincts et par l'époque des conventions et par leur objet. — *Cass.*, 14 janv. 1824, Trolliet c. Bron.

138. — De même lorsque l'aveu judiciaire porte sur deux faits distincts et indépendans l'un de l'autre, les tribunaux peuvent admettre l'un et rejeter l'autre sans violer le principe de l'indivisibilité de l'aveu. — *Cass.*, 23 déc. 1835, Bidault c. Texier; 8 août 1836, Legrand c. Lépine.

139. — Ainsi, lorsque, tout en reconnaissant la réalité d'une vente, une partie prétend que la chose vendue ne réunissait pas les conditions requises, une cour royale a pu, tout en rejetant cette prétention, déclarer la vente valable. — *Cass.*, 25 août 1831, Aubert c. Aubry.

140. — Le tribunal de commerce qui, pour la preuve d'un fait, ne s'est point déterminé uniquement par l'aveu judiciaire de la partie, mais bien conformément à l'art. 109, C. comm., peut, en admettant ce fait comme constant, le séparer des effets ou des conditions que l'aveu lui attribue, sans pour cela violer la règle de l'indivisibilité de l'aveu. — *En d'autres termes*, lorsqu'une vente est déclarée constante d'après l'explication des parties et les circonstances de la cause, l'aveu du défendeur qui, en en reconnaissant l'existence, prétend qu'elle était faite sous condition résolutoire, ne s'oppose point à ce que les juges ordonnent l'exécution de la vente sans s'arrêter à la condition résolutoire, dont la stipulation ne leur semble pas suffisamment établie. — *Cass.*, 22 nov. 1841 (t. 1er 1842, p. 376), Vieille c. Bien-Aimé Condor.

141. — Il n'y a pas violation de la règle de l'indivisibilité de l'aveu judiciaire dans l'arrêt qui, pour accueillir une exception de prescription, se fonde sur la déclaration par laquelle celui à qui elle est opposée reconnaît la durée de la possession, mais en attribuant à cette possession même un caractère inefficace pour prescrire, par exemple, en ce qu'elle aurait eu lieu à titre d'usage; alors d'ailleurs que par appréciation des titres et des circonstances les juges décident que la possession n'a pas eu lieu à titre de simple usage. — — *Cass.*, 15 nov. 1842 (t. 1er 1843, p. 583), de Cornulier et de Monty c. de Coudroy.

142. — De même l'aveu est divisible lorsqu'i porte sur deux points distincts, et par l'époque des conventions, et par leur objet; par exemple, si un individu reconnaissait qu'un échange avait eu lieu à telle époque, mais qu'ensuite ce même échange avait été, à une époque postérieure, anéanti entre les parties. — *Cass.*, 6 fév. 1838 (t. 1er 1838, p. 526), Cayro c. Latour.

143. — Jugé cependant que, si dans une matière excédant 150 fr., il n'existe de titre ni en faveur du demandeur ni en faveur du défendeur, l'aveu fait par ce dernier et qui forme seul le titre du premier, ne peut être divisé, bien que portant sur des faits distincts, mais non susceptibles d'être prouvés par témoins. — *Cass.*, 17 nov. 1835, Bossaut c. Casamayor.

144. — La règle de l'indivisibilité de l'aveu ne peut s'étendre à tous les faits étrangers qu'il plait à l'avouant d'insérer dans son aveu, et l'avouant ne peut espérer qu'en employant ce moyen détourné il se fera un titre contre son adversaire. — Ainsi, un dépositaire ajoute à l'aveu du dépôt, et pour se faire un titre à lui-même, que le déposant lui doit différentes sommes : on ne peut appliquer à cette espèce l'indivisibilité de l'aveu. — L. 26, D., *Depositi.* — Merlin, *Rép.*, vº *Chose jugée*, § 15; Toullier, t. 10, nº 339; Rolland, *Rép.*, vº *Aveu*, nº 52.

145. — Lorsque dans l'interrogatoire sur faits et articles subi par deux parties pour arriver à connaître la date d'une convention que l'on soutient de nature à entraver la liberté des enchères, l'une d'elles a placé cette date *avant* l'adjudication, et l'autre *après*, les juges peuvent, sans violer le principe de l'indivisibilité de l'aveu ni l'art. 1583, C. civ., s'attacher à celle des deux déclarations qui leur paraît la plus vraisemblable, et par suite décider que les conventions *faites de bonne foi* n'ont pu porter atteinte à la liberté des enchères. — Cette décision échappe à la censure de la cour de Cassation. — *Cass.*, 26 déc. 1837 (t. 1er 1838, p. 9), Langlois c. Roussel et Josse.

146. — Le juge peut, sans violer le principe de l'indivisibilité de l'aveu judiciaire, isoler les unes des autres, pour en argumenter contre celui dont elles émanent, les différentes réponses faites aux questions de l'interrogatoire; — pourvu toutefois qu'il ne divise pas chacune de ces réponses. — *Cass.*, 6 avr. 1836, Rivet c. Burbaud; 19 juin 1839 (t. 2 1839, p. 36), Demontey c. Nitot. — Ainsi, par exemple, lorsque certaines réponses sont

négatives et d'autres ambiguës, le juge peut, en se fondant sur cette ambiguïté, considérer l'interrogatoire sur faits et articles comme commencement de preuve par écrit sur le fait qu'il a pour objet de prouver, sans qu'on puisse faire ressortir une violation du principe de l'indivisibilité de l'aveu judiciaire de ce qu'il ne tiendrait pas compte des réponses négatives.—Même arrêt du 19 juin 1839 (t. 2 1839, p. 36), Demonley c. Nitot.

147. — L'ouvrier qui, en travaillant dans une maison habitée, trouve un sac d'argent caché derrière une boiserie, peut être admis à prouver par témoins que c'est un trésor qu'il a découvert, et quelle en est l'importance, malgré la dénégation du propriétaire qui prétend que cet argent lui appartient, que c'est lui qui l'a caché, et que la somme est bien inférieure à celle déclarée par l'ouvrier. — Le propriétaire ne peut, pour écarter la preuve offerte, se prévaloir de l'indivisibilité de son aveu et de la circonstance que la somme respectivement avouée excède 150 fr. — *Amiens*, 19 janv. 1826, Rey-Fay c. Thierry.

148. — Si, tout en faisant l'aveu judiciaire qu'il y a eu accord sur la chose et sur le prix, le titulaire d'un office qui l'a vendu soutient cependant que, dans sa pensée, la rédaction de l'acte était une condition *sine quâ non* de la vente, sa déclaration peut être divisée, et malgré cette restriction intentionnelle, on peut dire qu'il y a eu vente parfaite. — *Bordeaux*, 7 mai 1834, Michelot c. David.

149. — Avant tout procès, la déclaration écrite, donnée par un individu de laquelle il résulte qu'il a consenti une vente, mais sous certaines conditions qu'il énumère, ne peut, si elle est produite en justice, être considérée comme un aveu judiciaire indivisible. — En conséquence, les juges saisis du litige peuvent déclarer constant le fait de la vente, et repousser l'existence des prétendues conditions, encore bien que l'acquéreur n'ait pu invoquer d'autre preuve écrite que cette déclaration. — *Cass.*, 10 déc. 1839 (t. 1er 1840, p. 320), Léger et Barrois c. Lefebvre.

150. — Lorsque la preuve du mandat donné à un négociant de vendre certaines marchandises ne résulte que de son aveu, les juges ne sont point tenus, sous peine de violer le principe de l'indivisibilité de l'aveu judiciaire, de s'en rapporter à sa déclaration, à la fois pour le fait du mandat, pour son exécution, et pour la fixation du montant de la vente qui en a été la suite. — Au contraire, l'obligation de rendre compte étant la conséquence légale du mandat, et la preuve existant, dès-lors, à cet égard, indépendamment de l'aveu, on peut, en adoptant la déclaration quant au mandat, puiser ailleurs, quant à son exécution, des élémens de conviction. — On doit le décider ainsi, surtout si ce même négociant qui s'est avoué comptable du produit des marchandises, a commencé par reconnaître devoir rendre compte de la vente ou de l'emploi qu'il en a fait, et n'a songé que plus tard, après jugement qui lui enjoignait d'appuyer son compte de pièces justificatives, à faire déclaration pure et simple d'un prix et à invoquer le principe de l'indivisibilité de l'aveu. — *Cass.*, 24 déc. 1835, Mayer David c. Béer et Lipmann.

151. — *Deuxième cas :* — Lorsque la partie contestée de l'aveu se trouvait combattue par sa propre invraisemblance ou par une présomption de droit.—Henrys, t. 3, p. 180, et t. 4, 6e quest. postb.; Merlin, *Quest.*, vo *Confession*, §§ 2 et 3 ; Toullier, t. 10, no 336.

152. — *Troisième cas:* — Lorsque la partie contestée de l'aveu était prouvée fausse, ou que l'individu qui avait fait l'aveu avait contre lui des indices de dol, de fraude ou de simulation. — Merlin, *Quest.*, vo *Confession*, §§ 2 et 3 ; Toullier, t. 10, no 336. — Les décisions suivantes consacrent cette exception..

153. — L'aveu judiciaire peut être divisé contre une partie, lorsqu'il se trouve en contradiction avec des faits émanés d'elle.—*Bourges*, 4 juin 1825, Chenou-Jouslin c. Bonneau.

154. — Il peut également être divisé contre celui qui, par ses hésitations et ses contradictions, a perdu tout crédit. — *Spécialement*, lorsque celui qui avoue qu'une pièce lui a été déposée, déclare en même temps qu'il avait été en mission de la supprimer dans un cas prévu, cette dernière partie de son aveu peut être rejetée s'il avait commencé par nier l'existence de la pièce, et s'il n'est pas d'accord avec ses complices, de la suppression de la pièce.—*Cass.*, 20 fructid. an XII, Merlin-Hall c. Potter.

155.—Lorsque le porteur d'une obligation a avoué qu'elle avait pour cause, non celle qui y est exprimée, mais une autre qu'il a indiquée, les juges ont pu, sans violer le principe de l'indivisibilité en matière d'aveu, prononcer la nullité de l'obligation, parce que, indépendamment de l'aveu, il était établi au procès que la cause énoncée était fausse, et qu'aucune autre cause légitime n'était prouvée. — *Cass.*, 9 juin 1812, C.... c. B....

156. — L'aveu judiciaire peut être divisé, lorsque le fait avancé est démontré faux par les circonstances de la cause. — *Bourges*, 23 août 1825, Gabignon et Rabier c. Gallas de Latremblais.

157. — De même, quand une partie de l'aveu judiciaire est démontrée fausse, la conscience du juge doit la repousser. — *Agen*, 5 mai 1823, Garrigue c. Garrigue.

158. — L'aveu judiciaire peut également être divisé, lorsqu'il est prouvé qu'il y a eu dol ou fraude de la part de celui qui l'a fait. — *Toulouse*, 24 mars 1817, Bories c. Adoue.

159. — Ou même lorsqu'il porte avec lui la preuve du dol et de la fausseté. — *Agen*, 16 déc. 1823, Laffitte c. Saudel.

160. — L'aveu judiciaire peut être divisé contre celui qui l'a fait, dans le cas où il résulte des circonstances de la cause qu'il n'a pas été de bonne foi dans le cours de ses déclarations. — *Paris*, 6 avr. 1829, Levastre. c. Renaud.

161. — Le principe de l'indivisibilité de l'aveu cesse d'être applicable toutes les fois qu'il s'agit d'un acte ou d'un fait argué de dol ou de fraude; tel est le cas de la rétention d'un testament. — *Orléans*, 7 mars 1818, Barbot c. Delanoue (sous *Cass.*, 29 févr. 1820).

162. — *Quatrième cas :* — Lorsqu'il existait un commencement de preuve contre celui qui avait fait l'aveu.—Merlin, *Quest.*, vo *Confession*, § 2 et 3 ; Toullier, t. 10, no 336.

163. — Ainsi jugé que lorsqu'un fait est établi indépendamment de l'aveu de la partie, l'arrêt qui, en tenant ce fait pour constant, lui attribue des conséquences autres que celles résultant de l'aveu, ne contient aucune violation de la règle de l'indivisibilité de l'aveu. — *Cass.*, 21 mai 1838 (t. 1er 1842, p. 236), Escudé.

164. — Jugé également que dans le cas où le demandeur justifie le fondement de sa demande, indépendamment du secours de l'aveu du défendeur, celui-ci ne peut invoquer contre la demande l'indivisibilité de l'aveu en soutenant qu'on ne peut admettre l'existence de la dette sans admettre le fait de paiement par lui articulé. — *Amiens*, 14 déc. 1839 (t. 1er 1841, p. 548), Béancourt c. Lacot.

165. — Jugé de même qu'il n'y a pas violation du principe de l'indivisilité de l'aveu, lorsqu'une cour, sans s'arrêter à l'aveu d'une partie, la condamne en un point sur lequel l'aveu lui était favorable, tout en se fondant cependant sur un fait qui faisait partie de cet aveu, mais qui était constant et prouvé, nonobstant l'aveu. — *Cass.*, 20 juin 1826, Brocard c. Charlier.

166. — Lorsqu'une partie avoue qu'il y a eu une démission de biens, mais ajoute qu'elle a été révoquée un arrêt ne peut être réputé avoir divisé cet aveu judiciaire quand, après avoir rejeté les conclusions de l'autre partie fondées sur cet aveu, il déclare la démission constante d'après d'autres circonstances. — *Cass.*, 8 janv. 1839 (t. 1er 1839, p. 500), Ducarpe c. Doumeing.

167. — L'aveu contenu dans des conclusions signifiées peut, sans qu'il y ait violation du principe de l'indivisibilité de l'aveu, servir de commencement de preuve par écrit. — *Grenoble*, 13 mars 1834, Clarenson c. Allier.

168. — Lorsqu'un individu inculpé d'avoir détourné à son profit une somme d'argent qu'on prétend lui avoir été confiée à titre de dépôt, avoue que cette somme n'a pas été laissée entre ses mains à titre de prêt, cet aveu judiciaire équivaut à un commencement de preuve par écrit. — *Cass.*, 6 oct. 1826, Rey c. Ministère public. — V. COMMENCEMENT DE PREUVE PAR ÉCRIT.

169. — Si l'aveu est indivisible, quant aux faits qu'il contient, l'appréciation de ces faits et des conséquences qui en dérivent appartient néanmoins aux magistrats appelés à prononcer sur le différend. — *Bruxelles*, 24 mars 1830, Lesneucq c. Meynsbrugge.

170. — La loi ordonne même aux juges de fixer le véritable sens de l'aveu, en le coordonnant avec les autres élémens, faits et circonstances. — *Cass.*, 25 janv. 1821, Quilleray c. Caugy.

171. — Interpréter un aveu judiciaire, ce n'est pas le diviser. — *Cass.*, 11 déc. 1833, Bayon c. Salomon.

172. — Lorsque le souscripteur d'une lettre de change assigné en paiement reconnaît, tout en opposant la prescription, avoir payé des à-comptes, mais soutient en même temps, sans en justifier, avoir fait postérieurement un paiement pour solde, les juges peuvent, sans violer l'indivisibilité de l'aveu, le condamner à payer ce qu'il reste devoir. — *Cass.*, 16 déc. 1828, Ténégal c. Cathala.

173. — Encore bien qu'un individu ait énoncé sa qualité de maire dans une obligation par lui souscrite, on ne peut dire qu'un jugement a violé l'indivisibilité de l'aveu en décidant que cet individu s'était obligé personnellement et non pas pour et à la charge de la commune. — *Bruxelles*, 14 fév. 1820, Lois c. bureau de bienfaisance de Bruges.

174. — Le principe de l'indivisibilité de l'aveu n'est point applicable à l'aveu extrajudiciaire. Car le code ne parlant que de l'aveu judiciaire, il faut en conclure que l'aveu extrajudiciaire reste dans les termes du droit commun. Ainsi c'est aux juges à apprécier les circonstances. — Merlin, *Quest.*, vo *Confession*, § 3 et 4 ; Toullier, t. 10, no 340; Rolland de Villargues, *Rép.*, vo *Aveu*, no 54.

175. — Ainsi, jugé que l'aveu extrajudiciaire n'est point indivisible. — *Orléans*, 7 mars 1818, Barbot c. Delanoue. — (V. cet arrêt rapporté avec l'arrêt de rejet du 29 fév. 1820.)

176.—Jugé au contraire que lorsque celui au profit de qui une obligation a été souscrite, a déclaré extrajudiciairement qu'il n'est que le prête-nom d'un tiers, cet aveu ne saurait être divisé contre celui-ci.—*Cass.*, 17 mai 1808, Boulanvilliers c. Mortenard.—Le motif qui ferait appliquer le principe de l'indivisibilité à l'aveu extrajudiciaire est que la preuve résultant d'un aveu est la même, de quelque manière que cet aveu ait été fait.

177.—En tous cas, l'aveu extrajudiciaire est indivisible quand il a été renouvelé judiciairement depuis la demande. — *Cass.*, 30 avr. 1821, Gourraud c. Huré ;—Merlin, *Quest.*, vo *Confession*, § 3.— V. *contrà Orléans*, 7 mars 1818, Barbot c. Delanoue (sous *Cass.*, 29 fév. 1820).

178.— Le Code, dit Merlin (*Quest. de dr.*, vo *Confession*, §§ 3 et 4), ne parle que de l'aveu verbal, et l'aveu écrit rentre dans la classe des preuves littérales. Or, les actes authentiques ou sous seing-privé, faisant pleine foi entre ceux qui les ont signés, même des énonciations qu'ils contiennent, il s'ensuit qu'il faut prendre ces actes dans leur parfaite intégrité; ils ne feraient foi qu'à demi, si on pouvait les diviser.

179.—Cela est exact à l'égard des écrits signés des deux parties, mais sans force à l'égard des écrits qui ne sont signés que de l'une d'elles, comme les lettres missives. Celui de qui elles émanent ne peut invoquer l'indivisibilité de l'aveu à l'égard des énonciations qu'il lui a plu d'insérer dans ces lettres pour s'en faire un titre.—Toullier, t. 10, no 341.

180.—Par la même raison jugé que, en admettant que des livres et papiers domestiques pussent être assimilés à un aveu judiciaire, ils peuvent bien, s'ils ont rapport à l'objet de la demande, établir la libération de la partie contre qui une demande est formée, mais ils ne sauraient à eux seuls faire un titre de créance en sa faveur, sous le prétexte que ces registres sont indivisibles comme l'aveu. — *Cass.*, 16 déc. 1833, Raquillet c. Gaudriot.

§ 5. — *De l'irrévocabilité de l'aveu.*

181.—L'aveu judiciaire ne peut être révoqué, mais il faut pour cela que l'autre partie ait déclaré l'accepter; autrement, l'on peut toujours rétracter sa parole avant qu'il y ait droit acquis à un tiers par l'acceptation. Ce n'est que dans le cas où vous avez quelque droit acquis que je ne puis changer de volonté au préjudice de ce droit. — *Nemo potest mutare consilium suum in alterius injuriam.* L. 75, ff., *De Reg. jur.*;—Voet, *in titul.*, ff., *De confessis*, 42, 2; — Perez, *Sur le Cod.*, lib. 7, tit. 59, nos 15 et 16; Toullier, t. 10, no 287; *Encyclop. du dr.*, no 26; Merlin, *Rép.*, t. 17, p. 451.

182.—Lors donc qu'une partie fait verbalement ou dans ses écritures quelque aveu dont on croit que l'on pourra tirer avantage, il faut être attentif à en demander acte; la partie ne peut plus, dès-lors, rétracter son aveu.—Camus et Bayard, *Nouv. collect. de jurisp.*, vo *Aveu*, t. 2, p. 634.

183.—Ainsi jugé que l'aveu judiciaire n'a la force d'une convention irrévocable que lorsque la partie qui veut en retirer avantage en a requis acte.—*Bruxelles*, 30 mai 1823, N... c. N...

184.—Que l'aveu fait par une partie à l'audience peut être révoqué tant que la partie adverse n'en a point demandé acte. Cette révocation de l'aveu peut n'avoir lieu que tacitement.—*Colmar*, 21 avr. 1828, Schultz c. Franger et Baumgartner.

185.—Quelques auteurs pensent que l'aveu, une fois fait, appartient irrévocablement au procès, sans que l'acceptation de l'autre partie soit nécessaire ; que cette acceptation n'est exigée que pour la formation et l'extinction d'un contrat ; qu'on ne peut pas confondre les aveux avec les offres parce que ces dernières supposent un fait préexistant, tandis que les autres sont entièrement libres et

spontanés ; qu'enfin, l'aveu n'étant que la reconnaissance d'un fait, un fait ne peut pas être et n'être pas, ce qui repousse l'admissibilité de toute rétractation ultérieure.—Solon, nº 128.

186. — Mais on répond avec Toullier (t. 10, nº 288): Sans doute la vérité du fait avoué n'est point et ne saurait être détruite par la rétractation d'un aveu dont elle est indépendante; mais je puis détruire, en le rétractant, les conséquences d'un aveu qui n'est pas autre chose qu'un acte de ma volonté, et duquel vous auriez pu tirer une preuve, équivoque il est vrai, quoique admise en justice, de l'existence du fait qui demeure sans preuve depuis ma rétractation; car il serait contre toute raison de prétendre que l'aveu d'un fait personnel à l'avouant est, du moment même de son émission, un critère infaillible et indestructible de vérité. La rétractation de l'aveu ne détruit ni n'altère la vérité du fait avoué; il anéantit seulement la preuve qu'on pouvait en tirer pour en conclure la réalité du fait.

187.—Suivant le droit romain, pour que l'aveu judiciaire ait toute sa force, il faut qu'il soit fait en présence de la partie adverse ou de son fondé de pouvoir.—L. 6, § 3, ff., *De Confessis.*— Cependant, Perez dit, d'après plusieurs docteurs, que l'aveu fait en l'absence de la partie adverse a toute sa force, si le juge l'a fait constater par le greffier, et si, en outre, la partie absente l'a ensuite acceptée. — Arg. L. 1, § 15, ff., *De magist. conveniendis.* — V. conf. Duranton, t. 13 nº 564.—V. aussi Merlin, *Rép.*, vº *Preuve*, sect. 2e, § 1er.

188.—L'acceptation de l'aveu peut précéder l'émission de cet aveu, par exemple, dans le cas de l'interrogatoire sur faits et articles ou dans le cas d'un jugement qui avait ordonné la comparution des parties à l'audience : car, dans l'un et l'autre cas, il y a évidemment acceptation d'avance de la part de l'autre partie, soit par la provocation de l'interrogatoire, soit par la notification du jugement qui ordonne la comparution.—Toullier, t. 6, nº 26, et t. 10, nº 289; *Encyclop. du dr.*, nº 26.

189.—Celui qui rétracte un aveu non accepté, n'est pas tenu de prouver que cet aveu était fondé sur une erreur. Il n'a rien à prouver, puisque la rétractation de sa part est un simple changement de volonté. Ce n'est pas comme lorsqu'il y a eu acceptation.—Toullier, t. 10, nº 289.

190.—L'aveu judiciaire peut être révoqué lorsqu'il n'est fondé que sur l'erreur, *non fatetur, qui errat.*—C. civ., art. 1356;—Merlin, *Rép.*, vº *Preuve*, art. 2, § 1er; Toullier, t. 6, nº 74, et t. 10, nºs 309 et suiv.

191.—Toutefois, il n'y a que l'erreur de fait qui puisse faire révoquer l'aveu; il n'en est pas de même de l'erreur de droit (C. civ. art. 1356). Cette disposition est conforme à la loi 2, ff., *De confessis : Non fatetur qui errat, nisi jus ignoravit.* — En effet, comme il n'y a que l'erreur sur le motif déterminant qui annule le consentement, il est impossible de prouver que l'erreur de droit a été le motif déterminant de l'aveu.—Toullier, t. 10, nº 310.

192.—Ainsi, le défendeur qui confesse la dette au lieu d'opposer la prescription ne pourra revenir contre son aveu, sous prétexte qu'il ignorait que la loi lui donnât le moyen de la prescription. En effet, il est censé connaître la loi, et puis il a pu avoir l'intention de renoncer à la prescription.—Toullier, t. 6, nº 74; Duranton, *Dr. fr.*, t. 13, nº 557.

193.—Jugé cependant que la prescription quinquennale prononcée par l'art. 2277, C. civ., contre les arrérages de rentes, doit être appliquée, encore qu'il y ait présomption, et même aveu de non paiement.—*Paris*, 10 fév. 1826, de Pully, c. fabrique d'Eragny.

194. — Ainsi encore, le débiteur d'un billet qui avouerait en avoir reçu le montant, ne pourrait pas rétracter son aveu, sous prétexte qu'il ignorait la disposition de l'art. 1326, C. civ., qui lui permettait de demander la nullité du billet pour défaut d'approbation de la somme.—Duranton, *Dr. fr.*, t. 13, nº 558.

195. — L'aveu fait par erreur de droit peut cependant être rétracté, si l'on prouvait qu'elle a été causée par le dol de l'adversaire. En pareil cas, la preuve testimoniale est admissible. — Toullier, t. 10, nº 311.

196.—Il en serait de même encore, si celui qui a fait l'aveu n'avait pas le pouvoir de le faire, comme lorsque c'est un mineur qui a été interrogé sur un fait qui excédait les bornes de sa capacité.—Rolland de Villargues, *Rép.*, vº *Aveu*, nº 65.

197.—Toutefois, l'aveu d'une obligation n'empêche pas de proposer les moyens de nullité que fournit la loi contre cette obligation, alors même que son existence est reconnue. — Duranton, *Des contrats*, nº 1468.

198.—Ainsi, de ce qu'un mineur devenu majeur avouerait un prêt qui lui a été fait en minorité, ou reconnaîtrait un billet qu'il a souscrit à ce sujet, il ne devrait pas pour cela être condamné à payer le montant du prêt ; car il ne résulte pas de là qu'il ait profité des deniers prêtés. Or, c'est là une condition indispensable et qui doit être prouvée par le créancier. — Duranton, *Dr. fr.*, t. 13, nº 559.

199.—Ainsi encore, l'aveu d'une dette de jeu ne signifierait rien, puisque la loi ne donne pas d'action, du moins en principe, pour une dette de jeu. —Duranton, *Dr. fr.*, t. 13, nº 560.

200.—Lorsqu'il est établi que c'est par suite d'une confusion de dénomination qu'une partie a été amenée dans une instance à déclarer qu'un fonds n'était point compris dans la vente à elle consentie, il y a lieu à révocation de l'aveu pour erreur de fait. — *Cass.*, 15 fév. 1836, commune de Rohr c. Hœring et Mertian.

201. — Quand une partie, dans le cours de l'instance, a reconnu la qualité de son adversaire, elle ne peut revenir sur cette reconnaissance, à moins qu'elle ne prouve que cette reconnaissance lui a été arrachée par fraude. — *Bordeaux*, 25 août 1832, Menguin c. Coycault.

202. — C'est à celui qui allègue l'erreur comme cause de l'aveu à prouver cette erreur. Le créancier qui a en sa faveur un aveu écrit ou une reconnaissance du débiteur est dispensé de toute preuve. — L. 25, § 4, ff., *De probat.*; L. 2, ff., *De confessis*; Merlin, *Quest.*, vº *Terrage*, § 1er; Toullier, t. 10, nºs 309 et 312; Duranton, *Dr. fr.*, t. 13, nº 556; *Encyclop. du dr.*, nº 26.

203. — Les preuves de l'erreur doivent être claires, évidentes, et, dans le doute, l'erreur préjudicie à celui qui l'a commise. Les lois, dit Toullier (t. 10, nº 309), exigent même que les preuves en soient écrites, si l'aveu a été consigné par écrit.— L. 13, Cod., *De non numerat. pecun.*

204.— Jusqu'à ce que la preuve de l'erreur soit faite, provision est due au titre résultant de l'aveu. —Ainsi, lorsqu'un défendeur qui a confessé devoir la somme demandée, veut prouver l'erreur de la confession, si cette preuve a besoin d'une longue discussion, le demandeur peut le faire condamner par provision à payer la somme qu'il a confessé devoir. — Pothier, *Oblig.*, nº 834.

205. — Ce que nous venons de dire s'applique aux aveux extrajudiciaires comme aux aveux judiciaires. Car il y a même raison de décider. — *Encyclop. du dr.*, nº 28.

206. — Relativement aux aveux consignés dans des actes synallagmatiques, il ne semble pas qu'il puisse s'élever de question; car en signant un acte synallagmatique qui contient des aveux dont je peux tirer avantage, je manifeste assez clairement mon intention de les accepter. Il en est de même des aveux consignés dans des actes unilatéraux remis à la partie en faveur de laquelle ils sont faits. Elle est censée accepter les aveux que contient en sa faveur l'acte unilatéral, par cela seul qu'elle prend cet acte des mains de celui qui l'a souscrit ou du notaire qui l'a dressé en brevet. — Merlin, *Rép.*, t. 17, p. 452; Rolland, *Rép.*, vº *Aveu*, nº 131.

207 —Si l'aveu extrajudiciaire est consigné dans un acte unilatéral non encore remis à la partie au profit de laquelle il est fait; cet aveu ne cesse d'être révocable que par la remise de l'acte qui le contient entre les mains de cette partie, car ce n'est qu'alors que cette partie peut être censée l'accepter. — Merlin, *Rép.*, t. 17, p. 453; Rolland, *Rép.*, vº *Aveu*, nº 58.

208. — L'aveu consigné dans une lettre missive peut être révoqué par une seconde lettre qui parvient à son adresse avant ou en même temps que la première. Mais la lettre une fois parvenue à la personne à qui elle est adressée, l'aveu ne peut plus être révoqué, quand bien même cette personne n'aurait pas accusé réception de la lettre.— Merlin, *Rép.*, t. 17, p. 453; Rolland, *Rép.*, vº *Aveu*, nº 59.

209. — L'aveu d'une dette contenu dans un testament constitue une reconnaissance ou un legs, suivant les circonstances. — Delvincourt, *Cours de dr. civ.*, t. 2, p. 626. — Sur cette question et sur celle de savoir si la révocation du testament entraîne celle de la reconnaissance qui y serait consignée, V. TESTAMENT.

§ 6. — *De l'aveu en matière criminelle.*

210. — Chez les peuples anciens, et notamment chez les Juifs, la simple déclaration de l'accusé suffisait pour le faire condamner au dernier supplice. Il en était de même chez les Romains : le seul aveu de l'accusé prouvait sa culpabilité. — LL. 2, Cod., *Quorum appellat.*, et 16, *De pœnis*; —Merlin, *Rép.*, vº *Confession.*

211. — En France, autrefois, ce principe n'avait pas été complétement adopté. L'aveu n'était cependant pas dépourvu de force. L'art. 5, tit. 15, ordonnance de 1670, exigeait trois conditions pour la condamnation de l'accusé, sans aucune information : 1º sa confession ou aveu dans les interrogatoires ; — 2º des pièces authentiques ou suffisamment reconnues ; — 3º des présomptions ou des indices. — Baroche, *Encyclop. du dr.*, vº *Aveu.*

212. —Toutefois, les criminalistes étaient divisés sur le degré d'efficacité qu'il convenait de lui accorder. — Muyart de Vouglans, *L. crim.*, part. 6e, chap. 4; Jousse, *Inst crim.*, t. 1er, p. 671 ; Farinacius, *Quæst.* 81, nº 13; Damhoudère, *Prat. judic. crim.*, chap. 49, nº 2; chap. 54, nº 10, et chap. 39, nº 5.

213. — Sous l'empire du Code d'inst. crim., les aveux les plus précis n'arrêteraient pas le cours de l'instruction ; il peut arriver, en effet, que l'accusé, cédant à un mouvement d'exaltation ou de désespoir, avoue des crimes imaginaires. C'est donc justement qu'on lui applique le principe protecteur : *Nemo auditur perire volens.* — Baroche, *Encyclop. du dr.*, vº *Aveu*, nº 31.—D'ailleurs, ainsi que le fait parfaitement observer M. Rauter (*Tr. de dr. crim.*, t. 1er, nº 224, p. 343), l'application de la loi pénale étant d'ordre public, il ne peut pas dépendre de la volonté d'un particulier de l'attirer sur lui, pas plus qu'il ne peut, par une transaction avec la partie lésée, en paralyser l'effet.

214. — On ne pourrait donc, en principe, motiver une condamnation uniquement sur l'aveu de l'accusé. — Les seules preuves admises par nos lois criminelles sont celles indiquées dans les art. 154, 189, 314 et suiv., c'est-à-dire les procès-verbaux ou rapports et la déclaration de témoins. —Merlin, *Rép*, vº *Confession*, nº 5.

215. — Jugé en conséquence qu'aucun individu ne peut être condamné pour des faits dont il n'y a aucune preuve que son aveu, surtout si cet aveu a été fait à l'occasion du sacrement de la pénitence et par ordre du prêtre même qui a reçu la confession. —Ainsi, celui qui, par ordre de son confesseur, a demandé pardon d'un vol à la personne volée, ne peut, sur cet aveu et sans autre preuve, être condamné comme coupable de vol. — *Turin*, 28 fév. 1810, Ronino.

216. — Qu'on ne peut considérer comme une preuve légale de complicité du délit d'adultère l'aveu fait par le prévenu dans un interrogatoire de lui signé et par lui subi, en état d'arrestation, devant un juge d'instruction. — *Paris*, 18 mars 1829, Magnan ;—Chauveau et Hélie, *Th. C. pén.*, t. 6, p. 257.

217. — Ce n'est pas à dire cependant que l'aveu de l'accusé ou du prévenu ne puisse avoir aucune portée; il arrivera même le plus souvent qu'il influera puissamment sur la conviction des juges et des jurés, mais ce ne sera toujours que comme auxiliaire, et les juges et jurés n'ayant point à rendre compte des élémens de leur conviction (C. inst. crim., art. 342), on ne pourra ni savoir ni rechercher pour quelle part l'aveu y sera entré, et on ne sera pas admis à fonder une demande en nullité sur ce que la condamnation n'a pas d'autre base que l'aveu de l'accusé. — Rauter, *Dr. crim.*, t. 1er, nº 224, p. 344.

218. — Jugé que si l'aveu fait par le prévenu ou son avoué n'établit pas une présomption légale de sa culpabilité, les juges peuvent du moins, sans violer aucune loi, y puiser des élémens de conviction. — *Cass.*, 30 janv. 1830, Carrère c. Carroque.

219. — La jurisprudence fait cependant exception à cette règle en matière de contravention.

220. — Ainsi jugé qu'en matière de simple police l'aveu fait par un prévenu suffit pour motiver sa condamnation.— *Cass.*, 4 mars 1826, Sulpicy.

221. — La loi ne subordonne point la poursuite d'une contravention de police à l'existence d'un procès-verbal qui la constate. Les contraventions peuvent être prouvées par des témoins et par les aveux des prévenus — *Cass.*, 7 avr. 1809, Bangnies.

222. — L'aveu du prévenu suffit pour établir les preuves d'une contravention malgré la nullité du procès-verbal, — *Cass.*, 5 fév. 1825, Geoffroy; — Mangin, *Procès-verbaux*, p. 36, nº 14.

223. — Lorsque le prévenu d'une contravention avoue le fait qui lui est imputé, le tribunal de police ne peut le relaxer sur le motif que ce fait n'a pas été constaté par un procès-verbal. — *Cass*, 3 avril 1830 ; Dudouy ; *Cass.*, 17 fév. 1837 (t. 1er 1838, p. 75), Beuf et Mathieu.

224. — Jugé encore que devant un conseil de discipline de la garde nationale, il suffit de l'aveu du prévenu pour qu'un fait à lui imputé soit avéré, toute autre preuve est inutile. — *Cass.*, 29 déc. 1832, Roulph.

225. — Et que lorsque le fait de chasse imputé au prévenu est formellement reconnu par lui, le tribunal ne peut le renvoyer des poursuites sous

le prétexte que le délit n'est pas suffisamment prouvé. — *Cass.*, 26 janv. 1826, Couturier.

226. — Lorsque le délit de chasse est avoué par le prévenu, le tribunal ne peut, alors même que le procès-verbal serait nul, prononcer son acquittement. — *Bordeaux*, 28 fév. 1833, Pichon.

227. — En matière de droits réunis la nullité du procès-verbal ne dispense pas les tribunaux de prononcer la confiscation des objets saisis lorsque la contravention est d'ailleurs constatée par les déclarations et les aveux du prévenu. — *Cass.*, 30 anv. 1807, Paoletti; — Carnot, *Code d'inst. crim.*, sur l'art. 137, n° 21.

228. — Ces derniers arrêts, bien que rendus dans des espèces où c'était le tribunal correctionnel qui était saisi, ne contredisent point la jurisprudence qui admet l'aveu comme preuve en matière de contravention. En effet, dans leur véritable acception, les contraventions sont, non pas seulement les faits punis de peines de simple police, ainsi que les définit le Code pénal, mais les actes qui, enfreignant des dispositions spéciales, sont punissables par le fait seul de leur perpétration, et abstraction faite de l'intention, par opposition aux crimes ou délits qui ne sont atteints par la loi pénale qu'autant qu'au fait même se joint l'intention coupable. Or, dans les espèces citées ci-dessus il est facile de se convaincre que, soit que ce fût le tribunal correctionnel, soit que ce fût le tribunal de simple police qui fût saisi, il ne s'agissait jamais que de contraventions dans le sens que nous venons d'indiquer. — V. CRIMES, DÉLITS et CONTRAVENTIONS.

229. — On comprend que pour pouvoir servir, même de simple élément, l'aveu doit être libre: arraché par violence, il serait sans valeur. La question préparatoire, les tortures usitées dans nos anciens usages criminels ont été abolies par la loi des 8 et 9 oct. 1789, art. 24. — Toutefois, il n'est pas nécessaire que l'aveu soit spontané, on peut le provoquer par des interrogatoires, c'est même là le plus souvent le but principal de cet acte d'instruction. — Rauter, *loc. cit.*, nos 225 et 226.

230. — Les violences morales ôteraient également à l'aveu toute son autorité. Ainsi on ne devrait, en principe, tirer aucune conséquence fâcheuse de la transaction consentie par une personne accusée de crime ou de délit sous le coup de la menace que lui ferait la partie lésée de la poursuivre en justice: le désir d'échapper au scandale et à une poursuite criminelle dont l'effet peut être, dans certains cas, extrêmement préjudiciable, suffit souvent pour expliquer un acte dont on se serait sans doute gardé si on eût été plus libre de calculer la portée qui pouvait y être attachée. — Rauter, *loc. cit.*, n° 227.

231. — L'indivisibilité de l'aveu n'est pas admise en matière criminelle, comme en matière civile; les juges et jurés peuvent l'accepter pour une partie et le rejeter pour l'autre. « Le juge, dit M. Baroche (*Encyc. du Dr.*, v° *Aveu*, n° 32), qui pour prononcer une condamnation ne doit pas se contenter de l'aveu de l'accusé, ne sera pas obligé, par réciprocité, de l'accepter comme une preuve de non culpabilité, dans les parties qui seraient favorables à la défense. Il le rapprochera des autres preuves fournies par l'instruction; et de même qu'il lui serait permis de ne pas ajouter foi à la déclaration de celui qui l'accuserait à tort, de même aussi il pourra diviser cet aveu et faire la part de la vérité et celle du mensonge. » — V. aussi Merlin, *Rép.*, v° *Confession*, ch. 5; Rauter, *Tr. de dr. crim.*, t. 1er, n° 225 *in fine*.

232. — Jugé en conséquence qu'un tribunal ne peut écarter la preuve qui résulte de l'aveu d'un contrevenant, sous le prétexte de l'indivisibilité de cet aveu. — *Cass.*, 5 fév. 1825, Geoffroy.

233. — Nous avons vu *suprà* (n° 154) que lorsque celui qui avoue qu'une pièce lui a été déposée, déclare en même temps qu'il avait reçu mission de la supprimer dans un cas prévu, cette dernière partie de son aveu peut être rejetée, s'il avait commencé par nier l'existence de la pièce, et s'il n'est pas d'accord avec ses complices de la suppression de ladite pièce. — *Cass.*, 20 fructid. an XII, Merlin-Hall c. Potter. — V. aussi à ce sujet ABUS DE CONFIANCE, nos 170 et suiv.

234. — Alors même que la preuve d'un dépôt volontaire ne résulterait que de l'aveu du dépositaire, les juges peuvent ne pas ajouter foi à la déclaration de celui-ci, relative à une prétendue promesse de salaire. Il n'y a pas lieu, dans ce cas, à faire application du principe de l'indivisibilité de l'aveu. — *Colmar*, 26 juin 1816, Birtz-Moïse c. Cetty.

235. — Décidé, au contraire, mais à tort selon nous, qu'il est de règle en matière correctionnelle que l'aveu fait par le prétendu dépositaire ne peut pas être divisé contre lui. — *Metz*, 31 janv. 1821, Zay c. Muscat.

236. — Jugé également qu'au correctionnel comme au civil, l'aveu du prévenu sur l'existence et les circonstances d'un dépôt est indivisible. — *Cass.*, 26 sept. 1823, Combes c. Bresson. — Mais ce dernier arrêt se justifie parfaitement par cette considération que les tribunaux de répression qui sont appelés à statuer sur des questions préjudicielles consistant dans des faits civils ne peuvent le faire qu'en observant les règles de droit civil. — Or, en matière de violation de dépôt, l'existence du dépôt est un fait purement civil dont la preuve ne peut être admise qu'en conformité des prescriptions de la loi civile.

237. — La règle de l'indivisibilité de l'aveu reçoit exception en matière criminelle lorsque l'aveu n'est formel que sur un point, et que sur d'autres il présente des variations, et qu'il se trouve contredit par d'autres preuves. — *Cass.*, 23 juin 1837 (t. 2 1839, p. 496), Gand.

238. — Ainsi le prévenu ne saurait invoquer l'indivisibilité de ses aveux, lorsqu'il est constant en fait qu'après avoir reconnu l'existence d'un dépôt il a cherché dans des explications postérieures à modifier sa première déclaration. — *Cass.*, 12 avr. 1844 (t. 2 1844, p. 540), Gatoux.

239. — Toutefois s'il y avait absence absolue de toute autre preuve et de tous indices, et si les différentes parties de la confession étaient également probables, il y aurait indivisibilité de l'aveu. — *Cass.*, 9 août 1821, Javet.

240. — Au reste, le prévenu ne doit pas, juridiquement du moins, l'aveu de son crime, et aucune peine ne peut être prononcée contre lui à raison de sa dénégation ou des mensonges dont la fausseté serait prouvée. — Rauter, *Tr. dr. crim.*, t. 1er, n° 225.

241. — Jugé même que le prévenu qui prend et signe un faux nom dans l'interrogatoire par lui subi devant un juge d'instruction, ne se rend point coupable d'un faux et même ne commet ni crime ni délit. — *Cass.*, 29 avr. 1826, Séraphin Carlin; 1er sept. 1826, Sellier.

242. — Dans la première espèce, la cour de Cassation se fonde uniquement sur ce que le prévenu n'est pas astreint à déclarer ce qui pourrait être à sa charge. Elle ajoute dans le second arrêt que le fait n'est point préjudiciable à autrui. On pourrait dire également qu'il n'y a pas d'intention criminelle de la part du prévenu; mais la véritable raison de décider est, ainsi que le font remarquer MM. Chauveau et Hélie (*Th. C. pén.*, t. 8, p. 269), que la loi n'incrimine les déclarations de faits qu'autant qu'elles interviennent dans des actes qui avaient pour objet de les constater, et que le procès-verbal de l'interrogatoire d'un prévenu a pour objet de constater les réponses et les moyens de défense, mais non la vérité de ces réponses et de ces moyens.

V. ABUS DE BLANC-SEING, ABUS DE CONFIANCE, ACTE AUTHENTIQUE, ACTE DE COMMERCE, ACTE RÉCOGNITIF, ACTE SOUS SEING-PRIVÉ, ACTION (droit romain), ARBITRAGE, COMMENCEMENT DE PREUVE PAR ÉCRIT, CONTRE-LETTRE, DOUBLE ÉCRIT, ENREGISTREMENT, OFFRES RÉELLES, PAPIERS DOMESTIQUES, PRÉSOMPTION, PREUVE, PREUVE TESTIMONIALE, SERMENT JUDICIAIRE ET EXTRA-JUDICIAIRE.

AVEU ET DÉNOMBREMENT.

C'était l'inventaire estimatif du fief servant que le seigneur exigeait de son vassal. — V. FIEF.

AVEUGLE.

1. — C'est celui qui est privé de l'organe de la vue.

2. — La législation ne s'est occupée des aveugles que sous le rapport des secours que l'humanité réclame en leur faveur. — A cet égard, on peut citer: 1° un décret du 28 sept.-12 oct. 1791 relatif à l'instruction et aux travaux des *aveugles nés*; — 2° deux décrets des 10 thermid. an III et 21 juill. 1791, qui règlent l'organisation d'un établissement institué pour les aveugles travailleurs; — 3° le décret du 22 juill. 1793, relatif à l'administration et à l'établissement de l'hôpital des Quinze-Vingts, fondé pour trois cents aveugles; — 4° un autre décret du 22 messid. an II qui règle les secours à accorder aux aveugles nécessiteux, ainsi qu'à leurs femmes et à leurs enfans; — 5° un décret du 22 pluv. an III, qui fixe les secours journaliers à accorder aux aveugles indigens aspirant à l'hospice des Quinze-Vingts. — V., en outre, l'ord. des 14-28 mai 1831 sur la comptabilité de l'hospice des Quinze-Vingts et de l'institution des jeunes aveugles.

3. — On trouvera au mot *hospices* les détails relatifs, sous le rapport légal, à ces deux établissemens de charité, ainsi que l'examen de la question de savoir si les anciens réglemens qui accordaient à l'hospice des Quinze-Vingts, à l'exclusion des héritiers naturels des défunts, la succession des aveugles qui y décédaient, sont encore en vigueur. — V. HOSPICES.

4. — Quant à la capacité des aveugles sous le rapport des actes de la vie civile, ou à leur aptitude pour remplir certaines fonctions de l'ordre politique, administratif ou judiciaire, la loi ne s'en est pas occupée d'une manière spéciale.

5. — C'est donc d'après la nature de chaque acte ou de chaque fonction, c'est aussi par le degré d'intelligence de la personne privée de la vue que sa capacité et son aptitude devront être appréciées.

6. — Ainsi on peut, avec certitude, poser en principe que les aveugles sont nécessairement, et par la force même des choses, incapables de tous les actes ou de toutes les fonctions qui exigent l'obligation *de lire*, et par conséquent *de voir*. — C'est donc avec raison que les auteurs de l'*Encyclopédie du droit* (v° *Aveugles*, n° 11) disent qu'il est, dans la plupart des cas, absolument impossible à un aveugle d'exercer des fonctions administratives, par la raison que tous les fonctionnaires de l'ordre administratif, depuis le préfet jusqu'au garde champêtre, doivent apposer leur signature sur certains actes afin d'en garantir l'authenticité ou la véracité; que plusieurs de ces fonctionnaires doivent viser et approuver certains autres actes, ce qui suppose nécessairement l'obligation de les lire, et qu'enfin quelques uns d'entre eux, tels que les officiers de police judiciaire, les gardes champêtres et forestiers, les commissaires de police, etc., etc., doivent déclarer *qu'ils ont vu* les individus contre lesquels les procès-verbaux sont dressés, et constater, soit dans ces procès-verbaux, soit dans d'autres actes, tels que les passeports, le signalement des individus qui comparaissent devant eux.

7. — On devrait assurément en dire autant des fonctions de greffier, notaire, avoué, huissier, commissaire-priseur, etc., etc., qui emportent nécessairement pour celui qui les remplit l'obligation de voir, lire et signer.

8. — V. au surplus: 1° quant à la question de savoir comment et dans quelles limites un aveugle peut passer des actes, soit entre-vifs, soit testamentaires, DONATION ENTRE-VIFS, OBLIGATION, TESTAMENT; — 2° sur son aptitude à remplir des fonctions publiques, ACTE NOTARIÉ, CHAMBRE DES DÉPUTÉS, CHAMBRE DES PAIRS, ÉLECTIONS, JUGE, ORGANISATION ADMINISTRATIVE, TUTELLE.

9. — Un aveugle peut-il être avocat? — La loi romaine (L. 1, § 5, ff., *De postulando*) disposait que les aveugles ne pouvaient plaider pour autrui: « *Videlicet quod insignia magistratûs videre et revereri non possit.* » Montesquieu fait sur cette loi la remarque suivante: « Il faut, dit-il, l'avoir fait exprès pour donner une si mauvaise raison quand il s'en présentait de si bonnes. » — « J'ignore, répond M. le procureur général Dupin dans son réquisitoire du 21 août 1835 (affaire Laroncière), quelles sont ces meilleures raisons, car je me rappelle encore avoir entendu le père de notre premier président, aveugle, se faisant conduire à la tribune, et discutant avec une éloquence supérieure à celle de tous les autres orateurs du gouvernement, qui, à cette époque pourtant, avait à son service des hommes du plus haut mérite. » Pour nous, il nous semble que si la cécité rend difficile l'exercice de la profession d'avocat, elle ne la rend pas, cependant, *absolument* impossible; cela suffit pour qu'on ne puisse, en principe, l'interdire aux aveugles. — V. AVOCAT, n° 340.

AVIRONNIER.

Les avironniers sont rangés, par la loi du 25 avr. 1844 sur les patentes, dans la septième classe des patentables et imposés à 1° un droit fixe basé sur le chiffre de la population de la ville ou commune où est situé l'établissement; — 2° un droit proportionnel du quarantième de la valeur de tous les locaux occupés par les patentables, mais seulement dans les communes de 20,000 ames et au-dessus. — V. PATENTE.

AVIS.

V. ASSURANCE MARITIME, EXPERTISE, LETTRE D'AVIS, TIMBRE.

AVIS DE PARENS.

On appelle *avis de parens* le résultat de la délibération du conseil de famille réuni pour *discuter*, suivant le mode et dans les cas prévus par la loi, sur les intérêts des mineurs ou des interdits. — V. CONSEIL DE FAMILLE, ENREGISTREMENT, GREFFE (droits de).

AVIS DU CONSEIL D'ÉTAT.

1. — L'avis du conseil d'état est une délibération de cette compagnie destinée à faire connaître son opinion sur une question qui lui a été soumise. — Dufour, *Droit adm.*, t. 1er, n° 205.

2. — Sous la république et sous l'empire, les avis du conseil d'état avaient une importance qu'ils n'ont plus aujourd'hui. D'après l'art. 52 de la constitution de l'an VIII, il entrait dans les attributions du conseil d'état de résoudre les difficultés qui s'élevaient en matière administrative, et par l'art. 11 de l'arrêté du 5 niv. an VIII, il était particulièrement chargé de développer le sens des lois sur le renvoi qui lui était fait, par le chef du gouvernement, des questions qui lui étaient présentées. — Solon, *Rép. des jurid. civ. et adm.*, t. 1er, p. 389, n° 2; Bioche, *Dict. de procéd.*, v° *Avis du conseil d'état*, n° 2.

3. — Les délibérations prises en exécution de ces renvois, approuvées par le chef de l'état, étaient insérées au *Bulletin des Lois* et formaient un complément de la législation de cette époque.

4. — C'était là une véritable usurpation du pouvoir législatif, mais, il faut l'avouer, la sagesse, l'utilité de ces divers actes, et le silence du tribunat et du sénat conservateur qui alors étaient investis par la constitution du pouvoir de les attaquer, en avaient en quelque sorte légitimé l'illégalité.

5. — Aujourd'hui les avis du conseil d'état n'ont plus aucune force législative; ils ne peuvent être considérés par les tribunaux que comme de simples consultations. — Dufour, *Droit adm.*, t. 1er, n° 205; Solon, *loc. cit.*; Cormenin, v° *Fonctions du conseil d'état*, § 2, t. 1er, p. 22, aux notes.

6. — A moins toutefois que le chef de l'état ne se les approprie et les transforme en ordonnances. — Dufour, *Droit adm.*, t. 1er, n° 205; Roucart, *Élém. du dr. adm.*, t. 1er, n° 71.

7. — Les différents comités du conseil d'état sont souvent invités par les ministres à donner leur avis sur des matières sur lesquelles ils veulent être éclairés; mais ces avis n'ont aucune autorité officielle jusqu'à ce que le ministre qui les a provoqués les adopte et les convertisse en décisions ministérielles. — Bioche, *Dict. de procéd. civ. et comm.*, v° *Avis du conseil d'état*, n° 9.

8. — Les avis du conseil d'état sont signés par le président, le rapporteur et le secrétaire général du conseil d'état. Ils sont transcrits sur le registre des délibérations, lequel fait mention des membres présens. — Ord. du 18 sept. 1839, art. 24. — V. au reste CONSEIL D'ÉTAT.

AVITAILLEMENT.

C'est l'approvisionnement des subsistances pour la nourriture des individus embarqués sur un navire, en proportion de leur nombre et de la durée présumée du voyage qu'ils ont à faire avant de renouveler leurs vivres.— Vincens, *Lég. comm.*, t. 3, p. 181. — V. CAPITAINE, NAVIRE.

AVOCAT.

Table alphabétique.

AVOCAT. — 1. — On donne le nom d'avocat à celui qui fait profession de défendre les causes en justice. — *Dict. de l'Académie.*

2. — Ce mot, pris du latin (*advocatus, ad auxilium vocatus*), n'est pas le seul qui ait été en usage dans notre langue pour désigner les fonctions d'avocat. — V. AMPARLIER, AVANT-PARLIER, CHEVALIER DES LOIS, CONTEUR, DÉFENSEUR OFFICIEUX, EMPARLIER, HOMME DE LOI, PARLIER.

3. — Aujourd'hui *avocat* est le terme légal : c'est l'expression consacrée.

4. — L'avocat plaidant est celui qui s'adonne particulièrement à la plaidoirie.

5. — L'avocat consultant est celui qui donne seulement son avis et ses conseils par écrit sur les affaires litigieuses. — On le désigne aussi quelquefois sous le nom de *jurisconsulte*. — V. ce mot.

6. — L'*ordre des avocats* est la réunion des membres du barreau qui exercent leur ministère près le même tribunal. — V. *infrà* nos 61 et suiv., 92, 106 et suiv.

7. — Dans quelques villes on se sert, par exception et contre l'usage, du mot *collége*.

8. — Faut-il employer le titre d'*ordre des avocats* pour désigner la corporation des avocats aux conseils et à la cour de Cassation?

9. — Suivant M. Dupin, le mot d'*Ordre* s'appliquerait mal à propos à ceux qui, quoiqu'ils portent le titre d'*avocats*, sont cependant assujétis à un cautionnement, signent des requêtes, font taxer leurs frais et honoraires, et en exigent le paiement en justice; toutes choses incompatibles avec la profession d'avocat. — Dupin, *Profession d'avocat*, t. 1er, p. 22, note 1re, édition de 1832.

10. — Malgré cette autorité, nous croyons que les avocats à la cour de Cassation peuvent légitimement s'attribuer le titre qu'on leur dénie. L'ordonnance du 10 septembre 1817, art. 1er, ne laisse aucun doute sur ce point, voici ses termes : « L'ordre des avocats en nos conseils et le collége » des avocats à la cour de Cassation sont réunis » sous la dénomination d'*ordre des avocats aux » conseils du roi et à la cour de Cassation.* »

SECT. 1re. — *Historique* (no 11).

SECT. 2e — *Réception des avocats. — Conditions d'admission* (no 103).

§ 1er. — *Age. — Licence* (no 108).

§ 2. — *Serment* (no 117).

§ 3. — *Stage* (no 160).

§ 4. — *Inscription au tableau. — Rang* (no 202).

§ 5. — *Incompatibilités* (no 255).

SECT. 3e. — *Fonctions de l'avocat. — Costume* (no 341).

SECT. 4e. — *Droits et prérogatives des avocats* (no 369).

§ 1er. — *Droit de plaider. — Privilége de la défense* (no 372).

§ 2. — *Irresponsabilité de l'avocat. — Désaveu* (no 427).

§ 3. — *Honoraires* (no 444).

§ 4. — *Noblesse. — Préséance* (no 448).

§ 5. — *Droit de remplir les fonctions de la magistrature et de suppléer les juges* (no 465).

§ 6. — *Droits politiques. — Jury* (no 485).

§ 7. — *Droit de se réunir en assemblée générale* (no 491).

SECT. 5e. — *Devoirs de l'avocat* (no 499).

SECT. 6e. — *Conseil de discipline* (no 617).

§ 1er. — *Formation et organisation du conseil* (no 620).

§ 2. — *Attributions du conseil* (no 671).

§ 3. — *Pouvoir disciplinaire* (no 690).

§ 4. — *Recours contre les décisions du conseil* (no 755).

SECT. 7e. — *Surveillance et action du corps judiciaire sur l'ordre des avocats* (no 789).

—

Sect 1re. — *Historique.*

11. — La fonction d'avocat est beaucoup plus ancienne que le titre d'avocat. — « En effet, chez toutes les nations policées, il y a toujours eu des hommes zélés et vertueux, lesquels, étant particulièrement versés dans les principes du droit et de l'équité, aidaient les autres de leurs conseils et défendaient en jugement ceux qui n'étaient pas capables de se défendre eux-mêmes, ou qui avaient moins de confiance en leurs propres idées que dans les lumières de ces généreux défenseurs. » — Boucher d'Argis, *Hist. abrégée de l'ordre des avocats*, ch. 2 (édit. Dupin).

12. — Du moment où les hommes se sont constitués juges des intérêts, des actions et de la vie de leurs semblables, le droit de défense a dû prendre naissance au sein de la société; la conséquence de ce droit a été d'admettre des représentans pour ceux qui par inexpérience ou par incapacité ne pouvaient l'exercer par eux-mêmes. — Ph. Dupin, *Encycl. du dr.*, vo *Avocat*.

13. — Ainsi, partout où la justice est organisée, le droit de défense est établi ; ce sont deux institutions corrélatives.

14. — Dans le principe, le droit de défense appartenait à tous et n'exigeait aucune étude particulière ; mais à mesure que la civilisation s'est développée, la législation se compliquant, il a fallu que ceux qui se vouaient au noble ministère de défendre leurs concitoyens devant les tribunaux, se livrassent spécialement à l'étude des lois et de la jurisprudence, et se préparassent par des travaux assidus à une profession dont le chancelier d'Aguesseau a pu dire avec raison qu'elle était aussi *ancienne que la magistrature, aussi nécessaire que la justice*.

15. — Il a donc fallu imposer à ceux qui voulaient exercer cette profession certaines conditions destinées à constater leur moralité et leur aptitude; mais sauf cette restriction nécessaire, la carrière est restée libre.

16. — Bien que l'on retrouve chez tous les peuples anciens l'institution du barreau, ce ne fut, suivant M. Ph. Dupin, que chez les Grecs que cette institution prit une véritable importance et se constitua une existence à part.

17. — En Egypte, la défense orale était interdite dans les tribunaux, tant on se défiait de l'éloquence et de l'emploi des moyens oratoires. Ainsi il fallait plaider par écrit; cette obligation rendait souvent nécessaire le recours à un défenseur.

18. — Avec un semblable réglement, il est évident que l'avocat devait être plutôt un jurisconsulte qu'un orateur.

19. — Il en était autrement à Athènes où l'éloquence était le premier des arts et où le peuple décernait à ses orateurs des récompenses publiques, leur élevait des statues et leur réservait les premières charges de la cité.

20. — On dit que ce fut Périclès qui, le premier, fit entrer l'éloquence dans l'exercice du barreau. — Boucher d'Argis, ch. 3.

21. — Quoi qu'il en soit, depuis ce temps il fut d'usage à Athènes de se faire assister à l'audience soit de l'aréopage, soit de tous les autres tribunaux, par des orateurs exercés dans l'art de la parole.

22. — Au commencement, ces orateurs présentaient eux-mêmes les discours qu'ils avaient préparés pour la défense de leurs cliens; mais lorsque les rhéteurs dominèrent et que l'art devint un métier, ils se dispensèrent d'assister les parties à l'audience et leur vendirent des plaidoyers tout faits qu'elles devaient lire elles-mêmes aux juges pour leur défense.

23. — Antiphon passe pour avoir le premier, fait ce commerce. Son exemple trouva beaucoup d'imitateurs. On regrette que Démosthènes lui-même soit entré dans cette voie; et on lui reproche avec raison d'avoir composé un plaidoyer pour chacune des parties dans une même cause.

24. — Solon avait fait plusieurs réglemens pour la discipline du barreau, et ils restèrent en vigueur long-temps après lui.

25. — Pour exercer les fonctions du barreau, il fallait être de condition libre; un esclave ne pouvait pas se présenter en jugement pour y défendre un citoyen.

26. — On n'y admettait pas non plus les infâmes, tels que ceux qui avaient manqué de respect pour leurs parens, ceux qui avaient refusé de se charger de la défense de la patrie ou de quelque fonction publique, ceux qui faisaient quelque commerce scandaleux ou qui avaient été vus dans des lieux de débauche, etc. — Boucher d'Argis, *ubi suprà*, chap. 3; Pastoret, *Hist. de la législat.*, t. 6, p. 250 et 251.

27. — Les femmes étaient aussi exclues du barreau. — V. *infrà* nos 351 et suiv.

28. — Pendant long-temps, devant l'aréopage, il ne fut pas permis de se faire défendre par des avocats; chacun devait y plaider sa propre cause. — — Sextus Empiricus, *Adversùs rhetores*, t. 2, p. 394.

29. — La nécessité fit réformer ce réglement : l'intérêt même de la justice exige que la partie puisse faire présenter sa défense par autrui, quand, par une cause quelconque, elle est hors d'état de le faire elle-même.

30. — Devant l'aréopage, où tous les genres de séduction étaient proscrits, on ne plaidait que pendant la nuit. Le temps fixé pour chaque plaidoirie était limité. Les digressions étrangères à la cause étaient interdites. — V. Pastoret, t. 6, p. 349, 368 et *passim*. — V. aussi ARÉOPAGE.

31. — L'enceinte du barreau était un lieu réputé saint ; avant l'audience, on l'arrosait d'une eau lustrale. — Boucher d'Argis, chap. 3, p. 26.

32. — Le ministère des avocats fut d'abord gratuit ; on ne l'exerçait que pour parvenir aux emplois publics. Mais, dans la suite, il devint une profession ; les orateurs reçurent, puis exigèrent des honoraires de leurs cliens.

33. — A Rome, dans le principe, la défense des parties n'était pas l'attribution d'une profession spéciale. Le patron, à raison des liens, des rapports qui existaient entre lui et ses cliens, se chargeait de plaider pour eux dans les tribunaux, et les assistait, en toute occasion, de ses conseils et de son crédit.

34. — On voit que le patronat était alors une véritable institution politique.

35. — A cette époque, la défense d'autrui était nécessairement gratuite, car elle était un devoir ; on plaidait pour ses cliens parce qu'on leur devait aide et protection, et puis aussi parce que c'était le moyen le plus sûr de parvenir aux honneurs.

36. — Aussi, tant que la république subsista, le barreau fut le marche-pied de ceux qui se destinaient à la carrière publique, « car, comme le dit » La Roche-Flavin (*Parlem. de France*, liv. 3, p. 234), » c'estoit le principal moyen de l'état populaire » des Romains de parvenir aux grandes charges » que d'estre bon avocat. »

37. — Dans le principe, les familles patriciennes profitaient seules de ce moyen d'influence ; mais il leur fut, plus tard, disputé par les plébéiens. — « Sur la fin de la république, dit Boileau (*Entre» tiens sur les procès*, p. 10), quiconque s'adonnait » à l'étude des lois finissait par obtenir des cliens. »

38. — Il ne faut pas perdre de vue que pendant toute cette période ceux qui plaidaient dans les tribunaux étaient plutôt des orateurs que des jurisconsultes. On connaît le mot de Scœvola : *non hoc ad jus, ad Ciceronem*.

39. — « En prenant les advocats en leur particulière signification, dit Loyseau (*Traité des ordres*, chap. 8, no 17), ils étaient distingués d'avec les jurisconsultes ; ceux-là estant les advocats plaidans et ceux-ci les consultans, qui estaient à Rome deux professions différentes du tout. Car les avocats ou orateurs ne devenaient point juriconsultes comme nos advocats plaidans deviennent consultans, pour ce qu'à nous ce n'est qu'une même vocation ; de sorte que la plaidoierie les porte à la consultation par le progrès de l'âge et mérite de l'expérience. » — V. aussi La Roche Flavin, liv. 3, p. 235, no 7.

40. — La carrière du barreau fut moins suivie lorsque le gouvernement eut changé de forme, et que l'empereur, concentrant en ses mains tous les pouvoirs, disposa de tous les emplois.

41. — Cependant cette carrière était encore si honorée, en dépit des révolutions politiques, qu'on vit plusieurs empereurs, dès qu'ils eurent pris la toge virile, se présenter au barreau comme pour y faire un apprentissage des fonctions d'avocat et de l'administration de la justice. — Ils y faisaient de même recevoir leurs enfans. — V. La Roche Flavin, liv. 3, p. 23 ; Boucher d'Argis, chap. 3, p. 32, § 33 ; Loyseau, *Traité des ordres*, chap. 8, p. 49, no 19.

42. — Alexandre Sévère permit aux affranchis de faire la fonction de patrons. Il n'est pas certain que cette faculté leur ait été accordée pour le barreau de Rome ; mais c'est très probable, car, à cette époque, les affranchis pouvaient siéger au sénat.

43. — L'empereur Constance ordonna que les pontifes des provinces seraient choisis parmi les avocats.

44. — Valentinien et Valens déclarèrent par une constitution que ceux qui étaient parvenus aux dignités ne dérogeaient pas en faisant la fonction d'avocat, et qu'il était aussi honorable d'être debout pour plaider que d'être assis pour juger.

45. — Sous le bas-empire, plusieurs empereurs accordèrent aux avocats des titres d'honneur, des distinctions et des priviléges qui furent confirmés par Justin et Justinien.

46. — Les fonctions d'avocat avaient alors changé de caractère ; ce n'était plus l'ancien patronage de la loi des 12 tables, c'était une profession, une profession honorée, mais dont l'exercice était lucratif.

47. — Aussi les empereurs Honorius et Théodose permirent-ils aux avocats encore placés sous la puissance paternelle d'acquérir pour eux-mêmes, à titre de pécule *quasi-castrense*, tout ce qu'ils gagneraient dans l'exercice de leur profession.

48. — Ce qui vient d'être dit des avocats sous le

bas-empire s'applique aussi à la Gaule, qui n'était qu'une province romaine.

49. — Il paraît que les procès y étaient nombreux et que les avocats n'y manquaient pas d'emploi, car Juvénal appelle la Gaule la mère nourrice des avocats (*matricula causidicorum Gallia*).

50. — On voyait alors les avocats de la Grande-Bretagne venir se former dans nos écoles, alors si florissantes. — *Gallia causidicos docuit facunda Britannos*; Juvénal, *Satires*, 15; Fournel, *Hist. de l'ordre des avocats*, t. 1er, p. 2.

51. — Lorsque les Francs s'emparèrent de la Gaule, dans le cinquième siècle, ils y trouvèrent le barreau porté au plus haut degré de considération. — S'il faut en croire Fournel : « Les vainqueurs » adoptèrent avec joie une institution qui leur of» frait l'image d'un champ clos, en mettant aux » prises deux champions armés de subtilités pour » l'attaque et pour la défense. »

52. — Nous doutons fort, quant à nous, que cette similitude ait beaucoup frappé les barbares; dans tous les cas, c'est un singulier titre de recommandation que cet assaut de *subtilités* dont on fait un mérite à nos devanciers.

53. — Il ne nous reste aucun détail sur le barreau des sixième, septième et huitième siècles; mais on trouve, dans les *Capitulaires de Charlemagne*, plusieurs textes relatifs aux avocats.

54. — En voici un notamment qui mérite d'être rappelé : — « *Si advocatus, in causâ susceptâ, ini» quâ cupiditate fuerit repertus, ex conventu honesto» rum et judiciorum communione separetur.* » — *Capitul.*, t. 1er, p. 10, § 9.

55. — Depuis Charlemagne jusqu'au milieu du treizième siècle, le barreau français se trouve comme perdu au milieu de l'épaisse obscurité qui couvre cette période de notre histoire. — Fournel, *loc. cit.*, t. 1er, p. 5.

56. — Pendant cette époque d'anarchie où la force dominait, on avait plus souvent besoin d'un protecteur, d'un défenseur armé, que d'un avocat proprement dit. Presque tous les procès se terminaient dans un combat judiciaire; c'était le jugement de Dieu. — V. COMBAT JUDICIAIRE.

57. — Sous le règne de saint Louis, nos institutions judiciaires prirent un développement plus régulier; le droit romain pénétra peu à peu dans nos cours de justice. Le duel fut aboli, les *Etablissemens* parurent, et la profession d'avocat, de jurisconsulte, reprit, sinon son éclat, du moins une grande importance.

58. — A cette époque, presque tous ceux qui embrassaient cette profession appartenaient à la cléricature; le clergé seul, en quelque sorte, possédait l'instruction et les lumières nécessaires aux fonctions du barreau. — Boucher d'Argis, ch. 7.

59. — On trouve, dans les *Établissemens de saint Louis*, liv. 2, ch. 14, quelques règles concernant les avocats; elles sont toutes empruntées au droit romain.

60. — Sous les rois ses successeurs, de nouvelles ordonnances furent rendues sur le même sujet; mais ce fut surtout à partir du règne de Philippe-le-Bel et de Philippe-de-Valois, et alors que le parlement était devenu sédentaire, que l'organisation du barreau prit un caractère régulier.

61. — C'est dans le courant du quatorzième siècle que le barreau de Paris adopta la qualification d'*ordre des avocats*.

62. — Cette expression, déjà employée par l'empereur Justin dans une constitution, parut plus noble que celle de *confrérie*, de *corps*, de *communauté*; elle a toujours été conservée depuis cette époque jusqu'en 1790.

63. — C'est donc à tort que Voltaire prétend, dans son *Histoire du parlement*, que ce ne fut qu'en 1730, que les avocats prirent pour leur corporation le titre d'*ordre*, et que cette assertion a été répétée par M. Evariste Bavoux, dans une brochure sur la profession d'avocat. — V. Pasquier, *Recherches*, liv. 9, ch. 38; Fournel, *Hist. de l'ord. des avoc.*, t. 1er, p. 276.

64. — « Un des premiers soins du parlement fut de faire une ordonnance vers l'an 1344, concernant les fonctions des avocats, afin de maintenir cette profession dans la pureté qui lui convient, et afin qu'elle fût exercée d'une manière honorable pour les avocats, et utile pour le public. » — Boucher d'Argis, *Histoire abrégée*, ch. 6.

65. — Outre les avocats au parlement, il y avait aussi dès-lors des avocats attachés au Châtelet de Paris, dans les bailliages et autres justices royales des provinces. Les avocats au parlement étaient distingués de ceux qui s'attachaient aux autres tribunaux inférieurs. — Boucher d'Argis, *ibid.*

66. — De bonne heure, on exigea des personnes qui voulaient se livrer à la profession d'avocat, des garanties sérieuses de lumières et de capacité.

67. — Il fallait avoir étudié le droit plusieurs années, dans quelque célèbre université : le temps

d'étude variait selon l'époque; sous Charles VIII (ord. de 1490), il était de cinq années. En l'an 1700, il n'était que de trois années, et dans l'intervalle il avait été réduit à une seule année.

68. — La condition d'âge, pour être avocat, ne fut établie qu'assez tard, et indirectement, à l'occasion des études de droit.

69. — Dans le dernier état de choses qui précéda la révolution française, on pouvait s'inscrire en droit à seize ans accomplis.

70. — Non seulement il fallait avoir étudié dans une université fameuse; il fallait aussi y avoir pris des degrés.

71. — Suivant le réglement de François Ier, en 1519, il fallait être bachelier ou licencié. Mais tous les réglemens postérieurs exigèrent le grade de licencié.

72. — Nous ne donnerons pas ici, de peur d'être trop long, la nomenclature de tous les édits, de toutes les ordonnances, de tous les réglemens qui, depuis Philippe-le-Bel jusqu'à Louis XVI, s'occupèrent de la constitution du barreau et de sa discipline.

73. — Rappelons seulement, car cela importe, que l'ordre des avocats dut son principal lustre à la sévérité avec laquelle il sut toujours maintenir sa discipline, ses traditions.

74. — Et ajoutons que, sous nos rois, l'ordre des avocats, quoique formant une corporation reconnue légale, se considérait toujours comme une compagnie libre, comme une association volontaire de jurisconsultes et d'orateurs qui n'avaient d'autres lois ou d'autres règles, que celles qu'ils s'étaient imposées à eux-mêmes pour l'exercice de leur profession. — Mollot, *Règles sur la profession d'avocat*, p. 125. — V. aussi Nouv. Denisart, § 3, nº 2 : Target, dans sa brochure intitulée *la Censure*; Camus, *Lettres sur la profession d'avocat*; Berryer, *Souvenirs*, t. 1er, p. 45.

75. — L'assemblée constituante ne respecta pas l'antique constitution du barreau : l'ordre des avocats fut aboli par le décret du 2 sept. 1790, art. 10.

76. — On supprima non seulement la corporation, mais son nom, son costume. — « Les » hommes de loi, ci-devant appeles *avocats*, porte » le décret, ne devant former ni *ordre*, ni *corpora» tion*, n'auront aucun costume particulier dans » leurs fonctions. »

77. — Fournel (t. 2, p. 538) attribue aux avocats eux-mêmes l'abolition de leur ordre. Il raconte que les principaux membres de l'ancien barreau, consultés par le comité de législation, furent unanimes pour demander la suppression de la dénomination d'avocat, parce qu'ils prévoyaient qu'avec la nouvelle organisation judiciaire, une foule d'intrus, étrangers aux traditions de l'ordre, abjureraient bientôt les principes et la discipline qui avaient fait sa gloire. Ils voulurent donc, pour empêcher la confusion, pour échapper à toute solidarité, établir une ligne de démarcation tranchée, une véritable solution de continuité entre l'ancien et le nouveau barreau. Telle est, dit-il, l'histoire au vrai du décret du 2 sept. 1790.

78. — Pour remplacer les avocats, l'assemblée constituante établit des espèces de mandataires qu'elle appela *défenseurs officieux, hommes de loi*.

79. — Ce fut à la séance du 13 déc. 1790 que le nom de défenseur officieux fut prononcé, pour la première fois, par le rapporteur du comité de législation.

80. — « Heureux, s'écria-t-il, celui que la nature et le travail ont destiné à devenir le protecteur de ses semblables, et à exercer le plus noble des ministères. Tels seront les défenseurs officieux. Leurs fonctions étant essentiellement gratuites aux yeux de la loi, ils ne pourront rien exiger ni réclamer aucune taxe pour le prix de leurs soins. Les ci-devant avocats qui ne rempliront pas les places de juges ou d'hommes de loi, pourront suivre cette belle carrière. Elle les ramène à leur institution primitive, et l'éloquence, consacrée à la défense des citoyens, montrera d'avance à la nation les hommes qui doivent soutenir ses droits dans l'assemblée des législateurs. » — *Moniteur*, 14 déc. 1790, nº 348.

81. — Conformément à ces conclusions, le 15 déc. 1790 fut rendu un décret dont l'art. 4 est ainsi conçu : — « Les parties auront toujours le droit de se défendre elles-mêmes verbalement et par écrit, ou d'emprunter le ministère d'un défenseur officieux pour leur défense, soit verbale, soit par écrit. »

82. — La loi n'imposa aux défenseurs officieux aucune justification de moralité, aucune épreuve destinée à constater leur capacité, leur aptitude.

83. — Toutefois, la convention exigea d'eux un certificat de civisme.

84. — Les défenseurs officieux vaquèrent à leur office isolément, comme de simples mandataires, sans aucun lien de confraternité qui les unît entre eux, et sans aucun droit de discipline les uns à l'égard des autres. — Dupin, *Profess. d'avocat*, t. 1er, p. 128. — V. DÉFENSEUR OFFICIEUX.

85. — Cependant, dès cette époque, plusieurs anciens avocats continuèrent de se conformer individuellement aux anciennes traditions de leur ordre, et formèrent au palais une société à part. On les appela les *avocats du Marais*, à cause du quartier qu'ils habitaient pour la plupart.

86. — La loi du 22 vent. an XII rétablit le titre d'*avocat*, et réorganisa l'enseignement du droit.

87. — Aux termes de l'art. 29 de cette loi, on dut former un tableau des avocats exerçant près les tribunaux.

88. — Les avocats furent investis, par l'art. 30, du droit de suppléer, suivant l'ordre du tableau, les juges et les officiers du parquet qui seraient empêchés.

89. — Ils furent astreints au serment. — Art. 31. — V. *infrà* nos 117 et suiv.

90. — Enfin, l'art. 38 disposa qu'il serait pourvu par des réglemens d'administration publique à l'exécution de la loi, et notamment à ce qui concernait la formation du tableau et la discipline du barreau.

91. — La loi du 22 vent. ne s'expliquait pas sur la coutume; mais déjà la robe avait été rendue aux avoués et hommes de loi par le décr. du 2 niv. an XI.

92. — Le titre d'avocat ainsi rétabli par la loi du 22 vent. an XII, l'ordre des avocats le fut par le décret du 14 déc. 1810.

93. — Malgré le pompeux préambule placé en tête de ce décret, le barreau accueillit mal ses dispositions, parce qu'il n'y retrouvait que très imparfaitement son ancienne discipline.

94. — On a su depuis que Napoléon, qui était très prévenu contre les avocats et qui redoutait leur esprit d'indépendance, avait fait changer plusieurs articles et ajouter quelques entraves.

95. — On a retrouvé même, en 1824, dans les papiers de Cambacérès, une lettre de l'empereur dans laquelle on remarqua le passage suivant : — « Le décret est absurde; il ne laisse aucune prise, » aucune action contre eux (les avocats). Ce sont » des factieux, des artisans de crimes et de trahi» sons; tant que j'aurai l'épée au côté, jamais je » ne signerai un pareil décret; je veux qu'on » puisse couper la langue à un avocat qui s'en » sert contre le gouvernement. »

96. — Il ne faut pas s'étonner que le décret de 1810, fait sous de pareilles inspirations, ait été pendant plusieurs années l'objet des plus vives critiques. « Tout était chaîne, menace et surveil» lance, dit M. Ph. Dupin (*Encyclop. du droit*, » vº *Avocat*, nº 17), autour d'une profession dont » la liberté fait l'essence et la valeur. »

97. — Le 20 nov. 1822, une ordonnance du roi, préparée par M. de Peyronnet, alors garde des sceaux, fit droit en partie aux justes réclamations du barreau; mais elle le froissa par des dispositions nouvelles, inspirées par d'inquiètes susceptibilités.

98. — Le but principal de cette ordonnance fut de ravir à l'ordre des avocats le pouvoir de concourir à la formation du conseil de discipline.

99. — L'ordonnance du 27 août 1830 entra dans une voie plus large et plus libérale. Elle laissa au barreau le choix des membres qui devaient composer le conseil de discipline, et permit aux avocats inscrits au tableau de plaider, sans autorisation, devant toutes les cours et tous les tribunaux du royaume.

100. — Cette ordonnance promettait une révision prochaine et définitive des lois et réglemens concernant l'exercice de la profession d'avocat; mais depuis 1830, les choses en sont restées là.

101. — En 1833, le conseil de l'ordre des avocats à la cour royale de Paris fit préparer par une commission, dans son sein, un projet de réglement qui fut officiellement présenté au ministre par le bâtonnier, mais ce fut sans succès. — Mollot, *loc. cit.*, 2e part., tit. 11, p. 247 et suiv.

102. — Le 30 mars 1835, il parut une ordonnance royale qui portait réglement de la profession d'avocat devant la cour des pairs. — Cette ordonnance est toute spéciale, et ne contient aucune dérogation aux réglemens établis devant la juridiction ordinaire. — V. *infrà* nos 372 et suiv.

Sect. 2e. — *Réception des avocats. — Conditions d'admission.*

103. — Quoique la profession d'avocat ne constitue pas un monopole, on ne peut l'exercer qu'autant qu'on remplit certaines conditions.

104. — Pour être avocat, c'est-à-dire pour en avoir le *titre*, il suffit, outre l'âge, d'avoir obtenu le diplôme de licencié en droit et d'avoir prêté serment devant une cour royale.

105. — Mais ce n'est là pour ainsi dire qu'un titre nu, qui, non seulement ne confère pas à celui

qui en est revêtu les prérogatives dont jouissent les membres du barreau, mais qui ne lui donne même pas le droit de plaider.

106. — Pour obtenir ces avantages, il faut faire partie de l'*ordre*, c'est-à-dire s'être fait admettre au stage par le conseil de discipline, et, après un temps d'épreuve, avoir obtenu l'inscription au tableau.

107. — Ainsi, l'âge, la licence, le serment, le stage, voilà les principales conditions imposés à celui qui veut exercer la profession d'avocat; il faut d'ailleurs qu'il se conforme aux règles qui fixent les incompatibilités.

§ 1er. — *Age. — Licence.*

108. — A Rome, il fallait avoir dix-sept ans pour être reçu avocat. — Boucher d'Argis, ch. 4, p. 35.

109. — En France, aucun texte ne contient de fixation à cet égard; mais il résulte de la combinaison des lois et ordonnances qui exigent la licence et qui fixent l'âge auquel on peut être admis aux épreuves, qu'il faut avoir atteint dix-neuf ans au moins pour être avocat. — Merlin, *Répert.*, vº *Avocat*, § 9, nº 4; Mollot, p. 151.

110. — En effet, pour obtenir la licence, il faut s'être fait recevoir bachelier ès-lettres. — Ord. 5 juill. 1820.

111. — Il faut même justifier de ce diplôme avant de pouvoir prendre la première inscription aux écoles de droit, ce qui ne peut avoir lieu qu'à l'âge de seize ans. — Or, comme il faut douze inscriptions et trois ans de cours au moins pour être reçu licencié, il s'ensuit, comme on l'a dit, qu'on ne peut être reçu avocat avant d'avoir atteint l'âge de dix-neuf ans.

112. — C'est par les écoles de droit que sont donnés, après examen, les certificats sur lesquels le ministre de l'instruction publique délivre aux récipiendaires le diplôme de licencié.

113. — Ce diplôme n'est pas seulement utile pour être admis au serment d'avocat; il confère dans certains cas des droits pour participer aux élections et aux fonctions du jury. — V. *infrà* nos 484 et suiv.

114. — En l'an XII, lorsque le gouvernement rétablit les écoles de droit et ordonna de former un tableau des avocats, il eut égard à la position de ceux qui fréquentaient le barreau sans être gradués; il dispensa du diplôme de licencié ceux qui étaient en exercice auprès des tribunaux depuis le laps de trois ans et ceux qui avaient suivi les cours de l'*Académie de législation et de l'université de jurisprudence.* — Dupin aîné, *Profess. d'avocat*, t. 1er, p. 131, appendice.

115. — Beaucoup d'avocats qui depuis ont été l'honneur du barreau et de la magistrature ont alors profité de cette exception nécessaire. M. Tripier, par exemple, ne fut jamais licencié; MM. Persil et Dupin se trouvaient dans le même cas; mais ils se firent recevoir *docteurs*.

116. — En 1814, M... fut dispensé par le roi de la représentation de lettres de licence et demanda à être admis au stage. Le conseil accueillit sa demande, *mais sans tirer à conséquence.* — C'était en effet un mauvais précédent.

§ 2. — *Serment.*

117. — A Rome, on exigeait à chaque cause et de chaque avocat le serment de ne point défendre sciemment une mauvaise cause. Ce que l'on appelait *juramentum calumniæ.* — Cette formalité, qui retardait l'expédition de la justice, n'a jamais été usitée en France. On s'est toujours contenté du serment que les avocats prêtaient à leur réception, et qu'ils renouvelaient tous les ans à la rentrée du parlement.

118. — En 1274, le concile de Lyon décida par un canon que les avocats renouvelleraient chaque année le serment de ne rien recevoir au delà de 20 livres tournois, somme fixée comme maximum dans chaque affaire.

119. — La même année, Philippe-le-Hardi rendit une ordonnance relative au serment des avocats et à leurs honoraires.

120. — Le serment devait être prêté sur les saints évangiles, et être renouvelé tous les ans.

121. — Celui qui refusait de le prêter était interdit du barreau. — Ord. 1291; Réglem. 1327; — Fournel, t. 1er, p. 36 et 166.

122. — Le serment des avocats fut de nouveau fixé par l'ordonnance de Philippe de Valois du 11 mars 1344. — Ordonnances du Louvre, t. 2, p. 220 et 225.

123. — Aux termes d'un réglement du parlement de Paris qui suivit de près cette ordonnance, les avocats devaient jurer : *quod diligenter et fideliter istud officium exercebunt; — quod causarum injustarum patrocinium scienter non recipient; — quod in iis dilationes et subterfugia malitiosè non quærent; — quod non paciscentur de quotâ parte litis; — quod pro salario suo, quantumcumque sit magna causa, ultrà* TRIGENTA LIBRAS *parisienses non recipient.... (minus tamen recipere possunt); — quod pro mediocri minus et pro minori causâ multò minus recipient*, etc.

124. — Les avocats au Châtelet devaient aussi prêter un serment qui avait beaucoup de rapport avec celui des avocats au parlement. La formule de ce serment nous a été conservée par l'auteur du *Grand coutumier*, liv. 1er, ch. 12. — Seulement on peut être surpris de la place qu'occupe ce chapitre, qui se lie peu avec le sujet du précédent, et dont on nous dispensera de faire connaître la rubrique.

125. — Voici les principaux engagemens contenus dans ce serment : « Les advocats jureront que » bien et loyaument l'office d'advocacerie ils exerceront. — Que de nulle cause, qui ne leur semble juste, et telle qu'elle se puisse de raison soutenir, ils ne se chargeront. — Qu'en quelque partie de l'instance si la cause ou matière leur semble estre injuste et contre raison, tantost ils s'en déchargeront. — Que nuls faicts ou coutumes qu'ils ne cuident (pensent) estre vrais ils n'allégueront ny proposeront. — Que nuls articles impertinens en leurs escrits ils n'escriront. — Que nuls subterfuges ou dilations frivoles malicieusement pourchasseront. — Que selon la qualité ou quantité de la cause et condition de la personne, de leurs salaires modérément se payeront, etc. — *Grand coutumier*, p. 96 (édit. de Charondas le Caron); folio 25 (édit. d'Higman).

126. — Le serment des avocats n'avait rien de politique, mais sous Charles VI et pendant les troubles qui désolèrent la France à cette époque, les partis se montrèrent plus exigeans : le 14 juin 1420 on les obligea à prêter à l'audience le serment d'exécuter le traité de Troyes qui livrait le pays aux Anglais et aux Bourguignons.

127. — Quelques années après (21 déc. 1431), on alla plus loin et on leur fit prêter serment de fidélité au roi d'Angletrrre. — D. Félibien, t. 4, p. 584.

128. — A la fin du seizième siècle, lors de l'entrée de Henri IV à Paris (1594), on exigea aussi des avocats un serment politique; on leur fit jurer notamment de renoncer à toutes ligues, pratiques et intelligences avec les ennemis du roi. — Fournel, t. 2, p. 339 et 348.

129. — Aujourd'hui voici quelle est la formule en usage : « Je jure d'être fidèle au roi des Français, d'obéir à la Charte constitutionnelle et aux lois du royaume, de ne rien dire ou publier, comme défenseur ou conseil, de contraire aux lois, aux réglemens, à la sûreté de l'état et à la paix publique, et de ne jamais m'écarter du respect dû aux tribunaux et aux autorités publiques. » — Décr. 14 déc. 1810, art. 14; ord. 20 nov. 1822, art. 38.

130. — Afin d'être admis à prêter serment devant la cour, les licenciés en droit qui veulent être reçus avocats se présentent au procureur général en son parquet, et lui exhibent leur diplôme de licence — Décr. 24 déc. 1810, art. 13.

131. — La réception a lieu à l'audience publique de la cour royale, sur la présentation d'un ancien avocat, ou de l'avocat qui plaide la première cause appelée, pourvu qu'il soit sur le tableau. — Décr. 14 déc. 1810, art. 14. — Nouv. Denisart, vº *Avocat*, § 2; Boucher-d'Argis, *Hist. abrégée*, ch. 7, p. 57.

132. — Le ministère public déclare alors, au nom du roi, qu'il a vu les lettres et qu'il ne s'oppose à la réception du serment.

133. — Il peut même, en l'absence des anciens avocats, présenter le récipiendaire au serment. Il y a eu des exemples de telles réceptions à la cour royale de Paris et à la cour de Cassation.

134. — Le récipiendaire doit être debout à la barre, en robe et la toque à la main.

135. — Le serment se prête en levant la main droite, et en jurant d'observer les prescriptions contenues en la formule dont le greffier a préalablement donné lecture.

136. — Avant 1789, lorsque le serment était prêté par un ecclésiastique, il ne levait pas la main, il la mettait *ad pectus.* — Boucher-d'Argis, ch. 7, p. 57. — Et s'il avait été reçu licencié à Avignon, on lui faisait prêter un serment particulier; on lui faisait jurer de *garder les libertés de l'église gallicane.* — Nouv. Denisart, vº *Avocat*, § 2, nº 6.

137. — Le serment prêté, le premier président ou celui qui le remplace invite le récipiendaire à prendre place parmi les avocats : *Avocat, passez au barreau.* — Ne pas obtempérer à cette invitation, ce serait manquer aux convenances.

138. — Le greffier dresse du tout procès-verbal sommaire, sur un registre tenu à cet effet, et il certifie au diplôme la réception, ainsi que la prestation du serment. — Décr. 14 déc. 1810, art. 14.

139. — Chaque prestation de serment est assujétie à un droit de 25 fr., qui s'appelait autrefois droit de chapelle. — Décr. 3 oct. 1811, art. 1er.

140. — Le produit de ce droit est spécialement affecté : 1º aux dépenses de la bibliothèque des avocats et du bureau de consultations gratuites; — 2º aux secours que l'ordre juge convenable d'accorder à d'anciens confrères qui sont dans le besoin, ainsi qu'à leurs veuves et orphelins. — Art. 2.

141. — La perception de ce droit est faite par le greffier en chef de la cour, qui en remet le produit au trésorier de l'ordre des avocats. — Art. 3.

142. — Le décret de 1810 ne statuait que pour la cour de Paris; mais des décrets successifs étendirent cette disposition aux cours royales ci-après : — *Nancy* (décr. 7 août 1812); *Montpellier* (décr. 7 févr. 1813); *Colmar* (décr. 2 oct. 1813); *Nîmes* et *Agen* (décr. 6 nov. 1813); *Bordeaux* (décr 5 mars 1814). — Aujourd'hui le droit de 25 fr. est perçu également devant toutes les cours du royaume.

143. — Une cour royale peut-elle refuser d'admettre au serment d'avocat un licencié en droit porteur d'un diplôme régulier et présenté par un ancien de l'ordre? — La cour de *Nîmes* s'est prononcée pour l'affirmative le 20 déc. 1837 (t. 1er 1838 p. 121), G... — Mais l'opinion contraire a prévalu devant la cour d'*Aix*, le 14 mai 1840 (t. 2 1840, p. 355), même affaire.

144. — Cette doctrine a été confirmée par la cour de Cassation, qui a décidé que la cour royale devant laquelle un licencié en droit se présente pour prêter serment d'avocat ne peut qu'examiner la régularité de son diplôme; et que si ce diplôme est régulier, elle ne peut, en se fondant sur les antécédens du licencié, refuser de l'admettre au serment, cette prestation de serment ne conférant que le simple titre d'avocat, et non le droit d'en exercer la profession. — *Cass.*, 3 mars 1840 (t. 1er 1840, p. 251), même affaire.

145. — Si des motifs graves s'opposent à ce que celui qui a prêté serment soit admis parmi les membres du barreau, le conseil de discipline le repoussera; c'est lui qui est véritable juge de ces sortes de questions. — V. *infrà* nos 213 et suiv., 672 et suiv.

146. — En Belgique comme en France, le serment est une formalité indispensable pour être avocat : on y est assujéti même lorsqu'on est porteur d'un diplôme de docteur en droit. — Décr. 20 juill. 1831; — *Liége*, 7 août 1834, Muller.

147. — Indépendamment du serment prêté par les avocats lors de leur réception, on exige encore que ce serment soit renouvelé tous les ans. On trouve cette obligation dans l'ordonnance de Philippe-le-Hardi, de 1274, et elle a été plusieurs fois confirmée depuis, notamment en 1409.

148. — Sous l'ancien régime, on procédait au renouvellement du serment des avocats avec une grande solennité.

149. — C'était à la suite de la messe rouge, le lendemain de la Saint-Martin, et en présence du parlement assemblé en la grand'chambre, que le greffier donnait lecture de la formule du serment, qui était ensuite individuellement prêté par les anciens avocats. — V. MESSE ROUGE.

150. — Chacun d'eux, en suivant l'ordre du tableau, venait à son tour fléchir le genou devant le premier président et renouveler son serment la main étendue sur l'évangile. — V. Boucher-d'Argis, ch. 9, p. 68.

151. — Les gens du roi prêtaient le même serment que les avocats, mais ils avaient le pas sur eux. — V. AVOCAT GÉNÉRAL.

152. — Après les gens du roi venaient le doyen, puis les anciens, chacun selon l'ordre de sa matricule. — Le bâtonnier en exercice et les anciens bâtonniers n'avaient pas le pas sur leurs confrères dans cette cérémonie. — Boucher d'Argis, *loc. cit.*, p. 69.

153. — Aujourd'hui on procède à la prestation annuelle du serment avec infiniment moins de pompe et de cérémonie qu'autrefois. Cette formalité n'est remplie que par le bâtonnier et les membres du conseil de discipline, sur la réquisition du ministère public. — Le greffier lit la formule; les avocats disent : *Je le jure*; le premier président donne acte du serment.

154. — Il est à remarquer que ni le décret du 14 déc. 1810, ni l'ordonnance du 20 nov. 1822, ni aucune loi n'exigent le renouvellement du serment. D'où la question de savoir si cette formalité est obligatoire pour les avocats?

155. — M. Ph. Dupin (*loc. cit.*, nº 27) est d'avis de la négative; toutefois il reconnaît qu'il est convenable de se conformer à l'usage sur ce point. « On ne saurait voir, dit-il, dans cette ré-

» pétition de serment, qu'un hommage rendu à la » majesté des lois et de la justice, et une preuve » de la fidélité du barreau à conserver ses traditions. »

156. — Quoi qu'il en soit, il est bon de remarquer que l'art. 35 du décret du 30 mars 1808 veut que le premier président reçoive à l'audience solennelle de rentrée le serment *que renouvellent les avocats*. Toutefois, cet article ne parle que des avocats *présens à l'audience*.

157. — Lorsqu'un licencié a prêté serment devant une cour royale, est-il tenu de le renouveler lorsqu'il va s'établir dans un autre ressort? — Non. D'abord, aucune loi ne l'exige. Ensuite, ce n'était pas l'usage dans l'ancien barreau. — Nouveau Denizart, § 2, n° 107.

158. — M. Ph. Dupin ajoute que, comme la prestation de serment donne lieu à un droit fiscal, on ne peut pas imposer à l'avocat qui a déjà satisfait à la loi une nouvelle charge. Cette raison nous touche peu, surtout lorsque nous considérons la destination à laquelle le décret du 30 oct. 1811 a affecté l'argent ainsi versé au greffier. — V. *suprà* n° 140.

159. — Un argument qui a plus de valeur se tire des termes de l'art. 4 de l'ordonnance du 27 nov. 1830, qui investit les avocats inscrits au tableau du droit de plaider librement, sans autorisation, devant toutes les cours et les tribunaux du royaume.

§ 3. — *Stage.*

160. — Le stage est le temps d'épreuve que les réglemens exigent du jeune avocat, pour prouver qu'il réunit l'aptitude, l'expérience et la moralité nécessaires à l'exercice de la profession.

161. — Le stage se fait en suivant les audiences du palais, les conférences des avocats et les assemblées du bureau gratuit de consultation. C'est ce qui résulte, sinon des termes de l'ordonnance du 20 nov. 1822, du moins des dispositions des art. 15 et 24 du décret du 14 déc. 1810.

162. — La première disposition qui institue ce noviciat si utile se trouve dans un arrêt de réglement du 11 mars 1344. — Mollot, p. 138.

163. — Celui qui demande à être admis au stage doit justifier qu'il a prêté serment devant la Cour royale, ce qu'il fait en produisant son diplôme revêtu de la mention inscrite au dos par le greffier. — V. *suprà* n° 138.

164. — En 1818, un licencié ayant été admis au stage sans avoir prêté serment, le conseil de discipline révoqua son admission.

165. — Sous la restauration, et en vertu d'un réglement en date du 24 août 1825, le licencié en droit qui demandait l'admission au stage, devait se présenter *en personne* devant le conseil de discipline.

166. — Ce réglement a été abrogé par un arrêté du conseil de discipline du 16 déc. 1830. — Aujourd'hui la demande d'admission au stage se fait par écrit.

167. — Le conseil de discipline est souverain lorsqu'il s'agit de l'admission au stage; le pouvoir qu'il exerce en pareil cas est absolu et à l'abri de tout contrôle, de tout recours. — V. cependant en sens contraire *Caen*, 11 janv. 1837 (t. 1er 1837, p. 532), Jardin c. Avocats de Falaise, et la consultation de M. Demolombe publiée dans cette affaire. — Mais V. *infrà* n° 214.

168. — Quoiqu'une demande à fin d'admission au stage ait été repoussée, cependant elle peut être reproduite si elle s'appuie sur des documens *nouveaux*. Un premier refus n'élève aucune fin de non-recevoir contre une seconde demande.

169. — Il existe même un précédent remarquable à cet égard. Un avocat dont la radiation avait été prononcée par une première décision, a été réadmis huit mois après. — V. Mollot, p. 353, n° 226.

170. — Le conseil qui refuse l'admission au stage n'est pas tenu de motiver sa décision. Il en est de même lorsque le conseil refuse l'admission au tableau.

171. — Toutefois, à Paris, il est d'usage que le secrétaire tienne note des motifs qui ont déterminé le rejet, afin qu'il en reste trace dans le cas où le candidat renouvellerait sa demande.

172. — La décision par laquelle le conseil refuse l'admission au tableau n'étant pas un acte de juridiction, il est contraire aux règles et aux traditions d'en délivrer expédition. C'est ce qui résulte de deux arrêtés du conseil de discipline des 20 juill. 1826 et 11 janv. 1830.

173. — Le pouvoir du conseil de discipline ne se borne pas à prononcer ou à refuser l'admission, il peut aussi ajourner la demande. — Cela a lieu lorsque l'obstacle à l'admission est temporaire, par exemple lorsque le candidat est étranger et attend sa naturalisation, lorsque les justifications ne sont pas complètes, etc.

174. — L'ajournement a cela d'avantageux pour le candidat, qu'il ne lui fait pas perdre le bénéfice de la priorité de date. On sait qu'il prend rang au tableau du jour de la demande. — V. *infrà* n° 235.

175. — La durée du stage a varié, suivant les époques et les localités. Avant le réglement du 5 mai 1751, on se contentait de deux années, mais depuis, ce nombre fut porté au double, et même, dans quelques parlemens, comme à Grenoble, on exigea jusqu'à cinq années. — Nouveau Denizart, § 3, n° 10; Boucher d'Argis, ch. 11, *in fine*; Ph. Dupin, *loc. cit.*, n° 28.

176. — Le décret du 14 déc. 1810, art 12, fixe la durée du stage à trois ans; et cette disposition a été répétée par l'art. 30 de l'ord du 20 nov. 1822.

177. — D'après l'art. 31 de la même ordonnance, le stage peut être fait en divers cours, sans qu'il doive néanmoins être interrompu pendant plus de trois mois.

178. — Le temps passé devant une cour *étrangère* ne compte pas. — Arrêté 29 avr. 1834; — Mollot, p. 327, n° 172 *bis*.

179. — L'inscription au tableau d'un tribunal de première instance, même dans le ressort de la cour, ne dispense pas du stage. — Mollot, p. 328, n° 173.

180. — Si le stage a été interrompu plus de trois mois, quelle doit être la conséquence de cette inobservation du réglement? — A Paris, toute interruption, sauf celle résultant d'un changement de domicile, ou d'un cas de force majeure, est considérée comme un anéantissement du stage; et il faut le recommencer.

181. — M. Ph. Dupin trouve cette jurisprudence bien sévère, et il pense qu'il suffirait de faire perdre au stagiaire seulement le temps pendant lequel le stage a été interrompu. « Les termes » de l'ordonnance, dit-il, se prêtant également » aux deux sens, il semblerait convenable d'ad» mettre l'interprétation la plus douce et la plus » favorable. » — Toutefois, M. Ph. Dupin reconnaît que le conseil de discipline a, en pareille matière, un pouvoir discrétionnaire. — *Sic*, Bioche, *Dict. de procéd.*, v° *Avocat*, n° 43; Mollot, p. 326, note 3e. — V. *suprà* n° 167.

182. — Il résulte de la jurisprudence du conseil de discipline du barreau de Paris 1° : que l'interruption du stage pour entrer dans la magistrature n'empêche pas de tenir compte de tout le temps antérieur.

183. — 2° Que le non-paiement de la cotisation après une mise en demeure peut être considéré comme emportant interruption du stage.

184. — Les conseils de discipline peuvent, selon les cas, prolonger la durée du stage. — Ordonn. 20 nov. 1822, art. 32.

185. — Le stagiaire peut-il appeler de l'arrêté du conseil qui proroge son stage? — Carré (*Compétence*, t. 2, p. 180) soutient l'affirmative; mais l'opinion contraire est enseignée par M. Mollot (p. 212) et par M. Ph. Dupin (p. 371, n° 28); c'est celle que nous adoptons.

186. — La durée du stage peut-elle être abrégée? — Le décret et l'ordonnance sont muets à cet égard; mais le conseil de discipline de l'ordre des avocats près la cour royale de Paris a consenti, par des motifs particuliers, à abréger le stage de deux avocats qui avaient fait partie pendant plusieurs années du barreau de Versailles. — Délibération de 1832; Mollot, p. 331, n° 180.

187. — Nous trouvons aussi, à la date du 20 nov. 1814, une délibération du conseil ainsi motivée : MM. *** seront inscrits à la date de leur présentation, bien qu'il manque *quelques jours* au complément des trois années de stage, cette *faveur* leur étant accordée en considération de ce que M. *** est gendre de bâtonnier, et M. *** fils d'un confrère honorable, *mais sans tirer à conséquence*.

188. — Malgré cette restriction, nous pensons qu'il vaudrait mieux que de pareils précédens n'existassent pas dans la jurisprudence du conseil.

189. — Les avoués licenciés en droit qui, après avoir donné leur démission, se présentent pour être admis dans l'ordre des avocats, sont soumis au stage. — Ordonn. du 20 nov. 1822, art. 37.

190. — ... Alors même qu'avant de se faire avoués ils auraient été avocats inscrits au tableau. — *Cass.*, 1er mars 1827, Moulin c. avocats de Cusset; *Paris*, 27 mars 1828, Grégoire.

191. — La durée du stage pour un ancien avoué n'est jamais abrégée; mais on le dispense facilement de l'assiduité aux conférences. C'est le bâtonnier qui accorde cette dispense.

192. — L'avoué qui demande à être admis au stage doit justifier, 1° de son *quitus* ou du retrait de son cautionnement (Délibération 26 mars 1833); 2° d'un certificat de moralité, délivré par la chambre de discipline.

193. — Un ancien greffier, un ancien notaire, sont soumis au stage comme l'ancien avoué. — Lettre du bâtonnier de l'ordre des avocats de Paris au bâtonnier d'Epinal; Mollot, p. 322, n° 160.

194. — Il y a d'ailleurs un précédent. Un greffier de chambre de la cour royale de Paris s'étant présenté, après avoir cessé ses fonctions, pour demander l'inscription au tableau, n'a été admis qu'au stage.

195. — Le conseil de discipline de Paris exige du greffier, comme de l'avoué : 1° le quitus; 2° le certificat de moralité, lequel est délivré par le tribunal près duquel il a exercé ses fonctions.

196. — Le notaire qui demande son admission est dans le même cas, il doit faire les mêmes justifications.

197. — Lorsque l'avocat stagiaire a besoin d'un congé, c'est au conseil qu'il doit le demander en déduisant ses motifs.

198. — Quoiqu'il ne soit pas inscrit au tableau, l'avocat stagiaire peut prendre le titre d'avocat à la cour royale. Il a le droit de plaider, d'écrire et de consulter dans toutes les affaires à l'exception de celles pour lesquelles le ministère de l'avocat inscrit au tableau n'est pas spécialement exigé.

199. — Ainsi, il ne peut signer une consultation en matière de requête civile. — V. REQUÊTE CIVILE.

200. — Il ne peut pas non plus siéger comme juge dans aucun tribunal. — Mollot, p. 338, n° 198.

201. — Peut-il plaider, lorsqu'il n'a pas encore vingt-deux ans accomplis, ou faut-il qu'il obtienne préalablement le certificat d'assiduité dont parle l'art. 34, ordonn. 20 nov. 1822? — V. AVOCAT STAGIAIRE.

§ 4. — *Inscription au tableau.* — *Rang.*

202. — Pour jouir complétement de tous les droits, priviléges et prérogatives d'avocat, il faut être inscrit au tableau.

203. — L'origine de tableau se trouve dans l'ordonnance de Philippe de Valois du 13 fév. 1327. « Aucun avocat, dit l'art. 41 de cette ordonnance, ne sera admis à plaider, s'il n'a prêté le serment, et s'il n'est inscrit au *rôle* des avocats. »

204. — Il ne faut pas cependant confondre, comme l'a fait M. Mollot, p. 136, ce rôle avec le tableau.

205. — Le tableau est la liste des avocats suivant l'ordre d'inscription, dressée par le conseil de discipline et déposée par le bâtonnier au greffe de la cour. — Anciennement c'était le *doyen* qui faisait le tableau.

206. — Le rôle ou *registre des matricules* était la liste officielle de ceux qui avaient prêté serment au parlement : cette liste contenait beaucoup de noms d'avocats qui n'exerçaient pas la profession. — V. AVOCAT AU PARLEMENT.

207. — Le plus ancien tableau connu est celui de l'année 1363, dont parle Loisel dans son dialogue des avocats.

208. — Le tableau de 1680 est le premier qui ait été imprimé; il était l'ouvrage de M. Pousset de Montauban, alors bâtonnier.

209. — Le tableau doit être réimprimé au commencement de chaque année judiciaire, et déposé au greffe de la cour ou du tribunal auquel les avocats inscrits sont attachés. — Ordonn. 1822, art. 6.

210. — Du temps des parlemens c'était au mois de mai, à la Saint-Nicolas d'été, que se faisait ce dépôt.

211. — La profession d'avocat est et a toujours été libre : le nombre des avocats inscrits est illimité.

212. — C'est le conseil de discipline qui décide si celui qui requiert l'inscription remplit les conditions nécessaires à cet effet. Son pouvoir est absolu en pareille matière. — *Cass.*, 3 mars 1840 (t. 1er 1840, p. 251), Gent; *Aix*, 14 mai 1840 (t. 2 1840, p. 355), Gent.

213. — « L'appréciation des circonstances qui peuvent, dit M. Ph. Dupin, décider l'admission ou la non-admission d'un avocat au tableau, est *exclusivement* attribuée à l'ordre; c'est un de ses priviléges les plus anciens et les plus incontestables; il a toujours été de principe que l'autorité, soit administrative, soit judiciaire, n'a aucun droit de s'immiscer dans cette opération. » — Le tribunal qui croit apercevoir des irrégularités dans la formation du tableau doit se borner à le déférer et à en faire connaître les vices à l'autorité compétente. — *Rennes*, 31 juill. 1826, Rault.

214. — Les décisions des conseils de discipline qui statuent sur ces questions ne sont pas susceptibles d'appel, soit de la part de celui dont l'inscription a été refusée, soit de la part du ministère public. — Il en est autrement lorsqu'il s'agit de *radiations* ou même de simples *omissions* du tableau. — V. *infrà* nos 252 et suiv. 756 et suiv.

215. — Du reste, quelque étendu que soit le pouvoir des conseils de discipline en ce qui concerne

la formation du tableau, il ne doit jamais y avoir d'arbitraire dans leurs décisions; c'est dans la loi elle-même ou dans les traditions qu'ils vont presque toujours chercher la raison de décider. Rappelons quelques unes des règles qui les guident dans leur appréciation.

216. — Pour être inscrit au tableau il faut que ce candidat justifie : 1° d'un stage régulièrement et complétement fait ou de l'inscription au tableau d'une cour royale; — 2° de sa moralité; — 3° de son domicile dans le lieu où il veut exercer; — 4° il faut enfin qu'à raison des fonctions qu'il exerce ou qu'il a exercées il n'y ait aucune incompatibilité.

217. — *Stage.* — Nous avons vu *suprà* (nos 160 et s.) quelle devait être la durée, quel devait être l'objet du stage; nous n'avons pas à y revenir. Nous répétons seulement que le conseil de discipline peut prolonger le stage quand il a de justes motifs de le faire, mais qu'il excède ses pouvoirs en l'abrégeant.

218. — Ajoutons que l'accomplissement du stage ne constitue pas un droit acquis, le conseil étant toujours maître après les trois ans de refuser le tableau, si sa conviction lui en fait un devoir. La question cependant est controversée. — V. Mollot, p. 349, note 3e.

219. — *Inscription sur un autre tableau.* — Cette inscription n'emporte pas de plein droit l'admission de l'avocat qui change de résidence. Le principe est que le droit du conseil qui est appelé à statuer est entier qu'il n'est pas lié par la jurisprudence des autres bureaux.

220. — En effet, on comprend que tel motif nouveau peut fort bien mettre obstacle à l'admission d'un avocat contre lequel ne s'élevait auparavant aucune objection. A Paris c'est un point de jurisprudence constant.

221. — Ainsi, quelle que soit la force de la *possession d'état*, un avocat inscrit, par exemple, à Lyon ou à Bordeaux, peut fort bien n'être pas admis à Toulouse ou à Paris. Le principe de l'omnipotence du conseil s'étend jusque là.

222. — *Moralité.* — C'est surtout en ce qui concerne ce point délicat que la compétence du conseil est absolue, inattaquable. Gardien sévère d'une discipline à laquelle l'ordre doit sa force et sa considération, le conseil pèse, dans sa sagesse, sans prévention, sans faiblesse et avec une complète indépendance, les raisons, non de droit, mais de convenance, qui font admettre ou refuser l'inscription au tableau.

223. — Plus son autorité est grande, plus il apporte de réserve et de circonspection dans l'exercice des pouvoirs dont il est investi. — Après tout, ses décisions n'ont pas le caractère de jugement; elles n'emportent aucune idée de flétrissure. On sait que les règles qui gouvernent l'ordre sont très sévères et qu'elles défendent souvent, dans leur respectable exagération, ce qui est permis à toutes les autres classes de citoyens.

224. — Inutile de dire que les considérations politiques doivent toujours rester étrangères aux conseils de discipline : aussi a-t-on blâmé le conseil de Paris d'avoir en 1816 et 1818 *ajourné indéfiniment* l'admission de Manuel, et plus tard celle de M. Charles Comte, pour des motifs que l'on a généralement considérés comme exclusivement politiques. Depuis long-temps cette jurisprudence n'est plus en vigueur, et l'admission au tableau est prononcée sans que le conseil recherche quel est le rôle qu'ont joué les candidats sous la restauration, témoins MM. Mangin, Billot, de Chantelauze, etc...

225. — La production d'un certificat de moralité n'est pas de rigueur pour l'admission. A une certaine époque (1812), le conseil de discipline avait même interdit la lecture de ces sortes d'attestations à cause de la facilité avec laquelle on se les procurait.

226. — *Domicile.* — On tenait pour constant dans l'ancien barreau que l'inscription au tableau ne pouvait être concédée qu'à ceux qui avaient leur résidence réelle aux lieux où siégeaient les parlemens. — Fournel, t. 2, p. 228.

227. — Le décr. du 14 décembre 1810 et l'ord. du 20 nov. 1822, ayant gardé le silence sur ce point, on s'est demandé si l'on devait observer l'ancienne tradition.

228. — Pour la négative on a fait valoir l'indépendance de l'avocat; on a soutenu qu'on ne pouvait lui imposer des entraves arbitraires, qu'il était libre de résider où bon lui semblait; de voyager, si c'était son plaisir, et que d'ailleurs des motifs d'intérêt ou de santé pouvaient le forcer à ne pas résider au chef-lieu du ressort. — Carré, *Compét.*, t. 1er, p. 415. — On a, en outre, tiré argument de l'ord. du 27 août 1830, qui autorise l'avocat inscrit au tableau à plaider devant toutes les cours et les tribunaux du royaume.

229. — Dans l'autre opinion, on dit que les besoins de la justice et les nécessités d'une surveillance réelle exigent la résidence des membres du barreau au chef-lieu du ressort de la cour ou du tribunal auquel ils sont attachés; que telle est la tradition; que le silence de l'ord. de 1822 n'est qu'apparent puisque l'art. 45 porte que les usages observés dans le barreau, relativement aux droits et aux devoirs des avocats dans l'exercice de leur profession conservent toute leur vigueur; qu'enfin l'ord. du 27 août 1830 ne contient rien de contraire. — Philippe Dupin, *Encycl. du dr.*, v° *Avocat*, n° 39; Mollot, p. 351, n° 222.

230. — Cette opinion a été consacrée par une circulaire ministérielle du 6 janv. 1823, par plusieurs décisions du conseil de discipline de Paris et par un arrêt de la cour d'Aix du 2 avr. 1822, dans l'affaire N. c. Avocats d'Aix. — V. *contrà Rennes*, 31 juill. 1826, Rault.

231. — *Incompatibilités.* — D'après les anciens usages et les réglemens de l'ordre, il existe entre les fonctions d'avocat et certaines professions des incompatibilités qui empêchent l'admission au tableau ou qui déterminent la radiation ou l'omission quand c'est après l'inscription qu'elles se manifestent. — V. sur ce sujet *infrà* § 5, nos 255 et suiv.

232. — Le tableau est destiné à comprendre les noms de tous les membres de l'ordre par rang d'ancienneté; on n'y a aucun égard à l'âge que peut avoir chacun des avocats qui y sont inscrits.

233. — L'ordonnance de 1822 avait tracé des règles spéciales pour la formation du tableau; elle voulait que les avocats fussent répartis en colonnes ou sections. Ces dispositions ne sont plus en vigueur depuis l'ordonnance du 27 août 1830.

234. — En 1831, le rapporteur de la commission du tableau à Paris proposa de partager l'ordre en huit colonnes. Le conseil rejeta cette proposition. — Décision du 11 janv. 1831.

235. — Le rang au tableau est déterminé par la date de la demande d'admission au stage; c'est la jurisprudence constante du conseil de discipline de Paris. — Mollot, p. 355, note 1re.

236. — Jugé aussi que l'inscription au tableau après l'expiration du stage donne rang à l'avocat inscrit à la date du jour auquel le stage a commencé et non pas seulement à dater du jour où le stage est terminé. — *Bourges*, 10 nov. 1819, avocats de Bourges c. N...

237. — Décision contraire. — *Bourges*, 30 mai 1822, avocats de Bourges.

238. — Ceux qui, après avoir quitté la profession d'avocat, veulent la reprendre, n'ont rang sur le tableau que du jour de la demande qu'ils ont faite à l'effet d'être réadmis.

239. — On cite, il est vrai, quelques précédens contraires. Ainsi, en 1830, plusieurs magistrats démissionnaires ont pris rang au tableau à la date de leur ancienne inscription; mais le conseil de discipline est revenu avec raison sur cette jurisprudence, et aujourd'hui c'est à la date de leur demande seulement que les magistrats sont inscrits.

240. — Cette jurisprudence a été appliquée par le conseil de discipline des avocats à la cour royale de Paris, à un ancien garde des sceaux. — — Décision du 10 nov. 1840. — Mais V. *infrà* n° 246.

241. — L'avocat d'une cour royale qui s'établit près d'un tribunal de première instance du ressort, y a rang du jour de son inscription au tableau de la cour royale. — Décr. 14 déc. 1810, art. 11.

242. — L'avocat qui change de ressort, ou qui quitte un tribunal de première instance pour s'établir au chef-lieu de la cour, a rang du jour de sa demande afin d'admission. — Mollot, p. 356.

243. — Il en était de même avant 1789. — Boucher d'Argis, chap. 10, p. 73.

244. — Les avocats à la cour de Cassation et aux conseils du roi sont admis au tableau de *plano*, pourvu qu'ils aient accompli le temps du stage, avant ou depuis leur exercice devant cette cour. — V. AVOCAT A LA COUR DE CASSATION.

245. — Jugé, mais cette décision est très contestable, que la délibération de l'ordre des avocats qui porte de nouveau au tableau des avocats un ancien magistrat au rang qu'il y avait avant la magistrature ne règle qu'une question de préséance ou de prérogative honorifique. — *Poitiers*, 13 août 1834, Laurence.

246. — Ainsi, on ne doit pas compter comme temps d'exercice de la profession d'avocat, à l'un des signataires de la consultation qui doit précéder une requête civile, le temps pendant lequel, depuis son inscription au tableau, il a exercé des fonctions de magistrature. — Même arrêt. — V. REQUÊTE CIVILE.

247. — Aux termes de l'art. 29 de l'ordonnance du 20 nov. 1822, l'avocat qui encourait les peines de réprimande ou d'interdiction était inscrit au dernier rang de la colonne dont il faisait partie. Mais cette prescription de l'ordonnance n'est plus applicable, depuis que l'institution des colonnes a été supprimée. — V. ord. 27 août 1830, art. 7.

248. — Chaque année on refait le tableau, et cette opération consiste à ajouter les nouveaux membres inscrits, et à retrancher ceux qui ne doivent plus y figurer.

249. — Le retranchement se fait de deux manières ou par voie d'*omission* ou par voie de *radiation*.

250. — L'omission au tableau, qu'il ne faut pas confondre avec la radiation, a lieu dans les cas suivans : — 1° lorsqu'il y a décès ou démission; — 2° lorsqu'il y a incompatibilité relative; — 3° lorsqu'il y a refus de payer la cotisation annuelle; — 4° lorsqu'il y a cessation de domicile à Paris.

251. — La radiation est une peine disciplinaire qui n'est prononcée que pour un fait grave. — V. *infrà* nos 708 et suiv.

252. — L'avocat *omis* est toujours recevable à réclamer, et il est rétabli sur le tableau en justifiant que la cause de l'omission a cessé.

253. — Il peut aussi se pourvoir en appel contre la décision du conseil qui retranche son nom du tableau, car il a possession, droit acquis, et, dans ce cas, l'appel est de droit.

254. — Il en est de même, à plus forte raison, lorsque le retranchement a lieu par voie de radiation disciplinaire. — V. *infrà* nos 756 et suiv.

§ 5. — *Incompatibilités.*

255. — M. Mollot (p. 297, n° 89) distingue deux espèces d'incompatibilités, c'est-à-dire celles qui sont relatives et celles qui sont absolues.

256. — Les premières ne mettent obstacle à la profession que pour un temps; les secondes sont à jamais exclusives de la profession.

257. — La profession d'avocat est incompatible avec la qualité d'étranger non naturalisé. — Décis. du conseil de discipl. de Paris, 4 déc. 1816; 27 août 1817; 2 mars 1825; 6 déc. 1427 et 6 déc. 1840; délibération des avocats de Marseille, 12 août 1840.

258. — Telle était aussi l'ancienne jurisprudence. — Merlin, *Rép.*, v° *Etranger*, § 1er, n° 3; Bioche, v° *Avocat*, n° 11; Mollot, p. 215, note *in fine*, et p. 298, n° 91.

259. — Les motifs de cette décision sont : 1° qu'un étranger ne peut prêter serment de fidélité au roi et d'obéissance à la charte constitutionnelle; — 2° qu'un avocat peut être appelé à compléter un tribunal, en l'absence des juges, et qu'un étranger ne peut rendre la justice en France. — *Toulouse*, 31 mai 1836, Bellay-Montfaucon c. Marot.

260. — L'incompatibilité existe même contre l'étranger qui a été admis à jouir des droits civils en France. — Décis. des avocats de Paris, 26 fév. 1833; des avocats de Marseille, 12 août 1840.

261. — Si l'étranger avait été porté au tableau dans l'ignorance de sa qualité, il devrait être rayé du tableau. — Décis. 24 mars 1840.

262. — La profession d'avocat est incompatible avec toutes les fonctions de l'ordre judiciaire, excepté celles de suppléant. — Ord. 20 nov. 1822, art. 42; décr. 14 déc. 1810, art. 18.

263. — Ainsi, un avocat ne peut être en même temps juge de paix. — Décis. 6 janv. 1820.

264. — Suivant M. Joye (*Almanach de la magistrature et du barreau*, p. 160), un magistrat *honoraire*, peut être avocat : cette opinion est très contestable.

265. — M. Mollot (p. 298, n° 92) estime que les pairs de France sont compris dans la disposition de l'art. 3 de l'ordonnance, attendu que la chambre des pairs exerce quelquefois des fonctions judiciaires. C'est aussi l'avis de M. Bioche (n° 159). — V. en ce sens la déc. du conseil discipline du 7 nov. 1822, relative à M. Roy.

266. — Cependant il existe des précédens contraires. Ainsi, ce n'est qu'en 1842 que le nom de M. Bourdeau a cessé de figurer sur le tableau des avocats à la cour royale de Limoges, quoique depuis long-temps cet ancien ministre siégeât à la chambre des pairs.

267. — Suivant l'ordonnance de 1822, il y a incompatibilité entre la profession d'avocat et les fonctions de préfet, de sous-préfet et de secrétaire général de préfecture.

268. — En est-il de même des fonctions de conseiller d'état et de maître des requêtes en service ordinaire? — Oui, et l'on en donne pour raisons : 1° qu'ils exercent des fonctions judiciaires; — 2° qu'ils reçoivent un traitement; — 3° que les devoirs de ces fonctions ne peuvent se concilier avec ceux d'avocat. — Ph. Dupin, *Encycl. du droit*, v° *Avocat*, n° 43; Mollot, p. 301, nos 105; Bioche, nos 160 et 161.

269. — Cette décision s'applique aussi aux auditeurs au conseil d'état. Leurs fonctions sont un noviciat qui ne permet pas à ceux qui en sont revêtus de suivre le barreau. — Philippe Dupin, *loc. cit.*; Bioche, n° 162. — *Contrà* Mollot, p. 317, n° 142.

270. — Notez que les fonctions d'avocat et celles de conseiller d'état ou maître des requêtes en service *extraordinaire* n'ont rien d'incompatible. —V. *infrà* nº 323.

271. — Que faut-il décider, relativement aux conseillers de préfecture? — Suivant MM. Philippe Dupin (*loc. cit.*) et Bioche (nº 163), il y a incompatibilité. Ces auteurs se fondent sur ce que les conseillers de préfecture sont de véritables juges, appelés à remplacer accidentellement les préfets; sur ce que, à raison de leur amovibilité, de leur traitement et de leur dépendance, il y a impossibilité pour eux de concilier leurs devoirs administratifs avec les exigences de la profession d'avocat. — Enfin on argumente de plusieurs avis du conseil d'état qui proclament l'incompatibilité des fonctions d'avoué avec celle de conseiller de préfecture. — Av. cons. d'état, 8 juill. 1809, 16 fév. 1811.

272. — L'opinion contraire est enseignée par M. Mollot (p. 318, nº 143, note 4), qui ne trouve aucune prohibition dans l'ordonnance, et qui ne veut pas qu'on étende les incompatibilités.

273. — Jugé, en ce sens, qu'il n'y a pas incompatibilité entre la profession d'avocat et les fonctions de conseiller de préfecture. — *Toulouse*, 21 déc. 1840, Tajan. — *Sic*, décision du conseil de discipline de *Bordeaux*, 12 nov. 1830.

274. — Dans l'ancien droit, on tenait que la profession d'avocat était incompatible avec toute profession *qui peut faire l'occupation capitale d'un homme*; avec les places qui rendent subalterne, et auxquelles il y a des gages attachés. » — Nouveau Denizart, § 8, p. 748; Dupin aîné, *Lettres sur la profession d'avocat*, t. 1er, p. 700, nº 51.

275. — Ces incompatibilités existent encore aujourd'hui : l'art. 42 de l'ordonnance parle des emplois à gages, des fonctions d'agent comptable et de toute espèce de négoce. Cette disposition n'est que démonstrative. — V. aussi décr. 14 déc. 1810, art. 18.

276. — Ainsi, les fonctions d'avocat sont incompatibles : 1º avec l'emploi de chef de bureau dans une administration ou un ministère, y compris le ministère de la justice. — Décis. 1er déc. 1840; 28 janv. 1830; 31 janv. 1838; 3 déc. 1839. — Il n'y a d'exception, d'après la jurisprudence du conseil de discipline, que pour les fonctions de directeur et de secrétaire général à ce dernier ministère.

277. — 2º Avec les fonctions de directeur de la caisse d'épargne. — Décis. 20 déc. 1837.

278. — 3º Avec celle d'employé au ministère des finances. — Décis 11 déc. 1828.

279. — 4º Avec celles de secrétaire général du conseil d'administration du Mont-de-Piété. — Décis. 10 janv. 1828.

280. — 5º Avec la qualité d'*attaché* au ministère de l'intérieur, encore que ce fût sans traitement. — Décis. 11 mai 1841.

281. — 6º Avec celle de surnuméraire au ministère de la justice. — Décis. 1er févr. 1831; 12 avr. 1832. — V. cependant Mollot, p. 317, nº 140.

282. — 7º Avec celle de professeur ou même de proviseur dans un collége royal. — Décis. 28 déc. 1825; 27 nov. 1832; 7 févr. 1838.

283. — 8º Ou celle de professeur de belles-lettres et de philosophie. — Mollot, p. 303, note 1re.

284. — 9º Avec l'enseignement de la langue française ou des langues anciennes et des mathématiques. — Décis. 6 déc. 1821; 11 juin 1833; 14 fév. 1838.

285. — 10º Avec la qualité d'ancien commissaire de police. — Décis. 8 févr. et 1er mars 1831. — « Le conseil a pensé, dit M. Mollot (p. 311, note 1re), qu'il existe dans ces fonctions, toutes recommandables qu'elles soient, certaines pratiques qu'il n'est pas besoin de signaler et qui répugnent au caractère de l'avocat. »

286. — 11º Avec les fonctions d'administrateur d'une société anonyme, telles qu'elles sont définies par le Code de commerce. — Décis. 9 août 1838.

287. — 12º Avec la qualité de directeur gérant de l'école industrielle de Charonne. — Décis. 17 févr. 1835.

288. — 13º Avec la qualité de gérant d'une manufacture de verres. — Décis. 27 août 1818.

289. — 14º Avec la qualité de directeur ou de gérant d'un journal. — Décis. 20 août 1818; 7 mai 1829; 11 févr. 1830 et 18 mai 1841.

290. — 15º Avec celle de mandataire dans un conseil d'administration d'un chemin de fer. — Décis. 15 janv. 1833.

291. — 16º Avec celle d'associé d'un commissionnaire au Mont-de-Piété. — Décis. 6 août 1833.

292. — 17º Avec celle de syndic salarié dans une faillite.

293. — 18º Avec la profession qui consiste à solliciter des brevets d'invention. — Décis. 25 août 1834.

294. — 19º Avec la qualité de mari d'une femme tenant un pensionnat et commune en biens, attendu qu'elle est marchande publique et qu'elle oblige son mari solidairement à raison de son commerce. — Décis. 10 et 17 nov. 1813; 1er mars 1827.

295. — 20º Avec l'exploitation d'un brevet de maître de poste. — Décis. 12 mars 1833.

296. — 21º Avec les fonctions d'huissier de la chambre du roi. — 23 mai 1829.

297. — 22º Avec celles de sous secrétaire des commandemens de la reine. — Décis. 12 mars 1833.

298. — 23º Avec celles de commis intéressé chez un négociant. — Décis. 1er avr. 1830.

299. — 24º Avec les fonctions de secrétaire de la chambre des avoués. — Décis. 4 avr. 1838.

300. — 25º Avec celles de secrétaire d'une chambre de commerce, recevant à ce titre une rétribution annuelle, et astreint à des devoirs de subordination contraires à la dignité et à l'indépendance de la profession d'avocat. — *Douai*, 31 juill. 1843 (t. 2 1843, p. 817), Fontemoing.

301. — 26º Avec l'emploi de clerc d'avoué, de notaire, et à plus forte raison d'huissier, que le clerc soit ou non gradué ou appointé.

302. — 27º Avec la qualité d'employé chez un agent d'affaires. — Décis. 1er fév. 1830.

303. — 28º A un autre point de vue, la profession d'avocat est incompatible avec le ministère d'avocat à la cour de Cassation. — Décis. 12 mars et 18 juin 1833.

304. — 29º Avec le ministère d'avoué, de notaire ou de greffier. — Ordon. 20 nov. 1822, art. 42.

305. — Un arrêt du parlement du 10 mars 1619 avait déjà jugé dans l'affaire de Me Lebourdoin, qu'il n'exercerait point la charge d'avocat tant qu'il exercerait celle de greffier. — Dupin aîné, *Profession d'avocat*, t. 1er, p. 701, nº 54.

306. — 30º Avec les fonctions de référendaire au sceau. — Décis. 14 fév. 1838 et mars 1841.

307. — 31º Avec celles d'agréé ou d'ancien agréé au tribunal de commerce. — Décis. 26 juin 1832 et 24 nov. 1835. — V. cependant Nouguier, *Trib. de comm.*, t. 1er. — V. AGRÉÉ.

308. — Avant 1830, la jurisprudence du conseil était différente; il s'est décidé depuis par cette considération que les cabinets d'agréés ne sont à tout prendre que des bureaux d'affaires.

309. — 32º Avec la qualité d'associé ou d'ancien associé d'un agréé. — Décis. 20 nov. 1832.

310. — 33º Avec les fonctions d'huissier ou d'ancien huissier. — Décis. 6 déc. 1827; 25 mars, 15 avr. et 15 déc. 1830.

311. — 34º Avec la qualité d'agent d'affaires, même quand on y renonce. L'ordonnance du 20 nov. est formelle, elle exclut de la profession d'avocat ceux qui ont été agens d'affaires (art. 42). — L'incompatibilité est absolue.

312. — Cependant il a été fait une exception en faveur d'un ancien agent d'affaires qui est revenu au barreau après avoir rempli les fonctions de procureur général et de député (M. Cabet).

313. — 35º La profession d'avocat est incompatible avec l'état militaire. — Décis. 8 mars 1831; Lettre du bâtonnier, 23 mars 1829.

314. — 36º Avec l'état ecclésiastique. — Décis. 15 mars 1831 (M. Lacordaire); — Mollot, p. 309, note 1re.

315. — M. Ph. Dupin (*loc. cit.*, nº 45) paraît improuver cette décision. Il ne voit pas la nécessité d'exclure du barreau des hommes dont les habitudes de travail et de moralité offrent au plus éminent degré toutes les qualités désirables. — Ce qui est certain, c'est que dans l'ancien barreau cette incompatibilité n'existait pas. Les religieux seuls étaient incapables d'être avocats. — V. Boucher d'Argis, *Hist. abrégée*, chap. 7.

316. — L'avocat qui, par l'acceptation de fonctions qui absorbent tout son temps, se met dans l'impossibilité absolue d'exercer ses fonctions, doit être rayé du tableau. — Il doit en être de même lorsque sa position sociale est incompatible avec cette profession. — *Orléans*, 19 avr. 1845 (t. 1er 1845, p 719), H... c/ Procureur général d'Orléans.

317. — Après cette longue énumération qu'il eût été facile de grossir encore, indiquons rapidement les dignités et les fonctions qui n'emportent pas incompatibilité avec la profession d'avocat.

318. — Ce sont : celles de ministre. — Décis. 5 janv. 1831 (M. Roy); 19 nov. 1839 (M. Teste).

319. — Celles de secrétaire général au ministère de la justice. — Décis. 19 nov. 1839.

320. — Celles de directeur des affaires civiles au ministère de la justice. — Décis. 26 nov. 1840 (M. Duvergier, aujourd'hui bâtonnier de l'ordre des avocats à la cour de Paris). — Ajoutons toutefois que la considération de la personne a été pour beaucoup dans cette décision, et que peut-être si le cas se présentait de nouveau il souffrirait difficulté. — V. les motifs de l'arrêt de *Poitiers*, 13 août 1834, Laurence.

321. — Les fonctions de juge suppléant près d'un tribunal de première instance. — Ordon. 22 nov. 1822, art. 42; Décis. 23 nov. 1814; 5 janv. 1831.

322. — ....Auprès d'une justice de paix. — Décis. 20 nov. 1816.

323. — Celles de conseiller d'état ou de maître des requêtes en service extraordinaire. — Décis. 29 janv. 1839; 16 juill. 1838 et 29 janv. 1839.

324. — Celles de secrétaire de la chambre des pairs, suivant une décision du 17 août 1814; mais probablement si la question se présentait aujourd'hui, la solution ne serait pas la même.

325. — Celles de professeur en droit. — Philippe Dupin, *loc. cit.*, nº 44. — C'était une question douteuse autrefois, elle fut tranchée par l'arrêt du parlement du 6 sept. 1777.

326. — Celles de bibliothécaire d'une bibliothèque publique. — Il y a du moins des précédens à Dijon et à Paris. — V. du reste, dans le *Bulletin du bibliophile*, un article piquant de Ch. Nodier sur ce sujet.

327. — Le conseil de discipline de Paris permet à un avocat de donner des répétitions de droit, et de faire des cours particuliers, même non gratuits : ces occupations n'ont rien d'incompatible avec la profession. — Décis. 22 janv. 1833; 12 fév. même année.

328. — Il lui permet aussi de travailler dans le cabinet d'un avocat à la cour de Cassation, même avec des honoraires fixes. — Mollot, p. 319, nº 145.

329. — ... Ou d'écrire dans les journaux, soit judiciaires, soit littéraires ou politiques. — Décis. déc. 1832; Mollot, p. 319, nº 148.

330. — On avait d'abord pensé que le titre d'*avoué honoraire* était incompatible avec celui d'avocat (décis. 28 nov. 1814, 11 déc. 1816, 5 févr. 1817, 15 mai 1832 et 13 août 1833); mais malgré ces nombreux précédens, le conseil a changé de jurisprudence. — Décis. 3 juin 1834.

331. — Une femme peut-elle exercer les fonctions d'avocat? — La négative n'est pas douteuse, quoiqu'il y ait eu dans l'antiquité des femmes suivant le barreau. — Boucher-d'Argis, ch. 4, p. 36 et ch. 7, p. 53.

332. — On admet cependant quelquefois des femmes à plaider dans leur propre cause.

333. — Ainsi, il a été jugé qu'une femme peut, en matière civile, être admise à plaider sa propre cause devant la cour suprême en audience solennelle. — *Cass.*, 31 mars 1807, Gracieux de Lacoste c. N...

334. — Elle peut *à fortiori* être admise à plaider devant un tribunal de première instance ou une cour royale. — Carré, *Compét.*, t. 1er, p. 65.

335. — Avant 1789, on exigeait que l'avocat fît profession de la religion catholique, apostolique et romaine; du moins il en était ainsi depuis la révocation de l'édit de Nantes. On ne lui permettait même pas d'avoir un clerc protestant.

336. — Aujourd'hui que la charte proclame la liberté de conscience, tous les cultes ont des adeptes dans le sein du barreau.

337. — Un sourd, un aveugle peuvent-ils être avocats? — Cela ne fait aucun doute aujourd'hui. On a vu, dit Boucher-d'Argis (ch. 4), un aveugle plaider avec applaudissement dans plusieurs tribunaux de Paris.

338. — A Rome, un aveugle pouvait être juge et ne pouvait être avocat. On en donne pour cause l'aventure d'un certain Publius, qui continua de plaider quoique le juge eût levé le siége. — V. AVEUGLE.

339. — Quant aux sourds, s'ils étaient exclus du barreau romain, c'est, disait-on, qu'ils ne pouvaient entendre les décrets du préteur.

340. — Un savetier peut-il devenir avocat? — Cette bizarre question s'est présentée, en 1780, devant le Parlement de Paris dans l'affaire du sieur Pierre Gouhier contre les avocats de Nogent-le-Rotrou. Elle était nouvelle au barreau et donna lieu à une discussion intéressante dont le résultat n'est pas bien connu. On trouve dans les *Œuvres choisies* de Tronson du Coudray, t. 2, p. 342, un Mémoire spirituel sur cette question, avec cette épigraphe : *Ne sutor ultrà crepidam.* Les curieux conservent aussi les deux mémoires du savetier, publiés par lui dans sa propre cause. — Nous avons rapporté, (Vº AMPARLIER), nº 5, un texte fort peu connu duquel on peut induire qu'au moyen-âge un savetier pouvait postuler au barreau.

Sect. 3e. — *Fonctions de l'avocat. — Costume.*

341. — Les fonctions de l'avocat consistent dans la défense des parties. Il plaide, il écrit, il consulte pour elles; il les dirige dans leurs procès, mais il ne les représente jamais comme mandataire; il ne postule pas.

342. — Sous l'ancienne jurisprudence, les avocats étaient presque exclusivement chargés des écritures dans les procès, et à cette époque c'était

une occupation importante, car le nombre des affaires appointées était considérable. — « Je n'ai » réussi, dit M. Berryer père (*Souvenirs*, t. 1er, p. 35), » à faire mon stage, qui exigeait une installation » plus ou moins dispendieuse, une tenue toujours » décente, et qui supposait quelque aisance, qu'à » l'aide des travaux de cabinet, qui, sous le nom » d'*écritures*, formaient l'apanage d'une classe » nombreuse d'avocats inscrits au tableau. Ce genre » d'occupations ne laissait pas que d'être lucratif. »

343. — Aujourd'hui, c'est aux avoués que la procédure écrite est attribuée; les mémoires, les notes que produisent les avocats dans le cours d'un procès ne font pas partie de l'instruction et ne passent pas en taxe.

344. — Dans le principe, les avocats, qui pour la plupart appartenaient à l'ordre ecclésiastique, portaient la soutane noire et le manteau long. C'était aussi le costume des magistrats.

345. — Le manteau ou cape, qui se mettait par-dessus la soutane, fut abandonné au dix-septième siècle, et remplacé par une robe large ayant un collet et des manches.

346. — Cependant on cite un avocat, Me Levasseur, élu bâtonnier en 1685, qui continua de porter la soutane et le manteau.

347. — Boucher d'Argis prétend même que Louis Froland, bâtonnier en 1734, parut plusieurs fois en soutane au palais et dans les cérémonies publiques.

348. — La robe ordinaire des avocats était de couleur noire, comme celle des magistrats; leur robe de cérémonie était de couleur rouge ou écarlate. C'est ce que nous apprend la tradition.

349. — Depuis longtemps, il est vrai, le droit de porter la robe rouge a été perdu par les avocats, mais il leur a appartenu incontestablement à une certaine époque. — V. Loisel, *Dialogue des avocats*; Husson, *de Advocato*; Froland, *Recueil d'arrêts*; Prévôt, *Lettre sur les substituts*; Lescornay, *Traité de la robe rouge*; Boucher-d'Argis, *Histoir abrégée*, ch. 8. — V. aussi dans l'ancien *Journal du Palais*, sous la date du 25 janvier 1670, un mémoire curieux de M. Perrachon sur ce sujet.

350. — On sait d'ailleurs que pendant le seizième siècle, Raoul Spifame prenait toujours la robe rouge pour venir prêter serment à la rentrée du Parlement. Du reste, on peut voir encore à la bibliothèque des avocats à la cour royale de Paris le portrait de M. de Riparfonds, dont le souvenir est si cher à l'ordre, et s'assurer que cet ancien avocat, mort au commencement du dix-huitième siècle, protait la robe rouge.

351. — Aujourd'hui, les professeurs des écoles de droit sont les seuls parmi les avocats qui puissent prendre la robe rouge; mais ils ne la prennent que dans l'exercice de leurs fonctions de professeurs et non en plaidant.

352. — Les avocats attachaient jadis beaucoup de prix au droit qui leur appartenait de se faire porter la robe lorsqu'ils venaient au Palais ou assistaient à des cérémonies publiques. Ce privilége, si précieux autrefois, a perdu toute sa valeur depuis long-temps; on se contente aujourd'hui de relever et d'attacher la partie traînante de la robe.

353. — Le chaperon fut pendant long-temps la coiffure de l'avocat; sous le chaperon il portait une calotte. Plus tard il remplaça la calotte par un bonnet rond, puis il substitua au bonnet rond le bonnet carré. Aujourd'hui le barreau porte la toque.

354. — Pendant la révolution, les hommes de loi, les défenseurs officieux, simples mandataires sans caractère public, n'eurent aucun costume particulier.

355. — Le 2 nivôse an XII, une loi nouvelle leur permit de porter aux audiences la toge de laine, fermée par devant, à manches larges; toque noire, cravate pareille à celle des juges; cheveux longs ou ronds.

356. — Le décret de 1810, art. 35, modifia un peu cette disposition, en permettant aux avocats de porter la chausse de leur grade de licencié ou de docteur. C'est ce qui les distingue des avoués.

357. — A Paris, il n'est pas d'usage de porter la chausse avec les insignes du doctorat; mais dans d'autres villes, notamment à Poitiers, on use du droit que confère le décret.

358. — La cravate doit être blanche et accompagnée d'un rabat également blanc. — « Cependant, » dit M. Tarbé (*Cour de cassation*, p. 40, note 2e, » 2e colonne), beaucoup d'avocats portent la cravate » noire et le rabat blanc, ce qui est contraire au dé» cret et produit un singulier contraste. Je sais bien, » ajoute-t-il, qu'il a été dit: *La cravate noire est » une conquête de la révolution de juillet.* Mais je » n'ai pas compris ce que la révolution de juillet » avait à voir dans une question de costume, et » pourquoi il lui convenait qu'on portât une cravate » tombante, moitié noire, moitié blanche. »

359. — Ce que nous savons (et ce qui tend à justifier cette innovation), c'est que plusieurs magistrats à la cour de Cassation portent la cravate noire avec le rabat blanc; ce n'est qu'aux audiences solennelles qu'ils s'astreignent à la rigueur du costume.

360. — Les réglemens relatifs au barreau ne se sont pas toujours bornés au costume; nos rois sont quelquefois intervenus dans des questions de modes qui, selon nous, n'étaient pas du domaine de l'ordonnance.

361. — C'est ainsi qu'en 1540, nous voyons François Ier proscrire la barbe, dont lui-même avait contribué à faire reprendre l'usage, par son exemple.

362. — Il paraît que ce fut à l'instigation du Parlement que cette ordonnance fut rendue. Partisans des anciens usages, les magistrats trouvaient que la barbe avait quelque chose de trop mondain, de trop dissolu; mais ils avaient trop attendu pour la proscrire; ils furent bientôt eux-mêmes obligés de céder à l'entraînement général.

363. — Sous Henri II et sous ses trois fils, tous les hommes de palais laissèrent croître leur barbe: l'usage était alors de la porter fort longue.

364. — A l'avénement de Louis XIII, la barbe fit place à la moustache et à la royale, qui, elles-mêmes, disparurent vers la fin du dix-septième siècle.

365. — Depuis cette époque jusqu'à nous, le barreau et la magistrature conservèrent le menton rasé; mais à partir de 1830, beaucoup de jeunes avocats ont laissé croître leur barbe et leurs moustaches.

366. — Dans quelques tribunaux, on s'est ému de cette innovation, et l'on a défendu aux avocats de se présenter aux audiences avec des moustaches.

367. — Peut-être eût-il mieux valu ne pas s'occuper d'un objet aussi peu digne de l'attention des tribunaux. Toutefois il est arrivé que, par suite de la résistance aux injonctions réitérées d'un président, deux avocats ont encouru une peine disciplinaire, comme ayant manqué aux convenances et au respect dû à la magistrature.

368. — La question a été portée jusqu'à la cour de Cassation, qui s'est bornée à décider que les « cours et tribunaux avaient le pouvoir d'appré» cier souverainement si les faits qui se sont » passés à leur audience sont attentatoires ou » non à la dignité de l'audience et à la gravité des » fonctions judiciaires. » — En conséquence, elle a rejeté le pourvoi. — *Cass.*, 6 août 1844 (t. 1er 1845, p. 749), Imberdis et Pacros.

Sect. 4e. — *Droits et prérogatives des avocats.*

369. — « Nulles fonctions (dit Carré, *Lois de l'organisation*, t. 1er, p. 380), si l'on excepte celles de la magistrature, ne sont plus honorables que celles de l'avocat, et cet honneur est la juste récompense des travaux de celui qui les exerce et des qualités qui le distinguent. » — Pasquier, en ses *Recherches sur la France*, atteste qu'il n'est pas de grande famille parlementaire qui n'ait pris naissance au barreau.

370. — Autrefois, beaucoup de priviléges et de prérogatives appartenaient aux avocats; mais de nos jours ils n'ont guère conservé que ceux qui importent à la dignité et à la liberté de la défense; les autres ne sont plus qu'un souvenir.

371. — Pour être avocat, pour en avoir les droits, pour en exercer les priviléges, il ne suffit pas d'être porteur d'un diplôme et d'avoir prêté serment, il faut être inscrit au tableau ou au moins avoir été admis au stage.

§ 1er. — *Droit de plaider. — Privilége de la défense.*

372. — Tout avocat inscrit au tableau du lieu où siége une cour royale a le droit de plaider devant toutes les cours et tous les tribunaux du royaume.

373. — Ainsi, il peut plaider devant les conseils de prud'hommes, devant les conseils de guerre, devant les tribunaux maritimes, devant les conseils de discipline de la garde nationale, devant les chambres de discipline des officiers ministériels, etc., etc.

374. — .... Et même devant des arbitres, soit qu'ils appartiennent au barreau, soit qu'ils y soient étrangers.

375. — Il peut plaider aussi devant la cour des pairs. — Ord. 30 mars 1835, art. 1er.

376. — Néanmoins les avocats près la cour royale de Paris peuvent seuls être désignés d'office par le président de la cour des pairs. — Même article. — V. DÉFENSE, DÉFENSE D'OFFICE.

377. — Les avocats appelés à remplir leur ministère y jouissent des mêmes droits et sont tenus des mêmes devoirs que devant les cours d'assises.

378. — Sous l'empire et sous la restauration, les avocats n'avaient le droit de plaider hors du ressort de la cour près de laquelle ils exerçaient leur ministère, qu'après en avoir obtenu l'autorisation. — Décr. 14 déc. 1810, art. 10; Ord. 20 nov. 1822, art. 39 et 40.

379. — Aujourd'hui cette autorisation n'est plus nécessaire. — Ord. 27 août 1830, art. 4.

380. — On n'exige même plus l'*exeat* du bâtonnier, comme on le faisait autrefois.

381. — Jugé qu'avant l'ordonnance du 27 août 1830, les avocats inscrits au tableau d'un tribunal de première instance ne pouvaient, sans l'autorisation du ministre de la justice, plaider que devant les tribunaux du département dans lequel était situé ce tribunal. — *Cass.*, 3 oct. 1822, Berton.

382. — Cette décision doit-elle être suivie depuis que l'ordonnance du 27 août 1830 a permis aux avocats de plaider hors du ressort sans autorisation? — Non, suivant M. Bioche, *loc. cit.*, no 76. Cet auteur se fonde sur ce que l'art. 4 de l'ordonn. du 27 août dispose, d'une manière générale, que « *tout avocat inscrit au tableau* pourra plaider de» vant toutes les Cours royales et tous les tribu» naux du royaume. » — Il argumente aussi de l'ordonnance du 30 mars 1835, dont l'art. 1er est ainsi conçu: « *Tout avocat* inscrit au tableau d'une » Cour royale ou d'*un des tribunaux du royaume* » pourra exercer son ministère devant la chambre » des pairs. » — Dans le sens contraire, M. Mollot (p. 217, note 2e) invoque l'art. 40 de l'ord. 20 nov. ainsi conçu: « Les avocats attachés à un tribunal de » première instance ne pourront plaider que dans » la Cour d'assises et dans les autres tribunaux du » même département »; et il ajoute que cette disposition est une conséquence du § 1er de l'art. 39, qui porte « que les avocats inscrits aux tableaux des » Cours royales *pourront seuls plaider devant elles.* » — C'est cette opinion que nous adoptons: il nous paraît évident que l'ordonnance du 27 août 1830 n'a abrogé que le § 2 de l'art. 39 de l'ordonnance, dans lequel il n'était question que de la nécessité de l'autorisation pour plaider hors du ressort. Quant à l'art. 40 et au § 1er de l'art. 39, ils sont toujours en vigueur.

383. — Le principe en vertu duquel les avocats près une cour royale ont le droit de plaider devant toutes les juridictions du royaume reçoit exception en ce qui concerne la cour des comptes, le conseil d'état et la cour de Cassation.

384. — ... La cour des comptes. — Personne n'y plaide, la postulation y est interdite, même aux avocats à la cour de Cassation.

385. — ...Le conseil d'état et la cour de Cassation. — Ces deux juridictions ont un collége d'avocats auxquels appartient le droit exclusif de plaider et d'instruire dans toutes les affaires.

386. — Les avocats ordinaires ont cependant la faculté de plaider à la cour de Cassation dans les affaires de grand criminel.

387. — Dans l'ancien régime, quoiqu'il y eût des avocats au conseil, les avocats au parlement avaient le droit de plaider concurremment avec eux devant le conseil des parties qui remplissait alors les fonctions de tribunal de Cassation.

388. — Il en fut de même pendant quelques années, après le rétablissement des avocats: ceux-ci plaidèrent dans les affaires portées en cassation sans qu'on songeât à leur en contester le droit.

389. — Mais en 1811, les avocats à la cour de Cassation ayant voulu, à titre de réciprocité, plaider devant la cour royale de Paris, on refusa de les entendre. — C'est à la suite de ce conflit que le conseil d'état, par un avis qui n'a pas été inséré au bulletin, décida que les avocats à la cour royale ne pourraient plaider à l'avenir devant la cour de Cassation qu'en matière de grand criminel.

390. — Ce que nous venons de dire relativement à la plaidoirie ne s'applique pas à la consultation. Les avocats à la cour de Cassation consultent et écrivent concurremment avec les autres avocats dans toutes les affaires.

391. — Non seulement l'avocat inscrit a le droit de plaider devant tous les tribunaux du royaume, mais il a ce droit *exclusivement* devant les cours et tribunaux civils.

392. — ...Même dans les matières sommaires. — V. AVOUÉ, MATIÈRES SOMMAIRES.

393. — Ce droit ne fait pas obstacle à ce que les parties présentent elles-mêmes leur défense. — C. procéd., art. 85. — V. DÉFENSE.

394. — ... Ni à ce que les magistrats défendent, même au civil, les causes de leurs parens. — C. procédure, art. 84. — V. JUGE, MINISTÈRE PUBLIC.

395. — ... Ni à ce que les avoués plaident en certains cas dans les affaires où ils occupent. — V. AVOUÉ.

396. — Les avocats plaident débout et couverts; mais ils se découvrent quand ils prennent des conclusions ou lisent des pièces du procès. — Décr. 14 juin 1810, art. 35.

RÉP. GÉN. — II.

17

397. — Ils se tiennent également debout et découverts lorsque les magistrats prononcent le jugement. — Mollot, p. 118.

398. — Sous la restauration, on avait voulu d'abord empêcher les avocats de se couvrir devant la cour des pairs (affaire du maréchal Ney), mais leur droit ne tarda pas à être reconnu et n'a plus été contesté dans la suite. M. Dupin aîné a très bien expliqué que le *couvrez-vous, avocat*, ne veut pas dire : *ne vous gênez pas, mettez-vous à votre aise*, mais *parlez librement*. — Dupin, *Profess. d'avocat*, t. 1er, p. 87, note 1re.

399. — L'avocat doit pouvoir communiquer librement avec son client détenu. — Dupin, *Libre défense des accusés* ; Mollot, p. 115, no 145, et p. 249, art. 6.

400. — Il n'en fut pas ainsi dans l'affaire du général Berton, en 1822. Me Drault, son défenseur, était introduit dans un corridor, séparé par un mur épais percé à une certaine élévation et dont l'ouverture était grillée, de l'espèce de cave où le général se trouvait, ayant auprès de lui un gendarme et le geolier. — L'avocat était obligé de faire apporter de la lumière pour lire ou prendre des notes.

401. — L'avocat doit recevoir du client les pièces de sa défense, sans le contrôle du ministère public. Il ne faut pas d'intermédiaire entre l'accusé et son défenseur.

402. — Cependant, ce principe fut encore méconnu dans l'affaire Berton. Le défenseur ne put recevoir de son client aucun papier, il ne put lui remettre aucune note, aucune pièce, qu'après examen préalable du procureur général. — V. DÉFENSE.

403. — L'avocat a le droit de refuser son ministère, même dans les affaires qu'il a conseillées dans le principe. — *Riom*, 11 juill. 1828, T...

404. — ...Et sans être tenu de rendre compte de ses motifs. — Même arrêt ; — Merlin, *Rép.*, vo *Avocat*, § 5. — Les fonctions des avocats étant libres, dit Jousse (tit. 1er, p. 443, no 5), ils ne peuvent être contraints de prêter leur ministère. Néanmoins, ajoute-t-il, il en est autrement dans la cause des pauvres. Ils doivent, dans ce cas, plaider gratuitement. — Ord. de Charles V (1364) ; ord. 30 août 1536, chap. 1er, art. 39.

405. — L'avocat n'a pas seulement le droit de plaider, il peut, nous l'avons déjà dit, faire des mémoires et des consultations dans toutes affaires, même dans celles qui sont soumises au conseil d'état ou à la cour de Cassation. — V. *suprà* no 390.

406. — En général, la consultation est purement facultative ; cependant, dans certains cas, c'est une pièce nécessaire et qui ne peut être signée que par d'anciens avocats, c'est-à-dire des avocats ayant au moins dix ans de tableau.

407. — Il en est ainsi, par exemple : 1o en matière de requête civile. — C. procéd., art. 495. — V. REQUÊTE CIVILE.

408. — 2o Lorsqu'un tuteur veut transiger au nom du mineur ou de l'interdit. — C. civ., art. 467 et 2045. — V. TRANSACTION, TUTELLE.

409. — 3o Lorsqu'une commune veut transiger avec un particulier sur des droits de propriété. — L. 21 frim. an XII, art. 1er. — V. COMMUNE, TRANSACTION.

410. — L'avocat peut assister son client dans une enquête devant un juge commissaire. — *Rouen*, 26 déc. 1827, M...

411. — Il peut aussi paraître à la chambre du conseil pour déduire les motifs du refus du mari d'autoriser sa femme. — *Pau*, 30 juin 1837 (t. 1er 1838, p. 103), Lafonta.

412. — L'avocat ne donne jamais de récépissé des pièces qu'on lui confie : de même, il les rend, sans décharge, à celui qui les lui a déposées, quel qu'il soit, client, avoué, clerc, homme d'affaires ou avocat.

413. — Lorsque l'avocat déclare les avoir remises, il est cru sur sa simple déclaration, sans affirmation par serment. — Décis. 8 déc. 1840.

414. — Nous lisons dans Loysel (*Dialogue des advocats*), que le prieur de Notre-Dame-des-Champs, dont Clément de Reillac avait plaidé la cause, lui demanda la restitution d'une pièce manquant au dossier, et conclut contre lui à ce que l'avocat fût tenu de se purger par l'affirmation litis-décisoire. Clément de Reillac refusa, disant que sa parole d'avocat suffisait. En effet, il gagna son procès, « sur » le motifs, dit Loysel, que la parole d'un avocat » valait bien son serment. » — J. Lecocq, *Arr.*, quest. 369e.

415. — « Autrefois, dit M. Mollot (p. 41, no 45), on pensait que le cabinet de l'avocat est un lieu sacré, dans lequel un huissier ne doit pas venir faire des significations à la personne du client qui s'y trouve en conférence (Boucher d'Argis, p. 201, édit. in-12). — Les lois nouvelles nous ont-elles ravi ce droit d'asile? Je ne le crois pas. »

416. — Nous ne le croyons pas non plus, mais ce n'est pas précisément par respect pour le privilège de l'avocat, mais par respect pour le domicile. — Un huissier n'a pas le droit de s'introduire dans le domicile d'une personne étrangère à celle à qui il a une signification à faire, sans son consentement. Ainsi, il dépend toujours de l'avocat de faire respecter son cabinet.

417. — En principe, le ministère public peut exercer une perquisition dans le cabinet de l'avocat, pour y rechercher et saisir des papiers qui touchent à une instruction criminelle ; mais ce parti extrême, il ne doit le prendre que lorsque l'avocat est accusé de complicité. Dans ce cas même, le caractère de l'avocat réclame de justes ménagemens, que le ministère public doit concilier avec la sévérité de la loi. Hors de là, l'avocat qui est dépositaire des pièces n'est tenu ni de les lui livrer, ni d'en révéler l'existence. Un dépôt de cette nature équivaut à un secret confié par le client. — Mollot, p. 106.

418. — La justice doit protection aux avocats ; il est défendu aux parties de les injurier. — Dans l'ancienne jurisprudence, on était très sévère dans la répression des insultes faites à un avocat à l'occasion de ses plaidoiries. — V. Loisel, *Œuvres diverses, Indice alphabét. des avocats*, p. 643 et 644 ; — Corberon, *Plaidoyers*, pl. 72 ; — Boniface, t. 3, liv. 2, tit. 1er, ch. 1er ; Chorier, sur Guy-Pape, p. 280.

419. — L'ordonnance de 1707, dite *Ordonnance de Lorraine*, accordait expressément à l'avocat le droit de parler librement, quelle que fût la dignité de son adversaire. Elle ajoutait que si aucune partie puissante venait, par ressentiment, à insulter l'avocat, il serait procédé contre elle par voie extraordinaire.

420. — En 1739, la dame Laroche-Boisseau, croyant avoir à se plaindre de la plaidoirie de Me Gueau de Reversaux, présenta requête pour obtenir de mettre en cause cet avocat. L'arrêt ordonna la suppression du mémoire et interdit pour six mois le procureur qui avait signé la requête. — V. Nouveau Denizart, vo *Avocat*, § 6, p. 735, no 3.

421. — En 1780, dans une affaire de MM. de Créqui contre le sieur Lejeune de la Furjonnière, il parut une brochure intitulée : « *Lettre de M. le chevalier.... à M. Threilhard*, avocat de MM. de Créqui. » La lettre était injurieuse pour l'avocat : M. Séguier la dénonça d'office à la cour et en demanda la suppression, qui fut ordonnée par arrêt du 25 janvier 1781. Le parlement ne s'en tint pas là, il prescrivit l'impression de l'arrêt et ordonna une information.

422. — Camus (*Lettres sur la profession d'avocat*, lettre 1re, p. 9) atteste qu'il a vu rendre plusieurs décisions non moins favorables à la liberté de la défense. « Le zèle de l'avocat, dit-il, son courage pour attaquer de front l'injustice, son adresse pour dévoiler de honteuses passions de l'homme puissant seraient inutiles s'il n'avait pas la liberté entière de parler. »

423. — De nos jours, les tribunaux ont toujours réprimé avec sévérité les insultes faites à un avocat ; cependant, en 1838, un des hommes les plus éminens du barreau ayant reçu, à l'audience même, un soufflet de la partie contre laquelle il avait plaidé en séparation de corps, la cour, par son arrêt (29 janv. 1838), ne condamna le prévenu qu'à deux mois de prison. — Le barreau fut doublement affligé de cette excessive indulgence, d'abord parce que ce scandaleux événement fit quitter le palais à l'avocat victime d'une aussi grossière insulte ; ensuite parce qu'il ne trouva pas dans les termes de l'arrêt, dans ses motifs, une réparation telle qu'on était en droit de l'attendre de la justice et de la bienveillance de la cour. — Qu'on nous permette cependant de hasarder sur cette affaire une explication que nous empruntons à nos souvenirs. Selon nous, si la cour n'a pas puni d'une amende plus forte un outrage aussi odieux, il faut l'attribuer d'abord à la recommandation de l'avocat insulté ; il faut tenir compte ensuite de l'état intellectuel du prévenu, il était voisin de la folie. De plus, si les motifs donnés par la cour parlent plutôt du délit d'audience, du manque de respect pour la justice, que de l'outrage fait à l'avocat, c'est qu'on n'a pas voulu, dans l'intérêt même de celui-ci, que l'insulte qu'il avait subie fût constatée par un arrêt, et acquît ainsi une notoriété aussi fâcheuse que l'offense elle-même.

424. — Quoi qu'il en soit, il y a eu souvent, depuis trente ans, des provocations en duel de la part de plaideurs désappointés, se disant offensés par la plaidoirie adverse. Le devoir de l'avocat est alors, et dans tous les cas, de refuser ces engagemens, même quand il serait disposé à donner ou à demander satisfaction dans toute autre circonstance : le barreau n'est pas une arène ; l'avocat n'est ni un bravo ni un spadassin.

425. — Si l'avocat doit être protégé par la justice contre les insultes quand c'est du plaideur même qu'elles émanent, il a droit aussi à la même protection contre les attaques personnelles d'un confrère qui pousserait trop loin le zèle de la défense. Dans ce cas, l'intervention de la magistrature a toujours mis fin à temps à des discussions trop irritantes. Au reste, la discipline ordinaire du barreau suffit au besoin pour réprimer ces attaques personnelles, si contraires à l'esprit de confraternité et à la dignité de la profession.

426. — Jugé que l'avocat injurié par la partie ou par le défenseur adverse, soit dans les plaidoiries, soit dans des mémoires produits, peut former une action incidente en réparation, par voie d'intervention, devant le tribunal saisi de la contestation. — *Rouen*, 25 mars 1807, Rivière et Froudière c. Bellant.

§ 2. — *Irresponsabilité de l'avocat. — Désaveu.*

427. — Le ministère de l'avocat étant indépendant, étant étranger au contrat de mandat, il suit de ce double principe : — qu'il ne répond pas plus de ses conseils que le magistrat de ses sentences ; — qu'il n'est passible ni d'un désaveu, ni d'une action en dommages-intérêts. — S'ils se trompent l'un et l'autre, la présomption est toujours en faveur de la bonne foi. — Mollot, p. 72, no 92.

428. — Le conseil donné par un avocat, dans le secret du cabinet, ne peut autoriser contre lui une poursuite correctionnelle, lorsque le fait qu'il a conseillé ne constitue point par lui-même un délit. — *Cass.*, 28 juill. 1806, Deboileau c. Dubellay ; — Merlin, *Répert.*, vo *Prise à partie*, § 1er, no 5.

429. — « Le zèle avec lequel l'avocat se livre à la défense d'une cause dont il s'est chargé, dit Dupin (*Lettres sur la profession d'avocat*, t. 1er, p. 269), deviendrait bientôt stérile ; son courage pour attaquer de front l'injustice lorsqu'elle marche à découvert, son adresse pour dévoiler des passions qui, honteuses d'elles-mêmes, s'enveloppent des apparences de la vertu, seraient inutiles s'il n'avait pas la liberté entière de s'exprimer. »

430. — Toutefois, l'avocat doit faire preuve de décence et de modération, et se bien garder de prêter son ministère à des passions haineuses et aveugles, et de couvrir de sa toge le mensonge et la calomnie. L'art. 37, décr. 14 déc. 1810, soumet à la censure et à l'application de l'art. 377, C. pén., l'avocat qui articulerait dans ses mémoires ou dans ses plaidoiries un fait grave contre l'honneur de la partie adverse, sans justifier d'une autorisation expresse ou tacite de son client.

431. — Jugé que l'avocat qui a écrit et plaidé des faits calomnieux et diffamatoires avec l'autorisation de son client n'est passible d'aucune réparation personnelle. — *Paris*, 23 prair. an XIII, Lusignan de Champignelle c. Huart-Duparc.

432. — ...Qu'une action en recours ne peut être formée contre l'avocat qui a fait une déclaration préjudiciable aux intérêts de son client que lorsqu'il y a dol et fausseté de sa part. — *Colmar*, sous *Cass.*, 26 avr. 1824, Voyer d'Argenson c. comm. de Bolwiller et Wilhelm.

433. — ... Jugé de même que l'avocat n'est pas susceptible d'une action en désaveu. — *Colmar*, 22 déc. 1820, R... — Dans l'ancien droit, les avocats ne pouvaient pas non plus être désavoués dans les affaires d'audience, mais il en était autrement dans les procès par écrit. — Encore n'était-ce pas pour arriver à obtenir une condamnation contre l'avocat que le désaveu était autorisé, mais pour faire perdre à la partie adverse le bénéfice de l'arrêt qu'elle avait obtenu. — Après l'année, ce désaveu n'était plus recevable.

434. — De la non-responsabilité de l'avocat il résulte que le dol à l'audience est réputé le dol de la partie et constitue le dol personnel donnant ouverture à la requête civile. — *Bruxelles*, 23 juill. 1810, Saint-Genois c. créanciers ; — Bioche, no 55.

435. — Jugé que l'avocat plaidant assisté de l'avoué de la partie la représente, et que les aveux qu'il peut faire dans la plaidoirie sont censés faits par la partie elle-même. Il ne peut donc, dans ce cas, être désavoué. — *Cass.*, 16 mars 1814, Allaize c. Delaqueille. — V. AVEU.

436. — Mais ce désaveu ne serait pas recevable s'il n'était pas formé sur-le-champ et verbalement par la partie ou son avoué. — *Cass.*, 9 avr. 1838 (t. 2 1838, p. 73), Houchardet-Dumond c. Delabrière.

437. — Jugé de même que l'avocat n'est pas responsable de ce qu'il plaide, lorsque son client assis à ses côtés ne désavoue pas sur-le-champ les faits plaidés. — *Rouen*, 7 mars 1835, Maubert c. Boudet et Denoyelle.

438. — Il est cependant du devoir de l'avocat de

prévenir son client des conséquences fâcheuses auxquelles il s'expose en adoptant pour système de défense l'allégation de faits qui peuvent porter atteinte à l'honneur et à la considération de l'adversaire. — Même arrêt.

439. — Un avocat qui a fait pour sa partie et en sa présence à l'audience une soumission contre laquelle celle-ci n'a élevé aucune réclamation ne peut être désavoué. — *Besançon*, 4 août 1808, Milot c. Cautenet et Curasson. — V. Jousse, t. 2, p. 444, n° 8.

440. — Un avocat ne peut être désavoué lorsqu'il donne un désistement de conclusions en présence et sans contradiction de l'avoué et de la partie. — *Cass.*, 8 déc. 1829, Vieffort c. Casters.

441. — ... Ou qu'il consent un expédient. — *Parlem. Paris*, 21 déc. 1604; — Jousse, *loc. cit.*, p. 444; Bouvot, t. 2, v° *Avocat*, quest. 3; Mollot, p. 73, note 2e.

442. — En cas de fraude ou de prévarication, l'avocat serait responsable, cela n'est pas douteux, mais ce n'est qu'une exception.

443. — Sous l'empire du Code des délits et des peines du 3 brum. an IV, les attaques que, dans sa plaidoirie, l'avocat avait dirigées contre un tiers dans l'intérêt de son client ne pouvaient exposer ce dernier de la part du tiers à une action en réparation. — Toutefois, il appartenait au tribunal de faire rentrer l'avocat dans les bornes de la légitime défense s'il s'en écartait. — Dans tous les cas, la plainte du tiers qui se serait prétendu diffamé n'aurait pu être l'objet que d'une action incidente formée à l'instant même devant le tribunal saisi du procès et non d'une action principale devant un autre tribunal. — *Cass.*, 18 prair. an XII, Guédet c. Labrouche.

§ 3. — *Honoraires.*

444. — Les avocats ont droit pour leurs travaux à des honoraires; mais telle est la sévérité des règles qu'ils ont adoptées dans leurs rapports avec les cliens sur ce sujet, qu'il n'est aucune autre profession qui ait voulu s'approprier leurs principes. Ainsi, par exemple, bien que les avocats aient incontestablement une action en justice pour le paiement de leurs honoraires, cependant ils ne l'exercent jamais.

445. — Il y a certainement dans cette tradition, toujours fidèlement observée, quelque chose de délicat et d'élevé qui distingue la profession d'avocat de toutes les autres; et, quoi qu'on en puisse dire, on approuve, même en le trouvant exagéré, le sentiment de désintéressement qui empêche les membres de l'ordre de réclamer un salaire légitime, et de poursuivre le client qu'ils ont défendu.

446. — On ne peut exiger de l'avocat de reçu des honoraires qui lui sont payés; cependant il est deux cas dans lesquels on apporte à ce principe un tempérament raisonnable. — V. HONORAIRES.

447. — Au surplus, nous expliquerons au mot HONORAIRES, avec tous les détails que comporte la matière, quelles ont toujours été en France et quelles sont encore aujourd'hui les règles observées au barreau, et particulièrement au barreau de Paris, qui a toujours passé pour le plus sévère.

§ 4. — *Noblesse. — Préséance.*

448. — *Noblesse.* — Anciennement la profession d'avocat donnait la noblesse et exemptait des charges publiques. — « Or saches que le faict d'advocacerie selon les anciens faiseurs de lois si est tenu et compté pour chevalerie. » — Boutillier, *Somme rurale*, tit. 2, p. 1152, édit de 1621. — Le même auteur ajoute que les advocats *portent d'or* comme les chevaliers.

449. — C'était après cinq ans d'exercice de leurs fonctions que les avocats au parlement de Paris acquéraient le privilége de la noblessse. — Ducrot, *Style du parlem.*, édit. de 1634; *Ancien journal du palais*, t. 2, p. 966.

450. — Plus tard, lorsqu'il leur fut défendu de prendre la qualité de nobles, on reconnut néanmoins que la profession d'avocat ne dérogeait pas à la noblesse. — V., du reste, AVOCATS CONSISTORIAUX.

451. — Les avocats étaient exempts de la collecte des tailles. — *Parlem. Paris*, 17 janv. 1602; 8 mars 1669; 10 fév. 1634; — Mornac, L. 3, Cod., *De advocat. divers.*; Bardet, t. 2, liv. 3, chap. 7; *Journal des audiences*, t. 3, liv. 3. — Aujourd'hui, ils ne sont exempts que de la patente. — V. PATENTE.

452. — En 1834, le ministre des finances avait proposé de soumettre les avocats à la patente; mais le projet n'a eu aucune suite, et depuis, le législateur a reconnu qu'il fallait accorder une exemption aux avocats, aux médecins, aux avoués, notaires, etc.... — V. PATENTE. — C'est ce qui avait déjà été décidé administrativement en 1790, sur la plaidoirie de M. Berryer père.

453. — Les douze plus anciens avocats du parlement de Paris et les six plus anciens avocats des autres parlemens jouissaient du privilége de *committimus* au petit sceau. — Ord. Moulins, art. 56; ord. d'août 1669; — Jousse, t. 2, p. 477, n° 74. — Il fallait, pour jouir de ce privilége, exercer réellement la profession. — *Parlem. Paris*, 7 janv. 1521; — Papon, liv. 7, tit. 7, n° 15.

454. — *Préséance.* — « Es estats populaires, » dit Laroche-Flavin, les advocats, orateurs ou harangueurs, sont les premiers en préséance et autorité. » — *Parlement de France*, liv. 3 et 5. — V. aussi Pithou, Préface sur les *Déclamations de Quintilien*; Duvair, *Tr. de l'éloquence française*; Loisel, *Opuscules*, p. 453; Mornac, *Feriæ Forenses*; Levert, arrêts, n° 35; Pasquier, *Recherches*, liv. 2, chap. 3; Duluc, *Arresta*, liv. 5, tit. 1er; Boucher d'Argis, *Règles pour former un avocat*. — Les avocats au parlement avaient la préséance sur les docteurs en droit. — *Parlem. Paris*, 24 nov. 1671.

455. — ... Sur les procureurs. — *Anc. jour. du Palais*, t. 2, p. 737. — *Parlem.* 15 juin 1688; 21 août 1660.

456. — ... Sur les notaires. — *Parlem. Paris*, 20 fév. 1592; 21 août 1660; 15 juin 1688; — Chenu, t. 2, p. 1137.

457. — ... Sur les médecins. — *Parlem. Paris*, arr. de la grand'chambre, 1er juill. 1728; — Chenu, t. 2, tit. 40, ch. 80, p. 1132.

458. — ... Sur les commissaires au Châtelet, et sur les substituts du procureur du roi. — *Parlem. Paris*, 16 mars 1689; 25 janv. 1657; — Denizart, v° *Substitut.*

459. — ... Sur les greffiers. — *Parlem. Paris*, 29 janv. 1709.

460. — ... Sur les élus et les officiers des greniers à sel. — Jousse, t. 2, p. 457, nos 52 et 53; Soefve, t. 2, cent. 3, chap. 38.

461. — ... Sur les bourgeois et marchands, même ayant été marguilliers. — *Parlem. Toulouse*, 22 mars 1612; 4 juin 1590; *Paris*, 15 juin 1688.

462. — Relativement aux avocats aux conseils, ils prenaient rang avec les avocats au parlement, suivant la date de leur matricule. — Arr. du conseil, 21 févr. 1683; 6 févr. 1709.

463. — Aujourd'hui, le rang des avocats dans les cérémonies publiques n'est déterminé par aucun réglement, aussi s'abstiennent-ils d'y paraître en corps. Lors des funérailles de l'archevêque de Rouen, M. le cardinal prince de Croï, l'ordre des avocats fut invité à y assister, mais il refusa, parce que le décret du 24 messid. an XII n'avait pas fixé son rang. — V. Toussaint, *Code des préséances*, p. 71, *in fine*. — V. aussi PRÉSÉANCE.

464. — A Paris, l'ordre des avocats n'a paru en corps, depuis 1830, dans aucune cérémonie publique. — Il s'est fait présenter seulement à Louis-Philippe, lors de son avénement au trône. — M. Dupin aîné, bâtonnier, était alors à la tête du barreau.

§ 5. — *Droit de remplir les fonctions de la magistrature et de suppléer les juges.*

465. — Le plus beau des priviléges de l'avocat, dit Boucher d'Argis (ch. 19, p. 112), c'est d'être apte à remplir toutes les places de la magistrature.

466. — Cependant il est bon de remarquer que ce n'est pas, en général, parmi les avocats ayant exercé, mais parmi les jeunes gens dont le stage est à peine accompli que la magistrature se recrute.

467. — Ce n'était pas ainsi qu'on procédait dans l'ancienne magistrature, à l'époque du moins où la vénalité des offices n'existait pas encore.

468. — Ce n'était pas non plus la pensée du rédacteur de l'ordonnance de 1822, qui avait la prétention de reprendre les anciennes traditions.

469. — En effet, l'art. 44, ord. 20 nov. 1822, enjoint aux cours royales de faire connaître, chaque année, au garde-des-sceaux, ceux des avocats qui se sont fait remarquer par leurs lumières, leurs talens et surtout par la délicatesse et le désintéressement qui doivent caractériser la profession.

470. — Cette disposition est-elle exécutée? Non, et cela est fâcheux, car la mesure était excellente. On sait que pendant son bâtonnat M. Philippe Dupin s'est plaint de ce que l'art. 44 était tombé en désuétude; mais ses réclamations sont restées sans succès.

471. — Lorsque le tribunal n'est pas complet, les avocats sont appelés, selon l'ordre du tableau, à suppléer les juges et les officiers du ministère public tant en première instance qu'en appel. — L. 22 vent. an XII, art. 30; décr. 30 mars 1808, art. 49; décr. 14 déc. 1810, art. 35.

472. — Dans l'ancien droit, les avocats ne suppléaient les juges qu'en l'absence des gens du roi, dans les causes non communicables. — Jousse, t. 1er, part. 2e, tit. 7, n° 144, et t. 2, p. 472, n° 61.

473. — C'est un devoir auquel ils ne peuvent se refuser sans motifs d'excuse ou d'empêchement. — Décr. 14 déc. 1810, art. 35, § 3.

474. — L'art. 84, C. procéd. civ., n'a point abrogé le droit qu'ont les avocats en vertu des dispositions précitées de remplacer les officiers du ministère public, à défaut de suppléans. — *Besançon*, 1er juin 1809, Momay c. Maire; *Nîmes*, 16 juin 1830, Augeras c. Chaudanson; — Carré, *Compétence*, art. 84; Merlin, *Répert.*, v° *Avocat*, § 6; Bioche, n° 137.

475. — Un avocat peut siéger à une cour d'assises, mais l'arrêt doit constater, à peine de nullité, l'empêchement des magistrats, qui, aux termes de l'art. 264, C. inst. crim., doivent d'abord être appelés les uns au défaut des autres. — *Cass.*, 24 avr. 1834, Conti et Casandra.

476. — Les avocats peuvent siéger dans une séance solennelle d'une cour royale. — *Cass.*, 8 déc. 1813, Nillot c. Belenain.

477. — En cas de partage dans une cour royale, et dans les cas où les juges qui devraient être appelés auraient connu de l'affaire, il est appelé pour le jugement trois anciens jurisconsultes, c'est-à-dire ayant au moins dix ans de tableau. — C. procéd. civ., art. 468. — V. ANCIEN AVOCAT.

478. — Devant les tribunaux de première instance, on appelle pour vider le partage, à défaut de juge et de suppléant, un avocat attaché au barreau et selon l'ordre du tableau. — C. procéd. civ., art. 118.

479. — Un tribunal ne doit point appeler à siéger des avocats en plus grand nombre que les juges. — *Cass.*, 7 janv. 1806, Choppin c. Benoist; 17 fév. 1806, Morizot c. Marion; 30 oct. 1811, Pria c. N...; — Merlin, *Quest de dr.*, v° *Avocat*, § 2; Boncenne, t. 2, p. 375.

480. — Lorsque des avocats remplacent les juges, le jugement doit constater, à peine de nullité: 1° l'absence ou l'empêchement des juges et des suppléans. — *Cass.*, 19 janv. 1825, Martin c. Enregist.

481. — ... 2° Que l'avocat appelé est le plus ancien des avocats inscrits au tableau présens à l'audience. — *Cass.*, 17 mai 1831, Reytout c. Bessac.

482. — L'avocat qui supplée un juge doit avoir au moins l'âge de vingt-cinq ans accomplis, et est tenu de prêter serment s'il ne l'a déjà prêté comme avocat. — *Cass.*, 21 août 1835, Bonne c. Arsac; *Toulouse*, 31 mai 1836, Balby-Montfaucon c. Marrol.

483. — Un avocat, bien qu'inscrit sur le tableau, ne peut être appelé à compléter un tribunal, alors qu'il n'a pas atteint l'âge de vingt-cinq ans (fixé par la loi pour être juge), et, par suite, le jugement auquel il a concouru est nul. — *Toulouse*, 31 mai 1836, Balby-Montfaucon c. Marrot. — V. JUGEMENT.

484. — L'avocat qui est appelé à remplacer un juge, peut être nommé juge commissaire à une enquête. — *Grenoble*, 22 juin 1832, sous *Cass.*, 21 août 1835, Bonne c. Arsac. — V. ENQUÊTE.

§ 6. — *Droits politiques. — Jury.*

485. — Les avocats font partie du jury. — C. inst. crim., art. 381 et 382.

486. — Mais pour être portés sur les listes, il faut: 1° qu'ils aient trente ans accomplis; 2° qu'ils soient inscrits au tableau. — V. JURY.

487. — Ainsi, le droit de siéger dans une cour d'assises comme juré, n'appartient pas à un avocat stagiaire. — *Bastia*, 21 nov. 1836, Christinane c. Préfet de la Corse.

488. — Aux termes de la loi du 25 juin 1833, art. 3 et 22, les avocats ont le droit de voter comme électeurs pour la nomination des conseils généraux de département et des conseils d'arrondissement. — V. ÉLECTIONS DES CONSEILS GÉNÉRAUX.

489. — A Paris, ce droit ne leur appartient qu'après dix ans d'inscription au tableau. — L. 20 avr. 1843, art. 3, alin. 7 et art. 8.

490. — Les avocats concourent encore, en cette qualité, aux élections municipales. — L. 21 mars 1831, art. 11. — V. ÉLECTIONS MUNICIPALES.

§ 7. — *Droit de se réunir en assemblée générale.*

491. — Les avocats ont-ils le droit de se réunir en assemblée générale pour des objets relatifs à l'exercice de leur profession? — Sous l'empire du décr. du 14 déc. 1810, la négative n'était pas douteuse. En effet, l'art. 33 de ce décret renfermait une prohibition formelle à cet égard. Mais il est bon de remarquer que le décret de 1810 a été abrogé par l'ordonnance du 20 nov. 1822, du moins dans toutes les dispositions qui ne sont pas la reproduction des anciens usages; ce n'est donc pas dans ce décret qu'il faut aller chercher la raison de décider. — V. cependant *Cass.*, 3 oct. 1822, Berton.

492. — Ce n'est pas non plus dans l'ordonnance de 1822, car elle est muette sur la question.

493. — Restent les anciens usages du barreau. Or, c'est un point constant que l'ordre des avocats

avait le droit de se réunir en assemblée générale pour délibérer sur ses intérêts ou pour statuer sur la radiation d'un de ses membres, si l'on en appelait à lui.

494. — Ainsi, dans l'état actuel de la législation, l'ordre peut se réunir en assemblée générale, c'est un point qui a été expressément reconnu par M. Mestadier dans un rapport à la chambre des requêtes, dont nous croyons devoir citer quelques passages. « Nous ne connaissons, dit M. Mestadier, ni prohibitions, ni autorisations légales pour les avocats, pas plus que pour les médecins, pour les notaires, et pour toutes les autres professions. — Sans doute il ne serait ni tolérable ni toléré de voir les avocats, ou les médecins, ou les notaires, etc., former chacun de leur côté des sociétés populaires, délibérant non seulement sur les lois à faire, mais encore sur la bonté absolue ou relative des lois promulguées; c'est assez pour les garanties constitutionnelles d'avoir deux chambres, deux tribunes et la liberté de la presse. Mais contester aux avocats, ou à tous membres d'une profession quelconque, le droit de se réunir paisiblement pour aviser à leurs intérêts communs, cela nous aurait semblé, depuis que la charte de 1814 nous a donné la liberté, cela nous semble encore un véritable paradoxe; et s'il y avait eu à cet égard le moindre doute dans mon esprit, moi qui ai été avocat les plus belles années de ma vie, moi qui ai toujours pensé que les avocats, essentiellement amis de l'indépendance et de la liberté, devaient aussi être amis de l'ordre, et allier l'énergie, la fermeté au respect de l'ordre, j'aurais craint de ne pas pouvoir conserver l'impartialité du magistrat sur une question qui touche de si près aux libertés publiques, et qui intéresse si vivement tous les barreaux de France. »

495. — Conformément à cette doctrine, il a été jugé que les avocats ont le droit de se réunir en assemblée générale pour tous les objets relatifs à l'exercice de leur profession. — *Aix*, 14 avr. 1836, avocats de Marseille.

496. — Jugé de même implicitement que les avocats ont le droit de se réunir en assemblée générale, non seulement pour l'élection du bâtonnier et du conseil de discipline, mais aussi pour les objets relatifs à leur profession. — *Cass.*, 5 avr. 1841 (t. 1er 1841, p. 657 et 662), avocats de Rouen c. avocats de Nancy. — Décision contraire : *Nancy*, 2 mai 1835, sous *Cass.*, 5 avr. 1841 (t. 1er 1841, p. 657 et 662), avocats de Nancy.

497. — Quoique ayant la faculté de se réunir en assemblée générale, l'ordre des avocats ne peut prendre une délibération tendant à protester contre les actes du pouvoir exécutif. Une pareille délibération peut être annulée par la cour royale sur la poursuite du procureur général. — *Agen*, 4 mai 1835, Procureur général c. Avocats de Marmande; *Cass.*, 5 avr. 1841 (t. 1er 1841, p. 657), avocats de Nancy.

498. — Autrefois, c'était à la chambre de la Tournelle, dite de Saint-Louis, que les avocats tenaient leurs assemblées générales; aujourd'hui c'est à la bibliothèque de l'ordre.

Sect. 5e. — *Devoirs de l'avocat.*

499. — Quoique l'ordre des avocats ait beaucoup perdu de ses priviléges à la révolution de 1789, il n'a pas pour cela répudié l'héritage de ses devanciers; il s'est fait, au contraire, un point d'honneur d'accepter toutes les charges, sans songer à l'émolument.

500. — Aussi, est-ce surtout en ce qui concerne les obligations de l'avocat, les devoirs de la profession que le conseil se montre gardien fidèle, rigide observateur des traditions.

501. — On sait combien était sévère l'ancienne discipline du barreau; on l'a maintenue, toutes les fois du moins que les progrès du temps et le changement des mœurs et des habitudes n'ont pas exigé quelques modifications nécessaires.

502. — Avant de signaler les principaux points sur lesquels les avocats modernes ont dû innover, nous devons dire un mot de ces devoirs généraux de la profession qui, pour être souvent rappelés, n'en sont ni moins impérieux, ni moins respectables.

503. — Quand on dit que la probité, la loyauté sont indispensables à l'avocat, il faut bien comprendre qu'il ne s'agit pas seulement de ces qualités sociales, de ces vertus communes dont on fait un devoir à tous les citoyens, mais qu'on exige que les membres du barreau poussent la délicatesse et le scrupule dans leur conduite jusqu'à s'interdire des actions, des procédés que la loi ne réprouve pas, que d'autres se permettent, mais qui froissent la conscience et dont il est mieux de s'abstenir.

504. — C'est entendue ainsi que l'on peut dire que la probité est le premier devoir de l'avocat. C'est elle, du reste, qui fait sa force, car elle provoque cette confiance, car elle inspire cette sécurité sans lesquelles les luttes judiciaires perdraient toute convenance et toute dignité.

505. — Et à ce propos citons deux faits. — François de Montholon, célèbre avocat au seizième siècle et plus tard garde des sceaux, avait une telle réputation d'intégrité, qu'au rapport de Loysel (*Dialogue*, p. 229) il plaidait sans que les juges lui demandassent jamais de lire les pièces. — On sait aussi que, contredit dans une de ses articulations, Lenormand allait la justifier, lorsque le président qui tenait l'audience dit à l'interrupteur : *croyez un fait quand Lenormand l'atteste.* Mériter, obtenir cet éclatant témoignage d'estime et de confiance, c'est la gloire de l'avocat.

506. — Il ne suffit pas que l'avocat soit homme de bien, on lui demande d'apporter à la défense de son client tout le zèle dont il est capable; quelquefois même on exige davantage, on veut qu'il pousse le sentiment du devoir jusqu'au dévoûment.

507. — Et n'en faut-il pas dans ces causes difficiles où l'avocat a à lutter soit contre des inimitiés puissantes, soit contre les préventions de l'opinion publique, soit contre les attaques du pouvoir, soit contre les rancunes et les persécutions de l'esprit de parti? N'y a-t-il pas eu de mauvais jours où le zèle de l'avocat était réputé un crime, où sa fermeté et son courage devenaient des titres de proscription? C'est dans ces occasions, heureusement exceptionnelles, que l'avocat doit s'oublier lui-même pour ne songer qu'aux intérêts qui lui sont confiés. Sous ce rapport, comme sous beaucoup d'autres, le barreau français s'est toujours montré digne de sa mission, et son histoire est féconde en nobles souvenirs.

508. — On exige encore de l'avocat le désintéressement. — C'est tellement un devoir que le conseil de discipline a quelquefois sévi contre des membres du barreau qui n'avaient pas suffisamment compris tout ce qu'il y a de sérieux, d'obligatoire dans cette règle de la profession d'avocat.

509. — Le désintéressement, commandé par la profession, veut que l'avocat soit modéré dans ses honoraires. Il veut même, si le client n'est pas en position de les lui offrir, que l'avocat lui prête son ministère gratuitement, avec autant de soin, autant de zèle, qu'il le ferait pour la personne la plus riche. — Mollot, p. 16.

510. — Cicéron voulait que l'avocat fût habile dans l'art de la parole, *vir probus dicendi peritus* : c'est surtout dans les grandes causes criminelles, dans les questions d'état, dans les procès politiques, que l'avocat peut déployer, s'il est éloquent, toutes les ressources de l'art oratoire. « Au barreau, dit M. Berville, l'art oratoire emprunte quelque chose de l'intérêt dramatique. » — V. *Discours sur l'éloquence du barreau comparée à celle de la tribune.*

511. — Loysel exige de l'avocat une grande instruction, il faisait passer la science avant l'éloquence. « En somme, dit-il, je désire en mon avocat le contraire de ce que Cicéron requiert en son orateur, qui est l'éloquence en premier, et puis quelque science de droit. Car je dis, tout au rebours, que l'avocat doit surtout être savant en droit et en pratique, et médiocrement éloquent, plus dialecticien que rhéteur, et plus homme d'affaires et de jugement que de grand et bons discours. » — *Dialogue des avocats*, p. 243.

512. — D'autres veulent que l'avocat ait l'amour du travail. La recommandation est bonne, mais ce n'est pas précisément un devoir, c'est une nécessité de position. En effet, comme le dit très bien La Rocheflavin (liv. 3, chap. 3, no 12), « la vocation des avocats guérit les gens de paresse, parce que estre avocat et se lever matin sont deux choses inséparables. »

513. — Sans nous étendre davantage sur ces règles générales de la profession, citons un passage de Camus qui en résume assez bien l'esprit : « Se sacrifier, soi et toutes ses facultés, au bien des autres; se dévouer à de longues études pour fixer les doutes que le grand nombre de nos lois multiplie; devenir orateur pour faire triompher l'innocence opprimée; regarder le bonheur de tendre une main secourable aux pauvres comme une récompense préférable à la reconnaissance la plus expressive des grands et des riches; défendre ceux-ci par devoir, ceux-là par intérêt, tels sont les traits qui caractérisent l'avocat. » — Camus, *Lettr. sur la profession d'avocat*, édit. de 1805, t. 1er, p. 6.

514. — Rappelons maintenant les devoirs particuliers de l'avocat, les défenses qui lui sont faites, les actions qui lui sont interdites.

515. — L'ord. du 20 nov. 1822 exige que l'avocat exerce *réellement* sa profession pour rester au barreau. — V. aussi le réglement du 5 mai 1751, et un arrêt de la cour de *Rennes*, 31 juill. 1826, Rault.

516. — Une circulaire du garde des sceaux du 6 janv. 1823, ajoutant à l'ordonnance, décide que des signatures isolées, apposées de loin en loin sur des écrits judiciaires, sans aucune autre démonstration de l'exercice réel de la profession, sont insuffisantes pour constituer l'avocat.

517. — Cette interprétation ministérielle n'a jamais été admise comme obligatoire par le conseil; elle rencontrerait, d'ailleurs, dans l'application des difficultés sérieuses et consacrerait souvent une injustice. C'est au conseil de l'ordre qu'il appartient, d'après les circonstances, d'apprécier si un avocat exerce réellement sa profession; en cette matière, il est juge souverain. — Carré, *Compétence*, t. 3, p. 128; Ph. Dupin, *Encyclopéd. du dr.*, vo *Avocat*, p. 374; Mollot, p. 143 et 190, note 2e.

518. — Pour rester fidèles à leur serment, les avocats ne doivent soumettre aux tribunaux que les causes qui leur paraissent justes et bien fondées.

519. — Ce devoir implique le droit d'abandonner une cause trouvée juste d'abord, mais qu'un examen plus approfondi fait reconnaître mal fondée. — *Cass.*, 6 juill. 1813, Dubourg c. Chabroud.

520. — Cependant, il ne faut pas que le refus tardif de l'avocat aille jusqu'à compromettre les intérêts du client. Sa responsabilité serait engagée, si, par son fait, il avait été la cause de quelque préjudice pour celui dont il avait accepté la défense. — Même arrêt; — *Encyclop. du dr.*, vo *Avocat*, no 55.

521. — L'avocat ne doit jamais dénaturer les faits ni chercher à surprendre la justice. On a dit (M. le procureur général Romiguière, *Discours de rentrée*) que : « le barreau était un champ clos; que la plaidoirie était un duel où, sans violer les lois de l'honneur et de la loyauté, on pouvait profiter de leurs avantages, et employer les finesses de l'esprit sans les altérer; revêtir les faits d'une couleur favorable sans les fausser; écarter l'application d'un principe incommode, profiter surtout des controverses des docteurs et des incertitudes, des variations de la jurisprudence. »

522. — Mais cette théorie commode a trop de dangers pour être accueillie au barreau; aussi a-t-elle été combattue avec force et conviction par M. Ph. Dupin dans l'*Encyclopéd. du droit*, vo *Avocat*, no 56; sa doctrine est plus sûre, plus conforme aux traditions. Avant d'être avocat habile, il faut être avocat consciencieux.

523. — La discrétion est un des devoirs essentiels de l'avocat. « Dépositaire de la confiance de ses cliens et de leurs secrets souvent les plus importans, dit Merlin (vo *Avocat*, § 11), il trahirait indignement son ministère s'il abusait de cette confiance pour en faire son profit particulier.... Il doit toujours être discret, autrement il prévarique et devient indigne du titre dont il est honoré. Il n'est point obligé de révéler, comme témoin ce qu'il ne sait que comme avocat, à moins que son client ne lui ait montré frauduleusement de la confiance que pour écarter son témoignage : ainsi, lorsqu'il est assigné comme témoin, et qu'en déposant il ne pourrait s'expliquer sans blesser la confiance d'autrui, au lieu de prêter serment de dire vérité, il doit déclarer qu'ayant été consulté sur l'affaire pour laquelle il paraît devant le juge, il répugne à son état et à son cœur de s'ouvrir directement ni indirectement, et qu'ainsi il requiert d'être dispensé de déposer : le juge doit recevoir cette déclaration par un acte séparé de l'enquête ou de l'information en forme de procès-verbal pour qu'elle soit communiquée ou au ministère public ou à la partie intéressée; et pour l'ordinaire, l'avocat est dispensé de déposer, à moins qu'il ne soit question d'une affaire qui intéresse essentiellement le souverain ou l'état. » — V. aussi Boucher d'Argis, p. 395 et 400.

524. — M. Mollot (p. 85) prétend que la jurisprudence applique aux avocats les dispositions de l'art. 378, C. pén., qui punit d'un emprisonnement d'un mois à six mois, et d'une amende de 100 fr. à 500 fr. les personnes dépositaires par état ou profession des secrets qu'on leur confie et qui les révèlent hors le cas où la loi les oblige à se porter dénonciateurs. — En droit, le principe posé dans l'art. 378 peut être applicable à l'avocat comme au médecin, cela est incontestable; mais, en fait, la jurisprudence n'a pas eu, que nous sachions, à statuer sur la question. — V. RÉVÉLATION DE SECRETS.

525. — C'est à l'avocat lui-même qu'il appartient d'apprécier le caractère des révélations qu'il reçoit; car, dit M. Mollot (p. 86), en référer à une autorité quelconque serait déjà porter atteinte à l'inviolabilité du secret.

526. — Du principe que l'avocat est tenu de couvrir du secret le plus inviolable les confidences qui lui ont été faites par le client, il suit qu'il ne peut être forcé d'en déposer en justice. — Jousse, t. 2, p. 457, § 6, no 33.

527. — Si donc il est appelé en témoignage pour déposer sur des faits dont il n'a eu connaissance que dans l'exercice de la profession, il doit comparaître, mais refuser de s'expliquer, à moins qu'il ne s'agisse de faits non confidentiels.

528. — Dans ce cas l'avocat prête serment, mais avec réserve relativement aux faits qu'il doit taire, et la justice respecte ses scrupules.

529. — Merlin (*Rép.*, vo *Avocat*) et Legraverend (t. 1er, p. 235 et 237) improuvent le privilége dont jouit l'avocat et disent qu'il est exorbitant. Mais leur opinion est repoussée et par les auteurs et par la jurisprudence.

530. — D'ailleurs, le privilége dont il s'agit n'appartient pas à l'avocat exclusivement ; le prêtre, le médecin, l'avoué, le notaire en jouissent également, et rien n'est plus raisonnable, plus moral.

531. — Jugé que l'avocat qui a reçu des révélations à raison de ses fonctions violerait les devoirs spéciaux de la profession et la foi due à ses cliens en déposant de ce qu'il aurait appris de cette manière ; il peut, lorsqu'il est appelé comme témoin, annoncer, avant de prêter serment, qu'il ne se considérera point comme obligé à déclarer ce qu'il ne sait que comme avocat. — *Cass.*, 20 janv. 1826, Me Sourbé.

532. — ...Que les avocats ne sont dispensés de déposer, en qualité de témoin, sur ce qu'ils ont appris de leurs cliens dans leur cabinet, que lorsqu'il s'agit de choses confidentielles, et lorsque la déposition pourrait être réputée une trahison et révélation de cabinet. — *Rouen*, 5 août 1816, Jean, dit Lariche c. Hardy.

533. — L'avocat doit prêter serment et déposer lorsque les juges restreignent sa déposition aux faits qui seraient venus à sa connaissance autrement que dans l'exercice de ses fonctions. — *Cass.*, 14 sept. 1827, Jouberyon ; — Dupin aîné, *Profess. d'avocat*, t. 1er, p. 225.

534. — Si l'on ne peut séparer les faits dont il a acquis connaissance hors de l'exercice de ceux acquis dans l'exercice de ses fonctions, l'avocat est dispensé de déposer. — *Rouen* (cour d'assises), 9 juin 1825, Bertran.

535. — En 1807, les principes qui viennent d'être exposés furent méconnus par le tribunal de Montargis dans une affaire Cardon. On avait voulu forcer M. Berryer père de déposer en justice de faits confidentiels dont il n'avait eu connaissance que comme avocat. Il excipa de son privilége et refusa de s'expliquer, mais il fut condamné, par jugement du 23 avr. 1807, à 25,000 fr. de dommages-intérêts. M. Berryer en référa au conseil de son ordre, et on délibéra une consultation signée par M. Guieux, depuis conseiller à la cour de Cassation et par tout le barreau. — Sur l'appel, la cour, par l'organe du président, s'adressant à M. Berryer, lui dit : quant à vous, monsieur, la cause est entendue d'avance, vous avez fait votre devoir ; *prenez place au barreau.* — Puis arrêt infirmatif. — *Souvenirs de M. Berryer père*, t. 2, p. 294 et suiv.

536. — Quoique le ministère de l'avocat soit essentiellement libre, et qu'il puisse, sans donner de motifs, refuser l'affaire qui lui est confiée, il y a une exception à cette règle, et elle est écrite dans l'art. 294, C. inst. crim.

537. — Aux termes de cet article, l'avocat nommé d'office en matière criminelle ne peut refuser cette mission qu'en faisant approuver par les magistrats ses motifs d'excuse ou d'empêchement.

538. — En cas de résistance de l'avocat, les cours d'assises prononcent l'une des peines déterminées par l'art. 18. — Ord. 20 nov. 1822, art. 41.

539. — L'art. 41, dit M. Mollot (p. 218), est contraire à l'indépendance de l'avocat. On devait laisser le conseil de l'ordre juge des motifs que pourrait avoir un de ses membres de décliner la désignation d'office. Cette mesure est encore renouvelée dans l'ord. du 30 mars 1835, contre laquelle tous les barreaux de France ont protesté, et qui en définitive n'a pas reçu d'exécution.

540. — La défense d'office n'est pas légalement obligatoire devant les tribunaux correctionnels, les conseils de guerre, les tribunaux civils, mais le ministère de l'avocat ne peut jamais être refusé à l'indigent qui le réclame. — Mollot, p. 54.

541. — Ainsi, bien qu'il y ait pour l'avocat nommé d'office pour défendre un accusé devant un conseil de guerre devoir *moral* de répondre à l'appel qui lui est fait, toutefois il n'est pas tenu *légalement* de faire approuver ses motifs de refus par ce conseil, sauf à les soumettre au conseil de discipline de son ordre, s'il en est requis. — *Cass.*, 13 juill. 1825, Roussel.

542. — Jugé qu'en matière civile l'avocat ne peut jamais être forcé de plaider une cause sur la désignation du tribunal ou du conseil de l'ordre, quoiqu'il ait conseillé d'intenter le procès ; et on ne peut lui faire rendre compte de ses motifs d'abstention. — *Riom*, 11 juill. 1828, T....

543. — Jugé, au contraire, que l'art. 41, décr. 14 déc. 1810, qui prescrit à la cour de désigner, en matière civile, s'il y a lieu, un défenseur à la partie qui n'en trouve pas, n'a pas été abrogé par la loi sur le serment de avocats. — *Orléans*, 8 déc. 1821, Lemoine Montbrun c. Procureur général.

544. — L'avocat, quoique désigné d'office, ne peut être obligé de prêter son ministère, lorsque le client le refuse obstinément. — Mollot, p. 54.

545. — Jugé de même que l'avocat nommé d'office en matière correctionnelle, quoique obligé *moralement* d'accepter la défense qui lui est confiée, peut néanmoins s'abstenir si le prévenu refuse son assistance. — *Orléans*, 28 mars 1838 (t. 2 1838, p. 636), G....

546. — L'avocat peut quelquefois consentir à rester dépositaire de pièces, titres ou contre-lettres ; mais il ne doit accepter qu'avec beaucoup de réserve cette mission de confiance.

547. — Cela a lieu surtout lorsque, terminant dans son cabinet par une transaction d'affligeans débats, par exemple, en matière de séparation de corps, il a, pour éviter un scandale, présidé à des arrangemens qui n'ont pour sanction, en quelque sorte, que la bonne foi des parties et l'autorité du médiateur.

548. — Cela a lieu également dans toutes les circonstances graves où, le repos et l'honneur d'une famille se trouvant intéressés, les parties prennent sur l'honneur des engagemens éventuels dont on ne veut pas qu'il reste de trace, si l'événement de la condition ne s'accomplit pas.

549. — Dans ces différens cas, il est bien entendu que l'avocat ne donne ni reçu ni reconnaissance. — En effet, comment lui demander avec convenance un pareil service, si la confiance qu'il inspire n'est pas absolue, illimitée ?

550. — Inutile de dire qu'en matière de dépôt, comme en matière de confidences, de révélations faites dans le cabinet, le secret est le premier devoir de l'avocat. — V. *suprà* nos 531 et suiv.

551. — L'avocat ne doit pas se procurer une clientèle en pactisant avec un officier ministériel ou avec un agent d'affaires.

552. — Il ne doit point usurper les fonctions de l'avoué ; la postulation lui est interdite.

553. — Pendant long-temps la jurisprudence a été incertaine sur le point de savoir si le décret du 19 juillet 1810 était applicable aux avocats : mais aujourd'hui on ne conteste plus ce point. — V. POSTULATION.

554. — Ainsi, l'avocat peut être poursuivi devant le tribunal civil et condamné à l'amende pour fait de postulation.

555. — Et cette condamnation n'empêche pas l'action du conseil de discipline, dont la compétence est indépendante de celle du tribunal.

556. — Ainsi encore, le ministère public peut faire une perquisition dans le cabinet de l'avocat prévenu du délit de postulation, et même procéder à un enlèvement de papiers pour le constater : c'est du moins ce qui a eu lieu à Limoges, en 1824, dans l'affaire de M. Mosnier Laforge.

557. — A la vérité, le droit de perquisition est contesté, nonobstant les termes du décret du 19 juill. 1810 : dans tous les cas, en admettant le pouvoir du ministère public à cet égard, il est incontestable que la perquisition ne doit jamais être pratiquée qu'avec beaucoup de ménagemens et en respectant le secret des familles. — Décis. 24 juill. 1824 ; — Mollot, p. 106 et 554. — V. au surplus POSTULATION.

558. — L'avocat ne doit point accepter de mandat salarié ; il ne peut même à titre gratuit se charger d'une procuration que lorsqu'elle est donnée par un proche parent. Encore cela souffre-t-il difficulté, du moins à Paris. Dans les barreaux de province on est moins rigoureux, on tolère l'acceptation des mandats.

559. — Cependant, il a été jugé qu'il n'est point interdit aux personnes attachées à des fonctions relatives à l'ordre judiciaire, et particulièrement aux avocats, de comparaître pour les parties plaignantes devant le tribunal de simple police, en qualité de mandataires. — *Cass.*, 31 oct. 1806, Baluzue c. Plaigniol.

560. — L'avocat ne doit se mêler d'aucune affaire étrangère à sa profession. — Boucher d'Argis, p. 394. — Jousse, t. 2, p. 475 ; Dufail, liv. 2, ch. 334.

561. — Il ne doit point accepter les fonctions de syndic dans une faillite, bien qu'il soit créancier. — Décis. cons. de discipl., 5 mars 1829.

562. — Il ne doit pas faire le négoce : le commerce est incompatible avec la profession d'avocat. — V. *suprà* no 275.

563. — Par voie de conséquence, il ne doit pas signer de lettres de change.

564. — Jugé qu'un avocat qui, alors qu'il a abandonné la plaidoirie et ne fait plus aucun acte ostensible de sa profession, se livre habituellement à des opérations de change, ou de banque, ou de courtage, à des entreprises d'agence ou de bureau d'affaires, doit être réputé commerçant, et, comme tel être déclaré en état de faillite. — *Montpellier*, 11 mai 1844 (t. 1er 1844, p. 682), Odon-Rech c. Syndics de sa faillite.

565. — Il ne doit pas devenir cessionnaire des procès, droits et actions litigieux qui sont de la compétence du tribunal dans le ressort duquel il exerce ses fonctions à peine de nullités, dépens, dommages-intérêts. — C. civ., art. 1597 ; Ordonn. d'Orléans, art. 54 ; Ordonn. janv. 1629, art. 94. — V. DROITS LITIGIEUX, VENTE.

566. — De même, un avocat ne peut s'associer avec son client pour acquérir conjointement avec lui des biens dont celui-ci poursuit l'expropriation forcée : dans ce cas, la société est réputée léonine et frauduleuse suivant la loi 7, § 9, ff., *De pactis.* — *Besançon*, 15 thermid. an XIII, Prinet c. d'Affry.

567. — Mais la transaction faite entre un avocat et son client pour couvrir les vices d'une société établie entre eux à l'effet d'acquérir conjointement des immeubles dont le client poursuit l'expropriation forcée, est valable si elle ne porte pas avec elle les caractères du dol ou de la violence. — *Cass.*, 11 mars 1807, mêmes parties.

568. — L'avocat peut être arbitre ; mais alors il doit oublier qu'il est avocat pour rester juge. — Camus, *Première lettre sur la profess. d'avocat.* — V. ARBITRAGE.

569. — S'il a donné son avis sur l'affaire, il doit s'abstenir. — Ord. 1535, chap. 12. art. 16 ; 1540, art. 17 ; 1667, tit. *Des récusations*, art. 6.

570. — Les anciens avocats n'acceptaient d'arbitrage qu'avec des confrères, et cet usage se justifiait par des considérations spécieuses. Avec le temps, on s'est relâché de la sévérité des traditions, et il est admis aujourd'hui qu'un avocat peut accepter un arbitrage avec des personnes étrangères au barreau.

571. — Dans cette hypothèse, le tribunal arbitral est présidé par le plus ancien des arbitres et se réunit chez lui, à moins que l'on ne convienne d'un autre lieu de réunion.

572. — L'avocat ne doit pas défendre en appel, ou sur l'opposition à l'ordonnance d'*exequatur*, la sentence qu'il a rendue comme arbitre ; le zèle du défenseur rendrait suspecte l'impartialité du juge. — V. *contrà* Jousse, *Administ. de la justice*, t. 2, p. 443.

573. — Les honoraires des arbitres, avocats et autres, ne doivent pas être compris dans la liquidation des frais portée en la sentence arbitrale. — Chacune des parties doit payer la sienne, avant ou après l'arbitrage. — V. ARBITRAGE.

574. — L'avocat ne déroge ni à l'indépendance, ni à la dignité de la profession, en acceptant les fonctions d'arbitre-rapporteur ou de tiers expert qui lui sont confiées par le tribunal de commerce ou par le tribunal civil. — Mollot, p. 40, no 41.

575. — Il peut, dans ce cas, accepter des honoraires, pourvu qu'ils lui soient offerts selon les usages du barreau, volontairement, sans la taxe du juge. — Mollot, *ibid.* — A Paris, il est rare que l'avocat, investi par le tribunal de cette mission de confiance, accepte des honoraires.

576. — L'avocat peut-il plaider dans sa propre cause ? — Le droit n'est pas douteux, quoi qu'en disent La Roche-Flavin (liv. 3, chap. 3, p. 36) et M. Mollot (p. 36). — En fait, on citerait facilement, soit dans le barreau ancien, soit dans le barreau moderne, beaucoup d'exemples venant à l'appui de cette solution.

577. — Seulement, comme l'intérêt personnel aveugle ou passionne souvent, l'avocat qui a un un procès préfère presque toujours confier sa cause à un confrère ou se faire assister par lui.

578. — Anciennement, quand l'avocat plaidait dans sa propre cause, il quittait la robe et se présentait en habit de ville, comme le font encore aujourd'hui les magistrats qui usent de la faculté que leur donne l'art. 84, C. procéd. ; mais cet ancien usage est mal observé de notre temps, quoiqu'il se justifie par de très bonnes raisons.

579. — Dans l'ancien barreau, il était défendu aux avocats de traiter de leurs droits et honoraires avec les procureurs, à peine d'être rayés du tableau. — *Parlem. Paris*, 17 juill. 1693 ; — Jousse, t. 2, p. 461.

580. — D'après l'art. 36, décr. 14 juin 1813, ils ne doivent point faire de traites pour leurs honoraires, ni forcer les parties à reconnaître leurs soins avant les plaidoiries.

581. — Dans les causes d'office, en matière civile comme en matière criminelle, il est défendu à l'avocat de recevoir des honoraires, encore bien que le client insiste pour les lui faire accepter. — Décis. 11 déc. 1816; — Mollot, p. 82, nº 102.

582. — L'avocat ne doit donner aucun récépissé des pièces qu'on lui confie, ou recevoir aucune décharge de celui à qui il les rend. Il doit en être cru sur parole, sa probité et sa loyauté ne pouvant être suspectées.

583. — Entre confrères inscrits au tableau ou simples stagiaires, dit M. Mollot (p. 94), la communication a lieu sans récépissé, avec une confiance, un abandon sans limites. — Si le client voulait s'y opposer, l'avocat devrait refuser la défense. — V. aussi Jousse, t. 2, p. 447, nº 13; Target, *La Censure*, p. 273.

584. — La nécessité des communications n'est cependant pas si absolue qu'elle doive gêner la défense et compromettre l'intérêt des cliens. — Aussi on n'est pas tenu de produire des pièces contre soi. — Mollot, p. 95.

585. — Le client pourrait-il retirer à l'avocat les pièces lorsque l'affaire est terminée, et sans acquitter ses honoraires? « Oui, dit M. Mollot (p. 76), car l'avocat userait indirectement d'un moyen que lui refuse l'usage de tout temps établi au barreau de Paris, de contraindre le client au paiement des honoraires de son conseil. » — Cependant l'avocat a le droit de retenir, s'il n'est *honoré*, ses travaux, écrits, notes, extraits, mémoires, consultations. — Nouveau Denizart, § 3, nº 13; Favard de Langlade, vº *Avocat*, nº 10.

586. — Quand l'avocat perd les pièces qui lui ont été confiées, il est responsable. On sait que Gerbier fut assigné devant les tribunaux en répétition des titres d'une créance de 300,000 liv. que l'on soutenait avoir été soustraits ou égarés dans son cabinet.

587. — Jugé qu'un avocat est responsable de la perte des pièces qui lui ont été remises pour la défense d'un procès, si d'ailleurs il ne prouve pas qu'il n'y ait aucune faute à lui reprocher. Dès-lors, en cas de non-restitution desdites pièces, il peut être condamné à des dommages-intérêts. — C. civ., art. 1382; — *Rennes*, 1er mars 1832, Coatpont c. de Beru.

588. — Autrefois l'avocat était tenu de porter au dehors un costume grave. On n'exceptait de cette obligation que le temps des vacances. — On cite un arrêt de réglement du parlement de Toulouse du 15 mars 1604, qui enjoint aux avocats de porter des habits noirs et décens, à peine de 100 fr. d'amende pour la première fois; de confiscation des habits pour la seconde; et de radiation de la matricule pour la troisième. — Descorbiac, tit. 16, ch. 8, p. 673; Maynard, liv. 3, ch. 38.

589. — Aujourd'hui on n'observe plus cette règle d'étiquette. Cependant, dans quelques réunions officielles, le costume noir est encore de rigueur.

590. — L'ordonnance de Philippe de Valois du 13 fév. 1344 voulait que les avocats du Châtelet fussent à leur poste au soleil levant.

591. — ... Que le même avocat ne pût plaider à la même audience que deux ou trois causes au plus.

592. — L'arrêt de réglement du parlement de Paris, du 11 mars 1344, ordonnait aux avocats de se trouver au commencement de plaidoiries, à peine de dommages-intérêts, et leur défendait de quitter l'audience sans l'agrément de la cour.

593. — Ces dispositions sont aujourd'hui sans application; mais il y en a d'autres qui sont encore de règle ou de convenance.

594. — De ce nombre est la recommandation : 1º de plaider et d'écrire brièvement;

595. — 2º De ne pas s'interrompre;

596. — 3º De lire les pièces sans omission ou déguisement;

597. — 4º De ne pas procéder par paroles injurieuses contre les parties adverses;

598. — 5º De prêter assistance aux personnes pauvres;

599. — 6º De ne point soutenir une mauvaise cause.

600. — La Roche-Flavin (liv. 3, chap. 8, nº 23) pense que lorsque l'avocat est chargé de plaider des faits graves et hasardés, il doit en demander l'autorisation signée par le client. — V. aussi Fyot de Lamarche, *Éloges et devoirs de la profession d'avocat*, p. 228. — M. Mollot (p. 20, à la note) croit que l'avocat fait mieux, en pareil cas, de répudier la cause.

601. — Selon nous, l'opinion de M. Mollot, quoique conforme à la prudence, n'est bonne que lorsque l'avocat trouve la cause mauvaise. Si, au contraire, il la croit juste, c'est un devoir pour lui que de prêter son ministère au client qui lui donne sa confiance, au risque de quelques inconvéniens personnels.

602. — Nous ne croyons pas non plus qu'il soit convenable dans la pratique de suivre l'avis de La Roche Flavin et de se faire donner une autorisation écrite du client. Cette précaution n'est pas digne de l'avocat. Quand il parle, on sait bien que c'est la partie dont il est l'organe qui lui fournit les faits, qui le renseigne; il n'est pas responsable de leur inexactitude, si ce n'est quand il les altère sciemment. D'ailleurs, pourquoi un écrit? Ici, comme en matière de retrait de pièces, sa parole suffit.

603. — Lorsque l'avocat chargé d'une affaire et saisi des pièces ne peut, pour cause de maladie, ou s'il se trouve engagé à l'audience d'une autre chambre du même tribunal, se présenter le jour où elle doit être plaidée, il doit en instruire le président par écrit, avant l'audience, et renvoyer ses pièces à l'avoué. — Décr. 12 juil. 1812, art. 6 et 7.

604. — Hors ces deux cas, lorsque l'avocat ne se sera pas trouvé à l'appel de la cause, et que, par sa faute, l'affaire aura été retirée du rôle et n'aura pu être plaidée au jour indiqué, il peut être condamné personnellement aux frais de la remise et aux dommages-intérêts du retard envers la partie, s'il y a lieu. — *Ibid.*, art. 8.

605. — Quoique les art. 5, 6 et 7 soient toujours en vigueur, l'application des peines portées par l'art. 8 du décret n'offre pas d'exemple. Ordinairement les cours et tribunaux accordent la remise que sollicite l'avocat par une lettre qu'il doit adresser lui-même au président. — Mollot, p. 174; Bioche, nº 42.

606. — L'avocat n'a pas besoin d'être porteur d'un pouvoir pour plaider devant le tribunal de commerce, lors même que la partie ne l'assiste pas en personne, à l'audience; c'est l'agréé qui se charge de la procuration.

607. — Le 10 mars 1825, une ordonnance avait disposé que tout individu, *quel que fût son titre ou sa profession*, qui plaiderait la cause d'autrui devant le tribunal de commerce, devrait être autorisé par la partie présente ou muni d'un pouvoir spécial.

608. — Le tribunal de commerce de la Seine, interprétant l'ordonnance littéralement, voulut l'appliquer aux avocats. — Le conseil réclama; il fit remarquer « qu'il était de discipline traditionnelle dans l'ordre des avocats, et de doctrine » dans l'ordre judiciaire, que l'avocat ne peut ni » ne doit jamais accepter de procuration » (Décis. 29 juin 1825), et insista auprès du garde des sceaux à l'effet d'obtenir que l'ordonnance du 10 mars 1825 ne fût pas appliquée aux avocats. Ses démarches eurent un plein succès, il fut reconnu qu'il suffirait à l'avocat de se présenter, assisté par un fondé de pouvoir, devant le tribunal de commerce, et depuis lors cette interprétation n'a souffert aucune difficulté.

609. — L'avocat, quoique suspendu, ne perd pas son caractère et doit observer pendant la durée de sa peine les règles de sa profession; il doit même être plus circonspect qu'un autre et se montrer plus sévère envers lui-même. — Décis. 16 août 1837; — Mollot, p. 7, note 2e; p. 469 et 471, nos 380 et 388.

610. — L'avocat ne doit jamais manquer aux égards qu'il doit à la magistrature. C'est ce qu'exprimait énergiquement l'un de de nos vieux praticiens, Jean Desmares, lorsqu'il écrivait dans ses *Décisions*, en 1372, cet adage: — *Li advocats doivent acquérir et garder l'amour du juge.*

611. — Mais ce respect et ces égards, cette déférence que le barreau a toujours eus pour les magistrats « n'ont jamais empêché les avocats de » faire valoir leurs prérogatives et de soutenir » leurs droits avec vigueur quand ils les ont crus » violés ou méconnus. » — Dupin aîné, *Discours prononcé à l'ouverture de la conférence en* 1829.

612. — Les avocats doivent, en plaidant, adresser la parole au tribunal entier et non au président seul. — *Parlem. Paris*, 8 fév. 1613; 14 août 1617; 28 août 1632; *Parlem. Toulouse*, 30 mars 1620; 30 juin 1689; — Arr. du cons., 16 mai 1691.

613. — A Paris, on regarde comme une inconvenance l'apposition d'une plaque à la porte extérieure de l'avocat et indiquant son nom. — A Dijon, à Nantes, on tolère cet usage. — Dans tous les cas, il est défendu d'adresser des circulaires aux cliens. — Décis. 28 déc. 1813.

614. — Le conseil a décidé, le 17 juill. 1828, qu'il n'était pas convenable que l'avocat mît en vente et débitât un plaidoyer qu'il avait prononcé. — Il est d'usage que ces sortes d'imprimés se distribuent gratuitement.

615. — L'avocat ne doit pas mettre trop d'âpreté dans la poursuite de son débiteur malheureux. — Décis. 10 avr. 1832. — Dans cette affaire, on reprochait à l'avocat d'avoir par certaines démarches manqué aux convenances.

616. — L'avocat peut-il exercer la contrainte par corps contre son débiteur, sans manquer à ce qu'il doit à son caractère, à la dignité de sa profession? — « J'ai vu, dit M. Mollot (p. 36, note 2e), élever des doutes sur ce point, surtout quand le débiteur a été le client du créancier. » Cet auteur est d'avis toutefois qu'interdire à l'avocat, d'une manière absolue, la faculté d'exercer la contrainte par corps, ce serait se montrer rigoureux jusqu'à l'injustice. En effet, il est telle circonstance où il n'existe pas d'autre moyen de recouvrer une créance légitime. — V. en ce sens décis. 26 avr. 1842.

Sect. 6e. — *Du conseil de discipline.*

617. — L'institution du conseil de discipline est une création nouvelle; elle est due au décret du 14 déc. 1810.

618. — Dans l'ancien barreau, tous les avocats délibéraient en commun sur les intérêts et les besoins de l'ordre. Cependant, pour éviter des assemblées trop fréquentes, il y avait un comité composé du bâtonnier et des avocats députés par chacun des bancs ou colonnes, et ce comité prenait toutes les délibérations nécessaires. — Mais en cas de difficulté sérieuse on en référait à l'ordre entier.

619. — Quoique le décret du 14 déc. 1810 et l'ordonnance du 20 nov. 1822 se servent de la qualification de *conseil de discipline*, à Paris on emploie plutôt la dénomination de *conseil de l'ordre*, et l'on a raison. En effet, la première expression est moins exacte que la seconde, car l'exercice du pouvoir disciplinaire n'est qu'un des objets de la compétence du conseil.

§ 1er. — *Formation et organisation du conseil.*

620. — Le décret du 14 déc. 1810 voulait qu'il y eût un conseil de discipline dans toutes les villes où les avocats excédaient le nombre de vingt. — Art. 2.

621. — Dans les autres siéges, les fonctions du conseil de discipline devaient être remplies par le le tribunal, qui devait, en certains cas, consulter le bâtonnier et prendre son avis écrit. — Art. 32.

622. — Sous l'empire de ce décret, pour former le conseil de discipline, les avocats inscrits devraient former, à la pluralité des suffages, une liste double de candidats, parmi lesquels le procureur général choisissait les membres du conseil de discipline.

623. — C'était également le procureur général qui désignait le bâtonnier.

624. — Un autre système fut introduit par l'ordonnance du 20 nov. 1822, mais toujours avec le projet arrêté d'enlever au barreau le choix des membres du conseil.

625. — D'après cette ordonnance, les avocats inscrits sur le tableau devraient être répartis en colonnes. — Art. 1er.

626. — L'art. 7 voulait que le conseil fût composé: 1º des avocats ayant exercé les fonctions de bâtonnier; 2º des deux plus anciens avocats de chaque colonne, suivant l'ordre du tableau; 3º d'un secrétaire choisi par le conseil indistinctement parmi ceux qui étaient âgés de trente ans accomplis, et qui avaient au moins dix ans d'exercice.

627. — Jugé sous l'empire de l'ordonnance de 1822, qu'un conseil de discipline de l'ordre des avocats était irrégulièrement composé si l'un des deux premiers chefs d'une des colonnes n'y avait pas été appelé. — *Caen*, 8 janv. 1830, Séminel.

628. — Le bâtonnier était nommé, comme le secrétaire, par le conseil à la majorité absolue des suffrages. — Art. 8.

629. — L'ordonnance du 27 août 1830 rendit au barreau le droit de choisir lui-même les membres du conseil ainsi que le bâtonnier; elle répara l'injustice commise par l'empire et la restauration au préjudice des avocats.

630. — Pourquoi, en effet, refuser aux avocats le droit d'élection qu'on avait reconnu expressément aux notaires, aux avoués et autres corporations? Cette défiance était une insulte pour le barreau et une insulte imméritée.

631. — D'après l'ordonnance du 27 août 1830, les conseils de discipline sont élus directement par l'assemblée de l'ordre, composée de tous les avocats inscrits au tableau. L'élection a lieu par scrutin de liste et à la majorité relative des membres présens. — Art. 1er.

632. — Les conseils de discipline sont composés de cinq membres dans les siéges où le nombre des avocats inscrits est inférieur à trente; y compris ceux où les fonctions desdits conseils avaient été jusqu'à ce jour exercées par les tribunaux ; de sept si le nombre des avocats inscrits est de trente à cinquante; de neuf si ce nombre est de cinquante à cent ; de quinze s'il est de cent et au-dessus, de vingt-et-un à Paris. — Art. 2.

633. — Suivant M. Mollot (p. 232, not. 1re), pour que l'élection soit possible, il faut qu'il y ait au moins six avocats inscrits au tableau ; d'où il conclut que si l'ordre ne se compose que de cinq avocats, ou même moins, les fonctions du conseil de discipline doivent encore être remplies par le tribunal aux termes de l'art. 10 du 20 nov. 1822.— V. aussi le même auteur, p. 195, note 2e.

634. — M. Bioche, au contraire, prétend que l'ordonnance du 27 août a abrogé l'art. 10 de l'ordonnance de 1822, et que le tribunal n'exerce plus en aucun cas les fonctions du conseil de discipline.

635. — Quoique la question soit grave, nous croyons devoir nous ranger à l'opinion de M. Mollot, qui est aussi celle de M. Ph. Dupin.— *Encycloped.*, vo *Avocat*, no 76.

636. — C'est, d'ailleurs, en ce sens que s'est prononcé la jurisprudence. — *Colmar*, 17 déc. 1833 (sous *Cass.*, 18 juin 1834), Laurent; *Orléans*, 4 mars 1837 (t. 2 1837, p. 462), avocats de Chinon.

637. — Jugé aussi que lorsque le tableau des avocats exerçant près d'un tribunal ne comprend pas un nombre de membres supérieur au moindre nombre dont l'ordonnance du 27 août 1830 veut que les conseils de discipline soient composés, ainsi, par exemple, lorsque le nombre des avocats inscrits n'est que de cinq, il est vrai de dire que les conditions de l'élection manquent, et dès-lors les fonctions de conseil de discipline doivent continuer d'être exercées par le tribunal, conformément à l'ordonnance du 20 nov. 1822. — *Cass.*, 18 juin 1834, Laurent.

638. — L'ordonnance du 28 août 1830, qui rend aux avocats le droit d'élection, est applicable toutes les fois que ce droit peut s'exercer, c'est-à-dire que de leur nombre peut sortir une majorité; elle n'exige point, pour qu'ils puissent élire leur bâtonnier, qu'ils soient en nombre suffisant pour élire en même temps un conseil de discipline. — Spécialement, dans un chef-lieu d'arrondissement où il n'existe que quatre avocats inscrits au tableau, c'est à ces derniers, et non au tribunal, qu'appartient le droit d'élire le bâtonnier. — *Amiens*, 5 janv. 1839 (t. 2 1841, p. 423), avocats de Château-Thierry.

639. — L'élection générale se fait, à la fin de l'année judiciaire, dans la 1re quinzaine du mois d'août ordinairement. Les élections particulières s'opèrent aussitôt qu'une vacance survient. — Mollot, p. 267.

640. — Il n'est pas besoin pour la convocation de recourir à une autorisation préalable du procureur général. — Décis. 11 nov. 1830.

641. — Le jour des élections est fixé par le conseil, et le bâtonnier signe les lettres de convocation. —*Grenoble*, 7 janv. 1836, avocats de Grenoble; — Mollot, p. 266, no 11.

642. — Il est nécessaire, à peine de nullité, qu'il y ait un délai moral suffisant entre les lettres de convocation pour l'élection du conseil de discipline, et le jour où doit se faire l'élection : le bâtonnier en exercice n'est pas investi, à cet égard, d'un pouvoir discrétionnaire.— Ainsi, une convocation faite pour le lendemain doit être réputée faite à un délai insuffisant, et, à ce titre, peut, sur la demande de quelques membres, entraîner la nullité de l'élection.— *Grenoble*, 10 déc. 1835, avocats de Grenoble; *Agen*, 20 fév. 1838 (t. 2 1838, p. 410), avocats de Gourdon.

643. — En principe, il doit s'écouler entre le jour de la convocation et celui de l'élection un délai moral suffisant pour mettre à même l'avocat qui ne serait absent que momentanément d'user de ses droits.—*Agen*, 20 fév. 1838 (t. 2 1838, p. 410), avocats de Gourdon.

644. — Le bâtonnier sortant de l'ordre des avocats ne peut, lorsqu'il donne sa démission, se dispenser de convoquer l'ordre pour procéder à l'élection d'un nouveau bâtonnier et des membres du conseil de discipline. — *Grenoble*, 7 janv. 1836, avocats de Grenoble ; — Mollot, p. 234.

645. — Lorsque l'élection du bâtonnier est contestée, il n'a pas qualité pour convoquer l'ordre pendant l'instance, à l'effet de recevoir sa démission, et de procéder à de nouvelles élections, qui seraient, dans ce cas, entachées de nullité. — *Agen*, 17 mai 1837 (t. 1er août 1837, p. 619), avocats d'Auch ; — Mollot, p. 234, à la note, no 7.

646. — L'élection du bâtonnier et des membres du conseil de discipline d'un ordre des avocats doit être annulée lorsqu'elle a eu lieu pendant le temps des vacances.—*Agen*, 20 fév. 1838 (t. 2 1838, p. 410), avocats de Gourdon.

647. — Les avocats stagiaires ne doivent point prendre part à l'élection. Ce droit n'appartient qu'aux avocats inscrits au tableau. — *Agen*, 17 mai 1837 (t. 1er 1837, p. 619), avocats d'Auch.

648. — Jugé de même que l'élection lors de laquelle un avocat non inscrit au tableau et des avocats stagiaires ont été admis à voter est irrégulière, et doit être annulées, bien qu'il soit allégué que l'usage du barreau d'une cour d'appel était d'admettre les avocats stagiaires au droit d'élire. — *Bourges*, 13 mars 1834, avocats de Bourges.

649. — Le bâtonnier de l'ordre est élu par la même assemblée et par scrutin séparé, à la majorité absolue, avant l'élection du conseil de discipline. — Ordonn. 27 août 1830, art. 3.

650. — A égalité de voix, le membre le plus ancien, selon le tableau, est élu. — Mollot, p. 268.

651. — Jugé de même que lorsque dans une élection des membres du conseil de discipline deux avocats réunissent un nombre égal de voix, il n'y a pas lieu de recourir à un scrutin de ballotage, et le plus ancien au tableau doit être déclaré élu. — *Rouen*, 18 janv. 1843 (t. 2 1844, p. 173), avocats d'Evreux.

652. — Les précédens du conseil de discipline de l'ordre des avocats de Paris sont dans le même sens. — En 1834, MM. Couture et de Vatisménil ont obtenu un nombre égal de suffrages. M. Couture, étant le plus ancien, a été proclamé, et a siégé comme membre du conseil.

653. — Il existe dans le même sens deux autres précédens. — Ces précédens se justifient par l'art. 45 de l'ordonnance du 20 nov. 1822, portant : « Les usages observés dans le barreau relativement aux droits et aux devoirs des avocats dans l'exercice de leur profession sont maintenus. »

654. — La question a été de nouveau soulevée à propos d'un partage égal de voix entre Mes Mollot et Caignet, aux élections de 1843. Les avocats électeurs qui réclamaient contre l'avis du bureau, qui se disposait à proclamer Me Mollot à raison de son droit d'ancienneté, demandaient si l'argument qu'on tirait de l'ordonnance de 1822 était compatible avec le système électif que l'ordonnance du 27 août 1830 a entendu substituer aux nominations par ordre d'ancienneté que l'ordonnance du 20 nov. 1822 avait organisées en appelant les plus anciens de chaque colonne à composer le conseil de discipline? — Mais le conseil de discipline, saisi de la difficulté, a fait encore prévaloir le principe de l'ancienneté, et a proclamé Me Mollot membre du conseil de discipline.

655. — Le procès-verbal des élections est rédigé par le bureau et envoyé au procureur général. — Mollot, p. 268.

656. — Le bâtonnier est installé, ainsi que le nouveau conseil, à la prochaine rentrée qui suit leur élection; il est le chef de l'ordre et préside le conseil. — Mollot, p. 273. — V. BATONNIER. — L'installation du conseil a lieu hors la présence de l'ancien.

657. — C'est aux cours royales qu'il appartient de juger la validité des élections lorsqu'elles sont contestées.

658. — Jugé, en conséquence, que les cours royales exercent sur l'ordre des avocats et les conseils de discipline une surveillance générale, et que les délibérations prises par ces conseils sont soumises à la juridiction des cours, soit que les membres de l'ordre ou le procureur général en attaquent les dispositions;— Qu'ainsi, elles sont compétentes pour connaître de la validité de l'élection du bâtonnier et du conseil de discipline de l'ordre des avocats. — *Grenoble*, 10 déc. 1835, avocats de Grenoble.

659. — Lorsque les élections du barreau sont contestées, les cours doivent se réunir en assemblée générale, dans la chambre du conseil ou à huis clos, conformément à l'art. 103 du décret du 30 mars 1808. — *Bourges*, 12 mars 1834, avocats de Bourges ; — Mollot, p. 233.

660. — Aux termes de l'art. 79 du décret du 30 mars 1808 et de l'art. 46 du décret du 14 déc. 1810, le procureur général a qualité pour attaquer l'élection du bâtonnier ou du conseil. — *Bourges*, 13 mars 1834, avocats de Bourges ; *Grenoble*, 10 décembre 1835, avocats de Grenoble ; *Agen*, 17 mai 1837 (t. 1er 1837, p. 619), avocats d'Auch.

661. —La cour d'Orléans a jugé que l'exercice de l'action du ministère public n'était soumis à aucun délai. — *Orléans*, 4 mars 1837 (t. 2 1837. p. 462), avocats de Chinon. — V. cependant Mollot, p. 233 et 234, à la note, no 4.

662. — L'élection du conseil peut être attaquée, non seulement par le ministère public, mais aussi par tous les membres de l'ordre.

663. — Ni le ministère public ni la partie qui attaque l'élection et en requiert la nullité, ne sont tenus d'appeler et de mettre en cause le bâtonnier et les membres du conseil. — *Agen*, 17 mai 1837 (t. 1er 1837, p. 618), avocats d'Auch ; *Bourges*, 13 mars 1834, avocats de Bourges.

664. — Il a été cependant jugé que ceux qui se prétendent individuellement et personnellement lésés sur l'annulation prononcée dans un intérêt général et d'ordre public sont recevables à former opposition à la décision de la cour d'appel. — *Bourges*, 13 mars 1834, avocats de Bourges.

665.— Jugé de même que l'avocat dont l'élection a été annulée a droit de former tierce-opposition à l'arrêt, s'il n'a pas été appelé devant la cour. — *Grenoble*, 10 déc. 1835, avocats de Grenoble.

666. — Le pourvoi en Cassation contre les arrêts qui annulent une élection du conseil de discipline, est réputé matière civile, et comme tel n'est pas suspensif. — Mollot, p. 235.

667. — Le bâtonnier et le secrétaire sont les seuls fonctionnaires auxquels les réglemens attribuent un caractère officiel et légal; mais à Paris et dans les villes importantes, il y a en outre un trésorier, un archiviste, un conservateur de la bibliothèque.

668.— L'ordonnance de 1830 n'ayant pas indiqué le mode à suivre pour la nomination du secrétaire, dans l'usage c'est le conseil qui le nomme à la majorité absolue des suffrages et au scrutin secret. — Le secrétaire est pris parmi les membres du conseil.

669. — Les autres fonctionnaires sont également choisis par le conseil et pris dans son sein. Cependant M. Dupin aîné a exercé pendant plusieurs années les fonctions de conservateur de la bibliothèque sans faire partie du conseil.

670. — Dans quelques corporations, le doyen a entrée au conseil sans élection ; mais il n'en est pas de même dans l'ordre des avocats. Le doyen n'a d'autre privilége que celui de l'ancienneté.

§ 2. — *Attributions du conseil.*

671. — Les attributions du conseil ne se bornent pas seulement au pouvoir disciplinaire, elles comprennent encore : 1o la solution des questions sur les incompatibilités de la profession ; 2o tout ce qui a trait au stage et au tableau ; 3o les intérêts généraux de l'ordre et les intérêts particuliers de chaque membre, leurs prérogatives, leurs droits et leurs devoirs ; 4o l'administration des propriétés et revenus de l'ordre. — Mollot, p. 296.—V. ordonn. 20 nov. 1822, art. 12 ; décr. 14 déc. 1810, art. 23.

672.—Un principe généralement reconnu est que l'ordre est *maître de son tableau* : ainsi 1o il est juge souverain de l'aptitude du candidat; 2o il n'est pas obligé de motiver son refus; 3o sa décision est sans appel. — *Cass.*, 23 juin 1828, Delalande ; *Orléans*. 4 mars 1837 (t. 2 1837, p. 462), avocats de Chinon ; — Mollot, p. 340 ; Carré, *De l'organisation judiciaire*, t. 3, p. 128 ; Philippe Dupin, *Encyclop.*, vo *Avocat*; Bioche, no 140.—V. *suprà* nos 2112 et suiv.

673. — Le ministère public n'a pas qualité pour intervenir sur des difficultés relatives à la formation du tableau. — *Cass.*, 3 fév. 1829, avocats de Lons-le-Saulnier. — La jurisprudence est constante à cet égard.

674. — Ainsi, il a été jugé que le procureur général est non-recevable à appeler de la décision par laquelle le conseil de l'ordre des avocats a maintenu sur le tableau certains avocats qu'il voulait en faire éliminer, comme n'exerçant pas réellement ; — Qu'il n'a le droit d'appel des décisions du conseil que lorsqu'il statue sur des fautes ou infractions. — *Grenoble*, 17 juill. 1828, avocats de Grenoble.

675.—... Que les procureurs généraux sont non-recevables à appeler des décisions des conseils de discipline, lorsqu'elles prononcent seulement sur des difficultés relatives au maintien, à l'admission ou à la non admission de quelques avocats au tableau. — *Amiens*, 28 janv. (et non 28 juill.) 1824, avocats d'Amiens.

676.—...Que les procureurs généraux ne peuvent interjeter appel des décisions des conseils de discipline qui prononcent sur des difficultés relatives à l'inscription des avocats dans le tableau de l'ordre;— Que ce droit d'appel ne leur appartient que lorsque le conseil de discipline a statué sur des infractions commises par un avocat inscrit au tableau. — *Cass.*, 23 juin 1828, Delalande.

677.—...Que le procureur général n'a pas le droit d'attaquer la formation du tableau faite par un conseil de discipline de l'ordre des avocats conformément à l'art. 13, ord. 20 nov. 1822.—*Orléans*, 4 mars 1837 (t. 2 1837, p. 462), avocats de Chinon et Gaillard et Fouqueteau ; *Cass.*, 6 avr. 1840 (t. 2

1840, p. 125), Procureur général d'Orléans c. avocats de Chinon.

678. — ... Qu'en conséquence, lorsqu'un barreau se compose de sept avocats inscrits au tableau (nombre suffisant pour que ce barreau puisse procéder lui-même à l'élection de son bâtonnier et des membres du conseil), le ministère public ne peut provoquer de la part du tribunal l'exercice du droit de nomination du bâtonnier et du conseil, par le motif que deux des avocats inscrits au tableau ne devraient pas y figurer. — *Cass.*, 6 avr. 1840 (t. 2 1840, p. 125), Procureur général d'Orléans c. avocats de Chinon.

679. — Jugé aussi que lorsque, sur l'invitation du procureur du roi, le tableau des avocats exerçant près d'un tribunal a été dressé par le conseil de discipline dans les formes voulues par l'ordonnance du 20 nov. 1822, le tribunal n'a pas le droit de prononcer comme juge d'appel sur la composition de ce tableau, et de le considérer comme non avenu, en décidant que, le nombre des avocats n'atteignant pas celui de vingt, les fonctions de conseil de discipline lui sont dévolues. — *Rennes*, 31 juill. 1826, Rault.

680. — Dans ce cas, le tribunal qui croit apercevoir des irrégularités dans la formation du tableau doit se borner à le déférer et à en faire connaître les vices à l'autorité compétente. — Même arrêt.

681. — Le conseil de l'ordre est juge des questions d'incompatibilité. — V. *suprà* nos 257 et suiv.

682. — Il a la surveillance des stagiaires.

683. — Il peut prolonger le stage ou même l'abréger. — V. du moins *suprà* nos 184 et suiv.

684. — Il prépare le tableau. — V. *suprà* no 205.

685. — Il distribue les secours et pensions aux veuves et enfans des avocats restés dans le besoin.

686. — Il administre les propriétés de l'ordre et dispose des revenus.

687. — Mais ce n'est pas lui qui dispose des deux lits qui appartiennent à l'ordre à l'Hospice des Incurables, c'est le bâtonnier.

688. — Il pourvoit à l'entretien et à l'agrandissement de la bibliothèque.

689. — Il choisit le bibliothécaire et l'agent comptable.

§ 3. — *Pouvoir disciplinaire.*

690. — Aux termes de l'art. 15, ordon. 20 nov. 1822, il y a lieu pour le conseil d'exercer le pouvoir disciplinaire : 1° lorsqu'il est saisi d'une plainte portée contre un avocat par le procureur général ou tout autre magistrat, par une partie quelle qu'elle soit, ou un confrère.

691. — ...2° Lorsqu'il se saisit d'*office* des faits qui lui paraissent provoquer sa censure, ou au moins une vérification.

692. — ...3° Lorsque l'avocat qui se trouve atteint par des imputations blessantes pour son honneur et qu'il croit imméritées, vient, *proprio motu*, lui soumettre sa conduite.

693. — Pour qu'il y ait lieu à l'exercice de l'action disciplinaire vis-à-vis d'un individu en sa qualité d'avocat, il suffit qu'il ait eu cette qualité à l'époque où le fait inculpé a eu lieu. — *Cass.*, 8 janv. 1838 (t. 1er 1838, p. 43), Gaillard et Fouqueteau.

694. — Les avocats stagiaires sont comme les autres avocats soumis au pouvoir disciplinaire du conseil, cela n'est pas douteux, quoique l'art 15, ordon. 20 nov. 1822, ne parle que des *avocats inscrits au tableau*. — Autrement, dit M. Mollot (p. 199, note 1re), la surveillance que l'art. 14 accorde au conseil sur les stagiaires n'aurait ni sanction, ni résultat.

695. — L'exercice du pouvoir disciplinaire diffère relativement aux avocats inscrits au tableau et aux avocats stagiaires en deux points essentiels : 1° pour l'avocat stagiaire, la décision du conseil est toujours souveraine et sans appel, tandis que l'appel existe en certains cas pour l'avocat inscrit; 2° le procureur général n'a pas le droit d'appeler des décisions disciplinaires qui concernent les stagiaires. — Ph. Dupin, *loc. cit.*, no 99; Mollot, p 364, note 1re, et p. 197. — V. *contrà Caen*, 11 janv. 1837 (t. 1er 1837, p. 583), Jardin c. avocats de Falaise.

696. — L'avocat est-il justiciable du conseil de discipline à raison des écrits qu'il signe et publie ou des actes qu'il commet en dehors de sa profession ? Cette question est fort grave et a soulevé à plusieurs reprises de vives controverses.

697. — En 1838, la cour de Cassation a décidé en principe que les conseils de discipline sont chargés d'exercer toute la surveillance que les intérêts de l'ordre rendent nécessaire, et de maintenir les principes sur lesquels repose son honneur sans distinction entre les actes commis *dans l'exercice* ou *hors de l'exercice* de la profession d'avocat. — *Cass.*, 27 nov. 1838 (t. 2 1838, p. 523), Fages et Trinchant.

698. — Nous ne saurions admettre, sans établir quelques distinctions, les conséquences d'une telle décision. Sans doute, ainsi que le disait Me Daviel, avocat du barreau de Rouen, dans son examen de l'ordonnance du 20 nov. 1822, si un avocat est frappé d'une condamnation *flétrissante* pour un fait ou un écrit étranger au ministère d'avocat, l'action disciplinaire pourra avoir son cours; mais ce n'est pas, dans ce cas, le fait ou l'écrit qui motivera l'application des peines de discipline, c'est la condamnation encourue à raison de ce fait ou de cet écrit. Et encore, ainsi que l'indique Me Daviel, il ne suffirait pas d'une condamnation *quelconque* : il faut une condamnation de nature à entacher l'*honneur* de l'homme, une condamnation qui, suivant Dareau (*Répert. de jurisp.*, vo *Avocat*), serait *humiliante*. — Au contraire, lorsqu'il s'agit d'un fait ou d'un écrit étranger à la profession, et qui n'a pas été poursuivi, ou qui, ayant été poursuivi, n'a pas été condamné, permettre à l'action disciplinaire de s'en emparer pour frapper l'avocat, ce serait soumettre la vie privée de celui-ci à une inquisition perpétuelle dont on ne saurait prévoir les limites ni calculer assez les conséquences.

699. — Ainsi sous prétexte que l'honneur de l'ordre pourrait en être compromis, on rechercherait les actes de la vie privée de l'avocat, ceux de sa vie publique, ses discours, et jusqu'à ses opinions ! Sa conduite privée, ses mœurs, ses habitudes, seraient l'objet d'une investigation qui serait nécessaire pour que cette *surveillance* dont parle l'arrêt fût *pleinement et utilement* exercée. Suivant le pouvoir du jour et les passions du moment, ses opinions politiques, ses écrits, ses discours, pourraient, s'ils étaient jugés attentatoires à l'honneur de l'ordre, motiver une poursuite disciplinaire, et entraîner contre lui la perte de sa profession ! Ces conséquences nous paraissent inadmissibles.

700. — Sans doute, la *surveillance* des conseils de discipline doit s'exercer pour l'*honneur* et les *intérêts* de l'ordre; mais l'honneur et les intérêts de l'ordre ne sont évidemment, sauf le cas où une condamnation flétrissante aurait frappé l'avocat, que *dans les choses de l'ordre*, et non dans celles qui lui sont étrangères. Que l'action disciplinaire, fondée sur cette belle maxime : *Non omne quod licet honestum est*, s'exerce donc pour tout ce qui touche à la profession, pour ce qui concerne l'*avocat* proprement dit. Mais il ne faut pas oublier qu'en dehors de sa profession, et pour tout ce qui ne s'y rattache pas, l'avocat reste citoyen, jouit de sa liberté civile et ne relève plus que des lois ordinaires.

701. — Ces principes, au reste, ont été éloquemment développés dans une consultation rédigée en 1829 par Me Ph. Dupin, en faveur de M. Pierre Grand, avocat près la cour royale de Paris, traduit devant le conseil de discipline, et condamné à une suspension d'un an pour un discours qu'il avait prononcé sur la tombe du conventionnel Barras, qui avait voté la mort du roi. Un extrait de cette consultation se trouve dans les Lettres de M. Dupin aîné sur la profession d'avocat (p. 573), et a pour épigraphe ces mots de M. Target (Lettre sur la censure) : « En tout ce qui ne tient pas à la fonction qui les distingue, les avocats ne sont que *citoyens*; en tout ce qui *intéresse cette fonction, ils sont soumis à la discipline de l'ordre.* »

702. — Toutefois, la cour de Caen a jugé, comme la cour de Cassation que les conseils de discipline sont compétens pour connaître des infractions et des fautes commises par les avocats, même hors de l'exercice de leur profession. — *Caen*, 8 janv. 1830, Séminel.

703. — Quelle que soit l'opinion qu'on adopte sur la question précédente, il est hors de doute que l'avocat, investi des fonctions législatives, ne peut être justiciable ni des tribunaux ni du conseil à raison des opinions par lui émises à la tribune; il est protégé par son inviolabilité.

704. — Dans l'ancien barreau, on regardait l'avocat comme justiciable de son ordre, même à raison de faits étrangers à sa profession, lorsque par sa conduite il avait causé un scandale ou manqué d'une manière grave aux règles de convenance et de dignité dont il ne devait s'écarter en aucune occasion.

705. — L'ordre portait le scrupule si loin, que parmi les griefs d'ailleurs fort sérieux présentés contre Linguet, se trouvait l'accusation d'avoir loué Tibère et parlé avec mépris du droit romain.

706. — L'avocat traduit *de plano* devant le conseil de discipline pour un fait qui constitue à la fois un délit et une faute grave ne peut se plaindre de ce qu'on a pris contre lui la voie la plus douce. — *Cass.*, 21 fév. 1838 (t. 1er 1838, p. 491), Provins.

707. — Lorsqu'une plainte en faux signée et déposée par un avocat contre un président d'assises a été, bien que déposée dans le principe à l'appui du pourvoi, remplacée par une requête en forme de la partie, cet avocat ne peut se prévaloir ensuite, pour décliner la juridiction disciplinaire saisie d'une plainte en dénonciation calomnieuse, de ce que la cour de Cassation aurait statué sans faire contre lui aucunes poursuites ou réserves. — En vain dirait-il que l'écrit injurieux est de la compétence exclusive du tribunal devant lequel il a été produit. — Même arrêt.

708. — Les peines disciplinaires sont : 1° L'avertissement; — 2° la réprimande; — 3° la suspension; — 4° la radiation du tableau. — Ordon. 20 nov. 1822, art. 18.

709. — Indépendamment des peines qui viennent d'être énumérées, et qui, à proprement parler, sont les seules légales, il s'est introduit à Paris un usage qu'on ne saurait trop approuver, et qui consiste à donner un *avertissement confraternel* à l'avocat, dont la conduite ne peut être approuvée, quoiqu'elle n'ait rien d'absolument répréhensible.

710. — Il faut ajouter à l'énumération posée par l'art. 18, la prorogation et la révocation du stage; mais cette peine ne s'applique qu'aux stagiaires.

711. — L'art. 25, décr. 14 déc. 1810, plaçait parmi les peines disciplinaires la *censure* qui venait après l'*avertissement* et précédait la *réprimande*. Depuis l'ordonnance de 1822, la censure et la réprimande sont une seule et même chose, quoique le mot *réprimande* soit l'expression légale. M. Carré regrettait la suppression de la censure.

712. — L'ordon. 20 nov. 1822, art. 29, voulait que l'avocat qui avait encouru la peine de la réprimande ou de l'interdiction, fût inscrit au dernier rang de la colonne dont il faisait partie. Cette disposition est implicitement abrogée par l'ordonnance du 27 août 1830, qui a supprimé les colonnes.

713. — Nous avons entendu regretter que le conseil n'eût pas le droit de placer les membres de l'ordre à la queue du tableau à titre de peine disciplinaire. Mais ne serait-ce pas donner aux décisions du conseil une publicité fâcheuse et qui est contraire à l'esprit de l'institution, *castigatio domestica*.

714. — L'interdiction temporaire ne peut excéder le terme d'une année. — Ordonn. 20 nov. 1822, art. 18.

715. — Suivant l'art. 31 du décret du 14 décembre 1810, tout avocat qui, après avoir été deux fois suspendu ou interdit de ses fonctions, soit par arrêt ou jugement, soit par forme de discipline, avait encouru la même peine une troisième fois, était de droit rayé du tableau. L'ordonnance n'a pas reproduit cette disposition.

716. — La suspension des fonctions pendant l'*année judiciaire* comprend les deux mois de vacances. — Décis. 20 août 1833.

717. — Aucune peine de discipline ne peut être prononcée sans que l'avocat inculpé ait été entendu ou appelé avec délai de huitaine. — Ordonn. du 20 nov. 1822, art. 19.

718. — La citation est donnée par une lettre du secrétaire (Mollot, p. 205), ou du bâtonnier (Bioche, no 120).

719. — L'avocat cité devant le conseil a un délai de huitaine pour comparaître. — Ordonn. 20 nov. 1822, art. 19.

720. — Lorsqu'un avocat cité à comparaître devant le conseil s'est contenté de présenter dans une lettre des moyens exceptionnels, il n'est pas nécessaire, après le rejet de ces exceptions, de lui donner une nouvelle citation pour proposer ses moyens de défense au fond. — *Caen*, 8 janv. 1830, Séminel c. Minist. public.

721. — Il est loisible au conseil de discipline d'appeler le plaignant en témoignage pour éclairer sa justice. M. Mollot (*Règles de la profession d'avocat*, no 260) constate ce qui suit : « Le conseil (de discipline de Paris) n'entend jamais les plaignans; cependant, une plainte très compliquée de faits ayant été portée contre Me ***, le conseil a décidé que le plaignant, bien qu'*étranger au barreau*, serait admis devant le conseil pour s'expliquer contradictoirement avec Me ***. L'audition a eu lieu à plusieurs séances. — Je ne connais pas d'autre exemple de ce fait, ajoute l'honorable avocat, et l'arrêté doit être considéré comme une exception. — Notre conseil représentant l'intérieur de la famille, il ne serait pas sans inconvénient d'y introduire des étrangers. Au reste, il a son libre arbitre sur ces sortes de questions. »

722. — Pour le jugement des questions disciplinaires, il faut qu'au moins la moitié plus un des membres composant le conseil prennent part au délibéré. — Mollot, p. 283.

723. — On n'est pas bien d'accord à cet égard, car il a été jugé que la présence des deux tiers au moins des membres du conseil était nécessaire

pour la validité de ses délibérations. — *Caen*, 8 janv. 1830, Séminel.

724. — L'avocat poursuivi disciplinairement peut se faire assister d'un conseil.

725. — Il peut récuser un ou plusieurs membres du conseil. — Mollot, p. 130 et 385. — Le conseil juge les causes de récusation : c'est lui qui décide si le membre récusé s'abstiendra ou non.

726. — Jugé que si un ou plusieurs membres du conseil s'abstiennent de prendre part à une délibération, le conseil n'est pas tenu de statuer positivement sur leurs motifs d'excuse. Il suffit, dans tous les cas, d'une approbation tacite. — *Caen*, 8 janv. 1830, Séminel.

727. — Est nulle la décision du conseil de discipline de l'ordre des avocats à laquelle a concouru un avocat qui n'était pas présent à la séance dans laquelle l'avocat inculpé a développé ses moyens de défense. — *Orléans*, 19 avr. 1845 (t. 1er 1845, p. 719), P...

728. — Dans les siéges où les fonctions du conseil de discipline sont exercées par le tribunal, aucune peine ne peut être prononcée qu'après avoir pris l'avis écrit du bâtonnier. — Ordonn. du 20 nov. 1822, art. 20.

729. — Décidé que le ministère public n'a pas le droit de citer un avocat devant un tribunal, faisant fonctions de conseil de discipline ; il ne peut que le dénoncer, car son action ne commence qu'après la décision du tribunal. — *Trib. d'Auxerre*, 24 déc. 1827. — Ainsi il n'a pas qualité pour donner des conclusions, lorsque le tribunal remplit ces fonctions. — Bioche, no 116.

730. — Jugé, au contraire, mais à tort, que lorsqu'un tribunal de première instance remplit les fonctions de conseil de discipline, le ministère public a le droit de donner des conclusions écrites, d'assister à la défense de l'avocat inculpé, et de lui répondre s'il y a lieu. — *Riom*, 30 avr. 1829, Me M...

731. — Tout arrêté du conseil de discipline rendu par défaut est sujet à opposition. — Carnot, *Discipline*, p. 62 ; Carré, *Compét.*, t. 3, p. 159. — Telle est la jurisprudence du conseil. — V. aussi *infrà* no 892.

732. — M. Mollot (p. 206, à la note) est d'avis que cette opposition n'est soumise à aucune déchéance, l'ordonnance ne prescrivant pas de délai. On voit que sur cette question M. Mollot adopte le principe de la cour d'Orléans, qu'il combat quand il s'agit du droit du ministère public en matière d'élection. — V. *suprà* no 661.

733. — Il n'est pas tenu registre des arrêtés du conseil. Ils sont simplement transcrits et signés par le bâtonnier et le secrétaire. Les décisions ne doivent point être communiquées aux plaignans ; mais, s'il y a condamnation à une peine disciplinaire, l'arrêté doit être motivé avec soin et assez fortement pour qu'il puisse se défendre par lui-même en cas d'appel. — Mollot, p. 286.

734. — Toute décision du conseil de discipline emportant interdiction temporaire ou radiation est transmise, dans les trois jours, au procureur général, qui doit en assurer et surveiller l'exécution. — Ord. 20 nov. 1822, art. 21.

735. — Le procureur général peut, d'ailleurs, quand bon lui semble, requérir qu'il lui soit délivré une expédition des décisions emportant avertissement ou réprimande. — Même ordonnance, art. 22.

736. — Il peut également demander expédition de toute décision par laquelle le conseil de discipline a prononcé l'absolution de l'avocat inculpé.

737. — Jugé, mais à tort, que le procureur du roi a le droit, comme le procureur général, de demander expédition des décisions du conseil. — *Aix*, 14 avr. 1836, avocats de Marseille.

738. — L'avocat absous a-t-il le droit d'obtenir une expédition de l'arrêté qui lui est favorable ? — Nous n'en faisons aucun doute, et le conseil a reconnu la justice d'une semblable communication par un arrêté du 21 mai 1842. — M. Mollot argumente contre cette décision de l'usage qui interdit la *publication* des arrêtés du conseil.

739. — A cela nous répondrons : 1o que l'avocat a le plus grand intérêt à avoir par-devers lui la preuve de son absolution ; que cette justification ne peut lui être refusée sans injustice, car, malgré le secret qui couvre les délibérations du conseil, l'accusation retentit souvent au dehors et laisse l'inculpé sous le coup de préventions qu'il lui importe essentiellement de détruire ; — 2o que le principe qui s'oppose à ce que les arrêtés du conseil soient connus n'est pas tellement absolu qu'il n'y ait été souvent dérogé par des publications dont M. Mollot lui-même a donné l'exemple, ce qu'il a fait, du reste, dans l'intérêt de l'ordre, et ce dont on ne peut que lui savoir gré.

740. — Le désistement de la plainte portée contre l'avocat n'éteint pas l'action disciplinaire. — Décis. 26 mars 1833.

741. — L'exercice du droit de discipline ne met point obstacle aux poursuites que le ministère public ou les parties civiles se croiraient fondées à intenter devant les tribunaux pour la répression des actes qui constitueraient des délits ou des crimes. — Ord. 20 nov. 1822, art. 17.

742. — Réciproquement l'exercice d'une action judiciaire ne fait *pas* obstacle aux poursuites disciplinaires. Ainsi, l'avocat qui a été condamné par un tribunal exerçant son droit de police, peut être, à raison du même fait, traduit devant le même tribunal, remplissant les fonctions de conseil de discipline, conformément à l'ordonnance de 1822, et condamné à une des peines portées par cette ordonnance. — *Grenoble*, 26 déc. 1828, Pélissier.

743. — Dans cette espèce, il s'agissait d'un avocat qui plaidait *dans sa propre cause*, et auquel le tribunal avait été obligé de faire application des dispositions de l'art. 91, C. de procéd. civ. — Pour échapper aux peines disciplinaires, cet avocat excipait de cette circonstance qu'il était partie au procès et non avocat. — Si un homme du monde, disait-il, appelé à plaider lui-même sa cause, comme cela arrive souvent, se rend coupable de quelque irrévérence envers le tribunal, il devient passible des peines dont parle l'art. 91, C. de procéd. ; mais voilà tout. Or, il en est de même de l'avocat qui vient défendre sa propre cause ; c'est comme simple particulier qu'il se présente, c'est comme partie qu'il agit ; et si, dans le cas prévu par l'art. 91, le tribunal le condamne à la détention et à l'amende, il épuise par là même son pouvoir, tout est terminé. Si, agissant ensuite comme conseil de discipline, le tribunal inflige à cet avocat l'une des peines portées par l'ordonnance de 1822, il est évident qu'il commet un excès de pouvoir et viole la règle *non bis in idem*. Car, encore une fois, l'avocat qui plaide lui même sa cause se dépouille du caractère d'avocat et n'agit que comme une simple partie, à laquelle l'art. 91 s'applique exclusivement. Au surplus, les peines ne peuvent pas être cumulées hors les cas prévus par la loi. Ainsi, veut-on considérer l'avocat instrumentant dans sa propre cause comme conservant sa qualité, alors on lui appliquera l'art. 18, ordonnance de 1822 ; veut-on, ce qui est plus vrai, ne l'envisager que comme une simple partie, on lui appliquera l'art. 91, C. de procéd. Mais il est certain, incontestable même, qu'on ne pourra pas cumuler contre lui des dispositions pénales qui ont été faites pour deux cas et deux personnes différentes. — Mais la cour a pensé que l'avocat qui plaide lui-même sa cause, revêtu des insignes de sa profession, conserve son caractère, et que, s'il y joint la qualité de partie intéressée, c'est pour lui un motif de plus de ne pas s'écarter du respect qu'il doit au tribunal ; qu'autrement il doit être doublement puni, et que, dans ce cas, l'application de l'art. 91, C. de procéd., n'exclut pas celle des peines de discipline prononcées par l'art. 18, ordonnance royale de 1822.

744. — Jugé que l'avocat acquitté par le jury à raison d'un écrit qu'il a signé en qualité d'avocat, peut néanmoins, à raison de cet écrit, être traduit devant la juridiction disciplinaire, sans qu'il y ait violation de la règle *non bis in idem*, ni des lois qui établissent une juridiction spéciale en matière de presse. — *Cass.*, 27 nov. 1838 (t. 2 1838, p. 523), Fages et Trinchant.

745. — A plus forte raison, l'avocat ne peut-il exciper, pour repousser l'action disciplinaire, de ce que le président l'a averti pendant sa plaidoirie et lui a enjoint d'être plus circonspect. — V. *infrà* no 819.

746. — La peine disciplinaire peut-elle être remise à l'avocat par le conseil ? — M. Mollot (p. 377, note 2e) fait une distinction. Il croit que le conseil ne peut faire remise de la peine qu'il a prononcée quand il s'agit d'un avocat au tableau, mais qu'il en est autrement lorsqu'il s'agit d'un stagiaire, parce qu'alors le conseil est omnipotent. Nous n'admettons pas cette distinction. Le conseil a le droit de prolonger le stage, de refuser l'admission quand bon lui semble ; il a même le droit de statuer disciplinairement et sans appel, quand il s'agit d'un avocat stagiaire ; mais tous ces pouvoirs n'impliquent pas le droit de grace. Nous inclinons donc à penser que, dans aucun cas, le conseil ne peut faire remise de la peine. — V. en ce sens les décisions des 21 et 28 août 1832.

747. — Quel est l'effet de la radiation du tableau ? L'avocat ainsi frappé est-il privé, non seulement du droit de plaider, mais encore du droit de consulter hors des cas prévus par l'art. 495, C. de procéd., par les art. 467 et 2045, C. civ., et par l'art. 1er, L. 21 frim. an XII ? — Carré (*Compét.*, p. 160 et 178, no 182), s'appuyant sur les art. 39 et 40 de l'ordonnance de 1822, distingue le droit de consulter du droit de plaider, et pense que l'avocat rayé du tableau n'est pas destitué du droit d'exercer comme jurisconsulte, qu'il peut écrire dans une affaire, faire des mémoires et des consultations. Il ajoute que la peine ne fait que détruire les rapports de confraternité.

748. — Cette opinion est également enseignée par M. Daviel (*Comment. sur l'ordonn. de* 1822, p. 34) et par M. Ph. Dupin (*Encyclop.*, no 398) ; mais M. Mollot (p. 204, à la note) refuse d'admettre la distinction proposée par M. Carré. « L'avocat, dit-il, n'est » pas uniquement institué par la loi pour plaider, » mais pour plaider, écrire et consulter. L'économie de l'ordonnance le prouve clairement ; elle » parle, en effet, des écrits de l'avocat autant que » de sa plaidoirie ; or, la radiation ne serait ni » complète ni efficace si elle ne frappait pas sur » les deux attributs à la fois. »

749. — Toutefois, comme chaque barreau a son indépendance, M. Mollot reconnaît que la radiation prononcée par un conseil de discipline ne serait pas un obstacle légal à ce que l'avocat rayé obtînt son admission à un autre tableau.

750. — Faut-il appliquer à l'avocat non admis au tableau les prohibitions portées contre l'avocat rayé ? — Dans cette hypothèse, M. Mollot (p. 205, à la note) est d'avis que, sauf pour les consultations officielles, il n'y a aucun empêchement à ce que l'avocat non admis ou omis délibère des consultations et concoure à des arbitrages, et à ce que les avocats inscrits les délibèrent avec lui. Ainsi les avocats de Paris consultaient avec Manuel, bien que le conseil eût refusé de l'admettre au tableau.

751. — Quant à nous, quoique nous reconnaissions très bien l'extrême différence qui existe entre la non-admission ou l'omission et la radiation, nous avons peine à comprendre la distinction proposée par M. Mollot, du moins au point de vue légal. Est-on ou n'est-on pas inscrit au tableau ? Voilà toute la question.

752. — Du reste, un arrêt de la cour royale de Lyon, du 14 fév. 1834 (Ruby), a jugé que l'avocat rayé du tableau n'en conserve pas moins la qualité d'*avocat* ; que seulement il lui est interdit de prendre celle d'avocat à telle cour ou à tel tribunal, ou même de défenseur devant le tribunal de commerce du lieu où il était inscrit comme avocat.

753. — Cet arrêt fait naître une autre question : Peut-on joindre la qualité d'avocat à celle d'avoué, d'agréé, d'huissier, de commissaire-priseur, etc. ? — M. Philippe Dupin (*Encyclop. du dr.*, p. 374) pense que la loi ne s'oppose pas à l'alliance des deux titres. C'est un *non-sens*, dit-il, qui ne nuit à personne.

754. — M. Mollot, au contraire (p. 508, note 1re), émet une opinion contraire et qui nous paraît préférable. Voici nos motifs : — D'abord, il y a incompatibilité entre les fonctions que nous avons énumérées et celles d'avocat, et par conséquent le titre qui s'applique aux unes est inconciliable avec les autres. — En second lieu, il est certain que l'officier ministériel qui joint ainsi à son titre réel la qualité d'avocat se propose d'exploiter illégalement, autant qu'il dépendra de lui, non le titre, qui ne rapporte rien, mais la profession, qui est utile. — Sous ces deux rapports, il manque à ses devoirs et s'expose à une répression disciplinaire. — Cependant nous devons dire que, dans l'ancien droit, il y a plusieurs exemples de procureurs ayant pris la qualité d'*avocat en parlement*.

§ 4. — *Recours contre les décisions du conseil.*

755. — On a vu *suprà*, no 731, que les arrêtés des conseils de discipline pouvaient être attaqués par la voie de l'opposition lorsqu'ils avaient été rendus par défaut ; ils peuvent l'être aussi dans certains cas par la voie de l'appel.

756. — D'après l'ordonnance du 20 nov. 1822, art. 24, l'appel est ouvert à l'avocat lorsque le conseil a prononcé contre lui l'interdiction à temps ou la radiation.

757. — Sous l'empire du décret du 14 décembre, l'appel était encore ouvert contre les arrêtés qui prononçaient la censure ou la réprimande. — Art. 29, § 1er.

758. — M. Daviel (*Commentaire sur l'ordonnance de* 1823), et Carré (*Compét.*, t. 3, p. 163) regrettent que l'appel ne soit pas autorisé, même contre la décision qui *avertit* ou *réprimande*. — M. Mollot (p. 207, note 1re) trouve au contraire que le refus de l'appel est assez motivé par la nature modérée de la peine.

759. — Jugé que lorsqu'un avocat cité devant un conseil de discipline, en critique la composition, il a le droit d'interjeter appel de la décision qui est rendue, quoiqu'elle ne prononce que la peine de l'avertissement ; mais l'appel ne peut porter sur le fond de la décision. — *Riom*, 30 avr. 1829, M...

760. — Mais l'on ne peut se pourvoir par appel

contre une décision qui réduit des honoraires. — *Nîmes*, 30 juill. 1825, C...

761. — L'appel n'est pas seulement autorisé lorsqu'il y a interdiction temporaire ou radiation, mais aussi lorsque le conseil a seulement *omis* le nom de l'avocat inscrit pour une cause non disciplinaire, par exemple lorsque l'avocat a occupé des fonctions jugées incompatibles. L'ordonnance ne s'explique pas à cet égard, mais il y a de nombreux précédens.

762. — Le décret du 14 déc. 1810 ne donnait pas au ministère public le droit d'interjeter appel des décisions du conseil de discipline; mais l'ordonnance de 1822, art. 25, lui permet ce mode de recours.

763. — L'art. 25 ne dit pas d'une manière précise dans quels cas le procureur général a le droit d'appel; mais en combinant cette disposition avec celle de l'art. 15, on est forcé de reconnaître que ce droit est absolu, et que, même dans le cas d'une *réprimande* ou d'un simple *avertissement*, le procureur général peut appeler *à minimâ*.

764. — Il faut reconnaître que cette disposition est inique. En effet, elle permet au ministère public de faire aggraver la peine, quand il y a avertissement ou réprimande, et elle ne permet pas à l'avocat inculpé de se pourvoir dans les mêmes cas pour se faire absoudre : c'est une anomalie.

765. — Jugé que le ministère public a qualité pour interjeter appel devant la cour royale de la décision disciplinaire qui a prononcé la radiation d'un avocat, alors même que la partie intéressée n'en appelle pas elle-même. — *Cass.*, 2 mai 1843 (t. 2 1843, p. 230), avocats de Limoges c. Bourdeau.

766. — Jugé aussi que l'arrêt d'une cour royale, qui saisi seulement par le ministère public de l'appel d'une décision d'un conseil de discipline de l'ordre des avocats, par laquelle un de ses membres avait été rayé du tableau, a annulé cette décision sans entendre ni le conseil de l'ordre ni l'avocat rayé, n'est entaché ni d'incompétence, ni d'excès de pouvoir. — *Cass.*, 2 mai 1843 (t. 2 1843, p. 230), mêmes parties.

767. — D'après la jurisprudence, le procureur général peut même porter directement devant la cour, *omisso medio*, une affaire disciplinaire dont le conseil n'aurait pu ou n'aurait voulu connaître. — V. *infrà* nos 826 et suiv.

768. — L'appel, soit du procureur général, soit de l'avocat condamné, n'est recevable qu'autant qu'il est formé dans les dix jours de la communication qui lui a été donnée par le bâtonnier de la décision du conseil de discipline. — Ord. 20 nov. 1822, art. 26.

769. — Jugé que c'est dans les dix jours à partir de la connaissance qui leur a été donnée de la décision d'un conseil de discipline de l'ordre des avocats, que les procureurs généraux doivent interjeter appel de cette décision, et cela encore bien que l'expédition de la décision leur ait été transmise par le procureur du roi, et non par le bâtonnier de l'ordre des avocats. — *Cass.*, 23 juin 1828, Delalande.

770. — La communication au procureur général des décisions du conseil est donnée sur papier non timbré, en copie ou expédition signée du secrétaire. — Mollot, p. 209, note 1re.

771. — L'ordonnance n'ayant pas déterminé la forme de l'appel, on peut se pourvoir ou par exploit, ou par requête, ou par simple lettre. — Ainsi jugé que l'appel d'une décision du conseil portant radiation au tableau du nom d'un avocat est recevable, quoiqu'il ait été interjeté par une simple lettre missive adressée au procureur-général. — *Orléans*, 16 avr. 1845 (t. 1er 1845, p. 719), H...

772. — Cependant la cour de Nîmes a jugé que : 1° l'appel par un avocat de la décision d'un tribunal jugeant comme conseil de discipline doit être interjeté par exploit signifié au procureur général, et qu'il ne suffit pas que l'avocat ait écrit au bâtonnier qu'il interjetait appel, en le priant d'en informer le conseil; — 2° que la fin de non-recevoir qui résulte de la nullité d'un pareil appel est d'ordre public et peut être suppléée par la cour, bien que le procureur général ait paru y renoncer. — *Nîmes*, 30 juill. 1825, C...

773. — Mais cette décision n'est pas suivie dans la pratique, et l'on reconnaît que l'appel interjeté, même par lettre, est valable.

774. — Jugé en ce sens que l'ordonnance du 20 nov. 1822 n'attachant d'autre condition à l'appel des décisions des conseils de discipline que d'être interjeté dans les dix jours de leur signification, l'appel d'une décision d'un conseil de discipline prononçant contre un avocat la radiation est recevable s'il a été formé par une lettre adressée au bâtonnier dans le délai sus-énoncé, et si l'avocat a annoncé, même après les dix jours, au procureur général, qu'il s'est porté appelant dans les délais de l'art. 26 de l'ordonnance du 20 nov. 1822. — *Rouen*, 13 janv. 1840 (t. 1er 1844, p. 679), X....

775. — Jugé de même qu'il n'y a pas de fin de non-recevoir contre l'appel d'une décision du conseil de discipline prononçant contre un avocat l'interdiction à temps, si cet appel a été, dans le délai de dix jours, formé par une lettre adressée au bâtonnier de l'ordre, alors surtout que par surabondance l'avocat s'est adressé lui-même au procureur général pour qu'il fût statué sur son appel. — *Agen*, 29 fév. 1844 (t. 1er 1844, p. 678), N...— V. conf. Mollot, p. 208, à la note.

776. — L'appel est porté devant la cour près de laquelle ou dans le ressort de laquelle l'avocat inculpé exerce sa profession.

777. — Les cours statuent sur l'appel en assemblée générale et dans la chambre du conseil, ainsi qu'il est prescrit par l'art. 52, L. 20 avr. 1810, pour les mesures de discipline qui sont prises à l'égard des membres de cours et des tribunaux. — Ord. 20 nov. 1822, art. 27.

778. — Jugé, d'après ce principe, que c'est devant la cour royale en assemblée générale, et non à la chambre des appels de police correctionnelle, que doit être porté l'appel d'un jugement rendu par un tribunal de première instance, remplissant les fonctions de conseil de discipline de l'ordre des avocats. — *Cass*, 18 sept. 1823, Henry et Falcimagne.

779. — Jugé aussi que la cour doit, à peine de nullité de l'arrêt, être composée d'un nombre de magistrats, tel que chacune des chambres qui concourt à l'assemblée générale, réunisse elle-même le nombre de magistrats nécessaire pour sa composition légale. — *Cass.*, 3 août 1831, N...; 12 fév. 1838 (t. 1er 1838, p. 222), Roussel; 12 juill. 1843 (t. 2 1843, p. 642), Boctard. — V. cependant Bioche, n° 257.

780. — L'avocat qui a porté au conseil de discipline une plainte contre un de ses confrères par lequel il prétend avoir été injurié dans l'exercice de sa profession ne peut être reçu intervenant en qualité de partie civile devant la cour royale saisie de l'appel de la décision disciplinaire. — Mais l'exercice de l'action disciplinaire ne fait pas obstacle à ce que l'avocat qui se prétend lésé poursuive devant les tribunaux ordinaires la réparation du tort dont il croit avoir à se plaindre. — *Limoges*, 4 juin 1844 (t. 2 1844, p. 163), N.... c. P....

781. — Jugé dans ce sens qu'un avocat à la cour de Cassation, dont une consultation produite devant les premiers juges avait été par eux censurée et supprimée, était recevable dans son intervention devant la cour royale. — *Rouen*, 11 juill. 1827, N.....

782. — Jugé de même que, lorsque le ministère public a appelé d'une décision disciplinaire prononçant la radiation du tableau, le conseil de discipline de l'ordre des avocats n'a pas qualité pour intervenir devant la cour royale — *Cass.*, 2 mai 1843 (t. 2 1843, p. 230), avocats de Limoges c. Bourdeau. — Cependant il est des cas où le conseil de l'ordre peut intervenir. — V. INTERVENTION.

783. — Jugé aussi que les conseils de discipline des avocats ne doivent point être considérés, à raison des droits et prérogatives de leur ordre, comme des parties ayant qualité pour former tierce opposition aux arrêts qui contiennent des préjugés contraires à ces droits, et lors desquels ils n'ont été ni entendus ni appelés. — *Amiens*, 28 janv. 1824, avocats d'Amiens.

784. — Lorsque les cours royales annulent une délibération du conseil de discipline, pour violation ou omission des formalités prescrites, elles peuvent évoquer le fond. — *Caen*, 8 janv. 1830, Séminel. — *Contrà Grenoble*, 7 juill. 1827, F...

785. — Les cours peuvent, quand il y a lieu, prononcer, sur l'appel, une peine plus forte, quoique le procureur général n'ait pas lui-même appelé. — Ord. 20 nov. 1822, art. 28.

786. — Une cour royale peut, en annulant une délibération prise en assemblée générale de l'ordre des avocats, ordonner que son arrêt sera notifié au bâtonnier, pour être annexé par lui à la délibération. C'est là, non une peine illégale ou arbitraire, mais un mode de l'avertissement autorisé par l'art. 18 de l'ordonnance du 20 nov. 1822. — *Cass.*, 5 avr. 1841 (t. 1er 1841, p. 657), avocats de Rouen et de Nancy c. Ministère public. — « L'annulation de la délibération une fois prononcée, a dit M. le rapporteur dans cette affaire, l'annexe qui doit être faite de l'arrêt, non par le procureur général, ou, sur son ordre, par un huissier, mais par le bâtonnier, n'est visiblement autre chose que le mode à employer pour en donner connaissance à tous les avocats, la signification de l'arrêt n'étant faite qu'au bâtonnier seul. »

787. — Le recours en cassation est-il ouvert contre les arrêts de cour royale rendus sur l'appel des décisions des conseils de discipline ou contre ceux qui ont statué *omisso medio?* — L'affirmative n'est pas douteuse quand il s'agit d'un pourvoi formé pour cause d'incompétence ou d'excès de pouvoir. — Argum. *Cass.*, 22 juill. 1834, Parquin. — V. CASSATION, DISCIPLINE.

788. — Mais la question est plus douteuse dans les autres cas. Toutefois, nous croyons, avec M. Bioche (v° *Avocat*, n° 260), que, dans le silence de la loi, le pourvoi est admissible, car le recours en cassation est de droit commun. — *Contrà Cass.*, 20 avr. 1830, avocats de Paris. — V. CASSATION.

Sect. 7e. — *Surveillance et action du corps judiciaire sur l'ordre des avocats.*

789. — Les cours royales et les procureurs généraux ont un droit de surveillance sur l'ordre des avocats; mais, indépendamment de ce pouvoir, les tribunaux ont le droit de réprimer disciplinairement les fautes commises par eux à leurs audiences. — Ord. 20 nov. 1822, art. 16; C. de procéd. civ., art. 90.

790. — C'est ce qui résulte aussi de l'art. 103 du décret du 30 mars 1808, ainsi conçu : « Dans les cours et dans les tribunaux de première instance, chaque chambre connaîtra des fautes de discipline qui auraient été commises ou découvertes à son audience. »

791. — Jugé que la cour des pairs peut prononcer une peine disciplinaire contre l'avocat qui, à son audience, commet une infraction à ses devoirs. — *Cour des pairs*, 22 janv. 1836, Adam, Albert (attentat d'av. 1834).

792. — D'après l'art. 44 de l'ordonnance du 20 nov. 1822, toute attaque qu'un avocat se permettrait de diriger, dans ses plaidoiries ou dans ses écrits, contre la religion, les principes de la monarchie, la charte, les lois du royaume ou les autorités établies, doit être réprimée immédiatement sur les conclusions du ministère public, par le tribunal saisi de l'affaire, lequel prononcera l'une des peines prescrites par l'art. 18, sans préjudice des poursuites extraordinaires, s'il y a lieu.

793. — Jugé que la juridiction disciplinaire doit réprimer à la fois et immédiatement les torts des avocats inculpés, soit que ces torts résultent de leurs écarts comme défenseurs de leurs cliens, soit qu'ils se rapportent à l'abus qu'ils ont fait de leur droit de défense personnelle. — *Cass.*, 25 janv. 1831, Dupont.

794. — Jugé de même que l'avocat qui, revêtu des insignes de sa profession, a plaidé une cause qui lui était personnelle, et qui, dans sa plaidoirie, s'est rendu coupable d'outrages envers les juges, est passible de l'action disciplinaire introduite contre les avocats par l'ordonnance de 1822. — *Grenoble*, 26 déc. 1828, Pelissier; — Mollot, p. 169, note 1re.

795. — Jugé, au contraire, que les avocats, lorsqu'ils plaident leur propre cause, ne doivent être considérés que comme *parties*, et que, dès-lors, les dispositions de la loi relatives aux injonctions à faire aux avocats et officiers ministériels cessent de leur être applicables. — *Metz*, 20 mai 1820, N... c. N... — V. cependant *suprà* n° 742.

796. — C'est aux tribunaux, et non à la cour de Cassation qu'il appartient d'apprécier les fautes que les membres du barreau sont prévenus d'avoir commises à l'audience, et de proportionner les peines disciplinaires à la gravité des infractions. — *Cass.*, 25 janv. 1834, Dupont.

797. — En matière disciplinaire les avocats ne sont pas justiciables des tribunaux de première instance, à raison des faits qui se sont passés hors de l'audience. L'art. 103 du décret du 30 mars 1808 ne leur est point applicable. Ils ne peuvent être poursuivis que devant le conseil de discipline de leur ordre, et, à défaut, devant la cour royale. — *Aix*, 11 mars 1836, avocats de Marseille.

798. — C'est une question délicate que celle de savoir s'il est nécessaire, pour que les tribunaux aient compétence à l'égard des fautes de discipline commises à l'audience par les avocats, que la faute à réprimer ait été découverte à l'audience, et que l'action disciplinaire ait été exercée à l'audience même où la faute a été commise.

799. — M. Dupin aîné, dans son réquisitoire du 24 déc. 1836 (affaire Dupont), a soutenu, avec les art. 88 à 92 et 1036, C. de procéd., 504, 505, 506, C. inst. crim., que, pour qu'il y eût compétence, il fallait qu'il y eût publicité, et qu'il ne pouvait y avoir lieu à ce mode de répression quand les faits étaient passés inaperçus.

800. — Mais la cour de Cassation, sans s'arrêter à ces conclusions, a décidé que, pour que les tribunaux aient compétence à l'égard des fautes de discipline commises à l'audience par les avocats,

il n'est pas nécessaire que la faute à réprimer ait été découverte à l'audience et que l'action disciplinaire ait été intentée à l'audience même où elle a été commise; — Qu'il suffit que l'action disciplinaire soit intentée pendant que le tribunal ou la cour est encore saisi du procès principal dans le cours duquel la faute a été commise. — *Cass.*, 24 déc. 1836 (t. 1er 1837, p. 334), Dupont.

801. — ... Que les paroles offensantes envers les magistrats prononcées par un avocat à l'audience ne perdent pas le caractère de faute de discipline qui leur appartient pour n'être pas parvenues à l'oreille du juge; que toutes les fois qu'au lieu d'être dites sous le secret de la confidence, elles sont prononcées assez haut pour être entendues d'une partie du public, il y a atteinte portée à la dignité de l'audience et au respect dû à la justice. — Même arrêt.

802. — Jugé cependant que, lorsqu'on impute à un avocat d'avoir manqué de respect au tribunal, et qu'on ne sévit pas de suite et en audience publique, le jugement rendu à huis clos, quelques jours après, est un jugement disciplinaire, essentiellement nul, s'il n'a pas été précédé de l'ajournement de l'avocat, et si celui ci n'a pas été mis à même de présenter sa défense. — *Grenoble*, 7 juill. 1827, Me F...

803. — Lorsque les faits d'insultes et d'outrages reprochés à un avocat sont constatés par un procès-verbal dressé immédiatement par le tribunal, l'avocat ne peut les atténuer ni les modifier par la preuve testimoniale; il doit employer l'inscription de faux. — *Grenoble*, 26 déc. 1828, Pelissier.

804. — Jugé que lorsque, sur la réquisition du ministère public, une cour d'assises a prononcé contre un avocat, pour des faits qui se sont passés dans sa séance en la chambre du conseil, un avertissement d'être plus circonspect à l'avenir, cet avocat ne peut pas être ultérieurement poursuivi comme prévenu d'outrage et de calomnie envers le ministère public, à raison de la plaidoirie à laquelle il s'est livré pour sa défense personnelle, et sur laquelle est intervenu l'arrêt de la cour d'assises, si le ministère public n'a fait aucune réclamation nouvelle et s'il n'a été dressé aucun procès-verbal. Il y a, en ce cas, présomption légale, ou que l'avocat n'a rien dit de répréhensible dans sa plaidoirie, ou que la cour d'assises a suffisamment réprimé ses écarts par l'avertissement qu'elle a prononcé. — *Cass.*, 5 oct. 1815, Viguier.

805. — Il suffit que des inculpations contre un avocat, pour indélicatesse dans l'exercice de sa profession, soient faites à l'audience et publiquement, pour qu'à l'instant la cour doive renvoyer l'examen des faits d'inculpation au conseil de discipline de l'ordre des avocats. — *Cass.*, 20 avr. 1830, avocats de Paris.

806. — Lorsqu'un avocat, après avoir accepté la défense d'un accusé, ne se présente pas à l'audience pour plaider, quoique les pièces lui aient été remises, et qu'il soit articulé qu'il a déjà reçu ses honoraires, la cour d'assises peut le renvoyer devant le conseil de discipline pour qu'il ait à s'expliquer sur ces faits, et qu'il soit ultérieurement statué. — *Paris*, 13 juill. 1835, M. B...

807. — La décision de la cour qui renvoie, dans ce cas, l'avocat devant le conseil de discipline de son ordre, ne peut être censurée par ce conseil; et si cette censure a eu lieu, la cour royale, sur la dénonciation du ministère public, peut annuler ou déclarer non écrite cette partie de la délibération. — *Cass.*, 20 avr. 1830, avocats de Paris.

808. — Le conseil de l'ordre ne peut censurer les mesures de discipline exercées comme police d'audience par les cours et tribunaux envers les membres du barreau. — *Grenoble*, 24 mars 1836 (t. 1er 1837, p. 363), avocats de Grenoble.

809. — Lorsqu'il s'agit d'une faute de discipline commise à l'audience, la preuve doit être soumise aux mêmes règles qu'en matière de compte-rendu, c'est-à-dire rejetée ou admise selon que les souvenirs des magistrats sont suffisans ou insuffisans pour établir leur conviction. — *Cass.*, 24 déc. 1836 (t. 1er 1837, p. 334), Dupont.

810. — L'avocat poursuivi disciplinairement devant un tribunal peut exercer la récusation contre les membres du tribunal qui doit prononcer sur la poursuite. — *Bourges*, 13 déc. 1808, Debise.

811. — Aux termes de l'art. 23, L. 17 mai 1819, les discours prononcés ou les écrits produits devant les tribunaux ne donnent lieu à aucune action en diffamation ou injures, mais à la suppression des écrits et aux dommages, s'il y a lieu.

812. — Cependant les juges peuvent, dans ce cas, faire des injonctions aux avocats, ou même les suspendre de leurs fonctions. La durée de cette suspension ne peut excéder six mois; en cas de récidive, elle est d'un an au moins, et de cinq ans au plus. — L. 17 mai 1819, art. 23.

813. — Du reste, les faits diffamatoires étrangers à la cause peuvent donner ouverture, soit à l'action publique, soit à l'action civile des parties, lorsqu'elle leur a été réservée par les tribunaux, et, dans tous les cas, à l'action civile des tiers. — Même article.

814. — Jugé que la disposition de l'art. 23 de la loi du 17 mai 1819, qui limite à six mois la durée de la suspension pour une première infraction, n'est applicable qu'aux cas de discours prononcés ou d'écrits produits devant les tribunaux contenant des faits diffamatoires à l'égard des parties en cause. Toute autre infraction, commise par l'avocat à l'audience, peut être punie de la suspension d'un an, suivant les art. 18 et 43 de l'ord. du 20 nov. 1822. — *Cass.*, 25 janv. 1834, Dupont.

815. — Jugé aussi et avec raison que l'art. 23, L. 17 mai 1819, qui autorise les tribunaux à prononcer des injonctions ou une suspension contre l'avocat qui se permet, à leur audience, des diffamations ou des injures s'applique aux diffamations et aux injures commises envers les magistrats eux-mêmes, comme à celles commises envers les parties. — *Cass.*, 28 (et non 27) avril 1820, Lavandier.

816. — Avant la loi de 1819, la répression des injures proférées à l'audience par l'une des parties contre l'avocat de l'autre appartenait à la police de l'audience, et c'était devant le tribunal saisi de la cause principale que l'avocat injurié devait en demander la réparation; à défaut de réclamation, l'avocat était présumé y avoir renoncé, et n'était pas recevable à en faire l'objet d'une plainte ultérieure en injures verbales. — *Cass.*, 16 août 1806, Desperriers c. Dusséré.

817. — Lorsqu'un avocat est poursuivi disciplinairement à raison d'un fait qui constituerait un délit (un délit de presse), les prétendus coauteurs de ce délit, pouvant être poursuivis eux-mêmes devant l'autorité judiciaire, ne sauraient être appelés, à la requête du ministère public, même comme témoins, pour donner au tribunal disciplinaire des explications sur ce délit. — *Caen*, 20 janv. 1850, Séminel.

818. — Les cours et tribunaux, n'étant pas liés par les conclusions du ministère public, peuvent prononcer la suspension contre un avocat, quoique le ministère public n'ait conclu qu'à une simple injonction. — *Cass.*, 28 avr. 1820, Lavandier.

819. — L'avertissement donné par le président à un avocat pendant sa plaidoirie n'exclut pas l'application ultérieure des peines de discipline, s'il y a lieu. — *Grenoble*, 7 juill. 1827, F...

820. — L'avocat déjà condamné par un tribunal exerçant son droit de police, à raison d'outrages envers ce tribunal, peut être poursuivi pour le même fait devant le même tribunal agissant comme conseil de discipline. Il n'y a pas là violation de la maxime *non bis in idem*. — V. *suprà* no 744.

821. — L'art. 103 du décret du 30 mars 1808, qui investit les cours et tribunaux de la connaissance des faits qui ne se sont point passés ou qui n'ont point été découverts à l'audience, a-t-il été abrogé par les décrets et ordonnances subséquens sur la profession d'avocat, et notamment par les art. 16 et 43 de l'ordonnance de 1822? C'est une question très douteuse.

822. — Pour l'affirmative on dit: — 1o que l'art. 103 n'est relatif qu'aux officiers ministériels, ainsi que l'indiquent les art. 102 et 104, au milieu desquels il est placé; — 2o que, lors du décret du 30 mars, l'ordre des avocats n'était pas encore constitué, et qu'il ne pouvait être question d'eux dans les dispositions dont il s'agit; — 3o que, dans tous les cas, l'art. 103 a cessé d'être applicable aux avocats dès que la discipline du barreau a été réglée par une législation spéciale (14 déc. 1810); — 4o que, plus précise encore, l'ordonnance de 1822, en rendant au barreau la *plénitude du droit de discipline*, et en réglant la compétence des cours royales et des tribunaux en cette matière, a manifestement abrogé l'art. 103 du décret du 30 mars 1808, si cet article a jamais été applicable aux avocats.

823. — Abondant en ce sens, M. Dupin aîné (*Réquisit.*, 22 juill. 1834, aff. Parquin) faisait remarquer à la cour de Cassation que, si l'art 103 était encore en vigueur, « les conseils de discipline ne seraient plus juges que sous le bon plaisir des cours, pouvant toujours être dépouillés par évocation, et jugeant, non plus les fautes dont la loi leur a confié directement la répression, mais seulement celles des fautes dont il ne plaira pas aux magistrats de leur enlever la connaissance en premier ressort. »

824. — L'opinion contraire a été consacrée par la jurisprudence.

825. — Ainsi l'on a jugé, d'une manière absolue, que l'avocat inculpé d'avoir manqué au respect qu'il doit à la cour, même en dehors de l'audience (par exemple, le bâtonnier dans son discours de rentrée prononcé en présence de l'ordre), peut, sur les réquisitions du procureur général, être traduit directement devant cette cour. — *Paris*, 6 déc. 1833, Parquin.

826. — On a jugé aussi, sans aller aussi loin, qu'il suffit que le conseil de discipline de l'ordre des avocats ne se saisisse pas d'office de la connaissance des faits qui ne sont pas de nature à lui être déférés sur la plainte d'une partie pour que la cour, considérant l'omission de statuer d'office comme un refus implicite d'exercer la juridiction disciplinaire, prononce elle-même sur le fait qui lui est dénoncé d'office par le procureur général. — *Cass.*, 22 juill. 1834, Parquin.

827. — Jugé de même que, à défaut par le conseil de discipline d'user du pouvoir disciplinaire dont il est investi, le ministère public peut saisir directement la cour royale *omisso medio*. — *Aix*, 17 mars 1836, avocats de Marseille.

828. — On a jugé enfin, et cette proposition est beaucoup plus rationnelle, que les délibérations prises par des avocats réunis en assemblée générale peuvent être déférées par le ministère public agissant disciplinairement à la cour royale du ressort, sans avoir été préalablement soumises au conseil de discipline. — *Cass.*, 5 avr. 1841 (t. 1er 1841, p. 557), avocats de Rouen et de Nancy.

829. — Décisions semblables: — *Agen*, 4 mai 1835, avocats de Marmande; *Aix*, 17 mars 1836, avocats de Marseille.

830. — Si les avocats ont la faculté de se pourvoir par les voies légales contre des ordonnances qu'ils considèrent comme inconstitutionnelles et attentatoires à leurs droits, toujours est-il que le conseil de discipline ne peut, par une délibération, censurer ces ordonnances ni engager les avocats à s'affranchir de la soumission aux devoirs qu'elles leur imposent. — Une pareille délibération peut être déférée à la cour royale par le procureur général, et la cour peut prononcer l'annulation. — *Paris*, 13 avr. 1835, avocats de Paris.

831. — L'annulation des délibérations prises par le conseil de discipline de l'ordre des avocats, en dehors des limites de sa compétence, ne peut être poursuivie par le ministère public que par action directe, et non par la voie de l'appel. — On doit considérer comme prise en dehors des limites de sa compétence la délibération par laquelle un conseil de discipline se livre à l'examen et à la censure des mesures de discipline exercées comme police d'audience par une cour contre un des membres du barreau. — *Grenoble*, 24 mars 1836 (t. 1er 1837, p. 363), avocats de Grenoble.

832. — L'avocat condamné par défaut, par un tribunal, à une peine de discipline, est recevable à attaquer le jugement par opposition. — *Cass.*, 20 fév. 1823, Drault.

833. — Tout jugement rendu en audience publique pour faits d'audience est susceptible d'appel, lors même qu'il ne prononcerait qu'un simple avertissement ou une réprimande. On ne peut, en effet, invoquer à l'appui de l'opinion contraire les dispositions de l'art. 24 de l'ordonnance du 20 nov. 1822, car dans ce cas la condamnation est secrète et ne cause pas à l'avocat le même tort et la même déconsidération que si elle avait eu le retentissement de la publicité. — V. Bioche, vo *Avocat*, no 282.

834. — Décidé, au contraire, mais à tort selon nous, que le jugement rendu contre un avocat pour un fait d'audience n'est pas susceptible d'appel lorsqu'il ne prononce qu'un avertissement ou une réprimande. — *Cass.*, 17 mai 1828, Berryer-Fontaine.

835. — La cour royale doit statuer en audience publique, et comme en matière ordinaire, sur l'appel interjeté par l'avocat condamné en première instance pour un fait d'audience. L'art. 103 du décret du 30 mars 1808 n'est applicable qu'aux questions de discipline. — *Nîmes*, 28 avr. 1836, N... B...; — Mollot, p. 202.

836. — Jugé cependant que c'est à la cour d'appel (chambres réunies en la chambre du conseil) qu'il appartient de statuer sur la décision disciplinaire d'un tribunal qui censure un avocat. — *Grenoble*, 3 juill. 1827, F...

837. — Il en est des décisions prises en matière de discipline, par les cours royales, contre des membres du barreau, comme des décisions prises, en pareille matière, contre des magistrats; il n'y a pas, à leur égard, ouverture au recours en cassation. — Ainsi, la décision d'une cour royale portant annulation de la délibération de l'ordre des avocats, en ce que cette délibération serait la censure d'un arrêt de la cour, n'est pas susceptible de pourvoi en cassation: ici s'applique l'art. 103, décret 30 mars 1808. — *Cass.*, 20 avr. 1830, avocats de Paris.

858. — Toutefois, le pourvoi formé contre un arrêt rendu sur l'appel d'une décision du conseil de discipline est valablement formé pour cause d'incompétence ou d'excès de pouvoir. — *Cass.*, 22 juill. 1834. Parquin.

859. — Le pourvoi en cassation contre un arrêt rendu en matière disciplinaire doit être fait dans la forme prescrite pour les affaires civiles.—*Cass.*, 1er déc. 1829, Pélissier c. avocats de Montélimart; 7 juill. 1836, avocats de Grenoble.

860. — Il n'est pas suspensif. — *Grenoble*, 7 janv. 1836, avocats de Grenoble. — V. CASSATION.

V. AGRÉÉ, ANPABLIER, APPEL, AVEU, AVOCAT AU PARLEMENT, AVOUÉ, BARREAU, BATONNIER, COMPÉTENCE COMMERCIALE, DISCIPLINE, ENREGISTREMENT, TIMBRE.

AVOCAT A LA COUR DE CASSATION ET AUX CONSEILS DU ROI.

Table alphabétique.

AVOCAT A LA COUR DE CASSATION. — 1. — Avocat établi pour instruire, discuter et plaider les affaires portées à la cour de Cassation ou au conseil d'état.

§ 1er. — *Historique* (nᵒ 2).

§ 2. — *Conditions d'admission* (nᵒ 21).

§ 3. — *Attributions, devoirs et prérogatives des avocats à la cour de cassation* (nᵒ 42).

§ 4. — *Conseil de discipline.* — *Discipline* (nᵒ 71).

§ 1er. — *Historique.*

2. — Dans l'ancienne organisation judiciaire, les fonctions d'avocat près le conseil du roi et le conseil des parties étaient remplies dans le principe par les avocats au parlement de Paris; il en était encore ainsi au quinzième siècle.

3. — Sous François 1er, on érigea ces fonctions en titre d'office et on ne les conféra qu'à un certain nombre d'officiers, dont la principale attribution consistait à postuler devant le conseil, à y instruire les affaires exclusivement, et à les plaider concurremment avec les avocats au parlement.

4. — En 1585, le nombre des avocats aux conseils fut réduit à dix; mais il fut successivement augmenté et varia souvent depuis sans jamais descendre au dessous de soixante - dix. — V. AVOCAT AUX CONSEILS.

5. — L'assemblée constituante supprima les avocats aux conseils; toutefois elle conserva aux anciens titulaires le droit d'exercer leurs fonctions comme avoués auprès du tribunal de cassation. —L. 15 avr. 1792. — V. CASSATION, COUR DE CASSATION.

6. — Ces fonctions furent aussi exercées provisoirement par les procureurs au grand conseil et les avoués des tribunaux de district. — V. Tarbé, *Cour de Cassation*, p. 39

7. — Les avoués ayant été supprimés par la loi du 3 brum. an II, les parties purent se faire représenter devant le tribunal de cassation par de simples fondés de pouvoirs munis d'un certificat de civisme.

8. — On se trouva mal de ce changement; et dès le 15 messid. an V, le tribunal de cassation prit une délibération pour demander expressément le rétablissement d'avoués ou d'avoués auprès de sa juridiction.

9. — Ce ne fut qu'en l'an VIII que ce vœu reçut son accomplissement.—La loi du 27 vent., art 93 et 94, ordonna qu'un nombre fixe d'avoués, déterminé par le gouvernement sur l'avis du tribunal de cassation, aurait exclusivement le droit de postuler devant le tribunal.

10. — Ces avoués devaient être nommés par le premier consul, sur la présentation du tribunal de cassation.

11. — Ils devaient prêter serment à l'audience de la chambre civile, et non plus devant les chambres réunies, comme le voulait la loi du 1er oct. 1791.

12. — Ils étaient soumis aux différens arrêtés ou réglemens relatifs à l'organisation et à la discipline des avoués, et entre autres à l'arrêté du 13 frim. an IX.

13. — Le décret du 25 juin 1806 substitua au titre d'avoué celui d'avocat à la cour de Cassation.

14. — Il est à remarquer qu'à cette époque les fonctions d'avocat aux conseils et celles d'avocat à la cour de Cassation étaient distinctes; mais on sentit le besoin de les réunir comme elles l'avaient été sous l'ancien régime.

15. — Afin de faciliter cette fusion, l'ord. du 10 juill. 1814 nomma soixante avocats aux conseils, et les choisit presque tous parmi les avocats à la cour de Cassation, qui réunirent ainsi les deux titres.

16. — Mais il arriva, contre toute attente, que quelques uns de ces avocats, par spéculation, vendirent l'un des titres et conservèrent l'autre, ou les vendirent tous deux à des individus différens. — Tarbé, p. 40, 2ᵉ col.

17. — Afin de mettre un terme à cet abus, une ordonn. du 13 nov. 1816 porte que les deux titres, lorsqu'ils se trouveraient réunis sur la même tête, ne pourraient plus être séparés. C'était un nouvel acheminement vers un état de choses plus rationnel.

18. — Enfin, l'ord. du 10 sept. 1817 opéra d'une manière définitive la réunion des deux collèges; et cette mesure obtint l'approbation générale.

19. — Ainsi, à partir de cette ordonnance, les avocats à la cour de Cassation ajoutèrent à leur titre la qualification d'avocat *au conseil du roi*, et postulèrent, soit au conseil d'état, soit à la cour de Cassation.

20. — Leur nombre fut définitivement fixé à soixante. — Ord. 10 sept. 1817, art. 1.

§ 2. — *Conditions d'admission.*

21. — Pour être admis aux fonctions d'avocat aux conseils du roi et à la cour de Cassation, plusieurs conditions sont nécessaires. Il faut :

22. — 1ᵒ Etre Français et jouir des droits civils et civiques — Merlin, *Rép.*, vᵒ *Etranger*, § 1er, nᵒ 8; Joye, *Alman. de la Magistr.*, nᵒ 166.

23. — 2ᵒ Avoir atteint l'âge de vingt-cinq ans.

24. — En 1814, quelques candidats (MM. Odilon Barrot et Isambert) obtinrent des dispenses d'âge; mais aujourd'hui on n'en accorde plus.

25. — 3ᵒ Avoir satisfait aux lois sur le recrutement. —Décret 18 thermid. an XII.

26. — 4ᵒ Etre licencié en droit, avoir suivi le barreau pendant trois ans, et être inscrit au tableau. — Arrêté du conseil de l'ordre, 15 févr. 1827.

27. — On n'exigeait d'abord que deux ans de stage. — Arrêté *Cass.*, 1er mai 1817; Réglem. 1738, part. 1re, tit. 17, art. 1er ; —Merlin, *Rép.*, vᵒ *Avocat aux conseils*. —Mais le réglement a été changé afin que les avocats à la cour de Cassation ne fussent pas soumis au stage, lorsque après avoir transmis leur office ils demandent leur inscription au tableau des avocats à une cour royale.

28. — 5ᵒ Avoir obtenu du conseil de discipline un certificat de capacité et de moralité.

29. — A cet effet, le candidat doit subir un examen devant le conseil de l'ordre. Cet examen peut rouler sur les usages, les lois, la jurisprudence de tous les

tribunaux du royaume; il comprend notamment la procédure à suivre devant le conseil d'état et la cour de Cassation et les attributions de compétence de ces deux juridictions. Ensuite, le candidat reçoit le dossier d'une affaire ressortissant au conseil d'état ou à la cour de Cassation, et, dans la huitaine il doit déposer, entre les mains d'un des membres du conseil à ce désigné , un mémoire, dans lequel il discute les moyens à l'appui du pourvoi. Enfin, huit jours après, le mémoire est lu en conseil, et le candidat est invité à développer oralement les moyens qu'il a fait valoir par écrit. Chaque membre peut lui adresser des observations, auxquelles il doit répondre immédiatement. — Délib. du conseil, 14 févr. 1838.

30. — ... 6ᵒ Etre présenté par l'un des titulaires et agréé par le roi. — L. 28 av. 1816, art. 91; L. 27 vent. an VIII, art. 93; Décr. 11 juin 1806.

31. — La cour de Cassation est appelée à donner son avis sur la présentation. —L. 27 vent. an VIII, art. 93.

32. — Son avis peut même suppléer au certificat du conseil de l'ordre, lorsque celui-ci refuse de le délivrer au candidat.

33. — ... 7ᵒ Prêter serment devant la cour de Cassation et le conseil d'état.

34. — Pour que ces nouveaux titulaires soient admis au serment , ils doivent produire l'expédition de leur ordonnance de nomination , revêtue de la formalité de l'enregistrement.—L. 21 av. 1832, art. 34.

35. — L'avocat aux conseils ne peut être admis au serment et à l'exercice de ses fonctions qu'après avoir justifié de la quittance de son cautionnement. — L. 28 av. 1816, art. 96.

36. — Chacune des justifications exigées du candidat doit être faite par acte séparé.

37. — Les pièces à produire doivent être revêtues de la formalité du timbre. — L. 13 brum. an VII, art. 12 et 23.

38. — Elles doivent être dûment légalisées lorsqu'il y a lieu.—Joye, p. 166.

39. — ...Et sont transmises au ministère de la justice par le procureur-général, qui y joint son avis motivé.

40. — L'ordonnance de nomination des avocats aux conseils du roi et à la cour de Cassation était soumise, par la loi du 21 avr. 1832, art. 34, à un droit d'enregistrement de 10 p. 0/0 sur le montant du cautionnement ; mais ce droit a été changé par la loi du 25 juin 1841. — V. OFFICE.

41. — Le cautionnement des avocats à la cour de Cassation est fixé à 7,000 fr.—L. 28 avr. 1816, art. 88, tarif, nᵒ 8. —V. CAUTIONNEMENT, OFFICIER MINISTÉRIEL.

§ 3. — *Attributions, devoirs et prérogatives des avocats à la cour de Cassation.*

42. — Les avocats au conseil d'état et à la cour de Cassation sont exclusivement chargés de postuler, instruire, discuter, consulter et plaider devant ces deux juridictions, dans toutes les affaires de leur compétence.

43. — Ainsi, ils sont à la fois avocats et officiers ministériels. Voici ce que dit Tolosan, dans son *Réglement du conseil*, sur cette double attribution : « Les fonctions qu'on a partagées dans les tribunaux ordinaires entre les avocats et les procureurs, se trouvent réunies dans la personne de l'avocat au conseil : réunion d'autant plus sage, que la procédure qui se fait au conseil ne consiste presque qu'en simples significations, qu'en conséquence elle n'aurait pu faire un objet suffisant pour occuper un officier particulier, et que, les parties n'ayant affaire qu'à une même personne pour la défendre et conduire leur procédure, l'expédition en est plus prompte et moins dispendieuse. » —Tarbé, p. 41.

44. — La profession d'avocat aux conseils et à la cour de Cassation ne peut être bien remplie que par un jurisconsulte qui possède les connaissances les plus étendues en matière judiciaire et administrative. « Ainsi, dit Merlin (*Répert.*, vᵒ *Avocat aux conseils*), les affaires ecclésiastiques et civiles, la théorie du commerce et celle des finances, les lois forestières, les lois domaniales, les lois criminelles, les usages maritimes, les statuts des colonies, etc., tout est du son ressort. »—V. aussi Isambert, *Lois et ordonnances*, note sur l'ordonn. du 10 sept. 1817.

45. — Les règles tracées pour l'exercice de la profession d'avocat près les tribunaux ordinaires s'appliquent au barreau de la cour de Cassation, sauf celles qui sont contraires au réglement de 1738 et autres analogues, reconnus et rendus obligatoires par l'ordonnance du 10 sept. 1817. — Isambert, notes sur l'ordonn. du 10 sept. 1817; Bioche, vᵒ *Avocat à la cour de Cass.*, nᵒ 36.

46. — Ainsi, un avocat à la cour de Cassation n'est pas tenu d'occuper pour une partie qui le requiert, lorsqu'il juge sa prétention mal fondée.

47. — Il a même le droit d'abandonner la cause dont il s'est d'abord chargé, si un examen plus approfondi la lui fait trouver mauvaise. — Carré, *Compét.*, t. 8, p. 246, 2e édit.; Favard, vº *Avocat au conseil*, t. 1er, nº 5.

48. — Jugé en conséquence que les avocats à la cour de Cassation ne sont point passibles de dommages-intérêts pour avoir refusé leur ministère dans des causes qui ne leur paraissaient pas justes, lorsque, d'ailleurs, on ne peut leur reprocher une négligence ou un refus tardif qui aient compromis les intérêts de leurs cliens. — *Cass.*, 6 juill. 1813, Dubourg c. Chabroud.

49. — En serait-il autrement s'il avait été nommé d'office? Son refus l'exposerait-il à une peine disciplinaire? — V. AVOCAT.

50. — Les professions qui sont incompatibles avec les fonctions d'avocat près les tribunaux ordinaires le sont aussi avec le ministère d'avocat à la cour de cassation. — Cependant cet avocat peut se charger d'une procuration.

51. — Le ministère de l'avocat à la cour de Cassation est obligatoire pour les parties en matière civile ou de petit criminel; il n'est que facultatif en matière de grand criminel. — Réglement 1738, t. 4, art. 2. — Godard de Saponay, *Manuel de la cour de Cass.*, p. 20 et 145.

52. — Dans les affaires de grand criminel, le condamné qui se pourvoit a le droit de choisir son défenseur, non seulement dans le sein du barreau de la cour de Cassation, mais dans tous les barreaux de France, et même parmi les citoyens étrangers à la profession d'avocat.

53. — Lorsque la personne chargée de la défense est étrangère au barreau de la cour de Cassation, il est d'usage qu'elle sollicite d'avance l'agrément du président de la cour.

54. — Devant le conseil d'état, les avocats aux conseils peuvent seuls attaquer ou défendre les arrêtés ministériels; ceux des conseils de préfecture ou commissions administratives; les décisions des préfets et autres administrateurs, pour incompétence ou excès de pouvoir; les arrêts de la cour des comptes dans les cas prévus par la loi.

55. — Ils avaient autrefois le droit d'exercer près le conseil des prises, lorsque cette juridiction existait. — Arrêté 7 vent. an XII. — V. CONSEIL DES PRISES, PRISES MARITIMES.

56. — Ils pouvaient également occuper dans les affaires où le conseil du sceau des titres était appelé à délibérer. — Décr. 24 juin 1808.

57. — Le décret du 4 déc. 1809 contient même un tarif des droits qui leur étaient dus dans les affaires.

58. — Mais ces attributions, singulièrement réduites depuis l'abolition des majorats, sont maintenant exercées par les référendaires au sceau.

59. — De bons esprits ont regretté que les avocats à la cour de Cassation n'eussent pas le droit de postulation devant la cour des comptes.

60. — Quoique formant un ordre à part, les avocats à la cour de Cassation ont le droit, concurremment avec les autres avocats, de faire et de signer des consultations sur quelque matière que ce soit.

61. — Ils peuvent aussi exercer leur ministère devant la cour des Pairs. — Ordonn. 30 mars et 1er avr. 1835.

62. — Les avocats à la cour de Cassation ont seuls l'entrée dans les bureaux des différens ministères pour y suivre l'instruction des affaires contentieuses. — Arrêtés 29 sept. 1823; 13 mai, 22 juill., 7 sept. 1824; 10 janv. 1831.

63. — Leur costume est en tout semblable à celui des autres avocats; ils portent la chausse.

64. — Ils sont au nombre des officiers publics qui ont le droit de présenter un successeur, conformément à la loi du 28 avr. 1816. — V. OFFICE.

65. — Les avocats à la cour de Cassation, quoique ayant la qualité d'officiers ministériels, ne sont pas soumis à un tarif particulier; l'appréciation de leurs honoraires est laissée à leur délicatesse et à leur conscience. — V. Chauveau, *Comment. du tarif*, t. 1er, p. 26, nº 6, Introduct.

66. — Il n'est pas d'usage que les avocats à la cour de Cassation se fassent payer à raison de chaque acte de leur ministère, ni qu'ils présentent un mémoire détaillé de leurs frais, déboursés et émolumens, comme les avoués. Ils déterminent ce qui leur est dû d'après l'importance de l'affaire et les facultés du client.

67. — Ils ont pour le paiement de leurs déboursés et honoraires, une action qui dure cinq années, à compter du jour du jugement de l'instance. — Merlin, *Répert.*, vº *Avocat aux conseils*, p. 663; arr. du cons. 22 sept. 1770; Régl. 1738, tit. 16, art. 32.

68. — Mais un réglement de discipline, strictement observé, leur défend d'user de cette faculté, si ce n'est quand il s'agit d'avances et de déboursés d'une certaine importance; encore, même dans ce cas, n'usent-ils pas de ce droit.

69. — S'il s'élève, ce qui est très rare, des discussions entre le client et l'avocat au sujet des honoraires, la contestation est portée devant le conseil de discipline, qui concilie les parties ou donne son avis. Le client a toujours le droit de porter sa réclamation devant la cour. — V. Chauveau, *Comment. du tarif*, t. 1er, p. 36, nº 6, 2e alinéa, et p. 41, nº 17. — V. aussi CASSATION.

70. — Ils sont déchargés des pièces dans les instances jugées, après cinq ans à compter du jour où ils les ont retirées du greffe. — Régl. 1738, tit. 14, art. 4.

§ 4. — *Conseil de discipline. — Discipline.*

71. — Il y a, pour la discipline intérieure de l'ordre des avocats aux conseils et à la cour de cassation, un conseil de discipline composé d'un président et de neuf membres. Deux de ces membres ont la qualité de syndics, un troisième celle de secrétaire-trésorier. — Ord. 10 sept. 1817, art. 7.

72. — Le président est nommé par le garde des sceaux sur la présentation de trois candidats, à la majorité absolue des voix par l'assemblée générale de l'ordre. — Même ordonn., art. 8.

73. — Les neuf autres membres sont nommés directement par l'assemblée générale, à la majorité absolue des suffrages. — Même article.

74. — Le conseil choisit parmi les membres les deux syndics et le secrétaire-trésorier. — Même article.

75. — Les fonctions du président et des membres du conseil durent trois ans; en conséquence, le tiers des membres du conseil est renouvelé chaque année. Aucun des membres sortans ne peut être réélu qu'après une année d'intervalle. — Art. 9.

76. — Les nominations sont faites chaque année, dans la dernière semaine du mois d'août; l'assemblée générale ne peut voter si elle n'est composée au moins de la moitié plus un des membres de l'ordre. — Art. 10 et 11.

77. — Le président du conseil de discipline est le chef de l'ordre; il préside l'assemblée générale. Les syndics remplissent les fonctions de scrutateurs, et le trésorier celle de secrétaire. — Art. 11.

78. — Le président est remplacé, en cas d'empêchement, par le premier ou par le second syndic et ceux-ci par les plus âgés des membres du conseil. — Même article.

79. — Les fonctions de secrétaire, en l'absence du trésorier, sont remplies par le plus âgé des membres du conseil. — Même article.

80. — Les attributions du conseil de l'ordre des avocats à la cour de Cassation sont presque en tout semblables à celles des chambres d'avoués; et on le conçoit, puisqu'elles dérivent pour la plupart de l'arrêté du 13 frim. an IX. — Ces attributions consistent : 1º à maintenir la discipline de l'ordre; 2º à prévenir et concilier tous différends entre avocats sur des communications, remises ou rétentions de pièces; sur des questions de concurrence ou de préférence, et, en cas de non-conciliation, à donner son avis sur ces questions ou différends; 3º à prévenir toutes plaintes ou réclamations de la part des tiers, concilier ou émettre son avis, et, au besoin, statuer disciplinairement; 4º à donner son avis sur les difficultés relatives aux honoraires et à la taxe des frais; 5º à délivrer des certificats de moralité et de capacité pour l'admission des candidats (V. OFFICE); 6º à représenter tous les avocats collectivement sous le rapport de leurs droits et intérêts communs (V. AVOCAT, AVOUÉ, INTERVENTION); 7º à dresser chaque année le tableau des membres de l'ordre. — Délibér. de la chambre, 2 messid. an 9, art. 11; ordonn. 10 sept. 1817, art. 5.

81. — Le tableau des avocats aux conseils et à la cour de Cassation est envoyé dans toutes les cours et tribunaux, et affichés dans leurs greffes et chambres d'audience; il est aussi envoyé aux chambres de discipline des avocats et des avoués, et dans tous les ministères et administrations. — Délib. du 26 messid. an X, 30 oct. 1806, 20 oct. 1814. — Bioche, nº 37.

82. — Le conseil forme aussi dans son sein un bureau de consultations pour les pourvois ou les défenses des indigens. Au besoin, le président désigne d'office un membre de l'ordre pour occuper sur ces pourvois. — V. BUREAU DE CONSULTATION.

83. — Le conseil peut valablement délibérer quand les membres présens sont au nombre de six.

84. — En cas de partage d'opinions dans le conseil, la voix du président est prépondérante. — *Ibid.*, art. 12.

85. — Les peines disciplinaires ne sont pas les mêmes pour le barreau des avocats à la cour de Cassation que pour les autres barreaux. Aux termes de l'arrêté du 13 frimaire an IX (art. 8), les peines applicables aux avocats *à la cour de Cassation* sont : 1º le rappel à l'ordre; 2º la censure simple par la décision même; 3º la censure avec réprimande par le président à l'avocat en personne dans la chambre assemblée; 4º l'interdiction de l'entrée de la chambre.

86. — Le conseil prononce définitivement lorsqu'il s'agit de police et de discipline intérieure; il émet seulement un avis dans tous les autres cas. Cet avis est soumis à l'homologation du garde des sceaux quand les faits ont rapport aux fonctions d'avocat aux conseils, et à l'homologation de la cour, lorsqu'il s'agit de faits relatifs aux fonctions d'avocat près la cour de Cassation. Ces décisions ne sont pas susceptibles d'appel. — *Ibid.*, art. 13.

87. — Quand il y a lieu à suspension, le conseil doit s'adjoindre par la voie du sort un nombre d'avocats égal à celui du conseil; l'assemblée émet son avis par oui ou par non. Les deux tiers des membres doivent être présens. — Arr. 13 frim. an IX, art. 9.

88. — Si la majorité est d'avis que la suspension doit être prononcée, la délibération est déposée au greffe, et expédition en est adressée au procureur général pour en faire tel usage que de droit. — *Ibid.*, art. 10.

89. — La destitution ne peut être prononcée que par le roi, après jugement, et dans les cas prévus par la loi. — Isambert, notes sur l'art 91, L. 28 avril 1816, et l'ordonn. 18 août 1829.

90. — Les avocats à la cour de Cassation ne sont justiciables que de cette cour, à raison des faits de leur charge. — *Cass.*, 6 juill. 1813, Dubourg c. Chabroud; 15 juill. 1812, Chabroud c. Dubourg.

91. — La cour conserve la connaissance de l'affaire, mais, au préalable, renvoie les parties devant le conseil de l'ordre pour s'y concilier, sinon pour que le conseil donne son avis, qui est soumis à l'homologation de cette cour. Sa décision est en dernier ressort. — Merlin, *Rép.*, *hoc verbo*.

92. — En cas d'assignation devant les tribunaux civils et de rejet du déclinatoire, l'avocat doit se pourvoir devant la cour de Cassation en réglement de juges. — *Cass.*, 15 juill. 1812, Chabroud c. Dubourg.

V. AVOCAT, CASSATION, COUR DE CASSATION, DISCIPLINE.

AVOCAT AUX CONSEILS DU ROI.

1. — Sous l'ancien droit, on donnait ce nom à des officiers créés pour faire les fonctions de procureur et d'avocat dans les différens conseils du roi et dans les commissions extraordinaires.

2. — Aujourd'hui ce titre est conféré aux avocats à la cour de Cassation depuis que l'ordonnance du 10 sept. 1817 a réuni en un seul collége les avocats aux conseils et les avocats à la cour de Cassation. — V. AVOCAT A LA COUR DE CASSATION, et *infrà* nº 27.

3. — Dans l'origine, les avocats aux conseils étaient choisis, par le chancelier, parmi les avocats ordinaires exerçant près des cours souveraines.

4. — Ils avaient seuls le droit d'occuper et de postuler dans les affaires portées au conseil, et recevaient à cet effet une matricule spéciale.

5. — Ils avaient aussi le droit de plaider; mais les avocats au parlement de Paris partageaient avec eux ce privilége, et n'avaient besoin pour l'exercer d'aucune autorisation. — Edit de sept. 1643.

6. — Disons en passant que lorsqu'un avocat aux conseils plaidait contre un avocat au parlement, celui-ci n'était pas tenu de lui communiquer son sac sans récépissé

7. — Pasquier (*Recherches sur la France*, liv. 2, ch. 6) prétend que ce fut le chancelier Poyet qui introduisit la chicane au conseil, ce qui rendit nécessaire l'emploi d'officiers moitié avocats, moitié procureurs, chargés de postuler devant cette juridiction.

8. — Les chanceliers Olivier et l'Hôpital essayèrent de réprimer les abus qui résultèrent de cette innovation; mais leurs sages mesures ne reçurent pas long-temps d'exécution, et les anciens abus ne tardèrent pas à se renouveler.

9. — En 1643, les fonctions d'avocats aux conseils furent érigées en titre d'office : le roi créa cent soixante charges.

10. — Dans les trois années suivantes, le nombre de ces charges fut porté à deux cent trente, et réduit à deux cents en 1630, et à cent soixante-dix un peu plus tard (1673).

11. — En 1738, le chancelier d'Aguesseau ayant fait un nouveau réglement pour abréger la procédure du conseil, les cent soixante-dix avocats

attachés à cette juridiction refusèrent de l'exécuter.

12. — Pour les punir de cette résistance, le roi, par un édit du mois de sept. 1738, les priva de leurs offices, et réduisit à soixante-dix les nouvelles charges qui furent substituées à celles qui existaient primitivement.

13. — D'après le réglement du 28 juin 1738, nul ne pouvait être pourvu d'un office d'avocat aux conseils, s'il n'avait été reçu avocat en parlement et s'il n'avait fréquenté le barreau pendant deux ans au moins. — V. part. 2e, tit. 17, art. 1 et 2.

14. — En 1768, les procureurs au grand conseil qui avaient des offices spéciaux furent créés avocats aux conseils. — V. CONSEIL DU ROI, GRAND-CONSEIL.

15. — Les avocats aux conseils obtinrent par quelques édits de pouvoir plaider au parlement et dans tous les autres tribunaux de Paris, concurremment avec les avocats au parlement; mais ce droit rencontra toujours dans son exercice des obstacles insurmontables, si ce n'est de 1771 à 1774, pendant l'existence du parlement Maupeou.

16. — Il était interdit aux avocats aux conseils de prêter leur ministère directement ou indirectement à des clercs, solliciteurs ou autres, à peine d'interdiction pour la première fois, et de privation de leur charge pour la seconde. — Réglem. 28 juin 1738, part. 2e, tit. 17, art. 4.

17. — Défenses leur étaient faites également d'exercer les fonctions de secrétaire, clerc ou commis de ceux qui avaient entrée au conseil, ou d'être soit intendans, soit agens de qui que ce fût, à peine de destitution de leurs offices. — Même réglement, art. 6.

18. — Les avocats aux conseils avaient à leur tête un doyen et des syndics.

19. — Ils tenaient, chaque semaine, des assemblées dans lesquelles ils s'occupaient de toutes les questions relatives à l'observation des réglemens ou à la discipline.

20. — Les avocats aux conseils ne pouvaient se pourvoir ni par opposition ni par appel contre les décisions disciplinaires qui les frappaient; ils avaient seulement le droit d'en référer au chancelier.

21. — Pour leurs frais et honoraires, les avocats aux conseils étaient soumis à la taxe du maître des requêtes qui avait rapporté l'affaire.

22. — Ils pouvaient agir en justice pour se faire payer de leurs frais, déboursés et émolumens; mais leur action était soumise à une prescription de cinq ans. — Réglem. de 1738, art. 34.

23. — En vertu des édits de création de leurs offices, les avocats aux conseils jouissaient de tous les priviléges des commensaux du roi.

24. — Ils avaient aussi anciennement le droit de *committimus* au grand sceau; mais l'ordonnance du mois d'août 1669, tit. 4, art. 13, restreignit ce privilége aux quinze plus anciens avocats, suivant l'ordre du tableau.

25. — Les avocats aux conseils furent supprimés par l'art. 5, L. 14-27 avr. 1791; cependant on réserva à ceux qui étaient pourvus de ces offices le droit de postuler comme avoués devant le tribunal de cassation et les tribunaux de district.

26. — La loi du 15 avr. 1792 leur enleva le bénéfice de cette position; sous l'empire ils furent rétablis par l'art. 33, décr. 11 juin 1806.

27. — Ils formaient alors un collége à part; mais par une ordonnance du 10 sept. 1817, ils furent définitivement réunis aux avocats à la cour de Cassation, et ne formèrent plus, avec ceux-ci, qu'une seule corporation. — V. AVOCAT A LA COUR DE CASSATION.

AVOCAT AU CONSEIL D'ETAT.

V. AVOCAT A LA COUR DE CASSATION, AVOCAT AUX CONSEILS.

AVOCAT AU PARLEMENT.

1. — Cette qualification désignait les avocats qui exerçaient réellement la profession. — Ceux qui n'avaient que le titre d'avocat et qui, après s'être fait recevoir, abandonnaient le barreau et suivaient une autre carrière, se disaient *avocats en parlement*.

2. — Le titre d'avocat en parlement était si différent de celui d'avocat au parlement, qu'il est arrivé souvent que des individus exerçant une profession incompatible avec celle d'avocat se le sont attribué.

3. — En 1771, après la suppression du parlement, les avocats ayant refusé de plaider, le chancelier Maupeou créa cent offices d'avocats-procureurs, auxquels il conféra le privilége de postuler, d'écrire et de plaider devant le nouveau corps judiciaire qu'il avait substitué à l'ancienne magistrature.

4. — Ces offices furent donnés à d'anciens procureurs, la plupart peu lettrés, que l'on désigna sous le nom d'*avocats du parlement*. — En 1774, après la mort de Louis XV, on supprima ces offices, dont la création avait du reste été assez mal accueillie par le public.

AVOCAT DU ROI.

1. — On donnait ce nom autrefois à un officier établi dans certains siéges royaux inférieurs pour y remplir les fonctions du ministère public, et particulièrement pour porter la parole dans les affaires où le roi, le public, l'église ou les mineurs étaient intéressés.

2. — Dans le principe, la dénomination d'avocat du roi s'appliquait même aux magistrats qui remplissaient auprès du parlement les fonctions du ministère public en portant la parole aux audiences; plus tard, on les a désignés sous le nom d'*avocats généraux*. — V. AVOCAT GÉNÉRAL.

3. — Il n'y avait originairement qu'un avocat du roi dans chaque siége; il était choisi parmi les anciens avocats. Un édit de Charles VI, de l'an 1388, réglait la forme à suivre pour l'élection. — V. Delamarre, *Tr. de la police*, liv. 1, tit. 11. — Dans la suite, le nombre de ces officiers fut augmenté. — V. *infrà* no 8.

4. — Dans l'ancienne organisation judiciaire, les fonctions d'avocat du roi et de procureur du roi étaient distinctes; c'étaient deux offices différens.

5. — Cependant, en l'absence du procureur du roi, l'avocat du roi en faisait les fonctions.

6. — Il pouvait aussi remplacer les juges du siége, préférablement même aux autres avocats plus anciens que lui. — L'usage contraire avait long-temps prévalu. — Nouveau Denizart, t. 2, vo *Avocat du roi*, no 2, et § 5, no 1er; Jousse, *Tr. de l'adm. de la justice*, nos 141 et suiv.; Joly, *Tr. des offices*, t. 1er, p. 1259 et suiv.

7. — Au présidial de Guéret, les avocats du roi réunissaient les fonctions de juge à celles du ministère public. Cet abus subsista jusqu'à la révolution.

8. — Il n'y avait jamais qu'un procureur du roi dans chaque siége; mais il pouvait y avoir plusieurs avocats du roi: ainsi, par exemple, au Châtelet de Paris il y en avait quatre. — Edits de fév. 1674, sept. 1684 et déc. 1774; — Pigeau, *Procéd. du Châtelet*, t. 1er, p. 214; Nouveau Denizart, vo *Avocat du roi*, no 3.

9. — On voit également dans Delamarre (*loc. cit.*) qu'un édit du mois d'avril 1577 créa un second office d'avocat du roi dans tous les présidiaux du royaume.

10. — Dans quelques juridictions royales inférieures, par exemple dans les prévôtés ou châtellenies, le procureur du roi, par exception, remplissait aussi le ministère d'avocat du roi.

11. — Pendant long-temps, les avocats du roi des présidiaux exercèrent leurs fonctions dans plusieurs siéges en même temps, savoir: au présidial, à la prévôté, aux bureaux des hôtels-de-ville et aux siéges des eaux et forêts de leur résidence. — Jousse, t. 1er, p. 702, no 159. — Cet usage cessa en 1708.

12. — A Blois, les avocats du roi au bailliage exerçaient aussi les fonctions du ministère public près la cour des comptes. — Jousse, no 160.

13. — Beaucoup de contestations se sont élevées dans l'ancien régime entre les procureurs du roi et les avocats du roi, relativement à leurs droits et prérogatives; une foule d'arrêts de réglement ont été rendus pour y mettre fin; mais nous ne croyons pas utile d'en parler, car ces questions sont aujourd'hui sans intérêt.

14. — Nous dirons seulement que dans la plupart des juridictions, lorsqu'il n'y avait qu'un avocat du roi et un procureur du roi, c'était l'avocat du roi qui avait la préséance à l'audience et dans toutes les cérémonies.

15. — S'il y avait plusieurs avocats du roi, le plus ancien en réception jouissait seul de la préséance sur le procureur du roi.

16. — Les procureurs du roi pouvaient faire, alternativement avec les avocats du roi, les discours et harangues aux rentrées du palais. — Arrêt de réglement, 15 janv. 1658.

17. — Mais ils ne pouvaient porter la parole à l'audience qu'en cas d'absence ou d'empêchement des avocats du roi, quoique les conclusions de ces derniers fussent toujours prises en leur nom. — Nouv. Denizart, t. 2, p. 763, § 4, no 1, 2o.

18. — Les avocats du roi pouvaient faire les fonctions d'avocat ordinaire dans les affaires qui n'intéressaient que les particuliers. Dans ce cas, ils devaient passer au barreau. — *Journ. des audiences*, arrêt de réglement du 7 sept. 1712, art. 14.

19. — Ce privilége de plaider et de consulter pour les parties dans les affaires où le roi n'avait aucun intérêt avait été accordé aux avocats du roi par l'ordonnance de Moulins de 1566, art. 20, et par l'ordonnance de Blois de 1579, art. 115; mais ils ne devaient jouir de cette prérogative que *par provision*, et en attendant qu'on les eût pourvus de gages suffisans. Le provisoire dura plus de deux siècles.

20. — Quoique l'avocat du roi eût les mêmes fonctions que les autres avocats dans les affaires qui n'intéressaient point le ministère public, il avait sur eux la préséance dans les cérémonies publiques. — Guyot, *Repert.*, vo *Avocat du roi* (article de Dareau).

21. — Aux rentrées du palais, après avoir requis le serment du barreau, l'avocat du roi commençait par le prêter lui-même le premier. Tel était du moins l'usage dans différens siéges, et notamment dans le ressort du parlement de Paris.

22. — Quoique parlant au nom du roi, lorsque l'avocat du roi portait la parole, il devait être debout; mais il pouvait avoir des gants aux mains et restait couvert, même en lisant les pièces ou en donnant ses conclusions.

23. — Il ne pouvait être interrompu par le juge, même lorsque l'heure de l'audience était écoulée. — Pigeau, *Procéd. du Châtelet*, t. 1, p. 214.

24. — On lui reconnaissait aussi le droit d'interjeter appel de la sentence à la face du juge, ce qui n'était point permis aux autres avocats. Du reste, c'était un droit dont il n'était jamais fait usage, par respect pour la magistrature, bien qu'un arrêt du parlement du 24 févr. 1628 l'eût consacré. — V. aussi dans Joly (*Offices*, t. 2, p. 1258) un arrêt du 11 janv. 1602.

25. — Dans la Lorraine, il était dû quarante sous à l'avocat du roi pour chaque affaire dans laquelle il portait la parole à l'audience. — Déclarat. du 25 janv. 1752. — Mais, dans le reste de la France, l'avocat du roi n'avait droit à aucun émolument pour cette fonction. — Arrêt de réglement, 10 juillet 1665.

26. — Il en était autrement dans les procès par écrit; dans ce cas, il avait droit à des épices.

27. — Aujourd'hui on donne le nom d'avocat du roi indistinctement à celui des officiers du parquet (procureur du roi ou substitut) qui tient l'audience dans les tribunaux civils ou correctionnels. Cependant ce titre n'a pas été officiellement consacré dans nos lois.

28. — M. de Molènes (*Traité pratique des fonctions du procureur du roi*, t. 1er, p. 21) croit que l'on devrait, dans tous les tribunaux de première instance, suivre à cet égard l'usage établi à Paris et donner aux substituts, non la qualification de procureur du roi, qu'il trouve inexacte, mais celle d'avocat du roi. — V. au surplus AVOCAT GÉNÉRAL, COMMUNICATION AU MINISTÈRE PUBLIC, GENS DU ROI, MINISTÈRE PUBLIC, SUBSTITUT.

AVOCAT FISCAL.

1. — On donnait ce nom dans l'ancien droit à l'officier qui remplissait dans un duché, et quelquefois dans une justice seigneuriale les fonctions remplies par l'*avocat du roi* dans un siége royal. — V. AVOCAT DU ROI.

2. — Le terme d'avocat fiscal était la traduction de l'expression latine *advocatus fisci*.

3. — Les réglemens concernant les droits et fonctions des avocats du roi s'appliquaient aussi aux avocats fiscaux. — Jousse, *Tr. de l'administ. de la justice*, t. 1er, ch. 13, p. 715, art. 2, no 190 à 199.

4. — Ainsi, les procureurs fiscaux devaient avoir communication dans leurs siéges de toutes les affaires intéressant les mineurs, les hospices, les fabriques, les communautés ecclésiastiques, etc.

5. — Ils pouvaient aussi requérir les assemblées de ville, toutes les fois qu'ils le croyaient nécessaire dans un intérêt public. — Arrêt 21 avr. 1679.

6. — Ils devaient également avoir communication des comptes de ville pour les débattre et poursuivre les redevables. — Arrêt 8 juill. 1745.

7. — Les juges ne pouvaient rendre aucun arrêté touchant la police, que sur leurs conclusions. — Arrêt 10 nov. 1699.

8. — Les avocats fiscaux pouvaient plaider, écrire et consulter pour les parties, dans les causes où le ministère public n'était pas intéressé. — *Parlem. Paris*, 6 juin 1693.

9. — Quand les procureurs fiscaux succombaient dans les procès qu'ils avaient en cette qualité dans leurs justices, ils devaient être condamnés aux dépens envers les parties. — Ordonn. de 1667, tit. 24, art. 11. — Bacquet, *Traité des droits de justice*, ch. 7, no 22.

10. — Les procureurs fiscaux pouvaient exercer leurs fonctions sans être gradués; mais il n'en était

pas de même des avocats fiscaux.—C'est ce qu'atteste du moins Jousse, *loc. cit.*, n° 498.

11. — L'avocat fiscal avait la préséance sur le procureur fiscal de la même justice. — *Parlem. Rouen*, 12 déc. 1613 ; Bastnage, *Cout. de Normandie*, tit. *De la juridiction*, p. 14.

AVOCAT GÉNÉRAL.

Table alphabétique.

AVOCAT GÉNÉRAL. — 1. — Magistrat qui exerce le ministère public sous la direction du procureur général et dans les cours royales. — Ses fonctions consistent surtout dans le service des audiences. — L. 20 avr. 1810, art. 6 ; décr. 14 juill. et 19 mars 1810.

2. — La qualification d'avocat général est fort ancienne, mais elle n'avait pas d'abord la signification qu'on lui donne aujourd'hui.

3. — Autrefois, dit Dareau (*Rép. de Guyot, v° Avocat général*), on n'appelait avocats généraux que les avocats qui se chargeaient des causes des particuliers. On les appelait plutôt pour les distinguer des avocats du roi qui ne plaidaient que les causes qui intéressaient le roi et le public. — V. aussi Loysel, *Dialogue des avocats*, édit. de M. Dupin, p. 445 et suiv.

4. — Ces derniers s'étaient appelés qu'avocats du roi quoique le procureur du roi au parlement fût dès-lors qualifié de procureur général.

5. — On voit dans des lettres-patentes de 1356 que Renaud Dacy est qualifié *général avocat au parlement*, et aussi *especial advocat du roi*. — Ordonn. du Louvre, t. 3, p. 345. — Les mêmes qualités lui sont données dans un arrêt du 28 mai 1359, cité par Joly, *Tr. des offices*, t. 1er, aux addit., p. 108.

6. — Il est assez difficile de savoir à quelle époque le titre d'avocat général remplaça celui d'avocat du roi. Quelques uns prétendent qu'Antoine Séguier, reçu avocat du roi en 1587, fut le premier auquel fut donné le titre d'avocat général. — V. Hénault, *Abrégé chronologique*.

7. — Henrys affirme que ce fut Gabriel de Marillac qui, le premier, prit ce titre aux grands jours de Moulins.

8. — Fournel (*Hist. de l'ordre des avocats*, t. 2, p. 243), dit que c'est dans l'intervalle de 1500 à 1550 que les avocats du roi au parlement prirent le titre d'avocats généraux, dénomination qui fut alors délaissée par les avocats.

9. — On trouve, en effet, à la date du 30 juill. 1526, des lettres patentes qui donnent à Pierre Lizet le titre d'avocat général.

10. — Ce qui est certain, c'est que, depuis Antoine Séguier, tous les avocats du roi au parlement recurent cette qualification.

11. — Il est à remarquer, du reste, que dans le style des arrêts les avocats généraux n'étaient jamais qualifiés qu'*avocats dudit seigneur roi*.

12. — Il paraît que dès l'origine il y avait au parlement de Paris deux avocats généraux, l'un clerc et l'autre laïque. — V. les registres du par-

lement, à la date du 27 avr. 1471, t. 14, f° 14, verso. — V. aussi Nouveau Denizart, v° *Avocat général*, t. 2, p. 770, n° 7.

13. — On donnait des provisions de cet office dès 1331. Il y en a, dit Dareau (*Répert. de Guyot, v° Avocat général*), au premier registre du dépôt, au feuillet 201, pour Gérard de Montaigne : les lettres du rôle notamment *advocatum nostrum pro nobis et nostris causis civilibus in parlamento super præsenti, cæterisque parlamentis futuris.*

14. — En 1690, on créa une troisième place d'avocat général en titre d'office pour Henri-François d'Aguesseau, qui fut depuis procureur général et chancelier de France.

15. — Les avocats généraux avaient été principalement institués pour porter la parole aux audiences, au nom du procureur général ; mais ils entraît aussi dans leurs fonctions de donner des conseils à ce magistrat, sur les diverses affaires qui se présentaient. C'est pour cela qu'on leur donnait quelquefois le nom de *conseillers du roi*.

16. — C'est ce que prouve notamment le passage qui suit, que l'on trouve dans les *Olim* : —*Procuratore nostro advocatisque consiliariis nostris in parlamento super præmissis... diligenter auditis.*

17. — Ils formaient aussi en commun avec le roi et le parlement, les projets de règlement et de réformation qu'ils estimaient nécessaire de présenter au roi ou au parlement.

18. — Enfin, ils étaient les intermédiaires entre le roi et le parlement, et, à ce titre, avaient toujours accès auprès du monarque en avertissant le chancelier.

19. — Chaque avocat-général, à sa réception, recevait du corps de ville un compliment et un présent. C'était ordinairement une belle écritoire d'argent.

20. — On ne recevait pas d'avocats généraux avant l'âge de trente ans sans dispense.

21. — Le premier avocat général précédait le procureur-général, qui lui-même avait le pas sur les deux autres avocats généraux. — Il en est autrement aujourd'hui, car les avocats généraux ne sont plus que les substituts du procureur général. — Décr. 6 juill. 1810, art. 46, 42.

22. — Les avocats généraux étaient considérés comme formant la tête du barreau ; leurs noms pendant long-temps furent inscrits au tableau avec ceux des autres avocats.

23. — « Le premier avantage des charges qu'ils « ont l'honneur d'occuper, disait Talon à la grand' « chambre, le 27 janv. 1587, c'est celui d'être les « premiers de l'ordre des avocats, d'être à la tête « d'un corps illustre, duquel ils estiment à hon- « neur de faire partie. »

24. — Antoine Séguier disait aussi qu'on l'appelait avocat général parce qu'il était le général des avocats.

25. — A la rentrée de la Saint-Martin, les avocats généraux étaient appelés par leurs noms pour prêter serment et passaient les premiers.

26. — Aux grandes audiences, les avocats généraux parlaient un genou appuyé sur le banc qui leur était réservé.

27. — Ils se tenaient tous debout lorsque l'un d'eux prenait la parole, s'il était plus ancien ; dans le cas contraire, ils restaient assis.

28. — Toutefois, à la mercuriale, les gens du roi se levaient tous, quel que fût le rang de celui qui portait la parole. — D'Aguesseau, t. 8, p. 420.

29. — Cet usage, de la part des gens du roi, de se lever tous quand l'un d'eux parlait et de se découvrir quand il se découvrait, faisait que l'on n'avait pas l'avis de l'orateur, était celui de tout le parquet.

30. — Ils avaient dans leurs attributions de juger ensemble les conflits entre les différentes chambres du parlement.

31. — Ils jugeaient aussi les conflits élevés entre le parlement et la cour des aides ; leurs alors ils se réunissaient avec les gens du roi de cette cour pour statuer.

32. — Aucune loi ne portait que les avocats généraux fussent inamovibles, cependant on ne connaît point d'exemple de révocation de ces officiers.

33. — Les avocats généraux du parlement de Paris et de la plupart des cours souveraines jouissaient de la prérogative d'être précédés d'un huissier dans les salles du palais et dans les cérémonies publiques.

34. — Néanmoins on voit que jusqu'en 1729, le parlement de Dijon la leur a refusée. — D'Aguesseau reconnaissait que l'usage contraire n'était fondé que sur des raisons de bienséance. — V. t. 10, p. 29.

35. — Suivant les auteurs du Nouveau Denizart (t. 2, p. 771, n° 46), les avocats généraux ne pouvaient pas être récusés.

36. — Ils exerçaient gratuitement leur minis-

tère, quoique anciennement ils eussent droit à des honoraires. L'édit de 1673 concernant les épices et vacations des officiers de justice ne fait aucune mention des avocats généraux.

37. — Les fonctions d'avocat général furent supprimées par la loi des 16-24 août 1790 ; elles furent réunies à celles de procureur général jusqu'à l'installation des cours royales. — Merlin, *Répert.*, v° *Avocat général*, n° 1er, addit.

38. — La loi du 20 avr. 1810 en les rétablissant ne pouvait leur rendre leur ancien éclat, qui tenait surtout à des attributions politiques. Toutefois, on semble avoir cherché, autant qu'on le pouvait, à se rapprocher de l'ancienne organisation du parquet.

39. — Les avocats généraux étant chargés de porter la parole aux audiences, on a créé dans chaque cour royale autant d'avocats généraux que de chambres civiles, et un avocat-général pour la chambre chargée de juger les appels de police correctionnelle. — Décr. 6 juill. 1810, art. 46.

40. — La loi du 27 juin 1848 a augmenté d'un nouveau magistrat le nombre des avocats généraux à la cour royale de Paris. Cet avocat général est destiné à faire le service de la chambre des mises en accusation.

41. — Conformément à l'ancien usage, le plus ancien des avocats généraux porte le titre de premier avocat général.

42. — Les avocats généraux sont les collaborateurs du procureur général, qui est leur supérieur hiérarchique ; ils exercent leurs fonctions sous sa surveillance et direction ; ils ne peuvent être s'absenter plus de trois jours sans en avoir obtenu de congé. — Schenck, *Traité du min. publ.*, p. 95 ; Carré, *Organisation jud.*, t. 8, p. 43, art. 450, 2e édit.

43. — Dans les causes importantes et arduës, les avocats généraux doivent communiquer au procureur général les conclusions qu'ils se proposent de donner. Ils doivent aussi faire cette communication dans toutes les affaires dont le procureur général veut prendre connaissance. Si le procureur général et l'avocat général ne sont pas d'accord, l'affaire doit être rapportée par l'avocat général à l'assemblée générale du parquet, et les conclusions prises à l'audience conformément à ce qui aura été arrêté à la majorité des voix. — Décr. 6 juill. 1810. art. 48.

44. — L'avis du procureur général prévaut en cas de partage ; et d'ailleurs il peut aussi, lorsque son avis n'a pas prévalu au parquet, porter lui-même la parole à l'audience et conclure d'après son opinion personnelle. — *Ibid.*, art. 49.

45. — Il serait sans doute convenable que lorsque l'avis de l'avocat général n'a pas prévalu, on lui fit remplacer à l'audience par un autre avocat général, plutôt que de lui faire soutenir une opinion qui n'est pas la sienne. — Schenck, *Traité du min. publ.*, t. 1er, p. 95.

46. — Le premier avocat général remplace le procureur général pour tous les actes de son ministère en cas d'absence ou d'empêchement. — Déc. 6 juill. 1810, art. 50.

47. — Les avocats généraux absens ou empêchés sont remplacés par des substituts de service au parquet. — *Ibid.*, art. 51.

48. — Les avocats généraux font le service du parquet en cas d'absence ou empêchement des substituts. — *Ibid.*, art. 52.

49. — L'action publique n'appartient en principe qu'au procureur général et au procureur du roi ; les avocats généraux, substituts du procureur général et substituts du procureur du roi n'exercent l'action publique qu'au nom du procureur général ou du procureur du roi, en vertu d'une délégation expresse ou tacite, mais non en leur nom propre. — Mangin, *Traité de l'act. publ.*, n° 93.

50. — Une délégation expresse n'est pas nécessaire ; on suppose dans tous les cas que celte délégation existe, et tous les actes signés par un avocat général ou par un substitut du procureur général sont valables, dès que le procureur général ne les désavoue pas : mais le désaveu du procureur général les ferait tomber. — Mangin, *ibid.*

51. — Dans l'usage, on donne la qualification d'avocat général aux simples substituts du procureur général lorsqu'on leur adresse la parole. — V. MINISTÈRE PUBLIC, SUBSTITUT.

52. — A la cour de Cassation, il y a six avocats généraux et point de substituts ; le plus ancien porte le titre de premier avocat-général. — Ordonn. du 4826, art. 50.

53. — Ils peuvent être nommés pairs de France après dix ans d'exercice. — Charte constitution. art. 23.

54. — D'après la loi du 7 sept. 1792, et par ar-

gument de l'art. 65, L. 20 avr. 1810, ils peuvent être nommés à vingt-cinq ans ; mais il est sans exemple que ces hautes fonctions aient jamais été conférées à un magistrat âgé de moins de trente ans. — Tarbé, *Cour de Cassation*, p. 26.

55. — A la cour des comptes, il n'y a ni substitut ni avocat général.

V. au surplus AVOCAT DU ROI, COUR DE CASSATION, GENS DU ROI, MINISTÈRE PUBLIC, ORGANISATION JUDICIAIRE, PROCUREUR GÉNÉRAL, SUBSTITUT.

AVOCAT STAGIAIRE.

1. — Avocat qui n'est pas encore admis au tableau et qui est astreint à une espèce de noviciat.

2. — Dans l'ancien barreau, on distinguait trois espèces d'avocat, les *escoutans*, les *plaidans* et les *consultans*. — La Roche-Flavin, liv. 3, chap. 2, n° 1er. — « Nos stagiaires, dit M. Mollot (*Règles sur la profession d'avocat*, p. 4), représentent assez les *escoutans*. » — V. aussi Boucher d'Argis, *Histoire abrégée de l'ordre des avocats*, chap. 11.

3. — Aujourd'hui on ne distingue plus que deux espèces d'avocats : « Le barreau, dit M. Ph. Dupin (*Encyclop. du dr.*, v° *Avocat*, n° 28), comprend deux sortes d'avocats : les uns, qui par leur inscription au tableau ont acquis la plénitude de leur état et de leur qualité de membres de l'ordre ; les autres, qui avant d'arriver à ce degré sont obligés de subir, pendant un certain temps, l'épreuve du stage, qui consiste à suivre exactement les audiences des tribunaux, les conférences tenues pour l'instruction des stagiaires et les assemblées du bureau gratuit des consultations. » — Décr. 14 déc. 1810, art. 15 et 24.

4. — L'ordonnance du 11 mars 1344, qui, la première, a institué le stage, prescrivait aux jeunes avocats d'user de respect envers les *anciens* dans toute occasion. — « *Sed per tempus sufficiens advocatos antiquos et expertos audiant diligenter ut, sic, de stylo curiæ et advocandi modo, primitus informati, suum patrocinium præstare et advocationis officium laudabiliter et utiliter possint et valeant exercere.* » — L'ordonnance ajoute : « *Dicti advocati novi debent deferre majoribus et antiquis advocatis, tam in sedibus quam in aliis, nec sedere præsumant in primo scammo in quo advocati... et alii potentiores et nobiles esse debent et sedere consueverant.* » — Ord. du Louvre, t. 2, p. 227.

5. — « Il est aisé de reconnaître dans ce règlement, dit Fournel (*Hist. des avocats*, t. 1er, p. 175), le modèle exact de la discipline qui s'observait dans l'ordre des avocats à l'époque de la révolution, et qui avait traversé cinq siècles. »

6. — Cette discipline était sévère. Voici ce que nous dit à ce sujet M. Berryer père (*Souvenirs*, t. 1er, p. 44) : — « Une conduite extérieure était prescrite à tous les stagiaires. Ils ne devaient paraître en public qu'avec le costume de leur état ; l'habit noir et les cheveux naissans flottant sur les épaules en gerbe prolongée, et retenus en boucle à la hauteur des basques de l'habit à la française ; chapeau à claque sous le bras gauche. — Au palais, la robe était leur costume obligé. »

7. — Les stagiaires n'avaient pas le droit de faire les écritures du ministère d'avocat ; elles ne passaient pas en taxe. — *Parlem. de Paris*, arr. de réglem. du 17 juill. 1763.

8. — On trouvait cependant moyen d'éluder la loi, en faisant signer par un ancien les écritures faites par le stagiaire. M. Berryer père avoue dans ses mémoires (t. 1er, p. 35) que c'est par ses travaux de cabinet, par ses écritures, qu'il est parvenu à faire son stage, qui exigeait, dit-il, une installation plus ou moins dispendieuse, une tenue toujours décente, et qui supposait quelque aisance.

9. — Dans le dernier siècle, l'usage s'était introduit d'inscrire les stagiaires à la suite du tableau ; cette inscription anticipée fut défendue par l'arrêt de règlement du 5 mai 1751.

10. — La durée du stage était alors de quatre ans, après avoir été long-temps de deux. Aujourd'hui le stage est de trois ans. — V. AVOCAT, n° 176.

11. — L'avocat stagiaire doit être dans ses meubles et occuper un logement convenable. — C'est une règle constante. — V. notamment *Parlem. Paris*, 5 mai 1751.

12. — Cependant il peut habiter chez un proche parent, et à plus forte raison chez ses père et mère. — Le fils de l'avoué est lui-même dans l'exception. — Mollot, p. 323, n° 162.

13. — Pendant son stage, l'avocat ne doit pas travailler dans une étude d'avoué, du moins avec salaire. On tient au palais que la cléricature est inconciliable avec la dignité de la profession d'avocat. M. Berryer père raconte dans ses mémoires (t. 1er, p. 35) que c'est pour n'avoir pas tenu compte de cette règle qu'il a été inscrit au tableau à la date de 1780 au lieu de 1778.

14. — Les avocats stagiaires peuvent prendre le titre *d'avocats à la cour royale*. — En effet, ils ne sont pas moins avocats que ceux qui sont inscrits au tableau ; les uns et les autres ont reçu ce caractère après leur serment, les uns et les autres sont liés par les mêmes fonctions ; ils plaident, ils consultent, ils communiquent ensemble. Leur fraternité est assez reconnue par la manière dont on fait le tableau. On y est placé non pas seulement à la date de l'inscription, mais au jour où le stage a été commencé ; en sorte que, les deux temps se trouvant confondus, le noviciat et l'inscription sur le tableau ne forment qu'une seule et même admission. — Dupin aîné, *Profess. d'avocat*, t. 1er, p. 718, édit. 1832.

15. — Le temps au bout duquel un avocat peut commencer à plaider n'est point limité, dit Boucher d'Argis (*loc. cit.*, chap. 11) ; de sorte qu'un avocat peut plaider aussitôt qu'il est reçu ; mais la prudence veut qu'il s'en abstienne jusqu'à ce qu'il soit un peu instruit des usages du barreau — V. aussi Pasquier, *Recherch.*, liv. 4, chap. 27 ; Loisel, *Opuscules*, *Vie de Pithou*.

16. — Cependant, d'après l'art. 34 combiné avec l'art. 36, les avocats stagiaires ayant moins de vingt-deux ans ne peuvent plaider ou écrire dans aucune cause qu'après avoir obtenu de deux membres du conseil de discipline un certificat constatant leur assiduité aux audiences pendant deux années. Ce certificat est visé par le conseil de discipline.

17. — M. Mollot (p. 213, note 1re) dit qu'il est rare que cet article reçoive son application. M. Bioche (v° *Avocat*) pense que cet article est abrogé par l'ordonnnance du 27 août 1830 ; mais cette opinion est rejetée avec raison par M. Philippe Dupin (*ubi suprà*, p. 271, n° 31) et par M. Mollot (p. 213, note 2e). — En effet, il n'y a rien d'inconciliable entre l'ordonnance de 1830 et l'art. 34 de celle de 1822 ; la première a seulement autorisé les avocats à plaider hors du ressort sans autorisation.

18. — A Paris, la défense d'office des accusés est le plus souvent confiée aux avocats stagiaires, qui s'en acquittent avec un louable empressement. — V. cependant *Lettre* de M. Ph. Dupin *sur l'étude et l'application du dr. crim.* ; Dupin aîné, *Profess. d'avocat*, t. 1er, p. 447, note 1re. — Le bâtonnier remet à chaque président d'assises, avant la session, une liste des avocats qui offrent leur ministère désintéressé aux accusés renvoyés devant la cour d'assises : ce magistrat peut, du reste, choisir dans tout le tableau.

19. — En 1841, le conseil de l'ordre de Paris avait chargé une commission composée de MM. Marie, bâtonnier, O. Barrot, Ph. Dupin et de Valisménil, d'examiner s'il n'était pas opportun de prendre des mesures pour transmettre aux avocats stagiaires les instructions qui leur manquent.

20. — Antérieurement déjà, en 1831, le conseil avait nommé une autre commission composée de MM. Manguin, Parquin, Delacroix-Frainville, Archambault, Gayral, Mollot et Philippe Dupin, pour rechercher et exposer aux jeunes avocats les règles de leur profession.

21. — Du travail de ces deux commissions il n'est rien résulté jusqu'ici, si ce n'est la proposition de diviser les stagiaires en colonnes, et de placer à la tête de chacune d'elles deux membres du conseil, chargés spécialement de surveiller la conduite de ces jeunes confrères et de les initier, par des conférences particulières, à la connaissance des règles et des traditions.

22. — Cette idée n'ayant pas encore reçu d'exécution, les stagiaires qui tiennent à connaître exactement les statuts de l'ordre, son histoire et ses précédens, trouveront d'amples enseignemens dans le *Recueil des pièces concernant l'exercice de la profession d'avocat*, publié en 1832 par M. Dupin aîné ; dans l'ouvrage plus récent, publié par M. Mollot sous ce titre : *Règles sur la profession d'avocat*, et enfin dans l'*Histoire de l'ordre des avocats*, par Fournel. — V. aussi l'article de M. Philippe Dupin dans l'*Encyclop. du dr.*, v° *Avocat*.

23. — Les avocats stagiaires sont soumis à la même discipline que les avocats inscrits au tableau ; mais ils n'ont pas comme ceux-ci le droit d'appel contre les décisions qui prononcent leur suspension ou leur radiation du tableau. — V., au surplus, AVOCAT.

AVOCATS CONSISTORIAUX.

1. — Nom donné, dans le ressort du parlement de Grenoble, à quarante anciens avocats choisis parmi tous les membres de l'ordre et jouissant exclusivement de certains privilèges.

2. — L'ordre des avocats au parlement du Dauphiné avait une organisation différente de celle du barreau de Paris. Voici ce qu'il y avait de particulier dans cette corporation.

3. — On distinguait à Grenoble deux classes d'avocats, ceux qui faisaient partie du *consistoire*, et qui, à cause de cela, prenaient le nom d'avocats *consistoriaux*, et ceux qui, moins anciens et moins distingués, exerçaient leur profession dans tout le ressort.

4. — Dès qu'un avocat était reçu à Grenoble, son nom était inscrit sur la liste générale des avocats, même lorsqu'il ne devait pas résider dans cette ville.

5. — L'avocat nouvellement inscrit ne pouvait ni écrire ni faire imprimer pendant les quatre premières années de sa profession que de l'avis d'un des avocats consistoriaux.

6. — Après sept années d'exercice, il pouvait obtenir rang parmi les avocats consistoriaux ; mais c'était une faveur et non un droit, car le nombre de ces avocats était limité à *quarante*.

7. — Pour être admis au consistoire il fallait être *coopté* par les quarante, c'est-à-dire être désigné par eux ; et ce choix avait lieu sans égard pour l'ancienneté ; le talent, la science, la probité étaient les motifs de préférence.

8. — Les avocats consistoriaux jouissaient du privilége de la noblesse. — V. *Ancien Journ. du Palais* (édit de 1713), t. 2, p. 964.

9. — Cette noblesse, suivant Guy Pape, n'était pas purement nominale, elle exemptait de la taille et des autres impositions. — V. Arr. régl. de 1461 et 1467.

10. — Elle était transmissible. — Expilly, *Plaidoyers*, 1er pl. ; Marc, décis. 633 ; Tiraqueau, *Tr. de la noblesse*, ch. 29, nombre 13.

11. — Cependant, en 1556, le privilége de la noblesse fut restreint, en ce qui concernait le paiement des tailles et impôts, aux vingt-un plus anciens avocats consistoriaux.

12. — Et il leur fut maintenu par arrêt du conseil du 25 janv. 1670.

13. — En 1349, lorsque Humbert, souverain du Dauphiné, fit au fils aîné du roi de France la donation de cette province, il appela les avocats consistoriaux dans son conseil, et prit leur avis avant que de conclure cette importante affaire.

14. — La liste de ceux qui composaient le consistoire était remise tous les deux ans au procureur général.

15. — L'avocat placé à la tête des avocats consistoriaux prenait le nom de syndic.

AVORTEMENT.

Table alphabétique.

1. — L'avortement (*partus abortio*) est l'accouchement procuré malicieusement avant terme par des alimens, breuvages, médicamens, violences ou tout autre moyen quelconque.

2. — Ce crime a, de tous temps, été considéré comme un des plus graves qui pût être commis, surtout de la part des médecins. — Quelques peuples le punissaient de mort, si le fruit de l'avortement était animé ; du banissement seulement s'il ne l'était point.

3. — Les Grecs paraissent avoir adopté cette distinction et avoir considéré l'avortement comme innocent lorsque le fœtus n'était point animé. — Aristote même (*Polit.*, liv. 7, ch. 16), tout en défendant l'avortement, ajoute que quand le nombre des citoyens est trop grand dans une république, et qu'une femme a conçu malgré les défenses faites par les magistrats, elle peut se faire avorter, pourvu que ce soit avant que le part soit animé.

4. — A Rome, on ne distinguait point. — Seulement si la femme s'était fait avorter par aversion

pour son mari, par un sentiment de fausse honte, etc., la peine n'était que du bannissement : c'était la mort, quand elle agissait par cupidité pour une somme d'argent. — L. 8, ff., *Ad leg. Cornel. de sicariis*; L. 4, *ibid.*, *De extraord. crim.*; L. 39, *ibid.*, *De pœnis*; — Damhouderius, *Prax. crim.*, cap. 74, nº 14, p. 173.

5. — En France, la question paraît avoir été vivement controversée, et d'Aguesseau, qui l'examine (*Dissert. sur l'état des personnes*), cite comme favorables à la distinction à faire entre le part animé et celui qui ne l'est pas encore, les autorités suivantes : — *Exode*, ch. 5, vers. 22 et 23 (traduct. des Septante); saint Augustin, *De nuptiis* et *Concupiscentiâ*; Théodoret, quæst. 98 sur l'*Exode*; Canons, *Quod vero* et *Moyses*, caus. 32, quæst. 2; L. des Visigoths, liv. 6, tit. 3, § 2; L. des Allemands, nº 77; Cap. de Charlemagne, liv. 6, § 12; — Et, comme contraires, les mêmes passages de l'*Exode* (trad. de la Vulgate), Athénagoras, Tertullien, Minutius Fœlix, saint Basile et plusieurs canons de l'Eglise. — Lui-même pense qu'il y a lieu d'imposer des peines plus sévères à ceux qui tuent un enfant déjà formé qu'à ceux qui préviennent le temps de l'animation. — A ces autorités il faut ajouter : — Pour la distinction (et alors on considérait le fœtus comme animé, les uns après le quarantième jour, d'autres après le soixantième jour, d'autres encore après trois mois de grossesse), Farinacius, quæst. 122, nº 139; Menochius, cas. 356, nº 85, et cas. 357; Damhouderius, cap. 74, nºs 15 et 16; Accurse, gloss. *in leg.* 4, ff., *De extra. crim.*; Constit. Caroline, art. 133; — Contre son admission (et cela paraît avoir été le dernier état de la doctrine, eu égard surtout à la difficulté de prouver l'époque précise de la grossesse elle-même); Muyart de Vouglans, *L. crim.*, p. 178; Jousse, *Mat. crim.*, t. 4, p. 20.

6. — L'art. 17, sect. 1re, tit. 2, part. 1re, C. pén. de 1791, portait simplement : « Quiconque sera convaincu d'avoir, par breuvage, par violence, ou par tous autres moyens, procuré l'avortement d'une femme enceinte, sera puni de vingt années de fers. » — D'après cet article, l'agent seul, et non la femme, était puni, et la peine était la même, qu'elle eût ou non consenti. — Chauveau et Hélie, *Th. C. pén.*, t. 5, p. 423.

7. — Les lois modernes des pays étrangers ont, en cette matière, des dispositions qu'il importe de recueillir. — Plusieurs législations distinguent entre l'avortement consommé et la simple tentative du même crime, et punissent celle-ci d'une manière moins rigoureuse. L'avortement manqué est puni d'un emprisonnement de un mois à un an par les codes d'Autriche (art. 129) et de Prusse (art. 985), et d'un emprisonnement de trois ans par le code de la Louisiane (art. 471). — Suivant les lois de Naples (art. 398), si l'exécution du crime a été suspendue par la volonté de son auteur, la peine est d'un à six mois; si le crime a manqué dans son effet, elle est de six mois à deux ans. — Ces mêmes législations contiennent une aggravation de peine si l'avortement a été procuré sans le consentement de la femme. — D'un autre côté, la plupart d'entre elles aggravent encore les peines si le crime a été commis par un médecin ou chirurgien. — L. de Naples, art. 397; C. du Brésil, art. 200; C. de la Louisiane, art. 472. — La peine est également plus forte, d'après les codes autrichiens et américains, quand les violences ou les drogues ont occasionné un danger pour la vie de la femme, une maladie ou la mort. — Et même, dans ce dernier cas, le code de la Louisiane dit qu'il y a *meurtre* (art. 474). — Enfin, le code de Prusse ordonne (art. 989) : « que les personnes qui ont déjà commis plusieurs délits de ce genre doivent, quoiqu'elles n'aient pas encore été punies, subir la peine des verges et être conduites dans un fort pour la vie. » — Chauveau et Hélie, t. 5, p. 423.

8. — Les statuts anglais vont même jusqu'à prévoir le cas où il n'est pas certain que la femme fût enceinte, et ils disposent que, dans ce cas, il reste une intention criminelle avec un fait matériel équivoque; ils prononcent alors un emprisonnement que le juge mesure presque arbitrairement. — Chauveau et Hélie, *loc. cit.*

9. — Le projet de notre Code pénal semblait confondre l'avortement avec l'infanticide; mais, sur les observations de Cambacérès, ce rapprochement disparut. — « Il ne faut pas, comme fait le projet, disait-il, confondre l'avortement avec l'infanticide. Dans l'état de relâchement où sont les mœurs, il est possible qu'une mère, séduite par une fausse honte, croie plutôt prévenir qu'anéantir l'existence de l'enfant qu'elle porte dans son sein; mais donner la mort à son enfant après qu'il est né, est un acte de barbarie dont l'horreur ne saurait être palliée par aucune illusion. » — *Proc.-verb. Cons. d'état*, séance du 8 novemb. 1808; — Destrivaux, p. 126.

10. — L'art. 317, C. pén., spécial à l'avortement, est ainsi conçu : « Quiconque par alimens, breuvages, médicamens, violences ou par tout autre moyen aura procuré l'avortement d'une femme enceinte, *soit qu'elle y ait consenti ou non*, sera puni de la réclusion. — La même peine sera prononcée contre la femme qui se sera procuré l'avortement à elle-même, ou qui aura consenti à faire usage des moyens à elle indiqués ou administrés à cet effet, si l'avortement s'en est suivi. — Les médecins, chirurgiens et autres officiers de santé, ainsi que les pharmaciens qui auront indiqué ou administré ces moyens, seront condamnés à la peine des travaux forcés à temps, dans le cas ou l'avortement aurait eu lieu. »

11. — Les trois paragraphes de cet article, relatifs à l'avortement, punissent donc : le premier, les tiers qui l'ont procuré; le second, la femme qui y a concouru; le dernier, les médecins, pharmaciens, etc., qui en ont indiqué ou administré les moyens.

12. — Au surplus, aucune différence, quant à la peine, entre le cas où l'avortement est commis à une époque plus ou moins rapprochée de l'accouchement. Il n'existe en effet aucune différence dans la criminalité (Orfila, *Médec. lég.*, t. 6, p. 484), mais il est peut être à regretter, ainsi que le font judicieusement remarquer MM. Chauveau et Hélie (t. 5, p. 425), que la loi ait mis sur la même ligne celui qui fait avorter une femme du consentement de celle-ci, et celui qui commet un pareil crime sans qu'elle y ait consenti. Le fait, dans le second cas, est beaucoup plus grave et la peine devrait être différente.

13. — *Tiers.* — A l'égard des tiers, deux conditions paraissent, d'après le texte de l'art. 317, § 1er, nécessaires pour constituer le crime d'avortement : 1º *la volonté* de faire avorter; — 2º *la consommation de l'avortement.* — Cependant chacune de ces deux conditions est l'objet de doutes graves et divise la doctrine et la jurisprudence.

14. — 1º Quant à la *volonté* criminelle, Bourguignon (*Jur. C. crim.*, *C. pén.*, art. 317, nº 1er) cite un arrêt de la cour de Cassation, du 8 oct. 1812, qui aurait décidé que l'avortement produit par des violences exercées volontairement, mais *sans intention* de l'occasionner, devait être puni comme l'avortement causé volontairement, et qu'il devait en être de ce cas comme de celui de l'homicide occasionné par des violences volontaires et sans intention de donner la mort.

15. — Il nous est impossible d'admettre une semblable solution : et de même que l'homicide causé, sans intention de donner la mort, par des coups volontaires ne nous semble pas constituer un meurtre (V. BLESSURES ET COUPS, HOMICIDE), de même nous ne pouvons voir le crime d'avortement dans celui qui n'est que le résultat imprévu des violences, même volontaires. — MM. Chauveau et Hélie (*Th. du C. pén.*, t. 5, p. 427) se prononcent également contre cette doctrine, que semblent contredire d'ailleurs deux autres arrêts de la cour suprême, qui considèrent comme insuffisante, pour servir de base à une condamnation, la déclaration du jury portant qu'il est constant que l'accusé a procuré l'avortement d'une femme, sans ajouter si ce fait a été commis *volontairement* ou sans intention de nuire. — *Cass.*, 18 brum. an XII, Bailloux; 27 juin 1806, Allard; — Orfila, *Médec. légale*, t. 1er, p. 484.

16. — Déjà dans l'ancien droit on distinguait, lorsque l'avortement avait été occasionné par des coups et mauvais traitemens, si l'auteur de ces violences avait eu ou non l'intention de le procurer : le crime d'avortement n'existait que dans le premier cas. — Farinacius, quæst. 122, nºs 151 et 153; Jousse, *Tr. mat. crim.*, t. 4, p. 22.

17. — Mais, si par des violences exercées volontairement sur une femme pour la faire avorter, le coupable avait occasionné sa mort, il aurait commis, non seulement le crime d'avortement (bien qu'il n'ait pas été consommé) prévu par l'art. 317, mais, de plus, celui de blessures volontaires ayant occasionné la mort sans intention de la donner, crime puni, par l'art. 309 du même code, des travaux forcés à temps. — *Cass.*, 3 sept. 1840 (t. 1er 1841, p. 82), Mallevigne.

18. — 2º Relativement à la nécessité de la consommation de l'avortement, la cour de Cassation a constamment jugé que la tentative d'avortement commise par toute autre personne que par la femme enceinte, est punissable comme le crime même, aux termes de l'art. 2, C. pén. (sur la tentative), dont l'application n'est exclue par aucune disposition de l'art. 317. — *Cass.*, 16 oct. 1817, Martoury; 17 mars 1827, Harel; 15 avr. 1830, Soldat. — La même doctrine a été consacrée par la cour d'assises de Lyon, le 20 juin 1838 (t. 2 1838, p. 597), Guinet, et admise par Favard de Langlade, *Rép.*, vº *Tentative*, nº 6.

19. — Elle résulte encore d'un autre arrêt de cassation, rendu sous la loi de 1791, qui ne contenait pas, comme le Code de 1810, les mots : *soit qu'elle y ait consenti ou non*, lequel arrêt décidait que la circonstance que ce n'aurait été que du consentement et sur la demande de la femme que l'accusé lui aurait procuré les moyens de se faire avorter, ne rendrait pas son crime excusable, *lors même que l'avortement ne s'en serait pas suivi*, et que la femme elle-même, à raison de cette circonstance, n'aurait encouru aucune peine. — *Cass.*, 8 oct. 1807, N...

20. — Elle résulte enfin implicitement d'un arrêt de la même cour (cité plus haut), portant que celui qui, par les violences qu'il exerce pour procurer l'avortement, cause la mort de la femme, est coupable, *non seulement du crime d'avortement*, mais, de plus, de celui de blessures volontaires ayant occasionné la mort. — *Cass.*, 3 sept. 1840 (t. 1er 1841, p. 82), Mallevigne.

21. — Ici encore nous n'hésitons point à repousser l'extension que la cour de Cassation donne au texte de la loi pénale : et, en effet, l'art. 317 ne punit que l'individu qui a *procuré* l'avortement. Cette expression, qui ne peut s'entendre que d'un avortement consommé, ne doit pas être isolée des autres dispositions de l'article; elle a le même sens dans le § 2 de l'article, où les mots, *si l'avortement s'en est suivi*, ne se rapportent qu'à la femme qui a fait usage des moyens qu'un autre individu lui a indiqués ou administrés. Dans le système de la cour de Cassation, les contradictions se présentent en foule : on est forcé d'admettre que le complice est punissable quoique la femme soit à l'abri de toute poursuite; que le médecin est puni plus sévèrement qu'un simple particulier, lorsque l'avortement s'est accompli, tandis qu'il est assimilé à tout autre citoyen dans le cas d'une simple tentative; qu'ainsi, contrairement à l'art. 2, C. pén., la tentative n'entraîne pas la même peine que le crime même, et qu'au lieu d'appliquer le § 3, art. 317, il faut recourir arbitrairement au § 1er de cet article, Toutes ces contradictions disparaissent si l'on conserve au mot *procuré* son sens naturel. Il n'y a pas de guide plus sûr que l'exposé des motifs du Code et les discussions qui l'ont préparé. Voici en quels termes s'est exprimé, dans le sein du corps législatif, le rapporteur de la commission chargée d'examiner le projet de l'art. 317 : « Il est cependant un attentat des plus graves et pour lequel les rédacteurs de la loi n'ont pas cru devoir punir la simple tentative de le commettre, c'est l'avortement... Il est fort difficile de constater légalement une intention presque toujours incertaine, une tentative trop souvent équivoque, surtout dans la supposition de l'impuissance de sa cause et de la nullité de ses résultats. » — Séance du cons. d'état, 26 août 1809. — C'est dans ce sens que, malgré l'unanimité à laquelle a été rendu l'arrêt de 1817 précité, ainsi que l'annonce Bourguignon d'après le président Barris, se sont prononcés tous les auteurs qui ont examiné la question. — Legraverend, *Lég. crim.*, t. 1er, ch. 2, p. 121 et 122; Carnot, *C. pén.*, art. 317, nº 3; Bourguignon, *Jurispr. crim.*, *C. pén.*, art. 317, nº 2; Chauveau et Hélie, *Th. C. pén.*, t. 5, p. 430 et suiv.; Rauter, *Dr. crim.*, t. 2, p. 39; Haus, t. 2, p. 225; Duverger. *Man. des juges d'instruction*, t. 1er, nº 16; Orfila, *Médec. lég.*, t. 1er, p. 483.

22. — En aucun cas, du reste, une tentative d'avortement ne peut être considérée comme une circonstance ou une modification du crime d'infanticide; c'est un crime absolument distinct. Le président d'une cour d'assises ne pourrait donc, dans une accusation de complicité d'infanticide, interroger le jury sur le fait antérieur d'une tentative d'avortement. — *Cass.*, 16 oct. 1817, Martoury.

23. — *Femme.* — Le § 2 de l'article prévoit deux cas, celui où la femme a commis *seule* le crime d'avortement, et celui où elle consent à employer les moyens qui lui sont indiqués ou administrés : dans les deux cas, elle n'encourt la peine qu'autant que l'avortement a été consommé. — Cela résulte, pour le premier cas, des mots : *se sera procuré*, qui doivent avoir ici la même signification que dans le § 1er; et pour le second cas, de ceux *si l'avortement s'en est suivi*, qui terminent l'alinéa et se rapportent exclusivement à l'emploi des moyens qui lui sont indiqués ou administrés par des tiers. C'est ce qui résulte des arrêts précités de la cour de Cassation. — V. nº 18.

24. — Il est évident aussi que la femme ne commet le crime d'avortement qu'autant qu'elle a eu l'intention de le commettre. — Cette intention, au surplus, sera facilement présumée, lorsque la femme aura fait usage de breuvages, médicamens, etc., et surtout lorsqu'elle aura eu recours à des tiers.

RÉP. GÉN. — II. 19

25. — L'art. 317 parle de l'avortement procuré par *médicamens, breuvages, alimens, violences* ou *tout autre moyen*. — Ces derniers mots sont fort vagues et peuvent laisser prise à beaucoup de doute. — M. Ortila (*Tr. de médec. lég.*, t. 1er, p. 484), pose le cas où une femme se serait procuré l'avortement en s'exposant à une foule de causes appelées *spontanées*, parmi lesquelles on peut ranger les odeurs fortes, les vêtemens trop serrés, l'abus des *alimens irritans* et des liqueurs spiritueuses, des mouvemens brusques, un exercice violent comme la danse, le saut, la course à pied, à cheval, en voiture, les chutes; une accusation d'avortement pourrait-elle reposer sur l'emploi de *pareils moyens*. — En principe, il faut répondre affirmativement, car les termes de la loi sont loin d'être limitatifs. — Mais, en fait, ce sera presqu'impossible; car, dans ces cas, la preuve de l'intention, qui crée la criminalité du fait, et surtout celle de la persévérance dans l'intention, serait chose tellement incertaine que les jurés ne pourraient, sans crainte, répondre affirmativement. — Nous verrons, au surplus, *infrà* n° 31, qu'il n'est pas nécessaire que le jury soit consulté sur le moyen spécial d'avortement.

26. — *Médecins, accoucheurs, etc.* — « Les médecins, chirurgiens et autres officiers de santé, dit l'exposé des motifs, sont plus coupables que la femme même, lorsqu'ils font usage, pour détruire, d'un art qu'ils ne doivent employer qu'à conserver; ils doivent donc secourir une pauvre fille malade. Si la femme ne trouvait pas tant de facilité à se procurer les moyens d'avortement, la crainte d'exposer sa propre vie en faisant usage de médicamens qu'elle ne connaîtrait pas, l'obligerait souvent à différer son crime, et elle pourrait ensuite être arrêtée par ses remords.» — *Mot. C. pén.*, liv. 3, tit. 8, ch. 1er.

27. — L'art. 317 n'ayant point nominativement désigné les *sages-femmes*, on ne peut les faire rentrer dans les mots et *autres officiers de santé*, dont la loi se sert: — le législateur, qui a puisé son énumération dans la loi du 19 vent. an XI, aurait-pu y ajouter, s'il l'avait voulu, les sages-femmes dont cette loi s'occupe également. — Quand il veut les comprendre dans ses prévisions, il les dénomme formellement, c'est ce qu'il a fait dans l'art. 378. — Or, évidemment, s'il ne les a omises dans l'art. 317, c'est qu'il les voulait exclure; d'ailleurs, en matière pénale, tout est de droit étroit, et il n'est point permis d'étendre des dispositions prohibitives, sous prétexte d'analogie. — Rauter, *Th. C. pén.*, t. 5, p. 440; Legraverend, *lég. crim.*, t. 2, p. 125. — Cependant la doctrine contraire est professée par M. Carnot (*C. pén.*, art. 317) et est consacrée par la cour de cassation. — *Cass.*, 26 janv. 1839 (t. 1er 1839, p. 312), Verdun; 24 juill. 1840 (t. 1er 1843, p. 314). Guignez.

28. — La cour de cassation a même décidé que la qualité d'accoucheuse jurée est suffisamment énoncée lorsqu'elle se trouve dans les qualités de l'arrêt de renvoi, dans l'ordonnance de prise de corps et dans l'exposé de l'acte d'accusation. — Même arrêt de 1839.

29. — La qualité de médecin, chirurgien, officier de santé, pharmacien ou sage-femme, donnée à celui qui a celle qui est accusé d'avortement, est une circonstance aggravante de ce crime, et doit nécessairement faire l'objet d'une question au jury. — *Cass.*, 10 déc. 1835, Ribe et Rodde; 26 janv. 1839 (t. 1er 1839, p. 312), Verdun; — Chauveau et Hélie, *Th. C. pén.*, t. 5, p. 439.

30. — C'est surtout à l'égard des médecins, etc., que l'intention criminelle doit être examinée scrupuleusement, car l'avortement pourrait n'avoir été produit que par des médicamens ou par des opérations qu'ils auraient administrés ou faites de bonne foi. — Cela est surabondamment consacré par un arrêt de la cour de cassation, qui décide qu'en pareil cas le jury doit, à peine de nullité, être interrogé sur le point de savoir si l'accusé avait eu ou non l'intention du crime. — *Cass.*, 27 juin 1806, Allard; — Ortila, *Méd. lég.*, t. 1er, p. 484.

31. — Il est vrai, il n'est pas nécessaire que le moyen spécial à l'aide duquel un avortement a été opéré soit indiqué dans les questions posées au jury. — *Cass.*, 26 janv. 1839 (t. 1er 1839, p. 312), Verdun.

32. — Quant aux moyens de reconnaître l'existence de l'avortement, on peut consulter: Capuron, *Méd. lég.*, p. 317; Foiroux, *Man. de méd. lég.*, p. 499; Ortila, *Lec. méd. lég.*, t. 1er, p. 488; Duverzier, *Man. des jug. d'instr.*, t. 1er, n° 222.

33. — Les complices de l'avortement n'étaient, à Rome, punis, lorsqu'ils étaient de condition honnête, que de la relégation dans une île avec confiscation de biens. — Mais la mort leur était appliquée si l'avortement avait été accompli ou la femme était morte des suites de la tentative. — *Quod hæc mulier aut homo perierit, summo supplicio adjiciantur*, disait la loi 38, § 5, ff., *De pœnis*. — Le mot *homo*, sur lequel les interprètes du Digeste ont long-temps disserté, doit être rapporté au fœtus lui-même, auquel la loi donne ce nom, parce qu'elle le suppose animé : *Ad fœtum qui jam homo erat cùm abigeretur*. — Chauveau et Hélie, t. 5, p. 421.

34. — Aujourd'hui la complicité du crime d'avortement est régie, comme celle de tous les autres crimes et délits communs, par les art. 59 et suiv., C. pén.

AVOUÉ.

Table alphabétique.

AVOUÉ. — 1. — Officier public exclusivement chargé d'instruire les procès et de postuler pour les parties devant les cours royales et les tribunaux de première instance.

—

Sect. 1re. — *Historique.*

2. — Le mot *avoué* a été emprunté par l'assemblée constituante à une institution du moyen âge dont le but, tout féodal, n'était pas précisément celui du mandat *ad lites*. — V. ADVOUÉ, ADVOYER, ADVOUERIE.

3. — Ce fut en 1791 que cette dénomination fut substituée à celle de procureur : l'un des orateurs prétendit « qu'il était de l'intérêt des procureurs » eux-mêmes que le nom de *procureur* fût changé » aux yeux de la société. »

4. — Quoique cette observation eût été accueillie par l'assemblée avec des murmures (V. *Moniteur* du 17 déc. 1790, no 351), cependant on y eut égard, et l'on décida qu'il y aurait à l'avenir près des tribunaux de district « des officiers ministériels ou *avoués* dont la fonction serait exclusivement de représenter les parties, d'être chargés et responsables des pièces et titres des parties, de faire des actes de forme nécessaires pour la régularité de la procédure et mettre l'affaire en état. » — V. art. 2, décr. 6 déc. 1791.

5. — Ainsi, sauf le nom, les fonctions des avoués restèrent ce qu'elles étaient lorsque la postulation appartenait aux procureurs.

6. — Dans le ressort de quelques coutumes, les officiers ministériels postulant près des tribunaux ne portaient pas le nom de procureur, mais celui d'*attorné* (V. ce mot) : on les désigne aussi quelquefois dans nos vieux praticiens sous le nom d'*emparlier*, qui cependant appartenait plutôt aux avocats. — V. AMPARLIER, AVOCAT, EMPARLIER.

7. — Sous l'ancien droit romain, il n'était pas permis en principe d'agir en justice au nom d'un autre. — Gaïus, *Inst.*, IV, § 82 ; Justinien, Inst., *De iis per quos agere possumus*, pr. ; L. 123, ff., *De reg. juris.* — Cette règle souffrait exception dans trois cas lorsque la liberté, le peuple (L. 1, § 1, ff., *Quod cujusque univers.*), ou des incapables se trouvaient engagés dans le débat.

8. — La loi *Hostilia* permit même d'exercer l'*actio furti* au nom de ceux qui étaient prisonniers de guerre, absens pour le service de l'état, et au nom des impubères qui étaient sous la tutelle de ces prisonniers ou absens.

9. — Plus tard, l'usage s'introduisit de se faire représenter par des procureurs *ad negotia*, et cet usage fut confirmé par Justinien. — Instit., *De iis per quos agere possumus* ; L. 1, § 2, ff., *De procur.*

10. — Ce mandat, donné d'abord à des esclaves mercenaires, fut confié à des citoyens versés dans l'étude du droit et de la pratique, lorsque les formalités juridiques se furent multipliées. Ces mandataires prirent le nom de *cognitores juris* ou de *procuratores*, suivant qu'ils se chargeaient de la défense d'un présent ou d'un absent. — Guyot, *Rép.*, vo *Procureur* ; Boncenne, t. 2, p. 556 et suiv.

11. — Ces procureurs devaient réunir certaines qualités et remplir certaines obligations. — V. au Digeste les titres *De postulando*, *De procurat. et defens.*, *De appell.*

12. — En France, à l'imitation du droit romain, le mandat *ad lites* fut d'abord interdit, et il fut de maxime que le roi seul pouvait se faire représenter en justice. « *Nul en France ne plaide par pro» cureur, si ce n'est le roi.* » — V. PLAIDER PAR PROCUREUR.

13. — Cependant dans la suite on fut bien obligé d'admettre par exception des mandataires à postuler pour autrui ; mais pour cela il fallait obtenir des lettres du prince qu'on appelait *lettres de graces à plaidoyer*. — V. ord. 1667 et la formule de ces lettres dans le *Protocole de la grande chancellerie* (édit. goth.).

14. — Or, il arriva que des praticiens exercés se chargeant habituellement de postuler pour autrui, furent autorisés par les cours de justice à exercer devant elles, en vertu de lettres de graces qui devaient être renouvelées tous les ans, et qui suffisaient pour toutes les affaires.

15. — Enfin les états généraux de Tours, le 15 janv. 1484, présentèrent au roi leur *cayer*, dans lequel on lit, au titre *Justice*, art. 17 : « Semble aux dits états que les causes civiles, chacune partie tant en demandant comme en deffendant ès-premières instances et ès-causes d'appel, doivent être reçues à plaider par procureur sans grâce, et en chacune cause on ne fonde que une fois. » Response faite par le roi ; « Accordé par le roy, et veut que doresnavant ainsi se fasse. » — Isambert, Jourdan et Decrusy, *Anciennes lois françaises*, t. 11, p. 60 et 94. — Dès lors les fonctions de procureurs devinrent une profession, pour laquelle, dès le mois d'octobre 1485, ont été faites les ordonnances du Châtelet. — *Anciennes lois françaises*, t. 11, p. 130. — Les fonctions de procureur furent même érigées en titre d'office.

16. — Nous ne nous occuperons pas ici de toutes les ordonnances, déclarations, édits et réglemens concernant les procureurs, leur nombre, leurs priviléges, leur discipline. Ces détails se trouvent au mot PROCUREUR.

17. — Les offices furent supprimés par la loi du 29 janvier 1791, et leur nom même disparut de la législation, quoique les fonctions fussent conservées. Trop de souvenirs fâcheux se rattachaient au mot PROCUREUR pour qu'on pût le maintenir ; c'eût été courir le risque de compromettre la réforme judiciaire qu'on voulait introduire.

18. — L'institution des avoués ne tarda pas non plus à être abolie. Qu'eussent fait ces officiers, puisqu'on supprimait toute procédure devant les tribunaux ?

19. — L'art. 12, décr. 3 brum. an II, était ainsi conçu : « Les fonctions d'avoués sont supprimées, sauf aux parties à se faire représenter par de simples fondés de pouvoirs, qui seront tenus de justifier de certificats de civisme ; ils ne pourront former aucune répétition pour leurs soins ou salaires contre les citoyens dont ils auront accepté la confiance. »

20. — On ne tarda pas à ressentir tous les inconvéniens provenant de la suppression des fonctions d'avoué. « Des gens étrangers à toutes sortes d'études et de préparations, guidés par un méprisable intérêt, accoururent pour fonder leur fortune sur les débris de celles dont une aveugle confiance les rendait dépositaires. Tantôt ils se moquaient des règles que leurs maîtres avaient été obligés de conserver, tantôt ils en faisaient de burlesques applications ; toutes les garanties étaient méprisées, violées. Le frein des taxes n'existait plus ; jamais la justice ne fut plus chère ; jamais la procédure ne fut plus perfide et plus hideuse que dans cet état de nudité où ils l'avaient mise. » — Boncenne, t. 1er, Introd., p. 13 et 14.

21. — Enfin la loi du 27 ventôse an VIII rétablit les avoués, et donna à la France une nouvelle organisation judiciaire. « On ne fait en rétablissant les avoués, disait M. Emmeri dans l'exposé des motifs de cette loi, que céder au vœu de tous les hommes qui sont instruits de la marche de la procédure ; elle ne peut être régulière sans cette institution ; c'est l'unique moyen de prévenir d'immenses abus, et, ce qui ne pourrait surprendre que ceux qui n'ont aucune expérience dans cette partie, de diminuer beaucoup les dépenses à la charge des plaideurs »

22. — En 1791, le ministère de l'avoué était facultatif ; aujourd'hui, et d'après la loi du 27 vent. an VIII, les avoués ont pour représenter les parties un droit exclusif, comme l'avaient les procureurs sous l'ancienne législation.

23. — Ceux-ci avaient pendant long-temps été poursuivis par de vives épigrammes, par d'amères moqueries. « La plupart, dit L'Hôpital (*Réformat. de la justice*, t. 1er, p. 255), n'avaient d'autre but que de faire multiplier, provigner et immortaliser les procez, ne trouvaient jamais mauvaise cause, excepté quand ils avaient une pauvre partie qui n'avait pas moyen de fournir aux frais, ou qu'ils avaient épuisé leurs cliens jusqu'aux mouelles. »

24. — Quelque sévère que soit cette appréciation d'un grand magistrat écrivant dans un siècle où régnaient bien des abus, il ne faut pas oublier que depuis, les mœurs graves et austères des cours souveraines avaient peu à peu corrigé autour d'elles, et par un irrésistible ascendant, les antiques désordres du palais.

25. — Cependant beaucoup de préventions existaient encore contre les officiers ministériels lorsque la révolution éclata. Ces préventions n'ont peut-être pas complétement disparu ; mais tous les hommes de bonne foi doivent reconnaître que la profession d'avoué s'est insensiblement élevée au niveau des professions les plus honorables. « Les avoués, dit M. Boncenne (t. 1er, p. 561 et suiv.), sortis de nos écoles, ont des sentimens plus élevés et plus généreux, parce qu'ils possèdent une instruction plus franche et plus développée. Il y a moins d'ivraie mêlée dans le bon grain. La poussière du greffe couvrait jadis les plus criminelles prévarications ; aujourd'hui la publicité livre les abus au contrôle de la morale et à l'action de la justice ; ses mille voix invoquent la honte et réveillent les consciences endormies. »

26. — Sans doute il y a encore des abus ; des plaintes vont parfois éveiller la sollicitude du ministère public et l'inquiète susceptibilité des chambres de discipline ; mais « s'il est vrai qu'on puisse citer des avoués capables de trahir les devoirs de leur ministère... Combien d'autres ont mérité l'estime publique par un esprit conciliant, par une sévère probité, par le désintéressement et la délicatesse qui honorent toutes les professions ! » — Boncenne, *Théorie de la procéd.*, t. 1er, p. 15.

27. — Ce résultat peut être attribué à plusieurs causes parmi lesquelles nous indiquerons la limitation du nombre des charges et le rétablissement des offices.

28. — En effet, la loi du 28 avr. 1816, en consolidant les titres d'avoué, ce qu'on appelait autrefois les *pratiques*, en intéressant les familles au succès, en leur assurant la transmission des fruits du travail paternel et les avantages d'une clientèle honorablement acquise, a nécessairement donné aux fonctions d'officier ministériel une importance qui les fait rechercher chaque jour davantage.

29. — Il y a bien quelques inconvéniens attachés à cet état de choses (V. OFFICE) ; mais toujours est-il qu'avant d'aventurer son patrimoine dans une charge, on veut être sûr de soi et pouvoir soutenir honorablement la concurrence ; « car il n'est pas donné à tout le monde, dit Demiau, de distinguer, d'appliquer à propos les diverses formalités que la nature et les circonstances d'un procès nécessitent ; il faut non seulement une étude particulière à laquelle toutes sortes de personnes ne peuvent se livrer, mais encore une aptitude naturelle et beaucoup d'expérience. »

30. — Il ne suffisait pas d'avoir rétabli les avoués : il fallait les organiser et déterminer exactement leurs droits et leurs devoirs ; c'est ce qui fut fait par la loi du 27 vent. an VIII (art. 93 et suiv.), le décret du 30 mars 1808 (art. 33, 55, 59, 71, 72 et 83), et par une foule de dispositions du Code de procéd. et du Code d'inst. crim. qui déterminent leurs attributions.

31. — ... Par les lois des 14-17 avr. 1791, 27 vent. an VIII, 7 vent. an XII, qui créent des avoués près le tribunal de Cassation et le conseil des prises, supprimés depuis par le décret du 25 juin 1806. — V. AVOCAT A LA COUR DE CASSATION.

32. — ... Par des lois et ordonnances, trop nombreuses pour être énumérées ici, qui fixent le nombre des avoués près de chaque cour ou tribunal.

33. — ... Par l'arrêté des consuls du 13 frim. an IX, qui institue les chambres d'avoués et détermine leurs attributions. — V. *infrà* nos 636 et suiv.

34. — ... Par la loi du 22 vent. an XII, le décret du 2 juill. 1812, l'ordonnance du 27 fév. 1822, et l'art. 495, C. inst. crim., qui règlent les cas dans lesquels les avoués ont le droit de plaider. — V. *infrà* nos 226 et suiv.

35. — ... Par l'arrêté du 2 niv. an XI et le décret du 30 mars 1808 (art. 105), qui fixent leur costume. — V. *infrà* nos 308 et suiv.

36. — ... Par les décrets des 16 fév. 1807, 18 juin 1811, et l'ordonnance du 10 oct. 1841, qui fixent les émolumens des avoués et le mode de réglement de leurs frais. — V. FRAIS ET DÉPENS, TARIF, TAXE.

37. — ... Par les arrêtés des 13 frim. an IX, 2 thermid. an X, et les art. 102 et 103, décr. 30 mars 1808, qui établissent la compétence, la forme de procéder, la pénalité en matière disciplinaire. — V. *infrà* nos 715 et suiv. — V. aussi DISCIPLINE.

38. — ... Par le décret du 19 juill. 1810, qui établit

des peines et régla la procédure à suivre contre ceux qui se livrent au délit de postulation. — V. POSTULATION.

39. — ... Par la loi du 28 avr. 1816 (art. 91), qui attribue aux avoués le droit de présenter un successeur à l'agrément du roi. — V. OFFICE.

40. — ... Par les lois, décrets et ordonnances des 27 vent. an VIII (art. 97); 24 germin. an VIII; 9 frim. an IX, 25 niv. an XIII, 2 vent. an XIII (art. 22); 10 fév. 1806; 28 avr. 1816 (art. 88 et 95); 19 fév. 1817; 12 janv. et 28 juill. 1820; 4 juill. 1821, qui statue sur leurs cautionnemens.

41. — ... Par l'ordonnance du 1er fév. 1824, qui a supprimé le droit de un tiers pour cent qui leur était accordé sur les versemens qu'ils faisaient à la caisse des dépôts et consignations.

42. — ... Enfin, par d'autres dispositions législatives et réglementaires dont il sera fait mention dans le cours de cet article.

43. — Dans notre organisation judiciaire actuelle, il n'existe d'avoués que près les cours royales et les tribunaux civils; à la cour de Cassation, ce sont les avocats qui postulent; devant les tribunaux de commerce, les conseils de prud'hommes et les juges de paix, il n'y a pas d'avoués.

44. — Le nombre des avoués près de chaque cour et de chaque tribunal a été fixé par le gouvernement, conformément à l'art. 93, L. 27 vent. et au décret du 6 juill. 1810, art. 114. — Ce nombre est diminué ou augmenté selon les besoins du service.

Sect. 2e. — *Conditions d'admission. — Nomination.*

45. — Lorsqu'on discuta en 1791 l'institution des avoués, des députés proposèrent de faire élire ces officiers par le peuple; cette idée n'eut aucune suite: l'assemblée la repoussa.

46. — Provisoirement, il fut décidé que les fonctions d'avoués seraient remplies *de droit* par les «ci devant juges des cours supérieures et siéges royaux, les avocats et procureurs du roi, leurs substituts, les juges et procureurs fiscaux gradués avant le 6 août 1789; les ci-devant procureurs aux parlemens, cour des aides, conseils suprêmes, présidiaux, bailliages et autres titres supprimés; et les ci-devant avocats.» — L. 29 janv.-20 mars 1791, art. 4, 5, 6 et 7.

47. — Pour être avoués ces hommes de loi étaient seulement soumis au serment et à la résidence. — *Ibid.*, art. 8 et 9.

48. — Du reste, l'assemblée nationale se réservait de déterminer ultérieurement les règles d'après lesquelles les citoyens pourraient être par la suite admis aux fonctions d'avoué; elle n'eut pas le temps de s'occuper de ce projet, qui devint inutile après le décret du 3 brum. an II.

49. — En rétablissant les avoués, la loi du 27 vent. an VIII (art 95) décida qu'ils seraient nommés par le premier consul, alors chef du gouvernement.

50. — Aujourd'hui, c'est le roi qui nomme les avoués; mais son choix ne peut porter que sur des candidats qui réunissent les diverses conditions d'âge, d'aptitude, de moralité, etc... exigées par la loi.

51. — Pour être admis aux fonctions d'avoué, il faut: 1º être âgé de vingt-cinq ans accomplis. — Décr. 6 juill. 1810, art. 115.

52. — Avant 1818, le gouvernement accordait quelquefois des dispenses d'âge, particulièrement aux fils d'avoué succédant à leur père décédé; mais depuis cette époque cet abus a cessé; les instructions ministérielles sont précises sur ce point. — Carré, *Compét.*, t. 1er, p. 320, nº 153 et p. 113, nº 61; Souquet, *Dict. des temps légaux*, vº *Avoué*.

53. — S'il n'a pas été tenu de registres de l'état civil, ou s'ils ont été perdus, la justification de la condition d'âge s'opère par un acte de notoriété qui remplace l'acte de naissance: il n'est pas indispensable de recourir aux formalités prescrites par l'art. 46, C. civ. — Bioche, vº *Avoué*, nº 17.

54. — 2º Avoir l'exercice des droits civils et civiques.

55. — D'après une décision du garde des sceaux, en date du 20 déc. 1827, il n'est plus nécessaire de produire une carte civique; cette carte peut être suppléée *par un certificat du maire du domicile*, constatant que celui qui en est porteur n'est dans aucun cas de suspension ou de privation totale des droits civils ou politiques qui l'empêchent d'exercer une fonction publique.

56. — 3º Avoir satisfait aux lois sur le recrutement (décr. 17 thermid. an XII), ce dont le candidat justifie en produisant ou son congé, ou un certificat de libération définitive, délivré par l'autorité compétente.

57. — Un aspirant désigné par son numéro pour faire partie du contingent assigné à son canton, mais qui n'a point été appelé, ne peut être nommé qu'après la libération de la classe à laquelle il appartient.

58. — Ces justifications ne sont plus exigées lorsque le candidat a trente ans accomplis. — L. 21 mars 1832, art. 48.

59. — 4º Avoir obtenu dans une Faculté de droit un certificat de capacité. — L. 22 vent. an XII, art. 26.

60. — Ce certificat n'est délivré qu'après examen, et à celui qui a suivi pendant une année le cours de procédure civile et criminelle (L. 22 vent. an XII, même article) et les leçons du professeur de droit civil qui explique les deux premiers livres du Code. — Décision du grand maître de l'Université.

61. — Ce certificat n'est pas exigé de celui qui est porteur d'un diplôme de licencié ou même de bachelier en droit; mais ce diplôme ne dispense pas du stage. — Joye, *Almanach de la magistrature et du barreau*, p. 168; Bioche, nº 18.

62. — Carré (*Compét.*, t. 1er, p. 320) est d'avis qu'un bachelier en droit n'est pas dispensé du certificat de capacité parce que son titre ne suppose point assez de connaissance des formalités judiciaires. Mais cette objection est sans fondement, car l'examen que subissent les bacheliers sur la procédure est le même que celui des licenciés dont on ne nie pas la capacité.

63. — A Paris, la chambre des avoués, soit au tribunal de première instance; soit à la cour royale, exige le diplôme de licencié; cependant il y a eu, même depuis dix ans, des dérogations à ce réglement intérieur.

64. — 5º Avoir fait cinq ans de cléricature chez un avoué. — Décr. 6 juill. 1810, art. 115.

65. — Ce décret n'assujétissait au stage que les avoués des cours royales; mais plusieurs instructions ministérielles ont rendu cette condition applicable aux candidats qui veulent obtenir une charge d'avoué près les tribunaux de première instance.

66. — Une décision ministérielle du 20 déc. 1827 réduit le stage à trois ans pour les docteurs et les licenciés en droit. Néanmoins à Paris, la chambre des avoués exige que les candidats même licenciés en droit, justifient de cinq années de cléricature, dont une en qualité de principal clerc.

67. — Peu importe que le stage ait été fait chez un avoué d'appel ou chez un avoué de première instance. La chambre des avoués de première instance, à Paris, exige au moins une année de cléricature chez un avoué exerçant devant le tribunal. — Arr. 21 mars 1844.

68. — Le travail fait dans le cabinet d'un avocat à la cour de Cassation est quelquefois compté pour compléter le stage; il y a des précédens; mais il est très difficile d'obtenir le certificat des avocats à la cour de Cassation, qui se considèrent moins comme officiers ministériels, quoiqu'ils fassent quelques actes de postulation, que comme avocats.

69. — Si le candidat a discontinué son stage depuis le moment où il l'a terminé jusqu'au jour où il se présente à l'admission, ce défaut de continuité n'est point un obstacle à sa nomination. Tel est l'usage au ministère de la justice.

70. — A plus forte raison, l'avoué qui a cessé ses fonctions depuis plusieurs années, peut être nommé de nouveau sans un nouveau stage. — Bioche, vº *Avoué*, nº 19.

71. — 6º Produire un certificat de moralité et de capacité délivré par la chambre de discipline. — Décr. 13 fructid. an IX.

72. — S'il n'existe que trois ou quatre avoués, la compagnie tout entière doit remplir les fonctions de la chambre et délivrer le certificat.

73. — La décision ministérielle du 20 déc. 1827 exige en outre un certificat de bonnes vie et mœurs délivré, tant par le maire du domicile du postulant, que par le maire du domicile paternel.

74. — 7º Être présenté soit par un titulaire, soit par ses héritiers ou ayant-cause, lorsque la vacance de l'office n'est pas le résultat d'une destitution (L. 27 avr. 1816, art. 91), et dans ce dernier cas, être présenté par le tribunal près duquel on doit postuler. — L. 27 vent. an VIII, art. 95. — V. OFFICE.

75. — Les pièces sont transmises au garde des sceaux par le procureur général, qui donne son avis et qui joint à son rapport celui du procureur du roi, s'il s'agit d'une place vacante auprès d'un tribunal de première instance.

76. — Pour justifier de la présentation on produit l'acte de cession consenti par le titulaire ou par ses héritiers ou ayant-cause. — Cet acte doit être enregistré. — L. 25 juin 1841, art. 6. — V. OFFICE.

77. — La demande et toutes les pièces à l'appui doivent être sur timbre: chaque justification se fait par acte séparé. — L. 13 brum. an VII, art. 12 et 23.

78. — L'acte de naissance de l'aspirant, la présentation du titulaire et les différens certificats doivent être légalisés. — Joye, *loc. cit.*, p. 169.

79. — 8º Être nommé par ordonnance royale. — L. 27 vent. an VIII, art. 93.

80. — Lorsque l'ordonnance de nomination a été rendue, la commission est adressée au tribunal de première instance dans le ressort duquel l'officier ministériel a établi sa résidence.

81. — Indépendamment de toutes ces formalités, le candidat doit encore après sa nomination et avant d'entrer en fonctions: — 1º déposer le cautionnement affecté à ces fonctions (V. CAUTIONNEMENT); — 2º prêter serment.

82. — Il n'est admis à la prestation de serment qu'après avoir versé le cautionnement, ce dont il justifie par la production du récépissé.

83. — Dans l'ancien droit, les procureurs juraient seulement de *garder les lois, arrêts et réglemens*; la loi du 22 vent. an XII, art. 31, prescrivait aux « avoués le serment de ne rien dire ou publier » comme défenseurs ou conseils de contraire aux » lois, aux réglemens, aux bonnes mœurs, à la » sûreté de l'état et la paix publique, et de ne ja- » mais s'écarter du respect dû aux tribunaux et » aux autorités publiques.»

84. — En 1830 on a exigé davantage, la loi du 31 août a décidé que les fonctionnaires publics de l'ordre civil et judiciaire prêteraient un nouveau serment politique.

85. — Cette loi était-elle applicable aux avoués? Les tribunaux hésitèrent sur cette question; mais une circulaire de M. Mérilhou, alors garde des sceaux, en date du 8 janv. 1831, tout en reconnaissant qu'il y avait doute, décida que le serment serait prêté, et que ceux qui s'y refuseraient seraient réputés démissionnaires. Toutefois la circulaire leur réservait le droit de présentation.

86. — Malgré la décision du ministre, la cour de Nîmes jugea, le 12 déc. 1831, que les avoués n'étaient pas soumis au serment prescrit par la loi du 31 août 1830, « attendu que n'ayant aucune » sorte de juridiction, n'étant que de simples man- » dataires des parties qui leur donnent leur con- » fiance, ils n'avaient aucun caractère de fonction- » naires publics.»

87. — Cet arrêt, déféré par le ministre de la justice à la cour suprême, fut cassé, sur les conclusions conformes de M. le procureur général Dupin: « attendu que les avoués, depuis leur institution en 1791 et leur rétablissement en l'an VIII jusqu'à nos jours, avaient toujours été *assimilés*, quant à l'obligation de prêter le serment politique, *aux fonctionnaires publics, etc.* » — *Cass.*, 16 fév. 1833, Boissier. — V. en ce sens *Agen*, 23 mai 1836 (t. 2 1837, p. 423), Encausse c. Sénac.

88. — La circulaire du 8 janv. 1831 déclarait que ceux qui se refuseraient à prêter le serment seraient réputés démissionnaires, mais qu'ils conserveraient le droit de présenter un successeur. — Cependant un avoué requis de faire cette présentation dans un délai fixé, et ayant laissé passer le délai sans la faire, fut remplacé par un candidat présenté par le tribunal, comme cela a lieu en cas de destitution. L'avoué démissionnaire ayant poursuivi son successeur fut débouté de sa demande. — *Agen*, 23 mai 1836, Encausse c. Sénac. — V. OFFICE.

89. — Les avoués étant à la nomination du roi, il s'agit de savoir s'ils peuvent également être révoqués par lui et dans quels cas? — En fait, le gouvernement a toujours revendiqué le droit de destituer les avoués, de son propre mouvement, sans poursuites ni condamnation préalable par les tribunaux. — Dans deux circonstances notamment M. de Peyronnet, sous la restauration, a usé de ce droit, savoir: contre M. Lecomte avoué à Joigny en 1822, et contre M. Goyer de Sennecourt, avoué à Doullens en 1827.

90. — Jusque là, il n'y avait eu qu'un seul acte de révocation par arrêté du gouvernement, et il remontait au 27 niv. an XI.

91. — Ce qui est très remarquable, c'est qu'à la chancellerie où l'on tient pour certain que le ministre peut toujours et quand bon lui plait révoquer un avoué, on reconnaît, au contraire, par une inconséquence remarquable, qu'il n'a pas le même droit contre un notaire.

92. — Pour justifier cette étrange doctrine on se fonde sur ce que, d'après la loi du 25 vent. an XI, les notaires sont *nommés à vie*. — Mais les percepteurs aussi sont nommés à vie, et cependant le ministre des finances peut les révoquer; la nomination à vie n'est donc pas une objection péremptoire.

93. — On ajoute que c'est une maxime reconnue dans tous les temps que celui-là a le pouvoir de révoquer qui a le pouvoir d'instituer.

94. — Mais, en supposant, ce qu'il serait très facile de contester, que la prétendue maxime invoquée par la chancellerie fût vraie, comment s'en faire une arme contre les notaires? Est-ce qu'il peut y avoir ainsi deux poids et deux mesures? Est-ce qu'on peut refuser aux uns une garantie qu'on accorde aux autres sans conteste?

95. — Quoi qu'il en soit, une discussion très vive s'engagea à la chambre des députés où la question fut portée par une pétition de M. Lecomte, appuyée par une consultation de MM. Parquin, Delacroix Frainville, Gicquel, Berryer père, Chauveau Lagarde, Darieux, Tripier, Dupin aîné, Persil, Loiseau et Nicod.

96. — Dans cette consultation, indépendamment des raisons que nous avons déjà exposées, on soutenait : 1° que loin de donner au gouvernement le droit qu'il invoquait, la loi du 27 vent. an VIII le lui déniait implicitement, puisqu'elle déclarait (art. 92) que les greffiers *pouvaient être révoqués à volonté* et que cette disposition n'était pas répétée relativement aux avoués (art. 95) ; — 2° que les greffiers *avaient* un *emploi public*, une *fonction*, tandis que les avoués, simples officiers ministériels, ne pouvaient être considérés que comme exerçant une *profession*, privilégiée à la vérité, mais indépendante, et qui devait rester hors des atteintes du pouvoir ; — 3° que la révocation ou destitution était une peine et qu'elle ne pouvait être prononcée que dans les cas prévus par la loi ; — 4° enfin, on argumentait avec force de l'art. 91, L. 28 avr. 1816, qui a rétabli la propriété des offices, et de l'art. 66 de la Charte, qui défend la confiscation; et l'on fortifiait cette thèse en faisant remarquer que, d'après la loi de 1816, il ne pouvait y avoir lieu au remplacement du titulaire d'un office que dans le cas où il ne déposait pas son cautionnement.

97. — A ce dernier point de vue, on présentait une considération grave : « ce qui donne de la valeur aux charges, disait M. Parquin, dans la consultation délibérée le 24 juill. 1822, c'est parce qu'on les considère comme irrévocables. Qu'il soit décidé en principe qu'elles peuvent être révoquées à volonté, à l'instant même elles perdent la moitié de leur valeur. L'alarme se répand dans une multitude de familles: combien de fortunes se trouvent subitement réduites et même anéanties! Ces effets désastreux ne sont pas ressentis à Paris seulement, mais par toute la France, mais dans tous les tribunaux, dans toutes les cours de justice, dans toutes les places de commerce, même dans le dernier village, partout où il se rencontre un seul commissaire priseur, un seul agent de change, un seul courtier, un seul huissier.... »

98. — Dans l'opinion contraire, on répondait que la loi de 1816 en obligeant les avoués à des nouvelles conditions, leur a accordé un droit de plus, celui de présentation ; mais qu'elle ne peut avoir modifié la position des avoués, vis-à-vis du gouvernement, notamment quant au droit de destitution qui aurait appartenu à ce dernier.

99. — Quant à ce droit en lui-même, on le faisait dériver de l'art. 103, décr. 30 mars 1808, ainsi conçu : « Notre procureur général rendra compte de tous les actes de discipline à notre ministre de la justice, en lui transmettant les arrêtés avec ses observations afin qu'il puisse être statué sur les réclamations, *ou que la destitution soit prononcée*, s'il y a lieu. » — Jugé en conséquence qu'un officier ministériel, frappé d'une condamnation disciplinaire, peut être destitué par une ordonnance royale sans provocation du tribunal. — *Cass.*, 11 avr. 1835, Choy.

100. — Cette discussion mémorable resta sans résultat et fut renouvelée, en 1827, sans plus de succès, malgré les efforts de MM. Vivien, Edmond Blanc, O. Barrot, Dupin aîné et Barthe, qui délibérèrent une nouvelle consultation en faveur de M. Goyer de Sennecourt.

101. — Les choses ont-elles changé depuis la révolution de 1830? On devrait le croire, car en 1831, la chambre des députés renvoyait A L'UNANIMITÉ au garde des sceaux la pétition de M. Goyer de Sennecourt, avoué destitué en 1827, et l'ordonnance fut bien sévèrement qualifiée dans le rapport présenté à la chambre des députés par M. Félix Faure, aujourd'hui conseiller à la cour de Cassation.

102. — Ce rapport se terminait ainsi : « Peut-être ai-je entretenu un peu longuement la chambre du sujet de cette pétition ; mais j'ai pensé que, quoique mue par l'intérêt privé, elle touchait à d'autres intérêts plus grands : — à l'intérêt de tous les officiers ministériels, qu'il est important de rassurer, et sur l'indépendance et sur le libre exercice de leur profession, dans laquelle ils ne doivent être gênés que dans les cas, et sous les formes tutélaires de la loi ; — à l'intérêt général, qui s'oppose à ce qu'une ordonnance qui, de sa nature, doit être l'exécution de la loi, en viole arbitrairement les dispositions. »

103. — Mais si l'on considère que, d'une part, ce renvoi au garde des sceaux prononcé cinq fois est toujours resté sans résultat, quelque fût le ministre au pouvoir ; que, d'autre part, plusieurs officiers ministériels ont été révoqués, il faut reconnaître que la jurisprudence de la chancellerie n'a pas changé. — Et ce qui est plus regrettable, c'est qu'elle ait été approuvée par des ministres qui, en 1827 et 1828, avaient signé comme avocats des consultations contraires au droit de révocation *proprio motu*.

104. — M. Persil, du moins, n'a rien changé à ses anciennes convictions. — Voici comment il s'exprimait en 1832, lorsqu'en qualité de procureur général il portait la parole devant la cour royale, réunie en audience solennelle pour entendre le discours de rentrée : « Avoués, votre » profession était en quelque sorte dépendante du » pouvoir ; mais le jour où il a été solennellement » reconnu qu'*il n'avait pas* LE DROIT *de vous destituer arbitrairement* ET SANS JUGEMENT, vous vous » êtes en quelque sorte trouvés élevés à une indé- » pendance égale à celle de la justice. »

105. — Pour combattre les funestes doctrines de la chancellerie, on s'est adressé, non seulement aux chambres, mais à la cour suprême et au conseil d'état ; mais ces hautes juridictions se sont déclarées *incompétentes*. — V. OFFICE, OFFICIER MINISTÉRIEL. — A qui donc recourir alors? A l'initiative parlementaire, car c'est le seul moyen de faire cesser cette situation compromettante pour tous les titulaires d'offices.

Sect. 3e. — *Fonctions des avoués. — Incompatibilités.*

106. — Quoique les avoués soient nommés par le roi, ou plutôt institués par lui, ils ne peuvent être rangés dans la classe des fonctionnaires publics, ce ne sont que de simples officiers ministériels.

107. — Il y a des textes cependant qui semblent leur appliquer la dénomination de fonctionnaires publics (L. 28 avr. 1816, art 88 et 91) ; mais c'est improprement.

108. — Les avoués ne sont ni agens du gouvernement ni fonctionnaires publics, puisqu'ils ne sont chargés d'aucune partie de l'administration, et n'exercent leurs fonctions que dans des *intérêts privés*. — *Cass.*, 9 sept. 1836, Fournier-Verneuil c. Hocmelle.

109. — Ainsi, ils ne jouissent pas de la garantie de l'autorisation préalable, aux termes de l'art. 75 de la constitution de l'an VIII. — V. FONCTIONNAIRE PUBLIC.

110. — De même, ils ne sont pas fonctionnaires dans le sens de l'art. 174, C. pén., et ne sont pas atteints par les dispositions de cet article relatives à la concession. — Chauveau et Hélie, *Théorie du Code pén.*, t. 2, p. 600, § 2, édit. 2e.

111. — De même encore, lorsqu'un avoué se plaint d'avoir été diffamé, l'affaire ne doit pas être portée devant la cour d'assises, et la preuve des faits diffamatoires n'est pas autorisée, comme elle le serait contre un fonctionnaire public. — *Cass.*, 14 avr. 1831, Fourdinier c. Cressent et Lefebvre. — V. DIFFAMATION.

112. — Les fonctions d'avoués près les tribunaux civils étaient, avant la loi du 29 pluv. an IX, séparées de celles des avoués près les tribunaux criminels, et elles étaient exercées par des personnes différentes. Cette loi permit aux avoués de première instance et d'appel d'exercer leur ministère près des tribunaux criminels, et réciproquement aux avoués des tribunaux criminels d'exercer près d'un tribunal d'appel ou de première instance, mais à la charge de fournir un supplément de cautionnement. Aujourd'hui ce sont les cours d'assises qui remplacent les tribunaux criminels, et il n'y a plus d'avoués spécialement attachés à ces cours, ce sont les avoués de première instance et d'appel qui en remplissent les fonctions. — Décr. 6 juill. 1810, art. 112 et suiv.

113. — Les fonctions d'avoué sont incompatibles : 1° avec les fonctions de l'ordre judiciaire autres que celles de suppléant (L. 6-27 mars 1791, art. 1er, 5, 27 et 28).

114. — 2° Avec la profession d'avocat. — Ord. 20 nov. 1822, art. 42. — Dans l'ancien droit, il y avait des sièges dans lesquels les fonctions d'avocat et de procureur étaient exercées par les mêmes personnes. — Il en était ainsi notamment dans l'Anjou.

115. — Aujourd'hui, à Genève, la plaidoirie et la postulation sont aussi exercées par les mêmes officiers ; l'avocat et l'avoué ne font qu'un.

116. — 3° Il y a incompatibilité entre les fonctions d'avoué et celles de notaire (L. 25 vent. an XI, art. 7) ;

117. — ... 4° Et celles d'huissier et de commissaire-priseur.

118. — 5° Il en est de même pour celles de greffier.

119. — Cependant, lorsqu'en cas d'empêchement du greffier il faut, pour les besoins du service, faire provisoirement tenir la plume à l'audience à une personne étrangère au greffe, c'est ordinairement un avoué qu'on charge de cette fonction ; mais, dans ce cas, le tribunal ne juge aucune des affaires dans lesquelles occupe cet avoué.

120. — 6° Il y a incompatibilité entre les fonctions d'avoué et celles de receveur des finances. — *Angers*, 8 déc. 1830, Bousquet c. Maussion.

121. — ... 7° Et celles de conseiller de préfecture. — Avis du cons. d'état, 5 août 1809.

122. — ... 8° Et tous les emplois administratifs auxquels est attaché un traitement.

123. — 9° D'après l'ordonnance d'Orléans (1560), le commerce était interdit aux avoués : quoique cette prohibition n'ait pas été reproduite, nous pensons que les chambres d'avoués doivent la maintenir scrupuleusement dans l'intérêt de leur corporation.

124. — Quoique la loi n'établisse pas d'incompatibilité de parenté entre les magistrats et les officiers ministériels d'un même siége, on doit éviter et l'on évite ordinairement de nommer aux fonctions d'avoué le fils ou le proche parent d'un membre de la cour ou du tribunal près lequel les fonctions doivent être remplies. — Joye, *Almanach de la magistrature et du barreau*, p. 169.

125. — Jugé qu'il n'y a aucune incompatibilité entre les fonctions de juré et celles d'avoué ayant occupé dans un procès civil contre l'accusé. — *Cass.*, 2 avr. 1829, Vivier.

126. — D'ailleurs, si l'accusé suspecte l'impartialité de l'avoué, il est libre de le récuser. — V. COUR D'ASSISES.

127. — Il n'en est pas des avoués comme des notaires et des huissiers ; ils peuvent exercer pour toutes personnes, même pour eux, leurs femmes, leurs enfans et leurs parens ou alliés. — Pigeau, *Procéd.*, t. 1er, p. 133.

128. — Les avoués ne sont pas des mandataires ordinaires, ils sont les représentans légaux des parties ; leur ministère est *forcé* dans certains cas et facultatif dans quelques autres. — V. MATIÈRE SOMMAIRE. — V. aussi *infrà* nos 388 et suiv.

129. — Le droit de *représentation* comprend celui de *postuler* et de *conclure*. — L. 27 vent. an VIII, art. 94 ; 20 mars 1791, art. 3.

130. — *Postuler*, c'est faire tout ce qui est nécessaire à l'instruction d'un procès, rédiger et faire signifier les actes et requêtes ; remplir enfin toutes les formalités prescrites par la loi pour éclairer le juge et le mettre en état de prononcer en connaissance de cause. — V. POSTULATION.

131. — *Conclure*, c'est présenter au tribunal le résumé des réclamations d'une partie. — V. CONCLUSIONS.

132. — En matière civile, l'avoué ne postule que devant le tribunal auquel il est attaché.

133. — Cependant les avoués près les cours royales de la Martinique et de la Guadeloupe exercent le droit de postuler devant la cour, concurremment avec les avoués de première instance (Ordonn. 24 sept. 1828, art. 186 et 188). — *Cass.*, 15 juill. 1840 (t. 2 1840, p. 179), Boisaubin c. Patron.

134. — En matière criminelle, la postulation n'est jamais que facultative et ne s'exerce en général de la part de l'avoué que devant le tribunal auquel il est attaché (Argum. L. 27 vent. an VIII, art. 93 et 94 ; décr. 29 pluv. an IX, art. 1er et 2). — *Cass.*, 7 mars 1828, Fichet.

135. — Toutefois, dans les lieux où il n'y a pas de cour royale, les avoués près le tribunal de première instance peuvent exercer leur ministère devant la cour d'assises. — Décr. 6 juill. 1810, art. 113.

136. — Remarquons aussi que l'avoué de première instance peut aussi bien que l'avoué à la cour, même sans pouvoir spécial, interjeter appel d'un jugement correctionnel. — Argum. C. inst. crim., art. 204. — V. APPEL (matière criminelle).

137. — Par l'effet du droit de postulation, l'avoué représente sa partie à tel point que les actes qui lui sont signifiés ou communiqués sont en général, censés l'être à son client. Ainsi l'on n'est tenu de signifier qu'à l'avoué l'opposition à un jugement par défaut faute de conclure, l'appel d'un jugement en matière d'ordre ou de contribution, l'assignation pour assister à une enquête.

138. — Réciproquement, certains actes faits par l'avoué sont réputés l'être par la partie. Ainsi l'avoué, en matière de vérification d'écritures, a caractère pour signer la pièce contestée et constater son état. — C. procéd., art. 196 et 198.

139. — En général, lorsque le loi exige la communication directe d'un acte à la partie, par exemple, pour la signification des jugemens contradictoires, elle ordonne en même temps qu'elle soit préalablement faite à l'avoué. — C. procéd., art. 147.

140. — Dès qu'il est constitué, et jusqu'à sa révocation, l'avoué est réputé *dominus litis* pour tout ce qui se rattache à l'instruction de l'affaire.

141. — Aussi, le fait de l'avoué est réputé le fait de la partie jusqu'à désaveu. — *Rennes*, 21 mai 1814, N... — V. DÉSAVEU, et *infrà* nº 396.

142. — Jugé, en conséquence, que l'opposition à un jugement par défaut rendu contre une partie ayant un avoué est recevable, quoique ayant été formée tardivement, si l'avoué adverse déclare à l'audience renoncer pour son client à faire usage de la fin de non-recevoir résultant de l'art. 157, C. procéd. — *Cass.*, 26 mars 1834, Blondel.

143. — De même les déclarations faites dans la requête signifiée par un avoué sont, jusqu'à désaveu, considérées comme émanées de la partie ellemême.

144. — Ainsi, on peut exciper contre le client de la qualité qui lui a été donnée dans la requête et les actes de procédure émanés de son avoué. — *Paris*, 21 juin 1828, Baugé c. Ceconni.

145. — La cour de Cassation, chambre criminelle, est même allée beaucoup plus loin; elle a jugé qu'il y avait faux de la part de la partie en cause lorsque, dans une requête, dans des actes d'avoué à avoué, elle avait été qualifiée, sur ses indications et frauduleusement, d'un nom qui ne lui appartenait pas. — *Cass.*, 17 mai 1839 (t. 1er 1839, p. 605), Dubarret et Louisa Feral.

146. — L'avoué étant le représentant nécessaire de la partie, il s'ensuit que lorsque l'affaire n'est pas en état, il y a lieu à reprendre l'instance, si l'avoué décède ou vient à cesser ses fonctions. — V. REPRISE D'INSTANCE.

147. — Le droit de l'avoué, comme représentant la partie pour laquelle il occupe, ne cesse pas avec le jugement même définitif qui intervient dans l'affaire, il lui survit, et l'avoué est tenu d'occuper encore sur l'exécution de ce jugement pendant l'année de sa prononciation. — C. procéd., art. 1038. — V. *infrà* nº 416.

148. — Le même avoué peut occuper pour plusieurs parties, lorsqu'elles n'ont pas des intérêts contraires, fussent-ils distincts. Autrement, dans certains tribunaux on ne pourrait procéder, car il n'y aurait souvent pas assez d'avoués pour représenter les parties. — V. *infrà* nos 419, 487 et suiv.

149. — Quoique occupant pour plusieurs parties, l'avoué fait autant de dossiers qu'il y a d'intérêts distincts, et les significations qu'il reçoit doivent être faites en autant de copies séparées qu'il y a de dossiers.

150. — Lorsque les avoués postulant près d'un tribunal sont en nombre insuffisant pour représenter toutes les parties en cause, il y a lieu de se pourvoir devant la cour royale pour obtenir le renvoi devant un autre tribunal. — *Angers*, 8 déc. 1830, Bousquet c. Maussion.

151. — Dans certains cas, par exemple, en matière d'ordre et de distribution par contribution, l'avoué représente non seulement sa partie, mais encore des intérêts collectifs. — C. procéd., art. 667, 761 et 764. — V. *infrà* nº 415.

152. — Il est le mandataire de tous les créanciers opposans aux scellés. — C. procéd., art. 932; — Glandaz, *Encycloped. du dr.*, vº *Avoué*, nº 30.

153. — Jugé que l'assistance de l'avoué est exigée par la loi à toutes les époques de l'instance d'ordre. — *Paris*, 25 mars 1835, Dalogny c. Dondel. — Ainsi, lorsque l'avoué d'un créancier produisant vient à se démettre de ses fonctions avant que les délais pour contredire les collocations du réglement provisoire soient expirés, il faut assigner la partie en constitution d'un nouvel avoué. — Il ne suffirait pas, pour passer outre au réglement de l'ordre, de faire une sommation au successeur de l'avoué produisant de déclarer s'il a pouvoir d'occuper au lieu et place de son prédécesseur. — Même arrêt. — V. ORDRE.

154. — L'assistance de l'avoué est également nécessaire pour les acceptations sous bénéfice d'inventaire, et les répudiations, soit de succession, soit de communauté, faites au greffe. Il doit certifier l'identité des parties. — Arg. Tarif, 16 fév. 1807, art. 91.

155. — Le ministère de l'avoué est encore nécessaire pour les ventes qui se font en justice. Il est chargé de la procédure pour arriver à l'adjudication; aux audiences des criées, il a seul le droit d'enchérir lors des adjudications préparatoires et définitives.

156. — L'avoué a pareillement le droit de procéder et d'enchérir dans les ventes et adjudications renvoyées devant notaire. — V. VENTE JUDICIAIRE.

157. — Quoiqu'en règle générale le ministère des avoués soit nécessaire, il y a cependant des circonstances où il est facultatif; quelquefois même il est interdit.

158. — Le ministère des avoués est facultatif pour les préfets agissant au nom de l'état.

159. — Jugé ainsi que les préfets ne sont pas tenus de constituer avoué dans les procès qu'ils suivent dans l'intérêt de l'état. — *Colmar*, 12 mars 1831, Préfet du Haut-Rhin c. Vellecané; *Cass.*, 27 nov. 1823, comm. de Bernay c. de Cerisy; *Nancy*, 28 mars 1831, préfet de la Meurthe c. Saltzman; — Merlin, *Quest.*, vº *Avoué*, t. 1er, p. 208.

160. — De même encore, dans une cause où il n'y a lieu qu'à une simple expertise ou à une simple plaidoirie, l'état peut se dispenser de constituer avoué. — *Bourges*, 20 avr. 1825, Préfet de la Nièvre c. Moreau.

161. — La cour de Nancy a jugé, mais à tort selon nous, le 21 juin 1830 (préfet de la Meurthe c. Barabin), que le ministère public, sinon la partie adverse, est fondé à s'opposer à ce que le préfet procède avec ministère d'avoué.

162. — Au surplus, dans les causes telles que les ordres et les expropriations, qui exigent un grand nombre de formalités, les préfets constituent avoué et ne peuvent pas s'en dispenser; il serait à peu près impossible, en pareil cas, de procéder régulièrement si c'était le procureur du roi qui occupât.

163. — Jugé que l'administration de la caisse des invalides de la marine n'est pas dispensée d'employer le ministère des *avoués* dans les contestations relatives aux droits qu'elle est chargée de percevoir. — *Cass.*, 12 août 1818, Administ. de la marine c. Larode.

164. — Le ministère des avoués est facultatif pour les régies des contributions indirectes, du timbre, de l'enregistrement et des douanes, pourvu que la contestation ne soit engagée qu'entre ces administrations et leurs redevables.

165. — Si des tiers s'y trouvent engagés, il faut recourir aux formes ordinaires. — *Cass.*, 7 janv. 1818, Enregistr. c. Bildé; 29 avr. 1818, Enregistr. c. Boy; — Avis du cons. d'état, 12 mai 1807; — Merlin, *Quest. de dr.*, vº *Avoué*, p. 259; Carré et Chauveau, *L. proc. civ.*, t. 1er, p. 203, nº 381; *Dict. des dr. d'enregistr.*, vº *Saisie-arrêt*, nº 15; Rolland et Trouillet, *Dict. de l'enregistr.*, vº *Instance relative à des saisies*, § 1er, nº 10; Masson-Delongpré, *Code de l'enregistr.*, nº 8378.

166. — La régie de l'enregistrement n'est pas obligée de constituer avoué, même dans les affaires qui ont pour objet le recouvrement de domaines nationaux. — *Cass.*, 20 niv. an XI, Enregist. c. Lefebvre; — Merlin, *Quest. de dr.*, vº *Avoué*, t. 1er, p. 260; Carré, *id.*

167. — Et même elle est dispensée de constituer avoué, s'il s'agit du recouvrement des frais dus au trésor en matière correctionnelle, quoique ces instances soient dirigées contre des tiers débiteurs de la partie condamnée. — *Cass.*, 28 juill. 1812, Enregist. c. Bougue.

168. — L'adversaire de la régie des contributions indirectes n'est pas plus qu'elle obligé de constituer avoué. Dès-lors, les frais qui peuvent être la conséquence de la constitution de l'avoué qu'il a plu à l'autre partie d'employer dans ce cas, demeurent à la charge de celle qui les a faits. — *Cass.*, 26 mars 1827, Contrib. ind. c. Lecarpentier.

169. — Cependant la plupart des administrations publiques emploient le ministère des avoués dont elles reconnaissent l'utilité.

170. — Mais en matière d'enregistrement, les avoués ne peuvent que prendre et déposer des conclusions, la plaidoirie est interdite. — *Cass.*, 1er août 1836, Enregist. c. Barnier.

171. — Le ministère des avoués est facultatif, à l'égard de toutes les parties: 1º en matière de discipline devant les tribunaux civils. — *Douai*, 15 juin 1835, Becq.

172. — 2º Lorsqu'il s'agit de demande en restitution de pièces produites. — C. procéd., art. 107.

173. — En matière criminelle, les avoués peuvent aussi postuler et conclure, et même plaider dans certains cas; mais leur ministère est purement facultatif. Ainsi, le prévenu qui réclame des dommages-intérêts contre la partie civile, n'a pas besoin de l'assistance d'un avoué. — *Cass.*, 12 mars 1812, Cairpion c. Morel; 14 août 1823, Lombard; 17 fév. 1826, Fredly; 25 nov. 1831, Brurard c. Bosquillon; 7 avr. 1837 (t. 1er 1837, p. 398), Roque.

174. — L'opinion contraire, soutenue par Legraverend, t. 2, p. 340; Favard, vº *Dépens* (V. aussi Circul. minist. 10 avr. 1813, et *Orléans*, 5 mai 1829, Duc d'Orléans c. Norel), a été abandonnée depuis que la cour suprême a fixé sa jurisprudence.

175. — L'accusé peut également et à plus forte raison défendre à une demande en dommages-intérêts, intentée contre lui après l'ordonnance d'acquittement, sans être assisté d'un avoué. — *Cass.*, 3 mars 1842 (t. 2 1845), Féral et autres c. Maurel et Auzépy. — V. COUR D'ASSISES.

176. — La partie civile peut, sans l'assistance d'un avoué, prendre des conclusions devant les tribunaux criminels. — Glandaz, *Encycl. du dr.*, vº *Avoué*, nº 8; Bioche, nº 106.

177. — Quoique le ministère de l'avoué soit facultatif en ce sens que le prévenu peut se dispenser de se faire assister par lui, cependant s'il veut se dispenser de comparaître dans les cas où sa présence n'est pas nécessaire, il ne peut se faire représenter que par un avoué. — C. inst. crim., art. 185.

178. — Ce droit de représenter le prévenu, dans les affaires relatives à des délits n'entraînant pas la peine d'emprisonnement, existe, suivant M. Bioche (nº 99), même lorsque le prévenu n'a pas été interrogé; autrement la faculté serait illusoire. — V. *contrà Grenoble*, 13 nov. 1828, Jourdard.

179. — Du reste, le tribunal peut toujours ordonner la comparution du prévenu en personne. — C. inst. crim., art. 185.

180. — Le ministère des avoués est interdit devant les justices de paix, les tribunaux de commerce et les tribunaux de première instance jugeant commercialement. Les avoués ne peuvent se présenter dans ces sortes d'affaires que comme simples mandataires et en vertu d'un pouvoir spécial. — C. procéd., art. 9 et 414; C. comm., art 627.

181. — Par exception, le ministère de l'avoué est interdit, ou plutôt son assistance n'est pas autorisée dans le cas d'interrogatoire sur faits et articles. La partie doit répondre elle même et sans l'assistance d'aucun conseil. — C. procéd., art. 333.

182. — Il en est de même en matière de séparation de corps, lors de la comparution devant le président; les époux comparaissent seuls et sans conseil devant ce magistrat. — C. procéd. art. 877.

183. — *Quid* en matière d'interdiction? — V. INTERDICTION.

184. — Indépendamment du droit de postuler et de conclure, les avoués ont quelquefois le droit de plaider, soit en matière civile, soit en matière criminelle, mais dans quels cas? — V. *infrà* nos 226 et suiv.

Sect. 4e. — *Droits et priviléges des avoués.*

185. — Les avoués ont exclusivement le droit de postuler et de prendre des conclusions devant le tribunal près lequel ils sont établis.

186. — Néanmoins, les parties peuvent toujours se défendre elles-mêmes, verbalement et par écrit, ou faire proposer leur défense par qui elles jugent à propos. — L. 27 vent. an VIII, tit. 7, art. 94. — Mais le droit qu'ont les parties de se défendre elles-mêmes ne les dispense pas du ministère de l'avoué, qui est, en général, obligatoire dans toutes les affaires portées devant les tribunaux de première instance et d'appel.

187. — Les avoués ont seuls caractère pour signer les requêtes qui doivent être signifiées durant les instances dans lesquelles ils occupent. Cependant en matière de restitution de pièces, le rétablissement en est ordonné et les condamnations que le retard entraîne sont prononcées sur un simple mémoire, sur une requête de la partie, sans assistance d'avoué. — V. art. 107, Cod. procéd. civ. — V. aussi COMMUNICATION DE PIÈCES, INSTRUCTION PAR ÉCRIT.

188. — Les avoués ont le droit exclusif de faire tous les actes exigés pour arriver à l'adjudication en matière de vente de rentes sur particuliers. — V. RENTES.

189. — Ils ont le même droit en ce qui concerne la procédure relative aux ventes judiciaires de biens immeubles. — V. VENTES JUDICIAIRES DE BIENS IMMEUBLES.

190. — Sous l'empire de l'ancien tarif, en matière de vente renvoyée devant notaire, la rédaction du cahier des charges et les autres actes qui précèdent la vente, pouvaient être faits, soit par les parties elles-mêmes, soit par le notaire délégué, ou toute autre personne. — *Cass.*, 25 juin 1828, Avoués c. Notaires de Compiègne.

191. — Dans ce cas, les enchères pouvaient être reçues de la part de toutes personnes, à moins que le cahier des charges ne contînt une clause contraire.

192. — Mais, depuis la loi du 2 juin 1841, la rédaction des affiches et les insertions dans les journaux rentrent dans les attributions exclusives des avoués, et les notaires ne peuvent prétendre avoir le droit de faire ces affiches et insertions concurremment avec ces officiers ministériels. — *Cass.*, 18 nov. 1844 (t. 2 1844, p. 565), Nipot c. Zœpfel.

193. — Le notaire n'a que le droit de rédiger le

cahier des charges, et les enchères peuvent encore être proposées par toutes personnes. — Même arrêt.

194. — Les avoués ont-ils le droit exclusif de remplir les formalités requises pour la purge des hypothèques légales? — Non; mais il serait convenable de leur donner exclusivement cette attribution nouvelle. C'est ce qu'a proposé de faire la commission du tribunal de la Seine, dans un travail sur les modifications à apporter au tarif.

195. — Du reste, il a été jugé que c'est aux avoués à l'exclusion des huissiers, qu'il appartient de composer l'extrait du titre à notifier aux créanciers inscrits, pour le purge des hypothèques, et de percevoir le droit de copie. — *Orléans*, 21 nov. 1844 (t. 2 1844, p. 683), huissiers de Tours c. avoués de la même ville. — Il y a pourvoi contre cet arrêt.

196. — Le droit de signer les copies de pièces et d'en percevoir les émolumens appartient aux avoués et aux huissiers, concurremment pour les actes qui se rattachent à la postulation. — Mais les huissiers ont un droit exclusif en matière extrajudiciaire. — V. COPIE DE PIÈCES, HUISSIER.

197. — Les avoués n'ont pas un droit de copie pour les jugemens ou arrêts qui ont été imprimés et affichés. — *Cass.*, 12 mai 1812, Devaux c. N; — Berriat-Saint-Prix, t. 1er, p. 161.

198. — Ils ont droit à un salaire, même quand ils n'agissent que comme mandataires ordinaires. — Chauveau, *Comment. du tarif*, t. 1er; Glandaz, *Encycloped. du dr.*, vo *Avoué*, no 31.

199. — Ils peuvent, même dans les affaires ordinaires, réclamer des honoraires extraordinaires, non prévus dans le tarif, à raison des soins, démarches et travaux qu'on n'était pas en droit d'exiger d'eux comme avoués, mais qui importaient au succès de l'affaire. — *Cass.*, 16 déc. 1818, Delabriffe c. Bazin; 13 juin 1837 (t. 1er 1837, p. 556), Seguin c. Drouin.

200. — Suivant Pigeau (t. 1er, p. 519), les avoués, dans les matières ordinaires, ont un privilége, conformément à l'art. 2102, § 3, C. civ., sur l'objet de la contestation, pour se faire rembourser leurs frais et honoraires. — « Cette opinion paraît fondée, dit M. Glandaz (*Encycloped. du dr.*, vo *Avoué*, no 33), et il semble juste d'admettre que les actes faits pour arriver à la décision du débat judiciaire ont eu, dans certains cas, pour but la conservation de la chose. » — Au surplus V. PRIVILÉGE.

201. — Dans certaines matières spéciales, le privilége est incontestable. — V. DISTRIBUTION PAR CONTRIBUTION, ORDRE, PRIVILÉGE, SAISIE IMMOBILIÈRE.

202. — La distraction des dépens, la solidarité, la compétence exceptionnelle du tribunal de son domicile, sont encore des avantages précieux que la loi a accordés à l'avoué, pour lui faciliter le remboursement de ses frais. — V. *infrà*, nos 509 et suiv. — V. aussi FRAIS ET DÉPENS.

203. — Les avoués ont droit, ainsi que leurs veuves et héritiers, de présenter leurs successeurs à l'agrément du roi. — L. 28 avr. 1816, art. 91. — Les titulaires destitués sont seuls déchus de cette faculté. — V. OFFICE.

204. — En cas de partage dans les tribunaux de première instance, on appelle, pour le vider, un avoué, à défaut de juges, de suppléans et d'avocats. — C. procéd., art. 118.

205. — De même, les avoués peuvent être appelés à compléter le tribunal. Mais toutes les fois que l'un d'eux est requis, en remplacement d'un juge, il est nécessaire, à peine de nullité, de constater dans le jugement qu'il n'a été appelé qu'à défaut des autres juges, des suppléans et des avocats. — *Cass.*, 16 juin 1824, Levraud c. Hérils; 19 janv. 1825, Martin c. Enregist.; — Merlin, *Quest.*, vo *Avoué*. — V. JUGEMENT.

206. — Ils peuvent aussi compléter une chambre de cour royale, en l'absence des conseillers et avocats. — *Toulouse*, 28 août 1841 (t. 1er 1843, p. 359), Ferradou c. Bourriard.

207. — De même, ils peuvent être appelés à remplacer le ministère public, en cas d'empêchement des membres du tribunal ou des avocats inscrits au tableau. — V. MINISTÈRE PUBLIC.

208. — Après dix ans d'exercice, les avoués, licenciés ou non, peuvent être appelés aux fonctions de la magistrature, soit en qualité de juges, soit comme substituts du procureur du roi. — L. 22 vent. an XII, art. 2. — C'est la juste récompense d'une carrière honorablement remplie.

209. — Les avoués sont comme les avocats, dispensés de déposer en justice sur les faits qui leur sont révélés, ou confiés sous le sceau du secret. — Glandaz, vo *Avoué*, no 55. — V. AVOCAT, REVÉLATION DE SECRETS.

210. — Ils peuvent prendre la qualité de *maître*. — *Parlem. Toulouse*, 11 sept. 1741. — La Roche Flavin, *Parlem. de France*, liv. 2, ch. 15, art. 17.

211. — Ils ont place au barreau, à côté des avocats, peuvent rester assis, si ce n'est quand ils s'adressent à la Cour ou lorsque l'avocat lit les conclusions.

212. — Mais ils n'ont pas, comme les avocats, le droit de parler couverts, non seulement quand ils prennent leurs conclusions, mais même quand ils sont admis à plaider. — V. Jousse, *Administr. de la justice*, t. 2, p. 517, no 89. — Autrefois quand les procureurs plaidaient devant le parlement de Paris, ils passaient à la barre. — V. BARREAU, PROCUREUR.

213. — Un avoué a qualité pour se plaindre des outrages dirigés contre le corps des avoués existant près le tribunal où il postule. — *Douai*, 1er mars 1831, Cressent et Lefèvre c. Fourdinier.

214. — Mais il n'a pas le droit de présenter au serment, les gardes particuliers; ce droit n'appartient qu'au ministère public. — *Cass.*, 15 juill. 1836 (t. 1er 1837, p. 575), Sohier.

215. — Dans l'ancien droit, les procureurs avaient rang après les avocats; cependant ils n'avaient pas le pas sur les notaires. Aujourd'hui, le rang des avoués n'est pas fixé dans les cérémonies publiques, mais ils accompagnent ordinairement le tribunal près duquel ils exercent leurs fonctions.

216. — La compagnie des avoués a été investie par le décr. du 19 juill. 1810 du droit de poursuivre et de faire punir ceux qui postulent au préjudice des avoués, ceux qui usurpent leurs fonctions.

217. — Le délit de postulation était déjà puni par l'ancienne législation. — Ord. 1445; 1507; édit du 29 juin 1549; — *Parlem. Paris*, 15 janv. 1675.

218. — Le décret du 19 juill. 1810 a emprunté à ces anciens réglemens presque toutes ses dispositions — D'après ce décret, les individus convaincus de s'être livrés à la postulation sont passibles d'une amende de 200 à 500 fr.

219. — En cas de récidive, l'amende est portée au double, et les délinquans sont déclarés incapables d'exercer les fonctions d'avoué. — Décr. 19 juill. 1810, art 1er.

220. — Les avoués complices du délit de postulation sont punis la première fois d'une amende de 500 fr. à 1,000 fr.; la deuxième fois l'amende s'élève à 1500 fr.; et l'avoué peut être frappé de destitution.

221. — Les parties ont en outre une action en dommages-intérêts contre les délinquans et leurs complices. — Même décret, art. 2.

222. — Le produit de l'instruction faite en contravention est confisqué au profit de la chambre des avoués, et applicable aux actes de bienfaisance exercés par cette chambre. — Même décret, art. 1er.

223. — La contravention peut être poursuivie, soit d'office par les procureurs généraux et leurs substituts, soit sur la plainte de la chambre des avoués. — Même décret, art. 4 et 5.

224. — Elle est constatée par voie de perquisitions faites en présence d'un juge de paix ou d'un commissaire de police, par saisie des papiers. — Même décret, art. 4 et 6.

225. — Et jugée non par le tribunal correctionnel, mais par le tribunal civil. — V. au surplus POSTULATION.

Sect. 5e. — *Droit de plaider.*

226. — Les avoués n'ont pas seulement le droit de représenter les parties dans les instances judiciaires, c'est-à-dire de postuler et de conclure; ils ont aussi dans quelques circonstances le droit de plaider.

227. — Mais ce n'est que par exception que ce droit a été attribué aux avoués; en principe, c'est aux avocats qu'il appartient.

228. — D'après la loi du 22 ventôse an XII, les avoués licenciés avaient le droit de plaider concurremment avec les avocats, mais seulement dans les causes où ils postulaient.

229. — Les avoués même non licenciés pouvaient plaider aussi dans leurs propres affaires, lorsque l'avocat était absent ou empêché.

230. — Le décret du 14 déc. 1810 sur l'exercice de la profession d'avocat ne dérogea pas à la loi de l'an XII; il permit même aux avoués licenciés qui quitteraient leurs fonctions pour se faire avocats de se faire recevoir sans subir le stage, en justifiant de leur titre et de leur moralité. — V. art. 17.

231. — Le décret du 2 juill. 1812 modifia d'une manière grave cet état de choses; il restreignit le droit des avoués postulant devant une cour royale ou les tribunaux de chefs-lieux à la plaidoirie des affaires sommaires. — Quant aux avoués des autres tribunaux, ils conservèrent, d'après le décret, les droits résultant de la loi du 22 vent. an XII.

232. — Par respect pour les droits acquis, le décret de 1812 (art. 9) maintint les avoués licenciés avant sa promulgation dans la prérogative absolue que leur avait donnée l'art. 32 de la loi du 22 vent. an XII.

233. — L'ordonnance du 22 févr. 1822 vint encore modifier la législation. Voici l'économie de cette ordonnance toujours en vigueur.

234. — 1o Les avoués licenciés avant le décret du 2 juill. 1812 sont maintenus dans les droits dérivant à leur profit des dispositions de la loi du 22 vent. an XII.

235. — 2o Les avoués licenciés depuis le décret du 2 juill. 1812 ne sont admis qu'à expliquer les demandes incidentes qui sont de nature à être jugées sommairement et tous les incidens de procédure.

236. — 3o Enfin, les avoués exerçant près un tribunal où le nombre des avocats est insuffisant pour la plaidoirie sont autorisés à plaider, concurremment avec ceux-ci toutes les affaires dans lesquelles ils occupent.

237. — Cette ordonnance modifiait, abrogeait la législation antérieure: elle fut attaquée dans tous les tribunaux comme inconstitutionnelle.

238. — On disait que les ordonnances ne devant avoir pour objet unique que la mise à exécution des lois, elles ne peuvent les abroger ni expressément ni implicitement. L'art. 38 (L. 22 vent. an XII) n'est pas contraire à ce principe, car il se borne à autoriser des réglemens d'administration publique pour l'exécution de la loi, notamment en ce qui concerne la formation du tableau des avocats et la discipline du barreau. — Or concentrer la plaidoirie dans un certain nombre d'individus, l'enlever à des officiers publics investis du droit de s'y livrer dans certaines limites, ce n'est point faire un réglement pour l'exécution de la loi, c'est modifier la loi elle-même. — Glandaz, *Encycl. du dr.*, vo *Avoué*, no 39.

239. — De nombreux arrêts, pendant plusieurs années, donnèrent gain de cause aux avoués et refusèrent de reconnaître la constitutionnalité de l'ordonnance; mais la cour de Cassation triompha de cette résistance et ramena toutes les cours dissidentes à sa jurisprudence. Aujourd'hui l'ordonnance du 22 février 1822 reçoit partout exécution. Rappelons cependant les arrêts qui sont intervenus sur la question.

240. — Les avoués près les tribunaux de chef-lieu, autres que ceux dont la licence est antérieure au décret du 2 juill. 1812, n'ont pas conservé, depuis l'ordonnance du 27 fév. 1822, le droit de plaider les affaires sommaires dans lesquelles ils occupent. Cette ordonnance a pu valablement déroger au décret réglementaire du 2 juill. 1812. — *Cass.*, 11 déc. 1826, avocats de Laon c. avoués de Laon.

241. — Décision semblable. — *Cass.*, 11 janv. 1827, avoués de Charleville.

242. — L'ordonnance du 27 fév. 1822 a enlevé aux avoués exerçant près les tribunaux de première instance, séant aux chefs-lieux de département le droit de plaider les causes sommaires que leur accordait l'art. 3, décr. 2 juill. 1812. — Cette prohibition n'est pas restreinte aux avoués nommés depuis l'émission de l'ordonnance: elle s'applique également aux avoués qui étaient antérieurement munis de leurs offices. — *Cass.*, 15 janv. 1829, avoués de Saint-Mihiel.

243. — L'ordonnance du 27 fév. 1822, portant dérogation au décret du 2 juill. 1812, a été rendue dans les limites du pouvoir réglementaire dont le gouvernement est investi. — *Cass.*, 15 déc. 1834, Massol d'André.

244. — L'ordonnance royale du 27 fév. 1822, sur la plaidoirie, a été rendue dans les limites du pouvoir exécutif; elle est constitutionnelle et, en conséquence, obligatoire pour les tribunaux. — *Cass.*, 18 mars 1835, avoués de Marvejols.

245. — Dès-lors une cour royale ne peut, sous prétexte de l'inconstitutionnalité de cette ordonnance, refuser de dresser l'état annuel des tribunaux de première instance de son ressort devant lesquels les avoués peuvent plaider concurremment avec les avocats dans les causes dans lesquelles ils occupent. — Même arrêt.

246. — L'ordonnance royale du 27 fév. 1822 est constitutionnelle. — En conséquence, les avoués dont la licence n'est pas antérieure au décret du 2 juill. 1810, ne peuvent plaider devant les tribunaux, dans lesquels le nombre des avocats est reconnu suffisant pour la plaidoirie et l'expédition des affaires que sur les demandes incidentes et les incidens relatifs à la procédure. — *Cass.*, 23 juin 1835, avocats d'Orange c. Baratier.

247. — Les avoués licenciés près les tribunaux de chefs-lieux (à part ceux dont la licence est antérieure au décret de 1812) ont été dépouillés par l'ordonnance royale du 27 fév. 1822 du droit que leur avait reconnu la loi du 22 vent. an XII de plaider les causes sommaires dans lesquelles ils occupent. — L'ordonnance du 27 fév. 1822 est cons-

titutionnelle et prise dans les limites du pouvoir réglementaire dont le gouvernement est investi.— *Cass.*, 8 avr. 1837 (t. 1er 1837, p. 286), Massol d'André.

248. — Les avoués licenciés près les tribunaux de chefs-lieux n'ont pas le droit de plaider, concurremment avec les avocats, les affaires sommaires dans lesquelles ils occupent. — L'ordonnance du 27 fév. 1822, qui a modifié à cet égard la loi du 22 vent. an XII, est constitutionnelle et prise dans les limites du pouvoir réglementaire dont le gouvernement est investi. — *Cass.*, 13 mai 1840 (t. 1er 1840, p. 724), avocats de Moulins c. avoués près le même siége.

249. — Dans le sens de la jurisprudence de la cour de Cassation, il a été jugé que les avoués près les tribunaux de chefs-lieux de départemens autres que ceux dont la licence est antérieure au décret de 1812, n'ont pas le droit de plaider, concurremment avec les avocats, toutes les affaires sommaires dans lesquelles ils occupent, et que ce droit leur a été enlevé par l'ordonnance du 27 fév. 1822, qui a pu valablement déroger au décret réglementaire du 2 juill. 1812.—*Paris*, 15 juill. 1826, Marcillac; *Amiens*, 8 juill. 1826, avoués de Saint-Quentin; *Aix*, 31 mai 1826, avoués de Toulon.

250.—... Que les avoués des tribunaux de département, ainsi que ceux des tribunaux d'arrondissement, n'ont plus le droit de plaider les affaires sommaires dans lesquelles ils occupent, mais seulement les demandes incidentes, de nature à être jugées sommairement et les incidens de procédure. — *Montpellier*, 7 mars 1826, avoués de Sainte-Affrique.

251. —... Que l'ordonnance du 22 fév. 1822, rendue dans la limite du pouvoir constitutionnel, a pu, en conséquence, enlever aux avoués près les tribunaux de première instance des chefs-lieux de département le droit de plaider dans toutes les affaires dans lesquelles ils occupent. — *Nîmes*, 20 juill. 1832, avoués d'Apt.

252.—... Que l'ordonnance royale du 27 fév. 1822, qui prive les avoués licenciés depuis le décret du 2 juill. 1812 de la faculté de plaider les causes dans lesquelles ils occupent, est obligatoire comme rendue dans les limites du pouvoir royal. — *Grenoble*, 27 mai 1834, Chabroud.

253. — Pour compléter le tableau de la jurisprudence sur cette question, il reste à faire connaître les arrêts qui ont, contrairement à ceux qui précèdent, refusé de reconnaître la constitutionnalité de l'ordonnance du 27 fév. 1822. Dans le nombre il n'y en a aucun qui émane de la cour de Cassation.

254. — Jugé que les avoués près les tribunaux des chefs-lieux de département ont le droit de plaider, concurremment avec les avocats, dans toutes les affaires sommaires dans lesquelles ils occupent; et que ce droit que leur a conféré l'art. 3, décr. 2 juill. 1812, ne leur a pas été enlevé par l'ordonnance du 27 fév. 1822.—*Amiens*, 31 déc. 1824, avoués de Beauvais; *Aix*, 2 août 1825, Massol d'André et les avoués d'Aix; *Metz*, 28 janv. 1826, avoués de Saint-Mihiel; *Nîmes*, 7 janv. 1833, avoués d'Apt.

255. —... Que dans les tribunaux autres que les cours royales et tribunaux chefs-lieux de cours d'assises et de département, les avoués licenciés postérieurement au décret du 2 juill. 1812 ont aussi bien que ceux dont la licence est antérieure à ce décret le droit de plaider concurremment avec les avocats toutes les causes dans lesquelles ils occupent; et cela malgré l'ordonnance du roi du 27 fév. 1822, dont la disposition prohibitive est inconstitutionnelle. — *Nîmes*, 20 déc. 1833, Baratier c. avocats d'Orange.

256. —... Que les avoués licenciés ont, malgré la prohibition de l'ordonnance du 27 fév. 1822, le droit de plaider les affaires sommaires dans lesquelles ils occupent; cette ordonnance est inconstitutionnelle en ce qu'elle dispose, sur une matière non réglementaire, contrairement à la loi du 22 vent. an XII et au décret du 2 juill. 1812. — *Aix*, 22 août 1833, Massol d'André.

257. —... Que l'ordonnance du 27 fév. 1822 est inconstitutionnelle en ce qu'elle prive les avoués licenciés du droit de plaider qu'ils tenaient de la législation antérieure. En conséquence, les cours royales ne doivent pas continuer à faire les réglemens que prescrit l'ordonnance du roi du 27 fév. 1822, sur le droit de plaidoirie dans les différens tribunaux du ressort. — *Nîmes*, 8 janv. 1834, Bouvier et avoués de Marvéjols.

258.—... Que l'ordonnance du 27 fév. 1822 est inconstitutionnelle, et n'a pu enlever aux avoués licenciés des chefs-lieux de département le droit de plaider les causes sommaires dans lesquelles ils occupent. — *Nîmes*, 8 déc. 1835, Massol d'André.

259. —... Que même depuis l'ordonnance du 27 fév. 1822 les avoués licenciés ont conservé le droit de plaider, concurremment avec les avocats, les causes sommaires dans lesquelles ils occupent, cette ordonnance étant inconstitutionnelle comme disposant sur une matière non réglementaire, contrairement à la loi du 22 vent. an XII et au décret du 2 juill. 1812, lequel a force de loi. — *Riom*, 26 janv. 1836, avocats de Moulins c. avoués de Moulins.

260. — Aujourd'hui que toute dissidence a disparu et que la jurisprudence s'est fixée, comme on l'a dit, en ce sens que l'ordonnance du 27 fév. 1822 est constitutionnelle, il s'agit de faire connaître quels sont les droits qu'elle laisse aux avoués, et comment elle est exécutée.

261.—D'abord, il est constant que la prohibition de plaider qu'elle renferme n'atteint point les avoués qui ont obtenu le diplôme de licencié en droit dans l'intervalle de la loi du 22 vent. an XII au décret du 2 juillet 1812; l'ordonnance a pris soin elle-même de le déclarer dans son article premier.

262. — Ainsi, les avoués *licenciés* qui ont reçu des lettres de licence dans l'intervalle du 22 vent. an XII au 2 juill. 1812, ont toute faculté de plaider soit en matière civile, soit en police correctionnelle. — *Paris*, 21 juill. 1820, Benoit.

263. — Les avoués, même non licenciés, ont le droit de plaider les causes dans lesquelles ils occupent : — 1° lorsque l'avocat refuse de plaider; lorsqu'il se trouve absent, retenu à une autre audience, ou empêché pour quelque motif que ce soit. — Décret du 2 juill. 1812, art. 5.

264. —... 2° Lorsque le nombre des avocats inscrits au tableau ou stagiaires, exerçant et résidant dans le chef-lieu, est jugé insuffisant pour la plaidoirie et l'expédition des affaires.

265. —... 3° Lorsqu'il ne s'agit que d'incidens de procédure ou de demandes incidentes, de nature à être jugées sommairement. — Décr. 2 juill. 1812, art. 2 et 3; Ord. 27 fév. fév. 1822, art. 5.

266.—Mais ils n'ont pas le droit, même ceux qui postulent près des tribunaux d'arrondissement, de plaider les affaires sommaires. — *Aix*, 31 mai 1826, avoués de Toulon.

267. — La cour d'Amiens a rendu deux arrêts dans le même sens, le 8 juill. 1826, avoués de Saint-Quentin et avoués de Soissons.

268. — Jugé de même qu'un avoué licencié qui est reçu depuis le décret du 2 juill. 1812, et attaché à un tribunal où le nombre des avocats a été reconnu suffisant, et qui par conséquent ne se trouve dans aucune des deux exceptions énoncées en l'ordonnance du 27 fév. 1822, ne peut plaider les causes sommaires, alors même qu'il y occupe. —*Cass.*, 18 juill. 1827 (Intérêt de la loi), Massol-d'André.

269.—Décision semblable : — *Cass.*, 15 déc. 1834, Massol d'André.

270. — Il y a excès de pouvoir dans l'arrêt qui décide, par voie de disposition générale et réglementaire, qu'à l'avenir et dans toutes les affaires sommaires dans lesquelles ils occuperont, les avoués d'un tribunal seront admis à plaider concurremment avec les avocats. Cet arrêt doit être annulé en vertu de l'art. 80, L. 27 vent. an VIII.— *Cass.*, 27 avril 1837 (t. 1er 1837, p. 618), avoués de Beauvais.

271. — Ainsi, il ne faut pas confondre les affaires sommaires avec les *incidens de procédure*, et *les demandes incidentes*, qui doivent être jugées *sommairement*. Les affaires sommaires, quoique soumises à une procédure plus simple et plus rapide que les affaires ordinaires, peuvent cependant présenter à décider des questions d'un grand intérêt, tandis que les incidens ne sont qu'un épisode de l'affaire principale; c'est un obstacle à écarter, une explication à donner, une communication à faire, etc.; le ministère de l'avoué est, dans ce cas, parfaitement suffisant, à la différence des matières sommaires qui ne peuvent être plaidées que par les avocats. — Boncenne, *Théorie de la procéd.*, t. 1er, p. 566.

272. — Jugé que le droit accordé aux avoués de plaider, dans les causes où ils occupent, les demandes incidentes qui peuvent être jugées sommairement, et tous les incidens relatifs à la procédure, s'applique sans distinction à toutes demandes incidentes de cette nature, introduites par requête, ou simplement présentées à l'audience.. — *Orléans*, 24 janv. 1828, Bourgeois.

273.—Pour assurer l'exécution de l'ordonnance, chaque année, dans la première quinzaine du mois de novembre, les cours royales arrêtent l'état des tribunaux de première instance de leur ressort, où les avoués peuvent jouir de la faculté de plaider dans toutes sortes d'affaires où ils occupent, à cause de l'insuffisance des avocats. — Ord. 27 fév. 1822, art. 3.

274. — Les délibérations des cours en exécution de cette disposition, sont prises à la diligence des procureurs généraux sur l'avis motivé des tribunaux de première instance; elles sont soumises à l'approbation du garde des sceaux, et reçoivent provisoirement leur exécution. — *Ibid.*, art. 4.

275. — Le ministère public a qualité pour agir, par action principale, contre les avoués d'un tribunal qui soutiennent avoir le droit de plaider nonobstant l'ordonnance du 27 fév. 1812, et nonobstant l'arrêté de la cour royale, pris en exécution de cette ordonnance. — *Cass.*, 23 juin 1835, avoués d'Apt.

276. — Les contestations entre le ministère public et les avoués sur l'exercice du droit de plaidoirie conféré à ces derniers doivent être jugées en audience publique et par la juridiction ordinaire, au lieu de l'être par voie réglementaire en la chambre du conseil. —*Amiens*, 23 avr. 1825; *Cass.*, 11 déc. 1826, avocats c. avoués de Laon; — sous *Amiens*, 31 déc. 1824, avoués de Beauvais.

277. — Les avoués d'un tribunal ou d'une cour n'ont pas qualité pour intervenir dans un débat où l'on conteste à l'un d'eux le droit de plaider certaines causes. Cet intérêt purement indirect et de position ne motive pas légalement leur intervention.—*Aix*, 2 août 1825, Massol d'André et les avoués d'Aix.

278. — Cette décision est contraire à la jurisprudence (V. INTERVENTION); elle est d'autant plus extraordinaire dans l'espèce jugée par la cour d'Aix, qu'en pareille matière on admet l'intervention des avocats. — *Nîmes*, 20 déc. 1833, Baratier.

279. — Jugé que la demande d'un avoué licencié tendant à se faire admettre à plaider deux causes dans lesquelles il occupe, n'est pas susceptible d'être portée devant la cour, chambres assemblées, procédant aux dispositions réglementaires prescrites par l'art. 32, ordonnance 27 fév. 1822. — Cette action doit être régie par le droit commun, et, en conséquence, portée devant le tribunal de première instance, et, par appel, devant la cour royale. — *Nîmes*, 20 déc. 1833, Baratier c. avocats d'Orange.

280. — Jugé de même qu'il n'entre pas dans les attributions d'une cour royale, chambres assemblées pour les réglemens à faire en vertu de l'art. 3, ord. du 27 fév. 1822, de connaître de la demande d'un avoué licencié en droit tendant à se faire maintenir d'une manière générale dans l'exercice du droit de plaider, concurremment avec les avocats, toutes les causes dans lesquelles il occupe et occuperait. — *Nîmes*, 8 janv. 1834, Bouvier et avoués de Marvejols.

281. — La délibération par laquelle une cour royale, en exécution de l'ordonnance du 27 févr. 1822, interdit la faculté de plaider aux avoués d'un tribunal de son ressort, est obligatoire tant qu'elle n'a pas été révoquée par une délibération nouvelle. — *Nîmes*, 7 janv. 1833, avoués d'Apt.

282. — La même cour a jugé qu'un tribunal de première instance est incompétent pour accorder aux avoués qui exercent devant lui le droit de plaider, lorsqu'il existe une délibération de la cour royale du ressort, prise en exécution de l'ordonnance du 27 fév. 1822, et sanctionnée par le garde des sceaux, qui interdit ce droit à ces officiers ministériels. — *Nîmes*, 20 juill. 1832, les avoués d'Apt.

283. — Mais cette décision ne peut faire autorité. En effet, elle a été cassée par la cour suprême, qui a jugé que les tribunaux de pre-première instance sont compétens pour examiner si une ordonnnance royale qui enlève la plaidoirie aux avoués déroge ou non à la loi, et est par suite obligatoire, quoique la cour royale ait pris, en exécution de cette ordonnance, un arrêté réglementaire portant que les plaidoiries seraient interdites aux avoués de son ressort. — *Cass.*, 23 juin 1835, avoués d'Apt.

284 — Jugé de même que les tribunaux sont compétens pour juger si un avoué auquel on conteste, en vertu d'une délibération prise par la cour royale, conformément à l'ordonnance du 27 fév. 1822, le droit de plaider les causes dans lesquelles il occupe, a ou non conservé ce droit : l'avoué n'est pas tenu de se pourvoir à cet égard devant le garde des sceaux. — *Grenoble*, 27 mai 1834, Chabroud.

285. — Il est important de remarquer que le jugement ou l'arrêt qui, dans une affaire sommaire où l'on contestait à l'avoué postulant le droit de plaider, a décidé que ce droit lui appartenait, n'a l'effet de la chose jugée que relativement à la cause dont il s'agissait; ainsi il ne saurait être entendu en ce sens que le droit de plaider à l'avenir toutes les causes sommaires dans lesquelles il occupera soit définitivement acquis à l'avoué.—*Aix*, 22 août 1833, Massol d'André.

286. — En matière criminelle et correctionnelle, les avoués ont le droit de plaider, en vertu des art. 185 et 295, C. d'inst. crim.

287. — Jugé en conséquence que les avoués ont le droit de plaider devant les cours d'assises et devant les tribunaux correctionnels; les ordonnances royales des 27 fév. et 20 nov. 1822 ne sont relatives qu'aux plaidoiries en matière civile. — *Cass.*, 12 janv. 1828, Ploix.

288. — ... Que ce droit de plaider en police correctionnelle leur appartient, même quand le délit imputé au prévenu est susceptible d'entraîner une peine d'emprisonnement. — *Riom*, 15 nov. 1827, Watelet.

289. — Les avoués ayant le droit de plaider les affaires correctionnelles portées devant les tribunaux auxquels ils sont attachés, et même les affaires criminelles portées aux cours d'assises de leur département, un tribunal correctionnel excède ses pouvoirs en refusant d'admettre un avoué à présenter la défense d'un prévenu. — *Cass.*, 27 janv. 1828, Tanton.

290. — Un avoué peut plaider, non seulement en matière correctionnelle, mais aussi en matière criminelle, quand il est désigné par l'accusé comme son conseil. — *Cass.*, 23 juin 1827, Benoist. — V. conf. Duvergier, sur Legraverend, t. 2, chap. 4, p. 390, note 6e.

291. — Et dans ce cas, s'il est empêché de plaider en cour d'assises et déclaré sans qualité, il est recevable à se pourvoir en cassation, en son nom personnel. — *Cass.*, 23 juin 1827, Benoit.

292. — Il importe de remarquer cependant que le droit accordé à l'avoué par l'art. 295, C. inst. crim., reçoit une restriction fondée sur les termes de l'art. 113 du décret du 6 juill. 1810, lequel dispose que dans les lieux où il n'y a pas de cour royale, les avoués près les tribunaux de première instance peuvent exercer leur ministère devant la cour d'assises.

293. — S'appuyant sur cette disposition, la cour de Cassation a décidé que les avoués près la cour royale ont le droit de plaider devant la cour d'assises séant au chef-lieu de cette cour royale, à l'exclusion des avoués de première instance. — *Cass.*, 7 mars 1828, Joseph Fichet.

294. — Elle a jugé, en outre, que les avoués des tribunaux de première instance *chefs-lieux des cours d'assises* ont le droit d'exercer leur ministère près cette cour d'assises, à l'exclusion des avoués près tous les autres tribunaux; — Qu'en conséquence, les accusés ne peuvent choisir un avoué pour défenseur qu'autant qu'il a un caractère officiel pour exercer son ministère près la cour d'assises, dans les termes des propositions ci-dessus; — Qu'enfin, en matière correctionnelle un avoué désigné par un prévenu ne peut pas être admis à présenter sa défense devant un tribunal correctionnel autre que celui près duquel il exerce ses fonctions, encore bien que ce soit dans le même département. — Même arrêt.

Sect. 6e. — *Devoirs des avoués. — Costume. — Responsabilité.*

295. — Les avoués doivent dans l'exercice de leurs fonctions se montrer fidèles à leur serment, ne se charger que des causes qui leur paraissent justes, à moins qu'ils ne soient désignés d'office, et les expédier promptement.

296. — Dans l'ancien droit, les procureurs devaient ne se charger d'aucune cause sans s'être fait remettre un mémoire ou des instructions écrites sur l'affaire. — Ord. avr. 1453, art. 43; ord. 1537, chap. 5, art. 4; ord. de Roussillon, art. 7.

297. — Ils étaient tenus aussi, avant de prendre des conclusions, de faire voir le procès, de remettre les pièces à l'avocat, sans aucunement retenir le salaire à eux envoyé pour ce faire, ajoute l'ord. d'octobre 1535, chap. 5, art. 6.

298. — Ils ne devaient pas signer des requêtes ou des écritures les uns pour les autres, à peine d'amende arbitraire; cependant ils pouvaient avoir des *substituts*. — V. PROCUREUR, SUBSTITUT.

299. — Encore moins devaient-ils prêter leur nom, leur signature, à des personnes se livrant indûment à la postulation; c'est encore un devoir aujourd'hui. — V. POSTULATION.

300. — C'était un devoir pour les procureurs comme pour les avocats de se trouver au palais avant l'ouverture des audiences, d'y paraître en robe et en bonnet carré, à peine d'amende. — Ord. juin 1510, art. 27; 11 fév. 1519, art. 13; *Parlem. Paris*, arr. de réglem. 14 août 1617; 11 fév. 1612. — V. *infrà* no 308.

301. — Ils devaient aussi ne pas interrompre les avocats ni les gens du roi pendant les plaidoiries et réquisitoires. — Ord. 1535, chap. 5, art. 20; Réglem. 18 fév. 1577; 10 janv. 1587.

302. — ... Rester assis au barreau, si ce n'est quand leur avocat plaidait; dans ce cas ils devaient se tenir debout. — Réglem. 14 août 1617, art. 5; Edit de juill. 1539, art. 40; Réglem. 26 fév. 1588; — Filleau, t. 1er, part. 2, p. 319.

303. — ... Et ne quitter l'audience qu'avec la permission du juge. — Ord. 1425, *Tit. des avocats et procureurs*, art. 30; — Joly, *Offices*, t. 1er, p. 165.

304. — Ils devaient « porter honneur, respect et » révérence aux officiers du siége en général et en » particulier, selon que la dignité de la justice et » leur état les y obligeait. » — Jousse, *Admin. de la justice*, t. 2, p. 698, no 45. — V. *infrà* nos 312 et suivans.

305. — Les avoués doivent avoir leur domicile dans la ville où siége la cour ou le tribunal auquel ils sont attachés. Ils ne peuvent postuler dans deux villes différentes. — L. du 29 mars 1791, art. 9. — Il y aurait nullité dans les actes de procédure qui seraient datés d'une ville autre que celle où siége le tribunal (Carré, *Compétence*, p. 428); sauf le cas de descente sur lieux, d'expertise ou d'enquête faites hors du lieu où siége le tribunal. — V. DESCENTE SUR LIEUX, ENQUÊTE, EXPERTISE.

306. — Les avoués sont tenus de maintenir complet leur cautionnement. — Bioche, no 87.

307. — Si, par l'effet de la garantie des condamnations prononcées contre eux, le montant du cautionnement avait été employé en tout ou en partie, l'avoué qui ne l'aurait pas rétabli pourrait, suivant les circonstances, être suspendu de ses fonctions. — Carré, *Compét.*, p. 367.

308. — Les avoués doivent porter le costume prescrit par la loi toutes les fois qu'ils sont dans l'exercice de leurs fonctions, soit à l'audience, soit au parquet, soit aux comparutions et aux séances particulières, devant les commissaires. — Décr. 30 mars 1808, art. 105.

309. — Ce costume consiste en une toge de laine, fermée par devant, à manches larges, avec toque noire et la cravate pareille à celle des juges. — Arrêté 2 niv. an XI, art. 6. — Les avocats seuls ont le droit de porter la chausse. — Décr. 2 juill. 1812, art. 12.

310. — Ceci est une innovation. — En effet, nous trouvons dans le livre des *Parlemens*, par La Roche Flavin, ouvrage plein de recherches précieuses, les deux passages suivans : « Les procureurs, lors- » que les parlemens marchent en corps ou aux ob- » sèques des roys, comme membres et officiers » d'iceux, ils y vont et assistent *avec leurs robes et* » CHAPERONS, après les advocats... — Ils prestent » aussi serment solemnel ès-entrées des parlemens » à la sainct Martin publiquement, *portant robes à* » *la grand'manche et* CHAPERONS *à bourrelet*, » *comme et après les advocats.* »

311. — Pour éviter les remises de causes, les avoués doivent envoyer à temps les dossiers aux avocats. — Le réglement du 18 fév. 1577 voulait que ce fût huit jours au moins avant la plaidoirie. Il y avait amende en cas d'infraction. — V. aussi Ord. de Louis XII (nov. 1507), art. 20; ord. de François Ier (oct. 1535), ch. 5, art. 4.

312. — Ils doivent s'abstenir, dans leurs écrits et plaidoiries, de tout acte irrévérentiel pour les magistrats ou injurieux pour les parties et leurs défenseurs, et réciproquement ils sont protégés d'une manière spéciale contre les insultes qu'ils pourraient recevoir dans l'exercice de leurs fonctions d'officiers de justice. — C. procéd., art. 91. — V. *suprà* no 304.

313. — L'avoué qui a distribué un mémoire injurieux contre le président d'un tribunal peut, quoique ce mémoire ne soit signé que de la partie, être condamné à des dommages-intérêts, à l'impression et à l'affiche du jugement. — *Cass.*, 25 mai 1807, P. c. N.

314. — Un avoué peut être suspendu par le tribunal près duquel il exerce, pour des actes irrévérencieux commis dans l'auditoire public envers un membre de ce tribunal, quoique ce magistrat ne fût pas alors dans l'exercice de ses fonctions. — *Cass.*, 15 déc. 1806 (intérêt de la loi), Soubiran; — Merlin, *Rép.*, vo *Discipline*, no 5.

315. — Un tribunal peut, sans excéder ses pouvoirs, enjoindre à un avoué de ne plus se mêler aux explications que les parties comparantes sont appelées à donner au tribunal pour éclairer sa religion. — *Cass.*, 13 juill. 1824, Maillart c. N...

316. — Les avoués ne peuvent devenir cessionnaires des procès, droits et actions litigieux qui sont de la compétence du tribunal dans le ressort duquel ils exercent leurs fonctions, à peine de nullité et des dépens, dommages et intérêts. — C. civ., art. 1597. — Leur institution a pour but de faciliter la distribution de la justice; ils ne doivent donc pas pouvoir trafiquer des procès; il serait à craindre, d'ailleurs, que par leur position ils n'exerçassent une certaine influence sur l'esprit des magistrats. — Bioche, vo *Avoué*, no 97.

317. — Ainsi jugé qu'un avoué ne peut acheter de son client, demandeur en pétition d'hérédité, un immeuble dépendant de la succession qu'il réclame. Le client est recevable à demander lui-même la nullité de la vente. — *Cass.*, 14 niv. an V, Delaplace c. Barairon; — Merlin, *Quest. de droit*, vo *Droits litigieux*, p. 493, § 3; Delvincourt, t. 3, p. 357 et 401.

318. — Du reste, les droits litigieux qu'il est défendu aux avoués d'acquérir sont non seulement ceux qui ont donné lieu à une contestation, mais encore ceux qui présentent des difficultés de nature à faire présumer qu'elles seront portées en justice. — Carré, *Compét.*, nos 85 et 86.

319. — Mais il ne leur est pas interdit d'acquérir des droits litigieux de la compétence d'un autre tribunal que celui dans le ressort duquel ils exercent leurs fonctions, quand même ce tribunal serait dans le ressort de la même cour. Les motifs de l'interdiction n'existent plus. — Ordonn. 1629; — *Colmar*, 11 mars 1807, Hertzog c. N...; — Carré, *Compétence*, p. 87. — *Contrà Amiens*, 11 prairial an XIII, Dangers c. Fabus.

320. — Du reste, le ministère public n'a pas d'action pour demander la nullité d'une cession de droits litigieux consentie à un avoué. — *Cass.*, 29 fév. 1832, Viaudy c. Raillard Flajolet.

321. — Mais il peut, aux termes de l'art. 83, C. procéd., prendre connaissance de la cause, faire à l'audience sa réquisition, et le tribunal peut, sur ses conclusions, et même d'office, prononcer cette nullité, alors même qu'elle n'aurait été proposée par aucune des parties. — Carré, *Compét.*, p. 54.

322. — Les avoués ne peuvent enchérir ni pour les membres du tribunal où se poursuit la vente, à peine de nullité et de dommages-intérêts, ni pour le saisi ou pour les personnes notoirement insolvables. — L'avoué poursuivant ne peut se rendre personnellement adjudicataire, sous les mêmes peines. — C. procéd., art. 711. — V. SAISIE IMMOBILIÈRE.

323. — Cependant ces prohibitions ne s'appliquent pas aux adjudications de biens meubles, si ce n'est en ce qui concerne les rentes constituées. — Carré, *Compét.*, p. 58.

324. — Jugé aussi que l'avoué qui a poursuivi la vente d'un immeuble peut ultérieurement s'en rendre acquéreur, si au moment de l'adjudication définitive il n'est plus avoué ni mandataire du poursuivant. — *Paris*, 31 janv. 1814, Thierry c. Pantin.

325. — Les avoués peuvent, à la différence des anciens procureurs, être cautions en justice des cliens pour lesquels ils occupent. — Merlin, *Quest.*, vo *Caution*, § 1er.

326. — Suivant Pigeau (t. 1er, p. 134), le ministère de l'avoué étant forcé pour les parties, doit l'être également pour cet officier ministériel. — Ainsi il ne peut, en principe, refuser son ministère lorsqu'il est réclamé. Cependant, cette règle comporte quelques exceptions, par exemple si la partie veut former une demande repoussée par la loi ou diriger une action contre un des proches parens de l'avoué, etc., etc.

327. — On doit s'adresser, en cas de difficulté à cet égard, à la chambre des avoués ou au président du tribunal.

328. — Jugé, conformément à ces principes, que l'avoué qui s'est constitué pour une partie ne peut refuser d'occuper pour elle, à moins qu'il ne soit désavoué ou qu'il ne se trouve dans un cas d'empêchement légal. — *Rennes*, 18 juin 1839 (t. 2, 1839, p. 577), Godard c. Gandon. — V. Boncenne, t. 2, p. 202; Thomine-Desmazures, t. 1er, p. 179.

329. — Les avoués doivent poser les conclusions que leur indique leur partie, lors même qu'elles seraient dénuées de fondement. Cependant, dit Pigeau (t. 1er, p. 134), ils ne pourraient s'écarter des instructions qui seraient manifestement contraires à une loi précise ou contredite par des pièces non attaquées.

330. — Jugé que l'avoué doit, dans l'ordre de la défense, suivre les moyens indiqués par les pièces qui lui ont été remises par son client. Ces pièces doivent lui valoir comme pouvoir spécial, même pour donner un consentement à tout ce qui en résulte nécessairement. Ainsi, l'avoué qui a reçu des consultations et des pièces desquelles il résulte qu'on ne peut soutenir la contestation, quant au fond, sur la demande en délaissement d'un immeuble, mais qu'on a droit à une indemnité pour les améliorations, et qui, sans un pouvoir spécial, acquiesce à la demande au fond, sous la condition d'une indemnité, ne peut être désavoué. — *Bruxelles*, 29 oct. 1818, Ducarme c. Dereine. — V. DÉSAVEU.

331. — Les avoués sont tenus de faire mention, dans tous leurs actes, de la patente des particuliers qui y sont soumis. — V. PATENTE.

332. — S'ils omettent cette mention, ils sont passibles d'une amende de vingt-cinq francs par chaque contravention. — L. 25 avril 1844, art. 29.

333. — Ils ne peuvent pas signifier des copies tronquées et se faire payer les rôles supprimés. Les significations qu'ils font entre eux ne peuvent être faites sur papier libre.— V. COPIES DE PIÈCES.

334. — Cependant les conclusions qu'ils doivent déposer entre les mains du greffier, conformément au décret du 30 mars 1808, peuvent être sur papier libre. — V. CONCLUSIONS.

335. — Il est défendu aux avoués de faire des procédures frustratoires, à peine d'amende, de dommages-intérêts, et même de suspension, s'il y a lieu. — C. procéd., art. 1031. — V. FRAIS ET DÉPENS.

336.—Tous les avoués doivent avoir un registre coté et paraphé par le président du tribunal auquel ils sont attachés, ou par un des juges du siége par lui commis, sur lequel ils sont tenus d'inscrire eux-mêmes, par ordre de date et sans aucun blanc, toutes les sommes qu'ils reçoivent de leurs cliens. Ils doivent représenter ce registre toutes les fois qu'ils en sont requis et qu'ils forment des demandes en condamnation de frais; et, faute de représentation ou de tenue régulière, ils doivent être déclarés non-recevables dans leur demande; ce registre doit être timbré. — Décr. 16 fév. 1807, art. 151; décis. min. 7 nov. 1821. — V. REGISTRE D'AVOUÉ.

337. — Indépendamment de ce registre, les avoués doivent inscrire sur un autre registre les causes et les noms des personnes pour lesquels ils ont été chargés. — Glandaz, *Encyclop. du dr.*, v° *Avoué*, n° 43.

338.—Mais les avoués peuvent refuser au ministère public la représentation du registre des recettes prescrit par l'art. 151 de la loi sur le tarif du 16 fév. 1807, sans que ce refus de leur part les rende passibles de peines disciplinaires. — *Aix*, 2 juin 1843 (t. 2 1843, p. 648), Jourdan.

339.—L'héritier d'un ancien procureur doit représenter un livre tenu par ce dernier dans les formes prescrites par les lois anciennes pour être recevable dans son action contre un client de son auteur. — *Cass.*, 23 vent. an X, Picard c. Dellon.

340. — Jugé que les registres d'un avoué peuvent être opposés en justice, quoiqu'ils ne soient pas sur papier timbré, surtout lorsqu'ils sont reliés, écrits de suite, et visés par un juge du tribunal. — *Pau*, 19 nov. 1821, Benquez c. Dartiguenave.

341.—... Que la fin de non-recevoir qu'on peut opposer à l'avoué qui n'a pas de livre de recette ne milite pas contre celui qui en a un où pourtant sont omises quelques sommes reçues, pourvu que sa bonne foi soit reconnue. — *Grenoble*, 13 vent. an IX, N...

342. — Le registre particulier d'un avoué ne peut faire foi contre un tiers, surtout en faveur de la partie de cet avoué.—*Paris*, 22 juill. 1815, Rousseau c. Choquet et Dosert.

343. — L'avoué doit remplir envers son client les obligations d'un mandataire. — *Cass.*, 2 août 1813, Thiery c. Cotin.

344. — Il doit agir en homme de bien, comme le ferait le client lui-même, restituer tout ce qu'il a reçu à l'occasion de la cause, rendre les titres qui lui ont été confiés. — Bioche, n° 94.

345. — Il ne peut retenir les pièces pour défaut de paiement des frais, sauf à exiger des parties une reconnaissance authentique du montant desdits frais après qu'ils ont été taxés.—L. 3 brum. an II, art. 17; Ord. 1453;—Pothier, *Mandat*, n° 133; Boncenne, t. 2, p. 257. — V. *contrà* Glandaz, *Encyclop. du dr.*, v° *Avoué*, n° 34; Bioche, n° 169.

346. — Mais il peut retenir les actes de procédure, pourvu qu'il n'ait pas laissé périmer l'instance. — Carré, *Comp.*, *ibid.*, p. 375 et suiv.

347. — Quoi qu'il en soit au surplus, lorsque la demande est surannée par la faute de l'avoué, celui-ci doit être condamné à remettre les titres et pièces qu'il a en son pouvoir, quand même il ne serait pas remboursé de ses avances. — *Rennes*, 24 juill. 1810, Souffez c. N...

348.—Mais il ne peut être condamné à des dommages-intérêts tant que la partie plaignante ne justifie pas de condamnations ou de pertes survenues à la suite de la surannation. —Même arrêt.

349. — Jugé que la partie qui a perdu son procès ne peut, en offrant les dépens, exiger de l'avoué qui en a obtenu la distraction la remise de toutes les procédures qui ont été taxées, et sur lesquelles il a été décerné exécutoire. — Au contraire, l'avoué n'est tenu de remettre que la grosse de l'exécutoire, le commandement et les autres actes de poursuites postérieures; mais toutes les procédures doivent rester dans ses mains ou dans celles de sa partie, pour le cas où l'arrêt serait attaqué par la requête civile ou par toute autre voie légale.—*Paris*, 12 déc. 1820, Deschamps c. Lemoine.

350. — Lorsque des pièces remises à un tiers, à titre de dépôt, après la mort d'un avoué, sont transmises par ce tiers au client, elles ne passent entre les mains de celui-ci qu'à titre de dépôt; et dès-lors ce client ne peut refuser de restituer les pièces aux héritiers de l'avoué, en s'en prétendant propriétaire.—Cette action en restitution dure trente ans. — *Cass.*, 26 juill. 1820, Duguet c. Morel.

351. — Les avoués sont responsables des pièces et titres qui leur ont été confiés par leurs cliens. Cette responsabilité ne cesse que cinq ans après le jugement du procès. La contrainte par corps peut même être exercée dans ce cas contre les avoués. — C. civ., art. 206 et 2276; C. pén., art. 191.

352. — Jugé cependant que lorsque l'avoué n'agit qu'en qualité de mandataire *ad negotia* et non dans le cercle obligé de ses fonctions, la contrainte par corps ne peut être exercée contre lui par son client, soit pour avoir excédé les pouvoirs que lui conférait son mandat, soit pour la restitution des titres qui lui avaient été confiés. — *Cass.*, 1er fév. 1820, Thomas c. Dupois Beauplan.

353. — Avant le Code de procédure, l'avoué qui avait obtenu un jugement par défaut portant condamnation contre son client, du montant de son rôle, devait lui remettre les pièces lorsque celui-ci lui déclarait être prêt à le payer. — *Nîmes*, 26 août 1807, Salet c. Viguier.

354.—Jugé que la partie qui donne à son avoué décharge de ses pièces, ne ratifie point par cela seul les actes frauduleux qu'elle ignorait alors, et qui ont été faits à son préjudice. — *Besançon*, 23 mars 1808, Gravier c. Meunier.

355. — ... Que l'avoué de première instance demeure responsable des pièces qui lui ont été confiées, bien qu'il les ait remises à l'avoué constitué sur l'appel. —*Bourges*, 21 nov. 1814, Boulu c. Jointy.

356.—...Que l'avoué qui, poursuivi par son client en remise de pièces, a fait offrir de les lui remettre, n'est pas libéré, si ces offres ne contiennent pas toutes les pièces qu'il a entre les mains.—*Rennes*, 13 janv. 1820, Morel c. Guevel.

357.—...Que l'avoué qui retient les pièces de son client sans motif légitime est passible de tous dommages-intérêts résultant de l'insolvabilité des débiteurs et des péremptions survenues pendant la rétention; surtout s'il avait agi plutôt comme mandataire que comme avoué.—*Rennes*, 13 janv. 1820, Morel c. Guevel.

358. — Au surplus, la réception par un avoué des pièces d'un procès ne le lie pas tellement qu'il ne puisse examiner le mérite de la cause avant de se constituer. Si, en recevant les pièces, il a subordonné l'acceptation du mandat à une condition, par exemple à l'obtention d'une consultation d'avocats, il n'est pas obligé d'agir avant que cette condition ait été accomplie; en conséquence, il n'est pas responsable du préjudice que pourrait causer une péremption dont il ne soupçonnait pas l'imminence et dont la demande n'a été formée que le jour où il a reçu la consultation. — *Cass.*, 30 avr. 1823, Duban c. Villacrose.

359. — En thèse générale, aucune responsabilité ne peut peser sur l'avoué à l'occasion des conseils qu'il donne sur les questions qu'on lui soumet.— Glandaz, *ibid.*, p. 21.

360. — Ainsi jugé qu'un avoué n'est pas responsable du non succès d'un procès qu'il a conseillé, et qu'il ne peut être condamné personnellement aux dépens de ce procès, à moins qu'il ne soit reconnu en fait et constaté par le jugement que le conseil de plaider a été donné insidieusement et de mauvaise foi. — *Cass.*, 13 juill. 1824, Millart c. Encre.

361. — Jugé encore qu'un avoué ne peut pas être déclaré personnellement responsable de la perte d'un procès qu'il a conseillé consciencieusement, et alors surtout qu'il n'est point établi qu'il en aurait garanti le succès. — *Paris*, 27 mars 1843 (t. 1er 1843, p. 486), Fougueur c. D...

362. — Mais jugé que l'avoué qui a fait des procédures frustratoires, et qui, par les écritures signifiées dans le cours du procès, est reconnu pour avoir été le conseil du demandeur et du défendeur, doit être condamné personnellement en tous les dépens. — *Cass.*, 25 fév. 1834, Auboin c. Foulard.

363. — Du reste, les avoués sont responsables, comme mandataires des parties et officiers publics, des conséquences de leur faute ou de leur négligence; mais cette responsabilité ne doit pas être étendue hors de leurs attributions; ainsi ils ne seraient pas responsables des actes rédigés par d'autres officiers ministériels, même d'après leurs ordres, si ces actes rentraient dans les fonctions de ces officiers ministériels.

364. — Décidé en ce sens que l'avoué chargé d'une poursuite en saisie-immobilière n'est pas responsable de la nullité des actes faits par l'huissier qu'il a choisi, quoiqu'il soit constant en fait que l'exploit déclaré nul a été rédigé dans l'étude de l'avoué, et que la nullité provienne d'une rédaction vicieuse. — *Cass.*, 21 fév. 1821, Misset c. Roland-Wateler.

365. — Jugé pourtant que l'avoué chargé par un acquéreur de notifier le contrat aux créanciers inscrits, est responsable de la nullité dont les notifications sont viciées, bien que ces actes aient été faits par le ministère d'un huissier à ce commis. —*Contrà* Glandaz, *Encyclop. du dr.*, v° *Avoué*.

366. — La responsabilité de l'avoué n'est du reste engagée que par une faute grossière ou par son dol. — Bioche, n° 95.

367. — Dans le cas de l'art. 1031, C. procéd., l'avoué peut être condamné à l'amende sans qu'il soit nécessaire de l'appeler pour se défendre. — Pour reconnaître la matérialité de l'infraction, dit Carré (*Lois de la procéd.*, n° 3396), le juge n'a pas besoin de la présence de l'avoué; il en est autrement quant à la condamnation aux dommages-intérêts.

368. —Dans cette hypothèse, nous pensons que l'avoué a le droit de former opposition au jugement qui le condamne sans l'avoir entendu.

369. — L'avoué qui a conseillé et dirigé une saisie, pour des dépens seulement, sur les immeubles d'une femme, au nom du mari, et pendant que la communauté existait encore, peut être condamné aux frais de la procédure et même suspendu de ses fonctions.— *Paris*, 1er août 1820, Marsanche c. Monnot; — Pothier, *Tr. du mandat*, nos 131 et 132; Carré, t. 3, p. 488, n° 3461.

370. — Du reste, les amendes sont prononcées par le tribunal civil et non par le tribunal correctionnel.

371. — Elles ne se prescrivent pas par trois ou cinq ans, comme en matière correctionnelle, mais seulement par trente ans. — Carré, *Compét.*, p. 364.

372.—Ces amendes sont recouvrées par voie de saisie-arrêt sur les intérêts et le capital du cautionnement. — *Ibid.*, p. 369.

373.—... Ou par voie de contrainte, si l'administration préfère ce mode.

374. — Jugé qu'un avoué qui, chargé d'une poursuite en expropriation forcée, occupé pour la femme du débiteur saisi, demanderesse en séparation de biens, et laisse prononcer et exécuter la séparation sans en prévenir son client, ne peut être condamné à des dommages-intérêts, lorsque par suite de son silence la séparation de biens est devenue inattaquable, si en résultat la liquidation des reprises de la femme n'a point été préjudiciable au créancier poursuivant, ou si le préjudice causé provient de l'erreur du juge et non du fait du mandataire. — *Cass.*, 18 avr. 1827, Cautèle c. Larigaudère.

375. — Un avoué est responsable du fait de son clerc. — *Aix*, 17 juin 1828, N... c. Desgréaux et Catalan.

376.—Mais il ne serait pas responsable des dommages-intérêts résultant d'un acte de procédure rédigé en son absence par son clerc, si la partie avait exigé la rédaction de cet acte par le clerc.

377. — Jugé que l'avoué de la partie qui a obtenu gain de cause doit garantir son client des dommages intérêts auxquels il est condamné envers son adversaire, à raison du préjudice causé à ce dernier par l'inexactitude de la copie du jugement signifié. — *Dijon*, 12 mai 1827 (sous *Cass.*, 25 avr. 1831), Gayde-Roger c. Gavet.

378. — ... Que l'avoué n'est pas responsable des frais du jugement par défaut rendu contre son client, lorsque dans l'impossibilité de trouver un avocat qui voulût plaider la cause, il a refusé de conclure, afin de réserver à son client le droit de faire valoir ses moyens par opposition. — *Rennes*, 29 juill. 1833, Gral c. Toulmouche.

379.— ... Que lorsque, sur la contestation élevée par un créancier du mari contre la femme colloquée pour ses reprises, et fondée sur la nullité du jugement de séparation de biens, l'avoué de la femme a opposé l'exception de la chose jugée, en omettant d'indiquer le jugement sur lequel cette exception est fondée, cet avoué est à l'abri de toute responsabilité, encore bien que le moyen n'ait pas été présenté à l'audience, s'il est établi qu'il a remis toutes les pièces de l'affaire à l'avocat chargé de la défense. — *Limoges*, 11 juill. 1839 (t. 1er 1840, p. 736), Constant c. Bac.

380. — Les avoués ne peuvent être poursuivis par les notaires en paiement des actes dont ils ont chargé ces derniers pour leurs clients, surtout à

une époque où les avoués ont perdu eux-mêmes tout recours contre ces cliens. — *Paris*, 21 janv. 1813, Deloche c. Delamarre.

381. — L'avoué qui est en contravention aux lois et réglemens peut, indépendamment de la condamnation aux dépens en son nom personnel et aux dommages-intérêts envers les parties, être puni suivant les circonstances : 1° par des injonctions d'être plus exact et plus circonspect à l'avenir, et par des défenses de récidiver; 2° par la suspension de ses fonctions pendant un temps déterminé; 3° par sa destitution. — Décr. 30 mars 1808, art. 102.

382. — Dans les deux premiers cas, l'impression et l'affiche du jugement peuvent être ordonnées à ses frais. — Même décret. — V. *infrà* nos 750 et suiv.

Sect. 7e. — *Mandat de l'avoué. — Constitution. — Révocation.*

383. — Les avoués ne peuvent, sous peine de désaveu, occuper pour les parties que lorsqu'ils ont reçu le pouvoir de conclure en leur nom. — Bioche, n° 99.

384. — Le pouvoir donné à l'avoué par le client qui le charge d'occuper est exprès, tacite ou légal.

385. — Le pouvoir exprès résulte d'un acte notarié ou sous seing-privé, même d'une lettre missive ou de la signature de la partie apposée au bas des actes de procédure signifiés par l'avoué. — *Grenoble*, 9 déc. 1815, Tisserand c. Guénin Reynaud; — Bioche, n° 139.

386. — Il peut aussi être donné verbalement; c'est ce que suppose l'art. 76, C. procéd. Dans ce cas, il peut être prouvé par témoins, s'il ne s'agit pas d'une valeur au-dessus de 150 fr., ou s'il y a un commencement de preuve par écrit. — Arg. Cod. civ., art. 1985; Berriat, art. 578, note 15e; Pothier, *Mandat*, n° 128.

387. — Le pouvoir est tacite, lorsqu'il s'induit implicitement d'un acte fait par la partie, et, par exemple, lorsqu'elle remet à l'avoué ou lui fait remettre par son mandataire spécial les titres nécessaires à l'instruction de l'affaire. — Carré, n° 382; Berriat, art. 70, note 15e; Pigeau, t. 1er, p. 133, n° 3; Pothier, *Mandat*, n° 128; *Le Praticien français*, t. 1er, p. 298; Bioche, n° 141; Boncenne, t. 2, p. 262.

388. — Mais, selon Demiau-Crouzilhac (*Tr. de procéd. civ.*, p. 71 et 116), la simple remise des pièces ne constitue pas un mandat suffisant pour l'avoué, et il faut qu'il soit muni d'un pouvoir par écrit. Cet auteur se fonde sur l'art. 78 du Tarif, qui fixe les frais de la procuration sous signature privée ou par-devant notaire, et sur les nombreux abus qui, selon lui, résulteraient de l'opinion opposée. « N'arrive-t-il pas souvent, dit-il, qu'on remet des pièces à un avoué uniquement pour le consulter? N'arrive-t-il pas aussi qu'on élit domicile chez lui, soit pour l'exécution d'un acte, soit pour une inscription hypothécaire? Si donc on signifie à ce domicile une impétration contre cet acte, une demande en radiation de l'inscription avec assignation, l'avoué nanti de cette pièce pourra se constituer, plaider et exposer son client aux suites d'un procès que peut-être celui-ci n'aurait pas soutenu. Ne serait-ce pas un abus monstrueux? Cependant le cas peut se présenter : l'avoué aura-t-il agi impunément? pourra-t-il même se débarrasser du désaveu, sur le fondement qu'étant nanti des pièces, il avait évidemment un mandat? »

389. — Carré (*Lois de la procéd.*, n° 382) réfute péremptoirement l'opinion de M. Demiau-Crouzilhac, qui n'est suivie ni par la pratique ni par la jurisprudence.

390. — En effet, jugé que pour qu'un avoué puisse valablement représenter sa partie et la défendre, il suffit que celle-ci lui ait remis les titres servant à l'instruction du procès, ou même une simple copie de l'assignation qu'elle a reçue. — *Grenoble*, 9 déc. 1815, Tisserand c. Quenin-Reynaud; — Pigeau, t. 1er, p. 133; Berriat, p. 70; Duranton, t. 18, p. 220.

391. — Jugé de même que la remise des pièces faite à un avoué suffit pour établir son pouvoir et en constater l'existence, même à l'égard de la partie adverse. — *Bruxelles*, 21 sept. 1831, Caron c. Schrauwen. — V. aussi l'arrêt de *Bruxelles*, cité n° 330.

392. — La même solution résulte implicitement de l'arrêt qui a jugé qu'un tribunal ne peut refuser d'entendre un avoué qui se présente dans une expropriation forcée muni des pièces de la partie, mais sans procuration spéciale. — *Agen*, 10 juill. 1807, Vaurs c. Verdal.

393. — Toutefois, pour éviter toute contestation de la part d'un client de mauvaise foi, les avoués, ajoute Carré (*loc. cit.*), sentiront qu'il est toujours prudent d'exiger un pouvoir écrit, soit sous seing privé, soit par acte authentique.

394. — Pothier (*Mandat*, n° 128) enseigne, il est vrai, que par cela seul que le procureur se trouve porteur de l'exploit de demande notifié à la partie défenderesse, il est censé justifier suffisamment que cette partie l'a chargé d'occuper pour elle sur cette demande; car ce n'est, dit-il, qu'à cet effet que la partie paraît avoir remis cette copie à ce procureur.

395. — M. Berriat (p. 70, n° 16) partage aussi cette opinion, qu'il appuie en ces termes : « Comme l'avoué est un fonctionnaire, son affirmation sur ce fait mérite plus de confiance que celle de la partie, et, en conséquence, la preuve de l'objet véritable de la remise doit être à la charge de la partie, surtout si les délais de constituer avoué et de fournir les défenses sont passés, parce qu'il n'est pas à présumer qu'elle eût attendu l'expiration sans retirer ses pièces, si elle n'eût voulu que prendre conseil. Il est vrai que suivant le droit romain (L. 25, Cod., *De procurat.*), *non ferendus est procurator qui sibi adserit procurationem*, mais il faut faire attention que les procureurs n'étaient alors que des personnes privées.

396. — La représentation par l'avoué de l'original de l'exploit introductif d'instance, qui contient la constitution de cet avoué, suffira pour établir l'existence du pouvoir, à moins que la partie n'ait désavoué l'huissier et n'ait fait juger le désaveu valable. — *Bruxelles*, 21 sept. 1831, Caron c Schrauwen; — Pothier, *Mandat*, n° 128; Berriat, p. 70, n° 17. — V. aussi Denizart, v° *Désaveu*, nos 8-11.

397. — Quoi qu'il en soit, les circonstances de la remise des pièces ou de la copie des exploits peuvent être diversement appréciées, et si, dans presque toutes les circonstances, il est exact de dire que l'assertion de l'avoué devra l'emporter sur celle de la partie, il n'en est pas moins vrai qu'il a été jugé que la remise faite à un avoué d'une copie d'assignation peut, suivant les circonstances, ne pas lui valoir pouvoir de représenter la personne assignée. — *Rennes*, 15 avr. 1816, Jouvencel c. N...

398. — ...Et encore, que l'existence des pièces d'un procès dans les mains d'un avoué peut ne pas suffire pour établir qu'il est chargé des intérêts d'une partie. — *Caen*, 28 mai 1828, Vigot c. Letoureux.

399. — Ainsi, la présomption de pouvoir peut être détruite par la preuve établissant que la remise des pièces a eu lieu dans le but de prendre conseil. — *Lyon*, 30 août 1824, N. c. Vergoin.

400. — Sous l'ancienne jurisprudence, il a été jugé que la remise des pièces formant un titre commun, faite par une des parties intéressées, emportait nécessairement pouvoir d'occuper pour les autres parties ayant un intérêt identique, si chacune d'elles n'avait pu faire une remise séparée et particulière. — *Parl. Paris*, 9 fév. 1743. — Cette décision qui, selon M. Bioche (n° 142), est controversable, nous paraît de nature a être adoptée selon que la partie qui a fait la remise des pièces devra être ou n'être pas présumée avoir agi comme gérant les affaires de ses coïntéressés.

401. — L'avoué chargé de la poursuite d'une demande se charge tacitement de défendre aux demandes incidentes qui seraient formées contre la partie dans le cours de l'instance sur cette demande, parce que l'obligation de fournir cette défense est une suite nécessaire de celle de poursuivre la demande. — Carré, *Compét.*, p. 454.

402. — De même, le pouvoir résultant de la remise des pièces, n'a pas seulement pour objet les actes de la procédure relatifs à la demande principale; il comprend en outre le droit de former une demande reconventionnelle. — Bioche, n° 143.

403. — Mais en principe il ne s'étend pas aux demandes en garantie. La demande en garantie n'est pas en effet une défense à l'action pricipale; car quel qu'en soit le résultat, il n'influe pas sur la décision qui pourra être rendue contre le défendeur. Elle constitue d'ailleurs une nouvelle instance, un nouveau procès et peut occasionner de nouveaux frais.

404. — Aussi a-t-il été jugé qu'une partie peut refuser de payer à l'avoué les frais d'une demande en garantie intentée sans pouvoir de sa part. — *Cass.*, 23 juin 1835, Pierrot c. commune de Château-Thierry.

405. — M. Bioche (n° 144) pense qu'en matière de garantie formelle pour les matières réelles ou hypothécaires, la remise de la copie de l'assignation autorise suffisamment l'avoué à appeler garant en cause, parce que le garant étant une fois en présence du demandeur principal, le défendeur peut obtenir sa mise hors de cause. — C. procéd., art. 182.

406. — Nous pensons, au contraire, que la solution devrait être la même, qu'il s'agît de la garantie simple ou de la garantie formelle. Car si, dans ce dernier cas, le garant peut prendre le fait et cause du garanti, il est possible que l'action en garantie soit elle-même mal fondée : conséquemment elle peut occasionner des frais inutiles pour le défendeur, qui devrait avoir le droit d'en refuser le paiement en désavouant une procédure qu'il n'aurait pas autorisée.

407. — Nous reconnaissons toutefois avec M. Bioche (*ibid.*) qu'il est des cas d'urgence où l'avoué agira prudemment dans l'intérêt du client en introduisant une demande en garantie, s'il craint que sa partie ne soit condamnée au principal, et que les élémens de preuve contre les garans ne disparaissent. Mais il devra s'empresser d'obtenir une ratification de tout ce qu'il aura pu faire en dehors de son mandat.

408. — En principe, l'élection de domicile chez l'avoué ne vaut pouvoir, surtout à l'égard des tiers et de l'avoué lui-même, qu'autant qu'il y a dans l'acte même des énonciations équivalentes à une constitution. Or, l'élection de domicile seule n'équivaut pas à une constitution ni à un pouvoir pour l'avoué. De ce qu'une partie consent à ce qu'au lieu de signifier certains actes à son domicile, on les notifie au domicile de son avoué, il ne suit pas qu'elle ait voulu autoriser cet avoué à ester pour elle en jugement et à donner au procès telle direction qu'il lui plaira. — Berriat, p. 70, note 18e.

409. — Une procuration générale *ad negotia* serait également insuffisante pour conférer le pouvoir dont il s'agit, suivant Berriat, p. 70, note 18e.

410. — Cette opinion ne nous semble pas devoir être adoptée dans ses termes absolus. La rédaction de la procuration, les circonstances dans lesquelles le mandant l'aura donnée nous paraissent devoir exercer une grande influence sur la décision. Celui qui rédige son pouvoir dans les termes les plus absolus, et celui qui, partant pour un long voyage, laisse une procuration pour la gestion de toutes ses affaires, chargent implicitement, mais nécessairement, l'avoué leur mandataire d'ester pour eux en jugement.

411. — Ainsi jugé que l'élection de domicile chez un avoué n'équivaut pas à une constitution. — *Liège* (et non *Bruxelles*), 15 juin 1807, Soliveau c. Declercq. — V. au surplus EXPLOIT.

412. — Il suffit de la présence de l'avoué à l'affirmation d'un compte par une partie pour établir sa constitution. — Pigeau, *Procéd.*, t. 2, p. 399.

413. — Le mandat est légal lorsque la loi désigne l'avoué, ou indique ceux parmi lesquels les parties le choisiront. — Berriat, p. 71; Bioche, n° 150.

414. — C'est ce qui a lieu dans les affaires où plusieurs parties ont un même intérêt, et dans celles qui ne sont qu'une suite des causes primitives.

415. — Ainsi, pour la première catégorie, en matière d'ordre, les créanciers postérieurs aux collocations contestées sont représentés par un avoué qu'ils sont tenus de choisir, sinon par l'avoué du dernier créancier colloqué. — C. procéd., art. 760. — En matière de compte, tous les oyans qui ont le même intérêt sont représentés par l'avoué qu'ils choisissent, et non par le plus ancien avoué des oyans. — C. procéd., art. 529. — Lors des contestations sur distribution de deniers saisis (C. procéd., art. 667), lors des levées de scellés (C. procéd., art. 932 et 935), lors des contestations sur la caution de l'héritier bénéficiaire (C. procéd., art. 994), les contestans et opposans sont représentés par le plus ancien de leurs avoués. — V. COMPTE, DISTRIBUTION PAR CONTRIBUTION, ORDRE, et *suprà* n° 151.

416. — Dans la seconde catégorie, il faut ranger les cas suivans : — 1° L'avoué de la partie qui a obtenu le jugement attaqué dans les six mois de sa date, par voie de requête civile, est constitué de droit, sans nouveau pouvoir. — C. procéd., art. 496.

417. — 2° De même, lorsqu'une requête civile a été admise et que la cause au fond est reportée devant les mêmes juges qui ont rendu la décision rescindée, les avoués qui ont occupé dans la première affaire sans nouvelle constitution doivent être considérés comme constitués. La nouvelle instance sur le fond est suivie par les mêmes avoués sans nouvelle constitution. — *Toulouse*, 29 nov. 1808, Pujol c. Faduille.

418. — 3° C'est aussi à l'avoué qui a occupé pour le défendeur que le demandeur fait signifier l'état des dommages-intérêts dont il s'agit d'opérer la liquidation. — C. procéd., art. 533.

419. — L'avoué est tenu d'occuper sur l'exécution d'un jugement définitif poursuivie dans l'année. — C. procéd., art. 1038. — V., pour les détails, *infrà* nos 492 et suiv.

420. — Le mandat légal donné par l'art. 1038

existe lors même que la partie a fait une révocation expresse, à moins qu'elle n'ait constitué un nouvel avoué. — Argum. C. procéd., art. 75 et 1038.

421. — Peu importe que les pièces aient été remises au client, et que les frais aient été réglés. — Carré, nº 3427 ; Thomine-Desmazures, nº 1276.

422. — L'acceptation par l'avoué du mandat qui lui est conféré expressément ou tacitement peut, comme le mandat lui-même, être exprès ou tacite. L'acceptation tacite n'exige pas d'explication. L'acceptation tacite est censée exister par cela seul que l'avoué fait quelque acte en conséquence du mandat. — Argum. C. civ., art. 1985. — V., à titre d'exemple, l'espèce dans laquelle est intervenu l'arrêt de *Bruxelles*, 21 sept. 1831, Caron c. Schrauwen.

423.—Quoique à raison de la limitation du nombre et du privilége des avoués, leur ministère soit forcé, un avoué peut refuser d'accepter le mandat, soit exprès, soit tacite, soit légal, en prouvant que son client ne lui a fourni aucune provision et qu'il est insolvable.

424.—Il faut observer toutefois que si le mandat est légal, il n'en existe pas moins à l'égard de l'adversaire; mais la responsabilité de l'avoué est couverte à l'égard du client, si l'officier ministériel peut justifier qu'il l'a prévenu de l'intention qu'il a de ne signifier aucune écriture et de ne faire aucun acte avant d'avoir reçu provision —Bioche, nº 129.

425. — L'avoué n'est pas tenu en effet de prêter gratuitement son ministère à ceux qui le réclament, à moins qu'il ne soit nommé d'office; il n'a droit, dans ce cas, qu'à ses déboursés, dont lui tient compte la chambre des avoués. — V. INDIGENT.

426. — Du reste, lorsque, sur le refus fait par la chambre des avoués de nommer un avoué d'office, la partie se pourvoit devant le président du tribunal ou de la cour, ce magistrat jouit de la même faculté d'examen que la chambre, et peut refuser de désigner un avoué pour occuper d'office, si les prétentions du réclamant ne lui paraissent pas fondées. — *Cass.*, 6 janv. 1840 (t. 1er 1840, p. 40), Legrelle c. Genot.

427. — M. l'avocat général Laplagne-Barris avait soutenu que non seulement le pourvoi n'était pas fondé, mais qu'il n'était pas même recevable, parce que le président n'avait pas fait acte de juridiction. La cour ne s'est pas expliquée sur ce moyen; mais, en statuant au fond, elle semble l'avoir implicitement rejeté.

428. — On comprend que la preuve de la manifestation de l'intention de ne notifier les actes qu'après avoir reçu provision, incombera à l'avoué qui doit établir le fait propre à le délibérer de l'obligation qui dans les cas généraux résulte de ses fonctions. Le mode de preuve indiqué par M. Bioche et qui consisterait à recommander à la poste la lettre adressée au client et à retirer un bulletin constatant la remise serait bien insuffisant; car le bulletin constaterait bien qu'une lettre a été écrite par l'avoué au client, mais ne pourrait faire connaître le contenu de la lettre, qui d'après les réglemens de la poste doit être fermée par un certain nombre de cachets en cire rouge, portant une empreinte. Ce sera, selon nous, de la réponse du client, de son insistance pour faire accepter le mandat, ou même au besoin d'un acte extrajudiciaire que l'avoué devra tirer la preuve des motifs qui ont dicté son refus.

429.—Le mandat *ad litem* a pour objet la poursuite d'une demande en justice que la partie a formée ou veut former contre quelqu'un, ou la défense à une demande formée contre la partie.— Pothier, *Mandat*, nº 126.

430.—Ainsi l'avoué, en acceptant le mandat que lui confère son client, est obligé à deux choses envers son client, d'abord à exécuter le mandat et à payer les dommages-intérêts que le client pourrait avoir droit de réclamer à raison de l'inexécution résultant de la faute ou de la négligence de l'avoué.

431. — Il est obligé, en outre, par l'acceptation tacite ou expresse du mandat, de défendre aux demandes incidentes formées contre son client dans le cours de l'instance principale.—L. 33, § 4, ff., *De procurat.*—Pothier, nº 131.

432. — Enfin l'avoué est encore, par suite du mandat, tenu de rendre compte au client de sa gestion, et de lui remettre ce qui en est provenu; ce qui consiste à soumettre à l'examen de son client la procédure suivie en exécution du mandat, et à lui remettre toutes les pièces de la procédure et tous les jugemens qu'il a levés, à la charge par le client de lui payer préalablement ses déboursés et salaires. — Pothier, nº 132.

433. — Cette obligation de rendre compte de la gestion renferme celle d'indemniser son client du tort qu'il lui a causé par sa faute, par quelque défaut de procédure.—L. 13, Cod., *Mandat.*, et L. 132, ff., *De reg. jur.* — Pothier, nº 132. — V., sur l'étendue de cette responsabilité, *suprà* nºs 363 et suiv.

434. — Les pouvoirs donnés à un avoué ou résultant de sa qualité d'officier ministériel, quelque généraux qu'ils soient, ne renferment jamais que la faculté de faire les actes qui sont dans les limites de son ministère. — *Bordeaux*, 30 juill. 1829 (dans ses motifs), rapporté sous *Cass.*, 27 avr. 1831, Durousseau c. Compain; — Bioche, nº 101.

435. — Tous les autres actes qui ne rentrent pas dans les actes ordinaires de procédure lui sont interdits, spécialement la délation à l'adversaire du serment décisoire. — Même arrêt.— V. au surplus *infrà* nºs 444, 446, et ACQUIESCEMENT, nº 73.

436.— Mais un avoué représente sa partie pour tout ce qui est relatif aux erremens de la procédure. Ainsi, en nommant un expert, il est toujours censé s'être conformé au mandat qu'il a reçu d'elle, et elle ne peut s'élever contre cette nomination si elle n'a formé un désaveu contre son avoué. — *Besançon*, 8 prair. an XII, N...

437.—D'un autre côté, le mandat *ad litem* donné à un avoué est susceptible de toutes les restrictions du mandat ordinaire; ainsi, une partie peut charger un avoué de se constituer pour opposer un déclinatoire, sans lui donner mandat de conclure au fond.— *Aix*, 5 déc. 1828 (sous *Cass.*, 18 janv. 1830), Aymès; — Bioche, nº 100.

438. — A la différence du mandat extra-judiciaire, dans lequel le mandataire est obligé d'exhiber sa procuration aux tiers avec lesquels il traite en exécution du mandat, le mandat *ad lites* n'oblige pas l'avoué d'informer de sa procuration l'autre partie, ni l'avoué de cette partie. L'avoué qui se constitue est, vis-à-vis de l'autre partie, suffisamment présumé avoir un pouvoir de sa partie, tant que cette partie pour laquelle il s'est constitué ne le désavoue pas. — Pothier, nº 127.

439. — Cette présomption ne pourrait être détruite que par un jugement validant le désaveu, que la partie aurait seule qualité pour exercer. — Pigeau, t. 1er, p. 133; Bioche, nº 151; Berriat Saint-Prix, p. 71, nº 4. — V. DÉSAVEU.

440.—Jugé, conformément à ces principes, que la partie pour laquelle l'avoué se serait constitué sans être nanti de ses pièces, pourrait seule le désavouer faute d'autorisation, mais que cette action ne compète nullement à la partie adverse qui ne saurait être fondée à exiger de cet avoué la représentation du pouvoir de son client.— *Grenoble*, 9 déc. 1815, Tisserand c. Quenin Reynaud.

441. — De même lorsque de deux avoués qui sont en cause, l'un défère le serment décisoire, et l'autre l'accepte, le tribunal ne peut, soit d'office, soit par la réquisition du ministère public, ordonner aux avoués d'exhiber leurs pouvoirs spéciaux. — *Bruxelles*, 27 avr. 1812, Delafaille c. Vancamp.

442. — Jugé que lorsque, sur un avenir donné à deux parties assignées en condamnation solidaire, l'avoué prétendant que ses pouvoirs ont cessé à l'égard de l'une de ses parties, conclut à ce qu'elle soit elle-même assignée à personne ou domicile, et que cette réassignation a été ordonnée par arrêt contre les conclusions du demandeur, qui soutenait la régularité de son assignation par avenir, celui-ci n'est pas fondé à exciper en cour de Cassation de ce que l'avoué aurait été sans pouvoir et sans intérêt pour conclure en faveur de la partie assignée par avenir. — *Cass.*, 9 mars 1825, Outrequin et Baillehoche c. de Bouillé.

443. — Mais le mandat général résultant soit d'un acte écrit, soit de la remise des pièces, ne suffit pas toujours pour donner à l'avoué le droit d'agir. Dans certaines circonstances il a besoin d'un pouvoir spécial.

444. — Ainsi, il ne peut, sans un pouvoir exprès, faire ou accepter des offres, prêter un aveu, ou donner un consentement.—C. procéd., art. 352.

445. — Ainsi jugé, le consentement donné par un avoué et non par les parties elles-mêmes ne peut constituer une renonciation à des droits certains. — *Turin*, 25 juill. 1806, Vinardi.—V. au surplus DÉSAVEU.

446. — Un avoué n'a pas qualité pour déférer le serment décisoire sans un pouvoir spécial, et l'arrêt qui refuse de l'ordonner ne saurait être cassé, sous prétexte que le client seul aurait droit de critiquer cette délation. — *Cass.*, 27 avr. 1831, Durousseau c. Compain; *Besançon*, 23 fév. 1827, Moine c. Carillon de Vandeuil.

447. — En Piémont, avant le Code de procéd., le procureur qui déférait le serment sur un nouveau chef, devait présenter un nouveau pouvoir spécial indiquant l'objet sur lequel le serment devait porter. — *Turin*, 4 niv. an XI, Mentegazzi c. Trèves.

448. — Il en serait de même sous le Code de procéd., art. 352. — Toullier, t. 10, nº 375; Duranton, t. 16, nº 587.

449. — Un avoué a besoin d'un pouvoir spécial pour déclarer ne point s'opposer à la prestation d'un serment déféré d'office. — *Rennes*, 13 mai 1812, Friq... c. N...

450. — Un avoué n'a pas qualité pour recevoir les créances dont il est chargé de poursuivre le recouvrement. — En conséquence, il est responsable de la dépréciation du papier-monnaie resté entre ses mains. — *Colmar*, 18 avr. 1806, Dauphin c. Bailly; — Merlin, *Rép.*, vº *Paiement*, nº 3.

451. — L'avoué qui a été chargé par un créancier d'obtenir, soit un jugement de condamnation, soit un bordereau de collocation, n'est pas par cela seul son mandataire pour recevoir la somme adjugée, ou allouée, en donner quittance au débiteur et lui remettre le jugement ou le bordereau. L'art. 1283, C. civ., qui attache à la remise volontaire de la grosse du titre la présomption de paiement jusqu'à preuve contraire, n'est pas applicable au cas où l'avoué a reçu le créancier sans un pouvoir spécial de la part du créancier. — *Cass.*, 23 juill. 1828, Dupuy-Montbrun c. Eymard; — Pothier, *Obligations*, nºs 477 et 513; Delvincourt, t. 2, p. 541; Toullier, t. 7, nºs 21 et suiv.; Duranton, t. 12, nº 49; Bioche, nº 100.

452. — Mais l'avoué d'un adjudicataire, qui, pour satisfaire à une clause du cahier des charges, a versé une somme au nom de son client entre les mains de l'avoué poursuivant, pour acquitter des frais faits et à faire, a qualité pour demander en son nom personnel compte de cette somme, et pour réclamer le reliquat non employé, lorsqu'il est établi qu'il a un intérêt personnel à le faire (par exemple celui de mettre à couvert sa responsabilité envers ses cliens). — L'arrêt qui le décide ainsi ne viole pas la maxime : *Nul en France, excepté le roi, ne plaide par procureur.* — *Cass.*, 14 fév. 1838 (t. 1er 1838, p. 365), Carbonel c. Affre. — V. PLAIDER PAR PROCUREUR.

453. — L'avoué a aussi besoin d'un mandat spécial pour interjeter appel au nom de sa partie. — V. APPEL, nºs 393 à 396.

454. — Le pouvoir de poursuivre l'affaire *jusqu'au jugement définitif* ne suffirait pas; un jugement, en effet, peut être *définitif* sans être *en dernier ressort*. De telle sorte qu'à moins d'une clause expresse, la partie est présumée ne s'en rapporter à l'avoué que pour les actes de l'instance première. — Bioche, nº 104.

455. — Mais l'avoué constitué par l'acte d'appel, et auquel celui de première instance a remis les pièces de l'affaire, est suffisamment autorisé à suivre l'appel. — *Metz*, 28 août 1821, Perrault c. Prudhomme.

456. — Cette décision se justifie par des motifs analogues à ceux qui appuient l'opinion que nous avons adoptée à l'occasion de l'avoué constitué dans un exploit que signifie l'huissier de la partie. — V. *suprà* nº 398. — Mais dans ce cas, comme dans celui auquel nous nous référons, il est certain que le désaveu de l'officier ministériel qui a remis les pièces ferait cesser la présomption de l'existence du pouvoir.

457. — Cependant, lorsque les délais d'appel sont abrégés, et qu'ils courent du jour de la signification à avoué, comme en matière d'ordre, de contribution, d'adjudication, cet officier ministériel a le droit de notifier l'appel sans pouvoir spécial. S'il en était autrement, il pourrait n'avoir pas le temps de consulter sa partie, et la déchéance pourrait être encourue.—*Bourges*, 6 déc. 1821, Flottard de Montagu c. commune de Saint-Maurice; 14 avril 1825, Perrier L'hôte c. Thomas; — Bioche, nº 104.

458.— L'avoué a-t-il besoin d'un pouvoir spécial pour donner un acquiescement? — Oui. L'avoué n'est le *dominus litis* qu'au point de vue du mandat qui lui a été donné par sa partie; excéder les limites de ce mandat, soit exprès, soit tacite, c'est s'exposer au désaveu. — V. DÉSAVEU. — V. aussi *suprà* nº 44, et ACQUIESCEMENT, nºs 330, 512 et suiv., 541, 556, 645.

459. — Autrefois, les procureurs devaient acquiescer aux jugemens dès qu'ils en avaient reçu ordre de leurs parties, à peine d'amende et d'interdiction en cas de récidive. — Ord. 13 janv. 1528, art. 11.

460. — Jugé que lorsque, incidemment à une procédure engagée entre associés, il y a lieu à nomination d'arbitres entre les parties, les avoués déjà constitués par elles ne peuvent donner un consentement à une nomination sans être nantis d'un pouvoir spécial. — *Toulouse*, 11 janv. 1840 (t. 1er 1840, p. 611), Dardignac c. Lebatut et Legay.

461. — Jugé aussi qu'un avoué près un tribunal est sans qualité pour représenter une partie assi-

gnée devant un tribunal de commerce, lorsqu'il est seulement porteur de la copie de l'assignation donnée à cette partie. — Il faudrait, pour que le mandat fût convenablement exercé, que l'avoué représentât une procuration spéciale, ou fût autorisé par la partie présente à l'audience. — *Nîmes*, 24 mars 1830, Sequelin c. Martin.

462. — Jugé qu'un avoué ne peut, sans un pouvoir spécial, faire révoquer l'avoué au lieu et place duquel il s'est constitué. — *Riom*, 19 août 1826, Caylus c. Bassignac.

463.—...Qu'un avoué ne peut élire domicile pour ses cliens, à l'effet de recevoir les significations de jugemens, à moins d'un pouvoir spécial. — *Rennes*, 18 déc. 1820, Leblanc c. Thiard.

464. — Les avoués peuvent occuper pour toute personne, pour leurs parens les plus proches et pour eux-mêmes. — Pigeau, t. 1er, p. 133. — Il en était autrement sous l'ancienne jurisprudence. — Jousse, *Administrat. de la justice*, t. 2.

465. — La constitution d'avoué est un véritable mandat. Pour faire cette constitution, il faut avoir la capacité de contracter. Ainsi, un mineur, un interdit ne peuvent choisir un avoué. Une femme mariée, un tuteur, une commune, ne doivent en constituer un qu'après avoir été dûment autorisés. — Carré, p. 400.

466. — Jugé que lorsque le successeur d'un avoué a occupé pour les parties qui avaient constitué son prédécesseur, il est, jusqu'à desaveu, présumé avoir procédé avec des pouvoirs suffisans, et les actes faits avec lui sont valables. — *Paris*, 11 nov. 1828, Villain c. Masson, Lesur et Richard.

467. —...Que le nouvel avoué qui, en remplacement de son prédécesseur, occupe pour une partie, est valablement constitué par la signification entre avoués d'un rapport d'experts, dans laquelle signification cette partie déclare continuer son élection de domicile dans l'étude du nouvel avoué, surtout si les erremens de la procédure ont été continués avec lui. — *Colmar*, 23 janv. 1833, ville de Schelestadt c. commune de Kentzeim.. — V. au surplus CONSTITUTION D'AVOUÉ.

468. — L'avoué n'étant qu'un mandataire, cesse comme lui ses fonctions par la révocation du mandat, par sa renonciation au mandat, par la mort naturelle ou civile, l'interdiction ou la déconfiture soit du mandant, soit du mandataire, par le jugement ou la transaction qui termine le procès. — C. civ., art. 2003 ; — Berriat, p. 74.

469. — La révocation d'un avoué doit être faite par un acte de l'avoué nouvellement constitué à celui qu'il remplace et aux autres avoués de la cause. — Argum. C. procéd., art. 75.

470. — Ainsi jugé qu'il n'y a pas lieu de s'arrêter à une révocation d'avoué signifiée par acte extrajudiciaire, alors que la cause était en état et mise en délibéré, c'est-à-dire lorsque les choses n'étaient plus entières. — *Cass.*, 2 juill. 1838 (t. 2 1838, p. 302), de Menissier c. Mazure.

471. — Si la révocation d'avoué n'avait pas eu lieu par acte, la preuve n'en pourrait être reçue par témoin qu'avec un commencement de preuve par écrit. — Carré, t. 1er, p. 217, no 386.

472.—Le demandeur ni le défendeur ne peuvent révoquer leur avoué, sans en constituer un autre. Les procédures faites et les jugemens obtenus contre l'avoué révoqué et non remplacé sont valables. — C. procéd., art. 75 ; Berriat, p. 74.

473. — Jugé aussi que la révocation d'un avoué par la partie avec défense d'occuper pour elle et sans constitution de nouvel avoué ne fait point obstacle à ce que la cause ne soit jugée contradictoirement, malgré le refus de l'avoué de remettre aucune pièce et de plaider lorsque les conclusions ont été respectivement prises à l'audience avant sa révocation. En pareil cas l'avoué est tenu d'occuper jusqu'à constitution nouvelle. — *Grenoble*, 25 août 1832, Reynier c. Ravaz.

474. — L'avoué du demandeur qui a obtenu un arrêt par défaut faute de comparaître doit occuper sur l'opposition à cet arrêt, s'il n'a pas été expressément révoqué, lors même qu'il déclare n'avoir plus ni pouvoir ni mission de la partie. — *Cass.*, 1er août 1810, Lempereur-Larochelle c. Poncet ; — Carré, no 1297.

475. — Si la partie, sans faire de révocation régulière, a simplement retiré ses pièces et en a déchargé l'avoué, les fonctions de celui-ci ne finissent pas relativement à la partie adverse, qui a toujours le droit de lui faire des notifications, ainsi que cela résulte de l'arrêt de Cassation du 1er août 1810 (*suprà* no 474) ; mais entre l'avoué et son client il semble que l'avoué n'est plus tenu que d'avertir son client des poursuites. — Berriat, p. 74, note 25e, no 1er.

476. — L'avoué qui a occupé en première instance pour un saisi n'est pas, à moins de révocation expresse, dessaisi par le fait seul de l'appel, interjeté par ce dernier, du jugement d'adjudication préparatoire. — *Cass.*, 5 janv. 1837 (t. 1er 1837, p. 517), Prévost c. Postel ; — Bioche, no 109.

477. — Un avoué peut-il être révoqué après le jugement définitif, et remplacé pour le règlement des qualités et la signification de ce jugement ? — V. CONSTITUTION D'AVOUÉ, JUGEMENT.

478. — Pothier (no 142) enseignait, mais sans toutefois donner de motifs particuliers à l'appui de son opinion, qu'un procureur *ad lites* ne pouvait, après qu'il s'était constitué procureur, répudier le mandat, et qu'il était obligé d'occuper jusqu'à ce que l'instance fût terminée.

479. — Cette doctrine ne serait plus admise aujourd'hui ; il est permis à l'avoué de répudier son mandat, pourvu que ce soit pour un motif légitime, pourvu encore que cette répudiation soit faite en temps opportun et ne puisse pas nuire au client. — Berriat, 74, note 25e, no 2 ; Bioche, no 111.

480. — Jugé sous le code que l'avoué peut renoncer au mandat du client, mais, s'il est nommé d'office, il doit préalablement appeler ce dernier. — *Caen*, 23 mai 1837 (t. 2 1837, p. 294), Charles c. Lemeneur.

481. — Le président du tribunal peut enjoindre à l'avoué de continuer à prêter son ministère au client qui le réclame, lorsque le refus de l'avoué n'est pas fondé sur de justes motifs. — Pigeau, t. 1er, p. 134.

482. — La mort naturelle ou civile, soit de la partie, soit de l'avoué, ou leur changement d'état, entraîne la révocation des pouvoirs donnés à l'avoué et suspend la procédure lorsque l'affaire n'est pas encore en état. — C. de procéd., art. 342.

483. — Cependant les poursuites sont valablement faites contre la partie décédée dont le décès n'a pas été signifié ; il en est autrement si c'est l'avoué qui est décédé : son décès n'a pas besoin d'être notifié. — V. REPRISE D'INSTANCE.

484. — La démission ou destitution de l'avoué a le même effet que son interdiction ou son décès. — Rodier, art. 36, ord. 1667 ; Merlin, *Quest. de dr.*, vo *Avoué*. — V. REPRISE D'INSTANCE.

485. — Le mandat donné à l'avoué étant spécial pour le procès, il est naturel qu'il finisse avec lui ; l'appel interjeté de ce jugement ne saurait le faire revivre. — *Grenoble*, 20 août 1825, Curcel c. Bettigny.

486. — En principe le mandat de l'avoué cesse par le jugement définitif. — *Bordeaux*, 23 nov. 1823, Desport c. Duroy.

487. — Cependant cette règle que le mandat de l'avoué prend fin par le jugement définitif reçoit, pour épargner des frais et des lenteurs, exception pour ce qui regarde l'exécution de ce jugement : « S'il est intervenu, dit l'art. 1038, C. de procéd., un jugement définitif, l'avoué constitué par une partie est tenu d'occuper sur l'exécution de ce jugement, sans nouveau pouvoir, pourvu qu'elle ait lieu dans l'année de la prononciation du jugement. »

488. — Le demandeur est dispensé d'assigner en reprise d'instance ou en constitution de nouvel avoué. Il suffit de saisir le tribunal par acte d'avoué à avoué : la procédure d'exécution n'est qu'une suite de l'instance première. — Thomine-Desmazures, no 1276. — *Contrà* Carré, no 3429.

489.—Il n'est pas nécessaire d'observer les délais d'ajournement. — Thomine-Desmazures, no 1276. —*Contrà* Carré, no 3429.

490. — L'avoué demandera remise, s'il en est besoin. Les frais d'une assignation à domicile resteraient à la charge de ceux qui les auraient faits. — *Ibid.*

491. — Avant le Code de procéd., l'avoué qui avait occupé jusqu'à l'arrêt définitif était tenu d'occuper sur la demande en nullité d'une saisie pratiquée en vertu de cet arrêt, et moins de trois ans après. Mais il pouvait exiger que la requête contenant la demande en nullité de la saisie fût signifiée préalablement à sa partie. — *Nîmes*, 17 messid. an XIII, N.... c. Terpisse et Chaussi.

492. — Un avoué occupe de droit et sans constitution nouvelle sur l'opposition formée par sa partie au commandement qui a lieu en exécution du jugement ou de l'arrêt lors de l'obtention duquel il était déjà chargé. — *Nîmes*, 23 fév. 1808, Bassayet c. Combes.

493. — Jugé, du reste, que l'art. 1038, C. procéd., qui veut que les avoués qui ont occupé dans les causes où il est intervenu des jugemens définitifs soient tenus d'occuper sur l'exécution de ces jugemens, sans nouveaux pouvoirs, ne s'applique qu'aux actes d'exécution pure et simple, qui sont du ministère exclusif de l'avoué, et non pas aux poursuites mêmes, tels que commandemens et autres actes qui doivent se faire à la diligence de la partie. — *Orléans*, 26 juill. 1827, Popelin c. Queltier.

494.—...Et spécialement, que lorsqu'un avoué qui tenu au profit de son client des condamnations définitives, pratique entre les mains de la partie condamnée une saisie-arrêt du montant de ses avances, le client ne peut en demander la mainlevée, sous le prétexte que l'avoué est tenu de procéder à l'exécution des jugemens contre la partie condamnée, et que ce moyen seul peut lui assurer le paiement de ses avances. — Même arrêt ; — Bioche, p. 134.

495. — Sous l'ord. de 1667, l'avoué était constitué de droit, sur la liquidation des dommages-intérêts. Aujourd'hui il en serait de même, durant un an. — Berriat, p. 495 ; Glandaz, *Encyclop. du dr.*, vo *Avoué*, no 22.

496. — Jugé que, lorsque, par l'effet de l'entérinement d'une requête civile, la cause au fond est reproduite devant les mêmes juges qui ont rendu la décision rescindée, les mêmes avoués qui ont déjà occupé, peuvent, sans une nouvelle constitution, occuper dans la nouvelle instance sur le fond. — *Toulouse*, 29 nov. 1808, Faduille c. Pujol.

497. — Jugé que lorsqu'un jugement, au lieu de terminer le litige, nécessite une nouvelle intruction, les avoués qui procèdent en exécution de ce jugement y acquiescent valablement, et lient leurs cliens. — *Agen*, 5 juin 1820, N...

498. — Jugé aussi que la faculté d'opter entre deux dispositions d'un jugement, réservée à la partie qui succombe, peut être valablement exercée par l'avoué au nom de son client, dans le délai prescrit, sauf désaveu ; et que la ratification de la partie, quoique postérieure à l'expiration du délai, confirme l'option faite en son nom. — *Bordeaux*, 28 août 1829, Tabourier c. Maisonneuve.

499.—...Que l'avoué constitué par un époux défendeur à une demande en séparation de corps peut continuer d'occuper sans nouveaux pouvoirs, lorsque dans l'intervalle sa partie a formé, par son ministère, une demande en divorce, déclarée non-recevable ou mal fondée. — C. procéd., art. 1038. — *Rennes*, 18 janv. 1810, N...

500.— Mais l'avoué qui a occupé pour la partie dont les prétentions ont été rejetées, n'a aucune qualité pour recevoir le désistement du bénéfice du jugement de la part de celui qui a obtenu gain de cause. — *Cass.*, 28 juill. 1824, Masoyer c. Dutour et Girard.

501. — Après l'année, la demande relative à l'exécution se forme, par exploit à personne ou domicile, avec constitution d'avoué, et avec les délais ordinaires, à moins que les circonstances ou la loi ne prescrivent de délais plus courts. — Pigeau, *Proc. civ.*, art. 1038 ; Boitard, *Leçons de procéd.*, t. 3, p. 518.

502. — Cependant, à l'égard des jugemens préparatoires et interlocutoires, l'avoué a qualité pour occuper sur l'exécution *tant qu'il n'y a pas péremption*. — Boitard, *Ibid.*

503. — Mais l'art. 1038 n'autorise pas l'avoué à faire des significations sans réserves qui peuvent renfermer un acquiescement. — *Bruxelles*, 25 sept. 1821, Opsomer c. R...

504. — Du reste, cet article est relatif au cas où le tribunal qui a rendu le jugement est appelé à connaître de l'exécution. — Ainsi, il ne peut plus être appliqué, lorsque la loi attribue une juridiction particulière au tribunal dans l'arrondissement duquel l'exécution est suivie (C. pén., art. 675 et 786) ; lorsque, par suite d'infirmation, la cour a retenu ou renvoyé à un autre tribunal la connaissance de l'exécution. — C. pén., art. 472.

505. — L'art. 1038 ne peut s'appliquer au cas où l'instance est terminée par une transaction, un acquiescement, un désistement, ou de toute autre manière que par un jugement. — Berriat, p. 74, note 26 ; Bioche, vo *Jugement*, no 125.

Sect. 8e. — *Frais et émolumens des avoués. — Action. — Prescription.*

506.—Le mandat *ad lites* que reçoit l'avoué n'est pas gratuit, mais salarié ; ici ne s'applique pas la disposition de l'art. 1986, C. civ.

507. — Le salaire du mandataire *ad lites* n'est pas laissé à l'arbitrage des tribunaux ; c'est le législateur lui-même qui a pris soin de le fixer : il a déterminé dans des réglemens spéciaux les émolumens auxquels l'avoué a droit à raison des divers actes de son ministère ; il a d'ailleurs assuré certains avantages à cet officier pour faciliter le recouvrement des déboursés et honoraires qui lui sont dus.

508. — L'avoué a une double action pour le paiement de ses frais, savoir : 1o une action contre la partie adverse, si elle succombe dans le procès ;

— 2° une action contre le client pour lequel il occupe.

509. — Aux termes de l'art. 133, C. procéd. civ., les avoués peuvent demander la distraction des dépens à leur profit contre la partie qui succombe, en affirmant, lors de la prononciation du jugement, qu'ils ont fait la plus grande partie des avances. — V. AFFIRMATION DE DÉPENS, FRAIS ET DÉPENS (mat. civ.).

510. — L'affirmation dont parle l'art. 133 doit-elle être faite sous serment? — Un arrêt de la cour de Rome (22 janv. 1811, Me Breuda c. N.) a jugé la question affirmativement; mais l'usage contraire a prévalu, et tous les auteurs enseignent que l'affirmation prescrite par l'art. 133, C. procédure, ne doit pas être accompagnée du serment. — Chauveau, *Comment. du Tarif*, t. 1er, p. 210, n° 66; Carré et Chauveau, *Lois de la procédure*, t. 1er, n° 566; Favard de Langlade, v° *Jugement*, p. 162; Delaporte, t. 1er, p. 142; *Annales du Notar.*, t. 1er, p. 142; Thomine-Desmazures, t. 1er, p. 257; Boncenne, t. 2, p. 567 à 571; Boitard, t. 1er, p. 543 (1re édit.). — V. cependant Toullier, t. 10, p. 571.

511. — L'art. 133 veut que l'affirmation ait lieu *lors de la prononciation du jugement*; ces mots ne doivent pas être pris à la lettre. La distraction peut être demandée et l'affirmation faite *avant le jugement*, dans les conclusions ou requêtes signées de l'avoué. Dans ce cas, le vœu de la loi est rempli. — Pigeau, *Procéd.*, t. 1er, p. 545; Lepage, *Quest.*, p. 137; Carré et Chauveau, t. 1er, p. 317.

512. — La demande en distraction peut-elle être formée par l'avocat, au nom de l'avoué, si ce dernier ne se trouve pas présent à l'audience? — Oui, dit M. Chauveau (*Comment. du Tarif*, t. 1er, p. 211, n° 68); mais, dans ce cas, la distraction ne peut être accordée qu'à la charge de l'affirmation, et les frais du jugement postérieur doivent rester à la charge personnelle de l'avoué. — V. aussi Merlin, t. 3, p. 731, n° 6; Chauveau, sur Carré, t. 1er, p. 671, n° 564 *infrà*.

513. — L'affirmation peut-elle avoir lieu après le jugement prononcé? — Boitard (t. 1er, p. 539 et 542 (1re édit.), Thomine-Desmazures (t. 1er, p. 257), Pigeau (*Procéd.*, t. 1er, tit. 5, chap. 5, art. 3) enseignent la négative, en se fondant sur ce que, la distraction ayant l'effet d'un transport, il ne doit y avoir aucun intervalle entre la condamnation au profit du client et la distraction au profit de l'avoué. — On ajoute d'ailleurs qu'une fois le jugement prononcé, le juge est dessaisi du litige et de tous ses accessoires, et qu'à la sentence émise il ne peut plus apporter de modifications ou d'additions.

514. — Nous pensons, au contraire, qu'entendre l'art. 133 d'une manière aussi judaïque, c'est forcer le sens de cette disposition, et que, par ces expressions vagues, *lors de la prononciation du jugement*, le législateur n'a pas pu vouloir permettre que l'avoué interrompît le juge pour réclamer la distraction et faire l'affirmation, et qu'il suffit que cette formalité suivît immédiatement le prononcé, à moins qu'elle n'eût déjà été remplie antérieurement dans les actes de la procédure.

515. — La cour de Paris a jugé, le 14 juill. 1812 (Helouin c. Forbin-Janson), que la distraction des dépens pouvait être prononcée par un jugement ou arrêt postérieur à celui qui en porte la condamnation lorsqu'il s'agit de frais faits postérieurement.

516. — L'avoué de la partie qui a obtenu les dépens peut, s'il est absent lorsque le jugement est prononcé, et sur la demande d'un autre avoué, se faire réserver la distraction des dépens, sauf à lui à faire à une autre audience l'affirmation prescrite; mais dans ce cas les frais qui constatent l'affirmation sont à sa charge. — *Bordeaux*, 4 mai 1829, Goudiveau c. Laville et Monneins.

517. — Suivant M. Chauveau (sur Carré, t. 1er, n° 564, *in fine*), il eût été plus régulier d'ordonner sur-le-champ la distraction, sur la demande de l'avocat, sauf à recevoir plus tard l'affirmation. — *Riom*, 15 mars 1828, Dupic c. Descorailles; *Bordeaux*, 20 juin 1832, Martin c. Machemin; *Cass.*, 14 fév. 1827, Vincens c. Beuvrié et d'Hallut.

518. — Au surplus, il a été jugé par la cour de Cassation, le 6 nov. 1828 (Verrier c. Fauvet), que l'affirmation n'était pas prescrite à peine de nullité. — *Comment. du Tarif*, t. 1er, p. 211, n° 68.

519. —...Et que, à plus forte raison, la mention de l'affirmation dans le jugement n'était pas rigoureusement exigée. — *Cass.*, 2 janv. 1828, Secondé c. Picart; 8 juill. 1828, Bourlier-Dubreuil c. Perron; — Chauveau, sur Carré, t. 1er, n° 565. — V. *contrà Cass.*, 30 avr. 1811, Cujalvin c. Glouteau et Perret.

520. — Enfin, il a été jugé que l'avoué d'appel pouvait obtenir distraction des dépens faits en première instance. — *Cass.*, 14 fév. 1827, Vincens c. Beuvrier et d'Hallut; 8 juill. 1828, Gauthier c. Secondat; *Lyon*, 1er avr. 1830, Bonjour c. Reynaud; *Limoges*, 10 janv. 1835, Durat Delasalle c. Delignac; *Pau*, 2 mai 1836, Ravi c. Lacroix.

521. — M. Chauveau (sur Carré, t. 1er, n° 564 *bis*), tout en adoptant cette solution, est d'avis qu'elle ne devrait pas être suivie dans le cas où l'appel serait déclaré non-recevable ou l'acte d'appel nul pour vice de forme: « Il est évident, dit-il, qu'alors la cour ne statuerait que sur les dépens de l'incident, et qu'elle ne pourrait pas prononcer la distraction des dépens dont elle n'aurait pu connaître. »

522. — L'avoué qui a obtenu la distraction des dépens, devenu ainsi le créancier personnel de la partie condamnée, ne peut être repoussé dans son action par l'exception de compensation opérée du chef de son client. — *Parlem. Paris*, 29 juin 1738; *Parlem. de Bretagne*, 23 fév. 1724; — Rousseau de Lacombe, v° *Procureur*, part. 2e, n° 8; *Journ. des audiences*, t. 1er, chap. 49; Chauveau, *Comment. du Tarif*, t. 1er, p. 218, n° 73; Chauveau, sur Carré, t. 1er, n° 568, *Addit.*; Pigeau, t. 1er, p. 3, tit. 5, chap. 5, art. 3, n° 6; Favard de Langlade, t. 1er, p. 161, n° 18; Boncenne, t. 2, p. 571; Boitard, t. 1er, p. 537 (1re édit.).

523. — Il en est autrement, s'il n'a pas demandé et obtenu la distraction et qu'il agisse contre l'adversaire au nom de son client.

524. — Une des conséquences de la distraction prononcée au profit de l'avoué, c'est que la partie condamnée ne peut se libérer valablement qu'entre ses mains: en effet, la distraction vaut transport, et dès-lors le paiement fait à la partie n'éteindrait pas la dette. — Jugé cependant que la partie condamnée ne peut se soustraire aux poursuites dirigées contre elle au nom de la partie adverse pour le paiement des frais, sous prétexte que la distraction en a été prononcée au profit de l'avoué, si celui-ci ne lui a pas fait notifier la distraction ou n'a pas fait saisir les dépens entre ses mains. — *Cass.*, 25 mai 1807, Paris c. Ladeux; — Merlin, v° *Distraction de dépens*. — Mais M. Chauveau (sur Carré, t. 1er, n° 369 *bis*) trouve cette décision beaucoup trop générale; suivant lui, la partie ne peut poursuivre le paiement des dépens que lorsque l'avoué est désintéressé.

525. — De même, les saisies-arrêts formées par les créanciers du client de l'avoué qui a obtenu la distraction ne pourraient priver cet avoué du bénéfice de son titre. — *Metz*, 12 déc. 1810, Boucheron c. Dorr et Cunin; — Pigeau, t. 1er, p. 541; Merlin, *Rép.*, v° *Distraction de dépens*; Chauveau et Carré, t. 1er, n° 568.

526. — L'avoué qui, après avoir obtenu la distraction des dépens, en reçoit le paiement, n'est pas personnellement tenu de les restituer dans le cas où le jugement est réformé, annulé ou cassé. — *Paris*, 14 avr. 1806 (sous *Cass.*, 16 mars 1807), Vigier c. Aubert Dubourg; — Pothier, *Mandat*, nos 135 et 136; Merlin, *Répert.*, v° *Distraction de dépens*; Chauveau, sur Carré, t. 1er, n° 580 *ter*; Poncet, *Tr. des jugemens*, t. 1er, p. 474, n° 293; Favard de Langlade, t. 3, p. 163, n° 18; Pigeau, *Comment.*, t. 1er, p. 318; Boncenne, t. 2, p. 572; Boitard, t. 1er, p. 540.

527. — La raison en est que l'avoué qui a obtenu la distraction, quoique ayant une action directe contre la partie condamnée, est censé recevoir de son client même, aux droits duquel il est subrogé, les frais qui lui sont dus; c'est donc le client, et non l'avoué, qui doit restituer, s'il y a lieu.

528. — Quoique l'avoué ne soit pas tenu à la restitution quand il a touché les dépens dont la distraction avait été prononcée à son profit, cependant il ne peut continuer les poursuites et se faire payer s'il y a appel du jugement; l'appel est suspensif. — *Bourges*, 20 avr. 1818 (sous *Cass.*, 12 avr. 1820), Elignard c. Bourceret; — Boitard, t. 1er, p. 569 (1re édit.); Boncenne, t. 2, p. 572; Favard de Langlade, *loc. cit.*; Chauveau, sur Carré, t. 1er, n° 570 *ter*, *in fine*, p. 678; Thomine-Desmazures, t. 1er, p. 257. — V. *contrà* Poncet, *Jugemens*, t. 1er, p. 474, n° 293.

529. — Du reste, l'avoué qui a obtenu distraction des dépens ne devient pas par cela seul partie de la cause; dès-lors il ne doit pas être intimé sur l'appel interjeté par la partie condamnée, encore bien qu'il ait fait signifier le jugement à cette dernière, avec commandement de payer les dépens. *Bordeaux*, 12 mars 1840 (t. 2 1843, p. 326), Tardy c. Roy et Chéri-Bellecouche; — Merlin, *Rép.*, v° *Distraction de dépens*.

530. — Jugé, au surplus, qu'un avoué, bien qu'il ne puisse pas, en son nom personnel et pour ses frais, interjeter appel d'un jugement rendu contre son client, est néanmoins recevable à le faire comme exerçant les droits de ce dernier. — *Toulouse*, 16 janv. 1835, Seintgès et Izard c. Pontneau; — Merlin, *Rép.*, v° *Tierce-opposition*; *Quest.*, v° *Appel*, § 2.

531. — Jugé, et avec raison, que quoique l'avoué ait obtenu la distraction des dépens, il ne cesse pas d'être créancier direct de son client, et il a toujours action contre lui. — *Cass.*, 13 juin 1837 (t. 1er 1837, p. 556), Séguin c. Drouin.

532. — Néanmoins, il perd son recours contre son client, si l'adversaire est devenu insolvable, par suite de la négligence qu'il a mise à le poursuivre; mais il faut que cette négligence soit bien constatée. — Chauveau sur Carré, t. 1er, n° 569.

533. — En matière criminelle, les avoués, dont le ministère n'est que facultatif, ne peuvent réclamer d'honoraires que du client qui les a constitués. — *Cass.*, 29 oct. 1824, Foreti c. Blanc; — Bioche, n° 158; Chauveau, *Tarif*, t. 1er, p. 85. — *Contrà* circul. 10 avr. 1813; *Orléans*, 5 mai 1829, Favard. — V. FRAIS ET DÉPENS (mat. crim.)

534. — Jugé qu'en matière criminelle, quoique le ministère de l'avoué ne soit que facultatif, la distraction des dépens peut être prononcée, si elle est requise. — *Cass.*, 30 déc. 1813, Regnier et Boissière c. Michel.

535. — Les avoués ne peuvent exiger de la partie adverse condamnée aux dépens que le remboursement de leurs avances et les émolumens fixés par le tarif. — Ordonn. 1667, tit. 31, art. 12; décr. 16 fév. 1807, art. 67 et 157; — Bioche, nos 153 et 154

536. — Le montant de ces frais est fixé par le juge lorsque la taxe est requise. — V. FRAIS ET DÉPENS (mat. civ.), TAXE.

537. — L'avoué a une action en paiement de ses frais contre son client, quelle que soit l'issue du procès.

538. — ... Même en matière criminelle ou en matière de contributions indirectes et d'enregistrement. — *Cass.*, 26 mars 1827, Contrib. ind. c. Lecarpentier.

539. — ...Et sans pouvoir, dans ce cas, les répéter contre la partie adverse qui succombe, car alors son ministère n'est que facultatif. — Même arrêt.

540. — Il est reconnu que ces frais doivent être taxés, conformément aux dispositions du tarif civil relatives aux matières sommaires. — Circul., 10 avr. 1813; — Chauveau, *Comment. du tarif*, t. 1er, p. 79 à 81, nos 31 et 32.

541. — Jugé en ce sens, que l'avoué qui a assisté une partie devant le tribunal de police correctionnelle doit être payé par elle, et a droit à des honoraires réglés comme au civil, en matière sommaire. — *Angers*, 10 avr. 1843 (t. 2 1843, p. 733), Letondal c. Lemonnier.

542. — En principe, l'avoué n'a pas d'action personnelle contre le tiers qui l'a chargé d'une affaire concernant une autre personne. — Ainsi, un avoué n'a pas été admis à poursuivre le directeur d'une société anonyme qui l'avait chargé d'occuper sur un appel pour la société. — *Cass.*, 6 mai 1835, Sorbet c. Rolland.

543. — De même, l'avoué qui a occupé pour les syndics d'une faillite agissant en cette qualité n'a pas contre eux d'action personnelle pour le montant de ses frais. — *Paris*, 25 août 1838 (t. 2 1838 p. 400), Beaumé c. syndic Vernant; *Cass.*, 24 août 1843 (t. 2 1843, p. 755), même affaire; — Pardessus, t. 4, n° 1181.

544. — Jugé aussi que l'avoué qui a occupé pour les syndics d'une faillite, ne peut réclamer ses frais contre les créanciers de la masse que jusqu'à concurrence de leurs droits dans l'actif, à moins que ces derniers n'aient donné une autorisation spéciale. — *Cass.*, 24 août 1843 (t. 2 1843, p. 757), Beaumé c. Lombard.

545. — Cependant, le principe qui vient d'être posé, n° 542, fléchit quelquefois, eu égard aux circonstances: ainsi on a jugé que celui qui a chargé un avoué d'une affaire qui ne lui est pas personnelle, de telle sorte que les actes de la procédure soient faits à sa poursuite et diligence, doit rembourser les frais et les honoraires de l'avoué, s'il n'indique pas le domicile réel de la personne dont il s'est déclaré mandataire. — *Paris*, 18 nov. 1809, Bénard c. Mayet; — Berriat, p. 73.

546. — Jugé de même que le syndic qui a chargé un avoué d'occuper dans une instance intéressant la faillite est obligé de payer à cet avoué les frais qu'il a exposés, sauf au syndic à en réclamer le remboursement contre la masse des créanciers. — *Bordeaux*, 24 avr. 1838 (t. 2 1838, p. 400), Martin, c. syndic Reboul.

547. — ...Que l'avoué qui a été chargé par le syndic d'une faillite a contre lui une action personnelle pour le paiement de ses frais et travaux. — *Paris*, 25 sept. 1823, Sorbet c. Chatin. — V. FAILLITE.

548. — Ainsi, lors même qu'une action judiciaire est poursuivie au nom du cédant, si cette poursuite a lieu dans le seul intérêt des cessionnaires qui ont promis de garantir le cédant, l'a-

voué peut agir directement contre ces cessionnaires en paiement de ses frais.

549. — Lorsque plusieurs parties ayant des intérêts non opposés, mais distincts, se réunissent pour charger un avoué d'occuper pour elles collectivement en lui donnant toutefois mission de prendre pour elles des conclusions différentes, cet avoué est bien fondé à faire pour chacune d'elles un dossier séparé, et à réclamer de la partie qui succombe les frais et dépens qui en sont la conséquence. — *Amiens*, 24 août 1825, Choqueux c. Terrier; *Nancy*, 6 janv. 1843 (t. 2 1843, p. 78), Hadol c. Colles.

550. — Jugé qu'une partie qui a chargé un avoué d'occuper pour elle, ne peut lui contester ses frais, sur le motif qu'il a été chargé par une autre personne d'intérêts à peu près analogues, et qu'il n'eût dû faire qu'un seul dossier pour les deux. — *Amiens*, 24 août 1825, Choquet c. Terrier.

551. — L'avoué qui a été constitué par plusieurs personnes dans un procès qui leur est commun, peut actionner solidairement chacune d'elles pour le paiement de ses frais. — *Liége*, 2 avr. 1810, Mathias c. Saroléa; *Rennes*, 25 août 1812, Pousse c. Laurgis; 20 mars 1817, N...; *Orléans*, 26 juill. 1827, Popelin c. Queltin; *Grenoble*, 28 mars 1829, R... c. Reynaud; *Toulouse*, 11 mai 1834, Laurens c. Rousseau; 15 nov. 1831, N... c. Magne; *Paris*, 9 févr. 1813, Gaten c. Deblois; 9 nov. 1843 (t. 1er 1844, p. 56), Dangie c. Journal; — Domat., *Lois civiles*, t. 15, sect. 2e; Favard, v° *Dépens*; Berriat, p. 73; Chauveau, *Comm. du tarif*, t. 1er, p. 193, n° 25.

552. — Décidé au contraire, mais cet arrêt ne peut faire autorité, que l'avoué constitué par plusieurs personnes ayant le même intérêt, n'a pas une action solidaire contre chacune d'elles, pour le paiement de ses frais. — *Besançon*, 20 nov. 1809, Léger c. Menne.

553. — L'avoué n'agit pas toujours comme mandataire *ad lites*, il a quelquefois aussi la qualité de mandataire *ad negotia*.

554. — Comme mandataire *ad lites*, il ne peut rien demander au-delà de ce qui lui est alloué par le tarif.

555. — Ainsi, les avoués chargés au nom de l'administration du trésor, de provoquer des saisies immobilières, ne peuvent exiger une gratification en sus des honoraires fixés par le tarif.

556. — Jugé aussi que les avoués ne peuvent exiger de leurs cliens, outre les droits qui leur sont alloués par le tarif, des émolumens à titre de vacations extraordinaires, d'indemnité de peines, soins, démarches, etc. — *Cass.*, 25 janv. 1813, Selves c. Boudard.

557. — Jugé encore qu'un avoué qui a exigé de son client plus qu'il ne lui était dû, peut être poursuivi en restitution, même par la saisie de son cautionnement. — *Rennes*, 19 déc. 1816, Bernard c. Legal.

558. — Mais comme mandataire *ad negotia*, il a droit à un salaire, même quand il n'en a pas été stipulé, et peut alors réclamer des vacations et honoraires extraordinaires. — Chauveau, *Comment. du tarif*, t. 1er, p. 57, n° 6, Introduct.; Pigeau, *Comment.*, t. 1er, p. 172; Bioche, v° *Avoué*, n° 155; Glandaz, *Encyclop. du droit*, v° *Avoué*, n° 32; Cabissol, *Tarif*, Avant-propos; Favard de Langlade, v° *Dépens et vacations extraordinaires*; Thomine-Desmazures, t. 2, n° 7; N. Carré, *La taxe en matière civile*, p. 189; Berriat Saint-Prix, t. 1er, p. 161.

559. — « Chaque jour, dit M. Glandaz (*loc. cit.*), la confiance des justiciables a agrandi le cercle des attributions des avoués. Chargés de l'instruction des procès, ils ont cherché à les concilier. Leurs efforts ont souvent été couronnés de succès; des transactions nombreuses sont devenues leur ouvrage. Admis dans le sein des familles, ils ont été appelés à éclairer leurs clients de leurs conseils dans tous les actes de la vie civile. Ces nouveaux devoirs que la loi ne leur avait pas prescrits, mais qu'une confiance spontanée leur avait imposés, devaient-ils les accepter et les remplir gratuitement? »

560. — Ainsi, c'est un principe certain que l'avoué qui a fait des actes et des démarches étrangères à son ministère, est fondé à réclamer des honoraires comme ayant agi en qualité de mandataire *ad negotia*. — Ce principe était déjà reconnu dans l'ancien droit, mais avec une restriction : le tarif de 1778 renfermait à cet égard une disposition précise dont voici les termes : « Ne pourront, » les procureurs, employer dans leurs mémoires » d'autres frais et droits que ceux prescrits et » portés au tarif ci-dessus, et par le présent règlement. — Et quant aux vacations extraordinaires, il n'en sera taxé aucunes, de même que » les copies de pièces et écritures qu'ils auraient » pu faire, *si elles ne leur ont été demandées par » leurs parties.* »

561. — Jugé en ce sens que les avoués, relativement aux travaux qui sortent des bornes de leur ministère, doivent être considérés comme des *agens d'affaires*, et ont, comme ceux-ci, une action en justice pour obtenir le salaire de leurs peines et démarches. — *Cass.*, 16 déc. 1818, de la Briffe c. Bazin.

562. — ...Que l'avoué qui a fait des travaux considérables et des démarches multipliées en dehors des actes et vacations indiqués par le Code de procédure, a le droit de réclamer de son client des honoraires. — *Cass.*, 13 juin 1837 (t. 1er 1837, p. 556), Séguin c. Drouin.

563. — ...Que l'avoué chargé, non plus comme avoué, mais comme mandataire non gratuit, de la direction d'une affaire longue et grave, nécessitant des démarches, des recherches, des correspondances, des travaux de cabinet, a droit au paiement de frais et honoraires en dehors des sommes allouées par le tarif. — *Paris*, 22 nov. 1838 (t. 2 1840, p. 601), de Kerouartz c. Mitouflet.

564. — ...Qu'un avoué peut, comme toute autre personne, réclamer les salaires qui lui ont été promis pour les soins qu'il a donnés à des affaires portées devant le tribunal de commerce, et que dans ce cas on ne peut l'obliger à représenter un registre de recettes. — *Cass.*, 13 janv. 1819, Delaye c. Teste.

565. — ...Qu'un avoué a droit de se faire payer, en sus des frais qui lui sont alloués par le tarif, des honoraires que son client lui a promis dans une affaire de commerce importante. — *Paris*, 9 juin 1831, Durand c. Lettré.

566. — ...Que l'avoué qui a plaidé une cause, rédigé des écrits et fait diverses vacations extraordinaires, a le droit d'exiger de son client des honoraires, indépendamment des droits qui lui sont alloués par le tarif. — *Bruxelles*, 31 oct. 1827, Jouet c. Budy.

567. — ...Que l'avoué qui dans les cas où la loi l'y autorise, a plaidé une cause sans assistance d'avocat, a le droit d'exiger des honoraires de son client, indépendamment des droits qui lui sont alloués par le tarif pour l'instruction de la procédure. — *Bruxelles*, 2 juill. 1829, Truyen c. Surgelyn.

568. — L'intérêt des sommes dues aux avoués pour *avances, frais de procédure, salaires et vacations* relatifs aux procès dont ils ont été chargés, ne court que du jour de la demande qui en a été formée en justice. — Mais l'intérêt des avances faites par l'avoué comme *negotiorum gestor*, est dû à compter du jour des avances constatées. — *Cass.*, 23 mars 1819, Wuilley c. Balland.

569. — Le tribunal de Sédan a jugé aussi, et M. Laplagne-Barris a adopté cette opinion, que les avances faites par un avoué à des experts à titre de convenance, mais non comme mandataire *ad lites*, doivent lui être remboursées avec intérêts à compter du jour où elles ont eu lieu. — *Cass.*, 27 août 1838 (t. 2 1838, p. 146), Dubois c. Jobart. — V. aussi Chauveau, *Comment du tarif*, t. 1er, p. 87, n° 83.

570. — C'est un point de jurisprudence constant que l'avoué qui a payé les honoraires dus à l'avocat, est fondé à en réclamer le remboursement de son client; l'avoué doit être réputé avoir eu mandat de payer l'avocat. — *Grenoble*, 30 juill. 1821, Accarias c. Bosc; *Pau*, 7 juin 1828, Petit c. Lalanne; *Limoges*, 10 août 1829, Jaudier c. Chaisemartin; *Bourges*, 26 avr 1830, N... c. Varennes; *Toulouse*, 11 mai 1831, Laurent c. Roulleau; *Lyon*, 17 fév. 1832, Lagef c. Charmelle; *Toulouse*, 20 mars 1833, Marion c. Boyer; *Rennes*, 29 juill. 1833, Gral c. Toulmouche; *Lyon*, 24 juill. 1834, Ardaillon c. Chambeyron; *Paris*, 22 nov. 1838 (t. 2 1840, p. 206), Kerouartz c. Mitouflet.

571. — Jugé aussi que l'avoué qui paie à un avocat les honoraires d'une consultation a le droit d'en répéter le montant contre son client. — Sauf à la partie à s'adresser au conseil disciplinaire si elle trouve que les déboursés réclamés par son avoué sont excessifs. — *Rouen*, 17 mai 1828, Bignon c. de Wolodsvich.

572. — Cependant il a été jugé qu'un avoué ne peut répéter contre son client les honoraires dus à l'avocat de celui-ci, s'il avoue ne les avoir pas payés. — *Colmar*, 8 fév. 1833, Gallet c. Rieff.

573. — ...Que l'avoué n'a d'action contre son client en répétition des honoraires qu'il a payés à l'avocat, qu'autant qu'il produit des pièces sur lesquelles l'avocat aura établi ses honoraires, ou un mandat exprès de la part de son client d'en faire les avances. D'après cet arrêt, le registre de dépense duquel il résulterait qu'il a fait le paiement allégué, ne pourrait être par lui invoqué, un tel titre ne faisant foi que contre celui qui l'a écrit aux termes de l'art. 1331 C. civ. — *Bordeaux*, 8 mars 1826, Secondat c. Dulugat.

574. — La cour d'Amiens est allée plus loin, elle a jugé que l'avoué qui a payé à l'avocat des honoraires *au delà du tarif*, sans mandat du client, ne peut les répéter contre ce dernier. — *Amiens*, 17 nov. 1821, Lenfant c. Beauvais et Leleu.

575. — Cette décision ne peut être accueillie, car elle part d'un faux principe, à savoir que le tarif fixe les honoraires des avocats. On sait, au contraire, que les dispositions qu'il renferme n'ont pour objet que de déterminer la somme que doit rembourser la partie qui succombe à celle qui a gagné son procès.

576. — L'avoué a une action par le paiement de ses frais contre son client; sa demande, s'il l'exerce, doit être portée en vertu d'une attribution spéciale devant le tribunal où les frais ont été faits. — Cod. procéd., art. 60. — V. aussi Lett. patentes du 12 avr. 1790; L. 20 mars 1791, art. 14; circul. du ministre de la justice, 13 messid. an IX. — V. FRAIS ET DÉPENS.

577. — L'espèce de privilége, dit M. Carré (t. 1, p. 306, n° 51 au texte), que la loi accorde aux officiers ministériels est fondé : — 1° sur ce que le contrat entre eux et le client s'est formé au tribunal auquel il sont attachés ; — 2° sur ce que ce même tribunal est celui qui a sur eux droit de discipline, et qui peut taxer les frais plus exactement ; — 3° sur ce qu'il importe au public que ces officiers, dont le ministère est forcé, ne soient point détournés de leurs fonctions.

578. — Ce privilége subsiste lors même que les frais réclamés par l'avoué ont été fixés par une reconnaisance de la partie ; la loi ne fait aucune exception. — Carré et Chauveau, *Lois de la procéd.*, t. 1er, p. 310, n° 278. — *Contrà* Delaporte, t. 1er, p. 63.

579. — Il appartient aux avoués qui n'exercent plus, comme à ceux qui exercent encore. — *Paris*, 3 oct. 1810, Raffet c. Sobier; — Chauveau, *Comment. du tarif*, t. 2, p. 94, n° 85 ; Berriat, p. 123 (5e édit.).

580. — Toutefois, l'art. 60 n'est pas tellement absolu qu'il puisse autoriser l'avoué à porter devant un tribunal criminel une demande en paiement de frais dirigée contre la partie pour laquelle il a occupé devant ce tribunal. — V. du reste FRAIS ET DÉPENS.

581. — En principe, le bénéfice de l'art. 60 n'existe au profit de l'avoué qu'à raison de sa qualité de mandataire *ad lites*, et à l'occasion des frais qu'il a faits dans l'exercice officiel de son ministère. Quant aux frais et avances qui lui sont dus comme mandataire *ad negotia*, en droit strict, le paiement devrait être poursuivi, d'après la règle générale, devant le tribunal du domicile de la partie assignée.

582. — Cependant les tribunaux n'appliquent ce principe qu'avec une extrême réserve. Pour éviter une double action et épargner aux parties des frais inutiles, ils étendent l'application de l'art. 60 même aux demandes faites par l'avoué comme mandataire ordinaire, toutes les fois que les démarches dont il veut qu'il lui soit tenu compte, que les avances dont il réclame le remboursement ont une certaine connexité avec les soins, travaux et vacations rentrant plus spécialement dans sa mission officielle.

583. — Ainsi, l'on a jugé que l'action de l'avoué contre son client en remboursement des honoraires qu'il a payés à l'avocat est, aussi bien que celle en paiement des frais qui lui sont dus personnellement, de la compétence de la cour ou du tribunal près lesquels il exerce ses fonctions. — *Montpellier*, 12 mars 1832, Chamayou c. Tuilhan.

584. — ... Que la double créance d'un avoué pour acte de son ministère et pour plaidoiries et mémoires en matière administrative, peut, à raison de la connexité, être réclamée devant le tribunal près lequel il occupe. — *Rouen*, 10 juin 1834 (sous *Cass.*, 22 juil. 1835), Lefebvre c. Sémichon.

585. — V. dans le même sens : — *Cass.*, 10 mai 1831, Armand c. commune de Neuville; *Bourges*, 18 déc. 1824, Martin c. Ménié ; *Toulouse*, 11 mai 1831, Laurens c. Boulleau. — Chauveau sur Carré, t. 1er, n° 277 *ter*. — Mais V. cependant *Comment. du tarif*, t. 1er, Introd., p. 63, n° 7.

586. — Jugé cependant que le tribunal devant lequel un avoué a fait des avances n'est compétent pour connaître de la demande formée par cet officier ministériel qu'en ce qui concerne ce qui lui est dû pour les actes de son ministère. Il doit renvoyer le demandeur à se pourvoir pardevant les juges compétens, pour ce qu'il réclame comme salaire des soins et peines qu'il a pris à titre de mandataire et non à titre d'avoué. — *Rennes*, 24 juill. 1813, N... — Delaporte, t. 1er, p. 8 ; Lepage, *Quest.*, p. 107 ; Favard, t. 1er p. 134 ; Pigeau, *Comment.*, t. 1er, p. 172.

587. — Jugé aussi, mais dans une espèce toute

différente, que si l'avoué fait une saisie-arrêt au préjudice du client qui lui doit des frais, la demande en validité de cette saisie ne peut être portée qu'au tribunal du domicile du débiteur saisi : l'art 567, C. procéd., n'admet point d'exception pour les cas prévus par l'art. 60. — *Cass.*, 17 fév. 1817, Garde c. Ferrand.

588. — Les demandes en paiement de frais formées par les avoués sont dispensées du préliminaire de conciliation. — Décr. 16 fév. 1807, art. 9: — V. CONCILIATION, FRAIS ET DÉPENS.

589. — Mais jugé, sous l'empire de la loi du 3 brum. an II, qu'un ancien procureur ne pouvait point porter directement devant les tribunaux, sans préliminaire de conciliation, une action en paiement des frais faits pour affaires terminées sous l'ancien régime. La dispense de tentative de conciliation ne concernait que les actions intentées pour affaires pendantes lors de la suppression des fonctions d'avoués. — *Cass.*, 27 fruct. an VII, Duffargue-Planzolles c. Julien.

590. — L'assignation doit porter en tête copie du mémoire de frais. — Décr., 16 févr. 1807.

591. — Le client qui aurait retenu le dossier et mis l'avoué dans l'impossibilité de signifier son mémoire devrait supporter seul les frais de l'assignation tardive. — *Lyon*, 17 juill. 1826, Claret c. Churezieux.

592. — Dans l'usage, l'avoué fait préalablement taxer son mémoire de frais, afin de prévenir la demande qui lui en serait faite par le défenseur.

593. — En effet, les parties peuvent toujours demander la taxe de tous les frais, salaires, vacations et déboursés dus aux avoués. — V. FRAIS ET DÉPENS, TAXE.

594. — Elles ont le droit de réclamer en justice contre toutes erreurs, contre tous les faits de dol ou de fraude, même après avoir réglé et payé des frais à l'amiable. — Arg. *Amiens*, 9 mai 1823, Portebois c. Morand.

595. — Jugé que les avoués ne peuvent rien toucher du tiers saisi sans la participation de leur client, et sans avoir requis la taxe, et fait ordonner le paiement en justice. — *Paris*, 9 mai 1810, Barbier c. D... et Russeau ; — Roger, *Saisie-arrêt*, n° 491.

596. — Jugé aussi que l'énonciation portée dans la quittance que le paiement est fait sans garantie de restitution, et que les pièces ont été remises, ne dispense pas l'avoué de représenter la procédure, pour qu'il soit statué sur la taxe de ses frais. — Même arrêt. — Berriat, p. 162.

597. — Les avoués n'ont aucune action pour le remboursement des frais frustratoires. — Mais les actes signifiés sur la réquisition expresse des parties ne peuvent être considérés comme tels, par cela seul qu'ils ne sont pas exigés par les lois ou réglemens ; il suffit qu'ils ne soient pas prohibés, pour que le client qui les a requis soit obligé d'en payer les frais.

598. — Jugé, en conséquence, que l'arrêt qui, dans une instance en partage de succession, a mis des frais, comme frustratoires, à la charge de l'avoué, a pu néanmoins réserver à cet avoué son recours contre ceux des héritiers qui auraient donné le mandat de faire ces frais. — *Cass.*, 10 août 1835, Vust c. Luc Tripier. — V. FRAIS ET DÉPENS, FRAIS FRUSTRATOIRES.

599. — La demande des avoués contre leurs cliens en paiement de frais peut être repoussée par trois fins de non recevoir : 1° remise des pièces au client ; — 2° non représentation du registre prescrit par les réglemens ; — 3° prescription.

600. — *Remise de pièces.* — La partie qui a en sa possession les pièces de procédure est présumée libérée : si elle ne représente pas quittance, elle est présumée l'avoir égarée. — *Amiens*, 1er mars 1825, N... c. Dutriaux ; — Pothier, *Mandat*, n° 138 ; Berriat, p. 162, note 10e, n° 4 ; Pigeau, t. 1er, p. 33.

601. — Mais il faut que la remise ait été volontaire. L'avoué est recevable à prouver par tous moyens que les titres lui ont été soustraits par le client, ou qu'il les lui a confiés pour un motif quelconque.

602. — Jugé qu'un avoué ne peut exiger les frais d'une procédure dont il ne représente pas les pièces. — *Rennes*, 24 déc. 1811, Hamon Kerhello c. Suant et Chevalier.

603. — Jugé même qu'un avoué peut être déclaré non-recevable à réclamer contre son client les frais d'une instance, quoiqu'il ait entre les mains l'acte d'appel et toute la procédure devant la cour, s'il n'a aucunes pièces ni titres servant de fondement à la demande. — *Lyon*, 30 août 1824, N... c. Vergoin.

604. — *Registre d'avoué.* — Nous avons vu *suprà* (nos 336 s.) que tous les avoués sont tenus d'avoir un registre coté et paraphé, sur lequel ils doivent inscrire eux-mêmes, par ordre de date et sans aucun blanc, toutes les sommes qu'ils reçoivent : le défaut de représentation ou la tenue irrégulière de ce registre constitue une fin de non recevoir contre la demande en paiement de frais. — Décr. 16 fév. 1807, art. 151, § 1er et 2.

605. — Jugé que la partie condamnée peut, comme le client, exiger la représentation de ce registre lorsqu'elle a un intérêt légal à cette production, par exemple lorsqu'elle oppose une compensation à son adversaire, et qu'elle veut établir que l'avoué a reçu des à-compte. — *Cass.*, 8 janv. 1842 (t. 2 1842, p. 348), Langlois c. Herrié.

606. — *Prescription.* — Avant le Code civil, il y avait une grande variété de jurisprudence sur la durée de l'action des procureurs contre leurs cliens. — Troplong, *Prescription*, t. 2, p. 371, n° 977.

607. — Un arrêt de réglement du parlement de Paris, du 28 mars 1692, avait réglé que les procureurs ne pourraient demander le paiement de leurs frais, salaires et vacations, deux ans après qu'ils auraient été révoqués ou que les parties seraient décédées, quoiqu'ils eussent continué d'occuper pour les mêmes parties ou pour leurs héritiers en d'autres affaires. — Bourjon, *Droit commun de la France*, t. 2, p. 580, n° 113 ; Legrand, *Comment. de la cout. de Troyes*, art. 200, glose 1, n° 13 ; Merlin, *Rép.*, v° *Prescription*.

608. — Quant aux affaires non jugées, le réglement de 1692 fixait à six ans la prescription contre les procureurs. Cette prescription n'était interrompue que par une reconnaissance écrite du client.

609. — En Normandie, la prescription était de deux ans pour les affaires jugées, et de cinq ans pour celles qui n'étaient pas terminées. — *Parlem. Rouen*, arr. de réglem. 15 déc. 1703.

610. — Dans le ressort du parlement de Toulouse, l'action des procureurs pour le paiement de leurs déboursés et honoraires ne se prescrivent que par trente ans. — *Pau*, 19 nov. 1821, Benque c. Durtiguenave.

611. — Le Code civil (art. 2273) a fixé à *deux ans*, à compter du jugement du procès ou de la conciliation des parties, ou de la révocation du mandat, le délai ordinaire de la prescription contre les avoués ; et *à cinq ans* le délai emportant déchéance lorsque l'affaire n'est pas terminée.

612. — M. Pelet avait combattu, au conseil d'état, la deuxième disposition de l'art. 2273 ; il trouvait que le délai de deux ans était suffisant dans toutes les hypothèses ; mais cette opinion n'a pas prévalu. Berlier, Portalis démontrèrent que ce serait aggraver la condition des cliens que d'obliger l'avoué, même pendant le litige, à poursuivre son paiement dans le délai de deux ans, sous peine de prescription ; que le pauvre trouverait difficilement des avoués qui consentissent à lui faire des avances, et que d'ailleurs la restitution demandée par M. Pelet n'enchaînerait pas la cupidité. Sur ces observations, l'art. 2273 fut adopté. — V. PRESCRIPTION.

613. — Si le litige est terminé sur un point, mais subsiste encore sur d'autres chefs, on ne peut dire que l'affaire soit terminée. — *Parlem. Paris*, 6 sept. 1700 ; — Maillard, *Cout. d'Artois*, art. 73, n° 54 ; Troplong, n° 981 ; Merlin, *Rép.*, v° *Prescription*.

614. — Le délai de deux ans ne commence à courir contre l'avoué qui a occupé dans plusieurs instances relatives à la liquidation d'une créance, que du jour du jugement qui a statué définitivement sur la liquidation de la créance.

615. — Remarquez que la conciliation ne fait courir la prescription qu'autant qu'elle est connue des avoués. Tant que l'avoué a cru que l'affaire n'était pas arrangée, il n'a pas pu réclamer le paiement de ses frais. — Carré, *Compét.*, t. 1er, p. 338 ; Vazeille, *Prescription*, t. 2, n° 630.

616. — C'est au client à prouver que l'avoué a eu connaissance de la conciliation. — Cette preuve peut résulter de la correspondance et des actes de procédure qui mentionneraient la transaction ; la preuve testimoniale serait difficilement admise.

617. — On doit regarder comme révocation de l'avoué, dans le sens de l'art. 2273, la cessation de ses fonctions pour suppression de son office, démission ou destitution ; il y a même raison de décider. — Carré, *Compétence*, t. 1er, p. 338 ; Delvincourt, t. 2, p. 850 ; Troplong, t. 2, p. 574, n° 980.

618. — La prescription établie par l'art. 2273 court quoique l'avoué ait continué son ministère, à moins qu'il n'y ait un compte arrêté, cédule ou obligation, ou citation en justice non périmée. — Art. 2274.

619. — Le compte dont parle l'art. 2274 doit être arrêté par la partie elle-même : celui fixé par la chambre n'interromprait pas la prescription. — *Cass.*, 19 août 1816, Sergent c. Knaeps ; — Vazeille, *Prescrip.*, t. 2, p. 491, n° 638.

620. — Il a été jugé que le transport d'une créance fait à un avoué, pour à-compte des avances, frais et vacations qui lui sont dus, ne peut tenir lieu de la liquidation du mémoire qui en contient le détail. — *Rennes*, 29 août 1820, Dupuy c. Gourrand.

621. — Jugé, au contraire, que la prescription cesse de courir à partir de la déclaration faite par le client, qu'il a payé plusieurs à-compte sur les pièces remises par l'avoué à son mandataire, et qu'il entend terminer tout compte à cet égard. — *Amiens*, 11 mars 1826, Cottenest c. Corroye.

622. — L'offre de payer les frais consignés dans l'acte de révocation et l'impossibilité d'exécuter le paiement par suite de l'émigration du débiteur, sont aussi des motifs suffisans pour interrompre toute prescription.

623. — Jugé encore que lorsqu'un individu, au lieu de se borner à opposer la prescription de deux ans, soutient en même temps s'être libéré et en offre la preuve, les juges peuvent écarter l'exception de prescription, si la preuve de la libération n'est pas rapportée. — *Cass.*, 10 déc. 1828, Texier.

624. — On remarque que la prescription de l'art. 2273 ne court contre l'avoué qu'au profit de ses cliens. Quant à l'adversaire, il ne peut opposer que la prescription de trente ans à l'action de l'avoué en paiement des frais dont il a obtenu la distraction. — *Grenoble*, 22 juill. 1814, Gariel c. Perret.

625. — Les frais dont parle l'art. 2273, s'appliquent à tous les déboursés suceptibles d'être compris dans la taxe des dépens en cas de gain du procès, et que l'avoué peut réclamer en sa qualité d'officier ministériel, ainsi, non seulement ceux relatifs aux actes de procédure, mais encore ceux concernant les actes d'huissiers, les avances des droits d'enregistrement, les droits de greffe, etc. — Troplong, *Prescript.*, t. 2, p. 574, n° 979 ; Vazeille, *Prescript.*, t. 2, n° 684.

626. — On a prétendu, dit M. Troplong (t. 2, n° 979), que l'avoué qui paie les honoraires de l'avocat est subrogé à ce dernier, et doit avoir pour son remboursement une action aussi longue que celle de l'avocat, c'est-à-dire trente ans. Cette opinion est fausse. Elle est repoussée par l'art. 2273; toutes les avances de l'avoué sont soumises à une prescription uniforme. — Vazeille, *Prescript.*, t. 2, n° 684.

627. — Jugé, au contraire, que l'avoué qui a payé les honoraires à l'avocat dont il a employé le ministère est en droit de répéter contre sa partie ce qu'il a déboursé pour elle, et son action dure aussi long-temps que celle de l'avoué, c'est-à-dire trente ans. La prescription de deux ans ne lui est pas applicable en ce cas. — *Grenoble*, 30 juill. 1821, Acarrias c. Bosq.

628. — Jugé enfin que l'avoué qui, indépendamment des actes de son ministère, a accompli un mandat particulier et a droit à des honoraires extraordinaires, ne peut être repoussé dans son action en paiement d'honoraires, pour les actes en dehors de ses fonctions, que par la prescription de trente ans. — *Rouen*, 10 juin 1834, Lefebvre c. Semichon.

629. — Ainsi, lorsqu'un avoué a occupé pour une partie et, en sa qualité de licencié, a plaidé pour elle, publié des mémoires et consultations, il n'est soumis qu'à la prescription de trente ans, relativement aux honoraires qui lui sont dus à raison de ces mémoires et plaidoiries. — *Rouen*, 10 juin 1834, Semichon ; *Cass.*, 22 juill. 1835, même affaire.

630. — L'avoué à qui on oppose la prescription peut déférer le serment sur la question de savoir si les frais ont été réellement payés ; mais il ne pourrait demander l'interrogatoire sur faits et articles, à moins qu'il n'eût pour but de prouver un fait interruptif de la prescription, ou une renonciation à la prescription acquise. — *Rouen*, 10 juin 1831, Lefebvre c. Lemichon ; — Troplong, n° 995. — *Contrà* Dumoulin, *De usuris*, quest. 22, n° 128 ; Ordonn. 1673, art. 10.

631. — Le serment peut être déféré, non seulement au débiteur, mais encore à ses héritiers, et même au tuteur des héritiers mineurs, pour leur faire déclarer s'ils savent que la chose soit due. — Ordonn. 1673, art. 10 ; C. civ., art. 227 ; — Troplong, t. 2, n° 996.

Sect. 9e. — *Chambres des avoués. — Historique.*

632. — Dans l'ancien droit les communautés de procureurs n'avaient pas une organisation uniforme et régulière ; cependant on leur reconnaissait un droit de juridiction et de discipline sur leurs

membres et sur les clercs qu'ils occupaient. — Jousse, *Tr. de l'admin. de la just.*, t. 2, p. 518, n° 91.

633. — Les communautés pouvaient même faire des réglemens de police intérieure; mais ces réglemens n'étaient obligatoires qu'après homologation, à peine d'interdiction contre les syndics en charge.—Arr. 14 août 1724;—Jousse, *Administ. de la just.*, t. 2, p. 518, n° 91; Denizart, v° *Procureur*.

634. — Indépendamment du droit de juridiction disciplinaire exercé par la communauté sur ses membres, certaines attributions étaient spécialement déléguées à une commission dite *chambre de postulation*. — V. ce mot.

635. — Cette chambre était composée, à Paris, de dix-huit procureurs, élus pour trois ans par la communauté, et avait pour mission de tenir la main à l'exécution des réglemens sur la postulation, de rechercher et de poursuivre tous les contrevenans. — Le premier membre de cette chambre était appelé *président*; le second *procureur général*, et les autres *conseillers*. — Ferrière, *Dict. de dr. et de prat.*, t. 1er, p. 262; *Encyclop. méthod.* (Jurisprudence), t. 6, p. 619; C. Gillet, chap. *De la postulation*.

636. — Telle était autrefois l'organisation des procureurs, elle diffère peu de celle qui, après le rétablissement des avoués (27 vent. an VIII), fut donnée à ces officiers par l'arrêté des consuls du 13 frim. an IX. — Les principales dispositions de l'arrêté du 13 frim. ont été appliquées depuis aux commissaires priseurs, aux notaires et aux huissiers. — V. arr. 29 germ. an IX, et 9 niv. an XII; décr. 14 juin 1813; Benou, *C. des commiss. pris.*, t. 2, p. 92; Rolland de Villargues, *C. du not.*, t. 1er, p. 51; Favard de Langlade, *Inst. sur l'org. des huiss.*, p. 131 et suiv.

637.—Cet arrêté, après plus de trente ans d'existence, est encore en vigueur aujourd'hui, et, malgré l'instabilité et les vicissitudes propres à la législation française, il n'a subi, pendant ce long espace de temps, que des modifications presque insignifiantes. Il paraît toutefois qu'on s'occupe au ministère de la justice, depuis plusieurs années, de la révision de tous les réglemens relatifs aux chambres de discipline. Une circulaire du garde des sceaux du 18 avr. 1833, annonça ce projet qui n'a pas encore reçu d'exécution, mais qui n'est pas définitivement abandonné.

§ 1er.— *Organisation et composition des chambres d'avoués.*

638. — Aux termes de l'arrêté du 13 frim. an IX (art. 4), la chambre des avoués est composée de *onze* membres lorsque les avoués sont au nombre de cent et plus; — de *neuf* lorsque les avoués sont au nombre de cinquante et plus, jusqu'à cent exclusivement; — de *sept* lorsque les avoués sont au nombre de trente et plus, jusqu'à cinquante exclusivement; — de *cinq* lorsque les avoués sont au nombre de vingt et plus, jusqu'à trente exclusivement; — de *quatre* lorsque le nombre des avoués est inférieur à vingt.

639. — L'arrêté du 13 frim. an IX voulait que la chambre fût composée de *quinze* membres dans les tribunaux où le nombre des avoués serait de *deux cents* et au-dessus; mais cette disposition, qui s'explique parce qu'en l'an IX les avoués de première instance de Paris étaient au nombre de *deux cent soixante-deux*, est sans application possible aujourd'hui, car il n'existe pas un tribunal en France où le nombre des avoués excède *cent cinquante*.

640. — Il est d'usage que le doyen de la compagnie fasse partie de la chambre, et qu'il ne soit soumis ni à l'élection ni au renouvellement.— Cet usage est conforme aux traditions.

641. — Les membres de la chambre sont nommés par tous les avoués du même siége, qui se réunissent à cet effet en assemblée générale dans le lieu où réside le tribunal. — Arr. 13 frim. an IX, art. 14.

642. — Lorsqu'il y a cent votans et plus, l'assemblée se divise par bureaux, qui ne peuvent être composés de moins de trente, ni de plus de cinquante. Chaque bureau est présidé par le doyen d'âge des avoués présens; les deux plus âgés après lui font les fonctions de scrutateurs, et le plus jeune celles de secrétaire. — Art. 14, §§ 2 et 3.

643. — Avant la réforme du calendrier républicain, l'élection avait lieu le 15 fructid. de chaque année (arr. 13 frim. an IX, art. 17); mais cette époque a été changée en 1806, et fixée au 1er septembre. — Décr. 17 juill. 1806.

644. — La nomination se fait au *scrutin secret*, par *bulletin de liste* contenant un nombre de noms qui ne peut excéder celui des membres à nommer. La majorité absolue des voix de l'assemblée est nécessaire pour la nomination. — Arr. 13 frim. an IX, art. 14.

645. — A Paris, la chambre désigne elle-même aux suffrages de la compagnie un certain nombre de candidats qui lui paraissent dignes d'être élus. Il est rare que ces candidats n'obtiennent pas la préférence sur les autres concurrens.

646. — L'arrêté du 13 frim. an IX n'avait fixé aucune condition d'éligibilité pour arriver des chambres d'avoués: ainsi, sous l'empire de ce réglement, la faculté d'élire n'était entravée par aucune restriction. On ne tarda pas à s'apercevoir des inconvéniens que pouvait avoir cette trop grande latitude laissée aux communautés un peu nombreuses; on essaya donc de remédier à cet abus, du moins dans certaines localités.

647. — A Paris, par exemple, on exigea dix ans d'exercice pour être élu membre de la chambre des avoués de première instance. — Ordonn. 21 août 1816. — Cette condition fut également imposée aux avoués près la cour royale. — Ordonn. 23 avr. 1818. — A Toulouse, il fallut huit années d'exercice pour entrer à la chambre; à Aix, il en fallut six. — Ordonn. 17 juin 1820 et 20 juin 1821.

648. — Mais un autre inconvénient fut signalé: le cercle des nominations se trouva trop rétréci, et la fréquence dans la mutation des offices ne laissa plus de latitude à l'élection; il fallut donc changer encore les conditions d'éligibilité.

649. — Cette fois, instruit par l'expérience, le gouvernement est parvenu à résoudre assez bien le problème qui l'embarrassait; il a fixé une règle uniforme et simple qui, sans trop étendre les candidatures, laisse une base assez large à l'élection. — Ordonn. 12 août 1832.

650. — Suivant cette ordonnance, lorsque le nombre des avoués près les cours royales et les tribunaux de première instance est de vingt et audessus, les membres des chambres de discipline ne peuvent être élus que *parmi les avoués les plus anciens en exercice formant la moitié du nombre total*. — Ordonn. 12 août 1832, art. 1er, § 1er. — *Tous les avoués sont éligibles* lorsque la commune se compose de moins de vingt membres —Même ordonn., art. 1er, § 2. — Pour les notaires la règle n'est pas tout-à-fait la même. La moitié des membres de la chambre doit être choisie dans les plus anciens en exercice, formant *le tiers* de tous les notaires du ressort. — Arr. 2 niv. an XII, art. 18, § 2. — V. NOTAIRE.

651. — Les membres de la chambre sont renouvelés tous les deux ans *par tiers*, ou par portions les plus approximatives du tiers, de manière que, dans tous les cas, aucun membre ne puisse rester en fonction plus de trois ans consécutifs. — Arr. 13 frim. an IX, art. 15.

652. — Mais il peut arriver que la durée des fonctions d'un membre de la chambre ne soit pas de trois ans. Par exemple, lorsque la chambre devient incomplète par suite de décision ou de destitution, une assemblée générale peut être convoquée à l'effet de remplacer les membres défaillans. Dans ce cas, les nominations n'ont d'effet que pour le temps que les anciens titulaires avaient encore à rester en exercice: telle est la règle observée de tout temps en pareille matière. D'ailleurs un mode différent aurait l'inconvénient de ranger chaque emploi de la chambre dans une catégorie particulière, et de changer par conséquent les combinaisons d'après lesquelles les renouvellemens doivent avoir lieu. — Joye, *Ann. génér.*, p. 147.

653. — Les membres sortans ne peuvent être réélus qu'après une année d'intervalle (arr. 13 frim. an IX, art. 15.)—Cette disposition est absolue, elle s'applique même au membre qui, par suite d'une nomination temporaire, n'aurait siégé à la chambre que pendant moins de trois ans.— Rolland de Villargues, *C. du not.*, t. 1er, p. 68; Joye, *Ann. gén.*, p. 147; Délibération de la chambre des notaires, 1er mai 1810.

654. — Lorsque le nombre total des avoués n'excède pas celui nécessaire pour la composition de la chambre, il est évident qu'il ne peut y avoir lieu ni à élection ni à renouvellement: dans ce cas les membres de la compagnie sont *de droit* membres de la chambre. — Arr. 13 frim. an IX, art. 15, § dernier.

655. — De même, si le nombre des avoués est de *cinq*, il n'y a pas lieu à élection pour le renouvellement annuel, puisqu'il n'y a qu'un seul membre en dehors de la chambre: par la force des choses, le remplacement du membre sortant s'opère de droit par l'entrée en fonction de l'avoué qui ne faisait pas partie de la chambre. — Du reste, il serait peut-être préférable que la communauté *entière* exerçât elle-même les fonctions de la chambre, et nommât ses officiers lorsque le nombre des membres qui la composent n'est que de six ou sept: l'élection dans ce cas n'a aucun avantage.

656. — Si les opérations ne sont pas régulières, si les formes n'ont pas été observées, l'élection peut être attaquée par les parties intéressées, ou même par le ministère public, en vertu des articles 45 et 46 de la loi du 20 avr. 1810. La nullité est prononcée par les tribunaux ordinaires, s'il y a lieu. — Argum: *Bourges*, 13 mars 1834, avocats de Bourges; *Grenoble*, 10 déc. 1835, avocats de Grenoble.

657. — Les membres choisis pour composer la chambre, ou qui en sont membres de droit, nomment entre eux, au scrutin secret, à la majorité absolue, un président, un syndic, un rapporteur un secrétaire et un trésorier. — Cette nomination se renouvelle tous les ans, et les mêmes membres peuvent être réélus — Arr. 13 frim. an IX, art. 16.

658. — En cas de partage de voix, le scrutin est recommencé, et si le résultat est le même, le plus *âgé* des deux avoués qui font l'objet du partage est nommé de droit, à moins qu'il n'ait rempli pendant les deux années précédentes la fonction à laquelle il s'agit de nommer. Dans cette hypothèse, la nomination de droit s'opère en faveur de son concurrent. — Même arrêté, art. 16, § 3.

659. — On remarquera que la préférence est pour le plus *âgé*, et non pour le plus *ancien*: il aurait mieux valu, selon nous, adopter le principe contraire.

660. — A quelle époque doit se faire la nomination des officiers de la chambre? — Le décret du 17 juill. 1806, ne s'en explique pas positivement, il dit seulement que les membres nouvellement élus entreront en fonctions le 15 septembre. Mais si l'on se rapporte à l'art. 47, § 1er, de l'arrêté des consuls du 13 frim. an IX, on voit que la nomination du président et des autres officiers doit se faire le jour de l'entrée en fonctions et de l'installation. —C'est ce qui se pratique également dans le corps des notaires. — Arr. 2 niv. an XII, art. 21.

661. — Les avoués choisis par la chambre pour remplir les fonctions de président, de syndic, etc., pourraient-ils refuser de les accepter? — Cette question se présentera rarement, par deux raisons: la première, que la nomination à la présidence ou au syndicat est trop honorable pour être refusée sans des motifs vraiment sérieux; la seconde, que le sentiment des convenances et du devoir, à défaut de toute autre considération, l'emportera presque toujours sur la répugnance que peut éprouver, dans certains cas, un officier ministériel à céder au vœu de ses confrères.

662. — Mais enfin si la question se présentait, comment devrait-elle être résolue? Pourrait-on contraindre l'avoué récalcitrant à accepter la fonction à laquelle il aurait été élu? Par quel moyen pourrait-on vaincre sa résistance?— Ces questions ne sont pas sans quelque gravité. Pour les résoudre sainement, nous croyons qu'il faut surtout s'attacher à cette considération que les fonctions à la nomination de la chambre ne sont pas seulement un *titre d'honneur*, mais une *charge*, et qu'il importe aux intérêts de la compagnie qu'on ne puisse pas les répudier sans motifs légitimes. La chambre aura donc à apprécier les excuses qui pourraient lui être présentées par le membre élu; mais si elle ne les accueillait pas favorablement, celui-ci devrait se soumettre à sa décision, et serait moralement obligé à entrer en exercice. — Que si persistant dans son refus il continuait à se soustraire aux charges et à la responsabilité qui lui auraient été imposées, la seule voie à employer pour vaincre sa résistance serait de recourir aux mesures disciplinaires; et encore ne le faudrait-il faire qu'avec une extrême circonspection.

663. — Du reste, on cite un arrêt du 16 juill. 1644, qui décide que les membres qui ont été élus officiers d'une communauté ne peuvent refuser de l'accepter. C'est dans ce sens que se prononce aussi l'art. 28 des anciens statuts des notaires au Châtelet, homologués le 13 mai 1681. En voici le texte: « Aucun notaire ne pourra faire refus d'accepter le syndicat lorsqu'il y aura esté esleu par la pluralité des voix audit jour neuvième may, jour de saint Nicolas, et s'en excuser, soit sous prétexte de maladie, d'affaires ou autrement; comme aussi aucuns desdits notaires ne pourront pareillement faire refus d'accepter les charges de receveurs de la bourse commune, quand les élections en auront esté faites en la manière accoutumée, supposé que ceux qui les auraient précédés ès dites charges fussent plus jeunes en réception qu'eux; à peine par les refusans de 300 liv. d'amende, qui ne pourra estre remise pour quelque cause que ce soit; et d'estre privez de toute entrée dans la compagnie, de voix délibérative et de toute distribution. » — V. Rolland de Villargues, *Code du Notariat*, t. 1er, p. 216.

§ 2. — *Attributions des chambres d'avoués.*

664. — Les chambres d'avoués ont des attributions nombreuses et très diverses.—Non seulement

elles représentent légalement les compagnies qui les ont choisies, non seulement elles surveillent et défendent leurs intérêts, concilient les différends, maintiennent la discipline, conservent les traditions, délivrent des certificats de capacité et de moralité, donnent des avis ou des consultations, mais elles administrent ou délibèrent, font des réglemens de police intérieure, règlent le budget de la compagnie et perçoivent sur chacun des membres qui la composent certaines rétributions destinées à alimenter la bourse commune.

665. — Avant d'examiner plus en détail les diverses attributions des chambres d'avoués, il faut rechercher si ces chambres sont ou ne sont pas, légalement parlant, des *corps constitués*. La question a de l'intérêt, car il faut commencer par la résoudre pour savoir si c'est le tribunal correctionnel qui doit ou non statuer sur une plainte en diffamation dirigée par une chambre d'avoués ou de notaires, dans les cas prévus par la loi du 17 mai 1819.

666. —Pour la négative, on dit qu'une chambre de discipline est la réunion de fonctionnaires publics, formant un *tribunal*, un *corps constitué*, ayant droit de surveillance et de répression sur ses membres, par délégation du gouvernement et dans un intérêt public. D'où l'on conclut que la cour d'assises est seule compétente pour connaître du délit de diffamation, aux termes de l'art. 5 de la loi du 25 mars 1822.

667. — Dans l'opinion contraire, on répond que les chambres de discipline ont, à la vérité, un caractère officiel, mais qu'elles ne sont pas dépositaires d'une portion de l'autorité publique; que leurs fonctions n'ont pour objet qu'un intérêt privé, et que leurs décisions ou leurs avis ne lient ni le ministère public ni les tiers —C'est cette dernière opinion qui a été consacrée par la cour de *Cass.*, le 9 sept. 1836, Fournier-Verneuil c. la chambre des notaires de Paris.

668. — La principale attribution des chambres d'avoués est d'abord de représenter tous les avoués du tribunal collectivement, pour la défense de leurs droits et intérêts communs, ce qui comprend l'administration de la bourse commune et le droit d'agir en justice, s'il y a lieu.—*Arr.* 13 frim. an IX, art. 2, § 7; décr. 14 juin 1813, art. 70, § 8.

669. — Mais dans quels cas les chambres ont-elles qualité pour intervenir devant les tribunaux dans l'intérêt de leur communauté? Le peuvent-elles lorsqu'un avoué est en procès avec un autre officier et revendique un droit, un émolument, une prérogative qu'on lui conteste? Le peuvent-elles notamment lorsqu'il y a litige entre un avoué et un huissier relativement à un droit de copie de pièces?

670. — Sur cette question grave, qui n'est point encore résolue uniformément par la jurisprudence, il existe plusieurs décisions judiciaires qui repoussent l'intervention de la chambre des avoués : 1° parce que pour intervenir en justice il faut un intérêt direct et actuel; — 2° parce que les tribunaux ne peuvent statuer par voie de disposition générale et réglementaire; — 3° parce que l'intervention ne ferait qu'embarrasser la procédure et ajouter aux frais.

671. — Quelque spécieuses que soient ces raisons, il ne semble pas qu'elles puissent prévaloir sur la disposition si générale de l'arrêté du 13 frim. an IX. Aussi l'intervention a-t-elle été admise sans difficulté dans un grand nombre d'affaires intéressant les avoués, les commissaires-priseurs, les courtiers et les notaires. — V. INTERVENTION.

672. — Les autres attributions des chambres d'avoués sont : 1° de maintenir la discipline intérieure entre les avoués, soit par l'emploi des voies conciliatrices, soit par l'application, suivant la gravité des cas, des peines portées par l'art. 8 de l'arrêté du 13 frim. an IX.

673. — ... 2° De prévenir ou concilier tous différends entre avoués, sur des communications, remises ou rétentions de pièces, sur des questions de préférence ou concurrence dans les poursuites ou dans l'assistance aux levées de scellés et inventaires; de connaître de toutes plaintes et réclamations de la part des tiers contre des avoués, à raison de leurs fonctions.

674. —... 3° De donner leur avis, soit sur les difficultés de taxe, soit sur les différends entre avoués qu'elles n'ont pu concilier, soit sur les plaintes et réclamations dirigées contre des tiers étrangers à la compagnie. L'avis peut être donné par un des membres commis par la chambre à cet effet. — Arr. 13 frim. an IX, art. 2.

675. — ... 4° De former dans son sein un bureau de consultations gratuites pour les citoyens indigens.—V. BUREAU DE CONSULTATIONS.

676. — C'est aux chambres d'avoués qu'il appartient exclusivement d'accueillir ou de rejeter la demande d'un indigent tendant à obtenir la nomination d'un avoué d'office et de faire suivre son procès aux frais de la chambre. — Décr. 13 frim. an IX, art. 2 et 7. — En conséquence, lorsque la chambre a décidé qu'il n'y avait pas lieu de désigner un avoué pour occuper sur la demande formée par un indigent (parce que cette demande n'était pas soutenable, et que d'ailleurs ce dernier n'était pas digne de sa bienveillance), le président du tribunal ne peut, par ordonnance, en commettre un d'office et lui enjoindre de suivre l'affaire aux frais de la chambre. — *Amiens*, 31 mai 1842 (t. 2 1843, p. 427), Me P... c. N...; *Cass.*, 6 janv. 1840 (t. 1er 1840, p. 40), Legrelle c. Genot.

677. — ... 5° De rechercher et de poursuivre les individus qui se livrent à la postulation.—Décr. 19 juill. 1810, art. 4 et suiv.

678. —... 6° De délivrer, s'il y a lieu, les certificats de moralité et de capacité nécessaires aux candidats qui veulent devenir avoués.

679. — Cette dernière partie des fonctions attribuées aux chambres d'avoués a donné naissance à quelques difficultés.

680. — La chambre est-elle obligée de délibérer sur la présentation d'un candidat? Ne peut-elle s'abstenir ou même refuser de procéder à l'examen, lorsqu'elle trouve qu'il y a quelque irrégularité dans les pièces produites, ou que le stage est incomplet?

681. — Cette question, qui se présente fréquemment, est résolue par plusieurs circulaires du ministre de la justice en ce sens que les chambres ne peuvent se dispenser de délibérer sur les demandes qui leur sont adressées. « Elles ont bien, porte la circulaire du 28 vent. an XIII, la liberté de faire les observations qu'elles jugent convenables; mais elles ne peuvent, par un refus absolu de délibérer, s'arroger indirectement le droit d'admettre ou de rejeter les demandes des candidats, droit qui ne peut appartenir qu'au gouvernement. » — C'est ce que décident également les circulaires des 6 vendém. an XIII, 28 oct. et 15 juill. 1825.

682. — Si la chambre mettait de l'obstination dans ses refus, ses membres pourraient être poursuivis disciplinairement. — Circul. 15 juill. 1829; — *Code du notariat*, t. 1er, p. 493.

683. — Les chambres ne doivent pas s'abstenir de délibérer, même dans le cas où une opposition à la transmission d'un office leur a été signifié avec défense de procéder à l'examen, à peine de dommages-intérêts. En effet, une pareille opposition n'est pas autorisée par la loi et ne peut avoir pour effet que de constater la prétention de celui qui l'a formée. D'un autre côté, il ne peut pas dépendre d'un tiers sans qualité d'arrêter l'action de la chambre et de paralyser les pouvoirs qu'elle tient de la loi.

684. — Lorsque les parties sont convenues de déférer à la chambre les contestations relatives à l'exécution d'un traité, elles doivent, pour que l'arbitrage soit régulièrement formé et la sentence valable, comparaître en personne devant elle, rédiger un compromis et conclure.

685. —La chambre reçoit, à la fin de chaque trimestre, le compte des recettes et dépenses faites par le trésorier : elle l'arrête et lui en donne décharge. — Pour la réception de ce compte, les formalités ordinaires ne doivent pas nécessairement être suivies; il ne s'agit pas d'un compte rendu en justice. — Circul. 11 nov. 1818.

§ 3. — *Attributions des officiers de la chambre des avoués.*

686. — *Président.* — Le président a la police d'ordre dans la chambre; il la convoque extraordinairement quand il le juge à propos, ou sur la réquisition motivée de deux autres membres. — Il préside aux délibérations, et, en cas de partage, sa voix est prépondérante.

687. — Il nomme les suppléans qui, en cas d'absence ou d'empêchement des officiers titulaires de la chambre, sont chargés momentanément de remplir leurs fonctions.

688. — Il répartit les taxes à faire entre tous les membres de la chambre indistinctement, et distribue les causes d'office aux divers avoués. — D'après l'art. 2 de l'arrêté du 13 frim. an IX, on pourrait croire que c'est la chambre qui fait cette répartition, mais il n'est pas douteux que c'est le président qui doit se la réserver. L'art. 7 est formel sur ce point.

689. — Le président signe avec le secrétaire les expéditions des délibérations de la chambre, vise les citations et les lettres de convocations dans les cas prévus par l'art. 12, et prononce, s'il y a lieu, les censures avec réprimande. Enfin, il porte la parole au nom de la chambre ou de la communauté quand l'occasion l'exige.

690. — *Syndic.* — Le syndic remplit auprès de la chambre les fonctions du ministère public; c'est lui qui provoque les poursuites contre les avoués inculpés et qui requiert l'application des peines disciplinaires.

691. — Il est entendu préalablement à toutes délibérations de la chambre, qui est tenue de délibérer sur tous ses réquisitoires; il a, comme le président, le droit de la convoquer.

692. — Il poursuit l'exécution de ses délibérations, signe les citations contre les avoués prévenus de faits disciplinaires, et agit pour la chambre dans tous les cas où cela est nécessaire, et conformément a ce qui a été délibéré. — Arrêté 13 frim. an IX, art. 5 et 11; Circul. minist. oct. 1834; Joye, *Annuaire gén.*, p. 146.

693. — *Rapporteur.* — Les pouvoirs du rapporteur sont moins bien définis : l'arrêté dit seulement qu'il recueille les renseignemens sur les affaires contre les avoués inculpés, et qu'il en fait le rapport à la chambre (art. 5, § 3). Cet officier est, comme on le voit, le *juge d'instruction* des avoués, c'est lui qui reçoit les plaintes et les explications qu'elles provoquent; c'est lui qui examine les pièces et qui vérifie les faits; c'est lui, enfin, qui exerce avec le plus de succès la mission conciliatrice qui est un des devoirs de la chambre.

694. — Le rapporteur n'a pas, comme le président et le syndic, le droit de convoquer la chambre.

695. — *Trésorier.* — Le trésorier est le dépositaire de la bourse commune; il fait les recettes et les dépenses après qu'elles ont été autorisées, et en rend compte, à la fin de chaque trimestre, à la chambre, qui les arrête ainsi que de droit, et lui en donne décharge.

696. — *Secrétaire.* — Indépendamment des officiers dont il vient d'être parlé, la chambre a un secrétaire qui rédige ses délibérations, garde ses archives et délivre toutes expéditions, tous certificats et extraits dont la remise est autorisée par la chambre ou par la loi.

697. — Le secrétaire n'a droit à aucun émolument pour la délivrance des certificats constatant l'affiche des extraits des demandes et jugemens en matière de séparation de corps ou de biens; c'est ce qui résulte d'une décision ministérielle du 16 févr. 1835, qui n'est pas observée à Paris.

698. — *Doyen.* — Quoique le doyen ne soit pas un officier de la chambre, il est bon de rappeler qu'il est considéré comme le président d'honneur, quand il ne l'est pas de fait; que son fauteuil est placé à droite du président en exercice; qu'il fait partie de toutes les délibérations, et que son nom est placé en tête de toutes les listes de la chambre. — Dans quelques communautés il a droit à une double distribution de jetons.

699. — Lorsque le nombre de membres composant la chambre est au-dessous de *cinq*, ou lorsque les titulaires sont momentanément empêchés, les fonctions peuvent être cumulées; cependant celles de président, de syndic et de rapporteur doivent toujours et dans tous les cas être exercées par trois personnes différentes. — Arr. 13 frim. art. 6.

700. — *Membres de la chambre.* — Outre les fonctions spéciales attribuées à quelques membres de la chambre, tous ceux qui le composent sont encore chargés en particulier — de faire les taxes de frais; — de donner un avis sur les affaires des indigens dont l'examen leur est confié; — de se trouver à la chambre chaque jour d'audience du tribunal, afin de faciliter l'exercice des fonctions attribuées à ladite chambre; mais cette dernière obligation est, en général, assez inexactement remplie.

701. — A Paris, chaque membre de la chambre préside une conférence d'avoués qui se réunit chez lui une fois par moi. Le but de ces réunions est de s'entendre sur toutes les mesures à prendre dans l'intérêt de la corporation, et surtout de cultiver et de maintenir entre tous ceux qui en font partie cet esprit de confraternité et ces bons rapports qui sont le lien le plus solide de toute association.

702. — Il est d'usage depuis peu, à Paris, que l'un des membres de la chambre assiste le juge qui tient l'audience des criées et lui donne son avis sur tous les incidens qui peuvent s'élever dans les ventes sur publications. Cette mesure est de nature à produire d'excellens effets.

703. — Lorsqu'il s'agit de procès dans lesquels l'honneur ou la délicatesse d'un membre de la compagnie peut être intéressé, un membre de la chambre est délégué pour assister au jugement.

§ 4. — *Bourse commune.*

704. — La plupart des corporations d'officiers ministériels ont une bourse commune; les avoués en ont une aussi, mais elle n'est pas instituée par l'arrêté du 13 frim. an IX, ni par aucune autre loi organique. Elle ne doit son existence qu'à la pro-

pre volonté des avoués, qui ont reconnu la nécessité d'avoir un fonds commun pour couvrir les dépenses.

705. — La bourse commune n'existe pas dans toutes les communautés. — Elle n'a pas pour objet la répartition par portions égales entre chaque membre d'une certaine partie d'honoraires mis en commun; mais elle est destinée uniquement à faire face aux dépenses de la chambre et de la corporation.

706. — A Paris, voici les perceptions qui sont destinées à alimenter la bourse commune. La chambre reçoit : 1° par chaque cause portée au rôle, 2 ou 3 trois francs, selon que l'affaire est sommaire ou ordinaire. C'est le greffier qui fait la perception et qui en rend compte à la chambre.

707. — 2° Une somme de 1 fr., 1 fr. 50 ou 2 fr., par chaque requête suivie d'une ordonnance portant permission de former opposition, commettant un huissier et autres de cette espèce. — C'est l'agent de la chambre qui reçoit ce droit et qui met son visa sur la requête pour constater la perception.

708. — 3° Une somme de *dix francs* par chaque adjudication aux criées du tribunal. C'est le greffier qui reçoit directement cette somme des avoués et qui la verse à la compagnie.

709. — 4° Une somme de 2 fr. par chaque *purge légale*. Cette somme se décompose ainsi : 1 fr. pour l'expédition de l'acte de dépôt de la copie du contrat de vente, et 1 fr. sur l'expédition du certificat d'exposition.

710. — 5° Enfin, pour *droit de taxe*, 20 centimes par chaque pièce composant le dossier déposé à la chambre pour être taxé.

711. — On a prétendu que toutes ces perceptions étaient *illégales*; mais le reproche n'est pas fondé. On aurait dû remarquer que les versemens faits par chaque avoué à la bourse commune sont une *cotisation volontaire*, et non un *droit fiscal*. Il n'y a donc pas moyen d'en faire l'objet d'une incrimination.

712. — D'ailleurs, ce qui repousse toute objection, c'est que ce ne sont pas les cliens, contre lesquels ils ne doivent jamais être répétés, mais les *avoués personnellement*, qui paient les *droits de chambre*.

713. — La bourse commune est employée : 1° à payer les commis et les frais de bureaux ; — 2° à assurer aux anciens confrères ou à leurs familles se trouvant dans le besoin des secours et des pensions; — 3° à contribuer aux souscriptions d'un intérêt général; — 4° à payer les jetons de présence et les autres menus frais de la chambre.

714. — C'est la chambre qui autorise les dépenses à faire et qui reçoit chaque année le compte du trésorier de la chambre. — V. *suprà* n° 685.

Sect. 10e. — *Discipline. — Compétence. — Mode de procéder de la chambre des avoués.*

715. — La plus importante des attributions de toute chambre syndicale est le maintien de la discipline intérieure entre les avoués, et l'application des peines établies par la loi organique de l'institution. Les délibérations qu'elle prend alors sont de véritables décisions, qu'elle rend en vertu d'un droit propre, mais qui ne sont pas exclusives des décisions des tribunaux sur les mêmes faits. Ses pouvoirs et ceux des tribunaux en cette matière sont parallèles : ils ne peuvent s'entraver réciproquement. Son autorité est discrétionnaire, sinon en ce qui concerne les peines à infliger, du moins en ce qui touche l'appréciation des faits à punir. Elle est la première gardienne de l'honneur de la corporation. — Circul. minist. 5 fév. 1840.

716. — Les peines disciplinaires sont : 1° le rappel à l'ordre; — 2° la censure simple par la décision même; — 3° la censure avec réprimande par le président à l'avoué en personne, dans la chambre assemblée; — 4° l'interdiction de l'entrée de la chambre. — Arr. 13 frim. an IX, art. 8.

717. — La peine de l'*interdiction de l'entrée de la chambre* s'entend de l'interdiction du droit d'être membre de la chambre. — V. DISCIPLINE.

718. — Lorsque la faute commise par un avoué est assez grave pour mériter la suspension, la chambre ne peut donner qu'un avis, et c'est le tribunal qui prononce, sections assemblées, en la chambre du conseil.

719. — Il faut, pour un pareil avis, que le nombre total des avoués près le tribunal soit au moins triple de celui des membres de la chambre syndicale. — Même arrêté, art. 9.

720. — Lorsque le nombre des avoués n'est pas triple de celui des membres de la chambre, elle ne peut donner d'office son avis sur la suspension d'un avoué. Mais si, dans ce cas, le tribunal provoque lui-même cet avis, la chambre doit le donner, car c'est une garantie de plus pour l'inculpé. — Merlin, *Rép.*, v° *Chambres d'avoués*.

721. — Lorsque la chambre s'est formée comme le veut l'arrêté du 13 frim. an IX pour donner son avis sur la suspension requise contre un avoué, les voix sont recueillies au scrutin secret, par *oui* ou par *non*.

722. — L'avis ne peut être formé, si les deux tiers au moins des membres appelés à l'assemblée n'y sont présens. — Même arrêté, art. 9.

723. — Quoique l'art. 2 de l'arrêté du 13 frim. paraisse n'attribuer à la chambre le pouvoir de réprimer, par voie de discipline, les infractions des avoués commises au préjudice des cliens que lorsqu'il y a plainte et réclamation de la part de ceux-ci, cependant il faut tenir pour certain que la réclamation des tiers n'est pas une condition nécessaire de l'action de la chambre. — Et ce qui le prouve, c'est ce que l'art. 11 attribue au syndic le droit de déférer à la chambre les faits relatifs à la discipline, et l'oblige à les lui dénoncer d'*office*, quand il en a connaissance ou sur la provocation des parties intéressées ou d'un des membres de la chambre.

724. — La chambre peut-elle poursuivre un avoué pour des faits relatifs à sa vie privée? — Cette question est la même que celle qui a été posée, v° AVOCAT, n°s 696 et suiv., et doit être résolue d'après les mêmes considérations. — V. aussi DISCIPLINE.

725. — C'est le syndic qui défère à la chambre les faits qui lui paraissent répréhensibles. Il remplit devant la juridiction disciplinaire les fonctions du ministère public, et ne peut prendre part à la délibération. Il n'a que voix consultative, à moins que son opinion ne soit favorable à l'avoué inculpé. — Arrêté 13 frim. an IX, art. 5.

726. — Lorsqu'il existe entre avoués des différends sur lesquels la chambre est appelée à émettre son avis ou à interposer ses bons offices, les avoués peuvent se présenter devant elle contradictoirement et sans citation préalable.

727. — Ils peuvent également y être cités, soit par simples lettres indicatives de l'objet de la convocation, signées des avoués poursuivans et renvoyées par le secrétaire auquel ils en laissent des doubles, soit par des citations ordinaires dont les originaux sont déposés au secrétariat.

728. — Ces citations officielles ou par lettres sont données avec un délai qui ne peut être au-dessous de cinq jours, et sont préalablement soumises au visa du président.

729. — La chambre ne peut statuer régulièrement sur les faits disciplinaires relatif à un avoué, sans que celui-ci ait été entendu ou dûment appelé. — Arrêté 13 frim. an IX, art. 12. — Il en est de même, soit qu'il s'agisse d'une décision à rendre, soit qu'il s'agisse d'un simple avis à donner.

730. — Les parties intéressées, les plaignans, ont la faculté de se faire assister ou représenter par un avoué. — Art. 13.

731. — L'avoué inculpé peut aussi se faire assister d'un défenseur, quoique l'art. 13 ne le dise pas expressément et semble n'accorder ce droit qu'aux parties plaignantes; c'est un point hors de controverse.

732. — Si l'avoué n'a pas été entendu ou dûment appelé, il a le droit de former opposition.

733. — Aux termes de l'art. 4 de l'arrêté du 13 frim. an XIII, la chambre ne peut délibérer valablement que lorsque les membres présens et votans forment au moins les *deux tiers* de ceux dont elle est composée.

734. — Ses décisions sont motivées.

735. — Elles sont signées sur la minute par *tous les membres présens* : les expéditions sont signées par le président et le secrétaire.

736. — Les décisions sont notifiées, quand il y a lieu, dans la même forme que les citations; le secrétaire mentionne cette notification en marge des délibérations. — Art. 13.

737. — Les décisions disciplinaires sont secrètes de leur nature; elles ne doivent pas être imprimées, surtout comme aggravation de peine. — Arrêté 2 thermid. an X, art. 3. — V. cependant *infrà* n° 751.

738. — Les délibérations des chambres n'étant que de simples actes d'administration, d'ordre et de discipline intérieure, ou de simples avis, ne sont, dans aucun cas, sujettes au droit d'enregistrement, non plus que les pièces qui y sont relatives.

739. — Mais sont-elles soumises au timbre? — L'affirmative résulte d'une décision ministérielle du 28 vent. an XIII.

740. — La même décision s'applique au registre des recettes et dépenses du trésorier de la chambre. — Les autres registres sont exempts du timbre; ils ne rentrent dans aucune des catégories prévues par la loi du 13 brum. an VII.

741. — Sont soumis au timbre tous extraits ou expéditions des registres, tous certificats délivrés par le président, le trésorier ou le secrétaire, soit aux parties intéressées, soit aux officiers ministériels, soit aux avoués eux-mêmes dans leur intérêt privé ou dans celui de leurs fonctions.

742. — Il en serait autrement s'il s'agissait d'expéditions ou d'extraits délivrés au procureur du roi, sur sa réquisition ; mais, dans ce cas, il doit être fait mention de la destination de la pièce. — Décis. min. fin. 27 déc. 1830.

743. — Les registres des chambres d'avoués ne peuvent être assimilés à ceux des établissemens publics ; par conséquent la communication peut en être refusée aux préposés de l'administration de l'enregistrement. C'est ce qui a été jugé par le tribunal de Saint-Quentin, le 17 août 1833. Il existe aussi, dans ce sens, une délibération de la régie du 17 juin 1834.

744. — Quant au ministère public, bien qu'on lui ait contesté le droit de se faire donner communication des registres des chambres d'avoués, il est constant qu'il peut l'exiger. Les art. 45 et 47, L. 20 avr. 1810, chargent les procureurs généraux et les procureurs du roi de la surveillance générale des officiers ministériels de leur ressort : ce droit est en même temps un devoir; comment user de ce droit, comment remplir ce devoir, s'il n'est pas permis de recueillir tous les renseignemens nécessaires? Dira-t-on que les décisions disciplinaires des chambres d'avoués sont souveraines? Cela est vrai, en ce sens seulement qu'on ne peut directement se pourvoir contre elles. Mais il n'en est pas moins certain que les tribunaux peuvent être saisis de nouveau des faits qu'elles ont jugés; que si le ministère public pense, à raison des circonstances et de la gravité des faits, qu'une peine trop minime a été appliquée, qu'il doit requérir celle de la suspension ou celle de la destitution, il en a le droit. S'il demande la communication, ce n'est point pour violer le secret des délibérations, c'est pour avoir les moyens de remplir le devoir qui lui est imposé de veiller à l'exécution des lois.

745. — Les délibérations des chambres d'avoués ne peuvent contenir aucune disposition générale et réglementaire portant atteinte aux droits du ministère public ou du tribunal.

746. — Ainsi, une chambre d'avoués ne peut prendre une délibération à l'effet d'inviter le ministère public à communiquer préalablement à la chambre les plaintes qui lui seraient adressées contre les avoués et auxquelles il voudrait donner suite. Vainement opposerait-on que l'arrêté de l'an IX range dans les attributions de la chambre le droit de « prévenir toutes plaintes et réclamations de la part des tiers, et de concilier celles qui pourraient avoir lieu » : le droit de la chambre ne peut jamais entraver l'action du ministère public, qui est complétement indépendante.

747. — Lorsque la chambre prononce des peines de discipline intérieure dans les cas prévus par l'art. 8, arr. 13 frim. an IX, sa décision doit être exécutée sans appel ou recours aux tribunaux. — Arr. 2 thermid. an X, art. 1er.

748. — Si la chambre émet l'avis qu'il y a suspension, cet avis doit être déposé au greffe du tribunal, et une expédition doit être envoyée au chef du parquet. — Art. 10.

749. — La chambre ne peut prononcer aucune autre peine que celles prévues par l'arrêté; si elle sortait du cercle de ses attributions, ses décisions pourraient être attaquées devant les tribunaux pour excès de pouvoir.

750. — Indépendamment du pouvoir disciplinaire donné aux chambres d'avoués, les tribunaux peuvent, en vertu de l'art. 102 et 103, décr. 30 mars 1808, prononcer disciplinairement contre les avoués qui sont en contravention aux lois et réglemens, suivant la gravité des cas, des injonctions d'être plus exacts ou plus circonspects, des défenses de récidiver, des condamnations de dépens en leur nom personnel, des suspensions à temps.

751. — Ils peuvent aussi ordonner l'impression et même l'affiche de leurs jugemens, et provoquer la destitution des avoués contrevenans.

752. — Il résulte de l'art. 103, décr. 30 mars 1808, que les tribunaux ont, en matière disciplinaire, une double compétence : — 1° compétence pour les fautes commises ou découvertes à leurs audiences; — 2° compétence générale sur quelque faute disciplinaire que ce soit, lorsqu'il y a plainte d'une partie privée ou poursuite du ministère public.

753. — Dans le premier cas, c'est la chambre à l'audience de laquelle la faute a été commise ou découverte qui statue. Son jugement est prononcé

publiquement, et il peut être attaqué, soit par opposition, soit par appel.

754. — Dans le second cas, c'est le tribunal entier, réuni en assemblée générale, qui doit en connaître. Sa décision est rendue en la chambre du conseil et à huis-clos, et elle n'est pas sujette à l'appel ou au recours en cassation, à moins que ce ne soit pour incompétence ou excès de pouvoir. — V. DISCIPLINE.

755. — Dans cette dernière hypothèse, le procureur général doit rendre compte au garde des sceaux des décisions disciplinaires rendues par les tribunaux, afin qu'il puisse être statué sur les réclamations des parties intéressées, ou que la la destitution puisse être prononcée s'il y a lieu. — V. supra nos 489 et suiv.

V. ACTE D'AVOUÉ, AVOUÉ, ACQUIESCEMENT, AGRÉÉ, APPEL, AVEU, AVOCAT, AVOCAT A LA COUR DE CASSATION, CAISSE DES DÉPÔTS ET CONSIGNATIONS, CHAMBRE D'AVOUÉS, CONSTITUTION D'AVOUÉ, DÉPOSITAIRES PUBLICS, DÉSAVEU, DISCIPLINE, ENREGISTREMENT, FRAIS ET DÉPENS, GREFFE (Droits de), INTERVENTION, JUGEMENT, OFFICE, OFFICIER MINISTÉRIEL, OFFRES RÉELLES, PAIEMENT, PARTAGE D'OPINIONS, POSTULATION, PROCUREUR, REMISE DE LA DETTE, RÉPÉTITION, REPRISE D'INSTANCE, SERMENT DES FONCTIONNAIRES ET POLITIQUES, SERMENT JUDICIAIRE ET EXTRAJUDICIAIRE, SIGNIFICATION D'AVOUÉ A AVOUÉ, TIMBRE.

AVOUTRE.

Enfant adultérin. « Li avoutres sont cil qui sont » engendré en femmes mariées, d'autrui que de » leurs seigneurs, de hommes mariez. » — Beaumanoir, ch. 48, p. 402. — V. ENFANT NATUREL.

AVULSION.

Les commentateurs du droit romain désignaient autrefois, sous ce nom, la partie reconnaissable de terrain enlevée violemment par le courant et reportée à un autre endroit de la rive. — V. ALLUVION.

AYANT-CAUSE.

Table alphabétique.

AYANT-CAUSE. — 1. — Ce mot, dans le sens le plus absolu, peut s'appliquer à tous ceux qui ont recueilli tout ou partie des droits d'une personne, et qui sont en conséquence successeurs de cette personne à titre universel ou particulier.

2. — Dans le sens de cette définition générale, seraient ayant-cause : 1o les héritiers proprement dits, c'est-à-dire ceux qui, *en droit*, sont les continuateurs ou les représentans de la personne, *qui personam defuncti sustinent* ; — 2o ceux qui, sans continuer la personne, sont des successeurs aux biens, universels ou à titre universel; tels sont: l'enfant naturel, le conjoint survivant, le légataire universel ou à titre universel, etc.; — 3o ceux qui ne sont appelés qu'à recueillir des objets particuliers : le donataire, l'acheteur, le cessionnaire, etc.

3. — Mais est-ce ainsi que doit être entendu le mot *ayant-cause*, employé dans l'art. 4322, C. civ.

— Cette question est importante, puisque, d'une part, d'après ce même article, l'acte sous seing-privé reconnu, ou légalement reconnu, fait entre ceux qui l'ont souscrit et entre leurs héritiers et *ayant-cause* la même foi que l'acte authentique; tandis que, d'autre part, l'art. 4328 décide que les actes sous seing-privé n'ont de date certaine, à l'égard des *tiers*, que dans certaines circonstances qu'il énumère.

4. — Une grave controverse s'est élevée à cet égard. — Selon Toullier (t. 8, no 245, et t. 40, *in fine, Additions*), on doit considérer comme ayant-cause, non seulement le successeur universel ou à titre universel de celui qui a souscrit l'acte sous seing-privé, mais encore les successeurs à titre singulier, tels que l'acquéreur, le donataire, etc.; il en conclut que l'acquéreur d'un immeuble par acte sous seing-privé, même sans date certaine (C. civ., art. 4328), doit l'emporter, quant à la question de propriété, sur l'acquéreur du même immeuble par acte authentique, mais postérieur, ce dernier n'étant que l'ayant-cause du vendeur.

5. — Cette doctrine, dangereuse pour la sécurité des acquéreurs, n'a pu triompher. Distinguant entre les ayant-cause à titre universel et ceux à titre singulier, l'on a généralement admis que l'art. 4323 ne s'appliquait qu'aux successeurs à titre universel qui ont *universam causam* ; tels sont les successeurs irréguliers, les légataires à titre universel. Le texte de l'article favorise cette interprétation par le rapprochement des mots *héritiers* et *ayant-cause.*—Merlin, *Quest. de dr.*, vo *Tiers*; Thémis, t. 3, p. 49, et t. 5, p. 8 ; Grenier, *Hypoth.,* t. 2, no 854 ; Troplong, *Hypoth.*, nos 530 et suiv.; Solon, no 98; Duranton, t. 43, no 435 et suiv.; Rolland de Villargues, vo *Ayant-cause*, nos 4er et suiv.; *Encyclop. du dr.*, *eod. verbo*, no 2. — V. aussi ACTION (dr. franç.), no 425.

6. — Grenier (*loc. cit.*) fait fort bien observer que le même individu peut être ayant-cause sous certains rapports et ne pas l'être sous certains autres (Furgole, *Serm.* art. 30, ord. 4734 ; sans entrer à cet égard dans des développemens qui seraient inutiles, il suffit de dire qu'en général les tiers acquéreurs, les héritiers, les donataires, les légataires, les cessionnaires et même les créanciers sont des ayant-cause, ou qu'au moins on les a compris dans ces expressions. Ce à quoi il est important cependant de s'arrêter, c'est qu'il n'est pas moins vrai qu'un *ayant-cause* peut souvent devenir un *tiers*, même au regard d'un autre *ayant-cause.* — Jacques vend un immeuble à Pierre par acte notarié du 4er mars. Il paraît sous la même même immeuble faite par Jacques à Paul, qui est datée du 4er janvier, sans être enregistrée et sans porter avec elle aucune autre certitude d'une date antérieure au 4er mars ; il y aura là, si l'on veut, deux ayant-cause, qui sont Pierre et Paul. Mais s'ils sont ayant-cause respectivement au même individu qui est Jacques, ils ne le sont pas sous le rapport du même titre: l'un l'est relativement à la vente datée du 4er janv., l'autre relativement à la vente du 4er mars : ils n'ont pas un titre commun; chacun d'eux a un droit qui émane d'un titre particulier.

7. — Très souvent il arrivera, comme le fait encore observer Grenier, que le même individu réunira la double qualité d'ayant-cause et de tiers, qualités qui ne sont point neutralisées l'une par l'autre.—V. Rolland de Villargues, vo *Ayant-cause*, no 5.

8. — Ainsi, comme l'exemple cité par Grenier, un créancier est certainement l'*ayant-cause* de son débiteur, en ce sens qu'il peut agir du chef de ce dernier (C. civ., art. 4466). — Mais il est un tiers lorsqu'il veut attaquer, en son nom personnel, les actes faits par son débiteur en fraude de ses droits (C. civ., art. 4467). — Rolland de Villargues, vo *Ayant-cause*, nos 4 et 6.

9. — Ces deux art. 4166 et 4467 nous paraissent contenir une application fort nette et fort claire de la théorie des tiers et des ayant-cause. Il en résulte qu'on doit considérer comme *ayant-cause* ceux-là seulement que, s'ils n'ont pas un titre universel, ont obtenu la cession des droits d'un individu, et ont une qualité qui leur permet de les exercer. Le caractère de *tiers* ceux qui agiront en vertu d'un droit qui leur est propre et personnel. — Rolland de Villargues, vo *Ayant-cause*, nos 4 à 6.

10. — Pour pouvoir être considérés comme des

tiers dans le sens des art. 4467 et 4328, C. civ., les créanciers qui ne prouvent ni la fraude ni la simulation, doivent avoir un droit antérieur, un droit à la chose ou sur la chose en litige, sinon ils n'exercent les droits de leur débiteur que comme ses ayant-cause, et ne peuvent attaquer un acte fait par lui à titre onéreux et de bonne foi. — Cass., 45 juin 4843 (t. 2 4843, p. 408), syndics Nivert c. Georges; même jour (t. 2 4843, p. 444), d'Offémont et Chouet de Bollement.

11. — La véritable signification de cette expression *ayant-cause, habens causam*, si souvent employée par le législateur du Code civil, a été fixée par les anciens auteurs, qui nous l'ont transmise. L'*ayant-cause* signifie ayant le même droit, la même utilité, la même condition que son auteur. Nos *cum sua causâ res transferri dicitur, id est alienatio cum fit, cum sua causâ dominium ad alium transfertur, quæ esset futura si apud nos ea res mansisset.* — L. 67, ff., *De contrah. empt.* — V. aussi la loi 34, ff., *De rebus creditis, et Instit.,* § 2, *De offic. judic.*—Dès-lors, la doctrine de l'art. 4322 est fort claire: je suis l'ayant-cause de Paul, je tire mes droits de lui, je ne puis pas prétendre, quant à la chose dont il s'agit, des droits plus étendus que ceux qu'il avait lui-même au moment de l'aliénation: *Nemo plus juris ad alium transferre potest, quàm ipse habet.*

12. — Nous allons examiner maintenant les décisions nombreuses fournies par la jurisprudence sur la distinction entre les *tiers* et les *ayant-cause.*

13. — A la différence de l'acquéreur et du donataire, qui ne sont les ayant-cause du vendeur et du donateur que pour certaines actions, l'héritier est l'ayant-cause d'un seul auteur, dans le sens le plus étendu. — *Bordeaux,* 30 mars 4829, Grandchamp c. Peyssard.

14. — Le mandant ne saurait être considéré comme un tiers, dans le sens de l'art. 4328, C. civ., à l'égard des actes faits par son mandataire. — *Paris,* 6 messid. an XI, Lavoisier c. Massieu; *Bordeaux,* 25 juill. 4826, Donnecq c. Cambon : 22 janv. 4827, Moreau c. Anciau-Sauvignon ; *Cass.,* 49 nov. 4834, Bourges c. Renouf.

15. — Toutefois le cas de dol et de fraude. — *Cass.*, 49 nov. 4834, Bourges c. Renouf.

16. — En conséquence, si les actes faits par le mandataire dans les limites de son mandat (et notamment un bail sous seing-privé) sont obligatoires pour le mandant, bien qu'ils n'aient pas acquis date certaine avant la révocation du mandat. — *Paris,* 6 messid. an XI, Lavoisier c. Massieu; *Cass.*, 49 nov. 4834, Bourges c. Renouf.

17.—2o Si le mandant conteste, sous prétexte d'antidate, les actes sous seing-privé faits par le mandataire, c'est à lui à prouver qu'ils l'ont été après révocation du mandat.—*Bordeaux,* 22 janv. 4827, Moreau c. Anciau-Sauvignon.

18. — De même, une contre-lettre passée entre des mandataires et un tiers fait foi de sa date et de son contenu contre le mandant, et peut lui être opposée même par le mandataire, sauf le cas de dol et de fraude. — *Bordeaux,* 25 juill. 4826, Donnecq c. Cambon.

19. — Jugé toutefois, mais en matière de bail, que la preuve d'un bail qui n'a pas été fait par écrit ne résulte pas, à l'égard du mandant, de l'aveu qu'en fait le mandataire dans un temps où ses pouvoirs lui étaient retirés.—*Angers,* 44 avr. 4823, Levon c. Feumasson.

20. — L'héritier du mandant ne peut non plus être considéré comme tiers à l'égard du mandataire, dans le sens de l'art. 4328, C. civ.; dès-lors, s'il conteste, comme antidatés et n'ayant date réelle que postérieurement à la révocation du mandat, les actes sous seing-privé faits par le mandataire en vertu du mandat, c'est à lui à prouver la fausse date; jusque-là, la date est réputée véritable. — *Paris,* 7 janv. 4834, Geoffroy de Villemain c. Robert.

21. — L'héritier bénéficiaire, ne représentant pas la personne du défunt, ne sera son *ayant-cause*, dans le sens de l'art. 4322, qu'autant qu'il agira en qualité de successeur à titre universel. — Ainsi, un héritier bénéficiaire pourra, en matière de la succession, et agir contre elle en recouvrement de sa dette : dans ce cas, il n'agira évidemment qu'en son nom propre, et ne sera qu'un *tiers* dans le sens de l'art. 4328, si on vient à lui opposer un acte sous seing-privé émané du défunt, qui n'aurait pas de date certaine avant le décès. — Rolland de Villargues, nouv. édit., vo *Acte sous-seing-privé*, no 90; Encyclop. du dr., vo *Ayant-cause*.

22. — Ainsi jugé que l'héritier bénéficiaire créancier de la succession, est un tiers relativement aux actes sous seing-privé émanés de son auteur. Ces actes n'ont de date certaine à son

égard que dans les cas énumerés par l'art. 1328 ; C. civ. — *Cass.*, 22 juin 1828, Besson et Blanc c. Salomon et Sardieux.

23. — Les principes des art. 1322 et 1328, C. civ., suivant lesquels l'acte sous seing-privé fait la même foi que l'acte authentique entre les parties qui l'ont souscrit et leurs héritiers ou ayant-cause, reçoit exception à l'égard d'un acte de cette nature portant constitution de rente viagère, et que l'on attaque comme ayant été antidaté, dans la vue de le soustraire à la nullité prononcée par l'art. 1975 contre les contrats de rente viagère passés dans les vingt jours qui ont précédé la mort de l'individu sur la tête duquel la rente a été constituée. — *Cass.*, 15 juill. 1824, Petit et Dumet c. Prévost.

24. — Jugé encore que l'acte sous seing-privé par lequel un père abandonne à l'un de ses enfans une somme à prendre sur ses biens, moyennant une rente viagère, ne fait pas foi de sa date contre les autres enfans, demandant, en leur qualité d'héritiers, la nullité de l'aliénation pour cause de maladie et de décès de leur père dans les vingt jours du contrat. — Au contraire, cet acte n'a de date certaine à leur égard que par l'enregistrement, en telle sorte que, si le père, auteur de l'aliénation, était malade à la date de cet enregistrement, et s'il est décédé dans les vingt jours qui l'ont suivi, les autres enfans seraient fondés à demander la nullité du contrat, aux termes de l'art. 1975, C. civ. — Les autres enfans contre lesquels l'acte est présumé fait, en faveur de celui d'entre eux au profit de qui l'abandon a lieu, sont de véritables tiers. — *Colmar*, 20 déc. 1830, Baumgartner c. Sager.

25. — Il a même été jugé que l'héritier à réserve, lorsqu'il attaque des actes faits par le défunt en fraude de la réserve légale, ne peut pas être considéré comme l'ayant-cause de ce dernier. — *Paris*, 11 mai 1818, Hays c. Berlin ; *Toulouse*, 16 juill. 1836, Dubois c. Delga ; *Cass.*, 6 fév. 1838 (t. 1er 1838, p. 526), Cayro c. Latour. — *Encyclop. du dr.*, *ibid.*, *loc. cit.*; Rolland de Villargues, vo *Date*, no 46.

26. — Mais, hors ces cas, la règle posée dans l'art. 1322 reprend son empire. Ainsi, des billets souscrits par le père et datés du temps du mariage font par eux-mêmes foi de leur date contre les enfans, héritiers de leur mère et réservataires des acquêts faits pendant le mariage. — *Bordeaux*, 22 janv. 1827, Doumeing c. Dupuy.

27. — Le mari doit être considéré comme *tiers* relativement aux obligations que l'on prétendrait que sa femme aurait contractées avant le mariage : il n'en est tenu qu'autant qu'elles ont date certaine (C. civ., art. 1410). — Mais comme le mari a l'administration des biens de la communauté, la femme qui accepte cette communauté ne peut jamais être considérée comme *tiers* à l'égard des actes souscrits par son mari durant l'existence de cette même communauté, sauf toutefois le cas de dol et de fraude.

28. — Une femme qui, en sa qualité de créancière de son mari, attaque des actes souscrits par ce dernier, même pendant la communauté, comme faits en fraude des créanciers, est recevable à soutenir que ces actes, s'ils sont sous seing-privé et non enregistrés, n'ont point de date certaine à son égard. — *Cass.*, 25 janv. 1825, Duchêne c. Lehardelay.

29. — Sous la cout. de Normandie, la femme ou ses héritiers ne sont tenus des dettes de la communauté jusqu'à concurrence de leur émolument, qu'autant que ces dettes sont justifiées par des titres non suspects, ayant date certaine avant la dissolution de la communauté. — *Cass.*, 8 sept. 1807, Simon c. Lefebre.

30. — La femme qui a obtenu la séparation de corps et de biens doit être considérée comme tiers dans le sens de l'art. 1328, C. civ., relativement aux actes sous seing-privé souscrits par son mari. — De tels actes ne forment pas au moins contre la femme même un commencement de preuve par écrit. — *Bruxelles*, 11 mars 1829, V...

31. — La femme qui a renoncé à la communauté est un tiers à l'égard de son mari, dans le sens de l'art. 1328, C. civ. — En d'autres termes, on ne peut opposer à la femme qui a renoncé à la communauté des actes sous seing-privé non enregistrés, souscrits par son mari. — *Orléans*, 29 déc. 1830, Charlon c. Murreau et Lecourt.

32. — Jugé, toutefois, que lorsque, après une séparation volontaire, la femme a donné à son mari quittance de sa dot et de son trousseau, cette quittance peut valablement lui être opposée, surtout s'il est constant que les objets reçus par elle ont tourné à son profit. — *Lyon*, 17 déc. 1830, Mainu.

33. — Jugé aussi qu'il suffit que des quittances sous seing-privé, consenties par un mari comme administrateur des biens dotaux de sa femme, aient une date antérieure à la séparation de biens prononcée entre les époux, pour qu'elles puissent être opposées à la femme séparée (sauf le cas de dol et de fraude), encore bien que cette date ne soit fixée par aucune des circonstances prévues par l'art. 1328, C. civ. A cet égard, la femme ne peut pas être considérée comme un tiers. — *Cass.*, 28 nov. 1833, Métra c. Berthoin.

34. — Lorsqu'il est constant en fait que des lettres de change souscrites pour prêts faits à une société commerciale dont une femme, depuis mariée sous le régime dotal, faisait partie, ont une date certaine antérieure au mariage, bien qu'elles n'aient été enregistrées que postérieurement, le paiement desdites lettres de change peut être poursuivi sur les biens dotaux. — *Cass.*, 1er déc. 1830, Harel c. Lafontaine.

35. — Les créanciers du mari sont des *tiers* et non des *ayant-cause* à l'égard de la femme. — *Cass.*, 4 janv. 1830, Lefaucheux c. Laugrenière.

36. — Les actes sous seing-privé souscrits par le mari doivent avoir acquis date certaine avant la mort de la femme, même mariée sous le régime de la communauté, pour être opposables aux héritiers de celle-ci. — *Gand*, 5 avr. 1833, Lefebvre c. N...

37. — Quoique les actes sous seing-privé fassent foi de leur date entre les héritiers des contractans, il n'en est pas de même des actes de vente entre époux. — Ainsi, n'a point date certaine vis-à-vis des héritiers, non plus que vis-à-vis des tiers, un acte de vente sous seing-privé stipulé et fait par l'un des futurs à l'autre, dans le temps intermédiaire entre le contrat et la célébration du mariage. — *Cass.*, 31 janv. 1837 (t. 1er 1837, p. 636), De Bacalan c. Laffargue. — *Contrà Agen*, 17 août 1837 (t. 2 1837, p. 571), mêmes parties.

38. — Quoique le donataire soit un *ayant-cause* du donateur quant aux actions qui dérivent de la donation et aux obligations qu'elle impose, il est un tiers à l'égard de l'acquéreur ou des créanciers du donateur, en ce qui concerne l'empêchement de la part de ce dernier de porter atteinte à l'irrévocabilité de la donation. — Duranton, t. 13, nos 132 et suiv. ; Merlin, *Quest. de dr.*, vo *Tiers*, § 2 ; Grenier, *Hypoth.*, no 345 ; Rolland de Villargues, vo *Acte sous seing-privé*, nouv. édit., no 94; Ducaurroy, *Thémis*, t. 3, p. 49. — V. DONATION.

39. — Ainsi jugé, en général, que le donataire n'est point l'ayant-cause du donateur dans le sens de l'art. 1322, C. civ. ; il est, au contraire, un tiers dans le sens de l'art. 1328. — *Agen*, 22 nov. 1821, Lagarde c. de Faydel et Marconié, *Nîmes*, 11 fév. 1822, Puechegur c. Pelet ; *Angers*, 20 fév. 1829, Besnardière c. Gaudil ; *Grenoble*, 9 mai 1833, Mesly c. Chabert.

40. — Jugé en conséquence, 1o qu'on ne peut opposer au donataire les actes sous seing-privé passés par le donateur antérieurement à la donation, et qui n'ont pas acquis de date certaine à cette époque. — *Nîmes*, 11 fév. 1822, Puechegur c. Pelet.

41. — ... 2o Que celui qui a accepté une donation entre-vifs faite à la charge de payer les dettes lors existantes du donateur, est dispensé d'acquitter une obligation sous seing-privé de ce dernier, qui n'a acquis par l'enregistrement de date certaine que postérieurement à la donation, quoique la date apparente soit antérieure. — Toutefois, le donataire qui est en même temps héritier du donateur, est tenu de la dette, à ce dernier titre, s'il ne prouve pas que l'obligation est, comme il le prétend, frauduleuse, et qu'elle a été consentie en haine de la donation. — *Angers*, 20 fév. 1829, Besnardière c. Gaudil.

42. — ... 3o Qu'on ne peut opposer au donataire un acte sous seing privé par lequel le donateur aurait, avant la donation, vendu une partie des immeubles qu'elle comprend, si cet acte de vente n'a pas acquis date certaine avant la donation. — *Grenoble*, 9 mai 1833, Mesly c. Chabert.

43. — Il y a même raison de décider à l'égard du donataire universel ; car sa position n'est pas la même que celle de l'héritier, même irrégulier, du légataire universel, ou à titre universel, en un mot, de tout successeur *in universum causam*. Ceux-ci représentent la personne du défunt ; ce qui est vrai par rapport à lui, est également vrai par rapport à eux, à quelque époque que cet acte ait eu lieu ; ils sont tenus de remplir les engagemens du signataire de l'acte, puisqu'il est décédé, et que, d'ailleurs, à quelque époque qu'il les ait contractés, cela est indifférent tant que l'obligation subsiste encore. Au contraire, à l'égard du donataire universel, rien ne prouve que l'acte existait au temps où il a acquis ses droits ; cet acte a pu être souscrit par le donateur depuis et dans un but de fraude. — Duranton, t. 13, no 136.

44. — Ainsi jugé que si le donataire universel de biens présens est l'ayant-cause du donateur, c'est seulement quant aux actions qui dérivent de la donation et aux obligations qu'elle lui impose — *Bordeaux*, 30 mars 1829, Granchamp c. Peyssard.

45. — ... Par conséquent, 1o que l'acte sous seing-privé non enregistré ne fait pas foi de sa date contre le donataire des biens présens et à venir, quoiqu'il soit émané du donateur. — *Agen*, 22 nov. 1821, Lagarde c. de Feydel et Marconié.

46. — ... 2o Que les billets souscrits par le donateur ne peuvent être opposés au donataire, même universel, qu'autant qu'ils ont acquis date certaine avant la donation. — *Nancy*, 14 fév. 1828, syndics Lazare c. Claude.

47. — ... 3o Que le billet souscrit par le donateur sous une date antérieure à la donation, mais qui n'a acquis date certaine que depuis la donation, ne fait pas foi de sa date contre le donataire, même universel de biens présens. — *Bordeaux*, 30 mars 1829, Granchamp c. Peyssard.

48. — Jugé au contraire 1o que le mari, donataire de sa femme par contrat de mariage, est l'ayant-cause de celle-ci dans le sens de l'art. 1322, C. civ. Dès-lors, bien que des billets souscrits par une femme avant son mariage n'aient acquis date certaine que depuis, ils peuvent être opposés au mari dans une demande en nullité de la donation contractuelle, comme faite en fraude des droits des créanciers de la femme. — *Cass.*, 30 janv. 1828, Dumas de Polart c. Lemaître.

49. — ... 2o Que le donataire est l'ayant-cause du donateur ; en conséquence, les obligations sous seing-privé signées par celui-ci font foi de leur date à l'égard du donataire, et lui sont opposables, alors même qu'elles n'auraient pas acquis date certaine avant la donation. — *Bordeaux*, 19 nov. 1836 (t. 2 1837, p. 617), Lacoste.

50. — Mais il est à remarquer, dans la première de ces deux espèces, qu'il avait été constaté par l'arrêt de la cour royale, que la donation faite par la femme à son mari avait eu principalement pour but de faire passer tous ses biens en mains tierces pour les soustraire aux poursuites de ses créanciers, tandis qu'il ne s'élevait aucun soupçon de fraude contre les titres du créancier. — Dans le deuxième arrêt le donataire n'était pas plus favorable ; il s'agissait, en effet, d'une donation faite par un père à ses enfans pour frustrer son créancier, et que celui-ci avait évidemment le droit d'attaquer en se fondant sur l'art. 1167, C. civ., les cas de fraude faisant exception à toutes les règles. — V., dans le sens des deux arrêts, Toullier, t. 8, no 245.

51. — En tout cas, le donataire ne pourrait opposer aux créanciers du donateur la donation qui n'aurait pas été transcrite, la donation n'étant censée exister légalement vis-à-vis des tiers que par la transcription. — *Cass.*, 4 janv. 1830, Lefaucheux c. Laugrenière.

52. — Le cessionnaire est-il l'ayant-cause du cédant dans le sens de l'art. 1322, C. civ. ? — M. Toullier (t. 8, nos 249 et 250) soutient l'affirmative ; et c'est ce qui a été décidé par plusieurs arrêts. — V. au surplus DONATION.

53. — Ainsi jugé 1o que le débiteur d'une créance cédée peut opposer au cessionnaire une quittance sous seing-privé du cédant, d'une date antérieure à l'acte de cession, encore bien qu'elle n'ait été enregistrée que depuis. — *Lyon*, 26 nov. 1823, Rochette c. Sermaise.

54. — ... 2o Que le débiteur d'une créance peut opposer au cessionnaire l'acte, même sans date certaine, par lequel le créancier cédant avait consenti à ne pouvoir exiger le paiement de sa créance que sous certaines conditions. — *Bourges*, 29 déc. 1813, Charlot c. Alfroy.

55. — ... 3o Que les quittances données au cédant peuvent, alors même qu'elles sont sous seing-privé et sans date certaine avant la cession, être opposées au cessionnaire, surtout si la cession ne contient pas numération réelle, et s'il existe d'ailleurs d'autres présomptions de fraude contre cet acte de la part du cédant. — *Lyon*, 16 déc. 1824, Magnin c. Seyvos.

56. — ... 4o Que le créancier qui forme une saisie-arrêt doit être, par rapport au tiers saisi, considéré comme l'ayant-cause de son débiteur. — En conséquence, le tiers saisi peut lui opposer des quittances sous seing-privé et non enregistrées de ce débiteur, quand bien même ces quittances s'appliqueraient à des paiemens anticipés. — *Cass.*, 14 nov. 1836 (t. 1er 1837, p. 14), Guis c. Perrache.

57. — ... 5o Que le débiteur peut opposer au cessionnaire tous les paiemens qu'il a faits au cédant, alors même qu'ils ne sont constatés que par des quittances sous seing-privé sans date certaine antérieure à la cession. — *Bordeaux*, 26 juin 1840 (t. 2 1840, p. 438), Esbon c. Meunier et Bertin.

58. — Jugé surtout qu'on peut opposer au ces-

sionnaire les actes sous seing-privé émanés du cédant, lorsqu'ils n'ont pour effet que de prouver que la créance n'existait pas, et non de détruire une créance établie par un titre préexistant. — *Cass.*, 26 nov. 1834, Duplessis c. de Chérizey.

59. — D'autres auteurs considèrent, au contraire, le cessionnaire comme un *tiers* à l'égard des actes sous seing-privé consentis par le cédant, et dont la confection lui est absolument étrangère. L'art. 1691 porte bien que le débiteur est valablement libéré s'il a payé le cédant avant la signification du transport; mais ce paiement antérieur est précisément le fait à prouver, et les titres produits dans ce but sont, disent-ils, insuffisans par cela même qu'ils n'ont pas de date certaine antérieure à la signification. — Duranton, t. 13, nos 135 et suiv.; Rolland de Villargues, vo *Acte sous seing-privé*, nouv. édit., nos 91 et suiv.; *Encyclop. du dr.*, vo *Ayant-cause*, no 10. — V. aussi, sous *Cass.*, 26 nov. 1834, Duplessis c. de Chérizey, les observations du conseiller-rapporteur.

60. — Jugé en ce sens 1o que le cessionnaire n'est pas un ayant-droit ou un ayant-cause de son cédant, dans le sens de l'art. 1322, C. civ.; il est un tiers dans le sens de l'art. 1328. — *Cass.*, 25 juill. 1832, Fould c. Ardouin; 23 août 1841 (t. 2 1841, p. 289), Cheylan c. Perin-Sérigny.

61. — ... 2o Que par suite, un acte sous seing-privé (et particulièrement une contre-lettre) n'a pas entre l'une des parties et les cessionnaires de l'autre la même foi qu'un acte authentique. — *Cass.*, 25 juill. 1832, Fould c. Ardouin.

62. — ... 3o Que l'acte sous seing-privé par lequel un héritier a cédé à son cohéritier sa portion indivise dans un immeuble de la succession ne peut être opposé à l'individu qui a acquis l'immeuble des deux héritiers conjointement, si cet acte n'a reçu date certaine avant la vente; que dès-lors, la femme du cessionnaire ne peut, en vertu de l'acte de cession, prétendre exercer contre l'acquéreur son hypothèque légale sur la totalité de l'immeuble. — *Cass.*, 20 fév. 1827, Darel c. Devielles.

63. — ... 4o Que l'art. 1322, C. civ., n'entend par le mot *ayant-cause* que celui qui, sans être le souscripteur ou l'héritier du souscripteur de l'acte sous seing-privé qu'on lui oppose ou qu'il fait valoir, doit à cet acte sa qualité d'ayant-cause du souscripteur. — *Bruxelles*, 17 juill. 1832, Kerkhove c. Vergauwen et Galle.

64. — ... Et spécialement, que le cessionnaire d'une créance doit être considéré comme un tiers, quant aux actes souscrits par son cédant relativement à la créance cédée; qu'en conséquence, il peut méconnaître la date des quittances antérieures à la cession, comme ne faisant pas foi par elles-mêmes à son égard. — Même arrêt.

65. — ... 5o Que le débiteur cédé ne peut se prévaloir vis-à-vis du cessionnaire qui a signifié son transport d'une quittance donnée par le cédant, sous une date antérieure à la signification, mais dont l'enregistrement serait d'une date postérieure. — La reconnaissance du cédant que la date donnée à la quittance est véritable, ne forme en faveur du débiteur ni preuve ni commencement de preuve par écrit. — *Bruxelles*, 15 nov. 1808, Bouvier c. Desrumeaux et Fontaine.

66. — ... 6o Qu'une quittance sous seing-privé n'ayant pas de date certaine avant la signification du transport de la créance ne peut être opposée au cessionnaire. — *Colmar*, 28 juill. 1819, Kimpfflin-le-Haut c. Bartholdy.

67. — Toutefois, quelques auteurs pensent que les quittances sous seing-privé, émanées du cédant peuvent être admises si elles sont produites immédiatement après la signification du transport : car alors il semble qu'il ne puisse y avoir de doute sur leur sincérité. — *Parlem. Pars*, 10 fév. 1765; — Charondas, *Observ. sur cet arrêt*, vo *Cession*; Ferrière, sur *Cout. Paris*, art. 104, § 1er, no 55; Bourjon, liv. 3, tit. 3, sect. 2e, no 12; Delvincourt, t. 3, Notes, p. 170; Troplong, *Vente*, t. 2, no 920.

68. — Jugé en ce sens que les actes sous seing-privé portant libération et décharge par un créancier à son débiteur ne peuvent être opposés au cessionnaire de la créance lorsqu'ils n'ont été enregistrés que postérieurement à la signification de cette cession au débiteur, et alors surtout que ce débiteur n'a pas protesté contre la signification qui lui était faite. — *Cass.*, 23 août 1841 (t. 2 1841, p. 289), Cheylan c. Perin-Serigny.

69. — Enfin, certains auteurs émettent l'opinion qu'il faut laisser aux magistrats le soin d'apprécier, d'après les circonstances, la vérité de la date apposée aux quittances. — Rousseau de Lacombe, vo *Transport*, no 20; Duranton, t. 16, no 504; Duvergier, *Vente*, t. 2e (continuat. de Toullier, t. 17), no 224; Roger, *Saisie-arrêt*, nos 568 et 608. — Ce système, qui s'accommode le mieux avec l'usage journalier et nécessaire des quittances, nous paraît fort équitable. Toutefois nous devons observer que le débiteur agira sagement si, aussitôt le transport signifié, il produit ses quittances. Cette production rencontrera, il est vrai, souvent des obstacles; mais si elle est possible, il devra ne pas négliger de la faire, car elle pourra, suivant l'époque plus moins rapprochée de la signification à laquelle elle aura lieu, être d'un grand poids dans la balance de la justice.

70. — Jugé que si on ne peut appliquer rigoureusement aux simples quittances la disposition de l'art. 1328, C. civ., qui porte que les actes sous seing-privé n'ont de date certaine contre les tiers que du jour où ils ont été enregistrés, il faut du moins que ces actes paraissent sincères, et que la date qu'ils énoncent ne soit pas supposée. — *Caen*, 20 juin 1825, Prodhomme c. Bouillon.

71. — ... Et que le débiteur ne peut opposer au cessionnaire la quittance du cédant, lorsque le cessionnaire, s'appuyant sur un commencement de preuve par écrit, prouve que cette quittance est frauduleuse, et que le débiteur a connu l'acte de cession et l'a exécuté, quoiqu'il ne lui eût pas été signifié. — *Pau*, 5 mai 1836, Langla c. Dumergue. — V. au surplus TRANSPORT DE CRÉANCE.

72. — L'acquéreur est l'ayant-cause de son vendeur, mais seulement quant aux actions qui proviennent de l'objet qui lui a été transmis. — *Bordeaux*, 30 mars 1829, Granchamp c. Peyssard.

73. — L'acquéreur, par acte authentique, est un *tiers* à l'égard du porteur d'un acte d'acquisition de date antérieure, mais sous seing-privé et non enregistré. — Ducaurroy, Merlin, Grenier, *loc. cit. suprà*; Duranton, t. 13, no 132; Troplong, *Hypoth.*, no 529; Duvergier, *Vente*, t. 1er (continuat. de Toullier, t. 16), nos 35 et suiv.; Rolland de Villargues, vo *Acte sous seing-privé*, no 99. — *Contrà* Toullier, *loc. cit.*

74. — Jugé en conséquence qu'entre deux ventes, l'une verbale, l'autre écrite et enregistrée, la préférence est due à celle-ci, à moins que le deuxième acquéreur n'ait eu connaissance de la première vente, et alors même que le premier acquéreur serait en possession. — *Colmar*, 15 janv. 1813, Hummel c. Fresch et Schott.

75. — On ne peut opposer à celui qui est acquéreur d'un immeuble par acte authentique la vente du même vendeur à un tiers par acte sous seing-privé portant une date antérieure, mais qui n'a acquis date certaine qu'après l'acte authentique. — *Rennes*, 28 déc. 1820, Drain c. Leray.

76. — En cas de deux ventes successives du même immeuble, l'acquéreur, par acte public, doit être préféré à l'acquéreur par acte sous seing-privé, si ce dernier acte, bien que d'une date antérieure, n'a été enregistré que postérieurement au premier. En pareil cas, on ne saurait soutenir que l'acquéreur, par acte public, est l'*ayant-cause* du vendeur. — *Toulouse*, 7 juill. 1831, Geil et Chourre c. Dusseny.

77. — Jugé même que peu importerait que l'acquéreur, par acte public, eût su que l'immeuble à lui vendu l'avait été déjà antérieurement par un acte sous seing-privé : il n'y aurait point fraude de la part de cet acquéreur si l'acte sous seing-privé n'était pas encore enregistré au moment de la passation de l'acte public. En conséquence, la preuve, qui aurait pour objet d'établir cette connaissance, serait inadmissible et frustratoire. — Même arrêt.

78. — Dans le concours de deux ventes successives du même immeuble, la préférence doit être accordée à celle des deux qui a, la première, acquis date certaine, bien que sa date soit postérieure à celle portée par l'autre vente : l'acquéreur ne saurait être considéré, dans ce cas, comme ayant-cause du vendeur. — *Bastia*, 24 juin 1838, Griffoni c. Vignali.

79. — Jugé cependant qu'un acte de partage sous seing-privé qui constitue le titre du vendeur à un droit d'usage est obligatoire pour l'acquéreur, bien que cet acte n'ait été enregistré que depuis la vente consentie à son profit. — *Grenoble*, 30 mai 1832, Berthelot c. Chaillol. — V. au surplus VENTE.

80. — L'acquéreur qui n'est tenu d'entretenir les baux sous seing-privé du précédent propriétaire qu'autant qu'ils ont date certaine antérieure à la vente (C. civ., art. 1743), est compris sous le nom de tiers dans la disposition générale de l'art. 1328. — Merlin, *Quest. de dr.*, vo *Tiers*; Rolland de Villargues, vo *Acte sous seing-privé*, nos 69 et 98; *Encycl. du droit*, vo *Ayant-cause*, no 8. — Il en est de même des créanciers du saisi immobilièrement et de l'adjudicataire d'un immeuble. — L. 2 juill. 1841, art. 684.

81. — Jugé toutefois que la quittance, donnée par le propriétaire au fermier, des objets compris dans ses charges, peut être opposée par celui-ci à ceux qui acquièrent le domaine, quoiqu'elle n'ait pas de date certaine avant l'acquisition, si les acquéreurs ont gardé long-temps le silence. — *Grenoble*, 30 juill. 1814, Bessier c. Bernard.

82. — ... Que des quittances de fermage, données sans anticipation et reçues de bonne foi par le fermier peuvent, quoique sans date certaine, être opposées à un tiers acquéreur, alors que ce dernier ne s'était pas fait connaître au fermier. — *Besançon*, 15 fév. 1827, Goure c. Lépin.

83. — ... Que le locataire d'une maison vendue sur saisie-immobilière peut opposer les paiemens faits par anticipation, quoiqu'il n'en rapporte que des quittances privées n'ayant point de date certaine antérieurement à l'adjudication. — *Turin*, 26 fév. 1812, Galli et Reggio c. Gros. — V. BAIL.

84. — Doit-on considérer les créanciers saisissans comme des *tiers* ou comme des *ayant-cause* par rapport au tiers saisi? — Pothier (*Oblig.*, no 750) les considère comme des *tiers*, et ne semble pas supposer que la question puisse être douteuse. — Mais cette opinion ne doit pas être suivie. Le créancier saisissant n'agit qu'en vertu de la subrogation légale que lui confère l'art. 1166, C. civ., qui autorise tout *créancier à exercer les droits de son débiteur*. Le créancier saisissant n'est donc en réalité que l'*ayant-cause* du débiteur saisi : il s'identifie avec lui; il est tenu de respecter tout ce qu'il a fait, sauf le cas de fraude (C. civ., art 1167). — *Encyclop. du droit*, vo *Ayant-cause*, no 11; Rolland de Villargues, vo *Acte sous seing-privé*, nouv. édit., nos 82 et suiv.; Toullier, t. 8, no 249; Duranton, t. 13, no 133; Pigeau, *Comment.*, t. 2, p. 168; Chardon, *Dol et fraude*, t. 2, no 257; Roger, *Saisie-arrêt*, no 568.

85. — Il a donc été posé en principe que le créancier qui forme une saisie-arrêt doit être, par rapport au tiers saisi, considéré comme l'ayant-cause de son débiteur. — *Cass.*, 14 nov. 1836 (t. 1er 1837, p. 14), Guis c. Perrache; 8 janv. 1841 (t. 2 1841, p. 294), de Gasquet c. Bernard; *Dijon*, 27 janv. 1842, sous *Cass.*, 15 juin 1843 (t. 2 1843, p. 108), Nivert c. Georges; *Cass.*, 8 nov. 1842 (t. 2 1843, p. 53), Rival c. Gasquet.

86. — Jugé en conséquence qu'un débiteur par acte authentique peut être déclaré libéré à l'égard de tiers saisissans et opposans, sans justifier d'un titre de libération ayant une date certaine et antérieure aux oppositions. — *Cass.*, 21 août 1816, Yvonnet c. Crignon-Desmonté et Thèse.

87. — ... Que le tiers saisi peut opposer aux créanciers saisissans des quittances de la partie saisie, bien qu'elles n'aient pas acquis date certaine de l'une des manières indiquées par l'art. 1328. — *Aix*, 8 janv. 1841 (t. 2 1841, p. 294), de Gasquet c. Bernard; *Dijon*, 27 janv. 1842, sous *Cass.*, 15 juin 1843 (t. 2 1843, p. 108), Nivert c. Georges; *Cass.*, 8 nov. 1842 (t. 2 1843, p. 53), Rival c. Gasquet.

88. — ... Alors d'ailleurs que les quittances ne sont pas attaquées comme frauduleuses. — *Colmar*, 8 janv. 1830, Adam c. Bottin; *Dijon*, même arrêt; *Cass.*, même arrêt.

89. — ... A plus forte raison si la date de ces quittances paraît sincère. — *Orléans*, 18 déc. 1816, N...

90. — Jugé même que le tiers saisi peut opposer au saisissant des quittances sous seing-privé et non enregistrées de ce débiteur, quand bien même ces quittances s'appliqueraient à des paiemens anticipés. — *Cass.*, 14 nov. 1836 (t. 1er 1837, p. 14), Guis c. Perrache.

91. — Mais on ne peut opposer au créancier d'un rentier, qui a formé une saisie-arrêt entre les mains du débiteur de la rente, un acte sous seing-privé constatant le remboursement de cette rente, alors surtout qu'il ne conste pas que le titre en ait été restitué, comme de coutume au débiteur. — *Bruxelles*, 31 déc. 1819, Verhaegen c. Biebuyck.

92. — On ne peut opposer au créancier une reconnaissance faite par son débiteur, que les *meubles dont il est en possession appartiennent à un tiers*, si cette reconnaissance n'a de date certaine que postérieurement aux poursuites dirigées contre son auteur. — *Cass.*, 4 fév. 1823, de Baudre c. de Pierre.

93. — Pour que le créancier puisse attaquer comme frauduleux les actes faits par son débiteur, il faut que son titre soit antérieur à ces actes. Mais, dans le cas où cette condition existe, quoique l'acte dont il est porteur soit sous seing-privé, il peut attaquer les actes même authentiques passés par son débiteur en fraude de ses droits. — *Metz*, 4 juill. 1821, Spickert c. Haman et Doyen. — V. ACTE AUTHENTIQUE.

94. — En admettant qu'un créancier puisse être considéré comme l'ayant-cause de son débiteur, et qu'il soit, dès-lors, non-recevable à attaquer les

actes faits par ce dernier, ce ne peut être qu'à l'égard des actes antérieurs à sa créance, et non de ceux qui lui sont postérieurs, en conséquence, un créancier est recevable à attaquer une vente faite par son débiteur, au préjudice de ses droits antérieurs à la vente, et surtout s'il y a eu simulation entre le vendeur et l'acquéreur, pour frauder les droits des créanciers. — *Nîmes*, 20 nov. 1829, Laurent c. Murjas.

95.—Le créancier porteur d'une obligation sous seing-privé, et *spécialement* d'une lettre de change, d'une date antérieure à une vente consentie par son débiteur, peut attaquer cette vente comme faite au fraude de ses droits, lorsqu'il allègue la fraude contre le tiers acquéreur sur lui-même. En pareil cas, la date de l'obligation peut être déclarée antérieure à la vente, bien qu'elle n'ait été enregistrée qu'après, et qu'elle ne se trouve dans aucune des circonstances qui, d'après l'art. 1328, C. civ., pouvaient leur donner une date certaine. — *Cass.*, 14 déc. 1829, Lapierre c. Goupy.

96.—Le prêteur de deniers destinés à payer des constructions est un tiers vis-à-vis du propriétaire emprunteur et de l'entrepreneur, en telle sorte qu'on ne peut pas lui opposer une quittance délivrée par le constructeur au propriétaire, laquelle n'a point acquis date certaine avant celle qui a été donnée au prêteur lui-même. — *Paris*, 2 déc. 1835, Villepoix c. Drouin.

97.—Les créanciers hypothécaires ne sont pas les ayant-cause de leur débiteur lorsqu'ils attaquent par la voie de la tierce-opposition les jugemens rendus postérieurement à leurs inscriptions contre leur débiteur, et que ces jugemens ont pour effet de les faire primer dans leur rang de collocation par d'autres créanciers. — *Cass.*, 22 juin 1825, Bédarrides c. Pumargall.

98.—Un acte sous seing-privé contenant constitution d'usufruit au profit de deux personnes, peut, s'il n'y a pas fraude, être opposé aux créanciers inscrits sur la nu-propriété depuis cet acte, mais avant qu'il ait obtenu date certaine, dans qu'il ne soit pas dit dans l'acte constitutif d'hypothèque en faveur de laquelle les parties l'usufruit est établi. — *Cass.*, 1er juin 1836, Berthomé c. Corillon.

99.—L'acte de dissolution d'une société, bien que fait sous seing-privé, a une date certaine à l'égard des créanciers de l'un des associés, en ce que ces créanciers sont l'ayant-cause de leur débiteur. — *Cass.*, 12 juill. 1825, Imbert.

100.—Les créanciers ne sont des tiers vis-à-vis du failli que lorsqu'ils arguent de fraude les actes sous seing-privé qu'on leur oppose. — *Besançon*, 23 juill. 1812, Saudria c. Racine.

101.—De même, le bail verbal passé au profit d'un individu qui est tombé depuis en faillite est obligatoire pour les créanciers s'il n'est pas attaqué par eux, comme ayant été fait frauduleusement. — *Paris*, 13 fév. 1833, Cabanes c. Grandjean-Delisle; 23 mars 1833, Rousseau c. Gabaud.

102.—Les créanciers d'un failli peuvent demander la nullité d'actes faits en fraude de leurs droits,ne sont point simples ayant-cause de leur débiteur ; leur action ne peut en ce cas leur est personnelle. — *Bordeaux*, 22 déc. 1828, Beylot c. Banezette.

103.—Doit-on à l'égard des créanciers qui viennent se faire admettre au passif d'une faillite, exiger que leurs créances sous seing-privé aient date certaine ? L'usage est constant en faveur des créanciers, dit Duranton (t. 13, n° 140); on les admet au passif de la faillite, sauf au tribunal (s'il y a contestation sur la sincérité de telle ou de telle créance, ou, si l'on prétend que la créance en est simulée, ou que l'obligation n'a été souscrite que depuis l'ouverture de la faillite, et qu'on l'a antidatée) à apprécier les circonstances de la cause et à rejeter ou non leur est personnelle. L'équité de cet usage se facile à justifier : dans les matières commerciales, exclure les créanciers sur le seul motif que leurs

titres n'ont pas acquis date certaine antérieure à la faillite, ce serait anéantir la confiance qui est de l'essence du commerce. Les effets de commerce ne sont ordinairement soumis à l'enregistrement que dans le cas où les porteurs sont obligés de les faire protester : cette formalité n'étant pas nécessaire dans toute autre circonstance, on se dispense de la remplir. — Duranton, *ibid.*, et *Encyclop. du droit*, v° *Ayant-cause*, n° 12. — V. au surplus, *Acte sous seing-privé, in fine*.—V. aussi FAILLITE.

104.—La décision doit être la même à l'égard des créanciers d'un débiteur non commerçant qui se présentent avant une distributions sur saisie.—Duranton, t. 13, n° 141.

105.—L'acte sous seing-privé par lequel un débiteur, condamné par défaut, déclare tenir le jugement pour exécuté et y acquiescer, peut-il à défaut, de date certaine, être opposé aux créanciers qui attaquent ce jugement comme périmé faute d'exécution dans les six mois? — Cette importante question, qui se rattache à la théorie des *ayant-cause* et des *tiers*, a été généralement résolue par les auteurs et par les arrêts dans le sens ne la négative. — Reynaud, *Pérempt.*, n° 159 ; Favard, v° *Jugement;* Merlin, v° *Péremption*, sect. 2, § 4er, n° 17; Thomine- Desmazures, t. 4er, p. 297; Toullier, t. 8, n° 252; Duranton, t. 13, n° 142; Boncenne, t. 3, p. 59. — *Contrà* Carré, *Lois de la procéd.*, t. 4er, p. 368. — V. toutefois (au *Journ. pal.*) les observations sur l'arrêt de Caen, 26 avr. 1814, cité *infrà*, n° 114. — V. aussi ACQUIESCEMENT et JUGEMENT PAR DÉFAUT.

106.—Jugé en ce sens qu'un acte sous seing-privé, sans date certaine, par lequel le débiteur aurait acquiescé, avant l'expiration des six mois, au jugement par défaut obtenu contre lui, ne peut être opposé aux tiers intéressés à exciper de la péremption de ce jugement. — *Toulouse*, 7 juill. 1812, Duté c. Lhermite ; *Caen*, 24 mars 1825, Lerond c. Desmonceaux ; *Caen*, 2 août 1826, Saunier c. Mathivet et Legras; *Agen*, 20 juill. 1827, Balbie c. Lusus; *Grenoble*, 22 janv. 1834, Martin c. Vaperot.

107.—...Et cela encore bien que cet acte sous seing-privé ne soit pas suspecté de fraude.—*Caen*, 24 mars 1825, Lerond c. Desmonceaux.

108.—Jugé au contraire qu'un jugement par défaut donné après les six mois de son obtention, ne peut pas être opposé aux tiers qui ont acquis des droits à l'objet litigieux avant l'acquiescement.—*Grenoble*, 6 juill. 1826, Jacquillon c. Lambert.

109.—Jugé de même à l'égard 4° des créanciers, même postérieurs à l'époque où l'acquiescement a acquis date certaine. — *Grenoble*, 22 janv. 1834, Martin c. Vaperot.

110.—...2° De l'individu qui ne serait devenu créancier et n'aurait pris inscription que postérieurement à la formalité de l'enregistrement. — *Cass.*, 6 avr. 1840 (t. 2 1840, p. 64), Lamarque c. Lhermite.

111.—Jugé que la déclaration par la partie défaillante qu'elle a eu connaissance du jugement, ne peut couvrir le défaut d'exécution, si elle n'a pas date certaine antérieure à l'exception tirée du défaut d'exécution. — *Paris*, 7 juill. 1812, Duté c. Lhermite.

112.—Il a été décidé que la péremption d'un jugement par défaut qui n'a pas été exécuté dans les six mois peut être demandée par un créancier hypothécaire dont l'inscription est périmée par celle qui a été prise en vertu de ce jugement, le jugement par défaut, même signifié deux fois au défaillant, et reconnu par celui-ci dans un écrit sous signature privée où il a renoncé à la voie de l'opposition, n'étant pas censé exécuté à l'égard des tiers. — *Cass.*, 40 nov. 1817, Darras c. Poullain.

113.—...Qu'en un mot, que la péremption d'un jugement par défaut est absolue dans l'intérêt des tiers; qu'elle ne peut être couverte par aucun ac-

quiescement de la part du débiteur postérieur au délai de six mois, ni par l'exécution qui a suivi cet acquiescement que cette déclaration n'a d'une certaine vis-à-vis des tiers que du jour de l'enregistrement. — *Bourges*, 7 fév. 1822, Billet et Desfousses c. Nicolas.

114.—Jugé au contraire que la reconnaissance faite sous seing-privé par une partie contre laquelle il a été obtenu un défaut faute de comparaître, que ce jugement a été exécuté dans les six mois de son obtention, peut être opposée à des tiers. — *Caen*, 26 avr. 1814, Mallet c. Lebriscis.

115.—... Que, lorsque le débiteur a volontairement acquiescé à un jugement par défaut par un acte sous seing-privé signé dans les six mois de l'obtention de ce jugement, mais enregistré seulement après l'expiration des six mois, le créancier dont le droit n'a pris naissance qu'après l'enregistrement de cet acte sous seing-privé n'a pas le droit de l'attaquer.—*Limoges*, 21 juill. 1824, du Vaillant c. Fortune et Chosson.

116.—... Que, lorsqu'un débiteur a déclaré qu'il acquiesçait à un jugement par défaut rendu contre lui, et que cette déclaration n'a été fournie et enregistrée qu'après l'expiration du délai de six mois, les tiers ne peuvent se prévaloir de l'art. 156, C. procéd., qu'autant que leurs droits auraient été acquis au moment où l'enregistrement a eu lieu. — *Lyon*, 4 déc. 1822, Thiolière c. Rigollo.

117. — Les actes souscrits par un individu qui depuis a été frappé d'interdiction doivent-ils avoir une date certaine antérieurement au jugement de condamnation ? — V. INTERDICTION.

113. — L'individu frappé d'une peine emportant interdiction légale ne peut disposer de ses biens pendant la durée de sa peine : les actes par lui souscrits, et qui n'ont pas de date certaine antérieurement au jugement de condamnation, sont sans effet, alors surtout qu'il résulte de diverses circonstances que ces actes sont frauduleux. — *Rouen*, 27 nov. 1823, Lannay c. Blin. — V. INTERDICTION LÉGALE.

119. — Les condamnés à une peine afflictive et infamante ne pouvant contracter d'aucune manière, postérieurement à l'exécution de la condamnation, il s'ensuit qu'un acte sous seing-privé souscrit par un individu condamné à la réclusion, n'est valable qu'autant qu'il a acquis date certaine avant l'exécution de cette condamnation.—*Nancy*, 5 juin 1828, Leloulat c. Lemoine.

120. — Jugé cependant que ceux qui recueillent la succession d'une personne morte civilement sont ses *ayant-cause*, et non des *tiers* : en conséquence, on peut leur opposer les actes sous seing-privé souscrits par leur auteur avant la mort civile, bien que ces actes n'aient pas acquis une date certaine à cette époque. — *Colmar*, 30 juill. 1834, Roch c. de Vaudoncourt.

121. — Les actes sous seing-privé n'ont de date certaine dans la régie de l'enregistrement que dans les cas expressément prévus par l'art. 1328, C. civ. — *Cass.*, 47 août 1834, Enregistr. c. Vincendon.

V. ABSENCE, APPEL, ASSURANCE MARITIME, DONATION, EXÉCUTEUR TESTAMENTAIRE, NULLITÉ OBLIGATION, PRESCRIPTION, PREUVE LITTÉRALE, POSSESSION, QUOTITÉ DISPONIBLE, RATIFICATION, SUCCESSION, TRANSACTION, TUTELLE.

AYANT-DROIT.

C'est celui qui a les droits d'une personne et qui peut les exercer comme elle eût pu le faire. Cette expression se prend toujours dans un sens actif : elle est, sous ce rapport, moins générique que celle d'*ayant-cause*. — V. ABSENCE, ACQUIESCEMENT, ACTE CONSERVATOIRE, APPEL, AYANT CAUSE, BREVET D'INVENTION, DONATION, NOM, ORDRE, SUBROGATION, TRANSPORT DE CRÉANCE.

B

BACS ET BATEAUX.

Table alphabétique.

BACS ET BATEAUX. — 1. — On appelle *bac* une espèce de grand bateau plat servant à passer d'une rive à l'autre d'un fleuve, d'une rivière ou d'un canal, les personnes, les animaux, les voitures et les marchandises. — Ce mode de transport d'une rive à l'autre d'un cours d'eau est aussi effectué dans beaucoup de localités à l'aide de simples bateaux.

2. — Les bacs sont meubles. — C. civ., art. 531. — V. BIENS. — Mais la saisie de ces meubles est, à raison de leur importance, soumise à des formes particulières. — C. proc., art. 620. — V. SAISIE EXÉCUTION.

3. — Les droits de bacs et bateaux sont, comme ceux qui résultent des péages et de la pêche fluviale, rangés parmi les droits susceptibles d'être mis en ferme. Aussi chaque année, *le Bulletin des lois* publie des ordonnances royales qui autorisent l'établissement des bacs et fixent, en même temps, les droits à percevoir pour le péage.

§ 1er. — *Historique.* — *Établissement des bacs* (n° 4).

§ 2. — *Adjudication des bacs.* — *Obligations résultant des baux.* — *Déchéance des baux* (n° 21).

§ 3. — *Droits de péage* (n° 49).

§ 4. — *Police des bacs* (n° 66).

§ 1er. — *Historique.* — *Établissement des bacs.*

4. — Les droits de bacs et bateaux appartenaient autrefois aux seigneurs féodaux : le tit. 27, art. 41 de l'ordonn. des eaux et forêts de 1669, les maintint en faveur de ceux dont les titres étaient antérieurs à 1566, époque de l'ordonnance sur l'inaliénabilité du domaine.

5. — L'assemblée constituante, tout en enlevant à ces droits leur caractère féodal, en laissa l'exercice, à titre de propriété, aux anciens seigneurs. — Décr. 15 mars 1790, tit. 2, art. 15.

6. — Mais l'assemblée législative ayant, par décret du 25 août 1792, supprimé complètement le droit (art. 2), tout citoyen eut alors la liberté d'établir des bacs et bateaux de passage.

7. — Jugé, par suite, que sous la loi du 25 août 1792, le propriétaire d'un bac ne pouvait actionner en complainte celui qui avait établi un autre bac sur la même rivière. — Cass., 14 niv. an VI, aff. Goraud c. d'Apcher-Valres. — Aujourd'hui la décision serait la même, à raison de la nature mobilière du droit de l'adjudicataire du bac. — V. ACTION POSSESSOIRE, n° 274.

8. — Cette faculté d'établir des bacs à volonté donna bientôt lieu aux plus graves abus. On en construisit de tous côtés, sans qu'aucune règle vint fixer les droits à percevoir et sans qu'aucune régularité s'établit dans le service; souvent même la sûreté des communications se trouva compromise. Aussi la loi du 6 frim. an VII, qui mit fin à ces désordres, était-elle vivement désirée.

9. — L'exposé des motifs qui accompagne l'approbation donnée par le conseil des anciens à l'acte d'urgence qui précède cette loi, en fait parfaitement connaître le but et l'esprit : « *Le conseil*, porte cet exposé,... considérant que la sûreté personnelle des citoyens, que le maintien du bon ordre et de la police, que l'intérêt même du trésor public, exigent que l'administration et la fixation des droits établis ou à établir aux traverses des fleuves, rivières et canaux navigables, soient promptement réglées, afin de détruire l'arbitraire et les vexations auxquels le défaut de surveillance active et permanente donne lieu,... approuve l'acte d'urgence et la résolution suivante... etc. »

10. — Cette loi du 6 frim. an VII ordonna la remise au domaine public des bacs et bateaux qui existaient antérieurement sur les rivières et canaux, et cela par une conséquence forcée de ce principe que les fleuves et rivières navigables sont une dépendance du domaine public. — Par suite, aux termes des art. 2, 4, 5, 6 et 7 de ladite loi, les détenteurs des bacs furent dépossédés et durent être indemnisés à dire d'expert.

11. — La loi de l'an VII ne parlant que *des fleuves, rivières et canaux navigables*, il semblait que les cours d'eau du domaine privé devaient continuer à être régis à par la loi du 25 août 1792, qui permettait à chaque citoyen d'y établir des bacs moyennant certaines conditions.

12. — Mais l'autorité administrative ne tenant pas compte de cette distinction a donné au mot *navigable* un sens plus étendu que celui qu'il reçoit ordinairement, en lui faisant comprendre tous les cours d'eau qu'on ne peut traverser qu'à l'aide d'un moyen de navigation, que ces cours d'eau

fassent ou non partie du domaine public. Il suffit que le passage *soit public* pour qu'il appartienne à l'état. — Lettre minist. int. 17 prair. an VII; L. 14 flor. an X, art. 9; Lettre minist. int. 9 prair. an XII; — Avis du comité des finances des 3-8 oct. 1817 et 3 août 1819, approuvée par le ministre le 2 sept. 1819; — 4 déc. 1822, Hospice de Bourg-Saint-Andéol; 28 déc. 1825, de Larochejacquelein; — Daviel, *Cours d'eau*, t. 2, n° 553 ; Macarel et Boulatignier, *De la fortune publique*, t. 1er, p. 339; Dufour, *Droit adm. appliqué*, t. 1er, n° 410 ; Chevalier, v° *Bacs et Bateaux*; Husson, *Légist. des trav. publ.*, t. 2, p. 179.

13. — Mais décidé qu'un bac établi pour l'achalandage et le service habituel d'un moulin, et servant en outre à passer ceux qui se présentent moyennant une rétribution convenue ne peut être considéré comme un bac ou passage public réservé au domaine par la loi du 6 frim. an VII, lorsque la rivière sur laquelle ce bac est établi n'est ni navigable ni flottable, qu'aucun chemin public n'aboutit sur ce point, et que d'ailleurs les deux rives dépendent du moulin, et que le passage et la rétribution sont libres de tout péage. — Cons. d'état, 15 nov. 1826, Got.

14. — Du reste, si cette solution ne ressort pas des termes de la loi du 6 frim. an VII, elle peut être motivée sur d'autres principes. — En effet, l'établissement d'un bac sur une rivière quelconque intéresse la sûreté publique ; c'est une continuation de la viabilité; il donne lieu à une taxe, qui est un véritable impôt indirect ; sous tous ces rapports, il est juste et nécessaire que l'état intervienne. La question serait bien moins douteuse encore pour ceux qui possèraient en principe que les riverains n'ont sur le lit des cours d'eau qui se sont pas du domaine public qu'un simple droit de jouissance. — Foucart, *Elem. du droit publ. et admin.*, t. 2, n°s 1254 et 1355.

15. — Cependant, les propriétaires peuvent, avec l'approbation du ministre des finances, établir des bacs et bateaux, mais seulement pour leur usage particulier, et pour l'exploitation d'une propriété circonscrite par les eaux. — L. 6 frim. an VII, art. 6.

16. — Il en est de même pour les barques, batelets et bachots servant à l'usage des habitants de la marine marchande, montante et descendante. — Mais ceux qui les possèdent ne peuvent les employer à établir un passage à heure et lieu fixes. — *Ibid.*, art. 9.

17. — Le droit de navigation pour le petit cabotage et la pêche sur la côte ne donne pas à un individu le droit d'établir un passage à heure fixe, ne fût-ce que d'une rive d'un fleuve aux bateaux de passage qui le montent ou descendent, et cela au mépris du droit qu'a l'adjudicataire de passer les passagers d'une rive d'un fleuve à l'autre. — Cass., 10 mai 1831, Ration c. Lattre.

18. — Le droit de passage public par bacs et bateaux faisant partie du domaine public et ne pouvant tomber dans le domaine privé, il s'ensuit que l'administration peut s'emparer, sauf indemnité, de tout bac ou bateau non employé à un usage particulier.

19. — Il ressort de l'esprit de la loi qu'elle a seulement voulu interdire les passages publics, moyennant rétribution et présentant, dès-lors, les caractères d'une spéculation. — Aussi le conseil d'état a-t-il refusé aux agents de la régie le droit de saisir le bac établi par un meunier pour le service de son usine, encore qu'il passât quelquefois, moyennant rétribution, les personnes qui se présentaient. — *Cons. d'état*, 15 nov. 1826, Got.

20. — Mais il a décidé que le propriétaire d'un terrain, même circonscrit par les eaux, ne pouvait établir un bac pour passer, moyennant rétribution, les nombreux fermiers et ouvriers employés à l'exploitation de ce terrain. — *Cons. d'état*, 11 fév. 1836, de Chevreuse.

§ 2. — *Adjudication des bacs.* — *Obligations résultant des baux.* — *Déchéance des baux.*

21. — Les bacs sont mis en ferme par voie d'adjudication. Il résulte d'une circulaire du directeur général des ponts et chaussées, du 17 avr. 1812,

n° 5, que les adjudications de bacs ne doivent être faites au compte du gouvernement que lorsqu'il est constaté que les produits des passages d'eau seront au moins suffisans pour pourvoir à leur entretien à moins cependant que le passage à affermer, quelque faible que puisse être son produit, ne soit reconnu nécessaire au service public ; sinon ces sortes de passages peuvent être abandonnés aux communes intéressées à leur conservation, si elles consentent à s'en charger. — Foucart, t. 2, n° 1356 ; Dufour, *Dr. admin. appliqué*, t. 1er, n° 414.

22. — L'exploitation des bacs est mise en ferme par adjudication publique, dans la forme prescrite pour la location des biens nationaux. — L. 6 frim. an VII, art. 28. — V. ENREGISTREMENT.

23. — Le procès-verbal d'adjudication fixe les charges et conditions imposées aux adjudicataires, et contient un tarif des droits de passage arrêtés par une ordonnance du roi, dans la forme des réglemens d'administration publique. — L. 6 frim. an VII, art. 26 ; L. du 14 flor. an X, art. 10.

24. — L'adjudicataire doit acquitter, dans le mois de son adjudication, le prix fixé pour la valeur du matériel. Au moyen de ce paiement, il devient propriétaire des objets qui le composent, et est tenu de les entretenir et de les transmettre en bon état, à l'expiration de son bail, au nouveau fermier qui lui en paie le prix suivant l'estimation faite lors de cette nouvelle adjudication. — L. 6 frim. an VII, art. 28 et 29.

25. — Les contestations qui s'élèvent sur l'interprétation du procès-verbal d'adjudication sont de la compétence des conseils de préfecture. — *Ibid.*, art. 31.

26. — Les conseils de préfecture connaissent de toutes les contestations qui peuvent être envisagées comme se rattachant à l'entreprise d'un service public, à un intérêt soit de communication et de viabilité, soit de surveillance à exercer sur une dépendance du domaine public. — Macarel et Boulatignier, *De la fortune publique*, t. 1er, p. 371 ; Laferrière, *Cours de dr. public et administ.*, liv. 1er, part. 1re, tit. 1er, ch. 3, sect. 8e, § 2, p. 171.

27. — Ainsi, ils sont compétens pour connaître des contestations entre l'administration et les fermiers des bacs relativement, par exemple, aux indemnités prétendues par ces derniers pour cause de résiliation de bail. — *Cons. d'état*, 6 sept. 1826, Dufour.

28. — ... Pour préjudice résultant de travaux publics, tels que la construction d'un pont.

29. — ... Pour dommage causé par l'établissement d'un autre bac de passage. — *Cons. d'état*, 14 juill. 1830, Dubourdier.

30. — C'est aussi à l'administration et non aux tribunaux civils qu'il appartient de prononcer sur l'étendue des droits de passage affermés au nom de l'état et à décider si d'autres bateaux de passage peuvent subsister. — *Cons. d'état*, 13 nov. 1807, Davost c. Gallon et Guyard.

31. — ... Comme aussi de décider dans quelles limites doit être renfermée la perception d'un droit de péage autorisé par un ancien arrêt du conseil, et les autres actes administratifs rendus pour son exécution. — *Cons. d'état*, 28 fév. (et non 18 mars) 1816, Chrétien c. Chauveau.

32. — Mais c'est aux tribunaux civils à statuer sur les contestations qui s'élèvent entre l'état et les fermiers d'un passage d'eau, relativement à l'exécution du bail. — *Cass.*, 6 août 1829, Contrib. indir. c. Baudouin ; *Cons. d'état*, 25 fév. 1818, Cellarier ; 8 mars 1828, Dabin ; 22 oct. 1830, Matignon ; 25 avr. 1834, Ancel ; 9 août 1836, Salers ; 27 août 1839, Robert ; 16 juill. 1840, Devans ; — Dufour, t. 1er, n° 415 ; Cormenin, *Droit admin.*, Appendice, v° *Baux administratifs* ; Husson, *Traité de la législ. des trav. publics*, t. 2, p. 177.

33. — Cependant l'autorité administrative a eu long-temps une tendance prononcée à s'approprier la connaissance exclusive des contestations nées par l'interprétation des baux pour le fermage des bacs. — *Cons. d'état*, 23 avr. 1807, Gerbier ; 15 nov. 1809, Davost ; 22 janv. 1813, Laluzerne ; 17 juill. 1816, Teston ; 24 mars 1819, Billaud-Laujardière ; 17 déc. 1823, Lefebure ; 6 juill. 1825, Dubouit ; 2 août 1826, Gilibert ; 6 sept. 1826, Dufour ; 18 fév. 1829, Dufour ; 13 mai 1829, Désert ; 7 fév. 1834, Bijon ; 25 sept. 1834, Gauthier ; — Serrigny, *Tr. de l'organisation, de la compét., et de la procédure en matière contentieuse administrative*, t. 1er, nos 548 et suiv. ; Tarbé de Vauxclairs, *Dict. des trav. publ.*, v° *Bail administratif*.

34. — MM. Macarel et Boulatignier (t. 1er, p. 371) enseignent qu'il faut distinguer entre les demandes qui se rattachent directement à l'exécution du bail et celles relatives aux indemnités que les fermiers peuvent avoir à réclamer de l'administration ; mais M. Dufour (t. 1er, n° 415, p. 354) combat avec raison cette distinction. En effet, dans le second, comme dans le premier cas, le litige a pour objet l'exécution du contrat ; il soulève, dans les deux cas, une question purement civile. — *Cons. d'état*, 22 oct. 1830, Matignon ; — Chevalier, *Jurisprud. administr.*, v° *Bacs et bateaux*, t. 1er, p. 45 ; Cotelle, *Trav. publ.*, n° 47 ; Magnitot et Delamarre, *Dict. de droit administrat.*, v° *Bac*, t. 1er, p. 89. — V. au surplus BAIL ADMINISTRATIF.

35. — Les contestations qui peuvent s'élever entre les fermiers et sous-fermiers pour leurs droits respectifs, sont de la compétence des tribunaux ordinaires, ainsi que celles entre les fermiers et les tiers. — *Cons. d'état*, 21 déc. 1808, Guy ; 25 fév. 1818, Cellarier ; 20 mars 1828, Dubin ; — Dufour, t. 1er, n° 417 ; Serrigny, t. 1er, n° 547.

36. — Il appartient aussi à ces tribunaux de connaître entre l'ancien fermier et le nouvel adjudicataire des contestations qui s'élèvent sur une transaction relative à la remise du matériel du bac. — *Cons. d'état*, 28 juill. 1819, Poncet.

37. — Lorsqu'il s'agit de statuer sur les difficultés relatives aux réparations ou reconstructions des bacs, c'est à l'autorité administrative à connaître de la contestation ; et l'on doit porter devant le conseil de préfecture les questions qui ont trait à l'exécution des travaux prévus par le bail et mis à la charge de l'adjudicataire. — L. 6 frim. an VII, art. 35. — Dufour, t. 1er, n° 416.

38. — De même, « s'il s'agit de décider si, d'après le bail, il doit être établi un ou plusieurs bateaux de passage, dans quelle direction du fleuve, à quels terrains ils doivent être fixés, quelle doit être la dimension des cordages, et quels instrumens, hommes, chevaux, machines et procédés il faut employer, on conçoit alors que de pareilles questions d'interprétation se rattachent à des travaux de grande voirie, et à des mesures de sûreté publique et de police administrative dont les tribunaux ne peuvent rationnellement connaître. » — Cormenin, v° *Baux administratifs*.

39. — Les nouvelles constructions de bacs sont faites par le gouvernement ; mais c'est au fermier à supporter les moins-values qu'il doit à la fin de son bail payer à la caisse des contributions indirectes.

40. — A l'égard des dégradations du bac, la jurisprudence a établi que les adjudicataires ne sont tenus, à l'expiration de leurs baux, que des moins-values provenant de leur fait, et non des dégradations causées par *vétusté* ou *force majeure*. En cette matière, on doit appliquer les règles du droit commun. — *Cass.*, 11 nov. 1834, Contrib. indir. c. Legeas.

41. — Jugé que la clause, insérée dans un bail de bacs et passages d'eau consenti par la régie des contributions indirectes, que le preneur serait tenu de remettre le matériel du passage affermé dans l'état décrit par l'estimation faite au moment de l'entrée en jouissance ou d'en payer la *moins-value*, contient dérogation à la loi du 6 frim. an VII, d'après laquelle le fermier devenait propriétaire de matériel du passage qui lui était remis, et rentre sous l'application des principes du droit commun, qui n'astreignent le preneur qu'à tenir compte des détériorations survenues par son fait, mais non de celles provenant de vétusté ou de force majeure. — *Limoges*, 8 juin 1842 (t. 1er 1843, p. 415), Contr. ind. c. Laumont.

42. — Lorsque le bac est dans un tel état de vétusté qu'il est impossible de le réparer, et qu'aux termes de leur bail, les adjudicataires ont le droit d'en exiger la restitution, ils doivent mettre en demeure l'administration par une demande en justice ; une simple demande devant le préfet ne suffirait pas et ne pourrait les autoriser à refuser le paiement des fermages, surtout lorsque le fermier est tenu par le bail à des réparations, sauf indemnité pour plus-value. — *Cons. d'état*, 17 déc. 1823 Contr. ind. c. Lefebure.

43. — Les adjudicataires sont assujétis à la contrainte par corps, pour sûreté du paiement des loyers et des moins-values, lorsque leur dette excède 300 fr. — L. 17 avr. 1832, art. 8, 10 et 13.

44. — Les fermiers des bacs sont responsables de la perte et des avaries des choses qui leur sont confiées, à moins qu'ils ne prouvent que les pertes ou avaries proviennent de cas fortuit ou force majeure. — C. civ., art. 1784.

45. — Les fermiers des bacs ne peuvent, à notre avis, être considérés comme se livrant, à raison de leur exploitation, à des actes de commerce. — V. ACTE DE COMMERCE, nos 341 à 344. — Cependant les fermiers de bacs pour un prix de fermage au-dessous de 1,000 fr. sont rangés par la loi du 25 avr. 1844, dans la sixième classe des patentables et imposés à : 1° un droit fixe basé sur le chiffre de la population de la ville ou commune où est situé l'établissement ; 2° un droit proportionnel du vingtième de la valeur locative de la maison d'habitation seulement. — Si le fermage est de 1,000 fr. et au-dessus, ils sont rangés par cette loi dans la quatrième classe des patentables, et imposés au même droit fixe, sauf la différence de classe, et au même droit proportionnel que les précédens.

46. — La lésion d'outre moitié n'est pas admise comme cause de rescision du bail à ferme d'un bac. — *Cons. d'état*, 24 mars 1819, Brilland Laujardière ; — Chevalier, *Jurisp. admin.*, v° *Bacs et bateaux*, t. 1er, p. 27. — Mais il y a lieu d'indemniser le fermier d'un bac qui, par suite des événemens de la guerre, a éprouvé une diminution dans sa perception et a été obligé d'interrompre son service. — *Cons. d'état*, 17 juill. 1816, Testou c. Ponts-et-chaussées.

47. — Si le jour même de l'entrée en jouissance du fermier la ligne de poste de service par le bac a été changée en vertu d'un décret antérieur de plusieurs années, lequel n'a été ni promulgué, ni notifié au fermier, ni inséré ou relaté dans le cahier des charges, il est juste de lui allouer une diminution sur le prix annuel de son bail, alors surtout que l'administration a l'alternative ou d'accorder cette indemnité ou d'admettre le fermier, selon ses offres, à compter de clerc à maître. — *Cons. d'état*, 17 juill. 1816, Testou c. les Ponts-et-chaussées ; — Cormenin, *Dr. admin.*, Append., v° *Baux*, p. 33, col. 2e.

48. — La déchéance du bail peut être prononcée par le préfet, en cas de non-paiement de la part de l'adjudicataire aux époques fixées, ou s'il néglige de remplir les charges imposées par le cahier d'adjudication. — *Cons. d'état*, 25 avr. 1807, Gerbier ; — Chevalier, *loc. cit.*

§ 3. — *Droits de péage.*

49. — Les tarifs sont arrêtés par le gouvernement dans la forme des réglemens d'administration publique, et les adjudicataires doivent les afficher d'une manière apparente sur des poteaux, de chaque côté du passage. — L. 6 frim. an VII, art. 13 ; L. 14 flor. an X, art. 10. — Cette affiche des tarifs avait été aussi, dans l'ancienne jurisprudence, ordonnée par un arrêt du conseil du 4 juill. 1774. — V. Merlin, *Rép.*, v° *Bac*, n° 2.

50. — Les personnes qui se présentent pour passer doivent payer les droits portés aux tarifs. — L. 6 frim. an VII, art 48. — En cas de refus mal fondé, elles sont condamnées par le juge de paix à la restitution des droits et à une amende, même à un emprisonnement quand il y a récidive. — *Ibid.*, art. 56.

51. — La contravention prend le caractère d'un délit et rentre dans la compétence du tribunal de police correctionnelle. quand le refus de payer est accompagné d'injures, menaces, violences ou voies de fait. — *Ibid.*, art. 57. — L'art. 57 porte, outre les réparations civiles et dommages-intérêts, une amende qui peut être de 100 fr. et un emprisonnement qui ne peut excéder trois mois.

52. — Les personnes qui ont aidé ou favorisé la fraude, ou concouru à des contraventions aux lois sur la police des bacs, sont condamnées aux mêmes peines que les auteurs des fraudes ou des contraventions. — *Ibid.*

53. — Si le condamné n'acquitte pas au greffe du juge de paix du canton les condamnations pécuniaires prononcées contre lui, ou n'offre pas une caution solvable, sa voiture, ses marchandises et ses chevaux sont saisis et mis en fourrière. — *Ibid.*, art. 59. — Foucart, *Elém. de droit pub. et adm.*, t. 2, p. 1363. — V. aussi arrêté du 11 fructid. an X, art. 3, sur les bacs du département de la Seine.

54. — Sont dispensés du paiement des droits de passage : les fonctionnaires publics dans l'exercice de leurs fonctions, les cavaliers et officiers de gendarmerie ; les militaires en marche ; les officiers pendant la durée et dans l'étendue de leur commandement. — *Ibid.*

55. — Sont également exemptés du paiement de ces droits, aux termes d'une instruction de la régie des contr. ind. citée par MM. Magnitot et Delamarre (v° *Bac*), les employés de la régie, les receveurs communaux et agens forestiers.

56. — Sont aussi exemptés du paiement de ces droits les préposés d'octroi et les facteurs ruraux pour le cas où ces employés sont obligés de passer d'une rive à l'autre pour cause de service et sous la condition qu'ils soient revêtus des marques distinctives de leurs fonctions ou porteurs de leurs commissions.

57. — ... Les malles postes, les courriers et les estafettes du gouvernement ; les voitures cellulaires employées au transport des condamnés.

58. — ... Les trains d'artillerie (bouches à feu et caissons), ainsi que les militaires ou conducteurs qui les accompagnent ; les bouviers, bœufs, chevaux et voitures requis pour le transport des vivres de l'armée, des équipages, des troupes et des militaires malades.

59. — ... Les gardes nationaux marchant en détachement ou isolément à la charge de représenter un ordre de service. — Cahier des charges modèle arrêté le 7 avr. 1835, art. 4. — Déc. du min. des finances du 22 avr. 1839.

60. — Mais ne sont point dispensés des droits, les entrepreneurs d'ouvrages et fournitures faits pour le compte de l'état, ni ceux des chariots à la suite des troupes. — L. 6 frim. an VII, art. 49.

61. — Dans les cas mêmes où un ministre aurait assuré dans un cahier des charges l'exemption des droits de passage à des entrepreneurs de charrois militaires, ceux-ci ne pourraient invoquer cette clause dans une autre localité. — Avis du Cons. d'ét., 1er mai 1823, cité par Favard de Langlade, *Rép.*, v° *Péage*.

62. — Sous l'ancienne jurisprudence l'exemption de droit de passage était accordée aux curés traversant la rivière pour aller exercer leurs fonctions curiales. — Arrêt du cons. du 24 juin 1727. — Aujourd'hui encore, les curés et desservans en route pour l'exercice de leurs fonctions ne devraient pas être tenus de payer les droits de bac. — Proudhon, *Dom. publ.*, t. 3, n° 926. — *Contrà* Garnier, *Rég. des eaux*, t. 1er, n° 372.

63. — Celui qui, pour éviter les droits de péage, passe la rivière à gué au-dessus ou au-dessous du bac ne peut être tenu de les acquitter. — *Parlem. Grenoble*, 23 déc. 1810; — *Cass.*, 25 oct. 1822 (intérêt de la loi), Albat; — Merlin, v° *Bac*, n° 6; Garnier, *Rég. des eaux*, t. 1er, n° 368; Chevalier, *Jurisp. adm.*, v° *Bacs et bateaux*, t. 1er, n° 48.

64. — Lorsque, dans le voisinage d'un bac, on entreprend des travaux d'utilité publique, pour l'exécution desquels il y a nécessité d'établir sur le cours d'eau, soit des ponts de service, soit des moyens temporaires pour le transport spécial des ouvriers, matériaux et équipages, l'administration peut, malgré l'existence de ce bac, accorder à l'entrepreneur l'autorisation d'établir les moyens de transport et de passage, et s'il n'est allégué par personne qu'il les ait employés pour un objet étranger au service de son entreprise, le fermier du bac n'est pas fondé à demander une indemnité. — *Cons. d'état*, 22 janv. 1818, de la Luzerne et le Narivel; 18 fév. 1829, Dufourd; 7 fév. 1834, Bijou-Toncin c. Ministre des finances; 25 sept. 1834, Gauthier c. Pommerat. — Cormenin, *Droit adm.*, Append., v° *Baux*, p. 33, col. 2; Chevalier, *ibid.*, t. 1er, p. 48; Magnitot et Delamarre, *Dict. de dr. adm.*, v° *Bac*, t. 1er, p. 88.

65. — C'est à l'administration des contributions indirectes qu'est attribué le droit de faire rentrer les produits des bacs et bateaux de passage, aux époques et selon le mode déterminés par le cahier des charges.

§ 4. — *Police des bacs.*

66. — Les opérations relatives à l'administration et à la police des bacs appartiennent au préfet du département et, sous sa direction, au maire du lieu de la situation. — L. 6 frim. an VII, art. 31.

67. — Lorsque les passages sont communs à deux départemens limitrophes, ces opérations sont à la charge du préfet du département dans l'arrondissement duquel se trouve située la commune la plus voisine du passage; en cas d'égalité de distance, c'est la population la plus forte qui détermine l'attribution. En conséquence, la gare, le logement et le domicile de droit du passeur doivent être établis de ce côté. — *Ibid.*, art. 32.

68. — Les mesures de police ont entre autres buts celui de fixer le temps pendant lequel la communication sera suspendue. Durant cette suspension les bacs et bateaux doivent être fermés avec chaînes et cadenas solides. — *Ibid.*, art. 42.

69. — Dans les localités où le service public et les intérêts du commerce exigent une communication non interrompue, il est établi des *veilleurs* ou *quarts* pour le service de nuit. — *Ibid.*, art. 43.

70. — Lorsque des circonstances accidentelles, telles que le gonflement de la rivière, empêchent le service du bac, l'administration autorise alors l'établissement de bateaux alternant sur les deux rives. — *Ibid.*, art. 41.

71. — La sûreté publique a le plus grand intérêt à ce qu'une surveillance active soit exercée sur les bacs et bateaux. Aussi les préfets doivent-ils prescrire la visite de ces bateaux aux ingénieurs des ponts et chaussées. La loi ordonne que cette visite se fasse aux mois d'avril et de septembre. Toutefois on pourrait y procéder dans l'intervalle, si les circonstances l'exigeaient. Les maires doivent alors donner avis aux ingénieurs et faire exécuter provisoirement les travaux d'urgence. — *Ibid.*, art. 34 et 37.

72. — Les mesures de police spéciales à chaque passage sont fixées par l'administration, qui déterminera, par exemple, l'endroit où le bac devra être amarré, les lieux où il sera nécessaire de lui adjoindre un canot à l'effet de porter secours aux passagers en danger, ainsi que le nombre des passagers et la quantité de chargement que chaque bac ou bateau devra contenir, en raison de sa grandeur. — *Ibid.*, art. 44.

73. — Les adjudicataires et cantonniers doivent maintenir le bon ordre dans leurs bacs ou bateaux pendant le passage, et ils sont tenus de désigner aux officiers de police ceux qui s'y comporteraient mal ou qui, par leur imprudence, compromettraient la sûreté des passagers. — *Ibid.*, art. 45.

74. — Dans les lieux où les passages de nuit sont autorisés, les veilleurs ou quarts exigeront des voyageurs autres que les domiciliés la représentation de leurs passeports. — Les conducteurs de voitures publiques, courriers des malles et porteurs d'ordres du gouvernement sont dispensés de cette formalité. — *Ibid.*, art. 46.

75. — Les adjudicataires ne peuvent se servir que de gens de rivière ou mariniers reconnus capables de conduire sur les fleuves, rivières et canaux. Cette capacité doit être constatée par un certificat délivré par les commissaires de marine dans les lieux où ces sortes d'emplois sont établis, ou, dans les autres lieux, par l'attestation de quatre anciens mariniers conducteurs, donnée devant l'autorité municipale de leur résidence. — *Ibid.*, art. 47.

76. — A défaut, par les adjudicataires et leurs préposés, de se conformer aux dispositions de police administrative et de sûreté prescrites par la loi ou imposées par l'administration, ils sont responsables des suites de leur négligence, et peuvent être condamnés à une amende. — *Ibid.*, art. 51; — Foucart, *Elém. de dr. pub. et adm.*, t. 2, n° 2860.

77. — Ils sont obligés de passer tous les voyageurs qui se présentent, sans pouvoir retarder leur transport sous prétexte d'attendre d'autres personnes. — Arrêt du cons. du 17 mars 1739; — Merlin, v° *Bac*, n° 4; Garnier, *Rég. des eaux*, t. 1er, n° 372.

78. — Mais dans le cas où la rivière charrie des glaces, ou lorsque le vent et les grandes eaux sont tels que des accidens peuvent être à craindre, le fermier ne peut ni passer ni être contraint à passer; s'il enfreint cette prohibition, il est responsable des accidens ou dommages. — Cahier des charges modèle, art. 34.

79. — En aucun temps, même au moment des débordemens, ils ne sauraient percevoir des droits plus forts que ceux portés au tarif, sous peine de restitution et d'amende, lesquelles sont prononcées par le juge de paix. — Arrêt du cons. du 2 oct. 1731; L. 6 frim. an VII, art. 52; — Merlin, v° *Bac*, n° 4.

80. — Les peines sont plus graves et doivent être prononcées par les tribunaux de police correctionnelle, quand il y a récidive ou quand l'exaction est accompagnée d'injures, de menaces, de violences ou de voies de fait. — L. 6 frim. an VII, art. 52 et 53.

81. — Les adjudicataires sont responsables des condamnations pécuniaires prononcées contre leurs employés. — *Ibid.*, art. 54. — V. aussi *suprà* n°s 76 et suiv.

82. — Ils peuvent même, dans le cas de récidive légalement prononcée par un jugement, être destitués par les préfets; et leurs baux se trouvent alors résiliés sans indemnité. — *Ibid.*, art. 55.

83. — La répression des infractions aux règles fixées pour la police des bacs et bateaux appartient à l'autorité judiciaire. — *Ibid.*, art. 31.

V. BAIL ADMINISTRATIF, CANAUX, COURS D'EAU, USINES, QUESTION PRÉJUDICIELLE.

BACHELIER.

1. — Nom qu'on donne à celui qui a obtenu le premier grade ou degré dans l'université.

2. — Ce grade, qui ne donne pas à celui auquel on l'a conféré le droit de faire partie de l'université, constitue un titre de capacité nécessaire pour l'obtention des grades supérieurs au baccalauréat, pour l'exercice public de certaines professions, ou pour l'admission à certaines fonctions. — V. ENSEIGNEMENT, UNIVERSITÉ.

BACHOT.

Sorte de petit bateau en usage sur les rivières et canaux pour porter les personnes d'une rive à l'autre. — V. BACS ET BATEAUX.

BADIGEONNAGE. — BADIGEONNEUR.

1. — Le badigeonnage est l'action d'enduire d'une peinture grossière la façade d'un bâtiment.

2. — Les travaux de badigeonnage ne sont à proprement parler que des travaux d'entretien.

3. — Aussi le badigeonnage peut être exécuté à la façade d'une maison joignant la voie publique, sans que le propriétaire ait besoin d'obtenir l'autorisation du pouvoir municipal. — V. ALIGNEMENT, n°s 272, 273 et 279.

4. — La défense portée par un arrêté municipal de toucher sur le devant des maisons en aucune sorte et manière pour les raccommoder ou modifier en tout ou en partie, sans en avoir obtenu l'autorisation préalable, comprend les simples travaux de badigeonnage et de peinture, aussi bien que ceux de reconstruction et de grosses réparations proprement dites. — *Cass.*, 20 juill. 1838 (t. 1er 1838, p. 122), Canet et Fouliot; 7 sept. 1838 (t. 1er 1839, p. 123), Milleville.

5. — Une telle défense s'applique aussi bien aux maisons qui se trouvent dans l'alignement arrêté par l'administration qu'aux maisons sujettes à reculement. — *Cass.*, 7 sept. 1838 (t. 1er 1839, p. 123), Milleville.

6. — Mais l'arrêté d'un maire portant défense de blanchir extérieurement les murs des maisons ou de leur donner toute autre couleur dont l'éclat pourrait fatiguer ou blesser la vue, ne se rattachant à aucune loi et ne rentrant pas dans les attributions faites à l'autorité municipale par la loi du 16-24 août 1790, le tribunal de simple police ne viole point la loi en prononçant l'acquittement de ceux qui y ont contrevenu. — *Cass.*, 25 août 1832, Jalon.

7. — Le pouvoir municipal, auquel est confié le soin de veiller à la liberté, à la sécurité et à la propreté de la voie publique, peut prescrire certaines mesures d'ordre à exécuter pour le cas où s'opérerait le badigeonnage d'un édifice joignant la voie publique; par exemple, il peut prescrire l'établissement de certains signaux ou l'emploi de certaines précautions; l'infraction à un semblable règlement serait passible des peines portées par l'art. 471, n° 15, C. pén.

8. — Si le badigeonnage avait pour objet de dérober à la vue des agens de l'autorité la confection de travaux confortatifs exécutés en fraude des prohibitions légales, on comprend que l'infraction résulterait, non pas du badigeonnage, mais des travaux confortatifs eux-mêmes, et légitimerait l'application des pénalités indiquées au mot ALIGNEMENT, n°s 353 et suiv.

9. — Les badigeonneurs sont rangés par la loi du 25 avr. 1845, sur les patentes, dans la septième classe des patentables, et imposés à : 1° un droit fixe basé sur le chiffre de la population de la ville ou commune où est situé l'établissement; — 2° un droit proportionnel du quarantième de la valeur locative de tous les locaux occupés par les patentables, mais seulement dans les communes de 20,000 ames et au-dessus. — V. PATENTE.

BAGNE.

1. — Lieu de détention, dépendant d'un port maritime, dans lequel on renferme et l'on emploie les condamnés aux travaux forcés. — V. TRAVAUX FORCÉS.

2. — La peine des travaux forcés ne doit pas nécessairement être subie au bagne; elle peut l'être ailleurs. — Faustin Hélie, *Journ. de dr. crim.*, art. 2531.

3. — Anciennement ce n'était pas au bagne, mais sur les galères du roi, que les forçats devaient subir leur peine; les femmes, les personnes âgées ou valétudinaires étaient détenues dans une maison de force, pour un temps ou à perpétuité, suivant la nature du délit. — Nouveau Denizart, t. 9, p. 149, v° *Galères*, n° 5. — V. GALÈRE, GALÉRIEN.

4. — La peine des galères était si redoutée qu'un grand nombre de condamnés se mutilaient pour éviter de la subir. — Une ordonn. du 4 sept. 1677 voulait que, dans ce cas, le condamné subît la peine de mort.

5. — La peine des galères ayant été abolie par le Code pén. du 25 sept.-6 oct. 1791 et remplacée par celle des *fers* (V. ce mot) l'assemblée constituante fixa (art. 6) la nature des travaux auxquels les condamnés seraient employés, soit dans l'intérieur des maisons de force, soit dans les ports et arsenaux, soit pour l'extraction des mines, le desséchement des marais, etc.

6. — Le Code pén. de 1810 substitua à la peine des fers celle des *travaux forcés*, et disposa (art. 15) que les hommes condamnés à cette peine seraient employés aux travaux les plus pénibles; qu'ils traîneraient à leurs pieds un boulet ou seraient attachés deux à deux avec une chaîne, lorsque la nature du travail auquel ils seraient employés le permettrait.

7. — Comme on le voit, le Code pénal n'a rien statué sur le lieu où les forçats seraient détenus; il a décidé seulement (art. 16) que les femmes et les filles condamnées aux travaux forcés n'y seraient employées que dans l'intérieur d'une maison de force.

8. — Dans le silence de la loi, on a continué, comme sous l'empire du Code de 1791, à employer les forçats au service de la marine et à les enfermer dans les bagnes établis. dans les ports militaires où ils sont gardés à vue.

9. — C'est pour cela que l'administration des bagnes est dans le département du ministre de la marine. Ils sont placés sous l'autorité des préfets maritimes, sous la surveillance des commissaires de marine et la garde des argousins, officiers ou gardes des chiourmes, dont le recrutement s'opère par enrôlemens volontaires. — V. ARGOUSIN, CHIOURME.

10. — Il existait en France quatre bagnes, dans lesquels les forçats étaient répartis suivant la durée de leur peine. Ces bagnes étaient : — 1° et 2° ceux de Brest et de Rochefort, destinés depuis 1828 à recevoir les condamnés à plus de dix ans de travaux forcés : les condamnés à vie ou à plus de vingt ans y sont complètement séparés de ceux dont la peine ne doit pas durer au-delà de vingt ans; — 3° celui de Toulon, destiné aux forçats condamnés à dix ans de travaux forcés ou au-dessous; — 4° celui de Lorient, où étaient envoyés les militaires condamnés pour insubordination. — Cette division était due à M. Hyde de Neuville. — Le bagne de Lorient ayant été supprimé les militaires condamnés se trouvèrent confondus avec les autres condamnés que les différens bagnes; c'était là une chose fâcheuse; aussi une décision récente, et dont l'exécution a lieu en ce moment, a-t-elle affecté désormais aux militaires condamnés pour insubordination la maison du Mont-Saint-Michel. — V. TRAVAUX FORCÉS, TRIBUNAL MARITIME, TRIBUNAL MILITAIRE.

11. — Un arrêté du 7 fructidor, an VI avait prescrit l'établissement d'un bagne au Hâvre, destiné aux soldats et marins condamnés aux fers pour désertion; mais ce projet ne reçut aucune exécution.

12. — Les forçats sont divisés, dans chaque bagne, en forçats fidociles. les forçats profondément corrompus. On y encourage le repentir et le retour au bien. Ceux qui, par leur conduite, se montrent dignes d'indulgence, sont admis à la salle d'épreuve; ils y reçoivent des adoucissemens, soit dans le travail auquel on les emploie, soit dans le vêtement et la nourriture. C'est parmi ceux qu'on choisit les sujets qui, chaque année, sont recommandés à la clémence royale.

13. — Jusqu'en 1836. les individus condamnés aux travaux forcés étaient conduits au bagne à des époques déterminées et isolés et par groupes. Ils étaient ferrés et liés les uns aux autres. C'était ce qu'on appelait la chaîne. L'ordonn. du 9 déc. 1836 a supprimé la chaîne. Les forçats sont transportés dans des voitures cellulaires fermées. Une ordonn. du 19 mai 1835 a régularisé et modifié l'organisation du service des chiourmes.—V. le règlement d'organisation des bagnes du 16 juin 1830.

14. — Les individus condamnés par des tribunaux étrangers ne peuvent être reçus aux galères de France. — L. 20 mai 1790. — Les étrangers détenus aux galères pour crimes commis hors de France, quoique jugés par des tribunaux français, furent renvoyés par la loi du 3 sept. 1792.

15. — Les anciens réglemens sur les bagnes et les forçats et sur la police des chiourmes sont encore en vigueur, excepté en ce qui y ont été modifiés par l'art. 16 du décr. du 20 sept. 1791, sur l'organisation des cours martiales maritimes, et par l'art. 69 du décr. du 12 nov. 1806, qui réorganise cette juridiction. — Walker, Coll. des lois, ordonnances et édits de 1789 et restés en vigueur, t. 4e, p. 468, note. — V. FORÇAT.

16. — C'est d'ailleurs ce qui a été jugé par la cour de Cassation, qui applique spécialement le règlement du 16 déc. 1686 et l'art. 88 du règlement du 4 avr. 1749. — Cass., 2 déc. 1842 (l. 2 1843, p. 346), Puteaux (intérêt de la loi).—V. Bourguignon, Dict. des lois pénales, v° Chiourme.—V. aussi PORTS ET ARSENAUX.

17. — Tout forçat qui s'évade du bagne est puni, pour chaque évasion, de trois ans de travaux forcés, en sus de la peine primitivement prononcée, s'il est à temps. — Il est applicable la double chaîne pendant le même espace de temps, s'il est condamné à perpétuité. — L. 42 sept. 1791, tit. 3; Ordonn. du roi, 2 janv. 1817, art. 2. — V. FORÇAT.

18. — Tout gendarme, tout citoyen qui reconduit au bagne un forçat évadé reçoit 400 fr. s'il l'a repris hors des murs, 50 fr. s'il l'a arrêté dans la ville, 25 fr. s'il l'a saisi dans le port.—Arrêtés 7 flor. an V et 6 brum. an XII.

19. — Dès que l'évasion du bagne est connue, l'autorité doit sur-le-champ faire tirer trois coups du canon d'alarme. — Arrêté 7 flor. an V, art. 4er.

20. — D'après l'art. 66, décr. 12 nov. 1806, les infractions aux ordonnances et réglemens concernant la police des chiourmes et bagnes, et tous les délits y relatifs, sont de la compétence des tribunaux maritimes spéciaux. — V. TRIBUNAL MARITIME.

21. — Cette compétence est tellement absolue que si un condamné libéré est accusé d'un délit commis avant le jour de sa libération, quoique sa peine soit expirée au jugement, il doit être traduit devant un tribunal maritime spécial. — Ordonn. 16 fév. 1827.

22. — Les jugemens rendus par ces tribunaux maritimes ne peuvent être, dans aucun cas, soumis au recours en révision.

BAGUES ET JOYAUX.

1. — Il y avait sous l'ancien droit des bagues et joyaux de deux espèces qui appartenaient néanmoins également à la femme : à raison du mariage : les uns données à la future par ses parens ou par son futur époux, les autres attribués à la femme sur les biens de son mari prédécédé. — Denizart, v° Bagues et joyaux, n° 4er.

2. — La coutume de Reims était la seule qui s'occupât de la première espèce de bagues et joyaux. Son art. 245 portait : « Il y a différence par ladite coutume entre douaire et don de noces; car don de noces est ce que le futur époux, durant ses fiançailles et auparavant les espousailles, donne à sa future espouse, soit en bagues, joyaux, vestemens et autres meubles, et aussi ce que les parens et amis desdits fiancez baillent à ladite fiancée le jour de ses espousailles, et avant la solennité et célébration d'iceux. »

3. — Ces présens sont encore d'usage aujourd'hui; et il faut encore décider, comme autrefois, que si le mariage ne s'accomplit pas on doit les considérer comme sujets à restitution. — Nouveau Denizart, v° Bagues et joyaux, n° 3. — Du reste, s'il s'était quelques difficultés, c'est aux juges qu'il appartient de décider en raison des circonstances. — V. PROMESSE DE MARIAGE.

4. — La seconde espèce de bagues et joyaux consistait en ce que le mari, dans les pays de droit écrit principalement, constituait à sa femme, outre l'augment de dot proprement dit, un autre augment de dot moins considérable, et que l'on désignait sous les termes de bagues et joyaux.

5. — Aucune loi n'avait établi positivement, en faveur de la femme, ce droit de bagues et joyaux; et cependant l'usage l'avait consacré à ce point que, dans certaines provinces (Lyonnais, Forez, Beaujolais), il existait de plein droit, sans qu'il fût besoin d'aucune stipulation. — Bretonnier, Quest. alphabét.; Denizart, v° Bagues et joyaux, n° 7.

6. — Dans cette seconde espèce, on distinguait encore les bagues et joyaux coutumiers, résultant de l'usage seul, et les bagues et joyaux préfix ou conventionnels établis par le contrat de mariage. — V. Merlin, Rép. de jurisprudence, v° Bagues et joyaux.

7. — L'importance des bagues et joyaux, préfix ou conventionnels, n'était pas déterminée par le contrat de mariage.

8. — Les bagues et joyaux sans stipulation se réglaient, dans le Lyonnais, à la dixième partie de la dot entre nobles, et à la vingtième entre roturiers. — Bretonnier, t. 4er, liv. 5, gl. 66, et liv. 6, quest. 8; Denizart, v° Bagues et joyaux, n° 9.

9. — Suivant l'usage du même pays, les avocats et médecins, quoique marchands, étaient mis au nombre des nobles; et l'on ne considérait là cet égard comme roturiers que les artisans, les laboureurs et les ouvriers. — Rousseau de Lacombe, v° Bagues et joyaux, n° 3; Boucher d'Argis, Tr. des gains nuptiaux, p. 238.

10. — Il ne peut plus être aujourd'hui question de bagues et joyaux coutumiers; mais, ce don de bagues et de survie, dont nous avons vu, sous l'empire du Code civil, on puisse encore employer cette dénomination pour désigner la donation faite à la femme par stipulation expresse du contrat de mariage.

11. — Toutefois cette stipulation de bagues et joyaux, quoique licite en principe, devrait être annulée, si les parties ne s'étant pas suffisamment expliquées, on était obligé, pour apprécier cette disposition du contrat, de se référer aux coutumes abolies.—Grenoble, 6 juin 1829, Brun c. Marchand;— Cass., 28 août 1833, mêmes parties.

12. — Inséré dans le contrat de mariage , le don de bagues et joyaux est passible du droit proportionnel, en vertu de la loi du 22 frim. an VII. — V. ENREGISTREMENT.

13. — Le don de bagues et joyaux était sujet au retranchement suivant l'édit des secondes noces. — Parlem. de Paris , 15 juill. 4702 ; — Bretonnier, t. 4er, liv. 4, quest. 49.

14. — Aujourd'hui il suit encore les règles des donations ordinaires ; il est donc soumis à la réduction s'il excède la quotité disponible.

15. — Les bagues et joyaux donnés à titre de présens de noce et d'usage ne doivent pas être rapportés à la succession du donateur. — C. civ., art. 852. — V. RAPPORT A SUCCESSION.

16. — La femme qui renonce à la communauté retire seulement les linges et hardes à son usage. —C. civ., art. 1492.—Doit-on y comprendre les bagues et joyaux ? — V. COMMUNAUTÉ , DOT.

BAIE.

1. — Ce mot désigne en architecture toutes sortes d'ouvertures pratiquées dans les murs, comme portes, croisées, etc.

2. — En marine , il exprime un renfoncement dans la côte , ou l'embouchure d'un bras de mer propre à servir d'asile aux bâtimens de mer à défaut de port.

BAIES DE GENIÈVRE (Marchands de).

Les marchands de baies de genièvre sont rangés par la loi du 25 avr. 1844, sur les patentes, dans la sixième classe des patentables, et imposés à : 1° un droit fixe basé sur le chiffre de la population de la ville ou commune où est situé l'établissement. ; 2° un droit proportionnel du vingtième de la valeur locative de la maison d'habitation et des locaux servant à l'exercice de la profession. — V. PATENTE.

BAIL.

Table alphabétique.

CHAPITRE Ier. — *Notions générales.*

5. — Pour donner une juste idée de la nature du
bail, il nous paraît utile de le mettre en parallèle
avec les autres contrats qui peuvent présenter avec
lui quelque analogie.

6. — Le bail a de nombreux rapports avec la
vente. *Locatio et conductio proxima est venditioni
et emptioni , iisdemque regulis juris consistit.* —
Gaïus, L. 2, ff., *Locat. cond.*; Pothier, *Louage*, n° 2;
Troplong, *Louage*, n° 24 ; Rolland de Villargues,
Rép., v° *Bail*, n° 12.

7. — Comme la vente, il est du droit des gens :
*Locatio et conductio cùm naturalis sit et omnium
gentium, non verbis, sed consensu contrahitur, si-
cut emptio et venditio.* — Paul, L. 1, ff., *Loc. cond.*;
Pothier, n° 2 ; Troplong, n° 21.

8. — De plus, il est *consensuel*, car il se forme par
le seul consentement des parties; *synallagmatique*,
car il contient des engagemens réciproques que
chacune d'elles contracte envers l'autre ; enfin il est
commutatif, car chacun de ceux qui y participent
se propose de recevoir l'équivalent de ce qu'il
donne.— Pothier, n° 2; Troplong, n° 21.

9. — Enfin, dans le bail comme dans la vente, il
y a trois élémens essentiels qui sont : la chose, le
prix, le consentement des contractans : *res, pretium, consensus.*— Pothier, n° 2; Duranton, t. 17,
n° 8 ; Troplong, n° 21 ; Rolland de Villargues,
v° *Bail*, n° 45.

10. — Mais le bail diffère de la vente en ce que
la vente a pour objet la translation de la *propriété*,
tandis que le bailleur s'oblige simplement à *faire
jouir* le preneur, pendant un certain temps, de la
chose louée. — Pothier, *Louage*, n° 3 ; Duranton,
t. 17, n° 8 ; Troplong, n° 21.

11. — De là il résulte que la chose, qui, dans la
vente, est aux risques de l'acheteur à partir du
contrat (V. VENTE), ne cesse point d'être aux risques du bailleur, parce que il ne cesse pas d'être
propriétaire.— Duranton, *loc. cit.*

12. — Les anciens Romains, considérant le louage
comme une sorte de vente de la jouissance, se servaient quelquefois , pour le désigner , des mots
emptio-venditio, au lieu des mots *locatio-conductio*.
Venditiones, lit-on dans Festus, *olim dicebantur con-
sorum locationes ; quod velut fructus publicorum lo-
corum venibant.* — Cujas, LL. 19 et 20, ff., *De act.
empt.* ; Pothier, n° 2 ; Troplong, n° 21.

13. — Mais cette assimilation entre la vente et le
louage ne peut être faite qu'autant qu'il s'agit de
choses produisant des fruits naturels ou industriels, car c'est alors seulement que la concession
de la jouissance peut donner l'idée d'une vente.
— Troplong, n° 21.

14. — Il n'y a quelquefois, entre ces deux contrats, qu'une nuance assez difficile à saisir. Ainsi,
par exemple, si je vous concède la jouissance d'un
héritage, pendant un certain temps, moyennant un
certain prix, devra-t-on considérer ce contrat
comme un bail ou comme une vente des fruits
que l'héritage doit produire, ou comme une vente
des fruits qu'il doit produire, ou comme une vente
des fruits qu'il doit produire, ne faut-il pas
pas sans importance, puisque la chose, qui dans
la vente est aux risques de l'acheteur, est dans
le louage aux risques du locateur. — Pothier,
n° 2; Duvergier, *Louage*, n° 4 ; continuation de
Toullier, t. 18, n° 33 ; Troplong, n° 22.

15. — Nous devons faire observer d'abord que
toute la difficulté consiste à découvrir quelle a été
l'intention des parties, et si elles ont entendu faire
une vente ou un bail.— Toutefois on ne devra pas,
à cet égard, s'en tenir rigoureusement aux expressions dont elles se seront servies pour le contrat,
ou même à l'apparence qu'elles auront cherché à
lui donner ; car, comme le droit d'enregistrement

d'un bail est moins élevé que celui d'une vente, il peut arriver et il arrive quelquefois qu'on présente comme bail d'un immeuble ce qui n'est en réalité qu'une vente de fruits. C'est donc d'après les circonstances, d'après l'ensemble des stipulations du contrat, qu'il faut juger s'il constitue un bail ou une vente. *Idque ex accidentibus apparet*, disait Gaius, *Instit.*, lib. 3, nº 146. — Troplong, *Louage*, nº 32; Duvergier, *Louage*, t. 1er, nº 33.

16. — Ainsi jugé que si, dans un contrat dénommé bail à ferme, ayant pour objet l'exploitation de coupes de bois, il a été stipulé que le prétendu preneur n'aurait droit à aucune indemnité pour les terres vaines et vagues qui pourraient se trouver dans l'étendue des coupes, cette stipulation, qui n'eût pas été faite dans un bail, autorise les tribunaux à rendre à l'acte le caractère d'une vente. — *Cass.*, 3 déc. 1832, Simon c. Enregist.

17. — Jugé encore que, bien qu'un acte soit qualifié *bail* de la partie boisée d'une forêt, s'il résulte des stipulations y contenues qu'en refusant aux preneurs la jouissance de cette partie, les bailleurs leur ont livré réellement les coupes de bois à y faire, cet acte constitue une vente des bois livrés à l'exploitation. — *Cass.*, 20 mai 1839 (t. 2 1839, p. 339), Comp. des forges d'Audincourt c. Enregistr.

18. — L'adjudication du droit d'extraire, dans un bref délai, toute la tourbe existant dans un terrain désigné, doit être considérée non comme bail, mais comme vente mobilière. — *Cass.*, 31 juill. 1839 (t. 2 1839, p. 168), Enregistr. c. Janvier.

19. — A défaut de circonstances plus décisives, on devrait voir dans le contrat une vente ou un bail, suivant que le prix de la jouissance concédée consisterait en une somme unique ou en sommes identiques payables par année ou à termes périodiques plus courts, quelle que dût être d'ailleurs la durée de cette jouissance, car il n'est d'usage ni de louer pour un prix unique, ni de vendre pour un prix annuel. — Duranton, t. 17, nº 17; Duvergier, *loc. cit.*, t. 3, nº 33; Troplong, nº 33.

20. — Déjà, dans l'ancien droit, cette doctrine était enseignée par Caroccius; mais Pothier (*Louage*, nº 4), qui nous rapporte son sentiment, ne le partageait point. Selon lui, lorsque le temps pour lequel la jouissance était accordée n'excédait pas neuf années, le contrat devait être présumé un bail, quand même le prix pour tout ce temps consisterait en une somme unique, les parties pouvant, par un contrat de louage, ramasser en une seule somme le prix de chacune des années du bail. Au contraire, lorsque le temps de la jouissance excédait neuf années, le contrat devait être présumé un contrat de vente, si le prix consistait en une somme unique, ou un contrat de bail à rente s'il consistait en plusieurs sommes payables par années. — MM. Championnière et Rigaud (*Traité des droits d'enregistrement*, t. 4, nº 3047) ont adopté, sans le discuter, le sentiment de Pothier.

21. — Mais cette doctrine, fort douteuse sous l'ancien droit, nous paraît tout-à-fait inadmissible aujourd'hui, et nous ne voyons pas sur quoi l'on pourrait se fonder pour établir une distinction entre les baux de plus ou de moins de neuf ans. — Elle était, au surplus, repoussée non seulement par Caroccius, mais encore par les écrivains feudistes : « *Cum proprium sit locationis pensiones anniversarias, vertentibus annis, solvi; et Bartholus* (*in leg. 1, ff., De superf.*) *locationem in hoc ab emptione fructuum differre putat, quod in venditione pretium semel et una de pensione solvitur, in locationibus annis vertentibus,* » disait d'Argentré, sur la *Cout. Bretagne*, art. 52, note 2e, nº 5. — V. aussi Fonmaur, *Lods et ventes*, ch. 18, nos 528, 529; Sébastien Médicis, *De casibus fortuitis*, part. 2, quæst. 10, nº 45.

22. — La cour de Montpellier a cependant jugé qu'on devait considérer comme un bail, et non comme une vente, l'acte contenant cession pour douze années, et moyennant une somme une fois payée, de l'écorce d'arbres-liége à recueillir sur une certaine étendue de terrain, alors même qu'il serait qualifié vente. — Et la cour de Cassation a rejeté le pourvoi contre cet arrêt, jugeant, du reste avec raison, que cette interprétation des clauses du contrat échappait à son examen. — *Cass.*, 7 déc. 1819, Bosc c. Pujarnicle. — Ce qui a pu déterminer l'appréciation de la cour de Montpellier, c'est que la convention qui lui était soumise n'était que le renouvellement, dans les mêmes termes et aux mêmes conditions, d'un acte antérieur que les parties avaient qualifié bail. — Troplong, nº 22; Duvergier, *loc. cit.*, nº 33.

23. — L'acte par lequel un propriétaire, sans se dessaisir de la culture de son domaine, vend à un tiers les fruits qu'il produira *pendant tant d'années*, constitue une vente de récoltes et non point un bail. Pour qu'il y ait louage, il faut que le fonds soit livré au preneur pour le cultiver; mais l'attribution moyennant un prix, soit unique, soit périodique, des fruits que doit faire naître le travail d'un autre, répugne à la nature du bail, et ne peut être considérée que comme une vente, quelle que soit d'ailleurs la qualification que les parties aient donnée au contrat. — Troplong, nº 22.

24. — De même, on devrait voir une vente, et non point un bail, dans l'acte par lequel le propriétaire d'une forêt, concédant à un particulier les coupes à faire pendant plusieurs années, se réserverait à lui seul toute l'administration de cette forêt. — Troplong, nº 22.

25. — Il en devrait être de même encore, si le propriétaire retenait pour lui les droits de dépaissance dans les coupes, et interdisait au preneur d'en profiter. — Troplong, *loc. cit.*

26. — Si dans l'acte on s'était servi des mots *céder, transporter*, ces expressions devraient être considérées comme indiquant l'intention de faire une vente plutôt que celle de faire un bail. — Duvergier, *loc. cit.*, nº 33.

27. — Il peut arriver que dans un même acte se trouvent réunies diverses circonstances servant de base à des présomptions contraires, les unes semblant indiquer plutôt l'intention de faire une vente, les autres celle de faire un bail. Dans ce cas, c'est aux juges à apprécier la valeur des unes et des autres, et à démêler, au milieu de cette espèce de conflit, quelle a été la volonté des contractans. — Ainsi, par exemple, il pourrait se faire que l'on se fût servi des mots *céder, transporter*, qui, nous l'avons vu, conviennent plutôt à une vente, et que, d'un autre côté, le prix consistât en annuités, circonstance qui fait présumer la volonté de faire un bail. A défaut d'autres circonstances qui vinssent corroborer l'une ou l'autre de ces présomptions, nous pensons que la seconde devrait l'emporter, comme présentant un caractère plus décisif que la première, et qu'ainsi on devrait voir, dans le contrat dont s'agit, un bail plutôt qu'une vente. — Duvergier, nº 33.

28. — La convention par laquelle une partie livre à une autre un certain nombre de chevaux que celle-ci se propose d'employer à un travail pénible, avec cette condition qu'elle paiera tant par cheval qui mourra et tant par cheval qui survivra à ce travail, constitue une vente, en ce qui touche les chevaux qui mourront, et un louage en ce qui touche ceux qui survivront. — Gaius, *Instit.*, lib. 3, nº 146; Troplong, nº 23.

29. — Occupons-nous maintenant des rapports et des différences qui peuvent exister entre le bail et l'usufruit.

30. — Le bail donne au preneur, comme l'usufruit à l'usufruitier, le droit de jouir de la chose (art. 578, 1708 et 1709, C. civ.). — En outre, l'usufruit peut être établi moyennant une somme annuelle à payer par l'usufruitier durant sa jouissance, comme il peut être vendu pour un prix unique, attendu qu'aucune loi ne défend ce mode d'acquérir. — Proudhon, *Usufruit*, nº 98.

31. — Mais au lieu que l'usufruitier est investi d'un droit réel, *jus in re*, qui suit la chose en quelques mains qu'elle passe, mais n'a contre le nu-propriétaire aucune action personnelle, le premier, au contraire, a contre le locateur une action personnelle, *jus ad rem*, mais n'a sur la chose aucun droit réel. — La raison de cette différence entre les deux droits est que, lorsqu'on constitue un usufruit, sans prendre soi-même aucun engagement personnel, on démembre le droit complexe de propriété pour attribuer à l'usufruitier quelques uns des élémens qui le composent, tandis que, par le bail, le locateur, sans aliéner aucun des élémens du droit de propriété, contracte l'obligation personnelle de *faire jouir* le preneur. — Duvergier, *loc. cit.*, nº 28; Toullier, t. 3, nº 390; Pothier, nos 53 et 54; Ducaurroy, *Instit. expliq.*, t. 4, nº 1057; Proudhon, *loc. cit.*, nº 101; Duranton, t. 3, nº 472.

32. — De là il résulte que l'usufruitier est tenu de prendre la chose dans l'état où elle se trouve (art. 600, C. civ.), tandis que le bailleur est tenu de la livrer au preneur en bon état de réparation de toute espèce (art. 1720). — Duvergier, nº 28; Troplong, nº 24; Proudhon, *loc cit.*, nº 100.

33. — Il en résulte encore que, en cas de non-jouissance par cas fortuit ou force majeure, le preneur à bail est autorisé à demander une indemnité (art. 1769 et 1773), tandis que l'usufruitier ne le peut pas. — Duvergier, Troplong, *loc. cit.*; Proudhon, *loc. cit.*

34. — L'usufruitier est tenu de toutes les réparations d'entretien (art. 605) et en outre de toutes les contributions (art. 608). Le preneur à bail n'est tenu que des réparations locatives (art. 1720 et 1754); il n'est pas chargé de la contribution foncière. — Duvergier, nº 28; Proudhon, *loc cit.*, nos 101 et 105; Duranton, t. 4, nº 472.

35. — L'usufruitier a qualité pour exercer les actions relativement aux servitudes; le fermier ne le peut pas, même au possessoire. — Toullier, t. 3, nº 719; Duvergier, nº 28.

36. — C'est au juge de paix qu'il appartient de connaître des actions intentées par le propriétaire en réparations locatives ou pour raison de dégradations alléguées; au contraire, les contestations qui peuvent s'élever entre le propriétaire et l'usufruitier sont de la compétence des tribunaux ordinaires. — Duvergier, *loc cit.*, Proudhon, *loc. cit.*, nº 100.

37. — L'usufruitier peut s'affranchir des obligations qui lui sont imposées, en renonçant à son usufruit (art. 622); le preneur à bail ne jouit pas de la même faculté; il est tenu, si le bailleur l'exige, de remplir jusqu'à la fin les obligations qu'il a contractées. — Duvergier, *loc cit.*; Toullier, t. 3, nº 389; Troplong, nº 24; Proudhon, *loc. cit.*, nº 100.

38. — L'usufruit étant un démembrement de la propriété, il s'ensuit que l'usufruitier jouit et possède en son propre nom, *nomine proprio*; que, par conséquent, l'usufruit peut s'acquérir par prescription. — Troplong, nº 24. — Le bailliste, au contraire, n'a qu'un droit personnel contre le bailleur (nos 736 s.); or, un droit personnel, une créance ne peut s'acquérir par prescription.

39. — L'usufruit peut être constitué à titre gratuit; c'est même le cas le plus ordinaire, et il peut être constitué par donation ou testament. Au contraire, le bail ne peut pas exister sans prix (nº 174), et de plus il ne peut dériver que d'une convention intervenue entre les parties, puisqu'il impose à chacune des obligations réciproques. — Troplong, nº 24; Proudhon, *Usufruit*, nº 98.

40. — Le bail n'est pas résolu par la mort du preneur (art. 1742); les droits et obligations qui en résultent passent à ses héritiers; au contraire, l'usufruit prend toujours fin lors du décès de celui au profit duquel il a été constitué, car il n'est censé établi qu'en considération de sa personne. — Troplong, nº 24; Proudhon, *loc cit.*, nº 100; Duranton, t. 4, nº 472.

41. — Lorsque la durée du bail n'a point été fixée par la convention, elle ne se prolonge pas au-delà du temps nécessaire pour recueillir les fruits; au contraire, l'usufruit dont le temps n'a point été limité dure naturellement jusqu'à la mort de l'usufruitier. — Troplong, nº 24; Proudhon, *loc cit.*, nº 100. — V. au surplus USUFRUIT.

42. — Un usufruit peut être constitué pour une durée déterminée : il peut l'être également moyennant un prix annuel. Si donc il arrivait qu'un propriétaire concédât, pour neuf ans par exemple, l'usufruit de son domaine, moyennant une redevance annuelle, de quelle nature serait un tel contrat?

43. — Ce serait un contrat mixte, tenant du bail et de l'usufruit : — du bail, en ce que la propriété ne serait pas démembrée, car, en stipulant un prix périodique, le propriétaire montrerait suffisamment qu'il entend conserver les fruits, sinon naturels, du moins civils, de sa chose; et de plus, la durée assignée à la jouissance du preneur serait une nouvelle preuve que les parties n'ont entendu faire qu'un bail : par conséquent le preneur ne pourrait renoncer à son exploitation, comme l'usufruitier le peut toujours; — de l'usufruit, en ce que le preneur serait obligé de prendre la chose en l'état où elle se trouve et serait tenu des charges imposées à l'usufruitier (art. 605 et 608). — Troplong, nº 28.

44. — Mais on ne saurait voir aucun mélange de bail dans l'usufruit constitué moyennant une rente viagère, car alors la durée n'est pas celle des baux ordinaires, mais bien celle de l'usufruit; et de plus la rente viagère, bien qu'elle se paie annuellement, doit être considérée, non comme un fruit civil de l'immeuble, mais comme un produit du prix de vente de l'immeuble. — Troplong, *loc. cit.*

45. — Dans l'ancienne jurisprudence, on s'accordait généralement à considérer les baux *à longues années*, c'est-à-dire dont la durée excédait neuf ans, comme créant, au profit du preneur, un droit réel immobilier. — V. à cet égard Despeisses, *Louage*, sect. 5e, § 3, nº 9, et les auteurs qu'il cite; Pothier, nº 27; Fonmaur, ch. 18, nº 530; Loyseau, *Déguerpissement*, liv. 1er, ch. 5, nº 8. — Et cette doctrine s'appuyait sur un texte du droit romain, ainsi conçu : « *Quod ait prætor* : si actio de superficie postulabitur, causâ cognitâ dabo, *sic intelligendum est ut, si ad tempus quis superficiem conduxerit, negetur ei in rem actio. Et sane causâ cognitâ ei qui non ad modicum tempus conduxit superficiem, in rem actio competet* (Ulpien, l. 1, § 3, ff., *De superficiebus*).

46. — Toutefois, cette doctrine n'était pas universellement admise. — V. notamment Legrand, t. 4,

art. 52, nº 29, et le président Favre, *De erroribus pragmat.*, decad. 100, error 5.

47. — En considérant le bail à longues années comme conférant au preneur un droit réel, on se trouvait naturellement amené à assimiler le bail à vie à un véritable usufruit. — V. notamment Papon, liv. 1er, tit. 1er, nº 4; Bouvot, vº *Bail*, quest. 3e; Houard, *Dictionn. du droit normand*, vº *Bail*; Fonmaur, *Traité des lods et ventes*, nº 170; Guyot, *Traité des fiefs*, t. 3, tit. *Des lods et ventes*; Pothier, nº 3; Merlin, *Rép.*, vº *Usufruit*, § 1er, nº 3. — V. toutefois le nouveau Denizart, vº *Bail à vie*, nº 7; Duvergier, *Louage*, t. 1er (continuation de Toullier, t. 18, nº 29).

48. — Aujourd'hui que les baux, quelle qu'en soit la durée, ne confèrent plus au preneur qu'un droit purement personnel, ainsi que nous le verrons ci-dessous (nºs 786 s.), il est évident que la constitution d'un bail à vie ne produirait (sauf la durée) que les effets d'un bail ordinaire, à moins toutefois qu'il ne résultât de l'ensemble des stipulations que, sous le nom de bail à vie, les parties ont entendu créer un véritable usufruit.

49. — Au surplus, ces diverses propositions recevront de plus amples développemens au mot BAIL A VIE.

50. — Il paraît y avoir aussi certains rapports entre le bail et le droit de superficie.

51. — Mais, tandis que le bail ne crée, au profit du preneur, qu'un droit personnel vis-à-vis du bailleur, le droit de superficie démembre la propriété, de telle sorte que le superficiaire, pleinement libre de disposer de la superficie comme il l'entend, de la donner à antichrèse, d'y établir des servitudes, de l'aliéner même, sans le consentement du propriétaire, peut être regardé en quelque sorte comme le maître de l'immeuble, *non jure directo, sed utiliter*. Il peut disposer de l'immeuble lui-même pendant toute la durée du bail, et exercer en son propre nom toutes les actions, tant personnelles que réelles, qui lui sont nécessaires pour faire respecter son droit. — LL. 73, 74, 75, ff., *De rei vindicat.*; L. 1, § 1, ff., *De superficieb.*; — Doneau, lib. 9, c. 17, nº 9; Voët, *Ad. Pand.*, *De superficieb.*; Glose, sur la L. 2, ff., *De superficieb.*; Proudhon, *Usufruit*, t. 8, p. 556, et t. 1er, nº 117; Troplong, nº 30.

52. — En outre, lorsque la durée du bail de superficie se trouve expirée, le propriétaire reprend la chose avec les améliorations que le superficiaire y a faites. — Doneau, lib. 9, c. 17, nº 9, et c. 18, nº 12. — Il n'en est pas de même dans le simple bail à ferme. — Troplong, nº 30. — V. au surplus, sur le bail de superficie, au mot SUPERFICIE.

53. — C'est d'après les lois en vigueur au moment où le bail a été consenti qu'ont dû être jugées les contestations relatives à sa validité. — *Cass.*, 2 juin 1807, Ferragata c. Canaveri.

CHAPITRE II. — *Elémens constitutifs du bail.*

Sect. 1re. — *Quelles choses peuvent faire l'objet d'un bail.*

54. — On peut louer toutes sortes de biens, meubles ou immeubles. — C. civ., art. 1713.

55. — Les biens incorporels peuvent être loués comme les biens corporels. — Pothier, nº 9; Merlin, *Rép.*, vº *Bail*, § 1er, nº 1er; Duvergier, *loc. cit.*, nº 5; Troplong, nº 93.

56 — Comme exemples de choses incorporelles pouvant être données à bail, on citait autrefois les droits de champart, dîmes, droits seigneuriaux, etc, qui ont été abolis par les lois révolutionnaires. — Pothier, nº 9; Merlin, *Rép.*, vº *Bail*, § 1er, nº 1er. — On peut citer aujourd'hui l'usufruit, les rentes foncières, les droits de péage, d'octroi, etc. — Duranton, t. 17, nº 23; Duvergier, nº 64; Troplong, nº 93; Rolland de Villargues, *Rép.*, vº *Bail*, nº 105.

57. — Les principes qui viennent d'être posés, malgré leur généralité, ne sont pas sans exception; il est des choses, mobilières et immobilières, corporelles et incorporelles, qui ne peuvent être louées.

58. — A cet égard, il faut remarquer que, bien qu'il y ait entre la vente et le louage une grande analogie, il est cependant des choses qui ne peuvent être louées quoiqu'elles puissent être vendues; d'autres qu'on peut louer, quoiqu'on ne puisse les vendre; d'autres qu'on ne peut ni louer ni vendre; d'autres, enfin, qu'on peut louer et vendre.

59. — Ainsi, il est de l'essence du contrat de bail que les choses qui en font l'objet soient rendues au bailleur après que le preneur en a joui pendant un certain temps. De là il résulte que les choses fongibles, dont on ne peut jouir sans les consommer, ne peuvent être louées, quoiqu'elles puissent être vendues. Tels sont le blé, le vin, l'huile, etc. — Pothier, nº 11; Merlin, *Rép.*, vº *Bail*, § 1er; Duranton, t. 17, nº 21; Duvergier, *loc. cit.*, nº 80; Troplong, nº 83. — V. *contrà* Rolland de Villargues, *Rép.*, vº *Bail*, nº 103.

60. — Cependant les choses fongibles, qui ne peuvent être louées directement et comme objet principal, peuvent l'être indirectement lorsqu'elles forment l'accessoire de l'objet loué auquel elles ont été attachées par le propriétaire pour servir à son exploitation. — Ainsi les pailles et engrais placées dans la ferme pour la fécondation des terres font partie intégrante des objets dont le fermier profite à la charge par lui d'en représenter à sa sortie une égale quantité. — Rolland de Villargues, *Répert.*, vº *Bail*, nº 104; Troplong, nº 83; Duvergier, nº 81.

61. — Il a été jugé de même à l'égard des ustensiles, matières premières et marchandises garnissant une usine, spécialement une fabrique de produits chimiques. En conséquence, il a été décidé, dans une espèce où le locataire était tombé en faillite, que le locateur avait le droit de reprendre tout ce qui restait de ces objets en nature, et que, pour le déficit résultant de la comparaison entre l'estimation faite au commencement et celle faite à la cessation du bail, ledit locateur ne devait pas être considéré comme un simple créancier et renvoyé à la contribution, mais que le montant devait lui en être intégralement payé par les syndics. — *Paris*, 21 mars 1822, Lemercier c. Vauquelin. — Telle paraît être aussi l'opinion de Rolland de Villargues, vº *Bail*, nº 105.

62. — Mais nous ne saurions adopter entièrement la doctrine de cet arrêt. Il y a, ce nous semble, une distinction à faire entre les ustensiles, objets mobiliers et matières qui sont essentiellement destinés au service de l'usine, à sa mise en activité, et les approvisionnemens de matières et produits fabriqués qui peuvent s'y trouver au commencement du bail. Les premiers sont, à raison de leur destination, réputés faire partie de l'immeuble loué, et dès-lors le preneur a le droit de s'en servir, sauf à en laisser d'égale valeur à sa sortie. Mais quant aux matières premières et aux produits fabriqués, ils ne peuvent être considérés comme accessoires de l'usine : en effet, les matières, loin d'être affectées au service de l'usine, sont, au contraire, l'objet principal pour lequel l'usine est créée; et, d'un autre côté, il n'existe entre les produits fabriqués et l'usine aucun rapport qui permette de considérer les uns comme accessoires de l'autre. Si donc il avait été convenu que le preneur pourrait les employer, à la charge par lui d'en laisser à sa sortie d'égale valeur ou d'en payer le prix sur le pied de l'estimation, une telle clause constituerait une vente ou un prêt de consommation, suivant le cas, mais non point une convention accessoire au contrat de louage. — Duvergier, nº 81; Troplong, nº 83.

63. — Si les choses fongibles ne peuvent, en général, être louées isolément, c'est que leur destination naturelle est d'être consommées, ce qui rend la restitution impossible; mais rien n'empêcherait qu'elles fussent louées *ad ostentationem vel ad ornamentum*. — Duranton, t. 17, nº 81; Troplong, nº 83.

64. — On ne peut pas non plus louer une créance, quoiqu'on puisse la céder. Une créance, en effet, n'est point une chose susceptible d'une jouissance temporaire après laquelle elle puisse être rendue sans que ces conditions constitutives se trouvent altérées. On pourrait bien convenir que le preneur pourra en poursuivre le recouvrement et employer à son usage la somme perçue, à la charge de la rendre à une époque déterminée, moyennant un certain prix; mais on ne pourrait donner le nom de bail à un tel contrat; ce serait un prêt à intérêt accompagné d'un mandat. — Troplong, nº 84.

65. — On ne peut donner à bail un office public dont on est investi, lors même que cet office est susceptible d'être vendu, comme les charges de notaire, d'avoué, etc. Ce sont là en effet des fonctions personnelles qui ne peuvent être exercées que par le titulaire. — Troplong, nº 92.

66. — Les biens dotaux peuvent être loués pendant le mariage, quoiqu'ils ne puissent être vendus. — Troplong, nº 86; Duranton, t. 17, nº 25. — V. DOT.

67. — Il en est de même des biens qui composent un majorat. On peut les louer, bien qu'ils soient inaliénables. — Troplong, nº 86; Duranton, t. 17, nº 25. — V. MAJORAT.

68. — Il en est de même encore des biens domaniaux, qui peuvent être loués, bien qu'ils ne puissent être aliénés qu'en vertu d'une loi. — Troplong, nº 86. — V. DOMAINE.

69. — La plupart des auteurs mentionnent ici les hommes au nombre des choses qui peuvent être louées mais non vendues. — Pothier, nº 18; Duranton, t. 17, nº 26; Duvergier, nº 13; Troplong, nº 87. — Mais, le Code civil ayant établi une distinction fondamentale entre le louage des choses et le louage d'ouvrage, énoncer les hommes ou leurs actes au nombre des *choses* qui peuvent être louées, c'est méconnaître la pensée du législateur et confondre ce qu'il a distingué. Il nous semble d'ailleurs qu'on ne peut assimiler les services qu'un homme libre s'engage à rendre, moyennant salaire, aux choses dont un propriétaire concède la jouissance à un tiers, sans s'écarter de la précision et de la rigoureuse exactitude qui conviennent surtout au langage juridique.

70. — On ne peut ni vendre ni louer un droit d'usage, un droit d'habitation, car ce sont des droits purement personnels, qui ne peuvent être exercés que par ceux-là mêmes au profit desquels ils ont été établis. — C. civ., art. 631 et 634; Pothier, nº 16; Duranton, t. 17, nº 22; Duvergier, nº 66; Troplong, nº 88; Rolland de Villargues, vº *Bail*, nº 112.

71. — De même, une servitude réelle ne peut être ni vendue ni louée séparément du fonds au profit duquel elle a été constituée. *Locare servitutem nemo potest*, dit Ulpien, ff., *Locat.*, L. 44; Pothier, nº 18; Duranton, t. 17, nº 23; Duvergier, nº 67; Troplong, nº 89; Rolland de Villargues, *Rép.*, vº *Bail*, nº 110. « L'intérêt, dit M. Troplong, manque pour servir de base à un tel contrat. Que ferait un tiers d'une servitude qui n'a qu'une utilité relative et nullement une utilité absolue? » D'ailleurs, ajoute M. Duvergier, une servitude qui serait louée à un tiers par le propriétaire du fonds à qui elle est due cesserait par cela même d'être imposée en faveur du fonds; elle serait imposée en faveur d'une personne (le locataire). Or les anciens principes et le texte de l'art. 686, C. civ., prohibent également une pareille convention. » — V. SERVITUDE.

72. — Mais le bail de l'immeuble au profit duquel la servitude a été créée donne au premier le droit de l'exercer comme le propriétaire lui-même; elle se trouve accessoirement comprise dans ledit bail. — Pothier, nº 18; Duranton, t. 17, nº 83; Duvergier, nº 68; Troplong, nº 68; Rolland de Villargues, vº *Bail*, nº 110.

73. — Toutefois le propriétaire peut concéder à un tiers, moyennant un certain prix, le droit de passer sur son fonds pendant un certain temps; mais alors ce n'est point là le louage d'une servitude réelle, c'est le louage du fonds lui-même, louage restreint à l'exercice du droit déterminé par le contrat. — Pothier, nº 18; Duranton, t. 17, nº 23; Duvergier, nº 69; Troplong, nº 89.

74. — En général on ne peut ni vendre ni louer les choses qui sont hors du commerce, c'est-à-dire celles qui sont consacrées à un usage public, *publici juris*, comme les rues, les places publiques, les grands chemins, les promenades des villes, les rivières, et celles qui sont consacrées au culte divin, *divini juris*, comme les églises, les cimetières, etc. — Pothier, nº 14; Merlin, *Répert.*, vº *Bail*, § 1er; Duranton, t. 17, nº 20; Duvergier, nº 77; Troplong, nºs 90 et 91.

75. — Toutefois le louage de ces choses n'est interdit qu'en tant qu'il aurait pour objet de les faire passer en la jouissance exclusive d'un seul. Mais rien n'empêcherait d'en louer des accessoires, des démembremens, si cette location n'était point incompatible avec l'usage public du fonds. Ainsi, on peut louer les places d'une halle, d'un marché, d'un chantier, d'un port, même certains emplacemens sur les rivières, les promenades, les rues, lorsque la navigation, la circulation, la liberté du commerce n'en doivent point être gênées. On peut de même louer les bancs et les chaises d'une église, la tonte de l'herbe et l'émondage des arbres d'un cimetière. — Pothier, nº 14; Merlin, *Repert.*, vº *Bail*, § 1er; Duvergier, t. 3, nº 78; Troplong, nºs 90 et 91.

76. — A part les exceptions que nous venons de faire connaître, toutes les autres choses, mobilières ou immobilières, corporelles ou incorporelles, peuvent faire l'objet des contrats de vente et de louage. Ainsi on peut louer et vendre une maison, un champ, un cheval, un droit d'usufruit, des livres destinés à être lus, des habits, du linge, des machines, etc., quoique la plupart de ces choses se détériorent peu à peu et périssent enfin par l'usage qu'on en fait; cette altération successive et insensible diffère essentiellement de l'altération totale que subissent les choses fongibles par le premier usage. — Troplong, nº 93.

77. — Les mines sont, comme tous les autres immeubles, susceptibles d'être louées ou amodiées. — *Cass.*, 20 déc. 1837 (1. 2, 1843, p. 158), comp. des mines de Saint-Etienne c. Neyron. — V. conf. Troplong, t. 1er, nº 93. — Il en est de même des

carrières. — V. CARRIÈRES. — V. aussi *infrà* nos 866 et 1413.

78. — Mais la loi du 21 avril 1810 disposant que les mines ne pourront être *vendues par lots ou partagées sans une autorisation préalable du gouvernement donnée dans les mêmes formes que la concession*, la question s'est élevée de savoir si cette disposition devait être appliquée aux baux partiels. — Cette difficulté se rattachant à l'interprétation de la législation spéciale sur les mines, nous n'avons point à nous en occuper ici. — V. MINES.

79. — Dans l'ancien droit, la chasse était un exercice permis aux nobles seuls, à l'exclusion des roturiers. D'un autre côté, cet exercice n'étant censé réservé aux nobles eux-mêmes que pour leur plaisir et non pour leur profit, *ad oblectumentum et non ad quæstum*, différentes lois leur avaient défendu de l'affermer. De là résultait une double conséquence : 1o que le droit de chasser sur un fonds ne pouvait être affermé, même à un gentilhomme, séparément du fonds; 2o que si en louant un fonds on pouvait stipuler que le preneur y exercerait le droit de chasse, ce n'était qu'autant que ce preneur faisait partie de la classe à laquelle la chasse était permise. — Pothier, nos 16 et 17; Merlin, *Répert.*, vo *Bail*, § 1er, no 4; Duvergier, *Louage*, t. 1er (contin. de Toullier, t. 18), no 70; Troplong, *Louage*, no 94.

80. — Ce privilége n'a pas plus que les autres survécu à l'ancien régime. Aujourd'hui le droit de chasse est un accessoire, une dépendance du droit de propriété. Chaque propriétaire peut l'exercer sur son fonds ou le louer, soit avec le fonds lui-même, soit isolément, comme tout autre démembrement de la propriété. — Ainsi, aux termes de la loi du 22-30 avril 1790, tout propriétaire peut permettre à un étranger de chasser sur son terrain. « Or, dit Merlin, s'il peut le permettre gratuitement, il peut certainement aussi le permettre, ou moyennant une somme une fois payée, ou moyennant une rétribution annuelle. » — Ainsi encore un décret du 25 prair. an XIII autorise les maires des communes à affermer le droit de chasser dans les biens communaux, à la charge de faire approuver la mise en ferme par le préfet et l'autorité supérieure. — Merlin, *Répert.*, vo *Bail*, § 1er, no 4; Duranton t. 17, no 24; Duvergier, *loc. cit.*, nos 71 et 82; Troplong, no 94. — V. CHASSE.

81. — Pour que le louage d'une chose soit possible, il faut que cette chose existe au moment du contrat. Si elle avait péri, le contrat serait nul ou plutôt il n'y aurait pas de contrat faute d'objet. — Pothier, no 7; Duvergier, no 53; Troplong, no 95.

82. — Si cependant le bailleur savait que la chose avait péri, il pourrait être condamné à des dommages-intérêts envers le preneur. Son obligation en ce cas ne naîtrait pas du contrat de louage, puisqu'il n'y en a point eu, mais du dol qu'il a commis envers le preneur en ne l'avertissant pas et en l'empêchant ainsi de prendre d'autres mesures. — Pothier, no 7; Troplong, no 95.

83. — Si la perte n'était que partielle et que le preneur demandât la résolution du contrat, les tribunaux ne seraient point obligés de la prononcer aveuglément; ils devraient apprécier, d'après les circonstances, si la connaissance de la perte aurait entièrement changé la résolution du preneur, ou si elle l'aurait seulement déterminé à donner un prix moindre, et ils devraient en conséquence, d'après cette appréciation, accorder la résolution ou simplement une diminution dans le prix du bail. — Duvergier, no 55; Troplong, *Louage*, no 95, et *Vente*, no 252.

84. — Il n'est pas nécessaire que la chose qui fait l'objet du louage soit déterminée. On peut louer une chose indéterminée. Ainsi, je puis convenir avec un loueur de chevaux, qu'il me louera un cheval indéterminément, moyennant un certain prix. Le contrat est valable et il suffit au loueur, pour remplir son obligation, de me fournir un cheval quelconque, d'une bonté commune et ordinaire, pourvu qu'il soit capable de me rendre le service pour lequel il m'a été loué. — Pothier, no 8; Duranton, t. 17, no 28; Troplong, *Louage*, no 96.

Sect. 2e. — *Quelles personnes peuvent former le contrat de bail.*

85. — En général, pour donner une chose à bail il faut en avoir l'administration; et, pour prendre à bail, il faut être capable de s'obliger.

86. — Les mineurs et les interdits privés de l'administration de leurs biens et frappés d'une incapacité générale de contracter, ne peuvent par conséquent, ni donner, ni recevoir à loyer. Les baux qu'ils pourraient passer sans l'assistance de leur tuteur, seraient nuls, aux termes de l'art. 1124,

C. civ. — Le tuteur, seul chargé de l'administration des biens, a seul aussi qualité pour passer les baux. — Troplong, no 143. — V. INTERDICTION, TUTELLE.

87. — L'art. 1718 dispose que les articles du titre du *Contrat de mariage et des droits respectifs des époux* relatifs aux baux des biens des femmes mariées, sont applicables aux baux des biens des mineurs. — C. civ., art. 1718.

88. — Il a été jugé que l'acquéreur des biens d'un interdit affermés pour une période excédant neuf années, ne peut demander la réduction du bail à la durée légale, si dans l'acte d'acquisition il s'est engagé à maintenir les baux existans. — Une telle convention doit être considérée comme licite et obligatoire. — *Cass.*, 3 avr. 1839 (t. 2 1839, p. 39), Videl c. Yvoré.

89. — La question de savoir si l'acquéreur a pris un tel engagement dans l'acte d'acquisition est une pure question d'interprétation du contrat, dont la connaissance appartient exclusivement aux juges du fond. — Même arrêt.

90. — Jugé que les baux des biens des femmes mariées, mineurs et interdits doivent, alors même qu'ils sont faits pour plus de neuf années, recevoir leur exécution tant que la communauté n'est pas dissoute, ou que le mineur ou l'interdit n'ont pas, soit par la majorité, soit par la main-levée de l'interdiction, recouvré l'administration de leur personne ou de leurs biens. — Et la réduction ne peut en être demandée par l'acquéreur des biens de ces femmes mariées, mineurs et interdits, qu'autant que le droit de l'invoquer aurait pris naissance pour eux-mêmes. — *Paris*, 30 avr. 1838, sous *Cass.*, 3 avr. 1839 (t. 2 1839, p. 39), Videl c. Yvoré.

91. — Jugé également que, dans tous les cas, la réduction de pareils baux ne peut être demandée qu'autant qu'il y a lésion. — Même arrêt.

92. — Jugé que l'administrateur provisoire des biens d'une personne dont on poursuit l'interdiction peut faire des baux excédant neuf années. — Même arrêt.

93. — Mais, comme le faisait observer M. le conseiller Faure, dans son rapport à la cour de Cassation sur cette affaire, ces propositions sont fort contestables. — V. INTERDICTION.

94. — Le mineur émancipé, ayant l'administration de ses biens peut passer des baux qui n'excèdent pas neuf ans, sans l'assistance de son curateur. — C. civ., art. 481. — V. à cet égard ÉMANCIPATION.

95. — Quant aux baux de plus de neuf ans que passerait le mineur émancipé, ils seraient réductibles conformément à l'art. 1429, C. civ. — V. aussi art. 481 et 1718. — Troplong, no 146.

96. — Mais les dispositions du Code civil relatives à la durée des baux des biens des mineurs sont-elles applicables aux baux que passent les mineurs émancipés, et par quelles règles doit s'établir la durée de ces baux? — V. ÉMANCIPATION.

97. — Le mineur émancipé a capacité pour prendre à bail; néanmoins s'il en abusait au point de louer un appartement dont le loyer fût hors de proportion avec ses facultés, il y aurait lieu d'appliquer l'art. 484, C. civ. — Troplong, no 147. — V. ÉMANCIPATION.

98. — Ceux qui sont pourvus d'un conseil judiciaire ont aussi la capacité de donner et de prendre à bail dans certaines limites. — C. civ., art. 513. — Troplong, no 148. — V. CONSEIL JUDICIAIRE.

99. — La femme mariée peut, lorsqu'elle est séparée, donner et prendre à bail, sans aucune autorisation. — C. civ., art. 1449. — Troplong, no 149.

100. — Quant à la femme non séparée, elle peut bien, sans l'autorisation de son mari, donner à bail les biens dont elle a l'administration; mais, en général, elle ne peut prendre à bail sans cette autorisation. — Troplong, no 149.

101. — Toutefois la femme étant, en ce qui concerne l'administration domestique, réputée mandataire de son mari, peut bien, lorsqu'elle est éloignée de lui, louer un appartement pour elle et sa famille; mais, si elle abusait de cet éloignement pour faire de folles dépenses en location de meubles et d'appartemens somptueux, ses engagemens pourraient être annulés sur la demande de son mari. — Troplong, no 149.

102. — Les envoyés en possession provisoire des biens des absens peuvent les donner à bail, en se conformant toutefois aux art. 1429 et 1430, C. civ. — Troplong, no 150; Duvergier, no 40. — *Contrà* Proudhon, *Usufruit*, t. 1er, no 54. — Suivant cet auteur, les baux doivent être exécutés par l'absent qui reparaît ou par ses héritiers, pour toute leur durée, quelque longue qu'elle soit.

103. — Les baux que le mari seul a faits des biens de sa femme pour un temps qui excède neuf ans, ne sont, en cas de dissolution de la communauté,

obligatoires vis-à-vis de la femme ou de ses héritiers que pour le temps qui reste à courir, soit de la première période de neuf ans si les parties s'y trouvent encore, soit de la seconde et ainsi de suite, de manière que le fermier n'ait que le droit d'achever la jouissance de la période de neuf ans où il se trouve. — C. civ., art. 1429.

104. — Les baux de neuf ans ou au-dessous que le mari seul a passés ou renouvelés des biens de sa femme, plus de trois ans avant l'expiration du bail courant s'il s'agit de biens ruraux, et plus de deux ans avant la même époque s'il s'agit de maisons, sont sans effet, à moins que leur exécution n'ait commencé avant la dissolution de la communauté. — C. civ., art. 1430.

105. — Mais les baux de neuf ans et au-dessous passés par le mari trois ans seulement ou deux ans, selon qu'il s'agit de baux à ferme ou de maisons, avant l'expiration du bail lors courant, doivent être exécutés pendant toute leur durée, lors même que la communauté se dissoudrait avant leur expiration; bien plus, lors même qu'à la dissolution de la communauté ils ne seraient pas encore entrés en cours d'exécution. — Troplong, no 151; Toullier, t. 12, no 410.

106. — Lorsque le mari a passé des baux d'une durée excessive, la femme ou ses héritiers ont seuls le droit de se plaindre et d'en demander la réduction. — Troplong, no 151; Duvergier, no 41; Zachariæ, t. 3, p. 4. — V. *contrà* Duranton, t. 4, no 588.

107. — Si le mari avait passé, par anticipation de plus de trois ou deux ans, des baux de plus de neuf ans, et que l'exécution en eût commencé avant la dissolution de la communauté, ces baux ne seraient pas nuls; ils seraient seulement réductibles conformément à l'art. 1429, C. civ. — Troplong, no 152. — V. *contrà* Proudhon, *Usufruit*, t. 3, no 1213. — V. au surplus COMMUNAUTÉ.

108. — Le tuteur ne peut prendre à ferme les biens du mineur, à moins que le conseil de famille n'ait autorisé le subrogé-tuteur à lui en passer bail. — C. civ., art. 450. — V. TUTELLE.

109. — On ne peut prendre à bail sa propre chose, lorsqu'on en a la pleine propriété; il est impossible, en effet, que celui qui possède sur une chose tous les droits dont elle est susceptible, puisse acquérir, par rapport à cette même chose, un droit nouveau; *rei suæ locatio* (le mot *locatio* est évidemment mis ici pour *conductio*) *consistere non potest*, dit Ulpien, ff., *De reg. jur.*, L. 45; et on trouve des décisions analogues dans les LL. 15, ff., *Deposit.*, et 20, Cod., *De loc. cond.* — V. aussi Pothier, no 21; Duranton, t. 17, no 29; Duvergier, no 90; Troplong, no 97.

110. — Mais le nu-propriétaire d'une chose, n'en ayant pas la jouissance, peut la prendre à bail de l'usufruitier. — Pothier, *loc. cit.*; Duranton, t. 17, no 31; Duvergier, no 91; Troplong, no 97.

111. — Lorsque, pendant la durée du bail, il intervient entre le propriétaire et le locataire une convention d'après laquelle le premier reprend sa chose pour en jouir pendant le temps qui reste à courir, moyennant un certain prix annuel que nous supposerons excéder le prix du bail primitif, cette convention ne peut être considérée comme un bail ou une sous-location, lors même que les parties l'auraient ainsi qualifiée. Il n'y a là qu'une résolution du bail obtenue du preneur par le propriétaire, moyennant un sacrifice annuel égal à l'excédant du prix stipulé dans le second contrat sur le prix du bail primitif; et par conséquent le preneur, ne pouvant être considéré, vis-à-vis des propriétaires, comme un bailleur, n'aura pas, pour sa créance, le privilége accordé par l'art. 2102 au locateur de maison. Cette créance ne sera qu'une créance ordinaire. — Pothier, no 21; Duranton, t. 17, no 30; Duvergier, no 92; Troplong, no 97.

112. — Si j'avais pris à bail ma propre maison, ignorant qu'elle m'appartînt, il n'y aurait point là un véritable louage. Toutefois, comme le possesseur de bonne foi gagne les fruits et que les loyers d'une maison en sont les fruits (C. civ., art. 584), si le bailleur était de bonne foi, je ne pourrais répéter ceux qui auraient été payés, ni même refuser de payer ceux qui seraient échus jusqu'au jour où la bonne foi aurait cessé. — Duranton, t. 17, no 29.

113. — L'usufruitier a le droit de donner à bail les choses qui font l'objet de son usufruit; et, lors de la consolidation, le nu-propriétaire doit respecter les baux qu'il a passés. — C. civ., art. 595. — Troplong, no 155.

114. — Toutefois, l'usufruitier doit se conformer, pour les époques où les baux doivent être renouvelés, et pour leur durée, aux règles établies pour le mari à l'égard des biens de la femme, par les

art. 1429 et 1430. — C. civ., art. 595. — V. *suprà* nos 103 et suiv. — V. USUFRUIT.

115. — Les dispositions du Code civil qui règlent la durée des baux que fait l'usufruitier ou le mari des biens de sa femme sont applicables aux baux que la femme usufruitière fait des biens du mari. — *Cass.*, 8 mai 1825, Gauthier c. Langlois.

116. — Il a été jugé que lorsqu'un individu tout à la fois propriétaire d'une portion dans un immeuble, et usufruitier de l'autre portion, a passé un bail de la totalité de cet immeuble plus de trois ans avant l'expiration du bail courant, ce bail est valable à l'extinction de l'usufruit pour la portion dont le bailleur était propriétaire. — *Metz*, 29 juill. 1818, Barbier c. Duchemin.

117. — Jugé en sens contraire qu'on doit réputer nul pour le tout le bail d'une maison consenti plus de deux ans avant l'expiration du bail courant par celui qui n'est propriétaire de l'immeuble que pour une part indivise et qui n'est qu'usufruitier de l'autre partie. — *Paris*, 7 mars 1844 (t. 1er 1844, p. 651), Favreux c. Conversat et Rondonneau.

118. — Dans l'ancien droit, on appliquait rigoureusement aux baux faits par l'usufruitier la maxime *soluto jure dantis solvitur jus accipientis*; en conséquence, ces baux étaient de plein droit résolus à son décès; et dès le moment de la cessation de l'usufruit, le propriétaire pouvait expulser le fermier, sans que celui-ci eût même aucun recours en garantie contre les héritiers de l'usufruitier qui n'avait pas dissimulé sa qualité dans le bail. — L. 9, § 1, ff., *Locat.*; — Proudhon, *Usufruit*, no 1215.

119. — Jugé que, sous l'empire de ces principes, l'usufruitier a pu, en affermant les biens soumis à l'usufruit, obliger ses héritiers au paiement d'une certaine somme envers le preneur, pour le cas où, lors de son décès survenu avant la fin du bail, ledit preneur serait évincé par le nu-propriétaire. — *Caen*, 11 août 1825, Manchon c. Seyer.

120. — Jugé que le bail consenti, même depuis le Code civil, par un usufruitier dont le droit a été constitué sous l'ancienne législation, est soumis à la règle de l'ancien droit qui faisait cesser, au décès de l'usufruitier, les baux par lui consentis. *Bruxelles*, 13 avr. 1815, Barbier c. N...; *Paris*, 18 août 1825, Brusseta c. Tourasse; — Proudhon, *Usufruit*, no 1215.

121. — Mais jugé que la durée du bail fait par un usufruitier dont le droit ne s'est ouvert que depuis le Code civil doit être réglée par ce Code, encore bien que le droit ait été constitué antérieurement. — *Cass.*, 4 mai 1825, Gauthier c. Langlois.

122. — ... Et que particulièrement, le bail fait par une femme, mariée anciennement en Normandie (mais dont le mari n'est décédé que depuis le Code), d'une partie des conquêts dont la coutume locale lui attribue l'usufruit, doit avoir son effet pour neuf ans, bien que cette femme vienne à décéder avant l'expiration de ce temps. — Même arrêt.

123. — Dans l'ancienne jurisprudence, on tenait pour valable le bail de la chose d'autrui, comme la vente de la chose d'autrui. On n'allait pas cependant jusqu'à admettre que dans ce cas le bail créât, au profit du preneur, un droit qu'il pût opposer au véritable propriétaire; mais on décidait que le contrat faisait naître entre les parties de mutuelles obligations, en telle sorte que le bailleur était tenu de garantir le preneur contre tout trouble apporté à sa jouissance, soit par des tiers, soit par le véritable propriétaire. — Paul, L. 7, ff., *Locat. cond.*; Cujas, sur cette loi, *lib.* 34, Pauli *ad edict.*; Voet, *Ad Pand.*, *Loc. cond.*, no 3; Domat, *Louage*, sect. 1re, no 6; Pothier, no 20.

124. — Sous l'empire du Code civil, on convient généralement que le bail de la chose d'autrui est valable au moins en tant qu'il fait naître entre le bailleur et le preneur des engagemens réciproques. — Merlin, *Répert.*, vo *Bail*, § 2, no 7; Duranton, t. 17, no 34; Duvergier, no 82; Troplong, *Louage*, no 98. — Mais on n'est pas d'accord sur la portée et les effets d'un tel bail vis-à-vis du véritable propriétaire.

125. — Il a été jugé que, les baux ne constituant que de simples actes d'administration, lorsqu'ils ont été passés par le propriétaire apparent, le véritable propriétaire n'est pas recevable à former tierce-opposition aux arrêts rendus sur leur exécution entre les fermiers et ledit propriétaire apparent. — *Cass.*, 19 nov. 1838 (t. 1er 1843, p. 494), Godard c. Gounon et Mozer. — C'est juger implicitement que ces baux sont valables vis-à-vis du véritable propriétaire, et qu'il est obligé de les maintenir. — Déjà Delvincourt avait émis la même doctrine, pourvu que la durée de ces baux n'excédât pas neuf ans et que le preneur fût de bonne foi, quand même le bailleur ne serait qu'un possesseur de mauvaise foi. — Delvincourt, t. 3, notes, p. 197.

126. — M. Troplong (no 98) soutient également que la bonne foi des tiers doit toujours faire maintenir les actes d'administration et notamment les baux consentis par le propriétaire apparent, alors même qu'il serait possesseur de mauvaise foi; sans cela, dit-il, les relations sociales se trouveraient entravées, et l'on ne pourrait pactiser sur les choses les moins compromettantes, sur les besoins les plus simples et les plus ordinaires de la vie civile. Et il ajoute un peu plus loin que le propriétaire réel n'éprouve d'ailleurs aucun préjudice sérieux, qu'il ne s'agit pour lui que d'une question de patience et de temps. Enfin, M. Troplong ne restreint pas, comme Delvincourt, l'application de cette doctrine aux baux de neuf ans et au-dessous. « En effet, dit-il, les art. 1718, 1429 et 1430, ne sont applicables qu'à certaines personnes qui gèrent publiquement et notoirement pour autrui; tous ceux qui traitent avec eux connaissent ou doivent connaître les limites de leurs pouvoirs, tandis que ceux qui ont contracté de bonne foi avec le propriétaire apparent ont nécessairement dû croire qu'ils traitaient avec une personne ayant, quant à la durée des baux, une latitude illimitée. »

127. — Mais il nous paraît difficile d'admettre une doctrine qui, sans s'appuyer sur aucune disposition législative, et au mépris du principe qui veut qu'on ne puisse conférer plus de droits qu'on n'en a soi-même, apporte une aussi grave restriction au droit que la loi reconnaît au propriétaire de jouir et de disposer de sa chose comme bon lui semble. On invoque en faveur du preneur des considérations d'équité; mais n'en pourrions-nous pas également invoquer en faveur du propriétaire réel? Et ne serait-il pas injuste que son droit se trouvât enchaîné pendant quinze, vingt ans peut-être, par un bail dont les conditions pourraient lui être très onéreuses? Dans l'ancienne jurisprudence, on admettait généralement que le preneur ne pouvait opposer au véritable propriétaire le bail qui lui avait été consenti *à non domino* (Pothier, no 20); or, rien ne prouve que le Code civil ait entendu innover à cet égard; au contraire, les art. 1726 et 1727 supposent que le preneur pourra se trouver évincé par le propriétaire réel. M. Troplong prétend, il est vrai, que cela ne doit s'entendre que du cas où le preneur aurait loué d'un individu sans titre apparent; mais c'est là de sa part une interprétation arbitraire; les art. 1726 et 1727 ne distinguent pas, et rien ne nous autorise à leur attribuer un sens restrictif. Nous serions donc disposés à décider avec MM. Duvergier (nos 82 et 531) et Duranton (t. 17, nos 34 et 135) que les baux consentis par le simple possesseur ne lient pas le véritable propriétaire; tout au moins ne les validerions-nous, en cas de bonne foi du preneur, qu'autant qu'ils n'excéderaient pas la durée ordinaire des baux.

128. — Mais il en serait autrement des baux consentis par l'héritier apparent. Ceux même qui n'admettent pas la validité des aliénations qu'il a consenties reconnaissent que ses actes d'administration doivent être respectés. Ainsi, les baux qu'il aurait passés seraient maintenus pour toute leur durée. — Duvergier, no 532; Troplong, *Vente*, t. 2, no 960.

129. — Le copropriétaire d'une chose indivise ne peut la louer sans le consentement de ses consorts. Ceux-ci auraient le droit de faire annuler pour le tout le bail qu'il aurait passé sans leur concours, car, tant que dure l'indivision, chacun des communistes a droit sur le tout. — *Liége*, 6 août 1835, N...

130. — Par la même raison, ils auraient le droit de faire annuler le bail, alors même qu'il ne porterait que sur la part indivise du bailleur. — Bourjon, liv. 4, tit. 4, chap. 1er, sect. 3e; Merlin, *Quest.*, vo *Location*, § 1er, no 2; Duranton, t. 17, no 35; Duvergier, no 87; Zachariæ, t. 3, p. 4; Troplong, no 100.

131. — Toutefois, il pourrait arriver que l'absence et l'éloignement du copropriétaire rendissent son concours impossible au moment où il devient urgent de renouveler les baux pour ne pas laisser les biens improductifs; si alors le copropriétaire présent prenait sur lui, dans l'intérêt commun, de faire seul ce qui, en règle générale, ne peut être fait que d'un commun accord, les baux qu'il aurait ainsi consentis ne devraient pas nécessairement être annulés. Ce serait aux juges à peser les circonstances, et à tempérer la rigueur des principes par les ménagemens dus à la bonne foi et à l'équité. — Troplong, no 100.

132. — Lorsqu'un bien de l'hérédité a été assigné au légitimaire pour le remplir de ses droits, il en résulte la cessation de tout bail que l'héritier aurait consenti de ce bien, sauf toutefois le recours du preneur contre le bailleur. — *Nîmes*, 15 frim. an XIII, Villevieille c. Vedrine.

133. — Les baux consentis par le propriétaire dont le droit était soumis à une condition résolutoire, doivent être maintenus, même après la résolution. Ce principe général, bien qu'il ne soit proclamé par aucune disposition expresse, résulte virtuellement de l'art. 1673, qui en fait une application particulière au cas de réméré. Ces baux sont en effet des actes d'administration qu'avait le droit de faire celui qui alors était propriétaire, et la résolution survenue postérieurement ne saurait les atteindre, lorsqu'ils ont été faits de bonne foi. — Toullier, t. 6, no 576; Duvergier, no 83, Troplong, no 100.

134. — Ainsi, les baux consentis par un grevé de substitution seront maintenus après l'événement qui donnera ouverture au droit des appelés. — Duvergier, no 84.

135. — De même, lorsqu'un héritier aura donné à bail des biens compris dans un legs conditionnel, et que la condition se sera réalisée, le légataire sera obligé de maintenir ces baux. — Duvergier, *loc. cit.*

136. — Également, le donateur qui rentrera dans les biens par lui donnés, en vertu du droit de retour, devra exécuter les baux consentis par le donataire. — Duvergier, *loc. cit.*

137. — Ainsi encore, les baux passés de bonne foi et sans fraude par l'adjudicataire d'un immeuble, doivent recevoir leur exécution, nonobstant la résolution du droit de cet adjudicataire opérée par la revente sur folle enchère, conformément à la maxime : *Quæ semel utiliter constituta sunt, durant, licet ille casus exstiterit à quo initium capere non potuerunt* (L. 85, ff., *De regul. jur.*). — *Cass.*, 11 avr. 1821, Laforest c. Panhard; 16 janv. 1827, Martin c. Couturier; *Paris*, 25 janv. 1835, de Choiseul c. Buisson; 19 mai 1835, Lambert et Hamel c. Ansart et Landrin; 11 mai 1839 (t. 1er 1839, p. 585), Laurens c. Elouin. — V. conf. Duvergier, no 84. — *Contrà Bourges*, 24 mai 1823, Martin c. Couturier. — V. aussi sur cette question Pothier, *Introd. au tit.* 21, *cout. d'Orléans*, no 103; Lepage, p. 612; Bioche et Goujet, *Dict. de procéd.*, vo *Folle-Enchère*, no 53; Lachaize, *De l'expropriation forcée*, t. 2, no 471; Huet, *Saisie immobilière*, p. 309, no 3.

138. — Un bail ne saurait être considéré comme fait de mauvaise foi et avec fraude quand il a été fait par adjudication publique, aux enchères, en l'étude d'un notaire, au lieu de la situation de l'immeuble, et après apposition de placards et annonces dans les journaux, lorsqu'enfin il est constant que la publicité a été réelle et non feinte, et qu'il y a eu concours de plusieurs enchérisseurs. — *Paris*, 19 mai 1835, Lambert et Hamel c. Ansart et Landrin.

139. — Mais jugé qu'un bail de dix-huit ans consenti par le fol-enchérisseur pendant le cours de la poursuite de folle-enchère, devait être considéré comme frauduleux et nul. — *Paris*, 25 juin 1814, Chezjean c. Boulogne et Ricour.

140. — Les baux consentis par le fol-enchérisseur doivent être maintenus, lors même qu'il serait établi que le preneur seul était de bonne foi. — *Paris*, 11 mai 1839 (t. 1er 1839, p. 585), Laurent c. Elouin.

141. — Toujours par application du principe général posé ci-dessus (no 137), lorsque l'acquéreur d'un immeuble a été dépossédé par l'effet d'une surenchère, les baux qu'il a passés pendant que la propriété reposait sur sa tête, doivent être maintenus par le surenchérisseur. — Duvergier, no 85. — V. *contrà* Grenier, *Tr. des hypothèques*, no 471.

142. — Mais les baux passés par le propriétaire dont le droit a été résolu doivent-ils être maintenus pour toute leur durée, quelque longue qu'elle soit? Il n'y a point à cet égard harmonie parfaite entre les divers arrêts que nous avons cités ci-dessus (no 137), relativement aux baux consentis par le fol-enchérisseur. — Celui de la cour de Cassation du 11 avr. 1821, dans ses considérans, se fonde notamment sur ce que le bail (qui était de neuf ans) avait été passé pour le temps ordinaire. — Celui de la même cour, du 16 janv. 1827, ne s'explique pas sur la question; mais il est à remarquer que, dans l'espèce sur laquelle il a statué, le bail n'était que de six ans. — Celui de Paris, du 25 janv. 1835, se fonde, pour valider le bail, sur ce qu'il n'est fait que pour neuf ans. — Au contraire, celui du 19 mai 1835 maintient, pour cause de bonne foi, un bail de quinze ans. — Enfin il résulte de l'arrêt du 11 mai 1839, de Paris, comme des deux précédens, que les baux doivent être maintenus alors même que leur durée dépasserait neuf ans, et que c'est aux tribunaux à apprécier si cette durée n'est pas excessive. — Suivant MM. Duvergier (no 86) et Troplong (no 100), les baux devront être maintenus pour toute leur durée, même au-delà de neuf ans.

En effet, dit M. Troplong, « un bail à long temps n'excède les bornes d'une administration sage qu'autant qu'il émane de celui qui administre notoirement pour autrui. Mais le propriétaire ne sort pas du cercle de la simple administration de ses biens, quand il les afferme pour dix, vingt ans. Ainsi, les baux excédant neuf ans ne sont pas de plein droit réductibles à ce laps de temps. Seulement la longueur des baux pourrait être prise en considération, si à cette circonstance il s'en joignait d'autres qui fussent de nature à faire soupçonner la bonne foi du bailleur et celle du preneur. »

Sect. 3e. — *Du consentement.*

143. — Le consentement, élément essentiel et constitutif de tout contrat, n'est point soumis, dans le louage, à des conditions particulières. Il est régi par les règles générales tracées au titre des *Contrats et Obligations*. — V. OBLIGATION.

144. — Ainsi, il doit être libre, exempt d'erreur. « *Si decem tibi locem fundum*, disait Pomponius (L. 2, ff., *Locat. cond.*), *tu autem existimes quinque te conducere, nihil agitur.* » Il ajoutait toutefois (*ibid.*, L. 52) : « *Sed si ego minoris me locare sensero, tu pluris te conducere, utique non pluris erit conductio quàm quanti ego putavi.* » Celui qui a consenti à prendre à bail pour un certain prix, a consenti à plus forte raison à prendre pour un prix inférieur. — Troplong, n° 2.

145. — Dans tout contrat, le consentement de chaque partie doit porter sur un même objet, *in idem placitum* ; par conséquent, si l'un entendait vendre et l'autre louer, il n'y aurait pas de contrat. — Duvergier, *Louage*, t. 1er (continuat. de Toullier, t. 18), n° 16.

146. — Il en serait de même quoique chacun des contractans entendît faire un bail, s'ils n'avaient pas en vue une même chose.

147. — Le consentement peut être pur et simple ou subordonné à une condition. — L. 20, ff., *Locat. cond.*; — Duvergier, n° 17; Troplong, n° 2.

148. — Jugé que dans le doute la clause obscure doit être interprétée en faveur du preneur. — *Angers*, 23 avr. 1842 (t. 2 1842, p. 507), Siblas c. Lecour.

149. — Cette maxime est combattue par M. Duvergier (n° 26). Cet auteur pense que la disposition de l'art. 1602 n'ayant été reproduite par aucun article du titre du louage, la conscience des magistrats ne doit nullement se trouver enchaînée lorsqu'ils ont à rechercher la véritable intention des parties dans les clauses obscures ou ambiguës d'un bail. — V. toutefois, à l'appui de la maxime, L. 29, ff., *De pactis*; — Bourjon, liv. 4, tit. 4, nos 9 et 10; Domat, *Lois civ.*, tit. 4, sect. 3e, n° 10; *Discours* de M. Galli (Fenet, t. 14).

150. — Il peut y avoir des promesses de bail comme il y a des promesses de vente. Les unes et les autres sont soumises aux mêmes règles, régies par les mêmes principes. — Duranton, t. 17, n° 48; Duvergier, n° 43; Troplong, n° 121. — V. VENTE.

151. — Ainsi, le bail est parfait lorsqu'il y a consentement réciproque sur la chose et sur le prix. — Duvergier, n° 43.

152. — Ainsi encore, toutes les distinctions entre l'effet des promesses de vente, suivant qu'elles sont synallagmatiques ou unilatérales, sont également applicables aux promesses du bail. — Duvergier, n° 43; Troplong, n° 121.

153. — Jugé qu'une promesse de bail, comme une promesse de vente, doit être considérée comme une convention synallagmatique, laquelle, pour être valable, doit nécessairement être constatée par un acte fait en double original. — *Rouen*, 19 mars 1841 (t. 2 1841, p. 265), Massif c. Lemelle.

154. — Jugé que la promesse de bail vaut bail. — Elle vaut aussi à l'effet de faire présumer que les parties ont voulu s'en rapporter, pour le nouveau bail, à toutes les clauses du bail préexistant autres que celles auxquelles il a été expressément dérogé par la promesse. — *Bruxelles*, 31 déc. 1807, Decerf c. Mohimont.

155. — Pour être obligatoire, la promesse de bail doit exprimer la chose louée, le prix de la location, l'acceptation et le consentement respectif des parties. — Si elle réunit ces conditions, l'une des parties ne peut se soustraire à son exécution en offrant des dommages-intérêts. — *Paris*, 7 niv. an X, Maret et Rœderer c. Leprince. — V. conf. Duvergier, t. 3, nos 48 et 47.

156. — Jugé aussi que l'obligation résultant, à l'égard du bailleur, d'une promesse de bail, n'est pas une simple obligation de faire, qui doive, en cas d'inexécution de sa part, se résoudre en dommages-intérêts, lorsque d'ailleurs le bailleur ne justifie pas être dans l'impossibilité de livrer les lieux. — *Cass.*, 3 avr. 1838 (t. 1er 1838, p. 524), Bicquelin c. Weynen.

157. — Mais, dans le cas où, avant la réalisation de la promesse, un tiers locataire de bonne foi s'est mis en possession, le premier locataire peut-il réclamer la préférence? — M. Duvergier (n° 47) enseigne la négative; il n'accorde à un premier locataire qu'une action en dommages-intérêts. — Voici, en résumé, la raison sur laquelle il se fonde : il n'en est pas de la concurrence entre deux locataires comme de celle entre deux acquéreurs. La vente crée un droit réel au profit de l'acquéreur et le constitue propriétaire, ce qui ne permet pas une nouvelle transmission de la part du précédent vendeur qui n'y a plus aucun droit. Le bail, au contraire, ne crée qu'une action personnelle au profit du preneur. Dès-lors, entre deux preneurs, c'est la mise en possession, et non la date des contrats qui doit être la raison de préférence. — V. *infrà* n° 744.

158. — Dans le louage comme dans la vente, si les parties avaient manifesté l'intention que le contrat ne commençât d'exister qu'à une époque ultérieure, et que jusque-là elles ne fussent pas réellement liées, leur volonté devrait être respectée. — Duvergier, n° 44.

159. — Les promesses de bail verbales doivent être assimilées aux locations faites sans écrit et non exécutées. On ne peut donc en autoriser la preuve par témoins. — Brillon, v° *Bail*; Troplong, n° 122. — V. *infrà* nos 212 et suiv.

160. — Lorsque la promesse de bail a été faite avec des arrhes, on doit appliquer les mêmes règles que lorsqu'il s'agit d'une promesse de vente faite avec des arrhes. — Troplong, n° 123; Duvergier, *Louage*, t. 1er (continuation de Toullier, t. 18), n° 49. — V. VENTE.

161. — La promesse de bail est obligatoire pour le propriétaire, encore qu'elle n'ait pas été faite en double original, lorsqu'elle a été accompagnée d'arrhes payées par le fermier. Peu importe que les arrhes aient précédé ou suivi la promesse. Le propriétaire ne peut se désister de sa promesse, en offrant de restituer les arrhes au double. — *Paris*, 13 mars 1820, Morin c. Sarrasin.

162. — Lorsque le bail a reçu un commencement d'exécution, il devient irrévocable, et l'une des parties ne peut s'en dégager sans le consentement de l'autre. Ainsi, celui qui a donné des arrhes ne peut se dédire en y renonçant, ni celui qui les a reçues en restituant le double. Elles doivent alors être imputées sur le prix du bail. — Troplong, n° 125.

Sect. 4e. — *De la durée du bail.*

163. — Suivant l'art. 1709, le bail a pour objet la jouissance d'une chose *pendant un certain temps*. Mais la loi n'a pas statué d'une manière générale et absolue sur la durée ordinaire des baux. — Elle s'en rapporte aux conventions particulières, aux usages particuliers, ou à certaines règles applicables à certains cas seulement. — Troplong, n° 4. — V. *infrà* nos 894 et suiv.

164. — Ordinairement les baux des maisons se contractent pour trois, six ou neuf années. Ceux des biens ruraux ont une durée plus longue, et le terme de dix-huit ans paraît devoir être pris pour règle dans la pratique, dans l'intérêt du progrès de l'agriculture. — Aussi une loi du 25 mai 1835 a-t-elle autorisé les communes, hospices et autres établissemens publics à affermer leurs biens ruraux *pour dix-huit années* et au-dessous, sans autres formalités que celles prescrites pour les baux de neuf années. — V. au surplus BAIL ADMINISTRATIF.

165. — On a vu (*suprà* nos 87 et s.) que certaines personnes ne peuvent faire de baux excédant neuf années.

166. — De ce que le bail a pour objet la jouissance d'une chose pendant *un certain temps*, il résulte qu'il ne peut être fait à perpétuité. En général, nos lois répugnent à admettre la perpétuité dans les droits qui, séparant la jouissance de la propriété, réduisent en quelque sorte cette dernière à un vain titre. — Pothier, n° 27 ; Troplong, n° 4.

167. — Il en était autrement dans le droit romain, qui ne trouvait dans la perpétuité de la durée rien d'incompatible avec l'essence du louage. — L. 10, Cod., *De loc. cond.*; Gaius, *Comm.* 3, n° 145, Troplong, n° 4.

168. — Toutefois il ne faut pas confondre avec les baux *perpétuels* ceux dont la durée, bien qu'illimitée, serait de nature à cesser par l'événement d'une condition. Tels sont, dans le Limousin et dans l'Alsace, les baux appelés *à colonage perpétuel* ou *baux héréditaires*, et qui se transmettent indéfiniment en ligne perpétuelle, mais ne passent point à la ligne collatérale, et qui, par conséquent, périssent avec la race du fermier. — Troplong, n° 4. — V. BAIL A COLONAGE PERPÉTUEL, BAIL HÉRÉDITAIRE.

169. — On appelle *bail à vie* celui qui est consenti pour toute la vie du preneur.

170. — Il peut être consenti, non seulement pour la vie du preneur, mais encore pour celle de plusieurs personnes successivement. — Duvergier, n° 202; Troplong, n° 27.

171. — Toutefois la loi du 18-29 déc. 1790, ne permet pas qu'elles excèdent le nombre de trois (art. 1er). — Cette loi n'a pas été abrogée par le Code civil. — Duvergier, n° 202.

172. — Si donc un bail à vie était stipulé pour plus de trois têtes, il donnerait lieu au rachat. — Troplong, n° 27 ; Championnière et Rigaud, *Tr. des dr. d'enregistrement*, t. 4, n° 3077. « En effet, dit M. Troplong, il toucherait à ces redevances perpétuelles, à ces charges d'une durée excessive dont les lois modernes ont voulu dégager la propriété foncière. »

173. — Le bail qui contient cette clause : *Le preneur restera dans les lieux tant qu'il lui plaira*, moyennant un prix déterminé, est valable. On ne peut pas dire que ce soit là une condition potestative de nature à entraîner la nullité de l'obligation, ou que le bail ne contient pas de terme. — Une pareille location doit être considérée, à l'égard du bailleur, comme faite pour toute la vie du preneur. — *Paris*, 20 juill. 1840 (t. 2 1840, p. 313), Houet c. Gamard. — V. conf. Pothier, nos 326 et 328 ; Toullier, t. 6, n° 497.

Sect. 5e. — *Du prix du bail.*

174. — Le prix est un élément essentiel du bail; non pas qu'on ne puisse valablement concéder à autrui la jouissance de sa chose sans en exiger de rétribution ; mais alors la convention change de nature; ce n'est pas un bail, c'est un prêt à usage, *commodatum*. — Pothier, n° 32 ; Merlin, *Rép.*, v° *Bail*, § 5 ; Duvergier, n° 93 ; Troplong, n° 3.

175. — Le prix doit être sérieux, c'est-à-dire stipulé avec intention formelle de l'exiger. — Ainsi, si, par le même contrat, le bailleur faisait remise au preneur du prix qui y est exprimé, il n'y aurait pas de prix sérieux, et le contrat, n'ayant de louage que l'apparence, serait au fond un simple prêt à usage. — Pothier, n° 33 ; Duvergier, n° 101 ; Troplong, n° 3.

176. — Toutefois si le bailleur, après avoir dans l'origine stipulé un prix avec l'intention de l'exiger, en avait, plus tard, fait remise au preneur, cette circonstance n'aurait point pour effet de faire perdre au contrat le caractère qu'il avait à sa naissance ; et, dans les contestations qui pourraient s'élever entre les parties, ce seraient les principes du louage, non ceux du prêt, qui devraient être appliqués. — Pothier, n° 34 ; Duvergier, n° 101.

177. — Le prix ne serait pas non plus sérieux s'il était tellement minime qu'on dût le considérer comme n'existant pas et comme ayant été stipulé *nugatoriè*. Ainsi, par exemple, si une maison était louée pour un écu, *uno nummo*, ce ne serait pas un bail mais un prêt à usage. — Ulpien, L. 46, ff., *Locat. cond.*; Pothier, n° 35; Merlin, *Rép.*, v° *Bail*, § 5; Duranton, t. 17, n° 12 ; Duvergier, n° 101 ; Troplong, n° 3.

178. — Il n'est pas cependant nécessaire que le prix du bail soit égal à la valeur de la jouissance ou de l'usage de la chose ; il pourrait être plus fort ou plus faible, il pourrait même être vil, sans que pour cela la validité du contrat pût être attaquée, car le louage n'est pas, comme la vente, susceptible de rescision pour cause de lésion. Ce serait donc à la conscience seule à faire justice de l'inégalité qui pourrait se trouver entre les avantages et les charges, à moins toutefois que cette inégalité ne fût le résultat du dol et de la fraude. — Paul, L. 22, § 3, ff., *Locat. cond.*, Hermogen., L. 23, *ibid.*; Mazuer, tit. 23, n° 44 ; Dumoulin, sur *Cout. de Paris*, § 33; Brillon, v° *Bail*, n° 28 ; Domat, liv. 1er, tit. 4, sect. 1re, n. 8; Pothier, n° 36 ; Merlin, *Rép.*, v° *Bail*, § 5 ; Duranton, t. 17, n° 13; Duvergier, n° 102; Troplong, n° 3.

179. — Jugé que le bail consenti par l'usufruitier ne peut être attaqué par le nu-propriétaire pour cause de lésion résultant de la vilité du prix, à moins qu'il n'y ait eu fraude. — *Cass*, 11 mars 1824, Marmin c. Delsaux.

180. — Mais dans ce cas, il faut que la fraude soit prouvée ; le fait que le bail aurait été consenti par anticipation ne suffirait pas pour la faire présumer. — Même arrêt.

181. — Le prix du bail doit-il nécessairement consister en numéraire ? — Plusieurs auteurs l'ont prétendu et le prétendent encore en se fondant sur le droit romain. — V. notamment Vinnius, *Ad Instit.*, lib. 3, tit. 35, § 2 ; Fachin, *Cont. jur.*, lib. 1, cap. 62; Duvergier, n° 95. — Mais il est constant, au contraire, que, suivant le droit romain, les biens ruraux pouvaient être affermés moyennant certaines

prestations en nature.—L. 21, Cod., *De locat.*; Cujas, *Ad African.*, 8, sur la loi *Cum fundum*, p. 2068, col. 2; Corasius, lib. 2, *Miscell.*, cap. 11; Godefroy, sur la loi 21, Cod., *De loc.*; Pothier, nº 39; Duranton, t. 17, nº 10; Troplong, nº 3. — Pothier et M. Duranton (*loc. cit.*) appliquent la même doctrine au droit français; mais nous ne voyons pas de raison sérieuse de distinguer à cet égard entre le bail à loyer et le bail à ferme, ni même entre le louage des choses et le louage d'industrie; et ainsi nous n'hésitons pas à décider que, dans toute espèce de louage, le prix peut consister en denrées ou en prestations en nature.—Troplong, nº 3.

182. — Mais pour qu'il y ait véritablement un contrat de louage, il faut que les denrées, marchandises, etc., qui forment le prix, deviennent la propriété du bailleur.—Troplong, nº 3.

183. — Ainsi, par exemple, si nous convenons que je me servirai de votre cheval ou de votre maison pendant un certain temps, et que, de votre côté, vous vous servirez de mon cheval ou de ma maison, soit pendant le même temps, soit pendant un temps plus long ou plus court, cette convention ne constitue point un bail, c'est un contrat d'une espèce particulière, un contrat innommé, qui présente du reste la plus grande analogie avec le contrat de louage. —Instit., lib. 3, cap. 25, § 2; Vinnius, sur ce paragraphe; Pothier, nº 38; Duranton, t. 17, nº 9; Duvergier, nº 96; Troplong, nº 3.

184. — Ne doit pas être considéré comme fait sans prix le bail par lequel le preneur abandonne au bailleur les dépenses et améliorations par lui précédemment faites sur les immeubles affermés et celles qu'il pourra faire par la suite. —*Cons. d'état*, 15 mars 1838, Beauvais c. Ministre des finances.

185. — Le prix doit être fixé par les parties ou laissé à l'arbitrage d'un tiers désigné par elles. — Instit., lib. 3, cap. 25, § 1er; Pothier, nº 37; Duranton, t. 17, nº 11; Duvergier, nº 104; Troplong, nº 3.

186.—Mais il peut arriver que l'expert ne puisse ou ne veuille remplir sa mission; que doit-on décider alors? — En cas de vente, l'art. 1592, C. civ., décide que le contrat reste sans effet, parce que la condition à laquelle il était subordonné fait défaut. Mais en doit-il être de même pour le louage? —L'affirmative résulterait de la loi *ult.*, Cod., *De contrah. empt.*, qui, après avoir proclamé pour la vente le principe qui se trouve reproduit par l'art. 1592, ajoute: *Quod etiam in hujusmodi locatione locum habere sancimus.*— Toutefois Pothier (nº 37) pense qu'on ne doit pas décider la même chose indistinctement dans le contrat de louage, et que la solution de la question y doit beaucoup dépendre des circonstances. « Lorsque cette clause se trouve dans un contrat de vente, dit-il, ne paraissant pas que les parties aient été pressées, soit de vendre, soit d'acheter, on peut facilement présumer que leur volonté a été de faire dépendre le contrat de l'estimation que ferait la personne désignée comme d'une condition, et qu'elles n'ont pas voulu s'en rapporter à celle qu'en pourraient faire à son défaut d'autres personnes, n'ayant eu confiance qu'en elle. Mais dans le contrat de louage, *putà*, d'une maison ou d'une métairie, le locateur qui n'est pas à portée de l'occuper ou de l'exploiter par lui-même, étant pressé de la louer, et le conducteur de son côté, ayant besoin de se pourvoir, on doit présumer, au contraire, que lorsque les parties s'en sont rapportées à une personne pour le prix du loyer ou de la ferme, leur intention n'a pas été que le contrat n'eût pas lieu, si elle ne faisait pas l'estimation; mais qu'elle a été, au contraire, qu'il aurait lieu pour le prix qui serait estimé par d'autres experts. Cette décision doit surtout avoir lieu si, lorsque la personne désignée a refusé de faire son estimation, ou est morte avant que de l'avoir faite, le conducteur était déjà rentré en jouissance, ou que le terme pour y entrer fût si prochain et si imminent que le locateur ne pût facilement trouver à la louer à d'autres, ni le conducteur trouver à se pourvoir d'une autre maison ou ferme.»

187. — Mais cette hâte qu'éprouvent les parties, l'une pour louer sa chose, l'autre pour trouver un logement ou une ferme, et sur laquelle se fonde Pothier pour s'écarter des principes de la vente, peut ne pas exister toujours; il peut se faire, par exemple, que le bail soit de beaucoup antérieur au moment où l'exécution doit commencer. Aussi M. Troplong (nº 3) n'admet-il le sentiment de Pothier qu'autant que l'exécution du bail aurait commencé ou que du moins le terme où elle doit commencer serait trop prochain pour que les parties pussent facilement se pourvoir ailleurs—Voet, *Ad Pand.*, *Loc. cond.* nº 7.

188. — Tel paraît être également l'avis de M. Duvergier (nº 105), qui résume au surplus son opinion d'une manière parfaitement juste et nette en disant que c'est en consultant les circonstances et la position dans laquelle étaient placées les parties, en tenant compte de la nécessité où elles étaient de trouver un logement ou une ferme, en tenant compte aussi de la volonté par elles manifestée d'y rester, qu'on parviendra à saisir quelle a été la véritable intention, et à savoir s'il faut regarder la désignation d'un tiers chargé de fixer le prix ou l'indication de tout autre moyen comme une condition dont l'inexécution rende le contrat sans effet. Ajoutons que les juges devront aussi examiner si la considération de la personne désignée a été telle, dans l'intention des parties, qu'elles aient entendu que l'estimation serait faite nécessairement par cette personne et non par une autre.

189. — Dans le cas où le bail est maintenu, bien que le tiers désigné ne puisse ou ne veuille en fixer le prix, les parties doivent en nommer un autre ou choisir un autre mode de détermination; et si elles ne peuvent s'arranger à l'amiable, c'est aux tribunaux à fixer eux-mêmes le prix ou à nommer des experts qui fassent l'estimation. — Duvergier, nº 105.

190. — La fixation du prix ne pourrait être laissée à la volonté *exclusive* de l'une des parties. Ainsi, il ne pourrait être dit que la chose est louée « *quanti velis, quanti æstimaveris* ». Il y aurait en effet là quelque chose de contraire à l'essence des conventions: et M. Duvergier ajoute (nº 107) contrairement à l'opinion de Pothier (nº 37), qu'une pareille stipulation contiendrait une nullité radicale qui ne pourrait être couverte par le commencement d'exécution. — Ceci ne doit bien évidemment s'entendre que de l'exécution qui précéderait; la détermination du prix par la partie à laquelle le droit de le fixer serait reservé; mais il n'en serait pas de même de l'exécution qui suivrait cette détermination connue et acceptée expressément ou tacitement par l'autre partie.

191. — Dans le cas qui précède les juges n'auraient pas le droit de déterminer le prix du bail ou de confier ce soin à des experts. Il n'en est pas de ce cas comme de celui où il n'y aurait eu aucun prix fixé avec intention évidente de la part des parties de rendre la validité du contrat indépendante de cette circonstance. — V. *infrà* nº 193.

192. — Bien qu'il ne puisse y avoir de louage sans prix, il n'est pas toujours nécessaire qu'il y ait à cet égard convention *expresse*. — Ainsi, par exemple, lorsque le prix de location est tarifé par l'autorité ou fixé par l'usage des lieux, comme l'est à Paris le prix des voitures de place et de remise, les parties qui ne s'expliquent pas sur ce point sont censées s'en rapporter au tarif ou à la coutume.—Ainsi encore, dans les reconductions, le prix est censé être le même que celui de la location précédente.—Pothier, nº 40; Merlin, *Rép.*, vº *Bail*, § 5; Duvergier, nº 110; Troplong, nº 3.

193. — Lors même qu'il n'y a pas d'usage local ou de bail antérieur qui puisse servir à la détermination du prix, le silence des parties sur ce point essentiel n'est point une cause de nullité du contrat, s'il est évident que son existence a été, dans la volonté des parties, indépendante de la fixation du prix. On est alors fondé à induire du silence des contractans qu'ils ont entendu laisser aux tribunaux le soin de compléter la convention, en lui donnant l'élément qui lui manque. — Duvergier, nº 108.

194. — Le bail consenti sans prix sérieux constitue une véritable libéralité; par conséquent il n'est valable qu'autant que le prétendu bailleur était capable de conférer l'avantage, et le prétendu preneur capable de le recevoir; il est de plus passible des règles sur les rapports à succession, si le cas y échet. —Duranton, t. 17, nº 12.

195. — Au cas de louage d'un immeuble à tant l'are, les talus et fossés doivent entrer dans la mesure à estimer pour déterminer le prix de la convention. — *Caen*, 14 nov. 1842 (t. 1er 1844, p. 169), Chauffray c. Pluquet. —V., dans ce sens, L. 51, ff., *De contr. empt.*; Pothier, *Vente*, nº 252; Troplong, *Louage*, t. 2, nº 651; *Vente*, t. 1er, nº 332; Duvergier, *Vente*, t. 1er, nº 297; Duranton, t. 16, nº 235.

196. — Le prix d'une location est censé stipulé en livres tournois, lorsque la jouissance a commencé à une époque où la comptabilité en francs n'était pas impérieusement établie.—*Rennes*, 7 mai 1816, Bisson c. Mancel.

197. — Jugé qu'en 1815, l'état de guerre a cessé aussitôt après la défaite et la fuite de l'*usurpateur*; et que celui qui avait loué une chose moyennant un prix déterminé et distinct par semestre en temps de paix et en temps de guerre, a dû payer son loyer sur le prix de paix au 29 sept. 1815 — *Aix*, 6 déc. 1816, Hospices de Marseille c. Masvert. — Nous n'avons conservé cette décision, qui n'a plus d'intérêt de doctrine, que comme document historique. C'est aussi sous le rapport historique que nous conservons la qualification d'*usurpateur* contenue dans l'arrêt.

CHAPITRE III. — *Des règles communes aux baux des maisons et des biens ruraux.*

Sect. 1re. — *De la forme du contrat.*

198. — Le bail est un contrat purement consensuel; il peut dès-lors se former par écrit ou verbalement.—C. civ., art. 1714.—Ainsi les actes qu'on en dresse, soit sous signatures privées, soit par devant notaire, ne sont point de la substance du contrat; ils ne sont nécessaires que pour la preuve ou pour acquérir des droits d'hypothèque et d'exécution.—Pothier, nº 46; Galli, *Exposé de mot. au corps législ.* (Fenet, t. 14, p. 312); Jaubert, *Orat. du tribunal* (*id.*, p. 351); Duvergier, nº 251; Troplong, nº 103.

199. — Si cependant l'intention des parties avait été que le contrat ne fût parfait qu'après qu'il en aurait été dressé acte, cette condition devrait être respectée, et, jusqu'à son accomplissement, le contrat n'existant pas encore, chaque partie serait libre de se dédire. —Pothier, nº 46; Troplong, nº 106.

200. — Au cas d'un bail sous seing-privé, il suffit d'un seul original pour le preneur et sa caution solidaire. —*Turin*, 6 mai 1806, Oreglia c. Barbetta; *Cass.*, 22 nov. 1825, Morichon c. Charpentier.

201. — Dans tous les cas, la nullité tirée du défaut de rédaction en trois originaux serait couverte par l'exécution du bail de la part du preneur. — *Turin*, 6 mai 1806, Oreglia c. Barbetta.

202. — L'exécution d'un bail ne peut être refusée, non plus que celle du cautionnement qui n'en est que l'accessoire, sous prétexte de l'absence d'originaux en nombre suffisant, si l'existence de ce bail et le fait du cautionnement sont d'ailleurs établis par l'aveu des parties. — Même arrêt.

203. — Le bail peut se former judiciairement.—Troplong, nº 104.

204. —Les baux judiciaires sont ceux par lesquels la jouissance d'un bien est adjugée par le juge à titre de ferme ou de loyer pour un certain temps, au plus offrant et dernier enchérisseur. Ils ne diffèrent des baux ordinaires qu'en ce que les obligations qui naissent de ceux-ci ne sont formées que par le consentement des parties contractantes; au lieu que, dans les baux judiciaires, les obligations que contracte l'adjudicataire, outre qu'elles sont formées par le consentement des parties, sont confirmées et corroborées par l'autorité de la justice. — Pothier, nºs 376 et 379.

205. — Dans l'ancien droit, les baux judiciaires étaient fort en usage pour les biens saisis réellement, pour les biens du fisc, pour ceux des corps et communautés, ceux des mineurs, etc.—Pothier, nºs 376 et 377.

206. — Ces baux ne sont plus aujourd'hui dans le droit commun. Les baux des biens de l'état, des communes et des établissemens publics sont soumis à des formes spéciales. Les biens des mineurs peuvent être loués par les tuteurs, sans formalité particulière. Enfin, le saisi n'est pas dépouillé, par l'effet de la saisie, de la possession et de l'administration de ses biens; il peut en conséquence louer et affermer librement, sauf le droit pour les créanciers de saisir mobilièrement les fruits. — Duvergier, nº 233; Troplong, nº 104.

207. — Cependant, les créanciers peuvent, s'ils le jugent convenable, ôter la possession au saisi, et alors ils ont le choix entre l'établissement d'un gérant et l'adjudication d'un bail en justice. En général l'établissement d'un gérant séquestre est la meilleure mesure à prendre, à raison des formalités longues et coûteuses qu'entraîne le bail judiciaire; on ne doit donc employer ce dernier moyen qu'autant que l'établissement d'un gérant présenterait encore plus de dangers, et qu'il y aurait de graves inconvéniens à laisser le bien sans locataire ou fermier jusqu'à la vente. — Pigeau, *Procéd. civ.*, t. 2, p. 225; Duvergier, nº 233; Troplong, nº 104.

208. — En général, on ne fait plus intervenir l'autorité de justice dans les baux que lorsque, plusieurs copropriétaires ne pouvant s'accorder sur le choix d'un fermier ou sur les conditions de la location, il y a lieu de recourir au bail par licitation, afin de trouver dans une adjudication au plus offrant ce que l'accord des propriétaires n'a pu procurer. — Troplong, nº 104.

209. — Le bail peut, comme la vente, se former par lettres missives. — Troplong, nº 105.

210. — Quant aux difficultés qui peuvent s'élever sur le point de savoir à quel moment précis, dans ce cas, le contrat est parfait, V. VENTE. — Les principes sont les mêmes.

Sect. 2e. — *De la preuve des baux.*

211. — Sous l'ord. de 1667, un bail fait sans prix déterminé ne pouvait être prouvé par témoins; Ord. 1667, tit. 20, art. 2; — *Cass.*, 4 niv. an XI, Jarreuze.

212. — Sous l'empire du Code civil, bien que, d'après le droit commun, la preuve testimoniale soit admissible pour établir l'existence des conventions dont l'objet n'excède pas la valeur de 150 fr., cependant, en ce qui concerne les maisons et biens ruraux, si le bail fait sans écrit n'a encore reçu aucune exécution, et que l'une des parties le nie, la preuve ne saurait être reçue par témoins, quelque modique que fût le prix, et quand même on alléguerait qu'il y a eu des arrhes données. — Toutefois le serment peut être déféré à celui qui nie le bail. — C. civ., art. 1715.

213. — Cette exception aux règles ordinaires a été introduite dans le Code civil pour éviter des procès coûteux, sur des objets de peu de valeur, et dans une matière où tout est urgent. — *Exposés des motifs de* MM. Galli, Mouricault et Jaubert (Fenet, t. 14, p. 312, 322 et 351); Troplong, *Louage*, no 108.

214. — Cependant on lit dans un arrêt de la cour de Cassation que les règles du droit commun relatives au mode de preuve des obligations, qui sont établies par les art. 1341 et suiv., C. civ., sont applicables au bail dont l'existence est contestée. — *Cass.*, 11 juin 1834, Maire de Corte c. Rossi. — Mais c'est par inadvertance sans doute que la cour de Cassation a laissé échapper ces expressions qui seraient la négation du caractère exceptionnel des art. 1715 et 1716.

215. — On ne peut éluder la prohibition de prouver par témoins l'existence d'un bail verbal en disant qu'on a donné un denier à Dieu et en demandant à le prouver par témoins; il y a même raison pour les arrhes. — Duvergier, *Louage*, t. 1er (continuation de Toullier, t. 18), t. 3, nos 51 et 255.

216. — Lorsqu'il y a contestation sur le prix du bail verbal dont l'exécution a commencé et qu'il n'existe pas de quittance, le propriétaire en doit être cru sur son serment, si mieux n'aime le locataire demander l'estimation par experts, auquel cas les frais d'expertise restent à sa charge, si l'estimation excède le prix qu'il a déclaré. — C. civ., art. 1716.

217. — Ainsi, quelque faible que soit le prix du bail, bien qu'il soit inférieur à 150 fr., le preneur ne pourra jamais en prouver le montant par témoin; il devra nécessairement opter entre le serment du propriétaire ou une expertise. — Troplong, no 117.

218. — Il en doit être de même, si le bail n'a reçu aucun commencement d'exécution, mais que son existence soit avouée et qu'il y ait seulement contestation sur le prix dont aucun écrit ne prouve la quotité. — Troplong, no 109.

219. — L'art. 1716, C. civ., ajoutant foi à l'affirmation du propriétaire sur le prix du bail verbal, autorise *à fortiori* les juges à lui permettre de le prouver par témoins. — *Grenoble*, 8 avr. 1809, Marcellin c. Astier.

220. — Dans le cas d'un bail verbal dont l'exécution a commencé, s'il y a contestation sur le prix, les juges ne peuvent tenir pour constant le prix fixé par le propriétaire dans sa demande, alors que celui-ci n'offre pas de jurer et affirmer la sincérité, cette offre et la délation du serment pouvant seuls mettre le locataire à même d'user de la faculté que lui accorde l'art. 1716, C. civ., de demander l'estimation par experts. — En conséquence, et en pareil cas, le locataire peut, même sur l'appel pour la première fois, former sa demande en estimation qui n'est d'ailleurs qu'un moyen d'exception à la demande principale. — *Rennes*, 27 sept. 1817, Pougeolle c. la Marzelle.

221. — Lorsqu'il y a contestation sur le prix d'un bail verbal, et qu'il existe des quittances avouées par le fermier, mais qu'il refuse de produire, le propriétaire en est cru sur sa simple déclaration, sans qu'il soit nécessaire de le soumettre au serment, ou d'ordonner l'expertise dont parle l'art. 1716, C. civ. — *Cass.*, 4 déc. 1823, Fourmont c. Langlois. — « A moins, dit M. Duvergier (no 269) que le refus ne soit expliqué par le preneur, de telle sorte qu'il ne paraît pas démontré que les quittances soient contraires à sa prétention. »

222. — Jugé qu'on ne peut faire interroger une partie sur faits et articles pour établir la preuve d'un bail verbal qui n'a reçu aucun commencement d'exécution, parce qu'alors l'art. 1715 permet seulement de déférer le serment. — *Rennes*, 6 août 1813, Gouin c. Bazergue. — C'est aussi ce qu'enseigne M. Troplong, no 111.

223. — Mais il nous paraît résulter de l'examen attentif de l'art. 1715 que la loi a voulu exclure, non pas tout genre de preuve autre que le serment, mais seulement la preuve testimoniale dans le cas où elle eût été admissible d'après le droit commun; en effet cet article ne commence pas par établir en règle générale que, dans le cas qu'il prévoit, tout ce qu'on pourra faire, ce sera de déférer le serment à celui qui nie le bail; mais il se borne à déclarer que la preuve testimoniale ne sera pas admise, ce qui montre que cette exclusion est l'idée principale qu'il veut exprimer; puis il ajoute : « Le serment peut seulement être déféré à celui qui nie le bail. » Proposition qui, malgré le mot *seulement*, nous paraît purement énonciative et non pas restrictive. Ce mot *seulement* se réfère à la proposition précédente qui proscrit la preuve testimoniale, et non point à l'interrogatoire sur faits et articles dont il n'est pas question dans cet article. D'ailleurs l'art. 324, C. procéd. civ., dispose que « les parties peuvent, *en toutes matières et en tout état de cause*, demander de se faire interroger respectivement sur faits et articles pertinens, etc. » Or la loi, dit Carré (*Lois de la procéd. civ.*, quest. 1226), en admettant l'interrogatoire en toutes matières sans distinction, a suffisamment annoncé qu'elle entendait que l'aveu qui peut en résulter suppléât à tous les autres genres de preuve qu'elle eût interdits. On ne pourrait donc repousser l'interrogatoire qu'autant que l'art. 1715 l'aurait formellement proscrit; or, il ne l'a pas fait. — Cette doctrine est enseignée par M. Berriat-Saint-Prix (p. 312), suivant lequel il n'existe aucune exception à l'admissibilité de l'interrogatoire sur faits et articles, et par MM. Duranton (t. 3, no 53), et Duvergier (no 257).

224. — L'existence d'un bail verbal qui n'a reçu aucune exécution, peut-elle être prouvée par témoins lorsqu'il existe un commencement de preuve par écrit? Cette question est controversée. — Delvincourt (t. 3, Not., p. 187) et M. Duvergier (nos 267 et suiv.) soutiennent l'affirmative. — Suivant ces deux auteurs, l'art. 1715 n'a eu pour objet que de déroger à la règle qui permet d'admettre la preuve testimoniale pure et simple, lorsque l'objet n'excède pas 150 fr.; mais il n'a nullement entendu abroger les autres règles générales sur la preuve des conventions. M. Duvergier (*loc. cit.*) fait à cet égard les distinctions suivantes : « Si le commencement de preuve par écrit rendait vraisemblable seulement l'existence d'un bail, cela ne suffirait pas pour qu'on pût prouver par témoins le prix, la durée et les conditions de ce bail. La preuve testimoniale n'est recevable que pour compléter la preuve commencée par l'écrit invoqué; si donc cet écrit n'a trait qu'à l'existence du bail, on ne peut faire entendre des témoins que pour achever la preuve de cette existence; dans ce cas, le bail une fois prouvé, le prix sera déterminé conformément à l'art. 1716, et quant à la durée, elle sera fixée comme dans le cas où les parties ne s'en sont pas expliquées. — Si, au contraire, le commencement de preuve par écrit s'applique non seulement à l'existence du bail, mais encore à la durée, au prix, aux conditions, on pourra sur tous ces points faire entendre des témoins pour compléter la preuve. »

225. — D'autres auteurs, au contraire, soutiennent qu'il résulte des termes et de l'esprit de l'art. 1715 que le législateur a entendu proscrire la preuve testimoniale d'une manière absolue, avec ou sans commencement de preuve par écrit, toutes les fois que le bail, quelle qu'en soit la valeur, a été fait verbalement et qu'il n'a reçu aucun commencement d'exécution. — Troplong, no 112; Duranton, t. 17, no 54.

226. — Et il a été jugé en ce sens que l'existence d'un bail verbal qui n'a reçu aucune exécution ne peut être prouvée par témoins, alors même qu'il existerait un commencement de preuve par écrit. — *Rennes*, 19 juin 1810, Dupui c. Lemerle; *Caen*, 23 mars 1840 (t. 2 1841, p. 267), Houel c. Henry; *Rouen*, 18 fév. et 19 mars 1841 (t. 2 1841, p. 265), Harache c. Crosnier, Massif c. Lemelle.

227. — Jugé de même que la preuve testimoniale ne peut, dans aucun cas, être admise pour établir l'existence et le prix d'un bail verbal de biens ruraux. — *Bordeaux*, 8 avr. 1842 (t. 2 1842, p. 95), Tronche c. Massoubre.

228. — Jugé également que l'art. 1715, C. civ., qui défend de prouver par témoins l'existence d'un bail verbal, quelque modique qu'en soit le prix, dans le cas où ce bail n'a reçu aucune exécution, ne doit pas être entendu en ce sens que la preuve testimoniale soit admissible, même alors que le prix excède 150 fr., par cela seul que le bail a reçu un commencement d'exécution. — *Trib. de Montpellier*, 1er sept. 1830, rapporté avec l'arrêt de *Cass.*, 10 mai 1832, Rouveirolles c. Bresson.

229. — Jugé toutefois que le paraphe et la première lettre de la signature apposés par un individu sur la minute d'un bail notarié, et interrompus par la mort instantanée du signataire, constituent un commencement de preuve par écrit rendant vraisemblable le fait de location allégué, et autorisant la preuve testimoniale. — *Paris*, 27 mars 1841 (t. 1er 1841, p. 582), Roy c. Godefroy.

230. — M. Duranton (t. 17, no 58) enseigne que, quelque absolues que soient les expressions finales de l'art. 1716, qui mettent à la charge du preneur les frais de l'expertise lorsque l'estimation excède le prix qu'il a déclaré, cependant, si cette estimation se rapprochait beaucoup plus de sa déclaration que de celle du bailleur, les frais d'expertise ne devraient pas rester à sa charge, ou du moins devraient être supportés en commun, car la présomption de vérité et de bonne foi serait plus de son côté que de celui du bailleur. — Cette décision est très équitable sans doute, mais malheureusement elle est contraire au texte de la loi. — Duvergier, no 262.

231. — L'art. 1715 statue sur la manière de prouver un bail verbal dont l'existence est déniée et qui n'a reçu encore aucun commencement d'exécution. L'art. 1716, s'occupant du bail dont l'exécution a commencé, suppose que son existence est reconnue et que la contestation porte seulement sur le prix; il règle en conséquence la manière de l'établir. — Mais il peut arriver que l'une des parties allègue l'exécution d'un bail et que cependant l'existence de ce bail soit déniée; y aura-t-il lieu, dans ce cas, d'admettre la preuve testimoniale? faudra-t-il distinguer s'il s'agit d'une somme supérieure ou inférieure à 150 fr.? — D'un autre côté, lorsque l'existence d'un bail est reconnue, il peut se faire que la contestation porte, non pas sur le prix, mais sur la durée et les conditions de ce bail; l'art. 1716, gardant le silence sur ce point, comment la preuve devra-t-elle être faite?

232. — Quant à la première question, M. Duranton (t. 17, no 56) conclut des termes de l'art. 1715 qu'on pourrait établir par témoins le commencement d'exécution et l'existence d'un bail verbal, quel que fût d'ailleurs le prix allégué.

233. — Jugé au contraire qu'un bail verbal ne peut, *pas plus que le commencement d'exécution de ce bail*, être prouvé par témoins, quelle que soit la modicité du prix, alors que l'un et l'autre sont déniés par la partie à laquelle on les oppose. — Le commencement d'exécution dont parlent les art. 1715 et 1716 ne s'entend que *de celui qui est reconnu*. — *Bourges*, 14 mai 1844 (t. 2 1843, p. 819), Sautereau c. Brossier.

234. — M. Troplong (no 115) fait une distinction entre le cas où le prix de bail est inférieur et celui où il est supérieur à 150 fr. — Dans le premier cas, il pense qu'on peut prouver par témoins le fait d'exécution et arriver par là à la preuve de l'existence du bail verbal dénié par l'une des parties; car l'art. 1715 n'enlève au bail verbal inférieur à 150 fr. le bénéfice de la preuve testimoniale introduit par le droit commun que s'il n'a pas encore reçu d'exécution. Or, l'art. 1715, qui est une exception, doit être renfermé dans le cas précis qu'il prévoit. — Dans le second cas, il prétend qu'on ne peut être admis à faire la preuve de l'exécution alléguée, car cette preuve tendrait à établir, au moyen d'une enquête, qu'il y a eu réellement un bail convenu et que les faits d'exécution n'en sont que la conséquence. « Mais alors, dit cet auteur (no 113) n'irait-on pas heurter de front l'art. 1341, qui exige qu'il soit passé acte de toutes choses excédant 150 fr., et qui interdit la preuve testimoniale sur toute demande dépassant ce taux? Comment supposer que l'art. 1715, qui n'a été imaginé que pour limiter le droit commun sur la preuve testimoniale, lui aurait donné dans notre espèce une extension contraire à toutes les règles ordinaires? » — Cependant, tout en soutenant que, dans ce cas, on ne peut prouver l'exécution du bail, M. Troplong enseigne (no 114) que le propriétaire pourrait offrir de prouver que sa maison, son champ ont été occupés pendant deux, trois et dix ans par celui qui dénie le bail, et lui demander alors, comme détenteur et usurpateur, en vertu de l'art. 549, C. civ., le prix de sa jouissance qu'il refuse de lui payer à titre de locataire ou de fermier. Et il invoque, à l'appui de cette opinion, l'autorité de Boiceau (*De la preuve*, chap. 14, no 2), de Danty (*Addit.* au chap. 14, no 2), de Legrand (sur *cout. de Troyes*, art. 164), de Charondas (*Rép.*, chap. 52), de Jousse (sur l'ord. de 1667, t. 20, art. 54), et de Toullier (t. 9, no 32).

235. — Jugé, conformément à cette doctrine, que de ce que l'art. 1715, C. civ., ne défend d'ad-

mettre la preuve par témoins de l'existence d'un bail verbal, quelque modique d'ailleurs qu'en soit le prix, que dans le cas où ce bail n'a reçu aucune exécution, on ne doit pas conclure qu'il permette la preuve testimoniale toutes les fois que l'on offre d'établir un commencement d'exécution du bail. En ce cas, il y a lieu de faire l'application des règles du droit commun, relatives aux conditions d'admissibilité de la preuve testimoniale. Mais la preuve est admissible si, indépendamment de toute idée de bail, il ne s'agit que d'établir des faits de possession et de jouissance, à fin de restitution de fruits. — *Nimes*, 1er août 1836, Chabert c. Ferrier.

236. — Pour nous, voici la doctrine à laquelle nous croyons devoir nous attacher. — Le demandeur qui prétendra que le bail a reçu son exécution complète ou seulement un commencement d'exécution, articulera nécessairement les faits qui constituent cette exécution. Alors de deux choses l'une :

Ou le défendeur, sans contester le caractère de ces faits, se bornera purement et simplement à les nier, et alors les juges devront en admettre la preuve testimoniale. En effet, c'est seulement à l'égard des conventions que la preuve testimoniale est prohibée, parce qu'on peut toujours constater la preuve par des écrits; mais les faits peuvent toujours être prouvés par témoins, car il ne dépend pas des parties de s'en procurer une preuve écrite à mesure qu'ils s'accomplissent. Ainsi, par exemple, on pourra prouver par témoins que le locataire avait fait apporter ses meubles dans la maison, ou qu'il s'était installé dans la ferme et avait commencé les travaux de culture. Et, ces faits prouvés, l'existence d'un bail se trouvera par là même démontrée. Le prix devra en être déterminé conformément à l'art. 1716.

Ou bien le défendeur reconnaîtra l'existence des faits allégués, mais prétendra qu'ils ne constituaient, de la part du propriétaire, que des faits de tolérance, ou qu'ils étaient l'accomplissement d'une convention autre qu'un bail, par exemple, d'un prêt à usage.—Dans ce cas, les juges auront à apprécier si les faits articulés doivent faire présumer l'existence d'un bail. Et cette appréciation sera fondée non pas seulement sur la nature intrinsèque des actes, mais encore sur d'autres circonstances, telles que les relations qui pouvaient exister entre les parties, etc. Tels faits qui, entre parens, amis ou voisins, s'expliqueraient tout naturellement par le prêt à usage ou par la tolérance du propriétaire, supposeraient nécessairement, entre personnes étrangères l'une à l'autre, l'existence d'un bail.—Si donc, par le résultat de cette appréciation, les juges considèrent les faits articulés comme constituant l'exécution d'un bail, l'existence de ce bail se trouvera dès-lors établie, sans qu'il soit besoin de faire aucune preuve, puisque nous supposons que les faits articulés par le demandeur sont avoués par le défendeur. Mais ce qui se trouvera alors établi, ce sera seulement l'existence d'un bail; quant à la détermination du prix, il y aura lieu d'appliquer l'art. 1716. Si au contraire les juges estiment, d'après les circonstances, que les faits reconnus constans ne présentent qu'un caractère équivoque, et qu'ils peuvent s'expliquer tout aussi vraisemblablement par la tolérance, le prêt à usage, etc., que par l'existence d'un bail, que devront-ils faire?—Ce qu'il y a à prouver, dans ce cas, ce ne sont pas des faits, puisque nous supposons qu'ils sont reconnus par les deux parties, et que d'ailleurs ils ne sont pas concluans quant à l'existence d'un bail; mais c'est la convention, le bail lui-même. Or, nous ne sommes pas ici dans l'hypothèse, prévue par l'art. 1715, d'un bail verbal qui, de l'aveu des parties, n'aurait reçu aucun commencement d'exécution; il n'y a donc pas lieu d'appliquer ici la disposition tout exceptionnelle de l'art. 1715, et par conséquent nous rentrons sous l'empire du droit commun. Ainsi si, d'après l'affirmation du demandeur, il s'agit d'un bail dont la valeur soit supérieure à 150 fr., la preuve ne pourra être faite que par écrit, ou par témoins avec un commencement de preuve par écrit. Si au contraire la valeur est inférieure à 150 fr., la preuve pourra en être faite par de simples témoignages.

237. — Cette doctrine est conforme, du moins dans sa première partie, à l'opinion de M. Duvergier (nos 2-3 et 264); toutefois cet auteur paraît ne point admettre les derniers points que nous avons cherché à établir, car il déclare penser (no 260) que *jamais* l'existence du bail ne peut être prouvée par des témoignages, soit qu'il y ait, soit qu'il n'y ait pas commencement d'exécution.

238. — Conformément à notre opinion, la cour d'appel de Bruxelles a admis un propriétaire à faire la preuve testimoniale des faits par lui articulés, attendu que de la nature et de l'ensemble de ces faits il résultait que le bail aurait reçu son exécution, si la preuve en était faite. — *Bruxelles*, 24 août 1807, de la Tour c. de Béthune.

239. — De même, la cour royale de Bordeaux, dans un cas où les faits allégués étaient avoués, mais où l'un prétendait qu'ils étaient l'exécution d'un bail, tandis que l'autre soutenait qu'il n'y avait eu que pure bienveillance, a jugé que l'art. 1715 n'a pour but que d'exclure la preuve testimoniale relativement à un bail qui n'aurait encore reçu aucune exécution, même dans le cas où le prix en serait au-dessous de ladite somme de 150 fr.; que, par conséquent, il ne déroge pas à la règle établie par l'art. 1341 à l'égard du bail excédant 150 fr., et qu'on soutiendrait avoir été suivi d'un commencement d'exécution. — *Bordeaux*, 29 nov. 1826, Olivier c. Bourtoire.

240. — Ainsi encore, dans une espèce où le demandeur réclamait une somme de 800 fr. pour prix d'un bail qui, disait-il, avait reçu son exécution pendant plusieurs années et dont il offrait la preuve testimoniale, la même cour de Bordeaux a rejeté ladite preuve, par les motifs que le demandeur ne justifiait point que l'auteur des défendeurs eût possédé, *à titre de location ou de ferme*, les objets désignés, et que lorsqu'on se borne à la simple allégation qu'un bail a été fait sans écrit, la preuve n'en peut être reçue par témoins. — *Bordeaux*, 19 janv. 1827, Cournuaud c. Augan.

241. — Jugé qu'une partie ne peut être autorisée à prouver par témoins que des faits ont eu lieu en *exécution d'un bail verbal*. — Ce serait admettre comme conséquence nécessaire la preuve testimoniale du bail lui-même, preuve formellement interdite par la loi. — *Cass.*, 14 janv. 1840 (t. 1er 1840, p. 258), Girard c. Lautier.

242. — Mais il est à remarquer que, dans l'espèce sur laquelle a statué cet arrêt, le jugement attaqué avait autorisé la preuve testimoniale de faits de dépaissance qui auraient eu lieu *en vertu d'un bail verbal*. La preuve comprenait, dès-lors, et les faits articulés et le *bail lui-même*; sous ce dernier rapport donc elle était inadmissible. Mais si le jugement se fût borné à autoriser la preuve des faits (sans les rattacher déjà à un bail verbal qui tomberait sous la même preuve, en se réservant d'en apprécier ultérieurement le caractère et la portée), et si, l'enquête terminée, le tribunal eût considéré les faits établis comme révélant l'existence d'un bail, la décision de la cour de Cassation eût-elle été la même?

243. — En matière de bail verbal, les juges sont souverains appréciateurs de la pertinence des faits articulés par une des parties pour prouver l'existence d'une convention. — *Cass.*, 23 fév. 1814, Montigny c. Lingois.

244. — Dans tous les cas, le commencement d'exécution du prétendu bail verbal ne peut résulter du séjour momentané du fermier sur l'héritage, après l'expiration d'un premier bail écrit. — *Pau*, 6 nov. 1827, Pont.

245. — De même, quelques labours, et même l'ensemencement des terres, faits par le fermier dans l'intervalle d'un congé qui lui a été signifié à l'époque de l'expiration de sa jouissance, ne peuvent être considérés comme le commencement de l'exécution d'un second bail qui lui aurait été fait pendant la durée du premier. En conséquence, ce fermier ne peut, pour se perpétuer dans les lieux, être admis à prouver ce second bail. — *Rouen*, 1er mai 1811, Lemoine c. Dubuc.

246. — Pour savoir si la valeur d'un bail est inférieure ou supérieure à 150 fr., il faut en cumuler le prix pendant toute sa durée. — Boiceau, *Traité de la preuve par témoins*, chap. 14, nos 3 s.; Danty, *Add.*, *eod. loc.*; Duvergier, no 15; Troplong, no 116.

247. — Ainsi jugé que la preuve testimoniale de l'existence d'un bail dont l'exécution est commencée, et qu'on allègue être d'une durée plus ou moins longue, n'est pas admissible si le prix, pour toutes les années cumulées, excède 150 fr.—*Bruxelles*, 20 nov. 1810, Verplante c. Decocke et Vaulenseyle; *Paris*, 6 avr. 1825, Renoult et Renault c. Hellène et Poullain.

248. — M. Troplong (no 115, note) regarde l'arrêt de Bruxelles ci-dessus, du 20 nov. 1810, comme ayant jugé contrairement à l'arrêt de la même cour du 24 août 1807. — V. *suprà* no 238. — Mais cette contradiction n'est qu'apparente. En effet, dans l'arrêt du 24 août 1807, les faits articulés étaient déniés, et la cour jugeant, d'après leur caractère et leur ensemble, que, s'ils étaient prouvés, ils constitueraient l'exécution d'un bail et, par conséquent, en supposeraient l'existence, autorise la preuve testimoniale de ces faits. Dans le second, au contraire, les faits n'étaient pas déniés; un locataire avait occupé les lieux pendant un an à la suite d'un premier bail expiré, mais il prétendait que c'était en vertu d'un nouveau bail de trois ans, ce que niait le propriétaire; et la cour a refusé d'autoriser le locataire à faire la preuve testimoniale du nouveau bail. Ainsi, dans le premier cas, il s'agissait de prouver des faits; dans le second au contraire, il s'agissait de prouver une convention; la décision devait donc être différente; il est donc inexact de présenter ces deux arrêts comme ayant jugé la même question en sens contraire. — Au reste, l'un et l'autre concordent parfaitement avec les idées que nous avons émises ci-dessus no 236.

249. — L'existence d'un bail verbal qui aurait reçu un commencement d'exécution ne peut être établie par témoins, lorsque la preuve aurait pour résultat d'anéantir un bail écrit. — Dans ce cas, la preuve serait contraire au principe qu'on ne peut admettre aucune preuve par témoins, contre et outre le contenu aux actes. — C. civ., art. 1341. — *Aix*, 4 fév. 1808, Baudouin c. Fesan et Martini.

250. — Occupons-nous maintenant de la manière de prouver la durée de l'engagement et les autres conditions accessoires, lorsque l'existence et le prix du bail ne sont point contestés, ou lorsqu'ils sont établis conformément aux art. 1715 et 1716.

251. — D'une part, il a été jugé que, lorsqu'il y a eu commencement d'exécution d'un bail, et qu'il y a discord entre les parties sur sa durée ou sur ses conditions et non sur la quotité du prix, la preuve testimoniale est admise. — *Nîmes*, 14 juill. 1810, Masbernard c. Marette. — Duranton, t. 17, no 55.

252. — Jugé également qu'on peut prouver par témoins non seulement l'existence, mais encore les conditions (autres que le *quantùm* du prix) d'un bail dont l'exécution a commencé. — Ainsi, et spécialement, lorsqu'il y a contestation sur la question de savoir si le prix d'un bail verbal dont l'exécution a commencé consiste en fruits ou en argent, la preuve testimoniale peut être admise. — *Nimes*, 22 mai 1819, Couderc c. Turc.

253. — Mais cette jurisprudence est combattue par la plupart des auteurs. — V. notamment Rolland de Villargues, *Rép. du notar.*, vo *Bail*, no 167; Delvincourt, t. 3, p. 188, note 3e; Toullier, t. 9, no 33; Duvergier, no 258 et suiv.; Troplong, no 118. — Il est évident en effet qu'elle repose sur une fausse interprétation de l'art. 1715, et qu'elle contient dans la généralité une violation flagrante des principes consacrés par l'art. 1341, C. civ.

254. — M. Duvergier (no 260) émet l'opinion que *jamais*, ni la durée, ni les conditions d'un bail verbal ne peuvent, plus que son existence, être prouvées par des témoignages, soit que sa valeur soit inférieure ou supérieure à 150 fr., soit qu'il y ait ou qu'il n'y ait pas commencement d'exécution.— M. Troplong (nos 118 et suiv.) enseigne la même doctrine. Selon cet auteur, toutes les fois que les parties ne sont pas d'accord dans leurs allégations sur la durée commune d'un bail purement verbal, il faut appliquer les prescriptions établies par la loi (art. 1737) sur la durée des baux faits sans écrit. Quant aux autres conditions accessoires, M. Troplong veut que, sur tous les points qui seront réglés par l'usage des lieux et la présomption de la loi, on décide conformément à cet usage, à cette présomption. Mais si on alléguait quelque condition sur laquelle l'usage des lieux ou la présomption de la loi fussent muets, il distingue s'il s'agit d'une somme supérieure ou d'une somme inférieure à 150 fr. « Dans le premier cas, on appliquera, dit-il, la règle générale : *Actore non probante, reus absolvitur*, et l'on se réglera par les circonstances; dans le second cas, l'art. 1341, C. civ., reprendra son empire, et la preuve testimoniale sera admise. »

255. — Pour nous, nous pensons que les art. 1714 et 1715 ne sont applicables qu'à la preuve de l'*existence* et du *prix* du bail verbal; que, d'un autre côté, les présomptions de la loi et les usages locaux sur la durée et les conditions des baux ne sont applicables qu'autant qu'il n'est pas légalement justifié que les parties ont fait à cet égard des conventions particulières, et qu'ainsi, en cas de contestation à cet égard, il y a lieu d'appliquer la règle du droit commun sur la preuve des conventions. Si donc la valeur du bail, pour toute sa durée prétendue, n'excède point 150 fr., on pourra faire la preuve testimoniale tant de la durée que des conditions accessoires (pourvu, bien entendu, que ces conditions n'ajoutent point au prix, car autrement elles devraient entrer dans l'évaluation de ce prix, et seraient soumises au même mode de preuve); si, au contraire, la valeur du bail est supérieure à 150 fr., la preuve testimoniale ne sera point admissible, à moins qu'il n'y ait un commencement de preuve par écrit, et, à défaut de ce commencement de preuve par écrit, on s'en

rapportera aux usages locaux pour tous les points sur lesquels il en existera de constans.

256. — C'est ainsi qu'il a été jugé que la preuve testimoniale de l'existence d'un bail dont l'exécution est commencée, et qu'on allègue être d'une durée plus ou moins longue (par exemple, neuf ans), n'est pas admissible si le prix, pour toutes les années accumulées, excède 150 fr. — *Paris*, 6 avr. 1828, Renoult et Renault c. Hellène et Poullain.

257. — Jugé que la preuve testimoniale ne peut, dans aucun cas, être admise pour établir la durée d'un bail verbal de biens ruraux. — *Bordeaux*, 8 avr. 1842 (t. 2 1842, p. 95), Tronche c. Massoubre.

258. — Jugé de même que la durée d'un bail verbal ne peut être prouvée par témoins, encore que ce bail ait déjà reçu deux années d'exécution. — *Bordeaux*, 18 juin 1839 (t. 2 1839, p. 552), Davey c. Chauvin. — Mais il faut remarquer que, dans l'espèce, le prix annuel du bail était supérieur à 150 fr.

259. — Jugé encore que la preuve testimoniale n'est pas admissible pour établir les conditions d'un bail verbal dont l'exécution a commencé. — *Nîmes*, 6 juin 1823, de Blandas c. Cayre et Valette. — Dans l'espèce, la valeur du bail était également supérieure à 150 fr.

260. — Mais les juges peuvent déférer le serment supplétoire à celui qui conteste la durée du bail. — *Colmar*, 15 mars 1843 (t. 1er 1844, p. 397), Wilhammer c. Hud.

261. — Jugé également qu'on ne peut être admis à prouver par témoins la durée ni les conditions d'un bail verbal, alors même que ce bail aurait reçu un commencement d'exécution, surtout s'il s'agit de plus de 150 fr. — *Grenoble*, 14 mai 1825, Mesly c. Tabalet; *Bruxelles*, 9 déc. 1826, V... c. K...; *Colmar*, 15 mars 1843 (t. 1er 1844, p. 397), Wilhammer c. Hud.

262. — Jugé enfin que, bien qu'un bail verbal ait reçu un commencement d'exécution, la preuve testimoniale n'est admissible pour en prouver la durée, qu'autant que le prix de la location n'excède pas 150 fr. — *Limoges*, 30 juill. 1836, Lacombe c. Borie.

263. — Mais jugé que les conditions d'un bail verbal qui n'a reçu aucun commencement d'exécution ne peuvent pas être prouvées par témoins. — *Cass.*, 10 mai 1832, Rouveirolles c. Bresson.

264. — Si, parmi les points en litige, il en était qui tinssent plus du fait que de la convention, la preuve testimoniale devrait être admise sans difficulté. Ainsi, quoique l'usage des lieux règle presque partout les termes où commencent et finissent les baux des maisons, il pourrait arriver cependant que le locataire entrât en jouissance avant le jour du terme; alors le bail est fait tant pour le temps qui doit courir depuis qu'il est entré en jouissance jusqu'au terme, que pour le temps qui s'écoule depuis le jour *à quo* jusqu'au jour *ad quem*. Il s'agit alors de constater l'époque précise de l'entrée en jouissance; comme ce n'est là qu'un fait, il peut être prouvé par témoins. — Troplong, nº 119.

265. — Jugé toutefois que, lorsque les parties sont d'accord sur le prix d'un bail verbal dont l'exécution a commencé, et qu'à raison d'une circonstance particulière il y a contestation sur l'époque à laquelle ce bail remonte, et, par corrélation, sur l'époque de l'échéance des termes, les tribunaux doivent s'en référer à l'usage des lieux plutôt qu'au serment du bailleur. — *Grenoble*, 4 août 1832, Massonnet c. Duvert.

266. — La preuve testimoniale d'un bail écrit, dont l'exécution commencée et le prix sont reconnus, mais dont l'existence comme acte écrit et la durée sont déniées, est admissible s'il existe un commencement de preuve par écrit, alors même qu'on n'allègue pas que cet acte a été perdu par suite d'un cas fortuit et de force majeure, et sans qu'il soit besoin de demander à prouver les circonstances à la suite desquelles la perte aurait eu lieu. — *Rouen*, 22 juin 1842 (t. 2 1842, p. 30), Lefebvre c. Lancien.

267. — Si un propriétaire peut par lui-même, comme par son mandataire, consentir un bail verbal, la preuve de ce bail ne résulte pas de l'aveu qu'en fait le mandataire, dans un temps où ses pouvoirs lui étaient retirés. — *Angers*, 11 avr. 1823, Levau c. Feumusson.

268. — Les lois des 21 mars et 19 avr. 1831, qui comptent aux locataires l'impôt des portes et fenêtres pour former le cens électoral, ne dérogent pas aux règles du droit commun sur la manière de prouver un bail dont l'existence est contestée. — Ainsi, le tribunal qui se borne 1º à déclarer: qu'un citoyen ne produit aucun acte susceptible de le faire considérer comme locataire; et 2º à écarter de simples allégations ou attestations qu'il qualifie d'officieuses, ne viole aucune loi. — *Cass.*, 11 juin 1834, maire de Corte c. Rossi.

Sect. 3e. — *Obligations du bailleur.*

Art. 1er. — *Délivrance de la chose au preneur.*

269. — Le bailleur est tenu, par la nature du contrat et sans qu'il soit besoin d'aucune stipulation particulière, de certaines obligations. — C. civ., art. 1719.

270. — La première consiste à délivrer au preneur la chose louée. — Art. 1719. — Cette obligation est non pas, comme le dit Pothier (nos 53 et 54), de la nature, mais de l'essence du bail. — Troplong, nº 159.

271. — La chose doit être délivrée avec tous ses accessoires. — Ainsi, si c'est une maison, le propriétaire doit délivrer, avec la maison, les clefs intérieures et extérieures, la cour, le bûcher, le hallier, etc. — Si c'est une métairie, il doit délivrer les fumiers, paille et engrais, et tout ce qu'il est dans l'usage du pays de délivrer au fermier pour son exploitation; — si c'est une usine, la délivrance doit comprendre le cours d'eau qui la met en mouvement, les machines qui en font partie, mais non pas les approvisionnemens de matières dont elle peut être pourvue; — si c'est enfin un cheval qu'on loue pour le monter, il doit être délivré tout harnaché et équipé. — Ulp., L. 19, § 2, ff., *Loc. cond.*, nº 54; Proudhon, *Usufruit*, nos 1135 et 1143; Troplong, nº 160.

272. — La clause qu'une cour sera commune aux locataires, emporte nécessairement pour ceux-ci le droit de passer par la porte cochère aussi bien que par une porte particulière. — *Bourges*, 24 avr. 1828, Jacquet c. Micalef. — V. conf. Troplong, nº 188.

273. — Jugé de même que le passage sous la porte cochère d'une maison et l'usage de la cour pour les voitures sont communs aux locataires, à moins de stipulations contraires. En conséquence, le propriétaire qui a loué une partie de sa maison ne peut s'opposer à ce que les voitures des personnes qui vont chez ses locataires entrent dans la cour, encore que l'entrée de l'appartement des locataires soit sous le passage de la porte cochère. — *Paris*, 4 mars 1828, Delaunay c. Rouget. — V. conf. Troplong, nº 188.

274. — Le fermier doit profiter de l'alluvion qui, pendant la durée du bail, vient augmenter l'étendue du terrain affermé. — Duranton, t. 17, nº 81; Troplong, nº 190; Duvergier, t. 4, nº 356; Chardon, *De l'alluvion*, nº 157. — Mais alors il est équitable que le propriétaire puisse exiger une augmentation proportionnelle dans le prix de ferme. — Duvergier, *loc. cit.*; Chardon, *loc. cit.* — V. cependant *contrà* Troplong, *loc. cit.*

275. — L'obligation de délivrer les accessoires de la chose n'est pas, comme celle de délivrer la chose même, de l'essence du contrat; elle est seulement de sa nature: ainsi il peut y être dérogé par une clause expresse. — Ulp., L. 19, § 2, ff., *loc. cond.*; Troplong, nº 160.

276. — Il ne suffit pas au preneur, pour accomplir son obligation, de délivrer matériellement la chose avec ses accessoires; il doit la délivrer en bon état de réparation de toute espèce, c'est-à-dire propre à remplir la destination pour laquelle elle est louée. — C. civ., art. 1720. — Ainsi, par exemple si c'est une maison d'habitation, il faut que les fenêtres et les portes ferment bien, que les cheminées ne fument pas, etc.; si c'est un moulin, il faut que les meules soient en état de fonctionner, etc. — Troplong, nº 164.

277. — Mais c'est là une règle qui n'a rien d'essentiel et à laquelle, par conséquent, les parties sont libres de déroger. Elles peuvent convenir que le locataire prendra les lieux en l'état où ils se trouvent. — Troplong, nº 165.

278. — Il est censé avoir consenti à les prendre en l'état où ils se trouvent, lorsqu'il y est entré sans avoir préalablement exigé qu'on y fît les réparations dont ils pouvaient avoir besoin. — Troplong, nº 166.

279. — Mais il ne serait pas censé y avoir renoncé s'il avait simplement conclu le bail sans en parler; car, cette obligation étant de la nature du bail, il n'est pas nécessaire qu'elle fasse l'objet d'une stipulation expresse. — Troplong, *loc. cit.*

280. — Jugé même que la déclaration du preneur, écrite dans le bail, qu'il a vu et visité les lieux et objets loués et qu'il s'en contente, ne dispense pas le bailleur de les délivrer en bon état de réparations, lorsque d'ailleurs il s'est écoulé quelque temps entre le bail et l'entrée en jouissance. — *Liége*, 29 mai 1812, Hermans c. Hansé.

281. — Lorsque le propriétaire a rapporté un procès-verbal des lieux fait contradictoirement avec l'ancien fermier, mais hors la présence du nouveau, celui-ci peut s'en servir pour exiger du propriétaire les réparations qui sont reconnues manquantes. — *Rennes*, 23 août 1819, Corbeil c. Desaisye.

282. — Si le locateur qui en a contracté l'obligation, ne met pas la chose louée dans un état propre à une jouissance commode et utile, le juge doit ordonner une expertise, à l'effet de déterminer le montant de l'indemnité à payer au fermier. — *Rennes*, 10 mars 1818, Lemonze c. Savina.

283. — L'arrêt qui affranchit le bailleur du paiement de dommages-intérêts contre lui réclamés, par suite de l'inexécution de l'une des principales clauses du bail, ne peut être attaqué comme ayant violé la loi du contrat. — *Cass.*, 21 fév. 1834, Babas c. Desrioux de Messimy. — Il s'agissait dans l'espèce de réparations que le locateur s'était engagé à faire aux cheminées pour les empêcher de fumer, et que le locataire prétendait n'avoir point été faites.

284. — Quand le bailleur n'a pas délivré la chose louée en état de réparations de toute espèce, et que, pendant le cours du bail, il ne les a pas fait faire, le preneur a le droit de lui demander des dommages-intérêts à l'expiration du bail, sans que le bailleur puisse lui objecter qu'il n'a pas été mis en demeure de faire les réparations qui étaient nécessaires, la mise en demeure résultant suffisamment de l'art. 1720, C. civ. — *Rennes*, 22 déc. 1824, Meillat c. Autret.

285. — De même que, dans la vente, la tradition se fait aux frais du vendeur (C. civ., art. 1608), de même, dans le louage, elle doit se faire aux frais du bailleur. — Pothier, nº 55; Troplong, nº 167; Duvergier, t. 1er, nº 245.

286. — Ainsi, si la chose louée se trouve donnée en nantissement et que, pour la délivrer, il soit nécessaire de la dégager, c'est aux frais du bailleur et non point à ceux du preneur qu'elle doit l'être. — Pothier, *loc. cit.*

287. — De même, si le bail a pour objet une certaine quantité de terre qui doive être prise dans une plus grande, les frais de l'arpentage nécessaire pour la délivrance sont à la charge du bailleur. — Pothier, *loc. cit.*; Duvergier, *loc. cit.*

288. — La délivrance doit se faire au jour fixé par le bail, ou, si l'on ne s'en est pas expliqué, au temps marqué par l'usage des lieux. — Pothier, nº 58; Troplong, nº 168; Duvergier, t. 1er, nº 275.

289. — Si le bail et les usages locaux sont muets sur l'époque de la délivrance, elle doit être faite quand le preneur le requiert. — Pothier, nº 58; Troplong, nº 168. — S'il tarde à la demander, le bailleur peut lui faire sommation de prendre possession, et l'assigner pour faire ordonner que, faute par lui de ce faire, le loyer courra du jour de la sommation. — Pothier, *loc. cit.*

290. — A défaut, par le bailleur, de faire la délivrance, le preneur peut demander la résiliation du bail avec des dommages-intérêts, s'il y a lieu. — Pothier, nº 72; Troplong, nº 168.

291. — Le simple retard dans la délivrance peut aussi donner lieu, de la part du preneur, à une demande en dommages-intérêts, et même, dans certains cas, si le but que le preneur se proposait en louant se trouve manqué par l'effet de retard, à une demande en résiliation. — Duvergier, nº 290.

292. — Jugé qu'un fermier doit être indemnisé par son bailleur, lorsqu'au moment de prendre possession de l'héritage qui lui est affermé, il a été empêché de le faire par une tierce personne qui a élevé contre son bailleur la question de propriété. — *Rennes*, 19 juin 1821, de Séront et Lemounier c. Questel et Leporho.

293. — Jugé encore que si, par suite d'un procès existant entre lui et un tiers, le bailleur n'a pu délivrer au preneur la chose louée, il y a lieu de prononcer la résiliation du contrat, encore bien qu'avant cette résiliation l'obstacle qui s'opposait à la délivrance ait été levé, alors d'ailleurs qu'à l'époque où cet obstacle a été levé, le preneur ne pouvait plus être mis utilement en jouissance. — *Cass.*, 7 nov. 1827, Coum c. Euzen et Mentec.

294. — Le bailleur est tenu de faire cesser les obstacles que des tiers opposeraient à la mise en possession du preneur, même par simple voie de fait et sans prétendre aucun droit sur la chose louée. « Il est vrai, dit M. Duvergier, nº 277, que l'art. 1725 ne rend pas le bailleur garant des troubles de cette espèce, lorsque le preneur les éprouve durant sa jouissance, mais c'est parce qu'alors le bailleur ayant accompli son obligation en délivrant la chose louée, le preneur n'a plus, sous ce rapport, rien à exiger de lui. Au contraire, lorqu'il n'y a pas eu mise en possession effective, quelles que soient la cause et la nature des empêchemens, le preneur a droit de se plaindre de l'inexécution

du contrat, et de demander au bailleur qu'il lève tous les obstacles. » — V. conf. Troplong, n° 262.

295. — Jugé en ce sens qu'il y a lieu à la résiliation du bail, lorsque le bailleur, ayant loué à une époque où il n'était pas en possession réelle, refuse de déférer à la sommation qui lui est faite par le preneur de le faire jouir des objets loués, en justifiant des titres de propriété et en contraignant les possesseurs à déguerpir, alors même que ces possesseurs ne prétendraient aucun droit à la propriété. — *Cass.*, 7 juin 1837 (t. 2 1837, p. 458), Cerf c. Mathias.

296. — Toutefois, le système contraire paraît avoir prévalu dans une espèce où le nouveau preneur éprouvait des obstacles à sa mise en possession effective de la part de l'ancien locataire, qui, bien que condamné judiciairement à déguerpir, prétendait se perpétuer dans les lieux. — Il a donc été décidé, mais à tort, que si, pour mettre son preneur en possession, le bailleur a obtenu contre un ancien fermier à location perpétuelle un jugement qui le condamne à déguerpir et que le jugement ait reçu son exécution, *sinon en fait*, au moins *en droit*, il ne peut être responsable des voies de fait par lesquelles cet ancien fermier essaie de se perpétuer dans les lieux au préjudice du nouveau locataire. — *Nîmes*, 26 juin 1806, Jourdain c. Begon.

297. — Il peut y avoir lieu à résiliation, alors même que le défaut de livraison n'aurait pour objet qu'un accessoire de la chose louée.

298. — Ainsi, le défaut de la livraison promise par le bailleur d'un emplacement extérieur pour l'annonce du commerce du preneur est une cause de résiliation du bail. — *Paris*, 23 avr. 1841 (t. 1er 1841, p. 633), Boujut c. Bailly.

299. — La résiliation peut être demandée alors même que le défaut de délivrance ou le retard dans la délivrance proviendraient d'une force majeure non imputable au bailleur, si par exemple la maison avait été détruite par la foudre, ou s'il y avait eu expropriation pour cause d'utilité publique. — Pothier, n° 73.

300. — Quant aux dommages-intérêts, ils ne peuvent être prononcés qu'autant que le défaut de délivrance ou le retard dans la délivrance proviennent de la mauvaise volonté du bailleur ou du moins d'une cause qui peut lui être imputée : si par exemple, il a laissé périr par sa faute la chose louée, ou s'il l'a vendue sans stipuler l'exécution du bail. — Duvergier, n° 287.

301. — Lorsqu'il y a lieu d'allouer des dommages-intérêts, la quotité doit en être réglée conformément aux principes généraux sur l'inexécution des contrats et obligations. — Pothier, n° 68 ; Duvergier, n° 288.

302. — S'il s'élève une contestation sur la question de savoir si la perte de la chose qui en a empêché la délivrance a été causée par une faute imputable au bailleur, M. Duvergier (n° 289) enseigne que la responsabilité devra être appréciée à l'aide des règles établies pour la prestation des fautes.

303. — Lorsque aucun obstacle ne s'oppose à la délivrance de la chose, le preneur, au lieu de demander la résiliation, peut contraindre le bailleur ou ses héritiers à lui faire cette délivrance *manu militari*, car ce n'est point là un fait purement personnel, *merum factum*, mais un fait *quod ad dationem magis accedit*. — Pothier, n° 66 ; Duvergier, n° 286 ; Troplong, n° 169. — C'est ainsi qu'il a été jugé que, l'obligation résultant à l'égard du bailleur, d'une promesse de bail n'est pas une simple obligation de faire qui doive, en cas d'inexécution de sa part, se résoudre en dommages-intérêts, lorsque d'ailleurs le bailleur ne justifie pas être dans l'impossibilité d'agir. — *Cass*, 8 avr. 1838 (t. 1er 1838, p. 524), Bicquelin c. Weynen.

304. — Suivant M. Troplong (n° 170), l'action en délivrance est mixte, c'est-à-dire personnelle et réelle : personnelle, puisque le preneur peut invoquer contre le bailleur l'obligation de délivrer résultant du contrat intervenu entre eux ; réelle, puisque le bail lui a conféré sur la chose un droit réel qu'il peut faire valoir contre tous détenteurs. — Mais, on le voit, c'est là une conséquence de la doctrine de M. Troplong sur la réalité du droit du preneur, et, comme nous n'admettons pas cette doctrine (V. *infrà* n° 740), nous ne pouvons pas admettre davantage les conséquences qui en dérivent. Ainsi, nous ne voyons dans l'action *ex conducto*, comme on n'y voyait dans l'ancienne jurisprudence, qu'une action personnelle et mobilière. — Pothier, *Des choses*, § 2.

305. — Le jugement rendu sur l'action *ex conducto* équivaut à la délivrance, et, en cas de résistance à cet ordre de justice, le locateur peut être contraint *manu militari*. — Troplong, n° 172.

306. — Il peut se faire qu'au moment de la délivrance la chose ne soit plus entière, ou qu'elle ne se trouve pas dans le même état qu'au moment du bail ; alors, si ce qui manque de la chose, ou si le changement qu'elle a subi est tel que le preneur ne l'eût pas louée si elle eût été primitivement ce qu'elle est devenue depuis, il peut refuser de la recevoir et demander la résiliation. — Pothier, n° 74 ; Duvergier, n° 291 ; Troplong, n° 174.

307. — Cela a lieu lors même que ce serait par une force majeure survenue depuis le contrat que la chose ne serait plus entière ou dans le même état. — Pothier, *loc. cit.* ; Duvergier, *loc. cit.* ; Troplong, *loc. cit.*

308. — Mais si cela était arrivé par le fait du locateur, le preneur pourrait, outre la résiliation, demander des dommages-intérêts. — Pothier, *loc. cit.* ; Duvergier, *loc. cit.* ; Troplong, *loc. cit.* — Il en est, au surplus, de ce cas, comme il en est de celui où il y a retard dans la délivrance. — V. *suprà* n° 291.

309. — L'obligation du preneur est, en général, indivisible : en effet, ainsi que le dit M. Duvergier (n° 293), ordinairement celui qui prend à bail une maison ou une ferme entend en jouir en totalité, et n'eût pas consenti à les louer pour partie. — Lors donc que plusieurs ont donné à bail un héritage ou une maison, ou bien lorsque le bailleur est mort laissant plusieurs héritiers, chacun des bailleurs ou des héritiers n'est pas libéré en délivrant sa part ; il faut que tous les autres délivrent également la leur. Si un seul y manque, le preneur peut refuser la délivrance des autres portions, et réclamer des dommages-intérêts contre tous, chacun pour sa part. — Duvergier, *loc. cit.*

310. — Quant aux conséquences que produit, relativement aux baux à ferme, le déficit ou l'excédant sur la contenance indiquée au contrat, V. *infrà* nos 1246 et suiv.

ART. 2. — *Entretien de la chose.*

311. — La seconde obligation qui résulte pour le bailleur de la nature même du contrat, c'est d'entretenir la chose en état de servir à l'usage pour lequel elle a été louée, et d'y faire, pendant la durée du bail, toutes les réparations qui peuvent devenir nécessaires, autres que les réparations locatives. — C. civ., art. 1719 2° et 1720.

312. — Cette obligation est une suite de l'obligation générale que le bailleur contracte envers le preneur, de le faire jouir de la chose louée. — Pothier, n° 106 ; Duvergier, n° 294 ; Troplong, n° 175.

313. — L'obligation d'entretenir la chose s'entend, non pas des améliorations qui peuvent en augmenter les agrémens ou la commodité, mais des réparations nécessaires pour qu'elle puisse remplir sa destination. Ce sont ces dernières seulement que le bailleur est obligé de faire. — Troplong, n° 177.

314. — Ainsi il doit tenir le locataire clos et couvert, et par conséquent faire aux ouvertures les réparations nécessaires pour empêcher qu'il ne pleuve dans les bâtimens, et maintenir les fenêtres et les portes en tel état que le locataire et ses effets, si c'est une maison, ou si c'est une ferme, que le fermier, ses bestiaux, ses grains et fourrages soient en sûreté contre toute agression étrangère, et à l'abri de l'intempérie des saisons. — Pothier, n° 106 ; Duvergier, n° 295.

315. — M. Duvergier (n° 295) fait remarquer avec raison que l'obligation énoncée au numéro qui précède fait l'objet d'une clause spéciale dans la plupart des baux ; mais qu'une pareille stipulation est surabondante, l'obligation étant de droit pour le bailleur. Son absence ne diminuerait donc pas le droit du preneur.

316. — La loi chargeant le bailleur de toutes les réparations autres que les locatives, il est nécessaire de déterminer ce qu'on doit entendre par ces dernières.

317. — Les réparations locatives des maisons sont déterminées par l'art. 1754, C. civ. — V. ci-après, nos 1097 et suiv.

318. — Quant à celles de biens ruraux, la loi ne s'en explique pas ; c'est donc à la doctrine à combler cette lacune. — V. à cet égard ci-après nos 1326 s.

319. — Au reste, les réparations même locatives sont à la charge du propriétaire lorsqu'elles proviennent de vétusté ou force majeure. — C. civ., art. 1755 ; — Troplong, n° 182.

320. — A défaut par le propriétaire de faire les réparations qui tombent à sa charge, le preneur peut être autorisé à les faire faire aux frais dudit propriétaire ; et si ce dernier conteste l'existence des dégradations, il y a lieu d'ordonner la visite des lieux. — Troplong, n° 183.

321. — Si les dégradations étaient assez considérables pour empêcher l'exploitation de l'habitation, et que le bailleur refusât de faire les réparations nécessaires, le preneur pourrait demander la résiliation. — Troplong, n° 183.

322. — Au surplus le droit accordé au preneur d'exiger les réparations nécessaires à la jouissance ne peut se retourner contre lui, et autoriser le propriétaire, dans le cas où la nécessité de certaines réparations serait démontrée, à s'introduire de vive force chez le locataire pour le contraindre à les subir. Loin de là, M. Duvergier (n° 297) enseigne avec raison que si celui-ci aime mieux supporter la diminution de jouissance et les inconvéniens, suite des dégradations, que la gêne et l'incommodité que causeraient les réparations, il est maître de s'opposer à ce que les travaux soient faits pendant la durée du bail, parce qu'il est maître de sacrifier son propre intérêt.

323. — Il n'y a d'exception à cette règle que s'il s'agit de réparations urgentes. — V. à cet égard *infrà* nos 406 et suiv.

324. — Lorsque, par ordre du locataire seulement, mais au vu et au su du propriétaire, qui ne s'y est point opposé, un entrepreneur de bâtimens a fait à une maison des réparations et des constructions qui sortent du cercle des charges locatives, cet entrepreneur, dans le cas où les réparations sont utiles et profitables, a une action solidaire tant contre le propriétaire que contre le locataire. — *Colmar*, 19 nov. 1830, Guerber c. Vonbanck.

325. — Le traité par lequel un locataire et un propriétaire estiment ou règlent d'un commun accord, après vérification de pièces, le montant des réparations faites par le premier, et qu'il sera autorisé à retenir sur des loyers, est une véritable transaction contre laquelle le propriétaire ne peut plus revenir en demandant une justification des dépenses prétendues faites. — *Cass.*, 7 juill. 1812, Bitzenthaller c. Thureau.

ART. 3. — *Obligation de faire jouir paisiblement le preneur.*

326. — Le bailleur est obligé de faire jouir paisiblement le preneur de la chose louée. — C. civ., art. 1719. — En conséquence, il doit le garantir : 1° des troubles qui pourraient être apportés à sa jouissance ; — 2° des vices ou défauts qui en empêcheraient l'usage.

§ 1er. — *Garantie de tout trouble apporté, soit par des tiers, soit par le bailleur, à la jouissance du preneur.*

327. — Le preneur peut être troublé de diverses manières dans l'exercice du droit que lui a conféré le bail. — Ainsi le trouble peut provenir, soit des tiers, soit du fait personnel du bailleur.

328. — *Trouble provenant du fait des parties.* — Le trouble provenant des tiers entraîne, au regard du bailleur et du preneur, des conséquences différentes suivant qu'il revêt tel ou tel caractère. — Il peut arriver premièrement, que des tiers, *sans prétendre aucun droit sur la chose louée*, troublent par voies de fait, la paisible jouissance du locataire ou du fermier, que, par exemple, ils fassent paître des troupeaux dans les prairies, qu'ils viennent pendant la nuit cueillir les fruits sur les arbres et autres choses semblables.

329. — Dans ce cas, Pothier (n° 81) décidait que le preneur n'avait d'action que contre les tiers qui lui avaient causé ce tort, mais non contre le locateur ; que toutefois si cette action était inutile, soit parce que les auteurs du dommage étaient restés inconnus, soit parce que leur insolvabilité rendait impossible tout recours contre eux, le preneur avait droit à une indemnité comme toutes les fois qu'il avait été empêché de jouir par une force majeure.

330. — Le Code civil s'est écarté sur ce dernier point de la doctrine de Pothier. Le bailleur n'est pas tenu, dit l'art. 1725, de garantir le preneur du trouble que des tiers apportent à sa jouissance, sans prétendre d'ailleurs aucun droit sur la chose louée, sauf au preneur à les poursuivre *en son nom personnel*.

331. — Peu importe d'ailleurs que l'action puisse ou ne puisse pas être utilement exercée contre le tiers ; le preneur ne peut dans aucun cas agir contre le bailleur. — Troplong, n° 257.

332. — Dans le cas même où, par suite de voie de fait, le preneur aurait été privé d'une partie de la chose louée, il ne pourrait demander une diminution du prix du bail. Cela résulte évidemment de la discussion du Cons. d'état sur l'art. 1725. — Duvergier, n° 315 ; Locré, t. 14, p. 317, 340 et suiv.

333. — Il semble que la doctrine de Pothier soit plus équitable que celle du Code civil, et que même celle-ci soit en contradiction avec l'obligation imposée au propriétaire de faire jouir paisiblement le preneur ; toutefois on peut la justifier en faisant

observer que le preneur est le gardien de la chose, et que souvent il aurait pu, par une vigilance plus active, prévenir les dommages qu'il a soufferts; que d'ailleurs ces dommages ne sont point ordinairement assez considérables pour devoir être pris en considération. — Troplong, n° 258.

334. — Les dégâts que peut commettre un régiment, lors de son passage dans une localité, doivent être mis au nombre des troubles que l'art. 1725 met aux risques du preneur. — Troplong, n° 280. — V. aussi Cujas, sur la L. 35, ff. *Locat. cond.* (*Ad African., tract.* 8). — Toutefois il en serait autrement si, au lieu de quelques actes isolés, le dégât prenait un caractère tel qu'il dût être assimilé à un acte d'hostilité, à un ravage de guerre, à l'attaque d'une troupe de voleurs. Dans ce cas il y aurait lieu d'appliquer les principes de la force majeure et de faire exception à l'art. 1725. — Troplong, n° 261. — V. aussi Cujas, *loc. cit.*

335. — Le fermier d'un domaine a qualité pour actionner en son nom le propriétaire voisin pour l'obliger à élaguer des branches d'arbres qui, s'étendant sur les terres qu'il exploite, nuisent à ses récoltes, et pour le faire condamner à des dommages-intérêts à raison du préjudice qu'il a éprouvé. — *Cass.*, 9 déc. 1817, Chevalaye c. Gauchet.

336. — Le bailleur est garant envers le preneur du préjudice occasionné par des travaux de voirie exécutés par l'autorité administrative. — Ces travaux ne sauraient être considérés comme voies de fait provenant des tiers, dont, aux termes de l'art. 1725, C. civ., le bailleur ne doit pas garantie. — *Paris.*, 19 fév. 1844 (t. 1er 1844, p. 375), Dutreix et Gautereau c. Chapey et le préfet de la Seine.

337. — Il n'y a pas lieu à surseoir sur la demande du preneur contre le bailleur jusqu'à ce que celui-ci ait fait statuer sur la demande en indemnité qu'il a formée contre l'administration. — Même arrêt.

338. — L'art. 1725 ne reçoit son application qu'autant que les voies de fait n'ont eu pour résultat que de priver *temporairement* le preneur de sa jouissance; si elles avaient causé la perte totale ou partielle de la chose louée, ce ne serait plus d'après la disposition de cet article qu'on devrait déterminer le droit des parties; l'art. 1722 (V. nos 952 et suiv.) serait la règle applicable; et, selon les circonstances, il y aurait lieu à résiliation du bail ou à diminution du prix. — Duvergier, n° 316.

339. — L'action accordée au preneur contre les auteurs du trouble varie nécessairement à raison de la nature du fait : ainsi, dit M. Duvergier (n° 317), s'il y a vol, délit forestier, etc., ou tout autre délit, c'est la justice qui devra être saisie; s'il s'agit d'un fait non atteint par la loi générale, le preneur s'adressera aux tribunaux civils en suivant les règles ordinaires de la juridiction et de la compétence. — Mais on comprend que n'ayant qu'une possession à titre précaire, il ne pourra intenter l'action possessoire. — V. au surplus *infrà* n° 351. — V. aussi ACTION POSSESSOIRE.

340. — Lorsque, sur une demande en résiliation de bail formée par le preneur pour trouble à sa possession, les auteurs du trouble ont été mis en cause par le preneur, qui a seul conclu contre eux en première instance, le bailleur ne peut, en appel du jugement qui prononce la résiliation, conclure contre eux au déguerpissement en prenant le fait et cause du preneur. C'est là, en effet, à l'égard des auteurs du trouble, non une défense à l'action principale, mais une demande nouvelle; et cette demande ne peut, par suite, être opposée au preneur contre l'action en résiliation. — *Cass.*, 7 juin 1837 (t. 2 1837, p. 458), Cerf c. Mathias.

341. — Il peut arriver que le trouble provienne, non plus de simples voies de fait, mais des prétentions élevées par un tiers, soit sur la propriété, soit sur les démembremens de la propriété, soit enfin sur la possession de la chose louée. — Troplong, n° 265.

342. — Ces prétentions peuvent se manifester de deux manières : soit par une action intentée contre le preneur, soit par des voies de fait qui lui enlèvent ou du moins qui troublent sa jouissance. Examinons l'une et l'autre hypothèse.

343. — Lorsque le preneur est cité en justice pour se voir condamner au délaissement de la totalité ou de partie de la chose louée, ou à souffrir l'exercice de quelque servitude, il a deux partis à prendre, entre lesquels il est libre de choisir. — Troplong, n° 266.

344. — Le premier de ces deux partis consiste à dénoncer le trouble au propriétaire et à requérir, d'autre part, contre le tiers demandeur, sa mise hors de cause, en nommant celui pour qui il possède. — C. civ., art. 1727. — Troplong, *loc. cit.* — V. aussi Papon, L. 11, t. 4, n° 18; *Parlem. Paris*, 24 sept. 1563 et 26 sept. 1579; Merlin, *Répert.*, v° *Garantie*, § 1er, p. 456.

345. — C'est en effet au propriétaire et non point à lui à soutenir un débat qui porte sur la propriété de tout ou partie de la chose, ou sur ses démembremens. — Troplong, n° 267.

346. — Le preneur peut aussi appeler le bailleur en garantie et rester en cause pour la conservation de ses droits. — Art. 1727. — Il y a un intérêt réel, soit pour faire statuer sur son recours en garantie, soit pour établir, s'il y a lieu, que l'éviction du preneur ne doit pas entraîner la sienne. — Troplong, nos 267 et 268.

347. — Si le preneur, au lieu de rester au procès, aime mieux se retirer, le demandeur ne peut pas exiger que préalablement il mette le bailleur en cause. C'est à lui demandeur à assigner ce dernier si bon lui semble. L'art. 1727 dit bien que le preneur *doit appeler le bailleur en cause;* mais c'est une obligation imposée au preneur à l'égard du bailleur, et non pas à l'égard du demandeur; celui-ci dès-lors ne peut s'en prévaloir. — Troplong, n° 268. — V. aussi Charondas, *Réponses*, liv. 3, ch. 71.

348. — Ainsi jugé que, lorsque conformément à l'art. 1727, C. civ., le fermier assigné en déguerpissement par un tiers qui se prétend propriétaire des lieux loués, a fait connaître son bailleur et l'a appelé en garantie, toute action doit cesser de la part du demandeur contre le fermier, encore que le bailleur ait refusé de prendre son fait et cause. Le délaissement par le fermier étant subordonné à la question de savoir à qui appartient la propriété des lieux loués, cette question ne peut être agitée qu'entre le demandeur et le bailleur. — *Cass.*, 7 juin 1836, Becq c. Dorlet.

349. — Nous supposons qu'ici le trouble a consisté uniquement dans l'action exercée par le tiers, qu'elle n'a porté aucune atteinte matérielle à la jouissance du preneur. Si donc il a demandé à être mis hors de cause, il devra attendre paisiblement la fin du procès; et alors si la question est jugée en faveur de son bailleur, comme il n'aura éprouvé aucun préjudice, il n'aura rien à réclamer. Si au contraire le tiers triomphe et que le preneur soit forcé de délaisser tout ou partie de meuble, ou de souffrir l'exercice d'une servitude dont il n'avait pas été chargé par le bail, il pourra demander à son bailleur un juste dédommagement. — Troplong, n° 276; Duvergier, n° 320.

350. — Supposons maintenant que le preneur ait été dépossédé ou que sa jouissance ait été troublée par un tiers qui prétend avoir des droits sur la chose, que doit-il faire? quelle voie lui est ouverte.

351. — Comme il ne jouit qu'à titre précaire, il ne peut exercer l'action possessoire. — Ord. 1667, tit. 18, art. 1er; C. procéd., art. 23. — *Cass.*, 7 sept. 1808, Carquille c. Lefèvre; 17 avr. 1827, Pinelle c. Lault. — V. aussi Vinnius, *Instit.*, *De interdict.*, § 8, n° 1er, Bourjon, *Dr. commun de la France, Des actions réelles*, sect. 3e, t. 2, p. 511; Jousse, *Comment. sur l'ordonn. de* 1667, tit. 18, art. 1er; Pothier, *Louage*, n° 286, et *Possession*, n° 100; Berriat, p. 114, n° 29; Carré, sur l'art. 23, C. procéd.; Thomine-Desmazures, t. 1er, p. 86, n° 44; Merlin, *Rep.*, vis *Complainte*, § 3, n° 7, et *Servitude*, § 35, n° 3; Henrion de Pansey, *Compét. des juges de paix*, ch. 25; Favard, v° *Complainte*, sect. 1re, § 3, n° 1er; Garnier, *Tr. des act. possess.*, p. 357; Guichard, *Quest. possess.*, p. 243; Bioche et Goujet, *Dictionn. de procéd.*, v° *Act. possess.*, n° 122; Troplong, n° 271. — V. ACTION POSSESSOIRE.

352. — Cette action ne peut être exercée, même par le fermier dont le bail est de plus de neuf ans, car nos lois ne font point de distinction à cet égard. — Troplong, n° 272.

353. — Le preneur qui ne peut intenter une action possessoire, ne peut, à plus forte raison, intenter de son chef une action pétitoire relativement soit à la propriété de l'immeuble, soit aux démembremens de la propriété. Toute décision intervenue sur une telle action ne pourrait être opposée au bailleur, elle serait pour lui *res inter alios acta.* — Troplong, n° 273. — V. aussi Pothier, n° 91.

354. — A la vérité, lorsque le tiers a commis les voies de fait sans formuler des prétentions, le preneur, ne voyant en lui qu'un usurpateur, se trouvera naturellement amené à le poursuivre en vertu de l'art. 1725; mais dès que le défendeur, en réponse à son action, aura invoqué son prétendu droit, le preneur devra dénoncer le fait à son bailleur; ce sera alors entre ce dernier et le tiers que s'agitera le principal débat; le preneur ne restera en cause que pour la conservation de ses droits. — Troplong, n° 274.

355. — Il est un cas cependant où le preneur peut exercer l'action sans appeler le bailleur en cause : c'est celui où il prétend que, quelle que doive être en définitive la solution de la question de propriété, son bail doit, à raison de quelque circonstance

particulière, être maintenu; c'est là, en effet, un procès qui n'intéresse pas le bailleur, et pour lequel son intervention n'est nullement nécessaire. — Troplong, n° 275.

356. — Mais, hors les deux cas qui précèdent, le preneur n'aura jamais qualité pour entamer l'action tendant à faire cesser les voies de fait. — Troplong, n° 276. — Que devra-t-il donc faire?

357. — Il devra dénoncer au bailleur le trouble qui l'a privé de sa jouissance ou du moins l'a diminuée; et il pourra incontinent agir *ex conducto* contre son bailleur, afin que celui-ci le fasse jouir paisiblement et l'indemnise du préjudice que lui ont causé les voies de fait. — C. civ., art. 1726. — Troplong, *loc. cit.*

358. — Jugé en conséquence que le locataire d'usines situées sur un cours d'eau n'a qualité pour demander contre les riverains la cessation du trouble qu'ils apportent à sa jouissance des eaux qu'autant qu'il s'agit d'une simple voie de fait, et non pas quand ces riverains prétendent que leur mode d'usage d'eaux est fondé sur un droit qui leur est personnel et résulte de titres. — Dans ce cas le locataire doit s'adresser au bailleur tenu de le faire jouir. — *Cass.*, 6 juill. 1841 (t. 2 1843, p. 741), Cornillon c. Arrosants de la Craponne.

359. — Pour être recevable dans son recours contre le bailleur, il ne suffit pas que, sur la demande formée contre les riverains, le locataire l'ait mis en cause en se bornant à se réserver ses droits de garantie; il faut encore qu'il ait pris des conclusions directes contre lui. — Même arrêt.

360. — En cas d'éviction totale ou partielle, la garantie due au preneur par le bailleur a deux objets : 1° la décharge des loyers ou fermages, soit en totalité, soit proportionnellement à l'éviction partielle, pour le temps qui reste à courir depuis l'éviction; 2° les dommages-intérêts à raison du préjudice que cette éviction peut avoir causé au preneur. — Pothier, n° 92, Troplong, n° 277; Duvergier, n° 322.

361. — A la vérité, l'art. 1726 ne parle que de la diminution du prix du bail, ce qui semblerait exclure les dommages-intérêts; mais ce n'est là qu'une omission dont on ne peut conclure que le législateur ait entendu déroger ici aux principes généraux qui règlent les effets de la garantie. — Duvergier, n° 322; Troplong, n° 278; Zachariæ, t. 3, 11, note 16.

362. — Ces dommages-intérêts doivent comprendre les impenses extraordinaires faites sur l'héritage, lorsqu'elles ne sont pas de nature à pouvoir s'enlever, et que le fermier n'en a pas déjà été dédommagé par l'abandon des fruits qu'il a perçus, etc. — Pothier, *loc. cit.*; Troplong, *loc. cit.*

363. — Dans le cas d'éviction partielle, pour faire la réduction proportionnelle sur le prix total, il faut rechercher, non pas quelle est la somme pour laquelle la partie évincée, eu égard à sa valeur présente, pourrait être aujourd'hui affermée, mais quelle est la somme pour laquelle elle est effectivement entrée dans le prix du bail; pour cela on évaluera toutes les parties de la chose eu égard à leur état au moment du bail, et on verra ainsi quelle était alors la valeur de la partie évincée relativement aux autres. — Pothier, n° 95; Troplong, n° 279.

364. — Si la jouissance de la partie évincée a augmenté de valeur depuis le bail, cette plus-value n'entrera point, à la vérité, dans le premier objet de l'action *ex conducto*, qui tend seulement à la décharge du prix; mais elle sera comprise dans le second chef de cette action relatif aux dommages-intérêts dus, soit pour le dommage causé, soit pour le gain enlevé par l'éviction. — Pothier, *loc. cit.*; Troplong, *loc. cit.*

365. — Lorsque la partie évincée, louée pour une certaine somme, 600 fr., par exemple, avait été sous-louée pour une somme inférieure, 400 fr., le preneur a droit, par le premier chef de l'action *ex conducto*, à la décharge, pour le reste de la durée du bail, non pas seulement de la somme de 400 fr., prix de la sous location, mais de celle de 600 fr., puisque c'est cette dernière somme qui, dans le bail principal, représente la partie évincée. — Pothier, n° 94.

366. — Si au contraire cette partie, entrant pour 400 fr. seulement dans le bail principal, avait été sous-louée pour 600 fr., le preneur n'obtiendra, à la vérité, par le premier chef de l'action *ex conducto*, que la décharge de 400 fr.; mais il obtiendra, par le second chef, la somme de 200 fr. pour chacune des années que devait encore durer le bail. — Pothier, *loc. cit.*

367. — Le preneur ne peut exercer l'action en garantie qu'autant qu'il a dénoncé le trouble au bailleur; cela résulte des termes mêmes de l'art. 1726. — Et, en effet, son silence à cet égard met en péril les droits du bailleur, qui, ignorant

les voies de fait, peut laisser passer le temps de les faire réprimer. — Troplong, nº 281.

368. — Toutefois le preneur, bien que n'ayant pas dénoncé le trouble, pourrait néanmoins exercer son action s'il prouvait que le bailleur n'avait aucun moyen de le faire cesser, ou que, malgré son silence, ledit bailleur, informé du trouble, en a obtenu réparation de ses auteurs. — Zachariæ, t. 3, p. 11; Troplong, *Louage*, nº 281; Duvergier, *Louage*, t. 1er (contin. de Toullier, t. 18), nº 323.

369. — Ainsi jugé que, dans le cas où, par suite du dommage causé aux fermiers par le fait d'un tiers, le propriétaire a fait condamner ce tiers à un dédommagement envers lui, sans accorder à ses fermiers aucune diminution de leurs fermages, ces derniers peuvent, après l'expiration du bail, réclamer l'indemnité touchée par le propriétaire; et cela, encore bien qu'ils n'aient pas dénoncé le trouble, si d'ailleurs ils ont fait constater le dommage, et si, en recevant la quittance définitive du prix de leur bail, ils ont fait réserve de réclamer l'indemnité des torts causés à leurs récoltes. — *Cass.*, 1er déc. 1825, Martin c. Chiny et Julien.

370. — Le preneur qui, après avoir négligé pendant quelque temps de dénoncer le trouble au bailleur, lui en ferait plus tard la dénonciation, aurait droit, sauf l'application de l'art. 1768 (V. *infrà*, ch. 5), à une indemnité pour l'avenir. — Zachariæ t. 3, p. 11, note 18.

371. — M. Troplong, nº 282, exige de plus, pour que le preneur puisse exercer l'action en garantie, que l'éviction lui ait causé un préjudice de quelque considération. S'il n'était privé que d'une partie minime de la chose, si le préjudice était presque insignifiant, on ne devrait point y avoir égard. — Mais MM. Delvincourt (t. 3, Notes, p. 189), et Duvergier (nº 324), enseignent que, quelque modique que soit la portion de jouissance enlevée au preneur, il a droit à une réduction proportionnelle sur le prix du bail.

372. — Pour que le trouble donne lieu à l'action en garantie, il faut que l'éviction procède d'une cause antérieure au contrat. — Pothier, nº 83; Duvergier, nº 325; Troplong, nº 284.

373. — Lorsqu'un bail est annulé pour défaut de qualité dans la personne du bailleur (par exemple, si un usufruitier a renouvelé le bail plus de deux ans avant l'expiration du bail courant), le preneur a droit à des dommages-intérêts contre le bailleur, si celui-ci ne lui a pas fait connaître sa qualité. — *Paris*, 7 mars 1844 (t. 1er 1844, p. 651), Favreux c. Conversat.

374. — Il est indifférent, au reste, que le bailleur ait connu ou ignoré le principe de l'éviction. Cette circonstance pourra seulement influer sur la fixation plus ou moins rigoureuse des dommages-intérêts. — Duvergier, nº 327; Troplong, nº 284.

375. — Si le preneur avait connaissance, au moment du bail, de la cause d'éviction, il ne pourra exercer l'action en garantie, à moins que le bailleur, la connaissant également, ne lui ait expressément promis cette garantie. — Pothier, nº 84.

376. — Mais si la cause d'éviction, ignorée du bailleur, était connue du preneur, la garantie ne sera pas due, lors même qu'elle aurait été expressément stipulée. — Pothier, *loc. cit.*; Duvergier, nº 329.

377. — Toutefois le preneur, bien que n'ayant pas l'action en garantie, doit être déchargé du prix pour le restant du bail, à partir du jour où il a perdu la jouissance de la chose. — Pothier, nº 84; Troplong, nº 285; Duvergier, nº 330.

378. — Si le preneur, bien que connaissant la cause de l'éviction, avait cependant laissé insérer dans le bail la clause de non-garantie, il n'y aurait pas lieu d'appliquer l'art. 1629, spécial à la vente; en conséquence, le preneur devrait être déchargé du prix pour tout le temps qui reste à courir; en effet, le prix n'est dû au bailleur qu'au fur et à mesure que la jouissance a lieu; il s'ensuit que le bailleur ne peut, à partir du jour où la jouissance du preneur a cessé, acquérir de droit sur les loyers ou fermages, qui ne sont que la représentation de cette jouissance. — Troplong, nº 286; Duvergier, nº 330.

379. — Il en devrait être de même, à plus forte raison, nonobstant la clause de non-garantie, si le preneur avait ignoré la cause de l'éviction. — Troplong, nº 287.

380. — Lorsque l'éviction procède d'une cause postérieure au contrat, le bailleur n'en est pas garant, à moins qu'elle ne provienne de son fait. Dans ce cas, le preneur n'a pas droit aux dommages-intérêts, mais seulement à la décharge de son prix. — Pothier, nº 86; Troplong, nº 288.

381. — Le preneur condamné à délaisser l'immeuble baillé, parce que le bail était simulé et fait en fraude des créanciers du bailleur, ne peut exercer contre ce dernier l'action en garantie. — *Agen*, 31 mai 1811, Descamps c. Lavaux.

382. — Le preneur ne pouvant jouir de la chose louée que conformément aux droits qu'y avait le bailleur, il en résulte que, s'il établit un mode de jouissance qui y soit contraire et nuise à un tiers, il est personnellement responsable du dommage, et cela sans garantie contre le bailleur. — *Bordeaux*, 16 juin 1841 (t. 2 1841, p. 336), Cayol c. Delavie et Vernet.

383. — Sur le cas où le preneur est privé de la chose louée par la perte de cette chose, V. *infrà* nºs 932 s.

384. — *Troubles provenant du fait du bailleur.* — Les troubles apportés à la jouissance du preneur peuvent être causés par le fait personnel du bailleur. Dans ce cas, ce dernier lui doit garantie à moins qu'il n'en ait été affranchi par une clause du bail. D'où il ne faut pas conclure que le bailleur puisse, en vertu d'une clause générale de non-garantie, se permettre de troubler, selon son bon plaisir, la jouissance du preneur; mais il peut se réserver telle faculté dont l'exercice, en l'absence de cette clause, constituerait un trouble donnant lieu à la garantie. — Troplong, nº 191.

385. — Il n'y a trouble à la jouissance d'un locataire qu'alors que ce trouble s'est manifesté par des actes. Tant que le trouble n'est qu'un simple projet, le preneur est sans action pour se plaindre. — *Trib. civ. de la Seine*, sous *Paris*, 28 fév. 1843 (t. 1er 1843, p. 533), Caisse d'épargne de Paris c. Boudin-Devesvres.

386. — Le fait de l'établissement d'une maison de jeu dans un bâtiment occupé en partie par un locataire autorise celui-ci à demander la résiliation du bail. — *Paris*, 11 mars 1826, Régie des jeux c. Honnet. — V. conf. Troplong, nº 185; Duvergier, nº 310. — Il en serait de même si le propriétaire laissait s'établir dans la maison une maison de prostitution, un bal public, un café, une auberge, un bureau ou une station de voitures publiques, un atelier insalubre. — Troplong, nº 185.

387. — La location d'un appartement faite à une sage-femme, qui établit dans les lieux une maison d'accouchement, et qui annonce par des enseignes qu'elle reçoit des pensionnaires, peut, suivant les circonstances et eu égard à la profession d'un autre locataire, être considérée comme un trouble apporté à la jouissance de ce dernier, et donner lieu à la résiliation du bail. — *Paris*, 11 août 1843 (t. 2 1843, p. 822), Borque c. Bouissin.

388. — Lorsque le propriétaire d'une maison s'est soumis vis-à-vis d'un de ses locataires, à la condition que *la maison ne serait occupée que bourgeoisement*, cette obligation emporte nécessairement l'interdiction de louer la maison en garni. — *Paris*, 6 déc. 1839 (t. 2 1839, p. 667), Maisonneuve et Billeben c. Levassor.

389. — Lorsqu'une pièce dépendant d'une maison a été louée avec indication qu'elle devait servir de classe pour une école primaire, l'établissement dans l'étage supérieur de métiers d'une filature qui entravent par leur bruit les exercices de cette école constitue, relativement à la jouissance de la chose louée, un trouble que le locateur est tenu de faire cesser. — *Douai*, 11 juin 1844 (t. 2 1844, p. 327), ville de Lille c. Dorimieux.

390. — Le fait par le propriétaire d'envoyer paître ses troupeaux sur le fonds affermé, et celui d'y recueillir des fruits sans la permission du preneur, constituent des troubles apportés à la jouissance de ce dernier. — Troplong, nº 187.

391. — Le bailleur qui loue une partie de sa maison à un marchand de vin ne peut établir pour son propre compte un débit de vins dans la portion qu'il s'est réservée, encore que le bail ne contienne à cet égard aucune interdiction. — *Paris*, 10 fév. 1842 (t. 1er 1842, p. 116), Rousselot c. Spinelli.

392. — L'obligation, résultant d'un bail notarié, par laquelle un propriétaire s'engage envers son locataire *marchand* à ne pas louer la seconde maison qu'il se propose de construire sur son terrain, à un individu exerçant la même profession, est opposable au tiers acquéreur de cette maison. — Le tiers acquéreur, dans ce cas, est l'ayant-cause du vendeur. — *Paris*, 30 avr. 1832, Margotin c. Pascot.

393. — Le bailleur ne peut, pendant la durée du bail, changer la forme de la chose louée. — (C. civ., art. 1723). — Il contracte, par le bail, l'engagement tacite de laisser les choses en l'état où elles sont. — Pothier, nº 75, Troplong, nº 242.

394. — Ainsi, s'il voulait convertir une terre labourable en prairie ou en bois, le fermier aurait le droit de s'y opposer. — Pothier, *loc. cit.*; Troplong, *loc. cit.*

395. — Il ne peut pas plus faire un changement partiel qu'un changement total, si ce changement nuit au preneur. — Troplong, nº 243.

396. — Ainsi, le propriétaire troublerait la jouissance du preneur s'il la rendait moins commode, soit en créant des servitudes sur l'immeuble, soit en diminuant l'air, le jour ou la vue par la suppression d'une ou plusieurs fenêtres. — Troplong, nº 186; Duvergier, nº 309. — V. aussi Pothier, nº 76; Domat, liv. 1er, tit. 4, sect. 3e, nº 6.

397. — Jugé que celui qui a pris à loyer une maison ayant vue sur un jardin appartenant au bailleur est fondé à prétendre qu'il est troublé dans sa possession, lorsque le bailleur a détruit le jardin pour y faire élever un bâtiment. — Il a droit, dans ce cas, à des dommages-intérêts contre le propriétaire. — *Paris*, 15 déc. 1825, Marq-Foy c. Bourbier et Mignon.

398. — De même le locataire d'un appartement désigné dans le bail comme éclairé sur un jardin dépendant de la maison a par cela seul droit de vue sur le jardin pendant toute la durée de son bail, sans que le bailleur puisse changer la destination des lieux, et couvrir le jardin de constructions. — Il n'est pas nécessaire que ce droit du locataire lui soit garanti par une clause expresse du bail. — *Paris*, 20 fév. 1843 (t. 1er 1843, p. 533), Caisse d'épargne de Paris c. Boudin-Devesvres.

399. — Le propriétaire ne peut non plus exhausser d'un étage la maison louée; on ne saurait faire rentrer ce cas dans celui des réparations dont parle l'art. 1724. — Si l'exhaussement a lieu, le locataire a droit à des dommages-intérêts. — *Bordeaux*, 26 juill. 1831, Samblé c. Maubourguet. — V. conf. Troplong, nº 243.

400. — Pothier enseigne cependant (nº 75) que, si le changement de forme ne porte que sur une partie peu considérable, et que le propriétaire y ait un intérêt réel, il pourra le faire en indemnisant le fermier. — Mais cette doctrine, qui autorise le bailleur à violer la loi du contrat, ne saurait être admise en présence de l'art. 1723, dont les termes absolus ne comportent aucun tempérament. — Duranton, t. 17, nº 65; Duvergier, nº 307; Troplong, nº 244.

401. — Toutefois, si le propriétaire voulait faire à la chose de légères modifications qui ne troublassent en rien la jouissance du preneur, et que les juges ne vissent, dans le refus de ce dernier, qu'une vaine tracasserie, ils pourraient permettre au bailleur de passer outre. — Troplong, *loc. cit.*

402. — Le preneur peut être admis à prouver par témoins que le bailleur a entravé sa jouissance. — *Rennes*, 18 déc. 1835, Lesgner c. Moullieras.

403. — Le tribunal de police est incompétent pour connaître de la plainte d'un locataire contre son propriétaire qui s'est introduit dans la maison louée pour y faire des changemens et réparations. Cette plainte ne peut donner lieu qu'à une action civile. — *Cass.*, 28 pluv. an XI, Marchand.

404. — Du reste, la prohibition pour le bailleur de changer la forme de la chose louée n'est faite qu'en faveur du preneur; dès-lors le consentement de celui-ci fait disparaître tout obstacle. — Troplong, nº 245.

405. — Le consentement du preneur à souffrir le changement, sans dommages-intérêts, doit être établi par écrit; en effet, ces dommages, formant un objet indéterminé, la preuve que le preneur y a renoncé ne peut être faite par témoins. — *Bordeaux*, 26 juill. 1831, Samblé c. Maubourguet.

406. — Si, durant le bail, la chose louée a besoin de réparations urgentes et qui ne puissent être différées jusqu'à sa fin, le preneur doit les souffrir, quelque incommodité qu'elles lui causent, et quoiqu'il soit privé, pendant qu'elles se font, d'une partie de la chose louée. — Mais si ces réparations durent plus de quarante jours, le prix du bail sera diminué à proportion du temps et de la partie de la chose louée dont il aura été privé. — Si les réparations sont de telle nature qu'elles rendent inhabitable ce qui est nécessaire au logement du preneur et de sa famille, celui-ci pourra faire résilier le bail. — C. civ., art. 1724.

407. — Si les réparations n'étaient pas urgentes, c'est-à-dire commandées par une impérieuse nécessité, le preneur ne serait pas obligé de les souffrir. — Pothier, nº 78; Troplong, nº 248.

408. — Lorsque l'urgence existe, le locataire doit se soumettre, sans indemnité, à l'incommodité qui en résulte pour lui, car c'est dans son intérêt, aussi bien que dans celui du propriétaire, qu'elles sont faites. — Troplong, *loc. cit.* — V. aussi le président Favre, *Rational. ad pandect.*, sur la loi 17, ff., *Loc. cond.*

409. — C'est, du reste, d'après les circonstances qu'on doit apprécier si les réparations sont véritablement urgentes. — Troplong, nº 248.

410. — On ne saurait voir le caractère d'urgence

déterminé par l'art. 1724, dans les réparations, même nécessaires, qui pourraient toutefois être *retardées jusqu'à la fin du bail*, et que le propriétaire ne voudrait faire pendant sa durée que pour n'en être point lui-même incommodé lorsqu'il sera rentré dans sa maison, ou pour la mettre en état d'être relouée sans interruption à la sortie du locataire. — Duvergier, n° 298; Troplong, n° 248. — V. aussi Pothier, n° 79; LL. 30 et 35, ff., *Loc. cond.*

411. — Jugé que le bailleur ne peut faire que des réparations urgentes et nécessaires, mais non des travaux de construction et de changement. — Il lui est interdit notamment d'exécuter des travaux ayant pour résultat de réduire la profondeur d'un escalier, qui seraient dans son intérêt seul, et causeraient au locataire, en raison de sa profession, un préjudice considérable. — *Paris*, 9 janv. 1844 (t. 1er 1844, p. 134), Laperrière c. Bertauld.

412. — L'exhaussement d'un étage de la maison louée ne peut être considéré comme une des réparations urgentes sur lesquelles statue l'art. 1724. — V. l'arrêt de Bordeaux cité ci-dessus, n° 399.

413. — Le propriétaire qui, malgré l'opposition du preneur, ferait faire dans la maison des réparations non urgentes, se rendrait passible envers lui de dommages-intérêts. — Africanus, L. 35, ff., *Loc. cond.*; et Cujas, sur cette loi. — V. aussi Troplong, n° 248.

414. — Lorsque les réparations rendent inhabitable ce qui est nécessaire au logement du preneur et de sa famille, il n'est pas nécessaire, pour que la résiliation puisse être demandée, que cette privation ait duré quarante jours; cela résulte de l'économie des dispositions de l'art. 1724. — Troplong, n° 251; Duvergier, n° 300. — A moins cependant que les réparations n'aient duré que fort peu de jours, et que le bailleur n'ait donné au preneur des moyens de suppléer au logement dont il a été privé.

415. — Lorsque cette résiliation est prononcée, le preneur n'a pas droit à des dommages-intérêts. — Mouricault, *Rapport au Tribunat* (Fenet, t. 14, p. 326); Troplong, n° 252.

416. — Il ne pourrait en réclamer qu'autant qu'il prouverait que le bailleur, en négligeant de faire les réparations nécessaires, a laissé l'immeuble se détériorer. — Troplong, n° 252; Duvergier, n° 302.

417. — Mais, lorsque les réparations durent plus de quarante jours, comment doit être fixée l'indemnité? — Suivant M. Troplong (n° 253), elle n'est due que pour le nombre de jours qui excède les quarante jours de grace; mais il nous paraît plus conforme à l'équité et aux termes de l'art. 1724 de décider qu'elle doit être accordée pour la durée totale des réparations. Cet article dit en effet que le prix du bail sera diminué à proportion *du temps* et de la partie de la chose louée dont il aura été privé. — V. aussi en ce sens Delvincourt, t. 3, p. 189, notes, n° 4; Duvergier, n° 303.

418. — Le locataire qui a été, par un jugement passé en force de chose jugée, déclaré responsable de l'incendie, est non-recevable à réclamer, en vertu de l'art. 1724, C. civ., une diminution sur le prix du bail à raison de l'incommodité des réparations que l'incendie a rendues nécessaires. — Peu importe que la somme qu'il a été condamné à payer au propriétaire à titre de dommages-intérêts soit productive d'intérêts. — *Bordeaux*, 4 fév. 1840 (t. 2 1843, p. 550), Tarbé c. Peyrusson. — En ce qui touche la responsabilité du preneur en cas d'incendie, V. *infrà* nos 634 et suiv.

419. — La disposition de l'art. 1724 est applicable non seulement au cas où il s'agit de la location d'une maison, mais encore au cas de location d'une usine, manufacture ou héritage rural. On ne saurait tirer un argument contraire de ce que la loi se sert des mots *privation du logement du preneur et de sa famille*. — Duvergier, n° 301.

§ 2. — *Garantie des vices ou défauts de la chose louée.*

420. — Dans le louage comme dans la vente, il est dû garantie au preneur pour tous les vices ou défauts de la chose louée qui en empêchent l'usage, quand même le bailleur ne les aurait pas connus lors du bail. — C. civ., art. 1721.

421. — Ainsi, d'après l'art. 1721, pour qu'il y ait lieu à garantie, il faut que les vices ou défauts empêchent l'usage de la chose, c'est-à-dire la rendent impropre à remplir le but pour lequel elle a été louée. — Troplong, n° 196.

422. — Si, par exemple, dans la prairie que vous m'avez louée pour y faire paître mes bestiaux, il croît de mauvaises herbes qui les font mourir, ce vice la rendant impropre à l'usage que j'en voulais faire, j'ai le droit d'intenter contre vous l'action en garantie. — Pothier, n° 110.

423. — Toutefois, il ne faudrait pas interpréter l'art. 1721 en ce sens que l'empêchement de l'usage doive être entier et absolu pour donner lieu à la garantie; il suffirait, comme dans la vente, que les vices ou défauts diminuassent tellement cet usage que le preneur ne l'eût pas louée ou n'en eût donné qu'un moindre prix s'il les eût connus. — Duvergier, t. 3, n° 339.

424. — Mais si la chose n'avait que quelques défauts légers qui, sans la rendre impropre à l'usage pour lequel elle a été louée, rendissent seulement cet usage moins commode, la garantie ne pourrait être demandée. — Pothier, n° 110; Troplong, n° 196.

425. — Ainsi jugé que le locataire d'un moulin ne peut demander la garantie pour le fait qu'un des tournans de ce moulin n'aurait pas une célérité égale aux autres, alors surtout qu'avant le bail il a visité les lieux. — *Colmar*, 14 nov. 1825, Karcher c. Chevalier.

426. — On agitait autrefois la question de savoir si l'apparition des spectres et des fantômes dans la maison louée était un de ces vices qui autorisent le preneur à demander la garantie, et en général les anciens auteurs la résolvaient affirmativement. — V. à cet égard Despeisses, tit. 2, sect. 5e, n° 4, et les auteurs qu'il cite. — Toutefois le parlement de Paris, quoique sa jurisprudence ne fût pas uniforme sur ce point, inclinait au rejet de l'action. Le parlement de Bordeaux, au contraire, l'accueillait toujours. — Brillon, v° *Bail*, n° 12. — Aujourd'hui, on ne croit plus aux apparitions, et un locataire ne serait pas recevable à les invoquer comme vice rédhibitoire à l'appui d'une demande en résiliation de bail. — Duvergier, n° 328; Troplong, n° 197.

427. — Le preneur ne peut demander la garantie si, au moment du bail, il connaissait les vices ou défauts de la chose louée. — Pothier, n° 113; Duvergier, n° 342; Troplong, n° 198. — V. aussi (*suprà* n° 425) *Colmar*, 14 nov. 1825, Karcher c. Chevalier.

428. — Ainsi jugé que la disposition de l'art. 1721, C. civ., qui porte qu'il est dû garantie au preneur pour tous les vices ou défauts de la chose louée qui en empêchent l'usage, doit être restreinte, dans son application, aux vices cachés. — Dès-lors le preneur ne peut demander la résolution du bail lorsqu'il a connu ou dû connaître ces vices, et le locateur est exempt de garantie si le preneur pouvait facilement prévoir leur existence. — *Bordeaux*, 28 mai 1841 (t. 2 1841, p. 221), Galerie de Bordeaux c. Gosselin-Cognac.

429. — La garantie des vices ou de tel vice en particulier n'est pas due non plus lorsque le bail contient une clause de non garantie, car les conventions légalement formées tiennent lieu de loi entre ceux qui les ont faites. — Pothier, n° 114; Troplong, n° 198; Duvergier, n° 345. — A moins toutefois, dit ce dernier auteur, que le bailleur ne connût, soit l'existence des vices, soit la tendance de la chose à les contracter, tandis que le preneur l'ignorait; dans ce cas, la clause de non garantie devrait être réputée non avenue à cause du dol du bailleur.

430. — Un fermier ne peut demander une diminution de son bail en raison de vices survenus à la chose louée et qui en auraient empêché ou diminué l'usage, qu'autant qu'il en a provoqué la réparation en temps opportun. — *Colmar*, 20 nov. 1816, Colin c. Mainer.

431. — L'effet de la garantie due par le bailleur, lorsque les vices ou défauts de la chose louée la rendent impropre à l'usage pour lequel elle a été louée, c'est que le preneur a le droit d'agir *ex conducto* afin d'obtenir la résiliation du bail et la décharge du prix. — Pothier, n° 116; Troplong, n° 193; Duvergier, n° 339.

432. — Si les vices ou défauts, tout en diminuant l'usage et l'utilité de la chose, ne paraissaient pas cependant assez graves pour que la résiliation dût être prononcée, il y aurait lieu d'accorder au preneur une diminution de prix. — Duvergier, n° 339.

433. — En outre, s'il résulte de ces vices ou défauts quelque perte pour le preneur, le bailleur est tenu de l'indemniser. — C. civ., art. 1721, alin. dernier.

434. — Il semblerait résulter des termes de cet alinéa de l'art. 1721, surtout si on les rapproche, comme ils le sont dans cet article, des derniers mots de l'alinéa premier, que, dans le cas de perte, le bailleur doit des dommages-intérêts au preneur, soit qu'il ait connu les vices ou défauts, soit qu'il les ait ignorés.

435. — Et en effet la cour de Cassation a rejeté le pourvoi contre un arrêt de la cour royale de Paris qui avait prononcé des dommages-intérêts au profit du preneur à raison des vices de la chose, sans examiner si le bailleur les avait connus ou s'il les avait ignorés. — *Cass.*, 30 mai 1837 (t. 1er 1837, p. 475), de Sommariva c. Perreau.

436. — Cette doctrine serait contraire aux principes établis par les art. 1645 et 1646 en matière de vente; en effet, ces articles distinguent entre le cas où le vendeur a connu et le cas où il a ignoré les vices de la chose. Dans le premier cas, la loi, outre la résolution de la vente, prononce des dommages-intérêts contre le vendeur; mais, dans le second, elle l'oblige seulement à restituer à l'acheteur le prix de vente avec les frais qu'elle a occasionnés. On ne voit pas pourquoi le législateur après avoir fait en matière de vente cette équitable distinction, aurait entendu la rejeter en matière de bail. On le comprendrait d'autant moins que la même distinction avait été faite, et par les jurisconsultes romains des deux écoles, et par nos anciens auteurs. — V., à cet égard, L. 19, § 1er, ff., *Loc. cond.*; Domat, liv. 1er, tit. 4, sect. 3e, n° 8; Pothier, n° 118; Duvergier, n° 341; Troplong, n° 194.

437. — Dans le cas même où le bailleur n'a pas eu une connaissance positive du vice de la chose, il est cependant tenu des dommages-intérêts s'il a eu un juste sujet de le soupçonner et qu'il l'ait dissimulé au preneur. — Ainsi, par exemple, si vous m'avez loué pour un certain temps une couple de bœufs que vous aviez achetés dans un lieu où régnait une contagion sur les bêtes à cornes, bien qu'au temps du contrat intervenu entre nous, vous ne sussiez pas positivement qu'ils fussent infectés de cette contagion qui ne s'était pas encore déclarée, cependant si vous m'avez caché qu'ils venaient du lieu où régnait la maladie, vous devez être tenu de la perte que j'ai soufferte par la contagion qu'ils ont communiquée à mes autres bestiaux, car l'origine de ces bœufs était pour vous un juste sujet de soupçonner le mal dont ils étaient atteints. — Pothier, n° 118.

438. — De même, lorsque par sa profession le bailleur devait connaître le vice de la chose, il est tenu des dommages-intérêts, soit qu'en réalité il l'ait connu, soit qu'il l'ait ignoré. C'est ce que décide la loi 19, § 1er, ff., *Loc. cond.* : *Si quis dolia vitiosa ignorans locaverit, deinde vinum effluxerit, tenebitur in id quod interest, nec ignorantia ejus erit excusata*. C'est qu'en effet le tonnelier est obligé, par sa profession, de connaître les défauts des tonneaux qu'il loue, ce qui le rend responsable du préjudice qui peut en être la suite. — Pothier, n° 119; Duvergier, n° 341; Troplong, n° 194.

439. — Mais, pour qu'il y ait lieu d'accorder au preneur des dommages-intérêts, il faut que les vices de la chose lui aient causé un préjudice réel, et non pas une simple contrariété, un simple désappointement. — Troplong, n° 196.

440. — Jugé que le bailleur qui, bien que de bonne foi, se trouve, par suite des vices de la chose, dans l'impossibilité de faire jouir le preneur de la chose affermée, est tenu de rembourser à ce dernier, à titre de dommages-intérêts, seulement les dépenses utiles et nécessaires de culture, sous la déduction des fruits perçus. — *Bourges*, 3 juin 1840 (t. 1er 1841, p. 492), Comp. génér. de dessèchement c. Sauce et Micalef. — Il s'agissait, dans l'espèce, de terrains que le voisinage de marais non desséchés exposait à des submersions fréquentes qui détruisaient les récoltes.

441. — Lorsque le bailleur et le preneur sont en faute, le premier d'avoir loué une chose impropre à l'usage auquel on la destinait, le second d'en avoir abusé, ils ne peuvent réciproquement se demander garantie des accidens dont la cause ne peut être imputée à l'un exclusivement à l'autre. — *Rennes*, 22 janv. 1821, Dugray c. de la Blanchetais.

442. — Jugé, au reste, que les questions relatives, soit à la résiliation des baux, soit à l'étendue des dommages-intérêts dus aux preneurs pour les pertes causées par les vices de la chose louée, sont souverainement décidées par les cours et tribunaux, dont les décisions, à cet égard, échappent à la cour de Cassation. — *Cass.*, 30 mai 1837 (t. 1er 1837, p. 475), de Sommariva c. Perreau.

443. — Le bailleur est garant des vices de la chose, non seulement lorsqu'ils existaient dès le temps du contrat, mais même lorsqu'ils sont survenus postérieurement, et en cela le bail diffère de la vente, car le vendeur n'est garant que des vices qui existaient lors du contrat. La raison de cette différence, dit Pothier (n° 112), est qu'aussitôt que le contrat de vente est parfait par le consentement des parties, la chose cesse d'être aux risques du vendeur pour devenir aux risques de l'acheteur; au lieu que dans le louage, elle est toujours aux risques du locateur. La raison ulté-

rieure de différence, ajoute-t-il, est que, dans le contrat de vente, c'est la chose même qui est vendue qui est l'objet et le sujet du contrat. Il suffit que cette chose ait existé, quoiqu'elle ait péri depuis, pour que la vente ait eu un sujet et pour que l'obligation que l'acheteur a contractée d'en payer le prix subsiste. Au contraire, dans le bail, ce n'est pas précisément la chose, mais plutôt la jouissance qui fait l'objet et le sujet du contrat. Lors donc que le preneur ne peut plus en jouir, le sujet du contrat manque et le preneur ne peut être obligé à payer le prix d'une jouissance qu'il n'a pas. — Duvergier, *Louage*, t. 1er (contin. de Toullier, t. 18), no 343.

444. — En général, il n'y a pas lieu d'allouer des dommages-intérêts à raison des vices qui ne sont survenus que depuis le contrat. En effet, ainsi qu'il a été dit plus haut, les dommages-intérêts ne sont dus qu'autant que le bailleur connaissait les vices de la chose au moment même du bail : or, il ne pouvait les connaître alors, lorsqu'ils ne sont survenus que depuis. — Pothier, no 117 ; Troplong, no 206 ; Duvergier, no 344.

445. — Toutefois, si un bâtiment loué venait à s'écrouler pendant le bail, soit par suite du défaut d'entretien, soit par le vice de sa construction, le propriétaire serait, aux termes de l'art. 1386, C. civ., responsable envers le locataire comme envers tout autre du dommage causé par sa ruine. — Duranton, t. 17, no 64 ; Troplong, no 64. — V. sur le principe vo RESPONSABILITÉ.

Sect 4e. — *Obligations du preneur.*

ART. 1er. — *Obligation de jouir : 1o en bon père de famille ; 2o suivant la destination de la chose.*

446. — La première obligation qui dérive pour le preneur de la nature même du contrat, c'est d'user de la chose louée en bon père de famille, et suivant la destination qui lui a été donnée par le bail, ou suivant celle présumée d'après les circonstances, à défaut de convention. — C. civ., art. 1728.

447. — L'obligation de jouir en bon père de famille, et celle de jouir de la chose suivant sa destination, sont deux obligations bien distinctes, qui ne rentrent pas l'une dans l'autre. Ainsi, le bon père de famille peut fort bien, sans cesser de l'être, changer la destination de sa propre chose ; le preneur le pourrait donc également s'il n'était tenu que des devoirs attachés à cette qualité de bon père de famille ; par conséquent l'obligation de conserver à la chose sa destination est une obligation spéciale, qui ajoute à la première. — Troplong, no 294.

§ 1er. — *Obligation de jouir en bon père de famille.*

448. — « Le conducteur, dit Pothier (no 190), doit jouir et user de la chose qui lui est louée comme un bon père de famille userait de la sienne propre : il doit avoir le même soin, pour la conserver, qu'un bon et soigneux père de famille aurait pour la sienne propre. — Ainsi, par exemple, celui qui a pris à loyer un cheval, ne doit point le surmener, le faire courir, lui faire faire de trop fortes journées. Il doit avoir soin de le bien faire panser et nourrir. »

449. — L'obligation de jouir en bon père de famille entraîne des obligations diverses suivant la nature de la chose qui fait l'objet du bail.

450. — Ainsi, le fermier d'une métairie doit façonner les terres en temps convenable ; il ne lui est pas permis de les épuiser en les chargeant, les dessaisonnant ; il doit avoir des bestiaux en quantité suffisante pour les exploiter. — Pothier, no 190 ; Troplong, no 296. — V. aussi L. 25, § 3, ff., *Loc. cond.*

451. — Il ne peut non plus divertir aucuns fumiers, aucunes pailles de la métairie ; tous les fumiers et toutes les pailles étant destinés à l'engrais des terres. — Pothier, no 190.

452. — Il doit veiller à la conservation des édifices et des clôtures. *Curam villarum habere debet* (dit Gaius, L. 25, § 3, ff., *Loc. cond.*), *ut eas incorruptas habeat.* — Troplong, no 298.

453. — Le fermier d'une vigne doit la bien façonner, la bien fumer, la bien entretenir d'échalas, la provigner, et généralement la cultiver de la même manière qu'un bon et soigneux vigneron cultiverait sa propre vigne. — Pothier, no 190.

454. — Le preneur doit, en général, s'abstenir, dans sa jouissance, de tout ce qui pourrait diminuer la valeur de la chose louée.

455. — Mais le locataire d'une auberge peut bâtir et exploiter en même temps une autre auberge voisine de celle qu'il tient à loyer. — *Rennes*, 21 mars 1815, Redou c. Pebray. — C'est là un fait étranger à sa jouissance et indépendant d'elle.

456. — Jugé qu'un locataire de deux maisons contiguës appartenant à des propriétaires différens ne peut, pour sa commodité et son usage, pratiquer des vues dans un mur mitoyen séparatif de deux propriétés. — Celui des deux propriétaires qui craint que la servitude ne s'établisse sur son terrain a le droit de demander, de suite et sans attendre la fin du bail, la fermeture de ces jours ou vues. — L'intervention du locataire dans la contestation qui s'élève à ce sujet entre les deux propriétaires n'est pas recevable. — *Rouen*, 5 fév. 1817, Leloup c. Delamarche et Piffaut-Delatour.

457. — Le preneur doit avertir le bailleur des usurpations qui pourraient être commises sur la chose, afin que celui-ci puisse prendre les mesures nécessaires pour les réprimer. Si donc ledit preneur laissait un voisin acquérir la possession annale de quelque partie de la chose, il serait passible de dommages-intérêts envers le bailleur. — Pothier, no 191.

458. — Les dégradations résultant du défaut de réparations peuvent donner lieu à la révocation du bail, comme elles donnent lieu à la révocation de l'usufruit (C. civ., art. 618). — *Cass.*, 22 mars 1836, Messent c. Baillivet et Gouyer. — Le bailleur peut également faire résilier le bail pour dommages résultant des dégradations qui proviennent de l'excès, de la part du preneur, dans l'usage auquel la chose donnée en louage avait été destinée. — Le preneur ne peut s'y maintenir jusqu'à l'expiration du bail, sauf à rendre alors la chose en état de réparations, ou en bonifier les dommages pour cause de dégradations. — *Bruxelles*, 18 mai 1822, N....

459. — Pour autoriser la résiliation du bail en faveur du bailleur, il faut que les dégradations soient réellement *majeures*. Mais les simples changemens opérés dans la distribution de la chose louée ne donnent au bailleur que le droit de faire rétablir les lieux dans leur état primitif, alors surtout qu'ils ont eu lieu à son vu et su et sans réclamation de sa part. — *Colmar*, 26 avr. 1815, Wickel c. Margraff.

460. — Jugé que les art. 1729 et 1766, C. civ. (qui portent qu'en cas de dégradation ou usage de la chose louée contraire à sa destination, le propriétaire peut faire résilier le bail), ne confèrent pas au propriétaire un droit tellement absolu que les tribunaux ne puissent, tout en reconnaissant qu'il y a dégradation et usage de la chose contraire à sa destination, rejeter la demande d'après les circonstances, par exemple, en considérant que le mal est récent et facilement réparable. — *Cass.*, 19 mai 1825, Burger c. Deligny ; 18 nov. 1829, Laurent et Béra c. Waltiaux.

461. — Jugé de même que les changemens opérés à l'objet loué peuvent, bien qu'ils paraissent avoir dépassé les bornes d'une jouissance ordinaire, ne pas donner lieu à la résiliation du bail, si d'ailleurs, au moyen de quelques réparations faciles, les lieux peuvent être remis, à la sortie, dans leur ancien état. — *Rennes*, 28 janv. 1828, Gauche c. Davenel et Vibert.

462. — Lorsqu'un locataire, en faisant des constructions sur le terrain loué, se procure un bénéfice préjudiciable au bailleur, celui-ci peut demander la résiliation du bail. — Cette résiliation étant purement facultative, les tribunaux peuvent la convertir en une indemnité. — *Lyon*, 14 août 1840 (t. 1er 1841, p. 392), Arcis de Chazourne c. Hospices de Lyon.

463. — Lorsque, par un mode de jouissance abusif, par exemple en désachalandant une usine, le locataire fait éprouver un préjudice actuel au propriétaire, celui-ci peut immédiatement, et sans attendre l'expiration du bail, réclamer des dommages-intérêts. — *Bourges*, 28 déc. 1835, Grillon-Deschapelles c. Delaporte ; 20 mars 1839 (t. 2 1839, p. 26), Bégenne-Lamotte c. Lavaud.

464. — Lorsque des dégradations commises par un fermier sont réparables avant la fin du bail, l'action en dommages-intérêts n'est ouverte qu'à la fin du bail. — *Cass.*, 18 nov. 1829, Laurent et Béra c. Waltiaux.

465. — Lorsqu'une demande tendant originairement au rétablissement, par le fermier, des lieux dans leur premier état, n'est jugée qu'après la cessation du bail, l'affaire ne présentant plus dès-lors qu'une question de dommages-intérêts, et non une question d'exécution de bail, les juges peuvent prononcer d'après les faits et circonstances de la cause ; et l'appréciation de ces faits échappe à la censure de la cour de Cassation. — *Cass.*, 7 mai 1838 (t. 2 1838, p. 275), Coutrot.

466. — L'écroulement d'un mur occasionné par un enlèvement de terres fait par le fermier ne peut donner lieu contre lui à aucuns dommages-intérêts, lorsqu'il est établi que ce mur était en mauvais état et avait été reconnu tel par le bailleur, et que l'enlèvement des terres était utile. — Même arrêt.

467. — Lorsque le preneur poursuivi en résiliation du bail pour cause de dégradation des lieux loués, allègue avoir agi du consentement du bailleur, celui-ci peut être admis à établir le contraire tant par experts que par la preuve testimoniale. — *Rennes*, 1er août 1815, N....

468. — Au surplus, la question de savoir si le fermier jouit ou non en bon père de famille rentre dans l'appréciation des juges du fond, ainsi que celle de savoir si les dégradations opérées par le fermier ou par le mauvais usage de la chose sont de nature à motiver, soit la résiliation du bail, soit des dommages-intérêts. — (V. les arrêts qui précèdent). — *Cass.*, 19 mai 1825, Bruger c. Deligny.

469. — Lorsque le bailleur et le preneur sont en faute, le premier d'avoir loué une chose impropre à l'usage auquel on la destinait, le second d'en avoir abusé, ils ne peuvent réciproquement se demander garantie des accidens dont la cause ne peut être imputée à l'un exclusivement à l'autre. — *Rennes*, 22 janv. 1821, Dugray c. de la Blanchelais.

470. — A l'obligation de jouir de la chose en bon père de famille, se rattache celle de faire les réparations locatives qui peuvent être nécessaires. Nous verrons ci-après (nos 1087 et suiv.), ce qu'on doit entendre par réparations locatives, soit dans les baux à loyer, soit dans les baux à ferme.

471. — Il a été jugé que le défaut de réparations locatives ne donne au propriétaire, contre le fermier dont le bail est expiré, qu'une action en confection de ces réparations ou en paiement du prix qu'elles ont coûté, et qu'il ne peut jamais autoriser une demande en paiement de loyers. — *Bourges*, 16 prair. an IX, Lemonnier c. Lesage. — Cette solution est juste en ce sens que le défaut de réparations locatives n'empêche pas d'expirer le bail qui est arrivé à sa fin ; en d'autres termes, elle n'opère pas tacite reconduction ; mais il n'en est pas moins vrai que si les réparations locatives étaient d'une importance telle qu'elles occasionnassent au propriétaire une non-valeur, les juges pourraient, à titre de dommages-intérêts, lui allouer le montant des termes de loyer dont il aurait été privé par le fait de l'ancien locataire.

§ 2. — *Obligation de jouir suivant la destination de la chose.*

472. — Lorsque la destination de la chose n'a pas été expressément fixée par la convention, c'est d'après les circonstances qu'on doit apprécier quelle a été à cet égard leur intention. C'est aux tribunaux qu'il appartient de faire cette appréciation. — Troplong, no 299.

473. — L'art. 1729, C. civ., dispose que si le preneur emploie la chose louée à un autre usage que celui auquel elle a été destinée, *ou* dont il puisse résulter un dommage pour le bailleur, celui-ci peut, suivant les circonstances, résilier le bail.

474. — Les auteurs sont divisés sur l'interprétation de cette disposition. — MM. Duranton (t. 17, no 99, note) et Duvergier (no 400) pensent que la disjonctive *ou* doit être remplacée par la copulative *et* ; qu'ainsi il faudrait le concours de ces deux circonstances : changement de destination, et préjudice en résultant, pour donner au bailleur le droit de demander la résiliation du bail. Et ils s'appuient à cet égard sur un passage du rapport fait au tribunat, sur ce titre, par M. Mouricault, passage dans lequel l'orateur, paraphrasant l'art. 1729, se sert en effet du mot *et*, au lieu du mot *ou*. (Fenet, t. 14, no 320). — Toutefois, M. Duvergier pense qu'il est des cas où le bailleur pourra s'opposer aux modifications, encore bien qu'elles ne causent aucun dommage, et que même elles augmentent la valeur de la chose ; qu'ainsi, un fermier de terres labourables ne pourrait, sans le consentement du locateur, les planter en safran.

475. — MM. Troplong (no 381) et Zachariæ (t. 3, p. 11, § 367, 1o) pensent, au contraire, qu'il faut laisser à la particule son sens disjonctif ; qu'ainsi, les deux propositions séparées par cette particule, au lieu de former les deux élémens essentiels d'une seule et même cause de résiliation, constituent deux causes de résiliation bien distinctes correspondant à la double obligation : 1o de jouir en bon père de famille ; — 2o de jouir selon la destination de la chose ; en telle sorte que la résiliation puisse être demandée si le preneur change la destination de la chose, et qu'elle puisse l'être encore si, conservant à la chose sa destination, il n'en use pas en bon père de famille. — Nous n'hésitons point à adopter cette interprétation, qui nous paraît plus conforme à la pensée de la loi, et qui, d'ailleurs, ne fait point violence au texte comme celle de MM. Duranton et Duvergier.

476. — Le locataire ne peut, pendant sa jouis-

sance, prendre, à raison de sa profession, des mesures qui, sans être nécessaires, soient incommodes pour le propriétaire, et dont l'emploi n'ait pas été prévu lors du bail. — Spécialement, un chef militaire qui, selon l'usage, a le droit d'avoir, pour sûreté de la caisse et la garde du drapeau, un planton à l'intérieur et une sentinelle à l'extérieur, ne peut substituer à ce planton intérieur une autre sentinelle qu'il faille relever aux heures de nuit. — *Paris,* 5 déc. 1814, Nicolas c. colonel Tripe.

477. — L'établissement par un locataire de filles publiques dans les lieux loués est une cause de résiliation du bail, lorsque, d'ailleurs, le bailleur a ignoré que telle était la destination que le preneur entendait donner auxdits lieux. — *Lyon,* 6 fév. 1833, Côte c. Bienal; *Paris,* 19 avr. 1834, sous *Cass.,* 19 mars 1835, Frémont c. Périer. — V. conf. Duvergier, *Louage,* t. 1er (continuation de Toullier, t. 18), no 402; Troplong, no 302.

478. — En cette matière, et en général toutes les fois qu'une demande repose sur des motifs d'honnêteté publique, les fins de non-recevoir ne doivent pas être faiblement admises; il faut d'impérieux motifs pour les faire prévaloir. — Troplong, no 302; Duvergier, no 402, note.

479. — Ainsi, de ce que, sur la demande en indemnité formée par un locataire, le bailleur aurait, dans le but de faire réduire l'indemnité réclamée, argumenté du changement de destination des lieux, tel que la conversion de la maison louée en une maison de prostitution, il n'en résulte pas qu'il soit censé avoir renoncé judiciairement au droit de demander par la suite la résiliation du bail pour cette cause. — *Cass.,* 19 mars 1835, Frémont c. Périer.

480. — Si cependant la maison était mal famée, ou s'il était prouvé que le bailleur connaissait, au moment du bail, la destination qu'on entendait donner aux lieux loués, il ne serait pas recevable à demander la résiliation. — Troplong, no 302.

481. — La preuve testimoniale est admissible à l'effet d'établir que le preneur ou ses sous-locataires tiennent un lieu de prostitution, quel que soit d'ailleurs le prix du bail. — Troplong, no 303. — A plus forte raison, cette preuve peut être faite par des titres écrits et délivrés par la police. — Troplong, *loc. cit.*

482. — Toutefois, les magistrats devront examiner si la plainte n'a pas été inspirée par des sentimens d'animosité, et n'admettre la preuve qu'autant que l'action leur paraîtra fondée sur des faits sérieux et graves. — Troplong, no 303.

483. — Ce qui a été dit pour les maisons de prostitution devrait l'être également pour les maisons de jeu. — Argum. *Paris,* 11 mars 1826, Régie des jeux c. Ronnet; — Duvergier, *loc. cit.*; Troplong, *loc. cit.*

484. — Le fait par un locataire de sous-louer à un cercle littéraire l'appartement qui est destiné à son habitation et à celle de sa famille constitue un changement de destination locative donnant lieu à la résiliation du bail. — C. civ., art. 1728 et 1729 — *Aix,* 31 janv. 1833, Mourier c. Ratisbonne.

485. — Les marchands de vin établis sur les boulevarts extérieurs de Paris ont droit de faire danser, conformément à l'usage, dans les lieux à eux loués; l'interdiction de cette faculté ne pourrait résulter que d'une prohibition expresse insérée dans le bail. — *Paris,* 10 janv. 1842 (t. 1er 1842, p. 116), Rousselot c. Spinelli.

486. — M. Duvergier (*Collect. des lois,* t. 34, p. 63) demande si le propriétaire qui a loué de bonne foi, et qui apprend ensuite qu'on destine l'appartement ou la maison à la tenue des réunions d'une association non autorisée, pourrait demander par ce motif la résiliation du bail. « Non, répond-il; sa bonne foi, au moment de la location le met à l'abri de toute peine; il n'a donc aucun intérêt à faire résoudre le bail. » — Mais il nous paraît difficile d'admettre cette opinion; en effet, la destination dont il s'agit a pour effet d'introduire dans la maison des étrangers, des inconnus; de plus, elle expose cette maison aux visites, aux perquisitions de la police; or ces circonstances sont de nature à éloigner les locataires paisibles, qui peuvent craindre de voir leur tranquillité compromise par ce dangereux voisinage. Il y a donc là, pour le propriétaire, une véritable source de préjudice qui, selon nous, lui donnerait le droit de demander la résiliation du bail.

487. — Si en louant le propriétaire avait su qu'une association non autorisée devait se réunir dans sa maison, M. Duvergier lui-même (*loc. cit.*) admet qu'il pourrait demander la nullité du bail, « car le contrat, dit-il, aurait une cause illicite, et l'on ne pourrait contraindre l'une des parties à persévérer dans un acte qui l'exposerait à l'application d'une peine. »

488. — Lorsqu'une maison a été louée comme maison bourgeoise, il n'est pas permis d'en faire un cabaret, d'y établir une forge de maréchal ou de serrurier, etc.; le preneur doit l'occuper comme maison bourgeoise, sinon le locateur peut l'expulser et le faire condamner en des dommages-intérêts. — Pothier, no 189. — V. aussi Domat, *Louage,* sect. 2e, no 2; Duranton, t. 17, no 95; Troplong, no 306; Duvergier, nos 57, 58, 59 et 396.

489. — Le propriétaire qui a loué partie de sa maison à un distillateur, n'est pas fondé, surtout après un long laps de temps, s'il n'y a dans le bail aucune interdiction sur ce point, à demander la résiliation du bail, sous le prétexte que, soit par des constructions, telles qu'ateliers, que le locataire a faites pour l'exercice de son industrie, il y a de sa part usage de la chose louée contraire aux conditions du bail, ou qu'il y a danger pour la maison à raison de ce genre d'industrie; car ce propriétaire a dû prévoir l'usage que le locataire ferait des lieux. — Peu importe d'ailleurs que ce dernier ait seulement pris dans l'acte la qualité de négociant, si sa profession était connue du propriétaire. — *Bourges,* 24 avr. 1828, Jacquet c. Micalef. — V. conf. Troplong, no 313.

490. — L'erreur du propriétaire à l'égard de la profession du locataire peut être une cause de résolution du bail. — Plus particulièrement, lorsqu'un locataire a pris dans le bail la qualité de *négociant,* tandis qu'il n'était que cabaretier, et qu'il emploie la maison à loger des ouvriers, le propriétaire est recevable à demander la résiliation du bail. — *Bordeaux,* 10 mars 1828, Pillet c. Espinasse.

491. — Jugé toutefois que, lorsque le bail d'une maison jusqu'alors destinée à l'habitation bourgeoise ne détermine aucun mode particulier de jouissance, le locataire peut, sans qu'il y ait lieu, de la part du propriétaire, à demander la résiliation du bail pour changement de destination de la chose louée, convertir cette maison en auberge, à la charge toutefois de remettre lors de sa sortie les lieux dans leur état primitif. — *Bourges,* 2 janv. 1837 (t. 2 1837, p. 407), Germain c. Leborgne. — Mais v. *contrà* Duranton, t. 17, no 95, et surtout Troplong, nos 307 et 308, qui critique vivement cet arrêt.

492. — Lorsque les lieux loués sont affectés à un certain genre de commerce ou d'industrie, le locataire est obligé de les occuper conformément à cette destination et de les entretenir en cet état jusqu'à la fin du bail; il ne pourrait fermer l'établissement, encore bien que la maison fût garnie de meubles suffisans, ou que le locataire offrît de donner caution pour le paiement des loyers pendant toute la durée du bail. Ce serait nuire à l'achalandage et par suite déprécier la maison. — *Paris,* 28 avr. 1810, Hubert c. Bourlon; *Rennes,* 17 mars 1834, Duchêne c. Vitré. — V. conf. Duvergier, no 403; Troplong, no 309; Pothier, no 189.

493. — De même, il y a lieu à résiliation du bail d'une maison qui a été destinée de tout temps à l'exploitation d'un commerce de droguerie-pharmacie, dans le cas où le locataire a transporté son établissement commercial dans un autre lieu, et laissé, par suite, la maison fermée et non occupée. — *Paris,* 1er mars 1830, Lange c. Guillet.

494. — De même encore, l'individu qui prend à loyer une boutique servant depuis long-temps à l'exploitation d'un fonds d'épicerie peut, même en l'absence de convention expresse à cet égard, être considéré comme obligé, sous peine de résiliation, à entretenir ce fonds de commerce, alors qu'il résulte des circonstances que telle était la destination des lieux loués. — *Bourges,* 4 mars 1842 (t. 2 1842, p. 736), Bernard c. Prévost.

495. — Jugé toutefois qu'il n'y a pas lieu à résiliation de bail en ce que le locataire d'une boutique qui a été destinée de tout temps à un genre de commerce a transporté son établissement commercial dans un autre lieu, et laissé, par suite, la boutique fermée et inoccupée. — *Lyon,* 26 mai 1824, Perrey c. Vindry.

496. — Jugé aussi qu'en matière de bail l'obligation imposée au preneur de ne point faire d'autre état ou d'autre commerce que ceux spécifiés au contrat n'a point pour effet de le contraindre à continuer dans les lieux loués la profession et le commerce auxquels il annonçait vouloir se livrer. — Dès-lors, il peut, sans enfreindre son bail, user du droit d'abstention qui lui appartient, en cessant d'exercer en ce lieu son commerce et son industrie. — *Douai,* 7 avr. 1842 (t. 2 1842, p. 70), Duverger-Cornille c. Degryse.

497. — La décision consacrée par l'arrêt précité de 1824 est critiquée par M. Duvergier (t. 3, no 403) comme contenant une doctrine contraire à celle qui résulte des arrêts de Paris et de Rennes des 28 avr. 1810 et 17 mars 1834 (V. *suprà* no 492). — Mais M. Troplong (no 309) pense que cette contradiction n'est qu'apparente, et que l'arrêt de Lyon a été rendu dans des circonstances où la doctrine émise par les arrêts de Paris et de Rennes n'était pas applicable. « Ainsi, dit cet auteur, je possède dans un quartier populeux de Paris une boutique propre à tous les genres de commerce et n'ayant aucun achalange qui lui soit particulier. Le locataire sortant y avait établi un magasin de nouveautés, et le locataire entrant y ouvre un magasin de cristaux. Le public qui venait chez son prédécesseur n'est pas le même que le public qui vient chez lui. Les chalands qu'il y attire sont le fruit de son industrie, et non une clientèle appartenant à la boutique, qui ne retire sa valeur que de sa situation favorable. » Il en conclut que le propriétaire n'a pas le droit de se plaindre si ce locataire ferme les lieux loués et transfère ailleurs le siége de son commerce. — Nous admettons cette distinction mais nous devons faire observer que telles n'étaient point les circonstances sur lesquelles a statué la cour de Lyon; car il s'agissait dans l'espèce d'une boutique consacrée depuis long-temps au commerce de l'épicerie.

498. — Le changement de destination peut être total ou partiel.

499. — Le propriétaire ne pourrait réclamer contre les légers changemens que le locataire ferait, pour sa commodité, dans la disposition intérieure des lieux, comme, par exemple, l'établissement d'une cloison, afin de diviser une pièce en deux, la suppression d'une alcove, etc. Il suffit qu'à sa sortie le locataire rétablisse les lieux dans l'état où il les a trouvés. — Troplong, no 310; Duvergier, no 398. — V. aussi Lepage, *Lois des bâtimens,* part. 2e, p. 186.

500. — Toutefois, il ne pourrait rien faire qui pût nuire à la solidité des bâtimens; il ne pourrait percer les gros murs pour y établir des fenêtres, des portes, etc.; ce serait dépasser les limites dans lesquelles doit se renfermer la jouissance précaire exercée sur la chose d'autrui. — Troplong, no 311; Duvergier, no 399. — V. aussi Bourjon, t. 2, tit. 4, sect. 3e, nos 33 et suiv.

501. — Il peut même changer la destination d'une pièce entière, pourvu que l'appartement, dans son ensemble, conserve sa destination; car il ne fait en cela qu'approprier la chose à ses besoins et à l'usage pour lequel il l'a louée. — Troplong, *loc. cit.*

502. — Ainsi jugé que le locataire d'un appartement destiné à une hôtellerie peut, s'il n'existe aucune clause prohibitive dans le bail, changer un grenier en plusieurs chambres destinées à recevoir des voyageurs. — *Lyon,* 26 nov. 1828, Gourd c. Bouteille.

503. — Mais le locataire d'un étage ne pourrait faire à ses frais une rampe en bois ou main courante, dans une partie de l'escalier commun, sans la permission du propriétaire. — *Rennes,* 25 janv. 1815, Rossel c. N...

504. — Quant au changement de destination total, il donne au propriétaire le droit de demander la résiliation, encore bien qu'il ne lui cause aucun préjudice, et alors même que le changement constituerait une amélioration. « Le propriétaire, dit M. Troplong (no 312) a le droit de répudier ces améliorations: *invito beneficium non datur.* Le locataire savait, quand il a pris les lieux, quelle en était la destination; il l'a acceptée en connaissance de cause, il doit la subir jusqu'au bout; sinon, *il déborderait son titre,* il empiéterait sur le droit de propriété. »

505. — Les clauses prohibitives insérées dans un bail ne peuvent être étendues, et, dans le doute, la clause obscure doit s'interpréter en faveur du preneur contre le bailleur (V. *suprà* no 148). — Spécialement, la clause par laquelle il est stipulé que le preneur ne pourra faire d'emballages dans la cour des lieux loués ne peut s'étendre à la faculté d'y faire des déballages et des déchargemens de marchandises. — Il n'en saurait surtout être ainsi en présence de l'ordonnance de police du 8 août 1829, qui prescrit, pour les maisons ayant une cour suffisante, d'y faire entrer les voitures pour le chargement et le déchargement des marchandises. — *Paris,* 10 août 1841 (t. 2 1841, p. 331), Bouriaud c. Bitterlin.

506. — Quoique le principe qui oblige le preneur à ne faire servir la chose louée qu'à l'usage auquel elle est destinée régisse également les baux des maisons et les baux des biens ruraux, toutefois M. Duvergier (no 405) fait remarquer que, selon qu'on applique ce principe aux uns ou aux autres, il présente une nuance qu'il importe de saisir. « Les économistes, dit-il, ont fait remarquer que, quoiqu'à quelques égards le loyer des maisons ressemble au fermage des terres, il y a cependant un point dans lequel il diffère essentiellement; que le fermage des terres se paie pour l'usage d'une chose productive;

que la terre qui le paie le produit; que le loyer des maisons se paie pour l'usage d'une chose non productive; que ni la maison ni le terrain sur lequel elle est assise ne produisent rien. Cette observation, poursuit l'auteur, indique avec autant de simplicité que de justesse le trait distinctif des baux à ferme et des baux à loyer. Le fermier d'un domaine rural loue un capital nécessaire au développement de son industrie; le locataire d'une maison ou d'un appartement se procure un objet de première nécessité, sans aucune pensée de spéculation. Il est donc naturel de permettre au premier tout ce qui peut rendre son entreprise profitable. Les changemens et les modifications qui tendent à accroître les bénéfices de l'exploitation, étant des moyens d'atteindre le but de la convention, doivent être tolérés et même encouragés; le droit du preneur, sous ce rapport, ne s'arrête qu'au moment où, par l'effet de ses travaux, le capital qui lui est confié éprouverait quelque détérioration, perdrait quelque chose de sa valeur intrinsèque ou de sa puissance productive. Evidemment moins de faveur est due au locataire d'un appartement ou d'une maison; on ne peut lui laisser, pour satisfaire des caprices, ou même pour accroître la commodité de son logement, autant de liberté qu'au fermier. »

ART. 2. — *Obligation de payer le prix du bail.*

507. — La seconde obligation du preneur, c'est de payer le prix du bail. — C. civ., art. 1728.

508. — Nous n'entrerons point à cet égard dans le détail des règles générales sur le paiement, le lieu où il doit se faire, les frais qu'il entraîne, etc.; ces règles appartiennent à la matière des contrats et obligations en général, et nous n'avons point à nous en occuper ici. — V. OBLIGATION, PAIEMENT. — Nous n'avons à traiter du paiement qu'en ce qui concerne la matière spéciale du louage.

509. — Le chef d'une administration publique qui a loué une maison pour y établir les bureaux de sa direction ne peut, à raison de cette clause, renvoyer le bailleur à se faire payer par l'état, alors qu'il résulte d'autres clauses du bail qu'il s'est obligé personnellement. — *Paris*, 20 déc. 1815, Dumas c. de Nervaux.

510. — Deux co-fermiers d'un moulin, coassociés pour une entreprise de mouture, sont solidairement obligés pour l'exécution d'un bail, quoique la solidarité n'y soit pas exprimée. — Ils peuvent donc être condamnés comme tels, surtout s'ils ont, en souscrivant des billets pour les dettes communes, reconnu la solidarité. — *Bruxelles*, 28 nov. 1806 et 29 nov. 1809, Doyen c. de Caraman. — V. aussi Merlin, *Rép.*, vo *Solidarité*; Toullier, t. 6, no 774.

511. — Le prix doit être payé aux termes convenus entre les parties. — C. civ., art. 1728. — V. aussi L. 17, Cod., *De locat. et cond.*

512. — S'ils n'ont pas été fixés par le bail, on doit s'en rapporter aux usages locaux. — Duvergier, no 463; Troplong, no 318.

513. — Plusieurs coutumes anciennes avaient réglé cet usage (Sens, art. 257; Dourdan, art. 148; Valois, 160; Bordeaux, 137; Melun, 180). — Pothier dit que dans l'Orléanais, les fermes des biens ruraux se paient chaque année à la Toussaint, et les loyers des maisons par termes de six mois chacun, à Noël et à la Saint-Jean-Baptiste. « Les pays que ces coutumes gouvernaient, dit Troplong (*loc. cit.*), et qu'elles régissent encore par la force de l'usage, auront recours à leurs dispositions dans le silence de la convention. »

514. — En Normandie, les fermiers, dans plusieurs localités, paient à Pâques et à Noël, en deux termes égaux; mais cet usage n'est pas universel. — Troplong, no 318, note; Duvergier, no 463.

515. — La coutume de Bourbourg, rub. 7, celle de Bergus Winox, art. 18, fixent le paiement des fermages des métairies à la Saint-Martin; la coutume d'Ecloo et de Lembeke, rub. 5, art. 13, le porte à la Saint-Remi; dans la coutume de Courtray, art. 6, rub. 7, ces fermages sont payables à la Saint-Jean; dans celle de Lille, art. 13, à la Saint-Remi, Noël, Pâques et la Saint-Pierre, *par delà les quatre ponts*; à Noël, Saint-Pierre et Saint-Paul, *en dedans des quatre ponts*; dans celle de Cambrai, tit. 19, art. 1er, ils le sont à Noël, l'Annonciation, la Nativité, la Saint-Jean, et la Saint-Remi ou 1er octobre. — Vaudoré, *Droit rural*, t. 2, no 74; Duvergier, no 463, note.

516. — Lorsque le prix a été fixé à une certaine somme par chaque période d'une certaine durée, cette somme devient exigible à l'expiration de chaque période. Ainsi, celui qui a loué à tant par mois, par trimestre ou par an, doit payer à l'échéance de chaque mois, de chaque trimestre, de chaque an. — Duvergier, no 468; Pothier, no 134.

517. — Lorsque les termes de paiement n'ont point été fixés par le bail, et que les usages locaux sont muets sur ce point, le paiement doit être fait annuellement. — Despeisses, *Louage*, sect. 4e, no 9; Duvergier, no 468.

518. — On convient quelquefois d'une seule somme pour tout le temps du louage; et en ce cas cette somme doit être payée à l'expiration de ce temps. — Pothier, no 134.

519. — Pour arriver au paiement du prix, le bailleur peut exercer la contrainte par corps contre le preneur, mais seulement lorsqu'elle a été formellement stipulée dans l'acte de bail. — C. civ., art. 2062.

520. — Quant au privilége conféré au bailleur, pour le paiement des loyers et fermages, tant sur les fruits des récoltes, que sur le prix de tout ce qui garnit la maison louée ou la ferme, et de tout ce qui sert à l'exploitation de la ferme, nous n'avons point à nous en occuper ici; nous nous contentons de renvoyer au mot PRIVILÉGE, où ce point se trouve traité avec tout le développement nécessaire.

521. — Les juges ne peuvent, sans excès de pouvoir, en même temps qu'ils condamnent un fermier au paiement de ses fermages, changer l'ordre des échéances du paiement et surtout les anticiper. — *Cass.*, 22 brum. an V, Lefauqueux et Groult c. Joret.

522. — Il n'y a pas lieu d'ordonner la discontinuation des poursuites exercées par un propriétaire contre un principal locataire à fin de paiement de loyers échus, alors même que ce dernier aurait formé une demande à l'effet d'obtenir une indemnité pour défaut de jouisssance résultant de vices de construction existant dans l'immeuble loué. — *Paris*, 6 déc. 1844 (t. 1er 1845, p. 141), de la Trémouille c. Houssaye. — En effet, la compensation ne s'effectue qu'autant que les deux dettes sont également liquides et exigibles. — Or 1o une dette n'est liquide que lorsqu'il est constant qu'il est dû, et combien il est dû: *quum certum est an et quantum debeatur*. Lors même qu'il serait certain qu'il est dû, tant qu'il n'est pas constant combien il est dû, la dette n'est pas liquide et ne peut être opposée en compensation. — 2o Il faut que la dette soit exigible, et cette condition manque tant que le paiement n'est pas échu: *non compensabitur antequam dies veniat*. — Pothier, *Oblig.*, nos 589 et suiv.

523. — Jugé cependant qu'un fermier peut, reconventionnellement à une demande en paiement de fermages liquides et exigibles, opposer à titre de compensation une demande à fin de dommages-intérêts pour inexécution des obligations contractées par le bailleur, si toutefois ces dommages-intérêts sont faciles à liquider. — *Rennes*, 3 janv. 1835, Potier c. Ducouédic.

524. — Jugé également que, lorsque, sur la demande en paiement du prix de location, le fermier défendeur se plaint de n'avoir pas joui, par la faute du bailleur, d'une partie du bien loué par lui, et pose des faits pour justifier cette allégation, le juge ne peut, avant de l'admettre à la preuve, le condamner au paiement du fermage demandé. — On ne peut inférer d'une lettre écrite par le fermier, et dans laquelle il se borne à demander du temps, qu'il aurait voulu renoncer à ses droits de ce chef. — *Bruxelles*, 27 mai 1835, Delamarche c. Hompesh.

525. — Les loyers et fermages échus produisent des intérêts à partir de la demande qui en est faite en justice. — C. civ., art. 1155. — Pothier, no 138; Troplong, no 319; Duvergier, no 469. — Pothier justifiait cette règle en faisant remarquer que le preneur doit la somme formant le prix du bail *principaliter*, et non comme l'accessoire d'une autre dette.

526. — Le propriétaire qui tombe en faillite est dessaisi de l'administration de ses biens; c'est donc aux créanciers représentés par les syndics et non au failli que les paiemens doivent être faits. — Troplong, no 326.

527. — Les paiemens faits de bonne foi par le preneur au propriétaire apparent sont valables et libératoires. — Troplong, no 322.

528. — Ainsi, jugé que des quittances données sans anticipation et reçues de bonne foi par le fermier peuvent être opposées à un tiers-acquéreur, alors que ce dernier ne s'était pas fait connaître au fermier. — *Besançon*, 15 fév. 1827, Goux c. Pépin. — V. conf. Troplong, no 327.

529. — Mais le preneur qui, tenant son bail du véritable propriétaire, a payé les loyers à un possesseur de mauvaise foi, n'est pas libéré envers son bailleur, car il ne peut alléguer qu'il a été trompé par l'apparence. — Papinien, L. 53, ff., *De condict. indeb.*; Godefroy, sur cette loi; Troplong, no 322.

530. — Dans le cas de saisie-immobilière, le locataire de l'immeuble saisi doit payer aux créanciers inscrits les loyers échus depuis la dénonciation faite au saisi, sans pouvoir opposer, pour ce que lui doit ce dernier, une compensation résultant d'un acte de société passé entre eux avant la saisie, mais devenu depuis sans effet par la faillite du preneur. — *Rouen*, 17 mai 1825, Sénécal c. Lemercier.

531. — L'art. 1728, C. civ., qui règle la manière dont les actes sous seing-privé acquièrent date certaine, n'est pas applicable dans les matières où tout est censé se passer de bonne foi et d'accord entre les parties contractantes; il n'est pas applicable notamment aux quittances données par un bailleur à son fermier, lesquelles font foi de leur date, même à l'égard des tiers. — *Besançon*, 15 fév. 1827, Goux c. Pépin. — V. conf. Troplong, no 327.

532. — Le locataire d'une maison vendue sur saisie immobilière peut opposer les paiemens faits par anticipation, quoiqu'il n'en rapporte que des quittances privées n'ayant point de date certaine antérieurement à l'adjudication. — Il peut être admis à la preuve par témoins de la vérité et de la date des quittances. — *Turin*, 26 fév. 1812, Galli et Reggio c. Gros. — V. conf. Toullier, t. 8, p. 386.

533. — A plus forte raison l'adjudicataire sur saisie immobilière ne peut contraindre le locataire à payer les loyers courus depuis le jour de l'adjudication; si celui-ci produit un bail sous signatures privées, mais ayant acquis date certaine avant l'adjudication, constatant qu'il les a payés par anticipation, alors même que le cahier des charges ne ferait pas mention de ces paiemens anticipés, lorsque surtout le locataire n'a été mis en demeure par aucun acte de veiller, par une insertion dans ce cahier des charges, à la conservation de ses droits. — *Turin*, 14 déc. 1810, Demonte c. Ballado.

534. — Mais l'adjudicataire qui, aux termes du cahier des charges, doit jouir des loyers à compter d'une époque déterminée, a droit de retenir sur son prix les loyers payés par anticipation. — *Paris*, 23 nov. 1812, Caroillon-Destillières c. Carchy.

535. — Jugé de même que, si l'adjudicataire, dans l'ignorance où il aurait été laissé de l'existence du bail et du paiement anticipé des fermages, avait été amené par là à pousser les enchères à un taux supérieur à la valeur qui restait réellement à l'immeuble, il pourrait exercer son recours contre la partie saisie ou les créanciers, suivant les cas, mais non contre le preneur. — *Grenoble*, 22 avr. 1841 (t. 1er 1843, p. 414), Rival c. Ginet.

536. — Jugé que la cession faite par un propriétaire de plusieurs années de loyers à échoir, ne peut, en cas de vente de l'immeuble, nuire pour les loyers échus depuis la vente aux créanciers inscrits sur cet immeuble, avant l'acte de cession. — *Cass.*, 3 nov. 1813, Merletti c. Montalenghe.

537. — Mais quelle serait, à l'égard des créanciers du bailleur, la valeur des paiemens anticipés? — C'est là une question grave sur la solution de laquelle les auteurs ne sont pas d'accord.

538. — Denizart (vo *Loyer*, no 20) dit que le locataire ne peut payer d'avance au préjudice des créanciers du propriétaire et des saisies qui surviendraient. — V. aussi en ce sens Salviat, *Jurisp., du parlement de Bordeaux*, vo *Bail*. — Sauf, toutefois, le paiement d'une année d'avance pour le fermier d'un bien rural.

539. — Suivant M. Duranton (t. 17, no 163), il faut distinguer entre les créanciers hypothécaires antérieurs au bail, et les créanciers non hypothécaires, ou ceux dont l'hypothèque est postérieure au bail. — Les paiemens anticipés sont opposables aux derniers; mais, à l'égard des premiers, on ne doit maintenir que les paiemens faits suivant l'usage des lieux; et la raison de cette décision est qu'il faut éviter qu'en se faisant payer un très grand nombre d'années à l'avance, le débiteur n'arrive à éluder l'art. 685 (nouveau), C. procéd., qui veut que les créanciers puissent saisir les loyers ou fermages, et que ceux échus depuis la dénonciation faite au saisi soient immobilisés pour être distribués avec le prix de l'immeuble en ordre d'hypothèque. — « L'art. 2091, ajoute l'auteur, s'opposerait aussi à une telle prétention. » — Tarrible (*Rép.*, vo *Tiers détenteur*, no 4) arrive à la même solution, mais par d'autres argumens, pris de ce que le droit résultant de l'hypothèque, une fois établi au profit du créancier, ne peut être diminué par aucune aliénation. Or, une cession anticipée de fermages est une aliénation de la jouissance; le cessionnaire est un véritable usufruitier. — V. aussi Carré, *Lois de la procéd.*, t. 3, p. 66, qui semble partager cette opinion.

540. — Jugé, conformément à la doctrine de ces auteurs, que le paiement par anticipation des loyers d'une maison, constaté dans le bail même, peut être opposé aux créanciers hypothécaires postérieurs à l'époque où ce bail a acquis date cer-

laine. — Mais un semblable paiement n'est pas valable à l'égard des créanciers inscrits avant la passation du bail, et qui ne viennent pas en ordre utile. — *Paris*, 3 déc. 1824, Benard Desiles c. Beaudenom-Delamaze.

541. — Jugé de même que le bail notarié contenant mention d'un paiement anticipé de fermages ne peut être critiqué, quant à son existence ou à l'anticipation du paiement, par le créancier hypothécaire devenu, par suite de saisie, adjudicataire de l'immeuble loué, alors que l'hypothèque et la saisie sont postérieures au bail et au paiement fait par anticipation. — *Grenoble*, 21 avr. 1841 (t. 1er 1843, p. 414), Rival c. Ginet.

542. — M. Duvergier, au contraire (n° 464), pense, avec Toullier (t. 6, n° 356, et t. 7, n° 81), que les créanciers du bailleur, n'ayant aucun droit sur les meubles du fermier ou locataire de leur débiteur, ne peuvent se plaindre des paiemens anticipés qu'autant qu'ils ont eu lieu en fraude de leurs droits. — Aux argumens qu'on tire de l'art. 691 (aujourd'hui 685), C. procéd., et de l'art. 2166, C. civ., il répond en disant que si, en thèse générale et dans les cas ordinaires, les créanciers qui ont acquis privilége ou hypothèque sur un immeuble, ont droit non seulement au prix, mais encore aux intérêts du prix ou aux revenus qui le représentent, cependant, comme l'existence d'une hypothèque sur un immeuble n'en ôte pas l'administration au propriétaire, et ne l'empêche pas d'en percevoir les fruits, comme elle ne confère au créancier aucun droit de suite ni de préférence sur ces fruits, il en résulte que tant que la faculté d'administration n'est pas modifiée dans la personne du propriétaire, tant que la nature mobilière des fruits n'a pas éprouvé un changement, et que par l'effet de la dénonciation de la saisie le droit des créanciers hypothécaires ne l'a pas atteint comme l'immeuble lui-même, le propriétaire est resté libre de disposer de sa chose; et que, dès-lors, les droits acquis loyalement par des tiers, avant que la procédure en saisie immobilière ne fût parvenue au point où la fiction de la loi revêt du caractère des immeubles des fruits qui sont meubles de leur nature, font obstacle à ce que l'art. 691 reçoive complètement son effet. Resterait, toutefois, pour les créanciers le droit de prouver que les paiemens anticipés ont eu lieu *en fraude* de leurs droits. — M. Troplong (*Louage*, n° 325, et *Hyp.*, t. 3, n° 777 *ter*) dit également que si des paiemens avaient été faits par anticipation, les créanciers n'auraient le droit de les critiquer qu'autant qu'ils auraient été faits frauduleusement.

543. — Nous terminerons ce résumé en disant que lors de la discussion du Code de procédure la section du tribunat avait proposé une disposition additionnelle à l'art. 691 (ancien), C. procéd., ainsi conçue: « Dans le cas où, lors des baux à ferme ou à loyer, il » y aurait eu des inscriptions hypothécaires sur les » immeubles, les paiemens faits par anticipation par » les fermiers ou les locataires ne vaudront contre » les créanciers sur l'adjudicataire que pour l'an» née dans laquelle l'adjudication est faite. » Cette disposition n'a pas trouvé place dans le Code. Suivant Tarrible (*loc. cit.*), elle était si sage, que le rejet ne peut guère s'en expliquer que par l'opinion où devait être le conseil d'état que les autres dispositions du Code suffiraient pour atteindre le même but. — Locré (t. 22, p. 220) explique autrement le rejet: « Une telle disposition aurait, dit-il, trop gêné la liberté des transactions et l'usage de la propriété. On a donc persisté à ne regarder comme suspects que les baux faits depuis le commandement, et l'on s'est borné à autoriser la saisie des loyers et fermages. Au reste, chacun sait que s'il y avait fraude, les créanciers pourraient aller plus loin, car le dol est exceptif de toutes les règles. Nous avons dans le Digeste un titre tout entier sur ce sujet; l'art. 1167, C. civ., s'en explique également. »

544. — Dans la juridiction de Cambrai, et par application de la loi 3, Cod., lib. 10, tit. 22, *De apochis publicis*, il y avait présomption que des fermages anciens avaient été payés lorsque le fermier pouvait rapporter trois quittances qui lui auraient été données plus récemment, et il a été jugé que si ces quittances renfermaient des réserves et qu'un tribunal en eût interprété le sens et l'étendue, il ne pouvait y avoir par cette interprétation violation de la loi. — *Cass.*, 20 juill. 1818, Enreg. c. Legrue d'Hamecourt.

545. — Mais cette doctrine n'était pas particulière à la juridiction de Cambrai; en effet, Pothier (n° 179) décide de même, d'une manière générale et sans acception de lieux, non seulement pour les loyers et fermages, mais encore pour toutes les dettes annuelles envers des particuliers.

546. — Toutefois, on reconnaissait que la présomption ne devait être admise qu'autant que la personne à qui avaient été données les quittances des trois années consécutives était celle par qui étaient dus les fermages pour les années précédentes. Egalement la présomption cessait toutes les fois que le fermier pouvait justifier des motifs qui l'avaient déterminé à recevoir les fermages nouveaux avant les anciens: il fallait enfin, pour qu'elle fût accueillie, que les paiemens eussent été faits successivement; une quittance de trois années consécutives payées en un seul paiement était insuffisante. C'était de la multiplicité des paiemens qu'on faisait résulter la force de la présomption. — Pothier, n° 181 et suiv.

547. — Le Code civil n'ayant rien décidé à cet égard, il est évident que les tribunaux ne devront pas considérer le paiement des fermages ou loyers de trois années comme constituant une présomption *légale* de libération pour les années antérieures; mais si la conduite du bailleur n'est pas expliquée, si les indices du paiement qu'elle fournit sont corroborés par quelques autres circonstances, les juges pourront déclarer que les fermages des années antérieures à celles dont les quittances sont produites ont été payées. — En un mot, la question rentre entièrement dans le domaine du juge, qui décidera d'après les circonstances du fait. — Delvincourt, t. 3, Notes, p. 195; Toullier, t. 7, n° 339; Duvergier, n° 471.

548. — M. Troplong, n° 328, est également d'avis que les quittances sans réserve sont une présomption, sinon *juris et de jure*, du moins fort puissante, et qui, dans la plupart des cas, fera taire les réclamations du bailleur.

549. — Il a été jugé (mais cette doctrine prise comme règle absolue ne saurait être admise) que la représentation par le locataire des quittances données sans réserve de trois années consécutives de fermages, constitue une présomption *légale* de la libération des années antérieures; qu'au contraire la représentation de la quittance d'une seule année sans réserve établit une présomption simple du paiement des années antérieures, présomption abandonnée aux lumières des juges. — Cette règle est applicable notamment aux baux de biens ruraux. — *Rennes*, 29 mars 1817, Chardel c. Leboulanger.

550. — Les loyers des maisons et le prix de ferme des biens ruraux, comme en général tout ce qui est payable par année ou à des termes périodiques plus courts, se prescrivent par cinq ans. — C. civ. art. 227. — V., pour les développemens, au mot PRESCRIPTION.

551. — Il n'est pas même toujours besoin de cette prescription pour opposer une déchéance aux réclamations du bailleur.

552. — Ainsi, des prestations, telles que charrois stipulés dans un bail, ne s'arréragent pas; dès-lors, le bailleur ne peut en réclamer le prix, lorsqu'il n'a pas demandé ces prestations en temps et lieu. — Peu importe, d'ailleurs, que le bailleur produise une sommation faite au colon, si cette sommation est isolée et qu'il n'y ait pas été donné suite. — *Bourges*, 6 avr. 1832, Martin c. Bouzique.

553. — Cet arrêt est approuvé par MM. Troplong (n° 330) et Duvergier, *Louage*, t. 2 (contin. de Toullier, t. 19, n° 131). — « En effet, dit le premier de ces auteurs, presque toujours les charrois ont un objet déterminé et n'ont d'utilité qu'à certaines époques fixes et pour une cause spéciale et précise. Tels seraient, par exemple, les voyages que le fermier devrait faire pour venir prendre avec ses chevaux et sa voiture le propriétaire arrivant de la ville et le conduire à la ferme; tels seraient encore les transports qui devraient être affectés à la vendange ou pour la réparation de l'avenue du château, etc. — Si le propriétaire se rend à sa maison des champs sans mettre son fermier en réquisition, s'il fait réparer son avenue sans exiger de charrois, s'il fait sa vendange sans employer les voitures du premier, l'obligation de celui-ci sera éteinte dès l'instant que le besoin en vue duquel elle avait été établie aura été satisfait par un autre moyen. On aperçoit donc combien il serait ridicule à un propriétaire de demander, à près coup, des réparations pécuniaires pour une inaction qui serait de son fait... » — M. Duvergier ajoute que « le fermier obligé à un certain nombre de charrois par chaque année peut les faire chaque année s'ils sont exigés successivement; il serait, au contraire, gravement lésé si, dans une même année, il devait s'acquitter de tout l'arriéré: ses attelages et ses voitures seraient ainsi enlevés aux travaux de l'agriculture...... » — Au reste, M. Troplong dit, en terminant, que « les magistrats pèseront les circonstances, qui, en pareille matière, ont une grande influence. »

554. — L'art. 142, ord. 1629, qui soumettait le prix des baux à la prescription de cinq ans, ne mettait pas obstacle à ce que le fermier demeurât garant pendant trente ans de la valeur réelle des effets qu'il avait donnés en paiement de ses fermages. — *Cass.*, 25 oct. 1808, Domaines c. Pellizati.

555. — Une demande en indemnité pour défaut de jouissance, quoique non liquide et dépendant d'une preuve testimoniale offerte, peut être opposée comme demande reconventionnelle et en compensation à une demande en paiement de loyer, ou en résolution de bail. — *Rennes*, 16 déc. 1835, Lesguer et autres c. Moullieras.

556. — Jugé de même que, dans le cas où une indemnité est due au fermier pour cas fortuit ou non jouissance, celui-ci, bien qu'elle ne soit pas encore liquidée avec le bailleur, peut être autorisé à saisir-arrêter entre ses propres mains tout ou partie du prix de ferme. — *Paris*, 29 avril 1817, Leclerc c. Herwin. — V. dans le même sens *Cass.*, 29 nov. 1832, Frémont-Adeline c. Drevet. — Troplong, n° 331; Duvergier, *Louage*, t. 1er, n° 480.

557. — Jugé, au contraire, que le fermier qui serait fondé à prétendre une indemnité pour dommages ne pourrait, si le montant en était incertain et non liquide, le compenser actuellement et avant la fin du bail avec le prix de ses fermages. — *Rennes*, 15 mars 1814, Rouault c. Colin.

558. — Jugé de même que lorsqu'un propriétaire dirige contre son fermier des poursuites en paiement des fermages qui lui sont dus, un tribunal ne peut arrêter ses poursuites en admettant en compensation l'estimation par experts d'une indemnité que le fermier prétend lui être due pour défaut de réparations dans les biens affermés. — *Bourges*, 25 nov. 1814, de Sémonville c. Dupont.

559. — Le fermier qui a promis caution pour sûreté de l'exécution du bail ne peut se soustraire à cette promesse en offrant de payer d'avance le prix de chaque année de sa jouissance. — Mais le bailleur ne peut obtenir de dommages-intérêts, en raison de l'infraction à cette convention, qu'autant qu'il a éprouvé un préjudice réel. — *Rennes*, 4 juin 1814, Anquetil c. Page.

560. — La somme versée par le preneur au bailleur quoiqu'elle ait été qualifiée de pot de vin dans le bail, peut, suivant les circonstances, être considérée comme représentant des loyers supplémentaires payés par anticipation. — *Cass.*, 30 nov. 1841 (t. 1er 1842, p. 35), Dutacq et Lefrançois.

561. — Le locataire devenu adjudicataire n'a pas plus de droits vis-à-vis de lui-même qu'il n'en aurait vis-à-vis d'un adjudicataire étranger. — Ainsi, s'il a payé d'avance et hors de son bail, une somme quelconque, soit pour pot-de-vin, soit pour augmentation de loyers, il n'a pas le droit (à moins de stipulation spéciale dans le cahier des charges) de demander la restitution de ces sommes, au prorata du temps qui aurait resté à courir depuis le jour de l'adjudication à lui faite, jusqu'à l'époque fixée pour l'expiration de son bail. — *Rouen*, 8 déc. 1826, Carbonnier c. Troussel.

562. — Pour garantir au bailleur l'exécution des obligations du preneur, l'art. 2102, C. civ., lui accorde un privilége sur les fruits de la récolte de l'année et sur le prix de tout ce qui garnit la maison louée et la ferme, et de tout ce qui sert à l'exploitation de la ferme. — V. PRIVILÉGE.

563. — Jugé que le droit du propriétaire sur les meubles du fermier se réduit à un simple privilége sur le prix, mais qu'il ne peut s'opposer à la vente de ces meubles jusqu'à ce que le saisissant s'oblige à lui garantir l'exécution du bail. — *Cass.*, 16 août 1814, domaine c. Molliet.

564. — Le propriétaire est tenu, en cas de faillite de son locataire, de s'astreindre, pour l'exercice de ses droits, aux formalités imposées aux autres créanciers. — *Paris*, 1er juill. 1828, Jailloux c. Granger. — V. au surplus FAILLITE.

565. — L'art. 1741, C. civ., portant que le contrat de louage est résolu par le défaut respectif des parties de remplir leurs engagemens est applicable au défaut de paiement des loyers. L'à-compte reçu par le bailleur, depuis sa demande en résiliation, ne met pas obstacle à ce que la résiliation soit prononcée. — *Poitiers*, 31 juill. 1806, des Roches c. Plairé. — V. conf. Duvergier, nos 472 et 474.

566. — Le défaut de paiement d'un terme ne suffit pas (en l'absence de conventions expresses) pour entraîner la résiliation du bail: il y a lieu, dans l'économie de l'art. 1721, C. civ., de faire application des anciens principes qui n'admettaient la résiliation que lorsqu'il y avait deux termes échus — *Bourges*, 8 juin 1812, Gobier c. Descharmé; 15 juin 1812, Dubost de Garcilesse c. Bourgeois.

567. — Dans tous les cas, le locataire peut éviter la résolution en offrant de payer, avant le jugement définitif. — Même arrêt du 15 juin 1812.

568. — La clause résolutoire par laquelle le bailleur stipule la résiliation de plein droit du bail

qu'il a consenti, faute de paiement d'un terme de loyer, ne doit pas être considérée comme absolue et non susceptible d'atténuation.—En conséquence les tribunaux ont la faculté, suivant les circonstances, d'accorder au preneur un délai pour se libérer.—*Paris*, 27 mars 1843 (t. 2 1843, p. 136), Truttat c. Demonès d'Elbouix.

569.— Le défaut de paiement, de la part du fermier, de quelques sommes modiques, telles que, le coût du bail, celui du cheptel, celui de l'inscription prise sur ses biens par le bailleur, et six mois de contribution, ne suffit pas pour entraîner la résolution du bail. — *Bourges*, 15 juin 1812, Dubost de Gargillesse c. Bourgeois.

570. — Aux termes de l'art. 3, L. 25 mai 1838, c'est aux juges de paix qu'il appartient de statuer sur les demandes en résiliation de baux, lorsqu'elles sont fondées sur le seul défaut de paiement des loyers ou fermages. — Mais l'incompétence des tribunaux de première instance pour prononcer sur une telle demande peut être couverte par l'acquiescement des parties.—*Bordeaux*, 8 déc. 1841 (t. 1er 1842, p. 321), Desverges c. de Bonnetot.

ART. 3.—*Obligation de restituer la chose en bon état.*

571. — Le preneur, obligé de jouir de la chose en bon père de famille, doit, à la fin du bail, la rendre dans l'état où il l'a reçue. — Troplong, no 337.

572. — Il suit de là qu'il est responsable de la perte, soit totale, soit partielle, survenue pendant la durée du bail.

573 — De plus, si, à la fin du bail, il se trouve des dégradations qui n'existaient pas lors de la délivrance, le locataire est tenu de les faire réparer à ses frais. — C. civ., art. 1732. — V. aussi L. 11, § 2, ff., *Loc. cond.*; L. 3, § 1, ff., *Commod. vel cont.*

574.— De même, si, pour sa commodité particulière, il a fait à la chose des changemens que le bailleur a tolérés pendant la durée du bail, mais qu'il ne veut pas maintenir en définitive, le preneur est obligé de les faire disparaître. — Troplong, *loc. cit.*

575. — Si même le preneur laissait périr par non-usage quelque servitude existant au profit de la chose louée, et dont il aurait eu connaissance, il serait responsable de cette perte. — Troplong, no 338.— V. aussi Favre, *Rational. ad Pand.*, et Accurse, sur la loi 11, § 2, ff., *Locat. cond.*

576. — Toutefois, le preneur cesse d'être responsable, soit de la perte totale ou partielle, soit des détériorations ou dégradations, lorsqu'elles ont eu lieu par vétusté ou cas fortuit. — C. civ., art. 1730 et 1732.

577. — Le cas fortuit a été ainsi défini : *Casus fortuitus est cui prævideri, cui præcaveri, cui resisti non potest.* — Cujas, *Notæ ad. lib.* 4, Cod., *tit.* 64. — Vinnius (*Partit. juris*, lib. 2, c. 66) s'exprime en termes analogues : *Casum fortuitum definimus omne quod humano cœptu prævideri non potest, nec cui præciso potest resisti.* — Ainsi, pour qu'un événement soit réputé cas fortuit, il faut deux conditions : 1o qu'on n'ait pu le *prévenir*; 2o qu'on n'ait pu y *résister*. — Duvergier, *Louage*, t. 2, no 181; Troplong, no 204.

578. — Les cas fortuits, qu'on appelle aussi force majeure, à raison de l'impossibilité où se trouve l'homme de les éviter, peuvent être rapportés à deux causes : 1o la nature; 2o les faits de l'homme. — Troplong, no 205.

579. — Dans la première classe doivent être rangés les débordemens des rivières, les tremblemens de terre, les chaleurs excessives, les neiges immodérées, la grêle, la foudre, les nuées d'oiseaux et d'insectes qui dévorent les récoltes, etc. — L. 15, § 2, ff., *Loc. cond.*; L. 18, Cod., *De locat. et cond.*; L. 78, § 3, ff., *De contrah. empt.*; L. 2, § 6, ff., *Si quis caution.*; L. 5, § 4, ff., *Commodati*; — C. civ., art. 1773; — Troplong, nos 206 et 708; Duvergier, no 183.

580. — On ne peut mettre au rang des cas fortuits les événemens qui sont l'effet de la marche accoutumée des saisons, comme la pluie, le vent, le froid, le chaud, les crues des fleuves, à moins que, par leur intensité et leur force excessive, ils ne constituent, par rapport au cours régulier de la nature, des cas extraordinaires. — *Hæc omnia*, dit Averani (*Interpret. juris*, lib. 2, cap. 26), *cùm sunt consueta, naturalem rerum cursum non prætergrediuntur; ideò fortuita esse non possunt.*— V. Troplong, no 207.

581. — Les cas fortuits provenant du fait de l'homme sont la guerre, l'invasion des pirates, le fait du prince, la violence exercée par un plus puissant. — L. 5, § 4, ff., *Commodati*; Medicis, quæst. 13, nos 6 et 7; Troplong, no 208.

582. — Il ne suffit pas au preneur d'articuler la force majeure, il est obligé de la prouver. *Allegans fortuitum casum*, dit Medicis (quæst. 13 de la première partie, no 1), *illum tenetur probare.* — Troplong, no 221.

583. — Si les causes de perte alléguées par le preneur, bien que constituant des cas de force majeure, ne sont pas cependant exclusives de la faute, comme l'incendie, le vol, il est obligé de prouver, non seulement le fait lui-même, mais encore que sa faute n'y a été pour rien. — Troplong, no 223. — V. aussi Ulpien, L. 52, § 3, ff., *Pro socio*; Menochius, *De præsumpt.*, lib. 6, præs. 61, nos 34 à 40.

584. — C'est là du reste une question de fait et d'appréciation que les juges pourront souvent décider de prime-abord, d'après les circonstances, sans recourir à une enquête. — Troplong, no 223.

585.— Mais qui doit prouver si les dégradations qui existent à la fin du bail existaient ou n'existaient pas lors de la délivrance?— D'un autre côté, qui doit prouver si les dégradations sont ou ne sont pas le résultat de la vétusté ou de la force majeure?

586. — Sur le premier point, il ne peut pas y avoir de difficulté lorsqu'au commencement du bail un état de lieux a été dressé. Dans ce cas, en effet, les dégradations qui ne s'y trouvent pas mentionnées doivent être considérées comme ayant été faites pendant la durée du bail. — C. civ., art. 1730. — Troplong, no 341.

587.—S'il n'a pas été fait d'état des lieux, comme le bailleur était obligé, aux termes de l'art. 1720, de délivrer la chose au preneur en bon état de réparations de toute espèce, la loi suppose que ce dernier a exigé l'accomplissement de cette obligation, au moins en ce qui concerne les réparations qui sont à sa charge tant que dure le bail. Il est donc présumé avoir reçu les lieux en bon état de réparations locatives, et doit par conséquent les rendre tels, sauf la preuve contraire. — C. civ., art. 1731. — Troplong, no 340.

588.—Cette preuve contraire peut être faite par tous les moyens possibles, même par témoins, quelle que soit d'ailleurs la valeur de l'objet du litige; car il s'agit de prouver un fait et non pas une convention — *Rennes*, 5 mars 1821, Corbeil c. Desaisye; — Duranton, t. 17, no 101; Duvergier, *Louage*, t. 1er, no 443; Troplong, no 340. — V. toutefois *contrà* Delvincourt, t 3, Notes, p. 194.

589. — Jugé que la présomption qu'un fermier a reçu en bon état les biens affermés, n'existe qu'à défaut de procès-verbal rapporté dans l'année de son entrée en jouissance. — *Rennes*, 23 août 1819, Corbeil c. Desaisye.

590. — Un bail portant promesse, de la part du propriétaire à son fermier, de lui remettre, à son entrée en jouissance, telle quantité de terre ensemencée, ne fait pas, alors même qu'il est authentique et qu'il a été suivi d'exécution, preuve de la réception des terres en cet état; et le fermier peut prouver, tant par titres que par témoins, que, par suite de conventions verbales passées ultérieurement avec le bailleur, il n'a pas reçu les terres dans l'état indiqué au bail, surtout s'il y a commencement de preuve par écrit.— *Bourges*, 2 mars 1825, Perronect et Simon c. Mingasson.

591. — Quant aux dégradations de gros entretien, la loi n'établit à leur égard aucune présomption légale; dès-lors s'il n'y a pas eu d'état des lieux, c'est au bailleur qui les impute au preneur, à prouver qu'elles sont survenues pendant la jouissance du preneur; pour cela il faut qu'il établisse qu'elles n'existaient pas au commencement du bail, et que la chose a été délivrée en bon état de réparation de gros entretien. — Troplong, no 343.

592. — Lorsqu'il est établi, soit par un état de lieux, soit par la présomption de la loi ou la preuve du bailleur, que les dégradations sont survenues pendant la jouissance du preneur, c'est à lui à prouver qu'elles ont eu lieu sans sa faute, qu'elles sont le résultat de la vétusté ou de la force majeure; s'il ne fait cette preuve, il en est responsable. — C. civ., art. 1732.

593. — M. Duvergier (t. 1er, no 407) enseigne qu'il en était autrement dans l'ancien droit, que le bailleur y était obligé de prouver que les dégradations étaient le résultat de la faute du preneur; et il cite Gomez, *Résolut.*, t. 2, cap. *De locat.*, no 22. — Voici toutefois comment Pothier s'exprime à cet égard, (no 199) : « Le locataire est déchargé de l'obligation de rendre la chose, si la chose a péri sans sa faute; mais il doit enseigner et justifier comment elle a péri; autrement elle est présumée avoir péri par sa faute, et il est tenu de l'estimation. » Et il ajoute un peu plus loin, no 200 : « Pareillement si la chose a été détériorée sans la faute du conducteur, il lui suffit de la rendre telle qu'elle est, et il n'est pas en ce cas obligé de la rendre en bon état; mais il est obligé de justifier comment cette détérioration est arrivée; autrement elle sera présumée arrivée par sa faute. » — Quant à Gomez, M. Troplong (no 342) fait observer qu'il suppose que c'est au locataire à prouver la force majeure; seulement, examinant si, la force majeure une fois établie par lui, il doit aller jusqu'à justifier qu'elle a eu lieu sans sa faute, il décide qu'en général il lui suffit de prouver la force majeure, sauf certains cas dans lesquels il doit en outre prouver l'absence de faute.

594. — Ici se présente la question de savoir de quelle espèce de faute est tenu le preneur, question tant débattue de tout temps entre les auteurs. — M. Duvergier (no 410), adoptant à cet égard l'idée déjà exprimée par Toullier, pense que le preneur est tenu de toute espèce de faute, même de la faute très légère. — Mais nous pensons avec plusieurs interprètes du droit romain (Vinnius, sur les *Inst.*, *Loc. cond.*, § 5, nos 1er et suiv.; Voët, *Loc. cond.*, no 29; Favre, *De erroribus*, decr. 73, e. 1; Pothier, no 192), qu'il faut exclure la faute très légère, et ne mettre à la charge du preneur que la faute simplement légère. L'ensemble des dispositions du Code civil est favorable à cette interprétation, car il exige du preneur les soins d'un *bon père de famille*, et non pas, qu'on le remarque bien, *d'un père de famille très diligent.* — Troplong, no 345.

595.—Bien que ordinairement ce soit seulement à l'expiration du bail que le bailleur vérifie l'état des lieux et exige la réparation des dégradations, cependant si pendant la durée du bail il survenait des dégradations qui à défaut de réparations immédiates pussent entraîner d'autres détériorations, si, par exemple, il y avait des carreaux cassés, et que la pluie pénétrant à travers les ouvertures dans les appartemens pourrît les planchers, le bailleur pourrait exiger que les carreaux fussent rétablis sans attendre l'expiration du bail. — Lepage, *Lois des bâtimens*, p. 2, ch. 3, p. 179; Carré, *Compét.*, t. 2, p. 379; Duvergier, no 448; Troplong, no 346.

596. — On peut, par action principale, conclure à une expertise pour faire constater, dans le but d'arriver à une demande en dommages-intérêts, les détériorations commises par des locataires au préjudice des propriétaires.—*Paris*, 20 mars 1835, Magu c. Bertrand et Demilly.

597. — Au surplus, quant au point de savoir si en thèse on peut conclure à une expertise par action principale, V. EXPERTISE.

598. — Bien que le locataire actionné en réparation des dégradations survenues pendant sa jouissance, et qui prétend qu'elles ne proviennent pas de sa faute, n'offrent pas de prouver ce fait, qui peut seul le mettre à l'abri de la responsabilité prononcée contre lui par l'art. 1732, C. civ., les juges peuvent en ordonner d'office la preuve par témoins; ils ne sont pas obligés de le condamner de suite à la réparation des dégradations. — *Bordeaux*, 28 mai 1829, Prévot c. Moriac.

599. — Le preneur est tenu non seulement des dégradations qui arrivent par son propre fait, mais encore de celles qui arrivent par le fait de personnes de sa maison ou de ses sous-locataires. — C. civ., art. 1735.—V. aussi Pothier, no 194; Domat, *Louage*, sect. 2, no 5.

600. — Il suit de là que l'aubergiste répond des dégradations et dommages que les voyageurs qu'il reçoit causent à la chose louée, soit qu'il s'agisse d'ailleurs d'un incendie ou d'autres faits dommageables. — Troplong, no 397; Duvergier, no 431. — V. toutefois Pothier, no 194; Duranton, t. 17, no 107.

601. — En vain s'excuserait-il sur ce qu'il aurait fait tout ce qui dépendait de la vigilance la plus active et de la prudence la plus consommée pour empêcher le dommage. Duvergier, *loc. cit.*

602. — Le preneur, directement responsable envers le bailleur, ne peut par conséquent se libérer en lui abandonnant ses actions contre les auteurs du dommage. — Troplong, no 398.

603. — Mais le bailleur peut, s'il le veut, actionner directement les auteurs du dommage, toutefois à la charge par lui de prouver qu'ils sont en faute. — Troplong, no 398.

604. — Un nouveau fermier peut exiger de son prédécesseur les réparations dues par ce dernier, et le bailleur doit être mis en cause sur la demande de l'ancien fermier. — *Rennes*, 11 mai 1815, Meslin c. Arcotte.

605. — Le propriétaire qui reçoit du précédent fermier la somme à laquelle les réparations ont été estimées et qui ne les compte pas au nouveau fermier ou ne fait pas faire les réparations, ne peut en exiger de ce dernier à sa sortie. — Faute de réparations, le fermier peut exiger des dommages-intérêts. — Même arrêt.

606. — Le propriétaire qui a consenti un second

bail, est censé par là avoir tacitement renoncé à l'obligation contractée par le fermier de rendre, à la fin du premier bail, la ferme en bon état de réparations. Toutefois il peut, suivant les circonstances, demander le paiement de ces réparations avant la fin du second bail qui contient une clause pareille. — *Rennes*, 5 avr. 1814, N...

607. — C'est devant le juge de paix que doivent être portées les actions relatives aux dégradations et pertes imputées au preneur, lorsque la demande n'excède pas la somme de 1,500 fr. Ce magistrat en connaît sans appel jusqu'à la valeur de 100 fr., et à charge d'appel jusqu'au taux de la compétence en dernier ressort des tribunaux de première instance. — L. 25 mai 1838, art 4.

608.— Quant aux pertes causées par incendie ou inondation, le juge de paix n'en connaît que suivant les règles ordinaires de sa compétence, c'est-à-dire sans appel jusqu'à 100 fr., et à charge d'appel jusqu'à 200 fr. — Même article.

609. — La raison de cette différence c'est, en ce qui touche les inondations, qu'elles sont des faits de force majeure et non pas des dégradations ayant pour cause la faute du preneur; et en ce qui touche l'incendie, que les pertes qui en résultent sont si graves et font naître tant de difficultés qu'on ne pouvait les assimiler aux autres natures de dégradations. — Troplong, n° 349.

Sect. 5e. — *Paiement des contributions et autres charges.*

610. —Les fermiers et locataires sont tenus, aux termes de l'art. 147, L. 3 frim. an VII, de payer, à l'acquit des propriétaires ou usufruitiers, la contribution foncière pour les biens qu'ils tiennent à ferme ou à loyer, et les propriétaires ou usufruitiers de recevoir le montant des quittances de cette contribution pour comptant sur le prix des fermages ou loyers, à moins que le fermier ou le locataire n'en soit chargé par son bail. — V. aussi décr. 9 janv. 1814; L. 19 avr. 1831, art. 9.

611. — Ainsi, le locataire ou fermier est directement obligé envers le trésor; mais ce n'est de sa part qu'une simple avance pour laquelle il a son recours contre le bailleur qui doit, en définitive, en supporter la charge.

612. — Le preneur qui a ainsi payé la contribution foncière, ne peut intenter immédiatement contre le bailleur une action personnelle en remboursement, il peut seulement retenir, sur le prix du bail, une somme égale à celle qu'il a payée. — Duvergier, n° 348; Troplong, n° 333. — C'est ce qui paraît résulter de la loi de l'an VII, et ce qui, d'ailleurs, est conforme à l'ancienne législation. — Pothier, n° 214. — V. toutefois *contrà* Duranton, t. 17, n° 76.

613. — Il est bien entendu, au surplus, que si le preneur n'avait que la possibilité d'exercer le droit de rétention (par exemple, s'il avait payé par avance le prix du loyer), il aurait le droit d'intenter, contre le propriétaire, l'action directe en remboursement de ses avances.

614. — L'acte dans lequel il est dit que, dans le cas même où le bailleur viendrait à aliéner ou à échanger les fonds, le preneur ne pourrait être expulsé, excluant toute idée d'aliénation du domaine utile en faveur du preneur, ne présente que les caractères d'un bail à ferme et non ceux d'un bail emphytéotique. Dès-lors, les contributions foncières ont dû rester à la charge du bailleur, comme propriétaire. — *Cass.*, 23 nivôse an VII, Robelin c. Belon.

615. — A l'inverse de la contribution foncière, la contribution des portes et fenêtres est exigible contre les propriétaires et usufruitiers, fermiers et locataires principaux des maisons, bâtimens et usines, sauf leur recours contre les locataires particuliers, pour le remboursement de la somme due à raison des locaux occupés. — L. 4 frim. an VII, art. 12.

616. —La contribution des portes et fenêtres est, en effet, une charge de la possession du preneur; lui seul doit en rester chargé en définitive: aussi la loi du 19 avr. 1831 lui en tient-elle compte pour la formation de son cens électoral. — V. ÉLECTIONS.

617. — Ainsi jugé que, si la contribution des portes et fenêtres est exigible contre les propriétaires des maisons, c'est uniquement dans l'intérêt du fisc et pour faciliter le mode de recouvrement. Mais, en définitive, la charge doit en être supportée par les locataires, à raison des locaux par eux occupés. — *Cass.*, 31 mai 1813, Domaines c. Belelli.

618 — Jugé même que le propriétaire qui a payé les contributions des portes et fenêtres peut

en réclamer la restitution du locataire quoiqu'il ait reçu pendant plusieurs années le montant des loyers sans faire de réserves, et quoique le bail ne mette pas l'impôt à la charge du locataire. Cette stipulation n'est pas nécessaire, puisque la loi impose elle-même l'obligation au locataire. — *Cass.*, 26 oct. 1814, Rabejac c. Brun. — Duranton, t. 17, n° 75; Rolland de Villargues, *Rép. du not.*, v° *Bail*, n° 349 *bis*.

619. — Toutefois M. Duvergier (*Louage*, t. 1er, n° 349) fait remarquer que cette décision doit être restreinte au cas où il y a un bail écrit, ne contenant aucune clause expresse qui affranchisse le preneur de l'impôt des portes et fenêtres. — Si le bail est verbal, le fait du propriétaire qui reçoit plusieurs termes, sans exiger le remboursement de la contribution des portes et fenêtres qu'il a payée, manifeste suffisamment l'existence d'une stipulation par quelle cette contribution a été mise à sa charge. « Cela, dit-il, doit être d'autant plus facilement admis que la stipulation en est très fréquente. »

620. — Les conventions qui peuvent intervenir entre les parties, relativement au paiement des contributions, sont sans influence sur les droits du trésor qui, malgré les conventions, restent tels que la loi les a établis, soit contre le bailleur, soit contre le preneur. — Duvergier, n° 350.

621. —Lorsque, par une clause expresse du bail, la contribution foncière est mise à la charge du fermier, c'est lui qui subit les augmentations qui peuvent survenir, comme c'est lui qui profite des dégrèvemens. — Duvergier, n° 351.

622. — En principe, les charges qui grèvent l'héritage doivent être supportées par le propriétaire et non par le fermier. Ce serait donc le propriétaire qui devrait payer les contributions extraordinaires, les emprunts forcés; et il le devrait lors même que, par le bail, le fermier se serait engagé à supporter les impôts existans et ceux qui seraient établis à l'avenir. Mais, presque toujours, les lois qui créent un impôt extraordinaire déterminent la proportion dans laquelle les propriétaires et les fermiers doivent concourir au paiement. Nous citerons comme exemples la loi de brum. an IV, le décret du 9 janv. 1814, l'avis du conseil d'état du 29 du même mois, et la loi du 18 avr. 1831, sur les contributions extraordinaires de l'exercice de 1831. — V. Duvergier, n° 352; Troplong, n° 335.

623. —Le propriétaire qui reçoit de son locataire, à compte de ce qui lui est dû, le montant d'une quittance de contribution dont celui-ci devait la moitié, est censé renoncer au droit de lui réclamer cette moitié. —*Rennes*, 29 mars 1817, Chardet c. Leboulanger.

624. — Les frais de nourriture et le logement des gens de guerre, sont des charges inhérentes aux maisons et supportables pour tous ceux qui y ont un droit d'habitation, dans la proportion de chacun, et indépendamment de l'habitation réelle. — *Colmar*, 7 déc. 1816, Schweitzer c. N....; — Duvergier, *Louage*, t. 2, n° 28; Troplong, n° 335.

625. —Il suit de là: 1° que le locataire, en sa qualité d'habitant, est soumis au logement des gens de guerre, alors même qu'il loue en garni et qu'il est étranger. —*Paris*, 19 déc. 1815, Kinnaire c. Braccini; — Troplong, *loc. cit.*; Duvergier, *loc. cit.*

626. — 2° Que le propriétaire qui s'est réservé une portion de la maison qu'il a louée, est tenu proportionnellement de cette attribution. — *Colmar*, 7 déc. 1816, Schweitzer c. N....; — Troplong, *loc. cit.*; Duvergier, *loc. cit.* — V. LOGEMENT DES GENS DE GUERRE.

627 — Il a été jugé que, le fermier chargé par son bail du paiement des impositions ne doit payer que celles des années dont il fait les récoltes. Ainsi, le fermier qui est entré en jouissance en 1807, n'a pas été tenu des impositions dont l'immeuble a été chargé pour la récolte de 1806, bien que la perception n'en ait eu lieu qu'en 1807. — *Paris*, 9 janv. 1809, Chéron c. Commission des hospices de Paris.

628. — Quant au balayage de la rue, M. Duvergier (t. 2, n° 30) conclut des termes de l'art. 471, n° 3, C. pén., et notamment de l'expression *habitans*, que cette obligation pèse également sur le propriétaire et sur les locataires. — Mais en même temps il fait observer que la répartition de cette charge est impossible lorsqu'une contravention a été commise et qu'un tribunal de police est appelé à la réprimer; que le juge ne peut alors ni diviser l'amende et l'emprisonnement entre les habitans, ni appliquer la peine tout entière à chacun.

629. — De là il conclut: 1° que, si la maison est habitée par le propriétaire et le locataire, c'est contre le propriétaire seul que les poursuites doivent être dirigées.

630. — ... 2° Que si la maison est habitée par plusieurs locataires, comme il est également impos-

sible de diviser la peine entre eux, et de l'appliquer à l'un plutôt qu'aux autres, les poursuites doivent encore être dirigées contre le propriétaire, qui répond aux yeux de l'autorité publique de ceux qu'il s'est substitués. — V. aussi Troplong, n° 335.

631. — ... 3° Que, s'il n'y a dans la maison qu'un seul locataire, c'est sur lui seul que tombe la charge, et que par conséquent c'est lui seul qui doit être poursuivi en cas de contravention. — V. conf. Troplong, *loc. cit.* — (V. dans ses motifs *Cass.*, 6 avr. 1833, Bernard. Cet arrêt semble même admettre que le propriétaire ne peut être poursuivi qu'autant que la maison n'est pas louée.)

632. — Jugé toutefois que, le propriétaire d'une maison donnant sur la voie publique, poursuivi pour défaut de balayage, ne peut pas être acquitté sur le motif que la contravention est le fait personnel de son locataire, attendu que l'obligation du nettoyage est une charge de la propriété. — *Cass.*, 13 fév. 1834, Fanière.

633. — Au surplus, les conventions qui pourraient intervenir entre les parties, au sujet de cette obligation, n'auraient d'effet qu'entre elles; mais elles ne pourraient rien changer aux obligations respectives du propriétaire et du locataire envers l'autorité. Il en est, à cet égard, comme en matière d'impôts (V. *suprà* n° 620.) — Duvergier, t. 2, n° 29. — V. au surplus BALAYAGE ET NETTOIEMENT.

Sect 6e. — *Incendie — Responsabilité.*

634. — Les incendies étaient très fréquens à Rome. Aussi les jurisconsultes s'étaient-ils occupés des difficultés qui pouvaient s'élever à cet égard. Mais, des idées qu'ils avaient émises, des décisions qu'ils avaient rendues, il nous reste fort peu de chose.

635. — Nous avons toutefois un texte précieux: c'est la loi 11, ff., *De pericul. et commod. rei vendit.*, dans lequel Alfenus examine le cas où une maison vendue, mais non encore livrée, est incendiée entre les mains du vendeur. « *Si venditor*, dit-il, *eam diligentiam adhibuisset in insulâ custodiendâ quam debent homines frugi et diligentes præstare, si quid accidisset, nihil ad eum pertinebit.* » On voit que, pour ce cas, Alfenus n'exige du vendeur que les soins d'un père de famille diligent (non pas très diligent), et que, par conséquent, il ne le rend pas responsable de la faute très légère. — Troplong, n° 360.

636. — A la vérité, dans ce texte, il n'est question que de la vente; mais, entre la position du vendeur qui n'a point encore livré la chose et celle du preneur qui la détient à titre précaire, il y a, en ce qui touche les fautes, similitude parfaite. — Ulpien, L. 5, § 2, ff., *Commodat.* — V. aussi le président Favre, *Rational. ad pand.*, sur la loi 11, ff., *De pericul. et commod. rei vend.*; Troplong, n° 360.

637. — Ainsi, d'après le droit romain, le preneur était, en cas d'incendie, responsable de sa faute légère. — Mais est-ce au bailleur à prouver la faute, ou bien est-ce au preneur à prouver la force majeure?

638. — Cette question était controversée dans l'ancienne jurisprudence. — Quelques auteurs, s'appuyant sur le principe que nul n'est présumé, dans le doute, avoir manqué à ses devoirs (L. 51, ff., *Pro socio*), enseignaient que c'était au bailleur, lorsqu'il alléguait que l'incendie avait eu pour cause la faute du preneur, à prouver cette faute. — Perezius, *Ad Cod.*, *De legat.*, n° 28; Voët, *Ad leg. aquil.*, n° 20; Henrys, t. 2, liv. 4, ch. 6, 9, 87 et 163; Menochius, *De arb. judic.*, 46, 2, cas. 390, et *De præsumpt.*, lib. 1, 9, 59, et 97, n° 10.

639. — Mais d'autres, se fondant sur cette présomption formulée par Paul (L. 3, ff., *De offic. præf. vigil*): *incendium fit plerumque culpâ inhabitantium*, voulaient que le locataire fût obligé de prouver que l'incendie ne pouvait être attribué à sa faute légère. — Fachin, *Contumel.*, lib. 1, c. 87; Vinnius, *Select. quæst.*, lib. 1, c. 33; d'Argentré, *Sur cout. Bretagne*, art. 599; Gomez, *Variar. resolut.*, t. 2, cap., *De loc. cond.*, nos 21 et 22; Merlin, *Répert.*, v° *Incendie*, § 2, n° 9. — Telle était aussi la jurisprudence des parlemens de Paris, de Grenoble, de Toulouse, de Rouen, etc. — Merlin, *loc. cit.*

640. — Ainsi jugé qu'avant le Code, le locataire d'une maison dans laquelle un incendie avait éclaté était responsable envers le propriétaire, à moins qu'il ne prouvât que l'incendie était le résultat de la force majeure ou de toute autre cause à lui étrangère. — *Paris*, 26 messid. an XI, Adam c. Laborde.

641. — Cette doctrine a été reproduite par le Code civil. — Le locataire répond de l'incendie, dit l'art. 1733, à moins qu'il ne prouve « que l'incendie est arrivé par cas fortuit ou force majeure,

ou par vice de construction, — ou que le feu a été communiqué par une maison voisine.

642. — Cet article n'est point une exception, comme l'enseigne M. Duvergier (t. 3, nos 408, 411, etc.); c'est, au contraire, une application des principes généraux. En effet, le preneur est obligé de rendre au bailleur la chose en l'état où il l'a reçue; il en est comme débiteur. Si donc elle est détruite en totalité ou en partie, il faut qu'il prouve que sa faute n'a point eu de part à cette destruction. Or, il ne suffit pas, pour faire cette preuve, de justifier du fait d'incendie, car l'incendie arrivant au moins aussi souvent par la faute des habitans que par cas fortuit, il s'ensuit que la preuve de ce fait laisse subsister le doute sur le point de savoir s'il y a eu ou non faute du preneur; il faut donc de plus que ce dernier établisse qu'aucune faute ne peut lui être imputée, et c'est là précisément ce que veut l'art. 1733. — Troplong, n° 364; Zachariæ, t. 3, p. 13, note 9e.

643. — Mais cette disposition n'est applicable qu'entre le propriétaire et le locataire, à raison de ces relations contractuelles qui obligent ce dernier à rendre la chose telle qu'il l'a reçue ou à justifier de la force majeure qui l'empêche d'accomplir cette obligation en tout ou en partie; elle n'est d'aucune application entre toutes autres personnes qui ne sont liées entre elles par aucun engagement; dans ce cas, comme l'incendie peut arriver tout aussi bien par cas fortuit que par la faute des habitans, c'est au demandeur qui allègue la faute à en établir la preuve. — Troplong, n° 365 et suiv.

644. — Ainsi, celui dont la maison a été brûlée par suite de l'incendie qui a éclaté dans la maison voisine, ne peut réclamer contre le propriétaire de celle-ci la réparation du dommage qu'il a éprouvé, qu'en prouvant d'une manière positive et certaine que l'incendie a eu lieu par la négligence du voisin. — *Riom*, 5 mai 1809, Bernard c. Chabanon et Avit; *Caen*, 27 août 1819, Nicolet; *Grenoble*, 22 janv. 1824, Durand c. Blanchet; *Paris*, 27 janv. 1824, Comp. d'assur. c. Toublant; 16 mai 1825, Pignes c. comp. du Phénix; *Pau*, 6 juill. 1825, Lalanne c. Lamorère; *Nancy*, 19 juill. 1825, comp. d'assur. d'Est c. Fromont; *Cass.*, 18 déc. 1827, comp. du Phénix c. de Béhague et Signes; 1er juill. 1834, Feuillet c. Thouvenin; *Rouen*, 4 août 1840 (t. 1er 1841, p. 87), Haiste c. Levasseur; *Paris*, 1er juill. 1841 (t. 2 1844, p. 221), dame Deville c. comp. du Phénix et Flach. — V. aussi Henrys, t. 2, quest. 163; Voet, lib. 9, tit. 22, n° 20; Rousseau de Lacombe, v° *Incendie*, n° 6 (il cite deux arrêts de 1626 et 1633, rendus en ce sens); Merlin, *Répert.*, v° *Incendie*; Proudhon, *Usufruit*, n° 1561; Duranton, t. 17, n° 105; Grün et Joliat, *Assurances terrest.*, n° 184; Duvergier, nos 413, 414 et 421; Troplong, n° 365.

645. — Dès-lors, l'arrêt qui, après avoir constaté que l'incendie n'était imputé ni à la malveillance ni à aucun fait de force majeure, applique au voisin l'art. 1382, sans que le demandeur soit tenu d'administrer d'autre preuve que celle résultant de la circonstance que le feu n'a pu provenir d'aucune autre cause que du fait de celui qui habitait la maison incendiée, doit être cassé comme ayant créé une présomption légale non établie par la loi. Ce n'est pas là une simple décision de fait qui échappe à la censure de la cour suprême. — *Cass.*, 1er juill. 1834, Feuillet c. Thouvenin.

646. — Il y a lieu à juger de même (c'est-à-dire que la présomption générale de l'art. 1733 n'est pas applicable au cas où le feu a été communiqué par la maison voisine), encore bien que la maison à laquelle le feu s'est communiqué ait été dégradée ou détruite par ordre de l'autorité locale, en raison de l'incendie. — *Cass.*, 18 déc. 1827, comp. du Phénix c. Pignes.

647. — Jugé au contraire (mais à tort) que celui dans la maison duquel éclate un incendie doit indemniser les propriétaires voisins dont les maisons ont été endommagées par l'effet du feu, lorsqu'il ne prouve pas que l'incendie est arrivé par cas fortuit ou force majeure. — *Amiens*, 24 messid. an XI, Adam c. Canelle; *Toulouse*, 13 déc. 1808, Agède c. Labat; *Rouen*, 17 janv. 1811, Delaplace c. M...; *Lyon*, 14 déc. 1811, Guillard c. Gonelan; *Montpellier*, 25 mars 1824, Joubert c. Brunet et Andrau. — Dans l'espèce de ce dernier arrêt, il était constaté qu'il y avait au moins apparence de faute légère de la part du propriétaire. — V. aussi Denizart, v° *Incendie*, n° 7; Boutaric et Serres, *Inst.*, liv. 3, tit. 25, § 5; Domat, *Lois civ.*, liv. 2, tit. 8, sect. 4, n° 6; Bourjon, *Droit comm. de la France*, tit. 5, chap. 8; Fournel, *Traité du voisinage*, t. 2, p. 156; Catelan, liv. 6, chap. 3; Pothier, n° 195; Malleville, art. 1733; Toullier, t. 11, nos 160 et 172.

648. — La preuve que l'incendie est arrivé par la faute du voisin peut se faire à l'aide de présomptions graves, précises et concordantes, dans les termes des art. 1348 et 1353. — *Paris*, 1er juill. 1841 (t. 2 1841, p. 221), Deville c. comp. du Phénix et Flach.

649. — La déclaration du propriétaire d'une maison incendiée, que très probablement l'incendie est provenu de la négligence d'un de ses ouvriers, ne constitue pas une preuve de négligence suffisante pour servir de fondement à l'action qu'intentent les propriétaires voisins en réparation du dommage qu'ils ont souffert. — *Paris*, 16 mai 1825, Pignes c. comp. du Phénix.

650. — Dans le cas même où il serait prouvé que l'incendie provient d'une faute, le propriétaire voisin n'aurait pas droit à des dommages-intérêts si la communication de cet incendie à sa maison pouvait être imputée à sa faute ou à sa négligence.

651. — Ainsi jugé que celui dans la maison duquel a éclaté l'incendie qui s'est communiqué à la maison de son voisin, n'est pas tenu de dommages-intérêts envers ce dernier, lorsqu'il est prouvé que le feu n'y a pénétré que par suite de l'état de dégradation de son mur. — *Poitiers*, 10 juin 1819, Daviac c. Chabot.

652. — Un propriétaire n'est pas responsable envers ses voisins de l'incendie arrivé par la faute de son locataire, quand même l'accident aurait pu être prévu, d'après la profession et l'emploi habituel que ce locataire faisait du feu et de matières combustibles. Peu importe d'ailleurs que le propriétaire habitât lui-même dans la maison incendiée. — *Grenoble*, 17 janv. 1828, Brun c. Bagriot.

653. — Toutefois, le propriétaire qui a autorisé ou toléré de la part de ses locataires une construction contre les règles de l'art, et spécialement, l'établissement d'un fourneau contre un mur à pan de bois, sans que les précautions exigées par les lois et réglemens aient été prises, est responsable, à l'égard des autres locataires, du préjudice qu'ils ont souffert à la suite d'un incendie causé par le vice de la construction.

654. — L'indemnité due au voisin qui a souffert un préjudice par suite d'un incendie, doit être fixée d'après la perte réellement éprouvée, et non d'après la privation du bénéfice. Ainsi, si des produits chimiques ont été détruits par l'incendie dans le laboratoire du fabricant, l'indemnité doit se régler d'après leur prix de revient, et non d'après leur valeur vénale au jour du sinistre. — *Paris*, 19 mars 1840 (t. 2 1840, p. 483), Brandt c. Guerin et autres. — V. aussi Grün et Joliat, *Assurances*, nos 189 et 248; Vincens, *Législation commerciale*, t. 3, p. 564.

655. — Le propriétaire qui habite sa maison n'est pas, vis-à-vis des autres locataires, soumis à la présomption légale de faute établie par l'art. 1733, en cas d'incendie. Il ne peut donc, alors même que le feu aurait pris chez lui, être responsable que dans les termes des art. 1282 et suiv., C. civ., et lorsqu'il y a preuve de faute contre lui. Cette règle reçoit son application, alors même qu'il n'y aurait avec lui dans la maison qu'un seul locataire, et qu'il serait prouvé que le feu n'a pas commencé chez celui-ci. — *Turin*, 8 août 1809, Franceseiti et Settime c. Bordano. — V. conf. Troplong, n° 368.

656. — Jugé, de même, que le locataire chez lequel éclate l'incendie n'est responsable, d'après l'art. 1283, C. civ., vis-à-vis des voisins, du dommage qu'ils éprouvent, qu'autant qu'il est constant que l'incendie est le résultat de la négligence ou de l'imprudence de ce locataire. — *Paris*, 19 mars 1840 (t. 2 1840, p. 483), Brandt c. Guérin et autres.

657. — Le propriétaire peut invoquer la présomption de l'art. 1733 non seulement contre le locataire direct, mais encore contre le sous-locataire; en effet, l'action que le propriétaire peut exercer contre le locataire direct, celui-ci peut l'exercer contre le sous-locataire qui a contracté envers lui; or, le propriétaire peut incontestablement exercer les actions de son locataire. — Troplong, n° 372; Duranton, t. 17, n° 112; Toullier, t. 11, n° 169.

658. — Le propriétaire ne pourrait opposer la présomption de l'art. 1733 à un hôte qui logerait momentanément chez le locataire et qu'il voudrait rendre responsable de l'incendie, à défaut du locataire insolvable; cet hôte n'est lié envers lui par aucun engagement, il ne serait par conséquent responsable de l'incendie qu'autant qu'il serait prouvé que c'est sa faute qui l'a causé. — Toullier, t. 11, n° 168; Troplong, n° 369.

659. — L'art. 1733, C. civ., qui, en matière d'incendie, établit une présomption de faute contre le locataire en faveur du propriétaire, doit recevoir son application au profit du locataire contre le sous-locataire pour la réparation des avantages que le sous-bail lui attribue, et dont le prive l'incendie. — *Rouen*, 10 fév. 1843 (t. 1er 1843, p. 659), Letellier c. Hébert.

660. — Des idées que nous avons exposées ci-dessus (n° 634 et suiv.), sur le fondement de la responsabilité qui pèse sur le locataire en cas d'incendie, il résulte que l'art. 1733 peut être invoqué contre tout détenteur obligé en vertu de son contrat de donner à la chose les soins d'un bon père de famille et de la rendre dans l'état où il l'a reçue, et notamment au colon partiaire. — Troplong, n° 373.

661. — Jugé toutefois que le colonage partiaire étant plutôt un contrat de société qu'un contrat de louage proprement dit, n'est pas assujéti à l'exception de l'art. 1733, C. civ. — Dès lors, en cas d'incendie du domaine qu'il occupe, le colon partiaire n'est pas légalement responsable vis-à-vis du propriétaire, dans les termes de l'art. 1733. — *Limoges*, 21 fév. 1839 (t. 2 1839, p. 277), Soumy c. Nébus. — M. Duvergier (*Louage*, t. 1er, nos 99 et 100, et t. 4, n° 98) critique cet arrêt parce que, selon lui, le bail à colonage partiaire tient plutôt du louage que de la société. — M. Troplong (*loc. cit.*), le critique également.

662. — Jugé que l'art. 1733, C. civ., sur la responsabilité en cas d'incendie, s'applique à tout détenteur de l'immeuble, aussi bien à celui qui possède en vertu d'un contrat pignoratif qu'au fermier ou locataire. — *Riom*, 10 mars 1836, Constant c. Chalus et Dumiral.

663. — Jugé également, bien que l'art. 1733 semble, par sa position, applicable seulement aux baux des maisons et des biens ruraux, que le locataire d'un bateau à laver qui a été incendié n'est dégagé de sa responsabilité vis-à-vis du propriétaire qu'en prouvant, ainsi que cela est exigé pour les baux de maison, que le sinistre est arrivé sans sa faute, par cas fortuit, force majeure ou vice de construction. — *Lyon*, 7 mars 1840 (t. 1er 1840, p. 504), Assur. Gén. c. Guillot. — V. conf. Merlin, *Rép.*, vis *Bail*, § 7, n° 15, et *Incendie*, § 2, n° 9; Troplong, *Vente*, n° 402; — *contrà* Proudhon, *Usufruit*, n° 1540.

664. — De même le fabricant auquel des marchandises ont été confiées pour les mettre en œuvre, est responsable de la perte de ces marchandises, arrivée dans l'incendie de sa propre maison. Il y a, dans ce cas, présomption légale que l'incendie a eu lieu par faute ou négligence du fabricant, à moins qu'il ne prouve que l'incendie est seulement l'effet d'un événement de force majeure. — *Cass.*, 14 juin 1827, Parpaite c. Gilmaire.

665. — Si le feu avait commencé dans une partie de la maison restée commune entre le propriétaire et le locataire, le propriétaire ne pourrait l'imputer à ce dernier et lui en demander la réparation qu'en prouvant qu'il est arrivé par sa faute. — Troplong, n° 371.

666. — Il a été dit plus haut que le locataire échappe à la responsabilité lorsqu'il prouve que l'incendie est arrivé par vice de construction. — Le fait que, dans la gaîne de la cheminée de la pièce où le feu a éclaté, il existait un conduit de cheminée destiné à recevoir un tuyau de poêle dont l'orifice se trouvait bouché avec des chiffons qui, par leur inflammation, ont occasionné l'incendie, ne saurait être considéré comme un vice de construction. — *Lyon*, 17 janv. 1834, Comp. d'Assur. du Soleil c. Seyssel et Weyer.

667. — Nous avons vu qu'il en est de même lorsqu'il prouve que l'incendie a été communiqué par une maison voisine; mais même dans ce dernier cas le locataire peut être déclaré responsable, si cette communication n'a eu lieu que par sa faute. — Troplong, n° 386.

668. — De même, si le locataire pouvant empêcher le feu qui brûle la maison voisine de se communiquer à celle qu'il tient à bail, a négligé de le faire, est resté spectateur indifférent de l'incendie, il ne peut se prévaloir de l'art. 1733 pour échapper à la responsabilité. — Merlin, *Rép.*, v° *Incendie*, § 2, n° 7; Troplong, n° 387.

669. — Il a été jugé que le feu étant toujours un événement prévu pour les salles de spectacle, à la différence des édifices ordinaires, le locataire d'un théâtre incendié, pour échapper à la responsabilité de l'art. 1733, est tenu d'établir seulement que le sinistre ne doit être imputé ni à sa négligence, ni à son imprudence, et qu'il avait été satisfait, lors de l'incendie, à toutes les obligations imposées aux directeurs des théâtres. — *Paris*, 18 avr. 1836 (t. 1er 1837, p. 437), Comp. d'assur. génér. c. Pixérécourt, Dubois et Marty. — M. Troplong (nos 388 et 389) approuve cet arrêt, qui lui paraît contenir une appréciation très exacte de la position des parties et une compréhension très-juridique de l'art. 1733. — V. toutefois Duvergier, t. 1er, n° 417.

670. — Lorsqu'il y a plusieurs locataires dans la maison louée, tous sont solidairement responsables de l'incendie, — à moins qu'ils ne prouvent que l'incendie a commencé dans l'habitation de

l'un d'eux, auquel cas celui-là seul en est tenu ;—ou que quelques uns ne prouvent que l'incendie n'a pu commencer chez eux, auquel cas ceux-là n'en sont pas tenus.—C. civ., art. 1734.

671. — Dans l'ancienne jurisprudence, Pothier, (n° 194) enseignait que lorsqu'il y avait dans une maison plusieurs locataires principaux, c'était le locataire de la maison par où le feu avait commencé qui était seul tenu de l'incendie, et que si on ne savait par où il avait commencé, aucun n'en devait être tenu, parce que, à raison de cette incertitude, il ne pouvait y avoir lieu contre aucun d'eux à aucune présomption de faute qui pût servir de fondement à l'action du propriétaire.—Mais le parlement de Paris, par arrêt du 3 août 1777, avait repoussé cette doctrine, pensant que l'incertitude, au lieu de faire absoudre tous les locataires, comme le voulait Pothier, devait au contraire les faire condamner tous. — Merlin, *Rép.*, v° *Incendie*, § 2, n° 10 ; Toullier, t. 11, n° 170 ; Troplong, n° 376.

672.— Rien de plus juste en effet que de les condamner tous, car chacun des locataires principaux est débiteur de la chose qui lui a été confiée, chacun d'eux doit la rendre dans l'état où il l'a reçue ; si donc elle elle est détruite en totalité ou en partie, chacun d'eux est obligé, pour s'affranchir de cette obligation de restituer, de prouver que l'incendie ne peut lui être imputé. Mais comme chacun d'eux ne doit rendre que ce qu'il a reçu, il semble que sa responsabilité ne devrait exister que pour la partie dont il est locataire, et non s'étendre à la totalité de la maison. Il y a donc une rigueur excessive dans la disposition de l'art. 1734, qui les rend tous solidairement responsables de la totalité de la perte. —Troplong, n°s 375, 377 et 378.

673. — Le locataire qui, par suite de l'action du propriétaire, a payé la totalité de la perte, a un recours à exercer contre les autres locataires. — Chacun d'eux y contribue alors, non pas proportionnellement à la valeur de son loyer, mais pour sa part virile, car la présomption de faute pesant également sur chacun, chacun doit également en supporter les conséquences. — Troplong, n° 379.

674.— La responsabilité du locataire chez lequel l'incendie a commencé n'est établie qu'en faveur de l'immeuble, et elle ne peut être étendue au mobilier que le propriétaire avait placé dans la partie du bâtiment qu'il occupait qu'autant que celui-ci prouverait la faute ou l'imprudence du preneur. — *Lyon*, 17 janv. 1834, Comp. d'assur. du Soleil c. Seyssel et Weyer. — V. conf. Duvergier, n° 420 ; Troplong, n° 392 ; Zachariæ, t. 3, p. 15. — En effet, dans ce cas il y a dans le propriétaire deux personnes : le bailleur et l'habitant de la maison. Comme bailleur, il peut invoquer les art 1733 et 1734 ; mais comme habitant, il n'a que l'action en dommages intérêts, fondée sur l'art 1382, et dans les mêmes termes que les autres locataires en faveur desquels la présomption de faute n'existe pas.

675. — Le propriétaire qui habite la maison conjointement avec les locataires, ne peut invoquer contre eux les art. 1733 et 1734, lorsqu'on ignore quel est le point où l'incendie a commencé, car il se peut que l'incendie ait commencé chez le propriétaire, et il serait inique que, dans ce cas, les locataires fussent tenus de l'indemniser. — Troplong, 380 ; Duvergier, n° 425.

676. — Ainsi, il a été jugé avec raison que lorsque le proprétaire se trouve au nombre des habitans de la maison, c'est à lui de prouver que l'incendie a pris naissance dans les locaux occupés par le locataire pour que celui-ci soit tenu de la réparation du préjudice. — *Toulouse*, 7 juill. 1843 (t. 2 1844, p. 166), Mauvaisin c. Barutaut.

677. — Jugé même que le propriétaire qui a conservé dans sa maison un local d'où un incendie a pu provenir doit être assimilé à un locataire, et ne peut, par suite, réclamer des dommages-intérêts contre les autres locataires pour la perte résultant de l'incendie qu'en prouvant que cet incendie est arrivé par leur faute ou leur imprudence. — *Riom*, 4 août 1829, Grangier c. Vivier et Pruneyrac.

678. — Faute par lui de faire cette preuve, le propriétaire ne saurait invoquer le bénéfice de l'art. 1734 en soutenant que par le fait de sa cohabitation il doit être assimilé à un locataire ; car l'art. 1734 ne crée point un droit en faveur de l'un des locataires contre l'autre. Ils restent entre eux dans les règles du droit commun et ne peuvent recourir contre celui chez qui le feu a pris qu'à la charge de prouver que ce fait, qui leur cause un dommage, l'oblige parce qu'il est arrivé par sa faute, comme le veut l'art. 1382, C. civ. —*Toulouse*, 7 juill. 1843 (t. 2 1844, p. 166), Mauvaisin c. Barutaut.

679. —Mais la responsabilité du locataire, déterminée par les art. 1733 et 1734, n'est pas modifiée par la circonstance que le propriétaire habite la maison, alors qu'il est constant que le feu a commencé dans l'habitation du preneur. — *Lyon*, 17 janv. 1834, comp. du Soleil c. Seyssel et Weyel ; *Paris*, 12 mars 1831 (t. 1er 1841, p. 590), comp. du Phénix c. Hardy et Joannès. — V. en ce sens Troplong, n°s 370 et 280 ; Duvergier, n° 416. — V. toutefois Duranton, t. 17, n° 109.

680. — Les art. 1733 et 1734, C. civ., qui établissent la responsabilité légale du locataire envers le propriétaire, dans le cas d'incendie, ne sont pas applicables aux locataires entre eux. En conséquence, lorsqu'un locataire a souffert des dommages par un incendie qui a pris naissance chez un autre locataire, il doit prouver, pour en obtenir la réparation, que l'incendie a eu lieu par la faute, la négligence ou l'imprudence de ce locataire.—*Bordeaux*, 25 juin 1828, Chauvet c. Belloc ; *Lyon*, 12 août 1829, Gillot c. Comp. du Phénix ; *Cass.*, 11 avr. 1831, Comp. du Phénix c. Durand ; *Lyon*, 24 juillet 1834, Gerlier et Fournel c. Faure. — V. conf. Henrys, t. 2, quest. 163 ; Voet, lib. 9, tit. 22, n° 20 ; Rousseau de Lacombe, v° *Incendie*, n° 6 (et les arrêts qu'il cite) ; Merlin, *Rép.*, v° *Incendie* ; Proudhon, *Usufruit*, n° 1561 ; Duranton, t. 17, n° 105 ; Grün et Joliat, *Assurances terrestres*, n° 184 ; Duvergier, n°s 413, 414 et 421 ; Troplong, n° 365.

681. — Jugé, toutefois, que le locataire dans l'habitation duquel l'incendie a commencé est responsable, non seulement à l'égard du propriétaire, mais aussi à l'égard de ses locataires, s'il ne prouve pas que cet incendie a eu lieu par cas fortuit, ou force majeure ou vice de construction. — *Paris*, 12 mars 1841 (t. 1er 1841, p. 590), comp. du Phénix c. Hardy et Joannès. — V. dans le même sens Denizart, v° *Incendie*, n° 7 ; Boutaric et Serres, *Instit.*, liv. 3, tit. 25, § 5 ; Domat, *Lois civ.*, liv. 2, tit. 8, sect. 4, n° 6 ; Bourjon, *Droit comm. de la France*, tit. 5, chap. 8 ; Fournel, *Traité du voisinage*, t. 2, p. 156 ; Catelan, liv. 5, chap. 3 ; Pothier, n° 195 ; Malleville, art. 1733 ; Toullier, t. 12, n°s 160 et 172.

682. — Quelques auteurs ont prétendu que l'art. 1733 était limitatif et qu'ainsi, lorsqu'il n'y avait qu'un seul locataire dans la maison incendiée, ce locataire ne pouvait se soustraire à la responsabilité qui pèse sur lui qu'en se justifiant de l'une des manières déterminées par l'art. 1733.—V. Toullier, t. 11, n° 161 ; Zachariæ, t. 3, p. 13, note 9, *in fine*.

683. — Mais il nous paraît résulter de la combinaison de l'art. 1733 avec les art. 1732 et 1734 que cette interprétation doit être rejetée, et que le preneur doit être admis à prouver par tous les moyens possibles, que l'incendie ne peut être attribué à sa faute ou à sa négligence, sans qu'il ait besoin pour cela d'indiquer et de prouver le cas de force majeure, ou le vice de construction qui a produit le sinistre. — Troplong, n° 382.

684. — Ainsi jugé que le locataire n'est pas soumis à la responsabilité résultant des art. 1733 et 1734, C. civ., lorsqu'à l'époque où le feu a éclaté il était absent et éloigné des lieux loués, tellement qu'il soit impossible d'admettre la possibilité d'un incendie par sa faute ou son propre fait, surtout, d'ailleurs, si le propriétaire habitait lui-même la maison.. — *Turin*, 8 août 1809, Franceselli et Seltime c. Bordano.—V. aussi Merlin, *Rép.*, v° *Incendie*, § 2, Troplong, n° 382 ; Proudhon, *Usufruit*, n° 1552.

685. — Cette décision est approuvée par M. Duvergier (n° 437), en tant qu'elle ne juge pas d'une manière absolue que l'absence du locataire au moment de l'incendie fait cesser la responsabilité écrite dans les art. 1733 et 1734, C. civ. Mais il pense que lorsque, par exemple, il ne s'est pas écoulé un délai assez long, depuis le jour où le locataire est pour la dernière fois entré dans le lieu où le feu a pris, pour entraîner l'impossibilité de son fait ou de sa faute, et pour éloigner invinciblement l'idée que la cause de l'incendie puisse remonter à cette époque, le principe de la responsabilité reçoit son application. — Telle est aussi l'opinion de M. Troplong, n° 383.

686. — Jugé spécialement que le locataire d'un magasin situé dans un bazar est responsable de l'incendie arrivé la nuit dans ce magasin, bien qu'il ne dût pas l'habiter pendant ce temps et que la garde du bazar fût exclusivement confiée à la surveillance d'un gardien commun. — *Paris*, 10 mai 1834, comp. d'assur. du Phénix c. comp. de l'Union.

687. — L'éloignement même pourrait quelquefois constituer une faute ; le preneur qui laisserait les lieux loués sans gardien, et qui, par conséquent ne remplirait pas le devoir de surveillance qui lui est imposé, devrait souvent, par cela même, être déclaré responsable de l'incendie. — Duvergier, n° 437.

688. — Toutefois, un locataire n'est pas coupable d'une faute qui le rende responsable de l'incendie, par cela qu'il était absent de l'appartement au moment où le feu y a pris et qu'en sortant il en avait laissé la porte fermée. — *Lyon*, 12 août 1829, Gillot c. comp. du Phénix.

689. — Il n'est pas nécessaire que le cas fortuit ou la force majeure soient prouvés d'une manière expresse et positive et par une démonstration directe ; cette preuve peut être faite par voie d'induction et de présomption. — Troplong, n° 384. — V. aussi *Douai*, 13 juin 1832 et 13 juill. 1833 ; sous *Cass.*, 11 fév. 1834, Assur. génér. c. d'Autremer.

690. — Il a été jugé, toutefois, que la présomption de faute établie contre le locataire, en cas d'incendie, par l'art. 1733 C. civ., ne cède que devant la preuve directe et positive de l'un des faits indiqués par ledit article, et non devant la simple possibilité d'un fait de cette nature. — *Paris*, 4 juill. 1835, Vallier c. Comp. d'assur. mut. et Dubasty.

691. — Dans l'espèce jugée par ce dernier arrêt, le preneur demandait à établir que le feu avait pris dans un grenier où jamais des employés n'entraient avec du feu ; qu'aussitôt la nuit venue, on en fermait la porte ; que dans les maisons voisines il existait des ouvertures et des jours de souffrance non fermés et donnant sur ce grenier ; que plusieurs fois on y avait placé des réchauds de feu ; qu'on y avait vu des hommes qui fumaient ; qu'enfin les portes qui traversaient le grenier étaient voisines de cheminées où il y avait des lézardes et des crevasses. Et c'est en présence d'articulations aussi graves que la cour a rendu la décision qui précède ! —M. Troplong (n° 385) critique cet arrêt qui lui semble restreindre singulièrement le cercle de la défense du preneur et prêter à l'art. 1733 une pensée exclusive qu'il n'a pas. —V. cependant Duvergier, n° 436.

692. — Au reste, la question de savoir si un incendie a eu lieu ou non par cas fortuit, est une question de fait dont la solution ne peut donner ouverture à cassation. —*Cass.*, 11 fév. 1834, Assur. génér. c. d'Autremer.

693. — De même, la présomption établie par la loi contre le locataire d'une maison incendiée ne pouvant céder qu'à la preuve contraire, l'arrêt qui décide, d'après les circonstances de la cause, que la preuve offerte est inconcluante, et par conséquent inadmissible, ne peut point encourir la cassation. — *Cass.*, 16 août 1841 (t. 2 1841, p. 574), Saget c. Cazes.

694. — La preuve que l'incendie ne s'est pas manifesté chez un locataire, résultant de ce que son habitation a été préservée, le met à couvert de toute responsabilité.— *Lyon*, 24 juill. 1834, Gerlier et Fournel c. Faure.

695. — Mais en quoi consiste la réparation que le preneur doit au bailleur par suite de la responsabilité qui pèse sur lui ?

696. — Bourjon décide que le locataire est tenu de faire reconstruire la maison à ses frais (*Droit comm. de la France*, t. 2, tit. 4, ch. 3, sect. 3, n°s 37 et 42). Il cite les décisions conformes. — V. aussi Legrand, sur *Cout. de Troyes*, p. 338, t. 2, n° 25.

697. — Sous l'empire du Code civil, le preneur est tenu de payer au bailleur, non pas seulement la valeur vénale de la maison, mais la somme nécessaire pour la réparation ou la reconstruction des édifices détruits, et de plus des dommages-intérêts équivalens au préjudice qu'éprouve le bailleur par la privation de sa chose. — Troplong, n° 390 ; Duvergier, n° 419.

698. — Jugé que le locataire a l'option de rétablir la maison incendiée dans son premier état, ou de payer les dégâts causés. — *Bruxelles*, 21 sept. 1829, société Securitas c. Manderlier.

699. — Le locataire dans la boutique duquel l'incendie a commencé, et qui a indemnisé le propriétaire, a son recours contre l'ouvrier qui n'a pas construit le fourneau suivant les règles de l'art.— *Paris*, 21 déc. 1812, Power c. Moreau.

700. — Lorsque la chose a été entièrement détruite par l'incendie, le bail se trouve nécessairement résilié, aux termes de l'art. 1741, C. civ., et il ne dépendrait pas du preneur de reconstruire la maison pour continuer à l'habiter. — Troplong, n° 391 ; Duvergier, n° 521.

701. — Mais si la destruction, bien que très considérable, n'est que partielle, le preneur dont le bail n'est pas expiré peut construire le bâtiment incendié, et continuer de l'occuper comme par le passé jusqu'à la fin du bail.— *Colmar*, 23 avr. 1838 (t. 2 1838, p. 611), Kœchlin c. Zickel et Heilmann. —V. conf. Troplong, n° 391 ; Duvergier, n° 523.

702. — De même, le locataire, responsable vis-à-vis du propriétaire de l'incendie du bâtiment qu'il occupait, peut repousser la demande en résiliation du bail et en indemnité formée par le propriétaire, en offrant de reconstruire le bâtiment. Seulement, les juges doivent se borner à surseoir à statuer sur la demande du propriétaire, en fixant au locataire un délai pour faire la reconstruction. — *Paris*, 22 déc. 1825, Laforest c. Robard et Villexon.

703. — Le locataire sur qui pèse, en cas d'incendie, la responsabilité portée par les art. 1733 et 1734, C. civ., ne peut exciper de l'art. 1722 pour se soustraire au paiement des loyers de la partie des lieux rendue inhabitable. — *Paris*, 2 janv. 1832; sous *Cass.*, 24 nov. 1840 (t. 2 1840, p. 729), comp. du Phénix c. Lainné. — Bien que la cour de Cassation ne se soit point expliquée sur cette question, qui était souverainement jugée, elle semble cependant approuver, dans ses motifs, la décision de la cour de Paris.

704. — Mais les sommes que, dans ce cas, ce locataire est obligé de payer au propriétaire, pour loyers des lieux dont il ne peut plus jouir, doivent lui être remboursées par la compagnie d'assurance qui lui a garanti les risques locatifs. — *Cass.*, 24 nov. 1840 (t. 2 1840, p. 729), comp. du Phénix c. Lainné.

705. — Le droit à l'indemnité est cessible de sa nature; ainsi le propriétaire peut valablement (et c'est ce qui a lieu tous les jours) subroger une compagnie d'assurances dans tous les droits et actions qu'il pourra avoir à exercer en cas d'incendie. — *Cass.*, 1er déc. 1834, comp. du Phénix c. Bayot et le sieur Teyssier; 13 avr. 1836, comp. du Phénix c. Hemberger; 24 nov. 1840 (t. 2 1840, p. 729), comp. du Phénix c. Lainné. — V. conf. Toullier, t. 11, no 175; Duvergier, no 418; Troplong, no 393.

706. — Il avait été jugé en sens contraire, mais à tort, que l'éventualité du recours d'un propriétaire contre son locataire, en cas d'incendie, est incessible; qu'ainsi est nulle la convention par laquelle une compagnie d'assurances est subrogée au droit qu'a le propriétaire assuré à un recours contre le tiers (locataire ou voisin) par la faute duquel un sinistre pourrait arriver. — *Colmar*, 13 janvier, 1832, comp. du Phénix c. Drouant.

707. — La clause par laquelle l'assuré déclare subroger l'assureur dans ses droits contre tous locataires, voisins et garans généralement quelconques, est générale et comprend l'action pouvant appartenir au propriétaire ou au locataire contre des locataires ou sous-locataires, en vertu de l'art. 1733, C. civ. — *Cass.*, 24 nov. 1840 (t. 2 1840, p. 729), comp. du Phénix c. Lainné.

708. — Mais le tribunal peut, sans violer aucune loi, décider que la clause d'une police d'assurance, par laquelle l'assuré subroge l'assureur à tous les droits, recours et actions qu'il pourrait avoir à exercer contre les voisins, locataires et garans généralement quelconques, ne renferme pas la cession, au profit de l'assureur, de l'indemnité à laquelle l'assuré aurait droit contre son propre locataire, en cas d'incendie arrivé par la faute de celui-ci; il peut, en conséquence, décider que l'assuré n'est pas tenu d'insérer dans la quittance de l'indemnité la clause de subrogation nécessaire pour que l'assureur puisse agir contre le locataire. — *Cass.*, 1er déc. 1834, comp. du Phénix c. Bayon Teyssier.

709. — La compagnie d'assurances qui, en payant au propriétaire la valeur d'une ferme incendiée, s'est fait subroger par lui dans tous ses droits, peut exercer son recours contre le fermier responsable de l'incendie en vertu de l'art 1733, C. civ. — *Cass.*, 11 fév. 1834, Assur. gén. c. d'Autremer.

710. — La compagnie d'assurances qui a payé au propriétaire la valeur d'une maison incendiée n'est pas, par cela seul, subrogée de plein droit à l'action que le propriétaire de la maison a contre le locataire, responsable de l'incendie, aux termes de l'art. 1733, C. civ. — *Cass.*, 2 mars 1829, Assurances c. Lanquetin. — V. conf. Quesnault, *Traité des assur.*, nos 327 et 328, et Grün et Joliat, *Traité des assur. terr.*, p. 343, no 294. — V. *contrà* Toullier, t. 11, p. 254; Boudousquié, *Traité de l'assur. contre l'incendie*, no 330, et Vincens, *Législation comm.*, p. 303.

711. — Mais la subrogation expresse, insérée dans la police, n'est pas astreinte aux formes prescrites par l'art. 1250, C. civ., pour la subrogation conventionnelle. — *Cass.*, 13 avr. 1826, comp. du Phénix c. Hemberger.

712. — L'assuré qui, par sa police, cède à la compagnie d'assurances tous ses droits et actions en responsabilité contre les locataires de l'immeuble assuré, ne conserve pas le droit d'être payé, par préférence à la compagnie, des sommes qu'il prétend lui être dues à raison de l'excédant de la valeur de son immeuble sur le prix du sinistre à lui payé; la disposition finale de l'art. 1252, C. civ., ne reçoit pas ici son application. — *Grenoble*, 15 fév. 1834, Proby et autres c. comp. d'Assur. mut.

713. — La cour de Colmar a jugé : 1o Que le locataire d'un établissement industriel a droit et qualité pour le faire assurer contre l'incendie, en son nom et pour son compte personnel, et que dès-lors, c'est à lui que reviennent les indemnités en cas de sinistre. — *Colmar*, 23 avr. 1838 (t. 2 1838, p. 611), Kœchlin c. Zickec et héritiers Heilmann. — V. aussi Troplong, no 394.

714. — ... 2o Qu'il en est ainsi lors même qu'aux termes de son bail le preneur s'est obligé, vis-à-vis de son bailleur, à faire assurer les bâtimens loués et à lui produire les polices d'assurances chaque fois que la représentation lui en sera demandée. — Même arrêt. — V. aussi Troplong, *loc. cit.*

715. — ... 3o Mais aussi que, le droit d'assurer en son nom et, par conséquent, de toucher les indemnités, naissant, à l'égard du locataire, principalement de l'intérêt qu'il a à la conservation de l'établissement en raison de la responsabilité que l'art. 1733, C. civ., lui impose, il résulte de là que, si l'incendie a été occasionné par le feu du ciel ou tout autre accident fortuit, le propriétaire seul peut prétendre aux indemnités. — Même arrêt. — V. aussi Troplong, *loc. cit.*

716. — Dans l'arrêt précité la cour de Colmar pose en principe que le locataire qui fait assurer les bâtimens qu'il a loués agit non comme *negotiorum gestor*, mais comme *procurator in rem suam*, non seulement à cause des risques locatifs à sa charge, mais encore en raison des bénéfices que le bail lui promet et de l'intérêt qu'il a que ce bail ne prenne pas fin avant le temps; et alors elle arrive à cette conséquence très logique que le preneur peut, avec le produit de l'assurance, remettre la chose incendiée en même état qu'avant l'incendie et continuer à en jouir. Mais si le principe et la conséquence sont vrais, comment admettre que, l'incendie ayant été occasionné par un accident qui n'engage pas la responsabilité du locataire, celui-ci n'aura pas le droit de toucher l'indemnité ? Le locataire n'est-il pas tout aussi intéressé à la continuation de son bail, que l'incendie l'expose ou non au recours du propriétaire ? A la vérité, l'arrêt exprime que la faculté accordée au locataire de reconstruire n'est qu'un mode qu'il lui appartient de choisir pour désintéresser le propriétaire : soit; mais, cela admis, l'on se demande pourquoi le locataire, qui peut indemniser le propriétaire en reconstruisant, ne pourrait pas reconstruire pour mener sa jouissance à fin de bail; et pourquoi le locataire, qui peut reconstruire pour se décharger des obligations qui dérivent de son contrat, ne le pourrait pas également pour se conserver les avantages que ce contrat lui assure. Or, il est manifeste qu'il n'y a point de motif tant soit peu plausible d'établir une différence à ce sujet. Donc, en revenant au point de départ, il faut tenir pour constant que, dès qu'il appartient au locataire qui assure de stipuler en son propre nom, non seulement à cause des risques de responsabilité qu'il court, mais encore à cause des bénéfices que lui promet son bail, il a aussi qualité pour toucher l'indemnité, en s'engageant à reconstruire lors même que l'incendie provient d'accidens ou de force majeure; donc il faut reconnaître que, dès qu'il est avoué que le locataire peut indemniser le propriétaire en reconstruisant, il peut aussi reconstruire en cours de bail pour ne pas perdre les avantages qu'il espère tirer de sa jouissance; donc, enfin, la disposition de l'arrêt qui ne permet pas au locataire de toucher l'indemnité quand l'incendie a éclaté par accident fortuit ou par force majeure, ne doit s'entendre que du cas où ce locataire ne veut pas profiter de la faculté de réédifier avec les fonds de l'assurance.

717. — Jugé que le locataire qui, en prenant un immeuble à bail, se réserve le droit d'en devenir propriétaire à la fin de sa jouissance, moyennant un prix déterminé, a intérêt et qualité pour faire assurer l'immeuble, même par une compagnie d'assurances mutuelles. — *Paris*, 12 août 1841 (t. 2 1841, p. 404), Comp. d'assur. mut. c. Fautzwal et Fascie. — La difficulté venait des art. 1er et 11 des statuts qui régissent la compagnie d'assurances mutuelles de Paris contre l'incendie; ces statuts n'admettent dans la société que les propriétaires des maisons à Paris; et si les locataires peuvent devenir membres de la société, ce n'est qu'en contractant l'assurance avec le consentement du propriétaire, et seulement à cause de la responsabilité dont ils sont tenus aux termes des art. 1733 et 1734, C. civ.

718. — Il a été jugé que le propriétaire, en stipulant de son locataire que l'immeuble loué sera assuré contre l'incendie, et en l'obligeant à payer la prime d'assurance de compte à demi avec le preneur renonce à faire valoir contre ce dernier les droits ce que lui conférait l'art. 1733, C. civ.; et que, dès lors, on doit réputer sans résultat la clause de la police par laquelle le propriétaire a subrogé sans garantie la compagnie dans les droits et actions qui, d'après l'art. 1733, C. civ., lui compétaient contre son locataire. — *Aix*, 28 fév. 1837 (t. 1er 1837, p. 540), comp. roy. c. Grandral et Girard. — Dans cette espèce, la subrogation mentionnée dans la police est demeurée sans résultat à l'égard du propriétaire : car il avait fait connaître à l'assureur le bail du 28 sept. 1833, et, par conséquent, la renonciation à toute action contre le locataire, fondée sur la présomption de l'art. 1733; il avait subrogé la compagnie dans ses droits, mais sans garantie, et il s'est ainsi trouvé à l'abri de tout recours de la part des prétendus subrogés. — V. conf. Troplong, *Vente*, t. 2, nos 935 et 936; Duranton, t. 16, no 511.

719. — Jugé que lorsque la totalité d'une récolte faite à mi-fruit est déposée dans une même enceinte, l'assurance que le fermier, responsable, aux termes du bail, de tous les risques d'un incendie, fait faire des récoltes existant dans cette enceinte, ainsi que le paiement, de sa part, d'une prime équivalente à la valeur totale des récoltes, n'emporte pas nécessairement cette conséquence que la part du propriétaire (lequel n'a pas été partie au contrat) soit assurée en même temps que la sienne. — *Liège*, 31 oct. 1831, de Doncel c. comp. d'assur. — Cet arrêt paraît motivé bien plus en fait qu'en droit.

720. — Les articles du Code civil, relatifs à la responsabilité des locataires en cas d'incendie, ne s'appliquent pas à un propriétaire de marchandises, obligé de les entreposer dans un lieu déterminé par l'autorité. — *Cass.*, 25 mars 1824, comp. du Phénix c. Cullen. — V. ASSURANCE TERRESTRE.

Sect. 7e. — *Effets du bail à l'égard des tiers.*

§ 1er. — *Effets à l'égard de l'acquéreur ou de tout autre successeur à titre particulier.*

721. — Dans le droit romain, lorsque le propriétaire avait vendu la chose louée, l'acheteur n'était pas tenu d'entretenir le bail, à moins qu'il ne s'y fût obligé par le contrat de vente; il pouvait expulser le preneur, sauf le recours de celui-ci contre son bailleur. *Emptorem quidem fundi necesse non est stare colono, cui prior dominus locavit, nisi eâ lege emit.* — Alexand., L. 9, Cod., *De locat. et cond.*

722. — Et ce droit d'expulser le preneur n'était pas propre à l'acheteur, il s'étendait à tout successeur à titre particulier. — L. 32, ff., *Locat. cond.*; L. 120, § 2, ff., *De legat.*; L. 59, § 1er, ff., *De usufr. et quemadm.*

723. — Ces décisions étaient la conséquence directe de la nature du louage qui, ne conférant au preneur, au légataire, qu'un droit personnel contre son bailleur, était sans force contre le nouveau propriétaire et ne pouvait lui être opposé. C'est ce que Cujas exprimait en ces termes : « *Et hæc ratio est, quia colonus non habet jus in re quam conduxit, legatarius verò, donatarius, fructuarius, emptor, habent jus in re. Et meritò igitur præferuntur colono.* » — *Respons. Ulpian.*, lib. 2, sur la loi 120, § 2, ff., *De legat.*

724. — Ces doctrines durent nécessairement passer et passèrent, en effet, dans notre ancienne jurisprudence. — Pothier, nos 288 et suiv.; Despeisses, t. 1er, p. 119; Bretonnier sur Henrys, t. 4, p. 27; Brillon, vo *Bail*, nos 19, 42 et 45; Ferrière sur *Cout. Paris*, art. 171, glose 1, no 52.

725. — Toutefois le principe que le successeur à titre particulier n'est pas tenu d'entretenir le bail consenti par son auteur, recevait plusieurs exceptions et limitations.

726. — Ainsi, lorsque le bailleur, pour éviter l'action en dommages-intérêts du preneur, avait stipulé dans le contrat translatif de propriété que l'acquéreur serait tenu d'entrenir le bail, ce dernier ne pouvait expulser le premier. — Pothier, no 292.

727. — Celui qui acquérait du fisc un héritage était également obligé d'entretenir le bail, encore bien qu'il n'y eût point à cet égard de clause expresse dans le contrat de vente; cette clause était alors considérée comme sous-entendue. — L. fin., ff., *De jure fisci*; Automne, sur cette loi (il cite une sentence de la chambre du trésor de 1587, qui a jugé en ce sens); Bacquet, *Traité des droits de justice*, ch. 17 (il cite aussi une sentence du trésor de 1586); Masuer, *Du louage*, no 41; Pothier, no 294.

728. — La jurisprudence paraissait avoir consacré une troisième exception pour le cas où le fonds était vendu sous faculté de rachat dans un temps court. Ainsi, notamment un arrêt du 16 fév. 1662 avait maintenu un locataire dans la jouissance d'une maison contre un particulier qui l'avait achetée sous faculté de rachat pendant cinq ans. — Mais cette jurisprudence était combattue par Pothier, no 295.

729. — Le même auteur (no 295) voyait une quatrième exception dans le cas d'aliénation du fonds par donation entre-vifs. A son avis, bien qu'on eût

omis d'insérer à cet égard une clause expresse dans la donation, le donataire devait, par reconnaissance, entretenir le bail, pour ne pas exposer son donateur à l'action en garantie du locataire ou fermier.

750. — Dans le cas même où l'acquéreur n'était point obligé d'entretenir le bail, il devait au moins laisser jouir le fermier ou locataire pendant l'année courante en se contentant de la ferme ou loyer et ne pas l'expulser en sur-terme. — Pothier, n° 297.

751. — Jugé que le locataire expulsé en vertu de la loi *ad emptorem* était reçu à prouver la simulation de la vente pour obtenir sa réintégration. — Toutefois, dans le cas où le nouveau locataire introduit dans les lieux était de bonne foi, les juges pouvaient maintenir la résiliation du bail à l'égard du locataire expulsé, mais en lui accordant des dommages-intérêts. — *Paris*, 1er frim. an X, Payen c. Sanzé.

752. — Frappée des inconvéniens que présentait pour l'agriculture l'application rigoureuse des anciens principes, l'assemblée constituante crut devoir y déroger en ce qui concerne les biens ruraux. Voici, en effet, ce qu'on lit dans la sect. 2e, L. 28 sept.-6 oct. 1791, sur la police rurale : — « Art. 2. Dans un bail de six années et au-dessous, fait après la publication du présent décret, quand il n'y aura pas de clause sur le droit du nouvel acquéreur à titre singulier, la résiliation du bail, en cas de vente du fonds, n'aura lieu que de gré à gré. » — « Art. 3. Quand il n'y aura pas de clause sur un droit dans les baux de plus de six années, en cas de vente du fonds, le nouvel acquéreur, à titre singulier, pourra exiger la résiliation sous la condition de cultiver lui-même sa propriété, mais en signifiant le congé au fermier au moins un an à l'avance, pour qu'il sorte à pareils mois et jour que ceux auxquels le bail aurait fini, et en dédommageant au préalable ce fermier, à dire d'experts, des avantages qu'il aurait retirés de son exploitation ou culture continuée jusqu'à la fin de son bail, d'après le prix de la ferme et d'après les avances et les améliorations qu'il aura faites à l'époque de la résiliation. »

753. — En dérogeant, par ces équitables dispositions, aux principes jusqu'alors admis, l'assemblée constituante n'entendait point assurément opérer une révolution dans la matière du *louage*, convertir en *jus in re* ce qui n'avait été jusqu'alors qu'un *jus ad rem*. Sans se préoccuper aucunement de ces idées toutes théoriques, elle voulait seulement protéger l'agriculture par de sages tempéramens apportés à la rigueur du droit strict. — Duvergier, *Louage*, t. 1er (contin. de Toullier, t. 18), n° 280.

754. — Jugé que, sous le Code rural de 1791 et l'art. 8 de la loi du 11 brum. an VII, un fermier qui avait un bail authentique non attaqué n'a pu être expulsé par l'adjudicataire sur l'expropriation forcée, sous prétexte qu'il n'avait ni pris inscription ni exercé de revendication. — *Cass.*, 7 messid. an XII, Dardenne c. Lemaire.

755. — Les rédacteurs du Code civil sont allés plus loin que l'assemblée constituante ; voici, en effet, ce que porte l'art. 1743 : — « Si le bailleur vend la chose louée, l'acquéreur ne peut expulser le fermier ou le locataire qui a un bail authentique, ou dont la date est certaine, à moins qu'il ne se soit réservé ce droit par le bail. »

756. — De vives controverses se sont élevées sur la portée de cet article. La plupart des auteurs n'y ont vu qu'une disposition exceptionnelle par laquelle le législateur, tout en conservant au droit du preneur le caractère de *personnalité* qu'il avait dans le droit romain et sous notre ancienne jurisprudence, avait étendu aux baux des maisons la dérogation que l'assemblée constituante avait déjà établie pour les baux à ferme, sans faire d'ailleurs aucune différence entre les baux de moins ou de plus de six ans. — V. notamment Duvergier, n° 280 ; Toullier, t. 3, n° 388, t. 6, n° 435, et t. 12, n° 105 ; Delvincourt, t. 3, Notes, p. 185, 188 et 198 ; Proudhon, *Usufruit*, t. 1er, n° 102 ; Duranton, t. 4, n° 73, et t. 17, n° 139.

757. — Jugé, conformément à cette doctrine, que le fermier qui a pris à bail la part encore indivise d'un cohéritier dans une succession n'*étant saisi d'aucun droit réel*, ne peut, en exerçant les droits de son bailleur, provoquer le partage provisoire ou définitif des biens, afin d'être mis en jouissance de la portion qui lui a été affermée. — Il n'a que l'action en résolution du bail et en dommages-intérêts contre son bailleur. — *Cass.*, 22 fév. 1831, Bagneirolles c. Romans, et, avec cet arrêt, celui de *Nîmes*, 24 déc. 1827, qui était attaqué. — Ce que nous approuvons dans ces arrêts, c'est le motif sur lequel la décision est fondée, à savoir que le fermier n'est saisi d'aucun droit réel ; mais ce n'est pas la décision elle-même. Car en ne considérant le preneur que comme un simple créancier du bailleur, on arrive toujours à lui reconnaître, aux termes de l'art. 1166, C. civ., le droit d'exercer l'action en partage du chef de son bailleur. — V. en ce sens Duvergier, n° 88 ; Troplong, n° 502.

738. — Jugé également que, par sa nature, le bail ne confère ni au locataire, ni au locateur, aucun droit réel, puisque le droit du premier consiste dans un simple *jus ad rem* ayant pour objet la jouissance des lieux loués, et que le droit du second consiste uniquement dans l'exécution de la convention, tant pour le paiement des loyers que pour la sortie des lieux aux cas qui y donnent lieu. — *Cass.*, 14 nov. 1832, Duhamel c. Dayer.

739. — M. Troplong (nos 5 et suiv., 473 et suiv.), soutient, au contraire, qu'il faut voir, dans l'art. 1743 du Code civil, non pas une exception, mais l'application directe de principes nouveaux, la manifestation d'une réforme accomplie par le législateur dans les effets du contrat, et qu'ainsi, s'il défend à l'acheteur d'expulser le preneur, c'est qu'il reconnait à ce dernier un véritable droit réel immobilier sur la chose louée. Et il prétend trouver la preuve de cette volonté du législateur dans les travaux préparatoires de l'art. 1743.

740. — Pour nous, nous pensons que M. Troplong attribue à l'art. 1743 une portée qu'il n'avait pas dans la pensée de ses auteurs. D'une part, en effet, le Code civil (art. 1709) définit le louage des choses précisément comme Pothier le définissait sous l'ancienne jurisprudence : « Un contrat par lequel l'une des parties s'oblige *à faire jouir l'autre d'une chose...,* » expressions qui, quoi qu'en puisse dire M. Troplong, sont caractéristiques d'une obligation *personnelle*. D'un autre côté, si nous nous reportons à la discussion qui s'éleva sur l'art. 1743 au sein du conseil d'état, nous n'y trouvons rien qui indique, de la part des législateurs, la volonté de faire subir à la nature du droit du preneur une aussi grave modification ; nous y voyons seulement que, frappés à juste titre de la déloyauté de ce propriétaire qui, après avoir loué sa chose pour un certain temps, enlève bientôt au preneur, par une vente, le bénéfice du bail qu'il lui a consenti, ils ont cru devoir abroger, à l'égard du preneur dont le bail a date certaine, la loi *Emptorem*, Cod., *De locat.. et cond.,* aux termes de laquelle le successeur à titre singulier n'était pas tenu de maintenir le bail fait par son auteur. Enfin M. Jaubert, parlant au nom du tribunat, après avoir rappelé le droit d'expulsion que le droit romain reconnaissait à l'acheteur, disait qu'une loi de l'Assemblée constituante avait admis *une exception* en faveur des baux des biens ruraux, mais que le Code civil avait *complété la réforme,* ce qui voulait dire, ce nous semble, que le Code civil avait donné à l'exception admise par l'assemblée constituante toute l'extension qu'il était convenable de lui donner. — V. du reste, sur cette question, les dissertations approfondies de MM. Duvergier et Troplong, *loc. cit.*

741. — De ce que l'art. 1743 dit simplement que l'acheteur ne peut *expulser* le preneur dont le bail a date certaine, quelques auteurs en ont conclu que si, lors de la vente, le preneur n'était pas encore entré en jouissance, l'acheteur ne serait pas obligé d'exécuter le bail. — V. notamment Duvergier, n° 281 ; Duranton, t. 17, n° 139 ; Delvincourt, Notes ; Proudhon, *Usufruit*, t. 1er, n° 102.

742. — Toutefois, il paraît résulter des travaux préparatoires que la pensée du législateur a été d'abroger complétement la loi 9 *Emptorem*, Cod., *De locat. et cond.,* sans faire aucune distinction entre le cas où le preneur est déjà et celui où il n'est pas encore entré en jouissance, et que, dans l'un et l'autre cas, le bail doit être respecté. — Zachariæ, t. 3, p. 26. — M. Troplong (nos 493 et suiv.) soutient également la même doctrine, mais elle n'est chez lui qu'une conséquence de la réalité qu'il attribue au droit du preneur.

743. — Jugé que, depuis l'art. 1743, C. civ., qui a abrogé la loi 9 *Emptorem*, l'acquéreur est tenu d'exécuter tout bail authentique consenti par le vendeur, lors même qu'il ne devrait commencer que postérieurement à l'expiration du bail courant, et qu'il n'en aurait pas été fait mention dans la vente. — *Dijon*, 21 avr. 1827, Chassary c. Degard.

744. — Par une conséquence du principe posé plus haut, M. Troplong enseigne que, si la même chose a été successivement louée deux fois, le preneur dont le bail est le plus ancien doit être préféré au plus nouveau, lors même que celui-ci serait entré en jouissance, et qu'ainsi le premier pourrait exiger sa dépossession ; qu'en effet, il est impossible d'admettre que le propriétaire qui a loué la chose puisse faire, par un second bail, ce qu'il ne pourrait faire par une vente, c'est-à-dire enlever au premier preneur la jouissance qu'il lui a concédée. — V. toutefois *contrà* Duvergier (t. 3, n° 283), qui considère cette décision comme éminemment contraire au caractère personnel des droits du preneur, et qui, dans ce cas, ne lui accorde qu'une action en dommages-intérêts contre le bailleur qui n'a pas exécuté vis-à-vis de lui l'obligation de le faire jouir (obligation de faire) qu'il avait contractée.

745. — Ce que l'art. 1743 dit seulement de l'acheteur nous paraît s'appliquer à tout successeur à titre particulier ; car, comme nous l'avons déjà fait observer, le législateur a entendu abroger purement et simplement la loi *Emptorem* qui reconnaissait à tout successeur particulier le droit d'expulser le preneur. — Troplong, n° 499.

746. — L'adjudicataire sur saisie immobilière ne peut se soustraire à l'exécution d'un bail, sous prétexte qu'il aurait été consenti, non pas par le propriétaire, mais par un de ses créanciers envoyés judiciairement en possession temporaire. — C. civ., art. 1166 et 1743 ; C. procéd., art. 691. — *Turin*, 21 juill. 1811, Vacchotta c. Paroletti.

747. — Le bénéfice de la loi *Ad emptorem*, qui permettait à l'acquéreur d'un immeuble de résilier les baux, n'a pu être invoqué par celui qui n'en est devenu propriétaire que depuis le Code civil, même à l'égard des baux antérieurs à ce Code. — *Dijon*, 29 prair. an XIII, Daillant c. Bonnot.

748. — Jugé qu'il a dû en être ainsi alors même que l'acquisition était antérieure au Code. — Dans tous les cas, la notification du contrat d'acquisition faite aux locataires avec commandement de payer les loyers échus et à échoir, a dû être considérée de la part de l'acquéreur comme une renonciation au bénéfice de la loi *Ad emptorem*, alors même qu'elle aurait été accompagnée de quelques réserves générales, s'il n'a pas été fait nominativement réserve des droits accordés par cette loi. — *Paris*, 13 flor. an XIII, Commard c. Bellon-Depont.

749. — Celui qui a reçu à titre de bail un immeuble donné précédemment par le bailleur à antichrèse, et qui s'est mis en possession de bonne foi avant le créancier antichrésiste, ne peut prétendre, en vertu de l'art. 1141, C. civ., à être préféré, en vertu de sa possession et de sa bonne foi. — *Rennes*, 14 fév. 1828, Talhouard c. Revel et Lescoat. — V. ANTICHRÈSE.

750. — L'acquéreur de biens vendus par expropriation n'est pas recevable à critiquer les baux faits par le saisi long-temps avant la poursuite. — *Angers*, 15 juill. 1818, Moinet c. Portabœuf.

751. — Lorsqu'il existe un bail authentique d'une maison, fait au nom d'un autre que celui qui l'occupe, l'acquéreur peut expulser ce dernier, quoiqu'il offre de prouver que celui dont le nom figure dans le bail n'était que son prête-nom. — *Bruxelles*, 17 oct. 1823, Declercq c. Alhof.

752. — L'acquéreur qui s'est engagé à respecter le bail passé par son vendeur avant le Code civil, ne peut donner congé au sous-locataire qui tient ses droits du principal locataire. — *Paris*, 30 janv. 1810, Nehon et Dupont c. Miller.

753. — Aux termes de l'art. 1743, le preneur ne peut se prévaloir de son bail contre l'acheteur qu'autant que ce bail a date certaine ; le législateur a exigé cette condition, afin de prévenir les fraudes par antidate que le vendeur eût pu commettre au préjudice de son acheteur. — Troplong, n° 503.

754. — Si donc le bail n'a pas de date certaine, le preneur ne peut l'opposer au successeur particulier qu'autant que celui-ci s'y est soumis par son contrat ; sinon, le successeur particulier peut l'expulser sans dommages-intérêts. — Troplong, n° 504 ; Duranton, t. 17, n° 140.

755. — Mais alors, comme le bailleur ne peut opposer le défaut de date certaine, le preneur peut demander contre lui des dommages-intérêts dont l'étendue doit être déterminée par le juge, conformément aux principes généraux. — Troplong, n° 504 ; Zachariæ, t. 3, n° 27.

756. — Ainsi jugé que le vendeur qui, par le cahier des charges, n'oblige l'acquéreur qu'à entretenir les baux authentiques ou *ayant date certaine*, doit néanmoins indemniser le locataire qui, faute d'avoir fait enregistrer son bail, se trouve évincé. — *Paris*, 24 déc. 1808, Gibory c. Amlingue.

757. — Si le successeur particulier trouvait le preneur en jouissance, il ne pourrait l'expulser immédiatement ; il devrait préalablement lui donner congé en se conformant à cet égard aux délais ordinaires. — Pothier, n° 297 ; Troplong, n° 505 ; Duranton, t. 17, n° 144 ; Duvergier, n° 546.

758. — Ainsi, jugé que l'acquéreur d'une maison louée sans écrit, qui veut expulser le locataire, ne peut le faire qu'en lui donnant congé dans les délais fixés par l'usage des lieux pour les congés ordinaires. — Dans tous les cas, il ne peut, à

peine de dommages-intérêts, l'expulser de sa propre autorité, sans permission du juge, en déplaçant les effets mobiliers qui garnissent les lieux loués.—*Bruxelles*, 13 vendém. an XIII, Fauconnier c. Vanfrasen.

759. — Jugé, au contraire, que l'acquéreur n'est pas tenu d'observer le délai ordinaire des congés suivant l'usage des lieux pour expulser le fermier ou colon partiaire qui ne possède qu'en vertu d'un bail verbal ou sans date certaine. —*Turin*, 21 juin 1810, Bovaro c. Sartoris.

760. — Lorsque, dans un acte de vente notarié, l'acquéreur s'est obligé de laisser jouir un locataire pendant le temps qu'il a droit de le prétendre, le locataire peut opposer à l'acquéreur cette énonciation, comme un commencement de preuve par écrit, qu'il a eu connaissance du bail sous seing-privé passé avec le vendeur; et par suite la preuve testimoniale peut être admise pour prouver cette connaissance du bail de la part de l'acquéreur, ainsi que l'obligation de l'exécuter. — *Cass.*, 15 déc. 1836 (t. 1er 1837, p. 522), Dupont et Renard c. Henry.

761. — Lorsque l'acquéreur, au lieu d'expulser le preneur dont le bail n'a pas date certaine, le laisse jouir et touche les loyers sans protestation, M. Duvergier (no 550) enseigne qu'il doit être réputé approuver le bail, et qu'en conséquence il est tenu de l'exécuter pour toute sa durée. — Telle était également, dans l'ancien droit, l'opinion de Despeisses (tit. 2, sect. 5e, no 3). — Mais nous croyons que c'est là donner à la conduite de l'acquéreur une interprétation forcée. En n'expulsant pas le preneur et en recevant les loyers, il consent bien à le laisser en jouissance aux conditions où il l'y a trouvé, mais il ne prend aucun engagement, quant à la durée de cette jouissance; le preneur doit donc être alors considéré comme jouissant en vertu d'un bail fait sans écrit ou sans durée déterminée. — V. en ce sens Pothier, no 300; Troplong, no 506; Duranton, t. 17, no 145. — Au surplus, c'est là une question d'interprétation de volonté qui sera souvent décidée d'après les circonstances.

762. — Lorsque le bail antérieur à la vente a date certaine, l'acquéreur succède à ce bail comme à la chose elle-même, et se trouve en conséquence tenu des mêmes obligations que le bailleur originaire; ainsi il doit tenir le preneur clos et couvert, il doit le garantir de toute éviction, etc. — Troplong, no 507.

763. — Mais, ajoute M. Troplong, il ne succède pas à la responsabilité des faits, personnels de son auteur. » Ainsi, il n'est garant que des faits survenus depuis son acquisition. Quant aux causes d'éviction antérieures, elles ne concernent que le vendeur. — Troplong, no 507.

764. — S'il a été convenu, lors du bail, qu'en cas de vente l'acquéreur pourrait expulser le fermier ou le locataire, et qu'il n'ait été fait aucune stipulation sur les dommages-intérêts, c'est la loi elle-même qui fixe la manière dont le bailleur est tenu d'indemniser le fermier ou le locataire.

765. — Ainsi, s'il s'agit d'une maison, appartement ou boutique, le bailleur paie, à titre de dommages-intérêts, au locataire évincé, une somme égale au prix du loyer pendant le temps qui, suivant l'usage des lieux, est accordé entre le congé et la sortie. — C. civ., art. 1745.

766. — S'il s'agit de biens ruraux, l'indemnité que le bailleur doit payer au fermier est du tiers du prix du bail pour tout le temps qui reste à courir. — Art. 1746.

767. — L'indemnité se règle par experts, s'il s'agit de manufactures, usines ou autres établissemens qui exigent de grandes avances. — C. civ., art. 1747.

768. — Les experts nommés pour fixer l'indemnité due au fermier en vertu de la résiliation de son bail doivent prendre en considération la perte éprouvée dans la revente du matériel, les indemnités payées aux domestiques, la somme des bénéfices nets qu'il aurait pu obtenir chaque année jusqu'à la fin du bail; comme aussi l'éventualité de ces mêmes bénéfices ou pertes, l'avantage qu'il trouve dans un paiement immédiat, et, enfin, la faculté qu'il a de se livrer à l'exercice d'une nouvelle industrie. — *Amiens*, 11 mars 1837 (t. 2 1840, p. 275), Lambin c. Lefèvre.

769. — Les art. 1744 et 1746, C. civ., relatifs à l'appréciation légale de l'indemnité en cas d'expulsion du fermier par suite de la vente de la chose louée, reçoivent leur application (à moins de stipulation expresse) aussi bien au cas où la réserve d'expulser résulte d'une convention postérieure au bail primitif qu'au cas où elle est contemporaine de ce contrat. Quelle que soit l'époque à laquelle elle se place, elle forme nécessairement une des clauses du bail, et elle est dès-lors régie par les règles du louage. — *Cass.*, 10 mars 1843 (t. 2 1843, p. 495), Gardiès c. Alleyrac.

770. — Jugé qu'un terrain loué pour en faire un chantier peut être considéré comme un bien rural. — En conséquence, en cas d'éviction par un acquéreur du terrain, le locataire a droit à l'indemnité du tiers du prix de son bail. — *Paris*, 16 juin 1825, Masson c. Martin et Dedelet. — Mais cette décision repose sur une appréciation inadmissible. Un chantier n'est pas un bien rural. Il rentre dans la catégorie des choses dont s'occupe l'art. 1747. — Troplong, no 514; Duvergier, *Louage*, t. 2 (contin. de Toullier, t. 19), no 3.

771. — Lorsque l'acquéreur d'un immeuble a, par suite d'une convention particulière, payé une indemnité au fermier dont le bail est résolu par la vente, ce paiement profite au vendeur, en ce sens que celui-ci peut s'en prévaloir pour repousser jusqu'à concurrence de son montant la demande en indemnité dirigée contre lui par le fermier, alors même qu'il n'aurait pas été partie à la convention. — *Turin*, 3 juin 1808, Landi c. Giobert.

772. — Lorsque, par le bail, le propriétaire a stipulé qu'en cas de vente l'acheteur pourrait expulser le preneur, est-il nécessaire, pour que cette faculté appartienne à l'acheteur, qu'elle ait été rappelée dans l'acte de vente? — Nous ne le pensons pas; il nous semble qu'alors le vendeur est censé avoir voulu transmettre à l'acheteur tous les droits qu'il avait par rapport à la chose vendue; et d'un autre côté l'art. 1743 ne subordonne le droit d'expulsion qu'à la réserve faite dans le bail et non pas à la mention expresse dans l'acte de vente. — V. en ce sens Duvergier, *Louage*, t. 1er, no 543; Zachariæ, t. 3, p. 26. — Toutefois, MM. Troplong (no 511), Duranton (t. 17, no 148), Delvincourt (t. 3, notes, p. 200) combattent cette opinion par des raisons qui ne sont pas sans force. « Lorsque la vente, dit M. Troplong, ne fait pas mention de la faculté d'expulsion, on peut supposer que le vendeur, pour éviter des dommages-intérêts, a voulu que le preneur continuât sa jouissance, et qu'ainsi il y a renoncé. L'acquéreur, en expulsant, expose le vendeur à des dommages-intérêts, ce qui ne peut avoir lieu sans le fait de ce dernier. » — C'est là du reste une question d'appréciation d'intention dont la solution dépendra des circonstances.

773. — Lorsque le bailleur s'est réservé d'expulser le preneur en cas de vente, ou lorsqu'à défaut de date certaine, l'acquéreur puise dans la loi le droit de méconnaître le bail, la faculté de résolution ou d'expulsion suspendue sur le preneur emporte-t-elle au profit de celui-ci, par réciprocité, le droit de faire résoudre le bail? Pothier (no 298) et M. Duranton (t. 17, no 147) soutiennent qu'il est juste d'accorder au preneur la même faculté qu'à l'acheteur. Au contraire, M. Delvincourt (t. 3, p. 199, notes), Duvergier (no 551) et M. Troplong, (no 517) professent (et avec raison selon nous), l'opinion opposée. — En effet, la loi est muette à cet égard, et il est évident que c'est en faveur de l'acheteur et non du preneur que disposent les art. 1743 et 1744. — Seulement, M. Duvergier ajoute (et nous nous associons à cette opinion) que comme il serait injuste d'abandonner le preneur à la merci de l'acheteur, celui-ci, sur la sommation qui lui sera faite, devra se prononcer pour le maintien ou pour la cessation du bail : il ne peut laisser suspendus sur la tête du preneur le danger de la résiliation et le préjudice qui en résulte. — Cet état d'incertitude serait intolérable.

774. — La clause d'un bail portant qu'en cas de vente des biens loués, le fermier aura droit à une indemnité déterminée, ne reçoit point son application lorsque la vente n'étant faite par le propriétaire qu'à la condition que le fermier sera conservé dans son bail, ce dernier est resté parfaitement libre de s'y maintenir. — Du moins, l'arrêt qui, par une pareille appréciation des faits, refuse au fermier une créance qu'il voulait opposer en compensation à son bailleur, échappe à la censure de la cour suprême. — *Cass.*, 15 fév. 1842 (t. 2 1842, p. 133), Ferrand c. Giraud.

775. — L'acquéreur d'un immeuble peut agir en expulsion contre le locataire qui l'occupe, sans lui signifier préalablement son titre d'acquisition. — *Bruxelles*, 23 avr. 1829, Selleslag c. Vandergoten.

776. — L'acquéreur qui veut user de la faculté réservée par le bail d'expulser le preneur en cas de vente, ne peut toutefois le forcer à vider immédiatement les lieux : cela serait trop rigoureux. Il est tenu d'avertir le locataire au terme d'avance usité dans le lieu pour les congés. — Il doit aussi avertir le fermier de biens ruraux au moins un an à l'avance. — C. civ., art. 1748.

777. — Bien qu'il semble que, d'après les termes de l'art. 1748, ce soit à l'acquéreur à donner congé, cependant le congé donné par le bailleur produirait tout son effet, si l'acquéreur déclarait vouloir en profiter. — Troplong, no 519.

778. — L'art. 1748, C. civ., qui oblige *l'acquéreur* qui veut expulser le fermier d'un bien rural à donner congé au moins un an d'avance, est applicable au cas où c'est *le bailleur* lui-même qui veut user de la faculté de résiliation qu'il s'est réservée par le bail, mais sans fixer le délai du congé. — *Poitiers*, 30 pluv. an XIII, Beaurepaire c. Gaillard.

779. — Lorsque le bailleur s'est réservé la faculté de résilier le bail en cas de vente avant l'expiration d'un temps déterminé, et qu'il a usé de cette faculté en donnant congé au locataire antérieurement à la vente du bien loué, l'acquéreur n'est pas tenu de son côté d'avertir le locataire au temps d'avance usité pour les congés, aux termes de l'art. 1748, C. civ. — *Bruxelles*, 2 mai 1814, Valériane c. Lelorrain.

780. — Les fermiers ou les locataires ne peuvent être expulsés qu'ils ne soient payés par le bailleur ou, à son défaut, par le nouvel acquéreur, des dommages-intérêts ci-dessus expliqués. — C. civ., art. 1749.

781. — Cette disposition se réfère au cas où le bail contient réserve d'expulser le preneur, cas prévu et réglé par les art. 1744, 1745 et 1746; mais elle n'est pas applicable au cas où le bail, n'ayant pas date certaine, ne peut être opposé à l'acheteur. Dans ce dernier cas, l'acquéreur n'est tenu d'aucuns dommages-intérêts. — C. civ., art. 1750. — Troplong, no 521.

782. — L'acquéreur à pacte de rachat ne peut user de la faculté d'expulser le preneur jusqu'à ce que par l'expiration du délai fixé par le réméré, il devienne propriétaire incommutable. — C. civ., art. 1751.

783. — Déjà cette doctrine était admise dans l'ancienne jurisprudence, où cependant l'acquéreur avait le droit d'expulser le preneur. — Brodeau sur Louet, lettre L, ch. 4, no 9; Brotonnier sur Henrys, t. 4, p. 28; Bourjon, liv. 4, tit. 4, ch. 6, sect. 8e, no 73; — V. toutefois *contrà* Pothier, no 295.

784. — Du reste la prohibition d'expulser établie par l'art. 1751 s'applique non seulement au cas où le bail contenait réserve d'aliéner, mais encore au cas où le bail n'a pas date certaine. En effet, la même raison, c'est-à-dire l'indécision de la propriété, existe dans les deux cas. — Troplong, no 525; Duvergier, no 553.

785. — La simple transmission de l'usufruit d'une chose précédemment louée doit avoir sur le bail la même influence que la vente de la pleine propriété : l'usufruitier comme l'acheteur a sur la chose un droit réel contre lequel ne peut prévaloir un bail dont la date n'est pas certaine. — Duvergier, no 554; Proudhon, *Usufr.*, t. 3, no 1223.

786. — Il en est de même de l'emphytéote. — Duvergier, no 555.

787. — Le donataire entre-vifs peut-il, comme l'acquéreur à titre onéreux, expulser le preneur dont le bail n'a pas de date certaine? — Quelques auteurs, pour soutenir la négative, se sont fondés sur ce que la reconnaissance obligeait le donataire à entretenir le bail pour ne pas l'exposer au recours possible du locataire ou du fermier. — Arr. 20 nov. 1596, rapporté par Chopin, *sur la cout. de Paris*, liv. 2, tit. 2, no 20; Pothier, no 296; Delvincourt, t. 3, Notes, p. 200.

788. — D'autres auteurs ont adopté l'opinion contraire : de deux choses l'une, dit M. Duvergier (no 556), ou le bail existait avant la donation, et dans ce cas le donateur qui n'en a pas parlé doit être présumé avoir eu l'intention de prendre avec le fermier ou locataire des arrangemens; ou bien c'est depuis la donation que le bail a été consenti, et alors il est évident qu'il ne peut modifier les droits dont le donataire a été nanti. — Despeisses, tit. 2, sect. 5e, no 1er; Bourjon, liv. 4, tit. 4, ch. 6, sect. 8e, no 72; Duranton, t. 17, no 146.

789. — Toutefois, ajoute M. Duvergier (*loc. cit.*), preneur devrait être maintenu si son bail avait acquis date certaine *avant la transcription de la donation* : car on sait que le défaut de transcription peut être opposé par tous ceux qui y ont intérêt. — C. civ., art. 941.

790. — Ce qui vient d'être dit du donataire s'applique, suivant M. Duvergier (no 557) au légataire. — MM. Duranton (t. 17, no 146), et Delvincourt (t. 3, Notes, p. 200), font au contraire remarquer que la question ne peut s'élever relativement à lui, puisque le bail acquiert nécessairement date certaine par la mort du testateur. — A cette objection, M. Duvergier répond qu'il est vrai il n'y aura pas lieu d'examiner si le preneur peut être expulsé, car s'il est déjà entré en jouissance avant le droit du bailleur, il réunira les deux conditions exigées pour être maintenu, possession et date certaine. Mais si l'exécution du bail n'est pas commencée, on aura à décider si le légataire peut, comme le donataire

entre-vifs, comme l'acquéreur, résister à la prétention du preneur demandant à être mis en jouissance. Il est donc, ajoute l'auteur, utile de dire que la question doit être résolue pour le légataire comme elle l'est pour tout autre successeur à titre particulier.

791. — Le fermier qui a sous-loué avec stipulation de non-garantie de la durée de son bail et qui est devenu ensuite propriétaire du bien loué, ne peut s'autoriser de cette clause pour expulser le sous-locataire avant l'expiration du temps.—*Trèves*, 8 décembre 1809, Marx c. N...

792. — La clause qui réserve au bailleur une partie des bâtimens et certains autres objets compris au bail, avec stipulation que si le bailleur ne veut pas en jouir ou cesse d'en jouir par lui-même, le fermier en aura la jouissance sans augmentation du prix du bail, peut être considérée comme établissant un droit personnel en faveur du bailleur; dès-lors ce droit ne passe pas, même en cas de vente forcée, à l'adjudicataire des biens affermés.—Du moins, l'arrêt qui le décide ainsi échappe à la censure de la Cour de cassation.—*Cass.*, 7 mars 1826, Leroy et Raboisson c. Merceron et Leclerc.

2. —*Effets du bail à l'égard des créanciers du bailleur.*

793.—Il peut arriver que les créanciers du bailleur fassent saisir l'immeuble loué.—Dans ce cas, les baux qui n'ont pas date certaine avant le commandement peuvent être annulés si les créanciers ou l'adjudicataire le demandent. — C. procéd., art. 684. — La loi, en effet, présume ces baux frauduleux et faits pour frustrer les créanciers.

794. — Lorsque les baux ont date certaine, les loyers et fermages sont immobilisés à partir de la transcription de la saisie, pour être distribués avec le prix de l'immeuble par ordre d'hypothèque. — Un simple acte d'opposition à la requête du poursuivant ou de tout autre créancier vaut saisie-arrêt entre les mains des fermiers et locataires qui ne peuvent dès-lors se libérer qu'en exécution des mandemens de collocation ou par le versement des loyers ou fermages à la caisse des consignations. Ce versement peut avoir lieu à leur réquisition ou sur la simple sommation des créanciers. — A défaut d'opposition, les paiemens faits au débiteur sont valables, et celui-ci est comptable, comme sequestre judiciaire, des sommes qu'il a reçues.— C. procéd., art. 685.

795. — Quelques auteurs ont fait, à l'égard de de ces dispositions, la distinction suivante : — Relativement aux créanciers chirographaires et aux créanciers hypothécaires inscrits seulement depuis que le bail a acquis date certaine, ils reconnaissent que le bail doit être maintenu pour toute sa durée. — Mais à l'égard des créanciers inscrits avant que le bail eût acquis date certaine, ils prétendent que le bail ne peut être maintenu que pour une durée de neuf ans, et qu'il ne peut être renouvelé que trois ans avant l'expiration du bail courant s'il s'agit de biens ruraux, et de deux ans s'il s'agit de maisons, par application des art. 481, 595, 1429, 1430 et 1718, C. civ. — Pigeau, t, 2, p. 226; Duranton, t. 17, nos 155 et 156; Delvincourt, t. 3, Notes, p. 197.

796. — Mais cette assimilation arbitrairement établie entre le propriétaire dont les biens sont grevés d'inscriptions et un simple administrateur est évidemment inadmissible, car elle ne repose sur rien et elle est contraire à la nature des choses. — Duvergier, *Louage*, t. 1er (contin. de Toullier, t. 18), no 558; Tarrible, *Rép.* de Merlin, vo *Tiers détenteur*, no 4; Locré, t. 14, p. 348, et t. 22, p. 220.

797. — Jugé en ce sens que les baux consentis de bonne foi et sans fraude par le propriétaire d'un immeuble hypothéqué ne peuvent être attaqués (pour en faire prononcer l'annulation ou la réduction) par les créanciers même hypothécaires, encore bien que les clauses contenues dans ces baux puissent altérer plus ou mois la valeur vénale de leur gage. — *Paris*, 23 mars 1832, Caffin c. Laborey.

798. — Mais les créanciers hypothécaires peuvent, suivant l'art. 1167, C. civ., attaquer les baux passés par leur débiteur en fraude de leurs droits. —*Paris*, 3 mai 1810, Morel c. Vaury; *Dijon*, 26 nov. 1816, Seurre c. Cornu.

799.—Le bail antérieur à une saisie-immobilière doit être annulé en cas de fraude, lors même que le preneur offre de réduire la durée du bail et d'en modifier les dispositions.—*Rouen*, 28 avr. 1824, Lesellier c. Meurger.

800.—Le preneur de certains immeubles baillés ne peut retenir les fruits que jusqu'au jour de la demande en délaissement, lorsqu'il a été condamné à ce délaissement pour cause de simulation du bail, reconnu fait en fraude des créanciers.—*Agen*, 31 mai 1811, Descamps c. Lavaux.

Sect. 8e. — *Du droit de céder le bail ou de sous louer.*

801. — Le preneur a le droit de sous-louer, et même de céder son bail à un autre, si cette faculté ne lui a pas été interdite. — Elle peut être interdite pour le tout ou partie. — Cette clause est toujours de rigueur. — C. civ., art. 1717.

802. — Déjà cette faculté de sous-louer ou de céder son bail, à moins de convention contraire, était reconnue par le droit romain. *Nemo prohibetur rem quam conduxit fruendam, alii locare, si nihil aliud convenerit.* — L. 6, Cod., *De locat.* — V. aussi L. 11, § 5, ff., *De pignerat. act.*; LL. 7 et 24, § 1er, ff., *Loc. cond.*; Voët, *ad Pandect.*, *Loc. cond.*, no 5.—Il en était de même dans notre ancien droit. — Charondas, *Pandect.*, liv. 4, ch. 15; Despeisses, tit. 2, sect. 4e, no 25; Bourjon, t. 2, tit 4, ch. 2, sect. 5e; Pothier, no 280.

803. — Le preneur ne pouvant transférer plus de droits qu'il n'en a lui-même, il s'ensuit que le cessionnaire ou le sous-locataire doit jouir comme le preneur l'aurait fait ou aurait dû le faire. — Ainsi il ne peut changer la destination de la chose et doit en jouir en bon père de famille. — C. civ., art. 1728. —Voët, *ad Pandect.*, *Loc. cond.* no 5 ; Pothier, no 280.

804. — Le preneur principal reste responsable envers le propriétaire de l'usage auquel la chose est affectée par le cessionnaire ou sous-locataire; et ainsi, si ce dernier changeait la destination de la chose ou ne jouissait pas en bon père de famille, le propriétaire aurait le droit de faire résilier le bail.—C. civ., art. 1728 et 1729 ; — Troplong, no 126.

805. — Ainsi, si la maison a été louée comme auberge, le principal locataire qui aurait été obligé de l'entretenir en auberge, ne peut la sous-louer qu'à un particulier qui l'entretienne comme auberge. Et *vice versâ* si une maison bourgeoise a été louée à un bourgeois, il ne peut pas la sous-louer à un cabaretier, par exemple, parce qu'elle doit être occupée comme maison bourgeoise. — Pothier, *loc. cit.*; Duvergier, no 391.

806. — Ainsi encore, le propriétaire d'une maison destinée à un débit de marchandises et qui l'avait louée à un marchand d'eau-de-vie, peut expulser le sous-locataire qui exerce la profession de serrurier et le faire condamner à des dommages-intérêts. — *Paris*, 25 mars 1817, Riotte c. de Chastenay.

807. — Le fait par un locataire de sous-louer à un cercle littéraire l'appartement qui est destiné à son habitation et à celle de sa famille, constitue un changement de destination locative donnant lieu à la résiliation du bail. — *Aix*, 31 janv. 1833, Mouriès c. Ratisbonne. — Conf. Troplong, nos 126 et 305; Duvergier, no 391.

808.—De même le preneur ne peut sous-louer ou céder son bail à des personnes exerçant des professions incommodes, comme les gens à marteau, ou déshonnêtes, comme les femmes de mauvaise vie. — Troplong, no 126.

809. — Le locataire principal est responsable du fait de son colocataire qui a sous-loué lui-même à des filles publiques. — *Lyon*, 6 fév. 1833, Côte c. Bienat.

810. — Toutes ces décisions ne seraient pas moins applicables lors même que le bail conférerait au preneur le droit de sous-louer *à qui il lui plairait*. Cette clause devrait s'entendre en ce sens que le propriétaire laisse au preneur liberté pleine et entière dans la personne du sous-locataire, sans se réserver à cet égard aucun contrôle, pourvu toutefois que ce sous-locataire ne change pas la destination de la chose et qu'il en jouisse en bon père de famille. En effet cette obligation du preneur est de la nature du contrat, et on ne présume pas facilement que les parties aient entendu y déroger. — Pothier, no 280; Troplong, no 127. — V. toutefois Duvergier, no 392. — Au surplus, les auteurs sont d'accord pour reconnaître que les circonstances de fait auront nécessairement, en pareille matière, une grande influence.

811. — Si le bail désignait expressément ceux à qui il est défendu de sous-louer, cette désignation équivaudrait à une autorisation implicite de sous-louer à tous autres.—Duvergier, t. 3, no 393.—Telle est du moins, dit cet auteur, l'interprétation que cette clause recevra ordinairement, et, pour lui donner un autre sens, il faudra que les circonstances l'indiquent d'une manière claire et certaine. — V. aussi Duranton, t. 17, no 88.

812. — Le preneur principal n'est pas affranchi par la cession du bail ou la sous-location, des engagemens qu'il a contractés envers le propriétaire. Dans l'un et l'autre cas, il reste personnellement tenu du paiement de son prix, et responsable des dégradations qui pourront être faites. Il ne peut même exiger que le bailleur commence par discuter le cessionnaire ou le sous-locataire. — Pothier, no 282; Troplong, no 128; Duvergier, no 380.

813. — Mais le preneur principal n'est tenu envers le propriétaire que jusqu'à concurrence du prix convenu entre eux; si donc la cession ou la sous-location a été faite moyennant un prix supérieur, le bénéfice de l'excédant lui appartient. — L. 47, ff., *De jure fisci* ; — Cujas, sur cette loi ; Troplong, no 128.

814. — Il a été dit plus haut que le preneur pouvait en l'absence de clause prohibitive, non seulement *sous-louer*, mais aussi *céder* son bail. — Les obligations qui naissent de la cession du bail ou de la sous-location pour les parties entre lesquelles ces contrats interviennent, ne sont point les mêmes dans l'un et l'autre cas. — Duranton, t. 17, no 90 ; Duvergier, no 379; Troplong, no 129.

815. — Ainsi, la sous-location impose au preneur principal toutes les obligations qui pèsent sur le propriétaire bailleur; la cession au contraire a seulement pour effet de mettre le cessionnaire au lieu et place du cédant et de lui transporter tous les droits et actions résultant pour ce dernier du bail que lui a consenti le propriétaire. Dans le premier cas, ce sont donc les principes du louage qui dominent; dans le second, ce sont ceux de la vente. —Duvergier, no 379; Troplong, no 129.

816. — Il suit de là que le sous-locataire peut exiger du preneur principal, son bailleur, qu'il lui livre la chose en bon état de réparations de toute espèce, aux termes de l'art. 1720; tandis que le cessionnaire est obligé de la prendre en l'état où elle se trouve au moment de la cession, car il ne loue pas précisément la chose, il achète le droit du preneur. — Duvergier, no 379.

817. — Il en résulte encore que le preneur qui sous-loue a, pour le prix de la sous-location, un privilége sur les objets apportés dans la maison par le sous-locataire; tandis que le preneur qui cède son bail n'a pas le même privilége pour le prix de la cession. — Duvergier, no 379; Duranton, t. 17, no 91.

818. — Enfin, lorsque la moitié de la récolte vient à périr par cas fortuit, le sous-fermier peut réclamer du fermier principal, son bailleur, une indemnité ou une diminution du prix du bail, dans les termes de l'art. 1769 (V. *infrà* nos 1349 et suiv.). Au contraire, le cessionnaire ne peut rien réclamer de son cédant, il peut seulement exercer contre le propriétaire l'action que le cédant aurait pu exercer lui-même, et, s'il n'est rien dû à ce dernier, soit parce qu'il s'est chargé des cas fortuits, soit parce qu'il a été indemnisé par les années précédentes, le cessionnaire ne peut rien demander ni à l'un ni à l'autre. —Merlin, *Répert.*, vo *Sous-location*; Duranton, t. 17, no 90; Duvergier, no 379; Troplong, no 129.

819. — Le sous-preneur, bien qu'il n'ait traité qu'avec le preneur principal, est pour le paiement du prix, obligé directement envers le premier bailleur, et celui-ci peut l'actionner, non pas en vertu de l'art. 1166 comme exerçant les droits du preneur principal son débiteur, mais en vertu d'un droit qui lui est propre et qui réside en sa personne. — Ulp., L. 11, § 5, ff., *De pignerat. act.*; Pothier, *Pandect. Justin.*, lib. 20, tit. 2, no 8; Fabre, *Ration. ad Pand.*, sur la loi 11 précitée, § 4; Ferrières, *sur cout. Paris*, art. 171, glose 2e, no 22; Duranton, t. 1, no 161 ; Troplong, no 538; Duvergier, no 539.

820. — Toutefois les sous-preneurs qui ont contracté avec le preneur principal ont pu faire entre ses mains des paiemens valables. Dans ce cas, le propriétaire n'a d'action que jusqu'à concurrence de ce qui est dû. — C. civ., art. 1753.—Troplong, no 538. — Mais, pour prévenir les collusions qui pourraient exister entre preneur principal et le sous-preneur, au préjudice du propriétaire, la loi ne permet pas au sous-preneur d'opposer à ce dernier les paiemens qu'il aurait pu faire par anticipation. — C. civ., art. 1753. — Troplong, no 539. — Dans ce cas, il est obligé de payer une seconde fois. — Troplong, no 541.

821. — L'art. 1753, C. civ., bien que placé à la section *Des règles particulières aux baux à loyer* n'en est pas moins applicable aux baux à ferme. — Dès lors le privilége établi par l'art. 2102 du même Code, en faveur du propriétaire, ne s'étend aux récoltes appartenant aux sous-fermiers qu'avec les restrictions contenues audit art. 1753. — *Toulouse*, 5 fév. 1845 (t. 1er 1845, p. 624), Labruyère c. Batailler.

822. — Les paiemens faits par le sous-locataire, soit en vertu d'une stipulation portée en son bail, soit en conséquence de l'usage des lieux, ne sont

pas réputés faits par anticipation. — Code civ., art. 1753.

823. — Lorsque les paiemens ont été faits à leur échéance, ils sont valables et libératoires à l'égard du propriétaire, à moins que celui-ci ne prouve qu'ils ont été faits par fraude. —Troplong, nº 542; Duvergier, *Louage*, t. 1er (contin. de Toullier, t. 18), nº 384.

824. — Il semblerait cependant résulter des termes de l'art. 820, C. procéd. civ., que, dans ce cas même, c'est au preneur à justifier de sa bonne foi. Voici en effet comment s'exprime cet article : « Peuvent les effets des sous-fermiers et sous-locataires garnissant les lieux par eux occupés, et les fruits des terres qu'ils sous-louent, être saisis-gagés pour les loyers et fermages dus par le locataire ou fermier de qui ils tiennent; mais ils obtiendront main-levée, *en justifiant qu'ils ont payé sans fraude*, et sans qu'ils puissent opposer les paiemens faits par anticipation. » — Mais la pensée de cet article n'est pas de subordonner la validité du paiement non anticipé à la preuve qu'il a été fait sans fraude; ce sera aux juges à prononcer d'après les circonstances; en l'absence d'indices de fraude, le paiement doit être réputé sincère : *Fraus non præsumitur*. — Troplong, *loc. cit.*; Duvergier, nº 385; Carré, *Lois de la procéd.*, t. 3, p. 346.

825. — Jugé que les loyers dus par les sous-locataires n'appartiennent pas au propriétaire, et ne deviennent le gage de ses créanciers qu'à défaut de paiement par le locataire principal. Dès-lors, le principal locataire peut contraindre les sous-locataires à payer entre ses mains le montant des loyers, nonobstant les oppositions formées sur le propriétaire. — *Paris*, 26 fév. 1816, Decertain c. Petcy.

826. — Les meubles du sous-locataire ne répondent que jusqu'à concurrence du montant de sa sous-location des loyers dus par le principal locataire. — *Paris*, 2 fév. 1808, Delaunay c. Cuvier. — V. conf. Duvergier, nº 386; Toullier, t. 7, nº 81; Favard de Langlade, t. 5, p. 43; Hautefeuille, p. 454; Demiau, p. 498.

827. — Le principe qui veut que le sous-locataire ne soit tenu vis-à-vis du propriétaire que jusqu'à concurrence de la sous-location s'applique même au cas où le sous-bail n'a pas acquis date certaine avant la saisie du propriétaire, et où il n'a pas été fait suivant les formes prescrites dans le bail primitif, alors qu'il n'est pas entaché de fraude..... et surtout si le propriétaire l'a exécuté en recevant des loyers directement du sous-locataire. — *Cass.*, 2 avr. 1806, Régie des domaines c. Martin. — V. conf. Duvergier, t. 3, nº 387; Toullier, t. 7, nº 81; Favard de Langlade, t. 5, nº 43; Hautefeuille, p. 456.

828. — On peut assimiler au droit de sous-location, déterminé par l'art. 1753, C. civ., en faveur du propriétaire, le droit d'emmagasinage des marchandises déposées dans un magasin, et l'attribuer, à ce titre, au propriétaire. — *Cass.*, 21 mars 1826, Pécoul c. Laffitte et Foulon.

828 *bis*. — Les quittances délivrées par le preneur direct au sous-preneur, lors même qu'elles sont sous seing-privé et non enregistrées, peuvent être opposées au propriétaire. — *Turin*, 26 fév. 1812, Galli et Reggio c. Gros; *Besançon*, 15 fév. 1827, Goux c. Lépine. — V. aussi Troplong, nº 543; Duvergier, nº 385; Toullier, t. 7, nº 84.

829. — Le cessionnaire des droits du locataire principal qui, en sous-louant, a touché des loyers supplémentaires anticipés, est tenu, si la chose louée vient à périr par force majeure, de restituer au sous-preneur toute la portion de ces loyers imputable sur le temps pendant lequel le bail devait encore durer. — Du moins l'arrêt qui le décide ainsi par appréciation des circonstances de la cause ne viole aucune loi. — *Cass.*, 30 nov. 1841 (t. 1er 1842, p. 35), Dutacq et Lefrançois.

830. — La résiliation du bail principal entraîne-t-elle celle des sous-baux? — Nous n'hésiterons pas à l'admettre dans le cas où la nullité du bail aurait été prononcée pour cause de vilité du prix et de fraude, ainsi qu'il a été jugé par arrêt de la cour de *Paris*, du 11 nov. 1812, Caillat c. Couasse.

831. — Mais en serait-il de même s'il s'agissait, soit d'une résiliation volontairement consentie entre le propriétaire et le principal locataire, soit d'une résolution prononcée pour inexécution des conditions, et notamment pour défaut de paiement du prix, et devrait-on alors appliquer la règle *resoluto jure dantis resolvitur jus accipientis?* — MM. Troplong (nos 544 et suiv.), Duranton (t. 17, nº 159), et Curasson (*Compét. des juges de paix*, t. 1er, p. 382) enseignent l'affirmative, et font valoir à l'appui des raisons qui ne sont pas sans force. Mais M. Duvergier (nº 539), dans une savante et profonde discussion dont nous allons donner l'analyse, se prononce pour le système contraire.

832. — Et d'abord la règle *resoluto jure dantis*, etc., n'est pas absolue; la loi elle-même y apporte une exception lorsqu'elle fait survivre au droit d'usufruit et à l'exercice du réméré les baux faits par l'usufruitier et par l'acheteur, comme aussi les baux faits par le fol-enchérisseur, par le vendeur, par le donataire, ne périssent pas avec la résolution de la vente et la révocation de la donation : « Cela étant, dit M. Duvergier, pourquoi la résolution du bail principal entraînerait-elle invinciblement celle des sous-baux? » Les principes qui, dans les cas ci-dessus cités, font survivre les effets du droit d'administration au droit de propriété doivent recevoir leur application lorsqu'il s'agit d'un sous-bail consenti par le locataire, puisque ce locataire, à qui la faculté de sous-louer n'a pas été interdite, jouit et administre comme il est autorisé à le faire, soit qu'il habite et exploite en personne, soit qu'il sous-loue. — Il est vrai que, pour le propriétaire sous condition résolutoire, le droit d'administration n'est pas le droit principal, comme il l'est pour le premier; mais peut-on voir dans cette différence rien qui justifie une distinction entre les actes faits par l'une et ceux qui émanent de l'autre? Enfin, ce système favorable au preneur acquiert encore une force bien plus grande si on se rend compte des rapports que la sous-location établit entre lui et le propriétaire-bailleur. En effet, la loi a fixé l'étendue des droits du bailleur contre le sous-locataire ou fermier; en voulant que celui-ci fût obligé personnellement envers le bailleur, elle limite son obligation, et elle a décidé (art. 1753, C. civ., et art. 820, C. procéd.) qu'il ne serait tenu que jusqu'à concurrence du prix de la sous-location, et que son mobilier n'était affecté au privilége du bailleur que dans la même proportion. Or, en présence de ces dispositions, n'est-il pas évident que le sous-locataire doit être à l'abri de toute recherche et ne doit nullement craindre pour la stabilité de son contrat, dès qu'il exécute l'obligation qui lui est imposée? Quelle serait d'ailleurs la justice d'une pareille mesure? Ne tendrait-elle pas à rendre le sous-locataire victime d'un fait qui ne serait pas le sien? Le sous-locataire d'une portion de maison peut-il savoir si les prix réunis du sous-locataire égalent le prix du bail principal; peut-il prévoir en entrant dans les lieux les vacances, les résiliations partielles, les non-valeurs, qui peuvent diminuer le gage total du propriétaire; quelle serait donc la sûreté de sa position? — Qu'on ne dise pas que, le sous-locataire étant l'homme du principal locataire, toutes ces considérations ne sauraient altérer les droits du propriétaire; car, en réalité, il est évident que le propriétaire, par cela même qu'il permet de sous-louer ou qu'il ne le défend pas, accepte d'avance les conséquences de la sous-location en même temps qu'il se crée dans le sous-locataire un obligé personnel; c'est sur sa foi que contracte le sous-locataire, et, dès-lors, il y a en vérité de sa part, vis-à-vis du principal locataire, un mandat tacite qui l'oblige en raison des actes faits par suite de ce mandat, et, entre lui et le sous-locataire, une convention tacite qui ne permet pas qu'une résiliation vienne frapper le sous-locataire autrement que par un fait qui lui soit personnel. — Ces considérations, développées avec force par M. Duvergier, nous paraissent en tous points conformes au véritable esprit et à la moralité de la loi.

833. — Toutefois, nous devons le reconnaître, la jurisprudence s'est généralement prononcée pour la résolution des sous-baux. — *Paris*, 24 brum. an XIII, Michalon c. Driois; 15 juin 1835, N...; et un autre arrêt de la même cour rapporté sous l'arrêt de *Cass.*, 7 fév. 1838 (t. 1er 1838, p. 312), Mallet c. les liquidateurs de la comp. des Galeries de fer.

834. — Jugé dans ce système qu'un sous-preneur n'est pas recevable à former tierce opposition au jugement qui, rendu contradictoirement avec le preneur principal, a résilié le bail de celui-ci. — *Nîmes*, 13 nov. 1810, Gilles c. Chevalier; *Paris*, 11 nov. 1812, Caillat c. Couasse; *Bordeaux*, 3 déc. 1841 (t. 1er 1842, p. 321), Desverges c. de Bonnetot.

835. — Jugé de même que le propriétaire qui, pendant la durée du bail principal, a vu dans le domaine un colon partiaire et a partagé avec lui les récoltes en provenant, n'est pas, par là même, obligé de laisser le sous-fermier jusqu'à l'expiration du bail principal, quand ce bail a été résilié avec le fermier principal. — *Nîmes*, 13 nov. 1810, Gilles c. Chevalier.

836. — Mais jugé que le propriétaire qui, connaissant l'existence de sous-locations, accepte purement et simplement la résiliation du bail du locataire principal, contracte l'obligation de maintenir les sous-locations faites par ce dernier. — Par conséquent, si les sous-locataires, troublés dans leur jouissance par le fait d'un nouveau locataire principal agréé par le propriétaire, poursuivent le premier locataire dont ils tiennent leur bail, le propriétaire est soumis à l'action en garantie de ce dernier, sauf son recours contre le second locataire principal, auteur du trouble. — *Douai*, 11 juin 1844 (t. 2 1844, p. 327), ville de Lille c. Dorémieux.

837. — Jugé également que le locataire principal d'une maison à qui il a été déclaré en contractant qu'il existe des sous-locations, et alors surtout qu'il perçoit les loyers des sous-locations, est réputé avoir pris l'obligation de les entretenir et de maintenir les sous-locataires dans la jouissance paisible de la chose. A cet effet, il doit combiner sa propre jouissance avec celle des sous-locataires, de manière que celle-ci s'exerce sans trouble. — Même arrêt.

838. — Le sous-locataire qui s'est engagé à payer à un tiers les loyers à échoir, en l'acquit du principal locataire, n'est pas tenu d'en continuer le paiement quand il est évincé des lieux par l'effet d'une résiliation consentie entre le principal locataire et le propriétaire. — *Paris*, 24 brum. an XIII, Michalon c. Driois.

839. — *Interdiction de sous-louer.* — Sous l'ancienne jurisprudence, la clause portant défense de sous-louer ou de céder son bail n'avait pas toujours été uniformément interprétée.

840. — Dans l'origine, cette clause était regardée comme rigoureusement obligatoire, et en conséquence on annulait la cession ou la sous-location, lors même que le substitué jouissait de la même manière et présentait les mêmes garanties que le preneur originaire. — V. *Parlem. Paris*, 15 mars 1611; *Parlem. Dijon*, 6 avr. 1609, et 21 janv. 1610; — Mornac, *ad leg.* 6. Cod., *De loc. et cond.*; Bouchel, liv. 1er, chap. 78; Bouvot, vº *Bail à ferme*, quest. 13e et 72e.

841. — Mais plus tard on se relâcha de cette rigueur et on décida que lorsque le locataire, obligé de quitter la maison, présentait au propriétaire un sous-locataire *æquè idoneum*, c'est-à-dire tel qu'il était indifférent au propriétaire que ce fût lui ou le principal locataire qui occupât la maison, tout l'effet de la clause prohibitive insérée dans le contrat était de donner au propriétaire le droit de faire prononcer la résiliation du bail; mais que s'il ne voulait pas reprendre sa maison, il était obligé d'y recevoir le sous-locataire, parce qu'il était sans intérêt pour s'y opposer et qu'il est de la nature des conventions, *ut ex pacto consequamur id quod nostrâ interest, non ut sine ullo nostro commodo, alteri tantùm noceamus.* Telle était la jurisprudence admise au Châtelet d'Orléans. — Pothier, nº 288.

842. — On décidait ainsi au Châtelet de Paris, et même on allait plus loin, on n'admettait le propriétaire à se plaindre de la violation de la clause prohibitive et à demander la résiliation du bail que lorsque le locataire sous-louait la maison en entier et non lorsque, pour se décharger, il en sous-louait seulement une partie, à moins cependant que le bail ne portât expressément qu'il ne pourrait sous-louer la maison *en tout ou en partie.* — Pothier, nº 283; Denizart, vº *Bail à loyer*; Bourjon, liv. 2, tit. 4, chap. 2, sect. 6e, nº 33; Rousseaud de Lacombe, vº *Bail*, sect. 7e, nº 1er; Merlin, *Rép.*, vis *Bail*, § 9, nº 6, et *Sous-location*, nº 1er; Laporte, *Pandect. franç.*, t. 6, nos 198 et 199.

843. — On interprétait la clause prohibitive avec plus de rigueur, lorsqu'elle s'appliquait à un bail à ferme; car il n'est pas indifférent d'avoir pour fermier tel ou tel autre, tous les fermiers ne cultivant pas également bien. Néanmoins Pothier (nº 284) décide que, selon les circonstances, *putà*, si le fermier ne peut plus faire valoir la terre, et en présente un bon à sa place, le propriétaire doit, nonobstant la clause, le souffrir, si mieux il n'aime reprendre le bail.

844. — Mais le Code civil, imposant un respect absolu pour la volonté des contractans, a voulu que la clause prohibitive fût rigoureusement interprétée. — C. civ., art. 1717. — C'est donc au preneur, s'il prévoit un déplacement forcé, à s'opposer à l'insertion de cette clause, qui, dans le cas où il serait obligé de changer de résidence, le livrerait à la discrétion du propriétaire. — Troplong, nº 132.

845. — Ainsi, jugé que la défense insérée dans un contrat de bail d'un domaine rural de sous-amodier tout ou partie des héritages affermés, doit être exécutée à la rigueur, tant pour partie de ces héritages que pour le tout. — En conséquence, en cas d'infraction à cette clause, le bailleur peut demander la résiliation du bail, quoique la sous-location ne fût que partielle, et qu'elle portât sur un moulin et une tuilerie que le preneur était dans l'impossibilité de faire valoir par lui-même.

— *Cass.*, 12 mai 1817, Cosnefroy c. Morissel.

846. — Jugé toutefois que le preneur à bail d'une maison à qui il a été interdit de sous-louer sans la permission du propriétaire, peut être admis à prouver qu'il n'a accepté cette clause que par erreur, attendu qu'étant sous-officier, il se trouve sous les ordres du ministre de la guerre, et soumis à se rendre immédiatement partout où il est appelé. — *Douai*, 5 juin 1841 (t. 2 1841, p. 278), Choquet c. Vaast.

847. — Jugé de même que la clause qui défend au locataire de céder son bail ne doit pas être réputée rigoureusement obligatoire, dans le cas où c'est le vendeur d'un fonds de commerce qui a loué les lieux où ce fonds est établi; le droit qui existe pour l'acquéreur de céder le fonds emporte nécessairement la faculté de céder en même temps le bail. — *Paris*, 16 fév. 1822, Hue c. Charlotte.

848. — Cette décision est critiquée par M. Duvergier (no 365): « L'arrêt de Paris, dit-il, s'écarte des vrais principes en ce qu'il fait prévaloir une induction sur une stipulation expresse; la cour crée un droit que la convention a proscrit; elle suppose qu'il n'est pas possible d'exploiter un fonds de commerce ailleurs que dans les lieux où il a été précédemment exploité; sans doute l'achalandage se conserve plus aisément lorsqu'il n'y a pas de changement de domicile. Mais il n'est pas exact de dire qu'il y a impossibilité absolue de faire valoir le fonds dans un nouveau local. Ainsi, la faculté de céder le bail n'est pas intimement liée à la faculté de vendre le fonds; d'ailleurs, le fût-elle, on n'en devrait pas moins obéir à la défense expresse de céder le bail, *fallût-il en induire la prohibition de vendre le fonds.* » — C'est là, à notre avis, outrer les conséquences du principe qui veut que la prohibition de sous-louer soit rigoureusement respectée: il est évident que, quelle que soit la *stipulation écrite* relative au bail, elle ne saurait influer, à moins d'une condition expresse et *explicative*, laquelle ne serait jamais ou serait bien rarement acceptée par l'acheteur, sur le sort de la vente elle-même, et sur le droit qui doit appartenir à l'acquéreur de transmettre à son tour la chose vendue. Les conventions doivent être entendues dans le sens que les parties ont voulu leur donner! Or, comment admettre que l'acquéreur, en se soumettant à l'obligation de ne pas céder son bail, ait entendu se priver du droit de vendre le fonds qu'il acquérait? Cela nous semble tout-à-fait inadmissible. Il faut donc repousser cette conséquence mise en avant par M. Duvergier, que la défense de céder le bail doit être exécutée, dût-on en *induire la prohibition de vendre le fonds.* Maintenant est-il vrai, comme le dit M. Duvergier, que la défense de céder le bail et le droit de vendre le fonds puissent se concilier en ce que le fonds ne dépend pas tellement du bail qu'il ne puisse s'exploiter ailleurs. Cela peut être rigoureusement exact; mais comme la plupart du temps un fonds de commerce n'a de valeur réelle qu'en raison de la durée du bail, il faudra craindre de sacrifier les droits d'un acquéreur de bonne foi au mauvais vouloir et aux difficultés vexatoires d'un cédant, dont le refus ne sera souvent qu'un moyen de spéculation! Sans donc admettre positivement *en thèse* que l'acquéreur d'un fond de commerce ait *toujours*, malgré la prohibition contraire, le droit de céder son bail en cédant son fonds, nous pensons que c'est là une de ces questions dans lesquelles la rigueur du texte du contrat devra être tempérée par son esprit et que les juges devront user, pour sa solution, suivant les faits et la nature du fonds, de leur pouvoir souverain d'interprétation.

849. — La défense faite au preneur de sous-louer contient *à fortiori* la défense de céder son bail, car qui défend le moins défend le plus; or, céder son bail c'est faire plus que sous-louer; l'art. 1717 le reconnaît, car il s'exprime en ces termes: « Le preneur a le droit de sous-louer, *et même* de céder son bail, etc. » — Troplong, no 133; Duvergier, *Louage*, t. 1er (contin. de Toullier, t. 18), no 375.

850. — Il semble résulter de là que la prohibition de céder le bail n'emporte pas celle de sous-louer, puisqu'en général il est vrai de dire que: qui défend *le plus* permet *le moins*; cependant, comme les différences qui distinguent la cession de la sous-location n'ont pour le propriétaire qu'un minime intérêt, nous pensons que, lorsqu'il défend au preneur de céder son bail, c'est qu'il ne veut pas que les lieux puissent être occupés par un autre que le locataire de son choix, et qu'ainsi la prohibition embrasse tout aussi bien la sous-location que la cession proprement dite. — Duvergier, no 376; Troplong, no 134.

851. — Ainsi jugé que la prohibition de transporter son bail renferme nécessairement la défense de sous-louer la totalité des lieux. — Et cette défense doit recevoir son exécution, alors même que le locataire offrirait de déposer à la caisse des consignations une somme suffisante pour répondre de ses loyers jusqu'à l'expiration de son bail. — *Paris*, 6 mai 1835, Levraud c. Couchies.

852. — Jugé également que la prohibition de céder son bail en tout ou en partie comprend celle de sous-louer. — *Paris*, 7 août 1812, Caroillon-Destillières c. Lemoine; 28 août 1824, Desbrosses c. Gocherand et Ruggieri; 24 fév. 1825, Ledien c. Candas; 18 mars 1826, Delavard c. Guibert; *Amiens*, 22 déc. 1825, Descoing c. Gilbert.

853. — Jugé au contraire que la défense de céder son droit au bail, soit en totalité, soit en partie, n'emporte pas celle de sous-louer, même en totalité. — *Amiens*, 24 mai 1817, Pierrotin c. Bourquin.

854. — Mais la prohibition de sous-louer ou de céder son bail entraîne-t-elle celle de faire une sous-location partielle? — Nous avons vu (*suprà* no 839 s.) comment, sous l'ancienne jurisprudence, on résolvait cette question au Châtelet de Paris; comment doit-on la résoudre sous le Code civil? — Il y a, à cet égard, divergence d'opinions.

855. — Ainsi jugé que la défense pure et simple faite au preneur de sous-louer et arrière-bailler ne lui laisse pas la faculté de sous-louer, même en partie. — *Amiens*, 22 juin 1822, Mimerel c. Muot.

856. — Jugé également que la prohibition de céder son bail entraîne celle de sous-louer en tout ou en partie. — *Paris*, 28 mars 1829, Bachereau c. Ravriot; — conf. Duranton, t. 17, no 92, et Troplong, no 135.

857. — Jugé au contraire que la défense faite au preneur de céder son bail sans le consentement du bailleur ne comprend pas celle de sous-louer en partie, alors d'ailleurs que le preneur ne change pas, en sous-louant, la destination des lieux. — *Angers*, 27 mars 1817, Thébaut c. Chenevière.

858. — Jugé également que la défense faite au locataire de sous-louer *la maison qui lui est donnée à loyer* n'emporte pas nécessairement celle de sous-louer *partie de cette maison.* — *Bruxelles*, 17 juill. 1821, Ladavid c. N... — V. aussi *Paris*, 6 mai 1835, Levraud c. Couchies, qui toutefois ne s'exprime à cet égard que d'une manière incidente.

859. — M. Duvergier (no 374) se prononce en faveur de cette dernière opinion, et il invoque d'abord l'autorité de l'ancienne jurisprudence. Mais dans l'ancienne jurisprudence la défense de sous-louer ne s'exécutait pas à la rigueur (*suprà* nos 841 s.), et sur ce point l'art. 1717 a expressément innové. — M. Duvergier s'appuie encore sur les mots de l'art. 1717 précité: « Elle (la faculté de céder ou de sous-louer) peut être interdite pour le tout ou partie; » il en conclut que lorsqu'on veut prohiber la cession ou la sous location partielle, il faut l'exprimer formellement. Mais c'est là, ce nous semble, donner aux expressions que nous avons citées une interprétation inexacte; leur sens naturel c'est que la faculté dont il s'agit peut être interdite pour le tout ou *seulement* pour partie, c'est-à-dire qu'elle pourra être interdite purement et simplement, et alors la cession ou sous-location ne pourra avoir lieu ni pour le tout ni pour aucune portion des lieux loués, la prohibition étant absolue, ou qu'elle pourra être interdite *seulement* pour telle partie des lieux loués qu'on ne voudrait pas voir occupée par le premier venu, et alors toute la partie des lieux qui ne sera pas comprise dans la prohibition pourra faire l'objet d'une cession ou d'une sous-location.

860. — Au surplus, comme il ne s'agit dans ces divers cas que de savoir quelle a été la volonté des parties contractantes, on sent que les décisions qui précèdent consacrent simplement des présomptions générales qui ne devraient être admises, comme indices de cette volonté, qu'à défaut de circonstances plus décisives. — Troplong, no 134.

861. — La défense de sous-louer contenue dans un bail ne met pas obstacle à ce que le locataire cesse d'habiter personnellement la maison louée et la fasse occuper par un homme de confiance à ses gages. — *Bordeaux*, 11 janv. 1826, Grosbot c. Machenaud-Gauby; — conf. Duvergier, no 366; Troplong, no 136.

862. — Nous pensons même que le locataire pourrait prêter les lieux loués, car la clause prohibitive, étant une rigoureuse exception, ne doit être appliquée qu'aux cas pour lesquels les parties se sont formellement expliquées. Or, permettre à des tiers d'occuper gratuitement les lieux loués, ce n'est ni sous-louer ni céder son bail, par conséquent ce n'est pas enfreindre la loi du contrat. — Troplong, no 136. — Toutefois M. Duvergier (no 367) exprime une opinion contraire; il paraît craindre qu'on ne déguise de véritables sous-locations ou cessions sous l'apparence de concessions gratuites. Mais la possibilité de l'abus ne nous semble pas une raison suffisante pour se dispenser d'appliquer les règles du droit commun; ce serait aux tribunaux à apprécier, d'après les circonstances, s'il y a eu un prêt sincère ou une sous-location déguisée, et à restituer aux actes leur véritable qualification.

863. — Jugé que le locataire qui, par une clause expresse du bail, s'est interdit la faculté de sous-louer et s'est obligé à occuper les baux par lui-même, ne peut se soustraire à l'obligation d'habiter les lieux, et faire prononcer la résiliation du bail en offrant de payer des dommages-intérêts. — *Cass.*, 26 fév. 1812, Boutros c. Lebrie.

864. — Le preneur ne peut tenir ou loger des pensionnaires lorsqu'une clause de son bail lui interdit de sous-louer en tout ou en partie. — *Douai*, 7 avr. 1842 (t. 2 1842, p. 70), Duverger-Cornille c. Degryse.

865. — Lorsqu'il a été convenu que le locataire ne pourrait sous-louer, il n'a pas le droit de tenir des chambres garnies; mais s'il le fait, le bailleur ne peut obtenir pour cela la résiliation du bail. — *Grenoble*, 18 août 1807, N...

866. — La prohibition de sous-louer peut elle être implicite? — A cet égard il a été jugé que la concession du droit d'exploiter, pendant plusieurs années, une carrière à plâtre ne peut pas, dans le silence du contrat sur le droit de sous-louer, être valablement transmise à un tiers par le concessionnaire. — *Paris*, 28 juill. 1825, Renault c. Fleurimont.

867. — Cet arrêt a été critiqué par M. Troplong (no 131), et il paraît en effet susceptible de critique en ce qu'il fait, à la règle établie par l'art. 1717, une exception qui n'est pas écrite dans la loi. Toutefois M. Troplong lui-même reconnaît la force des motifs sur lesquels s'appuie le jugement confirmé par cet arrêt. — En effet, les lois et réglemens concernant les carrières rendent les propriétaires responsables des accidens de toute espèce qui peuvent être le résultat de l'impéritie, de l'imprudence ou de la négligence des ouvriers de leurs fermiers et privent même les propriétaires de leurs droits d'exploiter leur carrière, lorsque l'autorité s'est trouvée dans le cas de constater à plusieurs reprises des contraventions commises dans la direction des travaux. Indépendamment même de cette responsabilité légale, le propriétaire a le plus grand intérêt à ce que les travaux soient entrepris, servis, dirigés et mis à fin de manière à ménager la richesse de la carrière, à en assurer partout la solidité, la salubrité, à rendre facilement accessibles les puits et les tranchées d'exploitation, et à diminuer ainsi les frais d'extraction des produits de la carrière. Il suit de là que le droit d'exploiter une carrière n'est affermé par le propriétaire qu'en considération de la connaissance qu'il a de la capacité et de l'aptitude de son preneur pour ce genre d'exploitation, et qu'ainsi le bail est exclusif et ne peut être cédé. — Ces raisons, nous l'avouons, nous paraissent justifier pleinement l'arrêt de la cour de Paris; en effet, en matière d'interprétation des contrats, la règle fondamentale c'est qu'on doit chercher quelle a été la volonté des parties; or il nous semble que, faisant application de cette règle au louage, on pourrait poser en principe général que la prohibition de louer ou de céder le bail se trouve implicitement contenue dans le contrat, toutes les fois que, par la nature des choses, les considérations personnelles ont dû être déterminantes pour le bailleur.

868. — De ce que la clause prohibitive *est toujours de rigueur*, il suit que le locataire à qui il est défendu par son bail de sous-louer, ne peut placer le propriétaire dans l'alternative, ou de résilier le bail, ou de lui permettre de sous-louer, ou de se charger lui-même de louer à d'autres, en offrant de lui faire raison de la différence qu'il y aura entre le loyer convenu et celui que paieront les nouveaux locataires. — *Cass.*, 26 fév. 1816, Boutros c. Lebrie. — V. conf. Merlin, *Rép.*, vo *Sous-location*, no 11; Troplong, no 138; Duvergier, no 364; Duranton, t. 17, no 84.

869. — Il s'ensuit encore que, quand même le preneur offrirait au propriétaire un sous-locataire présentant toutes les garanties désirables de diligence et de solvabilité, le propriétaire ne serait pas tenu de l'accepter, car la clause prohibitive lui confère, à cet égard, un pouvoir de refus purement arbitraire. — Troplong, no 138; Duvergier, no 369.

870. — On doit considérer comme une infraction à la clause prohibitive de la sous-location, le fait du preneur qui a maintenu des tiers qui, au moment du bail, jouissaient de la chose louée moyennant une redevance. — *Colmar*, 16 août 1816, Theurer c. Buchel.

871. — En cas de violation, par le preneur, de la clause prohibitive, le bailleur a le droit de poursuivre la résiliation du bail (C. civ., art. 1741 et

1766).—Mais elle ne s'opère pas de plein droit; elle doit être demandée en justice (C. civ., art. 1184). — Troplong, nº 139.

872. — L'infraction à la prohibition *expresse de sous-louer, à peine de tous dépens et dommages-intérêts*, ne donne pas seulement lieu, au profit du bailleur, à des dommages intérêts, mais aussi à la résiliation du bail.—*Rennes*, 22 fév. 1830, Potennec c. Lepoullen.

873. — Le fait matériel d'une cession de bail, au mépris d'une clause prohibitive, suffit-il pour donner lieu à la résiliation du bail, si la cession n'a eu aucune suite? —Cette question, soulevée devant la cour d'Angers n'a pas été résolue. — Il a seulement été jugé que, dans ce cas, les cessionnaires peuvent être admis à prouver, tant par titres que par témoins, qu'ils ont joui des objets loués, non en vertu de l'acte de transport, mais en qualité d'héritiers du cédant. — *Angers*, 22 fév. 1820, Perrault de la Brétaudière c. Chalumeau.

874. — La défense de sous-louer imposée au locataire passe à son héritier; ce n'est pas là une obligation personnelle ou de force majeure. — *Paris*, 24 fév. 1825, Ledien c. Candas.

875. — La résiliation du bail pour infraction à la clause prohibitive ne peut être demandée, lorsque le bailleur a consenti à la sous-location. — Ce consentement peut être antérieur ou postérieur à l'entrée en jouissance du sous-locataire.—Il peut être exprès ou tacite.—Il est tacite lorsque, par exemple, le bailleur a reçu le prix du bail du cessionnaire ou sous-locataire, sans réclamation. — Troplong, nº 141; Duvergier, *Louage*, t. 1er (contin. de Toullier, t. 18), nº 372. — V. aussi *Lyon*, 16 déc. 1825, André et Tramoy c. Bardousse et Vanel.

876. — Le silence gardé par le bailleur après la connaissance qu'en sa qualité de receveur de l'enregistrement il aurait eue de l'acte de sous-location, n'emporte pas nécessairement renonciation tacite à la clause prohibitive. — *Rennes*, 22 fév. 1830, Potennec c. Lepoullen.

877. — Le bailleur qui a tacitement accepté la sous-location faite par le preneur contrairement à l'une des clauses du bail est présumé avoir renoncé à se prévaloir de cette clause, sauf son droit de garantie des loyers contre le preneur.— *Douai*, 3 juin 1841 (t. 2 1841, p. 278), Choquet c. Vaast.

878. — Lorsqu'un propriétaire qui a loué un immeuble avec défense de sous-louer adhère à l'acte par lequel le preneur sous-loue à un tiers, sans cependant lui imposer d'une manière expresse la prohibition de sous-louer, son adhésion n'ayant pour objet que le bail qu'elle a validé, n'empêche pas de subsister dans toute sa force, quant aux baux ultérieurs, la prohibition de sous-louer contenue au bail primitif. — *Paris*, 19 nov. 1821, de Saint-Ceran c. Villemant.

879. — Souvent il est dit dans le bail que le preneur ne pourra sous-louer sans le consentement *par écrit* du bailleur. Il est des cas où cette clause est l'expression de la volonté des parties, et doit par conséquent être appliquée à la rigueur; il en est d'autres où elle n'est insérée que par habitude, et alors elle ne fait point obstacle à l'admission de la preuve verbale, pourvu qu'il y ait un commencement de preuve par écrit. — Troplong, nº 141.

880. — Il entre dans les attributions souveraines des cours royales de décider si la clause par laquelle le bailleur défend au preneur de sous-louer *sans son consentement exprès et par écrit* contient une prohibition assez énergique pour faire de l'écriture une condition essentielle du consentement. — Ainsi, une cour peut décider, par interprétation de la convention, que cette clause n'est pas tellement de rigueur, que la preuve du consentement verbal du bailleur à la rétrocession ne puisse être établie à l'aide d'un commencement de preuve par écrit accompagné de circonstances graves, précises et concordantes. — *Cass.*, 19 juin 1839 (t. 2 1839, p. 36), Demontey c. Nitot.

881. — Le juge peut prendre pour commencement de preuve par écrit un interrogatoire sur faits et articles subi par la partie. — Même arrêt.

882. — Jugé que la condition mise à un bail de ne pouvoir sous-louer sans le consentement par écrit du propriétaire n'est pas tellement absolue, que l'autorisation ne puisse être considérée comme résultant des circonstances, et notamment de ce que le bailleur aurait, sans réclamation, laissé le sous-locataire se mettre en possession et faire des travaux et changemens nécessaires pour l'exercice de son droit. —*Lyon*, 3 mai 1837 (t. 2 1837, p. 518), Podesta c. Chevrier.

883. — Le bailleur qui, usant du privilége que lui confère l'art. 2102, se fait payer de tout ce qui était échu et de tout ce qui est à échoir, est censé renoncer au bénéfice de la clause prohibitive, et ne peut dès-lors empêcher les créanciers de relouer à leur profit la maison ou la ferme, pour le restant du bail. — Duranton, t. 17, nº 69; Delvincourt, t. 3, notes, p. 192; Duvergier, nº 372; Troplong, *Privil. et hypot.*, nº 155, et *Louage*, nº 137.

884. — Mais les créanciers d'un locataire ou fermier n'ont le droit de relouer la maison ou la ferme pour le temps qui reste à courir du bail, que lorsque le propriétaire exerce, à leur préjudice, son privilége pour tous les fermages échus et pour ceux à échoir jusqu'à la fin du bail, et non lorsque ce propriétaire se borne à demander la résolution.—*Amiens*, 31 mai 1823, Boutroy c. Merck.

885.—Lorsque, dans un bail à loyer, il a été convenu que le preneur ne pourrait sous-louer sans le consentement du bailleur, et que, faute par lui de se conformer à cette clause, le bail serait résilié de plein droit, le preneur qui a enfreint la clause prohibitive ne peut échapper à la résiliation en offrant de donner caution. — Dans ce cas, si le preneur est tombé en faillite, les syndics de sa faillite, n'ont pas le droit de demander l'entretien du bail dans l'intérêt des créanciers. — *Cass.*, 16 juin 1812, syndics V.... c. Paillé.

886. — En cas d'infraction, par le preneur d'un domaine rural, à la clause du bail qui lui défendait de sous-amodier tout ou partie des héritages affermés, le bailleur peut demander la résiliation du bail, quoique la sous-location ne soit que partielle, et qu'elle porte sur un moulin et une tuilerie que le preneur était dans l'impossibilité de faire valoir par lui-même. — *Cass.*, 12 mai 1817, Cosnefroy c. Morisset; — V. conf. Duvergier, nº 364; Duranton, t. 17, nº 83.

887. — Mais il n'y a plus lieu de la prononcer, lorsque la demande n'en a été formée qu'après la résolution de son bail, et alors surtout que le bailleur ne peut alléguer aucun préjudice résultant de la sous-location. — *Cass.*, 13 déc. 1820, Tiers et Despagnat c. Rousseau; — V. conf. Duranton, t. 17, Duvergier, nº 370; Troplong, nº 139.

888. — Jugé également que la prohibition expresse de sous-louer, à peine de résiliation du bail, n'est point tellement absolue que le fait seul de la sous-location suffise pour autoriser le bailleur à se pourvoir en résiliation.—Les juges peuvent maintenir le bail si la sous-location ne lui a causé aucun préjudice, et si elle n'existait déjà plus à l'époque de la demande en résolution, — *Cass.*, 29 mars 1837 (t. 1er 1837, p. 253), de Girardin c. Dupuis.—V. conf. Duvergier, nº 370; Troplong, nº 139.

889. — L'infraction à la défense de sous-louer n'emporte pas de plein droit, alors qu'il n'a pas été stipulé de clause résolutoire, la résiliation du bail. La résiliation peut donc être refusée, alors que le locataire déclare être prêt à expulser le sous-locataire. — *Lyon*, 6 juin 1821, Bonnaviat c. Laurent; 16 déc. 1825, André et Tramoy c. Bardousse et Vanel.—V. conf. Troplong, nº 140; Duvergier, nº 370.

890. — Jugé, au contraire, que la défense de sous-louer stipulée dans un bail est tellement de rigueur que son inobservation entraîne la résolution du bail sans que le juge puisse accorder, selon les circonstances, un délai au preneur pour expulser des sous-locataires et se mettre en possession, alors même que le bail ne contient pas de clause résolutoire expresse pour ce cas.—*Colmar*, 16 août 1816, Theurer c. Buchel.

891. — Cette dernière décision paraît contraire à celles qui précèdent, et M. Duvergier (nº 370), la critique comme contenant la négation manifeste des principes généraux sur la résolution des conventions pour inexécution par l'une des parties (C. civ., art. 1184).— Mais il faut remarquer que, dans l'espèce, la résiliation avait été formellement stipulée pour le cas d'infraction à la clause prohibitive: cela résulte de la teneur du jugement. Or, les effets de l'inexécution des engagemens diffèrent, selon que la condition résolutoire est expresse ou tacite. Dans le premier cas, la résolution s'opère de plein droit; dans le second, elle doit être prononcée en justice, et même les tribunaux peuvent accorder au défendeur un délai suivant les circonstances. — Merlin, *Rép.*, vº *Clause résolut.*, § 1er; Duranton, t. 17, nº 88; Troplong, *Vente*, nº 61, et *Louage*, nº 140. — Ce n'est pas toutefois sur ce motif que s'est appuyée la cour de Colmar, mais sur ce que l'art. 1717, en prescrivant l'application rigoureuse de la clause prohibitive, aurait dérogé aux principes posés par l'art. 1184, C. civ. C'est là, il faut le dire, une argumentation vicieuse à l'appui d'une juste décision, car l'art. 1717 se concilie parfaitement avec l'art. 1184; en disant que la clause prohibitive est toujours de rigueur, il a voulu proscrire les tempéramens admis par l'ancienne jurisprudence, et non pas déroger aux principes généraux sur la résolution pour inexécution des obligations.

892. — De ce que le bailleur a autorisé le preneur à céder son droit au bail et à vendre le fond de commerce exploité dans les lieux loués, il n'en faut pas conclure que ledit bailleur a renoncé au privilége qu'il a droit d'exercer sur le mobilier compris dans la vente de l'établissement pour les loyers qui lui sont dus par le locataire principal. — *Paris*, 28 déc. 1832, Faucart c. Mollet.

Sect. 9e. — *Fin du bail.*

893. — Le bail finit, soit par l'expiration du temps pour lequel il avait été consenti, soit par sa résolution prononcée avant cette époque.

ART. 1er. — *Expiration de la durée pour laquelle le bail avait été fait.*

894. — « Le bail, dit l'art. 1737, cesse de plein droit à l'expiration du terme fixé, lorsqu'il a été fait par écrit, sans qu'il soit nécessaire de donner congé. » En effet, les conventions légalement formées tiennent lieu de loi à ceux qui les ont faites. — C. civ., art. 1134. —Duvergier, nº 483.

895. — Lorsque la durée du bail n'est fixée ni par la convention, ni par la nature de la chose, il n'est pas possible d'admettre que les parties aient voulu qu'il fût perpétuel; la loi reconnaît à chacune d'elles le droit de le faire cesser à sa volonté. — C. civ., art. 1736. — « Si le bail, dit cet article, a été fait sans écrit, l'une des parties ne pourra donner congé à l'autre qu'en observant les délais fixés par les usages des lieux. »

896. — Il semblerait résulter des termes de ces deux articles, que c'est seulement lorsque le bail a été fait *sans écrit* qu'il est nécessaire de donner congé, et que ce congé est inutile lorsque le bail a été fait *par écrit*. — Mais il ne faut pas prendre ces mots à la lettre; si la loi s'est exprimée ainsi, c'est qu'ordinairement la durée des baux faits verbalement est indéterminée, tandis que celle des baux écrits est fixée. Par *bail écrit* il faut entendre ici bail à terme fixe, et, par le bail fait *sans écrit*, bail à durée indéterminée.— Si donc la durée d'un bail écrit n'avait pas été fixée, il serait nécessaire de donner congé; si, au contraire, la durée d'un bail verbal avait été convenue, le congé ne serait pas nécessaire. —Delvincourt, t. 3, Notes, p. 195; Troplong, nº 404; Duranton, t. 17, nº 116; Duvergier, nº 485. — M. Mouricault, dans son rapport au tribunat, disait : « Si le bail a été fait *sans écrit, sans terme fixe*, ce bail cesse lorsqu'il plaît à l'une des parties......... Lorsqu'il y a un terme fixé par écrit, le bail cesse de plein droit à ce terme, sans qu'il soit nécessaire de donner congé. » (Locré, t. 14, p. 430 et 431).— « Ces paroles, dit M. Duvergier, indiquent bien qu'en désignant les baux écrits on a voulu indiquer ceux dont la durée est fixée; seulement elles porteraient à penser qu'il faut que la durée soit fixée par écrit, tandis qu'il suffit qu'elle le soit par un moyen légal quelconque. »

897. — Jugé que l'art. 1737, C. civ., qui porte que le bail cesse de plein droit par l'expiration du terme convenu, sans qu'il soit besoin de congé, ne s'applique pas à un bail fait sous l'empire d'une loi ou d'un usage qui consacraient la nécessité du congé, même pour les baux fixant le terme de la jouissance. — *Turin*, 7 mars 1806, Gianotti c. Nomis Pollon.

898. — Les dispositions de l'art. 1736, bien que placées sous la rubrique *Des dispositions communes aux baux des maisons et des biens ruraux*, ne s'appliquent point à ces derniers. — Les baux d'héritages ruraux, quoique faits sans écrit, c'est-à-dire sans terme fixe, cessent de plein droit, aux termes de l'art. 1775, à l'expiration du temps pour lequel ils sont censés faits d'après l'art. 1774.—*Colmar*, 4 sept. 1806, Chaval c. Montargis; *Trèves*, 27 mai 1808, Coblenz c. Demées. — V. aussi Merlin, *Rép.*, vº *Bail*, § 4; Toullier, t. 9, nº 34; Rolland de Villargues, vº *Congé*, nº 4; Duranton, t. 17, nº 215; Malleville, *Analyse*, art. 1775; Duvergier, nºs 486 et 487; Troplong, nº 405.

899. — Mais si l'art. 1736 ne s'applique pas aux baux des biens ruraux, il ne s'ensuit pas pour cela qu'il ne concerne que les baux à loyer; il embrasse tous les baux quelconques sans terme fixe: baux de carrières, de mines, de tourbières, etc. — Troplong, nº 405; Duvergier, nº 487. — V. cependant Merlin, *Rép.*, vº *Bail*, § 4.

900. — Le bail à ferme d'un moulin, alors même qu'il dépend de ce moulin quelques pièces de terre (d'une contenance et d'une valeur d'ailleurs peu considérables, et qui n'en sont que l'accessoire), ne peut être considéré comme bail d'héritages ruraux, et comme tombant, à ce titre, sous l'application des art. 1774 et 1775, C. civ. — Au contraire, il y a lieu de leur appliquer l'art. 1736 qui, en cas de bail sans écrit, n'autorise l'expulsion du preneur qu'après un congé donné suivant les délais

fixés par l'usage des lieux. — *Bruxelles*, 29 nov. 1809, Dudekem c. Robbe; *Toulouse*, 18 déc. 1840 (t. 1er 1841, p. 349), Dussouy c. Saint-Germain. — V. conf. Pothier, no 341; Troplong, *Louage*, no 527.

901. — En matière de bail, un congé verbal non suivi d'exécution ne peut être prouvé par témoins, quelque modique que soit le loyer. Les dispositions de l'art. 1715, C. civ., s'appliquent au congé comme au bail lui-même. — *Cass.*, 12 mars 1816, Bonnet c. Froidevaux. — V. conf. Merlin, *Quest.*, vo *Preuve*, § 5, no 2; Duvergier, no 489; Duranton, t. 17, no 121; Toullier, t. 19, no 34; Troplong, no 422.

902. — Jugé que les congés doivent nécessairement être signifiés par huissier. En cas de dénégation, la preuve que le congé a été verbalement donné par le propriétaire au locataire ne peut être admise. — *Bastia*, 15 nov. 1826, Stagnaro c. Portafax.

903. — Mais la première partie de cette décision est inadmissible. La validité du congé n'est subordonnée à aucune forme; il peut être donné, soit par exploit, soit à l'amiable, sauf toutefois la nécessité d'en justifier par écrit, lors même qu'il s'agit d'une somme inférieure à 150 fr. — Cette justification, au reste, peut être faite, soit par la correspondance des parties, soit de toute autre manière. — Troplong, no 422; Duvergier, no 489.

904. — L'acquéreur d'un immeuble n'est pas tenu de notifier copie de son titre d'acquisition en tête du congé qu'il veut donner à son locataire; il suffit qu'il en indique la date. — *Bruxelles*, 10 oct. 1818, Dellaert c. Bovyn.

905. — Suivant M. Duvergier (no 491), la preuve du congé peut être faite par témoins lorsqu'il existe un commencement de preuve par écrit. — V. ci-dessus (nos 224 et suiv.), ce que nous avons dit au sujet de la preuve du bail verbal, les deux questions devant recevoir la même solution. — V. aussi Curasson, *Compét. des juges de paix*, t. 1er, p. 363.

906. — Celui qui allègue avoir donné congé verbalement peut, pour justifier son assertion, déférer le serment à celui qui nie avoir reçu le congé, ou le faire interroger sur faits et articles. — Duvergier, no 490; Duranton, t. 17, no 122.

907. — M. Duranton (t. 17, no 122) enseigne que le congé donné à l'amiable ne produit d'effet qu'autant qu'il a été accepté et qu'ainsi, à défaut d'acceptation, il est nécessaire de le signifier. — Mais c'est aller trop loin et assimiler à un contrat synallagmatique l'exercice d'un droit dont chaque partie peut user sans le consentement et contre le gré de l'autre. Sans doute si la partie à qui l'on donne congé par une simple lettre refuse d'en accuser réception, il faudra bien, pour s'en procurer une preuve écrite, recourir à une signification; mais si cette partie accuse réception du congé, tout en déclarant ne vouloir ni l'accepter ni l'approuver parce qu'elle croit avoir des moyens de le combattre au fond, le défaut d'acceptation ne nuira pas à sa perfection. — Troplong, no 423.

908. — Lorsque l'une des parties en donnant congé à l'autre la prie de lui faire réponse, et que cette autre partie, ou déclare ne vouloir accepter le congé, ou bien garde un silence obstiné, celle qui a donné le congé est libre de se rétracter. — Troplong, no 424.

909. — M. Duvergier (t. 3, no 492), tout en reconnaissant que le congé donné, soit sur une quittance du loyer, soit dans une lettre ou tout autre acte sous seing-privé, est valable considéré en lui-même, comme le congé verbal, prétend toutefois que, s'il n'a été fait qu'un seul original, cet original ne peut être produit en justice comme une preuve écrite du congé, parce que, s'il en était autrement, celui qui a donné l'écrit se trouverait à la merci de l'autre. — Mais nous pensons, avec M. Troplong (no 425), que cette doctrine ne doit point être admise, car il ne s'agit pas ici d'un acte contenant des conventions synallagmatiques, et dès-lors l'art. 1325 n'est pas applicable. Sans doute l'une des parties se trouvera à la merci de l'autre : mais elle ne pourra s'en prendre qu'à elle-même.

910. — A cet égard, MM. Duvergier (no 492), et Troplong (no 424) citent tous deux un arrêt de la cour de Caen, du 26 janv. 1824 (Mézaize c. Dupont), auquel chacun d'eux donne une interprétation différente. — M. Duvergier présente cet arrêt comme confirmant sa doctrine sur la nécessité d'un double original pour le congé donné par acte sous seing-privé. — M. Troplong, de son côté, s'appuie sur cet arrêt pour prétendre que la partie qui a donné le congé peut se rétracter lorsque l'autre partie déclare ne vouloir l'accepter ou refuse de s'expliquer (*suprà* no 908). — Mais aucun des deux auteurs ne nous semble avoir saisi le véritable sens de la décision. Il s'agissait, dans l'espèce sur laquelle la cour a statué, non pas d'un congé, mais de la résiliation d'un bail à ferme, volontairement consentie avant l'expiration de la durée pour laquelle il avait été fait; et la cour a décidé que, cette résiliation constituant un contrat synallagmatique, le fermier n'était lié par le consentement qu'il y avait donné dans une lettre, qu'autant que le propriétaire avait, de son côté, déclaré par écrit qu'il entendait souscrire à cette résiliation. Dans ce cas, en effet, il ne pouvait y avoir de contestation : c'était une application pure et simple de l'art. 1325.

911. — On ne peut considérer comme pur et simple et comme constituant dès-lors entre les parties un contrat judiciaire, l'acte par lequel le locataire, en réponse à un congé signifié, déclare l'accepter, mais en même temps, et attendu l'éviction, somme le propriétaire de lui payer une indemnité et fait ses réserves pour en exiger judiciairement le paiement. — En conséquence, si le propriétaire ne se soumet pas au paiement réclamé, le locataire peut rétracter son acceptation. — *Cass.*, 18 prair. an X, Hondouart c. Girardot.

912. — Il a été jugé que, sous l'empire des lois romaines, le congé donné par un seul des copropriétaires indivis était valable, lorsqu'il n'était pas désavoué. — *Cass.*, 25 pluv. an XII, Lange c. Marcou. — C'est ce qui résulte de textes qui paraissent positifs : d'abord, la loi 72, ff., *Pro socio*, autorise le communiste à *administrer la chose commune*, si l'absent ne s'en occupe lui-même; elle le rend même responsable de sa négligence à l'égard des intérêts de son coassocié : « *Socius socio etiam culpæ nomine tenetur, id est desidiæ atque negligentiæ.* » La loi 20, ff., *Communi dividundo*, est encore plus formelle : « *Si is cum quo fundum communem habes, ad delictum non respondit, et ob id motu judicis villa diruta est, aut arbusta succisa sunt, præstabitur tibi detrimentum judicio communi dividundo : quidquid enim culpâ socii amissum est, eo judicio continetur.* » Or, l'obligation de veiller en bon père de famille sur la chose commune, et d'administrer, entraîne nécessairement celle de donner congé. — C'est ce qui ressort de la loi 6, ff., *Communi divid.* : « *Sive autem locando fundum sive colendo, de fundo communi quid socius consecutus sit, communi dividundo judicio tenebitur.* »

913. — Lorsque les copropriétaires d'un immeuble indivis, en consentant un bail de cet immeuble pour neuf années, se sont réservé la faculté de résilier le bail après un délai de trois ans, en avertissant le preneur six mois à l'avance, chacun des copropriétaires a qualité pour requérir en son nom seul l'exécution de cette clause; et le congé donné seulement à la requête de l'un des copropriétaires est valable, surtout si les autres copropriétaires ne désavouent point cet acte. — *Douai*, 6 fév. 1828, Delangue c. Bequet.

914. — D'ailleurs, le congé est censé donné dans l'intérêt de tous les co-propriétaires de l'immeuble loué, bien qu'il ne soit notifié qu'au nom d'un seul, si ce dernier agissait habituellement comme mandataire des autres, à l'égard du preneur. — Même arrêt. — V. aussi Troplong, no 427.

915. — Jugé toutefois que, lorsqu'un immeuble affermé appartient à plusieurs propriétaires, le congé ne peut être donné par un seul pour tous, alors même que l'auteur du congé aurait toujours été seul administrateur de la chose commune. — *Bruxelles*, 31 déc. 1807, Decerf c. Mohimont.

916. — Le congé signifié par un seul des copropriétaires indivis est valable pour la totalité de la chose, si les autres copropriétaires y ont postérieurement adhéré. — Curasson, *Compét. des juges de paix*, t. 1er, p. 366.

917. — Mais hors les cas qui précèdent, le congé signifié par l'un des copropriétaires indivis, sans l'assentiment des autres, ne ferait pas cesser le bail, même pour la partie afférente à ce copropriétaire, car le preneur a loué la chose entière, et dès-lors sa jouissance est indivisible. — Troplong, no 428; Curasson, *ibid.*, t. 1er, p. 365.

918. — Dans le cas d'un bail fait par plusieurs copropriétaires, le fermier est recevable à contester la validité du congé donné par un seul, alors même que l'auteur du congé serait, avant la signification qui en a été faite, devenu seul propriétaire de la chose commune, si le fermier n'a été informé de cette mutation de propriété ni par les voies légales ni de toute autre manière. — *Bruxelles*, 31 déc. 1807, Decerf c. Mohimont.

919. — En cas d'engagement solidaire de la part de plusieurs preneurs, la clause que le bail pourra être résilié après un certain temps, à charge *par chacune des parties* de s'avertir trois mois à l'avance, ne donne pas à un seul des preneurs le droit d'opérer cette résiliation, même en ce qui le concerne, sans le consentement des autres. Dès-lors, malgré l'avertissement par lui donné, il reste responsable envers le propriétaire des suites de la jouissance continuée par les autres preneurs. — *Cass.*, 19 avr. 1831, Redon c. Sarrazin. — V. conf. Troplong, no 429; Curasson, *Compét. des juges de paix*, t. 1er, p. 364.

920. — Lorsqu'il n'y a pas de solidarité entre les preneurs, chacun d'eux peut donner congé pour sa part et portion. Alors, si le propriétaire ne veut pas laisser subsister le bail avec les autres, il leur donnera congé; s'il les laisse en jouissance, c'est alors un nouveau bail tacitement consenti. — Troplong, no 429; Curasson, t. 1er, p. 365.

921. — Il a été jugé que, en cas de cession du bail par le preneur, il suffit, pour la validité du congé, qu'il soit signifié à la personne du cessionnaire trouvé en possession. — *Nîmes*, 25 frim. an XI, Muret c. Pigère. — Mais il nous semble que ce n'est là pour le bailleur qu'une faculté et non une obligation : il pourrait se contenter de signifier le congé au preneur principal.

922. — Lorsque les baux sont passés à terme fixe, que ce terme d'ailleurs soit expressément ou tacitement convenu (art. 1737 et 1775), ils expirent de plein droit à l'époque fixée, sans qu'il soit nécessaire de donner congé. — Mais il ne faut pas confondre le terme final du bail, avec les diverses époques auxquelles chaque partie peut le résilier en vertu du contrat. — Troplong, no 430; Delvincourt, t. 3, notes, p. 176.

923. — Ainsi, le bail fait pour trois, six ou neuf années, sans qu'il soit rien dit de la faculté qu'auraient le preneur et le bailleur de résilier la convention à la fin des deux premiers termes, ni de donner congé, présente les caractères d'un bail de neuf ans, qui peut être résolu par l'une ou l'autre des parties contractantes à l'expiration de la troisième ou de la sixième année en donnant congé suivant l'usage local. — Mais ce n'est pas un bail de trois, six ou neuf ans qui cesse de plein droit à la fin de chaque terme, sans qu'il soit nécessaire de donner congé. — *Bruxelles*, 31 mars 1814, Antoine c. Fontaine et Merckx. — V. conf. Delvincourt, *loc. cit.*; Troplong, *loc. cit.*

924. — Jugé que lorsque la durée du bail d'une grande exploitation n'a pas été fixée dans le contrat, elle doit être déterminée d'après l'usage des lieux et l'intention présumée des parties. — *Paris*, 13 prair. an XI, Clause c. Balde. — Cet arrêt, comme on le voit par sa date, n'a point été rendu sous l'empire du Code civil.

925. — Les contestations qui peuvent s'élever sur la validité des congés doivent être portées devant le juge de paix, lorsqu'il s'agit d'un bail dont le prix annuel n'excède pas, à Paris 400 fr., et partout ailleurs 200 fr. Elles doivent être portées devant le tribunal de première instance lorsque la location s'élève à une somme supérieure. — Troplong, no 431; Curasson, t. 1er, p. 321.

926. — La sentence est toujours en premier ressort, quel que soit d'ailleurs le prix du bail, car, dans ce cas, la demande est indéterminée; elle frappe sur la jouissance de la chose louée. — Troplong, *loc. cit.*; Curasson, *loc. cit.* — V. au surplus JUGE DE PAIX.

927. — Le locataire qui ne se pourvoit en nullité contre le congé que vingt jours avant l'époque fixée pour sa sortie et qui, durant l'instance, continue à occuper les lieux, doit, s'il succombe dans sa demande en nullité, être condamné à des dommages-intérêts envers le propriétaire, comme ayant indûment continué sa jouissance. — *Rennes*, 15 déc. 1826, Roussin c. Jounot.

928. — Lorsque le bail se trouve expiré et que le preneur refuse de vider les lieux, le bailleur l'assigne devant le tribunal compétent, pour faire ordonner son expulsion. — Troplong, no 434.

929. — Le juge, dans ce cas, ordonne l'expulsion dans un bref délai, passé lequel le propriétaire demeure autorisé à faire procéder à l'évacuation, en faisant jeter, au besoin, les meubles sur le carreau par le ministère d'un huissier. — Troplong, no 434; Curasson, t. 1er, p. 385.

930. — Les règles de la compétence en cette matière se trouvent formulées en l'art. 3, L. 25 mai 1838. — Ainsi, aux termes de cet article, le juge de paix connaît des expulsions des lieux, lorsque les locations verbales ou par écrit n'excèdent pas, à Paris, 400 fr., et partout ailleurs 200 fr. — Mais sa décision est toujours sujette à l'appel. — Troplong, no 434, note; Curasson, t. 1er, p. 321.

931. — Il est même un procédé plus expéditif et moins dispendieux qui consiste à enlever les portes et les fenêtres de l'appartement en présence d'un huissier requis, afin de rendre cet appartement inhabitable et de forcer par là le locataire à déloger. Cet usage était autorisé par les anciennes coutumes. — Plusieurs jurisconsultes condamnent cette pratique, qui leur semble indigne

d'un peuple civilisé. Quelques-uns même pensent que le propriétaire qui se livrerait à de telles voies de fait se rendrait passible de dommages-intérêts envers le preneur. — V. Curasson, t. 1er, p. 385. — Mais nous ne comprenons pas ces scrupules, et nous ne voyons pas ce qu'il peut y avoir de répréhensible, d'illégal dans la conduite du propriétaire qui, lorsque le bail se trouve expiré, lorsque, par conséquent, le preneur n'a plus aucun droit de rester dans la maison, se borne en définitive à user, comme il l'entend, de sa propre chose légalement devenue libre. — Troplong, nos 435 et suiv. — Cet auteur cite à l'appui de cette doctrine un passage de Walter-Scott, duquel il résulte que le procédé dont nous parlons est encore en usage en Ecosse. — *Guy-Mannering*, chap. 8.— V. aussi dans le même sens Guy-Pape, décis. 480, no 1; Cout. d'Aurillac, art. 2; Legrand, *sur Cout. de Troyes*, p. 333, no 74.

932. — Mais, pour que le propriétaire puisse procéder à l'expulsion du locataire, il faut que le bail soit légalement arrivé à sa fin, soit par l'échéance du terme fixé, soit, en cas de bail verbal, par un congé donné conformément à l'usage des lieux. Le propriétaire qui, avant cette expiration légale, enlèverait les portes et fenêtres ou mettrait ses meubles sur le carreau, se rendrait passible de dommages-intérêts. — Troplong, no 436.

933. — Dans tous les cas, lors même que, le bail expiré, le locataire s'obstine à rester dans l'appartement, le propriétaire ne peut se permettre aucune voie de fait contre sa personne. — Troplong, *loc. cit.*

934. — Lorsque le preneur se maintient en possession malgré le congé à lui donné, il peut être condamné à des dommages-intérêts envers le bailleur pour la privation de jouissance de ce dernier jusque au jour où il rentre en possession. — *Bordeaux*, 8 avr. 1842 (t. 2 1842, p. 95), Tronche c. Massoubre.

ART. 2.—*Résolution du bail.*

935.—Le contrat de louage se résout, soit par le concours des volontés qui lui ont donné naissance, soit par l'événement d'une condition résolutoire, soit par la perte de la chose louée, soit enfin par le défaut respectif du bailleur et du preneur de remplir leurs engagemens.

936. — Le contrat de louage n'est point résolu par la mort du bailleur ni par celle du preneur. — C. civ., art. 1742.—En effet, les héritiers succèdent aux droits et obligations de leurs auteurs. — Troplong, no 469.

937. — Il en était de même dans l'ancien droit, du moins en règle générale.—L. 19, § 8, et L. 60, § 1, ff., *Loc. cond.*; — Pothier, no 317. — Toutefois, en Lorraine, d'après l'art. 204 de la coutume, l'héritier n'était pas tenu de continuer le bail passé par son auteur. — Loisel, liv. 3, t. 2, no 3; Troplong, no 470.

938.—Lorsqu'il a été convenu que le bail durera *tant qu'il plaira au preneur* ou *tant qu'il plaira au locateur*, il finit nécessairement lors du décès de celui des deux à la volonté duquel sa durée était abandonnée, puisque sa volonté finit avec sa vie.— Pothier, no 317; Troplong, no 471. — V. aussi, L. 4, ff., *Loc. cond.*; — Favre, *Ration. ad. Pand.*, sur cette loi.

939. — Le décret impérial du 21 nov. 1806 qui a mis en état de blocus les Iles Britanniques, n'a pas eu pour effet d'entraîner la résiliation d'un bail fait en France entre un Français et un Anglais, alors même que toute la fortune du locataire était située dans le pays bloqué. — *Grenoble*, 6 juin 1807, Menobert c. Lambert.

940. — Quant à la question de savoir si la résolution du bail principal entraîne celle des sous-baux, V. *suprà* nos 830 et suiv.

941. — *Résolution par consentement mutuel.* — En matière d'engagemens synallagmatiques, la preuve qui résulte d'une lettre missive ne peut être opposée à celui qui l'a écrite, lorsque, de son côté, il n'a pas entre ses mains la preuve écrite de l'acceptation des propositions par lui faites. — Ainsi le fermier n'est lié par le consentement de la résiliation du bail qu'il a donnée dans une lettre, qu'autant que le propriétaire a, de son côté, déclaré, par écrit, qu'il entendait souscrire à cette résiliation. — *Caen*, 26 janv. 1824, Mezaise c. Dupont.

942. — La résiliation d'un bail écrit ne peut résulter que d'un acte en même forme. Mais la preuve de cette résiliation ne peut être invoquée *comme résultant* de propositions insérées dans les lettres du preneur, mais ne contenant pas d'engagement formel ni réciproque, surtout lorsque les conditions qu'on en pourrait induire n'ont pas été remplies. En pareil cas, la preuve par témoins

BAIL, ch. 3, sect. 9e, art. 2.

dont parle l'art. 1715, C. civ., n'est pas admissible.— *Angers*, 8 avr. 1818, Goujon c. Commune de Bonchamp.

943. — Lorsque des immeubles ont été affermés par un bail sous seing-privé enregistré, qui se trouve être bail courant lors du décès du propriétaire, on ne peut pas être admis à prouver par témoins, contre la régie de l'enregistrement, que ce bail avait été depuis long-temps interrompu. — *Cass.*, 21 janv. 1812, Enregistrement c. Rame.

944.—*Résolution par l'événement d'une clause résolutoire.*—Le bail, comme tout autre contrat, prend fin par l'événement d'une condition résolutoire.— Nous n'avons point à nous occuper ici des principes généraux relatifs aux conditions, soit suspensives, soit résolutoires, qui peuvent être apposées aux contrats. Ces principes et les développemens qu'ils doivent recevoir trouveront place ailleurs.— V. OBLIGATION.—Nous nous bornerons à rapporter quelques décisions qui se réfèrent spécialement au bail.

945.—Jugé que dans le cas d'un bail fait au profit d'un fonctionnaire public, et portant que, si celui-ci était obligé, par cessation ou changement de ses fonctions, de quitter la ville, il y aurait lieu à résiliation, la condition de cessation de fonctions peut être réputée accomplie par l'événement de la mort du preneur.—*Angers*, 23 avr. 1842 (t. 2 1842, p. 507), héritiers Siblaz c. Lecour.— La cour d'Angers décide ainsi par application de la maxime suivant laquelle toute clause obscure devrait être interprétée en faveur du preneur, maxime combattue par M. Duvergier, comme nous l'avons vu *suprà* no 149.

946.—Jugé que la clause résolutoire, même expressément insérée dans un bail à ferme, n'entraîne pas *de plein droit*, dans le cas prévu, la résolution du contrat. — *Bruxelles*, 11 août 1808, Loyens c. Lenrquin et autres; 7 août 1811, Zaman c. Lafond; *Colmar*, 6 déc. 1814, Adam c. Helbourg; *Rennes*, 2 avr. 1828, Trouessart c. Morel.—De même, dans l'ancienne jurisprudence, ces sortes de clauses n'étaient pas exécutées à la rigueur; elles n'étaient considérées que comme purement comminatoires; mais cela s'appliquait, non pas spécialement au contrat de louage, mais généralement à tous les contrats auxquels elles pouvaient se trouver jointes.— V. Domat, *Lois civiles*, part. 1re, liv. 1er, tit. 1er, sect. 4e, no 18; Brillon, *Dictionn. des arrêts*, vo *Clause résolutoire*; Pothier, *Obligat.*, part. 3e, ch. 6, art. 2; Merlin, *Rép.*, vo *Clause résolutoire*.

947.—Jugé également que les clauses résolutoires contenues dans les baux à ferme, ne sont que comminatoires; qu'ainsi, nonobstant la clause portant qu'en cas de non paiement au terme indiqué il dépendrait du bailleur de laisser subsister le bail ou de l'anéantir, sans formalités judiciaires, et que, sur une simple sommation le preneur serait obligé de déguerpir, le fermier en retard de payer peut toujours faire cesser la demande en résiliation par des offres dont il appartient aux juges d'apprécier le mérite.— *Colmar*, 5 juill. 1817, Schirr c. Kublhorn.

948. — Jugé au contraire que la clause résolutoire formellement exprimée dans un bail, pour le cas de défaut de paiement dûment constaté d'un ou de plusieurs termes, doit être exécutée à la rigueur, et qu'ainsi les juges ne peuvent pas accorder de délai, suivant les circonstances.—*Liège*, 1er août 1810, Frantzen c. Barth; *Dijon*, 31 juill. 1817, Protte c. duc de Raguse; *Paris*. 19 févr. 1830, Syndics Desnoyers c. Abrial.— L. 12, Cod., *De contrah. et ommitt. stipul.*; — Voët, *De usur. et fruct.*, no 31; Toullier, t. 6, nos 549 et suiv.; Duvergier, no 475.

949. — De ce qu'il a été convenu dans un bail qu'à défaut de paiement dans un délai fixé après chacun des termes la résolution aura lieu à une époque déterminée, il n'en résulte pas que si le preneur répond à la demande en résolution par des conclusions reconventionnelles en diminution du prix fondées sur ce que sa jouissance a été entravée par des faits dont il offre la preuve, le tribunal soit obligé de prononcer *hic et nunc* la résolution, sauf à remettre, après la preuve faite, à juger la question d'indemnité et la cause de retard du paiement. Il peut surseoir pour statuer sur le tout par un seul et même jugement. — *Rennes*, 18 déc. 1835, Lesguer c. Moullieras.

950. — Lorsque par l'effet d'une clause résolutoire formellement stipulée, le propriétaire a le droit de faire cesser un bail dont le terme n'est pas encore expiré, il ne peut être présumé y avoir renoncé pour n'avoir pas fait connaître sa volonté dans un temps déterminé. — *Bruxelles*, 19 nov. 1818, Lissens c. Boeyé.

951. — L'événement de la condition résolutoire stipulée dans un bail décharge la caution du fermier, alors même que, par suite d'arrangemens

survenus entre lui et le propriétaire, le fermier aurait continué sa jouissance. — *Cass.*, 25 fructid. an XIII, Bourlon c. Moulin.

952. — *Résolution par la perte de la chose.* — Le bailleur est obligé de *faire jouir* le preneur de la chose louée. Il suit de là que si, pendant la durée du bail, cette chose est détruite en totalité par cas fortuit, le bail est résilié de plein droit. C. civ., art. 1722. — V. aussi Ulpien, L. 15, § 2, ff., *Loc. cond.*

953. — L'art. 1722, C. civ., qui statue pour le cas où la chose louée est détruite en totalité ou en partie, par cas fortuit, doit s'appliquer au cas où l'immeuble périt par vétusté.— *Paris*, 19 août 1839 (t. 1er 1841, p. 458), Champagne c. Delanneau.

954. — En cas de perte totale, la résiliation s'opère nécessairement. — Ainsi le preneur ne pourrait exiger du bailleur la reconstruction de la maison. — De son côté, le bailleur ne pourrait, en offrant cette reconstruction, exiger du preneur qu'il restât son locataire. — Duvergier, no 521; Troplong, no 213.

955. — Ainsi jugé que l'obligation d'entretenir la chose louée en état de servir à l'usage pour lequel elle a été louée ne peut être étendue jusqu'à celle de reconstruire les lieux loués détruits par un fait indépendant de la volonté du bailleur, par exemple en vertu d'exécution d'arrêtés administratifs. — *Paris*, 19 août 1839 (t. 1er 1841, p. 458), Champagne c. Delanneau.

956. — Lorsque la chose n'est détruite qu'en partie, toujours par cas fortuit, le preneur peut, suivant les circonstances, demander ou une diminution du prix, ou la résiliation du bail. C. civ., art. 1722.— V. aussi Gaïus, L. 25, § 6, *Loc. cond.*

957. — Pour que la perte partielle donne lieu, soit à la résiliation, soit même à une diminution de prix, il faut qu'elle cause au preneur un préjudice grave, et non pas seulement une simple gêne, une légère diminution des avantages du bail. — L. 25, § 6, ff., *Loc. cond.*; — Troplong, no 210.

958. — La perte partielle de la chose louée n'autorise le bailleur à demander la résiliation du bail qu'autant que cette perte provient d'un mésus de la part du locataire. — *Colmar*, 23 avr. 1838 (t. 2 1838, p. 611), Kœchlin c. Zickel et Heilmann.

959. — Jugé que le bailleur qui s'est engagé, par une clause du bail, à indemniser le preneur dans un cas prévu de destruction partielle de la chose, ne peut se soustraire au paiement de l'indemnité en demandant la résiliation du bail. — *Cass.*, 11 mars 1824, Legrand c. Bellanger.

960. — M. Troplong (no 213) paraît penser que le preneur a, dans tous les cas, le droit d'opter entre une diminution du prix et la résiliation du bail. — Mais il nous paraît plus raisonnable et plus conforme aux vrais principes de décider, avec M. Duvergier (nos 55 et 522), que la résiliation ne peut être prononcée qu'autant que la perte présenterait une certaine gravité dont les tribunaux jugeraient, suivant les circonstances. Ainsi, si la perte n'est que légère, le preneur ne peut demander qu'une diminution du prix; si elle présente une gravité suffisante pour donner lieu à la résiliation, le preneur peut alors opter entre cette résiliation et une diminution du prix.

961. — Mais c'est au preneur seul qu'appartient, en cas de destruction partielle, cette option entre la conservation du bail avec indemnité ou la résiliation. Lors donc qu'il demande une simple diminution de prix, le bailleur ne peut lui offrir la résiliation: l'alternative n'existe pas en sa faveur, et les juges excéderaient leurs pouvoirs en ordonnant cette résiliation contre le vœu du preneur. — *Cass.*, 23 juill. 1827, Bellenger c. Legrand. — V. conf. Duvergier, t. 3, no 522; Troplong, no 213.

962. — Le bailleur ne peut être condamné aux dommages-intérêts à raison de la perte, soit totale soit partielle, lorsqu'elle est arrivée par un cas fortuit, puisque alors elle ne peut lui être imputée.— C. civ., art. 1722, *in fine*.

963. — Au nombre des cas fortuits pouvant donner lieu, d'après l'art. 1722, C. civ., soit à la résiliation du bail, soit à une diminution du prix, mais jamais à des dommages-intérêts, il faut placer la démolition, soit totale, soit partielle de la maison qui peut être ordonnée en exécution du réglement sur la voirie. C'est là un fait de force majeure provenant du fait du prince. — Troplong, no 215.

964. — Ainsi jugé que le fait du prince, obligeant à soumission comme le fait de la nature, constitue également un cas fortuit ou de force majeure, alors que cette volonté du prince s'est accomplie par sa vertu propre, sans le concours ni l'adhésion de ceux sur lesquels elle s'est étendue. — *Cass.*, 4 mai 1842 (t. 2 1842, p. 168), Marion c. commune de Saint-Denis.

965. — Jugé, toutefois, que la démolition du mur

de face et le reculement d'une maison ordonnés par des arrêtés administratifs, à raison de la vétusté de l'édifice, ne doivent pas être considérés comme *cas fortuit* dans le sens de l'art. 1722, C. civ., entraînant, par suite, la résiliation des baux. — Dans ce cas, le locataire a droit à une indemnité en raison de la durée des travaux, si elle a excédé le temps fixé par le bail, et du changement apporté dans les lieux. — *Paris*, 8 mars 1841 (t. 1er 1841, p. 459), Cottereau c. Vauquelin.

966. — Le locataire qui a consenti dans son bail à ne réclamer du bailleur aucune indemnité en cas de retranchement pour cause d'alignement d'une partie des lieux loués n'est pas fondé à en exiger une de l'administration, lorsque le cas prévu vient à se réaliser. — *Paris*, 9 avr. 1842 (t. 1er 1842, p. 479), Lachaux c. Préfet de la Seine.

967. — On ne peut assimiler à une destruction totale de la chose louée donnant lieu à la résolution du bail, l'empêchement mis par la voirie à la reconstruction d'un mur dont la solidité se trouve compromise par des constructions faites par le propriétaire : ce serait tout au plus le cas de destruction partielle dont parle l'art. 1722, C. civ. — *Bordeaux*, 4 oct. 1831, Labarre c. Torre.

968. — Dans ce cas, l'empêchement de la voirie ne saurait être assimilé au cas de force majeure dont parle l'art. 1722. — Même arrêt. — Conf. Troplong, no 216.

969. — Le même arrêt semble poser en principe que si, dans ce cas, le locataire opte pour la continuation du bail, conformément à l'art. 1722, il ne peut réclamer qu'une réduction proportionnelle, eu égard à la diminution de la valeur locative actuelle, et non demander en même temps des dommages-intérêts. — Mais M. Troplong (no 113) pense que les juges n'ont pu se refuser à accorder des dommages-intérêts que par appréciation spéciale des faits de la cause. Autrement, dit-il, l'arrêt ne serait pas juridique.

970. — Bien qu'en thèse générale, le bailleur ne puisse être responsable envers le locataire de l'exécution d'un arrêté administratif qui ordonne la démolition de la maison louée pour motif de sûreté publique, il doit néanmoins en être différemment, si la mesure prise par l'administration est le résultat des entreprises du bailleur; ainsi, par exemple, il peut être condamné aux dommages-intérêts si, d'une part, il a trop facilement provoqué cette mesure, et si, d'autre part, c'est à la démolition volontaire d'une autre maison contiguë du bailleur qu'on doit attribuer aussi l'atteinte portée à la solidité de la maison louée. — *Bordeaux*, 24 déc. 1833, Labarbé c. Société de la Galerie. — Conf. Troplong, no 216.

971. — Le reculement que le propriétaire fait subir à sa maison, conformément à l'alignement tracé par l'autorité, ne peut être assimilé à la destruction de la chose louée, et entraîner à ce titre la résiliation du bail, alors que le retranchement est peu important, que les lieux n'ont pas été dénaturés, et que la maison continue d'être parfaitement appropriée à l'usage pour lequel elle avait été louée primitivement. C. civ., 1722. — *Rouen*, 11 fév. 1842 (t. 2 1842, p. 8), Touzé c. Hue.

972. — Il en serait ainsi, encore bien que la démolition eût été entreprise par le propriétaire librement, et non par ordre de l'autorité, qui n'aurait prescrit que la destruction des travaux confortatifs faits à ladite maison. — Mais le dommage qui résulte, pour le locataire, de ces travaux provenant d'un fait imputable au propriétaire, celui-ci doit être condamné à une indemnité, alors qu'ils ont duré plus de quarante jours, et que ledit locataire a été forcé de quitter momentanément les lieux loués. — Même arrêt.

973. — Lorsqu'un arrêté de l'autorité municipale a ordonné la suppression d'un balcon faisant saillie sur la voie publique, le locataire qui avait le droit d'en jouir peut se prévaloir de l'art. 1722, à raison de la privation qui résulte pour lui de cette mesure. — Troplong, no 217.

974. — Suivant M. Troplong (no 218), il en serait de même si une expropriation pour cause d'utilité publique venait enlever à la maison un jardin dont le locataire avait la jouissance. — Mais M. Duvergier (no 332), range l'expropriation pour cause d'utilité publique au nombre des événemens de force majeure; aussi dit-il que l'éviction qui en est la suite ne donne pas naissance à l'action en garantie contre le bailleur; que seulement une indemnité est due par l'état au locataire ou au fermier qui obtient l'équivalent de la garantie. — LL. 7 juill. 1833, 3 mai 1841. — V. EXPROPRIATION POUR UTILITÉ PUBLIQUE.

975. — Jugé néanmoins que le locataire évincé avant le terme de sa jouissance peut s'adresser à son bailleur pour l'indemnité qui lui est due, alors même que le gouvernement, acquéreur de la propriété pour cause d'utilité publique, se serait engagé lui-même à payer cette indemnité. — *Paris*, 23 janv. 1813, Michel c. Bourgeois.

976. — Si le propriétaire exproprié a usé de la faculté que la loi lui donne de forcer l'état à lui acheter l'immeuble en entier, le bail doit-il être maintenu pour la portion de l'immeuble qui n'est pas comprise dans l'expropriation proprement dite et qui est achetée sur la demande du propriétaire? — M. Duvergier (no 332), qui pose cette question, la résout ainsi qu'il suit : « Je crois, dit-il, que la question doit être résolue d'après les principes ordinaires. La cause particulière du morcellement est ici indifférente. Si le preneur trouve qu'il y a utilité pour lui de conserver la jouissance de ce qui n'est pas employé aux travaux publics, à quel titre la lui refuserait-on? L'état est, relativement à cette portion, dans la position de tout autre acquéreur. Réciproquement, si c'est le preneur qui demande la résiliation, elle ne peut être prononcée qu'autant que la portion dont il est privé par l'expropriation a une importance relative telle, qu'il ne trouve plus dans le résidu de quoi remplir le but qu'il s'est proposé en contractant. » — Au surplus, on se trouve alors dans les termes de l'art. 1722 (Induction de l'arrêt de *Paris*, 12 fév. 1833, Batton c. ville de Paris).

977. — Le preneur qui, en cas de perte partielle, opte pour le maintien du bail avec diminution du prix, peut-il exiger que le bailleur fasse à la partie de la chose qui n'a point péri les réparations nécessaires pour remettre les lieux en état?

978. — M. Duvergier (no 522) enseigne la négative en thèse générale. — « Cependant, ajoute-t-il (no 523), la rigueur de ce principe doit fléchir, lorsque l'évènement qui enlève au bailleur une partie de sa chose ne constitue pas pour lui une perte sans dédommagement. »

979. — Ainsi jugé que le propriétaire peut être contraint à la reconstruction de la partie de la chose louée détruite par suite de la dépossession d'une portion d'immeuble pour cause d'utilité publique. — *Paris*, 12 fév. 1833, Batton c. ville de Paris. — « L'analogie n'est pas complète, dit cet arrêt dans les considérans, en matière de destruction par cas fortuit de la chose louée, et de dépossession d'une portion d'immeuble pour cause d'utilité publique, puisque dans ce dernier cas le propriétaire reçoit une indemnité qui se base tout à la fois sur la valeur de la portion enlevée et sur les travaux à faire pour continuer la jouissance de la portion restante, tandis que tout est perte pour le propriétaire dépouillé par un événement de force majeure, dans le sens de l'art. 1722. »

980. — Jugé, au contraire, que, en cas de destruction partielle d'un immeuble assuré, le preneur ou locataire n'a pas le droit d'exiger que l'indemnité reçue par le bailleur de la compagnie d'assurance soit employée à la reconstruction ou réparation de l'immeuble. Il n'a toujours en ce cas, selon la règle générale, que le choix de demander ou une diminution du prix, ou la résiliation même du bail. — *Paris*, 5 mai 1826, Godfrin c. Ausmont.

981. — M. Duvergier (no 523) fait sur ce dernier arrêt les observations suivantes : « Si l'indemnité donnée par la compagnie d'assurance couvrait entièrement le dommage, c'est-à-dire si d'une part elle était représentative de la valeur de ce qui a péri, et qu'en outre elle suffit pour faire face aux réparations de ce qui a résisté aux flammes, la position du bailleur serait absolument la même après l'incendie et après l'expropriation; elle devrait être par conséquent régie par les mêmes principes. Mais si la compagnie d'assurance ne paie que la valeur de la portion incendiée, le bailleur souffrirait une perte s'il était obligé de réparer à ses frais la portion qui subsiste; il y a donc alors une nuance qui justifie l'arrêt de 1826. »

982. — M. Troplong (no 220) n'admet pas cette distinction, faite par M. Duvergier et par l'arrêt de Paris du 12 fév. 1833, entre les divers cas de destruction partielle, distinction qui, en effet, ne s'appuie ni sur l'art. 1722, ni sur aucune autre disposition législative. — Selon lui, « le preneur peut toujours exiger du bailleur qu'il fasse à la chose les réparations propres à assurer sa jouissance. L'art. 1722 ne le dit pas, il est vrai; mais il n'avait pas besoin de le dire, puisque cela résulte des art. 1719 et 1720, qui imposent au bailleur l'obligation d'entretenir la chose en état de servir à l'usage pour lequel elle a été louée, et d'y faire pendant la durée du bail *toutes* les réparations qui peuvent devenir nécessaires. S'il en était autrement, il dépendrait du bailleur, dans la plupart des cas, de paralyser le droit d'option que l'art. 1722 confère au preneur en refusant, par exemple, de relever les cheminées qu'un vent violent et extraordinaire aurait renversées, de refaire le toit qu'une neige inaccoutumée aurait enfoncé, etc... Ainsi, ajoute-t-il, il ne faut pas prendre au sérieux cette idée, exprimée par l'arrêt de Paris du 12 fév. 1833, que l'art. 1722 n'oblige pas le propriétaire à la reconstruction de la partie de la chose détruite par la force majeure. »

983. — Pour nous, nous repoussons, comme M. Troplong, la distinction faite par M. Duvergier et par l'arrêt du 12 fév. 1833, mais nous n'admettons pas, comme il paraît le faire, que le bailleur soit toujours obligé si le preneur l'exige, de remettre les choses au même état qu'avant la destruction. Nous pensons qu'il y a une distinction à faire entre la destruction et les dégradations, et par corrélation, entre les reconstructions et les réparations; que le preneur peut toujours exiger celles-ci, qu'il ne peut jamais exiger les premières. Ainsi, par exemple, s'il arrive que des cheminées soient renversées, un toit enfoncé, des fenêtres ou des persiennes brisées, le preneur pourra évidemment exiger, en vertu des art. 1719 et 1720, que le preneur les rétablisse. Mais qu'une partie de la maison, un corps de logis, par exemple, vienne à périr, nous ne pensons pas que le bailleur puisse être obligé de le reconstruire; car d'un côté l'art. 1722 ne le dit pas, et d'un autre côté, comme il ne s'agit pas alors d'*entretenir*, de faire des *réparations*, les art. 1719 et 1720 ne peuvent être invoqués. Seulement, si le preneur, au lieu de demander la résiliation, opte pour le maintien du bail, il pourra exiger que le bailleur fasse, à la partie de l'édifice qui a survécu, les réparations qui peuvent être nécessaires pour la rendre habitable, que, par exemple, il l'y tienne clos et couvert.

984. — La résiliation du bail peut être demandée, même avant que la destruction s'accomplisse, s'il y a juste sujet de la craindre. — Mais il ne suffit pas pour cela d'une simple allégation du preneur; ce serait aux juges à apprécier si ses craintes reposent sur des motifs sérieux. — L. 27, § 1, ff., *Locat. cond.* — Duvergier, no 526; Troplong, no 224.

985. — Et, lors même que l'événement redouté ne se serait pas réalisé, si le locataire alarmé s'est retiré et que ses craintes soient jugées légitimes, il doit être déchargé du prix. — Godefroy, sur la loi 27, § 1er, ff., *Loc. cond.*; Despeisses, tit. 2, sect. 4, no 11, et sect. 5, no 4; Pothier, nos 149, 320 et 321; Duvergier, no 527; Troplong, no 224.

986. — Il peut arriver que la force majeure, sans détruire la chose en totalité ni en partie, empêche cependant le preneur d'en jouir; que, par exemple, la guerre survenant, l'ennemi envahisse le pays et chasse les locataires pour occuper la maison louée. A la vérité, ce cas n'est pas littéralement compris dans les termes de l'art. 1722; mais comme la position du preneur est absolument la même, nous pensons que les dispositions de cet article devraient être appliquées. — L. 34, ff., *Loc. cond.*; — Fachin, *Cont.*, lib. 1, c. 90; Troplong, no 225; Duvergier, no 524.

987. — Pothier (no 148) pense de même que si au moment où le locataire devrait occuper la maison, la ville où elle est située est infestée de la peste, ce locataire, qui se trouve en dehors de la ville et qui par conséquent ne peut entrer en jouissance, ne doit pas les loyers. — Mais il faut distinguer à cet égard entre le cas où l'entrée de la ville est interdite, et le cas où le seul obstacle vient de la crainte de la contagion. Dans le premier cas, la doctrine de Pothier serait admise sans difficulté; mais il n'en serait pas de même dans le second; car on ne saurait assimiler à une force majeure les raisons de prudence qui tiennent le locataire hors de la ville. — Troplong, no 225.

988. — De même et par les mêmes raisons, le locataire qui, se trouvant en jouissance, sortirait de la maison et quitterait la ville pour se soustraire aux éventualités de la guerre ou de la maladie, ne pourrait demander la résiliation du bail en vertu de l'art. 1722, car il ne pourrait invoquer la force majeure. Sa demande ne devrait être accueillie qu'autant qu'il aurait été expulsé par l'ordre des chefs militaires ou des autorités chargées de la police sanitaire de la ville. — Troplong, *loc. cit.*; Duvergier, no 524.

989. — L'impossibilité même où se trouve le preneur de jouir de la chose louée n'est pas une cause de résiliation, lorsque l'obstacle naît de sa position personnelle. — Ainsi la révolution de juillet n'a pas donné lieu à la résiliation des baux faits à l'ancienne liste civile. — *Paris*, 13 mars 1832, de Schonen, liquidateur de la liste civile c. de Chambrun. — Conf. Duvergier, no 525.

990. — M. Troplong toutefois (no 227) critique cet arrêt et combat la doctrine qui s'y trouve formulée. Suivant lui, il n'y a aucune différence entre le cas où la jouissance du preneur est forcément paralysée par un fait qui l'enchaîne et celui où la jouissance manque par la perte de la

chose.—Mais s'il en était ainsi, il faudrait aller jusqu'à dire que le locataire qui, sous le poids d'une accusation criminelle, serait saisi et incarcéré, aurait le droit de demander la résiliation du bail, à raison de l'impossibilité où il s'est trouvé de jouir; or, c'est là une conséquence devant laquelle reculerait sans doute M. Troplong.

991. — Le fonctionnaire public que le gouvernement envoie dans une autre résidence, ne peut demander pour ce motif la résiliation du bail de l'appartement qu'il occupe. On ne trouve point, en effet, dans ce cas, les caractères de la force majeure tels qu'ils sont déterminés par Vinnius (*suprà*, nº 577), et par Seb. Médicis (*De fortuitis casibus*, part. 1, quest. 12, nº 7), en ces termes : *Eventùs inopinatæ rei cui prævideri nec resisti potest.* D'une part, ce fonctionnaire savait d'avance, lorsqu'il a fait le bail, qu'il était à la disposition du gouvernement; d'autre part, il est libre de conserver sa résidence en renonçant à ses fonctions. — Troplong, nº 227.

992. — Il peut arriver que le preneur se trouve dans l'impossibilité de donner à la chose la destination pour laquelle il l'avait louée. Quelle influence cette circonstance exercera-t-elle sur le bail? — De deux choses l'une : où cette destination était le fait du preneur seulement, et alors la force majeure qui s'oppose à sa réalisation ne produira aucun effet; ou bien elle a été convenue comme condition du bail, et dans ce cas le bailleur doit consentir à la résiliation ou à la diminution du prix. — Troplong, nº 234. — V. aussi Duvergier, *Louage*, t. 1er (contin. de Toullier, t. 18), nº 529.

993.—Ainsi, celui qui a loué une salle de théâtre pour y représenter certains spectacles, n'a droit qu'à une diminution de prix et non à la résiliation du bail, lorsque, sans lui enlever la jouissance de la salle, un ordre du gouvernement lui a seulement défendu d'y représenter les spectacles auxquels elle était d'abord destinée, tout en lui laissant la liberté d'y en représenter d'autres.—*Paris*, 17 juill. 1809, Dubois et Gobert c. Gay.

994. — Ainsi encore, de ce que le prix du bail d'une maison a été fixé en raison de ce que le preneur se proposait et aurait le droit d'y établir une maison de jeu, s'il ne résulte pas de l'acte que les parties aient entendu subordonner la quotité du prix à l'obtention de l'autorisation nécessaire pour former cette maison de jeu, les juges ne peuvent réduire ce prix, sous prétexte que l'autorisation aurait été refusée, alors surtout que l'obtention n'a pas été mise à la charge du bailleur.—*Cass.*, 14 nov. 1827, Barbier c. Boursault. — Conf. Duvergier, nº 529.

995. — Jugé au contraire que le bail d'une maison louée pour établir une maison de prostitution avec le consentement du propriétaire, qui a stipulé en conséquence un loyer plus élevé, peut être résilié sur la demande du preneur si l'autorité publique vient à ordonner la suppression de la maison. — *Colmar*, 26 mars 1841 (t. 1er 1842, p. 465), Zurcher c. Zwick.

996. — Si la chose louée était, par exemple, une auberge toute montée et achalandée, une usine pourvue de tous ses accessoires, comme alors la destination serait une condition, une partie intégrante du bail, l'impossibilité de l'exploiter conformément à cette destination serait sans aucun doute une cause de résiliation.— Troplong, nº 234.

997.—Lorsqu'il résulte des termes et de l'esprit d'un bail qu'il a été fait principalement en considération d'une industrie exploitée par le bailleur, si cette industrie est arrêtée ou suspendue, le preneur est fondé à demander une diminution de prix: — *Paris*, 16 mars 1840 (t. 1er 1840, p. 398), Pierron c. Guillemot et Dalouzi.

998. — Jugé qu'il n'y a pas lieu d'accorder au locataire d'une usine hydraulique, soit la résiliation, soit la réduction du prix de son bail, à raison de la diminution qu'a subie, par suite d'une sécheresse, le volume des eaux nécessaires à son exploitation, lorsque les circonstances autorisent à penser que le préjudice éprouvé pendant cette année a été couvert par les bénéfices des années antérieures, ou que du moins il le sera par ceux des années ultérieures.—*Rouen*, 21 juill. 1838 (t. 2 1838, p. 567), Poubelle c. Deserlay, Muller et Cie.

999. — Le locataire d'une fabrique qui se plaint que la découverte de procédés nouveaux place son usine dans un état à ne lui point permettre la concurrence n'est pas fondé sur ce motif à demander la résolution du bail.— *Caen*, 19 mai 1838 (t. 2 1838, p. 412), Delarue c. Lelandais.

1000. — Les effets de la perte totale par force majeure sont les mêmes lorsque la chose louée est un droit incorporel, aussi bien que lorsqu'il s'agit de maisons et de biens ruraux. — Ainsi, par exemple, lorsqu'un pont soumis à un droit de péage vient à périr, le bail de ce droit de péage se trouve forcément résilié; et on devrait appliquer la même solution au cas d'un bail d'octroi que le fermier ne pourrait exploiter à raison de cas fortuits. — Troplong, nº 236.

1001.—Mais que décider si la force majeure n'enlève au fermier qu'une certaine portion de revenu pendant un trouble passager, et si les baux d'octroi ou de péage ne prévoient pas ce cas?—M. Troplong (nº 237) pense que si le fermier empêché de percevoir les droits pendant un certain temps démontrait que, tout compte fait entre les bonnes et les mauvaises années, il éprouve une perte notable, il devrait être écouté dans sa demande en diminution de prix. — Et il a été jugé en ce sens que le fermier du marché d'une ville a droit à une indemnité de la part de la ville si, par suite de troubles publics, il a éprouvé un dommage dans sa jouissance. —*Paris*, 11 mars 1834, Lucas c. ville de Paris.

1002. — Lorqu'une ville coloniale a affermé à un particulier le monopole des cantines pour la fabrication du rhum, et qu'il intervient ensuite un décret du gouverneur qui abolit ce monopole, il y a perte de la chose louée par cas fortuit, entraînant la résiliation du bail sans dommages-intérêts, alors même que l'administration municipale avait retranché de ce bail une clause qui y était précédemment insérée, et par laquelle prévoyant un changement possible dans la législation, elle stipulait sa non-garantie.— *Cass.*, 4 mai 1842 (t. 2 1842, p. 168), Marion c. comm. de Saint-Denis.

1003. — *Résolution par l'inexécution des obligations.* — Déjà, en traitant des obligations imposées, soit au bailleur soit au preneur, nous avons indiqué la plupart des cas dans lesquels l'inaccomplissement de ces obligations entraîne la résolution du bail. Nous nous bornerons à rapporter ici quelques décisions qui nous ont paru devoir y ver plus naturellement leur place.

1004. — L'appréciation de la gravité des infractions qui sont de nature à opérer la résolution d'un bail à ferme appartient exclusivement aux juges du fait. — *Cass.*, 23 nov. 1841 (t. 2 1843, p. 160), Masson c. Noel Blavoyer.

1005.—Ainsi l'arrêt qui, d'après les circonstances de la cause, a prononcé la résiliation d'un bail et refusé des indemnités au fermier, échappe à la censure de la cour de Cassation. — *Cass.*, 11 août 1830, Boissier c. Boissy-d'Anglas.

1006.—La faillite du preneur n'est pas par elle-même une cause de résiliation du bail. — *Paris*, 18 nov. 1809, Breant de la Neuville c. Meignen; 16 mars 1840 (t. 1er 1840, p. 398), Pierron c. Guillemot et Dalouzi.

1007.—...Mais elle peut, suivant les circonstances, y influer. — *Paris*, 16 juin 1812, V..... c. Paillé.

1008. — Elle n'impose pas non plus nécessairement au failli qui veut prévenir l'action résolutoire l'obligation de fournir soit une caution, soit une hypothèque, ou de consigner somme suffisante pour répondre de tous les loyers jusqu'à l'expiration de sa jouissance. — Si la faillite n'a point compromis les intérêts du bailleur, si les lieux loués continuent d'être garnis d'un mobilier suffisant, s'il résulte des stipulations faites à son profit que les loyers seront payés, ce bailleur est sans droit à demander un supplément de garantie. —*Paris*, 16 mars 1840 (t. 1er 1840, p. 398), Pierron c. Guillemot et Dalouzi.

1009.—Mais la faillite du preneur est une cause de résiliation lorsqu'elle enlève au bailleur toute garantie de paiement; dans ce cas, en effet, il y a de la part du preneur manquement à l'une des obligations principales du contrat. — Troplong, nº 467.

1010. — Si le failli ou ses représentans offraient une caution suffisante, le bailleur serait sans intérêt pour demander la résiliation, et par conséquent elle ne devrait pas être prononcée.— Troplong, nº 467.

1011.— En matière de louage à longues années, la faillite du preneur survenue avant son entrée en jouissance autorise le bailleur à demander caution hypothécaire ou la résiliation du bail, alors même que le failli offrirait de garnir les lieux de meubles suffisans. — *Cass.*, 16 déc. 1807, Poigné c. Bayet.

1012. — Quant aux créanciers du failli qui sont tenus d'exécuter les engagemens de celui qu'ils représentent, ils n'ont pas qualité pour demander la cessation du bail pour raison de la faillite : ils doivent même l'entretenir. — Troplong, nº 468; t. 3, nº 538.

1013.—Ainsi jugé que le bail verbal consenti au profit d'un individu tombé depuis en faillite est obligatoire pour ses créanciers, s'il n'est pas attaqué par eux comme fait frauduleusement.—*Paris*, 13 fév. 1833, Cabanes c. Grandjean-Delisle; 23 mars 1833, Rousseau c. Gabaud.

1014. — Un bail sous seing-privé non enregistré n'est pas, à l'égard des syndics d'une faillite, un bail purement verbal qui leur permette de donner congé.—Les effets d'un tel bail sont réglés par l'art. 2012, § 2, C. civ. — *Paris*, 28 avril 1831, Bony c. Chaulaire.

1015. — Jugé au contraire qu'en matière de faillite, un bail sous seing-privé non enregistré n'est, à l'égard des créanciers, qu'un bail purement verbal qui leur permet de donner congé, sans être même tenus de payer les loyers pendant une année à partir de l'expiration de l'année courante. — *Paris*, 16 juill. 1831, Albouy c. Besigen.

1016. — Ce dernier arrêt contient une application directe de l'art. 1328 qui ne permet pas d'opposer aux tiers un acte qui n'a point de date certaine. — Mais doit-on considérer comme de véritables tiers les créanciers du failli? — L'art. 2102, § 2, fait une distinction entre les baux authentiques, dont il assure l'exécution entière, et les baux sous seing-privé n'ayant pas de date certaine, dont il limite l'exécution à une année seulement, à partir de l'expiration de l'année courante. Cet article nous semble résoudre la question, puisque dans tous les cas il maintient le bail, nonobstant l'art. 1328. Aussi, des deux décisions qui précèdent, n'hésitons-nous point à regarder la première, celle du 28 août 1831, comme seule conforme à la saine interprétation des art. 1328 et 2102, § 2, combinés.

1017.—La résiliation du bail pour défaut d'exécution des conditions, et de garanties, entraîne celle de la prorogation que le propriétaire aurait pu en consentir par avance. —*Cass.*, 7 fév. 1838 (t. 1er 1838, p. 312), Mallet c. Liquidateurs de la comp. des galeries de fer.

ART. 3. — *Impenses et améliorations faites par le preneur.*

1018. — A l'égard des impenses que le preneur peut avoir faites sur la chose, il y a des distinctions à faire.

1019. — S'il a fait à la chose des réparations nécessaires et qui n'étaient pas à sa charge, il doit en être indemnisé; car, si elles étaient indispensables, le bailleur eût été obligé de les faire lui-même, et par conséquent, s'il ne les remboursait pas au preneur, il s'enrichirait à ses dépens. — Pothier, nº 129; Domat, *Lois civiles*, *Louage*, sect. 6e, nº 3; Duranton, t. 4, nº 381 : Proudhon, *Usufruit*, nº 1456; Toullier, t. 3, nº 130; Troplong, nº 352.

1020. — Ainsi jugé que le preneur qui, même sans en donner avis préalable à son propriétaire, a fait à l'immeuble loué une réparation nécessaire et indispensable, a droit de réclamer le remboursement de ses dépenses. — L'obligation, dans ce cas, prenant sa source dans le quasi-contrat de gestion d'affaires, la preuve testimoniale est admissible encore bien que les dépenses réclamées excèdent la somme de 150 fr. — *Douai*, 23 mars 1842 (t. 2 1842, p. 128), N...

1021. — L'intérêt des avances faites par le fermier, pendant la durée de son bail, ne court pas de plein droit. — *Cass.*, 7 nov. 1825, Daguerre et Larqué c. Cubihandi.

1022. — Quelques auteurs (V. notamment Fachin, *Cont.* lib. 1, cap. 85) soutiennent que des dépenses, quoique faites par le preneur pour accroître la perception des fruits, peuvent cependant être réclamées par le bailleur si elles ont en même temps pour résultat une amélioration de la chose louée qui doit se prolonger au-delà de la durée du bail. — Mais M. Duvergier (nº 458) repousse cette opinion comme tendant à mettre souvent les bailleurs dans l'impossibilité de reprendre leur propriété à la fin du bail, ou du moins à les contraindre à des déboursés gênans. Il repousse également l'interprétation donnée à cet égard par Fachin aux lois 55, §§ 1 et 61, ff., *Loc. cond.*

1023. — Si le preneur a fait des travaux simplement utiles ou voluptuaires, il n'a pas droit à une indemnité; mais, si ce qu'il a ajouté à la chose est susceptible d'être enlevé, il peut l'enlever en effet, pourvu qu'il laisse la chose dans l'état où il l'a reçue. C'est le cas d'appliquer l'art. 555, C. civ. — Troplong, nº 358; Toullier, t. 3, nº 130. — En vain, dit M. Duvergier (nº 459), le propriétaire dirait-il que c'est à lui seul qu'appartient le droit de demander le rétablissement de la chose dans son état primitif et qu'il est le maître de ne pas user de cette faculté. — V. aussi Ulpien, L. 19, § 4, ff., *Loc. cond.*; Pothier, nº 131; Brillon, vº *Arbres*, nº 5; Chopin, *sur Cout. Paris*, liv. 1er, t. 1er, nº 16; Lepage, *Lois des bâtimens*, part. 2, p. 187 et 188.

1024. — Toutefois, si ces améliorations consistent en additions à perpétuelle demeure, comme

des plantations d'arbres, le bailleur peut, en les payant, forcer le preneur à les laisser. — *Parlem. Rennes*, 17 octobre 1575, rapporté par Brillon, vo *Arbres*, no 5. — Troplong, no 354; Duvergier, no 461.

1025. — Si, au contraire, elles consistent en additions susceptibles de déplacemens, comme des arbres de pépinière, des glaces, que le preneur n'a attachées à l'immeuble qu'avec l'intention de les en détacher un jour, le bailleur ne peut empêcher le preneur de les enlever. — Troplong, *loc. cit.*; Lepage, part. 2, ch. 3, art. 1er, p. 190, 191. — Décider autrement, dit M. Duvergier (no 460) ce serait forcer le preneur à vendre ce qui lui appartient. — Or, le droit de propriété le protége de toute sa puissance contre une pareille prétention.

1026. — Lepage soutient, il est vrai, que le locataire devrait être obligé de laisser les choses dont on consentirait à lui payer le prix, s'il pouvait aisément s'en procurer de semblables, *à moins que ce ne fussent des objets qui aient un prix d'affection*; mais M. Duvergier, *loc. cit.*, fait remarquer à quel point il serait dangereux de laisser aux juges le soin de déterminer le prix qu'on attache à certains objets et combien il est plus sûr, plus simple et plus légal, de conserver entière au preneur la faculté de reprendre les choses qui lui appartiennent, lorsqu'elles peuvent être détachées sans dégradations et en laissant les lieux précisément dans l'état où ils étaient au moment du bail.

1027. — Toutefois, M. Duvergier ajoute que si, d'une part, l'enlèvement des objets devait en réduire la valeur, et si, de l'autre, le propriétaire offrait évidemment plus que le preneur ne pourrait retirer en les enlevant, comme celui-ci serait mû plutôt par quelque sentiment d'animosité que par le désir de conserver ce qui lui appartient, le propriétaire serait recevable à s'opposer à l'enlèvement en payant. — Mais cette solution nous paraît peu en harmonie avec celle qui précède.

1028. — Lorsque les réparations utiles ou voluptuaires ne peuvent être enlevées sans dégrader l'immeuble, lorsque par exemple les murs ont été tapissés, les plafonds peints, etc., le preneur est obligé de les laisser, et il ne peut réclamer aucune indemnité. Il est présumé avoir fait don à l'immeuble des additions qu'il savait ne pouvoir en détacher. — Troplong, no 355; Lepage, p. 2, ch. 3, art. 1er, p. 188, 189. — V. toutefois *contrà* Favre, *Rational. ad. Pandect.*, sur les lois 53, § 1er, et 19, § 4, ff., *Loc. cond.*, et Fachin, *Cont.* lib., cap. 85.

1029. — Lepage (*loc. cit.*), rapporte même une arrêt par lequel le parlement de Paris, sur les conclusions conformes de M. Séguier, avocat-général, condamna aux dommages-intérêts un locataire qui, irrité de ce que le bailleur lui refusait l'indemnité de ses embellissemens, s'était mis à gratter les peintures et à arracher les papiers, croyant qu'il lui suffirait de laisser les lieux en l'état où il les avait trouvés. — Et cependant, dit M. Troplong (no 356), dans l'espèce de cet arrêt, il y avait de la part du bailleur un manque de loyauté qui excusait la conduite du preneur. Toutefois on se détermina par cette considération que, le preneur n'ayant aucun intérêt à faire disparaître les additions, il n'était pas moral d'autoriser des actes que le seul esprit de méchanceté pouvait expliquer. — Duvergier, no 457; Troplong, *loc. cit.*

1030. — Des individus qui ont fait des changemens et améliorations dans une maison par eux habitée, ont pu, à raison de leur qualité de gendre et fille du propriétaire, n'être pas considérés comme simples locataires, et avoir droit de répétition pour leurs impenses, alors d'ailleurs que c'est du consentement du propriétaire que ces impenses ont été faites; du moins l'arrêt qui le décide ainsi n'est pas susceptible d'être cassé. — *Cass.*, 8 mars 1831, Letourneur c. Decorde.

1031. — Le fermier auquel a été accordé, contre la demande du propriétaire, le droit de retenir l'objet affermé jusqu'au paiement de ses impenses et améliorations, perd ce droit de rétention, faute d'avoir fait liquider ses dommages-intérêts dans le délai prescrit. — *Trèves*, 29 août 1807, Marx c. Hayn.

1032. — Le locataire d'un hôtel garni qui, du consentement du propriétaire, ajoute une enseigne à celle qui existait déjà, a le droit, à la fin de son bail, d'enlever son enseigne et de la placer ailleurs. — Le propriétaire ne peut conserver sur la façade de l'hôtel garni l'enseigne apportée par le locataire, s'il n'a pas imposé à ce dernier la condition de la laisser en quittant les lieux. — *Orléans*, 18 août 1836 (t. 2 1837, p. 407), Demarcé c. Deniau et Courtois.

1033. — L'arrêt qui décide qu'un locataire qui a apporté une enseigne dans une maison par lui louée peut l'emporter à la fin du bail ne viole pas les règles du droit de propriété; il en fait au contraire une juste application. — *Cass.*, 6 déc. 1837 (t. 1er 1838, p. 326), Deniau c. Demarcé.

1034. — En cas d'éviction, le propriétaire revendiquant est obligé de rembourser les dépenses nécessaires faites sur l'immeuble, bien qu'elles n'existent plus et qu'elles aient été détruites par les désastres de la guerre. — Les impenses utiles ne doivent être restituées que jusqu'à concurrence de l'augmentation de valeur qu'elles donnent à l'héritage au moment de la revendication. — *Trèves*, 8 juill. 1811, Wannemann c. Volckheimer.

Sect. 10e. — *Tacite réconduction.*

1035. — Si, à l'expiration des baux écrits, le preneur reste et est laissé en possession, il s'opère un nouveau bail dont l'effet est réglé par l'article relatif aux locations faites sans écrit. — C. civ., art. 1738.

1036. — Il existait dans le droit romain une disposition analogue. — V. Ulpien, L. 14, ff., *Locat. cond.*; L. 13, § 11; *eod. tit.* — Cette disposition avait passé dans notre ancien droit. — V. à cet égard les coutumes de Lille, art. 10, ch. 5; Montargis, art. 5, ch. 18; Orléans, art. 420; Sens, art. 258; Bourbonnais, art. 124; Châlons, art. 274; Reims, art. 388, 390; et Loisel, liv. 3, t. 6, art. 10. — Abolie par l'assemblée constituante pour les biens de campagne (L. 28 sept. 1791, tit. 1er, sect. 2e, art. 4), à raison des difficultés et des surprises auxquelles elle pouvait donner lieu, la tacite réconduction a été pleinement rétablie par les rédacteurs du Code civil, malgré les réclamations de Tronchet et de quelques cours d'appel. — Fenet, t. 14, p. 240 et 244, t. 4, p. 200, et t. 5, p. 275.

1037. — Rien de plus rationnel au surplus que cette disposition: car le louage étant un contrat qui ne requiert aucune solennité, peut se former par le consentement tacite du bailleur et du preneur. — Troplong, no 444. — V. aussi Favre, *Ration. ad Pand.*, sur la loi 14, ff., *Loc. cond.*

1038. — La réception des fermages faite par l'héritier de celui qui a prorogé est plutôt une tacite reconduction qu'une exécution de la prorogation: surtout si l'héritier avait de son chef la nu-propriété des biens affermés dont son auteur n'était qu'usufruitier. — *Agen*, 17 janv. 1810, Fournier c. Hollier et Martin.

1039. — La loi n'a pas déterminé pendant quel temps et avec quelles circonstances devait continuer la jouissance du preneur, pour que la tacite réconduction s'opérât. — Il est impossible en effet de poser à cet égard de règle fixe; les faits personnels aux parties ainsi que les usages locaux auront nécessairement une grande influence; enfin on comprend que les circonstances devront nécessairement être appréciées d'une manière différente selon qu'il s'agira d'un bail de maison ou d'un bail à ferme. — Duvergier, no 505. — V. au surplus *infrà*, ch. 4, sect. 3e, et ch. 5, sect. 4e.

1040. — La tacite réconduction n'est pas l'ancien bail qui continue; c'est un nouveau bail formé par une nouvelle convention tacite des parties, lequel succède au précédent. *Qui ad certum tempus conduxit*, dit Ulpien (L. 14 ff., *Loc. cond.*), *finito quoque tempore, colonus est; intelligitur enim dominus, quum patitur colonum in fundo esse, ex integro locare.* — Pothier, *Sur cout. Orléans*, t. 19, ch. 1er, no 76; et *Louage* no 342; Troplong, no 447.

1041. — Il suit de là que les cautions du précédent bail ne sont pas tenues des obligations de la réconduction. L'engagement accessoire ne peut pas survivre à l'engagement principal. — C. civ., art. 1740; — Troplong, no 448.

1042. — Dans le droit romain, les hypothèques que le preneur avait données sur ses biens par le bail primitif, continuaient de subsister pour les loyers et fermages de la réconduction. *Qui impleto tempore remansit in conductione, non solum reconduxisse videtur, sed etiam pignora videntur durare.* — L. 13, § 11, ff., *Loc. cond.*

1043. — Dans notre droit français, au contraire, on a toujours admis que l'hypothèque constituée par le premier bail, au profit du bailleur, sur les biens du preneur, n'a d'effet que pour les obligations dérivant de ce bail et non pour celles qui naissent de la réconduction. En effet, la réconduction n'est point une suite de ce bail pour lequel l'hypothèque a été consentie, c'est un nouveau bail dérivant d'une convention tacite; or une convention tacite ne peut donner naissance à une hypothèque. — Pothier, no 367; Ferrière, *Sur cout. Paris*, art. 171, glose 1re, no 32; Troplong, no 449; Duvergier, t. 3, no 508.

1044. — Toutefois la tacite réconduction n'affranchit les biens du locataire de l'hypothèque que pour les obligations à venir, elle la laisse subsister pour les obligations se rattachant au premier bail, jusqu'à ce que ces dernières aient été accomplies. — Pothier, no 368; Troplong, no 450.

1045. — Quant au privilége accordé au bailleur, il suffit, pour qu'il prenne naissance, qu'il y ait louage; et, comme le fait remarquer M. Duvergier (no 509), la circonstance que, dans la tacite réconduction le contrat se forme par le consentement *tacite* des parties, tandis qu'un bail est le résultat de leur volonté *formellement* exprimée, ne change pas la nature de la convention. — Aussi le privilége qui, pendant la durée du bail, s'étendait sur les objets garnissant les lieux loués, continue-t-il à les frapper durant la tacite réconduction. — aussi Rousseau de la Combe, *tacite réconduction*, no 3; Duranton, t. 17, no 126.

1046. — Au reste, la tacite réconduction est censée faite aux mêmes conditions que le premier bail. Le prix est le même, les obligations du preneur et du bailleur sont les mêmes. — Troplong, no 452; Pothier, no 364.

1047. — Ainsi jugé, qu'en cas de tacite réconduction, la jouissance est présumée continuer aux conditions et moyennant le prix précédemment arrêtés, et c'est à celui qui allègue une dérogation qu'il incombe de la prouver par les voies ordinaires du droit. — Le bailleur invoquerait à tort l'art. 1738, C. civ., pour prétendre que ce prix doit être fixé d'après l'art. 1716, et que conséquemment il doit être cru sur son affirmation, si mieux n'aime le preneur demander l'estimation par experts. — *Caen*, 23 mai 1842 (t. 2 1842, p. 533), Feuillet c. Prempain.

1048. — Jugé de même que la tacite réconduction fait revivre toutes les clauses et conditions du bail précédent. — *Amiens*, 18 mai 1824, Delahaye c. Labbé.

1049. — Toutefois la présomption qui fait revivre pour le nouveau bail les conditions du premier ne s'applique point aux clauses extraordinaires telles que la contrainte par corps. — Pothier, no 364; Troplong, no 452; Duvergier, nos 506 et suiv. — V. aussi Loisel, liv. 3, t. 6, art. 10.

1050. — Des termes de l'art. 1738 C. civ. (*suprà* no 1035), il résulte que la durée du nouveau bail dérivant de la tacite réconduction est la même que celle des baux sans terme fixe régie par les art. 1736 et 1774. — Troplong, no 451.

1051. — Ainsi jugé que dans le silence de la loi la durée des baux par tacite réconduction des usines et moulins doit se déterminer par l'usage des lieux. — *Colmar*, 21 mars 1821, Hug c. Chevalier.

1052. — Du principe que la tacite réconduction se forme par le consentement présumé du bailleur et du preneur, il résulte que si, au moment de l'expiration du premier bail, l'un ou l'autre se trouve dans l'incapacité de donner un consentement valable, si, par exemple, le bailleur est tombé en démence et qu'il n'ait pas de curateur, s'il est mort sans héritier ni administrateur de la succession vacante, la réconduction est impossible. — L. 14, ff., *Loc. cond.* — Pothier, no 345; Troplong, no 453; Duranton, t. 17, no 171; Duvergier, no 24.

1053. — Toutefois, si la jouissance du preneur avait déjà commencé en vertu de la tacite réconduction au moment où le bailleur est tombé en démence, elle continuerait, malgré cette circonstance, comme dans les cas ordinaires, jusqu'au moment où un congé valablement donné viendrait mettre fin au nouveau bail qui s'est tacitement formé. — Duranton, t. 17, no 171.

1054. — L'incapacité du bailleur ne serait pas un obstacle à la réconduction, s'il se trouvait représenté par un tuteur ou administrateur légal ayant qualité pour passer des baux en son nom. — Pothier, no 345; Duvergier, no 24.

1055. — ... Et ce que nous disons ici du bailleur, s'appliquerait aussi bien au preneur, puisque la tacite réconduction repose sur le consentement présumé de l'un et de l'autre. — Duranton, t. 17, no 171.

1056. — Il résulte encore du principe ci-dessus posé (no 1037), que la réconduction n'a pas lieu dans les baux qui ne peuvent être faits que d'après certaines formalités, comme les baux de biens nationaux ou d'établissemens publics; car, ces formalités n'étant pas observées, il n'y a pas de bail. — Ferrière, *Sur Cout. Paris*, art. 171, glose 1re, no 45; Duranton, t. 17, no 171; Troplong, no 453.

1057. — Il en résulte aussi que le tuteur à qui le subrogé-tuteur avait passé bail des biens du mineur, en vertu d'une autorisation du conseil de famille, ne peut continuer d'en jouir sans un nouveau bail en forme, en vertu d'une tacite réconduction; si donc il restait en jouissance, il serait obligé de rendre compte des revenus de la chose, comme dans le cas où il gère sans bail. — Duranton, t. 17, no 171.

1058. — Il en résulte enfin que, malgré la continuation de la jouissance, la réconduction ne peut

être invoquée par le preneur, lorsque la signification d'un congé en temps utile est venue protester contre cette présomption de consentement tacite sur laquelle elle est fondée. — C. civ., art. 1739; — Troplong, n° 454.

1059. — Le congé dont il est ici question n'est pas le même que celui dont parle l'art. 1736 (*suprà* nos 895 et suiv.). Ce dernier en effet est nécessaire pour faire cesser les baux faits sans terme fixe; or, l'art. 1739 suppose que le bail a été fait avec terme fixe, et nous savons que dans ce cas le bail expire de plein droit à l'échéance du terme, sans qu'il soit nécessaire de donner congé. Ce que l'art. 1739 entend par congé, c'est une déclaration par laquelle le bailleur notifie au preneur que son intention n'est pas de commencer un nouveau bail; c'est (ainsi que le dit M. Troplong) un acte *préventif de la réconduction* qui ne permet pas au preneur, lors même qu'il a continué sa jouissance pendant quelque temps depuis l'échéance du terme, de se prévaloir du consentement tacite du bailleur. — Troplong, n° 454; Duvergier, t. 3, *Louage*, t. 1er (continuat. de Toullier, t. 18), n° 503.

1060. — Il semblerait résulter des termes de l'art. 1739 que le congé donné pour empêcher la tacite réconduction doit être *signifié*, c'est-à dire fait par acte d'huissier. Toutefois, comme il ne s'agit ici que d'une question de volonté, peu importe dans quelle forme elle a été exprimée, pourvu qu'il en soit légalement justifié. Ainsi le congé donné verbalement produirait tout son effet, s'il était avoué. — Troplong, n° 458. — Au reste, dit M. Duvergier (n° 503) le congé dont il s'agit ici est soumis, quant à sa forme et aux moyens à l'aide desquels la preuve peut en être faite, aux mêmes règles que le congé ordinaire.

1061. — Mais ce congé n'est point assujéti aux délais exigés par les usages locaux pour mettre fin au bail sans terme fixe, il suffit qu'il intervienne avant que la jouissance du preneur se soit prolongée assez longtemps pour faire supposer l'adhésion tacite du bailleur à un nouveau bail. Ainsi, il serait valablement notifié le lendemain de l'expiration du bail précédent, le surlendemain, et même dans la huitaine, là où il est d'usage d'accorder ce délai au preneur pour faire son déménagement. — Pothier, n° 349; Duvergier, n° 503; Troplong, n° 455.

1062. — Dans les baux faits sans terme fixe, le congé donné pour faire cesser le bail suffit pour empêcher la tacite réconduction. — Troplong, n° 456.

1063. — La tacite réconduction reposant sur une présomption de consentement, ne peut par conséquent être admise lorsqu'il est prouvé que l'une des parties n'avait pas l'intention de maintenir le contrat, lorsque, par exemple, au moment de l'expiration du bail, il y avait une demande formée par le locateur pour faire expulser le preneur. — Duvergier, n° 21.

1064. — Par la même raison, il n'y a pas tacite réconduction, malgré la continuation du bail pendant un certain temps, lorsqu'il a été expressément convenu par le bail qu'elle n'aurait pas lieu. — Pothier, n° 354; Duvergier, n° 22; Troplong, n° 459.

1065. — Toutefois, comme les parties peuvent vouloir à l'expiration du bail ce qu'elles ne voulaient pas au commencement, la tacite réconduction pourrait être invoquée s'il apparaissait, soit par une déclaration formelle, soit par des faits bien significatifs, que les parties ont entendu se départir de la convention par laquelle elles l'avaient exclue. Le propriétaire doit surtout être non recevable à prétendre, sous le prétexte de cette clause, expulser le fermier, lorsqu'il a laissé passer toutle temps des risques sur les fruits, et qu'il a attendu à la veille d'une récolte abondante à vouloir expulser le fermier. — Pothier, n° 355; Duvergier, n° 23; Troplong, n° 459.

1066. — De même, bien que le congé donné pour faire cesser le bail sans terme fixe empêche ordinairement la tacite réconduction, cependant, si le preneur reste et est laissé en possession après l'époque où il aurait dû vider les lieux, et qu'il apparaisse bien clairement, d'après les circonstances que la volonté des parties a été de renoncer à l'effet du congé, on devrait décider qu'il y a tacite réconduction. — Mais, suivant M. Duvergier (n° 504), dans ce dernier cas, il faudrait des circonstances plus décisives encore que dans le précédent, parce que le court intervalle qui s'est écoulé depuis le congé rend moins vraisemblable l'intention de relouer. — V. Troplong, n° 457.

1067. — Une fois la tacite réconduction opérée, le preneur ne peut plus ni sortir ni être expulsé qu'après un congé donné suivant le délai fixé par l'usage des lieux. Tels sont les termes formels de l'art. 1759, C. civ. Aussi a-t-il été jugé que la nécessité de donner un congé préalable existe en matière de bail de tacite réconduction comme en cas de bail verbal. — *Bruxelles*, 20 nov. 1810, Verplucise c. Decocke et Vanleynsele.

1068. — Jugé toutefois que, lorsque le bail est écrit et qu'il y a eu tacite réconduction, il n'est pas nécessaire de donner congé pour la faire cesser. — *Grenoble*, 24 fév. 1810, Blanche c. Amenay. — Mais cette décision nous semble en contradiction formelle avec les termes de l'art. 1759, C. civ.

1069. — Il semblerait résulter des termes de l'art. 1738, C. civ., que les effets de la tacite réconduction sont toujours réglés par l'art. 1736, soit qu'il s'agisse d'ailleurs de maisons ou de biens ruraux. — Mais nous avons vu (*suprà* n° 898), que le bail de ces derniers, lorsqu'il est fait sans écrit, ou plutôt sans terme fixe, est régi par l'art. 1774 et non par l'art. 1736.

1070. — Jugé, par application de cette doctrine, que la tacite réconduction d'un fonds rural opérée ensuite d'un bail écrit, cesse de plein droit après l'expiration de l'année dans laquelle les fruits sont perçus, sans que le bailleur soit tenu de donner congé. — *Bruxelles*, 15 mars 1808, Hoefs c. Tauk; *Angers*, 29 avr. 1808, Bourdonnerie c. Rubillard; *Metz*, 1er avr. 1818, Ducroix c. Bouxin.

1071. — Lorsque de plusieurs preneurs solidaires un seul reste en possession après l'expiration d'un bail écrit, la tacite réconduction qui s'opère vis-à-vis de ce dernier ne s'étend pas aux premiers. — *Bruxelles*, 16 avr. 1819, Justot et Decock c. Godefroy.

1072. — Les juges peuvent suppléer au moyen résultant de la tacite réconduction. — *Rennes*, 6 août 1818, Lecoat c. N...

1073. — La question de savoir si le fait de possession continuée par le preneur a opéré une tacite réconduction, doit être décidée, non par les lois sous l'empire desquelles le bail avait été passé, mais par les lois sous l'empire des quelles a eu lieu le fait de possession. — *Rouen*, 17 mai 1812, Chandelier c. Holleman.

CHAPITRE IV. — *Règles particulières aux baux à loyer.*

1074. — Les règles comprises sous ce titre, bien qu'elles semblent concerner seulement les maisons d'habitation, doivent être appliquées à tous les immeubles qui produisent des fruits civils, et notamment aux chantiers, aux mines, aux terrains consacrés à la tenue des foires et marchés, etc. En effet, s'il en était autrement, si l'on devait prendre à la lettre les termes trop restrictifs de la classification faite par la loi, les baux des immeubles qui ne sont ni maisons d'habitation ni biens ruraux ne se trouveraient réglés par aucune disposition législative. — D'ailleurs, l'interprétation que nous donnons ici aux mots *baux à loyer* se trouve confirmée par les termes de ce passage du rapport de M. Mouricault au tribunat: « Le louage d'un bien rural, c'est-à-dire d'*un fonds produisant des fruits naturels ou industriels*, est appelé *bail à ferme*; le louage d'une maison ou d'un bâtiment, *qui ne produit que des fruits civils ou loyers*, est appelé *bail à loyer*. » — Duvergier, *Louage*, t. 2 (continuat. de Toullier, t. 16), nos 2 et 3. — V. aussi Denizart, v° *Bail à ferme et à loyer*, n° 3.

1075. — Ainsi, comme nous l'avons déjà fait observer (*suprà* n° 770), c'est à tort que la cour de Paris, par arrêt du 16 juin 1825 (Masson c. Martin et Dedelet), a jugé qu'un terrain loué pour en faire un chantier pouvait être considéré comme un bien rural. Cette dénomination doit être appliquée exclusivement aux immeubles qui produisent des fruits naturels ou industriels. — V. aussi Troplong, n° 514; Duvergier, t. 4, *Louage*, t. 2, n° 3.

1076. — Mais une maison peut être louée avec des prés ou avec un jardin; d'un autre côté, une ferme peut contenir des édifices; dans ces divers cas, pour déterminer la nature du bail, pour savoir si c'est un bail à loyer ou un bail à ferme, il faut examiner, d'après leur valeur et leur importance relatives, quelle est, des bâtimens ou des terres, la chose principale, et quelle est la chose accessoire. Si les terres forment le principal, ce sera un bail à ferme; si, au contraire, elles ne sont que l'accessoire de la maison, ce sera un bail à loyer. — Troplong, nos 527 et 633; Duvergier, n° 4. — Le Code civil d'Autriche (art. 1091) dit que « le contrat de bail s'appelle *bail à loyer* lorsqu'on peut se servir de la chose louée sans aucune autre préparation; mais que lorsqu'on ne peut s'en servir qu'à l'aide du travail et de soins, le contrat se nomme *bail à ferme*; qu'enfin, lorsqu'on loue à la fois, par un même contrat, des choses de la première et de la deuxième espèce, le contrat doit être apprécié suivant la nature de la chose principale. » — *Coll. de lois des états modernes*, par M. V. Foucher.

1077. — Ainsi, le bail d'une usine rentre dans la classe des baux à loyer, encore qu'à cette usine se trouvent joints accessoirement des objets mobiliers, tels que machines et matières premières, et même des biens ruraux destinés à nourrir les animaux attachés à l'établissement. — Troplong, n° 527; Duvergier, t. 2, n° 4.

1078. — Réciproquement, si l'usine était accessoirement comprise dans le bail d'un grand domaine rural, ce seraient les règles des baux à ferme qui devraient être préférablement appliquées. — Troplong, n° 527; Duvergier, t. 4, n° 4.

1079. — Le bail d'un moulin et des terres qu'on y ajoute accessoirement doit être réputé bail d'héritage urbain. — *Bruxelles*, 29 nov. 1809, héritiers Dudekem c. Robbe. — V. conf. Pothier, n° 341; Troplong, n° 527; Duvergier, n° 4.

1080. — En cas de contestation sur la question de savoir, entre les diverses choses qui font l'objet du bail, quelle est la chose principale, il faut rechercher, d'après les circonstances et les termes du contrat, quel est le but que se sont proposé les parties, et notamment si c'est en vue de la perception des fruits civils ou de celle des fruits naturels ou industriels que le preneur s'est engagé. — Duvergier, *loc. cit.*

1081. — Lorsqu'à la chose principale se trouvent jointes accessoirement d'autres choses de nature différente, le bail conserve, malgré cette diversité, un caractère unique déterminé par la nature de la chose principale. — Ainsi, en ce qui touche la fixation de la durée dans les baux faits sans terme fixe, en ce qui touche encore la nécessité de donner congé, ce sont les règles des baux à loyer ou celle des baux à ferme qui doivent être appliquées à la totalité du bail, suivant la nature de la chose principale. — Duvergier, *loc. cit.*

1082. — Toutefois, quant aux réparations locatives, on doit appliquer à chacune des choses diverses comprises dans le bail les règles qui lui sont propres, abstraction faite de la chose principale. Ainsi, lorsque sur les biens ruraux affermés se trouvent des bâtimens servant à l'habitation du fermier, les réparations locatives de ces bâtimens sont réglés par les règles relatives aux baux des maisons. — Duvergier, n° 5.

Sect 1re. — *Obligation imposée au preneur de garnir les lieux.*

1083. — Le locataire est obligé de garnir la maison de meubles suffisans pour répondre du loyer. — C. civ., art. 1752.

1084. — L'obligation de garnir la maison de meubles suffisans étant imposée au locataire pour la garantie du bailleur, il s'ensuit évidemment que ces meubles doivent être de ceux sur lesquels le bailleur peut exercer son privilége. — Duvergier, *Louage*, t. 2, n° 14; Troplong, n° 530. — V. à cet égard PRIVILÉGE.

1085. — Il n'est pas nécessaire que les meubles soient d'une valeur égale au montant des loyers de toute la location. Sur ce point, tous les auteurs sont d'accord; mais quelle doit être la valeur de ces meubles pour qu'elle puisse être réputée *suffisante?* — L'art. 417 de la coutume d'Orléans considérait l'obligation de garnir la maison comme remplie lorsque les meubles suffisaient pour le paiement de deux termes de loyer. — Pothier, *Du louage*, n° 318. — Et comme les termes étaient de six mois, c'était une année de loyer que devaient représenter les meubles du locataire. — A Paris (V. Merlin, *Rép.*, v° *Bail*, § 7, n° 3), pour que les meubles fussent censés suffisans, il fallait qu'en les vendant par autorité de justice on pût en tirer au moins le montant d'une année de loyer, non compris les frais de vente. — Sous notre droit, MM. Duranton (t. 2, n° 157), Delvincourt (t. 3, notes, p. 201), Troplong (n° 531) sont disposés à considérer le preneur comme suffisamment garanti lorsque les meubles répondent du *terme courant, du terme à échoir*, et des frais de vente judiciaire. M. Duvergier, au contraire (t. 4, n° 16) pense que c'est plutôt le loyer d'une année que celui de six mois qui doit être, conformément aux anciens principes, pris comme terme de comparaison. — Au surplus, tous paraissent d'accord pour décider que la question devra être décidée d'après les circonstances, et que les juges auront moins à se préoccuper de la valeur du mobilier, comparée avec le montant du loyer pendant tel ou tel nombre de termes, que du point de savoir ce que, d'après le prix du bail, sa durée, surtout d'après la condition du locataire et la destination qu'il veut donner aux lieux loués, le bailleur a dû raisonnablement faire espérer. — Duvergier,

loc. cit. — Ainsi également, selon M. Troplong, s'il s'agissait d'un locataire habitué à faire de longues absences, pendant lesquelles plusieurs termes s'accumulent sans que le propriétaire se montre pressant pour le paiement, il est clair que celui-ci aura le droit d'exiger des garanties plus considérables que si chaque terme était exactement payé à son échéance. Enfin, le même auteur pense que les juges devront principalement s'en rapporter sur ce point à l'usage des lieux, s'il est connu.

1086. — L'obligation de garnir les lieux emporte nécessairement celle de ne pas enlever les meubles et effets qui ont été placés dans la maison et dans l'appartement. On sait, d'ailleurs, que le droit du bailleur ne se borne pas à empêcher l'enlèvement, mais qu'il a aussi un droit de suite sur les meubles déplacés sans son consentement. — V. à cet égard PRIVILÉGE.

1087. — Mais du principe qui vient d'être posé il ne résulte pas que les meubles garnissant les lieux ne puissent en être déplacés et que le locataire ait perdu le droit d'en disposer. Il faut seulement qu'il ne porte point atteinte à la sûreté du bailleur. — Pothier, n° 268; Troplong, n° 531; Duvergier, *Louage*, t. 2 (contin. de Toullier, t. 19), nos 17 et 18.

1088. — Ainsi, le fait, de la part du locataire, d'avoir fait enlever une partie du mobilier garnissant les lieux, ne donne pas au propriétaire qui n'a pas même revendiqué ces meubles, le droit de faire résilier le bail ou rétablir les meubles enlevés, alors que le mobilier qui reste est suffisant pour répondre du loyer, et si d'ailleurs la solvabilité du locataire n'est pas contestée. — *Bordeaux*, 11 janv. 1826, Grosbot c. Machenaut-Gaury. — V., en ce sens, *Cass.*, 8 déc. 1806, Debar c. Dechizelles. — V. aussi Pothier, nos 268 et 269; Duvergier, *loc. cit.*, nos 17 et 18; Troplong, n° 235.

1089. — Jugé au contraire que le locataire d'une maison ne peut enlever aucuns des meubles qu'il y a introduits, alors même que ceux qu'il laisserait dans les lieux seraient d'une valeur suffisante pour garantir tous les loyers échus et à échoir. Dans le cas où des meubles auraient été enlevés, le propriétaire a le droit de les faire rétablir dans les lieux. — *Paris*, 2 oct. 1806, Leix c. marquis de Gallo. — V., dans le même sens, *Poitiers*, 28 janv. 1819, Sapin c. Tallery. — Mais c'est là, dit M. Troplong (n° 532), une pure décision de circonstance.

1090. — Lorsque le locataire ne garnit pas les lieux de meubles suffisans, ou qu'il les dégarnit en enlevant les meubles, le propriétaire a le droit de l'expulser. Mais il faut pour cela qu'il fasse prononcer la résolution du bail, aux termes de l'art. 1741 du Code civil. — Troplong, n° 533.

1091. — Jugé que le locataire d'un moulin à vent qui ne garnit pas les lieux de meubles suffisans doit être assigné en résiliation de bail par action principale, mais non en expulsion de lieux par voie de référé. — *Paris*, 9 juill. 1832, Biard c. Didier.

1092. — La résiliation ne doit point être prononcée si le locataire offre des sûretés suffisantes pour répondre des loyers, comme une caution, un gage, une hypothèque. — Troplong, n° 534; Duvergier, n° 19.

1093. — L'obligation de garnir les lieux n'est point une règle sans exception. Ainsi, cette obligation n'existe pas lorsque le bail a pour objet un appartement garni. — Troplong, n° 535.

1094. — De même, il y a des cas où la destination des lieux modifie singulièrement l'obligation de les garnir. — Ainsi, dit M. Troplong (n° 534), celui qui loue à un maître d'armes une salle destinée à l'exercice de sa profession, ne peut pas exiger qu'il la meuble comme si elle était destinée à l'habitation. Son gage alors ne consistera qu'en quelques chaises et bancs de bois; il sera presque nul. Mais il n'a pas le droit de se plaindre; il a dû le prévoir d'avance.

1095. — Les anciens auteurs citent une décision analogue du parlement de Paris. — Un propriétaire qui avait loué une maison à un joueur de marionnettes, voulut l'obliger à sortir ou à garnir sa maison de meubles suffisans; le joueur de marionnettes répondit qu'il n'avait pas déguisé son état au bailleur, ni l'usage qu'il prétendait faire de la maison louée, et qu'il ne devait pas être obligé à garnir cette maison d'autres meubles que de ses marionnettes. Le Châtelet n'admit pas cette défense et condamna le preneur; mais le parlement, par arrêt rendu en 1759, infirma la sentence, et débouta le bailleur de sa demande. — Merlin, *Répert.*, v° *Bail*, § 7, n° 3; Denizart, v° *Bail*, n° 18; Duvergier, *ubi suprà* n° 16; Troplong, n° 536. — « Il n'est personne, dit M. Duvergier, qui ne sente combien une pareille décision est équitable et juridique. »

1096. — Le locataire qui, sur des contestations élevées entre lui et son propriétaire, s'est constitué gardien judiciaire de ses propres meubles, peut être condamné par corps à les représenter. — *Cass.*, 23 brum. an X, Rosetti c. Lannette. — V. GARDIEN JUDICIAIRE.

Sect. 2e. — *Réparations locatives.*

1097. — Le locataire est tenu des réparations dites *locatives* ou de menu entretien; les détériorations qui donnent lieu à ces réparations sont, en effet, censées provenir de son fait. — C. civ., art. 1754.

1098. — Ces réparations, dit l'art. 1754, C. civ., sont celles désignées comme telles par l'usage des lieux, et, entre autres, les réparations à faire : 1° aux âtres, contre-cœurs, chambranles et tablettes de cheminées; — 2° au recrépiment du bas des murailles des appartemens et autres lieux d'habitation, à la hauteur d'un mètre; — 3° aux pavés et carreaux des chambres, lorsqu'il y en a seulement quelques-uns de cassés; — 4° aux vitres, à moins qu'elles ne soient cassées par la grêle ou autres accidens extraordinaires et de force majeure dont le locataire ne peut être tenu; — 5° aux portes, croisées, planches de cloison ou de fermeture de boutique, gonds, targettes et serrures.

1099. — Toutefois, il n'est pas douteux que si la détérioration provenait, non du fait du preneur, mais de la mauvaise qualité de la matière, d'un vice de construction, etc., il pourrait, en l'établissant, échapper à la responsabilité qui lui est imposée par l'art. 1754. — Troplong, n° 552. — L'art. 1755 pose en principe que « aucune des réparations réputées locatives n'est à la charge des locataires, quand elles ne sont occasionnées que par vétusté ou force majeure. »

1100. — Il résulte des termes mêmes de l'art. 1754 que cet article n'est pas limitatif, qu'il ne fait qu'énoncer les cas les plus ordinaires, mais sans faire aucune exclusion. — Troplong, n° 553. — Il peut donc importer de rechercher à quels cas non spécialement prévus peuvent être étendus ceux mentionnés dans l'art. 1754.

1101. — *Aires, contre-cœurs, chambranles, tablettes de cheminées.* — Bien que l'art. 1754 ne parle pas des croissans placés de chaque côté du foyer pour retenir les pelles et les pincettes, leur entretien est à la charge du locataire. — Plales, *Des réparations*, t. 1er, p. 44; Troplong, n° 553; Duvergier, n° 24.

1102. — Quand les contre-cœurs sont en plaques de fonte et qu'il viennent à se casser, les locataires en sont responsables ainsi que des scellemens qui les retiennent. — Duvergier, *loc. cit.*

1103. — Peu importe pour l'application de l'art. 1754 que les chambranles et les tablettes de cheminée soient en menuiserie, en pierre ou en marbre. — Duvergier, *loc. cit.*

1104. — Toutefois Goupy, dans ses notes sur Desgodets, fait remarquer qu'il n'est pas toujours aisé de distinguer si un chambranle, une tablette, le revêtissement et l'attique d'une cheminée en marbre ou en pierre sont détériorés par la faute du locataire ou par l'effet des plâtres, ou par un tassement, ou par toute autre cause dont il n'est pas responsable. — D'où il conclut qu'il faut examiner avec soin les causes de ces dégradations.

1105. — Ce qui vient d'être dit s'applique également aux tables et buffets couverts en marbre, aux coquilles et cuvettes de même matière. — Duvergier, *loc. cit.*

1106. — Le ramonage des cheminées est au nombre des réparations locatives, ou plutôt, dit M. Duvergier, une conséquence de l'obligation imposée au locataire de jouir en bon père de famille. Il doit être plus ou moins fréquent, suivant que ceux qui occupent la maison font plus ou moins de feu. — Au reste, ajoute le même auteur, il faut dans chaque pays se conformer aux réglemens de police sur cet objet. — Si donc le feu qui a pris dans une cheminée en avait fait crever le tuyau, le locataire serait tenu de le réparer, pourvu toutefois qu'on ne pût pas attribuer l'événement à quelque vice de construction.

1107. — Desgodets charge les locataires d'entretenir en entier les potagers des cuisines et leurs réchauds, ainsi que les fours et les fourneaux; mais Goupy fait remarquer que cela n'est pas d'usage. Suivant lui, le bailleur reste chargé des murs, des voûtes et planchers des fourneaux, et le preneur doit entretenir le carreau placé sur les planchers qui reçoivent les cendres des réchauds, et celui qui est au-dessus des fourneaux; le preneur doit aussi rétablir les réchauds potagers lorsqu'il y en a de cassés, et les grilles lorsqu'elles sont brûlées. — Il en est de même des autres fourneaux, tels que ceux qui servent aux lavoirs. — Merlin, *Rép.*, v° *Bail*, § 8; Troplong, n° 575; Duvergier, n° 24.

1108. — Quant aux *paillasses de cuisine*, le locataire n'est tenu que du carreau de dessus. — On appelle *paillasse de cuisine* de petits massifs de maçonnerie carrelés par dessus, élevés de terre d'un pied ou de quinze pouces de hauteur, et sur lesquels on met du charbon ou de la cendre chaude pour faire cuire doucement quelques viandes. — Merlin, *Rép.*, v° *Bail*, § 8; Troplong, n° 575; Duvergier, n° 24.

1109. — A l'égard des fours, l'usage est que le bailleur en entretienne les murs et la cheminée, ainsi que la voûte inférieure, s'il y en a une; le locataire n'est tenu que de réparer l'aire du four et la chapelle ou voûte intérieure, qui est soumise immédiatement à l'action du feu. — Merlin, *loc. cit.*; Troplong, n° 576; Duvergier, n° 24.

1110. — *Recrépiment du bas des murailles.* — Le projet du Code chargeait le locataire du recrépiment *du bas des murailles*, sans indiquer jusqu'à quelle hauteur. Sur les observations de la cour de Poitiers, la hauteur fut fixée à un mètre. — La raison de cette obligation imposée au locataire gît dans cette considération que c'est lui qui, en posant les meubles ou autres objets près des murailles, peut détruire l'enduit dont elles sont recouvertes. — Troplong, n° 554; Duvergier, *loc. cit.*

1111. — *Pavés et carreaux des chambres* — La loi ne répute *locatives* les réparations à faire aux pavés et carreaux des chambres, ce qui s'entend de tous pavés ou carreaux quelle qu'en soit la matière, terre cuite, pierre ou marbre (Troplong, n° 555), que lorsqu'il y en a seulement quelques uns de cassés. Il suit delà que lorsque la plus grande partie se trouve détériorée, le locataire n'en est plus tenu, en vertu de l'art. 1754: c'est qu'alors, en effet, la loi présume que les dégradations proviennent de la qualité vicieuse de la matière, de la vétusté ou de force majeure, — Troplong, n° 555; Duvergier, n° 24, — sauf au propriétaire à prouver que le dommage provient de la faute du locataire.

1112. — Dans les pièces carrelées en carreaux blancs et noirs, il y a des plates-bandes de pierre au pourtour des murs; elles font partie du carreau et sont à la charge des locataires lorsqu'elles sont cassées seulement en quelques endroits. Pour se soustraire à cette obligation, le locataire devrait prouver que la dégradation a été causée par la charge des plâtres qu'on a déposés sur les carreaux en enduisant les murs ou par quelque lambris posé à force ou par tout autre fait de même nature. — Duvergier, n° 24.

1113. — Lorsque quelques panneaux ou battans d'un parquet sont cassés ou enfoncés par violence, le locataire en est tenu; mais il ne répond pas d'un parquet détérioré dans de grandes parties, à moins qu'il n'ait causé lui-même ce dommage, ce que le propriétaire est tenu de prouver. — Duvergier, *loc. cit.*; Troplong, n° 566.

1114. — Les réparations à faire aux pavés des cours destinées à recevoir des charrettes et des voitures, sont toujours à la charge du propriétaire. — Il en est de même du pavé des remises, sans cesse fatigué et détérioré par les coups de pied des chevaux; de même encore du pavé des bûchers, halliers, etc. — Dans tous ces cas on ne peut imputer au locataire des dégradations nécessairement amenées par l'usage de la chose suivant sa destination. — Merlin, *Rép.*, v° *Bail*, § 8; Troplong, n° 556; Duvergier, n° 24. — Sauf, dit ce dernier auteur, s'il se trouvait seulement quelques pavés *hors de place*.

1115. — Il en est autrement des pavés des petites cours où il n'entre ni carrosses, ni charrettes, ainsi que de ceux des cuisines, des offices, etc. : comme on n'y introduit pas des choses d'un grand poids, les dégradations qui s'y trouvent sont censées provenir, non pas de l'usage régulier auquel la chose a été employée suivant sa destination, mais du fait du preneur, et dès lors c'est à lui à faire les réparations nécessaires. — Merlin, *Rép.*, v° *Bail*, § 8; Troplong, nos 557 et 558; Duvergier, t. 4, n° 24.

1116. — Mais si les pavés ne sont qu'ébranlés, la réparation est à la charge du propriétaire. En effet, quant aux cours, cet ébranlement provient ordinairement des intempéries de l'air, des gouttières, des égouts, des combles, etc., et quant aux cuisines, c'est l'eau qu'on est obligé d'y répandre continuellement pour en entretenir la propreté qui altère les cimens. Or, le lavage, rentrant dans l'usage ordinaire et régulier des lieux ne saurait être une cause de dommages à la charge du locataire. — Merlin, *loc. cit.*; Troplong, n° 559; Duvergier, n° 24.

1117. — Lorsque les pièces de l'appartement ne sont pas carrelées, on ne regarde pas comme donnant lieu à réparations locatives les trous qui se font dans les aires de plâtre : car, comme le moindre frottement suffit pour occasionner les trous, on ne peut pas dire qu'ils proviennent de la faute

du preneur.— Merlin, *Rép.*, v° *Bail*, § 8; Troplong, n° 562.

1118. — Par la même raison, les trous des marches des escaliers dont les dessus sont avec des aires de plâtre, ne sont pas non plus à la charge du preneur. — Merlin, *loc. cit.*; Troplong, n° 563.

1119. — Mais si les marches sont carrelées entre le bois, les carreaux qui se déplacent ou qui se cassent doivent être réparés par le locataire. — Merlin, *Rép.*, v° *Bail*, § 8; Troplong, n° 564.

1120. — De même le locataire est tenu de réparer les dépendances de l'escalier, telles que les vitres des croisées qui les éclairent, les rampes, les écuyers posés le long des murs, les vases de cuivre, les lanternes, et même les marches de pierre des grands escaliers, lorsqu'il paraît qu'elles ont été cassées par quelque fardeau qu'on a laissé tomber dessus et que cette dégradation n'a point eu lieu parce que les murs qui portent les marches ont fléchi.—Merlin, *Rép.*, v° *Bail*, § 8; Troplong, n° 565.

1121. —Le locataire est présumé avoir reçu les vitres en bon état, sans fêlure ni cassure et tenant bien dans leur châssis. Il doit donc les réparer si elles sont dégradées, et, bien qu'en général, aux termes de l'art. 1754, le locataire ne soit pas tenu de remettre les vitres cassées par la grêle, il y a lieu cependant d'examiner s'il n'aurait pas pu prévenir ce dommage en fermant les persiennes ou les contrevens quand l'orage a commencé. — Troplong, n° 560.

1122. —Si les vitres tiennent à des panneaux de plomb, la réparation est à la charge du propriétaire, car il est présumable que leur détérioration vient de la vétusté. — A l'égard des verges de fer qui soutiennent les panneaux de plomb, le locataire est tenu de remplacer celles qui manquent et qui sont cassées, à moins qu'il ne soit prouvé qu'elles ont été détruites par les vices de la matière. — Duvergier, *loc. cit.*

1123. — Quant aux glaces qui garnissent la maison, soit sur la cheminée, soit ailleurs, si elles viennent à être cassées, le preneur doit en faire remettre de neuves et de la même qualité que celles qui ont été cassées, à moins qu'il ne prouve que le dommage est provenu du gonflement des plâtres ou de ce que les bois des parquets se sont déjetés, auquel cas ce serait au bailleur à supporter le dommage. — Merlin, *Rép.*, v° *Bail*, § 8; Troplong, n° 568; Duvergier, *Louage*, t. 2 (contin. de Toullier, t. 19), n° 24.

1124. — Le nettoiement et le lavage des vitres et glaces est, aussi bien que celui des cheminées, à la charge du locataire, qui est censé les avoir reçues en état de propreté et doit les rendre tels.—Merlin, *loc. cit.*; Troplong, n° 573; Duvergier, n° 24.

1125. — *Portes, croisées, planches, etc.*—Le Code met spécialement à la charge du locataire les réparations à faire aux portes, croisées, planches de cloison ou de fermeture de boutique; aux gonds, targettes et serrures. — Il faut, dit M. Duvergier (*loc. cit.*), comprendre dans la même catégorie les réparations à faire aux contrevens, aux volets, ainsi qu'à toute autre espèce de fermeture, aux chambranles de portes, aux embrasures des croisées et des portes, aux lambris d'appui, à ceux à hauteur de plancher, à toute espèce de cloisons et généralement à toutes les menuiseries d'une maison.

1126. — Le locataire qui a fait percer une chatière à une porte peut être forcé de remettre à la fin du bail une planche entière à cette porte pour boucher le trou. Il ne lui suffirait pas de mettre un morceau pour le fermer. — Merlin, *Rép.*, v° *Bail*, § 8; Troplong, n° 567; Duvergier, *loc. cit.*

1127. — Pareillement, s'il a fait placer une seconde serrure à une porte, et qu'à cet effet il ait pratiqué des entailles pour la mettre en place, le bailleur pourra exiger qu'il soit remis une planche neuve à la place de celle à laquelle on aura travaillé, quand même on n'y aurait fait qu'un trou pour passer la clé. — Il peut également exiger que la planche même soit repeinte de la même couleur que le reste de la porte. — Merlin, *loc. cit*; Troplong, *loc. cit.*; Duvergier, *loc. cit.*

1128. — Mais il en serait autrement des trous que le preneur pratiquerait dans les murs ou dans les plafonds pour accrocher des tableaux, poser des patères, des tringles, des couronnes de lits, etc.; car alors il ne fait qu'user de la chose suivant sa destination. — Troplong, n° 567.

1129. — Le preneur répond également des bordures, moulures, sculptures, dessus de portes et ornemens qui viennent à être endommagés pendant le bail; il est censé les avoir reçus en bon état. Si les objets sont simplement endommagés, il doit les faire réparer; s'ils sont tellement endommagés qu'on ne puisse les raccommoder, le preneur doit les payer au bailleur suivant l'estimation. — Merlin, *loc. cit.*; Troplong, *loc. cit*; Duvergier, *loc. cit.*

1130. — Si les tringles de fer des croisées qui portent des rideaux, les poulies et les croissans destinés à tenir les rideaux ouverts viennent à se casser, c'est au preneur à les réparer. — Merlin, *loc. cit.*; Troplong, n° 569; Duvergier, *loc. cit.*

1131. — Les balcons et les grilles de fer auxquels il manque quelque enroulement ou quelques barreaux doivent être réparés par le locataire. — Merlin, *loc. cit.*; Troplong, n° 570; Duvergier, *loc. cit.*

1132. — Il en est de même des treillis de fer ou de laiton, lorsqu'ils se trouvent endommagés autrement que par vétusté. — Merlin, *loc. cit.*; Troplong, *loc. cit*; Duvergier, *loc. cit.*

1133. — Il en est de même encore de la serrurerie des portes, des fenêtres, des armoires; si quelques fers viennent à être descellés, quelques serrures forcées, quelques clés brisées, le locataire en est responsable. — Duvergier, *loc. cit.*

1134. — Les trous pratiqués dans la maçonnerie des mangeoires des chevaux sont aussi de l'entretien du locataire. — Si le devant d'une mangeoire se trouve rongé par les chevaux, le locataire est obligé d'en faire remettre une autre, parce que le dommage est l'effet d'un vice des chevaux qui ont été mis dans l'écurie. — Si les rateliers se trouvent endommagés ou détruits autrement que par vétusté, c'est aussi au locataire à les réparer.— Il en est de même des piliers et des barres qui servent à séparer les chevaux les uns des autres. — Merlin, *loc. cit.*; Troplong, n°s 571 et 572; Duvergier, *loc. cit.*

1135. — Si les pierres à laver la vaisselle viennent à être cassées ou écornées durant le bail, c'est au locataire à les réparer. Cependant si le dommage avait été l'effet de quelque fil qui se serait trouvé dans la pierre, la réparation concernerait le bailleur. — Merlin, *loc. cit.*; Troplong, n° 577; Duvergier, *loc. cit.*

1136. — Lorsqu'il y a un tuyau de plomb pour recevoir les eaux du lavoir, avec une petite grille de plomb pour empêcher l'engorgement de ce tuyau, et que cette grille se trouve enfoncée ou rompue, le locataire doit la rétablir, parce qu'on présume que c'est la charge qu'on a mise dessus qui a causé le dommage. — Merlin, *loc. cit.*; Troplong, n° 578; Duvergier, *loc. cit.*

1137. — Il y a des experts qui, dans le cas où un tuyau de plomb est joint avec une pierre à laver par un collet de mastic, chargent le locataire de l'entretien de ce collet, attendu qu'il est souvent fondu par la trop grande chaleur de l'eau qu'on emploie à laver la vaisselle; mais Goupy (sur Desgodets) condamne cette pratique et prétend qu'une telle réparation doit être à la charge du bailleur. La raison qu'il en donne est que la jonction du tuyau avec la pierre pouvant se faire avec plus de solidité par le moyen d'une soudure de plomb, le locataire ne doit pas être chargé d'entretenir une chose que le bailleur a négligé de rendre solide pour éviter de la dépense. — Merlin, *loc. cit*; Troplong, n° 579; Duvergier, *loc. cit.*

1138. — Goupy critique aussi l'usage dans lequel on est de faire payer au locataire les barrières de charpente que brisent les voitures qui entrent dans les cours et remises de la maison louée. — Il étend la même critique au paiement qu'on exige pareillement du locataire pour le dommage causé aux auges de pierre destinées à abreuver les chevaux, et aux bornes que les cochers cassent quelquefois par défaut de dextérité. — Les raisons sur lesquelles il fonde son opinion sont que, les barrières et les bornes n'étant placées que pour conserver les murs de la maison, le locataire ne doit pas être chargé de l'entretien des choses dont il ne retire aucune utilité, et que le bailleur n'a fait faire que pour son intérêt particulier. — Quant aux auges de pierre, le bailleur ayant négligé de les contre-garder avec du fer pour empêcher qu'elles ne pussent être endommagées par les voitures, il n'est pas juste que le locataire supporte les effets de ce défaut de précaution. — Merlin, *loc. cit.*

1139. — Mais tel n'est pas l'avis de Lepage.— Selon cet auteur, la maladresse des cochers est un fait dont les locataires qui les emploient sont responsables. Quand les bornes sont de pierre, et que la largeur de la porte charretière est suffisante pour le jeu des voitures, la cassure est évidemment un fait étranger au propriétaire, et dont l'art. 1382, C. civ., oblige le locataire à lui faire raison. — On ne voit pas non plus pourquoi le propriétaire devrait faire garnir les auges de fer; la pierre est une matière assez dure pour que l'auge serve à sa destination. — Troplong, n° 580; Duvergier, *loc. cit.*

1140. — Le curement des puits et celui des fosses d'aisances sont à la charge du bailleur, s'il n'y a clause contraire. — C. civ., art. 1756.

1141. — Mais l'entretien des cordes et des sceaux est à la charge des locataires. — Troplong, n° 574; Duvergier, *loc. cit.*

1142. — Le locataire est chargé de l'entretien du piston, de la tringle de fer qui le fait mouvoir et du balancier des pompes que l'on met dans les maisons au lieu de puits. — Merlin, *Rép.*, v° *Bail*, § 8; Troplong, n° 581; Duvergier, *loc. cit.*

1143. — L'entretien des tuyaux de descente de plomb qui servent à conduire les eaux pluviales et ménagères n'est point à la charge du locataire, soit qu'ils viennent à se fendre par la gelée, soit qu'ils viennent à crever par engorgement, soit que l'orifice des tuyaux soit garni d'une grille, soit qu'il ne le soit pas. — Merlin, *loc. cit.*; Troplong, n° 582; Duvergier, *loc. cit.* — Mais, dit ce dernier auteur, si les grilles garnissant les tuyaux sont rompues ou défoncées, le rétablissement de ces grilles est à la charge du locataire.

1144. — Lorsqu'il y a un jardin attaché à la maison louée, le locataire doit l'entretenir et le remettre, à la fin du bail, en aussi bon état qu'il était lorsqu'il est entré en jouissance. S'il n'établit pas l'état dans lequel il était alors, on présume qu'il était en bon état. — Merlin, *loc. cit.*; Troplong, n° 583; Duvergier, *loc. cit.*

1145. — Ainsi, le locataire doit entretenir en bon état les allées sablées, les parterres, les plates-bandes, les bordures et les gazons. — Merlin, *loc. cit.*; Troplong, *loc. cit.*, Duvergier, *loc. cit.*

1146. — M. Duvergier (*loc. cit.*) pense que le locataire est tenu de remplacer les arbres et les arbrisseaux qui meurent naturellement. — Mais M. Troplong (n° 583) exprime une opinion contraire, car, dit-il, c'est un fait de force majeure non imputable au locataire.

1147. — Lorsqu'il y a des treillages et portiques de treillages, le locataire n'est chargé que de ce qui peut s'y trouver de cassé par violence, et non du dommage causé par les vents ou par une longue suite d'années. Quand le vent rompt ou renverse des treillages, le propriétaire est censé n'avoir pas pris les précautions nécessaires pour les rendre solides. — Merlin, *Rép.*, v° *Bail*, § 8; Troplong, n° 583; Duvergier, *loc. cit.*

1148. — S'il y a des bassins ou jets-d'eau, le locataire est tenu de réparer les tuyaux de fer, de plomb ou de grès, lorsque la gelée les a fait crever parce qu'on a négligé d'en ôter l'eau pendant l'hiver; mais en dehors de ce cas, qui suppose une faute de sa part, le locataire n'est pas tenu de l'entretien des bassins, des jets-d'eau et de leurs conduits. — Duvergier, *loc. cit.* — Il est d'ailleurs chargé d'entretenir les robinets. — Merlin, *loc. cit.*; Troplong, n° 583.

1149. — Si les réservoirs venaient à être endommagés parce que le locataire n'aurait pas eu soin de les faire décharger durant la gelée, il serait tenu de les réparer, à moins, toutefois, que les eaux de ces réservoirs ne vinssent des eaux publiques de la ville. — La raison de cette exception est qu'en cas pareil il ne dépend pas du locataire de retirer l'eau quand bon lui semble. — Merlin, *loc. cit.*; Troplong, *loc. cit.*

1150. — En ce qui concerne les vases et les pots de fleurs qui servent à l'ornement du jardin, et des bancs que le propriétaire y a laissés en donnant la maison à loyer, Goupy fait la distinction suivante : A l'égard des vases de faïence, de fonte ou de fer, des caisses de bois, et des bancs de bois cassés autrement que par vétusté, la présomption est que c'est par la faute du locataire ou de ses gens, et qu'en conséquence, il est tenu de les réparer ou d'en substituer d'autres; mais qu'à l'égard des vases de marbre, de pierre ou de terre cuite, et des bancs de pierre, la dégradation de ces choses pouvant venir de l'intempérie de l'air, le locataire n'en est point tenu, à moins que le propriétaire ne prouve qu'ils ont été rompus par violence ou par sa faute. — Merlin, *loc. cit.*; Troplong, *loc. cit.*; Duvergier, *loc. cit.*

1151. — Lorsque la maison est occupée par plusieurs locataires, qui doit supporter les réparations locatives des choses destinées à l'usage de tous? — Suivant Pothier (n° 223), elles sont à la charge des locataires. — Mais la plupart des auteurs décident que c'est le bailleur qui doit les faire, parce qu'il n'y a pas de raison pour en charger l'un des preneurs plutôt que l'autre. En effet, la présomption que la loi élève contre le locataire qui occupe les lieux exclusivement, ne peut être invoquée lorsque les lieux sont communs à tous les habitans d'une maison. Chacun d'eux s'est tacitement engagé à réparer ce qui aura été dégradé par lui ou par les siens, mais aucun n'a entendu se rendre garant des faits de ses colocataires. C'est donc au bailleur à les supporter, à moins qu'il n'ait inséré dans le bail quelque clause relative à cet objet. — Lepage, part. 12, p. 269; Merlin, *Rép.*, v° *Bail*, § 8;

210 BAIL, ch. 4, sect. 2e.

Duvergier, *Louage*, t. 2 (contin. de Toullier, t. 19), nº 25; Troplong, nº 590.

1152. — De même, lorsqu'une maison louée à un seul locataire a été par lui sous-louée à plusieurs, sans que les sous-baux contiennent aucune clause spéciale relative aux réparations locatives, c'est au locataire principal à supporter celles des objets communs à tous les sous-locataires. — Lepage, *loc. cit.*; Duvergier, *loc. cit.*

1153. — Il est certain, au surplus, que ce qui vient d'être dit aux deux numéros qui précèdent cesserait si l'on savait quel est celui des locataires qui est l'auteur de la dégradation. — Troplong, nº 590.

1154. — C'est en se reportant aux usages suivis dans chaque localité qu'on se rendra compte des réparations qui, en matière de moulins, doivent être réputées *locatives*. — Suivant l'usage le plus généralement reçu dans le ressort de l'ancienne coutume de Paris, et qui est constaté par Desgodets et reproduit par les auteurs modernes, les réparations à faire, dans un moulin, aux *palées*, aux *vannes*, *tournans* et *travaillans*, aux câbles, verins, pinces de fer, aux corbeilles à engrener, etc., etc., et autres objets mobiliers servant à l'exploitation du moulin, sont à la charge du fermier, lors même que la dégradation provient de l'usage naturel de la chose. — Troplong, nº 182; Duvergier, nº 26. — V. aussi Desgodets, Goupy et Lepage, part. 2e, p. 161 et suiv. — On trouve dans ce dernier auteur la définition des expressions techniques et une longue énumération des objets compris sous la dénomination *tournans* et *travaillans*.

1155. — Toutefois, il est des contrées où l'usage fait peser sur le propriétaire l'obligation de réparer les suites de l'usure arrivée pendant la jouissance du fermier. — M. Troplong (nº 182) mentionne un arrêt (mais sans en indiquer la date), qui aurait appliqué ce principe au cas d'usure de la meule de pierre dont le locataire n'aurait fait que se servir suivant la destination de la chose.

1156. — Le rétablissement d'un sous-gravier est une véritable reconstruction et non une simple réparation : on ne peut donc, s'il n'y a stipulation contraire, le considérer comme à la charge du fermier du moulin. — *Bourges*, 21 avr. 1819, Oudot et Sacrot c. Trottignon. — V. conf. Duvergier, nº 26. — Et la clause par laquelle le fermier se charge de l'entretien des voies du moulin ne peut par elle-même être considérée comme emportant l'obligation de réparer un sous-gravier. — Même arrêt.

1157. — Le locataire d'un moulin à eau est responsable du dommage survenu au bateau qui le supporte, encore bien que ce dommage provienne du choc des glaces, ou d'un bateau, ou de quelque autre objet entraîné par les eaux, lorsqu'il n'a pas cherché à prévenir ces accidens, soit en prenant certaines précautions, soit en se faisant donner des pieux de garde par le propriétaire. — Troplong, nº 182; Duvergier, nº 26.

1158. — La réparation des digues établies pour retenir l'eau et la porter en plus grande quantité sur les moulins, le fauchage des herbes qui croissent dans l'eau et en ralentissent la vitesse, l'enlèvement des atterrissemens ou amas de sable et de vase qui se forment au-dessus ou au-dessous des moulins, sont à la charge du propriétaire. — Troplong, nº 178; Duvergier, *loc. cit.* — V. aussi Desgodets, Goupy et Lepage, part. 2e, p. 161 et suiv.

1159. — ...A moins que le locataire n'en soit chargé par son bail, auquel cas il est seul tenu de les faire; et si les grandes eaux les détruisent il n'a pas le droit de réclamer d'indemnité contre le propriétaire, le ravage que peuvent causer ces grandes eaux étant un cas que les parties sont censées avoir prévu. — Duvergier, *loc. cit.*

1160. — Quant aux moulins à vent, la réparation des tournans, travaillans et ustensiles est également à la charge du locataire; de même, le locataire est tenu de réparer le dommage causé par le vent, s'il a négligé de tourner le moulin pour éviter l'accident. — Troplong, nº 182; Duvergier, *loc. cit.*

1161. — En l'absence de toute disposition de loi qui désigne ce que l'on doit entendre par réparations de menu entretien relativement aux canaux et cours d'eau, c'est aux tribunaux qu'il appartient de déterminer ces réparations, d'après leur nature, l'usage ou les clauses du bail, sans que leur décision puisse, de ce chef, encourir la censure de la cour de Cassation. — *Cass.*, 24 nov. 1832, Gauguier c. d'Alsace.

1162. — Ainsi, les réparations d'entretien d'un canal servant au jeu d'une mine ont pu, d'après leur nature, l'usage et l'intention déjà manifestée par une exécution déjà ancienne, être considérées comme réparations locatives à la charge du

BAIL, ch. 4, sect. 3e.

preneur. — *Nancy*, 8 août 1831, rapporté avec l'arrêt de *Cass.*, 24 nov. 1832, qui précède.

1163. — La clause portant que le preneur *entretiendra de réparations* les biens loués ne doit s'entendre que des réparations *locatives*, sans pouvoir être réputée ajouter quelque chose aux obligations que lui impose l'art. 1755, C. civ. — *Caen*, 7 janv. 1828, Grosbourdy c. Hospices de Bayeux.

1164. — De ce que les transactions n'ont l'autorité de la chose jugée que relativement aux contestations mêmes qu'elles ont terminées et non relativement à celles qui surviendraient plus tard entre les mêmes parties, encore bien qu'elles fussent de même nature, il résulte que la transaction survenue entre un bailleur et le preneur, sur le point de savoir qui supportera certaines réparations exigées par l'état des biens loués, ne peut être étendue dans ses effets, aux réparations de même nature devenus plus tard encore nécessaires. — *Cass.*, 24 nov. 1832, Gauguier c. d'Alsace.

Sect. 3e. — *Durée et résiliation des baux à loyer.*

1165. — Comme nous l'avons vu ci-dessus (nos 895 et suiv.), le bail, *même non écrit*, dont la durée a été déterminée cesse de plein droit par l'expiration du temps pour lequel il a été fait, sans qu'il soit nécessaire de donner congé.

1166. — Quant au bail, *même écrit*, dont la durée n'a pas été déterminée, chacune des parties peut le faire cesser par l'effet d'un congé, mais en se conformant aux délais fixés par l'usage des lieux.

1167. — Toutefois, dans le cas même où le bail a été fait sans terme fixe, certaines coutumes locales, comme nous le verrons ci-après, lui assignent une durée déterminée après laquelle il cesse de plein droit, sans congé.

1168. — Le bail d'un appartement meublé est censé fait à l'année, quand il a été fait à tant par an; — Au mois, quand il a été fait à tant par mois; — Au jour, s'il a été fait à tant par jour. — Si rien ne constate que le bail a été fait à tant par mois ou par jour, la location est censée faite suivant l'usage des lieux. — C. civ., art. 1758.

1169. — Lorsque la location a été faite à tant par an, par mois ou par jour, l'effet que l'art. 1758 attribue à une telle convention ne peut être détruit par un usage contraire. C'est ce qui résulte des paroles prononcées au sein du conseil d'état par MM. Tronchet et Berlier, lors de la discussion de cet article. — Fenet, t. 14, p. 239; Troplong, nº 603; Duvergier, t. 4, nº 36. — *Contrà* Delvincourt, t. 3, notes, p. 202.

1170. — La règle posée par l'art. 1758 n'est applicable que lorsqu'il s'agit d'une maison garnie ou de meubles; mais lorsqu'il s'agit d'une maison vide, elle ne reçoit pas son application. Ainsi, bien qu'il ait été convenu qu'il sera payé *tant par an*, *par mois*, etc., c'est néanmoins d'après l'usage des lieux que la durée du bail doit être fixée; la convention dont s'agit n'a pour effet que de régler la somme qui devra être payée par le locataire eu égard à la durée de son occupation. — Troplong, nº 604; Duranton, t. 17, nº 168; Duvergier, nº 36; Delvincourt, t. 3, notes, p. 202.

1171. — D'où il résulte, bien que cette solution puisse, au premier abord, paraître assez bizarre, que le bail d'une maison vide fait à *tant par an*, pourrait être résilié au bout de trois ou six mois, s'il n'y avait pas de terme fixé.

1172. — Une location faite pour une année n'assujétit point le bailleur à donner congé, surtout lorsque l'usage des lieux ne le commande pas. — *Rennes*, 12 juin 1829, Hubert Soupe c. Arnoult.

1173. — Nous allons entrer maintenant dans quelques détails sur les usages locaux qui règlent les délais à observer pour donner congé.

1174. — A cet égard, la cour de Cassation a reconnu que la décision des juges du fond en matière d'usage des lieux est souveraine, inattaquable, et ne pouvait être revisée. — *Cass*, 23 fév. 1814, Montigny c. Langlois.

1175. — Faisons d'abord remarquer que l'obligation de donner congé d'avance, en observant les délais fixés par l'usage des lieux, lorsqu'il n'y a pas de bail écrit, est réciproque entre le propriétaire et le locataire. — *Bordeaux*, 16 juin 1829, Malvezin c. Roux. — V. aussi Troplong, nº 407; Duvergier, nº 40. — V. *contrà* Pigeau, t. 2, p. 412.

1176. — A Paris, s'il s'agit d'une maison entière, d'un corps de logis ou d'une boutique sur la rue, le délai du congé est de six mois, quel que soit d'ailleurs le prix du loyer, à raison de la difficulté qu'il y aurait de trouver en moindre temps une location de cette nature. — Troplong, nº 407; Denizart, vº *Congé*; Pothier, nº 29; Delvincourt, t. 3, notes, p. 195; Duvergier, t. 4, nº 39.

BAIL, ch. 4, sect. 3e.

1177. — Le même délai doit être observé, quel que soit d'ailleurs le montant du loyer, à l'égard des commissaires de police, des maîtres et maîtresses de pension, et des juges de paix, que leurs professions obligent à demeurer dans un quartier déterminé. — Pothier, nº 29; Delvincourt, t. 3, notes, p. 195; Pigeau, t. 2, p. 412; Denizart, vº *Congé*; Troplong, nº 407; Duvergier, nº 39. — V. en ce qui touche les maîtres de pension *infrà* nº

1178. — Réciproquement, ces personnes doivent se conformer au même délai à l'égard du bailleur. Il est bien vrai, dit M. Duvergier (nº 40), que c'est à raison de la situation personnelle du locataire que le délai est prolongé; mais dès que cette considération a fait admettre une modification à la règle générale, il est juste qu'elle profite également à chacune des parties. — Troplong, nº 407. — *Contrà* Pigeau, t. 2, p. 412.

1179. — Mais un instituteur peut, dans son intérêt, décliner cette qualité, en excipant de ce qu'il n'a pas obtenu le diplôme prescrit par les réglemens de l'université. — *Cass.*, 23 fév. 1814, Montigny c. Lingois.

1180. — Autrefois le congé donné trois mois à l'avance ne suffisait que pour les appartemens dont le prix n'excédait pas 1000 fr.; pour ceux au-dessus de 1000 fr., le congé devait précéder de six mois la sortie. — Guyot, *Rép.*, vº *Congé*; Pigeau, t. 2, p. 412. — Mais cet usage n'est plus suivi.

1181. — Aujourd'hui en effet (à Paris du moins), le délai du congé est de trois mois pour un appartement dont le loyer est de 400 fr. et au-dessus, *à quelque somme qu'il puisse monter*. — *Paris*, 28 juill. 1813 (sous *Cass.*, 23 fév. 1814), Montigny c. Lingois; — Delvincourt, t. 3, notes, p. 195; Duvergier, nº 39.

1182. — Jugé toutefois qu'à Paris le congé d'un appartement loué 4,000 fr. par an peut être assimilé à un corps de bâtiment entier et par suite doit être donné à six mois. — *Paris*, 12 oct. 1821, Pantin c. de Fumelle.

1183. — Mais cette décision, erronée en droit, et contraire aux usages les moins contestables, est due à des circonstances particulières du fait qui, exerçant sur l'esprit des juges une grande influence, leur ont fait perdre de vue les véritables principes. — Duvergier, nº 39; Bioche et Gouget, *Dict. de procéd.*, vº *Congé*, nº 3.

1184. — Il a été jugé qu'à Paris le congé donné *à trois mois* pour la location d'un appartement au premier étage, d'un loyer annuel de plus de 400 fr., est valable, à quelque usage que cet appartement soit employé, et alors même qu'il servirait de magasin. — *Paris*, 22 juin 1842 (t. 2 1842, p. 151), Dret-Rousselet c. Benoît. — Mais nous ne pouvons penser que la cour ait entendu poser un principe absolu dont l'effet serait de détruire la règle établie par l'usage, et suivant laquelle le délai est de six mois pour une maison, un corps de logis entier, une boutique ou magasin.

1185. — Lorsque le loyer est inférieur à 400 fr., le délai est de six semaines. — Delvincourt, t. 3, notes, p. 195; Duvergier, nº 39.

1186. — M. Troplong (nº 407) avance cependant que, hors les cas énoncés ci-dessus aux nos 1176 et suiv., cas dans lesquels le délai du congé est de six mois, le délai du congé est toujours *de trois mois*, quel que soit le prix du bail. Mais c'est une erreur qui est échappée à M. Troplong, d'autant plus qu'au nº 419 il mentionne les congés de six semaines.

1187. — En cas de location, dans la même maison, de plusieurs chambres séparées, le délai du congé est de trois mois et non de six mois, à quelque somme que monte le loyer. — *Paris*, 20 juill. 1825, Cardet c. Benech. — V. aussi Troplong, nº 407.

1188. — La rétribution proportionnelle qu'un locataire est chargé de payer au portier fait partie de son loyer, et doit être supputée pour la fixation du délai du congé. — *Paris*, 9 mai 1811, Boisson de Quincy c. Morin.

1189. — A Bordeaux, le délai à observer, d'après l'usage des lieux, entre le congé et la sortie du locataire, est de trois mois. — *Bordeaux*, 16 juin 1829, Malvezin c. Roux. — V. conf. Duvergier, nº 44.

1190. — Mais cette règle n'est pas invariable, il arrive souvent aux juges d'étendre le délai à six mois, ou de le restreindre à moins de trois mois. — Duvergier, nº 45.

1191. — Au lieu qu'à Paris les termes commencent aux 1er janvier, 1er avril, 1er juillet, 1er octobre, ils courent à Bordeaux du jour où le bail a commencé. — Duvergier, nº 44.

1192. — Lorsque le délai à observer, d'après l'usage des lieux, entre le congé et la sortie du locataire, est de trois mois (par exemple à Bordeaux), ce délai court, non du jour du congé, si le congé

a été donné après le trimestre commencé, mais seulement du jour de l'expiration de ce trimestre. — *Bordeaux*, 16 juin 1829, Malvezin c. Roux.

1193. — En Lorraine comme à Bordeaux, l'usage est de donner congé trois mois d'avance. — Troplong, no 417.

1194. — A Orléans, suivant Pothier (no 29), il n'y a qu'un seul terme d'où les baux des maisons commencent et auxquels ils finissent, savoir : celui de la Saint-Jean-Baptiste pour les maisons de la ville, et celui de la Toussaint pour la campagne. Lorsque les parties ne se sont pas expliquées sur la durée du bail, il est censé fait pour un an à commencer du prochain terme ; et si le locataire est entré en jouissance avant le terme, il est censé fait, tant pour le temps qui doit courir depuis qu'il est entré en jouissance jusqu'au terme, que pour un an depuis ledit terme; il expire de plein droit au bout de l'année, sans qu'il soit nécessaire de signifier de congé auparavant.

1195. — Cet usage n'a point été abrogé par les art. 1736 et 1737, bien qu'il paraisse résulter de ces articles qu'il est nécessaire de donner congé toutes les fois que le bail a été fait sans écrit, ou du moins, comme nous l'avons expliqué, sans durée fixe. C'est le cas d'appliquer l'art. 1160, C. civ., d'après lequel on doit suppléer dans le contrat les choses qui y sont d'usage, quoiqu'elles n'y soient point exprimées. — Troplong, no 408.

1196.—La coutume de Montargis (ch. 18, art. 5), et celles de Lille (ch. 15, no 10), de Reims (art. 390), de Toulouse (*Louage*, art. 2), donnent, comme celle d'Orléans, aux baux faits sans terme conventionnel, la durée d'un an; mais elles ne décident rien sur la nécessité et l'époque des congés. — M. Troplong (nos 409 et et 410) pense que, dans ces coutumes, l'expiration du terme coutumier fait cesser le bail de plein droit, *sans qu'il soit nécessaire de donner congé*. — V. toutefois Duvergier, *Louage*, t. 2, no 43.

1197. — A Rennes comme à Orléans, les baux durent un an; ils commencent et finissent à la Saint Jean-Baptiste; mais ils ne cessent pas de plein droit : celui des contractans qui veut y mettre un terme doit signifier un congé trois mois avant l'expiration de l'année. — Duparc-Poullain, sur l'art. 182 de la coutume; Duvergier, no 46.

1198. — D'après l'art. 186 de la coutume de Melun, il n'y a point, dans le ressort de cette coutume, de délai fixe pour donner congé; l'étendue de ce délai dépend des circonstances, de la qualité et de l'état du locataire, du prix et de l'étendue de la chose louée. Toutefois ce délai ne peut être moindre de trois mois, outre la huitaine pour le déménagement. — Duvergier, no 54.

1199.—En Normandie, le bail des biens de ville, fait sans terme fixe, expire de plein droit après une année. Mais, si on laisse la jouissance se prolonger au-delà, sa durée devient alors indéterminée, en sorte que, si le propriétaire veut la faire cesser à la fin de la seconde ou de la troisième année il est obligé de donner congé d'avance, en se conformant aux délais d'usage.—Ces délais ne sont pas les mêmes dans toutes les localités. Voici comment s'exprime à cet égard Houard (*Dict. du dr. normand*, vo *Bail*, no 3) : « De droit, tout bail verbal, pour les biens de ville, est d'une année, et, après la jouissance d'une année, le propriétaire doit avertir le locataire six mois avant l'expiration de la deuxième année, s'il est question d'un corps de logis entier; s'il s'agit, au contraire, d'une partie de maison, en quelques endroits, l'avertissement doit donner six mois de vuide, et il n'en est dû que six semaines pour une chambre; en d'autres endroits, au-dessus de 20 liv. de loyer, l'avertissement doit précéder de six mois la sortie, et de trois mois au-dessous de ce prix; à cet égard, l'usage des lieux est l'unique règle. » — V. aussi Duvergier, no 60; Troplong, no 412.

1200. — Dans le ressort de la cour royale de Caen, la durée des baux est d'un an quand il s'agit d'un hôtel ou d'une maison de la même importance; de six mois pour une maison moins considérable, mais ayant cave et grenier, et de trois mois enfin pour les maisons qui n'ont ni cave ni grenier. — Le délai des congés est d'un an pour les maisons de la première classe, de six mois pour celles de la deuxième, enfin de trois mois pour celles de la troisième. — Les termes pour la signification des congés sont fixés à Pâques, à St-Jean-Baptiste, à Saint-Michel et à Noël. — V. Duvergier, no 60, qui cite deux jugemens du tribunal de Caen des 21 mars 1826 et 7 avril 1829.

1201. — Dans la Touraine, une maison entière, une auberge, une boutique sont censées louées pour un an, un appartement pour six mois.—Les termes pour la signification des congés sont fixés aux fêtes de Notre-Dame de mars (25 mars), de St-Jean-Baptiste, de Saint-Michel et de Noël. — Le congé doit être donné à l'un des termes accoutumés, six mois d'avance pour une maison entière ou une auberge, et trois mois pour un appartement. — Cottereau, *Droit général de la France et droit particulier à la Touraine et au Lodunois*, nos 3348, 3436, 3437 et 3438. — V. aussi Duvergier, no 47; Troplong, no 415.

1202 — Dans le Poitou, les termes sont fixés aux mêmes époques ; mais les délais du congé sont : d'un an pour une maison avec boutique, de six mois pour les maisons sans boutique, de trois mois pour une portion de maison. — Duvergier, no 48.

1203. — En Franche-Comté, le délai du congé est de six mois pour un magasin ou un appartement de 400 fr. et au-dessus, de trois mois si le prix est inférieur à cette somme. — Duvergier, no 49.

1204 — Dans le Bourbonnais, la durée des baux des maisons est d'un an, et le congé doit être signifié trois mois avant l'expiration du bail. — Auroux des Pommiers, sur l'art. 124 de la coutume. — V. aussi Duvergier, no 50.

1205. — En Auvergne, les baux sont également faits pour une année; c'est ce qu'on exprime par la maxime suivante : « *La clef porte un an.* » Le congé doit être donné six mois d'avance. — V. les coutumes de Saint-Flour, art. 2 et 3, et d'Aurillac, art. 1er. — Toutefois, dans le reste du département du Cantal, le délai du congé est de trois mois. — Duvergier, no 51.

1206. — La coutume de Blois est muette sur les usages en matière de location ; mais, suivant le commentateur de cette coutume, Fourré, les locations y sont annales, et, dans la ville, vont de Noël à Noël ou de Saint-Jean à Saint-Jean. — Duvergier, no 67. — Quant au congé, il n'en est pas question.

1207. — A Marseille, les baux commencent au 29 septembre, jour de Saint-Michel, et finissent à la même époque. Les congés doivent être donnés avant le 15 mai pour sortir au 29 septembre suivant. — Duvergier, no 58.

1208. — Dans le Béarn, la durée des baux est également d'un an. Le délai du congé est de trois mois avant l'expiration de l'année, et de six mois s'il s'agit de magasin ou de boutique. — Duvergier, no 59.

1209. — Lorsque, pendant la contestation qui s'élève entre un propriétaire et son locataire sur le délai fixé par le congé, ce délai vient à expirer, les juges peuvent, d'office, en proroger la durée. —*Cass.*, 23 fév. 1814, Montigny c. Lingois. — V. conf. Duvergier, no 487 ; Toullier, t. 9, no 35.

1210. — Le délai doit être complet; lors même qu'il ne manquerait qu'un jour pour le rendre tel, le congé ne pourrait produire son effet. — V. Troplong, no 419, qui cite comme décidant en ce sens un arrêt de la cour royale de Nancy rendu sous sa présidence, 12 juill. 1833 (t. 1er des arrêts de cette cour, p. 43). — V. aussi Bourjon, *De la location verbale*, t. 2, no 13, p. 65.

1211.—En outre, les mois se comptent de *terme à autre*.—Ainsi, si le délai pour donner congé est de six mois, et qu'il soit donné pour le 1er janvier, il faut le signifier au plus tard le dernier juin, il ne serait plus temps de le faire le 1er juillet. — Et il en est de même pour les délais inférieurs de trois mois et de six semaines. — Troplong, no 419; Duvergier, no 66. — V. aussi Bourjon, *De la location verbale*, no 13, p. 65.

1212.—Le locataire ne vide point ordinairement les lieux au moment même où le bail se trouve expiré; il est d'usage de lui accorder quelques jours pour terminer son déménagement et finir les réparations locatives. — A Paris, ce délai est de quinze jours lorsque le congé doit être donné à six mois ou à trois mois, et de huit jours seulement quand le congé peut être signifié à six semaines de date. — La coutume de Lorraine (t. 12, art. 29) fixe ce délai à quinze jours, celle de Melun (art. 29) à huit jours. — Ce délai n'entraîne pas de supplément de prix, sauf convention contraire. — Troplong, nos 420 et 421; Duranton, t. 17, no 169; Duvergier, nos 63 et suiv.

1213. — Mais, comme c'est un délai de grace accordé pour le déménagement, il ne peut être réclamé par celui qui n'en a pas besoin, notamment par celui qui, trouvant libre la maison qu'il doit habiter, peut déménager dès le lendemain de l'expiration du bail. — Duvergier, no 68.

1214. — Et comme il ne s'agit là que d'un délai supplémentaire qui peut être refusé et qui, dans tous les cas, n'est que de grace, il ne doit pas être compris dans la supputation du délai de congé. C'est donc à tort que M. Duranton (t. 17, no 169) dit qu'il suffit que le congé soit signifié avant le 8 ou le 15 de l'un des mois où s'opère la sortie, ou avant le huitième jour qui suit le demi-terme. — V. *contrà* Duvergier, no 66.

1215. — En cas de résiliation par la faute du locataire, celui-ci est tenu de payer le prix du bail pendant le temps nécessaire à la relocation, sans préjudice des dommages-intérêts qui ont pu résulter de l'abus. — C. civ., art. 1760.

1216. — Cette disposition ne doit point être entendue en ce sens que le locataire doive les loyers jusqu'à ce que le propriétaire ait reloué; l'art. 1760 ne l'oblige à les payer que pendant le temps nécessaire à la relocation, c'est-à-dire pendant le temps *ordinairement laissé au propriétaire pour s'assurer d'un nouveau locataire*. Ainsi, il doit, outre le terme courant, le loyer du terme suivant, tel que le fixe l'usage des lieux. — Mouricault, *Rapport au tribunat* (Fenet, t. 14, p. 333), Duranton, t. 17, no 172; Duvergier, t. 4, no 79; Troplong, no 621.

1217. — Lorsque le propriétaire reloue sur-le-champ, le locataire ne doit que les loyers échus pendant son occupation. — Troplong, no 622; Duvergier, t. 4, no 80.

Sect. 4e. — *Droit qu'avait autrefois le bailleur de rompre le bail pour venir habiter sa maison.*

1218. — Dans le droit romain, la loi 3, Cod., *De locat. et cond.*, permettait au propriétaire de rompre le bail pour occuper sa maison en personne. — Cette disposition, qui avait passé dans notre ancienne jurisprudence, a été bannie de la législation nouvelle.

1219. — Ainsi, le bailleur ne peut résoudre la location, encore qu'il déclare vouloir occuper par lui-même la maison louée, s'il n'y a eu convention. — C. civ., art. 1761.

1220. — S'il a été convenu dans le contrat de louage que le bailleur pourrait venir occuper la maison, il est tenu de signifier d'avance un congé aux époques déterminées par l'usage des lieux. — C. civ., art. 1762.

1221. — Dans l'ancienne jurisprudence, l'usage avait été d'abord de condamner aux dommages-intérêts envers le locataire le propriétaire qui l'expulsait pour occuper sa chose lui-même. Mais dans les derniers temps cet usage avait été abandonné. — V. à cet égard Despeisses, *Louage*, sect. 5e, no 11; Rousseau de Lacombe, vo *Bail*, sect 1re; Denizart, vo *Bail*, nos 22 et suiv.; Pothier, nos 335 et suiv.; Brodeau sur Louet, lettre L, somm. 4; Boucher d'Argis sur Argou, liv. 3, ch. 27; Bourjon, ch. 6, sect. 7e, nos 62 et suiv.

1222. — Sous le Code civil, le propriétaire qui use du droit qu'il s'est réservé par le bail, conformément à l'art. 1762, ne doit aucun dédommagement au preneur. — Troplong, no 626. — V. aussi la discussion au conseil d'état (Fenet, t. 14, p. 253). — V. toutefois *contrà* Duvergier (t. 4, no 11), qui se fonde sur l'analogie qui résulte des art. 1744 et suiv. pour le cas où le propriétaire vend sa maison en s'étant réservé le droit d'expulsion.

1223. — La faculté de rentrer en possession de la chose avant la fin du bail peut être stipulée, non seulement par le propriétaire, mais par tout bailleur quelconque, principal locataire, usufruitier, etc.; la loi est générale. — Troplong, no 627; Duvergier, no 12; Delvincourt, t. 3, notes, p. 201.

1224. — En cas de décès du bailleur, le bénéfice de la clause d'expulsion passe à ses héritiers. — Troplong, no 628.

1225. — Le bailleur qui userait de la clause d'expulsion sous prétexte d'occuper sa maison lui-même, mais en réalité pour la relouer à un prix plus avantageux, se rendrait passible de dommages intérêts envers le locataire expulsé. — Troplong, no 629.

1226. — De même le bailleur dépasserait son droit s'il usait de la clause d'expulsion pour placer dans l'appartement son gendre ou même son fils faisant ménage à part. — Mais il pourrait y placer un de ses enfans vivant en commun avec lui. — Troplong, no 629, qui cite Legrand, *sur Cout. de Troyes*, p. 334, no 66; Ferrière, *sur Cout. de Paris*, art. 171, glose 1, no 60.

Sect. 5e. — *Tacite réconduction.*

1227. — Si le locataire *d'une maison* ou *d'un appartement* continue sa jouissance après l'expiration du bail écrit, sans opposition de la part du bailleur, il sera censé les occuper aux mêmes conditions pour le terme fixé par l'usage des lieux, et ne pourra plus en sortir ni en être expulsé qu'après un congé donné suivant le délai fixé par l'usage des lieux. — C. civ., art. 1759.

1228. — Comme nous l'avons déjà fait remarquer, la tacite réconduction est fondée sur la volonté présumée du bailleur et du preneur. — Mais combien de temps doit avoir duré la possession pour servir de base à cette présomption ?

1229. — Cette question était autrefois diversement résolue suivant les coutumes. Leurs dispositions peuvent être ramenées à trois systèmes distincts. — Suivant le premier, la tacite réconduction avait lieu par cela seul qu'aucune des parties n'avait dénoncé à l'autre, avant l'expiration du bail, qu'elle n'entendait pas continuer la location. — Telle était la disposition des coutumes du Bourbonnais (art. 124), de Saint-Flour (art. 2 et 3), d'Aurillac (art. 1er), d'Auxerre (art. 149), de Touraine (V. Cottereau, no 3430). — Mais le délai qui devait s'écouler entre la dénonciation et la fin du bail n'était pas partout le même. A Saint-Flour et à Aurillac, il était de six mois; dans le Bourbonnais et dans la Touraine, de trois mois; à Auxerre de quinze jours. — Duvergier, *Louage*, t. 2 (continuat. de Toullier, t. 19), nos 71 et 72; Troplong, no 608. — V. aussi Pothier, no 353; Auroux, *sur Cout. Bourbonnais*, art. 124.

1230. — Dans le second système, la réconduction ne résultait pas nécessairement du défaut de dénonciation, mais elle s'opérait si, dès le lendemain du jour de l'expiration du bail, le locataire ne quittait pas les lieux ou n'était pas expulsé par le bailleur. — Ce système n'était établi nulle part par des textes formels, mais il était suivi là où la coutume et l'usage n'imposaient pas l'obligation d'une dénonciation antérieure, et, d'un autre côté, n'exigeaient point que la continuation de jouissance durât pendant un temps déterminé. Il était suivi notamment dans la coutume de Blois. — Duvergier, nos 72 et 73.

1231. — Enfin, suivant le troisième système, il était nécessaire que la jouissance du locataire eût été continuée pendant un certain nombre de jours. — A Orléans, il fallait que la possession se fût prolongée pendant huit jours sans dénonciation de vider les lieux. — Pothier, no 353. — Il en était de même à Montargis, ch. 18, art. 5. — De même encore dans la coutume de Soule, art. 5. — A Reims, il suffisait de cinq jours, art. 390. — La coutume de Bordeaux se contentait d'un jour ou deux, art. 38. — Mais à Lille, il fallait que la possession eût duré un mois après l'échéance du terme, ch. 15, art. 10. — Duvergier, t. 4, no 74; Troplong, no 610.

1232. — Aujourd'hui les coutumes n'ont plus aucune autorité légale, et toutefois elles ne seront pas toujours sans influence sur la décision des tribunaux en matière de réconduction. — Troplong, no 161; Duvergier, no 75.

1233. — En effet, il résulte des art. 1738 et 1759 que les magistrats ont un pouvoir discrétionnaire pour apprécier, d'après les circonstances, si les parties ont eu l'intention de commencer un nouveau bail; or, les dispositions des coutumes, dans les localités où elles auront continué d'être suivies, pourront servir de guide aux tribunaux pour démêler cette intention. — Duvergier, no 76; Troplong, no 611.

1234. — Toutefois, quant à celles qui, pour empêcher la tacite réconduction, exigeaient une dénonciation antérieure à l'expiration du bail, il est clair qu'elles sont sans application possible, puisque, d'après les art. 1738 et 1739, C. civ., c'est par la continuation de jouissance du locataire, *après l'expiration du bail*, que s'opère la tacite réconduction. — Duvergier, no 75.

1235. — De même, il est difficile de croire que l'on doive tenir compte de l'usage de Bordeaux et considérer en conséquence un jour ou deux comme un délai suffisant pour faire présumer une tacite réconduction. — Troplong, no 611.

1236. — Mais on devra avoir égard aux coutumes qui exigeaient une possession continuée pendant cinq jours ou huit jours, et, à moins de circonstances qui démontrent une intention différente, on devra prononcer conformément à cet usage. — Duvergier, no 76.

1237. — Quant à la durée de la réconduction, l'art. 1759 s'en rapportant à l'usage des lieux, il devient intéressant de voir ce que contenaient à cet égard les anciennes coutumes. — Troplong, no 615.

1238. — Dans certaines coutumes, le bail était censé recommencer pour un an. — V. notamment cout. d'Orléans, art. 420 (Pothier, no 29); de Montargis, art. 5, ch. 18; de Reims, art. 390; de Lille, ch. 15, art. 10; de Soule, art. 5; de Saint-Flour, art. 2 et 3; d'Aurillac, art. 1er; de Bourbonnais, art. 124. — Loisel avait fait de cet usage une règle de ses *Institutes coutumières* (L. 3, ch. 6, art. 11).

1239. — Il en était d'autres, au contraire, où le nouveau bail se prolongeait indéfiniment jusqu'à ce qu'un congé fût donné en temps utile. — V. les cout. d'Auxerre, art. 149; de Sens, art. 257; de Châlons, art. 274. — Tel était également l'usage de Paris (V. Tronçon, *sur Cout. Paris*, art. 161; Brodeau, *idem*, no 21; Ferrière, *ibid.*, art. 171, glose 1, no 46). — Ce congé devait être donné, à Paris, six mois ou trois mois d'avance, suivant qu'il s'agissait d'une maison entière ou d'un simple appartement. — A Sens, Châlons et Bar, il était de trois mois. — A Auxerre, de quinze jours seulement. — Troplong, no 614.

1240. — L'art. 1759 se référant à l'usage des lieux pour le délai du congé qui doit mettre fin à la tacite réconduction, il en résulte que ces derniers usages doivent être suivis partout où ils sont encore actuellement en vigueur. — Troplong, nos 615 et suiv.

1241. — Quant aux coutumes qui faisaient finir la réconduction de plein droit, après un certain délai, sans qu'il fût besoin de donner congé, l'art. 1759 nous paraît y avoir expressément dérogé. En effet, cet article fait du congé une nécessité indispensable; ce qu'il subordonne aux usages locaux, c'est seulement *le délai* dans lequel ce congé doit être donné. — Troplong, nos 617 *bis* et suiv.; Curasson, *Compét. des juges de paix*, t. 1er, p. 379.

CHAPITRE V. — *Règles particulières aux baux à ferme.*

1242. — Le bail à ferme est celui qui a pour objet des biens ruraux, c'est-à-dire des immeubles produisant des fruits naturels ou industriels, comme les terres, prés, bois, pâturages, vignes, etc. — Troplong, no 632.

1243. — On n'entend par *émondes*, en matière de baux à ferme, que les coupes d'usage déterminées par la durée des baux. Ainsi, un fermier qui a acquis en vertu de son bail (consenti pour dix ans) la faculté de couper des émondes, ne peut, en vertu de cette faculté exprimée ainsi d'une manière générale, prétendre droit à des émondes de vingt ans de sève. — *Rennes*, 23 fév. 1835, Berlaud c. Pouplard.

1244. — La clause d'un bail authentique par laquelle il est convenu qu'à son entrée en jouissance le fermier prendra la moitié de la récolte pendante, sauf à la laisser à la dernière année du bail, n'a rien d'illicite en elle-même; elle donne immédiatement droit au fermier sur cette moitié de récolte, si rien ne prouve d'ailleurs qu'il y ait eu fraude concertée avec le propriétaire pour frustrer les créanciers de ce dernier. — *Riom*, 23 juin 1818, Pagès c. Valette.

Sect. 1re. — *Obligations du bailleur.*

1245. — Nous avons vu, lorsque nous nous sommes occupés des règles communes aux baux des maisons et des biens ruraux, que le bailleur est tenu de délivrer la chose au preneur. A cette règle générale se rattachent quelques dispositions spéciales au bail à ferme, dont nous allons nous occuper.

1246. — Si, dans un bail à ferme, on donne aux fonds une contenance moindre ou plus grande que celle qu'ils ont réellement, il n'y a lieu à augmentation ou diminution de prix pour le fermier que dans le cas et suivant les règles exprimés au titre de la vente. — C. civ., art. 1765.

1247. — Ainsi, si le bail d'un immeuble a été fait avec indication de la contenance, à raison de tant la mesure, et qu'il se trouve une contenance plus grande que celle exprimée au contrat, le preneur a le choix de fournir le supplément du prix, ou de se désister du contrat, si l'excédant est d'un vingtième au-dessus de la contenance déclarée. — Duvergier, no 134; Troplong, no 642.

1248. — Si, au contraire, dans le même cas, la contenance indiquée au contrat ne se retrouve pas, le bailleur est obligé de délivrer au preneur, s'il l'exige, la quantité indiquée au contrat, et, si la chose ne lui est pas possible, ou si l'acquéreur ne l'exige pas, le vendeur est obligé de souffrir une diminution proportionnelle du prix. — Troplong, no 643; Duvergier, nos 133 et 137.

1249. — M. Duvergier prétend même (no 137) que le déficit d'un vingtième autorise le preneur à demander la résiliation, lorsqu'il rend le fonds impropre à l'usage pour lequel il a été pris à bail. — Mais M. Troplong (no 654) combat vivement cette doctrine qui lui paraît également repoussée par le texte et par l'esprit de l'art. 1617 du Code civil. — V. VENTE.

1250. — Dans tous les autres cas, — soit que le bail soit fait d'un corps certain et limité; — soit qu'il ait pour objet des fonds distincts et séparés, qui sont autant de corps certains; — soit qu'il commence par la mesure ou par la désignation de l'objet vendu suivi de la mesure, l'expression de cette mesure ne donne lieu à aucun supplément

BAIL, ch. 5, sect. 1re.

de prix en faveur du bailleur, pour l'excédant de mesure, ni en faveur du preneur à aucune diminution de prix pour moindre mesure, qu'autant que la différence de la mesure réelle à celle exprimée au contrat est d'un vingtième en plus ou en moins, eu égard à la valeur de la totalité des objets affermés, s'il n'y a stipulation contraire. — Cela résulte de la combinaison des art. 1765 et 1619. — V. Troplong, no 655.

1251. — Dans le cas où, suivant l'article précédent, il y a lieu à augmentation de prix pour excédant de mesure, le preneur a le choix, ou de se désister du contrat ou de fournir le supplément du prix, et ce avec les intérêts, s'il a gardé l'immeuble. — Art. 1765 et 1620 combinés.

1252. — Suivant M. Duvergier (no 138), le preneur peut se désister également lorsqu'il y a lieu à diminution, si le déficit rend la chose impropre à l'usage pour lequel il l'a prise à bail. — Mais M. Troplong (no 655) n'admet pas cette doctrine qui, suivant lui, heurte le texte et l'esprit de la loi.

1253. — Dans tous les cas où le preneur a le droit de se désister du contrat, le bailleur est tenu de lui restituer, outre le prix, s'il l'a reçu, les frais de ce contrat. — C. civ., art. 1765 et 1621 combinés.

1254. — V., sur le mode de supputation du vingtième et sur le point de savoir comment ce vingtième doit être apprécié, les règles posées au mot VENTE.

1255. — L'action en supplément de prix de la part du bailleur, et celle en diminution du prix ou en résiliation du contrat de la part du preneur, doivent être intentées dans l'année, à compter du jour du contrat, à peine de déchéance. — C. civ., art. 1622 et 1765 combinés. — Troplong, no 658; Duvergier, no 135. — V. *contrà* Duranton, t. 17, no 180, qui pense que la prescription de trente ans est seule applicable.

1256. — Mais jugé que la prescription d'un an à laquelle est assujétie, en matière de vente, l'action en augmentation de prix pour excédant de mesure, ou en diminution de prix pour défaut de contenance, ne peut être invoquée, en la supposant applicable à un bail, lorsque le prix du fermage est demeuré incertain et subordonné à un arpentage. — *Paris*, 28 août 1841 (t. 2 1841, p. 389), Charpentier c. Boivin.

1257. — Au reste, les propositions qui précèdent sont susceptibles de développemens que nous ne croyons pas devoir donner ici, parce qu'ils se trouveront plus convenablement placés sous le mot VENTE.

1258. — Nous avons vu, également (*suprà* no 271) que le bailleur doit délivrer la chose avec tous ses accessoires.

1259. — Le droit de chasse doit-il être considéré comme un de ces accessoires dont le preneur a le droit de jouir lorsque le contraire n'a point été convenu ? Est-ce au contraire au propriétaire qu'il appartient, à moins que le bail ne le confère expressément au fermier ? — La jurisprudence française semble fixée en ce dernier sens. — *Paris*, 19 mars 1812, Duval de Bonneval c. Aulet; *Cass.*, 13 nov. 1818, Selves c. Seigle; *Angers*, 14 août 1826, Monty c. Beaumont; *Cass.*, 12 juin 1828, Moreau c. Gouvion-St-Cyr; *Paris*, 8 janvier 1836, Destourbet c. Aubert. — V. aussi en ce sens Merlin, *Quest.*, vo *Chasse*, § 3; Favart de Langlade, vo *Chasse*, § 15; Toullier, t. 4, no 19; Petit, *Traité du droit de chasse*, t. 1er, chap. 3, p. 229; Troplong, no 161.

1260. — La jurisprudence belge, au contraire, n'accorde le droit de chasse qu'au fermier, à l'exclusion du propriétaire, à moins que celui-ci ne se le soit expressément réservé. — *Bruxelles*, 6 nov. 1822, N. c. Vandenberghe; 25 févr. 1826, N... — V. dans le même sens Duvergier, *Louage*, t. 1er (continuat. de Toullier, t. 18), no 73; Vaudoré, *Droit rural*, no 241; de Gasparin, *Guide des propriétaires des biens ruraux affermés*, p. 388. — V. aussi au *Journal des conseillers municipaux* (2e année, p. 1re), une consultation de Me Ph. Dupin, et (même année, p. 117) une autre consultation dans le même sens.

1261. — A l'appui du premier système on dit que la chasse est un attribut du droit de propriété, qu'il peut en être séparé et faire l'objet d'une cession particulière; qu'un bail à ferme concède seulement au fermier la jouissance des fruits utiles, et que la chasse, en général, n'est pas du nombre de ces fruits; on s'indigne de ce que le fermier pourrait permettre la chasse à qui bon lui semblerait et l'interdire au propriétaire du fonds; enfin, on invoque l'art. 15, L. 30 avr. 1790, qui, en permettant au fermier de détruire par des filets ou d'autres engins le gibier répandu dans ses récoltes, lui refuse, dit-on, le droit de le détruire par les moyens ordinaires, et suppose nécessairement qu'il n'a pas le droit de chasse.

1262 — Mais, nous l'avouons, ces raisons ne suffisent point pour nous convaincre. — Nous sommes les premiers à reconnaître que la chasse est un des attributs du droit de propriété ; mais, prenant acte de ce qu'il n'est pas personnel au propriétaire et de ce qu'il est cessible, nous en tirons la conséquence qu'il n'est pas exclu, par sa nature, du bail à ferme dans lequel les parties ont omis de s'en expliquer. On prétend que ce droit n'est pas compris au nombre des droits *utiles* ; c'est une erreur, puisqu'il procure des profits, soit qu'on l'exerce par soi-même, soit qu'on le cède à prix d'argent ; il a bien évidemment ce caractère lorsqu'il est loué isolément ; pourquoi ne l'aurait-il pas lorsqu'il est joint à l'exploitation des terres ? Voudrait-on n'y voir qu'un simple agrément, il n'en ferait pas moins partie de la jouissance de l'immeuble. Or, par le bail à ferme, le propriétaire s'oblige à faire jouir le fermier en son lieu et place, de la chose louée. Le législateur n'avait pas besoin de dire que la jouissance cédée serait pleine et entière lorsqu'elle n'aurait été restreinte par aucune clause du bail ; cela était de droit, et on ne le conteste que pour créer une exception relativement au droit de chasse ; mais cette exception ne repose ni sur la nature du droit, ni sur les termes de la loi ; elle doit donc être repoussée comme arbitraire. Qu'importe que le fermier puisse interdire la chasse au propriétaire qui ne se l'est pas réservée ? La faculté qu'on lui en reconnaît, en cas de stipulation expresse, n'a rien d'extraordinaire quand la stipulation est seulement implicite. Enfin, ceux qui argumentent de l'art. 15, L. 30 avr. 1790, ne font pas attention que l'objection qu'ils en tirent contre le fermier ne porte que sur le temps prohibé par l'alinéa 2e, art 1er, et qu'elle est également opposable au propriétaire : d'où il suit qu'elle ne prouve absolument rien. Au surplus, la loi de 1790 n'a pas eu pour objet de régler les rapports du propriétaire avec son fermier. Il suffit qu'elle ait attribué une indemnité au maître des fruits et qu'elle ait accordé l'action correctionnelle à toute personne intéressée (V. les arrêts de Bruxelles), pour que les principes qui viennent d'être exposés soient en parfaite harmonie avec ses dispositions.

1263. — M. Duranton (t. 4, no 286) après avoir plaidé la cause du fermier, finit par accorder au propriétaire un droit de concurrence ; mais ce système est inadmissible. — M. Petit (*loc. cit.*) en démontre longuement les inconvéniens.

1264. — Jugé que le fermier peut, aussi bien que le propriétaire, détruire en tout temps le gibier dans ses récoltes, à la condition de ne se servir que de filets et autres engins. — Il en est ainsi lors même que le propriétaire aurait stipulé dans le bail que le fermier ne pourrait réclamer aucune indemnité pour les dégâts causés pas le gibier à ses récoltes. — *Paris*, 21 août 1840 (t. 2 1841, p. 300), de Talleyrand c. Gallet.

1265. — Quant au droit de pêche, il appartient incontestablement au fermier, à moins de convention contraire, lorsque sur le fonds affermé se trouvent des étangs dont la pêche forme une branche de revenu, car alors le produit de ces étangs constitue un fruit que les parties ont dû nécessairement avoir en vue lorsqu'elles ont fait le bail. — Duvergier, *Louage*, t. 1er, no 73 ; Troplong, no 163.

1266. — Mais en serait-il de même si le fonds était simplement traversé par un cours d'eau ? — M. Troplong (no 163) pense que, dans ce cas, la pêche n'étant pas une branche de revenu, mais plutôt un droit voluptuaire attaché à la propriété, le fermier ne peut y prétendre, à moins qu'une clause du bail ne la lui attribue expressément. — Mais cette doctrine nous semble trop rigoureuse : « Il suffit, dit M. Duvergier (*loc. cit.*, no 75), que la pêche présente un avantage pour qu'elle soit censée avoir été comprise dans le bail. Il y aurait quelque chose d'étrange à refuser au fermier qui réside sur les lieux les petits bénéfices qu'offre le voisinage d'un ruisseau. D'ailleurs, les eaux causent souvent du dommage aux terres qu'elles arrosent ; et surtout aux récoltes ; elles imposent des obligations de curage et d'entretien ; il est équitable que ce qu'elles présentent d'utilité appartienne à ceux sur lesquels pèse le mal qu'elles produisent. C'est là ce qui a déterminé à attribuer le droit de pêche dans les petits cours d'eau aux propriétaires riverains. » — Au surplus, c'est là une question d'intention dont la solution pourra dépendre des circonstances.

1267. — Le fermier ne peut réclamer du propriétaire une indemnité pour le retard que celui-ci aurait mis à lui fournir de l'argent et des grains à son entrée, ainsi qu'il s'y était engagé, lorsqu'il a laissé passer une année sans constituer le propriétaire en demeure de remplir cette obligation. — *Rennes*, 20 juill. 1816, N...

1268. — Le bailleur, obligé de faire jouir le fermier, doit, par conséquent, le garantir de toute atteinte qui pourrait être portée à sa jouissance.

1269. — Dès-lors un fermier peut réclamer directement contre son bailleur la réparation des atteintes qu'ont portées à sa jouissance des adjudicataires d'arbres croissans sur la propriété affermée, pour avoir négligé de les déterrer et de les enlever. — *Bruxelles*, 27 mai 1835, Delamarche c. Hompesh.

Sect. 2e. — *Obligations du fermier.*

ART. 1er. — *Règles suivant lesquelles il doit jouir.*

1270. — Le preneur d'un héritage rural doit le garnir des bestiaux et des ustensiles *nécessaires à son exploitation*. — C. civ., art. 1766.

1271. — Le but direct et principal de cette obligation est d'assurer la bonne culture des terres, et non pas de garantir au bailleur le paiement des fermages. — Aussi le fermier remplit pleinement son obligation lorsque les bestiaux et les instrumens aratoires, bien qu'insuffisans pour répondre des termes courans et des termes à échoir, sont cependant proportionnés aux besoins de l'exploitation. — Pothier, no 318 ; Troplong, no 660 ; Duvergier, no 100.

1272. — Ce qui n'empêche pas, au surplus, le propriétaire de faire valoir son privilége sur le mobilier qui garnit la ferme et sert à l'exploitation. — Duvergier et Troplong, *loc. cit.* — V. aussi PRIVILÉGE.

1273. — Jugé que le fermier qui a déplacé des bestiaux garnissant la ferme ne peut s'opposer à la saisie-revendication pratiquée par le propriétaire, en alléguant que ce qui garnit encore la ferme suffit à son exploitation. — *Poitiers*, 28 janv. 1819, Supin c. Tallery.

1274. — Quelque impérative que soit la disposition de l'art. 1766, M. Troplong pense qu'on ne peut l'appliquer d'une manière générale et absolue à toutes les localités, et qu'elle ne trouve sa place que dans les pays de grande culture (observations de la cour de Limoges sur le projet du Code (Fenet, t. 14, p. 24). — « En effet, dit-il, dans les autres contrées c'est très souvent le propriétaire qui, en affermant, confie à son fermier les bestiaux et les ustensiles, à charge par celui-ci d'en remettre la valeur à la fin du bail. — On consultera donc l'usage des lieux, afin de ne pas abuser d'une disposition très sage du reste, quand des circonstances particulières n'y apportent pas d'exception. »

1275. — Le fermier doit cultiver en bon père de famille — C. civ., art. 1766. — Ainsi, s'il s'agit d'une vigne, il doit la façonner, la fumer, l'entretenir d'échalas, la provigner. S'il s'agit d'une terre, il doit l'entretenir d'engrais, ménager ses forces et lui donner les façons en temps convenable. — L. 25, § 3, ff., *Loc. cond.* ; — Pothier, no 190 ; Troplong, no 66[illegible] ; Duvergier, *Louage*, t. 2, nos 96 et suiv.

1276. — Comme la culture des terres a des objets très divers et que d'ailleurs les procédés varient suivant les localités, c'est d'après les usages suivis dans tel ou tel canton, dans telle ou telle commune, que les tribunaux doivent juger si le fermier a donné à la chose les soins et la culture convenables. — Duvergier, t. 4, no 95.

1277. — Ils doivent aussi tenir compte toutefois, dans une juste mesure, des progrès de la science agronomique. — Troplong, no 663.

1278. — Ainsi, si un fermier à qui son bail défend de dessoler mettait en culture toutes les terres, en variant les semences de manière à n'exiger de chaque terrain que les productions qui conviennent à son état, comme, dans l'état actuel de la science, il est reconnu que ce mode de culture est supérieur au système d'assolement, qui consiste à laisser toujours un tiers des terres en jachères, ce fermier ne pourrait pas être considéré comme manquant aux devoirs du bon père de famille, et la clause prohibitive devrait être écartée comme l'expression d'une réserve de style et sans utilité. — Troplong, no 663 ; Merlin, *Rép.*, vo *Assolement* ; Duvergier, no 99. — V. aussi *Bruxelles*, 24 mars 1807, Jackmar c. Cheval.

1279. — Toutefois, si le fermier que son bail laisse libre à cet égard s'attache de préférence à la pratique des assolemens, le propriétaire ne sera pas fondé à s'en plaindre, surtout si cet usage est encore suivi dans le pays. — Troplong, no 663.

1280. — Le fermier qui a dessolé les terres et les a chargées de récoltes, dans chacune des trois dernières années de sa jouissance, n'est pas tenu à une indemnité envers le propriétaire, pour raison de la diminution que les pailles de la dernière récolte, qui lui appartiennent, ont pu en éprouver, si d'ailleurs les fonds ont été bien fumés et sont en bon état. — *Paris*, 21 fév. 1822, Pinel c. Ménard.

1281. — Le fermier ne doit pas abandonner la culture ; en effet cet abandon détériore le terrain, diminue sa fécondité et, par conséquent, porte préjudice au bailleur. — C. civ., art. 1766 ; — Troplong, no 662 ; Duvergier, no 106.

1282. — Il ne doit point employer la chose louée à un autre usage que celui auquel elle a été destinée. — C. civ., art. 1766.

1283. — Ainsi il ne peut divertir de la ferme les pailles et les fumiers qui sont destinés à l'engrais des terres. — Coquille, *sur Cout. Nivernais*, tit. 32, art. 19 ; Pothier, no 190 ; Merlin, *Quest. de droit*, vo *Fumiers*, § 1er ; Troplong, no 666.

1284. — Toutefois il faut faire exception à cette règle pour les localités où le pacage des moutons et d'autres engrais entretiennent suffisamment la fertilité du sol. Dans ces localités le fermier peut librement disposer des pailles et fumiers. — Merlin, *Quest.*, vo *Fumiers*, § 1er ; Troplong, no 666.

1285. — Il y a aussi, ajoute M. Troplong (no 666), des localités où la paille de seigle appartient au fermier. Tel est l'usage de quelques coutumes de Normandie.

1286. — Le fait, de la part du bailleur, de reprendre les terres affermées, sans faire constater leur état, et de les faire ensuite cultiver et ensemencer, le rend non-recevable à réclamer aucune indemnité pour prétendu défaut d'engrais. — *Amiens*, 18 mai 1824, Delahaye c. Labbé.

1287. — Il a été jugé que les fourrages des prairies artificielles doivent être, comme ceux des prairies naturelles, consommés dans le domaine ; le fermier ne peut les vendre. — En vain repoussera-t-on l'action du propriétaire en dommages-intérêts par le motif qu'il aurait laissé écouler le bail sans se plaindre, s'il n'est pas prouvé qu'il ait connu et toléré volontairement cet abus. Ce propriétaire peut même, en appel, conclure sur ce nouveau fait si les abus dont il se plaignait dans l'exploit introductif d'instance y avaient un trait direct. — *Bourges*, 9 juill. 1828, Suchet c. Robin ; — Troplong, no 667.

1288. — Le même arrêt ajoute que le fermier peut profiter de la graine comme il fait des céréales. — Même arrêt.

1289. — M. Duvergier pense que le sens de cette décision ne doit pas être trop étendu. — Si un fermier habile, dit-il, transformait en prairies artificielles des terrains jusqu'alors incultes, avec l'intention de créer, dans le fonds qu'il exploite, une source nouvelle et spéciale de produits en vendant les fourrages, le bailleur ne pourrait pas l'empêcher de disposer du fruit de ses travaux qui n'auraient pas pour destination la nourriture des bestiaux ou l'approvisionnement d'engrais. Il faut en dire autant des fourrages provenant des prairies naturelles qui excéderaient évidemment les produits de la ferme. — V. aussi Troplong, no 667.

1290. — Il y a aussi, ajoute M. Troplong (*loc. cit.*), des localités où les foins sont considérés comme objets de commerce appartenant au fermier. Cet usage existe dans certaines parties des départemens de l'Eure et du Calvados. Mais le produit des prairies artificielles et de tous les autres fourrages y sont regardés comme devant être consommés sur la ferme.

1291. — Bien que l'art. 1766 défende au fermier d'employer la chose à un autre usage que celui auquel elle a été destinée, M. Duvergier (no 102) pense que ce fermier n'en doit pas moins avoir une certaine liberté dans sa jouissance. — Ainsi, dit-il, il ne pourrait convertir une terre labourable en vigne ou arracher une vigne pour semer du blé ; mais on ne doit pas l'empêcher de faire quelques modifications sur le fonds qu'il exploite, de substituer certaines cultures à d'autres, et à plus forte raison, de mettre en valeur des terrains qui étaient en friche avant le bail. — L'intérêt de l'agriculture, du propriétaire et du fermier le veut ainsi. — Pothier, no 279.

1292. — A défaut par le fermier de remplir les obligations qui lui sont imposées, c'est-à-dire s'il ne garnit pas l'héritage des bestiaux et ustensiles nécessaires à son exploitation ; s'il abandonne la culture ; s'il ne cultive pas en bon père de famille ; s'il emploie la chose à un autre usage que celui auquel elle a été destinée ; ou, en général, s'il n'exécute pas les clauses du bail et qu'il en résulte un dommage pour le bailleur, celui-ci peut, suivant les circonstances, faire résilier le bail. — En cas de résiliation provenant du fait du preneur, celui-ci est tenu des dommages-intérêts. — C. civ., art. 1766.

1293. — L'art. 1766, C. civ., qui permet aux juges de prononcer la résiliation du bail, si le preneur d'un héritage rural ne le garnit pas des bestiaux et ustensiles nécessaires à son exploitation, est général et s'applique même au cas où il aurait

été donné caution pour assurer le paiement du prix du bail. — *Bruxelles*, 27 mai 1835, Delamarche c. Hompesh. — En effet, comme nous l'avons déjà fait remarquer, le but principal de l'obligation de garnir les lieux est d'assurer la bonne culture des terres, et non pas de garantir le paiement des fermages.

1294. — L'art. 1766, C. civ., suivant lequel le bailleur peut demander la résiliation du bail, si le preneur ne garantit pas l'héritage affermé des bestiaux et des ustensiles nécessaires à son exploitation, a dû recevoir son application au cas d'un bail passé sous une loi qui ne contenait pas une semblable disposition. — *Bruxelles*, 18 mars 1807, Lombart c. Demanet.

1295. — La clause insérée dans un bail à ferme d'une exploitation rurale consenti à longues années et en considération de la capacité spéciale des preneurs, qu'ils *exploiteront par leurs propres mains*, ne les oblige pas à résider sur les lieux mêmes de l'exploitation. Il suffit, lorsqu'ils laissent un homme à gages sur les lieux, que la distance à laquelle ils ont fixé leur résidence, et la facilité de leurs moyens de transport, jointes à leur activité, leur permettent de surveiller l'exploitation et de lui donner une direction intelligente. Le bailleur peut d'autant moins exiger la résidence sur les lieux mêmes si, loin de se plaindre d'un dommage éprouvé, il reconnaît une amélioration dans sa propriété, et ne se borne qu'à exprimer des craintes pour l'avenir. — *Nancy*, 12 juin 1840 (t. 2 1840, p. 669), Thiriet c. Salmon et Favetier; — Troplong, n° 668.

1296. — Tout preneur de bien rural est tenu d'engranger dans les lieux à ce destinés d'après le bail. — C. civ., art. 1767. — Cette disposition a pour objet d'assurer au bailleur son privilége sur les fruits de sa ferme, sans qu'il lui soit nécessaire de recourir à l'exercice souvent périlleux du droit de suite et de revendication. — Mouricault, *Rapport* (Fenet, t. 14, p. 336); Duranton, t. 17, n° 188; Troplong, n° 683.

1297. — S'il n'y avait pas de bail écrit, ou si le bail ne déterminait pas le lieu d'engrangement, il faudrait se conformer sur ce point à l'usage suivi dans la ferme. — Troplong, n° 686.

1298. — Le bailleur a le droit d'exiger que le preneur se conforme à l'art. 1767, alors même que celui-ci voudrait engranger dans des lieux dont il serait propriétaire, et qu'ainsi le bailleur n'aurait pas à craindre l'effet d'un autre privilége. — Duvergier, *Louage*, t. 2 (contin. de Toullier, t. 19), n° 101.

ART. 2. — *Paiement des fermages.*

1299. — Lorsque le prix du bail consiste, soit pour le tout, soit pour partie, en redevances en nature, le fermier doit faire le paiement de la manière convenue, il ne peut se libérer en argent contre le gré du propriétaire. — Troplong, n° 673; Toullier, t. 7, n° 47; Duvergier, *ubi suprà*, n° 120.

1300. — Il n'y serait pas autorisé, par cela seul que le bail contiendrait l'évaluation en argent des redevances stipulées payables en nature. Cette évaluation n'a ordinairement pour but que de servir à la perception du droit d'enregistrement, ou de faire connaître la valeur véritable du prix pour le cas de vente de la ferme. — Troplong, n° 675; Toullier, t. 4, n° 50; Duvergier, *loc. cit.*

1301. — Lorsque l'estimation est faite précisément pour attribuer au preneur la faculté de payer à son choix en argent ou en nature, il peut se libérer en donnant soit la somme stipulée, soit la quantité de fruits énoncée dans le bail. — Duvergier, n° 121; Troplong, n° 676.

1302. — Si le prix consiste en denrées du fonds, le bailleur peut exiger qu'on lui donne des fruits produits par le fonds même, et le fermier offrirait en vain des fruits d'égale qualité ou même d'une qualité supérieure. — Duvergier, n° 119.

1303. — Si les terres n'ont pas produit de denrées de l'espèce que le fermier doit livrer, se trouve-t-il par là dégagé de toute obligation, ou bien doit-il acheter des denrées de l'espèce de celles qu'il a promises pour les livrer au bailleur? Peut-il enfin se libérer en argent? — A cet égard il faut distinguer:

1304. — Si le bail portait que le fermier donnera chaque année tant de mesures de vin, de cidre, etc., du crû de la ferme, *en sus des fermages en argent*, il serait dégagé de l'obligation de payer en denrées dans les années où il n'en recueillerait pas, si telle avait été l'intention des parties, manifestée par les termes de l'acte et par les circonstances; comme si ces prestations étaient un faible objet comparé au prix principal; s'il était dit qu'il donnera tant de vin, de cidre, etc., lorsqu'il en recueillera, s'il en recueille. — Remarquons à

cet égard que, comme les juges doivent toujours pencher en faveur du débiteur, il est important que les intentions des parties soient clairement expliquées. — Toullier, n° 51; Duvergier, n° 123; Rolland de Villargues, v° *Bail à ferme*, n° 48.

1305. — Si le prix entier du bail doit être payé en denrées produites par le fonds, il est clair que le preneur ne doit rien si le fonds n'a rien produit, *debitor interitu speciei liberatur.* — Toullier, *loc. cit.*; Duvergier, *loc. cit.*; Rolland de Villargues, n° 49.

1306. — Mais cette opinion suppose que l'intention des parties a été de faire dépendre l'obligation du fermier de la perception des fruits. — Si cette intention n'était pas établie, et si d'ailleurs le fermier n'était pas libéré au moyen de la remise qu'il a droit de demander sur le prix du bail pour perte de tout ou partie de la récolte, il devrait acheter les denrées de l'espèce et de la qualité déterminées et les livrer au bailleur. — Toullier, n° 163; Duvergier, *loc. cit.*; Rolland de Villargues, n° 50.

1307. — Lorsque le bail, dans lequel il est stipulé certaines redevances en nature, permet au bailleur de les exiger ou au fermier de s'en libérer en argent, comment doit alors se faire l'évaluation, si les bases n'en ont point été déterminées par le bail? — A cet égard, et en l'absence de toute clause de nature à éclairer les juges, M. Troplong (n° 676) enseigne qu'il y a une distinction à faire: — Si la partie demande pour l'avenir une conversion définitive de la redevance en argent, on prendra le prix moyen d'un certain nombre d'années échues, compensation faite des bonnes, des médiocres et des mauvaises. — Si la conversion n'est demandée que pour l'année où l'on se trouve, l'évaluation devra évidemment se faire d'après le prix des denrées de l'année, puisque le prix en argent est la représentation du prix en nature.

1308. — Il a été jugé que, en cas de stipulation dans un bail à ferme, moyennant un fermage payable en grains, que le bailleur aura la faculté d'exiger le fermage en argent d'après le prix des grains vendus au marché, l'arrêt qui juge que le fermage sera fixé, non d'après le prix des grains de la récolte de l'année, mais d'après le prix des grains des dernières mercuriales, sans distinction de récoltes, ne fait qu'interpréter un bail et devient inattaquable en cassation sous ce rapport. En vain dirait-on qu'il viole la règle que le fermage en argent représente le fermage en nature. — *Cass.*, 18 fév. 1828, Papillon c. Hospices de Paris. — M. Duvergier (n° 125) critique, comme contraire aux règles ordinaires d'évaluation des fermages, la décision sur laquelle est intervenu cet arrêt. — M. Troplong (*loc. cit.*) n'y voit qu'une interprétation d'acte.

1309. — En l'absence de toute explication, on ne doit entendre par *drôlées*, dans le prix d'un bail à ferme qui stipule le prix principal en grains froment et seigle, que le beurre, les œufs, volailles et porcs, et non d'autres grains tels que blé, sarrasin et avoine, ni une prestation en foin. — *Grenoble*, 5 fév. 1819, Rendet c. Saulnier.

1310. — D'après les principes généraux, ce serait au lieu du domicile du fermier que devrait se faire le paiement. Mais presque toujours on stipule dans le bail qu'il sera fait au domicile du bailleur. — Troplong, n° 671; Pothier, *Obligat.*, n° 549; *Louage*, n° 136.

1311. — De là il résulte que, lorsque ce prix se compose en tout ou en partie de redevances en nature, et que durant le trajet ces redevances périssent, même sans la faute du fermier, la perte néanmoins retombe sur lui et non pas sur le bailleur; car elles sont à ses risques et périls jusqu'à ce qu'elles soient arrivées. — Troplong, n° 671; Duvergier, n° 129.

1312. — Mais si, pendant la durée du bail, le bailleur change sa résidence et va s'établir dans un lieu plus éloigné du fermier, il devra prendre les mesures nécessaires pour faire recevoir le prix au lieu indiqué dans le bail, car il ne peut aggraver par son seul fait la condition du fermier. — Pothier, n° 137; Troplong, n° 672, Duvergier, n° 127. — C'est le cas, dit il, d'appliquer la règle « *Nemo alieno facto prægravari debet.* »

1313. — Cependant, si la nouvelle résidence était peu éloignée de la première, le fermier ne serait pas fondé à élever des difficultés. — Pothier, *loc. cit.*; Troplong, *loc. cit.*

1314. — Ce que nous disons du changement de domicile s'appliquerait au cas d'aliénation de l'héritage affermé, si le propriétaire n'avait pas le même domicile que son vendeur. — Troplong, n° 672.

1315. — Nous avons vu ci-dessus (n°s 511 et suiv.) que le prix du bail doit être payé aux époques fixées par la convention, et, à défaut de stipulation expresse, aux époques fixées par les usages locaux. — Dans le cas où il n'existerait pas d'usage, le paie-

ment serait exigible à la fin de l'année. — Duvergier, t. 4, n° 126.

1316. — L'usage du pays d'Artois, et notamment de la commune de la Vieille-Eglise, est, à moins de clause dérogatoire dans le bail, que le fermier entrant, bien qu'il n'ait pas la jouissance immédiate de la portion de terre ensemencée en grains d'hiver par le fermier sortant, et qui compose la *tierce sole*, n'en paie pas moins la totalité des fermages et contributions du premier terme ou semestre de son bail, sauf à lui, lorsqu'il sortira, à enlever la récolte de la même *tierce sole* sans payer aucune portion du premier terme du bail suivant. — *Douai*, 26 avr. 1839 (t. 2 1839, p. 450), Loquez c. Sergent.

1317. — Lorsque le bail impose au fermier l'obligation de faire des charrois pour le bailleur, ce dernier ne peut les exiger au moment des récoltes ou des semences, il doit attendre un moment plus commode pour le fermier, à moins qu'il n'y ait pour lui une impérieuse nécessité. — Pothier, n° 205; Troplong, n° 677; Duvergier, n° 130.

1318. — Lors même que cette nécessité existe, si le bailleur y a donné lieu par sa faute, par exemple en attendant au moment des récoltes pour faire faire ces charrois, lorsqu'il pouvait les faire faire plutôt, il doit dédommager le fermier du préjudice qu'il lui cause par l'inopportunité de sa demande. — Pothier, n° 205; Duvergier, *loc. cit.*

1319. — Le fermier qui s'est engagé à transporter les matériaux nécessaires pour réparer les bâtimens de la métairie, ne doit ces transports qu'eu égard à l'état où ladite métairie se trouvait lors du bail. Si le propriétaire y fait des changemens, si, par exemple, il veut substituer une couverture en tuiles à une couverture en chaume, le fermier ne sera point obligé au transport de ces tuiles, car sa position ne peut être aggravée par le fait du bailleur. — Pothier, n° 207, Troplong, n° 679; Duvergier, *loc. cit.*

1320. — De même, si la ferme est incendiée, le fermier n'est point obligé de faire les transports nécessaires à la reconstruction; c'est là un événement imprévu, en dehors des stipulations du bail, qui n'ont trait qu'aux réparations d'entretien, à moins que, par l'extension de leurs termes, elles n'embrassent tous les cas, ordinaires et extraordinaires. — Pothier, n° 207, Troplong, n°s 679 et 680; Duvergier, *loc. cit.*

1321. — La cour de Bourges a jugé que les prestations telles que les charrois stipulés dans un bail ne s'arréragent pas; et que, dès-lors, le bailleur ne peut en réclamer le prix lorsqu'il n'a pas demandé ces prestations en temps et lieu. — Peu importe, d'ailleurs, que le bailleur produise une sommation faite au colon, si cette sommation est restée isolée et qu'il n'y ait pas été donné de suite. — *Bourges*, 6 av. 1832, Martin c. Bouzique. — Conf. Duvergier; n° 131; Troplong, n° 330. — Sauf les circonstances, dit ce dernier auteur, lesquelles ont, en pareille matière, une grande influence.

1322. — Lorsqu'un fermier s'est obligé, par son bail, de voiturer telles choses qu'il plairait au bailleur, il peut être contraint de conduire en un lieu désigné par ce dernier des denrées formant le prix du bail, alors même qu'elles auraient été stipulées livrables à la ferme. — *Cass.*, 1er avr. 1819, Seigle c. Selves, et sous cet arrêt celui de *Paris*, 14 fév. 1818, mêmes parties. — Duvergier, n° 128.

1323. — Mais M. Duvergier fait remarquer avec raison (n° 129) qu'il n'en est pas de ce dernier cas comme de celui où le fermier est tenu d'acquitter le fermage au domicile du bailleur (V. *suprà* n° 1311), et que le fermier qui transporte les redevances en exécution de la clause qui l'oblige à faire des charrois pour le compte du bailleur n'est tenu des risques durant le voyage que comme voiturier ordinaire; il n'est donc responsable de la perte que si elle a été causée par sa négligence ou son imprudence.

1324. — Un fermier ne peut être contraint par voie de saisie-gagerie à l'exécution de l'obligation par lui contractée par son bail de marner les terres affermées, lorsqu'il résulte du bail que cette obligation ne peut pas être considérée comme faisant partie des fermages annuels. — *Paris*, 2 fév. 1825, Pajot c. Vigné.

1325. — Les offres faites par un fermier du montant de ses fermages ont dû être déclarées nulles si elles ne comprenaient pas la dîme et la taille dont la loi du 10 avr. 1791 le rendait comptable vis-à-vis du propriétaire. — *Cass.*, 22 therm. an IX, Desrains c. Delaporte.

ART. 3. — *Réparations locatives.*

1326. — Le fermier est tenu de faire à la chose louée les réparations locatives qui peuvent être né-

nécessaires. — C. civ., art. 1720. — Mais la loi n'ayant pas déterminé, en ce qui touche les baux à ferme, ce qu'on doit entendre par réparations locatives, c'est à la doctrine et à la jurisprudence à y suppléer. — M. Duvergier prétend au surplus (nº 103) que l'omission du législateur peut être à bon droit réputée volontaire, en ce que la plupart des réparations qui sont mises à la charge des fermiers à titre de réparations locatives peuvent être considérées comme travaux de culture qu'un bon père de famille doit nécessairement exécuter.

1327. — En outre, et quoique la loi ne renvoie pas expressément aux usages locaux pour ce cas, comme elle le fait en ce qui touche les baux des maisons, il y aura lieu de s'y reporter quand il en existera. — Troplong, nº 180.

1328. — Le curage des fossés pratiqués sur le domaine pour le clore ou pour faciliter l'écoulement des eaux pluviales est à la charge du fermier. — Pothier, nº 224 ; Duvergier, nº 104 ; Troplong, nº 179.

1329. — Mais quant aux fossés pratiqués dans les pays marécageux pour l'écoulement des eaux malsaines et l'assainissement de la contrée, leur curage, étant nécessité par l'intérêt de la salubrité publique et non point par les besoins de la culture, doit être fait aux frais du propriétaire. — Troplong, nº 179.

1330. — Les clôtures des étangs sont à la charge du fermier. — Ruelle, *Manuel des propr.*; Vaudoré, *Droit rur.*, t. 2, nº 88 ; Duvergier, nº 104.

1331. — L'entretien des haies vives dont les terres sont encloses et des échalas des vignes, l'échenillage des arbres, etc., sont à la charge du fermier. — Troplong, nº 180, Duvergier, t. 4, nº 104. — V., quant à l'échenillage, L. 26 vent. an IV.

1332. — Suivant Ruelle (nº 546), le fermier chargé de l'entretien des haies vives, doit par suite remplacer les arbres morts. Mais Vaudoré (t. 2, nº 553) atteste que l'usage contraire existe en Normandie.

1333. — Les fermiers doivent entretenir l'aire des granges et représenter à la fin de leurs baux le nombre de perches qui leur a été livré. — Duvergier, nº 104.

1334. — Les réparations d'entretien des pressoirs et vaisseaux vinaires et la fourniture des petits ustensiles nécessaires aux opérations des vendanges sont également à la charge des preneurs. — Ruelle, *loc. cit.*; Vaudoré, t. 2, nº 88 ; Duvergier, nº 104.

1335. — Suivant quelques coutumes, les fermiers devaient contribuer aux réparations des couvertures en paille en fournissant la paille, les osiers et les gaules nécessaires — Vaudoré, nº 90. — « Partout où cet usage est maintenu, dit M. Duvergier (*loc. cit.*), il doit être considéré comme faisant la loi des parties. »

ART. 4. — *Dénonciation des usurpations.*

1336. — Le preneur d'un bien rural est tenu d'avertir le propriétaire des usurpations qui peuvent être commises sur le fonds. — C. civ., art. 1768.

1337. — Le fermier est tenu de dénoncer, non seulement les usurpations proprement dites, mais encore tous les faits qui troublent sa jouissance et portent atteinte aux droits du bailleur, tels que les obstacles apportés à l'exercice d'une servitude due à la ferme par le fonds voisin. — Proudhon, *Usufruit*, t. 3, nº 1473 ; Duvergier, nº 113 ; Troplong, nº 689.

1338. — Il résulte même d'un arrêt de la cour de Cassation que le fermier est tenu de dénoncer non seulement les troubles de fait qui peuvent préjudicier au bailleur, mais encore les troubles de droit, c'est-à-dire les actes extrajudiciaires qui viennent, de la part des tiers, manifester des prétentions rivales. — *Cass.*, 12 oct. 1814, Huot c. Petit et Baudit ; — Troplong, nº 690 ; Favard de Langlade, vº *Complainte*, § 2, nº 6. — Toutefois M. Duvergier (nº 114) n'admet pas la doctrine de cet arrêt, attendu que, l'action intentée contre le fermier pour tout ce qui se rattache au droit de propriété étant mal dirigée, il n'y a aucun motif pour obliger le fermier à dénoncer au propriétaire des actes qui n'ont aucune vertu ni valeur contre lui, puisqu'ils sont irrelevans.

1339. — Jugé dans tous les cas, et avec raison, que le trouble de droit est censé commencer au jour où l'acte extrajudiciaire qui le constitue a été signifié au fermier, et non du jour où le fermier l'a dénoncé au propriétaire. — Même arrêt ; — Troplong, nº 691 ; Duvergier, *loc. cit.*

1340. — L'avertissement prescrit par l'art. 1768 doit être donné dans le même délai que celui qui est réglé en cas d'assignation, suivant la distance des lieux. — C. civ., art. 1678.

1341. — La loi ne détermine pas la forme de cet avertissement. Peu importe donc dans quelle forme il a été donné, pourvu qu'il en soit légalement justifié. — Troplong, nº 693 ; Duvergier, nº 110.

1342. — A défaut d'avertissement de sa part, l'art. 1768 déclare le preneur passible de tous dépens et dommages-intérêts.

1343. — Ainsi, si quelque voisin a acquis, pendant le cours du bail, la possession d'an et jour de quelque partie de terre appartenant à la ferme, le fermier qui n'a pas dénoncé l'usurpation au bailleur est tenu de l'indemniser du préjudice qu'il éprouve. — Pothier, nº 191 ; Troplong, nº 688.

1344. — « Mais il est certain, dit M. Duvergier (nº 111) qu'aucune condamnation en dommages-intérêts ne peut être prononcée contre le preneur à cause du retard dans l'envoi de l'avertissement, lorsqu'il n'en est pas résulté de préjudice pour le bailleur. »

1345. — Le bailleur dont la ferme a été successivement occupée par plusieurs fermiers doit, à l'égard des usurpations dont il se prétend victime par suite de la négligence de ces fermiers, mais dont l'époque serait incertaine, s'adresser aux détenteurs des pièces usurpées avant de pouvoir agir contre les fermiers. — *Paris*, 12 mai 1812, Mutel c. Deplas.

ART. 5. — *Restitution de la chose.*

1346. — Nous avons vu ci-dessus (nº 571) que le preneur est tenu, à l'expiration du bail, de restituer la chose en l'état où il l'a reçue.

1347. — Jugé à cet égard qu'un bail portant promesse, de la part du propriétaire à son fermier, de lui remettre, à son entrée en jouissance, telle quantité de terre ensemencée, ne fait pas, alors même qu'il est authentique et qu'il a été suivi d'exécution, preuve de la réception des terres en cet état ; et que le fermier peut prouver, tant par titres que par témoins, que, par suite de conventions verbales passées ultérieurement avec le bailleur, il n'a pas reçu les terres dans l'état indiqué au bail, surtout s'il y a commencement de preuve par écrit. — *Bourges*, 2 mars 1825, Perroncel et Simons c. Mingasson.

1348. — Jugé également que le fermier à qui le nouveau propriétaire demande, comme subrogé aux droits du vendeur, à l'expiration du bail, la remise de la totalité des terres ensemencées et des étangs empoissonnés, est admis à prouver que, nonobstant la clause de ce bail, et par suite d'une dérogation spéciale de la part de l'ancien propriétaire, il n'a reçu, lors de son entrée en jouissance, que la moitié des ensemencemens dont il s'agit, et les étangs exploités et dégarnis, pour n'être tenu à les rendre que tels qu'il les aurait reçus. — Le nouveau propriétaire, par suite de cette subrogation, et faute par le vendeur de lui avoir donné connaissance de cette clause dérogatoire, a, dans le cas où il serait déclaré non-recevable contre le fermier, une action en garantie contre son vendeur. — Même arrêt.

Sect. 3e. — *Indemnité due aux fermiers pour la perte des récoltes.*

1349. — Si le bail est fait pour plusieurs années, et que, pendant la durée du bail, la totalité ou la moitié d'une récolte au moins soit enlevée par des cas fortuits, le fermier peut demander une remise du prix de sa location, à moins qu'il ne soit indemnisé par les récoltes précédentes. — S'il n'est pas indemnisé, l'estimation de la remise ne peut avoir lieu qu'à la fin du bail, auquel temps il se fait une compensation de toutes les années de jouissance. — Et cependant le juge peut provisoirement dispenser le preneur de payer une partie du prix en raison de la perte soufferte. — C. civ., art. 1769.

1350. — Si le bail n'est que d'une année, et que la perte soit de la totalité des fruits, ou au moins de la moitié, le preneur doit être déchargé d'une partie proportionnelle du prix de la location. — Il ne pourra prétendre aucune remise, si la perte est moindre de moitié. — C. civ., art. 1770.

1351. — Nous avons vu ci-dessus, (nºs 577 et suiv.), quels sont les caractères généraux fortuit ; nous nous contenterons donc d'ajouter ici quelques détails spéciaux.

1352. — Pour qu'il y ait cas fortuit et par conséquent droit à indemnité, il faut que la perte résulte d'une cause extérieure et accidentelle ; si elle résulte d'un vice de la chose elle-même, *si qua vitia ex ipsâ re oriantur*, comme alors elle a été ou pu être prévue, elle ne donne lieu à aucune remise. — Ulp., L. 15, § 2, ff., *Loc. cond.* ; Duvergier, nº 187 ; Troplong, nº 713.

1353. — Suivant M. Duranton (t. 17, nº 195, note) ; on ne devrait pas considérer comme cas fortuit le ravage des récoltes par des troupes de geais, étourneaux, etc., parce que le fermier peut le prévenir en gardant ses fruits. — Mais cela n'est pas toujours vrai, car il se peut que l'envahissement soit tel, que le fermier ne puisse, par sa surveillance, préserver les récoltes ; au lieu donc de décider, d'une manière absolue, comme M. Duranton, il est plus rationnel de dire que le fermier qui invoquera comme cas fortuit l'un de ces événemens, devra prouver qu'il n'a pas été en son pouvoir d'empêcher le dégât. — Duvergier, nº 183 ; Troplong, nº 709.

1354. — Pothier (nº 163) enseigne que le fermier d'une vigne ne doit pas demander une remise de sa ferme pour la perte qu'a causée la gelée, la coulure ou la grêle, à moins qu'elles n'aient causé la perte des fruits. — Mais cette doctrine est inadmissible sous l'empire du Code civil. Il résulte en effet de la combinaison des art. 1769, 1770 et 1773 que, pour qu'il y ait lieu d'indemniser le fermier, il n'est pas nécessaire que la gelée, grêle ou coulure ait entièrement détruit la récolte, mais qu'il suffit qu'elle en ait enlevé la moitié au moins. — Troplong, nº 710 ; Duvergier, nºs 182 et 183.

1355. — De même lorsque la rouille et les autres fléaux qui menacent les productions de la terre, sévissent une année avec assez d'intensité pour enlever au moins la moitié d'une récolte *ordinaire*, il y a lieu d'accorder au fermier une remise proportionnelle de son prix de location, conformément aux art. 1769 et 1770.

1356. — La clause d'un bail par lequel il a été stipulé que le preneur pourrait demander une indemnité pour les pertes de récoltes occasionnées par *force majeure* comprend les pertes causées par le fait du prince ou les accidens de la guerre. — *Paris*, 29 avr. 1817, Leclerc c. Herwin.

1357. — Les tribunaux peuvent allouer au preneur une indemnité pour les cas fortuits et de force majeure qui empêchent sa jouissance, tels que les ravages de la guerre. — Toutefois, cette indemnité loin de pouvoir s'étendre aux pertes réelles essuyées par le preneur, doit se borner à une remise ou modération du prix de la location. — *Bruxelles*, 16 janv. 1823, ville de Mons c. Vandenhoute ; — Duvergier, *Louage*, t. 1er (contin. de Toullier, t. 18), nº 315.

1358. — Suivant Pothier (nº 154), on ne devrait pas voir un cas fortuit dans le ravage des récoltes par l'ennemi, si le fermier avait pu l'éviter en obtenant une sauve-garde que l'ennemi accordait pour de l'argent à ceux qui la demandaient. — Mais nous ne pouvons admettre cette doctrine ; le fermier est tenu d'administrer en bon père de famille, d'apporter à la conservation de la chose une vigilance assidue, mais il n'est nullement tenu de payer une somme d'argent en sus de prix de son bail pour racheter les fruits du pillage et des dévastations d'une armée ennemie. — Duvergier, t. 2, nº 186.

1359. — Pour savoir si le cas fortuit a enlevé au fermier au moins la moitié des fruits, il faut prendre pour terme de comparaison ce que l'immeuble produit *effectivement* année commune, et pour cela tenir compte des accidens qui viennent périodiquement détruire une partie de la récolte, car ces accidens ont dû être pris en considération pour la fixation du prix du bail. — Ainsi, supposons que le bail ait pour objet un pré situé sur le bord d'une rivière, et que, presque tous les ans, le débordement de cette rivière fasse perdre à ce pré la moitié des produits qu'il pourrait donner sans ce voisinage. Il est clair qu'on doit considérer comme le produit normal de ce pré ce qui reste de la récolte après le débordement périodique, et qu'ainsi le fermier n'aurait le droit de demander une indemnité à raison du débordement que si indépendamment des dommages qu'il cause ordinairement, il enlevait encore la moitié au moins de ce qu'il a coutume d'épargner. — Duranton, t. 17, nº 192 ; Duvergier, t. 4, nº 154 et 185 ; Zachariæ, t. 3, p. 30 et 31 ; Troplong, nº 716.

1360. — Pour apprécier la quotité de la perte éprouvée par le fermier, faut-il considérer uniquement la quantité des fruits et faire entièrement abstraction de leur qualité et de leur prix dans les différentes années ? — MM. Duranton (t. 17, nº 192) ; Duvergier (nº 155) ; Zachariæ (t. 3, p. 32), soutiennent l'affirmative comme résultant des termes des art. 1769 et 1770 ; ce système leur paraît aussi le plus simple et le plus facile d'exécution, bien qu'il puisse entraîner parfois des résultats bizarres. — *Contrà* Troplong, nº 717. — Suivant cet auteur, il serait injuste que le fermier obtînt une diminution proportionnelle *sur son prix*, s'il n'avait, à raison de gains qu'il aurait faits, éprouvé aucune lésion dans ce même prix. — V. aussi Brillon, vº *Bail*, nº 54 ; Pothier, nº 160.

1361. — Lorsque le bail comprend des terres de cultures diverses affermées en bloc, et que l'acci-

dent a frappé inégalement leurs produits, pour savoir si la moitié de la récolte totale se trouve enlevée, il faut déterminer d'abord pour quelle quotité chaque nature de produits entre dans le revenu total, et ensuite quelle est la perte survenue sur chaque espèce de fruits. On obtiendra par cette double opération diverses fractions qu'on additionnera, et si leur somme équivaut à un demi, on en conclura que le fermier a droit à une indemnité. — Duvergier, *Louage*, t. 2 (continuat. de Toullier, t. 19), nos 156 et 157; Troplong, no 718. — V. aussi le président Favre, Cod., lib. 4, t. 42, def. 47; Balde, sur la loi *licet*, Cod.; *De loc. cond.*; Voët, *Ad Pand*, *De loc. cond.*, no 25; Brunemann, sur la loi 15, § 2, ff., *Loc. cond.*; Pothier, no 157.

1362.—Mais si, quoiqu'il n'y eût qu'un seul acte, chaque pièce d'héritage y avait été louée séparément et pour un prix spécial, ce seraient comme autant de baux distincts, et le dommage devrait être apprécié par rapport à chaque pièce considérée comme formant l'objet d'un bail partiel. — Pothier, no 157; Duvergier, no 159; Troplong, no 719.

1363. — Si donc le fermier de diverses pièces affermées en bloc sous-louait l'une d'elles seulement, il pourrait arriver que le fermier principal fût obligé d'indemniser le sous-preneur sans avoir lui-même aucune indemnité à réclamer du propriétaire, si, par exemple, la pièce sous-louée avait seule souffert, et que le dommage par elle éprouvé n'équivalût pas à la moitié de la récolte totale.— Troplong, no 720; Duvergier, no 158.

1364. — Lorsqu'à raison de l'importance de dommage il y a lieu d'accorder une indemnité au fermier, cette indemnité doit être proportionnée, non pas à la partie de la perte qui excède la moitié de la récolte, mais à la totalité de la perte. Ainsi, si la perte est des trois quarts de la récolte, le prix du bail doit être réduit, non pas d'un quart seulement, mais des trois quarts. — Troplong, no 721.

1365. — Mais le fermier ne peut, outre la réduction proportionnelle de son prix, demander des dommages-intérêts. — Il ne peut en effet reprocher au propriétaire aucune faute. — Arg. de l'art. 1722; Troplong, no 721.

1366. — Il ne peut non plus demander la résolution du bail. — Troplong, *loc. cit.*—V. aussi Ulp., L. 15, § 7, ff., *Loc. cond.*; et Favre, *Ration. ad Pand.*, sur cette loi.

1367. —Enfin, il ne peut répéter contre le propriétaire les semences dont il a fait la dépense. Et même, si le propriétaire lui a fait l'avance des semences, il doit les lui rendre intégralement, nonobstant le désastre total ou partiel. —Ulp., L. 15, §§ 2 et 7, ff., *Loc. cond.*; Brunemann, sur cette loi, nos 14, 23 et 24; Troplong, nos 722 et 723; Duvergier, no 162. — V. toutefois *contrà* Duranton, t. 17, no 199.

1368. — Lorsque le bail est de plusieurs années, le fermier qui a éprouvé successivement quelques pertes légères, ne peut les réunir afin de former par leur somme une perte totale assez considérable pour lui donner droit à l'indemnité; pour qu'il y ait lieu d'appliquer l'art. 1769, il faut que la perte tombe sur une seule et même année. — Troplong, no 726.

1369. — Au contraire, pour apprécier si le fermier a été indemnisé de sa perte d'une année par les bénéfices des autres, il faut ajouter ensemble et cumuler les bénéfices partiels qu'il a pu faire chaque année, et opposer la somme de ces bénéfices au montant de la perte. — Troplong, no 727; Duranton, t. 17, no 201. — V. aussi Brunemann, sur la loi 8, Cod., *De loc. cond.*

1370. — Pour calculer les bénéfices qui doivent être compensés avec les pertes, il faut voir quelle est la quantité des fruits que l'immeuble rend, année commune, et c'est l'excédant de la récolte sur ce produit ordinaire qui constitue le bénéfice de chaque année. Ainsi, supposons qu'un champ, rapportant, année commune, 100 hectolitres de blé, ait été affermé pour trois ans, que la première année il ait produit 125 hectolitres, la seconde 120, et que la troisième année la récolte ait été entièrement détruite; les bénéfices des deux premières années réunis s'élèvent à 45 hectolitres; la perte est par conséquent de 55 hectolitres ou des 11/20 d'une récolte ordinaire, et ainsi le fermier a droit à la remise des 11/20 de son prix pour la dernière année. — Duvergier, nos 170 et 171. — Cette question était fort controversée dans l'ancienne jurisprudence. La solution que nous avons adoptée et qui nous semble la plus judicieuse et la plus équitable, était suivie par les canonistes.—Mais elle était combattue par d'autres jurisconsultes et notamment par Balde, sur la loi *Licet.*, Cod., quæst. 9, et par Claperiis, caus. 46. Suivant ces auteurs, il fallait additionner la valeur des bonnes récoltes et celle de la mauvaise, et c'était seulement lorsque, par suite de cette addition, la perte s'élevait à la moitié du canon d'une année, que le fermier pouvait réclamer une indemnité. Il paraît que cette doctrine avait fini par prévaloir dans la jurisprudence. Elle a été adoptée par M. Troplong, nos 729 et 730.

1371. —Lorsque la perte, bien que non entièrement compensée par le bénéfice des autres années, se trouve néanmoins réduite par ces bénéfices à une quantité de fruits inférieure à la moitié d'une récolte ordinaire, le fermier n'a droit à aucune indemnité. — Duvergier, no 174. — V. aussi dans le même sens Balde, sur la loi 8, Cod., *De loc.*; Brunemann, sur la loi 15, ff., *Loc. cond.*; Claperiis, caus. 45; Troplong, no 731. — V. toutefois *contrà* Duranton, t. 17, no 201.

1372.—Lorsque, sur les années qu'a duré le bail, les unes présentent des bénéfices, d'autres des déficits de moins de moitié, une autre enfin un déficit de plus de moitié, pour savoir si le fermier se trouve indemnisé de la dernière, il faut réunir les bénéfices des premières, défalquer de la somme de ces bénéfices la somme des déficits de moins de moitié, et imputer l'excédant, s'il en existe un, sur la perte de plus de moitié qu'a subie la dernière année; ce n'est qu'autant que, cette imputation faite, il reste encore un déficit de plus de moitié d'une récolte ordinaire, que le fermier a droit à une remise.—Duranton, t. 17, no 201; Zachariæ, t. 3, p. 31, note 6e; Troplong, no 732.—M. Duvergier (no 175) ne veut pas qu'on défalque des bénéfices les déficits de moins de moitié; mais cette doctrine nous paraît plus rigoureuse pour le fermier que ne le comportent et l'équité et les termes de la loi.

1373.—Si, au moment du désastre, le fermier se trouvait indemnisé par les années antérieures, il serait non-recevable à demander une remise à la fin du bail, alors même que les déficits des années postérieures combinés avec les bénéfices des premières, rendraient ces derniers insuffisans pour l'indemniser. — Troplong, no 733.

1374.—Mais si les années antérieures ne suffisent pas et qu'il faille recourir aux années postérieures, l'opération se trouve alors suspendue jusqu'à la fin du bail, et le calcul doit être fait sur toutes les années tant antérieures que postérieures. — Troplong, no 733.

1375. — Ainsi jugé qu'un fermier qui, dans le cours de son exploitation perd, par cas fortuit, la majeure partie des deux récoltes et qui réclame une indemnité, ne peut obtenir un réglement définitif avant l'expiration du bail. — *Cass.*, 28 août 1833, Fillion c. Thiroux de Gervilliers, et 13 janv. 1835, mêmes parties.

1376. — Jugé, toutefois, que le fermier peut, en cas de perte de ses récoltes, demander, même avant la fin du bail, une indemnité provisoire, alors qu'il n'est pas indemnisé par les récoltes précédentes. — *Cass.*, 4 mai 1831, Thiroux c. Fillion; — Legrand, *sur Cout. Troyes*, art. 202, glose 1re, no 19; Rousseau de Lacombe, vo *Bail*, sect. 8e, no 4; Duvergier, no 166; Troplong, no 7345.

1377.—Les tribunaux, dit M. Duvergier (*loc. cit.*), se déterminent ordinairement à accorder la dispense provisoire de payer une partie du prix à raison de la perte soufferte, lorsque le paiement du fermage serait trop onéreux pour le fermier; ils le doivent surtout lorsque, à raison de la nature du fonds et du temps que le bail a encore à courir, il n'est pas vraisemblable que la perte survenue trouve une compensation dans les récoltes futures.

1378. — Si le bailleur a consenti une remise au fermier sans attendre la fin du bail, et que depuis ce dernier ait été indemnisé par une bonne année, le bailleur peut revenir sur la remise, car il est censé ne l'avoir faite que conditionnellement et provisoirement, pour venir au secours du fermier. —Delvincourt, t. 3, notes, p. 204; Troplong, no 735; Duvergier, no 167. — V. aussi Balde, sur la loi *Licet*, Cod., *De loc. cond.*, quæst. 10; Brunemann, sur la loi 15, § 4, ff., *Loc. cond.*, nos 25 et 26.

1379.—Ulpien (L. 15, § 4, ff., *Loc. cond.*) va jusqu'à reconnaître au propriétaire le droit de retirer la remise, lors même qu'il a déclaré en faire donation au fermier. Mais cette décision nous semble trop absolue; nous croyons que, dans ce cas, les magistrats doivent avoir égard aux circonstances. — Troplong, no 736; Pothier, no 161; Duranton, t. 17, no 204; Duvergier, nos 168 et 169.

1380. — Si le fermier se trouvait déjà indemnisé par les années d'abondance au moment où la remise a été faite, le bailleur ne peut la répéter qu'autant qu'il prouve avoir ignoré ces années abondantes. — Delvincourt, t. 3, notes, p. 204; Troplong, no 737; Duvergier, no 167.

1381. —Les bonnes années ne peuvent entrer en compensation lorsqu'elles sont survenues sous un autre bail que les années mauvaises. — Troplong, no 738. —V. aussi Balde, sur la loi *Licet*, Cod., *De loc. cond.*

1382.—Le bail n'est pas censé avoir pris fin par cela seul que, du consentement verbal du propriétaire, le fermier a été remplacé par son gendre dans l'exploitation. On dirait en vain que le consentement donné par le bailleur à ce remplacement révèle l'intention de faire novation au bail et de renoncer à la compensation qui peut s'établir entre les récoltes postérieures et les récoltes antérieures. — *Cass.*, 28 août 1833, Fillion c. Thiroux de Gervilliers; 13 janv. 1835, mêmes parties. —V. conf. Troplong, no 739; Duvergier, no 177.

1383. — Lorsqu'un fermier nouveau est substitué au fermier originaire, du consentement du bailleur, c'est aux tribunaux à décider d'après les circonstances et les termes de l'arrangement, s'il y a simplement continuation du même bail, ou si c'est un nouveau bail substitué au premier.

1384. — Il n'est pas absolument nécessaire que le cas fortuit qui a enlevé plus de la moitié d'une récolte, soit constaté à l'instant même par des procès-verbaux réguliers. L'art. 1769 ne déterminant aucune époque, ni même aucun mode pour constater la perte résultant des cas fortuits, il est dans le domaine exclusif des cours royales d'apprécier la pertinence des faits dont la preuve est offerte, et d'en ordonner la vérification par titres, par experts ou par témoins. — *Cass.*, 4 mai 1831, Thiroux c. Fillion. — V. conf. Duvergier, no 179; Troplong, no 740. —V. aussi M. Duranton (t. 17, no 203), qui dit que le dommage doit être constaté contradictoirement avec le bailleur ou lui appelé, et que généralement la constatation doit avoir lieu avant la levée des fruits à fin de prévenir les allégations du bailleur qu'on a pu en détourner. « Cette constatation, ajoute-t-il, quand elle ne se fait pas de gré à gré, a lieu par procès-verbal du juge de paix assisté de son greffier. »

1385. — Jugé, toutefois, que le fermier n'est recevable à réclamer une indemnité pour cas fortuits, qu'autant qu'il a fait constater les ravages pendant qu'ils laissaient des traces. — *Poitiers*, 17 juill. 1806, héritiers Mesnier c. Vincent; *Cass.*, 25 mai 1808, mêmes parties.

1386. — Jugé de même que le fermier n'est recevable à réclamer une indemnité pour accidens de force majeure, qu'autant qu'il a fait constater les dommages qu'il a éprouvés lorsqu'ils étaient ostensibles et susceptibles d'être reconnus.— *Rennes*, 15 mars 1814, Rouault c. Colin.

1387. —M. Duvergier se demande si, lorsque les événemens qui doivent influer sur la liquidation définitive n'ont pas été constatés immédiatement, la preuve par témoins peut en être admise pendant la durée du bail, et alors que le droit à l'indemnité n'est pas encore ouvert. Entendre les témoins dans cette position, dit-il, ne serait-ce pas admettre les enquêtes *à futuro*, que l'ordonnance de 1667 avait proscrites et que le Code de procéd. n'a pas rétablies?—« Je crois, dit-il, que les tribunaux devraient repousser une demande tendant à établir par témoins la perte ou l'excédant sur une récolte, lorsque la partie qui l'aurait introduite voudrait, par là seulement, se préparer un élément de compte à faire à la fin du bail; mais si la demande est formée par le fermier afin d'obtenir immédiatement et pendant la durée du bail la réduction provisoire autorisée par l'art. 1769, l'enquête devra être ordonnée. Elle devra l'être, réciproquement, dans l'intérêt du bailleur qui, pour s'opposer à la réduction provisoire, offrirait de prouver que l'une des récoltes précédentes présente un excédant suffisant pour compenser la perte. »

1388.—Le fermier déjà indemnisé par une compagnie d'assurances, n'en a pas moins le droit d'exiger une indemnité du propriétaire. — *Cass.*, 4 mai 1831, Thiroux c. Fillion. — V. conf. Troplong, no 741, et Duvergier, no 202.

1389. — L'estimation éventuelle faite dans la police d'assurance relativement aux récoltes ne peut être invoquée par le propriétaire qui n'y a pas été partie, pour s'opposer à l'expertise destinée à en faire l'appréciation à son égard. — Même arrêt. — V. conf. Duvergier, no 202.

1390. — Dès que les fruits sont séparés de la terre, ils appartiennent au fermier, et sont par conséquent à ses risques; si donc ils viennent à périr, le fermier ne peut demander de remise. — C. civ., art. 1771.

1391.—Il n'est pas nécessaire, pour qu'il en soit ainsi, que les fruits aient été recueillis et engrangés, il suffit qu'ils aient été séparés de la terre.—Fenet, t. 14, p. 286; Troplong, nos 743 et suiv.; Duranton, t. 17, no 205.

1392. — Si le prix du bail consistait en une certaine quantité des fruits du fonds le preneur serait libéré par la perte totale de la récolte, à moins cependant que, lors de cette perte, il ne fût en de-

meure de livrer au bailleur la quantité des fruits due à ce dernier. — Troplong, n° 748; Duranton, t. 17, n° 208; Duvergier, *Louage*, t. 2 (contin. de Toullier, t. 19), n° 193.

1393. — Mais si le prix consiste en une certaine quantité de denrées énoncées génériquement, la perte de la récolte (toujours bien entendu après qu'elle a été séparée de la terre) n'influe en rien sur l'obligation du fermier. — Duranton, t. 17, n° 208; Troplong, n° 749; Duvergier, n° 194. — V. aussi Favre, *Cod.*, lib. 4, t. 42, n° 22.

1394. — Jugé que le principe consacré par l'art. 1771, C. civ., que le fermier ne peut obtenir de remise sur le prix du bail, à raison de la perte des fruits, par cas fortuit, quand cette perte arrive après que les fruits sont séparés de la terre, n'est applicable que lorsqu'il s'agit de cas fortuit ordinaires, tels que grêle, feu du ciel, gelée ou coulure, et non lorsqu'il s'agit de cas fortuits extraordinaires, tels qu'une inondation à laquelle le pays n'est pas sujet. — *Metz*, 10 mai 1825, Freminet c. Geniet. — Mais cette doctrine, qui ne s'appuie sur aucun principe ni sur aucun texte, a été justement repoussée par les auteurs. — V. notamment Duvergier, n° 196, et Troplong, n° 751.

1395. — Au surplus, ajoute M. Duvergier (*loc. cit.*), bien que cette doctrine erronée soit explicitement établie par l'arrêt, peut-être la décision eût-elle été différente, sans une circonstance particulière que l'on trouve aussi mentionnée dans les considérans : il y est dit que la perte s'est élevée à cinquante-six maldres de blé, et que le canon n'était que de vingt-deux. De ce rapprochement il résulte que le prix consistait en denrées, et en denrées produites par le fonds : il était alors tout naturel que le fermier fût déclaré libéré par la perte, sans qu'on eût besoin de rechercher le caractère de l'accident qui l'avait causée.

1396. — Lors même que la perte est survenue avant que les fruits fussent séparés de la terre, le fermier ne peut demander aucune remise, si la cause du dommage était existante et connue à l'époque où le bail a été passé. — C. civ., art. 1771. — En effet, le prix du bail a dû être fixé en conséquence. — Duranton, t. 17, n° 209; Troplong, n° 752; Duvergier, n° 189.

1397. — Bien que l'art. 1771 semble exiger, non seulement que la cause de la perte existât, mais encore qu'elle fût connue du fermier, cependant M. Duvergier (n° 190) pense qu'il suffit que celui-ci *ait pu la connaître* pour que sa demande en indemnité fût non recevable : « Puisqu'un examen attentif, dit-il, lui eût révélé le germe du mal qu'il subit, il doit s'imputer de ne pas l'avoir aperçu. »

1398. — Il en serait de même si la stérilité provenait de la mauvaise qualité du sol. — L. 15, § 5, ff., *Loc. cond.*; Troplong, n° 753.

1399. — Il en est de même encore, et à plus forte raison, si la perte résulte de la faute du fermier. — Troplong, n° 754. — « Mais il faut, dit M. Duvergier (n° 191), que l'influence de la faute sur le dommage soit clairement établie. »

1400. — Bien que les art. 1769 et 1770 semblent, à raison de la place qu'ils occupent, applicables uniquement aux biens ruraux, qui font l'objet des baux à ferme, ils ont été appliqués par la doctrine et la jurisprudence aux immeubles donnés à loyer, ainsi que nous allons le voir dans les numéros suivans.

1401. — Il peut se faire que la force majeure suspende momentanément l'usage de l'un des accessoires de la chose louée; que, par exemple, une sécheresse tarisse le cours d'eau qui faisait tourner une usine. Pour savoir si, dans ce cas, il y a lieu à réduction du prix, il faut examiner d'abord si la sécheresse était annuelle, ordinaire, ou si, au contraire, par son intensité et sa durée, elle constituait un cas imprévu; il faut examiner, en outre, si la perte qui en est résultée a été compensée par les bénéfices des autres années. — Troplong, n° 235.

1402. — Jugé qu'une diminution temporaire et accidentelle dans les produits de la chose louée, quand elle résulte de variations qui, n'étant ignorées de personne, pouvaient par conséquent devenir l'objet d'une stipulation expresse, n'a rien de commun, en droit, avec les règles sur l'éviction ou l'anéantissement de la chose, ni même avec les dispositions d'équité de l'art. 1769, C. civ. — *Rouen*, 21 juill. 1838 (t. 2 1838, p. 557), Poubelle c. Deserlay.

1403. — De même, si la sécheresse tarissait accidentellement des pièces d'eau faisant partie d'un jardin d'agrément, il n'y aurait lieu ni à résiliation ni à diminution du prix, car le preneur, dans ce cas, n'éprouverait qu'une contrariété, et non un préjudice. — Troplong, n° 235.

1404. — Mais, si par suite d'une sécheresse extraordinaire et prolongée, qui par conséquent n'avait pu entrer dans les prévisions des parties, l'usine, privée de sa force motrice, était restée forcément inactive pendant une partie de la saison, et que, du reste, le preneur n'eût pas été indemnisé, pendant les années précédentes, par des bénéfices excédant la moyenne à laquelle il a dû s'attendre, il y aurait lieu, dans ce cas, à la réduction du bail. — Troplong, n° 235; Daviel, *Cours d'eau*, n° 657.

1405. — Le locataire d'une usine a droit à une indemnité ou réduction sur le prix de son bail lorsqu'un arrêté administratif a ordonné que l'usine chômerait en tout ou partie pendant un certain temps de l'année; à moins que cet arrêté n'ait été que la conséquence d'un abus dans le mode de l'exploitation et jouissance du locataire. — *Nancy*, 17 mai 1837 (t. 1er 1839, p. 413), Cholet c. Hermand.

1406. — Le fermier d'une forge située à l'extrême frontière n'est pas fondé à demander une diminution du prix du bail, motivée sur ce que, par l'effet de la réunion d'un pays voisin à une souveraineté étrangère, il ne peut plus se procurer au même prix qu'auparavant le bois nécessaire à l'exploitation de sa forge. — *Colmar*, 20 nov. 1816, Colin c. Meiner.

1407. — Si le fermier d'un droit incorporel se trouvait momentanément privé, par force majeure extraordinaire, de la perception des revenus, il aurait droit à une réduction du prix de son bail, à moins que, par une clause expresse, il ne se fût chargé de tous les cas fortuits, ordinaires et extraordinaires. — Troplong, n° 237.

1408. — Ainsi, le fermier du marché d'une ville a droit à une indemnité de la part de la ville, si, par suite de troubles publics, il a éprouvé un dommage dans sa jouissance. — *Paris*, 11 mars 1834, Lucas c. ville de Paris.

1409 — Il en serait de même du fermier d'un octroi qu'une sédition aurait empêché, pendant un certain temps, de percevoir les droits, s'il prouvait qu'il n'a pas été indemnisé par les bénéfices des autres années. — Troplong, n° 237. — V. aussi Medicis, part. 1, quæst. 16, n° 27; Guy-Pape, quæst. 630.

1410. — Jugé toutefois que les art. 1769 et suiv., C. civ., ne sont applicables qu'aux baux d'héritages ruraux, et sont entièrement étrangers à la location d'un pont ou des droits de péage qui s'y rattachent; — qu'une pareille location participe de nature des spéculations industrielles et rentre dans la catégorie des contrats aléatoires. — Dès-lors, le fermier ne peut, en se fondant sur la survenance d'un événement fortuit, obtenir une réduction sur son prix de location. — *Nîmes*, 1er juin 1840 (t. 2 1840, p. 11), Brouzet c. Combes et Negret.

1411. — Quelques anciens auteurs enseignaient que, comme le preneur a le droit, en cas de pertes graves et imprévues, de demander une diminution de prix, de même le bailleur peut, en cas de bénéfices importans et extraordinaires, exiger une augmentation de prix, et cela par application de la maxime : *eadem debet esse ratio damni et lucri*, écrite dans la loi 10, ff., *De regulis juris*. — V. Medicis, part. 2, quæst. 10, n° 36; Accurse et Bartole, sur la loi 25, L. 6, ff., *Loc. cond.*

1412. — Mais cette doctrine était combattue par d'autres auteurs. — V. notamment le président Favre, *Rational. ad Pandect.*, sur la loi 25, § 6, ff., *Loc. cond.* — Elle est également rejetée, sous le Code civil, par MM. Duvergier (*Louage*, t. 1er n° 404) et Troplong (n° 240). — Ces deux auteurs sont d'avis, mais par des motifs différens, que le bailleur n'a jamais le droit de demander au fermier un prix plus élevé que celui qui a été convenu, quelque augmentation qui puisse d'ailleurs survenir dans les produits.

1413. — Jugé toutefois que lorsqu'une carrière a été louée sans que les parties se soient expliquées sur l'étendue de l'exploitation, et qu'il survient, pendant la durée du bail, un événement imprévu, tel que la construction de fortifications autour de la ville, qui procure au preneur un débit tel que la carrière doive être totalement épuisée pendant la durée du bail, il y a lieu d'accorder une indemnité au propriétaire. — *Grenoble*, 5 mars 1835, Clet et Béthoux c. Arnaud et Blandin. — Cette décision n'est point, comme paraît le croire M. Duvergier (*loc. cit.*), en contradiction avec la doctrine énoncée au numéro qui précède pour le cas où le preneur recueille des bénéfices considérables et imprévus; car la cour de Grenoble se fonde, dans son arrêt, sur la nature spéciale de la chose louée, et sur l'intention présumée des parties.

1414. — Le preneur peut être chargé des cas fortuits par une stipulation expresse. — C. civ., art. 1772.

1415. — Cette stipulation ne s'entend que des cas fortuits ordinaires, tels que grêle, feu du ciel, gelée, coulure. — Elle ne s'entend pas des cas fortuits extraordinaires, tels que les ravages de la guerre ou une inondation, auxquels le pays n'est pas ordinairement sujet, à moins que le preneur n'eût été chargé de tous les cas fortuits prévus ou imprévus. — C. civ., art. 1773.

1416. — Ainsi jugé que la clause par laquelle le fermier renonçait à toute diminution de prix sur son bail *pour telles causes et sous tels prétextes que ce pût être, prévus et imprévus*, n'a dû s'entendre que des cas qu'il était moralement possible de prévoir. — Spécialement, on n'a pu la considérer comme mettant obstacle à une demande en diminution du prix du bail en raison de la suppression prononcée par la loi du 15 mars 1790 d'une banalité qui en faisait partie. — *Cass.*, 5 avr. 1810, de Rohan c. Descamps.

1417. — Jugé de même que la clause par laquelle un fermier a renoncé à prétendre aucune diminution sur le fermage ni sur les charges et conditions de son bail, pour cause de guerre, peste, famine, incendie, inondation et autres calamités imprévues, a mis obstacle à ce qu'il réclamât une indemnité pour les dévastations qu'il avait pu éprouver dans le cours de la révolution. (*Solut. implicite*). — Dans tous les cas, ce fermier a été non-recevable à réclamer une indemnité, s'il n'a formé sa demande que tardivement, plusieurs années après le dommage éprouvé et s'il s'est libéré de plusieurs années de fermage avec des valeurs dépréciées. — *Paris*, 24 messid. an X, Tollay c. l'état.

1418. — Jugé toutefois que la clause d'un bail d'une usine par laquelle le fermier est chargé de tous les cas fortuits quels qu'ils soient, comprend tous les cas prévus et imprévus, ordinaires ou extraordinaires. — *Bordeaux*, 24 déc. 1830, Guitard c. de Lamarthonie et de Villeneuve.

1419. — La clause par laquelle le fermier s'est chargé des cas fortuits doit être restreinte aux cas fortuits qui affectent les fruits; elle ne pourrait être appliquée à ceux qui affectent le fond qu'autant qu'il apparaîtrait que telle a été l'intention des parties. — Troplong, n° 759; Duranton, t. 17, n° 213; Duvergier, *Louage*, t. 2, n° 201.

1420. — La renonciation que fait le fermier d'un héritage rural à toute espèce d'indemnité ou diminution de prix pour raison des cas fortuits prévus ou imprévus, qu'il déclare prendre à sa charge, ne doit s'entendre que des accidens naturels qui tendraient à diminuer les fruits, et non des faits de l'homme qui viendraient altérer la substance de la chose louée et neutraliser la jouissance du fermier. — *Turin*, 16 mars 1811, Domaine c. Pellery.

1421. — Le droit d'hypothèque stipulé au profit du preneur *pour l'exécution d'un bail* ne s'étend pas aux indemnités auxquelles celui-ci peut prétendre, en raison d'un défaut de jouissance *qui provient non du fait du bailleur*, mais de cas fortuits ou du fait du prince. Dans ce cas, le preneur ne peut prendre inscription pour raison de ces indemnités prétendues, en vertu du bail seul et sans avoir obtenu de jugement. — *Metz*, 11 mars 1812, Bouquet c. Duchâtelet.

Sect. 4e. — *Fin du bail à ferme — Tacite réconduction.*

1422. — Le bail sans écrit (c'est-à-dire comme nous l'avons déjà expliqué plus haut, *sans terme fixe*) d'un fonds rural est censé fait pour le temps qui est nécessaire afin que le preneur recueille tous les fruits de l'héritage affermé. — Ainsi le bail à ferme d'un pré, d'une vigne et de tout autre fonds dont les fruits se recueillent en entier dans le cours de l'année, est censé fait pour un an. — Le bail des terres labourables, lorsqu'elles se divisent par soles ou saisons, est censé fait pour autant d'années qu'il y a de soles. — C. civ., art. 1774. — On appelle *soles* ou saisons chacune des divisions annuelles et alternatives que l'on établit sur des terres cultivables.

1423. — Dans le val de la Loire, les terres ne se divisent qu'en deux soles seulement. — *Rennes*, 15 avr. 1812, Labarre c. Gratton.

1424. — Si la ferme comprend des terres divisées par soles ou saisons et des terres dont les fruits se récoltent chaque année, la durée du bail sera déterminée par l'assolement des premières. — Troplong, n° 765; Duvergier, *ubi suprà* n° 205.

1425. — Le pacage ne peut être considéré comme un mode de culture, qui forme une sole ou saison, et autorise le colon à prolonger sa jouissance. — *Rennes*, 15 avr. 1812, Labarre c. Gratton.

1426. — Lorsqu'au nombre des objets affermés se trouve un bois taillis, ce bois taillis, formant un accessoire de la ferme, suit le sort de la chose principale, et dès-lors le fermier a le droit d'en jouir tant que dure aux termes de l'art. 1774, le bail de la ferme dont il dépend. — Troplong, n° 767; Duvergier, *Louage*, t. 2 (contin. de Toullier, t. 19), n° 209.

1427. — Si, au contraire le bail a pour objet unique le bois taillis, il doit durer pendant le temps nécessaire pour recueillir toutes les coupes; en effet s'il était restreint à une seule coupe, ce ne serait pas le bail du bois entier mais seulement d'une partie de ce bois. — Duvergier, n° 208; Troplong, n° 767.

1428. — Lorsque les fonds affermés donnent deux ou plusieurs récoltes par an, le bail est néanmoins censé fait pour une année entière. « Car, dit M. Troplong (n° 768), le preneur n'est censé en avoir recueilli tous les fruits qu'autant qu'il a joui des produits que l'année entière donne à son travail. En vain voudrait-on réduire le bail à six mois: cette prétention serait arbitraire, car les diverses récoltes ne suivent pas la division du semestre... »

1429. — La présomption établie par l'art. 1774, sur la durée des baux de biens ruraux faits sans écrit, cesse quand il résulte des circonstances que le bail a été fait pour un temps plus court. — *Bourges*, 3 mai 1821, Boulogne c. Lecourayer.

1430. — Le bail des héritages ruraux, quoique fait sans écrit, cesse de plein droit à l'expiration du temps pour lequel il est censé fait selon l'art. 1774. — C. civ., art. 1775. — Ainsi il n'est pas nécessaire de donner congé pour le faire cesser. — Troplong, n° 770; Duvergier, n° 210.

1431. — Mais si, à l'expiration des baux ruraux écrits, le preneur reste et est laissé en possession, il s'opère un nouveau bail dont l'effet est réglé par l'art. 1774. — C. civ., art. 1776.

1432. — Cette dernière disposition s'applique également aux baux à ferme faits sans écrit. — Troplong, n° 772; Duvergier, n° 212.

1433. — Ainsi jugé que, lorsque, après l'expiration d'un bail verbal, le fermier reste et est laissé en possession, il s'opère une tacite réconduction, dont la durée est réglée par l'art. 1774, C. civ. — *Rouen*, 17 mai 1812, Chandellier c. Holleman; *Bruxelles*, 25 juin 1817, Trimouroux c. Ravez.

1434. — L'art. 1776 n'est pas applicable au cas où les effets du nouveau bail ont été l'objet de nouvelles conventions, soit écrites, soit verbales. — *Nîmes*, 22 mai 1819, Couderc c. Turc.

1435. — Dans les endroits où une année est suffisante pour recueillir tous les fruits et produits d'un héritage rural, l'effet de la tacite réconduction ne peut s'étendre au-delà d'une année. — *Angers*, 29 avr. 1808, Bourdonnerie c. Rubillard.

1436. — Lorsqu'une ferme partagée en deux soles a été louée pour un an seulement, et que, l'année expirée, le fermier cultive sans opposition les terres de la saison qui s'est reposée pendant le bail, il n'y a pas à proprement parler tacite réconduction, puisque la jouissance qui commence n'a pas le même objet que la jouissance expirée, c'est un nouveau bail tacitement formé qui, ne comprenant que des terres d'une seule saison, ne doit par conséquent durer qu'un an; et comme les soles ne sont pas égales en bonté et en étendue, le prix du premier bail n'est pas applicable au second qui doit être fixé par experts. — Pothier, n° 171; Troplong, n° 774. — V. toutefois Duvergier, n°s 215-218.

1437. — Quant au délai nécessaire pour opérer la tacite réconduction des baux à ferme, ce sera aux magistrats à apprécier si la possession s'est prolongée pendant un temps suffisant pour faire présumer la volonté des parties, en tenant compte, à cet égard, des usages locaux. — Troplong, n° 776; Duvergier, n°s 213 et suiv.

1438. — Il a été jugé: 1° que de ce que le preneur d'un bien rural en aurait été laissé en possession pendant un délai de trente-six jours après l'expiration du bail écrit, il n'en résulte pas qu'il y ait tacite reconduction. — *Lyon*, 22 juill. 1833, Gautheron c. Rosset.

1439. —... 2° Qu'il n'y a pas tacite réconduction par cela seul que le fermier, dont le bail expirait au 30 novembre, a fait des semences et labours en octobre sans opposition de la part du propriétaire, alors surtout que celui-ci avait affermé à un tiers qui s'était mis en devoir d'ensemencer une partie des biens. — *Bruxelles*, 16 janv. 1823, Sautriaux c. de Tenremonde.

1440. — L'art. 1776, C. civ., qui établit la tacite réconduction, n'est applicable qu'au cas où le preneur a été laissé en possession, après l'expiration du bail, sans congé préalable. — Dès-lors, lorsque par l'effet d'une clause résolutoire formellement stipulée, le propriétaire a le droit de faire cesser un bail dont le terme n'est pas encore expiré, il ne peut être présumé y avoir renoncé pour n'avoir pas fait connaître sa volonté dans un temps déterminé. — *Bruxelles*, 19 nov. 1818, Lissens c. Boeyé.

1441. — Le fermier qui a refusé de renouveler son bail, moyennant un prix plus élevé, ne peut pas prétendre qu'il a été laissé en possession, par cela seul qu'il a ensemencé, lorsque le propriétaire lui avait déclaré qu'il ne voulait pas continuer le bail au même prix, et qu'il a affermé à un autre. — *Bruxelles*, 17 juin 1817, Gilquin c. de Bondry.

1442. — Bien qu'il ne soit pas nécessaire de donner congé pour faire cesser le bail à ferme, ce congé peut être utile cependant à l'effet d'empêcher, par une déclaration formelle, la tacite réconduction qui pourrait résulter de quelques actes de culture du fermier.

1443. — Mais ce congé n'est soumis à aucun délai de rigueur, il suffit, pour qu'il soit valable, qu'il ait eu lieu avant que le fermier n'ait fait des actes de culture desquels on puisse inférer la tacite réconduction. — *Colmar*, 4 sept. 1806, Chaval c. Montargis.

1444. — En matière de bail à terme il suffit, pour empêcher la tacite réconduction, que le congé ait été signifié avant l'expiration du terme fixé par le bail pour sa durée, et avant que les terres aient été ensemencées. — Les travaux faits par le fermier dans la dernière année de son bail pour disposer les terres à recevoir les semences, n'opèrent point la tacite réconduction et ne font point obstacle à ce que le congé signifié avant la semaille par le propriétaire ait l'effet qu'il doit avoir d'après l'art. 1739. — *Amiens*, 17 janv. 1822, Carbonnier c. Boucher.

1445. — Lorsqu'à l'expiration d'un bail à ferme, les biens loués sont partagés entre les héritiers du bailleur par parties distinctes qui peuvent être occupées ou cultivées séparément, le fermier ne peut se maintenir par la tacite réconduction dans la jouissance de tous les biens compris dans le bail, nonobstant le congé à lui donné par quelques uns des héritiers du bailleur, relativement aux parties de biens qui leur sont échues en partage. — — *Bruxelles*, 28 avr. 1820, Paul Ghislain c. Vancasiel et Demeester.

1446. — L'effet du congé signifié au fermier ne peut être détruit que par une convention écrite. — *Amiens*, 17 janv. 1822, Carbonnier c. Boucher.

1447. — Ainsi, on n'est pas recevable à prouver par témoins la volonté des propriétaires contraire au congé qu'il a signifié. — *Rennes*, 15 avr. 1812, Labarre c. Graton.

1448. — Le colon qui, au mépris d'un congé, a continué sa jouissance au-delà du terme ordinaire fixé par l'usage des lieux, est obligé d'indemniser le propriétaire. — Même arrêt.

1449. — Quelques labours, et même l'ensemencement des terres, faits par le fermier, dans l'intervalle d'un congé qui lui a été signifié à l'époque de l'expiration de sa jouissance, ne peuvent être considérés comme le commencement de l'exécution d'un second bail qui lui aurait été fait pendant la durée du premier. En conséquence ce fermier ne peut, pour se perpétuer dans les lieux, être admis à prouver ce second bail. — *Rouen*, 1er mai 1811, Lemoine c. Dubuc.

1450. — Le fermier au profit duquel il ne s'est pas opéré de tacite réconduction par l'ensemencement des terres, fait peu de temps avant l'expiration de son bail, peut réclamer les impenses qu'il a faites. — *Bruxelles*, 6 janv. 1823, Santriaux c. de Tenremonde.

1451. — Un fermier qui était prévenu qu'il ne pouvait plus continuer sa jouissance, n'a pas le droit de retenir les impenses qu'il a faites pour la culture après l'expiration de son bail. — *Bruxelles*, 17 juin 1817, Guilquin c. de Bondry.

1452. — La veuve et les enfans qui ont continué d'exploiter par tacite réconduction un domaine loué par bail à leur père décédé, sont obligés envers le bailleur par têtes, et non pas dans la proportion des droits que chacun d'eux peut avoir dans la succession. — *Bourges*, 11 déc. 1830, Béguin c. Thabaud-Bussières.

1453. — Le propriétaire qui a acheté de son fermier, mais sous condition de lui en laisser la jouissance jusqu'à l'expiration du bail, les meubles garnissant la ferme, doit subir la résiliation de ce bail s'il laisse vendre les meubles par suite d'une saisie faite par un tiers et dont il a connaissance. — *Rennes*, 26 août 1818, N...

1454. — Le fermier sortant doit laisser à celui qui lui succède dans la culture les logemens convenables et autres facilités pour les travaux de l'année suivante; et réciproquement, le fermier entrant doit procurer à celui qui sort les logemens convenables et autres facilités pour la consommation des fourrages et pour les récoltes restant à faire. — Dans l'un et l'autre cas, on doit se conformer à l'usage des lieux. — C. civ., art. 1777.

1455. — Le fermier sortant doit laisser les pailles et engrais de l'année, s'il les a reçus lors de son entrée en jouissance; et, quand même il ne les aurait pas reçus, le propriétaire pourra les retenir suivant l'estimation. — C. civ., art. 1778. — Cette dernière disposition est une restriction du droit de propriété introduite en faveur de l'agriculture. — Troplong, n° 782.

1456. — L'obligation du fermier, de laisser les pailles à sa sortie, dépend uniquement de la question de savoir, en fait, s'il les a reçues à son entrée; dès-lors, le preneur qui n'a reçu qu'une quantité de paille déterminée, n'est tenu qu'à laisser la quantité déterminée qu'il a reçue, alors même qu'il se serait engagé à en laisser suivant l'usage des lieux. — *Rennes*, 16 déc. 1831, Ertault de la Bretonnière c. Greller.

1457. — Ce que la loi dit des pailles s'applique aux autres fourrages. — Car ainsi que le dit M. Duvergier (n° 225), ni les bailleurs ni les preneurs n'ont à se plaindre lorsqu'on oblige ceux-ci à laisser en sortant ce qu'ils ont trouvé à leur entrée, et même à abandonner ce qu'ils n'ont pas reçu moyennant le paiement d'une indemnité. — V. aussi Troplong, n° 783; Duranton, t. 17, n° 218, et le numéro qui suit.

1458. — A défaut d'estimation d'entrée ou de convention particulière, le fait d'avoir pris, à son entrée, une ferme garnie de tous les fourrages que produit la propriété, impose, par voie de conséquence, au preneur l'obligation de laisser à sa sortie les lieux comme il les a pris, c'est-à-dire garnis de tous les fourrages généralement quelconques qui sont le produit de la propriété. — Les fourrages artificiels, bien qu'étant le résultat de l'industrie, ne peuvent, pas plus que tous autres, être exceptés de cette règle, alors surtout que rien ne prouve que le preneur n'en a pas trouvé à son entrée. — *Bourges*, 28 nov. 1840 (t. 2 1841, p. 540), Poulet c. Boucher.

1459. — Jugé que la clause d'un bail portant que le preneur est tenu de *convertir en fumier, pour l'engrais des terres, tous les feurres et pailles qui proviendront de leurs dépouilles, sans pouvoir en distraire ni vendre aucune partie*, le soumet à laisser au bailleur les pailles de la dernière récolte ou à lui en payer le prix. — *Amiens*, 18 mai 1824, Delahaye c. Labbé.

1460. — Le fermier qui, pour se procurer une déduction sur le prix du faucillage, ferait couper très haut les blés de la dernière récolte, et diminuerait ainsi la quantité de paille que les terres rendent habituellement, se rendrait passible de dommages-intérêts. — Pothier, n° 190; Troplong, n° 781.

1461. — L'estimation des pailles et fumiers que le fermier doit laisser, sauf indemnité, doit se faire par experts. — Troplong, n° 784.

1462. — Le fermier qui n'aurait pas reçu en entrant les pailles et fumiers, serait cependant obligé de les laisser à sa sortie, et cela sans réclamer d'indemnité, si le bail portait qu'il sera tenu de convertir en fumiers toutes les pailles de la récolte. — Troplong, n° 785. — V. aussi dans Merlin (*Quest.*, v° *Fumier*, § 2) un arrêt conforme du parlement de Paris, 22 août 1781, rendu sur les conclusions de l'avocat général Séguier.

1463. — Quant aux semences, le fermier sortant n'est obligé de les laisser qu'autant qu'il les a reçues à son entrée dans la ferme. — Troplong, n° 786.

1464. — C'est un usage constant dans le département du Cher que le fermier entrant serre la récolte du fermier sortant, si celui-ci l'avait à son entrée serrée pour son prédécesseur, et s'il consent à laisser les pailles dans son domaine. — Si le fermier entrant ne veut pas serrer la récolte, le fermier sortant peut actionner le propriétaire directement pour le forcer à la serrer lui-même ou à la faire serrer par son nouveau fermier. — *Bourges*, 24 fév. 1826, Jarre c. Delhomme.

1465. — Au surplus, il a été jugé que les objets dépendant d'un bail de biens ruraux ne se règlent pas par le jour de l'expiration de ce bail: mais qu'ils sont subordonnés à leur destination qui peut suivre ou précéder l'époque marquée pour la sortie selon l'ordre de l'agriculture; et qu'en conséquence, s'il a été convenu que les pailles seraient converties en fumier pour l'engrais des terres de la ferme, le fermier sortant ne peut, sous prétexte que le bail n'est pas expiré, s'opposer à ce que le propriétaire enlève le fumier déjà produit pour l'employer sur les jachères. — *Bruxelles*, 19 fructid. an XIII, Paulée c. Dufresne. — V. en ce sens, Duvergier, n° 224.

1466. — Une loi du 2 complém. an III portait que tout propriétaire faisant valoir par suite d'une expiration de bail, et qui se trouvait dans le cas de réensemencer ses terres sans avoir eu part à la récolte qui venait de se faire, pourrait exiger de son fermier sortant, en à-compte sur ses fermages en nature, la quantité de grains qui lui serait nécessaire pour faire ses ensemencemens. — Duvergier, *Collect. des lois* à sa date. — Cette loi a été évidemment abrogée par le Code civil. — Duvergier, *Louage*, t. 2 (contin. de Toullier, t. 19), n° 222; Vaudoré, t. 2. p. 69.

CHAPITRE VI. — *Du louage des meubles.*

1467. — Le louage des meubles est parfait par le seul consentement des parties ; l'écriture n'y est requise que pour la preuve. Ce n'est là qu'une application des principes généraux. — Duvergier, *Louage*, t. 2 (contin. de Toullier, t. 19), n° 226; Troplong, nos 103 et 110.

1468. — Dans la pensée primitive des rédacteurs du Code, les art. 1715 et 1716 paraissaient destinés à gouverner les baux de toutes les choses quelconques, *meubles* ou *immeubles*. — Mais la rédaction définitive, en comprenant ces articles sous la rubrique « *Règles communes aux baux des maisons et des biens ruraux*, » a nécessairement écarté l'idée qu'ils pussent être appliqués aux choses mobilières: ces baux restent donc sous l'empire du droit commun. Ainsi, le tapissier qui aurait loué verbalement des meubles et tapisseries pour une somme inférieure à 150 fr. pourrait prouver par témoins l'existence du bail, bien qu'il n'eût reçu aucun commencement d'exécution. Ainsi encore, si le bail avait reçu un commencement d'exécution et qu'il s'élevât des contestations sur le prix, le bailleur ne serait pas cru sur serment, mais le preneur pourrait offrir la preuve testimoniale pour en établir le montant. — Delvincourt, t. 3, p. 187, note 2e; Duranton, t. 17, n° 52; Troplong, nos 102 et 110; Duvergier, n° 227.

1469. — Quant à la durée de pareils baux, l'art. 1757 dispose que le bail des meubles fournis pour garnir une maison entière, un corps de logis entier, une boutique ou tous autres appartemens, est censé fait pour la durée ordinaire des baux des maisons, corps de logis, boutiques ou autres appartemens, selon l'usage des lieux. — C. civ., art. 1757. — V., en ce qui concerne les usages des lieux, *suprà* nos 1173 et suiv.

1470. — Mais l'art. 1757 n'est applicable qu'autant que la convention intervenue entre les parties ne contient aucune stipulation relative à la durée du louage; il ne serait pas applicable si la location avait été faite à tant par an, par mois, par semaine, etc. — Pothier, n° 30; Troplong, n° 598.

1471. — Lorsqu'un appartement a été loué par un bail écrit pour une durée déterminée, et que le locataire a loué des meubles pour le garnir, sans stipuler la même durée, ce dernier bail est censé fait pour le temps déterminé par l'usage, et non pas pour celui fixé par le bail de l'appartement. En effet, le loueur de meubles ne peut être lié par les clauses d'un acte dont il n'a pas eu connaissance. — Delvincourt, t. 3, notes, p. 202; Troplong, n° 599; Duvergier, n° 233.

1472. — Mais si le locataire a donné connaissance au loueur de meubles du bail de l'appartement, le louage des meubles est censé fait pour le temps que doit durer ce bail. — Duvergier, n° 233; Troplong, n° 599.

1473. — L'art. 1757 est applicable non seulement au locataire, mais encore au propriétaire qui, par exemple, en attendant que les meubles qu'il fait fabriquer pour garnir sa maison soient terminés, en loue chez un tapissier. — Troplong, n° 600.

1474. — A l'égard des choses mobilières qui ne sont point destinées à garnir une maison, un appartement, une boutique, etc., et auxquelles, par conséquent, ne s'applique pas l'art. 1757, lorsque la durée de la location n'a point été fixée par la convention, elle doit être déterminée d'après la destination de la chose ou les circonstances. — Duvergier, n° 228.

1475. — Lorsque la durée du bail ne peut être déterminée ni par la destination de la chose, ni par les circonstances, il est nécessaire de s'en rapporter à cet égard à la clause qui fixe le montant du prix. Ainsi, si un cheval a été loué à tant par jour ou à tant par semaine, il pourra être rendu par le preneur ou redemandé par le locataire à la fin de chaque jour, de chaque semaine. — Duvergier, n° 232.

1476. — Ainsi la location d'une voiture ou d'un cheval est présumée faite pour tout le temps qui est nécessaire au voyage auquel la voiture ou le cheval doivent servir. — Duvergier, n° 230.

1477. — Si donc on louait des chevaux ou une voiture à tant par jour, par semaine, par mois, pour faire tel voyage, la location n'expirerait qu'à la fin du voyage, et non à la fin du jour, de la semaine, du mois. — Duvergier, n° 231; Pothier, n° 31.

1478. — Si le voyage avait manqué, le preneur ne pourrait rendre au locateur les chevaux ou la voiture avant la fin du temps qu'aurait dû durer le voyage pour lequel ils étaient loués, qu'en le dédommageant de la perte que lui cause l'inexécution du contrat. — Pothier, n° 34.

1479. — La tradition des choses mobilières louées, comme celle des mêmes choses vendues, doit se faire au lieu où elles se trouvaient au moment du contrat, et elles doivent en être enlevées aux frais du preneur (Pothier, n° 56; Troplong, n° 167; Duvergier, n° 243), à moins toutefois qu'une convention expresse, les circonstances ou l'usage suivi dans la location de certaines choses n'indiquent des intentions particulières relativement au lieu et aux frais de la délivrance. — Duvergier, *loc. cit.*

1480. — Ainsi, les loueurs de fiacres doivent conduire leur voiture à la porte de celui qui les emploie. — Pothier, n° 57; Troplong, *loc. cit.* — Il existe à cet égard des ordonnances de police obligatoires pour les locateurs.

1481. — De même les tapissiers sont obligés, parce que tel est l'usage, de faire conduire les meubles qu'ils louent dans la maison de celui à qui ils les louent. — Pothier, *loc. cit.*; Troplong, *loc. cit.*

1482. — Si, depuis le contrat, le locateur avait transféré la chose dans un lieu d'où l'enlèvement coûtât plus cher qu'il n'aurait coûté si la chose fût restée là où elle était lors du contrat, le locateur devrait tenir compte au preneur de cet excédant de dépense. — Pothier, n° 56.

1483. — Comme en matière de choses immobilières, la délivrance de la chose mobilière louée doit être faite avec tous ses accessoires. — Duvergier, n° 242.

1484. — L'obligation par le bailleur d'entretenir la chose en bon état s'applique aux meubles aussi bien qu'aux immeubles. — Troplong, n° 176.

1485. — De même l'art. 1721, relatif à la garantie due au preneur pour les vices ou défauts qui empêchent l'usage de la chose louée, bien que placé sous la rubrique *Des règles communes aux baux des maisons et des biens ruraux*, est également applicable aux locations d'objets mobiliers. — Troplong, n° 195.

1486. — D'un autre côté l'obligation imposée au preneur de jouir en bon père de famille et suivant la destination de la chose, s'applique au louage des meubles aussi bien qu'au louage des immeubles. — C. civ., art. 1728; — Pothier, n° 190; Troplong, n° 297. — Ainsi, dit M. Duvergier (n° 244), le preneur est tenu de la responsabilité de ses fautes.

1487. — Ainsi, celui qui a loué un cheval doit avoir soin de le faire bien panser et nourrir; il ne doit pas lui faire faire de trop fortes journées. — Pothier, n° 190.

1488. — Mais la responsabilité du preneur cesse lorsque le locateur ou quelqu'un préposé par lui reste chargé du soin de conserver la chose. C'est ce qui arrive, selon Pothier (n° 196), lorsqu'un loueur de voitures loue à quelqu'un une voiture et des chevaux pour faire un voyage et lui donne un cocher pour conduire la voiture; ce cocher, préposé par le locateur, est chargé du soin de la voiture et des chevaux; le locataire n'est chargé de rien. — V. en ce sens Duvergier, n° 245.

1489. — Les art. 1730, 1731 et 1732, relatifs à l'état dans lequel la chose louée doit être rendue à l'expiration de la location et aux présomptions concernant l'état de cette chose au moment où elle a été remise par le locateur, s'appliquent, quoique placés sous une rubrique restrictive, au louage de toutes espèces de choses. — Troplong, n° 349.

1490. — La convention peut étendre la responsabilité du locataire et le charger des cas fortuits; mais M. Duvergier (n° 246) pense qu'une pareille stipulation doit être expresse, ou que du moins l'intention des contractans doit être bien clairement établie: — Ainsi, il n'admet pas qu'elle doive résulter nécessairement de ce fait que la chose louée aurait été estimée par le contrat. Ce pourra seulement être là une présomption, et le locataire aura le droit de la combattre par toutes les preuves et présomptions contraires. — V. cependant LL. 3 et 54, ff., *Loc. cond.*, L. 1, § 1er, ff., *De æstim. act.*, et L. 5, § 3, ff., *Commod.*; — Despeisses, *Du louage*, sect. 4e, n° 17; Rousseau de Lacombe, v° *Estimation*, n° 7.

1491. — Le preneur d'objets mobiliers, tels qu'un moulin ou un établissement de bains sur bateaux, un navire, etc., doit être chargé du calfatage partiel jusqu'à la hauteur d'un mètre; il doit l'être également des enduits de goudron sur les planches et sur le pont. — Troplong, n° 181; Proudhon, *Usufruit*, t. 3, n° 1728.

1492. — Le locateur d'objets mobiliers, tels que clichés ou caractères d'imprimerie, peut, si le locataire tombe en faillite, exiger de lui caution, et, en cas de refus, demander la résiliation du bail. — *Paris*, 16 août 1825, Touquet c. Garnery.

1493. — Lorsque des meubles ont été loués sans terme fixe, les parties ne sont point obligées, pour mettre fin au bail, de se donner congé dans un certain délai déterminé, comme cela est nécessaire pour faire cesser les baux des maisons; il suffit qu'elles se préviennent dans un délai raisonnable. — Troplong, n° 461.

1494. — Les art. 1429 et 1430 ne sont pas applicables aux choses mobilières. Lorsque le mari a loué celles qui appartiennent à la femme, le bail se trouve résolu par la dissolution de la communauté, à moins toutefois que ces choses ne se trouvent attachées comme accessoires à un immeuble. — Troplong, n° 153.

1495. — Quant au point de savoir si l'usufruitier peut louer les meubles compris dans son usufruit, et dans quelles limites, V. USUFRUIT.

1496. — Les principes posés par l'art. 1722, sur l'effet de la destruction totale ou partielle, s'appliquent au louage des choses mobilières aussi bien qu'aux baux des maisons et des biens ruraux. — Troplong, n° 221.

1497. — L'art 1743, relatif aux droits de l'acquéreur de la chose louée quant à l'expulsion du preneur, ne s'applique pas aux locations de meubles. Il ne concerne que le louage des immeubles ou des choses mobilières accessoirement unies aux immeubles. — Troplong, n° 508; Proudhon, *Usufruit*, t. 3, n° 1217.

1498. — La tacite réconduction n'est pas particulière aux baux des maisons et des biens ruraux, elle s'applique également au louage des meubles, toutefois avec des différences qu'il importe de signaler. — Pothier, n° 371; Troplong, n° 461. — V. aussi Duvergier, nos 234 et suiv.

1499. — Ainsi, lorsqu'un particulier a loué des meubles pour un certain temps, par exemple, pour un an, et que, ce temps écoulé, il les conserve sans que le locateur les redemande, il se forme tacitement un nouveau contrat de louage; mais la durée n'en sera pas réglée par le premier contrat, et le locateur pourra, quand il lui plaira, redemander la chose; comme le preneur, de son côté, pourra la rendre à sa volonté; dans l'un et l'autre cas, le prix qui avait été fixé pour la première location devra seulement être augmenté proportionnellement au temps qui se sera écoulé depuis la tacite réconduction. — Pothier, n° 371; Troplong, n° 461.

1500. — Si le locataire conservait la chose après l'expiration du bail contre la volonté bien manifestée du propriétaire et malgré ses réclamations, la réconduction, qui exige le concours des volontés n'aurait pas lieu, et, dans ce cas, le locataire devrait, non seulement le prix de son indue jouissance calculé d'après celui qui avait été fixé dans le bail, mais encore des dommages-intérêts si la privation de la chose avait causé quelque perte au propriétaire. — Duvergier, n° 235.

1501. — Il a été dit que, lorsque celui qui a pris à bail une maison ou un appartement, loue des meubles pour les garnir, cette location est censée faite pour la durée ordinaire des baux selon l'usage des lieux. — A cet égard, M. Duvergier (n° 238) se demande si le louage des meubles est censé finir *à chaque terme*, ou s'il continue comme le bail de la maison ou de l'appartement, chaque terme n'étant qu'une époque de paiement et de résolution facultative. De la solution de cette question dépend, suivant cet auteur, celle de savoir s'il y a ou non, à chaque terme, tacite réconduction, ce qui peut être intéressant à savoir, puisqu'on sait que les garanties données pour l'exécution du bail ne s'étendent pas aux obligations qui naissent de la tacite réconduction (V. *suprà* nos 1041 s). Il résout ainsi la question : « A mon avis, les termes fixés par l'usage ont, en ce qui touche la location des meubles, le même caractère et les mêmes effets que relativement au bail de la maison ou de l'appartement. Rien dans la loi n'indique l'intention de leur donner, sur la durée du contrat, une influence différente; loin de là, la rédaction de l'art. 1757 autorise la pensée d'une complète assimilation. Ainsi, lorsque les meubles loués pour garnir un appartement ou une maison seront laissés entre les mains du locataire pendant plusieurs termes successifs, cette continuation de jouissance ne sera que la continuation du contrat originaire ; il n'y aura pas un bail nouveau, une tacite réconduction à chaque terme. »

V. ACTE SOUS SEING-PRIVÉ, ANNEXE DE PIÈCE, AYANT-CAUSE, CAUTIONNEMENT, COMMENCEMENT DE PREUVE PAR ÉCRIT, DOUBLE ÉCRIT, ENREGISTREMENT, PREUVE TESTIMONIALE, SERMENT JUDICIAIRE ET EXTRA-JUDICIAIRE.

BAIL (Matière féodale).

1. — Dans le moyen-âge, lorsque les fiefs furent devenus héréditaires, les seigneurs se réservèrent l'administration et la jouissance des fiefs appartenant à leurs vassaux trop jeunes pour porter les armes et pour s'acquitter de leurs devoirs féodaux; c'est ce droit qu'on appela *bail* ou *garde*.

2. — Dans quelques provinces, au lieu de se ré-

server ce droit de bail, les seigneurs l'abandonnèrent au plus proche parent du mineur, à la charge de desservir le fief et de faire foi et hommage.

3. — « Le bail si est, dit Beaumanoir,(*cout. de Beauvois*, chap. 15, t. 1er, p. 244, n° 2, édit. de M. Beugnot), quant aucuns muert et il a enfans qui sont sous aagé et qui ne pocnt ne doivent venir à l'ommage du seigneur de ce que leur est descendu, par reson de fief de lor père ou de lor mère, de lor aiol ou de leur aïole, ou de plus haut degré en descendant. — Quand il avient ainsi li plus prochains du lignage as enfans et qui appartient du côté dont li fief muet, pot prendre le bail s'il li plet, et estre en son ommage, et doit desservir le bail jusqu'à tant que li uns des enfans soit en aagiés; et quand il uns des enfans est en aagiés, il doit fere ommage au segneur de sa partie, et tenir le bail de ses frères et de ses serëurs sous aagiés. »

4. — « Nul n'était forcé de prendre le bail malgré lui, mais lorsqu'il l'avait accepté et qu'il avait fait hommage et foi au seigneur, il ne lui était plus permis de s'en départir.

5. — Celui qui avait accepté la garde ou bail du fief appartenant à un mineur s'appelait *baillistre*. Il avait la jouissance de tous les fruits et profits du fief « à l'exception desquels, dit Laurière, du roussin de service. » — V. Gloss. du dr. fr., t. 1er, v° *Bail*, p. 442, 2e col.

6. — Le baillistre recevait comme seigneur, la foi des vassaux du mineur. Il devait payer les dettes de celui-ci, et lui rendre son fief libre de toute charge à la fin du bail. — « Quant aucuns tient un bail, et il y a detes, dit Beaumanoir (*loc. cit.*), li deteur doivent sievir celi qui le bail tient. Et se cil que le bail tient est bien soutisant et bons à sievre justiciés, et li créanciers par négligence ou par mavolonté, laisse à sievre et à requerre se dete à celi qui tient le bail, dusques à tant que li oirs ait aage, et puis le demande à l'oir; li oirs a bone deffense par quoi il n'est pas tenus à de te paier, car il peut dir eas créanciers : « Voz saviés que j'estois tenus en bail, et estoit li baus soufisans por mi aquiter, et avés laissié le tans du bail passer sans demander. vostre dete par justice, par quoi je ne voil estre tenus à respondre; et en tel cas il n'i respondra pas, ains convenra que li créanciers quiere se dete à celi qui tient le bail. »

7. — Si personne n'acceptait le bail, le seigneur s'en chargeait « par défaute d'hommes, » et il avait dans ce cas la jouissance du fief sans être tenu des dettes. Il devait seulement nourrir et entretenir le mineur suivant son état et ses besoins, « car ce seroit œuvre sans miséricorde, dit toujours Beaumanoir, de laissier morir les enfans por défaute et resons s'i acorde que tint enfant sous aagié, liquel n'y trouvent qui les preingne en bail ne en garde, sont et doivent estre en la garde du seigneur, et donques lor doit tenir d'ans jusques aujourd'huy; j'ai tenu et gardé en bail le sien loyaument et j'ai nourri et gardé en bail le sien loyaument et j'ai tenu et gardé en bail le sien loyaument et j'ai tenu et gardé en bail le sien loyaument et mon pouvoir et sans fraude : pourquoy pardevant vous pardevant lesquels je le prins, ou vos prédécesseurs à la coutume et usage de certain pays, environ droit bail, garde et administration, tant de l'enfant comme de sa terre et manoir je n'en descharge et oste et le livre sans soin, sans dette et sans lien de mariage que je sache qu'il soit ne puisse sçavoir. Et duoit bail autant en ay fait comme en appartient à faire à tout usage et délivré par loy, comme par loy s'en acquitté et délivré par loy, comme par loy s'en entreprins, et que de ce ay-e lettres pour moy et pour mes hoirs. » — Boutillier, *Somme rurale*, liv. 1er, tit. 93.

9. — Après cette formalité, le baillistre avait déchargé s'il n'y avait pas d'opposition, et le mineur devait faire hommage au seigneur, et promettre de servir sa cour et d'être *son homme et tenant*. — V. au surplus GARDE, GARDE NOBLE ET BOURGEOISE.

10. — Dans certaines coutumes, le mot bail était pris aussi pour désigner la personne chargée de la femme. — « Ainsi, dit Eusèbe de Laurière, Glossaire, v° *Bail*, quand une fille se marie, il y a bail parce qu'elle entre en la *garde* de son mari; et quand son mari meurt, il y a *desbail* parce qu'elle sort de garde. » — V. cout. de Saint-Omer, art. 20; cout. de Péronne, art. 114.

BAIL ADMINISTRATIF.

Table alphabétique.

BAIL ADMINISTRATIF. — 4. — On appelle ainsi le bail des choses appartenant, soit à l'état, soit aux communes, soit aux établissemens publics, parce que, pour leur confection, la loi exige le concours et la surveillance de fonctionnaires administratifs, et prescrit des formalités spéciales.

2. — Les baux administratifs se trouvent donc, à certains égards, placés en dehors du droit commun. C'est ce que l'art. 4742, C. civ., exprime en disant que « les baux des biens nationaux, des biens des communes et des établissemens publics, sont soumis à des réglemens particuliers. »

3. — Il suit de là que les règles communes ne peuvent être appliquées aux baux administratifs qu'autant qu'aucun règlement particulier n'en contient de règle contraire ou incompatible.

4. — On a cependant contesté que les baux des biens des communes, et à plus forte raison ceux des biens des établissemens publics soient de véritables baux administratifs; on se fonde (*Encyclopédie du Droit*, v° *Baux administratifs*, n°s 6 et suiv.)

sur ce que l'autorité administrative n'intervient pour avoir pouvoir public que dans les baux des biens de l'état, qui seuls, dès-lors, emportent par eux-mêmes hypothèque et exécution de voie parée, tandis que l'intervention de certains fonctionnaires dans les baux des biens des communes et des établissemens publics n'a lieu qu'à titre de protection, de tutelle, et que le véritable fonctionnaire, celui qui seul leur donne l'authenticité, est le notaire rédacteur dont le concours est indispensable, comme pour tous les actes qui interviennent entre particuliers qui veulent leur donner le caractère public. — Nous pensons néanmoins que c'est aller trop loin. — Le nom de *bail administratif* appartient non seulement à ceux qui emportent hypothèque et exécution parée, mais à tous ceux pour la validité desquels certaines formes sont prescrites, et l'intervention de certains fonctionnaires est indispensable, soit comme autorité, soit comme administrateurs. — Les effets de ces actes peuvent être plus ou moins étendus dans les diverses matières où ils interviennent, mais le caractère en reste toujours le même; ils ne cessent point pour cela d'être des actes administratifs.

§ 1er. — *Baux des biens de l'état* (n° 5).

§ 2. — *Baux des biens des communes* (n° 57).

§ 3. — *Baux des biens des établissemens publics* (n° 404).

—

§ 1er. — *Baux des biens de l'état.*

5. — D'après les lois romaines et leurs droits appartenant à l'état ne pouvaient être loués qu'avec l'intervention de l'autorité judiciaire. — L. 3, Cod., *De locat. prædior. civ.*; Matthœus, *De auctionibus*, lib. 4, cap. 3, n° 6.

6. — Dans notre ancienne jurisprudence, l'ordonnance de Moulins, de 4566, consacra le même principe. « Le domaine, y lisait-on, ne pourra être donné à ferme ni à loyer que plus offrant et dernier enchérisseur ; il ne pourra être fait don à quelque personne, ni pour quelque cause que ce soit, du prix de ferme ou du corps, et il ne sera accordé aucune exception en quelque forme ou manière que ce soit des droits dépendans du domaine. » — Despeisses, *Du louage*, sect. 2e, p. 50, n° 3 ; Pothier, *Louage*, n°s 376 et suiv.; Merlin, *Rép.*, v° *Bail*, § 47.

7. — Les difficultés relatives aux matières domaniales étaient portées au bureau du trésorier de France, ensuite dans la généralité de Paris où elles rentraient dans les attributions de la chambre du trésor.

8. — Aujourd'hui les baux des biens et droits se font à la diligence des préposés de l'administration de l'enregistrement et des domaines ; mais l'adjudication n'en est faite que par l'autorité administrative elle-même, c'est-à-dire par le sous-préfet de l'arrondissement dans lequel ils sont situés ou doivent être exercés. — LL. 28 et 29 nov. 4790, tit. 2; 6 frim. an VII, § 4 ; 28 pluv. an VIII; Rolland de Villargues, *Rép.*, v° *Baux administratifs*, n°s 4 et 5; Duranton, t. 47 n° 44; Duvergier, *Louage*, t. 400 ; (contin. de Toullier, t. 48), n°424; Troplong, *Louage*, n° 70.

9. — Les biens à raison desquels l'état passe le plus ordinairement des baux sont non seulement les immeubles qui lui appartiennent, les eaux minérales, les coupes de bois, etc., mais encore les droits incorporels qu'il peut avoir, tels que les droits de passage sur les ponts, les droits de bacs et passages d'eau, de pêche, de chasse, etc. — Magniot et Delamarre, v° *Baux administratifs*; *Rép.*, p. 400 ; Rolland de Villargues, *Rép.*, v° *Bail des biens de l'état*, n° 4er.

10. — Ces baux sont publiés un mois d'avance par des publications, de dimanche en dimanche, à la porte des églises paroissiales de la situation et de celles des principales églises les plus voisines, à l'issue de la messe de paroisse, et par des affiches de quinzaine en quinzaine aux lieux indiqués ; l'adjudication est fixée à un jour de marché, avec désignation du lieu et de l'heure où elle se fera.—L. 28 oct.-5 nov. 4790, tit. 2, art. 43 ; — Troplong, *loc. cit.*; Duvergier, *loc. cit.*; Duranton, *loc. cit.*, art. 46; — Troplong, *loc. cit.*; Duvergier, *loc. cit.*; Duranton, *loc. cit.*; Rolland de Villargues, *Rép.*, v° *Bail des biens de l'état*, n° 9.

11. — Les conditions de l'adjudication sont dressées par le sous-préfet ou par le préfet et déposées au secrétariat de la sous-préfecture ou de la préfecture où chacun peut en prendre communication sans frais. — Troplong, *loc. cit.*; Duvergier, *loc. cit.*; Duranton, *loc. cit.*; Rolland de Villargues, *Rép.*, v° *Bail des biens de l'état*, n° 9.

12.—Les baux des biens incorporels doivent être passés pour neuf années; ceux des autres biens sont passés pour trois, six, neuf années. — L. 23 oct.-5 nov. 1790, tit. 2, art. 15; — Troplong, n° 71; Duvergier, *loc. cit.*.

13. — Les baux subsistans sont renouvelés, dans les campagnes, un an, et, dans les villes, six mois avant leur expiration. — L. 23 oct.-5 nov. 1790, tit. 2, art. 11. — Duvergier, n° 121; Rolland de Villargues, *Rép.*, v° *Bail des biens de l'état*, n° 8.

14. — Outre les conditions légales et d'usage en chaque lieu, et outre celles que les sous-préfets croient devoir imposer pour le bien de la chose, il est de règle de stipuler expressément celles qui suivent. — L. 23 oct.-5 nov. 1790, tit. 2, art. 17.

15.— 1° A l'entrée de la jouissance, il sera procédé, par experts, à la visite des objets affermés, ensemble à l'estimation du bétail et à l'inventaire du mobilier. Le tout sera fait contradictoirement avec le nouveau fermier et l'ancien, ou, s'il n'y en avait point d'ancien, avec un commissaire délégué par le sous-préfet. Les frais de ces opérations seront à la charge du nouveau fermier, sauf son recours contre l'ancien, si celui-ci y était assujéti. — Même loi, art. 18.

16. — 2° L'adjudicataire ne pourra prétendre aucune indemnité ou diminution du prix de son bail, en aucun cas, même pour stérilité, inondation, grêle, gelée, ou tous autres cas fortuits. — Même loi, art. 19.

17. — Toutefois, si cette dernière clause était omise dans le cahier des charges, le preneur rentrerait sous l'empire du droit commun tel qu'il est déterminé par l'art. 1722, C. civ.—Troplong, n° 71. — V. cependant Duranton, t. 17, n° 41.

18. — 3° Le fermier ou locataire sera tenu, outre le prix de son bail, d'acquitter toutes les charges annuelles dont il sera joint un tableau à celle des conditions; il sera tenu encore de toutes les réparations locatives, et de payer les frais d adjudication. — Même loi, art. 20.

19.—4° L'adjudicataire sera tenu de fournir une caution solvable et domiciliée dans l'étendue du département, dont il rapportera la soumission par acte authentique, si elle n'est pas faite au secrétariat, dans la huitaine après l'adjudication; à défaut de quoi il sera procédé à un nouveau bail à sa folle-enchère. — Même loi, art. 21.

20. — Il doit être de plus stipulé qu'en cas de vente des biens loués, l'acquéreur peut expulser le fermier; mais il ne peut le faire, même en offrant de l'indemniser, qu'après l'expiration de la troisième année, ou de la sixième si la quatrième était commencée, ou de la neuvième si la septième avait commencé son cours, sans que dans ces cas les fermiers puissent exiger d'indemnité. — L. 23 oct.-5 nov. 1790, tit. 2, art. 15.

21. — Jugé que le gouvernement a pu, après avoir donné à ferme la perception du droit sur les boissons, soit supprimer les préposés chargés de réprimer les fraudes aux droits établis, soit créer de nouveaux débits de boissons, sans que, si aucune garantie n'a été stipulée dans l'acte de bail, il puisse résulter de là une cause de résiliation de cet acte; du moins, l'arrêt qui le déclare ainsi, par appréciation des clauses du bail, échappe à la censure de la cour de Cassation. — *Cass.*, 16 déc. 1828, Jacquemain c. le Ministère de la marine.

22. — Mais cette décision nous semble contraire à l'équité en ce qu'elle n'attribue aucune influence sur la position des parties à des faits qui devaient nécessairement amener une notable diminution dans les produits de la ferme, et qui, par conséquent, constituaient, de la part du bailleur, des troubles apportés à la jouissance du fermier. — Troplong, n° 189.

23. — Jugé avec plus de raison que l'embargo qui, par l'ordre des autorités civiles et militaires, et pour arrêter l'invasion étrangère, a frappé sur des nacelles servant à l'exploitation d'un cantonnement de pêche loué par l'état, a pu être déclaré un fait personnel au bailleur, et non un cas fortuit extraordinaire, résultant des ravages de la guerre; — que par suite, c'est à raison des pertes qu'il a éprouvées, et non à raison du temps pendant lequel l'embargo a eu lieu, que le gouvernement est tenu d'indemniser le fermier.— *Cass.*, 30 avr. 1834, Préfet de Tarn-et Garonne c. Sabathié.

24. — La clause insérée dans un bail de bacs et passages d'eau consenti par la régie des contributions indirectes, que le preneur serait tenu de remettre le matériel du passage affermé dans l'état décrit par l'estimation faite au moment de l'entrée en jouissance ou d'en payer la moins-value, contient dérogation à la loi du 6 frim. an VII, d'après laquelle le fermier devenait propriétaire du matériel de passage qui lui était remis, et rentre sous l'application des règles du droit commun qui n'astreint le preneur qu'à tenir compte des détériorations survenues par son fait, mais non de celles provenant de vétusté ou force majeure. — *Limoges*, 8 janv. 1842 (t. 1er 1843, p. 445), Contrib. indir. c. Laumond.

25. — L'adjudication se fait par-devant le sous-préfet, publiquement et à la chambre des enchères, sauf à la remettre à un autre jour s'il y a lieu. — L. 5 nov. 1790, tit. 2, art. 3.

26. — La minute de l'acte d'adjudication doit être signée par les parties qui savent signer, et par le sous-préfet, ainsi que par le secrétaire-général, qui signe seul l'expédition.—L. 5 nov. 1790, tit. 2, art. 14.

27. — Si l'adjudicataire refusait de signer le procès-verbal, l'adjudication serait-elle valable? — M. Rolland de Villargues, après avoir, dans sa deuxième édition (v° *Bail des biens de l'état*, n° 12), enseigné l'affirmative, s'est prononcé, dans sa dernière édition (v° *Bail des biens des communes*, n° 17), pour la négative, par le motif que cette sorte d'acte conserve toujours, malgré sa forme, le caractère d'acte volontaire, et que, l'état restant maître de ne point adjuger malgré les enchères, il doit y avoir réciprocité pour les enchérisseurs. D'ailleurs, dit-il, l'art. 14, L. 5 nov. 1790, exigeant la signature de toutes les parties, sans signature il n'y a point d'adjudication. — Il invoque l'opinion conforme émise par Me Parquin dans une consultation.

28. — Cette dernière opinion nous paraît susceptible de graves objections, et nous préférons celle que cet auteur a cru devoir abandonner. — Sans doute l'adjudication reste toujours un acte volontaire; mais rien dans la doctrine contraire à celle de M. Rolland de Villargues n'affecterait ce caractère. — L'administration met le bail de ses biens aux enchères; si les offres des enchérisseurs ne lui semblent pas suffisantes, il est naturel qu'elle puisse ne pas les accepter; mais si elle les a acceptées, le contrat est parfait, il y a consentement sur la chose et sur le prix, les parties sont d'accord, et l'une d'elles ne peut plus revenir sur une convention accomplie et l'annuler par le seul refus de signature, alors que son existence est établie par le témoignage du fonctionnaire chargé de présider au contrat. — La position de l'adjudicataire aurait, ainsi que le faisait très justement remarquer M. Rolland de Villargues à l'appui de sa première opinion, quelque chose d'analogue à celle des enchérisseurs dans les ventes qui sont faites devant le tribunal ou les notaires qu'il aurait commis.

29. — Aux termes dudit art. 14, le ministère des notaires n'est nullement nécessaire pour la passation des baux des biens domaniaux. — Il résulte de ces termes, suivant M. Rolland de Villargues (v° *Bail des biens de l'état*, n° 6), que le ministère des notaires n'est pas absolument exclu. — « Et effectivement, ajoute-t-il, on y a recours souvent dans l'usage ».

30. — Ces actes, toujours selon le même article, sont sujets au contrôle, et ils emportent hypothèque et exécution parée.

31. — Mais M. Troplong (*Louage*, n° 72, et *Hypothèques*, n° 505 *bis*) soutient qu'en ce qui concerne l'hypothèque, cet article a été abrogé, d'abord par la loi de brum. an VII, qui a substitué la spécialité à l'hypothèque générale de plein droit, seule usitée en France lors de la publication de la loi de 1790, puis par l'art. 2127, C civ., qui a voulu que l'hypothèque conventionnelle ne puisse être consentie que par acte notarié, et qu'ainsi le ministère des notaires est aujourd'hui nécessaire pour ajouter l'hypothèque à un contrat de bail résultant d'un acte de l'administration. — V., dans ce sens, Curasson, t. 1er, p. 189. —M. Duranton au contraire (t. 17, n° 41) enseigne, avec plus de raison, que l'art. 14 est une exception à l'art. 2127, C. civ., et qu'ainsi le ministère des notaires n'est pas plus nécessaire aujourd'hui qu'avant cet article pour la constitution d'hypothèque; que seulement cette hypothèque, n'étant dispensée ni de la spécialité ni de l'inscription, ne peut produire d'effet à l'égard des tiers que lorsqu'elle contient la désignation des biens, et à dater du jour où elle a été inscrite sur les registres du conservateur. — V., dans le même sens, Favard de Langlade, *Rép.*, v° *Louage*, sect. 1re, § 4; V. aussi Rolland de Villargues, v° *Bail administratif*, nos 12 et 13; Serrigny, *Organ. et Compét. admin.*, t. 2, n° 810.

32. — Aucune des lois qui règlent la forme des baux des biens de l'état, pour la durée ordinaire, ne prononçant la nullité en cas d'infraction à ses dispositions, il s'ensuit qu'elle ne pourrait être prononcée par le juge que suivant les principes généraux des nullités. — V. NULLITÉ. — Favard de Langlade, *Rép.*, v° *Louage*, p. 383; Rolland de Villargues, v° *Bail administratif*, nos 5 et 9; Duvergier, *Louage*, t. 1er, nos 135 et 138.

33. — Les droits d'enregistrement sont les mêmes pour les baux des biens du domaine de l'état que pour ceux des particuliers. — L. 22 frim. an VII, art. 69, § 3, n° 2; décr. 4 janv. et 28 mars 1806; Circ. 12 mars et 1er avr. 1806.

34. — Quant à la compétence en matière de baux administratifs, la jurisprudence présente à cet égard une notable variation.

35. — Ainsi, dans l'origine, l'autorité administrative s'attribuait la connaissance exclusive de toutes les contestations qui se rattachaient aux baux administratifs. — V. notamment *Cons. d'état*, 22 janv. 1813, De la Luzerne et Le Harivel; 24 mars 1819, Brillaud-Lanjardière; 17 déc. 1823, Contrib. indirect. c. Lefébure; 6 juill. 1825, Dubois et Girard; 10 août 1825, Jacquet; 2 août 1826, Contrib. indir. c. Gilibert; 6 sep. 1826, Dufour; 18 fév. 1829, Dufourd; 14 juill. 1830, Matignon. — V. dans Cormenin (*Droit administratif*, Appendice, v° *Baux*), l'histoire des variations de la jurisprudence sur ce point.

36. — La cour de Cassation avait jugé, conformément à cette jurisprudence, que c'est à l'autorité administrative qu'il appartient d'interpréter les baux consentis par elle, d'en fixer le sens, et d'en déterminer l'étendue et les effets. — *Cass.*, 2 déc. 1806, Bigot et Guille c. Tixier.

37. — Mais aujourd'hui cette jurisprudence est abandonnée, et le conseil d'état renvoie constamment aux tribunaux civils les contestations relatives soit à l'exécution, soit à l'interprétation, soit à la résiliation des baux administratifs. — V. ACTE ADMINISTRATIF, nos 68 et suiv.

38. — Toutefois, si la contestation roulait sur un simple vice de forme, par exemple sur l'irrégularité de l'acte d'adjudication, nous pensons que les tribunaux administratifs seuls seraient compétens. —Merlin, *Rép.*, v° *Bail*, § 17, n° 2; *Encyclopédie du droit*, v° *Baux administratifs*, n° 21; Troplong, n° 72.

39. — Jugé, en conséquence des principes qui précèdent, que c'est à l'autorité judiciaire, et non point à l'autorité administrative, qu'il appartient de statuer sur les contestations relatives à l'exécution des baux des biens de l'état. — *Cons. d'état*, 30 juin 1813, Otten c. Vanlaack; 11 déc. 1813, Mertens c. Caisse d'amortissement; 18 janv. 1816, le Dom. c. Quellien; même date, Bezanger c. le Dom.; 25 févr. 1818, le Dom. c. Bour et Lamy; 16 août 1820, le Dom. c. Leclerc; 6 sept. 1820 le Dom. c. Gravillon; 21 mars 1821, commune de Vaise c. Gaillard et Maury; 18 déc. 1822, Sabathie Paga c. le Dom.; 9 juill. 1824, duc d'Ijar c. Allary; 21 juin 1826, Mayne de Sainte-Luce; 25 avril 1834, Ancel; — *Cass.*, 6 août 1829, Contrib. indir. c. Legear. — V. également Merlin, *Rép.*, v° *Bail administratif*, n° 18; Cormenin, *Droit administ.*, v° *Baux administratifs*; Foucart, *Élém. de droit administ.*, t. 2, p. 20; Serrigny, *Organis. et compét. administ.*, t. 2, n° 808. — V. encore Duvergier, *Louage*, t. 1er (contin. de Toullier, t. 18), n° 132.

40. — Ainsi, les demandes en paiement des fermages des biens nationaux sont de la compétence de l'autorité judiciaire. — *Cass.*, 9 pluv. an XII, Tranchard c. Pescheur.

41. — C'est aux tribunaux qu'il appartient de statuer sur l'interprétation des baux administratifs. — *Cons. d'état*, 25 févr. 1818, Cellarier c. fermier du bac de Bessan; 21 mars 1821, comm. de Vaise c. Gaillard et Maury; 9 juin 1824, duc d'Ijar c. Allary. —V. conf. Cormenin, *Droit administ.*, v° *Baux administ.*, n° 1er, et Appendice, v° *Baux*.

42. — ...Sur l'interprétation et l'étendue du bail à ferme d'un bac passé au nom de l'état. — *Cons. d'état*, 20 mars 1828, Dabin c. Giraud.

43. — ...Sur celle des baux à ferme de la pêche; les conseils de préfecture ne peuvent, sans excès de pouvoir, en déterminer les effets. — *Cons. d'état*, 26 juin 1822, Questel c. Lenoble et Poulain.

44. — La contestation qui s'élève entre deux fermiers de la pêche sur l'étendue des droits qui résultent de leurs baux respectifs, est du ressort des tribunaux. — *Cons. d'état*, 16 févr. 1820, Montméja c. Dupouget; 4 nov. 1824, Chupron c. Navarre.

45. — Dans le cas où le procès-verbal d'adjudication d'un bac porte que les contestations qui pourraient s'élever sur la quotité du droit exigé par le fermier ou ses préposés seront décidées par le maire, une pareille clause ne peut être opposée aux tiers. — *Cons. d'état*, 25 fév. 1818, Cellarier c. fermier du bac de Bessan.

46. — De même encore, l'action possessoire peut être exercée contre les fermiers de domaines nationaux, bien qu'ils fondent leur possession sur un titre émané du gouvernement. — *Cons. d'état*, 9 sept. 1806, Gramme c. Quinard.

47. — C'est aux tribunaux qu'il appartient de décider si les fermiers d'un domaine public ont le droit de sous-affermer, lorsque le bail ne contient pas de stipulation contraire, et qu'il n'y a pas lieu

à l'interpréter. — *Cons. d'état*, 6 juill. 1818, Quetel c. Gomelli.

48. — Bien que, par une clause du bail d'un champ de foire, l'administration se soit réservé de nommer, à la fin du bail, des experts chargés de faire une prisée, cette disposition n'est point applicable à la contestation élevée entre les fermiers et les experts sur le réglement de leur salaire. Cette contestation, purement d'intérêt privé, est de la compétence des tribunaux. — *Cons. d'état*, 26 juill. 1826, ville de Beaucaire.

49. — Quant à la résiliation des baux passés administrativement au nom de l'état, il a été jugé que c'est aux tribunaux civils, et non pas au ministre des finances, à la prononcer, alors même que le fermier serait en état de faillite. — *Cons. d'état*, ord. 6 juin 1813, Morin c. Domaines. — V. conf. Cormenin, *Droit admin.*, v° *Baux administratifs*, n° 1er.

50. — De même, toute contestation relative à la résiliation d'un bail étant du ressort des tribunaux, c'est devant eux que doit être portée une demande de cette nature formée par un acquéreur de biens vendus par la caisse d'amortissement. — *Cons. d'état*, 9 avr. 1817, Guyot c. Husson.

51. — Les juridictions étant d'ordre public, il s'ensuit que les contestations relatives aux baux administratifs dont la connaissance appartient à l'autorité judiciaire, ne peuvent être portées devant l'autorité administrative, même en vertu d'une stipulation expresse du bail. — *Cons. d'état*, 4 nov. 1824, Chupron c. Navarre; 28 févr. 1828, ville de Gournoy c. Prenant. — V. aussi Cormenin, *Droit admin.*, v° *Baux administratifs*, notes.

52. — L'exécution des baux des biens domaniaux est poursuivie par les préposés de la régie des domaines, en vertu des contraintes qu'ils décernent. En cas de contestation, l'instruction se fait sur simples mémoires respectivement communiqués, et sans frais autres que ceux du papier timbré et des significations et enregistrement des jugemens, et sans ministère d'avoués. Le jugement est rendu sur le rapport d'un juge fait à l'audience publique et sur les conclusions du ministère public. — LL. 19 déc. 1790, art. 25; 12 sept. 1791, art. 4; 9 oct. 1791, art. 17; — Duranton, t. 17, n° 44; Rolland de Villargues, *Rép.*, v° *Bail des biens de l'état*, n° 18.

53. — Si la matière est indéterminée ou excède le taux du dernier ressort, il y a faculté d'appel. La disposition de l'art. 66 de la loi du 22 frim. an VII, qui porte que les décisions des tribunaux de première instance sur les droits d'enregistrement sont sans appel, n'est point applicable ici. — Troplong, n° 72.

54. — Lorsque le fermier d'un domaine national, pour faire révoquer une contrainte décernée contre lui par la régie des domaines, s'est pourvu d'abord devant l'administration centrale du département, et ensuite devant le ministre des finances, il ne peut plus saisir de la question les tribunaux, qui commettraient un excès de pouvoir en statuant sur la difficulté déjà portée devant l'autorité administrative et décidée par elle. — *Cass.*, 13 mess. an XII, Domaine c. Martinon.

55. — Le cessionnaire pour partie d'un marché ou bail administratif peut, selon les circonstances, être admis à jouir de la prorogation de l'entreprise ultérieurement accordée par l'administration. — *Cass.*, 10 fév. 1836, Moulin c. Breidt.

56. — Toutefois la compétence ordinaire des tribunaux cesse quand des dispositions législatives contraires attribuent spécialement compétence à la juridiction administrative, notamment pour les baux d'eaux minérales appartenant à l'Etat (Arr. réglem., 3 flor. an VIII; des eaux de Paris (*Cons. d'état*, 23 fév. 1820, Lecour c. Haupois); du droit de passage sur les ponts, des droits de bacs et passages d'eau si la contestation s'élève entre le gouvernement et les fermiers (Décr. 23 déc. 1810); enfin en matière d'octroi (Décr. 17 mai 1809, art. 136). — Magnitot et Delamarre, *Dict. de dr. admin.*, v° *Baux administratifs*, sect. 1re; Rolland de Villargues, *Rép.*, v° *Bail administratif*, n° 34.

§ 2. — *Baux des biens des communes.*

57. — Les communes peuvent donner à bail, non seulement leurs biens immeubles, ou certaines utilités de leurs propriétés, telles que le droit de chasse ou de pêche, mais encore l'entreprise des services publics ou fournitures établis ou à faire dans l'intérêt de la communauté des habitans, et notamment l'octroi, les droits de halles et marchés, ceux de mesurage, pesage ou jaugeage, les places, bancs et chaises dans les lieux publics, les théâtres et salles de spectacles, concerts, etc., l'éclairage public, l'entretien du pavé, le balayage, l'enlèvement des boues et immondices, l'entreprise des funérailles, les eaux minérales ou thermales, etc. — Rolland de Villargues, *Rép.*, v° *Bail des biens des communes*, n° 1er.

58. — Les baux des biens des communes, lorsqu'il n'excèdent pas dix-huit ans pour les biens ruraux et neuf ans pour les autres biens, sont passés par le maire, par voie d'adjudication, sous la surveillance et l'inspection du préfet et du sous-préfet. — LL. 14 déc. 1789, art. 50; 28 pluv. an VIII, art. 9 et 14; et 18 juill. 1837, art. 17 et 18. — Favard de Langlade, *Rép.*, v° *Louage*, sect. 1re, § 4; Troplong, n° 75.

59. — Cependant Merlin (*Rép.*, v° *Bail*, § 18) a soutenu que les sous-préfets seuls avaient le droit de passer ces baux. Mais cette opinion est contredite à la fois et par les lois administratives sagement interprétées et par la pratique. — Favard, v° *Louage*, sect. 1re, § 4; Duranton, t. 17, n° 42; Troplong, n° 75.

60. — Le cahier des charges doit contenir la clause que les fermiers ou locataires paieront, à la décharge de la commune et en déduction du prix du bail, le montant des impositions de toute espèce assises sur les biens loués. — L. 26 germin. an XI, art. 1er.

61. — Les conditions du bail sont réglées par le conseil municipal. — L'expédition de sa délibération sur cet objet est immédiatement adressée par le maire au sous-préfet, qui en délivre ou fait délivrer récépissé, et la transmet au préfet. La délibération est exécutoire si, dans les trente jours qui suivent la date du récépissé, le préfet ne l'a pas annulée, soit d'office, pour violation d'une disposition de loi ou d'un réglement d'administration publique, soit sur la réclamation de toute partie intéressée. — L. 18 juill. 1837, art. 17 et 18. — V. aussi ord. 7 oct. 1818.

62. — Lorsque les clauses du bail ont été fixées ainsi qu'il vient d'être dit, le maire dresse le cahier des charges. Des publications ont lieu de dimanche en dimanche, pendant un mois, à la porte des églises paroissiales de la situation des biens et des églises principales les plus voisines, à l'issue de la messe de paroisse, et des affiches sont apposées de quinzaine en quinzaine dans les lieux accoutumés; enfin, au jour fixé, les baux sont adjugés à la chaleur des enchères, par le maire, en présence des adjoints et d'un membre du conseil municipal désigné par le préfet. — LL. 5 nov. 1790, 11 fév. 1791; décr. 12 août 1807; ord. 7 oct. 1818, art. 3. — Foucart, *Elém. de droit publ. et admin.*, t. 3, n° 163; Troplong, n° 75; Duvergier, *Louage*, t. 1er (contin. de Toullier, t. 18), n° 123.

63. — Aux termes de l'art. 16, L. 18 juill. 1837, le receveur municipal doit assister à toutes les adjudications, et les difficultés qui s'élèvent sur les opérations préparatoires à l'adjudication sont résolues, séance tenante, par le maire et ses assistans à la majorité des voix, sauf le recours de droit.

64. — M. Rolland de Villargues fait remarquer (v° *Bail des biens des communes*, n° 11) que l'insertion des affiches dans un journal n'est pas ici prescrite comme pour les baux des biens des hospices. — Cependant, un extrait de l'affiche doit être inséré dans le journal judiciaire, selon le mode prescrit par l'art. 683, C. procéd. — Décr. 12 août 1807, art. 3.

65. — L'art. 13, L. 5 nov. 1790, veut bien que l'adjudication soit faite un jour de marché; mais cette disposition ne doit évidemment être suivie qu'autant qu'il y a un marché dans la commune. — Rolland de Villargues, *loc. cit.*, n° 14.

66. — La minute du procès-verbal d'adjudication est signée par les parties qui savent signer et par le maire. — Arg. L. 5 nov. 1790, art. 14. — Rolland de Villargues, *ibid.*, n° 16.

67. — Le refus de la partie de signer entraînerait-il la nullité de l'adjudication? — La réponse est ici plus délicate qu'en matière de baux des biens de l'état (*suprà* nos 26 et suiv.); car le maire qui préside à l'adjudication est, à vrai dire, comme représentant de la commune, une des parties intéressées, et son autorité ne serait peut-être point jugée suffisante pour constater authentiquement le fait de la convention. — Néanmoins, nous pensons toujours qu'il y a convention parfaite et irrévocable; la preuve en pourra être plus difficile à administrer; mais si elle était faite, le récalcitrant devrait être condamné sans contredit non seulement à des dommages-intérêts, mais à l'exécution du bail. — Rolland de Villargues, *ibid.*, n° 17.

68. — C'est ainsi qu'il a été jugé que le procès-verbal notarié, portant adjudication des biens d'un hospice, n'est pas nul faute par le dernier enchérisseur d'y avoir apposé sa signature, lors surtout que ce dernier a reconnu dans un acte postérieur qu'il s'était réellement rendu adjudicataire. — *Rouen*, 23 août 1837 (t. 1er 1838, p. 488), Forestier c. hospice de Verneuil; *Cass.*, 13 août 1839 (t. 2 1839, p. 443), mêmes parties; — Rolland de Villargues, *Rép.*, v° *Bail des biens des communes*, n° 18.

69. — L'adjudication faite, il en est passé acte devant un notaire nommé par le préfet. L'hypothèque n'a lieu qu'autant qu'elle est expressément réservée dans l'acte notarié. — Ord. 7 oct. 1818, art. 4; — Foucart, t. 3, n° 614; Troplong, *Louage*, n° 75, et *Hypothèques*, t. 2, n° 505; Duvergier, *loc. cit.* — V. Serrigny, *Compét. admin.*, t. 2, n° 826.

70. — Il n'y a pas de nécessité que l'approbation du préfet soit donnée sur la minute même du bail, minute dont les notaires ne doivent point se dessaisir, aux termes de l'art. 22, L. 25 vent. an XI, dont les prescriptions n'ont été abrogées, quant à ce, ni par le décret de 1807, ni par l'ord. de 1818. — L'approbation peut donc être faite séparément, soit sur une copie certifiée par le membre du conseil municipal présent à l'adjudication, soit sur une expédition ou un extrait en forme délivré par le notaire, ou mieux peut-être par un acte de ratification séparé, pourvu que l'arrêté approbatif soit ensuite annexé au procès-verbal ou déposé pour minute à l'officier qui l'a reçu. — Lettre du garde des sceaux au ministre de l'intérieur du 18 nov. 1828; autre lettre du ministre de la justice du 22 fév. 1830, citée par Rolland de Villargues, n° 20; circulaire du ministre de l'intérieur, 9 mars 1829.

71. — Quant aux baux à longues années, c'est-à-dire dont la durée excéderait dix-huit ans pour les biens ruraux et neuf ans pour les autres biens, l'art. 47, L. 18 juill. 1837, dispose que les délibérations des conseils municipaux qui ont pour objet ces baux ne deviennent exécutoires qu'en vertu d'une ordonnance royale. — Rolland de Villargues, *ibid.*, n° 22.

72. — Pour obtenir cette ordonnance d'autorisation, il est nécessaire de produire les pièces suivantes: la délibération du conseil municipal portant que la concession à longues années est utile ou nécessaire; une information *de commodo et incommodo*, faite dans les formes accoutumées, en vertu d'ordres du sous-préfet; l'avis du sous-préfet et celui du préfet du département. Sur cette production, le ministre de l'intérieur présente son rapport au roi, qui, le conseil d'état entendu, accorde l'autorisation, s'il y a lieu. — Arrêté 7 germin. an IX; instr. du min. de l'int. du 12 flor. an IX; décret 30 déc. 1809; ord. 7 oct. 1818, art. 7; L. 18 juill. 1837, art. 19; — Duvergier, n° 124; Favard, v° *Hospices*; Rolland de Villargues, *loc. cit.*, n° 23.

73. — Tout privilége étant de droit étroit, il s'ensuit qu'un marché fait pour l'entreprise des funérailles, et maintenu par l'art. 24, décret du 23 prair. an XII, ne confère pas le privilége exclusif de fournir les bières ou cercueils. — *Cass.*, 27 nov. 1816, Bouveret c. Hébert.

74. — La clause du cahier des charges par laquelle un maire impose aux fermiers de l'algue marine abandonnée par les flots l'obligation de l'enlever dans un délai fixé, est légale et obligatoire. — *Cass.*, 20 mai 1831, Andouard.

75. — La prohibition faite à l'adjudicataire des halles d'une ville d'exiger, *pour prix des places*, une rétribution au-dessus de celle fixée par l'acte d'adjudication, ne fait point obstacle à ce que cette rétribution soit augmentée d'un commun accord, entre l'adjudicataire et les sous-locataires, lorsque l'adjudicataire s'est soumis envers eux à certaines obligations extraordinaires dont il n'était pas chargé par son bail général. — *Cass.*, 15 fév. 1819, Lecardé c. Leboucher.

76. — La qualité de fermiers d'une halle n'investit point ceux qui en sont revêtus d'un caractère public, mais seulement du droit de percevoir, pour leur compte et à titre purement privé, la portion du revenu communal qu'ils ont louée à leurs risques et périls. — Dans ce cas, leur seul titre est leur bail, et ils ne peuvent exciper des réglemens de police, en tant qu'ils voudraient y puiser un droit qui ne résulterait pas de cet acte. — Spécialement, lorsqu'un réglement de police assujétit toutes les denrées et marchandises venant en ville à être *portées et déposées* sur les marchés désignés, alors même qu'elles ne seraient pas destinées à être vendues, les fermiers ne peuvent, pour cause d'infraction à ce réglement, intenter une action civile en réparation de dommage, si leur bail ne leur attribue le droit de plaçage que sur les farines et grains *exposés en vente*. — *Cass.*, 4 août 1840 (t. 2 1840, p. 224), Loyer c. Tiret et Bogniet.

77. — Lorsqu'un contrat intervenu entre le maire d'une ville et un entrepreneur pour l'exercice exclusif d'une industrie est plus tard résilié par suite d'un changement de jurisprudence qui, après avoir déclaré obligatoires les réglemens municipaux ayant servi de base au contrat, décide qu'ils sont illégaux, cette résiliation constitue un cas de force majeure, qui ne peut donner lieu à des dommages-intérêts. — *Rennes*, 4 mars 1840

(t. 1er 1841, p. 382), Raynal c. Maire de Lorient.

78. — Du reste, l'approbation d'un bail communal par le préfet n'emporte pas la juridiction administrative. — C'est aux tribunaux qu'il appartient de connaître des contestations auxquelles il donne lieu. — Rolland de Villargues, *loc. cit.*, nos 27 et 28.

79. — Ainsi jugé que le bail consenti par le conseil municipal d'une commune n'est pas un acte administratif proprement dit, dont la connaissance soit interdite aux tribunaux civils, quoiqu'il ait été revêtu de l'approbation du préfet, tuteur légal de la commune. — *Cass.*, 24 sept. 1825, Pierre Chapelle.

80. — Jugé de même que les contestations sur l'exécution d'un bail de biens communaux consenti par délibération du conseil municipal sont de la compétence des tribunaux. — *Cons. d'état*, 20 nov. 1815, Richou c. Demange; 20 juin 1821, Gaubert c. commune de Manosque. — V. conf. Cormenin, *Droit admin.*, vo *Baux administratifs*, no 1er.

81. — Une instance en paiement de fermages dirigée contre le fermier des biens appartenant à une commune, par le percepteur des revenus de cette commune, est de la compétence des tribunaux ordinaires. — *Turin*, 18 juin 1810, N.

82. — L'interprétation d'un contrat d'adjudication passé entre la municipalité d'une ville et des particuliers, ainsi que toute discussion sur les clauses et termes dudit contrat, doit être jugée par l'autorité judiciaire. — *Cons. d'état*, 6 juill. 1810, Lebon de Warannes c. Dupuy-Perrault. — V. conf. Cormenin, *Droit admin.*, vo *Baux administratifs*; no 1er.

83. — De même, lorsqu'il s'agit d'une contestation sur le sens des clauses d'un bail à ferme, d'un bail consenti par une ville à un particulier, les tribunaux ordinaires sont seuls compétens pour en connaître. — *Cons. d'état*, 27 août 1839, Robert c. ville d'Agde. — V. conf. Foucart, t. 3, p. 1614; A. Husson, *Traité de la législation des travaux publics*, t. 2, p. 117; Daviel, *Cours d'eaux*, t. 1er, nos 467 et 497; Garnier, *Rég. des eaux*, t. 1er, no 881; Cormenin, *Droit admin.*, vo *Baux administratifs*, et Appendice, vo *Baux*. — V. aussi dans notre *Jurisprudence administrative*, la note sous l'ord. 27 août 1839 ci-dessus citée.

84. — Les contestations qui s'élèvent entre le fermier d'un marché communal et les sous-locataires, au sujet d'un tarif inséré dans le bail du marché, sont du ressort des tribunaux civils. Peu importe d'ailleurs que (s'agissant d'un marché de la ville de Paris) le bail ait été consenti par le préfet de la Seine : ce préfet n'agit dans ce cas que comme administrateur des biens et revenus de la ville. — *Paris*, 8 mars 1834, Lepelletier c. Gallien.

85. — C'est aux tribunaux à connaître d'une contestation relative à la validité et aux effets d'un bail emphytéotique passé par une commune. — *Cons. d'état*, 20 nov. 1815, Souhait c. commune de Dugny.

86. — La contestation relative au bail du droit de subvention d'une ville dont une cour des aides était saisie doit être portée, non devant le conseil de préfecture, mais devant les tribunaux, en vertu de la loi des 12-19 oct. 1790, et par le motif qu'il s'agit de prononcer sur l'exécution d'un bail. — *Cons. d'état*, 15 nov. 1814, *Gaussel c.* ville de Nimes.

87. — Le bail à ferme des droits à percevoir sur les halles et marchés d'une ville, consenti par le maire et l'adjoint de la commune, n'est point un acte administratif, quoique revêtu de l'approbation du préfet : il n'a d'autre caractère que celui d'un acte privé, soumis aux mêmes règles que les transactions ordinaires entre simples citoyens, pour tout ce qui concerne son interprétation, son étendue et ses limites. — En conséquence, les tribunaux ont le droit de déterminer le sens ou l'interprétation d'un acte de cette nature, sans renvoyer devant l'autorité administrative. — *Cass.*, 2 janv. 1817, Lécardé. — V. conf. Henrion de Pansey, *Du pouvoir municipal*, p. 63; Merlin, *Quest.*, vo *Pouvoir judiciaire*, § 9, no 2; Mangin, *Traité de l'action publique*, nos 179 et suiv.

88. — Les adjudications de baux à ferme de biens communaux passées devant le maire n'emportent pas l'exécution parée, bien qu'elles soient revêtues de l'approbation du préfet. — L'exécution de ces baux ne doit pas être suivie par voie de commandement; le maire doit intenter une demande judiciaire contre l'adjudicataire qui n'acquitte pas ses fermages. — *Cass.*, 27 nov. 1833, comm. de Boissac c. Rivailer.

89. — De même, le bail à ferme d'une halle passé devant le maire de la commune, et qui n'est pas revêtu de la formule exécutoire prescrite pour les jugemens et les actes notariés, n'emporte point exécution parée. — *Colmar*, 28 janv. 1833, Schlienger et Mehrenberger c. comm. de Thann.

90. — Jugé cependant que l'acte d'adjudication souscrit par un fermier d'octroi et par sa caution étant exécutoire contre l'un et l'autre, le préfet peut faire exécuter l'obligation par contrainte ou voie parée, sauf à la caution, si elle veut contester le mérite de son engagement, à se pourvoir ainsi qu'elle avisera, mais sans que l'exécution provisoire du titre paré puisse en éprouver de retard. — *Cons. d'état*, 28 mars 1812, Vincent.

91. — Jugé que les contestations qui s'élèvent entre une commune et le fermier de l'octroi, relativement à l'exécution du bail, sont de la compétence du conseil de préfecture lorsque les parties se sont soumises à cette juridiction par le cahier des charges. — *Cons. d'état*, 21 févr. 1814, Guiraud; 13 mai 1818, Barthélemy c. ville de Nemours; 17 juin 1818, Accart c. ville d'Amiens; 2 juin 1819, mêmes parties; 3 juin 1820, Perret c. comm. de Roanne.

92. — Jugé au contraire que, aucune loi n'attribuant à l'autorité administrative la connaissance des contestations entre les fermiers des halles et les communes relativement aux baux à ferme, il ne peut y être suppléé par les conventions des parties. — *Cons. d'état*, 28 févr. 1828, ville de Gournay c. Prenant.

93. — Jugé de même que les tribunaux sont seuls compétens, nonobstant toutes conventions quelconques, pour statuer sur la résiliation d'un bail de perception des droits de pesage et mesurage consenti par une commune à un particulier. — *Cons. d'état*, 18 octob. 1833, Boyer c. comm. d'Ollioules.

94. — Le fermier d'un octroi municipal est justiciable du tribunal de commerce pour raison de billets qu'il a souscrits, même avant l'époque de son administration, s'ils sont relatifs à cette même administration. — Le litige élevé sur des reconnaissances souscrites par ce fermier au profit des receveurs particuliers de l'octroi, pour raison des sommes qu'ils ont versées dans ses mains à titre de cautionnement, est de la compétence des tribunaux et non de l'autorité administrative. — *Cass.*, 12 mai 1814, Guiraud c. Godefroy et autres.

95. — Lorsque l'arrêté d'un maire qui interdisait la vente d'une denrée dans tout autre lieu que la halle a été annulé par le ministre de l'intérieur, le bail par lequel ce maire avait concédé à un particulier le droit d'exploiter exclusivement la halle ne peut plus recevoir son exécution ; et c'est à l'autorité administrative qu'il appartient de statuer sur les indemnités réclamées par suite de l'annulation de ce bail. — *Cons. d'état*, 18 déc. 1822, maire de Montauban.

96. — Sur la question de savoir si le fermier des droits de halles appartenant à une commune peut être puni comme concussionnaire pour avoir exigé ou reçu ce qu'il savait n'être pas dû ou excéder ce qui lui était dû, V. CONCUSSION

97. — Celui qui se rend adjudicataire des algues marines se soumet par là même à la juridiction du tribunal de simple police pour le cas où il contreviendrait à cette clause. — *Cass.*, 20 mai 1831, Audouard.

98. — Jugé néanmoins que lorsqu'un adjudicataire ne s'est pas soumis par une clause expresse aux peines de police déterminées par les lois en cas de contravention aux clauses du cahier des charges, les infractions qu'il commet ne peuvent donner lieu qu'à une action civile. — *Cass.*, 26 juill. 1827, Petit.

99. — Lorsqu'un bail administratif passé dans les colonies entre une commune et un particulier, pour l'exercice exclusif d'une industrie autorisée par décret colonial, vient à être résilié à raison de la révocation de ce décret, cette résiliation ne peut donner au particulier aucun droit à réclamer des dommages-intérêts contre le gouvernement local de qui émanait l'arrêté. — *Cass.*, 13 avril 1842 (t. 2 1842, p. 137), Marion c. adm. colon. de l'île Bourbon.

100. — La résiliation d'un bail d'octroi, lorsqu'elle porte préjudice au fermier, donne lieu, à son égard, à une indemnité; mais cette indemnité ne doit pas être réglée d'après les bases posées par l'art. 1746, C. civ., relatif aux biens ruraux, le bail de biens ruraux reposant sur des chances de bénéfice plus certaines qu'un bail d'octroi. — *Cons. d'état*, 10 févr. 1816, comm. de Louroux-Beconnais c. Guillau.

101. — Les baux des biens des communes sont assujétis, aux termes de l'art. 1er, L. 16 juin 1824, au même droit de 20 c. par 100 fr. sur le prix cumulé de toutes les années, que les baux des biens des particuliers. Moitié du même droit est due pour le cautionnement stipulé dans ces baux.

102. — Le délai de l'enregistrement est de vingt jours (L. 15 mai 1818, art. 78) qui courent, si le bail est soumis à l'approbation de l'autorité administrative supérieure, à dater seulement de la réception de cette approbation à la mairie. — Décis. minist. fin., 4 août 1838; instr. gén. enregistr., 31 déc. 1838, no 1577, § 6. — V. ENREGISTREMENT.

103. — Au lieu du rôle de bailleur, la commune peut, dans le contrat de bail, avoir le rôle de preneur, si, par exemple, elle prend à loyer une maison pour en faire une école, un presbytère, etc. Alors, les conditions du bail sont arrêtées entre le propriétaire de la maison et le maire, puis soumises au préfet, qui en ordonne, s'il les juge acceptables, la communication au conseil municipal. Sur le vu de la délibération et de l'avis du sous-préfet, le préfet autorise le maire à passer l'acte; la minute en est transmise immédiatement au préfet, qui donne son homologation. — L. 18 juill. 1837, art. 19, no 5.

§ 3. — *Baux des biens des établissemens publics.*

104. — Les établissemens publics soumis à certaines formalités pour la location de leurs biens sont notamment les hospices, maisons de refuge et autres établissemens de bienfaisance, les fabriques, établissemens d'instruction publique, etc.

105. — D'après l'art. 1er du décret du 5-11 fév. 1791, « les corps, maisons, communautés et établissemens publics, tant ecclésiastiques que laïques, concédés, et auxquels l'administration de leurs biens avait été laissée provisoirement, ne pouvaient faire des baux pour une durée excédant neuf années à peine de nullité. Tous ceux faits pour une plus longue durée, à compter du 9 nov. 1789, dans quelque forme qu'ils eussent été passés, étaient déclarés nuls et de nul effet. »

106. — L'art. 2 disposait que les baux autorisés par l'art. 1er ne pourraient, à peine de nullité, être passés qu'en présence d'un membre du directoire du district dans les lieux où se trouveraient fixés lesdits établissemens, ou d'un membre du corps municipal, dans les lieux où il n'y aurait pas d'administration de district. Les formalités prescrites par l'art. 13 du titre 2 du décret du 20 oct. 1790, sanctionné le 5 novembre précédent, devaient être observées pour la passation desdits baux, aussi à peine de nullité.

107. — Mais ces dispositions ont été modifiées par des lois ultérieures.

108. — Et d'abord, en ce qui concerne la durée des baux, l'art. 15, L. 16 messidor an VII, dispose que les maisons non affectées à l'exploitation des biens ruraux pourront être affermées par baux à longues années ou à vie et aux enchères, en séance publique après affiches; mais que les baux n'auront d'exécution qu'après l'approbation de l'autorité chargée de la surveillance immédiate. Cette autorité est le sous-préfet. — Merlin, *Rép.*, vo *Bail.*

109. — Quant aux biens ruraux, la loi du 15 messidor an VII laissait subsister la défense de les affermer pour plus de neuf ans. Mais un arrêté du gouvernement, du 7 germinal an IX, autorisa, par son art. 1er, les hospices, les établissemens d'instruction publique, les communautés d'habitans, à affermer leurs biens ruraux à longues années, en vertu d'un arrêté spécial du gouvernement.

110. — Depuis, la loi du 25 mai 1835 a permis aux communes, hospices, et à tous autres établissemens publics d'affermer leurs biens ruraux pour dix-huit années et au-dessous, sans autres formalités que celles prescrites pour les baux de neuf années.

111. — Ces formalités ont été tracées par un décret du 12 août 1807 dont nous allons faire connaître les dispositions.

112. — Aux termes de l'art. 1er, les baux à ferme des hospices et autres établissemens publics de bienfaisance ou d'instruction publique, pour la durée ordinaire (maintenant pour dix-huit ans et au-dessous, d'après la loi du 25 mai 1835), doivent être faits aux enchères pardevant un notaire désigné par le préfet du département, et le droit d'hypothèque sur tous les biens du preneur y doit être stipulé par la désignation, conformément au Code civil.

113. — Cet article, comme on le voit, substitue le ministère des notaires à celui des membres des directoires de district ou des corps municipaux. — Troplong, no 78.

114. — Le décret n'ayant pas déterminé la forme des enchères, il y a lieu de suivre, par analogie, celle prescrite pour l'adjudication des travaux et fournitures de ces établissemens, par l'ordonnance du 14 novembre 1837. — Durieu et Roche, *Répert. des établissem. de bienfaisance*, vo *Baux*, no 6.

115. — Les hospices n'ont pas d'hypothèque légale contre leurs fermiers, et les baux passés publiquement aux enchères par les commissions, sans assistance d'officiers publics, n'emportent pas hypothèque de plein droit et sans stipulation ex-

presse. — Cass., 3 juill. 1817, Robert c. Échirolles; — Grenier, *Privilèges et hypothèques*, t. 1er, no 228.

116. — Il faudrait, dit M. Rolland de Villargues (vo *Bail des biens des hospices*, no 9), en dire autant des établissemens publics.

117. — Le cahier des charges de l'adjudication et de la jouissance doit être préalablement dressé par la commission administrative, le bureau de bienfaisance ou le bureau d'administration, selon la nature de l'établissement. — Le sous-préfet doit donner son avis, et le préfet approuver ou modifier ledit cahier des charges. — Décr. 12 août 1807, art. 2.

118. — Les affiches pour l'adjudication doivent être apposées dans les formes et aux termes indiqués par les lois et règlemens ; et en outre leur extrait doit être inséré dans le journal de la sasitution de l'établissement, et , à défaut , dans celui du département, selon qu'il est prescrit à l'art. 683 , C. procéd. civ. — Il doit être fait mention du tout dans l'acte d'adjudication. — Décr. 12 août 1807, art. 3.

119. — Dans quel délai l'extrait des affiches doit-il être inséré dans le journal? — L'art. 683, C. procéd. civ., auquel renvoie le décr. de 1807 est muet sur ce point et se borne à prononcer la nullité à défaut d'insertion : d'où la conséquence qu'il suffit que l'insertion soit faite avant l'adjudication , à quelque époque que ce soit. — A Paris , l'usage est de faire l'insertion un mois d'avance , c'est-à-dire le jour même où l'on fait la première apposition d'affiches. — Rolland de Villargues, *Rép.*, vo *Bail des biens des hospices*, no 7.

120. — Un membre de la commission des hospices, du bureau de bienfaisance ou du bureau d'administration, doit assister aux enchères et à l'adjudication. — Décr. 12 août 1807, art. 4.

121. — Le receveur doit également y assister. — Instr. gén., art. 892. — Durieu et Roche, *Rép. des Établiss. de bienfaisance*, vo *Baux*, no 12.

122. — L'adjudication n'est définitive qu'après l'approbation du préfet du département. — Décr. 12 août 1807, art. 5.

123. — Ce même article fixait le délai pour l'enregistrement à quinze jours après celui où l'approbation avait été donnée ; mais la loi du 15 mai 1818, art. 78 , l'a portée à 20 jours , qui ne commencent à courir que du jour où l'approbation préfectorale est parvenue à la commission administrative. — Durieu et Roche, *Rép.*, vo *Baux*, no 14 bis.

124. — Les droits d'enregistrement à payer pour les baux des hospices et autres établissemens publics sont les mêmes que pour les baux ordinaires des biens des particuliers. — Rolland de Villargues, *Rép.*, vo *Bail des biens des hospices*, no 16. — V. ENREGISTREMENT.

125. — Comme le cahier des charges qui a servi de base à l'adjudication a dû être préalablement soumis à l'approbation du préfet , il semblerait que pour accorder ou refuser son approbation à cette adjudication, il doive examiner seulement si les formalités extérieures en ont été remplies, sans rentrer dans l'appréciation, qu'il a déjà dû faire , des clauses du bail. Toutefois, comme , dans un premier examen, sa religion a pu être surprise , il serait déraisonnable de lui interdire la faculté d'empêcher la conclusion d'un acte désavantageux à l'établissement qu'il est chargé de protéger. Il doit donc jouir , pour ce dernier examen , d'une latitude illimitée. Mais , lorsqu'il a approuvé l'adjudication , le contrat est définitif, et le préfet n'en pourrait arrêter les effets , lors même qu'il le reconnaîtrait qu'il a été trompé par des manœuvres frauduleuses. Le dol et la fraude sont à la vérité des causes de rescision, mais il n'appartiendrait qu'aux tribunaux civils de statuer en pareil cas.- Lettre du min. de l'intérieur au préfet des Côtes-du-Nord, du 22 juin 1838 ; — Durieu et Roche, vo *Baux*, 18.

126. — Dans ce cas, pas plus que dans celui où il s'agit de bail de biens des communes, les notaires ne doivent se dessaisir de leurs minutes : les préfets doivent donc donner leur approbation sur une copie du procès-verbal, certifiée par le membre de la commission de l'hospice présent à l'adjudication , ou sur une expédition ou un extrait en forme , lorsque la fraude sont à la vérité des causes de rescision, mais il n'appartiendrait qu'aux... *V. supra* no 70.

127. — Jugé qu'aucune loi spéciale ne prescrivant la forme de nullité les formalités d'affiches et d'enchères pour les baux des établissemens publics, le ministre de l'intérieur peut valablement approuver ceux qui ont été faits sans l'observation de ces formalités. — Cons. d'état, ord. 21 oct. 1818, Lefranc c. Gombault. — Et cette décision a été ap-

prouvée par Duvergier, no 137; Favard , *Rép.*, vo *Louage*.

128. — MM. Favard (*Rép.*, vo *Louage*), et Duranton (t. 17, no 44) enseignent également qu'aucune des lois qui règlent la forme des baux des établissemens publics ne prononce la peine de nullité en cas d'infraction à leurs dispositions. Mais M. Troplong (no 78) combat et l'ordonnance du conseil d'état et les auteurs ci-dessus cités, et soutient avec raison que la nullité prononcée par l'art. 2 du décret du 5 fév. 1791, pour inobservation des formalités d'affiches et d'enchères publiques prescrites par l'art. 13, tit. 2, L. 5 nov. 1790 doit encore être appliquée sous l'empire du décret du 12 août 1807, dont l'art. 3 se réfère à cet égard aux lois et règlemens existans.

129. — D'après l'art. 6 du décret du 12 août 1807, il devait être dressé un tarif des droits des notaires pour la passation des baux dont il est question aux dit décret, lequel devait être approuvé par le roi, sur le rapport du ministre de l'intérieur. — Ce tarif n'a pas été dressé. — Durieu et Roche, *Rép. des établissemens de bienfais.*, vo *Baux*, no 13.

130. — Nous devons faire remarquer que, le décret du 12 août 1807 ne s'occupant que des baux à ferme, les baux à loyer restent sous l'empire de la législation antérieure. — Troplong, no 78.

131. — Lorsque les biens ruraux sont affermés pour plus de dix-huit ans, il est nécessaire que les baux soient autorisés par une ordonnance du roi. — Arrêté 7 germin. an IX , art. 1.

132. — Pour obtenir cette autorisation il est nécessaire de produire : — 1o la délibération de la commission des hospices ou de l'administration immédiatement chargée des biens consacrés à l'instruction publique, portant que la concession est utile ou nécessaire ; — 2o une information de *commodo et incommodo*, faite dans les formes accoutumées, en vertu d'ordres du sous-préfet; — 3o l'avis du conseil municipal du lieu où est situé l'établissement dont dépendent les biens d'hospices ou d'instruction publique; — 4o l'avis du sous-préfet de l'arrondissement ; — 5o l'avis du préfet du département. — Arrêté 7 germin. an IX, art. 2.

133. — Le ministre de l'intérieur fait ensuite son rapport au gouvernement qui , le conseil-d'état entendu , accorde l'autorisation, s'il y a lieu.— Arr. 7 germin. an IX, art. 3.

134. — Les mêmes formalités doivent être observées pour les baux emphytéotiques, pour les baux à vie , et en général pour tous les baux des propriétés urbaines, lorsque leur durée excède neuf ans; car l'exemption introduite par la loi du 23 mai 1835 pour les baux de dix-huit ans et au-dessous n'est relative qu'aux héritages ruraux.—Durieu et Roche, *Rép.*, vo *Baux*, no 17.

135. — Quant à la forme des baux emphytéotiques ou à longues années , ils doivent être mis aux enchères et passés par-devant notaire comme les baux ordinaires ; le décret du 12 août 1807 leur est applicable dans toutes les dispositions. —Durieu et Roche, *Rép.*, vo *Baux*, no 18.

136. — La résiliation ou la modération du prix des baux des pauvres et des hospices consentis par les commissions administratives des hospices ou par les bureaux de bienfaisance ne peuvent avoir effet qu'en remplissant les formalités prescrites par l'arrêté du 7 germ. an IX pour les baux à longues années. — Arrêté 14 vent. an XI. — Le gouvernement accueille fort difficilement ces sortes de demandes. — Durieu et Roche, *Rép.*, vo *Baux*, no 20.

137. — Si un bail excédant dix-huit ans était consenti sans une ordonnance du roi , il ne serait point pour cela frappé de nullité; il devrait seulement être réduit à la durée légale, à la vérité la loi du 5 fév. 1791 prononçant la peine de nullité mais ce cas ; mais cette disposition rigoureuse n'ayant point été rappelée par les lois postérieures, il y a lieu de penser que le législateur n'a point entendu la maintenir. — Duvergier, no 138 ; Troplong , no 78.

138. — Les baux des maisons et des biens ruraux des fabriques sont stipulés par le bureau des marguilliers dans la forme déterminée pour les baux des biens communaux. — Si ces baux excèdent dix-huit ans, il faut une ordonnance du roi rendue après une délibération du conseil de fabrique , et l'avis de l'évêque diocésain. — Décr. 30 déc. 1809 , art. 60 et 62 ; et L. 2 janv. 1835.

139. — Quant aux bancs et chaises dans les églises, dont la location forme un des élémens des revenus des fabriques, la concession en est faite par le bureau des marguilliers avec l'autorisation ou du conseil de fabrique, ou du préfet, ou du roi, suivant les circonstances. Cette concession se fait par voie d'adjudication, après affiches et publications par trois dimanches pendant trois mois. — V. BANCS ET CHAISES DANS LES ÉGLISES.

Table alphabétique.

BAIL A CENS. — 1. — Le bail à cens était un contrat par lequel le propriétaire d'un héritage ou d'un autre droit immobilier l'aliénait, sous la réserve qu'il faisait de la seigneurie directe, et d'une redevance annuelle en argent ou en fruits, qui devait lui être payée par le preneur ou ses successeurs, en reconnaissance de ladite seigneurie. —Pothier, *Traité du cens*, chap. prélimin.; Merlin, *Rép.*, vo *Cens*, § 2.

§ 1er. — Notions générales.

2. — De la définition qui précède il résulte qu'il était de l'essence du contrat de bail à cens qu'il contînt la réserve, de la part du bailleur, de la seigneurie directe et d'un droit de redevance annuelle récognitive de ladite seigneurie. — Pothier, *Tr. des cens*, chap. prélimin.; Merlin, *Rép.*, vo *Cens*, § 4. — V. également Freminville, *Pratique des terriers*, t. 2, p. 765, et les arrêts de l'art.

3. — Disons que, dans une coutume où régnait la maxime *nulle terre sans seigneur*, les possesseurs

ne justifiaient point de l'allodialité de leurs tenures, le seigneur pouvait exiger d'eux le paiement d'une redevance récognitive, encore bien qu'ils n'en payassent point depuis un temps immémorial; et s'il n'existait nulle trace de celle qui pouvait avoir existé antérieurement, il en devait être établi une. — Merlin, *Rép.*, vº *Cens*, § 4.

4. — La redevance annuelle stipulée par le bailleur s'appelait *cens*; l'héritage faisant l'objet du bail s'appelait *censuel*; le possesseur de cet héritage s'appelait *censitaire*; enfin, on appelait *censive* le droit de seigneurie directe qu'avait le seigneur sur l'héritage donné à cens, et *seigneur de censive* celui à qui ce droit de seigneurie directe appartenait. — Pothier, *Tr. des cens*, chap. prélimin.

5. — Mais il n'était nullement nécessaire qu'on eût donné le nom de *cens* à la redevance. Quelle que fût la dénomination employée, quelles que fussent aussi la nature et la quotité de la prestation réservée, toutes les fois que cette prestation était établie comme droit récognitif de la directe, qu'elle était la première de toutes les charges dont l'immeuble était grevé et qu'elle se payait au seigneur de qui l'immeuble était tenu, elle formait un véritable cens. — Loyseau, *De la distinction des rentes*, liv. 1er, chap. 5, nº 9; Merlin, *Rép.*, vº *Cens*, § 3. — V. aussi Cout. de Bourbonnais, art. 393; Cout. d'Auvergne, tit. 1er, art. 1er.

6. — Le cens était inconnu dans la législation romaine. — *Cass.*, 28 déc. 1814, Alix c. de Villette. — A la vérité, le mot y existait, mais il désignait tout autre chose que cette redevance, que ce tribut auquel certaines terres ont été depuis assujéties envers un supérieur.

7. — M. de Montlosier (*Hist. de la monarchie franç.*, t. 1er, p. 9 et 339) a cru trouver dans un passage de Salvien (*De Gubernat. Dei*, lib. 5) la preuve que les terres tributaires, c'est-à-dire grevées d'un cens ou tribut, existaient dans la Gaule avant l'invasion des Barbares. — « Ce passage, dit M. Guizot (*Essais sur l'Hist. de France*, 4e édit., p. 172), prouve, en effet, qu'au milieu de la dissolution de la société, dans l'impuissance des lois et des magistrats pour protéger les droits individuels, beaucoup de propriétaires faibles et pauvres achetaient, soit par un tribut, soit par l'asservissement plus ou moins complet de leurs biens, la protection d'un voisin riche et fort. »

8. — L'invasion des Barbares dut nécessairement accroître beaucoup le nombre des terres tributaires. — En effet, au lieu de s'approprier pour les cultiver eux-mêmes les terres qu'ils avaient conquises, ils aimaient beaucoup mieux les laisser cultiver par les anciens possesseurs et exiger de ceux-ci une part des fruits qu'ils avaient recueillis. — Guizot, *loc. cit.*

9. — Même après les grands désordres de l'invasion, quand les populations conquérantes se furent fixées, les chefs barbares ne cessèrent point de conquérir autour de leurs établissemens; ils imposaient des redevances à leurs voisins et les réduisaient ainsi à la condition tributaire. Souvent même ces derniers allaient eux-mêmes au devant de cette condition, et, ne trouvant dans la puissance publique aucune protection, ils abdiquaient volontairement une partie de leurs droits pour s'assurer la libre jouissance du reste. — Guizot, *loc. cit.*

10. — Enfin, beaucoup de grands propriétaires, indépendamment des concessions qu'ils faisaient à titre de bénéfices, aux hommes qu'ils voulaient s'attacher comme vassaux, distribuèrent une grande partie de leurs terres à de simples colons, qui les cultivaient et y vivaient, à charge d'un cens ou d'autres servitudes. — Guizot, *loc. cit.*

11. — Telle paraît avoir été l'origine du bail à cens. — Voyons maintenant quels étaient les caractères distinctifs de ce contrat.

12. — Le bail à cens différait du bail à rente foncière en ce que dans le premier la redevance avait le caractère récognitif de la seigneurie directe et était par conséquent un droit seigneurial, tandis que dans le second elle n'avait rien de seigneurial et n'était qu'une simple charge constituée sur le fonds. — Pothier, *Des cens*, chap. prélimin., et sect. 1re, art. 1er, § 3; Merlin, *Rép.*, vº *Cens*, § 5.

13. — Suivant Merlin (*Rép.*, vº *Cens*, § 5), le bail à cens différait de l'emphytéose : 1º en ce que le premier avait son origine dans le droit coutumier, tandis que l'autre avait la sienne dans le droit romain; — 2º en ce que la *commise*, c'est-à-dire la confiscation de l'héritage par le bailleur, avait lieu, dans l'emphytéose, par faute du paiement du canon emphytéotique pendant trois ans, ce qui n'avait pas lieu contre le censitaire; — 3º enfin, en ce que le censitaire pouvait aliéner à son gré, au lieu que l'emphytéote ne pouvait vendre sans l'agrément du propriétaire. — Mais comme, du reste, il existait entre ces deux contrats des ressemblances capitales, on perdit de vue à peu près les différences qui les distinguaient, en sorte que l'emphytéose, dépouillée de son caractère primitif, se trouva bientôt confondue avec le bail à cens. — V. à cet égard Merlin, *Rép.*, vº *Commise emphytéotique*. — V. également EMPHYTÉOSE et RENTE SEIGNEURIALE.

14. — Le bail à cens n'était pas susceptible de rescision pour cause de lésion. — *Cass.*, 28 déc. 1814, Alix c. de Villette.

15. — C'était au possesseur de l'héritage censuel et non au véritable propriétaire, qui n'en avait pas la possession, qu'incombait l'obligation de payer le cens. — Car vis-à-vis des tiers le possesseur était censé le véritable propriétaire. — Pothier, sect. 1re, art. 3, § 2.

§ 2. — *Quelles choses pouvaient être accensées.*

16. — L'héritage noble seul, soit que d'ailleurs il fût tenu en fief ou en franc-alleu, pouvait être donné à cens. Mais l'héritage roturier, fût-il allodial, ne pouvait faire l'objet de ce contrat. Si donc il venait à être accensé, le bail à cens ne valait que comme bail à rente foncière. — Pothier, chap. prélimin; Merlin, *Rép.*, vº *Cens*, § 2, nº 2.

17. — Celui qui tenait un héritage à cens ne pouvait accenser cet héritage, selon la maxime : *cens sur cens ne vaut*. C'est qu'en effet le droit du censitaire était purement utile et ne contenait aucune seigneurie honorifique et directe qui pût être retenue. Or, nous avons vu plus haut que cette rétention était de l'essence du bail à cens. Lors donc que l'héritage venait, en fait, à être accensé par le censitaire, le contrat ne valait que comme bail à rente foncière. — Pothier, chap. prélimin.; Merlin, *Rép.*, vº *Cens*, §§ 2 et 8.

18. — Les droits seigneuriaux attachés à un fief ne pouvaient être baillés à cens. Voici comment s'exprimait à cet égard le savant Henrion de Pansey, dans ses *Dissertations féodales* (t. 2, p. 97) : « Le propriétaire d'un fief peut s'en jouer de deux manières : par inféodation ou par bail à cens. Le seigneur est le maître de choisir celle de ces deux manières qu'il juge à propos, lorsque c'est une partie du domaine corporel qu'il aliène : il est le maître de stipuler qu'elle relèvera de lui en fief ou en roture. Mais il n'en est pas de même lorsqu'il se joue des droits seigneuriaux attachés à son fief, par exemple des cens ou rentes censuelles qu'il a droit de percevoir sur les héritages de sa mouvance. Comme ces droits sont essentiellement nobles, il ne dépend pas de lui de les arroturer, de stipuler qu'ils seront tenus roturièrement; une pareille convention serait nulle parce qu'elle choquerait la nature des choses. »

§ 3. — *Du cens.*

19. — Le cens était un droit foncier, c'est-à-dire une charge de l'héritage; d'où il suivait que le propriétaire de cet héritage, bien qu'obligé personnellement à l'acquitter, parce qu'il n'avait acquis ou du moins était réputé n'avoir acquis que sous cette condition, pouvait se libérer en aliénant l'héritage ou en déguerpissant. — Pothier, sect. 1re, art. 1er, § 1er.

20. — Selon Dumoulin (sur *Cout. de Paris*, § 73, nº 20), le cens n'était qu'une redevance fictive, qu'un signe honorifique, indicatif de la seigneurie directe et distinct des autres redevances foncières par sa modicité. — D'autres, au contraire, ont soutenu que souvent le cens consistait en une redevance proportionnée au véritable produit de la chose accensée. — Hervé, *Tr. des mat. féod.*, t. 5, p. 91.

21. — Le cens, comme la rente foncière, était dû pour le tout, non seulement par l'héritage entier, mais encore par chaque partie; de sorte que, quand l'héritage venait à être divisé entre plusieurs personnes, les détenteurs étaient tenus solidairement de tout le cens envers le seigneur de censive. — Pothier, sect. 1re, art. 1er, § 2; Merlin, *Rép.*, vº *Cens*, § 11.

22. — Toutefois, cette règle souffrait exception dans les coutumes d'Orléans (art. 121), de Blois (art. 129), et de Dunois (art. 46). On tenait, en effet, dans ces coutumes, que le cens était divisible, et qu'ainsi, en cas de division de l'héritage, chacun des détenteurs n'était tenu que d'une part de la redevance proportionnée à sa part dans l'héritage. — Pothier, *loc. cit.*; Merlin, *loc. cit.*

23. — Le cens étant, à raison de son caractère récognitif de la directe, un droit seigneurial était imprescriptible, comme tous les droits seigneuriaux. Mais la prescription pouvait porter sur la quotité du cens. Ainsi, lorsque le censitaire avait payé pendant trente années un cens inférieur à celui qui avait été stipulé dans le contrat d'accensement, il avait acquis par prescription le droit de ne payer que cette quotité, pourvu, toutefois, que la prestation eût été uniforme pendant les trente ans. — Cout. de Paris, art. 124; cout. d'Orléans, art. 268; — Pothier, sect. 1re, art. 1er, § 3.

24. — Toutefois, le censitaire ne pouvait être déchargé, par la prescription, de la prestation d'une espèce plus précieuse pour une autre moins précieuse. « Ainsi, dit Pothier (*loc. cit.*), dans le cas où pendant plus de trente ans on aurait payé un boisseau d'orge pour cens à la place d'un boisseau de blé, dont l'héritage serait chargé, ce qui a été jugé par arrêt de 1581, rendu au profit du roi de Navarre. » — « La raison, ajoute l'auteur, est que, la coutume ne permettant la prescription du cens que pour la quotité et non pour le tout, le censitaire ne peut se libérer par prescription que de quelque partie du boisseau de blé et non de tout le boisseau de blé. »

25. — De plus, il n'y avait que le fonds du cens qui fût imprescriptible, les arrérages restaient soumis à la prescription ordinaire; et le seigneur, lorsqu'elle n'avait point été interrompue, n'en pouvait demander que vingt-neuf années; car les arrérages, lorsqu'ils étaient échus, n'étaient plus qu'une simple créance. — Pothier, *loc. cit.*

26. — De ce que le cens était récognitif de la seigneurie directe, il s'ensuivait encore qu'il n'était pas sujet à compensation, et que le créancier de son seigneur de censive d'une plus grosse somme que n'était le cens qu'il lui devait, n'était pas dispensé, pour cela, d'aller ou d'envoyer vers le seigneur de censive aux jour et lieu nommés pour la réception du cens. — Pothier, sect. 1re, § 4. — Et l'on reconnaissait que la décision ne devait pas être différente, alors même que le seigneur de censive du censitaire aurait été lui-même censitaire de celui-ci pour d'autres héritages; bien que dans ce cas ce qui était dû mutuellement consistât *in pari utilitate et in pari honore*. — Dumoulin, *Cout. de Paris*, art. 85; Pothier, *loc. cit.* — Car, *monumenta censuum interturbarentur*.

27. — La compensation, néanmoins, était admissible en ce sens que le débiteur en allant payer pouvait offrir, au lieu de ce qu'il devait, une quittance de pareille somme sur ce qui lui était dû par le seigneur de censive. « Car, ajoute Pothier (*loc. cit.*), cette offre équipolle au paiement réel de la somme de deniers due pour le cens, et paraît pouvoir renfermer une reconnaissance de la seigneurie comme le paiement réel du cens. »

28. — Le cens était insaisissable, au moins sous ce rapport que la saisie-arrêt formée sur les censitaires par les créanciers d'un seigneur de censive ne dispensait pas d'envoyer vers le seigneur pour la réception du cens, le devoir de reconnaître le seigneur ne pouvant être considéré comme compris dans la saisie; sauf au censitaire à dire qu'il était prêt à payer le cens lorsque le seigneur lui rapporterait main-levée de la saisie. — Et encore Pothier (*loc. cit.*, § 5) dit-il que, surtout lorsque le cens est modique, il semble qu'on doit considérer le cens indistinctement comme honorable plutôt qu'utile, et qu'en conséquence les censitaires, malgré la saisie, doivent le payer.

29. — On distinguait ordinairement le cens en *chef-cens* et *sur-cens*. Le chef-cens était la première des redevances stipulées, le cens proprement dit, établi comme signe récognitif de la seigneurie directe. Le sur-cens était la prestation qui y était ajoutée; elle n'avait que le caractère de rente foncière sujette à prescription, à moins toutefois qu'il n'apparût clairement que l'intention des parties avait été d'en faire un élément du cens récognitif, et de lui imprimer ainsi, comme au chef-cens lui-même, le caractère féodal. — Pothier, sect. 1re, art. 2, § 1er; Merlin, *Rép.*, vº *Cens*, § 7.

30. — On le distinguait encore en *gros-cens* ou *cher-cens* et en *menu-cens*. Le gros-cens ou cher-cens était celui pour lequel une métairie ou autre héritage avait été donné en bloc; le menu-cens était celui qui était divisé en portions réparties sur chacun des objets dont se composait l'héritage. — Pothier, *loc. cit.* — Toutefois, dans la coutume d'Orléans (art. 135), le mot *cher-cens* avait une autre signification : il désignait le cens qui excédait dix sols.

31. — Enfin, on distinguait le cens en cens *portable* et en cens *quérable*. — Le cens portable était celui que le censitaire était tenu de porter au seigneur de censive au jour marqué par le bail à cens ou par les reconnaissances censuelles. Le cens quérable était celui que le seigneur devait envoyer demander en la maison du censitaire. — Cout. Orléans, art. 133; Pothier, sect. 1re, art 2.

32. — Le cens portable devait être porté non seulement au jour marqué, mais aussi au lieu indiqué par le bail à cens ou par les reconnaissances censuelles; lorsqu'il n'y avait aucun lieu indiqué

par les titres et que le seigneur demeurait dans l'étendue de sa censive, c'était au lieu de sa demeure que le cens devait être porté. S'il n'y demeurait pas, il devait choisir un lieu dans l'étendue de sa censive et le notifier à ses censitaires. — Pothier, *loc. cit.*

33. — Le censitaire n'était pas obligé de porter le cens en personne; il pouvait l'envoyer par un tiers; il n'était même pas nécessaire que ce tiers fût muni d'un pouvoir. — Pothier, *loc. cit.* — « Toutefois, ajoute cet auteur, si le censitaire était en procès contre le seigneur sur le fonds du cens que le censitaire conteste, le seigneur serait bien fondé à refuser le cens qu'un tiers sans pouvoir viendrait offrir au nom du censitaire; car le procès qu'a le censitaire dément ce qui se fait en son nom. »

34. — Lorsque le cens était quérable, le censitaire avait vingt-quatre heures pour le payer, à partir du moment où il en était requis. — Pothier, *loc. cit.*

35. — Le censitaire pouvait-il demander une remise de tout ou partie du cens dans le cas de stérilité ou de quelque autre accident semblable? — Dumoulin distinguait trois cas. — Si le cens était modique, comme il avait pour objet, non de tenir lieu de fruits, mais de former une reconnaissance de la directe, le censitaire ne pouvait demander aucune remise. — Si le cens était si considérable qu'on pût le regarder comme la compensation des fruits, la remise était due, à moins que les récoltes précédentes n'indemnisassent le censitaire de la stérilité présente, et sauf à tenir compte de la remise en cas de compensation produite par l'abondance des années subséquentes. — Enfin, si la redevance était telle qu'on ne pût la considérer ni comme une juste compensation des fruits, ni comme un simple droit honorifique, Dumoulin pensait qu'on ne devait ni refuser indistinctement la remise, ni l'accorder trop facilement. — Pothier, sect. 1re, art. 3, § 2.

36. — Au surplus, et quelle que fût la quotité du cens, le censitaire devait être déchargé si la chose venait à périr entièrement. — Pothier, *loc. cit.*

§ 4. — *Défaut encouru faute de paiement du cens.*

37. — Faute de paiement du cens, le censitaire encourait une amende appelée *défaut*. La quotité de ce défaut n'était pas partout la même. Dans la coutume de Paris elle était de cinq sols parisis (c'est-à-dire six sols trois deniers de la monnaie ordinaire); dans la coutume d'Orléans elle était de cinq sols tournois, qui étaient les sols ordinaires, sans pouvoir être augmentée, mais seulement diminuée par la convention. — Pothier, sect. 1re, art. 3.

38. — Le défaut était encouru, quand le cens était portable, faute par le censitaire de l'avoir porté le jour même où il devait le porter. Mais il fallait pour cela qu'il y eût un lieu indiqué dans l'étendue de la censive pour la réception des cens; sinon le non-paiement au jour indiqué ne donnait lieu à aucune amende. — Pothier, sect. 1re, art. 3, § 2.

39. — Lorsqu'au jour fixé pour le paiement du cens portable, l'accès du lieu désigné pour sa réception se trouvait empêché soit par peste, guerre ou débordement, le non-paiement ne donnait pas lieu au défaut. Mais la maladie du censitaire n'était pas une excuse suffisante, attendu qu'il pouvait envoyer quelqu'un payer le cens de sa part. Il en était de même de la minorité; mais alors le mineur avait un recours contre son tuteur, ou, s'il n'avait point de tuteur, contre ceux qui étaient obligés de lui en faire nommer un. — Pothier, sect. 1re, art. 3, § 3.

40. — De même encore, en cas de vacance de la succession du censitaire, le défaut n'en était pas moins dû, sauf le recours de cette succession contre le curateur (s'il y en avait eu un de nommé), qui était obligé d'envoyer payer le cens. — Pothier, *loc. cit.*

41. — Le seul fait de l'offre du cens aux jour et lieu indiqués suffisait pour soustraire le censitaire à l'amende, alors même que l'offre aurait été consignée, et sans qu'il fût besoin de consignation. — Mais il n'en était pas de même du fait de se présenter pour demander un délai de paiement; à moins que dans ce cas le seigneur n'eût consenti à la demande de délai. — Pothier, *loc. cit.*

42. — Le censitaire qui était resté plusieurs années sans payer le cens, ne devait pas une amende pour chaque année; il ne devait qu'une seule amende pour toutes les années consécutives, à moins que le seigneur censuel n'eût formé chaque année une demande en justice de l'amende encourue. — Pothier, sect. 1re, art. 3, § 3.

43. — Lorsqu'un censitaire possédait plusieurs héritages dans la censive du même seigneur, et que ces divers cens, bien que distincts et séparés, bien que provenant de baux différens, étaient payables le même jour et au même lieu, il n'était dû qu'une seule amende, faute de paiement, pour tous ces héritages, car alors il n'y avait eu qu'une seule demeure. Mais lorsque les cens étaient payables en différens jours ou en différens lieux, bien qu'au même seigneur, il était dû autant d'amendes qu'il y avait de jours ou de lieux différens. — Pothier, sect. 1re, art. 3, § 3.

44. — De ce que le cens constituait une dette indivisible entre les copropriétaires de l'héritage censuel, il résultait que, faute de paiement, il n'était dû qu'une seule amende pour tous. Il en résultait encore que, lorsqu'au jour indiqué l'un d'entre eux venait offrir seulement sa part du cens, le défaut était encouru non seulement contre ses copropriétaires, mais même contre lui, parce que cette offre de sa portion était insuffisante pour le libérer. — Pothier, *loc. cit.*

45. — Lorsqu'il y avait plusieurs coseigneurs de censive, il n'était dû qu'une seule amende à eux tous. Si l'un d'eux avait reçu sa part de cens, le censitaire qui l'avait payée sans payer celle des autres, n'encourait l'amende que pour la part des autres. — Pothier, *loc. cit.*

46. — A l'égard du cens quérable, la coutume d'Orléans (art. 138) portait que, faute par le censitaire de le payer dans les vingt-quatre heures depuis qu'il en avait été requis, le défaut était encouru.

47. — De plus, après ces vingt-quatre heures écoulées, le seigneur qui n'était pas payé pouvait procéder par saisie censuelle; et si, dans les vingt-quatre heures qui suivaient cette saisie, il n'était pas payé, une nouvelle amende était due. — Pothier, sect. 1re, art. 3, § 5.

48. — Lorsqu'il y avait plusieurs possesseurs indivis de l'héritage censuel, comme ils le devaient solidairement, l'interpellation faite à l'un d'eux faisait encourir l'amende entière qui était due par tous. — De même, lorsqu'il y avait plusieurs coseigneurs, on présumait facilement que l'interpellation faite par l'un d'eux au censitaire était faite tant pour lui que pour ses coseigneurs, et elle faisait encourir l'amende entière. — Pothier, *loc. cit.*

49. — Le seigneur était réputé faire au censitaire la remise du défaut lorsque, postérieurement, il recevait les arrérages du cens sans faire de réserve (Pothier, sect. 1re, art. 3, § 4); alors même que le fait de recevoir sans réserve émanait d'un procureur; à moins que, dans ce dernier cas, il y eût des circonstances de nature à faire présumer que le seigneur n'aurait pas fait la remise. — Dumoulin, cité par Pothier, *loc. cit.*

50. — Suivant la coutume d'Orléans, le défaut était censé remis par le laps d'un an lorsqu'il n'y avait aucune interpellation judiciaire. — On lit, en effet, dans l'art. 102 : « Si le seigneur laisse courir plusieurs années d'arrérages, il ne pourra néanmoins faire payer que l'amende d'un seul défaut. »

§ 5. — *Lods et ventes. — Amende pour ventes recelées.*

51. — La vente de l'héritage censuel donnait lieu, en faveur du seigneur, à certains droits ou profits qu'on appelait *lods et ventes*. — Ces mots *lods et ventes* ne désignaient qu'un seul et même droit et non point deux droits différens, comme quelques auteurs l'avaient cru par erreur. La coutume de Provence (art. 85) était la seule qui mît une différence entre le droit de *lods* et celui de *ventes*. — Merlin, *Rép.*, v° *Lods et ventes*.

52. — Les profits censuels n'étaient pas, comme le cens lui-même, de l'essence du contrat; ainsi on pouvait stipuler qu'il n'en serait pas dû; mais, dans le silence du bail, les profits devaient être payés suivant la disposition des coutumes; les parties étaient censées en être convenues tacitement, suivant la règle : *In contractibus tacitè veniunt ea quæ sunt moris et consuetudinis.* — Pothier, sect. 2e, art. 1er, § 1er.

53. — La quotité des profits n'était pas réglée avec uniformité. Dans la coutume de Paris et dans la plupart des coutumes, le profit était de la douzième partie du prix de vente. — En outre, il était, dans la coutume d'Orléans, certaines censives où, en cas de vente, il était dû, indépendamment du douzième, une paire de gants, et d'autres où il était dû une certaine mesure de vin. — Pothier, *loc. cit.*

54. — Le secrétaire du roi qui acquérait un héritage dans la censive était par privilége exempt du profit de vente. — Pothier, sect. 2e, art. 2, § 2.

55. — Les profits censuels étaient dus, non seulement pour la vente, mais encore pour tous les contrats équipollens à vente. — Merlin, *Rép.*, v° *Lods et ventes*.

56. — « Il faut tenir pour règle, dit Pothier (sect. 2e, art. 1er, § 2), qu'il y a lieu au profit de vente à l'égard des héritages censuels, toutes les fois qu'il y a lieu au profit de quint à l'égard des héritages féodaux. » — V. FIEF.

57. — Dans la coutume de Paris, le bail à rente non rachetable d'un héritage censuel ne donnait pas ouverture au profit de vente. Il en était autrement dans la coutume d'Orléans. — Pothier, sect. 2e, art. 1er, § 2.

58. — Le bail à rente à vie ou pour un certain nombre d'années d'un héritage censuel ne devait pas, dans la coutume d'Orléans, donner ouverture au profit de vente. — V. Pothier, *loc. cit.*, qui cite une décision rendue en 1660 pour un bail de vingt-un ans.

59. — Quant au contrat d'échange, les coutumes de Paris et d'Orléans contenaient à son égard des dispositions différentes.

60. — Dans la première, l'échange ne donnait ouverture au profit de vente, pour la censive comme pour le fief, que lorsqu'il y avait un retour en deniers et seulement pour ce retour. — On n'y distinguait pas, au reste, si les héritages échangés étaient dans la même censive ou dans de différentes. — Pothier, *loc. cit.*

61. — Dans la coutume d'Orléans (art. 110), au contraire, l'échange des héritages censuels, quoique fait but à but, sans retour de part ni d'autre, donnait lieu au profit de vente, pourvu toutefois que les héritages échangés fussent en différentes censives. — Si les héritages étaient en une même censive, il n'y avait pas lieu au profit de vente, à moins qu'il n'y eût eu un retour. — Pothier, *loc. cit.*

62. — Depuis les édits pour les droits d'échange, tous les contrats d'échange indistinctement donnaient lieu au profit de vente; mais, dans les cas où il n'y avait pas lieu au profit d'après ces coutumes, ce profit appartenait au traitant et non pas au seigneur, à moins que celui-ci n'eût acquis du roi les droits d'échange. — Pothier, *loc. cit.*

63. — En cas de vente ou de tout autre contrat équipollent, l'acquéreur était tenu, dans le délai déterminé par la coutume, de payer le profit au seigneur ou au moins de déprier. Faute par lui de le faire dans ledit délai, il encourait de plein droit l'amende fixée par les coutumes. Cette amende se nommait *amende pour ventes recelées*. — Pothier, sect. 2e, art. 2.

64. — Le dépri n'était autre chose que la notification que l'acquéreur faisait au seigneur de son acquisition, en lui demandant terme pour le paiement du profit. — Pothier, *loc. cit.*

65. — Le dépri n'était assujéti à aucune formalité. Il pouvait se faire soit par lettres missives, soit même verbalement. Il n'était pas nécessaire que ce fût l'acquéreur qui allât lui-même trouver le seigneur; il suffisait que quelqu'un y allât de sa part. — Pothier, sect. 2e, art. 2.

66. — Lorsque le seigneur n'avait pas de maison dans l'étendue de sa censive, ou que l'acquéreur n'avait trouvé dans sa maison ni lui, ni un fondé de pouvoirs, il pouvait, pour éviter l'amende, faire le dépri devant le juge du territoire dans lequel était situé l'héritage. — Pothier, sect. 2e, art. 2, § 1er.

67. — Le délai accordé à l'acquéreur pour faire le dépri n'était pas le même dans toutes les coutumes. La coutume de Paris (art. 77) lui accordait vingt jours; celle d'Orléans (art. 107) lui en accordait quarante.

68. — Ce délai courait du jour du contrat d'acquisition, à moins toutefois que ce contrat ne fût suspendu par une condition; car alors le délai ne courait que du jour de l'événement de la condition. — Pothier, sect. 2e, art. 2, § 1er.

69. — Dans la coutume de Paris (art. 77), l'amende pour ventes recelées était d'un écu et un quart d'écu. — Dans la coutume d'Orléans, elle était d'un écu. — Pothier, sect. 2e, art. 2, § 1er.

70. — Toutefois, lorsque le prix de vente ne s'élevait pas au montant de l'amende, cette amende devait être réduite à une somme égale au prix. — Pothier, *loc. cit.*

71. — Lorsque le contrat de vente était nul, il n'était dû aucun profit, et par conséquent il ne pouvait y avoir lieu à l'amende pour ventes recelées. — Pothier, sect. 2e, art. 2, § 2. — Mais l'annulation (postérieure au délai fixé pour le dépri) d'un contrat valable ne détruisait pas l'obligation de l'amende, laquelle résultait, non du contrat, mais du recel. — Dumoulin, sur l'art. 77, *Cout. de Paris*, gl. 1re, nos 29 et suiv.

72. — L'amende était due non seulement quand l'acheteur n'avait pas déprié, mais encore lorsqu'il avait déprié frauduleusement en cachant au seigneur une partie du prix de la vente; — et, dans ce cas, Pothier (*loc. cit.*) dit que l'amende était encourue pour le total. — Suivant Dumoulin, elle ne

l'était que pour la partie du profit dû que l'acquéreur avait cachée au seigneur.

73. — Bien que le dépri n'eût point été fait, l'amende n'était cependant pas encourue si le seigneur avait assisté au contrat de vente, soit comme notaire, soit comme témoin, soit comme partie intervenante, soit comme caution de l'un des contractans; car alors il ne pouvait se plaindre que la vente lui eût été celée. — Dumoulin, *sur Cout. de Paris*, gl. 1re, no 23; Pothier, sect. 2e, art. 2, § 2.

74. — Mais on ne pouvait assimiler à ce cas celui où le seigneur aurait été informé de la vente, avant l'expiration du terme, par d'autres que l'acquéreur, celui-ci étant obligé, non seulement de ne pas cacher la vente au seigneur, mais encore de l'en instruire. — Dumoulin et Pothier, *loc. cit.*

75. — L'amende pour vente recelée était due même par le mineur dont le tuteur n'avait pas déprié; mais alors ce mineur avait un recours contre son tuteur. — Dumoulin, *sur Cout. de Paris*, § 77, gl. 1re, no 27; Pothier, sect. 2e, art. 2, § 3.

76. — Il en était de même à l'égard de l'interdit dont le curateur n'avait pas déprié. — Pothier, *loc. cit.*

77. — L'amende pouvait être demandée, non seulement à l'acquéreur qui l'avait encourue, mais même aux tiers détenteurs de l'héritage; car, lorsqu'elle avait été encourue, elle devenait comme une charge de l'héritage censuel. — Dumoulin, § 77, gl. 1re, no 28.

78. — Ce que nous avons dit plus haut (no 44) relativement à l'amende due par les propriétaires indivis à défaut de paiement du cens, s'appliquerait également à l'amende pour vente recelée encourue par les acquéreurs indivis d'un héritage censuel.

79. — L'amende pour défaut de dépri était censée remise, de même que le défaut, lorsque le seigneur avait reçu le profit sans faire aucune réserve. — Pothier, sect. 2e, art. 2, § 3.

80. — Mais elle ne se prescrivait que par trente ans. — Pothier, *loc. cit.*

81. — Le seigneur pouvait poursuivre l'acquéreur de l'héritage censuel pour le forcer à exhiber son contrat d'acquisition, et à lui faire connaître ainsi les profits qu'il pourrait exiger. — Cout. de Paris, art. 73; cout. d'Orléans, art. 108.

82. — L'action qui, dans ce cas, compétait aux seigneurs, était une action personnelle naissant de la disposition des coutumes. Elle durait trente ans comme les autres actions personnelles. — Pothier, sect. 3, § 1.

83. — Cette action pouvait être exercée contre tout acquéreur, à quelque titre que ce fût. En effet, le seigneur n'était pas obligé de s'en rapporter à la déclaration du censitaire que le titre en vertu duquel il avait acquis ne donnait pas ouverture au profit de vente; il avait le droit de s'en assurer par lui-même. — Dumoulin, *sur Cout. de Paris*, § 73; Pothier, sect. 3, § 2.

84. — L'obligation d'exhiber consistait, de la part de l'acquéreur, à remettre son titre au seigneur, sous le récépissé que celui-ci devait lui donner, et de le laisser entre ses mains pendant le temps nécessaire pour qu'il pût l'examiner et en prendre copie, si bon lui semblait. — Pothier, sect. 3e, § 3.

85. — Lorsque l'acquéreur n'avait point de titre, soit que les minutes du notaire eussent été détruites avant qu'il en eût été levé expédition, soit que le titre, étant sous seing-privé, eût été perdu, soit enfin que le contrat eût été purement verbal, l'acquéreur était tenu d'affirmer, sous serment, qu'il n'avait pas le contrat d'acquisition, et d'en déclarer la teneur, toujours sous serment. — Pothier, sect. 3e, § 3.

§ 6. — *Voies suivant lesquelles le seigneur pouvait poursuivre le paiement de ses droits.*

86. — Le seigneur avait deux voies pour être payé de ses cens et droits censuels: la voie d'action et la saisie censuelle. — Pothier, sect. 4e, § 1er.

87. — Et d'abord il avait une action personnelle, *condictionem ex lege*, contre ses censitaires, même après qu'ils avaient cessé de posséder l'héritage, pour les arrérages de cens, profits et autres droits dus, tant de leur chef que du chef de ceux dont ils étaient héritiers. — Pothier, *loc. cit.*

88. — En outre, il pouvait exercer l'action réelle contre ses censitaires pour tous les arrérages, profits et amendes dus du chef de leurs prédécesseurs, encore bien qu'ils n'en fussent pas héritiers, parce que l'héritage était affecté au paiement de cette dette. — Pothier, *loc. cit.*

89. — La saisie censuelle n'était que la main-mise du seigneur sur l'héritage qui relevait de lui, à l'effet d'empêcher le censitaire d'en jouir jusqu'à ce qu'il eût satisfait à ses devoirs. — Pothier, sect. 4e, § 2. — Ainsi, comme on le voit, ce n'était point, à proprement parler, une saisie, mais plutôt un arrêt. Et tel était en effet le nom que lui donnait la Cout. de Paris (art. 74). La Cout. d'Orléans (art. 103) l'appelait *empêchement, obstacle.*

90. — La saisie censuelle différait de la saisie féodale en ce sens que par celle-ci le seigneur du fief réunissait à son domaine l'héritage saisi, jusqu'à ce que la foi lui en eût été portée (V. FIEF), tandis que par la saisie censuelle le seigneur de censive ne devenait, pendant la durée de la saisie, ni possesseur ni propriétaire; la saisie censuelle avait pour objet, non pas d'exproprier le censitaire, soit de l'héritage censuel, soit même des fruits, mais seulement de l'empêcher d'en jouir jusqu'à ce qu'il eût satisfait à ses obligations. — Pothier, sect. 4e, § 2.

91. — Dans le cas où il y avait plusieurs seigneurs de censives, et que l'un d'eux avait saisi, les autres coseigneurs, par indivis, pouvaient faire signifier au censitaire qu'ils entendaient se servir, pour leur part et portion, de la saisie faite par l'un d'eux. — Pothier, *loc. cit.*, sect. 4, § 2.

92. — Quant aux causes pour lesquelles la saisie censuelle pouvait être exercée, il n'y avait point à cet égard uniformité dans les dispositions des coutumes. — Ainsi, par exemple, suivant l'art. 74 de la coutume de Paris, la saisie ne pouvait avoir lieu que pour les arrérages du cens; quant aux profits de vente et amendes, ils ne pouvaient être poursuivis que par voie d'action, aux termes de l'art. 81 de la même coutume. Au contraire, d'après l'art. 103 de la coutume d'Orléans, le seigneur pouvait *empêcher et obstacler* l'héritage, non seulement pour les arrérages, mais encore pour le défaut et les autres droits censuels; ce qui comprenait la reconnaissance censuelle et le droit de se faire exhiber le titre d'acquisition.

93. — La saisie pouvait être pratiquée non seulement par le propriétaire de la censive, mais aussi par l'usufruitier. — Il en était au surplus, à cet égard, de la saisie censuelle comme de la saisie féodale. — V. FIEF.

94. — Lorsque la saisie censuelle avait pour objet des terres, elle se faisait, au moyen de brandons, c'est-à-dire de petits piquets entourés d'herbe ou de paille, qu'on plantait en divers endroits de l'héritage. — Cout. de Paris, art. 74; cout. d'Orléans, art. 108. — Pothier, sect. 4e, § 5.

95. — Lorsque la saisie était pratiquée sur des maisons, la coutume d'Orléans (art. 103) voulait qu'on mît un barreau aux portes de la maison pour en fermer l'entrée et la rendre inexploitable au censitaire. — Mais ce mode de saisie n'était point en usage dans la coutume de Paris; seulement l'art. 86 de cette coutume permettait au seigneur, à défaut de paiement des droits de cens, de procéder par voie de simple gagerie sur les biens *étant ès-maisons*, pour trois années d'arrérages dudit cens et au-dessous.

96. — Lorsque la maison ou autres héritages étaient loués ou affermés, la saisie se bornait à arrêter les loyers ou fermes entre les mains des locataires; mais elle ne pouvait porter que sur les fermes et loyers à échoir. — Pothier, *loc. cit.*

97. — Dumoulin (§ 74, gl. 1, nos 50 et 51) pensait que le seigneur saisissant pouvait saisir les fruits déjà séparés du sol, pourvu qu'ils fussent encore sur l'héritage; mais son sentiment avait été abandonné, et l'on décidait généralement que la saisie ne pouvait s'appliquer qu'aux fruits pendans par racines. — Pothier, sect. 4e, § 5. — V. aussi cout. de Paris, art. 74, et cout. d'Orléans, art. 103.

98. — La saisie censuelle s'opérait par le ministère d'un sergent. — Il n'était pas nécessaire qu'elle fût précédée d'un commandement ni d'une commission du juge. — Enfin l'exploit de saisie devait être signifié au censitaire, à personne ou domicile. — Pothier, *loc. cit.*

99. — Le censitaire pouvait former opposition à la saisie pour deux causes: 1o lorsqu'il prétendait que l'héritage n'était pas dans la censive du seigneur saisissant; — 2o lorsque, confessant la seigneurie, il prétendait ne pas devoir les causes de la saisie. — Pothier, sect. 4e, § 7.

100. — Dans le premier cas, le seigneur était obligé de justifier, au moins sommairement et imparfaitement, que cet héritage relevait de lui à cens, c'est-à-dire de rendre son droit vraisemblable par la production de ses titres, sauf débat ultérieur sur la valeur desdits titres; sinon il était donné main-levée provisoire de la saisie au possesseur. — Pothier, sect. 4e, § 5.

101. — Dans le second cas, pour quelque nombre d'années que la saisie fût faite, le censitaire pouvait en obtenir main-levée par provision, en consignant trois années d'arrérages de cens. — Cout. de Paris, art. 75; ord. de 1563; — Pothier, *loc. cit.* — Cette main-levée provisoire s'accordait sans caution. — Pothier, *loc. cit.*

102. — Cette main-levée n'étant que provisionnelle, si le censitaire était jugé en définitif débiteur d'une plus grande quantité d'arrérages que ceux qu'il avait consignés, il pouvait être contraint par corps, comme dépositaire de biens sous la main de justice, à représenter les fruits de l'héritage saisi, à moins qu'il ne payât promptement ce qu'il devait en principal et frais. — Pothier, sect. 4e, § 5.

103. — Dans la coutume d'Orléans, qui permettait la saisie non seulement pour le cens, mais encore pour les profits censuels, si la saisie avait cette dernière cause, la consignation de trois années de cens n'autorisait pas la main-levée provisionnelle. Cette main-levée n'avait lieu que dans le cas d'une saisie *faite seulement* pour des arrérages de cens. — Pothier, *loc. cit.*

104. — L'infraction à la saisie censuelle, c'est-à-dire le fait de récolter les fruits au préjudice de la saisie, ou de troubler les commissaires établis à cette saisie, était suivie d'une amende qui variait suivant les coutumes, et suivant que la saisie avait ou non été faite avec autorité de justice. — Pothier, sect. 4e, § 6.

§ 7. — *Reconnaissance censuelle.*

105. — Toutes les fois qu'il y avait mutation dans la propriété de l'héritage censuel, de quelque manière que cette mutation se fût opérée, le nouveau censitaire était obligé de donner au seigneur et à ses frais personnels la reconnaissance censuelle. — Cette reconnaissance était une description détaillée de l'héritage par nouveaux tenans et aboutissans, et des charges auxquelles il était sujet. — Pothier, sect. 3e, § 4.

106. — Elle devait être faite par acte notarié et il devait en être donné expédition au seigneur. — Pothier, *loc. cit.*

107. — Elle était due seulement aux mutations de vassal et non point aux mutations de seigneur. — Pothier, *loc. cit.*

§ 8. — *Ensaisinement.*

108. — Le censitaire pouvait, s'il le jugeait convenable, se faire *ensaisiner* par le seigneur. — Pothier, sect. 3e, § 5.

109. — La saisine ou ensaisinement était un acte par lequel le seigneur déclarait solennellement qu'il mettait le censitaire en possession de l'héritage tenu à cens de lui. — Pothier, *loc. cit.*

110. — Suivant l'art. 82 de la coutume de Paris, le censitaire qui *prenait saisine* devait payer au seigneur, pour cette saisine, un droit de douze deniers.

111. — Le seigneur ne pouvait refuser la saisine au censitaire, lorsque ce dernier la demandait, à la charge toutefois par lui de payer préalablement au seigneur tous les arrérages de cens, profits et amendes qu'il lui devait ainsi que le droit de douze deniers. En cas de refus du seigneur, le censitaire pouvait le poursuivre en justice pour l'y faire condamner à peine de tous dépens, dommages et intérêts. — Pothier, sect. 3e, § 5.

112. — Mais le censitaire n'était pas obligé de se faire ensaisiner: *ne prend saisine qui ne veut*, disait la coutume de Paris, art. 82. — Toutefois, s'il n'y avait pas obligation, il y avait avantage pour lui de se faire ensaisiner, parce que l'année du retrait lignager ne courait que du jour de l'ensaisinement à défaut duquel ce retrait pouvait être exercé pendant trente ans. — Merlin, *Rép.*, vo *Ensaisinement*; Pothier, sect. 3e, § 5.

§ 9. — *Abolition de la féodalité.*

113. — Par le décret du 4 août 1789, art. 1er, l'assemblée constituante, prononçant la suppression du régime féodal, décréta que les droits et devoirs tant féodaux que censuels, qui tenaient à la main-morte réelle ou personnelle et à la servitude personnelle, et ceux qui les représentaient, étaient abolis sans indemnité, et tous les autres déclarés rachetables, et que ces derniers continueraient à être perçus jusqu'au rachat dont le prix et le mode seraient ultérieurement déterminés.

114. — Un décret postérieur déclara simplement rachetables et par conséquent payables jusqu'au rachat effectué, tous les droits et devoirs féodaux et censuels utiles qui étaient le prix et la condition d'une concession primitive de fonds. — Décret 15-28 mars 1790, tit. 3, art. 1er.

115. — Étaient présumés tels, sauf la preuve contraire: 1o toutes les redevances seigneuriales annuelles, en argent, grains, volailles, etc., servies sous la dénomination de cens, censives, sur-cens, rentes féodales, seigneuriales et emphytéotiques... qui ne se payaient et n'étaient dues que par le pro-

priétaire ou possesseur d'un fonds, tant qu'il était propriétaire ou possesseur, et à raison de la durée de sa possession; 2° tous les droits casuels qui, sous le nom de lods et ventes, mi-lods, etc., étaient dûs à cause des mutations survenues dans la propriété ou possession d'un fonds. — Décret 15-28 mars 1790, tit 3, art. 2.

116. — Le même décret, déclarant abolies toutes distinctions honorifiques, supériorité et puissance résultant du régime féodal, assimilait aux simples, rentes et charges foncières ceux des droits utiles qui étaient maintenus jusqu'au rachat (tit. 1er, art. 1er); il soumettait les redevables à en fournir de simples reconnaissances passées à leurs frais par devant notaire, avec déclaration des confins et de la contenance, comme pour les autres droits fonciers (art. 4); enfin il abolissait les saisies censuelles, le retrait censuel, le droit de prélation, etc. — Art. 7 et 40.

117. — Quant au mode et aux conditions du rachat, V. les décrets du 3 mai 1790, 13 avr. 1791 (tit. 2), et 20 août 1792. — Nous croyons inutile d'en faire connaître les dispositions, qui n'offrent plus aujourd'hui aucune espèce d'intérêt.

118. — Le décret du 25 août 1792, art. 1er, déclara non avenus tous les effets qui pouvaient avoir été produits par la maxime *nulle terre sans seigneur*, par celle de l'enclave, et par les statuts, coutumes et règles, soit générales, soit particulières, qui tenaient à la féodalité.

119. — En conséquence le même décret, art. 2 et 3, déclarait abolis tous les droits seigneuriaux, tant féodaux que censuels, conservés ou déclarés rachetables par les lois antérieures, quelles que fussent leur nature et leur dénomination, ainsi que tous les abonnements, pensions et prestations quelconques qui les représentaient, à moins qu'ils ne fussent justifiés avoir pour cause une concession primitive de fonds, laquelle cause ne pourrait être établie qu'autant qu'elle se trouverait clairement énoncée dans l'acte primordial d'inféodation, d'accensement ou de bail à cens qui devrait être rapporté.

120. — Enfin le décret du 17 juill. 1793, allant plus loin encore, déclara supprimées sans indemnité toutes les redevances ci-devant seigneuriales, droits féodaux, censuels, fixes et casuels, même ceux qu'avait épargnés le décret du 25 août 1792, n'exceptant de cette suppression que les rentes ou prestations purement foncières et non féodales.

121. — Jugé en conséquence qu'une rente censive est supprimée comme féodale. — *Rennes*, 8 mars 1814, N...

122. — Un accensement établissant au profit d'un ci-devant seigneur un cens pour concession des héritages trouvant de sa justice et seigneurie, constituait une redevance qui a été supprimée par les lois abolitives de la féodalité. — *Besançon*, 24 nov. 1807, Paillotte c. Froissard. — V. conf. Merlin, Rép., v^te Cens, § 6, n° 2, et *Rente seigneuriale*, § 2, n° 6, et *Quest. de droit*, v° *Rente foncière et seigneuriale*, § 14. — V. aussi avis du conseil d'état des 30 pluv. an X et 30 frim. an XIII.

123. — L'acte constitutif d'un premier cens stipulant lods et ventes à chaque mutation et un droit de fer a été aboli par les lois abolitives de la féodalité. — *Cass.*, 4 nov. 1818, Rigal c. la Rafinie.

124. — A été abolie comme féodale la rente stipulée pour prix d'une première concession faite par un ancien seigneur, à titre de cens, sur des immeubles dépendant de son fief, et dans une province, telle que la Saintonge, où régnait la maxime *nulle terre sans seigneur*. — L. 17 juill. 1793, art. 1er. — En pareil cas, lorsque les cens et rentes étaient la première redevance assise sur les héritages accensés, il y avait la reconnaissance suffisante de la directe seigneuriale, sans qu'il fût besoin d'une réserve de la part du seigneur. — *Cass.*, 20 déc. 1837 (t. 1er 1838, p. 575), Drujon c. Sorignet.

125. — Dans un ancien acte de concession de terrain, la stipulation du petit cens désigné sous le nom d'*engrogne* est de sa nature caractéristique de féodalité et, par suite, cette prestation ainsi que toutes les autres stipulées dans l'acte, sont éteintes et supprimées par les lois abolitives de la féodalité, sans qu'il soit besoin de les mélanges de féodalité. — *Cass.*, 6 avr. 1830, hospice d'Arbois c. Barbier.

126. — Une redevance constituée sous la coutume du Hainaut, pour prix de la concession d'un fonds, mais avec la clause de *tenir en main-ferme* et stipulation de *corvées* tombant en arrérages était féodale, et comme telle a été supprimée par les lois abolitives de la féodalité. — *Cass.*, 8 juill. 1806, Pasbecq c. Wavrechin. — D'après la coutume du Hainaut, l'expression de *main-ferme* était synonime de *cenève*.

127. — La stipulation par laquelle le bailleur à cens impose au preneur l'obligation de bâtir sur le terrain accensé, ou de planter des arbres et des

vignes dans telle partie, de faire usage des greffes qu'il doit lui fournir, et de partager avec lui les fruits à noyaux et à pépins, prouve suffisamment que ce bailleur s'est réservé la directe; et dès-lors, redevance étant féodale, elle a été atteinte par les lois abolitives de la féodalité. — *Metz*, 22 juin 1820, N...

128. — La suppression des redevances constituées avec le cens, s'étend au préjudice de celui à qui, avant l'abolition de la féodalité, le ci-devant seigneur avait vendu la redevance avec réserve expresse du cens. — *Orléans*, 19 prair. an XII, Lemaître c. Cedé.

129. — Sous l'empire d'une coutume allodiale, telle que celle d'Auvergne, la redevance créée par bail à cens d'une maison au profit d'un particulier et qui ne s'est pas donné cette qualité, mais avec réserve de la seigneurie directe et la mention du censitaire ne pourra reconnaître aucun autre seigneur, n'a point été atteinte par les lois abolitives de la féodalité. — *Nîmes*, 4 prair. an XII, Cros c. Chalonnat. — En effet, comme nous l'avons expliqué ci-dessus (n° 17), en vertu de la maxime *cens sur cens ne vaut*, l'accensement d'un héritage qui déjà était tenu à cens ne valait que comme bail à rente foncière.

131. — Jugé encore que le sur-cens créé par le détenteur d'un héritage qui le tenait lui-même à la charge de cens envers le seigneur, ne saurait être considéré comme redevance seigneuriale, et que comme tel, il n'a pas été supprimé par les lois abolitives de la féodalité. — *Cass.*, 24 brum. an XIV, Jatteux c. Huguet.

132. — N'a pas été abolie comme féodale la rente qualifiée *sur-cens*, lorsque cette rente a été qualifiée de rente foncière propriétaire et de bail d'héritage, que le sur-cens n'a pas été confondu avec le cens dans une seule et même stipulation, et que rien n'établit qu'il ait été originairement dû à un seigneur. — *Cass.*, 5 mai 1847, Mazière c. Depuille.

133. — Lorsqu'en aliénant une redevance féodale, un seigneur ne s'est pas réservé la directe, il n'en a pas changé la nature. La réserve qu'il a faite d'un denier de cens par tenue est illégale et contraire à la maxime *cens sur cens ne vaut*. — Dès-lors, la redevance n'ayant pas cessé d'être féodale a été atteinte par les lois abolitives de la féodalité. — *Poitiers*, 19 juill. 1821, De Crossac c. Bressac.

134. — Les lois suppressives des arrérages de cens seigneuriaux, n'ayant fait aucune distinction entre le seigneur et son fermier, à qui ces arrérages étaient dus, ce dernier n'a pas le droit de les exiger. — *Cass.*, 16 juin 1812, Plancher c. Pons-Deligand.

135. — On doit considérer comme seigneur féodal le bailleur qui est qualifié non seulement *nobilis vir*, *dominus*, mais encore *dominus* en droit. — *Cass.*, 4 nov. 1818, Rigal c. de la Rafinie.

136. — Dans le Piémont, la confiscation d'un bien qui provient d'une redevance à titre de *cens* n'avait pas libéré le débiteur du service de cette redevance. — *Turin*, 14 mars 1807, Ally-Maccarany c. Lascaris.

137. — V. au surplus, sur l'effet de l'abolition de la féodalité quant aux redevances créées par des baux à cens, DROITS SEIGNEURIAUX, RENTE SEIGNEURIALE.

BAIL A CHEPTEL.

Table alphabétique.

BAIL A CHEPTEL. — 1. — Le Code civil (art. 1800) définit le bail à cheptel « un contrat par lequel l'une des parties donne à l'autre un fonds de bétail pour le garder, le nourrir et le soigner, sous les conditions convenues entre elles ».

2. — Les auteurs font généralement remarquer que cette définition, tracée par la loi, est vague et ne donne pas une idée précise du bail à cheptel; ils ajoutent d'ailleurs qu'il en pouvait être autrement, à raison des graves dissemblances qui séparent les divers contrats compris sous ce nom. M. Duvergier (*Louage*, t. 2 [continu. de Toullier, t. 19], n° 386) eût voulu qu'on y exprimât l'idée que le cheptel a pour but de partager les bénéfices produits par les animaux; ce à quoi M. Troplong (*Louage*, n° 1055) répond qu'on ne fût arrivé à la précision qu'en sacrifiant l'exactitude, puisque dans le cheptel de fer il n'y a point de partage des bénéfices produits en nature par la chose; que ces produits appartiennent en entier au fermier; et qu'à l'égard du propriétaire, l'avantage qu'il retire du contrat consiste uniquement dans le prix du bail. Mais M. Duvergier, répondant d'avance à cette objection, avait dit (*loc. cit.*, en note) que, même dans le cheptel de fer, le bailleur participe indirectement aux bénéfices, puisque les fumiers et le travail des animaux sont exclusivement employés à la culture de la ferme, et que d'ailleurs le prix du bail est calculé d'après l'avantage que procurent au preneur les animaux qui garnissent l'héritage.

3. — Il ne faudrait pas conclure des termes de la définition donnée par la loi que, dans les diverses espèces de cheptel, le preneur soit également tenu de fournir, à ses risques et périls, la nourriture, le logement et la litière des bestiaux. Entendue en ce sens, la définition, vraie pour le cheptel simple et le cheptel à moitié, ne le serait pas pour le cheptel donné au fermier ou colon partiaire; dans ce dernier cas, le cheptelier ne fournit en réalité que ses soins, puisqu'il trouve, dans les bâtimens et les produits de la métairie, tout ce qui est nécessaire au logement, à la nourriture et aux litières du troupeau.

4. — « Il y a plusieurs sortes de cheptels: — le cheptel simple ou ordinaire, — le cheptel à moitié, — le cheptel donné au fermier ou colon partiaire. — Il y a encore une quatrième espèce de

contrat improprement appelé *cheptel.* » — C. civ., art. 1801.

Sect. 1re. — *Notions générales.*

5. — Le mot cheptel, autrefois chetel, vient du mot *capitale*, ou *captale, catallum*, qui, dans le latin du moyen-âge, désignait toute espèce de biens meubles, et spécialement le bétail considéré comme troupeau. Il faut remarquer en effet que, dans le cheptel, les animaux sont considérés, non pas *ut singuli*, mais *ut universi*, c'est-à-dire comme être collectif se perpétuant par la reproduction et continuant de subsister malgré la mort successive des individus qui le composent. — Toutefois, de Laurière repousse cette étymologie donnée par Dumoulin : « Chaptel, dit cet auteur, cette diction vient de l'achat et prix du *bestail pour lequel il est mis en bail. Non a grege vel capitali, ut Molinæus existimat, quod in suo nomine restituendum sit.* » — Troplong, n° 1054.

6. — Ce contrat était usité à Rome ; on le trouve mentionné dans plusieurs passages du Digeste et du Code, notamment dans les LL. 13, § 1er, ff., *Præscript. verbis ;* 52, § 2, ff., *Pro socio*, et 8 ; Cod., *De pactis.*

7. — Il était également très usité en France dans plusieurs coutumes, mais plus particulièrement dans celles de Berry, tit. 17, et de Nivernais, tit. 21. — V. aussi les coutumes de Bourbonnais, tit 85 ; de Bretagne, art. 236 et 421 ; de Bergerac, art. 114, 115, 116, 117 ; de Labour, tit. 8, art. 1er ; de Sole, tit. 21.

8. — Le bail à cheptel est un contrat intéressé de part et d'autre, car chacune des parties s'y propose un bénéfice dont le fonds de bétail est la source. — Troplong, *Louage*, n° 1055.

9. — Il réunit dans sa nature des élémens divers. Il participe à la fois : du bail à ferme, en ce que le preneur reçoit des choses qui produisent des fruits naturels ; du louage d'ouvrage, en ce que le preneur est tenu de donner des soins aux animaux qui lui sont confiés ; des contrats aléatoires, en ce que, dans le cheptel simple, le bailleur se décharge sur le cheptelier d'une partie du risque de la chose, moyennant l'abandon qu'il fait d'une moitié dans les croîts, laines et profits ; enfin du contrat de société par le partage des bénéfices qui a lieu dans le cheptel simple et dans le cheptel à moitié. — Troplong, n° 1058. — Mais quel est, entre ces divers élémens, celui qui y domine ? — Cette question n'étant pas susceptible d'une solution générale, applicable à toutes les modalités du contrat, nous la traiterons en particulier sous chacune des diverses espèces de cheptel.

10. — On tenait anciennement, dans la coutume de Berry, qu'un cheptel de porcs, fait à moitié de profit et de perte, était illicite et usuraire. La Thaumassière, qui professe cette doctrine, cite à l'appui une sentence du présidial de Bourges. La raison qu'il en donne, c'est que, la nourriture de ces animaux étant très coûteuse, la moitié du croît serait à peine suffisante pour indemniser le preneur des frais de nourriture et de garde, et qu'ainsi il se trouverait chargé, sans compensation, de la moitié des risques de la perte par cas fortuit. — Toutefois, si le bailleur se chargeait d'une partie considérable de la nourriture, le contrat était valable parce qu'alors le preneur n'ayant plus à fournir qu'une partie de la nourriture, la moitié des croîts était considérée comme suffisante pour l'indemniser tant de cette partie que de sa moitié dans les risques. — Dans le cas même où le preneur devait fournir seul la nourriture, il pouvait encore être licitement chargé de la moitié des risques, si le preneur l'en dédommageait d'un autre côté, soit en augmentant sa part dans les croîts, en lui en abandonnant, par exemple, les deux tiers au lieu de la moitié, soit en mettant en commun le fonds du cheptel, sans se réserver le droit d'en prélever la valeur, lors du partage à la fin du bail. — Enfin le cheptel de porcs, à moitié de perte et de profit, ne souffrait aucune difficulté lorsqu'il faisait partie d'un bail à métairie, parce qu'alors ce qu'il pouvait y avoir d'excessif dans les charges imposées au preneur, était censé compris dans le bail à ferme qui, sans cela, eût pu être plus élevé. — La Thaumassière, *Sur cout. du Berry*, tit. 17.

11. — Pothier (*Tr. des cheptels*, nos 21 et suiv.), reproduisant ces distinctions sans les combattre, semble par cela même les approuver et les admettre. — Mais elles ont été virtuellement abrogées par l'art. 1802, C. civ. « On peut donner à cheptel, dit cet article, toute espèce d'animaux susceptibles de croît ou de profit pour l'agriculture ou le commerce. » En présence de termes aussi généraux, la validité d'un cheptel de porcs ne serait plus aujourd'hui contestable. — Merlin, *Rép.*, v° *Cheptel*, § 1er, n° 4 ; Delvincourt, t. 3, notes, p. 205 ; Duranton, *Cours de dr. fr.*, t. 17, n° 268 ; Troplong, n° 1067 ; Duvergier, *Louage*, t. 2 (contin. de Toullier, t. 19), n° 388.

12. — Les animaux qu'on donne en spectacle au public ne peuvent être l'objet d'un bail à cheptel ; en effet ils ne sont pas utiles à l'agriculture, et, bien qu'ils soient un instrument de spéculation, ils ne profitent pas non plus au commerce, dans le sens où ce mot est pris par l'art. 1082, C. civ. — Troplong, n° 1068 ; *Encycl. du dr.* v° *Cheptel* (article revu par M. Duvergier), n° 12.

13. — Les volatiles domestiques, bien que formant, dans quelques provinces, un objet de commerce lucratif, ne paraissent pas avoir été jamais donnés à cheptel. Lorsqu'ils se trouvent attachés à une ferme, comme des pigeons de colombier, le fermier en jouit suivant les règles applicables aux autres parties de la ferme. — Troplong, n° 1068.

14. — Quant aux abeilles, aucune loi ne s'oppose à ce que l'on donne des ruches à une personne pour en avoir soin, en mettre le bénéfice en partage et les reprendre ensuite. Mais l'accord qui intervient à cet égard est improprement appelé cheptel. — Vaudoré, *Droit civil mis en rapport avec l'agriculture*, etc., v° *Abeilles*, n° 11. — Nous en dirions autant des vers à soie.

15. — Les conditions du cheptel peuvent être réglées par les conventions particulières des parties. — Il faut néanmoins remarquer à cet égard que, bien qu'en général, et d'après les règles ordinaires, la loi ne prononce la nullité des clauses volontairement consenties qu'autant que ces clauses sont contraires à la morale ou à l'ordre public, et que, bien qu'elle laisse aux parties la liberté la plus complète en ce qui touche l'appréciation et le réglement de leurs intérêts respectifs ; cependant, en matière de cheptel, elle prohibe d'avance certaines conventions (art. 1811, 1819, 1828, *infrà* nos 43 s.), par le seul motif qu'elles seraient préjudiciables au cheptelier. C'est que les chepteliers, livrés le plus souvent, par leur pauvreté et leur ignorance, à la merci des propriétaires de bestiaux, eussent pu se laisser imposer des conditions trop onéreuses, sans même en apprécier l'étendue ni les suites, si le législateur, par des dispositions sagement instinctives, ne leur eût accordé une protection qu'ils ne pouvaient tirer d'eux-mêmes. — Delvincourt, t. 3, notes, p. 205 ; Duranton, t. 17, n° 275 ; Troplong, n° 1113 ; Duvergier, n° 389.

16. — Le contrat de cheptel n'est assujéti à aucune formalité spéciale. Il peut, comme tout autre contrat, être fait par acte authentique, par acte sous seing-privé, ou même verbalement. — V. ENREGISTREMENT. — Quant à sa preuve, elle est régie par les principes généraux posés dans le Code civil au titre *Des contrats et obligations*. — Merlin, *Rép.*, v° *Cheptel*, § 1er, n° 3 ; Troplong, n° 1070 ; *Encyclop. du dr.*, *loc. cit.*, n° 15. — Toutefois, quand le cheptel fait partie d'un bail à ferme et qu'il est contesté, la preuve en doit être soumise, comme celle du bail lui même, aux règles établies par les art. 1715 et 1716, C. civ. — Troplong, *loc. cit.* — Ces règles se trouvent développées ci-dessus au mot BAIL, nos 212 et suiv.

17. — « A défaut de conventions particulières, expresses et licites les diverses espèces de cheptel se règlent par les principes qui suivent. » — C. civ., art. 1803.

Sect. 2e. — *Cheptel simple.*

18. — La loi définit le bail à cheptel simple un contrat par lequel on donne à un autre des bestiaux à garder, *nourrir et soigner*, à condition que le preneur profitera de la moitié du croît et qu'il supportera la moitié de la perte. — C. civ., art. 1804.

19. — Dans l'ancienne jurisprudence, le bail à cheptel simple était susceptible de deux modalités distinctes, suivant l'intention des parties. Quelquefois les contractans étaient réputés former entre elles une société de bestiaux ; seulement, comme le preneur était trop pauvre pour fournir sa part, le bailleur fournissait le troupeau en entier ; il était censé faire au preneur l'avance de la moitié. Au moyen de cette avance, le troupeau devenait commun entre le bailleur et le preneur ; mais celui-ci devenait débiteur du prix de la moitié qui lui était avancée, et il était obligé d'en faire raison au bailleur à la fin du cheptel. Mais il n'en était pas toujours ainsi ; le bailleur, lorsque telle était sa volonté, restait seul propriétaire du troupeau ; et même c'est sous ce point de vue seulement que le cheptel simple était envisagé par les coutumes. — Pothier, nos 2 et 4. — Le Code civil n'a point admis la première de ces deux modalités ; il considère le bailleur comme seul et unique propriétaire et ne veut pas que la propriété passe sur la tête du preneur. Si les parties convenaient d'une avance pareille à celle dont il vient d'être question, on sortirait alors du cheptel simple pour rentrer dans les termes du cheptel à moitié. — Troplong, n° 1075.

20. — Jugé en conséquence que par l'effet du cheptel simple, le bailleur n'est pas dessaisi de la propriété des animaux confiés aux soins du possesseur, pour le produit en être partagé entre eux. — *Cass.*, 25 janv. 1838 (t. 1er 1838, p. 445), Peynaud et Margoutin. — V. aussi Duranton, t. 17, n° 270 ; Duvergier, n° 392.

21. — Ordinairement les parties font, au commencement du bail, une estimation du troupeau. Cette estimation, que la loi ne prescrit pas, mais que la prudence conseille, est destinée à servir de terme de comparaison pour reconnaître, à la fin du bail, si la valeur du cheptel a augmenté ou diminué pendant sa durée, et quels sont par conséquent les bénéfices ou pertes à répartir entre les parties. Mais elle n'a point pour effet de transférer au preneur la propriété du troupeau nonobstant la maxime : *Æstimatio facit venditionem.* — Coquille, *sur Cout. de Nivernais*, tit. 21, art. 1er. — C. civ, art. 1805.

22. — Les auteurs sont partagés sur la question de savoir quelle est la véritable nature, le caractère dominant du cheptel simple. — Quelques uns prétendent y voir surtout un bail mélangé secondairement d'association. — V. notamment Pothier, n° 4 ; Coquille, *sur Cout. Nivernais*, tit. 21, art. 4 ; Mouricault, *Rapport au tribunat* (Locré, t. 14, p. 447) ; Duvergier, t. 4, n° 387 ; *Encyclop. du dr.*, v° *Cheptel*, nos 6 et suiv. — Pour nous, le caractère d'association nous paraît primer ici le caractère de bail ; en effet, nous n'y voyons point de prix, mais bien des produits qui doivent être partagés entre deux associés dont l'un a fourni le capital et l'autre son industrie. A la vérité, la société ne devient pas propriétaire de la chose, mais cela n'est nullement nécessaire pour mettre en société la jouissance aussi bien que la propriété d'une chose. — Troplong, nos 1062 et 1063 ; Duranton, t. 17, n° 265. — V. aussi Cujas sur la loi 13, ff., *Præscript.*, *verb.* ; Doneau, sur la loi 8, Cod., *De pactis.* — Enfin, Coquille semble pencher vers cet avis dans ses quest. 85, 85 *bis* et 86.

23. — Il y a bail à cheptel et non pas vente dans la convention par laquelle un individu donne à un autre une certaine quantité de bêtes à laine, pour les nourrir et les soigner, à condition que le preneur fera compte annuellement au bailleur d'une somme convenue pour lui tenir lieu des produits. — *Nîmes*, 11 nov. 1819, Soignard c. N...

24. — L'obligation du preneur consiste à *garder*, *nourrir* et *soigner* le bétail. Appliqués au cheptel simple, les deux mots *nourrir* et *soigner* contiennent, pour le cheptelier, l'obligation de pourvoir, à ses risques et périls, à la nourriture, à la litière et même, s'il en est besoin, au logement des bestiaux qui lui sont confiés. — Troplong, n° 1072.

25. — Le preneur profite seul des laitages, fumiers et labeurs des animaux. — C. civ., art. 1811. — Ces profits lui sont exclusivement attribués comme équivalent des soins qu'il donne au troupeau, des frais qu'il est obligé de faire pour sa nourriture et son entretien. — V., sur le point de savoir s'il peut être en cela dérogé à l'art. 1811, *infrà* nos 56 et suiv.

26. — Les autres profits doivent être partagés ; ce sont : 1° les laines, et par là on doit entendre non seulement la toison des moutons, mais encore le poil de la chèvre, le crin du cheval ; — 2° le croît, expression qui s'applique non seulement à l'augmentation numérique des têtes de bétail, mais encore à l'augmentation de valeur qui peut survenir à un animal, ainsi qu'au prix des vieilles bêtes que l'on vend après les avoir remplacées par des jeunes. — C. civ., art. 1811. — Troplong, n° 1122. — Cette attribution au preneur a pour objet de l'indemniser de la part qu'il doit supporter dans les pertes. — V. *infrà* n° 58.

27. — Le cuir suit la condition des bêtes. Si un

animal tombe dans l'excédant partageable, le cuir est une de ses parties dont le cheptelier a la moitié. Mais quant aux animaux qui font partie du fonds, le cuir appartient en entier au bailleur propriétaire du fonds. — Troplong, *Louage*, nº 1123.

28. — Le preneur doit les soins d'un bon père de famille à la conservation du cheptel. — C. civ., art. 1806. — La coutume de Nivernais disait que le preneur devait nourrir, traiter et gouverner le troupeau comme il ferait ou *devrait faire* le sien propre. Sur quoi Coquille (*sur Cout. de Nivernais*, tit. 21, art. 2) faisait observer que « la coutume, par ces mots *devrait faire*, semblait désirer une *diligence exacte*. » M. Duvergier (nºs 393 et 394) a conclu de la comparaison du Code avec la coutume de Nivernais que le preneur était tenu de la faute même *très légère* : « ce qui, dit-il, résulte de la nature spéciale des obligations imposées au cheptelier. » — V. conf. *Encyclop. du dr.*, vº *Cheptel*, nº 28. — D'autres, au contraire, pensent que le preneur, tenu de sa faute lourde et même de sa faute légère, ne le serait pas de la faute *très légère*. — V. au reste Pothier, nº 35; Duranton, t. 17, nº 271; Troplong, nºs 1078 et suiv.

29. — Le preneur est tenu, non seulement de sa propre faute, mais encore de celle des pâtres qu'il emploie. — C. civ., art. 1384 et 1797; — Pothier, nº 36; Duranton, t. 17, nº 271; Troplong, nº 1081.

30. — Le preneur n'est pas tenu du cas fortuit. — *Encyclop. du dr., loc. cit.*, nº 21. — « Il ne doit pas l'être, dit M. Duvergier (*loc. cit.*), puisqu'il n'est pas propriétaire. » — Mais il est tenu du cas fortuit lorsqu'il a été précédé de quelque faute de sa part sans laquelle la perte ne serait pas arrivée. — C. civ., art. 1807.

31. — Mais à qui incombe la preuve de la faute? — Les anciens auteurs étaient partagés sur cette question. — Suivant plusieurs d'entre eux, la faute du preneur devait être présumée, à moins qu'il ne prouvât la force majeure. — La Thaumassière, cent. 11, art. 47; Coquille, *sur Cout. de Nivernais*, tit. 21, art. 3; Auroux des Pommiers, *sur Cout. de Bourbonnais*, tit. 35, art. 54; Godefroy, sur la loi 9, § 4, ff., *Loc. cond.* — Pothier (nº 52), au contraire, enseignait que, dans la province du Berry, l'usage était que les bêtes fussent présumées mortes par maladie ou autre accident allégué par le preneur, à moins de preuve contraire, et qu'en conséquence il n'était tenu *que de représenter les peaux*. « Cette présomption est fondée, ajoutait-il, sur ce que le cas de maladie est le cas le plus ordinaire de la part des bestiaux, et que les preneurs ayant un grand intérêt à la conservation des bêtes, par rapport à la part qu'ils ont dans le profit et dans la perte du cheptel, le cas de négligence doit être un cas très rare. » — C'était aussi le sentiment de quelques glossateurs cités par Godefroy et Coquille, *loc. cit.*

32. — De ces deux opinions le projet du Code avait d'abord adopté la dernière; mais, sur les observations des cours de Lyon et de Rennes (V. Fenet. t. 4, p. 209, et t. 5, p. 397), ce projet a été modifié, et la rédaction définitive adoptée ainsi qu'il suit : « En cas de contestation, le preneur est tenu de prouver le cas fortuit, et le bailleur est tenu de prouver la faute qu'il impute au preneur. — C. civ., art. 1808.

33. — Suivant M. Duranton (t. 17, nº 272), quand il n'y aura pas de traces de mort violente, on devra supposer que les bêtes sont mortes de maladie, et par conséquent ce sera au bailleur à prouver que la mort a été causée par la faute ou la négligence du preneur. — Sans nier qu'en effet la représentation des animaux morts sans traces de violences exercées sur eux doive être une justification suffisante qu'ils ont succombé à une maladie et dispense le preneur de toute preuve, M. Duvergier (nº 397) pense qu'on ne doit pourtant pas décider cela d'une manière absolue et lier les tribunaux par une présomption légale.

34. — Mais il est des événemens de force majeure, des cas fortuits qui n'excluent pas la faute, comme l'incendie, le vol. Dans ce cas, le preneur sera-t-il obligé de prouver qu'on ne peut lui imputer aucune négligence, aucune faute, qu'il avait pris toutes les précautions que la prudence commandait? Pareillement, si les bestiaux ont été dévorés par les loups, devra-t-il prouver qu'ils étaient convenablement gardés? — M. Duvergier, nºs 398 et 399), et l'*Encyclopédie du droit*, nº 25, soutiennent l'affirmative; c'était aussi, dans l'ancienne jurisprudence, l'opinion de Coquille, *sur Cout. de Nivernais*, t. 21, art. 3. — Mais cette doctrine nous paraît clairement repoussée par les termes de l'art. 1808, C. civ. En effet, après avoir dit que le preneur est tenu de prouver le cas fortuit, cet article ajoute : « et le bailleur est tenu de prouver la faute qu'il impute au preneur. » C'est qu'en effet l'intérêt du preneur à la conservation du troupeau établit en sa faveur une présomption de diligence. — Duranton, t. 17, nº 272; Troplong, nºs 1085 et suiv.

35. — Le preneur qui est déchargé par le cas fortuit est toujours tenu de rendre compte des peaux des bêtes (C. civ., art. 1809), c'est-à-dire qu'il est obligé, ou de les remettre au bailleur, ou de justifier des causes qui l'empêchent de les représenter; mais, dans ce dernier cas, il n'est point obligé d'en payer le prix. — Cette impossibilité de représenter les peaux existe lorsque, par exemple, dans une épizootie, il a été ordonné, par mesure de police, d'enfouir les corps des bêtes avec leurs cuirs, ou lorsque les bêtes ont été volées, ou enfin lorsqu'elles ont été dévorées ou enlevées par les animaux carnassiers. — Duranton, t. 17, nº 273; Duvergier, nº 400; Troplong, nº 1093; Favard de Langlade, *Répert.*, vº *Cheptel*, § 1er, nº 2.

36. — Si le preneur n'est pas responsable des pertes survenues par cas fortuit ou force majeure, qui doit alors supporter la perte? — Dans l'ancien droit, toutes les coutumes qui contenaient des règles sur le cheptel mettaient la perte, soit totale, soit partielle, à la charge commune du bailleur et du preneur, chacun par moitié. — Pothier, nºs 11 et suiv. — V. en ce sens *Poitiers*, 2 frim., an X, David c. Jaud.

37. — Coquille (*sur Cout. de Nivernais*, tit. 21, art. 4) s'était élevé contre cette doctrine; il voulait que la perte totale fût à la charge du bailleur seul, et qu'en cas de perte partielle on appliquât les règles de l'usufruit, c'est-à-dire que le preneur fût tenu d'appliquer le croît à l'augmentation du troupeau jusqu'à ce qu'il fût revenu à son état primitif. — Enfin l'auteur des *Conférences ecclésiastiques de Paris sur l'usure* (t. 2, p. 427 et suiv.) prétendait que la charge imposée au preneur de supporter la moitié de la perte, soit totale, soit partielle, était contraire au droit naturel, qu'elle donnait au contrat un caractère illicite et usuraire, et que la perte devait être supportée par le bailleur seul, conformément à la maxime : *Res perit domino*. — Mais Pothier (nºs 7 et suiv.) répondait victorieusement en faisant une distinction entre les divers profits attribués au preneur, et en montrant que ses soins et dépenses sont suffisamment payés par les profits des laitages, fumiers et labeurs; que ce qu'il reçoit en sus, c'est-à-dire la moitié des laines, croîts et améliorations doit donc être compensé par une part dans les chances de perte, et qu'ainsi le contrat, envisagé sous ce point de vue, est tout aussi licite qu'un contrat d'assurance. — Toutefois, Pothier convenait (nº 19) que dans les provinces où il y a peu de pâturages, où la nourriture du bétail est très coûteuse, et où par conséquent la moitié de tous les profits que le preneur reçoit est à peine suffisante pour l'indemniser de ses soins et dépenses, il serait injuste et illicite de mettre à sa charge une partie des pertes survenues par cas fortuit. — Mais d'autres jurisconsultes lui répondaient que, dans les provinces où il en coûte plus pour nourrir le bétail, les laitages ont aussi plus de valeur, et qu'ainsi la condition du preneur y est tout aussi bonne que dans les provinces où les pâturages sont abondans; qu'il n'y a donc pas de raison pour ne pas appliquer dans les unes les règles qu'on applique dans les autres. — Merlin, *Rép.*, vº *Cheptel*, § 1er, nº 5.

38. — Le Code civil n'a adopté d'une manière complète aucune des diverses doctrines que nous venons d'analyser; il a décidé que si le cheptel périssait en entier sans la faute du preneur, la perte en serait pour le bailleur; que s'il n'en périssait qu'une partie, la perte serait supportée en commun, d'après le prix de l'estimation originaire, et celui de l'estimation à l'expiration du cheptel. — C. civ., art. 1810.

39. — M. Duvergier (nº 401) paraît regarder le système adopté par le Code civil comme identique à celui de Coquille. Mais c'est une erreur évidente; car si l'art. 1810 met, comme Coquille, la perte totale à la charge du bailleur, en ce qui touche la perte partielle, les deux systèmes sont différens, comme on va le voir. Voici en effet les propres paroles de Coquille : « Si le total du bétail ne périt pas, mais seulement quelques chefs, en ce cas, la perte se peut dire être commune, en tant que le preneur doit patienter et nourrir ce qui reste du bétail, *jusqu'à ce que le croît et le profit puissent parfournir le cheptel.* » — « Mais, ajoute M. Troplong (nº 108) si le cheptel finit avant que le troupeau ait recouvré sa valeur originaire? » — Il est clair que, dans le système de Coquille, le bailleur devra le reprendre tel qu'il est, sans que le preneur ait rien à payer, tandis que, d'après l'art. 1810, le preneur devra payer la moitié de la moins-value.

40. — Les auteurs ont fait avec raison remarquer que le système adopté par le Code civil est in-

conséquent sous un double rapport : 1º en ce qu'il applique dans un cas la règle : *Res perit domino*, et ne l'applique pas dans l'autre; — 2º en ce qu'il conduit à ce résultat bizarre que, dans le cas d'incendie ou d'épizootie, le preneur est intéressé à laisser périr en entier le troupeau qu'il ne peut sauver en entier. — Duranton, t. 17, nº 274; Zachariæ, t. 3, p. 51, note; Troplong, nº 1110. — V. cependant Favard de Langlade, *loc. cit.*, § 1er, nº 3.

41. — Si avant d'arriver en fin de bail le troupeau se trouve diminué dans le temps intermédiaire par des pertes imprévues, que doit-on faire pour le combler? Doit-on procéder comme si le bail expirait? — M. Troplong (nº 1112) qui pose cette question, la résout en disant que dans ce cas on doit se borner à remplacer par le croît les bêtes manquantes jusqu'à l'expiration du bail, et c'est alors seulement, si la perte n'a pas été entièrement réparée par ce moyen, qu'il convient de déterminer le montant de la contribution que doit supporter chacune des parties. — On sait, au surplus, que M. Troplong (nºs 1101 et 1108) penche pour le système de Coquille.

42. — Bien qu'en principe les conventions doivent être libres, cependant le législateur, prenant en considération que la classe des cheptelliers est d'ordinaire ignorante et pauvre, et craignant que les bailleurs n'abusassent de leur faiblesse dans un but de spéculation, a défendu certaines stipulations tout-à-fait défavorables aux premiers.

43. — L'art. 1811 dispose donc qu'on ne peut stipuler que le preneur supportera la perte totale du cheptel, quoique arrivée par cas fortuit sans sa faute, ou qu'il supportera dans la perte une part plus grande que dans le profit. Ainsi, par exemple, on ne pourrait convenir que le preneur supportera les trois quarts de la perte et qu'il aura seulement la moitié ou les deux tiers des bénéfices, c'est-à-dire de la laine et du croît.

44. — On ne pourrait de même, en laissant au preneur la moitié de la perte, lui attribuer, dans les bénéfices, une part moindre de la moitié. — Troplong, nº 1126.

45. — Mais cette prohibition, conçue dans un but de protection pour les cheptelliers n'empêcherait point qu'on ne mît la perte, soit pour la totalité, soit pour une part plus forte que la moitié, à la charge du bailleur, tout en ne lui attribuant que la moitié des laines et croîts. — Duranton, t. 17, nº 276; Duvergier, nº 404; Troplong, nº 1115.

46. — On pourrait n'attribuer au preneur, dans les laines et croîts, qu'une part moindre de la moitié, pourvu qu'on diminuât, dans la même proportion, la part qu'il doit supporter dans les pertes. — Duvergier, nº 405; Troplong, nº 1130. — *Contrà* Delvincourt, t. 3, notes, p. 206; Duranton, t. 17, nº 276.

47. — Nous regarderions même comme valable la clause par laquelle les laines et croîts seraient attribués pour la totalité au bailleur, pourvu que le preneur fût affranchi de toute contribution aux pertes. — Troplong, nº 1130. — Seulement, dit cet auteur, ce ne serait pas là un cheptel dans toute sa pureté. — V. toutefois *contrà* Delvincourt, *loc. cit.*; Duranton, *loc. cit.* — V. aussi Duvergier, *loc. cit.*

48. — Réciproquement on pourrait mettre à la charge du preneur une part de perte plus forte que la moitié, pourvu qu'on lui attribuât, dans les bénéfices, une part proportionnelle. Ainsi, par exemple, on pourrait convenir que le preneur aura les trois quarts des laines et croîts et qu'il supportera les trois quarts de la perte. — Duranton, t. 17, nº 276.

49. — Nous pensons même, quoique M. Duranton (*loc. cit.*) paraisse enseigner le contraire, qu'on pourrait mettre à la charge du preneur la totalité de la perte, pourvu qu'on lui attribuât la totalité du profit. — En effet, l'art. 1811 défend de mettre à sa charge *la perte totale*, mais non pas *la totalité de la perte partielle*; et cet article semble au contraire confirmer implicitement toute convention par laquelle le preneur serait tenu de supporter la perte dans la proportion suivant laquelle les bénéfices lui seraient attribués.

50. — Jugé qu'on ne peut valablement stipuler dans un bail à cheptel que le bailleur sera affranchi de la perte, soit totale, soit partielle, du troupeau, et que dans tous les cas, le preneur sera tenu de rembourser le prix de l'estimation. — *Nîmes*, 11 nov. 1819, Seiguard c. Viard.

51. — On ne peut stipuler que le bailleur prélèvera à la fin du bail quelque chose de plus que le cheptel qu'il a fourni. — C. civ., art. 1811. — Ainsi, par exemple, on ne pourrait convenir que le bailleur, après avoir retiré son cheptel, prendra un certain nombre de bêtes avant le partage, ou qu'il aura le choix dans les bêtes à partager, ou enfin qu'il pourra à son gré prélever le montant de l'estimation ou le même nombre de bêtes qui composaient originai-

BAIL A CHEPTEL, sect. 2e.
BAIL A CHEPTEL, sect. 2e. 231

rement le cheptel, sans égard à l'augmentation de valeur qu'elles pourront avoir acquise. —Pothier, nº 27 ; Duvergier, nº 407 ; Troplong, nº 1132 ; Duranton, t. 17, nº 278.

52. — Toute convention contraire aux prohibitions énoncées dans l'art. 1811 est nulle; mais cette nullité, établie dans l'intérêt des preneurs seulement, est relative et ne peut être invoquée que par eux. — Duvergier, nº 410 ; Troplong, nº 1136. — V. toutefois Delvincourt, t. 3, notes, p. 205, qui semble penser que la nullité peut être proposée par toutes les parties.

53. — Devrait être annulée toute clause tendant à éluder la disposition qui défend de mettre à la charge du preneur une part dans la perte plus grande que sa part dans le profit, et, par exemple, la clause par laquelle le preneur serait tenu de céder sa part des toisons au bailleur à un prix inférieur au prix courant annuel. — Pothier, nº 26; Duvergier, nº 406; Troplong, nº 1126.

54. — L'insertion dans un bail à cheptel de l'une des clauses réprouvées par l'art. 1811, C. civ., n'entraînerait pas la nullité du contrat; car cet article prononce seulement la nullité des conventions qu'il prohibe, mais non pas celle du contrat qui les renferme. — Troplong, nº 1137; *Encyclop. du dr.*, vº *Cheptel*, nº 39.

55. — Nous avons vu (*suprà* nºs 42 et suiv.) que les prohibitions de l'art. 1811 avaient été établies uniquement dans l'intérêt du preneur. De là il résulte que lui seul serait admis à demander la nullité des clauses stipulées au mépris de ces prohibitions. — Ainsi, supposons que le bail mette à la charge du preneur les trois quarts de la perte et lui attribue seulement les deux tiers des bénéfices, c'est là évidemment une des conventions réprouvées par l'art. 1811. Cependant s'il se trouvait y avoir, à la fin du bail, un bénéfice net, c'est-à-dire un excédant du profit sur la perte, le preneur trouverait un avantage réel dans la convention, puisqu'elle lui assurerait les deux tiers de ce bénéfice, tandis que la loi ne lui en donnerait que la moitié. — Nous pensons donc que dans ce cas le preneur pourrait s'en tenir à la fixation conventionnelle, et que le bailleur ne pourrait invoquer la nullité prononcée par l'art. 1811. — Si au contraire, à la fin du bail, au lieu d'un bénéfice, il se trouvait y avoir une perte, le preneur pourrait se prévaloir de la violation de l'art. 1811 et demander la nullité de la fixation conventionnelle ; cette nullité prononcée, le partage devrait se faire par moitié comme il se ferait en l'absence de convention. — C'est ainsi que décident MM. Duvergier (nº 410), Duranton (t. 17, nº 279), et l'*Encyclopédie du droit* (nº 39). — Tel paraît être également le sentiment de M. Troplong (nº 1138). — Cependant ce dernier auteur combat l'opinion de MM. Duvergier et Duranton, mais c'est en leur prêtant, ce nous semble, des idées qui ne sont point les leurs.

56. — Pourrait-on convenir que le bailleur jouira d'une portion quelconque des laitages, fumiers et labeurs? — Une telle clause était prohibée dans l'ancien droit. — Coquille, *sur Cout. de Nivernais*, tit. 21, art. 4; Pothier, nº 28.

57. — Sous le Code, la raison de douter vient de ce qu'après avoir dit que le preneur profite *seul* des laitages, etc., le paragraphe 5 de l'art. 1811 ne prohibe pas d'une manière formelle les stipulations contraires, tandis que les règles posées dans les trois premiers paragraphes sont, au contraire, protégées par la prohibition expresse contenue dans le quatrième. Elle vient en outre de ce que le législateur, après avoir déclaré, dans l'art. 1819, relatif au cheptel à moitié, que le preneur profite seul, comme dans le cheptel simple, des laitages, du fumier et des travaux des bêtes, *et que toute convention contraire est nulle*, ajoute, dans l'art. 1820, que toutes *les autres règles* du cheptel simple s'appliquent au cheptel à moitié. D'où l'on peut conclure que la nullité prononcée par l'art. 1819 est une restriction à l'assimilation établie par l'art. 1820. — Duvergier, nº 408.

58. — Mais d'autres auteurs répondent que les termes de l'art. 1811 sont tellement formels qu'aucune équivoque n'est possible, et qu'une dérogation au paragraphe 5 relatif aux laitages emporterait également dérogation au paragraphe 2 relatif à la contribution aux pertes ; d'où il résulte que le paragraphe 5, comme le paragraphe 2, est protégé par le paragraphe 4. Ils ajoutent en outre que l'argument tiré des art. 1819 et 1820 porte à faux ; qu'en effet l'art. 1820 veut dire, non pas : « toutes les autres règles, *excepté* celle qui précède, etc. », mais « toutes les autres règles du cheptel simple, *outre* celle qui précède, s'appliquent au cheptel à moitié. » — V. au reste Duranton, t. 17, nº 277 ; Troplong, nºs 1127 et 1128. — Nous sommes disposés à nous ranger à cet avis.

59. — Le preneur ne peut disposer d'aucune bête du troupeau, soit du fonds, soit du croît, sans le consentement du bailleur. — C. civ., art. 1812.

60. — La même règle était écrite dans les coutumes. — V. notamment Cout. Berry, t. 17, art. 7. — On décidait toutefois que, quand le bailleur s'opposait à une vente que le preneur jugeait utile à la société, celui-ci pouvait s'adresser aux tribunaux pour leur demander, soit l'autorisation de vendre, soit même des dommages-intérêts, si le bailleur, par son refus, avait fait manquer une occasion de vendre avantageusement. — Pothier, nº 36; Merlin, *Répert.*, vº *Cheptel*, § 1er, nº 9. — Nous pensons qu'il en doit être de même, sous l'empire de l'art. 1812; car il ne serait point juste que le preneur fût à la discrétion du bailleur pour des actes qui doivent exercer une notable influence sur le montant des bénéfices à partager. — Duranton, t. 17, nº 283 ; Duvergier, nº 413; *Encyclop. du dr.*, vº *Cheptel*, vº 45. — *Contrà* Troplong (nº 1140), qui se fonde notamment sur ce que l'art. 89 du projet du Code civil soumis aux cours d'appel avait une disposition qui autorisait le cheptelier à se pourvoir en dommages-intérêts contre le bailleur qui se serait refusé à une vente avantageuse, et que cette partie de l'article a été retranchée lors de la rédaction définitive.

61. — Le cheptel simple ne transférant pas au preneur la propriété du troupeau, s'il vend ou détourne frauduleusement à son profit, au préjudice et à l'insu du bailleur, les animaux remis à sa garde, il commet le délit d'abus de confiance prévu et puni par l'art. 408, C. pén. — *Cass.*, 25 janv. 1838 (t. 1er 1838, p. *445*), Peynaud et Margoutin.

62. — Jugé cependant que le preneur de bestiaux à cheptel qui les vend à l'insu et sans la participation du bailleur, ne se rend coupable ni d'un vol ni d'un abus de confiance, et ne peut être poursuivi que par action civile. — *Cass.*, 5 oct. 1820, Saliceti c. Cermolacce. — Mais cette décision, conforme aux dispositions de l'art. 408, C. pén. de 1810, sous l'empire duquel elle a été rendue, se trouve aujourd'hui, relativement à l'abus de confiance, en contradiction formelle avec le même article, tel qu'il a été modifié par la loi du 28 avr. 1832. — V. ABUS DE CONFIANCE.

63. — Dans le cas où le preneur enfreindrait la prohibition qui lui est faite par l'art. 1812 de disposer de quelque bête, sans le consentement du bailleur, celui-ci pourrait demander la résolution du contrat, ou des dommages-intérêts. — Troplong, nº 1142.

64. — Le preneur jouit du travail des animaux ; mais il est obligé d'en jouir par lui-même ; il ne pourrait pas plus que l'usufruitier les louer à des tiers pour en retirer le prix. — Troplong, nº 1120.

65. — Les créanciers du preneur ne peuvent faire saisir le cheptel ; s'ils le faisaient, le bailleur pourrait s'opposer à la vente en vertu de l'art. 608, C. procéd. Mais il faudrait pour cela qu'il justifiât bien positivement de ses droits de propriété. Il ne serait pas nécessaire qu'il produisît le bail ayant date certaine; il pourrait faire sa justification par tout autre moyen de droit. — Duranton, t. 17, nº 28 ; Duvergier. nº 415; Troplong, nºs 1055 et 1056 ; *Encycl. du dr.*, nº 47.

66. — Lorsqu'il s'agit d'une valeur au-dessous de 150 fr., la preuve testimoniale est admissible, même à l'égard des tiers, pour établir que des bestiaux ont été donnés à cheptel ; en conséquence ces bestiaux doivent, comme propriété du bailleur, être distraits d'une saisie des meubles du preneur, pratiquée par les créanciers de ce dernier. — *Cass.*, 2 déc. 1828, Remy c. Maquennechen.

67. — Les coutumes de Nivernais (tit. 21, art. 16), et de Berry (tit. 17, art. 8 et 10) accordaient au bailleur le droit de revendiquer, entre les mains de tous possesseurs, même de bonne foi, les animaux aliénés sans son consentement, soit qu'ils eussent été vendus volontairement par le preneur, soit qu'ils eussent été vendus judiciairement, à la requête de ses créanciers, sans l'obliger à rendre le prix, même à l'adjudicataire de bonne foi. Ce droit de revendication existait, non seulement pour les bêtes faisant partie du fonds, qui appartiennent au bailleur exclusivement, mais encore pour le croît dont il n'a que la moitié ; il pouvait être exercé pendant plusieurs années. — Pothier décidait (nº 48) que, dans ces coutumes, il en devait être de même à l'égard des ventes faites en foire, qui ne pouvaient être traitées plus favorablement que les ventes judiciaires. Et La Thaumassière (cent. 11, ch. 48) rapporte plusieurs jugemens qui attestent, dans la province de Berry, une jurisprudence constante en ce sens. Toutefois Coquille, *sur Cout. de Nivernais* (t. 21, art. 16), émet, à cet égard, une opinion contraire. — Dans les coutumes qui ne contenaient pas de dispositions expresses sur le cheptel, Pothier pensait (nº 49) que le bailleur pouvait bien, jusqu'à la vente, s'opposer à la saisie, mais que, lorsque la vente était consommée sans opposition, il ne pouvait revendiquer entre les mains de l'adjudicataire. Quant aux ventes faites en foire, Pothier n'hésitait point à décider (nº 50) que le bailleur pouvait revendiquer contre l'acheteur de bonne foi, sans lui rendre le prix. Beaumanoir nous apprend (au chap. 25 des coutumes de Beauvoisis) que l'acheteur en foire n'était tenu de rendre la chose vendue au propriétaire revendiquant qu'autant que celui-ci lui rendait le prix qu'il avait payé. Cette opinion était également suivie par la coutume de Toulouse, rédigée en latin en 1285 (tit. *De emptione vendit.*, art. 3), et par la plupart des auteurs, notamment par Godefroy, sur L. 2, Cod., *de furtis* ; par Coquille, *sur Cout. de Nivernais*, tit. 21, art. 16; Brodeau, *sur Cout. de Paris*, art. 176. Enfin Soefve (cent. 2, ch. 96), rapporte un arrêt du 9 déc. 1698, rendu contre les conclusions de M. Bignon, qui a condamné le propriétaire d'un diamant à rendre à l'orfèvre qui l'avait acheté de bonne foi dans sa boutique, le prix qu'il avait payé. — Pothier, *loc. cit.*

68. — Le projet du Code civil contenait d'abord quelques dispositions consacrant, au profit du bailleur, le droit de revendication ; mais on s'aperçut que ces dispositions étaient en opposition avec la règle : *En fait de meubles possession vaut titre*, et dès-lors elles disparurent. De ce retranchement et de l'observation que la vente, par le preneur, d'une bête du cheptel, ne constitue pas un vol, mais un simple abus de confiance, on doit conclure que le droit de suite n'existe plus aujourd'hui. — Troplong, nº 1143 et suiv.; Duranton, t. 17, nº 282; Duvergier, nº 414 ; *Encycl. du dr.*, nº 46.

69. — Ainsi jugé que le propriétaire ne peut plus revendiquer des agneaux qui sont le croît d'un troupeau donné à cheptel, et qui ont été vendus en foire par le fermier, si rien ne constate que le fermier ait diminué le fonds du cheptel. — *Cass.*, 6 mai 1835, Monroy c. Bourgeois.

70. — De son côté, le bailleur ne peut disposer d'aucune bête du troupeau, soit du fonds, soit du croît, sans le consentement du preneur. — C. civ., art. 1812. — En effet, dit M. Troplong (nº 1149), il a contracté l'obligation de faire jouir le possesseur pendant toute la durée du bail s'il ne mésuse pas ; un manquement à cette promesse ne pourrait venir de son fait sans une violation flagrante de la loi du contrat. — Ce serait un trouble donnant lieu à garantie. — Pothier, nºs 31 et suiv.

71. — Mais les créanciers du bailleur ont-ils le droit de saisir le cheptel entre les mains du preneur et au mépris de ses droits? — Coquille (*sur Cout. de Nivernais*, tit. 21, art. 16) soutenait la négative, parce qu'il considérait le droit du preneur, par rapport aux laines et croîts, comme un droit *in re ipsâ*, que les créanciers devaient respecter comme le bailleur lui-même. — La Thaumassière (*sur Cout. de Berry*, préface du tit. 17) et Pothier (nº 33) ne voyant, dans le droit du preneur, qu'un droit purement personnel vis-à-vis du bailleur, qui n'entamait pas la propriété du fonds, mais la laissait subsister tout entière sur la tête du bailleur, reconnaissaient aux créanciers de celui-ci le droit de faire saisir et vendre le troupeau, sans attendre l'expiration du bail, sauf au preneur le droit de réclamer sa part des profits lors existans et, en outre, d'actionner le bailleur en dommages-intérêts.

72. — Sous le Code civil, les auteurs ont généralement adopté la doctrine de Coquille. En effet, ou le bail a date certaine, ou il ne l'a pas. Dans le premier cas, M. Duranton invoque, en faveur du preneur, l'art. 1743, C. civ., et M. Duvergier l'art. 691 (aujourd'hui 684), C. procéd. civ. ; ces articles leur semblent applicables, par analogie, au bail à cheptel. Quant à M. Troplong, il se fonde sur ce que le bailleur a aliéné la jouissance du troupeau et en a investi la société : il en conclut que les créanciers ne peuvent saisir le cheptel qu'à la charge des droits de la société, et, par conséquent, du preneur. Si le bail n'a pas date certaine, le preneur peut opposer aux créanciers sa possession, soit en vertu du bail à cheptel s'il est reconnu, soit en vertu de la maxime : *En fait de meubles la possession vaut titre.* — Duranton, t. 17, nº 281 ; Duvergier, nº 416; Troplong, nºs 1151 et suiv.; *Encycl. du dr.*, nº 48.

73. — Mais les créanciers du bailleur peuvent faire saisir et vendre le cheptel, à la charge, par l'adjudicataire, de maintenir le bail. — Coquille, *loc. cit.*; Rousseau de Lacombe, vº *Bail à cheptel*, sect. 1re, nº 14; Duranton, *loc. cit.* ; Duvergier, nº 417 ; Troplong, nº 1153.

74. — Dans l'ancien droit, aux termes d'un édit d'oct. 1713 (art. 17 et suiv.), pour que le bailleur pût s'opposer à la saisie du cheptel, par les percepteurs des deniers royaux, à raison des impositions du preneur, il était nécessaire que le bail fût passé devant notaire, contînt certaines énon-

BAIL A CHEPTEL, sect. 2e.
BAIL A CHEPTEL, sect. 2e.

ciations déterminées, et fût enfin accompagné de certaines formalités spéciales. — Ces dispositions ne sont plus en vigueur aujourd'hui; toutefois Merlin (*Rép.*, v° *Cheptel*, § 1er, n° 8) décide que les autorités administratives, auxquelles appartient la connaissance de tout ce qui concerne le recouvrement des impositions directes, ne pourraient, en ces matières, avoir égard aux baux à cheptel sous seing-privé et non enregistrés. — Mais cette décision n'est fondée sur rien; le fisc, selon nous, de même que tout autre créancier, devrait s'arrêter, devant la justification, légalement faite par le bailleur, de son droit de propriété, encore bien qu'il n'y eût pas de bail enregistré. — Troplong, n° 1156.

75. — De même, pour arrêter la saisie que le fisc prétendait opérer sur le troupeau, à raison des contributions dues par le bailleur, il ne serait pas nécessaire au preneur de produire un bail ayant date certaine. Il lui suffirait d'invoquer sa possession, comme vis-à-vis des créanciers ordinaires; le fisc ne se trouve pas, à cet égard, dans une position exceptionnelle. — Duvergier, n° 418; Troplong, n° 1156; *Encycl. du dr.*, n° 51.

76. — Un tiers peut prouver par témoins contre le bailleur à cheptel qu'il a donné au preneur des bestiaux pour les nourrir, et revendiquer ces bestiaux. — *Bourges*, 12 janv. 1821, Boulanger c. Lebel.

77. — Lorsque les croîts ont été partagés, chacune des parties peut disposer, comme il lui plaît, des bêtes qui lui sont échues pour sa part. — Pothier, n° 37; Merlin, *Rép.*, v° *Cheptel*, § 1er, n° 8; Troplong, n° 1141.

78. — Les laines devant être partagées entre le bailleur et le preneur (*suprà* n° 26), pour que le bailleur ne pût être trompé par un cheptelier infidèle, il était nécessaire qu'il pût surveiller l'opération de la tonte. C'est pourquoi l'art. 1814 défend au preneur de tondre sans en prévenir le bailleur. — Cet avertissement n'est assujéti à aucune formalité. — Troplong, n° 1167.

79. — Il n'y a pas de distinction à faire entre la tonte entière qui se fait régulièrement à une certaine époque de l'année, et les tontes partielles qui consistent à enlever la laine en certains endroits lorsque la santé des animaux l'exige. Le produit de ces dernières se nomme *écouailles*. Dans tous les cas, les laines doivent être partagées : dans tous les cas, le preneur ne peut tondre sans en prévenir le bailleur. — Cout. Berry, tit. 17, art. 5 et 6; Lettres patentes d'août 1739. — Pothier, n° 39; Duranton, t. 17, n° 285; Troplong, n° 1165 et 1166.

80. — D'après les lettres patentes d'août 1739, enregistrées au parlement de Paris le 16 sept. suivant, la défense faite au cheptelier de s'approprier *les écouailles*, celle de tondre sans prévenir le bailleur, étaient sanctionnées par une amende et des dommages-intérêts. L'amende ne pourrait plus être prononcée aujourd'hui, en présence de la loi du 30 vent. an XII, art. 6, qui abroge tous les anciens réglemens sur les matières traitées dans le Code civil; mais le bailleur pourrait demander des dommages-intérêts, et même, suivant les circonstances, la résiliation du bail. — Duranton, t. 17, n° 285; Duvergier, n° 420; Troplong, n° 1166.

81. — Il peut se faire que des bestiaux soient donnés à cheptel au fermier d'autrui. Dans ce cas, le bailleur, pour conserver ses droits dans toute leur intégrité et empêcher que le troupeau soit soumis au privilége que l'art. 2102 confère au propriétaire de la ferme sur tous les objets qui la garnissent, est tenu de notifier le bail à ce propriétaire. Sans quoi ce dernier peut saisir et faire vendre le cheptel pour ce que son fermier lui doit. — C. civ., art. 1813.

82. — Ainsi, jugé qu'en cas de saisie de la part du propriétaire, le bail à cheptel sous seing-privé enregistré postérieurement à sa date et signifié dans l'instance d'opposition, ne peut mettre obstacle à l'exercice de son privilége; et que le bailleur à cheptel ne doit pas être admis à prouver que le troupeau lui appartient. — *Paris*, 31 juill. 1818, Muguet de Varange c. Boullinois.

83. — Les bestiaux qui garnissent une ferme sont soumis au privilége du propriétaire, si la notification du bail à cheptel souscrit par le fermier au profit d'un tiers, n'a pas été faite au propriétaire *avant* l'introduction des bestiaux dans la ferme. — *Nîmes*, 7 août 1812, Quinzart et Collemart c. Monnier; *Cass.*, 9 août 1815, Monnier c. Quinzart *Paris*, 31 juill. 1818, Muguet de Varange c. Boullinois. — V. conf. Troplong, *Louage*, n° 1160, et *Hypothèques*, t. 1er, n° 186; Duranton, t. 19, n° 86; Favard de Langlade, *loc. cit.*, n° 5; *Encycl. du dr.*, n° 52. — Dans ce cas, en effet, il y a, pour le propriétaire, au moment même de cette introduction, un droit acquis que ne peut détruire la notification postérieure. — Troplong, *loc. cit.*

84. — Cette notification pourrait être remplacée par des équipollens, car ce n'est pas une formalité substantielle. Ainsi, s'il était prouvé que le propriétaire de la ferme, au moment où le troupeau y est entré, savait qu'il n'appartenait pas à son fermier, mais que celui-ci le tenait à cheptel, le but de la notification se trouvant atteint, elle ne serait pas nécessaire à la conservation des droits du bailleur. — *Cass.*, 7 mars 1843 (t. 1er 1843, p. 443), Hubert c. Biré. — Troplong, *Louage*, n° 1161, et *Hypothèq.*, t. 1er, n° 186; Duranton, t. 19, n° 86; *Encycl. du dr.*, n° 53.

85. — Jugé, toutefois, que le privilége du propriétaire subsiste, alors même qu'il aurait connu la convention passée entre son fermier et le bailleur à cheptel. — *Paris*, 31 juill. 1818, Muguet de Varange c. Boullinois. — Mais il nous paraît difficile d'admettre la doctrine consacrée par cet arrêt.

86. — La nécessité de la notification, ou des équipollens, s'applique aussi bien au colon partiaire qu'au fermier proprement dit. Le mot fermier, dans l'art. 1813, est pris *lato sensu*. — Duranton, t. 17, n° 284; Troplong, *Louage*, n° 1162; *Encycl. du dr.*, n° 54.

87. — Elle s'applique également dans le cas où le bail a été passé au preneur, non pas par le propriétaire du fonds, mais bien par un fermier principal ou un usufruitier. — Duranton, t. 17, n° 284.

88. — Même en l'absence de notification ou d'équipollens, le propriétaire de la ferme ne pourrait faire saisir le cheptel pour une créance étrangère au bail, car il ne serait alors qu'un créancier ordinaire et ne pourrait se prévaloir de l'art. 1813; on rentrerait sous l'empire du droit commun (art. 608, C. procéd.); et le bailleur pourrait s'opposer à la saisie en prouvant son droit de propriété par tous les moyens légaux, comme il a été dit ci-dessus (nos 65 s.). — Duranton, t. 17, n° 284; Troplong, 1163; *Encycl. du dr.*, n° 55.

89. — Le cheptel finit à l'époque déterminée par la convention.

90. — Mais il peut se faire que le bail n'en ait pas déterminé la durée. — Dans ce cas, la coutume de Berry, tit. 8, art. 1er, la fixait à trois ans. — La coutume de Nivernais ne lui assignait pas un terme fixe; en conséquence, lorsque la durée n'en avait pas été fixée dans le bail, il se prolongeait indéfiniment; seulement la cessation du bail et le partage, qu'on appelait aussi *exig*, pouvaient être demandés chaque année, par le bailleur dix jours avant la Saint-Jean d'été, et par le preneur dix jours avant la Saint-Martin d'hiver. Si ce temps s'écoulait sans que l'*exig* fût demandé, le bail continuait pour une nouvelle année. — Coutume de Nivernais, t. 21, art. 9.

91. — Le Code civil a adopté le système de la coutume de Berry. S'il n'y a pas de temps fixé par la convention pour la durée du cheptel, il est censé fixé pour trois ans. — C. civ., art. 1815.

92. — Pourrait-on convenir que le bailleur aura le droit d'exiger le partage quand bon lui semblera, sans accorder le même droit au preneur? — Dans l'ancien droit, La Thaumassière (cent. 11, chap. 44) soutenait l'affirmative; mais Coquille (*sur Cout. de Nivernais*, tit. 21, art. 9) combattait cette doctrine qui, dans le Nivernais, où le cheptel n'avait pas un terme légal, eût eu pour effet de rendre la société indissoluble pour le preneur. Pothier (n° 54) adoptait le même sentiment pour le cas où l'avantage résultant au bailleur de cette convention n'était pas compensé par quelque autre avantage fait au preneur. On convenait, du reste, que le bailleur qui s'était réservé le droit d'exiger le partage *toutes fois et quantes il voudrait*, ne pouvait l'exiger en temps inopportun, et, par exemple, au fort des moissons et des labourages, sans un juste sujet. — Coquille, *sur Cout. de Nivernais, loc. cit.*; Auroux-des-Pommiers, *sur Cout. de Bourbonnais*, art. 553. — Ce dernier rapporte même un arrêt qui a jugé, dans sa coutume, que le bailleur ne pouvait, en vertu de cette clause, demander le partage qu'à la Saint-Martin d'hiver. — Sous le Code civil, il serait difficile d'admettre la doctrine de Coquille et de Pothier. En effet, nous ne voyons pas que le législateur, au nombre des clauses illicites dans le cheptel simple, ait placé celle qui attribuerait à l'une des parties, sans réciprocité, le droit de demander le partage quand bon lui semblerait. — Troplong, n° 1177.

93. — Cette clause n'aurait pas pour effet de prolonger indéfiniment la durée du bail, selon le bon plaisir de la partie au profit de laquelle elle aurait été consentie; à défaut de terme fixe assigné par la convention, le bail cesserait de plein droit au bout de trois ans. — Troplong, n° 1177.

94. — Au reste, comme dans l'ancienne jurisprudence, cette faculté de demander le partage quand bon semblera, qu'elle fût réciproque ou non, ne pourrait s'exercer qu'en temps opportun, suivant les usages agricoles de chaque province; car elle doit être interprétée *arbitrio boni viri*. — Troplong, n° 1176; *Encycl. du dr.*, n° 56.

95. — Lorsqu'à l'expiration du bail, le partage n'est demandé par aucune des parties et que le preneur est laissé en possesson, il s'opère une tacite réconduction. — Arg. de l'art. 1738; — Duranton, t. 17, n° 286; Duvergier, n° 423; Troplong, nos 1178 et 1179.

96. — D'après la coutume de Berry (tit. 17, art. 1er), la tacite réconduction avait lieu si, à l'expiration du bail, il s'écoulait quinze jours sans que le partage fût demandé par l'une ou l'autre des parties. — Le Code civil n'ayant rien statué à cet égard, ce sera aux tribunaux à apprécier, d'après les circonstances de fait, et même d'après les usages locaux, si la volonté tacite des parties a été de recommencer un nouveau bail. — Duranton, *loc. cit.*; Duvergier, *id.*; Troplong, *id.*; Zachariæ, t. 3, p. 52; *Encycl. du dr.*, n° 59.

97. — Quant à la durée de la réconduction, les auteurs ne sont point d'accord. M. Duranton (t. 17, n° 286) veut qu'elle soit la même que celle du bail primitif; tandis que, suivant MM. Duvergier n° 424) et Troplong (n° 1180), elle doit être fixée au terme légal de trois ans. — Pour nous, nous pensons que les juges devraient tenir compte de toutes les circonstances qui pourraient indiquer quelle a été l'intention des parties, et notamment des usages locaux; qu'à défaut de tout indice de ce genre, on devrait présumer que leur volonté commune a été d'assigner au nouveau bail une durée égale à celle du premier; et qu'ainsi, ce serait dans le cas seulement où cette durée, n'étant pas fixée par la convention, aurait été légalement de trois ans, suivant l'art. 1815, que celle du second bail serait également de trois ans. C'est la solution qui nous paraît s'accorder le mieux avec les présomptions les plus raisonnables qu'on puisse former sur l'intention des parties.

98. — Le bailleur peut demander la résolution du contrat avant l'expiration de sa durée, soit conventionnelle, soit légale, si le preneur ne remplit pas ses engagemens : si, par exemple, il ne donne pas au cheptel tous les soins d'un bon père de famille, s'il tond sans en prévenir le bailleur, etc. — C. civ., art. 1816. — Il pourrait également, dit M. Duvergier (n° 426), demander des dommages-intérêts au lieu de la résolution, ou même, selon les circonstances, simultanément les deux choses.

99. — Réciproquement le preneur peut demander la résolution contre le bailleur, si celui-ci ne remplit pas ses engagemens. L'art. 1816 ne le dit pas, il est vrai; mais c'est une conséquence du principe général posé par l'art. 1871. — Troplong, n° 1184.

100. — Suivant Pothier (n° 3), le cheptel n'était pas dissous par la mort du preneur. M. Duvergier adopte le même sentiment (t. 4, n° 425). — Mais cela nous paraît inadmissible. En effet, qu'on applique les principes de la *Société* ou du *Louage d'industrie*, l'art. 1865 ou l'art. 1795, on arrive à cette conséquence que la mort du preneur doit entraîner la résolution du contrat; et il n'y a pas ici de raison de déroger à ces principes, car on doit présumer que ce sont les qualités *personnelles* du cheptelier, son intelligence, son activité, sa probité enfin, qui ont déterminé le bailleur à lui confier son troupeau. — Troplong, n° 1186. — V. toutefois *Encycl. du dr.*, nos 62 et suiv.

101. — Quant au bailleur, sa mort ne nous semble pas devoir entraîner la même conséquence; en effet, les considérations tirées de sa personne n'entrent pour rien dans les motifs qui peuvent déterminer le preneur à contracter, et sa mort n'influe en rien sur les avantages qu'il peut espérer. — Pothier, n° 3; Duvergier, n° 425; Troplong, n° 1186.

102. — L'art. 1817, C. civ., règle la manière dont le partage doit avoir lieu à la fin ou à la dissolution du contrat. — Ce qui n'empêche pas qu'il n'y ait certaines choses susceptibles d'être partagées au fur et à mesure de leur échéance; ainsi, par exemple, les toisons, le croît. — C'est ce qui a presque toujours lieu, quant au croît, dit M. Troplong, (n° 1188), lorsque le fonds du troupeau se maintient en état de progrès, ou bien lorsque après avoir remplacé les vides par les nourrissons, on trouve un excédant dans les jeunes bêtes.

103. — Dans les coutumes de Berry (t. 17, art. 4), de Nivernais (tit. 21, art. 10 et 11), et de Bourbonnais (art. 553), le partage devait s'opérer ainsi qu'il suit : — La partie qui voulait faire cesser le cheptel faisait une estimation de la valeur actuelle du troupeau et notifiait cette estimation à l'autre partie qui était tenue dans le délai de huit jours en Bourbonnais, de dix jours en Nivernais, de prendre le troupeau pour le prix de l'estimation

ou de le refuser. Il pouvait arriver alors que cette estimation fût supérieure ou, au contraire, fût inférieure à l'estimation faite au commencement du bail. Dans le premier cas, si c'était le bailleur qui conservait le cheptel, il prélevait le montant de la valeur du troupeau qu'il avait fourni et payait au preneur la moitié du surplus ; si le cheptel restait au preneur, celui-ci payait au bailleur le montant de l'estimation originaire, plus la moitié de la différence entre les deux estimations; si au contraire, c'était le preneur qui conservait, il n'était tenu de payer au bailleur le prix de la première estimation que déduction faite de sa part dans la perte.

104. — Ce mode de partage, qui avait l'avantage de forcer la partie qui faisait l'estimation à la faire juste, avait un grave inconvénient, c'est que, quand celle qui recevait la notification n'avait pas d'argent comptant, ce qui arrivait souvent, surtout au preneur, elle se trouvait obligée d'abandonner le cheptel à l'autre partie pour le prix de l'estimation, quelque minime qu'il pût être. Aussi Pothier décidait-il (no 55) que ce mode de partage ne pouvait être adopté hors du territoire des communes qui le prescrivaient.

105. — Auroux des Pommiers nous apprend qu'il était tombé en désuétude dans le Bourbonnais et qu'on y avait substitué l'usage suivant : — A la fin du bail on faisait une nouvelle prisée de chacune des bêtes qui composaient le troupeau ; le bailleur en prélevait une nombre égal à celui qu'il avait primitivement fourni, sauf à tenir compte au preneur de la moitié de la plus-value ou au contraire à recevoir de lui la moitié de la moins-value, et le surplus des bêtes se partageait. Si le nombre de bêtes de quelque espèce se trouvait moindre qu'il n'était par le bail, le preneur devait faire raison de la moitié du prix de celles qui manquaient, suivant la prisée faite lors du bail. — Cet usage avait été confirmé par un arrêt du parlement de Paris du 20 août 1716, rapporté par Auroux, *sur Cout. de Bourbonnais*, art. 553, et rendu à son profit.

106. — Enfin, même dans la coutume de Berry, où l'ancienne forme était restée en vigueur, les parties avaient soin, pour s'y soustraire, de stipuler que la prisée se ferait par experts choisis entre elles. — Pothier, no 55; Merlin, *Rép.*, vo *Cheptel*, § 1er, no 14.

107. — Le système adopté par le Code civil se rapproche beaucoup de celui qui s'était établi dans le Bourbonnais, sans être absolument identique. Ainsi, à la fin du bail ou lors de sa résolution, il se fait une nouvelle estimation du cheptel. Le bailleur prélève alors, non pas un nombre de bêtes égal à celui qu'il a fourni, mais des bêtes de chaque espèce, jusqu'à concurrence de la première estimation; l'excédant se partage. S'il n'existe pas assez de bêtes pour remplir la première estimation, le bailleur prend ce qui reste, et les parties se font raison de la perte. — C. civ., art. 1817.

108. — Si les parties ne s'accordent pas pour faire elles-mêmes l'estimation, ou si l'une d'elles est un mineur ou un interdit, il doit y être procédé par experts. — Duranton, t. 17, no 289.

109. — Les lois des 15 germin., 26 flor., 1er thermid. an III et 2 thermid. an VI, avaient réglé le mode de partage et d'estimation des cheptels. Mais ces lois n'avaient pour objet que les cheptels qui, ayant commencé avant l'introduction du papier-monnaie, avaient expiré pendant le cours forcé de ce papier, ou ceux qui, ayant commencé depuis sa création, avaient expiré après sa suppression; elles ne sont plus en vigueur aujourd'hui. — Duvergier, *Louage*, t. 1er (contin. de Toullier, t. 19), no 480.

110. — Si le propriétaire, à l'expiration du bail, garde l'excédant du cheptel et manifeste l'intention de le conserver, il se rend par là non-recevable à en demander le partage, et doit payer au cheptelier la moitié de l'excédant. — *Bourges*, 9 juill. 1828, Suchet c. Robin.

111. — En matière de cheptel, le registre tenu régulièrement par le bailleur devient la loi des parties jusqu'à preuve contraire. — *Bourges*, 21 frim. an XIII, Gagneux c. Pajot.

112. — La loi du 15 germ. an III qui, comme nous l'avons vu ci-dessus, réglait le mode de partage des baux à cheptel, attribuait, par son art. 12, au juge de paix la connaissance des contestations qui pourraient survenir sur son exécution. — Cette disposition a été abrogée par la loi du 2 thermid. an VI. — *Poitiers*, 2 frim. an X, David c. Jaud.

113. — Ainsi, un juge de paix ne peut connaître d'une demande tendant à la remise en nature ou en argent de bestiaux composant un cheptel, et excédant la valeur de 100 fr. — Son incompétence sur ces deux points ne peut être couverte par le consentement des parties; elle doit être proclamée d'office par le tribunal d'appel. — *Cass.*, 22 juin 1808, Légion-d'Honneur c. Pasquet.

114. — Lorsqu'un bail à cheptel a les caractères d'une association, les contestations qui y sont relatives doivent, pendant sa durée, être portées au tribunal du lieu où les parties ont placé le cheptel. — *Paris*, 23 fév. 1809, Decombefort c. Delaherche.

Sect. 3e. — *Cheptel à moitié.*

115. — Le cheptel à moitié est une société dans laquelle chacun des contractans fournit la moitié des bestiaux, qui demeurent communs pour le profit et pour la perte. — C. civ., art. 1818.

116. — Si la société est l'élément principal du cheptel simple, il en est de même à plus forte raison du cheptel à moitié dans lequel l'élément social est beaucoup plus prononcé. Aussi l'art. 1818 (V. le numéro qui précède) définit-il ce contrat « une société dans laquelle, etc. » — Au reste, ce caractère du cheptel à moitié n'est pas contesté. — Troplong, nos 1060 et 1196; Pothier, no 65; Duvergier, no 431; Duranton, t. 17, no 265.

117. — Par ce contrat, ce n'est pas seulement comme dans le cheptel simple la jouissance du capital qui est mise en commun, c'est le troupeau lui-même qui devient la propriété de la société. — Troplong, no 1195; Duvergier, no 434.

118. — Le preneur profite seul, comme dans le cheptel simple, des laitages, du fumier et des travaux ou labeur des bêtes. — Le bailleur n'a droit qu'à la moitié des laines et du croît. — Toute convention contraire est nulle, à moins que le bailleur ne soit propriétaire de la métairie dont le preneur est fermier ou colon partiaire. — C. civ., art. 1819.

119. — Dans le cas où le bailleur est propriétaire de la métairie dont le preneur est fermier ou colon partiaire, combinaison qui ne doit point être confondue avec le cheptel *de fer* (V. la sect. suivante), il peut se réserver une partie des laitages, fumiers, labeurs, et même une partie dans la moitié des laines et croîts qui revient au bailleur, parce qu'alors il fournit les terres et prés qui donnent les fourrages, et les bâtimens qui servent à les loger. — Troplong, no 1205; Duranton, t. 17, no 290; Duvergier, no 438.

120. — Il en devrait être de même dans le cas où la métairie serait exploitée par des cultivateurs à gages, comme cela arrive souvent dans les départemens méridionaux. Ils ne fournissent non plus ni la nourriture ni l'hébergement. — Troplong, no 1206.

121. — Dans le cheptel à moitié, le preneur supporte la moité de la perte, soit totale, soit partielle, par application de la règle : *res perit domino*. — Troplong, no 1201; Duvergier, t. 4, no 434.

122. — Suivant la coutume de Berry, tit. 17, art. 2, le partage du cheptel à moitié ne pouvait être demandé qu'au bout de cinq ans. Le Code civil a effacé cette différence entre le cheptel simple et le cheptel à moitié.

123. — Toutes les autres règles du cheptel simple s'appliquent au cheptel à moitié. — C. civ., art. 1820.

124. — Nonobstant l'assimilation établie par l'art. 1820, nous devons faire observer que, lors du partage, le bailleur ne peut faire aucun prélèvement exclusif; chacune des parties doit reprendre des bêtes de chaque espèce jusqu'à concurrence de l'estimation qui a été faite de sa mise au commencement du bail; et le surplus doit se partager. — Troplong, no 1214; Duvergier, no 435.

Sect. 4e. — *Cheptel donné par le propriétaire à son fermier ou colon partiaire.*

§ Ier. — *Cheptel donné au fermier ou* cheptel de fer.

125. — Ce cheptel est celui par lequel le propriétaire d'une métairie la donne à ferme, à la charge qu'à l'expiration du bail le fermier laissera des bestiaux d'une valeur égale au prix de l'estimation de ceux qu'il aura reçus. — C. civ., art. 1821.

126. — Les bestiaux qui font l'objet de ce contrat s'appellent *bestes de fer*, suivant Beaumanoir, ch. 86, *parcequ'elles ne peuvent mourir à leur seigneur;* suivant d'autres parce que le troupeau se trouve comme enchaîné ou attaché à la métairie. — Pothier, no 65; Mouricault, *Rapport au tribunat* (Fenet, t. 14, p. 347); Merlin, *Rép.*, vo *Cheptel*, § 3, no 1; Duranton, t. 17, no 296; Duvergier, no 438; Troplong, no 1216.

127. — L'art. 1819 suppose qu'un cheptel simple ou à moitié peut être donné par un propriétaire à son fermier ou à son métayer, pour demeurer sur le domaine et concourir à sa bonne exploitation. Mais cette combinaison diffère essentiellement du cheptel *de fer*. Elle constitue une association entre le bailleur et le preneur, laquelle doit, comme toute société, se dissoudre, à une époque déterminée par l'effet du partage; dans le cheptel *de fer*, rien de semblable; il n'y a pas d'association entre les parties; le troupeau, attaché à la ferme par la volonté du propriétaire, forme l'accessoire de cette ferme, et reste, lors du départ du preneur, ce qu'il était lors de son entrée. — Troplong, no 1218.

128. — Du reste, le cheptel peut rester cheptel *de fer* en passant des mains du fermier principal dans celles d'un sous-fermier. Et même le fermier principal peut fournir des bestiaux au sous-fermier avec les conditions et règles du cheptel de fer comme avec celles du cheptel simple ou du cheptel à moitié, s'il ne fournit que la moitié du bétail. Seulement, il faut observer que les animaux donnés par le fermier principal au sous-fermier à titre de cheptel de fer ne seraient point immeubles, comme ceux qui sont placés par le propriétaire. — Duranton, t. 17, no 301. — V. aussi Duvergier, no 448.

129. — Lorsque le fermier principal a fourni tous les bestiaux et que le contrat ne s'explique pas sur la nature du cheptel que les parties ont entendu constituer, on doit supposer qu'elles ont voulu établir un cheptel de fer, et, par conséquent, en appliquer les règles. — Duranton, t. 17, no 301.

130. — Quelques casuistes, et notamment l'auteur de la *Théologie morale de Grenoble* (t. 1er, tit. 4, *Du prêt et de l'usage*, chap. 18), avaient prétendu que le cheptel *de fer* était usuraire lorsque le bailleur de la métairie et du cheptel affermait sa terre pour un prix plus fort que si elle était sans bestiaux, parce qu'alors le bétail fourni ne constituait qu'un prêt pour lequel il ne pouvait rien recevoir sans se rendre coupable d'usure.

131. — Mais Pothier (no 70) avait solidement réfuté cette doctrine inspirée par un rigorisme exagéré. Repoussant la qualification de prêt appliquée au cheptel *de fer*, il montrait que la métairie *embétaillée* est plus fructueuse que celle qui ne l'est pas, à raison des engrais qu'elle fournit; que conséquemment le bailleur peut sans injustice en exiger un prix plus élevé; que la convention par laquelle le fermier s'oblige à laisser, à la fin du bail, un troupeau égal en valeur à celui qu'il a trouvé n'a rien non plus que de très équitable. — On objectait que l'augmentation qui peut survenir au troupeau se trouvant compensée par les risques de perte qui sont à la charge du fermier, lui demander un prix plus élevé à raison du cheptel, c'est lui faire payer une seconde fois cette augmentation éventuelle. — Mais Pothier répondait qu'indépendamment de l'augmentation qui peut se faire par les croîts, le fermier trouve un avantage considérable dans les engrais qui lui servent à féconder les terres; que, de plus, à l'égard du bétail blanc, outre le profit des croîts, qu'on suppose compensé par le risque des mortalités, le fermier trouve dans les laines un profit considérable; qu'enfin, dans le gros bétail même, qui ne fournit pas de laines, les chances d'accroissement sont plus considérables que les chances de perte, et qu'ainsi, dans tous les cas, les avantages surpassant les charges, il était juste de faire payer cet excédant au fermier. — Cette discussion, qu'on peut voir dans Pothier, *loc. cit.*, a été reproduite par M. Troplong (no 1221).

132. — La convention insérée dans un bail à ferme, par laquelle le bailleur prête au preneur une certaine somme, à l'effet d'acheter des bestiaux qui devront servir à l'exploitation du domaine affermé constitue un cheptel de fer, et non un simple prêt d'argent, alors d'ailleurs que le fermier s'oblige de laisser, à sa sortie, des bestiaux d'une valeur égale à la somme prêtée. — *Nîmes*, 15 juin 1819, Borrely c. Labarthe.

133. — Jugé, cependant, que la remise d'une somme par le propriétaire d'un fonds à son fermier pour acheter des bestiaux destinés à l'exploitation de ce fonds, mais à la charge de la lui rendre à la fin du bail, ne constitue pas un bail à cheptel, mais un simple prêt d'argent. — En conséquence, le propriétaire ne peut, à l'expiration du bail, exiger, en vertu de l'art. 4, décr. 15 germ. an III, que le paiement lui soit fait en nature de bestiaux. — *Cass.*, 16 fructidor an IV, Ledoux c. Cordonnier. — Cet arrêt semble contraire à celui qui précède; mais il faut remarquer que ce dernier a été rendu dans une espèce où le fermier s'était obligé à laisser, à sa sortie, des bestiaux d'une valeur égale à la somme prêtée.

134. — Il est de l'essence du cheptel de fer de ne pouvoir être donné qu'au fermier. — Troplong, no 1219. — Le cheptel de fer diffère en cela du cheptel simple ou à moitié, qui peut être donné indifféremment soit à un étranger, soit à un métayer ou à un fermier qui trouve dans le domaine affermé les fourrages, foins et logemens nécessaires.

135. — Si le cheptel existait au moment du bail, comme il en formerait une condition accessoire, il

faudrait recourir, sur les règles de la preuve, aux art. 1715 et 1716. — Troplong, n° 1230.

136. — A la différence du cheptel simple ou à moitié, qui est meuble ou immeuble par destination, suivant qu'il est donné à un étranger ou au métayer, le cheptel de fer est toujours immeuble par destination, excepté toutefois dans le cas très rare où il est donné à un sous-fermier par le fermier principal. — Troplong, n° 1220; Duranton, t. 17, n° 304.

137. — Il en résulte cette conséquence, que le cheptel de fer ne peut être saisi distinctement du fonds par voie de saisie-exécution, mais qu'il ne peut l'être qu'immobilièrement, avec le fonds. — C. civ., art. 522; C. procéd., art. 592; Duranton, t. 17, n° 295; Troplong, n° 1220.

138. — Le fermier devant laisser, à sa sortie, un troupeau d'égale valeur à celui qu'il a reçu, il est nécessaire d'en faire l'estimation au commencement du bail. Cette estimation ne transfère point au preneur la propriété du troupeau; elle a seulement pour objet de fixer la valeur de celui qu'il devra laisser à sa sortie, quels que soient d'ailleurs les accidens qui pourront survenir pendant la durée du bail. C'est en ce sens que l'art. 1822 dit que l'estimation met le troupeau aux risques du fermier. — C. civ., art. 1822.

139. — L'estimation, qui n'est dans le cheptel simple qu'une pure précaution, est dans le cheptel de fer un élément substantiel, car c'est elle qui met la chose aux risques du preneur, et c'est là un des principaux caractères du contrat. A défaut donc d'estimation, le cheptel ne serait pas cheptel de fer, mais passerait dans la classe du cheptel simple ou des contrats mixtes. — Troplong, n° 1229; *Encycl. du dr.*, n° 88.

140. — Tous les profits appartiennent au fermier pendant la durée de son bail, s'il n'y a convention contraire. — C. civ., art. 1828.

141. — Le bailleur peut se réserver une redevance en beurre, fromage, même le lait de plusieurs vaches, même une portion de la laine ou du croît. Et il le peut sans entrer pour rien dans la perte du cheptel. La raison de cette différence avec les règles du cheptel simple ou à moitié, c'est que, le cheptel de fer se liant toujours à un bail à ferme, on suppose que les diverses conditions en sont combinées de telle sorte que les charges imposées au preneur sont compensées par des avantages équivalens qu'on lui accorde. — Troplong, nos 1233 et 1234; Duvergier, t. 4, nos 440 et 441; Duranton, t. 17, n° 304; *Encycl. du dr.*, nos 77 et suiv.

142. — Lorsque le contrat attribue au bailleur une part dans le profit sans s'expliquer par rapport aux pertes, le preneur ne peut prétendre qu'il en doit supporter une part proportionnée à sa part dans le profit; et réciproquement, si le contrat met à la charge du bailleur une part de perte, sans dire un mot des profits, le bailleur ne peut réclamer une part proportionnée à sa part dans les pertes. On doit présumer, en effet, que les parties n'ont entendu déroger aux règles ordinaires que sur les points pour lesquels elles se sont exprimées. Et il n'y a pas lieu d'appliquer ici la règle : *Quem sequuntur commoda, eumdem debent sequi incommoda* : car les avantages ou désavantages résultant pour chacune des parties des clauses relatives aux profits ou pertes peuvent être compensés par d'autres clauses, et notamment par une augmentation ou une diminution dans le prix du bail. — Duranton, t. 17, n° 299; Duvergier, n° 442; *Encycl. du dr.*, n° 79.

143. — Dans les cheptels donnés au fermier, le fumier n'est pas dans les profits personnels des preneurs, mais appartient à la métairie, à l'exploitation de laquelle il doit être uniquement employé. — C. civ., art. 1824.

144. — Le preneur jouit, à moins d'une convention contraire, de tous les profits du cheptel de fer, mais à la charge de conserver intact le fonds de bétail, de remplacer les bêtes mortes ou dépérissantes, de soigner, nourrir et entretenir convenablement le troupeau, de ne pas divertir les bêtes de leur destination. S'il manquait à ces obligations : si, par exemple, il se permettait de faire des ventes qui diminuassent le capital, le bailleur aurait contre lui une action en dommages-intérêts, ou même en résolution du bail. — Troplong, n° 1235.

145. — Dans l'ancienne jurisprudence, on admettait généralement que, le bailleur restant propriétaire du cheptel de fer, ses créanciers avaient le droit de le faire saisir et vendre, sans que le fermier pût s'y opposer, sauf son recours en dommages-intérêts contre le bailleur; car, disait-on, le fermier a bien une créance personnelle contre le bailleur pour le faire jouir du cheptel, mais il n'a aucun droit réel qu'il puisse opposer aux créanciers dudit bailleur. — La Thaumassière, liv. 4, chap. 20; Pothier, n° 68; Merlin, *Rép.* v° *Cheptel*, § 3, n° 4. — Que devrait-on décider sous le Code civil? — Nous avons montré plus haut (nos 36 et 137) que le cheptel de fer, étant immeuble par destination, ne pouvait par conséquent être saisi qu'avec le fonds lui-même, dont il fait légalement partie. La question se réduit à savoir si les créanciers du bailleur peuvent saisir l'immeuble affermé, sans égard à l'opposition du fermier, ou s'ils doivent, au contraire, respecter son droit comme le bailleur lui-même. Cette question se rattache à l'interprétation de l'art. 1743, C. civ. — V. au mot BAIL.

146. — Quant aux créanciers du preneur, ils ne peuvent évidemment saisir le fond du cheptel, puisque leur débiteur n'en est pas propriétaire (C. civ., art. 1822); ils n'ont pas plus de droit sur le troupeau que sur la ferme même. — Troplong, n° 1227; Duranton, t. 17, n° 298; Duvergier, n° 445; Rolland de Villargues, *Rép. du notariat*, v° *Bail à cheptel*, n° 43.

147. — Mais s'il était constant que le cheptel a acquis un excédant sur le montant de l'estimation faite au commencement du bail, les créanciers du fermier pourraient saisir cet excédant qui appartient à leur débiteur. — Troplong, n° 1228.

148. — Ainsi jugé que le bailleur ne peut s'opposer à la saisie et à la vente par les créanciers du preneur, des bestiaux qui composent le cheptel de fer, lorsqu'il ne lui est dû aucun fermage, que le preneur n'est pas en déconfiture et que la saisie ne doit pas empêcher le cheptel d'être complet. — *Cass.*, 8 déc. 1806, Debar c. Dechizelles; — Duvergier, n° 445; *Encycl. du dr.*, n° 82.

149. — La perte, même totale et par cas fortuit, est en entier pour le fermier s'il n'y a convention contraire. — C. civ., art. 1825. — Le motif de cette dérogation à la règle : *Res perit domino*, c'est que le fermier, ayant tous les profits du cheptel, doit en avoir tous les risques. — Troplong, n° 1236.

150. — Néanmoins, lorsque la convention charge le bailleur d'une partie des risques, le cheptel de fer se trouve dénaturé, car il comprend des bêtes qui ne sont pas *bêtes de fer*, puisqu'elles *peuvent*, suivant l'expression de Beaumanoir, *mourir à leur seigneur*. Il se mélange de cheptel simple, si la part du bailleur dans les risques est compensée par une part dans les bénéfices, et de louage ordinaire si la compensation de ce risque se trouve dans le prix de ferme. — Troplong, n° 1237.

151. — Il pourrait se faire qu'au moment où le cheptel a été donné au fermier, celui-ci eût placé dans la ferme un colon partiaire. Dans ce cas, la perte arrivée par cas fortuit se réglerait entre le propriétaire et le fermier par les principes du cheptel de fer, entre le fermier et le colon partiaire par les principes du cheptel simple, conformément à l'art. 1830. Ainsi, que la perte fût totale ou partielle, elle serait également supportée, vis-à-vis du propriétaire, par le fermier; mais dans le cas où elle serait partielle, dans ce cas seulement, le colon partiaire serait tenu d'en rembourser la moitié au fermier de qui il tient. — Duranton, t. 8, n° 300.

152. — Quant à la durée du cheptel de fer, elle est la même que celle du bail à ferme dont il est l'accessoire. Il n'y a pas lieu d'appliquer ici les règles du cheptel simple ou du cheptel à moitié. — Troplong, n° 1245.

153. — A la fin du bail le fermier ne peut retenir le cheptel en en payant l'estimation originaire; il doit en laisser un de valeur pareille à celui qu'il a reçu. — S'il y a du déficit, il doit le payer, et c'est seulement l'excédant qui lui appartient. — C. civ., art. 1826. — Il résulte des termes de cet article que le preneur, frappé d'un sinistre imprévu, n'est pas tenu de combler le déficit en nature, mais qu'il peut en payer la valeur en argent. — Mouricault, *Rapport au tribunat* (Fenet, t. 14, p. 348); Troplong, n° 1242.

154. — Pour savoir s'il y a déficit ou excédant, il est nécessaire de procéder à une nouvelle estimation du cheptel, en tenant compte tant de l'augmentation de nombre que de l'augmentation de valeur de chaque bête; puis on compare le résultat à l'estimation primitive. — Duvergier, n° 446; Troplong, n° 1243; *Encyclopédie du droit*, n° 84. — Dans ce cas, le fermier ne peut prétendre se libérer en remettant les bestiaux de dernière qualité jusqu'à concurrence de l'estimation; mais, de son côté, le propriétaire ne peut prétendre prélever, à son choix, sur le cheptel existant, les bestiaux de première qualité jusqu'à concurrence de la même estimation. — *Bourges*, 31 mars 1840 (t. 2 1845), De Comarre c. Roche.

155. — Le preneur, à titre de cheptel de fer, ne peut dénaturer le cheptel d'une manière dommageable au propriétaire. Ainsi il doit, à la rendue, présenter un cheptel qui offre les mêmes avantages que celui pris à l'entrée, sans avoir le droit de substituer, par exemple, aux bestiaux garnissant la ferme, d'autres qui lui sont étrangers, quoique de même espèce. — *Bourges*, 26 janv. 1828, Poulet c. N...

156. — Le fermier n'a pas le droit de vendre les bestiaux qui composent ce cheptel. — Il en est ainsi, encore bien que ce cheptel ait été estimé dans le bail, et que le bailleur se soit réservé l'option, à la fin du bail, entre le montant de l'estimation et un troupeau de même valeur; en pareil cas la vente du cheptel par le fermier, constituant un acte de mauvaise administration, et violant l'obligation par lui prise de cultiver en bon père de famille, donne lieu à la résolution du bail. — *Bordeaux*, 20 fév. 1845 (t. 1er 1845, p. 551), Croqueville c. Gérault.

157. — Lorsque les bestiaux donnés à cheptel au fermier l'ont été pour un prix, la clause *de rendre même espèce et qualité* ne s'entend que de l'obligation de laisser des bestiaux tels que l'exploitation puisse être continuée suivant le mode usité. — *Bourges*, 26 fév. 1810, Limauton c. Simon.

158. — Le fermier qui, à la fin du bail, ne représente pas le fonds de bétail qui lui a été confié, peut être contraint par corps, à moins qu'il ne justifie que le déficit de ces objets ne procède point de son fait. — C. civ., art. 2062.

§ 2. — *Cheptel donné au colon partiaire.*

159. — Le cheptel donné au colon partiaire diffère essentiellement du cheptel de fer. « Ce n'est, dit M. Mouricault (*Rapport au tribunat*, Fenet, t. 14, p. 348), qu'un véritable bail à cheptel simple donné par le propriétaire du cheptel à son colon partiaire, et qui, par cette raison et en considération de ce que le bailleur fournit le logement et la nourriture, est susceptible de clauses interdites aux baux de ce genre qui sont donnés à d'autres. » — M. Duvergier (n° 449) exprime, relativement à cette assimilation entre le cheptel donné au colon partiaire et le cheptel simple, quelques scrupules qui sont combattus par M. Troplong, n° 1248.

160. — Si le cheptel périt en entier sans la faute du colon, la perte est pour le bailleur. — C. civ., art. 1827. — C'est une des règles du cheptel simple; si le législateur l'a rappelée ici, c'est qu'on aurait pu croire que le colon partiaire, qui participe à tous les profits sans fournir la nourriture ni l'hébergement, devait, par compensation, supporter une part de la perte totale. — Troplong, n° 1249. — Mais de ce qu'il n'a pas parlé de la perte partielle, il n'en faut pas conclure qu'elle soit ici soumise à d'autres règles que dans le cheptel simple; la seule explication raisonnable de ce silence, c'est que l'application de ces règles n'a pas paru soulever la moindre difficulté. — Troplong, n° 1258; *Encycl. du dr.*, n° 97.

161. — Ainsi jugé que l'art. 1810, C. civ., qui dispose que, dans le cas d'un cheptel simple, la perte totale du cheptel est supportée par le bailleur seul, tandis que la perte partielle est supportée en commun, est applicable à l'égard du cheptel donné au colon partiaire. Si donc le cheptel vient à périr dans un incendie, mais que quelques têtes aient survécu, le colon doit indemnité de cette perte au propriétaire. — *Limoges*, 21 fév. 1839 (t. 2 1839, p. 277), Soumy c. Nébus.

162. — On peut stipuler que le colon délaissera au bailleur sa part de la toison à un prix inférieur à la valeur ordinaire; — que le bailleur aura une plus grande part du profit; — qu'il aura la moitié des laitages. — C. civ., art. 1828. — Ce sont là des dérogations aux règles du cheptel simple, dérogations motivées par la raison, déjà indiquée, que le bailleur fournit la nourriture et le logement, et encore par cette autre considération que le preneur qui souffre une diminution dans ses profits peut trouver un dédommagement suffisant dans les autres avantages que lui présente son exploitation. — Troplong, nos 1250 et 1251; Favard de Langlade, *loc. cit.*, § 3, n° 2.

163. — La loi ne parle pas des fumiers; c'est qu'ils doivent être entièrement affectés comme engrais à la fécondation des terres de la métairie. — Duvergier, n° 453; Troplong, n° 1252.

164. — Dans l'ancienne jurisprudence, La Thaumassière décidait qu'on pouvait mettre toute la perte à la charge du preneur, et cela par la raison qui a fait admettre certaines dérogations aux règles du cheptel simple, en ce qui touche les laines, croîts, laitages et labeurs. Mais cette doctrine, que Pothier répugnait à admettre (n° 28), n'a point passé dans le Code civil. « On ne peut stipuler, dit l'art. 1828, que le colon sera tenu de toute la perte. »

165. — Mais on pourrait convenir que le preneur supportera une partie de la perte totale. — Troplong, n° 1254.

166. — Ce cheptel finit avec le bail à métairie. — C. civ., art. 1829. — C'est une dérogation aux règles du cheptel simple (*suprà* nº 90).

167. — Il est d'ailleurs soumis à toutes les règles du cheptel simple. — C. civ., art. 1830.

168. — Le colon partiaire peut, comme le fermier, être contraint par corps, faute par lui de représenter à la fin du bail le cheptel de bétail qui lui a été confié; à moins qu'il ne prouve que le déficit de ces objets ne procède point de son fait. — C. civ., art. 2062. — Dans ce cas la perte se répartit, soit conformément aux clauses du bail, soit, à défaut de clause spéciale, d'après les art. 1810 et 1827.

Sect. 5e. — *Contrat improprement appelé cheptel.*

169. — Sous la dénomination de *convention improprement appelée cheptel*, la loi classe le contrat par lequel ou une ou plusieurs vaches sont données pour les loger et les nourrir. — C. civ. art. 1831. — Pothier (nº 71) enseigne que ce contrat était fort usité dans le vignoble d'Orleans.

170. — Par ce contrat, le bailleur conserve la propriété des vaches; il a aussi le profit des veaux qui en naissent. — C. civ., art. 1831.

171. — De son côté, le preneur, pour prix de ses soins, comme aussi de la nourriture et du logement qu'il fournit, a droit : 1º aux laitages, sauf en ce qui est nécessaire pour la nourriture du veau, depuis que la vache a vêlé jusqu'à ce que le veau soit en état d'être sevré et vendu; 2º au fumier, à la charge par lui de fournir la litière à ses dépens. — Pothier, nº 71; Duranton, t. 17, nº 313; Duvergier, *Louage*, t. 2 (continuat. de Toullier, t. 19), nº 456; Troplong, nº 1261.

172. — Ce contrat n'est point une société, car les parties ne mettent rien en commun, ne se proposent point comme but commun un gain à partager. — Ce n'est point un cheptel, car il ne se forme entre le bailleur et le preneur aucune association pour le gain et la perte. — Ce n'est pas non plus un louage de choses, car le preneur ne paie point de loyer, et d'ailleurs il ne jouit pas, puisque c'est le bailleur qui perçoit le fruit le plus important, c'est-à-dire le croît. — Pothier, nº 72; Duvergier, nº 457; Troplong, nº 1262.

173. — Suivant Pothier (*loc. cit.*) et M. Duranton (t. 17, nº 314), c'est un contrat innommé de la classe de ceux *do ut facias*, par lequel le bailleur donne au preneur les profits du lait et des fumiers de la vache, pour qu'il la nourrisse et en prenne soin. — M. Troplong (*loc. cit.*) y voit un véritable louage d'ouvrage improprement appelé cheptel. Le preneur donne son travail, ses soins, et reçoit pour prix les laitages et fumiers. — Mais cette assimilation semble un peu forcée, puisque le preneur ne donne pas seulement son travail et ses soins, et qu'il fournit aussi la nourriture et le logement.

174. — Dès que le veau est en état d'être vendu, le bailleur est obligé de le retirer, à peine d'être tenu de dommages-intérêts envers le preneur pour le préjudice que lui cause la privation du lait que consomme le veau. — Pothier, nº 72; Troplong, nº 1263.

175. — L'âge auquel on estime qu'un veau peut être vendu est celui de quatre semaines au plus tard. — Pothier, *loc. cit.*; Troplong, *loc. cit.*; Duvergier, nº 458.

176. — Si le bailleur ne retire pas le veau, le preneur doit l'assigner pour le mettre en demeure. — Pothier, *loc. cit.*; Troplong, *loc. cit.*

177. — Le preneur doit apporter, dans l'exécution du contrat, tous les soins d'un bon père de famille. — Pothier, nº 74; Troplong, nº 1266. — Il est responsable de la faute légère. — Troplong, *loc. cit.*

178. — Le bailleur étant toujours censé par ce contrat se réserver le profit des veaux, le preneur est tenu de mener la vache au taureau pour la féconder. — Pothier, *loc. cit.*; Troplong, nº 1268; Duvergier, t. 4, nº 462. — Il doit payer le prix de la saillie. — Duvergier, *loc. cit.*

179. — S'il survient par cas fortuit quelque maladie à la vache, le preneur en doit donner avis au bailleur; mais c'est à celui-ci à payer les frais de maladie, car le preneur ne doit fournir que la nourriture ordinaire. — Pothier, *loc. cit.*; Troplong, nº 1266; Duvergier, t. 4, nº 460.

180. — Le bailleur restant propriétaire de la chose, elle est à ses risques. — Pothier, *loc. cit.*; Troplong, *loc. cit.*

181. — Quelquefois cependant on convient que le preneur supportera la moitié des risques des cas fortuits qui pourront occasionner la perte; et qu'il aura en récompense la moitié du profit des veaux. Cette convention est très licite quand la vache est jeune, vigoureuse, promet une longue vie et un grand nombre de veaux. Mais elle serait inique à l'égard d'une vache vieille. — Pothier, nº 77; Duvergier, nº 463; Troplong, nº 1271.

182. — En cas de perte par cas fortuit c'est, comme dans le cheptel simple, au preneur à prouver le cas fortuit; et d'un autre côté si le bailleur allègue la faute, c'est à lui à la prouver. — Troplong, nº 1267.

183. — Si la durée pendant laquelle le bailleur doit laisser la vache au preneur a été fixée par la convention, il ne peut la lui retirer avant le terme sans son consentement, à moins toutefois que le preneur ne mésuse. — Pothier, nº 73; Troplong, nº 1264.

184. — Lorsque la durée n'a point été fixée par le bail, comme cela arrive ordinairement dans le vignoble d'Orléans, le bailleur peut retirer la vache quand bon lui semble, pourvu toutefois que ce soit *tempore opportuno*. — Pothier, nº 73; Troplong, nº 1265; Duvergier, nº 459.

185. — Le bailleur manquerait à cette condition s'il voulait retirer la vache aussitôt qu'il a retiré le veau : car il est juste que le preneur qui a été privé du laitage pendant que la vache nourrissait son veau, en jouisse pendant un temps suffisant pour se dédommager. — Pothier, nº 73; Troplong, nº 1265; Duranton, t. 17, nº 314; Duvergier, nº 459.

186. — Il y manquerait également si ayant donné la vache à l'entrée de l'hiver, il voulait la retirer au mois d'avril suivant. Il ne serait pas juste que le preneur, après avoir nourri la vache pendant tout l'hiver où la nourriture coûte le plus et où le lait est le moins abondant, ne pût en jouir dès que le temps devient favorable. C'est au juge qu'il appartient dans ce cas de fixer le temps pendant lequel le preneur pourra la conserver. — Pothier, *loc. cit.*; Duvergier, *loc. cit.*; Troplong, *loc. cit.*

187. — Réciproquement, lorsque le temps pendant lequel le preneur doit garder la vache a été fixé par le contrat, il ne peut la rendre avant le terme sans le consentement du bailleur. — Pothier, nº 75; Troplong, nº 1269.

188. — Toutefois, s'il survenait à la vache une maladie habituelle qui la privât de son lait, le preneur pourrait la rendre; car il ne serait pas équitable qu'il supportât la charge sans jouir du profit. — Pothier, *loc. cit.*; Troplong, nº 1269; Duvergier, nº 461.

189. — Si le terme n'a point été fixé par la convention, le preneur peut (réciproquement à ce qui a été dit pour le bailleur) rendre la vache quand bon lui semble, pourvu toutefois qu'il la rende *tempore opportuno*. — Pothier, nº 76; Troplong, nº 1270.

190. — Le temps ne serait point opportun, si le preneur offrait de la rendre lorsqu'elle est prête à vêler; car, le lait ne lui étant attribué que déduction faite de celui qui est nécessaire à la nourriture du veau, il ne serait pas juste qu'après avoir eu le profit il pût ainsi s'affranchir de la charge. — Pothier, *loc. cit.*; Troplong, *loc. cit.*; Duvergier, nº 459.

191. — De même le temps ne serait pas non plus opportun, si la vache lui ayant été donnée au printemps, après en avoir joui pendant la saison la plus favorable, il voulait la rendre au commencement de l'hiver; c'est-à-dire immédiatement avant la saison où, comme nous l'avons déjà fait remarquer, la nourriture coûte le plus et les laitages sont le moins abondans. — Pothier, *loc. cit.*; Troplong, *loc. cit.* — V. ABUS DE CONFIANCE.

BAIL A COLONAGE PARTIAIRE.

1. — Le bail à colonage ou à métairie est un contrat par lequel le propriétaire d'un bien rural le donne à cultiver à un particulier, sous la condition d'un partage de fruits.

2. — Le bail à métairie était très usité chez les Romains. — V. notamment LL. 19, § 3, et 25, § 6, ff., *Locat. cond.*, et 21, Cod., *De locat. cond.* — Il l'était également dans notre ancien droit.

3. — Les auteurs ne sont point d'accord sur la nature du bail à métairie. — Suivant M. Duvergier, (*Louage*, t. 1er, nos 97 s., et t. 2, nº 87), ce n'est autre chose qu'un bail à ferme soumis à tous les principes relatifs au louage, sauf quelques exceptions. — D'autres ont rangé le bail à métairie parmi les contrats innommés. — V. notamment Coquille, *Quæst.*, 206, et Favre, *Rational. ad Pandect.*, sur la loi 25, § 6. ff., *Loc. cond.* — Mais, suivant la plupart des auteurs, bien que dans ce contrat se trouvent quelques uns des caractères du bail à ferme, ce qui y domine surtout, c'est le contrat de société. D'une part, en effet, le propriétaire met en commun la jouissance de ses terres et fournit ordinairement le bétail; de l'autre, le métayer apporte son travail, son industrie et ses soins. Tous deux fournissent les sommes pour moitié. Enfin ils partagent les fruits dans la même proportion. — L. 25, § 6, ff., *Loc. cond.*, Cujas, sur la L. 13, § 1er, ff., *Præscript. verb.*; Barthole, sur la loi *Si merces*, § *Vis major*, ff., *Loc. cond.*; Fachin, *Cont.*, lib. 1, cap. 82; Vinnius, *Instit.*, *De locat.*, § 2; Brunemann., sur la loi *Si merces* précitée, nº 19; Godefroy, sur la même loi; Duranton, t. 17, nos 176 et 177; Delvincourt, t. 3, notes, p. 103; Troplong, *Louage*, nos 637 et suiv. — V. aussi les rapports de MM. Galli et Mouricault (Fenet, t. 14, p. 317 et 335).

4. — Jugé, en ce dernier sens, que le colonage partiaire est plutôt un contrat de société qu'un contrat de louage. — *Limoges*, 21 fév. 1839 (t. 2 1839, p. 277), Soumy c. Nébus; 6 juill. 1840 (t. 1er 1841, p. 684), Parpeix c. Devaux.

5. — Celui qui cultive sous la condition d'un partage de fruits avec le bailleur, ne peut ni sous-louer ni céder, si la faculté ne lui en a été expressément accordée par le bail. — C. civ., art. 1763. — En effet, le choix que le propriétaire fait d'un colon est déterminé par des raisons toutes personnelles. — Duvergier, *Louage*, t. 2 (continuat. de Toullier, t. 19), nº 88; Troplong, nº 643. — D'ailleurs, si le bail à colonage est une sorte de société (V. *suprà* nº 3), il est de principe que personne ne peut être introduit dans une société sans le consentement de tous les associés. — Troplong, nº 643.

6. — En cas de contravention, c'est-à-dire si le colon cède ou sous-loue, le propriétaire a droit de rentrer en jouissance et le preneur est condamné aux dommages-intérêts résultant de l'inexécution du bail. — C. civ., art. 1764.

7. — Toutefois, cette disposition ne doit pas être prise dans un sens trop absolu. Ainsi, si déjà, avant la demande du propriétaire, le colon avait expulsé le sous-locataire ou le cessionnaire et repris personnellement la culture du fonds, s'il prouvait que de cette substitution momentanée il n'est résulté aucun préjudice pour le propriétaire, s'il y avait enfin dans sa bonne foi des garanties pour l'avenir, il n'y aurait pas lieu de prononcer la résiliation. — Duvergier, nº 90; Troplong, nº 644. — V. toutefois *contrà* Delvincourt, t. 3, notes, p. 203; Zachariæ, t. 3, p. 33.

8. — En admettant que le bail à colonage partiaire tienne du contrat de société, il n'en a pas moins quelques uns des caractères du bail à ferme. Ainsi, on doit appliquer au bail partiaire toutes les dispositions contenues aux art. 1766 et suiv., à l'exception toutefois de celles qui répugnent à sa nature. — Troplong, nos 648, 649 et 650; Duvergier, nº 92. — V. BAIL.

9. — Ainsi, l'obligation imposée par l'art. 1767 à *tout preneur de bien rural*, d'engranger dans les lieux à ce destinés d'après le bail, obligation qui a pour but d'assurer le privilége du propriétaire sur les fruits de sa ferme, s'applique au colon partiaire aussi bien qu'au fermier. — Duranton, t. 17, nº 188; Troplong, nº 685. — Le projet primitif du Code contenait ces mots : « *Tout fermier, etc.* »; le tribunat leur fit substituer ceux-ci : « *Tout preneur de bien rural.* » — Fenet, t. 14, p. 285.

10. — Ainsi encore, l'obligation d'avertir le propriétaire des usurpations qui peuvent être commises sur les fonds (art. 1768) s'applique au colon partiaire aussi bien qu'au fermier. — Troplong, nº 694. — C'est ce qui résulte de ces mots : « *Le preneur d'un bien rural, etc., etc.* »

11. — De même, il doit faire aux bâtimens et ustensiles aratoires les réparations locatives exigées par l'usage des lieux; il doit cultiver en bon père de famille, etc. — Troplong, nº 648.

12. — Il doit également, à la fin de son bail, laisser les terres en bon état, c'est-à-dire, labourées et semées, suivant que le requiert la saison dans laquelle se termine le bail; car il est tenu, à l'instar du fermier, de conserver le droit du propriétaire. — Coquille, quest. 206; Troplong, *loc. cit.*

13. — Les art. 1777 et 1778, qui obligent le fermier à laisser les pailles, foins et fourrages dont la destination est de pourvoir à la métairie, ainsi que les fumiers et engrais de l'année sont applicables au colon partiaire. — Troplong, nº 649. — V. aussi Coquille, *loc. cit.*

14. — Mais l'art. 1769, qui autorise le fermier à demander une remise sur le prix de location en cas de sinistre majeur, est inapplicable au colon. « La réduction, dit M. Duvergier (nº 92), sur le prix de la location se fait forcément et d'elle-même, puisque la part du bailleur diminue dans la même proportion que la récolte entière. — Troplong, nº 650.

15. — Dans le bail à colonage partiaire, à la différence du bail à ferme, la perte, même survenue depuis que les fruits ont été séparés du sol, est à la charge commune des parties, à moins que le colon ne soit en demeure de livrer au bailleur la part qui lui revient, auquel cas il doit supporter toute la perte. — C. civ., art. 1771 et 1138. — Troplong, nº 746; Duvergier, t. 4, nº 93.

16. — Quant à la responsabilité en cas d'incendie, nous avons vu, au mot BAIL, comment on devait faire au colon partiaire l'application des règles posées par les art. 1733 et 1734, C. civ. — V. BAIL.

17. — Le bail à colonage partiaire cesse-t-il de plein droit par la mort du preneur? — Les auteurs qui considèrent ce bail comme une société se prononcent pour la cessation de plein droit, par analogie de ce qui a lieu en matière de société (art. 1865). Ils invoquent en outre, par analogie, l'art. 1763 d'où il résulte que la considération de la personne est essentielle dans un pareil bail. — Duranton, t. 17, n° 178; Troplong, n° 646; Delvincourt, t. 3, notes, p. 208. — V. aussi Barthole, sur la loi 25, § 6, ff., *Loc. cond.*; Godefroy, sur la même loi. — Au contraire, M. Duvergier, écartant les principes du contrat de société et refusant d'appliquer d'une manière absolue l'analogie tirée de l'art. 1763, soutient que lorsque les héritiers du colon sont en état d'accomplir les obligations de leur auteur, ils peuvent demander, de même que le bailleur peut demander contre eux, que le contrat reçoive son exécution. — Il se fonde principalement sur ce que, si le législateur, après avoir posé le principe général que le contrat de louage n'est résolu ni par la mort du bailleur ni par celle du preneur, eût voulu admettre une dérogation pour le bail à colonage partiaire, il l'eût formellement exprimé, comme il l'a fait pour le bail d'ouvrage. — Duvergier, n° 91. — V. aussi Coquille, quest. 26; Favre, sur la loi 25, § 6, ff., *Loc. cond.*; Zachariæ, t. 3, p. 33; Rolland de Villargues, v° *Bail partiaire*, n° 8.

18. — Dans tous les cas, et même en admettant la résiliation par la mort du preneur, M. Troplong (n° 647) pense qu'il n'en faudrait pas conclure par réciprocité que la mort du propriétaire fait cesser le bail à colonage partiaire. En effet, suivant cet auteur, les considérations tirées de la personne du bailleur ne sont pour rien dans les motifs qui déterminent le colon; la mort du bailleur n'influe en rien sur sa position ni sur les avantages qu'il a espérés du contrat; elle ne doit pas, par conséquent, en entraîner la dissolution.

19. — Jugé que le bailleur à moitié fruits ou colonage doit donner congé au preneur, lorsque ce bail est fait sans écrit. — *Agen*, 26 nov. 1822, Cornier c. Marche.

20. — Jugé de même que le colon partiaire sans bail écrit n'est point tenu de quitter les lieux, s'il n'a été prévenu à l'avance dans le délai voulu par l'usage des lieux. — *Limoges*, 18 mars 1842 (t. 1er 1843, p. 319), Terrasson c. Pinet.

21. — Mais le congé doit-il être donné par écrit? — Jugé qu'il peut être donné verbalement et que la preuve peut en être faite par témoins. — *Limoges*, même arrêt.

22. — Jugé au contraire que le le bail à colonage partiaire verbal d'un domaine dans le département de la Haute-Vienne, cesse de plein droit à l'expiration d'une année, sans que le propriétaire et le colon partiaire soient obligés de signifier congé par écrit. — *Limoges*, 20 déc. 1821, Descubes c. Moranges.

BAIL A COLONAGE PERPÉTUEL.

1. — Le bail *à colonage perpétuel* ou *à métairie perpétuelle* était un contrat par lequel un propriétaire concédait à un particulier la jouissance d'un domaine pour lui et ses descendans à perpétuité, sous la condition d'un partage de fruits.

2. — On ne peut assimiler le bail à colonage perpétuel au bail à locatairie perpétuelle. — *Limoges*, 24 juill. 1811, de Roquart c. Lefaure. — V. conf. Duvergier, *Louage*, t. 1er (contin. de Toullier, t. 18), n° 200; Troplong, n° 56. — V. BAIL A LOCATAIRIE PERPÉTUELLE.

3. — Ce contrat, usité dans la Marche et dans le Limousin, ne transférait pas le domaine utile. Le preneur, simple colon partiaire, n'avait pour prix de sa culture et de ses soins qu'un droit annuel à la moitié des fruits. — Duvergier, n° 200, Troplong, n° 56.

4. — Jugé que le droit de colonage perpétuel est un droit réel établi sur un domaine au profit d'une famille, transmissible par les concessionnaires à leurs descendans, et susceptible de partage entre ceux-ci. — *Limoges*, 22 avril 1839 (t. 2 1839, p. 562), Valaud c. Bouyer et Lebrun. — V. conf. Troplong, n° 56.

5. — C'était au maître seul que compétaient toutes les actions concernant la propriété ou même la possession du fonds. — Troplong, n° 56.

6. — Les réparations à faire aux bâtimens étaient à la charge du maître, à moins toutefois que, par une clause expresse du bail, on n'en eût mis quelques unes à la charge du métayer. — Troplong, n° 56; Duvergier, n° 200.

7. — Le métayer ne pouvait céder son droit sans le consentement du bailleur. — Troplong, n° 56; Duvergier, n° 200. — En cas d'infraction à cette disposition, le bailleur pouvait méconnaître l'acquéreur et le congédier. — Duvergier, *loc. cit.*

8. — Le métayer ne pouvait employer les bestiaux à aucun autre usage qu'à la culture, sans l'autorisation du bailleur. — Troplong, *loc. cit.*; Duvergier, *loc. cit.*

9. — Le propriétaire devait être consulté lorsqu'il s'agissait de déterminer les bestiaux qu'on devait vendre et le prix auquel cette vente serait faite. — Troplong, *loc. cit.*; Duvergier, *loc. cit.*

10. — Le métayer ne pouvait couper des arbres; il pouvait seulement se servir du bois mort et mort-bois pour son chauffage, et employer les branchages des arbres à la clôture de l'héritage. — Troplong, *loc. cit.*; Duvergier, *loc. cit.*

11. — Les droits du colon se transmettaient, en ligne directe, de génération en génération. — Duvergier, *loc. cit.*; Troplong, *loc. cit.* — Mais il n'était pas nécessaire d'établir une descendance masculine; une fille, épousant un étranger, conservait le droit. — Duvergier, *loc. cit.*

12. — Lorsque le descendant qui succédait au colon était mineur, le maître avait le droit de prendre le tiers de ce qui pouvait revenir audit colon pour payer les valets chargés de faire un travail qu'il ne pouvait faire lui-même. — Troplong, n° 56.

13. — Lorsque la famille devenait trop considérable, ceux de ses membres qui sortaient du domaine recevaient ordinairement une indemnité de ceux qui y restaient. — Duvergier, n° 200.

14. — La famille ne pouvait former qu'un seul pot et feu; elle devait vivre en communauté perpétuelle et non pas dans des habitations séparées, afin de ne pas aggraver la position du propriétaire. — Duvergier, *loc. cit.*; Troplong, *loc. cit.*

15. — Jugé que le concédant a qualité pour intervenir dans la demande en partage du droit de colonage perpétuel établi sur son domaine. — *Limoges*, 22 avr. 1839 (t. 2 1839, p. 562), Talaud c. Bouyer.

16. — Jugé également qu'il peut s'opposer à un partage en nature de ce droit, attendu que la subdivision aurait pour lui l'inconvénient de morceler l'exploitation de son domaine et d'augmenter le nombre des feux sur sa propriété. — Il y a lieu, dans ce cas, d'ordonner le partage par voie de licitation. — Même arrêt.

17. — Bien que le bailleur conservât la propriété, il ne pouvait expulser le métayer qu'en lui abandonnant le tiers du fonds, ou en lui payant une indemnité égale à la valeur de ce tiers. — *Limoges*, 20 juin 1832 (sous *Cass.*, 11 juin 1840, t. 2 1840, p. 399), Demichel c. Durand.

18. — Toutefois, le défaut de culture pendant trois années ou des dégradations considérables commises par le fermier donnaient au propriétaire le droit de demander la résolution du contrat. — Duvergier, n° 200.

19. — Ainsi jugé que le colon perpétuel qui ne jouit pas conformément au bail, et qui commet des dégradations, peut être expulsé. — *Limoges*, 24 juill. 1811, de Roquart c. Lefaure.

20. — Le colon, de son côté, ne pouvait se retirer sans cause légitime. — Toutefois, s'il venait à décéder, ne laissant pour représentans que des femmes ou des enfans en bas âge, ceux-ci n'étaient pas obligés de continuer l'exploitation. — Duvergier, n° 200.

21. — Le fait, par plusieurs membres de la famille du colon perpétuel, de s'être éloignés du domaine, alors qu'il était insuffisant pour subvenir aux besoins de tous, ne peut être opposé comme une renonciation au droit de colonage. — *Limoges*, 22 avr. 1839 (t. 2 1839, p. 562), Talaud c. Bouyer.

22. — Jugé que l'abolition des droits féodaux n'a pu attribuer à des colons la propriété du domaine donné à colonage perpétuel, lorsque d'ailleurs le bail ne contient aucune reconnaissance de seigneurie directe, et aucun abandon de la propriété, pour prix d'un assujétissement féodal quelconque. — *Limoges*, 24 juill. 1811, de Roquart c. Lefaure.

23. — La question s'est élevée de savoir si le bail à colonage perpétuel tombait sous l'empire des mesures édictées par la loi des 18-29 déc. 1790, et le décret du 2 prair. an II, et si par conséquent les prestations et redevances mises à la charge du colon étaient rachetables.

24. — A cet égard, la cour de cassation avait jugé d'abord que les baux à métairie ou colonage perpétuel étaient, à raison même de leur caractère de perpétuité, translatifs de propriété au profit du preneur; que, dès-lors, les prestations ou redevances en nature créées pour prix de ces baux étaient au nombre de celles dont le rachat a été autorisé par les lois 18-29 déc. 1790 et du 2 prair. an II; que d'ailleurs l'avis du conseil d'état du 4 thermid. an VIII et la loi du 9 brum. an VI s'appliquent exclusivement et limitativement aux baux à complant et aux domaines congéables et ne peuvent dès-lors être invoqués relativement au bail à colonage perpétuel. — *Cass.*, 2 mars 1835, Martin c. Perdrix.

25. — Mais la cour de Cassation n'a point persisté dans cette jurisprudence, qui, ainsi qu'il résulte des motifs de l'arrêt précité, reposait sur une confusion du bail à métairie perpétuelle avec le bail à locatairie ou à culture perpétuelle. — Ainsi jugé que les baux à métairie perpétuelle écrits dans les anciennes provinces de la Marche et du Limousin n'étaient pas translatifs de propriété au profit du preneur, et que les prestations ou redevances créées pour prix des baux de cette nature ne sont pas du nombre de celles dont le rachat est autorisé par les lois du 18-29 déc. 1790, et du 2 prair. an II. — *Cass.*, 11 août 1840 (t. 2 1840, p. 399), Demichel c. Durand; et 30 mars 1842 (t. 2 1842, p. 60), Lugnet c. de Roquart. — V. conf. Duvergier, n° 200, note; Troplong, n° 56; Championnière et Rigaud, *Tr. des dr. d'enregistr.*, t. 4, n° 3062.

26. — Suivant M. Troplong (*loc. cit.*), le bail à métairie perpétuelle est encore usité dans la Marche et le Limousin.

BAIL A COMPLANT.

1. — On désignait autrefois sous la dénomination de *baux à complant* des contrats par lesquels le propriétaire de terres en rapport ou de terrains non cultivés les cédait à un fermier, à charge par celui-ci de les planter en vignes, s'ils étaient incultes, ou de les cultiver s'ils étaient déjà plantés; de rendre au propriétaire une certaine quotité de fruits et de les conduire à son pressoir; avec la condition que, faute par le preneur de remplir exactement ses obligations, le bail serait résolu sans formalité de justice. — Toullier, t. 3, n° 101; Duvergier, *Louage*, t. 1er (contin. de Toullier, t. 18), n° 187.

2. — Le mot *complanter*, qui, pris en lui-même, signifie planter tout un terrain de jeunes plants, avait été particulièrement consacré par l'usage aux plants de vignes; et c'est de là que plusieurs coutumes avaient donné le nom de *complant* à la portion que le seigneur prenait sur les fruits des vignes qu'il avait baillées à complanter, cultiver et exploiter. — Merlin, *Répert.*, v° *Complant.*

3. — On appelait *complanterie* l'assemblage des vignes soumises au complant. — Merlin, *Répert.*, v° *Complant.*

4. — Ce contrat, qui avait pour objet de favoriser la culture, se rattache aux plus anciennes coutumes de la France. Les chartes du Poitou, du Dauphiné, du Limousin, du Nivernais, des neuvième et dixième siècles, en présentent de nombreux exemples, et elles se fondent sur l'usage de la province, *ut mos provinciæ docet*, dit une charte de 898. — Ducange, v° *Complantum*; Troplong, *Louage*, n° 59.

5. — Il était assez habituel, dans ces temps reculés, de stipuler qu'au bout de cinq ou sept ans, la moitié du terrain complanté rentrerait dans les mains du bailleur et que le preneur conserverait l'autre moitié, tantôt franches, libres et en toute propriété, tantôt moyennant certaines redevances déterminées par l'usage des lieux. — Troplong, n° 59.

6. — L'usage de ce contrat se répandit dans plusieurs provinces et s'y perpétua jusqu'aux temps modernes avec diverses modifications qu'il avait reçues de la marche du temps et de la différence des lieux. — On le trouve mentionné dans les coutumes d'Anjou (art. 160), du Maine (art. 177), de Saintonge (art. 18, 21 et 127), de la Rochelle (art. 62), du Poitou (art. 59, 82, 101, 75). — Troplong, n° 59.

7. — Le droit de complant était pour les vignes ce que le droit de champart était pour les autres productions de la terre. — Merlin, *Répert.*, v° *Vignes*, n° 11. — V. CHAMPART.

8. — De quelle nature était dans l'ancienne jurisprudence le droit de complant? — Etait-ce une redevance féodale? Etait-ce un droit purement foncier? N'était-ce enfin qu'un simple prix de bail?

9. — On comprend l'importance de cette question? En effet, les droits féodaux ont été abolis, sans indemnité, par la loi du 17 juill. 1793; d'un autre côté, les rentes foncières ont été déclarées rachetables par diverses lois, notamment par celle des 18-29 déc. 1790. Si donc le droit de complant était féodal, il a été aboli sans indemnité par la première de ces lois; s'il était purement foncier, il a été soumis au rachat par la seconde; enfin s'il ne constituait qu'une sorte de prix de bail payé en nature, il n'a point été atteint par la législation révolutionnaire.

10. — On reconnait tout d'abord qu'il avait ce dernier caractère, lorsque le bail en vertu duquel

il était dû avait rendu le preneur simplement fermier à temps limité ou indéfini, à la volonté du bailleur, des héritages donnés à complant. — Merlin, *Répert.*, vᵒ *Vignes*, nᵒ 11; Rolland de Villargues, *Répert. du mot*, vᵒ *Bail à complant*, nᵒˢ 6 et 7.

11. — Il n'était foncier ou féodal que lorsqu'il avait été constitué en vertu d'un bail translatif de propriété. — En général, il était purement foncier lorsqu'il était dû soit à un particulier non seigneur pour prix d'un héritage que celui-ci avait abandonné, à la charge de le mettre et de l'entretenir en vignoble; soit à un seigneur pour prix d'un héritage sur lequel celui-ci, en le concédant sous les mêmes charges, ne s'était pas réservé la directe. Il était féodal lorsqu'il se trouvait dû à un seigneur à titre de cens, c'est-à-dire en reconnaissance de la directe réservée par le seigneur lui-même sur l'héritage concédé. Enfin il était mélangé de féodalité, lorsque le seigneur à qui il était dû se l'était réservé à titre de redevance foncière, mais additionnellement à un cens stipulé par l'acte même de concession. — Valin, *Cout. de La Rochelle*, art. 62, nᵒ 13; Merlin, *Répert.*, vᵒ *Vignes*, nᵒ 11.

12. — Mais à quel signe reconnaître si le contrat était ou non translatif de propriété?

13. — Dans la coutume de La Rochelle et du pays d'Aunis, le bail à complant était, de sa nature, translatif de propriété, lorsqu'il était perpétuel et incommutable, c'est-à-dire lorsque la jouissance accordée au preneur était indéfinie, quant à la durée, et qu'elle n'était pas révocable par la seule volonté du bailleur. — *Poitiers*, 18 avr. 1806 (sous *Cass.*, 10 oct. 1808), de Quinsac c. Lachambre. — V. aussi Merlin, *Répert.*, vᵒ *Vignes*; Duvergier, *Louage*, t. 1ᵉʳ (contin. de Toullier, t. 18), nᵒ 190.

14. — Le bail ne cesse pas d'être perpétuel et irrévocable et, par conséquent, dans la coutume dont il s'agit, translatif de propriété, par cela seul que le bailleur s'est réservé de reprendre les biens dans le cas où les vignes seraient trop vieilles pour produire des fruits. Il dépend, en effet, du preneur d'empêcher que ce cas arrive jamais, en entretenant la vigne en remplaçant les ceps défectueux. La reprise stipulée n'est donc qu'une condition résolutoire qui n'enlève point au bail son caractère de perpétuité. — Même arrêt ; — Merlin, *loc. cit.*

15. — Il en faut dire de même du cas où il a été stipulé que le bailleur rentrera en possession en cas d'extinction de toute postérité masculine ou féminine du preneur. Une telle clause résolutoire n'empêche pas que l'aliénation ne soit parfaite, et que la propriété ne réside au bail du preneur. — *Ibid.*

16. — Merlin, dans son réquisitoire sur le pourvoi formé contre l'arrêt de Poitiers ci-dessus cité, a soutenu que pour la coutume de La Rochelle, a soutenu que la qualité de propriétaire et celle de fermier perpétuel et irrévocable s'identifirent et s'y confondent absolument, et qu'ainsi toutes les fois qu'il s'agit de savoir si le bail à complant a eu pour effet de transférer au preneur la propriété du terrain donné à complanter, la question se réduit à apprécier, en fait, d'après l'ensemble des clauses, si ledit preneur est devenu, par l'effet du contrat, fermier perpétuel et incommutable. — Merlin, *Répert.*, vᵒ *Vignes*.

17. — M. Duvergier (nᵒˢ 189 et 190) critique cette doctrine de M. Merlin comme trop absolue. Selon cet auteur, c'est en pénétrant les obligations respectives du bailleur et du preneur, telles qu'elles résultent des clauses du contrat ou de l'usage des lieux, qu'on peut décider avec certitude s'il y a ou non transmission de propriété.

18. — Suivant un avis du cons. d'état du 4 therm. an VIII, les baux à complant usités dans le département de la Loire-Inférieure, sous le nom de *devoirs de quart ou de tiers*, ne transfèrent au preneur aucun droit de propriété sur les biens qui en font l'objet; il ne possède, lui, ses héritiers et représentans, qu'au même titre et de la même manière que les fermiers ordinaires, et par conséquent à la même difficulté que les bailleurs doit leur être payée sans difficulté par les preneurs, lesquels ne peuvent forcer les bailleurs d'en recevoir le rachat.

19. — Et il a été jugé, conformément à cet avis, que les complants de la Loire-Inférieure ne sont point rachetables; que le détenteur d'une propriété plantée en vignes, concédée sans limitation de délai et sous la condition principale que le cédant ou à ses ayant-cause, est sans droit pour opérer le rachat de cette redevance. — *Cass.*, 7 août 1837 (1.24837, p.149), Petit des Rochettes c. du Tullaye.

20. — Merlin rapporte, en son réquisitoire ci-dessus cité, l'avis du cons. d'état du 4 thermidor

an VIII ; mais cet avis, bien loin d'ébranler, dans son esprit, sa doctrine sur l'effet translatif des baux perpétuels, ne fait au contraire que le confirmer; car il ne voit dans les baux *à devoir de tiers et de quart* que des concessions révocables à la volonté du bailleur. Et, il faut l'avouer, les termes mêmes de l'avis du conseil d'état semblent lui donner raison à cet égard. Voici, en effet, comment il s'exprime : « Considérant que la teneur dont il s'agit rentre dans l'espèce de celle connue sous le nom de teneur convenancière ou à domaine congéable, usitée dans plusieurs des départements formés de la ci-devant Bretagne, et que les bailleurs des biens concédés à ce titre ont été maintenus dans la propriété de ces biens, etc. » — Merlin, *Répert.*, vᵒ *Vignes*, nᵒ 11.

21. — M. Duvergier (nᵒ 190) ne partage point, sur les *baux à devoir de tiers et de quart*, l'opinion de Merlin ; et il s'appuie, pour la combattre, sur le rapport fait par M. Boulay-Paty au conseil des cinq cents, au nom d'une commission spéciale chargée d'examiner la nature de ces baux ; rapport qui a servi à préparer l'avis du cons. d'ét. du 4 thermid. an VIII. Suivant M. Duvergier, il résulte, soit de ce rapport qu'il dit avoir eu sous les yeux, soit des actes mêmes qui s'y trouvent annexés, que dans le baux à complant de la Loire-Inférieure, les baux sont faits à perpétuité; *qu'ils ne sont pas révocables au gré du propriétaire*; que les seules causes de résolution admises par la lettre comme par l'usage, sont le défaut de culture convenable, l'état des vignes devenues improductives, et d'autres faits de la même nature, entièrement indépendans de la volonté du bailleur. — V. au sens Troplong, nᵒ 60.

22. — Quoi qu'il en soit, ce qui résulte, tant de l'avis du cons. d'ét. du 4 thermid. an VIII, que des documens qui s'y rattachent, c'est que, dans la Loire-Inférieure, les baux à complant laissaient subsister la propriété sur la tête du bailleur ; aussi c'est lui qui payait l'impôt ; c'est lui qui était chargé de la confection et de l'entretien des chemins ; c'est lui encore qui fournissait, soit au roi, soit au seigneur, aveu ou déclaration des vignes données à tiers et à quart; c'est lui enfin qui fixait le jour où la vendange devait commencer; le preneur n'aurait pu l'ouvrir de son chef. — *Rapport de M. Boulay-Paty*. — V. aussi Duvergier, nᵒ 190; Troplong, nᵒ 60.

23. — La décision contenue dans l'avis du cons. d'ét. du 4 thermid. an VIII, relativement aux baux à complant de la Loire-Inférieure a été étendue par un second avis du cons. d'ét., du 22 fructid. an X, aux départemens de la Vendée et de Maine-et-Loire, et partout, en un mot, « où les clauses des actes caractérisent la réserve de la propriété au bailleur. » — Nous n'oserions affirmer, dit M. Rolland de Villargues (*Répert.*, vᵒ *Bail à complant*, nᵒ 19*), que l'interprétation administrative donnée par ces deux avis aux baux dont il s'agissait, n'a pas été influencée par le désir de sauver quelques points de la proscription qui atteignait les rentes seigneuriales. — M. Duranton (t. 4, nᵒ 88), y voit également un acte de faveur et une dérogation aux principes proclamés par la loi du 18-29 déc. 1790, sur le rachat des rentes. — Mais, suivant M. Troplong (nᵒ 60), ces deux décisions ne contiennent qu'une exacte appréciation d'une position toute spéciale et qu'on ne saurait comparer sans erreur à celle des preneurs à rente, à emphytéose ou à locataire perpétuelle.

24. — Les baux à complant ne sont nullement réprouvés par la législation actuelle. Ils sont susceptibles de plusieurs modalités. — Ainsi ils peuvent contenir l'aliénation pure et simple des fonds moyennant une portion de fruits à titre de redevance perpétuelle : c'est une *vente à rente* autorisée par l'art. 530, C. civ. — Ils peuvent renfermer une vente, non à perpétuité, mais résoluble par l'accomplissement d'un événement futur et incertain, comme l'extinction de la postérité du preneur; ce sera alors, non pas, comme le dit M. Rolland de Villargues, une vente *à temps*, mais bien une vente conditionnelle, puisqu'il n'est pas certain que la condition résolutoire doive se réaliser, puisqu'il est possible que la postérité du preneur se perpétue à l'infini. — Enfin, le bail à complant pourrait se faire non pour une durée fixe, ou pour une durée incertaine, mais nécessairement limitée (si par exemple l'expiration devait avoir lieu lors du décès des enfans du preneur); dans ce cas il n'y aurait pas de translation de propriété et partant pas de *vente*, mais purement et simplement une concession de jouissance, un bail à ferme dont la validité serait incontestable. — Rolland de Villargues, vᵒ *Bail à complant*, nᵒ 10.

25. — Le preneur à complant ne peut pas changer la surface des héritages; si donc il le fait, le bailleur a le droit d'exiger que le fonds soit réta-

bli dans son état primitif. — *Nouveau Denizart*, vᵒ *Complant*; Rolland de Villargues, vᵒ *Bail à complant*, nᵒ 13.

26. — En général, c'est en combinant les règles et les usages anciens avec les principes de la nouvelle législation qu'on devra résoudre les difficultés auxquelles donnera naissance l'exécution des baux à complant, dans les lieux où cette espèce de contrat est encore pratiquée. — Duvergier, nᵒ 192.

27. — Et M. Duvergier (nᵒ 193) ajoute que toutes les redevances perpétuelles, même celles qui ont été établies pour concession de la propriété d'un immeuble, étant maintenant rachetables et mobilières et n'ayant plus que le caractère de créances personnelles avec hypothèque privilégiée sur l'héritage aliéné, elles ne sauraient donner lieu à une action possessoire, soit qu'il y eût refus par le débiteur de la payer, soit qu'il y eût de la part d'un tiers prétention de la percevoir. — Ainsi, dit-il, quels que soient la nature et les effets qu'on veuille attribuer aux baux à complant, le bailleur ne peut agir par voie de complainte. — Henrion de Pansey, *Tr. de la compét. des juges de paix*, ch. 43, §§ 1 et 2, soutient l'opinion contraire. — V. aussi Carré, *Compét.*, t. 2, p. 324. — Mais M. Duvergier fait remarquer que M. Henrion de Pansey a suivi l'opinion d'auteurs qui écrivaient à une époque où les rentes foncières constituaient un droit réel et immobilier, et où, par conséquent, les actions possessoires pouvaient, à juste titre, être exercées par les créanciers troublés dans leurs droits, sans prendre garde aux changemens survenus dans la législation et à l'influence qu'ils ont eue sur la nature des rentes foncières.

28. — Il a été jugé en ce sens que, les anciens droits de complant, de quart, champart, etc., consistant dans le droit du bailleur à une portion de fruits, ne sont plus, même quand ils ont été créés sous l'ancienne législation que les réputait inhérens à l'immeuble, que des créances mobilières, conséquemment non susceptibles d'être l'objet d'une action possessoire. — *Cass.*, 29 juill. 1828, Audebert c. Boucher.

V. NOVATION.

BAIL A CONVENANT ou A DOMAINE CONGÉABLE.

Table alphabétique.

BAIL A CONVENANT OU A DOMAINE CONGÉABLE.

— 1. — Le bail à convenant ou à domaine congéable est un contrat par lequel le propriétaire d'un fonds en concède la jouissance pour un temps déterminé, moyennant une rente annuelle, avec aliénation, au profit du preneur, des édifices et superfices qui existent sur le fonds, et sous la condition expresse que le preneur ne pourra être expulsé de la jouissance, sans qu'on lui ait préalablement remboursé les édifices et superfices qui existeraient à l'époque de sa sortie et suivant la valeur qu'ils auraient alors. — Rolland de Villargues, Rép. du not., v° Bail à convenant. — V. aussi Carré, Domaine congéable, p. 4 et 5. — V. infrà nos 5 et 143, ce qu'on doit entendre par édifices et superfices.

SECT. 1re. — Notions générales (n° 2).

SECT. 2e. — Forme du bail à convenant et des conditions sous lesquelles il peut être fait (n° 23).

SECT. 3e. — Droits du propriétaire foncier (n° 36).

§ 1er. — Rente convenancière (n° 36).
§ 2. — Bois fonciers (n° 65).
§ 3. — Commissions ou nouveautés (n° 78).
§ 4. — Congément (n° 83).
§ 5. — Partage des droits fonciers et des rentes convenancières entre les propriétaires (n° 189).

SECT. 4e. — Droits du domanier (n° 142).

§ 1er. — Édifices et superfices (n° 142).
§ 2. — Jouissance du fonds (n° 166).
§ 3. — Remboursement (n° 171).

SECT. 5e. — Tacite reconduction (n° 203).

SECT. 6e. — Dispositions relatives aux baux à convenant antérieurs à la loi du 6 août 1791 (n° 208).

Sect. 1re. — Notions générales.

2. — D'après la définition qui précède, trois choses forment la substance du bail à convenant : — 1° Rétention de la propriété foncière ou directe par le propriétaire que l'on nomme pour cette raison propriétaire foncier; — 2° Acquisition des édifices et superfices avec faculté de jouir du fonds en payant une rente annuelle, de la part du preneur, que l'on nomme domanier ou colon; — 3° Faculté de congédier, autrement d'expulser le colon, en le remboursant des édifices et superfices; condition propre et spéciale, qui a fait donner à la chose le nom de domaine congéable. — Carré, p. 7; Rolland de Villargues, n° 3; Duvergier, Louages, t. 1er (continuation de Toullier, t. 18), n° 213.

3. — Ainsi jugé qu'il y a bail à domaine congéable lorsque: 1° le bailleur n'aliène pas la propriété du fonds; — 2° que les édifices et superfices sont seuls détachés; — 3° que le propriétaire se réserve la faculté de congédier, alors même que le propriétaire aurait limité et restreint cette faculté. — Rennes, 1er déc. 1813, Quéreau c. Guillemette.

4. — Il suit de là que le bail à convenant est un contrat mixte dans lequel le louage prédomine, et ce que le nom des édifices et superfices est résoluble. — Carré, p. 8; Rolland de Villargues, n° 4; Duvergier, n° 213 (qui cite Hévin, 404e consult. p. 478 et d'Argentré sur l'art. 299 de l'anc. cout. de Bretagne, glos. 2).

5. — On entend par les bénifices et superfices vendus au colon, les bâtimens, les clôtures, et tous les objets que l'art et le travail de l'homme ont élevés sur la superficie du sol. — Rolland de Villargues, n° 5. — V. aussi Carré, Dom. cong., Glossaire, v°a Édifices et Superfices.

6. — Bien que le bail à convenant ne change pas la nature de l'héritage qui en fait l'objet, cependant comme par l'effet de ce bail, les édifices et superfices et le fonds qui le supporte appartiennent à deux propriétaires différens, les édifices et superfices sont considérés comme meubles par rapport au propriétaire foncier, mais par rapport à l'égard de toute autre personne, ils sont immeubles et soumis aux mêmes règles que les autres immeubles en ce qui concerne les partages, les communautés, prescriptions, hypothèques, etc. — Aulanier, Dom. cong., n° 40; Duvergier, n° 224.

7. — Il a donc été jugé, comme conséquence de ce principe : 1° que les édifices baillés à domaine congéable en Bretagne, n'étant considérés comme meubles que vis-à-vis du propriétaire foncier, le cessionnaire d'un droit de congément doit, pour l'enregistrement de son titre, les mêmes droits de mutation auxquels sont soumis les actes translatifs de propriétés immobilières. — Cass., 25 niv. an X, Enregist. c. Urboy; 1er vent. an XII, Enregist. c. Brikat et Piluez.

8. — 2° ... Que la fiction légale qui répute meubles, à l'égard du propriétaire du fonds, les édifices compris dans une tenue convenancière, cesse à l'instant où ce propriétaire, réunissant ces édifices à son domaine, soit par la voie de congément, soit par acquisition, anéantit le bail à domaine congéable; et que, par suite, la revente de ces édifices, quoique faite par le propriétaire à celui-là même qui avait précédemment acquis le fonds, est réputée, même à l'égard de ce nouveau propriétaire, vente d'un objet immobilier. — Cass., 28 fév. 1822, Enregist. c. Jaffray.

9. — Mais il a été jugé que les édifices et superfices étant réputés meubles entre le propriétaire et le domanier, l'acte énonçant le prix au moyen duquel le colon a vendu au foncier, ou à son cessionnaire, les édifices et superfices, n'est pas passible du droit de transcription. — Cass., 11 nov. 1823, Enregist. c. Leguyader; 5 mai 1834, Enregist. c. Leroux.

10. — Ce contrat qui existe d'un temps immémorial dans la partie de la Bretagne formant aujourd'hui les départemens des Côtes-du-Nord, du Finistère et du Morbihan, et qui est resté inconnu partout ailleurs, aurait pris naissance, suivant l'opinion la plus vraisemblable et la plus accréditée, lors des émigrations des Bretons insulaires dans l'Armorique, du troisième au sixième siècle. Les propriétaires ne voulant ni donner ni vendre leurs terres à ces nouveaux venus qui ne présentaient aucune garantie, ceux-ci, de leur côté, ne voulant pas devenir serfs de la glèbe, on imagina un contrat qui, sans déposséder les uns, conférait aux autres leur liberté, et en même temps leur assurait une juste récompense de leurs travaux. — Carré, p. 4re et suiv.; Troplong, Louage, n° 61.

11. — Dans le principe, les droits et obligations des parties devant être réglés jusque dans leurs moindres détails par les clauses du bail; mais bientôt celles de ces clauses qui se reproduisaient habituellement, au lieu d'être exprimées, furent sous-entendues; et la naquirent des usages qui formèrent, pour chaque acte, une sorte de convention supplémentaire tacite. — Carré, p. 44; Aulanier, n° 2.

12. — Ces usages n'étaient point partout les mêmes. Il y avait sept usemens divers empruntant leur nom chacun au territoire qu'il régissait. C'étaient les usemens de Tréguier et Goëlo, de Cornouailles, de Broërec, de Poher, de Léon, de Daoulas, de Porboët et de Rohan. — Carré, p. 43; Aulanier, n° 2.

13. — Ces usemens, solennellement approuvés, lors de la réformation des coutumes en 1580, avaient été recueillis en collections par des particuliers, et formaient ainsi, dans chaque canton, un droit non écrit. — Carré, p. 13; Aulanier, n° 2.

14. — Comme ces usemens, et notamment celui de Rohan, contenaient sur plusieurs points des dispositions bizarres et vexatoires, et qui donnaient aux baux un caractère quasi-féodal, les réclamations s'élevèrent à cet égard lors de la convocation des états généraux, et par suite l'assemblée constituante, après de mûres délibérations, rendit sur la matière une loi (celle du 6 août 1791) qui maintint le contrat en proscrivant tout ce qui lui parut entaché de féodalité ou contraire aux principes de la nouvelle législation. — Carré, p. 23 et suiv.; Duvergier, n° 246.

15. — Mais, le 27 août 1792 intervint un décret qui, sur le motif erroné que le domaine congéable était de nature féodale, déclara les colons propriétaires incommutables du fonds de leurs tenues, à la charge de payer au bailleur la rente convenancière, qu'ils rembourseraient quand ils voudraient.

16. — Le 29 flor. an II, nouveau décret qui, allant plus loin encore, déclara supprimées toutes les rentes convenancières qui n'avaient pas été créées sans mélange de féodalité.

17. — C'était là, dit M. Toullier (t. 3, n° 103), une violation de propriété tout aussi manifeste que si l'on avait donné aux propriétaires fonciers la propriété des édifices et superfices qui appartenaient aux colons. Aussi, après la Terreur, une loi réparatrice, du 9 brum. an VI, vint-elle abroger les décrets des 27 août 1792 et 29 flor. an II, remit en vigueur la loi du 6 août 1791, et réintégra les propriétaires spoliés dans la plénitude de leurs droits.

18. — Toutefois, en abrogeant la loi du 27 août 1792, la loi du 9 brum. an VI ne porta pas atteinte aux actes faits sous l'empire et conformément aux dispositions de la première de ces lois. — Il a donc été jugé que la loi du 9 brum. an VI, n'a pas eu un effet rétroactif. En conséquence, les rachats opérés en vertu de la loi de 1792, et antérieurement à celle de l'an VI, n'ont pas été annulés par les dispositions de cette dernière loi. — Cass., 16 juill. 1828, Mahé c. Boissière. — V. conf. Duvergier, n° 247; Merlin, Rép., v° Convenant, et Quest., v° Offres réelles, § 11; Aulanier, n° 547. — V. contrà Carré, Dom. cong., p. 352 et suiv. (qui cite deux décisions du tribunal de Rennes).

19. — Jugé en sens contraire que la loi du 19 brum. an VI était rétroactive, et que dès-lors les rachats opérés en vertu de cette dernière loi ont été annulés, et les propriétaires rétablis de plein droit dans la propriété de leurs tenues; — que néanmoins la loi ne pouvant avoir eu pour objet de confisquer au profit du colon la somme par lui payée à titre de rachat ni les levées de la rente foncière et convenancière non perçues par le propriétaire, sans pouvoir lavoquer la bonne foi pour s'en affranchir en réclamant droit aux fruits. — Rennes, 5 fév. 1838, Leroux c. Ducluziou. — En ce sens, Rennes, 29 janv. 1825 (cassé par celui de Cass. 1828, cité au numéro précédent), et rapporté sous cet arrêt.

20. — Jugé, dans tous les cas, et en admettant que cette loi ait un effet rétroactif, que les domaniers ne pourraient à juste titre opposer la prescription dont parle l'art. 4304, C. civ., aux propriétaires fonciers qui auraient négligé de demander, dans les dix ans, la nullité des remboursemens faits par suite de la loi du 27 août 1792, ni prétendre retenir, comme ayant perçu ou gardé de bonne foi, à titre de propriétaires, et sous la garantie de la loi, les levées échues des redevances remboursées en 1792. — Cass., 16 juill. 1828, Mahé c. Kergariou.

21. — Jugé que les tribunaux civils sont compétens pour connaître de la question de savoir si le propriétaire foncier d'un domaine congéable a été maintenu ou réintégré par la loi du 9 brum. an VI, dans la propriété du fonds de la tenue, quoique le colon ait, en vertu d'un arrêté administratif, effectué le remboursement de la rente convenancière pendant l'existence de la loi du 27 août 1792. — Rennes, 6 juill. 1820, de la Boissière c. Derrien.

22. — La loi du 4791 présente donc aujourd'hui les dispositions auxquelles sont régis le bail à domaine congéable. Cette loi n'a été abrogée ni expressément ni tacitement par le Code civil. — Duvergier, p. 44, n° 248. — V. aussi Cass., 5 déc. 1829, Damas Cruz et de Narbonne c. Legall. — Cet arrêt suppose nécessairement que la loi de 4791 est applicable à des contrats postérieurs à la publication du Code civil.

23. — Il doit être ordonné un approfondissement, lorsqu'il y a du doute sur l'identité de biens dépendant d'une tenue à domaine congéable. — Rennes, 22 janv. 4821; de Kenouartz c. Clequin.

24. — Le bail congéable non suivi d'exécution de la part du preneur est, comme toute convention personnelle, soumis à la prescription de trente ans. — Rennes, 28 janv. 4824, Bosquet c. Bahuno du Liscoet.

Sect. 2e. — *Forme de bail à convenant et des conditions sous lesquelles il peut être fait.*

25.—Aux termes de l'art. 14 (L. 6 août 1791), tous baux à convenant ou baillées de renouvellement doivent être rédigés par écrit.

26.— Ainsi jugé qu'un bail à convenant doit être rédigé par écrit. — *Rennes*, 18 juill. 1814, Harvé c. N.... — V. conf. Carré, p. 202 et 205; Aulanier, n° 17.

27. — Cette disposition n'a point été abrogée par l'art. 1714, C. civ., qui porte qu'on peut louer, ou *par écrit*, ou *verbalement*; en effet, les lois générales ne sont point applicables aux matières régies par des règles spéciales. — Carré, p. 204.

28. — Il n'est pas nécessaire que l'acte soit authentique; il peut être sous signature privée.—Aulanier, n° 17.

29. — L'art. 1325, C. civ., qui veut que les actes sous seing-privé soient faits en autant d'originaux qu'il y a de parties ayant un intérêt distinct, et que mention soit faite dans chaque original du nombre d'originaux qui ont été faits, mais que toutefois le défaut de cette mention ne puisse être opposé par celui qui a exécuté de sa part la convention portée dans l'acte, s'applique au bail à domaine congéable comme à tout autre contrat synallagmatique, et aux baillées de renouvellement comme au premier détachement des droits convenanciers. — Carré, p. 204.

30. — Nonobstant la nécessité d'un bail écrit, jugé que la jouissance d'un convenant peut, lorsqu'elle est contestée, être établie par tout genre de preuve. — *Rennes*, 22 mai 1813, Allain Kerdreux.

31. — Les baux à convenant peuvent être faits sous telles conditions que les parties jugent à propos relativement, soit à la durée desdits baux, soit à la nature et quotité des redevances et prestations, soit à la faculté du domanier de construire de nouveaux bâtimens ou de changer les anciens, soit aux clôtures ou défrichemens, soit à la propriété ou jouissance des arbres, soit à la faculté par le domanier de prendre des arbres, de la terre ou du sable pour réparer les bâtimens; et les conventions des parties textuellement exprimées doivent être désormais les seules règles qui déterminent leurs droits respectifs. — L. 6 août 1791, art. 13.

32. — Ainsi, pour les baux à convenant contractés depuis la loi de 1791, on ne peut plus réclamer aucun droit en s'appuyant sur les usemens qui ne peuvent plus servir qu'à interpréter les clauses obscures. — Carré, p. 200; Aulanier, n° 18. — V. aussi Duvergier, n° 219.

33. — Toutefois le propriétaire foncier ne pourrait, sous prétexte de la liberté des conventions, stipuler en sa faveur aucun droit ou redevance convenancière de même nature et qualité que les droits féodaux supprimés sans indemnité par les décrets du 4 août 1789 et jours suivans, par celui du 15 mars et autres subséquens, et notamment l'obéissance à la juridiction du foncier, le droit de suite à son moulin, etc. — L. 6 août 1791, art. 2 et 15.

34. — L'abolition de ces droits a été applicable aux domaines congéables à dater, non pas de la loi du 6 août 1791, mais de la publication des lettres patentes du 3 nov. 1789.—Carré, p. 59.

35. — L'art. 16 (L. 6 août 1791) porte : « Seront au surplus les conventions que les parties auront faites, subordonnées aux lois générales du royaume, établies ou à établir pour l'intérêt de l'agriculture, relativement aux baux à ferme, en ce qui sera applicable au bail à convenant. »

Sect. 3e. — *Droits du propriétaire foncier.*

§ 1er. — *Rente convenancière.*

36. — Indépendamment du prix des édifices et superfices que le colon paie au propriétaire lors de son entrée, il s'engage à lui payer, pour prix de sa jouissance, une redevance annuelle appelée rente convenancière. — Aulanier, n° 78.

37. — La rente convenancière est ordinairement hors de toute proportion avec le revenu du fonds. — Carré, p. 5 et 38, note.

38. — Quelquefois le propriétaire stipule, outre la redevance en argent, un certain nombre de journées d'homme, voiture, chevaux ou bêtes de somme. Ces journées ne s'arréragent pas, et, dès-lors, si la demande n'en a pas été formée dans l'année, elles sont prescrites (L. 6 août 1791, art. 4).—Carré, p. 75; Aulanier, n° 79.

39. — De plus, elles ne peuvent être exigées qu'en nature; et toutefois si elles avaient été abonnées, les abonnemens devraient être exécutés selon la convention (L. 6 août 1791, art. 4). — Aulanier, n° 79.

40. — Autrefois ces corvées pouvaient être exigées du colon en vertu des usemens seuls, et sans qu'il fût besoin d'aucune stipulation. Il n'en est plus de même aujourd'hui, aux termes de l'art. 4 (L. 6 août 1791); le propriétaire ne peut rien exiger du colon qui n'ait été expressément stipulé.

41. — Lorsque le propriétaire vend au colon la rente convenancière, cette vente n'en opère pas l'extinction, de sorte que, lorsque le colon quitte la ferme par congément ou remboursement, le propriétaire devient envers lui débiteur de cette rente. — Baudouin, *Institutions convenancières*, n° 149; Aulanier, n° 80.

42. — Avant le Code civil, les arrérages des rentes convenancières ne se prescrivaient que par le laps de trente ans. — Depuis la publication de ce Code, ils sont prescriptibles par cinq ans, aux termes de l'art. 2277. — A l'égard des prescriptions qui auraient commencé à courir avant la promulgation dudit art. 2277, c'est l'ancien délai qui doit être appliqué.—Carré, p. 224; Aulanier, n° 81.

43. — Il résulte des termes de l'art. 3 de la loi de 1791 que les héritiers des colons qui divisent entre eux la tenue, sont solidaires entre eux pour le paiement de la rente convenancière. — Ils le sont en outre, par identité de raison, pour tous les droits et actions que le propriétaire foncier peut avoir à exercer contre eux en cette qualité. — Carré, p. 61; Aulanier, n° 84. —V. aussi Duvergier, n° 222.

44.—Il en serait cependant autrement si le propriétaire avait expressément ou tacitement consenti au partage de la tenue. — Aulanier, n° 84; Carré, p. 65.

45. — La demande peut être dirigée contre le possesseur de la tenue qui n'est pas colon.—Aulanier, n° 86.

46. — Les propriétaires fonciers peuvent exiger que les graines et autres denrées provenant des redevances convenancières soient transportées et livrées par le domanier, à ses frais, au jour indiqué par le propriétaire foncier, jusqu'à trois lieues de distance de la tenue; ledit droit de transport ne peut s'arrérager. — L. 6 août 1791, n° 5. — Aulanier, n° 87.

47. — Lorsque, depuis le bail, la rente a été divisée entre plusieurs propriétaires, le domanier n'est tenu de porter la rente qu'en un seul endroit; mais quand il s'est obligé à payer des rentes en l'acquit du propriétaire, il doit les porter aux tiers qui en sont créanciers, aux lieux où elles sont payables. — Aulanier, n° 89.

48. — Le propriétaire a, pour le paiement de la redevance, un privilége sur la valeur, sur les fruits et sur les fermages des édifices et superfices; mais ce privilége ne s'étend pas sur les autres biens du colon, pas même sur les meubles garnissant l'habitation de la tenue. — Baudouin, nos 153 et 502; Aulanier, n° 90.

49. — Le propriétaire qui prendrait une inscription hypothécaire pour les arrérages échus, ferait une chose inutile, mais il ne serait pas pour cela réputé avoir renoncé à son privilége. — Aulanier, n° 90; Carré, p. 338.

50. — Quelquefois le colon est chargé, en sus de la rente convenancière, d'acquitter, pour le compte du propriétaire, les rentes dont le fonds est grevé; mais il faut, pour qu'il en soit ainsi, que le bail contienne à cet égard une clause expresse; autrement le colon qui aurait payé les rentes aurait le droit d'en faire déduction sur le montant de la rente convenancière. — Aulanier, n° 92; Baudouin, nos 157 et 158.

51. — Aux termes de l'art. 10, L. 6 août 1791, les domaniers doivent acquitter la totalité des impositions foncières; mais ils sont autorisés à retenir sur la rente convenancière une partie de cet impôt, proportionnellement à ladite redevance; et cette disposition, bien qu'elle semble, d'après les termes de cet article, devoir être restreinte aux baillées antérieures à ladite loi, doit être évidemment appliquée à celles intervenues postérieurement. — Aulanier, n° 107; Carré, p. 108.

52. — Quant à la proportion qui doit exister entre la partie des impositions que doit supporter en définitive le domanier et celle qui doit rester à la charge du propriétaire, s'ils ne peuvent se concilier à cet égard, il est de jurisprudence à la cour royale de Rennes, que la répartition en soit faite, par experts convenus ou nommés d'office, au marc le franc, sans déduction de la subvention de guerre, proportionnellement, tant à la redevance convenancière qu'au revenu, au denier vingt du capital de la valeur des édifices et superfices imposables à la contribution foncière. — Carré, p. 113. — Mais cet auteur (p. 115 et suiv.) critique cette jurisprudence. Suivant lui, la proportion doit être déterminée par le taux de la redevance, suivant le mode général établi pour tous les débiteurs de rentes foncières, agriers, champarts, etc. — V. aussi Aulanier, n° 108.

53. — A défaut de paiement, de la part du domanier, des prestations et redevances par lui dues, à leur échéance, le propriétaire foncier peut, en vertu de son titre, s'il est exécutoire, faire saisir et vendre les meubles, graines et denrées appartenant au domanier; il peut même, en cas d'insuffisance, faire vendre les édifices et superfices, mais toutefois après avoir obtenu contre le domanier un jugement de condamnation ou de résiliation du bail. — V. L. 6 août 1791, art. 24. — Aulanier, nos 125 et suiv.

54. — La vente des meubles du domanier ne peut être faite qu'en observant les formalités prescrites au Code de procédure pour la saisie et la vente du mobilier. Quant aux édifices et superfices, ils doivent être vendus, sur trois publications, en l'auditoire du tribunal de première instance du ressort. C'est ce qu'on appelle la vente sur simples bannies. — V. L. 6 août 1791, art. 25. — Aulanier, nos 125 et suiv.

55. — Ainsi, la vente sur simples bannies des édifices et superfices ne peut avoir lieu qu'après la saisie et la vente des meubles du colon, et en cas d'insuffisance du prix de cette vente. — Aulanier, n° 127.

56. — Ainsi encore, il suffit, pour la saisie et la vente des meubles, que le propriétaire soit porteur d'un acte notarié revêtu de la formule exécutoire; tandis que, pour pouvoir faire vendre les édifices et superfices, il faut qu'il soit autorisé par jugement. — Aulanier, n° 128.

57. — Il n'est pas nécessaire toutefois que le jugement contienne, en termes exprès, l'autorisation de vendre sur simples bannies; l'art. 24, L. 6 août 1791, exige simplement un jugement de condamnation ou de résiliation du bail. — Aulanier, n° 130.

58. — Toutefois, les domaniers peuvent éviter la vente de leurs meubles et la vente subsidiaire de leurs édifices et superfices, en déclarant au propriétaire foncier qu'ils lui abandonnent leurs édifices et superfices, auquel cas ils sont libérés envers lui. — V. L. 6 août 1791, art. 26. — C'est ce qu'on appelle faire *exponse*.

59. — Cet article consacre une innovation; en effet, il reconnaît au domanier le droit de faire l'abandon pour se libérer des arrérages échus, tandis que, dans l'ancien droit, cet abandon ne libérait que des levées à échoir. — Aulanier, n° 342, Carré, p. 333.

60. — L'abandon, étant une aliénation volontaire des superfices, ne peut être fait que par celui qui a capacité d'aliéner ses immeubles. — Aulanier, n° 343.

61. — Le colon peut aujourd'hui faire l'abandon à toutes les époques de l'année sans distinction, et cela nonobstant la renonciation qu'il aurait faite à cette faculté. — Baudouin, n° 252; Aulanier, n° 334.

62. Lorsqu'une même tenue est occupée par plusieurs domaniers, le propriétaire n'est pas obligé d'accepter d'accepter le déguerpissement partiel d'un seul des colons. Si donc l'un d'eux faisait l'abandon et que les autres voulussent conserver la tenue, le propriétaire pourrait dénoncer aux autres le déguerpissement qui lui a été fait et son refus de l'accepter, et leur déclarer qu'il les subroge dans ses droits pour se mettre en possession de la partie déguerpie; et au moyen de cette notification il conserverait sa rente entière contre les domaniers restés dans la tenue. — Aulanier, n° 345 et suiv.; Carré, p. 329 et 330.

63 — Mais dans ce cas le domanier déguerpi ne se trouverait libéré que des arrérages à échoir, il resterait tenu envers ses codomaniers des arrérages échus. — Carré, p. 333; Aulanier, n° 347.

64. — Lorsqu'à une demande en paiement des arrérages d'une rente convenancière le défendeur répond en soutenant à la fois ne pas être débiteur des arrérages, et n'avoir pas été détenteur du convenant, la contestation portant ainsi sur une valeur indéterminée, il y a lieu à appeler. — *Rennes*, 22 mai 1813, Allain Kerdreux.

§ 2. — *Bois fonciers.*

65. — Les bois fonciers ne font pas partie des édifices et superfices concédés au colon; ils restent la propriété du bailleur. — On considère comme bois fonciers tous les arbres propres à *merrain*, c'est-à-dire qui peuvent être mis en œuvre et faire de la planche, soit qu'ils aient crû naturellement sur la tenue, soit qu'ils y aient été plantés par le propriétaire ou par le colon. — Baudouin, nos 51 et suiv.; Le Guével, *Comment. sur*

l'usement de Rohan, p. 7; Aulanier, nº 43; Duvergier, nº 224.

66. — Les arbres fruitiers, au contraire, font partie des édifices et superfices transférés au domanier. — Rolland de Villargues, nº 6; Aulanier, nº 44.

67. — Quant aux noyers et châtaigners, lorsque le bail ou la baillée ne contient à leur égard aucune stipulation, ils sont considérés comme fruitiers et compris dès-lors dans les édifices et superfices, à l'exception toutefois de ceux desdits arbres qui seraient plantés en avenues, masses ou bosquets; ces derniers restent la propriété du foncier. — L. 6 août 1791, art. 8. — Carré, p. 91; Aulanier, nº 44; Duvergier, *loc. cit.*

68. — Lorsque sur la souche d'un bois foncier il croît un rejeton qui devient à la longue propre à merrain, ce rejeton appartient au foncier. — Aulanier, nº 46.

69. — Les bois fonciers qui meurent ou sont abattus par les vents, ne cessent pas d'appartenir au propriétaire foncier. — Baudouin, nº 305; Aulanier, nº 47.

70. — Le propriétaire peut planter des arbres fonciers, pourvu toutefois que cette plantation ne nuise pas aux droits du colon et ne gêne pas sa jouissance. — Aulanier, nºs 49 et 50.

71. — De même il peut toujours remplacer par d'autres les arbres fonciers qu'il abat. Evidemment le remplacement ne cause au domanier ni préjudice ni gêne. — Aulanier, nº 52.

72. — En principe général, le colon a droit aux émondes des arbres fonciers. — Toutefois, il faut en excepter, 1º celles des arbres fonciers plantés en rabines, avenues ou bosquets; — 2º celles des bois fonciers plantés sur les clôtures et sur le plat des champs, qui, suivant l'usage du pays, ne sont pas susceptibles d'être émondés; les uns et les autres appartiennent au propriétaire. — Baudouin, nºs 50, 63 et 303; Le Guével, p. 6, 118 et 119; Carré, p. 89 et suiv.; Aulanier, nº 54.

73. — La circonstance qu'un arbre a été abattu par le vent ne donne aucun droit au colon sur les émondes des arbres que le propriétaire seul a le droit d'émonder, comme nous l'avons vu ci-dessus (nº 69). — Baudouin, nº 51; Aulanier, nº 59.

74. — Le propriétaire qui coupe des bois fonciers doit au colon une décharge qui mette à couvert la responsabilité de ce dernier. — Aulanier, nº 61.

75. — De plus, si l'abattage occasionne quelques dégâts préjudiciables au colon, il lui est dû un dédommagement équivalent; mais il ne peut en exiger aucun à raison des émondes futures dont il est privé. — Aulanier, nº 64; Baudouin, nº 57.

76. — Le colon est civilement responsable des dégradations commises dans les bois fonciers pendant sa jouissance, à moins qu'il ne prouve qu'elles ont eu lieu sans sa faute. Si la tenue est occupée par plusieurs colons, ils sont tous solidairement responsables. — Baudouin, nº 61; Aulanier, nº 67; Carré, p. 63. — V. aussi C. civ., art. 1732 et 1735.

77. — Le colon peut même être poursuivi criminellement, aux termes de l'art. 445, C. pén., s'il est prouvé qu'il soit l'auteur de ces dégradations. — Aulanier, nº 68

§ 3. — *Commissions ou nouveautés.*

78. — Quelquefois le domanier paie au propriétaire une certaine somme, une sorte de pot-de-vin, pour obtenir de lui le renouvellement de son bail. — Quelquefois aussi un tiers achète du propriétaire la faculté d'exercer le congément, afin de jouir de la tenue au lieu et place du domanier qui l'occupe actuellement. — On nomme *commissions* ou *nouveautés* les sommes payées pour ces causes, soit par le domanier, soit par le tiers, *baillée d'assurance* ou *de renouvellement*, l'acte par lequel on prolonge le bail primitif, et *baillée de congément* l'acte par lequel on cède la faculté de congédier. — Aulanier, nº 141; Carré, *Dom. cong.*, *Glossaire*, vis *cit.*

79. — Pour pouvoir consentir une baillée d'assurance ou une baillée de congément, il faut avoir la même capacité que pour louer et affermer. — Aulanier, nºs 142 et suiv.

80. — Il n'est pas nécessaire que la baillée d'assurance ou de congément soit la reproduction fidèle du bail primitif; on peut changer la nature et le taux de la rente convenancière, ainsi que les autres conditions et stipulations. — Aulanier, nº 156.

81. — La baillée doit, comme le bail lui-même, être rédigée par écrit (L. 6 août 1791, art. 6), quelle que soit d'ailleurs la valeur de la tenue. — Mais la preuve testimoniale serait recevable, s'il existait un commencement de preuve par écrit. On pourrait même, pour obtenir un aveu judiciaire, déférer le serment ou demander un interrogatoire sur faits et articles. — Aulanier, nº 157.

82. — Autrefois, il n'était pas nécessaire que la baillée fût faite en double; il suffisait qu'elle fût souscrite par le propriétaire seul. — Baudouin, nº 33. — Il n'en est plus de même aujourd'hui, les baillées, comme le bail primitif, doivent être faites et mentionnées doubles. — Carré, p. 204; Aulanier, nº 158.

§ 4. — *Congément.*

83. — A l'expiration du temps que la jouissance du colon devait durer en vertu du bail à convenant, le propriétaire foncier peut le congédier en lui remboursant la valeur des édifices et superfices.

84. — Le droit d'exercer le congément ou d'accorder à des tiers la faculté de congédier n'appartient qu'au véritable propriétaire foncier. Mais lorsque le colon désigne pour propriétaire foncier un autre que le demandeur en congément, on doit ordonner sa mise en cause. — *Rennes*, 6 déc. 1820, Blanchard c. Lecornec; — Duvergier, *Louage*, t. 1er, nº 227 et suiv., Carré, p. 135 et suiv.

85. — Lorsque la durée de la jouissance n'a point été expressément fixée dans le bail ou la baillée, le congément ne doit, d'après les anciens usemens auxquels les parties sont censées avoir voulu s'en rapporter, être exercé qu'au bout de neuf ans. — Toutefois, dans le ressort de l'usement de Rohan, l'assurance doit être présumée accordée pour six ans seulement, parce que la durée des baux y est ordinairement de six ans. — Aulanier, nº 160.

86. — Le domanier ne peut être expulsé que préalablement il n'ait été remboursé; à cet effet, le prisage doit toujours être demandé six mois avant l'expiration de la jouissance et fini dans ce délai. — L. 6 août 1791, art. 21.

87. — Il n'est pas nécessaire que la demande soit formée le jour juste où commencent les six mois; elle peut l'être quelques jours plus tôt. Mais le prisage ne doit pas être commencé avant qu'on soit entré dans les six mois. — Carré, p. 291 et 292; Aulanier, nº 197.

88. — A quelque époque qu'ait commencé la jouissance des domaniers qui exploitent les terres, soit en vertu de baux ou baillées, soit par l'effet de la nouvelle assurance, le congément ne peut être réciproquement exercé à d'autre époque de l'année qu'à celle de la Saint-Michel, 29 sept. Si la jouissance du domanier a commencé à un autre terme, il doit payer au propriétaire foncier la redevance convenancière, au prorata du temps dont il aura joui de plus. — L. 6 août 1791, art. 22.

89. — Ainsi, bien que la baillée ne dût expirer qu'après la Saint-Michel, c'est néanmoins six mois avant cette dernière époque que le congément doit être donné; s'il n'était donné que six mois avant l'époque fixée pour l'expiration, il serait nul comme tardif, et par suite il s'opérerait une tacite reconduction. — Carré, p. 306.

90. — Le propriétaire foncier peut valablement renoncer à exercer le congément; la validité de cette renonciation n'a jamais été contestée avant la révolution; elle ne pourrait l'être davantage aujourd'hui. — *Cass.*, 25 nov. 1829, Bellechère c. Pasquier; — Carré, p. 194; Baudouin, t. 1er, p. 62; Duvergier, nº 230.

91. — Le propriétaire foncier qui a laissé jouir le fermier après l'expiration du bail peut être réputé avoir renoncé tacitement à la faculté d'exercer le congément. — *Rennes*, 1er déc. 1813, Quereau c. Guillemette.

92. — Lorsqu'une ferme convenancière est occupée par un seul colon, le propriétaire ou son représentant ne peut exercer le congément pour partie. Lorsqu'elle est divisée entre plusieurs colons, le congément peut être exercé séparément pour une ou plusieurs portions; mais il ne pourrait l'être pour des fractions de portions. — Aulanier, nº 166.

93. — Si donc le fonds se trouvait divisé entre plusieurs propriétaires, de quelque manière que cette division se fût opérée, l'un des propriétaires ne pourrait exercer le congément pour sa part, isolément; ils seraient obligés de s'entendre pour agir tous en commun par une seule et même action. — Baudouin, nº 175; Aulanier, nº 167.

94. — Il en serait autrement toutefois si le colon ou les colons avaient concouru au partage du fonds ou avaient pris droit par ce partage. — Aulanier, nº 168.

95. — L'exercice du congément et la cession à un tiers du droit de congédier sont deux actes bien distincts qu'il faut se garder de confondre. Cette dernière, en effet, n'est qu'un acte de pure administration de tout point semblable au bail primitif d'acconvenancement; le congément, au contraire, entraînant nécessairement avec lui l'acquisition des édifices et superfices, est soumis aux mêmes règles que l'acquisition de biens immeubles. — Aulanier, nºs 171 et suiv.

96. — Lorsqu'il y a plusieurs co-domaniers, comme le propriétaire peut ne pas les connaître tous, il lui suffit d'en assigner un seul en congément, et ce dernier doit alors notifier la demande à ses consorts. — Baudouin, nº 275: Carré, p. 63 et 267; Aulanier, nº 181.

97. — Ainsi jugé qu'en matière de domaine congéable, tous les colons sont obligés solidairement envers le propriétaire foncier; que dès-lors, le congément signifié et le paiement des droits réparatoires fait à un seul est valable contre tous. — *Rennes*, 28 juill. 1830, Salaun c. Tizien.

98. — Jugé encore que les propriétaires fonciers peuvent exercer le congément contre un seul de leurs colons. — *Rennes*, 19 fév. 1813, Hay c. N.

99. — La demande en congément pourrait même être valablement dirigée contre celui qui occupe la tenue, encore bien qu'il n'en fût que fermier, et ce serait alors à ce dernier à en donner connaissance à son bailleur. — Baudouin, nº 335; Aulanier, nº 182. — Mais V. *contrà* Carré, p. 265.

100. — La citation en congément doit être donnée devant le juge de paix de la situation de la tenue, dans la forme et les délais prescrits par les art. 1er, 4 et 5, C. procéd. — Aulanier, nº 186; Carré. p. 249 et suiv.

101. — Cette citation n'est point un préliminaire de conciliation. Dès-lors on ne peut invoquer, pour s'y soustraire, les dispenses et exceptions contenues en l'art. 49, C. procéd. — Carré, p. 255; Aulanier, nº 186.

102. — Si les parties, d'accord en ce qui concerne l'exercice du congément, ne peuvent fixer à l'amiable le montant du remboursement, il doit être procédé au prisage à dire d'experts convenus entre les parties ou nommés d'office par le juge de paix; et si ce prisage donne lieu à des contestations, le juge de paix renvoie les parties devant le tribunal de première instance. — L. 6 août 1791, art. 17; — Carré, p. 244 et suiv.

103. — Tout ce qui concerne la récusation des experts est réglé par les art. 283, 308, 309, 310, 311 312 et 313, C. procéd. — Aulanier, nº 208. — V. EXPERTISE.

104. — Si les experts sont présens à l'audience où le congément est ordonné, le juge de paix reçoit leur serment et leur en décerne acte, ainsi que de la fixation qu'ils font du jour où ils commenceront leur opération. Cette fixation vaut assignation aux parties et dispense d'une autre sommation. — Quand les experts ne sont pas présens au jugement du congément, on les assigne pour prêter le serment, et l'on appelle aussi le défendeur pour assister à ce serment. — Aulanier, nº 208.

105. — Le procès-verbal que dressent les experts nommés par le juge de paix doit, que la nomination ait eu lieu du consentement des parties ou d'office, être déposé au greffe de la justice de paix dont émane le jugement; il ne pourrait l'être en l'étude d'un notaire, sous prétexte que l'acte émané du juge de paix ne constitue pas une véritable décision judiciaire. — L'art. 319, C. procéd., est applicable à ce cas, et il n'y a aucune dérogation à cet égard dans l'art. 17, L. 6 août. 1791. — *Cass.*, 8 avr. 1845 (t. 1er 1845, p. 455), Lagillardais.

106. — Mais il peut se faire que, préalablement au prisage, des contestations s'élèvent sur le congément lui-même, si, par exemple, le domanier prétend qu'il a le droit de prolonger sa jouissance ou qu'il est devenu propriétaire, etc.; dans ce cas, le juge de paix n'a point qualité pour statuer; il doit renvoyer les parties devant le tribunal de première instance. — Carré, p. 247 et suiv.

107. — Les parties doivent être également renvoyées devant le tribunal lorsque le défendeur fait défaut devant le juge de paix. — Aulanier, nº 200.

108. — Lorsque le juge de paix renvoie les parties devant le tribunal, il n'est pas nécessaire que l'ajournement soit précédé d'un essai de conciliation. — Carré, p. 249; Aulanier, nº 186.

109. — La demande en congément est censée dater du jour de la citation devant le juge de paix et non du jour de l'assignation devant le tribunal pour le jugement des contestations. La nullité de cette citation rendrait donc sans effet la demande en congément. — Carré, p. 255.

110. — Il est nécessaire de donner, en tête de l'assignation devant le tribunal, copie du procès-verbal de comparution ou non-comparution en justice de paix, puisque le tribunal n'est régulièrement saisi qu'autant que la citation en justice de paix a

été donnée. — Carré, p. 264. — V. cependant Aulanier, nº 191.

111. — Lorsque le tribunal de première instance, saisi de la demande en congément, admet cette demande, il peut, ou conserver l'exécution de son jugement et, dès-lors, procéder lui-même à la nomination des experts et à la réception de leur serment, ou bien renvoyer les parties devant le juge de paix pour les suites dudit jugement. — Carré, p. 268; Aulanier, nº 209.

112. — L'expertise terminée, le tribunal doit, par un nouveau jugement, ordonner, s'il s'agit de congément, que le colon désemparera la tenue, le propriétaire acquittant le montant du prisage, et s'il s'agit de remboursement, que le propriétaire effectuera de suite ce paiement. — Carré, p. 267.

113. — Les jugemens de congément sont des jugemens définitifs, et tout ce qui suit n'a pour objet que de procurer leur exécution. Dès-lors, on peut en interjeter appel avant le second jugement rendu sur l'expertise. — Carré, p. 270; Aulanier, nº 211.

114. — Jugé qu'on peut appeler du jugement qui ordonne le congément d'une tenue à domaine congéable, et l'estimation par experts des édifices et droits réparatoires de cette tenue. — *Rennes*, 3 juill. 1821, Lebris c. Tanguy.

115. — De plus, ces mêmes jugemens sont exécutoires par provision, car la matière requiert célérité. — Carré, p. 268; Aulanier, nº 211.

116. — S'il s'élève des questions sur la nature des objets qui doivent entrer dans l'estimation des édifices et superfices et des améliorations à rembourser au domanier, elles doivent être réglées d'après les conventions des parties. — L. 6 août 1791, art. 20.

117. — Si les baux ne contenaient rien qui pût résoudre les difficultés, on devrait appliquer les anciens usemens; le silence gardé par les parties autoriserait à penser qu'elles ont entendu s'y référer. — Carré, p. 260.

118. — L'art. 1778, C. civ., qui porte que le fermier sortant doit laisser les pailles et engrais de l'année s'il les a reçus lors de son entrée en jouissance, et que, quand même il ne les aurait pas reçus, le propriétaire pourra les retenir suivant l'estimation, est applicable aux baux à convenant aussi bien qu'aux baux à ferme. — Ainsi les pailles et engrais doivent entrer en estimation comme les droits réparatoires. — Carré, p. 228 et suiv.

119. — Lorsque le propriétaire veut faire comprendre dans le remboursement des objets dont le colon réclame la propriété foncière, celui-ci peut refuser de recevoir le prix de ces objets; et si le propriétaire consigne la somme entière en refusant de payer divisément, le colon peut se refuser à sortir de la tenue. — Dans ce cas, la reconnaissance de la validité du congément par un des colons n'engage pas les autres, lorsque le colon dont la reconnaissance est opposée a formellement déclaré ne traiter que de ses droits personnels. — *Rennes*, 4 juillet 1835, Le Coz c. Le Doare.

120. — Tous les objets qui entrent en estimation doivent être estimés suivant leur vraie valeur à l'époque de l'estimation. — L. 6 août 1791, art. 19.

121. — Ces mots *la vraie valeur* signifient, en ce qui concerne les bois convenanciers, la plus-value qu'ils donnent à la tenue. Mais il en est autrement à l'égard des édifices. Pour ces derniers, on examine quelle quantité de matériaux a été nécessaire pour la construction; on détermine, d'après les localités, ce que ces matériaux ont dû coûter; puis on ajoute le prix présumé de la main-d'œuvre. On cherche ainsi, non pas ce que l'édifice a réellement coûté, mais ce qu'il a dû coûter. — Baudouin, nº 295; Aulanier, nºs 214 et 215.

122. — Lorsque, depuis l'époque de leur construction, les édifices ont perdu de leur valeur, on a égard à l'état où ils se trouvent, et l'on diminue le prix total proportionnellement à la diminution de valeur occasionnée par la vétusté. — Aulanier, nº 226.

123. — Quelquefois le propriétaire et le domanier conviennent d'avance que, lors du congément, le remboursement se fera moyennant une certaine somme qu'ils déterminent. Cette convention est licite et doit être exécutée. — Aulanier, nº 235; Carré, p. 422.

124. — Jugé que la faculté réservée au propriétaire de congédier le colon à l'expiration du bail moyennant une somme déterminée constitue un droit personnel à lui et à ses enfans, et n'est pas transmissible à la veuve et aux collatéraux du propriétaire. — *Rennes*, 16 sept. 1815, Leroy c. N... — « Il est évident que cet arrêt, dit M. Aulanier (nº 236), a été rendu dans un cas où la condition de congédier pour une somme fixe n'avait été stipulée qu'au profit du propriétaire et de ses enfans; autrement, il ne serait pas d'accord avec la disposition de l'art. 1122, C. civ. »

125. — Les frais de la nomination d'experts, de leur prestation de serment, du prisage et de l'affirmation doivent être supportés par celle des parties que les conventions en chargent. — L. 6 août 1791, art. 18. — Si les conventions sont muettes à cet égard, ils doivent l'être par le propriétaire, qui, alors, remplit le rôle d'acquéreur. — Aulanier, nº 260. — C'est ce que disposait l'article précité à l'égard des baux existans lors de la loi de 1791.

126. — Si le prisage n'est pas fait ou le remboursement effectué, soit par un paiement accepté, soit par une consignation dans les formes prescrites au Code de procédure, le tout avant la Saint-Michel, le congédiant ne pourra expédier à cette époque le défendeur en congément, il faudra qu'il attende la Saint-Michel suivante. — Carré, p. 292.

127. — Jugé que, dans ce cas, la demande doit être renouvelée l'année suivante. — *Rennes*, 16 sept. 1815, Leroi c. N...

128. — Mais M. Aulanier (nº 254) pense que ce renouvellement n'est nécessaire qu'autant que c'est par le fait ou la négligence du congédiant que le prisage et le remboursement n'ont pas été effectués avant la Saint-Michel. — Alors, dit-il, tous les frais faits deviennent inutiles, et une nouvelle demande pour l'année suivante est indispensable. — Si, au contraire, ce sont des contestations élevées par le colon qui ont empêché le propriétaire de terminer son remboursement, le congément doit être ordonné pour l'année suivante. — V. aussi Carré, p. 294.

129. — Toutefois, dans ce dernier cas, l'état des choses peut changer pendant l'intervalle d'une année à l'autre; le domanier peut faire de nouvelles améliorations, il peut, au contraire, dégrader ou laisser dépérir les édifices et superfices. Chacune des parties a donc le droit d'exiger un nouveau prisage. — Carré, p. 293; Aulanier, nº 254. — Mais les frais de ce prisage sont à la charge de celui qui, par ses mauvaises contestations, a rendu le premier inutile. — Aulanier, *loc. cit.*

130. — En matière de domaine congéable, l'expertise n'est pas une simple voie d'instruction, comme dans les autres matières; les juges ne peuvent s'écarter de l'estimation des experts, qui forme en quelque sorte jugement entre les parties; dès-lors, il était juste que chacune d'elles pût demander une *revue*, c'est-à-dire une nouvelle expertise, dans le cas où la première lui préjudicierait par sa modicité ou son exagération. Mais alors les frais doivent en être supportés par celle qui la demande. — C'est ce qui résulte de l'art. 18, L. 6 août 1791. — Carré, p. 275 et 276.

131. — La revue peut être demandée dans le délai d'un an et un jour, à partir du remboursement. Elle pourrait néanmoins être demandée avant le remboursement et à l'instant même de la conclusion du prisage. — Baudouin, nº 287; Aulanier, nº 287. — V. toutefois Carré, p. 273.

132. — La demande en revue doit être portée directement devant le tribunal civil, sans comparution préalable devant le juge de paix, comme pour la demande en congément. — *Rennes*, 31 mars 1835, Griffon c. Lebourhis. — En effet, cette demande en revue paraît rentrer dans ces contestations sur l'estimation pour lesquelles l'art. 17, L. 6 août 1791, renvoie les parties devant le tribunal de première instance. — V. conf. Carré, p. 247 et 257. — V. aussi au *J. Pal.* la note sur l'arrêt de *Rennes*, 31 mars 1835, cité ci-dessus. — V. toutefois Aulanier, nº 288.

133. — Une telle demande n'est pas assujétie au préliminaire de conciliation. — Même arrêt.

134. — Un demandeur en congément peut, quoiqu'il ait divisé sa demande et intenté plusieurs instances séparément, suivant les diverses exploitations de sa tenue, assigner en revue un seul des consorts pour tous. — Même arrêt.

135. — La revue demandée par l'une des parties seulement ne profite pas à la partie adverse qui ne l'a pas requise elle-même. — Si donc le second prisage est moins favorable que le premier au demandeur en revue, il peut s'en désister pour s'en tenir à celui-ci. — Carré, p. 276 et suiv.; Aulanier, nºs 290 et 291.

136. — Le propriétaire est tenu de rembourser au domanier tous les objets qui entrent en prisage, même les labours et engrais, sur le pied de l'estimation. Après ledit remboursement effectué, le domanier ne peut, sous aucun prétexte, s'immiscer dans l'exploitation et jouissance de la terre dont il a été congédié. — L. 6 août 1791, art. 19.

137. — Jugé qu'un colon ne peut être expulsé qu'autant qu'il a été remboursé de ses droits, à l'époque que la loi fixe pour le congément, et qu'à défaut de remboursement à cette époque, il doit être maintenu dans sa jouissance, sauf au propriétaire à le congédier dans un autre temps. — *Rennes*, 3 juill. 1821, Lebris c. Tanguy. — Les droits du domanier, en cas de non-remboursement, sont expliqués à la section suivante; on y verra aussi comment le propriétaire peut se soustraire aux conséquences des droits rigoureux que le domanier est fondé à exercer.

138. — C'est au propriétaire foncier à prouver qu'une pièce de terre à lui contestée par le colon fait partie de la tenue. — *Rennes*, 29 nov. 1817, N...

§ 5. — *Partage des droits fonciers et des droits convenanciers entre les propriétaires.*

139. — Les rentes convenancières, ou plutôt les fonds dont ces rentes ne sont que les fermages, étant immeubles, se partagent comme les autres immeubles et d'après les mêmes règles. — Aulanier, nº 399.

140. — Lorsqu'un domaine congéable est indivis entre plusieurs propriétaires, et qu'il n'existe point de titre constatant la quotité pour laquelle chacun d'eux y est fondé, c'est d'après la répartition annuelle de la rente, lorsqu'elle est connue, qu'il faut déterminer le montant des droits de chacun sur le fonds. — *Rennes*, 30 juill. 1830, Dapinieux c. Jouan et Rosily. — V. conf. Aulanier, nºs 400 et 401.

141. — Le partage du fonds entre les copropriétaires ne doit pas nuire au colon, et dès lors il ne donne pas aux copropriétaires le droit d'exercer le congément séparément pour les portions de tenue qui leur sont assignées. — Aulanier, nº 402; Baudouin, nº 175.

Sect. 4e. — *Droits du domanier.*

§ 1er. — *Edifices et superfices.*

142. — Comme nous l'avons déjà vu, le bail à domaine congéable contient aliénation, au profit du colon, des édifices et superfices qui existent sur le fonds.

143. — Les édifices et superfices comprennent tout ce que la main de l'homme a ajouté de valeur au fonds inculte. Ainsi, ils comprennent: — 1º tous les bâtimens construits sur la tenue; — 2º les aires à battre, les murs, les talus, les fossés, les barrières, les puits, les fontaines, les étangs, les réservoirs d'eau pour laver ou pour rouir les lins, les chemins pratiqués pour le service particulier de la tenue; — 3º le premier défrichement des terres, les labours et engrais, le tissu des prairies, les canaux d'irrigation; — 4º tous les bois autres que les arbres fonciers (qui, comme nous l'avons vu, appartiennent au propriétaire), c'est-à-dire les arbres fruitiers, les bois *puinais*, tels que saulx, morsaulx, épines, sureaux, aulnes, genêts, genèvres et ronces. On peut y joindre le coudrier, le houx et le bouleau. Les bois taillis avec leurs souches sont aussi réputés convenanciers. — Aulanier, nº 298; Baudouin, nº 304; Le Guével, p. 107 et 117.

144. — Un pressoir, immeuble par destination, ainsi que les auges de bois ou de pierre employées à l'usage de ce pressoir, font partie des édifices et superfices, et doivent par conséquent entrer dans l'estimation qui en est faite. — Baudouin, nº 302; Aulanier, nº 301.

145. — Le bail à titre de domaine congéable, quoique fait sous condition résolutoire, transfère au preneur la propriété pleine et entière des édifices et superfices, de manière qu'il n'en peut être évincé que par la voie du congément. — *Cass.*, 11 nov. 1833, Enregist. c. Leguyader; 5 mai 1834, Enregist. c. Leroux; — Merlin, *Rép.*, vº *Congément*, nº 5; Toullier, *Droit civil*, t. 3, nº 103.

146. — ... Et le propriétaire foncier ou ses cessionnaires ne peuvent grever d'hypothèques les édifices et superfices d'un domaine congéable pendant la durée du bail. — Mêmes arrêts.

147. — Le colon a le droit de faire sur la tenue les améliorations qui ont pour objet de la fertiliser, de l'entretenir ou de la rétablir dans son ancien état. Ainsi, il peut faire des vergers et des semis, planter des arbres fruitiers, faire des jardins et des prairies, engraisser et ensemencer les terres, etc. — Aulanier, nº 313.

148. — Mais il est des innovations qu'il ne peut faire qu'avec le consentement du propriétaire. Ainsi, il ne peut, de sa seule autorité, agrandir les bâtimens existans, ni en édifier de nouveaux; seulement, si des édifices sont tombés, il peut les reconstruire avec des matériaux de même nature, sans toutefois leur donner une forme et des dimensions plus dispendieuses que celles qu'ils avaient primitivement. — Aulanier, nº 314.

149. — Le colon ne peut faire ni mur ni talus où il n'y en avait pas; il peut seulement réparer ceux qui existent, et relever ceux qui sont tombés, sans toutefois accroître leurs dimensions. — Aulanier, nº 317.

150. — Il en est de même pour les fossés, du

moins en thèse générale. — Aulanier, nº 318. — Mais, suivant Baudouin (nº 50), il doit être fait exception à ce principe, pour le cas où le terrain acconvenancé serait déclos ; on présume alors que le colon a été autorisé à se clore.

151. — Le droit qui vient d'être reconnu au colon de planter des arbres fruitiers, de faire des prairies, etc., ne va point jusqu'à lui permettre de changer la destination de la tenue, de convertir, par exemple, toute une tenue composée de terres labourables, en prairies, jardins, etc. — C. civ., art. 1728. — Aulanier, nº 319.

152. — C'est une question fort controversée que celle de savoir si le domanier peut faire sur la tenue des défrichemens qui, à l'expiration du bail, soient compris dans l'estimation. — Baudouin (nº 308) se prononce pour l'affirmative, et M. Aulanier (nº 321) adopte la même opinion.

153. — Quant aux desséchemens, bien qu'ils semblent devoir être soumis aux mêmes règles que les défrichemens, M. Aulanier (nº 321) pense que, dans ce cas, les dépenses pourraient être contestées au colon avec beaucoup plus d'avantage.

154. — Les innovations qui ne peuvent être faites sans le consentement du propriétaire, peuvent être légitimées après coup par ce consentement. — Aulanier, nº 323.

155. — Mais le propriétaire peut, s'il le veut, en demander la destruction aux frais du domanier ; celui-ci peut même être condamné aux dommages-intérêts, s'il est résulté de ces innovations indûment faites, quelque préjudice pour le propriétaire. — Aulanier, nº 323.

156. — Quelquefois les propriétaires, au lieu de demander la destruction des innovations, se contentent d'exiger des reconnaissances que les innovations ne devront pas être prisées en congément. On appelle ces reconnaissances *lettres de non préjudice*. — Aulanier, nº 326 ; Baudouin, nº 265 ; Le Guével, p. 111.

157. — Lorsqu'il n'y pas eu de lettres de non préjudice qui aient rendu précaire la possession des innovations, cette possession se légitime par un laps de trente ans sans réclamation du propriétaire. — Aulanier, nº 328.

158. — Le colon, devenu par l'effet du bail propriétaire des édifices et superfices, peut en disposer comme bon lui semble. Il peut les affermer, hypothéquer, aliéner à titre gratuit ou onéreux. Il peut couper les bois convenanciers, laisser les édifices en ruine, les clôtures sans réparations, les champs sans culture, sans que le propriétaire ait le droit de s'en plaindre, à moins toutefois que, par suite de ces dévastations ou de cette négligence, les édifices et superfices ne tombent à une valeur insuffisante pour lui garantir le paiement de la rente convenancière. — Baudouin, nº 247 ; Aulanier, nº 307.

159. — Mais les hypothèques dont les édifices et superfices auraient pu être grevés par le preneur, n'étant que conditionnelles, sont anéanties par le congément. — *Cass.*, 11 nov. 1833, Enregist. c. Leguyader ; 5 mai 1834, Enregist. c. Leroux.

160. — Les domaniers peuvent aliéner leurs édifices et superfices, non seulement pendant la durée du bail, mais même après son expiration, jusqu'à ce qu'ils soient congédiés. — Carré, p. 62. — Mais les aliénations qu'ils font sont subordonnées à la règle : *Resoluto jure dantis, resolvitur jus accipientis*. — Troplong, *Louage*, nº 61.

161. — Cette faculté d'aliénation était également accordée aux domaniers par les anciens usemens. Seulement celui de Rohan y apportait quelques entraves, que l'art. 3, L. 1791, a fait disparaître. — Carré, p. 62.

162. — Le colon assigné en congément ne peut plus ni détruire ni dégrader ses droits convenanciers ; il ne peut, par exemple, couper les bois courans, bois sur fossés, bois sur taillis, bois d'émonde n'ayant que trois ou quatre ans, en un mot, avant qu'ils soient parvenus à l'âge et aux termes fixés par les lois et réglemens, ou par l'usage pour leur exploitation ; en le faisant, il se rendrait passible de dommages-intérêts. — Aulanier, nº 309 ; Baudouin, nº 248 ; Carré, nº 231.

163. — On doit décider de même à l'égard de tous les bois qui entrent en prisage au profit du domanier congédié, à l'exception seulement des épines, ronces et autres menus objets que les colons sont dans l'usage de couper quand il leur convient, pour s'en servir selon leurs besoins. — Carré, p. 235.

164. — Quant aux landes et genêts qui se convertissent en engrais, le domanier, bien que assigné en congément, peut néanmoins continuer d'en jouir modérément, selon l'usage ; mais s'il en avait coupé par anticipation, afin de les emporter, il serait passible de dommages-intérêts. — Carré, p. 236.

165. — Le colon qui, en vendant la moitié des édifices et superfices de la tenue qu'il fait valoir, a contracté l'engagement de n'acquérir la baillée du fonds de cette tenue qu'avec la participation de son cotenancier, doit des dommages-intérêts à ce dernier pour avoir manqué à son engagement. — *Rennes*, 27 mai 1819, Legallo c. Leportz.

§ 2. — *Jouissance du fonds.*

166. — Le colon ou domanier a le droit de jouir du fonds qui fait l'objet de son bail. Mais il doit en jouir en bon père de famille et suivant la destination que le bail autorise à présumer. — C. civ., art. 1728 ; — Aulanier, nº 290 ; Duvergier, nº 231.

167. — Ainsi il ne peut, sans autorisation, ouvrir des carrières sur le fonds, même pour réparer les édifices de la tenue. — Aulanier, *loc. cit.*

168. — Il ne peut défricher les bois taillis, surtout pour laisser le terrain inculte. — Aulanier, *loc. cit.*

169. — Il ne peut, à la veille du congément, épuiser les terres par une culture forcée. — Baudouin, nº 251 ; Aulanier, nº 296.

170. — Le domanier qui, comme l'avons nous vu ci-dessus (nº 72), a droit aux émondes des arbres fonciers, ne peut cependant émonder qu'en temps et saison convenables, quand les émondes sont en maturité et de manière à ne nuire ni au tronc ni aux émondes futures. — Mais il peut enlever en tout temps les branchages des arbres qui ont été abattus. — Aulanier, nº 57.

§ 3. — *Remboursement.*

171. — Sous l'empire des usemens, le propriétaire foncier pouvait bien, à l'expiration du bail ou de la baillée, congédier le domanier en le remboursant de ses édifices et superfices ; mais, s'il ne le faisait pas, le domanier n'avait pas le droit d'exiger son remboursement. Lors donc qu'il voulait quitter la tenue il n'avait que la ressource de faire *exponse*, c'est-à-dire d'abandonner les édifices et superfices après avoir payé toutes les levées échues de ses prestations. Les législateurs de 1791 ont fait disparaître cette choquante inégalité en accordant au domanier passible du congément, le droit réciproque de demander son remboursement. — L. août 1791, art. 11. — Aulanier, nº 354 ; Carré, p. 135 et suiv.

172. — Ainsi jugé que la loi du 6 août 1791 a rendu la faculté de congément réciproque entre le propriétaire et le colon. — *Rennes*, 14 juill. 1812, Lepaume c. Bodeneau ; *Cass.*, 17 avr. 1815, Breger c. Pennec ; 8 (et non 7) déc. 1829, de Damas-Crux et de Narbonne c. Legall.

173. — Cette réciprocité s'applique aussi bien aux baux à domaine congéable postérieurs à la promulgation de cette loi, qu'à ceux qui existaient antérieurement. — Même arrêt.

174. — Et toutefois ce droit n'a point été concédé à tous les domaniers indistinctement, mais seulement à ceux qui exploitent eux-mêmes leurs tenues. — L. 6 août 1791, art. 11. — Ce sont à la fois ceux qui souffriraient le plus de la privation de cette faculté, et ceux qui naturellement doivent être les moins disposés à en abuser. — Aulanier, nº 362 ; Carré, p. 135 et suiv. ; Duvergier, t. 3, nº 228.

175. — Cette condition d'exploiter la tenue s'applique aussi bien aux maisons, usines, etc., qu'aux biens ruraux. — Ainsi le colon qui n'habite pas lui-même la maison qu'il tient à domaine congéable, ne peut demander le remboursement. — Aulanier, nº 363 ; Carré, p. 139 et suiv.

176. — Le colon qui n'exploite lui-même qu'une partie de sa tenue ne peut demander le remboursement, car il n'est pas vrai de dire qu'alors il exploite sa tenue ; d'ailleurs la faculté de remboursement est une exception introduite par la loi de 1791, aux conséquences qui, d'après les anciens principes, dérivaient de la nature du domaine congéable. — Carré, p. 144 et 145.

177. — Bien que la faculté du congément ne puisse être exercée par les domaniers qu'autant qu'ils sont en possession de la totalité de la tenue, s'il est constant, en fait, que la portion qui avait été aliénée par le colon lui a été rétrocédée, les juges peuvent, lors même que l'acquéreur serait resté en possession de l'objet rétrocédé, admettre néanmoins le congément. — *Cass.*, 8 déc. 1829, de Damas-Crux et de Narbonne c. Legall.

178. — La faculté de demander le remboursement n'est pas enlevée au domanier par la clause du bail portant que le propriétaire foncier aura le droit de faire résoudre la vente des édifices et superfices à l'expiration du bail. — *Rennes*, 9 sept. 1826 (sous *Cass.*, 8 déc. 1829), de Damas-Crux et Narbonne c. Legall.

179. — La demande du remboursement constituant une aliénation volontaire des droits réparatoires, ne peut être formée que par les personnes capables d'aliéner des immeubles. — Aulanier, nº 360. — D'où il suit qu'elle ne peut l'être :

180. — 1º Par un usufruitier des droits réparatoires, car il doit jouir *salvâ rerum substantiâ*. — Aulanier, *loc. cit.*

181. — 2º Par un mandataire que sa procuration n'autorise pas à aliéner. — Aulanier, *loc. cit.*

182. — 3º Par un mari, sans le concours de sa femme, lorsqu'il s'agit des droits réparatoires de celle-ci. — Aulanier, *loc. cit.*

183. — 4º Par un mineur, même émancipé. — Aulanier, *loc. cit.*

184. — 5º Par un tuteur, sans l'autorisation du conseil de famille dûment homologuée. — Aulanier, nºs 360 et 361. — V. toutefois Carré, p. 259.

185. — De même que les propriétaires fonciers peuvent exercer le congément contre un seul de leurs colons, de même et réciproquement les domaniers ont le droit de poursuivre leur remboursement contre un seul des propriétaires fonciers. *Rennes*, 13 fév. 1818, Hay c. N... — V. conf. Aulanier, nº 376.

186. — Mais un domanier ne peut provoquer le remboursement des droits réparatoires, seul et sans être assisté de ses consorts. — *Rennes*, 29 avr. 1825, de Kerléan c. Lerodallec ; — M. Aulanier (nº 371) approuve cette doctrine. — V. aussi Carré, p. 159.

187. — Jugé au contraire qu'un des colons exploitant la tenue peut exercer l'action en remboursement sans que le propriétaire foncier soit admissible à argumenter du droit des autres codomaniers qui gardent le silence, ou qui n'exploitent pas par mains. — *Rennes*, 28 mars 1831, de Lauzanne c. Gillard.

188. — Jugé que tous les consorts sont obligés de provoquer le congément dans les formes et délais que la loi détermine, de telle sorte que l'acquiescement tardif de quelques consorts ne peut régulariser une pareille procédure commencée sans leur concours. — *Rennes*, 29 avr. 1825, de Kerléan c. Le Rodallec.

189. — Jugé au contraire que la demande en congément formée par quelques uns des domaniers seulement, sans le concours de leurs consorts, peut être régularisée par l'intervention de ceux-ci dans l'instance. — *Rennes*, 9 sept. 1826 (sous *Cass.*, 8 déc. 1829), de Damas-Crux et de Narbonne c. Legall.

190. — La renonciation d'un domanier à la faculté de provoquer le congément des édifices et superfices est valable. — *Rennes*, 6 déc. 1811, Grossec c. Peltier de Rosambo ; 13 déc. 1813, Jehan de Launay c. Legonec ; 10 août 1835, Levaillant c. Homo. — V. *contrà* Carré, p. 188 et suiv. ; Aulanier, nºs 356 et suiv. — Suivant ce dernier auteur, la renonciation indéfinie au droit de demander le remboursement est contraire à l'esprit de la loi ; mais elle serait valable si elle était limitée à trente ans, et lors même qu'elle serait stipulée pour un temps indéfini, elle devrait valoir pour trente années.

191. — Jugé également que les domaniers peuvent toujours user de la faculté du congément, à moins d'une renonciation expresse. — *Cass.*, 8 déc. 1829, de Damas-Crux et de Narbonne c. Legal.

192. — Cette faculté n'est pas enlevée au domanier par la clause du bail portant que le propriétaire foncier aura le droit de faire résoudre la vente des édifices et superfices à l'expiration du bail. — *Rennes*, 9 sept. 1826, rapporté avec l'arrêt de *Cass.*, 8 déc. 1829, qui précède.

193. — Le remboursement n'est autre chose qu'un congément provoqué par le colon. Par conséquent les règles relatives à la forme et à l'époque de la demande en congément, à la compétence, à l'expertise, au prisage, aux frais, aux effets du congément, etc., sont généralement applicables au remboursement. Nous devons donc nous borner, à cet égard, à renvoyer à ce que nous avons dit plus haut, nºs 83 et suiv., sur ces divers points. — Aulanier, nºs 374 et 375.

194. — A défaut de remboursement effectif de la somme portée à l'estimation, le domanier peut, sur un simple commandement fait à la personne ou au domicile du propriétaire foncier, en vertu de son titre s'il est exécutoire, faire vendre après trois publications de huitaine en huitaine et sur enchères, en l'auditoire du tribunal de première instance, les édifices et superfices, et subsidiairement, en cas d'insuffisance, le fonds. — L. 6 août 1791, art. 23.

195. — Ce titre exécutoire, en vertu duquel le colon peut faire vendre les édifices et superfices et même le fonds, ne peut être qu'un jugement rendu après le prisage, et condamnant le propriétaire à payer le montant du remboursement, et le colon à abandonner la tenue. — Aulanier, nº 382.

196. — Le domanier n'est pas obligé de faire saisir le fonds avant d'en poursuivre la vente, car la loi ne l'y oblige pas; il suffit qu'il ait fait vendre antérieurement les édifices et superfices. — Carré, p. 326; Aulanier, n° 383.

197. — Toutefois le foncier peut se libérer en abandonnant au colon la propriété du fonds et de la rente convenancière. — L. 6 août 1791, art. 23. — Cet abandon peut se faire même après le jugement et le prisage. — Aulanier, n° 385; Carré, p. 308.

198. — Cet abandon libère le propriétaire foncier, non seulement du montant de l'estimation, mais encore de tous les frais qu'elle a entraînés. — Carré, p. 309. — V. *contrà* Aulanier, n° 391.

199. — L'abandon du fonds et de la rente constituant une aliénation volontaire, ne peut dès-lors être fait que par celui qui a capacité d'aliéner; ainsi il ne pourrait l'être par un tuteur qu'avec l'autorisation du conseil de famille dûment homologuée. — Carré, p. 310 et 311; Aulanier, n° 386.

200. — Le domanier ne peut pas être forcé de recevoir l'abandon partiel de la propriété du fonds et de la rente; les copropriétaires sont solidaires à son égard pour le remboursement intégral de ses édifices et superfices, ou l'abandon simultané de tous les droits fonciers. — Carré, p. 310; Aulanier, n° 387.

201. — Ainsi le tuteur d'un mineur copropriétaire d'une tenue, doit se faire autoriser par délibération du conseil de famille dûment homologuée, à faire l'abandon de la part indivise de ce mineur; et alors il se réunit aux consorts majeurs de celui-ci. — Carré, p. 311.

202. — Le propriétaire qui sur une demande en remboursement s'est obligé à effectuer ce remboursement à une époque déterminée, en stipulant que le colon restera dans la tenue jusqu'au paiement, a perdu par cette convention le droit de faire abandon à l'époque convenue. — Carré, p. 511 et suiv.; Aulanier, n° 388.

Sect. 5e. — *Tacite réconduction.*

203. — Si le propriétaire foncier a laissé le domanier continuer sa jouissance après le terme du bail ou de la baillée expiré, ou si le domanier a continué cette jouissance faute de remboursement, le bail ou la baillée sont réputés continuer, par tacite réconduction, pour deux ou trois années, selon que l'usage du pays est de régler l'exploitation des terres pour deux ou trois années. — L. 6 août 1791, art. 14.

204. — Le droit dérivant de la tacite réconduction est commun au domanier et au propriétaire. Ils peuvent l'un et l'autre y renoncer tacitement, le premier, lorsqu'il forme une demande en remboursement; le deuxième, lorsqu'il défend à cette demande sans réclamer délai. — *Rennes*, 4 mai 1812, Duporlat c. Lecoz. — V. conf. Carré, p. 220 et suiv.; Aulanier, n° 163.

205. — Bien que la durée de la tacite réconduction semble d'après les termes de l'art. 14, L. 6 août 1791, devoir être toujours de deux ou trois années, si les fruits pouvaient être recueillis en une seule année, ce qui arriverait si, par exemple, la ferme ne contenait que des prés, la jouissance du domanier ne se prolongerait pas au-delà de cette année. — De même, si l'exploitation exigeait plus de trois années, la jouissance durerait le nombre d'années nécessaires pour cette exploitation. — Carré, p. 206; Aulanier, n° 161.

206. — Jugé que la tacite réconduction n'a pas lieu pour les baux à domaine congéable remontant à une époque antérieure à la loi du 6 août 1791 et qui n'ont pas été renouvelés depuis cette loi. — *Rennes*, 9 sept. 1815, N... — V. conf. Carré, p. 208 et suiv.; Aulanier, n° 162. — Mais la question est controversée.

207. — Le domanier qui ne représente aucune baillée, soit antérieure, soit postérieure à la loi du 6 août 1791, ne peut invoquer le bénéfice de la tacite réconduction. — *Rennes*, 1er fév. 1821, Dagorn c. Lefloch.

Sect. 6e. — *Dispositions relatives aux baux à convenant antérieurs à la loi du 6 août 1791.*

208. — Les usemens qui régissaient autrefois le bail à domaine congéable ont été abrogés par la loi du 6 août 1791 et n'ont dès-lors conservé aucune autorité législative sur les baux intervenus postérieurement à cette loi. — Seulement ils peuvent, comme nous l'avons vu, servir à interpréter la volonté des parties quant aux points sur lesquels elles ne se sont point exprimées, ou ne l'ont fait qu'avec obscurité. — V. Aulanier, n° 18; Carré, p. 200; et *suprà* nos 12 et suivans. — Quant aux baux ou baillées de renouvellement remontant à une époque antérieure à la loi de 1791, ils ont dû, aux termes de l'art. 1er de cette loi « continuer d'être exécutés entre les parties qui ont contracté sous cette forme, leurs représentans ou ayant-cause, mais seulement sous les conditions et modifications ci-après exprimées, et ce, nonobstant les usemens de Rohan, Cornouaille, Brouerec, Tréguier et Goëlo, et tous autres qui seraient contraires aux règles ci-après exprimées, lesquels usemens, dit la loi de 1791, sont, *à cet effet*, et demeureront abolis du jour de la publication du présent décret. »

209. — Il résulte des termes de cet article, et notamment de ces mots *à cet effet*, que les usemens n'ont pas cessé d'être applicables aux baux à convenant dont s'agit, c'est-à-dire antérieurs à la loi de 1791, sauf toutefois les modifications introduites par cette loi et que nous allons faire connaître. — Carré, p. 16 et suiv., et p. 46.

210. — Suivant l'art. 2 de l'usement de Brouerec, le titre de convenant ou domaine congéable était général; la présomption était pour le propriétaire foncier jusqu'à preuve contraire, par titre ou possession. — *Rennes*, 1er déc. 1813, Quereau c. Guillemette. — Il en était de même dans les usemens de Rohan et de Cornouailles. — Aulanier, nos 512 et suiv.; Carré, *Comment.* de la loi du 6 août 1791, art. 1er, n° 5.

211. — Cette présomption était au nombre de ces dispositions *vexatoires*, *injustes* et *intolérables* qui, lors de la convocation des états-généraux, en 1789, soulevèrent les réclamations des domaniers. Dès-lors elle a été abolie par la loi du 6 août 1791. — V. à cet égard le rapport de Tronchet sur la loi de brum. an VI. — V. aussi Carré, *Dom. cong.*, p. 51.

212. — Toutefois, comme à la publication de cette loi il y avait droit acquis à tout propriétaire, à l'effet de profiter de la présomption sur la foi de laquelle il eût pu négliger d'exiger des titres récognitoires ou de faire de nouvelles baillées, Carré (p. 51) pense que cette abolition ne doit point avoir d'effet rétroactif, et qu'ainsi tout détenteur, dans la circonscription des usemens qui admettaient la présomption dont il s'agit doit être réputé, jusqu'au 6 août 1791, n'avoir possédé qu'à titre de domaine congéable, à moins qu'il ne prouve qu'il possédait *pro suo*, en produisant un titre d'acquisition contradictoire avec le foncier; et qu'à défaut par ledit détenteur de faire cette preuve, il ne pourrait se prétendre propriétaire, à moins qu'il ne se soit écoulé un délai suffisant pour opérer la prescription.

213. — Ainsi jugé que, lorsqu'une partie ne se présente pas à tout autre titre que celui de domaine congéable, la présomption légale est que les terres qu'elle revendique sont tenues à ce titre. — *Rennes*, 21 juill. 1813, Guégan c. Trauron.

214. — Jugé toutefois que le propriétaire foncier ne peut invoquer les anciens usemens (et notamment celui de Brouerec) suivant lesquels il y avait, à défaut de preuve contraire, présomption de tenue à domaine congéable. — *Rennes*, 18 juill. 1814, Hervé c. N. — Mais il faut remarquer que dans l'espèce sur laquelle cet arrêt a statué, il y avait eu une baillée postérieure à la loi de 1791, et que le propriétaire avait négligé d'y mentionner les objets qu'il revendiquait, d'où il résultait que c'était à lui à prouver qu'ils y avaient, en effet, été compris.

215. — Toute terre étant présumée domaine congéable, dans l'usement de Cornouailles, jusqu'à preuve contraire, la prescription n'a pu être acquise que depuis la loi du 6 août 1791, qui a fait cesser cette présomption. — *Rennes*, 1er avr. 1822, Debruc c. Billiart.

216. — Aucun propriétaire foncier ne peut, sous prétexte des usemens dans l'étendue desquels les fonds sont situés, ni même sous prétexte d'aucune stipulation insérée au bail à convenant ou dans la baillée, exiger du domanier aucun droit ou redevance convenancière de même nature et qualité que les droits féodaux supprimés, sans indemnité, par le décret du 4 août 1789 et jours suivans, par celui du 15 mars 1790 et autres subséquens, et notamment l'obéissance à la justice ou juridiction du foncier, le droit de suite à son moulin, la collecte du rôle de ses rentes et cens, et le droit de déshérence ou échute. — L. 6 août 1791, art. 2.

217. — L'abolition de ces droits a été applicable aux domaines congéables, avant même la loi du 6 août 1791, à partir de la publication faite en Bretagne des lettres-patentes du 3 nov. 1789, c'est-à-dire à partir du 22 février 1790, jour où fut faite cette publication. — Carré, p. 59.

218. — D'après l'usement de Rohan, art. 28 et 29, les domaniers qui n'avaient pas d'enfans ne pouvaient vendre leurs droits réparatoires qu'en cas d'imminente nécessité; et, dans ce cas, le propriétaire foncier pouvait exiger le cinquième denier de la vente, pour y donner son consentement. — Quant au domanier qui avait des enfans, il pouvait vendre ses droits réparatoires; mais alors le propriétaire foncier avait le choix de rembourser l'acquéreur, ou de lui payer les droits réparatoires à dire d'experts, ou d'exiger le prix des lods et ventes fixés par l'usage local au denier huit du prix du contrat. — Carré, p. 62 et 63.

219. — Ces dispositions ont été abrogées par l'art. 3, L. 6 août 1791. Aux termes de cet article, les domaniers peuvent, nonobstant tous usemens ou stipulations contraires, aliéner les édifices ou superfices de leurs tenues, sans le consentement du propriétaire foncier et sans être sujets aux lods et ventes; et leurs héritiers peuvent diviser entre eux lesdits édifices et superfices, sans le consentement du propriétaire foncier, sans préjudice de la totalité de la redevance, ou des redevances dont lesdites tenues sont chargées.

220. — Les héritiers qui ont divisé entre eux les édifices et superfices sont solidaires, non seulement pour le paiement des prestations convenancières, mais encore pour tous les droits et actions que le propriétaire foncier peut avoir à exercer contre eux en cette qualité de propriétaire foncier. — Carré, p. 63.

221. — Aux termes de l'art. 4, L. 6 août 1791, le propriétaire foncier ne peut exiger du domanier aucunes journées d'homme, voiture, chevaux ou bêtes de somme qui n'ont point été stipulées et détaillées par le bail ou la baillée, et, à leur défaut, par actes récognitoires, et qui n'auraient été exigées qu'en vertu des usemens ou d'une clause de soumission à iceux; lesdites journées, lorsqu'elles ont été stipulées, ne s'arréragent pas; elles ne peuvent être exigées qu'en nature, et néanmoins les abonnemens doivent être exécutés suivant la convention.

222. — Toutefois les propriétaires fonciers peuvent, d'après les seuls usemens, exiger que les grains et autres denrées provenant des redevances convenancières, soient transportés et livrés par le domanier, à ses frais, au jour indiqué par le propriétaire foncier, jusqu'à trois lieues de distance de la tenue, et ledit droit de transport ne peut s'arrérager. — L. 6 août 1791, art. 5.

223. — L'art. 13 de l'usement de Cornouailles obligeait le domanier au transport des vins et blés au prochain port de mer ou ville marchande sans déterminer la distance. Cette obligation se trouve donc adoucie par l'art. 5 qui précède, lequel restreint la distance à trois lieues. — Carré, p. 74.

224. — Ne pourront les domaniers (L. 6 août 1791, art. 6) exercer, contre les propriétaires fonciers, aucune action en restitution, à raison des droits ci-dessus supprimés qui auront été payés ou servis avant la publication des lettres-patentes du 3 nov. 1789; mais toute action ou procès actuellement existans et non terminés par un jugement en dernier ressort, avant l'époque susdite, pour raison desdits droits non payés ou servis, sont éteints, et les parties ne pourront les faire juger que pour la question des dépens faits antérieurement à la publication du présent décret.

225. — De cet article il résulte que ceux des droits supprimés qui auraient été payés ou servis depuis la publication des lettres-patentes du 3 nov. 1789, peuvent être, de la part des domaniers, l'objet d'une action en restitution. — Carré, p. 76.

226. — Les propriétaires fonciers et les domaniers, en ce qui concerne leurs droits respectifs sur la distinction des fonds, et des édifices et superfices, des arbres dont le domanier doit avoir la propriété ou le simple émondage, des objets dont le remboursement doit être fait au domanier lors de sa sortie, comme aussi en ce qui concerne les termes des paiemens des redevances convenancières, la faculté, de la part du domanier, de bâtir de nouveau ou de changer les bâtimens existans, doivent se régler d'après les stipulations portées aux baux ou baillées, et à défaut de stipulation, d'après les usemens, tels qu'ils sont observés dans les lieux où les fonds sont situés. — L. 6 août 1791, art. 7.

227. — Comme les anciens usemens attribuaient au propriétaire foncier les bois propres à être mis en œuvre, et au domanier les arbres fruitiers, sans déterminer ce qu'on devait entendre par arbres fruitiers, des contestations s'étaient élevées au sujet des châtaigniers et des noyers que les propriétaires réclamaient comme bois à œuvre, et les domaniers comme arbres fruitiers. — L'art. 8 de la loi de 1791 a fait cesser les contestations en décidant que, dans le cas où le bail ou la baillée et les usemens ne contiendraient aucun réglement sur les châtaigners et noyers, lesdits arbres seraient réputés fruitiers, à l'exception néanmoins de ceux qui seraient plantés en avenues, masses

ou bosquets, et ce nonobstant toute jurisprudence à ce contraire.

228 — Il y avait dans l'usement de Rohan une disposition qui prohibait le partage des tenues convenancières entre cohéritiers, soit en succession directe, soit en succession collatérale. Si donc il n'y avait dans la succession qu'une tenue, elle passait au plus jeune appelé *juveigneur*, et, à défaut d'héritier mâle, à la plus jeune des héritières. S'il y avait plusieurs tenues, chacun des héritiers en choisissait une à son tour, en commençant par les plus jeunes, et s'il y avait plus de tenues que d'héritiers, on recommençait un second choix dans le même ordre que le premier. — Carré, p. 97; Aulanier, no 2.

229. — Cette disposition a été abolie par l'art. 9, L. 6 août 1791, lequel porte que, dans toutes les successions directes ou collatérales qui s'ouvriront à l'avenir, les édifices et superfices des domaniers seront partagés comme immeubles, selon les règles prescrites par la coutume générale de Bretagne et par les décrets déjà promulgués ou qui pourront l'être par la suite comme lois générales pour tout le royaume.

230. — La coutume de Bretagne ayant été, depuis la loi du 6 oct. 1791, remplacée successivement par la loi du 17 niv. an II et par le Code civil, c'est par ces lois qu'a dû être ou que doit être régi, dans les successions des domaniers ouvertes sous leur empire, le partage des édifices et superfices. — Carré, p. 97.

231. — Ce même article confirme du reste le principe consacré par tous les usemens, que les édifices et superfices sont meubles à l'égard des propriétaires fonciers, et immeubles à l'égard de tous autres. — Carré, p. 95.

232. — Un décret du 1er déc. 1790 disposait que les fermiers et colons des fonds dont les fruits étaient sujets à la dîme ecclésiastique ou inféodée, seraient tenus de payer, à compte des récoltes de l'année 1791, aux propriétaires, la valeur de la dîme qu'ils acquittaient, suivant la liquidation qui en serait faite à l'amiable, ou pardevant les juges qui devraient connaître.

233. — L'art. 10, L. 6 août 1791, porte que, pour éviter toutes contestations entre les fonciers et les domaniers, nonobstant le décret du 1er décembre précité, auquel il est dérogé quant à ce, pour ce regard seulement, et sans tirer à conséquence pour l'avenir, les domaniers profiteront, *pendant la durée des baillées actuelles*, de l'exemption de la dîme; mais qu'ils acquitteront la totalité des impositions foncières, et retiendront au foncier, sur la redevance convenancière, une partie de cet impôt, proportionnellement à ladite redevance.

234. — Par ces mots : *pendant la durée des baillées actuelles*, l'art. 10 ci-dessus ne veut dire autre chose sinon que, à l'expiration des baillées ayant cours lors de la promulgation de la loi du 6 oct. 1791, les propriétaires pourront, à raison de l'abolition de la dîme, et comme condition du renouvellement, stipuler une plus forte redevance. — Carré, p. 111.

235. — Quant à la proportion suivant laquelle le propriétaire et le domanier doivent supporter en définitive ces impositions, que le dernier doit avancer intégralement, nous avons vu ci-dessus comment elle doit être établie. — V. nos 51 et 52.

236. — Nous avons vu précédemment que le droit d'exercer le congément, qui, dans l'ancien droit, appartenait exclusivement aux propriétaires fonciers, avait été réciproquement accordé par l'art. 11, L. 6 août 1791, aux domaniers exploitant eux-mêmes leurs tenues. — Cette réciprocité s'étendait même aux baux et baillées existant lors de la promulgation de ladite loi, pourvu toutefois qu'ils eussent encore deux années complètes à courir, à compter de la Saint-Michel, 29 sept. 1791. — « Dans le cas où les baux et baillées seraient d'une moindre durée, porte l'art. 11 précité, le domanier ne pourra se retirer avant l'expiration desdites deux années, à compter de la Saint-Michel 1791, sans le consentement du propriétaire foncier; et réciproquement, le propriétaire foncier ne pourra congédier le domanier sans le consentement de celui-ci, qu'après l'expiration du délai fixé par le présent article. — Les domaniers dont les baux sont expirés et qui jouissent sans nouvelle assurance, ne pourront être congédiés ni se retirer qu'après quatre années complètes échues, à compter de la Saint-Michel 1791. »

237. — Toutefois, ajoute l'art. 12, L. 6 août 1791, les propriétaires qui justifieront par actes authentiques, antérieurs au 1er mars de la présente année ou ayant date certaine avant cette époque, avoir concédé à de nouveaux domaniers les tenues, pour entrer en jouissance avant l'expiration des délais accordés par l'article précédent, pourront, nonobstant les dispositions dudit article, congédier les domaniers dont les baux ou baillées seront finis avant l'expiration desdits délais.

238. — C'est là, comme on le voit, une exception aux dispositions de l'art. 11 qui précède, exception commandée par la justice. — Carré, p. 197.

239. — Toutes les règles que nous avons exposées ci-dessus, relativement au prisage et à l'estimation qui doivent être faits lors du congément, s'appliquent aux baux antérieurs à la loi du 6 août 1791, comme à ceux qui ne sont intervenus que postérieurement. — L. 6 août 1791, art. 17. — V. nos 86 et suiv.

BAIL A CULTURE PERPÉTUELLE.

Les baux à culture perpétuelle avaient le même caractère et produisaient les mêmes effets que les baux à locatairie perpétuelle. Ils ont, comme ces derniers, été déclarés rachetables par le décret du 2 prair. an II. — Duvergier, *Louage*, t. 3 (contin. de Toullier, t. 18), no 199; Troplong, *Louage*, no 54. — V. BAIL A LOCATAIRIE PERPÉTUELLE.

BAIL A DOMAINE CONGÉABLE

V. BAIL A CONVENANT, ENREGISTREMENT, GREFFE (droits de).

BAIL EMPHYTÉOTIQUE.

V. EMPHYTÉOSE.

BAIL A FERME.

V. ASSURANCE TERRESTRE, BAIL, ENREGISTREMENT, NOVATION, OFFRES RÉELLES, PAIEMENT, REMISE DE LA DETTE.

BAIL HÉRÉDITAIRE.

1. — Le bail héréditaire, pratiqué dans la province d'Alsace, était un contrat par lequel un propriétaire affermait sa chose au profit du preneur et de ses descendans mâles en ligne directe.

2. — Cette longue durée donnée au bail avait pour but d'assurer au propriétaire une bonne succession de fermiers. « C'est ce qui se pratique dans les bonnes familles, disait le 24 nov. 1837 M. le procureur général Dupin dans un de ses réquisitoires (*J. Pal.*, t. 2 1837, p. 546); les fermiers s'y succèdent de père en fils; le bail héréditaire ne fait que fonder une dynastie de fermiers; le le fils prend la charrue après le père; mais le dernier n'est pas fermier à un autre titre que celui qui l'a précédé. Les deux parties gagnent à la convention : l'un s'est assuré une bonne race de cultivateurs, l'autre s'est assuré, pour lui et ses héritiers, de bons propriétaires, sur une terre cultivée par la famille. C'est là, ajoutait-il, un excellent contrat, qu'il importe de maintenir dans la contrée où il s'est formé. L'agriculture d'ailleurs, qui ne prospère que par les baux à longue durée, trouve de grands avantages dans le bail héréditaire. »

3. — Le bail héréditaire pouvait être limité à un certain nombre de générations de fermiers — Dans tous les cas, il prenait fin à l'extinction de la descendance mâle et en ligne directe, sans passer aux branches collatérales. — Troplong, *Louage*, t. 1er, no 4.

4. — Mais quels sont les effets du bail héréditaire ? Transfère-t-il au preneur la propriété des choses qui en font l'objet ? Lui confère-t-il même un droit réel sur les choses ? — Ces questions ont été agitées deux fois devant la cour de Cassation dans les circonstances suivantes.

5. — Lors du décès d'un fermier qui tenait en vertu d'un bail héréditaire, la régie de l'enregistrement perçut les droits de mutation sur le domaine affermé, comme si le fermier en eût été propriétaire. — Sur la réclamation des héritiers, le tribunal de Strasbourg ordonna la restitution du droit perçu; mais son jugement fut cassé par la cour de Cassation, qui décida que la propriété des fonds concédés à titre de bail héréditaire appartient aux débiteurs des redevances et fermages, à la charge par eux de remplir les conditions du bail (V. en ce sens avis du cons. d'état du 6 fruct. an XIII, rapporté par Merlin, *Rép.*, vo *Emphytéose*, § 5, no 4), et que dès-lors ces fonds sont passibles, au décès du détenteur, du droit de mutation. — *Cass.*, 28 janv. 1633, Enregistr. c. Griès.

6. — Le tribunal de Saverne, saisi par suite du renvoi, ayant statué dans le même sens que le tribunal de Strasbourg, la cour de Cassation fut appelée par un nouveau pourvoi à prononcer en chambres réunies sur cette question. — C'est alors que M. le procureur-général Dupin, dans son réquisitoire dont nous avons plus haut cité un extrait, rétablit la véritable nature du bail héréditaire et démontra, en s'appuyant sur l'avis du savant professeur Rauter, consulté par lui, que le bail ne conférait au preneur d'autres droits que ceux d'un fermier ordinaire. — Conformément à ses conclusions, la cour de Cassation, revenant sur sa première décision, jugea que, d'après l'usage et la jurisprudence de l'ancienne province d'Alsace, le bailleur par bail héréditaire était considéré comme conservant la propriété du fonds, sur lequel le preneur n'acquérait que les droits d'un simple fermier, sauf la transmission de ces droits à ses héritiers. — *Cass.*, 24 nov. 1837 (t. 2 1837, p. 544), Enregist. c. Griès. — Troplong, no 56; Championnière et Rigaud, *Tr. des dr. d'Enregist.*, t. 4, no 3075. — V. ENREGISTREMENT.

7. — Le même arrêt a posé en principe que, dans le silence de la loi du 29 déc. 1790, les baux héréditaires d'Alsace devaient continuer d'être régis par le droit en vigueur à l'époque où ils avaient été passés. — Même arrêt.

V. BAIL A LOCATAIRIE PERPÉTUELLE.

BAIL D'INDUSTRIE.

V. LOUAGE D'INDUSTRIE.

BAIL JUDICIAIRE.

1. — On appelait ainsi autrefois les baux qui étaient adjugés en justice au plus offrant et dernier enchérisseur.

2. — Les baux judiciaires étaient de véritables contrats de louage, qui différaient des autres seulement en ce que les obligations qui en naissaient, outre qu'elles étaient formées par le consentement des parties contractantes (caractère commun aux autres espèces de baux), étaient confirmées et corroborées par l'autorité de la justice. — Pothier, *Louage*, no 379.

3 — Les baux judiciaires étaient en usage pour les biens du fisc, pour ceux des corps et communautés, même pour ceux des mineurs ou dans lesquels les mineurs avaient quelque portion. — Pothier, no 376; Bourjon, t. 1er, p. 714; Nouveau Denizart, vo *Bail judiciaire*, § 1er; Guyot, *Rép.*, *Louage*, vo *Bail*, 17e partie.

4. — Toutefois les tuteurs et les autres administrateurs pouvaient aussi faire des baux de gré à gré; et ces baux devaient être maintenus pourvu qu'il n'y eût pas fraude ou vileté du prix. — Mêmes auteurs.

5 — Mais c'était surtout pour les biens saisis réellement que les baux judiciaires étaient en usage. Il y était procédé sur la poursuite du commissaire aux saisies réelles, officier préposé pour la régie de ces biens, qui devait, jusqu'à l'adjudication du décret, les administrer et en percevoir les revenus, pour les distribuer à l'acquit du débiteur, partie saisie, aux créanciers saisissans et opposans, suivant l'ordre de leurs hypothèques. — Guyot, *Rép.*, vo *Bail*, 17e partie; Pothier, no 377; Bourjon, t. 1er, p. 714; Nouveau Denizart, vo *Bail judiciaire*, § 1er.

6. — On ne faisait pas de baux judiciaires des offices et des rentes. Il suffisait, pour déposséder le propriétaire, que le commissaire aux saisies réelles fit signifier la saisie au payeur des gages de l'office ou au débiteur de la rente, afin qu'on ne pût payer les gages ou les arrérages à d'autres qu'à lui. — Guyot, *loc. cit.*

7. — Il y avait quelques provinces de France, telles que la Normandie, la Bourgogne, le Languedoc, où le tiers acquéreur qui se trouvait en possession au moment de la saisie pouvait s'opposer aux baux judiciaires en s'engageant à restituer les fruits jusqu'au jour de l'ordre. — Guyot, *Rép.*, *loc. cit.*

8. — L'existence de baux conventionnels au moment de la saisie n'empêchait pas qu'il fût fait des baux judiciaires; car le preneur n'avait, alors comme aujourd'hui, aucun droit réel sur l'immeuble loué. Seulement le locataire ou fermier pouvait demander que son bail conventionnel fût converti en bail judiciaire; pour cela il devait donner copie de son bail au commissaire, se rendre partie intervenante dans la procédure, et demander la conversion par une requête expresse, que le commissaire faisait signifier aux parties intéressées. — Guyot, *Rép.*, *loc. cit.*; Pothier, no 378; Bourjon, p. 715; Pigeau, *Procéd. du Châtelet*, t. 1er, p. 773; Nouveau Denizart, vo *Bail judiciaire*, § 2; Rolland de Villargues, *loc. cit.*, no 3.

9. — Lorsque le bail conventionnel était converti en bail judiciaire, ce dernier durait tout le temps qui restait à courir du bail conventionnel, si le décret durait pendant ce temps. — Guyot, *loc. cit.*

10. — Après l'adjudication du bail judiciaire, les fermiers conventionnels n'étaient plus reçus à demander la conversion de leurs baux. — Réglem. du 12 août 1664.

11. — Au parlement de Paris, les procédures pour

parvenir aux baux judiciaires se faisaient devant le juge du décret; mais en Normandie elles devaient être faites, suivant l'art. 550 de la coutume, devant le plus prochain juge ordinaire des lieux où les biens étaient situés. — Guyot, *loc. cit.*

12. — La procédure que devait faire le commissaire était réglée, au parlement de Paris, par un arrêt du 12 août 1664. — Il serait sans intérêt d'en retracer ici les détails.

13. — Le fermier judiciaire était obligé de donner caution (Edit de 1551, art. 4); faute par lui de satisfaire à cette obligation, il était procédé à un nouveau bail judiciaire à la folle enchère du premier adjudicataire. — Guyot, *loc. cit.*

14. — Le fermier judiciaire pouvait être évincé, même après l'adjudication et la réception de caution, sur l'offre faite par un autre de payer le tiers en sus du prix du bail et de rembourser l'adjudicataire de ses frais s'il en avait fait quelques uns. — Guyot, *loc. cit.*

15. — Le locataire ou fermier judiciaire était soumis à la contrainte par corps pour l'exécution des obligations qu'il avait contractées par le bail; c'était une conséquence de l'intervention de l'autorité de la justice dans ces baux. — Pothier, n° 378.

16. — De là il résultait que tous ceux qui par leur qualité n'étaient pas sujets à la contrainte par corps, tels que les ecclésiastiques, les femmes, les septuagénaires, n'étaient pas admis à se rendre adjudicataires de baux judiciaires. — Pothier, n° 380.

17. — Il était encore d'autres classes de personnes qui, par des raisons diverses, étaient frappées de la même incapacité — Il serait inutile de les énumérer ici.

18. — Aujourd'hui les baux judiciaires ne sont plus applicables aux biens de l'état et des communes, qui sont soumis sur ce point à des règles spéciales (V. BAIL ADMINISTRATIF), ni aux biens des mineurs, qui peuvent être donnés à loyer ou à ferme par les tuteurs (V. BAIL.)

19. — Quant aux biens saisis réellement, la loi du 11 brum. an VII, sur l'expropriation forcée, ayant décidé que le saisi ne serait plus comme autrefois dépouillé de la possession de son bien; qu'il la conserverait pendant toute la durée des poursuites, sans préjudice du droit des créanciers de faire procéder à la saisie mobilière des fruits; et ce système ayant été maintenu par le Code de procédure, il ne paraît plus y avoir lieu aujourd'hui de recourir, en aucun cas, aux baux judiciaires.

20. — Pigeau (*Procéd.*, t. 2, p. 213) reconnaît que ces baux ne sont plus aujourd'hui dans le droit commun, puisque, en règle générale, le saisi n'est pas dépossédé jusqu'à la vente; mais il pense que si les créanciers jugent convenable de lui ôter la possession, ils en ont le droit, et qu'ils peuvent alors, pour l'administration des biens, opter entre l'établissement d'un gérant et l'adjudication d'un bail en justice, pour laquelle adjudication on devra suivre les formes établies pour la vente des rentes constituées, attendu que le bail est un objet mobilier.

21. — Mais Carré (sur l'art. 688) fait observer que les cas indiqués par Pigeau doivent se présenter rarement, et que les formalités qu'il faudrait suivre, d'après cet auteur, et dont l'accomplissement exigerait beaucoup de temps et de frais, rendent préférable, dans ce cas, l'établissement d'un gérant-séquestre. — V. aussi Duvergier, *Louage*, t. 1er (continuat. de Toullier, t. 18), n° 233. — Il est certain, dit ce dernier auteur, qu'autrefois, lorsque les baux judiciaires étaient en usage, le prix du bail était presque toujours absorbé par les frais. — V. GREFFE (droits de).

22. — Les fermiers de baux judiciaires n'ont pas été évincés de *plein droit* par la loi du 11 brum. an VII. En conséquence, ils n'ont pu, tant qu'il n'avait pas été définitivement statué sur leur bail, se dispenser de l'exécuter. — *Nîmes*, 7 messid. an XIII, Domaines c. Roque et Chantelot.

BAIL PAR ADJUDICATION.

1. — C'est le bail d'une chose, fait aux enchères.

2. — Il y a lieu de procéder au bail par adjudication dans divers cas : 1° lorsqu'il s'agit des biens de l'état ou des établissemens publics (V. BAIL ADMINISTRATIF); — 2° lorsqu'il s'agit de liciter un bail entre copropriétaires (V. BAIL PAR LICITATION); — 3° dans le cas où il doit être procédé à un bail judiciaire (V. BAIL JUDICIAIRE).

3. — Ces divers baux, différens, quant à la forme, des baux ordinaires produisent en général les mêmes effets.

BAIL PAR LICITATION.

1. — C'est le bail d'une chose indivise fait par adjudication au plus offrant et dernier enchérisseur.

2. — Il y a lieu de recourir au bail par licitation lorsque les communistes ne peuvent ou ne veulent ni jouir en commun, ni procéder au partage ou à la licitation de la chose elle-même, et qu'ils ne s'accordent pas pour en faire la licitation à l'amiable. — Duvergier, *Louage*, t. 1er (continuation de Toullier, t. 18), n° 234.

3. — Il est indifférent, au reste, que l'indivision existe entre cohéritiers, entre associés, ou qu'elle provienne d'une acquisition faite en commun. — Duvergier, *loc. cit.*

4. — Il peut y avoir lieu de recourir au bail par licitation, encore bien qu'il n'y ait qu'un seul propriétaire, si la jouissance est indivise entre plusieurs, par exemple s'il y a plusieurs usufruitiers. — Duvergier, n° 235; Rolland de Villargues, *Rép.*, v° *Bail par licitation*, n° 3.

5. — ... Ou bien encore, si plusieurs personnes ayant droit à un bail ne peuvent s'entendre pour en jouir en commun, et notamment si, au décès d'un fermier, sa veuve et ses héritiers, ou ces derniers entre eux ne s'accordent pas, soit pour exploiter par eux-mêmes les biens loués, soit pour sous-louer, s'il n'y a pas de clause contraire dans le bail. — Toullier, t. 12, n° 106; Duvergier, t. 3, n° 243; Rolland de Villargues, v° *Bail par licitation*, n° 4.

6. — La licitation du bail peut avoir lieu, soit judiciairement, soit amiablement, toutes les fois que les parties ont capacité pour louer. — Duvergier, n° 240.

7. — Il n'en est pas du bail par licitation comme de la licitation qui porte sur la chose elle-même, laquelle, lorsque c'est l'un des copropriétaires qui se rend adjudicataire, équivaut à un partage; le bail par licitation ne peut être considéré que comme un bail que chacun des copropriétaires est censé faire de sa portion à celui d'entre eux qui devient adjudicataire. — Duvergier, n° 236.

8. — De là il résulte que les personnes capables de consentir des baux sont également capables de concourir au bail par licitation, même amiable. Il s'agit là, en effet, non d'un acte d'aliénation, mais d'un acte de pure administration. — Duvergier, n° 237.

9. — ... Qu'ainsi le tuteur, le mari, le mineur émancipé peuvent concourir à des baux par licitation faits à l'amiable. — Pothier, n° 387; Duvergier, n° 241.

10. — La loi n'a pas déterminé les formes du bail par licitation fait en justice. De ce que le bail est un objet mobilier, Pigeau (t. 2, p. 735 et 736) conclut qu'on doit suivre les règles établies pour les ventes des rentes constituées. — Duvergier, n° 242; Rolland de Villargues, v° *Bail par licitation*, n° 6.

11. — Lorsque l'adjudication est prononcée au profit d'un tiers, les effets du bail par licitation sont absolument les mêmes que ceux du bail ordinaire; mais il n'en est pas tout-à-fait de même lorsqu'elle est prononcée au profit de l'un des copropriétaires. Dans ce cas, en effet, l'adjudicataire est tenu des engagemens d'un locataire ordinaire, mais ses colicitans ne sont pas tout-à-fait tenus envers lui comme des bailleurs ordinaires. — Pothier, n° 388; Duvergier, n° 238.

12. — En effet, supposons que l'adjudicataire soit troublé dans sa jouissance par un tiers qui prétende avoir un droit sur la chose louée: il n'aura droit qu'à une remise sur le prix de bail pour défaut de jouissance; mais il ne pourra, comme le pourrait un preneur ordinaire, exercer contre ses colicitans une action en dommages-intérêts. — Pothier, *loc. cit.*; Duvergier, *loc. cit.*

13. — On peut, dit Pothier (*loc. cit.*), apporter pour raison de cette différence une raison semblable à celle que Dumoulin rapporte en son traité *De eo quod interest* (n° 145), entre le contrat de vente et les partages, savoir : que dans les baux ordinaires, comme c'est le locateur qui induit en erreur le locataire, en lui donnant à loyer ou à ferme, comme à lui appartenant un héritage qui ne lui appartient pas, le locataire peut se plaindre que le locateur le lui ait donné à ferme ou à loyer. Il n'en est pas de même des licitations à loyer ou à ferme : celui qui s'est rendu adjudicataire, ayant lui-même licité à loyer ou à ferme conjointement avec ses colicitans, s'il a été induit en erreur, ce n'est pas plus par ses colicitans que par lui-même qu'il y a été induit, et, pour me servir des termes de Dumoulin : *Neuter magis asserit, neuter magis decipit quàm alter; imo dicitur res evinci facto vel culpâ communi, etc.; nec ulla debet esse inter eos obligatio in id quod interest.* »

14. — Il peut être, pendant la durée du bail par licitation, procédé à la licitation de la chose elle-même. Mais celui des colicitans qui devient adjudicataire est tenu de respecter le bail, quoiqu'il n'y ait consenti que pour sa portion. — Pothier, n° 389; Duvergier, n° 239.

BAIL A LOCATAIRIE PERPÉTUELLE.

1. — Le bail à locatairie perpétuelle était, dans l'ancien droit, un contrat dont la nature et les effets étaient diversement appréciés par les auteurs et la jurisprudence.

2. — Voici comment s'exprimait à cet égard Boutaric (*Tr. des droits seigneuriaux*, ch. 14) : « Le bail à locatairie perpétuelle diffère du contrat emphytéotique (ici ces mots sont synonymes de *bail à cens*), en ce que, pour donner un fonds à titre d'emphytéose, il faut en avoir la pleine propriété, c'est-à-dire, le posséder allodialement et indépendamment de toute seigneurie directe; au lieu que, pour bailler à titre de locatairie perpétuelle, il suffit d'avoir la dominicité utile. On ne regarde point ce contrat comme translatif de propriété..., ce n'est proprement qu'un *cizaillement* de la dominicité en deux parties, dont l'une demeure à titre de propriété à celui qui donne le fonds, et l'autre passe à titre d'usufruit sur la tête du locataire. »

3. — Fonmaur (*Tr. des lods et ventes*, n° 536) émettait sur ce sujet les mêmes idées : « Le bail à locatairie perpétuelle, disait-il, diffère à quelque égard du bail à rente, non qu'il y ait réservation de directe dans l'un ni dans l'autre, mais en ce que le bailleur se réserve la propriété et la possession civile, et qu'il ne baille que la possession naturelle au preneur chargé du paiement de la rente, tant qu'il jouira. »

4. — Telle était la doctrine admise au parlement de Toulouse. Elle avait été consacrée par divers arrêts de ce parlement. — Merlin, *Répert.*, v° *Locatairie perpétuelle.*

5. — Le parlement de Provence avait adopté sur le bail à locatairie perpétuelle d'autres idées que le parlement de Toulouse. Il considérait ce contrat comme un véritable bail à rente foncière. — Merlin, *Répert.*, v° *Locatairie perpétuelle*, et *Quest. de dr.*, eod. v°; Laïouloubre, *Jurispr féod.*, art. 2, p. 112; Duvergier, n° 195; Troplong, *Louage*, n° 53.

6. — Les décrets du 3 août 1789 ayant déclaré rachetables toutes les rentes foncières qui avaient été constituées jusqu'alors, soit purement et simplement, soit même avec clause expresse d'irrédimibilité, la question s'est élevée de savoir si l'on devait appliquer cette disposition aux rentes foncières constituées par baux à locatairie perpétuelle. — A cet égard, la loi du 18 déc. 1790 a décidé que la faculté du rachat s'étendait aux *rentes ou redevances foncières* établies par les contrats connus en certains pays sous le titre de locatairie perpétuelle. — Comme on le voit, cette loi a adopté la doctrine du parlement de Provence, préférablement à celle du parlement de Toulouse. — Cette manière d'envisager le bail à locatairie perpétuelle a été confirmée par un décret du 2 prair. an 11 qui, de plus, étendit les mêmes dispositions aux baux à culture perpétuelle.

7. — En outre, plusieurs arrêts ont confirmé et appliqué le principe que les détenteurs à locatairie perpétuelle, étant assimilés aux détenteurs à titre de bail à rente, sont comme ceux-ci propriétaires et autorisés à s'affranchir de la rente par eux due. — *Cass.*, 30 mars 1808, Enregist. c. Genialac; 5 oct. 1808, Enregist. c. Tardieu; 29 juin 1813, Varré c. d'Avranche.

8. — Jugé de même que dans le ressort du parlement de Toulouse les baux à locatairie perpétuelle renfermaient une aliénation des immeubles locatés, et qu'en conséquence, ils ne pouvaient donner lieu à l'action en rescision pour lésion d'outre moitié. — *Toulouse*, 28 août 1813, marguilliers de Saint-Nicolas de Toulouse c. Périès. — V. *contrà Toulouse*, 13 mai 1813, Daurade c. Boutier.

9. — Ainsi, dit M. Troplong (n° 54), les anciens baux à locatairie ou à culture perpétuelle qui subsisteraient encore aujourd'hui et que les preneurs n'auraient pas dégagés par le rachat du service de la rente, ne pourraient, sous aucun rapport, être assimilés à des baux à ferme — Aussi le créancier de la rente n'aurait-il pas le droit d'exercer le privilége accordé par l'art. 2102, C. civ., pour les loyers et fermages des immeubles.

10. — Jugé que la nature du *schauffelrect* ou de la *locatairie perpétuelle* se reconnaît à trois caractères : 1° absence de bail; 2° possession constante pendant trente ou quarante ans; 3° prestation uniforme de redevances pendant le même espace de temps. — *Colmar*, 18 janv. 1828, le maire de Strasbourg c. Salmon. — C'est dans le département du Bas-Rhin que l'on trouve le plus de cette espèce de biens qu'on appelle indifféremment *Schauffelrecht*, *Stahlgult* ou *Besserungsgüter*.

11. — Le rapport fait par Tronchet au nom du comité des droits féodaux (Duvergier, *Louage*, t. 1er (contin. de Toullier, t. 18), n° 195) détermine quels étaient les effets ordinaires des baux

à locatairie perpétuelle. — On y revoit : 1° que le preneur était obligé de faire toutes les améliorations convenables selon les règles d'une sage administration ; — 2° qu'il ne pouvait détériorer le fonds ni couper les arbres de haute futaie ; — 3° qu'il lui était interdit de diviser et d'aliéner l'héritage ; — 4° qu'à défaut de paiement de la redevance, le bailleur pouvait faire résilier le contrat sans employer les formes du décret.

12. — Il a été jugé à ce dernier égard : 1° que d'après la jurisprudence du parlement de Toulouse, la condition résolutoire était sous-entendue dans le bail à locatairie perpétuelle, quoiqu'elle ne le fût pas dans le contrat de vente. — *Pau*, 30 mars 1833, commune de Lubry c. Bagnères.

13. — ... 2° Que la clause apposée sous l'ancien droit, dans un bail à locatairie perpétuelle, que le contrat serait résolu, faute par le preneur de payer la rente aux époques déterminées, ne peut être considérée comme comminatoire, alors surtout que le preneur ne s'est pas occupé de purger la demeure où il était depuis long-temps. — *Toulouse*, 31 août 1808, Caubet c. Taste.

14. — Jugé au contraire que le défaut de paiement des arrérages d'un bail à locatairie perpétuelle passé dans le ressort du ci-devant parlement de Toulouse, ne donne pas lieu, depuis le Code civil, à la résolution du bail de plein droit. Cette résolution doit être prononcée en justice, et le juge peut, suivant les circonstances, accorder au locataire un délai pour purger la demeure. — *Toulouse*, 21 mars 1815, Vidal c. Cabrol.

15. — Jugé de même que la clause apposée, sous l'ancien droit, dans un bail à locatairie perpétuelle, que le contrat serait résolu faute par le preneur de payer la rente aux époques déterminées, ne peut, depuis le Code civil, être considérée que comme comminatoire, et que la résolution a besoin d'être ordonnée par le juge. — *Toulouse*, 26 août 1812, Gailliard c. Anglade ; 12 mai 1814, Morteaux c. Amardeilh ; 11 mai 1815, Hispa c. Faur.

16. — Le preneur à locatairie perpétuelle était tenu de toutes les charges réelles et de payer les contributions ; il pouvait affecter et hypothéquer le fonds. — Rapport de Tronchet.

17. — Toutefois, en cas de résolution d'un bail à locatairie perpétuelle, à défaut de paiement de la rente, le fonds rentrait dans les mains du bailleur franc et quitte de toutes charges et hypothèques procédant du fait du preneur, sans qu'aucune inscription eût été nécessaire pour la conservation des droits du bailleur. — *Cass.*, 16 juin 1811, Squiroly c. de Cès-Caupène.

18. — Le preneur d'un bail à locatairie perpétuelle qui aliène l'héritage arenté est tenu de tous les arrérages échus au moment de l'aliénation. — *Nîmes*, 27 frim. an XIV, Begon c. Masséquan.

19. — Le preneur d'un bail à locatairie perpétuelle qui a obligé ses biens présens et à venir au paiement de la rente foncière, n'est pas affranchi de ce paiement par la confiscation du fonds prononcée contre un tiers à qui il l'avait cédé. — *Cass.*, 11 frim. an IX, Borelli c. Brezun.

20. — Lorsque le preneur d'un bail à locatairie perpétuelle a soumis tous ses biens présens et à venir au paiement de la rente, il est tenu personnellement du service de cette rente pour les arrérages, tant échus qu'à échoir. — *Nîmes*, 27 frim. an XIV, Begon c. Masséquan.

21. — Celui qui, en 1787, a donné un immeuble à titre de bail à locatairie perpétuelle, avec stipulation que le preneur en jouira *tel qu'il a été joui* jusqu'alors, ne peut, s'il se rend plus tard concessionnaire d'une mine existant sous cet immeuble, diminuer par son exploitation, la jouissance garantie par le bail, et notamment détourner les eaux employées à l'irrigation de la propriété baillée, sinon il demeure passible des dommages-intérêts. — *Cass.*, 4 janv. 1841 (t. 1er 1841, p. 719), de Lavernède c. Allègre.

22. — Si un bail à locatairie perpétuelle intervenait aujourd'hui, quels effets produirait-il ? — M. Duvergier (*Louage*, t. 1er, nos 195 et s.) enseigne qu'il produirait les mêmes effets que dans l'ancien droit, sauf toutefois les modifications résultant de la survenance des lois nouvelles. — Mais M. Troplong (no 551) décide que le contrat passé aujourd'hui sous le nom de locatairie perpétuelle ne serait au fond qu'une constitution de rente foncière rachetable (art. 530 C. civ.), et non une aliénation de la propriété. — V. aussi MM. Félix et Henrion de Pansey, *Tr. des rentes fonc.*, p. 28 ; et Duranton, t. 4, no 87.

23. — De pareils baux ne sont pas généralement usités depuis le Code : cependant il en existe. — V. comme exemple l'espèce soumise à la cour de Cassation, 3 déc. 1838 (t. 1er 1839, p. 306), Cornier. — Il s'agissait d'un bail à locatairie perpétuelle passé le 1er juill. 1826 dans le ressort de la cour de Nîmes.

24. — Si le bail à locatairie passé sous le Code civil était temporaire, M. Troplong (*loc. cit.*) pense qu'il faudrait consulter sa durée et la nature de la redevance pour décider s'il faut l'assimiler au simple bail ou à l'emphytéose. Ainsi, si le contrat était fait pour un très long temps et moyennant un faible canon, il devrait être considéré comme une emphytéose. Si, au contraire, le canon était la représentation des fruits, on devrait y voir un bail à ferme. — M. Duranton (t. 4, no 85) ne fait pas de distinction, et paraît voir toujours, dans la locatairie temporaire, un bail ordinaire, tel que celui qui se contracte avec un colon partiaire. — V. ENREGISTREMENT.

25. — Le bail à locatairie ou à culture perpétuelle ne doit pas être confondu avec le bail héréditaire pratiqué dans la province d'Alsace. — V. BAIL HÉRÉDITAIRE.

BAIL A LONGUES ANNÉES.

1. — L'ancienne jurisprudence n'était pas uniforme sur la durée qui devait faire considérer les baux comme baux à longues années. — Suivant les auteurs, cette durée devait être fixée à trois, cinq ou neuf années. — Serres, *Inst.*, lib. 3, tit. 25, § 6 ; Merlin, *Rép.*, vo *Bail*, § 4 ; Loyseau, *Du déguerpissement*, liv. 1er, ch. 5, no 8 ; Despeisses, *Du louage*, sect. 5e, § 3, no 9.

2. — On a long-temps pensé que les baux réputés à longues années (quelle que fût d'ailleurs leur durée) étaient translatifs de propriété. — Loyseau, Despeisses, *loc. cit.* — Mais cette doctrine était repoussée par certains auteurs. — Vinnius, *ad Inst.* lib. 3, tit. 25, § 3 ; Merlin, *Rép.* vo *Bail*, § 4 ; Dumoulin, *Sur la cout. Paris*, § 78, glos. 4, nos 14 et 15.

3. — Aujourd'hui on appelle bail à longues années tout bail dont la durée excède neuf ans.

4. — Mais sous notre droit la durée du bail n'en change pas la nature et n'en modifie pas les effets ; seulement ceux qui ont capacité pour faire des baux de neuf ans et au-dessous, peuvent n'être pas capables de concourir à la confection des baux d'une plus longue durée. — V. à cet égard BAIL.

BAIL A LOYER.

V. ASSURANCE TERRESTRE, BAIL, ENREGISTREMENT, PRÉSOMPTION.

BAIL A MÉTAIRIE PERPÉTUELLE.

V. BAIL A COLONAGE PERPÉTUEL.

BAIL A NOURRITURE DE MINEURS.

1. — On désignait autrefois sous ce nom deux conventions d'une nature différente. — L'une était l'abandon des biens des mineurs fait à la charge de leur fournir la nourriture et l'entretien. — Nouveau Denizart, vo *Bail à nourriture* ; — Duvergier, *Louage*, t. 1er (contin. de Toullier, t. 18), no 244.

2. — Cet abandon était particulièrement usité dans les provinces de Brie, de Champagne, de Gatinais, de Bourgogne et de Lorraine. — Merlin, *loc. cit.*

3. — Quelques auteurs pensaient que le mineur avait le droit, lorsqu'il était parvenu à sa majorité, de rendre sans effet un pareil bail en tenant compte de toutes les dépenses qu'il avait causées. — Toutefois la jurisprudence paraissait plutôt pencher pour le maintien des baux : du moins quand ils avaient été faits de bonne foi et sans aucun dessein de tromper les mineurs. — V. plusieurs arrêts cités au *Rép. de jurisp.*, vo *Bail*, § 20.

4. — On désignait encore sous le nom de *bail à nourriture de mineurs* le bail au rabais de la nourriture de mineurs indigens, par lequel l'adjudicataire se chargeait de les nourrir et entretenir moyennant une pension annuelle qui devait lui être payée par les tuteurs et parens désignés dans l'acte. — Nouveau Denizart, vo *Bail à nourriture* ; Duvergier, *Louage*, t. 3 (contin. de Toullier, t. 18), no 244.

5. — Cette convention était usitée surtout en Bretagne. — Elle avait également lieu en faveur des insensés et des furieux qui se trouvaient en état d'indigence. — Nouveau Denizart, vo *Bail à nourriture* ; Duvergier, no 246.

6. — Voici, dit M. Duvergier (*loc. cit.*) comment la contribution s'exécutait : le tuteur faisait d'abord adjuger au rabais la nourriture et entretien des mineurs et des insensés moyennant une pension annuelle ; cette pension était ensuite également répartie entre les quatre plus proches parens paternels et les quatre plus proches parens maternels, à la requête du ministère public. — Souvent cette répartition se faisait sur tous les parens. — Arrêt du 7 juillet 1776. — Nouveau Denizart, vo *Bail à nourriture*, § 3.

7. — L'adjudication au rabais se faisait au cimetière ou au pied de la croix en présence des enfans. — Il paraît néanmoins, dit M. Duvergier (*loc. cit.*), que cet usage avait donné lieu à des abus que deux arrêts du parlement de Bretagne des 14 mai 1737 et de 1770 avaient réprimés. — Nouveau Denizart, *loc. cit.*, § 2.

8. — Le Code civil n'a pas parlé des baux à nourriture de mineurs ; Merlin (*loc. cit.*) conclut de son silence et surtout de l'art. 454, qui n'autorise le conseil de famille à régler que *par aperçu*, lors de l'entrée en exercice de la tutelle, le montant de la dépense annuelle du mineur, que le marché par lequel une personne, en prenant les biens d'un mineur, se serait chargée de le nourrir n'aurait aucune force obligatoire contre le mineur, et qu'on ne doit allouer au tuteur que ce qui a été réellement dépensé pour la nourriture du mineur pendant l'année. — V. également Duvergier, no 248 ; Rolland de Villargues, *Rép.*, vo *Bail à nourriture*, no 5.

9. — Toutefois, ajoute-t-il, si un bail de cette espèce était avantageux au mineur, le preneur serait obligé de l'exécuter : le mineur seul serait recevable à s'en plaindre. — V. également Duvergier et Rolland de Villargues, *loc. cit.*

10. — D'un autre côté, la loi du 22 frim. an VII fixe le droit d'enregistrement à percevoir sur les baux à nourriture des personnes en général et des mineurs en particulier, d'où il résulte qu'elle les considère comme licites. — « On doit reconnaître en effet, dit M. Duvergier (no 248), que la convention par laquelle on s'oblige à nourrir et soigner moyennant une redevance annuelle un mineur ou un majeur n'a rien de contraire aux lois et aux bonnes mœurs ; c'est à la fois un louage de services et un marché de fournitures ; mais certainement l'ancien usage qui imposait à chaque famille l'obligation de pourvoir aux besoins des mineurs et autres ne subsiste plus. »

V. ENREGISTREMENT.

BAIL A RENTE.

1. — Contrat par lequel un propriétaire aliénait son héritage ou quelque droit immobilier, à la charge d'une rente que le preneur s'engageait à servir à lui ou à un tiers. — Merlin, *Rép.*, vo *Rente foncière*, § 1er, no 1er.

2. — On appelait *bailleur* celui qui aliénait son héritage à charge de la rente dont il devenait créancier, et *preneur* celui qui s'engageait à servir la rente. — Pothier, *Bail à rente*, chap. 1er, no 1er.

3. — On donnait quelquefois à ce contrat le nom de *bail à locatairie perpétuelle*. — Pothier, *loc. cit.* — Mais l'assimilation, admise par le parlement de Provence et par quelques auteurs, était repoussée par d'autres auteurs, ainsi que par le parlement de Toulouse. — Ces divergences tenaient à l'incertitude qui paraît avoir régné, dans l'ancienne jurisprudence, sur la nature et les effets du bail à locatairie perpétuelle. — V. à cet égard BAIL A LOCATAIRIE PERPÉTUELLE.

4. — Pour que le bail à rente existât avec tous les caractères de rente foncière, il ne suffisait pas que la rente fût établie sur un immeuble ; il fallait qu'elle fût créée et réservée comme droit réel sur l'héritage. — Pothier, chap. 1er, nos 1er et 3. — V. aussi *Cass.*, 19 avr. 1820, Canuel c. hospices de Loudun.

5. — Avant la révolution on reconnaissait en France trois espèces de baux à rente, le bail à rente seigneuriale ou à cens, le bail emphytéotique ou l'emphytéose et le bail à rente simple. Ils avaient cela de commun que les rentes représentaient une portion de la propriété du fonds qui faisait l'objet du contrat. — Fœlix et Henrion, *Traité des rentes foncières*, chap. prélimin. ; Merlin, *Rép.*, vo *Rentes seigneuriales*, § 2, no 8 *bis* ; Loyseau, *Tr. du déguerpissement*, liv. 1er, chap. 5.

6. — Mais chacun de ces trois contrats se distinguait des deux autres par des caractères particuliers et était soumis à des règles spéciales. — V. BAIL A CENS, EMPHYTÉOSE, RENTE FONCIÈRE, RENTE SEIGNEURIALE.

7. — Le bail à rente avait avec la vente et le louage des traits de ressemblance assez nombreux ; mais il s'en distinguait par des différences essentielles. Nous n'entrerons point ici dans les détails de la comparaison de ces contrats ; cette comparaison trouvera plus naturellement sa place au mot RENTE FONCIÈRE.

8. — C'est également sous ce mot que seront ex-

pliqués les rapports et les différences qui existaient entre la rente foncière et la rente constituée.

9. — Le bail à rente n'existe plus aujourd'hui, du moins avec les caractères qui autrefois le constituaient essentiellement. Ce n'est pas qu'on ne puisse encore, comme sous l'ancien droit, stipuler une rente annuelle pour prix de l'aliénation d'un immeuble. Mais cette rente est essentiellement personnelle et rachetable ; elle ne peut plus avoir ni la réalité, ni la perpétuité, qui formaient autrefois les caractères distinctifs de la rente foncière. — V. RENTE FONCIÈRE.

BAIL A VIE.

1. — C'est le bail d'une chose pour la vie du preneur.

2. — Il peut être consenti, non seulement pour la vie du preneur, mais encore pour celle de plusieurs personnes successivement.

3. — Le nombre des têtes sur lesquelles il peut être constitué a été limité à trois par la loi du 18-29 déc. 1790, tit. 1er, art. 1er. — Cette disposition n'a pas cessé d'être en vigueur : si le Code civil ne l'a pas reproduite c'est qu'il ne s'occupait que des baux ordinaires ; mais on ne saurait induire de son silence qu'il a entendu l'abroger. — Duvergier, *Louage*, t. 1er (continuat. de Toullier, t. 18), n° 202 ; Rolland de Villargues, *Rép. du notariat*, v° *Bail à vie*, n° 13 ; Proudhon, *De la propriété*, n° 285.

4. — Comme nous l'avons vu déjà (V. BAIL et BAIL A LONGUES ANNÉES), on s'accordait généralement dans l'ancien droit à regarder les baux à longues années comme conférant au preneur un droit réel immobilier. — On se trouvait amené par cette doctrine à assimiler le *bail à vie* à un véritable usufruit, puisque dans l'un et l'autre cas le droit était réel et viager ; et en effet, cette assimilation était presque universellement admise. — V. notamment Papon, liv. 1er, tit. 1er, n° 4 ; Bouvot, v° *Bail*, quest. 3e, Huard, *Dict. du droit normand*, v° *Bail* ; Fonmaur, *Traité des lods et ventes*, n° 170 ; Guyot, *Traité des fiefs*, t. 3, tit. *Des lods et ventes*.

5. — Pothier (*Louage*, n° 27) enseigne bien qu'on peut faire de simples baux à loyer ou à ferme d'héritages pour le temps de la vie du locataire ou fermier, ou pour le temps de celle du bailleur ; mais, en thèse générale et à moins de convention contraire, les baux à vie, selon lui, sont présumés renfermer une constitution d'usufruit. — Enfin Merlin soutient également et développe la même doctrine (*Rép.*, v° *Usufruit*, § 1er, n° 3).

6. — Toutefois le Nouveau Denizart (v° *Bail à vie*, n° 7) enseignait, contrairement aux autres auteurs, que théoriquement le bail à vie ne pouvait être confondu avec la constitution d'usufruit, qu'il en différait essentiellement quant à sa nature.

7. — Mais M. Troplong (*Louage*, n° 25) pense qu'au point de vue de l'ancien droit l'opinion du Nouveau Denizart doit être rejetée. En effet, dit-il, dans une science les mots doivent se prendre dans le sens qui leur est généralement attribué. Quand tout le monde (auteurs et arrêts) s'accorde à ne voir aucune différence entre les mots *bail à vie* et *vente à vie* ou *usufruit*, les parties qui ont employé ces locutions équipollentes, sont présumées les avoir prises dans leur signification commune et usuelle.

8. — Aujourd'hui que les baux à vie sont tombés en désuétude, on ne peut plus invoquer l'usage pour prétendre qu'aux yeux des parties les mots *bail à vie* et *constitution d'usufruit* étaient synonymes ; d'ailleurs, la distinction qu'on établissait autrefois entre les baux de neuf ans et au dessous et les baux *à longues années*, dont les uns ne créaient qu'un droit personnel, tandis que les autres transféraient au preneur un droit réel, n'est plus admissible ; aussi décide-t-on généralement que s'il arrivait par extraordinaire à un propriétaire de consentir un *bail à vie* sur son domaine, ce bail produirait les effets, non pas d'un usufruit, mais d'un bail ordinaire, sauf toutefois la durée, qui se prolongerait jusqu'à la mort du fermier. — Proudhon, *De l'usufruit*, t. 1er, n° 103 ; Toullier, t. 3, nos 387 et 390 ; Favard de Langlade, *Rép.*, v° *Bail à vie* ; Duvergier, *loc. cit.*, n° 29 ; Troplong, n° 25 ; Instruct. de la régie, 1173, § 2, et 1249, § 5 ; *Dictionn. des droits d'enregist.*, vis *Bail à vie*, n° 3, et *Rétrocession*, n° 11 ; Rolland et Trouillet, *Dict. de l'enreg.*, v° *Rétrocession*, § 1er, n° 10. — V. aussi Championnière et Rigaud, *Traité des dr. d'enreg.*, t. 1er, nos 292 et suiv. — V. ENREGISTREMENT.

9. — Ainsi jugé que la jouissance par bail à vie et l'usufruit diffèrent essentiellement dans leur nature et dans leurs effets, notamment en ce que dans le bail à vie le bailleur conserve la jouissance des fruits civils de l'objet donné à bail, dont le preneur ne perçoit que les fruits naturels, tandis que l'usufruitier jouit des fruits naturels et civils de l'objet grevé d'usufruit, dont le propriétaire ne conserve que la nu-propriété. — *Cass.*, 18 janv. 1825, Enregist. c. Vasseur.

10. — Toutefois, il pourrait résulter de l'ensemble des stipulations d'un contrat qualifié *bail à vie*, que les parties ont entendu constituer un véritable usufruit ; et cette manifestation de leur volonté devrait prévaloir sur la dénomination qu'elles auraient donnée à l'acte. — Duvergier, *loc. cit.*, n° 30 ; Troplong, n° 26 ; Proudhon, *Usufruit*, nos 405 et suiv.

11. — Mais, il ne suffirait pas, pour opérer une pareille transformation, d'insérer dans un bail à vie une disposition isolée empruntée à l'usufruit, il faudrait un ensemble de stipulations assez complet pour dénaturer le contrat et ne lui laisser en quelque sorte du bail que le nom. — Proudhon, *loc. cit.*; Troplong, *loc. cit.*

12. — De ce que le bail à vie n'est autre chose qu'un bail ordinaire, sauf la durée, il résulte que le preneur à vie jouit des mêmes droits que ceux qui appartiennent aux preneurs dans les baux ordinaires ; il faut donc appliquer à ce bail les règles qui sont développées au mot BAIL.

BAILLÉE.

1. — En matière de domaine congéable, on entend par *baillée* l'acte par lequel le foncier confirme au colon détenteur ou donne à un tiers, avec le pouvoir de congédier le détenteur, la jouissance des droits convenanciers, ou, ce qui est la même chose, des édifices et superfices déjà détachés du fonds par le bail.

2. — Ainsi, il y a deux sortes de baillées ; lorsqu'elle est confirmative, elle se nomme *baillée d'assurance*, et lorsqu'elle est donnée à un tiers qui congédie le détenteur, on la nomme simplement *baillée*. — Duvergier, *Louage*, t. 1er, n° 221, note. — V. au surplus BAIL A CONVENANT OU A DOMAINE CONGÉABLE.

BAILLEUR.

Qualification donnée par la loi à celui qui, dans un contrat de bail, joue le rôle de locateur. — V. BAIL.

BAILLEUR DE FONDS.

1. — C'est le nom qu'on donne à celui qui prête tout ou partie de la somme nécessaire pour une opération déterminée, par exemple, à un titulaire d'emploi pour son cautionnement, à un acquéreur pour payer le prix de son acquisition ou à toute autre personne. — V. CAUTIONNEMENT (officiers ministériels), PRIVILÉGE.

2. — En matière de société commerciale, il y a aussi les bailleurs de fonds qu'on appelle plus spécialement *commanditaires*. — V. ce mot et SOCIÉTÉ COMMERCIALE.

BAILLI, BAILLIF.

1. — On donnait ce nom dans l'ancien droit au premier officier du bailliage. C'était ce magistrat qui avait la principale administration de la justice et de la police, sous l'autorité du roi ou des hauts seigneurs.

2. — Ainsi, l'on distinguait deux espèces de baillis, les baillis royaux et les baillis seigneuriaux. Les premiers rendaient la justice dans les domaines du roi, les seconds dans les terres où les seigneurs avaient conservé le droit de justice. — V. BAILLIAGE, JUSTICE SEIGNEURIALE.

3. — Dans certaines provinces, on donnait le nom de sénéchaux aux mêmes officiers qu'on appelait ailleurs baillis. — V. SÉNÉCHAL, SÉNÉCHAUSSÉE.

4. — Parmi les baillis royaux, on distinguait les baillis de *robe longue* des baillis de *robe courte* qu'on appelait aussi *baillis d'épée* ou *grands baillis*.

5. — Dans le principe, tous les baillis furent des baillis d'épée ou de robe courte ; ils n'avaient point de tribunal fixe et parcouraient à certaines époques, les différens districts de leurs bailliages : 1° pour y juger souverainement les procès qui avaient été décidés en première instance par les prévôts ; — 2° pour y recevoir les revenus du roi.

6. — Montesquieu (*Esprit des lois*, liv. 28, chap. 42 et 43), fait observer que dans l'origine, les baillis ne jugeaient pas. Ils faisaient seulement l'instruction et prononçaient le jugement des *prud'hommes*. « Mais, ajoute Montesquieu, quand les prud'hommes ne furent plus en état de juger, faute de connaître la jurisprudence et la procédure nouvellement introduite, les baillis jugèrent eux-mêmes. » — Du reste, ce droit leur fut enlevé dans la suite et conféré à des lieutenans et assesseurs qui devaient être gradués.

7. — Les baillis avaient aussi le droit de convoquer et de commander l'arrière-ban dans leur bailliage.

8. — Il paraît qu'anciennement les baillis et sénéchaux remplirent au parlement les fonctions du ministère public, avant qu'il y eût des procureurs et des avocats du roi en titre ; c'est ce dont on trouve la preuve dans les *Olim*. — V. Nouveau Denizart, v° *Bailli*, § 5, n° 1er.

9. — Les baillis exerçaient alors leurs fonctions par commission ; mais dans la suite, leurs charges furent érigées en titre d'office ; ils devinrent par conséquent inamovibles. — Quant aux baillis des seigneurs, ils pouvaient, en général, être révoqués de propre mouvement.

10. — Au quinzième siècle, les baillis juraient de « faire bon droit et hatif tant au faible comme au « fort, » et de ne recevoir aucun présent des parties. — Ducange, *Glossaire*, v° *Baillivi*.

11. — Loyseau, (*Tr. des offices*, liv. 2, chap. 2, n° 64) fait remarquer que les baillis et sénéchaux ont à diverses reprises essayé de rendre leurs offices féodaux, entreprise dans laquelle ils échouèrent complètement. — En effet, nos rois craignant la trop grande influence que les baillis pouvaient acquérir, à raison de l'importance et de la diversité de leurs fonctions, démembrèrent successivement l'office de bailli et n'en conservèrent pour ainsi dire que le titre.

12. — Ce démembrement s'opéra au point de vue militaire, par la création des charges de *gouverneurs* des provinces et des villes et de *prévôts des maréchaux* ou *vice-baillis* ; au point de vue des finances par la création de *receveurs des domaines* ; et au point de vue de l'administration de la justice par la création des offices de *lieutenans* des baillis et sénéchaux. — V. BAILLIAGE, LIEUTENANT CIVIL, LIEUTENANT CRIMINEL, VICE-BAILLI, VICE-SÉNÉCHAL.

13. — Plusieurs baillis prenaient dans leur bailliage, le titre de chef de la noblesse ; mais cette prétention était vivement contestée. Un arrêt du conseil, du 30 oct. 1761 fait défense au grand bailli du Perche de prendre la qualité de chef de la noblesse. — Jousse, *Administr. de la justice*, tit. 1er, p. 560 ; part. 2e, tit. 4, n° 8.

14. — L'ordonnance d'Orléans de 1560 (art. 49) enjoignait aux baillis de visiter les provinces quatre fois l'année au moins, pour écouter les plaintes des sujets du roi et tenir la main à l'exécution des jugemens. Cette disposition fut fort mal exécutée et ne tarda pas à tomber en désuétude.

BAILLI DE L'ARSENAL.

Juge ayant juridiction dans l'arsenal de Paris sur tout ce qui concernait les poudres, les salpêtres, leur fabrication, l'exécution des marchés faits à cet effet, les contestations qui survenaient entre les commis et ouvriers employés dans l'intérieur de l'arsenal.

BAILLI DE LA BARRE.

C'était un officier qui avait l'exercice de la justice temporelle du chapitre de Notre Dame et de la police, dans l'étendue de l'église, du cloître et du parvis de Notre-Dame. — C'est ce qu'on appelait la *juridiction de la barre*.

BAILLI DES BOIS.

Nom donné par l'ancienne coutume de Hainault à un officier chargé de la conservation des forêts. — L'emploi de ce bailli répondait à celui de maître des eaux et forêts.

BAILLI SEMONCEUR.

On nommait ainsi en Flandre le chef d'un bailliage seigneurial, qui avait le droit de présider les hommes de fief et autres officiers du tribunal, lors des jugemens et devoirs de loi, sans faire lui-même aucune fonction de juge. — Son nom venait de ce que c'était à la semonce ou sommation de cet officier, que les hommes du fief rendaient leurs jugemens. — Dumées, *Tr. de juridict.*, p. 22, art. 3 et 4 ; Boutillier, *Somme rurale*, liv. 1er, tit. 3.

BAILLIAGE DU PALAIS.

1. — Juridiction instituée uniquement pour les marchands qui avaient des boutiques dans les galeries du Palais de justice, à Paris.

2. — L'origine de la justice particulière de l'enclos du Palais remontait à l'année 1358. — Delamarre, *Tr. de la police*, liv. 1er, tit. 10, chap. 5, p. 179 et suiv.

3. — Le bailliage du Palais était composé d'un bailli d'épée, de son lieutenant-général, d'un procureur du roi et d'un greffier.

4. — Le bailli du Palais disputait la préséance au prévôt de Paris et aux trésoriers de France à la grand'chambre, sur le banc des baillis et sénéchaux. Il avait le droit de siéger lorsque le roi tenait un lit de justice, et occupait dans cette cérémonie une place de distinction.

5. — Les sentences du bailliage du Palais relevaient directement du Parlement; c'était devant cette cour qu'étaient portés les appels.

BAILLIE, BAILLIAGE.

1. — Etendue de la juridiction et du ressort du bailli. — Laurière, *Gloss. du dr. fr.*, vo *Bailliage*.

2. — Ce mot avait d'autres acceptions. Suivant Coquille (*Cout. du Nivernois*, chap. 1er, t. 2, p. 30, édit. de 1666), anciennement le mot bailliage signifiait droit de protection ; le bailli devait assistance et secours à ceux qui *étaient opprimés en fait de justice*; il pouvait ou infirmer la sentence, ou évoquer l'affaire, en cas de négligence du juge inférieur.

3. — On donnait aussi le nom de bailliage à l'hôtel qui servait de siége à la juridiction du bailli, et quelquefois à l'office même du bailli.

4. — Nous avons vu enfin au mot *bailli* que, dans certaines provinces de France, les bailliages se nommaient *sénéchaussées*. — V. ce mot.

5. — On n'est pas d'accord sur l'époque précise où les baillis furent créés; plusieurs systèmes ont été présentés sur l'origine de cette institution.

6. — Bien que l'on trouve dans quelques capitulaires le mot *bajulus* (bailli), il est certain que cette expression n'avait pas alors la signification qu'on lui a donnée depuis. — « On entendait par le mot *bajulus*, dit Brussel (*Usage des fiefs*, t. 1er, p. 495), le tuteur d'un prince, ou l'officier domestique d'un monastère, ou même celui d'un évêque. » — V. aussi Hincmar, opusc. 11, c. 6; Frédégaire, c. 86 ; Ducange, *Glossaire*, vo *Bajulus*.

7. — Chantereau Lefèvre et Ducange prétendent que les comtes, s'étant rendus héréditaires, commirent à des baillis le soin de garder en leur nom le comté et d'y rendre la justice; ils ajoutent que les rois, à l'imitation des comtes, instituèrent aussi des baillis dans les villes du domaine royal.

8. — Delamarre (*Tr. de la police*, t. 1er, p. 30 et 31) explique l'origine des baillis d'une autre façon. Il dit « que nos rois de la troisième branche envoyèrent en premier lieu dans les provinces (qui dépendaient immédiatement des hauts seigneurs), des commissaires choisis dans leur conseil, pour y maintenir leur autorité, connaître des cas royaux et protéger le peuple ; mais les seigneurs particuliers s'étant plaints de cette inspection, qui les rappelait à leur devoir et contenait leurs officiers, il fallut encore céder au temps, et que l'on cessa d'en envoyer. Qu'alors nos rois se contentèrent d'en fixer quatre ordinaires, sous le titre de baillis, qui eurent leur siége à Vermande (aujourd'hui Saint-Quentin), à Sens, à Mâcon et à Saint-Pierre-le-Moutier. — Que la ville capitale n'eut aucune part à tout ces a us et à tous ces désordres des provinces. Que son magistrat toujours choisi dans le conseil de nos rois, y remplissait ses devoirs. Que de là vient que le prévôt de Paris fut le seul qui demeura dans cette plénitude de pouvoir des anciens comtes, et qu'il n'eut aucun bailli au-dessus de lui, etc... — Que l'autorité royale se rétablissant peu à peu, le nombre des baillis du royaume crût à proportion; et que Philippe Auguste par son édit de l'an 1190 en établit dans toutes les principales villes de son domaine. »

9. — Brussel (*Nouvel examen de l'usage général des fiefs*) a traité cette question historique avec beaucoup de soin. Il résulte de ses recherches « que ce n'est qu'en 1190 qu'il a été premièrement institué des baillis royaux supérieurs aux prévôts et tenants des assises. » — Quant aux baillis des hauts seigneurs, quoique Brussel reconnaisse qu'il en existait déjà quelques uns avant 1190, notamment en Normandie et en Champagne, il regarde comme fort douteux qu'ils eussent alors aucune supériorité sur les prévôts et que le droit de tenir assises leur appartînt.

10. — Berlin (*Mémoire de l'académie des inscript. et belles-lettres*, t. 40, p. 467) soutient, contrairement à cette opinion que l'établissement des baillis des seigneurs a précédé celui des baillis royaux; il soutient en outre, contre le sentiment de Pasquier, de Loyseau, de Ducange et de Delamarre, que l'établissement des quatre grands bailliages royaux est postérieur à l'an 1190 et date seulement des treizième et quatorzième siècles.

11. — Quoi qu'il en soit, il paraît constant que, dans les treizième et quatorzième siècles, les bailliages se donnaient à ferme et s'achetaient. — Saint-Louis défendit de les revendre par une ordonnance de 1154, art. 7. — En 1358, Charles V rendit un édit par lequel il déclara qu'il entendait que dorénavant aucuns offices appartenant au fait de justice ne fussent vendus ni baillés à ferme. — Joly, *Tr. des Offices*, t. 3, p. 829, no 28.

12. — Le nombre des officiers dont les bailliages étaient composés dépendait ordinairement de l'étendue de leur ressort. — Ainsi, dans les petits bailliages, il n'y avait qu'un bailli, un procureur du roi ou procureur fiscal et un greffier.

13. — Dans les grands bailliages royaux, le nombre des offices était très multiplié. On y comptait deux lieutenans, l'un pour le civil, l'autre pour le criminel, et quelquefois un lieutenant de police; des conseillers dont le nombre variait suivant les localités, un procureur du roi et plusieurs avocats du roi, un greffier.

14. — La compétence des bailliages était tout à la fois civile, criminelle, féodale, domaniale, ecclésiastique et municipale.

15. — Le bailliage formait une juridiction ordinaire; il connaissait en première instance de certaines causes, et prononçait, comme juge d'appel, dans quelques affaires soumises d'abord aux prévôts et autres juges inférieurs.

16. — L'ordonnance de Blois de 1759, art. 262, permettait aux baillis et sénéchaux, d'assister à tous jugemens émanant de leur siége, mais elle déclarait qu'ils n'y auraient pas voix délibérative. — Cette disposition n'était pas suivie en Provence.

17. — Les offices de baillis et sénéchaux, d'après l'ordonnance d'Orléans, art. 263, ne devaient être conférés qu'à des gentilshommes de nom et d'armes, âgés de trente ans au moins, et ayant commandé auparavant en qualité de capitaine, de lieutenant, enseigne ou guidon des gendarmes des ordonnances.

18. — Les baillis de robe longue étaient gradués; ils remplissaient habituellement les fonctions de juge; mais ils n'avaient pas, comme les baillis d'épée, le droit de convoquer ni de présider la noblesse dans leur district; ils ne jouissaient pas non plus des mêmes prérogatives honorifiques

19. — Lorsque l'usage des appels au parlement fut introduit dans les affaires ordinaires, les baillis et sénéchaux furent obligés de comparaître à la cour pour y défendre contre les appelans, les jugemens émanés de leur siége. — V. APPEL.

20. — Les baillis et sénéchaux avaient à la grand' chambre un banc particulier. — Il était défendu aux jeunes avocats de s'y asseoir. — V. AVOCAT.

21. — Au seizième siècle, on joignit à plusieurs bailliages des siéges présidiaux; de sorte que les mêmes officiers jugeaient tantôt comme officiers des bailliages, tantôt comme officiers du présidial. V. PRÉSIDIAUX.

22. — Tous les bailliages de la Lorraine et du Barrois furent supprimés par un édit du mois de juin 1751 et recréés par d'autres édits.

23. — Les bailliages, comme toutes les anciennes juridictions furent supprimés par la Constituante qui établit en France une nouvelle organisation judiciaire. — V. BAILLI, JUSTICE SEIGNEURIALE, ORGANISATION JUDICIAIRE, PRÉSIDIAUX, PRÉVOTÉ, SÉNÉCHAUSSÉE.

BAILLISSEUR.

Ce mot est employé dans l'ancienne coutume d'Amiens, art. 45, dans le sens de *gardiens* ou *baillistres* — V. BAIL (mat. féodale), BAILLISTRE, GARDE, GARDIEN.

BAILLISTRE.

1. — Vieux terme de jurisprudence servant à désigner celui qui avait la garde du mineur et l'administration de ses fiefs. — Dans plusieurs coutumes il signifiait seulement *tuteur* (*Cout. Boulogne*, ch. 6, art. 5). — Dans d'autres, *gardien, administrateur*. — Denizart, vo *Baillistre*.

2. — Le baillistre, comme vassal, devait foi et et hommage au seigneur duquel relevait le fief qu'il avait à bail; et comme seigneur, il recevait foi et hommage des vassaux du mineur.

3. — Le baillistre d'une haute seigneurie pouvait y accorder grace aux criminels. — V. Lettres patentes de Philippe le Hardi, de mai 1284, et Brussel, *Usage gén. des fiefs*, t. 1er, p. 218.

V. BAIL (matière féodale), BOURGEOISIE, GARDE, GARDE-NOBLE.

BAINS.

1. — On appelle *bains* toute préparation de fluide ou de vapeur, dans laquelle on se plonge, soit par plaisir, soit pour cause de santé. — On désigne aussi sous ce nom les établissemens ouverts aux baigneurs.

2. — Les corps municipaux étant chargés par la loi du 16-24 août 1790, tit. 2, art. 3, du maintien du bon ordre dans les lieux publics, et les établissemens de bains se trouvant dans cette catégorie, il appartient aux maires de faire des réglemens pour leur police intérieure.

3. — Ces fonctionnaires doivent veiller, par exemple, pour ce qui concerne les bains chauds, à ce que : — 1o les sexes soient constamment séparés ; — 2o les cabinets de bains soient pourvus de thermomètres ; — 3o les garçons et femmes de service s'assurent, pendant la durée des bains, que les baigneurs n'éprouvent aucune défaillance et ne se laissent point aller au sommeil, causes les plus fréquentes des accidens qui surviennent dans les bains publics ; — 4o les eaux de Barèges ou autres qui répandent une forte odeur, ne soient rejetées dans les ruisseaux qu'étendues d'une quantité d'eau naturelle suffisante pour rendre l'odeur insensible ; — 5o les glaces provenant en hiver des eaux soient fréquemment brisées au compte des chefs d'établissement. — *Dict. de police*, par Elouin, Trébuchet, et Labat, vo *Bains*, p. 92.

4. — Les bains minéraux sont inspectés, dans l'intérêt de la santé publique, par des médecins désignés à cet effet par le ministre du commerce. — Ord. 25 juin 1823. — V. EAUX MINÉRALES.

5. — Quant aux bains en pleine rivière, les corps municipaux peuvent faire des réglemens pour déterminer les endroits des rivières dans lesquels il est permis de se baigner, ainsi que les précautions de sûreté et de décence à prendre pour les baigneurs. — LL. 16-24 août 1790, 29 flor. an X.

6. — Jugé ainsi que l'arrêté par lequel un maire, pour prévenir les atteintes portées à la décence et à la morale publiques, déclare une partie de rivière spécialement affectée aux bains des femmes, et fait défense aux hommes de se baigner dans cette partie, est pris dans le cercle des attributions municipales ; et qu'en conséquence, le tribunal de simple police ne peut se déclarer incompétent pour reprimer les infractions. — *Cass.*, 15 oct. 1824, Sarrabayrouse.

7. — A Paris, une ordonnance du préfet de police, rendue en vertu des art. 2 et 32 de l'arrêté consul. du 12 messid. an VIII, renouvelée tous les ans, rappelle aux chefs d'établissemens de bains froids ou écoles de natation, ainsi qu'aux baigneurs, les règles auxquelles ils doivent se soumettre pour ne point blesser la morale ou troubler la sûreté publique. — *Dict. de police*, vo *Bains*, p. 93.

8. Les dispositions de cette ordonnance, qu'une longue expérience a confirmées, peuvent servir de base aux réglemens locaux sur cette matière. — Nous allons en résumer les principaux articles.

9. — Elle interdit, à Paris, de se baigner en rivière ailleurs que dans les bains ou écoles de natation autorisés, et aussi de se baigner dans le canal Saint-Martin, ni dans celui de l'Ourcq, dans l'étendue du département de la Seine. Les bains et écoles de natation ne peuvent être établis qu'avec l'autorisation du préfet de police, qui détermine les heures d'ouverture, le prix d'entrée.

10. — Les bains ou écoles de natation doivent être entourés de planches et fermés depuis le fond de la rivière jusqu'à son niveau par des perches en forme de grilles pour empêcher les baigneurs de passer dehors ou sous les bateaux. Des plongeurs sont attachés à chaque bain pour porter secours en cas de besoin. — Les bateaux et les bains sont tenus en bon état et garnis de tous les ustensiles nécessaires. — Les bains ne sont ouverts au public qu'après qu'ils ont été visités par l'inspecteur général de la navigation et des ports, assisté d'un charpentier de bateaux.

11. — On doit placer autour des écoles de natation, à l'intérieur, un filet assez fort pour empêcher les baigneurs de passer sous les bateaux ; il doit toujours être tendu.

12. — Il est défendu à toute personne, étant en bachot ou batelet, de s'approcher des bains ou écoles de natation, sous peine, par le propriétaire du bachot, de se voir retirer la permission.

13. — Il ne peut être tiré du sable qu'à vingt mètres au moins des bains ou écoles de natation.

14. — Les entrepreneurs de bains publics sont rangés par la loi du 25 avr. 1844 sur les patentes, dans la cinquième classe des patentables, et les entrepreneurs de bains de rivière en pleine eau, dans la sixième classe. — Les uns et les autres sont en conséquence assujétis : 1o à un droit fixe basé, suivant la différence des classes, sur le chiffre de la population de la ville ou commune où est situé

l'établissement; — 2° à un droit proportionnel du vingtième, sur le loyer d'habitation, et du quarantième sur les locaux servant à l'exercice de la profession.

BALAIS (Marchands de).

Les marchands de balais de bouleau, de bruyère et de grand millet, avec voitures ou bêtes de somme, sont rangés par la loi du 25 avr. 1844 sur les patentes dans la huitième classe des patentables, et imposés à : 1° un droit fixe basé sur le chiffre de la population de la ville ou commune où est situé l'établissement; — 2° un droit proportionnel du quarantième de la valeur de tous les locaux occupés par les patentables, mais seulement dans les communes de 20,000 ames et au-dessus. — V. PATENTE.

BALANCE.

1. — Instrument à deux bassins dont on se sert pour connaître et pour régler la pesanteur des choses qu'on achète ou qu'on vend.

2. — Tous ceux qui font quelque négoce sont tenus de se servir de balances bien ajustées; les officiers de police doivent y tenir la main surtout chez les débitans. — V. POIDS ET MESURES.

3. — De toutes les expériences faites pour s'assurer de la justesse des balances, la plus simple et la plus facile consiste à changer les poids d'un bassin à l'autre; s'il en résulte le même effet, la balance est juste; si au contraire il y a de la différence, l'instrument n'est pas suivant les règles.

V. ACTE DE COMMERCE, BALANCIER, BOULANGER.

BALANCIER.

1. — C'est une machine qui sert à frapper les monnaies, les médailles, les jetons, etc.

2. — Différentes restrictions commandées par l'intérêt général ont été apportées dans le droit de fabriquer ou de tenir des balanciers ou autres instrumens de même espèce qui peuvent servir à la fabrication de la fausse monnaie. — V. MÉDAILLES, MONNAIE.

3. — On donne aussi le nom de balancier à celui qui fabrique les poids et mesures et notamment les balances. — V. BALANCE, POIDS ET MESURES.

4. — Les marchands balanciers sont rangés par la loi du 25 avr. 1844 sur les patentes, dans la cinquième classe de patentables, et imposés à : 1° un droit fixe basé sur le chiffre de la population de la ville ou commune où est situé l'établissement; — 2° un droit proportionnel du vingtième de la valeur locative de la maison d'habitation et des locaux servant à l'exercice de la profession.

5. — Les fabricans de balanciers pour leur compte sont placés dans la sixième classe et imposés au même droit fixe, sauf la différence de classe, et au même droit proportionnel que les marchands. — V. le numéro qui précède.

6. — Les fabricans à façon sont rangés dans la septième classe et imposés également au droit fixe basé sur le chiffre de la population et à un droit proportionnel du quarante-quatrième de la valeur locative de tous les locaux occupés par les patentables, mais seulement dans les communes de 20,000 ames et au-dessus. — V. PATENTE.

BALANÇONS (Marchands de).

Les marchands de balançons sont rangés par la loi du 25 avr. 1844 sur les patentes dans la sixième classe des patentables, et imposés à : 1° un droit fixe basé sur le chiffre de la population de la ville ou commune où est situé l'établissement; — 2° un droit porportionnel du vingtième de la valeur locative de la maison d'habitation et des locaux servant à l'exercice de la profession. — V. PATENTE.

BALAYAGE ET NETTOIEMENT DE LA VOIE PUBLIQUE.

Table alphabétique.

BALAYAGE ET NETTOIEMENT DE LA VOIE PUBLIQUE. — 1. — Entretien de la propreté sur la voie publique par les citoyens et par l'autorité.

2. — La loi romaine y avait pourvu : « *Unusquisque secundum propriam domum aquæductus purget qui sub dio sunt (id est cœlo libero).* » L. 1, § 3, ff., *De viâ publicâ et si quid in eâ...* — « *Ædiles non permittant stercora projicere, neque morticina, neque pelles jacere.* » *Ibid.*, § 5.

3. — En France les premiers réglemens connus sont ceux qui suivirent la construction du pavé de Paris par Philippe Auguste en 1184.

4. — Le balayage et l'enlèvement au dehors des ordures, qui s'opéraient d'abord par les soins et aux frais des habitans en vertu d'un simple usage, furent mis légalement à leur charge par un arrêté de Philippe-le-Hardi de fév. 1285. — Alors, en effet, l'obligation du nettoiement était considérée comme faisant partie de celle de réparer et entretenir la voie publique, *purgatio refectionis portio erat*, et les propriétaires supportaient, *ut singuli*, chacun au droit de soi, la charge de réparer et entretenir la voie publique.

5. — Mais cette charge était accomplie avec tant de négligence que sur la plainte des habitans du faubourg Saint-Honoré, qui exposaient que les immondices refluaient jusque dans leurs maisons et leurs celliers, un réglement du prévôt de Paris, Guillaume Gormont, intervint le 3 fév. 1348, et pour la première fois prononça des peines pour le défaut de nettoiement de la voie publique. — Ce réglement fut suivi d'un réglement général pour la police rendue par le roi Jean le 30 janv. 1350, qui prescrivit les mêmes mesures.

6. — L'ordonnance de nov. 1539, art. 14, rendait les propriétaires et locataires voisins des maisons responsables les uns pour les autres en chacune rue.

7. — Cependant, au fur et à mesure que la ville s'accroissait, l'enlèvement des boues et immondices devenait plus difficile, et on ne pouvait parvenir à rendre exact et uniforme un ouvrage qui dépendait d'un concours aussi grand de personnes. — Pour remédier à cet état de choses, on établit une taxe annuelle sur les propriétaires de maisons et terrains situés dans Paris, et avec le produit de cette taxe on traita avec des entrepreneurs pour l'enlèvement des boues et immondices, le balayage restant à la charge des riverains. — V. BOUES ET LANTERNES.

8. — Aujourd'hui le nettoiement de Paris comprend deux parties bien distinctes : — le nettoiement à la charge de la ville; — le nettoiement à la charge des particuliers.

9. — En ce qui concerne les particuliers, les ordonnances de police, et notamment celle du 1er oct. 1844 sur le balayage, prescrivent aux propriétaires ou locataires de faire balayer complètement chaque jour, aux heures prescrites, la voie publique au-devant de leurs maisons, boutiques, cours, jardins et autres emplacemens, c'est-à-dire, jusqu'aux ruisseaux dans les rues à chaussée fendue, jusqu'au milieu de la chaussée dans les rues à chaussée bombée et sur les quais, jusqu'aux ruisseaux des chaussées sur les contre-allées des boulevards; — de faire gratter, laver et balayer chaque jour, aux mêmes heures, les trottoirs existant au-devant de leurs propriétés, ainsi que les bordures desdits trottoirs; — puis de mettre en tas les boues et immondices et de placer ces tas de la manière déterminée par les réglemens, et de tenir libre le cours des ruisseaux chacun devant soi.

10. — Une autre ordonnance du 27 juin 1843 prescrit en outre aux mêmes personnes, pendant tout le temps des chaleurs, de faire arroser aux heures prescrites la partie de la voie publique au-devant de leurs maisons, boutiques, jardins et autres emplacemens, et de faire écouler les eaux des ruisseaux pour en éviter la stagnation.

11. — Si à ces obligations on ajoute quelques dispositions spéciales pour les temps de glace et de neige, ou en cas de travaux sur la voie publique, etc., on aura à peu près toute la part à la charge des particuliers dans le nettoiement de Paris.

12. — De son côté, la ville fait balayer les places publiques, les traverses et escaliers des boulevards, les ponts, la portion des quais qui n'est point à la charge des particuliers, les ports, descentes d'abreuvoirs, escaliers de descente à la rivière, ruisseaux aboutissant aux égouts, abords intérieurs et extérieurs des barrières, et en général tous les points que les ordonnances n'ont point mis à la charge des habitans. — Elle fait enlever les boues et immondices déposées sur la voie publique, — elle fait curer les égouts, — elle fait arroser, pendant le temps des chaleurs, les promenades, boulevards, ponts et autres parties de la voie publique dont l'arrosement n'est pas à la charge des particuliers.

13. — Ces diverses parties du nettoiement sont l'objet de marchés faits avec des entrepreneurs, soit par adjudication, soit par voie de soumission. — A Paris ces marchés sont faits par le préfet de police, conformément aux dispositions de l'art. 41 de l'arrêté du 12 messid. an VIII. — Partout ailleurs ce sont les maires qui sont chargés de ce soin.

14. — La loi du 30 avr. 1790, tit. 11, art. 3, charge l'autorité municipale du soin de prendre toutes les mesures nécessaires pour assurer la propreté de la voie publique.

15. — L'art. 471, n° 3, C. pén., a sanctionné cette disposition en prononçant une amende d'un franc à cinq francs inclusivement, contre ceux qui auront négligé de nettoyer les rues ou passages dans les lieux où ce soin est laissé à la charge des habitans.

16. — La disposition générale de cet article suffit pour rendre punissable le défaut de balayage; il n'est pas besoin d'un réglement spécial qui ordonne cette opération. — *Cass.*, 7 avr. 1809, Bauguier; même jour, Triffiet. — V. *contrà* Bost et Daussy, *Lég. des Trib. de simple pol.*, v° *Balayage*, p. 67.

17. — Le droit de l'administration s'étend sur tout ce qui sert à la circulation publique des habitans, quand même cette circulation aurait lieu sur une propriété privée. — « *Parvi autem interesse debet utrùm publicus locus sit, an vero privatus, dummodo per eam* vulgò iter fiat, *quia iter facientibus prospicitur non publicis viis studetur, semper enim ea loca quæ vulgo iter solet fieri, eamdem securitatem debent habere.* » — L. 1, § 2, ff., *De his qui effuderint.*

18. — Une impasse à l'égard de laquelle il est établi qu'elle est livrée, pendant le jour, à la circulation publique, et que, bien que fermée pendant la nuit, elle sert pendant sa durée aux habitans des maisons qui y aboutissent, est soumise aux mesures prescrites par l'autorité municipale pour le balayage et le nettoyage des rues et passages. — Peu importerait d'ailleurs que cette impasse formât une propriété particulière. — *Cass.*, 2 juin 1837 (t. 1er 1838, p. 330), Guernelle.

19. — Il en est de même des cours *communes* existant dans une ville, s'il n'est pas constaté qu'elles sont closes et séparées de la voie publique de telle sorte qu'on ne puisse s'y introduire pendant le jour qu'en franchissant une clôture quelconque. — Le juge de paix ne pourrait excuser les contrevenans sous prétexte que ces cours ne sauraient être considérées comme des passages publics, et que les agens de police n'ont pas le droit d'y pénétrer pour reconnaître et constater la contravention. — *Cass.*, 22 avr. 1842 (t. 2 1842, p. 158), Martin.

20. — L'autorité municipale peut, au surplus, déclarer expressément, et par un arrêté obligatoire jusqu'à réformation, qu'une cour est considérée comme voie publique, et que les propriétaires et habitans des maisons intérieures de cette cour seront soumis à l'observation des réglemens locaux de police. — *Cass.*, 13 avr. 1839 (t. 1er 1840, p. 153), Devinck.

21. — Mais si le réglement local ne soumettait à l'obligation du balayage que le devant des maisons donnant sur *des rues habitées*, le procès-verbal dressé contre un contrevenant devrait constater cette circonstance; son silence à cet égard ferait supposer que le devant de la maison non balayé est situé sur une rue non habitée, et le jugement d'acquittement fondé sur ce que les rues de cette espèce sont nettoyées aux frais de la ville échapperait à la censure de la cour de Cassation. — *Cass.*, 23 nov. 1833, Bénard.

22. — Le maire n'a pas seulement le droit d'ordonner le balayage, il peut ordonner l'enlèvement de tout ce qui nuit à la propreté de la voie publique, comme l'herbe croissant devant les maisons, bordant les rues, ruelles et remparts. — *Cass.*, 17 nov. 1824, Vanderbuck.

23. — Et celui qui ne s'est pas conformé à un semblable arrêté ne peut être excusé sous le prétexte qu'il ne l'a pas connu, qu'il n'habitait pas encore sa maison lors de sa contravention, et que l'arrachement de l'herbe sur les remparts n'est pas une obligation des citoyens. — Même arrêt.

24. — Pour rendre la surveillance plus facile, le maire peut fixer les heures du balayage des rues et défendre d'y procéder à des heures autres que celles

indiquées. — *Cass.*, 28 août 1818, Adoric; 7 nov. 1826, Michel; — Legraverend, *Lég. crim.*, t. 2, chap. 3, p. 309; Carnot, *C. inst. crim.*, art. 137, n° 7.

25. — Et le tribunal de simple police ne peut renvoyer les contrevenans à un arrêté de police fixant ces heures sous le prétexte que des circonstances postérieures à cet arrêté doivent y faire apporter des modifications. — *Cass.*, 28 août 1818, Adoric.

26. — L'exécution du balayage par un propriétaire sur le devant de la maison qu'il habite ne le dispense pas du même devoir sur le devant d'un autre établissement qu'il possède de l'autre côté de la rue. — *Cass.*, 15 nov. 1827, Langlois.

27. — Mais d'une autre part le jugement de police ne peut étendre les dispositions de l'arrêté municipal, et si un réglement enjoint aux habitans des maisons riveraines de la grand'route de balayer le pavé une fois par semaine, le tribunal ne peut prononcer la condamnation d'un prévenu, sur le seul motif que tel jour de la semaine le devant de sa maison n'était pas balayé, puisqu'il est impossible d'en conclure que le balayage n'avait pas été fait l'un des autres jours de la semaine. — *Cass.*, 28 mai (et non mars) 1825, Pambier.

28. — C'est sur le propriétaire de la maison que pèse directement l'obligation du balayage. — Les ordonnances de janv. 1404, nov. 1539 et sept. 1608 le déclaraient expressément. — L'art. 1er de l'ord. de 1608 est ainsi conçu : « .... Et seront les maîtres des maisons devant lesquelles les ordures auront été trouvées contraints au payement de ladite amende, encore que fussent leurs valets ou chambrières ou autres qui y eussent jeté lesdites ordures. »

29. — La jurisprudence moderne a adopté le même principe. — Ainsi jugé que le propriétaire d'une maison donnant sur la voie publique pour défaut de balayage, ne peut pas être acquitté sur le motif que la contravention est le fait personnel de son locataire, l'obligation du nettoyage étant une charge de la propriété. — *Cass.*, 13 fév. 1834, Fanière. — V. toutefois Chauveau et Hélie, *Théorie du C. pén.*, t. 8, p. 300. — V. aussi Duvergier, *Louage*, t. 2 (contin. de Toullier, t. 19), n° 30.

30. — ... Et que l'obligation de nettoyer les rues ou passages pesant sur les propriétaires ou locataires des maisons et non sur les domestiques, un tribunal de police n'a pu refuser de prononcer contre le maître la peine encourue pour défaut de balayage, sous le prétexte que le ministère public a agi contre l'usage en le faisant citer au lieu du domestique, ni sous le prétexte qu'en cas de récidive le maître encourrait la peine de l'emprisonnement. — *Cass.*, 6 sept. 1822, Duvergey.

31. — Carnot, en citant ce dernier arrêt (art. 471, n° 3, C. pén.), fait difficulté d'en admettre l'esprit; il se demande si ce ne serait pas plutôt le cas de la responsabilité *civile* des maîtres. Mais la responsabilité civile ne s'applique qu'aux infractions personnelles aux domestiques. En matière de balayage, l'obligation et par conséquent la contravention est personnelle au maître de la maison. C'est le cas de l'application du principe de la loi romaine : « *Habitator suam* suorumque *culpam* » *præstare debet.* » (L. 6, § 2, ff., *De his qui effuderint.*)

32. — Cependant le propriétaire est représenté, quant à cette obligation, par le principal locataire auquel il a loué sa maison. — *Cass.*, 10 août 1833, Martin.

33. — Ce sont ordinairement les locataires du rez-de-chaussée qui sont chargés du balayage chacun en face de soi; ceux qui occupent les pièces supérieures sont exempts de cette charge de police, s'il n'y a stipulation contraire. — Vaudoré, *Droit civ. des juges de paix*, v° *Balayage*, n° 2.

34. — Toutefois, la circonstance qu'un locataire occuperait le rez-de-chaussée ne dispenserait pas le propriétaire qui en habiterait une autre partie d'en faire balayer le devant. — *Cass.*, 13 nov. 1834, Rameau.

35. — Il ne pourrait pas s'en dispenser davantage quand même il n'habiterait pas sa maison qui ne serait pas louée, et que sa demeure en serait fort éloignée. — *Cass.*, 6 avril 1833, Bernard. — V. aussi *Cass.*, 17 déc. 1824, Vanderbuck.

36. — ... Pas plus que le principal locataire qui n'habiterait pas la maison et qui prétendrait que le soin du balayage est à la charge d'un locataire dont il ne ferait pas d'ailleurs connaître le nom. — — *Cass.*, 10 août 1833, Martin. — V. BAIL.

37. — A l'égard des églises et autres établissemens publics, l'obligation du balayage pèse sur ceux qui en ont été constitués concierges ou gardiens, et l'arrêté local qui les en charge expressément s'applique également au carillonneur d'une église, s'il est dépositaire des clefs et considéré comme le gardien de ce monument encore bien qu'il n'ait pas été chargé du balayage par la fabrique paroissiale. — *Cass.*, 16 mars 1821, Bulech.

38. — Aucune excuse ne peut dispenser de l'obligation du balayage, quand bien même le prévenu soutiendrait que, n'habitant pas la ville, il n'a pas eu connaissance du réglement. — *Cass.*, 17 déc. 1824, Vanderbuck; 9 juin 1832, Lafou c. Binaud. — V. POUVOIR MUNICIPAL.

39. — ... Ou que des circonstances nouvelles doivent y faire apporter des changemens. — *Cass.*, 28 avril 1818, Adoric.

40. — ... Ou qu'il avait l'intention de se conformer à l'arrêté. — *Cass.*, 7 nov. 1826, Michel.

41. — ... Ou qu'il n'avait pas encore eu le temps de le faire. — *Cass.*, 4 oct. 1827, Aufrou.

42. — ... Ou même qu'il était occupé au balayage au moment où le commissaire de police a fait sa tournée. — *Cass.*, 4 mars 1826, (int. de la loi), Sulpicy.

43. — Le réglement de police par lequel un maire fait défense aux habitans de la commune de former aucun dépôt de boues et d'immondices et de continuer d'en transporter sans autorisation sur un point quelconque de la commune, est légal et obligatoire, et le tribunal de police ne peut, considérant un terrain où depuis long-temps il avait été d'usage de les déposer comme un des établissemens insalubres maintenus par le décret du 15 octobre 1810, renvoyer les contrevenans des poursuites sous le prétexte que ce décret a modifié la loi de 1790, tit. 11, art. 3. — *Cass.*, 6 octobre 1832, Garrot.

44. — Lorsque plusieurs habitans d'une ville ont contrevenu à un réglement de police qui les obligeait à nettoyer le devant de leur porte, il n'existe entre les diverses contraventions aucune liaison qui puisse rendre les contrevenans responsables les uns des autres. Le tribunal de police doit prononcer contre chacun d'eux une amende individuelle, et ne peut se borner à les condamner solidairement à une seule amende. — *Cass.*, 22 avril 1813, habitans de Saintes.

45. — L'usage qui existe dans un grand nombre de communes d'affranchir les habitans du soin de nettoyer la voie publique au moyen de marchés passés avec des entrepreneurs n'est pas nouveau. — La première entreprise de cette nature a eu lieu en 1506, de l'autorité du parlement; diverses ordonnances intervenues depuis infligeaient une peine aux entrepreneurs qui remplissaient mal leurs obligations; celle du 28 janv. 1539 prononçait même la peine du fouet.

46. — Aujourd'hui, ces sortes de traités sont passés par l'autorité municipale, qui, agissant tout à la fois comme partie contractante et comme dépositaire du pouvoir de police qui lui est propre, stipule concurremment des dommages-intérêts et l'application des peines de police en cas d'inexécution de marché passé avec l'entrepreneur pour le nettoiement des rues et l'enlèvement des boues.

47. — Une jurisprudence presque constante a ratifié ces traités et déclaré que l'art. 1142, C. civ., ne leur était pas applicable.

48. — Ainsi, jugé que l'arrêté par lequel un maire met en adjudication le nettoiement des rues de la ville et l'enlèvement des boues, a pour effet de subroger l'adjudicataire aux obligations des habitans et de le soumettre personnellement aux peines de police que la loi prononce contre ceux qui négligent de nettoyer les rues et passages. — *Cass.*, 12 nov. 1813, Godin.

49. — Lorsque, par une clause de son bail, l'adjudicataire de l'enlèvement des boues d'une ville s'est soumis aux peines de police, les infractions par lui commises ne peuvent pas être considérées comme la violation d'un contrat ordinaire se résolvant en condamnations civiles; mais elles constituent des contraventions de la même nature que celles des habitans aux obligations desquels il s'est subrogé. — *Cass.*, 31 juillet 1830, Roy; 10 juill. 1835, Hortolès; 19 juill. 1838 (t. 1er 1842, p. 306), Greziller. — V. aussi *Cass.*, 26 juill. 1827, Petit.

50. — L'individu qui, en se rendant adjudicataire des boues et du nettoyage des rues d'une ville, s'est soumis aux peines de police à raison des infractions qu'il commettrait aux clauses de son bail, ne peut, en cas de contravention, être renvoyé des poursuites par le tribunal de police, sous le prétexte que des peines ne peuvent être l'objet d'une convention. — *Cass.*, 4 fév. 1831, Marot.

51. — La cour de Cassation, par application du principe que les réglemens municipaux n'ont pas besoin d'indiquer la peine applicable aux contrevenans, et que toute indication de cette nature qui ne serait pas conforme à la loi devrait être réputée non écrite, a même jugé que les peines de la récidive, quoique non stipulées dans le marché, étaient applicables à l'adjudicataire du nettoiement. — *Cass.*, 12 nov. 1813, Godin.

52. — Mais, pour que l'adjudicataire puisse encourir des peines de police, il faut qu'il s'y soit expressément soumis dans son traité en se subrogeant aux obligations des habitans. Si cette clause n'existait pas, il ne pourrait, en cas de négligence, être condamné qu'à des dommages-intérêts. — *Cass.*, 26 juill. 1827, Petit. — Cet arrêt est relatif à un marché passé pour l'éclairage d'une ville; mais les principes sont les mêmes dans les deux cas.

53. — Une seule fois la cour de Cassation a adopté le principe contraire en jugeant que les dispositions des arrêtés municipaux particulières aux adjudicataires n'avaient pas le caractère de généralité qui est de l'essence des réglemens de police; que les peines qui y étaient portées contre eux en cas d'inexécution de leur bail se rattachaient nécessairement aux clauses de ce bail, qui constituait un acte civil dont il ne pouvait résulter que des obligations civiles. — *Cass.*, 24 août 1821, Guenin.

54. — M. Carnot, sur l'art. 69 C. pén. (t. 1er, p. 267, note 1re), sur l'art. 471, même Code (t. 2, p. 559, n° 10), et sur l'art. 483, même code (t. 2, p. 663, n° 12), adopte pleinement les principes de cet arrêt, dans lesquels il est peut-être à regretter que la cour de Cassation n'ait pas persisté.

55. — En effet, quand le pouvoir municipal prescrit certaines mesures de police dans l'intérêt de la généralité des habitans, il ne fait que constater la mesure du sacrifice que chacun doit à l'intérêt commun. Celui qui s'y refuse commet une faute envers ses concitoyens, et il ne doit pas seulement la réparation du dommage, il doit encore subir une peine satisfactoire quant à lui et exemplaire quant aux autres. Dans cet ordre d'idées, il n'intervient aucun contrat entre le pouvoir qui ordonne et le citoyen qui obéit.

56. — Au contraire, quand, pour affranchir les habitans d'un service auquel ils sont personnellement tenus à raison même de leur agglomération, le pouvoir municipal traite avec un entrepreneur, il ne contracte pas vis-à-vis de celui-ci une obligation naturelle; il ne fait pas acte de police, il fait acte d'administration; il n'ordonne pas dans la mesure de ses pouvoirs et indépendamment de la volonté d'autrui; il stipule et débat un contrat qui ne deviendra obligatoire que par le consentement de l'autre partie; c'est même ce que la cour de Cassation a formellement décidé par son arrêt du 26 juill. 1627, Petit.

57. — Toute la question se réduit donc à savoir si un contrat synallagmatique peut, malgré les termes de l'art. 1107, C. civ., être soumis à d'autres règles que celles du droit civil; si, malgré l'art. 4 de la charte et les art. 6, 1128, 1131 et 1133, C. civ., l'application des lois pénales peut faire l'objet d'une convention; si celui qui a passé un marché avec une commune et qui, à ce titre, ne peut être contraint par corps, en vertu de l'art. 13 de la loi du 17 avril 1832, que pour une somme principale excédant 300 fr., peut, malgré l'art. 2063, C. civ., se soumettre indirectement à l'application de cette contrainte pour une somme moindre, en consentant que l'inexécution de l'*obligation de faire* qu'il a contractée se résolve pour lui, non pas en dommages-intérêts, mais en peine d'amende de police pour le recouvrement de laquelle, si minime qu'elle soit, il pourra être contraint par corps en vertu de l'art. 467, Code pénal. — La négative de ces diverses questions nous semble tout au moins probable, malgré l'autorité de la jurisprudence que nous venons de rapporter. — V. dans ce sens Chauveau et Hélie, *Th. C. pén.*, t. 8, p. 351 et suiv.

58. — La cour de Cassation elle-même a jugé, dans une autre circonstance, que les juridictions sont d'ordre public et qu'on ne peut pas se soumettre par un contrat à un tribunal et à des pénalités qui ne nous sont pas formellement imposées par la loi. — *Cass.*, 19 mai 1838 (t. 1er 1838, p. 602), Messemer.

59. — Mais l'entrepreneur du nettoiement qui dépose les boues qu'il a enlevées sur une place de la ville, malgré la défense de l'autorité municipale, qui lui avait assigné un autre emplacement, commet une contravention de police, quels que soient d'ailleurs les termes de son traité; ce n'est pas seulement son marché qu'il a enfreint, c'est la loi qui défend à tous les citoyens d'encombrer la voie publique. Aussi le tribunal de police saisi de la connaissance d'un pareil fait violerait les règles de sa compétence s'il se déclarait incompétent sous le prétexte que le cahier des charges de l'entreprise attribue au conseil de préfecture les contestations qui viendraient à s'élever relativement à l'exécution des conditions qu'il contient. — *Cass.*, 4 févr. 1831, Fieraert.

60. — Quand un marché a été passé avec un entrepreneur pour l'enlèvement des boues et immondices d'une ville, l'autorité municipale, dans le

but d'assurer la régularité du service, peut interdire à toute autre personne que l'entrepreneur ou ses agens de s'immiscer dans l'enlèvement des boues et immondices. En supposant que sous un certain point de vue cet enlèvement pourrait constituer un vol, dès-lors qu'aucune plainte n'est élevée à ce sujet, le juge de paix ne peut se déclarer incompétent pour statuer sur la contravention qui lui est dénoncée. — *Cass.*, 24 avril 1829, Anada.

61. — Les entrepreneurs généraux du balayage, de l'arrosage et de l'enlèvement des boues sont rangés par la loi du 25 avril 1844 sur les patentes dans la deuxième classe des patentables et imposés à : 1° un droit fixe calculé sur le chiffre de la population de la ville ou commune où est situé l'établissement ; 2° un droit proportionnel du vingtième de la valeur locative de la maison d'habitation et des locaux servant à l'exercice de la profession.

62. — Les entrepreneurs partiels de balayage et les entrepreneurs de l'enlèvement des boues sont placés dans la sixième classe et imposés, sauf la différence de classe, aux mêmes droits fixe et proportionnel que les entrepreneurs généraux. — V. PATENTE.

BALCON.

1. — Saillie attachée à un bâtiment, ordinairement environnée de balustrades, portée par des colonnes ou consoles, et destinée notamment à faciliter la vue. — On nomme aussi balcon la balustrade elle-même.

2. — Ducange dit que ce mot, qui vient du latin du moyen âge *balco* et de l'italien *balcone*, fut d'abord employé à Venise, selon Achorisias, ou à Gênes, selon quelques autres.

3. — Considéré comme saillies sur la voie publique, les balcons ne peuvent être établis que conformément à des réglemens particuliers dont il suffira de résumer ici les dispositions.

4. — Pour les petits balcons ou appuis de croisées sans construction nouvelle il faut une permission de la petite voirie, et la petite voirie est, comme on sait, placée dans les attributions du pouvoir municipal. — V. VOIRIE.

5. — MM. Elouin, Trébuchet et Labat (*Dict. de police*, v° *Balcon*) rappellent qu'aux termes d'un arrêté de police auquel ils donnent la date du 1er avr. 1797, la saillie des balcons en général ne peut excéder seize centimètres (six pouces). « On peut donner, disent-ils, une saillie plus considérable à ceux qui ont une grande étendue de longueur ; ils doivent être placés à dix pieds au moins du sol. Il ne peut être établi de grands balcons sans une permission de la grande voirie, à peine de démolition, confiscation des matériaux et d'amende. Les inspecteurs voyers visitent les localités en présence des propriétaires voisins, et la permission est accordée ou refusée sur leur rapport. »

6. — A Paris, les grands balcons ont quatre-vingts centimètres de saillie ; les petits balcons, y compris l'appui des croisées, vingt-deux centimètres ; les appuis de boutique seize centimètres et les appuis des croisées huit centimètres. — Ordonnance du roi rendue pour Paris, le 24 déc. 1823, art. 5.

7. — Les permissions d'établir de grands balcons n'y sont accordées que dans les rues de dix mètres de largeur et au-dessus, ainsi que dans les places et carrefours, et ce après une enquête *de commodo et incommodo*. — S'il n'y a point d'opposition, les permissions sont délivrées ; dans le cas contraire, il est statué par le conseil de préfecture, sauf recours au conseil d'état. — Dans aucun cas, les grands balcons ne peuvent être établis à moins de six mètres du sol de la voie publique. Le préfet de police est toujours consulté sur l'établissement des grands et petits balcons. — Même ord., art. 10.

8. — On ne peut avoir de balcon sur l'héritage clos ou non clos de son voisin, s'il n'y a dix-neuf décimètres de distance entre le mur où on les pratique et ledit héritage. — C. civ., art. 678.

9. — Cette distance se compte depuis la ligne extérieure des balcons ou saillies jusqu'à la ligne de séparation des deux propriétés (C. civ., art. 680). — Mais, ajoute M. Pardessus (*Tr. des servitudes*, n° 205), il ne s'agit que des balcons existant dans le mur où l'ouverture se fait.

10. — Si le mur opposé formant la ligne séparative des deux propriétés avait des balcons ou autres ouvrages avancés, leur saillie ne serait pas considérée, et la distance légale se mesurerait jusqu'à l'aplomb des fondations de ce mur. — Pardessus, *ibid.* — V. SERVITUDE.

BALEINE (Marchands de brins et raffineurs de blanc de).

1. — Les marchands de brins de baleines sont rangés par la loi du 25 avr. 1844, sur les patentes, dans la quatrième classe des patentables, et imposés à : 1° un droit fixe, basé sur le chiffre de la population de la ville ou commune où est situé l'établissement ; 2° un droit proportionnel du vingtième de la valeur locative de la maison d'habitation et des locaux servant à l'exercice de la profession. — V. PATENTE.

2. — Les raffineries de blanc de baleine et les ateliers pour le travail des fanons de baleine, sont rangés dans la classe des établissemens insalubres. — V. ÉTABLISSEMENS INSALUBRES (nomenclature).

BALEINE (Pêche de la).

1. — La pêche de la baleine a depuis long-temps été l'objet d'encouragemens qui ont donné naissance à des dispositions législatives spéciales dont les plus récentes sont les lois des 22 avril 1832, 9 juillet 1836, 5 juin 1841, 13 août 1841.

2. — Les encouragemens ont lieu par des primes, par certaines dérogations aux lois ordinaires dans la composition de l'équipage et la réception des capitaines, par les exemptions de droits.

3. — Les navires armés pour la pêche de la baleine sont connus sous le nom de baleiniers. — V. au surplus, pour tout ce qui rapporte à cette matière, PÊCHE MARITIME.

BALISAGE, BALISEUR.

1. — Le balisage exprime l'action de baliser, de placer des balises. — V. BALISE.

2. — Il désigne encore le curage, ou nettoiement des ports maritimes et des rivières : il consiste dans l'enlèvement de leur fond ou lit, des sables, troncs d'arbres, poutres, et autres objets qui peuvent les obstruer et nuire par suite à la navigation.

3. — On appelle baliseur celui qui est préposé au balisage des ports et rivières.

4. — Ceux qui autrefois veillaient à ce que les riverains laissassent un certain espace libre au bord des rivières pour le chemin de halage prenaient aussi le nom de *baliseurs*.

BALISE.

1. — Arbre, perche, mât, barre de fer, etc., surmonté d'un petit baril ou de quelque autre objet très visible, qu'on plante à l'entrée des ports, à l'embouchure des rivières et en d'autres lieux, au fond de l'eau, au-dessus de laquelle il s'élève à une certaine hauteur dans le but d'indiquer une passe, de signaler un écueil, et les endroits enfin où il y a du péril. — Dans quelques rivières on met les balises pour signaler les endroits qui ont une profondeur suffisante pour le tirage des bateaux.

2. — A terre, les balises prennent le nom d'*amens*; elles sont ordinairement colorées ou surmontées de drapeaux.

3. — La surveillance, la réparation et le rétablissement des balises sont mis par les art. 5 et 6, L. 14-20 sept. 1791, à la charge des corps communaux. — L'art. 7 prescrit aux pilotes lamaneurs, sous peine de trois jours de prison, de prévenir les officiers municipaux du canton ou de l'endroit où ils abordent de la destruction des balises, lorsqu'ils en ont connaissance, afin qu'on puisse y pourvoir.

4. — Aux termes de l'art. 38, décr. 12 déc. 1806, contenant réglement sur le service du pilotage, si les pilotes lamaneurs reconnaissent quelques changemens dans les fonds et passages ordinaires des bâtimens, et que les bouées, tonnes ou balises ne soient pas bien placées, ils sont tenus d'en faire les déclarations prescrites par les art. 36 et 37, c'est-à-dire dans les vingt-quatre heures, à l'officier militaire chef des mouvemens maritimes, au bureau du pilotage et au capitaine du port. — Le défaut de rapport est puni, d'après l'art. 36, de huit jours de prison.

5. — M. de Beaussant (*Code maritime*, t. 1er, p. 611) semble penser que le décret de 1806 a remplacé la loi de 1791 quant à la peine encourue par les pilotes lamaneurs qui ont négligé d'avertir de l'enlèvement ou de la détérioration des balises. — Peut-être est-ce aller trop loin : les deux textes ne nous paraissent point s'exclure : l'un, celui de 1791, a trait à la destruction des balises ; l'autre, celui de 1806, ne concerne que l'utilité du déplacement des balises existantes, eu égard au changement survenu dans le fonds de l'eau. — Ces deux cas sont parfaitement distincts, et les lois qui s'y réfèrent peuvent donc, sans aucune espèce d'inconvénient, exister simultanément, quant à ce du moins.

6. — Les balises, tonnes ou bouées dépendent aujourd'hui des attributions du ministre du commerce. — De Beaussant, t. 1er, p. 609.

7. — Par un arrêté du 15 mars 1820, le gouvernement des Pays-Bas prévoit et punit, comme délit la destruction ou dégradation des tonnes et balises, de la part des capitaines ou patrons qui se trouvent avoir, à force de voiles, rompu ou fait détacher de leurs cordages les tonnes et balises. — Merlin, *Rép.*, v° *Balise*. — Chez nous, en l'absence d'une disposition spéciale, on pourrait considérer un semblable fait comme constituant une contravention aux mesures de police prescrites par l'autorité administrative. — V. aussi de Beaussant, t. 1er, p. 611, et ses observations.

8. — Autrefois les navires étaient assujétis à un droit appelé *droit de tonnes et balises ou de balisage*, lequel était ordinairement de dix sous par chaque balise que le navire *empruntait*, c'est-à-dire près de laquelle il passait pour mouiller l'ancre. Cependant, dans quelques ports, ce droit se payait sur un autre pied. — Merlin, *Rép.*, v° *Balise*. — Ce droit, dont un réglement du 13 mars 1702 ordonnait le versement dans les caisses de l'état, a été supprimé en France par l'art. 29, L. 27 vendém. an II. — Il est encore perçu dans quelques pays étrangers, notamment en Hollande.

9. — Les droits de balises ne sont point considérés comme avaries ; ce sont, aux termes de l'art. 406, C. comm., de simples frais à la charge du navire. — V. AVARIES.

10. — Quant aux droits autrefois perçus pour le balisage en fait de navigation intérieure, ils ont été remplacés par un droit de navigation uniforme, établi par la loi du 30 flor. an X, et consacré par d'autres dispositions législatives subséquentes.

11. — Le mot balise exprime encore, en terme de pêche, une bouée indiquant l'endroit où est établi un filet au fond de l'eau.

12. — Enfin, on désigne également sous ce mot l'espace déterminé que les riverains doivent laisser libre pour le service de la navigation ; mais, pris dans ce sens il est peu usité ; on se sert plus communément du terme *chemins de halage*. — V. CANAUX, COURS D'EAU.

BALIVAGE.

1. — On nomme ainsi l'opération qui consiste à choisir et marquer les baliveaux qui doivent être conservés dans une coupe de bois. — V. BALIVEAUX, FORÊTS.

2. — Il est procédé à chaque opération du balivage par deux agens au moins ; le garde du triage doit y assister, et il est fait au procès-verbal mention de sa présence (L. 15-29 sept. 1791, tit. 5, art. 9 et 10 ; tit. 6, art. 12. — V. MARTELAGE.

BALIVEAUX.

1. — Arbres qui n'ont pas été coupés en même temps que les bois taillis, et qui ont été choisis pour les laisser croître en futaie (V. FUTAIE). — Les baliveaux se distinguent en *baliveaux de l'âge*, qui sont ceux du même âge que le taillis où l'on veut faire une coupe ; en *baliveaux modernes*, qui sont ceux qui restent dans une forêt après deux exploitations du taillis ; et en *baliveaux anciens*, qui sont ceux des coupes antérieures aux deux dernières.

2. — Les baliveaux doivent être choisis entre les arbres les plus vifs, et plus particulièrement entre les chênes. A défaut de chênes, on réserve des hêtres et des châtaigniers.

3. — L'adjudicataire doit représenter les baliveaux réservés, sans qu'on puisse admettre en compensation d'autres arbres non réservés que cet adjudicataire aurait laissés sur pied. — C. forest., art. 33.

4. — Jugé que l'adjudicataire qui aurait abattu des baliveaux devrait être poursuivi, encore qu'il eût laissé sur pied des arbres non marqués pour représenter ceux qu'il aurait coupés, et quand bien même ceux-ci seraient de même qualité et de même valeur. — *Cass.*, 23 fév. 1815, Florentin.

5. — Il ne pourrait non plus s'excuser sur ce que, un ouragan ayant abattu ou brisé plusieurs des arbres à lui adjugés, il lui était dû une indemnité. — *Cass.*, 7 avr. 1808, Forêts c. Parcheminy.

6. — L'empreinte du marteau royal sur les baliveaux forme de droit une déclaration authentique de la réserve qui en est faite, en faveur du domaine public. L'adjudicataire ne peut se permettre de les couper, sous le prétexte que les baliveaux marqués étaient compris dans son adjudication, sauf son recours en dommages-intérêts contre l'administration forestière. — *Cass.*, 16 août 1811, Forêts c. Gossent.

7. — Les tribunaux ne pourraient admettre non plus l'excuse que les baliveaux abattus avaient été marqués par méprise. — Ainsi, l'adjudicataire qui aurait abattu des arbres marqués ne pourrait être déchargé de l'amende sur le motif que le nombre

des baliveaux réservés existant, lesdits arbres faisaient partie du lot qui lui avait été adjugé.— C'est à l'administration forestière et non aux tribunaux à décider si, par erreur, ses agens ont en effet marqué plus d'arbres qu'il ne fallait, et si ceux qui ont été abattus faisaient réellement ou non partie de l'adjudication. — *Cass.*, 6 germ. an X, Burin.

8. — D'après l'art. 46, tit. 15 de l'ordonnance des eaux et forêts du mois d'août 1669, si pendant l'usance, des baliveaux étaient abattus par accident, l'adjudicataire devait en faire avertir les officiers, afin qu'ils en marquassent d'autres.

9. — Les baliveaux sont soumis à l'usufruit. Mais l'usufruitier ou ses héritiers ne pourraient prétendre une indemnité pour les coupes qu'il aurait négligé d'en faire pendant sa jouissance. — C. civ., art. 590.

BALLONS POUR LAMPES (Fabricans de).

1. — Les fabricans de ballons pour lampes, pour leur compte, sont rangés par la loi du 25 avr. 1844 sur les patentes, dans la septième classe des patentables, et imposés à : 1° un droit fixe basé sur le chiffre de la population de la ville ou commune où est situé l'établissement; — 2° un droit proportionnel du quarantième de la valeur locative de tous les locaux occupés par les patentables, mais seulement dans les communes de 20,000 ames et audessus.

2. — Les fabricans à façon sont rangés dans la huitième classe des patentables et imposés, sauf la différence de classe, aux mêmes droits fixe et proportionnel que les fabricans pour leur compte. — V. PATENTE.

BALLOTS DE MARCHANDISES.

1. — En matière de douanes, les marques et numéros des balles, ballots, caisses, etc., de marchandises, doivent, au cas d'importation par mer, être indiqués en toutes lettres dans le manifeste ou déclaration en gros signé du capitaine, qui exprime la nature de la cargaison. — L. 4 germin. an II, tit. 2, art. 1er.

2. — De plus, l'art. 9, tit. 2, L. 22 août 1791, veut que les mêmes marques et numéros soient mis en marge des déclarations en détail, que l'armateur, le consignataire ou le conducteur des marchandises doivent faire lors de leur arrivée dans les bureaux de douanes.

3. — En cas d'excédant dans le nombre des ballots, caisses, etc., déclarés, cet excédant doit, aux termes de l'art. 20, tit. 2, L. 22 août 1791, être saisi, pour la confiscation en être prononcée avec amende de 100 francs.

4. — Si au contraire le nombre des ballots est moindre que celui porté en la déclaration, les maîtres des bâtimens, voituriers, et ceux qui auraient fait cette déclaration, doivent être condamnés solidairement en 300 francs d'amende pour chaque ballot, caisse, etc., manquant, à moins, au cas de naufrage ou de vol survenu depuis la déclaration donnée, qu'on ne représente le procès-verbal des juges constatant le naufrage ou la preuve du vol. — Même loi, art. 21.

5. — Il est même défendu de présenter comme unité dans les manifestes ou déclarations, plusieurs ballots ou autres colis réunis de quelque manière que ce soit, à peine de confiscation et d'une amende de 100 francs. — L. 27 juill. 1822, art. 16.

6. — Cependant, dans l'intérêt de la réexportation des objets de *smoglage*, l'administration permet de diviser les colis ainsi qu'il suit: ceux renfermant des raisins de Corinthe, en caissettes ou ballotins de 10 kilog. au moins (Déc. admin., 6 déc. 1817). — Ceux contenant du thé, en caissettes et ballotins de 8 kilog. au moins (Circul. 9 janv. 1818). — Ceux renfermant des tabacs en plusieurs petits ballots (Circul. 1er brum. an II).— Ceux qui contiennent des tafias et eaux-de-vie de graines, en barils de dix-huit litres environ (Déc. admin.) — Mais les divisions et transvasemens doivent avoir lieu en présence des préposés, dans l'enceinte des bâtimens gardés par eux (Circul. 1er brum. an II; Décis. 16 avr. 1818). — Fasquel, *Lois et régl. des douanes*, nos 685 et suiv.

7. — Le commerce a également la faculté de réunir en fardeaux deux sacs ou ballots pour en faire l'objet d'une seule pesée. Le fardeau est alors considéré comme unité. — Circul. 25 juill. 1834.

8. — Les colis ou ballots doivent, après leur vérification, être revêtus du cachet et du plomb de la douane. Lorsque deux sacs ou ballots ont été réunis en un seul fardeau, les deux colis ne sont revêtus que d'un seul plomb. — L. 17 déc. 1814; Circul. 15 juill. 1834.

9. — Certaines marchandises sont cependant soumises à un double plombage: l'un appliqué sur le colis à nu, le second sur le double emballage. — Ces marchandises sont celles prohibées présentées en colis pressés, et les fabrications prohibées.—L. 9 fév. 1832, art. 14; Ordon. 8 juill. 1834.— D'autres marchandises, au contraire, qui ne sont pas susceptibles d'être mises en ballots, telles que les peaux brutes, les plombs en saumons, les bois d'ébénisterie ou de treillis, etc., sont exemptées du plombage, etc. — L. 17 déc. 1814, art. 7.

10. — Du reste, les balles, ballots et autres enveloppes des objets qui se trouvent dans tous bâtimens, même de guerre, qui entrent dans les ports ou rades ou en sortent, montent ou descendent les rivières, peuvent être ouverts, ainsi que les écoutilles, chambres, armoires, par les préposés des douanes qui, à cet effet, peuvent aller à bord et y demeurer jusqu'au déchargement ou sortie. — L. 4 germin. an II, tit. 2, art. 8.

11. — Toutefois, une circulaire du 13 juill. 1814, du ministre de la marine, se fondant sur ce que les vaisseaux de guerre français ne sont pas visités par les douanes, à leur arrivée dans les ports de la Grande-Bretagne, recommande aux préposés français, par réciprocité, de s'abstenir, dans les ports français, de monter à bord des bâtimens de la marine royale d'Angleterre, et de se borner à les faire surveiller extérieurement. —Dujardin-Sailly, *Code des douanes*, B, 55 et 128.

V. au surplus DOUANES.

BALS PUBLICS.

Table alphabétique.

Acte de commerce, 48.
Affiche, 27.
Amodiation, 11 s.
Aubergiste, 21.
Autorisation, 5 s., 12, 23, 28. — (exhibition), 29.
Autorité municipale, 2 s., 9, 11 s., 15, 19 s., 24.
Bals masqués, 31. — publics (caractères), 16, 18. — particuliers, 14.
Cabaret, 10 s.
Café, 11, 22.
Clôture, 20.
Commune, 12.
Compétence, 8.
Droits des pauvres. 36.
Excuse, 21.
Fêtes et dimanches, 26.
Habitant, 12.
Heure, 20-24.
Infraction, 30.
Maire, 5, 12.
Patente, 49.
Préfet de police, 6, 8 s.
Restaurant, 18.
Théâtre, 31. — secondaire (redevance), 45.
Tribunal de Police, 28, 30

BALS PUBLICS. — 1. — On nomme ainsi (de βαλλιζειν *ballare*, danser) des assemblées de personnes qui dansent dans des lieux ouverts, à cet effet, au public.

2. — Un réglement du 30 déc. 1715 plaçait les bals publics sous la surveillance immédiate des officiers de police, et disposait que ceux qui y troublent l'ordre dans l'intérieur et à l'extérieur devaient être arrêtés et punis. — Aujourd'hui, les bals publics sont également placés, sous le rapport de leur police, sous la surveillance et la dépendance de l'autorité municipale. La loi du 16-24 août 1790, tit. 11, art. 3, porte, en effet, que les objets confiés à la vigilance et à l'autorité des corps municipaux, sont : le maintien du bon ordre dans les endroits où il se fait de grands rassemblemens d'hommes, tels que les foires, marchés, réjouissances et cérémonies publiques, spectacles, jeux, cafés, églises et *autres lieux publics*. — Les bals publics rentrent nécessairement dans cette dernière expression. — *Cass.* (ch. réunies), 7 nov. 1833, Barrois.

3. — Aussi a-t-il été jugé par la cour de Cassation que l'arrêté d'un maire relatif aux danses qui ont lieu dans les cabarets est pris dans les limites de l'autorité que la loi confie aux corps municipaux. — *Cass.*, 27 déc. 1828, Martin dit Loiseau. — C'est au surplus ce qui résulte des divers arrêts cités *infrà*, nos 8 et suiv.

4. — Ce droit de surveillance et de police entraîne, au profit de l'autorité municipale, le pouvoir de faire (sauf réformation de la part de l'autorité supérieure) les réglemens nécessaires pour assurer le maintien de l'ordre et de la tranquillité dans les bals publics. — L. 19 juill. 1791, art. 46.

5. — Il est même aujourd'hui constant et il résulte de la jurisprudence (V. *infrà* nos 8 et s.) que, par application de la loi de 1790, les bals publics ne peuvent être ouverts qu'après l'obtention d'une autorisation préalable, laquelle, dans les départemens, est donnée par les maires.

6. — A Paris, cette autorisation doit être demandée au préfet de police, chargé, conformément à l'art. 16, L. 28 pluv. an VIII, de tout ce qui concerne la police de la ville. — Une ordonnance de ce préfet du 31 mai 1833, dont les principales dispositions ont été empruntées à une ordonnance antérieure du 30 nov. 1830, et qui n'est guère aussi qu'une répétition d'une ancienne décision du préfet de police du 11 brum. an XIII et d'un arrêté de police du 12 pluv. an VI (V. Alletz, *Dict. pol. mod.*, t. 1er, vo *Bals publics*), a déterminé les formalités à observer pour obtenir l'autorisation des bals, concerts, banquets et fêtes publiques où l'on est admis, soit à prix d'argent, soit par souscription, billets ou abonnemens, et enfin par tout mode qui donnerait à ces réunions un caractère public. Elle a décidé, en outre, que cette autorisation pourrait arrêter l'heure et le lieu des réunions; qu'elle serait personnelle et incessible; que l'impétrant devrait entretenir à ses frais une garde suffisante pour le maintien de l'ordre et de la tranquillité; qu'il devrait faire chasser tout individu qui se serait rendu coupable d'outrage public à la pudeur ou qui aurait dansé d'une manière indécente; enfin, qu'il devrait refuser l'entrée à toute personne masquée, déguisée ou travestie, excepté pendant le temps du carnaval, ainsi qu'aux individus munis de bâtons, cannes ou armes quelconques qui n'auraient pas préalablement déposé à la porte ces bâtons, cannes ou armes.

7. — On a, il est vrai, soutenu que la nécessité de l'autorisation préalable était une atteinte portée à la liberté des industries proclamée par la loi des 2-17 mars 1791, puisqu'elle mettait l'existence même des bals publics à la disposition de l'autorité municipale; or, a-t-on dit, une mesure aussi essentiellement préventive ne ressort pas nécessairement du droit de police et de surveillance établi par la loi de 1790. — Mais cette doctrine a été repoussée par la cour de Cassation.

8. — Il a, en effet, été jugé que l'arrêté par lequel un maire, et à Paris le préfet de police, défend les bals publics, *sans une autorisation préalable*, est obligatoire comme ayant été pris dans le cercle de ses attributions. — *Cass.*, 11 mai 1832, Baneux; 13 avr. 1833, Barrois; 7 nov. 1833 (chambres réunies), mêmes parties; *Paris*, 6 janv. 1834, même affaire.— V. conf. Bost, t. 1er, p. 248.

9. — ... Et que par suite un tribunal ne peut se déclarer incompétent pour connaître des contraventions faites à cette ordonnance de police. — *Cass.*, 11 mai 1832, Baneux.

10. — La même doctrine ressort encore de l'arrêt qui décide que de ce qu'un réglement de police qui *interdit toutes réunions publiques* non expressément autorisées répute telles les assemblées pour danses *où l'on paie une rétribution*, il ne résulte point que les cabaretiers qui, à raison de leur profession, se trouvent compris dans la prohibition générale, puissent se dispenser de l'autorisation du maire pour laisser danser dans leur établissement, sous le prétexte qu'ils n'exigent aucune rétribution. — *Cass.*, 2 mai 1835, Allary.

11. — Et que, lorsque l'arrêté d'un maire défend à tous propriétaires exploitant des cafés, cabarets ou autres établissemens de ce genre, d'y tenir des musiciens, chanteurs, comédiens ou baladins à poste fixe, et d'y donner à danser, les tribunaux ne doivent pas refuser à cet arrêté force d'exécution, par le motif que les prohibitions qu'il contient n'ont pas pour objet le maintien du bon ordre, et qu'il interdit un moyen d'industrie inoffensif et licite. — *Cass.*, 7 juill. 1838 (t. 2 1838, p. 185), Ravena.

12. — Il a même été jugé que l'arrêté par lequel un maire déclare qu'aucun bal public n'aura lieu sans son autorisation, et que les seuls *amodiataires* de la fête pourront en établir, est valable, et rentre dans l'exercice légal des pouvoirs conférés aux corps municipaux, puisqu'il a pour but de faciliter à l'autorité locale la surveillance qui lui est imposée dans l'intérêt de l'ordre public. — *Cass.*, 19 janv. 1837 (t. 1er 1837, p. 461), Tamisier; 25 sept. 1841 (t. 2 1841, p. 576), Levoyet.

13. — Les habitans de la commune dans laquelle cet arrêté aurait été rendu ne sauraient se soustraire à son exécution, la prohibition qu'il contient ayant pour but de faire profiter la commune de l'*amodiation* de tous les amusemens. — Mêmes arrêts. — V. POUVOIR MUNICIPAL.

14. — Toutes les décisions qui précèdent ne peuvent s'appliquer qu'aux seuls bals publics. Quant aux bals particuliers, les lois de 1790 et de 1791 ne les concernent pas. La cour de Cassation a donc dû décider que l'arrêté par lequel un maire interdit les réunions de plus de vingt personnes dans des maisons particulières et pour des bals particuliers excède les limites de ses attributions et n'est point obligatoire. — *Cass.*, 16 août 1834, Raousset-Boulbon. — On sait d'ailleurs que la loi du 10 avr. 1834,

sur les associations, ne s'applique pas aux simples réunions qui n'ont pour cause que des événemens imprévus, instantanés, temporaires, tandis que les associations ont un but déterminé et permanent. — V. ASSOCIATIONS ILLICITES.

15. — Bien que le droit de l'autorité munipale pour accorder ou refuser l'autorisation d'ouvrir des bals publics soit absolu, et par cela même qu'il a ce caractère, on comprend qu'il doit s'exercer avec beaucoup de réserve et de tolérance. Il n'est peut-être pas sans intérêt de rapporter à cet égard qu'un arrêté du préfet de la Moselle, en 1807 (M. de Vaublanc), prescrivait aux maires de son département d'ouvrir des bals et jeux dans leurs communes, et de l'informer des obstacles qu'il pourrait rencontrer dans l'exécution de cette mesure. « La défense des jeux et bals, disait cet arrêté, nuit à la conservation des mœurs, puisqu'il est reconnu que les amusemens clandestins occasionnent plus de désordres que les amusemens publics, et que, si l'on interdit les divertissemens publics, la jeunesse en cherche d'autres qui sont plus dangereux pour les mœurs et le bon ordre. »

16. — Quant au caractère constitutif de la publicité d'un bal, il consiste principalement dans l'annonce qui en est faite ou dans le mode d'admission : si la réunion est portée à la connaissance du public par des affiches, par des avis distribués ou insérés dans les journaux ; ou bien encore si toute personne peut y être admise indistinctement, soit à prix d'argent, par souscription, soit par cachets, billets ou abonnemens. — *Encycl. du droit*, v° *Bals*, n° 4.

17. — Au surplus, c'est aux tribunaux à apprécier les circonstances constitutives de la publicité. — A la vérité, ainsi que le dit un jugement du 19 avr. 1836 (rapporté sous l'arrêt de Cassation du 18 nov. 1836 [t. 1er 1837, p. 244], Deffieux), lorsqu'un bal est établi dans un lieu public, c'est-à-dire dans un lieu où toute personne a le droit de se présenter, il y a présomption que ce bal est public ; mais cette présomption doit céder à la preuve contraire.

18. — Le même jugement a donc dû décider qu'un bal donné dans un restaurant et par plusieurs personnes qui se sont cotisées entre elles ne doit point être considéré comme public, ainsi que le serait celui qui aurait lieu par suite d'une souscription à laquelle toute personne aurait eu le droit de concourir. — Même arrêt.

19. — Mais l'arrêté par lequel un maire, pour faciliter la surveillance de la police rendue nécessaire par une grande affluence d'étrangers, ordonne que le jour de la fête patronale, les violons s'établissent sur la place où les danses doivent avoir lieu, et défend aux habitans de faire danser dans leurs maisons, est pris dans le cercle de ses attributions. En conséquence, les tribunaux ne peuvent se dispenser de réprimer les infractions faites à ce réglement. — *Cass.*, 1er août 1823, Lescot.

20. — Du droit de surveillance accordé à l'autorité municipale par les lois de 1790 et 1791, résulte pour les maires le pouvoir de déterminer, par des arrêtés, les heures de clôture des bals publics. — C'est ce qui a été jugé fréquemment dans des cas essentiellement analogues, où il s'agissait de clôture de cafés et autres lieux publics. — V. POUVOIR MUNICIPAL.

21. — Jugé par application de ce principe que la contravention à un arrêté de préfecture défendant aux aubergistes de faire danser dans leurs maisons après une heure fixe, ne peut être excusée sur le motif qu'il est constaté par un certificat du maire de la commune que, les jours de fêtes et de foires, il est d'usage de danser après les heures de police. — *Cass.*, 18 août 1832, Schiellein.

22. — Jugé encore que le limonadier qui a laissé danser dans son établissement, après l'heure fixée par l'autorité municipale pour la fermeture, ne peut être renvoyé des poursuites sur le motif qu'il avait loué à un tiers, deux jours auparavant, la salle où les danseurs étaient réunis. — *Cass.*, 2 mai 1835, Guilbon.

23. — L'ordonnance de police précitée (n° 6), du 31 mai 1833, dispose qu'en aucun temps les bals ne peuvent se prolonger au delà de onze heures de la nuit, à moins d'en avoir obtenu permission spéciale. — Art. 119.

24. — Un maire peut aussi valablement interdire aux particuliers eux-mêmes de rester à danser dans les bals publics, après une certaine heure de la nuit. — Il en est de ce cas comme de celui où il leur interdit d'aller boire ou jouer dans les lieux publics après l'heure indiquée pour leur clôture. — V. à cet égard POUVOIR MUNICIPAL.

25. — Toutefois lorsqu'un maire a pris un arrêté portant défense aux entrepreneurs de bals publics de faire danser dans leur établissement au delà d'une heure déterminée, mais qu'il n'a rien disposé quant aux individus qui s'y trouveraient encore après ladite heure, les individus qui, voyant ouverts ces établissemens après l'heure fixée pour la fermeture, y entreraient ou resteraient pour danser, ne seraient passibles d'aucune condamnation, ce fait n'étant point prohibé par la loi. — Il y a lieu d'appliquer à ce cas les principes consacrés par la cour de Cassation dans d'autres hypothèses relatives à des cafés, cabarets ou autres lieux publics. — V. POUVOIR MUNICIPAL.

26. — L'autorité municipale peut-elle défendre l'ouverture des bals publics les jours de dimanches et fêtes ? Les arrêtés qu'elle prend à cet égard sont-ils obligatoires ? — Voir pour la solution de ces questions le mot FÊTES ET DIMANCHES.

27. — Celui qui donne des bals publics ne peut, en l'absence d'arrêté municipal rendu dans ce but, être déclaré passible d'aucune peine pour n'avoir pas fait afficher dans son établissement les mesures d'ordre à observer pendant la durée du bal. — *Cass.*, 14 juillet 1888 (t. 1er 1845, p. 395), Martin.

28. — Toute personne qui ouvre un bal public sans autorisation et qui, nonobstant les défenses qui lui sont faites, persiste à admettre le public, doit être traduite devant les tribunaux de police. — Ordonnance de police 31 mai 1833, art 14. — Il en est également de même pour celles qui enfreignent les conditions de l'autorisation.

29. — La permission d'ouvrir un bal doit être exhibée à toute réquisition des maires et commissaires de police. — En cas de refus, la fermeture du bal est prononcée immédiatement par le préfet de police. — Les permissions doivent être renouvelées à leur expiration. — Même ord., art. 12 et 13.

30. — En outre, toute infraction aux dispositions de l'ordonnance de police précitée entraîne immédiatement l'annulation de la permission ; et, sur les procès-verbaux des officiers de police, les contrevenans sont traduits devant les tribunaux de police. — Même ord. art. 15.

31. — Le décret du 8 juin 1806 (sur les théâtres) disposait (art. 6) que l'Opéra serait le seul théâtre à Paris qui pût donner des bals masqués. — Mais cette disposition est tombée en désuétude ; et chaque année l'autorité accorde à d'autres théâtres l'autorisation nécessaire pour donner de pareils bals.

32. — Suivant l'art. 9 du même décret, dans les chefs-lieu de département, le théâtre *principal* devait jouir *seul* du droit de donner des bals masqués. — Et cette disposition a même été interprétée en ce sens que les entrepreneurs de spectacles jouissent exclusivement du droit de donner des bals masqués. — *Cons. d'état*, 8 mars 1811, Saint-Romain c. Quillac.

33. — Mais cette *interprétation* nous paraît erronée et nous pensons que l'article dont il s'agit doit s'entendre en ce sens, non que les directeurs de théâtre pourront *seuls* donner des bals masqués, mais que, dans les lieux où il y aura deux théâtres, le *principal* aura, *seul des deux théâtres*, le droit d'en donner. A la vérité, le réglement du 19 août 1814 porte (art. 21) qu'au temps du carnaval les directeurs de troupes jouiront *seuls*, dans les lieux où ils se trouveront, du droit de donner des bals masqués. Mais, outre que ce simple réglement ministériel semble avoir élargi, *outre mesure*, la pensée du décret de 1806, dont il étendait déjà les dispositions en appliquant à tous les lieux où se trouveraient les directeurs le droit que le décret restreignait aux *chefs-lieux de département*, il serait abrogé par l'ordonnance du 8 déc. 1821, dont l'art. 13, en reproduisant en partie la même disposition, se borne à dire « qu'au temps du carnaval, les directeurs jouiront du droit de donner des bals masqués *dans les théâtres dont l'exploitation leur est confiée* » ; mais il n'y est point dit que d'autres ne pourront point également en donner dans d'autres locaux. Ainsi, selon nous, c'est à tort qu'on regarderait les directeurs de théâtre comme ayant le monopole des bals masqués.

34. — Dans tous les cas, ce privilége ne s'étendrait point aux redoutes et bals non masqués. — *Cons. d'état*, 8 mars 1811, Saint-Romain c. Quillac.

35. — ... Ni, bien entendu, aux bals masqués donnés par des particuliers pour leur plaisir et sans rétribution.

36. — Les bals publics sont, depuis la loi du 7 frim. an V, assujétis à un impôt prélevé au profit des indigens. Cet impôt, fixé par cette loi au dixième de la recette brute, a été porté au quart de cette recette par la loi du 8 therm. de la même année, et reste maintenant définitivement fixé à cette quotité par le décret impérial du 9 déc. 1809. — Il figure chaque année, depuis 1816, dans les lois du budget, parmi les impôts dont la perception est autorisée. — V. aussi L. des finances du 24 avr. 1833.

37 — Le droit est du quart de la recette brute, alors même que les bals seraient donnés par le directeur d'un théâtre ; on ne peut prétendre que, dans ce cas, il soit seulement du dixième, comme pour la représentation théâtrale, la fixation au quart ayant été faite à raison du genre de divertissement. — *Cons. d'état*, 24 (et non 10) fév. 1817, Hosp. de Bordeaux c. le grand théâtre de Bordeaux.

38. — La taxe est due de quelque manière que se fasse la recette, soit qu'elle ait lieu sur billets pris à la porte, par abonnemens ou par voie de rétribution sur la danse. — Elle est due alors même que chaque billet d'entrée devrait être employé en consommation dans l'intérieur de l'établissement. — Circul. min. int. 26 fruct. an X.

39. — « Les bals et concerts *de réunion et de société*, où l'on n'entre que par abonnement, ne sont exceptés de la perception qu'autant qu'il est constant que l'abonnement n'est point public, qu'ils ne sont point la chose d'un entrepreneur, et qu'il n'entre dans ces réunions aucun objet de spéculation de la part des sociétaires ou des abonnés. » — Décret 26 nov. 1808, art. 2.

40. — Ce décret a été appliqué par le conseil d'état dans une espèce où il était constant, d'après les statuts de la société qui avait formé un bal par abonnement, que la réunion rentrait dans les conditions exigées pour que le bal ne fût pas réputé public. — *Cons. d'état*, 21 avr. 1836, bureau de bienfaisance de Saint-Quentin c. Société de Zelbouc.

41. — La perception de l'impôt établi sur les bals publics a dû être, de tout temps, chose fort difficile : une décision du préfet de police du 16 pluv. an X portait que : « les commissaires de police protégeraient les préposés au recouvrement de l'imposition et qu'ils seraient placés près des bureaux de recette et assisteraient aux comptes pour vérifier les billets payans et constater les sommes reçues. » — Mais on comprend que la surveillance, même poussée à l'extrême, ne parviendrait jamais à déjouer complétement les combinaisons de la fraude. — Aussi, les autorités locales sont-elles dans l'usage d'exiger, en accordant les permissions, le versement à forfait d'une somme déterminée. — *Dict. de police*, par Elouin, Trébuchet et Labat, v° *Bals*.

42. — Le décret du 2 nov. 1807 enjoint même au préfet de police de ne « délivrer aucune permission à danser dans les établissemens connus sous le titre de *guinguettes*, qu'à la charge de verser comptant dans la caisse des pauvres et des hospices de la ville de Paris, pour tenir lieu du quart de la recette qu'ils sont tenus de payer en faveur des pauvres, une rétribution qu'il fixera dans la proportion des abonnemens consentis par quelques uns de ces établissemens dans le cours des années précédentes. » — Et c'est en conformité de ce décret que l'ordonnance de police du 31 mai 1833 n'autorise la délivrance des permissions de bals dans les guinguettes et autres établissemens de ce genre que sous la condition imposée aux entrepreneurs d'acquitter de mois en mois et d'avance, au profit des pauvres, la taxe qui sera réglée par le préfet de police, en raison de l'importance de ces établissemens et suivant les gradations qui seront reconnues justes et nécessaires.

43. — Toutefois, cette dernière disposition a été critiquée comme excédant les pouvoirs de l'autorité municipale. — On a dit : — 1° que la fixation de l'impôt ne rentrait pas dans les mesures d'ordre et de sûreté attribuées à cette autorité ; — 2° que les lois de finances ne prescrivaient la perception que conformément aux lois existantes, et que si les lois existantes permettent les abonnemens passés de gré à gré entre la régie des pauvres et les entrepreneurs, elles n'autorisent pas l'arbitraire d'une fixation faite par le préfet de police ; — 3° qu'une pareille fixation imposée sans recours possible est contraire aux lois qui soumettent à un double degré de juridiction les contestations relatives à la perception de l'impôt. — V., au surplus, DROIT DES PAUVRES, THÉATRES.

44. — Aux termes de l'ordonnance de police du 31 mai 1833, les quittances pour la taxe des pauvres doivent être exhibées à toutes réquisitions des maires et commissaires de police, sous peine de fermeture du bal, laquelle est prononcée immédiatement par le préfet de police.

45. — Autrefois, les théâtres du second ordre, les petits théâtres, les spectacles de tout genre, et ceux qui donnaient des bals masqués, concerts ou fêtes dans la ville de Paris, étaient tenus de payer une redevance à l'Opéra ; cette redevance, abolie par la législation de 1789, a été rétablie et fixée au cinquième brut de la recette, déduction faite du droit de pauvres, par le décret du 13 août 1811.

46. — Ce décret, attaqué comme inconstitutionnel, avait été été respecté par la jurisprudence. —

Paris, 8 août 1828, et *Cass.*, 18 déc. 1832, Théâtres secondaires c. l'Académie royale de musique.

47.—Mais il a été abrogé par ordonnance royale du 24 août 1831.—V. DROIT DES PAUVRES, POUVOIR MUNICIPAL, THÉATRES.

48. — Les établissemens de danse et autres divertissemens offerts au public sont des opérations commerciales. En conséquence, les propriétaires de ces entreprises sont justiciables des tribunaux de commerce, à raison des engagemens contractés par eux pour les besoins de leurs établissemens. — Pardessus, *Cours de droit commercial*, n° 46.

49. — Les entrepreneurs de bals publics sont rangés par la loi du 25 avr. 1844, sur les patentes, dans la troisième classe des patentables et imposés à : 1° un droit fixe basé sur le chiffre de la population de la ville ou commune où est situé l'établissement; 2° un droit proportionnel du vingtième de la valeur locative de la maison d'habitation et des locaux servant à l'exercice de la profession.

BAN.

1. — Vieux mot qui s'entend de l'annonce publique d'une chose. — Ducange (*Glossaire*), et Guyot (*Traité des fiefs*, t. 1er, p. 346) lui donnent pour étymologie le mot latin *bannum*, qui veut dire *cri public*; Ferrière (*Dict. de pratique*) le fait, au contraire, dériver d'un mot allemand qui a le même sens.

2. — Dans les coutumes on donnait au mot *ban* diverses significations particulières, mais dérivant toutes du sens primitif que nous venons d'indiquer.

3. — Ainsi, on appelait *ban* la peine pécuniaire prononcée contre celui dont les bestiaux avaient causé un dommage à autrui. Cette peine n'avait lieu généralement qu'après que des proclamations avaient déclaré les domaines défensables. — Dunod, *Observ., sur la cout. de Bourgogne*, ch. 3, n° 8.

4. — Ce mot était aussi employé en matière criminelle pour désigner la peine infligée à un coupable condamné à sortir du royaume, et cela parce qu'on conduisait le banni à son de trompe hors des limites du territoire qu'il devait abandonner. Aujourd'hui cette peine est connue sous le nom de *bannissement*. — V. ce mot.

5. — On désigne encore sous le nom de ban de surveillance l'espèce de bannissement prononcée contre certains condamnés placés sous la surveillance de la police et consistant dans la prohibition d'habiter certains lieux. — V. BAN DE SURVEILLANCE, SURVEILLANCE.

6. — Dans la coutume de la Marche (art. 136, 137, 143, 146, 167, 168, 403 et 429), et dans celle de la baronnie de Château-Neuf (tit. 2, art. 4), on appelait *ban-arban*, les corvées, tant d'hommes que de bêtes, sans doute à cause de la proclamation qu'en faisaient les seigneurs auxquels elles étaient dues. — Merlin, *Rép.*, v° *Ban*.

7. — Une signification plus restreinte du mot *ban* était celle qui s'appliquait aux permissions publiques que quelques seigneurs donnaient aux habitans de leur territoire, de faucher, moissonner et vendanger, à l'époque convenable pour l'enlèvement de ces récoltes. Ce droit de police, enlevé aux seigneurs depuis l'abolition des droits féodaux, est aujourd'hui réservé à la police municipale dans un intérêt général. — Merlin, *ibid.*; *Encyclopédie du droit*, v° *Ban*, n° 4. — V. BANS DE VENDANGE, DE MOISSON.

8. — Le mot *ban* exprimait aussi la proclamation d'un prochain mariage, pour que ceux qui savaient quelques causes d'empêchement pussent les révéler. — V. BANS DE MARIAGE.

BAN DE SURVEILLANCE.

1. — On appelle ainsi la défense faite aux condamnés qui sont placés sous la surveillance de la haute police de venir habiter certains lieux.

2. — La désobéissance à cette prohibition constitue sous le nom de rupture de ban, une contravention punie par l'art. 45 du Code pénal d'un emprisonnement qui doit être prononcé par le tribunal correctionnel et ne peut excéder cinq années. — V. SURVEILLANCE.

BANS DE MARIAGE.

1. — Les bans de mariage, qui ont été remplacés dans notre droit civil par les publications, étaient en usage en France bien avant le concile de Latran, tenu en 1215 sous Innocent III, qui les prescrivit pour toute la chrétienté.

2. — Le concile de Trente a renouvelé cette disposition, convertie du reste en loi civile par l'art. 40 de l'ordonnance de Blois : « Pour obvier aux abus qui adviennent des mariages clandestins, avons ordonné que nos sujets ne pourront valablement contracter mariage sans proclamations précédentes de bans faits et par trois divers jours de fête avec intervalle compétent. »

3. — La publication des bans devait être faite en langue vulgaire, à haute et intelligible voix, au prône de la messe paroissiale, par le curé de la paroisse de l'une et de l'autre des parties, ou par son vicaire, ou par un prêtre par lui commis.

4. — L'intervalle nécessaire entre chacune des trois publications variait suivant les divers diocèses; dans celui d'Orléans, un jour d'intervalle suffisait; mais partout les publications devaient être faites seulement les jours de fête, c'est-à-dire tant les dimanches que les autres jours fêtés par le peuple.

5. — Les évêques et leurs vicaires généraux avaient, d'après l'ordonnance de Blois, le pouvoir d'accorder des dispenses de bans. — V. DISPENSES.

6. — Tous ceux qui avaient connaissance de quelque empêchement étaient tenus d'en donner connaissance au curé, alors même qu'ils ne pouvaient en fournir la preuve.

7. — De plus, certaines personnes aptes à empêcher le mariage, telles que le conjoint, le fiancé, les père, mère, tuteurs ou curateurs, pouvaient former opposition aux bans. — L'opposition signifiée au curé et par lui inscrite sur un registre destiné à cet usage, devait l'empêcher de procéder à la célébration du mariage, jusqu'à ce qu'il eût été donné main-levée, soit par la partie opposante, soit par le juge. — Et ce, sous peine, par le curé, d'une suspense de trois ans par le juge ecclésiastique, et d'une condamnation en dommages-intérêts envers l'opposant de la part du juge séculier.

8. — Mais la célébration du mariage au mépris de l'opposition aux bans n'en entraînait pas nullité si elle n'était pas fondée. — Pothier, *Tr. du mariage*, n° 81.

9. — Le juge compétent pour statuer sur la demande en main-levée d'opposition était le juge laïque, à moins que l'opposition ne fût fondée sur le lien provenant d'un premier mariage ou des fiançailles; alors c'était l'official juge ecclésiastique qui prononçait. — Pothier, *ibid.*

10. — Sous l'empire du Code civil, les deux publications qui doivent encore précéder le mariage, se font par l'officier de l'état civil à huit jours d'intervalle un jour de dimanche, devant la porte de la maison commune. — V. ACTES DE L'ÉTAT CIVIL, MARIAGE.

11. — L'expression de bans de mariage a été bannie de notre droit civil; elle ne désigne plus que les publications qui se font à l'église pour arriver à la célébration du mariage religieux.

BANS DE VENDANGE, DE MOISSON et autres.

Table alphabétique.

BANS DE VENDANGE, DE MOISSON et autres. — 1. — Indication faite par l'autorité de l'époque à laquelle chaque propriétaire peut commencer la récolte de ses fruits.

2 — Les Romains connaissaient l'usage des bans de vendange et moisson. — « *Præsides provinciarum, ex consuetudine cujusque loci, solent messis vindemiarumque causâ tempus statuere.* » (L. 4, ff., *De feris.*)

3. — En France, il y avait les bans de moisson, de vendange et de fenaison ou fauchaison; il y avait aussi les bans de mars et d'août et les bans généraux, le ban de pâturage, etc.

4. — Le ban de *fauchaison* ou *fenaison* avait pour but de fixer le temps où on pouvait faucher les foins et autres fourrages propres à la nourriture des bestiaux. — La coutume de Chaumont (art. 104) appelait *bannie* le temps dans lequel les raisins étaient en défense.

5. — Le ban de moisson déterminait l'époque où il était permis de couper les grains sur pied.

6. — Le ban de vendanges enfin fixait le temps où les vendanges pouvaient commencer.

7. — Ces divers bans avaient pour objet d'empêcher la récolte des fruits avant leur maturité, les anticipations ou les dévastations qui auraient pu se commettre sur les terres à cette occasion, et enfin de faciliter aux seigneurs et aux décimateurs la perception des droits qui leur appartenaient sur les fruits.

8. — Le droit de publier ces bans appartenait aux seigneurs haut-justiciers de préférence aux seigneurs de fiefs. — Le juge, sur les représentations à lui faites par le seigneur féodal, ordonnait ce qui convenait en pareil cas. — Dans les localités où le roi avait seul la justice, l'édit de nov. 1706 attribuait aux lieutenans-généraux de police exclusivement la publication des bans.

9. — Les coutumes où il était question des bans de moisson étaient celles d'Artois, de Boulenois, de Ponthieu, de Lille, de Lorraine et de Saintonge.

10. — L'usage des bans de *moisson* et de *fenaison* est depuis long-temps assez peu suivi en France. Ferrière, *Dict. de droit*, v° *Ban à moisson*. — Chopin (sur les *Coutumes d'Anjou*, liv. 2, part. 2, tit. 3, n° 5), dit également qu'il est aboli dans *presque* toute la France, et qu'il a été éteint en Vermandois et à Amiens, ainsi qu'on le voit ès-registres du parlement en ces termes : « Annulation de certain ban au temps de moisson ès-pays de Vermandois et d'Amiens par le roi Philippe, fils de saint Louis, au registre de la cour, intitulé : *Ordinationes antiquæ.* »

11. — Aussi, il ne faut pas confondre avec le ban de *moisson*, généralement aboli en France dès avant 1789, la publication qui devait être faite au prône, en vertu de l'art. 49 de l'ordonnance de Blois, à la requête des détenteurs d'héritages, du jour pris pour enlever les fruits et *grains venus et crus sur iceux*. — Cette publication ne se faisait que dans l'intérêt des décimateurs.

12. — Le ban de vendange, au contraire, avait été constamment maintenu par un grand nombre de coutumes, et notamment par celles d'Anjou, art. 185 et suiv.; du Maine, art. 203; de Bourges, tit. 15, art. 5; de Bourbonnais, art. 351; de Berry, ch. 15; de Nivernais, art. 51 et 52. — Cette dernière coutume désignait par l'expression de *bannie* la défense des vignes. — V. BANNIE.

13. — Le ban de vendange paraît avoir, de tout temps, été inconnu en Provence. — Merlin, *Rép.*, v° *Ban de vendange*, § 11. — En Normandie on ne reconnaissait aucun ban. — Vaudoré, *Droit rural*, n° 295.

14. — Les bans de fauchaison, moisson, vendanges et autres, considérés comme droits seigneuriaux, ont été abolis par les lois des 4 août 1789 et 7 sept. 1790, qui ont supprimé les justices seigneuriales.

15. — La loi du 28 sept.-6 oct. 1791, tit. 1er, sect. 5e, art. 1er, déclare que chaque propriétaire sera libre de faire sa récolte, de quelque nature qu'elle soit, avec tout instrument, *et au moment qui lui conviendra*, pourvu qu'il ne cause aucun dommage aux propriétaires voisins : d'où on a conclu l'abolition de toute espèce de bans.

16. — Cependant, un arrêté du 4 germin. an VI portait que les administrations municipales de cantons ruraux où l'ouverture des moissons, des vendanges et des fauchaisons est fixée par l'autorité publique, devaient veiller à ce que les époques n'en fussent désignées que dans les termes du calendrier républicain. Il semblerait donc plus juste de dire que les bans de moisson, de fenaison, étaient restés autorisés dans les lieux où l'usage en était reçu.

17. — En tous cas, les bans de vendanges avaient été expressément conservés : « dans les pays, porte l'art. 2, sect. 5e, tit 1er de la même loi, où le ban de vendange est en usage, il pourra être fait, à cet égard, un règlement chaque année par le conseil général de la commune, mais seulement pour les *vignes non closes*. — Les réclamations qui pourraient être faites contre le règlement seront portées au directoire du département, qui y statuera sur l'avis du directoire du district. »

18. — Le *conseil général de la commune* est remplacé aujourd'hui par le maire et non par le conseil municipal. — *Cass.*, 6 mars 1834, Leblan; — L. 18, fév. 1837, art. 14; — Miroir, *Formul. municip.*, t. 1er; Bost, *Org. et Attrib. des corps municip.*, t. 1er, p. 555; Vaudoré, *Droit rural*, n° 292; Rolland de Villargues, *Rép. du Not.*, v° *Ban de vendanges*, n° 6. — En effet, le maire seul a droit de faire des arrêtés et réglemens, et le conseil municipal délibère, donne son avis, mais il n'administre pas; or, dé-

terminer l'époque où il sera permis de vendanger, c'est faire un acte d'administration. — De même le *directoire du département* est remplacé par le préfet, et le *directoire du district* par le sous-préfet.

19. — L'art. 456, C. 3 brum. an IV, punissait les contraventions aux bans de vendanges d'une amende de la valeur de trois journées de travail ou d'un emprisonnement de trois jours.

20. — Le Code pénal, art. 475, n° 1er, prononce une amende de six à dix francs contre ceux qui auront contrevenu aux bans de vendanges ou *autres bans autorisés par les réglemens.*

21. — La loi de 1791 ne précise pas ce qu'on doit entendre par vignes *non closes.* — L'art. 52 de la coutume du Nivernais s'exprime ainsi : « Vergers, jardins et clos fermés étant aux vignobles peuvent être vendangés quand il plaira aux maîtres d'iceux ; aussi les jardins étant auxdits vignobles, prochains et joignant des maisons, avant l'ouverture du ban, sans danger d'amende et de confiscation. »

22. — Cette règle ancienne, applicable à un usage ancien, laisse également dans le vague ce qu'il faut entendre par vergers, jardins et clos *fermés.* — Il en résulte, selon nous, que c'est au juge à apprécier, dans sa sagesse, si telle ou telle clôture est suffisante pour affranchir une vigne du ban de vendange, et qu'il n'est point lié, pour la hauteur du mur ou la profondeur du fossé de clôture, par les termes de l'art. 6, sect. 4e, tit. 1er de la loi du 6 oct. 1791, applicable seulement au parcours et à la vaine pâture.

23. — La clôture doit être spéciale à chaque propriété. — Des vignes qui, bien qu'entourées d'une clôture générale, se subdivisent en diverses portions sans clôture, ne peuvent pas être réputées closes. — *Cass.*, 18 août 1827, Martinet ; — Chauveau et Hélie, *Th. C. pén.*, t. 8, p. 365 ; Rolland de Villargues, *Rép. du Not.*, v° *Ban de vendanges*, n° 5.

24. — Les propriétaires de ces diverses portions ne pourraient se soustraire au ban de vendanges, même en convenant mutuellement de vendanger avant l'époque fixée par le réglement municipal. — *Cass.*, 5 août 1830, François Arnaud ; — Magnitot et Delamarre, *Dict. de dr. admin.*, v° *Vendange ;* Bost, *Tr. organ. municip.*, t. 1er, p. 357.

25. — C'est au maire qu'il appartient de faire, chaque année, le réglement qui fixe l'ouverture de la vendange. — Ses arrêtés, à cet égard, sont obligatoires, sauf le recours des parties intéressées au préfet, qui statue sur l'avis du sous-préfet. — L. 6 oct. 1791, art. 1er, sect. 5e, tit. 1er ; — *Cass.*, 3 frim. an XII, Gengau ; 16 nov. 1810, Jeannin et Burzau ; 3 fév. 1827, Fleuriau ; — Magnitot et Delamarre, *ibid ; Encyclop. du dr.*, v° *Ban de vendanges*, n° 3.

26. — Les coutumes du Nivernais et de Berry prescrivaient au juge de prendre l'avis des propriétaires et vignerons avant de publier les bans ; cet usage s'est conservé, et les maires aujourd'hui l'observent encore. — Cependant aucune illégalité ne résulterait du défaut d'observation de cette formalité toute de convenance. — Rolland de Villargues, *ibid.*, n° 6.

27. — Le ban doit être annoncé par affiches ou par publications à son de caisse ou de trompe ; il n'est pas nécessaire qu'il soit approuvé par le préfet. — Bost, t. 1er, p. 355.

28. — Autrefois, si le juge refusait de donner le ban, les habitans pouvaient le requérir d'une manière authentique ; et si le juge persistait, ils pouvaient passer outre et faire leurs vendanges sans encourir de peines. — Merlin, *Rép.*, v° *Ban de vendanges*, n° 3.

29. — Cependant il peut exister tout à la fois un réglement général par le préfet, et un réglement local par le maire, sur le ban des vendanges ; le concours de ces deux actes n'a rien d'irrégulier ; et si quelques plaintes s'élèvent à cet égard, elles doivent être portées devant l'autorité administrative supérieure. — *Cass.*, 14 sept. 1833, David.

30. — L'arrêté ne peut avoir pour objet que l'ouverture de la vendange ; s'il défendait aux propriétaires de vignes non closes d'y entrer sans autorisation pendant un certain temps antérieur à l'époque de cette ouverture, il serait non obligatoire comme contraire à l'art. 475, n° 9, C. pén., qui ne punit ceux qui sont entrés sur un terrain chargé de grains en tuyau, de *raisins* ou autres fruits mûrs ou voisins de la maturité, qu'autant qu'ils ne sont ni propriétaires, ni usufruitiers, ni jouissant d'un droit de passage. — *Cass.*, 28 nov. 1839 (t. 2 1841, p. 553), Block ; 21 oct. 1841 (t. 2 1841, p. 553), No ; — Chauveau et Hélie, t. 8, p. 367.

31. — Dans les communes où existe l'usage du ban de vendanges, la prohibition de vendanger avant le jour fixé par le réglement existe de plein droit ; c'est une défense permanente et qui constitue en contravention celui qui vendangerait avant même la publication du ban. — *Cass.*, 16 nov. 1810, Jeannin et autres ; 25 févr. 1830, Duval-Laignier ; — Chauveau et Hélie, t. 8, p. 366 ; Magnitot et Delamarre, *loc. cit. ;* Rolland de Villargues, *Rép. du Notariat*, v° *Ban de vendange*, n° 8.

32. — Aucune extension ne peut être donnée aux termes du ban de vendanges. Lorsqu'un arrêté municipal fixant les jours d'ouverture de la vendange permet cependant de la commencer la veille de chacun des jours fixés, et ajoute que pour ce cas le samedi sera considéré comme la veille du lundi, il n'est pas permis d'en conclure que pour les autres jours l'avant-veille sera considérée comme la veille. — *Cass.*, 31 janv. 1833, Faye.

33. — Il n'est pas permis davantage d'exciper, contre l'arrêté municipal, d'un prétendu usage contraire ; et les tribunaux ne pourraient pas s'arrêter à un pareil moyen de défense. — *Cass.*, 3 janv. 1828, Buissard.

34. — La contravention au ban de vendanges étant maintenant punie par le Code pénal, n'est plus soumise à la prescription d'un mois établie par la loi du 6 oct. 1791 ; mais à la prescription d'un an, en vertu de l'art. 640, C. inst. crim. — *Cass.*, 26 mai 1820, Lamartellière ; 7 nov. 1822, Marseille-Soupirère ; 24 avr. 1829, Depeyta ; 20 oct. 1835, Verronneau.

35. — Il suffit d'être propriétaire de vignes dans la commune pour être soumis au ban de vendanges, bien qu'on n'y réside point.

36. — La défense de vendanger avant l'époque déterminée par le ban n'empêche point les propriétaires de retarder leur vendange, une fois le ban publié : ils sont libres de ne vendanger que quand cela leur plaît, point du tout même s'ils le préfèrent. — C'est ce qui avait déjà lieu autrefois. — Cout. Bourbonnais, art. 351. — Nouv. Denizart, v° *Ban de vendanges*, § 1er.

37. — Les dernières expressions de l'art. 475, n° 1, C. pén. : *autres bans autorisés par les réglemens*, ont fait naître les questions de savoir quels étaient les bans autorisés par les réglemens qui avaient survécu à l'abolition prononcée par la loi de 1791.

38. — Bourguignon (*Jurispr. des C. crim.*, t. 3, p. 126) pense que cet article ne s'applique qu'aux bans de vendanges et aux bans de pâturage, mais qu'il ne s'applique pas aux bans de fauchaison et de moisson, formellement abolis par la loi de 1791, ni à la clôture des colombiers. — V. aussi Chauveau et Hélie, t. 8, p. 365. — V. COLOMBIER.

39. — M. Rauter (*Traité du droit crim.*, t. 2, p. 235, n° 603) s'exprime ainsi : « ...Mais que veulent dire alors les mots *ou autres bans*, qui, dans le n° 1er qui nous occupe, suivent les mots *bans des vendanges ?* Il faut dire qu'ils signifient tous ceux qui peuvent se concilier avec le Code rural, ou qui seraient fondés sur une loi qui y aurait dérogé. S'il n'y a pas de loi pareille en ce moment, il pourrait y en avoir plus tard, et le Code, étant une loi générale, a voulu aussi embrasser toute cette matière. D'un autre côté, quoique les bans autres que ceux de vendanges soient prohibés, ils ne le sont pourtant que relativement aux récoltes que les propriétaires voudraient faire ; ils ne le sont point relativement aux jouissances communes, telles, par exemple, que celle de la seconde ou de la troisième herbe des prés, selon les localités... » — V. aussi Merlin, *Rép.*, v° *Colombier*, n° 13, p. 52.

40. — Il nous semble plus simple de dire que jamais les bans usités dans certains pays n'ont cessé d'être en vigueur, puisque la liberté de récolter proclamée en faveur des propriétaires n'a rien d'incompatible avec les usages suivis dans l'intérêt commun, et n'en emporte pas nécessairement l'abrogation. — En tous cas, le Code pénal, postérieurement à la loi du 6 oct. 1791, y aurait dérogé : et si celle-ci avait aboli absolument tous les bans de récoltes autres que ceux de vendanges, le Code a rétabli tous ceux qu'un usage immémorial a consacrés dans chaque localité. — Fournel, v° *Ban ;* Vaudoré, n° 294 ; Rolland de Villargues, *ibid.*, n° 8. — C'est d'ailleurs le système qu'a adopté en dernier lieu la cour de Cassation. — *Cass.*, 6 mars 1834, Leblan.

41. — Ainsi jugé que l'arrêté par lequel un maire proclame un ban de fauchaison, selon les anciens usages du pays, est pris dans le cercle de ses attributions : et ses infractions doivent être punies de peines de simple police. — Les règles applicables au ban de vendanges le sont également au ban de fauchaison ; c'est au maire qu'il appartient de le publier ; il n'a pas besoin pour cela de l'autorisation préalable de l'autorité supérieure ; et quoique commencée avant la publication du ban, la fauchaison prématurée constitue une contravention punissable, sans que l'arrêté obtienne pour cela un effet rétroactif, attendu qu'il ne crée pas la prohibition, mais qu'il la suspend. — *Cass.*, 6 mars 1834, Leblan. — V. cependant Bost, t. 1er, p. 359.

42. — Les bans de mars, d'août, et les bans généraux n'étaient usités que dans le ressort du parlement de Flandre. — Merlin, *Rép.*, v° *Ban de mars, etc.*

43. — Le ban de mars se faisait chaque année dans toutes les paroisses au sortir de la messe le dimanche, ordinairement le 15 mars ; il devait être affiché à la porte de l'église, à peine de 10 livres d'amende contre les baillis mayeurs, gens de loi et procureurs d'office, solidairement, applicable ladite amende, moitié au profit du seigneur, moitié à la table des pauvres de la paroisse. — Arrêt de régl. du Parlem. de Flandre, 14 août 1780, art. 1er.

44. — Il énonçait la manière dont les chemins et courans d'eau devaient être réparés et entretenus, ordonnait la restitution de toutes entreprises faites sur les chemins, prescrivait de couper les haies à quatre pieds, et de ne laisser le long desdits chemins aucune plante d'aulnette et aucun arbre à tête qui pût les offusquer et intercepter la circulation de l'air et l'accès des rayons du soleil. — Même arrêt, art. 2.

45. — Les bans d'août avaient lieu à l'ouverture de la moisson, ils avaient pour but de défendre de charrier, gerber ou avêturer, ou de glaner avant le lever ou après le coucher du soleil, d'emporter les gerbes ou avêtures d'autrui, de laisser les bestiaux manger ou endommager les blés ou autres avêtures droites ou abattues, enfin, de les mener dans les éteules d'autrui, sinon trois jours après l'enlèvement des récoltes. — *Comment. sur la Cout. de Lille*, tit. 1er, cité par Merlin, *Rép.*, v° *Ban de mars, etc.*

46. — Enfin, les bans généraux étaient ainsi appelés parce qu'ils portaient sur des faits de police communs à toutes les saisons de l'année. — Ils se publiaient avec ceux de mars et d'août. — Merlin, *Rép.*, v° *Ban de mars*, *etc.*

47. — Tous ces bans ont été abolis également, tant par les lois des 4 août 1789 et 7 sept. 1790 que par la loi des 28 sept.-6 oct. 1791 (tit. 1er, sect. 5e, art. 1er.

48. — Quant au ban de pâturage, ce n'est point un ban de récolte, et par conséquent il n'est pas pas compris dans l'abrogation prononcée par la loi du 6 oct. 1791.

49. — On nommait *ban en Provence* une amende imposée à ceux qui introduisaient leur bétail dans les terres défensables et dans les lieux où ils n'avaient pas le droit de les faire paître. — Merlin, *Rép.*, v° *Ban en Provence.*

50. — Les statuts de Provence réglaient le taux de la peine du ban, mais autorisaient les communautés d'habitans à l'augmenter. — Merlin, *ibid.*

51. — Ces infractions sont aujourd'hui prévues et réprimées par les lois générales, notamment par le Code rural du 28 sept.-6 oct. 1791 et par le Code pénal actuel.

BANALITÉ.

Table alphabétique.

BANALITÉ. — 1. — Le président Bouhier (*sur la Cout. de Bourgogne*, ch. 61) définissait la banalité « le droit d'interdire à ceux qui y sont sujets la faculté de faire certaine chose autrement que de la manière qui lui est permise, sous les peines portées par les lois, les conventions ou la coutume. »

2. — L'origine des banalités, comme celle des autres institutions féodales, a été diversement expliquée. Nous nous bornerons à résumer succinctement l'opinion émise à cet égard par les jurisconsultes les plus estimés sur ces matières.

3. — Pendant l'anarchie féodale, les seigneurs, qui exerçaient sur leurs serfs un empire absolu, leur imposèrent sans doute l'obligation d'aller aux moulins, aux fours, aux pressoirs établis dans leurs terres et qui étaient pour eux des objets de revenu. — Lorsque plus tard ils leur conférèrent l'affranchissement, ce fut presque toujours sous la réserve qu'ils resteraient soumis à la banalité. Cela résulte des termes formels de plusieurs chartes d'affranchissement qui se trouvent rapportées dans divers recueils de documens historiques. — V. notamment une charte d'affranchissement du faubourg Saint-Germain, de 1250, rapportée à la page 60 de la première partie des pièces justificatives de l'histoire de Saint-Germain-des-Prés; et une charte d'affranchissement de Gournai et de Bussière d'Aillac, rapportée dans le t. 2 des ordonnances du Louvre, p. 391. — Merlin, *Rép.*, v° *Banalité*, n° 10. — V. également Dunod, *Des prescriptions*, part. 3e, ch. 11, p. 398.

4. — On assigne encore une autre cause à l'introduction des banalités. — Il n'y avait point autrefois de moulins à vent en Europe, et les moulins à eau étaient fort rares. Les peuples étaient fatigués des moulins à bras. Le cours d'eau dans les lieux de leurs demeures ne leur appartenait pas. D'ailleurs ils n'avaient point de bois pour en construire, pour bâtir des pressoirs et faire chauffer des fours. De plus, l'argent leur manquait pour faire ces constructions. Les seigneurs leur offrirent de les faire, mais avec la condition que, pour se dédommager de cette dépense et de l'entretien dont ils se chargèrent, leurs sujets ne pourraient se servir d'autres moulins, pressoirs ou fours que des leurs; et que pour en avoir l'usage ils paieraient une rétribution modique. — V. le Pr. Bouhier, *sur Cout. Bourgogne*; Livonnière, *Des fiefs*, liv. 6, ch. 6; Delamarre, *Tr. de la police*, liv. 5, t. 9, ch. 3; Dunod, *loc. cit.*; Merlin, *Rép.*, v° *Banalité*, n° 2.

5. — Les banalités, du reste, ne s'appliquaient pas seulement aux moulins, fours ou pressoirs, mais encore aux taureaux, verrats, etc.

6. — La banalité conférait aux seigneurs le double droit : — 1° de contraindre les sujets de venir aux moulin, four ou pressoir banal; — 2° d'interdire à toute personne de construire, dans l'enclave de la banalité, des moulins, des pressoirs ou des fours. — La banalité de moulin donnait de plus au meunier le droit d'empêcher les meuniers voisins de venir *chasser* ou faire la *quête-mouture* (c'est-à-dire chercher les grains et rapporter les farines) dans l'étendue du territoire banier. — Henrion de Pansey, *Dissert. féod.*, v° *Banalité*, § 1er; Merlin, *Rép.*, v° *Banalité*, n° 1er.

7. — Le seigneur de la banalité ne pouvait pas obliger ses sujets à moudre, cuire ou presser hors de la seigneurie. — Dunod, *Prescriptions*, p. 400; Lapeirère, lett. B, n° 32.

8. — Il était tenu de les faire expédier, en sorte qu'après avoir attendu un temps que l'on fixait communément à vingt-quatre heures, ils pouvaient aller ailleurs. — Dunod, *loc. cit.*; Despeisses, *Des droits seigneuriaux*, tit. 6, sect. 3e, n° 14.

9. — Les banalités se partageaient en deux classes générales : elles étaient ou légales, ou conventionnelles. — Merlin, *Rép.*, v° *Banalité*, n° 3.

10. — Les banalités légales étaient celles qui étaient établies par la coutume. — Dans certaines provinces, le seigneur justicier avait, par cette seule qualité, droit de banalité, non seulement sur les hommes *levant et couchant* sous sa justice, mais encore sur les fiefs de ses vassaux qui n'avaient point de juridiction exercée. — Vigier, *Sur Angoumois*, art. 29. — Dans d'autres coutumes, les banalités étaient un droit attaché au fief, en sorte que le moulin, le four du simple seigneur féodal emportait de plein droit la contrainte de banalité sur ses sujets et tenanciers. — Merlin, *Rép.*, v° *Banalité*, n° 3. — V. aussi Dunod, *Prescript.*, part. 3e, ch. 11, p. 399; Henrion de Pansey, *Dissert. féod.*, v° *Banalités*, § 2.

11. — Les coutumes où la banalité était de droit commun étaient au nombre de onze : c'étaient celles d'Angoumois (art. 29); d'Anjou (art. 15); de Bretagne (art. 370); de Grand-Perche (art. 25); de la Marche (art. 301); de Loudunois (ch. 1er, art. 3); du Maine (art. 14); de Poitou (art. 34); de Saintonge (tit. 4, art. 7); de Sole (tit. 12, art. 2); de Tours (art. 17).

12. — Les banalités conventionnelles étaient celles qui dérivaient d'une convention. Elles se divisaient en deux classes :

13. — ... Les unes établies par le bail primitif, *in traditione fundi*, lorsque le seigneur, donnant un domaine à cens, imposait la banalité au preneur comme l'une des conditions de la concession. — Merlin, *Rép.*, v° *Banalité*, n° 3; Henrion de Pansey, v° *Banalité*, § 2.

14. — ... Les autres établies par convention synallagmatique, lorsque les habitans dépourvus de bois pour alimenter leurs fours, et de moyens pour construire des moulins et des pressoirs, avaient composé avec leur seigneur qui s'était chargé de la construction et de l'entretien, à la condition qu'ils ne pourraient porter ailleurs leurs grains, leurs pâtes, ni leurs raisins. — Henrion de Pansey, *loc. cit.*; Merlin, *Rép.*, v° *Banalité*, n° 3.

15. — Les banalités conventionnelles pouvaient être établies dans une seigneurie par un autre que le seigneur. Certains auteurs tenaient à la vérité que de pareilles conventions n'étaient pas valables sans le consentement du seigneur, qui pouvait, s'il le jugeait à propos, et quand même il n'avait pas droit de banalité, faire anéantir l'obligation qu'ils avaient contractée. — V. Brodeau sur Louet, lettre M, somm. 17; Legrand, *sur Cout. de Troyes*, art. 65; Henrion de Pansey, v° *Banalité*, § 5. — Mais Dunod (*Prescriptions*, p. 399 et 400) pensait au contraire que ce consentement n'était point nécessaire lorsque le seigneur n'avait point de banalité dans le lieu, et que ce n'était pas un droit ordinaire établi par la coutume. Seulement il enseignait que les sujets ne pouvaient, sans sa permission, s'assujétir par convention à la banalité d'un seigneur étranger, parce qu'il avait intérêt à empêcher qu'un autre seigneur n'acquît des droits dans sa terre et que ses sujets n'en tirassent les denrées. — V. également Ferrière, *sur Paris*, art. 61, gl. 1, n° 16.

16. — Quant aux titres nécessaires pour établir les banalités, il est évident qu'à l'égard des banalités légales, c'était la coutume elle-même qui en tenait lieu. — Henrion de Pansey, § 3; Merlin, v° *Banalité*, n° 4.

17. — A l'égard des banalités conventionnelles, lorsque les coutumes contenaient des dispositions sur ce point, on devait s'y conformer; lorsqu'elles étaient muettes, on se conformait à l'art. 71 de la coutume de Paris, d'après lequel nul seigneur ne pouvait contraindre ses sujets d'aller au four ou moulin qu'il prétendait banal, s'il n'en avait titre valable, ou aveu et dénombrement ancien. — Henrion de Pansey, *loc. cit.*; Merlin, *loc. cit.*

18. — L'art. 71 ajoutait : « et n'est réputé titre valable s'il n'est auparavant vingt-cinq ans. » — Par là les réformateurs de la coutume n'avaient pas entendu rejeter à perpétuité tous les titres qui ne seraient pas de vingt-cinq ans antérieurs à la réformation, et interdire à tout jamais l'établissement de nouvelles banalités; ils n'avaient pas non plus entendu exiger qu'à quelque époque qu'un titre fût produit il eût au moins alors vingt-cinq ans de date. — Pour saisir le véritable sens de cette disposition, il faut se reporter au temps où elle avait été rédigée. Depuis vingt-cinq ans, la France était déchirée par des guerres civiles, et des seigneurs avaient profité de ces désordres pour faire souscrire à leurs vassaux tous les actes qu'il leur avait plu. Or, pour mettre ces seigneurs dans l'impossibilité de s'en prévaloir, la coutume avait rejeté toutes les banalités établies pendant l'intervalle de 1555 à 1580; mais cette disposition était sans influence sur l'avenir. — Ferrière, *sur Coutume de Paris*, art. 71; Henrion de Pansey, § 3.

19. — La coutume de Paris n'expliquait pas ce qu'il fallait entendre par *aveu ou dénombrement ancien*; celle d'Orléans suppléait à son silence : « Aveu ancien, disait-elle, qui est au-dessus de cent ans. » — Ainsi, à la rigueur, on eût dû rejeter tous les aveux énonciatifs du droit de banalité dont la date était postérieure à 1480; toutefois Henrion de Pansey (v° *Banalités*, § 3) enseignait que cette rigueur devait être sagement tempérée suivant les circonstances; qu'ainsi lorsque les aveux étaient dans une forme non suspecte, lorsqu'ils avaient été suivis d'une possession continue et non contredite, ils devaient être admis, encore bien qu'ils ne fussent que de trente ou quarante ans antérieurs à la réformation de la coutume.

20. — L'assujétissement à la banalité pouvait être consenti, non seulement par un corps de communauté, mais encore par des particuliers personnellement. — Brodeau sur Louet, Lettre M, sommaire 17; Henrion de Pansey, v° *Banalites*, § 3.

21. — Pour être obligatoire contre tous les habitans composant un corps de communauté, il était nécessaire que le titre fût souscrit par l'universalité, attendu qu'il s'agissait d'une affaire à laquelle chacun d'eux avait un intérêt particulier. C'était le cas alors d'appliquer les principes : *Alteri per alterum iniqua conditio fieri non debet... factum suum cuique, et non alteri debet esse nocivum.* — Merlin, *Rép.*, v° *Banalité*, n° 4. — V. aussi d'Antoine, dans son commentaire sur la règle de droit canonique, *quod omnes tangit*; et Fréminville, *Traité du gouvernement des biens des communautés*, ch. 10; Henrys, liv. 3, quest. 19; Bannelier, notes sur Davot, t. 1er, traité 3, n° 42; Ferrière, *Sur Paris*, art. 61, gl. 1; Henrion de Pansey, v° *Banalités*, § 3. — Toutefois Dunod (*Prescriptions*, part. 3, ch. 11, p. 400) pensait que si un petit nombre seulement s'y opposait, sans de bonnes raisons, il était juste de les obliger à déférer à la majorité, pour que le caprice et l'opiniâtreté de quelques-uns n'empêchassent pas les autres de faire ce qui était avantageux à tous.

22. — Il était nécessaire, pour la validité du titre constitutif des banalités, qu'il renfermât une cause juste et raisonnable. — Merlin, *Rép.*, v° *Banalité*, n° 6; Henrion de Pansey, *loc. cit.*

23. — Suivant la plupart des auteurs, à défaut de titre, la possession, quelle qu'eût d'ailleurs été sa durée, était insuffisante pour établir la banalité. — V. à cet égard Boutaric, *Des droits seigneuriaux*; Ranchin et Ferrerius, sur la question 298 de Guy-Pape; Boyer, *décis.* 125; Merlin, *Rép.*, v° *Banalité*, n° 7; Henrion de Pansey, v° *Banalités*, § 3.

24. — D'autres auteurs faisaient à cet égard une distinction. Suivant eux, la possession seule était par elle-même impuissante à créer la banalité; mais lorsque celui qui la prétendait prouvait qu'il avait empêché qu'on ne se servît ailleurs, et que, depuis cette prohibition à laquelle on avait acquiescé, il avait joui de la banalité pendant trente ans, il pouvait à bon droit invoquer la prescription. — V. Dunod, *Tr. des prescript.*, part. 3e, ch. 11, p. 399; Despeisses, *Des droits seigneuriaux*, tit. 6, sect. 3e, n° 4; Lapeirère, lettre B, n° 32, et lettre P, n° 62; Guy-Pape, quest. 298. — V. toutefois *contrà* Henrion de Pansey, v° *Banalités*, § 4.

25. — Lors même que la possession était seule et qu'elle n'avait pas été précédée d'une prohibition, quelques auteurs enseignaient que, si elle était immémoriale, elle suffisait pour établir la banalité. — Lapeirère, *loc. cit.*; Guy-Pape, *loc. cit.*; Henrys, t. 1er, liv. 3, ch. 3, q. 34.

26. — Mais Dunod (*loc. cit.*) pensait qu'il fallait pour cela que la possession fût accompagnée de quelques adminicules qui fissent présumer qu'on en avait usé par droit de servitude, comme si les fours, moulins et pressoirs étaient rapportés dans les investitures et anciens dénombremens et qualifiés banaux. — V. également, en ce sens, Bacquet, *Des droits de justice*, ch. 29, n° 33; *Thes. décis.*, 16.

27. — La banalité une fois établie dans une localité, soit par la coutume, soit par un titre particulier, tous ceux qui demeuraient dans la banlieue y étaient également sujets. — Merlin, *Rép.*, v° *Banalité*, n° 8.

28. — Certains auteurs prétendaient que les curés, les nobles et les possesseurs des fiefs étaient exempts des banalités parce qu'elles étaient trop gênantes pour des personnes d'une certaine qualité et que c'étaient des espèces de servitudes personnelles auxquelles ils ne devaient pas être assujétis, particulièrement pour le pain qui ne se cuisait pas bien ordinairement dans les fours banaux. — Duplessis, *Des fiefs*, liv. 1er, ch. 2; Bacquet, *Des dr. de justice*, ch. 29, n° 36; Despeisses, *Des droits seigneuriaux*, tit. 6, sect. 3e, n° 11; Lapeirère, lettre B, n° 31; Auzanet, *sur Paris*, art. 71. — D'autres, au contraire, soutenaient que les banalités étaient des droits généraux qui affectaient l'universalité du territoire et des personnes qui y résidaient. — Delamarre, *Tr. de la police*, liv. 5, tit. 10; Chorier, liv. 2, sect. 12e, art. 17; Leprêtre, cent. 3, chap. 3; Brodeau, *sur Paris*, art. 71, n° 34; Peleus, quæst. 107. — V. aussi Dunod, *Prescript.*, p. 402. — D'autres enfin faisaient entre ces diverses classes de personnes certaines distinctions. — V. Henrion de Pansey, v° *Banalités*, § 8.

29. — Le seigneur haut-justicier était exempt de la banalité qui appartenait à un autre dans sa terre, parce que cette banalité était censée venir de lui, et que si elle avait été établie par convention avec ses sujets, ils n'avaient pu l'y assujétir. — Dunod, *Prescriptions*, p. 402.

30. — La question s'était élevée de savoir si les boulangers étaient assujétis à la banalité de moulin. Le Parlement de Paris, par arrêt du 18 sept.

1564 (rapporté par Bacquet, *Des droits de justice*, ch. 9), avait résolu cette question en condamnant les boulangers de Gonesse à porter moudre au moulin banal du lieu les grains dont ils faisaient le pain, tant pour la nourriture et provision de leur famille, que pour vendre au lieu de Gonesse, et en les déclarant affranchis de la banalité pour les grains par eux achetés hors de la banalité de Gonesse, pour faire du pain et le vendre en la ville de Paris et autres lieux hors le territoire de Gonesse. — V., dans le même sens, Legrand, *sur Cout. de Troyes*, art. 64; Lacombe, v° *Banalité*; Henrion de Pansey, v° *Banalités*, § 8.

31. — Mais, d'après l'arrêt précité, les farines et le pain transportés, et le blé acheté hors du territoire bannier étaient seuls affranchis de la banalité de moulin; d'où il résultait que les boulangers y étaient assujettis pour tous les pains qu'ils vendaient même à des étrangers, dans la circonscription du territoire banier. — Henrion de Pansey, *loc. cit.*

32. — Quant aux fours banaux, les boulangers étaient tenus d'y cuire, non pas tous les pains qu'ils vendaient dans l'enclos de la banalité, mais seulement ceux qu'ils vendaient aux baniers; ainsi, ils n'étaient pas obligés d'y cuire les pains qu'ils vendaient aux forains, même dans leur boutique. — Henrion de Pansey, v° *Banalités*, § 8.

33. — On admettait généralement que ceux qui étaient séparés du four banal par une distance ou par des obstacles tels qu'ils ne pussent y porter leurs pâtes sans courir le risque de les perdre ou sans exposer leur personne, étaient dispensés de servir la banalité. — Henrion de Pansey, v° *Banalités*, § 8.

34. — Quant au moulin, la chose souffrait plus de difficulté; cependant les auteurs inclinaient à admettre la dispense dans le cas où l'éloignement et la difficulté des chemins rendaient la servitude trop onéreuse. — V. notamment Basnage, *sur Cout. de Normandie*, art. 210; Henrion de Pansey, *loc. cit.*

35. — La banalité des fours et moulins était généralement considérée comme personnelle, et en conséquence, les blés et farines qui se consommaient dans le territoire y étaient sujets lors même qu'ils provenaient d'un sol étranger; au contraire, la banalité des pressoirs était considérée comme réelle, et dès-lors elle n'affectait que les fruits des vignes du territoire; mais elle les affectait alors même qu'ils en étaient extraits pour être consommés dehors. — Chopin, *sur Cout. de Paris*, art. 71; Brodeau, § 71, n° 30; Ferrière, *ibid.*, n°s 19 et 20; Dunod, *Prescript.*, p. 400. — Toutefois cette distinction était vivement combattue par Bouhier (*sur Coutume de Bourgogne*, ch. 41), et par Henrion de Pansey (v° *Banalités*, § 7); — et en effet, on ne voit pas sur quelles raisons elle était fondée.

36. — Quoi qu'il en soit, de cette différence généralement admise entre la nature de l'une et de l'autre banalité il résultait que, si l'on abonnait les banalités de fours et moulins, il n'y avait que les résidans qui fussent sujets à payer cet abonnement, mais que les forains contribuaient aussi à l'abonnement de la banalité des pressoirs. — Dunod, *loc. cit.*

37. — Lorsque la banalité était établie, nul ne pouvait y contrevenir impunément. Mais quelles étaient les peines attachées aux contraventions? — Les coutumes se partageaient à cet égard en trois classes: les unes autorisaient le seigneur à saisir et confisquer les chevaux, charrettes, harnais, grains, farines, pains et vendanges; les autres, moins sévères, ne prononçaient la confiscation que des farines, pains et vendanges; la troisième classe enfin était composée des coutumes muettes. A l'égard de ces dernières, on décidait que c'étaient les coutumes les moins sévères qui devaient y être appliquées. — V. sur ce point Valin, *sur Cout. La Rochelle*; Denizart, v° *Banalité*; Henrion de Pansey, v° *Banalités*, § 12.

38. — La banalité conventionnelle étant regardée comme une servitude, se perdait comme les autres droits seigneuriaux extraordinaires par le non-usage. — Ainsi, les communautés et généralités de sujets en acquéraient l'exemption par trente ou quarante ans de non-jouissance du seigneur et sans contradiction de leur part, lors même que les fours, pressoirs et moulins banaux étaient tombés en ruine, parce que le seigneur devait s'imputer de ne les avoir pas rétablis. — Dunod, *Prescriptions*, p. 401; Lapeirère, lettre P, n° 92; Chopin, *sur Cout. de Paris*, liv. 1er, ch. 27, n° 3; Coquille, *sur Nivernais*, tit. *Des fours*, art. 12; Legrand, *sur Cout. de Troyes*, art. 64, n° 42.

39. — A l'égard du particulier, on décidait généralement que s'il n'avait point eu chez lui de four ou pressoir dont il se fût servi constamment pour cuire son pain ou faire son vin, il n'avait pu prescrire l'exemption de la banalité en s'abstenant d'aller au four ou au pressoir banal, parce que le seigneur pouvait fort bien avoir ignoré le fait de ce particulier; mais s'il avait eu chez lui un four ou un pressoir où il eût cuit et pressuré, la plupart décidaient qu'alors il avait pu prescrire par trente ans. — Guy-Pape, quest. 298; Bacquet, *Des justices*, ch. 29, n° 30, Catelan, liv. 3, ch. 41; Despeisses, *Des droits seigneuriaux*, tit. 6, sect. 3e, n° 10; Henrion de Pansey, *Dissert. féod.*, v° *Banalités*, § 16.

40. — Quelques auteurs même faisaient à cet égard une distinction. Pour que la prescription de trente ans pût être invoquée, ils exigeaient que le four ou le pressoir eussent été hors de la maison du particulier, parce qu'alors seulement la possession avait eu un caractère de publicité suffisant. Mais lorsque le four ou le pressoir avaient été dans la maison même de celui qui s'en était servi, comme le seigneur n'était pas présumé avoir su leur existence, puisqu'elle n'avait été révélée par aucun fait patent et public, la prescription ne pouvait être invoquée qu'autant qu'elle s'appuyait sur une possession immémoriale. — V. Dunod, *Prescriptions*, p. 401; Lapeirère, lettre P, n° 39; Henrion de Pansey, *loc. cit.*

41. — Lorsque le seigneur trouvait la banalité trop à charge, pouvait-il y renoncer malgré ses sujets? — On distinguait à cet égard entre la banalité légale et la banalité conventionnelle.

42. — Lorsque le seigneur exerçait la banalité comme un droit attaché à sa seigneurie, on décidait généralement qu'il était libre d'y renoncer sans que ses sujets fussent fondés à élever aucune difficulté à cet égard. — Merlin, *Rép.*, v° *Banalité*, n° 9; Dunod, *Prescriptions*, p. 400; Henrion de Pansey, v° *Banalités*, § 11.

43. — Lors au contraire que la banalité était conventionnelle, on décidait que le seigneur n'y pouvait pas renoncer sans le consentement des habitans, qu'il fallait même des lettres-patentes suivies d'une information pour savoir si la chose convenait ou non à leurs véritables intérêts. — Merlin, *Rép.*, v° *Banalité*, n° 9; Dunod, *loc. cit.*; Henrion de Pansey, *loc. cit.*

44. — Il avait été jugé toutefois, par un arrêt du parlement de Grenoble, du 2 mars 1634, que lorsque le prix originaire de la banalité était en argent, et que, par suite de la diminution de valeur des espèces, ce prix ne se trouvait plus proportionné aux dépenses qu'exigeait l'entretien de la banalité, le seigneur pouvait renoncer à son droit, à moins que les vassaux ne voulussent augmenter le prix à dire d'experts. — Merlin, *loc. cit.*; Dunod, *loc. cit.*

45. — Mais cette décision, suivant Merlin (*Rép.*, v° *Banalité*, n° 9), devait être restreinte au cas où le prix de la banalité consisterait en argent. Lorsqu'il se payait en nature comme les choses conservent toujours entre elles une certaine proportion, le seigneur était censé recevoir en tout temps la même indemnité.

46. — Le régime féodal ayant été aboli par les décrets du 4 août 1789, on comprend que cette suppression devait nécessairement entraîner celle des banalités.

47. — En effet, la loi du 15 mars 1790, tit. 2, art. 23, déclara abolis et supprimés sans indemnité tous les droits de banalité de fours, moulins, pressoirs, boucheries, taureaux, verrats, forges et autres, ensemble les sujétions qui y étaient accessoires, ainsi que les droits de verte-moute et de vent, le droit prohibitif de la quête-mouture ou chasse des meuniers, soit qu'ils fussent fondés sur la coutume ou sur un titre acquis par prescription, ou confirmés par des jugemens.

48. — Furent toutefois exceptées de cette suppression et déclarées rachetables: — 1° les banalités qui seraient prouvées avoir été établies par une convention souscrite entre une communauté d'habitans et un particulier non seigneur; — 2° les banalités qui seraient prouvées avoir été établies par une convention souscrite par une communauté d'habitans et son seigneur, et par laquelle le seigneur aurait fait à la communauté quelque avantage de plus que de s'obliger à tenir perpétuellement en état les moulins, fours ou autres objets banaux; — 3° celles qui seraient prouvées avoir eu pour cause une concession faite par le seigneur à la communauté des habitans, de droits d'usage dans ses bois ou prés, ou de communes en propriété. — L. 15-28 mars 1790, tit. 2, art. 24.

49. — La suppression sans indemnité fut étendue même aux redevances ci-devant payées par les habitans, à titre d'abonnement de banalités de la nature de celles qui étaient supprimées sans indemnité, et n'étaient point dans le cas des exceptions qui viennent d'être énumérées. — *Ibid.*, art. 25.

50. — Il était fait défense aux ci-devant baniers d'attenter à la propriété des moulins, pressoirs, fours et autres objets de la banalité dont ils étaient affranchis; ladite propriété était mise sous la sauve-garde de la loi, et il était enjoint aux municipalités de tenir la main à ce qu'elle fût respectée. — *Ibid.*, art. 26.

51. — Le mode et le taux du rachat des banalités qui n'étaient point supprimées sans indemnité, furent réglés par la loi du 3 mai 1790, art. 18 et 21.

52. — La loi du 25 août 1792, art. 5, déclara supprimés sans indemnité tous les droits féodaux conservés par le décret du 15 mars 1790, et notamment ceux connus sous le nom de banalités, ainsi que tous les abonnemens, pensions et prestations quelconques qui les représentaient, à moins qu'ils ne fussent justifiés avoir pour cause une concession primitive de fonds, laquelle cause ne pourrait être établie qu'autant qu'elle se trouverait clairement énoncée dans l'acte primordial d'inféodation qui devrait être rapporté.

53. — Enfin la loi du 17 juill. 1793, allant plus loin encore, abolit et supprima sans indemnité tous les droits féodaux, même ceux conservés par la loi du 25 août 1792.

54. — Du rapprochement et de la combinaison de ces diverses dispositions il résulte que les seules banalités qu'ait épargnées la législation révolutionnaire, sont celles qui n'ont rien de féodal, c'est-à-dire qui sont prouvées avoir été établies par une convention souscrite entre une communauté d'habitans et un particulier non seigneur. — L. 15 mars 1790, tit. 2, art. 24.

55. — Ainsi jugé que les banalités purement conventionnelles librement consenties par une communauté d'habitans au profit d'un particulier non seigneur, n'ont pas été supprimées sans indemnité, comme les droits qui devaient leur origine à l'abus de la puissance féodale. — *Cass.*, 7 frim. an XIII, Bachelu c. comm. de Frasnes; 5 fév. 1816, comm. de Sistéron c. Roux et Crody; 16 nov. 1836 (t. 1er 1837, p. 353), comm. de Belgencier c. Ruel et de Panisse.

56. — Les banalités féodales, abolies par la loi du 15-28 mars 1790, ne peuvent revivre au moyen d'une possession continuée sans interruption pendant un temps suffisant pour acquérir la prescription, encore bien que cette possession aurait pour base un jugement rendu au possessoire. — Les banalités conventionnelles ne peuvent non plus s'acquérir ou se conserver par la simple possession. — *Cass.*, 16 juin 1841 (t. 2 1841, p. 388), Faucher c. comm. de Mezel.

57. — Jugé que pour qu'une banalité conventionnelle ait pu être établie sur une commune, il a fallu le consentement de tous les habitans. — *Grenoble*, 21 août 1832, Colomb c. Liothaud.

58. — ... Que toutefois c'est uniquement dans le cas où les habitans ont agi *ut singuli* que le consentement unanime et individuel de chacun d'eux a été nécessaire; — mais l'expresse unanimité de ce consentement n'a pas été nécessaire, si les habitans ont agi en corps de commune, *ut universi*, et représentés par leurs mandataires légaux régulièrement autorisés. — Même arrêt.

59. — Cela posé, le droit de demander la nullité ou la résolution de l'acte par lequel une banalité a été ainsi établie appartient exclusivement aux habitans agissant en corps de commune *ut universi*, et non point isolément à quelques uns d'entre eux. — Même arrêt.

60. — Jugé toutefois qu'une banalité n'a pu être valablement consentie que par l'universalité ou au moins une grande majorité des habitans; qu'elle n'a pu l'être par les consuls, syndics, ou officiers municipaux tout seuls. — *Cass.*, 16 nov. 1836 (t. 1er 1837, p. 353), comm. de Belgencier c. Ruel et de Panisse.

61. — Toutes les banalités ayant été supprimées, à la seule exception de celles qui seraient prouvées avoir été établies par une convention souscrite entre une communauté d'habitans et un particulier non seigneur, on a pu déclarer abolie comme féodale une banalité réclamée par une commune, lorsque, dans l'acte constitutif, le droit est stipulé au profit d'une personne reconnue comme seigneur, et que d'ailleurs, il n'est nullement justifié que tous les habitans aient concouru à établir cette servitude, ni à l'acquérir, ni qu'ils s'y soient tous individuellement soumis depuis cette acquisition. — *Cass.*, 31 mars 1813, comm. de Fossano c. Fenoglio.

62. — Lorsque, dans un contrat de constitution de rente, il a été stipulé un droit de mouture sur un moulin, il ne s'ensuit pas nécessairement que la constitution ait eu lieu pour rachat d'un droit féodal de banalité; une pareille stipulation peut s'entendre de la rétribution due au meunier pour ses peines de moudre le blé. — *Cass.*, 19 déc. 1820, hospice d'Evreux c. Hochon.

63. — Jugé que les lois de 1789 et 1793 qui, en

abolissant les banalités, ont exempté de la suppression les moulins possédés par les seigneurs, doivent s'étendre pareillement aux eaux nécessaires au jeu de l'usine, et que l'excédant est entré dans le droit commun. — Grenoble, 17 juill. 1830, Chazel c. Lombard.

64. — On ne doit pas confondre avec les banalités non féodales, déclarées rachetables par les art. 23 et 24, L. 15 mars 1790, les droits de pesage et mesurage, et autres semblables, quoiqu'ils sans indemnité par l'art. 17, même loi, spécialement relatif à cette espèce de droits. — Cass., 12 janv. 1825, de Tauriac c. comm. de Milhaud.

65. — En matière de banalité, l'exception de la chose jugée contre le maire et les officiers municipaux est opposable à chacun des habitans présens ou futurs. — Cass., 1er juin 1830, hab. du Beausset c. de Séran.

66. — Lorsqu'un individu s'oppose à ce qu'un préfet accorde à un autre particulier le droit de construire un moulin parce que le motif qu'une pareille construction préjudicierait à un droit de banalité conventionnelle, le préfet doit renvoyer à l'autorité judiciaire pour décider la question de savoir si le droit de banalité a été ou non supprimé. — Cons. d'état, décr. 11 août 1808, Doria c. Rusca.

67. — Jugé que la législation actuelle ne permet, sous aucun prétexte, de renouveler en faveur des communes les banalités de leurs usines, même celles acquises par elles à titre onéreux. — Cons. d'état, 29 avr. 1809, Félix et David c. Giraud.

V. DROITS SEIGNEURIAUX.

BANC DE SABLE.
V. ALLUVION.

BANC DES HUISSIERS.

1. — Chambre où se déposent les actes et pièces qui se notifient d'avoué à avoué.

2. — Anciennement le banc des huissiers occupait, dans la grand'salle, toute la ligne gauche de la porte d'entrée de la grand'chambre, où siège aujourd'hui la chambre civile de la cour de Cassation. — Tous les jours, de midi à deux heures, ce banc des huissiers recevait les innombrables significations venant des quatre cents études de procureurs.

3. — L'art. 97, décr. 30 mars 1808, veut qu'il y ait près de chaque cour ou tribunal une chambre ou un banc pour le dépôt des actes de palais. Cette mesure a pour but de simplifier le service.

4. — Quoique les avocats à la cour de Cassation se fassent des significations entre eux comme les avoués, il n'existe pas de banc des huissiers audienciers près de cette juridiction.

BANCS ET CHAISES DANS LES EGLISES.

Table alphabétique.

BANCS ET CHAISES DANS LES ÉGLISES. — 1. — La concession et la location des bancs et chaises dans les églises sont un des élémens des revenus des fabriques. — V. Décret du 30 déc. 1809, art. 65. — V. aussi Jousse, *Gouvernement des paroisses*, p. 67.

2. — Les principes qui régissent cette conces-

---

tion ou location sont différens suivant qu'il s'agit de bancs ou chaises mobiles appartenant au premier occupant, ou de bancs et chaises donnant droit à celui qui s'en est rendu concessionnaire à une place distincte, réservée et à demeure.

3. — À l'égard des chaises mobiles, les fabriques peuvent les régir elles-mêmes en chargeant une ou plusieurs personnes d'en percevoir le prix par chaque office, ou les mettre en régie. — Soit qu'elles régissent elles-mêmes, soit qu'elles mettent en régie, les fabriques n'ont pour cela besoin d'aucune autorisation. — Décret 30 déc. 1809, art. 66; — Affre, *Traité de l'administration temporelle des paroisses*, pag. 281.

4. — Le prix des chaises est réglé, pour les différens offices, par délibération du bureau des marguilliersapprouvée par le conseil de fabrique; cette délibération doit être affichée dans l'église.—Décret 30 déc. 1809, art. 64.—Il ne peut rien être perçu au-delà du prix ainsi fixé.

5. — Autrefois, dit Carré (*Traité du gouvernement des paroisses*, n° 276), il était admis généralement que le prix des chaises ne pouvait être exigé les dimanches et fêtes, aux messes, aux prônes et instructions qui se font ensuite, ni même chaque jour aux prières du soir et aux instructions qui ne se font pas dans la chaire; mais cette exception n'ayant été répétée par aucune disposition nouvelle, et celles du décret du 30 déc. 1809 étant conçues en des termes généraux, il est évident que le prix est exigible en toute circonstance où il y a *messe, office ou instruction*.

6. — Lorsque la location des chaises est mise en ferme, l'adjudication a lieu au plus offrant, dans la forme déterminée par le décret du 30 déc. 1809, et M. Affre décide que l'acte de bail doit être passé devant notaire; on y annexe la délibération du conseil portant fixation du prix des chaises.

7. — Le cahier de charges dressé par la fabrique, pour arriver à l'adjudication, doit contenir, indépendamment du prix des chaises, le nombre de chaises à fournir par l'adjudicataire et l'espace qui doit être laissé libre pour les personnes qui n'ont ni bancs ni chaises.

8. — Dans ce même cas de mise en ferme, on doit sur son produit, ainsi que sur celui des bancs et places, autres que ceux concédés à des individus ou à des familles (V. *infrà* nos 28 et suiv.), et après déduction des sommes que les fabriques auraient dépensées pour établir les sièges, prélever un sixième destiné à former un fonds de secours à répartir entre les prêtres âgés ou infirmes. — Décret 12 therm. an XIII, art. 5.

9. — Aucun membre de la fabrique ne peut se présenter comme adjudicataire pour la ferme des chaises et des bancs. — Décret 30 déc. 1809, art. 64.; — Affre, p. 226.

10. — Indépendamment du droit de louer les chaises et bancs mobiles à ceux qui se présentent pour les occuper, la fabrique a encore celui de concéder des places fixes aux paroissiens qui désirent avoir dans l'église soit des bancs, soit des chaises réservés et à demeure. — Décret *ibid.*, art. 68. — Tout ce qui va être dit s'applique à des sortes de concessions, soit qu'il s'agisse de bancs ou de chaises.

11. — Autrefois le droit de banc constituait pour les seigneurs un privilège personnel et transmissible à leurs héritiers. Mais ce droit, comme tous les droits honorifiques tomba sous le coup des lois des 12 juill. 1790 et 13-20 avr. 1791, dont l'art. 18 est ainsi conçu : « Tous les droits honorifiques et toutes les distinctions ci-devant attachés tant à la qualité de seigneur justicier qu'à celle de patron, devant cesser respectivement par la suppression des justices seigneuriales prononcée le 4 août 1789 et par la constitution civile du clergé, décrétée le 12 juillet 1790, les ci-devant seigneurs justiciers ou patrons seront tenus dans les deux mois et chacun en ce qui les concerne : 1° de faire retirer des chœurs des églises et chapelles publiques les bancs ci-devant patronaux et seigneuriaux. » —*Cass.*, 18 juill. 1838 (1. 2 1838, p. 405), Tissandier c. fabrique d'Opme; Limoges, 22 oct.1838 (1. 2 1838, p. 668), Maumont c. fabrique de Saint-Peyre. — V. aussi *Cass.*, 19 avr. 1825, Courcy c. curé d'Aunet.

12. — Aujourd'hui la loi ne reconnaît de *droits* à un banc : 1° qu'aux personnes *catholiques* qui sont rangées parmi les autorités civiles et militaires (Décret du 18 germ. an X, art. 47); — 2° aux membres du conseil de fabrique et aux deux marguilliers d'honneur choisis parmi les fonctionnaires publics domiciliés dans la paroisse. C'est ce qu'on appelle le banc de l'œuvre. — Décret 30 déc. 1809, art. 24.

13. — Ce droit est purement personnel. « Le législateur, dit M. Affre (p. 429), a en l'intention d'honorer le fonctionnaire et non de lui concéder

---

un droit utile. Il suit de là que quand un maire n'occupe pas la place qui lui est réservée, il ne peut la céder à un autre. »

14. — En outre celui qui a *bâti entièrement une* église peut également, sans concession, y retenir la propriété d'un banc ou d'une chapelle pour lui et sa famille tant qu'elle existera. — Décret 30 déc. 1809, art. 72.

15. — Si l'église avait été bâtie par *plusieurs personnes*, par exemple, si l'une d'elles avait fourni le sol, une autre les matériaux, etc., etc., elles ne pourraient réclamer *chacune en particulier* le privilège qu'à *celui* et à *ceux* qui ont bâti construire l'édifice, et à la condition de l'avoir bâti entièrement, c'est-à-dire d'avoir fourni les matériaux et les frais de main-d'œuvre. » — Carré, n° 480; Affre, p. 180.

16. — Mais l'exception des personnes dont il vient d'être parlé, nul ne peut devenir propriétaire d'un banc dans une église sans l'accomplissement de certaines conditions et formalités parmi lesquelles figure notamment le paiement d'un prix.

17. — Toute personne peut demander une concession de banc. — Les fabriciens eux-mêmes ne sont pas privés de ce droit, l'art. 64 du décret du 30 déc. 1809, qui dispose « qu'aucun membre du bureau des marguilliers ne peut se porter, soit pour adjudicataire, soit même pour associé de l'adjudicataire, des ventes, marchés de réparations, constructions, reconstructions ou baux des biens de fabrique », ne s'applique pas à ce cas.

18. — Toutefois, la concession ne peut être consentie à d'autres qu'à des catholiques. C'était là un principe généralement admis autrefois, puisqu'on allait même jusqu'à décider que le droit d'un patron fondateur ou d'un seigneur haut justicier était en suspens, s'il professait la religion réformée, tant qu'il restait attaché à sa secte, et qu'il ne pouvait le céder même à des catholiques. — M. l'abbé Boyer, *Admin. temp. des paroisses*, t. 1er, p. 448. — Aujourd'hui le principe ne semble pas douteux, puisque, même quand il s'agit des bancs réservés aux autorités civiles et militaires, l'art. 47 de la loi du 18 germ. an X ne dispose qu'en faveur des individus *catholiques* qui sont rangés parmi ces autorités. — V. aussi Carré, n° 288; Affre, p. 230.

19. — La concession ne peut également avoir lieu qu'au profit de personnes domiciliées dans la paroisse. C'est la conséquence forcée du principe qui veut que celui qui quitte la paroisse perde le droit au banc qui lui avait été antérieurement concédé. — V. *infrà* nos 44 et suiv.

20. — Toute demande en concession de banc doit être adressée au bureau des marguilliers. — Décret 30 déc. 1809, art. 69.

21. — La concession est faite par le bureau des marguilliers, qui doit, suivant les circonstances, obtenir l'autorisation, ou du conseil de fabrique, ou du préfet, ou du roi.

22. — L'autorisation du roi est nécessaire si la concession ou location a pour objet un immeuble ou une valeur mobilière excédant 300 fr. — S'il s'agit d'une valeur mobilière de 300 fr. ou au-dessous, l'autorisation royale n'est pas nécessaire et du préfet suffit.

23. — Enfin il suffit de la délibération du conseil de fabrique, si la concession ou la location est faite pour une prestation annuelle, et l'autorisation du préfet n'est pas même pas requise; c'est ce qui résulte de l'art. 70 du *décret du 30 déc. 1809*, qui porte que, dans ce cas, *la délibération du conseil est suffisante*. — C'est également ce qu'enseignent MM. Berryer, Hennequin, Odilon Barrot, Dupin, Parquin, Duvergier, de Vatismesnil, dans une consultation insérée au journal des conseils de fabrique, t. 2. — V. aussi en ce sens Affre, p. 227.

24. — Le décret du 30 décembre 1809 contient néanmoins une exception à ces règles lorsque la concession est demandée par un *bienfaiteur* ou *donateur*. Dans ce cas, la concession peut être faite sur l'avis du conseil de fabrique, approuvé par l'évêque et par le ministre des cultes. — Et Carré (*loc. cit.*) comprend parmi les *bienfaiteurs* les *fondateurs partiels*. En outre cette concession est faite *gratuitement*.

25. — La concession se fait par voie d'adjudication, après affiches et publications par trois dimanches pendant un mois. — Même décret, art. 32. — Toutefois, Carré fait remarquer que l'adjudication n'a pas lieu aux enchères et qu'il y a un bureau ouvert par ceux qui se proposent d'obtenir la concession, de préférence à celui qui en a fait la première demande, et communiquées ensuite au conseil.

26. — La préférence, entre les diverses personnes qui réclament la même concession, doit être accordée à celle dont les offres sont supérieures, sans égard à la qualité des impétrans. De même, celui qui offre un immeuble n'est pas préféré à celui qui offre une valeur mobilière ou une prestation annuelle supérieure à l'estimation de cet immeuble. Autrefois, dans certaines paroisses, les veuves et enfans du concessionnaire avaient droit à cette préférence, qui, au surplus, n'était pas elle même universellement reconnue. — Il n'en est plus de même aujourd'hui. — V. Carré, nº 290 (qui cite Jousse et Potier Germondaye, p. 231.)

27. — Ni les nouveaux ni les anciens réglemens n'exigent que le procès verbal d'adjudication soit notarié. — « Toutefois, dit M. Affre (p. 228), l'assistance d'un notaire présenterait souvent l'avantage d'une plus grande régularité, les marguilliers n'étant pas toujours bien au courant des formalités prescrites. Le bureau de la fabrique, ajoute-t-il, a le droit de constater le consentement et l'obligation des concessionnaires qui ne savent pas signer. »

28. — En principe, les concessions de bancs doivent être limitées à la vie du concessionnaire (art. 68, décr. 30 déc. 1809). Toutefois, l'art. 72 du même décret autorise le fondateur à se réserver la propriété d'un banc pour tout le temps de *son existence et de celle de sa famille*. — Et le même article accorde au bienfaiteur ou donateur le privilége de pouvoir obtenir une concession pour une pareille durée de temps. — Ces concessions prennent le nom de concession *perpétuelle*, bien qu'en réalité la durée en soit aussi limitée.

29. — Le droit de banc concédé dans les termes qui viennent d'être indiqués est personnel au fondateur et à sa famille ; il ne pourrait être affecté à un fonds et passer successivement à ceux qui deviendraient propriétaires de ce fonds, ni être cédé à un étranger. — *Cass.*, 1er fév. 1825, Sinot c. fabrique de Cassagnoles ; — Carré, nº 280.

30. — Autrefois les veuves avaient droit de jouir de la concession faite à leur mari de la même manière qu'il en jouissait lui-même. Aujourd'hui que les concessions sont déclarées purement viagères, les héritiers et la veuve du concessionnaire ne pourraient pas s'opposer à la mise en adjudication après le décès de leur auteur, à moins qu'ils ne fussent nommément compris dans l'acte de concession. — Carré, nº 287.

31. — Nul doute, dit M. Affre (p. 229), que les concessions où l'on stipule que le banc ou la place sera possédé par les enfans à perpétuité avec un droit de mutation (appelé dans les campagnes de Picardie droit de reconnaissance), ne soient contraires au décret de 1809.

32. — Le concessionnaire d'un banc ne peut le sous-louer. M. Affre, pour le décider ainsi, invoque le double motif : — 1º que d'après le décret du 30 déc. 1809, nulle concession ne peut émaner que du bureau de la fabrique, autorisé ainsi qu'il a été dit ; — 2º que l'ancien droit n'admettait pas ces sortes de concessions, lesquelles sont prohibées par un arrêt du parlement de Paris, du 27 mai 1767, « dont le dispositif, dit M. l'abbé Boyer (t. 1er, nºs 157 et suiv.), peut être regardé comme renfermant une maxime générale. »

33. — Mais rien ne s'opposerait à ce qu'un particulier ne louât plusieurs bancs, pourvu qu'il ne fît pas de sous-location. — Affre, p. 230. — V. toutefois Carré (p. 215), qui pense qu'on ne pourrait accorder plus d'un banc à la même personne et au même chef de famille.

34. — M. Affre ajoute qu'un particulier pourrait également louer tous les bancs de l'église pour percevoir à chaque office le prix des places : ce serait là une véritable prise à ferme qui serait soumise aux principes relatifs à la mise en régie des bancs et des chaises. — V. *suprà* nºs 2 et suiv.

35. — Les bancs possédés, avant la révolution, à titre de concession, peuvent-ils être réclamés par les héritiers des anciens propriétaires? — M. Affre (p. 130) soutient la négative ; c'est, dit-il, la conséquence du principe que les biens restitués aux fabriques leur ont été rendus *quittes de toutes charges*. — « Ainsi, ajoute-t-il, dans le cas même où le bien concédé pour acquérir la propriété d'un banc existerait, la fabrique aurait le droit d'en jouir et de ne pas accorder le banc, » et il cite l'opinion exprimée dans une circulaire du ministre de l'intérieur, et une décision du ministre des affaires ecclésiastiques, des 12 avr. 1819 et 28 juin 1825. — V. toutefois Carré (nº 292), qui pense que les fabriques remises en possession des biens ou rentes faisant l'objet de la concession devraient exécuter cette concession.

36. — Dans tous les cas, selon Carré (*loc. cit.*), la décision serait différente s'il s'agissait d'un fondateur. A son égard, en effet, le motif tiré de ce que les biens ont été restitués aux fabriques libres de toutes charges est sans application ; le droit du fondateur est représentatif de la propriété de l'édifice construit à ses frais. Or, ajoute cet auteur, la raison dit que la paroisse qui jouit de l'église construite, cédée avec réserve d'un banc, ne peut, sans injustice, exiger du fondateur un paiement quelconque pour la conservation d'un droit acquis à lui et à sa famille à raison de la construction de l'édifice dont elle a recouvré la propriété et la jouissance.

37. — Il a toutefois été jugé par la cour de Cassation que le décret du 30 déc. 1809 (art. 72) n'a disposé que pour l'avenir, et que dès-lors les descendans des anciens fondateurs d'église ne peuvent réclamer la jouissance d'une chapelle (ou d'un banc), soit en vertu d'une longue possession, soit même en vertu de titres. — *Cass.*, 12 juill. 1838 (t. 2 1838, p. 405), Tissandier c. fabrique d'Opme.

38. — Quant aux concessions à perpétuité faites postérieurement à la révolution, mais antérieurement au décret du 30 déc. 1809, M. Affre (p. 130) enseigne qu'elles sont devenues caduques si les cessionnaires n'ont pas rempli les formalités voulues par ce décret. « Et il en serait de même, ajoute-t-il, si on n'avait pas rempli les formalités voulues par le même décret pour des concessions non perpétuelles. Telle est la décision du ministre de l'intér. du 10 mars 1819.... confirmée par la lettre du ministre des affaires ecclésiastiques du 23 juin 1825. »

39. — Le placement des bancs et chaises ne peut être fait que du consentement du curé, dont les décisions peuvent être déférées à l'évêque. — Décret 30 déc. 1809, art. 30.

40. — Les art. 30 et 65 du même décret ordonnent que ce placement ne préjudiciera en rien aux fidèles qui ne louent pas de bancs ou de chaises, et auxquels doit être réservée une place commode pour entendre le service divin et les instructions religieuses. En outre, l'emplacement destiné aux bancs ou chaises doit être choisi de manière à ne pas gêner le service divin.

41. — On admettait autrefois, et on doit encore admettre aujourd'hui, que le fondateur, pouvant retenir la propriété de son banc, est libre de le placer dans le chœur. — Mais les donateurs et bienfaiteurs devant obtenir concession, il est évident que les marguilliers sont libres de ne l'accorder que sous la condition que le banc sera placé à tel ou tel endroit déterminé.

42. — Quant au banc d'œuvre, il est placé autant que possible devant la chaire ; le curé ou le desservant y occupe la première place, toutes les fois qu'il s'y trouve pendant la prédication.

43. — Un banc concédé à perpétuité se perd si la famille de celui auquel il a été concédé vient à s'éteindre. — Argum. de l'art. 72, décr. 30 déc. 1809.

44. — Le changement de domicile constaté régulièrement fait perdre le droit de banc. Toutefois, si les déclarations prescrites par les art. 103 et 104, C. civ., n'ont pas été faites, la mise en adjudication ne peut avoir lieu qu'un an après le changement de domicile. Les réglemens des 2 avr. 1737 et 25 fév. 1763 sont encore en vigueur sur ce point. — Carré, *ibid.*, nº 292.

45. — Mais M. Affre (p. 132) pense qu'un banc ne pourrait être enlevé à un particulier sous le prétexte qu'il ne résiderait *sur la paroisse* qu'une partie de l'année, et qu'il aurait dans un autre endroit son principal domicile. « L'inutilité de la place louée, dit-il, est le seul motif qui puisse autoriser à résilier le bail ; or, cette inutilité ne peut résulter que d'un non-usage absolu. »

46. — En se servant ainsi du mot *paroisse*, M. Affre suppose nécessairement que, relativement à la jouissance des bancs, le changement de paroisse équivaut au changement de domicile proprement dit, et c'est dans ce sens que s'exprime Jousse (p. 58). — V. aussi Carré, nº 292. — Toutefois, les auteurs de l'*Encyclopédie du Droit* ne pensent pas qu'il doive en être ainsi. « Il est vrai, disent-ils, qu'à la rigueur et suivant les principes du droit canon, c'est dans sa paroisse respective que chaque fidèle doit remplir ses devoirs de religion. Mais des considérations puissantes, même sous le point de vue religieux, peuvent retenir le concessionnaire dans son ancienne paroisse : les qualités qu'il a reconnues dans la personne des ministres qui la desservent, le choix qu'il a fait d'un confesseur, peuvent être autant de motifs qui l'attacheront à son ancienne paroisse. — *Encyclop. du Droit*, vº *Banc d'Église*, nº 14 ; *Courrier des Communes* de 1834, p. 330.

47. — La perte du banc par le changement de domicile est irrévocable et ne se recouvre pas par le fait du rétablissement de ce domicile. — « Alors, d'ailleurs (ajoute Carré, nº 292, et cette restriction nous paraît juste) que les choses ne sont plus entières, c'est-à-dire que l'adjudication du banc a eu lieu au profit d'un autre paroissien. »

48. — Le principe relatif à la perte du banc par changement de domicile, reçoit exception dans le cas où il s'agirait d'un banc acquis à un paroissien qui aurait fait bâtir l'église. — Le banc, dans ce cas, peut toujours être réclamé par le fondateur ou par sa famille. — C'est ce qui résulte implicitement d'un arrêt de *Cass.*, 1er fév. 1825, Senot c. fabrique de Cassagnoles.

49. — Le changement de religion entraîne la perte du banc. — Cela n'était pas douteux dans l'ancien droit (V. Boyer, t. 1er, p. 143) ; cela ne saurait non plus être contesté aujourd'hui, car c'est une conséquence naturelle et forcée du principe posé plus haut que la concession ne peut avoir lieu qu'en faveur des catholiques. — Toutefois, les auteurs de l'*Encyclop. du droit* (*loc. cit.*) pensent que, dans ce cas, il serait trop rigoureux, à moins d'une clause expresse dans l'acte de concession, d'empêcher le concessionnaire de céder son banc à un catholique. — Dans tous les cas, il faut reconnaître que la fabrique aurait le droit d'insérer dans le cahier de charges, relativement au changement de religion, telle condition qu'elle jugerait convenable.

50. — On perdrait encore le droit de laisser un banc à la place qu'il occupe, ou celui de lui conserver ses dimensions, s'il gênait le service divin, le placement d'un objet nécessaire à l'église, une réparation nécessaire ou utile. — L'évêque pourrait le faire enlever ou réduire après avoir examiné ou fait examiner si les raisons alléguées sont fondées. — Affre, p. 137. — Cet auteur cite l'édit de 1695, art. 16, les *Mémoires du clergé*, t. 3, p. 1445 et suiv., et M. Boyer, t. 1er, p. 166 et suiv.

51. — M. Affre (p. 139) pense que les mesures relatives aux modifications à apporter aux bancs concédés ne doivent, conformément à l'art. 16 de l'édit de 1695, être ordonnées que s'il y a *empêchement de service divin*, mais qu'il ne suffirait pas, par exemple, pour le déplacement d'un banc, que ce banc fût réputé mal placé pour le coup d'œil.

52. — Le déplacement ou l'enlèvement des bancs, ajoute le même auteur, pouvait autrefois, et pourrait encore aujourd'hui, donner lieu à l'appel comme d'abus s'il était exécuté sans motif.

53. — La suppression ou le dérangement d'un banc ne peut avoir lieu au préjudice du concessionnaire sans un dédommagement qui consiste, soit dans la restitution de la chose donnée comme prix, soit (et même cumulativement selon les circonstances) dans les dommages-intérêts : le tout à la charge de la fabrique.

54. — Sous le rapport de la compétence en ce qui concerne la matière des bancs d'église, il est reconnu : 1º que tout ce qui rentre dans le service du culte et dans la police intérieure de l'église appartenant librement aux curés, l'enlèvement des bancs et chaises, par ordre de la fabrique, ne peut être apprécié qu'administrativement. — *Cass.*, 9 déc. 1808, Blaise Dupin c. Honton.

55. — ... Et que cet enlèvement ne constitue pas, à l'égard du propriétaire des chaises ainsi déplacées, une voie de fait dont il puisse se plaindre en simple police. — Même arrêt.

56. — 2º Mais s'il s'agit de statuer sur les droits résultant d'une concession à titre onéreux, faite par une fabrique, de bancs et places dans une église, et sur les dommages-intérêts provenant de l'inexécution de la concession, les tribunaux sont compétens. — *Cons. d'état*, 4 juin 1826, Lefèvre ; 12 déc. 1827, Bœcaudé ; 31 oct. 1838, Leclerc c. fabrique de Neuville ; — Cormenin, *Dr. admin.*, vº *Fabrique*, § 3, nº 4.

57. — Les fabriques étant assimilées aux mineurs, il en résulte qu'elles peuvent s'adresser aux tribunaux pour obtenir la résiliation des concessions en cas de lésion d'outre-moitié. — La faculté de résilier pour cause de lésion était admise dans l'ancien droit (Boyer, t. 1er, p. 164 ; Rousseau de Lacombe, vº *Droits honorifiques*). — Et M. Affre (p. 141) pense que ce principe est une conséquence de la mise en tutelle des établissemens publics. — « A plus forte raison, ajoute-t-il, la faculté de résilier serait-elle certaine s'il y avait eu fraude. » — V. en ce sens Carré, nº 294, qui, s'en référant en cela à l'ancien droit (V. les auteurs précités), n'exige même pas la lésion d'outre-moitié, attendu que le droit de banc est une servitude établie par dérogation au droit commun et condescendance de l'église.

58. — Il n'est pas douteux que les marguilliers ne fussent en droit de faire enlever un banc qu'un particulier aurait placé par voie de fait. Ils le pourraient aussi, à la rigueur, dit M. Affre, si le banc était placé depuis long-temps sans que celui qui s'en sert eût de titre.

59. — Et le possesseur ne pourrait, pour le retenir, invoquer la possession annale : car il a été jugé que les églises et les chapelles consacrées au culte divin ne peuvent, tant qu'elles conservent leur destination, devenir l'objet d'une action possessoire.—V. ACTION POSSESSOIRE, nos 257 et suiv.— Et M. Affre (p. 140) dit que ce principe est applicable aux bancs. C'est donc par action pétitoire que devrait agir celui qui se prétendrait injustement dépossédé.

60.— La dépense de première construction d'un banc dépend des conventions faites entre la fabrique et le concessionnaire. — Mais le concessionnaire, alors même qu'il a construit le banc à ses frais, ne peut, s'il quitte la paroisse, l'enlever ou le céder à un autre.—Loyseau, *Tr. des seigneuries*, chap. 12, no 70; Jousse, p. 58; Affre, p. 141 ; Carré, no 292.

61. — Les réparations des bancs sont à la charge du possesseur. — Jousse, p. 63 ; Affre, *loc. cit.* — Mais s'il s'agissait de refaire le banc à neuf ce serait à la fabrique à faire cette reconstruction. — Mêmes auteurs et Carré, no 292.

62. — Jousse (p. 63) et Carré (*loc. cit.*) font cependant une exception pour le cas où la concession a eu lieu à perpétuité : et dans cette hypothèse ils pensent que la reconstruction est à la charge du propriétaire du banc.— « Cette opinion, dit M. Affre (en note), nous paraît la plus probable, parce que la charge perpétuelle de reconstruire un banc est assez lourde pour qu'elle ne soit pas due si elle n'a pas été stipulée : cependant la construction d'une église est un bienfait si grand que, lorsque la concession est faite à celui qui l'a bâtie entièrement, la charge de reconstruire les bancs demeure bien au-dessous de la libéralité du fondateur. »

V. FABRIQUES.

BANCS ET CHAISES DANS LES LIEUX PUBLICS.

V. BAIL ADMINISTRATIF.

BANCQS FRANCS.

1. — On appelait ainsi autrefois des temps de franchise et de liberté établis en certains lieux par la coutume ou par quelques autres titres particuliers, pendant lesquels chacun pouvait aller et venir, vaquer à ses affaires, et commercer librement sans crainte d'être arrêté par ses créanciers, ni contraint en sa personne ou en ses biens.—Guyot, *Rép.*, vo *Bancqs francs*.

2. — Cette faveur avait pour objet d'attirer les étrangers en certains lieux pour l'avantage du commerce. — Guyot, *loc. cit.*

3. — Ce privilége était consacré par la coutume du comté de Namur, mais seulement pour la ville de Namur et la banlieue. — « Il y aura, portait cette coutume, chacun an en la ville et banlieue de Namur trois *bancqs francs*, durant lesquels ni ceux de la ville ni autres du dehors ne pourront faire arrêter personne, soit dehors ou dedans, ni aussi nuls biens, mais durant iceux un chacun sera francq en corps et biens. »

4.—Le premier de ces trois bancqs commençait sept jours avant la Saint-Jean-Baptiste, et durait dix-sept jours après (Cout. de Namur, art. 29).—Le second bancq commençait sept jours avant la Saint-Denis et durait dix-sept jours après (art. 30).—Le troisième bancq commençait sept jours avant la Saint-Clément et durait aussi dix-sept jours après (art. 31).

5. — La coutume faisait exception seulement pour les criminels et pour les dettes contractées durant ces bancqs.

6. — Ces franchises ont été abrogées par la loi du 15 germ. an VI, dont l'art. 5, tit. 3, porte que, hors les cas et les lieux indiqués dans la présente loi, la contrainte par corps peut être mise à exécution partout et même à domicile, et par l'art. 1041, C. procéd. civ., qui déclare abrogés, à partir du 1er janv. 1807, toutes lois, coutumes, usages et réglemens relatifs à la procédure civile.

BANDAGISTES.

1. — Les bandagistes sont rangés par la loi du 25 avr. 1844, sur les patentes, dans la sixième classe des patentables, et imposés à : 1o un droit fixe basé sur le chiffre de la population de la ville ou commune où est situé l'établissement ; — 2o un droit proportionnel du vingtième de la valeur locative de la maison d'habitation et des locaux servant à l'exercice de la profession.

2. — Les bandagistes à façon sont rangés dans la septième classe des patentables, et imposés à un droit fixe basé également sur le chiffre de la population, et à un droit proportionnel du quarantième de la valeur locative de tous les locaux occupés par les patentables, mais seulement dans les communes de 20,000 ames et au-dessus.

BANDES ARMÉES.

Table alphabétique.

Acte préparatoire, 16, 24 s.
Affiche, 27 s., 35.
Agent, 23.
Armes, 20 s.
Arrestation, 36 s., 50.
But, 10-13. — (déclaration du jury), 12. — (caractères), 3-6.
Chefs, 23-26.
Complicité, 57-59. — (caractères), 54, 61. — (peine), 55, 59.
Connaissance, 56.
Connivence, 58 s.
Contrainte, 64 s.
Convois de subsistance, 57.
Directeur, 23-26.
Elémens constitutifs, 6 s.
Excuse, 39-46. — (jury), 43.
Exécution, 17.
Juridiction, 18 s.
Jury, 43. — (déclaration), 31 s., 51 s.
Lieu de réunion, 36 s.
Logement, 62. — (habitude), 63.
Obéissance à l'autorité, 46.
Organisation, 8. — (nombre d'hommes), 9.
Peine, 27 s,
Port d'armes, 20 s. 35 49.
Preuve, 24.
Propriétés communales, 15.
Résistance, 49 s.
Retraite volontaire, 47, 53.
Sédition, 44.
Sommation, 36, 48.
Subsistance, 57.
Tentative d'exécution, 17.
Volonté, 56.

§ 1er. — *Caractères distinctifs* (no 1).
§ 2. — *Incrimination.—Pénalité* (no 22).
§ 3. — *Complicité* (no 54).

—

§ 1er. — *Caractères distinctifs.*

1. — Le Code pénal embrasse, sous l'expression de *bandes armées*, les associations organisées et armées dans le but : 1o soit d'envahir des domaines, propriétés ou deniers publics, places, villes, forteresses, postes, magasins, arsenaux, ports, vaisseaux ou bâtimens appartenant à l'état, soit de piller ou partager des propriétés publiques ou nationales, ou celles d'une généralité de citoyens ; soit de faire attaque ou résistance contre la force publique agissant contre les auteurs de ces crimes (C. pén., art. 96) ;—2o soit de commettre un attentat contre la vie ou la personne du roi ou des membres de la famille royale (art. 97, 861) ; —3o soit de commettre un attentat contre le gouvernement ou l'ordre de successibilité au trône, soit d'exciter la guerre civile ou de porter la dévastation, le massacre et le pillage dans une ou plusieurs communes.—Art. 87, 91, 97.

2.—La seule existence de ces bandes est un péril pour l'état ; aussi ce que la loi incrimine en elles, c'est, comme dans l'association de malfaiteurs (V. ce mot), l'état d'hostilité en lui-même. L'association criminelle est presque un commencement d'existence du crime qu'elle a pour but de consommer. Ainsi la loi punit l'acte de sédition pour n'avoir pas à punir le crime.— Chauveau et Hélie, *Th. C. pén.*, t. 3, p. 28.

3. — Les bandes armées se distinguent des réunions séditieuses prévues par les art. 210 et suiv., en ce que celles-ci sont fortuites et purement accidentelles, tandis qu'au contraire les secondes ont une organisation qui emporte nécessairement l'idée de la préméditation. — V. RÉBELLION.

4.—Elles se distinguent des associations de malfaiteurs en ce que ces associations n'ont pour objet que les attentats dirigés contre les personnes et les propriétés, c'est-à-dire contre des intérêts privés, tandis que le but des bandes armées est un but *politique*. — V. ASSOCIATION DE MALFAITEURS.

5. — Elles se distinguent enfin des réunions et bandes dont parlent les art. 440 et suiv., en ce que ces réunions n'ont pour objet qu'un seul crime, le pillage ou le dégât de denrées, marchandises ou propriétés mobilières, et qu'elles ne sont l'objet d'aucune association. — V. PILLAGE ET DÉGATS DE MARCHANDISES, etc., etc.

6. — Ainsi, *l'organisation*, *le but politique* et le *port d'armes* sont des caractères essentiels à l'existence des crimes prévus par les art. 96 et 97, C. pén. — Chauveau et Hélie, t. 3, p. 23 et 24. — V. BUT POLITIQUE, ORGANISATION, PORT D'ARMES.

7. — L'organisation, l'armement de la bande et le but qu'elle se propose sont des circonstances *constitutives* et non pas seulement aggravantes du crime ; d'où il suit que si le jury a écarté une seule de ces circonstances, l'accusation n'a plus de base et les faits déclarés constans ne forment plus de crime. —Morin, *Dict. dr. crim.*, vo *Bandes armées*.

8. — *Organisation.* — Les caractères et signes distinctifs de l'organisation ne sont pas expressément et spécialement indiqués par la loi : seulement les art. 96 et 97 supposent l'existence d'une hiérarchie militaire et administrative et l'armement de la bande ; lorsque le législateur, dit Carnot, a parlé de bandes armées, de directeurs, de commandans de ces bandes, d'armes, de munitions, de convois de subsistances à leur fournir, il a nécessairement supposé qu'il y aurait eu des levées d'hommes, une organisation quelconque, des troupes agissant sous les ordres et d'après la direction qui leur serait donnée par des agens supérieurs chargés d'en diriger les mouvemens ; hors ce cas, ce ne serait plus qu'un rassemblement armé, qu'une rébellion à main armée, que des malfaiteurs armés et réunis pour commettre des crimes. — Au surplus, c'est au jury qu'il appartient de décider si la réunion n'est qu'un rassemblement éphémère ramassé à la hâte pour accomplir un acte isolé, ou si elle est soumise aux liens d'une discipline qui révèle une organisation durable et un but arrêté.—Chauveau et Hélie, t. 3, p. 26.

9.—La loi ne fixe même pas le nombre d'hommes dont la bande devra se composer pour que les art. 96 et suiv. reçoivent leur application, s'éloignant en cela de la loi romaine, qui ne reconnaissait à un rassemblement séditieux le nom de bande (*turba*) qu'autant que dix ou quinze personnes le composaient.— L. 4, § 3, ff., *De vi bon. rapt.* —C'est donc là une pure question de fait sur laquelle le jury ne devra même pas être expressément consulté ; il suffira qu'il s'explique sur l'existence *de la bande séditieuse* (Chauveau et Hélie, t. 3, p. 25) ; et il n'y a pas lieu de recourir par analogie aux art. 210, 211, 212, qui, prévoyant les faits de résistance avec violence aux officiers de la force publique agissant pour l'exécution des lois, ont gradué la répression suivant que la rébellion était commise par une, deux, trois, vingt ou plus de vingt personnes. — V. cependant Morin, *Dict. dr. crim.*, vo *Bandes armées*. — V. RÉBELLION.

10.—*But.*—Les peines prononcées contre le crime de réunion en bandes armées ne sont applicables qu'autant que les bandes ont pour but de commettre, ainsi qu'il va être dit (*infrà*), les crimes prévus par les art. 86, 87, 91, 96, C. pén.—A défaut de la preuve de ce but, les bandes ne seraient plus que de simples attroupemens à l'égard desquels il y aurait lieu d'appliquer les règles mentionnées. — V. ATTROUPEMENT.

11. — Il n'est pas nécessaire, du reste, que le but des coupables ait été de commettre tous les attentats spécifiés par ces articles. Le but d'en commettre un seul serait suffisant.

12. — Mais il est nécessaire que le but et le caractère des bandes soient expressément spécifiés dans la déclaration du jury. — *Cass.*, 29 mars 1833, Chevrollier.

13. — L'art. 96 prévoit le cas où des bandes armées auraient été organisées *dans le but*, soit d'envahir des domaines, propriétés ou deniers publics, places, villes, forteresses, postes, magasins, arsenaux, ports, vaisseaux ou bâtimens appartenant à l'état, soit de piller ou partager des propriétés publiques ou nationales, ou celles *d'une généralité de citoyens*, soit enfin pour faire attaque ou résistance envers la force publique agissant contre les auteurs de ces crimes.

14. — La rédaction de cet article souleva des réclamations dans le sein du Conseil d'état. M. Pelet (de la Lozère) fit remarquer que s'il n'était modifié, il entraînerait l'application de la peine capitale contre les habitans qui se transporteraient en armes sur un terrain communal qui leur serait disputé par le domaine. — A quoi M. Berlier répondit que jamais un tribunal ne confondrait une réunion tumultueuse et subite de villageois avec une bande armée de malfaiteurs, ni une rixe pour des biens communaux avec un pillage de propriétés ; que si, contre toute apparence, des paysans s'armaient et élisaient un ou plusieurs chefs, alors et seulement alors il y aurait lieu à l'application de l'art. 96. — Procès verbaux du Cons. d'état, séance du 12 janv. 1808.

15. — La commission du corps législatif reprit l'objection. « Dans l'énumération, fut-il dit, des faits qui constituent un crime emportant peine de mort, on trouve le cas où une bande armée aura attaqué ou dévasté les propriétés *d'une généralité de citoyens*. Cette désignation paraît devoir concerner principalement les propriétés communales ou celles de la masse des habitans d'un lieu. Mais quelque punissables que soient les invasions contre cette espèce de propriétés ou autres analogues, on ne peut s'empêcher d'y reconnaître une gravité moindre que lorsque les voies de fait auront pour

objet des propriétés publiques ou nationales.» La commission proposait également de remplacer sur ce point l'art. 96 par l'art. 440.—V. PILLAGE ET DÉGATS DE MARCHANDISES, etc.—Mais le conseil d'état repoussa ces propositions, par le motif qu'il s'agissait ici, non d'attroupemens irréfléchis, mais de bandes organisées. Or, un crime de cette nature, dirigé même contre des propriétés communales, est si dangereux, et par le fait et par l'exemple, il est susceptible d'avoir promptement tant d'imitateurs qu'il y aurait beaucoup d'inconvéniens à le distinguer des crimes qui menacent la sûreté de l'état au premier degré.—Procès-verbaux du Cons. d'état, séance du 9 janv. 1810. — V. Carnot, sur l'art. 97, n° 9.

16. — Dans le cas de l'art. 96, il suffit qu'il y ait eu organisation d'une bande armée, dans un des buts qui y sont déterminés, et indépendamment même de toute exécution ou tentative d'exécution, pour que la pénalité qu'il renferme devienne applicable.—C'est l'acte préparatoire que la loi saisit au moment où il se développe plein de périls pour la société.

17. — L'art. 97 prévoit le cas où les bandes armées auraient exécuté ou tenté d'exécuter un ou plusieurs des crimes mentionnés dans les art. 86, 87, 91, C. pén. — Dans ce cas, le fait seul de l'organisation de la bande avec un but déterminé ne suffit pas, s'il n'y a d'ailleurs exécution ou tentative d'exécution; d'où il résulte qu'à cet égard la preuve du but attentatoire à la sûreté de l'état se confond avec celle de l'attentat lui-même.

18. — Le crime de sédition, dans le cas de l'art. 97, coexiste nécessairement avec un attentat à la sûreté de l'état; d'où il suit qu'il peut exister, après la réunion séditieuse dans le but de l'art. 97, deux catégories de prévenus, ceux contre qui il y a charge de participation personnelle à l'attentat projeté, et ceux contre qui il y a charge seulement d'incorporation dans la bande. Les premiers peuvent être déférés à la cour des pairs, comme cela s'est fait plusieurs fois en pareil cas depuis 1830; les seconds sont exclusivement passibles de la juridiction de la cour d'assises. — Morin, v° *Bandes armées.*

19. — La participation personnelle à l'un des crimes énoncés à l'art. 96 pourrait pareillement se rattacher à un attentat contre la sûreté de l'état, surtout à celui défini dans l'art. 91. Si donc il était judiciairement établi que la bande armée, dans le sens de l'art. 96, avait pour but un attentat contre la sûreté de l'état, et pour mode d'exécution projeté un des crimes énumérés à l'art. 96, une bande armée tomberait dans l'application de l'art. 97, et ses membres seraient, quant à l'accusation et à la juridiction, passibles de la distinction indiquée au n° qui précède. — Morin, *loc. cit.*

20. — *Port d'armes.* — Les bandes organisées doivent nécessairement *être armées.* — Arg. art. 96, 100, 101. — Mais l'art. 214, qui répute *réunion armée* celle où plus de deux personnes portent des armes ostensibles, n'a aucune analogie avec le cas qui nous occupe. « En effet, dit M. Morin (v° *Bandes armées*, p. 110), dans le cas de l'art. 214, le nombre des individus réunis, la coïncidence des armes, ne sont que des circonstances aggravantes du délit de rébellion, tandis que dans le cas des art. 96 et 97 ces mêmes circonstances sont constitutives du crime de sédition; les bandes doivent donc être composées d'individus *effectivement* armés. Ceux à l'égard desquels ce fait ne serait pas établi seraient réputés n'avoir pas fait partie de la bande armée, et par conséquent seraient à l'abri de l'application des art. 97 et 98; sauf l'application possible de la loi sur les attroupemens, ou des règles relatives à la rébellion. — ATTROUPEMENT, RÉBELLION.

21. — A l'égard des instrumens qui peuvent être considérés comme *armes* dans le sens de la loi pénale, V. ARMES.

§ 2. — *Incrimination. — Pénalité.*

22. — Les conditions de l'incrimination et la pénalité sont différentes suivant que les bandes armées ont pour objet les attentats prévus par l'art. 96, ou ceux prévus par les art. 86, 87 et 91, suivant aussi qu'il s'agit des chefs, agens ou directeurs de ces bandes, ou de ceux qui y ont simplement participé sans avoir ni emploi ni commandement. — En outre, suivant les circonstances, le fait d'affiliation à une bande armée peut perdre son caractère criminel. C'est ce qui sera successivement expliqué.

23. — *Chefs, agens directeurs.* — Dans le cas de l'art. 96, celui qui s'est mis à la tête d'une bande armée, ou qui y a exercé une fonction ou commandement quelconque, doit être puni de mort. — Il en est de même de ceux qui ont dirigé l'association, levé ou fait lever, organisé ou fait organiser les bandes. — C. pén., art. 96.

24. — Suivant cet article, dit M. Morin (v° *Bandes armées*, p. 112), « la direction de l'association doit être un fait *personnel* à l'accusé. » — Quant au recrutement, à l'organisation, à l'armement, ils sont atteints jusque dans celui qui en a pris l'initiative par intermédiaire. Ici le crime réside à la fois dans l'acte préparatoire et dans la conscience que cet acte a pour but un des crimes mentionnés dans l'art. 96.— Quant à la preuve de l'acte préparatoire et de l'intention, elle aura lieu comme, en matière d'attentat, celle du but attentatoire à la sûreté de l'état. Le jury devra répondre sur le fait en lui-même et sur celui du crime énoncé à l'art 96 qui en était le but.

25. — « Ces actes préparatoires, ajoute M. Morin (*loc. cit.*), ne constituent le crime prévu par l'art. 96 qu'à la condition d'avoir été suivis, non pas de l'exécution ou de la tentative d'exécution du crime projeté, mais de la réunion séditieuse que ces actes préparatoires avaient pour but. En effet, l'art. 96 a voulu envelopper solidairement dans la même accusation ceux qui avaient commandé la bande et ceux qui l'avaient créée, dirigée, armée : l'acte préparatoire en lui-même, sans la réunion séditieuse qui en complète la criminalité, tomberait sous l'application du droit commun. » — V. ASSOCIATION ILLICITE.

26. — La même pénalité (la mort) est applicable aux directeurs de la sédition, aux chefs de la bande ou à ceux qui y auraient exercé un emploi ou commandement quelconque dans le cas d'exécution ou de tentative d'exécution des crimes mentionnés aux art. 86, 87 et 91. — Et il n'y a pas lieu à leur égard de distinguer, comme lorsqu'il s'agit de simples membres de la bande (V. les n^os suivans), s'ils ont ou non été saisis sur le lieu de la réunion séditieuse. — C. pén., art. 97.

27. — *Simples affiliés.* — A l'égard des individus qui ont seulement fait partie des bandes, mais sans y exercer aucun emploi, la loi fait une distinction qui prend sa base dans le but même que se proposait l'association. — Si ce but est l'un des attentats prévus par les art. 86, 87 et 91, la peine de mort s'applique indistinctement à tous; si c'est l'un des crimes prévus par l'art. 96, la peine de la déportation leur est seule infligée. Cette distinction est formulée par les art. 97 et 98, C. pén.

28. — Ces articles sont ainsi conçus : « Art. 97: Dans le cas où l'un ou plusieurs des crimes mentionnés aux art. 86, 87 et 91 auront été exécutés ou simplement tentés par une bande, la peine de mort sera appliquée, *sans distinction de grades, à tous les individus faisant partie de la bande*, et qui auront été saisis sur le lieu de la réunion séditieuse. » — Art. 98 : « Hors le cas où la réunion séditieuse aurait eu pour objet ou résultat l'un ou plusieurs des crimes prévus par les art. 86, 87, 91, les individus faisant partie des bandes dont il est parlé ci-dessus, sans y exercer aucun commandement ni emploi, et qui auront été saisis sur les lieux, seront punis de la déportation. »

29. — Il est d'abord hors de doute que l'art. 98, en portant des peines contre les individus qui ont fait partie de bandes ou réunions séditieuses sans y exercer de commandement, se réfère nécessairement à l'art 96 en ce qui concerne le caractère et le but de ces bandes : c'est ce qui résulte expressément d'un arrêt de la cour de Cassation du 29 mars 1833, Chevrollier.

30. — Les circonstances caractéristiques communes aux crimes prévus par les art. 97 et 98 en ce qui touche ceux qui n'ont occupé aucun emploi dans les bandes, sont : 1° qu'ils aient été membres d'une bande organisée et armée; il ne suffirait pas qu'ils s'y fussent trouvés accidentellement; — 2° qu'ils aient été saisis sur le lieu de la réunion séditieuse. — En outre, pour que l'art. 97 soit applicable, il faut que la bande ait exécuté ou tenté d'exécuter un des crimes mentionnés dans les art. 86, 87 et 91, C. pén.

31. — Il est nécessaire que le jury déclare ces circonstances caractéristiques du crime. Aussi a-t-il été jugé que celui qui faisait partie d'une bande ou réunion séditieuse dans laquelle il n'exerçait ni commandement ni emploi, et qui a été saisi sur les lieux, n'a pu être puni de la déportation qu'autant que le jury a déclaré que la bande ou réunion était armée, et qu'elle avait pour but l'un des faits énoncés en l'art. 96, C. pén. — *Cass.*, 29 mars 1833, Chevrollier.

32. — Jugé aussi que l'accusé déclaré coupable d'avoir fait partie d'une bande armée ayant pour but, soit de changer le gouvernement, soit d'exciter à la guerre civile, ne peut pas être puni de mort si la déclaration du jury n'exprime pas qu'il ait exercé dans cette bande un commandement, ni qu'il ait été saisi sur le lieu de la réunion séditieuse. — *Cass.*, 9 fév. 1832, Goujain; 3 août 1833, Coupry; même date, Viez.

33. — Et lorsque, sur la question de savoir si l'accusé est coupable d'avoir fait partie d'une bande organisée, dans le but de commettre les crimes prévus par les art. 86, 87 et 91, sans qu'il y soit exprimé que l'accusé dirigeait la bande ou y exerçait un emploi ou un commandement quelconque, ou a été saisi sur le lieu de la réunion séditieuse, le jury a répondu : « *Oui, l'accusé est coupable sans les cerconstances aggravantes*, » cette réponse, qui ne porte pas sur les élémens caractéristiques du crime, n'est ni claire ni précise, et la cour d'assises peut dès-lors renvoyer les jurés dans la salle de leurs délibérations pour en donner une nouvelle. — Même arrêt.

34. — Les crimes prévus par les art. 96 et 98 peuvent même être considérés comme une modification des attentats punis par les art. 80, 87 et 91. Aussi, dans une accusation d'attentat contre le gouvernement, la question de savoir si l'accusé s'est mis à la tête ou a fait partie d'une bande armée ayant pour but l'un des crimes énoncés en l'art. 96, peut-elle être subsidiairement posée au jury et le jury peut-il lui-même et d'office restreindre sa réponse à ces termes. C'est ce que la cour de Cassation a reconnu elle-même en jugeant que lorsque des individus renvoyés à la cour d'assises comme accusés des crimes prévus et punis par les art. 86, 87 et 91, C. pén., c'est-à-dire d'avoir tenté de renverser le gouvernement et d'avoir excité à la guerre civile, ont été seulement déclarés coupables du crime prévu et puni par l'art. 98, ce crime n'étant pas étranger à ceux prévus par les art. 87 et 91, il n'y a pas lieu de renvoyer les jurés dans leur chambre pour donner une nouvelle déclaration. — *Cass.*, 20 janv. 1832, Charbonneau.

35. — Pour qu'ils soient réputés avoir fait partie de bandes armées, il suffit que les individus accusés d'affiliation à ces bandes aient porté des armes à une époque quelconque, sans toutefois qu'il soit indispensable qu'ils aient été saisis les *armes à la main.* C'est ce qui résulte de la discussion qui a eu lieu au conseil d'état. — Chauveau et Hélie, t. 3, p. 35. — V. cependant Morin, v° *Bandes armées*, p. 114.

36. — Lorsque la loi exige que dans les cas prévus par les art. 97 et 98 les accusés, simples membres des bandes armées, aient été saisis *sur le lieu de la réunion séditieuse*, entend-elle que ces accusés ne pourront être réputés *saisis sur les lieux* qu'autant que leur arrestation aura été précédée d'une sommation de se disperser ? — La difficulté vient de ce que, comme il sera dit plus bas, la loi (art. 100) dispense de toute peine ceux qui se sont retirés au premier avertissement des autorités civiles et militaires. — En présence de cet article, M. Carnot (t. 1er, p. 275) soutient que l'art. 97 n'est applicable qu'autant qu'invitation a été faite de se retirer, et qu'il a été accordé un temps moralement indispensable pour y obtempérer.

37. — Au contraire, MM. Chauveau et Hélie (t. 3, p. 39 et suiv.) proposent une distinction : « Ou bien, disent-ils, les accusés sont saisis sur le lieu de la réunion séditieuse, avant que cette réunion se soit portée à des actes d'exécution des crimes qu'elle a pour but d'accomplir, et, dans ce cas, nul doute qu'un avertissement ne soit nécessaire pour que cette arrestation devienne une circonstance constitutive du crime. — Mais si le crime dont la bande n'est que l'instrument est en pleine exécution, s'il est impossible aux membres qui la composent de méconnaître le but où ils sont conduits, la position change : l'art. 100, d'ailleurs, ne prononce d'exemption de peine que pour le fait seul de la sédition ; or, la sédition, c'est l'acte d'avoir fait partie d'une bande armée et organisée ayant un but déterminé par la loi, mais abstraction faite des crimes que cette bande aurait pu commettre. » — Puis, appliquant cette distinction aux art. 97 et 98, ils ajoutent : « Ou bien il s'agit du cas prévu par l'art. 97, et, comme cet article exige, pour l'application de la peine, le commencement d'exécution de l'attentat que la bande a eu pour but, l'avertissement qui n'arriverait qu'après l'exécution consommée ou tentée serait une formalité superflue.—Ou bien il s'agit de l'hypothèse prévue par l'art. 98, et, dans ce cas, la formalité de l'avertissement doit être rigoureusement accomplie, puisqu'un simple acte préparatoire suffit, suivant les termes de cet article, pour motiver son application, et qu'il importe de bien constater du moins la volonté du crime avant de le punir. »

38. — Le *lieu* de la réunion séditieuse, dans le sens des art. 97 et 98, C. pén., doit, suivant M. Morin (v° *Bandes armées*, p. 114), avoir pour limites le cercle des opérations militaires de l'attaque et de la défense. « Ainsi, dit cet auteur, tant que la lutte n'aura pas été interrompue, le lieu de

la réunion sera le théâtre de cette lutte, et il s'étendra par conséquent partout où l'action incessante de la force publique pourra poursuivre les individus incorporés aux bandes, sauf à ces derniers, s'ils se trouvent, lors de leur arrestation, dans les conditions voulues par l'art. 100, à se prévaloir des dispositions de cet article. » — V. les nos suivans.

39. — *Excuse.* — Les peines prononcées par les art. 97 et 98 contre les individus qui ont fait partie des bandes, sans y exercer aucun emploi, sont tempérées par l'art. 100, ainsi conçu : « Il ne sera prononcé aucune peine, pour le fait de la sédition, contre ceux qui, ayant fait partie de ces bandes sans y exercer aucun commandement et sans y remplir aucun emploi ni fonction, se seront retirés au premier avertissement des autorités civiles ou militaires, ou même depuis, lorsqu'ils n'auront été saisis que hors des lieux de la réunion séditieuse, sans opposer de résistance et sans armes. Ils ne seront punis, dans ce cas, que des crimes particuliers qu'ils auront personnellement commis ; et néanmoins ils pourront être renvoyés pour cinq ans, ou au plus jusqu'à dix, sous la surveillance spéciale de la haute police. »

40. — La pensée de cette disposition se trouve consignée dans les paroles suivantes de l'exposé des motifs par M. Berlier : « Lorsque quelques uns de ces crimes seront commis ou tentés par des bandes séditieuses, il faudra infliger les peines avec la juste circonspection que commandent des affaires aussi complexes. Dans cette multitude de coupables, tous ne le sont pas au même degré, et l'humanité gémirait si la peine capitale était indistinctement appliquée à tous, hors le cas où la sédition serait dirigée contre la personne ou l'autorité du prince, ou aurait pour objet quelques crimes approchant de cette gravité. Les chefs, les directeurs des bandes, toujours plus influens et plus coupables, ne sauraient être trop punis ; en déportant les autres individus saisis sur les lieux, on satisfera aux besoins de la société sans alarmer l'humanité. On pourra même user d'une plus grande indulgence envers ceux qui n'auront été arrêtés que depuis, hors des lieux de la réunion séditieuse, sans résistance, sans armes : la peine de la sédition sera sans inconvénient remise à ceux qui se seront retirés au premier avertissement de l'autorité publique. Ici la politique s'allie à la justice : car s'il convient de punir les séditieux, il n'importe pas moins de dissoudre les séditions. »

41. — L'art. 100 s'applique non seulement aux bandes dont parle l'art. 96, mais encore à celles qui auraient eu pour but l'accomplissement des crimes prévus par les art. 86, 87 et 91. — *Cass.*, 22 août 1833, Gaboret. — V. aussi *Cass.*, 9 fév. 1832, Gaugain.

42. — L'exemption de peine prononcée par l'art. 100 n'exclut pas l'imputabilité légale ; elle ne fait que l'atténuer en réduisant la répression à une simple surveillance. — De là il faut conclure que l'existence du fait qui motive l'exemption ne s'oppose nullement à la mise en accusation. — « En effet, disent MM. Chauveau et Hélie (t. 1er, p. 45), ce fait ne peut être, comme toute excuse, constaté que dans des débats judiciaires, et d'ailleurs la mise en surveillance ne peut résulter que d'un jugement. »

43. — De là il faut également conclure que le fait prévu par l'art. 100 a tous les caractères d'une excuse, et qu'il peut être proposé comme tel par l'accusé d'attentats prévus par les art. 96, 86, 87, 91. — Si donc l'accusé requiert la position d'une question d'excuse, il y a lieu par la cour d'assises de la poser, à peine de nullité. — *Cass.*, 22 août 1833, Gaboret ; 5 oct. 1833, Sassier. — V. anal. (en matière de rébellion) *Cass.*, 2 mai 1833, Didier. — Chauveau et Hélie, *loc. cit.*

44. — Le fait prévu par l'art. 100 ne constitue une excuse en faveur de l'accusé que *pour le fait de sédition* ; il reste passible des peines encourues à raison des crimes particuliers qu'il a personnellement commis. Mais quels sont ces crimes ? Doit-on y comprendre aussi ceux de la bande dont il faisait partie ? « Oui, répondent MM. Chauveau et Hélie (t. 3, p. 46), s'il est constaté qu'il a personnellement trempé dans ces crimes, car ils lui deviennent alors personnels ; mais toute solidarité avec les autres membres de la bande cesse d'exister ; ainsi il ne pourrait plus être poursuivi comme complice des crimes commis par la bande si sa coopération personnelle à ces crimes n'était pas positivement établie. »

45. — Pour que l'art. 100 puisse recevoir son application, il est nécessaire 1° qu'il s'agisse d'individus qui, ayant fait partie de ces bandes, n'y ont *exercé aucun commandement et rempli aucun emploi ni fonction*. A l'égard de ceux qui ont commandé les bandes ou qui y ont rempli un emploi quelconque, la loi, sans distinction et sans considération pour leur repentir, leur applique la peine de mort. — MM. Chauveau et Hélie (t. 3, p. 47) critiquent la sévérité d'une pareille disposition ; ils regrettent que le législateur n'ait pas cru devoir étendre l'atténuation des peines aux chefs mêmes des bandes qui, en se retirant avant tout commencement d'exécution, manifesteraient leur repentir, sauf à donner à l'atténuation de la peine, suivant qu'il s'agirait de chefs ou de simples membres de bandes, des conditions et des degrés différens.

46. — Deux conditions sont nécessaires pour être admis au bénéfice de l'exemption que prononce l'art. 100. Il faut : 1° que les individus qui ont fait partie de la bande se soient retirés *au premier avertissement* des autorités civiles et militaires, *ou même depuis*.

47. — Lorsque la loi parle de la retraite qui aurait eu lieu *depuis l'avertissement*, il est évident qu'elle n'a entendu parler que d'une retraite *volontaire*, et non de celle qui aurait eu lieu par suite de la dispersion violente de la bande. — Chauveau et Hélie, t. 3, p. 48.

48. — L'art. 100 ne règle pas la forme de l'avertissement : à cet égard, la loi s'en est référée aux art. 26 et 27 de la loi du 3 août 1791, auxquels est venue depuis se joindre la loi du 10 avril 1831 sur les attroupemens. — V. ATTROUPEMENT.

49. — Il faut : 2° que les rebelles aient été saisis hors des lieux de la réunion séditieuse *sans opposer de résistance et sans armes*. — Mais que doit-on décider dans le cas où un individu aurait été pris hors du lieu de la réunion *sans opposer de résistance*, mais *les armes à la main ?* — Cette dernière circonstance rend-elle inapplicable à son égard la disposition de l'art. 100 ? MM. Chauveau et Hélie (t. 3, p. 48 et suiv.) ne le pensent pas, et ils en donnent pour motif qu'en dehors de l'art. 100, qui laisse subsister la peine de la surveillance, aucun autre texte n'atteindrait un pareil fait, puisque, d'une part, les art. 97 et 98 ne concernent que les individus *saisis sur les lieux*, et que, de l'autre, les peines de la rébellion ne peuvent être appliquées qu'à ceux qui ont opposé de la résistance. — L'individu saisi sans résistance les armes à la main serait donc traité plus favorablement que l'individu saisi sans résistance et sans armes, ce qui n'est pas admissible. Les mêmes auteurs pensent donc que par les mots *sans armes* la loi n'a voulu parler que des armes employées à faire résistance ; quant à celui qui, pris les armes à la main, n'a pas fait usage de ces armes, il doit, suivant eux, comme s'il était désarmé, être atteint par l'art. 100.

50. — Quant à ceux qui auraient été saisis hors du lieu de la réunion avec résistance à la force publique, ils seraient coupables de rébellion envers la force publique. — V. RÉBELLION.

51. — Il est nécessaire, pour que l'art. 100 devienne applicable, que le jury constate l'existence de chacune des circonstances prévues par cet article. — Ainsi il ne suffirait pas qu'il eût constaté que les accusés avaient été pris hors du lieu de la résistance et sans armes, et qu'ils n'avaient dans la bande ni commandement ni emploi, s'il n'avait constaté en outre qu'ils s'étaient retirés du lieu de la sédition, soit au premier avis de l'autorité, soit depuis. — *Cass.*, 30 août 1832, Gilles.

52. — On trouve toutefois dans les motifs d'un arrêt de la cour de Cassation que « le jury n'avait pas dû être interrogé sur le fait de savoir si l'accusé avait été saisi sur le lieu de la réunion séditieuse, parce qu'il était authentiquement constaté au procès qu'il avait été arrêté, sans armes ni résistance, dans la commune du lieu de son domicile, hors de toute réunion séditieuse. — *Cass.*, 9 fév. 1832, Gaugain.

53. — Si l'accusé qui se retire après avertissement est protégé par l'art. 100, à *fortiori* doit-on lui appliquer le bénéfice de cet article lorsqu'il s'est retiré avant l'avertissement. C'est ce qui résulte formellement d'un arrêt de la cour de Cassation ; et cet arrêt a jugé dès-lors qu'il suffisait que l'accusé proposât comme excuse la question de savoir s'il s'était retiré *depuis la réunion* pour que cette question, exprimant suffisamment la volonté qu'il avait de se retirer même avant les sommations, dût être posée. — *Cass.*, 2 mai 1833, Didier.

§ 3. — *Complicité.*

54. — La complicité avec les bandes armées résulte des faits énumérés dans le 2e § de l'art. 96 et dans l'art. 99. — L'art. 96 § 2 est ainsi conçu : « La même peine (la peine de mort) sera appliquée à ceux qui auront sciemment et volontairement fourni et procuré aux bandes des armes, munitions et instrumens de crimes ou qui leur auront envoyé des convois de subsistance, ou qui auront, de toute autre manière, pratiqué des intelligences avec les directeurs ou commandeurs des bandes »

55. — Ainsi, d'après cet article, le simple complice est puni plus sévèrement que celui qui a fait partie de la bande sans être directeur ou chef, puisque ce dernier n'est frappé que de la déportation ; sous ce rapport, la pénalité prononcée par l'art. 76 a été critiquée par tous les criminalistes.

56. — *Connaissance et volonté.* — La loi exige que les actes de complicité prévus par l'art. 96 aient été commis *sciemment* et *volontairement*. Il y a lieu, pour l'explication de ces deux mots, de se reporter à l'art. 99, qui prévoit le deuxième cas de complicité ; *sciemment* signifie avec connaissance du but et du caractère des bandes, et *volontairement* signifie *sans contrainte*. — V. *infrà* no 64.

57. — *Envoi de convois de subsistances.* — Il résulte de la discussion du conseil d'état que de simples envois de *vivres* ne sauraient être confondus dans les convois de subsistances et ne constituent pas la complicité prévue par cet article. « En effet, disent MM. Chauveau et Hélie (t. 3, p. 34), l'expédition d'un convoi de subsistances indique seule de la part de son auteur une coopération réelle aux entreprises des bandes ; et l'envoi même de quelques vivres à un père ou un frère avec connaissance de leurs crimes ne pourrait suffire pour constituer une coopération coupable.

58. — *Intelligences avec les directeurs ou commandans des bandes.* — En punissant comme complices ceux qui auraient, *de toute autre manière* que les modes sus-indiqués, pratiqué des intelligences avec les directeurs ou commandans des bandes, la loi a laissé une libre carrière à l'interprétation ; aussi la rédaction de l'art. 96 est-elle, en cela, généralement critiquée. — La commission du corps législatif avait proposé de retrancher les mots : « *de toute autre manière* ; » mais la proposition fut rejetée. — « Cette latitude effrayante d'incrimination, dit Morin (vo *Bandes armées*, p. 116) ne peut être contrebalancée que par l'omnipotence du jury. »

59. — La connivence dont il est question ne tombe sous l'application de la loi pénale qu'autant qu'elle a eu lieu avec les directeurs et commandans, et non avec les chefs subalternes, administratifs et militaires.

60. — L'art. 99, qui prévoit le deuxième cas de complicité, dispose en ces termes : « Ceux qui, connaissant le but et le caractère desdites bandes, leur auront, sans contrainte, fourni des logemens, lieux de retraite ou de réunion seront condamnés à la peine des travaux forcés à temps. »

61. — Trois conditions sont nécessaires pour constituer le crime prévu par l'art. 99 : 1° que des logemens, lieux de retraite ou de réunion aient été fournis aux bandes ; — 2° que l'accusé ait connu le but et le caractère de ces bandes ; qu'il ait agi *sans contrainte*.

62. — De ce que l'art. 99 parle des logemens et lieux de réunion fournis *aux bandes*, Morin (vo *Bandes armées*, p. 116) a conclu que le crime de complicité ne peut exister qu'autant que le logement a été fourni à la bande *entière* ; et cette opinion s'appuie sur ce que le projet de l'art. 99 portait les mots suivans : « Ceux qui auront obéi à ces bandes *ou à partie de ces bandes.* » Or, ces derniers mots n'ont pas été compris dans la rédaction définitive. — MM. Chauveau et Hélie (t. 3, p. 53) paraissent disposés à adopter cette opinion, par le motif que « le recelé d'une bande organisée fait plutôt présumer dans le receleur la connaissance du but et du caractère de ces bandes. » — Et toutefois ces auteurs ajoutent que si cette connaissance était établie par d'autres circonstances, l'absence ou le défaut de quelques membres de l'association ne devrait pas faire obstacle à l'application de la peine. Cette opinion est seule admissible, et Carnot ajoute que c'est au jury qu'il appartiendra d'apprécier la moralité des faits.

63. — De ce que l'art. 99 exige que les recéleurs aient connu le but et le caractère de la bande, MM. Chauveau et Hélie (t. 3, p. 53), par combinaison de cet article et des art. 61 et 268, C. pén., concluent qu'il est nécessaire que les lieux de réunion et de retraite aient été fournis habituellement. — V. en ce sens Morin, vo *Bandes armées*, p. 116. — On ne peut s'empêcher, cependant, de reconnaître que c'est là ajouter à la loi, qui n'exige nullement l'*habitude* ; Carnot en fait l'observation (sur l'art. 99).

64. — Il faut que le logement ou lieu de retraite ou de réunion ait été fourni *sans contrainte*. — A cet égard, l'art. 99 ne reproduit pas les expressions de l'art. 64, qui ne fait résulter la contrainte que de l'emploi d'une force à laquelle l'accusé n'aura pu résister. — Carnot, sur l'art. 99. — Il est vrai que si la résistance avait été possible, il serait dif-

ficile d'admettre l'existence de la contrainte, mais néanmoins l'absence de toute règle fixée par le législateur semble laisser au jury un plus grand pouvoir d'appréciation.

65. — En tous cas, pour qu'il y ait *contrainte*, il n'est pas nécessaire que des menaces ou des violences aient été employées. Le seul aspect d'une bande armée, disent MM. Chauveau et Hélie (t. 3, p. 38), est un motif suffisant de justification pour les habitans qui auraient fourni des munitions ou des armes.

BANGARD.

V. BANNAR, MESSIER.

BANLIEUE.

1. — Ce mot vient de *bannum*, ban, et de *leuca*, lieue. Il signifiait autrefois l'étendue de la juridiction d'une ville où se publiait le ban. — Guyot, *Rép.*, v° *Banlieue.*

2. — Dans les Gaules, ce qu'on appelle *banlieue* se terminait à la distance de la première *pierre milliaire*. Celle où se terminait le ban s'appelait *milliare bannum*. — Charte de Dagobert, en 640, pour le monastère de Saint-Maximin, près de Trèves.

3. — Une ordonnance de Philippe de Valois de fév. 1427 portait que les sergens du Châtelet étant en l'ordonnance seraient tenus de résider dans la banlieue de Paris, et qu'aucun sergent à verge ne pourrait exploiter hors de la banlieue.

4. — L'étendue de la banlieue, dit Denizart (v° *Banlieue*, n° 12), n'était ordinairement que d'une lieue de chaque côté de la ville, et Loisel (*Inst. cout.*, tit. 2, art. 4) fixait cette mesure à deux mille pas de cinq pieds chacun. Elle se trouvait réglée de même relativement aux banalités de moulins par l'art. 16 de la cout. de Touraine et par l'art. 39 de la cout. de Poitou. — La banlieue de Paris se terminait anciennement d'un côté à Bagneux et de l'autre à Bagnolet. — Sauval, t. 6, p. 306; Guyot, *Rép.*, v° *Banlieue.*

5. — La banlieue de Paris fut déterminée dans les registres du Châtelet le 10 juin 1709, et cette détermination fut enregistrée au greffe de l'hôtel de ville le 23 juillet suivant. — Elle comprendrait aujourd'hui, suivant MM. Elouin, Trébuchet et Labat (*Dict. de police*, v° *Banlieue*), les communes de Arcueil, Aubervilliers, Auteuil, Bagneux jusqu'au ruisseau de Bourg-la-Reine, Bagnolet, les Batignolles, Belleville, Boulogne, Cachant, Charenton-le-Pont, Charonne, La Chapelle-Saint-Denis, Châtillon, Clamart, Clichy-la-Garenne, Conflans, Gentilly, Grenelle, Issy, Ivry, Montmartre, Montreuil, Montrouge, Neuilly, Pantin, Passy, la Pissotte, le Pré-Saint-Gervais, Romainville, la Saussaie, Saint-Denis jusqu'au quai Saint-Mandé, Saint-Ouen, Vallière, Vanvres, Vaugirard, Villejuif, la Villette, Vitry.

6. — Tout juge de la banlieue de Paris avait le droit d'apposer les scellés dans l'étendue de sa juridiction; mais les commissaires du Châtelet avaient aussi le droit de les apposer par prévention dans la banlieue, de même que dans la ville et les faubourgs, et ce, que les justices ressortissent ou non au parlement. — Arrêt du parlement de Paris du 9 déc. 1744, cité par Guyot, *ibid.*

7. — L'hôtel-dieu de Paris avait le privilége de faire paître les bestiaux destinés à la nourriture des malades dans l'étendue de la banlieue. Il en était de même des bouchers de la ville, et les bouchers des villes de province avaient le même droit dans la banlieue de leur ville. Cette mesure était prise dans l'intérêt public. — Guyot, *ibid.* — V. PATURAGE.

8. — On appelait aussi banlieue une certaine étendue au dedans de laquelle un seigneur pouvait exercer un droit de banalité. — Guyot, *Rép.*, v° *Banlieue.* — Au reste, ceux qui demeuraient dans la banlieue d'une localité où une banalité était établie, y étaient sujets comme les habitans de la localité même. — V. BANALITÉ.

9. — On entend aujourd'hui par banlieue le territoire circonvoisin et dépendant d'une ville.

10. — Il peut être intéressant de connaître les limites des villes et de leurs banlieues, soit pour la fixation de certains droits d'entrée ou d'octroi, ou de la contribution des portes et fenêtres, soit pour l'appréciation des attributions de quelques officiers ministériels, tels que commissaires-priseurs, courtiers, etc., soit encore quant au service de la poste aux lettres. — V. ces divers mots.

11. — La loi du 28 avril 1816, après avoir établi (art. 20) dans les villes et communes ayant une population agglomérée de 2,000 ames et au-dessus (aujourd'hui 4,000 ames, aux termes de la loi des 12-15 déc. 1830, art. 3) un droit d'entrée sur les boissons introduites ou fabriquées dans l'intérieur et destinées à la consommation du lieu, ajoute (art. 21) que « ce droit sera perçu dans les faubourgs des lieux sujets et sur toutes les boissons reçues par les débitans établis sur le territoire de la commune, mais les habitations éparses et les dépendances rurales entièrement détachées du lieu principal en seront affranchies. »

12. — Mais cette exemption dont jouissent les habitations isolées ne s'applique qu'à celles des particuliers : quant aux débiteurs de boissons, ils sont assujétis, comme ceux de l'intérieur, aux droits d'entrée des boissons qu'ils perçoivent. — *Cass.*, 5 déc. 1820, Contr. ind. c. Chaurin.

13. — Et elle ne concerne que les droits qui se perçoivent au profit de l'état et ne dispense point du paiement des droits d'octroi qui se perçoivent au profit des communes. — *Cass.*, 26 mai 1827, Octroi de Rouen c. Miquelard. — V. BOISSONS, CONTRIBUTIONS INDIRECTES, OCTROI.

14. — Ainsi, d'après l'art. 152, L. 28 avril 1816 sur les contributions indirectes, des perceptions peuvent être établies dans les banlieues autour des grandes villes, afin de restreindre la fraude ; mais les recettes faites dans ces banlieues appartiennent aux communes dont elles sont composées.

15. — « Dans les communes, porte l'art. 3 de la loi des finances du 23 juillet 1820, qui, en vertu de l'art. 152, L. 28 avril 1816, ont été ou doivent être soumises à un octroi de banlieue, les boissons seront admises en entrepôt aux mêmes conditions que dans l'intérieur de la ville. Dans la banlieue de Paris, les entrepositaires et marchands en gros d'eau-de-vie, esprits et liqueurs, seront soumis à l'exercice de détail, mais ils jouiront des déductions portées en l'art. 87, L. 25 mars 1817. — Cette déduction est accordée aux marchands en gros pour ouillage, coulage et affaiblissement de degrés des boissons qu'ils possèdent. »

16. — Autrefois, toutes les maisons d'une commune étaient soumises, quant à la contribution des portes et fenêtres, au même tarif, sans distinction des habitations de l'intérieur des villes et de celles de la banlieue. — Mais l'art. 24 de la loi des finances du 21 avril 1832 a fait cesser cette inique égalité, et établi que dans les communes et villes de 5,000 ames et au-dessus la taxe correspondant au chiffre de leur population ne s'appliquerait qu'aux habitations comprises dans les limites intérieures de l'octroi ; quant aux habitations dépendantes de la banlieue, elles sont portées dans la classe des communes rurales.

17. — Cet article a un double but : 1° qu'un octroi existe pour qu'il y ait lieu à l'établissement d'une taxe correspondante au chiffre de la population ; — 2° que dans l'enceinte même de l'octroi on fasse une distinction entre les diverses classes d'habitations, afin de ne pas mettre sur le même pied la chaumière rustique et la maison de ville, la ferme du cultivateur et l'hôtel du citadin.

18. — Aussi a-t-il été décidé par le ministre des finances, le 30 mai 1832, que dans les communes où la partie rurale et la partie agglomérée sont comprises dans la limite de l'octroi, on ne devait appliquer qu'à la ville proprement dite la taxe correspondante au chiffre de la population totale et taxer les maisons de la banlieue, quoique comprises dans les limites de l'octroi, comme celles des communes rurales.

19. — Il arrive parfois que, en matière d'octroi, la ville et la banlieue sont soumises à des perceptions différentes, en ce sens que des objets qui sont assujétis dans la ville ne le sont point dans la banlieue. — Dans ce cas, il y a deux lignes d'octroi, l'une qui enferme la ville, l'autre qui limite la banlieue.

20. — En pareille occurrence, on doit considérer comme formant les limites intérieures dans lesquelles seulement la taxe des portes et fenêtres doit être imposée en raison du chiffre de la population, aux termes de l'art. 24, L. 21 avril 1832, celles qui circonscrivent la première enceinte. — Ainsi les habitations comprises entre les deux enceintes, c'est-à-dire les faubourgs et la banlieue, doivent être considérées comme situées hors des limites intérieures, et, en conséquence, être portées dans la classe des communes rurales. — *Cons. d'état*, 17 juill. 1843, habit. des faubourgs d'Amiens. — V. CONTRIBUTIONS DIRECTES, OCTROI.

21. — Dans les communes dont la population totale est de cinq mille ames et au-dessus, les patentables exerçant dans la banlieue des professions imposées eu égard à la population, paient le droit fixe d'après le tarif applicable à la population non agglomérée. — Les patentables exerçant lesdites professions dans la partie agglomérée paient le droit fixe d'après le tarif applicable à la population totale. — L. 25 avr. 1844, art. 6. — V. PATENTE.

22. — Les commissaires-priseurs font exclusivement, dans les chefs-lieux d'arrondissement, toutes les prisées et ventes publiques de meubles ; mais quelle est la limite de ce privilége quant à la banlieue ? — V. COMMISSAIRE-PRISEUR.

23. — Relativement au privilége des courtiers de commerce ou au courtage clandestin dans la banlieue d'une ville, V. COURTIER DE COMMERCE.

24. — D'après ses statuts primitifs la banque de France exigeait que les négocians admis à l'escompte eussent leur domicile à Paris ; mais le décret du 16 janv. 1808 (art. 11 et 12) n'admet pas cette condition. Aussi aujourd'hui les commerçans de la banlieue ont la faculté de présenter à l'escompte de la banque de France, à la charge d'indiquer à Paris un domicile pour le paiement des effets non payés par le souscripteur, et de remplir les autres conditions déterminées par les statuts. — V. BANQUE DE FRANCE.

25. — Les édifices et constructions d'intérêt général de la banlieue de Paris sont, comme ceux de la ville même, administrés par le ministre des finances, par l'intermédiaire d'un directeur des bâtimens civils. — V. BATIMENS CIVILS, n° 4.

26. — Quant à la question de savoir si les avocats résidant dans la banlieue d'une ville, et spécialement dans celle de Paris, peuvent être portés ou maintenus au tableau, V. AVOCAT.

BANNAR.

On nommait ainsi en Franche-Comté, en Alsace et en Lorraine, les gardes des vignes ou des champs établis par les communautés d'habitans ou par les seigneurs. — Rogeville, *Dict. des ordonn. de Lorraine*, v° *Bangard*; Nouveau Denizart, v° *Bannar*. — V. aussi MESSIER.

BANNIE.

1. — Ce mot, dans la coutume de Bretagne, signifiait publication. — « Ce mot barbare, dit Poulain de Belair (sur l'art. 269 de cette Coutume, n° 4), nous est venu, à ce que l'on croit, des Italiens, qui l'avaient tiré des Lombards et des anciens Goths; et on l'a toujours entendu pour la dénonciation publique d'une chose juste ou défendue. »

2. — D'après cette coutume, les bannies étaient la condition essentielle et fondamentale des appropriemens. Ainsi, pour pouvoir s'approprier un bien acquis, l'acquéreur était obligé de faire *bannir*, c'est-à-dire proclamer publiquement le contrat qui formait son titre d'acquisition. — Guyot, *Rép.*, v° *Bannie.*

3. — Pour que les bannies produisissent leur effet, il fallait qu'elles fussent certifiées en justice. — Guyot, *loc. cit.*

4. — Mais quel juge était compétent à cet égard ? — La question était controversée. — D'Argentré soutenait que les seigneurs haut-justiciers avaient seuls le droit de bannie ; et Poulain de Belair (*loc. cit.*) cite un arrêt qui aurait repoussé les prétentions élevées sur ce point par un seigneur moyen-justicier. — Mais, depuis, la question avait été résolue en faveur des seigneurs moyens-justiciers par un arrêt du 7 janv. 1694, qui formait le dernier état de la jurisprudence. — Guyot, *loc. cit.*

5. — Le mot *bannie* était employé, dans d'autres coutumes, en un sens différent. — La coutume de Chaumont (art. 104) appelait *bannie* le temps dans lequel les prairies étaient en défense. — La coutume de Nivernais (tit. 13, art. 1er) employait la même expression pour la défense des vignes. — V. BANS DE VENDANGE, DE MOISSON et autres.

6. — En matière de domaine congéable, on désigne sous le nom de *vente sur simples bannies*, une procédure particulière que doit suivre le propriétaire foncier pour la vente des édifices et superfices, à défaut de paiement, de la part du domanier, de la redevance convenancière. — V. BAIL A CONVENANT OU A DOMAINE CONGÉABLE.

BANNIÈRE (navire).

On appelait ainsi autrefois l'enseigne ou étendard d'un navire qui annonçait, quand il était arboré, de quelle nation était ce navire. — Ord. de la marine de 1681, liv. 3, tit. 9, art. 3. — Aujourd'hui, la bannière se nomme *pavillon*. — V. ce mot. — V. aussi ARMEMENT EN COURSE, PIRATERIE, PRISES MARITIMES.

BANNISSEMENT.

Table alphabétique.

BANNISSEMENT. — 1. — Peine consistant dans l'expulsion d'une contrée avec interdiction d'y rentrer.

2. — Le bannissement est une des plus anciennes, la plus ancienne peut-être des peines. — Autrefois, même en Grèce et à Rome, on en faisait un fréquent usage.

3. — Les lois romaines reconnaissaient trois espèces de bannissement : — la *déportation*, en vertu de laquelle le condamné, transporté dans une île à perpétuité, perdait les droits de cité; ses biens étaient confisqués (Julius Clarus, quæst. 91); — la *relégation*, consistant également dans le transfèrement du condamné dans une île ou aux extrémités de l'Egypte, mais pour un temps seulement : la rélégation n'entraînait pas nécessairement la confiscation (L. 7, ff., *De interd. et releg.*; LL. 4 et 7, § 5, *ibid.*); — enfin l'*exil*, qui emportait seulement interdiction à temps, soit de certains lieux, soit de tous les lieux, sauf un seul : l'exilé continuait à jouir de ses droits civils.

4. — En France aussi c'était une peine fort usitée; on l'appliquait à toute espèce de crimes, communs ou spéciaux.

5. — Le bannissement pouvait s'étendre à tout le royaume, ou être restreint à un parlement, un bailliage royal, une généralité ou une justice particulière. — Mais on n'était pas bien d'accord sur les limites dans lesquelles pouvait prononcer chaque juridiction.

6. — Les parlemens pouvaient bannir non seulement hors de leur ressort, mais aussi hors du royaume : le parlement de Bretagne avait pensé que le bannissement du royaume ne pouvait être prononcé que par le parlement de Paris; mais d'Aguesseau, par une lettre du 12 oct. 1748, releva cette erreur qui paraît, depuis, n'avoir plus été consacrée.

7. — Les juges royaux, subalternes eux-mêmes, tels que baillis et sénéchaux royaux ou leurs lieutenans, pouvaient bannir du royaume à perpétuité. — Décl. 4 août 1682; *Parlem. de Dijon*, 5 juill. 1732; ord. crim. de nov. 1707, rendue pour la Lorraine, tit. 13, art. 17; Jousse, t. 1er, p. 52. — La doctrine contraire, enseignée par plusieurs criminalistes, par Rousseau de Lacombe et Coquille (*Cout. de Nevers*, tit. 1er, note 15e), n'était pas suivie. — V. cependant Carnot, *C. pén.*, art. 32, no 1er.

8. — Quant aux juges des seigneurs, ils ne pouvaient bannir que de leur territoire et non hors du royaume. — *Parlem. de Paris*, 19 mai 1676 et 11 sept. 1717. — Toutefois, le parlement de Normandie avait jugé, le 22 déc. 1612, que les juges des seigneurs pouvaient bannir du royaume.

9. — Le bannissement était prononcé à temps ou à perpétuité; dans l'un et l'autre cas, c'était une peine infamante. — Le bannissement du royaume à perpétuité emportait mort civile; le condamné ne pouvait ni tester ni recueillir de succession : ses biens étaient confisqués, dans le pays où la confiscation était admise; si non ils passaient à ses héritiers. — Loisel, liv. 6, tit. 2, max. 23e. — Quant au bannissement perpétuel du ressort d'un parlement, d'un bailliage royal, d'une généralité ou d'une justice particulière, et au bannissement à temps, ils n'emportaient ni mort civile ni confiscation : le banni conservait ses droits sur sa femme et les biens de la communauté; il pouvait vendre ses biens ou en acquérir, en disposer ou en recueillir par testament, donation, etc. — *Parlem. de Paris*, 20 avr. 1622 et 16 sept. 1624; ord. crimin. de Lorraine de nov. 1707, tit. 14, art. 8; — d'Aguesseau, lettre du 23 sept. 1748; Jousse, t. 1er, p. 51; Muyart de Vouglans, p. 69; Merlin, *Rép.*, vo *Bannissement*, § 1er, nos 2 et suiv.

10. — Le bannissement du royaume ne pouvait être prononcé qu'à perpétuité, jamais à temps : le parlement de Grenoble décidait cependant qu'on pouvait bannir à temps; mais, sur les remontrances du chancelier d'Aguesseau, adressées par lettre du 8 juin 1743, il réforma sa jurisprudence. — Dans une lettre du 23 sept. 1748, d'Aguesseau se plaignait que les juges inférieurs du parlement de Bretagne fussent dans l'usage de condamner au bannissement perpétuel hors de leur ressort seulement. « C'est encore un abus, écrivait-il, qui doit être réformé; cette espèce de bannissement n'opère point la mort civile, même en Bretagne, tout bannissement hors la province ne doit pas être prononcé à perpétuité; et tout bannissement perpétuel doit l'être hors du royaume. »

11. — L'exécution de la condamnation au bannissement n'emportait aucune formalité particulière, il suffisait de prononcer le jugement au condamné. — Un usage du Dauphiné, abrogé par une déclaration du 1er mars 1709, consistait à faire conduire le banni jusqu'aux frontières de la province par l'exécuteur des hautes œuvres accompagné d'archers. — Un arrêt du parlement d'Aix du 18 nov. 1684, ordonnait « que les exécutions de bannissement seraient faites au son de la cloche par la main de l'exécuteur, suivant l'ancienne coutume, et les condamnés conduits par ledit exécuteur accompagné par la famille du viguier jusqu'à la porte des Augustins, d'où il les ferait sortir pour donner main forte et empêcher le désordre qui pourrait arriver. »

12. — L'ord. criminelle d'août 1670 voulait (tit. 17, art. 16) que le jugement portant condamnation au bannissement par contumace fût transcrit dans un tableau sans effigie.

13. — Les bannis qui avaient enfreint leur ban devaient, pour ce seul fait, être condamnés aux galères. — Décl. 31 mai 1681. — Quant aux femmes ou filles, auxquelles les galères ne pouvaient être infligées, elles devaient être enfermées dans l'hôpital général le plus prochain. — Décl. 29 avr. 1687.

14. — Deux peines, ou plutôt deux mesures usitées autrefois, ne doivent point être confondues avec le bannissement. C'étaient l'*abstention de certains lieux*, qui avait pour but d'éloigner pendant un temps l'offenseur des lieux habités par l'offensé, et l'*exil par lettres de cachet*, que le prince seul pouvait prononcer. — Ces peines n'emportaient point infamie. — V. régl. des maréchaux de France, 22 août 1653, art. 12; édit de déc. 1704, art. 6. — V. ABSTENTION DE LIEU.

15. — Les publicistes ont, surtout dans le dix-huitième siècle, protesté contre l'immoralité de la peine du bannissement; ils se sont récriés contre l'égoïsme et l'odieux qu'il y avait à envoyer ainsi de peuple à peuple le rebut de la société : le pays qui rejette ses criminels reçoit à son tour ceux des pays voisins; aucun n'y trouve donc d'avantage réel, à moins qu'il ne se décide à leur fermer ses portes. — Mais, dans ce cas même, n'est-ce point provoquer des représailles, et, dès-lors, que devient une peine qui ne peut s'exécuter qu'avec l'assentiment d'un gouvernement étranger? — Piepape, *Observ. sur les lois crimin.*, p. 367; Chauveau et Hélie, *Th. C. pén.*, t. 1er, p. 128, 2e édit. — V. aussi Pastoret, *Lois pénales*, t. 1er, part. 2e, p. 112.

16. — Le Code Polonais, et les lois pénales de la Louisiane ont supprimé le bannissement. — Le Code pénal autrichien ne le prononce que contre les étrangers.

17. — Ces considérations avaient également touché l'assemblée constituante, qui, par l'art. 35, tit. 1er, part. 1re, C. pén., 25 sept.-6 oct. 1791, abolit virtuellement la peine du bannissement.

18. — Mais elle fut rétablie par le Code pénal de 1810, qui en restreignit toutefois l'emploi à quelques crimes politiques. — En pareille matière, en effet, le bannissement perd tous les vices que nous venons de signaler. — Les crimes politiques, en effet, supposent plus de passions que de corruption : « Un homme peut être, disait M. d'Haubersaert devant le corps législatif, mauvais citoyen dans un pays et ne l'être pas dans un autre; la présence d'un coupable de ce genre n'a ordinairement qu'un danger local, et qui peut disparaître dans le gouvernement sous lequel se fixe le banni. »

19. — Cependant le bannissement a encore de graves défauts. — C'est une peine totalement dépourvue d'*exemplarité*, *inégale* et surtout *inefficace*; la facilité des communications et des correspondances permettant à l'exilé de conserver toutes ses relations et de suivre, sans trop d'inconvéniens, les entreprises qui, peut-être, l'ont fait bannir.

20. — La révision de 1832 l'a néanmoins maintenue dans le Code pénal, peut-être à cause de la difficulté d'y substituer une autre peine. — Dans trois cas seulement, on l'a remplacée par la détention : ce sont ceux prévus par les art. 78, 80 et 81, C. pén., relatifs à la correspondance avec l'ennemi, aux plans de nos places fortes livrés par des fonctionnaires aux agens d'une puissance étrangère, et aux soustractions desdits plans par tout individu pour les livrer. — Dans tous les autres cas, le bannissement a été maintenu, notamment dans ceux des art. 124, qui punit ceux qui ont concerté des mesures contre l'exécution des lois ou contre les ordres du gouvernement; 208, qui prévoit le cas de correspondance des ministres des cultes avec des puissances étrangères, accompagnée ou suivie d'autres faits contraires aux dispositions formelles d'une loi ou d'une ordonnance du roi; 202 et 204, relatifs aux critiques, censures ou provocations dirigées contre l'autorité publique dans un discours ou un écrit pastoral; enfin 156 et 158, applicables à ceux qui ont fabriqué ou falsifié de fausses feuilles de route. — V. COALITION DE FONCTIONNAIRES, CULTES.

21. — L'art. 32, C. pén., est ainsi conçu : « Quiconque aura été condamné au bannissement sera transporté, par ordre du gouvernement, hors du territoire du royaume. — La durée du bannissement sera au moins de cinq années et de dix ans au plus. »

22. — Dans le ressort de l'ancien parlement de Provence, le bannissement avait reçu, dans l'origine, le nom d'*interdiction*; le projet du Code de 1810 l'appelait *relégation*. — Mais, dans la rédaction définitive, il a repris son ancienne dénomination.

23. — L'exécution consiste à transporter le condamné sur la frontière du royaume où alors la liberté lui est rendue. — Mais, ayant la faculté de se fixer dans tel lieu que bon lui semble, pourrait-il exiger qu'on le transportât à la frontière qu'il désignerait. — Carnot (*C. pén.*, art. 32, no 4) ne le pense point; « il n'y a pas lieu, dit-il, de présumer que le gouvernement se crût obligé d'accéder à une semblable invitation. »

24. — Selon M. Rauter (*Tr. de dr. crim.*, t. 1er, no 166), le banni ne peut être retenu en France sous prétexte qu'il ne serait pas reçu en pays étranger. — Cependant, s'il y était refusé, il pourrait être détenu jusqu'à l'expiration du temps de sa peine, « pourvu, continue le même auteur, que sa condition ne fût pas plus dure que celle du détenu en arrestation provisoire : il doit, en effet, être constamment sous la main de l'autorité, pour qu'elle puisse lui faire passer la frontière aussitôt que possible. Il attend l'exécution de son jugement. »

25. — L'ord. 2 avr. 1817, contenant réglement sur les maisons centrales de détention, portait, art. 4 : « Les individus condamnés au bannissement seront transférés à la maison de Pierre-Châtel, et y resteront pendant la durée de leur ban, à moins qu'ils n'obtiennent la faculté d'être reçus en pays étranger : dans ce cas, ils seront transportés à la frontière, ceux qui auront la faculté de s'embarquer et qui le demanderont, seront conduits au port d'embarquement sur l'ordre du ministre de l'intérieur. »

26. — Le fort de Pierre-Châtel a cessé d'être une prison, et les ord. des 5 mai 1833 et 22 janv. 1835, qui ont affecté, la première, la maison centrale du Mont-Saint-Michel, la seconde, la citadelle de Doullens, à la détention des condamnés à la déportation et à la détention, sont muettes sur le lieu où doivent être retenus les condamnés au bannissement lorsqu'ils n'ont pas obtenu la faculté d'être reçus en pays étranger ou celle de s'embarquer. — Nous pensons qu'à cet égard le gouvernement a pleine liberté, et que le banni ne pourrait se plaindre d'être détenu dans une prison plutôt que dans une autre si le régime n'y était point d'une sévérité plus grande.

27. — « Si le banni, avant l'expiration de sa peine, rentre sur le territoire du royaume, il sera, sur la seule preuve de son identité, condamné à la détention pour un temps au moins égal à celui qui restait à courir jusqu'à l'expiration du bannissement, et qui ne pourra excéder le double de ce temps. » — C. pén., art. 33.

28. — Le Code de 1810, à l'instar de la loi romaine (LL. 4 et 28, § 13, ff., *De pœnis*) et de notre ancien droit (*suprà*, no 13) punissait la rupture de ban *de la déportation*. — La loi de 1832 a remplacé cette peine exorbitante par celle *de la détention*. — Mais la détention, dans ce cas, n'a pas les limites fixes posées par l'art. 20, § 3, C. pén., sa durée est déterminée par ce qui restait encore à subir du bannissement, et peut, par conséquent, s'abaisser à quelques jours seulement, aussi bien que s'élever à près de vingt années.

29. — Le Code pénal de 1791, ne comptant plus le bannissement au nombre des peines, n'en punissait point par conséquent l'infraction. — Il a par suite été jugé que le banni, poursuivi depuis la mise en vigueur du Code de 1810 pour avoir enfreint son ban sous l'empire du Code de 1791, de-

vait être renvoyé absous aux termes du décret du 23 juill. 1810, qui voulait que la loi la plus favorable à l'accusé, c'est-à-dire celle de 1791, comme ne prononçant aucune peine, lui fût seule appliquée. — *Cass.*, 9 sept. 1813, Gougueinbein.

30. — L'infraction du ban est une contravention pure, — c'est-à-dire que le fait seul de son existence suffit pour rendre la peine applicable sans qu'il y ait lieu de s'enquérir de l'intention. — C'est ce qu'expriment d'ailleurs ces mots de l'article 33 : « Le banni sera, sur la seule preuve de son identité, condamné... »

31. — Toutefois, l'infraction de ban doit être au moins volontaire; car si le banni avait été contraint par la violence ou des événemens de force majeure, on ne pourrait lui imputer un fait qu'il lui aurait été impossible de ne pas commettre. — Rauter, *loc. cit.*, t. 1er, n° 166.

32. — De ce que la rupture de ban est une infraction matérielle, il résulte, ainsi que le font remarquer MM. Chauveau et Hélie (t. 1er, p. 132, 2e édit.), que la procédure à suivre en pareil cas est celle que déterminent les art. 518 et 519, C. instr. crim., — et que, dès-lors, la cour d'assises qui a prononcé la première condamnation est seule compétente pour connaître de cette contravention et doit prononcer sans assistance de jurés.

33. — Le banni ne pouvant être puni que sur la preuve de son identité, il en résulte encore qu'on ne peut procéder contre lui par contumace, pour avoir reparu sur le territoire du royaume. Il faut, pour qu'il y ait lieu à accusation, que le banni ait été repris et qu'il soit présent aux débats ainsi qu'au jugement d'identité. — *Cass.*, 6 mars 1817, Monnot. — Legraverend, t. 2, ch. 9, sect. 1re, p. 618; Carnot, *C. instr. crim.*, art. 519, n° 1er; Chauveau et Hélie, t. 1er, p. 132, 2e éd. — En effet, la présence accidentelle et momentanée d'un banni sur le territoire du royaume, n'a pas un caractère assez prononcé de désobéissance à l'arrêt de bannissement pour mériter l'aggravation de peine attachée à l'infraction du ban. Sa fuite a effacé le délit. Une condamnation nouvelle aurait peu d'intérêt et s'expliquerait difficilement.

34. — Carnot pense avec raison (*C. pén.*, art. 33, n° 3) que le banni qui serait trouvé sur le territoire étranger occupé par les armées françaises ne pourrait en être légalement expulsé : l'art. 17, § 3, C. pén., qui prescrit une mesure analogue pour les déportés, ne pouvant trouver d'application aux bannis. — V. DÉPORTATION.

35. — L'aggravation de peine portée par l'art. 33 n'est applicable qu'au banni qui réellement sorti du royaume y serait rentré, et non à celui qui étant retenu en France se serait évadé : la seule peine applicable à ce dernier serait celle prononcée contre les évasions. — Carnot, *C. pén.*, art 33, obs. add., n° 3; *Encycl. du dr.*, v° *Bannissement*, n° 20. — V. ÉVASION.

36. — Le bannissement est aujourd'hui, comme autrefois, rangé parmi les peines infamantes. — C. pén., art. 8. — V. PEINE.

37. — La condamnation à la peine du bannissement, emporte la dégradation civique. — C. pén., art. 28. — V. DÉGRADATION CIVIQUE, PEINE.

38. — Elle entraîne également, de plein droit, la surveillance de la haute police pendant un temps égal à celui qu'a duré le bannissement. — C. pén., art. 48. — V. SURVEILLANCE DE LA HAUTE POLICE.

39. — Les arrêts qui portent condamnation à la peine du bannissement doivent être imprimés par extraits et affichés dans la ville centrale du département, dans celle où l'arrêt a été rendu, dans la commune du lieu où le délit a été commis et dans celle du domicile du condamné. — C. pén., art. 36.

40. — Il ne faut pas confondre avec le bannissement, qui consiste dans la mise hors du royaume et l'interdiction d'y rentrer, la peine qui consiste dans l'éloignement où quelques condamnés doivent se tenir d'un certain lieu pendant un temps déterminé. — V. à cet égard, ABSTENTION DE LIEU, SURVEILLANCE.

41. — Le bannissement perpétuel, ou plutôt l'expulsion du territoire, a été exceptionnellement prononcée par quelques lois spéciales contre certaines familles ou certaines personnes à la suite de révolutions politiques.

42. — Ainsi, d'après l'art. 4, L. 12-14 janv. 1816, « les ascendans et descendans de Napoléon Bonaparte, ses oncles et ses tantes, ses neveux et ses nièces, ses frères, leurs femmes et leurs descendans, ses sœurs et leurs maris, sont exclus du royaume à perpétuité, et tenus d'en sortir sous la peine portée par l'art. 91, C. pén. (la peine de mort et la confiscation des biens). Ils ne peuvent y jouir d'aucun droit civil, y posséder aucuns bien, titre, pension, à eux accordés à titre gratuit, et ils seront tenus de vendre, dans le délai de six mois, les biens de toute nature qu'ils possédaient à titre onéreux. »

43. — « Ceux des régicides, porte l'art. 7 de la même loi, qui, au mépris d'une clémence presque sans bornes, ont voté pour l'acte additionnel ou accepté des fonctions ou emplois de l'usurpateur, et qui, par là, se sont déclarés ennemis irréconciliables de la France et du gouvernement légitime, sont exclus à perpétuité du royaume et sont tenus d'en sortir dans le délai d'un mois, sous la peine portée par l'art. 33, C. pén. (la déportation). Ils ne pourront y jouir d'aucun droit civil, y posséder aucun bien, titre ni pension à eux concédés à titre gratuit. »

44. — Jugé, sous l'empire de cette disposition, qu'il n'y avait pas nécessité, pour son application individuelle, d'une disposition particulière et nominative, ni d'un acte de l'autorité judiciaire, et qu'en conséquence, lorsqu'un individu arrêté en France comme ayant enfreint le bannissement dont il était atteint par cette loi d'exception, avait été déclaré coupable par le jury des faits d'après lesquels elle prononçait le bannissement, il ne pouvait se faire un moyen de cassation de ce qu'il n'avait pas été nominativement désigné dans ladite loi, ou de ce qu'il n'aurait pas été préalablement décidé qu'elle lui était applicable. — *Cass.*, 27 avr. 1820, Lecarpentier.

45. — Jugé encore que les régicides bannis à perpétuité par la loi du 12 janv. 1816 n'étaient pas frappés de mort civile, et que la privation des droits civils par eux encourue aux termes de l'art. 7, n'étant pas générale, ne les rendait pas incapables de succéder en France. — *Cass.*, 20 fév. (et non 20 ou 21 janv.) 1821, Champagny c. Chenneveau.

46. — Une ordonnance du 24 juill.-8 août 1815 enjoignait, par son art. 2, à plusieurs citoyens qu'elle désignait de sortir de Paris et de se retirer à l'intérieur, dans les lieux à eux désignés par le ministre de la police générale, pour y rester sous la surveillance jusqu'à ce que les chambres eussent statué sur ceux qui devraient sortir du royaume ou être traduits devant les tribunaux. — L'art. 3, L. 12-14 janv. 1816, donna au roi le pouvoir d'éloigner de France ceux des individus compris dans le susdit art. 2 qu'il y maintiendrait et qui n'auraient pas été traduits devant les tribunaux ; il pouvait pareillement les priver de tous biens et pensions à eux concédés à titre gratuit.

47. — La loi du 11-12 sept. 1830, rapportant, en partie du moins, celle du 12 janv. 1816, permit aux Français bannis en exécution des art. 3 et 7 de la loi de 1816 de rentrer en France, et les réintégra dans leurs droits civils et politiques.

48. — La loi du 10-11 avr. 1832 interdit à perpétuité le territoire de la France et de ses colonies à Charles X, à ses descendans, et aux époux et épouses de ses descendans.

49. — Le projet adopté par la chambre des députés se servait du mot *banni*, mais la chambre des pairs y a substitué la rédaction actuelle : elle a craint que l'expression *bannis*, *bannissement*, n'entraînât des conséquences légales que le législateur n'avait certes point en vue. — Duvergier, *Coll. des lois*, t. 32, p. 486, note 2e.

V. BLESSURES ET COUPS.

BANON.

1. — On appelait ainsi dans plusieurs coutumes, et particulièrement en Normandie, la faculté que tous les habitans d'une paroisse avaient de conduire leurs bestiaux sur les terres qu'elle contenait, après la Sainte-Croix en septembre, c'est-à-dire après la récolte, et lorsqu'elles n'étaient ni cultivées ni ensemencées, ni closes ou défendues d'ancienneté. — Guyot, *Rép.*, v° *Banon*.

2. — Quant aux terres cultivées et ensemencées, l'art. 81 de la coutume de Normandie portait qu'elles étaient en défends en tout temps, jusqu'à ce que les fruits fussent recueillis. — Et par arrêt de réglement du 2 déc. 1724, le parlement de cette province avait fait défense à tous habitans des paroisses de laisser divaguer leurs bestiaux dans les blés et autres grains, en quelque saison que ce fût, à peine de 10 livres d'amende outre les dommages-intérêts.

3. — Les terres closes ou défendues d'ancienneté étaient, comme les terres cultivées et ensemencées, exemptes du banon. C'est ce qui résultait de la coutume de Normandie, portant que les prés, terres vides et non cultivées étaient en défends depuis la mi-mars jusqu'à la Sainte-Croix en septembre, et qu'en tout autre temps elles étaient communes si elles n'étaient closes ou défendues d'ancienneté.

4. — On entendait par *défendues d'ancienneté*, les terres qui depuis un temps reculé s'étaient maintenues dans l'exemption du banon. Elles ne pouvaient dès-lors y être assujéties. — *Parlem. Rouen*, avr. 1769; — Guyot, *Rép.*, v° *Banon*.

5. — Le banon ne pouvait être exercé sur les champs semés, soit en sainfoins, soit en trèfles ou tremaines. Le parlement de Rouen avait, par arrêt de réglement du 27 mars 1743, décidé qu'ils seraient en défends en tout temps.

6. — Chaque habitant de la commune ne pouvait envoyer au pâturage qu'un nombre de bêtes proportionné à l'étendue des terres qu'il possédait dans la paroisse. — Basnage, *sur Cout. de Normandie*, art. 82, Guyot, *Rép.*, v° *Banon*.

7. — La question s'était élevée de savoir si l'habitant d'une paroisse pouvait envoyer paître ses bestiaux sur les terres des paroisses voisines ? — Le parlement de Rouen l'avait décidée négativement par deux arrêts des 6 juin 1647 et 1er août 1686. — Basnage, sur *Cout. Normandie*, art. 82.

8. — Toutefois, il avait également été jugé au même parlement que, lorsqu'un particulier faisait valoir des terres dans une paroisse voisine de celle de son domicile, il pouvait y envoyer paître des bestiaux. — Basnage, *loc. cit.*

9. — Un autre arrêt, du 2 avr. 1745, cité par le même auteur, défendait au cultivateur forain de faire pâturer sur la paroisse où il était seulement propriétaire plus de trois moutons par acre de terre.

10. — L'usage du pays de Caux ne permettait d'exercer le banon dans une paroisse où l'on n'était pas domicilié, qu'autant qu'on pouvait arriver aux terres qu'on y possédait sans passer sur les terres de habitans ou propriétaires de cette paroisse. — Guyot, *Rép.*, v° *Banon*.

11. — Les usages locaux qui régissaient le droit de banon ont été remplacés par les lois qui ont constitué d'une manière générale et pour toute la France le droit de *parcours* et *vaine pâture*. — V. ces mots.

BANQUE.

Table alphabétique.

Actions, 39 s.
Administrateur, 14.
Agio, 6.
Banque, 3 s. — à billets, 11, 18 s., 34 s. — à virement, 13 s., 34. — de France, 33. — de Law, 29 s. — de prévoyance, 4. — immobilière, 4. — paternelle, 4.
Bénéfice, 12 s.
Billets, 10, 15. — de banque, 7 s., 11, 18 s., 24.
Caisse d'escompte de Paris, 32.
Capital, 39.
Change, 6 s.
Circulation, 18.
Comptes courans, 14, 21, 36.
Crédit, 6, 12 s.
Dépôt, 6 s., 12 s., 21
Echéances, 19.
Escompte, 6 s., 14, 19, 21, 36, 39.
Historique, 2 s., 16 s., 24 s.
Inscription, 12.
Maison de banque, 3. — de prêt, 1.
Matières d'or et d'argent, 21, 36.
Monnaie, 7, 15, 22, 37.
Opérations, 6 s., 13, 20, 38.
Paiement, 22, 36.
Prêt, 10, 14, 21.
Remboursement, 19 s., 37.
Service public, 28.
Substitution, 41.
Tontines, 4.
Valeurs, 8 s.
Virement, 12, 22.

BANQUE. — 1. — C'est le trafic ou commerce d'argent qui se fait de place à place, au moyen d'une correspondance établie par lettres de change ou autres effets de commerce et qui s'opère avec certaines remises.

2. — Le mot *banque*, appliqué aux opérations commerciales, paraît venir de l'Italie. Lorsque le commerce reparut en Europe, les juifs, qui en étaient les agens principaux, avaient pour habitude de se réunir dans les marchés des villes principales de l'Italie, assis sur des *bancs* ou à des comptoirs pour prêter leur argent. Ils faisaient d'abord ces prêts sur la réputation et sur des bons que leur souscrivaient les emprunteurs; mais plus tard ils ne voulurent plus prêter leur argent que sur la garantie de marchandises ou de productions déposées dans des magasins particuliers. Le système de banque eut donc, pendant un certain temps, de l'analogie avec celui pratiqué depuis par les monts-de-piété.

3. — On désigne aussi par le mot *banques* les établissemens publics ou privés fondés pour faciliter le trafic d'espèces contre du papier. — Le nom de *banques* se donne toutefois d'une manière plus spéciale aux établissemens publics, et celui de *maisons de banque* aux établissemens privés. — Goujet et Merger, *Dict. de dr. comm.*, v° *Banque*, n° 2.

4. — Il est des établissemens qui, n'ayant pas pour but de faire la *banque*, ont à tort pris ce nom. Tels sont : la *banque de prévoyance*, la *banque paternelle*, la *banque immobilière*, compagnie d'assurances de créances hypothécaires.

5. — Mais on pourrait, sous certains rapports,

mettre au rang des banques publiques les maisons de prêt sur nantissement ou hypothèques, tenues par des particuliers, et qui ont obtenu l'autorisation du gouvernement. — Pardessus, *Cours de droit commercial*, n° 31.

6. — Les opérations des banques particulières consistent généralement à faire, pour autrui, des recettes et des paiemens, à recevoir en dépôt des sommes ou valeurs à intérêts et à ouvrir aux déposans des crédits qui les autorisent, à disposer sur la maison de banque jusqu'à concurrence des sommes déposées, à échanger des effets de commerce ou à les escompter avec des espèces, moyennant une prime ou un bénéfice que l'on nomme *change* dans le premier cas, et *agio* ou *escompte* dans le second. — Goujet et Merger, *loc. cit.*, n° 4. — V. ACTE DE COMMERCE.

7. — Les banques publiques établies avec l'autorisation du gouvernement ont pour but : 1° d'acheter, revendre ou recevoir en dépôt du numéraire, ainsi que des matières d'or et d'argent, de prêter sur ces valeurs, et rendre plus faciles, au moyen de compensations et de viremens en compte courant, les paiemens de particulier à particulier ; — 2° d'escompter des valeurs commerciales ou autres, en d'autres termes d'acheter des lettres de change, billets à ordre et autres obligations payables à des termes plus ou moins éloignés, à un prix ordinairement déterminé d'avance et toujours inférieur à celui de l'escompte exercé par les maisons de banque particulières ; — 3° d'émettre des valeurs remboursables au porteur et à vue, représentant des espèces et entièrement livrées à la circulation. — Gautier, *Encyclop. du dr.*, v° *Banque* ; Goujet et Merger, *loc. cit.*, n° 5.

8. — Ces valeurs, à raison de la possibilité de leur remboursement en espèces au gré des porteurs, équivalent à des espèces, et sont en outre plus faciles à compter et transporter.

9. — Les banques, en mettant ces valeurs en circulation, ne créent pas un capital nouveau, puisque leurs caisses en renferment la représentation en numéraire ou en effets de commerce; elles font uniquement ce que font les négocians qui paient avec leurs billets les marchandises achetées par eux. Il n'y a de différence qu'en ce que les billets des négocians sont à ordre et à une échéance déterminée et qu'on ne peut devancer, tandis que ceux de la banque sont au porteur et à une échéance laissée à la volonté de ce dernier. — Dans les deux cas, les billets représentent donc un capital effectif.

10. — Des prêts faits à domicile par des négocians ou des particuliers, et l'escompte à domicile de billets payables dans le même lieu, ne peuvent être considérés comme constituant un véritable commerce de banque. — *Cons. d'ét.*, 14 janv. 1818, Brunot.

11. — Il est deux espèces principales de banques : les banques *à virement* ou *de dépôt*, et les banques *de circulation* ou *à billets*. Il en est aussi une troisième qui participe de ces deux espèces, en opérant par viremens et en émettant des billets.

12. — Les premières sont celles où le public dépose des sommes pour le montant desquelles on lui ouvre un crédit. Il lui est donné par suite une inscription pour les sommes déposées, inscription qu'il peut céder à un tiers en tout ou partie, et ce transport constitue ce qu'on nomme *le virement*. Le droit perçu pour chaque transfert constitue le bénéfice de la banque.

13. — Le bénéfice des banques à virement consiste quelquefois dans les résultats d'opérations hasardeuses. Mais elles ont intérêt à compromettre le moins possible les fonds qui leur sont remis en dépôt, sous peine de voir leur crédit à tout jamais perdu. — Blanqui, *Précis d'économie politique*, p. 157.

14. — Aussi, à moins d'y être autorisés par les statuts, les administrateurs des banques à virement ne peuvent-ils disposer des sommes qui leur ont été confiées, ces sommes ne leur ayant été remises qu'à titre de dépôt. Ces banques font simplement l'office de caisses de prêts sur nantissement, de caisses de comptes courans, et non celui de caisses d'escompte. — Goujet et Merger, *loc. cit.*, n° 11.

15. — La monnaie extraite du dépôt, ou la portion de billets excédant le gage, sont représentées soit par des créances ou marchandises données en nantissement, soit par les obligations à terme des emprunteurs. — Pardessus, *loc. cit.*, n° 31.

16. — Les plus anciennes banques furent des banques à virement, ou de prêts sur dépôts. Elles étaient toutes fondées par les gouvernemens ou les villes qui en étaient le siége. — La première banque est celle de Venise, dite *del Giro*, fondée vers le milieu du douzième siècle, et dont l'existence a pris fin en 1797, lors de la conquête de la république vénitienne par les armées françaises.

17. — D'autres banques s'établirent successivement : celle de Gênes (1407), dite *Chambre de Saint-Georges*, et qui disparut avec la république génoise ; celle d'Amsterdam (1609), une des banques qui sont parvenues au plus haut degré de puissance et d'activité ; elle fut créée sous la garantie de la ville pour maintenir la valeur du ducaton ; celle de Hambourg (1619), fondée en vue surtout de maintenir la valeur de l'écu de l'empire ; celle de Nuremberg (1621) ; de Rotterdam (1625).

18. — Les banques à billets ou de circulation sont les plus communes. On les nomme ainsi parce qu'elles mettent dans la circulation leurs billets, qui sont reçus comme numéraire dans les paiemens qu'elles font, et sont employés de la même manière par le public. — Favard de Langlade, v° *Banque*, sect. 2e.

19. — Ces billets sont remboursables en numéraire à la volonté des porteurs. Ceux-ci paient un *escompte* s'ils se présentent avant l'échéance, et n'ont droit à aucune indemnité dans le cas où ils auraient négligé d'exiger leur remboursement.

20. — Les billets émis par les banques de circulation permettent de consacrer une partie du numéraire dont elles tiennent la place à des opérations lucratives, si l'émission en est limitée de telle sorte que les caisses puissent toujours suffire au remboursement. — Blanqui, *loc. cit.*

21. — Ces banques reçoivent aussi des sommes en dépôt, prêtent en nantissement, ouvrent des comptes courans, escomptent les effets de commerce et négocient les matières d'or et d'argent.

22. — Rien ne s'oppose à ce qu'elles fassent leurs paiemens par viremens. Par là elles évitent les transports de monnaie et donnent plus de rapidité aux opérations commerciales. — Favard de Langlade, *loc. cit.*, sect. 2e.

23. — L'importance et le crédit de ces établissemens ont souvent porté les gouvernemens à tirer parti des avantages qu'ils présentent ; quelques banques même, comme celles d'Angleterre et de Saint-Charles en Espagne, ont été en partie instituées pour faire des services publics. — Favard de Langlade, *loc. cit.*, sect. 2e.

24. — La plus ancienne des banques de circulation est la *banque d'Angleterre*, créée en 1694. Elle est la première qu'un gouvernement ait autorisée à émettre des billets au porteur et à vue, c'est-à-dire à battre monnaie. La *banque de Stockholm*, fondée en 1552, avait bien le principe d'une banque de circulation, puisque les récépissés qu'elle délivrait aux négocians dont elle avait reçu les fonds en dépôt circulaient comme argent comptant dans toute la Suède ; mais ce principe n'avait pris aucun développement.

25. — La banque d'Angleterre, l'établissement de ce genre le plus colossal et le plus puissant qui ait jamais existé, fait toutes les affaires de banque du gouvernement anglais. « Elle agit, dit Adam Smith, non seulement comme une banque ordinaire, mais comme un des grands rouages de l'état. Elle reçoit et paie la plus grande partie des annuités dues aux créanciers de l'état ; elle fait circuler les billets de l'échiquier, et avance au gouvernement le montant annuel de l'impôt foncier et de la taxe sur la drèche, qui ne rentrent quelquefois que plusieurs années après l'exercice courant. »

26. — On compte encore dans le Royaume-Uni la banque d'Ecosse, fondée en 1508 ; la banque royale d'Ecosse, en 1727 ; celle d'Irlande, en 1788, etc.

27. — Les divers gouvernemens de l'Europe entrèrent successivement dans la même voie. Vienne eut sa banque en 1703 ; Berlin, en 1765 ; Saint-Pétersbourg et Moscou en 1770. Depuis une vingtaine d'années l'Italie a commencé aussi à suivre le mouvement. Il s'est formé à Florence et à Livourne des banques publiques dont le succès favorise les opérations.

28. — En 1780, l'Amérique du Nord suivit aussi l'impulsion en créant la *banque de Philadelphie*, qui fut reconstituée, le 10 avr. 1816, sous le nom de *banque des Etats-Unis*. Son siége principal est à Philadelphie ; elle compte vingt-cinq succursales. — A côté de cette banque principale et régulatrice, il s'en est formé d'autres, constituées par des actes de la législature des divers états. Au 1er janv. 1835, on comptait cinq cent cinquante-huit de ces banques, ayant cent quarante-six succursales.

29. — En France, la plus ancienne banque établie est celle de Law, créée par édit du 2 mai 1716, au capital de 6,000,000 de francs, divisé en douze cents actions de 5,000 fr. chacune. Elle devait escompter les effets de commerce, recevoir les fonds déposés dans ses caisses par les négocians, et faire entre ceux-ci des compensations de viremens de compte, de comptes courans, et émettre des billets remboursables au porteur et à vue, en écus de poids et au titre de la date de l'édit.

30. — Un édit du 10 avr. 1717 décréta que, dans toute l'étendue du royaume, les billets de cette banque seraient reçus en paiement par toute personne, même par les receveurs publics.

31. — Le 4 déc. 1718, la banque, d'établissement privé qu'elle était, fut déclarée banque royale. — Elle rendit d'abord de grands services ; mais l'association de la banque à la compagnie des Indes, la multiplication d'un papier (les émissions s'élevèrent jusqu'à 2,696,400,000 fr.) hors de proportion avec ses ressources, un agiotage sans bornes, suivi d'une violente panique, entraînèrent la chute de l'établissement.

32. — Un second essai fut tenté en 1776. Un arrêt du conseil du 24 mars de cette année fonda la caisse d'escompte à Paris. Un second arrêt du conseil du 7 mars 1779 fixa le taux de l'escompte à 4 % en temps de paix et à 4 1/2 % en temps de guerre. — Cette banque, qui pendant dix-sept ans avait opéré avec activité et rendu de grands services, fut supprimée le 4 août 1793.

33. — Mais lorsque la confiance commença à renaître, il se forma de nouveaux établissemens de crédit. Néanmoins, ce ne fut que le 24 germin. an XI que la banque de France fut constituée d'une manière légale et définitive. — V. BANQUE DE FRANCE.

34. — La distinction entre les banques de virement et les banques de circulation tend de plus en plus à s'effacer, sous l'influence du développement du commerce et du perfectionnement du crédit. Il est aujourd'hui peu de banques de dépôt qui ne soient devenues banques d'escompte et de circulation, et réciproquement. La banque de Hambourg reste à peu près seule encore banque de dépôt.

35. — Chez nous, les banques, constituées toutes sur des bases uniformes, sont banques de billets et de circulation. Il n'en existe, au surplus, que dix, indépendamment de la banque de France et de ses succursales appelées comptoirs d'escompte. — V. BANQUE DE FRANCE, BANQUES DÉPARTEMENTALES, COMPTOIRS D'ESCOMPTE.

36. — Elles escomptent les effets de commerce et font le trafic de l'or et de l'argent. Elles ouvrent des comptes courans, et paient pour les crédités les mandats qu'ils ont tirés sur elles.

37. — Il leur est loisible d'employer à leur profit une partie du numéraire représentant les billets qu'elles ont émis, à la condition néanmoins qu'elles pourront toujours faire face aux remboursemens qui leur seront demandés. — V. BANQUE DE FRANCE.

38. — Toutes les opérations des banques sont réputées actes de commerce. — V. ACTE DE COMMERCE, nos 49 et suiv.

39. — Le capital sur lequel opère une société ayant pour objet principalement l'escompte des billets et effets de commerce, forme le fonds social, qui est ordinairement divisé entre les actionnaires en actions et en coupons d'actions dont la valeur nominale a été déterminée au moment de l'émission, et qui est susceptible d'augmentation ou de diminution, selon l'état de prospérité ou de discrédit de la société.

40. — En général, ces sortes d'actions sont meubles de leur nature, encore que les immeubles dépendant des entreprises qu'elles ont pour objet appartiennent aux compagnies. — C. civ., art. 529. — V. BANQUE DE FRANCE, nos 36 s., BIENS.

41. — Sous le droit actuel, comme avant la loi du 14 nov. 1792, les actions de banque, et, en général, tous les intérêts dans les sociétés de commerce peuvent être grevées de substitutions. — Merlin, *Rép.*, v° *Substitution de fidéicommis*, sect. 6e, § 1er, art. 3. — C. civ., art. 1448, 1449 et 1063.

BANQUE DE FRANCE.

Table alphabétique.

—

Sect. 1re. — Historique.

3. — Lorsque les assignats, qui avaient eu pour effet de faire disparaître le numéraire de la circulation, eurent complètement perdu leur cours, le commerce se trouva sans moyens d'échange. Alors se formèrent divers établissemens institués dans le but de multiplier les moyens par le crédit.

4. — En 1796, une société en commandite créa, sous le nom de *Caisse des comptes courans*, un établissement destiné au service des paiemens et recouvrement des négocians et à l'escompte des effets de commerce. Cette caisse escompta à 6 p. 0/0 par an les signatures des négocians les plus solvables, qui, d'après le cours d'alors, étaient obligés de subir le taux d'un escompte qui s'élevait à 9 p. 0/0.

5. — Une autre caisse, nommée *Caisse d'escompte du commerce*, fut formée en 1798, dans le même but que la Caisse des comptes courans, et bientôt ces deux établissemens réunis en un seul reçurent le nom de banque de France, d'après un arrêté du conseil du 28 niv. an VIII, qui ordonna, en outre, que tous les fonds reçus par la caisse d'amortissement seraient versés sur elle à la banque de France, et que la moitié des fonds provenant des cautionnemens à fournir par les receveurs généraux serait convertie en actions de la banque.

6. — Dans l'assemblée générale des actionnaires de la banque de France, tenue le 24 pluv. an VIII, les bases d'une nouvelle organisation furent posées. Le capital fut porté à 30,000,000 fr., divisés en trente mille actions de 1,000 fr. chacune, avec réserve de la faculté d'augmenter ce fonds par l'émission de nouvelles actions, mais avec déclaration expresse que tout appel de fonds aux actionnaires était interdit. On liquida la Caisse des comptes courans, et ses actions vinrent se fondre dans celles de la banque de France, qui commença ses opérations le 27 vent. an VIII (20 fév. 1800).

7. — L'absence de garanties officielles empêchait les opérations de la banque de France de prendre de grands développemens, lorsque la loi du 24 germ. an XI vint donner à la banque de France une existence légale et la constituer d'une manière définitive.

8. — Le capital de la banque fut porté à quarante-cinq mille actions de 1,000 fr. chacune, non compris le fonds de réserve.

9. — Les opérations de la banque furent déterminées comme on le verra *infrà* nos 41 et suiv.

10. — La banque reçut le privilège exclusif d'émettre des billets au porteur et à vue.

11. — Ce privilège lui fut accordé, par l'art. 28 de la même loi, pour quinze ans, à dater du 24 vendém. an XI (24 sept. 1803). — Toutefois, par l'art. 34, le gouvernement se réserva le droit de créer d'autres banques dans les départemens. — La loi du 22 avr. 1806 prorogea de vingt-cinq ans au-delà des quinze premières années le privilège de la Banque, qui fut encore déclaré par la loi du 30 juin 1840 maintenu jusqu'au 31 déc. 1867, avec cette réserve, toutefois, qu'il pourrait prendre fin ou être modifié le 31 déc. 1855, s'il en était ainsi ordonné par une loi votée dans l'une des deux sessions précédant cette époque.

12. — Les statuts de la banque de France sont soumis à l'approbation du roi dans la forme de réglemens d'administration publique.

13. — Indépendamment des lois que nous venons de mentionner il en est d'autres, successivement rappelées dans le cours de cet article, qui ont réglé divers points importans concernant la banque de France.

Sect. 2e. — Capital et actions de la banque de France. — Dividende.

14. — Le capital de la banque de France, que l'art. 4, L. 24 germin. an XI, avait fixé à quarante-cinq mille actions de 1,000 fr. chacune en fonds primitif, non compris le fonds de réserve, fut porté à quatre-vingt-dix mille actions de 1,000 fr. chacune, indépendamment aussi du fonds de réserve, par la loi du 22 avr. 1806, art. 2, confirmée en cela par l'art. 1er du décret du 16 janv. 1808, qui avait pour but d'arrêter définitivement les statuts de la banque de France.

15. — De 1808 à 1815, la banque a racheté et plus tard annulé vingt-deux mille deux cent actions, ce qui a réduit à 67,900,000 fr. son capital qui existe aujourd'hui, et qui ne peut, d'après la loi du 30 juin 1840, art. 2, être augmenté ou diminué qu'en vertu d'une loi spéciale.

16. — Tout appel de fonds sur les actions de la Banque est prohibé. — L. 24 germin. an XI, art. 2.

17. — Les actions de la banque sont représentées par une inscription nominale sur les registres; elles ne peuvent être mises au porteur. — L. 24 germin. an XI, art. 3.

18. — L'art. 8 de la loi de germin. an XI n'accordait, à compter du 1er vendém. an XIII, par chaque action de 1,000 fr., qu'un dividende de 5 0/0, payable tous les six mois. — Le bénéfice excédant le dividende annuel était converti en fonds de réserve, et celui-ci était à son tour en rentes 5 0/0 consolidés; ce qui donnait lieu à un second privilège. — Les inscriptions de rente inscrites en son nom, n'étaient et ne pouvaient être vendues sans autorisation, pendant la durée de son privilège. — L. 24 germin. an XI, art. 8.

19. — La loi du 22 avr. 1806, art. 4, modifiant l'art. 8 de la loi de germin. an XI, avait attribué aux actionnaires : 1° une répartition qui ne pouvait excéder 6 0/0 du capital primitif; 2° une autre répartition égale aux 2/3 du bénéfice excédant ladite répartition de 6 0/0. — Le dernier tiers des bénéfices était mis en fonds de réserve. La répartition était réglée tous les six mois. — L. 22 avr. 1806, art. 4.

20. — L'administration de la banque avait la faculté de faire le placement qui lui paraîtrait le plus convenable du fonds de réserve qu'elle pourrait acquérir à l'avenir. — L. 22 avr. 1806, art. 5.

21. — Les réserves s'étant élevées à une somme de beaucoup supérieure à celle nécessaire pour faire face aux pertes imprévues, la loi du 4 juill. 1820 ordonna que les bénéfices accumulés jusqu'au 6 déc. 1819 seraient répartis entre les propriétaires des 67,900 actions alors en circulation. En exécution de la loi de 1806. Ceux qui avaient été mis de côté pour obéir à la loi de l'an XI continuèrent provisoirement à rester en réserve (art. 2); une mesure en tous points semblable à celle de la loi du 4 juill. 1820 fut proscrite par celle du 6 déc. 1831.

22. — Mais un système différent de celui de ces deux lois fut adopté par celle du 17 mai 1834 pour la distribution de la réserve. Cette dernière loi fixe le fonds de réserve de la banque de France à dix millions, représentés par 500,000 fr. de rente 5 0/0, indépendamment de la partie du l'ancien fonds de réserve employée au rachat de l'hôtel de la banque et aux constructions qu'elle y a ajoutées. Cette loi ajoute en outre qu'il ne sera fait aucune retenue sur les bénéfices que pour compléter si cela est nécessaire, la réserve diminuée par des pertes.

23. — En cas d'insuffisance des bénéfices pour ouvrir un dividende dans la proportion de 4 0/0 du capital de 1,000 fr., il y est pourvu en prenant sur les fonds de réserve. — Décr. 16 janv. 1808, art. 21.

24. — Au commencement de chaque semestre la banque rend compte au gouvernement du résultat des opérations du semestre précédent, ainsi que du règlement du dividende. — Décr. 16 janv. 1808, art. 2.

25. — Le ministre des finances doit publier ce résultat trimestriel et le règlement de ce dividende — il doit, en outre, publier tous les trois mois un état de la situation moyenne de la banque pendant le trimestre écoulé. — L. 30 juin 1840, art. 3.

26. — La qualité d'actionnaire ne donne aucun droit particulier pour être admis aux escomptes de la banque. — L. 24 germin. an XI, art. 7.

27. — Les actionnaires de la banque ne sont, conformément aux règles qui régissent les sociétés anonymes par actions, responsables de ses engagemens que jusqu'à concurrence du montant de leurs actions. — Décr. 16 janv. 1808, art. 2.

28. — Les actions de la banque de France, bien que constatées comme nous l'avons dit (*suprà* nº 17) par une inscription nominale sur les registres, peuvent être aliénées à titre gratuit ou onéreux ; elles peuvent être acquises par des étrangers. — Décr. 16 janv. 1808, art. 3.

29. — Le titulaire d'une action peut disposer de la toute propriété de son action ou de l'usufruit seulement, ou de la nue-propriété et de l'usufruit séparément. — Au dernier cas, le fonds de réserve de ces actions appartient, non pas à l'usufruitier, mais au nu-propriétaire. — L'usufruitier peut seulement réclamer le placement du fonds de réserve dès qu'il est distribué, afin d'en percevoir les intérêts. — *Paris*, 27 (et non 7) avr. 1827, Benard.

30. — Le fonds de réserve avant la loi du 17 mai 1834 se composant comme nous l'avons dit (*suprà* nº 19 et suiv.) du tiers des bénéfices excédant le dividende de 6 %, et ce tiers ne se distribuant pas annuellement, mais seulement en vertu d'une loi, il en résultait que cette réserve accroissait au capital et que l'usufruitier décédé avant la promulgation de la loi de répartition mourait sans aucun droit acquis aux intérêts du capital à répartir. — Même arrêt (dans ses motifs).

31. — Aujourd'hui, l'usufruitier n'aurait pas plus de droit sur le fonds même de la réserve permamente de dix millions établie par l'art. 2, L. 17 mai 1834. La jouissance ne pourrait s'exercer que sur les fruits que pourrait produire la part afférente au nu-propriétaire dans ce fonds de réserve.

32. — La transmission des actions s'opère par de simples transferts sur des registres doubles tenus à cet effet. — Elles sont valablement transférées par la déclaration du propriétaire ou de son fondé de pouvoirs, signée sur les registres, et certifiée par un agent de change, s'il n'y a opposition signifiée et visée à la banque. — Décr. 16 janv. 1808, art. 4.

33. — L'agent de change (comme nous l'avons dit au mot AGENT DE CHANGE, nº 299) est soumis pour le transfert des actions de la banque à la même responsabilité que pour les transferts des inscriptions de rente sur l'état; en conséquence il garantit l'identité du propriétaire, la vérité de sa signature et des pièces produites. — Mollot, *Des bourses de commerce*, nº 371 ; Goujet et Merger, *Dict. de dr. comm.*, vº *Banque de France*, nº 25.

34. — Les actions de la banque, comme les actions ou intérêts dans les compagnies de finances, de commerce ou d'industrie, sont meubles par la détermination de la loi. — C. civ., art. 529.

35. — Toutefois, ces dernières actions peuvent être immobilisées. Les actionnaires, qui veulent donner à leurs actions la qualité d'immeubles doivent en faire la déclaration dans la forme ordinaire des transferts. Cette déclaration une fois inscrite sur le registre, les actions immobilisées restent soumises au Code civil et aux lois de privilége et d'hypothèque, comme les propriétés foncières : elles ne peuvent être aliénées, ni les priviléges et hypothèques purgés, qu'en se conformant aux règles et formalités prescrites par le Code civil. — Décr. 16 janv. 1808, art. 7.

36. — Les actions ainsi immobilisées peuvent revenir à la mobilisation par une nouvelle déclaration de l'actionnaire inscrite sur les registres de la compagnie. Mais cette déclaration n'a d'effet que pour l'avenir. — La déclaration doit contenir l'établissement de la propriété des actions en la personne du réclamant, et être transcrite au bureau des hypothèques de Paris, et soumise, s'il y a lieu, aux formalités de purge légale auxquelles les contrats de vente immobilière sont assujétis. — Le transfert n'est opéré qu'après qu'il a été justifié à la banque de l'accomplissement de ces formalités, et d'un certificat de non-inscription. — L. 17 mai 1834, art. 5.

37. — Les actions de la banque immobilisées peuvent, conformément au sénatus-consulte du 14 août 1806, faire partie des biens formant la dotation d'un titre héréditaire érigé avant la loi du 12 mai 1835, qui interdit *pour l'avenir* toute institution de majorats. — Dans ce cas, elles sont possédées, quant à l'hérédité et à la réversibilité, conformément aux dispositions dudit sénatus-consulte, et à celles du § 3 de l'art. 896, C. civ. — Décr. 16 janv. 1808, art. 5 et 6 ; 1er mars 1808, art. 2.

38. — L'ordonnance du 13 sept. 1840 enjoint de verser à la caisse des consignations le produit de la réserve attribué à ces actions, pour être ce produit employé, lorsqu'il y a somme suffisante, à l'achat d'inscriptions de rente 5 %, qui sont immobilisées en accroissement des dotations, conformément au décr. du 4 juin 1809. — Telle est la marche financière conformément à l'ordonnance précitée lorsqu'il s'agit d'un majorat provenant du domaine extraordinaire. Mais si c'est sur ses propres biens que le titulaire a constitué le majorat, il lui est donné connaissance du dépôt de la réserve à la caisse des consignations avec sommation d'opter entre un emploi en actions de la banque ou en inscriptions de rentes sur l'état; à défaut par le titulaire d'avoir opté dans le délai de 2 mois, le commissaire du sceau fait l'emploi soit en des actions de la banque soit en inscriptions de rente 5 %.

39. — Il a été entendu lors de la discussion de la loi du 17 mai 1834, à la chambre des pairs, qu'en permettant de mobiliser les actions de la banque, cette loi ne portait aucune atteinte à la législation spéciale des majorats et à l'inaliénabilité des actions qu'un père aurait données en dot ou qui auraient été substituées.

40. — La vente des actions de la banque de France immobilisées est soumise au droit proportionnel d'enregistrement de 5 1/2 p. %, comme les ventes de biens immeubles, lorsque le cahier des charges ne porte pas que ces actions seront adjugées pour devenir meubles. — *Cass.*, 22 mai 1833, Lacoste c. Enregist.

Sect. 3e. — *Opérations de la banque de France.*

41. — Ces opérations consistent surtout : 1º à escompter des lettres de change ou autres effets de commerce ; — 2º à se charger pour le compte des particuliers et des établissemens publics du recouvrement des effets qui lui sont remis; — 3º à recevoir en compte courant les sommes qui lui sont versées par des particuliers et des établissemens publics, et à payer les dispostions faites sur elle et les engagemens pris à son domicile, jusqu'à la concurrence des sommes encaissées; — 4º à tenir une caisse de dépôts volontaires pour tous titres, lingots, diamans, monnaies d'or et d'argent de toute espèce. — Mais il lui est interdit de se livrer à d'autres opérations que celles qui lui sont permises par les lois et statuts, notamment de faire aucun commerce autre que celui des matières d'or et d'argent. — L. 24 germ. an XI, art. 5; statuts, art. 8.

42. — Les opérations de la banque constituent des actes de commerce. — C. comm., art. 632. — V. ACTE DE COMMERCE, nºs 419 et suiv. — Par suite de ce caractère, la banque de France, y compris ses comptoirs, est assujétie à la patente par la loi du 25 avr. 1844 sur les patentes, et imposée à 1º un droit fixe de 10,000 fr.; et 2º un droit proportionnel du quinzième de la valeur locative de la maison d'habitation et des locaux servant à l'exercice de la profession. — V. PATENTE.

§ 1er. — *Escompte des effets de commerce.*

43. — La banque escompte les lettres de change et autres effets de commerce à ordre, à des échéances déterminées qui ne peuvent excéder trois mois, et souscrits par des commerçans et autres personnes notoirement solvables. — L. 24 germin. an XI, art. 5; Statuts, 18 janv. 1808, art. 9, nº 1er. — Mais elle refuse d'escompter les effets dérivant d'opérations qui paraissent contraires à la sûreté de l'état; les effets qui résultent d'un commerce prohibé; les effets dits de *circulation* créés collusoirement entre les signataires sans cause ni valeur réelles. — L. 24 germin. an XI, art. 5, et décr. 16 janv. 1808, art. 9, nº 1er.

44. — Aucune loi n'empêche la banque de prendre du papier sur les départemens ou sur l'étranger; néanmoins elle n'escompte que le papier sur Paris. Les inconvéniens qu'occasionnent des opérations faites sur du papier de places autres que celle de Paris ont fait admettre cet usage.

45. — La banque, soit à Paris, soit dans les succursales, n'admet en règle générale à l'escompte que des effets de commerce à ordre, timbrés et garantis par trois signatures au moins notoirement solvables. — Statuts, 16 janv. 1806, art. 11.

46. — Elle peut cependant admettre à l'escompte des effets garantis par deux signatures seulement, mais notoirement solvables, et après s'être assurée qu'ils sont créés pour faits de marchandise, si on ajoute à la garantie des deux signatures un transfert d'actions de la banque ou de cinq pour cent consolidés, valeur nominale. — Décr. 16 janv. 1808, art. 12. — Les effets publics français de toute nature peuvent aussi, dans ce cas, être admis comme garantie. — L. 30 juin 1840, art. 3.

47. — Les transferts faits en addition de garantie ne devant pas arrêter les poursuites contre les signataires de ces effets, ce n'est qu'à défaut de paiement et après protêt que la banque se couvre en disposant des effets à elle transférés. — Décr. 16 janv. 1808, art. 13.

48. — Tout failli non réhabilité ne peut être admis à l'escompte. — Décr. 16 janv. 1808, art. 50. — Pour l'exécution de cette prohibition il est tenu à la banque de France un registre où sont inscrits les noms et demeures des commerçans faillis, la date ou l'époque de la faillite, et l'époque de la réhabilitation, si elle a eu lieu. — Décr. 16 janv. 1808, art. 51.

49. — Il faut, pour être admis à l'escompte, en faire la demande au gouverneur. Cette demande doit indiquer les nom, prénoms, profession du demandeur, l'époque de son établissement s'il fait le commerce, et la nature de celui-ci. Si la demande est faite par une société, elle doit indiquer la raison sociale, les noms et signatures des associés gérant et signant pour la société. — La demande doit être appuyée d'un certificat signé par trois personnes connues, attestant, sur la même page, la signature des demandeurs et qu'ils font honneur à leurs engagemens. — Les négocians, d'après les statuts de l'an XII, statuts abolis en cela par le décr. de 1808, devaient pour être admis à l'escompte avoir leur domicile à Paris. Mais en 1836 quelques commerçans de la banlieue ayant réclamé la faculté de présenter à l'escompte, elle leur fut accordée par la banque à condition qu'ils indiqueraient un domicile à Paris pour le remboursement des effets non payés. — Goujet et Merger, *loc. cit.*, nº 78.

50. — Les banques de Marseille, Rouen, le Havre et Lille ont été aussi, sous la même condition, admises aux escomptes de la banque de France.

51. — La demande et le certificat sont communiqués au comité des escomptes et soumis au conseil général, qui statue sur l'admission. — Goujet et Merger, *loc. cit.*, nº 79.

52. — Pendant longtemps l'escompte n'a eu lieu que trois fois par semaine, et le montant des bordereaux, déduction faite de l'escompte, n'était mis à la disposition de ceux qui les avaient présentés que le lendemain du jour du dépôt. Plus tard il fut décidé qu'il y aurait deux jours d'escompte extraordinaire par mois, l'un la veille de la liquidation des affaires ou fonds publics à la bourse, l'autre la veille des fins de mois. Quelque temps encore après, un troisième jour d'escompte extraordinaire fut établi pour le 14 de chaque mois. Mais aujourd'hui les escomptes de la banque ont lieu tous les jours, excepté les dimanches et jours fériés (L. 30 juin 1840, art. 4), et le paiement est effectué le jour même du dépôt. Les bordereaux de présentation à l'escompte doivent être remis avant dix heures et demie; ils ne sont plus reçus après cette heure. Ils doivent être datés et signés par le présentateur ou son fondé de pouvoirs. La procuration reste déposée à la banque. — Gautier, *Encyclop. du dr.*, vº *Banque*, nº 144.

53. — Les bordereaux indiquent : 1º les noms, prénoms, profession et domicile du présentateur ou la raison sociale; — 2º la somme de chaque effet réduite en francs; — 3º les échéances, à commencer par la plus courte pour finir par la plus longue; — 4º le nom des débiteurs, soit comme *accepteurs* pour les traites, soit comme *confectionnaires* pour les billets; — 5º le nom des tireurs pour les traites, le nom de celui à l'ordre de qui l'effet a été consenti pour les billets; — 6º le domicile des débiteurs, lorsqu'il n'a pas été indiqué sur les effets; — 7º le montant total des effets présentés, énoncé en toutes lettres au-dessus de la signature. — Goujet et Merger, *loc. cit.*, nº 8.

54. — Les bordereaux de présentation des effets à deux signatures doivent mentionner en tête et en toutes lettres le nombre d'actions et les sommes en cinq pour cent ou autres effets publics transférés à la banque pour sa garantie individuelle. — Goujet et Merger, *loc. cit.*, nº 83.

55. — Le présentateur doit signer en blanc les effets présentés à l'escompte.

56. — La banque n'admet pas à l'escompte : 1º les effets qui ne sont pas confectionnés dans les formes que prescrit la loi; — 2º ceux qui ne sont pas acceptés; — 3º ceux dont tous les endossemens ne sont pas remplis et datés; — 4º ceux qui ne sont pas revêtus du timbre proportionnel de l'état; — 5º ceux qui portent des surcharges, renvois ou ratures non approuvés; — 6º ceux qui sont mal cotés; — 7º ceux où les livres ne se trouvent pas réduites en francs.

57. — La modicité de la somme n'est jamais un motif d'exclusion, et malgré le surcroît de travail et de frais auxquels donnent lieu le classement et l'encaissement des petits effets, la banque les reçoit aux mêmes conditions que les gros. Aussi, parmi les effets présentés il s'en trouve quelquefois

de 15 fr. Ceux de 50 à 100 fr. sont très nombreux. — Gautier, *loc. cit.*, n° 144.

58. — Le chef du bureau des escomptes est autorisé à rendre les bordereaux ou les effets présentés pour lesquels on ne s'est pas conformé aux dispositions qui viennent d'être mentionnées. Le montant des bordereaux acceptés est mis à la disposition du négociant qui les a présentés, au plus tard à trois heures.

59. — L'escompte est perçu à raison du nombre de jours à courir, et même d'un seul jour, s'il y a lieu. — L. 24 germ. an XI, art. 6.

60. — Le taux en est fixé à 4 % pour les effets de toute échéance jusqu'à trois mois. — Gautier, *loc. cit.*, n° 145.

61. — La banque escompte ordinairement pour une somme à peu près égale à la moitié du montant des effets qu'elle encaisse. — Gautier, *loc. cit.*, nos 146 et 147.

62. — L'escompte se fait partout au même taux qu'à la banque, à moins qu'une autorisation spéciale du gouvernement ne l'ait autrement ordonné. — Décr. 16 janv. 1808, art. 14.

§ 2. — *Recouvrement des effets de commerce.*

63. — La banque se charge, pour le compte des particuliers et des établissemens publics, du recouvrement des effets qui lui sont remis. — Décr. 16 janv. 1808, art. 9, n° 2.

64. — Elle peut faire des avances, dont le minimum est de 500 fr., sur les fonds qui lui sont donnés en recouvrement, lorsque leurs échéances sont déterminées. — Statuts, 16 janv. 1808, art. 16.

65. — Cette faculté fut plus tard étendue, par l'art. 3 de la loi du 17 mai 1834, à tous les effets publics français, lors même qu'ils n'auraient pas d'échéance fixe, et elle comprend les effets publics français de toute nature, tels que les obligations de la ville de Paris, les actions des entreprises de canaux cautionnées par le gouvernement, les rentes sur l'état. — L. 30 juin 1840, art. 3. — Mais il ne peut être fait aucune avance sur les emprunts étrangers, même pour la portion garantie par la France.

66. — Le conseil général de la banque fixe, lors de sa première réunion de chaque semaine, la somme qui pourra être employée à des avances sur effets publics français. — Cette somme ne peut excéder les quatre cinquièmes de la valeur des effets présentés, d'après leur cours au comptant, la veille du jour où l'avance est faite. Ces effets sont immédiatement transférés à la banque. — Ord. 15 juin 1834, art. 1er et 2.

67. — L'emprunteur souscrit envers la banque l'engagement de rembourser, dans un délai qui ne peut excéder trois mois, les sommes qui lui sont fournies. — Il s'oblige, en outre, à couvrir la banque du montant de la baisse qui pourrait survenir dans le cours des effets par lui transférés, toutes les fois que cette baisse atteint dix pour cent. — Ord. 15 juin 1834, art. 3 et 4.

68. — Faute par l'emprunteur de satisfaire à son engagement, la banque a le droit de faire vendre à la Bourse, par le ministère d'un agent de change, tout ou partie des effets qui lui ont été transférés, savoir : 1o à défaut de couverture, trois jours après une simple mise en demeure par acte extrajudiciaire; — 2o à défaut de remboursement, dès le lendemain de l'échéance, sans qu'il soit besoin de mise en demeure ni d'aucune autre formalité. — Ord. 15 juin. 1834, art. 5. — La banque se rembourse sur le produit net de la vente du montant de ses avances en capital, intérêts et frais. Le surplus, s'il y en a, est remis à l'emprunteur. — Ces conditions sont exprimées et consenties par l'emprunteur dans l'engagement qui lui est prescrit plus haut. — *Ibid.*, art. 5.

§ 3. — *Comptes courans.*

69. — La Banque reçoit en compte courant les sommes qui lui sont versées par des particuliers et des établissemens publics, et elle paie les dispositions faites sur elle et les engagemens pris à son domicile, jusqu'à concurrence des sommes encaissées. — Décr. 16 janv. 1808, art. 9, n° 3.

70. — D'après une instruction du mois de juin 1809, art. 18, il faut, pour être admis au compte courant remplir les mêmes formalités que pour l'admission à l'escompte.

71. — Quiconque a demandé et obtenu de la banque l'ouverture d'un compte courant, peut charger la banque du recouvrement non-seulement de tous les effets de commerce, timbrés ou non, qu'il a à recevoir, mais même des factures visées, pourvu qu'elles soient à échéance fixe. — Les effets peuvent être remis dans les dix jours qui précèdent l'échéance et la veille même de cette échéance; seulement, à la fin de chaque mois, la banque exige, à cause du grand nombre d'effets dont cette époque amène l'entrée, et afin de se réserver le temps de les enregistrer et de les classer, qu'ils soient remis, au plus tard, l'avant-veille. Le déposant est immédiatement crédité, à son compte, de leur montant, qui ne devient toutefois disponible pour lui que le lendemain de l'échéance des effets. — Gautier, *loc. cit.*, n° 158.

72. — La recette, par la banque, au profit d'un compte courant, se compose : 1o des produits des comptes ; — 2o du versement qu'on lui fait en billets de banque ou espèces; — 3o du produit des effets au comptant dont le recouvrement lui est confié ; — 4o des avances qu'elle fait sur dépôt de lingots ou monnaies étrangères d'or et d'argent. — Instruct. juin 1809, art. 20.

73. — Les versemens de toute nature faits à la Banque, au crédit d'un compte courant, sont inscrits, par les chefs respectifs, au crédit du petit livret, qui est fourni par la banque. — *Ibid.*, art. 21.

74. — La banque fournit des bordereaux destinés à constater les versemens de diverses natures, et qui sont rédigés dans une forme analogue à celle des bordereaux de présentation à l'escompte. — V. *suprà*, nos 53 et suiv.

75. — Les paiemens à faire par la banque, pour les comptes courans, ont lieu de deux manières : 1o par des reçus directs payables au porteur ; 2o en prenant domicile à la Banque pour le paiement de tous les engagemens quelconques. — La banque ne paie jamais à l'acquit des comptes courans que jusqu'à concurrence des fonds encaissés. On ne peut disposer des effets au comptant que le lendemain de l'encaissement. — Goujet et Merger, *loc. cit.*, n° 100.

76. — Ceux qui font des dispositions sur la banque sans y avoir des fonds suffisans pour les acquitter peuvent être privés de la faculté de continuer d'y avoir leur compte courant; ce qui n'a lieu néanmoins que par délibération du conseil général. — Goujet et Merger, *loc. cit.*, n° 101.

77. — Le compte courant qui contracte des engagemens payables à la banque doit en donner avis dans les dix jours qui précèdent l'échéance. L'avis doit être daté et signé par le compte courant; le montant total des engagemens doit y être énoncé en toutes lettres. Il doit indiquer : la nature de l'engagement, son montant, son échéance, le lieu où il a été créé, la date et l'ordre, le nom du tireur ou confectionnaire. — Goujet et Merger, *loc. cit.*, n° 106.

78. — Dans le cas où deux négocians sont créanciers de la banque, par suite de compte courant, et en même temps débiteurs l'un envers l'autre, la banque est dans l'usage, à la demande du négociant créditeur envers elle, et débiteur envers l'autre négociant, d'autoriser le transfert au crédit de celui-ci, de tout ou partie de la somme dont il est débiteur. Ce virement de compte a lieu sur un reçu nommé *mandat,* signé du négociant et présenté au caissier. Ce mandat n'est accepté qu'après la vérification des comptes. Si l'acceptation a lieu, le virement est mentionné sur le livret du compte courant, porteur du mandat, et le transfert d'un compte à l'autre est effectué sur les registres de la banque. — Goujet et Merger, *loc. cit.*, n° 107.

79. — Le mode adopté par la banque fait titre en faveur du porteur du livret ; et lorsqu'il est remis à la banque des mandats fournis sur elle par des tiers, elle ne parle pas au crédit du livret d'une manière conditionnelle, mais bien définitive, après avoir examiné si le livret du mandat a fonds suffisans ; faute de quoi elle le rejette. — Il suit de là que la somme une fois admise se trouve constituer un crédit contre lequel il serait impossible de revenir sans porter la perturbation dans les relations avec la banque, puisque ceux qui ont été reconnus créanciers des mandats par eux versés ne sauraient jamais s'ils peuvent ou non être recherchés pour de prétendues erreurs qui auraient existé dans des comptes qui leur sont étrangers. — Goujet et Merger, *loc. cit.*, n° 108.

80. — Ainsi, il a été jugé que celui au profit duquel a été délivré un mandat de virement sur la banque de France par une partie qui y a un compte ouvert, et sur le carnet duquel le caissier de la banque a apposé son visa ainsi conçu : *contrôlé et payé,* devient immédiatement propriétaire de la somme à lui transportée, sans qu'il y ait lieu, pour cause d'erreur matérielle, à répétition de la somme ainsi touchée fictivement, ou à l'annulation du crédit obtenu. — *Paris,* 14 fév. 1832, Banque de France c. Hubert.

§ 4e. — *Dépôts volontaires.*

81. — La banque tient une caisse de dépôts volontaires pour : 1o les effets publics, nationaux et étrangers; 2o les actions, contrats et obligations de toute espèce ; 3o les lettres de change, billets et tous engagemens à ordre ou au porteur ; 4o les lingots d'or et d'argent; 5o toutes monnaies d'or et d'argent nationales et étrangères ; 6o les diamans. — Décr., 16 janv. 1808, art. 9, n° 4; décr. 3 sept. 1808, art. 1er.

82. — Les matières d'or et d'argent ne sont admises qu'après vérification de leur titre et de leur poids. — La banque peut faire sur le dépôt de ces matières des avances à un terme de trois mois, mais susceptible d'être renouvelé ; et, par suite de la sûreté que lui donne un pareil gage, elle ne prend que 1 p. % d'intérêt pour les sommes avancées. — Décr. 16 janv. 1808, art. 20.

83. — Au moment où le dépôt est fait, la banque perçoit un droit de garde sur la valeur estimative du dépôt. Ce droit ne peut excéder le huitième de 1 p. % de la valeur du dépôt, pour chaque période de six mois et au-dessous. Le dépôt sera censé renouvelé, par cela seul qu'il n'aura pas été retiré à l'expiration du sixième mois. — Statuts 16 janv. 1808, art. 19; décr. 3 sept. 1808, art. 2. — Le droit de garde sur les dépôts d'une valeur au-dessous de 5,000 fr. est perçu sur le pied de 5,000 fr. — Décr. 3 sept. 1808, art. 2. — Si les déposans veulent retirer le dépôt avant le délai, le droit perçu reste acquis à la banque. — Décr. 3 sept. 1808, art. 3.

84. — La banque fournit des récépissés des dépôts volontaires qui lui sont faits. Ces récépissés expriment la nature et la valeur des objets ; les noms et demeure du déposant ; la date où le dépôt a été fait et doit être retiré ; le numéro du registre d'inscription. Ils ne sont point à ordre, et ne peuvent être transmis par la voie de l'endossement. — Décr. 16 janv. 1808, art. 18. — Ils sont payables à vue et à la volonté des déposans même, ou aux fondés de pouvoir spécial de ces derniers. Un récépissé de cette nature n'est donné qu'autant que le dépôt en argent ou billets est d'une valeur supérieure à 5,000 fr.

85. — Les mandats sur la banque de France, pour toucher les sommes qui ont été volontairement mises en dépôt chez elle, n'ont pas besoin d'endossement pour être transférés à des tiers. Ce sont de véritables bons au porteur. — Goujet et Merger, *loc. cit.*, n° 115.

86. — La banque ne bonifie aucun intérêt sur les fonds déposés chez elle, à quelque titre que ce puisse être.

Sect. 4e. — ***Billets de la banque de France.***

87. — La banque de France n'émet, du moins à Paris, que des billets de 1,000 fr. et de 500 fr. — M. Gautier, premier sous-gouverneur de la banque, a fait connaître dans l'*Encyclopédie du droit*, vo *Banque*, n° 137, que la proportion habituelle de la circulation de ces deux coupures est généralement des deux tiers pour la première, du tiers pour la seconde. — Il est en ce moment question d'autoriser la banque de France à créer des billets de 250 francs.

88. — La banque, indépendamment des billets au porteur, émet aussi des billets à ordre, transmissibles par la voie de l'endossement, de coupures indéterminées, mais que, par respect pour la loi, elle n'a pas cru pouvoir faire de moins de 500 fr., et que, par ses réglemens intérieurs, elle a décidé de ne pas faire de plus de 20,000 fr. Ces billets, qui sont généralement à vue, mais qui peuvent aussi, à la demande du porteur, être de un à quinze jours de vue, ne sont remboursables qu'à Paris, et ne sont payés par les comptoirs de la banque dans les départemens que sous une bonification semblable à celle que ces succursales prennent sur les billets au porteur. — Gautier, *loc. cit.*, n° 138. — La banque n'use que depuis peu de cette faculté d'émettre des billets à ordre que lui donnait le paragraphe 1er de l'art. 14 des statuts fondamentaux du 24 vendém. an XII. — Gautier, *loc. cit.*, n° 138.

89. — La loi du 24 germ. an XI, art. 35, accordait aux banques priviligiées la faculté de faire un abonnement annuel pour le timbre de leurs billets. C'était là un encouragement utile aux premiers développemens de la banque ; mais cette exception à la loi qui régit le timbre des effets de commerce devait cesser lorsque la prospérité toujours croissante de la banque ne la rendrait plus nécessaire. D'autre part, la modération de l'impôt permet aux banques de l'acquitter sans que leurs opérations aient à en souffrir. Aussi, la loi du 30 juin 1840 est venue faire rentrer la banque sous la loi commune. Depuis la promulgation de cette loi, les droits de timbre à la charge de cet établissement sont perçus sur la moyenne des billets au porteur ou à ordre qu'elle a tenus en circulation pendant le cours de l'année. La perception en est réglée conformément aux lois des 24 mai 1834 et 20 juill. 1837.

90. — Les billets de banque n'étant établis que pour la commodité du commerce et n'étant que de confiance, il est permis de les refuser et d'exiger du numéraire. — Av. cons. d'ét., 12 frim. an XIV. — M. Gaulhier (*loc. cit.*) explique la circulation bornée des billets de banque à un certain rayon de Paris, par la raison que la banque de France ne rembourse ses billets qu'à Paris, et que ces billets ne peuvent dans les départemens être traités que comme des effets de commerce sur Paris, sujets comme eux à un change de place variable et dont le minimun doit habituellement être égal à ce que coûterait le transport de l'argent de Paris aux lieux où la négociation en est faite. — Cette circulation est rendue plus facile aujourd'hui par l'établissement des comptoirs de la banque dans certaines villes commerciales et manufacturières des départemens.

91. — Les contrefacteurs ou falsificateurs des billets de banque, ainsi que ceux qui font sciemment usage de ces billets contrefaits ou falsifiés, ou qui les introduisent dans l'enceinte du territoire français, sont punis des travaux forcés à perpétuité. — C. pén., art. 139. — V., au reste, CONTREFAÇON DE BILLETS DE BANQUE.

92. — Le tribunal de commerce de la Seine a jugé le 4 juill. 1832 que la banque ne peut être tenue de rembourser de faux billets, bien que les tiers porteurs soient de bonne foi, et que l'imitation ait été d'une perfection telle qu'il était presque impossible de la remarquer. Nous approuvons cette décision, car on ne peut être tenu de payer un billet qu'on n'a pas souscrit. La banque ne s'est pas non plus engagée à émettre des billets inimitables. Rendre la banque responsable en pareil cas, ce serait donner une prime à la fraude, encourager une industrie dangereuse. — C'est aussi l'avis de MM. Goujet et Merger, n° 120.

93. — Dans toutes les banques publiques de l'Europe, les billets faux sont détruits. La banque de France, au contraire, rend au porteur les billets dont elle a rendu la circulation impossible, au moyen d'une estampille que les employés de la banque doivent apposer sur les billets dont ils reconnaissent la fausseté. Il suit de la marche adoptée par la banque de France que la circulation des faux billets est désormais impossible et que le porteur peut exercer son recours contre qui de droit.

94. — Beaucoup de personnes sont dans l'habitude de couper en deux les billets de banque qu'elles veulent faire parvenir d'un lieu à un autre, et d'envoyer chaque moitié au destinataire par deux lettres distinctes. C'est là une précaution contre les employés de la poste qui présente moins d'avantages que de dangers. En effet, qu'une moitié se perde, on n'aura aucun recours contre la banque, qui ne peut être tenue de payer que sur la présentation du titre intégral, quand même la fraction subsistante serait le côté gauche attenant à la souche, ce qui permettrait cependant de vérifier à quelle série appartient le billet mutilé. Ce point est de jurisprudence au tribunal de commerce de la Seine. — Goujet et Merger, *loc. cit.*, n° 122.

Sect. 5e. — *Direction générale de la banque de France. — Des gouverneurs, et des sous-gouverneurs.*

95. — La direction de toutes les affaires de la banque avait été confiée, par la loi du 24 germ. an XI, à un comité central, composé de trois régens. — La loi du 22 avr. 1806, art. 10, a remplacé le comité central par un gouverneur, qui, d'après l'art. 12, est nommé par le roi.

96. — Le gouverneur a deux suppléans, nommés par le roi, qui exercent les fonctions qui leur sont par lui déléguées. Ils ont le titre de premier et de second sous-gouverneur. — L. 22 avr. 1806, art. 11. — Les sous-gouverneurs, dans l'ordre de leur nomination, remplissent les fonctions de gouverneur en cas de vacance, absence ou maladie. — L. 22 avr. 1806, art. 11.

97. — Avant d'entrer en fonctions, le gouverneur doit justifier de la propriété de cent actions de la banque, et chacun des sous-gouverneurs de celle de cinquante actions. — Art. 13. — Ces actions ne peuvent être aliénées tant que durent les fonctions du gouverneur et des sous-gouverneurs.

98. — Les fonctions du gouverneur de la banque consistent à apprécier s'il y a lieu à approuver formellement les opérations d'escompte proposées par le conseil général. — L. 22 avr. 1806, art. 19. — Mais il est interdit au gouverneur et aux sous-gouverneurs de présenter à l'escompte aucun effet revêtu de leur signature ou leur appartenant. — L. 22 avr. 1806, art. 14. — Le gouverneur signe seul, au nom de la banque, tous les traités et conventions. — Les actions judiciaires sont exercées au nom des régens, à la poursuite et diligence du gouverneur. — C'est lui qui signe la correspondance. Il peut, néanmoins, se faire suppléer à cet égard, ainsi que pour les endossemens et acquits des effets actifs de la banque.

99. — Il préside le conseil général ainsi que les comités et commissions spéciales, auxquels il assiste. — Nulle délibération ne peut être exécutée si elle n'est revêtue de sa signature. Il fait exécuter dans toute leur étendue les lois relatives à la banque, les statuts et délibérations du conseil général. — *Ibid.* et décr. 16 janv. 1808, art. 31. — Il présente, au nom du conseil général, à l'assemblée des actionnaires, le compte annuel des opérations de la banque. — Décr. 16 janv. 1808, art. 30. — Assisté du conseil général et du conseil d'escompte, il classe les crédits. Cette classification est revisée tous les ans. — Décr. 16 janv. 1808, art. 33. — Enfin, c'est au gouverneur qu'appartiennent la nomination, la révocation et la destitution des agens de la banque. — L. 22 avr. 1806, art. 19.

100. — Les sous-gouverneurs assistent et ont voix délibérative au conseil général; ils prennent rang parmi les régens, à raison de l'ancienneté de leur nomination. — L. 22 avr. 1806, art. 20.

101. — La présence du gouverneur ou celle des sous-gouverneurs est journellement obligatoire à la banque pour l'expédition des affaires. — Décr. 16 janv. 1808, art. 32.

Sect. 6e. — *Administration de la banque de France.*

§ 1er. — *Assemblée générale.*

102. — L'assemblée générale de la banque se compose de l'universalité des actionnaires représentée par deux cents d'entre eux. — L. 24 germ. an XI, art. 10; L. 22 avr. 1806, art. 6. — Les deux cents actionnaires qui composent l'assemblée générale sont ceux qui, d'après la revue de la banque, sont constatés être, depuis six mois révolus, les plus forts propriétaires de ses actions : en cas de parité dans le nombre des actions, l'actionnaire le plus anciennement inscrit sera préféré. — L. 24 germ. an XI, art. 11.

103. — L'assemblée générale, convoquée par le conseil général, se réunit dans le mois de janvier de chaque année, sous la présidence du gouverneur. — L. 24 germ. an XI, art. 12; statuts 16 janv. 1808, art. 24. — Elle peut être convoquée extraordinairement : 1° lorsque par retraite ou décès le nombre des régens est réduit à douze, et celui des censeurs à un seul; — 2° lorsqu'une réunion requise par l'unanimité des censeurs est délibérée par le conseil général. — Décr. 16 janv. 1808, art. 27.

104. — Les membres de l'assemblée générale doivent assister et voter en personne sans pouvoir se faire représenter. Chacun d'eux n'a qu'une voix, quelque nombre d'actions qu'il possède. — L. 24 germ. an XI, art. 13.

105. — Nul ne peut être membre de l'assemblée générale, s'il ne jouit des droits de citoyen français. — L. 24 germ. an XI, art. 14.

106. — L'assemblée générale nomme les régens et les censeurs; et chaque année il lui est rendu compte de toutes les opérations de la banque. — L. 22 avr. 1806, art. 7.

§ 2. — *Régens et censeurs.*

107. — La banque est administrée par quinze régens, et surveillée par trois censeurs choisis entre tous les actionnaires par l'assemblée générale. — L. 24 germ. an XI, art. 15.

108. — Les régens sont renouvelés chaque année par cinquième, et les censeurs par tiers. — L. 24 germ. an XI, art. 16.

109. — Cinq régens sur les quinze, et les trois censeurs sont pris parmi les manufacturiers, fabricans ou commerçans, actionnaires de la banque. Trois régens sont pris parmi les receveurs généraux des contributions publiques. — L. 22 avr. 1806, art. 9. — Les régens et censeurs sont nommés à la majorité absolue des suffrages des membres votans, par des scrutins individuels. Si au premier tour de scrutin il n'y a pas de majorité, on procède à un second, et si celui-ci ne donne pas encore la majorité, on procède à un scrutin de ballottage entre les deux candidats qui ont réuni le plus de voix; celui qui à ce scrutin obtient la majorité est proclamé; et s'il y a égalité de voix, le plus âgé est préféré. — Décr. 16 janv. 1808, art. 25. — Les régens et censeurs sortans peuvent être réélus. — L. 24 germ. an XI, art. 19.

110. — L'exercice des régens et censeurs nommés en remplacement pour cause de retraite ou de décès, n'a lieu que pour le temps qui restait à courir à leurs prédécesseurs. — *Ibid.*, art. 26.

111. — Leurs fonctions sont gratuites, sauf des droits de présence lorsqu'ils assistent au conseil général. — L. 24 germ. an XI, art. 20.

112. — Les régens et les censeurs sont tenus, avant d'entrer en fonctions, de justifier de la propriété de trente actions au moins, lesquelles sont inaliénables pendant la durée de leurs fonctions. — Décr. 16 janv. 1808, art. 41.

113. — Les censeurs exercent une surveillance sur toutes les opérations de la banque. Ils se font présenter l'état des caisses, les registres et les portefeuilles, toutes les fois qu'ils le jugent convenable. — Décr. 16 janv. 1808, art. 42. — Ils n'ont point voix délibérative au conseil général. — Ils proposent toutes les mesures qu'ils croient utiles à l'ordre et à l'intérêt de la banque. — Si leurs propositions ne sont point adoptées, ils peuvent en requérir la transcription sur le registre des délibérations. — Décr. 16 janv. 1808, art. 43.

114. — Les censeurs rendent compte à chaque assemblée générale de la surveillance qu'ils ont exercée sur les affaires de la banque, et déclarent si les règles établies pour l'escompte ont été fidèlement observées. — L. 24 germ. an XI, art. 26.

§ 3. — *Conseil général.*

115. — Le conseil général de la banque se compose du gouverneur, des sous-gouverneurs, des régens et des censeurs. Tous doivent être résidens à Paris, et ceux qui assistent au conseil ont un droit de présence. — Décr. 16 janv. 1808, art. 34.

116. — Le conseil général détermine le taux des escomptes, ainsi que les sommes à employer à ces opérations. — Il fixe les opérations hors desquelles les effets ne peuvent être admis aux escomptes. — Décr. 16 janv. 1808, art. 38. — Il fait le choix des effets qui peuvent être pris à l'escompte. — Art. 17. — Il nomme, remplace et réélit, à la majorité absolue, les membres des comités et des commissions spéciales. — Art. 40. — Il statue sur la création et l'émission des billets de la banque, payables au porteur et à vue. Mais toute délibération du conseil sur cet objet doit être approuvée par les censeurs. Le refus unanime des censeurs en suspend l'effet. — L. 22 avr. 1806, art. 15; décr. 16 janv. 1808, art. 38. — Il statue pareillement sur le retirement et l'annulation des billets de banque; il règle la forme de ces billets; il détermine les signatures dont ils doivent être revêtus; il fixe le mode de placement du fonds de réserve, et il veille à ce que la banque ne fasse pas d'autres opérations que celles déterminées par la loi et selon les formes réglées par les statuts. — L. 22 avr. 1806, art. 17.

117. — Il surveille toutes les parties de l'établissement, et connaît de toutes les affaires de la banque. — L. 22 avr. 1806, art. 17; Décr. 16 janv. 1808, art. 36. — Il arrête le compte annuel qui doit être rendu à l'assemblée générale. — L. 22 avr. 1806, art. 17; Décr. 16 janv. 1808, art. 39. — Il délibère sur les statuts particuliers et les réglemens du régime intérieur de la banque, sur les traités généraux et les conventions. — L. 22 avr. 1806, art. 17. — Il fixe chaque année et d'avance les appointemens et salaires des agens et employés de la banque, et les dépenses générales de son administration. — *Ibid.*

118. — Aucune résolution ne peut être délibérée en conseil général sans le concours de dix votans au moins et la présence d'un censeur. — Les arrêtés se prennent à la majorité absolue. — Décr. 16 janv. 1808, art. 37.

§ 4. — *Conseil d'escompte.*

119. — Le conseil d'escompte est composé de douze membres pris parmi les actionnaires exerçant le commerce à Paris. Les douze membres sont nommés par les trois censeurs sur une liste triple de candidats présentés par le conseil général, et ils sont renouvelés par quart chaque année. Les membres de ce conseil sont appelés aux opérations d'escomptes, examinent le papier présenté et ont voix délibérative. — L. 24 germ. an XI, art. 18; décr. 16 janv. 1808, art. 45. — Ils peuvent être réélus. — Ils n'ont droit à aucun traitement. — L. 24 germ. an XI, art. 19 et 20. — Ils sont alternativement appelés au comité des escomptes, suivant l'ordre du tableau, et ceux qui y assistent reçoivent un droit de présence. — Stat. 16 janv. 1808, art. 47.

120. — Ils doivent justifier, en entrant en fonctions, de la propriété de dix actions de la banque, lesquelles sont inaliénables pendant la durée de leurs fonctions. — Stat. 16 janv. 1808, art. 46.

§ 5. — *Comités.*

121. — Les régens et les censeurs sont répartis en cinq comités pour exercer les détails de la sur-

veillance des opérations de la banque, savoir : le comité d'escompte ; le comité des billets ; le comité des livres et portefeuilles ; le comité des caisses ; le comité des relations avec le trésor public et les receveurs généraux. — L. 22 avr. 1806, art. 18.

122. — *Comité d'escompte.* — Ce comité, qui se réunit au moins trois fois chaque semaine, examine le papier présenté à l'escompte, et choisit celui qui remplit les conditions voulues et les sûretés de la banque. — Stat. 16 janv. 1808, art. 48 et 49.

123. — *Comité des billets.* — Le comité des billets est spécialement chargé de toutes les opérations relatives à la confection, à la signature et à l'enregistrement des billets, ainsi qu'à leur versement dans les caisses. — Décr. 16 janv. 1808, art. 58. — Il est aussi chargé de surveiller la vérification des billets annulés ou retirés de la circulation, et de toutes les opérations, jusques et compris l'annulation et le brûlement. — Art. 54. — Il dresse procès-verbal de ses opérations sur un registre à ce destiné, en présence du directeur, du contrôleur et du chef de la comptabilité des billets ; et il en fait le rapport au conseil général. — Art. 55. — Il est encore chargé de l'examen et du rapport au conseil général de toutes les réclamations ou demandes formées pour des billets altérés par l'usage ou par accident. — Art. 56.

124. — Le comité des billets est renouvelé par tiers tous les six mois. Les membres sortans ne peuvent être réélus qu'après un intervalle de six mois. Les censeurs assistent à ses réunions. — Art. 52.

125. — *Comité des livres et portefeuilles.* — Ce comité a pour mission de surveiller les livres et registres de la banque. Il examine les effets qui composent les portefeuilles ; il prend note de ceux qui auraient été admis en contravention aux lois et statuts. Il dresse procès-verbal de ses délibérations sur un registre à ce destiné, et en présente le rapport au conseil général. — Décr. 16 janv. 1808, art. 58. — Il surveille le registre des faillis et la classification annuelle des crédits. — *Ibid.*, art. 59. — Ce comité se renouvelle par tiers, tous les six mois, et les membres sortans ne peuvent être réélus qu'après un intervalle de six mois. Les censeurs assistent aussi à ses délibérations. — *Ibid.*, art. 57.

126. — *Comité des caisses.* — Ce comité, qui se renouvelle par tiers, tous les trois mois, selon l'ordre du tableau, est chargé de vérifier la situation des caisses, au moins une fois par semaine. Il en dresse procès-verbal sur un registre à ce destiné, et il en fait rapport au conseil général. — Art. 61.

127. — *Comité des relations avec le trésor public et les receveurs généraux des contributions publiques.* — Ce comité, qui se renouvelle par cinquième tous les six mois et dans la formation duquel doivent entrer, d'après la loi du 22 avr. 1806, art. 18, au moins deux receveurs généraux régens, est chargé de la surveillance des relations de la banque avec le trésor public et avec les receveurs généraux des contributions publiques. — Il dresse procès-verbal de ses délibérations sur un registre à ce destiné, et il en fait le rapport au conseil général. — Décr. 16 janv. 1808, art. 62.

§ 6. — *Comptoirs d'escompte.*

128. — D'après la loi du 22 avr. 1806, la banque de France a la faculté d'établir dans les villes des départemens des comptoirs d'escompte ; mais une ordonnance royale, rendue sur la demande du conseil général de la banque et dans la forme des réglemens d'administration publique, doit autoriser l'établissement ou la suppression de ces comptoirs. — L. 30 juin 1840, art. 6.

129. — Voici la liste des villes des départemens dans lesquels la banque a actuellement des comptoirs d'escompte : Reims, ordonn. 6 mai 1836 ; Saint-Etienne, ordonn. 17 juin 1836 (les personnes de Lyon, de Roanne, d'Annonay, sont autorisées à se présenter directement à ce comptoir) ; Saint-Quentin, ordonn. 6 oct. 1837 ; Montpellier, ordonn. 19 janv. 1838 (les personnes de Cette, Lunel et Nîmes sont autorisées à se présenter directement à ce comptoir) ; Grenoble, ordonn. 24 avr. 1840 ; Angoulême, ordonn. 24 avr. 1840 ; Besançon, ordonn. 21 août 1841 ; Caen, ordonn. 21 août 1841 ; Châteauroux, ordonn. 21 août 1841 ; Clermont-Ferrand, ordonn. 21 août 1841 ; et Mulhausen, ordonn. 8 déc. 1843. — Un projet de loi vient d'être soumis aux chambres et adopté par elles pour l'établissement d'un comptoir d'escompte en Algérie. — (V. *Moniteur*, 13 juill. 1845).

130. — Les opérations de ces comptoirs sont les mêmes que celles de la banque. Le décret du 18 mai 1808, et l'ordonnance du 15 mars 1841, réglementent tout ce qui concerne ces comptoirs. — V. au surplus COMPTOIRS D'ESCOMPTE.

Sect. 7e. — *Compétence.*

131. — Le conseil d'état connaît, sur le rapport du ministre des finances, des infractions aux lois et réglemens qui régissent la banque, et des contestations relatives à sa police et à son administration intérieures. — Le conseil d'état prononce de même *définitivement* et *sans recours* entre la banque et les membres de son conseil général, ses agens ou employés, toute condamnation civile, y compris les dommages et intérêts, et même soit la destitution, soit la cessation de fonction. — L. 22 avr. 1806, art. 21.

132. — M. de Cormenin (*Dr. administ.*, t. 1er, p. 52) constate que cette loi n'a jamais reçu d'application dans la jurisprudence.

133. — Toutes autres questions doivent être portées devant les tribunaux ordinaires. — L. 22 avr. 1806, art. 21.

BANQUES DÉPARTEMENTALES.

1. — La loi du 24 germ. an XI, art. 31, portait qu'aucune banque ne pourrait se former dans les départemens que sous l'autorisation du gouvernement, qui pourrait leur en accorder le privilége. Ainsi une ordonnance du roi suffisait, sous cette loi, pour autoriser la fondation des banques départementales, ou des modifications à leurs statuts.

2. — Il en fut ainsi successivement créé dix, savoir celles : de Rouen, ordonn. 7 mai 1817, 27 juin 1826 et 14 juin 1840 ; de Nantes, ordonn. 11 mars 1818 ; de Bordeaux, ordonn. 23 nov. 1818, 23 déc. 1839 ; de Lyon, ordonn. 29 juin 1835 ; de Marseille, ord. 25 sept. 1835, 19 août 1839 ; de Lille, ordonn. 29 juin 1836 ; du Havre, ordonn. 25 août 1837 ; de Toulouse, ordonn. 11 juin 1838 ; d'Orléans, ordonn. 8 nov. 1838 ; et de Dijon, ordonn. 4 août 1839.

3. — Mais la loi du 30 juin 1840, art. 8, a placé les banques départementales, comme la banque de France, dans le domaine de la loi. En effet, rien n'expliquait la différence qui existait, à cet égard, entre cette dernière banque et celles des départemens, qui sont complétement indépendantes de la banque de France et de même nature qu'elle. — V. rapport de M. Rossi à la chambre des pairs (*Moniteur* du 24 juin 1840).

4. — Aussi, la loi du 30 juin 1840, art. 8, porte : « Aucune banque départementale ne pourra être établie qu'en vertu d'une loi ; et les banques existantes ne pourront obtenir que par une loi la prorogation de leur privilége ou des modifications à leurs statuts. »

5. — Cette disposition a déjà été appliquée par la loi du 5 juin 1842, qui a prorogé le privilége de la banque de Rouen, que l'ordonnance royale du 14 juin 1840 n'avait porté que jusqu'au 31 déc. 1843.

6. — Les opérations des banques départementales sont les mêmes que celles de la banque de France. Elles sont aussi constituées sur les mêmes bases que cette dernière. — V. BANQUE DE FRANCE.

7. — Toutefois, la partie exécutive de la gestion des banques départementales est, en général, confiée, non à un fonctionnaire choisi par le gouvernement, mais à un directeur élu par le conseil général. — Ce directeur n'a que voix consultative dans les séances du conseil, et est habituellement chargé d'exécuter, sous la surveillance d'un comité, les décisions de ce conseil.

8. — Le conseil général de chaque banque nomme annuellement son président et son secrétaire, lesquels peuvent être réélus. Toutefois, dans certaines banques, d'après leurs statuts, le président ne peut, après trois années consécutives d'exercice, être réélu qu'après un intervalle d'un an.

9. — L'art. 31, L. 24 germin. an XI, déclarant spécialement ses art. 3, 5, 6, 13, 24 et 25 applicables aux banques départementales, il en résulte : 1° que les actions de ces banques sont représentées par une inscription nominale sur les registres et ne peuvent être mises au porteur ; — 2° qu'elles ne peuvent faire aucun autre commerce que celui des matières d'or et d'argent, et qu'elles escomptent les effets de commerce ; — 3° que l'escompte est perçu à raison du nombre de jours à courir et même d'un seul jour, s'il y a lieu ; — 4° que les membres de l'assemblée générale des actionnaires doivent assister et voter en personne, sans pouvoir se faire représenter, et que chacun d'eux n'a qu'une voix, quel que soit le nombre d'actions qu'il possède ; — 5° que le comité central de ces banques est chargé, pour servir de base aux opérations d'escompte, de rédiger, d'après ses connaissances et sa discrétion, un état général, divisé par classes, de tous ceux qui seront dans le cas d'être admis à l'escompte, et de faire successivement dans cet état tous les changemens qu'il jugera nécessaires ; — 6° et que ceux qui se croient fondés à réclamer contre les opérations du comité central, relativement à l'escompte, peuvent adresser leurs réclamations à ce comité.

10. — Aucune opposition n'est admise sur les sommes en compte courant dans les banques autorisées. — L. 24 germin. an XI, art. 33. — V. COMPTE COURANT.

11. — Les émissions des billets des banques départementales ne peuvent excéder la somme que le gouvernement a déterminée ; ces billets ne peuvent être fabriqués ailleurs qu'à Paris. — L. 24 germin. an XI, art. 31.

12. — La moindre coupure des billets émis dans les villes auxquelles le privilége en est accordé, est de 250 fr. — L. 24 germin. an XI, art. 32.

13. — D'après la loi du 24 germin. an XI, art. 35, il pouvait être fait un abonnement annuel avec les banques privilégiées pour le timbre de leurs billets. Mais la loi du 30 juin 1840, art. 9, a replacé ces établissemens sous la loi commune qui régit le timbre des effets de commerce. — A partir du 1er janv. 1841, les droits de timbre à la charge des banques départementales, ont commencé à être perçus sur la moyenne des billets au porteur ou à ordre qu'elles ont tenus en circulation pendant le cours de l'année. — V. TIMBRE.

14. — Les actions judiciaires sont exercées au nom des régens, poursuites et diligences du directeur général. — L. 24 germin. an XI, art. 34.

15. — Les banques, dans les départemens, sont assujéties à la patente par la loi du 25 avr. 1844, sur les patentes, et imposées, savoir : pour un capital de deux millions et au-dessous, à un droit fixe de 1,000 fr., et par chaque million de capital en sus, à 200 fr., jusqu'au maximum de 2,000 fr. ; et dans tous les cas à un droit proportionnel du quinzième de la valeur locative de la maison d'habitation et des locaux servant à l'exercice de la profession. — V. PATENTE.

16. — Les fabricateurs de faux billets des banques de département, et les falsificateurs de billets émis par elles, sont assimilés aux faux monnayeurs et punis comme tels, c'est-à-dire des travaux forcés à perpétuité. — L. 24 germin. an XI, art. 36 ; C. pén., art. 139. — V. au reste CONTREFAÇON DE BILLETS DE BANQUE.

BANQUES TERRITORIALES.

1. — Etablissemens destinés à faire des prêts sur hypothèque ou au moyen de ventes d'immeubles avec faculté de réméré. — V. CAISSE HYPOTHÉCAIRE.

2. — La garantie immobilière affectée aux prêts faits par les banques territoriales n'ôte pas à leurs opérations les caractères que la loi attache en général à toutes les opérations de banque. Aussi, la cour de Cassation, à propos des opérations d'une banque territoriale fondée à Paris en l'an VII, a déclaré dans les motifs de son arrêt du 21 mars 1808 (sociétaires de la banque territoriale c. Barandin) qu'à considérer les statuts et réglemens de cette banque territoriale, on y voyait que toutes les opérations avaient une analogie parfaite avec celles des banquiers ordinaires ; que la différence qu'on voudrait induire de ce qu'elle était qualifiée *territoriale*, et de ce que ses effets étaient hypothécaires, n'en pouvait produire aucune en droit, ni rien changer à sa nature de banque, parce que la garantie de la valeur comme de la consistance des effets qu'elle mettait dans la circulation, ne résidait comme pour les autres effets de commerce, que dans les signatures et acceptations de ses agens. — V. BANQUE et BANQUIER.

3. — Une *banque territoriale*, fondée en l'an VII, n'a pas prospéré, et les autres essais jusqu'à présent tentés en France, pour venir, par les moyens employés par les banques territoriales, en aide aux propriétaires fonciers, n'ont pas produit les résultats qu'on en espérait.

4. — Mais la Prusse, le grand-duché de Posen, la Pologne, la Belgique, jouissent d'associations territoriales de crédit, au moyen desquelles les propriétaires fonciers peuvent se procurer les sommes nécessaires à l'exploitation de leurs héritages, et peuvent, à l'aide d'un amortissement modéré, arriver au bout d'un certain temps à éteindre leur dette et à racheter la liberté de leurs immeubles.

5. — Dans la séance de l'Académie des sciences morales et politiques, du 13 juillet 1839, M. Wolowski a donné lecture d'un mémoire sur la mobilisation du crédit foncier, dans lequel il propose l'établissement en France d'associations territoriales qui arriveraient à constituer une sorte de grand-livre de la dette publique et qui, dans l'intérêt de l'agriculture, faciliteraient le mouvement des capitaux et abaisseraient le taux de l'intérêt.

—V. ce mémoire, rapporté dans la *Revue de législation et de jurisprudence*, t. 40, p. 244.

BANQUEROUTE.

Table alphabétique.

BANQUEROUTE. — 1. — État du commerçant failli qui s'est rendu coupable de négligence, d'imprudence, d'inconduite ou de fraude.

§ 1er. — *Historique* (n° 2).
§ 2. — *Règles communes aux deux espèces de banqueroute* (n° 16).
§ 3. — *Banqueroute simple* (n° 70).
§ 4. — *Banqueroute frauduleuse* (n° 169).
§ 5. — *Crimes et délits commis dans les faillites par d'autres que par les faillis* (n° 252).
§ 6. — *De l'administration des biens en cas de banqueroute* (n° 331).

---

§ 1er. — Historique.

2. — Le mot *banqueroute* vient de l'italien *bancarotta*, banque rompue, comptoir brisé ; en anglais, *bank rupt*. Dans quelques places de commerce d'Italie, lorsque l'opinion publique considérait comme frauduleuse la disparition d'un marchand on brisait le banc ou comptoir sur lequel il faisait ordinairement son commerce. L'étymologie que s'attache aux mots *banque en route*, ne supporte pas d'examen. — Renouard, *Tr. des faill. et banq.*, t. 1er, p. 29.

3. — Les mots *faillite* et *banqueroute* ont été long-temps tenus pour synonymes. Boutaric, sur l'art. 1er, tit. 11, ordonn. 1673, critique Bornier de n'avoir pas tenu les deux mots pour synonymes. Mais le mot *banqueroute*, d'après les mœurs et les usages, attire et retient à lui une plus grande somme de défaveur. — L'instruction du 14 déc. 1782, et celle du 8 janv. 1790, exclurent du droit d'élection les banqueroutiers, les faillis et les débiteurs insolvables. Le mot *faillite* désigne les incapacités prononcées par la loi contre les personnes commerciales, tandis que le mot *banqueroute* figure dans les lois pénales. Cette distinction se retrouve dans Straccha, *Tract. de conturbatoribus seu de coctoribus*, t. 1er, p. 68.

4. — Le projet du Code de commerce de 1808 (nous l'appelons ainsi pour nous conformer à l'usage, bien qu'il ait été promulgué en 1807) ne punissait que la banqueroute frauduleuse ; c'est dans les observations de la cour d'Orléans qu'on trouve la première indication de la distinction de la banqueroute en banqueroute simple et en banqueroute frauduleuse, et la section de l'intérieur du conseil d'état arriva à poser comme un des principes de notre législation, cette distinction que Straccha avait, au milieu du seizième siècle, donnée pour base à son ouvrage.

5. — Cette division serait satisfaisante si deux mots distinguaient le crime et le délit. — Renouard (t. 2, p. 447). — Elle ne fut cependant pas adoptée sans contestation. Bigot Préameneu la trouvait trop dure ; Napoléon la trouvait trop douce. Quelles que soient les raisons qui ont pu l'emporter dans cette discussion, il nous semble qu'il eût été préférable d'employer des dénominations différentes pour désigner des faits que leur caractère moral sépare si profondément, et ne pas se borner à atténuer par l'épithète *simple* le mot *banqueroute*, qui, dans le langage usuel, est pris dans l'acception la plus fâcheuse ; cette épithète, outre qu'on néglige souvent de l'employer, n'atténue pas suffisamment, pour les personnes étrangères à l'étude des lois, l'impression produite par le mot *banqueroute*. — Duvergier, *Collect. des lois*, t. 38, p. 442.

6. — Autrefois les banqueroutiers étaient punis du carcan ou pilori, avec amende honorable, par l'ordonnance d'oct. 1526, et de mort, par les édits de 1609 et de 1640, en enfin par la déclaration du 11 janv. 1716 ; mais la rigueur de ces pénalités fut tempérée par la jurisprudence et par l'ordonnance du commerce de 1673. — Jousse, *Just. crimin.*, t. 3, p. 254 et suiv.

7. — Les complices des banqueroutiers étaient punis plus ou moins sévèrement, selon les circonstances (déclaration du 11 janv. 1716, 8 mai 1722, 13 sept. 1739 et 5 mai 1790), mais toujours plus rigoureusement quand c'étaient des officiers publics qui avaient abusé de leurs fonctions pour faciliter la consommation du crime. — Muyart de Vouglans, *L. crimin.*, p. 336. — V. COMPLICITÉ.

8. — La loi du 16-29 (sept. 1791) comprend la procédure en banqueroute frauduleuse au nombre de celles qui devaient être déférées aux jurys spéciaux d'accusation et de jugement.

9. — Le Code pénal du 26 septi.-5 oct. 1791, tit. 2, sect. 2e, maintenu en cette partie par le Code des délits et des peines du 3 brum. an IV, a remplacé la peine capitale prononcée par l'ordonnance de 1673, et presque entièrement tombée en désuétude, par la peine de six années de fers que prononçait l'art. 90, et que l'art. 91 déclarait applicable aux complices de ce crime.

10. — Le Code de 1808 établit entre les banqueroutes une distinction qui permet de proportionner la peine aux torts et à la faute. La qualification de banqueroute frauduleuse et la peine des travaux forcés à temps a été réservée pour les faillites qui demeuraient entachées de vol ou de fraude. — C. comm. de 1808, art. 593 et suiv., C. pén., art. 402, 404.

11. — La banqueroute simple, que M. de Ségur, en exposant les motifs du Code de 1808, appelait la *banqueroute d'inconduite*, a été rappelée au délit et punie correctionnellement. — C. pén., art. 402 ; — Legravereno, t. 1er, p. 61 et suiv.

12. — Pour la pénalité, le Code de commerce de 1808 s'en réfèra au Code pénal, qui prononça contre les banqueroutiers frauduleux et leurs complices les peines des travaux forcés à temps, et contre les banqueroutiers simples un emprisonnement d'un mois à deux ans. — Art. 402 et 404.

13. — La loi du mai 1838 a conservé cette distinction. Elle a, selon les expressions du rapport de M. Renouard, p. 81, « flétri du nom de banqueroute, tous les torts par lesquels un commerçant se met dans l'impossibilité de faire honneur à ses engagemens. La gravité de ces torts varie, ils vont de l'imprudence, de la négligence et de l'inconduite jusqu'au crime. »

14. — Cependant, cette triple division des faillis, des banqueroutiers simples et des banqueroutiers

tiers frauduleux, n'est pas aussi tranchée qu'elle aurait dû l'être, car le failli est, comme le banqueroutier simple ou frauduleux, dépouillé de ses droits civiques et privé de l'entrée de la Bourse. — Lainné, *Comment. de la loi sur les faillites et banqueroutes*, p. 566.

15.—On peut résumer ainsi les changemens apportés au Code de commerce par la loi du 28 mai 1838. Les cas de banqueroute ont été mieux définis; les définitions plus complètes permettent d'atteindre certains faits restés autrefois impunis parce que le Code ne les rangeait ni parmi les crimes ni parmi les délits. La sévérité trop grande de la loi a disparu dans certains cas. — D'un autre côté, une disposition nouvelle a autorisé à déclarer banqueroutier simple le failli qui n'a point rempli les obligations d'un précédent concordat; cette innovation a pour but d'arrêter les scandaleuses violations par lesquelles on se jouait de ces sortes de traités. — Le Code de 1808 faisait peser les frais de la poursuite en banqueroute sur la masse des biens de la faillite; or les créanciers, dans la crainte d'aggraver leur sort, laissaient souvent le banqueroutier jouir de l'impunité. — Dans la loi nouvelle, les frais de poursuite en banqueroute simple sont à la charge du trésor en cas de condamnation, et dans tous les cas si c'est le ministère public qui poursuit. — En outre, le trésor doit toujours supporter les frais s'il s'agit de banqueroute frauduleuse, quel que soit le résultat de la poursuite. Un chapitre spécial a été ajouté pour punir les crimes et délits commis dans les faillites par d'autres que les faillis, ainsi que les avantages particuliers consentis par le failli au préjudice de la masse.

§ 2. — *Règles communes aux deux espèces de banqueroutes.*

16.—La banqueroute étant la modification de l'état de faillite, et la faillite ne pouvant exister qu'à l'égard d'un commerçant, il en résulte : 1° qu'un commerçant seul peut être poursuivi comme banqueroutier; 2° que la poursuite ne peut avoir lieu que s'il y a faillite.

17.— C'est comme conséquence du premier de ces principes qu'il a été jugé que celui qui fait partie, comme directeur et comme actionnaire d'une société dont l'objet est d'assurer, à prime, les propriétés contre l'incendie et les risques de mer, devant être considéré comme commerçant, peut, en cette qualité, être poursuivi comme banqueroutier. — *Cass.*, 1er avr. 1830, Bourbon-Leblanc.

18. — ... Qu'un agent d'affaires étant réputé commerçant, est passible, comme tel, des peines de la banqueroute simple ou frauduleuse, dans le cas où, en cessant ses paiemens à raison des affaires de son cabinet, il commettrait les faits déterminés par la loi pour constituer ces délits. — *Cass.*, 18 nov. 1813, Paul Detenre. — Carnot, sur l'art. 3, *C. inst. crim.*, t. 1er, p. 49, n° 7; Pardessus, n° 42; Vincens, *Législ. comm.*, t. 1er, p. 134; Bioche et Goujet, *Dict. de procéd.*, v° *Actes de commerce*, n° 104.

19. — ... Que le cabaretier et l'individu qui achètent quelques chariots de vin, pour les revendre en gros, étant des commerçans, peuvent en conséquence, en cas de faillite, être poursuivis comme banqueroutiers frauduleux, s'ils détournent leur actif au préjudice de leurs créanciers. — *Cass.*, 28 (et non 17) avril 1813, Vercelli. — V. au *Rép.*, v° *Faillite*, sect. 2e, § 2, art. 3, n° 2, le réquisitoire de Merlin qui a provoqué cet arrêt. — V. aussi Favard, *Rép.*, v° *Commerçant*.

20. — ... Que le serrurier qui achète du fer qu'il revend, après l'avoir travaillé et converti en objets de son art, étant également un commerçant, le détournement de ses marchandises et effets mobiliers, par lui fait, en état de faillite, au préjudice de ses créanciers, constitue le crime de banqueroute frauduleuse. — *Cass.*, 5 nov. (et non mars) 1812, Hervet. — V. Legraverend, t. 1er, chap. 6, p. 26.

21. — Au contraire, les individus non commerçans ne sont jamais coupables de banqueroute. — Bourguignon, *Jurisp. des Codes crim.*, t. 3, p. 423; Rolland de Villargues, *Rép. du Not.*, v° *Banqueroute*, n° 1er; Pardessus, t. 5, n° 1298; Esnault, *Tr. des faill. et banq.*, n° 679; Legraverend, *Tr. de la législat. crim.*, ch. 1er, sect. 2e.

22. — Jugé en ce sens que le particulier non commerçant qui se livre passagèrement à des actes de commerce sans en faire sa profession habituelle ne peut pas être déclaré banqueroutier frauduleux, quoiqu'il ait commis les faits de fraude déterminés par l'art. 593, C. comm. — *Cass.*, 21 nov. 1812, Léger Lafont.

23. — Merlin (*Rép.*, v° *Faillite*, sect. 2e, art. 4, n° 1er) parle d'un arrêt de la cour de Cassation du 31 déc. 1812 (aff. Néef.), commençant jugé que le particulier qui se livre passagèrement au commerce sans en faire sa profession habituelle ne peut être déclaré en état de faillite, et ne peut, dès-lors, en cas de détournement frauduleux au préjudice de ses créanciers, être condamné comme banqueroutier frauduleux. Mais cette décision, qui serait conforme aux vrais principes, n'a pas été dans l'affaire dont il s'agit soumise à la cour suprême, puisque de la déclaration du jury il résultait que l'accusé n'avait pas depuis 1802 exercé des actes de commerce ni fait des opérations de change, et qu'il n'en faisait pas sa profession habituelle.

24. — De même, le maître d'un pensionnat établi avec l'autorisation de l'université, n'étant pas un commerçant (V. sur ce principe ACTE DE COMMERCE, COMMERÇANT), ne peut conséquemment être condamné comme banqueroutier frauduleux. — *Cass.*, 23 nov. 1827, Ruault.

25. — On a jugé également que le mineur qui exerce le commerce sans y avoir été autorisé conformément à l'art. 2, C. comm, et sans avoir rempli les formalités prescrites par le même article, ne peut pas être condamné aux peines de la banqueroute simple ou frauduleuse. — *Cass.*, 2 déc. 1826, Fremeaux.

26. — Suivant M. Rolland de Villargues (*Rép. du not.*, v° *Banqueroute*, n° 2), un notaire n'étant pas commerçant ne pourrait être réputé banqueroutier. — Toutefois il est certain, d'après la jurisprudence (V. FAILLITE), que le notaire qui s'est livré habituellement à des actes de commerce peut être, en cas de cessation de paiement, déclaré en état de faillite. Il pourrait donc aussi, s'il y avait négligence, dol ou fraude à lui reprocher, tomber sous l'application des peines de l'une ou de l'autre banqueroute.

27. — De même, bien qu'un receveur de deniers publics ne doive être réputé banqueroutier que dans l'intérêt du trésor seulement, s'il devenait insolvable à son égard (L. 5 sept. 1807, art. 7; Rolland de Villargues, v° *Banqueroute*, n° 4); toutefois il pourrait être poursuivi comme tel s'il se livrait à des opérations dont la profession habituelle constitue la qualité de négociant. — Bourguignon, *Jur. C. crim.*, t. 3, p. 431. — V. *contrà* Legraverend, t. 1er, p. 28.

28. — Pour qu'une cour de justice criminelle puisse imprimer à quelqu'un la qualité de membre d'une société de commerce, et le condamner en cette qualité comme banqueroutier frauduleux, il n'est pas absolument nécessaire qu'il apparaisse d'un acte de société; il suffit, à cet égard, que la société soit établie par une des preuves que la loi ne prohibe pas en matière ordinaire. — *Cass.*, 11 avr. 1806, Gauthier. — V. PREUVE.

29. — Mais l'associé d'un commerçant accusé de banqueroute frauduleuse et de faux ne peut pas être compris dans l'accusation *à raison de sa seule qualité d'associé*, s'il n'a pas coopéré aux faits incriminés. — *Cass.*, 11 fructid. an XIII, Masencal. — V. Chauveau et Hélie, *Th. du C. pén.*, t. 2, p. 108.

30. — Ainsi qu'il a été dit, la poursuite en banqueroute suppose nécessairement l'état de faillite. — On a donc dû juger que le crime de banqueroute frauduleuse ne peut pas exister s'il n'y a faillite. — *Cass.*, 19 flor. an XI, Dubief; 23 nov. 1827, Ruault.

31. — Mais l'état de faillite est réputé exister dès qu'il y a cessation de paiement, et le fait de cette cessation suffit. — Locré, *Législation comm.* sur l'art. 586.

32. — Il a donc été jugé qu'il n'est pas nécessaire que la faillite ait été *déclarée* par le tribunal de commerce pour que le ministère public puisse exercer une poursuite en banqueroute frauduleuse. — *Cass.*, 7 nov. 1811, Laurent; 1er sept. 1827, Montigny; 22 janv. 1831, Bouloud.; *Metz*, 14 mai 1833, Hébling; *Cass.*, 21 nov. 1833, Dewitte; 11 août 1837 (t. 2 1837, p. 427), Grimardon; *Aix*, 9 août 1837 (t. 2 1837, p. 531), Brunel; — Legraverend, t. 1er, ch. 1er, p. 25, note 2e et p. 30; Mangin, *Tr. de l'act. publ.*, t. 1er, p. 362, n° 169; Renouard, t. 2, p. 449; Pardessus, t. 5, n° 1300; Esnault, n° 680.

33. — Jugé de même qu'il n'est pas nécessaire qu'un commerçant ait été déclaré en faillite pour qu'il puisse être poursuivi comme prévenu de banqueroute simple. — *Metz*, 18 déc. 1826, N...

34. — De même, tout commerçant qui a cessé ses paiemens et qui se trouve dans l'un des cas de faute grave ou de fraude, prévus par la loi, est en état de banqueroute, quoique son insolvabilité n'ait pas été constatée et que le jugement qui l'a déclaré en faillite n'ait aucune suite. — *Cass.*, 3 nov. 1814, Pineau. — Carnot, sur l'art. 3, C. inst. crim., t. 1er, p. 69, n° 7, et sur l'art. 402, C. pén., t. 2, p. 359, n° 15, Bourguignon, *Jurisp. des C. crim.*, sur le même article, t. 3, p. 439, n° 9. — V. aussi les conclusions de Merlin au *Rép.* v° *Faillite*, sect. 2e, § 2, art. 8.

35. — Dès-lors, une chambre des mises en accusation ne peut, sans violer les règles de compétence et l'art. 3, C. inst. crim., surseoir à statuer sur une prévention de banqueroute frauduleuse, jusqu'à ce qu'il ait été prononcé définitivement par le tribunal de commerce sur le fait de la faillite, ou que son jugement par défaut ait acquis l'autorité de la chose jugée. — *Cass.*, 30 janv. 1824, d'Albis de Belbèze; — Mangin, t. 1er, p. 362, n° 170.

36. — Jugé encore, et par application du même principe, que les jurés peuvent, sans qu'il en résulte de nullité, déclarer dans leur réponse qu'un individu poursuivi pour banqueroute frauduleuse est *commerçant failli*, quoiqu'il n'ait pas été mis en état de faillite par la juridiction commerciale. — *Cass.*, 22 janv. 1831, Bouloud.

37. — La cour de Cassation a décidé que le jugement du tribunal de commerce qui déclare un individu en état de faillite n'a point l'autorité de la chose jugée devant les tribunaux de répression, et ne met point obstacle à ce que sa qualité de commerçant failli soit examinée de nouveau devant eux. — *Cass.*, 23 nov. 1827, Ruault. — Mangin, t. 1er, p. 362, n° 169.

38. — D'un autre côté il a été décidé par la cour d'Aix qu'un négociant peut être condamné comme banqueroutier simple, bien qu'un jugement du tribunal de commerce ait décidé qu'*il n'y avait lieu de le déclarer en faillite*. — *Aix*, 9 août 1837 (t. 2 1837, p. 531), Brunet. — Boulay-Paty, *Faill. et banq.*, t. 2, n° 481.

39. — Et la cour de Metz, partant du même principe, a admis une poursuite en banqueroute, encore que le jugement de mise en faillite eût été rapporté. — *Metz*, 14 mai 1833, Hébling.

40. — M. Renouard (t. 2, p. 450), exprime, sur les principes consacrés par les arrêts qui précèdent, l'opinion suivante : « Autre est, dit-il, la force d'un fait positif et celle d'un fait purement négatif. Après qu'un tribunal a déclaré que la preuve d'opérations de commerce ou de cessation de paiement n'a pas été administrée devant lui, la raison ne se refusera pas à admettre que cette preuve soit ensuite fournie devant un autre tribunal; mais nier la preuve légalement faite de l'état de faillite devant le tribunal qui, spécialement institué pour constater cet état, a par là créé pour le failli une condition sociale toute nouvelle, et a modifié profondément jusqu'à son existence politique, ce serait violer la chose jugée, ce serait vouloir que ce qui est ne soit pas. »

41. — Par application du double principe qu'un accusé ne peut être déclaré banqueroutier qu'autant qu'il est *commerçant* et *failli*, on a dû juger : 1° qu'un accusé ne peut pas être déclaré banqueroutier frauduleux si la déclaration du jury n'exprime pas qu'il est *commerçant failli*. Il ne suffit pas qu'il ait été déclaré coupable des faits constitutifs de la banqueroute frauduleuse. — *Cass.*, 23 juin 1832, Gaurent.

42. — ... 2° Que le jury doit déclarer si l'accusé *était commerçant* et *commerçant failli*, alors surtout qu'aucun jugement ne l'avait encore déclaré en faillite. — *Cass.*, 22 juin 1827, Gilbert-Duchateau; 17 mars 1831, Bombard.

43. — ... 3° Que, pour que les peines de la banqueroute frauduleuse puissent être appliquées à un accusé déclaré coupable de ce crime, il faut que la réponse du jury ou les questions qui lui sont posées attribuent formellement à cet accusé la qualité de commerçant failli. — *Cass.*, 28 déc. 1837 (t. 1er 1843, p. 350) Auger; 20 sept. 1838 (t. 1er 1843, p. 351) Magallon; 30 oct. 1839 (t. 1er 1843, p. 352), Cottard.

44. — Il ne suffirait pas que cette qualification fût donnée à l'accusé dans l'acte d'accusation. — *Cass.*, 20 sept. 1838 (t. 1er 1843, p. 351), Magallon.

45. — ... 4° Que la qualité de commerçant failli forme un des élémens nécessaires de la criminalité de la banqueroute frauduleuse, et que lorsque cette qualité n'est énoncée, ni dans le résumé de l'acte d'accusation, ni dans la question adressée aux jurés, ni dans leur réponse, il y a lieu d'annuler l'arrêt de condamnation, les débats et l'acte d'accusation. — *Cass.*, 22 juin 1827, Duchateau; 19 sept. 1828, Escande; 16 sept. 1830, Gire; 3 fév. 1831, Chatton; 3 mars 1831, Dumont; 21 avr. 1831, Robin; — Duvergier, sur Legraverend, t. 1er, chap. 1er, p. 30, note 5e.

46. — La qualité de négociant failli ne saurait résulter de ce que le jury aurait reconnu l'accusé coupable de n'avoir pas fait au greffe la déclaration de la cessation de paiemens dans le délai fixé : en conséquence, la peine de banqueroute frauduleuse n'est pas applicable au détournement ou à la dissimulation d'une partie de l'actif de l'accusé au préjudice de ses créanciers, s'il n'a pas été posé au

jury la question de savoir si l'accusé était négociant failli.—*Cass.*, 30 oct. 1839 (t. 1er 1843, p. 352), Cottard.

47. — Le jury ayant caractère pour constater le fait de faillite, qui est un élément nécessaire du crime de banqueroute frauduleuse, il en résulte que sa réponse affirmative à la question de savoir si l'accusé, commerçant failli, est coupable de banqueroute, constate suffisamment le fait de la faillite. — *Cass.*, 17 sept. 1835, Gondret; 29 mars 1838 (t. 1er 1840, p. 203), Lourdel et Minet.

48. — Une femme déclarée *fabricante* par le jury est réputée *commerçante* et peut être condamnée comme coupable de banqueroute frauduleuse, quoiqu'il n'y ait pas de déclaration sur l'autorisation qu'elle aurait reçue de son mari pour exercer le commerce. —*Cass.*, 7 mars 1828, Cauchy.

49. — Il a été jugé que l'accusé de banqueroute frauduleuse qui prétend ne pas être en état de faillite est non-recevable à s'en faire un moyen contre l'arrêt qui le condamne comme tel; il aurait dû se pourvoir contre l'arrêt de renvoi à la cour d'assises. — *Cass.*, 15 mars 1825, Granier; 18 mars 1826, Dermenon-Anet.

50. — On peut faire remarquer, sur la disposition qui précède, que la fin de non-recevoir établie par l'art. 296, C. inst. crim., ne concerne que l'arrêt de renvoi et n'imprime pas d'une manière définitive au fait de l'accusation le caractère d'un crime. Ainsi, l'accusé de banqueroute frauduleuse a la pleine et entière liberté de soutenir et de prouver devant le jury qu'il n'est pas en état de faillite. — Mais une fois que le jury a prononcé sur la question, tout est consommé. Aucune preuve littérale ne pouvant être rapportée à l'appui de l'allégation de l'accusé, il ne lui reste aucune ressource. — On remarquera au surplus que la question relative à l'état de faillite d'un individu étant toute de *fait*, l'accusé se serait vainement pourvu en cassation contre l'arrêt de renvoi. Sa demande n'aurait pu être accueillie qu'autant que l'arrêt dénoncé n'aurait pas exprimé sa qualité de commerçant *failli*. De même, pour que le moyen de cassation fût admissible, dans l'espèce résolue par l'arrêt qui vient d'être mentionné, il aurait fallu que le jury n'eût pas été interrogé ou eût omis de répondre sur l'existence de cette qualité.

51. — L'action publique, réservée d'ordinaire au ministère public, est étendue par la loi non seulement aux syndics, qui, lors même qu'ils agissent au nom de la masse, sont de simples particuliers, mais encore à tout créancier. Les syndics et les créanciers agissent, suivant le droit commun en matière d'action correctionnelle, soit par voie de plainte suivie d'instruction devant la chambre du conseil, soit par citation directe. — Renouard, t. 2, p. 452; Lainné, p. 570.

52. — M. Lainné (p. 570) considère comme une fin de non-recevoir à l'action en banqueroute simple de la part d'un créancier, partie civile, l'adhésion de ce créancier au concordat, ou son acquiescement tacite à cet acte par le défaut d'opposition dans le délai voulu. Il attribue le même effet au défaut d'appel de la part de ce créancier du jugement homologatif du concordat.

53. — Sous le Code de 1808, il avait été jugé qu'une partie civile n'ayant droit de poursuite devant les tribunaux criminels que pour ses intérêts civils, le créancier qui n'avait point formé opposition dans les délais de la loi, à l'homologation du concordat obtenu par son débiteur failli, était réputé y avoir acquiescé et devait être déclaré non-recevable à suivre, en qualité de partie civile, une plainte en banqueroute. — *Cass.*, 9 mars 1811, Ragoulleau c. Mondot-Lagorce.

54. — Locré (t. 7, p. 414) combattait cette jurisprudence, en se fondant sur ce que l'action criminelle qui tend à faire rapporter à la masse ce qui en a été frauduleusement soustrait est d'une nature toute différente que l'action civile, qui ne tend qu'à faire anéantir le concordat; d'où il concluait qu'il était possible que l'une subsistât quand l'autre serait éteinte.

55. — Sous le Code actuel, M. Renouard (t. 2, p. 453) pense que l'homologation du concordat ne fait point obstacle aux poursuites en banqueroute simple.

56. — De même, sous ce Code, qui permet d'accorder un concordat au banqueroutier simple, et qui ne fait pas de la condamnation en banqueroute simple une cause d'annulation du concordat, les questions de savoir si le créancier qui a adhéré au concordat peut intenter la poursuite en banqueroute simple, ou si le créancier opposant peut l'exercer après l'homologation, ne doivent plus se présenter. Le législateur s'est expliqué à cet égard en rejetant des premiers projets la disposition qui interdisait toute action en banqueroute simple à dater de l'homologation du concordat.

57.—On jugerait donc incontestablement maintenant, comme sous le Code de 1808, que l'homologation du concordat et la déclaration que le failli est excusable ne sont point des obstacles à l'exercice de l'action *publique* contre le failli, sur la prévention de banqueroute simple ou de banqueroute frauduleuse. — *Cass.*, 19 fév. 1813, N...; — Carnot, sur l'art. 1er, *C. inst.*, t. 1er, p. 18, no 34; Mangin, *Tr. de l'act. publ.*, t. 2, p. 399.

58. — La banqueroute frauduleuse et la banqueroute simple ne constituant qu'un fait unique, dont le caractère seulement varie selon les circonstances qui l'accompagnent, la chambre d'accusation, qui a la plénitude d'attribution en matière de compétence, peut donc se saisir à la fois de la connaissance de deux décisions de la chambre du conseil, dont l'une renvoie le prévenu devant elle à raison du crime de banqueroute frauduleuse, et l'autre le renvoie éventuellement en police correctionnelle pour banqueroute simple; et ce encore bien qu'il n'y ait pas d'opposition formée par le ministère public à la seconde décision de la chambre du conseil. — *Cass.*, 6 avr. 1838 (t. 1er 1840, p. 216), Isnard.

59. — Le négociant qui a été acquitté par le jury sur une accusation de banqueroute frauduleuse peut être, sans violation de la règle *non bis in idem*, poursuivi pour banqueroute simple.—*Cass.*, 13 août 1825, Turpin; *Montpellier*, 14 août 1837 (t. 2 1837, p. 532). B...; — Boulay-Paty, *Des faillites et banquer.*, t. 2, no 535; Mangin, t. 2, no 403.

60. — Il en est ainsi surtout si la poursuite correctionnelle a été réservée par l'arrêt de mise en accusation. — *Cass.*, 13 août 1825, Turpin. — ... Ou bien encore si les faits constitutifs du délit de banqueroute simple n'ont pas été soumis à l'appréciation du jury. — *Toulouse*, 31 mars 1839 (t. 1er 1844, p 326), Saget c. Vigniaux; — Mangin, t. 2, p. 348, no 403.

61. — Il a été jugé, conformément au principe ci-dessus posé, que le failli acquitté d'une accusation de banqueroute frauduleuse motivée sur le défaut de registres, peut, sans violation de la maxime *non bis in idem*, être ensuite poursuivi comme prévenu de banqueroute simple, pour n'avoir point tenu de registres. — *Metz*, 18 déc. 1826, N...

62. — Réciproquement, l'acquittement du délit de banqueroute simple ne met point obstacle à la poursuite du crime de banqueroute frauduleuse fondée sur d'autres faits. — Mangin, *loc. cit.*

63. —Mais le négociant qui, devant la cour d'assises, a été acquitté du délit de *banqueroute simple* qui lui était imputé pour n'avoir pas tenu de livres réguliers, peut-il être traduit en police correctionnelle sous la prévention de *banqueroute simple* pour n'avoir pas fait au greffe la déclaration prescrite par l'art. 440, C. comm.? — Un arrêt de la cour d'Aix a jugé la négative. — *Aix*, 9 août 1837 (t. 2 1837, p. 581), Brunet.

64. — Au contraire, la cour de Montpellier a jugé que de ce que le failli a été déclaré non coupable par la cour d'assises d'avoir caché ses livres, il ne suit pas qu'il ne puisse être déclaré coupable par le tribunal correctionnel, pour n'avoir pas produit ses livres, d'une négligence grave de nature à appeler sur lui les peines prononcées contre les banqueroutiers simples. — *Montpellier*, 14 août 1837 (t. 2 1837, p. 532), B...; — Renouard, *Tr. des faillites*, t. 2, p. 457; Boulay-Paty, *Tr. des faillit. et banq.*, t. 2, no 535; Lainné, *Comment. sur la loi des faill.*, p. 573.

65. — Jugé par le même arrêt que l'accusation de dépenses simulées vidée par la réponse négative du jury ne fait pas obstacle à ce que le failli soit inculpé d'avoir commis le délit de banqueroute simple, en faisant dans sa maison des dépenses excessives. — *Montpellier*, 14 août 1837 (t. 2 1837, p. 532), B...

66. — Merlin (*Rép.*, vo *Non bis in idem*, no 12), qui a embrassé l'opinion contraire à l'arrêt d'Aix du 9 août 1837 (no 63), dit qu'il s'agit de faits distincts, indépendans les uns des autres. De ce qu'on a jugé une première fois qu'un failli n'a point joué à la bourse dans telle opération il ne résulte pas qu'il n'ait pas joué sur une autre opération, ou bien qu'il n'aura pas, après la cessation de paiemens, soldé un créancier au préjudice de la masse. Si, après un premier procès en banqueroute simple, toute action est éteinte, un débiteur de mauvaise foi et qui se sentira coupable se fera poursuivre par un créancier complaisant, qui, alléguant des faits insignifians, assurera au failli le bénéfice, soit d'un acquittement, soit d'une condamnation très légère, garanties d'impunité pour des faits laissés volontairement dans l'ombre.

67.—En tous cas il faut admettre la recevabilité de la nouvelle poursuite, si elle est fondée sur des faits dont la découverte était impossible avant le jugement sur la première poursuite. — Renouard, *Tr. des faill.*, t. 2, p. 457.

68. — Une ordonnance de la chambre du conseil qui déclare n'y avoir lieu à poursuites sur une accusation de banqueroute, a l'effet de la chose jugée, même à l'égard des tiers qui n'ont pas été parties présentes ou appelées au procès.—*Nîmes*, 18 mai 1813, Rouech c. Valescure.

69. — Sous la loi du 25 sept.-6 oct. 1791, l'individu qui avait déjà été condamné à six années de fers pour crime de faux pouvait encore être poursuivi pour un crime antérieur de banqueroute frauduleuse. — *Cass.*, 9 brum. an XIV, Moisson.— Cependant la banqueroute frauduleuse entraînait la même peine fixe de six années de fers, et le principe établi depuis formellement dans l'art. 365, C. inst. crim., était adopté, quoiqu'il ne fût écrit dans aucune loi. On aurait donc dû décider ici que, les peines étant égales et fixes, il n'y avait lieu à en faire l'application qu'une fois.

§ 3. — *Banqueroute simple.*

70. — A la différence de la banqueroute frauduleuse (*infrà* no 169), la banqueroute simple résulte de *fautes* ou d'*imprudences* commises par le failli, sans intention de nuire à ses créanciers; ces fautes pouvant être plus ou moins graves, le nouveau Code de commerce les a rangées en deux catégories : la première comprend les cas dans lesquels la banqueroute simple *doit* être déclarée; la seconde ceux dans lesquels elle *peut* l'être.—C. comm., art. 585 et 586.

71 — Le code de 1808 contenait des dispositions analogues et divisait les cas de banqueroute simple en deux catégories, avec cette différence toutefois que, pour les faits de la première catégorie, la poursuite seulement était forcée, la déclaration de culpabilité étant facultative, et que, pour les faits de la seconde, la poursuite et la condamnation étaient toutes deux facultatives.

72. — Ainsi jugé qu'avant la loi du 28 mai 1838, la condamnation d'un failli comme banqueroutier simple, dans les cas prévus par l'art. 586, C. comm., était, de même que la poursuite, obligée, et non pas seulement facultative; mais que dans les cas prévus par l'art. 587 il en était autrement, et qu'alors la poursuite et la condamnation étaient facultatives.—*Paris*, 2 sept. 1833, Mandrou c. Macquart.

73. — Cette distinction, introduite dans le Code de 1808, par le tribunat, n'était pas conforme aux principes du droit, et transférant en quelque sorte au ministère public le pouvoir de juger, elle lui ôtait sa liberté d'action.—Cette question ne pourrait plus aujourd'hui être soulevée, car le texte de l'art. 585 actuel est conçu de telle sorte qu'il n'est plus douteux que l'existence des circonstances qu'il rapporte ne doive nécessairement faire condamner comme banqueroutier simple le failli à la charge de qui elles sont constatées.

74. — D'ailleurs les faits prévus par l'ancien code différaient peu de ceux prévus par le nouveau. — Ainsi, sous le code de 1808, on *devait* être poursuivi comme banqueroutier simple, et *pouvait* être sur cette poursuite déclaré tel le commerçant failli qui se trouvait dans l'un ou plusieurs des cas suivans : 1o si les dépenses de sa maison, qu'il est tenu d'inscrire mois par mois sur son livre journal, étaient jugées excessives; — 2o s'il était reconnu qu'il avait consommé de fortes sommes au jeu ou à des opérations de pur hasard; — 3o s'il résultait de son dernier inventaire que son actif étant de 50 p. 100 au-dessous de son passif, il avait fait des emprunts considérables, et s'il avait revendu des marchandises à perte ou au-dessous du cours; — 4o s'il avait donné des signatures de crédit ou de circulation pour une somme triple de son actif, selon son dernier inventaire. — C. comm. ancien, art. 586.

75.—*Pouvait être poursuivi* comme banqueroutier simple, *et être déclaré tel* : — 1o le failli qui n'avait pas fait au greffe la déclaration de cessation de ses paiemens prescrite par l'art. 440; — 2o celui qui, s'étant absenté, ne s'était pas présenté en personne aux agens et aux syndics dans les délais fixés, et sans empêchement légitime; — 3o celui qui présentait des livres irrégulièrement tenus, sans néanmoins que ces irrégularités indiquassent la fraude, ou qui ne les présentait pas tous; — 4o celui qui, ayant une société, ne s'était pas conformé à l'art. 440, qui exige la déclaration du nom et du domicile de chacun des associés solidaires. — C. comm., ancien art. 587.

76. — *Cas nécessaires de banqueroute simple.* — Sous le nouveau Code de comm., *doit être* déclaré banqueroutier simple tout commerçant failli qui se trouvera dans un des cas suivans : — 1o si ses

dépenses personnelles ou les dépenses de sa maison sont jugées excessives. — C. comm., art. 585 1°. — Dans la disposition correspondante à celle-ci, l'art. 586, C. comm. de 1808, rappelait l'obligation d'écrire mois par mois les dépenses sur le livre-journal, mais n'attachait pas la qualification de banqueroute au défaut d'accomplissement de cette obligation, ce qui, en effet, eût été trop rigoureux. Toute énonciation superflue ou purement comminatoire devant être écartée d'une loi pénale, on a supprimé cette circonstance. — Rapport de M. Renouard, p. 81 et 82.

77. — C'est aux tribunaux qu'il appartient d'apprécier si les dépenses sont excessives.—Renouard, t. 2, p. 461.

78. — « ... Et ils doivent, dit M. Esnault (n° 684), pour apprécier cet excès de dépenses, prendre en considération la position sociale du commerçant, ses habitudes, sa condition, l'éducation qu'il a reçue : tout ce qui sera du luxe ou de la somptuosité sera frappé par l'art. 585 ; et les tribunaux, pour le condamner ou l'absoudre, consulteront toujours la moralité de ses dépenses et de ses actions comme les charges que les devoirs de famille lui auraient imposées. »

79. — Les tribunaux devant apprécier la moralité des faits, il en résulte que, comme un négociant, dont tous les momens sont souvent absorbés par les opérations de son commerce, est obligé de faire de longues absences et forcé de laisser l'administration de sa maison à sa femme, si celle-ci, soit par inexpérience, soit par défaut d'ordre ou par vanité, etc., excédait les dépenses qu'elle doit raisonnablement faire, le mari ne saurait sans injustice être puni de la faute de la femme.—Lainné, p. 577.

80. — ... 2° « S'il a consommé *de fortes sommes*, soit à des opérations de pur hasard, soit à des opérations fictives de bourse ou sur marchandises. » — Code comm., art. 585, 2°.

81. — Le projet de loi portait seulement : « S'il a consommé de fortes sommes à des opérations de pur hasard. « On pouvait s'en tenir à cette dénomination générale et n'énoncer aucun des cas particuliers qu'elle renferme; tels que les jeux funestes et immoraux de la bourse et l'agiotage non moins répréhensible qui s'exerce sur les marchandises. Mais on a pensé avec raison qu'il convient à la morale publique que la loi sur les banqueroutes impose à ces opérations une flétrissure de plus, en les rappelant par une mention expresse. Quant aux pertes au jeu que prévoyait la loi, elles rentrent dans les dépenses personnelles. » —Renouard, *Rapport*, p. 81 et 82; de Saint-Nexent, *Tr. des faill. et banquer.*, t. 3, n° 500.

82. — « L'art. 585, dit M. Esnault (n° 635), ne menace que celui dont les pertes ont été *considérables*, et capables de déranger sa fortune, et non pas les *pertes légères* qui n'ont pas eu pour mobile la passion ou l'habitude du jeu, mais un délassement licite et permis. — Il n'a pas songé non plus à interdire, ou du moins à embarrasser, les opérations ordinaires du commerce qui, par leur nature, ont toujours quelque chose d'aléatoire; son but n'a été que de prévenir celles qui reposent sur de pures éventualités, où tous les doutes, toutes les incertitudes s'annoncent à l'avance contre le spéculateur, où les avantages, en un mot, ne sauraient jamais balancer les inconvéniens. »

83. — « La loi, dit M. Bravard (*Manuel de dr. comm.*, p. 607), en ne punissant que celui qui a *consommé* de fortes sommes, amnistie par cela même le joueur heureux qui aura risqué beaucoup plus. L'immoralité cependant n'est pas dans la perte, mais dans le fait d'exposer ainsi son bien et celui d'autrui ; j'aurais donc désiré que la loi punît non-seulement celui qui a *consommé*, mais encore celui qui a *exposé* au jeu de fortes sommes. J'aurais voulu d'ailleurs que le seul fait d'avoir exposé à des jeux de bourse une somme même très minime fût pour le failli au moins un cas de banqueroute simple. »

84. — Les tribunaux distingueront les opérations hasardées des opérations de pur hasard. — Renouard, *Tr. des faillit.*, t. 2, p. 462.

85. — Quant à ce que l'on doit entendre par opérations *de pur hasard*, un arrêt de la cour de Rennes a décidé qu'on ne pouvait y comprendre ni la facilité à donner des signatures de crédit et de circulation (cas spécialement prévu, et dans des conditions particulières, comme pouvant motiver la prévention de banqueroute simple (V. *infrà* n° 87); ni le fait d'expédier des marchandises sans les avoir fait préalablement assurer ou d'être soi-même son assureur, en un mot, de courir tous les risques afin de recueillir tous les bénéfices, une pareille spéculation étant permise et même préférée par plusieurs bons négocians. — *Rennes*, 7 janv. 1811, Keristion.

86. — Les emprunts, les reventes à perte étaient cause de banqueroute, d'après le Code de 1808, lorsqu'il résultait du dernier inventaire que l'actif était de 50 % au-dessous du passif : il en était de même des signatures de crédit ou de circulation lorsqu'elles étaient données pour une somme triple de l'actif, selon le dernier inventaire. Ces limites fixes, cette nécessité de s'en référer aux évaluations du dernier inventaire, sans prévision de ce qui adviendrait si les inventaires n'avaient point eu lieu, ont été remplacées par des dispositions plus générales.

87. — Le nouvel art. 585 porte : — 3° « .... Si, dans l'intention de retarder sa faillite, il a fait des achats pour revendre au-dessous du cours; si, dans la même intention, il s'est livré à des emprunts, circulation d'effets ou autres moyens ruineux de se procurer des fonds. »

88. — Il fut demandé à la chambre des députés que les emprunts ne fussent admis comme caractères de la banqueroute simple que lorsqu'ils auraient été contractés à des conditions onéreuses. M. Persil, garde des sceaux, fit observer alors que « c'est le mot *ruineux* qui fait toute la portée de l'article. » M. Caumartin insista et dit : « Les emprunts, par eux-mêmes, ne peuvent pas être ruineux, s'ils n'ont pas été contractés à des conditions onéreuses. C'est ce que je voudrais qu'on mentionnât dans l'article. » M. Renouard, rapporteur, répliqua : « L'honorable M. Caumartin aurait raison s'il se plaçait dans l'hypothèse d'un commerçant qui se livre à des emprunts lorsqu'il est au-dessus de ses affaires. Mais il s'agit d'un homme qui est à la veille de sa faillite, qui devait la déclarer, et qui, par des emprunts onéreux, trouve le moyen de prolonger son agonie; rien de plus contraire à l'intérêt des créanciers que cette situation, et la loi a dû frapper cette intention de retarder la faillite. »

89. — Mais les juges devront distinguer des opérations qui auraient pour but de retarder une faillite, celles qui n'auraient été conçues que pour se relever. — M. Bérenger, chambre des pairs (*Moniteur* du 11 mai 1837, p. 1144).

90. — De ce qu'un individu aurait commencé son commerce avec de faibles ressources, et l'aurait continué pendant une année, sachant que son actif était bien inférieur à son passif, il peut résulter une banqueroute simple, mais non une escroquerie; et, par suite, si, outre quinze mois de prison, il a été prononcé une amende de 50 francs contre le prévenu, il y a aggravation de peine, et, par conséquent, lieu de casser l'arrêt, en ce qu'il aurait mal à propos prononcé l'amende. — *Cass.*, 24 avr. 1829, Guilloux c. P... — V. ESCROQUERIE.

91. — Est-il nécessaire pour l'application de l'art. 585 (ancien 586) que les deux circonstances 1° d'emprunts considérables, 2° de revente de marchandises au-dessous du cours, soient cumulées? — Oui, suivant M. Vincens (t. 4, p. 471). — Mais telle car n'a pas été, selon nous, l'intention du législateur : faire des emprunts et revendre des marchandises à perte sont deux ordres de faits absolument indépendans l'un de l'autre.

92. — Avant la loi du 28 mai 1838, par ces mots : *signatures de crédit ou de circulation*, employés dans l'art. 586, C. comm., on devait entendre l'émission de tous effets qui présentent des valeurs négociables. — *Cass.*, 13 août 1825, Turpin.

93. — De même, sous ce Code, pour calculer si l'émission des valeurs excédait le triple de l'actif du failli, on comprenait non seulement les valeurs émises dont il aurait réellement touché le prix, mais encore celles qu'on appelle *de complaisance*, c'est-à-dire les valeurs fictives que des commerçans se souscrivent mutuellement, quelquefois pour assurer, par le concours de plusieurs signatures sur un même effet, un crédit que n'obtiendrait pas une signature isolée. — Pardessus, n° 1306.

94. — Lorsqu'il s'agissait de déterminer si un failli avait donné des signatures pour une somme triple de son actif, l'actif ne devait pas s'entendre de l'avoir du négociant, déduction faite de ce qu'il devait, mais de la totalité de son avoir, par opposition avec son passif ou avec la somme de ce qu'il devait. — *Cass.*, 13 août 1825, Turpin.

95. — Pouvait être déclaré coupable de banqueroute simple le négociant failli qui avait donné des signatures de crédit et de circulation pour une somme formant le triple de son actif. — *Cass.*, 16 sept. 1831, Buret.

96. — Le quatrième cas nécessaire de banqueroute simple prévu par le nouveau Code de commerce, résulte du fait suivant : — 4° ... « Si, après cessation de ses paiemens, il a payé un créancier au préjudice de la masse. »

97. — Le tribunal correctionnel qui reconnaît qu'un failli a désintéressé un de ses créanciers postérieurement à la cessation de ses paiemens et au préjudice de la masse, ne peut, sur le motif que ce failli n'a eu d'autre intention que d'éviter la déclaration de faillite, se dispenser de le déclarer banqueroutier simple, et de lui faire application de la loi pénale. — *Cass.*, 30 juill. 1841 (t. 1er 1842, p. 320), Dubost; — Renouard, t. 2, p. 464.

98. — Tels sont les cas dans lesquels l'art. 585 décide que le commerçant failli devra être déclaré banqueroutier simple. Mais il ne faut pas se méprendre sur le sens de ces mots *sera déclaré*; ils n'ont point pour objet d'affranchir les tribunaux de l'obligation d'apprécier, d'après les circonstances, le caractère moral des faits imputés au prévenu, la culpabilité de l'intention dans laquelle il a agi. Cela a été expressément reconnu par le garde des sceaux, lors de la discussion à la chambre des pairs, dont la commission insistait pour que l'on conservât la rédaction du Code de 1808, « sera poursuivi et déclaré... » On a voulu seulement prescrire d'une manière impérieuse l'application des peines de la banqueroute simple au failli qui se trouverait, sans excuses, dans l'un des cas prévus par notre article. — Duvergier, p. 412; Lainné, p. 576.

99. — En présence de ce commentaire naturel de la loi, nous n'admettons donc pas l'opinion qui semble implicitement ressortir de ce passage du *Manuel de dr. comm.*, de M. Bravard (p. 606). « La dernière loi a consacré une distinction importante en classant les cas de banqueroute simple selon leur degré de gravité, *en prescrivant au juge, pour une série de ces cas, de condamner si ces faits lui paraissaient constans*, et lui laissant, pour une autre série, la faculté de ne pas condamner, quand même les faits lui paraîtraient constans. »

100. — *Cas facultatifs de banqueroute simple.* — « *Pourra* être déclaré banqueroutier simple tout commerçant failli qui se trouvera dans un des cas suivans : — 1° s'il a contracté, pour le compte d'autrui, sans recevoir des valeurs en échange, des engagemens jugés trop considérables eu égard à sa situation lorsqu'il les a contractés. » — C. comm., art. 586. — Les effets de complaisance que les commerçans obérés se permettent avec la facilité la plus déplorable, étaient implicitement compris dans les cas de banqueroute indiqués par le Code. Le projet les a mieux expliqués et plus clairement définis. — Rapport de M. Renouard, p. 83. — V. au reste *suprà* n° 74.

101. — Ce paragraphe était dans les projets primitifs rangé dans les cas nécessaires de banqueroute; mais sur la proposition de M. Girod de l'Ain, la chambre des pairs le rangea parmi les cas facultatifs, car le failli peut n'avoir pas commis d'imprudence en ne demandant pas une couverture, s'il avait de justes motifs de compter sur la solvabilité de celui avec lequel il traitait.

102. — ... 2° « S'il est de nouveau déclaré en faillite sans avoir satisfait aux obligations d'un précédent concordat. » — C. comm., art. 586 2°. — Ce cas n'était pas prévu par le Code comm. de 1808. Lors de la révision de 1838 on demandait même que le seul fait de la seconde faillite, encore bien que le failli eût exécuté le premier concordat, pût le faire condamner comme banqueroutier simple. Cette proposition a été repoussée par le motif que la seconde faillite peut être de bonne foi autant que la première. — Rapport de M. Renouard.

103. — ... 3° « Si, étant marié sous le régime dotal ou séparé de biens, il ne s'est pas conformé aux art. 69 et 70 » — C. comm., art. 586 3°). — « L'inexécution des obligations imposées par les art. 69 et 70, C. comm., à l'époux séparé de biens ou marié sous le régime dotal, qui embrassait la profession de commerçant postérieurement à son mariage, entraînait, d'après ces articles, la banqueroute frauduleuse. Cette peine était excessive. Le projet a eu raison de se borner à ranger ce cas parmi ceux de banqueroute simple excusable. » — Même rapport, p. 83 et 84.

104. — On ne pouvait, sous le Code de 1808 déclarer banqueroutier frauduleux (et sous le Code actuel on ne pourrait déclarer banqueroutier simple), pour n'avoir pas fait publier son contrat de mariage dans le délai prescrit, un failli, qui était herbageur de la vallée d'Auge, et qui aurait cru qu'il n'était pas marchand, ainsi que pouvaient l'autoriser à le penser des arrêts ou des actes administratifs qui l'avaient déchargé de la patente. — *Caen*, 15 avr. 1823, Mouton c. Saucisse.

105. — Jugé sous le Code de 1808 qu'on n'a pu poursuivre comme banqueroutier frauduleux en cas de faillite le commerçant qui se trouvant, lors de la promulgation du Code comm., séparé de biens de son épouse, par un jugement antérieur au Code de procéd., n'a pas, dans le mois suivant, fait faire les insertions d'un extrait de son contrat de mariage et du jugement de séparation qui sont prescrites par les art. 69 et 70, C. comm. — *Cass.*, 9 sept. 1813,

de Marguerye ; — Legraverend, t. 1er, chap. 1er, p. 25.

106. — Les art. 69 et 70 Code comm., enjoignant à tout époux séparé de biens ou marié sous le régime dotal qui exerçait une profession commerciale au moment de la promulgation du Code comm., ou qui est devenu commerçant depuis son mariage, de donner de la publicité à son contrat de mariage, *sous peine d'être réputé banqueroutier frauduleux en cas de faillite*, ne s'appliquent par leurs termes mêmes qu'aux *séparations contractuelles* ou *exclusions de communauté*, et nullement aux séparations judiciaires, lesquelles sont l'objet des art. 65 et 66, et sont sujettes à des formalités particulières qui en assurent par elles-mêmes la publicité, sans que leur inobservation puisse entraîner la peine de banqueroute. — A plus forte raison ne sont-ils point applicables aux séparations judiciaires prononcées sous les lois anciennes et exécutées conformément à ces lois. — Même arrêt ; — Renouard, t. 2, p. 468.

107. — Il résulte implicitement de cet arrêt que, quoique le mode de publicité prescrit par l'art. 872 C. procéd., soit exigé par l'art. 67, C. comm., pour les contrats de mariage entre époux dont l'un est commerçant, il faut se tenir dans les termes restrictifs des art. 69 et 70 et ne prononcer, dans le cas dont il s'agit, qu'une simple amende contre le notaire (C. comm., art. 68), sauf l'action en dommages-intérêts, s'il y a lieu. — *Contrà Encycl. du dr.*, v° *Banqueroute*, n° 25, qui soutient que les art. 69 et 70 s'appliquent aux séparations judiciaires comme aux contractuelles.

108. — 4° « Si, dans les trois jours de la cessation de ses paiemens, il n'a pas fait au greffe la déclaration exigée par les articles 438 et 439, ou si cette déclaration ne contient pas les noms de tous les associés solidaires. » — C. comm., art. 586 4°. — Cette disposition n'est au surplus que la reproduction de la loi ancienne.

109. — On a donc dû juger sous l'ancien Code comme on jugerait sous le nouveau, qu'on peut déclarer coupable de banqueroute simple le négociant failli qui n'a pas fait dans les trois jours prescrits par le Code comm. la déclaration de cessation de ses paiemens. — *Cass.*, 15 avr. 1825, Burel.

110. — ... Encore bien qu'aucune déclaration de faillite n'ait été préalablement prononcée par le tribunal. — *Cass.*, 15 avr. 1825, Granier.

111. — Les auteurs de l'*Encycl. du dr.* (v° *Banqueroute*, n° 26) font remarquer que la disposition de l'art. 586 n° 4 manque de sanction, pour le cas où il s'agit d'une société anonyme, puisque dans ce cas, la déclaration de banqueroute ne peut atteindre ni les actionnaires, ni les gérans, lesquels ne reçoivent pas de leur intérêt dans la société la qualité de commerçant, et qu'elle ne saurait non plus atteindre d'une manière utile l'être moral appelé société. M. Bravard pense que la loi nouvelle eût dû obliger les gérans de répondre, dans ce cas, de l'accomplissement des formalités exigées par les art. 438 et 539.

112. — ... 5° « Si, sans empêchement légitime, il ne s'est pas présenté en personne aux syndics dans les cas et dans les délais fixés, ou si, après avoir obtenu un sauf-conduit, il ne s'est pas représenté à justice. » — C. comm., art. 586 5°. — C'était là également sous le Code de 1808 un cas facultatif de banqueroute simple, au moins en ce qui concerne le défaut de présentation aux syndics.

113. — Jugé en conséquence sous l'ancien Code (et on déciderait de même sous la loi nouvelle), qu'on peut déclarer coupable de banqueroute simple le négociant failli qui ne s'est pas présenté en personne aux agens et syndics de la faillite dans les délais fixés *et sans empêchement légitime*, ce qui prouve qu'il aurait pu se présenter. — *Cass.*, 16 sept. 1831, Burel.

114. — Jugé sous le Code de 1808 que le failli n'est tenu de se présenter aux agens et syndics que lorsqu'il a obtenu un sauf conduit, et que c'est seulement dans ce dernier cas que le fait de ne s'être pas présenté à justice peut constituer le délit de banqueroute simple. — *Montpellier*, 14 août 1837 (t. 2 1837, p. 532), B...

115. — ... 6° « S'il n'a pas tenu de livres et fait exactement inventaire, si ses livres ou inventaires sont incomplets ou irrégulièrement tenus, ou s'ils n'offrent pas sa véritable situation active ou passive, sans néanmoins qu'il y ait fraude. » — C. comm., art. 586 6°. — V. l'ancien art. 587 : — « Sans doute un commerçant tombe dans une faute grave, lorsqu'il ne tient pas de livres, mais il y avait trop de rigueur à punir, comme le faisait l'ancien Code comm., cette négligence ou cette faute comme un crime, lorsqu'il ne s'y mêlait aucune intention de fraude. » — Rapport de M. Renouard. — Mais s'il y a fraude sur la véritable situation active ou passive, si le failli s'est frauduleusement reconnu débiteur de sommes qu'il ne devait pas, c'est un cas de banqueroute frauduleuse. — V. *infrà* n°s 173, 205 et suiv.

116. — L'irrégularité des livres qui peut faire poursuivre le failli comme banqueroutier, résulte de l'omission des formes extrinsèques ou intrinsèques prescrites par les art. 8, 10 et 11, C. comm. Le timbre, qui aujourd'hui est remplacé par un droit ajouté à la patente des commerçans, n'était pas compris dans les formes que le Code exige. Le timbre était un impôt et non une garantie, comme le visa, le paraphe et l'obligation de ne point laisser de blanc, et de suivre l'ordre des dates. — V. les art. 72 et 74, de la loi de fin. du 28 avr. 1816. — Locré, sur l'art. 587, anc. Code ; Pardessus, t. 5, n° 1307. — Ce dernier auteur écrivait, avant la loi qui a supprimé le timbre des livres de commerce, que le juge ne pouvait parapher que des livres timbrés : « il résulterait du défaut de timbre que le livre serait paraphé et pourtant irrégulier. »

117. — La cour de Rennes a posé en principe que le défaut de timbre, de paraphe, et le défaut de livre-journal n'est pas une irrégularité essentiellement répréhensible dans le sens du Code comm., si les autres livres tenus par le failli sont par ordre de date sans aucune lacune ni rature en marge. — *Rennes*, 7 janv. 1811 Lecoz-Keristhion.

118. — Jugé que la déclaration du jury portant que l'accusé est coupable *de manque de surveillance* sur des livres irréguliers ne présente point les circonstances du délit de banqueroute simple. — *Cass.*, 12 sept. 1833, Bossens. — Dans cette espèce, il s'agissait de livres sociaux dont on reprochait à un des associés de n'avoir pas surveillé la tenue. Il nous semble que sous le Code actuel, pas plus que sous celui de 1808, le défaut de surveillance n'équivaut pas à l'irrégularité de la tenue des registres.

119. — M. Renouard (t. 2, p. 469), après avoir déclaré cet arrêt entièrement irréprochable sous l'ancien Code, ajoute en se plaçant à un autre point de vue que celui sous lequel nous venons d'apprécier cette décision : « on devrait, ce me semble, en décider autrement sous l'empire du nouvel art. 586, qui parle de celui dont les livres sont irrégulièrement tenus et qui n'attache plus (comme le faisait le Code de 1808) la culpabilité à la condition que ce sera lui qui les aura présentés. Les livres de la société sont les livres de l'associé : si par un motif quelconque l'irrégularité lui est personnellement imputée, la condamnation, qui au reste n'est que facultative, serait dans de semblables circonstances prononcée valablement. »

120. — Mais la simple négligence, de la part d'un commerçant failli, dans la tenue de ses livres, quoique dégagée de toute fraude ou mauvaise foi, peut constituer le délit de banqueroute simple. — *Cass.*, 24 nov. 1836 (t. 1er 1837, p. 190), Bourseul ; *Amiens*, 16 janv. 1837 (t. 1er 1837, p. 470), Bourseul.

121. — Les juges ne doivent donc pas déclarer qu'il n'y a pas de délit en se fondant uniquement sur ce que la mauvaise tenue des livres n'est pas le résultat de la fraude ou de la mauvaise foi ; ils doivent envisager si, d'après les circonstances, le fait est ou non punissable. — *Cass.*, 24 nov. 1836 (t. 1er 1837, p. 190), Bourseul.

122. — Mais la déclaration de culpabilité du prévenu dans les cas prévus par l'art. 587, C. comm., est facultative de la part des juges, qui, tout en reconnaissant le fait de la négligence, peuvent néanmoins acquitter le prévenu. — *Amiens*, 16 janv. 1837 (t. 1er 1837, p. 470), Bourseul.

123. — Jugé aussi que le négociant qui ne représente pas de livres *peut* bien, mais *ne doit pas* nécessairement être constitué en état de banqueroute. Il appartient aux juges d'apprécier, selon les circonstances, s'il y a imprudence grave ou fraude de sa part. — *Caen*, 15 avr. 1823, Mouton c. Saucisse.

124. — On doit considérer, en général, comme une irrégularité capable de caractériser la banqueroute simple, l'omission de l'inventaire annuel dans le livre destiné à le recevoir. En effet, la disposition qui ordonne l'inventaire ayant principalement pour objet de faire connaître exactement la situation du débiteur, en cas de faillite, on ne peut guère douter que l'art. 586, C. comm., ne contienne la sanction de cette disposition ; l'omission dont il s'agit est une irrégularité non moins forte que serait dans le livre-journal celle d'une opération de commerce. Cependant l'application de l'article dépend entièrement des circonstances. — Locré, *loc. cit.*

125. — Jugé qu'un négociant failli peut être déclaré banqueroutier s'il n'a pas tenu le livre d'inventaire prescrit par l'art. 9, C. comm., et si, au lieu du livre-journal également prescrit par l'art. 8, il n'a tenu qu'un registre de mains détachées, connu sous le nom de brouillard. — *Orléans*, 15 nov. 1835, L...

126. — Le président de la cour d'assises peut, sur une accusation de banqueroute simple, résultant de vente de marchandises au-dessous du cours, poser au jury, comme résultant du débat, une question relative à l'irrégularité des écritures de commerce tenues par l'accusé. — *Cass.*, 12 sept. 1833, Léon Bossens. — L'irrégularité des écritures est un autre élément du même délit. — Conf. Renouard, t. 2, p. 451.

127. — Quant aux lacérations, suppositions ou soustractions de livres, comme elles ont la fraude pour principe, elles rentrent dans les cas de banqueroute frauduleuse. — V. *infrà* n°s 173, 193 et suiv.

128. — La tentative de banqueroute simple n'est pas punissable. — C. pén., art. 3 ; — Esnault, n° 699.

129. — En matière de banqueroute simple, la loi ne reconnaît pas de complicité. — *Cass.*, 10 oct. 1844 (t. 1er 1845, p. 342), Barbot c. Delouche ; — Bravard, p. 845 ; Esnault, t. 3, n° 698 ; Chauveau et Hélie, *Théorie du C. pén.*, t. 7, p. 264. — V. aussi Goujet et Merger, *Dict. de dr. comm.*, v° *Banqueroute*, n° 46.

130. — C'est au tribunal correctionnel du lieu dans lequel la faillite est ouverte que la connaissance du délit de banqueroute simple appartient, à moins que devant une cour d'assises saisie d'une plainte en banqueroute frauduleuse, la procédure n'ait pris une marche par l'effet de laquelle le failli ne serait reconnu coupable que de banqueroute simple, auquel cas, cette cour appliquerait, s'il y a lieu, les peines correctionnelles. — V. *Cass.*, 18 nov. 1813, Paul Delenre ; — Pardessus, t. 5, n° 1305.

131. — Le créancier d'un failli ne pouvant exercer que devant les tribunaux civils les actions civiles autres que celles dont parle l'art. 595, C. comm. est sans intérêt à demander que le tribunal correctionnel, saisi d'une poursuite en banqueroute simple, renvoie le prévenu devant la cour d'assises sous l'inculpation du crime de banqueroute frauduleuse. — *Cass.*, 3 juill. 1841 (t. 2 1843, p. 560), Bouelle c. Foubert ; — Saint-Nexent, *Traité des faill. et banq.*, t. 3, n° 508.

132. — L'action en banqueroute simple, soit du ministère public, soit des créanciers, se prescrit par trois ans, conformément au Code d'instr. crim., art. 638, qu'il y ait ou non concordat. — Renouard, t. 2, p. 453 ; Esnault, n° 702.

133. — Les opérations de la faillite ne peuvent avoir pour résultat de prolonger le délai de la prescription du délit de banqueroute simple. — *Paris*, 9 avr. 1842 (t. 1er 1842, p. 522), Hutin.

134. — Pour savoir à compter de quel jour la prescription commencera à courir, il y a une distinction à faire.

135. — Si la banqueroute a pour cause des faits antérieurs à la faillite, comme par exemple des dépenses excessives ou l'irrégularité de la tenue des livres, comme ces faits et ceux qui leur sont assimilés ne constituent pas des délits par eux-mêmes, mais seulement par leur concours avec la faillite, c'est seulement du jour de la faillite que commence la prescription.

136. — Le jour de la faillite ne doit pas, en ce cas, s'entendre du jour où un jugement est venu constater l'état de cessation de paiement, mais du fait réel de la cessation même de paiement ; car le délit a été consommé dès que la faillite a eu lieu et avant qu'elle ait été déclarée. Cette solution est d'ailleurs la seule qui s'accorde avec le pouvoir reconnu à la juridiction pénale de tenir la faillite pour constante lors même qu'un jugement du tribunal de commerce ne l'aurait pas déclarée. — Rapp. de M. Renouard.

137. — Si le cas de banqueroute est postérieur à la faillite, comme le défaut de présentation devant la justice, alors la prescription ne peut commencer au jour de la déclaration de faillite, mais seulement au jour où le cas de banqueroute est réalisé, c'est-à-dire au jour où le failli aurait dû se présenter. — Renouard, t. 2, p. 454.

138. — Si la banqueroute simple résulte du paiement d'un créancier au préjudice de la masse après cessation de paiement (art. 585 4°) le délit n'existe et la prescription ne court que du jour de l'indu-paiement. — *Ibid.*

139. — Si le grief de banqueroute simple est le défaut de déclaration dans les trois jours de la cessation de paiement, l'action ne s'ouvre et la prescription ne court qu'à compter de l'expiration du troisième jour. — *Ibid.*

140. — Les coupables de banqueroute simple sont punis d'un emprisonnement d'un mois au moins et de deux ans au plus. — C. pén., art. 402.

141. — Toutefois, si le fait de banqueroute simple est imputable à des agens de change et courtiers, la peine est celle des travaux forcés à temps par une conséquence nécessaire de l'art. 404, C. pén. — V. AGENT DE CHANGE, COURTIER.

142. — A la peine prononcée en cas de banqueroute il faut ajouter l'affiche du jugement et son insertion dans les journaux de l'arrondissement. — C. comm., art. 584 et 600. — V. *infrà* nos 245 et 330.

143. — L'ancien art. 592, § 2, C. comm., prescrivait également l'affiche du jugement, et il a été jugé, sous l'empire de cet article, comme il serait encore jugé aujourd'hui que cette disposition n'a pas été abrogée par l'art. 402, C. pén. — *Montpellier*, 14 août 1837 (t. 2 1837, p. 532), B.... — Telle paraît être aussi l'opinion de M. Boulay-Paty, *Des faillites et banqueroutes*, t. 2, no 525.

144. — Le failli qui a subi la peine de l'emprisonnement à laquelle il a été condamné comme banqueroutier simple, ne peut plus être recommandé et détenu pour dettes, à la requête des syndics de ses créanciers unis. — *Cass.*, 9 mai 1814, Thomas.

145. — Il ne suffisait pas, sous l'ancienne loi, que le failli se trouvât dans l'un des cas de banqueroute simple pour en subir la peine. Les juges devaient apprécier la moralité du fait imputé au failli. Aussi l'art. 586, après ces mots : *sera poursuivi comme banqueroute simple,* ajoutait, et *pourra* être déclaré tel le commerçant, etc. — Locré, t. 7, p. 414.

146. — Avant la loi du 28 avr. 1832, les juges ne pouvaient, en se fondant sur des circonstances atténuantes, faire application de l'art. 463, C. pén., à un individu convaincu de banqueroute simple, et modérer la peine par lui encourue, qu'autant qu'ils constataient dans leur jugement, ou que le dommage éprouvé par les créanciers n'excédait pas 25 fr., ou s'il excédait cette somme, qu'il provenait de la faillite proprement dite, et non des circonstances qui en avaient fait une banqueroute simple et lui avaient imprimé le caractère de délit. — *Cass.*, 8 avr. 1826 (intérêt de la loi), Isaac Meyer. — Les juges ne sont plus obligés de prendre en considération la quotité du préjudice causé par le délit. — C. pén., art. 463.

147. — L'appel du jugement qui intervient sur une poursuite pour banqueroute simple doit comme en toute autre matière correctionnelle, être interjeté dans les dix jours. Le délai de quinzaine (fixé par l'art. 582, C. comm. nouveau, à compter de la signification) n'est applicable qu'aux jugemens rendus en matière de faillite.

148. — Celui-là seul peut interjeter appel qui a été partie au premier jugement : l'intervention sur l'appel d'un créancier non intervenant en première instance serait non-recevable. Si des faits nouveaux ont été découverts depuis le jugement attaqué, ce sera au créancier poursuivant ou au ministère public à les faire valoir. — Renouard, t. 2, p. 458.

149. — L'appel du jugement qui a prononcé sur la poursuite de banqueroute simple, appartient, suivant les règles du droit commun, au ministère public et à la partie poursuivante, lorsqu'il y en a une autre que le ministère public. — C. comm. de 1808, art. 591.

150. — Le créancier qui a porté contre le failli une plainte en banqueroute simple et qui s'est porté partie civile, a qualité pour interjeter appel du jugement d'acquittement rendu en faveur du prévenu, encore bien que de son côté le ministère public n'appelle point. — *Cass.*, 19 mai 1815, Grébauval c. Simonnet.

151. — Les créanciers plaignans puisent en effet leur droit d'appel dans les art. 202, C. inst. crim. et 584, C. comm. Leur intérêt, d'ailleurs, est manifeste puisque par la condamnation du débiteur ils rendent le concordat plus difficile. — C. comm., art. 511 ; — Lainné, p. 570.

152. — Il a été jugé que, lorsque la partie civile a appelé d'un jugement de police correctionnelle sans le concours du ministère public, le tribunal d'appel doit examiner les faits du procès et peut les déclarer constans, quoiqu'ils constituent un délit, pourvu qu'il ne prononce aucune condamnation pénale. Le prévenu est non-recevable à se plaindre de cette déclaration des faits en la présentant comme une peine. — *Cass.*, 19 mai 1815, Grébauval c. Simonnet.

153. — Carnot ajoute (sur l'art. 202, C. inst. crim., t. 2, p. 111, no 21) que la cour d'appel peut aussi bien prononcer sur les intérêts civils en prenant pour base de sa décision les faits tels qu'ils ont été déclarés par le jugement, sauf à les apprécier d'une autre manière, que commencer par les établir sur une autre base pour asseoir son jugement.

154. — Sous l'empire du Code de 1808, on se plaignait universellement de l'inexécution habituelle des prescriptions de la loi sur les banqueroutes. La cause en était surtout dans les frais que ces poursuites entraînaient contre les masses des créanciers qui en étaient tenus, soit comme parties civiles, soit comme représentant le failli. — Pour remédier à cet inconvénient, la loi nouvelle a établi les dispositions suivantes : « Les frais de poursuite en banqueroute simple *intentée par le ministère public* ne pourront, *en aucun cas*, être mis à la charge de la masse. — En cas de concordat, le recours du trésor public contre le failli pour ces frais ne pourra être exercé qu'après l'expiration des termes accordés par ce traité. » — Art. 587 nouv.

155. — Les frais de poursuite intentée par les syndics, au nom des créanciers, sont supportés, s'il y a acquittement, par la masse, et s'il y a condamnation, par le trésor public, sauf son recours contre le failli, conformément à l'article précédent. — Art. 588 nouv.

156. — Sous l'ancienne loi les frais n'étaient jamais supportés par le trésor, à moins de poursuites par le ministère public. Ils étaient supportés par la masse dans le cas où la poursuite avait été introduite par les syndics de la faillite. — C. comm. de 1808, art. 589. — Dans le cas où la poursuite avait été intentée par un créancier, celui-ci supportait les frais si le prévenu avait été acquitté ; mais ils étaient supportés par la masse s'il était condamné. — C. comm. de 1808, art. 590. — Mais lorsqu'il y avait poursuite par le ministère public, en cas d'acquittement du prévenu, le trésor était tenu des frais ; ils restaient à la charge de la masse, s'il y avait condamnation. — Argum. C. comm. 1808, art. 590. — Ainsi, la loi nouvelle met les frais de poursuite à la charge du trésor, dans tous les cas, lorsqu'il y a poursuite du ministère public, et, lorsqu'il y a poursuite des syndics, à la charge de la masse en cas d'acquittement. « Ce sont là, dit M. Renouard, dans son rapport, des sacrifices que l'on peut demander au trésor public, parce que ce sont les intérêts généraux du commerce et de la justice sociale qui les réclament. Mais la loi fait réserve expresse du recours personnel contre le failli pour le cas où, après l'obtention et l'exécution d'un concordat, il reviendrait à meilleure fortune. » — Renouard, t. 2, p. 471.

157. — Les frais supportés par la masse en cas d'acquittement doivent être prélevés sur l'actif. Il résulte de là que ces frais retombent sur le failli acquitté ; mais l'actif appartenant en quelque sorte aux créanciers dont il est le gage, leur dividende s'en trouvera diminué, et en définitive ce sont eux qui supporteront la charge ; seulement il serait juste en cas de réhabilitation de tenir compte au failli du paiement des frais. — Renouard, t. 2, p. 472.

158. — En cas d'insuffisance de l'actif les frais doivent être payés par les créanciers au prorata de leurs intérêts, c'est-à-dire de leurs créances. — Il en serait de même si la poursuite en banqueroute était introduite après le concordat à une époque où il n'y a plus de masse.

159. — Les syndics ne peuvent intenter de poursuite en banqueroute simple, ni se porter partie civile au nom de la masse, qu'après y avoir été autorisés par une délibération prise à la majorité individuelle des créanciers présens. — C. comm., art. 589.

160. — Chaque créancier a voix égale, sans égard à la quotité de sa créance ; cette délibération oblige la masse tout entière ; c'est aux absens à s'imputer de n'avoir pas assisté à la délibération.

161. — Les syndics qui auraient agi sans délibération de la masse représentée par la majorité individuelle des créanciers présens, ou sans délibération valable, sont réputés avoir agi en leur nom personnel. — Renouard, p. 476.

162. — Mais l'autorisation donnée par délibération des créanciers présens couvre-t-elle si absolument la responsabilité des syndics qu'ils ne puissent pas être personnellement passibles des frais s'il vient à être prouvé qu'ils ont surpris par dol ou par fraude l'assentiment des créanciers présens ? — Evidemment les syndics pourraient, dans ce cas, être condamnés personnellement aux frais. — Renouard, t. 2, p. 474.

163. — La jurisprudence a été plus loin : elle a décidé que le failli pourrait réclamer contre eux des dommages-intérêts, soit devant la juridiction criminelle (C. inst. crim., art. 359), — soit devant les tribunaux civils (C. civ., 1383 et 1384). — *Cass.*, 14 déc. 1825, Rebattu c. Derepas ; — Horson, quest. 167e. — V. au reste FAILLITE.

164. — Les frais de poursuite intentée par un créancier sont supportés, s'il y a condamnation, par le trésor public ; s'il y a acquittement, par le poursuivant. — C. comm., art 590, nouv.

165. — Cet article, supprimé par la chambre des députés dans la crainte d'encourager les haines et les vexations individuelles, a été rétabli par la première commission de la chambre des pairs et adopté sans discussion dans les projets suivans : « La raison, a dit M. Tripier dans son rapport, qui avait fait adopter la disposition portée dans l'art. 588, pour le cas où la poursuite était intentée par les syndics, devait la faire adopter pour la poursuite intentée par un créancier. Dans ces deux circonstances, la société a un intérêt égal à ce que le délit, s'il existe, soit puni. » — M. de Saint-Nexent (*loc. cit.*, t. 3, no 507) blâme assez vivement cette disposition ; mais nous pensons qu'il s'en exagère les inconvéniens.

166. — Un créancier du failli a intérêt à faire déclarer ce dernier banqueroutier simple, et il a le droit, en outre, de se porter partie civile. — *Paris*, 2 sept. 1833, Mandrou c. Macquart.

167. — Mais les juges correctionnels qui, sur la poursuite d'un créancier, déclarent constant, à la charge du failli, le fait de la banqueroute simple, sont incompétens pour statuer sur les dommages-intérêts que le poursuivant réclame personnellement en qualité de partie civile. — *Cass.*, 13 oct. 1826, Renault ; *Paris*, 2 sept. 1833, Mandrou c. Macquart.

168. — En matière de banqueroute simple ou frauduleuse, les tribunaux ne peuvent accorder de dommages-intérêts aux parties civiles. — *Cass.*, 7 nov. 1840 (t. 2 1841, p. 393), Gallès. — Carnot, *C. inst. crim.*, art. 1er ; Boulay-Paty, *Faillites et banqueroutes*, t. 2, p. 522.

§ 4. — *Banqueroute frauduleuse.*

169. — La banqueroute frauduleuse est l'état du commerçant failli qui s'est rendu coupable de faits dénotant l'intention de porter préjudice à ses créanciers.

170. — L'ancien Code de commerce (art. 593 et 594), au lieu de se borner à une définition générale des caractères constitutifs de la banqueroute frauduleuse, énumérait les cas dans lesquels il y avait lieu de la déclarer, et de ces cas il faisait deux catégories, comme en matière de banqueroute simple : des cas nécessaires et des cas facultatifs de banqueroute frauduleuse.

171. — Ainsi, *devait* être déclaré banqueroutier frauduleux, tout commerçant failli qui avait supposé des dépenses ou des pertes, ou qui ne justifiait pas de l'emploi de toutes ses recettes ; — qui avait détourné des sommes d'argent, dettes actives, marchandises, denrées ou effets mobiliers ; — qui avait fait des ventes, négociations ou donations supposées ; — qui avait supposé des dettes passives et collusoires entre lui et des créanciers fictifs, en faisant des écritures simulées, ou en se constituant débiteur sans cause ni valeur, par des actes publics ou par des engagemens sous signatures privées ; — qui, ayant été chargé d'un mandat spécial ou constitué dépositaire d'argent, d'effets de commerce, de denrées ou marchandises, avait, au préjudice du mandat ou dépôt, appliqué à son profit les fonds ou la valeur des objets sur lesquels portait soit le mandat, soit le dépôt ; — qui avait acheté des immeubles ou des effets mobiliers à la faveur d'un prête-nom ; — enfin, qui avait caché ses livres. — C. comm. de 1808, art. 593.

172. — ...Et *pouvait* être poursuivi comme banqueroutier frauduleux et déclaré tel, le failli qui n'avait pas tenu de livres, ou dont les livres ne présentaient pas sa véritable situation active et passive ; — et celui qui, ayant obtenu un sauf-conduit, ne s'était pas représenté à la justice. — C. comm. 1808, art. 594.

173. — Le nouveau Code de commerce, au contraire, a voulu comprendre dans une définition générale tous les actes qui ont pour but de dissimuler frauduleusement l'actif, ou d'enfler frauduleusement le passif ; en conséquence, l'art. 591 actuel porte : « Sera déclaré banqueroutier frauduleux, et puni des peines portées au Code pénal tout commerçant failli qui aura soustrait ses livres, détourné ou dissimulé une partie de son actif, ou qui, soit dans ses écritures, soit par des actes publics ou des engagemens sous signature privée, soit par son bilan, se sera frauduleusement reconnu débiteur de sommes qu'il ne devait pas. »

174. — La tentative de banqueroute frauduleuse est punissable comme le crime lui-même. — Ainsi jugé sous la loi du 22 prair. an IV. — *Cass.*, 26 messid. an VIII, Forest. — Et il en serait incontestablement de même sous la loi nouvelle. — Renouard, t. 2, p. 479 ; Legraverend, t. 1er, *Dispositions préliminaires*, chap. 1er, p. 23. — V. aussi le réquisitoire de Merlin, *Quest.*, vo *Banqueroute*, § 1er. — V. TENTATIVE.

175. — Lorsqu'un accusé de banqueroute frauduleuse a été déclaré par le jury coupable d'avoir diverti frauduleusement des effets de la faillite, ce divertissement constitue la tentative de banqueroute frauduleuse. — *Cass.*, 26 messid. an VIII, Forest.

176. — La question de tentative de banqueroute frauduleuse peut être soumise au jury, bien que le fait de la banqueroute ait été déclaré non constant. — Même arrêt.

177. — La question de savoir si la tentative de banqueroute a été manifestée par des *actes extérieurs*, se trouve implicitement renfermée dans celle du divertissement des effets. — Même arrêt.

178. — Sous l'empire du Code du 3 brum. an IV, lorsque l'accusation avait pour objet une complicité de banqueroute ou de tentative de banqueroute frauduleuse, il ne suffisait pas d'interroger le jury sur la complicité d'une banqueroute effectuée; il fallait, en outre, et à peine de nullité, l'interroger sur la tentative et sur les circonstances résultant de la loi du 22 prair. an IV. — Même arrêt.

179. — Le Code de 1808, art. 593 (*suprà* nº 171), déclarait banqueroutier frauduleux le commerçant failli qui avait détourné des sommes d'argent, dettes actives, marchandises, denrées ou effets mobiliers, et celui qui ayant été chargé d'un mandat spécial ou constitué dépositaire, avait appliqué à son profit, les fonds ou la valeur des objets sur lesquels portait soit le mandat, soit le dépôt.

180. — Ainsi, il a été jugé avant la loi du 28 mai 1838, que l'agent d'affaires en état de faillite qui avait employé à ses affaires personnelles des sommes qui lui avaient été confiées pour les placer en rentes sur l'état, et des capitaux de rentes qu'il avait été chargé de vendre pour en faire un emploi déterminé, devait être poursuivi comme coupable de banqueroute frauduleuse, et non d'un simple abus de confiance. — *Cass.*, 9 juin 1832, Glatigny.

181. — Mais lors de la discussion de la loi du 28 mai 1838, on a reconnu que la circonstance aggravante résultant de ce détournement appartenait à un autre ordre de faits que la faillite ou la banqueroute, et qu'elle devait être régie par les dispositions du droit commun. — V. *la collection des lois* de M. Duvergier, 1838, p. 414, note 4ᵉ. — « Le délit envers des créanciers particuliers n'est point, disait M. Renouard dans son rapport, une fraude faite à la masse; c'est un délit privé que l'art. 408, Code pénal, a prévu et puni. Il rentrera dans le cas général de banqueroute frauduleuse, lorsqu'il entraînera dissimulation de l'actif ou du passif. Pourquoi, si on l'admettait, ne pas attacher les mêmes conséquences aux crimes de vol, de faux et à tous autres? » — V. aussi Renouard, *Tr. des faill.*, t. 2, p. 478.

182. — « Que doit-il arriver, continuait M. Renouard dans son rapport, si des condamnations sont intervenues, à cet égard, antérieurement à la déclaration de faillite, et ont été exécutées; ou si les faits qui ont entraîné la faillite ont été amenés par des causes étrangères à ces crimes ou à ces délits? — Votre commission a pensé, avec le projet du gouvernement, que ces circonstances, quelque aggravantes qu'elles puissent être, appartiennent à un autre ordre de faits que la faillite ou la banqueroute, et qu'elles doivent être régies par les dispositions du droit commun. »

183. — Il faut donc reconnaître aujourd'hui que ces faits ne peuvent rentrer dans le nouvel art. 591, C. comm., qu'autant qu'ils emportent détournement ou dissimulation d'une partie de l'actif ou du passif.

184. — Sous l'ancien Code, lorsqu'un failli, prévenu de banqueroute frauduleuse pour avoir appliqué à son profit les fonds provenant d'un mandat spécial ou d'un dépôt, soutenait que la police de ces marchandises pour une expédition maritime constituait une opération en participation, et non un mandat ou un dépôt, cette exception faisait naître une question préjudicielle qui nécessitait un sursis aux poursuites et un renvoi devant le tribunal. — *Amiens*, 12 oct. 1820 (sous *Cass.*, 24 nov. 1820), B... c. R... — V. sur le principe QUESTION PRÉJUDICIELLE.

185. — Il n'y avait pas abus d'un mandat spécial dans le fait d'un négociant qui, chargé par un tiers d'acheter pour son compte une certaine quantité de marchandises à telles ou telles conditions, en achetait une partie en usant du crédit qui lui avait été accordé à cet effet, puis les revendait, s'en appropriait le prix, ainsi que le reliquat du crédit ouvert pour l'acquittement de ses dettes personnelles; par suite, si ce négociant tombait en faillite, il n'y avait pas lieu à rapprocher ces différentes circonstances pour le faire déclarer en état de banqueroute frauduleuse, conformément au § 5, art. 593, C. comm. — *Cass.*, 27 avr. 1838 (t. 1ᵉʳ, 1840, p. 157), Thierce et Bonguereau.

186. — On a jugé avant la loi nouvelle : 1º que le fait par un commerçant d'avoir soustrait ses meubles, offrait le caractère non d'une escroquerie, mais d'une banqueroute frauduleuse. — *Cass.*, 13 mars 1806, Yvers-Lagravière.

187. — ... 2º Que le commerçant failli qui avait détourné au préjudice de ses créanciers partie de ses marchandises, et qui n'avait pas justifié de toutes ses recettes, était en état de banqueroute frauduleuse. — *Cass*, 7 mars 1828, Cauchy.

188. — ... 3º Que le failli qui, postérieurement à la cession volontaire de ses biens, faite à quelques uns de ses créanciers seulement, détournait une partie de l'actif laissé entre ses mains, pouvait être poursuivi pour fait de banqueroute frauduleuse. — *Cass.*, 11 août 1837 (t. 2 1837, p. 427), Grimardias.

189. — Tous ces faits rentrent dans la prévision du nouvel article 591 du Code de commerce, qui considère précisément comme cas de banqueroute fauduleuse le fait par le failli d'avoir détourné ou dissimulé une partie de son actif.

190. — Doit, en conséquence, être puni des peines portées par l'art. 591, C. comm., l'accusé que le jury déclare coupable du détournement frauduleux, au préjudice des créanciers de la faillite, de sommes d'argent, dettes actives, marchandises ou effets mobiliers. — *Cass.*, 7 mars 1839 (t. 1ᵉʳ 1843, p. 352), Furcy.

191. — Jugé aussi que le détournement ou la dissimulation d'une partie de l'actif constitue suffisamment la banqueroute frauduleuse, sans qu'il soit nécessaire de spécifier de quoi se composent les valeurs détournées ou dissimulées. — *Cass.*, 16 janv. 1840 (t. 1ᵉʳ 1843, p. 352), Maignien.

192. — Il est indubitable, au surplus, que le condamné pour banqueroute frauduleuse ne peut contester devant la cour de Cassation le détournement de sommes d'argent dont il a été déclaré coupable par le jury au préjudice de ses créanciers. — *Cass.*, 16 sept. 1831, Buret. — En effet la cour de Cassation ne peut apprécier que les conséquences légales des faits reconnus constans par les juges du fond, mais non leur exactitude même. — V. aussi *infrà* nº 208.

193. — Le fait de soustraction de ses livres de la part d'un failli est aussi un cas de banqueroute frauduleuse. — Nouveau C. comm., art. 591. — Mais il est bien certain que, pour ce fait comme pour tous ceux déclarés par la loi constitutifs de la banqueroute frauduleuse, la fraude est un élément nécessaire de criminalité. — Aussi a-t-il été décidé que lorsqu'un failli est accusé d'avoir frauduleusement soustrait ses livres de commerce, la fraude est, non pas une circonstance aggravante, mais un élément de criminalité pour lequel il n'est pas nécessaire de poser une question séparée. — *Cass.*, 16 janv. 1840 (t. 1ᵉʳ 1843, p. 352), Maignien.

194. — Sous l'empire de l'ordonnance de 1673, un commerçant n'était pas de plein droit réputé banqueroutier frauduleux, par cela seul qu'il ne représentait pas des registres. — *Aix*, 13 avr. 1807, Mathey.

195. — Quant au Code de 1808, il considérait le fait de n'avoir pas tenu de livres ou d'en avoir tenu qui ne porteraient pas la véritable situation active et passive du failli comme un cas facultatif de banqueroute frauduleuse. — Art. 594.

196. — Mais ces faits ne pouvaient donner matière à l'application de la loi pénale qu'autant qu'ils étaient accompagnés *de fraude*.

197. — Aussi a-t-il été jugé que lorsque sur une accusation de banqueroute frauduleuse le jury avait déclaré le failli coupable de n'avoir point tenu de livres de commerce, ou d'en avoir tenu qui ne présentaient pas sa véritable situation active et passive, sans s'expliquer sur la circonstance de fraude, l'accusé ne pouvait être condamné comme banqueroutier frauduleux; mais alors l'accusation ne se trouvant pas purgée, il devait être renvoyé à cet effet devant une autre cour d'assises. — *Cass.*, 28 mars 1835, Poncet.

198. — Il a été jugé également que la simple déclaration du jury portant que l'accusé est *coupable d'avoir tenu des livres ne présentant pas sa véritable situation active et passive*, ne suffisait pas pour qu'il y eût lieu à condamnation pour *banqueroute frauduleuse*. — Le jury devait être interrogé, en outre, sur la moralité de ce fait, c'est-à-dire sur la question de savoir si l'irrégularité de la tenue des livres avait été accompagnée de circonstances de *fraude*. La cour d'assises ne pouvait elle-même résoudre cette question sans excéder ses pouvoirs. — *Cass.*, 3 nov. 1826, Lambert; 10 sept. 1828, Escaude..

199. — Jugé encore que, avant la loi du 28 mai 1838, il était rigoureusement nécessaire que l'accusé fût déclaré *coupable* des faits mentionnés en l'art. 594, C. comm., pour qu'il pût être condamné comme banqueroutier frauduleux; — et spécialement que la déclaration qu'il était constant que l'accusé n'avait pas tenu de livres présentant sa véritable situation active et passive, n'exprimait que des faits matériels et ne pouvait servir de base à une condamnation. — *Cass.*, 26 janv. 1827, Joseph Gilles.

200. — De même si, dans la position de la question au jury sur la culpabilité d'un failli prévenu de banqueroute frauduleuse pour production de livres ne présentant pas sa véritable situation active et passive, la circonstance de fraude, seule constitutive de criminalité, avait été omise, ainsi que dans la réponse du jury, il n'y avait pas lieu à l'application des peines de la banqueroute frauduleuse. — *Cass.*, 25 juill. 1833, Boudin.

201. — Jugé néanmoins que la déclaration du jury portant qu'un accusé de banqueroute frauduleuse est *coupable* d'avoir caché ses livres ou de n'en avoir pas tenu est nette et précise, et pouvait, avant la loi du 28 mai 1838, servir de base à l'application de la loi pénale. — *Cass.*, 22 janv. 1831, Bouloud.

202. — Le négociant failli déclaré coupable de banqueroute frauduleuse, non pour n'avoir pas tenu de livres, mais pour en avoir tenu qui ne présentaient pas sa position réelle, ne pouvait attaquer l'arrêt de condamnation, sous le prétexte que le défaut de tenue de livres ne constituait que la banqueroute simple. — *Cass.*, 16 sept. 1831, Buret.

203. — Le failli auquel on reprochait de n'avoir pas tenu de livres pouvait alléguer pour excuse l'erreur commune dans laquelle étaient les négocians de son espèce (herbageur de la vallée d'Auge), qui se regardaient comme dispensés de tenir des livres. — *Caen*, 15 avr. 1823, Mouton c. Saucisse.

204. — Mais l'individu déclaré coupable de banqueroute frauduleuse, pour avoir tenu des livres qui ne présentaient pas sa véritable situation active et passive, n'était pas recevable à soutenir, devant la cour de Cassation, que ce fait devait être imputé à l'ignorance et à la négligence, mais non à la fraude, et qu'ainsi il devait être condamné seulement aux peines de la banqueroute simple. — *Bruxelles*, 22 mars 1825, T.....

205. — L'ancien art. 594, C. comm., a été modifié. Le fait qu'il prévoit ne constitue, d'après le nouvel art. 586, § 6, qu'un cas de banqueroute simple. La loi ajoute, il est vrai : « *sans néanmoins qu'il y ait* » *fraude* »; ce qui ferait supposer que la fraude suffit pour faire rentrer dans la banqueroute frauduleuse la tenue irrégulière des registres qui ne présentent pas la véritable situation active et passive du failli; mais il n'en peut pas être toujours ainsi. Le nouvel art. 591 ne déclare banqueroutier frauduleux que celui qui, soit *dans ses écritures*, soit *dans des actes publics*, etc., *se sera frauduleusement reconnu débiteur de sommes qu'il ne devait pas.* Ce cas est le seul qui se trouve réservé par les dernières expressions de l'art. 586, *sans néanmoins qu'il y ait fraude*, expressions qui n'ont plus la même étendue que dans le Code comm. de 1808. — V. *suprà* nº 115.

206. — L'ancien art. 593 déclarait (nº 4) banqueroutier frauduleux le failli qui avait supposé des dettes passives et collusoires entre lui et des créanciers fictifs en faisant des écritures simulées ou en se constituant débiteur sans cause ni valeur, par des actes publics ou par des engagemens sous seing-privé.

207. — Il a été jugé sous l'empire de cette disposition que le failli qui, *sans souscrire aucun engagement frauduleux*, portait des créanciers fictifs dans son bilan, n'était pas passible, par ce seul fait, des peines de la banqueroute frauduleuse. — *Cass.*, 3 juill. 1823, Cousin.

208. — Jugé aussi que lorsque, conformément à l'arrêt de renvoi et de l'acte d'accusation, la cour d'assises avait qualifié de *collusoire* une dette passive, dans la question posée au jury, sur une accusation de banqueroute frauduleuse, et que le jury l'avait déclarée telle, l'accusé était non-recevable à soutenir le contraire devant la cour de Cassation comme résultant de ses livres de commerce; il n'entrait pas dans les attributions de la cour de rechercher les élémens de cette déclaration. — *Cass.*, 18 mars 1826, Dermenon-Annet. — V. *suprà* nº 192.

209. — Jugé par le même arrêt que l'accusé de banqueroute frauduleuse pouvait se faire un moyen de nullité de ce que, dans une question ayant pour objet une dette collusoire, le nom du créancier fictif n'avait pas été énoncé, lorsque ce créancier n'avait pas pu rester inconnu aux jurés, soit parce qu'il avait été désigné dans l'acte d'accusation, soit parce qu'il avait été entendu comme témoin aux débats. — Même arrêt.

210. — Devait être réputée contradictoire et nulle la déclaration du jury portant d'une part que l'accusé failli avait justifié de l'emploi de toutes ses recettes, et que ses livres offraient sa véritable situation active et passive, et d'autre part qu'il avait supposé une dette passive et collusoire, qu'il avait fait des écritures simulées et qu'il s'était consti-

tué, sans cause ni valeur, débiteur par des engagemens sous seing-privé. — Même arrêt.

211. — Le fait prévu par l'art. 593 de l'ancien Code est aussi, sous la loi nouvelle, un cas de banqueroute frauduleuse. « Tout commerçant failli, dit l'art. 594, qui, soit dans des écritures, soit par des actes publics ou des engagemens sous signature privée, soit par son bilan, se sera frauduleusement reconnu débiteur de sommes qu'il ne devait pas, etc. »

212. — Il a déjà été dit que le crime de banqueroute frauduleuse ne peut être reconnu en l'absence de la fraude. — On a donc, avec raison, considéré comme contradictoire et nulle la déclaration par laquelle le jury, après avoir répondu qu'un accusé de banqueroute frauduleuse avait soustrait des effets à dessein de tromper ses créanciers, répondait ensuite que le même accusé avait aidé et assisté l'auteur de la même soustraction sans aucune intention de crime. — *Cass.*, 19 flor. an IX, Dubief; 2 flor. an XI, Allard.

213. — Peu importe au surplus, pour l'existence du crime de banqueroute frauduleuse, que les faits de fraude soient postérieurs à la faillite ou antérieurs. Il n'importe aussi que l'insolvabilité du débiteur ne fût pas constante au moment où la faillite a éclaté et qu'elle ne soit survenue qu'après; que ses créanciers l'aient laissé, malgré la faillite, en possession de tout son actif, et que depuis lors il n'ait fait aucun acte de commerce. — *Cass.*, 5 mars 1813, Mathis; 29 déc. 1828, Ginestet; — Legraverend, t. 1er, ch. 1er, p. 11.

214. — Mais il faut que la culpabilité de l'accusé, c'est-à-dire l'existence de la fraude, ressorte d'une manière explicite ou implicite de la déclaration du jury.

215. — Ainsi jugé que l'existence des faits qui, d'après la loi, constituent la banqueroute frauduleuse, ne présentaient le caractère d'un crime qu'autant que le failli s'en est rendu *coupable*, à moins qu'ils ne soient de telle nature qu'ils supposent nécessairement de la mauvaise foi dans celui qui les a commis. — Un accusé ne pouvait pas sous le Code de 1808 être condamné aux peines de la banqueroute frauduleuse si le jury avait seulement déclaré constant le fait que le failli n'avait pas justifié de l'emploi de toutes ses recettes, et si le jury n'avait pas déclaré en même temps que l'accusé était *coupable* de n'avoir pas fait cette justification. — *Cass.*, 14 avr. 1827, Grille Rémond; 13 mai 1826, Pierre Paraud.

216. — Mais il a été jugé aussi que la culpabilité en matière de banqueroute frauduleuse devait être réputée résulter suffisamment du seul rapprochement du fait de la faillite et des faits prévus par l'art. 593, C. comm. de 1808. En conséquence, l'accusé ne pouvait tirer une ouverture à cassation de ce qu'au lieu de demander au jury si l'accusé était *coupable* de tels ou tels faits, le président de la cour d'assises aurait posé la question de savoir si ces faits étaient constans. — *Cass.*, 3 juin 1825, Traizet.

217. — Il a été jugé, sous le Code du 3 brum. an IV, que, en matière de banqueroute frauduleuse, la déclaration du jury portant qu'un effet avait été soustrait après la cessation des paiemens, mais que l'accusé n'était pas convaincu d'avoir fait cette soustraction, et d'avoir envoyé l'effet dans une ville désignée pour le faire négocier à son compte, ne pouvait pas servir de base à un acquittement, si le jury n'avait pas répondu à une autre question consistant à savoir si l'accusé avait fait cette soustraction frauduleusement et pour tromper ses créanciers. — *Cass.*, 2 frim. an XII, Aubry. — Mais cette solution ne peut s'expliquer que par le système du Code de l'an IV, qui prohibait toute question complexe (art. 377); elle est incompatible avec la législation actuelle, et répugne même à la raison. Comment concevoir que, sur une supposition toute gratuite, il soit permis de scinder une réponse positive pour la trouver insuffisante? Qu'il soit permis d'exiger, sous peine de nullité, qu'un jury déclare qu'il n'y a pas eu fraude de la part de l'accusé dans une soustraction que ce même jury déclare ne pas avoir été faite par lui? On ne pouvait donc se dispenser de reconnaître que la réponse embrassait la question dans tout son ensemble, sauf à annuler la question elle-même comme entachée de complexité.

218. — Sous le Code du 3 brum. an IV, la position des questions au jury, dans une accusation de banqueroute frauduleuse, était nulle si elle ne comprenait pas tous les faits élémentaires résultant de l'acte d'accusation. — *Cass.*, 2 flor. an XI, Allard.

219. — Jugé encore, sous le même Code, que la question au jury tendant à savoir si l'accusé avait fait banqueroute était complexe et nulle comme portant à la fois sur le fait et sur sa moralité. — *Cass.*, 11 vent. an VIII, Sirkop; 16 germ. an VIII, Couvert; 23 germ. an VIII, Lemoine.

220. — Il a été également décidé, sous le Code de commerce et le Code d'instruction criminelle, que la banqueroute étant un fait moral qui ne peut se constituer que par un ou plusieurs des faits déterminés par le Code de commerce, le président de la cour d'assises ne devait pas se borner à proposer aux jurés l'unique question de savoir si l'accusé s'est rendu coupable de banqueroute frauduleuse, mais qu'il doit provoquer leur déclaration sur tous les faits caractéristiques de ce genre de crime. — *Cass.*, 11 juill. 1816, Davoust.

221 — Au surplus, sous le Code de 1808, un seul des faits prévus par l'art. 593 suffisait pour constituer à la charge de l'accusé, qui en était déclaré coupable, le crime de banqueroute frauduleuse. — *Cass.*, 3 nov. 1831, Caubet.

222. — En matière de banqueroute frauduleuse, il suffit que le président de la cour d'assises ait interrogé le jury sur l'un des faits que la loi range parmi les élémens constitutifs de ce crime, et sur sa relation avec celui de la faillite. On ne pourrait demander aux jurés si l'accusé est coupable de banqueroute frauduleuse, sans les appeler à prononcer sur une question de droit qui est hors de leurs attributions. — *Cass.*, 12 nov. 1829, Beausson.

223. — Est nulle la déclaration du jury qui, sur la question énonçant des faits matériels concourant à constituer le crime de banqueroute frauduleuse, ne s'explique point sur ces faits et se contente de répondre : *Oui, l'accusé est coupable de banqueroute frauduleuse.* — *Cass.*, 16 sept. 1830, Gire.

224. — De même le jury interrogé sur les faits de banqueroute frauduleuse ne peut déclarer l'accusé coupable de banqueroute simple; c'est à la cour d'assises seule qu'il appartient de donner aux faits reconnus constans par le jury leur qualification légale. — *Cass.*, 28 mars 1835, Poncet.

225. — Dans une affaire de *banqueroute* simple ou frauduleuse, le président ne peut poser au jury, comme résultant des débats, une question d'*escroquerie*, et la cour ne peut, si la culpabilité est déclarée, appliquer une peine. — En pareil cas l'accusé, acquitté de l'accusation principale de banqueroute, doit être mis en liberté si, avant la clôture des débats, le ministère public n'a fait aucunes réserves à raison de l'escroquerie. — *Cass.*, 30 juin 1826, Demery. — V. ESCROQUERIE.

226. — Lorsque des questions distinctes ont été posées sur chacun des faits qui donnent à la faillite le caractère de banqueroute frauduleuse, il suffit de soumettre au jury une question unique sur la complicité de ce crime. — *Cass.*, 5 mars 1841 (t. 1er 1841, p. 587), Poirier.

227. — La prescription du crime de banqueroute frauduleuse, dont le délai est le même que pour tous les autres crimes, commence du jour où les faits ont été commis. — *Cass.*, 29 déc. 1828, Ginestet. — Mangin, *Act. pub.*, t. 2, n° 328. — V. au reste *suprà* nos 132 et suiv.

228. — Sous le Code du 3 brum. an IV, il suffisait que des poursuites eussent été faites dans les trois ans de la constatation légale d'un crime de banqueroute frauduleuse, pour que la durée de la prescription dût être de six années, quand même il s'en serait écoulé trois en recherches inutiles du prévenu, depuis le délit jusqu'à l'arrestation. — *Cass.*, 16 brum. an XIV, Roger.

229. — Sous la loi du 25 sept. - 6 oct. 1791, et sous le Code du 3 brum. an IV, la banqueroute frauduleuse était un délit dont la poursuite pouvait être exercée d'office par le ministère public. La déclaration du 5 août 1721, qui exigeait le consentement préalable des créanciers excédant la moitié des dettes, avait cessé d'être en vigueur. — *Cass.*, 26 fructid. an VIII, Liman.

230. — Le Code du 3 brum. an IV (art. 591 et 595) attribuait expressément au ministère public le droit de poursuivre d'office. — V. Merlin, *Quest.*, v° *Ministère public*, § 3.

231. — Jugé sous ce Code que le ministère public peut et doit requérir d'office des poursuites contre les débiteurs faillis, prévenus de banqueroute frauduleuse, son action étant indépendante de la volonté des créanciers. — *Cass.*, 22 juill. 1819, Fontanille; 19 avr. 1811, Benoît c. Boitout; 14 juill. 1814, N... — Bourguignon, *Jurisp. des C. crim.*, t. 3, p. 436, n° 9.

232. — Un commerçant *français* établi en *pays étranger*, peut être poursuivi en France pour banqueroute frauduleuse, si les faits de banqueroute ont été commis en France au préjudice de Français : il en est de même du commerçant étranger. — *Cass.*, 1er sept. 1827, Leroux et Montigny. — V. ACTION PUBLIQUE, n° 127.

233. — Le juge commissaire à une faillite est sans caractère pour examiner s'il y a prévention de banqueroute frauduleuse, faire des visites domiciliaires, interroger le failli et le renvoyer en état d'arrestation devant le procureur du roi. — *Cass.*, 13 nov. 1823, Belle.

234. — Une poursuite en banqueroute frauduleuse peut être renvoyée d'un département dans un autre pour cause de suspicion légitime, lorsque la masse des habitans de la contrée est suspectée de partialité en faveur du failli. — *Cass.*, 16 août 1810, Bertrand. — V. SUSPICION LÉGITIME.

235. — Sous le Code du 3 brum. an IV, les créanciers d'un failli, qui avaient porté contre lui une plainte en banqueroute frauduleuse et qui ne s'en étaient pas désistés dans les vingt-quatre heures, étaient réputés parties plaignantes, et, par suite, ne pouvaient pas être entendus comme témoins aux débats, à peine de nullité. — *Cass.*, 29 messid. an VIII, Gieurens.

236. — Jugé, en sens contraire, surtout lorsque les créanciers ne sont pas parties civiles. — *Cass.*, 15 avr. 1825, Granier. — Du moins, le failli ne peut se faire un moyen de cassation de ce que ses créanciers ont été entendus comme témoins, lorsqu'il ne s'est pas opposé à leur audition. — Même arrêt.

237. — En matière de banqueroute frauduleuse, les syndics de la faillite peuvent, devant la cour d'assises, se constituer parties civiles au nom des créanciers sans y être autorisés par une délibération spéciale. — *Rouen*, 23 mai 1840 (t. 2 1840, p. 709), Ferey.

238. — Cette autorisation serait, il est vrai, nécessaire en matière de banqueroute simple, pour autoriser l'action des syndics, puisque la masse peut, en cas d'acquittement, être condamnée aux dépens (art. 588), et qu'il ne peut appartenir aux syndics de grever la masse, par une poursuite intentée légèrement, d'une somme de frais qui, en augmentant le passif, diminuera l'actif dont la répartition doit se faire entre les créanciers. Les créanciers, dans l'intérêt de leur gage commun, le failli dans l'intérêt de sa libération, peuvent s'opposer à une intervention irrégulière des syndics devant la police correctionnelle, saisie de la connaissance de la banqueroute simple. Mais, au contraire, les frais de la banqueroute frauduleuse ne pouvant jamais être mis en aucun cas à la charge de la masse (art. 582), et devant, en cas d'acquittement, être supportés par le trésor, les créanciers n'ont aucune raison de s'associer à une action qui ne saurait leur nuire, et que le législateur a eu pour but d'encourager autant qu'il était possible.

239. — Le créancier lésé peut se porter partie civile sur la poursuite en banqueroute frauduleuse exercée contre son débiteur failli, et demander des dommages-intérêts, en son nom personnel. — *Cass.*, 13 oct. 1826, Renault.

240. — Jugé toutefois que les créanciers du failli qui se sont portés parties civiles sur des poursuites en banqueroute dirigées contre le failli, ne peuvent obtenir des dommages-intérêts de la juridiction criminelle; l'action civile, dans ce cas, doit toujours rester séparée. — *Cass.*, 7 nov. 1840 (t. 2 1841, p. 393), Gallès. — V. *suprà* nos 167 et suiv.

241. — Le droit d'intenter l'action en banqueroute frauduleuse et d'en saisir la juridiction criminelle n'appartient pas aux créanciers du failli pris individuellement. — *Cass.*, 3 juill. 1841 (t. 2 1843, p. 560), Bonelle c. Foubert; — M. Renouard (t. 2, p. 500) concilie cet arrêt avec celui précité du 7 nov. 1840, en disant que l'arrêt du 3 juill. 1841 s'applique à une espèce où les dommages-intérêts ne devaient être payables qu'après acquittement en principal et intérêts de toutes les dettes composant la masse.

242. — Jugé, avant le Code de commerce de 1808, que lorsque, dans le cours d'une poursuite correctionnelle, la partie civile, concluant au renvoi du prévenu devant le directeur du jury pour complicité de banqueroute frauduleuse, avait présenté, à l'appui de ses conclusions, une contravention à la loi de police du 8 oct. 1780, qui exige des marchands de meubles la tenue d'un registre, le tribunal n'était pas saisi de l'action publique relative à cette contravention. En conséquence, le tribunal criminel ne pouvait, sur l'appel du jugement rendu sur le chef principal, refuser de faire droit aux conclusions du ministère public, requérant le renvoi devant qui de droit, à raison de la contravention dont il s'agissait. — *Cass.*, 13 brum. an XI, Saussay.

243. — L'ordonnance d'Orléans de 1560, celle du mois de mai 1609, celle de janv. 1629, celle de 1673 et la déclaration du roi du 11 janv. 1716, prononçaient la peine de mort contre les banqueroutiers frauduleux. — Mais la jurisprudence avait adouci cette rigueur. — Jousse, sur l'art. 12, tit. 2, ord. 1673.

244. — Aujourd'hui la banqueroute frauduleuse n'est punie que des travaux forcés à temps (C. pén., art. 402), excepté à l'égard des agens de

change et courtiers, qui, s'ils tombent en faillite, sont de plein droit, et par cela qu'il leur est interdit de faire le commerce (C. comm., art. 85), réputés banqueroutiers (*ibid.*, art. 89), et encourent, s'ils sont convaincus de banqueroute frauduleuse, la peine des travaux forcés à perpétuité.— C. pén., art. 404.

245. — L'arrêt de condamnation est affiché et publié dans la forme indiquée par l'art. 42, C. comm., pour les actes de société. — C. comm., art. 600. —V. *suprà* nos 142 et suiv., et *infrà* no 330.

246.— L'individu condamné pour crime de banqueroute frauduleuse ne peut proposer contre la procédure suivie devant la cour d'assises, ni contre l'arrêt de condamnation, la violation des dispositions prescrites par le Code de comm., qui sont étrangères aux poursuites criminelles.—*Cass.*, 22 juill. 1819, Fontanille.

247. — Il a été jugé (et cela ne semblait pas susceptible de difficulté) que les procédures criminelles n'étant point assujéties aux formes établies pour les procédures civiles, un accusé condamné pour crime de banqueroute frauduleuse ne peut tirer une ouverture à cassation de ce que les syndics de la faillite n'ont point suivi, en se constituant partie civile, les formes tracées par le Code de procéd. pour l'introduction des instances, les demandes incidentes ou l'intervention.— *Cass.*, 14 juill. 1826, Grandjean.

248. — L'accusé ne peut proposer comme un moyen de nullité contre l'arrêt qui le condamne comme banqueroutier frauduleux, le refus qui lui aurait été fait par le juge commissaire de la faillite de faire examiner ses livres par un expert de son choix. — *Cass.*, 7 mars 1828, Cauchy.

249. — La cassation d'un arrêt de condamnation pour banqueroute frauduleuse, entraîne nécessairement annulation ou inefficacité ultérieure de l'arrêt qui a statué sur les dommages-intérêts de la partie civile, par suite de la condamnation première. — *Cass.*, 5 mai 1826, Renault.

250. — Lorsqu'un individu a été accusé de banqueroute frauduleuse : 1o pour n'avoir pas justifié de l'emploi de toutes ses recettes ; 2o pour avoir détourné au préjudice de ses créanciers des sommes et effets mobiliers ; 3o en ce que ses livres ne présentent pas sa véritable situation active et passive, si le jury a répondu affirmativement sur le second chef d'accusation, et négativement sur les deux autres, et si l'arrêt de condamnation a été annulé parce que la déclaration du jury n'énonce pas une des circonstances constitutives de la banqueroute frauduleuse résultant de l'acte d'accusation, la cour de Cassation doit renvoyer à de nouveaux débats tous les chefs à la fois comme se rattachant tous à la faillite de l'accusé, et ne formant que trois caractères du crime indivisible et unique de banqueroute frauduleuse. — *Cass.*, 28 déc. 1837 (t. 1er 1843, p. 350), Auger.

251. — « Les frais de poursuite en banqueroute frauduleuse (porte l'art. 592, C. comm.) ne pourront, en aucun cas, être mis à la charge de la masse. — Si un ou plusieurs créanciers se sont rendus parties civiles en leur nom personnel, les frais, en cas d'acquittement, demeureront à leur charge. »

§ 5. — *Crimes et délits commis dans les faillites par d'autres que les faillis.*

252.—La loi punit de la même peine que le banqueroutier frauduleux : 1o les individus convaincus d'avoir, dans l'intérêt du failli, soustrait, recélé ou dissimulé tout ou partie de ses biens, meubles ou immeubles ; le tout sans préjudice des autres cas prévus par l'art. 60, C. pén. ; —2o les individus convaincus d'avoir frauduleusement présenté dans la faillite et affirmé, soit en leur nom, soit par interposition de personnes, des créances supposées ; — 3o les individus qui, faisant le commerce sous le nom d'autrui ou sous un nom supposé, se seront rendus coupables de faits prévus en l'art. 591 sur la banqueroute frauduleuse. — Art. 593, C. comm. nouv.

253. — L'ancien art. 597 auquel correspond le nouvel art. 593, était conçu en d'autres termes : « Seront déclarés *complices* des banqueroutiers frauduleux, disait-il, les individus convaincus de *s'être entendus* avec le banqueroutier pour recéler ou soustraire, etc. » La loi nouvelle ne reproduit ni le mot *complices*, ni les expressions : *convaincus de s'être entendus*. — V. COMPLICITÉ.

254. — De là il résulte que le crime puni par l'art. 593, peut avoir lieu, *hors le cas de complicité*, et que, par exemple, les individus qui auraient recelé des biens du failli, *dans son intérêt*, seraient passibles des peines portées par notre article, alors même qu'ils auraient agi *à l'insu* de celui-ci, et qu'en conséquence ils ne pourraient être considérés comme *ses complices*. — *Cass.*, 2 mai 1840 (t. 1er 1844, p. 326), Dumesnil ; — Lainné, p. 615.

255. — De même encore, si sous l'empire de cet art. 597, l'acquittement de l'accusé principal de banqueroute ne permettait pas de condamner les complices quelles que fussent les fraudes qu'ils eussent personnellement commises, l'art. 593, C. comm. actuel, n'implique pas cette condition, qui, nécessaire pour le cas de complicité proprement dite de banqueroute frauduleuse, ne saurait être exigée pour un crime distinct et indépendant de l'existence du fait de banqueroute frauduleuse.

256. —Celui qui, d'après la déclaration du jury, s'est entendu avec le failli pour soustraire partie des biens meubles de ce dernier *au préjudice des créanciers*, est passible des peines portées par l'art. 593 qui prévoit le cas d'une soustraction de biens meubles *dans l'intérêt du failli*. — *Cass.*, 7 mars 1839 (t. 1er 1843, p. 350), Furcy c. Goujon.

257. — Les suppositions de fausses créances ne pourraient être atteintes par le no 2 de l'art. 593 C. pén., qu'autant qu'on aurait persisté à les présenter à la vérification comme sincères et véritables et qu'on les aurait affirmées.

258. — Est passible des peines de la banqueroute frauduleuse, celui qui présente frauduleusement dans la faillite et y affirme une créance supposée, encore que la participation que dans l'origine le failli lui a prêtée, ait cessé d'être frauduleuse à l'égard de ce dernier par des circonstances à lui personnelles. — *Cass.*, 2 mai 1840 (t. 1er 1844, p. 326), Dumesnil.

259. — Il n'y a pas contradiction réelle entre deux décisions du jury dont la première déclare un individu non coupable des faits de banqueroute frauduleuse que lui sont imputés, et la seconde qui, statuant ultérieurement à l'égard de l'accusé de complicité dans les mêmes faits, dispose qu'il y a eu détournement de l'actif, reconnaissance frauduleuse de dettes supposées et soustraction des livres de commerce par l'accusé principal antérieurement acquitté. — *Cass.*, 5 mars 1841 (t. 1er 1841, p. 587), Poirier.

260. —Aux définitions complexes et confuses de l'art. 597, C. comm. de 1808, la loi actuelle a substitué un renvoi pur et simple aux caractères généraux de la complicité en matière criminelle.

261. — Dès-lors il ne peut y avoir de complicité de banqueroute frauduleuse, lorsqu'il n'y a pas banqueroute. — Il est évident que ce dernier fait doit être constaté avant tout.—*Cass.*, 14 janv. 1820, Marc Barthelot ; — Pardessus, t. 5, p. 452, no 1312. — V. COMPLICITÉ.

262. — L'omission du jury de déclarer que l'accusé principal, convaincu de banqueroute frauduleuse, était commerçant failli, peut être invoquée par le complice, aussi bien que par l'auteur lui-même, et lui profiter également. — *Cass.*, 17 mars 1831, Bombard.

263. — Jugé de même que pour qu'un individu puisse être condamné comme complice du crime de banqueroute frauduleuse, il faut que toutes les circonstances constitutives de ce crime résultent de la déclaration du jury, que notamment cette déclaration énonce que celui auquel la banqueroute est imputée, était commerçant failli. — *Cass.*, 21 déc. 1837 (t. 2 1837, p. 427), Grimardias ; 4 mai 1842 (t. 1er 1842, p. 620), Dupuy.

264. — La qualité de commerçant failli ne doit pas être nécessairement jointe à celle de banqueroutier frauduleux dans la question relative au complice, lorsqu'elle l'a été dans celle qui concerne l'accusé principal. — *Cass.*, 26 mai 1838 (t. 2, 1838, p. 188), Sabaté.

265. — Toutefois, il ne s'ensuit pas que si le coupable de banqueroute n'était pas poursuivi, par quelque cause que ce fût, ou même était déchargé d'accusation, il fallût en conclure l'impossibilité de poursuivre, ou la nécessité d'acquitter ceux qu'on prétendrait avoir aidé le failli à commettre le crime dont il a été accusé. — *Cass.*, 13 prair. an XII, Calenge ; 3 juin 1830, Pellerin ; — Pardessus, t. 5, p. 453, no 1312.

266. — Lorsque l'auteur principal d'une banqueroute frauduleuse étant décédé, il s'agit de prononcer sur la culpabilité d'un prévenu de complicité, la cour d'assises, sans interroger le jury sur la question de savoir si l'auteur principal, soustrait par la mort à l'action publique est *coupable*, peut néanmoins lui poser la question de savoir si cet auteur décédé a *détourné, au préjudice de ses créanciers, des effets compris dans la masse de sa faillite*, afin de constater l'existence du fait de banqueroute frauduleuse, préalablement à toute question sur le fait de complicité. — *Cass.*, 4 juin 1835, Drujon.

267. — Jugé néanmoins que la déclaration du jury portant que l'auteur d'un crime de banqueroute frauduleuse n'est point coupable, et qu'un autre accusé est complice de ce crime, est contradictoire, et ne peut motiver contre ce prétendu complice l'application d'aucune peine. —*Cass.*, 17 mars 1831, Bombard.

268. — Sous le Code de 1808, le fait seul de recelé ou détournement des meubles d'un failli ne constituait pas la complicité du crime de banqueroute frauduleuse : il fallait encore que ce détournement ou ce recélé eût été l'effet d'un concert frauduleux entre l'auteur principal et son complice. — A défaut de ce concert, le détournement ou le recélé ne pouvait être considéré que comme un vol. — *Cass.*, 22 janv. 1830, Brunel ; 17 mars 1831, Bombard ; 2 mai 1840 (t. 1er 1844, p. 326), Dumesnil.

269. — Il n'était point nécessaire, pour constituer la complicité du crime de banqueroute frauduleuse, que l'accusé réunît en sa personne tous les caractères de complicité spécifiés dans l'art. 597, C. comm.; un seul de ces caractères suffisait. — *Cass.*, 17 mars 1831, Bombard.

270. — Les termes dont se servait l'art. 597, C. comm. de 1808, pour déterminer, par exception au principe général, les seuls faits qui constituent la complicité de banqueroute frauduleuse, pouvaient être remplacés par des équivalens. — Ainsi, dans le cas d'une accusation de banqueroute frauduleuse reposant uniquement sur le détournement opéré par le failli, au préjudice de ses créanciers, d'une somme d'argent, de marchandises et d'effets mobiliers, la conviction de complicité résultait suffisamment de la déclaration du jury affirmative sur le point de savoir si « un tel s'est rendu coupable de complicité de banqueroute frauduleuse pour avoir, avec connaissance aidé et assisté l'auteur du crime dans les faits qui l'ont facilitée et consommée. »—*Cass.*, 10 déc. 1837 (t. 1er 1838, p. 55), Bon.

271. — Mais si, après avoir résolu affirmativement cette question, le jury en avait résolu négativement et sans distinction une autre qui, en reproduisant ce même chef d'accusation, y ajoutait celui de recel des sommes, marchandises et effets détournés, cette réponse entraînant contradiction avec la première, en ce qu'elle excluait indistinctement deux ordres de faits dont l'un avait été déclaré constant, il y avait lieu d'annuler les débats et tout ce qui avait suivi. — Même arrêt.

272. — Avant la loi de 1838, la déclaration du jury qu'un accusé était coupable d'avoir recelé des marchandises détournées frauduleusement par un failli au préjudice de ses créanciers, et d'avoir aidé, assisté et coopéré au détournement, le tout sciemment, renfermait la preuve d'un concert frauduleux entre le failli et son complice, et rendait ce dernier passible des peines de la complicité de banqueroute frauduleuse. — Mais la loi du 28 mai 1838 a mis fin à toutes ces distinctions. L'art. 593, qu'elle a substitué à l'ancien art. 597, punit *des peines de la banqueroute frauduleuse* tout individu convaincu d'avoir, *dans l'intérêt du failli*, recelé, soustrait, etc. Ainsi, plus de complicité, plus de concert ; si la soustraction ou le recelé ont eu lieu dans l'intérêt du failli, ce sont les peines de la banqueroute frauduleuse qu'il faut appliquer ; si l'enlèvement a été fait dans l'intérêt seul de celui qui le commet ou de tout autre que du failli, il peut y avoir lieu à poursuite et condamnation pour *vol*. — *Cass.*, 9 déc. 1831, Thermier.

273. — Il n'existe aucune contradiction entre la partie de la déclaration du jury qui déclare un accusé non coupable de complicité d'une banqueroute frauduleuse, et celle qui le déclare coupable d'avoir fait usage sciemment de pièces fausses, lorsque rien n'indique si ces pièces fausses étaient relatives à la faillite. — *Cass.*, 29 mars 1838 (t. 1er 1840, p. 203), Lourdel et Minet.

274. — Un individu peut être à la fois déclaré auteur et complice d'une banqueroute frauduleuse, car il peut avoir commis personnellement des détournemens ou autres actes frauduleux au préjudice de la masse de ses créanciers, et avoir en outre facilité des actes de même nature commis par ses associés au préjudice des mêmes créanciers. —*Cass.*, 17 sept. 1835, Gondret ; — Renouard, t. 2, p. 465.

275. — Il n'y a pas contradiction entre deux réponses du jury dont l'une déclare l'accusé coupable comme auteur principal d'une banqueroute frauduleuse, et l'autre comme complice de cette même banqueroute ; le mot complice ayant dans ce cas la signification du mot coauteur. — *Cass.*, 7 mars 1839 (t. 1er 1843, p. 351), Furcy c. Goujon ; — Renouard, t. 2, p. 465.

276. — Peu importe, en matière de banqueroute frauduleuse, que la soustraction ou le recel aient été faits avant ou après la déclaration de faillite.— *Cass.*, 26 mai 1838 (t. 2 1838, p. 188), Sabaté.

277. — Est, d'après ce principe, légalement condamné comme complice de banqueroute frauduleuse l'individu que les jurés ont déclaré coupable de s'être entendu avec l'accusé principal,

pour soustraire à la masse des créanciers une partie de l'actif mobilier du failli, bien que le fait frauduleux qui lui est reproché ait eu lieu avant la faillite. — *Cass.*, 24 janv. 1828, Bessele.

278. — Les complices, domiciliés en France, d'un fait de fraude commis par un commerçant domicilié en pays étranger, peuvent être poursuivis en France, comme complices de sa banqueroute frauduleuse. — *Cass.*, 1er sept. 1827, Montigny.

279. — Les complices sont, aux termes de l'art. 403, C. pén., punis de la même peine que les banqueroutiers frauduleux. Ce renvoi à l'art. 60 doit avoir pour effet de faire considérer comme non avenus ces mots de l'art. 403, C. pén., « *conformément au Code de commerce* » ; en outre il n'y a plus à prétendre aujourd'hui que le complice doit être frappé identiquement de la même peine que le condamné principal. — V. COMPLICITÉ.

280. — Que décider, si l'accusé principal est un courtier ou un agent de change? — On pourrait dire que c'est par des considérations toutes relatives à leurs personnes que la loi punit des travaux à *perpétuité* ceux de ces officiers qui se trouvent en état de banqueroute, et que, ces motifs ne se rencontrant pas à l'égard de leurs complices, on ne doit punir ceux-ci que des travaux forcés à temps. Mais la généralité des termes de l'art. 59, C. pén., repousse cette interprétation. — V. sur ce principe, COMPLICITÉ.

281. — Sous le Code de 1808, la femme qui avait détourné, diverti ou recelé les effets mobiliers auxquels elle n'avait pas droit, des marchandises, des effets de commerce, de l'argent comptant, était condamnée à les rapporter à la masse, et poursuivie en outre comme complice de banqueroute frauduleuse (art. 555). — Et la femme qui avait prêté son nom et son intervention à des actes faits par le mari en fraude de ses créanciers, pouvait également être poursuivie comme complice de banqueroute frauduleuse. — Art. 556.

282. — On a jugé sous cette loi que la femme d'un commerçant failli, qui avait détourné tout ou partie des effets mobiliers de son mari et les avait soustraits à ses créanciers dont ils étaient le gage, ne pouvait pas être condamnée comme complice de banqueroute frauduleuse, s'il n'était pas établi qu'elle s'était entendue à cet effet avec son mari. — *Cass.*, 10 fév. 1827, Gandon.

283. — A défaut de concert avec le failli, la soustraction ne pouvait constituer qu'un vol par une femme envers son mari; lequel vol, à raison du rapport de l'agent et de la victime, ne donnait lieu qu'à des réparations civiles. — Même arrêt. — V. VOL.

284. — L'art. 594 de la loi nouvelle dispose que le conjoint, les descendans ou les ascendans du failli, ou ses alliés aux mêmes degrés, qui auraient détourné, diverti ou recelé des effets appartenant à la faillite, sans avoir agi de complicité avec le failli, seront punis des peines du vol.

285. — Il suit de la combinaison des art. 583 et 594, C. comm., que le conjoint, les ascendans ou les descendans du failli ou ses alliés au même degré qui auraient agi de complicité devraient être condamnés aux peines de la banqueroute frauduleuse, et qu'à défaut de complicité, ils seraient punissables comme auteurs d'un vol, nonobstant la disposition de l'art. 389, C. pén. Ainsi le *concert frauduleux* dont il est question dans l'arrêt précité du 10 fév. 1827 se trouve remplacé par la complicité prévue par l'art. 60, C. pén., ce qui est infiniment préférable.

286. — L'art. 594 nouv. n'est pas précisément une dérogation à l'art. 380, C. pén., portant que les soustractions commises entre proches parens ne donnent lieu qu'à des réparations civiles; car on peut dire que les biens d'un failli ne lui appartiennent pour ainsi dire plus et qu'alors la soustraction a lieu au préjudice de la masse.

287. — Du reste, selon M. Renouard (*Tr. des faillites*, t. 2, p. 489), le nouvel art. 593, en cas de complicité, et l'art. 594, lorsqu'il n'y a pas complicité, sont destinés, par des distinctions plus nettes et des définitions plus claires, mais en même temps aussi avec moins de cette dureté théorique qui restait souvent purement comminatoire, à atteindre, avec plus de certitude dans la répression et d'équité dans les peines, les faits dignes de punition.

288. — L'art. 594 n'a pas eu non plus pour objet de déroger aux dispositions du Code pénal, relatives aux circonstances aggravantes du vol. — En conséquence, si le détournement a été commis avec bris de scellés et effraction d'un meuble, il constitue un crime justiciable de la cour d'assises. — *Cass.*, 13 mai 1841 (t. 1er 1842, p. 442), Saulnier. — V. VOL.

289. — Dans les cas prévus par les art. 593 et 594, dit le nouvel art. 595, la cour ou le tribunal saisis statueront, lors même qu'il y aurait acquittement : 1° d'office sur la réintégration à la masse des créanciers de tous biens, droits ou actions frauduleusement soustraits; — 2° sur les dommages intérêts qui seraient demandés, et que le jugement ou l'arrêt arbitrera.

290. — Avant la loi du 28 mai 1838, la cour d'assises n'était compétente pour statuer sur les actions civiles en dommages-intérêts en matière de banqueroute frauduleuse, qu'autant qu'il y avait eu condamnation. — *Cass.*, 14 juill. 1826, Grandjean.

291. — Quant aux dommages-intérêts, ils devaient être égaux à la somme dont les complices avaient tenté de frauder la masse. — C. comm., art. 598 anc.

292. — C'est par inadvertance, ce semble, que le législateur a reproduit, dans le nouvel art. 595 le mot *frauduleusement* qu'employait avec raison l'ancien art. 598. — En effet, ce dernier ne statuant que pour le cas de *condamnation*, on conçoit qu'il exigeât la réintégration des biens *frauduleusement* soustraits. Mais l'article actuel est relatif même au cas *d'acquittement*, ce qui suppose que la soustraction n'a pas été *frauduleuse*; il semble donc que la disposition dont il s'agit doive être interprétée comme elle le serait en l'absence du mot *frauduleusement*. — Lainné, p. 621.

293. — Il y a, dit M. Renouard (t. 2, p. 490), une apparente contradiction, dans le nouvel art. 595, à ordonner, dans l'hypothèse de l'acquittement, la réintégration des objets *frauduleusement* soustraits. Mais il est constant aujourd'hui en jurisprudence que les mêmes faits sur lesquels un individu a été acquitté au criminel peuvent donner lieu contre lui à des réparations civiles.

294. — Il a été jugé que lorsque des dommages-intérêts n'ont pas été requis contre un complice de banqueroute frauduleuse par la partie lésée, il ne peut en être alloué d'office par les tribunaux, par exemple, au profit de la masse des créanciers de la faillite. — *Cass.*, 17 sept. 1835, Gondret.

295. — La quotité des dommages-intérêts qui seraient dus à la personne injustement poursuivie, comme la quotité de ceux qui peuvent être demandés contre les accusés, même en cas d'acquittement, est laissée à l'arbitrage des juges, qui ne sont plus tenus de se conformer aux bases d'appréciation établies par l'ancien art. 598. — Renouard, t. 2, p. 491. — V. *suprà* n° 291.

296. — Il avait été jugé, avant la loi de 1838, que la cour d'assises pouvait, en prononçant des peines contre le complice d'une banqueroute frauduleuse, ordonner que la liquidation des dommages-intérêts réclamés par la masse des créanciers serait faite par un second arrêt, sur le rapport d'un juge, nonobstant la disposition du Code de commerce, qui portait que le même arrêt qui prononcera les peines statuera sur les dommages-intérêts. — *Cass.*, 27 juill. 1820, Caron.

297. — Cette question, d'ailleurs peu sérieuse, n'est plus susceptible de se présenter depuis la loi du 28 mai 1828, *sur les faillites*, d'après laquelle l'art. 595, qui remplace l'ancien art. 598, se borne à dire que la cour ou le tribunal saisi statuera, etc., sans ajouter que ce sera par le même jugement.

298. — Outre les faits reprochables aux faillis et la complicité dont il vient d'être question, la faillite peut encore être pour les syndics ou les créanciers, l'occasion de délits plus ou moins graves que la loi a dû réprimer.

299. — Les syndics sont, comme mandataires, responsables de leur gestion ; mais la responsabilité civile pourrait, en certains cas, ne pas suffire à la répression des désordres préjudiciables soit à la masse, soit au failli. En conséquence, tout syndic qui s'est rendu coupable de malversations dans sa gestion doit être puni correctionnellement d'un emprisonnement de deux mois au moins, de deux ans au plus, et d'une amende qui ne peut excéder le quart des restitutions et des dommages-intérêts qui sont dus aux parties lésées, ni être moindre de 25 fr. — Le coupable peut être, en outre, à compter du jour où il a subi sa peine, interdit pendant cinq ans ans au moins et dix ans au plus, des droits civils mentionnés en l'art. 42, C. pén. — C. comm., art. 596 nouv.; C. pén., art. 405 et 406.

300. — Quant au créancier qui aurait stipulé, soit avec le failli, soit avec toutes autres personnes, des avantages particuliers à raison de son vote dans les délibérations de la faillite, ou qui aurait fait un traité particulier duquel résulterait en sa faveur un avantage à la charge de l'actif du failli, le nouvel art. 597 porte qu'il sera puni correctionnellement d'un emprisonnement qui, ne pourra excéder une année et d'une amende qui ne pourra être au-dessus de deux mille francs, et qu'en outre l'emprisonnement pourra être porté à deux ans si le créancier es syndic de la faillite.

301. — Il était d'autant plus utile, disait M. Renouard (Rapport, p. 89, et *Tr. des faill. et banq.*, t. 2, p. 493), d'attaquer, comme le fait cet article, l'abus des avantages particuliers faits à certains créanciers au préjudice de la masse, que « des consciences *passablement honnêtes* s'endorment assez facilement sur les sophismes qui plaident en faveur de ce délit. On perd dans une faillite une créance légitime; on la perd par le fait du failli; aisément on se persuade que toute voie de contrainte, et surtout de contrainte morale, exercée contre le failli, est légitime pour en obtenir le paiement. Au lieu de subir avec résignation les mêmes conditions de perte que les autres créanciers, on veut, dans le naufrage commun, tirer à soi quelques débris de plus. Ce qui arrive de là, c'est qu'après le concordat passé, une multitude de conventions particulières viennent absorber les ressources qui paraissaient exclusivement destinées à faire face aux obligations que ce concordat avait établies. Les créanciers humains et raisonnables qui ont loyalement exécuté la loi et qui ont réglé leurs sacrifices sur les pertes du débiteur se trouvent frustrés de tout paiement ; des traités faits sous main font passer ce qui reste de l'actif aux hommes durs et égoïstes qui se sont bien gardés d'empêcher le concordat, parce qu'ils ont voulu arracher au failli des avantages particuliers, comme prix de sa rançon, payable après qu'il sera remis à la tête de ses affaires. Quelque aveugles que soient les illusions de l'intérêt personnel blessé, tout le monde cependant, avec une réflexion un peu attentive, reconnaîtra qu'il y a indélicatesse et délit à contribuer par son vote à l'adoption de délibérations auxquelles on n'a droit de prendre part que comme étant liés par elles, et auxquelles cependant on a pris clandestinement la précaution de se soustraire. »

302. — On avait proposé, dans la discussion sur l'art. 597, d'exprimer que les dispositions du Code pénal sur les circonstances atténuantes pourraient être appliquées dans le cas dont il s'agit. — M. le rapporteur a répondu que c'était pour laisser toute latitude à l'indulgence du tribunal qu'on avait rédigé l'article en supprimant *tout minimum*; « de sorte, a ajouté M. le président, que la condamnation peut s'élever au *maximum* comme elle peut descendre à zéro. »

303. — Suivant M. Duvergier (*Coll. des lois*, t. 38, p. 415), l'observation de M. le président ne serait pas exacte, car, dit-il, la peine étant correctionnelle, le *minimum* est de six jours d'emprisonnement et de seize francs d'amende, et les circonstances atténuantes ne peuvent faire modifier les peines prononcées par une loi particulière que lorsque cette loi déclare expressément que l'art. 463, C. pén., régit ses dispositions. — Cette opinion de M. Duvergier, que partage M. Bédarride (*Tr. des faill. et banquer.*, t. 2, n° 1288), est contraire à l'avis de M. Renouard qui, dans son *Tr. des faill. et banquer.*, t. 2, p. 493, s'exprime en ces termes : — « Cet article, conformément au système de rédaction qui commence à prévaloir dans nos lois pénales, fixe le maximum des peines et ne détermine aucun minimum, laissant aux juges la faculté d'abaisser la peine autant qu'ils le voudront; ce qui rend inutile la mention de l'art. 463, C. pén. » — Nous croyons, comme M. Duvergier, que l'observation du président de la chambre n'est pas exacte; mais celle de M. Duvergier ne nous paraît pas l'être davantage; nous attachant à l'explication donnée par le rapporteur, nous pensons que la peine prononcée par l'art. 597, n'étant pas bornée par un minimum exprès, peut être abaissée par les tribunaux jusqu'à la dernière limite imposée aux peines d'amende et d'emprisonnement, et que les juges pourront, conformément au principe posé par nous (V. AMENDE, n° 128), infliger un jour d'emprisonnement ou un franc d'amende. Le mot *correctionnellement* ne nous semble pas avoir été placé dans l'art. 597 pour préciser la nature de la peine, comme pourrait le faire croire le rapport de M. Tripier (p. 44), mais pour attribuer la compétence aux tribunaux correctionnels, attribution qu'il était indispensable d'exprimer d'une manière formelle, puisque l'art. 598 conférait à la juridiction chargée de la répression le droit, ordinairement imparti aux tribunaux civils ou de commerce, d'annuler des conventions pécuniaires. — Il importe cependant de remarquer que la faculté d'abaisser la peine autant qu'il semble au juge équitable de le faire, n'emporte pas virtuellement avec elle tous les pouvoirs qui seraient résultés pour le juge de l'art 463 du Code pénal ; car les magistrats ne pourront puiser dans l'art. 597, tel qu'il est rédigé, la faculté d'appliquer l'une des deux peines seulement, d'em-

prisonnement ou d'amende. On voit donc que, contrairement à l'avis de M. Renouard, la mention de l'art. 463 n'eût pas été inutile.

304. — Il a été jugé que le créancier qui a fait avec un commerçant en état de faillite, c'est-à-dire en cessation de paiemens, un traité particulier duquel il résulte en sa faveur un avantage à la charge de l'actif du failli, est passible des peines portées par l'art. 597, C. comm., lors même que par un jugement postérieur le tribunal de commerce aurait rapporté la faillite. — *Cass.*, 23 avr. 1841 (t. 1er 1842, p. 382), Delestre et Letellier; — Renouard, *Tr. des faillites*, t. 2, p. 493.

305. — ...Et le tribunal correctionnel saisi de l'action du ministère public contre ce créancier a droit d'examiner si, lors dudit traité, le débiteur était en faillite, c'est-à-dire en état de cessation de paiemens. — Même arrêt. — V. à cet égard QUESTION PRÉJUDICIELLE.

306. — La solidarité peut-elle, quant aux dépens, être prononcée contre plusieurs créanciers reconnus par un même jugement coupables du délit puni par l'art. 597? — Il faut distinguer : la solidarité ne peut être prononcée s'ils ont stipulé en vertu de traités différens; il y a alors autant de délits distincts que de stipulations particulières. Mais si c'est cumulativement et par un seul et même acte que les prévenus ont stipulé à leur profit un avantage illicite, ils doivent être condamnés solidairement, bien que cet avantage s'applique à leur intérêt personnel et particulier, car il y a entre eux une indivisibilité du fait qui doit engendrer la solidarité.

307. — La loi ne se borne pas à punir le délit prévu par l'art. 597; elle annule les traités qui en sont résultés : ainsi l'art 598 dispose que les conventions seront, en outre, déclarées nulles à l'égard de toutes personnes, et même à l'égard du failli, et que le créancier sera tenu de rapporter à qui de droit les sommes ou valeurs qu'il aura reçues en vertu des conventions annulées. — « Ces conventions, disait M. Renouard dans son rapport à la chambre des députés, ne peuvent conserver d'effet vis-à-vis de qui que ce soit. Le failli lui-même, quoiqu'il ait participé au délit qui les a créées, doit pouvoir en demander la nullité sans être exposé à une peine. Le meilleur moyen de faire cesser le fléau des arrangemens particuliers n'est-il pas de leur ôter toute garantie et de ne laisser pour celui qui les a exigés aucune précaution possible de sécurité? Il faut intéresser le failli à faire tomber de pareils actes auxquels il ne peut avoir consenti librement. » — V. aussi Renouard, *Tr. des faill. et banq.*, t. 2, p. 495 et 496.

308. — Cette nullité est applicable même en cas de simple atermoiement. — Ainsi jugé que les engagemens secrets pris par le débiteur en dehors des conditions d'un atermoiement volontaire qui lui a été consenti par ses créanciers sont nuls et sans effet, et que la nullité peut en être poursuivie par le débiteur lui-même. — Dans ce cas les créanciers sont recevables à intervenir individuellement, même après la faillite du débiteur, dans l'instance en nullité de ces stipulations particulières. — *Paris*, 21 avr. 1845 (t. 2 1845, p. 44), Multigné c. Savignac.

309. — En déclarant nuls, même relativement au failli, les engagemens par lui contractés envers quelques uns seulement de ses créanciers, la loi nouvelle résout heureusement une difficulté qui divisait les auteurs et la jurisprudence. — Renouard, *ibid.* — Voici, au reste, le tableau des diversités de la jurisprudence sur cette question.

310. — Ainsi, sous le Code de 1808, il avait été jugé d'une part : 1° que les engagemens pris par un failli au profit de l'un de ses créanciers devaient être annulés lorsqu'ils n'avaient été souscrits que pour obtenir l'adhésion de ce créancier au concordat, et que le failli pouvait lui-même en demander la nullité. — *Rouen*, 14 déc. 1824, Moysi c. Leroux.

311. — ... 2° Qu'il en était de même à l'égard de l'obligation contractée par le failli de payer intégralement un de ses créanciers pour obtenir son adhésion au concordat. — *Paris*, 21 fév. 1828, S...

312. — ... 3° Qu'il en était de même également, quoique la date du billet souscrit par le failli au profit de l'un de ses créanciers, afin de compléter le paiement intégral de la créance de ce dernier, et d'obtenir ainsi son adhésion au concordat, eût été laissée en blanc et qu'elle fût postérieure au concordat. — *Lyon*, 17 mars 1831, Godard.

313. — ... 4° Que l'engagement contracté par le failli, avant le concordat, de payer intégralement un créancier devait être annulé, soit comme étant détruit par le concordat, soit comme reposant sur une cause illicite, et que la nullité d'un semblable engagement pouvait être invoquée aussi bien par le failli lui-même que par les créanciers. — *Paris*, 11 juill. 1837 (t. 2 1837, p. 128), Cavelau c. Duguy; *Cass.*, 23 mai 1838 (t. 1er 1838, p. 628), mêmes parties; *Paris*, 21 juin 1838 (t. 2 1838, p. 66), Joffriaud c. Letuglieux.

314. — Il a même été jugé, par identité de motif, que sous l'empire de l'ancienne loi des faillites, comme sous la nouvelle (art. 597), les engagemens souscrits *par un tiers*, en faveur d'un créancier, pour obtenir l'adhésion de ce créancier au concordat étaient frappés d'une nullité absolue et radicale comme contraires à l'ordre public. — *Paris*, 9 août 1838, Castagnet c. Bouthard; *Amiens*, 1er fév. 1839, Morisé c. Hardenpont (t. 1er 1839, p. 305).

315. — Par suite des principes consacrés par les décisions qui précèdent, la cour royale de Rouen avait jugé que l'hypothèque qu'un failli a consentie après le concordat au profit de l'un des créanciers signataires du concordat était nulle, si elle n'avait d'autre cause que la créance pour laquelle ce créancier avait figuré au concordat et qu'elle était nulle, même à l'égard du cessionnaire de bonne foi du créancier hypothécaire. — *Rouen*, 30 avril 1829, Huet c. Morel.

316. — Jugé encore que l'obligation souscrite par un failli concordataire au profit d'un de ses créanciers dans le but d'accorder à celui-ci un supplément de dividende afin de prévenir de sa part une opposition au concordat, pouvait être annulée pour cause illicite, lorsque cette nullité était demandée non seulement par le failli lui-même, mais encore par un des créanciers qui avaient signé le concordat. — *Cass.*, 30 mars 1830, Trinquesse c. Delarue.

317. — Il avait, d'un autre côté, été jugé : 1° qu'avant la loi de 1838, un débiteur failli qui avait fait un concordat avec la masse de ses créanciers, et qui pour obtenir la signature de l'un d'eux, lui faisait un engagement particulier, où il se trouvait mieux traité que les autres créanciers, n'était pas recevable à quereller cet engagement, lorsque les créanciers avaient été désintéressés. — *Paris*, 15 déc. 1809, Cavellan.

318. — ... 2° Que le failli n'était pas non plus recevable à demander de son chef, en son nom, la nullité des engagemens ou aliénations par lui consentis postérieurement à la faillite et avant le concordat. — Ces engagemens ou aliénations étaient valables à son égard. — Les créanciers pouvaient seuls les attaquer comme faits en fraude et au préjudice de leurs droits. — *Bordeaux*, 19 août 1828, Fourgeaut c. Collineau; *Angers*, 4 juin 1829, Quantin-Hardyau c. Lambron.

319. — ... 3° Que le failli était non recevable à demander la nullité pour défaut de cause, d'une obligation par lui contractée, sous le prétexte qu'il ne l'avait consentie que pour obtenir un concordat frauduleux. — *Angers*, 4 juin 1829, Quantin-Hardyau c. Lambron; *Cass.*, 11 avr. 1831, mêmes parties.

320. — ... 4° Et que, par suite, les créanciers seuls étaient fondés à critiquer la date du billet, soit comme simulé, soit comme souscrit par un failli, c'est-à-dire par un individu dessaisi de l'administration de ses biens. — *Cass.*, 11 avr. 1831, Quantin-Hardyau c. Lambron.

321. — ... 5° Que l'engagement souscrit par le failli, en dehors du concordat, ayant pour effet d'assurer à l'un de ses créanciers le paiement intégral de sa créance, n'était pas entaché d'une nullité absolue que le failli lui-même pût invoquer dans le silence des autres créanciers. — *Paris*, 17 mars 1832, Berle c. Dubuisson.

322. — ... 6° Que sous le Code de 1808, les engagemens consentis par un failli pour obtenir l'adhésion d'un créancier à son concordat étaient valables à l'égard de celui qui les avait souscrits. — *Bordeaux*, 21 déc. 1840 (t. 1er 1841, p. 351), Mendes c. Larroque.

323. — ... 7° Que le failli qui avait constitué une hypothèque au profit d'un de ses créanciers, pour s'assurer de son adhésion au concordat, n'était pas recevable, après son concordat, à demander la nullité de cette hypothèque, et que ses créanciers pouvaient seuls l'attaquer, comme faite en fraude de leurs droits. — *Bordeaux*, 30 déc. 1828, Chauvet c. Broussois. — V. HYPOTHÈQUE.

324. — ... 8° Que les billets souscrits par un failli au profit de l'un des créanciers, pour supplément du dividende résultant du concordat, étaient valables à l'égard du failli; mais que leur échéance ne pouvait toutefois être portée qu'à une époque postérieure aux délais fixés par le concordat pour la libération du failli envers la masse. — *Paris*, 20 fév. 1834, Deruire c. Garnier.

325. — ... 9° Que le cautionnement souscrit par un tiers au profit d'un créancier du failli, pour prix de l'adhésion de ce dernier au concordat, ne présentait en soi rien d'illicite; il n'avait ce caractère qu'autant qu'il altérait la consistance des biens du failli, ou que, par son adhésion, le créancier garanti avait contraint les autres créanciers à faire au failli des remises illégitimes. — *Cass.*, 19 juin 1832, Bradel c. Busnot.

326. — Il arrivera sans doute quelquefois que des traités particuliers faits avec le failli avant le concordat, ne seront réalisés que postérieurement, c'est-à-dire lorsqu'il aura recouvré la libre disposition de ses biens. C'est aux tribunaux à empêcher que la loi ne soit ainsi éludée, en examinant avec soin l'époque et le but des engagemens sur lesquels ils seront appelés à prononcer. « Les sommes ou valeurs reçues en vertu des conventions annulées, seront rapportées par le créancier *à qui de droit* : au failli, si, ayant obtenu un concordat, il a fait ce sacrifice sur l'actif de la masse, ou à l'aide de ressources particulières, et cette somme alors servira à remplir les obligations du concordat; à l'union, si les avantages particuliers proviennent du failli; aux parens ou amis qui auront fourni les deniers, s'il s'agit de sommes données pour prix d'un vote dans les délibérations de la faillite. » — Rapp. de M. Renouard. — V. aussi *Tr. des faill. et banq.*, t. 2, p. 496.

327. — Jugé que la déclaration négative du jury sur une accusation de complicité de banqueroute frauduleuse pour avoir sciemment fait avec le failli un traité préjudiciable à la masse des créanciers n'élève pas une fin de non-recevoir contre la demande formée par les syndics devant les tribunaux civils à l'effet de faire prononcer l'annulation de cet acte comme fait après l'ouverture de la faillite. — *Grenoble*, 26 déc. 1840 (t. 1er 1842, p. 204), Courbis c. Mercier.

328. — Selon M. Renouard (*Traité des faillites*, t. 2, p. 496), tout créancier qui se rend partie principale ou partie intervenante doit obtenir des dommages-intérêts. Car, si un créancier poursuit à ses risques une annulation qui doit profiter à tous, il est juste de lui attribuer un dédommagement particulier. — Cette décision paraît fort controversable; nous pensons seulement que le créancier dont il s'agit serait fondé à réclamer, sur les sommes qu'il a fait restituer, le prélèvement des frais et faux frais dont il n'a pas obtenu le remboursement complet; encore ne serait-ce point le tribunal saisi de l'action en annulation de l'acte frauduleux qui pourrait statuer sur ce prélèvement, puisque la masse des créanciers n'est point en cause devant lui. — Tel est aussi l'avis de M. Duvergier (*Coll. des lois*, t. 38, p. 415).

329. — En cette matière, comme en toute autre, le demandeur est libre de choisir la voie civile ou la voie criminelle. Si l'action correctionnelle est intentée par le ministère public, qui peut toujours poursuivre un délit, même d'office, ou par toute autre personne ayant intérêt à l'annulation de la convention illicite, cette action sera portée devant les tribunaux correctionnels du domicile du défendeur, qui jugeront à charge d'appel. Si, au contraire, l'annulation est poursuivie par voie civile, elle sera portée devant les tribunaux de commerce, qui statueront, comme en toute autre matière, et conformément à la loi du 3 mars 1840, en dernier ressort jusqu'à 1,500 fr. — Renouard, *Tr. des faill. et banq.*, t. 2, p. 497.

330. — Tous les jugemens et arrêts de condamnation rendus en vertu des dispositions qui viennent d'être analysées, sont comme ceux rendus en matière de banqueroute simple ou frauduleuse (V. *suprà* nos 142 s., 245), affichés et publiés suivant les formes établies par l'art. 42, C. comm., aux frais des condamnés. — C. Comm. anc., art. 592 et 597; — C. comm. nouv., art. 600.

§ 6. — *Administration des biens en cas de banqueroute.*

331. — Le nouveau Code de commerce dispose ainsi qu'il suit (art. 601) : « Dans tous les cas de poursuite et de condamnation pour banqueroute simple ou frauduleuse, les actions civiles autres que celles dont il est parlé dans l'art. 595 (V. le § 4) resteront séparées, et toutes les dispositions relatives aux biens prescrites pour la faillite seront exécutées sans qu'elles puissent être attribuées ni évoquées aux tribunaux de police correctionnelle ni aux cours d'assises. »

332. — Art. 602 : « Seront cependant tenus, les syndics de la faillite, de remettre au ministère public les pièces, titres, papiers et renseignemens qui leur seront demandés. » — V. aussi FAILLITE.

333. — Art. 603. « Les pièces, titres et papiers délivrés par les syndics seront, pendant le cours de l'instruction, tenus en état de communication par la voie du greffe; cette communication aura lieu sur la réquisition des syndics, qui pourront y prendre des extraits privés, ou en requérir d'authentiques, qui leur seront expédiés par le greffier. — Les pièces, titres et papiers dont le dépôt judiciaire n'aurait pas été ordonné seront, après

l'arrêt ou le jugement, remis aux syndics, qui en donneront décharge. »

554.— Ces articles sont la reproduction presque textuelle des anciens art. 600 à 603. La loi a voulu maintenir dans une parfaite indépendance l'une de l'autre la procédure commerciale de la faillite et l'action de la justice répressive. Par le jugement déclaratif, l'administration des biens a cessé d'appartenir au failli, et les syndics en ont été saisis. La circonstance que le failli est poursuivi ou condamné comme banqueroutier ne doit donc pas dessaisir les syndics; de même que la saisine des syndics ne doit apporter aucun obstacle à l'exercice de la justice pénale. — Renouard, *Des faill. et banq.*, t. 2, p. 449.

555. — La cour de Montpellier a jugé que le débiteur en état de banqueroute frauduleuse ne peut être représenté par l'administration des domaines. —*Montpellier*, 22 juin 1838 (t. 2 1838, p. 426), Coste c. Vidal Naguet. — *Contrà* Renouard (t. 2, p. 500) pense, conformément à une circulaire du directeur des domaines et à l'opinion des auteurs, que, même en cas de contumace, les syndics restent saisis des biens, et qu'ils continuent à représenter les intérêts civils du failli, comme ceux de la masse. — V. circulaire du 5 sept. 1807; — Pardessus, n° 1301; Boulay-Paty, nos 537-545.

556.—La condamnation pour banqueroute frauduleuse ne détruit pas l'état de faillite, et l'union des créanciers continue à être investie de l'administration des biens de la masse; mais en même temps, en cas de condamnation du banqueroutier aux travaux forcés à temps ou à la réclusion, il doit être pourvu à la nomination d'un tuteur et d'un subrogé tuteur, conformément à l'art. 29, C. pén.; ces tuteur et subrogé tuteur représentent le failli: c'est en leur présence qu'aura lieu l'assemblée pour la clôture de l'union dont parle l'art. 537; c'est le tuteur qui, après la peine, rendra au failli le compte exigé par l'art. 30, C. pén.

V. ACTION PUBLIQUE, AGENT DE CHANGE, CESSION DE BIENS, COMPLICITÉ, COURTIER, ESCROQUERIE, FAILLITE, HYPOTHÈQUE, PREUVE, QUESTION PRÉJUDICIELLE, SUSPICION LÉGITIME, TENTATIVE, VOL.

BANQUETTE.

Espèce de degré que l'on construit sur le rempart des places de guerre et dans le chemin couvert au pied du parapet pour élever le soldat et lui donner la facilité de tirer par-dessus le parapet. — V. PARAPET, PLACE DE GUERRE, REMPART.

BANQUIER.

Table alphabétique.

BANQUIER. — 1. — Négociant qui fait des opérations de banque sa profession habituelle. — Merlin donne cette autre définition : « C'est, dit-il, celui qui tient une banque, et qui fait commerce d'argent en faisant des traites et des remises de place en place. »

2. — Désignés à Rome sous le nom d'*argentarii*, ils y cumulaient les fonctions d'officiers publics, d'agens de change, de notaires, de courtiers et de commissionnaires. — En France, ils ont été pendant long-temps désignés sous le nom de *Lombards*. Henri III est le premier roi qui ait soumis l'exercice leur profession à une autorisation préalable. — Ordon. 7 sept. 1581.

3. — L'ordonnance de Blois n'accorda, en outre, aux étrangers la permission de faire la banque qu'après qu'ils auraient fourni une caution de 15,000 livres, renouvelable tous les trois ans.

4. — Aujourd'hui, d'après l'art. 7 de la loi du 7 mars 1791, qui a proclamé la liberté du commerce et de l'industrie, la profession de banquier est libre comme toutes les autres professions commerciales; mais un banquier ne peut être agent de change. — V. AGENT DE CHANGE, n° 208.

5. — Les banquiers, suivant qu'ils font des affaires seulement pour leur propre compte, ou pour le compte de tiers, moyennant une commission, prennent le nom de *banquiers* ou de *banquiers commisssionnaires*.

6. — Les opérations de banque sont des actes de commerce. — V. ACTE DE COMMERCE, nos 409 et suiv. — Dès-lors l'exercice habituel de ces actes constitue pour celui qui s'y livre l'état de commerçant.

7. — Les banquiers sont soumis à toutes les obligations imposées aux commerçans. — V. COMMERÇANT.

8. — Les billets qu'ils émettent sont réputés faits pour leur commerce. — C. comm., art. 631.

9. — Le mineur régulièrement autorisé à faire le commerce de banque est engagé pour les faits de sa banque comme s'il était majeur. — C. civ., art. 1308.

10. — Les banquiers sont rangés par la loi du 25 avril 1844, sur les patentes, au nombre des patentables, et imposés à : 1° un droit fixe de 1000 fr. pour Paris; de 500 fr. pour les villes d'une population de cinquante mille ames et au-dessus; de 400 fr. pour les villes de trente mille à cinquante mille ames, et dans celles de quinze mille à trente mille ames qui ont un entrepôt réel; de 300 fr. pour les villes de quinze mille à trente mille ames, et pour les villes d'une population inférieure à quinze mille ames qui ont un entrepôt réel; et de 200 fr. pour les autres communes; — 2° un droit proportionnel du quinzième de la valeur locative de la maison d'habitation et des locaux servant à l'exercice de la profession. — V. PATENTE.

11. — Des prêts faits à domicile par des négocians ou des particuliers et l'escompte à domicile de billets payables dans le même lieu ne constituent pas le véritable commerce de banque, et n'autorisent pas dès-lors à taxer ceux qui s'y livrent au rôle des patentes, en qualité de banquiers. — *Cons. d'état*, 14 janv. 1818, Brunot.

12. — Quand il n'est pas prouvé qu'un négociant en gros tient une maison de banque dans laquelle on trouve en tout temps du papier sur les principales places de commerce de France et de l'étranger, il n'y a pas lieu de le soumettre à la patente de banquier. — *Cons. d'état*, 19 juin 1826, Taudière.

13. — Jugé de même à l'égard du négociant qui se borne à peu près à faire ou escompter le papier nécessaire à son négoce. — *Cons. d'état*, 8 avr. 1831, Arnault-Sénard.

14. — Mais le négociant en vins et eaux de vie qui se livre à des opérations de banque qui n'ont pas pour objet exclusif le mouvement de son commerce, doit être imposé à la patente de banquier. — *Cons. d'état*, 20 déc. 1836, Descombes.

15. — Celui qui se livre à des opérations qui ont pour objet l'escompte et la négociation des effets de commerce doit être imposé à la patente de banquier sans égard à l'importance de ses affaires. — *Cons. d'état*, 26 juill. 1837, Ministre des finances c. Gromar. — ...Ni à l'importance de la localité dans laquelle il exerce son industrie. — *Cons. d'état*, 20 mars 1838, Fareit frères; 25 avr. 1839, Genson; 30 juill. 1839, Rouzé-Mathon.

16. — ...Ni à cette circonstance que ses opérations ne s'étendent pas aux places étrangères. — *Cons. d'état*, 3 mars et 3 juin 1840, Trudin-Roussel.

17. — La déclaration qu'un banquier fait à la mairie, qu'il cesse sa profession de banquier, suffit pour constater qu'il l'a quittée, et les certificats délivrés par le tribunal de commerce ainsi que par les autorités du département sont des preuves surabondantes. — *Conseil d'état*, 14 mai 1817, Pignol.

18. — Les bénéfices du banquier consistent ordinairement dans le taux de l'escompte qu'il perçoit sur les lettres de change et autres effets de commerce qu'il négocie. — V. ESCOMPTE. — ...Et dans le droit de commission qu'il stipule pour les divers services qu'il rend. — V. COMMISSION.

19. — Les banquiers qui ouvrent un crédit sur leur caisse, soit à un négociant, soit à un non-négociant, sont dans l'usage : 1° de percevoir 6 % d'intérêts sur les sommes qu'ils avancent, intérêts qui courent du jour de chaque avance : c'est l'application des règles du prêt à intérêt; — 2° de prendre en outre sur toutes les sommes dont ils font l'avance un droit de commission d'un demi pour cent : ce droit est, ou une indemnité de l'obligation où les banquiers sont d'avoir toujours des fonds à la disposition des emprunteurs, ou peut-être plus exactement une rétribution, un salaire, pour le mandat dont ils se chargent de procurer à un négociant ou autre les fonds qui lui sont nécessaires; — 3° de tenir compte au débiteur de 6 % d'intérêt sur les sommes payées par lui, afin de ne pas être dans la nécessité d'établir des compensations et de faire la balance de chaque compte à chaque paiement; — 4° et enfin d'arrêter le compte tous les trois mois ou à des époques plus ou moins éloignées, et si la balance est en leur faveur, de faire du solde en capital et intérêts le premier article du compte suivant, lequel porte de nouveaux intérêts, et ainsi de suite jusqu'à la clôture des opérations.

20. — Le ministère d'un banquier à qui des billets sont confiés pour une opération de banque n'est pas réputé gratuit, à moins de stipulation expresse. — *Paris*, 24 juillet 1809, Orlandini c. Rougemont.

21. — Lorsque la quotité de la rétribution due à un banquier n'a pas été fixée d'un commun accord entre lui et ses commettans, elle se règle d'après l'usage de la place. — Goujet et Merger, *Dict. de dr. com.*, v° *Banquier*, n° 11.

22. — Jugé que le droit de commission est suffisamment rétribué au taux de demi pour cent par an. — *Bourges*, 2 mars 1836, Gastinel c. Dupuichaud; *Grenoble*, 31 août 1839, sous *Cass.*, 14 juill. 1840 (t. 2 1840, p. 487), Chevallier-Callier).

23. — Des escomptes peuvent excéder le taux légal de l'intérêt, sans former des élémens constitutifs du délit d'habitude d'usure, lorsqu'ils n'ont pas été employés pour déguiser des perceptions d'intérêts usuraires faites en vertu de prêts conventionnels. — *Cass.*, 8 avr. 1825, Desprès-Eglée; 26 août 1825, Désir; 16 août 1828, Lebègue; *Grenoble*, 16 fév. 1836 (t. 2 1837, p. 100), Chabelet c. Guttin.

24. — Selon l'usage constant du commerce, le négociant qui ouvre un crédit à un autre négociant peut, en sus de l'intérêt légal, exiger un droit de commission en raison du capital de chaque fourniture ou prestation de fonds. — *Cass.*, 14 juill. 1840 (t. 2 1840, p. 487), Chevalier c. Allier; *Aix*, 15 janv. 1844 (t. 2 1844, p. 465), Crémieu c. Raynaud; *Colmar*, 11 mai 1842 (t. 1er 1843, p. 8), B... c. Schelbaum. — Cet usage, critiqué comme contraire à la loi par M. Duvergier, *Tr. du prêt* (continuation de Toullier, t. 21, n° 297), est au contraire approuvé et justifié par M. Troplong, *Prêt*, nos 382 et suiv.

25. — Si le droit de commission d'un banquier ne se légitime qu'en le considérant comme une raisonnable indemnité des frais d'encaissement des valeurs à lui remises et des démarches pour leur réalisation, on doit pourtant lui accorder, d'après la loi du 3 septembre 1807, un intérêt de 6 % sur les sommes qu'il a fournies ou prêtées au commerçant avec lequel il s'est mis en compte. — *Bourges*, 18 déc. 1839 (t. 2 1840, p. 219), Guémy et Desroys c. Lyons.

26. — On ne peut réputer convention usuraire la commission allouée au banquier pour les démarches au moyen desquelles il fournit au négociant les fonds dont celui-ci a besoin pour son commerce; mais cette commission ne doit se régler que tous les ans, comme les intérêts du compte courant, pour être alors ajoutée au capital du compte. — La convention de commission ne peut échapper à la qualification d'usuraire qu'autant qu'elle n'est que la juste rétribution des démarches du banquier, par exemple lorsqu'elle n'excède pas 1 % du capital procuré par lui. — *Rennes*, 6 janvier 1844 (t. 1er 1844, p. 524), Lebourhis c. Ruello.

27. — L'escompte ou le droit de commission ne peut résulter que d'une opération de banque ou de change et non d'un simple prêt commercial, encore bien qu'il soit fait par une maison de banque. Toutefois, les tribunaux peuvent, en rejetant du compte le droit de commission, adjuger au banquier des intérêts au taux de 6 %, bien qu'il n'en ait été stipulé qu'à 5 %. — *Grenoble*, 6 mars 1842 (t. 2 1842, p. 736), P... c. M...

28. — Un banquier ne peut réclamer le droit de commission qu'au cas d'encaissement des effets à recouvrer, et non sur les écus qu'il reçoit ni sur ceux qu'il remet, ni sur les valeurs qu'il donne au lieu d'argent, ni sur les billets souscrits payables chez le banquier. — *Bourges*, 2 mars 1836, Gastinel c. Dupuichault.

29. — Le droit de commission n'est dû qu'autant qu'il y a eu décaissement de fonds de la part d'un banquier : ainsi il n'est pas dû en cas de simple renouvellement de billets précédemment souscrits, cette opération ne donnant lieu à aucun décaissement réel. — *Douai*, 20 février 1841 (t. 2 1841, p. 497), N...

30. — Si en général un droit de commission peut être réclamé pour raison des valeurs ou effets de

commerce encaissés par le débiteur pour le compte du banquier, et dont il aurait gardé les fonds entre ses mains, ce principe ne peut recevoir son application alors qu'il y a entre le banquier et le commettant échange réciproque d'effets à encaisser, ce qui constituerait plutôt un office d'ami qu'une opération de banque. — Mais le droit de commission est dû à raison des espèces prêtées par le banquier et des effets par lui acquittés à la décharge de son commettant. — *Grenoble*, 6 mai 1842 (t. 1er 1843, p. 162), Gaduel c. Fanton.

31. — Le banquier peut en outre convenir que les intérêts dus sur le reliquat de chaque réglement semestriel seront capitalisés et produiront eux-mêmes des intérêts, sans pour cela se rendre coupable d'usure. — *Cass.*, 14 juill. 1840 (t. 2 1840, p. 487), Chevalier Callier.

32. — Dans les usages du commerce, les soldes des comptes arrêtés comprenant des intérêts peuvent être portés à nouveau pour faire courir de nouveaux intérêts. L'article 1154 n'est pas applicable aux matières commerciales. Les droits d'escompte et de commission compris une première fois dans des soldes de compte ne peuvent plus être perçus sur les soldes portés à nouveau. — *Dijon*, 24 août 1832 (sous *Cass.*, 12 nov. 1834), Bonault c. Gérard; *Grenoble*, 16 fév. 1836 (t. 2 1837, p. 100), Chabelet c. Guttin. — V. cependant *Aix*, 15 janv. 1844 (t. 2 1844, p. 465), Crémieu c. Reynaud.

33. — Jugé de même que ce droit ne peut être perçu qu'une fois, mais non sur le solde de chaque réglement de compte porté à nouveau. — *Colmar*, 11 mai 1842 (t. 1er 1843, p. 8), B... c. Scheibaum; *Cass.*, 2 juill. 1844 (t. 2 1845), mêmes parties.

34. — ... Et qu'il y a perception d'intérêts usuraires de la part du banquier qui, indépendamment d'un intérêt de 6 % sur les sommes dont il fait l'avance, prend plusieurs fois le droit de commission sur la même somme et ne tient compte au débiteur que de 5 % sur les remises que lui a faites ce dernier. — *Orléans*, 21 août 1840 (t. 2 1840, p. 543), Treshwiht c. Bouchet-Chevallier.

35. — La perception faite par un banquier d'un droit de commission sur les fonds qu'il a fournis doit être considérée comme une adjonction illégale d'intérêts, s'il résulte des circonstances que le banquier n'a dû faire aucune démarche pour se procurer les valeurs dont il a disposé : ainsi, la convention par laquelle il a été stipulé que le banquier arrêterait tous les trois mois le compte ouvert au négociant auquel il fait des avances et que ce reliquat reporté à nouveau donnerait lieu, outre l'intérêt légal, à un droit de commission, est illégale et nulle. — *Cass.*, 12 nov. 1834, Bonault c. Gérard.

36. — L'usage du réglement de compte à trois ou six mois avec capitalisation d'intérêts, est applicable aux banquiers entre eux, mais non aux opérations entre banquiers et particuliers. — *Bourges*, 2 mars 1836, Gastinel c. Dupuichaud.

37. — De même, l'usage admis entre les banquiers de régler à trois ou six mois, au moyen de comptes courans, leur situation commerciale et financière, avec capitalisation des intérêts et frais d'agio ou de commission, ne saurait être obligatoire pour le commerçant qui ne fait pas la banque, parce qu'à son égard l'art. 1154 sur la capitalisation des intérêts est seul applicable. — *Bourges*, 18 déc. 1839 (t. 2 1840, p. 219), Guelney c. Lyons.

38. — Lorsque aucune époque de remboursement n'a été convenue entre un banquier et une personne qui lui a remis des fonds en compte courant, le solde de compte est exigible à la volonté du déposant, sauf au tribunal à accorder, selon les circonstances, un délai au banquier qui le demande. — *Bourges*, 6 juin 1840 (t. 2 1841, p. 127), Julien c. de Laingy.

39. — Entre un banquier et un particulier qui lui donne une traite à recouvrer et à encaisser, moyennant un escompte, il y a contrat commercial, de telle sorte que si le banquier est assigné en paiement de la somme qu'il a dû recouvrer, et s'il se prétend libéré, il n'y a pas lieu à l'application des art. 1341 et 1353, C. civ. — *Cass.*, 21 juin 1827, Tiffes c. Tayac.

40. — Les juges peuvent, dans ce cas, admettre des présomptions, et avoir égard aux livres du banquier. Il en serait de même si le demandeur était porteur d'un billet de garantie donné par le banquier. — Même arrêt.

41. — Les intérêts produits par des avances commerciales faites par un banquier ne sont pas soumis à la prescription de cinq ans. — *Cass.*, 8 avr. 1825, Desprès; — Bousquet, *Dict. des Prescript*, v° *Banquier*.

42. — Du principe posé *suprà*, n° 24, que le ministère d'un banquier n'est pas réputé gratuit, il suit que la responsabilité du banquier est réglée par les principes du mandat salarié. — *Paris*, 24 juill. 1809, Orlandini c. Rougemont.

43. — Le banquier, lors même que son ministère serait gratuit, n'en serait pas moins responsable de la perte des billets à lui confiés si cette perte provenait de sa négligence. — Même arrêt.

44. — Le fait par le premier commis d'un banquier, son fondé de pouvoirs, d'avoir laissé le papier-billet, les timbres et les poinçons de la maison à la disposition d'un autre employé qui s'en est servi pour fabriquer de faux mandats, constitue de sa part une imprudence ou une négligence qui rend le banquier responsable envers ceux qui, sur de trompeuses apparences et par suite de l'erreur dans lesquels ils ont dû tomber, ont payé les faux mandats. — *Bourges*, 13 déc. 1841 (t. 2 1842, p. 529), Patureau c. Tarnaud Nouhalhier.

V. COMMERÇANT, COMMISSION, COMPÉTENCE COMMERCIALE, ESCOMPTE, INTÉRÊTS, MINEURS, NOVATION, TIMBRE, USURE.

BANQUIERS EXPÉDITIONNAIRES DE COUR DE ROME.

1. — Officiers français chargés autrefois de solliciter à la cour de Rome ou à la légation d'Avignon les provisions des bénéfices, les dispenses de mariage, les rescrits, bulles et autres actes apostoliques.

2. — Pendant long-temps il avait été permis à quelque personne que ce fût de servir de correspondant aux chapitres, églises, bénéficiers et aux simples particuliers, ayant à obtenir quelques expéditions de la cour de Rome; mais il arriva que certains solliciteurs, quoique sans caractère public, s'imposèrent en quelque sorte au public et finirent par accaparer toutes les affaires.

3. — En 1678, après deux ou trois tentatives qui avaient échoué, Louis XIV, pour mettre fin aux abus qui se commettaient dans les expéditions de la cour de Rome, érigea en titre d'office des *banquiers expéditionnaires* auxquels il conféra le droit exclusif de solliciter en cour de Rome et dans la légation d'Avignon.

4. — Ces banquiers devaient être des laïques (Déclar. 30 janv. 1675); n'êtres ni secrétaires, ni officiers ni domestiques d'aucun prélat ou autre ecclésiastique (Nouveau Denizart, v° *Banquier expéditionnaire*, § 2, p. 221, n° 1er); ils devaient prêter serment.

5. — En 1675, les banquiers expéditionnaires en cour de Rome prirent le titre de *conseillers du roi*. — Leurs fonctions n'étaient point incompatibles avec celles d'avocats au parlement. On les voit en effet jusqu'en 1789, figurer dans tous les almanachs royaux, sous ce titre : *avocats au parlement, conseillers du roi, expéditionnaires de cour de Rome et Légations*.

6. — Les banquiers expéditionnaires avaient une action pour leurs honoraires, conformément au tarif de 1691, et devaient tenir registres.

7. — Ils étaient exempts de collecte, tutelle, curatelle, guet, garde et autres charges publiques, et avaient le privilége de *committimus* aux requêtes du palais.

BAPTÊME.

1. — Sacrement qui confère la qualité de chrétien.

2. — Autrefois le baptême avait une importance civile, et l'acte qui en était dressé par le curé ou le vicaire qui procédait à la cérémonie religieuse conférait à la personne baptisée l'état civil. — V. ACTES DE L'ÉTAT CIVIL, n° 7.

3. — Mais depuis la loi du 20 sept. 1792, qui a créé des officiers de l'état civil, le baptême n'est plus qu'une cérémonie purement religieuse. Aussi, l'art. 55 de la loi du 18 germ. an X porte-t-il « que les registres tenus par les ministres du culte, n'étant et ne pouvant être relatifs qu'à l'administration des sacremens, ne pourront, dans aucun cas, suppléer les registres ordonnés par la loi pour constater l'état civil des Français. » — V. ACTES DE L'ÉTAT CIVIL, ENFANT NATUREL.

4. — Lors de la discussion des art. 199 et 200 du Code pénal, qui défendent, sous des peines déterminées, aux ministres d'un culte de procéder aux cérémonies religieuses d'un mariage sans qu'il leur ait été préalablement justifié d'un mariage reçu par les officiers de l'état civil, on avait proposé d'interdire également la célébration des cérémonies religieuses relatives aux naissances avant que l'autorité civile en eût dressé les actes; mais cette proposition fut repoussée au conseil d'état par le motif qu'il y a des baptêmes urgens et qui pressent plus que l'inscription civile pour laquelle la loi donne trois jours. — Chauveau et Hélie, *Th. C. pén.*, t. 4, p. 279.

BAPTÊME DU TROPIQUE ou DE LA LIGNE.

1. — On appelle ainsi une espèce de cérémonie profane à laquelle les marins assujétissent ceux qui passent pour la première fois le tropique du cancer ou la ligne.

2. — Cette cérémonie consiste à verser des seaux d'eau sur les passagers, quand ils ne s'en sont point rédimés en donnant de l'argent à l'équipage.

3. — L'exercice de cet abus ayant donné lieu à un procès, le conseil supérieur du Cap Français a fait à cet égard, le 8 janvier 1784, un réglement ainsi conçu : « Faisant droit sur les plus amples conclusions de notre procureur général; il est fait très expresses inhibitions et défenses à Piaud, capitaine de navire la *Claudia*, et à tous autres capitaines, maîtres et officiers de navires marchands, de permettre ou souffrir à l'avenir que sous prétexte du passage du tropique du cancer, les gens de leur équipage insultent, vexent ou rançonnent les passagers, pour les assujétir à la cérémonie profane abusivement appelée *le baptême du tropique* ou *de la ligne*; à peine contre les dits capitaines, maîtres et officiers de répondre, en leurs propres et privés noms, des faits de leurs matelots, et d'être poursuivis extraordinairement comme coupables du crime de force et de violence. » — Merlin, *Rép.*, v° *Baptême du tropique*.

V. aussi CAPITAINE, ÉQUIPAGE.

BAQUETS (Fabricans de).

V. SEAUX.

BAR, — BARROIS, — BARROIS MOUVANT.

1. — Le pays de Bar ou Barrois formait autrefois une province de France, située entre la Lorraine et la Champagne, comprise aujourd'hui dans le département de la Meuse. — Erigé en duché vers 1354, réuni plus tard au duché de Lorraine, le Barrois fut, en 1736, donné, conjointement avec la Lorraine, au roi Stanislas de Pologne, pour retourner à la France à la mort de ce prince.

2. — Les habitans du Barrois, réputés Français naturels, ne furent jamais soumis au droit d'aubaine en France. — Guyot, *Rép.*, v° *Bar*.

3. — Le Barrois était dans l'origine pays de *franc-aleu*; mais Henri III, comte de Bar, ayant pris les armes contre la France, et étant tombé au pouvoir de Philippe-le-Bel, n'obtint sa liberté qu'en se déclarant, par le traité de Bruges de 1301, *l'homme lige* du roi de France pour tout ce qu'il possédait ou tenait en *franc-aleu* dans son comté pardeçà de la Meuse, vers le royaume de France. — Guyot, *ibid.* — De là le nom de Barrois *mouvant* donné à cette partie du comté de Bar. — On peut encore consulter sur les conséquences de cette déclaration d'*hommage-lige* : Lebret, *Tr. de la souveraineté du roi*; le chancelier Séguier, *Paroles* au duc Charles lors du serment, en 1641 (Saint-Simon, *Mém.*, t. 2, p. 242); d'Aguesseau, 45e plaidoyer; Dupuy, *Tr. des droits du roi*, p. 327; Chopin, *De domanio Franciæ*, p. 91; Denizart, v° *Bar*; Morin, v° *Bar*; Dom Calmet, t. 5, p. 528 s.

4. — Cette position particulière d'une partie du Barrois d'être pays de *mouvance* a fait agiter entre les auteurs la question de savoir si les ducs de Lorraine étaient souverains du Barrois *mouvant*, et si, par conséquent, les biens qu'ils y possédaient formaient un *patrimoine de souveraineté*, un domaine inaliénable. — La question acquiert une grande importance en présence de la loi du 14 vent. an VII, relative aux domaines engagés avant 1789; la révocation que prononce cette loi des domaines engagés s'applique-t-elle aux domaines aliénés dans le Barrois *mouvant* par les anciens possesseurs de ce pays?

5. — L'affirmative et, par conséquent, l'application de la loi du 14 vent. an VII, a été soutenue à l'occasion d'un pourvoi dirigé contre un arrêt de la cour de Nancy du 19 niv. an XII, dans un réquisitoire de Merlin, inséré tout entier dans son répertoire. — V. Merlin, *Rép.*, v° *Bar*.

6. — Mais, contrairement aux conclusions de son procureur général, la cour, considérant que la patrimonialité de cette partie du Barrois avait été reconnue par la puissance souveraine et était devenue la condition sous laquelle la Lorraine et le Barrois avaient été cédés à la France, que dès-lors les lois sur les domaines engagés étaient inapplicables aux terres en dépendant, cassa l'arrêt de Nancy. — *Cass.*, 27 janv. 1807, de Noailles-

Poix c. Domaine. — Depuis, la cour de Nancy changea sa doctrine et les pourvois contre les arrêts ont été rejetés. — *Cass.*, 30 janv. 1821, Domaine c. Bourlon; 15 mars 1837 (t. 2 1837, p. 186), Soubise c. l'état. — En sorte qu'on considère aujourd'hui la jurisprudence comme fixée à cet égard. — V. aussi *Cass.*, 15 juill. 1823, Préfet de la Meurthe c. Gadel. — V. conf. Henrion de Pansey, *Encycl. méthod.*, vo *Barrois*; Nouveau Denizart, vis *Barrois* et *Domaine*.

BARAT.

1. — On appelle ainsi, dans l'empire ottoman, les lettres *d'exequatur* par lesquelles le sultan autorise les consuls à y exercer leurs fonctions. — V. CONSUL.

2. — Ce mot était aussi employé dans l'ancien droit français comme synonyme de dol ou de fraude; d'où le mot *Baraterie*. — V. BARATERIE DE PATRON.

BARATERIE, BARATERIE DE PATRON.

Table alphabétique.

BARATERIE, BARATERIE DE PATRON. — 1. — On entend, en général, par ces mots les prévarications et les fautes dont un capitaine ou un équipage se rendent coupables dans leurs fonctions. Le mot baraterie vient de l'espagnol *barat*, qui signifie fourberie, tromperie, mensonge.

2. — Les simples fautes ne constituent pas le crime de baraterie; elles ne donnent lieu qu'à une responsabilité civile. Leurs conséquences sont examinées aux mots CAPITAINE et GENS DE MER. — V. ces mots.

3. — Nous avons vu en outre (vo ASSURANCE MARITIME, nos 261 et suiv.) quels étaient la nature et les effets de la baraterie de patron relativement au contrat d'assurance.

4. — A cet égard, on peut ajouter que la baraterie de patron ne s'entend pas seulement des dols et des prévarications, mais aussi des fautes résultant de l'imprudence ou de l'incurie du capitaine ou de l'équipage. — *Paris*, 27 mars 1844 (t. 1er 1844, p. 575), Kent-Pécron c. Llyod français.

5. — Ainsi, l'incendie en mer d'un navire caboteur, résultant d'un feu à bord reconnu depuis plusieurs jours de navigation à la proximité des côtes, constitue un fait de baraterie de patron à la charge du capitaine, dont les assureurs du corps du bâtiment ne sont pas responsables. — Même arrêt.

6. — Ici nous ne considérons la baraterie que sous le rapport criminel, c'est-à-dire celle qui, outre la responsabilité civile, entraîne une pénalité.

7. — Dans l'ancien droit, l'ordonnance de la marine de 1681 avait prévu et défini plusieurs cas de baraterie.

8. — Ainsi le maître qui faisait fausse route, commettait quelque larcin, souffrait qu'il en fût commis à son bord, ou donnait frauduleusement lieu à l'altération ou confiscation des marchandises ou du vaisseau, était puni corporellement. — Ordon. 1681, art. 35, liv. 2, tit. 1er.

9. — Le maître qui était convaincu d'avoir livré aux ennemis, ou malicieusement fait échouer ou périr son vaisseau, était puni du dernier supplice. — *Ibid.*, art. 36.

10. — Celui qui était convaincu d'avoir revendu les victuailles de son vaisseau, et de les avoir diverties ou recelées, encourait une punition corporelle. — *Ibid.*, art. 32.

11. — Enfin, celui qui avait pris sans nécessité de l'argent sur le corps, avitaillement ou équipement du vaisseau, vendu des marchandises, engagé des apparaux, ou employé dans ses mémoires des avaries et dépenses supposées, était tenu de payer en son nom, déclaré indigne de la maîtrise et banni du port de sa demeure ordinaire. — *Ibid.*, art. 20.

12. — La pénalité établie par l'ord. de 1681 ayant été abolie par nos nouvelles lois pénales, ce sont leurs dispositions qu'on a dû appliquer pour caractériser et punir les crimes et délits de baraterie depuis leur promulgation.

13. — Ainsi, avant la loi du 10 avr. 1825, le capitaine qui, dans l'intention de faire périr le navire au préjudice des assureurs, se rendait coupable de la soustraction des marchandises chargées à son bord, et y substituait des objets sans valeur, commettait le crime prévu et puni par l'art. 386, no 4, C. pén. — *Cass.*, 30 août 1822, J.... G...

14. — Ainsi encore, le même arrêt jugeait que le fait d'avoir chargé des objets sans valeur sur un navire, au lieu des marchandises comprises dans la police d'assurance, afin de toucher le prix de cette assurance, après avoir fait périr le navire, constituait un délit punissable, soit qu'on le considérât sous le rapport de l'art. 401, soit qu'on le considérât sous le rapport de l'art. 405, C. pén.

15. — Aujourd'hui la matière est régie par la loi du 10 avril 1825, qui a pour but la sûreté de la navigation et du commerce maritime, et qui contient un titre spécialement consacré à la baraterie.

16. — Tout capitaine, maître, patron ou pilote chargé de la conduite d'un navire ou autre bâtiment de commerce, qui, volontairement et dans une intention frauduleuse, le fait périr par des moyens quelconques, est puni de mort. — L. 10 avr. 1825, tit. 2, art. 11.

17. — Pour qu'il y ait *intention frauduleuse* dans le sens de la loi, il suffit que le capitaine ait malicieusement, sans nécessité, fait périr son navire assuré ou non. — De Beaussant, *Code maritime*, t. 1er, p. 259.

18. — Si le capitaine tente de faire périr son bâtiment, on doit lui appliquer l'art. 2, C. pén., qui punit comme le crime lui-même la tentative qui n'a manqué son effet que par une circonstance étrangère à la volonté de son auteur (Discussion du projet de loi). — De Beaussant, t. 1er, p. 260.

19. — La loi du 10 avr. 1825, tit. 2, art. 11, est applicable à celui qui, sans être capitaine, maître, patron ou pilote, a été momentanément appelé à en remplir les fonctions et les devoirs, et s'est, dans de telles circonstances, rendu coupable du crime de baraterie prévu et puni par cet article. — *Cass.*, 17 sept. 1836, Coupron et Desbordes; — de Beaussant, t. 1er, p. 258.

20. — Quant au matelot qui, à fond de cale, et pendant que le capitaine commande sur le pont, pratiquerait une voie d'eau pour faire couler le navire, il ne serait pas possible de l'assimiler au capitaine et de lui faire en conséquence l'application de cette jurisprudence; il faudrait, pour ce cas, recourir à l'ordonnance de 1681, qui punissait de mort le matelot ou autre qui *faisait faire eau* au navire. — Ordonn. 1681, liv. 2, tit. 7, art. 7; — de Beaussant, t. 1er, p. 258.

21. — Mais l'article précité est applicable aux pilotes côtiers; dans tous les cas, ils resteraient soumis à la disposition de l'art. 40 de la loi des 21-22 août 1790, qui prononce la peine de mort contre tout pilote-côtier qui a fait volontairement périr un navire qu'il était chargé de conduire. — Rapporteur de la commission.

22. — Tout capitaine, maître ou patron, chargé de la conduite d'un navire ou autre bâtiment de commerce qui, par fraude, détourne à son profit le navire ou bâtiment, est puni des travaux forcés à perpétuité. — Même loi, art. 12.

23. — Tout capitaine, maître ou patron qui, volontairement et dans l'intention de commettre ou de couvrir une fraude au préjudice des propriétaires, armateurs, chargeurs, facteurs, assureurs et autres intéressés, jette à la mer ou détruit sans nécessité tout ou partie du chargement, des vivres, ou des effets de bord, ou fait fausse route, ou donne lieu, soit à la confiscation du bâtiment, soit à celle de tout ou partie de la cargaison, est puni des travaux forcés à temps. — *Ibid.*, art. 13.

24. — Il y a fausse route punissable dans le cas où le capitaine ne peut justifier des causes de force majeure, et qu'il y a, par conséquent, intention évidente de changer de destination. — Rapporteur de la commission.

25. — Suivant M. de Beaussant (t. 1er, p. 261), l'art. 24 du tit. 1er du liv. 2 de l'ordonn. de 1681, qui prévoyait le cas où le capitaine, sans faire fausse route, entrait sans nécessité dans un hâvre étranger, et le punissait de la perte ou suspension de son emploi, est encore en vigueur.

26. — L'ordonnance de 1681 (liv. 2, tit. 1er, art. 33), autorisait le capitaine à vendre aux navires en détresse une partie des victuailles, à la charge d'en tenir compte et d'en conserver suffisamment pour le voyage; il est évident qu'aujourd'hui, comme sous l'empire de l'ordonnance, un pareil fait ne peut constituer la baraterie pour cause de destruction des vivres. — De Beaussant, t. 1er, p. 261. — Valin allait même jusqu'à permettre au capitaine d'assister de vivres les navires ennemis; mais son opinion était contraire à la défense formelle de l'ordonnance du 25 août 1650. — De Beaussant, t. 1er, p. 261.

27. — Le capitaine qui, en faisant la traite, donne lieu à la confiscation du navire, doit-il encourir la peine prononcée par l'art. 13? — On doit distinguer le cas où il fait la traite de l'aveu des armateurs et au su des assureurs, de celui où il la fait contre leur volonté. Dans le premier cas, il ne peut y avoir baraterie, car la baraterie est une fraude que commet le capitaine au préjudice des armateurs ou des assureurs. Il y a seulement lieu d'appliquer la loi du 15 avr. 1818 qui prononce la confiscation du navire et de la cargaison et l'interdiction des fonctions de capitaine. Dans le second cas, la baraterie est évidente, et l'art. 13 applicable.

28. — Il en est de même du capitaine qui, en faisant la contrebande, donne lieu à la confiscation du navire.

29. — Lorsqu'un navire ayant servi à la traite a été confisqué et vendu, sans qu'aucune poursuite pour baraterie ait été intentée contre le capitaine par les armateurs, il y a présomption que la traite a eu lieu du consentement et au su de ces derniers. Dès-lors, ils ne sont pas fondés pour se soustraire à leurs obligations envers les gens de l'équipage à soutenir que la traite entreprise avec leur navire ne l'a été qu'à leur insu. — *Cass.*, 2 juin 1829, Administ. de la marine c. armateurs de *La petite Betzy*.

30. — Tout capitaine, maître ou patron qui, avec une intention frauduleuse, se rend coupable d'un ou de plusieurs des faits énoncés en l'art. 236 du Code de commerce, ou vend, hors le cas prévu par l'art. 237 du même Code, le navire à lui confié, en fait des déchargemens en contravention à l'art. 248, est puni de la réclusion. — L. 10 avr. 1825, art. 14.

31. — Les capitaines, patrons, subrécargues et gens de l'équipage qui commettent un vol à bord, sont punis de la réclusion. — *Ibid.*, art. 15.

32. — La même peine est applicable aux altérations de vivres et marchandises commises à bord par les mêmes personnes. — *Ibid.*, art. 15.

33. — La loi du 10 avr. 1825 ne contient pas une énumération complète des cas de baraterie; il faut la compléter au moyen du Code pénal, dans les cas où il peut être appliqué, et au moyen des lois antérieures qui ont pour objet la protection du commerce maritime.

34. — Ainsi: le capitaine qui signerait un faux connaissement ou qui en falsifierait un véritable, ou qui substituerait d'autres ordres à ceux qu'il a reçus, serait atteint par les articles 146 et 147 du Code pénal; le capitaine qui aurait fait un faux rapport ou suborné les gens de l'équipage pour en affirmer un, serait atteint par les art. 363 et suivans du même Code, et si les armateurs ou chargeurs étaient ses complices, ils seraient également punis en vertu de l'art. 60; le capitaine qui, naviguant sous escorte, l'abandonnerait et compromettrait par là le sort du navire confié à son commandement, pourrait être poursuivi et puni conformément à l'art. 37 de la loi des 20-21 août 1790. — Rapporteur de la commission.

35. — On avait demandé, lors de la discussion de la loi, que la fraude qui peut se commettre à l'aide d'un faux chargement fût punie comme baraterie; mais il fut répondu par la commission que cette fraude rentrait évidemment dans le cas prévu par l'art. 405 du Code pénal, relatif à l'escroquerie et qui plusieurs fois a été appliqué en pareil cas. — De Beaussant, t. 1er, p. 260.

36. — Les individus prévenus des crimes ou de complicité des crimes de baraterie doivent être poursuivis et jugés suivant les formes et par les tribunaux ordinaires. — L. 10 avr. 1825, art. 20.

37. — Le complice du crime de baraterie doit être puni de la même peine que l'auteur principal. — *Cass.*, 16 sept. 1836, Millon.

BARBARIE (Actes de).

V. TORTURES ET ACTES DE BARBARIE.

BARBARIE (Echelles de).

1. — Places de commerce sur les côtes de Barbarie où les négocians français entretiennent des facteurs et commissionnaires. — Quelques unes de ces places, telles qu'Alger, appartiennent aujourd'hui à la France. — V. ALGÉRIE.

2. — Des dispositions législatives, tant anciennes que nouvelles, ont établi des règles relativement au commerce de la Barbarie et à la position des Français qui y résident. Mais comme ces règles sont communes en même temps aux échelles du Levant, nous les rappellerons sous ce dernier mot. — V. ASSEMBLÉE DE LA NATION (ÉCHELLES DU LEVANT ET DE BARBARIE).

BARBIERS.

Les barbiers sont rangés, par la loi du 25 avril 1844, sur les patentes, dans la huitième classe des patentables, et imposés à : 1° un droit fixe basé sur le chiffre de la population de la ville ou commune où est situé l'établissement; — 2° un droit proportionnel du quarantième de la valeur locative de tous les locaux occupés par les patentables, mais seulement dans les communes de vingt mille ames et au dessus. — V. PATENTE.

BARDEAUX (Fabricans ou marchands de).

1. — Les marchands de bardeaux sont rangées par la loi du 25 avr. 1844, sur les patentes, dans la sixième classe des patentables, et imposés à : 1° un droit fixe basé sur le chiffre de la population de la ville ou commune où est situé l'établissement; — 2° un droit proportionnel du vingtième de la valeur locative de la maison d'habitation et des locaux servant à l'exercice de la profession.

2. — Les fabricans de bardeaux pour leur compte sont rangés dans la septième classe et imposés à un droit fixe basé également sur le chiffre de la population et à un droit proportionnel du quarantième de la valeur locative tous les locaux occupés par les patentables, mais seulement dans les communes de vingt mille ames et au-dessus.

3. — Les fabricans à façon sont rangés dans la huitième classe et imposés, sauf la différence de classe, aux mêmes droits fixe et proportionnel que les fabricans pour leur compte. — V. PATENTE.

BAROMÈTRES (Fabricans ou marchands de).

Les fabricans ou marchands de baromètres sont rangés par la loi du 25 avr. 1844, sur les patentes, dans la sixième classe des patentables, et imposés à : 1° un droit fixe basé sur le chiffre de la population de la ville ou commune où est situé l'établissement ; — 2° un droit proportionnel du vingtième de la valeur locative de la maison d'habitation et des locaux servant à l'exercice de la profession. — V. PATENTE.

BARON.

1. — Titre de noblesse, indiquant autrefois le gentilhomme propriétaire d'une baronnie.

2. — Le titre de baron est de tous les titres le plus ancien; son origine remonte si haut, qu'on n'est pas d'accord et sur l'étymologie et sur la première signification de ce mot.

3. — Quelques auteurs, au nombre desquels on compte Erasme, prétendaient trouver l'origine du mot *baron* jusque dans Athènes, et l'on invoquait à l'appui de ce système un passage de Cicéron, d'après lequel l'expression *barus* aurait désigné un homme remarquable par sa naissance ou son mérite; mais, il faut le dire, cette étymologie du mot *baron* ne peut être considérée comme sérieuse.

4. — Mieux vaut rechercher l'origine de ce mot chez les peuples germaniques et admettre que baron vient de *bar* ou *ber*. homme; ou bien encore dire avec Barbasan, que *baron* est dérivé par corruption de *vir*, homme.

5. — En effet, on trouve quelquefois le mot *baron* employé pour désigner un homme marié : *Se femme appelle qui ait baron*, dit Philippe de Beaumanoir, ch. 63, *li apiax est de nule valeur, sans l'autorité de son baron, ne se pot mettre en tel cas en cort por appeler.* — Et dans les assises de Jérusalem : *Femme qui ait baron ne peut faire apeau dou murtre, que par l'ottroi de son baron*, chap. 74. — *Se l'on appelle aucune chose feme qui aura baron*, chap. 98. — Ducange, *Glossarium*, v° *Baro*.

6. — *Barus, baro*, dans les lois des Allemands, des Saliens, des Lombards et des Ripuaires, signifie tout homme libre ou esclave : « *Si quis homicidium perpetraverit in barone libero vel servo* (L. des Lombards, lib. 1, tit. 9, l. 3); par opposition aux femmes : « *Si quis hominem regium tabularium tàm baronem quàm fœminam de munde burde regis abstulerit...* (L. des Ripuaires, tit. 58, l. 12).

7. — Mais bientôt le titre de baron acquiert une grande importance; le baron c'est le *leude*, celui qui ne relève que du roi, auquel un serment de fidélité le lie pour le service militaire. — « On voit, dit Guyot (*Répert.*, v° *Baron*), dans Aimon et dans quelques unes de nos vieilles chroniques, que le roi, haranguant les seigneurs de sa cour et de son armée, les appelait *mes barons.* » — Saint-Louis répondait au roi d'Angleterre : *Mes douze pairs ni mon baronnage n'y consentiront jamais.*

8. — Cette dignité de baron était si considérable, qu'elle fut attribuée aux saints comme marque toute spéciale du respect qui leur était dû. On peut en effet lire dans Froissard, en parlant d'un seigneur : *Il fit ses vœux devant le benoit corps du baron saint Jacques.*

9. — « C'est que baronie anciennement signifiait seigneurie première après la souveraine du roy, ayant toute justice et tous droits mouvans de la couronne immédiatement, comme appert par les articles des différends du roy de France et d'Angleterre, duc de Guyenne, despeschez au parlement de Paris de Toussaints 1281. » — Laurière, *Glossaire*, v° *Baron*. — Aussi, disait-on, *barones inter nobiles sunt optimates.*

10. — « Baron est celui qui a le haut-justicier, châtelain sous lui, et ressortissant en sa cour; ou autrement baron est celui qui a son fief-bannière, ses vassaux qui tiennent de lui. A la table d'un baron ne sied aucun, s'il n'est chevalier, prêtre ou clerc d'autorité. » — *Inst. cout.*, v° *Chevalier*. — Et en effet, lorsque l'empereur Charles IV, et le roi des Romains, son fils, furent reçus par le roi Charles V, « fut l'assiette telle que s'en suit : l'évêque de Paris, premier, le roi, le roi des Romains, le duc de Berry, le duc de Brabant, le duc de Bourgogne, le duc de Bar, et pour ce que deux autres n'étant pas chevaliers, ils mangèrent à une autre table. »

11. — Les barons connaissaient des cas priviléqiés. — Etabl. de saint Louis, liv. 1er, ch. 25. — « Ils ne pouvaient être sémons *à l'ost* et ajournés que par le ministère d'un sergent d'armes du roi (*ibid.*, chap. 36), lequel n'avait sur la baronie que le ressort, sauf toutefois dans certains cas extraordinaires, tel que pour marier sa fille ; encore ne voit-on l'exemple d'aucun subside de ce genre avant Philippe-le-Bel. » — Brussel, *Usage des fiefs*, ch. 14, nos 5 et 6.

12. — Le baron n'était justiciable que de ses pairs (V. n° précédent). — Les Etablissemens de saint Louis (liv. 1er, chap. 7) portent que quand il est appelé en la justice du roi pour raison de quelque héritage, le bailli est obligé de demander au moins trois pairs du baron pour juger avec lui la cause. — Exempt des tailles, aides et subsides, il pouvait imposer arbitrairement ces charges à ses tenanciers. Sans en référer au roi, il pouvait déclarer la guerre à tout autre baron, et, à cet effet, lever bannière et convoquer le ban de ses vassaux, tenus de lui livrer leurs forteresses. Pendant plusieurs siècles, le baron à l'égal du roi battit monnaie.

13. — Et en effet, quant au droit de battre monnaie on voit dans l'ordonnance de 1315 de Louis-le-Hutin *sur le fait des monnaies* : « Premièrement il ordonne que nules monoies ne courussent en sa terre, hors que les senes propres, et ès terres des barons, ne courussent que leurs propres monoies en la terre de chascun barons tant seulement ; et les monoies de nostre sire le roi doivent courre et estre prises par toutes les terres aux barons pour le prix qu'elles valent à leurs monoies. » — Philippe-le-Bel ayant suspendu le droit des barons à battre monnaie, par édit de juin 1313, il en résulta que ceux-ci, gênés par ces restrictions, vendirent au leur droit de battre monnaie. — Brussel, *Usage des fiefs*, chap. 10, p. 210.

14 — « La baronie, disait Hévin (*Consult.* p. 218), n'est pas une dignité personnelle et mixte qui soit attachée à la personne ou à la famille comme la pairie; c'est une qualité purement réelle, inhérente à l'héritage qui y demeure toujours attaché. — C'est pourquoi elle se conserve toujours en quelques mains que passe la terre qui en été décorée. » — D'où la conséquence évidemment que quiconque aliénait la baronie par cela même devait perdre son titre. — De même il n'était pas nécessaire de posséder une châtellenie tout entière pour être réputé tenir *par baronie*; celui qui n'avait qu'une portion de la châtellenie, laquelle lui venait par partage avec ses frères, était censé tenir *par baronie*. — Brussel ch. 14, n° 2.

15. — Toutefois, ce partage de baronie ne pouvait avoir lieu que par testament; autrement « baronie ne départ mie entre frères..., mès li ainsnez doit fuere avenant bienfait aux puisnez, et si doit les filles marier. » — Etablis. de saint Louis, liv. 1er, ch. 24.

16. — Mais on se relâcha de bonne heure de ces règles rigoureuses, et plus d'un baron put détacher les terres de sa seigneurie, sans pour cela perdre son titre, mais le titre seul, et sans aucun droit réel : « Tous les droits singuliers, attachés plutôt aux terres qu'aux personnes passent à tous possesseurs de la chose. » — Chopin, *Cout. d'Anjou*, art. 43, n° 17. — Et le titre même, laissé par tolérance à l'ancien possesseur du fief, le nouveau propriétaire en est justement et concurremment investi ; « car cette éminence de qualité, plutôt attribuée aux terres qu'aux personnes, est aussi déférée à quiconque succède à ces héritages plus nobles. »

17. — La dignité de baron perdit beaucoup avec le temps ; au-dessus de ce titre se placèrent ceux de duc, marquis, comte et vicomte ; et l'on vit même plusieurs ducs, s'arrogeant la prérogative royale, ériger en baronies les terres possédées par leurs principaux vassaux. Plusieurs documens font aussi foi que certains évêques avaient également leurs barons. — Merlin, *Répert.*, v° *Baron*.

18. — « Toutefois, ainsi que l'observe Guyot (*loc. cit.*), il était des barons d'une nature plus illustre que certains comtes et marquis. » Tel baron en effet siégeait au parlement au-dessus de tel comte. Ce ne fut que sous le règne de Henri II, que le sire de Montmorency, *premier baron chrétien*, sollicita l'érection de sa baronie en duché. — Les sires de Coucy dont on disait dans le grand coutumier : *nota qu'au royaume de France ne voulait avoir que trois baronnies, Bourbon, Coucy, Beaujeu*, ne voulurent jamais porter d'autres titres nobiliaires que celui de *barons sires de Coucy*.

19. — Comme tous les titres de noblesse, le titre de baron fut supprimé dans la séance de l'assemblée nationale du 4 août 1789.

20. — Il fut un de ceux rétablis par l'empire; le décret du 1er mars 1808, art. 8, *sur les titres*, le confère aux présidens des colléges électoraux des départemens qui auront présidé trois sessions, aux premiers présidens et procureurs généraux des cours de cassation, des comptes et d'appel, aux évêques et aux maires des trente-sept bonnes villes, après dix ans d'exercice, et *lorsque*, dit le décret, *les uns et les autres auront rempli leurs fonctions à notre satisfaction.* — Pareille faveur peut être accordée, et sous les mêmes conditions de satisfaction, aux membres des colléges électoraux de département qui auront assisté à trois sessions des colléges. — Même décret, art. 10.

21. — Par l'établissement d'un majorat, le titulaire peut obtenir pour sa descendance directe et légitime, naturelle ou adoptive, de mâle en mâle et par ordre de primogéniture, et si c'est un évêque, pour celui de ses neveux qu'il désigne, la transmission de son titre. — Le privilége de constituer une baronie est encore concédé dans les mêmes conditions en faveur de leur fils aîné ou puîné, à ceux qui peuvent être investis des titres de duc et de comte. — Même décret, art. 3, 5, 6, 7, 9, 10. — L'existence d'un majorat est, dans tous les cas, indispensable pour la transmission du titre. — Décret du 1er mars 1808, art. 7.

22. — La charte de 1814 déclara que la noblesse nouvelle conserverait ses titres, et que l'ancienne reprendrait ses biens; du reste il ne fut en rien innové sur ce point à la législation de l'empire.

23. — La charte de 1830 a reproduit sans doute la disposition de la charte de 1814 ; il y a encore des titres de noblesse transmissibles. Mais : 1° depuis la révision des lois pénales en 1832, comme tout autre titre, celui de baron peut être pris impunément par tout individu ; et 2° l'existence d'un majorat, suivant la loi de 1835, ne saurait plus être tenue comme la condition indispensable de la transmission du titre.

V. FÉODALITÉ, MAJORAT, NOBLESSE.

BARQUE (Marine).

1. — Construction employée à naviguer sur mer.

2. — Les barques sont confondues par la loi dans l'expression générique de *navire*, lorsqu'elles ne

sont pas elles-mêmes des accessoires destinés au service d'un bâtiment plus considérable ; dans ce dernier cas, elles font partie des *agrès*. — Pardessus, *Droit commercial*, t. 3, nº 599.

3. — Les barques de commerce employées à la navigation maritime doivent être marquées à la poupe en lettres blanches, d'un décimètre de hauteur, sur un fond noir, de leur nom et du port auquel elles appartiennent, sous peine d'une amende de 500 fr., solidairement encourue par les propriétaire, agent ou capitaine, et pour sûreté de laquelle les barques peuvent être retenues. — Les marques ne peuvent, sous la même peine, être effacées, altérées, couvertes ou masquées. — L. 6 mai 1841, art. 21.

4. — Les constructeurs de barques, bateaux ou canots sont rangés par la loi du 25 avril 1844, sur les patentes, dans la sixième classe des patentables, et imposés à : 1º un droit fixe basé sur le chiffre de la population de la ville ou commune où est situé l'établissement ; — 2º un droit proportionnel du vingtième de la valeur locative de la maison d'habitation et des locaux servant à l'exercice de la profession. — V. PATENTE.

BARRAGE.

1. — Construction transversale appelée aussi *gord*, établie dans un cours d'eau ou ruisseau pour y arrêter ou suspendre les eaux jusqu'à une certaine hauteur. — Proudhon, *Dom. publ.*, t. 3, nº 671.

2. — Le plus souvent les barrages ont pour but d'opérer une chute ou une dérivation des eaux à l'usage d'une usine. — Quelquefois ils tendent uniquement à faciliter des prises d'eau, ou même simplement des opérations de pêche.

3. — Aucun barrage, même de pêcherie, ne peut être établi dans les rivières navigables sans l'autorisation de l'administration. — M. Proudhon (*Dom. publ.*, nº 1187) enseigne même que cette autorisation est nécessaire pour ceux construits dans les petites rivières pour l'établissement d'usines, et un arrêt de la cour de Caen, du 19 juill. 1835, cité par M. Daviel (*Cours d'eau*, t. 2, nº 541), a décidé dans le même sens sur le dernier point. — Mais M. Daviel (*ibid.*) ne partage point ce sentiment, et il invoque un autre arrêt de la même cour de Caen, du 28 sept. 1824, dont il regrette que la doctrine n'ait pas été maintenue.

4. — Quant à ceux qui, dans les rivières non navigables ni flottables, n'ont pour objet que l'usage du droit d'irrigation ou l'exercice de la pêche, les riverains peuvent les établir sans autorisation préalable, pourvu toutefois que leurs travaux ne forment pas obstacle au droit de pêche des propriétaires voisins. — Proudhon, t. 4, nºs 1187 et 1832 ; Daviel, t. 2, nºs 593 et 745.

5. — C'est ainsi que l'art. 24, L. 15 avril 1829, défend expressément de barrer les cours d'eau pour empêcher la remonte du poisson et l'obliger à se jeter dans des filets au dehors. — La contravention constitue un délit de pêche de la compétence des tribunaux correctionnels et puni d'une amende de 50 à 500 fr., ou peut donner lieu à une action en indemnité de la part des intéressés, action dont la juridiction civile doit seule connaître. — *Cons. d'état*, 12 avr. 1812, Royre. — Perrin, *Code des Constructions*, nº 2240.

6. — Du reste, les auteurs de barrages, même autorisés, sont responsables des dommages qui peuvent résulter de la trop grande élévation des eaux. — Vaudoré, *Droit civ. des juges de paix*, vº *Barrage*, nº 7.

7. — Si des barrages établis dans une rivière non navigable, pour favoriser une prise d'eau d'irrigation, nuisaient à l'intérêt général, par exemple troublaient l'économie générale des cours d'eau, ou occasionnaient des marécages ou inondations dans la contrée, l'administration pourrait en ordonner la suppression. — Proudhon, t. 4, nºs 1261 et 1442.

9. — L'autorité administrative est seule compétente pour ordonner la suppression d'un barrage établi pour l'exploitation d'une usine. — L. 14 floréal an X, tit. 5, art. 17.

9. — Mais si quelques particuliers seulement en souffraient, c'est devant les tribunaux que leur action devrait être portée. L'établissement du barrage pourrait même être considéré dans certains cas comme un trouble qui ouvrirait l'action en complainte.

10. — Toutefois, le propriétaire riverain ne doit pas être réduit à la moitié de la rivière ; il a le droit d'établir sur toute son étendue le barrage destiné à faire dériver les eaux, pourvu cependant qu'il ne s'appuie pas sur la rive opposée. — *Rouen*, 6 mai 1828, Montlambert c. Bidault ; *Montpellier*, 15 déc. 1840 (t. 2 1841, p. 396), Barbot c. Clinchard ; — Duranton, *Droit français*, t. 5, nºs 208 et 5 ; Delvincourt, t. 1, p. 380 ; Favard de Langlade, *Rép.*, vº *Servitudes*, sect. 2ᵉ, § 1ᵉʳ, nº 67 ; Malleville, *Analyse raisonnée*, sur l'art. 644, C. civ. ; Proudhon, t. 4, nº 1442 ; Daviel, t. 2, nº 596.

11. — Au reste, le barrage ne pourrait être établi à perpétuelle demeure. — Les actes de pure tolérance de la part du propriétaire de l'autre rive ne pourraient point, pour fonder la servitude qui résulterait de ce barrage, suppléer soit à des titres constitutifs ou récognitifs de cette servitude, soit à la possession trentenaire. — *Rouen*, 6 mai 1828, Montlambert c. Bidault.

V. au surplus COURS D'EAU, PÊCHE, SERVITUDE, USINES.

BARRE.

1. — Ce mot, au moyen-âge, était synonyme d'exception.

2. — Beaumanoir (*Cout. de Beauvoisis*, ch. 61) parle des barres et exceptions dilatoires et péremptoires.

3. — On voit dans les Etablissemens de saint Louis, ch. 14 : « Que quand aucuns a bonne défense et loyaux, li avocats et li avant-parlier doit metre avant et proposer en jugement ses défenses et les *barres*, et toutes les choses qu'ils cuident qui valoir leur doie et qu'ils puissent loyaument fere. »

4. — Quelquefois le mot barre était pris pour siége de justice. — V. Ducange, *Hist. de Joinville*, part. 3, p. 190.

5. — Il est encore employé au palais avec une autre acception ; il désigne la séparation qui existe entre l'enceinte réservée au tribunal et au barreau, et la partie de l'auditoire qu'occupe le public.

6. — C'est à la barre qu'on fait placer les parties dont la comparution est ordonnée, les témoins qui sont appelés à déposer dans une enquête sommaire, et les fonctionnaires, avocats, officiers ministériels et autres personnes qui viennent prêter serment.

7. — Au parlement, la barre était gardée par deux huissiers.

BARRE.

Trait de plume tiré transversalement ou horizontalement sur un acte ou un écrit quelconque. — V. BLANC, CANCELLATION, RATURE.

BARREAU.

1. — Ce mot, en termes de palais, a une double signification : il désigne d'abord la place réservée aux avocats dans les salles d'audience ; il s'emploie en outre pour désigner l'ordre même des avocats.

2. — Dans l'ancien droit, on ne confondait pas le barreau et la barre. Les avocats seuls avaient le droit de se placer au barreau pour y plaider ; quant aux procureurs, lorsqu'ils plaidaient, c'était à la barre. — V. BARRE.

3. — Aujourd'hui on ne fait plus cette distinction, les avoués se placent au barreau pour plaider, comme les avocats.

4. — A la cour de Paris, lorsqu'une partie est autorisée à plaider dans sa propre cause, c'est à la barre qu'on la fait placer, à moins qu'il ne s'agisse d'un magistrat ou d'un membre du barreau.

5. — A la grand'chambre du parlement, on distinguait deux barreaux, celui de l'appelant et celui de l'intimé : le premier était regardé comme la place d'honneur. — Aussi, lorsque la partie intimée avait la qualité de duc et pair, avait-elle le privilége de se placer à ce barreau, quoiqu'elle ne fût pas appelante.

5. — Le même honneur s'accordait aussi aux princes étrangers. C'est ce qui eut lieu notamment en 1778, en faveur de l'électeur de Trèves, qui n'était ni appelant ni intimé. — Bayard et Camus, vº *Barreau*, t. 2, nº 5.

BARRIÈRES DE DÉGEL.

1. — A l'époque du dégel, le sol sur lequel certaines routes pavées sont assises se défonce aisément et devient susceptible d'une telle compression, que la chaussée est bientôt profondément sillonnée par les roues des voitures sur toute la longueur qu'elles ont parcourue dans ces circonstances.

2. — Pour prévenir ces dommages et les frais considérables de réparation qu'ils nécessitaient, on n'a trouvé d'autre remède que d'intercepter pendant plusieurs jours la circulation des voitures pesamment chargées. A cet effet les arrêtés des préfets ordonnent que des barrières soient établies sur les routes pour arrêter ces voitures. — L. 29 flor. an X, art. 6.

3. — Du moment donc que le dégel est déclaré, et que la nécessité d'interrompre la circulation se fait sentir, les ingénieurs en préviennent les sous-préfets qui font fermer sur-le-champ les barrières et adressent sans délai leurs arrêtés pris à cet effet aux maires des communes riveraines ou traversées par la route, pour être publiés et affichés au lieu le plus apparent. — Ord. 23 déc. 1816, art. 2.

4. — Dès que les arrêtés ordonnant la fermeture des barrières ont été publiés, aucune voiture ne peut plus sortir de la ville, bourg ou village dans lequel elle se trouve ; les voitures qui sont en marche peuvent toutefois continuer leur route jusqu'à la plus prochaine ville ou au plus prochain village, et sont tenues d'y rester jusqu'à l'ouverture des barrières. Dans le cas néanmoins où il ne se trouverait pas dans les bourgs et villages d'auberges propres à les recevoir avec leurs attelages, elles peuvent poursuivre leur marche jusqu'à la couchée ordinaire, ou tout autre lieu plus voisin qui leur est désigné par le maire de la commune. Pour n'être point inquiétés dans leur trajet, les propriétaires ou conducteurs de ces voitures doivent prendre un *laissez-passer* du maire ; ce *laissez-passer* fait mention du motif qui a porté à le délivrer, et ne vaut que le jour même. — Ord. 23 déc. 1816, art. 3.

5. — La suspension de circulation en temps de dégel, qui n'est au surplus en usage que dans le nord de la France, où les grandes routes sont pavées pour la plupart, ne concerne que les voitures de roulage et non les messageries et autres véhicules affectés au transport des voyageurs et de l'argent pour le trésor et le commerce. — Décr. 14 janv. 1814.

6. — Toutefois les messageries ne sont exceptées de la défense de circuler qu'autant que leur poids n'excède pas 1800 kilog. pour celles à quatre roues, chargement compris. — Ord. 23 déc. 1816, art. 6.

7. — Sont aussi exceptés de la prohibition de circuler, les courriers de la malle, les voitures de voyage suspendues, les voitures de toute espèce non chargées, même celles de roulage allant au pas et dont le poids ne dépasse pas 900 kilog. pour les charettes, et 1,500 kilog., y compris le chargement, pour les voitures à quatre roues. — Ord. 23 déc. 1816, art. 5 et 6.

8. — Toute voiture prise en contravention aux règles sur les barrières de dégel est arrêtée et les chevaux sont mis en fourrière dans l'auberge la plus proche, le tout sans préjudice de l'amende à prononcer. — Ord. 23 déc. 1816, art. 4.

9. — L'ordre de rouvrir les barrières n'est délivré par le préfet que sur l'attestation des ingénieurs constatant que les routes sont suffisamment raffermies pour ne plus souffrir de la pression des voitures lourdement chargées. — Ord. 23 déc. 1816, art. 10.

10. — Le jour déterminé pour cette ouverture et le lendemain, les voitures ne peuvent partir des lieux où elles étaient retenues que deux à la fois et à une heure d'intervalle. L'ordre à suivre pour le départ est fixé d'après celui de l'arrivée de chaque voiture, de manière à ce que les premières rendues partent aussi les premières. A cet effet, les propriétaires ou conducteurs de ces voitures doivent se transporter à la mairie, pour y faire prendre note de l'heure de leur arrivée dans la commune. Le maire ou son adjoint préside au départ ; en conséquence les préposés aux barrières de dégel ne doivent laisser passer, le jour de l'ouverture des barrières et le lendemain, que deux voitures à la fois et à une heure d'intervalle. — Ord. 23 déc. 1816, art. 10.

11. — Le service des barrières de dégel est fait par ceux des piqueurs des ponts-et-chaussées qui restent sans emploi pendant l'hiver, ou à leur défaut par des agens spéciaux désignés par l'ingénieur en chef. — Ord. 23 déc. 1816, art. 11.

12. — Les contraventions pour excès de chargement en temps de dégel, dans la circonscription marquée par les barrières, donnent lieu à une amende, en vertu des art. 4 et 5 de la loi du 29 flor. an X. — Ord. 23 déc. 1816, art. 7.

13. — C'est au conseil de préfecture à prononcer sur les contraventions aux réglemens relatifs à l'établissement des barrières de dégel sur une route et à appliquer les amendes encourues, sauf à poursuivre ultérieurement les contrevenans devant le tribunal de simple police, conformément à l'art. 476, C. pén. — Ord. 23 déc. 1816, art. 8 ; — *Cons. d'état*, 30 mai 1821, Delannoy.

14. — Les violences exercées contre tout agent de la force publique ou autre, appelé à constater les contraventions à la police du roulage, sont poursuivies et punies selon qu'il est établi par le C. pén., art. 230-233. — Ord. 23 déc. 1816, art. 9.

BARRIQUES (Fabricans de).
V. CUVES.

BARROYEMENT.
Vieux terme de pratique qui signifiait un *délai de procédure.* — V. BARRE, EXCEPTION.

BAS ET BONNETERIE (Fabricans ou marchands de).

1.—Les marchands en gros de bas et bonneterie sont rangés par la loi du 25 avr. 1844, sur les patentes, dans la première classe des patentables, et imposés à : 1° un droit fixe basé sur le chiffre de la population de la ville ou commune où est situé l'établissement; — 2° un droit proportionnel du quinzième de la valeur locative de la maison d'habitation et des locaux servant à l'exercice de la profession.

2. — Les marchands en demi-gros sont placés dans la deuxième classe et imposés à : 1° un droit fixe basé sur le chiffre de la population de la ville ou commune où est situé l'établissement; — 2° à un droit proportionnel du vingtième de la valeur locative de la maison d'habitation et des locaux servant à l'exercice de la profession.

3. — Les marchands en détail sont rangés dans la quatrième classe des patentables et imposés, sauf la différence de classe, aux mêmes droits fixe et proportionnel que les marchands en demi-gros. — V. PATENTE.

BAS-ROBOSIN.
On désigne sous ce nom une espèce de filet de rivière dont l'usage est défendu par l'art. 33 d'une ord. de Henri II, de fév. 1550, sur la police des filets. Aujourd'hui la matière de la pêche fluviale est réglée par la loi du 15 avr. 1829, dont l'art. 26 confère à des ordonnances royales plein pouvoir pour déterminer les modes et procédés de pêche ainsi que les filets, engins et instrumens qui doivent être réputés prohibés, et par l'ord. royale du 15 nov. 1830, rendue en exécution de cette loi, qui après avoir posé des principes de prohibition, abandonne aux préfets le soin d'en faire l'application et d'y adapter des réglemens suivant les localités. — V. PÊCHE.

BASILIQUES.

1. — Les Basiliques sont un corps de droit en langue grecque, extrait des diverses parties de la compilation de Justinien et des constitutions promulguées par les successeurs de ce prince jusqu'en 847, à l'époque où l'empereur Basile-le-Macédonien fit commencer ce travail. Les Basiliques renferment aussi un abrégé des travaux des principaux jurisconsultes grecs et des canons des conciles.

2. — Ce recueil ne fut achevé qu'en 887, sous le règne de Léon-le-Philosophe, fils et successeur de Basile.

3. — Le nom de *Basiliques* a été donné à ce recueil, soit en l'honneur de Basile-le-Macédonien qui en avait conçu le plan, soit à cause des mots *βασιλικαὶ διατάξεις* (*imperatoriæ constitutiones*), titre sous lequel il fut tout d'abord désigné.

4. — Nous ne possédons que la seconde édition faite en 945, par ordre de Constantin Porphyrogénète, et qui fut appelée *τῶν βασιλικῶν ἀνακάθαρσις*, ou *Basilicæ repetitæ prælectionis*, par imitation de ce qui avait eu lieu pour la révision du Code de Justinien.

5. — Les *Basiliques*, divisées en six parties et soixante livres, et dans lesquelles on a suivi à peu près l'ordre du Code de Justinien, reçurent force de loi aussitôt après leur publication. Aussi la compilation justinienne ne tarda-t-elle pas à tomber en désuétude, et ne fut plus consultée que comme monument historique.

6. — Bientôt aussi différens auteurs enrichirent le nouveau Code de *scholies* qui en font aujourd'hui partie intégrante, et qui sont bien autrement précieuses que la glose composée plus tard en Occident pour le *Corpus justinianeum.*

7. — Modifiées dans leurs dispositions par une foule de constitutions nouvelles que publièrent les successeurs de Basile et de son fils Léon, les Basiliques restèrent toujours cependant la base du droit commun en Orient, jusqu'à la prise de Constantinople par Mahomet II (an 1453).

8. — Malgré même la ruine de leur nationalité, les Grecs obtinrent de leurs vainqueurs la permission de conserver l'usage de leur antique législation. Toutefois, bien que les Grecs modernes n'aient pas cessé de considérer les Basiliques comme la source de leur jurisprudence, il faut reconnaître que le *Promptuarium* d'Harmenopule obtint de bonne heure parmi eux l'autorité de la loi. — V. *infrà* n° 18.

9.—Les Basiliques ont exercé aussi une influence assez notable sur la législation ottomane. Le Code universel turc (*Confluent des mers*) leur a emprunté bon nombre de principes.

10. — Par décret du 4 (16) févr. 1830, le président Capo d'Istria, en chargeant une commission de préparer des Codes à la Grèce, a recommandé principalement de puiser dans les *Basiliques.*

11. — Ce recueil est un des monumens les plus précieux de jurisprudence scientifique, surtout en ce qu'il sert à interpréter et à suppléer la collection de Justinien, là où celle-ci est obscure et mutilée. Aussi l'étude en est-elle indispensable à qui veut bien connaître le droit romain et son histoire. En effet, bien que les Basiliques ne contiennent pas tout ce qu'on trouve dans le *Corpus juris*, elles renferment grand nombre de fragmens d'anciens jurisconsultes romains et de rescrits impériaux que Symbathius, compilateur des Basiliques, a pu faire entrer dans son recueil par la connaissance qu'il avait encore des livres originaux où avait puisé Tribonien, le principal rédacteur des lois de Justinien.

12. — L'ordonnance des matières, la méthode qui a présidé à la rédaction des Basiliques, en font une œuvre bien supérieure sous ces rapports à la compilation de Justinien. Aussi, des jurisconsultes d'un mérite distingué, M. Berriat-Saint-Prix entre autres, ont-ils regretté que les rédacteurs du Code civil n'aient pas consulté ce précieux et beau modèle.

13. — Les Basiliques ne furent pas connues des glossateurs du moyen-âge. Les premiers manuscrits en furent apportés en Italie par les Grecs qu'avait chassés l'invasion musulmane. Et même long-temps encore l'importance de ce corps de droit bysantin fut méconnue. Cependant, c'est à la connaissance qu'acquirent Cujas et Leconte (Contius) de ces monumens, que nous sommes redevables des services éminens rendus à la science du droit par ces deux jurisconsultes.

14. — La France est de tous les pays celui qui possède le plus de manuscrits des Basiliques. De toutes les bibliothèques de l'Europe, la bibliothèque Royale est la plus riche en ce genre, par la réunion des manuscrits apportés d'Italie par Catherine de Médicis, et de ceux que les soins de Colbert et de Coislin avaient tirés sans doute des couvens du mont Athos.

15.—La première impression des Basiliques dans l'Europe moderne est celle faite, en 1557, par Hervet, qui publia quatre livres entiers et deux mutilés. Cujas traduisit aussi quelques livres qui parurent le 66e en 1566, et les 38e et 39e en 1609, c'est-à-dire après sa mort. En 1647, Fabrot donna, en 7 vol. in-fo, une édition du texte grec avec la traduction latine et des commentaires. Cette édition se compose de 39 livres entiers ou mutilés sur les 60 que comprenait l'original. On y a joint le supplément publié en 1765 par Ruhnken, supplément qui renferme les quatre livres publiés par Reitz, en 1752, dans le tome 5 du *Trésor* de Mécroman.

16. — La publication de Fabrot, malgré son importance, était, on le voit, bien incomplète. Elle le devint, surtout par la découverte ultérieure de manuscrits, de ceux de Coislin surtout. Diverses tentatives furent faites pour arriver à une édition moins tronquée, mais elles restèrent successivement inachevées. Enfin, les frères Heimback entreprirent de donner une édition la plus étendue possible de tout ce que nous possédons des Basiliques. Ils ont commencé en 1833 la publication de ce gigantesque ouvrage dont la continuation est vivement attendue par tous ceux qui portent à la science du droit un sérieux attachement.

17. — Une scholie qui se réfère aux Basiliques (XVI, 6, c. 25, *them.* 1) et sert à l'interprétation des lois 11, ff., *Si serv. vindic.*, et 5, ff., *Si ususfr. pet.*, vient d'être publiée, d'après un palimpseste de Constantinople, par M. Zachariæ de Lingenthal, dans une revue allemande intitulée : *Journal de la science historique du droit*, t. 17, 2e livraison, p. 260-262.

18. — Il existe plusieurs ouvrages qui se rapportent aux Basiliques. Les plus importans sont, avec les *scholies* dont nous avons parlé, et dont le texte accompagne celui de l'original dans l'édition des frères Heimback, le célèbre *Promptuarium juris* de Constantin Harmenopule et le *Synopsis* ou *Ecloga basilicorum*, répertoire qui, d'abord rangé par ordre alphabétique, le fut plus tard d'après l'ordre des livres des Basiliques. — Nous devons aussi à Haubold un précieux *Manuale basilicorum* (Leipsik, 1819, in-4o), auquel le savant professeur consacra une partie de sa laborieuse vie scientifique.

19. — M. Mortreuil, avocat à Marseille, vient de publier une *Histoire du droit bysantin*, que l'on consultera avec avantage pour connaître la situation juridique de l'empire d'Orient, et faire ainsi une utile appréciation des sources du droit bysantin, si importantes pour l'interprétation et la critique du *Corpus juris civilis.* — V. dans la *Revue de législation et de jurisprudence*, de L. Wolowski, t. 20, p. 504, l'analyse d'un remarquable travail de M. Zachariæ de Lingenthal sur le livre de M. Mortreuil.

BASOCHE.

1. — Juridiction des clercs de procureurs, connaissant des différends qui pouvaient s'élever entre ces clercs et de toutes les questions de discipline qui les concernaient.

2. — La basoche n'était pas seulement une institution judiciaire, elle avait aussi dans le principe un caractère quasi-militaire. — V. *infrà* nos 7 et suiv.

3.— S'il faut en croire des traditions un peu suspectes, la basoche aurait pris naissance en 1302, sous Philippe-le-Bel, lorsque le parlement devint sédentaire et fixa son siége à Paris.

4. — On lit dans les *Statuts de la basoche*, p. 23 et 24, que le roi Philippe-le-Bel, par l'avis de son parlement, voulut qu'il y eût entre les clercs un roi sous l'autorité duquel s'exercerait « une justice souveraine et royale pour la connaissance et jugement des différends entre et contre eux survenus et à survenir; qu'il permit au roi de la basoche et à son chancelier de créer toutes sortes d'officiers et artisans; » — qu'il permit aussi d'établir des « prévôtés et juridictions basochiales, dans les siéges royaux ressortissant au parlement de Paris, à la charge de foi et hommage envers le roi de la basoche; » — qu'enfin, entre autres priviléges, il permit à ce roi « de battre monnaie, laquelle aurait cours entre les marchands et les clercs de gré à gré. » — Miramont, *Mémoires*, p. 649 et suiv.

5. — Quoique l'on retrouve la même histoire dans beaucoup d'auteurs sérieux, il est difficile de la considérer comme parfaitement exacte, car on n'apporte à l'appui aucun titre authentique. En fait, il est certain qu'il n'existe aucunes lettres patentes de Philippe-le-Bel, sur la basoche, ni dans le recueil des ordonnances du Louvre, ni dans aucune autre collection de ce genre.

6. — Quoi qu'il en soit, on ne peut disconvenir que l'origine de la basoche ne remonte à des temps fort reculés, et que cette juridiction n'ait été officiellement reconnue par un grand nombre d'arrêts du parlement de Paris.

7. — Le roi de la basoche n'avait pas seulement des clercs parmi ses sujets et suppôts, il régnait également, du moins dans le principe, sur un certain nombre de marchands et d'artisans, qui étaient divisés, comme les clercs, par compagnies, et qui devaient prendre part aux *montres* et cérémonies publiques de la basoche.

8. — Ces *montres* étaient des promenades militaires qui se faisaient à Paris, chaque année, avec une grande pompe, sur la convocation du roi de la basoche. On n'y pouvait paraître qu'avec le costume prescrit par le capitaine sous les ordres duquel on devait marcher; et si l'on y manquait, on encourait une forte amende.

9. — Pour les montres, les clercs et les suppôts de la basoche, au nombre de six ou huit mille hommes, se partageaient en douze compagnies ayant chacune un capitaine, un lieutenant et un porte-enseigne.

10. — Cette cérémonie attirait beaucoup de curieux : on la disait si intéressante, que François Ier désira en avoir le spectacle, et se rendit à Paris pour se procurer ce plaisir (26 juin 1540). — Ce jour-là, il y eut vacances au parlement.

11. — En 1548, les habitans de la Guyenne s'étant révoltés contre Henri II, le connétable de Montmorency fut envoyé pour pacifier la province, à la tête d'une armée considérable. — Dans cette armée se trouvaient le roi de la basoche et six mille clercs ou suppôts, formant un corps de volontaires, dont le général fut si content, qu'il voulut, après l'expédition, leur faire obtenir du roi une récompense proportionnée aux services qu'ils avaient rendus.

12. — Les basochiens ayant refusé, Henri II leur accorda la permission de faire couper dans ses bois tels arbres qu'ils voudraient choisir, en présence du substitut du procureur général des eaux et forêts, pour servir à la cérémonie du *mai* qu'ils

avaient coutume de faire planter tous les ans devant le grand perron de la cour du palais. Et pour subvenir aux frais de cette cérémonie, le roi les autorisa à prendre, chaque année, une certaine somme sur les amendes adjugées à son profit, tant au parlement qu'à la cour des Aides.

13. — Il leur accorda en outre, pour lieu de promenade, une prairie de cent arpens sur les bords de la Seine; c'est ce terrain qui fut si connu depuis sous le nom de *Pré-aux-Clercs*.

14. — Enfin, il permit au roi de la basoche et à ses suppôts d'avoir dans leurs armoiries, outre les trois écritoires, timbre, casque et morion, comme marque de souveraineté.

15. — Sous Henri III, le titre de roi de la basoche fut supprimé, et ses droits, priviléges et prérogatives passèrent au *chancelier*. Telle est du moins la version la plus répandue; mais il en existe une autre fort peu connue.

16. — On prétend qu'Henri IV, passant un jour dans les rues de Paris, vit la marche burlesque des clercs procédant à la cérémonie du *mai*. Ayant demandé ce que c'était, on lui apprit que c'était le roi de la basoche. « Il en témoigna du mépris, et les clercs n'osèrent pas depuis donner le titre de roi à leur chef; ils se contentèrent de l'appeler chancelier. » — *Descript. hist. de la ville de Paris*, édit. de 1765, t. 2, p. 43.

17. — Au commencement du dix-septième siècle, le royaume de la basoche déclina sensiblement. Les montres qui avaient, à une certaine époque, compté jusqu'à dix mille clercs ou suppôts, furent réduites aux seuls officiers de la basoche et aux clercs du palais. Encore cessèrent-elles tout-à-fait en 1667.

18. — A partir de cette époque, il ne fut plus question que de cette espèce de cavalcade qui avait lieu, chaque année, pour aller enlever, dans la forêt de Bondy, l'arbre destiné à la plantation du mai. — V. *infrà* n°s 39 et suiv.

19. — La basoche perdit donc son caractère militaire et resta une juridiction particulière, reconnue par le parlement, et appelée à maintenir la discipline parmi les clercs du palais.

20. — Elle comptait un grand nombre d'officiers, savoir : un chancelier, douze maîtres des requêtes ordinaires, un référendaire, un grand audiencier, un procureur général, un avocat du roi, un procureur de communauté, quatre trésoriers, un greffier, quatre notaires, un premier huissier, huit autres huissiers et un aumônier, qui devait être homme d'église, et qui avait voix délibérative et séance après les maîtres des requêtes. — *Statuts de la basoche*, p. 9 et 10.

21. — Elle avait aussi un ordre des avocats, avec son bâtonnier et son tableau. — Nouveau Denizart, v° *Basoche du Palais*, § 3, n° 2.

22. — La basoche du palais prétendait avoir le droit de donner des maîtrises d'arts et métiers; mais ses pourvus étaient souvent inquiétés par les communautés, quoiqu'ils prissent pour enseigne les armes de la basoche. — Nouveau Denizart, *loc. cit.*, § 3, n° 11.

23. — Autrefois la basoche jouissait du privilége d'avoir une loge à la salle de spectacle de l'hôtel de Bourgogne, et d'y faire jouer tous les ans la comédie pour elle et ses officiers, le jour du *carême prenant*; mais elle perdit ce privilége sous le règne de Louis XIV.

24. — Le chancelier ne régnait qu'un an : l'élection se faisait au mois de novembre.

25. — Il ne pouvait être choisi qu'entre les quatre plus anciens maîtres des requêtes, l'avocat du roi, le procureur général et le procureur de communauté.

26. — L'habit de cérémonie du chancelier était une robe et un bonnet : les autres officiers portaient l'habit noir, le rabat et le manteau.

27. — Le chancelier ne pouvait être ni marié ni bénéficier. — Il était obligé de donner, le jour de sa réception, un festin aux autres officiers. — C'est ce qu'ils appelaient entre eux *droits et devoirs*. A la fin du repas on lui en *donnait acte*.

28. — La principale attribution de la basoche consistait à délivrer aux clercs qui voulaient se faire pourvoir d'un office de procureur, un certificat de stage.

29. — Les officiers de la basoche ont souvent eu, au sujet de ces certificats, des contestations avec les procureurs au parlement; mais ils furent toujours maintenus dans leur droit.

30. — La basoche, comme juridiction, avait la police des clercs de l'enclos du palais, jugeait leurs différends, statuait sur l'appel des clercs des basoches subalternes ressortissant à son siége.

31. — Les audiences de la basoche se tenaient, les mercredis et les samedis, dans la chambre dite de Saint-Louis, entre midi et une heure.

32. — Le chancelier y présidait, et en son absence le vice-chancelier, ou le plus ancien maître des requêtes.

33. — Pour faire un arrêt, il fallait qu'il y eût sept maîtres des requêtes, indépendamment du président.

34. — Le style et la procédure de la basoche étaient les mêmes que le style et la procédure suivis au parlement.

35. — Les requêtes adressées à la basoche étaient intitulées : « *A nos seigneurs du royaume de la basoche.* » — Les jugemens expédiés par le greffier portaient cette formule : « *La basoche regnante en triomphe et titre d'honneur*, SALUT. » — A la fin on ajoutait : « *Fait audit royaume, le....* etc. » — Ces jugemens étaient souverains et portaient le titre d'*arrêts*.

36. — Pour les requêtes, actes de procédure et jugemens, on employait à la basoche, comme dans toutes les autres juridictions, le papier timbré.

37. — Tous les ans, à la basoche, on plaidait deux grandes causes, l'une au carnaval, dite CAUSE GRASSE (V. ce mot), l'autre à l'installation du chancelier, c'est-à-dire en novembre.

38. — Un ancien écrivain disait qu'il n'y avait en France aucune juridiction qui jugeât aussi bien, aussi vite et à aussi bon marché que la basoche.

39. — Chaque année, la basoche procédait, en grande cérémonie, à la plantation du *mai* dans la principale cour du palais, au bas du grand escalier. Les statuts de 1586 lui faisaient une loi de cet usage.

40. — Dans l'origine, il était permis à la basoche de faire couper, dans l'un des bois du roi le plus à portée de Paris, les arbres nécessaires pour la plantation du mai. François Ier, en confirmant cette permission, y ajouta la condition de ne faire le choix des arbres qu'en présence du substitut du procureur général des eaux et forêts.

41. — De 1621 à 1677, le choix du mai se fit dans les forêts de Livri et de Bondi; mais par lettres patentes du 12 août 1677, le droit de la basoche s'exerça, à partir de cette époque dans le bois de Vincennes.

42. — Le jour de la délivrance du mai, tous les officiers de la basoche, le chancelier en tête, étaient obligés, sous peine d'amende, de se trouver au palais dans la grande cour, à cheval, en uniforme rouge. Pour rendre le cortége plus brillant, les clercs étaient invités à y assister aussi à cheval. Le cortége était précédé de timballes et de trompettes, et se rendait à la forêt, après avoir entendu une messe solennelle. Les officiers de la maîtrise se trouvaient en uniforme, au lieu indiqué pour la délivrance du mai; on se complimentait, puis, après que les arbres avaient été marqués, on terminait la fête par un repas et des danses. On ne procédait à la plantation du mai que quelques jours après.

43. — Pour subvenir aux frais de la plantation du mai, le parlement et la cour des Aides étaient dans l'usage d'accorder une certaine somme. Le parlement donnait deux cents livres.

44. — Indépendamment de la basoche du palais, il y avait à Paris une basoche du Châtelet, dont le chef prenait le titre de *prévôt*.

45. — Cette basoche, fort ancienne aussi, se composait des clercs travaillant chez les procureurs au Châtelet, chez les notaires, commissaires et greffiers attachés à cette juridiction.

46. — La basoche du Châtelet prenait le titre de *basoche souveraine et primitive de France, régnante en titre et triomphe d'honneur au Châtelet*.

47. — La basoche du palais prétendait que la basoche du Châtelet relevait d'elle, comme le Châtelet du parlement; cette prétention, souvent contestée, fut accueillie par le parlement, qui jugea qu'on pouvait appeler à la basoche du palais des décisions de la basoche prévôtale. — *Parlem. Paris*, 17 fév. 1762.

48. — Le prévôt de la basoche du Châtelet avait, ainsi que le trésorier de la compagnie, le privilége d'être reçu procureur, quoiqu'il n'eût pas encore dix années de cléricature.

49. — La chambre des Comptes avait également sa basoche, qui prenait le nom de *haut et souverain empire de Galilée*.

50. — On ne sait pas bien en quel temps ont été jetés les fondemens de cet empire. « Il y a apparence, dit Lerasle, que son origine est aussi ancienne que la chambre elle-même. »

51. — Le chef de l'empire de Galilée, qui portait d'abord le titre d'*empereur*, le perdit sous Henri III, et ne reçut plus, à partir de cette époque que le titre de *chancelier* : ceux qui formaient son conseil prenaient la qualité de *maîtres des requêtes*. — V. EMPIRE DE GALILÉE.

52. — Il existait aussi au parlement de Rouen une basoche, dont le chef prenait le titre de *régent*. Cette basoche, quoique moins ancienne que celle de Paris, avait parmi ses titres des lettres patentes de Louis XII, expédiées en *vers français* (avril 1499). — V. RÉGENCE DU PALAIS.

53. — Il s'était enfin donné dans un grand nombre de villes de provinces des basoches inférieures, dont quelques unes possédaient, en vertu de lettres spéciales des seigneurs ou des corps judiciaires, des priviléges parfois singuliers, telles que celles de Poitiers, de Macon, d'Orléans, de Château-Thierry, de Loches, etc.

54. — La basoche du palais perdit sa juridiction en 1790; mais ses membres et suppôts reprirent alors leur caractère militaire; ils formèrent un bataillon particulier dans la garde nationale parisienne, et partirent en 1792 pour la frontière. C'est ainsi que prit fin le royaume de la basoche.

BASSE JUSTICE.

V. JUSTICES SEIGNEURIALES.

BASSIN.

1. — C'est le réduit pratiqué dans un port pour mettre des navires à l'abri de l'agitation de l'eau. — Sur les côtes de l'Océan, les bassins se nomment *chambres* ou *paradis*, et dans la Méditerranée, *darces* ou *darcines*.

2. — Les bassins sont souvent fermés de vannes ou de portes busquées comme les écluses, afin de retenir l'eau de la mer dans les ports qui assèchent, et afin que les navires soient toujours à flot dans les bassins. — *Encycl. méthod.*, v° *Bassin*.

3. — Tous bassins et docks ne peuvent être exécutés qu'en vertu d'une loi rendue après enquête administrative. — L. 3 mai 1841, art. 3. — V. EXPROPRIATION POUR UTILITÉ PUBLIQUE.

4. — Des droits sont perçus sur les navires qui entrent dans les bassins et avant-bassins des ports.

5. — Ces droits sont privilégiés sur le prix du navire. — C. comm., art. 191, n° 2. — V. NAVIRE.

BASSIN ou BASSINAGE (Droits de).

1. — Ce mot désignait autrefois des dîmes qui se percevaient sur certaines denrées, et même sur le sel.

2. — Une charte, ou plutôt un aveu rendu par le vidame de Châlons à l'évêque, portait, dans un passage extrait par Ducange et Galland, et rapporté par Merlin (*Répert*, v° *Bassin*), d'après Laurière : « Nous avons un droit appelé le droit de bassin qui est tel que les sieur et dame vidame peuvent par chacun un an prendre un bassin d'environ un septier plein de raisins en quelques vagues qu'ils voudraient ès-environs de Saint-Michel. »

3. — Le droit de bassin ainsi entendu a été supprimé tant par le décret des 4, 6, 7, 8 et 11 août, 3 nov. 1789, qui a aboli le régime féodal, les dîmes, priviléges, etc., que par les lois des 15-28 mars 1790, relatives aux droits féodaux, 13-20 avr. 1791, sur l'abolition de quelques droits seigneuriaux et notamment de ceux annexés à la justice seigneuriale, 25 août 1792 et 17 juill. 1793, qui suppriment toutes les redevances ci-devant seigneuriales et droits féodaux.

4. — Aujourd'hui, on appelle droit de bassin un droit qui se perçoit dans certains ports de mer sur les navires et bâtimens qu'on y introduit. — V. notamment L. 24 vent.-4 germin. an XIII; C. comm., art. 191-2° et 192-2°. — V. BASSIN.

BASTION.

1. — Masse de terre revêtue de maçonnerie ou de gazons et placée en saillie sur les angles d'une place fortifiée pour en flanquer toutes les parties.

2. — Le bastion est composé de deux faces et deux flancs, et est à peu près de la forme d'un pentagone.

3. — On appelle *bastion plein* celui dont toute la capacité se trouve remplie par le terre-plein du rempart; et *bastion vide*, celui dont le rempart est mené parallèlement à ses flancs et à ses faces, en sorte qu'il laisse un vide dans le milieu.

4. — Par *gorge d'un bastion*, on entend l'interruption faite à la courtine qui environne le corps de place pour y construire un bastion ou un redan.

5. — Dans toutes les places de guerre et postes militaires, le terrain renfermé dans la capacité des redans, bastions vides, ou autres ouvrages qui forment l'enceinte est considéré comme terrain militaire national, et fait partie de la rue du rem-

part. —Décr. 8-10 juill. 1791, tit. 1er, art. 15. —V.'PLACE DE 'GUERRE, SERVITUDES MILITAIRES.

BASTUDE.

1. — Nom donné à un filet servant à la pêche dans les étangs salés. Suivant l'art. 5 de la déclaration du 23 août 1723 relative à la pêche du poisson de mer dans la province du Languedoc, il était défendu de pratiquer la pêche de la bastude autrement que depuis le 1er juillet jusqu'à la fin de février, sous peine de 300 livres d'amende et de confiscation des bateaux, rets, filets et poissons.— De Beaussant, *Code maritime*, t. 2, p. 312.—V. PÊCHE MARITIME.

2. — L'art. 15 de l'ordonn. d'août 1681, tit. 2, fait défense aux pêcheurs qui se servent d'engins appelés *fichores* de prendre les poissons enfermés dans les bastudes ou autres filets tendus dans les étangs salés, à peine de punition corporelle. — Valin fait remarquer que le fait ainsi prévu constitue un vol, et M. de Beaussant (*loc. cit.*, t. 2, p. 245) ajoute qu'au lieu de voir dans une pareille soustraction un délit spécial que l'abolition de la punition corporelle laisserait impuni on peut y trouver le délit général de vol prévu par le Code pénal. — V. au surplus VOL.

BATAILLE (Gages de).
V. COMBAT JUDICIAIRE, DUEL.

BATARD.

1. — On appelait ainsi autrefois celui qui était né d'une union illicite. — On distinguait plusieurs sortes de *bâtards* : ceux qui étaient nés de deux personnes libres et qui pouvaient se marier ensemble, étaient appelés *bâtards simples* : on donnait le nom d'*adultérins* à ceux nés d'une personne libre et d'une personne mariée, ou de deux personnes engagées chacune séparément dans les liens du mariage. — Enfin, on désignait sous la qualification de *bâtards incestueux* ceux qui étaient nés de père et mère auxquels il était défendu de se marier ensemble, à cause du lien de parenté ou d'alliance par lequel ils étaient unis. — Le nom de *bâtards incestueux* se donnait aussi aux enfans de personnes consacrées à Dieu par le vœu de chasteté.

2. — Ces diverses distinctions existent encore aujourd'hui (à l'exception de la dernière); seulement la qualification de bâtard ne s'emploie plus maintenant que dans le style vulgaire; elle a été remplacée par celle de l'enfant naturel, adultérin ou incestueux.

3. — Dans l'origine, la condition des bâtards était très rigoureuse; il y avait même des provinces où ils étaient traités comme serfs, et où ils ne pouvaient se marier sans le consentement de leurs seigneurs; en outre, il leur était interdit de tester, et leurs successions appartenaient à leurs seigneurs par droit de main-morte. — L'ancienne coutume de Laon (art. 4) portait : « Et ne peut nul bâtard tester ni faire testament, et par icelui disposer de ses biens fors que de 5 sols. »

4. — Mais, plus tard, on se relâcha de cette rigueur. «Ils peuvent, dit Denizart, acquérir, se marier, vendre, disposer de leurs biens soit entre-vifs, soit par testament, excepté en Bretagne, où la coutume ne leur permet de disposer que d'une partie de leurs biens par testament.»—Art. 477 et 460 de cette coutume.

5.—Et le même auteur ajoute (no 34) : Le bâtard peut se marier sans le consentement de son père, à la cour l'a ainsi jugé par arrêt du 15 nov. 1662, rapporté au *Journal des Audiences*, parce que *nullius est familiæ*. — V. à cet égard MARIAGE.

6. — Les explications relatives à la succession des bâtards et à leur droit de succéder, ainsi qu'à leur capacité de recevoir par donation ou autrement, seront placées plus convenablement aux mots ENFANT NATUREL, ENFANT INCESTUEUX, ENFANT ADULTÉRIN, SUCCESSION IRRÉGULIÈRE, où nous aurons à comparer les dispositions de l'ancienne législation avec celles qui, sous le droit intermédiaire et plus tard sous le Code civil, sont venues les remplacer.

7. — Au reste, le principe qui dominait, c'est que si les bâtards jouissaient de l'état civil comme tous les citoyens, ils n'avaient pas du moins les droits de famille. — Au surplus Merlin (*Rép.*, vo *Bâtard*) résume ainsi leur position : « Ils ne peuvent prétendre dans la succession de leur père et mère que des simples alimens, et ils ne

sauraient tenir de leurs dispositions que des donations ou des legs, qui seraient même restreints s'ils étaient trop considérables : ce qui est réglé à cet égard dépend des circonstances plus favorables ou plus odieuses de leur naissance. » —V. arrêt du 5 juin 1779, qui valide un legs de 600,000 liv. fait à un bâtard par un père qui ne laissait que des héritiers de basse classe, et qui avait disposé du surplus de ses biens par testament, ce legs n'étant d'ailleurs que du cinquième de l'hérédité.

8. — Il faut en outre retenir que, dans le cas où les bâtards n'avaient pas testé, ou s'ils n'avaient laissé ni enfans légitimes ni conjoints survivans, leur succession appartenait, soit au roi, soit, par suite de concessions, aux seigneurs justiciers (pour les biens situés dans l'étendue de leur justice) lorsque ceux-ci d'ailleurs remplissaient certaines conditions : c'était ce qu'on appelait *le droit de bâtardise*.—Seulement les coutumes n'étaient pas uniformes relativement aux conditions de l'exercice de ce droit; dans quelques unes (et celle paraissait être la règle la plus généralement suivie), le seigneur ne pouvait succéder aux bâtards qu'autant que la naissance, le domicile et le décès avaient eu lieu dans le ressort de sa justice. — Denizart, vo *Bâtard*. — V. aussi Ferrière, vo *Droit de bâtardise*; Merlin, vo *Bâtard*.

9. — L'éducation des bâtards était ordinairement déférée à la mère, à l'exclusion du père, parce qu'ils suivaient l'état et la condition de leur mère; toutefois on consultait aussi l'intérêt des enfans. — V. PUISSANCE PATERNELLE.

10. — Les bâtards avaient droit aux alimens de la part de leurs père et mère, et réciproquement. Ils étaient tenus de leur en fournir. —Ce principe est encore en vigueur sous la nouvelle législation. — V. ALIMENS, ENFANT INCESTUEUX. — V. aussi ENFANT ADULTÉRIN, ENFANT INCESTUEUX.

11. — Les bâtards étaient, comme les étrangers, sujets aux droits de chevage et de formariage. —Déclarat. du 22 juill. 1697. — V. CHEVAGE, FORMARIAGE.

12. — Les bâtards, dit Denizart (no 56), peuvent porter le nom de leur père, malgré lui, quand la paternité est constante. — V. à cet égard NOM.

13.—On reconnaissait aux bâtards capacité pour posséder des charges et des dignités; mais ils ne pouvaient obtenir de bénéfice sans dispenses, à moins qu'ils ne fussent légitimés. — V. BÉNÉFICE ECCLÉSIASTIQUE.

14. — Ils pouvaient être légitimés par lettres du prince, ou par mariage subséquent de leurs père et mère. Toutefois, il y avait des différences à établir entre les bâtards simples et les bâtards incestueux ou adultérins. — V. à cet égard LÉGITIMATION.

15.—Les bâtards de rois, dit Denizart (vo *Bâtard*, no 17), sont princes, et les bâtards de princes sont gentilshommes. —Et Pothier (t. 8, p. 54) s'exprime ainsi : « Les bâtards, quoique légitimés par lettres, ne succèdent pas à la noblesse de leur père et mère; néanmoins les bâtards des princes, quand ils sont légitimés par lettres, sont nobles. »

16. — Jusqu'à l'ordonnance d'Henri IV, du mois de mars 1600, les maisons illustres du royaume conféraient à leurs bâtards le droit de tenir un rang égal avec les légitimes, et de participer aux honneurs de l'ancienne chevalerie et aux premières dignités de l'état; ces prérogatives étaient tellement reconnues en leur faveur, qu'ils s'annonçaient à leurs bâtards le droit de tenir un premières dignités de l'état; ces prérogatives étaient tellement reconnues en leur faveur, qu'ils s'annonçaient à leurs bâtards tous les actes publics *Bâtard un tel*. —V., relativement à leurs prérogatives, Tiraqueau, Papon, *Recueil d'arrêts*; Boyer, *Décis. parlement Bordeaux*; Denizart, vo *Bâtard*, no 19, qui cite un arrêt de la cour des Aides, du mois de juin 1597, attribuant aux bâtards des grands seigneurs tous les privilèges de la noblesse». — L'ord. de 1600 fait celle de 1604 enlevèrent à ces bâtards leur ancien rang, et les dispositions de cette ordonnance furent confirmées par l'ord. de 1629, rendue par Louis XIII. —V. ARMOIRIES, no 17.

17. — Ainsi que nous l'avons dit, la législation a dû marcher à subi de graves modifications.— Une des plus importantes est celle qui a aboli, à partir du 4 août 1789, le droit de bâtardise. — L. 13 avr. 1791, art. 6.

18. — Une autre modification également remarquable, c'est que désormais, relativement aux bâtards, la recherche de paternité non avouée est interdite. — V., relativement au fait et à tout ce qui touche à cette matière, ENFANT ADULTÉRIN, ENFANT NATUREL, ENFANT INCESTUEUX, SUCCESSION IRRÉGULIÈRE.

BATEAUX.

1. — Embarcations ou constructions employées

à la navigation et au transport sur l'eau des personnes, animaux, denrées et marchandises.

2. — Les bateaux sont des biens meubles. —C. civ., art. 531.

3. — La saisie et la vente des bateaux, à raison de l'importance de ces objets, s'opèrent selon des formes particulières déterminées par l'art. 620, C. for. — V. SAISIE-EXÉCUTION.

4. — Les bateaux considérés comme moyens de transport sont soumis à certaines prestations et obligations envers l'administration des contributions. — V. CONTRIBUTIONS INDIRECTES, NAVIGATION.

5. — Les bateaux de bains, les bateaux de blanchissage, les moulins et établissements sur bateau rentrent dans la classe des usines et sont dès-lors soumis, pour leur établissement sur les cours d'eau, aux mêmes formalités. — V. les mots cités dans l'alinéa précédent.

6.—Les exploitans de bateaux à laver sont rangés par la loi du 25 avril 1844, sur les patentes, dans la sixième classe des patentables, et imposés à 4o un droit fixe basé sur le chiffre de la population de la ville ou commune où est situé l'établissement, 2o un droit proportionnel du vingtième de la valeur locative de la maison d'habitation et de locaux servant à l'exercice de la profession.—V. PATENTE.

7.—En matière maritime, les bateaux sont confondus par la loi dans l'expression générique de *navire*, lorsqu'ils ne sont pas eux-mêmes des accessoires destinés au service d'un bâtiment plus considérable. Dans ce dernier cas, ils font partie des *agrès*. — Pardessus, *Droit commercial*, t. 3, no 599.

8. — Les bateaux de commerce employés à la navigation maritime doivent être marqués à la poupe, en lettres blanches d'un décimètre de hauteur, sur un fond noir, de leur nom et du port auquel ils appartiennent, sous peine d'une amende de 500 fr. solidairement encourue par le propriétaire, agent ou capitaine, et pour sûreté de laquelle les bateaux peuvent être retenus. — Les marques ne peuvent, sous la même peine, être effacées, altérées, couvertes ou masquées. — L. 6 mai 1841, art. 21.

9. — Les constructeurs de bateaux sont soumis à la patente comme les constructeurs de barques. — V. BARQUE et PATENTE.

V. ABONNEMENT (Contrib. indir.), no 123, ACTE DE COMMERCE, BACS ET BATEAUX, COMMISSIONNAIRE, ENREGISTREMENT, NAVIRE.

BATEAUX A VAPEUR.

Table alphabétique.

BATEAUX A VAPEUR. — 1. — Bateaux qui ont pour moteur principal une machine à vapeur et pour lesquels l'usage des rames et des voiles n'est qu'un moyen secondaire.

2. — La navigation à vapeur se trouve, dans l'intérêt de la sûreté publique, soumise à certaines règles préventives.

3. — Ainsi, aucun bateau à vapeur ne peut être établi qu'en vertu d'un permis délivré par le préfet du département où se trouve le point de départ de l'entreprise, et après qu'une commission de surveillance composée de personnes expérimentées, présidée par un ingénieur en chef des ponts et chaussées ou des mines, ou à son défaut par un ingénieur ordinaire, a constaté que le bateau est construit avec solidité, particulièrement en ce qui concerne l'appareil moteur, que cet appareil est entretenu avec soin et muni des moyens de sûreté exigés, et ne présente aucune probabilité d'effraction. — Instr. du min. des trav. publ. du 15 sept. 1839. — Ord. 23 mai 1843, art. 2, 3, 5 et suiv. — Une ordonnance du 7 mai 1828 a réglé la pression d'épreuve des chaudières, des tubes bouilleurs, des cylindres et enveloppes des machines à vapeur à haute pression déjà réglementées par une ordonnance du 29 oct. 1823. — Une autre ordonnance du 25 mai 1828 prohibe dans les bateaux à vapeur les chaudières et les tubes en fonte et prescrit le mode d'épreuves.

4. — Le permis de navigation n'est valable que pour un an. — A chaque renouvellement de ce permis, la commission de surveillance doit être consultée. — Ord. 23 mai 1843, art. 9 et 13.

5. — Ce permis doit contenir, entre autres énonciations, le nom du bateau et celui de son propriétaire, la hauteur de sa ligne de flottaison, le service auquel il est destiné; les points de départ, de stationnement et d'arrivée, le nombre maximum des passagers, la tension maximum de la vapeur. — Le préfet y prescrit toutes les mesures d'ordre et de police locale nécessaires. Il transmet copie de son arrêté aux préfets des autres départemens traversés par la ligne de navigation, lesquels prescrivent à leur tour les dispositions du même genre à observer dans ces départemens, le tout sans préjudice de l'exécution des lois et réglemens concernant la navigation dans la circonscription des arrondissemens maritimes. — *Ibid.*, art. 10 et 11.

6. — Quand les bateaux sont dans le cas de naviguer dans la circonscription des arrondissemens maritimes, les capitaines doivent être munis d'un permis de navigation ou d'un rôle d'équipage. — *Ibid.*, art. 4.

7. — Tout propriétaire de bateau est donc tenu de se conformer non-seulement aux conditions que lui impose son permis, mais encore à toutes les mesures d'ordre et de police établies sur la ligne de navigation. — Instr. min. des trav. publ. 15 sept. 1839.

8. — L'inobservation de ces dernières mesures peut, comme les contraventions aux dispositions du permis lui-même, entraîner, suivant la gravité des cas, le retrait temporaire ou définitif de ce permis, sans préjudice des autres peines de droit. — Même instr.

9. — C'est au préfet qui a donné l'autorisation de naviguer qu'il appartient de la suspendre ou de la retirer lorsqu'il y a lieu. Mais le préfet dans le département duquel la contravention est commise, peut requérir de son collègue qu'il prononce cette suspension ou ce retrait. — Instr. min. des trav. publ. 15 sept. 1839, ord. 23 mai 1843, art. 74 et 75.

10. — S'il y avait divergence d'opinion entre deux préfets, relativement à la nécessité de suspendre ou de retirer un permis, ils auraient alors à en référer au ministre des travaux publics, de même qu'ils doivent l'avertir de toute mesure de leur part tendant à suspendre ou à retirer ce permis. — Instr. min. des trav. publ. 15 sept. 1839.

11. — En cas de refus de permis par le préfet, ou de déclaration qu'il y a lieu de surseoir à sa délivrance, le propriétaire peut exercer son recours devant le ministre des travaux publics. — Ord. 23 mai 1843, art. 12.

12. — Si le bateau a été mis en état de naviguer dans un département autre que celui où il doit entrer en service, le propriétaire devra obtenir du préfet du premier de ces départemens une autorisation provisoire de navigation pour faire arriver le bateau au lieu de sa destination. — Mais cette autorisation provisoire ne dispense pas le propriétaire du bateau de l'obligation d'obtenir un permis définitif de navigation lorsque ce bateau est arrivé au lieu de sa destination. — *Ibid.*, art. 14 et 15.

13. — Il appartient aux préfets de fixer le nombre des voyageurs, les heures de départ, la durée et les lieux de stationnement, les points d'embarquement et de débarquement, les modes suivant lesquels ils doivent s'effectuer, la direction à tenir par les capitaines en cas de rencontre de deux bateaux allant en sens inverse ou dans le même sens, enfin tout ce qui intéresse la sûreté des personnes, et la conservation des établissemens ou travaux d'art en rivière. — Instr. min. 27 mai 1830; Instr. min. des trav. publ. 15 sept. 1839. — Ord. 23 mai 1843, art. 51 et suiv., 58 et suiv.

14. — On ne peut interdire, d'une manière absolue, aux bateaux à vapeur naviguant sur un même cours d'eau de se dépasser : ce serait priver ceux qui sont *bons marcheurs* des avantages que doit leur procurer leur bonne construction et nuire au développement de l'industrie; mais il doit être défendu de naviguer avec une vitesse supérieure à celle que comporte la marche régulière de l'appareil moteur, de pousser inconsidérément la tension de la vapeur pour faire assaut de vitesse. — Les capitaines et chefs d'entreprise seraient responsables des accidens qui en résulteraient, et pourraient se voir retirer leur permis, sans préjudice des peines, dommages et intérêts qui seraient prononcés par les tribunaux. — Instr. 15 sept. 1839; ord. 23 mai 1843, art. 66.

15. — Le local de l'appareil moteur doit toujours être séparé par de fortes cloisons doublées en tôle des salles où se tiennent les voyageurs, auxquels on doit interdire l'entrée dans l'emplacement de la machine. — Instr. du min. des trav. publ., 15 sept. 1839; ord., 23 mai 1843, art. 40 et 67.

16. — Le pont de chaque bateau doit être garni de garde-corps d'une hauteur suffisante pour la sûreté des passagers. — Ord. 23 mai 1843, art 41.

17. — Le nom du bateau doit être inscrit en gros caractères sur chacun de ses côtés. — *Ibid.*, art. 46.

18. — Il doit y avoir dans chaque bateau deux ancres au moins; un canot à la traîne ou suspendu à des palans et dont les dimensions sont déterminées par le préfet, d'après l'avis de la commission de surveillance; une bouée de sauvetage en liége suspendue sous l'arrière, une cloche pour donner les avertissemens nécessaires, etc. — *Ibid.*, art. 47.

19. — Dans toutes les localités où cela est possible, il doit être assigné aux bateaux à vapeur un lieu de stationnement distinct de celui des autres bateaux, et il peut, si les lieux le permettent, être accordé un emplacement particulier à chaque entreprise de bateau. — *Ibid.*, art. 51 et 54.

20. — La charge totale du bateau doit être réglée de manière que la ligne de flottaison ne puisse jamais être submergée. — Instr. 15 sept. 1839.

21. — L'ordonnance du 23 mai 1843, art. 54 et 55, détermine, comme l'avait fait l'instruction ministérielle du 15 sept. 1839, les précautions qui doivent présider à l'embarquement, au débarquement ou au transbordement des voyageurs, ainsi que la condition de solidité que doivent réunir les batelets ordinairement employés au service.

22. — Il doit être défendu, à moins d'une autorisation spéciale délivrée par l'autorité chargée de la police locale, de quitter le port pendant la nuit ou en temps de brouillard, de glace, de débordemens. — Instr. 15 sept. 1839; Ord. 23 mai 1843, art. 56.

23. — Si un bateau à vapeur est surpris pendant son voyage par une brume épaisse, la cloche doit tinter jusqu'à l'arrivée au mouillage, afin d'éviter les abordages, et lorsqu'il est autorisé à naviguer pendant la nuit, il doit porter constamment allumé, depuis le coucher jusqu'au lever du soleil, un fanal à la proue et un autre à la poupe pour indiquer le sens de sa marche. Ces fanaux sont à verres blancs lorsque le bateau descend, et à verres rouges lorsqu'il remonte. — Instr. 15 sept. 1839; ord. 23 mai 1843, art. 61.

24. — Il doit toujours y avoir à bord un registre coté et paraphé, sur lequel les passagers ont la faculté de mentionner, en les signant, les observations ou les plaintes qu'ils auraient à faire, et sur lequel le capitaine peut également consigner ses observations et tous les faits qu'il lui paraît important de faire attester par les passagers. — Ord. 23 mai 1843, art. 68.

25. — Il est tenu aussi à bord de chaque bateau un registre sur lequel le mécanicien doit inscrire d'heure en heure la hauteur du manomètre, celle de l'eau dans la chaudière, et le lieu où se trouvera le bateau. A la fin de chaque voyage, le mécanicien doit signer ces indications, dont il certifie l'exactitude. — *Ibid.*, art. 65.

26. — Il doit être placé dans chaque salle de passagers un tableau indiquant la durée moyenne des voyages, la durée des stationnemens, le nombre maximum des passagers, la faculté donnée à ces passagers de consigner leurs observations sur le registre ouvert à cet effet, le tarif des places. — Une copie du permis de navigation doit aussi y être affichée. — Instr. 15 sept. 1839; ord. 23 mai 1843, art. 69.

27. — Avant le départ, le mécanicien, sous l'autorité du capitaine, doit présider à la mise en feu, s'assurer que toutes les parties de l'appareil moteur fonctionnent bien, et que les chauffeurs sont en état de bien faire leur service. Pendant le voyage, il doit diriger ceux-ci et s'occuper constamment de la conduite de la machine. — Ord. 23 mai 1843, art. 64.

28. — Après le voyage, les capitaines sont tenus de déclarer aux autorités chargées de la police locale les accidens ou avaries quelconques qui seraient arrivées, ainsi que les faits qui pourraient intéresser la sûreté de la navigation. — Instr. 15 sept. 1839; ord. 23 mai 1843, art. 63.

29. — Nul ne peut être capitaine ou mécanicien d'un bateau à vapeur s'il ne produit des certificats de capacité délivrés dans les formes déterminées par le ministre des travaux publics. — Ord. 23 mai 1843, art. 50.

30. — Si le bateau est exposé à être poussé à la mer, il doit être muni des cartes et des instrumens nautiques nécessaires à cette navigation. — Ord. 23 mai 1843, art. 48.

31. — Tous les trois mois, et plus fréquemment encore s'il est nécessaire, des visites sont faites par les commissions de surveillance instituées par les préfets. Les membres de ces commissions peuvent, en outre, faire individuellement des visites toutes les fois qu'ils le jugent convenable. — *Ibid.*, art. 71. — Mr. de Beaussant (*Cod. marit.*, t. 1er, n° 441) pense qu'il serait bien d'exiger que le procès-verbal de la dernière visite fût considéré comme *pièce de bord*, et que le capitaine fût tenu de le représenter à toute réquisition.

32. — Tout bateau venant d'un autre département, avec une autorisation de naviguer, peut être visité par les commissions de surveillance instituées dans les lieux qu'il traverse. — Instr. 15 sept. 1839.

33. — Il est de plus soumis à une surveillance journalière, non seulement de la part de ces commissions, mais encore de celle des officiers de port ou inspecteurs de la navigation, des maires et adjoints, des commissaires de police, tant aux points de départ et d'arrivée qu'aux lieux de stationnement intermédiaires. — Instr. 15 sept. 1839; ord. 23 mai 1843, art. 76.

34. — Les propriétaires de bateaux à vapeur sont tenus de recevoir à bord et de transporter gratuitement les inspecteurs de la navigation, gardes de rivière ou autres agens chargés spécialement de la police et de la surveillance de ces bateaux. — Ord. 23 mai 1843, art 77.

35. — Lorsqu'il survient des avaries de nature à compromettre la sûreté de la navigation, l'autorité chargée de la police locale peut suspendre la marche du bateau; elle doit sur-le-champ en informer le préfet. En cas d'accident, elle se transporte immédiatement sur les lieux, et le procès-verbal qu'elle dresse de sa visite est transmis au préfet, et, s'il y a lieu, au procureur du roi. La commission de surveillance se rend aussi sur les lieux, sans délai, pour visiter les appareils moteurs, en constater l'état et rechercher la cause de l'accident; elle adresse sur le tout un rapport au préfet. — *Ibid.*, art. 78.

36. — Relativement à l'échouement avec bris et aux circonstances qui constituent l'innavigabilité d'un bateau à vapeur et autorisent l'assuré à en faire le délaissement à l'assureur, V. ASSURANCE MARITIME, nos 804 et 820.

37. — La navigation et la surveillance des bateaux à vapeur de l'état sur les fleuves et rivières sont régies par des dispositions spéciales. — Ord. 23 mai 1843, art. 83.

38. — La répression des contraventions à certaines mesures de police prescrites par le préfet appartient, comme objet de grande voirie, au conseil de préfecture, qui prononce contre le contrevenant une amende, que l'arrêt du conseil du 24 juin 1777 avait fixée à 500 francs. La jurisprudence du conseil d'état refusait au conseil de préfecture, pour le réserver au conseil d'état lui-même, le droit de modérer cette amende. — *Cons. d'état*, 27 fév. 1836, Maillet-Duboulloy. — Mais la loi du 23 mars 1842 a disposé que les amendes fixes établies par les réglemens de grande voirie antérieurs à la loi du 13-22 juillet 1791 peuvent être modérées eu

égard au degré d'importance ou aux circonstances atténuantes des délits, jusqu'au vingtième desdites amendes, sans toutefois que ce minimum puisse descendre au-dessous de 16 fr.

39. — Quant à la nature des infractions qui rentrent dans les attributions du conseil de préfecture, il faut observer que la loi du 9 flor. an X n'a attribué juridiction à ces conseils que sur les infractions qui constituent, soit une anticipation ou une détérioration, soit un empêchement à la libre circulation sur les canaux, fleuves et rivières, tandis que c'est aux tribunaux ordinaires qu'il appartient de statuer sur les contraventions aux arrêtés des préfets qui intéressent seulement la sûreté des communications, et par exemple, la police des embarquemens et débarquemens. — *Cass.*, 14 nov. 1835, Clément Thore.

40. — Jugé que c'est aux conseils de préfecture et non aux tribunaux de simple police qu'il appartient de connaître de l'action qui peut résulter de la mauvaise direction donnée sur un fleuve à un bateau à vapeur. — *Cass.*, 5 janv. 1839 (t. 1er 1839, p. 256), Pagès et Caquet.

41. — L'autorité administrative (le préfet, par exemple) a le droit de faire des réglemens pour la sûreté des personnes voyageant sur les bateaux à vapeur, soit pendant leur séjour sur ces bateaux, soit à leur sortie, soit à leur entrée, et par conséquent elle a le droit de prescrire toutes les précautions convenables soit pour le débarquement soit pour l'abordage. — *Cass.*, 26 fév. 1841 (t. 1er 1845, p.), Courrat Gaillard.

42. — Mais le droit qu'a l'autorité administrative de déterminer dans des vues de sûreté le point précis du rivage où les bateaux à vapeur doivent toucher terre, lorsqu'il leur convient de s'arrêter à tel ou tel endroit, n'implique pas le droit de les forcer à s'arrêter lorsqu'il leur convient, au contraire, de continuer leur voyage. En conséquence, l'arrêté par lequel un préfet prescrit aux bateaux à vapeur servant au transport des voyageurs sur un fleuve d'aborder pour embarquer ou débarquer des passagers sur des points déterminés, est pris en dehors des attributions de ce fonctionnaire, et ne peut recevoir du tribunal de simple police la sanction de l'art. 471, n° 15, C. pén. — Même arrêt.

43. — La voie de fait commise par l'individu qui nonobstant la résistance de l'employé, fondée sur un réglement de police pour la navigation d'une rivière, franchit une écluse avec ses bateaux, rentre dans la compétence des tribunaux et non dans celle des conseils de préfecture. — *Cons. d'état*, 20 (et non 28) avr. 1835, Joisille.

44. — Les bateaux à vapeur sont soumis à l'impôt du dixième établi sur les bâtimens employés à la navigation fluviale. — *Cass.*, 24 juill. 1840 (t. 2 1840, p. 214), Contrib. indir. c. Yallant et Viellard. — V. au reste à cet égard CONTRIBUTIONS INDIRECTES, VOITURES PUBLIQUES.

45. — Les droits de navigation établis sur la nature du chargement sont perçus pour les bateaux à vapeur comme pour les bateaux ordinaires. — Ord. 8 août 1821; 11 déc. 1822, art. 3.

46. — Le mesurage des bateaux à vapeur est calculé d'après l'espace uniquement destiné au placement des voyageurs et des marchandises, et déduction faite de l'espace nécessaire à l'emplacement de la machine à vapeur, au magasin des combustibles, à celui des agrès et à celui des employés et équipage. — Ord. 8 août 1821, art. 1er; 11 déc. 1822, art. 1er. — Mais si des marchandises étaient abusivement placées dans une partie de l'espace destiné à la machine ou au combustible, les droits de navigation seraient payés sur le tonnage déterminé selon la formule du décr. du 12 niv. an II. — Ord. 8 août 1821, art. 2.

47. — D'après l'ordonnance du 2 sept. 1828, durent être jaugées suivant la méthode établie par l'ordonnance du 18 nov. 1837, en déduisant sur le produit 15 % représentant l'espace occupé par les machines et leurs accessoires. — De Beaussant, t. 1er, n° 435. — Enfin, par l'ordonnance du 18 août 1839, le mode de jaugeage des bateaux à vapeur a été définitivement réglé: on doit calculer comme pour les batimens à voile et réduire ensuite 40 % sur le produit pour tenir lieu de la quantité occupée par la machine et ses accessoires.

48. — L'entreprise du transport de personnes ou de marchandises par bateaux à vapeur constitue un acte de commerce. — V. ACTE DE COMMERCE, n° 347.

49. — Les entrepreneurs de bateaux et paquebots à vapeur pour le transport des voyageurs sont rangés par la loi du 25 avril 1844, sur les patentes, dans la classe des patentables, et imposés à: 1° un droit fixe de 300 francs pour voyage de long cours, de 200 francs pour voyage sur fleuves, rivières et le long des côtes; 2° un droit proportionnel du quinzième de la valeur locative de la maison d'habitation et des locaux servant à l'exercice de la profession.

50. — Les entrepreneurs de bateaux et paquebots à vapeur, pour le transport des marchandises, sont imposés à : 1° un droit fixe de 200 fr.; 2° et au même droit proportionnel que les entrepreneurs pour le transport des voyageurs.

51. — Les entrepreneurs de bateaux à vapeur remorqueurs sont imposés : 1° à un droit fixe de 150 fr.; — 2° au même droit proportionnel que les entrepreneurs de bateaux à vapeur pour transport.

V. ASSURANCE MARITIME.

BATEAUX DE PÊCHEURS.

1. — Cette dénomination ne peut guère, en ce qui concerne la pêche maritime, s'appliquer aux bâtimens employés aux grandes pêches, c'est-à-dire à celles qui demandent une navigation de long cours ou de cabotage, car ces bâtimens doivent le plus généralement être, non des bateaux, mais de véritables navires, soumis dès-lors aux règles qui concernent les bâtimens de mer en général. — Elle s'applique surtout aux embarcations employées à la petite pêche, c'est-à-dire à celle qui se fait à une petite distance des côtes, et qui n'éloigne le pêcheur que pour une ou plusieurs marées, pour quelques jours tout au plus.

2. — Les bateaux pêcheurs qui fréquentent les côtes de France doivent être des bâtimens français, sauf l'autorisation donnée aux pêcheurs étrangers sur les côtes de Provence, par l'arrêt du conseil du roi du 20 mars 1786.

3. — Le décret du 3-7 mars 1793 et l'arrêt du 20 germ. an III attestent la protection et les immunités accordées à la pêche et aux bateaux français qui en font le service.

4. — « La guerre maritime, dit M. de Beaussant (*Code maritime ou lois de la marine marchande*, t. 2, p. 235, n° 748), qui ne respecte pas les propriétés privées, tandis que la guerre territoriale les prend sous sa sauve garde, s'est souvent arrêtée devant les barques des pêcheurs par le motif de l'intérêt égal qu'avaient les combattans à favoriser la pêche des leurs, en ne s'attaquant pas à celle des autres. — Froissard, chron. 3, 45. — De là les *trèves pêcheresses*, qui étaient autrefois en usage fréquent, et que l'amiral, avant 1669, pouvait conclure. De là aussi, avant 1669, la faculté à l'amiral, même quand il n'y avait pas de trêve de cette nature, d'accorder aux sujets des peuples ennemis des sauf-conduits pour la pêche, sous telles et semblables cautions, charges et précis que les ennemis les accorderaient aux Français. — Ord. 1584. »

5. — Il est vrai que ces principes n'ont pas été constamment respectés dans toute leur intégrité, puisqu'une ordonnance de Louis XIV du 1er oct. 1692 éloigna les pêcheurs anglais de nos côtes dans la crainte de l'espionnage, mais en accordant à ceux qui seraient rencontrés dans nos parages un sauf-conduit de huit jours pour retourner chez eux; et à l'expiration de ce délai défendait à tous corsaires de donner à tous bâtimens ennemis qu'ils rencontreraient, *pêcheurs* ou autres, la permission de continuer leur pêche ou leur navigation.

6. — Mais une lettre du roi Louis XVI, du 5 juin 1779, adressée à l'amiral de France (et rapportée textuellement au *Journal du Palais*, jurisprudence administrative, t. 1er, p. 34 et 35), ordonna, *jusqu'à nouvel ordre*, de ne point inquiéter les pêcheurs anglais et de ne point arrêter leurs bâtimens, non plus que ceux qui seraient chargés de poisson frais, quand même ce poisson n'aurait pas été pêché à bord de ces bâtimens, pourvu toutefois qu'ils ne fussent armés d'aucune arme offensive et qu'ils ne fussent pas convaincus d'avoir donné quelques signaux.

7. — Les ordres intimés dans cette lettre furent mis en pratique par un arrêt du conseil du 6 nov. 1780, qui, annulant, sur la demande de la chambre de commerce de Dunkerque la prise d'un bateau pêcheur anglais (le *Jean et Sarah*), répéta dans des termes identiques les défenses de la lettre du roi. — V. *Recueil des anciennes lois françaises*, par Isambert, Jourdan et Decrusy, *règne de Louis XVI*, t. 4, p. 388.

8. — Les guerres de la révolution n'ont pas nui au développement de ces principes, puisqu'en therm. an III le comité de salut public renvoya sans échange tous les pêcheurs anglais qui se trouvaient dans les dépôts de la république, ne les considérant pas comme prisonniers de guerre; et si, dans le cours des hostilités, l'Angleterre viola la neutralité réciproque des pêcheurs, le gouvernement protesta contre ces violences et les dénonça au monde comme contraires à tous les usages des nations civilisées et au droit commun qui les régit, même en temps de guerre.

9. — Au reste, presque au même instant, l'Angleterre elle-même reconnaissait la franchise entière dont doivent jouir les bateaux pêcheurs en déclarant par une convention conclue avec l'Espagne qu'aucune hostilité n'aurait lieu contre les bateaux pêcheurs des deux nations et leurs équipages, soit dans le canal de Gibraltar, soit dans la mer septentrionale.

10. — Enfin, cette doctrine, fondée sur les principes de l'humanité et les maximes du droit des gens, a été solennellement consacrée en France par le conseil des prises, qui a jugé que les bateaux destinés à la pêche sur les côtes sont réputés neutres bien qu'on soit en guerre avec leur nation, et qu'en conséquence ils ne sont pas de bonne prise. — *Cons. des prises*, 9 therm. an IX, *La nostra segnora de la Piédad y animus* c. *la Carmagnole*.

11. — Si l'arrêté consulaire du 1er therm. an XI, après la reprise des hostilités entre la France et l'Angleterre, mit l'embargo sur les bateaux pêcheurs au-dessus de sept tonneaux, cette mesure doit être envisagée comme une précaution prise contre l'espionnage et pour la défense du pays, et analogue à celles prescrites dans des circonstances semblables par l'ordonnance du 1er oct. 1692.

12. — Les bateaux pêcheurs sont admis à la libre pratique sur les côtes de l'Océan; mais il en est autrement sur les côtes de la Méditerranée. — Ord. 7 août 1822, art. 4; de Beaussant, t. 2, p. 7, n° 571.

13. — De simples bateaux pêcheurs peuvent servir de base à un contrat de prêt à la grosse. — V. PRÊT A LA GROSSE.

14. — Sur les formalités à accomplir pour les bateaux à leur sortie des ports et à leur rentrée, V. DOUANES, NAVIRE, PÊCHE MARITIME.

15. — Pour les dispositions qui régissent les bateaux employés à la pêche dans les rivières, V. PÊCHE FLUVIALE.

BATELEURS.

1. — On désigne par ce nom ceux dont l'industrie consiste à faire sur la voie publique des tours de force ou d'adresse.

2. — Les bateleurs sont placés sous la surveillance de l'autorité municipale, sans la permission de laquelle ils ne peuvent exercer leur industrie. — Loi du 24 août 1790, tit. 11, art. 3 et 4.

3. — A Paris, l'exercice de cette profession est réglé par une ordonnance de police du 14 déc. 1831, qui en fixe les conditions, désigne les parties de la voie publique où elle sera permise, ainsi que les heures pendant lesquelles elle peut être exercée. Cette ordonnance renferme des règles qui concernent à la fois les bateleurs, les saltimbanques, chanteurs avec ou sans instrumens, escamoteurs, baladins, joueurs d'orgue, musiciens ambulans et faiseurs de tours sur la voie publique.

4. — Ces règles sont notamment : 1° la nécessité d'obtenir une permission préalable du préfet de police; 2° la défense d'exercer d'autre industrie que celle spécifiée dans la permission qui leur est délivrée, ni de stationner sur d'autres points que ceux qui y sont indiqués (ord. 1831, art. 8); 3° celle de rassembler les passans au son de la caisse et de la trompette ou de tout autre instrument bruyant, et d'annoncer leurs exercices par des détonations d'armes à feu (art. 11); 4° celle de tirer les cartes, de dire la bonne aventure, de deviner, pronostiquer, interpréter ou expliquer les songes, et de promener dans Paris des animaux dangereux ou malfaisans. — *Ibid.*, art. 12.

5. — Les bateleurs et autres individus ci-dessus désignés doivent, lorsqu'ils exercent leur industrie en public, porter ostensiblement une médaille contenant le numéro de leur permission, avec leur nom et celui de leur profession. — *Ibid.*, art. 13.

6. — Ils sont également tenus, à première réquisition des agens de l'autorité, de cesser d'exercer leur industrie dans les lieux publics où l'injonction leur en est faite, comme aussi d'exhiber en tout temps, aux officiers de police, la permission qu'ils ont obtenue. — *Ibid.*, art. 14.

7. — En cas de contravention à l'une de ces diverses prescriptions, les contrevenans peuvent être conduits devant les commissaires de police et renvoyés, s'il y a lieu, à la préfecture de police, pour être, suivant les circonstances, privés, soit temporairement, soit définitivement, de leurs permissions. — *Ibid.*, art. 15.

8. — En outre, toute contravention aux réglemens faits par l'autorité municipale en ce qui concerne l'exercice desdites professions rend le contrevenant passible des peines de police prononcées par les art 471, 473 du C. pén., et même de peines plus fortes, si la contravention imputable rentre elle-même dans les prévisions des art. 475 et suiv., art. 479 et suiv. du même Code.

BATIMENT.

9.—Tout batelier, saltimbanque, chanteur, etc., qui voudrait accompagner ses exercices de la distribution de chansons ou d'écrits imprimés, lithographiés, gravés, ou à la main, serait tenu de se conformer aux dispositions de la loi du 10 déc. 1830 sur les afficheurs et les crieurs publics. — V. AFFICHEUR, CRIEUR PUBLIC, DISTRIBUTION D'É-CRITS.

10.— Les permissions accordées pour l'exercice de la profession de bateleur, saltimbanque, etc., etc., peuvent toujours être révoquées lorsque le besoin de la circulation l'exige — Ord. 1831, art. 4. —Dans tous les cas, elles ne sont valables que pour un an, et renouvelées, s'il y a lieu, à la préfecture de police. — Ibid., art. 17.

11.— L'autorité ne doit délivrer de permission que sur la production, de la part de l'impétrant, d'un certificat de bonnes vie et mœurs. — Ibid., art. 6.

BATELIERS.

Les bateliers sont rangés par la loi du 25 avril 1844, sur les patentes, dans la huitième classe des patentables, et imposés à: 1° un droit fixe basé sur le chiffre de la population de la ville ou commune où est situé l'établissement; 2° un droit proportionnel du quarantième à la valeur locative de tous les locaux occupés par les patentables, mais seulement dans les communes de 20,000 ames et au-dessus. — V. PATENTE. V. aussi ACTE DE COMMERCE, COMMISSIONNAIRE DE TRANSPORT.

BATIERS.

Les bâtiers sont rangés, par la loi du 25 avril 1844 sur les patentes, dans la septième classe des patentables, et imposés à: 1° un droit fixe basé sur le chiffre de la population de la ville ou commune où est situé l'établissement; 2° un droit proportionnel du quarantième de la valeur locative de tous les locaux occupés par les patentables, mais seulement dans les communes de 20,000 ames et au-dessus. — V. PATENTE.

BATIMENT.

1.— Edifice construit de pierres, de marbre, de terre, de bois, etc.

2.— Le mot *bâtiment*, dans son acception la plus générale, s'applique à toute construction, quelqu'en soit la nature; mais il se restreint d'ordinaire à celles destinées, soit à l'habitation de l'homme ou des animaux à leur service, soit au dépôt des objets dont la bonne conservation exige un abri contre les intempéries des saisons.

3.— Les bâtimens sont des biens immeubles par leur nature. — V. sur cette qualification donnée aux bâtimens par l'art. 518, C. civ., le mot BIENS.

4.— Mais les bâtimens sur bateaux ou non fixés par des piliers et ne faisant pas partie de la maison sont meubles.—C. civ., art. 531.— V. BIENS.

5.—Il y a deux espèces principales de bâtimens: les bâtimens publics et les bâtimens des particuliers.

6.— Les bâtimens publics sont la propriété de l'état, d'un département, d'une commune.

7.— Ils peuvent se diviser en deux classes: les bâtimens civils (V. BATIMENS CIVILS) et les bâtimens militaires (V. BATIMENS MILITAIRES).

8.—Les bâtimens des particuliers sont ceux qui appartiennent exclusivement à une ou plusieurs personnes privées, tels que maisons, magasins, ateliers, moulins, granges, écuries, bergeries, etc.

9.— Le propriétaire peut élever le sol dont il a la propriété tous les bâtimens qu'il juge à propos, sauf les restrictions imposées par les lois concernant les servitudes, la sûreté publique et la voirie. — V. ALIGNEMENT, POUVOIR MUNICIPAL, SERVITUDE, VOIRIE.

10.— Lorsqu'un bâtiment, par son état de dégradation, menace la sûreté publique, la démolition immédiate peut en être ordonnée par l'autorité administrative, en se conformant aux règles tracées par les lois. — V. VOIRIE.

11.—La démolition d'un bâtiment peut aussi être ordonnée pour cause d'utilité publique. — V. EX-PROPRIATION POUR CAUSE D'UTILITÉ PUBLIQUE.

12.— Le propriétaire d'un bâtiment est responsable du dommage causé par sa ruine lorsqu'elle est arrivée par un défaut d'entretien ou par le vice de sa construction. — C. civ., art. 1384.—V. RESPONSABILITÉ.

13.—Sont passibles d'une amende de 11 à 15 fr. ceux qui ont occasionné la mort ou la blessure des bestiaux appartenant à autrui, par la vétusté, la dégradation, le défaut de réparation et d'entre-

BATIMENS CIVILS.

tien des maisons ou édifices.—C. pén., art. 479, n° 4. — V. ANIMAUX.

14.— Pour le cas où les différens étages d'une maison appartiennent à divers propriétaires, V. SERVITUDE.

15.— Sur la propriété d'un bâtiment construit par un tiers avec ses matériaux sur le terrain d'autrui, ou par le maître du terrain avec les matériaux d'autrui, V. ACCESSION.

16.— Sur les droits et obligations de l'usufruitier, de l'usager, du locataire, du nu-propriétaire sur les bâtimens, V. BAIL, PROPRIÉTÉ, USAGE, USUFRUIT.

17.— Sur la responsabilité, sur les droits et le privilège des architectes, entrepreneurs et ouvriers qui ont construit ou réparé un bâtiment, V. ARCHITECTE, ENTREPRENEUR, PRESCRIPTION, EPRIVILÉGE.

V: aussi CHEMINS, COMMUNAUTÉ, DONATION, DOT, LEGS, PARTAGE, RAPPORT, ROUTES, RUES, SUCCESSION, VOIE PUBLIQUE, VOIRIE.

BATIMENS (Entrepreneurs de).

Les entrepreneurs de bâtimens sont rangés par la loi du 25 avril 1844, sur les patentes, dans la troisième classe des patentables, et imposés à: 1° un droit fixe basé sur le chiffre de la population de la ville ou commune où est situé l'établissement; 2° un droit proportionnel du vingtième de la valeur locative de la maison d'habitation et des locaux servant à l'exercice de la profession. — V. PATENTE.

BATIMENT DE MER.

Dénomination générique des vaisseaux, des navires, etc.— V. NAVIRE, PRISE MARITIME.

BATIMENS CIVILS.

Table alphabétique.

BATIMENS CIVILS. — 1. — Monumens et constructions destinés aux services publics non militaires, et qui sont élevés ou entretenus sur les fonds de l'état, des départemens et des communes.

2.— Les bâtimens civils consacrés à des services publics appartiennent soit à l'état, soit aux départemens, soit aux communes, soit à la couronne.

§ 1er. — *Bâtimens civils de l'état* (n° 3).

§ 2. — *Bâtimens civils des départemens* (n° 25).

§ 3. — *Bâtimens civils des communes* (n° 29).

§ 4. — *Bâtimens civils de la couronne* (n° 35).

§ 1er. — *Bâtimens civils de l'état.*

3.— Les bâtimens civils appartenant à l'état sont administrés par les ministres des travaux publics, de l'intérieur, des cultes, de l'agriculture et du commerce, chacun en ce qui le concerne.

4.—Le ministre des travaux publics administre, par l'intermédiaire d'un directeur des bâtimens civils, les édifices et constructions d'intérêt général, à Paris et dans la banlieue. Ces édifices intéressent, à d'autres titres, plusieurs départemens ministériels. — Husson, *Traité de la législation des travaux publics*, t. 2, p. 322.

5.— Le ministre de l'intérieur est chargé de la conservation des anciens monumens historiques. Il a de plus dans ses attributions les bâtimens des cours royales, les maisons de force et de correction, les bâtimens des lignes télégraphiques, et aussi, dans de certaines limites, les édifices et bâtimens des départemens et des communes.

6. — Tout ce qui est relatif aux édifices diocésains, cathédrales, évêchés et séminaires, ressort du ministre des cultes.

7.— Enfin, le ministre de l'agriculture et du commerce a dans l'administration des bâtimens affectés aux écoles vétérinaires et bergeries royales, aux haras, dépôts d'étalons, écoles d'arts et métiers, établissemens thermaux et lazarets.—Husson, t. 2, p. 322.

8.— Aucuns travaux ne peuvent être faits dans les édifices publics, même sur les fonds des budgets particuliers des bâtimens et établissemens qui les occupent, ou aux frais des personnes qui y sont logées, à quelque titre que ce soit, qu'après que l'autorisation en a été donnée par le ministre des travaux publics, et seulement par les soins des architectes, inspecteurs, vérificateurs attachés à ces édifices.— Arr. min. intér. 22 juill. 1832, art. 33; — Husson, t. 2, p. 323.

9.— Le service des travaux à exécuter dans ces bâtimens se divise en service ordinaire et service extraordinaire. — Le premier comprend l'entretien des bâtimens, leurs réparations et reconstructions partielles. — Le second se compose des nouvelles constructions, des restaurations et reconstructions totales. — V. TRAVAUX PUBLICS.

10.— Il n'y a point pour les bâtimens civils, comme dans la plupart des autres services publics, un cahier de clauses et conditions générales arrêté administrativement, pour former la base des adjudications. — Toutefois, chaque marché important est soumis à certaines conditions générales qui sont toujours reproduites.

11.— Ainsi, les soumissionnaires de grands ouvrages doivent produire deux certificats de capacité délivrés par des architectes en chefs des travaux publics, ou par un ingénieur en chef des ponts-et-chaussées et un architecte en chef des travaux publics. Ces certificats sont examinés par le conseil des bâtimens civils, en présence de l'architecte chargé des travaux, et doivent être revêtus, pour être valables, du visa du directeur des bâtimens civils. A ces certificats doit se joindre un récépissé constatant le versement, à titre de dépôt de garantie, d'une somme égale au dixième du montant des travaux. — Husson, t. 2, p. 329 et 330.

12.— L'adjudication est faite par le préfet en conseil de préfecture, ou par le directeur des bâtimens civils, dans les formes établies par les ordonnances des 10 mai 1826 et 4 déc. 1839.

13.— Les règles sur l'expropriation pour cause d'utilité publique, sur la responsabilité des entrepreneurs et architectes, sur le dépôt provisoire des matériaux dans une propriété privée, leur qualité et leur réception, sur les devis et mémoires, sur la police des ateliers, l'exécution et la réception des travaux publics, doivent être appliquées ici. — V. ARCHITECTE, EXPROPRIATION POUR UTILITÉ PUBLIQUE, TRAVAUX PUBLICS.

14.— Les inscriptions à placer sur la façade des édifices publics sont rédigées par l'académie des inscriptions et belles-lettres. — Instr. minist., 25 juill. 1828.

15.— La surveillance des bâtimens publics est confiée aux maires, gendarmes et autres agens de la police municipale ayant qualité pour dresser des procès-verbaux. Il n'existe point pour ce service d'agens spéciaux pouvant légalement constater les délits. — Husson, t. 2, p. 585.

16.— Indépendamment des règles applicables aux travaux publics en général, il est, de plus, certaines formalités à remplir lorsqu'il s'agit des bâtimens ressortant des divers ministères.

17.— Ainsi, lorsque de nouvelles dispositions doivent avoir lieu dans les bâtimens des cours royales, il est utile de consulter les magistrats de l'ordre judiciaire.

18.— Les projets relatifs aux maisons centrales

de force et de correction doivent être faits avec le soin le plus attentif. — Un règlement du 18 mai 1839 fait connaître les règles à suivre en pareil cas.

19. — Les travaux ayant pour objet la conservation des monumens historiques sont soumis aux règles des travaux des départemens et des communes. Mais comme le plus souvent ils s'opèrent avec le concours financier de l'état, le ministre exerce une surveillance fort active pour leur bonne exécution. — Le ministre de l'intérieur a chargé une commission spéciale de rechercher et classer les monumens historiques.

20. — Les ouvrages à faire aux édifices diocésains exigent le concours de l'autorité ecclésiastique. L'évêque donne avis au préfet des travaux à faire, et le projet, lorsqu'il est dressé, lui est communiqué pour qu'il ait à faire ses observations. Toutefois, l'intervention de l'autorité ecclésiastique n'a point pour objet les questions d'art et de conservation. Elle s'applique seulement à la convenance des dispositions projetées, eu égard aux cérémonies religieuses, à la commodité des habitations et aux lieux affectés aux exercices des séminaires. Le ministre des cultes, par qui les projets de travaux doivent être approuvés, juge les dissentimens qui peuvent s'élever entre les préfets et les évêques. — Quant à l'entretien ordinaire, il ne donne point lieu à la rédaction de projets spéciaux; les dépenses en sont comprises dans le projet de budget. Cependant si une proposition de dépense dépassait 3,000 fr., elle devrait être accompagnée d'un devis ou d'un rapport de l'architecte.

21. — Quant aux travaux des bâtimens dépendant du ministère de l'agriculture et du commerce, ils sont exécutés par l'architecte attaché à chaque établissement, ou par l'architecte du département, s'il n'y a pas d'architecte particulier. — Les projets sont adressés par les préfets au ministre, qui, avant de donner son approbation, consulte le conseil des bâtimens civils.

22. — Le budget de l'instruction publique ne contient aucun crédit pour les travaux des colléges royaux et des facultés. Ces travaux sont exécutés sur les fonds des départemens ou des communes.

23. — Les édifices que le décret du 9 déc. 1811 a cédés aux départemens et aux communes comprennent les bâtimens affectés à des établissemens universitaires; conséquemment ces bâtimens appartiennent aux départemens et aux communes, non pas seulement en usufruit, mais en toute propriété; de sorte que les grosses et menues réparations à faire à ces édifices sont des charges départementales et communales. — Husson, t. 2, p. 348. — V. *Cass.*, 6 mai 1844 (t. 2 1844, p. 83), Ministre de l'instruction publique c. la ville de Pau.

24. — Pour les destructions et dégradations de bâtimens civils commises méchamment, V. DESTRUCTION DE MONUMENS.

§ 2. — *Bâtimens civils des départemens.*

25. — Les projets, plans et devis de construction, reconstruction et réparation des bâtimens à exécuter sur les fonds départementaux doivent être soumis à la délibération du conseil général. Si la dépense doit dépasser 50,000 fr., l'approbation du ministre est nécessaire; au cas contraire, celle du préfet suffit.

26. — Mais s'il s'agit de construire une prison nouvelle ou de faire des réparations importantes dans les anciennes prisons, les projets doivent être soumis au ministre de l'intérieur. Son but est de veiller à ce que les maisons d'arrêt et de justice soient construites suivant les conditions du régime cellulaire de jour et de nuit. — Les projets d'asiles départementaux d'aliénés doivent aussi être examinés par l'administration centrale.

27. — Les bâtimens des cours royales ne sont pas compris dans ceux dont le décret du 9 avr. 1811 a transporté la propriété aux départemens. — Av. du Cons. d'état du 5 déc. 1838.

28. — Les changemens de destination des édifices et bâtimens départementaux doivent être approuvés par ordonnance royale, le conseil d'état entendu. — L. 10 mai 1838, art. 29.

§ 3. — *Bâtimens civils des communes.*

29. — Les bâtimens civils appartenant à la commune sont ordinairement la mairie, les églises, les prisons, les hospices, les halles, les fontaines, lavoirs abreuvoirs et aqueducs, les salles de spectacles, les casernes de gendarmerie ou autres, les corps-de-garde, les hôpitaux civils et militaires, les manutentions et autres établissemens cédés aux villes par le département de la guerre en exécution du décret du 23 av. 1810.

30. — Les constructions ou reconstructions, entières ou partielles, des bâtimens affectés aux services communaux ne peuvent être autorisées que sur la production des projets et devis. — L. 18 juill. 1835, art. 45. — Ces projets et devis sont soumis, par le maire, d'abord au conseil municipal, puis à l'approbation du préfet si la dépense ne s'élève pas au-delà de 20,000 fr.; autrement, les projets devraient être approuvés par le ministre sur la proposition du prefet. — Ord. 8 août 1821, art. 1er et 4.

31. — Le conseil municipal doit aussi être appelé à délibérer sur les projets de grosses réparations, de démolitions et, en général, de tous les travaux à entreprendre. — L. 18 juill. 1837, art. 19 et 45.

32. — Les plans et devis doivent toujours être rédigés, à moins qu'il ne s'agisse de réparations locatives et de réparations urgentes n'excédant pas 150 fr. Mais il faut rendre compte de celles-ci au ministre dans le plus court délai, afin qu'il approuve la mesure prise et pourvoie aux mesures ultérieures. — Circ. minist. 13 vend. an VIII. — V. pour la rédaction de ces plans et devis le mot TRAVAUX PUBLICS.

33. — Les règles applicables aux ouvrages relatifs aux bâtimens administrés par le ministre de l'intérieur sont, en général, applicables aux travaux des communes.

34. — L'importance des monumens publics de la capitale les a rendus l'objet d'une sollicitude toute particulière de la part de l'administration. — Un agent spécial de l'administration ayant le titre de *directeur des monumens et bâtimens publics* dirige et surveille les nouvelles constructions, les reconstructions et grosses réparations payables sur les fonds de la ville de Paris; les travaux de même nature, à quelque somme qu'ils s'élèvent, et ceux d'entretien dont l'évaluation est de 3,000 fr. et au-dessus, lorsque la dépense est imputée sur les fonds du département de la Seine; et les travaux de toute espèce qui sont payés sur les fonds du ministère de l'intérieur, à l'exception de ceux dépendant des ponts et-chaussées. Ce directeur est nommé par le roi. — Ord. 28 fév. 1815, art. 1er.

§ 4. — *Bâtimens civils de la couronne.*

35. — Les bâtimens civils de la couronne dépendent, pour les travaux à faire, d'une administration particulière qui, sous le titre d'intendance ou direction des bâtimens, relève de l'administration générale de la liste civile et de la maison du roi. Les dépenses sont payées sur les fonds de la liste civile sans contrôle des chambres. Le roi seul ordonne pour les bâtimens et constructions faisant partie du domaine de la couronne, comme pour ceux qu'il possède à titre privé. — L'intendant ou directeur des bâtimens dirige tous les détails de ce service; il se fait éclairer par un comité consultatif, composé de trois architectes. — Tarbé de Vauxclairs, *Dict. des trav. publ.*; Magnitot et Delamarre, *Dict. de droit publ. et admin.*, vº *Bâtimens publics*, § 6.

V. ARCHITECTE, DESTRUCTION DE MONUMENS, EXPROPRIATION POUR UTILITÉ PUBLIQUE, TRAVAUX PUBLICS.

BATIMENS MILITAIRES.

1. — Monumens et constructions destinés aux services publics militaires.

2. — Parmi les bâtimens dont la propriété appartient aux communes, il en est qui sont affectés à des services militaires, casernes, manutentions, corps-de-garde, etc. Ces bâtimens ont été, pour la plupart, cédés aux villes par l'état, à la charge par elles de les entretenir et de ne les faire servir à d'autres usages qu'après qu'il aura été pourvu au logement des troupes et sur l'autorisation du ministre de la guerre. — Décr. 23 avr. 1810.

3. — Ils sont placés, pour leur conservation et leur police, aussi bien que pour leurs dépenses, sous l'administration directe et exclusive du ministre de la guerre, qui en conserve la jouissance; mais la nu-propriété en appartient aux communes. — L. 15 mai 1818, art. 46; Ord. 5 août 1818, art. 12 et 13.

4. — Par suite, si ces bâtimens deviennent plus tard d'une inutilité absolue pour les services du ministre de la guerre, les communes en recouvrent aussi la jouissance. — Décr. 22 avr. 1810, art. 4; Décr. 16 sept. 1811, art. 1er.

5. — Comme toutes les propriétés communales, ces bâtimens ne peuvent être aliénés qu'avec l'autorisation du gouvernement en la forme accoutumée.

6. — Les maires et les adjoints remplissent, pour la conservation des bâtimens militaires, toutes les fonctions que les lois leur attribuent, à l'effet de constater et poursuivre les délits contre la conservation des monumens publics. Ils agissent alors à la réquisition de l'autorité militaire, chargée de la surveillance des travaux que peuvent comporter ces bâtimens, ou d'office, en se concertant avec elle. — Décr. 9 déc. 1811, art. 5; — Magnitot et Delamarre, *Dict. de dr. adm.*, vº *Bâtimens publics*, sect. 2e, § 2.

7. — Les dégradations des bâtimens militaires sont constatées par un officier du génie et mises à la charge de ceux qui les ont causées. Un corps militaire doit payer celles qu'il a rendues nécessaires dans une caserne qu'il vient de quitter. Ce paiement est fait au moyen d'une retenue sur la solde, retenue qui ne peut en excéder le cinquième. Si le corps pense que cette retenue est mal fondée, il a six mois pour se pourvoir contre elle devant le ministre de la guerre. — Régl. 17 août 1824, art. 115 à 123; — Magnitot et Delamarre, *loc. cit.*, sect. 2e, § 2.

8. — Quant aux bâtimens faisant partie des fortifications d'une ville ou de postes militaires, V. PLACES DE GUERRE.

9. — Les bâtimens d'artillerie comprennent les écoles et les directions d'artillerie, les arsenaux de constructions, les fonderies, les forges, les manufactures d'armes, les ateliers de réparations, les poudrières et raffineries de salpêtre.

10. — Les bâtimens de la marine sont des magasins, ateliers, hangars, casernes, bagnes, hôpitaux, phares, etc.

11. — Les travaux relatifs aux bâtimens militaires sont assimilés, d'après les décrets des 23 avr. 1810 et 16 sept. 1811, aux travaux publics, et par suite régis administrativement. — Av. du cons. d'ét., 19 fév. 1833.

12. — Les bâtimens militaires de l'état peuvent, en cas d'inoccupation, être loués à des particuliers. Les contestations qui peuvent s'élever à la suite de ces locations sont du ressort des tribunaux ordinaires ou de la compétence de la juridiction administrative, suivant qu'il s'agit d'appliquer les règles du droit commun et les usages locaux ou les ordonnances sur le casernement et le service des places.

BATONNEMENT.

C'est l'action de biffer une écriture, un acte, par des barres transversales ou horizontales. — V. CANCELLATION, RATURE.

BATONNIER.

1. — Avocat choisi par ses confrères pour être temporairement le chef de l'ordre.

2. — Anciennement, c'était le *doyen*, c'est-à-dire le plus ancien des avocats inscrits au tableau, qui présidait la corporation et qui la représentait. Mais comme le doyen se trouvait souvent empêché à cause de son grand âge, ce fut l'avocat bâtonnier de la confrérie de Saint-Nicolas qui le remplaça et qui finit par être considéré comme le chef de l'ordre. — Ordon. du Louvre, t. 2, p. 176; — Nouveau Denizart, vº *Droit de chapelle*.

3. — La confrérie de Saint Nicolas avait été instituée par la communauté des procureurs et par l'ordre des avocats. La présidence appartenait à un ancien avocat qu'on appelait *bâtonnier*, parce que c'était chez lui que, par déférence, on portait la bannière ou bâton du saint. — Fournel, *Hist. des avocats*, t. 2, p. 380.

4. — Dans les cérémonies de la confrérie, le bâton de saint Nicolas était posé en face de la chapelle, dans la grand'salle, et le bâtonnier le saluait en allant à l'office et en revenant.

5. — Suivant Boucher d'Argis, ce fut dans l'affaire de 1602, relative à l'exécution de l'art. 161 de l'ordonnance de Blois, qu'il fut question du bâtonnier des avocats pour la première fois. Il est dit que le bâtonnier fut mandé par le parlement pour donner des explications à la cour.

6. — Du reste, la dénomination de bâtonnier n'appartenait pas d'abord exclusivement aux avocats. C'était un titre de distinction qu'on donnait aussi dans quelques corporations, confréries ou maîtrises, à celui qui était placé à la tête de sa compagnie. Mais ce titre, dans la suite, cessa d'être employé partout ailleurs qu'au palais. — V. *Encycloped. méthod.*, vº *Bâtonnier*.

7. — Quoique le titre de bâtonnier fût le titre le plus en usage parmi les avocats, dans plusieurs siéges de provinces, l'ancien avocat, placé par les suffrages de ses confrères à la tête de sa compagnie, s'appelait *syndic*. — Dans d'autres siéges, on lui donnait le titre de *doyen*.

8. — C'est ici le lieu de rappeler qu'à Paris le bâtonnier n'était pas seulement le chef de son ordre, mais qu'il avait aussi le droit de présider la chambre de discipline des procureurs, dite *la communauté*, ce qu'il faisait au moins une fois ou deux pendant l'exercice de son bâtonnat. — V. *Code Gillet*, délibérat., du 9 janv. 1620; *Parlem. Paris*;

18 mars 1508; Boucher d'Argis, *Hist. abrégée des avocats*, ch. 20.

9. — Sous Louis XVI, des dissensions s'élevèrent entre les avocats et les procureurs; elles devinrent si vives, qu'en 1782 les avocats cessèrent de prendre aucune part aux travaux de la communauté, et ne se mêlèrent plus des affaires de la confrérie.

10. — Au parlement de Paris, le bâtonnier était élu le 9 mai, à la Saint-Nicolas d'été. Ses fonctions ne duraient qu'un an; mais il pouvait être réélu.

11. — S'il décédait dans le cours de son exercice, il était remplacé par le bâtonnier précédent, jusqu'au mois de mai suivant, époque de l'élection. — C'est ainsi que Me Sanson, bâtonnier en 1786 et 1787, remplaça Gerbier, décédé, et déposa le tableau au greffe de la cour.

12. — Il était d'usage que le bâtonnier, lorsqu'il entrait en fonctions, employât une somme de cent pistoles en secours de bienfaisance pour les veuves des avocats dans le besoin. — Nouveau Denizart, vo *Avocat*, § 3, no 6.

13. — Anciennement, lorsqu'un office de judicature venait à vaquer dans une justice inférieure, ou que celui qui l'exerçait était interdit, on donnait une commission au bâtonnier des avocats, afin qu'il remplît provisoirement les fonctions du juge décédé ou suspendu. — *Encyclop. méthod.* (Jurisp.), vo *Bâtonnier*.

14. — Sous le décret du 14 déc. 1810, c'était le procureur général qui nommait le bâtonnier (art. 21); sous l'ordonnance du 20 nov. 1822, c'était le conseil de discipline (art. 8). — Aujourd'hui, c'est par l'ordre entier que l'élection est faite. On procède par scrutin séparé et à la majorité absolue des suffrages. — Ordonn. 27 août 1830, art. 3. — V. AVOCAT.

15. — Le bâtonnier est le chef de l'ordre et préside le conseil de discipline. — Ordonn. 20 nov. 1822, art. 9.

16. — Il préside aussi les assemblées générales; c'est lui qui les convoque. — Arr. 11 nov. 1830.

17. — Comme chef de l'ordre, dit M. Mollot (p. 90, no 110), le bâtonnier doit veiller avec sollicitude, sans relâche, à ses intérêts généraux; il doit, dans le sein du conseil, presser l'expédition des affaires; réunir les commissions, qu'il est appelé à présider toutes; faire exécuter les décisions rendues; lui communiquer son zèle et ses inspirations. Il se doit aux affaires de l'ordre avant les siennes propres.

18. — Le bâtonnier a seul qualité pour diriger ou repousser les actions qui intéressent l'ordre. — Arg. *Cass.*, 5 avr. 1841 (t. 1er 1841, p. 547), avocats de Rouen.

19. — Si une instance a été introduite par un bâtonnier qui n'est plus en exercice lorsqu'il faut former un appel ou un pourvoi ou donner un désistement, c'est le nouveau bâtonnier qui doit signer, quoique ce ne soit pas lui qui ait introduit l'affaire.

20. — A Paris, le bâtonnier nomme les rapporteurs dans toutes les affaires qui sont susceptibles de rapport; il nomme les commissions pour l'établissement du tableau, la vérification des comptes du trésorier et l'examen de toutes les questions qui méritent une discussion sérieuse. Il est chargé de la correspondance officielle et particulière de l'ordre, après que l'objet et les termes en ont été délibérés en conseil; il signe avec le secrétaire la minute des arrêtés du conseil, les certificats d'inscription au stage ou au tableau, les congés qui sont accordés par le conseil aux avocats stagiaires; il préside la conférence et surveille les agens salariés de l'ordre. — Il dispose des deux lits qui appartiennent à l'ordre à l'hospice des incurables. — V. AVOCAT.

21. — Il peut être remplacé dans toutes ses fonctions par un membre du conseil. — D'après l'usage, c'est le doyen qui remplace le bâtonnier, en cas d'empêchement. — A défaut du doyen, c'est un ancien bâtonnier qui a la suppléance, ou enfin le membre du conseil le plus ancien. — Mollot, p. 274, no 27.

22. — Le bâtonnier a le privilége de donner, chez lui, les rendez-vous d'affaires, même avec ceux qui le précèdent sur le tableau.

23. — A la cour de Cassation, le chef de la compagnie des avocats est appelé *président*, et non *bâtonnier*. — V. AVOCAT A LA COUR DE CASSATION ET AUX CONSEILS DU ROI.

BATONNIERS (Marchands de).

Les marchands de bâtonniers sont rangés par la loi du 25 avril 1844, sur les patentes, dans la huitième classe des patentables, et imposés à : 1o un droit fixe basé sur le chiffre de la population de la ville ou commune où est situé l'établissement; 2o un droit proportionnel du quarantième de la valeur locative de tous les locaux occupés par les patentables, mais seulement dans les communes de 20,000 ames et au-dessus. — V. PATENTE.

BATTAGE DE LA LAINE.

V. ÉTABLISSEMENS INSALUBRES (Nomenclature).

BATTENDIERS.

Les battendiers sont rangés par la loi du 25 avr. 1844, sur les patentes, dans la sixième classe des patentables, et imposés à : 1o un droit fixe basé sur le chiffre de la population de la ville ou commune où est situé l'établissement; 2o un droit proportionnel du vingtième de la valeur locative de la maison d'habitation et des locaux servant à l'exercice de la profession. — V. PATENTE.

BATTERIES DES COTES ET FRONTIÈRES.

1. — Les batteries faisant partie des moyens défensifs des frontières du royaume sont, en quelque part qu'elles soient situées, déclarées propriété nationale. — Décr. 8-10 juill. 1791, tit. 1er, art. 13.

2. — Une instruction du ministre de la guerre du 4 déc. 1812 déclare que les fortins, batteries ou autres ouvrages situés sur les côtes, ayant été établis d'après des considérations militaires, se rattachent au système de défense des places ou des frontières maritimes; qu'il y a donc lieu de leur appliquer les dispositions du décret du 9 déc. 1811, et d'établir, d'après leur importance relative, l'étendue de leur rayon militaire et la nature des constructions et réparations qui peuvent être autorisées. — V. PLACE DE GUERRE, SERVITUDES MILITAIRES.

3. — Une ordonnance du 28 fév. 1831, dont le principe fut reproduit par l'art. 38 de la loi sur la garde nationale du 22 mars 1831, avait prescrit la formation dans tous les départemens maritimes de compagnies d'artillerie tirées de la garde nationale et destinées à la construction et au service des batteries de côtes. — Mais cette ordonnance a été rapportée par celle du 21 janv. 1833 qui a ordonné la suppression de ces compagnies, sauf à les réorganiser. — V. GARDE NATIONALE.

4. — Les batteries de terre ou de la côte ont, sur les bâtimens ennemis qu'elles forcent par le feu de leur artillerie à s'échouer ou à amener leur pavillon, les mêmes droits qui sont attribués soit aux bâtimens de guerre, soit aux corsaires ou aux navires de commerce. — Avis du cons. d'ét., 4 avr. 1809. — V. PART DE PRISES, PRISES MARITIMES.

BATTEURS.

1. — ... DE BOIS DE TEINTURE. — Les batteurs de bois de teinture sont rangés, par la loi du 25 avril 1844, sur les patentes, dans la sixième classe des patentables, et imposés à : 1o un droit fixe basé sur la population de la ville ou commune où est situé l'établissement; 2o un droit proportionnel du vingtième de la valeur locative de la maison d'habitation et des locaux servant à l'exercice de la profession. — V. PATENTE.

2. — ... D'ÉCORCE. — Les batteurs d'écorce sont rangés par la même loi dans la sixième classe des patentables, et imposés aux mêmes droits fixes et proportionnels que les batteurs de bois de teinture.

3. — Les battoirs à écorce sont classés parmi les établissemens insalubres. — V. ÉTABLISSEMENS INSALUBRES (Nomenclature).

4. — ... DE GRAINE DE TRÈFLE. — Les batteurs de graine de trèfle sont rangés, comme les batteurs de bois de teinture, dans la sixième classe des patentables, et imposés aux mêmes droits fixes et proportionnels.

5. — ... D'OR ET D'ARGENT. — Les batteurs d'or et d'argent sont rangés également dans la sixième classe des patentables, et imposés aux mêmes droits fixe et proportionnel.

V. PATENTE. — V. aussi ÉTABLISSEMENS INSALUBRES (Nomenclature).

BATTOIRS DE PAUME (Fabricans de).

Les fabricans de battoirs de paume sont rangés par la loi du 25 avril 1844, sur les patentes, dans la septième classe des patentables et imposés à : 1o un droit fixe basé sur le chiffre de la population de la ville ou commune où est situé l'établissement; 2o un droit proportionnel du quarantième de la valeur locative de tous les locaux occupés par les patentables, mais seulement dans les communes de 20,000 ames et au-dessus. — V. PATENTE.

BATTUE.

Table alphabétique.

Animaux nuisibles, 22 s.
Autorisation, 17, s.
Autorité administrative, 12.
Battue ordonnée, 12 s., 28.
Bois particuliers, 9 s.
Chasse, 27. — aux loups, 34 s. — illicite, 20 s., 5. — (permis de), 26.
Chasseurs désignés, 24, 29 s.
Contravention, 30 s.
Droit ancien, 3 s. — nouveau, 8 s.
Gibier tué (propriété), 36 s. — (transport), 38. — (vente), 38.
Officiers de louveterie, 10, 15, 21.
Particuliers, 16.
Primes, 33 s.
Peine, 30 s.
Procès-verbal, 33.
Récompenses, 38.
Sanglier, 22 s.

BATTUE. — 1. — Les battues sont des chasses faites avec grand bruit dans les bois pour en faire sortir les renards, les loups et autres animaux nuisibles.

2. — Cette chasse consiste à placer des tireurs habiles à toutes les issues du bois dans lequel se tiennent les bêtes fauves, puis à faire parcourir ce bois par d'autres personnes rangées en ligne qui repoussent le gibier sur les tireurs.

3. — L'origine des chasses en battues paraît fort ancienne. Dans le principe, elles étaient faites par les seigneurs hauts-justiciers, qui avaient l'habitude d'y convoquer leurs vassaux.

4. — Plus tard, les seigneurs se trouvant occupés dans les guerres qui désolèrent si long-temps la France, le nombre des loups et autres animaux nuisibles s'accrut d'une manière si considérable que sur les plaintes réitérées des habitans des campagnes, des ordonnances permirent aux habitans de certaines villes et de certaines paroisses de se réunir pour détruire les bêtes fauves.

5. — Le nombre des animaux nuisibles continuant toujours à s'accroître, la permission de les détruire fut accordée à toute personne sous certaines conditions et restrictions. — Ordonn. dite *Cabochienne*, du 25 mai 1413, art. 241.

6. — Puis un édit de Henri III, janv. 1583, prescrivit (art. 19) aux agens forestiers de rassembler trois fois l'année, un homme par feu, dans chaque paroisse, avec armes et chiens propres à la chasse aux loups.

7. — Ces dispositions furent renouvelées avec quelques modifications, par l'ordonnance de mai 1597 (art. 37), par celle de 1601 (art. 6), et pour le Berry, par les arrêts du conseil des 26 fév. 1697 et 14 janv. 1698, qui enjoignirent aux agens forestiers de contraindre les sergens louvetiers à chasser aux loups, renards et autres animaux nuisibles, et de veiller à ce que cette chasse fût faite de trois en trois mois ou plus souvent, suivant qu'il en serait besoin, par ceux qui avaient le droit exclusif de chasser dans leurs terres.

8. — Tout ce qui concerne les battues est maintenant réglé par l'arrêté du 19 pluv. an V, dont l'art. 2 dispose qu'il sera fait *dans les forêts nationales et dans les campagnes* tous les trois mois, et plus souvent, s'il est nécessaire, des chasses et battues *générales* ou *particulières* aux loups, renards, blaireaux et autres *animaux nuisibles*.

9. — En disant que les battues pourraient être ordonnées dans les forêts nationales et *dans les campagnes*, l'arrêté de pluv. an V a voulu désigner les propriétés en dehors de ces forêts; l'expression *campagnes* comprend donc les bois des particuliers. — *Orléans*, 11 mai 1840 (t. 2 1840, p. 308), Grasset et Roussel c. Noël et Schmidt. — V. aussi les arrêts de *Bourges*, 30 mai 1839, et *Cass.*, 3 janv. 1840 (même affaire), rapportés sous celui d'*Orléans*.

10. — Et la cour de *Poitiers* (29 mai 1843 [t. 1er 1845, p. 154], Lastic et Treuille), a également décidé d'après le même principe, que les officiers de louveterie peuvent, lorsqu'ils y sont dûment autorisés par un arrêté du préfet, faire, pour la destruction des animaux nuisibles, des battues *dans les bois des particuliers*, aussi bien que dans les forêts de l'état.

11. — L'arrêté du 19 pluv. an V est, ainsi que le reconnaît l'arrêt de la cour d'*Orléans* du 11 mai 1840 (cité *suprà* no 9), une dérogation au principe,

protecteur de la propriété, qui défend à toute personne de chasser en quelque temps et de quelque manière que ce soit, sur le terrain d'autrui. — Aussi n'a-t-il disposé qu'avec réserve, en prescrivant des formes tutélaires, et pour le cas seulement où l'intérêt général commanderait ce sacrifice des droits individuels.

12. — L'art. 3 porte donc que les chasses et battues sont ordonnées par les administrations centrales des départemens (aujourd'hui les préfets), de concert avec les agens forestiers de leur arrondissement, sur la demande de ces derniers et sur celle des administrations municipales de canton (aujourd'hui des maires).

13. — Et l'art. 4 ajoute que les battues ordonnées seront exécutées sous la direction et la surveillance des agens forestiers, qui régleront, de concert avec les administrations municipales de canton (les maires), le jour où elles se feront, et le nombre d'hommes qui y seront appelés.

14. — Bien que les préfets soient seuls juges de la nécessité des battues, les maires des communes peuvent cependant ordonner des battues instantanées pour parer à un danger présent, lorsque, par exemple, la commune est envahie par des chiens enragés; mais ils doivent immédiatement rendre compte au préfet de la mesure qu'ils ont prise.

15. — Le réglement du 20 août 1814, portant organisation de la louveterie (réglement qui est rappelé dans les ordonn. du 14 sept. 1830 et 13 août 1832, relatives aux chasses dans les forêts de l'état, V. Duvergier, *Coll. des lois*, t. 32, p. 394), accorde également aux lieutenans de louveterie le droit de provoquer des battues, en s'adressant au préfet, lorsqu'ils le jugeront convenable. Et le réglement ajoute que ces chasses seront alors ordonnées par le préfet, commandées et dirigées par les lieutenans de louveterie, qui, de concert avec lui et le conservateur, fixeront le jour, détermineront les lieux et le nombre d'hommes.

16. — Enfin, aux termes de l'art. 5 de l'arrêté du 19 pluv. an 5, les corps administratifs sont autorisés à permettre aux particuliers de leur arrondissement qui ont des équipages et autres moyens pour ces chasses, de s'y livrer sous l'inspection et la surveillance des agens forestiers.

17. — Les battues ne sont donc légalement autorisées qu'autant qu'elles ont été jugées nécessaires par l'autorité départementale et qu'elles ont lieu sous les précautions prescrites par l'arrêté du 19 pluv. an V. — *Cass.*, 3 janv. 1840, sous *Orléans*, 11 mai 1840 (t. 2 1840, p. 308), Grasset et Roussel c. Noël et Schmid.

18. — Dès-lors, une simple lettre du préfet, contenant réquisition aux officiers de louveterie de faire une battue, ne suffit pas pour les autoriser à s'introduire dans les bois particuliers. — Et lors même qu'ils y soupçonnent la présence d'animaux nuisibles, ils ne peuvent y chasser sans une autorisation spéciale délivrée par l'autorité compétente, dans les formes et sous les conditions déterminées par ledit arrêté. — *Orléans*, 11 mai 1840 cité au numéro qui précède.

19. — Peu importerait même qu'il fût intervenu, postérieurement aux faits de chasse, une ratification du préfet : cette ratification n'équivaudrait pas à l'accomplissement préalable des formalités prescrites par l'arrêté du 19 pluv. an V. — Mêmes arrêts de *Cass.* et d'*Orléans*.

20. — Et ceux qui commandent la battue ou qui y concourent ne peuvent en profiter pour se livrer à des actes de chasse en dehors du but et des moyens prescrits, sous peine de se mettre en contravention avec les lois sur la chasse. — V. CHASSE.

21. — Il a donc été jugé que l'officier de louveterie qui, autorisé par un arrêté du préfet à faire *une battue* pour la destruction du sanglier, *chasse à courre* dans un bois particulier sans justifier d'une manière légale qu'il s'est concerté avec le commandant de la gendarmerie, l'inspecteur des eaux et forêts et le maire de la commune, commet un délit. — *Poitiers*, 29 mai 1843 (t. 1er 1845, p. 154), Lastie et Treuille.

22. — Les battues ne peuvent être ordonnées que pour la destruction des *animaux nuisibles*. — Or, il résulte de divers arrêts que ce n'est que par exception, et lorsqu'il s'est trop multiplié, que le sanglier peut être considéré comme un animal nuisible dont la destruction importe à la généralité des citoyens. — *Cass.*, 3 janv. 1840, sous *Orléans*, 11 mai 1840 (t. 2 1840, p. 308), Grasset et Rousset c. Noël et Schmid; *Poitiers*, 29 mai 1843 (t. 1er 1845, p. 154), Lastie.

23. — On lit même dans une lettre de M. le directeur général des forêts, citée sous un arrêt de *Poitiers* du 10 déc. 1836 (Plumartin et Derveau), le passage suivant : « Le sanglier, n'est dangereux ni pour l'homme ni pour les animaux : ce n'est point un animal carnassier; habitant constamment les forêts, il n'en sort que lorsqu'il est poursuivi, ou pour fouiller les champs ensemencés en pommes de terre, dont il est très friand. Ces dommages peuvent exciter quelques plaintes; mais ils ne sont jamais assez grands pour nécessiter des battues extraordinaires qui auraient pour résultat la destruction totale de l'espèce. Le sanglier ne peut donc être considéré ni comme dangereux, ni même comme nuisible, dans la véritable acception de ce mot. Les seuls animaux dont la destruction est ordonnée par l'arrêté du 10 pluv. an V, sont les loups, les renards, blaireaux, putois, chats sauvages, et, en général, toutes bêtes puantes. En effet, ces animaux sont très dangereux pour les troupeaux, les basses-cours et même pour l'homme qui les attaque. » — Mais il est difficile d'adopter cette opinion dans ce qu'elle a d'absolu; et il est certain que l'autorité peut, dans le cas de nécessité, ordonner des battues pour la destruction des sangliers. — Argum. des arrêts qui précèdent.

24. — Ainsi qu'il a été dit plus haut, c'est, selon l'art. 4 de l'arrêté du 19 pluv. an V, aux agens forestiers, de concert avec l'autorité municipale, qu'il appartient d'indiquer le *nombre d'hommes* qui seront appelés aux battues. — Et de cette disposition, le tribunal de Poitiers (V. sous l'arrêt du 29 mai 1843 précité) avait conclu que « les communes étant responsables des individus requis pour la battue, c'était aux maires seuls qu'il appartenait de les désigner. » — Mais, cette interprétation peut être considérée comme forcée, d'autant plus qu'aucune disposition de l'arrêté du 19 pluv. an V ne parle de cette prétendue responsabilité des communes et qu'on ne saurait appliquer à ce cas la responsabilité édictée par la loi de vendém. an IV. — Il semblerait donc rigoureux de considérer comme irrégulièrement appelé, et dès-lors comme coupable d'un délit de chasse, celui qui aurait été choisi par l'officier de louveterie pour concourir à une battue légalement autorisée et que celui-ci devait diriger. — C'est ce qu'on peut induire de l'arrêt de *Poitiers* du 29 mai 1843 précité.

25. — Mais aussi, et comme personne n'est censé ignorer la loi, si les individus désignés par l'officier de louveterie pour concourir *à une battue* le suivaient dans une chasse à courre sur un bois particulier, ils se rendraient complices de son délit. — *Poitiers*, 29 mai 1843 (t. 1er 1845, p. 154), Lastie.

26. — Il est, dans tous les cas, évident que les battues étant des chasses d'utilité publique, les chasseurs requis pour y assister n'ont pas besoin du permis de chasse exigé par la loi du 3 mai 1844. Il serait contraire à l'équité d'exiger un permis de gens qui obéissent à un ordre reçu.

27. — On a donc jugé avec raison que la battue ordonnée par l'autorité publique dans un intérêt général n'est plus un fait de chasse, et qu'ainsi le propriétaire que le préfet a autorisé, par un arrêté, à chasser dans sa forêt, afin d'en éloigner les sangliers qui ravagent les récoltes des propriétaires voisins, ne peut être poursuivi pour fait de chasse aux chiens courans en temps prohibé. — *Poitiers*, 10 déc. 1836, Plumartin et Dorveau.

28. — Et le même arrêt ajoute que si, pour ses battues, ce propriétaire ne s'est pas conformé aux dispositions prescrites, c'est à l'administration seule qu'il appartient de surveiller l'exécution de ses arrêtés.

29. — Une instruction ministérielle du 9 juill. 1818 (pour la destruction des loups), en rappelant aux préfets le droit qui leur appartient d'ordonner des chasses générales ou battues toutes les fois que cela leur paraîtra nécessaire, ajoute que les habitans des communes désignées, et dont les maires seront prévenus à l'avance, *seront tenus d'y assister*. « Votre prudence, dit encore l'instruction, en s'adressant aux préfets, vous suggérera les ménagemens à apporter dans l'exécution de ces mesures, d'une part, pour que les battues ne soient pas tumultueuses par le trop grand nombre d'hommes qui y seraient appelés, et, de l'autre, afin de ne pas fatiguer vos administrés par des appels trop fréquens qui leur feraient perdre un temps précieux pour l'agriculture. » — V. cette instruction dans M. Berriat Saint-Prix, *Législation de la chasse et de la louveterie*.

30. — Toutefois, l'arrêté du 19 pluv. an V, non plus qu'aucune disposition ultérieure ne prononce expressément de peine contre ceux qui ayant été appelés aux battues ordonnées par l'autorité ne s'y rendraient pas ou qui abandonneraient la chasse après s'être présentés. » — Ce cas avait été réglé, dans l'ancienne législation, par deux arrêts du conseil de 1697 et 1698, dont le premier, rendu pour l'ancienne province du Berri, statuait « qu'il sera fait des huées et chasses aux loups à endroits de la province qui seraient jugés nécessaires, et qu'à cet effet les habitans des villes et villages situés à environ desdits lieux, seront tenus d'y assister, et de se trouver aux jour, lieu et heure qui seront indiqués, à peine de 10 fr. d'amende contre chaque défaillant. »

31. — Par arrêté du 26 germin. an X, M. le préfet du Cher a prescrit de nouveau l'observation de cet arrêt, et la cour de Cassation a décidé qu'il avait été maintenu et respecté par l'art. 609 du Code de brum. an IV, lequel maintient les lois particulières auxquelles il n'est pas dérogé, et qu'en conséquence un préfet, en ordonnant une battue aux loups, était fondé à en renouveler l'application. — *Cass.*, 13 brum. an XI, Bourrignon. — Merlin, *Rép.*, vº *Chasse*, § 10.

32. — L'art. 484, C. pén. de 1810, ayant maintenu les réglemens et les lois particulières, M. Chabrol Chaméane (*Dictionn. général des lois pénales*, vº *Chasse*) pense que la décision précitée devrait recevoir encore son application aujourd'hui. « Mais, ajoute-t-il, l'arrêt du conseil de 1697 étant spécial pour la province du Berri, peut-être pourrait-on soutenir aujourd'hui avec avantage que les réglemens pris par l'autorité administrative en vertu des art. 3 et 4 de l'arrêté du 19 pluv. an V donneraient lieu contre les contrevenans à l'application de peines portées par l'art. 471, nº 15, C. pén. » — Quant à M. Berriat Saint-Prix (*Législation de la chasse et de la louveterie*, p. 289), il considère les arrêts du conseil précités comme étant encore en vigueur.

33. — Les art. 6 et 7 de l'arrêté du 19 pluv. an V disposent qu'il doit être dressé procès-verbal de chaque battue, du nombre et de l'espèce des animaux qui auront été détruits : un extrait en est envoyé au ministre des finances. Il lui est également envoyé un état des animaux détruits par les chasses particulières mentionnées en l'art. 5, et même par les piéges tendus dans les campagnes par les habitans; à l'effet d'être pourvu, s'il y a lieu, sur son rapport, au paiement des récompenses promises par l'art. 20, sect. 4e, du Code rural, et le décret du 11 vent. an III.

34. — La loi du 11 vent. an III déterminait les primes à allouer pour la destruction des loups. — Cette loi a été abrogée par celle du 10 messid. an V, qui a réduit le montant de ces primes; et enfin, d'après une lettre ministérielle du 25 sept. 1807, renouvelée et modifiée par l'instruction déjà citée du 9 juill. 1818, elles sont fixées pour tous les départemens, savoir : à 18 fr. pour la destruction d'une louve pleine et à 15 fr. pour une louve non pleine; à 12 fr. par loup et à 6 fr. pour un louveteau. — La prime pour celui qui tue un loup qui s'est jeté sur des hommes et des enfans avait été fixée à 150 fr. par la loi du 10 messid. an V. — Les instructions qui ont suivi ne disent rien à cet égard.

35. — Suivant la même loi de l'an V « celui qui aura tué un loup, une louve ou un louveteau et qui voudra toucher la prime à laquelle il aura droit devra se présenter devant l'agent municipal (le maire) de la commune la plus voisine de son domicile, et y faire constater la mort de l'animal, son âge et son sexe : Si c'est une louve, il sera dit si elle est pleine ou non. » — Art. 4. — La tête de l'animal et le procès-verbal sont envoyés à l'administration départementale (le préfet), qui délivre un mandat sur le receveur du département, sur les fonds laissés à cet effet en ses mains par le ministre de l'intérieur. — V. aussi Instruction ministérielle du 9 juill. 1818.

36. — L'arrêté du 19 pluv. an V a pour objet la *destruction* des animaux nuisibles, et c'est dans ce but, éminemment d'intérêt général, qu'il a été dérogé aux principes du droit de propriété. — Or, on a agité devant la cour de Cassation la question de savoir si lorsqu'une battue générale a été ordonnée et que la destruction d'un sanglier a eu lieu, ce sanglier appartient au chasseur ou bien au propriétaire du bois dans lequel il a été tué, ou au concessionnaire du droit de chasse dans ce bois.

37. — Mais la cour n'a pas précisément tranché cette question et, après avoir posé en principe « que le concessionnaire du droit de chasse dans une forêt est assimilé au propriétaire *et a droit à la propriété de tout animal tué par un tiers dans la forêt*, elle a, en vue de l'espèce particulière qui lui était soumise, décidé que le concessionnaire d'un droit de chasse dans une forêt qui s'est soumis par une des clauses de l'adjudication à souffrir la destruction des animaux nuisibles, ne peut prétendre à la propriété d'un sanglier tué dans cette forêt par un tiers lors d'une battue générale ordonnée par l'autorité dans l'intérêt public et celui

de l'agriculture ; — que dans ce cas il y a exception au principe qui, en thèse ordinaire, attribue au concessionnaire du droit de chasse la propriété de tout animal tué au mépris de son droit, et que lesanglier appartient à celui qui l'a abattu.—*Cass.*, 22 juin 1843 (L. 2 1843, p. 554), de Sémélé c. Kauffer.

38. — L'art. 4, L. 3 mai 1844, sur la police de la chasse, interdit d'une manière absolue le transport du gibier. Quelque général que soit cet article, nous ne pourrions admettre qu'il fût applicable au transport d'animaux tués dans une battue pratiquée conformément aux lois et règlements sur la destruction d'animaux nuisibles. Le temps prohibé n'existe pas à cet égard: de même qu'ils peuvent être poursuivis et tués, de même ils peuvent être transportés au domicile des chasseurs. La loi qui récompense leur courage, ne saurait les empêcher de tirer parti pour eux-mêmes du gibier qu'ils abattent. — Mais là doit s'arrêter l'exception que nécessite, presque forcément, la législation spéciale relative aux animaux nuisibles. Mettre en vente, vendre, acheter, colporter des animaux tués dans une battue constituerait une contravention à la loi. — Gillon et de Villepin, *Nouveau Code des chasses*, p. 407 et suiv.

V. COASSE, LOUVETERIE.

BAUDELIERS.

Les baudeliers sont rangés par la loi du 25 avr. 1844, sur les patentes, dans la huitième classe des patentables, et imposés à : 1° un droit fixe basé sur le chiffre de la population de la ville ou commune où est situé l'établissement ; 2° d'un droit du quarantième de la valeur locative de tous les locaux occupés par les patentables, mais seulement dans les communes de 20,000 âmes et au-dessus.—V. PATENTE.

BAUDRUCHE (Apprêteur des).

Les apprêteurs de baudruche sont rangés par la loi du 25 avril 1844, sur les patentes, dans la sixième classe des patentables, et imposés à : 1° un droit fixe basé sur le chiffre de la population de la ville ou commune où est situé l'établissement ; 2° un droit proportionnel du vingtième de la valeur locative de la maison d'habitation et des locaux servant à l'exercice de la profession.—V. PATENTE.

BAUGEURS.

Les baugeurs sont rangés par la loi du 25 avril 1844, sur les patentes, dans la septième classe des patentables, et imposés à : 1° un droit fixe basé sur le chiffre de la population de la ville où est situé l'établissement ; 2° un droit proportionnel du quarantième de la valeur locative de tous les locaux occupés par les patentables, mais seulement dans les communes de 20,000 âmes et au-dessus.—V. PATENTE.

BAYLE, BAILE.

1.—C'était le nom qu'on donnait, dans les coutumes de Bordeaux, de Saint-Séver, d'Aix, etc., au bailli ou au premier officier du siège. On disait un *bayle royal*, quand il s'agissait du chef d'une justice royale.

2.—Ce mot est aussi employé avec la même signification dans la petite république d'Andorre.—V. ANDORRE.

BAZAR DE VOITURES.

Les personnes tenant bazar de voitures sont rangées par la loi du 25 avril 1844, sur les patentes, dans la troisième classe des patentables. Elles sont imposées à : 1° un droit fixe basé sur le chiffre de la population de la ville où est situé l'établissement ; 2° un droit proportionnel du vingtième de la valeur locative de la maison d'habitation et des locaux servant à l'exercice de la profession.—V. PATENTE.

BÉAL
V. BIEF.

BEAU-FILS ET BELLE-FILLE.
Degré d'alliance. — V. ALLIANCE (et les renvois).

BEAU-FRÈRE ET BELLE-SŒUR.
Degré d'alliance. — V. ALLIANCE (et les renvois) ; V. aussi CONSEIL DE FAMILLE, LÉGITIMATION, MARIAGE.

BEAU-PÈRE ET BELLE-MÈRE,
Degré d'alliance. — V, ALLIANCE (et les renvois).

BÉNATRE.

1. — On désigne sous ce nom un filet en forme de cône destiné à prendre le poisson et principalement à fermer l'ouverture des bouchots du côté de la mer.

2. — L'ordonnance de 1727, tit. 5, fixe à deux pouces carrés au moins la largeur des mailles des bénâtres, sous peine, contre les contrevenans, d'une amende de 100 fr. En cas de récidive, le propriétaire est, en outre, privé du droit de cette pêche.

3. — L'usage des bénâtres n'est permis qu'à partir du 1er octobre jusqu'au 1er avril de chaque année, sous peine de 50 fr. d'amende et de confiscation, et en outre, pour le cas de récidive, de la privation du droit de pêcherie. — Ord. de la marine, liv. 3, tit. 3, art. 6 ; arrêté du conseil du 2 mai 1739, art. 6. — V. PÊCHE.

BÉNÉDICTION NUPTIALE.

1. — On appelle ainsi la consécration du mariage avec les cérémonies religieuses.

2. — Autrefois, c'était la bénédiction nuptiale qui constituait le mariage ; mais, depuis que le mariage n'est plus considéré par les lois que comme un contrat civil, le fait même de cette bénédiction a cessé d'être nécessaire pour l'existence du lien civil ; seulement, la loi du 20 sept. 1792, tit. 6, art. 8, a réservé aux personnes qui se marient le droit de recevoir, indépendamment de la célébration du mariage civil, la bénédiction nuptiale des ministres de leur culte.

3. — Plus tard, le concordat du 18 germ. an X imposa à ces ministres la défense de procéder à la bénédiction nuptiale avant de s'être assuré que le mariage avait été contracté antérieurement devant l'officier public. — L. 18 germ. an X, art. 54.

4. — Et un arrêté du gouvernement du 1er prair. an X étendit [cette juridiction aux rabbins des juifs.

5. — Les art. 199 et 200 du Code pénal sont venus donner une sanction à ces dispositions ; ils sont ainsi conçus : « Art. 199. Tout ministre d'un culte qui procédera aux cérémonies religieuses d'un mariage sans qu'il lui ait été justifié d'un acte de mariage préalablement reçu par les officiers de l'état civil, sera, pour la première fois, puni d'une amende de 16 à 100 fr.—Art. 200. En cas de nouvelles contraventions de l'espèce exprimée en l'art. 199, le ministre du culte qui les aura commises sera puni, savoir : pour la première récidive, d'un emprisonnement de deux à cinq ans, et, pour la seconde, de la détention. »

6. — L'art. 199 semble faire résulter la contravention de la seule omission d'avoir exigé la justification légale du mariage civil, sans égard au point de savoir si ce mariage existe ou non réellement. — Toutefois, MM. Chauveau et Hélie (*Th. C. pén.*, t. 4, p. 281) font remarquer avec raison que si les parties étaient effectivement mariées, la poursuite n'aurait plus de base ; autrement, on arriverait à confondre la même peine le défaut de justification d'un acte quand le ministre peut avoir eu la preuve acquise de la célébration du mariage civil, et la célébration du mariage religieux avec la conviction que le mariage civil n'a pas eu lieu. Au surplus, cette interprétation de l'art. 199 est éclairée par les paroles suivantes de M. Berlier : « Si le mariage a été reçu préalablement par l'officier de l'état civil, il n'y aura ni parties lésées, ni lieu de rechercher le ministre du culte, qui en tous cas dirait, ou qu'on lui a représenté l'acte, ou qu'il l'a connaissait pour y avoir lui-même assisté. L'article ne reçoit donc réellement son application qu'à la bénédiction nuptiale accordée à des personnes non préalablement liées par le contrat civil et que la cérémonie religieuse aurait induites en erreur sur leur état si elles eussent regardé le ministre du culte comme capable de le leur conférer. »—Proc.-verb. cons. d'état, séance du 29 août 1809.

7. — Le fait, de la part d'un ministre d'un culte, d'avoir procédé à la bénédiction nuptiale sans justification préalable du mariage civil constitue-t-il un abus rentrant dans la disposition de l'art. 6 du décret du 18 germin. an X ? — V. APPEL COMME D'ABUS (n°s 68 et suiv.).

V. aussi CULTE, MARIAGE.

BÉNÉFICE.

1.—On entend en général par ce mot: 1° un profil obtenu dans une affaire, dans une société ; 2° tout avantage ou privilège concédé par une convention ou par la loi ; c'est dans ce dernier

sens que l'on dit *profiter du bénéfice de la loi*, *renoncer au bénéfice de la loi*.

2. — Dans les bénéfices de la loi on range les bénéfices de cession, de division et de discussion (V. ci-après), le bénéfice de rescision ou de restitution en faveur des mineurs, etc.

3. — Nul ne peut être contraint d'accepter le bénéfice introduit en sa faveur par la loi ou par la disposition de l'homme: *invito beneficium non datur*.—L. 69, ff., *De reg. juris.*—De même *quod cuique pro eo præstalur, invito non tribuitur*.—L. 156, ff., *De reg. juris.*—Autrement il n'y aurait pas bénéfice, si, si on ne pouvait pas refuser.—Pothier, *Pand.*, sur ces règles.

4.—D'où la conséquence que chacun peut renoncer aux bénéfices que la loi a établis en sa faveur. *Regula est juris antiqui omnes licentiam habere his quæ pro se introducta sunt renunciare.* — L. penult ; Cod., *De pactis* ; L. 41, ff., *De minoribus* ; L. 46, ff., *De pactis.*—Au surplus, V. AVANTAGE, BIENFAIT.

BÉNÉFICE D'AGE.
V. AGE (bénéfice d').

BÉNÉFICE D'ABSTENTION D'HÉRÉDITÉ.
V. ABSTENTION D'HÉRÉDITÉ (bénéfice d').

BÉNÉFICE DE CESSION.

C'est la faculté donnée à un débiteur de céder tous ses biens à ses créanciers pour être affranchi de la contrainte par corps. — V. CESSION DE BIENS.

BÉNÉFICE DE COMPÉTENCE.

1. — On appelait autrefois bénéfice de compétence (*beneficium competentiæ*) un privilège particulier accordé à certaines personnes, au moyen duquel le débiteur poursuivi en paiement de sa dette et directement dans ses biens pouvait, par exception, demander à retenir ce dont la jouissance lui était nécessaire pour subsister.—L. 173, ff., *De rég. juris.*

2. — Ce bénéfice était accordé aux ascendans et descendans entre eux, au patron et à ses enfans et descendans à l'égard des affranchis, au mari assigné en restitution de la dot, aux associés entre eux, au donateur poursuivi en paiement de la donation par le donataire, et aux militaires à l'égard de tous. — LL. 16 à 23, ff., *De re judicata.*

3. — Ce bénéfice n'existe plus en France. Ainsi, maintenant, un père débiteur de son fils (et réciproquement le fils débiteur de son père ou le donateur débiteur de son donataire) ne serait plus autorisé à retenir le montant de sa dette et à se soustraire dès-lors à toutes poursuites jusqu'à concurrence de ce qui lui serait nécessaire pour subsister. Il devrait payer, sauf, s'il était dans le besoin, à se pourvoir en prestation d'alimens. — Toutefois M. Proudhon (*Usufruit*, n° 437, et *État des personnes*, p. 257), admet encore l'existence du bénéfice de compétence, au moins dans les rapports de ceux qui se doivent des alimens (ainsi entre enfans et ascendans, et du donateur au donataire) ; mais son opinion est contraire à celle des autres auteurs (V. ALIMENS, n° 66), et elle est réfutée par M. Valette, son annotateur (t. 1er, p. 450, note).

BÉNÉFICE DE DISCUSSION.

On appelle ainsi le droit appartenant à celui qui n'est obligé qu'en second ordre, de demander que le créancier soit tenu de discuter préalablement les biens du débiteur principal. — V. CAUTIONNEMENT, DISCUSSION.

BÉNÉFICE DE DIVISION.

On appelle ainsi l'exception par laquelle la caution poursuivie pour la totalité de la dette dont elle est tenue avec d'autres cautions, exige que le créancier divise préalablement son action et la réduise à la part et portion de chaque caution.—V. CAUTIONNEMENT.

BÉNÉFICE D'INVENTAIRE.

C'est la faculté accordée par la loi à un héritier de n'accepter la succession que sous la condition de n'être pas tenu des dettes au-delà des biens qu'il recueille. — V. CAUTIONNEMENT, SUCCESSION BÉNÉFICIAIRE.

BÉNÉFICE ECCLÉSIASTIQUE.

1. — Les canonistes appelaient *bénéfice* le droit attribué à un clerc de jouir durant sa vie des revenus de certains biens consacrés à Dieu, à cause de l'office spirituel dont ce clerc était chargé par l'autorité de l'Eglise. — On désignait sous le nom de bénéficier celui qui possédait un bénéfice. — Merlin, *Rép.*, v° *Bénéfice*.

2. — Dans l'origine, les biens donnés à chaque église étaient communs aux clercs qui la desservaient. « Mais, dit Denizart (v° *Bénéfices ecclésiastiques*, n° 8), les inconvéniens qui se rencontraient dans cette communauté de biens, firent qu'on en distribua des portions aux prêtres qui desservaient les titres éloignés et qui y étaient attachés par leur ordination : ce fut cette assignation des revenus ecclésiastiques qui donna le nom et qui fit aussi l'origine des bénéfices. »

3. — On distinguait les bénéfices *séculiers* et les bénéfices *réguliers*.

4. — On appelait *séculiers* les bénéfices affectés aux ecclésiastiques placés sous la juridiction des évêques et engagés seulement dans les fonctions de la cléricature. Ces bénéfices ne pouvaient être possédés que par des ecclésiastiques séculiers.

5. — Quant aux *bénéfices réguliers*, on désignait sous ce nom les bénéfices affectés aux personnes qui avaient fait profession dans quelque ordre religieux approuvé par l'Eglise, tels que les abbayes, les prieurés conventuels, les offices claustraux, etc. Ils ne pouvaient, en général, être possédés que par des ecclésiastiques réguliers, à moins qu'ils ne fussent conférés en *commende*. — V. COMMENDE. — Denizart, *loc. cit.*, n° 12, 13 et 14.

6. — On distinguait encore les bénéfices en *compatibles* et *incompatibles*.

7. — Les bénéfices *compatibles* étaient les bénéfices simples, c'est-à-dire les chapelles, les prieurés non conventuels, et tous ceux qui n'exigeaient pas, de la part du titulaire, le soin et la conduite du peuple ou du clergé, ni résidence personnelle dans ce bénéfice. — Denizart, *loc. cit.*, n° 17.

8. — L'usage permettait aux ecclésiastiques séculiers de posséder plusieurs bénéfices simples, et ces sortes de bénéfices n'étaient même pas incompatibles, soit avec ceux qui étaient à charge d'âmes, soit avec les autres bénéfices qui exigeaient une résidence ; en conséquence un curé qui ne pouvait pas posséder deux cures en même temps, pouvait cependant conserver sa cure et posséder plusieurs bénéfices simples qui ne demandaient pas résidence.

9. — Les bénéfices *incompatibles* étaient ceux qui chargeaient les titulaires de la conduite des âmes, tels que les archevêchés, les évêchés, les cures, ou qui demandaient une résidence actuelle dans le bénéfice, tels, par exemple, que les canonicats. — On les nommait ainsi parce qu'un ecclésiastique ne pouvait, en même temps, en posséder deux de cette espèce, à moins que l'un ne fût uni à l'autre, comme un canonicat peut être uni à une cure dans la même église. — Denizart, n°s 18 et 19.

10. — Quant aux religieux, ils ne pouvaient posséder en même temps deux bénéfices quoique simples, sans une dispense expresse et spéciale.

11. — « Enfin, ajoute Denizart (n° 23), il y a d'autres bénéfices appelés *consistoriaux*, parce qu'on n'en expédie les provisions, à Rome, qu'après qu'elles ont été résolues au consistoire, comme, par exemple, les évêchés, abbayes et autres bénéfices de nomination royale. » — V. le même auteur, v^is^ *Consistoire* et *Bénéfices consistoriaux*.

12. — « Le roi, dit Denizart (v° *Collateurs*, n° 10) était le collateur des bénéfices simples, dont il était le patron ; mais à l'égard des bénéfices consistoriaux, il avait seulement la nomination, et le pape, en vertu du concordat, était obligé de conférer à celui qui était nommé par le roi. » — V. le même auteur, v^is^ *Concordat* et *Patronage royal*.

13. — C'était le pape seul qui, en général, pouvait conférer les bénéfices en commende. — V. COMMENDE.

14. — Quant aux autres bénéfices, la collation en appartenait de droit commun aux évêques.

15. — L'union d'un bénéfice à un autre ou à des colléges, corps et communautés, ne pouvait se faire sans nécessité et sans l'accomplissement de certaines formes retracées par Denizart (v° *Union des bénéfices*).

16. — Chaque membre du parlement, dit Denizart (v° *Bénéfices ecclésiastiques*, n° 44), avait le privilége de présenter à un bénéfice une fois dans sa vie.

17. — De même on reconnaissait aux personnes ou communautés qui avaient doté, fondé ou fait construire une église, le droit de présenter à l'ordinaire une personne capable de recevoir un bénéfice. Ceux à qui ce droit appartenait étaient nommés patrons. — Le droit de présentation était soumis à des règles particulières suivant qu'il s'agissait de patronage laïque, de patronage ecclésiastique ou de patronage mixte (ce qui s'entendait du patronage appartenant à un ou plusieurs laïques conjointement avec un ou plusieurs ecclésiastiques). — Denizart, v° *Patronage*.

18. — « Il y avait, dit encore Denizart (v° *Bénéfices ecclésiastiques*, n°s 62 et suiv.), des cures et autres bénéfices qui appartenaient à certaines maisons religieuses, et qui ne pouvaient être possédés que par les membres de ces maisons, non pas comme titres perpétuels de bénéfices, mais comme simples administrations toujours révocables, *ad nutum*, des supérieurs majeurs, même sans le consentement de l'évêque diocésain ; tels étaient les bénéfices de la maison de Saint-Victor de Paris. »

19. — La collation des bénéfices était volontaire ou forcée ; volontaire, lorsque le collateur était libre dans le choix qu'il y avait à faire ; forcée, lorsqu'il était obligé de conférer le bénéfice à ceux qui le demandaient ; ainsi, par exemple, aux gradués (sauf néanmoins quelques restrictions relatives à certains bénéfices) (V. Denizart, v^is^ *Grade, Gradué, Consistoire*), aux indultaires, aux brevetaires de joyeux avénement et de serment de fidélité, et à ceux qui étaient nommés ou présentés par des patrons. — Denizart, v° *Collateurs*.

20. — En règle générale, le collateur d'un bénéfice devait le conférer dans un délai déterminé, passé lequel le droit de collation était déféré au supérieur du collateur. — V. à cet égard, et sur diverses règles relatives aux collations de bénéfices, Denizart, v^is^ *Collateurs* et *Dévolutions*.

21. — Dans le principe, la pluralité des bénéfices n'était pas admise ; plus tard, on se relâcha de cette règle, et il ne fut pas rare de voir des évêques posséder en même temps plusieurs évêchés et plusieurs abbayes. L'ordonnance de Blois contenait, il est vrai, à cet égard, dans son article 11, une disposition prohibitive ; mais Denizart (v° *Bénéfices ecclésiastiques*, n° 28), rapporte des exemples qui prouvent que la règle n'était pas observée dans toute sa rigueur. — Il était, en tous cas, passé en usage qu'on pouvait posséder plusieurs abbayes et prieurés en commende avec un évêché ; c'est ainsi que le cardinal Mazarin possédait en même temps l'évêché de Metz, les abbayes de Saint-Clément, de Saint-Arnoult, de Saint-Vincent et plusieurs autres dont le revenu était considérable ; et que le cardinal de Richelieu, outre les abbayes de Mont-Majeur-les-Arles, de Fleury, de Saint-Benoît-sur-Loire, et divers autres, était abbé général de Cluny, de Prémontré et de Citeaux. — Denizart, n°s 24, 25, 26, 27, 28 et 29.

22. — On ne pouvait posséder certains bénéfices avant un âge déterminé, et qui variait suivant la nature des bénéfices (V. Denizart, v° *Age*). — Dans tous les cas, les bénéficiers étaient réputés majeurs à quatorze ans pour l'administration de leurs bénéfices. — Denizart, v° *Bénéfices ecclésiastiques*, n° 73.

23. — Les lois déterminaient également ceux qui étaient incapables de devenir possesseurs de bénéfices. — De ce nombre étaient (indépendamment de ceux qui n'avaient pas l'âge requis) les interdits, les personnes mariées (excepté les chevaliers de l'ordre de Saint-Lazare), les *laïques non tonsurés*, les infâmes et les personnes condamnées à des peines emportant mort civile, les bâtards, les simoniaques, les irréguliers, les religieux mendians. — Denizart, v° *Capacité*, n° 5.

24. — Un bénéfice pouvait être conféré à un absent ; et quand une fois le collateur ecclésiastique l'avait donné à cet absent, il ne pouvait plus le conférer à un autre, à moins que le terme défini par le droit pour accepter ne fût écoulé ; il existait quant à ce terme d'acceptation, divers usages qui sont rapportés par Denizart (v° *Bénéfices ecclésiastiques*, n°s 53 et suiv.)

25. — Quant aux étrangers, ils ne pouvaient posséder aucuns bénéfices en France, sans être préalablement naturalisés. — Denizart, v^is^ *Bénéfices ecclésiastiques* et *Etrangers*.

26. — Les vacances dans les bénéfices résultaient : 1° de la mort naturelle du titulaire ; — 2° de sa mort civile ; — 3° de son mariage ; — 4° de sa profession religieuse ; — 5° de l'abdication de l'état ecclésiastique. — Il y avait encore vacance : 1° lorsque le titulaire était pourvu plus long-temps qu'il n'était permis d'un bénéfice incompatible avec ceux qu'il possédait déjà, ou lorsqu'il se rendait coupable de certains crimes énormes qui emportaient la privation de tout office et bénéfice dans l'église ; — 2° lorsque le titulaire abandonnait volontairement son bénéfice et s'absentait pendant un temps considérable sans commettre quelqu'un pour desservir à sa place ; mais, dans ce cas, comme il ne s'agissait que de la vacance de fait et non de droit, le bénéfice ne pouvait être déclaré vacant et impétrable qu'après que le bénéficier avait été contumacé par trois monitions canoniques. — Denizart, v° *Vacance de bénéfice*, n°s 1er et suiv.

27. — Les canonistes étaient également d'accord que la démission pure et simple donnée par le titulaire d'un bénéfice et acceptée par le supérieur, faisait vaquer le bénéfice tant pour le titre que pour la possession, comme s'il vaquait par la mort. — Denizart, v° *Vacance de bénéfice*, n° 16.

28. — La permutation (ou échange) était admise en matière de bénéfices ; mais elle ne pouvait avoir lieu que du consentement des supérieurs ecclésiastiques. — V. à cet égard d'Héricourt, *Lois ecclésiat.*, *Des permutations* ; Denizart, v° *Permutation*. — En outre, il n'était pas permis de permuter un bénéfice contre une pension sur un autre bénéfice, non plus que de stipuler une soulte dans la permutation, « ce qui, dit Denizart (*loc. cit.*), eût été une simonie. » Mais on permettait aux copermutans de convenir qu'ils seraient chargés, chacun de leur côté, de faire réparer les bâtimens dépendans des bénéfices dont ils resteraient titulaires, pourvu que les dépenses occasionnées par ces réparations fussent à peu près égales. — V. au surplus, sur certaines règles relatives aux permutations, Denizart, *loc. cit.*

29. — On connaissait aussi, en matière de bénéfice, deux espèces de résignation, l'une pure et simple et qui équivalait à une démission opérant vacance, l'autre nommée *résignation en faveur*, parce que celui qui résignait déclarait se démettre de son bénéfice, à condition que le bénéfice serait conféré à la personne indiquée par la résignation même, et que l'on désignait sous le nom de *résignataire*. La résignation *en faveur* n'était pas regardée très favorablement, parce qu'elle introduisait dans l'Eglise une espèce de succession contraire à la pureté des règles, et « qu'elle ressentait simonie. » Aussi n'était-elle admise que difficilement et sous l'accomplissement de certaines conditions spéciales sur lesquelles on peut consulter Denizart, v^is^ *Résignation* et *Bénéfices ecclésiastiques*, n° 60.

30. — « Il n'y avait pas de maxime plus indubitable dans le droit canonique, enseigne Denizart (v° *Bénéfices ecclésiastiques*, n° 47), que celle qui défendait de demander le bénéfice d'un homme vivant. » Et Dumoulin nous apprend que celui qui demandait un bénéfice comme vacant par la mort de quelqu'un qui était vivant, ne pouvait, par la suite, obtenir de provisions du même bénéfice après la mort du titulaire. — Dumoulin, *Comment. sur la vingtième règle de la chancellerie romaine*, n°s 13, 16, 18, 64.

31. — Mais un bénéfice, bien que rempli de fait, pouvait être impétré pour cause de vacance de droit, en ce qu'il était possédé par quelqu'un indigne ou incapable de le posséder. Cette impétration, qui pouvait également avoir lieu au cas de nullités existantes dans les titres du pouvu, se nommait *dévolut* : elle était soumise à des formes très rigoureuses. La voie de *dévolut* était la seule que l'on pût prendre pour dépouiller le bénéficier vivant qui avait une possession triennale, à moins que ce bénéficier ne fût un *intrus* (c'est-à-dire qu'il ne justifiât ni d'un titre canonique, ni d'un titre au moins coloré), cas auquel il n'était point admis à invoquer sa possession triennale. On appelait *dévolutaire* celui qui obtenait un bénéfice par dévolut. — V. au surplus, sur l'impétration des bénéfices, Denizart, v^is^ *Bénéfices ecclésiastiques*, n°s 49 et suiv. ; *Intrus*, n°s 1er et suiv. ; *Dévolut*, n°s 4 et suiv.

32. — Les biens dépendant des bénéfices étaient inaliénables de leur nature : mais ils pouvaient être donnés à bail. — Quant aux bâtimens dépendant des bénéfices, ils devaient être entretenus par les titulaires et rendus en bon état par leurs héritiers. — On trouve dans Denizart (v° *Bail*, n°s 68 et suiv.) diverses règles relatives à la manière dont les baux faits par les titulaires pouvaient engager leurs successeurs.

33. — Les fruits des bénéfices, après la mort des titulaires, se divisaient entre ses héritiers et le successeur au bénéfice, à proportion du temps, sauf usages contraires dans les diocèses.

34. — Tous les ecclésiastiques pourvus de bénéfices, quelque modiques qu'ils fussent, étaient assujétis à la récitation du bréviaire. — Denizart v° *Bénéfices ecclésiastiques*, n° 87, rapporte sur ce point une décision de la Sorbonne du mois de février 1747.

35. — Tous les bénéfices ont été supprimés par la loi du 12 juill.-24 août 1790, relative à la constitution civile du clergé, tit. 1er, art. 20 ; et ce

même article, a ajouté « qu'il ne pourrait jamais en être établi de semblables. »

56. — Le décr. du 8-12 déc. 1790, a ajouté que tous actes de collations et de dispositions de cures faits par des ci-devant collateurs dans des lieux où le décret de la constitution civile du clergé aurait déjà été publié à l'époque desdites collations, seraient et demeureraient non avenus.

57. — Un décret postérieur, du 18-27 avr. 1791, a statué sur les baux emphytéotiques, à cens, à rente et autres, faits par les bénéficiers, et sur les traités intervenus entre ceux-ci et des particuliers. — V. aussi LL. 21-25 mai 1791, et 15 sept.-16 oct. 1791.

58. — Par suite de la suppression prononcée par la loi de 1790, un décr. du 13 sept. 1813 (V. *Coll.* Duvergier à sa date), a déclaré non écrite, comme contraire aux lois (C. civ., art. 900) la disposition d'un testament contenant création d'un bénéfice à collation laïque.

59. — Quelques auteurs, et notamment Proudhon (*De l'usufruit*, n°s 289 et suiv.), donnent encore, mais improprement, le nom de bénéfices ecclésiastiques aux biens dont jouissent les curés et autres titulaires des fonctions ecclésiastiques.

V. CHANOINE, CHAPITRE, CURE, ÉTABLISSEMENT ECCLÉSIASTIQUE.

BÉNÉFICIAIRE.

On appelle ainsi celui au profit de qui est souscrit un billet, une lettre de change, une obligation, etc. — V. BILLET, LETTRE DE CHANGE, OBLIGATION, etc.

BERGE.

1. — On appelle généralement ainsi le bord relevé ou escarpé d'un cours d'eau, d'un chemin, d'un fossé.

2. — On donne aussi ce nom aux pentes plus ou moins escarpées qui rachètent la différence de niveau entre les plaines basses du fond des vallées et des terrains d'alluvion, et les plateaux du sommet des collines. — Turbé de Vauxclairs, *Dict. des travaux publics*, v° *Berge*.

3. — Le rivage d'un cours d'eau étant l'extrême bord que l'eau baigne, la berge est la terre élevée par le bord notablement au-dessus de la surface habituelle de l'eau, et qui retient la rivière dans son lit.

4. — C'est à partir de la ligne extrême des berges que commence l'espace fixé par la loi pour le chemin de halage.

5. — Dans les parties où les rivières sont très encaissées et présentent des talus rapides, la largeur du chemin de halage doit être mesurée à partir *des crêtes de ces berges*. Dans le cas, au contraire, où il y a incertitude sur les limites du lit de la rivière, où la pente de la berge est douce et praticable aux hommes et aux chevaux, la largeur se compte du niveau des basses eaux au point qu'atteignent les grandes eaux, sans que la navigation soit interrompue. — Instr. min. 19 juin 1830.

6. — La berge est en général réputée l'accessoire du cours d'eau du chemin ou du fossé. Dès-lors, la propriété des berges se trouve dans la même main que la propriété du lit du cours d'eau. — V. COURS D'EAU.

7. — La domanialité des cours d'eau navigables et flottables s'étend jusqu'au point que les eaux atteignent lorsque la rivière est à plein bord ou sur le point de déborder. — Décis. du dir. gén. des ponts-et-chaussées, 4 fév. 1821.

8. — L'administration, lorsque la mesure ne présente aucun inconvénient, permet aux riverains eux-mêmes de consolider les berges. Mais si ce travail était de nature à influer sur le régime des eaux, l'autorisation ne pourrait être accordée que par ordonnance royale, après l'accomplissement des formalités d'enquête prescrites pour les demandes relatives à l'établissement des usines. — Arr. direct. 19 vent. an VI; Instr. min. 19 therm. an VI.

9. — Une ordonnance du mois de décembre 1672, voulant garantir les berges et le lit de la Seine des dégradations, a défendu aux charretiers d'entrer dans le lit de ce fleuve pour charger des marchandises.

10. — La loi du 22 déc. 1789-janv. 1790 a confié aux administrateurs du département (aujourd'hui les préfets) le droit de veiller à la conservation des rivières, et par conséquent des berges, rivages et autres accessoires des cours d'eau. Mais ce n'est qu'un droit de surveillance qui donne à l'administration la faculté de prescrire, et non d'exécuter les travaux qui peuvent être nécessaires.

11. — L'entretien et la réparation des berges des cours d'eau non navigables ni flottables sont à la charge des propriétaires riverains, qui doivent diriger leurs travaux de manière à empêcher la déperdition de l'eau au préjudice de la force motrice des usines placées au-dessous d'eux le long de ces cours d'eau. Cette obligation est une conséquence de la servitude naturelle qui oblige tout riverain à transmettre aux riverains inférieurs les eaux dans leur volume naturel. — C. civ., art. 640 et suiv. — Sebire et Carteret, *Encyclop. du dr.*, v° *Berge*, n° 4.

12. — Mais si les berges ont été exhaussées dans l'intérêt d'une usine pour donner aux eaux un niveau artificiel, ces berges sont un accessoire de l'usine et doivent être réparées par le propriétaire de cet établissement.

13. — L'entretien des berges des canaux est, en général, à la charge des propriétaires de ces canaux. — V. au reste CANAUX.

14. — Quant aux berges des chemins et fossés, V. CHEMINS VICINAUX, FOSSÉS, ROUTES, VOIRIE.

BERGER.

V. COMMUNES, FORÊTS, PATRE, PATURAGES, POUVOIR MUNICIPAL, VAINE PATURE.

BERGERS (École des).

L'existence de bons bergers devant contribuer beaucoup à l'amélioration des bêtes à laine, des écoles de bergers ont été attachées aux bergeries du gouvernement dans les Pyrénées-Orientales (à Perpignan), dans les Landes, dans la Loire-Inférieure, etc. Ces écoles reçoivent des pensionnaires à raison de 400 fr. par an.

BERGERIES ROYALES.

Le décret du 8 mars 1811 a ordonné la formation de soixante dépôts de béliers mérinos, comptant chacun cent cinquante béliers au moins; ces dépôts devaient être portés au nombre de cinq cents. Ils sont placés chez des propriétaires qui nourrissent les béliers, profitent de la toison et reçoivent, s'il y a lieu, une indemnité réglée à l'avance par le ministre. Au temps de la monte, les béliers sont gratuitement distribués chez les propriétaires de troupeaux indigènes et rentrent au dépôt après la monte.

BESOIN.

On appelle ainsi le tiers qui est prié par le tireur ou souscripteur d'un effet de commerce ou par les endosseurs, de payer cet effet à défaut du tiré. On l'appelle aussi *recommandataire*. — V. BILLET A ORDRE, ENDOSSEMENT, LETTRE DE CHANGE.

BESOIN (Indication au).

C'est l'indication du tiers ou *besoin* qui est prié de payer un effet de commerce à défaut du tiré. — V. BILLET A ORDRE, LETTRE DE CHANGE.

BESTIALITÉ.

Ce genre d'attentat aux mœurs était puni de mort. Maintenant, pris isolément et abstraction faite de l'outrage public à la pudeur, il n'est passible d'aucune peine. — V. au surplus ATTENTAT AUX MOEURS, n°s 13 et suiv.

BESTIAUX.

1. — Animaux domestiques qui servent à la culture des terres et à la nourriture de l'homme.

2. — Considérés en eux-mêmes et séparément de toute destination particulière, les bestiaux sont évidemment meubles et doivent être rangés dans la classe de ces biens meubles nommés par les jurisconsultes *mobilia se moventia* (C. civ., art. 528); mais si on les considère comme attachés à un domaine, à l'exploitation et à l'engrais duquel ils sont destinés, il faut leur attribuer alors la qualité d'immeubles par destination — C. civ., art. 522 et 224.

3. — Lorsqu'on substituait une terre ou une ferme on pouvait aussi substituer, d'après l'art. 6, tit. 1er, de l'ord. *Des substitutions* de 1747, les bestiaux et ustensiles qui servaient à la faire valoir. Par la même loi, le grevé de substitution était tenu de les faire estimer pour en rendre d'autres de pareille valeur après l'extinction du fidéi-commis. — Ces dispositions ont été reproduites par l'art. 1064, C. civ. — V. SUBSTITUTION.

4. — Celui qui achète des bestiaux hors des foires et marchés est tenu, dans les cas où ils auraient été volés, de les restituer gratuitement au propriétaire en l'état où ils se trouvent. — L. 6 oct. 1791, titr. 2, art. 11; C. civ., art. 2279. — Le remboursement du prix d'achat n'est dû que dans le cas où la chose volée a été achetée dans une foire, un marché ou dans une vente publique, ou d'un marchand vendant des choses pareilles. — C. civ., art. 2280. — Le délai pour la revendication est de trois ans. — C. civ., art. 2279.

5. — Tous les bestiaux et animaux de service donnent lieu à l'action rédhibitoire pour les défauts cachés qui, suivant les prévisions de la loi, rendent l'animal impropre à l'usage auquel l'acheteur le destine. — V. VICE RÉDHIBITOIRE.

6. — Les bestiaux, comme toute espèce de biens, peuvent être l'objet du contrat de louage. — V. BAIL A CHEPTEL.

7. — L'utilité des bestiaux pour la richesse de l'état, le besoin indispensable qu'en ont les colons et les habitans de la campagne, ont fait établir des lois pour restreindre la faculté de les saisir. — C. procéd., art. 592 et 593. — Il en était de même sous l'ancien droit. Charles VIII et les rois ses successeurs avaient défendu de saisir ces sortes d'animaux, et l'ordonnance de 1667, dont le Code de procédure a suivi la trace, exigeait qu'on laissât au débiteur une vache, ou trois brebis, ou deux chèvres, au choix du saisi. — Merlin, *Rép.*, v° *Bestiaux*, n° 3. — Les bestiaux servant au labourage des terres ne peuvent être saisis, même pour contributions arriérées. — L. 6 oct. 1791, tit. 1er, art. 2, 3 et 4. — V. SAISIE-EXÉCUTION.

8. — Mais le propriétaire à qui des bestiaux ont causé du dommage a le droit de les saisir, sous l'obligation de les conduire dans les vingt-quatre heures au lieu du dépôt désigné à cet effet par le maire et qu'on nomme *fourrière*. — V. ANIMAUX, n°s 84 et suiv., et DIVAGATION.

9. — Quel que soit le motif, du reste, qui ait fait saisir les bestiaux, ils ne peuvent rester en fourrière ou sous le séquestre plus de huit jours. — Décr. 18 juin 1811, tit. 1er, ch. 4, art. 39 et 40. — Si dans ce délai les bestiaux n'ont pas été réclamés ou si le dommage n'a pas été payé, ils sont vendus pour satisfaire aux dégâts qu'ils ont commis. — V. FOURRIÈRE.

10. — Quant aux dégâts que les bestiaux de toute espèce laissés à l'abandon font sur les propriétés d'autrui, V. ANIMAUX, n°s 78 et suiv.

11. — Les bestiaux peuvent aussi dégrader les talus des routes et des canaux; il y a été pourvu par les réglemens des 23 août 1743, 18 juin 1765, et par l'arrêt du conseil du 16 sept. 1759.

12. — Aux termes des réglemens et ordonnances militaires, les bestiaux sont également exclus des remparts, fossés, talus et glacis des places fortes. — Enfin, on ne saurait trop les éloigner des dunes que la végétation peut seule fixer; attendu que les tendres pousses des graines ensemencées ne peuvent résister à la dent meurtrière des chèvres et bêtes à laine.

13. — D'après l'art. 79 tit. 33, de l'ord. de 1667, les gardiens des bestiaux saisis ne pouvaient les employer pour leur usage particulier ni les donner à louage, sous peine de perte de leurs frais de garde et de dommages-intérêts. Ils devaient aussi, aux termes de l'art. 10 de la même ordonnance, tenir compte au saisi ou à ses créanciers du profit ou revenu produit par les bestiaux saisis. — Ces dispositions se trouvent renouvelées par les art. 603 et 604, C. procéd., qui soumettent les gardiens à la contrainte par corps à raison de ces restitutions.

14. — Le vol des bestiaux est sévèrement puni. — C. pén., art. 388. — V. VOL.

15. — Pour la mort donnée ou les blessures faites aux bestiaux d'autrui, V. ANIMAUX, n°s 98 et suiv.

16. — Sur les dommages que causent les bestiaux, soit par leur passage, soit par leur introduction, soit par leur abandon sur le terrain d'autrui, V. ANIMAUX, n°s 28 et suiv., et DIVAGATION.

17. — Dans le cas où les bestiaux sont infectés de maladies contagieuses, le détenteur ou gardien doit en avertir le maire de la commune où ils se trouvent, et même, avant que le maire ait répondu à son avertissement, empêcher ces bestiaux de communiquer avec d'autres, sous peine d'un emprisonnement de six jours à deux mois, et d'une amende de 16 fr. à 200 fr. — C. pén., art. 459.

18. — Des précautions doivent aussi être prises pour enfouir les bestiaux lorsqu'ils sont morts de maladies contagieuses. — L. 6 oct. 1791, tit. 2, art. 13; arrêté 27 messid. an V.

19. — L'individu qui conduit dans les foires et marchés, pour y être vendus, ou qui vend à des particuliers des bestiaux attaqués de maladies contagieuses, est passible d'une amende de 500 fr. et de la confiscation desdits bestiaux. — Arrêt du

conseil du 19 juill. 1746; arrêté du gouvernement du 17 messid. an 8.

20. — Les bestiaux circulant dans le rayon des douanes et ne faisant pas route vers la frontière sont exceptés de la formalité du passavant. — L. 16 avril 1791, tit. 3, art. 45.—Mais les mulets et chevaux ne sont point compris dans cette disposition. — Cass., 17 juin 1806, Douanes c. Etchegaray.— V. DOUANES.

21. — Le fait par un propriétaire de revendre les bestiaux qu'il a achetés pour ses travaux agricoles, et qui se sont engraissés du produit de ses récoltes, ne le constitue pas marchand de bestiaux et ne le soumet pas à la patente en cette qualité. — Cons. d'état, 14 juin 1837, Clermont-Tonnerre; 18 mai 1838, Millet; 14 juill. 1838, Ferrant; 1er juill. 1840, Berthelot.

V. ABREUVOIR, PATENTE.

BÉTAIL.

1. — Se dit au singulier dans la même acception que le mot bestiaux, pour désigner des animaux domestiques tels que bœufs, vaches, brebis, chèvres, etc. — Il ne se dit guère que de ces sortes d'animaux. — V. BESTIAUX. — Sur les différences entre les mots bestiaux, troupeaux et volailles, V. ANIMAUX, n° 3.

2. — On divise le bétail en deux classes : savoir, le gros bétail, tel que les chevaux, bœufs et vaches, et le menu bétail, ou moutons, brebis, porcs, chèvres. — Nouveau Denizart, v° Bestiaux; Fournel, Lois rurales, t. 1er, p. 180. — V. BESTIAUX.

3. — Est-ce dans ce sens strict qu'il faut entendre l'art. 1800. C. civ., définissant le bail à cheptel un contrat par lequel l'une des parties donne à l'autre un fonds de bétail, pour, etc...., et l'art. 1804 qui porte que le bail à cheptel simple est un un contrat par lequel on donne à un autre des bestiaux à garder, etc... ? — Pourrait-on notamment donner à cheptel des ruches d'abeilles, un fonds de vers à soie ? — V. sur ce point BAIL A CHEPTEL, n° 14.

V. aussi ANIMAUX, FORÊTS, PROPRIÉTÉ, RESPONSABILITÉ.

BÊTES A LAINE.

1. — L'ordonnance des eaux et forêts de 1669, tit. 19, art. 13, défendait expressément aux habitans des paroisses et à tous autres ayant droit dans les forêts d'y envoyer des chèvres et bêtes à laine, même dans les landes, bruyères et places vaines près de ces forêts, sous peine d'amende et de confiscation, et de peines plus fortes en cas de récidive.

2. — Le Code forestier prohibe aussi l'entrée des forêts et terrains qui en dépendent aux brebis et moutons, sous peine de 2 fr. par chaque bête à laine trouvée de jour dans les forêts, et du double en cas de récidive, ou si les bois ont moins de dix ans, ou encore si le délit a été commis la nuit. Indépendamment de cette amende il peut être prononcé des dommages intérêts.—C. forest., art. 110, 199 et suiv.

3. — L'usager ne peut, nonobstant tout titre et possession contraire, conduire ou faire conduire des chèvres, brebis ou moutons dans les forêts ou leurs dépendances, à peine contre les propriétaires d'une amende de 4 fr. pour chaque bête à laine, et contre les pâtres ou bergers de 15 fr. d'amende. En cas de récidive, le pâtre sera condamné, outre l'amende, à un emprisonnement de cinq à quinze jours. — C. forest., art. 78.

4. — D'après l'ordonn. de 1669, les pâtres étaient en outre punis du bannissement.

5. — Ceux qui prétendraient avoir joui en vertu de titres valables, ou d'une possession équivalente à titre, pourront, s'il y a lieu, réclamer une indemnité, qui sera réglée de gré à gré, ou, en cas de contestation, par les tribunaux. — C. forest., art. 78.

6. — Lors de la discussion du Code forestier à la chambre des députés, la commission ayant remarqué que, dans quelques provinces, et particulièrement dans le midi de la France, il y avait à peine d'autres bestiaux que des moutons, et pas d'autres lieux de pacage que les forêts, on ajouta à l'art. 78 une disposition portant que « le pacage des brebis ou moutons pourra néanmoins être autorisé dans certaines localités par des ordonnances du roi. » Cette disposition, adoptée par la chambre des pairs, est passée dans la loi. — C. forest., art. 78 et 110.

V. au surplus FORÊTS, PATURAGE, USAGE DANS LES FORÊTS.

BÊTES AUMAILLES.

V. AUMAILLES.

BÊTES FAUVES.

1. — En langage de vénerie, on distingue les bêtes en fauves, en noires et en rousses ou carnassières. Les fauves sont les cerfs, les daims, les chevreuils avec leurs femelles et faons. — Les noires sont les sangliers et les marcassins. — Les bêtes rousses ou carnassières sont le loup, le renard, le blaireau, la fouine, le putois, la belette, etc.

2. — La loi du 30 avr. 1790 ne s'est évidemment pas attachée littéralement à cette division, lorsque dans son art. 13 elle a déclaré reconnaître aux propriétaires, possesseurs ou fermiers le droit de repousser, même avec armes à feu, les bêtes fauves qui se répandraient dans leurs récoltes ; c'est plutôt, au contraire, la dernière de ces trois classes, celle des bêtes rousses et carnassières, qu'elle a eue en vue.

3. — Et il faut en dire autant de la loi du 3 mai 1844, sur la police de la chasse, qui, dans son art. 9 § 3, a consacré au profit des propriétaires ou fermiers le droit de repousser ou de détruire, même avec des armes à feu, les bêtes fauves qui porteraient dommage à leurs propriétés.—V. au surplus CHASSE.

4. — Indépendamment de ce qu'elle a conservé aux propriétaires ou fermiers le droit de repousser et détruire les bêtes fauves qui porteraient dommage à leurs propriétés, la loi du 3 mai 1844 a en outre donné aux préfets le pouvoir de désigner certaines classes d'animaux malfaisans et nuisibles, que les propriétaires pourront aussi détruire en tout temps et sans permis de chasse, mais à l'aide des moyens seulement indiqués et spécifiés par le préfet.

5. — La combinaison de ces deux dispositions peut donner lieu à quelques observations qui seront plus convenablement placées au mot CHASSE.

BEURRE FRAIS OU SALÉ (Marchands de).

1. — Les marchands en gros de beurre frais ou salé sont rangés par la loi du 25 avr. 1844, sur les patentes, dans la première classe des patentables, et imposés à : 1° un droit fixe basé sur le chiffre de la population de la ville ou commune où est situé l'établissement ; — 2° un droit proportionnel du quinzième de la valeur locative de la maison d'habitation et des locaux servant à l'exercice de la profession.

2. — Les marchands en détail sont rangés dans la sixième classe, et imposés à un droit fixe, également basé sur le chiffre de la population, et à un droit proportionnel du vingtième de la valeur locative de la maison d'habitation et des locaux servant à l'exercice de la profession. — V. PATENTE.

BIBLIOTHÈQUE.

Table alphabétique.

BIBLIOTHÈQUE. — 1. Collection de livres réunis, ou pour un usage public, ou pour le service d'un simple particulier. — Ce mot s'emploie aussi pour

---

désigner le local qui renferme les livres ou le corps de bibliothèque dans lequel ils sont rangés.

2. — Les bibliothèques sont destinées à recevoir principalement des livres et des manuscrits; néanmoins elles contiennent souvent encore des estampes, monnaies, médailles, et autres objets antiques, comme aussi des cartes et plans.

3. — Les bibliothèques se peuvent ranger en deux classes bien distinctes: elles peuvent être la propriété de l'état, des départemens, des communes, des corporations ou établissemens publics; elles peuvent, au contraire, constituer une propriété privée.

SECT. 1re. — *Bibliothèques appartenant à l'état, aux départemens, aux corporations, aux établissemens publics (n° 4).*

§ 1er. — *Principes généraux* (n° 4).

§ 2. — *Bibliothèques de l'état* (n° 14).

§ 3. — *Bibliothèques des départemens et des communes* (n° 45).

§ 4. — *Bibliothèques des corporations et établissemens publics* (n° 55).

SECT. 2e. — *Bibliothèques privées* (n° 61).

———

Sect. 1re. — *Bibliothèques appartenant à l'état, aux départemens ou communes, aux corporations et établissemens publics.*

§ 1er. — *Principes généraux.*

4. — Ces bibliothèques, bien moins nombreuses avant la révolution qu'elles ne le sont aujourd'hui, ont été formées, pour la plupart, avec les livres provenant des établissemens religieux supprimés. Quant à celles qui pouvaient exister auparavant, elle se sont à cette époque considérablement augmentées par les mêmes causes.

5. — Les diverses assemblées législatives qui se succédèrent pendant les premières années de la révolution apportèrent le plus grand soin à ne pas laisser disparaître les richesses littéraires de la France. Et d'abord le décret du 14 nov. 1789 enjoignit que « dans tous les monastères ou chapitres où il existe des bibliothèques et archives, lesdits monastères et chapitres seront tenus de déposer aux greffes des juges royaux, ou des municipalités les plus voisines, des états et catalogues des livres qui se trouvent dans lesdites bibliothèques et archives; d'y désigner particulièrement les manuscrits; d'affirmer lesdits états véritables, de se constituer gardiens des livres et manuscrits compris auxdits états; enfin, d'affirmer qu'ils n'ont point soustrait et n'ont point connaissance qu'il ait été soustrait aucun des livres et manuscrits portés aux dites bibliothèques et archives. »

6. — Parurent ensuite successivement les décrets des 20 mars, 19 oct. (spécialement pour Paris), 28 oct. 1790, tit. 3, art. 2 et 3; 2 janv.-7 août 1792, art. 13; 8 pluv. an II, enjoignant, soit aux officiers municipaux, soit aux directeurs de département, de faire dresser le catalogue des livres et manuscrits existans dans les bibliothèques des corps religieux supprimés; 10 oct. 1792, ordonnant un sursis à la vente des bibliothèques des émigrés; 8 août 1793, établissant la surveillance provisoire des bibliothèques et archives des sociétés littéraires supprimées.

7. — Un article additionnel du décret du 11 fructid. an II portait même : « Tout individu qui a en sa possession des manuscrits, titres, chartes, médailles, antiquités, provenant des maisons cidevant nationales, sera tenu de les remettre dans le mois au directoire de district de son domicile, à compter de la promulgation du présent décret, sous peine d'être traité et puni comme suspect. »

8. — Le même décret déclara les bibliothèques placées sous la surveillance des bons citoyens, les invitant à dénoncer aux autorités constituées les provocateurs et les auteurs de dilapidations et dégradations des bibliothèques.—Art. 1er. — L'art. 2 infligeait à ceux qui seraient reconnus coupables d'avoir, par malveillance, commis ces dégradations, la peine de deux années de détention.

9. — Ce fut également dans un but de conservation des bibliothèques que le décr. du 9 frim. an III prohiba l'établissement d'ateliers d'armes, de salpêtres ou magasins à fourrage, et autres matières combustibles dans les bâtimens où se trouvaient des bibliothèques.

10. — Le décr. du 20 fév. 1809 a déclaré propriété de l'état les manuscrits des archives du mi-

nistère des affaires étrangères, et ceux des bibliothèques impériales, départementales, ou des autres établissemens de l'empire, soit que ces manuscrits existent dans les dépôts auxquels ils appartiennent, soit qu'ils en aient été soustraits, ou que leurs minutes n'y aient pas été déposées aux termes des anciens réglemens. — L'impression ne peut en avoir lieu sans l'autorisation du ministre des affaires étrangères pour la publication des manuscrits appartenant aux archives du ministère des affaires étrangères, et sans l'autorisation du ministre de l'intérieur pour les autres manuscrits.

11. — C'est une jurisprudence constante que le vol de livres commis dans une bibliothèque publique placée sous la surveillance d'un bibliothécaire nommé par l'autorité administrative, constitue un vol d'effets renfermés dans un dépôt public ou remis à un dépositaire public, et non un vol simple. — *Cass.*, 9 avr. 1813, Perrier Duverger; 25 mars 1819, Dardenne; 5 août 1819, même parties; — Legraverend, t. 2, chap. 2, p. 129.

12. — Cette jurisprudence s'est fondée sur ce triple motif : 1° que les livres renfermés dans une bibliothèque publique sont nécessairement compris dans l'expression générale d'effets; — 2° que la bibliothèque publique est, par la nature de son établissement, un lieu public; — 3° que le bibliothécaire est, par la nature même de ses fonctions, un dépositaire public; et elle en conclut que, dès-lors, sous ce triple rapport, le vol de livres dans une bibliothèque publique rentre dans l'application de l'art. 254, C. pén., devient passible de la peine prononcée par l'art. 255, et doit par conséquent être de la compétence des cours d'assises.

13. — Toutefois, MM. Chauveau et Hélie (*Théor. du C. pén.*, t. 4, p. 487, 1re édit.) disent que par dépôts publics le législateur semble avoir voulu désigner seulement les dépôts d'actes, de titres, de registres publics dont la soustraction peut entraîner la ruine des familles, et qui n'ont été réunis dans ces lieux que sur la foi de la garantie sociale; qu'encore bien que la loi emploie le mot *effets*, qui dans son acception légale comprend les livres comme les titres, il est difficile de croire qu'elle y ait attaché un autre sens que celui du genre d'objets dont elle fait une désignation particulière; qu'enfin, les dépôts de livres dans les bibliothèques n'offrent pas le caractère de confiance forcée qui a motivé l'aggravation de la peine du vol de titres et d'actes existant dans les dépôts publics. — Toutefois, ces auteurs annoncent eux-mêmes qu'ils ne produisent ces objections qu'avec une extrême hésitation. — V. DÉPOT PUBLIC.

§ 2. — *Bibliothèques de l'état.*

14. — Les bibliothèques appartenant à l'état sont de deux classes différentes : elles sont, en effet, ou destinées au public et ouvertes à tous, ou affectées à certaines administrations publiques et réservées à un service spécial.

15. — 1° *Bibliothèques publiques de l'état.* — Ces bibliothèques, au nombre de quatre, et situées à Paris, sont : 1° la bibliothèque Royale; 2° la bibliothèque de l'Arsenal; 3° la bibliothèque Sainte-Geneviève; 4° la bibliothèque Mazarine. — Elles sont placées sous la surveillance directe du ministre de l'instruction publique.

16. — Chaque année des sommes considérables sont portées au budget pour les dépenses d'entretien des bâtimens, frais de personnel, achats de livres, et frais généralement quelconques de ces bibliothèques. — La somme totale allouée par le budget de 1846 est de 555,823 fr., dont 388,600 fr. pour la bibliothèque Royale, et 167,223 fr. pour les trois autres bibliothèques, et ce non compris les allocations spéciales du cours d'archéologie et de l'école des langues orientales vivantes établis à la bibliothèque Royale.

17. — *Bibliothèque Royale.* — La bibliothèque Royale de Paris est, avec la bibliothèque Vaticane à Rome, la plus importante du monde. Elle comptait, au mois de janvier 1837, 510,000 volumes, 80,000; 80,000 manuscrits; 1,600,000 estampes; 100,000 médailles.

18. — Charles V passe pour le fondateur de la bibliothèque Royale; mais son grand développement date du règne de François Ier, lequel, par ordonnance du 8 déc. 1536, donnée pour la restauration des lettres dans son royaume, défendit d'envoyer hors du pays aucun livre ou cahier sans en avoir remis un exemplaire entre les mains de son aumônier ordinaire, garde de *sa librairie*, au château de Blois.

19. — Pendant long-temps, en effet, la bibliothèque du roi ne fut autre que la bibliothèque particulière du souverain; ce ne fut que plus tard que s'opéra la division entre la bibliothèque publique, qui garda le nom de bibliothèque Royale, et la bibliothèque particulière établie au Louvre, où elle est toujours restée depuis.

20. — Un arrêt du parlement de Paris du 30 mars 1623 fit défense de mettre en vente aucun livre imprimé avec privilége du roi, sans dépôt préalable de deux exemplaires à la bibliothèque du roi; le procureur général fut autorisé à faire saisir dans tous les magasins les livres dont les exemplaires n'auraient pas été remis. — Un arrêt du conseil du 19 mars 1642, rappelant les dispositions ci-dessus, exigea en outre, pour établir le dépôt, un certificat du garde de la bibliothèque du roi, à peine de 1,000 livres d'amende.

21. — Deux nouveaux arrêts du conseil intervinrent encore sous Louis XIV : 1° le 31 janv. 1683, prononçant saisie et vente au profit de l'hôpital général des villes, des livres qui s'y trouveraient avant que les exemplaires exigés eussent été remis, sans préjudice d'une amende de 1,500 liv.; il était enjoint aux syndics de la librairie de délivrer les exemplaires des ouvrages qui seraient imprimés dans la suite, à peine d'y être contraints comme pour affaire du roi; — 2° le 29 mai 1695, fixant un délai pour le dépôt à faire des ouvrages publiés.

22. — On peut joindre encore à ces documens un ordre du secrétaire d'état Pontchartrain, en date du 21 mai 1698, portant que, quand on visiterait la chambre syndicale, on en retirerait trois exemplaires pour le roi, même des ouvrages imprimés dans les provinces; et postérieurement, un arrêt du conseil du 11 oct. 1720, ordonnant que les auteurs, libraires et graveurs ayant obtenu priviléges ou permissions pour leurs ouvrages, et n'ayant pas encore opéré le dépôt prescrit, seraient tenus de le faire dans les trois mois.

23. — Enfin, toutes les prescriptions que nous venons de rappeler furent renouvelées par l'art. 108 du réglement de la librairie de février 1723, lequel exigea pour tout ouvrage le dépôt de cinq exemplaires entre les mains des syndics, dont deux pour la bibliothèque publique du roi, un pour sa bibliothèque particulière, un pour celle du garde des sceaux et un pour le censeur désigné pour l'examen du livre. De plus, trois autres exemplaires devaient encore être remis aux syndics chargés de veiller à l'exécution du réglement pour les besoins et affaires de la communauté, le tout à peine de nullité des lettres de priviléges ou permissions, de confiscation des exemplaires saisis et de 1500 livres d'amende.

24. — Ces réglemens ne furent plus appliqués lorsque la révolution éclata. On modifia l'organisation de la bibliothèque du roi; on réduisit ses dépenses (déc. 8 sept. 1790) : on changea jusqu'à son nom, elle devint *bibliothèque nationale*.

25. — Par deux décrets successifs, l'assemblée constituante prescrivit : 1° que le dépôt de législation serait réuni à la bibliothèque (Décr. 14 août 1790); — 2° que le double de l'inventaire des archives des pays d'état y serait également déposé avec tous les titres concernant le général du royaume (Décr. 21 sept. 1791, art. 21).

26. — La convention nationale ordonna de plus que la bibliothèque contiendrait la collection complète des travaux de toutes les assemblées nationales. — Décr. 22 juin 1793.

27. — Cependant, depuis que les anciens réglemens n'étaient plus suivis, la bibliothèque nationale n'était plus en mesure d'être dépositaire des richesses littéraires du pays : ce fut pour remédier à ce mal que, dans le décret du 19 juill. 1793, sur la propriété littéraire, la Convention nationale arrêta que désormais : « Tout citoyen qui mettra au jour un ouvrage, soit de littérature ou de gravure, dans quelque genre que ce soit, sera obligé d'en déposer deux exemplaires à la bibliothèque nationale ou au cabinet des estampes de la république, dont il recevra un reçu signé par le bibliothécaire; faute de quoi il ne pourra être admis en justice pour la poursuite des contrefacteurs. » — Décr. 18 juill. 1793, art. 6.

28. — De ce moment recommence une ère nouvelle pour la bibliothèque nationale, à laquelle est annexée l'école royale des langues vivantes orientales (Décr. 10 germin. an III), et le dépôt des médailles, pour y être exposées au public et faire l'objet de cours publics (Décr. 20 prair. an III).

29. — Le décret du 25 vendém. an IV vint ensuite donner à la bibliothèque une organisation modifiée depuis par diverses ordonnances (V. *infrà* n° 32); ce décret fut suivi de la loi du 11 frim. an VII, qui rangea au nombre des dépenses de l'état celles concernant la bibliothèque nationale, pour la sûreté de laquelle le directoire, par arrêté du 18 germin. an VII, ordonna certaines mesures provisoires.

30. — La loi de 1793 n'avait exigé le dépôt que de deux exemplaires, et la seule sanction, en cas d'infraction, était l'impossibilité de poursuivre les contrefacteurs. — Le décret du 5 fév. 1810 (art. 48), lequel n'a aucune relation avec l'art. 41 du même décret, relatif à la poursuite en contrefaçon, veut que chaque imprimeur soit tenu de déposer à la préfecture de son département, et à la préfecture de police à Paris, cinq exemplaires de chaque ouvrage, savoir : un pour la *bibliothèque Impériale*, un pour le ministre de l'intérieur, un pour la bibliothèque du conseil d'état, un pour le directeur général de la librairie.

31. — Le nombre de cinq exemplaires, maintenu d'abord par l'ordonnance du 24 oct. 1814, qui apporta seulement quelques changemens dans leur distribution, fut réduit par l'ordonnance du 9 janv. 1828 à deux exemplaires pour les ouvrages imprimés, dont un pour la bibliothèque Royale et un pour le ministère de l'intérieur, et quant aux ouvrages gravés, à trois épreuves : deux pour la bibliothèque, et un pour le ministre de l'intérieur.

32. — L'organisation de la bibliothèque Royale a été l'objet de plusieurs ordonnances successives depuis le décret du 25 vendém. an IV, d'abord par le décret du 2 nov. 1808, modifié postérieurement par les ordonnances du 14 nov. 1832, 22 fév. et 2 juill. 1839. — V. ces ordonnances, qui renferment de nombreuses prescriptions sur l'organisation de la bibliothèque Royale, et dont nous reproduisons seulement ici les principales.

33. — L'administration de la bibliothèque Royale prend le nom de *Conservatoire de la bibliothèque du roi*; elle est composée d'un directeur, nommé par le roi, et président, et des différens conservateurs. En cas d'absence d'un ou plusieurs conservateurs, le ministre peut les remplacer par le même nombre de conservateurs adjoints. — Chaque année le conservatoire nomme un vice-président chargé de suppléer dans la présidence le directeur absent, et un secrétaire.

34. — La bibliothèque est composée de quatre départemens : — 1° livres imprimés; 2° manuscrits, chartes et diplômes; 3° monnaies, médailles, pierres gravées et autres monumens antiques; 4° estampes, cartes géographiques, plans.

35. — Deux conservateurs sont affectés à chaque département; ils ont sous leurs ordres un nombre de conservateurs adjoints qui varie dans chaque département selon les besoins du service.

36. — Le roi confère les emplois de directeur, conservateur et conservateur adjoint. Quant au premier, son choix est absolu; mais les conservateurs ne peuvent être pris que parmi les conservateurs adjoints et les membres titulaires de l'Institut, et les conservateurs adjoints que parmi les membres de l'Institut ou sur une liste de trois candidats, présentée par le conservatoire, et dont un au moins doit être pris parmi les employés de la bibliothèque.

37. — Ces employés, divisés en plusieurs classes, bibliothécaires, sous-bibliothécaires, employés ou surnuméraires, sont nommés par le ministre, qui seul a le droit de les révoquer, à l'exception cependant des surnuméraires, qui peuvent l'être par le conservatoire; la révocation par le ministre ne peut, au surplus, avoir lieu que de l'avis du conservatoire. La nomination et l'avancement aux divers emplois sont soumis à des règles fixées par les ordonnances.

38. — *Bibliothèque de l'Arsenal.* — C'est la plus riche après la bibliothèque Royale; on y comptait, en 1837, 180,000 volumes et 5,000 manuscrits. — L'ordonnance du 2 juill. 1839 (art. 21) a fixé son personnel à un conservateur, un conservateur adjoint, deux bibliothécaires, deux sous-bibliothécaires et deux employés. Un bibliothécaire et sous-bibliothécaire est préposé à la garde des manuscrits, cartes et estampes. Le ministre peut y nommer des surnuméraires.

39. — *Bibliothèque Sainte-Geneviève.* — Cette bibliothèque, qui appartenait autrefois aux religieux de Sainte-Geneviève comptait, en 1837, 112,000 volumes et 2,000 manuscrits. Le personnel cependant y est plus nombreux qu'à la bibliothèque de l'Arsenal, à cause de la fréquentation qui y est plus grande. Il y a un conservateur, deux conservateurs adjoints, cinq bibliothécaires, cinq sous-bibliothécaires et cinq employés. — Ord. 22 fév. 1839, art. 22.

40. — *Bibliothèque Mazarine.* — Réunie un moment à la bibliothèque de l'Institut par l'ordonnance du 16 déc. 1816, rapportée par celle du 26 déc. 1821, cette bibliothèque comptait, en 1837, 90,000 volumes. Son organisation est la même que celle de la bibliothèque de l'Arsenal.

41. — Les trois bibliothèques, de l'Arsenal, Sainte-Geneviève et Mazarine ont chacune un secrétaire-trésorier, et sont administrées par un comité commun composé des conservateurs et secrétaires-trésoriers de chaque bibliothèque, sous la prési-

dence d'un délégué du ministre de l'instruction publique, l'inspecteur général des bibliothèques faisant fonctions de secrétaire. De plus, le conservateur, les conservateurs adjoints et les plus anciens bibliothécaires, au nombre d'un ou de deux, forment le conseil d'administration particulier de chaque bibliothèque.

42. — Les conservateurs et conservateurs adjoints sont nommés par le roi; les bibliothécaires et employés par le ministre de l'instruction publique. Les règles sur la nomination et l'avancement aux divers emplois, sur les heures d'ouverture, les vacances, etc., ont été fixées par l'ordonnance du 22 fév. 1839, art. 23 à 36.

43 — 2° *Bibliothèques non publiques de l'état.* — Outre les bibliothèques publiques, l'état possède encore un certain nombre de bibliothèques, mais d'une destination particulière, et dont l'usage n'est pas accordé à tous: ce sont les bibliothèques des différens ministères; elles sont placées sous la surveillance du ministre.

44. — Parmi ces bibliothèques, il importe de mentionner celle du ministère de l'intérieur, dépôt légal des ouvrages publiés. — L'ordonnance royale du 27 mars 1828 (art. 1er) a destiné un local particulier dans la bibliothèque Sainte-Geneviève pour contenir ce dépôt.

§ 3. — *Bibliothèques des départemens et des communes.*

45. — Le caractère essentiel de ces bibliothèques est d'être établies pour l'usage de tous. Des réglemens particuliers pris par les autorités compétentes fixent au surplus le mode de cette jouissance du public; elles sont placées sous la haute surveillance du ministre de l'instruction publique (V. *infrà* n° 52), qui exerce cette surveillance par les soins d'un inspecteur général. — Ord. 15 mars 1839.

46. — La création de la plupart de ces bibliothèques est en général d'origine nouvelle; autrefois leur nombre était peu considérable, et cela se conçoit aisément: les bibliothèques si riches et si multipliées des corporations ecclésiastiques étaient bien suffisantes.

47. — Ce fut pour remplacer ces bibliothèques supprimées que, par décret du 8 pluv. an II (V. *suprà* n° 6), la convention nationale ordonna l'établissement immédiat des bibliothèques de districts composées des livres et tous autres objets provenant des bibliothèques des anciens ordres religieux supprimés ou des émigrés, maintenant au surplus les bibliothèques publiques déjà établies des grandes communes, à la charge seulement d'envoyer leur inventaire au comité d'instruction publique. — Le décret ajoutait (art. 13) que les bâtimens affectés aux bibliothèques seraient entretenus des deniers publics, que l'administration et la police réglementaires appartiendraient à l'autorité municipale sous la surveillance de l'administration des districts.

48. — La loi du 26 fruct. an V prescrivit, quant aux livres conservés dans les dépôts littéraires, qu'ils seraient remis ou échangés suivant certaines règles qu'il établit, pour augmenter les bibliothèques des départemens. L'art. 5 portait, en outre: « Le directoire exécutif enverra (au corps législatif) l'état des bibliothèques publiques qui doivent être conservées ou établies dans la commune de Paris, et celui des communes où il est d'avis qu'il soit établi une bibliothèque, quoiqu'il n'y ait pas d'école centrale. » — V. *infrà* n° 57.

49. — Classées par la loi du 11 frim. an VII dans les dépenses départementales, les bibliothèques ont cessé depuis d'y figurer, par cela même qu'elles n'appartiennent plus aujourd'hui aux départemens, mais aux communes qui sont chargées de leur entretien.

50. — Chaque année le ministre de l'intérieur fait dans le dépôt légal un choix des ouvrages qu'il juge convenable de répandre et les répartit entre les différentes bibliothèques du royaume selon leurs besoins et leur importance, de concert avec le ministre de l'instruction publique. — Ord. 27 mars 1828, art. 2. — Elles s'enrichissent en outre par achats opérés sur les fonds communaux, dons ou échanges, dans les cas où ces échanges sont permis.

51. — Le ministre de l'instruction publique est aussi chargé de la distribution de livres entre les bibliothèques départementales, provenant notamment des publications faites par ordre du ministre ou des souscriptions prises pour encourager certaines productions littéraires. Sur ce point, il importe de mentionner un arrêté rendu tout récemment par ce ministre, arrêté pris sur la demande de l'ambassadeur de Grèce en France, appuyée par l'ambassadeur de France en Grèce, et par lequel, *considérant les obligations de toutes les nations civilisées, et particulièrement de la France, envers l'antiquité grecque*, le ministre décide que la bibliothèque nationale qui se fonde à Athènes est comprise dans le nombre des établissemens publics entre lesquels sont distribués les ouvrages publiés sous les auspices de ce département, soit du fonds des souscriptions, soit du dépôt légal.

52. — L'ordonnance du 22 févr. 1839, réglementaire des bibliothèques communales, a établi près de chaque bibliothèque un comité sous la présidence du maire, chargé de veiller aux achats, confections de catalogues et échanges, qui ne peuvent avoir lieu que sous l'autorité des maires et avec l'autorisation du ministre. Toute aliénation de livres ou autres objets contenus dans les bibliothèques est interdite. — Art. 38 et 39. — Les maires seuls peuvent autoriser les prêts de livres. — Art. 40.

53. — C'est l'autorité municipale qui fait les réglemens pour l'administration de la bibliothèque et les subventions qui doivent leur être affectées; ces réglemens adressés au ministère de l'instruction publique y restent en dépôt. — Ord. 22 févr. 1839, art. 42. — Au maire appartient la nomination à tous les emplois dans la bibliothèque. — Déc. du roi 2 juill. 1839.

54. — L'ordonnance du 22 fév. 1839 (art. 37) enjoignait en outre qu'un catalogue fût dressé de chacune de ces bibliothèques, et envoyé au ministère pour y former le grand livre des bibliothèques de France, lequel serait tenu à la disposition de tout littérateur, bibliographe ou savant. — Cette prescription a été renouvelée spécialement, quant aux manuscrits par l'ord. du 3 août 1841.

§ 4. — *Bibliothèques des corporations et établissemens publics.*

55. — On comprenait autrefois sous ce nom les nombreuses et riches bibliothèques des communautés religieuses; aujourd'hui, supposant même qu'il s'agît de communautés religieuses reconnues par l'état, ces bibliothèques ne sauraient plus être considérées que comme des bibliothèques particulières.

56. — Le caractère général de ces bibliothèques est d'être consacrées à l'usage particulier de certaines personnes; quelques-unes seulement, ainsi celle du Muséum du Jardin des Plantes à Paris, sont ouvertes au public.

57. — Le décret du 3 brum. an IV, créant les écoles centrales, avait ordonné près chacune d'elles (tit. 2, art. 4) l'établissement d'une bibliothèque publique, et, complétant cette organisation, la loi du 20 pluv. an IV voulait que les bibliothécaires de ces écoles fussent assimilés pour la nomination et le traitement aux professeurs. — Le décret du 3 brum. an IV (tit. 4, art. 11) ordonnait en outre que chaque classe de l'Institut aurait sa bibliothèque spéciale, relative aux sciences et arts dont elle s'occupait.

58. — Depuis, le nombre de ces bibliothèques s'est considérablement accru; c'est ainsi qu'à Paris, il y a la bibliothèque de chacune des deux chambres, celle de l'Institut, du Muséum d'histoire naturelle, des Invalides, des archives du royaume, des Facultés, notamment de droit et de médecine, des colléges et principalement du collége Louis-le-Grand, de l'école Polytechnique, des cours et tribunaux, de l'ordre des avocats (V. BIBLIOTHÈQUE DES AVOCATS, etc.), qui, aujourd'hui avec les bibliothèques de l'état et celle de la ville, présentent peut-être un total de près de 1,500,000 volumes imprimés.

59. — Les bibliothèques soumises aux réglemens particuliers des corps auxquels elles appartiennent, peuvent néanmoins être rangées en deux classes bien distinctes. Les unes, placées comme les bibliothèques communales sous la surveillance du ministre de l'instruction publique, comme elles sont soumises aux dispositions de l'ord. du 22 fév. 1839; la seule différence qu'il y ait à signaler entre elles, c'est que dans les bibliothèques des établissemens publics, la nomination du bibliothécaire est faite par le ministre, sur la présentation qui lui en est faite par l'autorité compétente. — Ord. 22 fév. 1839, tit. 3. — Déc. du roi 2 juill. 1839.

60. — Quant aux autres bibliothèques, complétement indépendantes de la surveillance du ministre, elles ne peuvent jouir des avantages attachés aux premières; par conséquent, fussent-elles publiques, la soustraction qui y aurait été opérée ne serait passible que des peines ordinaires, sauf le cas de circonstances aggravantes; ces bibliothèques ne constituent pas un dépôt public.

Sect. 2e. — *Des bibliothèques privées.*

61. — Les bibliothèques privées avaient autrefois fixé l'attention du législateur, et en conséquence, plusieurs réglemens étaient intervenus à leur sujet, réglemens aujourd'hui sans application, mais qu'il importe néanmoins de rappeler ici brièvement.

62. — Ainsi, le réglement de fév. 1763, art. 113, défendait aux huissiers-priseurs de s'immiscer dans aucune prisée ou description de livres; ces opérations ne pouvaient avoir lieu que par deux libraires sur la réquisition des parties intéressées, et l'inventaire dressé en conséquence devait être annexé par les notaires à l'inventaire du mobilier de toute autre espèce. Un arrêt du conseil privé du 14 juill. 1727 avait cependant dérogé à ce principe en permettant aux huissiers-priseurs de procéder à l'estimation en présence de deux libraires, et autorisant aussi les notaires à inventorier et priser les livres comme tous autres meubles. — Ces dispositions, déjà tombées en désuétude dès 1789, sont au surplus manifestement abrogées par l'art. 1041, C. procéd. — Merlin, *Rep.*, v° *Bibliothèque*, n° 3 *bis*.

63. — De même, ne sont plus en vigueur, l'art. 115 du même réglement de 1723, portant défense à tout particulier de vendre sa bibliothèque, sans permission préalable de l'autorité, et visite des syndic et adjoints des libraires, l'art. 116, prescrivant les mêmes formalités pour la vente de la bibliothèque des personnes décédées, et l'art. 118 frappant d'une amende de 1,500 liv. et de la confiscation l'achat fait par des libraires avant l'accomplissement des formalités indiquées par les articles précédens. — Merlin, *ibid.*, n° 4.

64. — Toutefois, mais par un autre motif, attendu que les ventes *publiques* ne peuvent avoir lieu que par le ministère d'officiers ministériels établis par la loi, un particulier ne pourrait procéder à la vente publique de sa bibliothèque. — V. COMMISSAIRE PRISEUR, VENTE PUBLIQUE DE MEUBLES.

65. — C'était aussi autrefois un principe admis que l'aîné des enfans mâles avait le droit de retenir la bibliothèque du père décédé, en indemnisant ses frères et sœurs. — Ce privilége n'existe plus aujourd'hui. — Merlin, *ibid.*, n° 6.

66. — La bibliothèque d'un homme public, tel qu'un magistrat, un jurisconsulte, un médecin peut-elle être saisie? — Question autrefois agitée (V. Merlin, *ibid.*, n° 7), et qu'en Lorraine l'ordonnance du duc Léopold (tit 17, art. 15) avait résolue dans le sens de la négative. — Aujourd'hui il n'y a plus de question: l'art. 592, C. procéd. civ., déclare insaisissables jusqu'à concurrence de 300 fr. à son choix les livres relatifs à la profession du saisi. — V. SAISIE EXÉCUTION.

67. — Sans aucun doute, une bibliothèque peut faire l'objet d'un gage. Toutefois la cour de Paris, et son arrêt a été confirmé par la cour de Cassation, a décidé qu'il y a nullité de l'acte par lequel un débiteur donne sa bibliothèque en gage, lorsqu'il n'y est fait mention que du nombre des volumes, et non de la nature des ouvrages, non plus que des formats, éditions et autres signes caractéristiques de leur valeur, lorsqu'enfin un catalogue n'y a pas été annexé. — *Paris*, 8 juin 1809, Trésor public c. Roger. — C'est le cas, en effet, d'appliquer l'art. 2074, C. civ. — *Cass.*, 4 mars 1811, mêmes parties. — V. GAGE, NANTISSEMENT.

67. — Une bibliothèque et les livres qui la composent doivent être considérés comme meubles. — V. BIENS, n° 287.

BIBLIOTHÈQUE DES AVOCATS.

1. — Pendant plusieurs siècles l'ordre des avocats au Parlement de Paris n'eut point de bibliothèque; mais à la fin du dix-septième siècle, M. de Riparfonds légua à ses confrères une certaine somme pour en établir une.

2. — Ce ne fut qu'en 1708 que cette bibliothèque fut ouverte dans les hautes salles de l'archevêché, où se tenaient aussi les conférences des avocats. — V. CONFÉRENCE.

3. — Le 13 août 1712, le Parlement attribua à la bibliothèque, pour augmenter ses richesses, cinq livres tournois par chaque réception d'officiers.

4. — En 1715, le chancelier Voisin accorda à l'ordre des avocats, pour leur bibliothèque, un exemplaire de tous les livres qui s'imprimeraient avec privilége du roi. — V. *Journ. de Verdun*, 1715, p. 341.

5. — De 1708 à 1790, la bibliothèque s'enrichit encore considérablement par les dons, legs et acquisitions de livres et manuscrits qui en avaient fait une des bibliothèques les plus précieuses de Paris.

— Quoiqu'elle ne fût pas publique, elle était ouverte trois fois par semaine aux savans et aux étrangers.

6. — On peut se faire une idée exacte de ses richesses, aujourd'hui par le catalogue en 2 vol. in-8° qui a été publié par les soins de M. D..., bibliothécaire de l'ordre en 1785.

7. — L'ordre ayant été détruit en 1790 (V. AVOCAT), sa bibliothèque devint une propriété nationale.

8. — En l'an IV, le ministre de la justice, Merlin, voulant établir une bibliothèque pour la cour de Cassation, attribua à cette cour la plupart des livres qui avaient appartenu à l'ordre des avocats. — En l'an VIII, le conseil d'état obtint la même faveur et trouva encore à s'enrichir d'ouvrages précieux, malgré les précédentes distributions.

9. — Le 26 septembre 1806, M. Férey, suivant l'exemple donné un siècle auparavant par M. Riparfonds, légua ses livres de droit à l'ordre des avocats, quelque cet ordre ne fût pas encore rétabli. Il lui légua aussi une somme de 3000 fr., pour acheter d'autres ouvrages, et une rente de 600 fr. sur le grand-livre pour le même objet.

10. — L'ordre des avocats ayant été rétabli en 1810, le bâtonnier fut autorisé à accepter le legs de M. Férey; la bibliothèque fut reconstituée.

11. — Composée d'abord des 1199 volumes légués par M. Férey, elle s'accrut, en 1811, de livres nouveaux achetés avec les 3000 fr. provenant du même legs.

12. — Quelque temps après, le ministre de l'intérieur permit aux avocats de retirer du dépôt de l'Arsenal les livres de droit à leur convenance. — MM. Dupin aîné, Popelin et Deboleymé furent chargés de cette mission et s'en acquittèrent avec zèle, mais sans beaucoup de succès, tant le dépôt de l'Arsenal avait été appauvri par de précédentes concessions.

13. — Aujourd'hui, la bibliothèque de l'ordre des avocats compte plus de 10,000 volumes : mais on regrette que l'insuffisance du local n'ait pas permis de les ranger dans un meilleur ordre.

14. — Les étrangers ne sont admis à la bibliothèque des avocats qu'avec une permission, à moins que ce ne soient des magistrats.

15. — Les avocats doivent, d'après le règlement, être en robe ou en habit noir pour venir travailler dans la bibliothèque. Ils ne peuvent emporter des livres qu'avec la permission du conservateur.

BICHET, BICHOT.

C'était en Champagne, en Bourgogne, Lyonnais et quelques autres provinces voisines, une espèce de mesure pour les grains, dont la capacité variait suivant les lieux. — V. POIDS ET MESURES.

BIEF.

1. — Le mot *bief*, ou, dans certaines contrées de la France, *biez* ou *béal*, désigne ordinairement tout canal destiné à recevoir et à conduire l'eau nécessaire à l'exploitation d'un moulin ou d'une usine.

2. — Merlin restreint davantage le sens de ce mot : on appelle *bief*, dit-il (*Rép.*, v° *Moulin*), ou, pour nous servir d'une expression plus usitée, *l'écluse d'un moulin*, la partie du ruisseau qui est le plus rapprochée de la roue. C'est un canal formé de bâtardeaux de maçonnerie qui joint immédiatement le moulin, et dans lequel l'eau est plus resserrée afin qu'elle ait plus d'action.

3. — Mais M. Garnier (*Rég. des eaux*, t. 4, n° 1081) repousse cette définition : suivant lui, le mot *bief* est employé le trés grand nombre de contrats pour désigner, en aval de l'usine aussi bien qu'en amont, le canal entier qui est considéré comme faisant partie intégrante de cette usine. — Dans ce sens, la partie supérieure du canal prendrait plus spécialement le *nom d'avant-bief* et la partie inférieure celui de *arrière* ou *sous-bief*.

4. — On appelle aussi *bief* la portion d'un canal de navigation comprise entre deux écluses. — Magniot et Delamarre, *Dict. de dr. adm.*, v° *Eau*, chap. 7, § 4.

5. — Enfin, par analogie, on donne aussi ce nom à toutes les portions d'un cours d'eau naturel ou artificiel qui sont comprises entre deux barrages ou autres ouvrages servant de délimitation. — Magniot et Delamarre, *loc. cit.*

6. — C'est au préfet qu'il appartient de fixer la dimension et de la retenue d'un bief d'une usine. — Mais les contestations que son règlement peut soulever doivent être portées devant les tribunaux civils ou devant le conseil de préfecture, selon qu'elles ont ou non la propriété pour objet. —

Cons. d'état, 2 juill. 1812, Lenoble c. Miomandre.

7. — Quant aux difficultés auxquelles peuvent donner lieu les biefs, notamment en ce qui concerne leur propriété, la hauteur des eaux, les droits ou charges des riverains, la compétence, etc., V. CANAL, COURS D'EAU, USINES.

BIENFAIT.

1. — C'est un acte de libéralité exercé par une personne à l'égard d'une autre, de quelque manière que ce service soit rendu.

2. — Il y a aussi le bienfait de la loi, qui s'entend d'un avantage qu'elle accorde. — V. AVANTAGE, BÉNÉFICE.

3. — Nul ne peut être contraint de recevoir un bienfait malgré lui : *invito beneficium non datur.* — L. 69, ff., *De reg. juris.* — V. DONATION.

4. — Le bienfait ne doit point nuire à celui qui le reçoit : *adjuvari nos, non decipi beneficio oportet.* — L. 17, § 3, ff., *Commodati.*

5. — Et cela s'applique au bienfait que la loi accorde : *Beneficium legis non debet esse captiosum.* — V. COMPENSATION.

6. — Le bienfait accordé à la personne seulement cesse avec elle. Il en est autrement de l'avantage attaché à une action ou à une exception; il passe à ses héritiers ou ayant-cause. — L. 68, ff., *De reg. juris.* — V. OBLIGATION.

7. — Le bienfait accordé par le prince doit s'interpréter largement. *Beneficium imperatoris quod ab ejus indulgentiâ proficiscitur, quam plenissimè interpretari debemus.* — L. 3, ff., *De constit. princip.* — V. GRACE.

BIENFAISANCE (Contrat de).

V. CONTRAT DE BIENFAISANCE.

BIENFAITEUR.

1. — C'est celui qui a fait du bien à autrui.

2. — Le bienfaiteur a droit à la reconnaissance de celui qui a reçu de bien. L'ingratitude de celui-ci peut être une cause de la révocation de la donation qui lui a été faite. — C. civ., art. 953 et 955. — V. DONATION ENTRE VIFS.

BIENS.

Table alphabétique.

1. — Par le mot biens on entend les choses, corporelles ou incorporelles, qui sont susceptibles de produire pour les personnes un avantage exclusif, ou, en d'autres termes, qui sont l'objet d'une propriété, soit publique, soit privée.

2. — On entend quelquefois par biens ce qui reste dans le domaine d'un particulier, déduction faite des dettes ; c'est en ce sens que l'on dit : Bona non intelliguntur, nisi deducto œre alieno.

3. — Le mot biens, dans son acception la plus générale, a une signification moins étendue que le mot choses. — V. choses.

4. — Des étymologistes, dont l'opinion nous paraît au moins conjecturale, affirment que le mot biens, qui vient de bonum, exprime l'idée du bonheur, de la possession ou de la jouissance. Bona dicuntur ex eo quod beant homines, hoc est beatos faciunt.

CHAPITRE 1er. — Distinction des biens.

5. — Sous le mot CHOSES, nous distinguons les en corporels et incorporels, en principaux et accessoires, en fongibles et non fongibles. — Nous n'aurons ici à nous occuper des biens que relativement à la division empruntée à leur nature.

6. — Considérés dans leur nature, les biens sont ou meubles ou immeubles. — C. civ., art. 516. — Les biens sont meubles lorsqu'ils peuvent être déplacés et transportés d'un lieu dans un autre. — Les biens sont immeubles lorsqu'ils ne peuvent être changés de place.

7. — « C'est une distinction sous laquelle se rangent évidemment toutes les espèces de biens. Il est impossible d'en concevoir qui ne doivent pas être compris dans l'une de ces deux classes. » — Treilhard, Exposé des motifs ; Goupil -Préfeln, Rapport au Tribunal (Fenet, Trav. prép. du C. civ., t. 2, p. 34 et 43).

8. — « Toutes les espèces de choses, disait aussi M. Savoie-Rollin, en exprimant devant le corps législatif le vœu d'adoption du tribunal, quelque nombreuses qu'elles soient, doivent se confondre dans l'une ou l'autre de ces dénominations (d'immeubles et de meubles). Il est vrai qu'on ne les force à s'y ranger qu'en recourant à des règles qui ne sont proprement que des fictions ; mais elles ont l'utilité de simplifier la nomenclature des biens et de les classer de la manière la plus avantageuse aux intérêts du propriétaire. Cette dernière considération est surtout décisive si l'on observe que dans beaucoup d'espèces il est impossible d'arriver à des démarcations fixes entre les meubles et les immeubles. »

9. — On voit que le tribun Savoie-Rollin, avec plus de franchise que les deux autres orateurs, laissait pressentir et semblait presque approuver la critique qui, depuis lors, a été dirigée contre la division adoptée par le Code ; mais il faut observer que, si la division en biens corporels et incorporels est telle, comme le dit avec raison M. Delvincourt (t. 1er, p. 135, n° 2), que les lois civiles n'y ont apporté et ne peuvent même y apporter aucun changement, si elle est fondée, à l'égard de tous les biens, sur la nature même des choses, la division en meubles et immeubles a, tro, dans les applications de la législation française, une bien plus grande importance, une incontestable utilité ; les partages, les legs, la communauté, l'administration des biens déféramins incapables, la compétence, la procédure, les hypothèques, les expropriations forcées, la prescription, etc., sont autant de matières à l'égard desquelles la qualité mobilière ou immobilière d'un bien exerce une notable influence. La distinction adoptée par le Code se justifie donc par son importance et son utilité.

10.—La division des biens en meubles et immeubles est telle d'ailleurs aujourd'hui, qu'elle embrasse tous les droits, ces êtres de raison qui constituent aussi des biens compris, et c'est vrai, sans efforts dans la division en biens corporels et en biens incorporels, mais qui, d'après la classification des biens adoptée par le Code civ., ne sont pas abandonnés à l'arbitraire, car le législateur a pris soin de poser et des règles fixes à l'aide desquelles on peut, d'une manière certaine, reconnaître un bien immeuble ou un bien meuble, qu'il soit corporel ou incorporel.

Sect. 1re. — Immeubles.

11. — Les biens sont immeubles ou par leur nature, ou par leur destination, ou par l'objet auquel ils s'appliquent. — C. civ., art. 517. — On peut ajouter : ou par une détermination spéciale de la loi.

12. — Lorsqu'un donateur déclare donner tous ses biens réels, la donation ne comprend point les maisons du donateur, autres que celles qui auraient été désignées spécialement, ni les jardins et pachis, alors même qu'il ajoute la clause : rien excepté ni réservé ; ces expressions se réfèrent nécessairement aux biens désignés sous la qualification de terres et prairies. — Bruxelles, 7 mai 1817, Piret c. Gravy.

13. — Sous l'empire de la coutume de Namur, l'expression biens réels comprenait tous les immeubles proprement dits, qu'il y eût ou non qu'il n'y eût pas en déshéritance ou adhéritance et investissement de ces biens de la part du donateur. — Même arrêt.

14. — Sous l'empire de la coutume de Lorraine, un fonds de boutique et de caisse ne pouvait être considéré comme un immeuble fictif, en matière de communauté conjugale. — Cass., 8 fructid. an III, Muyer c. Mathis.— La même question pourrait se représenter sous l'empire du Code civ (art. 517), et devrait recevoir la même solution.—Duranton, Cours de dr. franç., t. 4, n° 164.

ART. 1er. — Immeubles par leur nature.

15. — Les immeubles par leur nature sont en général les biens qui ne peuvent se transporter d'un lieu à un autre. Dans cette classe la loi range les fonds de terre et les bâtimens. Quelques auteurs pensent qu'il eût peut-être été plus exact de déclarer les bâtimens immeubles par accession, puisque c'est par le fait seul de leur incorporation avec le sol que les matériaux rassemblés pour construire un édifice nouveau perdent leur qualité de meubles.—C. civ., art. 532:—Duranton, t. 4, n° 48. —V. aussi Instit., De rerum divisione, lib. 2, tit. 1, § 31. — A cette critique on peut répondre que tant que les diverses parties qui composent un bâtiment ne sont pas encore réunies et adhérentes au sol, et dès qu'elles en sont séparées, il n'y a pas encore ou il n'y a plus de bâtimens, et que dès lors c'est avec raison que les bâtimens ont été déclarés immeubles par leur nature.

16. — Dérogeant aux anciens principes, le Code civ. il range parmi les immeubles par leur nature les moulins fixes sur piliers et faisant partie du bâtiment. Malgré les termes de l'art. 519, nous pensons que l'une des deux circonstances suffit, puisque, dans l'une comme dans l'autre, le moulin lui-même est un bâtiment et ne rentrerait pas, d'ailleurs, dans les termes de l'art. 531, C. civ., d'après lequel une seule des deux conditions suffit pour que le moulin soit déclaré meuble.— Pothier, Communauté, n° 57 ; Duranton, n° 2 ; Demante, n° 517.

17. — Il suffit qu'un moulin à vent soit posé sur piliers en maçonnerie pour qu'il doive être considéré comme immeuble par sa nature, encore bien qu'il ne soit adhérent à aucun bâtiment. — Cass., 12 mai 1834, Enregistr. c. Mariage.

18. — Puisque les moulins fixes sur piliers ou faisant partie de la maison sont immeubles par leur nature et non par droit d'accession (V. suprà n° 15) au sol immobilier sur lequel ils sont placés, on conçoit que la circonstance qu'un moulin serait élevé sur une rivière navigable et flottable qui dépend du domaine de l'état sans effet sur la nature immobilière de ce moulin. — Duranton, n° 24.

19. — Quant aux constructions qui sont simplement posées sur le sol, telles qu'une tente, une boutique, élevées pour une fête ou pour une foire, il est évident qu'elles sont meubles. — Delvincourt, t. 1er, p. 335 ; Duranton, n° 20.

20. — On ne peut considérer comme immeubles des constructions en planches, élevées par un individu, sur un terrain dont il n'est que fermier, et qu'il s'est réservé de démolir à sa sortie, pour en enlever les matériaux. Ces pareils bâtimens ne sont donc pas susceptibles d'hypothèque. — Grenoble, 2 janv. 1827, Coste c. Feydel. — Duranton, t. 4, nos 19 et 20, p. 253; Troplong, Hypoth., t. 2, nos 393 et 399.

21. — Mais les constructions sur un terrain militaire faites par les particuliers à qui le gouvernement a concédé la jouissance de ce terrain pour un temps illimité, moyennant une redevance annuelle, et sous la condition de les démolir à la première réquisition de l'autorité militaire, doivent être réputées meubles. — Cass., 18 nov. 1835, Enregistr. c. Vidal.

22. — Un bâtiment construit par une autre personne que le propriétaire du fonds, par exemple, un tiers détenteur, n'a pas moins la qualité d'immeuble ; mais l'action en indemnité ou en enlèvement des constructions du tiers détenteur est mobilière. — Duranton, t. 4, n° 21.

23.—Sont immeubles : les mines, bâtimens, machines, puits, galeries et autres travaux établis à demeure pour l'exploitation de la mine. Quant aux matières extraites, elles sont meubles, ainsi que les chevaux employés à les transporter. — L. 21

avr. 1810, art. 6; — Toullier, t. 3, no 4; Duranton, t. 4, no 25.

24. — Il faut encore ranger parmi les immeubles par leur nature, les récoltes : les fruits, les bois, tant qu'ils tiennent au sol. Une fois détachés, ils changent de nature, mais non de destination, et ils deviennent meubles. — C. civ., art. 520; — Troplong, *Hypoth.*, t. 2, no 404; Duranton, t. 4, no 26.

25. — Les mêmes principes s'appliquent aux coupes ordinaires de bois taillis ou de futaies mises en coupe réglée; elles deviennent meubles, non pas du moment où les coupes peuvent être faites, mais de l'époque où elles sont réellement pratiquées. — C. civ., art. 521.

26. — Toutefois, l'art. 1403, C. civ. (sans faire, comme le dit M. Duranton (t. 4, no 32), exception à la règle qui ne déclare les coupes meubles qu'autant qu'elles ont été faites, mais dans la seule crainte des avantages indirects qui pourraient résulter du retard d'une coupe différée, peut-être à dessein, jusqu'après la dissolution de la communauté), dispose que lorsqu'une coupe qui pouvait être faite durant la communauté ne l'a pas été, il en est dû récompense à l'époux non propriétaire ou à la communauté. — Hennequin, *Tr. de législ. et de jurisp.*, t. 1er, p. 9.

27. — La superficie d'un bois est réputée immeuble, et par conséquent frappée de l'hypothèque qui grève le fonds. — C. civ., art. 521. — *Dijon*, 30 janv. 1819, Lamnam c. Mainvielle.

28. — La règle que les fruits pendans et les bois non coupés sont immeubles n'est pas cependant d'une verité absolue. En effet, immeubles par rapport au propriétaire du fonds et par rapport au possesseur, usufruitier ou emphythéote, ils sont meubles par rapport au fermier, à l'acheteur de la récolte ou de la coupe, car leur droit n'a pour objet que la perception de ces fruits et de ces bois, c'est-à-dire une chose mobilière.— Duranton, t. 4, nos 40 et 43. — Ce principe est d'une fréquente application. — *Cass.*, 8 mars 1820, commiss. priseurs d'Hazebrouch c. Vanderheyde.—V. COMMISSAIRE PRISEUR, HUISSIER, NOTAIRE, VENTE PUBLIQUE DE MEUBLES.

29. — Ainsi la vente de fruits pendant faite séparément du fonds et pour être coupés est une vente de choses mobilières; elle n'a pas besoin d'être transcrite pour pouvoir être opposée à des tiers, et notamment à un créancier hypothécaire auquel le fonds est affecté. — L. 11 brum. an VII, art. 6.

30. — Ainsi, l'on considère avec raison comme mobilière la saisie des fruits pendans par branches ou par racines. — C. procéd., art. 626 et 635. — On a pensé, dit M. Duranton (t. 4, no 30), que des fruits destinés à être coupés à une époque très rapprochée, devaient être considerés comme des meubles, puisqu'ils doivent devenir tels par la perception qui va en être faite.

31. — On doit également déclarer mobilier le droit d'un acheteur de fruits ou bois sur pied. — *Cass.*, 25 fév. 1812, Delaulle c. Roussel; 24 mai 1815, d'Estampes c. Furet; Troplong, *Vente*, t. 1er, no 852, Baudrillart, *sur le Code forest.*, t. 2, p. 76; Merlin, *Rép.*, vo *Vente*, § 8, art. 7; Hennequin, t. 1er, p. 9.

32. — Jugé, par application de ces principes : 1o que le propriétaire d'un bois taillis grevé d'hypothèque peut en vendre la coupe sans que le créancier hypothécaire ait la faculté de s'y opposer, si cette vente est faite sans fraude et dans l'ordre ordinaire de l'exploitation.— *Cass.*, 26 janv. 1808, Beaumier c. Thomas.

33. — ... 2o Qu'une vente de bois taillis et de haute futaie n'est soumise qu'au droit d'enregistrement de 2%, lors même qu'elle a été suivie de la vente du sol faite à la même personne, mais par un acte séparé, à une date différente, et sans fraude. — *Cass.*, 8 sept. 1813, Enregistr. c. de Rocquigny. — Mais il n'en est plus de même quand il est reconnu que, la vente comprenant tout à la fois le fonds et les récoltes, la vente des récoltes n'a été faite par un acte séparé que pour diminuer la perception des droits d'enregistrement.—V. ENREGISTREMENT.

34. — La loi ne parle pas des futaies non mises en coupe réglée; point de doute à leur égard; on ne peut les considérer comme fruits, puisque les fruits se récoltent périodiquement.

35. — Mais ces futaies, comme celles mises en coupes réglées, deviennent meubles par leur séparation du fonds; l'arbre, une fois détaché du sol, a perdu le caractère qui le rendait immeuble. — Duranton, t. 4, no 33.

36. — Jugé toutefois que le créancier inscrit sur une forêt non mise en coupe réglée dont le sol vient à être vendu d'abord à un tiers, tandis que les arbres à abattre sont ensuite adjugés publiquement et aux enchères à un autre, n'a pas d'action contre ce dernier adjudicataire, qui, à sa connaissance, a fait l'abatis et l'enlèvement des arbres, et qui a payé le prix de l'adjudication au vendeur. — *Cass.*, 9 août 1825, Poupard c. Dupont.

37. — Mais il ne faut pas donner trop d'extension à cette décision : elle conserve intact le principe de la nature immobilière des futaies non mises en coupe réglée. La cour de Cassation paraît seulement avoir décidé que le créancier qui connaît la vente, et qui l'approuve comme mobilière, se rend non-recevable à la quereller ultérieurement, et ne peut désormais, à l'égard de l'acquéreur, ni avoir droit sur les arbres qu'il a laissé payer au vendeur, ni réclamer une indemnité à raison du retranchement fait à l'immeuble hypothéqué.

38. — Lorsqu'une forêt a été hypothéquée pour la sûreté d'une créance, le créancier ne pourrait mettre obstacle à toute exploitation du bois, de la part du propriétaire, avant son remboursement. Mais si la coupe ne laissait à la forêt qu'une valeur insuffisante pour garantir la créance, et que l'exploitation en eût été faite mal à propos et contre les usages reçus, le créancier pourrait obtenir son remboursement ou un supplément d'hypothèque. — Proudhon, *Tr. du domaine privé*, t. 1er, no 100.—V. HYPOTHÈQUE.

39. — En cas de concours entre une saisie immobilière d'un fonds pratiquée par un créancier hypothécaire et une saisie-brandon frappant sur les récoltes pendantes par racines, c'est la saisie immobilière qui doit l'emporter. — M. Proudhon (no 95) en donne pour raison que les fruits sont, à l'instant de leur naissance, soumis à l'hypothèque qui frappe le fonds sur lequel ils sont nourris, et que dès-lors il y a priorité de droit en faveur du créancier hypothécaire. « La saisie réelle du fonds, ajoute-t-il, comporte celle des fruits pendans par racines. Ils sont donc par là placés sous la main de la justice avant d'être mobilisés et tandis qu'ils sont encore soumis à la suite par hypothèque. »

40. — Les arbres des pépinières, lors même qu'ils ont été arrachés, s'ils sont destinés à être transplantés dans un autre terrain, conservent le caractère d'immeubles.—Duranton, t. 4, no 44.—Mais s'ils ont seulement été placés, déposés momentanément dans un terrain pour s'y nourrir et s'y fortifier, Pothier (*Communauté*, no 34) les considérait comme meubles, disant qu'ils n'avaient pas été plantés là à perpétuelle demeure, et n'y étaient que comme un dépôt, jusqu'à ce qu'ils fussent arrachés pour être vendus. — M. Duranton (*loc. cit.*) n'admet l'opinion de Pothier que pour le cas où les plants ont été arrachés étant déjà très avancés et pour rester seulement en dépôt dans le nouveau lieu, et être vendus de suite ou à la première occasion. Mais cet auteur enseigne que s'ils y étaient placés pour s'y fortifier, ils seraient immeubles comme fruits de la terre.

41. — A l'égard des arbustes placés en pleine terre, ils sont immeubles par leur nature : s'ils étaient placés dans des pots ou dans des caisses, même mises en terre ils n'auraient pas cette qualité. — V. Pothier, *Communauté*, no 34; Delvincourt, t. 1er, p. 140, no 7. — Nous estimons cependant que ces arbustes mis en caisse sont immeubles par destination, lorsqu'ils ont été placés sur le fonds à perpétuelle demeure, par le propriétaire, le possesseur ou l'usufruitier; et il est certain que la vente d'un jardin comprendrait les arbustes mis en caisse et destinés à son ornement. — V. Duranton, no 45.

42. — Mais, en dehors de l'hypothèse où les arbustes auraient été placés à perpétuelle demeure, on a jugé que des orangers, des citronniers et autres arbustes qui sont en caisse, déposés dans des serres et jardins, ne peuvent être considérés comme immeubles par destination. — *Caen*, 8 avr. 1818, syndics Noury c. Saulnier.

43. — Jugé que les arbustes sont immeubles s'ils sont placés en pleine terre, ne fût-ce que depuis quelques jours seulement. — *Paris*, 9 avr. 1821, le Trésor c. Nicolas.

44. — Les ognons des fleurs, même ceux qu'on retire de terre pendant l'hiver, sont toujours immeubles par destination, pourvu qu'ils aient été mis en terre au moins une fois. — Duranton, t. 4, no 45.

45. — Les parcs ou établissemens de pêcheries, formés par des particuliers sur le rivage de la mer, en vertu de concession du gouvernement, bien qu'ils ne soient pas incommutables, constituent à l'égard des tiers un droit immobilier, par conséquent susceptible d'hypothèque.—*Caen*, 8 avr. 1824, Langin c. Doeuve.

46. — L'acte par lequel un propriétaire s'engage envers d'autres à livrer à la voie publique l'emplacement nécessaire au prolongement d'une rue doit être considéré comme renfermant les caractères d'une vente immobilière, emportant mutation de propriété, et non comme une simple obligation de faire. — *Cass.*, 22 déc. 1835, Dufaud c. Enregistr.

47. — La vente du droit d'exploiter une carrière et des ustensiles qui y sont attachés est une vente purement mobilière; les droits d'enregistrement doivent être perçus en conséquence. — V. ENREGISTREMENT.

48. — Souvent même on doit considérer comme vente mobilière, surtout à l'égard de la régie de l'enregistrement, le droit d'exploiter une carrière, bien que les parties aient qualifié l'acte de bail. — V. ENREGISTREMENT.

49. — On l'a décidé de même dans certains cas, relativement au droit d'exploiter des coupes de bois ou de recueillir des récoltes, alors même que le droit était transmis par des actes qualifiés également de baux. — V. ENREGISTREMENT.

ART. 2. — *Immeubles par destination.*

50. — Les immeubles par destination sont des objets mobiliers de leur nature, qui, sans tenir actuellement au fonds, sont destinés à y rester perpétuellement attachés pour son service, son exploitation ou son ornement.

51. — Un meuble n'est réputé attaché au fonds à perpétuelle demeure qu'autant qu'il l'a été par le propriétaire ou par son mandataire légal; par exemple par le mari sur les biens de sa femme dont il a l'administration et la jouissance, par le tuteur sur les biens du mineur, etc.

52. — Quant à la volonté du propriétaire, elle peut être expresse ou s'induire des circonstances. — C. civ., art. 522-525. — Delvincourt, t. 1er, p. 141; Toullier, t. 3, p. 10; Duranton, t. 4, no 49; Locré, t. 7, p. 49; Demante, no 519.

53. — Cette volonté est expresse à l'égard des animaux que le propriétaire livre au fermier ou au métayer pour la culture, sans lui en transférer la propriété. — C. civ., art. 522.— La règle posée par cet article est manifestement sans application à l'égard des animaux donnés à cheptel à tout autre qu'au fermier ou métayer, car on ne peut supposer au maître l'intention de placer à perpétuité des animaux sur un fonds qui ne lui appartient pas. — C. civ., art. 1800.

54. — De la règle posée par l'art. 522 résulte implicitement que les animaux employés par le fermier pour l'exploitation du fonds ne seront jamais que des meubles, parce que le fermier n'a pas le droit d'incorporer un meuble qui ne lui appartient pas.— *Liège*, 14 fév. 1824, Steffens c. Reding.— Carré, *Lois de la procéd.*, quest. 2035; Berriat, *Procéd.*, p. 528, note 10e; Duranton, t. 4, no 47. — *Contrà* Pigeau, t. 2, p. 79.

55. — Le cheptel à moitié constitué entre le fermier et le propriétaire du domaine, n'est pas non plus immeuble; car pour immobiliser un troupeau, par exemple, il faut être à la fois propriétaire du troupeau et du fonds. Dailleurs si le cheptel à moitié peut intervenir entre le propriétaire et son fermier, il peut intervenir entre tous autres, et cette espèce de société, pour être occasionnée par le bail, n'est pas identifiée avec lui, et la part du propriétaire du fonds, qui n'est que de moitié, ne pourrait pas d'ailleurs être immobilisée quand l'autre partie resterait meuble. — Proudhon, *Tr. du dom. privé*, t. 1er, no 106.

56. — Dans le cas même où la location n'aurait pas été faite *unico pretio* sur la terre et les animaux, et où le fermier devrait annuellement un prix particulier pour la jouissance du cheptel, outre le fermage stipulé sur le produit du fonds, les animaux se trouveraient toujours immobilisés par destination. — Proudhon, no 107.

57. — Sous l'ancienne jurisprudence, on ne connaissait d'autres immeubles par destination que les objets adhérens au sol ou que l'on enlevait pour les y replacer; tels étaient les échalas, les vignes, etc. — Pothier, *Communauté*, no 44.

58. — Ainsi, les bestiaux attachés à la culture et les instrumens aratoires n'étaient point, de plein droit et à défaut de clause expresse, considérés comme immeubles par destination et accessoires du domaine. — *Riom*, 6 avril 1821, Capelle et de Montlogis c. Nouveau.

59. — C'est l'ordonnance de 1747, art. 6, sur les substitutions, qui a commencé à leur donner cette qualité, en décidant qu'ils seraient compris dans la disposition des biens fonds donnés ou légués à charge de restitution. Le Code a adopté la même règle.

60. — Aujourd'hui, tous les bestiaux d'un domaine, même ceux donnés à cheptel, et sans autre destination que celle de la consommation des fourrages, sont réputés immeubles par destination, sans que l'on puisse restreindre cette qualification aux seuls bestiaux employés à l'agriculture.

— *Riom*, 30 août 1820, Coubert c. Desmichels et Fougerousse; 28 avr. 1827, Sully c. Guillaume.

61. — L'art. 524, C. civ., a abrogé la disposition de la coutume de Normandie qui réputait meubles les animaux attachés à la culture et les instrumens aratoires.—*Cass.*, 20 juill. 1812, Enregist. c. Renouf.

62. — Dès-lors, en cas de mutation par décès, les droits doivent être perçus comme sur des choses immobilières. — Même arrêt. — V. ENREGISTREMENT.

63. — Les bestiaux, ainsi que les semences, pailles et engrais, dépendent tellement du domaine principal, qu'ils sont présumés de droit compris dans la saisie et l'adjudication de ce domaine, encore qu'ils ne se trouvent mentionnés ni dans le procès-verbal de saisie, ni dans le cahier des charges, ni dans le procès-verbal d'adjudication. — *Riom*, 30 août 1820, Coubert c. Desmichels et Fougerousse.

64. — Au reste, les animaux et ustensiles aratoires attachés par le propriétaire à l'exploitation de son domaine sont immeubles par destination, soit que le propriétaire le cultive lui-même ou qu'il le fasse valoir par son fermier. — Cette destination survit au propriétaire de l'immeuble, de telle sorte que le légataire de ses meubles ne peut prétendre aucun droit sur les animaux et ustensiles qui se trouvent ainsi attachés au domaine au moment de son décès.—*Cass.*, 1er avr. 1835, de Montebise c. de Chouzy.

65. — Cependant, le légataire des biens meubles peut réclamer, comme faisant partie de son legs, les chevaux servant à la culture et les ustensiles aratoires, lesquels ne doivent pas être réputés immeubles par destination par cela seul que le propriétaire du fond, qui l'exploitait lui-même, en a laissé la jouissance au fermier, si d'ailleurs ils n'ont pas été compris expressément dans le bail à ferme. — *Bruxelles*, 8 août 1811, Salmon.

66. — ... Surtout, lorsque le testateur a manifesté que telle était son intention, en exceptant du legs un des animaux attachés à la culture, dont il a fait l'objet d'un autre legs particulier. — *Liége*, 10 mars 1813, Steinhener c. Schotten.

67. — En effet, l'immobilisation, formant une dérogation au droit commun, ne se présume pas; il faut qu'elle soit exprimée ou ressorte d'un fait exclusif de toute incertitude. — Hennequin, *Tr. de la législ. et de la jurisp.*, t. 1er, p. 25.

68. — Ne sont pas réputés immeubles par destination les objets qui ont été placés sur un bien par le fermier judiciaire pour l'exploitation de ce même bien. — *Agen*, 12 juin 1812, Thomasson c. Baron.

69. — La volonté du propriétaire est présumée par la loi à l'égard de tous les objets qu'il a placés pour le service ou l'exploitation du fonds. — C. civ., art. 523. — Dans cette classe sont rangés les tuyaux servant à la conduite des eaux; ces tuyaux peuvent être immeubles par incorporation ou par destination, suivant leur construction.

70. — Cette catégorie embrasse d'ailleurs tous les animaux et ustensiles servant à l'exploitation ou à l'utilité d'un domaine rural ou d'un établissement d'industrie. — C. civ., art. 524; — Delvincourt, t. 1er, p. 140; Toullier, t. 3, p. 10; Duranton, t. 4, nº 46.

71. — Pour que ces objets mobiliers deviennent immeubles, le législateur exige deux conditions: 1º qu'ils aient été placés par le propriétaire; — 2º qu'ils soient essentiels au service et à l'exploitation du fonds. — Quand les meubles réunissent ce double caractère, des créanciers ne peuvent plus, par les formes d'une saisie-exécution, dépouiller un fonds de ses moyens d'exploitation; on ne peut dès-lors les saisir qu'en saisissant l'immeuble lui-même. — C. procéd., art. 592. — Cette disposition de la loi est une garantie en faveur de l'industrie et de l'agriculture.

72. — Le fonds ne pouvant être saisi que sur le propriétaire, il en résulte que les objets placés par lui sont les seuls qui ne soient pas susceptibles de saisie-exécution. — Carré, *Lois de la procéd.*, t. 2, p. 436; Berriat, p. 468.

73. — Pothier, dans son *Traité de la communauté*, fait une énumération plus complète que celle du Code. Nous pensons que le législateur n'a pas voulu, dans l'art. 524, limiter, mais seulement énoncer le principe, et que dès-lors il faut considérer comme immeubles par destination tous les objets qu'on ne pourrait enlever sans rendre l'exploitation ou la jouissance du fonds impossible ou difficile. — Proudhon, nº 139.

74. — De ce que l'art. 524 n'est pas limitatif, il suit que l'on doit regarder comme immeubles par destination les clés d'une maison, les volets, etc. — Proudhon, nos 111 et 139.

75. — Le mot *culture* se rapporte à tout ce qui peut être nécessairement compris dans le bail de la terre, et corrélatif au fermage: ainsi, sont immeubles par destination les bêtes de trait, les vaches, les moutons et autres animaux. — Proudhon, nº 105.

76. — Sont en général immeubles par destination les nègres esclaves attachés à une habitation dans les colonies. — V. COMMUNAUTÉ, ESCLAVE, HYPOTHÈQUE.

77. — Lorsqu'il s'agit d'animaux de trait attachés à un domaine comme agens de labourage, il n'est pas nécessaire pour l'immobilisation qu'ils soient nourris sur les fonds mêmes de leur maître; il y aurait également immobilisation dans le cas où ils sont envoyés au pâturage sur les communaux. Il en est autrement des animaux employés comme moyens de produit des terres. — Proudhon, nº 120.

78. — S'il s'agit d'une métairie dont le produit principal consiste en fromageries provenant des vaches, sans autre culture que celle nécessaire pour avoir du fourrage à donner aux bestiaux pendant l'hiver, on doit mettre au rang des immeubles par destination, non seulement les animaux de trait immédiatement destinés à la culture du fonds, mais encore les vaches employées à l'exploitation de la fromagerie. — Proudhon, nº 117.

79. — Lorsque le propriétaire lui-même cultive ou fait cultiver ses champs, on ne doit considérer comme immobilisés que les animaux de trait qu'il emploie à son travail de labourage, et dans le nombre nécessaire à ce travail. — Proudhon, nº 114.

80. — Un troupeau de moutons nourris sur un domaine doit être considéré comme immeuble par destination, si l'existence permanente de ce troupeau est l'objet même de cette exploitation. — Proudhon, nº 118.

81. — Ainsi, sont immeubles par destination, et par conséquent insaisissables, les troupeaux de brebis attachés aux biens des landes, qui ne sont productifs que pour les engrais que ces animaux procurent. — *Bordeaux*, 14 déc. 1829, Delains-Durand c. Durand; — Hennequin, *Tr. de législ.*, p. 24; Bioche et Goujet, *Dict. de procéd.*, vº *Saisie-exécution*, nº 34; Duranton, t. 4, p. 45, nº 56.

82. — « Il faut distinguer, dit Chavot (*Tr. de la prop. mob. suiv. le C. civ.*, t. 1er, nº 37), entre la nature des animaux, et quoiqu'ils n'aient pas tous le même emploi, il suffit cependant qu'ils soient employés suivant la distination qu'ils tiennent de la nature pour être regardés, conformément à l'art. 524, comme attachés à la culture: c'est ainsi que des moutons achetés pour être placés sur la propriété, et même être engraissés en paissant l'herbe, sont immeubles; mais s'ils ne résidaient sur la propriété qu'un instant de repos pour être reconduits ailleurs et revendus, ils resteraient meubles. »

83. — Les bœufs mis en pâture pour le service des boucheries ne sont pas immobilisés par cela que le produit du fonds sur lequel on les fait paître n'est perçu que par ce moyen. — Proudhon, nº 119. — V. BOEUFS D'EMBAUCHE.

84. — Il ne suffit pas, pour que des animaux soient réputés immeubles par destination et par conséquent insaisissables, qu'on les ait placés sur un fonds, qu'ils soient propres à la culture, et que le propriétaire déclare qu'ils y sont attachés. — *Limoges*, 15 juin 1820, Cubertafond c. Villemoneix. — Hennequin, *Tr. de législation*, p. 23.

85. — En effet, l'art. 524, C. civ., qui déclare immeubles par destination et insaisissables les animaux attachés à la culture, ne s'applique qu'aux animaux rigoureusement nécessaires pour l'exploitation des fonds. — *Orléans*, 11 déc. 1817, Hery c. Barager; — Berriat, p. 528; Carré, *Lois de procéd.*, t. 2, p. 436, et Pigeau, *Procéd.*, t. 2, p. 79.

86. — Ainsi, le cheval et la charrette d'un brasseur de bière, de quelque utilité que ces objets soient pour l'exploitation de la brasserie, ne sont point immeubles par destination; en conséquence, ils peuvent être saisis-exécutés. — *Bruxelles*, 21 juin 1807, S...; *Orléans*, 20 nov. 1823, N... — Ce dernier arrêt s'applique au cheval et à la charrette d'un meunier.

87. — Si un homme n'est fermier que pour une partie de la culture, les animaux de trait seront immobilisés comme attachés au labourage de ses propres fonds, ou resteront meubles comme employés à la culture des fonds d'autrui, selon que le cultivateur aura ou n'aura pas suffisamment de terres à lui propres pour l'occupation et l'entretien de sa charrue; un attelage de plusieurs animaux ne peut, sous ce rapport, être divisé. — Proudhon, t. 1er, nº 116.

88. — Si plusieurs héritages sont réunis sous la même exploitation, les objets y attachés sont les accessoires non de tel ou tel immeuble en particulier, mais du domaine entier pris collectivement. — Proudhon, nº 112.

89. — La seule expiration du bail ne fait pas perdre la qualité d'immeubles aux animaux livrés pour la culture. — C. civ., art. 524. — Mais la vente de ces animaux faite par le propriétaire au fermier ou à tout autre leur enlève aussitôt cette qualité, bien qu'ils ne soient pas encore sortis du fonds. — Duranton, t. 4, nº 53.

90. — Sont immeubles par destination les chevaux employés à l'exploitation dans l'intérieur de la mine. — Duranton, t. 4, nº 25.

91. — Pour que les semences deviennent immeubles, il n'est pas besoin qu'elles aient été confiées à la terre, leur destination suffit. Entendue dans un sens différent, cette disposition ne serait qu'une répétition superflue de celle qui déclare que les objets mobiliers deviennent immeubles par l'effet de leur incorporation au sol. — Duranton, t. 4, nº 57.

92. — Il n'est pas nécessaire que les semences aient été données aux fermiers ou colons pour qu'elles soient immeubles; elles le sont quoique le propriétaire cultive par lui-même; cette circonstance ne faisant pas changer leur destination. — Duranton, nº 58.

93. — Il est évident que les semences ne peuvent pas être conservées en nature; mais il faut qu'à la fin du bail on en retrouve une égale quantité.

94. — Si un autre que le propriétaire vient, comme créancier du fermier, faire sur celui-ci une saisie mobilière de la moisson récoltée, il doit laisser, dans l'intérêt de la ferme, une quantité de grain équivalente à celle qui avait été avancée par le propriétaire pour servir de semence à la récolte saisie. — Proudhon, nos 122-124.

95. — L'art. 524 classe parmi les immeubles par destination les pigeons, lapins, abeilles et poissons. Cette énumération avait son utilité, car les principes, en ce qui concerne les animaux, n'étaient pas bien connus. — Merlin, *Rép.*, vº *Abeilles*; Favard, *Rép.*, vº *Pigeons*. — V. au surplus, ABEILLES, PIGEONS.

96. — On doit considérer les ruches d'abeilles non pas comme dépendance et accessoire du domaine en général, s'il est composé de plusieurs pièces de terre en une seule exploitation, mais bien comme accessoire du seul fonds où elles ont été placées. — Proudhon, nº 126. — V. au surplus ABEILLES.

97. — A l'égard des pigeons, lapins et poissons, ce ne sont réellement pas les individus qui sont immobilisés, c'est leur ensemble qui se reproduit et se renouvelle chaque année.

98. — Quant aux pigeons mis dans une volière, quant aux poissons d'un réservoir, comme ils ne sont pas censés possédés uniquement par la possession du fonds, ils sont meubles. — Duranton, t. 4, nº 60; Delvincourt, t. 1er, p. 140. — V. PIGEONS.

99. — On ne regarde pas comme placés à perpétuelle demeure les objets posés par un usufruitier; il peut les enlever à la charge de réparer les dégradations produites par cet enlèvement. — Delvincourt, t. 1er, p. 335; Toullier, t. 3, nº 16. — Cependant les choses placées par l'usufruitier, l'emphytéote, sinon à perpétuelle demeure, du moins jusqu'à l'expiration de leur jouissance, doivent participer à la nature immobilière du droit qu'ils exercent. — Duranton, nº 59.

100. — Les poissons d'un étang cessent d'être immeubles dès que la bonde a été levée pour mettre l'étang en pêche; ils sont alors arrêtés et mis sous la main du maître comme ceux qui sont en réservoir; ils ne représentent plus que des fruits coupés pour la récolte. — Proudhon, nº 128.

101. — Les alambics, qu'ils soient scellés ou non dans l'établissement, sont immeubles par destination. — Duranton, t. 4, nº 62. — Le Code civil n'a pas adopté à cet égard les distinctions tracées par Pothier (*de la Communauté*, nº 49), et comme le législateur n'a fait à cet égard aucune exception, nous ne pouvons adopter l'opinion qui déclare meubles les alambics d'un distillateur lorsqu'ils ne sont pas scellés à perpétuelle demeure dans son établissement. — Proudhon, t. 1er, nº 131.

102. — Dans les vignobles où l'on vend seulement les vins, mais non les tonneaux, et où ceux-ci restent toujours en cave pour recevoir annuellement les vins sortis de la cuve ou du pressoir, ces tonneaux sont immeubles. — Dans tous les cas, les tonneaux qui ne sont destinés qu'à contenir la boisson du propriétaire et de sa maison restent meubles, de même que les cuves et tonnes du vigneron non propriétaire. — Proudhon, nos 132 et 134.

103. — Les tonnes dont la capacité est plus grande que celle des tonneaux et qui, destinées seulement à contenir le vin et non à le transporter, restent toujours dans le fonds, sont immeubles.

104. — On doit comprendre sous les dénominations de cuves et tonnes employées dans l'art. 524

C. civ., les vases vinaires qu'on nomme *foudres* dans quelques parties de la France, et lorsqu'ils sont vendus en bloc avec le *chay*, dans lequel ils ont été placés par le propriétaire pour servir à l'exploitation de ce *chay*, ils doivent être réputés immeubles par destination, de telle sorte qu'il y a lieu de percevoir, sur leur prix, le droit de mutation fixé pour les ventes d'immeubles. — *Cass.*, 30 mai 1826, Enregist. c. Bethfort et Damage. — Instr. de la régie, art. 1200, § 18. — *Dict. des dr. d'enreg.*, vo *Vente* (immeubles), no 315.

105. — Sont immeubles par destination les cuves, chaudières et ustensiles qu'un teinturier a fait placer dans une maison qu'il a acquise et dont il a changé l'ancien emploi pour la consacrer à son atelier de teinture. Le prix de ces cuves et ustensiles doit en conséquence être distribué aux créanciers hypothécaires par voie d'ordre. — *Grenoble*, 26 fév. 1808, créanciers Raymond c. Pichat. — Toullier, t. 3, no 13; Duranton, t. 4, no 64.

106. — Mais sont meubles les cuves et chaudières des brasseurs, des teinturiers, des tanneurs, si elles ont été placées par un locataire : l'art. 524 ne les répute immeubles par destination qu'autant qu'elles l'ont été par le propriétaire du fonds, pour le service et l'exploitation de ce fonds, quoique, à vrai dire, ce soit plutôt pour l'exercice de la profession de la personne que pour le service du bâtiment. — Duranton, no 94.

107. — Les tonnes destinées dans une brasserie à transporter la bière chez les consommateurs peuvent être considérées comme immeubles par destination. — *Cass.*, 4 févr. 1817, Contrib. indir. c. Dumontier. — Merlin, *Rép.*, vo *Meubles*; *Dict. des dr. d'enreg.*, vo *Biens*, no 38; — Hennequin, *Tr. de la législation*, no 41.

108. — Jugé que des objets mobiliers vendus pour être employés à la formation d'une pompe à feu, dans l'établissement d'une filature, sont devenus immeubles par destination, tellement que le vendeur de ces objets, non encore payé, ne peut plus exercer son privilége de vendeur au préjudice des créanciers hypothécaires inscrits sur l'usine; — Qu'il en est de même du mouvement intérieur de la filature. — *Rouen*, 19 juill. 1828, Mutel-Cavelan c. Casalis et Cordier.

109. — ...Spécialement, que les outils et ustensiles mobiles attachés à une usine par l'antichrésiste, en remplacement de ceux qui existent, sont, comme l'immeuble, soumis à l'action hypothécaire des créanciers du propriétaire; qu'en conséquence, ils sont compris dans l'adjudication de l'immeuble, sans que l'antichrésiste puisse opposer que les outils et ustensiles qu'ils remplaçaient lui avaient été vendus par le propriétaire. — *Paris*, 9 déc. 1836, Capon et Chatillon c. Fould.

110. — On a été jusqu'à décider que le vendeur d'un effet mobilier (par exemple, d'une machine à vapeur) ne peut, *lors même qu'il en aurait fait la réserve expresse*, exercer l'action en résolution de la vente pour défaut de paiement du prix, au préjudice des créanciers hypothécaires de l'acheteur inscrits sur l'immeuble auquel l'objet vendu a été incorporé. — *Cass.*, 9 déc. 1835, Périer c. Veyrassot; et (sous cet arrêt) *Paris*, 16 août 1832. — V. cependant Troplong, *De la vente*, t. 2, p. 631.

111. — Jugé, en sens inverse, que le vendeur d'une machine à vapeur, avec réserve de la reprendre faute de paiement du prix, peut user de ce droit, alors même que la machine a été incorporée par l'acheteur à un immeuble, et spécialement hypothéquée avec l'immeuble à la créance d'un tiers. — *Paris*, 10 juill. 1833, Rigny c. Pihet; 6 avr. 1836, Chrétien c. Liévois.

112. — Cette doctrine est la nôtre; elle a été adoptée par les cours royales de Caen, de Paris et de Rouen, qui ont décidé que le privilége du vendeur d'effets mobiliers non payés continue d'exister même après que les objets vendus sont devenus immeubles par destination. — *Paris*, 11 nov. 1837 (t. 2 1839, p. 585), Périer c. Viguier; *Caen*, 1er août 1837 (*ibid.*, p. 584), Pihet c. Tellier; *Rouen*, 29 nov. 1837 (*ibid.*, p. 586), N... — V. aussi *Gand*, 24 mai 1833, B. c. X. — V. Troplong, *Vente*, t. 2, no 631.

113. — La cour d'Amiens a reconnu, dans le même cas, le droit de demander la résolution. — *Amiens*, 1er sept. 1838 (t. 2 1839, p. 586), Lefebvre c. Saulnier.

114. — Enfin, la cour de Rennes a décidé que lorsque, dans le contrat de vente d'un immeuble (d'un moulin, par exemple), il a été stipulé qu'en cas de non paiement la résolution aurait lieu de plein droit, et que les vendeurs rentreraient dans tous leurs droits de propriété sans être tenus de rembourser aux acquéreurs le prix des augmentations, améliorations et innovations, s'il arrive que cet immeuble ait été converti en filature, le vendeur a le droit, en demandant la résolution, de revendiquer les machines et ustensiles de la filature, même contre les tiers qui s'en seraient rendus acquéreurs et en auraient payé le prix. — *Rennes*, 8 janv. 1839 (t. 2 1839, p. 587), Phelippe c. Poisson. — V. au reste PRIVILÉGE, VENTE.

115. — Des outils, des objets de mécanique, des instrumens servant à l'exploitation d'une fabrique d'horlogerie perdent leur caractère d'immeubles par destination lorsqu'ils sont détachés et vendus séparément de la fabrique; et la vente qui en est faite par acte séparé et sans fraude ne donne ouverture qu'au droit proportionnel dont la mutation des objets mobiliers est passible. — *Cass.*, 19 nov. 1823, Enregist. c. Japy.

116. — Il y a, dans une pareille désignation et stipulation, preuve suffisante que le propriétaire a voulu restituer aux objets réputés immeubles par destination leur nature de meubles, et la régie est aussi bien que les parties liée par cette volonté. — *Cass.*, 23 avr. 1833, Enregist. c. Mendel; — Instr. de la régie, art. 1487, § 1er; Rigaud et Championnière, *Tr. des dr. d'enreg.*, t. 4, no 3192; Wodon, *Comm. sur la loi du 22 frim. an VII*, no 80. — V. au surplus ENREGISTREMENT.

117. — Les métiers à filer le coton mus par une roue que fait tourner l'eau d'un ruisseau, sont immeubles par destination. — *Lyon*, 8 déc. 1826, Dumas c. Mournaud.

118. — Mais des mécaniques à filer le coton, quoique scellées dans les murs d'une fabrique, ne sont pas immeubles par destination, si elles ont été scellées par le locataire, et si elles peuvent être déplacées sans détérioration. — *Bruxelles*, 11 janv. 1812, Boulanger c. Neyt. — Hennequin, *Tr. de législ.*, t. 1er, p. 37.

119. — Les objets et ustensiles, et par exemple, les métiers à tisser placés dans une manufacture par le propriétaire, ne doivent être déclarés immeubles par destination qu'autant qu'ils sont rigoureusement nécessaires à l'exploitation de cette manufacture. — *Cass.*, 27 mars 1821, Richard c. Lenoir Dufresne; — Hennequin, t. 1er, p. 41.

120. — M. Duranton (t. 4, no 65) est d'avis qu'on ne peut considérer comme immeubles les presses d'une imprimerie, les métiers d'un tisserand, même quand ils ont été placés par le propriétaire du fonds; ils sont en effet destinés à l'exercice de la profession et non au service de la maison. — Pothier, *Communauté*, no 51, dit que la question a été ainsi jugée relativement aux presses du célèbre Robert Etienne.

121. — Les approvisionnemens en chiffons pour les papeteries, en minerais et en charbons pour les forges, ne peuvent être considérés comme immeubles, car ce sont des objets de commerce. — Proudhon, no 135.

122. — Suivant une décision du ministre des finances du 4 mars 1806, les machines et décorations d'un théâtre, même placées par le propriétaire du théâtre, sont meubles. Ce caractère particulier attribué, dans ce cas spécial, à ces objets, nous semble contraire aux principes, car un théâtre ne peut servir comme théâtre sans les coulisses, décorations, etc. — Duranton, t. 4, no 66.

123. — Les pailles et engrais sont immeubles quand ils sont dans un fonds de terre et non quand ils sont dans une maison de ville. La même qualité d'immeubles s'applique à la paille nécessaire à la nourriture des animaux attachés à la culture. — Duranton, no 67.

124. — Les pailles et engrais non destinés à la nourriture et à la culture, mais à la vente ou à la nourriture d'animaux non attachés à la culture, sont meubles. — Duranton, no 67; Toullier, t. 3, p. 17.

125. — Il n'en est pas du foin comme de la paille, la loi ayant employé cette dernière expression au lieu de celle de fourrages. — Proudhon (t. 1er, no 137) donne pour raison que les foins n'étant pas communément le produit des champs sur lesquels on conduit les engrais, il n'y a pas le même motif d'étendre la fiction jusqu'à cette espèce de fourrage. Les foins sont d'ailleurs un revenu, et ils n'en seraient plus un s'ils devaient être consommés sur le fonds.

126. — En cas de saisie mobilière sur les gerbes d'une récolte, le saisissant est obligé de faire battre, et de ne poursuivre que la vente du grain. Il en est autrement dans le cas d'une saisie-brandon qui comprend les pailles, parce qu'elle porte sur les fruits saisis et vendus sur pied. — Proudhon, no 137.

127. — Le mot *engrais* est plus étendu que celui de *fumier*. La qualité d'immeuble doit donc être attribuée non seulement au fumier résultant de la litière des bestiaux, mais encore de toutes espèces d'engrais recueillis ou ramassés pour fortifier le fonds du domaine.

128. — Les palissades, les haies sèches fixées en terre sont immeubles, même si elles ont été plantées par l'usufruitier ou fermier. — Proudhon, nos 141 et 142; Duranton, no 69; Toullier, t. 3, no 13.

129. — Enfin, la loi établit plusieurs présomptions à l'aide desquelles on distinguera si les objets attachés au fonds ou placés sur le fonds par le propriétaire le sont à perpétuelle demeure. Ces présomptions, dont le besoin se fait sentir, surtout pour les ornemens, sont fondées soit sur la difficulté d'enlever sans fracture ou détérioration, soit sur le vide que laisseraient les objets enlevés. Cela explique les distinctions tracées par la loi pour les glaces, tableaux et statues. — Delvincourt, t. 4, p. 141; Toullier, t. 3, no 15; Duranton, t. 4, no 55; Proudhon, *Usuf.*, t. 5, no 2585; Pothier, *De la communauté*, no 55.

130. — Au reste, les immeubles de cette classe reprennent leur nature mobilière dès qu'ils sont détachés du fonds; et s'ils ont été hypothéqués avec ce fonds, ils ne peuvent être saisis entre les mains des tiers. — C. civ., art. 2119.

131. — Les glaces ne cessent pas d'être immeubles par cela seul qu'elles ont été détachées pour être repassées au tain. *Quæ distracta sunt ut reponantur sunt adhuc pars ædium* (L. 17, § 1, ff., *De act. empt. et vend*). — Duranton, t. 4, no 68.

132. — De ce que la loi dit (art. 525) que « les glaces d'un appartement sont censées mises à perpétuelle demeure, *lorsque le parquet sur lequel elles sont attachées fait corps avec la boiserie* », faut-il conclure que les glaces ne seront immeubles que lorsqu'elles présenteront ce signe matériel?

133. — La cour royale de Paris a d'abord appliqué cet article dans toute sa rigueur en décidant que, pour que les glaces d'un appartement soient réputées immeubles par destination, il faut nécessairement que leur parquet fasse corps avec la boiserie; que leur agencement avec les cheminées et les trumeaux et leur dimension ne suffiraient pas pour leur faire perdre leur nature mobilière. — *Paris*, 20 fév. 1833, Crest.

134. — Telle était, du reste, dans l'ancien droit, l'opinion de Pothier (*Tr. de la communauté*, no 55): « A l'égard, dit-il, des glaces et des tableaux qui sont encadrés dans une cheminée, si ce qui est derrière la glace ou le tableau sont les briques de la cheminée, ou quelque planche qui ne soit pas de même parure que le reste de la cheminée, en ce cas la glace ou le tableau paraît être mis pour compléter cette partie de la maison; car la cheminée serait imparfaite, et il y manquerait quelque chose si, derrière le tableau ou la glace, il n'y avait que les briques ou quelque planche de parure différente du reste de la cheminée, le tableau ou la glace étant donc en ce cas mis *ad integrandum domum*, il est censé en faire partie : *quæ tabulæ pictæ pro tectorio includuntur, ædium sunt* (L. 17, § 3, ff., *De act. empt.*). — Au contraire, si ce qui est derrière la glace ou le tableau est de même parure que le reste de la cheminée, en ce cas, la cheminée ayant toute sa perfection indépendamment de la glace qu'on y a attachée, on ne peut pas dire que la glace serve *ad integrandum domum*, et elle ne doit pas, suivant notre principe, être censée faire partie de la maison, mais elle doit être regardée comme un meuble. » — Delvincourt (*Cours de C. civ.*, t. 1er, p. 136, note 9e) s'en réfère complétement à la doctrine et aux motifs de M. Pothier. — Duranton (*Cours de dr. franç.*, t. 4, no 68), après avoir rappelé la disposition du Code civil, en tire la conclusion que la boiserie elle-même est immeuble. « Elle est, en effet, dit-il, un complément de l'appartement; telle est sa destination. »

135. — Cette doctrine, exprimée d'une manière si absolue a reçu cependant quelques modifications dans son application. Ainsi Chavot (*Traité de la propr. mobil.*, t. 1er, no 38) fait remarquer que l'art. 535, C. civ., ne peut être pris dans un sens restrictif, au moins quant au mode d'attacher une chose à perpétuelle demeure. Il ne pouvait, ajoute cet auteur, énumérer toutes les diverses manières avec lesquelles on attachait ou attacherait à l'avenir une chose à perpétuelle demeure.

136. — La cour de Paris elle-même, revenant sur sa jurisprudence primitive, a décidé que les glaces d'un appartement sont réputées immeubles par destination, bien que leur parquet ne fasse pas corps avec la boiserie, et que cette condition peut être suppléée par toute autre disposition, de laquelle résulte également la présomption que les glaces ont été placées à perpétuelle demeure. — *Paris*, 10 avr. 1834, Padelinety c. Duchanoy.

137. — Par exemple, s'il est constant que le propriétaire les y a placées pour l'usage et l'exploitation de sa maison. — *Paris*, 11 avr. 1840 (t. 1er 1840, p. 701), del Carretot c. Loysel.

138. — Les statues sont-elles immeubles quand elles sont posées sur des piédestaux dans les mai-

sons, cours et jardins?—M. Proudhon (tr. *du dom. privé*, t. 1er, n° 155) est d'avis que non, lors même que ces piédestaux seraient fondés en terre. Il donne pour motifs, à l'appui de son opinion, qu'une statue peut être enlevée de son piédestal sans qu'il y ait détérioration du fonds, et que d'ailleurs la loi s'applique aux choses placées sur un héritage pour le service et non pas seulement pour l'ornement de cet héritage.

139. — Nous considérons au contraire comme immeubles les statues placées sur des piédestaux en maçonnerie. Le piédestal a été en effet construit exprès pour recevoir la statue : il est incorporé au fonds et est devenu immeuble lui-même. La statue fait partie intégrante avec le piédestal, qui, séparé de la statue, offrirait aux regards un vide choquant; on doit donc, soit à raison de l'incorporation, soit à raison de la construction du piédestal fait, comme la niche, exprès pour recevoir une statue, déclarer la statue immeuble.

140. — Les rateliers des écuries, les volets même mobiles des boutiques, les couvercles des puits, sont immeubles par destination, on supposant même qu'ils pussent être enlevés sans détérioration. Il en est de même des clés des appartemens faites sur l'ordre soit du propriétaire, soit du locataire. — Duranton, n° 70; Proudhon, n° 139.

141. — On doit aussi décider que les chantiers des caves, pour supporter les tonneaux, et placés par le propriétaire de la cave, sont aussi immeubles; car il manquerait quelque chose à la cave pour remplir sa destination si ces objets en étaient sortis. — Duranton et Proudhon, *ibid*.

142. — En général, la destination qui donne à des objets mobiliers le caractère d'immeubles résulte des faits et des circonstances déterminés par la loi elle-même; et ne peut ni s'établir ni cesser par de simples déclarations, soit orales, soit écrites des propriétaires. — *Cass.*, 20 juin 1822, Hourelle c. Enregistr.

143. — Ainsi, quoiqu'en vendant une filature avec certaines machines reconnues immeubles par destination, un propriétaire ait désigné comme objets mobiliers d'autres machines et ustensiles dépendans de cette filature, le droit d'enregistrement de vente immobilière doit être perçu sur tous les objets que la loi déclare immeubles par destination. — Même arrêt. — V. au surplus ENREGISTREMENT.

144. — Lorsque dans la vente d'un immeuble, on a compris un objet mobilier qui s'y trouve incorporé de manière à ne pouvoir en être séparé sans briser où détériorer la partie du fonds à laquelle il est attaché, cet objet peut être considéré comme immeuble par destination, et la régie de l'enregistrement est autorisée à percevoir le droit dû pour mutation d'immeubles sur la totalité du prix, encore bien que l'objet mobilier n'appartienne pas exclusivement au propriétaire du fonds. — *Cass.*, 8 avril 1829, Hougeau c. Enregistr. — V. Inst. de la régie, 1293, §12; *Dict. des droits d'enregistrement*, v° *Vente* (immeubles), n° 309.

145. — Jugé aussi que la vente séparée d'objets réputés immeubles parce qu'ils font partie intégrante d'une chose immobilière par sa nature, a pu être considérée comme conservant le caractère d'une vente d'immeubles, et qu'en conséquence elle est passible du droit d'enregistrement de 5 1/2 °/₀, si elle a été faite au même individu qui s'est rendu acquéreur de l'immeuble principal, et qu'ainsi les objets vendus n'aient pas dû en être détachés. — *Cass.*, 25 févr. 1824, Enregistr. c. Rousseau. — V. d'autres applications de ce principe au mot ENREGISTREMENT.

146. — Si les objets réputés immeubles par destination peuvent retomber dans la classe des meubles lorsque la destination est finie, cette destination devient irrévocable à l'instant du décès du propriétaire. Dès-lors, si le curateur à la succession vacante vend séparément ces objets mobiliers réputés immeubles par destination, le prix de cette vente reste affecté aux créanciers hypothécaires. — *Cass.*, 4 fév. 1817, Contrib. ind. c. Dumoutier.

ART. 3. — *Immeubles par l'objet auquel ils s'appliquent.*

147. — La troisième classe d'immeubles se compose de biens incorporels, qui, de leur nature ne sont ni meubles ni immeubles : ce sont des droits qui reposent sur des immeubles, ou qui ont pour objet des immeubles. — C. civ., art. 526.

148. — C'est surtout en procédure que l'on voit l'importance de la division des actions en actions immobilières, mobilières, ou mixtes. — C. proc. civ., art. 59; L. 4, ff., *De usufr. et quemadmodum*. — V. ACTION (droit français).

149. — Sont immeubles *par l'objet auquel ils s'appliquent*: l'usufruit des choses immobilières; — les servitudes ou services fonciers; — les actions qui tendent à revendiquer un immeuble, C. civ., art. 526.

150. — Dans le mot *usufruit* le législateur a compris aussi les droits d'usage et notamment le droit d'habitation, qui ne peut s'exercer que sur des immeubles. — Duranton, n° 72; Proudhon, n° 166.

151. — Les servitudes ou services fonciers étant des qualités actives et passives des fonds, sont nécessairement immeubles comme eux. — Proudhon, nos 167 et 168.

152. — Du principe que les actions tendant à revendiquer un immeuble sont elles-mêmes immeubles, il suit que l'action en réméré en matière de vente d'immeubles est immobilière, car elle tend à faire rentrer celui qui l'exerce dans la propriété d'un immeuble. — C. civ., art. 1664.

153. — Il en est de même des actions en rescision pour lésion de plus des sept douzièmes dans le prix de vente d'un immeuble pour violence, dol, erreur, incapacité, survenance d'enfans, inexécution des conditions.

154. — Cependant, il a été jugé que l'action en rescision pour cause de lésion est mobilière comme ayant pour objet principal et direct le supplément du juste prix. — *Cass.*, 28 prair. an XII, Dubout c. Cinget; 14 mai 1806, Fabre c. Blaquière-Limoux; — Pigeau, t. 3, p. 207, n° 5.

155. — Mais l'opinion contraire, qui est celle de Pothier (*Vente*, n° 349), nous paraît préférable, ainsi que nous l'avons indiqué au mot ACTION (droit français), n° 162. — Suivant lui, l'action est immobilière comme tendant directement à la restitution de l'immeuble et non au supplément du juste prix, qui est *non in obligatione sed in facultate solutionis*. — Dumoulin dit. *sola rescisio et restitutio est in obligatione, suppletio autem pretii in facultate, quæ non est in consideratione*. — V. cet auteur *sur Cout. de Paris*, § 33, glose 1re, n° 44. — V. aussi Ferrière, v° *Lésion*; Duvergier, *Vente*, t. 2, nos 14 et 115; Delvincourt, t. 3, notes, p. 167; Duranton, t. 16, n° 460; Troplong, *Vente*, t. 2, nos 808, 825, 837, 840; Merlin, *Rep.*, v° *Expropriation*, n° 3; Berriat, p. 570; Persil, *Quest. hyp.*, t. 2, p. 379.

156. — L'action par laquelle un mineur demande la nullité de la vente d'un de ses immeubles qu'il a consentie sans les autorisations et formalités voulues par le Code, est immeuble, puisqu'elle a pour objet la revendication d'un fonds qui n'est pas même sorti du domaine du mineur. — Proudhon, n° 181.

157. — L'action en retrait successoral qui appartient à tous les héritiers et à chacun d'eux pour écarter toute personne non successible qui aurait acquis la part d'un des cohéritiers est entièrement immobilière s'il n'y a que des immeubles dans la succession; elle est au contraire totalement mobilière s'il n'y a que du mobilier dans la succession; enfin elle sera partie mobilière et partie immobilière, si l'hérédité est composée partie de fonds et partie de meubles. — Proudhon, n° 160.

158. — Bien que l'art. 526 ait employé les expressions *actions tendant à revendiquer*, il n'est cependant pas douteux que tout droit qui tend à obtenir, soit la propriété d'un immeuble, soit un démembrement de cette propriété, est également immobilier, sans distinguer si ce droit est ou non mis en action par une demande en justice.

159. — Parmi les droits qui reposent sur les immeubles, les seuls qui participent à sa nature sont ceux qui sont démembrés de la propriété; ce qui comprend l'usufruit et les servitudes, mais ne s'applique pas à l'hypothèque. En effet l'hypothèque ne se considère jamais isolément, elle n'est qu'un accessoire, une garantie de la créance; le montant de la collocation étant de l'argent, l'hypothèque par laquelle on arrive à cette collocation est évidemment mobilière. — Cette solution est incontestable à l'égard du créancier et elle est généralement adoptée. Mais quelques personnes ont prétendu faire considérer l'hypothèque comme immobilière relativement au débiteur, et la raison qu'elles en ont donnée, c'est que l'hypothèque tendait à dépouiller le débiteur de son immeuble; mais il nous semble qu'on peut répondre que ce n'est pas dans l'hypothèque, mais dans le titre exécutoire du créancier, dans l'action en expropriation forcée que lui accorde la loi, que se trouve en germe le droit d'aliénation; nous déciderions donc qu'une hypothèque n'est pas un immeuble.

160. — En général, l'action pour avoir un meuble reste mobilière, encore bien qu'elle soit accompagnée d'une hypothèque, puisque cette hypothèque tend à procurer au créancier une somme mobilière qui se partagera entre les créanciers de l'individu colloqué, comme somme mobilière. — C. procéd., art. 178. — Duranton, n° 101.

161. — Il existe des droits immobiliers autres que ceux dont la loi fait mention; ainsi l'emphytéose est évidemment un droit immobilier. — L. 11 août 1789, 18-29 déc. 1790. — Duranton, t. 4, n° 80.

162. — Ainsi jugé que, sous le Code civil, comme anciennement, l'emphytéose est un droit immobilier susceptible d'hypothèque de la part du preneur. — *Cass.*, 18 juill. 1832, Bony c. Moreno de Mora; 15 déc. 1832, Huard; 1er avr. 1840 (t. 1er 1840, p. 645), Enregistr. c. Donat Demessine. — Merlin, v° *Emphytéose*, n° 4; Favard, *Répert.*, vis *Emphytéose*, § 3, et *Législation électorale*, p. 39; Persil, *Régime hypoth.*, t. 1er, p. 314, n° 15; Battur, *Privil. et hypoth.*, t. 2, n° 246; Duranton, t. 4, nos 75 à 81, et t. 19, n° 268; Carré, *Lois de compét.*, t. 2, p. 331; Troplong, t. 2, n° 405; Hervieu, *Résumé de jurisp. hypoth.*; v° *Hypoth. en général*, n° 7; Duvergier, *Louage*, t. 1er (contin. de Toullier, t. 18), n° 159. — V. en sens contraire Delvincourt, t. 3, p. 185, note 1re; Proudhon, t. 1er, n° 99; Grenier, t. 1er, n° 143; Toullier, t. 3, p. 65, n° 101; Locré, t. 16, p. 253; Malleville, sur l'art. 2118; Victor Pannier, *Tr. des hypothèques*, p. 139. — V. aussi la séance du cons. d'état du 5 vent. an XII (Fenet, *Travaux préparatoires du Code civ.*, t. 15, p. 360); avis conseil d'état 2 févr. 1809. — V. au surplus EMPHYTÉOSE.

163. — On peut, même sous l'empire du Code civil, créer des droits de superficie ou d'emphytéose dont la durée n'excède pas 99 ans; la propriété reste dans les mains du concédant, mais le concessionnaire a un droit réel immobilier.

164. — Dans les emphytéoses à perpétuité, constituées avant ou depuis 1789, le droit de propriété a passé tout entier sur la tête du preneur, et le bailleur n'a plus qu'un droit de rente. — Duranton, nos 75 et suiv.

165. — Dans le bail à domaine congéable, le bailleur conserve la propriété du fonds, et peut toujours y rentrer; le preneur de son côté est propriétaire des édifices et autres superfices. Il a un droit réel immobilier, qu'il peut hypothéquer. — Duranton, n° 91. — V. BAIL A CONVENANT, n° 158.

166. — Jugé que les édifices baillés à domaine congéable en Bretagne ne sont considérés comme meubles que vis-à-vis du propriétaire foncier. — Qu'en conséquence, le cessionnaire d'un droit de congément doit, pour l'enregistrement de son titre les mêmes droits de mutation que ceux auxquels sont soumis les droits de propriété immobilière. — *Cass.*, 25 niv. an X, Enregist. c. Urboy; 1er vent. an XII, Enregist. c. Briknt. — V. *Dict. de l'enregistr.*, v° *Bail à convenant*, n° 219; Teste-Lebeau, *Dict. analyt. des arrêts d'enregistrement*, v° *Bail à domaine congéable*, nos 2 et 2 *bis*.

167. — Jugé aussi que la fiction légale qui répute *meubles*, à l'égard du propriétaire du fonds, les édifices compris dans une tenue convenancière, cesse à l'instant où ce propriétaire, réunissant ces édifices à son domaine, soit par la voie de congément, soit par acquisition, anéantit le bail à domaine congéable. — Que si le propriétaire du fonds n'acquiert que partie des édifices compris dans la tenue, la fiction légale cesse à l'égard de cette partie. — *Cass.*, 28 févr. 1832, Enregist. c. Juffray.

168. — Le droit résultant d'un bail à ferme ou à loyer est-il mobilier ou immobilier? — M. Troplong (*Du louage*, t. 1er, p. 95 et suiv.) regarde le droit du bailliste comme immobilier; selon lui, le bail donne le *jus in re*; ce droit, sous l'empire du Code civil, et à la différence de ce qui avait lieu dans l'ancienne jurisprudence, suit la chose malgré les sous-aliénations. — V. aussi Pothier, *De la communauté*, n° 71.

169. — Nous pensons, contrairement à cette opinion, que ce droit est purement mobilier; car le contrat de bail ne confère au preneur aucun droit sur la chose; celui-ci a seulement une action contre le bailleur ou ses héritiers pour demander qu'ils le fassent jouir de la chose louée. — C. civ., art. 1709. — D'ailleurs, si le bail créait un droit immobilier, il s'ensuivrait qu'un tuteur ou un mari ne pourrait ni affermer les immeubles du pupille ou de la femme, ni consentir la résiliation des baux de ces biens. — Duranton, nos 73 et 74.

170. — Dans les champarts proprement dits, le concédant, quand la concession est temporaire, conserve l'entière propriété, et le preneur n'a qu'un simple droit de culture comme celui d'un colon partiaire ordinaire; ce droit est donc mobilier. — Duranton, nos 82 et suivant.

171. — Une redevance, par exemple un droit de complant, établie pour transmission de propriété, sous l'ancienne législation qui la réputait immeuble, est devenue rachetable et mobilière par la détermination de la loi; dès lors, le refus d'en con-

tinuer la prestation ne peut donner lieu à l'exercice de l'action possessoire. — *Cass.*, 16 janv. 1826, Beauchêne c. Bourdulseau; 9 août 1631, Beneteau c. Dutemps. — V. au surplus ACTION POSSESSOIRE.

172. — Lorsqu'une obligation est facultative, c'est-à-dire lorsqu'un immeuble est promis avec réserve de pouvoir se libérer en livrant une chose mobilière, la créance est évidemment immeuble; le meuble est seulement *in facultate solutionis*.

173. — Ainsi le legs d'un immeuble, si mieux n'aime l'héritier payer une somme à la place, donne un droit immobilier. — L'héritier a la faculté de se libérer, il est vrai, en payant cette somme, mais il ne doit que l'immeuble. — Duranton, n° 98; Toullier, t. 12, n° 103.

174. — La créance de celui qui a acheté une coupe de bois, les poissons d'un étang, les animaux livrés en cheptel à un fermier par son propriétaire, les machines d'une usine ou autres objets que la loi déclare immeubles par destination, n'est qu'une créance mobilière, car ces divers objets immeubles tant qu'ils sont unis au fonds deviennent meubles quand ils sont séparés, et c'est leur séparation seule qui peut les rendre la propriété de l'acquéreur. — Proudhon, n° 182.

175. — Lorsque quelqu'un s'est engagé à construire un édifice sur le fonds de Paul, l'action de celui-ci pour forcer l'autre à exécuter sa convention est meuble. — Il en est de même dans les cas où le propriétaire d'un fonds est convenu avec un cultivateur que celui-ci donnerait un ou plusieurs tours de labour à son champ pour le semer. — Dans ces deux cas, si les travaux ont été faits, et que celui qui les a demandés ne les ait pas payés avant sa mort, l'action en paiement peut être dirigée à la fois contre l'héritier des immeubles et contre celui des meubles. — Proudhon, n° 190.

176. — Si, durant un usufruit ou un bail, l'usufruitier ou le fermier ont commis dans le fonds des dégradations plus ou moins considérables, mais dont ils répondent, et qu'après la cessation de l'usufruit ou du bail, le propriétaire du fonds l'aliène sans faire mention des actions en indemnité ou réparation des dégradations, ces actions appartiennent néanmoins à l'acquéreur. — Proudhon, n° 192.

177. — Un fonds a été vendu à crédit, sous condition de résolution pour défaut de paiement du prix dans un délai déterminé; le paiement n'a pas lieu au terme fixé, le vendeur meurt, après avoir légué ses immeubles à une personne, ses meubles à une autre; dans ce cas les actions à intenter contre l'acquéreur appartiennent au légataire du mobilier, si le vendeur est mort sans avoir mis l'acquéreur en demeure; à celui des immeubles, si l'acheteur avait été mis en demeure. — Proudhon, n° 193.

178. — Si l'acheteur ne paie pas le prix, et que le vendeur demande la résolution de la vente, l'action est mobilière car elle a pour objet principal le paiement du prix, et subsidiairement seulement la restitution des fonds. — Proudhon, n° 196.

179. — Lorsque l'acquéreur d'un fonds est menacé d'éviction, l'action en garantie contre le vendeur doit être considérée comme immeuble. — Proudhon, n° 197.

180. — En principe, le droit de revendication conserve son caractère immobilier tant qu'il n'a pas été converti en dommages-intérêts, encore bien que l'immeuble, sorti des mains de l'usurpateur, ne puisse être revendiqué contre un tiers. — *Caen*, 13 mai 1829, Godard de Coudeville c. Desilles.

181. — Mais l'action en dommages-intérêts par laquelle on remplace une demande en revendication d'un immeuble est immobilière. — Proudhon, n° 174.

182. — Un homme a légué 10,000 fr. à sa veuve, et déclaré dans son testament que l'héritier aurait la faculté d'acquitter le legs en délivrant à la légataire une terre désignée. — L'action de la veuve est mobilière, car elle n'a le droit de demander que les 10,000 fr., et la délivrance de la terre est pour l'héritier *in facultate solutionis*. — Proudhon, n° 183.

183. — Si un testateur qui avait fait marché avec un entrepreneur pour lui construire un édifice, a légué à quelqu'un le fonds sur lequel il a voulu que l'édifice fût construit, ce légataire particulier peut actionner l'entrepreneur pour l'exécution de l'ouvrage, puisque l'effet ne doit en profiter qu'à lui seul, et que cette action doit être considérée comme une partie accessoire de son legs. Le paiement de la somme promise pèsera sur l'héritier, le légataire particulier n'en étant pas tenu et ayant son recours contre les successeurs à titre universel (C. civ., art. 874), pour la somme que dans l'intérêt de la célérité des travaux il a pu payer à l'entrepreneur. — Proudhon, n° 191.

184. — J'ai donné à Paul mandat de terminer une affaire à Rome, et je lui ai promis ou payé 3,000 fr. pour honoraires; il s'est engagé à remplir ce mandat, faute de quoi nous sommes convenus que sa vigne me demeurerait acquise. Ma créance de l'obligation principale est immobilière, puisqu'elle a un immeuble pour objet. — Proudhon, n° 185.

185. — La nature du droit qui comprend un immeuble et un meuble dus sous une alternative, se détermine par la qualité de ce qui est payé. — Duranton, n° 99; Toullier, t. 12, n° 103.

186. — La question de savoir si l'indemnité accordée aux émigrés par la loi du 27 avr. 1825 est mobilière ou immobilière de sa nature, si elle a dû appartenir au légataire des meubles ou au légataire des immeubles, est controversée. MM. Delacroix-Frainville, Lacalprade et Tripier ont, dans une consultation, résolu la question en faveur du légataire des immeubles. Le système contraire a été adopté par deux autres consultations, signées de MM. Legrand, Billecoq, Dupin, Mérilhou et Parquin.

187. — Quant à la jurisprudence, on peut la considérer comme fixée en faveur du légataire des immeubles. — *Lyon*, 18 août 1826, de Layton c. de Vauban; *Cass.*, 26 janv. 1830, de Sarens c. Lemenager de la Dufferie; 26 juin 1832, Laujamet c. Montmuron. — V. cependant *Limoges*, 25 mai 1831, Hosp. d'Ursel c. Lapommerie; *Caen*, 13 mai 1829, Godard de Coudeville c. Desilles. — Il faut remarquer que ce dernier arrêt, tout en reconnaissant à l'indemnité le caractère mobilier, pense qu'elle appartient au légataire des immeubles comme représentant d'un droit immobilier. — M. Duvergier (*Collect. des lois*, t. 25, p. 164, 1re édit.) adopte le système consacré par la jurisprudence, par le motif que là où serait *l'immeuble confisqué*, là doit être placée l'indemnité réparatrice de la confiscation.

188. — Jugé cependant, malgré l'analogie, que l'indemnité accordée aux anciens colons de Saint-Domingue est purement mobilière, quoiqu'elle ait été établie à titre de dédommagement de la perte des biens immeubles qu'ils possédaient dans cette colonie; et qu'on ne peut la considérer comme représentative de ces immeubles. — *Cass.*, 21 nov. 1831, Laurent c. Lanclade. — V. aussi *Cass.*, 1er août 1831, Rubat c. Leroux.

ART. 4. — *Immeubles par la détermination de la loi.*

189. — Certains meubles peuvent être aussi immobilisés dans certains cas déterminés par la loi: ce sont les actions de la banque de France (Décr. du 16 janv. 1808. — V. BANQUE DE FRANCE); — les rentes sur l'État (Décr. du 1er mars 1808); — et les actions des canaux d'Orléans et du Loing (Décr. des 3 et 16 mars 1810. — V. CANAUX).

Sect. 2e. — *Meubles.*

190. — On distingue deux sortes de meubles: les meubles corporels ou meubles par leur nature; et les meubles incorporels, qui ne sont tels que par la détermination de la loi. — C. civ., art. 527.

ART. 1er. — *Meubles par leur nature.*

191. — Sont meubles par leur nature, les corps qui peuvent se transporter d'un lieu à un autre, soit qu'ils se meuvent par eux-mêmes, soit qu'ils ne puissent changer de place que par l'effet d'une force étrangère, comme les choses inanimées. — C. civ., art. 528. — Le Code reproduit implicitement, comme on le voit, la sous-distinction des meubles vifs et des meubles morts, admise par Domat (*Lois civiles*, livre préliminaire, tit. 3. — Ces corps restent meubles tant que la loi n'en a pas autrement disposé. — V. *suprà* nos 50 et suiv.

192. — Les bateaux, bacs, navires, moulins et bains sur bateaux, et généralement toutes usines non fixées par des piliers, et ne faisant point partie de la maison, sont meubles. La saisie de quelques uns de ces objets peut cependant, à cause de leur importance, être soumise à des formes particulières. — C. civ., art. 531; C. procéd. civ., art. 620; C. comm., art. 190 et 215.

193. — Cette disposition de l'art. 531, qui semble peu utile en présence de l'art. 516, puisque les moulins, par exemple, qui ne réuniraient pas les caractères constitutifs de l'immeuble tels que les définit ce dernier article seraient rejetés parmi les meubles, a été introduite dans le Code pour éviter l'équivoque qui existait dans l'ancienne jurisprudence où les coutumes de Paris et d'Orléans et autres les déclaraient meubles, tandis que la coutume de Berri, tit. 4, art. 3, déclarait immeubles les moulins même assis sur bateaux mobiles.

194. — Quant au droit d'enregistrement à payer pour la vente des moulins posés sur des piliers en maçonnerie, V. ENREGISTREMENT.

195. — Jugé notamment que l'on peut considérer comme vente mobilière, en ce qui touche le droit d'enregistrement, la vente de la carcasse et des agrès d'un moulin, achetés par celui qui, par l'événement d'un partage antérieur, était devenu propriétaire du sol, lorsqu'on ne prouve pas de fraude de la part de l'acquéreur. — *Cass.*, 23 avr. 1822, Enregistr. c. Alloux. — *Dict. des dr. d'enregist.*, vis *Biens*, n° 53, et *Vente* (immeubles), n° 321; Championnière et Rigaud, *Tr. des dr. d'enregistr.*, t. 4, n° 3187.

196. — Les matériaux provenant de la démolition d'un édifice, ceux assemblés pour en construire *un nouveau*, sont meubles jusqu'à ce qu'ils soient employés par l'ouvrier dans une construction. — C. civ., art. 532.

197. — Jugé, en conséquence, que les matériaux provenant de la démolition d'un bâtiment sont meubles, bien que le bâtiment n'ait été démoli que pour être reconstruit. — *Lyon*, 23 déc. 1811, Savoye et Molière c. Durand; — Duranton, t. 4, n° 111; Delvincourt, t. 1er, p. 493; Toullier, t. 3, n° 19; Hennequin, t. 1er, p. 58. — V. aussi Pothier, *De la communauté*, n° 62.

198. — Ces matériaux peuvent, tant qu'ils ne sont pas incorporés au nouvel édifice, être frappés de saisie-exécution. — Même arrêt.

199. — Mais il en est autrement des choses simplement détachées d'un bâtiment pour être réparées et replacées aussitôt la réparation faite; elles conservent leur qualité d'immeubles. C'est ce que nous avons décidé (*suprà* n° 131) pour les glaces qu'on détache pour les passer au tain; c'est ce qu'il faudrait décider si, pour réparer la couverture d'un bâtiment, on descendait la charpente; les bois et les tuiles resteraient immeubles.

200. — Quant aux fruits, récoltes, coupes de bois et produits de carrières, pour distinguer les cas où ils doivent être considérés comme meubles et ceux où ils sont réputés immeubles, V. *suprà* nos 24 et suiv.

ART. 2. — *Meubles par la détermination de la loi.*

201. — La loi, par sa détermination, a fait meuble tout bien incorporel qui ne s'applique pas directement à un immeuble. — C. civ., art. 529.

202. — Sont meubles par la détermination de la loi: les obligations et actions qui ont pour objet des sommes exigibles ou des effets mobiliers; les actions ou intérêts dans les compagnies de finance, de commerce ou d'industrie, encore que des immeubles dépendant de ces entreprises appartiennent aux compagnies; les rentes perpétuelles ou viagères, soit sur l'état, soit sur les particuliers. — C. civ., art. 529.

§ 1er. — *Obligations, actions, fonds de commerce, offices, etc...*

203. — Au premier rang des meubles par la détermination de la loi, le Code range les obligations et actions ayant pour objet des sommes *exigibles*. — Cette énonciation de l'exigibilité est une superfétation dans la rédaction de l'art. 529; en effet, que le paiement puisse être actuellement exigé, ou qu'il ne puisse être demandé qu'après l'échéance du terme, ou que l'obligation soit conditionnelle, l'obligation et l'action qui tendent à un objet, à un résultat mobilier, n'en sont pas moins mobilières. On ne peut pas même chercher à justifier l'emploi de cette expression par le désir de réserver entière la question de mobilisation des rentes, puisque l'article lui-même par sa dernière disposition déclare *meubles* toutes les rentes indistinctement.

204. — Par ce mot les *obligations* il faut entendre activement et passivement les créances et les dettes. Le mot *action* désigne ici la créance.

205. — Le prix dû d'un immeuble ne peut être considéré comme immeuble, et comme tel susceptible d'hypothèque. — *Paris*, 27 avr. 1814, Roussel c. Leguin.

206. — On doit considérer comme meuble, et par conséquent comme soumis à la loi française, le prix d'immeubles situés en Angleterre, lorsqu'il a été payé par l'acquéreur et transporté en France. — *Riom*, 7 avr. 1835, Onslow.

207. — La convention contenant fixation de la redevance due par les cessionnaires d'une mine au propriétaire du terrain ne peut être considérée comme opérant une mutation de propriété, et dès-lors, ne donne point ouverture à un droit proportionnel d'enregistrement. — *Cass.*,

26 mai 1834, Enregist. c. comp. des mines de Laroche-Lamolière.

208. — Il en est de même de l'obligation qui détermine l'indemnité à accorder au propriétaire de la surface à raison des travaux à faire sur son terrain. — *Cass.*, 8 nov. 1827, Enregist. c. Paillon. — V. au surplus ENREGISTREMENT.

209. — Doivent être considérés comme créance mobilière les intérêts représentant l'usufruit d'une somme dotale attribuée par la femme au mari en cas de survie; en conséquence, dans un ordre ouvert à la suite d'une vente d'immeubles par le mari, ces intérêts doivent être distribués au marc le franc entre tous les enfans, en proportion de leur part dans la dot de leur mère, bien que parmi eux se trouve un créancier hypothécaire du père. — *Cass.*, 20 janv. 1834, Dabadie c. Montpellier.

210. — L'action en prélèvement qui est accordée à la femme pour recouvrement de ses reprises, sur les immeubles de son mari, continue d'avoir un caractère mobilier, alors même qu'un arrêt a ordonné le prélèvement sur les immeubles, tant qu'il n'a pas été effectué; et en conséquence, si les immeubles du mari ont été vendus, la portion du prix qui est destiné à acquitter le montant du prélèvement doit être distribuée entre les créanciers, même hypothécaires de la femme, comme chose mobilière. — *Bourges*, 18 mai 1822, Rossignol c. Camus.

211. — Cette classification des meubles par la détermination de la loi comprend ensuite les actions ou intérêts dans les compagnies de finance, de commerce ou d'industrie qui, en réalité, ne sont autre chose que la part attribuée à chaque associé dans le fonds social, et par suite dans les bénéfices de la société.

212. — L'*action* est le droit de l'associé dans une société anonyme dont le capital se divise en actions et coupons d'actions (C. comm., art. 34). — L'*intérêt* est le droit de l'associé en nom collectif. Le droit de l'associé commanditaire participe de la nature mobilière de l'*intérêt*.

213. — Ces actions ou intérêts sont réputés meubles à l'égard de chaque associé, seulement tant que dure la société (C. civ., art. 529). Cette énonciation était nécessaire pour prévenir une fausse conséquence. On aurait pu croire que les actions d'une société étant mobilières et représentant les mises qui composent à leur tour le fonds social, la société elle-même n'avait que des droits mobiliers; puisque ce n'est qu'à l'égard des associés que les intérêts ou actions sont meubles, on voit que l'être moral appelé société a sur le fonds social des droits distincts de ceux des associés.

214. — Les immeubles possédés par la société ne changent pas de nature pendant sa durée, et l'être moral doit être considéré comme tout autre propriétaire d'immeubles quant à l'hypothèque et à l'expropriation forcée.

215. — Aussi les créanciers de la société peuvent-ils avoir hypothèque sur les immeubles qui entrent dans l'actif de la société. — Duranton, nos 119 et suiv.

216. — Après la dissolution de la société, chaque associé est vraiment copropriétaire du fonds, et a contre les autres une action en partage.

217. — Si l'un des associés a légué son mobilier et que la société ait continué après son décès, son légataire aura droit à la part d'immeubles qui pourra tomber, lors de la dissolution de la société, dans le lot attribué à la succession du testateur. — Duranton, no 123.

218. — *Secùs* si la dissolution de la société avait eu lieu, soit antérieurement au décès du testateur, soit par ce décès même. — *Ibid.*, nos 124 et 125.

219. — Des immeubles indivis, et mis en commun pour former le fonds d'une société en participation, sont meubles par la détermination de la loi, à l'égard de chaque associé, tant que dure la société. — *Cass.*, 14 août 1833, Enregist. c. de Bruyn.

220. — Des actions dans une société ne peuvent être considérées que comme des biens meubles par la détermination de la loi, bien que la société à laquelle ces actions se rattachent possède des immeubles. — *Cass.*, 14 avr. 1824, Enregist. c. Lechanteur.

221. — Il en est de même des actions dans les mines. — *Cass.*, 7 avr. 1824, Enregist. c. Humann et Ratisbonne.

222. — Mais jugé que, lorsqu'un canal et d'autres immeubles forment la chose principale et le fondement d'une société, au lieu d'en être une simple dépendance, et que le droit de péage perçu sur ce canal n'en est que le produit, les actions de cette société doivent être considérées comme immeubles, surtout s'il s'agit d'un partage entre des cohéritiers et des droits des créanciers. — *Paris*, 17 fév. 1809, Brion et Huerne c. Fillemin. — Il

faut remarquer que, dans l'espèce, le droit de chaque associé était une part *de la propriété* du canal de Briare.

223. — Anciennement office vénal était immeuble. — Cout. Paris, art. 96; cout. Orléans, art. 485; édit de mars 1683. — Les charges ont cessé d'être vénales, mais comme la loi du 28 avril 1816 a accordé aux titulaires de certaines charges le droit de présenter un successeur à l'agrément du roi, et que ce droit s'exerce moyennant une prestation pécuniaire de la part du titulaire, on peut dire aujourd'hui que la nature des charges de notaires, d'avoués, de commissaires-priseurs est mobilière. — Duranton, no 160.

224. — Ainsi jugé qu'un office de commissaire-priseur est meuble et tombe dans la communauté. — *Douai*, 15 nov. 1833, Ducorroy.

225. — Et que l'office de notaire conféré au mari pendant le mariage tombe dans la communauté, alors même que la concession en aurait été gratuite, surtout si c'est la communauté qui a fourni le cautionnement. — *Agen*, 2 déc. 1836 (t. 2 1837, p. 450), Baudet c. Cahuou.

226. — On a décidé aussi que si un individu, en se mariant antérieurement à la loi du 28 avr. 1816, sous la communauté réduite aux acquêts, se trouvait titulaire d'une charge de greffier, et si, postérieurement, usant du droit de transmission créé par cette loi, il a cédé sa charge, le prix provenant de cette cession tombe dans la communauté. — *Cass.*, 8 mars 1843 (t. 2 1843, p. 113), Knœffler c. Monnet.

227. — Jugé toutefois qu'une charge d'officier ministériel est une propriété d'une nature particulière qui n'est pas soumise aux principes du droit commun applicables aux objets mobiliers dépendant d'une succession. — *Paris*, 6 avr. 1843 (t. 1er 1843, p. 595), Ranté. — V. au surplus COMMUNAUTÉ, CONTRAT DE MARIAGE, OFFICE.

228. — Sont pareillement meubles les ouvrages faisant l'objet de la propriété littéraire, les produits des beaux-arts et de l'industrie et les droits attachés à un brevet d'invention. — Duranton, no 161.

229. — Un fonds de boutique ou de commerce a-t-il la nature de meuble? — Un fonds de boutique, considéré comme corps ou agrégation de marchandises, n'est pas semblable à un meuble ordinaire; c'est principalement dans ses parties qu'il est mobile, parce qu'elles en sortent en détail et sont remplacées par d'autres, tandis que le même corps moral semble être permanent dans le tout. Aussi la jurisprudence de plusieurs anciennes provinces réputait un fonds de boutique immeuble.

230. — Cependant, sous l'empire de la coutume de Lorraine, un fonds de boutique et de caisse ne pouvait être considéré comme un immeuble fictif, en matière de communauté conjugale. — *Cass.*, 8 fructid. an III, Mayer c. Mathis.

231. — Sous le Code civil, cette question doit recevoir la même solution. Car le fonds de boutique ne peut être considéré, ni dans son ensemble, ni dans ses parties, comme un immeuble par sa nature ou par sa destination. D'ailleurs l'art 533 définissant le mot *meuble* employé seul, a déclaré qu'il ne comprenait pas l'argent comptant, les pierreries, ni *ce qui fait l'objet d'un commerce*, ce qui s'applique à un fonds de boutique. — Duranton, *Cours de dr. franç.*, t. 4, no 164; Proudhon, no 202.

232. — Jugé, en conséquence : 1o qu'un fonds de boutique ne peut être considéré que sous l'aspect d'une généralité de meubles et de meubles fongibles. — *Cass.*, 9 messid. an XI, Pyon c. Fourrier.

233. — ...2o Que les instrumens et le fonds d'une pharmacie sont des meubles et effets passibles de la saisie-exécution. — *Turin*, 13 sept. 1811, Ponso c. Cimosa, — Berriat, p. 528, note 10e, no 3; Hennegnin, *Tr. de législ. et de jurisp.*, t. 1er, p. 44.

234. — ...3o Que, lorsqu'un pharmacien est marié sous le régime de communauté, l'achalandage de sa pharmacie fait partie de l'actif de la communauté. — *Cass.*, 29 nov. 1842 (t. 1er 1843, p. 51), Bouché c. Gilbrin.

235. — Quant à la nature mobilière ou immobilière, selon les circonstances, de l'achalandage, V. ACHALANDAGE, nos 10 à 13.

§ 2. — *Rentes.*

236. — La loi déclare également meubles les rentes perpétuelles ou viagères, soit sur l'état, soit sur des particuliers; une obligation qui se réduit à une valeur mobilière ne peut être considérée comme immeuble, qu'elle soit constituée à titre gratuit, à prix d'argent ou pour l'aliénation d'un immeuble. — C. civ., art. 1909, 1910, 1968, 1969 et 1973.

237. — On distinguait autrefois les rentes consti-

tuées des rentes foncières; la rente constituée résultait de l'aliénation d'une somme d'argent; la rente foncière résultait de l'aliénation d'un immeuble, d'un fonds. — Dans toutes les coutumes, la rente foncière était considérée comme immobilière; la plupart considéraient également comme telle la rente constituée. La rente constituée était rachetable, la rente foncière ne l'était pas, le débiteur ne pouvait se libérer qu'en déguerpissant. — Pothier, *Du bail à rente*, nos 67 et suiv.

238. — Le droit de rente foncière, disait Pothier (*Tr. du contrat de bail à rente*, no 107), étant une espèce de démembrement de l'héritage, on peut dire que la propriété de l'héritage se trouve en quelque sorte partagée entre le preneur ou ses successeurs, qui ne l'ont que sous la déduction de la rente, et le bailleur ou ses successeurs créanciers de la rente, à qui elle appartient pour le surplus.

239. — La rente foncière était donc la représentation de l'héritage. — Bourjon, *Droit comm. de la France*, t. 1er, p. 306; Félix et Henrion, *Tr. des rentes foncières*, p. 4 et 5; Massé et Lherbette, *Jurisprudence du notariat*, t. 6, no 2034.

240. — De ce caractère immobilier des rentes foncières naissaient plusieurs droits et obligations.

241. — 1o Action *réelle* au profit du propriétaire de la rente contre tous détenteurs, pour tous arrérages échus et à échoir.

242. — 2o Extinction de la rente par la perte fortuite de l'immeuble et par déguerpissement. — Pothier, *Bail à rente*, no 122.

243 — 3o Impossibilité de la racheter, à moins d'une stipulation expresse, ou d'une loi spéciale, telle que l'ordonnance de Charles VII, relative aux rentes grevant des maisons de ville. — Ordonn. de 1441, art. 18.

244. — 4o Impossibilité pour le tiers acquéreur de la purger, quels que fussent les termes des lettres de ratification obtenues. — Merlin, *Répert.*, vo *Hypothèques*, sect. 1re, § 16, et *Quest. de dr.*, vo *Lettres de ratification*, § 3.

245. — 5o La rente foncière ne pouvait être atteinte par la prescription qu'après le laps de temps déterminé pour la prescription des droits immobiliers.

246. — 6o Le propriétaire de la rente devait participer à certaines charges grevant le fond. — Loyseau, *Du déguerpissement*, liv. 1er, chap. 10, no 11; Pothier, *Bail à rente*, no 107.

247. — 7o La rente foncière était susceptible d'hypothèque.

248. — Le droit intermédiaire et le Code civil ont apporté aux caractères des rentes foncières de profondes modifications. — Nous ne nous occuperons ici de ces modifications qu'en tant qu'elles se rattachent à la mobilisation.

249. — A cet égard, quatre systèmes divisent les auteurs : — 1o Dans le premier système, la mobilisation des rentes foncières remonterait aux lois de 1789 et de 1790; — 2o suivant le deuxième, elle dériverait de la combinaison des art. 1er, 6, 7, 37 et 39 de la loi du 11 brum. an VII; — 3o d'après le troisième, la mobilisation découlerait de l'art. 27, sixième alinéa de la loi du 22 frim. an VII; — 4o enfin, un quatrième système reculerait la mobilisation jusqu'au 4 fév. 1804, date de la promulgation de l'art. 529 C. civ.

250. — *Premier système.* — Les lois des 4 août 1790, art. 6, et 18-29 décembre 1790, tit. 1er et 2 (auxquelles se réfère l'art. 2, tit. 2, de la loi du 20 août 1792), ont autorisé le *rachat* des rentes foncières, soit en nature, soit en argent. — La mobilisation est-elle due à cette législation?

251. — Malgré l'assertion de M. Tronchet, qui dit : « Les rentes foncières perdraient leur caractère, qui est de représenter les fonds, s'il était permis de les racheter », nous ne pensons pas que la mobilisation des rentes foncières date de cette législation. En effet, la faculté de rachat, motivée par des considérations politiques, n'entraîne pas nécessairement la perte du caractère immobilier; car dans l'ancien droit la nature immobilière des rentes foncières n'était point réputée altérée par la stipulation de rachat, ni par l'autorisation de rachat que donnaient les ordonnances relativement aux rentes grevant des maisons de ville. — Cout. de Sens, art. 221; Renusson, *Traité des prop.*, chap. 5, sect. 1re, no 6; Pothier, *Bail à rente*, no 67; Denizart, vo *Rente foncière*, no 2.

252. — *Deuxième système.* — C'est celui que nous admettons. Il a été consacré par les arrêts suivans : — *Cass.*, 28 fév. 1832, Letellier; 2 juill. 1833, Hamel c. Lecieux; *Colmar*, 4 mai 1842 (t. 1er 1843, p. 505), Teutsch c. Fischer; 17 janv. 1843 (t. 1er 1843, p. 505), de Coislin c. Dambry. — V. aussi Merlin, *Répert.*, vo *Rente foncière*, § 1er, art. 4; Duranton, *Dr. franç.*, t. 4, nos 141 et 142. — M. Jacqueminot, faisant son rapport au conseil des Cinq-

Cents sur le projet de loi du 11 brum. an VII, disait: « Les rentes foncières et constituées seront à l'avenir *réputées meubles*».— En 1800, M. Guichard, publiant la première édition de son code hypothécaire, disait (p. 22) : « Toutes les rentes constituées même celles foncières, ont été *mobilisées* par diverses lois»; et plus loin (p. 210) : « Un temps viendra peut-être où l'on régularisera la mobilisation des rentes vraiment foncières. »

253.—Jugé, dans ce système, que les rentes foncières qui, créées avant 1790, n'étaient, sous l'empire de la coutume de Bretagne, prescriptibles que par quarante ans, comme biens immeubles, ont été mobilisées par la loi du 11 brum. an VII. et rendues prescriptibles par trente ans. — *Cass.*, 17 janv. 1843 (t. 1er 1843, p. 505), Coislin c. Dambry.

254. — Un arrêt de la cour de Colmar, du 4 mai 1842 (t. 1er 1843, p. 5), Teutsch c. Fischer, admet bien la mobilisation par la loi du 11 brum. an VII, mais ne lui donne pas pour effet d'avoir changé la durée de la prescription. — V. aussi *Cass.*, 5 fév. 1834, Kempf c Gysenderfers.

255. — *Troisième système.* — La loi du 22 frim. an VII, sur l'enregistrement, dans sa disposition réglant la déclaration à faire pour les mutations de rentes, considéra comme meubles les rentes qui étaient sans *assiette déterminée* (art. 27). Or, dit-on, cela ne pouvait s'appliquer aux rentes foncières, sur lesquelles étaient maintenues toutes affectations hypothécaires, avec indication du bureau de la situation du fonds grevé pour les formalités de conservation de la rente (art. 42 et 47). — Le texte de la loi du 22 frimaire n'a rien d'assez explicite pour faire supposer qu'il puisse servir de point de départ à la mobilisation des rentes.

256.— *Quatrième système.*—Deux articles du Code civil ont trait à cette matière : l'art. 529 et l'art. 530; on peut y joindre l'art. 655, C. procéd. civ.; l'art. 529 ne concerne pas les rentes foncières; il n'a pas été fait pour elles; il déclare meubles les rentes *perpétuelles ou viagères*, mais cet article ne parle là que de deux variétés de la rente constituée; il n'a rien de commun avec la rente foncière, qui est tout autre chose, et qui procède d'une combinaison toute différente. — Quant à l'art. 530, il est le seul dont on puisse argumenter; mais la preuve qu'il ne contient aucun droit nouveau, c'est ce que disait Cambacérès : qu'il fallait s'attacher à suivre sur les rentes la législation *existante*. — V. les citations qui précèdent.— Troplong, *Hypothèques*, t. 2, nº 408.

257.—Les rentes foncières qui, appartenant aux femmes mariées sous la coutume de Normandie, étaient immeubles sous l'empire de cette coutume, ont été, du moins à l'égard des tiers, mobilisées en vertu de l'art. 529, C. civ., lorsque d'ailleurs elles n'ont pas été stipulées dotales. — *Rouen*, 13 août 1816, Duval c. Masson; 24 avr. 1817 (t. 1er 1838, p. 23), Louvet c. Hellot; — Chabot, *Quest. transit.*, vº *Droits matrimoniaux;* Rolland de Villargues, *Répert. du not.*, vº *Rente*, nº 184.

258.— Jugé cependant que les droits des époux dont le mariage a eu lieu sous l'empire des lois qui réputaient les rentes immobilières doivent toujours être réglés conformément à ces lois. —*Rouen*, 12 déc. 1807, Dubus.

259. — Toute rente *établie à perpétuité* pour le prix de la vente d'un immeuble, ou comme condition de la cession *à titre onéreux ou gratuit*, d'un fonds immobilier, est *essentiellement rachetable.* — Il est néanmoins permis au créancier de régler les clauses et conditions du rachat. — Il lui est aussi permis de stipuler que la rente ne pourra lui être remboursée qu'après un certain terme, lequel ne peut jamais excéder *trente ans* : toute stipulation contraire est nulle. — C. civ., art. 530. — V. au surplus RENTE.

260. — Pour déterminer le prix du rachat, si le capital n'a pas été exprimé au contrat, l'on doit appliquer la loi du 18-29 déc. 1790, tit. 3.

261. — Quoique la loi permette au créancier de régler les *conditions* du rachat, cependant il ne pourrait valablement stipuler du débiteur le déguerpissement du fonds, comme condition unique et nécessaire de son affranchissement. — Proudhon, nº 292.

262. — De même si les clauses du rachat stipulées au contrat étaient tellement onéreuses qu'on dût les considérer comme s'opposant à ce rachat, les tribunaux n'en tiendraient aucun compte. — Proudhon, nº 291.

263.—Par les mots *toute stipulation contraire est nulle*, de l'art. 530, il faut entendre que le rachat ne peut être exercé pendant trente ans, mais qu'il peut l'être après, malgré la convention qui aurait déterminé un plus longtemps; en d'autres termes, la stipulation n'est pas nulle pour le tout, mais seulement pour le laps de temps qui excède le délai le plus long fixé par la loi. — Proudhon, nº 294.

264. — La faculté de rachat de la rente sur un fonds n'existe que pour les rentes qui ont réellement le caractère de rentes perpétuelles. De sorte que s'il ressortait des stipulations du contrat que les parties n'ont voulu créer qu'un droit temporaire, tel qu'un droit d'usufruit ou de louage, il ne faudrait pas appliquer à ce contrat les règles du rachat. — V. Duranton, nos 145, 146, 149.

ART. 3.—*Etendue des expressions* meubles, meubles meublans, biens meubles, mobilier, effets mobiliers.

§ 1er. — *Meubles.*

265. — Le mot *meuble*, employé seul dans les dispositions de la loi ou de l'homme, sans autre addition ni désignation, ne comprend pas l'argent comptant, les pierreries, les dettes actives, les livres, les médailles, les instrumens des sciences, des arts et métiers, le linge de corps, les chevaux, équipages, armes, grains, vins, foins et autres denrées; il ne comprend pas aussi ce qui fait l'objet d'un commerce. — C. civ., art. 533. — Peu importe, fait observer M. Duranton (nº 169), que la disposition porte *meuble* au singulier comme l'écrit le Code, ou *meubles* au pluriel; il faut appliquer dans les deux cas l'interprétation donnée par l'art. 533, à moins de manifestation contraire de volonté.

266. — Bien que l'art. 533 fasse allusion aux *dispositions de la loi*, il est à remarquer que le Code civil n'emploie nulle part le mot *meubles* dans le sens restreint de cet article.

267. — Il faut ajouter à l'énumération faite par l'art. 533, C. civ., les collections de tableaux ou de porcelaines placées dans des galeries ou pièces particulières, l'or et l'argent en lingots, les montres et nécessaires, les bœufs, les vaches et autres animaux; car il y a entre ces divers objets et ceux énoncés dans l'article une parfaite analogie sous le rapport de leur détermination du service auquel on les emploie; il y a donc même raison de décider; et d'ailleurs l'art. 533 n'est pas conçu sous forme limitative. — Duranton, nº 176. — Mais il faudrait comprendre dans le mot *meubles* l'argenterie destinée au service de la table. Car si cette argenterie n'est pas un meuble meublant, un ornement de la maison, elle est au moins en parfaite analogie avec la vaisselle de porcelaine, qui est meuble meublant quand elle ne forme pas une collection particulière. — Duranton, nº 177.

268. — Le droit d'usufruit qu'a l'époux survivant sur *les meubles* de l'autre époux, en vertu d'une donation mutuelle, contenue dans leur contrat de mariage, s'étend aux capitaux et aux créances actives. — *Bordeaux*, 16 mai 1832, Déterce c. Salleton; — Toullier, t. 3, nº 24; Duranton, t. 4, nº 172.

269. — Si un testateur a légué *ses meubles* à l'un et *ses immeubles* à l'autre, il faut comprendre dans le premier legs tous les biens, moins les immeubles. — Toullier, t. 3, nº 25; Duranton, nos 172 et 173. — Le legs comprendrait *tous les biens mobiliers*, si le testateur avait légué *ses meubles en totalité.* — Toullier, *ibid.*; Duranton, nos 174 et 175. — C'est sur ces principes que sont fondées les solutions suivantes.

270. — 1º La disposition par laquelle un testateur lègue à une personne *tous ses meubles*, comprend tout ce que la loi répute *biens mobiliers.* — *Bruxelles*, 9 mars 1813, Dery c. Deryeux.

271. — 2º Le legs de *tous mes meubles et effets* comprend tout ce qui est censé meuble aux termes de l'art. 535, C. civ. — *Poitiers*, 25 juin 1825, Bénéteau c. de Théronneau. — Delvincourt, t. 1er, p. 341; Ferrière, *Dict. de dr.*, vis *Meubles*, *Fruits*; Bouhier, *Sur la cout. de Bourgogne*, t. 2, p. 982 et suiv.; Duplessis, *Sur la cout. de Paris*, p. 133; Pothier, *Tr. des personnes et des choses*; Merlin, *Rép.*, vis *Meubles*, *Legs*; Hennequin, *Tr. de législation*, t. 1er, p. 88.

272. — 3º Le legs de tout ce qui appartient au testateur, meubles et immeubles, comprend, quant aux meubles, l'argent comptant et les dettes actives. — *Rouen*, 27 mai 1806, Tolmer c. Grecy.

273. — 4º Le legs du quart des meubles et immeubles du testateur en propriété, ou de la moitié desdits meubles ou immeubles en usufruit, comprend non seulement les meubles meublans, mais l'universalité des biens mobiliers. — *Paris*, 7 janv. 1807, de Roisin c. Girardin.

274. — 5º La disposition par laquelle un testateur lègue *tous ses meubles et pour tels réputés*, doit être considérée comme comprenant généralement tout ce qui est déclaré meuble par la loi, si telle est surtout l'intention apparente du testateur. — *Bruxelles*, 8 mai 1816, Van Ecke.

275. — 6º La clause suivante : *Je lègue le quart du mobilier qui se trouvera chez moi à mon décès, linge, argenterie, et généralement le quart de tout*, comprend tout ce qui est *meuble* par sa nature ou par la détermination de la loi, et notamment l'*argent comptant.* — *Bordeaux*, 28 fév. 1831 (sous *Cass.*, 1er mai 1832), Labarthe c. Banquet et Bignolles.

276. — Cependant quelques arrêts semblent avoir statué en sens différent.— Ainsi jugé : 1º que le legs de tous les meubles et effets, linge et argenterie, doit être restreint aux objets spécialement désignés par le testateur. — *Nîmes*, 25 avr. 1811, Coulet c. Martel.

277.— ... 2º Que le legs de tous les meubles, effets denrées qui se trouvent dans la maison du testateur au moment de son décès ne comprend ni les titres de créances ni l'argent comptant. — *Pau*, 27 juill. 1822, Darnaudat; *Agen*, 30 déc. 1823, Faget c. Beaulieu.

278. — Un arrêt de la cour de Bordeaux a pris un moyen terme en décidant que la disposition par laquelle un testateur lègue *les meubles et effets de sa maison d'habitation* ne doit être ni restreinte aux effets que désigne le mot *meubles* employé seul et sans addition, ni étendue à tout ce qui est réputé meuble, mais qu'elle doit être réglée par l'art. 536, C. civ., c'est-à-dire qu'elle comprend tout ce qui est meuble, à l'exception de l'argent comptant, des dettes actives et autres droits dont les titres peuvent être déposés dans la maison. — *Bordeaux*, 9 mars 1830, Moulin c. Lapeyronie.

279. — Jugé que le legs de tout l'argent monnayé qui se trouvera dans la maison du testateur, au moment de son décès, comprend l'argent que le testateur a déposé dans une bergerie éloignée, lorsqu'il résulte des circonstances de la cause que ce dépôt, déterminé par la crainte du pillage, ne devait être que momentané. — Le legs de tous les meubles qui existeront dans la maison du testateur, au moment de son décès, ne comprend pas les meubles trouvés dans une bergerie séparée de la maison par une distance de trois cents quatorze mètres. — *Nîmes*, 11 mars 1830, Sinard.

280. — Le legs de l'argent comptant qui se trouvera au pouvoir du testateur à son décès, et qui existera dans son domicile, comprend non seulement l'argent trouvé dans la maison qu'habitait le testateur au moment de son décès, mais encore celui qui existe dans son domicile de droit. — *Grenoble*, 18 mai 1831, Gayet c. Jourdan-Ponat.

281. — Le legs de *tout l'argent comptant* ne comprend point l'argent que le testateur a reçu en qualité de mandataire, pour en faire la remise à un tiers, surtout lorsque, par une note mise au bas de son testament, le testateur a ordonné à ses héritiers d'acquitter cette somme. — Il ne comprend point les sommes reçues par le testateur, comme mandataire de différens particuliers. — *Bruxelles*, 15 mai 1822, N...

282. — De même, dans l'hypothèse inverse, la disposition par laquelle un testateur lègue l'*argent comptant qu'il laissera à son décès*, ne comprend pas les sommes d'argent que le légataire a reçues pour le testateur, en qualité de mandataire, et dont il ne lui a pas rendu compte de son vivant. — *Bruxelles*, 9 juin 1815, Vandenbossche c. Colle.

283. — Le legs d'un portefeuille, dans l'acception commune de ce mot, ne s'entend que des effets commerciaux et négociables; un tel legs ne comprend point les autres créances actives. — *Riom*, 3 déc. 1816, Pinatelle c. Grille.

284. — Il n'y a pas ouverture à cassation contre un arrêt qui a jugé qu'un legs de *tous les meubles et effets mobiliers* ne comprenait pas une rente constituée dépendant de la succession du testateur. — *Cass.*, 24 juin 1840 (t. 2 1840, p. 478), Gay c. Jouve. — V. aussi 3 mars 1836, Dubois c. Garnier de Laboissière.

285. — Par application du principe qui veut que les donations entre-vifs se règlent pour les droits des donataires et les effets de la donation par les lois en vigueur au temps de la donation, il a été jugé que la donation mutuelle, faite entre époux, de leurs *meubles*, en vertu de la loi du 17 niv. an II, et dans une coutume qui réputait *meubles* les bestiaux et instrumens aratoires, doit comprendre ces objets, bien que le Code civil les déclare *immeubles par destination*, et que la succession de l'époux donataire se soit ouverte sous ce Code. — *Cass.*, 11 nov. 1818, Delangle.

§ 2. — *Meubles meublans.*

286. — Les mots *meubles meublans* ne comprennent que les meubles destinés à l'usage et à l'ornement des appartemens, comme tapisseries, lits, siéges, glaces, pendules, tables, porcelaines et autres objets de cette nature. — Les tableaux et les statues qui font partie du meuble d'un appartement y sont aussi compris, mais non les collec-

tions de tableaux, qui peuvent être dans les galeries ou pièces particulières.—Il en est de même des porcelaines : celles seulement qui font partie de la décoration d'un appartement, sont comprises sous la dénomination de meubles meublans. — C. civ.; art. 534.

287. — Il faut encore comprendre sous l'expression *meubles meublans*, les armoires ou rayons destinés à une bibliothèque, le linge de table, la batterie de cuisine. — Delvincourt, t. 1er, p. 340.

288. — La vente ou le don d'une maison meublée ne comprend que les meubles meublans. — C. civ., art. 535.

289. — La vente ou le don d'une maison, avec tout ce qui s'y trouve, ne comprend pas l'*argent comptant*, ni les dettes actives et autres droits dont les titres peuvent être déposés dans la maison; tous les autres effets mobiliers y sont compris. — C. civ., art. 536.

290. — Quelle que soit la généralité des termes de cet article, il ne faudrait pas, à notre avis, en conclure que les hardes et le linge de corps du *vendeur* qui habiterait la maison, au moment du contrat, ainsi que ceux de sa famille, dussent être compris dans la vente de la maison avec tout ce qui s'y trouve. Le vendeur n'a pas dû avoir la pensée de sortir de la maison sans ces objets, il n'a pas dû vouloir y comprendre ses pierreries et celles à l'usage de sa femme. La commune intention des parties qui est une des règles de l'interprétation des conventions repoussera cette interprétation. — C. civ., art. 1156.

291. — Le doute ne serait pas possible, s'il s'agissait d'une donation puisque aux termes de l'art. 948 C. civ., l'acte de donation d'objets mobiliers, n'est valable qu'autant qu'un état estimatif signé des contractans est annexé à la minute de la donation.

292. — La cour de Cassation a consacré la souveraineté d'appréciation des juges du fonds dans une espèce où l'arrêt attaqué avait décidé qu'un acte de vente ne comprenait pas la totalité des effets mobiliers, bien que cet acte portât vente d'une maison avec les meubles meublans, vaisselles caves, linges et hardes qui pourraient se trouver dans ladite maison à son décès. — *Cass.*, 3 mai 1837 (t. 2 1837, p. 114), Sancan c. Mourlan.

293. — Jugé que l'époux donataire par contrat de mariage de *tous les meubles meublans*, habits, linge, hardes, etc., qui se trouveraient dépendre de la succession du prémourant, n'a pas droit aux glaces qui auraient été placées par le prédécédé dans un immeuble à lui appartenant, bien qu'elles ne fissent pas corps avec la boiserie. — *Paris*, 11 avr. 1840 (t. 1er 1848, p. 701), del Carretto c. Loysel. — Cette décision est toute spéciale; il faut, pour les principes, recourir à la jurisprudence que nous avons exposée relativement aux glaces, sous l'art. 2 du chap. 1er, *suprà*, nos 132 et suiv.

§ 3. — *Biens meubles, mobilier, effets mobiliers.*

294. — L'expression *biens meubles*, celle de *mobilier* ou d'*effets mobiliers*, comprennent généralement tout ce qui est censé meuble d'après les règles que nous avons exposées. — C. civ., art. 535.

295. — Le legs de l'universalité de tous les biens meubles et effets mobiliers, droits, crédits et actions que possédera le testateur au moment de son décès, de quelque nature qu'ils soient, est un legs purement mobilier. — Du moins l'arrêt qui décide, en se fondant sur la volonté du testateur, que les immeubles ne sont pas compris dans un tel legs, échappe à la censure de la cour de Cassation. — *Cass.*, 26 juin 1832, Lanjamet c. Montmuron.

296. — Jugé de même, que le legs de tous les biens meubles et effets du testateur ne peut s'entendre que des biens mobiliers. — En conséquence, lorsqu'après avoir précédemment légué tous ses biens, meubles et immeubles, le testateur lègue ensuite tous ses biens, meubles et effets, il révoque, seulement quant aux meubles, le premier testament, qui doit subsister quant aux immeubles. — *Bordeaux*, 25 avr. 1833, Lacour.

297. — Jugé que les mots *effets mobiliers* de l'ancien art. 554, C. comm., doivent uniquement s'entendre des objets à l'usage du mari, de la femme et du ménage, et non de tout ce qui est censé meuble d'après les règles établies par le Code civil. — *Bruxelles*, 26 juin 1828, M... c. D...; — Locré, *Esprit du Code comm.*, t. 7, p. 113 et 160.

298. — L'expression *effets mobiliers* employée dans le deuxième alinéa de l'art. 560, qui, depuis la loi de 1838, a remplacé l'alinéa premier de l'art. 554 de l'ancien Code de commerce, nous semble devoir être entendue encore aujourd'hui dans le même sens.

299. — Les mots *meubles et effets mobiliers* employés dans un legs fait par l'un des époux à l'autre, sous l'empire du Code civil, ne comprennent pas les actions en reprise ou en remploi d'immeubles aliénés durant le mariage, lorsque ces actions ont été immobilisées par le contrat de mariage, et que le testament n'y a pas expressément dérogé. — Il en doit être ainsi surtout lorsque le testament rappelle une donation précédente insérée dans le contrat de mariage, et qui ne comprenait pas les actions en reprise ou en remploi immobilisées par le même contrat. — *Paris*, 13 juill. 1841 (t. 2 1841, p. 369), Chapron.

300. — Le légataire de *biens meubles* peut réclamer comme faisant partie de son legs les animaux attachés à la culture et les ustensiles aratoires, alors que le testateur, en exceptant du legs un des animaux attachés à la culture, dont il a fait l'objet d'un autre legs particulier, a manifesté que telle était son intention. — *Liége*, 10 mars 1813, Steinhener c. Schotten.

301. — Jugé de même que le légataire de biens meubles peut réclamer, comme faisant partie de son legs, les chevaux servant à la culture et les ustensiles aratoires, lesquels ne doivent pas être réputés immeubles par destination par cela seul que le propriétaire du fonds, qui l'exploitait lui-même, en a laissé la jouissance au fermier, si d'ailleurs ils n'ont pas été compris expressément dans le bail à ferme. — *Bruxelles*, 8 août 1811, Salmon.

302. — Le legs de *tout le mobilier* qui se trouvera dans l'appartement occupé par le testateur, même de l'argent monnayé, sans autres réserves que celles des dettes actives de commerce, comprend les obligations non commerciales. — *Paris*, 21 juin 1806, Rousseau c. Emeric.

303. — Le legs des objets mobiliers qui se trouveront dans la maison du testateur au moment de son décès, comprend les créances dont les titres se sont trouvés, à cette époque, dans la maison. — *Bordeaux*, 11 juin 1828, Paillet-Lapeyrière c. Gaultier.

304. — Jugé, au contraire, que le legs de tout le mobilier qui *existera ou se trouvera* dans une maison désignée, au décès du testateur, ne comprend ni l'argent, ni les rentes et créances dont les titres peuvent, à l'époque de ce décès, se trouver déposés dans la maison. — Il y a, dans ce cas, lieu à l'application de l'art. 536. — *Aix*, 18 mai 1837 (t. 2 1837, p. 548), Galle c. Rolland.

305. — La disposition testamentaire par laquelle on lègue une maison, ses meubles, l'argent monnayé, et *généralement tout ce qu'elle contient*, comprend les titres de créances actives renfermés dans cette maison. — *Aix*, 19 août 1829, Aubert c. Martinenq; *Cass.*, 28 fév. 1832, mêmes parties.

306. — Le legs du mobilier comprend tout ce qui est meuble d'après la loi, notamment l'argent comptant. — Si, dans le même testament, le testateur ajoute qu'il donne aussi au même légataire son trousseau et ses meubles meublans, cette disposition spéciale ne doit pas être considérée comme restrictive de la disposition générale du mobilier. — *Bordeaux*, 16 janv. 1832, Labarthe c. Voisin-Lafforges.

307. — Jugé que le legs de *tout le mobilier du testateur, excepté les effets en portefeuille et l'argent comptant*, ne comprend pas seulement les meubles meublans, mais aussi les rentes sur l'état et les fonds placés sur contrats et sur reconnaissances, ainsi que toute espèce de valeurs mobilières autres que celles formellement exceptées. — *Amiens*, 8 juill. 1840 (t. 1er 1842, p. 461), Leprince c. hosp. d'Amiens.

308. — La disposition par laquelle un testateur permet de *faire choix de ce qui peut lui faire plaisir dans son mobilier*, ne donne pas droit au légataire d'exercer son choix sur toutes les choses que la loi répute *meubles*, et d'en prélever tel nombre qu'il lui plaît. — *Bruxelles*, 15 juin 1815, Pifry c. bur. de bienfais. de Tournay.

309. — L'expression *tout mon mobilier*, renfermée dans un testament, comprend non seulement les meubles meublans, mais tout ce qui est réputé meuble dans le sens de l'art. 535, C. civ., alors surtout que la légataire, par sa qualité de mère du testateur, rend présumable en ce sens la volonté de ce dernier. — *Lyon*, 2 avr. 1840 (t. 1er 1848, p. 461), Naville c. Cortey.

310. — Lorsqu'il résulte de l'ensemble des dispositions d'un testament que l'intention du testateur a été de disposer de toute sa fortune entre ses héritiers, sans rien laisser *ab intestat*, on peut considérer comme faisant partie du legs du mobilier d'une maison d'exploitation avec grange, par lui fait à l'un d'eux, une meule de grains qui se trouve placée près de cette maison d'exploitation et dont il n'est point parlé dans le testament. — *Bruxelles*, 3 décembre 1828, Gravy c. Demeure.

311. — Jugé même que lorsqu'un testateur, exprimant qu'il lègue en totalité son mobilier, énonce immédiatement une série d'objets qu'il veut faire tomber dans ce legs, il n'y a pas lieu de restreindre sa libéralité à ces objets, et d'attribuer à l'héritier *ab intestat* qui les réclame des rentes qui se trouvent dans la succession sans être comprises dans l'énumération susdite, s'il est démontré d'ailleurs que le testateur a voulu disposer de la totalité de la succession. — *Liége*, 21 mars 1833, Demartin c. Thiéry.

312. — Il en serait autrement si la volonté du disposant était apparente en sens contraire; ainsi, la donation pure et simple de tous biens meubles et immeubles, noms, raisons, voies et actions, ne comprend point les dettes actives, si de l'énumération des objets auxquels ils se réfèrent on peut conclure que l'acception légale des *biens meubles* a été restreinte par le donateur lui-même. — *Bordeaux*, 6 août 1834, Viveille c. Royère.

313. — Lorsqu'un testateur a légué *tout le mobilier* qu'il possédait dans un lieu déterminé, par exemple dans une ville, un tel legs ne comprend pas les titres de créance existant dans ce lieu; du moins l'arrêt qui le décide ainsi, en interprétant un testament, ne viole aucune loi et ne donne pas ouverture à cassation. — *Cass.*, 14 avr. 1824, Hutteau.

314. — Le legs de tous les fruits et revenus échus, et généralement de tout le mobilier qui composera la succession du testateur, ne comprend pas la portion des fermages ou loyers courus depuis le dernier terme échu avant le décès du testateur jusqu'à l'époque du décès, mais seulement les revenus exigibles au décès de ce dernier. Du moins, l'arrêt qui le décide ainsi ne renferme qu'une interprétation du testament qui ne peut donner ouverture à cassation. — *Cass.*, 1er août 1832, Lehugeur c. Delalande; — Proudhon, *Usufruit*, t. 2, p. 907 à 912.

315. — C'est par respect de cette souveraineté d'appréciation qu'il a été jugé que l'arrêt qui, malgré la mobilisation opérée par les lois des 11 brum. et 2 frim. an VII, décide qu'une donation générale entre époux des meubles et effets mobiliers, faite par un contrat de mariage passé avant le Code civil, sous l'empire de ces lois, ne comprend pas les *rentes foncières* du donateur, échappe à la censure de la cour de Cassation, alors qu'il se fonde, non pas sur ce que lesdites rentes n'auraient pas été mobilisées, mais sur ce qu'il résulte des clauses de l'acte et autres circonstances que l'intention du donateur n'a pas été de les comprendre dans la donation. — *Cass.*, 9 mars 1841 (t. 1er 1841, p. 716), Seigle c. Mesaize.

316. — Quand il a été stipulé dans un contrat de mariage que l'époux survivant aura l'usufruit des immeubles du prédécédé et la pleine propriété des effets mobiliers, et qu'en cas d'enfans, les avantages stipulés se réduiront à la quotité disponible, les *effets mobiliers* se trouvent compris sous cette dénomination d'*avantages*. — *Bruxelles*, 21 juill. 1810, Vanswae c. Scheltiens.

317. — Lorsqu'un conjoint a légué à l'autre la propriété de tous ses droits et effets mobiliers, on doit, pour apprécier la nature mobilière ou immobilière des objets légués, recourir à la loi en vigueur à l'époque du testament, sans égard au statut sous l'empire duquel ont été réglées les conventions matrimoniales. — *Rennes*, 23 juill. 1821, Fraissine c. Boyer.

318. — Sous l'ancienne jurisprudence, il y avait exception à l'art. 438 de la cout. de Bretagne, lorsque le propre aliéné avait été acquis par un héritier; c'est-à-dire le droit de l'héritier acquéreur du propre aliéné dont le remploi n'était pas justifié, était réduit à une simple action en réclamation du prix. — Ces sortes d'actions ont été mobilisées par la législation nouvelle. — *Rennes*, 28 fév. 1831, Duleslay c. Le Keranflech.

319. — Cette action entre dans un legs comprenant les *biens meubles et les effets mobiliers* du testateur, en faveur d'une personne non héritière, de telle sorte qu'à cause de ce legs, l'héritier acquéreur n'ait aucun droit à exercer contre le défaut du remploi. — Même arrêt.

CHAPITRE II. — *Des biens dans leur rapport avec ceux qui les possèdent.*

320. — Considérés relativement à ceux qui les possèdent, les biens, tant meubles qu'immeubles, peuvent être classés comme appartenant, soit à des particuliers, soit à l'état, soit à des communes, soit à des établissemens publics.

321. — Les particuliers peuvent avoir sur ces

biens ou un droit de propriété, ou un simple droit de jouissance, ou des services fonciers à prétendre.—C. civ., art. 543, 544, 578, 2406.—V., pour les règles relatives à chacun de ces droits, PROPRIÉTÉ, SERVITUDE, USAGE ET HABITATION, USUFRUIT.

322.—Les particuliers ont la libre disposition des biens qui leur appartiennent, sous les modifications établies par les lois, tandis que les biens qui n'appartiennent pas à des particuliers ne peuvent être aliénés que dans les formes et suivant les règles qui leur sont particulières.—C. civ., art. 537.

323.—Les biens qui constituent les majorats doivent être, en général, et sous les modifications apportées dans les lois qui les régissent, classés parmi les biens appartenant à des particuliers.— V. MAJORATS.

§ 1er. — Biens appartenant à l'état.

324.—Les biens qui appartiennent à l'état, c'est-à-dire à l'universalité des citoyens composant la nation, comprennent tout ce qui est en dehors de la propriété individuelle des particuliers ou des communes et établissemens publics, formant le domaine national, qui est le domaine éminent et de souveraineté.— Laferrière, Cours de droit publ. et admin., p. 131.

325.—Le domaine national se divise en trois parties : le domaine de la couronne, le domaine de l'état et le domaine public.—Ibid., p. 127.

326.—Le domaine de la couronne, que l'on considère quelquefois comme une branche du domaine de l'état, doit plutôt être classé comme division spéciale du domaine national, puisque les principes qui le régissent sont opposés, en plusieurs points essentiels, à ceux qui régissent le domaine de l'état et le domaine public.— Les actes législatifs qui le régissent sont la loi du 22 nov. 1790, et surtout la loi du 2 mars 1832.—V. DOMAINE DE LA COURONNE, LISTE CIVILE.

327.—Il ne faut pas confondre avec le domaine de la couronne le domaine privé du roi, qui se compose des biens appartenant au roi avant son avénement au trône et de ceux qu'il peut acquérir à titre gratuit ou onéreux pendant son règne.— L. 2 mars 1832, art. 22.—V. DOMAINE PRIVÉ.

328.—Le domaine de l'état est celui dont l'état, représenté par les pouvoirs constitués, jouit comme un simple particulier, exclusivement et à titre de propriétaire.— Laferrière, ibid., p. 131.— V. DOMAINE DE L'ÉTAT.

329.—Les forêts et les monumens publics appartiennent à l'état sont aliénables, sans qu'il soit nécessaire, pour les rendre tels, qu'ils aient changé de destination.— Duranton, t. 1, nº 198.— Mais cette aliénation ne peut avoir lieu qu'en vertu d'une loi.

330.—L'expression domaine public a été souvent confondue par l'assemblée constituante et par nos lois nouvelles avec les mots domaine national, domaine de la nation : il nous semble toutefois plus convenable de lui donner sa définition propre en disant avec M. Proudhon (Tr. du domaine public) « Qu'il embrasse tous les fonds qui, sans appartenir à personne, ont été civilement consacrés au service public de la société. »— V. au surplus DOMAINE NATIONAL, DOMAINE PUBLIC.

331.—Les chemins, routes et rues à la charge de l'état, les fleuves et rivières navigables ou flottables, les rivages, lais et relais de la mer, les ports, les havres, les rades et généralement toutes les portions du territoire français qui ne sont pas susceptibles de propriété privée, sont considérés comme des dépendances du domaine public.— V. CHEMINS VICINAUX, COURS D'EAU, LAIS ET RELAIS DE LA MER, MER, PÊCHE, PORTS, RADES, ROUTES, SERVITUDE, VOIRIE.

332.—Tant que les biens de cette espèce conservent leur destination, ils sont inaliénables et imprescriptibles.—C. civ., art. 538.— Ils deviennent aliénables, dès que leur destination cesse.—C. civ., art. 2227.—V. PRESCRIPTION, VENTE.

333.—Tous les biens vacans et sans maître, et ceux des personnes qui décèdent sans héritiers, ou dont les successions sont abandonnées, appartiennent au domaine public.—C. civ., art. 539.—V. DÉSHÉRENCE, PROPRIÉTÉ, SUCCESSION, TRÉSOR.

334.—Les biens acquis par un condamné à une peine emportant mort civile, postérieurement à la mort civile, et dont il se trouve en possession au jour de sa mort naturelle, appartiennent à l'état par droit de déshérence; néanmoins, il est loisible au roi de faire, au profit de la veuve, des enfans ou parens du condamné, telles dispositions que l'humanité lui suggère.—C. civ., art. 33.— V. au surplus MORT CIVILE.

RÉP. GÉN.—II.

335.—Les portes, murs, fossés, remparts des places de guerre et des forteresses, font aussi partie du domaine public.—C. civ., art. 540.—V. EXPROPRIATION POUR CAUSE D'UTILITÉ PUBLIQUE, PLACES DE GUERRE.

336.—Il en est de même des terrains, des fortifications et remparts des places qui ne sont plus places de guerre : ils appartiennent à l'état, s'ils n'ont été valablement aliénés, ou si la propriété n'en a pas été prescrite contre lui.—C. civ., art. 541. — V. EXPROPRIATION POUR CAUSE D'UTILITÉ PUBLIQUE, PLACE DE GUERRE, PRESCRIPTION.

337.—Quant aux contestations qui peuvent naître relativement aux droits réclamés par l'état ou contre l'état, V. COMPÉTENCE ADMINISTRATIVE, CONSEIL D'ÉTAT, DOMAINE DE L'ÉTAT.

§ 2. — Biens communaux.

338.—Les biens communaux sont ceux à la propriété ou au produit desquels les habitans d'une ou plusieurs communes ont un droit acquis. — C. civ., art. 542.—V. BIENS COMMUNAUX, COMMUNES.

§ 3. — Biens des établissemens publics.

339.—Les règles qui régissent ces sortes de biens ont rapport principalement : 1º aux biens des hospices (L. 16 vendém. an VII, 16 messid. an VII.—V. HOSPICES); — 2º aux biens de l'université (Décr. 17 mars 1808. — V. UNIVERSITÉ); — 3º aux biens appartenant aux établissemens ecclésiastiques (L. 18 germin. an X, L.2 janv. 1817. —V. CLERGÉ, CULTE, COMMUNAUTÉS RELIGIEUSES, CONCORDAT.

BIENS ALLODIAUX.

1. — Sous le régime féodal, on appelait allodiaux (du mot aleu, franc-aleu) les biens qui étaient libres de toute dépendance féodale, et qui, par conséquent, n'étaient grevés d'aucun cens, ni d'aucune autre charge récognitive de la seigneurie directe.

2.— Il était quelques coutumes dans lesquelles l'allodialité formait le droit commun, de sorte que tout fonds était réputé libre, à moins que le contraire ne résultât de quelque titre d'inféodation ou d'accensement; ces coutumes étaient appelées allodiales. Dans d'autres, au contraire, régnait la maxime : nulle terre sans seigneur. Dans ces dernières, tout fonds était de plein droit réputé relever d'un seigneur, si l'allodialité n'en était établie par un titre positif.—V. FÉODALITÉ, FRANC-ALEU.

BIENS D'AUTRUI.

V. LEGS, STELLIONAT, VENTE.

BIENS COMMUNS.

V. INDIVISION, PARTAGE.

BIENS COMMUNAUX.

Table alphabétique.

BIENS COMMUNAUX. — 1. — Les biens communaux sont ceux sur la propriété ou le produit desquels tous les habitans d'une ou de plusieurs communes ou d'une section de commune ont un droit commun.— L. 10 juin 1793, sect. 1re, art. 1er.

2. — L'art. 542, C. civ., en substituant aux mots un droit commun, employés par la loi du 10 juin 1793, les mots un droit acquis, a adopté une définition moins exacte; car le caractère distinctif des biens communaux est d'appartenir de leur nature à la généralité des habitans ou membres des communes ou des sections de communes dans le territoire desquelles ces biens sont situés.— Magnitot et Delamarre, Dict. de droit admin., vo Communes.

3. — Le mot biens, dans l'acception de la loi du 10 juin 1793, comme dans l'acception de l'art. 542, C. civ., embrasse tout ce qui peut être possédé à titre de propriété.

4. — Ainsi, des meubles, des effets mobiliers, des immeubles, des actions ou des droits incorporels, tels que les droits d'usufruit et d'usage, les servitudes, dès qu'ils appartiennent à une corporation d'habitans, sont compris sous la dénomination de biens communaux.— V. Henrion de Pansey, Des biens communaux et de la police rurale et forestière, p. 1re.

§ 1er. — Différentes espèces de biens communaux (nº 5).

§ 2. — Objets qui forment ordinairement les biens communaux (nº 23).

§ 3. — Droits et actions des communes relativement aux biens communaux (nº 50).

§ 4. — Biens des sections de communes (nº 84).

§ 1er. — Différentes espèces de biens communaux.

5.—Les biens des communes se divisent en deux grandes classes : — 1º ceux qui sont hors du commerce, tels que les chemins et places publiques, les eaux destinées à un usage commun; — 2º ceux qui sont dans le commerce et dont les restrictions établies par les lois pour leur aliénation.

6. — On ne peut, selon M. Bost (Traité de l'organisation et des attributions des corps municipaux, t. 1er, nº 36, p. 23), considérer les communes comme propriétaires d'une manière absolue des biens de la première espèce, puisqu'ils ne peuvent avoir d'autre destination que celle qui leur est attribuée par la loi, et que les habitans étrangers à la commune ont le droit d'en jouir comme les habitans de la commune, sans pouvoir être troublés dans l'usage légitime qu'ils en font; mais la commune serait inconstestablement considérée comme seule propriétaire de ces biens des que leur destination serait changée.

7. — Les biens des communes qui sont dans le commerce se divisent encore, selon M. Bost (ibid., nº 37), en biens communaux proprement dits et en biens patrimoniaux.

8. — Les biens communaux proprement dits sont ceux dont la propriété appartient à toute la communauté et dont les habitans jouissent en commun, soit qu'ils s'en distribuent entre eux les produits en nature, soit qu'ils y participent par

40

une jouissance facultative et continue : tels sont le bois d'affouage, les pâturages, les droits d'usage dans des bois de l'état ou des particuliers.

9. — Les biens patrimoniaux sont ceux dont la propriété appartient à la commune considérée comme personne morale, et dont les fruits ne sont pas touchés en nature, mais sont employés aux besoins de la communauté : telles sont les propriétés rurales ou urbaines que les corps municipaux donnent à bail et dont les revenus sont versés dans les caisses communales.

10. — Les communes peuvent, comme les particuliers, être propriétaires de biens meubles et de biens immeubles.

11. — Les biens immeubles des communes peuvent, selon leur destination, se diviser en trois classes.

12. — La première classe comprend les immeubles qui sont destinés, soit aux services publics, soit à la circulation publique, tels sont les maisons communes, les hospices, les maisons d'école, les fontaines publiques, les places, rues et chemins communaux.

13. — La seconde classe comprend les immeubles qui servent à la jouissance commune et directe de tous les habitans, et qui sont spécialement désignés par la dénomination de *communaux*, par exemple, les terres vaines et vagues, les pâturages, les marais, les bois, ainsi que la plupart des droits réels des communes, tels que leurs droits d'usage dans les forêts de l'état ou des particuliers, etc.

14. — Enfin, la troisième classe comprend toutes les propriétés particulières des communes, terres, maisons, usines, champs, fermes, qu'elle peut donner à bail pour en retirer des revenus.

15. — Parmi les biens meubles des communes, il en est qui servent à l'usage commun et direct des habitans : notamment les bibliothèques, les galeries de tableaux, les collections d'objets d'art, etc.

16. — Il en est au contraire qui par leur destination ne peuvent servir à l'usage commun des habitans et tournent cependant, par l'application qu'ils reçoivent, au profit de chaque membre de la communauté : ce sont les rentes et créances dues à la commune.

17. — Les uns sont destinés à des usages purement civils, tels que les meubles qui garnissent l'hôtel de la mairie ou la maison commune, les caisses des tambours, drapeaux, trompettes, etc., servant à la garde nationale, aux fêtes publiques ou à convoquer les assemblées des habitans.

18. — Les meubles dont nous venons de parler sont régis exclusivement par les corps municipaux.

19. — D'autres ne sont mis en usage que pour le culte, par exemple les objets garnissant les églises ou les maisons des ministres du culte attachés aux communes.

20. — C'est aux fabriques que la loi a confié l'administration et le soin de veiller à la conservation de cette espèce de meubles.

21. — D'autres enfin sont d'une nature mixte, pouvant servir à la fois à des cérémonies du culte et à des usages purement civils, tels que les cloches. — V. CLOCHE.

22. — Ces derniers ne peuvent être régis qu'avec le concours des autorités municipales et ecclésiastiques.

§ 2. — *Objets qui forment ordinairement les biens communaux.*

23. — Les objets qui forment ordinairement des biens communaux sont notamment : 1° les hôtels de ville ou maisons communes construits ou achetés aux frais de la commune.

24. — 2° Les casernes construites aux frais des communes. — V. CASERNE.

25. — 3° Les hospices, les salles de spectacle et les autres édifices possédés par les communes, et qui sont affectés à des services publics ou de communauté.

26. — 4° Les églises (V. ÉGLISE) et les cimetières qui restent en usage. Cette nature d'objets immobiliers appartient au domaine des communes à la charge desquelles ils sont ; mais sous le rapport de leur destination, ils appartiennent en même temps au domaine public.

27. — 5° Les terrains ayant servi de cimetière dans les villes et bourgs qui, en exécution du décret du 24 prairial an XII, ont transféré le lieu des sépultures en dehors de leur enceinte. — V. CIMETIÈRE.

28. — 6° Les presbytères acquis ou construits par les communes pour loger, comme elles y sont obligées, les curés et desservans des paroisses. — L. 18 juillet 1837, art. 30, n° 13.

29. — Jugé, en effet, que les presbytères sont des propriétés communales, et qu'en conséquence la commune seule, et non la fabrique, a qualité pour exercer les actions y relatives. — *Cons. d'état*, 15 juin 1832, Fabrique d'Annebecq c. Morand.

30. — 7° Les places et chemins communaux ou ruraux établis sur des terrains appartenant à la commune. — Ces voies de communication font, tant qu'elles conservent leur affectation à la circulation publique, partie, comme nous l'avons dit (n°s 5 et suiv.), du domaine public ; mais les communes n'en ont pas moins sur les fonds de terre un droit de propriété qui s'exercerait utilement lorsque les circonstances le permettraient, et par exemple lorsque, par suite de l'établissement, sur l'emplacement de ces chemins, de travaux d'utilité publique exécutés dans l'intérêt de l'état, la commune, expropriée en vertu de la loi du 3 mai 1841 réclamerait une indemnité. — V. EXPROPRIATION POUR UTILITÉ PUBLIQUE.

31. — 8° Les arbres plantés aux frais de la commune sur les places publiques ou le long des rues et chemins dont le sol lui appartient. — V. au surplus CHEMINS VICINAUX et ROUTES.

32. — 9° Les places de marché et les halles, soit que la commune ait édifié ces halles à ses frais, soit qu'elle les ait achetées des anciens propriétaires. — V., sur la manière dont les communes peuvent devenir propriétaires des halles, sur les bancs sous la halle et les droits de place à percevoir par les communes, HALLES ET MARCHÉS.

33. — 10° Les promenades, emplacemens utiles pour la salubrité ou l'agrément.

34. — 11° Les terrains communaux destinés au pâturage des bestiaux de la commune. — V. PATURAGE.

35. — 12° Les carrières communales où les habitans puisent les matériaux nécessaires à la construction de leurs édifices ou clôtures. — V. CARRIÈRE.

36. — 13° Les tourbières dont les habitans du lieu jouissent en commun comme moyen de chauffage. — V. TOURBIÈRE.

37. — 14° Les forêts communales, soit quant au quart mis en réserve, soit quant au surplus destiné aux assiettes annuellement en usance. — V. FORÊTS.

38. — 15° Les servitudes ou services fonciers, et, par exemple, l'exercice avec réciprocité du parcours sur le territoire d'une autre commune. — V. PARCOURS.

39. — 16° Les droits d'usage qu'elle peut être fondée à exercer, soit sur les fonds d'une autre commune ou de certains particuliers, soit sur quelques forêts de l'état. — V. FORÊTS, USAGE DANS LES FORÊTS.

40. — 17° Tous les marais, toutes les terres vaines et vagues situées dans l'enceinte du territoire d'une commune et à l'égard desquels il n'y a aucun propriétaire particulier reconnu, font partie du domaine communal. — V. COMMUNES, TERRES VAINES ET VAGUES.

41. — 18° Les bâtimens et usines possédés par les communes qui les auraient fait construire postérieurement à la loi du 20 mars 1813, ou qui, dans le fait, n'auraient pas été cédés à la caisse d'amortissement, en exécution de cette loi.

42. — 19° A cette énumération de ce qui forme généralement les biens communaux, il faut ajouter les banalités conventionnelles qui peuvent appartenir aujourd'hui à des communes. — L. 25 août 1790, tit. 2, art. 24 ; Avis du cons. d'état, 8 juill. 1808. — V. BANALITÉ, n°s 51 et suiv.

43. — « En effet, dit M. Henrion de Pansey (*Des biens communaux*, p. 166), il est des communes même en assez grand nombre, particulièrement dans le midi de la France, qui sont propriétaires de pressoirs, de moulins et de fours auxquels les habitans sont assujétis, et qui forment une branche des revenus communaux. »

44. — Nous avons dit, au mot BANALITÉ, quelle était l'espèce de banalité qui avait pu survivre à l'abolition prononcée par les lois des 4 août 1789, 15 mars 1790, 25 août 1792 et 17 juill. 1793, et nous avons cité les arrêts et décisions relatifs à la constitution des banalités. Mais c'est le lieu de rappeler ici que, par l'avis du conseil d'état du 3 juill. 1808, il a été décidé que l'avis du conseil d'état du 10 brum. an XIV n'a point entendu que les banalités conventionnelles déclarées rachetables par la loi du 25 août 1792 ne pussent être rétablies par transaction ou par jugement des tribunaux ; mais seulement que les communes ne pouvaient à présent, par aucune stipulation, établir des banalités nouvelles ni convertir en banalités conventionnelles des banalités supprimées comme féodales.

45. — 20° Les recettes des revenus ordinaires et extraordinaires énumérés dans la loi du 18 janv. 1837, art. 31 et 32.

46. — 21° Les créances, les sommes d'argent à elles dues soit par des particuliers, soit par l'état, comme sont les rentes sur l'état.

47. — 22° Les meubles meublans des hôtels de ville.

48. — 23° Les livres et manuscrits composant les bibliothèques des communes (V. BIBLIOTHÈQUE, n° 49) ; les tableaux formant leur musée.

49. — 24° Les drapeaux et les tambours et trompettes destinés au service de la garde nationale ou à la publication des arrêtés et avis du pouvoir municipal, etc.

§ 3. — *Droits et actions des communes relativement aux biens communaux.*

50. — Les communes peuvent être propriétaires, à divers titres, des biens qu'elles possèdent.

51. — Elles peuvent les posséder soit en vertu d'acquisitions amiables, soit par suite de donation ou de legs, soit en vertu d'une possession immémoriale, soit par concession faite par la puissance publique en vertu de lois positives.

52. — Pour les formalités qui doivent accompagner les acquisitions de meubles ou d'immeubles, faites par les communes, V. COMMUNE. — Pour les libéralités qui peuvent leur être faites, V. DONATION, LEGS.

53. — L'exemple le plus notable de concessions faites aux communes est celui donné par les lois des 13-20 avr. 1791, 28 août-14 sept. 1792, et 10 juin 1793, qui leur ont attribué les terres vaines et vagues. — V COMMUNES, TERRES VAINES ET VAGUES.

54. — On peut citer ensuite le décret impérial du 9 avr. 1811, qui leur a attribué la propriété de certains immeubles domaniaux affectés à des services communaux ou d'instruction publique.

55. — Ces sortes de concessions sont parfois faites sous la condition de l'accomplissement des charges imposées aux communes. — V., à titre d'exemple, la loi du 20 août 1828, qui cède à la ville de Paris certains immeubles domaniaux.

56. — Les biens communaux sont susceptibles d'être possédés par un particulier et de donner lieu à l'action possessoire. — *Cass.*, 1er avr. 1806, Denaguet c. comm. de Saint-Paul-sur-Risle, 18 nov. 1834, Rémond c. Guillaume ; — Favard de Langlade, v° *Complainte* ; Garnier, *Actions possessoires*, p. 309.

57. — Les communes étant placées sous la haute tutelle administrative du gouvernement, ne peuvent pas librement user, dans toute sa plénitude, de leur droit de propriété. Aussi des formalités particulières ont été prescrites par la loi, soit relativement à l'administration, soit relativement à la jouissance, soit relativement à l'aliénation des biens communaux. — Le développement que comportent ces matières exigerait l'exposé complet des pouvoirs conférés aux divers agens de l'administration municipale, exposé qui se trouve aux mots COMMUNE, MAIRE, CONSEIL MUNICIPAL. Aussi nous bornerons-nous à rappeler ici les principales, et d'en faire connaître quelques applications.

58. — *Administration.* — Le maire est chargé de la conservation et de l'administration des propriétés de la commune, et de faire, en conséquence, tous actes conservatoires de ses droits. — L. 18 juill. 1837, art. 10.

59. — Il est placé, pour cette partie de ses fonctions, sous la surveillance de l'administration supérieure, et, de plus, assisté du conseil municipal, qui règle, par ses délibérations, le mode d'administration des biens communaux. — Art. 10 et 17.

60. — Mais ces délibérations, comme celles relatives au mode de jouissance, ne deviennent exécutoires que suivant les règles établies par l'art. 18 de la loi précitée.

61. — Les bois des communes sont soumis au régime forestier et administrés conformément aux dispositions des art. 90 et suiv. du Code forestier. — V. aussi arrêté des consuls, 19 vent. an X. — V. FORÊTS. — M. Henrion de Pansey (*Des biens comm.*, p. 44) justifie ces dispositions en ces termes : « Les bois communaux appartiennent aux habitans futurs comme aux habitans actuels, et ceux-ci, grevés d'une substitution perpétuelle, sont obligés de les transmettre aux générations à venir, tels qu'ils les ont reçus de leurs pères. Les terres dont les fruits se coupent annuellement conservent, après la récolte, la même valeur qu'elles avaient auparavant, puisque l'année suivante donnera le même produit. Il n'en est pas de même des bois : comme ils ne tombent en coupe qu'à de longs intervalles, ce sont les fruits attachés au sol qui lui donnent presque toute sa valeur. »

62. — Les baux à ferme ou à loyer sont, comme tous ceux des biens appartenant à des établissemens publics, soumis à des formalités et conditions spéciales. — V. L. 5 nov. 1790, 11 fév. 1791 ; arr. des consuls, 7 germ. an IX ; décr. 12 août 1807 ; ord.

7 oct. 1818, et L. 18 juill. 1837, art. 19-5° et art. 47.

63. — Ces baux ne sont, dans tous les cas, exécutoires qu'après l'approbation du préfet, et même, lorsqu'ils excèdent dix-huit ans, il faut une ordonnance royale. — L. 18 juill. 1837, art. 47. — V. BAIL ADMINISTRATIF.

64. — *Jouissance.* — La loi du 10 juin 1793 (sect. 3e, art. 12) autorisait les habitans réunis pour voter sur le partage des communaux, à établir des règles de jouissance pour ceux de ces biens qu'ils ne voulaient point partager.

65. — La délibération qui déterminait ainsi la jouissance en commun devait être approuvée par l'administration départementale, sur l'avis de celle du district, et ne pouvait être ensuite révoquée pendant l'espace d'une année. — Même loi, art. 13 et 14.

66. — Elle ne pouvait préjudicier aux propriétaires non habitans qui jouissaient du droit de conduire leurs bestiaux sur le bien conservé dans la jouissance commune. — Art. 15.

67. — Plus tard, les changemens dans le mode de jouissance des biens communaux ont été l'objet du décret du 9 brum. an XIII, et d'un avis du conseil d'état du 29 mai 1808.

68. — Le décret du 9 brum. an XIII distingue entre les communes qui ont profité du bénéfice de l'art. 12, sect. 3e, L. 10 juin 1793, pour régler le mode de jouissance et celles qui n'ont point usé de cette faculté.

69. — Pour les premières, le mode de jouissance adoptés par elle doit être exécuté provisoirement. Les conseils municipaux peuvent en délibérer un nouveau, qui doit être, avec l'avis du sous-préfet, transmis au préfet, pour être, par lui, en conseil de préfecture, approuvé, rejeté ou modifié, sauf, de la part du conseil municipal, et même d'un ou plusieurs habitans ou ayant-droit à la jouissance, le recours au conseil d'état. — Décr. 9 brum. an XIII, art. 3, 4 et 5.

70. — Au contraire, à l'égard des communes qui, après la promulgation de la loi de 1793, ont conservé l'ancien mode de jouissance, celui-ci ne pouvait être changé que par un décret impérial rendu sur la demande des conseils municipaux, et sur l'avis du sous-préfet de l'arrondissement et du préfet du département. — Art. 1er et 2.

71. — Toutefois, l'existence d'un acte fait en exécution de la loi de 1793, pour opérer un changement dans le mode de jouissance, et suivi d'exécution paisible et de bonne foi, cet acte ne fût-il pas parfaitement régulier, suffirait pour qu'un nouveau changement ne fût soumis qu'aux formalités imposées aux communes de la première catégorie. — Avis cons. d'état, 29 mai 1808.

72. — Aujourd'hui, le mode de jouissance et la répartition des pâturages et fruits communaux sont réglés par les conseils municipaux. Leur délibération à cet égard est adressée par le maire au sous-préfet, qui en délivre ou fait délivrer récépissé. Elle devient exécutoire si, dans les trente jours de la date du récépissé, le préfet ne l'a pas annulée. Toutefois, il peut encore en suspendre l'exécution pendant un autre délai de trente jours. — L. 18 juill. 1837, art. 17 et 18.

73. — Un conseil de préfecture est incompétent pour statuer, soit sur un changement réclamé dans le mode de jouissance des bois d'une commune, soit sur l'existence et l'application d'un ancien usage relatif à la jouissance desdits bois. — *Cons. d'état*, 19 déc. 1839, Demongeot. — V. au surplus COMMUNES.

74. — *Aliénations.* — Les aliénations et échanges de biens communaux sont aussi l'objet de formalités qui sont exposées au mot COMMUNES.

75. — La protection spéciale que le législateur a accordée aux communes s'est manifestée en plus d'une occasion lors de la législation qui a suivi la révolution de 1789, et l'attribution de la propriété des terres vaines et vagues dont nous parlions *suprà* n° 53, n'a pas été la seule manifestation de sa bienveillance.

76. — Ainsi, le droit de triage, d'après lequel un seigneur faisait distraire à son profit le tiers des bois ou marais que ses auteurs ou lui avaient concédés en toute propriété à une commune fut, par la loi du 15-18 mars 1790, aboli pour l'avenir. La révocation ordonnée par cette loi des triages opérés depuis trente ans hors des cas permis par l'ordonnance de 1669 fut étendue par la loi du 28 août-14 sept. 1792 à tous les triages exécutés depuis 1669, et les communes furent ainsi maintenues dans la pleine et intégrale propriété des bois et marais à elles concédés par les seigneurs. — V. COMMUNES, TRIAGE.

77. — Pour réintégrer les communes dans les avantages dont la puissance féodale avait pu les dépouiller abusivement, la loi du 28 août-14 sept. 1792 les autorisait à faire réviser, casser et réformer tous les cantonnemens prononcés par édits, arrêts du conseil, lettres-patentes et jugemens. — V. COMMUNES.

78. — L'art. 8 de la même loi, dans des circonstances analogues, leur accorde le droit de revendiquer les biens ou droits d'usage quelconques dont elles avaient été dépouillées en tout ou en partie par un ci-devant seigneur, et ce droit absolu, indéfini, ne reçoit d'exception que dans le cas où le ci-devant seigneur représente un titre authentique justifiant qu'il a légitimement acheté lesdits biens. — V. COMMUNES.

79. — La déclaration du roi de 1659, l'édit de 1667 avaient concédé aux communes le droit de revenir sur des contrats consommés, et de racheter leurs biens aliénés pour cause de détresse, sous la condition de rembourser aux acquéreurs en dix paiemens égaux, d'année en année, le prix principal de l'aliénation, et comme aucun délai, aucune déchéance n'étaient fixés pour l'exécution de ces lois, l'art. 14, sect. 4e, L. 10 juin 1793, ordonna que ces lois seraient exécutées dans leurs vues bienfaisantes, selon leur forme et teneur. — V. COMMUNES.

80. — Les droits de propriété des communes sur leurs biens communaux n'ont cependant pas été toujours entourés d'autant de faveur et de respect par le législateur. En effet, par la loi de finances du 20 mars 1813, les biens ruraux, les maisons et les usines possédés par les communes ont été cédés à la caisse d'amortissement en échange d'inscriptions de rente 5 p. % proportionnées au revenu net des biens cédés. — Aux termes de l'art. 4 de la loi précitée, les biens ainsi cédés ont été mis en vente par-devant les préfets comme biens nationaux.

81. — Cette loi avait, disait-on, pour but de conserver dans son intégrité, en le mettant à l'abri des chances de toute diminution, le revenu dont jouissaient les communes, mais son véritable but était de revendre à un prix élevé des biens acquis au prix d'une rente très faible, et de créer ainsi des ressources extraordinaires pour faire face aux nécessités dans lesquelles se trouvait le gouvernement d'alors.

82. — Aussi, l'art. 25, L. 28 avr. 1816, tout en maintenant les ventes opérées, remit les biens non vendus à la disposition des communes. — V. BIENS NATIONAUX.

83. — Ce fut encore dans la vue d'une protection spéciale pour les communes que la loi du 3 vent. an XII et l'ord. royale du 23 juin 1819, prescrivirent des mesures de tempérament et de transaction propres à faire rentrer les communes dans tout ou partie des biens usurpés sur elles par de simples particuliers. — V. COMMUNES.

§ 4. — *Biens des sections de communes.*

84. — On comprend sous la dénomination de biens communaux non seulement les biens des communes proprement dites, mais aussi les biens des sections de commune.

85. — Une commune peut être divisée en plusieurs sections, soit qu'elle ait été formée par la réunion de plusieurs communautés indépendantes les unes des autres, soit qu'on ait réuni à une commune un territoire, un village, un hameau faisant autrefois partie d'une autre commune et possédant des biens particuliers.

86. — En tout ce qui concerne la jouissance et la propriété de ses biens, une section de commune forme une véritable commune. C'est ce qui résulte d'ailleurs de la définition de la commune, donnée par l'art. 2, sect 1re, L. 10 juin 1793 : — « Une commune est une société de citoyens unis par des relations locales, soit qu'elle forme une municipalité particulière, soit qu'elle fasse partie d'une autre municipalité, de manière que si une municipalité est composée de plusieurs sections différentes, et que chacune d'elles ait des biens communaux séparés, les habitans seuls de la section qui jouissait du bien communal auront droit au partage. »

87. — Dès-lors, ce que nous avons dit précédemment sur la composition du patrimoine des communes, sur les attributions qui leur sont faites, sur les réintégrations prononcées à leur profit, s'applique également aux sections de communes.

88. — Toutefois, un hameau dépendant d'une commune ne peut être considéré comme une section de cette commune, lorsqu'il n'est pas établi qu'il a des droits distincts et séparés. — *Cass.*, 6 avr. 1836, Bruneau c. comm. de Cinais.

89. — En conséquence, la demande en revendication d'un terrain situé sur le territoire dudit hameau, contre un simple particulier tiers-détenteur, ne doit pas être formée par des syndics représentant ce hameau. — Arrêté 24 germ. an XI. — Même arrêt.

90. — Jugé cependant qu'une agrégation d'habitans a pu valablement, sans former une commune, acquérir des droits par la possession dans *un intérêt collectif*, quand il est reconnu que ces habitans avaient des intérêts communs; c'est là un point de fait qu'il appartient souverainement aux cours royales de constater. — *Cass.*, 1er juill. 1839 (t. 2 1839, p. 192). Lamey c. comm. de Saint-Magne.

91. — On peut donc poser en principe que l'adjonction ou la séparation des communes ne porte aucun préjudice à leurs droits respectifs de propriété, de sorte que la section annexée ou distraite conserve intégralement tous ses droits de propriété et de jouissance à ses biens.

92. — V. au surplus, sur les effets de l'adjonction ou de la séparation de communes ou sections de communes, le mot COMMUNES.

BIENS CELÉS.

V. — BIENS RÉVÉLÉS.

BIENS CORPORELS ET INCORPORELS.

1. — Les biens corporels sont ceux qui sont sensibles, qui affectent nos sens, *quæ tangi possunt*, comme disent les *Institutes* de Justinien, liv. 2, tit. 2, § 1.

2. — Les biens incorporels ne tirent leur nature et leur existence même que de la loi : *in jure consistunt*; tels sont, par exemple, une obligation, une servitude, un usufruit, une hérédité. — V. BIENS, CHOSE, PRIVILÉGE.

BIENS DOMANIAUX.

V. DOMAINE PUBLIC, DOMAINE DE L'ÉTAT, DOMAINE DE LA COURONNE.

BIENS DOTAUX.

Ce sont ceux que la femme a apportés à son mari pour l'aider à supporter les charges du ménage et dont elle lui laisse la libre administration. — V. DOT.

BIENS ECCLÉSIASTIQUES.

1. — Avant la révolution, le clergé de France possédait des biens considérables. — Les règles concernant l'acquisition, la possession, l'aliénation, etc., etc., de ces biens, sont retracées par Denizart, v° *Biens d'église* — V. aussi BÉNÉFICE ECCLÉSIASTIQUE.

2. — Par la loi du 2 nov. 1789, tous les biens ecclésiastiques ont été mis à la disposition de la nation, à la charge de pourvoir d'une manière convenable aux frais du culte, à l'entretien des ministres et au soulagement des pauvres. — Cette loi n'est intervenue qu'après une longue et vive discussion sur le point de savoir si le clergé était propriétaire de ses biens, ou s'il ne les possédait que comme biens nationaux. — Dans cette discussion, l'abbé Maury défendit les droits du clergé contre l'évêque d'Autun et M. Thouret. — Merlin, *Rép.*, v° *Clergé*.

3. — Les biens ecclésiastiques se trouvèrent donc entrer dans la masse des biens dits *nationaux*. — V. BIENS NATIONAUX.

4. — La loi du 2 nov. 1789 donna lieu à de vives réclamations de la part du pape Pie VI, qui occupait alors le trône papal. Mais le pape Pie VII, son successeur, crut devoir les abandonner, ainsi qu'il résulte de la convention passée entre le gouvernement français et lui le 26 messid. an IX : « Sa Sainteté, y est-il dit, pour le bien de la paix et l'heureux rétablissement de l'église catholique, déclare que ni elle ni ses successeurs ne troubleront en aucune manière les acquéreurs des biens ecclésiastiques aliénés; et qu'en conséquence, la propriété de ces mêmes biens, les droits et revenus y attachés demeureront incommutablement entre leurs mains ou celles de leurs ayant-cause. » — V. BIENS NATIONAUX.

5. — La loi du 18 germin. an X détermine quelles sortes de biens le clergé actuel peut posséder et acquérir. — Voici, à cet égard, ce que portent les art. 71, 72, 73 et 74. — « Art. 71. Les conseils généraux des départemens sont autorisés à procurer aux archevêques et évêques un logement convenable. » — V. ÉVÊCHÉ.

6. — « Art. 72. Les presbytères et les jardins attenans non aliénés seront rendus aux curés et aux desservans des succursales. A défaut de ces presbytères, les conseils généraux des communes sont autorisés à leur procurer un logement et un jardin. » — V. CURE, PRESBYTÈRE.

7. — « Art. 73. Les fondations qui ont pour

objet l'entretien des ministres et l'exercice du culte ne pourront consister qu'en rentes constituées sur l'état; elles seront acceptées par l'évêque diocésain et ne pourront être exécutées qu'avec l'autorisation du gouvernement. » — V. FONDATION.

8. — « Art. 74. Les immeubles autres que les édifices destinés au logement et les jardins attenant ne pourront être affectés à des titres ecclésiastiques, ni possédés par les ministres du culte à raison de leurs fonctions. »

9. — On ne saurait aujourd'hui comprendre sous le nom de *biens ecclésiastiques* les biens appartenant aux communautés ou congrégations religieuses, et que ces communautés ou congrégations seraient autorisées à acquérir et à posséder. — V. COMMUNAUTÉS RELIGIEUSES, CONGRÉGATIONS RELIGIEUSES.

V. au surplus FABRIQUE D'ÉGLISE.

BIENS DES FABRIQUES D'É-GLISE.
V. FABRIQUE D'ÉGLISE.

BIENS HERMES.
Ce mot qui, selon le *Glossaire* de Ducange, vient du latin *eremus*, désert, solitude, *erema*, terre inculte, était employé dans les coutumes d'Auvergne, du Bourbonnais, de la Marche, pour désigner les terres vaines et vagues. — V. ce mot.

BIENS IMMEUBLES.
Biens qui ne peuvent être changés de place. — V. BIENS.

BIENS MEUBLES.
1. — Biens qui peuvent être déplacés et transportés d'un lieu dans un autre.

2. — En d'autres termes, les biens meubles sont, suivant Domat (*Lois civ.*, liv. prél., tit. 3, sect. 1re, n° 9), tous les biens qui sont séparés de la terre et des eaux.

3. — Le même jurisconsulte admettait une distinction qui, aujourd'hui, n'offre en pratique presque aucun intérêt. Les choses mobilières, dit-il (*ibid.*, n° 9), sont de deux sortes : *mobiles aut se moventes* (L. 4, ff., *De œdil. edict.*; L. 30, Cod., *De jure dot.*; L. 93, ff., *De verb. sig.*) : les meubles vifs, qui vivent et se meuvent eux-mêmes, comme les animaux, et les meubles morts, qui sont toutes les choses inanimées. — V. BIENS.

BIENS NATIONAUX.
Table alphabétique.

Sect. 1re. — Historique. — Législation et principes généraux.

4. — La législation sur les biens nationaux a un caractère qui la rattache à l'histoire politique de la révolution française. Cette histoire apprend quelles causes ont établi sur le sol de la France cette nature de biens dits *nationaux*, qui furent longtemps distingués des biens appelés par opposition *patrimoniaux*, quelles causes ont fait cesser cette distinction, et ont mis sur le même rang et dans les mêmes conditions de stabilité des propriétés dont l'origine était pourtant si différente.

5. — On pourrait croire que cette législation, née des circonstances, a aujourd'hui produit tout son effet, et n'offre plus qu'un intérêt de curiosité; mais au point de vue de la légalité, un grand intérêt est resté et restera long-temps attaché à une législation et à une jurisprudence qui ont exercé une si profonde influence sur la constitution et l'établissement d'une partie considérable de la propriété immobilière.

6. — Le vaste système de confiscation qui mit dans les mains de la nation tous les biens connus sous le nom de biens nationaux eut pour premier acte le décret du 24 nov. 4789. — Par ce décret, l'assemblée constituante décidait que « tous les biens ecclésiastiques étaient mis à la disposition de la nation, à la charge de pourvoir d'une manière convenable aux frais du culte, à l'entretien de ses ministres et au soulagement des pauvres. »

7. — Par un autre décret du 9 fév. 4792, l'assemblée législative décida d'urgence que les biens des émigrés étaient mis sous la main de la nation. Ce décret fut bientôt suivi d'un autre rendu par la Convention le 28 mars 4793 et dont l'art. 1er déclara que « les émigrés étaient morts civilement et que leurs biens étaient *acquis à la république*. » — La loi du 25 brum. an III, tit. 4, art. 1er, reproduit celle de ces dispositions qui concerne les biens.

8. — D'autres décrets ont déclaré biens nationaux et ont ordonné que seraient mis en vente : 1° les biens meubles et immeubles des églises paroissiales des succursales supprimées ou à supprimer (décr. 6-45 mai 4791); — 2° les palais épiscopaux (décr. 49-25 juill. 4792); — 3° les immeubles affectés aux fabriques des églises (décr. 49 août-3 sept. 4792);—4° les biens de l'ordre de Malte (décr. 49 sept. 4792); — 5° les biens formant les dotations des collèges et des établissemens d'instruction publique (décr. 8-40 mars 4793); —6° ceux des diverses corporations des compagnies d'arquebusiers, etc. (décr. 24 avr.-2 mai 4793);—7° les biens des jésuites (décr. 48-24 juill. 4792); — 8° tout l'actif affecté aux fabriques des églises (décr. 44-5 brum. an II); — 9° les biens des tribunaux consulaires (décr. 48 niv. an II); — 40° les biens situés en France provenant des corps et communautés étrangers (décr. 4-8 pluv. an II); — 44° les biens des ecclésiastiques et frères convers ou laïcs qui étaient ou avaient été déportés (décr. 22 vent. an II); — 42° l'actif des hôpitaux, maisons de secours, hospices, bureaux des pauvres et autres établissemens de bienfaisance (décr. 23 messid. an II); 43° les biens ruraux, maisons et usines possédés par les communes et qui ont été cédés par la loi de finances du 20 mars 4843 à la caisse d'amortissement, en échange d'inscriptions de rente 5 p. °/₀ proportionnées à leur revenu (L. 20 mars 4843, art. 4 s.).

9. — La vente des propriétés confisquées avait été ordonnée par les décrets des 44-47 mai 4790, 9-25 juill. 4790, 2-6-43-44 sept. 4792, 3-6 juin 4793.— Un décret du 44 sept. 4793 portait la peine de dix années de fers contre les administrateurs qui, sous quelque prétexte que ce fût, refuseraient de mettre en vente lesdits biens provenant des émigrés ou autres dans la quinzaine des soumissions faites pour lesdits biens. — Le même décret prononçait la même peine contre les préposés desdits domaines nationaux qui refuseraient de les affermer.

10. — Un autre décret du 43 du même mois prescrivait des mesures dans le but d'accélérer la vente des biens des émigrés.

11. — L'effet de ces lois fut plus tard suspendu : 1° par les décr. des 44 fruct. et 44 pluv. an II qui ordonnaient la vente des biens des condamnés révolutionnairement à leurs familles, mais avec des exceptions nombreuses qui absorbaient presque le principe; — 2° par le décr. du 28 germin. an IV qui ordonnait un sursis à la vente des biens des hôpitaux et autres établissemens de charité.

12. — Il était intervenu : — 1° la loi du 46 vendém. an V, qui déclara conserver les hospices civils dans la jouissance de leurs biens, rapporta la loi du 23 messid. an II, en ce qui concernait ces hospices, et ordonna que ces biens vendus leur seraient remplacés en biens nationaux du même produit; — 2° l'arrêté du 9 flor. an XI, qui permettait de la vendre des domaines nationaux; — 3° un autre arrêté relatif aux rentes et domaines nationaux affectés aux hospices; — 4° le sénatus-consulte du 6 flor. an X qui ordonna la restitution aux émigrés amnistiés de tous leurs biens existant encore dans les mains de la nation (autres que les bois et les forêts déclarés inaliénables par la loi du 2 niv. an IV); les immeubles affectés à un service public, les droits de propriété ou prétendus tels sur les grands canaux de navigation); — 5° la loi

du 28 avr. 1816 qui, en maintenant par son art. 25 les ventes des biens des communes opérées en vertu de la loi du 20 mars 1813 (V. *suprà* n° 8. — V. BIENS COMMUNAUX, nos 90 et suiv.), remit les biens non vendus à la disposition des communes, etc.

13. — Pendant l'existence des lois qui ordonnaient la vente des biens nationaux, de nombreuses aliénations avaient eu lieu sous des formes diverses. La constitution du 5 fructid. an III, dans son art. 374 disposa « qu'après une vente légalement consommée des biens nationaux, *quelle qu'en fût l'origine*, l'acquéreur légitime ne pourrait en être dépossédé, sauf aux tiers réclamans à être, s'il y avait lieu, indemnisés par le trésor public. » — Cette disposition fut littéralement reproduite par l'art. 94 de la constitution du 22 frim. an VIII.

14. — Enfin, pour maintenir à toujours les effets de cette législation qui affectait une partie considérable de la propriété immobilière, la Charte de 1814 déclara « que toutes les propriétés étaient inviolables sans aucune exception de celle qu'on appelle *nationales*, la loi ne mettant aucune différence entre elles. » — Cette inviolabilité fut de nouveau reconnue par la loi du 12 mars 1820, relative aux décomptes des biens nationaux, dont l'objet fut d'assurer la libération de tous les possesseurs, de procurer à tous une pleine et entière sécurité et de rendre toutes les propriétés dites nationales également fermes et stables. — Delacroix Frainville, *Rapport sur la loi* du 12 mars 1820. — La Charte de 1830 reproduisit aussi la disposition de celle de 1814.

15. — L'inviolabilité des ventes de biens ayant appartenu à des émigrés, a encore été consacrée par la loi du 5 déc. 1814 dont l'art. 1er déclare maintenus soit envers l'état, soit envers les tiers « tous jugemens et décisions rendus, tous actes passés, tous droits acquis avant la publication de la Charte constitutionnelle et qui seraient fondés sur des lois ou des actes du gouvernement, relatifs à l'émigration. » — L'art. 2 ordonne la restitution aux anciens propriétaires, à leurs héritiers ou ayant-cause de tous les biens séquestrés ou confisqués pour cause d'émigration, qui n'avaient pas alors été vendus et faisaient partie du domaine de l'état.

16. — Enfin, s'il eût été besoin d'une nouvelle sanction de l'inviolabilité des propriétés nationales, elle serait encore résultée de la loi du 27 avr. 1825 qui accorde une indemnité à raison des biens *confisqués et aliénés*, en vertu des lois sur les émigrés, déportés et condamnés révolutionnairement. — V. ÉMIGRÉS.

17. — Une disposition spéciale du concordat du 18 germin. an X concerne les acquéreurs des biens ecclésiastiques aliénés. — Par l'art. 13, le pape déclara pour le bien et l'heureux rétablissement de la religion catholique, que ni lui, ni ses successeurs ne troubleraient en aucune manière les acquéreurs des biens ecclésiastiques aliénés, et qu'en conséquence, la propriété de ces mêmes biens, les droits et revenus y attachés, demeureraient incommutables entre leurs mains ou celles de leurs ayant-cause. — V. CONCORDAT.

Sect. 2e. — *Inviolabilité des ventes de biens nationaux. — Étendue et application de ce principe.*

18. — Ainsi qu'il a été dit plus haut (V. nos 13 et s.), les diverses législations qui ont régi la France depuis les premières lois de confiscation se sont accordées pour déclarer inviolables les ventes des biens nationaux légalement faites : elles ont résolu en une indemnité les droits de ceux au préjudice desquels ces ventes pouvaient avoir eu lieu, alors même qu'en réalité les biens aliénés auraient eu une origine patrimoniale. — V., sur les conditions de validité des ventes, la section suivante.

19. — En conséquence de ce principe, il a été jugé qu'après une vente de biens nationaux légalement consommée sans qu'il y ait eu d'opposition, l'acquéreur, *quelle que soit l'origine du bien*, ne pouvait être dépossédé, sauf le recours de la partie lésée contre l'état. — *Cons. d'état*, 7 avr. 1813, Defay ; 24 mars 1824, de La Bermondre.

20. — Le principe de l'inviolabilité domine cette matière. C'est dans le but de le maintenir et de l'assurer que la législation et la jurisprudence sur les biens nationaux se sont écartées en plusieurs points des règles du droit commun, et qu'une juridiction exceptionnelle a été investie du droit de juger toutes les questions dont la solution intéressait le principe de l'inviolabilité.

21. — Il importe donc d'expliquer ce principe et de lui donner son véritable sens. La déclaration d'inviolabilité avait pour objet de mettre les ventes des biens nationaux à l'abri des réactions politiques dont la tendance aurait été d'abroger la législation et de déclarer les ventes radicalement nulles. — Le principe ne couvrait pas les vices intrinsèques des ventes dont la validité dépendait de l'accomplissement des lois qui les régissaient.

22. — En un mot, en déclarant par les lois fondamentales et constitutionnelles les ventes de biens nationaux inviolables, on a voulu surtout repousser toutes réclamations ou actions des anciens propriétaires, tendant à la revendication des biens aliénés. Mais le contrat qui intervenait entre la nation venderesse et les acquéreurs ont été soumis à des lois qui ont donné naissance à diverses actions.

23. — Le principe de l'irrévocabilité des ventes de biens nationaux a paru si nécessaire à maintenir, qu'il a été jugé que la clause par laquelle le vendeur d'un bien originairement national, garantissait l'acquéreur des droits de confirmation et autres qui pourraient être exigés par le gouvernement était nulle comme dérogatoire à une loi intéressant l'ordre public, et conséquemment devait être réputée non écrite. — *Paris*, 23 janv. 1806, Blondeau c. Leviault.

24. — On a toutefois décidé que les lois qui garantissaient l'irrévocabilité des ventes de biens nationaux n'ont pas mis obstacle à l'exécution des arrangemens volontaires qui avaient pu avoir lieu antérieurement entre les acquéreurs de ces biens et les anciens propriétaires. — *Cass.*, 3 déc. 1813, Bourgoin.

25. — ... Et que le désistement d'une adjudication de biens nationaux, donné par l'adjudicataire, sous forme de transaction en faveur d'un émigré qui avait obtenu des arrêtés administratifs constatant qu'il avait été porté à tort sur la liste des émigrés, a pu, encore bien que ces arrêtés soient nuls vis-à-vis de l'adjudicataire protégé par le principe de l'irrévocabilité de la vente des domaines nationaux, être maintenu sans que l'arrêt tombât sous la censure de la cour de Cassation. — Même arrêt.

26. — Jugé dès-lors qu'on ne pouvait considérer soit comme dénuée de cause, soit comme reposant sur une cause fausse et illicite, l'obligation souscrite par l'acquéreur d'un bien vendu nationalement, au profit de l'ancien propriétaire, pour prix de la ratification que ce dernier a consenti dans la vente. — *Cass.*, 23 juill. 1833, Filhon c. Fromont.

27. — ... Et qu'une telle obligation n'avait d'ailleurs été révoquée ni annulée par la loi du 27 avr. 1825 sur l'indemnité accordée aux émigrés. — Même arrêt.

28. — .. Et qu'une cour royale avait pu, sans violer aucune loi, maintenir comme valable l'obligation de payer un supplément de prix consenti par l'acquéreur d'un bien national en faveur de l'ancien propriétaire de ce bien. — *Cass.*, 21 nov. 1831, Jouanne c. Berruyer ; et les deux arrêts qui précèdent.

29. — Décidé cependant que des juges ne peuvent, sans violer la loi, déclarer que des acquéreurs de biens d'émigrés sont tenus par une obligation naturelle envers l'ancien propriétaire dépouillé, soit à restituer les biens, soit à les céder au cas de revente pour un prix moindre que le prix vénal. — *Cass.*, 11 avr. 1820, Dayme c. Royer Desguilles.

30. — Jugé encore qu'un arrêt qui se borne à ordonner l'exécution d'un acte de vente passé par les gens de main-morte, avant que l'état ne fût mis à leur lieu et place, sans prononcer l'éviction des tiers détenteurs à qui l'état a depuis vendu les mêmes biens, ne contrevient pas aux lois qui garantissent la possession des acquéreurs légitimes de biens nationaux. — *Cass.*, 27 août 1833, préfet de la Nièvre c. Pelletier.

31. — Du reste, l'action en revendication formée par des tiers était de leur part une reconnaissance formelle du principe de l'inviolabilité.

32. — L'indemnité due au propriétaire dont le bien avait été compris par erreur dans une vente de biens nationaux n'a été réglée ni par la loi du 27 avr. 1825, ni par celle du 8 mars 1810 sur les expropriations pour cause d'utilité publique. — *Cons. d'état*, 22 févr. 1826, Gail.

33. — M. de Cormenin (v° *Domaines nationaux*, § 21) fait remarquer qu'il y a trois choses à considérer dans l'application de ce principe d'indemnité : — 1° l'origine de la dépossession ; — 2° l'estimation des biens ; — 3° les valeurs du paiement. — Que si la dépossession est antérieure à l'an IX, l'indemnité constitue une valeur frappée de déchéance. — *Cons. d'état*, 24 mars 1824, de la Bermondre. — Que si elle est postérieure à l'an IX, on évalue l'indemnité dans la proportion non du prix réel du bien aliéné, après estimation contradictoire, mais du prix effectif reçu dans les caisses de l'état, et qu'on la liquide soit en rentes, soit en valeurs de l'arriéré d'après les distinctions établies par les lois de finances des 20 mars 1813 et 25 mars 1817. — V. DETTE DE L'ÉTAT.

34. — Jugé que l'indemnité à la charge de l'état par suite d'une vente nationale, ne pouvait être réglée et acquittée que dans les formes prescrites par les lois pour la liquidation et le paiement des créances sur l'état ; mais qu'un préfet excédait ses pouvoirs en remboursant cette créance par une cession de biens appartenant à l'état. — *Cons. d'état*, 24 mars 1824, Teutsch.

Sect. 3e. — *Conditions de validité des ventes.*

35. — Les seules ventes déclarées *inviolables* étaient les ventes *légalement* faites.

36. — De là il résulte, dit M. de Cormenin (v° *Domaines nationaux*, § 5), que le domaine a qualité pour soutenir soit que la vente d'un bien de première origine est nulle, soit qu'il a été usurpé par le détenteur ; — que les tiers régnicoles ont qualité pour soutenir que le bien vendu n'appartenait pas à l'état, mais à eux, ou que le bien réclamé n'a pas été légalement ou réellement aliéné ; — que les anciens propriétaires des biens confisqués ou séquestrés pour cause d'émigration ont qualité pour revendiquer ceux desdits biens qu'ils prétendent n'avoir été compris dans aucune vente nationale.

37. — La jurisprudence a posé, sur l'application de ces règles, quelques principes qu'il importe de signaler.

38. — Ainsi, il a été décidé que des biens confisqués ou séquestrés pour cause d'émigration ont pu être revendiqués par les anciens propriétaires s'ils n'ont été compris dans aucune vente nationale et ne se sont trouvés dans les mains des détenteurs que comme usurpés sur le domaine. — *Cons. d'état*, 17 juin 1820, Duportal c. de la Bourdonnaye.

39. — On a considéré comme une condition de la validité et de la légalité des ventes que le bien vendu fût réellement la propriété de l'état.

40. — Aussi il a été décidé qu'entre deux acquéreurs successifs d'un même bien national la préférence était due au premier acquéreur, sauf à l'autre à se pourvoir, s'il y avait lieu, en indemnité contre l'état. — *Cons. d'état*, 3 déc. 1817, Bougrenet c. Boudet ; 17 nov. 1819, Montmillant c. Deshayes ; 14 juill. 1831, de Castellane c. Castellau ; — Cormenin, v° *Domaines nationaux*.

41. — .... Et que la seconde vente d'un bien national ne peut porter atteinte aux droits préexistans d'un premier adjudicataire lorsque le bien vendu est, d'après le premier acte, un corps certain et déterminé, tant par la contenance que par les limites, surtout si le premier adjudicataire a pris de suite possession du bien, s'il en a payé les contributions, et s'il en a joui sans interruption pendant plus de vingt ans. — *Cons. d'état*, 17 nov. 1819, Saint-Reiquier c. Justin.

42. — Jugé qu'il n'y avait lieu d'admettre la revendication d'une pièce de terre formée par un acquéreur de domaines nationaux, lorsqu'à l'époque de l'adjudication et sur l'opposition d'un réclamant, cette pièce n'avait pas été comprise dans la vente faite au demandeur en revendication, que la vente postérieure avait été effectuée sans opposition de sa part, et que l'acquéreur avait joui sans trouble pendant de longues années. — *Cons. d'état*, 23 oct. 1816, Martin c. Judau.

43. — Les diverses décisions qui déclarent le premier acquéreur préférable au second sont fondées sur le principe que la vente de la chose d'autrui est nulle ; mais ainsi qu'il a été dit plus haut ce principe ne devrait pas recevoir son application si le vice de la vente comme vente de la chose d'autrui venait de ce que le bien adjugé aurait été faussement présumé national et de ce qu'il aurait été enlevé à un propriétaire non émigré. Dans ce cas l'adjudication est irrévocablement maintenue en faveur de l'acquéreur (Const. 22 frim. an VIII, art. 94) ; et M. de Cormenin dit qu'en matière de vente de biens nationaux le principe est en faveur de la validité de la vente de la chose d'autrui.

44. — Il a donc été jugé, en conformité de la const. de l'an VIII, art. 94, qu'il y avait lieu de maintenir la vente d'un bien appartenant à une commune, vendu comme national, sauf à ladite commune à se faire, s'il y avait lieu, indemniser par le trésor public. — *Cons. d'état*, 19 mars 1820, Hoclet c. comm. de Bourg.

45. — Mais la charte de 1814, art. 9 et 10, ayant posé le double principe que toutes les propriétés étaient inviolables et que l'état pouvait exiger le sacrifice d'une propriété pour cause d'intérêt public légalement constaté, mais avec une indemnité préalable, il y a eu lieu à résiliation dans le cas où le bien d'un tiers aurait été, par erreur, com-

pris dans une vente de domaine de l'état faite depuis la Charte.— *Cons. d'état,* 16 juin 1824, Chalres.

46. — Jugé encore que les lois qui ont ordonné que les ventes des biens vendus comme nationaux, ne pourraient jamais être révoquées sur la demande des tiers, quels que fussent leurs droits, n'étaient pas applicables aux adjudications faites au nom de l'état, depuis la promulgation de la charte constitutionnelle.—*Cass.*, 26 déc 1825, Martin c. Levaillant.

47.— ...Et que les tribunaux pouvaient, sans excéder les bornes de leur compétence et de leurs attributions, annuler comme vente de la chose d'autrui les adjudications faites administrativement sous l'empire de la Charte. — Même arrêt.

48. — La vente pouvait encore être résiliée si elle portait sur des objets dont la loi avait prohibé l'aliénation, par exemple :

49. — 1° Sur de grandes masses de bois et forêts ou sur les bois excédant la contenance de cent arpens. — L. 6-23 août 1790 ; 3 juin 1793, art. 45 ; 6 floréal, an IV.

50. — 2° Sur des droits d'usage, de chauffage ou coupe annuelle dans les bois nationaux. — L. 27 mars 1791 ; *Cons. d'état.*, 30 nov. 1830, Bickel.

51. — 3° Sur des parcelles de terrains dépendans d'une route royale. — *Cons. d'état*, 25 avr. 1828, Besuchet.

52. — 4° Sur des rivières déclarées navigables ou flottables avant l'adjudication, ou sur des droits de pêche dans ces rivières depuis la loi qui avait déclaré ces droits régaliens.—*Cons. d'état*, 12 févr. 1823, Cerf ; — Cormenin, v° *Domaines nationaux*, § 6.

53. — 5° Sur des bâtimens ou terrains employés au service militaire dans les places de guerre inaliénables, suivant la loi du 10 juill. 1791 et à l'égard desquels la loi du 11 fructid. an IV avait suspendu toutes soumissions qui pourraient avoir été faites ou qui le seraient à l'avenir.

54.—Il a été jugé également que la loi du 28 vent. an IV ne permettant pas la vente *des biens incorporels nationaux*, il y a eu lieu d'annuler la vente d'une rente en grains consentie par l'état, sauf aux acquéreurs à se pourvoir en remboursement des sommes par eux payées.—*Cons. d'état*, 18 avr. 1816, Bassompierre c. Pommier ; — V. conf. Cormenin, *loc. cit.*, § 6.

55. — ... Et que la réclamation, par un tiers, du droit de pâturage, chauffage, etc. dans des bois ci-devant nationaux et cédés à un hospice par le gouvernement en vertu de la loi du 9 sept. 1807 n'est pas une atteinte au principe d'inviolabilité consacré par la constitution de l'an VIII, et par la Charte. — *Cass.*, 1er juin 1836, préf. de l'Isère c. comm. de Veneppe.

56. — On a encore admis comme cause de résiliation le cas où la vente n'aurait été consentie que sous la réserve des droits éventuels des tiers qu'un jugement définitif réaliserait.—*Cons. d'état,* 18 avr. 1821, Taillard ;—Cormenin, v° *Domaines nationaux, loc. cit.*

57. — Aux termes de la loi du 3 juin-25 juill. 1793 (art. 23, 24 et 25), les biens nationaux étaient vendus sans garantie de mesure, consistance et valeur. En cas d'erreur commise en même temps dans la désignation des tenans et aboutissans, et dans la consistance annoncée, il y avait lieu à résiliation. Mais si l'une des deux conditions se trouvait remplie, il ne pouvait être reçu aucune demande en résiliation ou indemnité. La résiliation ne pouvait être demandée que dans les deux mois de l'adjudication. — V. Cormenin, v° *Domaines nationaux*, § 19.

58. — Mais il n'y avait pas lieu à l'annulation des ventes légalement consommées pour cause de lésion ou vilité dans le prix. — L. 2 prair. an VII.

59. — Jugé que la loi du 2 prair. an VII qui a déclaré les ventes des biens nationaux inattaquables pour cause de lésion, n'était pas introductive d'un droit nouveau, mais seulement interprétative de celle du 19 flor. an VI : elle a donc dû influer sur le sort d'une demande intentée, même avant sa promulgation, à fin de rescision pour lésion d'un vente de biens nationaux. — *Cass.*, 22 brum. an X, Laborde.

60. — Jugé encore que l'art. 3 de cette loi qui exceptait des lois sur la lésion les ventes de biens originairement nationaux, était applicable au cas de vente d'une maison élevée sur un sol national, quelle que fût l'importance des constructions. — *Cass.*, 11 messid, an IX, Laserre.

61.— Mais il a été jugé également que les ventes de biens nationaux effectuées sous l'empire du Code civil ont été susceptibles de rescision pour cause de lésion d'outre moitié ; la loi du 2 prairial an VII qui, dans ce cas, prohibait l'action en rescision, ayant été abrogée par le Code civil. — *Bourges*, 27 fév. 1810, Tavernier.

62. — Nous ferons toutefois remarquer que la loi du 2 prair. an VII n'étant pas pleinement abrogée par le Code civil, il eût été plus exact de dire que cette loi ne réglait plus à partir du Code civil que les rapports entre l'état vendeur et les premiers acquéreurs, et que les reventes étaient régies par le droit commun.

63. — C'est dans ce dernier sens qu'il a été décidé par la cour de Cassation que les ventes ou reventes de domaines nationaux, faites *entre particuliers*, sont, comme celles de tous autres immeubles, sujettes à l'action en rescision pour cause de lésion établie par l'art. 1674, C. civ. — *Cass.*, 11 avr. 1820, Royer d'Eguilles.

64. — Jugé que la transaction intervenue entre le vendeur d'un bien d'origine nationale et l'acquéreur sur la recevabilité de l'action en rescision pour cause de lésion ne pouvait être annulée pour erreur de droit, même après la promulgation de la loi du 2 prair. an VII. — *Cass.*, 16 messid. an X, Chauveau. — V. VENTE.

65. — Une autre condition de validité et de légalité de la vente, c'est qu'elle ait eu lieu avec accomplissement de toutes les formalités prescrites par les lois sur la matière.

66. — Deux modes principaux de vente furent adoptés pour l'aliénation des biens nationaux : l'*enchère* et la *soumission*.

67. — La différence essentielle entre ces deux modes de vente consistait en ce que dans la vente sur enchères (autorisée par la loi du 14-17 mai 1790, et mise en pratique par un grand nombre de lois et notamment par celles des 16 brum. an V et 15 flor. an X), l'offre faite par celui qui voulait acquérir était suivie d'enchères. Au contraire, dans la vente par soumission (V. notamment L. 10 prair. an III, 13 fruct. an III, 28 vent. an IV) le soumissionnaire, lorsqu'il avait consigné le prix de la soumission, et que le contrat avait été passé entre lui et les administrateurs du département, était définitivement propriétaire.

68. — D'ailleurs la quotité de la consignation, les termes de paiement pour tout ce qui excédait la somme à consigner variaient suivant les circonstances et les besoins de l'état.

69. — Il y avait lieu à résiliation lorsque le contrat de vente avait été délivré sur une soumission irrévocablement annulée. — *Cons. d'état,* 14 avr. 1824, Faumande-Frevilly. — Un pareil contrat, dit M. de Cormenin (v° *Domaines nationaux, loc. cit.*), ne pouvait être que l'effet de la surprise ou de l'erreur puisque : lors même que par les dispositions des lois postérieures ce bien serait redevenu aliénable, la soumission qui le frappait n'existait pas et ne pouvait plus exister.

70. — ... Ou bien encore, lorsqu'une soumission avait été faite sans consignation. — *Cons. d'état,* 8 sept. 1824, Grezy ; — Cormenin, *loc. cit.*

71. — ... Ou lorsque l'acquéreur avait définitivement encouru la déchéance, faute de paiement dans les cas et les délais prévus par la loi. — L. 5 déc. 1814, art. 4. — V. *infrà* n° 114.

72. — S'il était décidé, sur la contestation élevée entre l'état et le prétendu propriétaire de domaines nationaux à vendre, que l'immeuble n'était pas national, l'acceptation de la soumission faite par le gouvernement pour le cas où la vente pourrait avoir lieu, ne devait être considérée que comme une vente conditionnelle, qui, par suite de la défaillance de la condition, ne donnait au soumissionnaire d'autre droit que celui de répéter son prix. — *Cass.*, 24 janv. 1815, Malapert c. Bosch.

73. — Jugé que lorsque la soumission d'un bien national était annulée, le soumissionnaire ne pouvait demander qu'en compensation de la jouissance provisoire du bien soumissionné, l'état admît de plein droit l'intérêt des sommes par lui consignées sur le prix de sa soumission. Ces intérêts ne devaient être alloués qu'à partir de la liquidation. —*Cons. d'état*, 30 déc. 1822, Vaison.

74. — Quant aux conditions de validité intrinsèque des ventes, il a été jugé que les expéditions des procès-verbaux d'adjudication signées des président et secrétaire de l'administration font foi jusqu'à inscription de faux et lorsqu'elles sont conformes aux minutes des actes d'adjudication. — *Cons. d'état*, 6 juill. 1825, Tilly Blaru c. Lemaître.

75.—De même, disent MM. Magnitot et Delamarre (*Dict. dr. publ. et admin.*, v° *Domaines nationaux*, p. 412), on ne peut attaquer une vente de biens nationaux en invoquant une nullité qu'on voudrait faire résulter des irrégularités commises dans les actes de vente.

76.—Il a donc été jugé : 1° qu'une vente de biens nationaux n'était pas viciée par les irrégularités commises dans le procès-verbal d'adjudication, telle, par exemple, que l'addition d'une clause en interligne. — *Cons. d'état,* 30 nov. 1832, Goupil.

77. — ... 2° Qu'une vente de biens nationaux n'a pas dû non plus être considérée comme nulle en ce que le procès-verbal ne porterait pas la signature des commissaires des communes en présence desquels elle se serait opérée. — *Cons. d'état*, 23 janv. 1828, comm. de Cordes c. Blot.

78. — ... 3° Que les erreurs ou omissions qui auraient pu se glisser dans les affiches indicatives de la vente ne peuvent préjudicier à l'acquéreur. —*Cons. d'état*, 17 nov. 1819, de Torcy c. comm. d'Etrepy.

79. — L'inscription de faux contre les actes de ventes nationales est admissible. — *Cons. d'état*, 16 févr. 1832, Darmaing c. Farbos.

80.—L'application du principe d'inviolabilité des ventes de biens nationaux est encore subordonnée à cette circonstance que le bien soit clairement désigné dans l'acte.

81. — Il était de principe qu'en matière de vente en bloc, fonds et superficie, bâtiment et dépendances, tout ce qui faisait partie du domaine faisait partie de la vente, à moins que les dépendances ne fussent pas administrativement reconnaissables. — Cormenin, § 9. — Mais que les ventes en détail n'embrassaient que ce qu'elles désignaient. Quant aux ventes à la mesure, elles ne comprenaient que la quantité fixée et rien au delà. — Cormenin, §§ 10 et 11.

82. — La question de savoir si tel ou tel bien revendiqué est ou non compris dans la vente est une question d'interprétation dont la solution variera nécessairement suivant chaque espèce. M. de Cormenin (*loc. cit.*, § 6) résume, ainsi qu'il suit, les divers moyens d'interprétation employés par les conseils de préfecture (auxquels est attribuée la connaissance des questions d'interprétation) pour découvrir ce qui a été vendu ou non : « Les uns, dit-il, sont des moyens essentiels et principaux, tels que l'examen et l'interprétation des actes purement administratifs qui ont préparé et consommé la vente, tels que les affiches, soumissions, plans, procès-verbaux de description ou d'estimation, cahier de charges, etc, contrats dressés entre le soumissionnaire et l'état, procès-verbaux d'adjudication ; les autres sont des moyens auxiliaires, additionnels et explicatifs, tels que les baux, auxquels la vente se réfère spécialement, les expertises, les levées de plan, les reconnaissances de lieu, la possession et l'exécution du contrat. » — Enfin, ajoute le même auteur, ils se déterminent d'après la forme distinctive des ventes, soit en bloc, soit en détail, soit à la mesure, et d'après la règle des confins.

83. — Bien que les décisions doivent varier suivant les espèces, il est néanmoins utile de signaler quelques principes généralement adoptés.—Ainsi le conseil d'état juge : 1° que ce qui est dans le procès-verbal d'estimation fait partie de la vente, quoique non exprimé dans le procès-verbal d'adjudication. —*Cons. d'état,* 2 juin 1819, Duverger c. Desguillard. —« En effet, dit M. de Cormenin (*loc. cit.*), l'acte d'adjudication se réfère toujours explicitement ou implicitement à l'expertise et fait corps avec elle. »

84. — ...2° Qu'on doit considérer comme compris dans la vente, les biens nommément désignés et clairement délimités dans l'acte et dans l'estimation qui l'a précédée, quoiqu'ils ne soient pas énoncés dans la soumission. —*Cons. d'état*, 18 juill. 1821, Lauvernier c. Bailleul.

85. — ... 3° Que dans le doute sur la question de savoir si un quartier de terre formait un article d'adjudication ou s'il n'était relaté que comme aboutissant, et lorsque le texte du procès-verbal obscur et incomplet ne pouvait s'expliquer pour ou contre le vendeur que par l'addition de tel mot ou de tel autre, la question de propriété devait se décider par la possession et par la manière dont le procès-verbal d'adjudication avait été exécuté. — Dans l'espèce, l'adjudicataire avait joui douze ans sans aucune réclamation. — *Cons. d'état*, 16 janv. 1813, Antoine c. le Domaine ; — Cormenin, v° *Domaines nationaux*, § 13.

86. — Jugé dans le même sens que lorsqu'un acquéreur avait été mis en possession de biens que l'ancien propriétaire réclamait, et qu'il en avait joui paisiblement et sans trouble durant dix-neuf ans, en présence tant du domaine que de l'ancien propriétaire, la réclamation de cet ancien propriétaire n'était pas recevable ; surtout lorsqu'en rendant une portion de terrain contiguë à l'objet litigieux, il lui avait donné ce dernier pour limites. — *Cons. d'état*, 21 mai 1823, de Cherville c. Toultain.

87. — ...4° Que les ventes de biens nationaux étant faites sans garantie de mesure, le terrain vendu devait s'étendre jusqu'aux limites qui lui avaient été assignées dans l'acte d'adjudication sans avoir égard à la contenance. —*Cons. d'état*, 19 janv. 1832, Legry c. comm. de Crecy-Aumont.

88. — ...5° Que, lorsque le procès-verbal d'adjudi-

cation se réfère au rapport estimatif des experts pour la désignation des biens vendus, et que le terrain en litige est compris dans ledit rapport, il y a lieu de déclarer qu'il a fait partie de la vente. —*Cons. d'état*, 10 janv. 1832, Ventre c. Michel.

89.—... 6° Que la vente de biens nationaux, à moins d'une clause expresse à cet égard, ne comprenait pas les objets mobiliers qui n'étaient pas inhérens et fixés aux bâtimens, et notamment les cloches des églises. — *Cons. d'état*, 7 févr. 1813, Domaine c. Morelli.

90. — Pour découvrir si l'objet réclamé a, ou non, été vendu, il y a lieu surtout de voir si cet objet est renfermé *dans les confins* assignés à la vente. — Relativement à cette règle des confins, laquelle, dit M. de Cormenin, a tranché une foule de questions ardues, on a posé en principe : 1° que ce qui est compris entre les confins, sol, superficie, excroissances naturelles, plantations, chemins, constructions, fait partie de la vente.—*Cons. d'état*, 26 août 1831, Gazzino; 31 juill. 1833, Sarmet.

91.—... 2° Que ce qui est hors des confins est hors de la vente. — *Cons. d'état*, 4 mai 1825, Vatel c. Goupy.

92. — ... 3° Que ce qui est donné pour confin est exclu de la vente. — *Cons. d'état*, 16 janv. 1822, Levasseur c. Thébault; 24 fév. 1825, Courteau de Septeuil c. Mazure; 10 janv. 1832, Ventre c. Michel.

93. — Le sursis accordé par le gouvernement à un ancien propriétaire avait-il pour effet de rendre le bien inaliénable, et dès-lors l'aliénation qui en aurait eu lieu sur soumission pourrait-elle être attaquée par cet ancien propriétaire? — M. de Cormenin (*loc. cit.*, § 5) pense que, dans ce cas, le principe de l'irrévocabilité des ventes nationales ne reçoit pas d'atteinte.—V. en ce sens *Cons. d'état*, 20 janv. 1819, de Gestac.

94.— Mais devrait-on également faire participer au bénéfice de l'inviolabilité les ventes faites nonobstant toute opposition de la part des anciens propriétaires, fondée sur la non-nationalité des biens mis en adjudication (opposition autorisée par la loi du 6 flor. an IV)?—M. de Cormenin (§ 6), soutient l'affirmative, « sauf le cas où il y aurait eu quelque dol ou fraude dont le vice ne puisse se couvrir et qui entraîne, aux termes des lois sur la matière, la nullité de la vente. — Mais le système contraire à l'irrévocabilité paraît consacré par diverses décisions du conseil d'état qui ont maintenu des adjudications en se fondant *« sur ce qu'il n'était justifié d'aucune opposition régulière à la vente.»* —*Cons. d'état*, 28 mai 1812, Faroulet; 14 juill. 1812, Merland; 19 mai 1815, Teusch c. Kirmann.

95.—Le conseil d'état a déclaré nulle une vente faite nonobstant l'opposition d'un tiers, lorsque la propriété du tiers réclamant l'objet vendu avait été reconnue depuis la vente par décision des tribunaux.—*Cons. d'état*, 9 juill. 1820, Alziary c. Dalmassy.

96.—Et une autre décision du conseil d'état a également annulé un contrat de vente passé sur soumission, nonobstant l'opposition antérieure d'un tiers et lorsque la réclamation du tiers avait été admise par les tribunaux, « par le motif que ce contrat n'avait pu être que l'effet de la surprise ou de l'erreur.»—*Cons. d'état*, 15 nov. 1814, la Cassaigne c. comm. de Marciac.

97.—Il résulte d'une ordonnance du conseil d'état du 16 juin 1824 (Chabret c. Lur de Saluces), que, lorsqu'une propriété particulière a été comprise par erreur dans la vente d'un bien de l'état, il y a lieu d'annuler partiellement la vente, et d'accorder au revendiquant la restitution de la somme pour laquelle la portion revendiquée est entrée dans le prix total.

98.—Du principe d'inviolabilité on a déduit que les créanciers privilégiés et hypothécaires des anciens propriétaires ne sont pas admissibles à attaquer par voie de tierce opposition des décrets définitifs qui ont ordonné la vente, sur soumission, de biens nationaux assignés à leur hypothèque, sous prétexte que cette vente est nulle et que leurs droits ont été sacrifiés. — C'est d'ailleurs la conséquence de la loi du 28 vent. an IV, et surtout de la loi du 6 flor. an IV, contenant instruction pour l'exécution de la précédente, et suivant laquelle « tous les domaines nationaux ont été déclarés quittes de toutes charges et hypothèques, » et qui n'a accordé le droit d'opposition qu'à ceux qui se prétendraient « propriétaires » d'un domaine présumé national.

99.—Les biens nationaux étaient d'ailleurs vendus francs et quittes de dettes, rentes et redevances foncières, prestations, douaires et hypothèques.—L. 25 juill. 1793;—Cormenin, *Dr. admin.*, t. 2, p. 81; Magnitot, *Dict. de dr. publ. et admin.*, v° *Domaines nationaux*, § 2.

100. — Ainsi, les biens nationaux se sont trouvés purgés par la vente de tous les droits de propriété, d'usage, d'hypothèque ou d'autres droits réels qui les grevaient antérieurement, à moins que les droits réels n'eussent été réservés expressément ou implicitement dans les procès-verbaux d'adjudication. — Serrigny, *De l'org. de la comp. et de la procéd. admin.*

101. — Pour que le principe de l'irrévocabilité des ventes nationales reçoive son application, il faut qu'il y ait eu des droits acquis au profit des tiers, car c'est en faveur de ces droits acquis qu'il a été dérogé aux règles du droit commun. — Mais doit-on considérer une *soumission* comme ayant constitué au profit des soumissionnaires des droits acquis et maintenus par la loi du 5 décembre 1814? —M. de Cormenin (§ 8), soutient l'affirmative, non précisément par cette considération que la soumission aurait équivalu à une vente, mais parce que la loi de 1814 maintient tous les droits acquis et fondés sur des lois et des actes du gouvernement relatifs à l'émigration. « Or, dit-il, ici la loi, c'est celle du 28 vent. an IV, qui autorise les soumissions; l'acte, c'est la soumission elle-même. — Le législateur a dit au soumissionnaire : vous deviendrez propriétaire des biens spécialement affectés à l'hypothèque de vos mandats, si vous remplissez les conditions que je vous impose. — Le soumissionaire répond : j'ai rempli vos conditions, remplissez maintenant votre promesse en dressant le contrat translatif de propriété. »

102. — La question ne pouvait pas faire doute, et le défaut de contrat dans les ventes par soumission n'était pas une cause d'annulation, lorsque la soumission portant sur des biens aliénables, avait été accompagnée d'une estimation régulière, suivie du versement intégral et de la possession. Ces circonstances réunies offraient tous les caractères d'une vente parfaite; car il y avait consentement mutuel, objet certain, prix fixé, prix même reçu, chose délivrée. Le contrat qui n'était plus alors qu'un instrument, ne pouvait être refusé au soumissionnaire.—Cormenin, v° *Domaines nationaux*. —La vente était indépendamment du contrat maintenue par la charte et par les lois des 1er décembre 1814 et 27 avril 1825.—Cormenin, *ibid.*

103. — Jugé que la soumission suivie de l'expertise, de l'envoi en possession et du paiement d'une partie du prix transmettait au soumissionnaire le droit de sous-aliéner, même avant la passation du contrat d'adjudication. — *Cons. d'état*, 18 avr. 1835, Henrion.

104. — Les biens nationaux étaient vendus, en 1791, avec toutes leurs servitudes actives et passives, à moins qu'il n'y eût aucune réserve exprimée à cet égard.—*Cons. d'état*, 5 août 1829, Rolland.

105.—Il a été dit plus haut qu'en cas de dépossession les acquéreurs pouvaient avoir à exercer une action récursoire contre l'état, à raison du préjudice à eux causé.

106. — Mais à l'égard des ventes de biens nationaux faites dans les pays étrangers pendant leur occupation, on a reconnu que par l'effet de la cession du territoire, le gouvernement français avait transféré aux gouvernemens étrangers tous ses droits actifs et passifs, et s'était affranchi par là de toute action directe ou indirecte de la part, soit des acquéreurs, soit de leurs cessionnaires évincés. — *Cons. d'état*, 19 juill. 1826, Dejardin.

107.—En conséquence, il a été jugé que les mesures prises par les puissances étrangères dans leurs états, ou les jugemens rendus par les tribunaux étrangers ne pouvaient donner lieu à aucune action récursoire en garantie contre le gouvernement français de la part desdits acquéreurs. — *Cons. d'état*, 19 juill. 1826, Dejardin.—V. aussi *Cons. d'état*, 8 mai 1822, Petit; 26 mars 1823, Bruley.

Sect. 4e. — *Paiement du prix.*

108. — Tout ce qui concerne le paiement du prix des biens nationaux, la déchéance, les décomptes, est désormais sans intérêt. — Cette partie de la matière des biens nationaux, soumise plus spécialement que toute autre aux lois de circonstances à raison des besoins de l'état, et des vicissitudes qu'ont subies les finances, touchait à des intérêts nombreux et compliqués. L'incertitude trop long-temps prolongée sur la libération des acquéreurs jetait ceux-ci dans de vives inquiétudes et nuisait à la circulation des propriétés.

109. — La loi du 12 mars 1820 a mis fin à cet état de choses, ce qui a fait dire à M. de Cormenin (v° *Domaines nationaux*) que les déchéances et les décomptes sont des matières éteintes.

110. — Toutefois, il n'est pas inutile, au point de vue historique, de rappeler sommairement les lois et quelques décisions par lesquelles il a été statué sur des points importans.

111. — Ainsi il a été jugé : 1° que l'état conservait ses droits sur les domaines nationaux par lui aliénés, sans être tenu à aucune inscription ni formalité. — *Colmar*, 31 juill. 1813, Rischshoffer.

112. — ... 2° Que les acquéreurs de domaines nationaux devaient faire compte à la république des fermages et même des fruits encore pendans par les racines, au prorata du temps de l'année qui s'était écoulé avant leur adjudication. — *Cass.*, 19 germin. an XII, Peirard.

113. — ... 3° Que l'acquéreur d'un bien national poursuivi par l'administration des domaines en paiement du prix d'adjudication n'a pu opposer en compensation les sommes par lui payées à compte du prix d'un autre bien national, dont la vente avait été annulée, par suite de déchéance, si sa créance de ce chef n'avait point été liquidée, ou qu'il ne fût pas constant que l'administration avait refusé de le faire. — *Bruxelles*, 19 fév. 1829, Domaine c. T...

§ 1er. — *Déchéance.*

114. — Depuis le 14 mai 1790 jusqu'au 12 mars 1820, il a été rendu un grand nombre de lois qui ont réglé soit les divers modes d'acquisition des biens nationaux, soit les modes de libération. — Un décret du 24 flor. an III avait déjà prononcé la déchéance contre les adjudicataires qui n'avaient pas payé dans les délais les termes échus de leurs adjudications.

115. — La loi du 11 frim. an VIII prononçait la déchéance des acquéreurs, et les déclarait déchus de plein droit.

116. — Suivant la loi du 15 flor. an X, relative aux ventes de biens ruraux, les paiemens étaient poursuivis en vertu du procès-verbal d'adjudication, et les acquéreurs en retard étaient déchus s'ils ne se libéraient pas dans la quinzaine de la contrainte à eux signifiée. — Art. 1-8.

117. — Une loi du lendemain, 16 flor. an X, rendait toutes ces règles applicables aux maisons, bâtimens et usines.

118. — Mais cette déchéance n'a été long-temps que comminatoire.

119. — L'arrêté du gouvernement du 4 thermid. an XI, rendu pour l'exécution de ces lois, chargeait les préfets de prononcer la déchéance. L'ordonnance royale du 11 juin 1817, qui a remis cet arrêté en vigueur, donnait la même mission aux préfets qui devaient prononcer sur la demande des préposés de l'administration des domaines. Les arrêtés ne pouvaient être mis à exécution qu'après avoir reçu l'approbation du ministre des finances. — Ordonn. 11 juin 1817, art. 1er.

120. — Lorsqu'un sous-acquéreur de biens nationaux n'avait pas payé dans le délai de grace accordé par l'ordonnance du 11 juin 1817 le décompte dont il était débiteur, la déchéance prononcée contre lui était devenue définitive du moment où l'administration des domaines avait repris possession de l'immeuble litigieux. — *Cons. d'état*, 19 juin 1828, Bouilliat.

121. — ..... Et la déchéance résultant du défaut de paiement dans ce délai, ne pouvait être annihilée au préjudice de ceux au bénéfice de qui elle avait été acquise, — par exemple au préjudice des anciens propriétaires réintégrés par la loi du 5 déc. 1814. — *Cons. d'état*, 12 nov. 1823, Billet c. min. des fin.

122. — La déchéance était une garantie donnée à l'état contre l'adjudicataire insolvable et ne préjudiciait pas à son droit de maintenir, à l'égard de l'adjudicataire solvable, les clauses de l'adjudication et de poursuivre le paiement du prix. L'état avait le choix entre les deux actions.—*Cons. d'état*, 16 janv. 1822, Thébault.

123. — On a jugé que l'ordonnance du 11 juin 1817, en assimilant les tiers détenteurs aux acquéreurs primitifs, leur avait, par cela même, ôté le droit d'opposer la prescription de dix et vingt ans. — *Cons. d'état*, 13 juill. 1825, Perrier c. le domaine.

124. — L'adjudicataire d'un immeuble national déchu de son acquisition faute de paiement devait restituer non pas les fruits ou les sommes par lui perçus, mais les intérêts du capital de son adjudication. — *Cons. d'état*, 28 mai 1812, Domaine c. Rochet.

125. — Les anciens propriétaires d'un bien national ne pouvaient opposer à l'acquéreur la déchéance lorsque le domaine avait reconnu à cet acquéreur la qualité de propriétaire en dressant contre lui le décompte de son prix. — *Cons. d'état*, 23 janv. 1828, comm. de Cordes c. Laffitte. — Et même, dit M. de Cormenin (v° *Domaines nationaux*); cette action était non-recevable, puisque le domaine seul avait qualité, d'après la loi, pour exercer les actions en déchéance.

126. — La caution solidaire de l'acquéreur de biens nationaux, pouvait être poursuivie en paiement du prix, en vertu de la même contrainte qui

avait été décernée contre le débiteur principal. — *Cass.*, 19 thermid. an XII, Vandenheude.

§ 2. — *Décomptes.*

127. — Dans ce conflit de lois diverses, de paiemens faits avec des valeurs de diverse nature, sous la menace de ces déchéances suspendues sur leurs têtes, les possesseurs de biens nationaux restaient soumis pour la libération de leur prix à des recherches pénibles, inquiétantes, à des investigations litigieuses connues sous le nom de décomptes.

128. — On entendait par décompte le compte du prix de vente et des paiemens successifs dans les valeurs admissibles, assignats, mandats, effets publics de toute nature, contenant le calcul des cours auxquels les valeurs étaient admises et le réglement des intérêts. Ce décompte n'était définitif et valable que lorsqu'il avait été arrêté par l'administration des domaines et que l'acquéreur en avait payé le reliquat et obtenu un *quitus*. — Exposé de motifs de la loi du 12 mars 1820.

129. — La loi du 12 mars 1820 a tranché ces difficultés et rassuré les possesseurs en déclarant pleinement libérés : 1° tous les acquéreurs qui, ayant à l'époque du décret du 22 oct. 1808, une quittance pour solde ou dernier terme des préposés du domaine n'auraient reçu, dans les six années écoulées depuis ce décret, aucune notification de décompte. — Art. 1er.

130. — ... 2° Ceux qui auraient reçu quittance pour solde postérieurement au décret, et auxquels il n'aurait été signifié aucun décompte dans les six années échues et à échoir depuis la date de cette quittance. — Art. 2.

131. — Quant aux acquéreurs dont la quittance remonterait à moins de six ans à l'époque de la signification qui leur serait faite du décompte, et pour ceux qui n'avaient point eu jusqu'alors de quittance pour solde, il devait être procédé, dans le plus bref délai, par l'administration des domaines à leurs décomptes définitifs. Ces décomptes devaient être terminés et signifiés avant le 1er janvier 1822. — Art. 3.

132. — Ce délai expiré sans qu'il eût été signifié de décompte, tous lesdits acquéreurs ont dû être entièrement libérés du prix de leur acquisition. — *Ibid.*

133. — N'étaient pas compris dans cette dernière disposition les acquéreurs des biens vendus en exécution des lois des 15 et 16 flor. an X, dont le dernier terme de paiement n'était pas alors acquitté. — *Ibid.*

134. — Il a été jugé, en vertu de cet art. 3, que c'était à l'acquéreur primitif que devait être signifié le décompte avant le 1er janv. 1822, et que ce n'était que par les paiemens faits en vertu de jugemens que les acquéreurs étaient libérés, mais qu'on ne pouvait réputer libératoire le paiement fait par un sous-acquéreur aux créanciers de son vendeur par suite d'un ordre amiable réglé pardevant notaire. — *Cons. d'état*, 13 juill. 1825, Perrier c. le domaine.

135. — Suivant la même loi aucune poursuite ne devait avoir lieu pour des décomptes dont le débet ne serait en capital que de vingt francs et au-dessous; et à l'égard des décomptes de sommes au-dessus de vingt francs en capital qui auraient été notifiés en temps utile, l'administration des domaines ne pouvait exercer de poursuites que jusqu'à l'expiration de l'année 1822. Elle pouvait seulement, au 1er janv. 1823, terminer l'exécution des arrêtés et décisions rendus et signifiés, et des jugemens et arrêts précédemment obtenus. — Art. 4.

136. — Suivant l'art. 5, il n'était rien innové dans le mode des poursuites; elles devaient continuer d'avoir lieu par les voies légales en matière de domaines nationaux, dans le délai prescrit; et néanmoins les sous-acquéreurs qui se seraient libérés, en vertu de jugemens, ne pouvaient être exposés à aucun recours. — Art. 5.

137. — Jugé en conséquence que le sous-acquéreur qui s'est libéré sur un jugement d'ordre ouvert sur le soumissionnaire, ne pouvait être inquiété sous le prétexte qu'il n'y avait pas eu vente nationale, et que le prix n'avait pas été payé par le soumissionnaire. Aux termes de l'art. 5, L. 12 mars 1820, tout recours contre le sous-acquéreur ou ses héritiers était interdit. — *Cons. d'état*, 18 avr. 1835, Henrion.

138. — Enfin l'art. 6 disposait que les acquéreurs de rentes nationales en vertu de la loi du 12 niv. an VIII, ayant quittance pour solde, auxquels l'administration des domaines n'aurait pas signifié de décompte ou demande en supplément de prix avant le 1er janv. 1822, étaient définitivement libérés. — Art. 6.

139. — Il a été jugé que cet art. 6 de la loi du 12 mars 1820 n'avait eu pour objet que la réparation des erreurs qui auraient pu se glisser dans les quittances pour solde, délivrées aux acquéreurs d'après le prix convenu; et que dès-lors la régie des domaines n'avait pu en invoquer les dispositions (alors qu'il y avait eu paiement intégral non vicié d'erreurs) pour intenter une action en supplément de prix, sous prétexte d'erreurs commises dans l'évaluation du prix des rentes. — *Cass.*, 9 avr. 1820, Domaines c. Strolz.

140. — Les décomptes du prix de ventes de biens nationaux sont dressés par le directeur des domaines, approuvés ou rejetés ou modifiés par le préfet, sauf recours des acquéreurs au ministère des finances et ensuite au conseil d'état. — Cormenin, § 16.

141. — Au surplus, l'action du domaine en recouvrement des décomptes qui n'ont pu être signifiés dans les délais voulus par la loi du 12 mars 1820, est prescrite. — *Cons. d'état*, 22 juin 1825, Montureux; 2 août 1826, Dumoustier.

Sect. 5e. — *Compétence. — Principes généraux.*

142. — Les considérations politiques ont dominé à toutes les époques le réglement de compétence, en ce qui concernait la surveillance administrative et le contentieux des domaines nationaux.

143. — En cette matière et relativement à toutes les questions que la possession ou la vente des biens nationaux peut soulever, soit entre l'état et les détenteurs, soit entre les détenteurs et les anciens propriétaires, il en est dont la connaissance est attribuée à l'autorité administrative et d'autres qui ressortissent de l'autorité judiciaire.

144. — Toutes les questions, dit M. de Cormenin (v° *Domaines nationaux*, n° 1er), relatives à l'apposition, levée ou réapposition du séquestre, aux envois en possession, aux liquidations du restant du prix des ventes, aux compensations de créances légitimaires avec le prix de ces ventes, à la déchéance encourue par les acquéreurs, faute de paiement dans le délai légal, et à la formation des décomptes, sont du ressort des préfets, sauf recours au ministre des finances et ensuite au conseil d'état.

145. — Ainsi jugé en matière de déchéances et de décomptes. — *Cons. d'état*, 1er nov. 1820, Daubigny; même jour, Legros; même jour, Desfontaines; même jour, Duhamel.

146. — Avant le décret réglementaire du 23 fév. 1811, il était de principe que toutes les questions qui se rattachaient à l'application des règles sur la confiscation et qui pouvaient s'élever sur la liquidation des créances sur émigrés, sur la levée du séquestre, sur le paiement du prix des ventes, etc., devaient être jugées au second degré par le conseil d'état et non par le ministre des finances. — Cormenin, v° *Domaines nationaux.*

147. — Mais ce décret, qui a supprimé (art. 1er) le département des domaines nationaux établi près du ministère des finances a transporté (art. 2) l'appel des arrêtés des conseils de préfecture en matière domaniale à la commission du contentieux. — L'art. 3 décide que « la surveillance administrative en cette partie continuera néanmoins d'appartenir au ministre des finances, et que les réclamations contre les arrêtés des préfets resteront soumises à sa décision, sauf renvoi au conseil d'état, en la forme ordinaire, des affaires qui en seraient jugées susceptibles. »

148. — Le motif apparent de cette disposition, dit M. de Cormenin (*loc. cit.*), était que l'arrêté réglementaire du 5 niv. an VIII avait remis au conseil d'état les affaires précédemment dévolues aux ministres. Le motif réel était que le gouvernement voulait tourner plus librement ses décisions aux besoins et aux vues de sa politique, résultat qu'il obtenait en ouvrant d'abord le recours devant le ministre.

149. — Sous le rapport encore de la surveillance administrative, « le ministre des finances seul pouvait, au nom de l'état, relever de la déchéance les acquéreurs des biens de première origine, accorder des sursis à la reprise de possession ou à la revente par folle enchère, prolonger les délais du paiement, remettre au débiteur une portion du capital, admettre tel ou tel mode de paiement, le tout sous sa responsabilité. Le ministre des finances exerçait sous ce rapport avec latitude une juridiction gracieuse, qui ne pouvait appartenir ni aux conseils de préfecture, ni aux tribunaux, ni au comité du contentieux, lesquels devaient se renfermer, chacun en ce qui les concernait, dans la stricte application des lois. » — Cormenin, v° *Domaines nationaux.*

150. — Quant aux conseils de préfecture, l'art. 4, L. 28 pluv. an VIII, les a chargés de statuer sur tout

le contentieux relatif à la vente des domaines nationaux, sauf recours au conseil d'état.

151. — Le conseil d'état n'est donc, en ces matières, que la juridiction du second degré. Il ne pourrait connaître des contestations de prime abord, parce que, dit M. de Cormenin (§ 2, n° 3, note), il n'appartient ni aux parties de franchir, ni au conseil d'état d'omettre le premier degré de juridiction.

152. — La connaissance des questions relatives à la *validité* ou à l'*invalidité* de ces ventes était attribuée aux tribunaux par la loi des 23-28 oct.; 5 nov. 1790, tit. 3, art. 13, 14, 15.

153. — Et l'art. 14, décr. 27 mars 1791, concernant les corps administratifs, était ainsi conçu : « Les actions relatives aux domaines nationaux ou propriétés publiques seront intentées ou soutenues au nom du procureur général syndic du département, et à la diligence du procureur syndic du district de la situation des biens. » Par la loi du 14 frim. an II, les procureurs généraux syndics ont été remplacés par les présidens du département (art. 6, tit 3), et les procureurs syndics de district par les agens nationaux (art. 14, tit. 2); mais la fonction en est restée la même : les actions qui, sous la loi de 1791 ne pouvaient être intentées par les procureurs syndics de districts n'ont pu être exercées non plus par les agens nationaux. — Depuis la loi du 28 pluv. an VIII ces actions sont exercées par les préfets.

154. — Il a été jugé sous cette législation : 1° que l'acquéreur d'un bien national ne pouvait, sur la demande principale en paiement de fermages qui avait été intentée contre le fermier de ce bien, actionner en garantie le commissaire du département, sans avoir rempli auprès de l'administration les formalités prescrites par la loi du 5 nov. 1790, c'est-à-dire sans s'être préalablement pourvu par simple mémoire, d'abord au directoire du district, pour donner son avis, ensuite au directoire du département, pour donner une décision. — *Cass.*, 12 germin. an VIII, Cazeneuve c. Dieuzaide et le domaine.

155. — ... 2° Que la demande en garantie contre le procureur général syndic, d'un département, intentée par un adjudicataire de biens nationaux troublé dans sa possession par un tiers, devait, à peine de nullité, être précédée de la présentation d'un mémoire au district, et que l'intervention du procureur général était nulle, si elle n'avait été autorisée par le directoire départemental. — *Cass.*, 3 fructid. an IX, Vignon.

156. — ... 3° Que l'agent national d'un district n'avait pu être assigné directement, ni plaider à l'occasion d'un procès qui avait pour objet des biens nationaux en son nom propre, sans autorisation du directoire du département et sans délégation du président. — Une telle action ne pouvait être exercée sous les lois des 5 nov. 1790 et 27 mars 1791 que contre le procureur général syndic du département, et, sous le décret du 14 frim. an II, que contre le président du directoire du département. — *Cass.*, 4 fév. 1823, comm. d'Armieux-Saint-Garvais c. Blanchet.

157. — ... 4° Que les tribunaux de district étaient incompétens pour connaître de la réclamation élevée contre une vente de biens nationaux faite sur la folle enchère d'un premier adjudicataire. Ils devaient renvoyer les parties devant le directoire du département, seul juge compétent, aux termes de l'art 60, L. 18 déc. 1789. — *Cass.*, 21 juin 1792, Feullarde. — Suivant cet article, si un citoyen se croyait personnellement lésé par quelque acte du corps municipal, il pouvait exposer ses sujets de plainte à l'administration ou au directoire du département, qui devait y faire droit par l'avis de l'administration du district.

158. — ... 5° Que toute action relative aux domaines nationaux devant, selon la loi du 15-27 mars 1791, être intentée ou soutenue au nom du procureur général syndic (remplacé par le président du département), une sentence arbitrale rendue entre la nation et une commune était nulle, si l'action de la commune avait été intentée contre l'agent national du district, et si cet agent avait participé en son nom et de son chef à la nomination des arbitres. — *Cass.*, 8 pluv. an XIII, préfet de la Haute-Marne; 7 août 1811, Saint-Maurice c. comm. de Genevret; — Merlin, *Quest. de dr.*, v° *Nation.*

159. — Mais l'attribution aux tribunaux n'était pas si clairement déterminée qu'elle ne fût quelquefois contestée. — V. arrêté du directoire du 2 niv. an VI, qui ordonne l'impression d'un rapport du ministre de la justice.

160. — La question ne parut même pas résolue par le décret du 1er fructid. an III, qui décidait que toutes les pétitions et questions relatives à la validité ou nullité des adjudications de domaines

nationaux seraient exclusivement renvoyées au comité des finances (un des comités de la Convention). — Un grand dissentiment s'était élevé à cet égard entre le ministre de la justice et le ministre des finances. — V. arrêté 2 niv. an VI.

161. — Enfin la question fut tranchée en faveur de l'administration par l'arrêté du 2 niv. an VI; et elle le fut législativement par l'art. 4, L. 28 pluv. an VIII, dont nous avons parlé plus haut.

162. — Quant aux pays conquis, l'attribution des conseils de préfecture avait été transportée à des *consultes*. Le conseil extraordinaire de liquidation établi à Turin prononçait en première instance sur les ventes de biens nationaux, sauf recours au conseil d'état. — Décr. 27 déc. 1807; —Cormenin, vº *Domaines nationaux*.

163. — Le principal motif de l'attribution de ce contentieux à des juges administratifs et d'exception fut que les ventes étaient des actes politiques, passés par l'autorité administrative dans des circonstances et des formes exceptionnelles; on voulut aussi donner aux acquéreurs des biens nationaux des juges plus expéditifs et plus favorables que les juges ordinaires, dont on craignait l'indépendance. — Cormenin, *ibid*.

164. — D'ailleurs, les contrats de vente étaient des actes d'administration que les juges ne pouvaient troubler de quelque manière que ce fût. — L. 24 août 1790, tit. 2, art. 13; L. 16 fructid. an III. —Autrement, dit M. de Cormenin (vº *Domaines nationaux*), il eût dépendu des tribunaux, par forme d'explication ou d'interprétation, de modifier, de dénaturer et même d'anéantir les actes d'administration, et d'autoriser par suite les demandes en indemnité contre le gouvernement.

165. — Jugé, en conséquence, que, lorsque l'autorité administrative avait déclaré nul un bail consenti par des religieux et qu'il avait été procédé à l'adjudication du bien loué, les tribunaux ne pouvaient déclarer le bail valable, sans porter atteinte aux droits de l'autorité administrative. — *Cass.*, 29 flor. an X, Romel c. Paris.

166. — Mais les conseils de préfecture étant des tribunaux d'exception, lorsque les causes de ces exceptions venaient à disparaître, les tribunaux ordinaires reprenaient leur compétence, et les questions sur le contentieux des domaines nationaux retombaient sous leur juridiction, quand le motif politique n'y faisait pas obstacle.

167. — C'est également à l'autorité administrative à statuer sur les demandes en garantie formées par les acquéreurs contre l'état. — *Cons. d'état*, 27 fév. 1835, Touellet.

168. —... Et à déterminer l'étendue des obligations de l'état par suite d'un acte d'adjudication de biens nationaux, et pour décider si, dans le cas d'inexécution de ces obligations, il y a lieu de résoudre le contrat. — *Cons. d'état*, 16 mars 1836, Sobillon; — Macarel et Boulatignier, *De la fortune publique*, t. 1er, p. 179 et suiv.

169. — L'incompétence des tribunaux pour connaître de l'étendue et de l'effet d'une vente de biens nationaux est d'ordre public et n'est pas susceptible d'être couverte par le consentement des parties. — *Cass.*, 16 pluv. an XI, Lebouc c. Monville; 12 fév. 1806, Salomon c. Belot; 18 juill. 1808, Charnay c. Rodde; 21 nov. 1808, Paris c. Calabre; 12 mai 1824, Cacquerey c. Bordier; *Amiens*, 28 mai 1822, Minoufflet c. Scart; *Aix*, 29 nov. 1824, Gardon c. Regusse.

170. — Elle peut être invoquée pour la première fois devant la cour de Cassation. — *Cass.*, 16 pluv. an XI, Lebouc c. Monville.

171. —... Et par la partie même qui a saisi le tribunal. — *Cass.*, 12 avr. 1808, Doc c. comm. de Piney.

172. — Ces principes sur la compétence n'ont pas été modifiés par la charte constitutionnelle. — Macarel et Boulatignier, *loc. cit.*

173. — Dès-lors, on a dû juger que les contestations relatives à la validité ou à l'invalidité des ventes de biens nationaux faites avant la promulgation de la Charte étaient encore, sous son empire, de la compétence exclusive de l'autorité administrative. — *Cass.*, 21 mai 1827, Fargues.

§ 1er. — *Compétence administrative.*

174. — Les applications, faites par la jurisprudence, des principes qui se réfèrent à la compétence des tribunaux administratifs en matière de ventes de biens nationaux, sont relatives soit à la validité ou aux effets de ces ventes, entre les acquéreurs et l'état ou entre les acquéreurs et les anciens propriétaires, soit à l'interprétation de leurs clauses, des adjudications et à la fixation de leur étendue.

175. — On a donc jugé que c'est à l'autorité administrative et non aux tribunaux qu'il appartient de connaître de l'étendue et de l'effet d'une vente de biens nationaux. — *Rennes*, 29 juin 1811, Ludo; *Amiens*, 1er août 1821, Ledoux c. comm. de Brey; 28 mai 1822, Minoufflet; *Cass.*, 14 fév. 1827, Garnier c. Clément.

176. — ....Et que si dans une contestation élevée entre deux acquéreurs de domaines nationaux, il s'agissait non de l'application pure et simple, mais de l'interprétation de leurs titres successifs, l'autorité administrative était compétente à l'exclusion des tribunaux. — *Cass.*, 26 janv. 1831, Beuzebroc c. Noël.

177. — L'autorité administrative est seule compétente pour décider si un objet est, ou non, compris dans une vente de biens nationaux. — *Cass.*, 13 avr. 1808, Dœ c. comm. de Piney; 18 juill. 1808, Charnay; 22 mars 1820, Racouchot c. Ballard de la Chapelle; 12 mai 1824, Caquerey c. Bordier; *Aix*, 29 nov. 1824, Régusse c. Gardon; — *Cons. d'état*, 16 fév. 1826, Brial; 21 mai 1834, Thomas c. Voiturin.

178. — Les tribunaux ne seraient pas compétens pour statuer sur une contestation de cette nature, quand même ils déclareraient laisser de côté l'acte d'adjudication et puiser les raisons de décider dans des circonstances et des considérations étrangères à cet acte. — *Cass.*, 22 mars 1820, Racouchot.

179. — C'est à l'autorité administrative qu'il appartient de statuer sur le point de savoir si le procès-verbal d'adjudication d'un bien national impose à l'acquéreur l'obligation de souffrir l'existence d'un bail emphytéotique. — *Cass.*, 5 germin. an VIII, Bussenet.

180. — Par la même raison, les tribunaux ne peuvent examiner si un acte d'adjudication nationale établit qu'un détenteur de biens adjugés jouit en vertu d'un bail. — *Cass.*, 3 mars 1807, Deraedt c. Vander-Est.

181. — L'autorité judiciaire est incompétente pour connaître d'une question de propriété lorsqu'elle ne peut être décidée que par l'interprétation d'actes administratifs, tels qu'une vente nationale. — *Cass.*, 13 déc. 1830, Danjou Puysant c. comm. de Mathieu. — V. ACTE ADMINISTRATIF.

182. — Lorsque la vente d'un immeuble, passée par un préfet, énonce que les fruits appartiendront à l'acquéreur à compter de la présentation qui a eu lieu précédemment de la quittance de paiement du second quart du prix, l'autorité administrative est compétente à l'exclusion des tribunaux sur la question de savoir si l'adjudicataire a le droit de demander les fruits contre les particuliers qui ont joui de l'immeuble depuis cette époque, ou s'il ne peut agir que contre l'administration venderesse. — *Cass.*, 21 nov. 1808, Paris c. Calabre; *Liége*, 5 mars 1812, Bombaye.

183. — Le tribunal saisi d'une action en revendication de la propriété d'un immeuble fondée sur une adjudication nationale, doit renvoyer les parties devant l'autorité administrative, si le défendeur invoque en sa faveur un titre de même nature. — *Cass.*, 3 mars 1807, Deraedt c. Vander-Est; 7 mars 1808, Prélact; — Merlin, *Répert.*, vº *Pouvoir judiciaire*.

184. — La question de savoir si le droit de propriété d'un acquéreur de domaines nationaux ne date que du jour du contrat de vente ou remonte à celui de la soumission par lui faite antérieurement, rentre dans le contentieux des domaines nationaux, et ne peut, à ce titre, être appréciée que par l'autorité administrative. — Dès-lors le tribunal qui se trouve saisi d'une question de prescription dont la solution dépend du point de savoir à quelle époque remonte le droit de propriété de l'acquéreur, doit surseoir à statuer jusqu'à ce qu'il ait été prononcé sur ce dernier point par l'administration. — *Cass.*, 18 mai 1841 (t. 2 1841, p. 164), Leisser. — V. ACTE ADMINISTRATIF.

185. — C'est à l'autorité administrative qu'il appartient de décider si la clause par laquelle l'adjudicataire d'un bien national déclare qu'il acquiert pour lui et pour telles personnes, forme une simple déclaration de command, et si cette déclaration est révocable. — *Cass.*, 25 oct. 1809, Mary.

186. — Les tribunaux ne peuvent connaître, avant que l'autorité administrative ait prononcé, des contestations élevées entre deux particuliers qui prétendent avoir été nommés commands par le procès-verbal d'adjudication d'un domaine national. — *Bruxelles*, 17 mars 1810, Teirlinck.

187. — C'est au conseil de préfecture seul à résoudre les doutes qui peuvent s'élever sur la validité de l'adjudication, le sens de ses clauses, ses effets et son exécution, ainsi que sur la nature et l'étendue des objets vendus et la personne de l'adjudicataire. — *Cons. d'état*, 23 oct. 1816, Taffet; 10 fév. 1830, Aubanel; 18 avr. 1835, Henrion.

188. — Mais les conseils de préfecture n'étant institués que pour statuer *sur le contentieux* et entre parties, il en résulte qu'ils doivent se refuser à donner une déclaration que leur demanderait un acquéreur sans litige existant et sans contradiction légitime pour fixer les limites de son acquisition. — *Cons. d'état*, 13 juin 1821, Mugot.

189. — C'est au conseil de préfecture à connaître des points de savoir : 1º si un bien national attribué à une fabrique appartient au domaine. La question de propriété est dans ce cas administrative, parce que sa solution est dans un acte administratif. — Cormenin, vº *Domaines nationaux*, § 2, nº 2.

190. —... 2º Si la donation ou cession de biens nationaux vendus antérieurement, faites à titre gratuit ou onéreux par l'état, aux fabriques, hospices et autres établissemens de charité, doivent être maintenues au préjudice des acquéreurs, lorsque l'identité des objets possédés à la validité de la vente sont bien constatées. — Cormenin, vº *Domaines nationaux*.

191. —... 3º Si une soumission de biens nationaux faite en exécution de la loi du 28 vent. an IV, et non suivie de contrat vaut vente. — *Cons. d'état*, 12 mai 1820, Seguin c. Brugier; 1er nov. 1820, Serezin c. Lapeype; — Cormenin, § 2, nº 3; Chevalier, *Jurisp. admin.*, vº *Domaines nationaux*, t. 1er, p. 410.

192. — ... 4º Si une vente nationale est nulle, soit pour avoir été passée par une autorité illégale, soit pour avoir été comprise dans des biens dont les lois prohibaient l'aliénation, soit pour vices matériels dans la forme, soit pour cause de fraude, soit pour avoir été faite sous réserve des droits des tiers opposans reconnus depuis par jugemens définitifs qui seraient intervenus entre le domaine garant et les opposans, soit enfin pour déchéance définitive encourue faute de paiement dans les cas et les délais prévus par la loi, et en général pour une des causes ci-dessus indiquées (*suprà* nºs 35 et suiv.), car toutes ces questions touchent à la validité intrinsèque des ventes administratives, et sont contentieuses. — Cormenin, *ibid.*, nº 4.

193. — ... 5º Et dans les cas où les biens compris dans une vente l'ont été précédemment dans une autre, et laquelle de ces deux ventes doit être maintenue. — *Cons. d'état*, 24 mars 1824, Tutrch; 6 dec. 1820, Morin de Sendal c. Perquidoux.

194. — De même, lorsqu'un acquéreur s'oppose à une vente postérieure sous prétexte que l'objet mis en vente lui a été vendu, l'étendue des limites de la première vente forme une question préjudicielle à décider par les conseils de préfecture. — *Cons. d'état*, 24 mars 1824, Binos et Dufour c. Marmon.

195. — ... 6º Si un ancien propriétaire a qualité pour attaquer la validité et les effets d'une vente nationale dont il ne conteste pas la réalité : cette réclamation donnant lieu à l'examen des lois politiques des 22 frim. et 29 thermid. an VIII, 16 flor. an X, 5 déc. 1814 et autres. — Cormenin, vº *Domaines nationaux*, *ibid.*, nº 5.

196. — ... 7º Si une opposition, antérieure à la vente, confère au tiers réclamant le droit d'obtenir la restitution de la chose, après le jugement définitif des tribunaux sur la question de propriété, ou s'il ne lui compète, en ce cas, qu'une action en indemnité envers le trésor. — Cormenin, *ibid.*, nº 6.

197. — Le conseil de préfecture est seul compétent pour régler, entre deux acquéreurs de biens contigus et de commune origine, les limites et charges respectives des deux propriétés, d'après le but, les circonstances et les procès-verbaux des deux adjudications. — Cormenin, vº *Domaines nationaux*, § 2, nº 8.

198. — ...Et pour déclarer : 1º que les servitudes ou droits de vue, de prise d'eau, de passage, etc., nommément expliqués dans les actes administratifs qui ont précédé ou consommé la vente, ou dans les baux auxquels la vente se réfère, ont été aliénés ou réservés. — *Cons. d'état*, 21 oct. 1818, Guyot; 24 mars 1819, Malafosse; 6 juill. 1825, Seignan; — Cormenin, vº *Domaines nationaux*, § 2, nº 17.

199. —... 2º Qu'un mur ou un fossé respectivement réclamés par deux acquéreurs contigus sont mitoyens. — Cormenin, vº *Domaines nationaux*, § 17 (note).

200. — Il est seul compétent pour déterminer quel doit être le partage provisionnel des eaux entre plusieurs acquéreurs. — Cormenin, vº *Domaines nationaux*, nº 19 (note).

201. — ...Pour décider si l'acquéreur d'un étang a droit de le convertir en pré au préjudice d'une commune qui prétend pouvoir y faire abreuver ses bestiaux. — Cormenin, *ibid.*

202. — Lorsque l'acte d'une vente administrative ne contient au profit de l'acquéreur aucune mention expresse d'un droit quelconque de servitude, une cour royale ne peut, alors surtout que le sens de cet acte a déjà été interprété par l'autorité administrative au sujet d'une autre difficulté existant entre les mêmes parties, induire l'existence de ce droit de servitude du rapprochement de cer-

tains termes de l'acte avec ceux d'un rapport d'experts qui l'a précédé. C'est là non pas une simple application, mais une interprétation illégale. — *Cass.*, 23 déc. 1840 (t. 1er 1841, p. 520), Bailly.

203. — Ces cas divers et les autres analogues qui peuvent se présenter en grand nombre n'ont été soumis à la juridiction administrative qu'autant que la solution pouvait se tirer des actes qui ont préparé ou consommé la vente. — Cormenin, *ibid.*

204. — Mais il a été jugé, et tel est le principe qui domine toute la matière, qu'un conseil de préfecture saisi de l'interprétation d'une vente de biens nationaux doit se renfermer dans l'interprétation des actes administratifs qui ont préparé et consommé la vente, sans s'appuyer sur des faits et des moyens dont l'appréciation est hors de sa compétence. — *Cons. d'ét.*, 3 mars 1837, comm. de Franchesse c. Petitjean; — Magnitot et Delamarre, *Dict. de droit pub. et adm.*, vo *Domaines nationaux*, § 5.

205. —...Qu'ainsi le conseil de préfecture ne serait pas compétent pour régler le mode d'exercice des servitudes imposées par l'acte administratif. — *Cons. d'état*, 4 mars 1819, Avignon; 30 déc. 1822, Lechevalier.

206.—...Ou pour prononcer sur la propriété d'un terrain vendu nationalement, lorsque l'acte administratif est insuffisant pour attribuer la propriété à l'acquéreur, et qu'il faut, pour statuer sur la contestation, recourir à des titres anciens qui ne peuvent être appréciés que d'après les règles du droit commun. — *Cons. d'état*, 25 avril 1839, comm. de Balleroy.

207. — ... Ou pour décider par des documens postérieurs à l'acte d'adjudication; ainsi ils ne peuvent ordonner une reconnaissance par experts ou une description des terrains compris dans l'adjudication — *Cons. d'état*, 21 juin 1839, Laurent.

208. — Jugé aussi qu'un conseil de préfecture ne peut ordonner que des parties procéderont à une expertise devant un tribunal civil pour arriver à l'interprétation d'un arrêté soumis à son appréciation : ce serait déléguer sa juridiction. — *Rennes*, 5 mars 1834, Trogoff; — Cormenin, *Quest. de droit admin.*, t. 1er, p. 259; Magnitot et Delamarre, *Dict. de droit admin.*, t. 2, p. 267; Foucart, *Elém. de droit pub. et admin.*, t. 3, no 371.

209. — Au surplus, le conseil d'état a posé en principe que l'autorité administrative n'est compétente pour connaître des difficultés qui s'élèvent entre des acquéreurs de biens nationaux que lorsque ces difficultés sont relatives au fond; et non si le juge de paix a seulement à prononcer sur une demande possessoire. Dans ce cas, il n'excède pas ses pouvoirs, attendu qu'il ne préjuge ni du mérite du fond ni des titres de propriété. — *Cons. d'état*, 24 mars 1806, Mendail c. Laruc; — Henrion de Pansey, *Traité de la Comp. des juges de paix*, p. 364 (il avait combattu cette opinion dans ses premières éditions); Cormenin, vo *Cours d'eau.*

210. — Le conseil de préfecture compétent est celui où sont situés les objets litigieux, et non celui où les mêmes objets auraient été aliénés par erreur. — Cormenin, vo *Domaines nationaux.* — V. au surplus ACTE ADMINISTRATIF.

§ 2. — *Compétence judiciaire.*

211. — Les raisons politiques qui ont créé la juridiction exceptionnelle des tribunaux administratifs et le principe qui interdit aux tribunaux de connaître des actes de l'administration n'ont plus leur application, et la juridiction ordinaire est compétente dans les cas suivans.

212. — Ainsi les tribunaux sont toujours restés compétens pour connaître des contestations relatives aux biens nationaux avant leur aliénation, par exemple des questions de domanialité soulevées par des tiers. — *Cass.*, 29 avril 1809, Serin; et 28 sept. 1813, Veckbeker.

213. — Ils sont compétens lorsqu'il s'agit de connaître des actes passés entre particuliers sur des biens d'origine nationale, postérieurement à leur adjudication. — *Cass.*, 13 ventôse an XIII, Baudoin. — Cormenin, *Quest. de droit admin.*, vo *Domaines nationaux*, § 3.

214.—...Ainsi que lorsqu'il s'agit de contestations entre l'acquéreur et ses cessionnaires, au sujet des reventes de tout ou partie d'un bien national. — Même arrêt. — La raison en est qu'il s'agit ici d'un contrat purement privé.

215. — ...Ou entre l'acquéreur apparent et un tiers qui prétend que le bien a été acquis pour lui. —Cormenin, vo *Domaines nationaux*, § 8, no 9 (note).

216.—Lorsque des atterrissemens ont été formés postérieurement à la vente de terrains situés sur une rivière navigable, la question de propriété de ces atterrissemens est de la compétence des tribunaux. — *Cons. d'état*, 21 mars 1821, Biousse.

217. — L'autorité judiciaire est compétente lorsqu'il s'agit des baux, de leur existence ou de leur validité intrinsèque, de leur interprétation, de leur exécution et de leurs effets, de leur résiliation, du paiement des fermages, de la liquidation et du règlement des comptes, de l'opposition des débiteurs aux contraintes décernées par le domaine. — Cormenin, vo *Domaines nationaux*, no 1er.

218. — Ainsi c'est aux tribunaux à connaître des contestations qui s'élèvent entre les adjudicataires de ces biens et ceux qui s'en prétendent les fermiers.—*Cass.*, 12 therm. an II, Cliquet c. Cavroi; — Merlin, *Questions de droit*, vo *Biens nationaux*, § 1er.

219. — Les tribunaux connaissent des questions relatives aux servitudes, droits d'usage, de bornage, etc., lorsque, des actes de vente de domaines nationaux ne contiennent aucune clause sur leur existence, ni réserve spéciale, ni distinction, et que ces questions ne peuvent être résolues que par l'application des titres anciens, par les transactions, par la possession immémoriale ou par les maximes du droit civil.

220. — La raison en est que l'état a vendu les biens nationaux sans garantie des servitudes actives et passives, et que, d'ailleurs, ces questions étant, d'ordinaire, élevées par des voisins, par des tiers autres que l'ancien propriétaire, il n'y a aucun inconvénient politique à ce que ces débats soient portés devant les tribunaux. — Cormenin, vo *Domaines nationaux, ibid.*, no 3 (note).

221. — L'autorité judiciaire est seule compétente pour prononcer lorsque, dans une contestation élevée entre deux acquéreurs de domaines nationaux, ces acquéreurs reconnaissent que le terrain litigieux a été compris dans l'une et l'autre des adjudications faites à leur profit par l'état, et qu'il ne reste plus qu'à statuer sur l'exception de prescription invoquée par l'un des adjudicataires. — *Limoges*, 30 janv. 1822, Lemaigre; *Cass.*, 20 juill. 1829, Pottier. — Cormenin, vo *Domaines nationaux*, no 7.

222. — De même, ils sont seuls compétens : 1o pour décider si une portion de terrain est ou n'est pas comprise dans les limites de l'adjudication nationale, lorsque les parties sont d'accord sur les limites et la contenance des biens adjugés nationalement. — *Cass.*, 21 mai 1834, Thomas.

223. — ... 2o Pour statuer sur les différens élevés entre deux adjudicataires de biens nationaux limitrophes, non sur les termes de leur adjudication, mais sur des usurpations mutuelles. — *Limoges*, 30 janv. 1822, Lemaigre; *Cass.*, 20 juill. 1829, Pottier.

224. — C'est aux tribunaux à fixer les tenans et aboutissans d'un bien national, lorsqu'ils ne sont pas déterminés par les procès-verbaux d'estimation et d'adjudication. — *Cons. d'état*, 16 fév. 1825, Vidaud.

225. — L'action en bornage d'un bien national est de la compétence exclusive des tribunaux, lorsque l'autorité administrative s'est expliquée sur l'acte émané d'elle, en déclarant l'acquéreur propriétaire de tout ce qui appartenait anciennement à l'émigré sur lequel ce bien a été confisqué. — *Rennes*, 20 nov. 1810, Paradis; 18 avril 1811, Paradis.

226. — Les tribunaux sont compétens pour connaître des prescriptions opposées, soit par le tiers détenteur à l'acquéreur réclamant, soit par l'acquéreur ou ses cessionnaires, à des tiers ou à l'ancien propriétaire ou au domaine. — La raison en est, dit M. de Cormenin (vo *Domaines nationaux*, § 3), que la prescription se détermine par des règles purement civiles. — *Cons. d'état*, 14 avril 1824, Robert c. Fauveau; 16 juin 1824, Bonnet.

227. — Ainsi ils sont compétens lorsque le second acquéreur d'un bien national ne répond à la demande en bornage qu'en excipant de son titre privé et de la prescription décennale que ce titre et sa bonne foi lui ont acquise. — *Cass.*, 24 juill. 1838 (t. 2 1838, p. 406), Ambiel et Engaurrand.

228. — De même, ils sont compétens dans le cas de contestation entre l'adjudicataire d'un bien national et le propriétaire voisin pour le bornage de leurs propriétés respectives, lorsque le titre de l'adjudicataire ne détermine pas les dépendances de la chose adjugée. — *Cass.*, 16 nov. 1825, Wendal c. Cochard.

229. — La contestation entre deux acquéreurs de domaines nationaux sur la possession d'un cours d'eau est de la compétence du juge de paix et non de l'autorité administrative. — *Paris* et non *Cass.*, 15 janv. 1808, Ardant c. Plessier. — V. aussi *Cons. d'état*, 24 mars 1806, Mauduit c. Larive.

230. — C'est aussi devant les tribunaux qu'un acquéreur peut, dans le silence de l'acte de vente, réclamer un cours d'eau à titre de servitude active, d'après d'anciens titres.—*Cons. d'état*, 27 avr. 1825, Kildz.

231. — Lorsqu'une poursuite illégale en paiement d'un décompte intentée par la direction des domaines contre un détenteur de biens nationaux a occasionné plusieurs actions récursoires, l'acquéreur primitif qui a obtenu de la juridiction administrative la réformation du décompte et le remboursement de la somme indûment perçue, peut porter devant les tribunaux sa demande contre la régie en paiement des frais, dépens et dommages-intérêts. — Ce n'est pas là une difficulté sur le résultat d'un décompte dont l'arrêté du 4 thermid. an XI, art. 4, attribue la connaissance à l'administration, mais une action en dommages-intérêts, basée sur les art. 1382 et suiv., C. civ. — *Cass.*, 30 janv. 1826, Domaine c. Teutsch.

232.—Sont de la compétence des tribunaux :—Les demandes en restitution de fruits et jouissances. — Il s'agit d'appliquer les règles du Code civil sur la possession de bonne foi. — *Cass.*, 4 fév. 1845 (t. 1er 1845, p. 148), Audicq c. Aubrain; 20 déc. 1836 (t. 1er 1837, p. 523), Nicaud c. d'Envaud; — Cormenin, vo *Domaines nationaux.*

233. — Au fond, ces arrêts décident : le premier, que, lorsque des biens de communes, devenus propriétés nationales, ont été régulièrement soumissionnés par un porteur de mandats territoriaux, la communauté d'habitans qui a été déboutée par le juge administratif compétent de son opposition à cette acquisition doit restituer les fruits par elle perçus à dater du jour où la loi spéciale (du 22 prair. an IV) et les actes administratifs ont disposé que commencerait la jouissance de l'acquéreur; et que la commune ne peut, dans ce cas, pour échapper à cette restitution de fruits, exciper de la bonne foi qui aurait présidé à sa jouissance, soit avant, soit pendant l'instance administrative, et enfin que la décision qui constate qu'en fait cette bonne foi a existé n'est pas une décision souveraine qui échappe à la censure de la cour de Cassation. —*Cass.*, 4 fév. 1845 (t. 1er 1845, p. 148), Audicq c. Brain.

234. — ... Et le second, que l'adjudicataire de domaines nationaux qui, sans réclamation aucune, s'est mis en possession de la totalité de ces domaines, bien qu'en réalité diverses pièces de terre ne fussent pas comprises dans l'adjudication et en aient été distraites plus tard sur la demande de l'émigré, doit être réputé possesseur de bonne foi jusqu'au jour de la demande en restitution; et qu'en conséquence, il ne peut être tenu des fruits et des intérêts de ces fruits qu'à partir de cette demande. — *Cass.*, 20 déc. 1836 (t. 1er 1837, p. 523), Nicaud c. d'Envaud.

235. — .... Les actions en déguerpissement, par le motif que les conseils de préfecture, comme tous les tribunaux d'exception, se bornent à déclarer le fait et ne connaissent pas de l'exécution de leurs jugemens. — *Cons. d'état*, 25 juin 1817, Fage. — Cormenin, vo *Domaines nationaux*, no 3.

236. — .... Les actions en réparation de dégradation formées par le domaine contre l'acquéreur déchu. — Il s'agit dans ce cas d'appliquer les règles ordinaires de l'éviction. — Cormenin, *loc. cit.*

237. — .... Les actions en revendication fondées sur des titres anciens lorsque l'adjudication renvoie l'acquéreur à faire valoir, à ses risques et périls, les droits éventuels du domaine sur les biens litigieux. — *Cons. d'état*, 23 juin 1824, Villiers. — Cormenin, *loc. cit.*

238. — .... Les contestations au sujet de transactions, désistemens, etc., par lesquelles les acquéreurs auraient renoncé au bénéfice de leurs contrats au profit des anciens propriétaires.—V. *suprà* nos 24 et suiv.

239. — .... Les actions possessoires relatives aux biens nationaux. — *Cass.*, 28 août 1811, Balaud c. Petit.

240. — Ce même arrêt juge que l'acquéreur d'un domaine national, troublé dans sa possession d'an et jour, peut intenter l'action possessoire, alors même que l'auteur du trouble prétendrait agir en vertu d'un bail émané de l'autorité administrative.

241. — ..... Les réparations de voies de fait, troubles et empiètemens commis par des tiers sur les biens adjugés, si l'on n'invoque que des titres anciens et la possession. — Cormenin, *loc. cit.*

242. — .... Les contestations relatives à la propriété d'un domaine national non encore aliéné par l'état. — En effet, la loi du 28 pluv. an VIII ne défère à l'administration que le contentieux des ventes; or, ici, il n'y a pas encore eu vente. — Cormenin, *loc. cit.*

243. — ..... Les questions d'identité des objets aliénés et de ceux réclamés par des tiers qui ne peuvent être résolues que par l'application des titres anciens ou par des enquêtes et autres moyens de droit civil. —*Cons. d'état*, 6 sept. 1820, Vaury; — Cormenin, vo *Domaines nationaux*, no 23.

244. — Mais l'autorité administrative serait seule compétente si l'identité ou la non-identité pouvait être reconnue par les actes administratifs. — Cormenin, vᵒ Domaines nationaux, ibid.

245. — ..... Les contestations élevées dans le silence de l'acte d'adjudication sur les dépendances des choses vendues. — Cons. d'état, 24 mars 1820, Soyez; 30 fév. 1822, Goyard; 13 nov. 1822, Frech.

246. — ... Les contestations relatives au point de savoir quelle est la nature des objets réservés dans des actes de vente nationale, et quels sont ceux qui, d'après les lois, ordonnances, coutumes ou usages locaux, doivent recevoir telle ou telle qualification. — Cons. d'état, 9 juill. 1820, Moigno c. Bonté.

247. — .... Celles relatives à des droits d'usage et de pâturage réclamés par les acquéreurs dans les forêts domaniales contiguës aux domaines aliénés, droits que l'acte de vente ne mentionnerait pas spécialement. — Cons. d'état, 19 mars 1820, Dotter. La raison en est, dit M. de Cormenin (loc. cit., nᵒ 36, et la note), qu'il s'agit de savoir si ces droits sont compris dans la clause banale des servitudes des actions réservées.

248. — ... Les contestations élevées entre l'acquéreur de propriétés nationales, et qui présentent à juger la question de savoir si l'un d'eux a un droit de passage sur un terrain litigieux en vertu de la destination du père de famille établie à l'époque où les deux propriétés étaient réunies dans la même main. — Cons. d'état, 24 fév. 1825, Tourteau de Septenel c. Mazure.

249. — .. En général, dit M. de Cormenin (vᵒ Domaines nationaux), toutes les questions qui, dans le silence des actes de vente nationale, ne peuvent être résolues que par l'application des titres anciens, les maximes du droit commun ou les usages locaux. — Cons. d'état, 30 sept. 1814, Marsanne; 3 sept. 1822, Lénac; 24 mars 1824, Roche; 19 déc. 1827, Gérard; 12 avr. 1828, Périgot.

250. — Mais, dans ces cas, ce ne sont pas les tribunaux qui décident que l'acte d'adjudication est muet sur la difficulté. Cette question doit être soumise à l'examen préalable de l'autorité administrative de laquelle les actes sont émanés. Après la déclaration, faite par cette autorité, qu'elle ne trouve pas dans les actes les élémens nécessaires pour la décision des difficultés, les tribunaux prononcent. — Cormenin, ibid.

251. — Les tribunaux, appelés à juger en ces circonstances, ne doivent donc pas se dessaisir de l'affaire, mais seulement renvoyer les parties, avant de statuer au fond, devant l'autorité administrative, pour y faire procéder à l'examen ci-dessus et à la déclaration ci-dessus. — Cormenin, ibid., vᵒ Acte administratif.

252. — Jugé, en ce sens, que les contestations entre un acquéreur de domaines nationaux et les fermiers, relativement à la propriété des bâtimens construits sur ces domaines, devraient être renvoyées à l'autorité administrative, s'il s'agissait d'interpréter des procès-verbaux d'adjudication. — Bruxelles, 3 fév. 1808, Carrier-Béjard.

253. — Sauf aux tribunaux saisis de ces contestations à retenir la connaissance des questions relatives à l'indemnité qui pourrait être due au fermier et au droit de rétention, pour y statuer après que l'autorité administrative aurait fixé le sens des procès-verbaux d'adjudication. — Bruxelles, 3 fév. 1808, Carrier-Béjard; Cass., 3 nov. 1824, Conti. — V. au surplus ACTE ADMINISTRATIF.

254. — Les lois qui ont interdit aux tribunaux le jugement des questions de propriété relatives à des biens vendus comme nationaux, ne sont pas applicables aux adjudications faites au nom de l'état depuis la Charte; les tribunaux peuvent sans excès de pouvoir et sans sortir des bornes de leur compétence, annuler ces adjudications. — Cass., 26 déc. 1825, Martin c. Levaillant.

255. — Les tribunaux sont également compétens pour juger les revendications exercées par des tiers sur la propriété de tout ou partie de biens nationaux cédés à la caisse d'amortissement et vendus en son nom par la domaine comme nationaux depuis la Charte. — Les ventes de ces biens, quoique faites, et jugées, quant aux acquéreurs, dans les formes prescrites pour les biens nationaux, doivent, à l'égard des tiers, être réglées par les règles du droit commun. — Cons. d'état, 24 fév. 1825, comm. de Château Chalon c. Reverchon. — V. aussi Cons. d'état, 21 juin 1826, de la Porterie.

V. ACTE ADMINISTRATIF, BIENS COMMUNAUX, ÉMIGRÉS.

BIENS NOBLES.

Les biens nobles étaient ceux qui ne pouvaient être possédés francs et exempts de charges que par des nobles ou gentilshommes. — Merlin, Rép., vᵒ Biens, § 4. — V. FIEF, FRANC-ALEU.

BIENS PARAPHERNAUX ou EXTRA-DOTAUX.

Ce sont ceux que la femme n'a pas voulu comprendre dans ses biens dotaux et dont elle s'est réservé la libre administration. — V. DOT et PARAPHERNAUX.

BIENS PATERNELS ET MATERNELS.

1. — Les biens paternels sont les biens venus du père, ou autres ascendans ou collatéraux de l'estoc paternel. — Les biens maternels sont les biens venus de la mère ou autres ascendans ou collatéraux de l'estoc maternel. — Domat, Lois civ., liv. prél., tit. 3, sect. 2, nᵒ 5.

2. — C'était surtout en matière de succession que cette distinction d'origine avait de l'importance; mais aujourd'hui la loi ne considère ni la nature ni l'origine des biens pour en régler la succession. — C. civ., art. 732. — V. SUCCESSION.

BIENS PATRIMONIAUX.

Biens dépendant du patrimoine de l'homme. — Cette expression a été fréquemment employée, à une époque peu éloignée, pour distinguer les immeubles provenant de transmission de particulier à particulier, des immeubles qui, confisqués en vertu des lois révolutionnaires, ont été adjugés à la diligence des agens du domaine de l'état, et sont connus sous le nom de biens nationaux. — V. BIENS NATIONAUX.

BIENS PRÉSENS ET BIENS A VENIR.

V. COMMUNAUTÉ, DONATION, DOT, HYPOTHÈQUE, ORDRE, SUCCESSION IRRÉGULIÈRE.

BIENS PROPRES.

Ce sont les biens venus à un individu de ceux à qui il devrait succéder, par opposition à ceux que cet individu a acquis et qui se nomment acquêts. — V. ACQUÊTS, nᵒˢ 4 et suiv., COMMUNAUTÉ, PROPRES, SUCCESSION.

BIENS RÉVÉLÉS.

Table alphabétique.

BIENS RÉVÉLÉS. — 1. — Biens déclarés nationaux, mais qui, ayant été, avant leur incorporation matérielle au domaine, usurpés ou celés, ont été attribués à l'établissement de bienfaisance qui les découvre ou auquel leur existence est signalée.

§ 1ᵉʳ. — A qui sont attribués les biens révélés (nᵒ 2).

§ 2. — Quels biens peuvent être révélés (nᵒ 20).

§ 3. — Droits du révélateur (nᵒ 45).

§ 4. — Compétence (nᵒ 53).

—

§ 1ᵉʳ. — A qui sont attribués les biens révélés.

2. — La législation qui a suivi la révolution de 1789 avait réuni au domaine de la nation des biens et des rentes provenant d'origines diverses; mais l'intérêt particulier était parvenu à soustraire d'importantes valeurs mobilières ou immobilières aux agens de l'état; chaque année amenait la découverte de quelques nouvelles fractions de ces rentes et propriétés. Ce fut pour imprimer plus d'activité à ces réintégrations au domaine public dans les biens que la loi lui avait attribués que fut promulguée la loi du 4 vent. an IX, qui dispose que toutes rentes appartenant à la république dont la reconnaissance et le paiement se trouvaient interrompus, et tous domaines nationaux qui auraient été usurpés par des particuliers, seraient affectés aux besoins des hospices les plus voisins de leur situation, et que les administrations des ces hospices recevraient les avis qui leur seraient donnés par les agens de l'autorité, et même par des citoyens, pour en poursuivre la restitution au profit desdits hospices.

3. — L'arrêté consulaire du 9 fructid. an IX déclara la loi du 4 vent. an IX commune aux bureaux de bienfaisance et aux établissemens de même nature existant à cette époque sur le territoire de la république.

4. — L'attribution faite aux hospices a été restreinte aux biens que découvriraient leurs propres agens. — Décr. 7 niv. an XII.

5. — On ne peut dans aucun cas attribuer aux hospices une rente qui aurait été découverte par un agent du domaine antérieurement au décret du 7 niv. an XII, lorsque la découverte a dû être constatée sur-le-champ par une inscription aux registres de la régie, et que l'une des conditions essentielles de l'adjonction d'une rente aux hospices c'est qu'il ne s'en trouve aucune mention essentielle sur ces registres. Les préposés de la régie ne sont pas compris parmi les fonctionnaires publics prévus par l'art. 5, arr. 43 brum. an IX (relatif au paiement des sommes dues aux hospices civils et au remplacement en capital de leurs biens aliénés); jamais on n'a entendu leur imposer le devoir de recherche des rentes au profit des hospices, ni les dispenser de celui d'en rechercher au profit de la régie. — Avis du Cons. d'état, 30 avr. 1807.

6. — En vertu des lois et arrêtés de l'an IX, beaucoup de révélations ont eu lieu et ont lieu encore au profit d'hospices, bureaux de bienfaisance et autres, et maintes fois ces établissemens ont été autorisés à traiter avec des tiers qui faisaient ces révélations à leur profit moyennant la retenue d'une portion qui leur était attribuée.

7. — Une ordonnance royale du 24 août 1816, dont l'objet était de régler les révélations à faire au profit de l'état, prescrivit d'abord l'administration de l'enregistrement et des domaines de continuer ses diligences pour découvrir les biens et rentes usurpés et celés. Les détenteurs de ces biens et rentes, en faisant eux-mêmes la déclaration de ces rentes et biens dans les trois mois qui suivi la promulgation de cette ordonnance, jouissaient de plein droit de la remise totale des intérêts, fruits et fermages par eux perçus; dans les six mois qui ont suivi l'expiration du délai de trois mois ci-dessus spécifié, toute personne pouvait faire la déclaration des biens et rentes celés en usurpés, et avait droit à une récompense dont le montant était déterminé par le ministre des finances selon l'importance des biens et rentes.

8. — Une seconde ordonnance du 31 mars 1819 a prorogé les délais fixés par celle du 24 août 1816 : savoir : pour la déclaration de la part des détenteurs, jusqu'à l'expiration de l'année 1819, et pour les révélations par toutes personnes indistinctement jusqu'au 1ᵉʳ janv. 1821.

9. — Aucun réglement n'étant intervenu depuis sur cette matière, le ministre des finances ne serait plus aujourd'hui compétent pour accepter une révélation au nom de l'état et accorder une récompense au révélateur; une ordonnance royale

spéciale serait nécessaire. — Chevalier, *Jurisprud. admin.*, t. 1er, p. 52.

10. — Les ordonnances royales qui autorisent des hospices à accepter, sauf les droits du domaine, l'offre qui leur a été faite par un tiers de découvrir à leur profit divers biens et rentes celés et usurpés, leur confèrent non un droit de propriété, mais une simple action à l'effet d'obtenir la reconnaissance des biens et rentes recelés et de s'en faire envoyer en possession. — *Cons. d'ét.*, 11 mai 1825, Hosp. de Strasbourg c. Min. des fin.

11. — Dans le cas où plusieurs établissemens de bienfaisance découvriraient en même temps les mêmes rentes ou domaines usurpés, l'autorité administrative décide quelle est celle des commissions administratives à laquelle il convient d'accorder la préférence. — Arr. 7 messid. an IX, art. 17.

12. — Ainsi jugé qu'en cas de découverte, par deux hospices, d'un bien celé au domaine, c'est au préfet qu'il appartient de statuer sur la priorité. — L'arrêté du conseil de préfecture n'est en ce cas qu'un simple avis qui a servi de base à l'arrêté du préfet. — On peut donc se pourvoir contre l'arrêté du préfet devant le ministre de l'intérieur, sauf recours au conseil d'état. — *Cons. d'état*, 28 juill. 1820, Hosp. de Bouxvillers c. Hosp. des Quinze-Vingts de Paris.

13. — Les hospices ne peuvent prétendre à la propriété des biens nationaux celés à l'état, lorsqu'ils n'en ont pas fait la révélation à l'autorité administrative antérieurement à la découverte faite par l'administration des domaines elle-même. — *Cons. d'état*, 20 juill. 1813, Domaine c. Hosp. de Looz.

14. — ... Ou quand la priorité de découverte d'une rente est établie au profit du domaine. — *Cons. d'état*, 18 juill. 1821, Hosp. de Bayeux c. le Domaine.

15. — L'inscription sur les sommiers de la direction des domaines suffit, en cas de concurrence avec les hospices, pour constater l'époque à laquelle l'administration des domaines a découvert des biens celés. — *Cons. d'état*, 13 juill. 1813, Domaine c. Bureau de bienfaisance d'Ucèle.

16. — La priorité de découverte peut être établie par le certificat de compulsoire, et la propriété de l'objet en litige doit être accordée à celle des parties dont le procès-verbal de compulsoire a la date la plus ancienne. — *Cons. d'état*, 25 oct. 1826, Hosp. de Bouxvillers c. Tretsch.

17. — La production, faite par un hospice pour établir sa priorité de découverte, d'une signification par laquelle il réclame autre chose que la propriété de l'objet en litige, ne peut avoir aucune valeur. — *Cons. d'état*, 25 oct. 1826, Hosp. de Bouxvillers c. Tretsch.

18. — Lorsqu'il y a contestation entre le domaine et les hospices sur la découverte d'une rente, la priorité de découverte en faveur du domaine résulte : 1° de l'inscription au registre sommier du domaine, faite par un receveur qui a cessé ses fonctions antérieurement à la sommation donnée par l'hospice au débiteur de ladite rente ; — 2° de l'énonciation sur le même sommier, et à la suite de cette inscription, d'une autre rente avec l'émargement d'un paiement effectué antérieurement aussi à la sommation ; — 3° de ce que la rente en litige est comprise sur un état certifié par le successeur immédiat du receveur qui avait fait l'inscription. — *Cons. d'état*, 18 juill. 1821, Hosp. de Bayeux c. le Domaine.

19. — Des difficultés s'étant élevées entre la régie des domaines, les révélateurs de biens domaniaux et les acquéreurs de ces biens, sur l'exécution des décrets qui avaient accepté les offres de révélation faites par des particuliers, un avis du conseil d'état du 12 janv. 1811 a arrêté : 1° que tout receveur de l'enregistrement auquel sera notifié un contrat de vente sera tenu de répondre à la notification et de déclarer si le bien dont est question est porté ou non sur ses registres ou sommiers, et dans le cas où il y serait porté, de les exhiber à l'huissier qui en fera mention dans son acte, et le fera signer par le receveur ; — 2° que les poursuites dont la régie du domaine est tenue de justifier pour l'exercice de ses droits ne peuvent être autres que des contraintes décernées par la régie contre les détenteurs des biens révélés ; — 3° que les dix années pendant lesquelles la régie devrait avoir décerné lesdites contraintes devaient être révolues à la date où le révélateur aurait fait enregistrer ses offres, soit à une préfecture, soit au secrétariat du ministère de l'intérieur.

§ 2. — *Quels biens peuvent être révélés.*

20. — L'arrêté consulaire du 7 messid. an IX détermina quels étaient les rentes et domaines dont la loi du 4 vent. an IX avait entendu parler.

21. — Cet arrêté déclara affectés aux hospices les rentes non payées et non reconnues, et les biens usurpés qui rentraient dans l'une des catégories suivantes :

22. — 1° Rentes et prestations dues par les détenteurs de biens nationaux à titre de bail emphytéotique ou qui dépendaient des anciens domaines engagés ou faisaient partie des anciens apanages, et des biens soumis à la confiscation, sous quelque dénomination qu'elles fussent connues, si ces détenteurs n'avaient pas rempli les obligations à eux imposées par les art. 29 et 39, L. 22 nov.-1er déc. 1890. — Arr. 9 fructid. an IX, art. 2.

23. — 2° Rentes en argent ou en nature dues pour fondation à des cures, paroisses, fabriques, corps et corporations, et déclarées nationales par les lois des 8-18 fév. et 24 sept.-16 oct. 1791, et du 13 brum. an II. — Arr. 9 fructid. an IX, art. 3.

24. — 3° Rentes foncières représentatives d'une concession de fonds et sous quelque dénomination qu'elles se présentassent. — Arr. 3 fructid. an IX, art. 3.

25. — 4° Les biens ecclésiastiques possédés autrement qu'en vertu de décrets de l'assemblée nationale depuis la loi du 2-4 nov. 1789. — Arr. 9 fructid. an IX, art. 4.

26. — D'après l'art. 5 de l'arrêté du 7 mess. an IX, les commissions administratives des hospices avaient le droit de poursuivre en restitution ceux auxquels il avait été fait des abandons de biens fonds à condition d'acquitter la portion congrue ou d'autres charges relatives au service divin, en tout ou en partie, ou de payer quelques redevances ou refusions, s'ils n'avaient pas fait le versement ou l'option prescrits par l'art. 11, tit. 5, L. 23-28 oct.-5 nov. 1790.

27. — Devaient être de même poursuivis au profit des hospices : 1° les fermiers, locataires, concessionnaires et autres jouissant à quelque titre que ce fût, s'ils n'avaient pas déclaré comment et en vertu de quoi ils jouissaient, et s'ils n'avaient pas fait parapher leurs titres (art. 6) ; — 2° les détenteurs de biens à titre de baux emphytéotiques ou à longues années qui ne seraient pas revêtus des formalités prescrites par la loi du 18-27 avr. 1791 ; — 3° tous dépositaires, comptables et débiteurs envers les émigrés et autres auxquels la république avait succédé, qui se seraient soustraits aux recherches de la régie et à l'exécution des art. 11 et suiv., L. 25 juill. 1793, ainsi qu'à celle des 26 frim. an II, 26 flor. et 21 prair. an III, art. 7.

28. — Les commissions administratives des hôpitaux devaient prendre connaissance des maisons et autres propriétés nationales possédées à titre d'usufruit par des titulaires de bénéfices, en vertu de titres, usages et autres droits quelconques ; et dans le cas où les usufruits en seraient éteints et que les héritiers représentans des titulaires auraient éludé d'en faire la déclaration et remise à l'administration des domaines, ces propriétés devaient être soumises à la loi du 4 vent. an IX, le tout ainsi qu'il était prescrit par les art. 26, 27, 28 et 29, Décr. 24 juill.- 24 août 1790. Quant aux usufruits qui se seraient éteints par la suite, dans le cas où ils auraient été soustraits aux recherches et à la connaissance de la régie, les commissions administratives qui seraient parvenues à les découvrir étaient subrogées aux droits de la république. — Arr. 9 fruct. an IX, art. 8.

29. — La loi du 4 vent. an IX trouve aussi son appendice dans l'arrêté du 27 frim. an XI, ainsi conçu : — « Art. 1er. Toute rente provenant de l'ancien domaine national pour laquelle la régie de l'enregistrement ne pourra justifier qu'il ait été fait de paiemens depuis le premier jour de l'an Ier de la république, ou exercé des poursuites, soit par voie de contraintes signifiées, soit devant les corps administratifs ou les tribunaux depuis la même époque, sera censée appartenir aux hospices. — Art. 2. Toute rente provenant du clergé, de corporations supprimées, d'établissemens publics de commune ou de toute autre origine que ce soit, qui n'est pas inscrite sur les registres de la régie des domaines, ou dont cette régie, quoiqu'elle en eût les titres, n'aurait pas fait le recouvrement, ou ne l'aurait pas fait poursuivre, ou serait, dès-lors, censée en avoir ignoré l'existence, appartient également aux hispices, pourvu toutefois que six ans au moins se soient écoulés depuis le moment où la rente a été mise sous la main de la nation jusqu'au jour du présente arrêté. »

30. — Jugé que la loi du 4 vent. an IX entend par usurpation toute possession injuste à titre de prétendu propriétaire. — *Colmar*, 13 juill. 1824, comm. de Seltz c. Hosp. de Strasbourg.

31. — Des bois domaniaux injustement détenus par une commune peuvent être réputés usurpés et à ce titre réclamés par les hospices. La commune alléguerait vainement que sa possession, essentiellement publique lorsqu'il s'agit des bois dont la délivrance est faite par les agens forestiers, repousse toute idée d'usurpation. — *Colmar*, 13 juill. 1824, Comm. de Seltz c. Hosp. de Strasbourg.

32. — Il suffit que des termes du contrat de vente et des actes préparatoires il résulte clairement que des biens sont demeurés celés au domaine pour que le bureau de bienfaisance soit fondé à les réclamer. — *Cons. d'état*, 11 août 1819, Beke c. Bureau de bienfaisance de Watrebs.

33. — Les hospices ne peuvent, en vertu de la loi du 4 vent. an IX, et de l'arrêté du 27 frim. an XI, réclamer la propriété que des biens ou rentes entièrement inconnus au domaine, qui ne seraient pas inscrits sur ses registres et pour lesquels il n'aurait été fait aucune poursuite. — *Cons. d'état*, 15 mai 1813, Hosp. d'Ucèle c. la Caisse d'amortissement.

34. — La révélation d'un bien au profit d'un hospice ne peut avoir d'effet, qu'autant que le bien aurait été usurpé sur le domaine, et que le domaine n'en aurait pas eu connaissance avant la révélation. — *Cons. d'état*, 13 août 1823, Hosp. Longjumeau c. le Domaine ; — Durieu et Roche, *Rép. des établ. des bienf.*, v° *Biens*, t. 1er, p. 254.

35. — La loi du 4 vent. an IX n'attribue aux hospices que les biens celés au domaine, et non les terres vaines et vagues dont une commune aurait été régulièrement investie. — *Cons. d'état*, 4 juin 1816, Comm. de Berg et de Tral c. Hosp. de Saverne ; — Durieu et Roche, v° *Biens*, 38.

36. — Ne peut être considérée comme révélée la rente qui fait partie d'une rente plus considérable inscrite sur des sommiers du domaine, transférée en totalité à d'autres individus, et qui a donné lieu à des contestations devant le conseil d'état. — *Cons. d'état*, 1er mars 1826, Martha.

37. — La délivrance aux hospices de biens prétendus révélés devait être refusée quand il y avait affectation antérieure à un service public. — Décr. 10 brum. an XIV. — Cormenin, *Quest. dr. admin.*, t. 3, p. 215.

38. — L'arrêté du 7 messid. an IX n'a affecté aux hospices les rentes foncières représentatives d'une concession qu'autant qu'elles n'ont pas été abolies par une loi antérieure. — *Cass.*, 7 messid. an XII (Intérêt de la loi), comm. d'Avezac c. Fourquet.

39. — La révélation d'une rente sur un moulin domanial s'applique à la rente et non au moulin. — *Cons. d'état*, 20 juill. 1813, Domaine c. Hosp. de Looz.

40. — Les rentes cédées aux hospices par la loi du 4 vent. an IX, sont seulement les rentes nationales dont la régie des domaines ignorait l'existance, ou n'avait pas poursuivi le remboursement ; dès-lors, les hospices ou leur cessionnaire sont sans qualité pour contester la liquidation approuvée par l'autorité administrative des rentes remboursées au domaine antérieurement à cette loi. — *Cass.*, 17 janv. 1833, Mariette c. Nanteuil.

41. — La vente faite à un individu de biens et rentes celés au domaine et révélés par lui, n'a pas pu être résiliée sur sa simple renonciation, surtout s'il consent subsidiairement à l'exécution de cette vente. — Lorsque des biens ont été vendus à un particulier qui les a indiqués comme celés au domaine, et qu'ensuite il est reconnu que ces biens n'étaient pas celés ou n'appartenaient pas au domaine, et que le contrat et les décrets en vertu desquels il a été passé ne le soumettent pas à des dommages-intérêts, il n'y a pas lieu de refuser à l'acquéreur la restitution du prix payé par lui. — Mais, les sommes payées doivent être imputées jusqu'à due concurrence sur le prix des ventes des biens acquis en même temps, et qui ont été reconnus avoir appartenu au domaine et lui avoir été celés. — *Cons. d'état*, 13 janv. 1816, Fallot c. Régie des domaines et hosp. des Quinze-Vingts.

42. — On ne peut opposer l'exception d'acquiescement et d'exécution à une partie qui représente le domaine, lorsque l'arrêté attaqué ainsi que les biens qui en sont l'objet sont restés inconnus au domaine. — *Cons. d'état*, 29 mars 1827, Larraton c. Comm. d'Hasnon.

43. — Conformément à ce qui, d'après l'arrêté du 27 frim. an XI, a été dit ci-dessus, n° 29, les rentes celées au domaine ne peuvent devenir la propriété des hospices qu'après un laps de six ans, réservé pour les recherches du domaine. — *Cons. d'état*, 5 août 1809, Bureau de bienfaisance de Tongres c. Chafnay.

44. — Sur les droits des hospices relativement aux biens provenant de fabriques, confréries ou fondations et découverts par les hospices avant l'arrêté du 7 thermid. an XI, V. FABRIQUE, HOSPICE.

§ 3. — Droits du révélateur.

45.—Une ordonnance du roi, rendue sur un avis du comité de l'intérieur du conseil d'état et un rapport du ministre, autorise l'établissement à accepter la révélation, impose au révélateur les conditions qu'il a à remplir, et détermine les avantages auxquels il aura droit si l'affaire a une heureuse issue. — Chevalier, *Jurispr. admin.*, t. 1er, p. 51.

46. — Une des clauses essentielles des ordonnances royales d'autorisation a toujours été que le révélateur ferait contre les détenteurs tous actes conservatoires et toutes poursuites à ses risques et périls. — Durieu et Roche, *Répert. des établ. de bienfaisance*, v° *Biens*, n° 43.

47. — La régie des domaines a seule le droit de revendiquer les biens usurpés sur l'état, et d'en poursuivre le délaissement contre les détenteurs. —*Cons. d'état*, 9 avr. 1817, Sévestre c. le Domaine et Périer.

48. — Une ordonnance royale en admettant un particulier à révéler les biens celés au domaine de l'état, ne lui confère pas le droit de contraindre le ministre des finances à poursuivre les détenteurs des biens révélés. —*Cons. d'état*, 18 mai 1837, Boulay c. Min. des fin.

49. — Le droit du révélateur se borne à fournir des documens à l'administration, pour la mettre à même de poursuivre le délaissement, si elle le juge convenable, et à demander, en cas de réintégration, le quart de la valeur des biens. —*Cons. d'état*, 9 avr. 1817, Sévestre c. le Domaine et Périer; —Chevalier, *Jurisprud. administ.*, t. 1er, p. 55.

50.—En matière de biens celés, le révélateur à qui l'hospice au profit duquel il a fait sa révélation a passé vente, est subrogé à ses actions pour les exercer de la même manière que le domaine aurait pu les exercer lui-même. — *Cons. d'état*, 29 mars 1827, Larraton c. Comm. d'Husnon;—Chevalier, *Jurisprud. administ.*, t. 1er, p. 55.

51.—Il n'y a pas lieu d'accorder de récompense pour la révélation, lorsqu'avant la révélation faite par un particulier, l'administration des domaines avait connaissance des biens révélés.—*Cons. d'état*, 18 oct. 1833, Arnal.

52. — ... Ou lorsque les biens révélés ainsi que les titres produits sont connus de l'administration des domaines, ou ne peuvent servir à la revendication desdits biens. — *Cons. d'état*, 20 avr. 1835, Oudin et Debionne.

§ 4. — Compétence.

53.—Les préfets sont compétens pour prononcer entre les révélateurs sur la priorité de leur découverte. — V. *supra* n° 12.

54.—Jugé que, lorsqu'il s'agit de décider entre deux hospices auquel des deux doit être accordée la préférence pour priorité de découverte d'un bien celé au domaine, les corps administratifs sont seuls compétens. — *Cons. d'état*, 17 janv. 1814, Hosp. de Tirlemont c. Hosp. de Liége.

55. — C'est aux préfets à envoyer les maisons de bienfaisance en possession des biens celés au domaine et réclamés par cet établissement. Le recours à l'autorité judiciaire n'est nécessaire qu'en cas de résistance de la part des détenteurs des biens, et dans tous les cas il appartient exclusivement aux conseils de préfecture d'interpréter les actes de vente. — *Cons. d'état*, 21 août 1819, Beke c. Bureau de bienfaisance de Watrelos; 15 oct. 1826, Fabr. d'Altenbeim.

56.—Les directeurs de département n'étaient pas compétens pour statuer sur les questions de propriété autres que celles qui leur étaient expressément attribuées, mais plutôt sur les domaines nationaux. —*Cons. d'état*, 29 mars 1827, Larraton c. comm. d'Husnon.

57.—L'ordonnance qui, rendue après l'ordonnance d'autorisation, assigne un délai aux hospices pour l'exercice de cette action, ne peut être regardée que comme une mesure, d'administration qui n'est pas susceptible de recours par la voie contentieuse.—*Cons. d'état*, 11 mai 1825, Hosp. de Strasbourg c. Min. des fin.

58.—C'est à l'autorité judiciaire qu'il appartient de statuer sur une demande en dommages-intérêts, résultant de l'enlèvement d'une récolte opéré de vive force. — *Cons. d'état*, 17 janv. 1814, Hosp. de Tirlemont c. Hosp. de Liége.

59. — C'est aux tribunaux qu'il appartient de prononcer sur les réclamations relatives à la propriété d'une rente nationale transférée par la régie des domaines.—*Cons. d'état*, 24 oct. 1821, Albar c. les Domaines et hosp. d'Alby.

60.—Dès-lors, si un tribunal saisi d'une pareille contestation s'est déclaré incompétent, et a renvoyé les parties devant l'autorité administrative, le conseil d'état, sur le pourvoi dirigé contre l'ar-

rêté du conseil de préfecture qui a connu de l'affaire, annule tout à la fois et cet arrêté et le jugement du tribunal. — *Cons. d'état*, 24 oct. 1821, Alber c. les Domaines et hosp. d'Alby.

61. — Une ordonnance royale et des arrêtés de préfet concernant l'offre faite de révéler des biens celés au domaine, sont des actes purement administratifs qui ne préjugent pas la question de propriété des biens en litige, et qui ne font point obstacle à ce que cette question soit portée devant les tribunaux.—*Cons. d'état*, 27 août 1833, de Bouffers c. Fabr. de Romanêche.

62. — Les arrêtés administratifs intervenus en pareille matière, ne peuvent faire obstacle au renvoi devant les tribunaux pour faire juger la contestation. — *Cons. d'état*, 16 juin 1824, Comm. de Brumath c. Stephamfeld.

63.—Les arrêtés du préfet qui envoient un hospice en possession de biens qu'il a révélés au domaine ne constituent qu'une simple cession de droit au domaine, et, dès-lors ne font pas obstacle à ce qu'un tiers revendique devant les tribunaux les objets qui ont été compris dans ladite cession et dont il se prétend propriétaire. — *Cons. d'état*, 26 fév. 1823, Meyer c Teulisch.

64.—Lorsque entre une commune et un hospice s'élève la question de savoir si la commune est assujétie au paiement d'une redevance envers l'hospice, les tribunaux sont seuls compétens pour prononcer. — *Cons. d'état*, 16 juin 1824, comm. de Brumath c. Stephamfeld.

65.—Les questions de prescription sont du ressort des tribunaux. — *Cons. d'état*, 29 mars 1827, Larraton c. Comm. d'Husnon.

V. FABRIQUES, HOSPICES.

BIENS ROTURIERS.

Les biens roturiers étaient ceux qui étaient chargés de cens, rentes et droits seigneuriaux; ils étaient ordinairement possédés par des personnes roturières qui n'en avaient que la propriété utile, le domaine direct appartenant aux seigneurs dont ils dépendaient. — V. FÉODALITÉ, MAIN-MORTE, SERFS.

BIENS RURAUX.

V. BAIL.

BIENS USURPÉS.

V. BIENS RÉVÉLÉS.

BIENS VACANS.

1. — Biens dont le propriétaire n'est pas connu et qui dès-lors sont censés n'appartenir à personne.

2. — Dans l'ancien droit français, les bestiaux et choses mobilières comprises sous le nom d'épaves étaient adjugés au seigneur haut-justicier, dans le territoire duquel ils se trouvaient. Quant aux héritages vacans et abandonnés par ceux auxquels ils appartenaient, la coutume de Paris et plusieurs autres les donnaient au seigneur haut-justicier dans le territoire duquel ils étaient situés; mais il était d'usage que ce seigneur ne pût s'en emparer qu'après un certain temps fixé par les coutumes ou la jurisprudence des arrêts.—Merlin, *Rép.*, v° *Biens*, § 9.

3. — La loi du 8 avr. 1791, art. 7, a privé les ci-devant seigneurs du droit qu'ils avaient eu jusqu'alors de s'approprier les biens vacans. — Aujourd'hui, d'après l'art. 539, C. civ., tous les biens vacans et sans maître, et ceux des personnes qui décèdent sans héritiers ou dont les successions sont abandonnées, appartiennent à l'état. — V. DÉSHÉRENCE, ÉPAVES, SUCCESSION VACANTE.

BIENSÉANCE (Retrait de).

« On appelait ainsi le droit qu'avait le propriétaire d'une chose possédée par indivis de se faire subroger aux droits de celui qui avait vendu de l'un des communistes une partie de la chose commune. — V. INDIVISION, RETRAIT DE BIENSÉANCE.

BIÈRE.

1. — Boisson soumise à différens droits de contributions indirectes et d'octroi. — V. BOISSONS, BRASSERIE, CONTRIBUTIONS INDIRECTES, OCTROI.

2. — La bière est appelée dans les statuts de la communauté des brasseurs de Paris, de 1292, *cervoise*, le mot actuel de bière paraît être d'origine allemande. — V. BRASSERIE.

V. aussi ABONNEMENT.

BIEZ.

V. BIEF.

BIFFER.

1. — C'est l'action de rayer, raturer ou effacer une écriture par des traits de plume.

2. — Ce moyen est souvent employé pour arriver à la cancellation d'un acte. Cependant un écrit biffé n'est pas toujours réputé nul pour cela. — V. CANCELLATION, LETTRE DE CHANGE, RATURE.

BIGAMIE.

Table alphabétique.

Absent, 24 s.
Acte d'accusation, 77.
Acte préparatoire, 43 s.
Action civile, 56 s., 93.
Adultère, 2 s.
Bonne foi, 35 s., 38 s., 66, 81 s.
Cassation, 53, 84 s.
Célébration du deuxième mariage, 49, 30 s.
Certificat, 45.
Chambre des mises en accusation, 72.
Compétence, 59 s., 67.
Contrat de mariage, 44.
Contumace, 26 s.
Directeur du jury, 60.
Dissolution du premier mariage, 24 s.
Élémens, 21 s.
Étranger, 33 s., 55, 64 s.
Exception, 36 s., 69 s., 81 s.
Faux, 2, 76. — incident, 74 s.
Historique, 7 s.

Intention frauduleuse, 19, 34 s.
Ministère public, 57 s., 93.
Mort civile, 26 s.
Nullité, 25. — du mariage, 57 s., 71 s., 66. — du premier mariage, 23.— du second mariage, 31.
Officier public, 48.
Partie civile, 57 s.
Peine, 3, 42 s., 44, 86 s.
Polygamie, 5.
Poursuite, 56 s., 67.
Premier mariage (existence d'un), 19 s.
Prescription, 87 s.
Publication du mariage, 46 s.
Qualité, 68.
Question au jury, 37, 57 s.; 68 s., 83 s.—préjudicielle, 70 s.
Survie, 70.
Tentative, 41 s. — (caractère de la), 43 s.

BIGAMIE. — 1. — Ce mot, dérivé du latin *bis*, deux fois, et du grec γαμειν, se marier, désigne le crime de celui qui contracte un second mariage avant la dissolution du premier.

2. — « Ce crime est très grave, dit l'*Exposé des motifs* du Code pénal; il renferme tout à la fois l'adultère et le faux; car le coupable a déclaré faussement devant l'officier de l'état civil et même attesté par sa signature qu'il n'était pas engagé dans les liens du mariage. »

3. — Il est également condamné par les lois de l'église et par celles de l'état. Il est d'autant plus grave qu'à la profanation du sacrement de mariage, il joint un adultère continuel. — Merlin, *Rép.*, v° *Bigamie*, t. 2, p. 162.

4.—L'intérêt social qui s'attache à la répression de ce crime est évident : sous notre loi religieuse et dans notre droit civil, l'unité du mariage est la base de la famille, et tous les actes qui tendent à briser les liens de la famille attaquent la société elle-même. — Chauveau et Hélie, *Théor. C. pén.*, t. 6, p. 272.

5.—Cependant la bigamie n'est point un de ces crimes contre nature qui sont généralement punis par les lois de tous les peuples. Le paganisme permettait autrefois la polygamie; elle est encore aujourd'hui consacrée par les lois et les usages de nations nombreuses. — V. POLYGAMIE.

6. — Nous ne considérerons donc la bigamie que relativement aux peuples dont l'esprit, les institutions et les lois ont été modifiés par le christianisme.

§ 1er. — *Historique* (n° 7).

§ 2. — *Elémens constitutifs du crime de bigamie* (n° 18).

§ 3. — *Tentative* (n° 41).

§ 4. — *Poursuites, compétence, jugement et prescription* (n° 56).

§ 1er. — Historique.

7. — Saint Paul écrit dans sa première épître à Timothée (chap. 2, v. 2 et 12) que l'évêque et le diacre doivent n'avoir épousé qu'une femme. De là question de savoir si l'apôtre a entendu parler de deux femmes successivement (V. en ce sens Tertullien, *De monogamiâ* et *de pœnitentiâ*; Origène, homélie 17, *in Luc.*; saint Jérôme, cap. 2, *ad Nepotian.*); — ou s'il a entendu parler de deux femmes à la fois, et particulièrement s'il aurait pris pour femme plusieurs femmes sans aucune raison légitime, il formait de nouveaux liens. — V. en ce sens saint Ambroise, Ep. 74 *ad Vernell.*; saint Jean Chrysostôme,

hom. 10 *in Tim.*; Théodoret, *in Tim.*, 3; Siricius, Ep. *ad Himer.*

8. — Le droit canon reconnaissait plusieurs espèces de bigamies : 1° la bigamie régulière, qui avait lieu comme aujourd'hui, quand un nouveau mariage était contracté avant la dissolution du premier ; — 2° la bigamie irrégulière ou interprétative, qui constituait l'union d'un homme avec une femme déjà déflorée, comme une veuve, une concubine, une femme répudiée, une femme publique (Can. apost., 16, 17, 18) ; — 3° la bigamie similitudinaire, qui résultait du mariage d'un religieux. — Can. *Quotquot causâ*, 27, 9, 1. — Enfin le concile de Nicée considérait encore comme bigame le mari qui n'abandonnait pas sa femme convaincue d'adultère. — Can. *Si cujus uxorem*, dist. 34.

9. — La bigamie régulière entraînait l'anathème et l'excommunication ; le pape ne pouvait jamais en relever : témoin Philippe-Auguste, roi de France, et Henri VIII, roi d'Angleterre ; et il n'autorisa Henri IV à épouser Marie de Médicis qu'après annulation de son mariage avec Marguerite de Valois. — Dans les autres bigamies, l'union pouvait être validée au moyen d'une dispense accordée soit par l'évêque, soit par le pape.

10. — On distinguait encore la bigamie en : 1° volontaire, c'est-à-dire commise avec connaissance de cause ; — 2° involontaire, quand un homme avait épousé une fille qu'il croyait vierge quoiqu'elle ne le fût pas. — Des dispenses pouvaient être accordées par l'évêque pour les bigamies involontaires ; le pape seul avait le droit d'en accorder pour les autres, pourvu, bien entendu, qu'il ne s'agît pas de bigamie régulière.

11. — Notre ancien droit n'admettait que la bigamie régulière, c'est-à-dire qu'il ne considérait comme bigame que celui qui contractait un nouveau mariage avant la dissolution du premier.

12. — Les peines prononcées contre les bigames ont singulièrement varié suivant le temps et les nations.

13. — La loi romaine se contenta d'abord de les noter d'infamie. — L. 1, ff. *De his qui notantur infamiâ*. — Mais le christianisme une fois établi, des peines plus rigoureuses furent infligées aux bigames ; cependant la peine fut abandonnée à l'arbitraire du juge. — L. 2, Cod., *De incest. et inutil. nuptiis*.

14. — En Suisse, le coupable était condamné à être coupé en autant de morceaux qu'il avait épousé de femmes ; — en Suède, il subissait le dernier supplice ; — en Angleterre, on lui brûlait la main et il était emprisonné pour le reste de ses jours : aujourd'hui il est transporté pour sept ans ou condamné à la prison avec travail pour deux années ; — en Autriche, il subit un emprisonnement d'un an à cinq ans, et la prison dure si, en contractant le second mariage, il n'a pas révélé l'existence du premier ; — à Naples, il encourt six ou dix ans de réclusion ; — à New-York, cinq ans ; — dans le Brésil, un à cinq ans avec travail. — *Encyclop. du dr.*, v° *Bigamie*, n° 8.

15. — Sous notre ancien droit français aucune loi ne déterminait la peine encourue par les bigames. — Des arrêts du parlement les condamnèrent d'abord à la potence. — *Parl. Paris*, 17 avr. 1535 ; 17 avr. 1565 ; 27 août 1585 ; 12 fév. 1626 ; *Parl. Rennes*, 23 août 1567 ; — Merlin, *Rép.*, v° *Bigamie*.

16. — Mais par la suite les parlemens se relâchèrent de cette excessive rigueur, et ils appliquèrent le bannissement à temps ou à perpétuité (*Parl. Paris*, 24 sept. 1711 ; 17 mars 1712 ; 11 sept. 1717 [*Journ. des aud.*, t. 6, p. 440]) ; — le carcan, la marque, les galères à temps (*Parl. Paris*, 16 mai 1727) ; — ou les galères à perpétuité (*Parl. Bordeaux*, 13 juill. 1678 ; — Merlin, *ibid.*).

17. — De plus, le coupable était obligé de faire amende honorable, nu, en chemise, et était exposé au pilori avec autant de quenouilles qu'il avait épousé de femmes, si c'était un homme ; et si c'était une femme, avec autant de chapeaux de paille sur la tête qu'elle avait épousé de maris. — Muyart de Vouglans, *L. crim.*, p. 225 ; Jousse, *Tr. de just. crim.* ; Merlin, *ibid.*

18. — Le Code pén. du 25 sept. 1791 punissait le bigame de douze années de fers. — Art. 2, tit. 2, sect. 2, art. 33. — Le Code pén. de 1810 (art. 340) le condamne aux travaux forcés à temps, ainsi que l'officier public qui prête son ministère au mariage subséquent, connaissant l'existence du précédent.

§ 2. — *Elémens constitutifs du crime de bigamie.*

19. — Trois élémens sont nécessaires pour constituer le crime de bigamie : 1° l'existence d'un premier mariage ; — 2° la célébration d'un second mariage ; — 3° l'intention frauduleuse. — Morin, *Dict. dr. crim.*, v° *Bigamie*.

20. — 1° *Existence d'un premier mariage.* — Pour qu'il y ait bigamie, il faut qu'un premier mariage existe ; c'est là un élément nécessaire.

21. — Si le premier mariage était dissous il n'y aurait pas de crime, lors même que l'époux, au moment de la célébration du second mariage, aurait ignoré cette dissolution. Car bien qu'il ait eu l'intention de commettre le crime, il ne ne l'a pas commis de fait, et la loi pénale ne punit pas la pensée criminelle lorsqu'elle n'est pas accompagnée des élémens matériels du crime. — Chauveau et Hélie, t. 6, p. 280.

22. — On doit donc s'attacher, pour reconnaître s'il y a bigamie, non pas à la question de savoir si l'accusé a contracté le second mariage avant d'avoir acquis la preuve légale de la dissolution du premier, mais s'il la fait avant cette dissolution même. — *Cass.*, 12 pluv. an XIII, Lievejans et Cronemberg.

23. — La nullité absolue d'un premier mariage exclut nécessairement l'accusation de bigamie par suite d'un mariage subséquent. — *Cass.*, 16 janv. 1826, Moureau ; — Merlin, *Rép.*, v° *Bigamie*, n° 2.

24. — L'absent dont le conjoint s'est remarié ne peut profiter de la faute ou de l'erreur de son conjoint pour contracter lui-même un mariage avant la dissolution du premier. — Pezzani, *Tr. des empêchemens de mariage*, n° 237.

25. — En effet, le mariage contracté, même de bonne foi par le conjoint de l'absent, est nul comme conclu avant la dissolution du premier, et conséquemment ne dégage pas l'absent des liens de ce premier mariage.

26. — La condamnation à une peine emportant mort civile dissout le mariage. Mais pour cela il faut que la condamnation soit devenue définitive, c'est-à-dire dans le cas de condamnation par contumace, qu'il se soit écoulé plus de cinq années.

27. — C'est la conséquence de la combinaison des art. 29 et 117, C. civ. ; aux termes du premier de ces articles, le contumax qui se représente ou est arrêté dans les cinq années, n'encourt la mort civile qu'en cas de condamnation ultérieure et à partir de l'exécution du nouveau jugement.

28. — Il en résulte que l'individu condamné par contumace à une peine emportant mort civile, qui contracte un second mariage avant la dissolution du premier, se rend coupable de bigamie, s'il ne s'est pas encore écoulé cinq années depuis sa condamnation par contumace. — *Cass.*, 18 févr. 1819, Sarrazin.

29. — Le contumax, qui ne se représente pas ou qui n'est arrêté qu'après le délai de cinq ans subit pour le passé les effets de la mort civile. Dans l'espèce d'un individu condamné par contumace à une peine emportant mort civile, et qui s'est remarié, l'existence du crime de bigamie dépend de cette circonstance que le condamné sera ou non repris, se présentera ou non avant l'expiration des cinq années. C'est là une conséquence nécessaire des art. 29 et 217, C. civ., et 476, § 2, C. inst. crim. — Carnot, *C. pén.*, t. 2, p. 135, n° 9, sur l'art. 340 ; Pezzani, *Tr. des empêchemens de mariage*, n° 230.

30. — 2° *Célébration d'un second mariage.* — La deuxième condition constitutive du crime, c'est la célébration d'un second mariage.

31. — La célébration d'un second mariage avant la dissolution du premier suffit pour constituer le crime de bigamie. Lors donc qu'il réunit les formes extérieures de la loi, sa nullité ne couvre pas le crime. — *Cass.*, 19 nov. 1807, Bauzin ; — Merlin, v° *Bigamie*, n° 2, note ; Mangin, *Tr. de l'action publique*, nos 193 et 195 ; Chauveau et Hélie, t. 6, ch. *De la bigamie*, Pezzani, *Tr. des empêchemens de mariage*, n° 235.

32. — Le mariage contracté à l'étranger avec une Française par un Français déjà marié, constitue le crime de bigamie. Mais ce crime ne peut être poursuivi et jugé par les tribunaux français qu'en cas de retour du bigame en France, sur la plainte des personnes lésées par son délit, et dans le cas seulement où il n'aurait pas été jugé pour ce crime dans le pays étranger. — V. *infrà* § 3. — V. aussi COMPÉTENCE CRIMINELLE.

33. — Il y a également crime de bigamie dans le mariage d'un Français à l'étranger avec une femme étrangère. Mais si l'existence du crime n'est pas contestable, le droit de poursuite en France et la compétence des tribunaux français pour en connaître ont été mis en question, au moins en ce qui touche l'initiative de la seconde femme. — V. *infrà* nos 63 et suiv.

34. — 3° *Intention frauduleuse.* — Dans le crime de bigamie, comme dans toute espèce de crime, l'intention mauvaise est un élément nécessaire de la culpabilité de l'agent.

35. — Le Code de 1791 portait expressément, en cas d'accusation du crime de bigamie, l'exception de bonne foi pourra être admise lorsqu'elle sera prouvée. — L. 25 sept.-6 oct. 1791, 2e part., tit. 2, sect. 1re, art. 33.

36. — Ainsi, sous l'empire de cette loi et du Code du 3 brum. an IV, l'accusé de bigamie pouvait proposer l'exception de bonne foi fondée sur la nullité de son précédent mariage, et le jury pouvait apprécier cette excuse. — *Cass.*, 1er mars 1821, Barbier.

37. — Toutefois, la question de bonne foi, dans une accusation de bigamie, pouvait être présentée au jury ou refusée par la cour criminelle, d'après l'appréciation des circonstances. — *Cass.*, 19 nov. 1807, Bauzin.

38. — Mais la bonne foi, sur laquelle l'individu qui a contracté un second mariage avant la dissolution du premier, peut fonder légalement une excuse péremptoire est celle qui repose sur des faits qui ont pu le porter à croire que le premier mariage n'existait plus : jugé en conséquence qu'elle ne pouvait se tirer des considérations, quelque graves qu'elles pussent être, qui auraient porté l'accusé à contracter une nouvelle union malgré l'existence de la première. — *Cass.*, 24 frim. an XII, Fontaine.

39. — Les rédacteurs du Code pénal, en reproduisant presque littéralement l'art. 33 de la loi de 1791, ont écarté la disposition que l'exception de la bonne foi pouvait être admise lorsqu'elle serait prouvée. Résulte-t-il de cette suppression que l'accusé ne puisse point du tout se prévaloir de sa bonne foi ? — Non, sans doute : tout ce qu'il en faut conclure, c'est que l'accusé n'est pas recevable à la proposer pour excuse légale, et qu'aucune question particulière ne doit être soumise au jury à ce sujet ; mais, comme le fait observer Carnot (sur l'art. 3, C. inst. crim., t. 1er, p. 85, n° 44), cette exception se trouve implicitement renfermée dans la question de *culpabilité*, et l'acusé peut se défendre sur sa bonne foi, comme sur tout autre moyen tendant à établir son innocence.

40. — Celui qui a contracté un second mariage pendant qu'il était engagé dans les liens d'un premier, n'est pas disculpé par une simple possibilité de bonne foi, sur la dissolution de son premier mariage ; il ne peut l'être que par la preuve de cette bonne foi. — *Cass.*, 13 avr. 1815, Raould. — V. Carnot, *Instr. crim.*, t. 1er, p. 86, n° 4 ; et C. pén., t. 2, p. 136, n° 10 ; Merlin, *Quest.*, v° *Bigamie*, § 1er.

§ 3. — *Tentative du crime de bigamie.*

41. — La tentative du crime de bigamie est punissable comme le crime même. — C. pén., art. 2. — *Cass.*, 28 juill. 1826, Bourguignon. — V. TENTATIVE.

42. — L'art. 2, C. pén., n'étant susceptible d'aucune distinction au moins quant au principe qu'il pose et aux conditions qu'il exige pour l'assimilation de la tentative au crime consommé, la proposition précédente ne saurait présenter le plus léger doute. La seule difficulté est de déterminer en théorie, dans la matière spéciale qui nous occupe, la limite où les préliminaires de la célébration du second mariage cessent d'être innocens aux yeux de la loi pénale, et où commence la culpabilité.

43. — En effet, la loi exigeant pour constituer la tentative légale, un commencement d'exécution, à quels caractères, à quels actes reconnaîtra-t-on l'existence de cet élément essentiel ? — Il faut bien distinguer les actes purement préparatoires de ceux qui peuvent être considérés comme un véritable commencement d'exécution.

44. — Ainsi, la simple signature d'un contrat de mariage ne saurait constituer une tentative légale de bigamie. C'est là un acte préparatoire et non un commencement d'exécution. — *Cass.*, 7 frim. an X, Mazuel et Chalus.

45. — De même, le fait de la production d'un certificat donnant à celui qui le présente la fausse qualité de célibataire ne constitue pas la tentative de bigamie. — *Douai*, 26 août 1836 (t. 1er 1837, p. 238), Vieillard.

46. — Il n'y a pas tentative légale de bigamie dans le seul fait des publications de mariage de la part d'un individu engagé dans les lieux d'une première union. — *Paris*, 30 juin 1840 (t. 2 1840, p. 318), Bonhomme.

47. — Les démarches faites auprès des officiers de l'état civil, par un homme engagé dans les liens du mariage, les pièces recueillies et présentées, et les publications requises pour la célébration d'un second mariage, ne suffisent pas pour constituer une tentative punissable du crime de bigamie. — *Angers*, 29 mai 1829, Colin.

48. — De même, le fait, de la part d'un individu déjà marié, d'avoir fait procéder aux publications

d'un nouveau mariage sans que le premier ait été dissous, ne constitue pas la tentative du crime de bigamie. — *Cass.*, 23 nov. 1839 (t. 2 1840, p. 504), Grelet-Desprades.

49. — En effet, ces publications constituent des actes préparatoires et non un commencement d'exécution. — *Paris*, 30 juin 1840 (t. 2 1840, p. 318), Bonhomme. — V. Chauveau et Hélie, t. 6, p. 283.

50. — Il en serait encore ainsi, alors même qu'après avoir fait procéder aux publications du nouveau mariage, l'accusé se serait présenté à la mairie avec la future et les témoins pour le célébrer. — Il est certain que les publications ne sont qu'un acte préparatoire; il y aurait plus de doute quant à la comparution devant l'officier de l'état civil avec la future et les témoins; cependant nous n'y voyons encore qu'un simple acte préparatoire. — Ce qui constitue le crime, c'est la célébration, c'est l'acte même du mariage. — La comparution est sans doute une des formalités intrinsèques de la célébration ou de l'acte; mais, isolée de celles qui doivent la suivre, elle n'est pas assez compromettante pour établir seule la preuve d'une culpabilité punissable : elle a besoin d'être rattachée à l'acte du mariage par quelque autre formalité plus directe. — Mais la célébration du mariage est réellement commencée du moment où l'officier public donne lecture aux parties des pièces qui établissent leur état et du titre du Code civil relatif au mariage. — C'est là ce qui constitue, suivant nous, le commencement d'exécution. L'agent peut bien encore se rétracter, mais s'il ne le fait point, la justice peut, dès ce moment, le frapper avec sécurité. — Peu importe, du reste, que la lecture émane du maire et non des parties : elle se lie au fait de la comparution et leur devient ainsi personnelle. — V., sur ce sujet, *Cass.*, 28 juill. 1826, Bourguignon.

51. — MM. Chauveau et Hélie (t. 6, p. 182) sont également d'avis que si, la célébration du mariage étant déjà commencée, une circonstance fortuite vient révéler l'engagement de l'une des parties contractantes dans les liens d'une première union non encore dissoute, alors la tentative du crime de bigamie réunit les deux caractères qui la rendent punissable comme le crime consommé, c'est-à-dire le commencement d'exécution et l'interruption provenant de causes étrangères à la volonté du coupable, et qu'il y a lieu à l'application de l'art. 2, C. pén.

52. — Toutefois, cette solution elle-même est contestée par M. Benech (*Revue de législation*, fév. 1841), qui admet la tentative légale de bigamie quand le second mariage contracté pendant l'existence du premier se trouve annulé par une cause étrangère à l'un des deux contractans; par exemple par l'incompétence de l'officier de l'état civil. En dehors d'un second mariage accompli il faut rejeter, selon lui, toute idée de tentative légale. Jusqu'au dernier moment, tant que l'officier de l'état civil n'a pas déclaré les époux unis, le mariage n'est pas accompli : il est encore temps de s'arrêter. Tout imminent que puisse être le second mariage et avec lui le crime de bigamie, les futurs étaient encore tout aussi libres que s'ils en étaient restés aux termes de leurs fiançailles ou de la réquisition des publications.

53. — Lorsque sur une poursuite en bigamie la question de tentative a été posée au jury dans les termes de l'art. 2, C. pén., l'appréciation des circonstances constitutives appartient au jury, et sa réponse ne peut donner ouverture à aucun recours en cassation. — *Cass.*, 28 juill. 1826, Bourguignon.

54. — La loi n'ayant point défini, en matière de tentative de crime, les circonstances qui forment le commencement d'exécution, en a confié l'appréciation aux jurés. — *Cass.*, 23 sept. 1825, Lazareille; 28 juill. 1826, Bourguignon. — V. TENTATIVE.

55. — L'étrangère ne pourrait pas se plaindre en France de la simple tentative de bigamie commise en pays étranger, il faut, pour qu'elle ait le droit d'invoquer l'art. 7, C. instr. crim., qu'elle soit Française, et elle ne le devient que par le mariage. — Bourguignon, *Jurispr. des Codes crim.*, sur l'art. 7, C. inst. crim.

§ 4. — *Poursuites, compétence, jugement et prescription.*

56. — La bigamie peut donner lieu à une double poursuite, soit devant les tribunaux civils, soit devant les tribunaux criminels.

57. — La poursuite devant les tribunaux civils qui doit avoir pour objet la demande en nullité du second mariage (C. civ., art. 147) peut être formée soit par les époux eux-mêmes, soit par tous ceux qui y ont intérêt, soit par le ministère public (art. 184); et cette demande peut donner lieu à juger préalablement la question de validité ou de nullité du premier mariage (art. 189). — V. à cet égard MARIAGE.

58. — La poursuite du bigame devant les tribunaux criminels est faite par le ministère public; et l'art. 63, C. inst. crim., par sa généralité autorise, soit l'époux au préjudice duquel le second mariage a été contracté, soit celui qui de bonne foi s'est lié avec le bigame, à se constituer partie civile et à demander la réparation de l'outrage qu'il a reçu.

59. — Le crime de bigamie doit être poursuivi et jugé comme tous les autres crimes pour lesquels la loi n'a pas établi de règles spéciales. — V. COMPÉTENCE CRIMINELLE et INSTRUCTION CRIMINELLE.

60. — Sous le Code du 3 brum. an IV, un directeur de jury était incompétent pour exercer immédiatement les fonctions d'officier de police judiciaire sur un crime de bigamie. — *Cass.*, 12 vent. an VIII, Robinet.

61. — Les tribunaux français sont compétens pour juger un étranger accusé d'un crime de bigamie commis en France, encore bien que le premier mariage ait été contracté en pays étranger. — *Cass.*, 20 nov. 1828, Caunter.

62. — En effet, le crime n'est pas dans le premier mariage, mais dans le second. Donc, dans l'espèce de l'arrêt, le crime est *commis en France*. Peu importe qu'il soit commis par un étranger et même au préjudice d'un étranger. Les lois de police et de sûreté obligent tous ceux qui habitent le territoire. — C. civ., art. 3. — V. COMPÉTENCE CRIMINELLE.

63. — Il a été jugé qu'un second mariage contracté avant la dissolution du premier, par un Français en pays étranger et avec une étrangère, confère à cette femme la qualité de française, et la rend apte à porter devant les magistrats français une plainte qui les autorise à poursuivre le crime de bigamie dont il s'est rendu coupable. — *Cass.*, 18 fév. 1819, Sarrazin.

64. — Legraverend (t. 1er, ch. 1er, sect. 6e, § 2, p. 97) critique cette décision. Selon lui, l'art. 12, C. civ., n'enlève pas à la femme la qualité d'étrangère qu'elle avait au moment où le mariage a été contracté. « Si, comme on l'a prétendu, dit-il, l'instant où la qualité d'épouse et celle de française se fixent simultanément sur l'étrangère épousée, sont indivisibles, et s'il n'existe pas un moment où le crime que peut former le mariage contracté avec elle puisse être réputé commis avec une étrangère, il faut donc soutenir qu'un Français n'épouse jamais une étrangère, et que l'art. 12, C. civ., est un non-sens dans la loi. »

65. — M. Duvergier (C. pén. annoté) partage l'opinion de Legraverend. La femme, selon lui, n'a pu devenir Française, puisque le second mariage est nul; dès-lors l'une des conditions essentielles énoncées dans l'art. 7, C. inst. crim., la qualité de Français de la partie plaignante, manque.

66. — Bourguignon (*Jurisp. des Codes crim.*, sur l'art. 7, C. inst. crim., t. 1er, p. 73) défend avec raison la doctrine de l'arrêt. Si l'épouse était étrangère avant le mariage, elle est devenue ou réputée française dès l'instant du mariage. La bonne foi et la cérémonie ont suffi pour lui conférer la jouissance de ce titre qui est l'un des effets civils du mariage; et lorsque c'est dans ce même instant qu'elle a reçu l'outrage, objet de sa plainte, comment la repousserait-on, par cela seul qu'avant l'outrage elle était encore étrangère? Elle doit être admise à se plaindre comme Française, puisqu'elle a été outragée par un acte qui lui conférait la jouissance et le titre de Française. D'ailleurs, le second mariage n'est pas nul de plein droit : il faut que la nullité en soit demandée et prononcée.

67. — Pour que les tribunaux français puissent poursuivre, il faut que l'étrangère victime du crime de bigamie ait porté plainte. — *Douai*, 26 août 1836 (t. 1er 1837, p. 238), Villard.

68. — Mais s'il n'y a que *tentative* d'un second mariage à l'étranger avant la dissolution du premier contracté par le Français, l'étrangère n'a pas qualité pour porter plainte devant le juge Français, car elle n'est point devenue Française. — V. Bourguignon, *loc. suprà cit.*

69. — C'est à l'accusé de relever les vices qui, suivant lui, détruisent l'un des deux mariages, et d'écarter par ce moyen l'élément principal de l'accusation. S'il gardait le silence, les deux actes de mariage, accompagnés des circonstances extérieures qui caractérisent la bigamie, motiveraient suffisamment sa poursuite et sa condamnation. — *Encycl. du dr.*, v° *Bigamie*, n° 27.

70. — Mais alors que l'accusé oppose la nullité de son premier ou de son second mariage, quelle est la juridiction compétente pour statuer sur cette exception? Les tribunaux criminels peuvent-ils décider cette question de validité de mariage et passer outre? Ne doivent-ils pas au contraire surseoir et renvoyer la décision de cette question préjudicielle aux tribunaux civils? — V. QUESTION PRÉJUDICIELLE.

71. — Il ne suffit pas, pour obliger le juge criminel à renvoyer au civil le jugement de la question préjudicielle, que l'accusé de bigamie allègue contre son premier mariage une cause quelconque de nullité; il faut en outre que cette nullité soit de celles que la loi l'autorise à faire valoir, et qu'il soit encore recevable à l'apposer. — Mangin, *Tr. de l'action publique*, t. 1er, p. 474, n° 196.

72. — Lorsque les nullités invoquées par un accusé de bigamie contre son premier mariage, ne sont pas absolues et sont seulement relatives aux droits de ses père et mère, la chambre des mises en accusation est compétente pour prononcer sur la fin de non-recevoir qu'il veut en tirer pour repousser l'accusation de bigamie. — *Cass.*, 17 déc. 1812, Bernard.

73. — La question de savoir si le second mariage, base de la poursuite en bigamie, est entaché d'une nullité radicale, indépendante de celle qui résulte de la subsistance du premier mariage, ne forme point une question préjudicielle. — *Cass.*, 19 nov. 1807, Bauzin. — V. Chauveau et Hélie, t. 6, p. 267.

74. — Si l'accusé fonde une exception sur l'existence d'un faux dans l'un des actes de mariage, les juges criminels ne peuvent surseoir qu'autant que l'accusé s'inscrit en faux contre l'acte de célébration ou contre l'extrait qui en serait produit; car ces actes ou ces extraits dûment légalisés font foi jusqu'à inscription de faux C. civ., art. 45. — Alors il est sursis sur la poursuite criminelle jusqu'à la décision du tribunal civil sur la question d'inscription de faux. — *Encycl. du dr.*, v° *Bigamie*. — V. aussi FAUX INCIDENT et QUESTION PRÉJUDICIELLE.

75. — Lorsqu'un prévenu de bigamie argue de faux l'acte de son premier mariage, la prévention de bigamie et celle de faux doivent être renvoyées devant le tribunal du lieu où l'acte prétendu faux a été passé. — *Cass.*, 6 janv. 1807 (Réglement de juges) Molay.

76. — Toutefois, ces deux délits s'excluant mutuellement, nous pensons qu'au lieu de recourir à un réglement de juges, c'est le cas de surseoir sur la bigamie jusqu'après le résultat de la poursuite en faux, car si le faux venait à être déclaré ne pas exister, il arriverait qu'en procédant comme dans l'espèce, la cour de Cassation aurait dessaisi le tribunal compétent et renvoyé la connaissance du crime de bigamie à un tribunal qui ne serait plus compétent à aucun titre. — V. Carnot, sur l'art. 2, C. inst. crim., nos 40 et 41, t. 1er, p. 84.

77. — Sous le Code du 3 brum. an IV, l'acte d'accusation dressé contre un prévenu de bigamie devait, sous peine de nullité, exprimer que l'accusé savait que son premier mariage n'était pas dissous, circonstance nécessaire pour caractériser le crime de bigamie. — C. 3 brum. an IV, art. 229 et 232. — *Cass.*, 3 vent. an VII, Larzilière. — V. ACTE D'ACCUSATION.

78. — Jugé sous l'empire du même Code que dans une accusation de bigamie, le jury ne pouvait pas être interrogé par une seule question sur le fait du second mariage et sur l'existence simultané du premier. Une pareille question était complexe : il fallait présenter au jury deux questions distinctes, sous peine de nullité (C. 3 brum. an IV, art. 377. — *Cass.*, 15 vendém. an VII, Delmas; 19 brum. an VII, Brujaud.

79. — ... Que le jury devait être interrogé sur la question de savoir si l'accusé avait contracté le second mariage, non pas avant d'avoir acquis la preuve légale de la dissolution du premier, mais avant la dissolution du premier. — *Cass.*, 12 pluv. an XIII, Liévejans.

80. — ... Qu'il n'y avait point lieu à poser aux jurés la question de savoir s'il y avait eu un second mariage célébré légalement, mais il suffisait de leur demander s'il a été contracté un second mariage avant la dissolution du premier. — *Cass.*, 19 nov. 1807, Bauzin.

81. — Nous avons vu (*suprà* n° 35) que la loi du 25 sept., 6 oct. 1791 (part. 2e, tit. 2, sect. 1re, n° 33) portait qu'en cas d'accusation de bigamie, l'exception de la bonne foi pouvait être admise, lorsqu'elle serait prouvée.

82. — Jugé, sous l'empire de cette loi et du Code de brum. an IV, que la déclaration du jury était contradictoire et nulle, lorsqu'elle portait, d'une part, qu'un accusé de bigamie était, lors de son second mariage, dans la bonne foi sur la non-existence du premier, et d'une autre part, que l'exception de bonne foi n'était pas prouvée. — *Cass.*, 12 vent. an VII, Arpenteur.

83. — ... Que la question de savoir si les faits allégués par un accusé de bigamie, comme formant l'exception de bonne foi, avaient réellement ce caractère, était une question de droit sur laquelle les cours de justice criminelle devaient prononcer, et non une question de fait qu'il fallût soumettre

mettre au jury. — *Cass.*, 22 août 1806, Taschon.

84. — ...Que l'accusé de bigamie à l'égard duquel la question de bonne foi avait été posée au jury et résolue négativement était non-recevable à se faire un moyen de cassation de ce qu'aucune question de ce genre n'avait été posée à l'égard des personnes à l'instigation desquelles il prétendait avoir fait le second mariage et qui n'étaient pas en accusation. — *Cass.*, 19 nov. 1807, Bauzin.

85. — ... Que l'accusé de bigamie qui n'avait jamais prétendu, pendant le cours de l'instruction, avoir contracté de bonne foi son second mariage, était non-recevable à se faire un moyen de cassation de ce que la question d'excuse fondée sur sa bonne foi, n'avait pas été posée au jury. — *Cass.*, 27 fév. (et non 29 janv.) 1807, Chesnel.

86. — L'arrêt qui déclare l'accusé coupable de bigamie entraîne : — 1° contre le bigame la condamnation aux travaux forcés à temps (C. pén., 340) ; — 2° la nullité du second mariage, tant à l'égard du conjoint qu'à l'égard des enfans (C. civ., 147). Toutefois les effets civils du mariage peuvent continuer de subsister à l'égard du conjoint et des enfans s'ils ont été de bonne foi. — C. civ., art. 201 et 202. — V. MARIAGE.

87. — Sous le Code du 3 brum. an IV, la prescription de l'action contre un délit était acquise après trois années révolues, à compter du jour où l'existence en était constatée légalement, lorsque dans cet intervalle il n'avait été fait aucune poursuite ; et après six années, lorsque des poursuites avaient été commencées.

88. — De là la question de savoir si la publicité du mariage et la notoriété de la vie commune des époux étaient une constatation légale et suffisante du crime de celui qui était engagé dans les liens d'une précédente union encore subsistante ; en d'autres termes, si la prescription du crime de bigamie courait du jour de la perpétration de ce crime, c'est-à-dire du jour de la célébration du second mariage, ou si elle ne commençait qu'après la découverte et la constatation de l'existence du premier. — Art. 9 et 10.

89. — Jugé que l'art. 9 du Code des délits et des peines n'admettait aucune distinction, et qu'en conséquence pour la bigamie comme pour les délits fugitifs, la prescription ne courait qu'à partir de la découverte et de la constatation spéciale et régulière du délit. — *Cass.*, 27 et non 29 fév. 1807, Chesnel.

90. — Sous l'empire du Code d'inst. crim., le crime de bigamie étant de nature à emporter une peine afflictive ou infamante, l'action publique et l'action civile se prescrivent après dix années révolues, à compter du jour où le crime a été commis, si dans l'intervalle il n'a été fait aucun acte d'instruction ni de poursuite. — C. inst. crim., art. 637.

91. — Mais quel sera le point de départ de cette description ? Le crime de bigamie est-il un crime successif, c'est-à-dire qui se renouvelle à chaque instant et qui ne permet à la prescription de courir que du jour où il a cessé ? Ou au contraire la prescription devra-t-elle courir du jour même du second mariage ?

92. — Jugé que la bigamie n'est point un crime *successif*. Elle se forme et se consomme par un second mariage contracté avant la dissolution du premier. C'est, en conséquence, à partir du second mariage que commence à courir la prescription du crime de bigamie. — *Cass.*, 5 sept. 1812, Schnitz ; *Rouen*, 29 avr. 1815, Leclerc ; *Cass.*, 4 juill. 1816, Raffit ; 30 déc. 1819, Segravain ; — Carnot, sur l'art. 637, C. inst. crim., t. 3, p. 627, n° 8, et p. 628, n° 1er ; Mangin, *Tr. de l'action publique*, t. 2, p. 161, n° 322 ; Merlin, *Répert.*, v° *Prescription*, sect. 3e, § 7, art. 4, n° 5 ; Bourguignon, *Jurisprud. des Codes crim.*, sur l'art. 637, C. inst. crim., t. 2, p. 531, n° 4 ; Legraverend, t. 1er, ch. 1er, p. 81, note 2e.

93. — Toutefois, bien que l'action criminelle soit éteinte par la prescription et que les juges criminels ne puissent plus être saisis, soit par l'action publique du ministère public, soit par l'action civile de l'époux ou des ayant-intérêt, le ministère public a toujours, ainsi que l'autre époux ou les ayant-intérêt, le droit de demander devant les juges civils la nullité du second mariage. — Car il n'y a point de prescription possible en ce qui concerne l'ordre public et les bonnes mœurs. — Dunod *Prescription*, p. 172 ; Troplong, *Prescription*, t. 1er, n° 132. — V. MARIAGE, PRESCRIPTION.

V. aussi COMPÉTENCE CRIMINELLE, FAUX INCIDENT, INSTRUCTION CRIMINELLE, MARIAGE, PRESCRIPTION, QUESTION PRÉJUDICIELLE, TENTATIVE.

BIJOUTIERS.

1. — Les marchands fabricans bijoutiers ayant ateliers et magasins sont rangés, par la loi du 25 avr. 1844 sur les patentes, dans la deuxième classe des patentables, et imposés à : 1° un droit fixe, basé sur le chiffre de la population de la ville où est situé l'établissement ; — 2° un droit proportionnel du vingtième de la valeur locative de la maison d'habitation et des locaux servant à l'exercice de la profession.

2. — Les marchands bijoutiers n'ayant point d'ateliers sont rangés dans la troisième classe, et les fabricans pour leur compte, sans magasin, dans la cinquième classe ; les uns et les autres sont en conséquence imposés au même droit fixe, sauf la différence de classe, et au même droit proportionnel que les marchands et fabricans ayant magasin ou boutique.

3. — Les bijoutiers en vrai à façon sont rangés dans la septième classe et imposés à : 1° un droit fixe, basé également sur le chiffre de la population ; — 2° à un droit proportionnel du quarantième de la valeur locative de tous les locaux occupés par les patentables, mais seulement dans les communes de 20,000 ames et au-dessus.

4. — Les marchands de bijoux en faux sont placés dans la cinquième classe, et les fabricans bijoutiers en faux pour leur compte dans la sixième classe des patentables, et imposés au même droit fixe, sauf la différence de classe, et au même droit proportionnel que les marchands et fabricans de bijoux ayant magasin ou boutique. — *Suprà* n° 1er.

5. — Enfin, les fabricans bijoutiers en faux, à façon, sont rangés dans la septième classe et imposés aux mêmes droits fixe et proportionnel que les bijoutiers en vrai à façon. — *Suprà* n° 3.

BIJOUX.

1. — Petits ouvrages d'ornement ou de parure, habituellement composés de pierreries et de métaux précieux. — V. COMMUNAUTÉ, DOT.

2. — La fabrication et le commerce de bijoux en or et en argent sont soumis à des lois et réglemens particuliers. — V. MATIÈRES D'OR ET D'ARGENT.

V. ASSURANCE TERRESTRE, AVARIE.

BILAN.

1. — Etat de l'actif et du passif d'un commerçant failli.

2. — Le mot *bilan* vient de *binæ lances*, les deux plateaux d'une balance. On appelle, dans la langue commerciale, balance d'un compte le chiffre nécessaire pour équilibrer l'actif et le passif, le crédit et le débit, qui forment les deux parties du compte : en d'autres termes, l'excédant de l'actif sur le passif ou du passif sur l'actif. Le bilan est le compte même.

3. — Suivant Denizart, on nommait bilan un petit livre que les marchands ou banquiers portaient sur eux et sur lequel ils écrivaient, d'un côté leurs dettes actives, et de l'autre leurs dettes passives. — Denizart, v° *Bilan*, n° 1er.

4. — Suivant Bornier, le bilan était beaucoup en usage à Lyon, à cause des foires ; mais ce terme s'appliquait plus particulièrement au grand-livre qui, aux termes des ordonnances, devait contenir tout le négoce du marchand.

5. — Le bilan était encore l'arrêté ou la clôture de l'inventaire d'un négociant, où l'on avait écrit en regard tout ce qui lui était dû et tout ce qu'il devait. — Denizart, v° *Bilan*, n° 2.

6. — L'édit de Henri IV de mai 1609 ne prescrivait pas au banqueroutier de rédiger son bilan.

7. — L'ancienne ordonnance d'Amsterdam et le statut de Gênes (imprimé en 1498 et réformé en 1588), de cette ville où le commerce était si général que tout citoyen y était réputé commerçant, sont muets sur cette formalité préalable.

8. — En France, ce fut l'ordonnance de 1673 qui, par l'art. 2 du titre 11, obligea pour la première fois ceux qui avaient fait faillite à donner à leurs créanciers un état, certifié d'eux, de tout ce qu'ils possédaient et de tout ce qu'ils devaient.

9. — La sanction pénale de cette prescription se trouva dans la délaration du 13 juin 1716, qui déclara les faillis qui n'auraient pas rédigé leurs bilan, atermoiement, concordat ou transaction, susceptibles de poursuites extraordinaires comme banqueroutiers frauduleux.

10. — Le Code de commerce a pareillement astreint tout négociant en faillite à présenter son bilan à ses créanciers.

11. — On voit dès-lors comment déposer son bilan est devenu depuis longtemps dans l'usage une expression équivalente à celle de déclarer sa faillite. Mais dans le langage de la loi, la déclaration de faillite est, ainsi qu'on peut le voir dans l'art. 439 du nouveau Code de comm., une opération distincte du dépôt du bilan.

12. — Les formes du bilan sont tracées par le Code de commere ; elles seront, ainsi que ce qui peut concerner les ratifications dont le bilan peut être susceptible, expliquées au mot FAILLITE.

13. — On comprend que le bilan dressé par le débiteur seul ne lie pas les créanciers, puisqu'ils sont étrangers à sa rédaction. Mais lie-t-il le débiteur qui l'a dressé et certifié véritable ? — V. FAILLITE.

14. — En Angleterre, au lieu d'un bilan rédigé dans une forme analogue à celle prescrite par le Code français, on se contente d'une déclaration solennelle du débiteur, qui doit embrasser ses biens sans exception. S'ils ne les déclare pas tous, on lui inflige la peine de félonie sans bénéfice de clergie, c'est-à-dire la peine de mort.

V. CESSION DE BIENS, ENREGISTREMENT, GREFFE (droits de).

BILATÉRAL (Contrat).

V. CONTRAT BILATÉRAL OU SYNALLAGMATIQUE.

BILBOQUETS.

1. — Imprimés de peu d'importance ou de peu d'étendue, nommés aussi *ouvrages de ville*, par opposition aux ouvrages sérieux, désignés sous le nom de *labeurs*.

2. — On appelle en imprimerie ouvrages de ville ou bilboquets les annonces de mariages, de naissances, de décès, les affiches de vente ou locations, les impressions purement relatives à des convenances de famille, de société, ou à des intérêts privés. — *Cass.*, 3 juin 1826, Leducq. — Ajoutons les cartes de visite et les écrits servant à l'abréviation des opérations graphiques des bureaux. — Les requêtes, mémoires et consultations signées par un avocat ou un officier ministériel sont aussi considérés comme bilboquets.

3. — Les ouvrages dits bilboquets sont dispensés de la déclaration et du dépôt préalables. — Instr. du direct. général de l'imprimerie, 1er août 1810 ; circul. minist. 16 juin 1830 ; — *Metz*, 31 août 1833, Lamort ; — Pic, *Code des imprimeurs*, p. 243 ; Parant, *Lois de la presse*, p. 45 ; *Encyclop. du dr.*, v° *Bilboquets* ; Goujet et Merger, *Dict. de dr. comm.*, v° *Bilboquet*, n° 2.

4. — Jugé cependant que la loi du 21 oct. 1814, qui oblige les imprimeurs à faire la déclaration et le dépôt préalables de tous les ouvrages qu'ils se proposent d'imprimer ou de mettre en vente ne fait aucune distinction entre les ouvrages connus sous le nom de *labeurs*, et ceux connus sous celui de *bilboquets* ou *ouvrages de ville* ; — Qu'ainsi, quelque court que soit un ouvrage concernant la politique, la religion ou la morale, celui qui l'imprime ou qui le publie ne peut se dispenser d'en faire la déclaration et le dépôt préalables. — *Cass.*, 3 juin 1826, Leducq.

5. — Il est vrai qu'il s'agissait, dans l'espèce de cet arrêt, de la publication d'un écrit se rattachant aux matières religieuses, et l'on conçoit parfaitement qu'un imprimé peut, bien qu'ayant la forme du bilboquet, être d'une telle nature, que la formalité de la déclaration et du dépôt préalables devienne nécessaire à remplir. En effet, comme le faisait remarquer la cour, de pareils écrits, par l'exiguité du volume, et, par suite, la modicité du prix, sont plus faciles à publier et à répandre dans la circulation, de sorte que, s'ils contiennent des récits de faits ou des principes contraires à l'ordre public, à la religion et à la morale, ils en sont plus dangereux. — Goujet et Merger, *loc. cit.*

6. — Un mémoire sur procès qui n'est revêtu que de la signature de la partie ou d'un fondé de pouvoirs ne peut pas être imprimé ni publié sans dépôt ni déclaration préalables. L'exemption de cette double formalité n'est accordée qu'à ceux qui sont revêtus de la signature d'un avocat ou d'un avoué. — *Cass.*, 21 oct. 1825, Henri ; — Chassan, *Tr. des délits de la parole*, t. 1er, p. 437, note 3e ; de Grattier, *Comment. sur les lois de la presse*, t. 1er, p. 75, n° 5 ; Favard, *Rép.*, v° *Imprimerie*, § 8, n° 8 ; Goujet et Merger, *loc. cit.*, n° 1er ; Pic, *Code des imprimeurs*, p. 243.

7. — C'est à l'administration qu'il appartient de déterminer les écrits qui peuvent être considérés comme *bilboquets*, et dispensés de la déclaration et du dépôt. En effet, la prohibition portée par la loi du 21 oct. 1814 est générale ; l'administration est donc maîtresse d'établir telles exceptions qu'elle juge convenables. Lors donc que le préfet exige qu'on le consulte préalablement, l'imprimeur qui s'en abstient agit à ses risques et périls. Il est donc prudent de consulter l'administration dans les cas douteux. — De Grattier, t. 1er, p. 75, n° 6 ; Parant, p. 47.

8. — Jugé par suite que l'imprimeur qui a imprimé et distribué un écrit sans en avoir fait la déclaration et le dépôt préalables, est en contravention et ne peut pas être renvoyé des poursuites sur le motif que d'après une lettre du préfet, les écrits

réputés *bilboquets* sont dispensés du dépôt, s'il était obligé par cette lettre de consulter l'administration à l'effet de savoir si cet écrit devait être réputé tel. — *Cass.*, 31 juill. 1823, Timon.

9. — La dispense concédée par l'administration pour une première publication s'applique nécessairement à une seconde publication identique. — *Encyclop. du dr.*, v° *Bilboquets.* — Le contraire a été cependant jugé par la cour suprême. — *Cass.*, 31 juill. 1823, Timon. — V. IMPRIMERIE.

BILLARD.

1. — Les fabricans de billards sans magasin sont rangés, par la loi du 25 avr. 1844, sur les patentes, dans la sixième classe des patentables, et imposés à : 1° un droit fixe basé sur le chiffre de la population de la ville ou commune où est situé l'établissement; — 2° un droit proportionnel du vingtième de la valeur locative de la maison d'habitation, et des locaux servant à l'exercice de la profession. — V. PATENTE.

2. — D'après l'art. 41 du décret du 14 juin 1813, il est défendu aux huissiers de tenir des billards, même sous le nom de leurs femmes, à moins qu'ils n'y aient été spécialement autorisés. — V. HUISSIER, JEU, PARI.

BILLET.

1. — C'est en général un écrit sous seing-privé contenant promesse de payer une somme d'argent ou d'autres valeurs.

2. — Le billet considéré par opposition aux billets de commerce, tels que les billets à ordre, les billets au porteur, etc., qui ont des formes particulières, prend le nom de *billet simple.* — V. ce mot.

3. — Les règles relatives aux obligations en général et aux actes sous seing-privé sont applicables aux billets. — V. ACTE SOUS SEING-PRIVÉ, AYANT-CAUSE, COMMENCEMENT DE PREUVE PAR ÉCRIT, CAUSE DES OBLIGATIONS, ENREGISTREMENT, OBLIGATION, PRÉSOMPTION, PREUVE TESTIMONIALE, TIMBRE.

4. — Toutefois, le billet ou la promesse sous seing-privé par lequel une seule partie s'engage envers l'autre à payer une somme d'argent ou une chose appréciable, doit être écrit en entier de la main de celui qui le souscrit, ou du moins il faut qu'outre sa signature il ait écrit de sa main un *bon* ou *approuvé* portant en toutes lettres la somme ou la quantité de la chose, excepté dans le cas où l'acte émane de marchands, artisans, laboureurs, vignerons, gens de journée et de service. — C. civ., art. 1326. — V. APPROBATION DE SOMME.

5. — Un billet est un acte essentiellement unilatéral. S'il était synallagmatique, c'est-à-dire s'il contenait des obligations réciproques, ce serait un contrat ordinaire. — V. DOUBLE ÉCRIT.

BILLET A DOMICILE.

Table alphabétique.

Acceptation, 31.
Assignation, 42, 45.
Change, 3, 5, 22, 28.
Commandement, 44.
Commerçant, 7, 12.
Compétence, 43. — commerciale, 6 s., 10, 20, 22, 24, 27, 49.
Contrainte par corps, 8 s., 25 s., 40.
Déchéance, 32 s.
Délai de distance, 46 s.
Domicile élu, 41 s.
Endosseur, 11.
Indication de paiement, 22, 24.
Jugement (signification de), 44.
Lettre de change, 2, 10, 19, 21, 28.
Non commerçant, 7 s., 11 s. 19 s., 24, 27.
Opération de commerce, 24.
Place, 13 s.
Prescription, 50.
Prêt de somme, 26.
Protêt, 12.
Provision, 32 s.
Remise de place en place, 3s., 19 s., 23 s., 29.
Retraite, 39 s.
Simple promesse, 27.
Tiré, 29 s.
Village, 15, 27.
Ville de commerce, 13 s., 16 s.

BILLET A DOMICILE. — 1. — On appelle ainsi le billet à ordre que le souscripteur s'oblige de payer à un domicile autre que le sien. Ce domicile peut être dans le lieu même où demeure le souscripteur, ou dans un autre lieu.

2. — Le billet à domicile, alors même qu'il est indiqué payable dans une ville autre que celle où demeure le souscripteur, diffère de la lettre de change en ce que, dans celle-ci, c'est un tiers qui est chargé de payer, tandis que dans le billet à domicile, c'est le souscripteur lui-même qui s'oblige au paiement.

3. — Le billet à domicile payable dans un lieu autre que celui du domicile du souscripteur peut, comme la lettre de change, avoir pour objet une remise d'argent de place en place. — Dans ce cas, il est aussi bien que cette lettre de change la réalisation du contrat de change — Pothier, *Contrat de change*, n° 215. — C'est dans ce sens que l'art. 632, C. comm., répute actes de commerce entre toutes personnes les lettres de change ou *remises d'argent faites de place en place.*

4. — Il y a remise de place en place dans le sens de l'art. 632, C. comm., lorsque, dans un billet à domicile, la somme est stipulée payable dans un autre lieu que celui où il a été souscrit et où les valeurs ont été comptées. — *Bruxelles*, 28 nov. 1812, Wandervelde c. Christiaens; *Paris*, 12 nov. 1833, Memolle c. Flamichon; *Lyon*, 16 août 1837 (t. 1er 1838, p. 214), Perichon c. Daroche; *Bourges*, 13 juin 1838 (t. 1er 1839, p. 91), Ballereau c. Bouquin; *Lyon*, 30 août 1838 (t. 1er 1843, p. 363), Chevalier c. Lornage; *Bourges*, 19 mars 1839 (t. 2 1839, p. 23), Ballereau c. Bouquin; *Caen*, 19 janv. 1840 (t. 1er 1843, p. 561), Cheron c. Chevalier; *Trib. com. de Strasbourg*, 2 mai 1842, sous *Colmar* (t. 2 1842, p. 80), Reinhard; *Bordeaux*, 8 juin 1842 (t. 1er 1843, p. 562), Vidaillon c. Dordon; *Cass.*, 4 janv. 1843 (t. 1er 1843, p. 361), Piquet c. Courbet; *Rouen*, 11 mai 1843 (t. 2 1845, p. 169), Dumesnil c. Havet; *Bordeaux*, 26 mai 1843 (t. 2 1843, p. 169), Ogier c. Mousset; — *Encyclop. du dr.*, v° *Billet à domicile*, n° 15.

5. — ... Car alors le billet à domicile constitue une véritable opération de change. — *Toulouse*, 14 mai 1831, Foch c. Mayet-Tissot; *Lyon*, 21 déc. 1840 (t. 1er 1841, p. 582), Clerc c. Collin. — V. CHANGE.

6. — Par conséquent, le souscripteur, même non négociant, est justiciable des tribunaux de commerce. — *Bruxelles*, 17 fév. 1807, Daviviès c. Neel; 8 juill. 1820, Waulier c. Pirmez; *Montpellier*, 4 juill. 1828, N.....; *Paris*, 12 nov. 1833, Meniolle c. Flamichon; *Caen*, 19 janv. 1840 (t. 1er 1843, p. 561), Cheron c. Chevalier; *Lyon*, 21 déc. 1840 (t. 1er 1841, p. 582), Clerc c. Colin; *Cass.*, 4 janv. 1843 (t. 1er 1843, p. 361), Piquet c. Courbet; *Bordeaux*, 26 mai 1843 (t. 2 1843, p. 169), Ogier c. Mousset.

7. — Jugé encore qu'il suffit qu'un billet à domicile, alors même qu'il ne renferme pas remise de place en place, soit revêtu de signatures de négocians pour que la juridiction commerciale soit compétente, même à l'égard des non-commerçans. — *Paris*, 22 mars 1842 (t. 1er 1842, p. 548), Lemaire c. Gilson. — V. COMPÉTENCE COMMERCIALE.

8. — Par une conséquence du même principe, le souscripteur, même non-commerçant, est soumis à la contrainte par corps. — *Lyon*, 8 août 1807, Perrée c. Brosselard; *Montpellier*, 4 juill. 1828, N....; *Toulouse*, 14 mai 1831, Foch c. Mayet-Tissot; *Lyon*, 16 août 1837 (t. 1er 1838, p. 214), Perichon c. Durocher; *Bourges*, 13 juin 1838 (t. 1er 1839, p. 91), Ballereau c. Bouquin; *Lyon*, 30 août 1838 (t. 1er 1843, p. 363), Chevalier c. Lornage; *Bourges*, 19 mars 1839 (t. 2 1839, p. 23), Ballereau c. Bouquin; *Lyon*, 21 déc. 1840 (t. 1er 1841, p. 582), Clerc c. Colin; *Bordeaux*, 8 juin 1842 (t. 1er 1843, p. 562), Vidaillon c. Dordon; *Cass.*, 4 janv. 1843 (t. 1er 1843, p. 361), Piquet c. Courbet; *Rouen*, 11 mai 1843 (t. 2 1843, p. 169), Dumesnil c. Havet; *Bordeaux*, 26 mai 1843 (t. 2 1843, p. 169), Ogier c. Mousset.

9. — Jugé encore que, bien que le billet à domicile payable dans un autre lieu que celui où il est souscrit et où les fonds sont reçus par le souscripteur, ne puisse être rigoureusement assimilé à une lettre de change, il constitue néanmoins un acte de commerce en ce qu'il renferme une remise de place en place, et dès-lors il soumet le souscripteur, même non négociant, à la contrainte par corps. — *Bourges*, 4 déc. 1829, Galas c. Desplaces.

10. — ... Qu'en général tout acte portant engagement de compter ou faire compter à un certain lieu une somme qu'on reçoit dans un autre lieu, constitue une lettre de change et rend par conséquent le souscripteur, même non négociant, justiciable du tribunal de commerce. — *Toulouse*, 3 déc. 1829, Desbiaux c. Teulière.

11. — ... Et que les mêmes principes s'appliquent à l'endosseur non commerçant, tant pour la compétence (*Bordeaux*, 26 mai 1843 [t. 2 1843, p. 169], Oger c. Mousset), que pour la contrainte par corps (même arrêt; *Bordeaux*, 8 juin 1842 [t. 1er 1843, p. 562], Vidaillon c. Dordon).

12. — Il en serait de même encore par cela seul que le billet à ordre porterait la signature de commerçans, bien que ceux-ci ayant été désintéressés, le procès n'existe plus qu'entre les non-commerçans. — *Bordeaux*, 26 mai 1843 (t. 2 1843, p. 169), Ogier c. Mousset.

13. — Il a été jugé que la remise de place en place doit s'entendre d'une ville de commerce dans une autre. Ce n'est que dans ce cas que le billet à domicile constate une remise d'argent. — *Lyon*, 8 août 1827, Perrée c. Brosselard; 21 déc. 1840 (t. 1er 1841, p. 582), Clerc c. Colin.

14. — ... Et que par *place* on doit entendre seulement le lieu où se tient la banque, où se fait le négoce d'argent. — *Lyon*, 21 juin 1826, Poncet et Gauthier c. Chazelle et Chalmas.

15. — ... Qu'ainsi, lorsqu'un billet a été souscrit dans *un village* où il n'existe aucun commerce, et stipulé payable dans un autre lieu, cette négociation n'offre point les caractères d'une remise d'argent de place en place. *Lyon*, 12 mars 1832, Denis c. Martin.

16. — ... Qu'ainsi encore, le billet à ordre souscrit dans un lieu qui n'est point *place de commerce*, et payable dans un autre lieu, ne contient ni les élémens du contrat de change, ni remise d'argent de place en place. — *Paris*, 22 mars 1842 (t. 1er 1842, p. 548), Lemaire c. Gilson.

17. — Mais nous ne saurions partager cette jurisprudence. En effet du moment qu'il est constant que le billet à domicile peut être comme la lettre de change, la réalisation du contrat de change, on ne voit pas pourquoi il faudrait en limiter l'usage aux seules villes de commerce. Il y a lieu d'appliquer ici ce qui a été décidé au sujet des lettres de change, que par remise de *place en place*, il faut entendre remise d'un lieu à un autre. — V. LETTRE DE CHANGE.

18. — Au surplus, le billet à ordre souscrit dans un lieu et payable dans un autre constitue la remise d'argent de place en place, encore bien que le lieu du paiement soit au domicile du bénéficiaire. — *Caen*, 19 janv. 1840 (t. 1er 1843, p. 561), Cheron c. Chevalier.

19. — Jugé, contrairement à la jurisprudence ci-dessus, que bien qu'un billet à domicile contienne remise d'argent de place en place, il ne peut être assimilé à la lettre de change, et que par conséquent il ne saurait, alors qu'il n'a point pour objet une opération commerciale, soumettre le signataire non négociant à la contrainte par corps. — *Colmar*, 14 janv. 1817, Maitrot c. Lapostolat; *Bordeaux*, 5 mai 1835, Miguel et Vigier c. Quèvremont; *Grenoble*, 3 fév. 1836, Martin c. Nugues.

20. — .... Que le billet à domicile souscrit dans un lieu et payable au domicile du créancier ne constitue pas une remise de place en place, et que le souscripteur, s'il n'est pas négociant, n'est pas justiciable des tribunaux de commerce. — *Colmar*, 15 janv. 1838 (t. 1er 1843, p. 362), Vidal c. Dreyfus-Paraph.

21. — .... Qu'un billet à ordre, bien qu'il soit payable dans un lieu autre que celui où il a été souscrit, ne peut être assimilé à une lettre de change, qui suppose l'intervention de trois personnes, et exige remise d'argent de place en place. — Dès lors le souscripteur non négociant d'un semblable billet n'est pas passible de la contrainte par corps. — *Besançon*, 18 janv. 1842 (t. 1er 1843, p. 562), Belot c. Villard.

22. — Si le billet à domicile est, dans certains cas, la réalisation d'un contrat de change, et s'il constitue alors par lui-même un acte commercial, il y a beaucoup de cas où il n'est qu'une simple indication de paiement. Alors il rentre dans la classe des billets à ordre ordinaires; c'est-à-dire que pour saisir la juridiction commerciale et prononcer la contrainte par corps, il faut que le signataire soit négociant, ou que le billet ait été signé par suite d'une opération commerciale.

23. — Ainsi jugé que le billet à domicile ne constitue pas essentiellement une remise de place en place. — *Lyon*, 21 juin 1826, Poncet et Gauthier c. Chazelle et Chalmas.

24. — ... Qu'un billet à domicile, qui n'a point pour cause une opération de commerce, bien que payable dans un lieu autre que celui où il a été souscrit, ne constitue qu'une indication de paiement et ne soumet pas les souscripteur et endosseurs non négocians à la juridiction commerciale. — *Rouen*, 5 déc. 1834, Harou c. Janne; *Paris*, 18 août 1836, Bonvallet c. Boench; *Riom*, 4 août 1838 (t. 1er 1839, p. 634), Jourde et Maigne c. Pascon; *Douai*, 8 mai 1839 (t. 2 1839, p. 354), Dacquin c. Vanbavenchove; *Paris*, 17 nov. 1840 (t. 2 1840, p. 624), de Vathaire c. Delon, Delacombe et Tugault.

25. — .... Ni à la contrainte par corps. — *Bordeaux*, 21 janv. 1836, Courréjolcs c. Méliet; *Paris*, 17 nov. 1840 (t. 2 1840, p. 624), Devathaire c. Delon.

26. — Lorsque, en créant un billet payable dans un lieu autre que celui où il est souscrit, il paraît évident que les parties n'ont pas eu d'autre intention que de stipuler d'une manière indirecte la contrainte par corps, pour assurer d'autant mieux le remboursement d'un simple prêt d'argent, un pareil billet, quoique contenant remise de place en place, ne peut être considéré que comme billet à ordre ou à domicile, et ne donne pas lieu à la

contrainte par corps contre les non-commerçans qui l'ont signé. — *Bruxelles*, 19 avr. 1815, G... c. F...

27. — Un billet à ordre, souscrit par un cultivateur dans une commune agricole, devant être considéré comme une simple promesse, bien qu'il soit payable dans une ville voisine, il n'y a point alors remise de place en place, et le tribunal de commerce n'est compétent pour connaître de l'action en paiement qu'autant qu'il est revêtu de signatures de négocians. — *Lyon*, 21 juin 1826, Poncet et Gauthier c. Chazelle et Chalmas.

28. — Le billet à domicile, comme nous l'avons vu, a cela de commun avec la lettre de change que dans certains cas il est comme elle la réalisation du contrat de change. Cependant, il ne doit pas être confondu avec elle. — Pardessus, *Dr. comm.*, n° 479.

29. — Ainsi, l'effet ainsi conçu :

« Ile d'Oléron...

» Au... nous paierons au domicile ci-bas, à l'ordre de..., la somme de..., valeur en compte, que vous passerez suivant l'avis de...

M... X...   Bon pour...

A Paris...   X... »

doit être réputé simple billet à domicile, et non lettre de change, bien qu'il contienne remise de place en place et qu'il soit fait entre un tireur et un donneur de valeur, le tiers ainsi indiqué ne pouvant, surtout en raison de la formule *nous paierons au domicile ci-bas*, être considéré comme un tiré. — *Limoges*, 20 juill. 1837. (t. 1er 1838, p. 35), Chaudouet c. Teulier.

30. — En général, le billet à domicile emploie la même formule que le billet à ordre : « *Je paierai* »; c'est la formule caractéristique de cette nature d'actes.

31. — Le tiers chez qui le billet à domicile est indiqué payable ne peut être assimilé au tiré d'une lettre de change. Il n'est point chargé de payer en son propre nom ; s'il le fait, c'est seulement en l'acquit et pour le compte du souscripteur. — Favard, *Rép.*, v° *Billet à domicile*; Nouguier, *Lettres de change*, t. 1er, p. 526. — Par la même raison, le porteur ne peut point exiger son acceptation. — Horson, *Quest. sur le Code de comm.*, n° 53 et 54.

32. — C'est au domicile indiqué que doit se faire le protêt en cas de non-paiement. — C. comm., art. 173 ; — mais à défaut de protêt ou de poursuites dans les délais, le souscripteur peut-il exciper de ce qu'à l'échéance il avait fait les fonds au domicile indiqué pour le paiement ? — Divers auteurs soutiennent la négative par le motif que cette exception ne peut être invoquée que quand il n'y a point de provision. — Pardessus, n° 481 ; Horson, n° 61 ; Nouguier, p. 533; Vincens, t. 2, p. 869, *Encyclop. du droit, loc. cit.*, n° 47.

33. — Jugé, en ce sens, que le recours que l'ord. de 1673 accordait, en cas de non-provision à l'échéance, au porteur d'une lettre de change contre les tireurs et endosseurs, quand bien même il n'eût pas fait de poursuites dans le délai de la loi, n'avait pas lieu en matière des simples billets où des billets à domicile. — *Paris*, 8 germin. an XIII, Julian c. Bodin ; *Cass.*, 1er avr. 1807, Bréville c. Gaborde.

34. — ... Que sous l'ord. de 1673, l'endosseur d'un billet à ordre poursuivi après les délais n'était pas tenu, pour échapper à la garantie, de prouver qu'à l'époque de l'échéance il y avait provision au lieu indiqué pour le paiement du billet. — *Cass.*, 24 pluv. an III, Levasseur c. Bigot et Froment.

35. — Jugé également, sous le Code de comm., que le porteur d'un billet à domicile n'est pas, comme celui d'une lettre de change, déchu de son action en garantie contre le souscripteur, pour ne lui avoir pas fait notifier le protêt dans la quinzaine, et alors que dans le délai légal il y a eu provision au domicile indiqué. — *Paris*, 24 fév. 1828, Charrier c. Amyot.

36. — D'autres auteurs pensent, au contraire, que l'art. 187 déclarant aux billets à ordre les dispositions relatives aux lettres de change, les devoirs et droits du porteur sont les mêmes dans l'un et l'autre cas, et qu'ainsi, quand il y a fonds pour le paiement, c'est-à-dire provision, la déchéance doit, s'il y a lieu, être également prononcée contre le porteur négligent. — Pothier, n° 245; Merlin, *Quest.*, v° *Billet à domicile*, n° 4 ; Goujet et Merger, *Dict. de dr. comm.*, v° *Billet à domicile*, n° 14 ; Persil, *Lettres de change*, art. 187, n° 7.

37. — Jugé, en conséquence, que si le protêt

---

d'un billet à ordre n'a pas été fait au domicile indiqué pour le paiement, mais seulement au domicile réel du souscripteur, celui-ci est affranchi de toutes poursuites de la part du porteur, en prouvant qu'il avait fait les fonds, lors de l'échéance, au domicile indiqué. — *Cass.*, 31 juill. 1817, Lafond c. Maillet et Langlois.

38. — Il nous semble que la première de ces deux opinions est préférable. Sans doute la loi rend communes aux lettres de change et aux billets à ordre les dispositions relatives aux devoirs et droits du porteur, mais c'est nécessairement avec les restrictions commandées par le caractère différent des deux espèces de contrats. Dans la lettre de change, il y a un débiteur délégué; on conçoit, dès-lors, que la loi permette au tireur de se soustraire aux poursuites que dirige contre lui un porteur négligent, en substituant celui-ci à ses droits contre le débiteur délégué, c'est-à-dire contre le tiré. Dans le billet à domicile, au contraire, il n'y a pas de débiteur délégué. — Le billet n'admet pas, comme partie intégrante, celui au domicile de qui le paiement doit être fait, parce que ce n'est pas la personne, mais sa maison, qu'on a eue en vue, et que le souscripteur du billet en est toujours le seul débiteur direct.

39. — A défaut de paiement d'un billet à domicile, le porteur peut se rembourser au moyen d'une retraite sur le souscripteur. — *Colmar*, 14 janv. 1817, Miatrot c. Lapostolat.

40. — Si la retraite n'était pas acquittée, les endosseurs négocians pourraient assigner devant le tribunal de commerce le souscripteur du billet à domicile, encore bien qu'il n'eût pas accepté la retraite. — Mais ce dernier ne serait sujet à la contrainte par corps que dans le cas où il serait lui-même négociant. — Même arrêt.

41. — L'indication d'un lieu de paiement dans un billet à ordre équivaut à une élection de domicile dans ce lieu par l'exécution de l'engagement. — *Bourges*, 5 janv. 1814, Gougnon de la Roche c. Bonnichon ; *Cass.*, 13 janv. 1829, Larnon c. Quetier ; *Bordeaux*, 4 fév. 1835, Fort c. Gallal ; — Nouguier, *Lettres de change*, t. 1er, p. 534.

42. — Dès-lors, le souscripteur est valablement assigné au domicile élu. — *Cass.*, 13 janv. 1829, Lasnon c. Quetier ; *Bordeaux*, 4 fév. 1835, Fort c. Gallai ; *Paris*, 8 juill. 1856, Robert c. Prévost ; *Aix*, 1er fév. 1836 (t. 2 1838, p. 316), Sigaud c. Silvestre.

43. — ... Et devant le juge de ce domicile. — *Bordeaux*, 4 fév. 1835, Fort c. Gallai ; *Lyon*, 30 août 1825, Ranchin c. Lasserre.

44. — Le jugement de condamnation y est même valablement signifié. — Mais le commandement tendant à saisie immobilière fait en vertu du jugement de condamnation doit être notifié au domicile réel du défendeur. — *Aix*, 1er fév. 1828 (t. 2 1838, p. 316), Sigaud c. Silvestre.

45. — Jugé également, sous l'ord. 1673, que le débiteur d'un billet à ordre était valablement assigné au domicile indiqué pour le paiement de la lettre de change, sauf à y Magnet c. Coullerez ; *Bruxelles*, 30 mars 1807, Clenis-Semidt c. Barbiaux ; *Cass.*, 4 fév. 1808, Mariette c. Lachenez. — V. *contra Colmar*, 9 juill. 1806, Maglin c. Cerf Jacob.

46. — ... Que l'assignation était valable quoiqu'on n'eût pas observé le délai de distance au domicile réel de l'assigné. — *Cass.*, 25 prair. an X, Magnet c. Coullerez.

47. — ... Et bien qu'elle eût été donnée dans les mêmes délais que si le débiteur y avait eu son domicile réel. — *Bruxelles*, 30 mars 1807, Clenis-Semidt c. Barbiaux. — V. aussi *Paris*, 2 juin 1812 (et non 1814), Maistre c. Coulon.

48. — Toutefois, jugé qu'un arrêt n'a violé aucune loi, en décidant que le porteur d'un effet dont le débiteur s'assigne devant le tribunal du domicile élu pour le paiement du billet, aurait dû ajouter au délai légal d'ajournement un délai calculé en raison de la distance du domicile réel au domicile élu. — *Cass.*, 4 juin 1806, Lachenez c. Mariette ; — Merlin, *Rép.*, v° *Consul*.

49. — Jugé également, sous le Code de comm., que lorsque l'assignation est donnée au domicile indiqué pour le paiement d'un effet de commerce, il n'y a pas lieu d'observer le délai de distance entre le domicile réel et le tribunal saisi de la conciliation. — *Paris*, 8 juill. 1836(t. 1 1837, p. 75), Robert c. Provost.

50. — Le billet à domicile n'étant qu'une des espèces du billet à ordre, toutes les dispositions qui régissent cette dernière espèce d'effets lui sont nécessairement applicables. — V. BILLET A ORDRE. On y trouvera de plus quelques décisions concernant la prescription des billets à domicile. — V. aussi ENREGISTREMENT.

BILLET A ORDRE.

BILLET A ORDRE. — 1. — On appelle ainsi un billet par lequel la personne qui le souscrit promet à une autre de payer une somme à elle ou à son *ordre*, c'est-à-dire à celui qui, par le moyen d'un endossement en bonne forme, se trouvera cessionnaire de ses droits.

2. — On ne donne pas le nom à tous les billets ou engagements quelconques, lors même qu'ils sont transmissibles par la voie de l'ordre. Un billet n'est réputé billet à ordre qu'autant qu'il est revêtu des formes prescrites par la loi.

3. — Toutes les dispositions relatives aux lettres de change, et concernant l'échéance, l'endossement, la solidarité, l'aval, le paiement, le paiement par intervention, le protêt, les devoirs et droits du porteur, le rechange ou les intérêts, sont applicables aux billets à ordre, sans préjudice des dispositions relatives aux cas prévus par les art. 636, 637 et 638. — C. comm., art. 187.

4. — Le billet à ordre ayant, comme on le voit, la plupart de ses dispositions communes avec la lettre de change, il faut nécessairement, soit pour l'exposition des principes, soit pour l'application qui en a été faite, se reporter au mot LETTRE DE CHANGE où à ceux que nous avons cru devoir en être détachés. — Nous ne rapporterons donc ici que les décisions exclusivement spéciales aux billets à ordre.

§ 1er. — *Forme du billet à ordre* (n° 5).
§ 2. — *Échéance* (n° 51).
§ 3. — *Endossement* (n° 54).
§ 4. — *Solidarité* (n° 55).
§ 5. — *Aval* (n° 56).
§ 6. — *Paiement et paiement par intervention* (n° 57).
§ 7. — *Devoirs et droits du porteur.* — *Protêt* (n° 70).
§ 8. — *Rechange et intérêts* (n° 73).
§ 9. — *Billets à ordre signés de non-négocians,* — *simples promesses*(n°74).
§ 10. — *Prescription* (n° 75).

§ 1er. — *Forme du billet à ordre.*

5. — Bien que la loi ne prononce pas la nullité, en cas d'inobservation des formes prescrites pour le billet à ordre, il faut dire, comme pour la lettre de change, qu'il n'y a de billet à ordre qu'autant qu'un billet en a extérieurement les caractères légaux. L'omission de ces caractères ou formes ne peut être suppléée par des preuves étrangères.

En pareil cas, le billet n'est qu'une simple promesse. — Pardessus, *Dr. comm.*, n° 479.

6. — Le billet à ordre est daté. — C. comm., art. 188.

7. — L'inexactitude dans la date d'un billet ne constitue pas un faux. — *Rennes*, 30 juill. 1817, Salauin c. Sebart.

8. — La circonstance qu'un billet à ordre a été fait sur un papier timbré impérial à une époque où ce timbre était proscrit, n'est pas suffisante pour établir la fausse date du billet. — *Riom*, 31 janv. 1818, Borne c. Enjolas.

9. — L'omission de la date laisserait, il est vrai, subsister l'obligation s'il paraissait constant que l'engagement a eu lieu à une époque où le souscripteur était capable de contracter; mais le billet ainsi dépourvu de date ne produirait pas les effets attachés par la loi aux billets réguliers. — *Encycl. du dr.*, v° *Billet à ordre*, n° 4. — V. au surplus LETTRE DE CHANGE.

10. — Le billet à ordre énonce la somme à payer. — C. comm., art. 188.

11. — Le billet à ordre souscrit par un non-commerçant doit être écrit en entier de sa main, ou exprimer l'approbation de la somme en toutes lettres. — Pardessus, *Dr. comm.*, n° 479; Favard, *Rép.*, v° *Billet à ordre*, n° 6. — V. APPROBATION DE SOMME.

12. — Jugé en ce sens que l'art. 1326, C. civ., est applicable, comme l'était la déclaration de 1773, aux billets à ordre. — *Cass.*, 27 janv. 1812, Martin c. Jobey.

13. — Mais l'individu non commerçant qui souscrit un billet à ordre conjointement avec un commerçant, ne peut invoquer la disposition de l'art. 1326, C. civ. La formalité prescrite par cet article ne concerne pas les effets de commerce. — *Liége*, 11 avr. 1813, Fabricius c. Adolphy.

14. — De même lorsque la veuve d'un marchand a souscrit avec lui des effets de commerce, ces effets, écrits de la main du mari, ne sont pas nuls, à l'égard de la femme, faute par celle-ci d'avoir approuvé la somme. — En d'autres termes, la disposition de l'art. 1326, C. civ., sur l'approbation de la somme, ne s'applique pas au cas où il y a plusieurs signataires coobligés, dont l'un a écrit en entier de sa main le corps du billet. — *Bruxelles*, 27 juin 1809, Adam c. Lefebvre.

15. — Toullier (*Dr. civ.*, t. 8, n° 300) pense, avec raison, que quand les parties ne s'obligent pas solidairement, chacune d'elles doit approuver la somme en toutes lettres, car celui qui a écrit le billet n'avait aucun intérêt à ce que la signature des autres ne fût pas surprise; il n'était pas leur agent.

16. — Le billet à ordre énonce le nom de celui à l'ordre de qui il est souscrit. — C. comm., art. 188.

17. — Ces mots *ou en sa faveur*, dans un billet, ne sont pas équivalens de ceux de *ou à son ordre*. — *Douai*, 24 oct. 1809, Parent c. Virnot.

18. — Le billet à ordre énonce l'époque à laquelle le paiement doit s'effectuer. — C. comm., art. 188.

19. — L'époque de paiement d'un billet à ordre n'est pas suffisamment indiquée par ces mots : *je paierai, toutefois et quand*. Ces mots ne peuvent être considérés comme équivalens de : *Je paierai à volonté, à présentation*. — *Paris*, 29 avr. 1829, Longuemarre c. Regnouf.

20. — Le billet souscrit par un non-commerçant pour une dette purement civile et payable à un tel ou à son ordre, *après un avertissement de trois mois*, ne constitue pas un billet à ordre, notamment comme ne précisant pas l'époque à laquelle le paiement doit s'effectuer. — *Colmar*, 24 juin 1842 (t. 2 1842, p. 512), Aron c. Gangloff.

21. — Le billet à ordre énonce la valeur qui a été fournie en espèces, en marchandises, en compte ou de toute autre manière. — C. comm., art. 188.

22. — Un billet à ordre qui n'énonce pas la valeur fournie n'est plus qu'un billet simple ou une simple promesse emportant une action civile ordinaire. — *Bruxelles*, 18 juill. 1810, Vanesle c. Sibelle; *Cass.*, 6 août 1811, mêmes parties; *Riom.*, 6 mai 1817, Fayolle c. Lebeau; *Rouen*, 20 juin 1822, Pecuchet; *Bourges*, 12 fév. 1825, Régnault c. Blerzy. — V. BILLET SIMPLE.

23. — De plus, le billet à ordre doit indiquer en quoi la valeur a été fournie. Ainsi, l'expression *valeur reçue* ne suffit pas; dans ce cas, le billet n'est toujours qu'une simple promesse. — *Rennes*, 10 mai 1811, Guiegnal c. Richard; *Besançon*, 21 déc. 1811, Pouguet c. Voisard; *Trèves*, 1er fév. 1812; Dufau c. Spath; *Toulouse*, 17 nov. 1828, Faillon c. Vidal; *Bordeaux*, 24 juill. 1838 (t. 2 1838, p. 441), Barbary c. Moreau; *Aix*, 1er mars 1839 (t. 1er 1839, p. 630), Fouque c. Lagier.

24. — Alors un pareil billet nul comme effet commercial, vaut comme une *obligation civile*, dont le paiement peut être poursuivi par la voie ordinaire. — *Aix*, même arrêt.

25. — Ne peut non plus être considéré comme billet à ordre le billet qui, souscrit par un non-négociant, n'annonce pas l'espèce de valeur fournie, bien qu'il soit à l'ordre d'un tiers négociant. — *Toulouse*, 17 nov. 1828, Faillon c. Vidal.

26. — La valeur fournie n'est pas suffisamment indiquée par ces mots : *valeur prêtée à mon besoin*. — *Paris*, 29 avr. 1829, Longuemarre c. Regnouf.

27. — .... Ni par ceux de *valeur reçue à ma satisfaction*. — *Liége*, 18 mai 1824, Blondeau c. Megret.

28. — Mais un billet à ordre ainsi causé : *montant de ce que lui doit Lareau mon gendre*, énonce régulièrement la nature de la valeur fournie. — *Rennes*, 14 janv. 1817, Guyador c. N....

29. — Sous l'ord. 1673, l'endossement d'un billet à ordre, causé *valeur en bons offices*, était valable et translatif de propriété (ord. 1673, tit. 5, art. 23, 24 et 25). — *Cass.*, 13 vent. an XIII, de Choiseul-Stainville c. Sevestre.

30. — Sous l'ord. de 1673, un billet à ordre, causé *valeur entre nous*, ne constituait pas un effet de commerce négociable. — *Cass.*, 19 juin 1810, Vanderhœvent c. Corbésier. — En effet, une pareille expression n'indique rien.

31. — Jugé de même qu'il n'y a pas énonciation suffisante de la valeur fournie dans un billet à ordre par ces mots : *valeur entendue et entre nous connue*. — *Metz*, 18 janv. 1833, Savaux c. Delaplace.

32. — Le billet à ordre causé *valeur entendue*, n'est qu'une simple promesse qui constitue une obligation purement civile. — *Colmar*, 1er mars 1823, Elles c. Borach.

33. — Un billet à ordre causé *valeur reçue en un acte* ne peut être réputé effet de commerce. — *Paris*, 31 janv. 1833, Dubarry c. Dumanoir.

34. — Il en est de même d'un billet à ordre causé *valeur en contractant à l'effet de la vente notariée passée tel jour*. — *Caen*, 28 janv. 1817, Adeline c. Descoqs. — V. aussi (même cour), 15 janv. 1813, Douesnel c. Coueslin.

35. — Sous l'ord. 1673, des billets à ordre, causés *valeur en quittance du prix d'immeubles*, n'avaient pas le caractère d'effets de commerce. — *Bordeaux*, 18 thermid. an VIII, Racle c. Muratel.

36. — Jugé cependant que de pareils billets étaient négociables. — *Cass.*, 1er avr. 1811, Julienne c. Sorbier.

37. — Un billet causé *valeur en compte sur le prix d'une vente* est nul, lorsque cette vente a été annulée. — *Bruxelles*, 28 juill. 1817, Horgniès-Renier c. Decenlencer.

38. — De même, un billet à ordre, causé *valeur en vente d'un office d'huissier*, doit être réputé sans cause, si le souscripteur n'est point investi de la charge. — *Paris*, 13 fév. 1837 (t. 1er 1837, p. 223), Bergunion c. Guillon.

39. — Un billet souscrit après la cession du privilége d'un journal, et causé valeur en compte sur l'administration de ce journal, est également nul, si l'acte de cession vient à être annulé. — *Bruxelles*, 23 juill. 1817, Horgniès-Renier c. Decenlencer.

40. — Le souscripteur d'un billet à ordre causé *valeur en compte* ne peut en refuser le paiement à celui en faveur de qui ce billet est souscrit, sous prétexte qu'il n'en a pas reçu la valeur; il doit d'abord payer, sauf ensuite à opposer le billet comme quittance dans le compte qu'il établira avec son adversaire. — *Bruxelles*, 24 juin 1818, Mertens c. Beumer.

41. — Le défaut d'expression de la nature de la valeur fournie dans un billet à ordre peut, entre le souscripteur de ce billet et celui au profit de qui il a été souscrit, être suppléé par des preuves extrinsèques, par exemple, des énonciations de livres de commerce — *Angers*, 2 août 1816, Hardiau c. Boutard.

42. — Mais si la preuve de la valeur fournie dans un billet à ordre peut être faite entre le cédant et le cessionnaire en dehors de l'acte, cette preuve ne peut avoir lieu à l'égard des tiers; en conséquence, à l'égard du souscripteur, elle doit résulter de l'acte même. — *Paris*, 29 juin 1842 (t. 1er 1843, p. 156), Kopp c. Guyot.

43. — Un billet à ordre, causé *valeur reçue en marchandises* est nul, lorsqu'il a eu réellement pour cause une opération de contrebande. — *Cass.*, 25 mars 1828, Couture c. Jacquel.

44. — Dans un billet à ordre causé *valeur reçue comptant par ma reconnaissance d'un tel jour*, l'énonciation par *ma reconnaissance d'un tel jour*, peut être déclarée n'avoir pas un rapport direct à la disposition du billet dans le sens de l'art. 1320, C. civ. — Du moins, les juges du fond ont pu, sans violer aucune loi, le décider ainsi et condamner le souscripteur à payer à la fois le montant du billet à ordre et de la reconnaissance. — *Cass.*, 4 mars 1834, Gerfaud.

45. — Un billet à ordre causé *valeur reçue comptant* et souscrit de la fausse signature d'une personne réellement existante ne peut être considéré comme un effet de commerce, lorsque la partie lésée, celui dont la signature est imitée, et le faussaire, ne sont ni les uns ni les autres commerçans. — *Paris*, 15 mars 1825, Thibaud.

46. — Un billet à ordre n'a pas besoin, pour être valable, d'énoncer que la valeur en a été fournie au souscripteur. — *Bruxelles*, 20 janv. 1830, Attenelle c. Kessel.

47. — Des billets à ordre peuvent à être passés devant notaire. — *Cass.*, 10 fév. 1834, Pigalle c. Enregistr.; 28 janv. 1835, Enregistr. c. Firron Jaubert; *Grenoble*, 17 nov. 1836, Magaud c. Genard; — Pardessus; Merlin, *Rép.*, v° *Lettre de change*, § 2, art. 7; *Encycl. du droit*, n° 19.

48. — Est valable le billet à ordre souscrit devant notaire avec stipulation d'hypothèque. — *Lyon*, 4 juin 1830 (sous *Cass.*, 18 nov. 1833), Chalambel et Chalcat c. Thomas.

49. — Une traite nulle comme lettre de change à défaut de remise de place en place, peut, si elle réunit tous les autres caractères de la lettre de change, valoir comme billet à ordre. — *Bruxelles*, 20 janv. 1830, Attenelle c. Kessel.

50. — La femme, même marchande publique, ne peut être soumise à la contrainte par corps pour des billets souscrits à son ordre par son mari, et endossés par elle au profit d'un tiers, lorsqu'il est établi que ces billets n'avaient été souscrits qu'en renouvellement d'effets antérieurs primitivement dus par le mari. — *Montpellier*, 30 juill. 1830, Blanc c. Huc.

§ 2. — *Echéance.*

51. — Un billet à ordre peut être souscrit payable à vue ou à une époque déterminée. — C. comm., art. 129, 130, 131 et 187. — V. LETTRE DE CHANGE.

52. — Un billet à ordre payable sur demande ou à présentation est exigible le jour même de sa souscription, nonobstant la stipulation d'intérêts qui y serait contenue. — *Paris*, 18 janv. 1840 (t. 1er 1840, p. 107), Stevens c. Gosselin.

53. — Des billets stipulés payables à un terme fixe, avec la clause que le débiteur sera prévenu trois mois d'avance, ne doivent pas être considérés comme exigibles si l'on ne justifie pas d'un acte ayant date certaine par lequel l'avertissement aurait été donné. — On ne peut s'en rapporter à cet égard à la déclaration soit du créancier soit du débiteur. — *Rennes*, 28 oct. 1816, Bozy c. Thelohan.

§ 3. — *Endossement.*

54. — La propriété d'un billet à ordre se transmet par voie de l'endossement. — C. comm., art. 136 et 187. — V. ENDOSSEMENT.

§ 4. — *Solidarité.*

55. — Tous ceux qui ont signé ou endossé un billet à ordre sont tenus à la garantie solidaire envers le porteur (V. ENDOSSEMENT, LETTRE DE CHANGE), sauf toutefois quelques restrictions à l'égard des non-négocians. — V. COMPÉTENCE COMMERCIALE, § *Des billets à ordre.*

§ 5. — *Aval.*

56. — Le paiement d'un billet à ordre peut être garanti par un aval. — C. comm., art. 141 et 187. — V. AVAL.

§ 6. — *Paiement et paiement par intervention.*

57. — D'après la nature des choses, comme d'après la loi, le paiement d'un billet à ordre doit avoir beaucoup de dispositions communes avec celui d'une lettre de change. Il en est de même à l'égard du paiement par intervention. — V. LETTRE DE CHANGE.

58. — Par cela qu'un commerçant signataire de plusieurs billets à ordre n'en a point acquitté le premier à l'échéance, il n'est pas tenu de donner caution pour le paiement des billets non échus, lorsqu'il n'est pas en faillite et qu'il n'a pas diminué les sûretés données au créancier. — *Douai*, 28 avr. 1819, Debève c. Hayez.

59. — Quelle que soit la nature de la valeur fournie d'un billet à ordre souscrit sans condition, ce billet étant la propriété du porteur, comme le serait une pièce de monnaie, le souscripteur ne peut lui en refuser le paiement. — *Bourges*, 6 août 1825, Sadron c. Gaigneau.

60. — Sous l'empire de la loi du 15 fruct. an V, art. 1er, 2, 6, les mots *valeur fixe* dans un billet à ordre pendant le cours du papier-monnaie ne signifiaient pas valeur numéraire ; dès-lors il y avait lieu à réduction. — *Cass.*, 17 fructid. an VII, Olivier c. Bernard.

61. — La mention du *pour acquit* placée au bas du billet dont le dernier endosseur est resté porteur, ne prouve pas que ce billet ait été acquitté des deniers de l'endosseur précédent. — *Douai*, 3 juill. 1841 (t. 1er 1842, p. 12), Deherrypont c. Hovelt.

62. — En cas de perte d'un billet à ordre, le porteur ne peut point en exiger un duplicata du souscripteur ; car le souscripteur faisant l'office du tireur et de l'accepteur se trouverait avoir accepté plusieurs fois. Or, l'acceptation ne se demande qu'une fois, quel que soit le nombre de copies. — Pardessus, *Contr. de change*, no 467.

63. — L'art. 155, C. comm., qui fixe à trois années la durée de l'engagement de la caution qui doit être fournie par celui qui demande le paiement d'une lettre de change perdue, doit recevoir son application au cas de perte d'un billet à ordre, bien que ce billet émane d'un non-commerçant, pour une cause non commerciale, alors toutefois qu'il est souscrit sous la forme commerciale. — *Paris*, 15 déc. 1834, Demiannay c. N...

64. — Si le porteur ne se présentait pas à l'échéance, il y aurait lieu d'appliquer les dispositions de la loi du 6 thermid. an III, encore en vigueur aujourd'hui. — Pardessus, *Contr. de change*, no 256. — Toutes les décisions rendues sur l'application de cette loi sont rapportées au mot LETTRE DE CHANGE. — V. ce mot.

65. — Les tribunaux ne peuvent accorder aucun délai pour le paiement d'un billet à ordre. — C. comm., art. 157 et 187. — *Cass.*, 22 juin 1812, Delaporte c. Mayeux.

66. — Cependant la tribunal de commerce de Paris est dans l'usage de donner un délai de vingt-cinq jours ; mais le consentement du demandeur est requis par le tribunal.

67. — L'art. 157, C. comm., qui défend d'accorder aucun délai pour le paiement des lettres de change, s'applique aux billets à ordre souscrits par un non-négociant. — *Metz*, 8 mai 1816, Leroy c. Rheinauld.

68. — Jugé cependant que lorsqu'un billet à ordre a été souscrit par un particulier non commerçant, et qu'il n'a point pour cause une dette commerciale, les tribunaux peuvent, par application de l'art. 1244, C. civ., accorder un délai au débiteur, bien que ce ne soit plus le créancier originaire, mais un tiers qui soit porteur de l'effet. — *Cass.*, 31 juill. 1817, Lafond c. Maillet et Langlois.

69. — Mais quand un billet à ordre n'est qu'une simple promesse, le tribunal de commerce peut accorder des délais pour le paiement. — *Besançon*, 24 avr. 1818, Barbier et Pélier c. N...

§ 7. — *Devoirs et droits du porteur. — Protêt.*

70. — Le porteur d'un billet à ordre a, au moment de l'échéance, certains devoirs à remplir, soit pour toucher le montant du billet, soit pour en constater le non-paiement et exercer son recours. — V. LETTRE DE CHANGE, PROTÊT.

71. — Un billet à ordre protesté ne cesse pas d'être un effet de commerce. — *Grenoble*, 7 fév. 1832, Proby c. Rossat et Jacquemet.

72. — D'un autre côté, certains droits sont attachés à la qualité de porteur, et ne permettent pas qu'on lui oppose des exceptions qu'on pourrait opposer à des créanciers ordinaires. — V. ENDOSSEMENT.

§ 8. — *Rechange et intérêts.*

73. — Le porteur non payé à l'échéance peut, dans certains cas, se rembourser au moyen d'une retraite. — V. RECHANGE. — En tout cas, la créance doit produire des intérêts. — V. PROTÊT.

§ 9. — *Billets à ordre signés de non-négocians. — Simples promesses.*

74. — La souscription de billets à ordre n'est pas une opération essentiellement commerciale ; il faut pour cela que les signatures aient été données par des négocians ou pour des actes de commerce. — D'un autre côté, la faveur attachée au commerce fait que la juridiction consulaire, saisie de la connaissance de billets à ordre signés par des négocians, appelle exceptionnellement devant elle les non-négocians signataires de ces mêmes billets. — V. BILLET, COMPÉTENCE COMMERCIALE.

§ 10. — *Prescription.*

75. — Les principes de la prescription relativement aux effets de commerce en général sont rapportés à l'article *Lettre de change*. — V. ce mot. — Nous ne parlerons ici que de ce qui est tout-à-fait spécial aux billets à ordre.

76. — Sous l'ordonnance de 1673, les billets à ordre, quelle que fût leur nature, n'étaient point, comme les lettres et les billets de change, soumis à la prescription de cinq ans. — Ils ne se prescrivaient que comme les obligations ordinaires, c'est-à-dire par trente ans. — *Paris*, 3 niv. an X, Tabuteau c. Roy ; *Bruxelles*, 3 vent. an XII, Degrave c. Mathieu ; *Bourges*, 8 août 1810, Pescherault c. Lebault ; *Cass.*, 19 août 1811, Domaines c. Duval ; *Paris*, 23 mars 1822, Morillon c. Delorme ; *Cass.*, 1er déc. 1823, Delaunay c. Prudhomme ; — Merlin, *Rép.*, vo *Ordre (billet à)*, § 1er, no 3, et § 52.

77. — Il en était de même des billets à domicile. — *Cass.*, 2 nov. 1807, Cartier c. Volfrumsel ; *Toulouse*, 22 mars 1810, Belesta c. Barrère. — V. BILLET A DOMICILE.

78. — L'art. 189 du Code de commerce déclare prescriptibles pour cinq ans toutes actions relatives à ceux des billets à ordre souscrits par des négocians, marchands on banquiers ; ou pour faits de commerce.

79. — Cette prescription de cinq ans n'est pas applicable aux billets à ordre souscrits sous l'empire de l'ordonnance de 1675, encore bien qu'il se soit écoulé cinq années sans poursuites depuis la promulgation du Code de commerce. — *Paris*, 6 mai 1815, Georgel c. Gardera ; *Riom*, 18 juin 1818, Durat-Lasalle c. Desprats ; 22 déc. 1820, Galvaing c. Violle ; *Paris*, 23 mars 1822, Merillon c. Delorme ; *Cass.*, 12 juin 1822, Violle c. Galvaing ; *Liege*, 27 janv. 1824, N... ; *Cass.*, 21 juill. 1824, Spynslhmite c. Vendevelde ; 20 avr. 1830, Dagrenat c. Thiébault ; 26 fév. 1838 (t. 1er 1838, p. 348), Ardent c. Charvet ; — Merlin, *Rép.*, vo *Prescription*, art. 1er, § 3, no 13 ; E. Vincens, *Lég. comm.*, t. 2, p. 372 ; Horson, *Quest. sur le C. comm.*, no 182 ; Persil, *Lettres de change*, art. 189, no 5 ; Nouguier, *Lettres de change*, t. 1er, p. 576.

80. — Jugé également que la prescription quinquennale établie par l'art. 189, C. comm., n'est applicable aux billets souscrits sous l'empire de l'ordonnance de 1673, encore bien que l'échéance en soit arrivée postérieurement à la promulgation du Code de commerce. — *Bordeaux*, 19 mars 1843 (t. 2 1841, p. 192), Chanlecaille c. Lazare.

81. — Jugé, au contraire, que la prescription de cinq ans établie par l'art. 189, C. comm., s'applique aux billets à ordre échus avant la publication de ce Code, mais qui depuis sont restés cinq années sans poursuites. — *Rouen*, 31 déc. 1813, Duval c. Manuel ; *Paris*, 21 fév. 1816, Mathis c. Delpech ; 2 mai 1816, Mathis c. Delpech ; *Rouen*, 8 fév. 1820, Mesnil c. Goujon ; *Bruxelles*, 2 fév. 1821, Kaisin c. Schumacher.

82. — ...Qu'un billet à ordre payable à un domicile indiqué, et souscrit avant la publication du Code de commerce, est sujet à la prescription établie par l'art. 189, lorsque depuis cette publication il s'est écoulé cinq ans sans poursuites. — *Rennes*, 16 août 1816, N....

83. — Un billet causé simplement *valeur réelle* manque de l'un des caractères constitutifs du billet à ordre et n'est qu'une simple promesse. Par suite, la prescription quinquennale ne lui est pas applicable. — *Aix*, 1er mars 1839 (t. 1er 1839, p. 630), Fouque c. Lagier.

84. — La prescription de cinq ans est applicable à l'obligation du donneur d'aval qui a garanti un billet à ordre souscrit par un commerçant ou par une opération commerciale. Car cet aval constitue un acte de commerce.

85. — La prescription de cinq ans ne s'applique pas aux billets à ordre souscrits par des commerçans pour une cause non commerciale. — *Paris*, 2 mars 1836, Blondelle c. Mastranchard. — Goujet et Merger, *Dict. comm.*, vo *Billet à ordre*, no 31.

86. — Ainsi, l'action en paiement d'un simple billet créé entre non-commerçans et causé pour prêt ne se prescrit que par trente ans. — *Cass.*, 20 janv. 1836, Michel c. Bastie. — V. conf. Pardessus, *Dr. comm.*, no 482.

87. — Un individu qui oppose la prescription quinquennale contre un billet à ordre peut être admis à prouver qu'à l'époque où il a souscrit ce billet, il était commerçant. — *Bastia*, 2 mai 1837 (t. 1er 1840, p. 502), Ristani c. Susini.

88. — Un billet à ordre payable sur demande, ou à présentation, étant exigible le jour même de sa souscription, nonobstant la stipulation d'intérêts qui y serait contenue, il s'ensuit que, d'après la législation anglaise, et notamment d'après le statut de Jacques Ier, dit le statut des limitations d'actions, la prescription de six ans court contre ce billet, malgré le départ du souscripteur de l'Angleterre et son séjour en France. — *Paris*, 18 janv. 1840 (t. 1er 1840, p. 107), Stevens c. Gosselin.

89. — Sur la prescription des effets de commerce venant de l'étranger, V. LETTRE DE CHANGE, art. 12.

V. BILLET AU PORTEUR, BILLET DE CHANGE, BILLET EN MARCHANDISES, CHANGE, COMPÉTENCE COMMERCIALE, ENREGISTREMENT, NOVATION, PRÉSOMPTION, PREUVE TESTIMONIALE, SERMENT JUDICIAIRE ET EXTRA JUDICIAIRE, TIMBRE.

BILLET A VOLONTÉ.

On appelait autrefois billet à volonté celui qui était payable à la volonté du porteur. — Aujourd'hui de pareils billets rentrent dans la classe des billets à ordre *payables à vue*. — V. BILLET A ORDRE.

BILLET D'AVERTISSEMENT.

1. — Lettre que le juge de paix adresse aux parties défenderesses pour les inviter à comparaître devant lui en présence du demandeur, afin de les concilier, si c'est possible, avant que l'affaire s'engage régulièrement.

2. — Les billets d'avertissement sont imprimés et s'envoient sans frais aux parties, du moins depuis la loi du 25 mai 1838 (V. AVERTISSEMENT) ; mais il vient d'être présenté un projet sur le tarif des greffiers de justice de paix, dans lequel le ministre propose d'allouer à ces officiers un émolument pour l'envoi des billets d'avertissement. — V. GREFFIER DE JUSTICE DE PAIX.

BILLET DE BANQUE.

1. — Billet mis en circulation par des banques légalement autorisées, et destiné à remplacer le numéraire. — V. CHANGE, ENREGISTREMENT.

2. — Ces billets, qui ne forment qu'une monnaie de confiance sans cours légal et obligatoire (V. MONNAIE, PAIEMENT), sont au porteur et payables à vue. Ceux émis par la Banque de France sont de 500 ou de 1,000 francs. (V. BANQUE DE FRANCE, no 87.) — Ceux émis par les banques départementales ou par les comptoirs d'escompte que la Banque de France a été autorisée à établir dans les départemens ne peuvent pas être inférieurs à 250 fr.

3. — Pour la France, ils ne peuvent être fabriqués ailleurs qu'à Paris. — L. 24 germinal an XI, art. 31. — V. BANQUES DÉPARTEMENTALES, no 11.

4. — Quant au timbre de ces billets, V. BANQUES DÉPARTEMENTALES, no 13, et TIMBRE.

5. — Pour la peine portée contre les contrefacteurs de billets de banque, ou contre ceux qui font usage de billets faux, V. CONTREFAÇON DE BILLETS DE BANQUE, FAUSSE MONNAIE.

BILLET DE CHANGE.

1. — C'est le billet par lequel le souscripteur s'oblige à payer une somme pour prix de lettres de change à lui fournies, ou à fournir des lettres de change pour la valeur qu'il a en reçue.

2. — Ainsi, il y a deux espèces de billets de change : les uns pour lettres de change fournies, et les autres pour lettres de change à fournir.

3. — L'ordonnance de 1673, tit. 5, déterminait avec soin es formes et les effets du billet de change.

4. — Les billets pour lettres de change fournies devaient, à peine de nullité, faire mention de celui sur qui elles avaient été tirées, de celui qui en avait payé la valeur et si le paiement avait été fait en deniers, marchandises et autres effets. — Ord. 1673, art. 28.

5. — Ainsi jugé que, sous l'ordonnance de 1673, on n'a pu considérer comme une lettre ou billet de change, l'écrit par lequel une personne a reconnu avoir reçu d'une autre une lettre de change sur telle place, payable à telle époque, avec promesse de lui en tenir compte. Un pareil billet n'indiquant ni valeur reçue, ni l'époque à laquelle le souscripteur était tenu de rendre compte de la lettre de change, rentre dans la classe des engagemens ordinaires, c'est-à-dire qu'il y a là simple mandat à l'effet de toucher et de rendre compte. — *Cass.*, 19 janv. 1813, Moutain c. Bourget.

6. — Les billets pour lettres de change à fournir devaient, à peine de nullité, faire mention du lieu où elles seraient tirées si la valeur en avait été reçue et de quelles personnes. — Ord. 1673, tit. 5, art. 29.

7. — Le caractère distinctif des billets de change

consistant à être causés pour lettres de change fournies ou à fournir, tout billet qui avait un autre objet n'avait pas le privilége d'un billet de change. — Ord. 1673, tit. 5, art. 27; — Pothier, *Contr. de change*, n° 207; Merlin, *Rép.*, v° *Lettre et billet de change*, § 8, n° 1er.

8. — De plus, il n'y avait point de billet de change si les débiteurs n'avaient pas qualité pour faire la négociation qui y était mentionnée ou si cette négociation n'était pas valable. — Dupuy, *Art des lettres de change*, ch. 18.

9. — Le billet de change différait de la lettre de change en ce que celle-ci était ordinairement payable en un autre endroit que celui d'où elle était tirée et par un autre que celui qui la tirait, au lieu que le billet de change était payable par celui qui le souscrivait et ordinairement dans le lieu où il était fait. — Jousse, *Comment. sur l'ord.* 1673, tit. 5, *princip.*, p. 66.

10. — Les billets de change étaient souscrits payables au porteur ou à ordre; s'ils étaient payables à un particulier y dénommé, ils n'étaient réputés appartenir à autre, *encore qu'il y eût un transport signifié.* — Ord. 1673, tit. 5, art. 30. — Jousse pense que, par ces derniers mots, la loi n'a pas entendu déroger au droit commun, mais seulement marquer la différence qu'il y avait entre des billets payables à un particulier y nommé, et les billets payables au porteur ou à ordre.

11. — Jousse (*loc. cit.*, *sur l'art.* 31, tit. 5) et Pothier (n° 213) pensaient que le porteur n'était pas tenu de faire protester et qu'il lui suffisait par une simple sommation de constater le refus du débiteur. Cependant, dans le commerce, il était d'usage de faire protester des billets de change comme les lettres de change.

12. — Les billets de change étaient, comme naissant du contrat de change, réputés actes de commerce, et soumettaient par conséquent le souscripteur à la juridiction consulaire et à la contrainte par corps. — Pothier, n° 214.

13. — Les billets de change étaient réputés acquittés après cinq ans de cessation de demande et poursuites, à compter du lendemain de l'échéance, ou de la dernière poursuite, à la charge toutefois par les prétendus débiteurs d'affirmer qu'il ne leur était plus rien dû. — Ord. 1673, tit. 5, art. 21.

14. — Le Code de commerce est muet sur les billets de change. « Ces billets, dit Duveyrier (*Rapport du tribunat*, séance du 11 sept. 1807), ont été insensiblement négligés, et sont aujourd'hui presque partout étrangers aux opérations commerciales précisément parce qu'ils n'apportent au commerce ni force ni mouvement. Le silence du projet de loi, qui n'indique point la volonté de les proscrire, n'aura d'autre effet que de les ranger dans la classe des billets ordinaires dont les effets sont déterminés par la forme dans laquelle ils sont redigés. »

15. — Le billet souscrit par un non-commerçant en échange d'une lettre de change n'est point un billet de change, mais une obligation ordinaire. Par conséquent, le tribunal de commerce est incompétent pour en connaître. — *Paris*, 22 juill. 1826, Tiran c. Leroux.

BILLET DE CIRCULATION.

1. — Billet de commerce qui, par sa teneur, présente une valeur négociable, tel qu'un billet à ordre ou au porteur.

2. — On comprend que ces billets doivent, par leur nature, représenter des opérations réelles et effectives, et que tel doit être leur caractère général et primitif.

3. — Mais la facilité avec laquelle ces sortes d'effets de commerce circulent de main en main, place les tiers dans l'impossibilité de vérifier si le billet à ordre ou au porteur qui leur est présenté a pour cause une opération sérieuse et réelle. — Aussi souvent la gêne et parfois la mauvaise foi ont usé de ce moyen de créer, par l'émission de billets de circulation, des ressources du moment au remboursement desquelles l'avenir devait pourvoir. L'abus de pareils moyens était devenu si fréquent, que le législateur a été dans la nécessité de prendre des mesures de répression contre des actes qui, accomplis dans de certaines limites, peuvent ne constituer qu'un usage licite d'un crédit assis sur d'irréprochables antécédens commerciaux; mais qui, atteignant un certain degré, deviennent une coupable négligence et presque une fraude.

4. — Aussi le Code de commerce de 1808 ordonna de poursuivre comme banqueroutier simple le négociant failli qui aurait donné des signatures de crédit ou de circulation pour une somme triple de son actif, selon son dernier inventaire.

5. — Jugé que sous l'art. 586, Code de 1808, on devait entendre par ces mots *signatures de circulation ou de crédit*, l'émission de tous effets présentant des valeurs négociables. — *Cass.*, 13 août 1825, Turpin.

6. — Pour calculer si l'émission des valeurs excédait le triple de l'actif du failli, on comprenait, non seulement les valeurs émises dont il aurait réellement touché le prix, mais encore celles qu'on appelle de complaisance, c'est-à-dire les valeurs fictives que des commerçans se souscrivent mutuellement quelquefois pour assurer, par le concours de plusieurs signatures sur un même effet, un crédit que n'obtiendrait pas une signature isolée. — Pardessus, t. 3, n° 1306.

7. — La mise en circulation d'effets avec la certitude qu'on ne pourrait les payer ni en faire les fonds à l'échéance, ne pouvait manquer d'être également réprouvée par la nouvelle loi de 1838 sur les faillites; ce moyen factice est trop malheureusement prodigué, malgré les conséquences fâcheuses qu'il entraîne, comme le fait remarquer M. Bedarride (*Tr. des faill.*, t. 2, n° 1222), la nécessité d'un protêt à l'échéance et d'un compte de retour déterminant des frais considérables qui empirent singulièrement la position du débiteur.

8. — Aujourd'hui, d'après l'art. 586, C. comm., un négociant failli peut être mis en banqueroute simple s'il a contracté pour le compte d'autrui, sans recevoir des valeurs en échange, des engagemens jugés trop considérables eu égard à sa situation lorsqu'il les a contractés. — Pardessus, n° 1307.

9. — Ainsi, la loi nouvelle a modifié le Code de 1808, d'abord en supprimant la proportion du triple de l'actif, dans laquelle, suivant l'ancienne loi, les signatures de crédit et de circulation avaient dû être émises, et en laissant aux tribunaux à apprécier si les engagemens de circulation sont trop considérables, enfin en rangeant dans les cas facultatifs de banqueroute ce cas qui, sous le Code de 1808, rendait la poursuite inévitable.

BILLET DE CONFIANCE, etc.

On appelait ainsi des billets au porteur payables à vue, mis en circulation, comme numéraire, par les caisses des directoires des départemens. — V. PAPIER-MONNAIE.

BILLET D'ÉTAPE.

V. TIMBRE.

BILLET DE GROSSE.

On appelle ainsi le billet souscrit par suite d'un emprunt à la grosse. — V. PRÊT A LA GROSSE. — V. aussi ASSURANCE MARITIME.

BILLET D'HONNEUR.

1. — On appelait ainsi, autrefois, les billets par lesquels les gentilshommes ou officiers militaires s'engageaient, sur leur honneur, à payer une certaine somme à une époque déterminée.

2. — Suivant l'art. 1er du Réglement des maréchaux de France du 20 fév. 1748, tout gentilhomme ou officier qui, pour quelque cause que ce fût, avait fait un billet d'honneur à un marchand, était punissable d'un mois de prison ou plus, suivant les circonstances, lorsqu'il ne remplissait pas son engagement d'honneur, et le créancier devait être envoyé à se pourvoir devant les juges ordinaires.

3. — Ce Réglement est abrogé. — Les billets d'honneur des militaires, si ceux-ci en font encore, sont, en tout point, assimilés aux billets ordinaires sous signature privée. — Merlin, *Rép.*, v° *Billet*, § 7.

BILLET DE LOGEMENT.

V. TIMBRE.

BILLET DE PARCHEMIN.

V. BILLET DE CONFIANCE.

BILLET DE PRIME.

1. — Billet par lequel l'assuré s'oblige à payer à l'assureur la prime ou le coût de l'assurance.

2. — Le billet de prime est une espèce de contre-lettre de la police d'assurance, portant quittance du montant de la prime. — V. ASSURANCE MARITIME, — V. aussi ASSURANCES TERRESTRE et ENDOSSEMENT.

BILLET DE RANÇON.

On appelle ainsi le billet souscrit par un capitaine de navire capturé au profit du capteur, afin d'obtenir sa liberté. — V. ARMEMENT EN COURSE, PRISES MARITIMES.

BILLET DE SECOURS.

V. BILLET DE CONFANCE.

BILLET EN BLANC.

1. — C'est le billet fait au profit d'une personne dont le nom est laissé en blanc, et qu'on peut remplir du nom qu'on veut. — V. BILLET ET OBLIGATION AU PORTEUR.

2. — Les billets en blanc furent inventés vers l'an 1600; — mais comme on s'en servait pour couvrir des usures et des fraudes, ils furent défendus par arrêts de réglement du parlement de Paris des 7 juin 1611 et 26 mars 1621. — Merlin, *Rép.*, v° *Billet*, § 2.

3. — A ces billets ont succédé les billets au porteur. — Pothier, *Contr. de change*, n° 224. — V. BILLET ET OBLIGATION AU PORTEUR.

4. — Comme la législation actuelle reconnaît la validité des billets au porteur, il en résulte que les billets en blanc sont aujourd'hui valables. — En effet, il n'y a nulle différence entre le billet portant : « Je paierai au porteur la somme de 1,000 fr. » et celui ainsi conçu : « Je paierai 1,000 fr. à M... » — Pardessus, *Dr. comm.*, n° 483; Goujet et Merger, *Dict. de dr. comm.*, v° *Billet en blanc*, n° 2.

BILLET EN MARCHANDISES.

1. — On appelle ainsi des billets par lesquels le souscripteur s'engage, en échange de l'argent qu'il reçoit, à remettre des marchandises dans un lieu déterminé et à une époque convenue.

2. — Ces billets sont, comme on le voit, tout le contraire des billets à ordre, causés valeur reçue en marchandises.

3. — Les billets en marchandises ont pour cause une opération commerciale, un trafic de marchandises de la part du souscripteur. — Cependant de simples propriétaires choisissent quelquefois ce mode de vente pour se défaire de leurs marchandises. — Nouguier, *Lettres de change*, t. 1er, p. 550.

4. — Ils sont rarement employés dans le commerce en France; mais ils sont fort usités dans le royaume des Deux-Siciles, où la loi s'en occupe. — En Prusse, ils sont formellement défendus.

5. — Les billets en marchandises sont soumis aux règles du billet simple ou à celles du billet à ordre, selon qu'ils sont rédigés purement et simplement au nom du bénéficiaire ou à son ordre. — Goujet et Merger, *Dict. de dr. comm.*, v° *Billet en marchandise.* — V. BILLET SIMPLE et BILLET A ORDRE.

BILLET ET OBLIGATION AU PORTEUR.

Table alphabétique.

Acceptation en blanc, 42.	Garantie, 22, 24, 32, 37.
Action au porteur, 51.	Hypothèque, 49.
Approbation de somme, 14.	Lettre de change, 4, 41 s. — de change au porteur, 2.
Billet à ordre, 3, 20, 33 s., 49. — en blanc, 3 s., 12.	Mandat au porteur, 2, 46 s.
Bon, 13. — au porteur, 46 s.	Monnaie, 6.
Cause fausse, 29.	Obligation au porteur, 2. — notariée, 48.
Cession, 15, 18.	Perte, 35, 44, 51.
Compensation, 17.	Prescription, 36 s.
Compétence commerciale, 38 s., 45.	Présomption, 26.
Contrainte par corps, 39.	Prohibition, 4, 7 s.
Créancier, 12.	Propriété, 26.
Déclaration d'origine, 27 s.	Protêt, 46 s.
Donneur de valeur, 11.	Recours, 30 s.
Endossement, 19, 21.	Revendication, 25 s.
Exception, 29.	Signature, 22. — au dos, 23.
Exécution, 50.	Signification, 15, 18.
Formes, 9.	Valeur fournie, 10.

BILLET ET OBLIGATION AU PORTEUR. — 1. — On appelle ainsi tous titres qui sont payables à quelque personne que ce soit qui s'en trouve porteur lors de l'échéance.

2. — On peut les diviser en : 1° billets au porteur; 2° lettres de change et mandats au porteur; 3° et obligations au porteur.

§ 1er. — *Billets au porteur.*

3. — Le billet au porteur diffère du billet en blanc en ce que dans ce dernier, le nom du créancier est laissé en blanc, de manière qu'on peut le remplir à toute heure du nom que l'on veut; et il diffère du billet à ordre en ce que dans celui-ci, il est essentiel d'énoncer le nom de la personne à l'ordre de qui le billet est souscrit.

4. — Les lettres de change et billets au porteur

dûrent leur naissance à la suppression des billets en blanc, ordonnée pour faire cesser les abus qu'on en faisait pour couvrir des usures et des fraudes dans les banqueroutes. Mais les mêmes inconvéniens les firent également proscrire par un arrêt de réglement du parlement de Paris du 16 mai 1650 (*Journ. des aud.*, t. 1er, liv. 6, chap. 8) et par une déclaration du roi du 9 janv. 1664. Depuis, l'art. 1er, tit. 7, ord. 1673, et une déclaration du roi, du 26 févr. 1692, les rétablirent implicitement.

5. — Prohibés de nouveau par un édit de mai 1716, sous prétexte qu'ils produisaient les mêmes abus que les billets en blanc, mais en réalité dans l'intérêt de la nouvelle banque de Law qui venait d'être autorisée, ils furent formellement rétablis par une déclaration du roi du 21 janv. 1721. — On lit dans le préambule de cette ordonnance : « Les négocians nous ayant fait représenter, aussi bien que ceux qui sont intéressés dans nos affaires, que rien n'était plus important pour le bien du commerce et pour le soutien de nos finances que de favoriser la circulation de l'argent, il n'y avait point de moyen plus prompt pour y parvenir que de rétablir l'usage des billets au porteur, l'expérience ayant fait connaître qu'un grand nombre de personnes se portent plus facilement à prêter leur argent par cette voie que par une autre... » — Dans une lettre du 8 sept. 1747, d'Aguesseau ajoutait : « On a senti en France, surtout à Paris, où il y a des gens de différens états extrêmement riches, combien l'état était intéressé à leur procurer des moyens de faire circuler leurs fonds *sans être connus* ; et c'est par cette raison que les billets au porteur, abrogés au mois de mai 1716, ont été rétablis par la déclaration du roi du mois de janv. 1721. »

6. — En 1792, on faisait circuler, sous les noms de billets *de confiance, patriotiques et de secours*, des billets au porteur à vue, pour servir concurremment avec les assignats de monnaie de confiance. De là des méprises, et par suite la loi du 8 nov. 1792 (art. 22) défendit de souscrire ni d'émettre aucun billet au porteur, sous quelque dénomination que ce fût, sous peine d'être poursuivi et puni comme faux monnayeur. — Quelques personnes ayant cru voir là l'abrogation de la déclaration de 1721, la Convention nationale, par la loi du 25 thermid. an III, déclara que dans la prohibition de souscrire et mettre en circulation des effets et billets au porteur n'était pas comprise la défense de les émettre lorsqu'ils n'avaient point pour objet de remplacer ou de suppléer la monnaie. » En conséquence, ajoute la loi, il est permis de souscrire et mettre en circulation de gré à gré, comme par le passé, lesdits effets et billets au porteur... »

7. — De ce que le Code de commerce est muet sur les billets au porteur, il ne s'ensuit pas qu'ils soient prohibés et par conséquent non obligatoires. En effet, on se trouve toujours sous l'empire de la loi du 25 thermid. an III ; et d'ailleurs la loi du 15 germin. an VI (tit. 2, art. 1er, no 3), sur la contrainte par corps, en reconnaît l'existence légale. — V. aussi l'arr. du min. des finances, du 10 mai 1808, et l'ord. royale du 29 avr. 1831 ; — Duvergier, *Coll. lois*, t. 31, p. 391. — D'un autre côté, n'est-ce pas une obligation licite, d'après le droit naturel, que celle prise par le débiteur de payer une somme déterminée à celui qui, de la main à la main, lui remettra le titre matériel renfermant la preuve de sa dette. L'effet d'une pareille obligation ne saurait être paralysé que par une loi qui la prohiberait formellement. — Merlin, *Quest.*, vo *Porteur* (*Billet au*), no 1er.

8. — Aussi jugé que les billets au porteur ne sont pas prohibés sous la législation actuelle. — *Riom*, 19 déc. 1821, Boissieux c. Saint-Yon ; *Cass.*, 10 nov. 1829, Poirier c. Warcon ; *Nîmes*, 23 mars 1830, Deleuze c. Poirier ; *Bordeaux*, 22 mai 1840 (t. 1er 1843, p. 493), Lotte c. Romand ; — Pardessus, no 483 ; Nouguier, *Lettre de change*, t. 1er, p. 546 ; Goujet et Merger, *Dict. Comm.*, vo *Billet au porteur*, no 4.

9. — La déclaration de 1721 ne se trouvant pas abrogée aujourd'hui (Nouguier, t. 1er, p. 546) et même ayant été maintenue par le décr. du 21 sept. 1792, il faut se reporter à cette déclaration pour ce qui concerne la forme des billets au porteur. Cette déclaration porte que les billets peuvent être stipulés pour prêt d'argent, vente de marchandises ou autrement, et sans dénomination de personnes. Elle ne leur impose aucune autre condition particulière de validité. — Pardessus, *Contr. de change*, no 440.

10. — Les billets au porteur doivent donc, comme tous les autres billets, faire mention de la manière dont la valeur a été fournie. — Pardessus, no 440 ; Nouguier, *loc. cit.*, t. 1er, p. 541. — Il en était de même sous l'ord. 1673. — Savary, *Parfait négociant*, t. 1er, p. 246, parère 77 ; Jousse, sur l'ord. 1673, tit. 5, art. 31.

11. — Le billet au porteur n'a pas besoin d'énoncer le nom de celui qui en a fourni la valeur. — Pothier, *Contr. de change*, no 224 ; Merlin, *Rép.*, vo *Porteur* (*Billet au*). — *Contrà* Savary, *Parfait négociant*, t. 1er, p. 246, et parère 37. — Pardessus (*loc. cit.*, no 440) pense qu'il doit résulter de là des inconvéniens, en ce qu'on ne peut remonter à aucun nom de créancier, soit au cas de perte ou de vol, soit dans le cas où le billet a une cause prohibée. On peut répondre que lors de la souscription du billet, on a dû calculer ces inconvéniens, et qu'on n'est point fondé à s'en plaindre puisque c'est une véritable monnaie qu'on a créée et qu'on a mise en circulation.

12. — Les billets dans lesquels le nom du créancier est laissé en blanc doivent être mis sur la même ligne que les billets au porteur. La déclaration du 21 janv. 1721 le faisait ainsi. — Pardessus, *Dr. comm.*, no 483. — V. BILLET EN BLANC.

13. — Un *bon* d'une somme déterminée, que le souscripteur s'oblige de payer, peut être considéré comme billet au porteur quoique les mots *au porteur* n'y soient pas littéralement écrits. — *Rennes*, 26 août 1815, Jollivet c. Goude. — V. BON DE CHANGE.

14. — Le billet au porteur doit contenir l'approbation de la somme par le souscripteur qui ne l'a pas écrit de sa main, à moins que celui-ci ne se trouve dans un des cas d'exception prévus par l'art. 1326, C. civ.

15. — La propriété d'un billet au porteur se transmet par la simple tradition manuelle du papier qui le contient, sans qu'il soit besoin ni d'acte de cession, ni que le transport en soit signifié au souscripteur ou accepté par lui. — *Bordeaux*, 27 janv. 1816, Grelon c. Gaillardon ; — Merlin, *Quest.*, vo *Porteur* (*Billet au*), no 2 ; Pardessus, *Contr. de change*, no 441 ; Nouguier, t. 1er, p. 541 ; Vincens, *Législ. comm.*, t. 2, p. 370 ; Goujet et Merger, *loc. cit.*, no 9.

16. — Ainsi jugé que des effets de commerce souscrits au porteur étant assimilés au numéraire sont valablement transmis par la tradition manuelle. — *Montpellier*, 19 mars 1840 (t. 2 1841, p. 74), préfet de l'Aube c. Gr...

17. — Dès-lors le souscripteur ne peut pas opposer au porteur la compensation du chef de son cédant, encore bien que la transmission n'ait point de date certaine, si d'ailleurs elle a été faite sans fraude. — *Cass.*, 10 nov. 1829, Poirier c. Warion. — V. aussi *Colmar*, 9 mars 1822, Wohlgemutz c. Bolla (dans ses motifs).

18. — De même, lorsque le souscripteur s'est obligé à payer le billet à l'échéance à *quiconque en sera alors porteur*, ce souscripteur ne peut, à défaut de la signification de la cession, opposer au cessionnaire, porteur de la promesse, le paiement qu'il aurait fait au cédant avant l'échéance. — *Bruxelles*, 8 juin 1825, F... c. D...

19. — Un endossement n'est pas non plus nécessaire. — *Bordeaux*, 27 janv. 1816, Grelon c. Gaillardon ; *Pau*, 20 mars 1838 (t. 1er 1840, p. 267), Pourqué c. Viau et Mérilhon (dans ses motifs) ; — Merlin, *Rép.*, vo *Porteur* (*Billet au*) ; Pardessus, *Contr. de change*, no 441, et *Dr. comm.*, no 483 ; Nouguier, *Lettres de change*, t. 1er, p. 541.

20. — Cependant, par un arrêt du 9 mars 1822 (Wohlgemutz c. Bolla), la cour de Colmar rangeant les billets au porteur dans la classe des billets à ordre, dit que les premiers sont négociables comme les seconds, sans que la cession ait besoin d'être signifiée. Cette assimilation ne saurait être admise (V. *infrà* nos 33 et suiv.) ; les deux espèces d'effets sont sans doute l'une et l'autre négociables ; mais chacune l'est d'une manière différente, sans être assujétie aux mêmes formes ni passibles des mêmes exceptions.

21. — Toutefois, comme la grande ressemblance des billets au porteur avec ceux qu'on négocie par voie d'endossement peut les faire circuler de cette dernière manière, il faudrait donner à ces endossemens les effets du transport ou de la procuration, selon qu'ils en contiendraient l'expression. — Pardessus, *Contr. de change*, no 441.

22. — Il a été jugé que lorsque de simples signatures sont apposées au dos d'un billet au porteur, les auteurs de ces signatures ne doivent être réputés *que* simple garans du paiement. — *Pau*, 20 mars 1838 (t. 1er 1840, p. 267), Pourqué c. Viau et Mérilhon. — Ce qui implique nécessairement l'existence de la garantie de la part du signataire dont la signature équivaudrait ainsi à un aval. — Pardessus, *Dr. comm.*, no 483. — La raison en est, dit Denizart, que la signature au dos d'un billet au porteur étant inutile pour transférer la propriété, la signature ne peut avoir été mise que pour un autre objet, qui est d'endosser. — Arr. du parlem. de Paris (grand' chambre), sept. 1703, cité par Jousse, sur l'ord. 1673 tit. 5, t. 23.

23. — Mais Merlin (*Quest. de dr.*, vo *Porteur* [*Billet au*], no 6) combat avec raison cette opinion, en disant que la signature peut avoir été apposée non pour garantir le paiement, mais pour certifier la vérité de la signature du souscripteur, en même temps que l'existence légale de l'obligation ; que dans le doute, l'interprétation doit avoir lieu dans le sens le moins onéreux au signataire ; que d'ailleurs aujourd'hui une simple signature mise au dos d'un billet ne constitue pas un endossement si elle n'est précédée des énonciations voulues ; et que ne valant que comme procuration, elle constituerait le cessionnaire du billet au porteur procureur *in rem suam* du cédant, à l'effet de recevoir le montant du billet.

24. — De tout ce qui précède, il suit qu'à moins d'avoir formellement exigé une garantie, le propriétaire d'un billet au porteur n'a pour débiteur que celui qui l'a souscrit. — Merlin, *Rép.*, vo *Porteur* (*Billet au*), no 2. — V. *infrà* no 30.

25. — La revendication triennale d'une chose perdue ou volée (C. civ., art. 2279) est applicable à un billet au porteur contre l'état ; par exemple, à une reconnaissance de liquidation. — *Paris*, 26 déc. 1822, Vandermarcq c. Thierry.

26. — Mais par cela que des effets au porteur sont en la possession d'une personne, ils sont présumés sa propriété, et nul ne peut les revendiquer *qu'en prouvant* qu'on les lui a volés ou qu'il les a perdus, et qu'ils ont été trouvés par le possesseur. — *Cass.*, 2 niv. an XII, Vanbomel c. Vandinter ; — Merlin, *Quest.*, vo *Revendication*, § 1er (V. ses concl. dans cette affaire) ; Pardessus, *Contrat de change*, t. 2, no 441 ; *Droit comm.*, no 483, E. Persil, *Lettre de change*, art. 188, no 5, p. 439 ; Vincens, t. 2, p. 370 ; Goujet et Merger, *loc. cit.*, no 13 ; Jousse, sur l'ord. 1673, tit. 5, art. 4, no 1er.

27. — Par la même raison, le porteur n'est point obligé de déclarer de qui il tient le billet. — *Parlem. Paris*, 10 déc. 1717 et 7 juill. 1730, rapporté par Merlin, *Répert.*, vo *Porteur* (*billet au*), no 2.

28. — Cependant jugé par la cour de Paris que le refus par celui qui se prétend propriétaire d'un billet au porteur, de déclarer de qui et de quelle manière il l'a reçu, peut-être une juste cause de suspecter la légitimité de sa propriété, sans que ce soit toutefois une raison suffisante de déclarer le billet nul. — *Paris*, 5 juill. 1811, Marchais c. de Grammont. — Au fond, cet arrêt est bien rendu. Car, en fait, il était reconnu qu'il y avait mauvaise foi de la part du porteur ; cela suffisait pour déclarer sa propriété non légitime. Seulement la cour n'aurait pas dû, ce nous semble, considérer comme preuve de cette mauvaise foi, notamment le refus par le porteur de déclarer de qui et de quelle manière il tenait le billet.

29. — Le porteur qui a connu la cause fausse ou illicite du billet est passible des mêmes exceptions que le propriétaire originaire. — *Bordeaux*, 27 janv. 1816, Grelon c. Gaillardon.

30. — A défaut de paiement d'un billet au porteur, celui qui s'en trouve nanti n'a point d'action contre la personne de qui il le tient. En effet, en recevant ce billet purement et simplement, il est censé l'avoir pris à ses risques et périls, et la cession pure et simple d'une créance n'emporte pas la garantie de solvabilité du débiteur. — C. civ., art. 1694. — Il est vrai qu'un arrêt du parlement du Bordeaux du 5 sept. 1685 accordait au porteur une garantie d'un mois contre son cédant. — Merlin, *loc. cit.*, no 3. — Mais ce réglement, d'un intérêt probablement purement local, contraire d'ailleurs au droit commun, est abrogé par les lois nouvelles. — Merlin, *loc. cit.*, no 4.

31. — Dans le cas où le cessionnaire d'un billet au porteur a exigé une garantie de son cédant, l'action récursoire est réglée, quant à sa forme et à ses effets, non par les dispositions concernant les billets à ordre, mais par les dispositions du droit commun. — Merlin, *Quest.*, vo *Porteur* (*billet au*), no 7.

32. — Suffirait-il, pour que la garantie du cédant dût être présumée, qu'il eût mis sur le billet un endossement réunissant toutes les conditions exigées pour la transmission d'un billet à ordre ? Merlin (*loc. cit.*, no 5) soutient l'affirmative, parce qu'alors cet endossement équipollerait, entre le cédant et le cessionnaire, à un véritable billet à ordre ? — Mais Goujet et Merger (*loc. cit.*, no 20) repoussent cette opinion. « L'endossement ainsi rédigé, disent-ils, n'indiquerait, en effet, qu'une chose, l'intention du cédant de transporter au cessionnaire la propriété du billet cédé, et non sa volonté d'en garantir solidairement le paiement ; et comme l'endossement n'emporte par lui-même garantie qu'en matière de lettre de change ou de billet à ordre, on demeurerait dans le droit commun. Vainement oppose-t-on que l'endos offrirait tous

les caractères d'un billet à ordre ; il faudrait dire la même chose dans le cas où il serait apposé à une simple reconnaissance nominative, et pourtant alors personne n'oserait soutenir qu'il valût comme cautionnement, puisqu'il serait même insuffisant pour transférer la propriété de la créance. »

33. — Le billet au porteur doit-il être rangé dans la classe des billets à ordre? — V., pour l'affirmative, *Colmar*, 9 mars 1822, Wohlgemutz c. Bolla, et pour la négative, *Cass.*, 20 janv. 1836, Marty c. Chardonne ; — Merlin (*loc. cit.*) nos 3 et 7 ; Pardessus, *Contr. de change*, no 441, et *Droit comm.*, no 483 ; Jousse, sur l'ord. 1673, tit. 5, art. 31. — La raison de cette dernière opinion est sensible ; il faut pour la validité du billet à ordre des formes spéciales qu'exclut nécessairement la nature du billet au porteur.

34. — Les billets au porteur étant différens des billets à ordre, ne peuvent jouir d'aucune des prérogatives que la loi accorde à ces derniers. — Pardessus, *ibid.*

35. — Ainsi, en cas de perte d'un billet au porteur, il n'y a pas lieu d'appliquer les dispositions des art. 151 et 152 du Code de commerce. — *Cass.*, 5 déc. 1837 (t. 2 1837, p. 561), Fremeau c. Caisse hypothécaire.

36. — Ainsi encore ils ne sont point prescriptibles par cinq ans lors même qu'ils sont souscrits par des négocians ou pour fait commercial. La prescription de trente ans est la seule qui puisse les atteindre. — Merlin, *loc. cit.*, no 8 ; Pardessus, *Dr. comm.*, no 483. — Jugé de même sous l'ord. 1673, *Parlem. Paris*, 18 mai 1724 ; Nouveau Denizart, vo *Billet au porteur*, no 7.

37. — Et lorsque le cédant a cautionné expressément le débiteur cédé, le recours du porteur dure trente ans ; c'est encore une conséquence du principe que le billet au porteur ne constitue qu'un titre de créance ordinaire. — Merlin, *loc. cit.*, no 7 ; Goujet et Merger, *loc. cit.*, no 21. — Et on lit dans les motifs de l'arrêt de la cour de Pau, 20 mars 1838 (V. le numéro qui suit), que ceux qui se rendent garans du paiement d'un billet au porteur ne se soumettent qu'aux principes généraux relatifs aux garanties.

38. — Les tribunaux de commerce sont-ils compétens pour connaître des actions relatives aux billets au porteur? — La cour de Pau a jugé la négative en principe, 20 mars 1838 (t. 1er 1840, p. 267), Pourqué c. Viau et Merilhon.

39. — Mais cette décision est trop absolue. La déclaration du 21 janv. 1721 ordonnait que tous les négocians, marchands et gens chargés du recouvrement des deniers du roi qui auraient souscrit des billets au porteur pour valeur reçue comptant ou en marchandises, seraient contraignables par corps, et que la connaissance en appartenait aux consuls. — Pothier, *Contr. de change*, no 224. — Il y a donc lieu, d'après cette déclaration, de faire les distinctions que le Code de commerce a établies depuis pour les billets à ordre et les billets en général, en raison de la cause du billet et de la qualité du souscripteur ; la compétence ou l'incompétence du tribunal de commerce, ainsi que l'application de la contrainte par corps, seront déterminées d'après cela. — Nouguier, t. 1er, p. 546 ; Locré, sur l'art. 188, C. comm. ; Goujet et Merger, *loc. cit.*, no 15.

40. — C'est ainsi qu'il a été décidé que les tribunaux de commerce ne sont compétens pour connaître des actions relatives aux billets au porteur qu'autant que, souscrits par des négocians, ils n'énoncent pas une cause étrangère à toute opération commerciale. — *Cass.*, 20 janv. 1836, Marty et Garnier c. Chardonnet.

§ 2. — *Lettres de change et mandats au porteur.*

41. — On a vu plus haut (no 4) l'origine des lettres de change au porteur. Aujourd'hui une lettre de change peut, comme autrefois, être souscrite à l'ordre du porteur, car l'art. 110 exige seulement que la lettre soit à l'ordre d'un tiers, sans qu'il soit besoin de le désigner nommément. — Pardessus, *Droit comm.*, no 338.

42. — Mais une simple acceptation en blanc ne saurait être considérée comme un effet au porteur. — *Cass.*, 20 mars 1832, Lemière c. Sarot ; — Pardessus, *Droit comm.*, no 483.

43. — La lettre de change au porteur est réglée, quant à ses effets, par les principes exposés plus haut sur les billets au porteur, et par ceux qui concernent les lettres de change en général. — V. LETTRE DE CHANGE.

44. — L'art. 19, tit. 5, ord. 1673, qui disposait pour le cas où la lettre payable au porteur avait été adirée, et en ordonnait le paiement sous caution, a été abrogé par la loi du 15 sept. 1807, comme remplacé par les art. 151 et 152, C. comm. — *Paris*, 23 juill. 1836, Fremeau c. Caisse hypothécaire ; *Cass.*, 5 déc. 1837 (t. 2 1837, p. 561), Fremeau c. Caisse hypothécaire.

45. — C'est aux tribunaux de commerce qu'il appartient de connaître de la demande en paiement d'une lettre de change payable au porteur, souscrite antérieurement au Code de commerce. — *Cass.*, 17 août 1812, Deschamps c. Duval. — V. COMPÉTENCE COMMERCIALE.

46. — En général, et dans les habitudes du commerce, les bons ou mandats sur place, payables au porteur, ne sont pas, en cas de non-paiement, soumis aux formalités du protêt, prescrites pour les billets à ordre et lettres de change. — *Aix*, 9 août 1839 (t. 2 1839, p. 358), Maurin c. Lauront et Sonsino ; — Goujet et Merger, *loc. cit.*, no 22 ; *Encycl. du droit*, vo *Billet au porteur*, no 6.

47. — Toutefois, si un pareil bon ou mandat a été protesté, le protêt n'en a pas moins une existence légale comme dénonçant, de la part du cessionnaire qui en est porteur, au débiteur du cédant, la délégation faite par celui-ci sur les fonds qu'il a chez ce débiteur ; et dès-lors ce débiteur est tenu de faire face à la délégation, s'il l'a acceptée : par exemple, en reconnaissant dans le protêt l'existence de la dette cédée. — *Aix*, 9 août 1839 (t. 2 1839, p. 358), Maurin c. Lauront et Sonsino.

§ 3. — *Obligations au porteur.*

48. — L'obligation notariée stipulée payable au porteur n'est prohibée par aucune loi. — *Cass.*, 21 fév. 1838 (t. 1er 1838, p. 496), Curmer c. Riquier ; *Bordeaux*, 22 janv. 1839 (t. 2 1844, p. 360), Landreaux c. Harlier.

49. — ..... Et il en est ainsi quand même l'obligation contiendrait constitution d'hypothèques ; et de plus, si des billets à ordre avaient été souscrits en même temps que l'obligation, ils seraient considérés comme ne faisant avec elle qu'un seul et même acte, et ils devraient, quoique transportés par la voie de l'endossement et sans signification, entraîner au profit des porteurs les avantages attachés aux diverses fractions de l'obligation, c'est-à-dire la garantie hypothécaire qui y est stipulée. — *Cass.*, 21 fév. 1838 (t. 1er 1838, p. 496), Curmer c. Riquier.

50. — De ce que l'obligation notariée au porteur doit être considérée comme valable, il s'ensuit que son porteur est en droit d'agir contre le débiteur par voie d'exécution. — *Bordeaux*, 22 janv. 1839 (t. 2 1844, p. 360), Landreaux c. Harlier.

51. — L'art. 19, tit 5, de l'ordonn. de 1673, qui disposait pour le cas où la lettre payable au porteur avait été adirée, et en ordonnait le paiement sous caution, était spécial aux lettres et billets de change, et l'on ne pourrait s'en prévaloir pour exiger le paiement, même sous caution, en cas de perte, des intérêts et dividendes d'actions au porteur d'un établissement de commerce. — *Cass.*, 5 déc. 1837 (t. 2 1837, p. 561), Fremeau c. Caisse hypothécaire. — V. au surplus *suprà* no 44.

V. BILLET DE CHANGE, ENREGISTREMENT, MONT DE PIÉTÉ.

BILLET LOMBARD.

1. — On appelait ainsi autrefois, du lieu de son origine, l'acte qui intervenait quand un particulier prenait un intérêt dans l'armement d'un vaisseau chargé pour long cours.

2. — Les conventions étaient écrites sur une longue bande de parchemin, large d'environ un pouce, que l'on coupait ensuite en diagonale d'un angle à l'autre. Chacun des contractans en prenait une partie. Au retour du navire, l'armateur et l'intéressé représentaient et rapprochaient les deux parties pour consulter la vérité de l'acte et savoir ce qu'il contenait.

3. — Ainsi le billet lombard n'était autre chose qu'une charte-partie (charte divisée en deux parties). — V. CHARTE-PARTIE.

BILLET SIMPLE.

Table alphabétique.

BILLET SIMPLE. — 1. — On appelle ainsi le billet qui indique le nom du créancier envers qui le débiteur s'oblige sans ajouter qu'il paiera à celui à qui ce créancier aura transmis son droit par un endossement. En ce cas, le billet est appelé *simple*, par opposition au billet à ordre, au billet au porteur, au billet en marchandises, etc. — V. ces mots.

2. — On appelle encore billet simple le billet que le souscripteur a rédigé payable à ordre, mais qui se trouve manquer des formes constitutives des billets de cette espèce. On en peut voir de nombreux exemples au mot BILLET A ORDRE. — Alors le billet, ne jouissant pas des priviléges du billet à ordre proprement dit, doit cependant produire un effet dès qu'il exprime suffisamment la volonté du souscripteur. — Pardessus, *Dr. comm.*, no 478.

3. — Autrefois, on était obligé de stipuler dans un billet que la valeur de la somme y énoncée avait été fournie ; mais aujourd'hui la reconnaissance de devoir cette somme suffit pour faire condamner le débiteur à la payer, à moins toutefois qu'il n'y ait lieu de présumer du dol de la part du créancier. — Merlin, *Rép.*, vo *Billet*, § 1er, no 1er. — V. au surplus OBLIGATION et CAUSE DES OBLIGATIONS.

4. — Le billet simple ne peut donner lieu à la compétence commerciale que dans deux cas : 1o s'il est souscrit par un commerçant sans avoir une cause étrangère au commerce ; 2o si, quoique souscrit par un non-négociant, il a pour cause une opération commerciale. — Pardessus, no 478 ; Goujet et Merger, *Dict. de dr. comm.*, vo *Billet simple*, no 1er. — V. COMPÉTENCE COMMERCIALE.

5. — L'endossement d'un simple billet par un non-négociant ne rend pas la créance commerciale, et ne soumet, dans aucun cas, l'endosseur à la juridiction du tribunal de commerce. — *Poitiers*, 11 mars 1842 (t. 2 1842, p. 56), Marsilly c. Jacquault et Mériot. — V. ENDOSSEMENT.

6. — Les règles relatives aux obligations en général et aux actes sous seing-privé sont applicables aux billets simples. — V. ACTE SOUS SEING PRIVÉ, AVAL, ENREGISTREMENT, OBLIGATION.

7. — A la différence des signataires collectifs du billet à ordre, ceux d'un simple billet ne sont obligés envers celui au profit duquel il est souscrit que chacun pour sa part de la dette. — Merlin, *Rép.*, vo *Ordre (billet à)*, § 1er, no 1er.

8. — Une simple reconnaissance n'est pas transmissible à un tiers par voie d'endossement comme le serait un billet à ordre. — *Cass.*, 11 avril 1827, Dumonteil c. Pierdhouy.

9. — La créance qui résulte d'un simple billet ne peut, à l'égard des tiers, passer d'une main dans une autre que par un acte de transport signifié par le cessionnaire à celui qui en doit la valeur.

10. — Jusqu'à cette signification, le cédant est censé, en tout ce qui intéresse les tiers, conserver la propriété de la créance que le billet constate ; il peut en recevoir le paiement, et elle peut être saisie par ses créanciers. — Pothier, *Contr. de change*, no 217 ; Merlin, § 1er, no 1er. — V. TRANSPORT DE CRÉANCE.

11. — Mais la signification de la cession peut être remplacée par un acte qui constaterait que le souscripteur a la connaissance de cette cession.

12. — Ainsi jugé que par la signification du protêt d'un billet endossé, quoique non à ordre, il y a transmission régulière en faveur du tiers porteur, en ce sens que le souscripteur ne peut lui opposer le défaut de cause de ce billet et refuser de lui en payer le montant. — *Paris*, 6 févr. 1830, Laforest c. Ferret.

13. — Comme la loi ne prescrit aucune forme particulière pour l'acte de cession, l'endossement est un titre suffisant du cédant au cessionnaire. — Nouguier, *Lettres de change*, liv. 1er, p. 297.

14. — Hors le cas de stipulation expresse de la garantie du paiement, le transport du simple billet n'assujétit le cédant qu'à la garantie de l'existence légale de la créance dont ce billet renferme la reconnaissance. — Pothier, no 218 ; Merlin, *loc. cit.*, § 1er, no 1er.

15. — Ainsi, celui qui a cédé, par la voie de l'endossement, un billet à ordre qui est jugé n'être qu'une simple promesse, n'est tenu d'en garantir le paiement de la part du souscripteur qu'autant qu'il s'y est obligé. — *Cass.*, 17 fév. 1817, Sargnon c. Déard.

16. — Dans le cas même où les endosseurs successifs se sont obligés à garantir le paiement, ils n'en sont pas tenus solidairement, à moins de convention contraire. — Nouguier, t. 1er, p. 298.

17. — Lorsque la solvabilité du débiteur d'un

simple billet a été garantie par le cédant, il n'y a point de terme fatal dans lequel le cessionnaire soit obligé, pour conserver son recours contre celui-ci, de faire ses diligences contre le débiteur. Il n'y en a pas non plus dans lequel il soit tenu d'exercer son action récursoire contre son cédant. A quelque époque qu'il agisse, pourvu que la dette ne soit pas prescrite, il vient toujours à temps. — Pothier, n° 249; Merlin, *loc. cit.*, § 1er, n° 1er; Nouguier, t. 1er, p. 298.

18. — Jugé en ce sens qu'un simple billet qui n'est point à ordre et qu'un négociant a remis, revêtu de son acquit, à un autre négociant, son créancier, en paiement de ce qu'il lui doit, n'est point aux risques et périls de ce dernier, à défaut de poursuites à l'échéance. En conséquence, si le souscripteur de cet effet vient à faire faillite et que le porteur n'ait fait aucunes diligences, celui qui l'a donné en paiement n'est pas moins tenu d'en rembourser le montant à son créancier. — Besançon, 27 mars 1811, Bernard et Bretillot c. Monnot.

19. — L'action qui résulte des billets simples ne se prescrit que par trente ans, alors même qu'ils auraient été souscrits entre négocians et pour des opérations commerciales; car la prescription de cinq ans établie par l'art. 189, C. comm., est une prescription exceptionnelle ne concernant que les lettres de change et les billets à ordre.

V. ACTE SOUS SEING-PRIVÉ, BILLET A ORDRE, OBLIGATION, RECONNAISSANCE, TIMBRE, TRANSPORT DE CRÉANCES.

BILLET SUBSISTANCE.
V. TIMBRE.

BILLETS DE PROTECTION.

Espèce de *lettres* accordées autrefois par les agens diplomatiques dans quelques pays à des personnes étrangères à leur mission pour les faire jouir de certains privilèges ou les affranchir de certaines prohibitions refusées ou imposées aux autres habitans. — Cet usage n'est plus admis dans aucun état. — V. AGENT DIPLOMATIQUE, n° 153.

BILLETS PATRIOTIQUES.
V. BILLET AU PORTEUR, n° 6, BILLET DE CONFIANCE.

BILLON.

Monnaie de cuivre pur comme les sous, ou de cuivre avec un peu d'argent, comme les petites pièces d'un décime. Une loi du mois de juill. 1845 prononce la démonétisation des pièces de 10 cent. à la lettre N et des pièces de 6 liards, à partir du 1er janv. 1846. — V. MONNAIE.

BIMBELOTIERS, BIMBELOTERIE.

1. — Les marchands bimbelotiers en gros sont rangés par la loi du 25 avr. 1844 sur les patentes, dans la troisième classe des patentables, et imposés à : 1° un droit fixe basé sur le chiffre de la population de la ville ou commune où est situé l'établissement ; — 2° un droit proportionnel du vingtième de la valeur locative de la maison d'habitation et des locaux servant à l'exercice de la profession.

2. — Les marchands en détail et les fabricans d'objets de bimbeloterie sans boutique ni magasin, sont rangés dans la septième classe, et imposés à un droit fixe basé également sur le chiffre de la population et à un droit proportionnel du quarantième de la valeur locative de tous les locaux occupés par les patentables, mais seulement dans les communes de 20,000 ames et au-dessus. — V. PATENTE.

BIS IN IDEM.
V. NON BIS IN IDEM.

BISAIEUL.

Parent en ligne ascendante, à un degré au-dessus de l'aïeul. — V. AIEUL et les renvois.

BISCUIT DE MER (Fabricans de).

Les fabricans de biscuits de mer sont rangés par la loi du 25 avr. 1844, sur les patentes, dans la classe des patentables et imposés à 1° un droit fixe de 50 fr.; 2° un droit proportionnel du vingtième de la valeur locative de la maison d'habi-

tation, des magasins de vente complétement séparés de l'établissement, et du quarantième de l'établissement industriel.

BISETTE (Fabricans et marchands de).

Les fabricans et marchands de bisette sont rangés par la loi du 25 avr. 1844, sur les patentes, dans la sixième classe des patentables et imposés à : 1° un droit fixe basé sur le chiffre de la population de la ville ou commune où est situé l'établissement ; 2° un droit proportionnel du vingtième de la valeur locative de la maison d'habitation et des locaux servant à l'exercice de la profession. — V. PATENTE.

BISSEXTILE (Année).
V. CALENDRIER.

BITUME (Fabriques de).

Les fabriques de bitume et les ateliers destinés à la fonte et à la préparation des bitumes pisasphaltes sont classés parmi les établissemens insalubres. — V. ÉTABLISSEMENS INSALUBRES. (Nomenclature).

BLAME.

1. — Peine infamante consistant en une réprimande que le juge adressait autrefois à un coupable après sa condamnation. — Merlin , *Rép.*, v° *Blâme*.

2. — Dans l'ordre des peines infamantes, la peine du blâme venait immédiatement après celle du bannissement à temps. — Merlin, *ibid.*

3. — L'appel de la sentence qui prononçait la peine du blâme se portait à la Tournelle criminelle. — Merlin, *ibid.*

4. — La peine du blâme a été abolie par le Code pénal du 25 sept.-6 oct. 1791, part. 1re, tit. 1er, art. 35, et n'a été rétablie depuis ni par le Code pénal de 1810, ni par aucune autre loi.

5. — Jugé en conséquence qu'un tribunal ne peut, en acquittant un prévenu de la poursuite dont il était l'objet, prononcer contre lui une formule de blâme. — *Cass.*, 25 juill. 1839 (t. 2 1839, p. 488), Pesnel et Moreau ; — Rolland de Villargues, *Rép.*, v° *Blâme*, n° 1er.

6. — Le Code métropolitain ayant été publié dans les colonies, la solution y doit être la même. — C'est ce qu'a décidé spécialement le même arrêt pour le Sénégal.

7. — Par contre, avant la promulgation du Code pénal à la Martinique, la peine du blâme admise n'a pas le droit de prononcer la peine d'un blâme sévère au lieu de l'amende de cinq francs contre un de ses membres qui ne s'est pas rendu au conseil. — *Cass.*, 22 mars 1833, Duval.

10. — Aujourd'hui le blâme n'est plus une peine, mais une sorte de censure qui ne peut être prononcée bien entendu que par les supérieurs hiérarchiques de ceux qui le subissent.

11. — Ainsi jugé que, les fonctionnaires administratifs considérés comme officiers de police judiciaire exerçant leurs fonctions sous l'autorité de la cour royale, le tribunal de police ne peut les blâmer ou les réprimander sans excéder les limites de sa compétence. — *Cass.*, 25 avril 1834, Laval.

V. DISCIPLINE.

BLANC.

Table alphabétique.

BLANC. — 1. — Espace non rempli dans les actes.

2. — Les actes des notaires doivent être écrits sans *blanc*, *lacune*, *ni intervalle*, à peine d'une amende de 100 fr. (réduite à 20 fr. par la loi du 16 juin 1824). — L. 25 vent. an XI, art. 13. — D'anciennes ordonnances contenaient la même disposition dans le but de prévenir les abus de blancseing , les faux, etc. — V. ordonn. de juill. 1304 ; d'oct. 1536, art. 8 ; — Arr. de réglem. du 4 sept. 1685.

3. — La règle était surtout applicable aux noms des parties et des témoins. — (Arr. de réglem. du 4 sept. 1685). — De plus, il était expressément interdit aux notaires de recevoir des promesses où le nom du créancier serait laissé en blanc. — Ordonn. de janv. 1629, art. 147 ; — *Stat. des notaires de Paris* de 1681, art. 25.

4. — La date des actes ne saurait être laissée en blanc afin de prolonger le délai de l'enregistrement. — V. ENREGISTREMENT. — Comme une des conséquences graves qui pourraient en résulter, Toullier (t. 8, n° 405) rapporte le cas d'un acquéreur qui s'est vu dépouiller du bien qu'il avait légitimement acquis par l'effet d'une hypothèque consentie par son vendeur après l'acte de vente et dans l'intervalle de la confection de cet acte à la date mise par le notaire ; et il conclut, qu'en pareil cas, les notaires pourraient être poursuivis comme faussaires. — Rolland de Villargues, *Rép. du Notar.*, v° *Blanc*, n° 4.

5. — Peu importerait que les blancs laissés n'eussent pu être remplis que d'une certaine manière , par exemple, par l'indication répétée des noms et qualités des parties ; — ou que les blancs n'eussent été laissés que le notaire que pour n'être pas obligé de relater plusieurs fois des noms, qualités, demeures et modes de paiement déjà indiqués , et qu'il eût inséré un renvoi à l'article où ces noms , demeures et modes de paiement étaient écrits en entier. — *Metz* , 15 janv. 1845, Beinmetz.

6. — Y a-t-il contravention lorsque des mots ont été écrits, dans le corps d'un acte, sur des points qui remplissaient le ligne? — Jugé pour l'affirmative, alors même que l'addition avait été faite avant la signature de l'acte, et que ces mots étaient sans influence sur les droits des parties et du fisc. — *Colmar*, 1er fév. 1834, L...

7. — Mais nous croyons, avec M. Rolland de Villargues (*ibid.*, n° 3), que cette décision est trop sévère. On ne saurait admettre, en général, que le notaire ne puisse pas, au moment même où il le rédige un acte, remplir une ligne qu'il avait d'abord brisée par des points. Sans doute il vaudrait mieux faire un renvoi, mais les points ne peuvent être assimilés à des barres, sur lesquelles il n'est point permis d'écrire.

8. — La prohibition de ne laisser aucun *blanc* a toujours reçu une exception pour les procurations *en brevet*, dans lesquelles il arrive souvent que le nom du mandataire est laissé en blanc. L'usage en est très ancien, et n'a rien de contraire aux principes. La mention d'une procuration en blanc n'est autre chose, en effet, qu'un mandat de choisir un mandataire, et le laisser en blanc, le nom du mandataire est laissé en blanc. — Rousseau de Lacombe, *Jurispr. civ.*, v° *Procuration*, sect. 1re, n° 4 ; Ferrière , *Dict. de dr.*, v° *Procuration en blanc*; Nouv. Denizart, v° *Acte notarié*, § 7 , n° 12; Toullier, n° 408; Rolland de Villargues, *ibid.*, n° 8.—Il en est autrement quand les procurations sont en minute. — V. PROCURATION.

9. — Lorsqu'un renvoi paraphé, mis à la marge ou au bas d'un acte, contient des *blancs*, il y a contravention, car le renvoi fait partie de l'acte même. — Rolland de Villargues, *ibid.*, n° 7.

10. — La défense de laisser des blancs dans les actes n'empêche pas néanmoins de faire des marges. — Rolland de Villargues, n° 10. — V. MARGE.

11. — De la question de savoir si, lorsque les pages ou *recto* d'une minute sont paraphées à la *marge*, au lieu de l'être au bas de l'écriture, suivant l'usage le plus général, on doit déclarer le notaire en contravention. — L'affirmative avait été décidée par un jugement du tribunal de Coutances du 16 juin 1831 ; mais M. Rolland de Villargues (n° 6) combat ce jugement, en disant que la loi ne proscrit que les blancs qui sont laissés dans le contexte de l'acte. L. 25 vent., art. 13. — Vainement on objecte que les marges sont destinées à recevoir des renvois, et que les paraphes qui y sont apposés en blanc peuvent servir ou pour objet de certifier d'avance un renvoi, et non pas seulement d'assurer l'identité des feuilles : c'est là une supposition qu'on ne doit pas admettre quand il s'agit de contravention ; du moins il faudrait qu'il fût manifeste que le lieu qu'occuperaient les paraphes, et par la croix ou marque qui aurait été faite dans le contexte de

l'acte, que c'est dans ce but qu'ils ont été apposés.

12. — La défense de laisser des blancs ne s'applique pas non plus aux alinéas ; ils tiennent en effet à la rédaction et à l'entente de l'acte; d'ailleurs il n'aurait pas été possible d'en interdire l'usage. — Augan, p. 57 ; Rolland de Villargues, *ibid.*, n° 11.

13. — Toutefois, pour écarter la possibilité d'abuser du blanc que laisse un alinéa, la chambre des notaires de Paris, par une délibération du 28 pluv. an XII, a recommandé aux notaires de son ressort de tirer des traits de plume à la fin de chaque alinéa, tant des minutes que des expéditions et extraits de leurs actes. — Carré (*Organis. judic.*, p. 407) donne le même conseil.

14. — Les notaires se trouvent quelquefois obligés de laisser des espaces en blanc dans les actes, soit pour y insérer des clauses sur lesquelles les parties ne s'étaient pas définitivement entendues au moment de l'acte, soit pour y faire entrer des désignations de tenans et aboutissans d'immeubles (s'il s'agit, par exemple, de ventes d'immeubles). — Dans ces divers cas, les blancs peuvent être remplis par des barres horizontales. — Circ. Min. just. 8 juill. 1823 et 30 août 1825 ; Circ. du Direct. de l'enreg. 9 août 1828.

15. — Les auteurs du *Dict. de l'Enreg.* (v° *Blanc*, n° 4) pensent qu'au lieu d'être horizontales les barres devraient être transversales, c'est-à-dire tirées de manière à couper les lignes qui seraient faites ; et la raison qu'ils en donnent, c'est qu'on peut toujours placer des lignes entre des barres horizontales, et que ces lignes paraissent seulement soulignées par ces barres.

16. — Mais pour que la régie ne puisse verbaliser contre les notaires, il faut : 1° que les barres soient approuvées par les parties (Mêmes circ. 8 juill. 1823 et 30 août 1825) ; — 2° Que cette approbation ait lieu au moment même de la signature de l'acte (Mêmes circ.) — Dans la première de ces deux circulaires, le ministre de la justice avait pensé qu'il suffisait que l'approbation eût lieu avant l'enregistrement.

17. — Jugé cependant que l'approbation des barres n'est point exigée par l'art. 13 (L. 25 vent. an XI) ; et qu'ainsi l'acte notarié qui contient des barres sur des lignes laissées en blanc, sans *approuvé*, ne renferme pas une infraction aux dispositions de cet article. — *Trib. Seine*, sous *Paris*, 28 mai 1842 (t. 2 1842, p. 5), Champion, Berceon et Charlot.

18. — L'approbation se fait comme celle des renvois ordinaires et des mots rayés ; c'est-à-dire soit à la marge de la page correspondante, soit à la fin de l'acte. Elle doit être paraphée par le notaire en second ou par les témoins instrumentaires : c'est l'usage de Paris. — Rolland de Villargues, *Rép.*, v° *Blanc*, n° 6 ; *Dict. de l'Enreg.*, v° *Blanc*.

19. — Mais à défaut d'approbation des barres, le notaire serait-il passible de l'amende prononcée par la loi contre le notaire qui laisse des blancs ? — Une circulaire du 8 juillet 1823 décide l'affirmative, par le motif que les barres constatent qu'il y a eu des blancs, et prouvent conséquemment que la loi qui défend d'en laisser a été enfreinte. — Mais M. Rolland de Villargues (n° 17) répond avec raison, ce nous semble, que si les barres montrent qu'il y a eu des blancs, elles prouvent aussi que ces blancs ont disparu ; que si ces barres ont eu lieu au moment des signatures, et s'il n'est pas prouvé du moins qu'elles ont été faites après coup, il n'y a point de contravention. Or, pour juger de la régularité d'un acte, c'est à l'instant des signatures qu'il faut se fixer.

20. — Quant aux grosses, expéditions et copies de toutes espèces que délivrent les notaires, nul doute que la défense de laisser des blancs ne s'y applique, aussi bien qu'aux minutes. Toutefois, l'amende ne devrait pas être encourue, si la contravention commise pouvait n'être considérée que comme une erreur de copiste. — Toullier (t. 8, n° 107), *Dict. du Notariat*, v° *Blanc*, n° 3 ; Rolland de Villargues, *Rép.*, v° *Blanc*, nos 18 et 19.

21. — Si les blancs existant dans un acte notarié n'avaient aucune importance, il n'y aurait pas lieu à poursuite pour contravention. — Ainsi, dans un procès-verbal d'adjudication d'immeubles, le notaire avait écrit que l'enlèvement d'arbres réservés aurait lieu *en dedans le .... prochain*, laissant cette date en blanc ; mais, le même jour, l'adjudication de ces arbres réservés avait eu lieu, et le procès-verbal indiquait l'époque de leur enlèvement. — Décidé qu'il n'y avait point lieu de poursuivre le notaire. — Décis. Minist. fin., 1er oct. 1832 ; — Rolland de Villargues, nos 20 et 21.

22. — Les ministres de la justice et des finances avaient d'abord pensé que l'existence des *blancs* laissés par les notaires dans leurs actes, et généralement de toutes les contraventions qui pouvaient s'y trouver, devait être constatée par les préposés de la régie de l'enregistrement, au moyen d'une mention placée en marge de l'acte et paraphée *ne varietur* (Décis. des 8 et 25 juill. 1823.) — Il a été décidé depuis, par les mêmes ministres, que « les agens de la régie du domaine et de l'en- » registrement, qui rapporteraient un procès-ver- » bal de contravention à la loi de ventôse s'abstien- » draient de faire aucune mention marginale sur » les actes argués d'irrégularité ; » ils ne peuvent constater les contraventions que par procès-verbaux séparés. Ils doivent aussi s'abstenir de remplir eux-mêmes par des barres les blancs des actes qui leur sont présentés. — Circ. du garde-des-sceaux, 30 août 1825 ; Instruct. gén., 24 déc. 1830. — V. ENREGISTREMENT.

23. — C'est au ministère public qu'il appartient de poursuivre la condamnation aux amendes à raison des contraventions à l'art. 13 de la loi du 25 vent. an XI, pour blancs laissés dans les actes. — V. NOTAIRE.

24. — Quant au cumul des amendes encourues par les notaires et à la prescription de ces amendes, V. NOTAIRE.

25. — Les actes de l'état civil doivent être inscrits sur les registres de suite, sans aucun blanc. — C. civ., art. 42. — V. ACTES DE L'ÉTAT CIVIL, n° 112.

26. — Les livres de commerce doivent, entre autres conditions, être tenus sans blancs. — C. comm., art 10.

27. — La police d'une assurance maritime ou terrestre ne peut contenir aucun blanc. — C. comm., art. 332. — V. ASSURANCE MARITIME, nos 463 et suiv., et ASSURANCE TERRESTRE, n° 168.

28. — Des blancs remplis peuvent, suivant les circonstances, constituer ou non un abus de blanc-seing. — V. ABUS DE BLANC-SEING, nos 24 et suiv.

BLANC DE BALEINE (Raffineurs).

1. — Les raffineurs de blanc de baleine sont rangés, par la loi du 25 avril 1844, sur les patentes, dans la classe des patentables, et imposés à 1° un droit fixe de 25 fr. pour cinq ouvriers et au-dessous, et de 3 fr. pour chaque ouvrier en sus, jusqu'au maximum de 200 fr. ; 2° un droit proportionnel du 20e de la valeur locative de la maison d'habitation, des magasins de vente complétement séparés de l'établissement, et du 25e de l'établissement industriel.

2. — Quant aux raffineries de blanc de baleine, elles sont classées parmi les établissemens insalubres. — V. ÉTABLISSEMENS INSALUBRES (Nomenclature). — V. aussi BOUGIES.

BLANC DE PLOMB.

V. ÉTABLISSEMENS INSALUBRES (Nomenclature).

BLANC DE CRAIE (Fabricans et marchands de).

1. — Les fabricans et marchands de blanc de craie ou d'Espagne sont rangés, par la loi du 25 avr. 1844, sur les patentes, dans la sixième classe des patentables, et imposés à : 1° un droit fixe, basé sur le chiffre de la population de la ville ou commune où est situé l'établissement ; 2° un droit proportionnel du vingtième de la valeur locative de la maison d'habitation et des locaux servant à l'exercice de la profession.

2. — Les fabriques de blanc d'Espagne sont rangées parmi les établissemens insalubres. — V. ÉTABLISSEMENS INSALUBRES (Nomenclature).

BLANC-SEING.

1. — Dans le sens naturel et ordinaire de ce mot, c'est une signature donnée à l'avance pour ratifier une écriture privée qui peut être placée au-dessus.

2. — On a agité la question de savoir si les actes intervenus sur des blanc-seings sont valables ; mais cette validité ne saurait être aujourd'hui contestée. — V. Merlin, *Rép.*, v° *Blanc-seing* ; Toullier, t. 8, nos 263 et suiv. ; Pardessus, *Cours de dr. comm.*, n° 244. — Au surplus, l'art. 407, C. pén., qui punit l'*abus* du blanc-seing, suppose nécessairement qu'il peut en être fait un usage légitime. — V. aussi *Acte sous seing-privé*, nos 68 et suiv.

3. — « Un blanc-seing, dit M. Toullier, *loc. cit.*, n'est autre chose qu'une procuration (Puffendorf et Barbeyrac, *Droit de la nature et des gens* liv. 3, ch. 9, § 2) ; c'est la procuration la plus générale et la plus illimitée qu'il soit possible de donner ; les actes écrits au-dessus d'un blanc-seing ne sont donc pas moins valables que ceux faits en vertu d'une procuration générale, par exemple, celle de traiter aux conditions que le mandataire jugera convenables. »

4. — Il suit de là que, quelles que soient les instructions particulières qui aient été données au porteur du blanc-seing, s'il les excède, l'acte n'est pas moins obligatoire pour le mandant, vis-à-vis du tiers qui a traité sous la foi d'un mandat illimité. — Rolland de Villargues, *Rép. du notar.*, v° *Blanc-seing*, n° 3 ; Delapalme, *Encyclop. du dr.*, v° *Abus de blanc-seing*, n° 5. — V. ACTE SOUS SEING-PRIVÉ, n° 68.

5. — Cependant le blanc-seing peut, dans certains cas, constituer autre chose qu'une procuration ; c'est lorsqu'il est apposé sur un acte préexistant dont le caractère est déterminé : alors il est un accessoire de cet acte ; et il se trouve limité dans ses effets. Ainsi, une signature en blanc sur un effet de commerce constitue un aval ou un endossement. — V. AVAL, nos 25 et suiv., et ENDOSSEMENT.

6. — Des blanc-seings remis à des arbitres par les parties, après l'expiration du compromis, équivalent à une prorogation de pouvoirs. — *Riom*, 28 déc. 1816, Boivin c. Boitelet.

7. — Bien que le porteur d'un blanc-seing puisse engager le signataire, cependant s'il résultait de l'insertion faite à l'acte une promesse de payer, la signature donnée d'avance serait insuffisante ; il faudrait qu'elle fût accompagnée du *bon* ou *approuvé*, portant en toutes lettres l'énonciation de la somme promise (C. civ., art 1326). — Merlin, *Rép.*, v° *Blanc-seing*. — V. APPROBATION DE SOMME.

8. — En cas d'incertitude sur la question de savoir si la signature est antérieure ou postérieure à cet acte, on doit la supposer postérieure. La preuve contraire ne pourrait être établie par témoins qu'en cas de présomptions très graves. — Merlin, *ibid.*

9. — Toutefois, les actes faits par suite d'un blanc-seing peuvent, comme tous autres contrats, être annulés pour cause de dol ou de fraude ; mais, cette nullité ne saurait produire d'effet vis-à-vis du tiers qui aurait traité de bonne foi avec le mandataire, sauf au mandant à poursuivre le mandataire par action civile ou correctionnelle. — Boiceau sur Danty, liv. 12, ch. 3, n° 9 ; Toullier, t. 8, n° 267. — V. ABUS DE CONFIANCE, MANDAT.

10. — Quiconque, abusant d'un blanc-seing qui lui aura été confié, aura frauduleusement écrit au-dessus une obligation ou décharge ou tout autre acte pouvant compromettre la personne ou la fortune du signataire, sera puni des peines énoncées dans l'art. 405, C. pén. ; et dans le cas où le blanc-seing ne lui aurait pas été confié, il sera poursuivi comme faussaire et puni comme tel. — V. ABUS DE BLANC-SEING, FAUX.

11. — La remise d'un blanc-seing ne peut être établie par témoins, en l'absence de faits de dol et de fraude, qu'autant qu'il existe un commencement de preuve par écrit...., et cela même dans le cas où il serait allégué qu'il y a eu abus du blanc-seing. — *Riom*, 30 mars 1843 (t. 2 1844, p. 456), Lavillatelle c. Combarel. — V. ABUS DE BLANC-SEING, nos 42 et suiv., PREUVE TESTIMONIALE.

12. — De ce qu'un blanc-seing n'est qu'une procuration illimitée, il suit qu'il peut être révoqué, de même que toute autre procuration, pourvu que ce soit avant qu'il en ait été fait usage et qu'un tiers ait acquis un droit par suite de cet usage. — Toullier, t. 8, n° 271.

13. — Le blanc-seing peut servir de commencement de preuve par écrit. — V. ACTE IMPARFAIT, nos 14 et suiv., et COMMENCEMENT DE PREUVE PAR ÉCRIT.

BLANCHISSAGE.

V. ACTE DE COMMERCE (nos 250 et suiv.), PRIVILÉGE.

BLANCHISSEURS.

1. — Les blanchisseurs de linge ayant un établissement de buanderie sont rangés par la loi du 25 avr. 1844, sur les patentes, dans la septième classe des patentables, et imposés à : 1° un droit fixe, basé sur le chiffre de la population de la ville ou commune où est situé l'établissement ; — 2° un droit proportionnel du quarantième de la valeur locative de tous les locaux occupés par les patentables, mais seulement dans les communes de 20,000 ames et au-dessus.

2. — Les blanchisseurs de linge sans établissement de buanderie sont placés dans la huitième classe et imposés, sauf la différence de classe, aux mêmes droits fixe et proportionnel.

3. — Les blanchisseurs de fin sont rangés dans la septième classe, et imposés de même que les blanchisseurs ayant un établissement de buanderie. — V. *suprà* n° 1er.

4. — Les blanchisseurs de toiles et fils pour le commerce, par procédés mécaniques, sont imposés à 1° un droit fixe de 25 francs pour cinq ouvriers et au-dessous, et de 3 fr. par chaque ouvrier en sus, jusqu'au maximum de 300 fr. ; — 2° un droit proportionnel du vingtième de la valeur locative de la maison d'habitation, des magasins de vente complétement séparés de l'établissement, et du quarantième de l'établissement industriel.

5. — Les blanchisseurs de toiles et fils sont rangés dans la cinquième classe, et assujétis, outre le droit fixe basé sur le chiffre de la population, à un droit proportionnel du vingtième de la valeur locative de la maison d'habitation, et des locaux servant à l'exercice de la profession industrielle.

6. — Les blanchisseurs sur pré sont classés dans la septième classe, et imposés aux mêmes droits fixe et proportionnel que les blanchisseurs de linge ayant un établissement de buanderie. — V. *suprà* n° 1er.

7. — Les blanchisseurs de chapeaux de paille sont rangés dans la même classe et imposés aux mêmes droits fixe et proportionnel que les blanchisseurs de linge ayant un établissement de buanderie. — V. *suprà* n° 1er. — V. PATENTE.

8. — Les blanchisseries ordinaires et autres établissemens destinés au blanchiment de la toile et des tissus sont considérés comme insalubres. — V. ÉTABLISSEMENS INSALUBRES (Nomenclature).

BLASON.

1. — Assemblage de ce qui compose l'écusson des armoiries.

2. — Le mot blason tire son étymologie de l'allemand *blazen*, qui veut dire *sonner du cor*, ce qui semble confirmer l'opinion de ceux qui font remonter l'institution des armoiries à l'époque des tournois. En effet, les chevaliers qui arrivaient à un tournoi sonnaient du cor pour avertir le hérault de venir reconnaître et décrire leurs armoiries, ce qu'on a depuis appelé blasonner. — Prost de Royer v° *Armoiries*, n° 4. — V. ARMOIRIES.

BLASPHÈME.

1. — Ce mot, tiré du grec (de βλαπτω, nuire, léser, φημι, parler), s'emploie ordinairement pour marquer les imprécations, les juremens, et généralement tout ce qui est écrit ou dit contre le respect dû à la divinité et à la religion.

2. — « C'est blasphémer, dit Merlin (*Rép.*, v° *Blasphème*) que d'attribuer à Dieu ce qui ne lui convient pas, ou de lui refuser ce qui lui convient. C'est encore une espèce de blasphème que de s'échapper en mauvais propos contre la Vierge et les Saints; de renier sa foi, sa religion; de parler avec impiété des mystères et choses saintes; de prononcer des juremens avec colère et mépris par ce qu'il y a de plus saint et de plus sacré. » — V. aussi Denizart, v° *Blasphème*.

3. — Dans l'ancien droit, le blasphème était puni non seulement lorsqu'il était dirigé contre Dieu ou la mère de Dieu, mais même quand il s'adressait aux saints : « Il faut aussi semblablement punir ceux qui blasphèment contre les saintz et esleux de Dieu, disait Damhouderius (*Pratique judiciaire*, ch. 61, p. 60, n° 8), et ce par coustume : car combien que ce soit proprement blasphême, de roguer l'excellēce et bōté diuine : toutefois, ainsi comme Dieu est loué aux saintz, pour autant que l'on loue les œuures que Dieu fait par les saintz; ainsi le blaspheme qui se commet envers les saintz, redōde en Dieu. »

4. — Les législations anciennes portaient les peines les plus graves contre les blasphémateurs. Ainsi, suivant la loi juive, ils étaient lapidés. — *Lévitique*, ch. 24, v. 16.

5. — Justinien voulait qu'ils fussent soumis aux derniers supplices, *ultimis subdere suppliciis*; et comme il craignait que la répression de ce crime ne fût pas toujours assez sévèrement poursuivie, il ajoutait : *Ipse et enim gloriosissimus præfectus, si invenerit quosdam tale aliquid delinquentes et vindictam in eos non intulerit secundùm nostras leges, primùm quidem obligatus erit Dei judicio, post hæc autem et nostram indignationem sustinebit.* — Novelle 77, ch. 1er, § 2, *in fine*.

6. — Les ordonnances de nos rois se sont montrées tout aussi rigoureuses à l'égard du blasphème; on peut citer notamment l'ordonnance de Philippe de Valois, en 1347, « par laquelle, selon Damhouderius (*loc. cit.*, n° 9), les blasphémateurs de Dieu et de sa chère mère Marie estaient punis, pour la première fois, sur le pillory ou eschaffaut, depuis primes, ou du matin, jusques au disner; et illec souillez et fangez de toute ordure, sans les faire mourir : ou de quelqu'autre chose qui pouvait grever ou blesser; et après estre mis à pain et à eau. Pour la seconde fois, leur estaient (sur le pillory ou eschaffaut) détranchées ou fendues en deux lieux les leures inférieures, ou d'embas. Pour la tierce fois, les leures supérieures; et pour la quatriesme fois, le menton entier. » — L'ordonnance de Louis XII, du 9 mars 1510, ne punit aussi rigoureusement que la persistance du coupable. La peine était, pour la première fois, l'amende arbitraire, en doublant toujours jusqu'à la quatrième fois; à la cinquième on ajoutait le carcan à l'amende; à la sixième, le blasphémateur avait *la lèvre supérieure coupée d'un fer chaud et était mené au pilori*; à la septième on lui coupait *la lèvre inférieure*, et à la huitième *la langue*.

7. — Diverses ordonnances des années 1570, 1572, 1581, 1617 et 1647 étant depuis intervenues, et ayant varié sur les peines à appliquer, la déclaration du 7 septembre 1651, renouvelée par arrêt du conseil du 30 juill. 1666, confirma l'ordonnance de 1510, avec ces modifications toutefois que sur l'amende prononcée, deux tiers étaient attribués aux hôpitaux des pauvres du lieu, un tiers au dénonciateur; et que d'un autre côté la non dénonciation du blasphème était frappée d'une amende de soixante sols. L'ordonnance statuait en outre que, quant aux *blasphèmes énormes*, ils seraient punis de plus grandes peines, telles que les juges l'arbitreraient. — Merlin et Denizart, v° *Blasphème*.

8. — Plus tard, une ordonnance du 20 mai 1681 défendit à tous soldats de jurer, blasphémer *le saint nom de Dieu, de la sainte Vierge et des Saints*, à peine d'avoir la langue percée d'un fer chaud. — Cette ordonnance a été renouvelée par l'art. 36 de l'ord. 1er juill. 1727, concernant les délits militaires.

9. — On considérait encore comme blasphème le fait de décrier ouvertement la religion, surtout par des livres ou des libelles; et quiconque était convaincu d'avoir composé, fait composer ou imprimer des écrits tendant à attaquer la religion, était puni de mort par la déclaration du 16 avr. 1757.

10. — Ces peines rigoureuses furent plus d'une fois appliquées. — *Parlem. Paris*, 12 mai 1685, 28 mars 1729, 29 juill. 1748, 23 mars 1724. — De tous les arrêts intervenus en ces matières, le plus célèbre est celui rendu par la grand' chambre assemblée, en date du 4 juin 1766, en vertu duquel les sieurs de la Barre et d'Etalonde de Morival, subirent la mort. — Par décr. du 25 brum. an II, la convention nationale, anéantissant l'arrêt de la grand'chambre, réhabilita la mémoire des suppliciés « victimes de la superstition et de l'ignorance » et ordonna la restitution aux héritiers des biens confisqués.

11. — La connaissance du crime de blasphème appartenait aux juges *séculiers*; « parce que, dit Denizart (v° *Blasphème*, n° 5), indépendamment de ce qu'il emporte contravention aux ordonnances, il attaque la religion d'une manière scandaleuse et contraire au bon ordre. — Ord. de Blois, art. 35.

12. — Le Code pén. du 25 sept.-6 oct. 1791, non plus que celui de 1810, ni la loi du 28 avr. 1832 ne prononcent de peine contre le blasphème proprement dit; ce fait ne peut être atteint aujourd'hui que lorsqu'il tend à outrager ou tourner en dérision un des cultes légalement reconnus ou l'un des ministres de ce culte, ou lorsqu'il porte atteinte à la morale publique et religieuse. — De Grattier, *Comment. sur les lois de la presse*, sur l'art. 1er, L. 25 mars 1822; Chassan, *Tr. des délits de la parole*, t. 1er, p. 277. — V. CULTE, OUTRAGE A LA RELIGION.

13. — La loi du sacrilége, du 20 avr. 1825, ne considérait comme *profanation* que les *voies de fait* commises volontairement, par haine ou mépris de la religion, sur les vases sacrés ou sur les hosties consacrées. — Mais, ainsi que l'expliquait M. le ministre des affaires ecclésiastiques, le sacrilége ne consistait pas dans une pensée, un désir, une parole, un écrit, ni dans des menaces vagues contre la religion. — « Ainsi, disait-il, qu'un homme soit assez impie pour nourrir dans son cœur des pensées d'athéisme, *qu'il vomisse des imprécations contre la divinité*, qu'il manifeste ces pensées dans une église, etc., etc., tout cela est criminel devant les hommes, criminel surtout devant Dieu, mais ce n'est pas ce que la loi qualifie de sacrilége. » — Donc, dans l'esprit de la loi de 1825, le simple blasphème ne constituait pas le fait de profanation et conséquemment le crime de sacrilége. — Duvergier, *Coll. des Lois*, t. 25, L. 20 avr. 1825. — V. SACRILÉGE.

14. — Il est encore des pays où le blasphème est puni, souvent même d'une manière très sévère; ainsi la loi anglaise inflige des peines quelquefois infamantes contre celui qui a blasphémé Dieu et le Christ. Le simple jurement prononcé dans la rue expose son auteur à se voir saisi par un constable et conduit devant le juge, qui le condamne à l'amende. — Blackstone, liv. 4, ch. 4, n° 4. — V. aussi Laya, *Droit anglais*, t. 2, p. 219 et 220.

BLATIERS.

1. — On appelle ainsi ceux qui achètent des grains et farines pour les revendre en détail.

2. — Les blatiers sont tenus de faire, à la municipalité de la commune où ils résident, la déclaration de l'état qu'ils exercent. — L. 11 sept. 1793, art. 2 et 12. — V. GRAINS, PATENTE.

3. — Les blatiers avec voitures sont rangés, par la loi du 25 avr. 1844, sur les patentes, dans la cinquième classe des patentables, et imposés à 1° un droit fixe basé sur le chiffre de la population de la ville ou commune où est situé l'établissement; — 2° un droit proportionnel du vingtième de la valeur locative de la maison d'habitation, et des locaux servant à l'exercice de la profession.

4. — Les blatiers avec bêtes de somme sont placés dans la sixième classe et imposés, sauf la différence de classe, aux mêmes droits fixe et proportionnel que les blatiers avec voitures. — V. PATENTE.

BLÉ. — CÉRÉALES.

— V. DOUANES, GRAINS.

BLÉS EN VERT.

1. — On appelle *blés en vert* ceux qui ne sont pas encore parvenus à maturité.

2. — La loi romaine permettait la vente des blés en vert, comme de tout autre fruit pendant par racines. — L. 78, § ult., ff., *De contr. emptione*.

3. — C'est dans un capitulaire de Charlemagne que l'on rencontre pour la première fois formellement écrite cette prohibition de vendre les blés en vert, attendu que, par une pareille vente, *pauperes officiuntur ut fortiter constringantur*. — Liv. 4, app. 2, nos 16 et 26. — Le but de l'empereur était d'empêcher que, sous l'espérance d'un gain actuel, les laboureurs ne se privassent témérairement et à vil prix du fruit de leurs sueurs; or, comme le disait un arrêt du parlement de Paris du 7 déc. 1632 : *Expedit reipublicæ ne quis re suâ male utatur* (Instit., *De his qui sui vel alieni juris sum*, § 2); « et principalement les laboureurs, à la conservation de la fortune desquels le public a intérêt de veiller en ce point. »

4. — Charlemagne n'avait eu qu'une pensée, celle de protéger le laboureur contre son imprévoyance; plus tard, un autre motif dicta principalement les ordonnances qui renouvelèrent à diverses époques la prohibition de vendre les blés en vert; on voulut protéger la consommation publique contre la coupable spéculation des accaparemens.

5. — En conséquence, et par son ordonnance de juill. 1462, Louis XI « fait défense d'acheter les blés en vert sous plat païs, et d'en faire provision ou amas (sinon pour la provision de son hôtel), si ce n'est en plein marché, et ce sous peine de confiscation des deniers, d'amende arbitraire et d'être puni à l'ordonnance de justice. »

6. — François Ier (ord. de 1539) et Henri III (ord. de 1577) rappellent encore ces prohibitions. Aux termes de cette dernière ordonnance, la peine contre les contrevenans fut même augmentée; on la porta à 500 livres parisis d'amende, dont le tiers appliqué au dénonciateur. De plus, et suivant les cas, la peine corporelle du fouet ou du carcan put leur être infligée.

7. — Ces ordonnances étant tombées en désuétude, Louis XIV les renouvela. Par son édit du 22 juin 1694, il défendit l'achat des grains en vert, en ces termes : — « Faisons très expresses inhibitions et défenses à tous marchands et autres nos sujets, de quelques qualité et condition qu'ils soient, de faire aucuns achats, marchés ou arrhemens (c'est-à-dire retenue avec arrhes) de grains en vert sur pied et avant la récolte, à peine de confiscation desdits grains, du prix d'iceux, de 1000 livres d'amende contre chacun des contrevenans, applicable, moitié à notre profit et l'autre moitié au dénonciateur, même de punition corporelle, en cas de récidive. » — « Sont déclarés nuls et de nul effet tous les achats, marchés, traités ou arrhemens, et défense est faite à ceux qui les ont faits d'en poursuivre l'exécution en justice ou autrement, et à tous les officiers et justiciers d'y avoir aucun égard, à peine d'en répondre en leur propre nom. »

8. — Malgré ces prohibitions, les spéculateurs n'en continuèrent pas moins leurs opérations, et le plus souvent avec impunité, car les tribunaux ne réprimèrent pas toujours assez activement les contraventions aux ordonnances sur cette matière.

9. — Le mal étant devenu plus grand encore

dans les premières années de la révolution, la Convention essaya d'y porter remède, en renouvelant les dispositions des anciennes ordonnances. — Par la loi du 6 messid. an III (art. 1er) : « Toutes ventes de grains en vert et pendant par racines sont prohibées, sous peine de confiscation... » La Convention casse et annule toutes celles qui auraient été faites jusqu'à présent, et défend l'exécution sous la même peine de confiscation.... D'après l'art. 2, la confiscation encourue est supportée, moitié par le vendeur, moitié par l'acquéreur, et appliquée par tiers au dénonciateur, au trésor et à la commune où se trouve situé le fonds qui a produit les grains, pour être, ce dernier tiers, distribué aux indigens.

10. — La loi du 6 messid. étant trop absolue, il fallut bientôt en restreindre l'application : le 23 messid. suivant, la Convention déclara que dans la prohibition de la loi du 6 messid. n'étaient pas comprises celles qui ont lieu par suite de tutelle, curatelle, changement de fermier, saisie de fruits, baux judiciaires et autres de cette nature. Elle excepta, également les ventes qui comprendraient tous autres fruits ou productions que les grains.

11. — Ainsi modifiée, la loi du 6 messid. an III est-elle encore en vigueur ? La négative a été soutenue, en s'appuyant principalement sur ce que cette loi, née de circonstances passagères, ne se trouvait consacrée ni par le Code civil, ni par le Code pén. — *Agen,* 2 août 1830, Martre et Rattier c. Lisle.

12. — Cette opinion est généralement repoussée. Sans doute la loi du 6 messid. n'est pas toujours rigoureusement appliquée, surtout en ce qui concerne les pénalités édictées ; mais, au résumé il semble difficile de considérer cette loi comme abrogée, soit par le Code civ., soit par le Code pén., car, d'une part, si l'art. 1598, C. civ., dispose que tout ce qui est dans le commerce peut être vendu, il ajoute : « lorsque les lois particulières n'en ont pas prohibé l'aliénation. » Or, ces lois particulières existant pour les grains en vert, il faudrait une abrogation explicite qui n'existe pas. D'un autre côté, l'art. 484, C. pén., déclare que toutes les matières qui n'ont point réglées continueront de l'être par les lois particulières qui les régissent. Enfin, les motifs d'ordre public qui ont dicté ces dispositions subsistent toujours, on ne saurait supposer que les auteurs du Code civ. et du Code pén., qui n'en ont rien dit, aient voulu les abroger. — *Montpellier,* 4 mai 1842 (t. 1er 1843, p. 265), Moulins c. Turrel : *Bourges,* 6 janv. 1844 (t. 1er 1845, p. 695), Jarre c. Busson de C... ; — Toullier, t. 6, nos 448 et 449 ; Duvergier, *Vente,* t. 1er 1845, de Toullier, t. 16), no 283 ; Merlin, *Rép.,* vo *Vente,* § 1er, art. 4er, no 6 ; Duranton, t. 16, no 461 ; Troplong, *Vente,* no 223.

13. — Jugé en conséquence que les exceptions apportées par la loi du 23 messid. an III doivent être restreintes aux cas spécialement prévus, et ne peuvent s'appliquer, par exemple, à la vente qui aurait lieu entre le propriétaire et le fermier au colon partiaire pendant la durée du bail. — *Bourges,* 6 janv. 1844 (t. 1er 1845, p. 695), Jarre c. Busson de C.

14. — C'était autrefois une question agitée que de savoir si la nullité de la vente des grains en herbe pouvait être invoquée par tous, ou seulement par le vendeur, et Pothier décidait dans ce dernier sens. Aujourd'hui la question se présente encore ; or, en présence de l'esprit de la loi du 6 messid. an III, qui, notamment dans son art. 3, porte : « Les officiers municipaux, les administrateurs de districts, et de départemens sont spécialement chargés de veiller à l'exécution de la présente loi », nous n'hésitons pas à dire, avec M. Troplong (*loc. cit.*) : « Puisque la prohibition est d'ordre public, tous les intéressés peuvent évidemment s'en prévaloir. » — V. SAISIE-BRANDON, VENTE.

BLESSURES ET COUPS.

Table alphabétique.

CHAPITRE Ier. — *Incrimination.* — *Excuse.* — *Légitime défense.*

BLESSURES ET COUPS. — 1. — Les difficultés que soulève l'incrimination des blessures et coups, soit à raison des circonstances variées dans lesquelles ils se produisent, soit par l'incertitude que laisse toujours l'appréciation de l'intensité de la volonté, soit enfin à cause de la différence dans la gravité des résultats, ont donné naissance à différens systèmes, dont les conséquences varient autant que les points de départ sont éloignés l'un de l'autre.

2. — L'un de ces systèmes, s'attachant au résultat matériel, punit les blessures suivant leur gravité, et laisse au juge le soin de décider quand cette gravité existe et d'apprécier les caractères de chaque blessure. — C'est celui qu'ont suivi notamment les codes autrichien et prussien, qui distinguent pour l'application des peines les lésions graves, les très graves et celles qui mettent la vie en danger ou seulement quelque partie du corps en danger.

3. — Dans un autre système tout opposé, la loi elle-même prévoit chacune des mutilations que peuvent occasionner les coups, et gradue l'échelle de ses pénalités suivant la gravité ainsi appréciée par avance, et sans que le juge ait aucune autre latitude que celle de comparer la lettre de la loi avec l'événement et de décider s'il y est compris. — C'est celui adopté par le Code du 25 sept. — 6 oct. 1791, qui punissait de deux années de détention le coupable de violences ayant occasionné une incapacité de travail pendant plus de quarante jours (partie 2e, tit. 2, sect. 1re, art. 24) ; — de trois années de la même peine lorsque, par l'effet desdites blessures, la personne maltraitée avait eu un bras, une jambe ou une cuisse cassée (art. 22) ; — de quatre années si cette personne avait perdu l'usage absolu d'un œil, d'un membre, ou éprouvé la mutilation de quelque partie de la tête ou du corps (art. 23) ; — enfin, de six années de fers si la victime avait perdu l'usage absolu de la vue, ou des deux jambes, ou des deux bras (art. 24). — Ici, il y a aussi moins d'équité, car le résultat matériel isolé de la volonté de l'agent ne peut exprimer la valeur morale de l'action.

4. — Le Code de 1810 participe des deux systèmes : moins vague que le premier, moins minutieux que le second, il distingue les blessures suivant leur gravité, et pose une règle générale d'après laquelle cette gravité est considérée comme plus ou moins intense, selon que les violences ont produit une incapacité de travail de plus ou de moins de vingt jours : au premier cas, le fait constitue un crime ; dans le second, la loi n'y voit qu'un délit. — Cette

règle, trop absolue, peut souvent se prêter à de fausses appréciations, car si, en général, la gravité du résultat implique la perversité de la cause, ne peut-il point arriver qu'elle soit uniquement le résultat d'accidens étrangers à la volonté du coupable, et dès-lors son châtiment ne pourra-t-il pas, au gré du hasard, être tantôt trop élevé, tantôt trop faible? — Cet inconvénient, toutefois, est singulièrement adouci par la facilité qu'a le juge d'admettre des circonstances atténuantes.—Chauveau et Hélie, *Théorie du Code pénal*, t. 5, p. 373 et suiv.

5. — Les législations étrangères prononcent une peine plus rigoureuse lorsque, abstraction faite du plus ou moins de durée de l'incapacité de travail, il est résulté des blessures, mutilation d'un membre ou d'un organe, ou difformité. — Code brésilien, art. 203, tit. 204; napolitain, art. 358 et 360; prussien, art. 799; de la Louisiane, art. 438. — Notre Code laisse à désirer sur ce point, car certainement une mutilation permanente est plus grave qu'une simple maladie de plus de vingt jours; et, cependant, si elle n'a pas occasionné cette maladie, elle est punie moins grièvement. — Chauveau et Hélie, *ibid.*, p. 378.

6. — Outre les peines portées contre les crimes ou délits qui contribuent à constituer les diverses circonstances qui accompagnent les blessures et les coups ou qui les suivent, l'art. 313 établit une espèce de complicité, de solidarité, lorsque les actes de violence ont été commis en réunion, entre les acteurs véritables et les chefs instigateurs. — C'est l'application du même principe que dans les art. 100, 213 et 441.

7. — Cet article 313 porte : « Les crimes et les délits prévus dans la présente section et dans la section précédente (295 à 318), s'ils sont commis en réunion séditieuse, avec rébellion ou pillage, sont imputables aux chefs, auteurs, instigateurs et provocateurs de ces réunions, rébellion ou pillage qui seront punis comme coupables de ces crimes ou de ces délits, et condamnés aux mêmes peines que ceux qui les auront personnellement commis. »

8. — D'après cet article, et pour que les prévenus soient considérés comme complices des crimes commis en réunion et encourent les mêmes peines que les auteurs eux-mêmes, il suffit du concours de trois conditions : — 1° qu'ils soient déclarés chefs, auteurs, instigateurs, etc., de la réunion ; — 2° que cette réunion soit constante ; — 3° qu'elle ait été accompagnée de rébellion et de pillage. — V. au reste les mots ASSOCIATIONS DE MALFAITEURS, BANDES ARMÉES.

9. — Les violences peuvent, d'après nos lois pénales, se diviser en cinq classes distinctes : — 1° voies de fait et violences légères ; — 2° coups ou blessures n'ayant pas occasionné de maladie ou incapacité de travail pendant plus de vingt jours ; — 3° coups ou blessures ayant occasionné une maladie ou une incapacité de travail pendant plus de vingt jours ; — 4° coups ou blessures ayant occasionné la mort ; — 5° coups ou blessures accompagnés de circonstances aggravantes.

10. — Considérées en elles-mêmes et comme objet principal d'incrimination, les violences forment dans la loi pénale des crimes ou délits auxquels, en raison de leur gravité ou des circonstances à part dans lesquelles ils se produisent, le législateur a donné des dénominations spéciales et consacré des dispositions particulières ; tels sont les cas de *castration, d'avortement, substances nuisibles, recrutement* (*mutilation*), *tortures et actes de barbarie*. — Nous examinons sous chacune de ces matières les questions auxquelles elles peuvent donner lieu, et nous nous bornons, par conséquent, ici à y renvoyer. — Quant aux violences qui ne forment que des circonstances aggravantes d'autres crimes ou délits, notamment celles qui viennent en aide aux *attentats à la pudeur*, aux *vols*, celles qui sont exercées dans des *séditions*, *par des attroupemens*, etc., etc., c'est, à plus forte raison, encore sous les mots principaux auxquelles elles peuvent s'adjoindre que nous en examinons et apprécions les effets.

11. — Les actes de barbarie et tortures commis par les malfaiteurs pour l'exécution de leurs crimes sont assimilés à l'assassinat et punis de la même peine. — C'est sous ce mot que nous examinons la nature de ce crime. — V. ASSASSINAT.

12. — « Les blessures et coups sont excusables comme le meurtre lorsqu'ils ont été provoqués par des coups ou violences graves envers les personnes (C. pén., art. 321), ou s'ils ont été commis en repoussant pendant le jour l'escalade ou l'effraction des clôtures, murs ou entrée d'une maison ou appartement habité ou de leurs dépendances (art. 322). — « Lorsque le fait d'excuse sera prouvé, s'il s'agit d'un crime emportant la peine de mort ou celle des travaux forcés à perpétuité, ou celle de la déportation, la peine sera réduite d'un an à cinq. — S'il s'agit de tout autre crime, elle sera réduite à un emprisonnement de six mois à deux ans. — Dans ces deux premiers cas, les coupables pourront de plus être mis par l'arrêt ou le jugement sous la surveillance de la haute police pendant cinq ans au moins et dix ans au plus. — S'il s'agit d'un délit, la peine sera réduite à un emprisonnement de six jours à six mois (art. 326). » — V. du reste les mots EXCUSE, LÉGITIME DÉFENSE.

13. — De même, « il n'y a ni crime ni délit lorsque..... les blessures et les coups étaient ordonnés par la loi et commandés par l'autorité légitime (C. pén., art. 327)..... ou lorsqu'ils étaient commandés par la nécessité actuelle de la légitime défense de soi-même ou d'autrui (art. 328). — Pour le développement de ces articles et l'explication de ce qu'on doit entendre par l'expression *légitime défense*, V. ce mot.

CHAPITRE II. — *Voies de fait et violences légères.*

14. — Les voies de fait sont ou *réelles*, c'est-à-dire exercées sur les propriétés, les choses, ou *personnelles*, lorsqu'elles s'adressent aux personnes mêmes. — « La voie de fait diffère de la violence, d'après Jousse (Comm. ord. 1667, tit. 8, art. 2), en ce que celle-ci suppose de la résistance, ce que ne suppose point la voie de fait. »

15. — En général, la loi pénale n'incrimine et ne punit les voies de fait *réelles* qu'autant qu'elles intéressent l'ordre public : c'est même en ce sens que le décret du 22 flor. II (art. 2) portait que les peines édictées par les art. 1er, 2, 3, 4 et 6 de la sect. 4e, au tit. 1er, partie 2e, C. pén. de 1791, seraient infligées à quiconque emploierait, même après l'exécution des actes émanés de l'autorité publique, soit des violences, soit des voies de fait pour interrompre cette exécution ou en faire cesser l'effet.

16. — La cour de Cassation avait jugé que ce décret était encore en vigueur depuis le Code pénal de 1810, et décidé, par suite, que celui qui, après avoir été dépossédé en vertu d'un jugement souverain, s'immisce par voie de fait et par violences dans la culture des biens qu'il avait été condamné à délaisser, commettait un délit emportant peine afflictive et infamante. — *Cass.*, 7 juin 1811, Balonchard. — Mais le conseil d'état, consulté sur la question par suite d'un référé de la cour de Cassation dans cette même affaire, a donné, le 4 fév. 1812, un avis approuvé le 8 et inséré au *Bulletin des lois*, par lequel il déclare que le décret du 22 floréal an II a été abrogé par l'art. 484 du Code pénal, parce que cet article n'a conservé que les anciennes lois et les anciens réglemens rendus dans des matières qui n'ont pas été réglées par le nouveau Code, et qu'en conséquence les faits qui avaient servi de base aux poursuites ne pouvaient donner lieu qu'à une action civile.

17. — Mais il en serait autrement, et il y aurait lieu à l'application de l'art. 456, C. pén., si la reprise de possession avait été effectuée à l'aide d'une destruction de clôture. — *Cass.*, 5 fév. 1829, Armand. — V. DESTRUCTION DE CLOTURES.

18. — Le Code pénal, sauf dans quelques cas particuliers, prévus presque tous dans la sect. 8e, liv. 3, ch. 2, n'incrimine donc plus que les voies de fait et violences personnelles. — C'est aussi de celles-ci exclusivement que nous nous occupons ici.

19. — On doit considérer comme *voies de fait* et *violences légères* celles qui ne constituent pas des *coups* ou n'occasionnent aucune *blessure* ou *maladie*. — *Nancy*, 6 août 1842 (t. 2 1843, p. 265), Viviat c. Ortel.

20. — Ainsi, le fait de cracher à la figure de quelqu'un constitue une voie de fait. — *Rennes*, 9 fév. 1835, M...; *Douai*, 15 fév. 1844 (t. 2 1844, p. 469), D... c. N...

21. — De même, l'acte de pousser quelqu'un lorsqu'il n'en résulte pas de chute. — Chauveau et Hélie, *ibid.*, p. 381.

22. — ... Ou celui de le tirer par ses vêtemens. — Mêmes auteurs, *ibid.*

23. — Les voies de fait et violences légères proprement dites, c'est-à-dire celles qui ne concourent pas à la constitution de délits ou contraventions particulières (par exemple, d'injures ou de jets de corps durs), ne sont pas prévues et réprimées par le Code de 1810.

24. — L'art. 18, tit. 1er, L. 19-22 juill. 1791, prononçait contre les auteurs « de voies de fait ou violences légères dans les assemblées et les lieux publics une amende du tiers de leur contribution mobilière, laquelle ne sera pas au-dessous de 12 livres, et, à la volonté du juge, d'une détention de trois jours dans les campagnes et de huit jours dans les villes. » — L'art. 605, n° 8, C. 3 brum. an IV, punissait « les auteurs de rixes..... *voies de fait ou violences légères*, pourvu qu'ils n'aient blessé ni frappé personne, etc., » de peines de simple police, lesquelles, d'après l'art. 606, ne pouvaient être au-dessous d'une amende de la valeur d'une journée de travail ou d'un jour d'emprisonnement, ni s'élever au-dessus de la valeur de trois journées de travail ou de trois jours d'emprisonnement.

25. — Il avait été jugé que l'art. 605 était applicable non seulement aux voies de fait personnelles, mais même aux voies de fait réelles. Ainsi, celui qui détournait un cours d'eau servant aux besoins d'un voisin dont le droit n'était point contesté, commettait une voie de fait à raison de laquelle il pouvait être traduit au tribunal de simple police. — *Cass.*, 18 messid. an VIII, Gaudner c. Muller.

26. — Jugé également que celui qui, malgré les défenses de l'agent municipal, se permettait de déplacer tous les objets formant l'enceinte du lieu réservé aux agens municipaux pour lire les lois et faire les mariages, dans le temple décadaire, commettait une voie de fait punie par l'art. 605 dudit Code. — *Cass.*, 15 prair. an VIII, habitans de Chatel-Censoir.

27. — Mais Merlin, dont les conclusions conformes à cette jurisprudence sont rapportées en ses *Questions de droit*, v° *Voie de fait*, § 1er, ajoute qu'il a changé d'avis après de plus mûres réflexions : l'art. 605, C. 3 brum an IV, puisé, dit-il, dans l'art. 19, tit. 1er, L. 22 juill. 1791, qui n'était relatif qu'aux voies de fait et violences exercées dans les *assemblées ou lieux publics*, n'en a point étendu le sens, ainsi que le dénotent suffisamment ces mots, « *pourvu qu'ils n'aient ni blessé ni frappé personne,* » qui ne peuvent évidemment pas s'appliquer aux choses. — Au surplus, comme il le fait remarquer, la question a cessé d'être douteuse depuis la publication de l'avis du conseil d'état, approuvé le 8 fév. 1812.

28. — Jugé dans tous les cas que le refus fait par une jeune fille de consentir à un mariage après avoir signé le contrat qui en devait régler les conventions civiles, ne peut être rangé parmi les violences et voies de fait punies par l'art 605, C. 3 brum. an IV, et ne peut, sous aucun rapport, être regardé comme un délit. — *Cass.*, 22 messid. an XIII, Zundore c. Ferdinand.

29. — On s'est demandé si, dans le silence du Code pénal sur ce point, et en présence de son art. 484, les deux dispositions que nous venons de rappeler de la loi de 1791 et du Code de brumaire an IV, avaient continué d'être en vigueur, et pouvaient encore être appliquées. — La cour de Cassation paraît avoir d'abord penché pour la négative, en décidant que lorsqu'un arrêt de Cour d'assises est cassé pour avoir prononcé des peines contre un individu convaincu d'avoir exercé des violences et des voies de fait sans coups ni blessures, *ce fait n'étant point un délit qualifié par la loi*, il n'y avait lieu à aucun renvoi. — *Cass.*, 15 oct. 1813, Hartmann.

30. — Mais, depuis, elle est revenue à une interprétation contraire, et a jugé que les tribunaux devaient continuer d'appliquer aux voies de fait et violences non prévues par le Code pénal les dispositions spéciales des deux lois de 1791 et de l'an IV. — *Cass.*, 30 mars 1832, Kervevan. — Carnot, *C. pén.* art. 484, n° 16; Chauveau et Hélie, *ibid.*, p. 380; Merlin, *Rép.*, t. 18, p. 509.

31. — ... Qu'ainsi, le fait d'avoir saisi par derrière une personne, avec violence, et de lui avoir rempli la bouche avec du son, devait être puni d'une peine de simple police, en vertu de l'art. 19, n° 2, tit. 1er de la loi du 19-22 juillet 1791. — *Cass.*, 14 avr. 1821, Chalier.

32. — ... Que le fait de cracher à la figure de quelqu'un constitue une voie de fait prévue et réprimée par les art. 600 et 605, C. 3 brum. an IV. — *Rennes*, 9 fév. 1835, M...; *Douai*, 15 fév. 1844 (t. 2 1844, p. 469), D... c. N...

33. — Toutefois cette doctrine est susceptible d'une sérieuse controverse que l'on peut résumer ainsi : « Les nombreuses dispositions de l'art. 605 C. 3 brum. an IV, ont été reproduites presque littéralement dans le Code pénal de 1810 : on considérait cet article comme entièrement abrogé, et il était même tombé dans l'oubli, lorsque la cour de Cassation en a ressuscité, non pas un membre, mais quelques mots pris arbitrairement dans le cours d'une phrase. L'arrêt qu'elle a rendu le 15 oct. 1813 (aff. Hartmann) témoigne qu'à cette épo-

que elle ne songeait pas à un pareil expédient. Il s'était en effet écoulé trop peu de temps depuis l'avis du conseil d'état du 8 fév. 1812 pour qu'elle s'écartât des principes qu'il a consacrés : « L'art. 484, C. pén., dit cet avis du conseil d'état, fait clairement entendre que l'on doit tenir pour abrogées toutes les anciennes lois, tous les anciens réglemens qui portent sur des matières que le Code a réglées, quand même ces lois et réglemens prévoieraient des cas qui se rattachent à ces matières, mais sur lesquels ce Code est resté muet. » Cette proposition s'applique parfaitement à notre espèce : la matière des violences et voies de fait a été réglée dans le tit 2, liv. 3, C. pén., depuis leur plus haute gravité jusqu'aux simples coups et blessures. L'art 479, n° 8, même Code, a prévu celles qui auraient simplement troublé la tranquillité des habitans; les violences légères ne sont autre chose qu'un *cas* particulier se rattachant à la matière : pourquoi le législateur les a-t-il passées sous silence, alors qu'il reproduisait toutes les autres dispositions du même article? C'est incontestablement parce qu'il n'a voulu les considérer ni comme un délit ni comme une contravention. Dira-t-on qu'il les a oubliées! S'il en est ainsi, il n'appartient qu'à lui seul de combler la lacune. En ordonnant aux tribunaux de continuer à observer les anciennes dispositions dans les matières réglées par les lois et réglemens *particuliers* (V. art. 484), il n'a eu en vue que les lois relatives à certaines matières spéciales, telles que l'exercice de la médecine, la chasse, les contributions indirectes, etc.; or, le Code 3 brum. an IV est une loi générale qu'on ne saurait confondre avec les lois et réglemens *particuliers*. Notre législation ne serait qu'un chaos si l'on étendait la jurisprudence que nous combattons à toutes les autres dispositions des Codes de 1791 et de l'an IV, qui ne sont pas absolument incompatibles avec celles des nouveaux codes. Enfin l'article dont on veut appliquer un fragment contient dans son propre texte la preuve de sa non existence : il prononce des peines de simple police contre les auteurs de rixes, attroupemens injurieux ou nocturnes, voies de fait et violences légères, *pourvu* qu'ils n'aient blessé ni frappé personne *et qu'ils ne soient pas notés, d'après les dispositions de la loi du 19 juill. 1791, comme gens sans aveu, suspects ou mal intentionnés, auxquels cas ils ne peuvent être jugés que par le tribunal correctionnel*. — Tout le monde sait que depuis nombre d'années le registre prescrit par l'art 1er, L. 19-22 juillet 1791, ne se tient dans aucune commune. Il y a donc impossibilité de déterminer la juridiction compétente. Comment prétendre que l'art. 605 précité est toujours en vigueur, lorsqu'il est constant que le registre, qui était l'une des conditions de son application, est tombé en désuétude? Ne faudrait-il pas, d'ailleurs, ressusciter aussi l'art. 28, tit. 2, même L. 1791? En vérité, si l'on considère que tout ce qui a rapport au lambeau de la loi dont il s'agit est, dans le néant, on ne peut pas concevoir qu'il continue de subsister. — Toutes ces raisons, si elles ne sont pas de nature à amener un changement dans la jurisprudence de la cour de Cassation, nous paraissent fort graves et susceptibles, du moins, d'une attention toute spéciale. — Henrion de Pansey, *Comp. Juge de paix*, ch. 19, p. 143.

34. — Quoi qu'il en soit, et d'après la jurisprudence de la cour de Cassation, c'est aux tribunaux de simple police et non aux tribunaux correctionnels que doivent être soumises les simples voies de fait et les violences légères, puisqu'elles ne constituent, en définitive, que des contraventions. — *Cass.*, 1er fruct. an X, Muttet; 8 oct. 1807, Buret; 10 mars 1810 (intérêt de la loi), Operto. — V. conf. *Nancy*, 6 août 1842 (t. 2 1843, p. 665), Viviat c. Ortel.

35. — Mais toutes les fois que les mauvais traitemens sortent de la classe des voies de fait et violences légères, pour rentrer, comme blessures ou coups, dans les prévisions du Code pénal, c'est le tribunal correctionnel qui reste seul compétent, et même la cour d'assises, lorsque les coups et blessures ont été accompagnés des circonstances aggravantes spécialement désignées par la loi.

36. — C'est ainsi qu'il n'appartient point au tribunal de simple police de statuer lorsque le prévenu a frappé le plaignant à coups de poings ou de pieds. — *Cass.*, 10 mars 1810 (int. de la loi), Operto; 18 flor. an VII, Hervet-Bailleul; 16 frim. an IX, Olive; 25 pluv. an XIII, Saint-Laurent c. Lecouturier; 7 mars 1817 (intérêt de la loi), Denis.

37. —.... Ou qu'il l'a traîné par les cheveux et frappé. — *Cass.*, 23 frim. an VII, N...; 3 sept. 1807, Crépinel.

38. —... Qu'il lui a donné un coup de cognée sur les reins. — *Cass.*, 25 fruct. an VII, N...

39. — ...Ou qu'un citoyen a été blessé, ou même simplement frappé soit avec, soit sans effusion de sang. — *Cass.*, 8 oct. 1807, Buret; 1er fruct. an X, Muttet; 13 fruct. an VII, Bonnard; 19 brum. an VIII (intérêt de la loi), Schenin; 29 mess. an VIII (intérêt de la loi), Martin; 19 germ. an IX, Delattre; 17 pluv. an X (intérêt de la loi); 11 mess. an X, Dorcy c. Michel; 4 fruct. an XI (intérêt de la loi), Schule Mohr et autres; 5 prair. an XII, Philisot; 29 messid. an XIII (intérêt de la loi), Renault; 27 déc. 1806 (intérêt de la loi), Legrand; 7 déc. 1810 (intérêt de la loi), Pasquier et Gounet.

40. —...Ou que des pierres ont été lancées qui l'ont atteint et l'ont blessé. — *Cass.*, 26 brum. an XII (intérêt de la loi), Vandeau; 16 flor. an XIII, Reynier c. Gaudion. — Mais si la pierre n'avait atteint personne, il n'y aurait qu'une simple tentative de coups ou blessures non prévue par la loi pénale.

41. — ... Ou lorsque le plaignant a reçu des soufflets. — *Cass.*, 27 niv. an X; 16 août 1810, Ménestrier c. Bresson.

42. — ... Ou des coups de fouet qui lui ont fait une empreinte. — *Cass.*, 9 nov. 1810, Conard.

43. — ... Quand il se plaint d'avoir été frappé de coups de bâton. — *Cass.*, 16 thermid. an XI (intérêt de la loi), Masse et Thuret; 5 nov. 1807 (intérêt de la loi), Villamin.

44. —...Lorsqu'un coup de pioche a été porté qui a fait une incision au second doigt de la main gauche de la main, ce qui lui a fait répandre beaucoup de sang. — *Cass.*, 17 thermid. an XI (intérêt de la loi), Chappier et Lemoine.

45. —...Lorsque les violences et voies de fait ont été suivies d'effusion de sang. — *Cass.*, 3 juin 1808, N...

46. — ... Ou qu'elles ont été telles que le visage et le corps en sont mutilés. — *Cass.*, 12 oct. 1810, Bouillot.

47. — Le tribunal de simple police est encore incompétent pour connaître d'une plainte qui porte non seulement sur des injures verbales, mais encore sur un soufflet dont les injures ne doivent être regardées que comme un accessoire. — *Cass.*, 19 oct. 1809, Castagneto; 27 déc. 1806 (intérêt de la loi), Legrand; 25 janv. 1810, Pizani.

48. —...De même que pour statuer sur des plaintes réciproques, dont l'une a pour objet des injures et violences légères, mais dont l'autre comprend des coups violens qui ont mis la personne battue dans l'impossibilité de se servir de son bras pendant plusieurs jours. — *Cass.*, 9 juill. 1807, Queray c. Lemarchand. — Si la première plainte portée au tribunal de police était celle relative aux violences légères, il ne pourrait pas en être dessaisi au gré du prévenu qui viendrait ensuite lui soumettre une action excédant les bornes de sa compétence : il devrait donc statuer sur la première et renvoyer l'autre devant qui de droit; mais si, au contraire, après avoir été saisi d'une plainte en coups et blessures il l'était réconventionnellement d'une plainte en violences légères se rattachant au délit correctionnel, il y aurait lieu de se déclarer incompétent sur l'accessoire comme sur le principal et de renvoyer les parties à procéder sur le tout. — V. Code inst. crim., art. 192.

49. — Lorsque dans une rixe, il a été porté des coups, fait des plaies et des contusions, le tribunal de simple police est incompétent pour en connaître, sous la qualification de tapage nocturne. — *Cass.*, 30 oct. 1813 (intérêt de la loi), Hudelot. — Carnot, *C. pén.*, sur l'art 479, t. 2, p. 618, n° 35.

50. — Le fait d'avoir jeté à un individu des mottes de terre et des pierres dont il a été atteint, mais sans avoir été blessé, constitue le délit prévu par l'art. 311, C. pén., et non la simple contravention de police prévu par l'art. 475, même Code. — *Metz*, 30 nov. 1818, N...

51. — L'art. 8 de la loi du 18 pluv. an IX attribuait aux tribunaux spéciaux la connaissance des *vols sur les grandes routes, avec violences, voies de fait*, et autres circonstances aggravantes du délit. — Mais il faut entendre cet article dans ce sens que les violences et voies de fait ne pouvaient être soumises à une semblable juridiction qu'autant qu'elles constituaient des circonstances aggravantes du crime de vol sur une grande route, mais non quand elles étaient isolées et formaient l'objet principal de l'incrimination. — *Cass.*, 29 messid. an IX, Fialon.

CHAPITRE III. — *Blessures et coups n'ayant pas occasionné une maladie ou incapacité de travail pendant plus de vingt jours. — Blessures et coups involontaires.*

52. — Lorsque les violences et les voies de fait se traduisent en coups ou occasionnent des blessures, le Code pénal leur inflige une peine plus ou moins sévère suivant leur gravité. Cette incrimination fait l'objet des art. 309 à 311 lorsque les coups et blessures sont volontaires, et des art. 319 et 320 lorsqu'ils sont involontaires.

53. — *Blessures et coups volontaires.* — Le mot *blessures*, dont le Code pénal ne limite pas la portée, embrasse dans sa généralité toutes les lésions corporelles qui résultent du choc ou du rapprochement d'un corps dur ou doué d'une qualité malfaisante, notamment les contusions, plaies, ecchymoses, excoriations, fractures, brûlures même. — Chauveau et Hélie, *ibid.*, p. 383.

54. — Il comprend même les lésions internes ou maladies qu'auraient causées des substances imprudemment préparées dans des vases de plomb, de cuivre, etc. — *Paris*, 20 août 1841 (t. 1er 1843, p. 190), Steinacher.

55. — Les *coups* n'ont pas davantage été définis. On doit entendre par ce mot tout choc violent d'un corps étranger avec le corps humain, quand il n'en est résulté aucune lésion, et alors même qu'il n'en est pas resté de traces.

56. — Ainsi, le fait d'avoir donné un soufflet à quelqu'un, constitue un coup, et rentre dans la disposition de l'art. 311, C. pén. — *Cass.*, 27 niv. an X (intérêt de la loi), Thuron; 26 brum. an XII (intérêt de la loi), Vandeau; 19 oct. 1809, Castagneto; 25 janv. 1810, Pizani; 16 août 1810, Menestrier c. Bresson.

57. — Il en de même du fait d'avoir frappé à coups de poing et à coups de pied. — *Cass.*, 23 frim. an VII, N...; 18 flor. an VII, Bailleul; 16 frim. an IX, Olive; 10 mars 1810 (intérêt de la loi), Operto; 7 mars 1817 (intérêt de la loi), Denis.

58. — .. Ou de violences exercées, soit à l'aide de bâtons, cordes, etc. — *Cass.*, 16 thermid. an XI (intérêt de la loi), Masse; 5 nov. 1807 (intérêt de la loi), Villamin; 9 nov. 1810, Conard; — Chauveau et Hélie, *ibid.*, p. 384.

59. — ... Soit avec des pinces et des mottes de terre volontairement lancées. — *Cass.*, 26 brum. an XII (intérêt de la loi), Vandeau; 16 flor. an XIII, Reynier c. Gaudion; *Metz*, 30 nov. 1818, N....

60. —... Soit avec une pioche. — *Cass.*, 17 thermid. an XI (intérêt de la loi), Chappier.

61. — ... Ou une cognée. — *Cass.*, 25 fructid. an VII, N...

62. — ...Ou du fait de saisir un individu au corps, et de le jeter à terre, avec force. — *Cass.*, 15 oct. 1813, Hartmann; 27 nov. 1806, Kummel; *Bourges*, 10 sept. 1829, Bougaut; *Cass.*, 22 août 1834, Tisserand.

63. —...Ou de celui de le pousser simplement, mais de manière à lui occasionner une chute, car, ainsi que le dit l'arrêt ci-dessus, du 22 août 1834 : « Il importe peu qu'un corps dur soit poussé contre une personne, ou que la personne soit poussée contre le corps dur. » — V. le n° qui précède.

64. — L'expression générale de coups, qui se trouve dans les art. 309 et 311, C. pén., ne limite pas le crime ou le délit au cas seulement où plusieurs coups auraient été portés. Un seul peut suffire pour motiver l'application de ces articles. — *Cass.*, 5 mars 1831, Brishoual.

65. — Du reste, les mots *coups* ou *blessures* ne sont pas sacramentels, et peuvent être remplacés par des équivalens, pourvu qu'il n'y ait aucun doute sur leur existence matérielle. — Chauveau et Hélie, *ibid.*, p. 384.

66. — Le mot *violences* dont se sert l'art. 309 est un synonyme des expressions *coups et blessures* qui y sont également employées, et n'indique point une circonstance aggravante du sens naturel de ces mots. — *Cass.*, 2 juill. 1835, Roubignac.

67. — La déclaration du jury portant qu'un fils est coupable de mauvais traitemens *envers* son père et *envers* son beau frère, ne rentre donc dans aucun des cas prévus par les art. 311 et 312, C. pén., et ne peut servir de base à l'application de la loi pénale; il faut que l'accusé ait été déclaré coupable de coups et blessures *sur* les personnes de son père et de son beau-frère. — *Cass.*, 10 oct. 1822, Denis. — Carnot. sur l'art. 312, *C. pén.*, t. 2, p. 53, n° 3; Bourguignon, sur le même article, *Jurisp. des codes crim.*, t. 3, p. 286, n° 2. — Evidemment, des mauvais traitemens *envers* quelqu'un n'impliquent pas une violence physique *sur* sa personne.

68. — Les coups et blessures constituent des délits différens selon qu'ils sont *volontaires* ou le résultat de l'*imprudence* ou de la *négligence*; il est indispensable, pour qu'il soit possible d'attribuer à chacun d'eux le caractère qui lui est propre, de déclarer expressément l'existence de cette volonté.

69. — Le Code pénal ne portait pas le mot *volontairement* dans son art. 309; c'est la loi du 27 avril 1832 qui, pour rendre toute hésitation impossible, l'a ajouté à cet article; mais avant comme depuis ladite loi, la doctrine et la juris-

prudence étaient unanimes sur la nécessité d'exprimer dans toutes les incriminations de coups et blessures, l'existence de *la volonté*, pour autoriser l'application des art. 309 et suiv. C. pén. — *Cass.*, 19 mars 1812, Best; 27 fév. 1824, Cazarré; 10 mars 1826, Cornut; 22 août 1828, Dutoya; 12 janv. 1832, Chenelière; 10 fév. 1832, Fanjaux.—Carnot, *C. pén.*, art. 309, n° 9; Legraverend, *Lég. crim.*, t. 2, ch. 2, p. 251, note 2; Chauveau et Hélie, *Th. C. pén.*, t. 5, p. 387.

70. — Il en est de même, à plus forte raison, depuis la loi de 1832. — *Cass.*, 26 déc. 1834, Godard; 2 juill. 1835, Ravazin; 18 juill. 1840 (t. 2 1841, p. 76), Degain; 28 déc. 1841 (t. 1er 1842, p. 45), Fabre; 26 déc. 1844 (t. 1er 1845, p. 486), Fagot.

71. — Des coups donnés dans la chaleur d'une rixe ne peuvent être considérés comme portés involontairement qu'autant qu'ils auraient été reçus par une autre personne que l'adversaire de l'accusé dans cette rixe. — *Cass.*, 8 déc. 1826, Reval.

72. — Est contradictoire et nulle la réponse par laquelle le jury déclare un accusé coupable d'avoir porté volontairement des coups, mais par imprudence. — *Cass.*, 4 août 1826, Baldeck; 9 sept. 1826 (intérêt de la loi), Auger.

73. — ...Ou que l'accusé est convaincu d'avoir commis volontairement des excès et blessures, mais qu'il ne les a pas commis méchamment et à dessein de crime. — *Cass.*, 4 mess. an XI, Binot.

74. —...Ou qu'il a fait une contusion volontairement à un individu qui est mort des suites de cette blessure, mais qu'il n'a pas agi méchamment et à dessein de crime. Le concours d'une provocation violente n'empêche pas qu'il y ait contradiction. — *Cass.*, 20 nov. 1806, Portail. — Merlin, *Répert.*, v° *Contradiction (jug.)*, n° 2. — L'excuse atténue mais ne détruit pas le délit : son existence n'influe donc pas sur la question.

75. — L'emploi du mot *coupable* ne dispenserait pas le jury de s'expliquer sur chacun des caractères constitutifs du crime ou délit, et ne suppléerait point, notamment, à la déclaration de la *volonté*. — Chauveau et Hélie, t. 5, p. 587.

76. — Si la volonté portait sur l'intention de tuer, ce serait le crime de meurtre ou d'assassinat, et non plus simplement des blessures, des coups. — *Cass.*, 14 fév. 1817, Ristch; 6 juill. 1832, Laforge. — V. ASSASSINAT, HOMICIDE, MEURTRE.

77. — Du reste, l'arme qui a servi à faire les blessures n'emporte pas par elle-même et nécessairement la volonté de tuer, quelque dangereuse qu'elle puisse être. — Chauveau et Hélie, *ibid.*, t. 2, p. 49, et t. 5 p. 388.

78. — Ainsi, aucune disposition de loi n'a attaché le caractère d'une tentative de meurtre à des blessures, par cela seul qu'elles ont été faites avec une arme meurtrière ; il faut, pour qu'il y ait tentative de meurtre, qu'elles aient été faites avec le dessein de tuer. — *Cass.*, 14 déc. 1820 (réglement de juges), Vinciguerra.

79. — La cour de Cassation a décidé que la *volonté* pouvait être exprimée implicitement, et, par exemple, qu'elle résultait nécessairement de la circonstance de la *réitération* des coups. — *Cass.*, 28 déc. 1827, Rimpi; 19 sept. 1828, Neulander.

80. — Il n'est donc pas nécessaire, à peine de nullité, que, dans une accusation de coups et blessures, le mot *volontairement* soit compris dans la question soumise aux jurés. — La volonté de l'accusé peut résulter de toute autre expression équivalente, et notamment de la circonstance que les coups auraient été portés *depuis un an et à réitérées fois*. — *Cass.*, 20 fév. 1841 (t. 1er 1842, p. 46), Simon.

81. — Mais la simple circonstance de la *pluralité* dans les coups ne peut suppléer à la mention de la volonté. — *Cass.*, 23 déc. 1841 (t. 1er 1842, p. 45), Fabre.

82. — Il faut, en effet, se garder de confondre la *réitération* avec la *pluralité* dont cet arrêt ne fait pas résulter la preuve de la volonté ; il est évident que le plus ou moins grand nombre des coups donnés dans une seule circonstance ne peut faire supposer un parti pris, la *volonté* enfin, comme le renouvellement des circonstances elles-mêmes dans chacune desquelles un ou plusieurs coups seraient portés.

83. — Quant aux violences mentionnées en l'art. 309 C. pén., comme elles ne sont pas une circonstance aggravante des coups et blessures, il n'est pas nécessaire qu'elles soient exprimées dans la déclaration de culpabilité pour motiver une condamnation. — *Cass.*, 2 juill. 1835, Roubignac. — Il est évident, en effet, que dans cet article le mot *violences* ne se distingue pas des mots *coups et blessures*, et n'a été employé que pour éviter une répétition (motifs de l'arrêt).

84. — Du reste, il importe peu que les blessures aient été faites du consentement du blessé ; elles n'en sont pas moins punissables. — *Cass.*, 2 juill. 1835, Roubignac.

85. — Par suite, celui qui mutile volontairement un conscrit pour le rendre impropre au service, commet le délit de blessures volontaires, prévu par les art. 309 et suiv., C. pén., encore bien que la mutilation soit faite du consentement de la victime. — *Cass.*, 13 août 1812, Mongenot; 13 août 1813, même affaire. — La loi du 21 mars 1832, art. 41, prononce des peines contre les complices des conscrits qui se sont rendus impropres au service, et renvoie au C. pén. pour les cas les plus graves. — V. RECRUTEMENT.

86. — On décide, d'après le même principe, que celui qui donne volontairement la mort à un individu sur sa demande, commet un homicide volontaire et ne peut être considéré comme simple complice d'un suicide. — *Cass.*, 16 nov. 1827, Lefloch. — V. MEURTRE, SUICIDE.

87. — Il en est de même en cas de blessures faites en duel. — V. DUEL.

88. — Lorsque les coups ou blessures restent dans les limites des simples délits, c'est aux tribunaux correctionnels qu'il appartient d'en connaître et de prononcer les peines encourues. — C'est ce qui a lieu quand il n'a été porté que des coups de poing, de pied ou autres, des soufflets, qu'il n'y a eu que des cheveux arrachés. — *Cass.*, 10 mars 1810 (intérêt de la loi), Operto; 1er fruct. an X, Muttet; 23 frim. an VII, N... ; 18 flor. an VII, Bailleul; 25 fruct. an VII, N... ; 29 messid. an VIII, Martin; 16 frim. an IX, Olive; 27 niv. an X (intérêt de la loi), Thuron ; 5 prair. an XII, Philisot; 25 pluv. an XIII, Gilles Saint-Laurent c. Lecouturier; 29 messid. an XIII (intérêt de la loi), Renault; 3 sept. 1807, Crépinel; 25 janv. 1810, Pizani; 16 août 1810, Ménestrier c. Bresson; 7 déc. 1810 (intérêt de la loi), Pasquier et Gounet ; 7 mars 1817 (intérêt de la loi), Denis.

89. — ... Ou lorsqu'il n'y a eu que de simples blessures, ou coups avec effusion de sang, contusions, mutilations. — *Cass.*, 18 fruct. an VII, Bonnard ; 19 germ. an IX, Delattre ; 17 pluv. an X (intérêt de la loi); 11 mess. an X (intérêt de la loi), Dorcy; 4 fruct. an XI (intérêt de la loi), Schule et Mohr ; 27 déc. 1806 (intérêt de la loi), Legrand; 8 oct. 1807; Buret; 3 juin 1808, N... ; 12 oct. 1810, Bouillot.

90. — ... Alors même que les coups auraient été portés avec une cognée, un bâton, une pioche, des pierres, une faucille, un fouet. — *Cass.*, 25 fruct. an VII, N...; 16 thermid. an XI (intérêt de la loi), Masse; 17 thermid. an XI (intérêt de la loi), Chappier ; 26 brum. an XII (intérêt de la loi), Vandeau; 25 pluv. an XIII, Gilles Saint-Laurent c. Lecouturier; 16 flor. an XIII, Reynier c. Gaudion; 5 nov. 1807 (intérêt de la loi), Villamin ; 9 nov. 1810, Conard ; *Metz*, 30 nov. 1818, N...

91. — Et même sous la loi du 18 pluv. an IX, un tribunal spécial n'était pas compétent pour statuer sur un délit de blessures données à la suite d'une dispute. — *Cass.*, 8 vendém. an X, Porta.

92. — Il importerait peu, d'ailleurs, que le délit de blessures et coups se compliquât d'un autre délit ou d'une contravention. — Ce second fait n'en changerait point la nature et n'autoriserait point à en enlever la connaissance aux tribunaux correctionnels. — Dans ce cas, chaque fait conserverait la qualification qui lui est propre, et, eu égard à la connexité, tous pourraient être soumis à la juridiction compétente pour statuer sur celui qui comporte la plus grave incrimination. — *Cass.*, 7 mars 1817 (intérêt de la loi), Denis.

93. — Ainsi, le fait d'avoir, en portant des coups et en exerçant des violences sur la personne d'un individu, occasionné du bruit et du tapage troublant la tranquillité des habitans, ne perd point pour cela le caractère du délit prévu par l'art. 311, C. pén., dont la connaissance appartient au tribunal de police correctionnelle. — *Cass.*, 4 août 1827 (intérêt de la loi), Tournot.

94. — Outre la peine correctionnelle d'emprisonnement et d'amende prononcée par l'art. 311, § 1er, contre les auteurs du simple délit de blessures et coups, l'art. 315 autorise les tribunaux correctionnels à les condamner à la surveillance de la haute police, depuis deux ans jusqu'à dix ans. »

95. — Remarquons sur ce sujet, 1° que cette peine de la surveillance est facultative et non obligatoire pour les juges ; — 2° que par exception aux principes généraux sur la surveillance, le minimum en est fixé à deux ans seulement ; — 3° enfin, que l'article ne s'applique qu'aux cas où les coups et blessures constituent un simple délit, puisque, lorsqu'ils sont qualifiés crimes, la surveillance est un accessoire inséparable de la peine afflictive et infamante qui alors est prononcée. — V. SURVEILLANCE DE LA HAUTE POLICE.

96. — *Blessures et coups involontaires.* — Mais si les blessures ou coups ne sont point le résultat de la volonté chez le coupable, s'ils ne peuvent être attribués qu'à la négligence ou à l'inattention, ce ne sont plus les art. 309 et suiv. qui sont applicables, mais uniquement l'art. 320, C. pén., ainsi conçu : « S'il n'est résulté du défaut d'adresse ou de précaution que des blessures ou coups, l'emprisonnement sera de six jours à deux mois, et l'amende sera de 16 francs à 100 francs. »

97. — Cet article est applicable au jet d'immondices, qui, imprudemment fait sur les passans, aurait produit un homicide ou des blessures. — Le jet d'immondices n'est une simple contravention que lorsqu'il n'a produit aucun dommage. — *Cass.*, 20 juin 1812, Sarabbi. — Carnot, *C. pén.*, art. 319, n° 3; Merlin, *Rép.*, v° *Blessé*, § 3.

98. — ... Aux médecins et officiers de santé qui, par imprudence, ont occasionné à leurs malades des blessures graves. — *Cass.*, 18 sept. 1817, David; *Angers*, 1er avr. 1833, C... c. Chevalier. — Chauveau et Hélie, *Th. C. pén.*, t. 5, p. 477 et suiv. — V. MÉDECINE.

99. — Mais on ne peut considérer comme coupable de blessures involontaires par imprudence, négligence, etc., le propriétaire d'un chien qui, en se plaçant fortuitement entre les jambes d'un passant, lui a occasionné une chute par suite de laquelle ce dernier a eu la cuisse cassée. En conséquence, l'action du blessé contre le propriétaire de l'animal ne constitue qu'une pure action civile, étrangère à la compétence des tribunaux de police correctionnelle. — *Paris*, 16 janv. 1829, Duchon c. Bonjour.

100. — Il en serait autrement si le propriétaire du chien avait, même par forme de plaisanterie, excité cet animal à se jeter dans les jambes du passant. Il y aurait, dans ce cas, de sa part, un fait personnel constituant une imprudence. Le tribunal de répression pourrait donc le considérer comme s'étant ainsi rendu involontairement la cause de l'accident.

101. — Et il a même été jugé que le fait d'avoir excité, par malveillance, un chien qui a mordu un enfant et qui lui a fait des blessures ayant occasionné une incapacité de travail de plusieurs jours, constitue, non la contravention prévue par l'art. 475, n° 7, C. pén., mais un véritable délit de la compétence du tribunal de police correctionnelle. — *Riom*, 3 juin 1829, Fauchon c. Savignat.

102. — Bien que l'art. 320 ne parle que *du défaut d'adresse ou de précaution*, on doit l'interpréter par l'art. 319, auquel il se réfère évidemment, et qui le complète. — On devrait donc l'appliquer aux blessures et coups produits par l'*imprudence*, l'*inattention* et l'*inobservation des réglemens* (Carnot, *C. pén.*, art. 320, n° 1er) ; — et notamment à ceux occasionnés par l'emploi de pièces d'artifice, s'il y a eu inobservation des réglemens et imprudence. — V. ARTIFICE.

103. — Ainsi, celui qui est reconnu coupable d'avoir porté des coups par imprudence ne peut pas être acquitté; il doit être condamné aux peines de l'art. 320, C. pén. — *Cass*, 9 sept. 1826 (intérêt de la loi), Auger.

104. — Le commissaire de police qui, lorsqu'il était chargé de diriger des troupes pour dissiper un rassemblement, s'est mis par son imprudence dans l'impossibilité de faire les sommations légales avant le choc qui a eu lieu entre les militaires et les citoyens, choc dans lequel des blessures ont été faites, est coupable du délit prévu par l'art. 320, C. pén., quoiqu'il ait cherché à suppléer à l'avertissement légal par des cris et des exhortations. — *Grenoble*, 17 avril 1832, Bastide.

105. — Celui qui a commis de simples blessures involontaires par imprudence ne peut pas être condamné à plus de deux mois d'emprisonnement. C'est l'art. 320 et non l'art. 319, C. pén., qui s'applique à ce délit. — *Cass.*, 30 mars 1815, Dollé. — V. du reste, les développemens donnés sous le mot HOMICIDE à l'homicide involontaire, dont les conditions sont les mêmes que celles applicables en matière de coups ou blessures.

106. — L'art. 320 ne parle point du cas où il est résulté des blessures involontaires une incapacité de travail de plus de vingt jours. — Il s'ensuit que la peine doit être la même ; la loi n'ayant pas distingué, on ne peut suppléer à son silence.

CHAPITRE IV. — *Blessures et coups ayant occasionné une maladie ou une incapacité de travail pendant plus de vingt jours.*

107. — Si des blessures faites et des coups portés volontairement il est résulté une incapacité de travail personnel ou une maladie de plus de vingt jours, la peine est celle de la réclusion. — C. pén., art. 309.

108. — La loi du 25 juin 1824 avait, par son art. 6, apporté quelque adoucissement à cette disposition; elle autorisait, sauf dans les cas prévus par les art. 310 (préméditation et guet-apens) et 312 (coups portés à ascendans par le coupable), à réduire la peine à celles déterminées par l'art. 401, C. pén., sans que l'emprisonnement pût être inférieur à trois années.

109. — Et sous l'empire de cette loi, on jugeait que les cours devaient appliquer aux délits reconnus constans toutes les peines prononcées par l'art. 401. — *Cass.*, 16 déc. 1824, Hutin c. Thomas; 29 oct. 1824, Lasoigne.

110. — Mais l'admission, par la loi du 28 avr. 1832, du principe des circonstances atténuantes, a rendu cette modification sans objet. Aussi la loi de 1824 a-t-elle été formellement abrogée par l'art. 103 de celle de 1832.

111. — D'après l'art. 309, l'incapacité de travail et la maladie doivent être le résultat *direct* des blessures et coups, quelle qu'ait été du reste l'influence des circonstances extrinsèques, par exemple, la faiblesse, l'état maladif, etc., de la victime. — Chauveau et Hélie, t. 5, p. 390.

112. — Mais il n'y aurait pas crime, et le fait resterait dans les limites d'un simple délit, si la maladie ne provenait que de causes étrangères aux coups ou blessures.

113. — C'est ainsi qu'il a été jugé que lorsqu'il n'est pas constant que les coups portés par le prévenu, et les blessures par lui faites fussent de nature à occasionner une incapacité de travail de plus de vingt jours, ces coups et blessures ne constituent qu'un délit de police correctionnelle, encore bien que la victime soit décédée avant le vingtième jour, par un effet de la gangrène survenue, à défaut de traitement, et aggravée tant par les chaleurs de la canicule que par un acte d'imprudence. — *Bruxelles*, 17 mars 1840 (réglement de juges), Lauwaert.

114. — Il est presque superflu d'ajouter que la circonstance de l'incapacité de travail pendant plus de vingt jours doit être déclarée par le jury. Elle forme une circonstance aggravante du délit, et non constitutive du crime; aussi doit-elle être comprise dans une question spéciale et distincte de celle sur le fait principal. — *Cass.*, 16 janv. 1841, Michalon.

115. — Par suite, il y a lieu d'annuler comme complexe la question qui réunit le fait principal de blessures et la circonstance de l'incapacité de travail pendant plus de vingt jours. — Même arrêt.

116. — Lorsqu'à la question de savoir si des blessures volontaires ont occasionné une incapacité de travail de plus de vingt jours, le jury a répondu : *Oui, N... n'a pas pu travailler pendant plus de vingt jours*, cette réponse indique nécessairement que l'incapacité de travail n'a pu résulter que des blessures volontaires énoncées dans la question. — *Cass.*, 17 avr. 1834, Auzeville.

117. — En tous cas, la déclaration du jury portant que des coups et blessures ont occasionné une incapacité de travail de plus de vingt jours doit s'entendre d'un travail personnel à l'individu blessé, bien que le mot *personnel* ne se trouve pas dans la réponse du jury. — *Cass.*, 2 juill. 1835, Roubignac.

118. — Par travail personnel, il faut, quoique la distinction soit peut-être différente dans la pratique, entendre un travail *corporel*, et non, ainsi que l'enseigne à tort M. Rauter (*Dr. crim.*, n° 457), le travail *habituel* de la personne blessée. — Autrement le délit puiserait son aggravation dans des circonstances étrangères à son auteur, par exemple, dans la nature et la profession de la victime, et non dans les circonstances intrinsèques du fait. Déjà l'art. 21, sect. 1re, tit. 2, part. 2e, C. de 1791, le voulait ainsi, et employait le mot travail corporel; et rien ne prouve que les rédacteurs du Code pénal aient eu l'intention d'innover en cela, alors surtout que l'orateur du gouvernement voulait que l'incapacité de travail personnel fût absolue, et ne parlait que d'un travail *personnel*. — Carnot, *C. pén.*, art. 309, nos 12 et suiv.; Chauveau et Hélie, t. 5, p. 392; Bourguignon, *C. pén.*, art. 309, n° 2.

119. — C'est également en ce sens que s'est prononcée la jurisprudence, qui considère que l'art. 309, *C. pén.*, est applicable toutes les fois qu'il est constaté que les coups et blessures ont occasionné une incapacité de travail, sans distinction du cas où la personne blessée aurait pu se livrer à certaines occupations. — *Cass.*, 2 juill. 1835. — Bourguignon, *C. pén.*, art. 309, n° 2.

120. — La circonstance que la personne blessée par des coups portés volontairement est allée quelquefois, durant les vingt jours et plus après cette voie de fait, garder les brebis, semer un peu de blé, et une fois au marché, n'empêche pas que l'art. 309, C. pén., ne soit applicable. — *Cass.*, 30 juill., N... — Bourguignon, *ibid.*

121. — De ce que celui qui a reçu une blessure faite volontairement aurait perdu l'usage d'un bras, par l'effet de cette blessure, il ne résulte pas, comme conséquence nécessaire, qu'il ait été pendant plus de vingt jours incapable de tout travail personnel, ni que le fait constitue le crime prévu par l'art. 309, C. pén. — *Cass.*, 14 déc. 1820 (réglement de juges), Giorgi.

122. — Un arrêt de la cour de Cassation de 1834 a posé en principe qu'il y a incapacité de travail personnel dans le sens des art. 309 et 311 C. pén., toutes les fois que le malade ne peut, sans imprudence, se livrer à son travail *habituel*. — Qu'ainsi il y a incapacité de travail pour un garçon jardinier, encore bien qu'il puisse surveiller des ouvriers, mais sans participation personnelle à leurs travaux. — *Cass.*, 21 mars 1834, Bruzeau. — Cet arrêt ne dément pas précisément ce que nous venons de dire sur la nécessité d'une incapacité de travail corporel, car, dans l'espèce où il a été rendu, ce travail *habituel* du blessé était un travail *corporel*. — Peut-être seulement la première proposition est-elle présentée d'une manière trop générale, mais nous croyons qu'elle ne doit être interprétée que relativement seulement à l'espèce dans laquelle elle est intervenue.

123. — Il ne suffirait pas que les traces ou marques des coups ou blessures aient duré plus de vingt jours pour que le fait prît le caractère de crime; il faut que ce soit la maladie ou l'incapacité de travail elle-même, occasionnée par ces coups et blessures. — *Cass.*, 17 déc. 1819, Lomet. — Chauveau et Hélie, t. 5, p. 395.

124. — Car la mutilation, sauf deux cas spéciaux, n'a point par elle-même le caractère d'un crime ou d'un délit; elle n'est considérée que comme aggravation du fait auquel elle se réunit : elle en augmente l'intensité, mais n'en change point le caractère. — Les deux exceptions à cette règle sont : 1° la castration; 2° la mutilation volontaire de jeunes soldats pour les rendre impropres au service militaire. — Ces actes trouvent leur incrimination particulière soit dans l'art. 316 du C. pén., soit dans l'art. 21 de la loi du 21 mars 1832. — V. CASTRATION et RECRUTEMENT.

125 — Néanmoins, un arrêt de la cour de Cassation a décidé que lorsque les coups ou blessures volontaires ont rendu la personne qui les a reçus boiteuse pour sa vie ou pendant plus de vingt jours, le délit rentre dans la disposition de l'art. 409, C. pén. — *Cass.*, 6 juill. (et non mai) 1813, N.... — Carnot, qui rapporte cet arrêt (sur l'art. 309, C. pén., t. 2, p. 47, n° 15), ajoute : « Mais il était résulté sans doute de l'instruction et des débats que cette personne avait été réellement privée pendant plus de vingt jours de se livrer à aucun travail personnel, ce qui était dans la classe des choses possibles. »

126. — La durée de l'incapacité de travail doit être de plus de vingt jours, dans lesquels comptent celui où les blessures ont été faites et celui où le terme expire. — Il faut donc vingt et un jours au moins. — Merlin, *Rép.*, v° *Blessé*, § 1er, n° 5; Legraverend, *Lég. crim.*, t. 2, ch. 2, p. 117; Chauveau et Hélie, t. 5, p. 401; Carnot, *C. pén.*, art. 89.

127. — Dès-lors, l'art. 309, C. pén., est inapplicable, lorsque l'incapacité de travail résultée des coups et blessures a duré seulement pendant vingt jours. — *Cass.*, 9 juill. 1812, Danois.

128. — *A fortiori*, la blessure qui n'a occasionné qu'une incapacité de travail de quinze jours constitue-t-elle un simple délit correctionnel, quoiqu'elle ait été faite avec une arme meurtrière. — *Cass.*, 14 déc. 1820 (réglement de juges), François Vinciguerra.

129. — Jugé cependant que les coups portés à une femme, par suite de sa résistance à un attentat à la pudeur, rendent le coupable justiciable de la cour d'assises et non du tribunal correctionnel, quoiqu'il n'en soit pas résulté une incapacité de travail pendant vingt jours. — *Cass.*, 8 mars 1821 (régl. de juges), Chaballier. — Cette solution ne contredit en rien la doctrine que nous venons d'exposer; car il est évident que les coups portés n'auraient point été considérés ici comme délit ou crime spécial, mais uniquement comme constituant des violences qui, jointes à l'attentat à la pudeur, en faisaient un crime. — Ce n'était point le délit de coups qui était incriminé, mais le crime d'attentat à la pudeur *avec violences*.

130. — Lorsque deux individus ont été mis simultanément en accusation pour avoir porté des coups à la même personne, il n'y a aucune contradiction dans la déclaration du jury portant que les coups portés par l'un d'eux ont occasionné une incapacité de travail de plus de vingt jours par suite de la fracture du bras gauche. — *Cass.*, 5 mai 1824, Dehlinger, — c'est-à-dire que la fracture du bras est l'effet des coups portés par le premier accusé et non de ceux portés par le second. Cette explication lève la contradiction, qui n'est qu'apparente.

131. — La chambre du conseil ne peut, sous le prétexte que des blessures volontaires ayant occasionné une incapacité de travail de plus de vingt jours sont excusables, renvoyer le prévenu en police correctionnelle : il n'appartient qu'au jury de prononcer sur les faits d'excuse. — *Cass.*, 8 janv. 1819, Cazelles; 21 fév. 1828, Delmas; 30 av. 1829, Couronne; 29 mai 1829, Vitout.

132. — En matière de coups et blessures graves, la question relative à une provocation violente porte sur un fait accessoire d'excuse et non sur le fait principal de l'accusation. En conséquence, avant les modifications introduites dans le Code pénal, lorsque cette question avait été résolue par le jury à la majorité simple, il n'y avait pas lieu à une délibération de la part des juges de la cour d'assises sur cette question. — *Cass.*, 15 oct. 1810, Blendl. — Merlin, *Rép.*, v° *Juré*, § 4, et Carnot, sur l'art. 351, *C. inst. crim.*, t. 2, p. 677, n° 10. — D'après les mêmes principes, on déciderait, sous la loi du 9 sept. 1835, que la cour d'assises ne peut surseoir au jugement et renvoyer la cause à la session suivante.

133. — Sous le Code du 3 brum. an IV et la loi des 25 sept. et 6 oct. 1791, lorsque le jury avait déclaré qu'une blessure était la suite d'une provocation violente, le tribunal criminel ne devait prononcer qu'une peine d'emprisonnement, et ne pouvait appliquer celle de deux années de détention. — C. 3 brum. an IV, art. 646. — *Cass.*, 7 fructid. an VIII, Mercourt et Royer; 10 thermid. an X, Vermeulin.

134. — Sous la loi des 25 sept. et 6 oct. 1791, lorsque, d'après la déclaration du jury, des blessures volontairement faites n'avaient point occasionné une incapacité de travail corporel de plus de quarante jours, et lorsque la personne maltraitée n'avait perdu l'usage absolu d'aucun membre, n'avait éprouvé la mutilation d'aucune partie du corps et n'avait eu aucun membre cassé, il ne pouvait être prononcé que des peines correctionnelles. — L. 25 sept. et 6 oct. 1791, 2e part., tit. 2, sect. 1re, art. 19 et suiv.; C. pén., art. 309. — *Cass.*, 18 thermid. an VIII, Devillé.

135. — Sous la même loi, lorsqu'il n'était pas établi par des attestations légales que des blessures qui avaient motivé une poursuite eussent rendu la personne blessée incapable, pendant plus de quarante jours, de vaquer à aucun travail corporel, l'acte d'accusation était nul. — *Cass.*, 5 brum. an VII, Lambert de Burlet. — Ce certificat, quoique utile, n'est cependant plus indispensable. Le Code pénal, art. 309, a, sous ce rapport, modifié la loi de 1791.

136. — Aussi, aujourd'hui, la durée de l'incapacité de travail est fixée par le juge d'après les rapports des gens de l'art, auxquels, du reste, il n'est pas absolument tenu de se conformer s'il a une conviction contraire.

137. — Si le blessé mourait par accident avant l'expiration des vingt jours, le caractère des faits devrait être déterminé d'après la nature des blessures et le terme probable de leur guérison; le doute profiterait au prévenu. — *Bruxelles*, 17 mars 1815, Lauwaert. — Chauveau et Hélie, t. 5, p. 401.

CHAPITRE V. — *Blessures et coups ayant occasionné la mort.*

138. — Avant la loi du 28 avril 1832, la cour de Cassation jugeait que les coups et blessures volontaires qui avaient occasionné la mort constituaient le crime de *meurtre*, alors même que leur auteur n'avait pas eu l'intention de la donner. — *Cass.*, 3 sept. 1807, Lacombe et Besson; 14 fév. 1812, Séraphini; 2 juill. 1819, Chevet; 6 mars 1823, Tisserand; 15 av. 1826, Henniar; 8 sept. 1826, Amen; 26 janv. 1827, David; 13 mars 1828, Roux; 18 sept. 1828, Guibert; 16 juill. 1829), Bourlery; 12 mars 1831, Hervé-Ansquer; 16 mai 1840 (t. 2 1842, p. 617), Astier.

139. — ... Et que même il y avait nullité dans la réponse du jury, lorsqu'après avoir reconnu l'accusé coupable de coups volontaires ayant occasionné la mort, il ajoutait qu'il n'avait pas eu l'intention de la donner. — *Cass.*, 15 janv. 1835, Aubert.

140. — ... Et contradiction si la déclaration portait que l'accusé n'était pas coupable de meurtre, mais seulement de coups ayant occasionné la mort de la victime. — *Cass.*, 28 av. 1826, Guilhot.

141. — Ces solutions avaient pour motif que celui qui a volontairement fait des blessures ou porté

des coups se rend coupable des suites qu'ils peuvent avoir; mais elles exagéraient la portée de la loi. — Aussi, pour faire cesser une semblable jurisprudence, la loi du 28 av. 1832 a-t-elle ajouté à l'art. 309 du C. pén. l'alinéa suivant : — « Si les coups portés ou les blessures faites volontairement, mais sans intention de donner la mort, l'ont pourtant occasionnée, le coupable sera puni des travaux forcés à temps. » — V. MEURTRE.

142. — La cour de Cassation a toutefois jugé, par application du décret du 23 juill. 1810, que lorsque le crime de blessure ayant occasioné la mort sans intention de la donner est antérieur à la loi de 1832, on doit aujourd'hui ne lui appliquer que la peine la plus douce de cette loi. — *Cass.*, 16 mai 1840 (t. 2, 1842, p. 617), Astier.

143. — L'homicide involontaire résultant de coups ou blessures volontairement portés ou faits forme donc aujourd'hui un crime distinct et spécial; mais il est essentiel, d'après l'art. 309, que la mort soit bien le résultat des blessures, et qu'il y ait entre elles une relation, un lien direct.

144. — Dans une accusation de meurtre, les coups et blessures volontaires constituent le fait principal. Quant au point de savoir si ces coups et blessures ont occasionné la mort, il n'en constitue qu'une circonstance aggravante sur laquelle la cour d'assises n'avait pas à délibérer lorsque la réponse du jury avait été faite à la majorité simple. — *Cass.*, 13 mars 1828, Roux.

145. — De même la question qui embrasse à la fois le fait principal de coups et blessures faits volontairement et la circonstance que ces coups et blessures faits sans intention de donner la mort l'ont cependant occasionnée est complexe et nulle. — *Cass.*, 2 janv. 1841, Barbier.

146. — Du reste, dans une accusation de coups et blessures ayant occasionné la mort sans intention de la donner, les deux réponses du jury, négative quant à l'intention de donner la mort, et affirmative quant à la préméditation de la volonté de porter des blessures et coups, ne présentent aucune contradiction. — *Cass.*, 14 janv, 1841 (t. 1er, 1842, p. 261), Cartel.

147. — Anciennement, lorsque la blessure était évidemment mortelle, son auteur était tenu de la peine de meurtre, alors même que la mort ne fût survenue qu'après un intervalle et qu'aucun médecin n'eût été appelé, car elle était présumée être le résultat de la blessure. — Farinacius, *Quæst.* 127, nos, 10, 11 et 12 ; Jul. Clarus, *Homic.*, no 42.

148. — Mais si la blessure n'était pas mortelle, et s'il y avait eu quelque faute ou quelque négligence dans les soins donnés au blessé, le coupable n'était point poursuivi pour meurtre, mais seulement pour blessures. — L. 30, § 4, ff., *Ad leg. aquil.*; rinacius, *ibid.*, nos 13-18 ; Jul. Clarus, *ibid.*, no 4 ; Damhouderius, *Praxis crim.*, cap. 77, no 19.

149. — Enfin, quand il y avait doute sur le caractère de la blessure, on examinait si, d'après le traitement suivi et les soins donnés, on devait imputer la mort au blessé ou à l'auteur des blessures: dans le premier cas, on poursuivait le coupable pour meurtre; dans le second, pour blessures seulement.

150. — Aujourd'hui encore les mêmes règles de conduite pourraient être observées. — Du reste, ce sont des questions de fait dont la solution dépendra presque exclusivement des appréciations médicales. — Sans doute les juges ne sont pas absolument tenus, en principe, de suivre les opinions des gens de l'art; mais, étrangers aux notions spéciales qui, à cet égard, sont indispensables, et enchaînés par le système du Code, qui tend à mesurer en partie ses incriminations sur les résultats, ils sont, le plus souvent, entraînés invinciblement à s'abandonner à des lumières et à des convictions étrangères.

151. — Mais le prévenu ne peut rester pendant un temps indéfini sous le poids d'une aussi lourde responsabilité; cependant le Code ne fixe aucun délai après lequel son sort serait fixé, et le décès survenu ne pourrait plus être attribué aux blessures reçues. — Anciennement on paraissait avoir adopté le terme de quarante jours. — Jousse, *Mat. crim.*, t. 3, p. 497 ; d'Argentré, *Cout. Bret.*, art. 576; Mornac, ff., L. 51, *Ad leg. aquil*; Bœrius, *Déc.* 323 num., § 11 ; Farinacius, quæst. 127, no 46 ; Jul. Clarus, § *Homicid.*, no 44.

152. — Le Code pénal n'a admis ce terme qu'au cas de violences envers des fonctionnaires et agens de l'autorité publique. — C. pén., art. 231. — MM. Chauveau et Hélie (t. 5, p. 409) pensent qu'il y a lieu de généraliser la règle et de l'étendre à l'art. 309. — Nous serions assez disposés à nous ranger à cette doctrine qui, selon nous, aurait l'avantage de substituer la fixité à l'arbitraire, et une certitude salutaire aux doutes que la science médicale elle-même est impuissante à résoudre ; et toutefois nous ne pouvons nous dissimuler que ce serait ajouter à la loi.

153. — Lorsqu'un individu ayant été condamné à raison de coups et blessures, par un jugement de police correctionnelle, la victime est venue à décéder, par suite de ses blessures, avant l'expiration du délai d'appel, le fait acquiert, par cette seule circonstance, le caractère de crime, et cesse d'appartenir à la juridiction correctionnelle. — *Cass.*, 17 août 1839 (t. 2 1840, p. 638), Richard. — V. COMPÉTENCE CRIMINELLE.

154. — Il est du reste bien entendu que si les coups qui ont occasionné la mort avaient été portés avec l'intention de la donner, ils devraient être punis soit des peines portées par les art. 295 et 304, C. pén., si le fait constitue un meurtre (*Cass.*, 6 juill. 1832, Laforge), — soit même des peines édictées par les art. 296 et 302 s'il constitue un assassinat. — V. ASSASSINAT, MEURTRE.

155. — Lorsqu'un tribunal reconnaît et constate dans sa décision que l'accusé a volontairement porté des coups qui ont entraîné la mort sans intention de la donner, il doit appliquer la disposition de l'art. 309, § 2, C. pén., et non celles de l'art. 311, en se fondant sur l'état maladif de la victime. — *Cass.*, 12 juill. 1844 (t. 1er 1845, p. 367), Meysson.

CHAPITRE VI. — *Coups et blessures accompagnés de circonstances aggravantes.*

156. — Le crime ou le délit de coups et blessures volontaires s'aggrave : — 1° lorqu'il est commis avec préméditation et guet-apens; — 2° quand il a lieu sur la personne des ascendans légitimes du coupable; — 3° enfin, si les victimes sont revêtues d'un caractère public.

Sect. 1re. — *Préméditation et guet-apens.*

157. — L'art. 310, C. pén., porte : « Lorsqu'il y aura eu préméditation ou guet-apens, la peine sera, si la mort s'en est suivie, celle des travaux forcés à perpétuité; et si la mort ne s'en est pas suivie, celle des travaux forcés à temps. » — Et le § 2 de l'art. 311 : « S'il y a eu préméditation ou guet-apens, l'emprisonnement sera de deux ans à cinq ans, et l'amende de 50 fr. à 500 fr. » — Le premier de ces articles se réfère à l'art. 309, relatif aux blessures et coups suivis de mort ou d'une incapacité de travail de plus de vingt jours; le second, au § 1er, art. 311, qui concerne les blessures et coups n'ayant point occasionné d'incapacité de travail de plus de vingt jours.

158. — Les caractères de la préméditation et du guet-apens ont été développés sous le mot *assassinat*, il est donc inutile d'y revenir ici. — Nous rappellerons seulement : 1° que le guet-apens suppose nécessairement la préméditation et ne peut exister sans elle; mais que la préméditation peut fort bien exister sans le guet-apens, puisque pour celle-ci il suffit du dessein préconçu, tandis que pour le premier il faut une embuscade.

159. — 2° Que la préméditation ne doit point être confondue avec la volonté de tuer. — V. ASSASSINAT, no 43 et suiv. — La distinction est essentielle surtout à observer dans le crime ou délit de blessures et coups, puisqu'ils peuvent, selon qu'il y aura simple préméditation de violences ou volonté de tuer, conserver leur caractère propre, ou dégénérer en meurtre ou assassinat.

160. — Ainsi, il n'y a pas assassinat prémédité de la part de celui qui, s'étant placé en embuscade dans son jardin pour épier les maraudeurs et ayant aperçu des enfans qui lui volaient ses pavots, les a poursuivis, a atteint l'un d'eux, l'a jeté en l'air et laissé tomber par terre, ce qui a causé la mort de cet enfant. — *Cass.*, 27 nov. 1806, Kummel.

161. — L'art. 27, sect. 1re, tit. 2, liv. 2, C. pén. de 1791, punissait de mort les violences qui avaient eu pour résultat les lésions graves énumérées dans les art. 21, 22, 23, 24 et 26. — Cette peine, qui n'admettait aucune différence entre le meurtrier et celui qui se borne à attendre son ennemi avec un bâton pour le frapper, était évidemment exagérée.

162. — Aussi restreignait-on autant que possible l'application de cet art. 27, et jugeait-on que les violences commises avec préméditation et guet-apens ne devaient être punies de mort qu'autant qu'elles étaient les mêmes que celles spécifiées aux art. 21, 22, 23, 24 et 26. — *Cass.*, 29 sept. 1792, Blanc.

163. — ... Et même que l'individu convaincu de voies de fait et de violences, avec préméditation, mais sans dessein de tuer, lorsqu'il n'y avait pas eu perte de la vie, ne pouvait être puni des peines de l'homicide. — *Cass.*, 8 juin 1792, Devitre et Rol (deux arrêts); 28 juill. 1792, Emeric.

164. — Cette peine ne fut pas conservée dans le Code de 1810, malgré la proposition formelle d'un membre du conseil d'état. — Proc. verb. Cons. d'état, 8 nov. 1808. — Aujourd'hui la préméditation n'a pour effet, dans les crimes et délits de blessures et coups, que de faire monter la peine d'un degré.

Sect. 2e. — *Ascendans du coupable, conjoints, enfans ou élèves.*

165. — « Dans les cas prévus par les art. 309, 310 et 311, si le coupable a commis le crime envers ses père ou mère légitimes, naturels ou adoptifs, ou autres ascendans légitimes, il sera puni ainsi qu'il suit : — si l'article auquel le cas se référera prononce l'emprisonnement et l'amende, le coupable subira la peine de la réclusion; — si l'article prononce la peine de la réclusion, il subira celle des travaux forcés à temps; — si l'article prononce la peine des travaux forcés à temps, il subira celle des travaux forcés à perpétuité. » — C. pén., art. 312.

166. — Les termes de cet article doivent être interprétés limitativement, et comme ils n'embrassent que les violences commises par les enfans sur leurs ascendans, il s'ensuit qu'on ne pourrait les étendre à celles exercées par des ascendans sur leurs descendans ou par un mari sur sa femme.

167. — Dans l'ancien droit, même les simples voies de fait que les père et mère ou mari se permettaient sur leurs enfans ou leur femme à titre de châtiment, n'étaient point considérés comme condamnables ; on ne les incriminait que lorsqu'elles devenaient graves et pouvaient menacer la santé ou la vie. — *Verberare possunt, modò non excedant castigationis terminos, alioquin de excessu puniantur.* — Menochius, C. 364, no 17.

168. — Nous pensons, ainsi que MM. Chauveau et Hélie (t. 5, p. 412), que la même distinction doit être encore faite, et que les simples châtimens infligés par les père et mère, et même par les maîtres ou tuteurs, à leurs enfans, élèves ou pupilles, ne pourraient motiver aucune poursuite. — C'est, du reste, ce qui résulte assez clairement d'un arrêt de cassation dans les motifs duquel on lit : « que si la nature et les lois civiles donnent aux pères sur leurs enfans *une autorité de correction*, elles ne leur confèrent pas le droit d'exercer sur eux des violences ou mauvais traitemens qui mettent leur vie ou leur santé en péril; que ce droit ne saurait être admis, surtout contre les enfans qui, dans la faiblesse du premier âge, ne peuvent jamais être coupables de fautes graves. » — *Cass.*, 17 déc. 1819, Lomet. — D'ailleurs le Code lui-même n'exclut point une semblable interprétation, puisque de simples corrections, tant qu'elles restent enfermées dans de justes bornes, ne comportent point dans leur auteur la volonté criminelle sans laquelle les coups ne sauraient constituer un fait atteint par les lois pénales.

169. — Mais si le châtiment était excessif, il rentrerait dans les prévisions et les qualifications du Code pénal. — Ainsi, l'instituteur qui abuse du droit de correction au point de battre ses élèves ou de leur faire des blessures aux oreilles en les leur pinçant ou tirant violemment, est passible des peines portées par l'art. 311, C. pén. — *Bruxelles*, 4 mars 1830, V... et D...

170. — Quant aux époux, aucun droit de correction ne peut leur être reconnu l'un sur l'autre, et dès-lors les coups qu'ils se porteraient devraient être appréciés d'après les règles établies par les art. 309 et suivans. — Ainsi, jugé par la cour de Cassation que les dispositions de l'art. 311, C. pén., s'appliquent aux coups portés ou aux blessures faites volontairement par un époux à son conjoint, aussi bien qu'à ceux portés à une personne étrangère. — *Cass.*, 9 avr. 1825 (intérêt de la loi), Boisbœuf; 2 fév. 1827, Blanc; 15 mars 1828, Bardenat. — Chauveau et Hélie, t. 5, p. 413.

171. — Le tribunal correctionnel ne pourrait donc rejeter l'action du ministère public ni se déclarer incompétent pour en connaître, sous le prétexte soit que les querelles entre époux ne donnent lieu qu'à l'action en séparation de corps, à moins qu'elles n'aient été poussées jusqu'au crime; soit que la femme ne pouvant être entendue comme témoin ne peut non plus l'être dans sa plainte; soit enfin que les voies de fait dénoncées ne présentent aucune gravité. — *Cass.*, 9 avr. 1825, (intérêt de la loi). Boisbœuf; 15 mars 1828, Bardenat.

172. — Jugé que le ministère public a le droit de poursuivre un mari qui bat sa femme de manière à troubler la tranquillité publique, encore que celle-ci n'ait fait aucune plainte. — *Cass.*, 28 vent. an X, Geeraert.

173. — En rapportant cette décision (*Quest.*, vo *Femme*, § 5), Merlin ajoute qu'il n'est pas douteux qu'on puisse encore juger de même aujourd'hui en présence de l'art. 235, C. civ. — Cette observation

est juste; mais nous ajouterons à notre tour qu'il en serait ainsi quand même la tranquillité publique n'aurait pas été troublée, car il y a délit par cela seul que des coups ont été portés, et aucune loi ne subordonne l'exercice de l'action publique à la condition que la tranquillité publique aura été troublée.

174. — Les art. 309, 311 § 1er, et 312 § 1er et 2, supposent expressément, pour leur application, des actes de violence ayant produit des blessures ou dans lesquels il y ait eu des coups portés ou reçus : il en résulte que si dans ces violences il n'y avait ni blessures ni coups, ces articles ne seraient point applicables. — *Cass.*, 15 oct. 1813, Hartmann. — Carnot, *C. pén.*, art. 309, no 3; Bourguignon, *C. pén.*, art. 312, no 2; Chauveau et Hélie, t. 5, p. 414.

175. — De même, la déclaration du jury portant qu'un fils est coupable de *mauvais traitemens* envers son père et envers son beau-frère, ne rentre dans aucun des cas prévus par les art. 311 et 312, C. pén., et ne peut servir de base à l'application de la loi pénale; il faut que l'accusé ait été déclaré coupable de *coups et blessures* sur les personnes de son père et de son beau-frère. — *Cass.*, 10 oct. 1822, Denis.

176. — ... Et même que le jury exprime que les coups et blessures ont été portés *volontairement*. — *Cass.*, 22 août 1828, Dutoya.

177. — Suivant la loi du 25 sept.-6 oct. 1791, lorsque les violences n'avaient pas été suivies de mutilation, la circonstance qu'elles avaient été exercées par un fils envers son père, ne suffisait point pour leur donner le caractère d'un crime. — *Cass.*, 29 juin 1816, Montelle.

178. — Les violences alors restent dans la classe des simples voies de fait, et sont soumises aux peines ordinaires portées contre ces contraventions.

179. — Cependant, la cour de Cassation a décidé que les art. 605 et 606 du Code 3 brum. an IV, ne pouvaient être appliqués aux violences, même légères, dont un fils se serait rendu coupable sur la personne de son père. — *Cass.*, 17 janv. 1835, Grimeaux. — Cet arrêt, qui probablement a été rendu sous l'influence de quelques circonstances que nous ne connaissons point, nous paraît, tel qu'il nous est révélé, peu en harmonie avec ceux de 1813, 1816 et 1822 que nous venons de rappeler. — En effet, si les violences imputées au sieur Grimeaux ne constituaient point des coups et n'avaient occasionné ni blessures, ni maladies, nous ne voyons point trop pourquoi elles ne rentreraient point dans les prévisions de l'art. 605 du Code de brumaire : l'art. 312, C. pén., n'a prononcé une aggravation de peine que dans les cas prévus par les art. 309, 310 et 311 ; aucune disposition analogue n'a aggravé celle portée par le Code de brumaire, dont l'application reste conséquemment soumise aux règles du droit commun. — Il n'y a donc aucune distinction à établir entre les violences légères selon qu'elles ont été exercées envers un ascendant ou toute autre personne.

180. — Mais s'il y a eu coups portés, quels qu'ils soient, ils rentrent dans les prévisions de l'art. 311, et comme crime échappent à la juridiction correctionnelle pour devenir justiciables de la cour d'assises. — *Grenoble*, 28 avr. 1824, Gessey. — Cet arrêt se sert du mot *maltraité* : mais il est évident, d'après ce que nous venons de dire que c'est une expression impropre, et qu'il eût fallu dire *coups ou blessures*.

181. — Ainsi le fait par un enfant d'avoir saisi son père au corps et de l'avoir jeté hors de la maison avec une telle force qu'il est tombé à terre et a reçu un coup par l'effet de cette chute, rentre dans l'application des art. 311 et 312, C. pén. — *Cass.*, 15 oct. 1813, Hartmann ; — Merlin, *Rép.*, vo *Violence*, no 3. — Nous avons déjà vu (*suprà* no 160) que cet acte de violence constitue un coup dans le sens de l'art. 309, C. pén.

182. — Il en est ainsi, alors même que les coups portés par un enfant à ses père, mère ou ascendans, n'aient occasionné aucune maladie ni incapacité de travail personnel. — *Cass.*, 31 mars 1825, Dousset; 10 déc. 1835, Fichet.

183. — Et comme le moins grave de ces actes est un crime, que la tentative de tout crime est punissable comme le crime même, la question relative à cette tentative peut toujours être soumise au jury comme résultant des débats, malgré le silence de l'acte d'accusation. — *Cass.*, 3 fév. 1821, Signoret.

184. — L'art. 312 C. pén. qui prononce une aggravation de peine pour le cas où des coups et blessures ont été portés par un enfant à ses père et mère, n'est au reste applicable qu'autant que les coups ont été portés par l'enfant lui-même. Si, au contraire, l'enfant s'est rendu seulement complice du délit ou du crime en y provoquant ou en donnant des instructions pour le commettre, il n'est passible que de la peine applicable à l'auteur principal. — *Cass.*, 21 mars 1844 (t. 2 1844 p. 60), Piperoux. — V. COMPLICITÉ. — Il est constant, en effet, en principe de droit pénal, que le complice doit subir seulement la peine encourue par l'auteur principal. — C. pén., 59. — Mais il faut alors bien distinguer le cas où il s'agit d'une simple complicité, et celui où la coopération serait de nature à faire considérer comme *coauteur* celui qui s'en serait rendu coupable. Le coauteur, en effet, ne suit pas nécessairement, comme le complice, le sort de l'auteur principal. On sait, en tous cas, qu'il est loisible à la Cour d'user envers le complice (mais dans le même ordre des peines) d'une sévérité plus grande qu'envers l'auteur principal. — *Cass.*, 19 sept. 1839 (t. 1er 1841, p. 729), Prayer.

185. — L'art. 311, § 2, n'édicte que la peine d'emprisonnement, à un degré plus élevé, il est vrai, lorsque les coups ou blessures n'ayant occasionné ni une maladie, ni la mort, ont été portés ou faits préméditation ou guet-apens. — Or, l'art. 312, § 2 ne prononçant la réclusion que quand la peine encourue est celle de l'emprisonnement, il en résulte cette conséquence fâcheuse que la répression du crime commis par le fils qui a frappé son père est la même, soit qu'il y ait eu préméditation ou non. — C'est une lacune évidente, car son action est, en cas de préméditation, incontestablement plus coupable.

186. — Il y a une autre lacune du même genre, c'est celle qui résulte du rapprochement des art. 309, 310 et 312, § 4. — En effet, l'art. 310 frappe des travaux forcés à perpétuité les blessures et coups suivis de mort, lorsqu'ils ont été accompagnés de préméditation et guet-apens ; et le § 4 de l'art. 312 se borne à prononcer la même peine des travaux forcés à perpétuité dans les cas où l'article prononce les travaux forcés à temps. — Dès-lors, les blessures préméditées suivies de mort ne sont pas plus sévèrement punies quand elles viennent du fils de la victime, que quand elles ont été faites par un étranger. — Ce cas spécial n'ayant pas été prévu par l'art. 312, il est impossible de faire l'application d'une peine autre que celle portée soit par l'art. 310, soit par le paragraphe dernier de l'art. 312.

187. — Quant aux difficultés qui peuvent s'élever sur les relations de parenté desquelles peut résulter une aggravation de peines, elles sont identiquement les mêmes que celles auxquelles donne lieu l'art. 299 relatif au parricide, et doivent être résolues dans le même sens et par les mêmes moyens. — V. PARRICIDE.

188. — En pareille matière, la circonstance de la parenté du coupable avec sa victime est incontestablement *aggravante* et non *constitutive* du crime. — Les mêmes doutes ne peuvent donc s'élever que dans l'accusation de parricide sur la division des questions à poser aux jurés. La question relative à cette circonstance ne pourrait évidemment être comprise dans celle sur le fait principal. Il faudrait l'en séparer. — V. dans ce sens *Cass.*, 5 sept. 1844 (t. 1er 1845, p. 784), Villachon. — V. PARRICIDE.

Sect. 3e. — *Fonctionnaires ou agens de la force publique.*

189. — Le crime ou le délit résultant des blessures et coups s'aggrave encore lorsque les violences ont été exercées sur la personne des magistrats, officiers ministériels ou agens de la force publique : ces personnes, en effet, à raison du caractère dont elles sont revêtues, exigent une protection toute spéciale, que, relativement aux mauvais traitemens dont ils peuvent être l'objet, les art. 228 à 233, C. pén., ont pour but de leur assurer.

190. — C'est ce qui avait lieu dans la loi romaine, où l'injure *verbale* ou *réelle* était punie plus rigoureusement quand elle s'adressait aux magistrats. — L. 1, ff., *De injuriis*; L. 7, § 3; *ibid.*, L. 45, *ibid.*; L. 1, Cod., *De famosis libellis*; L. 1, ff., *Ad leg. jul. majest.* — Farinacius, quæst. 105, nos 197 et 198; Menochius, *Quæst.*, l. 2, cas. 263, Accurse, gloss. *in leg.* 45, ff., *De injur.*

191. — Et ce qui était observé par notre ancienne jurisprudence, qui suppléait en cela au silence de la législation, en prenant pour guide les règles romaines, jusqu'à ce que quelques ordonnances fussent venues édicter des dispositions expresses. — Ord. Moulins, art. 34 ; édit janv. 1572, art. 1er ; ord. Blois, art. 190 ; édit janv. 1629, art. 119 ; ord. 1670, tit. 16, art. 4. — Jousse, *Mat. crim.*, t. 3, p. 601 et 602 ; Muyart de Vouglans, *Lois crim.*, p. 351.

192. — La loi du 28 fév.-17 avr. 1791, qui forma les art. 556 et 558, Code des délits et peines ; celle du 19-22 juill. 1791, par ses art. 19 et 20, tit. 2; enfin le Code de 1791, part. 2e, tit. 1er, sect. 4e, art. 7, adoptèrent le même principe, qui fut enfin recueilli dans le § 2, sect. 4e, tit. 1er, liv. 3, C. pén. de 1810.

193. — La loi du 29 pluv. an XIII attribuait aux cours spéciales la connaissance exclusive des violences et voies de fait exercées contre la gendarmerie dans l'exercice de ses fonctions, *soit avec armes*, même par une seule personne. — *Cass.*, 15 messid. an XIII, Armelin; 24 oct. 1806, Bérard ; 1er avr. 1808, Létourneau.

194. — ... Soit *sans armes*, mais par plusieurs personnes. — *Cass.*, 15 messid. an XIII, Armelin ; 28 frim. an XIV, Jullion.

195. — ... Et alors même que les gendarmes n'auraient point été munis de la réquisition écrite d'une autorité compétente; cette condition n'étant relative qu'aux autres forces armées. — *Cass.*, 27 vendém. an XIV, Jésencée ; — Merlin, *Répert.*, vo *Rébellion*, § 3.

196. — Elle accordait également aux cours spéciales la connaissance des violences et voies de fait exercées contre toute autre force armée agissant sur la réquisition d'une autorité compétente — Par exemple, envers des gardes forestiers dans l'exercice de leurs fonctions. — *Cass.*, 6 fruct. an XIII, Strempler ; 7 mai 1808, Kaufman ; 16 juin 1808, Bajot et Legrand.

197. — ... Des douaniers placés dans un poste d'observation, et conséquemment aussi dans l'exercice de leurs fonctions. — *Cass.*, 23 avr. 1807, N...

198. — Des gardes champêtres faisant la recherche des conscrits et des déserteurs étaient considérés comme force armée et assimilés à la gendarmerie. En conséquence, les violences et voies de fait exercées envers eux au moment où ils saisissaient un déserteur, étaient de la compétence exclusive des cours spéciales. — *Cass.*, 10 avr. 1807, Voghèse ; 15 oct. 1807, N...

199. — Il en était autrement du garde champêtre qui surveillait les propriétés confiées à sa garde; alors il n'était point considéré comme force armée; les violences exercées envers lui pendant cette surveillance n'étaient point de la compétence de la cour spéciale. — *Cass.*, 2 nov. 1809, Rospido.

200. — Mais les cours spéciales n'étaient pas compétentes pour connaître des violences et voies de fait exercées sur des huissiers et des recors agissant contre les parens de conscrits réfractaires, à la réquisition de l'autorité compétente. — *Cass.*, 26 déc 1806, Escude.

201. — ... Non plus que sur des employés des droits réunis. — *Cass.*, 21 mai 1806, Ragon et Gordat.

202. — Ces solutions n'offrent plus guère d'intérêt aujourd'hui que les tribunaux spéciaux n'existent plus et que les officiers ministériels sont assimilés aux agens de la force publique par l'art. 230, C. pén. — Au reste, c'est plutôt au délit ou crime de rebellion que s'appliquent les décisions que nous venons de rapporter ; c'est donc sous ce mot que doivent naturellement trouver leur place les questions qui les ont amenées. — V. RÉBELLION.

203. — L'arrêté du 16 frim. an XI décidait, par son art. 14, que tous ceux qui, les armes à la main, auraient fait ou favorisé la contrebande, seraient considérés comme ayant fait partie d'un rassemblement armé, et traduits en conséquence devant un tribunal spécial, conformément à la loi du 18 pluv. an IX. — Aussi décidait-on qu'une cour spéciale ne pouvait se déclarer incompétente pour connaître des délits de contrebande accompagnés de violences et voies de fait ayant donné lieu à des blessures. — *Cass.*, 20 fév. 1806, Vanboidouck.

204. — Depuis, le décret du 18 oct. 1810, en créant des cours prévôtales des douanes pour la répression de la contrebande à main armée, soumettait par cela même à ces cours les violences et voies de fait exercées contre les préposés des douanes (art. 5). — Mais ce n'était qu'autant que ces violences et voies de fait se rattachaient à des faits de fraude ou de contrebande. — *Cass.*, 30 oct. 1812, Piazza ; 26 mars 1812, Parchet. — Dans tous les autres cas, les violences restaient soumises à la législation antérieure. — Du reste, les cours prévôtales des douanes ont été supprimées par un décr. du 26-28 avr. 1814, et finalement abolies par la charte de 1814.

205. — Les art. 228 à 233, C. pén., qui s'appliquent spécialement aux violences (que les Romains qualifiaient d'outrages), semblent admettre dans la gravité de l'incrimination et la rigueur de la peine cinq degrés différens : — 1o lorsque les violences n'ont laissé aucune trace (art. 228, 229, 230) ; — 2o lorsqu'elles ont été commises avec préméditation et de guet-à-pens (art. 232) ; — 3o quand elles ont occasionné des blessures, effusions de sang ou maladies (art. 231) ; — 4o quand elles ont causé la mort de la victime, sans intention de la donner (art. 231) ; — 5o lorsqu'elles ont été exercées avec l'intention d'occasionner la mort (art. 233).

§ 1er. — *Absence de traces.*

206. — Les art. 228, 229 et 230, C. pén., relatifs à ces violences, sont ainsi conçus : — « Art. 28. Tout individu qui, même sans armes et sans qu'il en soit résulté de blessures, aura frappé un magistrat dans l'exercice de ses fonctions, ou à l'occasion de cet exercice, sera puni d'un emprisonnement de deux à cinq ans. — Si cette voie de fait a eu lieu à l'audience d'une cour ou d'un tribunal, le coupable sera en outre puni de la dégradation civique. »

207. — « Art. 229. Dans l'un et l'autre des cas exprimés en l'article précédent, le coupable pourra, de plus, être condamné à s'éloigner, pendant cinq à dix ans, du lieu où siége le magistrat, et d'un rayon de deux myriamètres. — Cette disposition aura son exécution à dater du jour où le condamné aura subi sa peine. — Si le condamné enfreint cet ordre avant l'expiration du temps fixé, il sera puni du bannissement. »

208. — « Art. 230. Les violences de l'espèce exprimée en l'art. 228, dirigées contre un officier ministériel, un agent de la force publique ou un citoyen chargé d'un ministère de service public, si elles ont eu lieu pendant qu'ils exerçaient leur ministère, ou à cette occasion, seront punies d'un emprisonnement d'un mois à six mois. »

209. — On remarquera d'abord que la gravité de la peine, dans les cas prévus par ces trois articles, est mesurée sur l'importance des personnes qu'atteignent les violences, et que l'emprisonnement qui, lorsqu'il s'agit d'un magistrat, est de deux à cinq années, descend et se renferme dans les limites d'un à six mois, si les voies de fait ne s'adressent qu'à des agens inférieurs.

210. — *Nature des violences.* — Mais que doit-on entendre par le mot *frappé* dont se sert l'art. 228 ? Est-il limitatif et spécialise-t-il la nature des violences qui seules puissent motiver l'application de la disposition pénale, ou bien est-il simplement démonstratif et s'étend-il dès-lors à toutes espèces de voies de fait ? — La cour de Cassation s'est prononcée pour cette dernière doctrine, en décidant que les violences rentrent comme les coups dans l'application de l'art. 228, C. pén. — *Cass.*, 29 juill. 1826, Chevallier; 8 déc. 1826 (intérêt de la loi), Dupré.

211. —...Qu'ainsi les *violences* exercées contre un huissier dans l'exercice de ses fonctions sont passibles des peines de l'art. 230, qui se réfère à l'art. 228, C. pén. — *Cass.*, 8 déc. 1826 (intérêt de la loi), Dupré.

212. — ... Et que celui qui a saisi un maire au cou dans l'exercice de ses fonctions, en passant les mains dans sa cravate, et le tirant à lui avec tant de force qu'il a fallu le secours de deux personnes pour dégager le maire, est passible des peines portées par l'art. 228, C. pén. — *Cass.*, 29 juill. 1826, Chevallier. — M. de Grattier (*Comment. sur les lois de la presse*, t. 2, p. 73, no 24) invoque, à l'appui de la décision ci-dessus, la loi 9, ff., *De injur. et fam. libell.*, portant : « *Ait Pomponius et etiam sine pulsatione posse dici atrocem injuriam, personâ atrocitatem faciente.* »

213. — Mais MM. Chauveau et Hélie combattent la doctrine de la cour de Cassation (t. 4, p. 439). Ils font remarquer que le législateur français s'est complétement écarté des distinctions claires et précises de la loi romaine, ce qui ne permet pas d'en faire la base d'une interprétation. — De son côté, Carnot (*C. pén.*, sur l'art. 228, t. 1er, p. 657, Obs. add., no 2), dit que si en frappant on exerce nécessairement des violences, il ne s'ensuit pas qu'exercer des violences, ce soit nécessairement frapper; et il s'élève contre l'application d'une peine par simple voie d'analogie. — MM. Chauveau et Hélie soutiennent à leur tour que l'analogie n'existe même pas, parce qu'au-dessous des coups et des blessures, on ne trouverait que des violences légères et des voies de fait qui n'ont point la même gravité, et qui par conséquent ne mériteraient point la même peine. Discutant ensuite les articles de la loi, ils soutiennent que, d'après ses propres termes, l'art. 230 se réfère à l'art. 228, et ne prévoit que les violences de l'espèce de celles mentionnées en ce dernier article; qu'ainsi tout le système de la cour de Cassation repose sur l'art. 232, qui semble opposer le mot *coups* au mot *violences*. Sans insister sur la réponse toute simple que ces deux mots ont pu être employés pour éviter une répétition, les mêmes auteurs poursuivent en ces termes : « Les art. 228 et 230 ont limité leur incrimination aux coups dont il ne résulte point de blessures. L'art. 231 prévoit les violences d'une nature plus grave, qui peuvent être la cause d'effusion de sang, de blessures ou maladie. La loi ne s'occupe plus de la manière dont ces violences sont exercées. C'est leur résultat qu'elle atteint et qu'elle frappe. Ces violences ne résident plus seulement dans les coups; leur gravité se mesure uniquement aux conséquences qu'elles produisent ou qu'elles peuvent produire. Or, l'art. 232 se réfère entièrement à cette dernière classe de violences prévues par l'art. 231 et qui peuvent être la cause d'effusion de sang, de blessures ou de maladie. Lorsque ce résultat n'a pas eu lieu, la loi dégage de ces violences plus graves une seule espèce de violences, les coups portés, et elle les incrimine séparément. On ne peut donc induire de l'art. 232 aucun argument pour élargir les limites de l'art. 228 et de l'art. 230. Ce sont deux espèces distinctes où les mêmes mots expriment des faits d'une gravité différente. »

214. — Nous pensons également que la cour de Cassation donne à la loi une extension que ses termes ne comportent point; malheureusement, dans notre système, on ne trouve pas une répression suffisante des simples violences, surtout de celles qui ont été exercées envers des officiers ministériels ou agens de la force publique. C'est une lacune, sans doute; mais il eût été mieux de la combler par une nouvelle loi, que par la jurisprudence.

215. — Les voies de fait et violences légères qui ne constituent aucun *coup*, et qu'on peut exercer sans *frapper*, ne seraient donc pas, suivant nous, prévues par les art. 228 à 239, et on ne pourrait y voir, conséquemment, que des outrages par gestes réprimés par les art. 222 et suiv., ou de simples excès prévus par le Code de brum. an IV. — C'est du reste la distinction que la cour de Cassation, mieux inspirée, a, ainsi que nous l'avons vu plus haut, admise sans difficulté pour le cas de violences exercées sur la personne de simples particuliers. — V. *suprà* nos 19 et suiv.

216. — Du reste, le délit est le même, soit que le coupable ait été ou non porteur d'une arme. — Cette circonstance, par elle-même, et en l'absence de toute blessure qui aurait pu en résulter, est complétement indifférente pour l'application de la peine. — C'est au résultat surtout que la loi s'attache pour graduer la répression. — C. pén., art. 228. — Chauveau et Hélie, t. 4, p. 391.

217. — *Magistrats.* — Par *magistrats* il faut entendre ici, comme dans l'art. 222, des magistrats de l'ordre administratif et judiciaire, et comprendre sous cette dénomination : — 1o dans l'ordre administratif, les préfets, sous-préfets, maires, adjoints, les fonctionnaires qui ne sont ni officiers ministériels, ni agens de la force publique. — Ainsi jugé, quant aux maires, sous l'arrêt *Cass.*, 29 juill. 1826, Chevallier.

218. — ... Quant aux commissaires de police. — *Cass.*, 30 juill. 1812, Raschaert; 4 juill. 1833, Lamarthonie; 9 mars 1837 (t. 1er 1837, p. 434), Gérard; 2 mars 1838 (t. 1er 1838, p. 333), Gérard (chambres réun.). — Réq. de M. Dupin sous ce dernier arrêt. — Parant, *Lois de la presse*, p. 142; Chassan, *Tr. des délits de la par.*, p. 393; Chauveau et Hélie, *Th. C. pén.*, t. 4, p. 355; Legraverend, t. 2, ch. 4, p. 368, note 11e; Carnot, *C. pén.*, art. 224, nos 6 et 7.

219. — ... Mais cette qualification ne s'applique point aux membres de la chambre des députés. — *Cass.*, 20 oct. 1820, N...

220. — ... Ni aux percepteurs des contributions. — *Cass.*, 26 juill. 1821, Mène c. Peyré.

221. — ... Non plus qu'aux simples agens de l'autorité publique, lesquels sont protégés seulement par la disposition de l'art. 16, L. 17 mai 1819. — V. AGENT DE L'AUTORITÉ PUBLIQUE.

222. — 2o Dans l'ordre judiciaire, les conseillers, juges, membres du ministère public, juges de paix, suppléans.

223. — ... Et même les maires, adjoints ou commissaires de police quand ils remplissent les fonctions du ministère public près les tribunaux de police. — *Cass.*, 7 août 1818, Simon Cambournac.

224. — Un commissaire de police n'est pas seulement magistrat lorsqu'il exerce les fonctions du ministère public, il l'est encore lorsqu'il exerce les autres fonctions attachées à son ministère. Dès-lors les violences dont il est l'objet dans ce dernier cas doivent être réprimées en vertu de l'art. 228, C. pén., et non conformément à l'art. 230, qui n'est applicable qu'aux simples agens de la force publique. — *Douai*, 31 déc. 1835, Morel.

225. — Quant aux officiers de police judiciaire non compris parmi les fonctionnaires que nous venons d'énumérer, c'est-à-dire aux officiers de gendarmerie, et gardes champêtres ou forestiers, ils rentrent dans la classe des commandans ou dépositaires de la force publique dont il est spécialement question dans d'autres articles. — V. *infrà* nos 247 et suiv.

226. — La législation antérieure au Code pén. de 1810, de même que l'ancien droit et la loi romaine, ne punissait plus rigoureusement les violences dont étaient victimes les magistrats ou fonctionnaires, que lorsqu'elles avaient été exercées *dans l'exercice de leurs fonctions, durante officio.* — Mais ils paraissent n'avoir point eu en vue le cas où elles avaient lieu à *l'occasion de leurs fonctions, contemplatione officii.* — Menochius, *Quæst.*, L. 2, cas. 263, no 10; Farinacius, *De del. et pœn.*, quæst. 17, no 38; Jousse, t. 3, p. 601; Muyart de Vouglans, p. 351.

227. — Dans le système actuel, l'aggravation de peine subsiste, soit que l'outrage ou les violences aient eu lieu dans l'exercice des fonctions, soit qu'ils aient été exercés ou proférés à raison ou à l'occasion de l'exercice des fonctions. — Les art. 228 et 230, C. pén., s'expliquent à cet égard d'une manière formelle, en ce qui concerne les violences, comme les articles précédens l'avaient fait relativement aux outrages.

228. — Le fonctionnaire est *dans l'exercice de ses fonctions* lorsqu'il procède à un acte de ses attributions : ainsi, un officier du ministère public est dans l'exercice de ses fonctions, encore bien qu'il soit dans son domicile, et non revêtu de son costume, lorsque le prévenu venait lui demander raison d'une poursuite dont il était l'objet. — *Cass.*, 28 déc. 1807, Perdriget. — Merlin, *Rép.*, vo *Injure*, § 2, no 7; Carnot, *C. instr. crim.*, art. 130, no 11; Chassan, *Dél. de la par.*, p. 391.

229. — Un magistrat de l'ordre administratif ou judiciaire est dans l'exercice de ses fonctions, bien que l'acte auquel il concourait puisse être un jour annulé pour vice d'incompétence, ou même qu'il puisse y avoir lieu à poursuites en forfaiture contre lui. — *Cass.*, 1er avr. 1813, Carlet; — Legraverend, t. 2, p. 369; Parant, *loc. cit.*, p. 143.

230. — Il en est de même d'un juge de paix sur les lieux contentieux où il s'est transporté en vertu d'une ordonnance assisté de son greffier et d'un huissier, en présence des témoins et des parties, quand même il n'aurait pas encore déclaré la séance ouverte ni commencé ses opérations. — *Cass.*, 17 thermid. an X, Grans.

231. — ... D'un maire, pendant qu'il est en conseil de fabrique. — *Cass.*, 28 (et non 13) août 1823, Dermoncourt; *Metz*, 18 janv. 1824, même affaire. — Chassan, *loc. cit.*, t. 1er, p. 391; Carnot, *C. pén.*, 311, no 5.

232. — Peu importe le motif des violences, leur criminalité est la même, soit qu'elles aient une cause étrangère ou non à ces fonctions. — Chauveau et Hélie, t. 4, p. 353.

233. — Les violences sont commises *à raison ou à l'occasion de l'exercice des fonctions* lorsqu'elles se rapportent à un acte de ces fonctions se rattachant à leur exercice et relatif au ministère du fonctionnaire. — Si elles ne remplissent point ces conditions, elles sont considérées comme exercées sur un simple particulier et punies comme telles.

234. — Il a été jugé qu'il n'est pas nécessaire, pour l'application de l'art. 230 contre celui qui a frappé un fonctionnaire au moment où il exerçait ses fonctions, qu'il soit reconnu que ce fonctionnaire agissait *légalement* dans l'ordre de ses fonctions. — *Cass.*, 21 prair. an X, N... — V. RÉBELLION.

235. — D'après Carnot (*C. pén.*, art. 228, no 2), les art. 228 et 230 ne s'occupent que du cas où la personne outragée aurait été frappée par suite *d'un premier mouvement*, et par opposition à l'art. 232, où il est question de coups portés *avec préméditation et guet apens.* — Mais MM. Chauveau et Hélie (*Th. C. pén.*, t. 4, p. 392), au contraire, pensent que c'est trop restreindre l'application de l'art. 228, qui n'a été nullement modifié par l'art. 232; que les hypothèses prévues par chacun d'eux sont différentes, et que les coups que prévoit le premier rentrent également dans ses dispositions, soit qu'ils aient été portés dans un premier mouvement ou avec préméditation.

236. — Le second paragraphe de l'art. 228 prononce, outre la peine de l'emprisonnement, la dégradation civique si la voie de fait a eu lieu à l'audience d'une cour ou d'un tribunal. — Le Code de 1810 portait la peine du carcan. — Mais la loi de 1832 y a substitué celle de la dégradation civique, et a ajouté au paragraphe les mots *en outre*, dont l'absence avait pour résultat de rendre l'auteur de coups portés à l'audience à un magistrat, passible de la peine unique du carcan, tandis que s'il s'était borné à proférer des outrages, il eût encouru un emprisonnement pouvant aller jusqu'à cinq années. — D'où la conséquence que les accusés préférant la première peine, quoique infamante, à une aussi longue détention, devaient être plus disposés à frapper qu'à injurier, ou du moins se targuaient ouvertement d'avoir commis des violences et porté des coups.

237.—Suivant l'art. 229, C. pén., le fait prévu par l'un ou l'autre des deux paragraphes de l'art. 228 (c'est-à-dire que la voie de fait ait eu lieu à l'audience ou en dehors de l'audience), peut emporter, outre la peine d'emprisonnement, la prohibition pendant cinq et dix ans du lieu où siége le magistrat outragé et d'un rayon de deux myriamètres. — C. pén., art. 229.

238. — Nous pensons, avec M. Carnot, que le décès, la démission ou le changement de résidence du magistrat avant l'expiration du délai fixé, fait tomber de plein droit la prohibition. — V. Carnot, C. pén., art. 229. — Cependant MM. Chauveau et Hélie adoptent une opinion contraire (t. 4, p. 395), sur le motif que c'est à raison de ce délit et non en vue du fonctionnaire frappé que le coupable est éloigné du lieu qu'habite ce dernier, et que dès-lors la peine (car c'est une véritable peine) est indépendante de l'existence ou de l'éloignement du fonctionnaire.

239. — De même, le condamné ne serait pas tenu de quitter le lieu qui lui a été fixé si le magistrat venait habiter dans le rayon de deux myriamètres. — Carnot, *ibid.*, no 4. — Toutefois nous n'oserions pas dire avec le même auteur que la seule volonté du magistrat suffirait pour relever le condamné de l'interdiction. — *Ibid.*, no 2.

240. — L'infraction du condamné à l'interdiction de lieu prononcée contre lui ne devrait point entraîner contre lui la peine du bannissement sur la simple reconnaissance de son identité. — Il faudrait le traduire devant la cour d'assises, qui, pour l'application de la peine, devrait apprécier les motifs, peut-être de force majeure ou indépendans de sa volonté, qui ont déterminé son infraction. — Carnot, *C. pén.*, art. 229, no 5.

241. — Et alors même que l'ordre de s'éloigner émanerait d'un simple tribunal correctionnel, ce n'en devrait pas moins être la cour d'assises qui serait appelée à statuer sur l'infraction, car s'agissant du bannissement, c'est-à-dire d'une peine infamante, elle est seule compétente pour la prononcer. — Carnot, *ibid.*

242. — Nous ajouterons sur cet article : — que la peine qu'il prononce est *facultative* pour le juge (l'art. 229 dit : *pourra*) ; — qu'elle n'est applicable qu'aux coups portés à des magistrats ; — enfin, qu'elle ne peut être prononcée lorsque les coups ont entraîné une maladie ou effusion de sang, cas auxquels la peine est beaucoup plus grave. — V. ABSTENTION DE LIEU, BANNISSEMENT.

243. — L'art. 230 prévoit les violences de même nature que celles indiquées par l'art. 228, mais adressées seulement à des officiers ministériels, à des agens de la force publique et à des citoyens chargés d'un ministère de service public. — Alors la qualité des personnes frappées étant moins élevée, la répression devait être et est en effet moins rigoureuse.

244. — *Officiers ministériels.* — L'expression *officiers ministériels* s'applique en général aux avoués, commissaires priseurs, huissiers, greffiers.

245. — La jurisprudence a également compris sous la dénomination d'officiers ministériels : 1o les notaires. — *Cass.*, 13 mars 1812, Sisterhem c. Teissen.

246. — ... 2o Et même les porteurs de contraintes des contributions indirectes. — *Cass.*, 30 juin 1832, Secand. — Toutefois, MM. Chauveau et Hélie (t. 4, p. 374) critiquent cette solution en faisant remarquer : 1o que si la loi du 16 therm. an VIII, art. 18, dit que « les porteurs de contraintes feront seuls les fonctions d'huissiers pour les contributions directes », il n'en faut pas tirer comme conséquence nécessaire le supplément de garantie accordé aux officiers ministériels ; 2o que l'art. 209, en comprenant distinctement dans l'énumération qu'il renferme les officiers ministériels et les porteurs de contraintes des contributions, a suffisamment établi que ces porteurs ne rentraient pas dans la classe des officiers ministériels.

247. — *Agens de la force publique.* — Les *agens de la force publique* sont les gendarmes, les gardes champêtres et forestiers lorsqu'ils agissent comme chargés de faire exécuter les arrêtés légalement pris par l'autorité municipale. — *Cass.*, 4 août 1826, Speitel ; 2 mai 1839 (t. 2 1840, p. 173), Hubas.

248. — Ainsi jugé spécialement pour les gardes forestiers des apanages. — *Cass.*, 23 août 1832, Moreau.

249. — ... Les sergens de ville. — *Cass.*, 12 mai 1832, David ; 1er déc. 1832, Mothes.

250. — ... Les appariteurs ou agens de police lorsqu'ils prêtent main-forte pour l'exécution des jugemens ou qu'ils exécutent eux-mêmes les mandemens de justice. — *Cass.*, 28 août 1829, Guichard ; — Mangin, *Pr. verb.*, p. 172, no 176.

251. — ... Les gardes nationaux en exercice. — *Cass.*, 5 août 1832, Savary.

252. — ... Et notamment un garde national requis par un agent de police de lui prêter main-forte. — *Paris*, 3 mai 1825, Aubry et Leroy.

253. — Les gardes champêtres ou forestiers des particuliers ont, comme les gardes champêtres des communes et les gardes des forêts royales, la qualité d'agens de la force publique. — *Cass.*, 19 juin 1818, Menu ; 16 déc. 1841 (t. 1er 1842, p. 604), Petitjean ; — Carnot, *C. pén.*, art. 166, no 2.

254. — Et ils conservent ce caractère alors même qu'ils auraient été nommés par le sous-préfet sans l'agrément du conseil municipal. — *Cass.*, 6 avr. 1826, Corcinos. — V. néanmoins, relativement à la régularité de la nomination des gardes particuliers lorsque le conseil municipal n'a point donné son agrément, *Cass.*, 21 août 1823, Jacquet ; *Bourges*, 16 juin 1825, Pascaud. — V. aussi *Bourges*, 31 juillet 1829, Auriol ; — Mangin, *Proc. verb.*, p. 205. — V. GARDES CHAMPÊTRES, OFFICIERS DE POLICE JUDICIAIRE.

255. — Toutefois, la cour de Cassation ne l'a pas toujours décidé ainsi. — *Cass.*, 5 mars 1807, Mathieu ; 12 mars 1807, N... — Et Legraverend critique vivement l'arrêt du 19 juin 1818 précité. « Cette décision me paraît étrange, dit cet auteur (t. 1er, ch. 4, p. 167, no 4) ; je ne puis m'habituer à regarder comme un *fonctionnaire* ou *agent public* l'homme salarié par un *particulier* qui ne l'emploie que pour *son intérêt personnel*, qui le prend ou le chasse à son gré comme un valet, et auprès duquel il n'a réellement pas d'autre ministère. Il me semble que c'est tout à la fois dégrader la qualité de fonctionnaire ou agent public que de l'attribuer et de la reconnaître à un domestique qui ne peut avoir d'autre volonté que celle de son maître, et déconsidérer cette qualité dans les véritables agens d'un *service public* en la rendant commune à tous les domestiques que des particuliers plus ou moins riches voudront décorer du nom de gardes champêtres et forestiers. »

256. — Malgré ces objections, qui sont plutôt une critique de la loi que de la jurisprudence, nous pensons que les gardes des particuliers sont de véritables agens de la force publique, et que l'arrêt du 19 juin 1818 est le seul juridique. Quant aux arrêts de 1807, ils ne peuvent recevoir aucune application. La loi du 19 pluv. an XIII, sous l'empire de laquelle ils ont été rendus, parlait de *force armée* agissant sur la réquisition d'une autorité compétente. — Nous ne sommes donc point surpris que la cour de Cassation ait refusé de ranger ces agens dans la *force armée* : car loin de pouvoir être requis à ce titre, ils ont au contraire le droit de requérir la force armée en leur qualité d'officiers de police judiciaire.

257. — Mais un inspecteur de police, alors même qu'ayant mis en réquisition la force publique, a concouru avec elle à l'arrestation de deux prévenus, ne peut être regardé comme un agent de la force publique dans l'exercice de son ministère. — *Cass.*, 3 mai 1825, Aubry et Leroy.

258. — On doit considérer comme dans l'exercice de leurs fonctions, des préposés aux douanes lorsqu'ils sont en observation ou en tournée. — L. 19 pluv. an XIII ; — *Cass.*, 15 janv. 1807, Mugnier.

259. — .... Un syndic des marins quand, pour l'exécution des ordres de ses supérieurs, il est, avec l'assistance de la gendarmerie, à la recherche des marins réfractaires. — *Cass.*, 6 vendém. an X, N...

260. — Les employés de l'octroi, pouvant, dans certaines circonstances, être obligés, pour surveiller l'entrée frauduleuse des objets sujets aux droits, de se placer sur un point extérieur de la commune où ils ont le droit d'instrumenter, y sont, dès-lors, à leur poste et dans l'exercice de leurs fonctions. — *Cass.*, 14 mai 1842 (t. 2 1842, p. 492), Hyvernaud.

261. — *Citoyens chargés d'un ministère de service public.* — Quant *aux citoyens chargés d'un ministère de service public*, ce sont, disent les auteurs de la théorie du Code pénal (t. 4, p. 397), « les individus qui sont dépositaires à un certain degré de l'autorité publique, et contre lesquels les violences exercées compromettraient la sûreté publique ; — notamment, un garde champêtre préposé par le maire de sa commune à la surveillance de l'évacuation des lots d'affouage attribués aux habitans. — *Cass.*, 4 août 1826, Speitel.

262. — ... Ou les préposés des contributions indirectes dans l'exercice de leurs fonctions. — *Cass.*, 14 déc. 1821, Guillemain.

263. — ... L'appariteur de police chargé en cette qualité de conduire une patrouille. — *Cass.*, 6 oct. 1831, Balme.

264. — Le gardien employé dans une maison de force ou dans une maison centrale de détention est, sinon un fonctionnaire public ou un agent de l'autorité publique, s'il n'est point assermenté, du moins un citoyen chargé d'un ministère de service public. — En conséquence, les violences commises sur sa personne dans l'exercice ou à l'occasion de l'exercice de ses fonctions, ne tombent pas sous l'application de l'art. 311, C. pén., mais constituent les crimes ou délits prévus par les art. 230 et 231 du même Code. — *Cass.*, 11 fév. 1842 (t. 2 1842, p. 149), Domergues.

265. — Nous pensons même qu'il faudrait considérer comme citoyens chargés d'un ministère de service public, les employés des ministères, administrations publiques, préfectures, mairies, quelle que soit, du reste, leur position hiérarchique, les commis-greffiers ou ceux employés accidentellement comme tels, etc.

§ 2. — *Préméditation ou guet-apens.*

266. — L'art. 232 C. pén. porte : « Dans le cas même où ces violences (celles prévues et punies par les art. 228 et 230, C. pén.) n'auraient pas causé d'effusion de sang, blessures ou maladie, les coups seront punis de la réclusion, s'ils ont été portés avec préméditation ou de guet-apens. »

267. — La préméditation et le guet-apens sont les mêmes ici où elles ne servent qu'à aggraver un simple délit de blessures, que dans le cas d'assassinat, où elles sont une circonstance élémentaire. — Il y a donc lieu de se reporter aux articles 297 et 298, C. pén., qui en donnent la définition. — Nous avons expliqué ces articles *suprà* au mot ASSASSINAT.

268. — Les mots *ces violences*, de l'art 232, indiquent qu'il est question des violences prévues par l'art. 231. — Il est donc indispensable pour l'application de l'art. 232, qu'il s'agisse de violences de nature à causer une effusion de sang, des blessures ou une maladie. — Chauveau et Hélie, t. 4, p. 403.

§ 3. — *Violences ayant occasionné des blessures, effusions de sang ou maladies.*

269. — L'art 231, C. pén., porte : « Si les violences exercées contre les fonctionnaires et agens désignés aux art. 228 et 230 ont été la cause d'effusion de sang, blessures ou maladie, la peine sera la réclusion... » Cet article ne restreint point son application aux *coups portés*, comme on prétend que le font les art. 228 et 230 (V. *suprà* nos 210 s.), il s'étend à toutes les violences, quelles qu'elles soient, qui ont produit des blessures ou maladies. Il ne fait non plus aucune différence entre les divers ordres de fonctionnaires ; tous sont également couverts par sa disposition protectrice.

270. — La distinction entre les blessures ayant produit une incapacité de travail et celles qui n'en ont occasionné aucune, entre celles qui ont entraîné la perte d'un membre et celles dont il n'est résulté qu'une simple effusion de sang, n'a ici aucune importance. Il en est de même de l'existence ou de l'absence de la préméditation, du plus ou d'intensité dans l'intention criminelle.

271. — De même, la règle qui restreint aux faits commis dans les fonctions ou à leur occasion, la protection accordée aux fonctionnaires est toujours subsistante, quoique l'art. 231 ne l'ait pas rappelée. — Cela résulte d'ailleurs surabondamment d'un arrêt de la cour de Cassation qui a jugé que pour que les blessures exercées sur un officier ministériel ou agent de la force publique, jusqu'à effusion de sang, quoique non suivies d'une incapacité de travail de plus de vingt jours, soient passibles des peines portées par l'art. 231, C. pén., il faut qu'elles aient eu lieu pendant qu'il était dans l'exercice de ses fonctions ou à l'occasion de l'exercice de ses fonctions. — *Cass.*, 2 avr. 1829, Olive ; — Chauveau et Hélie, t. 4, p. 399.

272. — Ainsi, les violences exercées contre un agent de la force publique, dans l'exercice de ses fonctions, emportent la peine de la réclusion, toutes les fois qu'elles ont causé une effusion de sang, des blessures ou une maladie, lors même qu'elles n'auraient été exercées que par un seul individu non armé. — *Cass.*, 21 nov. 1811, Liébaert.

273. — Le but que s'est proposé le prévenu n'apporte non plus aucune modification à l'incrimination du fait : le législateur ne s'est arrêté qu'à une seule circonstance, au résultat. — C'est ainsi que les violences commises par un déserteur contre un gendarme, au moment où celui-ci procédait à son arrestation, sont toujours criminelles, soit qu'elles aient eu pour but la résistance aux ordres de l'autorité publique, soit que leur objet ait été d'insulter et de maltraiter un agent légalement commis à l'exécution de pareils ordres. — *Cass.*, 21 nov. 1811, Liébaert ; — Chauveau et Hélie, t. 4, p. 398 ; Carnot, sur l'art. 231, C. inst. crim., t. 1er, p. 662, no 6.

§ 4. — *Violences ayant causé la mort de la victime sans intention de la donner.*

274. — Sous l'ancien article du Code pénal, ce crime était puni de mort. Le nouvel art. 231 (2e ali-

néa) dispose que : — « .... Si la mort s'en est suivie dans les quarante jours, le coupable sera puni des travaux forcés à perpétuité. » — Il faut faire ici les mêmes observations que dans les numéros qui précèdent ; c'est-à-dire que c'est au résultat seul des violences qu'il y a lieu de s'attacher ; dès que la mort s'en est suivie, l'article est applicable, qu'il y ait ou non préméditation ou quel qu'ait été le but des violences.

275. — Le projet du Code pénal ne posait aucun terme dans lequel la mort devait être présumée résulter des violences ; c'est sur la proposition de la commission du corps législatif que les mots : *dans les quarante jours*, ont été ajoutés à l'art. 231 ; on a pensé que l'accusé ne pouvait rester pendant un temps indéfini dans une incertitude éminemment pénible. — Procès-verbaux du Cons. d'état, 9 janv. 1810.

276. — Il faut aussi que la mort soit bien le résultat des violences. — C'est ce qui résulte des mots *qui ont été la cause* des maladies.... et des explications données au conseil d'état (V. séance du 12 août 1809) par MM. Defermon et Berlier. — Le jury doit donc déclarer formellement cette circonstance. — Rossi, *Tr. de dr. pén.*, p. 80.

277. — La déclaration du jury portant que l'accusé est coupable d'avoir fait à un garde champêtre, pendant qu'il exerçait ses fonctions, des blessures qui ont occasionné la mort, ne suffit pas pour justifier l'application de la peine prononcée par le § 2, art. 231, C. pén., si le jury n'a pas déclaré en même temps que cette mort est survenue dans les quarante jours. — *Cass.*, 6 avr. 1820, Vigouroux ; — Chauveau et Hélie, t. 4, p. 402 ; Carnot, *C. pén.*, sur l'art. 231, t. 1er, p. 662, no 4.

278. — L'art. 231 portant « *dans* les quarante jours », il en résulte que ce délai se calcule en y comprenant le jour où les violences ont eu lieu et celui où les quarante jours s'accomplissent.

§ 5. — *Mort donnée avec intention.*

279. — « Si les coups ont été portés ou les blessures faites à un des fonctionnaires ou agens désignés aux art. 228 et 230, dans l'exercice ou à l'occasion de l'exercice de leurs fonctions avec intention de donner la mort, le coupable sera puni de mort. » — C. pén., art. 233.

280. — L'art. 233 n'était pas ainsi conçu dans le Code de 1810 ; il portait : « Si les blessures sont du nombre de celles qui ont le caractère du meurtre, le coupable sera puni de mort. » — De nombreuses difficultés s'étaient élevées sur le point de savoir quand les blessures avaient le caractère de meurtre. — Quelques auteurs répondaient que c'était quand elles étaient faites *avec l'intention de tuer.* — Carnot (*C. pén.*, art. 233, no 4) ajoutait que des blessures faites à dessein de tuer, lorsqu'il y a préméditation et guet-apens constituent la tentative d'un véritable assassinat, qui doit être punie de la même peine que si le crime avait été consommé. Mais cette solution était vivement contestée. — C'est néanmoins le système que la loi du 28 avr. 1832 a adopté et sanctionné par le nouvel article qu'elle a substitué à l'ancien texte.

281. — Mais cet article pousse plus loin la sévérité, car aujourd'hui il n'est plus nécessaire que la volonté de donner la mort se soit manifestée par *des blessures* ; de *simples coups* sont suffisans.

282. — Comme l'intention de donner la mort est essentiellement constitutive du crime, il faut que le jury soit interrogé sur cette circonstance, et que sa réponse ne laisse aucun doute sur son existence. — Chauveau et Hélie, t. 4, p. 406.

283. — Il s'élève encore sur cette matière une question extrêmement grave, c'est celle de savoir si les violences exercées envers les fonctionnaires doivent trouver une excuse dans les violences elles-mêmes de ces derniers, ou dans des actes arbitraires ou illégaux, et si la provocation, admise comme atténuation des coups et blessures portés à des particuliers, cesse de constituer une excuse par cela seul qu'ils s'adressent à des fonctionnaires ? — La cour de Cassation a décidé, à plusieurs reprises, que la provocation par des violences graves ne rendait pas excusable le meurtre ou les excès commis sur un agent de la force publique dans l'exercice de ses fonctions. — *Cass.*, 13 mars 1817 (intérêt de la loi), Boissin ; 8 avr. 1826 (intérêt de la loi), Barbelin.

284. — Mais cette doctrine ne nous paraît pas admissible (V. PROVOCATION). — Elle est de plus combattue par presque tous les jurisconsultes qui l'ont examinée, et surtout par les auteurs de la *Théorie du Code pénal* (t. 4, p. 406 et suiv.). — V. également dans le même sens Carnot, *C. pén.*, art. 186, no 6, et *C. inst. crim.*, art. 387, no 20 ; de Grattier, *Comm. des lois de la presse*, t. 1er, p. 153 ; Collinières, *Tr. de la lib. individ.*, t. 2, p. 389 ; de Molènes, *De l'human. dans les L. crim.*, p. 525. — V. EXCUSE.

V. ABUS D'AUTORITÉ, ANIMAUX, ARRESTATIONS ILLÉGALES, ATTENTAT A LA PUDEUR, AVORTEMENT, DUEL, ÉTABLISSEMENS INSALUBRES, FONCTIONNAIRES PUBLICS, HOMICIDE, MEURTRE, TENTATIVE.

BLEU DE PRUSSE.

1. — Substance employée dans les teintureries et dont il existe plusieurs espèces. Cette substance est, selon l'espèce, diversement tarifée à l'importation. — V. note 314 du tarif officiel, et ord. 10 oct. 1835.

2. — Les fabriques de bleu de Prusse, et les dépôts de sang d'animaux destiné à sa fabrication sont rangés parmi les établissemens insalubres. — V. ÉTABLISSEMENS INSALUBRES (nomenclature).

BLOC.

Vente en bloc. — V. VENTE.

BLOCUS.

Terme de guerre qui indique l'action d'investir une ville, un port, pour qu'il n'y puisse entrer aucun secours d'hommes ni de vivres. — V. ASSURANCE MARITIME, CAPITAINE, CHARTE-PARTIE, PRISES MARITIMES.

BLOCUS CONTINENTAL.

1. — On appelait ainsi sous l'empire l'état de blocus sur mer et sur terre prononcé contre les îles Britanniques.

2. — Cet état de blocus établi par le décret du 21 nov. 1806 et rendu de plus en plus rigoureux contre les personnes et contre les choses par les décrets successifs des 23 nov. 1807, 17 déc. et 11 janv. suiv., a cessé par suite des conventions internationales du 23 avr. 1814.

V. PRISE MARITIME.

BLONDES (Marchands de).

1. — Les marchands de blondes en gros sont rangés par la loi du 25 avr. 1844 sur les patentes, dans la première classe des patentables, et imposés à : 1o un droit fixe basé sur le chiffre de la population de la ville ou commune où est situé l'établissement ; — 2o un droit proportionnel du quinzième de la valeur locative de la maison d'habitation et des locaux servant à l'exercice de la profession. — V. PATENTE.

2. — Les marchands de blondes en demi-gros sont placés dans la deuxième classe, et imposés à : 1o un droit fixe établi sur les mêmes bases que le marchand en gros ; — 2o un droit proportionnel du vingtième de la valeur locative de la maison d'habitation et des locaux servant à l'exercice de la profession.

3. — Les marchands de blondes en détail sont rangés dans la quatrième classe, et imposés au même droit fixe, sauf la différence de classe, et au même droit proportionnel que les marchands en demi-gros. — V. PATENTE.

BLOUSES (Marchands de).

V. SARRAUX.

BLUTEAUX (Marchands de).

Les fabricans et marchands de bluteaux ou blutoirs sont rangés par la loi du 25 avr. 1844, sur les patentes, dans la sixième classe des patentables, et imposés à : 1o un droit fixe basé sur le chiffre de la population de la ville ou commune où est situé l'établissement ; — 2o un droit proportionnel du vingtième de la valeur locative de la maison d'habitation et des locaux servant à l'exercice de la profession. — V. PATENTE.

BOBINES (Fabricans de).

Les fabricans de bobines pour les manufactures sont rangés par la loi du 25 avril 1844, sur les patentes, dans la huitième classe des patentables, et imposés à : 1o un droit fixe basé sur le chiffre de la population de la ville ou commune où est situé l'établissement ; — 2o un droit proportionnel du quarantième de la valeur locative de la maison d'habitation et des locaux servant à l'exercice de la profession. — V. PATENTE.

BOCARDS (Maîtres de).

Les maîtres de bocards, patouillets ou lavoirs de minerai, sont rangés par la loi du 25 avril 1844, sur les patentes, dans la classe des patentables, et imposés à : 1o un droit fixe de 15 fr. pour chaque usine jusqu'au maximum de 100 fr. (ce droit est réduit de moitié pour les bocards, patouillets ou lavoirs qui sont forcés de chômer, par crue ou par manque d'eau, pendant une partie de l'année équivalente au moins à quatre mois) ; — 2o un droit proportionnel du vingtième sur la valeur locative de la maison d'habitation des magasins de vente complétement séparés de l'établissement, — et du quarantième sur la valeur locative de l'établissement industriel. — V. PATENTE.

BŒUFS (Marchands de).

1. — Les marchands de bœufs sont rangés par la loi du 25 avril 1844, sur les patentes, dans la troisième classe des patentables et imposés à : 1o un droit fixe basé sur le chiffre de la population de la ville ou commune où est situé l'établissement ; — 2o un droit proportionnel du vingtième de la valeur locative de la maison d'habitation et des locaux servant à l'exercice de la profession. — V. PATENTE.

2. — Les marchands de bœuf cuit sont également soumis à la patente. — V. BOUILLON.

BŒUFS D'EMBAUCHE.

1. — On nomme ainsi les bœufs placés à l'engrais dans des pâturages.

2. — Les bœufs d'embauche placés dans une propriété pour être vendus après avoir été engraissés, ne sauraient être assimilés au cheptel ; dès-lors ils doivent être considérés, non comme immeubles par destination, mais comme faisant partie de l'actif mobilier du propriétaire. — *Bourges*, 6 mai 1842 (t. 2 1843, p. 820), Lerasle c. Montcharmont ; — Proudhon, *Tr. du domaine privé*, t. 1er, no 119.

3. — Celui qui vend les bestiaux qu'il a engraissés fait-il acte de commerce ? — V. ACTE DE COMMERCE, nos 134 et 138.

BOIS.

1. — On appelle ainsi un lieu planté d'arbres tels que chênes, ormes, hêtres, bouleaux, sapins, etc.

2. — Dans l'usage, le mot *bois* ne s'emploie, toutefois, que quand l'espace couvert d'arbres est d'une étendue médiocre. Si l'espace est considérable, on le nomme alors *forêt* ; s'il est d'une petite étendue, on dit que c'est un *bosquet*, une *remise*, un *bouquet de bois*.

3. — Mais dans le langage de la loi les mots *bois* et *forêt* sont synonymes.

4. — « On sait bien, disait Merlin dans son réquisitoire, lors de l'arrêt du 9 messid. an IX, que dans le langage vulgaire on n'appelle forêt que les bois d'une très grande étendue ; mais dans le langage de la loi, le mot *forêt* s'entend de toute espèce de bois ; et cela est si vrai, que les plus petits bois sont soumis comme les plus grands à l'administration forestière. » — *Rép.*, vo *Forêt*, no 1er.

5. — Ainsi jugé que le mot *forêt* qu'emploie l'art. 151, C. forest., est générique et s'applique à tous les terrains couverts de bois et soumis au régime forestier sans égard à leur plus ou moins d'étendue. — *Cass.*, 1er mai 1830, Gandivet.

6. — Quelques personnes veulent cependant que le terme *forêt* s'applique seulement à une étendue de bois supérieure à deux cents hectares ; mais cette distinction n'est pas admise, et par conséquent elle n'est d'aucune utilité dans le langage du droit. — Méaume, *Comm. du Code forest.*, art 1er, no 3, t. 1er, p. 39.

7. — On entend aussi par le mot *bois*, les arbres mêmes dont un terrain est planté, soit qu'ils existent sur pied, soit qu'ils soient abattus et même mis en œuvre.

8. — Les arbres des forêts reçoivent différentes dénominations, selon leurs différentes essences ou qualités et les usages divers auxquels on les emploie.

9. — Ainsi on nomme :

Bois vif, les arbres qui poussent des branches et des feuilles ;

Bois mort, ceux séchés sur pied ;

Mort bois, ceux de peu de valeur, comme ronces, genêts, épines, etc. ;

Bois abroutis, ceux que les bêtes ont broutés ;

Bois chablis, ceux que les vents ont abattus ;

Bois en état, ceux qui sont debout ;

Bois encroués, ceux qui, étant coupés par le pied, sont tombés sur des arbres auxquels ils demeurent accrochés ;

Bois marmenteaux ou de *touche*, ceux qui ne servent que d'ornement à un château ;

Bois d'entrée, ceux qui ont quelques branches vertes et les autres sèches ;

Bois blanc, ceux qui sont de peu de service, comme le peuplier, le bouleau, le tremble, etc. ;

Bois cusin, ceux que le feu a maltraités ;

Bois bombés, ceux qui ont quelque courbure naturelle ;

Bois de merrain, ceux distribués en petits ais, et dont on fait des douves de tonneau, des cuves, des panneaux, etc.;

Bois en grume, ceux coupés et ébranchés mais qui ont encore leur écorce;

Bois cariés, ceux viciés qui ont des nœuds pourris;

Bois charmés, ceux qui sont près de périr ou de tomber, pour avoir reçu quelque dommage dont la cause n'est pas apparente;

Bois en défends, ceux d'une belle venue qu'il n'est pas permis de couper avant qu'ils aient pris tout l'accroissement dont ils peuvent être susceptibles. On nomme aussi *bois en défends* ceux dont l'entrée est défendue aux bestiaux (V. DÉFENSABLE);

Bois gélifs, ceux qu'a fendus l'action de la gelée;

Bois gissans, ceux abattus et couchés par terre;

Bois marqués par le branchage, ceux destinés aux bâtimens de l'état, marqués par le branchage dans les forêts domaniales ou particulières;

Bois déchaussés, ceux dont on a découvert le pied;

Bois coupés par racine, ceux dont on a coupé la racine avec la scie ou la cognée;

Bois de délit ou de *mésus*, ceux coupés par quelqu'un qui n'y avait pas droit (V. FORÊTS, GARDE, DÉLIT FORESTIER, PROCÈS-VERBAL);

Bois récipé, se dit d'un bois qu'on a coupé par le pied, pour l'avoir d'une plus belle venue;

Bois à faucillon se dit d'un petit taillis qui peut s'abattre à la serpette;

Bois rabougri, d'un bois tortu, mal fait et d'une mauvaise venue;

Bois sur le retour, d'un bois trop vieux qui commence à se gâter et à diminuer de valeur;

Bois de haut revenu, d'une demi-futaie de quarante à soixante ans;

Bois taillis (et dans quelques contrées *bois de raspe*), de bois qui sont sujets aux coupes ordinaires, lesquelles se font aux plus courtes époques fixées par la loi ou l'usage des lieux;

Bois de haute futaie, se dit des bois qui ont passé trois coupes ordinaires de bois taillis;

Bois vergé ou *vermoulu* se dit du bois percé par les vers.

10. — Tout bois est en *taillis* ou en *futaie*. — On doit considérer comme *taillis* toute plantation d'arbres forestiers faite non en pépinière, mais à demeure, sur un sol forestier, dans les premières années de la pousse, tant qu'il n'est pas prouvé qu'elle ait été destinée à croître en futaie, sans aucune distinction entre les bois qui n'ont pas été coupés et ceux qui, l'ayant déjà été, renaissent de leurs souches et de leurs racines. — *Cass.*, 13 juin 1823, Forêts c. Héron.

11. — On considère encore comme taillis, les arbrisseaux, les arbustes, les bois rampans et toutes les autres plantes ligneuses qui croissent dans les bois, les marécages ou les terres vaines et vagues.

12. — Le bois est en *futaie* lorsqu'il a le double de l'âge auquel on a coutume de couper le taillis; mais l'âge auquel il est réputé *haute futaie* n'est pas positivement fixé. Dans certains lieux, c'est lorsqu'il a passé l'âge de trois coupes, comme nous l'avons dit plus haut; dans d'autres, c'est lorsqu'il a cent ans ou cent vingt ans, ce qui pourrait s'induire de l'art. 1er, ord. 1669. — Cappeau, *Législ. rurale et forestière*, t. 1er, p. 129; Rolland de Villargues, *Rép. du not.*, v° *Bois*, n° 8. — V. aussi Proudhon, *Usufruit*, t. 3, n° 1162.

13. — Pour connaître l'âge du bois, on en scie le tronc horizontalement; on compte les cercles que l'on y remarque, et chaque cercle dénote une année. — Merlin, *Rép.*, v° *Bois*, § 3. — Pour ce qui concerne l'administration, la police, la conservation des bois, les infractions et les peines dont ils peuvent être l'occasion, V. FORÊTS.

14. — Le bois, même taillis, est immeuble par sa nature, tant qu'il tient encore au sol; mais il devient *meuble* à mesure qu'il en est séparé. — C. civ., 520 et 521. — V. BIENS.

15. — L'ord. 1669, tit. 27, art. 2, portait que « tous arbres de réserve et baliveaux en taillis sont réputés faire partie du fonds, et que les usufruitiers n'y peuvent rien prétendre. » — Pour les droits qu'aujourd'hui le Code civil accorde à l'usufruitier sur les bois taillis et futaies, V. USUFRUIT.

16. — Le droit d'enregistrement qui est dû lors de la mutation par décès se prend aussi bien sur la valeur des bois inhérens aux fonds héréditaires, que sur celle de ces fonds. — L. 22 frim. an VII, art. 15, n° 7.

17. — Le droit d'enregistrement est dû pour la vente des bois communaux, tout aussi bien que pour la vente des bois des particuliers. Il est même dû, suivant l'art. 69, § 5. L. 22 frim. an VII, *pour les ventes faites par la nation* de coupes des bois taillis et de futaie.

18. — Le droit d'enregistrement se perçoit à raison de 2 % sur les ventes de coupes de bois taillis et de futaie, et à raison de 4 % sur la vente du fonds. — L. 22 frim. an VII, art. 69, § 15, n° 1er, et § 7, n° 1er.

19. — Lorsque le sol et la superficie d'un bois ont été vendus au même individu par deux actes séparés, il n'y a lieu de percevoir, sur le prix total, le droit proportionnel de vente immobilière qu'autant qu'il existe des circonstances qui font présumer qu'on a eu l'intention d'éluder cette perception. A cet égard, l'appréciation des faits échappe à la censure de la cour de Cassation. — *Cass.*, 28 mai 1806, Enreg. c. Nicaise et Lecoq. — V. au surplus ENREGISTREMENT.

20. — Le bois de chauffage destiné à servir d'aliment au feu reçoit, comme les arbres forestiers, diverses dénominations selon les circonstances.

21. — Ainsi on appelle :

Bois flotté, celui qui est en train sur des rivières;

Bois neuf, celui qui n'a point été trempé d'eau, mais qu'on a amené par charroi ou sur des bateaux;

Bois perdu, les bûches que l'on jette dans les ruisseaux ou rivières qui les portent aux lieux où l'on doit les charger sur des bateaux ou les réunir en trains;

Bois de moule ou *de quartier* ou *de compte*, se dit du bois mesuré d'une forte grosseur;

Bois de corde ou *de menuise*, se dit des bûches faites de branchages ou de bois taillis d'une grosseur inférieure à celle des bois de moule.

Le *bois de gravier* est celui qui croît dans des endroits pierreux, et qui vient demi-flotté de Bourgogne et de Nivernais. — On nomme *bois en chantier* les bûches qui sont en pile ou en magasin.

22. — Les brûleries de bois doré sont classées parmi les établissemens insalubres. — V. ÉTABLISSEMENS INSALUBRES (nomenclature).

23. — En matière de douanes, les bois sont, quant aux droits d'entrée ou de sortie, rangés sous quatre classes différentes : 1° bois à brûler, de charpente, de construction et de menuiserie; — 2° bois d'ébénisterie; — 3° bois de teinture; — 4° bois médicinal. — Ces quatre classes forment elles-mêmes deux cent soixante-onze sortes de bois différens. — Quelques espèces, telles que les bois d'ébénisterie de l'Inde, ceux de teinture, les bois de Fernambouc, les acajous, sont nominativement soumis à des taxes particulières. — V. DOUANES.

24. — Pour les règles relatives au commerce des bois et charbons, V. BOIS ET CHARBONS.

BOIS (Marchands de).

1. — Les marchands de bois à brûler qui ont chantier ou magasin et vendent au stère ou par quantité équivalente ou supérieure; — les marchands en gros de bois merrain qui vendent par bateau ou charrette; — les marchands en gros de bois de sciage; — les marchands de bois de marine ou de construction — sont rangés par la loi du 25 avril 1844, sur les patentes, dans la première classe des patentables, et imposés : 1° à un droit fixe basé sur le chiffre de la population de la ville ou commune où est situé l'établissement; — 2° à un droit proportionnel du quinzième de la valeur locative de la maison d'habitation et du trentième de celle des locaux servant à l'exercice de la profession.

2. — Les marchands de bois à brûler qui n'ont ni chantier, ni magasin, et vendent sur bateau et sur les ports au stère, ou par quantité équivalente ou supérieure, sont rangés dans la deuxième classe et imposés au droit fixe basé sur le chiffre de la population et à un droit proportionnel du vingtième de la valeur locative de la maison d'habitation.

3. — Les marchands en demi-gros de bois de teinture sont également rangés dans la deuxième classe et imposés au droit fixe basé de même sur le chiffre de la population et au droit proportionnel du vingtième de la valeur locative de la maison d'habitation et des locaux servant à l'exercice de la profession.

4. — Les marchands de bois d'ébénisterie; les marchands de bois en grume; les marchands de bois de sciage qui, ayant chantier ou magasin, ne vendent qu'aux menuisiers, ébénistes, charpentiers et particuliers, sont rangés dans la troisième classe et imposés, sauf la différence de classe, aux mêmes droits fixe et proportionnel que les marchands en demi-gros de bois de teinture. — V. *suprà* n° 3.

5. — Les marchands de bois de teinture en détail sont placés dans la quatrième classe des patentables et imposés, sauf la différence de classe, aux mêmes droits fixe et proportionnel que les précédens. — V. *suprà* n° 3.

6. — Les marchands de bois à brûler qui, n'ayant ni chantier, ni magasin, vendent par voiture au domicile des consommateurs, sont placés dans la cinquième classe et imposés, sauf la différence de classe, aux mêmes droits fixe et proportionnel que ceux qui n'ont de même ni chantier, ni magasin, et vendent par bateau et sur les ports. — V. *suprà* n° 2.

7. — Les marchands de bois de bateaux, — les marchands de bois de boissellerie, — les marchands de bois feuillard et les marchands de bois de volige sont rangés dans la même classe, et imposés, sauf la différence de classe, aux mêmes droits fixe et proportionnel que les marchands en demi-gros de bois de teinture. — V. *suprà* n° 3.

8. — Les marchands de bois merrain qui ne vendent qu'aux tonneliers et aux particuliers sont rangés dans la sixième classe des patentables, et imposés, sauf la différence de classe, aux mêmes droits fixe et proportionnel que les marchands en demi-gros de bois de teinture. — V. *suprà* n° 3.

9. — Enfin, les marchands qui vendent à la falourde, au fagot et au cotret, et les faiseurs de galoches et socques, sont placés dans la huitième classe, et imposés au droit fixe basé sur le chiffre de la population et au droit proportionnel du quarantième de la valeur locative de la maison d'habitation et des locaux servant à l'exercice de la profession. — V. PATENTE.

BOIS ET CHARBONS.

Table alphabétique.

Achat en route, 13.
Agent général, 45.
Agrès de flottage, 43.
Alléges, 32. — des bateaux de charbon, 84.
Approvisionnement de Paris, 2, 7, 8. — de Rouen, 7.
Arrivage du charbon, 27, 85.
Assemblée générale des compagnies, 48.
Bannes, 72.
Bateau de charbon, 82.
Bois — carrés, 38, 56. — de charronnage, 57. — de charpente, 38, 56. — de chauffage, 38, 54. — de sciage, 57. — flotté, 54.
Caissier, 45.
Chantiers, 11, 58.
Charbon, 20 s., 28, 69 s. — arrivant par terre, 92. — avarié, 88. — de bois, 38, 64.
Chauffage de Paris, 4 s.
Coalition, 19.
Colportage des charbons, 105.
Commis des marchands de bois, 17.
Compagnies, 35 s. — de commerce, 53. — du commerce de charbon de bois, 64. — de marchands de bois, 34. — du haut flottage à bûches, 39 s.
Contravention, 107.
Corps-de-garde, 81.
Cotisation annuelle, 50, 52, 59.
Cotrets, 15.
Cours d'eau, 24.
Déchargement, 14. — des charbons, 91.
Délégués, 53, 59.
Dépotage des charbons, 90.
Destination du charbon, 106.
Dimension du charbon, 97.
Droit ancien, 2 s.
Droits de péage, 22. — de pontonnage, 22.
Emprunts, 51.
Facteurs au charbon, 94 s.
Fagots, 15.
Flottage, 32 s., 38, 40.
Forains, 54.
Gagne-deniers, 20.
Garde-ports, 17.
Habitans, 12.
Impôt, 52.
Interdiction du commerce de bois, 17.
Jurés compteurs, 17.
Lieux consacrés à la vente du charbon, 77.
Liberté du commerce, 28.
Magasins de charbon, 78. — — particuliers, 79.
Marchands de bois, 6. — de Paris, 23, 54. — forains, 28.
Marchés publics, 79, 99.
Marques du bois, 44.
Mesurage du charbon, 99 s.
Mesure du charbon, 66.
Naufrage des bois, 26.
Navigation, 25.
Origine, 21.
Ouvriers, 18 s.
Pêche des bois, 25.
Peines, 107.
Places, 67.
Plumets, 20, 71.
Port des charbons dans Paris, 20, 104.
Ports, 18, 67.
Porteur de charbon, 102.
Poussier, 97 s.
Pouvoir municipal, 31.
Prix des bois, 29.
Propriétaire, 21, 73.
Provision de bois et de charbon, 12.
Sacs de charbon, 72, 103.
Saisie-arrêt, 10.
Saisie-exécution, 10.
Syndic du commerce de bois, 45. — du commerce de charbon de bois, 65.
Stationnement des bateaux, 87.
Taxe des bois, 29 s.
Trains, 38.
Transbordement du charbon, 89.
Transport de charbon, 67. — des bois, 37. — des bois et charbons, 22. — des charbons dans Paris, 101.
Vente, 14, 27. — à petite mesure, 70. — de charbon, 83 s., 96. — de charbon dans les rues, 69. — du charbon en détail, 80. — (heure), 93.
Voitures de charbon, 75.

BOIS ET CHARBONS (commerce des). — 1. — Il n'est question dans cet article du commerce des bois et charbons que dans ses rapports avec l'approvisionnement de Paris.

CHAP. 1er. — *Législation et principes généraux* (n° 2).

CHAP. II. — *Compagnies du commerce des bois et charbons* (n° 35).

SECT. 1re. — *Compagnies du haut* (n° 39).
SECT. 2e. — *Compagnies du commerce* (n° 53).
§ 1er. — *Compagnies du commerce des bois de chauffage flottés en train* (n° 54).
§ 2. — *Compagnies du commerce des bois carrés* (n° 56).
§ 3. — *Compagnies du commerce de charbon de bois arrivant aux ports dans Paris* (n° 64).

—

CHAPITRE Ier. — *Législation et principes généraux.*

2. — Il a été rendu sur cette matière, ainsi que nous l'avons dit au mot APPROVISIONNEMENT, n° 6, un grand nombre d'arrêtés et de réglemens qui révèlent la terreur de la pénurie et la constante sollicitude de l'autorité pour éloigner de la capitale les souffrances qu'engendre la disette du combustible.

3. — La Convention avait senti la nécessité de compléter sa nouvelle législation en réglementant le commerce de bois et de charbon; aussi le 22 sept. 1793 un décret chargea la municipalité de Paris de donner des renseignemens relativement au bois à brûler et au charbon. Ce décret a sans doute été exécuté et les renseignemens qu'il demandait ont été fournis, néanmoins la Convention ne réalisa pas le projet qu'annonçait le décret précité. Le directoire prit, il est vrai, quelques arrêtés que nous aurons occasion de citer. Mais on ne revint à rappeler d'une manière générale les anciens réglemens, qu'une décision ministérielle de 1812 remit en vigueur. Ce n'est que récemment, par des ordonnances royales en exécution desquelles ont été pris des arrêtés du préfet de police, qu'ont été posés quelques nouveaux principes relatifs au commerce des bois et charbons. Nous nous bornerons ici à rappeler les dispositions principales de ces ordonnances et réglemens.

4. — Nous avons eu occasion de dire, sous le mot AFFECTATION, n° 7, que par un édit de François Ier, de mai 1529, les bois situés à six lieues de la rivière de Seine et tous autres fleuves descendant en icelle tant à mont qu'à val avaient été affectés au chauffage de la ville de Paris, à l'exception cependant des portions nécessaires au chauffage des habitans de chaque canton. — V. aussi conclusions du procureur général; arrêt du parlement du 30 déc. 1785 (Dupin, *Code du commerce de bois et de charbon*, t. 1er, p. 552 et 560).

5. — En cas de disette, tous les bois et charbons qui sont sur les ports peuvent être amenés à Paris, pour être vendus au public. — Ordonn. 1672, chap. 2, art. 11 (Dupin, t. 1er, p. 105). — V. aussi un arrêt du parlement du 29 nov. 1504, cité par Dupin, t. 1er, p. 3.

6. — Les marchands ayant des bois proche des rivières de Seine, Yonne et Marne, étaient tenus de les amener incessamment à Paris. — *Parlem. Paris*, 9 nov. 1496, cité par Dupin, t. 1er, p. 3.

7. — De même, les bois provenant des ventes des forêts de Vernon et Andelys, de Léons, tous les bois situés le long de la rivière d'Ondelle, ceux des forêts de Longboel et de Bard, voiturés tant au-dessous qu'au-dessus du pont de l'Arche; ceux de Licourt et de Passy, doivent être vendus à la charge d'être voiturés en la ville de Paris. — Arrêt du conseil du 4 août 1722; ord. du Bureau de la ville du 21 janv. 1751; arrêt du conseil du 22 juill. 1755, cités par Dupin, *Code du commerce de bois et de charbon*, t. 1er, p. 191. — Le même arrêt déterminait les bois qui pouvaient être conduits à Rouen.

8. — De nombreuses décisions législatives ou de police ont fait défense de rien distraire des bois et charbons destinés à l'approvisionnement de Paris. Parmi les plus récentes, nous citerons l'arrêt du parlement de Paris du 24 juill. 1725, art. 19; l'ordonnance du bureau de la ville de Paris du 1er déc. 1785, art. 15; l'arrêt du représentant du peuple en mission dans le département de l'Yonne, en date du 24 prair. an III, et l'arrêté du commissaire général de la navigation et de l'approvisionnement de Paris, du 15 oct. 1812, pris en exécution de la décision ministérielle du 8 sept. 1812, qui ordonne de remettre en vigueur les anciens usages, ordonnances, arrêts et réglemens.

9. — Il était fait défense de sortir aucuns bois à brûler hors de la ville et des faubourgs de Paris. — Ord. du bureau de la ville du 15 nov. 1732; sentences du bureau de la ville des 9 janv. 1733, 3 mars 1739, 19 déc. 1747, 18 oct. 1759, 14 mai 1793, 13 fév. 1784, 10 déc. 1784, 1er déc. 1785 (homologuée par arrêt du Parlement le 30 déc. 1785). — Toutes ces décisions sont rapportées à leur date par M. Dupin aîné dans son *Code du commerce de bois et de charbon*.

10. — Les marchandises destinées pour la provision de Paris ne peuvent être arrêtées sur les lieux ni en chemin, nonobstant toutes saisies et sous quelque prétexte que ce soit. — Ord. déc. 1672, chap. 2, art. 10 (Dupin, t. 1er, p. 105). — Mais les droits des créanciers peuvent s'exercer à Paris sur le prix de la marchandise lorsqu'elle a été vendue pour les besoins du public.

11. — Il est défendu aux marchands de faire conduire leurs bois ailleurs que dans leurs chantiers, sans une permission du préfet de police. — Ord. du bureau de la ville, du 1er avr. 1738; sentence de police du 27 vent. an X, art. 21 (Dupin, t. 2, p. 676).

12. — Une ordonnance du bureau de la ville, du 11 oct. 1714 (Dupin, t. 1er, p. 188 et 190), interdisait aux habitans de faire des provisions de bois et de charbon au-delà de leur consommation ordinaire.

13. — Il est défendu d'aller au-devant du charbon destiné à l'approvisionnement de Paris, et d'en vendre et acheter en route, à peine de confiscation de la marchandise contre le vendeur, et de la perte du prix contre l'acheteur. — Ord. de déc. 1672, chap. 3, art. 2; ord. de police du 2 déc. 1812, art. 5 (Dupin, t. 2, p. 807).

14. — Aucuns bois ne peuvent être vendus sur bateaux, ni être empilés, mesurés ou vendus sur la berge; ils doivent être enlevés au fur et à mesure du déchargement. — Ord. du bureau de la ville du 1er avr. 1738; sentence de police du 17 vent. an X, art. 22 (Dupin, t. 2, p. 676).

15. — Cependant, les fagots et les cotrets peuvent être vendus sur bateaux dans les ports qui sont affectés à leur vente. — Sentence de police, du 27 vent. an X, art. 23 (Dupin, t. 2, p. 676).

16. — Les bois ne peuvent être vendus avant d'être empilés ou ressuyés. — Arrêt du conseil du 25 janv. 1724 (Dupin, t. 1er, p. 196); sentence du bureau de la ville du 23 déc. 1737 (Dupin, t. 1er, p. 242).

17. — Le commerce de bois est interdit 1° aux commis des marchands sur les ports, à peine de destitution et de remplacement (Délibération du commerce de bois de Paris du 19 vent. an VI, art. 12); — 2° aux jurés-compteurs, garde-port et autres préposés à la surveillance des bois (Instruction sur le service des jurés-compteurs, du 22 pluv. an X); — 3° aux charretiers et à divers autres préposés ou employés.

18. — Il est fait défense de prendre et d'emporter aucuns bois sur les ports, et d'en acheter des ouvriers y travaillant. — Ord. du bureau de la ville du 29 mai 1736 (Dupin, t. 1er, p. 227); sentence du bureau de la ville du 31 juill. 1737 (Dupin, t. 1er, p. 234); sentence du bureau de la ville du 12 janv. 1740 (Dupin, t. 1er, p. 255).

19. — Une ordonnance de Louis XIV de déc. 1672, chap. 4 (Dupin, t. 1er, p. 119 et 120), un arrêt du parlement du 24 juill. 1725 (Dupin, p. 204), ainsi que des réglemens spéciaux, avaient fait défense aux charretiers, aux ouvriers charretiers, ou gagne-deniers, dits *plumets*, de s'associer sur les ports ou à l'entrée des chantiers. Ces prohibitions sont aujourd'hui remplacées par l'art. 415, C. pén.

20. — Une ordonnance du Bureau de la ville, du 19 déc. 1747, porte défense de transporter par eau du charbon de bois d'un port à un autre de Paris, et injonction aux plumets de porter par terre le charbon directement des ports dans lesquels la vente en a été faite dans les maisons des acheteurs, à peine de *cinquante livres d'amende et d'interdiction de travail*. — Dupin, t. 1er, p. 289.

21. — Cependant, les propriétaires des bois peuvent faire amener directement à leur domicile les charbons provenant de leurs propriétés, mais pour leur conservation seulement, à la charge de justifier de l'origine de ces charbons par un certificat du maire de la commune où ils ont été fabriqués, et avec l'autorisation du préfet de police. — Ord. de police du 8 déc. 1812, art. 2; Dupin, t. 2, p. 806.

22. — Le transport, passage, voiture ou flottage des bois, tant par terre que par eau, ne peut être empêché ou arrêté sous quelque prétexte de droits de travers, péages, pontonnages ou autres, par quelque particulier que ce soit, à peine de tous les dépens, dommages-intérêts des marchands, etc. — Ord. d'août 1669, tit. 15, art. 52; Dupin, t. 1er, p. 37.

23. — Pour laisser l'entière liberté au commerce, et encourager le transport à Paris de toutes les provisions nécessaires à sa consommation, les droits connus sous le nom de *droits de compagnie française* ont été supprimés, et toute différence entre le commerce des marchands forains et celui des marchands de Paris supprimée. — Ord. de déc. 1672, chap. 3, art. 1er; Dupin, t. 1er, p. 106.

24. — Pour faciliter le commerce par les rivières, et le transport des provisions nécessaires à la ville de Paris, défenses sont faites à toutes personnes de détourner l'eau des ruisseaux et des rivières navigables et flottables, affluentes dans la Seine, ou d'en affaiblir ou altérer le cours par des tranchées, fossés, canaux, ou autrement; et en cas de contravention, les ouvrages doivent être détruits et les choses réparées aux frais des contrevenans. — Ord. de Louis XIV de déc. 1672, chap. 1er, art. 1er; Dupin, t. 1er, p. 97.

25. — Un décret du 20 thermid. an III ordonna que chaque section de Paris fournirait vingt citoyens pour extraire de la rivière les bois de chauffage qui en interceptaient alors la navigation.

26. — La dimension des bûches et le mode de mesure à employer pour les bois ont été déterminés par l'arrêté du directoire du 3 niv. an VII.

27. — Les charbons doivent être vendus à Paris selon leur taux d'arrivage. — Arrêté du directoire exécutif du 2 flor. an VI.

28. — Une ordonnance royale du 4 fév. 1824 est venue modifier les dispositions qui gênaient la liberté du commerce de charbon. Entre autres dispositions, elle a permis de vendre ailleurs qu'à Paris, au gré des propriétaires, les charbons arrivant par terre ou par eau dans cette ville. Elle a autorisé la vente sur les places de terre des charbons arrivés par eau. Enfin elle a décidé que les taxes municipales ou autres rétributions établies sur les charbons seraient les mêmes pour les charbons arrivant par terre ou pour ceux amenés par eau.

29. — Les marchands de bois à brûler étaient anciennement tenus, à Paris, avant de mettre leurs bois en vente, de faire porter au bureau de la ville des montres de chaque espèce, pour y être mis à prix par le prévôt des marchands et les échevins, et il était défendu expressément à tout marchand de bois de le vendre au-delà de la taxe, qui devait être marquée sur une banderole apposée à chaque pile ou bateau de bois.

30. — Aujourd'hui rien de pareil n'a lieu. La loi du 22 juill. 1791, sur la police municipale et correctionnelle, défend (tit. 1er, art. 30) aux officiers municipaux de taxer le prix du bois.

31. — Un arrêté du gouvernement du 3 prair. an XIII a cassé un arrêt de l'administration centrale du département de Maine-et-Loire, qui autorisait une municipalité à faire abattre les bois nécessaires pour le chauffage de ses corps-de-garde. — Merlin, *Rép.*, v° *Bois*, § 4.

32. — Il faut observer cependant que, pour faciliter l'expédition des bois à flotter, ceux des marchands qui ont des bois blancs pouvant être destinés à former alléges pour les trains, des rouettes, chantiers et étoffes excédant celles nécessaires à leurs propres opérations, sont tenus d'en fournir à ceux qui en manquent, sauf à convenir à l'amiable du prix desdites marchandises, ou à le faire régler d'office en cas de difficultés. — Ord. du prévôt des marchands, 18 déc. 1785, confirmée par arrêt du parlement de Paris du 30 déc. 1785.

33. — Pour ce qui concerne le flottage, V. FLOTTAGE.

34. — Le régime intérieur de la compagnie des marchands de bois a été réglé par une délibération du commerce de bois du 10 vent. an VI. Aujourd'hui, le commerce de bois pour l'approvisionnement de Paris se fait suivant un mode dont nous allons indiquer l'organisation.

CHAPITRE II. — *Compagnies du commerce des bois et charbons.*

35. — Les marchands de bois et charbons, ne pouvant se livrer isolément à leurs opérations commerciales, se sont réunis avec l'approbation et sous la direction du gouvernement, et se sont organisés en compagnies divisées en plusieurs classes, selon les diverses branches de commerce.

36. — On peut les ranger en deux grandes catégories : 1° les compagnies dites *du haut* ou de transport; 2° les compagnies de Paris. — Elles se subdivisent en plusieurs classes.

37. — Les compagnies dites *du haut* sont nombreuses : elles font le transport par eau des combustibles qu'elles vendent aux compagnies du commerce de Paris.

38. — Ces dernières compagnies sont au nombre de trois : 1° compagnie du commerce des bois de chauffage, flottés en trains; 2° compagnie du commerce de bois carrés, charpente, sciage, etc.; 3° compagnie du commerce de charbon de bois arrivant aux ports dans Paris.

Sect. 1re. — *Compagnies du haut.*

39. — Les compagnies *du haut, flottant à bûches perdues*, sont régies par plusieurs réglemens parti-

culiers, et notamment par le réglement du 12 mars 1825, approuvé le 22 octobre suivant par le ministre de l'intérieur. Nous en donnons les dispositions principales.

40. — « Les marchands et propriétaires flottant leurs bois sur les rivières de Cure, Cousin et les ruisseaux y affluant, réunis en assemblée générale en vertu d'une convocation expresse de leur syndic, ont arrêté le réglement suivant :

41. — « Il y a société forcée entre tous les marchands et propriétaires flottant leur bois sur les rivières de Cure et Cousin, depuis leurs sources jusqu'aux ports où se fait la mise en état. — La société est connue sous la dénomination de *Compagnie des intéressés au flottage de la Cure et ses affluens.* — La ville de Vermanton, étant le port où la majeure partie des bois flottés se vend, est désignée comme le domicile de droit des intéressés, chez le facteur chargé de leur confiance. — L'agent général de la compagnie doit toujours y résider. — Art. 1er.

42. — « Tout propriétaire ou marchand qui jette des bois dans le flot, devient, par ce fait, membre de la compagnie, et est soumis à ses réglemens. — Art. 2.

43. — « Le fonds social se compose des agrès nécessaires au flottage, des magasins, des travaux d'art exécutés jusqu'à ce jour aux frais de la compagnie, et des sommes provenant de la retenue dont il est parlé ci-après. — Ces objets sont la propriété des membres composant la société. — Art. 3.

44. — « Chaque membre de la compagnie a une ou plusieurs marques dont ses bois sont frappés. — Ces marques sont la propriété de chacun ; elles doivent être approuvées et enregistrées au bureau de l'agence générale avant d'être déposées et enregistrées au greffe du tribunal civil. La propriété de ces marques est supprimée de droit lorsqu'elles ont cessé de paraître pendant sept ans sur les états de l'agent général à la mise en état. — Art. 4.

45. — « Les intérêts de la compagnie sont administrés et régis par un syndic et deux adjoints qui forment le bureau ; un des adjoints remplit les fonctions de secrétaire. — Les employés qui dirigent sont : un agent général, caissier, un garde général, le nombre des gardes nécessaires à la surveillance des ports. — Art. 5.

46. — « Le syndic et les adjoints sont nommés par la compagnie, en assemblée générale, à la majorité absolue des suffrages. — Ils sont élus pour trois ans ; ils peuvent être réélus indéfiniment, mais toujours de trois en trois ans. — Ils forment le bureau d'administration de la compagnie. — Art. 6.

47. — « Le syndic a la direction des travaux ordonnés par la compagnie et celle de tous les actes qui l'intéressent. Il a la surveillance et la direction de tous les employés ; il peut les suspendre provisoirement de leurs fonctions, en rendant compte au bureau des motifs de sa décision. — Il convoque les assemblées générales ; il est chargé des exécutions de toutes les délibérations de la compagnie. — En cas de maladie ou autre cause, il est suppléé par le premier adjoint. — Art. 7.

48. — « Les lettres de convocation font connaître le motif et l'ordre des travaux. — L'assemblée générale ne peut, dans aucun cas, changer ou intervertir l'ordre du jour fixé par la lettre de convocation du syndic, à moins que des membres de la compagnie aient à porter des plaintes contre des agens ou entrepreneurs, auxquels ils peuvent développer leur proposition, que l'assemblée peut prendre en considération s'il y a lieu. — Art. 8.

49. — « La compagnie, en assemblée générale, est la directrice suprême de tous ses intérêts ; elle se réunit autant de fois que le service l'exige, et de droit chaque année, du 1er au 20 décembre, pour recevoir les comptes de ses agens et déterminer l'époque du flot général. Les convocations pour les comptes généraux sont faites judiciairement au nom du syndic, et transmises par les soins de l'agent général, à chaque intéressé, au domicile élu, chez son facteur, dix jours au moins à l'avance. — Art. 9.

50. — « La compagnie étant, outre les dépenses du flot, chargée du paiement des indemnités dues aux propriétaires d'usines, des dommages aux riverains, pour dégradations occasionnées par le flot, des frais de réparation et de construction des ouvrages d'art à la charge de la compagnie, des améliorations à faire dans le lit de la rivière et des ruisseaux y affluant pour activer l'écoulement des bois, il est pourvu à l'acquittement de ces dépenses par une perception annuelle au profit de la compagnie ; elle demeure fixée à 25 centimes par décastère de bois arrivé sur les ports du bas. — Les fonds provenant de cette taxation ne peuvent être détournés de leur destination. — Art. 25.

51. — « La compagnie est autorisée contracter des emprunts toutes les fois que les circonstances l'exigent, à la charge par elle de déterminer à l'avance les moyens d'amortir la dette. — Les réparations étant faites, la portion qui reste chaque année disponible sur les fonds provenant de la retenue annuelle stipulée dans l'article précédent, est toujours affectée spécialement au paiement des intérêts, et, s'il y a lieu, à l'amortissement d'une partie de la dette. — Art. 26. »

52. — La cotisation exigée de tous ceux qui transportent des trains de bois sur des cours d'eau faisant partie du domaine public, et qui profitent ainsi des services établis sur ces cours d'eau, ne constitue pas un impôt dont le vote soit exclusivement réservé au pouvoir législatif, mais la rémunération d'un service auquel le devoir de l'administration est de pourvoir. En conséquence, cette cotisation peut être fixée, soit par l'autorité administrative, soit par la communauté des marchands de bois auxquels cette autorité a délégué le pouvoir. — *Cass.*, 18 nov. 1844 (t. 1er 1845, p. 133), Synd. des march. de bois de Paris c. Bourgeois. — Depuis 1841, les cotisations annuelles déterminées pour le flottage des trains par la communauté des marchands de bois de chauffage destiné à l'approvisionnement de Paris ont été comprises dans le budget des recettes soumis à l'appréciation des chambres. Aussi, depuis cette époque, les ordonnances qui ont rendu exécutoires les délibérations prises à cet égard par cette communauté ont-elles été prises sur le vu de la loi portant fixation du budget des recettes de l'exercice de chaque année. — V. ord. 13 juill. et 25 août 1841, et celles des années suivantes. — La question de la légalité de la perception ne pourrait donc plus se présenter.

Sect. 2e. — *Compagnies du commerce.*

53. — Les compagnies du commerce sont formées de tous les marchands de bois et de charbons ; elles sont représentées par vingt-trois délégués formant l'*assemblée générale des trois commerces.*

§ 1er. — *Compagnie du commerce des bois de chauffage flottés en trains.*

54. — La compagnie du commerce des bois de chauffage flottés en trains se compose de tous les marchands de bois résidant à Paris ; ses agens, qui sont en grand nombre, reçoivent leur commission du sous-secrétaire au département des travaux publics.

55. — La compagnie ne peut s'occuper que du flottage en trains, du transport et de la conservation des bois.

§ 2. — *Compagnie du commerce des bois carrés, charpente, sciage,* etc.

56. — La compagnie du commerce des bois carrés, charpente, sciage, etc., est régie par un réglement particulier du commerce des bois carrés, arrêté en assemblée générale, le 29 avr. 1817, homologué le 23 août suivant, dont voici quelques dispositions.

57. — « Le commerce d'approvisionnement de Paris en bois de charpente, sciage, charronnage et bois à œuvrer de toutes espèces, se réunit pour l'intérêt commun, sous le titre générique de *commerce des bois carrés.* — Art. 1er.

58. — « Le commerce est composé de tous les marchands reconnus par l'autorité, et ayant chantier sur un des ports de Paris et munis de patente de marchands de bois. — Art. 2.

59. — « Le commerce s'assemble sous la présidence de ses délégués : 1° pour élire ses délégués et suppléans ; — 2° pour arrêter les comptes de recettes et dépenses ; — 3° pour choisir ses agens et commis de berge ; — 4° pour fixer le tarif de la cotisation annuelle ; — 5° pour entendre le rapport des opérations et des décisions prises par le bureau. — Art. 3.

60. — « Les délibérations et décisions en assemblée générale sont prises à la majorité des suffrages et transcrites sur un registre *ad hoc.* — Art. 5.

61. — « Les décisions prises en assemblée générale, convoquée en conformité de l'art. 4, sont obligatoires pour tout le commerce de bois carré. — Art. 6.

62. — « Les délégués forment le bureau et représentent le commerce. Le bureau est en exercice permanent. — Art. 7.

63. — « Les délégués sont chargés des intérêts du commerce ; ils les stipulent en toutes circonstances, soit à Paris, soit sur les ports, soit sur les rivières ; ils correspondent avec l'autorité pour tout ce qui est relatif audit commerce de bois à œuvrer, à la navigation et au flottage ; décident sur les objets imprévus et urgens (leurs décisions sont exécutées par provision) ; surveillent la rentrée de la cotisation et les opérations de l'agent ; vérifient l'état de la caisse lorsqu'ils le jugent à propos, examinent, discutent, arrêtent les comptes des débiteurs et des comptables ; proposent toute augmentation ou diminution nécessaire au tarif de la cotisation et toute autre modification au régime intérieur. — Art. 8. »

§ 3. — *Compagnie du commerce de charbon de bois arrivant aux ports de Paris.*

64. — La compagnie du commerce de charbon de bois est gouvernée par une ordonnance du bureau de la ville, en date du 5 janv. 1769, qui homologue une délibération des marchands de charbon du 17 août 1767.

65. — Cette délibération porte qu'il sera élu annuellement trois syndics, dont un sera pris parmi les marchands de la rivière d'Yonne, un dans ceux de la rivière de Marne et les rivières y affluant, et un dans les marchands des rivières de Seine, de Loire, des canaux et des rivières d'Aisne et d'Oise ; et qu'il sera pareillement établi un commis général pour suivre, sous les ordres des syndics, les affaires générales du commerce. — Art. 4 et 5 (Dupin, t. 1er, p. 401).

66. — Le charbon doit être vendu au minot rase. — *Parlem. Paris,* 25 juill. 1671 (Dupin, t. 1er, p. 93).

67. — Le charbon doit être conduit sur les ports et places à ce destinés. — Ord. de Louis XIV de déc. 1672, chap. 21, art. 1er (Dupin, t. 1er, p. 141).

68. — Il ne peut être mis en entrepôt ni magasin, mais être vendu dans les bateaux ou dans les lieu à ce destinés. — Mêmes ord. et chap., art. 3 (Dupin, t. 1er, p. 142).

69. — Le charbon arrivé à somme et sur chevaux peut être vendu par les rues. — Art. 4 (Dupin, t. 1er, p. 142).

70. — Il est permis à tout le monde de vendre du charbon à petites mesures, à l'exception des plumets, des jurés-porteurs de charbon, et de leurs femmes. — Art. 6 (Dupin, t. 1er, p. 143).

71. — Il est fait défense de transporter par eau du charbon de bois d'un port à un autre, et injonction aux plumets de porter par terre le charbon directement des ports dans lesquels la vente en a été faite dans les maisons des acheteurs. — Ord. 19 déc. 1747 (Dupin, t. 1er, p. 289).

72. — Le charbon doit arriver en bannes et non en sacs, et ne peut être vendu que sur les places, et non dans les rues. — Sentence du bureau de la ville du 6 avr. 1762 (Dupin, t. 1er, p. 363).

73. — Il y a exception à l'égard des charbons que les propriétaires font venir de leur crû par charrettes pour leurs provisions personnelles ; ils peuvent être amenés en sacs. — Ord. de police du 19 juin 1755, art. 4 (Dupin, t. 1er, p. 448 et 450).

74. — Les marchands qui amènent le charbon à sommes peuvent le vendre par les rues et sur chevaux à tous ceux qui ne sont pas regrattiers, mais seulement dans le jour de leur arrivée. — Ord. de police du 19 juin 1755, art. 5 (Dupin, t. 1er, p. 450).

75. — Les charbons voiturés par terre doivent être conduits aux places à ce destinées et non ailleurs. — Ord. du bureau de la ville du 23 sept. 1788 (Dupin, t. 1er, p. 599).

76. — Le préfet de police a rendu, le 15 déc. 1834, une ordonnance concernant la vente du charbon de bois dans Paris, approuvée par le ministre du commerce le 30 du même mois. — Voici le texte de cette ordonnance qu'il importe de rappeler.

77. — « Ch. 1er. — *Lieux consacrés à la vente du charbon.* — Les lieux affectés comme marchés publics à la vente du charbon de bois dans Paris sont, quant à présent, sur la rivière, les ports de l'ancienne Place-aux-Veaux, de la Grève, de l'Ecole, du canal Saint-Martin, de la Tournelle, des Quatre-Nations et d'Orsay ; sur terre, les places d'aval des Récollets, du Faubourg-du-Roule et de la Santé. — Art. 1er.

78. — « On ne peut établir de magasins particuliers ou de débits de charbon en détail dans Paris qu'après l'accomplissement des formalités prescrites à l'égard des établissemens dangereux, insalubres ou incommodes, dans la catégorie desquels ces magasins et débits sont placés par les art. 8 et 9 de l'ordonnance royale du 5 juill. 1834. — Art. 2.

79. — « Il ne peut être déposé de charbon fait à vases clos dans les marchés publics ni dans les magasins ou débits particuliers que sur une autorisation spéciale. — Art. 3.

80. — « Le charbon de bois ne peut être vendu en détail que dans un local ayant sa principale entrée sur la rue. L'approvisionnement de chaque débit est réglé d'après les localités, suivant l'art. 9 de l'ordonnance royale. — Art. 4.

81. — « Il est défendu de faire du feu dans les lieux destinés à la vente du charbon. — Art. 5.

82. — « Ch. 2. — *Charbons amenés par eau.* — Chaque bateau porte une devise et l'indication du nom du propriétaire et de sa résidence, inscrites en caractères visibles sur le bateau même et en lieu apparent. — Cette indication ne peut être changée sans autorisation. — Art. 6.

83. — « Pour déterminer, dans le cas prévu par l'art. 3 de l'ordonnance royale, le tour d'admission aux ports de vente des bateaux de charbon sur la rivière, l'arrivée de ces bateaux aux points de passage régulateurs est constatée par leur inscription sur un registre ouvert à cet effet au bureau de l'inspecteur de la navigation. — Art. 7.

84. — « S'il y a nécessité d'alléger un bateau, l'allège suit au port de vente le bateau allégé. — Art. 8.

85. — « Les conducteurs de bateaux font constater le jour et l'heure de leur arrivée par l'inspecteur de la navigation de Choisy-le-Roy pour les arrivages de la haute Seine; de Charenton pour les arrivages sur la Marne; de la Briche pour les arrivages des canaux de l'Ourcq et de Saint-Denis. — Les inspecteurs de la navigation tiennent registre de ces déclarations et en délivrent extrait aux conducteurs des bateaux. — Art. 9.

86. — « Tout bateau qui n'a pas été mis à port à son tour de vente est remplacé par le bateau suivant et prend un nouveau numéro. — Art. 10.

87. — « Aucun bateau ne peut être extrait des lieux de stationnement désignés en l'art. 9, sans un permis délivré par l'inspecteur général de la navigation, sur la présentation du bulletin du bureau d'arrivages. — Art. 11.

88. — « Lorsque des charbons ont été avariés de manière à devoir être nécessairement changés de bateau, et lorsque l'avarie a été régulièrement constatée, ces charbons peuvent, d'après autorisation du préfet, être mis en vente immédiatement sur le port désigné à cet effet. Un écriteau portant en gros caractères: *Charbon avarié*, est placé à l'entrée du bateau. — Art. 12.

89. — « Si, par suite de surcharge, d'avarie ou de toute autre cause, on était obligé de transborder du charbon d'un bateau sur un autre, déclaration doit en être préalablement faite au bureau de l'octroi et à celui de la navigation. — Art. 13.

90. — « Le dépotage des charbons s'effectue sur les ports de déchargement, mais seulement sur les points qu'indiquent les permis délivrés par l'inspecteur général de la navigation. Le dépotage commence dès la mise à port du bateau; il est opéré sans discontinuer jusqu'à complet achèvement et avec des moyens tels, qu'il soit déchargé au moins mille hectolitres par jour. — Art. 14.

91. — « Les charbons doivent être enlevés du port à mesure des déchargemens. En cas de contravention aux dispositions qui précèdent, les bateaux sont reconduits d'office aux risques, périls et frais du propriétaire, dans la gare la plus voisine. — Art. 15.

92. — « Ch. 3. — *Charbons arrivant par terre.* — Les charbons arrivant par terre qui se rendent aux divers marchés publics ne doivent entrer dans Paris que par les barrières de réception d'octroi ci-après, savoir: de Passy, de Monceaux, de la Villette, de Vincennes, de Charenton, de Fontainebleau, de la Santé et d'Enfer. — Art. 16.

93. — « Les charbons sont reçus aux lieux de vente tous les jours, excepté les jours fériés, savoir : du 1ᵉʳ avril au 31 octobre, depuis six heures du matin à six heures du soir, et du 1ᵉʳ novembre au 31 mars, depuis sept heures du matin jusqu'à cinq heures du soir. — Art. 17.

94. — « Il y a sur chaque place des préposés ou des facteurs nommés par le préfet de police, et dont le nombre est déterminé selon les besoins du service. — Art. 18.

95. — « Les facteurs sont chargés de recevoir les charbons qui leur sont adressés et d'en opérer la vente; ils ne peuvent faire directement ni indirectement le commerce de charbon pour leur propre compte. Leur gestion est contrôlée administrativement, de telle sorte que les expéditeurs puissent toujours trouver auprès des agens de contrôle des renseignemens propres à leur faire apprécier la sincérité des opérations confiées à ces mandataires. — Art. 19.

96. — « Ch. 4. — *Vente du charbon.* — La vente du charbon sur les ponts et places est ouverte, savoir : du 1ᵉʳ avril au 30 septembre, depuis six heures du matin jusqu'à une heure du soir, et du 1ᵉʳ octobre au 31 mars, de huit heures du matin à une heure du soir et de deux heures à quatre. — Art. 20.

97. — « Tout charbon qui n'a pas trente millimètres de longueur est considéré comme poussier.

Les fumerons sont toujours extraits du charbon et vendus à part. — Art. 21.

98. — « Le poussier restant dans chaque tas, après la vente du charbon, doit être porté à une case à ce affectée. Le poussier restant au fond d'un bateau après la vente ou le dépotage ne peut être déposé sur les ports; il est transporté et mis en vente sur les points indiqués. — Art. 22.

99. — « Il ne peut être livré ni enlevé de charbon des marchés publics sans qu'il ait été préalablement mesuré. — Art. 23.

100. — « La mesure doit être remplie de charbon sur bord et non autrement. — Art. 24.

101. — « Ch. 5. — *Transport du charbon dans Paris.* — Toute personne peut porter son charbon ou le faire transporter, soit à col, soit à dos, par qui bon lui semble. Quant aux individus qui veulent exercer la profession de porteur public de charbon, ils doivent se pourvoir préalablement d'une médaille délivrée par le préfet de police. Ils sont tenus de la porter ostensiblement pendant leur trajet. Cette médaille indique le numéro de l'enregistrement, ainsi que les nom, prénoms et surnom du porteur. — Art. 25.

102. — « En cas de changement de domicile, ces porteurs en font, dans les trois jours, la déclaration au contrôleur général des bois et charbons; ceux qui s'absentent de Paris ou renoncent, même momentanément à leur profession, sont tenus d'en faire la déclaration et de contrôleur et de lui remettre leur médaille. — Art. 26.

103. — « Il est défendu aux porteurs de charbon d'avoir des sacs qui contiennent moins de deux hectolitres. Ils doivent les entretenir en bon état. Chaque sac porte, en chiffres de dix centimètres de hauteur, le numéro de la médaille du porteur auquel il appartient. — Art. 27.

104. — « Les charbons, aussitôt qu'ils sont mesurés, doivent être portés directement à leurs destinations. En conséquence, défense est faite de laisser, sous aucun prétexte, des sacs de charbon dans les bateaux, dans les places de vente, sur les quais et sur aucune partie de la voie publique. — Art. 28.

105. — « Nul ne peut colporter, en quête d'acheteur, du charbon dans Paris. En conséquence, tout charbon offert en vente contrairement à cette disposition est, à la diligence des commissaires de police et des préposés, enlevé de la voie publique et conduit au marché le plus voisin. — Art. 29.

106. — « Les conducteurs de chargemens de charbon de bois doivent justifier, à toute réquisition des préposés à la préfecture de police, des destinations de ces chargemens. — Art. 30.

107. — « Les contraventions aux dispositions de la présente ordonnance sont constatées par des procès-verbaux ou rapports qui sont transmis au préfet de police, et les délinquans sont poursuivis devant les tribunaux compétens pour être statué à leur égard conformément aux lois. — Art. 31. »

BOISERIES.

1. — Ouvrages de menuiserie dont on couvre les murs des appartemens.

2. — Conformément au principe posé au mot DIENS, nº 429, les boiseries des appartemens sont immeubles par destination, puisqu'elles font partie intégrante de la maison et qu'on ne pourrait les enlever sans dégrader ni détériorer l'édifice. — Proudhon, nº 447.

3. — Sur la responsabilité du locataire d'une maison ou d'un appartement relativement aux boiseries qui en forment la décoration, V. BAIL, nº 1087 et suivans, et principalement nº 1429.

4. — A la cessation de l'usufruit, l'usufruitier peut, ainsi que ses héritiers, enlever les boiseries qu'il aurait fait placer dans les lieux soumis à l'usufruit, mais à la charge de rétablir les lieux dans leur premier état. — C. civ., art. 599. — V. USUFRUIT.

5. — Les marchands boisseliers de vieilles boiseries sont rangés par la loi du 25 avril 1844, sur les patentes, dans la sixième classe des patentables, et imposés à : 1ᵒ un droit fixe basé sur le chiffre de la population de la ville ou commune où est situé l'établissement; 2ᵒ un droit proportionnel du vingtième de la valeur locative de la maison d'habitation et des locaux servant à l'exercice de la profession. — V. PATENTE.

BOISSELIERS.

1. — Les marchands boisseliers en gros sont rangés par la loi du 25 avril 1844, sur les patentes, dans la troisième classe des patentables, et imposés à : 1ᵒ un droit fixe basé sur le chiffre de la population de la ville ou commune où est situé l'établissement; 2ᵒ un droit proportionnel du vingtième de la valeur locative de la maison d'habitation et des locaux servant à l'exercice de la profession.

2. — Les marchands boisseliers en détail sont placés dans la sixième classe, et imposés, sauf la différence de classe, aux mêmes droits fixe et proportionnel que les marchands en gros.

3. — Les boisseliers sont rangés dans la septième classe des patentables, et imposés au droit fixe basé sur le chiffre de la population et à un droit proportionnel de la maison d'habitation et des locaux servant à l'exercice de la profession.

4. — Enfin, les fabricans boisseliers à façon sont placés dans la huitième classe, et imposés, sauf la différence de classe, aux mêmes droit fixe et proportionnel que les boisseliers mentionnés au numéro précédent. — V. PATENTE.

BOISSONS.

Table alphabétique.

BOISSONS. — **1.** — On comprend sous cette dénomination, en matière de contributions indirectes, tous les liquides frappés de certains droits au profit de l'état ou des communes.

—

Sect. 1re. — *Historique.*

2. — Les droits sur les boissons remontent presque aux premiers temps de la monarchie : selon Mézeray, le roi Chilpéric aurait établi, en 584, un droit d'une amphore ou huitième de muid par arpent de vignes ; ce droit, perçu d'abord en nature sur le propriétaire, paraît avoir été transformé en droit à la vente en gros et en détail lors de l'assemblée des états généraux de 1360.

3. — C'est cette assemblée qui établit en effet les droits d'*aides*, parmi lesquels les boissons comptaient pour la partie la plus importante : le droit était du treizième de la valeur des boissons vendues ; mais toutes les provinces n'avaient pas consenti ce droit ; celles qui l'avaient adopté prirent dès-lors le nom de pays d'aides.

4. — Le montant des droits fut augmenté par Charles VI, en 1382, au vingtième pour les ventes en gros, mais élevé au quart pour les ventes en détail.

5. — Ce droit du vingtième fut définitivement fixé par l'ordonnance de 1668. Quant au droit de détail, il baissa jusqu'au huitième du prix, à l'exception toutefois de quelques provinces qui le conservèrent au quart.

6. — Les droits sur les boissons étaient perçus, soit à la vente en gros, soit à la vente en détail, soit à l'entrée des villes. — Dans quelques provinces les droits étaient perçus à l'effectif, c'est-à-dire sur le prix de vente réel, dans d'autres ils étaient fixes : aussi les pays d'aides se subdivisaient-ils en quatre catégories : *les pays de gros, les pays de courtiers jaugeurs, les pays de quatrième, enfin les pays de huitième réglé.* — Toutefois ces divisions n'étaient point parfaitement tranchées, car les perceptions n'étaient point uniformes dans chaque pays ; il y avait telle généralité, telle ville, située en pays de quatrième, où le droit se percevait au pied du huitième réglé ; telle autre qui, dans un pays de huitième, était soumis aux droits de vente en gros ou des courtiers jaugeurs, etc. C'était une complication ou plutôt une confusion véritablement trop favorable à l'arbitraire.

7. — Les pays de gros étaient les généralités de Châlons, Paris, Soissons et Amiens. — On y percevait les droits à la vente en gros sur l'effectif du

prix. — De plus, chaque année, on faisait, 1° un inventaire des boissons récoltées ; 2° le récolement de la récolte précédente. Si ce récolement établissait une différence en moins dans la quantité de produits, cette différence était annuellement soumise au droit de gros d'après une évaluation faite annuellement par les élus : c'est cette perception sur les manquans que le peuple qualifiait de *trop bu*, parce qu'il la considérait comme une défense de boire au-delà d'une certaine quantité.

8. — Les pays de *courtiers jaugeurs* étaient notamment les généralités de Bourges, La Rochelle, Lyon, Moulins, Orléans, Poitiers, Tours, Alençon, Caen et Rouen. — Le droit à la vente en gros était perçu à l'enlèvement ; il était fixé par muid, quel que fût le prix réel. — Ce droit était analogue à celui de circulation aujourd'hui perçu.

9. — Les généralités d'Alençon, Amiens, Caen et Rouen formaient les pays dits de *quatrième*. — Les droits étaient perçus à la vente en détail ; ils montaient au quart du prix effectif. — Plus tard, on ajouta à ce quart un droit supplémentaire qui éleva ces droits de détail à 37 pour cent.

10. — Les pays dans lesquels on trouvait le *huitième réglé* étaient les généralités de Bourges, La Rochelle, Châlons, Limoges, Lyon, Moulins, Orléans, Paris, Poitiers, Soissons, Tours. — On les appelait ainsi parce que le droit de détail était fixe ; ce droit fixe était réglé de manière à représenter le huitième du prix de vente. — Ordonn. 1680, et édit d'août 1784.

11. — Les droits à l'entrée des villes consistaient généralement en droits d'anciens et nouveaux cinq sous, fixés à quatorze sous, et dix sous par livre, outre les droits d'inspecteurs aux boissons, de subvention, de jauge-courtage, etc., qui variaient presque à chaque ville.

12. — Les pays d'aides, dont la population était évaluée à 9,000,000 d'habitans, produisaient, en 1787, pour les boissons seulement, en non compris les droits aux entrées de Paris, la somme de 29,288,068 livres.

13. — Quelques provinces, exemptes des droits d'aides, étaient néanmoins assujéties à certains droits particuliers sur les boissons. Ainsi, en Bretagne, on percevait *les grands et petits devoirs*, *impôt et billot* ; — en Languedoc, *l'équivalent* ; — en Hainault, *le droit des quatre membres* ; — en Alsace, celui de *musphening*. — La seule différence, c'est que dans les pays d'aides la perception était faite pour le compte du roi, tandis que les autres elle l'était pour celui de la province, qui acquittait vis-à-vis du roi la part de redevance mise à sa charge.

14. — Il est à remarquer, au reste, que dans la plupart des provinces qui n'avaient pas voulu admettre les droits d'aides, les tarifs étaient plus élevés que dans celles où les aides étaient perçus pour le roi : ainsi, en Bretagne, une pièce d'eau-de-vie de cent vingt pots, vendue en détail, payait pour impôt et billot, grands et petits devoirs, jusqu'à 328 fr., et une pièce de vin plus de 60 fr., outre les droits au mouvement. — V. au surplus d'Agar, *Manuel des contrib. indir.*, v° *Aides.*

15. — L'assemblée constituante avait maintenu et régularisa la perception des droits d'aides. — Ainsi, par le décret du 28-31 janv. 1790, elle ordonna la continuation du paiement de ces droits et autres y réunis, mais sans aucun privilège, exemption ni distinction personnels ; — par celui du 22 mars-11 avr. 1790, elle ordonna le rétablissement des barrières nécessaires à la perception de ces droits ; — par celui du 26-28 juin 1790, elle maintint la perception à Beauvais les jours de marchés francs des droits sur les bestiaux, et enjoignit à la municipalité de cette ville de veiller à la conservation et au recouvrement de tous les autres droits d'aides ; — par celui du 10-18 août 1790, elle enjoignit spécialement aux bouchers, cabaretiers, aubergistes et autres d'acquitter ces droits, mais pour les arriérés, et de se soumettre aux exercices pour leur perception normale nécessaires ; — par celui du 22-27 sept. 1790, elle ordonna la perception des droits d'aides sur les boissons et vendanges.

16. — Néanmoins ces droits d'aides, frappé à tort ou à raison d'une réprobation presque universelle, furent supprimés par décret du 16 fév.-21 mars 1791. — Ce ne fut que le 5 vent. an XII que la règle des droits réunis, aujourd'hui administration des contributions indirectes, fut créée. — Ainsi aucun droit ne fut perçu sur les boissons entre ces deux époques.

17. — Quelques décrets furent rendus sur cette matière depuis la loi de ventôse : ce sont ceux du 24 germin. an XIII, 24 avr. 1806, 5 mai 1806, la loi du 25 nov. 1808, et surtout celle du 8 déc. 1814, par laquelle la restauration maintenait les droits sur les boissons les rangeant parmi les contributions indirectes.

18.—Mais les droits et le mode de perception ont été de nouveau et définitivement réglés et adoucis par la loi du 28 avr. 1816, qui, réorganisatrice de tout le système, est encore aujourd'hui la base de la législation en cette matière. — Quelques modifications ont cependant été encore apportées à la loi de 1816, mais sans en changer les dispositions fondamentales, par les lois postérieures des 25 mars 1817 (art. 80 à 87), 15 mai 1818 (art. 84 et 85), 17 juill. 1819 (art. 3), 23 juill. 1820 (art. 3 et 4), 24 juin 1824 (deux lois, l'une relative à la perception des droits sur l'eau-de-vie; l'autre sur l'exercice des fabriques de liqueurs), 11 mars 1827, 17 oct. 1830, 12 déc. 1830, 21 avr. 1832, 23 avr. 1836, 20 juill. 1837 (art. 6 à 10), 25 juin 1841 (art. 15 à 24), 24 juill. 1843, 4 août 1844, et par l'ordonn. du 14 juin 1844.

19. — Le dernier compte-rendu du ministère des finances constate, pour l'exercice de 1844 que le montant des droits sur les boissons s'élève à 98,425,934 fr. 06 c., dont 97,461,152 fr. 73 c, avaient été perçus au 1er janv. 1845; restait à percevoir 471,934 fr. 06 c.

Sect. 2e. — *Dispositions générales.*

20. — Dans cette section nous n'entendons parler que des règles générales concernant les droits sur les boissons, telles que l'énumération de ces droits eux-mêmes, les boissons qui y sont soumises, et le mode général de leur perception. Quant aux règles communes aux boissons et aux autres matières dépendant des *contributions indirectes*, elles seront exposées sous ce dernier mot.

§ 1er. — *Droits sur les boissons.*

21. — En général, les droits imposés sur les boissons ou à l'occasion des boissons sont ceux de *circulation*, *d'entrée*, de *vente en détail*, de *consommation*, de *fabrication*, d'*octroi* et de *licence*.

22. — Quelquefois les droits d'entrée et de détail sont remplacés par une *taxe unique aux entrées*, et ceux d'entrée et de consommation par un *droit de dénaturation*.

23. — Parmi ces différens droits, celui d'octroi est le seul qui se perçoive au profit des communes; tous les autres sont perçus au profit du trésor.

24. — Il est en outre perçu, au profit du trésor, en sus de chaque droit autre que celui d'octroi, un décime par franc pour contribution de guerre. — L. 28 avr. 1816, art. 232.

§ 2. — *Boissons soumises aux droits.*

25.—Tous les liquides ayant une qualité vineuse ou alcoolique sont, en général, imposés comme boissons, sauf les exceptions qui seront expliquées en traitant de chaque droit en particulier.

26. — Les boissons assujéties sont : 1° le vin; — 2° le cidre; — 3° le poiré; — 4° l'hydromel; — 5° la bière; — 6° les eaux-de-vie, esprits et liqueurs.

27. — Sont compris dans la classe des vins et imposés comme tels : 1° les raisins égrappés en totalité ou en partie, les raisins foulés, c'est-à-dire le vin moût ou vin non cuvé. — *Cass.*, 5 fév. 1807, Zacchieri; 13 (et non 5) fév. 1807, Corsini; 12 fév. 1808, Taglia; 27 fév. 1808, Zegun.

28. — ... 2° Les boissons connues sous le nom de *demi-vin*, *trivin*, *petit vin*, *petit cidre*, *aquarello*, *eau passée sur le marc*, ou toutes autres, quelle que soit leur dénomination, provenant du raisin, des poires ou des pommes, avec ou sans mélange d'eau. — *Cass.*, 2 avr. 1813, Cassagneau; — d'Agar, *Tr. du contentieux des contrib. indir.*, t. 1er, p. 140, n° 158.

29. — ..... La piquette. — *Cass.*, 28 oct. 1812, Marignan; 2 avr. 1813, Cassagneau; 16 janv. 1816, Noel, et arg. de *Cass.*, 4 juill. 1820. Delavolvène; — Merlin, *Rép.*, v° *Vin*, § 3, n° 3; d'Agar, *Manuel alphabét. des contrib. indir.*, v° *Piquette*.

30. — La boisson faite avec de l'eau jetée sur des marcs de raisin, pommes ou poires, désignée sous le nom de piquette, est, comme les vins, cidres et poirés proprement dits, passible des droits de mouvement et d'entrée. — *Cass.*, 21 nov. 1817, Lévêque.

31. — Ne peut être exemptée des droits la boisson faite avec de l'eau jetée dans la cuve sur le résidu de la vendange, après en avoir seulement tiré le vin de pure goutte, et sans lui avoir fait subir l'action du pressoir. — *Cass.*, 4 juill. 1820, Tourangin.

32. — ... 3° Les vins factices, tels que les boissons faites avec des raisins secs, pruneaux, etc. — Girard, *Manuel des contrib. indir.*, art. 1er, n° 12.

33.— ... 4° Les vins de liqueurs.—D'après le tarif général des douanes, tirage de 1822, la dénomination des vins de liqueur s'entend des vins de luxe, soit secs ou doux, destinés pour l'entremets et le dessert, et qui sont d'une longue conservation; ce sont, d'une part : ceux qui, naturellement ou par l'effet de certains soins donnés à la fermentation, sont concentrés, riches en sucre, et qui, participant du sirop et de la liqueur, ne peuvent servir de boisson habituelle, comme les vins d'Alicante, de Calabre, des Canaries, du Cap, etc. et tous les vins muscats de l'espèce de ceux de Lunel, Frontignan, etc.; d'autre part, les vins secs, de saveur particulière, tels que ceux de Madère, de Malaga, etc., soit vieux soit nouveaux. — Le vin sec de Porto est rangé parmi les vins ordinaires.

34. — Les vins cuits qu'on confectionne dans certaines localités doivent être considérés comme vins de liqueur toutes les fois que, par l'effet des moyens employés pour leur préparation, ils acquièrent la qualité et le poids qui caractérisent ces sortes de vins. — Girard, *Manuel des contrib. indir.*, art. 26, n° 16.

35. — Le petit cidre est soumis au même impôt que le cidre ordinaire.

36. — Les fruits et vendanges, c'est-à-dire le raisin, les pommes et les poires, sont imposés dans certains cas comme les boissons qu'ils produisent, c'est-à-dire comme le vin, le cidre et le poiré.

37.—L'hydromel est toujours passible du même droit que le cidre. — L. 25 mars 1817, art. 25.

38. — Avant la loi du 28 avr. 1816, la petite bière subissant une ébullition dans la chaudière était soumise au même droit que la bière ordinaire. — *Cass.*, 28 avr. 1812, Cordonnier.—La loi du 28 avr. 1816, art. 107, a établi un droit moindre pour la petite bière que pour la bière forte, et cette distinction a été maintenue par l'art. 86, L. 25 mars 1817.

39. — Sont rangés dans la classe des eaux-de-vie et liqueurs et soumis aux mêmes droits : 1° les fruits à l'eau-de-vie. — D'Agar, *Tr. du contentieux des contrib. indir.*, t. 1er, n° 158.

40. — .... 2° Les boissons qui ont pour base l'alcool, désignées sous le nom de crêmes, huiles, sirops et ratafias.

41. — ... 3° Les *flegmes* ou eaux-de-vie de faible degré. — Décis. de l'admin., art. 321.

42. — ... 4° Les eaux de senteur, telles que l'eau de Cologne. — *Cass.*, 22 nov. 1836 (t. 1er 1837, p. 22), Farina. — L'art. 80, L. 8 déc. 1814, accordait à la vérité l'affranchissement du droit de consommation sur l'alcool employé ou dénaturé par les fabricans et notamment les parfumeurs, pour l'usage de leurs fabrications; mais cette loi, toute transitoire, a cessé d'être en vigueur au moment de la promulgation de celle du 28 avr. 1816.

43. — Jugé cependant depuis que les alcools ou esprits employés pour la confection des vernis, étant dénaturés et non altérés, sont affranchis de droits. — *Cass.*, 9 nov. 1833, Deverdy. — La cour suprême fondait, on le voit, sa décision sur ce que l'art. 23, L. 28 avr. 1816, soumet formellement aux mêmes droits que les eaux-de-vie ou esprits purs les eaux-de-vie et esprits *altérés*.

44. — Plus tard, la loi de 1814, qui contenait le principe de l'affranchissement du droit, ayant été formellement abrogée par celle du 28 avr. 1836, la Cour de cassation n'a pu persister et n'a pas persisté, en effet, dans sa jurisprudence.

45. — Déjà en 1835 elle avait décidé qu'on devait soumettre aux droits les alcools employés à la fabrication du vinaigre. — *Cass.*, 24 nov. 1835, Schattenmann.

46. — Depuis elle a à plus forte raison continué cette jurisprudence; ainsi elle a jugé de même pour l'éther sulfurique. — *Cass.*, 5 juin 1837 (t. 2, 1837, p. 213), Bories; 7 août 1840, ch. réun. (t. 2 1845, p. 73), Bories.

47. — Elle s'est fondée, dans l'arrêt précité de 1840, sur ce que l'exemption de droits prononcée par la loi du 8 déc. 1814 (art. 80) en faveur des eaux-de-vie et esprits employés par les fabricans ou manufacturiers dans leurs établissemens et dénaturés, n'ayant été reproduite ni par la loi du 28 avr. 1816 ni par celle du 24 juin 1824, il en résultait que toutes les quantités manquantes au compte des marchands en gros, après les déductions portées en la loi, avaient dû, à partir de la promulgation de ladite loi de 1816, être soumises aux droits, sans distinction entre les eaux-de-vie consommées en boisson et celles employées à d'autres usages, et notamment dans une manufacture.

48. — La loi du 24 juillet 1843 a apporté de nouveaux changemens à cet état de choses; aujourd'hui les eaux-de-vie et esprits dénaturés ne sont soumis aux droits ordinaires que lorsque les formalités prescrites par les réglemens pour la dénaturation n'ont pas été observées; autrement ils ne peuvent être passibles que du droit de dénaturation. — L. 24 juill. 1843, art. 5. — V. *infrà* nos 320 s.

§ 3. — *Mode de perception des droits.*

49.—La perception des droits varie, tantôt d'après la nature du droit lui-même, tantôt suivant la nature des boissons.

50. — En général, les droits sur les vins, cidres, poirés et hydromels sont déterminés par chaque espèce de boisson, sans avoir égard à la valeur vénale des diverses qualités d'une même espèce; toutefois, le droit de détail est proportionnel au prix de vente.

51. — La bière est soumise à deux droits différens, suivant qu'elle présente la qualité de bière forte ou celle de petite bière. — V. *infrà* n° 722.

52. — A l'égard des eaux-de-vie, esprits et liqueurs, le droit est perçu à raison de leur force alcoolique, constatée par l'aréomètre, conformément à la loi du 24 juin 1824, sauf le cas de dénaturation, où l'on suit la base fixée par les réglemens d'administration publique.—L. 24 juill. 1843, art. 5.

53. — D'après l'art. 145, L. 28 avr. 1816, dans toutes les opérations relatives aux taxes établies sur les boissons, les bouteilles sont comptées chacune pour un litre, les demi-bouteilles chacune pour un demi-litre, et les droits perçus en raison de ces contenances.

54. — Toute personne qui conteste le résultat d'un jaugeage fait par les employés de la régie, peut requérir qu'il soit fait un nouveau jaugeage en présence d'un officier public, par un expert que nomme le juge de paix, et dont il reçoit le serment; la régie peut faire vérifier l'opération par un contre-expert qui est nommé par le président du tribunal d'arrondissement; les frais de l'une et de l'autre vérification sont à la charge de la partie qui élève mal à propos les contestations. — *Ibid.*, art. 146.

55. — Avant la loi du 28 avr. 1816, la perception du droit sur la fabrication de la bière s'établissait d'après la capacité de la chaudière, quand même celle-ci n'eût pas été entièrement pleine. — *Cass.*, 28 avr. 1812, Cordonnier. — La loi du 28 avr. 1816, art. 110, contient à cet égard une disposition expresse. — V. *infrà* n° 728.

56. — Des déductions sont allouées pour ouillage, coulage, soutirage, affaiblissement de degrés, et pour tous autres déchets sur les vins, cidres, poirés, hydromels, alcools et liqueurs, tant en cercles qu'en bouteilles. Ces déductions sont réglées par une ordonnance royale et ne peuvent être inférieures à 4 p. %. — L. 20 juill. 1837, art. 6; ord. 21 déc. 1838, art. 1er, 2, et tarif y annexé.

Sect. 3e. — *Droit de circulation.*

57. — Le droit de circulation est celui qui se perçoit au profit du trésor lors de l'enlèvement ou du déplacement des vins, cidres, poirés et hydromels en quantité d'un hectolitre et au-dessus en cercles, et de vingt-cinq bouteilles au moins en caisses ou paniers fermés et emballés suivant les usages du commerce. — LL. 28 avr. 1816, art. 102; 25 mars 1817, art. 80 et suiv.

58. — Les quantités moindres des mêmes boissons sont soumises aux lois du détail. — V. *infrà* nos 353 et suiv.—La bière n'est soumise qu'au droit de fabrication. — V. *infrà* nos 716 et suiv. — A l'égard des eaux-de-vie, esprits et liqueurs, le droit de circulation et celui de vente en détail sont remplacés par le droit général de consommation. —V. *infrà* nos 659 et suiv.

59. — Sous l'empire de la loi du 28 avril 1816 et de celle du 25 mars 1817, les eaux-de-vie, esprits et liqueurs composées d'eaux-de-vie ou d'esprits, étaient également soumises au droit de circulation; c'est la loi du 24 juin 1824 qui a modifié en cela l'état des choses et réduit l'application de ce droit aux vins, cidres, poirés et hydromels.

60.— Le droit de circulation a remplacé, avec le droit d'entrée, les droits d'inventaire et de vente en gros, créés par les lois du 5 vent. an XII et 24 avr. 1806, et abolis par les art. 12 et 13 de celle du 25 nov. 1808, qui avait établi un droit de mouvement auquel succéda celui de circulation; mais, depuis la loi du 25 mars 1817, le droit de circulation diffère du droit de mouvement, en ce qu'au lieu d'être perçu à chaque mouvement des boissons sujettes, il ne l'est plus qu'une seule fois et lorsque l'enlèvement a lieu pour livrer la boisson au consommateur. Aussi n'est-il plus réellement qu'un droit de consommation, et il n'a conservé son ancien nom que parce que la circulation, qui n'est plus le motif de la perception, continue cependant d'en être le moyen.

61.—Aujourd'hui, le droit de circulation ne peut plus être compris dans l'abonnement que certaines villes sont autorisées à contracter avec la

régie pour établir une taxe unique aux entrées. — L. 25 juin 1841, art. 18.— V. ABONNEMENT, n° 81.

§ 1er.—*Assiette et perception du droit.—Exemptions.*

62. —Comme on l'a vu (*suprà* nos 57 s.), les vins, cidres, poirés et hydromels sont seuls soumis au droit de circulation, et la perception n'a lieu que pour les quantités ci-dessus déterminées.

63. — Le droit est dû : 1° pour la pièce de vin qu'il est d'usage, dans certains pays, de mettre à la disposition des enchérisseurs, lors des ventes d'immeubles. — Décision de la régie (*Mém. des contrib. indir.*, t. 9, p. 422).

64. — ... 2° Et pour les boissons que le vendeur reçoit de son acquéreur, en vertu d'une clause du contrat de vente.—*Ibid.*, t. 9, p. 411, et t. 10, p. 448.

65. — Quelques exceptions ont été introduites à cette règle dans l'intérêt de l'agriculture, du commerce et de la justice, lorsque, par exemple, les boissons en circulation doivent plus tard se trouver passibles de droits supérieurs différens.

66. — Sont exempts du droit de circulation : 1° les vins, cidres et poirés qu'un récoltant fait transporter de son pressoir ou d'un pressoir public à ses caves et celliers, ou de l'une à l'autre de ses caves, dans l'étendue d'un même arrondissement où des cantons limitrophes de l'arrondissement où la récolte a été faite, qu'ils soient ou non dans le même département. — L. 25 juin 1841, art. 15.

67. — ... 2° Les boissons de même espèce qu'un colon partiaire, fermier ou preneur à bail emphytéotique, à rente, remet au propriétaire ou reçoit de lui, dans les mêmes limites, en vertu de baux authentiques ou d'usages notoires. — Même article.

68. — Le propriétaire qui a vendu ses biens moyennant une rente viagère avec réserve d'une quantité de vin qui doit lui être livrée en nature, n'a pas droit à l'exemption du droit, bien que le transport soit effectué dans les limites posées par la loi du 17 juill. 1819. — *Mém.*, t. 9, p. 411.

69. — Il en est de même pour une rente en vin constituée en nature et réservée lors de la vente pure et simple d'une propriété. — Pour qu'il y eût lieu à l'exemption, il faudrait qu'il y eût bail emphytéotique. — *Mém.*, t. 10, p. 448.

70. — ... 3° Les boissons de leurs récoltes que les propriétaires font transporter de chez eux hors des limites posées par l'article précédent, pourvu qu'ils se munissent d'un acquit à caution, et qu'ils se soumettent, au lieu de destination, à toutes les obligations imposées aux marchands en gros, le paiement de la licence excepté. — *Ibid.*, art. 16.

71. — Si les propriétaires et autres dispensés du droit l'avaient néanmoins acquitté lors de la déclaration d'enlèvement, ils ne seraient pas recevables à en réclamer la restitution, car il est devenu impossible de reconnaître si les boissons enlevées étaient, lors de l'enlèvement, dans les cas d'exception posés par la loi. — D'Agar, *Man. alphabét. des contribut. indir.*, v° *Circulation*.

72. — Sont également exemptes du droit de circulation, quels que soient les lieux de l'enlèvement et de l'expédition, et pourvu que dans le lieu de destination le commerce de boissons ne soit pas affranchi des exercices des employés de la régie : 1° les boissons qui sont enlevées à destination de marchands en gros, courtiers, facteurs, commissionnaires, distillateurs, débitans, et tous autres munis d'une licence de la régie pour un commerce quelconque de boissons. —L. 25 mars 1817, art. 82.

73. — Cette exemption n'est point applicable aux vins, cidres et poirés transportés par un simple particulier chez lui dans l'étendue d'un même département. — D'Agar, *Man. alphabét.*, v° *Circulation*.

74. — Les boissons provenant de succession et partagées entre héritiers, ne sont exemptes du droit, si elles sont conduites après le partage chez chacun d'eux, qu'autant que, le défunt étant marchand en gros ou débitant, les héritiers ou quelques uns d'eux auraient la même profession. — Mais alors l'exemption serait personnelle à ces derniers. — D'Agar, *ibid.*

75. — ... 2° Celles qu'on expédie pour l'étranger et les colonies, sauf à en faire constater la sortie sur les points désignés par des ordonnances royales.— L. 28 avr. 1816, art. 6 et 8.

76. — ... 3° Les vins, cidres et hydromels expédiés pour la ville de Paris (L. 15 mai 1818, art. 85), ou pour les villes affranchies des exercices à l'égard des droits d'entrée et de détail, et aussi pour celles où il existerait un abonnement général. — V. ABONNEMENT, nos 78 s.

77. — ... 4° Les provisions de voyage, à raison de treize bouteilles au plus par personne. —L. 28 avr. 1816, art. 18.

78. — Une instruction (n° 36, § 87) de la régie porte qu'on peut exiger des personnes soupçonnées de prendre à tort la qualité de voyageurs, qu'elles justifient par des passeports ou autrement de leur droit de jouir de la franchise.

79. — Dans les différens cas où le droit de circulation est dû, le paiement du droit a lieu, soit au départ de la boisson, soit au lieu de sa destination.

80. — La quotité du droit de circulation est déterminée par le tarif annexé à la loi du 12 déc. 1830. — Ce tarif, maintenu dans tous les divers budgets de recettes qui l'ont suivi, a fixé deux bases différentes de perception pour les vins et pour les cidres, poirés et hydromels.

81. — A l'égard des vins, la loi du 12 déc. 1830 a rétabli la subdivision des départemens de la France en quatre classes, subdivision créée par la loi du 28 avr. 1816, et qui avait été supprimée par celle du 24 juin 1824. Le droit se détermine d'après la classe du département à laquelle appartient le lieu de destination : il est fixé, en principal, sur les vins en cercles et en bouteilles à 60 cent. par hectolitre pour les départemens de première classe ; à 80 c. pour ceux de seconde classe ; à 1 fr. pour ceux de troisième classe, et à 1 fr. 20 c. pour ceux de quatrième classe.

82. — Le classement des départemens peut, s'il s'élève des réclamations, être rectifié par le ministre des finances, sur l'avis du directeur général des contributions indirectes, lorsqu'il est reconnu qu'il y a eu erreur dans les calculs ou les bases qui ont déterminé la classification. — L. 28 avr. 1816, art. 20.

83. — Quant aux cidres, poirés et hydromels, le droit est de 50 c. par hectolitre, sans égard au lieu de destination.

§ 2. — *Formalités relatives à l'enlèvement et au transport des boissons.*

84. — Aucun enlèvement ni transport de boissons ne peut avoir lieu sans une déclaration préalable de l'expéditeur ou de l'acheteur, et sans que le conducteur soit muni d'une expédition dont le prix est de 25 centimes, timbre compris. — LL. 28 avril 1816, art. 7 ; 25 mars 1817, art. 83. —V. aussi L. 25 juin 1841, art. 15.

85. — Le simple enlèvement, sans déclaration, d'une boisson qui y est sujette, suffit pour constituer une contravention à la loi du 28 avr. 1816, art. 6. — *Cass.*, 14 déc. 1821, Jean Micol.

86. — Le droit de circulation est dû pour le simple déplacement des boissons de l'intérieur à l'extérieur du lieu où elles se trouvaient. Le simple chargement devant la maison du vendeur, sans congé, passavant ou acquit à caution, suffit pour constituer une contravention, encore bien que le transport n'ait pas encore été effectué. — *Cass.*, 19 juill. 1821, Joseph Guillaume.

87. — L'huissier qui, procédant à l'exécution d'un jugement, a saisi du vin sur un débiteur, ne peut le faire conduire sur le marché où il doit être vendu, sans avoir fait la déclaration préalable, et sans s'être muni de l'expédition exigée par la loi pour tout transport de boissons. — *Cass.*, 3 fév. 1826, Dufau.

88. — Cette règle est applicable à toutes les boissons qui n'en sont pas formellement exemptées, lors même qu'elles ne seraient pas soumises au droit de circulation.

89. — Ainsi, l'obligation de prendre expédition de la régie s'applique aux eaux-de-vie comme aux autres boissons. — *Cass.*, 21 mai 1845 (t. 1er 1845, p. 694), Claparède.

90. — ... Car en remplaçant les droits de circulation, de consommation et de détail sur les eaux-de-vie, esprits et liqueurs par un droit général de consommation, l'art. 2, L. 24 juin 1824, n'a pas abrogé à leur égard les formalités relatives au transport et à la circulation des boissons. — *Cass.*, 6 mai 1836, Forestier.

91. — A plus forte raison, sous l'empire de la loi du 21 avr. 1832 (qui permettait de comprendre le droit de circulation dans la taxe unique aux entrées), lorsque le conseil municipal d'une ville n'avait voté que le remplacement des droits de licence d'entrée et de détail, sans parler du droit de circulation, les eaux-de-vie et liqueurs ne pouvaient circuler sans la double garantie de la déclaration et de l'expédition. — Même arrêt.

92. — D'ailleurs, depuis la loi du 25 juin 1841, il n'y a aucune distinction à faire, quant à l'application de ces principes, entre les villes rédimées et celles qui ne le sont pas. — *Cass.*, 21 mai 1845 (t. 1er 1845, p. 694), Claparède.

93. — La déclaration et l'expédition sont exigées quelque minime que soit la quantité des boissons transportées. — *Cass.*, 6 mai 1836, Forestier.

94. — Les tribunaux ne pourraient donc relaxer l'individu (même non voiturier ou conducteur) prévenu d'avoir transporté des boissons sans expédition de la régie, par le motif que la boisson ainsi transportée était en petite quantité et avait été achetée dans un débit. — *Cass.*, 21 mai 1845 (t. 1er 1845, p. 694), Claparède.

95. — Celui qui a transporté trois litres de liqueurs de la maison d'un débitant de boissons chez un particulier sans être muni d'aucune expédition, ne peut pas être acquitté sous le prétexte de l'existence d'un usage par lequel l'administration aurait dispensé de toute formalité le transport des boissons par petites quantités dans la ville. Les tribunaux n'ont pas le droit d'examiner les motifs qui déterminent l'administration à user de tolérance dans telle ou telle circonstance. — *Cass.*, 22 mai 1823, Canteleu.

96. — Il en était de même à l'egard du droit de mouvement. — D'Agar, *Tr. du cont. des contrib. ind.*, t. 1er, n° 159.

97. — Ainsi jugé que la défense de faire aucun enlèvement ou transport de boissons sans déclaration préalable est applicable à toute personne qui, faisant cet enlèvement, est tenue de représenter le congé à toute réquisition, quelle qu'en soit la quantité et même pour huit litres. — *Cass.*, 6 avr. 1810, Phélion.

98. — ... Que l'obligation de faire une déclaration et de se munir d'un congé est générale et s'applique au transport des plus petites quantités de boissons, particulièrement à celui d'un demi-litre d'eau de-vie, et ne souffre d'autre exception que celle qui est établie en faveur des voyageurs pour leurs besoins personnels. — *Cass.*, 14 août 1812, Courtain.

99. — L'obligation de la déclaration est également imposée, quelle que soit la qualité de la boisson et indépendamment de la question de savoir si, à raison de sa qualité, cette boisson est ou non soumise aux droits. — D'Agar, *loc. cit.*, p. 140.

100. — Peuvent néanmoins circuler sans déclaration préalable ni expédition : 1° les fruits et vendanges (L. 28 avr. 1816, art. 11), sauf toutefois les raisins égrappés et foulés, ou le vin moût et non cuvé (*suprà*, n° 27). — Cette disposition de l'art. 11 n'a en effet pour objet que la vendange telle qu'elle est réunie sur le lieu de la récolte pour de là être conduite chez les propriétaires, les fermiers ou colons partiaires, ou dans les pressoirs. — L'application, du reste, en doit tout naturellement être réglée par les usages locaux. — Girard, *Man. des contrib. indir.*, art. 8, n° 1er.

101. — L'exemption de congé ou de passavant, pour le transport des vendanges ne s'applique point au transport de vin sorti du pressoir et déjà entièrement manipulé. — *Cass.*, 10 mars 1809, Dury.

102. — ... 2° Les vins destinés par les voyageurs à leur servir de provision de voyage (*suprà* n° 77). — V. aussi *Cass.*, 21 mai 1845 (t. 1er 1845, p. 694), Claparède.

103. — L'article ne parlant que de vins, la dispense ne peut être étendue à toute autre boisson, notamment à l'eau-de-vie destinée par le voyageur à remplacer ces trois bouteilles de vin, alors même qu'elle n'en excède pas la valeur. — *Nîmes*, 18 mars 1830, Laubé ; — Girard, *Man. des contrib. indir.*, art. 10, n° 3 ; Magnitot et Delamarre, *Dict. du dr. admin.*, v° *Boissons*, sect. 5e, § 2.

104. — Mais on ne peut considérer comme voyageur, dans le sens du même article, que celui qui part de son habitation pour se rendre dans un autre lieu, et non le citadin qui, revenant de la campagne, rentre dans son habitation ordinaire. — *Cass.*, 18 nov. 1825, David.

105. — ... Non plus que celui qui est trouvé porteur de boissons dans le lieu même qu'il habite. — *Cass.*, 10 fév. 1831, Loubet.

106. — Et on ne saurait réputer provision de voyage le vin envoyé comme essai par un marchand en gros à un débitant, quoiqu'il n'excède pas la quantité tolérée par la loi. — *Cass.*, 25 juin 1813, Vander-Veen ; — Girard, *Man. des contrib. ind.*, art. 10, n° 2.

107. — *Déclaration.* — Toute délivrance d'expédition doit être précédée d'une déclaration énonçant les quantités, espèces et qualités des boissons, les lieux d'enlèvement et de destination, les noms, prénoms, demeures et professions des expéditeurs, voituriers et acheteurs ou destinataires. — L. 28 avr. 1816, art. 10.

108. — Néanmoins, lorsque les expéditeurs de boissons veulent se dispenser de déclarer le nom des destinataires, ils sont admis à ne faire désigner sur les expéditions que le lieu de destination, à charge d'y faire compléter la déclaration au bureau de la régie, avant que les conducteurs puissent décharger les voitures ou introduire les boissons chez le destinataire. — L. 21 avr. 1832, art. 43.

109. — Dans les deux premiers cas d'exemption du droit de circulation ci-dessus prévus (nos 66, 67)

les déclarations doivent contenir en outre la mention que l'expéditeur est réellement propriétaire, fermier ou colon partiaire récoltant, et non marchand en gros, ni débitant, et que les boissons expédiées proviennent de sa récolte. — L. 28 avr. 1816, art. 10; 25 juin 1841, art 15.

110. — Pour jouir de l'exemption du droit de circulation dans les cas prévus par l'art. 15 de la loi du 25 juin 1841, l'expéditeur des boissons est tenu, lors du premier envoi qu'il fait après la récolte, de justifier de ses droits à cette exemption et de déclarer la quantité totale par lui récoltée. — L. 4 août 1844, art. 11.

111. — Avant la loi du 4 août 1844, l'administration ne pouvait exiger aucune justification quant à la qualité des boissons exemptées du droit de circulation. — *Cass.*, 13 déc. 1843 (t. 1er 1844, p. 91), Loursémault.

112. — Aujourd'hui, et d'après ledit art. 11 de la loi de 1844, celui qui prétend avoir droit à l'exemption est tenu de justifier de la qualité des boissons; mais la loi s'en rapporte à sa déclaration sur la quantité. Il est même à remarquer que l'obligation de déclarer la qualité des boissons peut être enfreinte sans donner lieu à aucune peine; elle n'est qu'un avertissement pour le redevable et un moyen pour l'administration d'être renseignée. — Duvergier, *Collect. des lois*, t. 44, p. 368 (sur l'article précité).

113. — Les déclarations exigées, avant l'enlèvement des boissons, par l'art. 10 de la loi du 28 avr. 1816 doivent contenir, outre les énonciations prescrites par cet article, l'indication des principaux lieux de passage que doit traverser le chargement, et celle des divers modes de transport qui doivent être successivement employés, soit pour toute la route à parcourir, soit pour une partie seulement, à charge, dans ce dernier cas, de compléter la déclaration en cours de transport. — L. 4 août 1844, art. 12.

114. — *Expéditions.* — On désigne sous la dénomination générale d'expéditions les congés, acquits-à-caution, passavans et laissez-passer, qui doivent, suivant les circonstances, accompagner les boissons.

115. — Le *congé* doit accompagner les boissons dont le droit a été payé; — l'*acquit à caution*, celles dont le droit est payable seulement à destination, mais est garanti par un cautionnement; — le *passavant*, celles qui sont exemptes du droit; — quant au *laissez-passer*, il n'est qu'une expédition provisoire, et doit être échangé, selon les circonstances, contre un congé, un acquit-à-caution, ou un passavant. — L. 28 avr. 1816, art. 7, 8 et 9.

116. — De ces quatre espèces d'expéditions, les trois premières sont prises au bureau de la régie; la dernière, au contraire, n'est délivrée qu'à défaut de buraliste par les propriétaires ou négocians de l'endroit.

117. — Il suffit d'une seule expédition pour plusieurs voitures ayant la même destination et marchant ensemble. — L. 28 avr. 1816, art. 6.

118. — Les propriétaires, colons et fermiers qui veulent jouir de l'exemption du droit de circulation pour le transport des boissons par eux récoltées (V. *suprà* nos 70 s.) sont tenus de se munir d'un *passavant*. — L. 25 juin 1841, art. 15.

119. — Mais il ne peut plus leur être délivré de passavant pour de pareils transports, lorsque les expéditions par eux faites depuis la récolte ont épuisé la quantité totale qu'ils avaient déclaré avoir récoltée. — L. 4 août 1844, art. 11.

120. — Lorsque le transport a pour objet des boissons expédiées à l'étranger ou aux colonies françaises, l'expéditeur, pour jouir de l'exemption (V. *suprà* no 75), est obligé de se munir d'un acquit à caution, sur lequel est désigné le lieu de sortie. Celui-ci ne peut être changé sans qu'il y ait ouverture à la perception du droit, si ce n'est du consentement de la régie, qui ne peut le refuser en cas de force majeure. — L. 28 avr. 1816, art. 8.

121. — Dans tous les cas autres que ceux d'exemption du droit ci-dessus déterminés, l'expéditeur est tenu de payer les droits de circulation et de se munir d'un congé, s'il s'agit de vins, de cidres, poirés et hydromels; ou d'un acquit-à-caution, s'il s'agit d'eaux-de-vie, esprits ou liqueurs, sauf l'exception prononcée par l'art. 88, L. 28 avr. 1816. — L. 28 avr. 1816, art. 9.

122. — Le débitant qui a pris un congé à l'effet de faire conduire de sa cave au lieu où se tient la foire, dans la même ville, une barrique de vin, ne peut rentrer dans sa cave le reste non vendu de son vin, sans un nouveau congé ou sans un passavant. — *Cass.*, 1er mai 1812, Carrière.

123. — Des vins qui sont parvenus dans le lieu indiqué en l'acquit à caution, ne peuvent pas être transportés dans un autre lieu, sans un nouvel acquit-à-caution. — *Cass.*, 30 juill. 1807, baron Devé.

124. — Le droit par hectolitre, établi sur les vins à la destination de Paris, remplace tous les autres droits. — En conséquence, un propriétaire ou marchand de vins en gros peut adresser des vins à un commissionnaire de Paris, en vertu d'un simple passavant ou acquit-à-caution. — *Cass.*, 28 juin 1808, Durieux de Souzy. — Le droit de détail et celui d'entrée sont convertis, pour Paris, en une taxe fixe par hectolitre, et il ne se fait point d'exercices dans l'intérieur de la capitale. — V. *infrà* no 308.

125. — Lorsque la régie n'a pas de bureaux dans le lieu de l'enlèvement, l'expédition définitive peut n'être délivrée qu'au passage des boissons devant le premier bureau, moyennant que le conducteur ait été muni provisoirement, au départ, d'un laissez-passer, signé par l'expéditeur. — A cet effet, des laissez-passer, marqués du timbre de la régie, sont déposés en blanc dans les bureaux principaux, pour être délivrés aux personnes solvables qui sont autorisées à en faire usage. Les propriétaires qui les ont obtenues sont obligés d'en faire connaître l'emploi; ils n'ont de valeur que durant le cours de l'année pendant laquelle ils sont délivrés. — Toutes les boissons circulant avec un laissez-passer au-delà du bureau où il aurait dû être échangé sont considérées comme n'étant accompagnées d'aucune expédition. — *Ibid.*, art. 12.

126. — D'après Girard (*Man. des contr. ind.*, art. 9), les propriétaires n'ayant point réclamé l'usage de ces laissez-passer, ils seraient tombés en désuétude.

127. — Les boissons doivent être conduites à la destination déclarée dans le délai porté sur l'expédition. — L. 28 avr. 1816, art. 13.

128. — Le délai à accorder pour conduire les boissons à la destination déclarée est réglé en raison de la distance qui peut être parcourue chaque jour, et selon le mode de transport. — L. 4 août 1844, art. 12.

129. — Les règles à suivre pour la fixation du délai, les mesures et les formalités nécessaires pour assurer l'exécution des dispositions précédentes, ont dû, aux termes du même article, être déterminées par un réglement d'administration publique, qui devait être converti en loi dans la session de 1845.

130. — Jugé qu'il résulte des art. 6 et 13, L. 28 avr. 1816, que c'est aux employés de la régie, qui sont chargés de rédiger les expéditions sur les déclarations des parties, qu'il appartient exclusivement de fixer et d'établir dans ces expéditions le délai dans lequel les boissons déclarées doivent être rendues à leur destination. — *Cass.*, 4 juin 1830, Becq.

131. — De même, l'administration peut seule, en cas de besoin, prolonger le délai qu'elle a fixé. — Les tribunaux ne peuvent, en cas de retard, et lorsqu'aucune preuve légale n'est rapportée pour en justifier la cause, se dispenser d'appliquer les peines portées par la loi. — *Cass.*, 27 fév. 1823, Goy.

132. — Le délai est prolongé, en cas de séjour en route, de tout le temps pendant lequel le transport a été interrompu. Il n'y a lieu à la perception d'un nouveau droit de circulation que dans le cas où l'interruption est suivie d'un changement de destination. — L. 28 avr. 1816, art. 13.

133. — Le conducteur d'un chargement dont le transport se trouve suspendu, est tenu d'en faire la déclaration au bureau de la régie dans les vingt-quatre heures et avant le déchargement des boissons. — Dans ce cas, les congés, acquits à caution ou passavans sont conservés par les employés jusqu'à la reprise du transport; ils sont visés et réunis au départ, après vérification des boissons, lesquelles doivent être représentées aux employés, à toute réquisition. — *Ibid.*, art. 14.

134. — Il n'est pas dû un second droit de mouvement, à raison du séjour prolongé des boissons dans un autre lieu que celui de leur destination pendant le cours du transport, lorsque ce séjour est l'effet d'un événement indépendant de la volonté des expéditeurs, notamment de la fermeture des barrières de degel (V. ce mot), et lorsque ceux-ci ou leurs commissionnaires ont, dans les vingt-quatre heures de l'arrivée des liquides, fait leur déclaration et déposé leurs congés au bureau des droits réunis. — *Cass.*, 28 avr. 1813, Lanccelay.

135. — Toute opération nécessaire à la conservation des boissons, telle que transvasion, ouillage ou rabattage, est permise en cours de transport, mais seulement en présence des employés, qui doivent en faire mention au dos des expéditions. — L. 28 avr. 1816, art. 15.

136. — La transvasion des liquides soumis aux droits ne peut avoir lieu en cours de transport qu'en présence des employés, qui doivent en faire mention au dos des expéditions. En conséquence la transvasion opérée à leur insu constitue une contravention. — *Cass.*, 17 août 1844 (t. 2 1844, p. 554), Poiret.

137. — Le conducteur de boissons qui en laisse une partie en route ne peut présenter comme excuse l'impossibilité où il se serait trouvé d'en continuer le transport à cause d'un coulage qui nécessitait une transvasion, s'il ne rapporte pas à l'appui de son allégation un procès-verbal rédigé par les employés ou par l'autorité locale et constatant l'accident. — *Cass.*, 5 déc. 1822, Goizet.

138. — Dans le cas où un accident de force majeure nécessite le prompt déchargement d'une voiture ou d'un bateau, ou la transvasion immédiate des boissons, ces opérations peuvent avoir lieu sans déclaration préalable, à charge par le conducteur de faire constater l'accident par les employés, ou, à leur défaut, par le maire ou l'adjoint de la commune la plus voisine. — L. 28 avr. 1816, art. 15.

139. — Lorsque des circonstances quelconques nécessitent, soit une suspension de transport, soit un changement de voiture et de voituriers, soit un dépôt provisoire, un conducteur de boissons ne peut en faire le déchargement ni l'introduction chez une tierce-personne qu'après en avoir fait la déclaration à la régie et avoir obtenu un permis de séjour et de départ. — *Cass.*, 10 déc. 1819, Grave.

140. — Si une force majeure peut servir d'excuse au voiturier conduisant des boissons qui ne représente qu'un congé dont le délai est expiré, ce ne peut être que dans le cas où cette force majeure a été constatée d'une manière authentique par les autorités locales. — La preuve testimoniale doit être repoussée. — *Cass.*, 21 avr. 1809, Bona. — V. aussi *Cass.*, 7 déc. 1810, Garrelon. — Merlin, *Rép.*, vo *Congé*.

141. — En matière de droits réunis, pour que la force majeure puisse servir d'excuse au conducteur de boissons qui n'a pas fait décharger son acquit-à-caution dans le délai déterminé, il faut qu'elle ait été constatée par des procès-verbaux. — *Cass.*, 16 mai 1810, Barlabé.

142. — Les expéditions doivent, en général, contenir les mêmes énonciations que la déclaration qui les précède quant aux formalités particulières aux congés, acquits à caution, passavans et laissez-passer. — V. chacun de ces mots.

143. — La consignation des frais d'une expédition dans les mains du maire de la commune sur le refus du buraliste d'en délivrer une, ne peut suppléer à l'expédition qui doit accompagner des boissons en circulation. — *Riom*, 4 juin 1829, Peydière.

144. — Il en est de même du certificat du receveur de la régie attestant que ce droit a été payé et que le porteur des boissons saisies sans expédition est muni d'une licence de débitant ambulant. — *Cass.*, 30 juill. 1825, Lembres.

145. — *Représentation des expéditions.* — Les voituriers, bateliers et tous autres qui transportent ou conduisent des boissons, sont tenus d'exhiber, à toute réquisition des employés des contributions indirectes, des douanes et octrois, les congés, passavans, acquits à caution ou laissez-passer dont ils doivent être porteurs, à l'instant même de la réquisition desdits employés, sans que les conducteurs puissent exiger, sous quelque prétexte que ce soit, aucun délai pour faire cette exhibition. — L. 28 avr. 1816, art. 17; 23 avr. 1836, article unique.

146. — Toutefois, les conducteurs de boissons et les simples particuliers ne sont soumis à la représentation des expéditions que lors de l'enlèvement ou pendant le cours du transport; cette obligation cesse à leur égard une fois le transport consommé. — Arg. L. 28 avr. 1816, art. 17.

147. — Sous la loi du 24 avr. 1806 il en était de même: aussi la cour de Cassation avait-elle décidé qu'il n'y avait que les marchands et débiteurs qui fussent assujétis à représenter des congés et des passavans pour les boissons qu'ils avaient en leur possession, et que les simples particuliers n'étaient soumis à cette obligation que lors de l'enlèvement ou des transports des boissons. — *Cass.*, 17 mars 1809, Favard.

148. — Au contraire, la représentation des expéditions peut être exigée des débitans et marchands en gros, même à domicile, et après l'achèvement du transport (L. 28 avr. 1816, art. 17). — *Cass.*, 4 août 1838 (t. 1er 1840, p. 310), Letellier.

149. — Jugé en conséquence qu'encore bien que des liquides circulant pour le compte d'un marchand en gros n'aient pas été saisis pendant le transport, ils peuvent l'être encore au domicile même du marchand, dans le cas où celui-ci ne représente pas aux employés des contributions indirectes les congés et passavans dont il a dû se munir. — Le droit de saisie faute de congé ne cesse, après le transport consommé, qu'à l'égard des voituriers, qui peuvent faire la fraude pour leur propre compte. — Même arrêt.

§ 3. — *Dispositions générales en cas de contravention.*

150. — Les contraventions résultant de l'accomplissement des diverses formalités prescrites sont punies de la confiscation des boissons et d'une amende de 100 à 600 fr., suivant la gravité des cas. —LL. 28 avr. 1816, art. 12 et 19; 23 avr. 1836, article unique; 4 août 1844, art. 12.

151. — Les employés doivent saisir toutes les marchandises qui composent le chargement; ils saisissent aussi les voitures, chevaux et autres objets servant au transport, mais seulement comme garantie de l'amende, à défaut de caution solvable. — Les marchandises faisant partie du chargement et qui ne sont pas en fraude, sont rendues au propriétaire. — *Ibid.*

152. — Lorsque les commis ont trouvé des boissons en circulation sans expédition, il n'est pas nécessaire, pour la validité de la saisie, qu'elle ait été accompagnée d'une main-mise réelle; il suffit qu'ils en aient déclaré la saisie et qu'ils l'aient mentionnée dans un procès-verbal. — *Cass.*, 10 juin 1826, Marrot.

153. — La confiscation des boissons comprend celle des vaisseaux ou futailles qui les contiennent. — *Cass.*, 5 août 1808, Amed.; — Girard, *Manuel des contrib. indir.*, art. 25, n° 2.

154. — Bien qu'en général les auteurs et complices d'un même délit soient passibles chacun d'une amende distincte, cependant, comme en matière fiscale les amendes ne sont considérées que comme une réparation civile du préjudice causé à l'état par la fraude, il résulte tant de ce principe que des termes mêmes de la loi du 28 avr. 1816 que l'enlèvement ou le transport des boissons, sans l'accomplissement des formalités prescrites, ne donne lieu, contre l'expéditeur, l'acheteur et le voiturier qu'à une seule amende dont ils sont solidairement responsables. — *Cass.*, 19 août 1836, Baurin.

155. — Les contraventions aux formalités ci-dessus prescrites résultent, soit de l'absence de déclaration ou d'expédition, soit de l'irrégularité des expéditions elles-mêmes, soit de la circulation des boissons hors des termes ou délais fixés par les expéditions, soit enfin du défaut d'exhibition immédiate de ces expéditions.

156. — *Défaut de déclaration ou d'expédition.* — Le conducteur de boissons qui n'est porteur d'aucun congé, ou qui n'en représente aucun aux commis sur leur réquisition, est en contravention. — *Cass.*, 27 oct. 1820, Tardif et Saulnier.

157. — L'existence de fûts remplis de vin sur la voie publique, et leur introduction dans une cour, sans déclaration préalable à la régie et sans expédition qui autorise l'enlèvement, constituent la contravention prévue par les art. 6 et 19, L. 28 avr. 1816. — *Cass.*, 23 mai 1828, Chabroux.

158. — Le fait d'avoir, sans déclaration préalable et sans expédition, transporté de son domicile sur le bord d'une rivière des barriques de vin, pour les embarquer, constitue une contravention punissable, par cela seul qu'elles ont été trouvées hors de l'enclos du propriétaire, et dans un lieu accessible au public, encore bien qu'il les ait déposées sur son propre fonds. — *Cass.*, 28 juill. 1826, Jeanneau.

159. — Le marchand de vin qui a fait effectuer un transport de boissons sans congé ni passavant ne peut être excusé sous le prétexte que le débit est facile à constater par les manquans. — *Cass.*, 16 mars 1809, Droits réun. c. Beaujean.

160. — Le marchand qui reçoit des vins expédiés à son adresse et les emmagasine chez une tierce personne, ne peut être renvoyé des poursuites de la régie s'il ne justifie pas d'un congé constatant l'acquittement des droits dus pour le transport. — *Cass.*, 26 mars 1807, Boisnard.

161. — Le marchand de vins en gros dans la cour duquel se trouvent déposées des pièces de vin sans congé de mouvement délivré en son nom ne peut être excusé sur le fondement qu'elles sont destinées à des cabaretiers pour le compte desquels il les a fait venir, encore bien que dans le fait il représente les congés qui lui ont été délivrés au nom de ces cabaretiers. — *Cass.*, 5 mars 1807, Chauvet.

162. — Lorsqu'il est légalement établi que des boissons ont été enlevées et transportées sans passavant, le propriétaire ne peut être dispensé de l'amende et de la confiscation, sous le prétexte de l'ignorance de son voiturier. — *Cass.*, 5 nov. 1807, Prieur.

163. — Le commissionnaire qui prétend avoir reçu des boissons pour autrui, et non pour son compte personnel, ne peut suppléer à l'acquit à caution dont elles auraient dû être accompagnées en produisant un certificat des préposés de la régie, attestant que son nom a été substitué par erreur à celui de l'acheteur et que le droit a été payé. — *Cass.*, 2 mars 1809, c. Guillemet.

164. — L'introduction dans une auberge de trois bouteilles de vin sans acquit à caution constitue, vis-à-vis du maître de cette auberge, une contravention qui ne peut être excusée sous prétexte que ces bouteilles n'étaient destinées qu'aux domestiques de l'auberge, qui les avaient achetées pour leur usage personnel et introduites dans la maison sans la participation de leur maître. — *Cass.*, 17 fév. 1837 (t. 2 1840, p. 84), Létoublon.

165. — Lorsqu'il est constaté par un procès-verbal régulier des employés de la régie des contributions indirectes que le fût saisi par eux, faute d'expédition, contient du vin blanc nouveau, franc et marchand, un jugement ne peut pas, sans donner suite à l'inscription de faux formée par le prévenu, admettre ce dernier à prouver, contrairement audit procès-verbal, que le prétendu vin n'est que du moût extrait de ses caves de vendange, lesquelles étaient trop pleines. — *Cass.*, 25 nov. 1837 (t. 1er 1840, p. 141), Papon de Varennes.

166. — Mais, bien que l'individu au domicile duquel du vin moût a été saisi, à défaut de congé, soit tenu de justifier qu'il l'a acheté en nature de raisins, avant l'égrappement et le foulage, néanmoins son acquittement est régulier lorsque cette allégation de sa part n'a pas été contestée par la régie. — *Cass.*, 27 fév. 1808, Zegna.

167. — La disposition qui prohibe en Belgique le transport des boissons distillées à l'étranger qui ne seraient pas accompagnées d'un permis, ne s'applique pas au sirop de punch préparé ou fabriqué dans ce royaume, encore bien que dans sa composition entrent des boissons distillées à l'étranger. — *Bruxelles*, 16 déc. 1829, Accises c. Verheyden.

168. — Lorsqu'il est établi par un procès-verbal régulier, et par les variations du conducteur, consignées au procès-verbal de saisie d'une certaine quantité de pièces de vin, qu'on a fait en prenant un congé une fausse déclaration sur le nom de l'expéditeur, un tribunal ne peut, sans violer la foi due au procès-verbal, prononcer la main-levée de la saisie. — *Cass.*, 5 juill. 1810, Valesbine et Epitalon.

169. — Le conducteur de boissons porteur d'un passavant irrégulier en ce qu'il contient de fausses indications et sur le lieu de l'enlèvement des boissons et sur le nom de l'expéditeur, ne peut être excusé par le motif que ces indications n'ont pu porter aucun préjudice à la régie. Il doit, en conséquence, être condamné à l'amende, et la confiscation des boissons doit être ordonnée. — *Cass.*, 2 fév. 1838 (t. 1er 1840, p. 141), Leboucher.

170. — Lorsqu'il est formellement reconnu par les déclarations de la femme du prévenu, consignées au procès-verbal des préposés des droits réunis, qu'il a été pris pour une expédition de boissons un congé sous un faux nom, le tribunal ne peut, sans violer la foi due à ce procès-verbal, prononcer l'acquittement du prévenu. — *Cass.*, 3 mars 1809, Martin; 3 nov. 1808, Hubert.

171. — De même, le congé qui contient une indication fausse, en ce qui concerne l'acheteur et le lieu de la destination, est nul et ne peut soustraire un prévenu à l'application des peines portées par la loi. — *Cass.*, 29 juill. 1808, Desmet.

172. — Si le destinataire indiqué dans l'expédition qui accompagne un transport de boissons n'est point le vrai destinataire, les boissons transportées doivent être considérées comme dénuées d'expédition légale. — *Cass.*, 24 août 1811, Toumajoux; 29 avr. 1819, Daulhac; 18 juin 1819, Raveau; 27 oct. 1820, Tardif et Saulnier.

173. — Une fausse destination indiquée dans un congé ou le déchargement des boissons chez un particulier autre que le destinataire, constituent une contravention; encore bien que ni l'un ni l'autre de ces individus ne soit débitant. La loi ne fait à cet égard aucune distinction. — *Cass.*, 16 nov. 1820, Cocural.

174. — Les vins expédiés sur un congé contenant une fausse déclaration et une fausse destination sont valablement saisis par les commis. La contravention n'est pas couverte par le transport qui en serait fait le lendemain à la véritable destination sur un nouveau congé. — *Cass.*, 4 janv. 1812, Legenisset.

175. — Le débitant qui ne justifie pas d'un passavant délivré en son nom pour deux pièces de vin trouvées à son domicile et qui ne produit qu'un passavant délivré au nom d'un tiers, ne peut pas être acquitté, sous le prétexte que le procès-verbal constatant ces faits ne contient pas preuve de contravention aux lois de la matière. — *Cass.*, 22 mai 1807, Schramm.

176. — Lorsque c'est le vendeur qui a fait la déclaration sur laquelle un congé a été délivré pour transporter les boissons vendues, l'acheteur est responsable de l'inexactitude de cette déclaration et passible des peines qu'elle entraîne. — *Cass.*, 6 (et non 5) nov. 1806, Buzergue; — Merlin, *Rép.*, v° *Décl. au bureau des contrib. ind.*, n° 2.

177. — La preuve de la fausseté des énonciations d'un congé s'établit régulièrement par les aveux des parties consignés au procès-verbal des commis. — *Cass.*, 27 oct. 1820, Tardif et Saulnier.

178. — Les déclarations des conducteurs de boissons font preuve contre les destinataires réels ou frauduleusement désignés dont ils sont réputés les mandataires et représentans nécessaires. — *Cass.*, 23 avr. 1819, Daulhac. — V. aussi *Cass.*, 5 juill. 1810, Valesbine et Epitalon.

179. — La preuve de la fausseté d'une expédition peut s'établir par les aveux ou déclarations du conducteur des boissons et du destinataire réel, par les violences et les menaces de ce dernier, par ses oppositions aux exercices des commis et par les autres indices consignés dans leur procès-verbal. — *Cass.*, 18 juin 1819, Raveau.

180. — Les déclarations des personnes étrangères à un transport de boissons et sans mission ne forment point une preuve de la contravention, quoique consignées au procès-verbal des commis. — *Cass.*, 23 avr. 1819, Daulhac.

181. — Un congé ne peut être appliqué à des boissons conduites par un voiturier autre que celui désigné dans le congé. — *Cass.*, 21 juill. 1809, Tournemine et Sennejean; — Merlin, *Rép.*, v° *Congé* (contrib. ind.).

182. — Lorsqu'il existe une différence entre la quantité de boissons transportées et celle énoncée à l'expédition, cette expédition est inapplicable au chargement, ce qui constitue une contravention. — *Cass.*, 11 janv. 1822, Charpin; 5 déc. 1822, Goizet.

183. — Lorsque les expéditions représentées par un marchand de vins en gros ne sont pas conformes au chargement sur la quantité, il y a lieu à saisie, confiscation et amende. — *Cass.*, 11 fév. 1825, Teyssonnier.

184. — Ainsi est en contravention celui qui transporte une seule barrique de vin sur un passavant énonciatif de quatre pièces. — *Cass.*, 24 mars 1820, Claverie.

185. — ... Ou sur un congé délivré pour le transport de deux pièces. — *Cass.*, 11 nov. 1808, Lechat.

186. — Celui qui est trouvé conduisant des boissons avec une expédition délivrée pour une quantité double ne peut pas être excusé sous le prétexte qu'il a divisé son chargement; que de pareils transports sont usités dans la ville où il a effectué celui-ci, et que les employés n'ont pas vérifié la fraude par l'inspection des boissons restées à son domicile. — *Cass.*, 11 janv. 1822, Charpin.

187. — La production d'un congé qui ne s'applique ni pour le nom, ni pour les quantités, au débitant chez lequel des boissons ont été saisies, ne peut autoriser son acquittement, sous le prétexte que la différence est le fruit de l'erreur: la bonne foi n'est point admise comme excuse en cette matière. — *Cass.*, 10 juin 1808, Boran, dit Chapelle.

188. — Lorsqu'il existe un déficit dans la quantité de boisson expédiée sous acquit-à-caution, la preuve que ce déficit provient d'un accident imprévu ou d'un coulage extraordinaire ne résulte valablement que de la constatation que l'expéditeur a fait faire de l'accident, soit par les employés des contributions indirectes, soit, à défaut, par le maire ou l'adjoint de la commune la plus voisine de l'événement. — Mais les juges ne peuvent déclarer cette preuve acquise en se fondant sur des présomptions. — *Cass.*, 27 mai 1839 (t. 2 1839, p. 492), Bouillon.

189. — A plus forte raison y a-t-il contravention si la quantité transportée excède celle indiquée dans l'expédition, spécialement lorsqu'il est constaté qu'un tonneau de vin en circulation contenait un excédant de quatre-vingts litres sur la quantité portée au congé. Cette différence suffit pour justifier la saisie du tonneau, quand même il y aurait erreur de la part du receveur buraliste, sauf toutefois le recours du prévenu contre lui, s'il y a lieu. — *Cass.*, 5 avr. 1811, Chavannes.

190. — *Circulation hors des termes ou délais fixés par les expéditions.* — Le transport de boissons effectué avant l'heure indiquée dans l'expédition rend celles-ci saisissables comme fait en contravention. — *Cass.*, 4 juin 1830, Becq.

191. — A plus forte raison en est-il de même du transport effectué après le délai fixé. — *Cass.*, 3 juin 1808, Raedts. — Merlin, *Rép.*, v° *Congé*.

192. — Un pareil transport est réputé fait sans expédition, encore bien que le délai n'ait été dépassé que d'une heure. — *Cass.*, 26 mai 1827, Chemin.

193. — Ainsi, lorsque le transport d'une pièce de vin a été fait à midi et demi, en vertu d'une expédition portant qu'il devait s'effectuer d'une heure à deux heures de relevée, il y a contravention, soit parce que le congé ne s'applique pas à cette pièce de vin, soit parce que le transport n'a pas été fait dans le délai fixé. — *Cass.*, 12 mars 1829, Brager.

194. — Le conducteur de boissons qui en effectue le transport trois heures avant celle fixée par l'expédition, est en contravention. — *Cass.*, 26 mai 1827, Dorey.

195. — La cour royale de Paris a décidé que la présomption de fraude résultant de ce qu'un transport de boissons n'a pas été effectué dans le délai fixé par le congé, doit céder à la preuve acquise qu'il n'y a pas eu fraude. — *Paris*, 24 nov. 1828, Berger. — Mais cette décision est contraire à la jurisprudence de la cour de Cassation, qui a jugé par une foule d'arrêts que le fait matériel de la contravention oblige les tribunaux à prononcer la peine sans avoir égard aux circonstances de moralité qui peuvent établir la bonne foi des prévenus.

196. — Ainsi, dans le même cas, c'est-à-dire lorsqu'un transport de boissons n'a pas été effectué dans le délai déterminé par l'acquit-à-caution, et que les causes du retard ne sont justifiées par aucun procès-verbal régulier, il n'appartient pas aux tribunaux de décider si les circonstances sont de nature à rendre la contravention excusable. C'est à l'administration seule qu'il appartient d'y avoir égard. — *Cass.*, 5 nov. 1807, Guery; 26 mai 1827, Chemin.

197. — Lorsque le procès-verbal des commis constate une contravention résultant du défaut d'exhibition d'un congé et du défaut de permis de séjour, il ne suffit pas d'articuler, comme moyen de faux contre le procès-verbal, que le congé a été réellement représenté, puisque le défaut de permis de séjour constituerait à lui seul le prévenu en état de contravention. — *Cass.*, 7 mai 1813, Laperche.

198. — Un conducteur de boissons est en contravention lorsque, après avoir stationné devant le logement du destinataire, avoir fait plusieurs tours, détours et stations, et avoir changé de route, il sort de la ville et introduit sa voiture dans un lieu où le destinataire n'a aucun droit de jouissance. — *Cass.*, 14 mai 1824, Chauvin.

199. — Mais lorsque le déchargement des boissons était opéré devant la porte du destinataire, où l'on était occupé à les rentrer dans la cave, avant que les employés eussent leur procès-verbal commencé, il n'y a pas lieu à diriger des poursuites contre le destinataire pour circulation après le délai. — *Cass.*, 3 juin 1837 (t. 1er 1838, p. 63), Cole.

200 — *Défaut de présentation immédiate des expéditions.* — Déjà, sous l'empire de la loi du 28 avr. 1816, la cour de Cassation avait jugé que les conducteurs de boissons étaient tenus de représenter les expéditions dont ils doivent être porteurs, à toutes réquisitions des préposés de la régie, sous peine de confiscation des boissons et d'amende. — *Cass.*, 7 déc. 1810, Garrelon. — Aujourd'hui cette présentation immédiate est devenue plus précise et plus rigoureuse, d'après les termes de la loi du 23 avr. 1836.

201. — Ce n'est pas que la loi défende d'une manière absolue à un conducteur de boissons de se séparer de son chargement, mais il faut qu'il prépose quelqu'un à la garde ou à la conduite du chargement, et qu'il lui remette les expéditions, afin qu'elles soient représentées aux employés sur leur première réquisition. — *Cass.*, 14 mai 1824, Chevallier.

202. — En conséquence, lorsque parmi plusieurs conducteurs l'un d'eux, porteur de tous les congés, refuse de les représenter sur l'interpellation des commis, tous doivent être passibles de la peine attachée à la contravention résultant de ce refus. — *Cass.*, 26 juin 1807, Meunier; — Merlin, *Rép.*, v° *Passavant*.

203. — En effet, des conducteurs ne peuvent en pareil cas être excusés sous le prétexte que le congé était dans les mains d'un autre au moment de la réquisition. — *Cass.*, 29 mai 1811, Dury.

204. — Il y a contravention à l'art. 17 de la loi du 28 avr. 1816 par cela seul qu'un voiturier ne peut pas, à l'instant où il en est requis, représenter aux employés des contributions indirectes l'expédition relative aux marchandises qu'il transporte, quand bien même il alléguerait qu'il vient de prendre cette expédition au bureau voisin, et que cette allégation serait reconnue vraie. — La non-production immédiate de l'expédition est une présomption légale de fraude. — En ce cas, il y a lieu à prononcer non seulement l'amende édictée par l'art. 19, mais encore la confiscation des marchandises pour lesquelles le voiturier n'était pas en règle. — *Cass.*, 27 mars 1840 et *Nîmes*, 4 juin 1840 (rapportés tous deux au t. 2 1840, p. 547), Astier.

205. — Le conducteur qui, sur la sommation des employés, a d'abord répondu qu'*il n'avait point d'expédition*, puis, sur leur déclaration qu'ils allaient saisir son vin, a ajouté, en tirant de sa poche un morceau de papier plié, *qu'il l'avait, et que les employés n'avaient qu'à le suivre*, ne peut pas être considéré comme ayant satisfait à ses obligations. — En conséquence, lorsque les faits ci-dessus mentionnés sont constatés par un procès-verbal régulier, le tribunal ne peut, sans violer la foi qui est due à ce procès-verbal jusqu'à inscription de faux, prononcer l'acquittement du prévenu. — *Cass.*, 9 juin 1826 et 20 déc. 1828, Augé.

206. — Il en est de même s'il a répondu aux employés que son congé était dans son portefeuille, chez l'aubergiste voisin, où il offrait de l'aller chercher. — *Cass.*, 30 oct. 1807, Cognard.

207. — Le conducteur de boissons qui, sur la sommation des commis, a refusé de leur remettre son expédition pour la vérifier, et s'est borné à la leur montrer de loin, ne peut pas être acquitté sous prétexte qu'il est un homme grossier, qu'il a mal compris ses obligations, qu'il aurait obéi sur une seconde sommation, et qu'il ne transportait point de boissons en fraude. — *Cass.*, 18 oct. 1822, John.

208. — Et la production tardive du congé ne peut soustraire le contrevenant à l'application de la peine qu'il a encourue par son refus de satisfaire aux interpellations des préposés. — *Cass.*, 26 juin 1807, Meunier.

209. — Celui qui a été surpris conduisant du vin sans congé ni acquit à caution, et qui a déclaré n'en point avoir, ne peut pas être acquitté sur la représentation tardivement faite devant le tribunal des pièces nécessaires pour opérer la régularité de l'enlèvement et du transport. — *Cass.*, 10 mars 1809, Dury.

210. — En conséquence, il ne suffirait pas, pour excuser la contravention, que le propriétaire fût survenu quelques heures après la saisie et eût représenté les congés. — *Cass.*, 21 juill. 1809, Pierre Delage.

211. — De même, le conducteur de boissons qui, sur la sommation à lui faite par les employés, a répondu qu'il n'avait point d'expédition, est en contravention, encore bien qu'après la saisie desdites boissons il leur en ait montré l'expédition. — *Cass.*, 9 juin 1826, Augé.

212. — Et celui qui n'a pas représenté d'expédition aux employés sur leur première réquisition est en contravention, encore bien qu'il l'ait produite au moment où ils lui ont réitéré la déclaration de saisie de son chargement. — *Cass.*, 14 mai 1824, Chevallier.

213. — Ainsi encore, le conducteur de boissons qui n'a pas représenté son congé à la première réquisition ne peut pas être excusé sur son allégation qu'il l'avait égaré, quand même il l'aurait représenté postérieurement : c'est à l'administration et non aux tribunaux qu'il appartient d'avoir égard aux circonstances prises de l'intention et de la bonne foi des prévenus. — *Cass.*, 13 nov. 1807, Accalino.

214. — Le conducteur de boissons qui a représenté tardivement un congé non applicable d'ailleurs à son chargement est non-recevable à s'inscrire en faux contre le procès-verbal des employés, s'il offre seulement de prouver, contrairement au contenu de leur procès-verbal, qu'il leur a déclaré avoir fait son chargement chez un particulier et non chez son père, cette preuve n'étant pas de nature à effacer la contravention. — *Cass.*, 20 mars 1812, Vathier.

215. — Encore bien que les démarches faites par un conducteur de boissons, tant auprès du receveur central que de divers employés de la régie, éloignent toute idée de fraude, les tribunaux ne peuvent, s'il n'a point représenté le passavant dont il aurait dû être porteur, le soustraire aux peines prononcées par l'art. 17, L. 28 avr. 1816. — *Metz*, 8 août 1823, Claude.

216. — Et on ne peut suppléer à la non-représentation des congés par des certificats délivrés postérieurement aux époques auxquelles les contraventions ont été constatées. — *Cass.*, 19 janv. 1809, Bampin.

217. — Mais jugé que le défaut d'exhibition d'un congé ou passavant, de la part d'un débitant, pour des cidres trouvés chez lui, ne constitue point une contravention, lorsqu'il est établi que ces cidres lui proviennent d'une fabrication faite dans un pressoir contigu à sa maison avec des pommes recueillies dans une propriété également contiguë. — *Cass.*, 3 mars 1808, Chérel.

Sect. 4e. — *Droit d'entrée.*

218. — Le droit d'entrée est celui qui se perçoit lors de l'introduction ou de la fabrication des boissons autres que les bières, dans les villes de quatre mille ames et au-dessus, lorsque ces boissons sont destinées à la consommation locale. — L. 28 avr. 1816, art. 20; 12 déc. 1830, art. 3.

219. — Ce droit, établi par l'art. 18, L. 25 nov. 1808, pour remplacer les droits d'inventaire et de vente en gros, a été maintenu par la loi de 1816, qui n'en permettait la perception qu'aux communes ayant une population agglomérée de deux mille ames. — La loi du 25 mars 1817 avait étendu cette perception à celles de quinze cents ames et au-dessus : c'est la loi du 12 déc. 1830 qui a élevé le chiffre de la population à quatre mille ames.

220. — Le droit d'entrée ne doit pas être confondu avec le droit d'octroi. — L'octroi est perçu au profit de la commune pour subvenir à ses dépenses; il est voté par le conseil municipal, avec l'autorisation du gouvernement, et frappe tous les objets de consommation intérieure qui y sont soumis. — Le droit d'entrée ne peut être établi que conformément à la loi, il ne frappe que les boissons, et se perçoit au profit de l'état.

221. — Il peut, comme le droit de vente en détail, être compris dans l'abonnement général par commune, et, dans ce cas, les deux droits se confondent en une taxe unique aux entrées. — V. ABONNEMENT, n° 81, et *infrà* § 6.

§ 1er. — *Assiette et perception du droit. — Exemptions.*

222. — Le droit d'entrée se perçoit dans les faubourgs des villes de 4,000 ames et au-dessus, comme dans les villes elles-mêmes, et sur toutes les boissons reçues par les débitans établis sur le territoire de la commune; mais les habitations éparses et les dépendances rurales entièrement détachées du lieu principal en sont affranchies. — L. 28 avr. 1816, art. 21.

223. — Ainsi, le propriétaire d'une habitation rurale entièrement détachée du lieu sujet à l'exercice du droit d'entrée sur les boissons, n'est pas soumis au paiement de ce droit sur le vin provenant de sa récolte qu'il vend chez lui en détail. — *Cass.*, 15 mars 1826, Feydel.

224. — Mais si les boissons récoltées par les simples particuliers dans les dépendances rurales des lieux sujets au droit d'entrée sont introduites pour la consommation du lieu principal, elles doivent, comme les boissons provenant de toute autre commune, être soumises au droit. — *Cass.*, 25 (et non 26) août 1818, Papavoine.

225. — Lorsqu'aucune difficulté n'est élevée, soit sur l'assujétissement d'une ville au droit d'entrée sur les boissons, soit sur le fait que le lieu où le prévenu a établi son débit est une dépendance de la commune, le tribunal ne peut renvoyer les parties à faire statuer sur la prétendue question préjudicielle de savoir si le lieu où le prévenu a établi son débit est ou non assujéti au droit d'entrée. — *Cass.*, 8 mai 1817, Christian.

226. — Cette exemption n'est applicable qu'aux simples particuliers ; les débitans de boissons établis dans les habitations éparses et dépendances rurales entièrement détachées du lieu principal n'en peuvent profiter. — *Cass.*, 5 déc. 1820, Chauvin; 1er mars 1822, Poupelier; 6 juin 1822, Daussargues.

227. — Le droit d'entrée n'atteint pas seulement, comme le droit de circulation, les vins, cidres, poirés et hydromels; il porte encore sur les eaux-de-vie, esprits et liqueurs, et sur toutes les boissons rentrant dans ces différentes classes.

228. — Les eaux-de-vie ou esprits altérés par un mélange quelconque doivent être soumis au même droit que les eaux-de-vie ou esprits purs, lorsqu'ils n'ont pas été dénaturés, conformément aux réglemens. — L. 28 avr. 1816, art. 22; 22 juill. 1843, art. 5.

229. — Mais les boissons dites *piquettes* faites par les propriétaires récoltans, avec de l'eau jetée sur de simples marcs sans pression, sont exemptes du droit, à moins qu'elles ne soient déplacées pour être vendues en gros ou en détail. — L. 28 avr. 1816, art. 42.

230. — La piquette destinée à la consommation du propriétaire et de sa famille est exempte du droit d'entrée, encore bien qu'elle n'ait pas été soumise à l'inventaire; il suffit qu'elle ne soit pas déplacée pour être vendue. — *Cass.*, 4 juill. 1820, Delavolvène.

231. — Les boissons faites avec de l'eau versée sur des marcs placés dans des tonneaux ouverts ou fermés, et que le récoltant remplit au fur et à mesure de sa consommation journalière, rentrent

dans l'exception introduite par l'art. 42, L. 28 avr. 1816, puisqu'elles ne sont susceptibles ni d'être vendues en gros ni d'être transportées. — Girard, *Man. contrib. indir.*, art. 46, n° 2.

232. — Sous la loi du 5 vent. an XII, le cidre de seconde qualité, bon, loyal et marchand, et tel qu'il entre journellement dans le commerce, était assujéti à la déclaration et au paiement du droit d'inventaire. Cette loi n'exceptait que les boissons provenant de l'eau simplement passée sur les marcs. — *Cass.*, 17 janv. 1810, Antoine Berthe.

233. — La même exemption a lieu à l'égard des eaux-de-vie et esprits dénaturés, conformément aux réglemens d'administration publique, de manière à ne pouvoir pas être consommés comme boissons. — L. 22 juill. 1843, art. 1er, 2 et 5.

234. — Les vendanges et les fruits à cidre ou à poiré sont soumis au droit d'entrée à raison de trois hectolitres de vendange pour deux hectolitres de vin, et cinq hectolitres de pommes ou poires pour deux hectolitres de cidre ou poiré. — Les fruits secs destinés à la fabrication du cidre sont imposés à raison de vingt-cinq kilogrammes de fruits pour un hectolitre de cidre ou poiré. — L. 28 avr. 1816, art. 23.

235. — Les raisins pour la table, les raisins secs et les fruits à couteau ne sont pas sujets au droit à l'entrée, mais on ne peut les convertir en boissons dans l'intérieur sans payer les droits. — Girard, *Man. contrib. indir.*, art. 29, n° 1er.

236. — Les pruneaux ne peuvent être soumis au droit comme fruits secs, à moins qu'étant mélangés avec des pommes ou poires, on ne se refuse à les séparer avant l'introduction. — Décis. 85 (*Mémor.*, t. 6, p. 235).

237. — C'est le tarif annexé à la loi du 12 déc. 1830 qui détermine la quantité du droit d'entrée; les bases du tarif varient selon les boissons.

238. — Pour les vins, les départemens de la France sont divisés en quatre classes, dans chacune desquelles les villes sont elles-mêmes partagées en huit classes, suivant que leur population agglomérée est de moins de 4,000 ames, ou de 4 à 6,000, ou de 6 à 10,000, ou de 10 à 15,000, ou de 15 à 20,000, ou de 20 à 30,000, ou de 30 à 50,000, ou enfin de 50,000 ames et au-dessus, la quotité du droit est déterminée d'après la classe du département dont dépend le lieu d'introduction ou de fabrication, et eu égard à la population de ce lieu. Ainsi, pour les vins en cercles et en bouteilles, ce droit varie par hectolitre, savoir : de 60 centimes à 2 francs, pour les départemens de première classe, dans les communes de 4,000 à 50,000 ames et au-dessus; de 80 centimes à 3 francs 20 centimes pour les départemens de deuxième classe; de 1 franc à 4 francs pour les départemens de troisième classe, et de 1 fr. 20 c. à 4 fr. 80 c. pour les départemens de quatrième classe; dans les mêmes proportions de population.

239. — A l'égard des cidres, poirés, hydromels, eaux-de-vie, esprits, liqueurs et fruits à l'eau-de-vie, on n'a point égard à la division des départemens par classe, et l'on ne consulte que la population du lieu de l'introduction ou de la fabrication. Ainsi, le droit en principal et par hectolitre varie, savoir : pour les cidres, poirés et hydromels, de 50 centimes à 2 francs, et pour l'alcool pur contenu dans les eaux-de-vie et esprits en cercles, eaux-de-vie et esprits en bouteilles, liqueurs et fruits à l'eau-de-vie, de 4 à 16 francs dans les communes de 4,000 à 50,000 ames et au-dessus.

240. — En général, le droit d'entrée est exigible aussitôt l'introduction dans le lieu sujet ou aussitôt la fabrication constatée, à moins qu'il ne soit fait usage de passe-debout, du transit, ou de l'entrepôt. — V. *infrà* § 3 et 4.

241. — Les boissons ne peuvent être introduites dans un lieu sujet aux droits d'entrée que dans les intervalles de temps ci-après déterminés, savoir : — pendant les mois de *janvier*, *février*, *novembre* et *décembre*, depuis sept heures du matin jusqu'à six heures du soir. — Pendant les mois de *mars*, *avril*, *septembre* et *octobre*, depuis six heures du matin jusqu'à sept heures du soir. — Pendant les mois de *mai*, *juin*, *juillet* et *août*, depuis cinq heures du matin jusqu'à huit heures du soir. — L. 28 avr. 1816, art. 26.

242. — Les employés ne sont tenus d'être présens au bureau que pendant les heures fixées par ledit article 26 : dès-lors les boissons ne peuvent circuler après ces heures, puisque les employés ne peuvent être contraints de les vérifier et de délivrer des certificats de sortie. — Ceci a lieu alors même que les barrières seraient restées ouvertes, car des vérifications nocturnes et sans contrôle des employés supérieurs pourraient être une source d'abus. — Décis. 378. — Girard, *Man. des contrib. indir.*, art. 32, n° 1er.

§ 2. — *Déclarations et expéditions.*

243. — Toute personne qui récolte, fabrique ou prépare dans l'intérieur d'une ville sujette aux droits d'entrée, des vins, cidres, poirés, hydromels, alcools ou liqueurs, est tenue d'en faire la déclaration au bureau de la régie, et d'acquitter immédiatement le droit, si elle ne réclame la faculté du passe-debout, du transit ou de l'entrepôt. — V. ces mots. — Cette déclaration doit précéder de douze heures la première fabrication. — L. 25 juin 1841, art. 17.

244. — Les employés de la régie sont autorisés à faire toutes les vérifications nécessaires pour reconnaître à domicile les quantités préparées ou fabriquées, et pour les soumettre au droit, sans préjudice des obligations spéciales imposées aux fabricans de liqueurs par la loi du 24 juin 1824. — *Ibid.*

245. — Sont dispensées de la déclaration préalable à la fabrication et de l'exercice des employés les personnes qui ont acquitté le droit à l'entrée sur les vendanges, fruits à cidre ou à poiré servant à la fabrication. — *Ibid.*

246. — Tout conducteur de boissons est tenu, avant de les introduire dans un lieu sujet au droit d'entrée, d'en faire la déclaration au bureau de la régie, de produire les congés, acquits à caution ou passavans dont il est porteur, et d'acquitter le droit si les boissons sont destinées à la consommation du lieu. — L. 28 avr. 1816, art. 24.

247. — Le conducteur de boissons destinées à un entrepositaire n'est pas dispensé de faire, avant de les introduire dans un lieu sujet aux droits d'entrée, la déclaration prescrite par l'art. 24, L. 28 avr. 1816. — *Cass.*, 12 nov. 1835, Lory.

248. — Le congé et la quittance nécessaires pour régulariser d'une manière certaine l'introduction des boissons sont les seules pièces reconnues par la loi pour constater les acquéreurs et les destinataires. Un tribunal ne peut, sans violer la loi, autoriser un prévenu à prouver, même par la déclaration des préposés de la régie, qu'il est intervenu une erreur de noms tant dans le congé que dans la quittance. — *Cass.*, 8 fév. 1810, Coumert.

249. — Le débitant qui ne peut justifier une introduction de boissons que par la production d'un congé ou d'une quittance délivrée au nom d'une autre personne, est passible des mêmes peines que s'il ne produisait ni congé ni quittance. — *Cass.*, 8 fév. 1810, Coumert.

250. — La déclaration n'est point subordonnée à l'interpellation préliminaire des employés. — L'ordonnance du 9 déc. 1814, qui prescrit cette interpellation en matière d'octroi, n'en fait même pas une condition dont l'omission puisse influer sur la validité des saisies. — Girard, *Man. des contrib. indir.*, art 30, n° 4.

251. — Dans les lieux où il n'existe qu'un bureau central de perception, les conducteurs ne peuvent décharger les voitures ni introduire les boissons au domicile du destinataire avant d'avoir rempli les obligations qui leur sont imposées par l'art. 24. — L. 28 avr. 1816, art. 25.

252. — Le voiturier qui, en entrant dans une ville sujette au droit d'entrée et dans laquelle il n'existe qu'un bureau central de perception, ne conduit point sa voiture directement au bureau pour y faire la déclaration des boissons qu'il transporte, mais la conduit dans un autre lieu, où il est trouvé occupé à en faire le déchargement, et ayant déjà dételé ses chevaux, ne peut être acquitté sous le prétexte que le bureau ne s'ouvre qu'à sept heures du matin, qu'il est arrivé de nuit, et qu'il s'est trouvé dans l'impossibilité de faire sa déclaration. — *Cass.*, 4 janv. 1812, Delmas.

§ 3. — *Passe-debout.*

253. — Les boissons introduites dans un lieu sujet aux droits d'entrée, pour traverser seulement ou y séjourner moins de vingt-quatre heures ne sont pas soumises à ces droits; mais le conducteur est tenu de consigner ou d'en faire cautionner le montant à l'entrée, et de se munir d'un permis de passe-debout. — La somme consignée n'est restituée ou la caution libérée qu'au départ des boissons, et après que la sortie du lieu en a été justifiée. — Lorsqu'il est possible de faire escorter les chargemens, le conducteur est dispensé de consigner ou de faire cautionner les droits. — L. 28 avr. 1816, art. 28.

254. — La loi du 21 déc. 1808 contenait des dispositions analogues (art. 10); aussi a-t-il été jugé, sous l'empire de cette loi, que le voiturier conduisant des vins en passe-debout ne pouvait être affranchi sous aucun prétexte de la déclaration prescrite par l'art. 10, et, en cas de séjour pendant plus de vingt-quatre heures, de celle exigée par les art. 4 et 5. — *Cass*, 7 déc. 1810, Garrelon.

255. — S'il n'est pas justifié de la sortie des boissons ou d'une déclaration de transit dans les délais fixés, les droits consignés doivent être portés en recette définitive, à moins que le délai n'expire un jour férié, car alors il est prolongé jusqu'au lendemain. — Girard, *Man. contr. ind.*, art. 33, n° 3.

256. — Les boissons conduites à un marché, dans un lieu sujet aux droits d'entrée, sont soumises aux formalités prescrites par l'article précédent. — *Ibid.*, art. 29.

257. — En cas de séjour des boissons au-delà de vingt-quatre heures, le transit doit être déclaré conformément aux dispositions de l'art. 14, et la consignation ou le cautionnement du droit d'entrée subsiste pendant toute la durée du séjour. — *Ibid.*, art. 30.

258. — Le droit d'entrée est dû pour les boissons déchargées dans une ville sujette à ce droit, encore bien qu'elles aient une destination ultérieure, qu'elles n'y aient été introduites qu'en vertu d'un passe-debout, et que ce déchargement n'ait eu lieu que pour remplacer des cordages usés ou rompus. — *Cass.*, 21 juill. 1819, Tournemine. — V. Merlin, *Répert.*, v° *Congé* (Contr. ind.)

§ 4. — *Entrepôt.*

259. — L'entrepôt est la faculté de faire séjourner, sans paiement du droit d'entrée les boissons sujettes à ce droit, soit dans un magasin particulier, soit dans un magasin public, dépendant de la commune assujétie.

260. — La durée de l'entrepôt est illimitée. — L. 28 avr. 1816, art. 31.

261. — Les personnes qui ont droit à l'entrepôt peuvent l'obtenir selon leur volonté soit *réel*, c'est-à-dire dans un magasin public soumis à la surveillance de l'administration, soit *fictif*, c'est-à-dire ayant lieu au domicile ou dans un magasin particulier de l'entrepositaire.

262. — Mais, lorsque les conseils municipaux en font la demande, les entrepôts à domicile pour les boissons sont supprimés dans les communes sujettes aux droits d'entrée ou d'octroi, si un entrepôt public y a été régulièrement établi. — L. 28 juil. 1833, art. 9.

263. — Tout négociant ou propriétaire qui ferait conduire dans un lieu sujet aux droits d'entrée au moins neuf hectolitres de vin, dix-huit hectolitres de cidre ou poiré, ou quatre hectolitres d'eau-de-vie ou esprit, peut réclamer l'admission de ces boissons en entrepôt, et n'est tenu d'acquitter les droits que sur les quantités non représentées et qu'il ne justifie pas avoir fait sortir de la commune. — L. 28 avr. 1816, art. 31.

264. — Ne sont pas tenus de faire entrer la quantité de boissons ci-dessus fixée, les négocians et propriétaires jouissant déjà de l'entrepôt lors de l'introduction desdites boissons, en sorte qu'ils peuvent n'en faire entrer qu'un hectolitre s'ils le jugent à propos, sans être tenus d'en acquitter de suite les droits. — Même article.

265. — Tout bouilleur ou distillateur qui introduit dans un lieu sujet aux droits d'entrée, des vins, cidres, poirés, pour être convertis en eau-de-vie ou esprit peut aussi réclamer l'entrepôt. — Le produit de la distillation, constaté par l'exercice des employés, n'est soumis au droit d'entrée que dans le cas déterminé par l'art. 31. — L. 28 avr. 1816, art. 32.

266. — La faculté d'entrepôt est aussi accordée aux personnes qui introduisent dans des lieux sujets aux droits d'entrée, des vendanges et des fruits, et qui destinent les boissons en provenant à être transportées hors de la commune. — L. 28. avr. 1816, art. 33.

267. — La faculté d'entrepôt peut aussi être accordée à des particuliers qui reçoivent des boissons pour être conduites peu de temps après leur arrivée, soit à la campagne, soit dans une autre résidence. — La déclaration doit en être faite au moment de l'arrivée des boissons. — L 28 avr. 1816, art. 34.

268. — Dans les villes assujéties à la taxe unique ou au droit d'entrée, la faculté d'entrepôt est accordée aux distillateurs et aux marchands en gros, aux conditions prescrites par les art. 32, 35, 36, et 37 de la loi du 28 avr. 1816; ils doivent, en outre, présenter une caution solvable, qui s'engage, solidairement avec eux, au paiement des droits sur les boissons qu'ils ne justifieront pas avoir fait sortir du lieu. — L. 21 avr. 1832, art. 38.

269. — S'ils ne réclament pas la faculté de l'entrepôt, ils sont tenus d'acquitter les droits sur l'eau-de-vie provenant de la distillation dont la quantité est constatée par l'exercice des commis. — *Ibid.* art. 32, 36.

270. — Les récoltans de vins, de cidre, ou de poirés, domiciliés dans la ville, peuvent obtenir l'entrepôt pour les produits de leur récolte, quelle qu'en soit la quantité; la limite posée par l'art. 31, L. 28. avr. 1816, est abrogée en ce qui les concerne. — L. 21 avr. 1832, art. 59.

271.—Les propriétaires récoltans qui ne peuvent pas jouir de l'entrepôt pour les vins, cidres ou poirés fabriqués dans l'intérieur du lieu qui y est assujéti, sont admis à se libérer par douzième de mois en mois, du montant des droits sur les vendanges qu'ils auront introduites ou sur les quantités de vins qui auront été inventoriées chez eux après la récolte. — Même article.

272. — Ceux des débitans de boissons dont les ventes à l'extérieur sont habituellement importantes, peuvent réclamer l'entrepôt; mais c'est une tolérance de la part de l'administration, qui peut toujours se raviser, et dont les débitans ne peuvent se prévaloir devant les tribunaux. — Inst. de la régie.

273. — Les fabricans de certains produits, dans lesquels on peut reconnaître la présence de l'alcool (le sulfate de quinine notamment), sont aussi admis à recevoir en entrepôt l'alcool nécessaire à leurs préparations. — Décis. minist. 10 oct. 1833.

274. — Les liquoristes marchands en gros, dans les lieux sujets aux droits d'entrée ou d'octroi, sont toujours considérés comme entrepositaires.— L. 24 juin 1824, art. 4.

275.— Dans les communes soumises à un octroi de banlieue, les boissons sont admises à l'entrepôt comme dans l'intérieur de la ville.—L. 23 juill. 1820.

276. — L'entrepositaire est tenu de déclarer le magasin dans lequel il entend placer les boissons pour lesquelles il réclame l'entrepôt. Il ne peut jouir de la même faculté, s'il n'y est autorisé par la régie. — L. 21 avr. 1832, art. 38.

277. — L'entrepositaire de boissons ne peut, sous peine d'amende, les faire conduire de ses magasins d'entrepôt à ceux du débitant du lieu, sans avoir acquitté les droits d'entrée. — *Cass.*, 9 mai 1835, Valliée et Doubsdebès.

278. — Le marchand qui, après avoir fait enlever de l'entrepôt un tonneau d'esprit de vin, au moyen d'un congé portant la destination d'un acheteur, le fait décharger chez lui au lieu de le faire conduire à la destination indiquée, ne peut être acquitté. sous le prétexte que l'interruption du transport n'a pas duré plus de vingt-quatre heures, et que le déchargement chez lui a eu lieu pour plus de commodité, surtout s'il est établi que les commis ont trouvé le tonneau prêt à être mis en perce, et que le plâtre était déjà enlevé à l'endroit où se plaçait la canelle. — *Cass.*, 13 nov. 1812, Michel.

279. — Les déclarations d'entrepôt doivent être faites avant l'introduction des chargemens et signées par les entrepositaires ou leurs fondés de pouvoirs; elles indiquent les magasins, caves ou celliers où les boissons doivent être déposées et servent de titre pour la prise en charge. —L. 28 avr. 1816, art. 35.

280. — L'obligation imposée aux commissionnaires de représenter les passavans des boissons qu'ils ont reçues en commission est générale et s'applique aussi bien à ceux dont les boissons sont emmagasinées dans des dépôts publics, tels que l'entrepôt de la douane, qu'à ceux qui les ont dans des dépôts et magasins particuliers.—*Cass.*, 26 mars 1808, Henrard.—La loi du 28 avr. 1816, art. 97, soumet les commissionnaires aux mêmes obligations que les marchands en gros.

281.—Dans les villes où les droits de circulation, d'entrée, de détail et de licence sont convertis en une taxe unique aux entrées, l'entrepositaire doit acquitter la taxe au fur et à mesure qu'il livre des boissons à la consommation intérieure de la ville, et non payer une taxe unique seulement tous les trois mois.—*Cass.*, 29 janv. 1836, Valliée et Doubsdebès.

282. — Le certificat de sortie est la seule preuve admise par la loi pour établir que les marchandises entreposées ont été expédiées à l'extérieur. — En conséquence, l'entrepositaire dans une ville soumise à une taxe unique sur les boissons ne peut être dispensé de cette taxe sur les quantités manquantes que s'il représente des certificats de sortie, et non sur la simple production de congés et d'acquits à caution qui ne sauraient y suppléer. — *Cass.*, 30 janv. 1838 (t. 1er 1838, p. 627), Dehée-Cayet.

283. — L'entrepositaire qui ne représente pas en nature ou par des certificats de sortie la totalité des boissons par lui déclarées et cautionnées n'est pas pour cela en contravention; il n'est passible que de l'acquittement des droits dus sur les boissons manquantes. — *Cass.*, 28 mars 1818, Bretheau-Berneron.

284.— Jugé cependant que, sous l'empire des décrets des 5 mai 1806 et 21 déc. 1808, l'entrepositaire chez lequel il existait des boissons non prises en charge, et dont il ne produisait pas des congés, ou qui ne représentait pas toutes celles précédemment prises en charge, était en contravention, encore bien que par l'effet d'une transvasion opérée hors la présence des commis, la boisson existant dans une pièce non marquée correspondît à la quantité trouvée en moins sur la pièce en charge. — La transvasion ainsi faite constituait par elle-même une contravention. En conséquence, l'entrepositaire était passible d'amende et non pas seulement du droit de consommation.—*Cass.*, 6 fév. 1818, Duplantier.

285.—Les vins qui arrivent à Paris ne peuvent, sans aucune formalité de justice, être retenus par la régie pour nantissement des débets de droits d'entrée qu'elle prétend lui être dus par le propriétaire sur d'autres vins.—*Paris*, 30 frim. an XI, Sangé c. la Régie.

286. — Les propriétaires qui jouissent de l'entrepôt ont droit à la déduction accordée aux marchands en gros. — L. 24 juin 1824, art. 3.

287.—Les propriétaires ou négocians qui jouissent de l'entrepôt dans un lieu sujet aux droits d'entrée sont censés y avoir leur domicile. Dès-lors, pour tous les actes qui concernent les faits relatifs à l'entrepôt, les significations peuvent leur être valablement faites à ce domicile légal.—*Cass.*, 12 nov. 1835, Lory.

288. — Lorsque les boissons ont été emmagasinées dans un entrepôt public sous la clé de la régie, il n'est exigé aucun droit de l'entrepositaire pour les manquans et les charges.—L. 28 avr. 1816, art. 38.

§ 5. — *Inventaire.*

289. — Dans celles des villes ouvertes où la perception des droits d'entrée sur les vendanges, pommes ou poires ne peut être opérée au moment de l'introduction, la régie est autorisée à faire faire, après la récolte, chez tous les propriétaires récoltans, l'inventaire des vins ou cidres fabriqués; il en est de même à l'égard des vendanges et fruits récoltés dans l'intérieur d'un lieu sujet aux droits d'entrée. — Tout propriétaire qui ne réclame pas l'entrepôt est tenu de payer immédiatement les droits d'entrée sur les vins ou cidres inventoriés. —L. 28 avr. 1816, art. 40, et L. 21 avr. 1832, art. 39.

290. — Le seul fait de la non existence de bureaux aux entrées prouve qu'une ville est ouverte dans le sens de cet article, et autorise la régie à faire l'inventaire, sans que le maire ni le conseil municipal puissent s'y opposer. — Décis. 185 (*Mémor.*, t. 9, p. 363).

291. — Après la récolte, les employés peuvent se présenter chez les récoltans pour faire l'inventaire, sans être assistés d'un officier de police; mais après l'inventaire et jusqu'au récolement le concours de cet officier leur serait nécessaire pour pénétrer chez les récoltans. —Girard, *Man. des contr. ind.*, art. 46, nos 2 et 4.

292.—Les boissons dites *piquettes*, faites par les propriétaires récoltans, avec de l'eau jetée sur de simples marcs, sans pression, ne sont pas inventoriées chez eux, à moins qu'elles ne soient déplacées pour être vendues en gros ou en détail.—L. 28 avr. 1816, art. 42.

293.— Dans les communes où la perception du droit d'entrée sur les vendanges est renvoyée après la récolte, les propriétaires récoltans ne sont point pour cela dispensés de faire la déclaration exacte du produit de leurs récoltes; seulement cette déclaration, au lieu de s'opérer au moment de l'introduction, se trouve reportée au moment de l'inventaire.—*Cass.*, 24 juin 1836, Petitdidier.

294. — Les inexactitudes contenues dans cette déclaration donnent lieu aux mêmes peines que si elle avait dû être faite avant l'entrée.—Même arrêt.

295. — Jugé de même que lorsque, dans une ville soumise aux droits d'entrée, le contrôleur principal a consenti, pour la commodité des habitans, à ce que la perception des droits fût retardée jusqu'à la fin des vendanges, la fausse déclaration faite à domicile par un redevable est passible de la même peine que la fausse déclaration faite à l'entrée.—*Cass.*, 6 août 1813, Heintz.

296. — Lorsque la régie a notifié à un maire le jour où elle commencerait les inventaires dans sa commune, l'individu qui a été trouvé au jour indiqué dans la maison d'un particulier absent, et qui, après avoir commencé par donner des renseignemens aux employés, a fini par les éconduire, est réputé le représenter légalement. En conséquence, le propriétaire est responsable des déclarations et de la fraude de cet individu. — *Cass.*, 18 mars 1808, Dumont.

297. — Le propriétaire qui s'oppose à la dégustation de ses vins par les préposés des droits réunis procédant à leur inventaire, commet une contravention punissable. — *Cass.*, 31 juill. 1807, Carreau; —Merlin, *Rép.*, vo *Dégustation*; d'Agar, *Tr. du cont. des contr. ind.*, t. 1er, p. 352.

298.—Sous la loi du 5 vent. an XII, dont l'art. 49 portait que chaque année il serait fait, dans les six semaines qui suivraient la récolte, un inventaire pour constater les quantités de vins recueillies, le droit d'inventaire était dû sur les vins et vendanges dès l'instant de la récolte, et à l'entrée des villes soumises à l'octroi, à moins qu'ils n'eussent déjà été acquittés au lieu de l'enlèvement. Dès l'instant où la vendange était ouverte, les vendanges et vins qui entraient étaient également considérés comme entrant pendant la durée des inventaires. En conséquence, le paiement des droits ne pouvait être différé, sous le prétexte qu'il ne devait être perçu qu'à l'époque de l'inventaire et après la récolte. — *Cass.*, 22 juill. 1808, Davin.

299.—Par suite, le propriétaire qui n'avait point déclaré des boissons existant dans une grange à lui appartenant, ne pouvait se soustraire à la peine portée contre la contravention par une déclaration faite à une époque où le recelé était constant.—En supposant que les boissons non déclarées eussent appartenu à un tiers, la réclamation qu'il aurait faite n'aurait pas pu détruire la contravention, puisqu'il eût été lui-même, en ce cas, tenu de faire la déclaration. — *Cass.*, 21 avr. 1809, Pouyadon et Seisson.

300. — Le droit d'inventaire établi par la loi de l'an XII a été supprimé par la loi du 25 nov. 1808. — Aujourd'hui, l'inventaire est restreint, ainsi que nous l'avons vu plus haut, aux villes ouvertes où la perception des droits d'entrée sur les vendanges, pommes ou poires, ne peut être opérée au moment de leur introduction.

301. — Les propriétaires qui jouissent de l'entrepôt pour des produits de leur récolte seulement, ne sont soumis, outre l'inventaire, qu'à un recensement avant la récolte suivante. Toutefois, ils sont obligés de payer le droit d'entrée au fur et à mesure de leurs ventes à l'intérieur lors du recensement; ils acquittent le même droit sur les manquans non justifiés, déduction faite de la quantité allouée pour le coulage et l'ouillage. —L. 28 avr. 1816, art. 41.

302. — Dans les communes vignobles où, sur la demande des conseils municipaux, il a été consenti un abonnement général, pour remplacer soit l'inventaire des vins nouveaux, soit le paiement immédiat ou par douzième du droit sur les vendanges, les vendanges sont introduites sans paiement du droit, si ce n'est aux époques déterminées par l'abonnement, et il n'est fait ni inventaire ni recensement chez les propriétaires récoltans. — L. 21 avr. 1832, art. 40; Circul. 22 mai 1832.

§ 6. — *Visite aux entrées.*

303. — Les employés de la régie ont le droit de visiter les personnes entrant dans les villes sujettes, pour s'assurer s'il y a de leur part contravention aux droits d'entrée.

304. — Toutefois, les personnes voyageant à pied ou à cheval ne sont pas assujéties aux visites des commis, à l'entrée des villes sujettes aux droits d'entrée. — L. 28 avr. 1816, art. 44.

305. — Cette exemption s'applique non seulement aux voyageurs proprement dits, mais encore à toute personne entrant dans la ville, et par conséquent aux habitans eux-mêmes. — *Cass.*, 20 juin 1828, Lecomte. — V. *contrà Cass.*, 18 nov. 1825, David. — V. aussi Girard, *Man. contrib. indir.*, art. 49.

306. — A Paris et dans les villes qui sont sujettes à la fois aux droits d'entrée et à ceux d'octroi, les voitures particulières suspendues sont soumises aux mêmes visites que les voitures publiques; mais elles sont exemptes de ces visites dans les villes affranchies du droit d'octroi. — LL. 28 avr. 1816, art. 44; 29 mars 1832, art. 7; 24 mai 1834, art. 9.

307. — Les courriers ne peuvent être arrêtés à leur passage, sous prétexte de la perception des droits d'entrée, mais ils sont obligés d'acquitter ces droits sur les objets qui y sont sujets; à cet effet, les employés sont autorisés à accompagner les malles, pour assister à leur déchargement. — L. 28 avr. 1816, art. 45.

§ 7. — *Taxe unique aux entrées.*

308. — A Paris et dans les villes ayant une population agglomérée de quatre mille ames et au-dessus, sur le vœu émis par le conseil municipal, les droits d'entrée et de détail sur les vins, cidres, poirés et hydromels, peuvent être convertis en une taxe unique aux entrées.—LL. 28 avr. 1816, art. 92; 21 avr. 1832, art. 35, 41; 25 juin 1841, art. 18.

309. — Avant la loi du 25 juin 1841, il était per-

mis de comprendre le droit de circulation dans la taxe unique aux entrées; mais aujourd'hui il en est différemment. L'art. 18 de cette loi porte : « A partir de 1842, la taxe unique à l'entrée des villes dont les conseils municipaux sont autorisés à voter l'établissement par l'art. 35, L. 21 avr. 1832, ne remplacera plus que les droits d'entrée et de détail sur les vins, cidres, poirés et hydromels. »

310. — Dans ce cas, la perception du droit de licence des débitans et celle du droit de circulation, ainsi que les formalités relatives à la circulation des boissons de toute espèce, sont maintenues dans lesdites villes, comme dans les autres parties du royaume. — Même article.

311. — Le droit général de consommation sur les eaux-de-vie, esprits, liqueurs et fruits à l'eau-de-vie introduits dans ces villes ou fabriqués dans l'intérieur, continue d'être perçu en même temps que le droit d'entrée, sans préjudice de la faculté d'entrepôt. — Même article.

312. — La taxe unique est fixée pour chaque ville et par hectolitre, en divisant la somme des produits annuels de tous les droits à remplacer, par le chiffre des quantités annuellement introduites; ce calcul sera établi sur la moyenne des consommations des trois dernières années. — L. 21 avr. 1832, art. 36.

313. — A Paris, le droit de remplacement aux entrées est fixé, savoir : pour les vins en cercle et en bouteilles, à 8 fr. par hectolitres; pour les cidres, poirés et hydromels, à 4 fr. par hectolitre, et pour l'alcool pur contenu dans les eaux-de-vie et esprit en cercles, eaux-de-vie et esprits en bouteilles, liqueurs et fruits à l'eau-de-vie, à 50 fr. par hectolitre. — Tarif annexé à la loi du 12 déc. 1830.

314. — Pour délibérer sur l'établissement ou le maintien d'une taxe unique, le conseil municipal doit s'adjoindre un nombre de marchands en gros et de débitans de boissons des plus imposés à la patente, égal à la moitié des membres présens du conseil, sans toutefois qu'au moyen de cette adjonction plus du tiers des votans puisse être formé de marchands ou gros débitans. — Les femmes se font représenter par des fondés de pouvoirs. — LL. 21 avr. 1832, art. 37; 25 juin 1841, art. 20.

315. — Toute délibération du conseil municipal qui a pour objet d'établir une taxe unique, ne peut être mise à exécution qu'au 1er janv., et pourvu qu'elle ait été notifiée à la régie un mois au moins avant cette époque. — L. 25 juin 1841, art. 19.

316. — Dans les villes où la conversion des divers droits est prononcée, les débitans sont tenus d'acquitter la taxe unique sur les boissons qu'ils ont en leur possession, au moment de la mise en vigueur de cette nouvelle taxe. — Dans le cas de rétablissement de la perception par exercice, il est tenu compte aux débitans du droit unique qu'ils ont payé sur les boissons en leur possession. — L. 21 avr. 1832, art. 42.

317. — Jugé, avant la loi du 25 juin 1841, que, dans les villes qui usent de la faculté de convertir les droits sur les boissons en une taxe unique aux entrées, les négocians et distillateurs entrepositaires n'étaient point obligés, pour faire circuler librement leurs boissons et les livrer à la consommation, d'acquitter préalablement les droits d'entrée; c'était seulement lors des recensemens trimestriels qu'ils devaient les payer sur les quantités manquantes. — *Rennes*, 10 août 1835, Valliée et Doubsdelès.

318. — Dans les mêmes villes, il y avait présomption légale de l'acquittement du droit de circulation compris dans cette taxe, sur les boissons sortant d'une cave où elles avaient été introduites depuis plus de trois mois; en conséquence, l'acquéreur qui transportait ces boissons de cette cave à son domicile, sans franchir le rayon et en passant devant le bureau de l'octroi, n'était pas tenu de représenter une quittance constatant le paiement des droits, sous peine d'une déclaration nouvelle, encore bien que la cave se trouvât en dehors et à trois cents pas du bureau, si d'ailleurs elle était située en deçà de la limite de l'octroi. — *Cass.*, 8 déc. 1837 (t. 1er 1840, p. 122), Goujon.

319. — La taxe unique aux entrées est soumise aux mêmes règles de perception que le droit d'entrée. — L. 28 avr. 1816, art. 93.

§ 8. — *Droit de dénaturation.*

320. — Sont affranchis de tous droits d'entrée, de consommation ou détail, les eaux-de-vie et esprits dénaturés de manière à ne pouvoir être consommés comme boissons. — L. 24 juill. 1843, art. 1er.

321. — Des réglemens d'administration publique déterminent les conditions nécessaires pour opérer la dénaturation et les formalités qui doivent la constater. — L. 24 juill. 1843, art. 1er et 2.

322. — Les mêmes réglemens peuvent établir, au profit du trésor public, un droit qui sera perçu comme droit de dénaturation; ils fixent une quotité du même droit, que les villes ont la faculté de percevoir à titre d'octroi, sans que cette quotité puisse excéder le tiers du droit du trésor. — Même loi, art. 3.

323. — Sont considérés comme dénaturés et, à ce titre, affranchis de tous droits d'entrée, de consommation et de détail les alcools tenant en dissolution, dans la proportion d'au moins deux dixièmes du volume du mélange, des essences de goudron de bois, de goudron de houille ou de térébenthine, des huiles de schiste, de naphte, ou une huile essentielle quelconque. L'affranchissement est accordé, quand même le liquide contient, en outre, d'autres substances, et de quelque façon que la préparation ou dénaturation ait été effectuée, soit par simple mélange des huiles essentielles avec l'alcool rectifié ou absolu, ou avec des esprits du commerce, soit par distillation avant ou après le mélange, soit enfin par la combinaison des huiles et des matières premières destinées à produire l'alcool. — Ord. 14 juin 1844, art. 1er.

324. — Les alcools dénaturés sont frappés d'un droit général de dénaturation; à cet effet, ils sont divisés en quatre classes, suivant la quantité d'essence qu'ils contiennent. — Le droit par hectolitre et par classe est perçu à l'arrivée pour les villes assujéties au droit d'entrée, et au départ pour toutes les autres communes, conformément au tarif annexé sous le no 1er, à la présente ordonnance, indépendamment du décime par franc. — Ord. 14 juin 1844, art. 2.

325. — La quantité d'essence tenue en dissolution dans les alcools dénaturés est déterminée au moyen d'un tube gradué et divisé en trente parties égales. Dix de ces divisions sont remplies du liquide à essayer; il y est ajouté le double d'eau; ce mélange est agité, et le nombre des divisions du tube qui, après cette opération, sont occupées par l'essence qui surnage, indique en dixièmes la quantité d'essence contenue dans le liquide. — Ord. 14 juin 1844, art. 3.

326. — Les villes et communes ne peuvent percevoir, à titre d'octroi, sur les alcools dénaturés, une taxe supérieure à celle du tarif maximum annexé sous le no 2 à la présente ordonnance. — Ce tarif doit être immédiatement appliqué dans les villes et communes qui perçoivent actuellement un droit d'octroi sur l'alcool, à moins que les tarifs actuels ou d'autres tarifs régulièremet autorisés n'établissent des droits moins élevés. — Ord. 14 juin 1844, art. 4.

327. — Nul ne peut fabriquer ou préparer des alcools dénaturés sans en avoir fait la déclaration au bureau de la régie, et sans être pourvu d'une licence de distillateur, s'il opère par distillation, ou d'une licence de marchand en gros, s'il ne fait que de simples mélanges. — Ord. 14 juin 1844, art. 5.

328. — Les fabricans ou préparateurs d'alcool dénaturé sont, suivant la nature de leurs opérations, assujétis à toutes les obligations imposées aux bouilleurs ou distillateurs de profession, ou aux marchands en gros; ils sont, en outre, soumis aux exercices des employés de la régie, quelles que soient l'espèce et l'origine des matières premières qu'ils emploient. — Ord. 14 juin 1844, art. 6.

329. — L'entrepôt est accordé aux fabricans et préparateurs d'alcool dénaturé, tant pour les eaux-de-vie et esprits purs qu'ils ont en magasin, que pour les alcools dénaturés provenant de leur manipulation. Toute fabrication, tout mélange ou préparation doit être précédé d'une déclaration faite à la régie, quatre heures au moins à l'avance dans les villes et huit heures dans les campagnes. Il est donné décharge, au compte de l'alcool pur, des quantités qui ont été dénaturées et le volume du produit de ces préparations est repris en charge, au compte des alcools dénaturés. — Ord. 14 juin 1844, art. 7.

330. — Les alcools dénaturés suivant les procédés déterminés par les réglemens, ainsi que ceux qui ont été soumis au droit de dénaturation ne peuvent, comme l'alcool pur, circuler qu'avec des expéditions de la régie. — L. 24 juill. 1843, art. 5.

331. — En exécution de cette disposition, l'art. 8 de l'ordonnance du 4 juin 1844 est ainsi conçu : « Les alcools dénaturés ne peuvent circuler qu'avec un acquit à caution, un congé ou un passavant délivré au bureau de la régie des contributions indirectes, dans les mêmes cas et de la même manière que pour les eaux-de-vie et esprits. »

332. — Sont appliquées aux alcools dénaturés les dispositions des lois et réglemens relatifs à la fabrication des eaux-de-vie et esprits par les bouilleurs ou distillateurs de profession, à l'exercice des magasins des marchands en gros et entrepositaires de boissons, à la circulation des eaux-de-vie, esprits et liqueurs, et au paiement des droits, soit à l'arrivée, soit au départ, soit sur les manquans. — Ord. 14 juin 1844, art. 9.

§ 9. — *Dispositions pénales en cas de contravention.*

333. — Les contraventions relatives au droit d'entrée sont punies de la confiscation des boissons saisies en fraude, et d'une amende de 100 à 200 fr. suivant la gravité des cas. — L. 28 avr. 1816, art. 46.

334. — Si la fraude a eu lieu en voitures particulières et suspendues, dans les communes n'ayant pas d'octroi et où, par conséquent, ces voitures sont affranchies de toutes visites, l'amende est portée à 1000 fr. — L. du 28 avr. 1816, art. 44, 46; L. 29 mars 1832, art. 7; L. 24 mai 1834, art. 9.

335. — L'amende de 1000 fr. n'étant pas bornée aux voitures particulières s'applique également au cas de fraude en voitures publiques suspendues. — Girard, *Man. contr. ind.*, art. 52, no 2.

336. — Dans le cas de fraude par escalade, par souterrain ou à main armée, il est infligé aux contrevenans une peine correctionnelle de six mois de prison, outre l'amende et la confiscation. — L. 28 avr. 1816, art. 46.

337. — On doit considérer comme escalade le fait de recevoir ou transporter après l'escalade les boissons introduites en fraude si les employés constatent dans leurs procès-verbaux qu'ils ont vu introduire ces boissons et ceux qui les transportaient, les recueillir au moment de leur introduction. — Ou le fait de concourir à l'introduction à l'aide de cordes, crochets, échelles et autres objets propres à faire passer les boissons en fraude dans l'intérieur d'un lieu sujet. — Enfin le fait de franchir le fossé ou la barrière qui défend l'entrée du lieu assujéti. — Circul., 29 août 1834.

338. — Tout courrier, tout employé des postes convaincu d'avoir fait ou favorisé la fraude, outre la peine résultant de la contravention, est destitué par l'autorité compétente. — L. du 28 avr. 1816, art. 45.

339. — Toute boisson introduite sans déclaration dans un lieu sujet aux droits d'entrée est saisie par les employés : il en est de même des voitures, chevaux et autres objets servant au transport; à défaut par le contrevenant de consigner le maximum de l'amende, ou de donner caution solvable. — L. 28 avr. 1816, art. 27.

340. — Les mêmes peines sont applicables aux contraventions concernant la taxe unique aux entrées. — L. 28 avr. 1816, art. 93.

341. — Toutes contraventions aux réglemens d'administration publique relatifs à la dénaturation des eaux-de-vie, esprit et liqueurs, et aux droits de dénaturation établis par ces réglemens, sont punissables de la confiscation des objets saisis, et d'une amende qui, pour la première fois, ne peut être moindre de 50 fr. ni supérieure à 300 fr., et qui est toujours de 500 fr. en cas de récidive. — LL. 28 avr. 1816, art. 96; 24 juill. 1843, art. 3; Ord. 14 juin. 1844, art. 10.

342. — Dans une ville sujette aux droits d'entrée, c'est avant l'introduction et conséquemment avant le déchargement commencé que les conducteurs de boissons doivent en acquitter les droits, lors même que le bureau serait placé dans l'intérieur de la ville et n'aurait été indiqué par aucun poteau ni placard. — Le paiement des droits d'entrée, effectué après le déchargement des boissons et la découverte de la fraude, ne peut dispenser le contrevenant des peines par lui encourues. — *Cass.*, 20 déc. 1811, Lecler.

343. — Le voiturier qui ne représente pas la quittance du droit d'entrée pour des boissons dont il opère le déchargement dans une ville soumise à ce droit, ou l'expéditeur comme responsable du voiturier, ne peut être dispensé de l'amende, lors même qu'il aurait déposé au bureau le montant du droit et que ce fait serait attesté par le frère du buraliste, à qui la somme aurait été remise. *Cass.*, 31 janv. 1812, Lesueur. — « On conçoit, dit d'Agar (*Manuel du content. des contr. ind.*, t. 1er, p. 381 no 331), que, dans l'espèce de cet arrêt, les tribunaux devaient infliger la peine prononcée par la loi pour défaut de représentation, de la part du redevable, de la quittance du droit d'entrée, mais que celui-ci avait le droit d'intenter contre le receveur de la régie une action en dommages-intérêts, puisque c'était par le fait de ce dernier que la contravention avait été commise. »

344. — Celui qui a franchi le bureau de l'octroi d'une ville et introduit des boissons dans son cellier sans que la contenance en ait été constatée, et sans que le droit d'entrée ait été ni connu ni perçu, ne peut pas être renvoyé des poursuites de la régie, sous le prétexte que c'est au retard apporté par le buraliste au jeaugéage du tonneau, et à la crainte de l'influence d'un soleil ardent sur la qua-

lité de la boisson qu'il faut attribuer son introduction dans la ville, et que d'ailleurs le prévenu a préalablement déposé sur le bureau la valeur présumée du droit. — *Cass.*, 14 mars 1817, Sicard.

345. — Celui qui a fait une fausse déclaration de la quantité de vendange qu'il introduisait dans une ville sujette aux droits d'entrée, ne peut pas être acquitté, sous le prétexte que, par suite de la fermentation, la quantité de vendange a pu paraître plus considérable qu'elle ne l'était réellement, ni sous celui que la loi exige moins d'exactitude dans la déclaration des vendanges que dans celle des boissons. — *Cass.*, 23 mai 1828, Teutsch.

346. — Le maître qui souffre que son domestique fasse en sa présence une fausse déclaration aux préposés de l'octroi, et qui l'approuve par son silence, est personnellement passible des peines prononcées contre ce dernier. — *Cass.*, 21 juill. 1808, Van-Gorp c. octroi de Turnhout.

347. — Le fait par un marchand de vins en gros d'avoir présenté, à la sortie d'une ville soumise aux droits d'entrée, un liquide falsifié et différent du vin énoncé dans l'acquit à caution constitue une contravention prévue par l'art. 100, L. 28 avr. 1816. — La confiscation à prononcer par suite de cette contravention doit porter, non sur le mélange sans qualité ni saveur qui a été présenté à la sortie, mais sur le vin même déclaré dans les expéditions, et remplacé par ce mélange, c'est-à-dire sur la somme à laquelle il a été estimé au moment de la saisie. — La nullité du procès-verbal ne peut, en pareil cas, dispenser les juges de prononcer les peines voulues par la loi, si la contravention a été établie par l'instruction. — *Cass.*, 6 fév. 1836, Tissot.

348. — Une transaction provisoire faite entre le propriétaire des vins saisis et le contrôleur du lieu ne peut point empêcher l'application des peines portées par la loi, lorsqu'elle n'a pas reçu l'approbation voulue par l'art. 23, arrêté du 5 germin. an XII. — *Cass.*, 31 juill. 1807, Lafosse. — D'Agar (*Manuel des contrib. indir.*, vº *Transaction*) dit : « Le droit de transiger est exclusivement dévolu » aux directeurs. Il est défendu à tout employé, » quel que soit sont grade et sous peine de destitu- » tion, d'entrer en négociations avec les prévenus » à la suite d'un procès-verbal et de s'immiscer » en aucune manière dans les traités d'accommo- » dement qui pourraient s'ensuivre. »

349. — Lorsque du vin en pièces a été remis chez un destinataire autre que celui indiqué dans le congé dont le voiturier était porteur, il y a contravention prévue par l'art. 43, L. 28 avr. 1816, et les juges ne peuvent se dispenser d'appliquer la peine encourue, sur le motif qu'il n'est pas suffisamment établi que la maison de celui qui a reçu le vin se trouve dans le rayon de l'octroi d'une ville. — *Cass.*, 4 déc. 1835, Ollagnier.

350. — Lorsqu'il est établi par un procès-verbal régulier et par les aveux du prévenu, renouvelés dans le cours de l'instance, qu'il a introduit dans sa maison une certaine quantité de vin, le tribunal ne peut, sans se mettre en opposition avec les déclarations et la défense du prévenu, et sans commettre un excès de pouvoir, décider que le fait de cette introduction n'est pas suffisamment prouvé. — *Cass.*, 20 oct. 1808, Souleilhet.

351. — Le procès-verbal des employés des contributions indirectes qui mentionne la saisie de trois litres d'alcool exprime clairement que ces trois bouteilles renfermaient des liqueurs spiritueuses, et ne peut pas être annulé, sous le prétexte qu'il ne contient pas la désignation de l'espèce des choses saisies. — *Cass.*, 13 juin 1828, Vassy.

352. — Sous les lois des 24 avril 1806 et 25 nov. 1808, le marchand de boissons en gros chez lequel les préposés de la régie avaient constaté un manquant excédant la quantité nécessaire pour la consommation de sa famille et pour les remplissages, sans avoir fait aucune déclaration, était en contravention et ne pouvait se soustraire à l'amende et à la confiscation, en offrant de payer le droit d'entrée pour les boissons manquantes. — *Cass.*, 22 mai 1812, Plumier. — Pour prévenir toute difficulté, la loi du 28 avr. 1816, art. 104, soumet, en ce cas, le marchand en gros au paiement d'un droit égal à celui de détail, sur les quantités manquantes, sauf la déduction accordée par l'art. 103, même loi, et aujourd'hui par l'art. 87, L. 25 mars 1817.

Sect. 5e. — *Droits de vente en détail et en gros.*

Art. 1er. — *Droit de vente en détail.*

353. — Le droit de vente en détail est celui qui se perçoit lors de la vente en détail des vins, cidres, poirés et hydromels, en proportion du prix de cette vente.

354. — Quant aux eaux-de-vie, esprits et liqueurs, le droit de vente en détail et celui de circulation sont remplacés par le droit général de consommation. — V. *infra*, art. 6.

355. — A Paris et dans les villes de 4,000 âmes et au-dessus qui ont adopté l'abonnement général, le droit de vente en détail et celui d'entrée sont remplacés par une taxe unique aux entrées. — V. ABONNEMENT, nº 82, et *suprà* sect. 4, § 7.

356. — Le débitant dont la maison forme non une dépendance rurale, mais une annexe aux faubourgs accessoires d'une ville pour laquelle les droits ont été transformés en une taxe unique, conformément à l'art 35, L. 21 avril 1832, est dispensé du paiement des droits ordinaires sur les boissons et, par suite, des exercices des employés de la régie. — *Cass.*, 4 déc. 1840 (t. 2 1845, p. 69), Bouquet.

§ 1er. — *Assiette et perception du droit.*

357. — La perception du droit de vente en détail s'opère aussitôt après la vente, à moins qu'il n'y ait abonnement. — V. ce mot.

358. — Le droit est fixé à 10 0/0 du prix de vente dans tout le royaume. — L. 12 déc. 1830, art. 3.

359. — Des déductions sont accordées aux débitans pour déchets résultant de coulage, ouillage, soutirage, et tout autre déchet. — Ord. 21 déc. 1838, et tarif y annexé.

360. — Les propriétaires qui vendent en détail les boissons de leur crû ne jouissent d'aucune remise. — L. 25 juin 1841, art. 24.

361. — C'est la loi du 5 ventôse an XII qui a établi ce droit : son art. 56 portait qu'il serait payé, lors de la vente des vins ou cidres, un droit de... On avait même soutenu que cette disposition ne devait être appliquée qu'aux boissons récoltées depuis sa publication, mais cette prétention a été écartée.

362. — Ainsi jugé que la loi du 5 vent. an XII était applicable à tous les vins qui seraient vendus après la date de sa publication, sans distinction de la récolte ; en conséquence, ceux des récoltes antérieures étaient soumis comme les autres au paiement des droits établis par cette loi. — *Cass.*, 20 oct. 1807, Champolion ; 8 juin 1808, Touzet.

§ 2. — *Obligations des débitans de boissons.*

363. — Les cabaretiers, aubergistes, traiteurs, restaurateurs, maîtres d'hôtels garnis, cafetiers, liquoristes, buvetiers, débitans d'eau-de-vie, concierges et autres, donnant à manger au jour, au mois ou à l'année, ainsi que tous autres qui veulent se livrer à la vente en détail des vins, cidres, poirés, hydromels, eaux-de-vie, esprits ou liqueurs composées d'eaux de-vie ou esprits sont tenus de faire leur déclaration au bureau de la régie avant de commencer leur débit, et de désigner les espèces et quantités de boissons qu'ils ont en leur possession, dans les caves ou celliers de leur demeure ou ailleurs, ainsi que le lieu de la vente. — L. 28 avr. 1816, art. 47 et 50.

364. — Les mêmes personnes doivent aussi indiquer par une enseigne ou bouchon leur qualité de débitant. — Même loi, art. 50. — Cette obligation pour les débitans d'avoir une enseigne ou bouchon remonte à l'ord. de 1680, tit. 2, art. 2.

365. — Toute personne assujétie à la déclaration doit, en la faisant, se munir d'une licence. — L. 28 août 1816, art. 144.

366. — Les cantiniers de troupes sont tenus de se conformer aux mêmes dispositions, à l'exception de ceux établis dans les camps, forts et citadelles, pourvu qu'ils ne reçoivent que des militaires et qu'ils aient une commission du ministre de la guerre. — L. 28 avril 1816, art. 51.

367. — Les débitans de bière sont soumis, comme les débitans de toute autre boisson, aux visites et exercices des commis, et ils doivent conséquemment faire la déclaration préalable exigée des détaillans et se pourvoir d'une licence. — *Cass.*, 13 août 1819, Delalonde.

368. — Les personnes qui exercent une des professions désignées dans l'art. 50 de la loi du 28 avril 1816 sont assujéties à la déclaration et aux autres obligations imposées aux débitans de boissons par le fait même de leur profession, et sans qu'il soit besoin d'établir qu'elles se livrent au débit des boissons. — L. 23 avril 1836, art. unique.

369. — Elles ne peuvent donc, par conséquent, en alléguant qu'elles ne se livrent pas au commerce des boissons, être dispensées de faire la déclaration ni de prendre la licence prescrite par la loi. — *Cass.*, 7 fév. 1829, Legouaille ; même jour, Russuffat.

370. — Elles sont soumises soit à la déclaration, soit aux visites et exercices pour toutes les boissons, sans distinction d'espèce, qu'elles ont en leur possession, soit à souffrir le cachetage et la prise en charge de leurs vins en bouteilles, malgré leur déclaration qu'elles les destinent à leur consommation et à celle de leur famille. — *Cass.*, 9 déc. 1819, Brodet.

371. — En effet, la loi oblige d'une manière formelle et générale tous les débitans à faire la déclaration de toutes les boissons qu'ils ont en leur possession, sans excepter celles qui pourraient être destinées à leur consommation personnelle. — *Cass.*, 24 avril 1809, Taffin. — D'Agar, *Tr. du content. des contrib. indir.*, t. 2, p. 41 et 243, nºs 455 et suiv., et 607.

372. — Un débitant ne peut être dispensé du paiement des droits dus à raison d'une partie quelconque des boissons qu'il a eu sa possession, sous le prétexte qu'elle est destinée à la consommation personnelle de sa famille. — *Cass.*, 8 avril 1812 Darmenson.

373. — Le cabaretier chez lequel il a été saisi une bouteille d'un litre, remplie aux deux tiers d'eau-de-vie, dont il ne peut représenter l'expédition, est en contravention à la loi, qui ne fait aucune distinction entre les boissons que les redevables déclarent vouloir débiter, et celles qui seraient par eux destinées à la consommation de leur famille. — *Cass.*, 12 mars 1829, Castey.

374. — Un cafetier ne peut donc se soustraire aux obligations qui lui sont imposées par l'art. 50, L. 28 avril 1816, soit en déclarant qu'il ne veut vendre que telle espèce de boisson, soit en alléguant que celles trouvées chez lui n'étaient destinées qu'à sa consommation personnelle et à celle de sa famille. — *Cass.*, 25 mai 1821, Brodet.

375. — Un cafetier ne peut non plus se soustraire aux obligations imposées par la loi en déclarant qu'il ne veut vendre que telle espèce de boissons, ni en alléguant que les autres espèces trouvées chez lui n'y étaient que pour sa consommation et celle de sa famille, ni en soutenant qu'il ne donne à boire et à manger ni au jour, ni au mois, ni à l'année. — *Cass.*, 5 mars 1819, Couly.

376. — L'épicier qui vend de l'eau-de-vie en détail est soumis aux obligations imposées par la loi aux débitans sur toutes les boissons, et particulièrement sur le vin étant en sa possession, quoiqu'il ne vende pas de vin. — *Cass.*, 26 mai 1820, Delan ; 29 mai 1823, Delan.

377. — Le concierge d'un établissement public, par exemple du cercle d'une ville, où il se fait une consommation habituelle de boissons est réputé débitant et tenu de faire la déclaration préalable prescrite par l'art. 50 (L. 28 avr. 1816), et de se munir d'une licence, conformément à l'art. 144 même loi, sans qu'il soit nécessaire que la régie prouve le fait du délit. — *Cass.*, 22 fév. 1840 (t. 2 1843, p. 555), Valentin ; 22 janv. 1841 (mêmes vol. et page), Chevalier.

378. — Un maître d'hôtel ne peut s'exempter des obligations imposées aux débitans, sous le prétexte qu'il ne donne ni à boire ni à manger, et sans qu'il soit besoin que la régie détruise cette allégation par des preuves contraires. — *Cass.*, 16 mai 1823, Martel ; 9 déc. 1826, Martel.

379. — Spécialement, l'individu qui loge chez lui les voituriers ainsi que leurs voitures et leurs chevaux est soumis à toutes les obligations que la loi impose aux aubergistes, quoiqu'il ne donne ni à boire ni à manger aux voituriers. — *Cass.*, 19 nov. 1819, Rebuffat ; 1er oct. 1824, Salin ; 9 déc. 1826, Salin.

380. — En effet, le fait de loger à la nuit ou au mois constitue la profession d'aubergiste ou de maître d'hôtel, et établit une présomption légale de débits de boissons qui soumet ceux qui l'exercent à l'obligation d'en faire la déclaration préalable et de se munir d'une licence. — *Cass.*, 14 août 1834, Baudoin.

381. — La profession d'aubergiste, établie tant par la patente que par l'enseigne d'un individu, le soumet, comme étant légalement censé vendre des boissons en détail, à faire les déclarations et soumissions prescrites par la loi à tous ceux qui font le commerce des boissons, à souffrir les visites et exercices des employés et à se pourvoir d'une licence. — *Cass.*, 10 juill. 1823, Tuaire.

382. — L'art. 50, L. 28 avr. 1816, embrasse dans ses dispositions toutes les personnes qui donnent à manger pour de l'argent et par spéculation, quand bien même elles ne tiendraient pas une maison ouverte au public, et qu'il n'y aurait pas de prix convenu à l'avance, et quelque restreinte que soit d'ailleurs la spéculation. — *Cass.*, 24 août 1838 (t. 1er 1839, p. 94), Jauzenque ; et du même jour un autre arrêt (mêmes vol. et page), Danne.

383. — Ainsi, lorsqu'il est établi par un procès-verbal régulier qu'un individu donne à boire et à manger à des ouvriers, que dix de ces ouvriers ont été trouvés à table dans sa maison, qu'ils y prenaient leurs repas depuis plusieurs jours, qu'ils y couchaient et que deux pièces de cidre en vidange ont été trouvées dans sa cave, ces faits le constituent débitant de boissons et le soumettent à toutes les obligations qui en résultent, lors même que l'une de ces pièces de cidre appartiendrait à un

maître ouvrier. — *Cass.*, 5 déc. 1828, Fleury de Laboullaye.

384. — De même celui qui tient en pension des officiers de la garnison à qui il vend à boire et à manger au jour, au mois, ou même à l'année, est réputé débitant de boissons. — *Cass.*, 10 mai 1821, Buissemont; 5 avr. 1826, Hamel.

385. — Il en est encore ainsi de celui qui tient en pension des élèves en droit. — *Caen*, 5 avr. 1836, Hamel.

386. —...Ou qui donne à manger au jour, au mois ou à l'année, à des élèves et à des professeurs d'un collége hors de l'enceinte de ce collége. — *Cass.*, 7 fév. 1822, Signard.

387. — De même encore l'individu qui reçoit chez lui, à titre de pensionnaires, des personnes auxquelles il donne à boire et à manger moyennant une rétribution mensuelle, est réputé débitant de boissons, encore bien qu'il ne tienne point une maison ouverte au public où le premier venu puisse chaque jour trouver sa nourriture. — *Cass.*, 1er oct. 1835, Fouché.

388. — Celui qui donne à manger à des étrangers au jour, au mois ou à l'année, ne peut se dispenser de prendre une licence, ni de faire la déclaration prescrite aux débitans de boissons, sous le prétexte qu'il ne donne pas à boire. — *Cass.*, 4 juin 1829, Mallet. — V. cependant *Cass.*, 23 mai 1822, Clergé.

389. — Le particulier au domicile duquel plusieurs personnes ont été trouvées buvant à deux tables et à trois places différentes, sans qu'il ait fait la déclaration imposée par la loi aux débitans de boissons, ne peut pas être acquitté sous le prétexte qu'il est d'usage dans le pays de donner à boire aux personnes avec lesquelles on fait des marchés. — *Cass.*, 22 fév. 1811, Voumoyon.

390. — Jugé cependant que le seul fait d'avoir reçu dans sa maison et à sa table, par obligeance et sans esprit de lucre, un vieillard que l'on qualifie de pensionnaire, et un jeune homme qui travaille chez un avocat, ne suffit pas pour obliger un particulier à faire la déclaration et à se munir de la licence prescrite par la loi du 28 avr. 1816. — *Caen*, 5 avr. 1826, Hamel.

391. —...Et que le curé qui a chez lui ses deux vicaires en pension, le bourgeois qui recueille le fils de son ami qui suit les écoles, ne sont point compris dans la classe des vendeurs de boissons. — Même arrêt. — Mais la jurisprudence de la cour de Cassation est contraire à ce système.

392. — Celui qui exerce la profession de cabaretier a le droit de vendre toutes les espèces de boissons, et est, par cela même, tenu d'en faire la déclaration à mesure qu'il les reçoit, d'en payer le droit de détail et de souffrir les exercices des commis sur chaque pièce. — *Cass.*, 5 mars 1819, Couty.

393. — Toutes les boissons appartenant aux débitans sont de droit présumées devoir servir à l'alimentation de leur débit, et deviennent passibles du droit de détail, bien qu'elles soient enfermées dans une maison autre que celle où se fait le débit. — Dès-lors elles doivent être prises en charge, et toute tentative qui aurait pour objet de les soustraire à la surveillance de la régie est punie par la loi comme un recélé. Spécialement, le débitant dans la possession duquel des boissons non déclarées ont été trouvées, et sans qu'il ait pu justifier d'aucune expédition, ne peut échapper aux peines qu'il a encourues à raison de ce recélé frauduleux, sous le prétexte que ces boissons n'étaient pas destinées à son débit, mais au service de la métairie où elles ont été trouvées. — *Cass.*, 14 sept. 1838 (t. 2 1845, p. 81), Beylard.

394. — La déclaration doit comprendre non-seulement toutes les boissons que les débitans ont dans la commune de leur débit, mais encore celles qu'ils possèdent dans toute autre commune. — *Cass.*, 2 juill. 1818, Valois et Delaunay.

395. — Il a été jugé qu'un débitant de boissons, co-propriétaire par indivis d'une certaine quantité de vin, provenant d'une récolte commune, n'est pas en contravention pour ne pas avoir déclaré à la régie, avant le partage, la quantité du liquide à laquelle il a droit. — *Pau*, 9 mai 1833, Larieu. — Mais cette décision nous paraît contraire à la loi. L'obligation imposée aux débitans de déclarer toutes les boissons qu'ils possèdent, est générale et absolue; elle comprend celles qui proviennent de leur récolte comme celles qui sont indivises avec d'autres individus. S'il en était autrement, l'indivision leur fournirait un moyen facile d'alimenter frauduleusement leur débit, en retardant indéfiniment le partage que l'administration n'a pas le droit de provoquer.

396. — Lorsqu'il est établi par un procès-verbal des préposés de la régie et par les aveux du prévenu qu'il a vendu clandestinement de l'eau-de-vie à des particuliers réunis chez lui, qu'il en a reçu le

prix sans en avoir fait la déclaration prescrite par la loi et sans avoir indiqué sa qualité par une enseigne ou bouchon, le tribunal viole la loi en prononçant son acquittement. — *Cass.*, 26 août 1808, Becker.

397. — Un cabaretier est présumé acquéreur du vin qu'il a reçu chez lui sans déclaration, surtout lorsqu'il a conclu et procédé devant les tribunaux en qualité de propriétaire. En conséquence, il est responsable du défaut de passavant et de déclaration. — *Cass.*, 30 janv. 1807, Paoletti.

398. — Quelque faible que soit la quantité d'eau-de-vie trouvée chez un débitant, l'existence seule de cette boisson dans son domicile, sans déclaration et sans expédition, suffit pour le constituer en contravention. — *Cass.*, 3 déc. 1818, Dagant.

399. — Ainsi, le cabaretier chez lequel les commis ont trouvé trois verres contenant assez d'eau-de-vie pour qu'ils aient pu en faire la dégustation et s'assurer que c'était de l'eau-de-vie de cidre, est en contravention, s'il n'a fait aucune déclaration de cette espèce de boisson ni acquitté les droits. — *Cass.*, 8 fév. 1812, Poulain.

400. — Ainsi encore, l'existence même seulement de cinquante gouttes d'eau-de-vie dans le domicile d'un débitant, sans qu'il en ait fait la déclaration, et sans qu'il en représente le congé, suffit pour le constituer en contravention. — *Cass.*, 9 fév. 1811, Alesh.

401. — Un débitant ne peut se dispenser de déclarer les cidres et poirés qu'il a en sa possession, ni être dispensé d'en payer les droits, sous le prétexte qu'il a entendu borner aux vins et à l'eau-de-vie sa vente en détail. — *Cass.*, 25 oct. 1809, Masson. — Cette décision, rendue sous l'empire de la loi du 24 avr. 1806 (art. 34), est toujours applicable sous la loi du 28 avr. 1816, art. 50.

402. — Le cabaretier chez lequel les commis ont trouvé une bouteille pleine d'eau-de-vie dont il ne représente point l'expédition, ne peut pas être acquitté, sous prétexte qu'il a borné sa déclaration à la vente du vin en détail, ni que cette eau-de-vie, achetée par lui chez un autre débitant, était destinée à ses besoins et à ceux de sa famille. — *Cass.*, 12 mars 1819, Gilard. — V. aussi *Cass.*, 22 janv. 1836, Saas.

403. — Le débitant d'eau-de-vie chez lequel il a été trouvé du cidre et du vin dont il n'avait point fait la déclaration, ne peut pas être acquitté sous le prétexte que ces boissons paraissaient destinées à la consommation de sa maison; il est soumis aux mêmes obligations que tout autre débitant. — *Cass.*, 1er août 1822, Synd. des débit. de Rouen c. Masselin.

404. — Jugé cependant que, lorsqu'il est établi qu'un débitant ne vend que de l'eau-de-vie, il ne peut pas être tenu de payer le droit de détail sur du cidre qu'il n'a pas déclaré vouloir vendre et qui n'excède pas les besoins de sa famille. La présomption attachée à sa profession doit céder à la preuve contraire. — *Cass.*, 11 avr. 1821, Mouchaux.

405. — En soumettant l'hydromel aux mêmes droits que les autres boissons, la loi du 25 mars 1817 l'a nécessairement soumis au même mode de perception des droits. — Ainsi le débitant chez lequel il a été trouvé de l'hydromel dont il n'a point fait la déclaration et qu'il a cherché à soustraire à leurs regards, est passible des peines portées par la loi du 28 avr. 1816, quoique l'hydromel ne soit pas mentionné dans cette loi. — *Cass.*, 31 mai 1821, Ferlicot.

406. — Un seul fait de vente de boissons au détail sans déclaration constitue une contravention, peu importe que le contrevenant soit ou non dans l'habitude d'en vendre. — *Cass.*, 27 fév. 1823, Batrique.

407. — Il y a plus, l'annonce de vente sans déclaration suffit pour constituer une contravention, lors même qu'il n'est saisi aucune boisson. — *Cass.*, 19 avr. 1811, Bussolino.

408. — Les débitans sont tenus de déclarer aux commis le prix de vente de leurs boissons, chaque fois qu'ils en sont requis; ces prix sont inscrits tant sur les portatifs et registres des commis que sur une affiche approuvée par le débitant dans le lieu le plus apparent de son domicile. — L. 28 avr. 1816, art. 48. — Cette affiche est fournie par la régie. Le prix est fixé à dix centimes. — Ordonn. royale, 19 juin 1816.

409. — Un débitant ne peut vendre des boissons à un prix supérieur à celui fixé dans la déclaration par lui faite. En cas d'augmentation de prix, une nouvelle déclaration est nécessaire avant la vente. — *Cass.*, 8 fév. 1810, Ferraris. — D'Agar, *Man. des contrib. indir.*, p. 164, no 10.

410. — En cas de contestation entre les employés et les débitans, relativement à l'exactitude de la déclaration des prix de vente, il en est référé au maire de la commune, qui prononce sur ce dif-

férend, sauf le recours de part et d'autre au préfet en conseil de préfecture, qui statue définitivement, dans la huitaine, après avoir pris l'avis du sous-préfet et du directeur des contributions indirectes. Alors le droit est provisoirement perçu d'après la décision du maire, sauf rappel ou restitution. La décision ne peut s'appliquer aux boissons débitées avant la contestation. — L. 28 av. 1816, art. 49.

411. — Les boissons déclarées par les débitans sont comptées et prises en charge sur les registres portatifs des commis. — A cet effet, les futailles sont jaugées et marquées par les employés, les boissons dégustées et le degré des eaux-de-vie et esprits vérifié; il en est de même de toutes les boissons qui arrivent chez les débitans pendant le cours du débit, et qui ne peuvent être introduites dans leurs domiciles, caves ou celliers qu'en vertu de congés, acquits-à-caution ou passavans. — *Ibid.*, art. 53.

412. — Lorsqu'un cabaretier qui n'a plus de vin en charge, au portatif, est trouvé buvant chez lui, avec un tiers, une bouteille de vin qu'il prétend avoir été apportée par ce dernier, mais dont il ne représente aucun acquit, le tribunal ne peut prononcer son acquittement, sous le prétexte que le procès-verbal des commis ne justifie pas qu'il a un entrepôt de vin chez lui, ni que sa réponse soit mensongère. — *Cass.*, 3 juin 1813, Révol.

413. — Lorsque, en l'absence d'un débitant, les employés des contributions indirectes ont trouvé chez lui, sur une table où dînait sa belle-mère tenant habituellement son cabaret, une bouteille de vin différent de celui pris en charge et dont elle n'a pas représenté l'expédition, ce débitant ne peut être acquitté, sous le prétexte qu'il n'a pas coopéré à l'introduction de ce vin à son domicile et qu'il n'est pas responsable des faits de sa belle-mère qui a un ménage particulier dans la maison. — *Cass.*, 30 juill. 1825, Barlet.

414. — Mais, lorsqu'il est reconnu en fait qu'une cruche de quatre litres contenant deux litres de vin était en pleine évidence à côté des buveurs chez un débitant qui n'a qu'une seule chambre où il fait son débit; et que, sur sa déclaration aux employés que ce vin faisait partie de la pièce en vente, cette allégation n'a pas été contestée, les tribunaux peuvent prononcer son acquittement sans qu'il en résulte une ouverture à cassation. — *Cass.*, 19 déc. 1822, Robillard.

415. — Le mot *boissons*, contenu dans la loi du 28 avr. 1816, et notamment dans l'art. 67, comprend l'eau-de-vie. Dès-lors, l'individu qui a déclaré, depuis moins de trois mois, cesser d'être débitant, et chez lequel on a trouvé une bouteille et demie d'eau-de-vie sans qu'il représente d'expédition, est en contravention, bien que dans l'origine il n'eût pas fait la déclaration de vouloir débiter de l'eau-de-vie. — *Cass.*, 22 janv. 1836, Saas.

416. — Les débitans ne peuvent vendre de boissons en gros qu'en futaille, contenant au moins un hectolitre; et il ne peut en être fait décharge à leur compte qu'autant que les vaisseaux ont été démarqués par les commis. En cas d'enlèvement sans démarque, le droit de détail est constaté sur la contenance des futailles, sans préjudice des effets de la contravention. — Art. 57.

417. — Lorsqu'il est reconnu qu'une pièce de vin de contenance de plus de trois hectolitres a été vendue et livrée par un cabaretier, sans appeler préalablement les commis pour faire démarquer la futaille, la contravention ne peut pas être excusée, sous le prétexte d'un usage de ne pas opérer cette démarque. — *Cass.*, 27 févr. 1808, Jacques Zins.

418. — Mais le débitant qui a fait enlever plusieurs pièces d'eau-de-vie après déclaration et en vertu d'un congé, n'est pas en contravention pour avoir négligé de faire démarquer ses vaisseaux, s'il n'a point pris des eaux-de-vie en charge ni fait marquer les vaisseaux par les commis. — *Cass.*, 15 avr. 1818, Gaudefroy.

419. — Le débit de chaque pièce est suivi séparément et le vide marqué sur la futaille à chaque exercice des employés. Ces manquans sont constatés comme les charges par des actes réguliers, lesquels doivent être signés de deux commis et inscrits à leurs registres portatifs. — L. 28 avr. 1816, art. 54.

420. — En déclarant que le débit serait établi par les manquans constatés, le décret du 5 mai 1806 n'a entendu par là que des manquans qui seraient l'effet des ventes déclarées aux commis et soumises à leur vérification journalière, et non des ventes qui seraient faites clandestinement et à leur insu. — *Cass.*, 15 juin 1810, Isambert Dufour.

— 421. — Les lies qui sont prouvées provenir des vins pris en charge par un débitant, ne peu-

vent pas être considérées comme des quantités manquantes soumises au droit de détail; il doit en être tenu compte indépendamment de la déduction accordée par l'art. 103, L. 28 avr. 1816. — *Cass.*, 30 déc. 1816, Lorion-Pavis.

422. — Le compte des débitans est déchargé des quantités de boissons gâtées ou perdues, lorsque la perte est dûment justifiée. — L. 28 avr. 1816, art. 57.

423. — La loi n'ayant indiqué aucune forme spéciale pour la justification des quantités gâtées ou perdues, il n'est pas nécessaire qu'elle soit établie par un procès-verbal des employés; les tribunaux peuvent, en se fondant sur un commencement de preuve résultant des portatifs, admettre la preuve testimoniale. — *Cass.*, 6 févr. 1826, Vian.

424. — Les débitans obtiennent aussi la décharge de toute quantité d'eau-de-vie et de liqueurs en bouteilles cachetées, expédiées sous acquit à caution à d'autres débitans. — L. 24 juin 1824, art. 6.

425. — Les débitans ne peuvent recevoir ni avoir chez eux, à moins d'une autorisation spéciale de boissons en vaisseaux d'une contenance moindre d'un hectolitre. Ils ne peuvent établir le débit des vins et eaux-de-vie sur des vaisseaux d'une contenance supérieure à cinq hectolitres, ni mettre en vente ou en avoir en perce à la fois plus de trois pièces de chaque espèce de boissons. — L. 28 avr. 1816, art. 58.

426. — Cette disposition est générale et s'applique aux vases de conservation ou de dépôt, comme à ceux qui servent au débit des boissons. — *Cass.*, 6 avr. 1810; 15 mars 1811, Landon; — 27 nov. 1818, Comte.

427. — Le débitant dans le domicile duquel il a été trouvé de l'eau-de-vie dans des vases d'une contenance inférieure à l'hectolitre ne peut donc être acquitté, sous le prétexte que la loi ne doit pas être prise à la lettre, mais qu'elle doit être interprétée dans un sens qui se concilie avec les besoins des cabaretiers. — *Cass.*, 30 août 1810, Becker.

428. — Le fait matériel de l'existence d'une bouteille de vin de deux litres chez un débitant, constitue par soi une contravention indépendamment de tout remplissage effectué sur les tonneaux hors la présence des commis, puisque ce remplissage constitue aussi par soi une contravention. — *Cass.* 27 déc. 1817, Poulvert.

429. — Le débitant chez lequel les employés de la régie ont trouvé un petit baril de six litres de vin ne peut pas être acquitté, quoiqu'il allègue que ce baril ne lui appartient pas et qu'il a été laissé par un paysan. — *Cass.*, 23 juill. 1812, Gaillard.

430. — Le débitant chez lequel il a été trouvé un petit quartaut de vin dont il n'a pu représenter l'expédition est en contravention, soit à raison du défaut d'expédition, soit pour avoir fait usage d'un vaisseau d'une contenance inférieure à un hectolitre. — *Cass.*, 6 avr. 1820, Robeline.

431. — Cette double contravention ne peut être excusée, soit sur l'allégation faite par le prévenu que le quartaut était destiné à ouiller une autre pièce, soit sur l'usage du pays, soit sur la modicité de l'objet, soit enfin sur l'intention du prévenu. — Même arrêt.

432. — En aucun cas, le cabaretier, qui a contrevenu à la prohibition d'avoir chez lui des vases d'une contenance moindre d'un hectolitre, ne peut être excusé par des considérations particulières qu'il n'appartient qu'à l'administration d'apprécier, ni sous le prétexte par lui allégué que ces vases avaient été remplis avec le vin du tonneau qu'il avait mis en perce. — *Cass.*, 22 mai 1813, Marin.

433. — Ainsi, le tribunal ne pourrait le renvoyer des poursuites, en se fondant sur ce que le vase trouvé en sa possession n'est pas assimilé aux vaisseaux prohibés, ou que son usage habituel a pour but d'éviter la peine de descendre fréquemment à la cave, ou enfin que les commis n'ont pas dégusté le vin qu'il contenait. — *Cass.*, 21 mars 1817, Martineau.

434. — Il appartient à l'administration seule, et nullement aux tribunaux, de tolérer l'usage des petits vaisseaux de la part des débitans de boissons. — *Cass.*, 15 mars 1811, Landon.

435. — Le débitant, qui a fait usage de vases d'une contenance inférieure à un hectolitre, ne pourrait non plus être acquitté, sous le prétexte que les commis ont constaté la quantité de boissons trouvée dans tous les vases, au lieu d'énoncer la capacité de chacun de ces vases. — *Cass.*, 3 sept. 1813, Lehaire.

436. — Du reste, l'interdiction existant pour les débitans, d'avoir des boissons en vaisseau d'une contenance inférieure à un hectolitre, s'applique à tous les vaisseaux qui seraient trouvés, non seulement dans leurs caves, mais même dans les chambres de leur maison. — *Cass.*, 16 juin 1808, Slaaff. — La loi du 28 av. 1816, art. 58, dit : « ne pourront avoir *chez eux*, » expressions qui s'appliquent évidemment à la maison entière.

437. — Et le débitant qui a du vin dans un vaisseau de moindre contenance qu'un hectolitre ne peut pas être excusé par les tribunaux, sous le prétexte qu'antérieurement au procès-verbal, les commis avaient marqué et pris en charge ce vaisseau de vin. — *Cass.*, 16 mars 1809, Volla.

438. — Toutefois, en défendant aux débitans d'avoir chez eux des boissons en vaisseaux d'une contenance moindre que l'hectolitre, la loi n'a eu en vue que les boissons qui s'expédient et se conservent en pièces et futailles. L'interdiction est inapplicable aux liqueurs proprement dites, qui ne s'expédient et ne se conservent qu'en bouteilles. — Les débitans de boissons n'ont pas besoin d'une autorisation spéciale de la régie, pour recevoir les caisses ou paniers de liqueurs de vingt-cinq bouteilles et au-dessus qui leur sont envoyées par des marchands en gros. — *Cass.*, 11 janv. 1819, Francon; même jour, Gadon. — *Cass.* 23 janv. 1819, Faucher; même jour, Dichard et Dubreuil.

439. — L'usage de mettre des vins en bouteilles est néanmoins permis, pourvu que la transvasion ait lieu en présence des commis. Ces bouteilles sont cachetées du cachet de la régie; le débitant fournit la cire et le feu. — L. 28 avr. 1816, art. 58.

440. — Sous la loi du 24 avr. 1806, un débitant ne pouvait avoir chez lui du vin en bouteille, sans le consentement de la régie, et seulement à la charge d'en souffrir le cachetage. — La loi ne faisait aucune exception à cette prohibition, même à l'égard des vins vieux. — Cass., 9 avr. 1813, Bécu.

441. — Le refus fait par un débitant de laisser cacheter les bouteilles de vin qu'il a dans son caveau, ou de souffrir que le scellé soit apposé sur la porte de ce caveau, sauf à lui faire successivement la délivrance des bouteilles nécessaires pour son débit, constitue un refus d'exercice.

442. — Le débitant chez lequel il a été trouvé du vin mis en bouteille, hors la présence des commis, ne peut pas être excusé, sous le prétexte que la prohibition s'applique à la transvasion entière d'un vaisseau et non à la transvasion partielle dont un cabaretier peut user pour vendre son vin en détail. La loi n'admet point une pareille distinction. — *Cass.*, 4 févr. 1820, Tesudre.

443. — Lorsque les débitans mettent leurs vins en bouteilles, en présence des préposés de la régie des contributions indirectes, conformément à la loi, ils sont tenus de laisser couper les bouchons à ras du verre, de manière à ce que le cachet de la régie puisse porter en même temps sur le col et sur le bouchon de chaque bouteille. — *Cass.*, 17 fév. 1825, Pelleter; *Paris*, 21 mars 1825, Dugouy.

444. — S'il était trop difficile ou impossible de cacheter les bouteilles, le cachetage pourrait être remplacé par un autre mode de fermeture présentant la même sûreté pour la perception. — Décis. 109.

445. — Il est défendu aux débitans de faire aucun remplissage sur les tonneaux, soit marqués, soit démarqués, si ce n'est en présence des commis; d'enlever de leurs caves les pièces vides, sans qu'elles aient été préalablement démarquées, et de substituer de l'eau ou tout autre liquide aux boissons qui auront été reconnues dans les futailles, lors de la prise en charge. — Art. 59.

446. — Ainsi, il y a contravention de la part d'un débitant pour avoir vendu furtivement, à l'insu des commis, le vin qui était contenu dans deux tonneaux, et qui les a remplis, aussi à leur insu, l'un avec de l'eau, l'autre avec de la bière. — *Cass.*, 15 juin 1810, Dufour.

447. — De même encore, il y a contravention et non simple intention de frauder de la part du débitant qui, après avoir vendu furtivement à l'insu des commis le vin contenu dans neuf barriques, les remplit avec de l'eau pour y substituer d'autre vin et le détailler ensuite sans payer les droits dus à la régie. — *Cass.*, 18 nov. 1813, Fougère.

448. — Aucune eau-de-vie déjà prise en charge chez un débitant ne peut être augmentée ni diminuée de son degré de force, sans que les commis aient été préalablement appelés pour y être présens et en faire mention sur leur portatif. — Cette contravention ne peut pas être excusée, sous le prétexte qu'il est d'usage de faire une supputation par laquelle le débitant paie seize litres par hectolitre, pour remplissage présumé; il n'appartient qu'à la régie d'apprécier la bonne foi des contrevenans et d'accorder des remises à ceux qu'elle en juge dignes. — *Cass.*, 16 oct. 1812, Marchand.

449. — Lorsqu'il est établi que l'eau-de-vie prise en charge par un débitant a éprouvé un affaiblissement depuis la dernière visite des commis, le tribunal ne peut excuser cette contravention, sous le prétexte que l'affaiblissement provient en partie d'une mixtion de caramel faite dans ce liquide par le débitant : la loi lui défendait tout mélange hors la présence des commis. — *Cass.*, 22 mars 1828, Clerc.

450. — Cependant la différence d'un degré en moins entre des eaux-de-vie trouvées chez un débitant et celles prises en charge, n'est point suffisante pour les faire considérer comme étant d'introduction nouvelle, lorsque la futaille est en perce depuis long-temps, qu'elle a servi à un débit journalier, et qu'il n'a d'ailleurs été constaté aucun autre fait qui puisse faire soupçonner la fraude. — *Cass.*, 21 avr. 1814, Dulroc.

451. — Les débitans ne peuvent avoir qu'un seul râpé de raisin de trois hectolitres au plus, et pourvu qu'ils aient en cave au moins trente hectolitres de vins. Ils ne peuvent verser de vin sur ce râpé hors la présence des commis. — L. 28 avr. 1816, art. 60.

452. — Il est fait défense aux vendeurs en détail de receler des boissons dans leurs maisons ou ailleurs, et à tous propriétaires ou principaux locataires, de laisser entrer chez eux des boissons appartenant aux débitans, sans qu'il y ait bail par acte authentique pour les caves, celliers, magasins et autres lieux où sont placées ces boissons. — Toute communication intérieure entre les maisons des débitans et les maisons voisines est interdite, et les commis sont autorisés à exiger qu'elle soit scellée. — *Ibid.*, art. 61.

453. — Les marchands de vins ne peuvent entreposer aucunes boissons dans des celliers ou magasins hors de leur domicile, sans qu'il y ait bail authentique desdits celliers ou magasins, et sans en faire la déclaration à la régie. — *Cass.*, 24 août 1811, Toumajoux.

454. — Il y a présomption que tout local auquel un débitant de boissons peut librement avoir accès sans sortir de sa maison fait partie des lieux par lui occupés, et que, par suite, les boissons placées dans ce local sont sa propriété. — Dès-lors, le débitant doit représenter aux employés les expéditions relatives auxdites boissons, et, faute de le faire, elles sont censées recelées. — *Cass.*, 24 août 1838 (t. 2 1845, p. 73), Roux.

455. — Le seul fait de la présence d'une certaine quantité de boissons non déclarées et dont les expéditions ne sont pas produites, dans les dépendances d'une maison occupée par un débitant qui ne justifie pas d'un bail authentique fait à un tiers, suffit pour constituer ce débitant en état de contravention. — *Cass.*, 6 juin 1807, Ouvré Perrier; 21 avr. 1809, Pouyadou et Seisson; 10 août 1832, Martin; 24 mars 1838 (t. 1er 1840, p. 375), Pieux.

456. — Toutes les boissons qui se trouvent dans les dépendances d'une maison possédée indivisément par un débitant, et dans laquelle celui-ci exploite son débit, sont légalement présumées être sa propriété. A défaut de déclaration de ces boissons, le débitant est passible des peines déterminées par la loi. — *Cass.*, 9 juin 1838 (t. 1er 1839, p. 40), Bayle.

457. — Ainsi, lorsqu'il est constaté, par un procès-verbal des employés de la régie, que la cave d'un débitant communique par une porte à des caves voisines, où ce débitant a recelé une partie de son vin, il y a contravention manifeste, et un tribunal ne peut acquitter le prévenu. — *Cass.*, 4 fév. 1808, Bonarelli.

458. — Les boissons trouvées dans une cave dépendant de l'habitation d'un débitant et ayant une communication avec la sienne sont réputées lui appartenir, malgré l'allégation d'un tiers qui prétendrait être son locataire, mais qui n'en justifie pas par l'exhibition d'un bail authentique. — *Cass.*, 22 juin 1821, Ballard.

459. — Le débitant de boissons au domicile duquel il a été trouvé des vins dont il n'a point fait la déclaration est en contravention, encore bien que la saisie ait été pratiquée dans une cave voisine qu'il prétend avoir louée à un tiers, s'il existe une porte de communication entre cette cave et son cellier. — *Cass.*, 23 oct. 1807, Pignier.

460. — Lorsqu'il est établi par un procès-verbal régulier que dans un cellier situé à côté de la cave d'un débitant, et donnant sur sa basse-cour, mais qu'il prétend être loué à un tiers, sans produire un bail authentique, il a été trouvé plusieurs tonneaux en perce, marqués de la douane, et une certaine quantité de légumes mis en réserve par le débitant, il y a présomption légale d'un recélé frauduleux de boissons. — *Cass.*, 1er févr. 1822, Robelin.

461. — Un débitant de boissons est même réputé propriétaire du vin trouvé dans un cellier dont il est locataire, et qu'il prétend avoir sous-loué verbalement à un tiers, lors même que ce cellier ne serait point contigu à la maison où il tient son débit. — *Cass.*, 9 nov. 1810, David et Durand. —

V. d'Agar, *Traité du content. des Contrib. indir.*, t. 1er, p. 325; Merlin, *Rép.*, vo *Bail*, § 1er.

462. — De même, le débitant qui a une porte de communication entre une écurie dont il est locataire et la cave qu'il prétend être louée à un tiers, est en contravention à la prohibition de la loi, et ne peut être acquitté sous le prétexte qu'il ne fait pas son débit dans l'écurie attenante à ladite cave, mais dans sa maison. — *Cass.*, 7 déc. 1810, Cabal.

463. — Lorsqu'il est établi par un procès-verbal régulier que les préposés de la régie ont trouvé chez un débitant du vin caché sous les marches de l'escalier, dans un vase dont l'usage est prohibé; que ce débitant n'a pu leur représenter ni congé ni acquit, et que ce vin est identiquement le même que celui existant dans une cave contiguë à celle du débitant, dépendant de la même maison et prétendue louée à un voisin, sans bail écrit; tous ces faits constituent, non de simples présomptions, mais une preuve complète de la fraude qui rend les deux voisins passibles des peines portées par la loi. — *Cass.*, 22 mai 1812, Thévillon.

464. — Un débitant est réputé propriétaire des boissons trouvées dans un appartement dépendant de la maison où il fait son débit, et qui a des communications nécessaires avec les autres, encore bien qu'il prétende que cet appartement est loué à son frère, sans justifier d'un bail authentique. En conséquence, il est en contravention si, au lieu d'un congé délivré en son propre nom, il n'en présente qu'un délivré au nom de son frère, et qui ne s'accorde pas avec les quantités saisies. — *Cass.*, 5 mai 1820, Caseaux.

465. — Il y a présomption légale d'un recelé frauduleux, lorsque les employés ont trouvé du vin non déclaré dans une chambre dont la porte est contiguë à celle de la cave du débitant qui en avait la clé, et dépendant de la même maison. En ce cas, la contravention existe dans la supposition même que le frère du débitant fût locataire de cette chambre et que le vin lui appartînt, parce que, à raison de la situation des lieux, il serait soumis aux visites et exercices des commis, et au paiement des droits comme le débitant lui-même. — *Cass.*, 20 mars 1812, Brocu.

466. — Un débitant est réputé avoir recelé les boissons saisies dans une cave dont l'ouverture est située dans son jardin, à laquelle on ne peut arriver qu'en traversant sa maison, et dont la clé a été trouvée par les commis sur une table, dans son domicile. — *Cass.*, 26 déc. 1818, Breton.

467. — Il y a présomption suffisante que des pièces de vin trouvées dans une cave contiguë à celle d'un traiteur appartiennent à celui-ci, et il en doit être légalement réputé propriétaire lorsqu'une seule clé ferme le corridor qui conduit à chacune d'elles; que cette clé reste constamment en la possession du traiteur; que la cave de ce dernier et celle qui, suivant lui, appartient à un tiers, ne ferment pas à clé; qu'il n'est représenté aucune expédition pour les pièces de vin saisies; qu'à côté de ces pièces, dont trois sont entamées, se trouve une pièce de vinaigre que le traiteur déclare lui appartenir; qu'enfin aucun bail authentique de la location de la cave que l'on soutient appartenir à un tiers n'est représenté. — *Cass.*, 2 fév. 1837 (t. 2 1840, p. 306), Moris.

468. — Il en est de même quand les boissons ont été trouvées dans un appartement faisant partie de la maison du débitant, avec lequel elle a des communications faciles, et dont il a lui-même ouvert la porte aux commis, encore bien qu'il prétende l'avoir loué à un tiers, sans produire à l'appui de son assertion un bail authentique. — Le tribunal ne peut le renvoyer de l'action de la régie, sous le prétexte que le locataire a produit un congé délivré en son nom, et une quittance d'un terme de loyer. — *Cass.*, 30 janv. 1824, Mallet et Marchand.

469. — Lorsqu'il est constaté par un procès-verbal régulier que les employés ont trouvé des boissons dans une chambre au rez-de-chaussée, ayant son entrée dans l'échaudoir d'un débitant, sous le même toit, et faisant partie du même corps de bâtiment, mais qu'il prétend avoir louée à un tiers sans en avoir passé aucun bail authentique, il résulte de ces faits une présomption légale que ces boissons ont été recelées en fraude des droits dus à la régie. — *Cass.*, 14 déc. 1821, Roger et Chaudet.

470. — La simple allégation du débitant que le local est occupé par un tiers à titre de locataire ou même de propriétaire, ne peut, en l'absence de preuves légales et certaines (un titre authentique), ou même de réclamations du prétendu propriétaire, détruire cette présomption et forcer la régie, soit à exiger le scellement de la communication intérieure, soit à obtenir l'autorisation d'accès chez ce voisin. — *Cass.*, 24 août 1838 (t. 2 1845, p. 73), Roux.

BOISSONS, sect. 5e, art. 1er, § 2.

471. — Est valable le procès-verbal de contravention dressé contre un débitant de boissons pour avoir introduit, sans déclaration, des boissons dans un lieu dépendant de la maison qu'il habite, encore que ce local soit loué à un tiers par bail authentique, si le débitant se contente de déclarer le fait de la location, et ne représente pas le bail aux employés de la régie au moment même de leurs exercices. Le procès-verbal ne peut, dans ce cas, être annulé, par le motif que les employés se sont présentés sans remplir les formalités exigées pour s'introduire dans le domicile d'un simple particulier, le local étant réputé, faute de représentation du bail authentique, faire partie de l'habitation du débitant. — *Cass.*, 10 nov. 1836, Martin.

472. — Jugé même, et avec raison, que le débitant dans la maison duquel il a été saisi du vin dont il ne représente pas le congé, ne peut se défendre en produisant un bail authentique par lui fait à un tiers, de la partie du bâtiment où le vin a été trouvé, mais qui est expiré, et en admettant la tacite réconduction. Les principes sur la tacite réconduction sont étrangers à la matière. — *Cass.*, 7 août 1818, Thévenot.

473. — L'obligation imposée aux propriétaires et principaux locataires qui reçoivent chez eux des boissons appartenant aux débitans, de justifier par un bail authentique la location qu'ils ont faite à ces débitans, doit s'appliquer bien plus rigoureusement encore aux débitans eux-mêmes qui voudraient louer ou sous-louer à des tiers une partie de la maison où ils font leur débit. — *Cass.*, 15 juin 1826, Ferrein.

474. — Jugé cependant que les boissons trouvées en conformité d'un congé délivré sous le nom d'un particulier, dans une cave appartenant à un débitant, et qu'il prétend avoir louée, ne peuvent pas être réputées la propriété de ce débitant, par cela seul qu'il ne justifie pas d'un bail authentique. Le simple particulier qui prend d'un débitant une cave à location n'est pas tenu de passer un bail authentique. Il appartient aux cours de justice criminelle de déclarer souverainement, sous ce rapport si les indices et les présomptions sont suffisans pour caractériser la fraude. — *Cass.*, 20 oct. 1808, Beardi et Lamberti.

475. — Au reste, la production du bail authentique faite devant le tribunal saisi de la contravention est tardive et ne peut motiver l'annulation du procès-verbal. — *Cass.*, 10 nov. 1836, Martin.

476. — Les boissons saisies dans un petit logement attenant à la maison occupée par un débitant ne sont point présumées lui appartenir, si ce logement ne fait pas partie de son habitation et s'il n'y a entre eux aucune communication. — *Cass.*, 25 mai 1821, Drouard.

477. — Il y a recelé frauduleux lorsqu'au lieu d'avoir placé en évidence et déclaré aux commis, au moment de leurs exercices, des pièces de vin qui ont été trouvées plus tard sous des planches, dans une cour fermée à clé, un débitant a nié sur leur interpellation l'arrivée de ces boissons. — *Cass.*, 26 déc. 1818, Vaudron.

478. — Un débitant ne peut, sans se constituer en contravention de recelé frauduleux, recevoir chez lui des boissons sur des expéditions qui ne l'indiquent point pour destinataire. — *Cass.*, 10 déc. 1819, Grave.

479. — Aucune disposition de la loi ne défend d'avoir, en même temps dans deux communes voisines, un débit de boissons et un entrepôt de marchand de vin en gros. — *Paris*, 21 mars 1825, Desforges.

480. — Les prohibitions relatives au recelé étant absolues, celui qui en est prévenu ne peut jamais se faire une fin de non-recevoir contre la régie de ce qu'elle n'aurait point usé de la faculté que lui donne la loi d'exiger que les communications intérieures soient fermées. La fermeture n'est, en effet, qu'un mode d'exécution. — *Cass.*, 28 oct. 1807, Pignier; 30 janv. 1824, Mallet et Marchand; 2 fév. 1837 (t. 2 1840, p. 306), Moris; 24 mars 1838 (t. 1er 1840, p. 375), Pieux.

481. — ...Ou de ce que la régie avait négligé de soumettre aux exercices et au paiement des droits les locataires prétendus propriétaires de la boisson sortie. — *Cass.*, 2 fév. 1837 (t. 2 1840, p. 306), Moris.

482. — La contravention à l'art. 61, L. 28 av. 1816, qui interdit toute communication intérieure entre les maisons des débitans et les maisons voisines, doit être réprimée par l'application de la peine portée en l'art. 96 de la même loi. — L'autorisation donnée aux commis d'exiger que ces communications soient scellées, n'est qu'un moyen d'exécution qui ne fait nullement obstacle à l'application de cette disposition générale. — *Nancy*, 13 mai 1840 (t. 1er 1843, p. 550), Fixary.

483. — Il en doit être ainsi alors surtout que les différentes circonstances relatées dans le procès-verbal dressé à cette occasion concourent à démontrer que le débitant chez lequel existe une communication prohibée s'en est servi pour introduire en fraude, dans sa maison, le vin renfermé dans la cave de la maison voisine. — En pareil cas, cette cave doit être considérée comme un lieu de dépôt dépendant de la maison de l'assujéti; de telle sorte, 1o que les employés ont le droit d'y faire visite sans être obligés de se faire assister d'un des fonctionnaires dénommés en l'art. 237 de la loi du 28 avr. 1816; — 2o et que les boissons qui y sont trouvées doivent être confisquées à défaut de la déclaration prescrite par l'art. 53 de la même loi, comme étant la propriété du débitant. — Même arrêt.

484. — Le décompte des droits à percevoir, en raison des boissons trouvées manquantes chez chaque débitant, est arrêté tous les trois mois, et les quantités de boissons restantes sont portées à compte nouveau. — Le paiement des droits est exigé à la fin de chaque trimestre ou à la fin de chaque cessation du commerce du débitant. Il peut même l'être au fur et à mesure de la vente, pourvu qu'il y ait une pièce entière débitée, ou lorsque les boissons ont été mises en vente dans les foires, marchés ou assemblées. — L. 28 av. 1816, art. 63.

485. — Les propriétaires qui veulent vendre en détail les boissons de leur crû doivent, dans la déclaration préalable à laquelle ils sont tenus, comme les autres débitans, indiquer la quantité de boissons de leur crû qu'ils ont en leur possession, et celles dont ils entendent faire la vente en détail, et se soumettre en outre à ne vendre aucune boisson autre que celles de leur crû. Ils doivent faire cette vente par eux mêmes ou par des domestiques à leurs gages, dans des maisons à eux appartenant ou qu'ils auront louées par bail authentique.

486. — Ils ne peuvent fournir aux buveurs que les boissons déclarées, avec des bancs et tables, et sont libres d'établir leur vente en détail sur des vaisseaux d'une contenance supérieure à cinq hectolitres. Ils sont d'ailleurs assujétis à toutes les obligations imposées aux débitans de profession. Néanmoins les visites et exercices des commis n'ont pas lieu dans leur domicile, pourvu que le local où leurs boissons sont vendues en détail en soit séparé. — *Ibid.*, art. 86.

487. — Les débitans de boissons qui ont déclaré cesser leur débit sont tenus de retirer leur enseigne ou bouchon, et restent soumis pendant les trois mois suivans aux visites et exercices des commis. En cas de continuation de vente, il est dressé procès-verbal de cette contravention, et, en outre, ils sont contraints, pour tout le temps écoulé depuis la déclaration de cesser, au paiement des droits, proportionnellement aux sommes constatées à leur charge pendant le trimestre précédent. — *Ibid.*, art. 67.

488. — Le débitant qui donne à boire, malgré la déclaration par lui faite à la régie de vouloir cesser son débit, doit être considéré comme ayant repris le débit sans déclaration préalable. — *Cass.*, 26 janv. 1809, Allier.

489. — Le débitant de boissons chez lequel il a été trouvé, postérieurement à la déclaration de cessation de débit, plusieurs buveurs formant trois écots différens, ne peut pas être acquitté sous le prétexte que ces buveurs étaient des personnes de sa connaissance, lorsqu'il a seulement déclaré au procès-verbal qu'ils étaient de sa commune, ni sous le prétexte que le cidre qui leur était servi avait été pris chez une débitant voisin, et qu'il n'en avait point d'autre en sa possession. — Les commis ne sont point tenus, en ce cas, de vérifier si le cidre servi aux buveurs est bien le même que celui du débitant chez lequel le prévenu prétend l'avoir pris, ni s'il a d'autres boissons en sa possession. — *Cass.*, 16 mai 1823, Desquennes.

490. — Pendant les trois mois qui suivent la déclaration de cesser le commerce des boissons, un débitant est soumis, non seulement aux visites et exercices des employés, mais encore et par voie de conséquence, à l'obligation de leur représenter les expéditions de toutes les boissons trouvées en sa possession. — *Cass.*, 28 oct. 1819, Saulnier, 15 avr. 1825, Gastambide.

491. — Il en est de même de tout propriétaire qui ne vendait que les vins de son crû et a déclaré avoir cessé cette vente; il demeure soumis aux mêmes obligations que le débitant ordinaire dans les trois mois de sa déclaration. — *Cass.*, 11 janv. 1810, Leroy; même jour, Reuilly.

492. — Pendant les trois mois qui suivent sa déclaration de cesser le débit, un cabaretier ne peut introduire des boissons dans son domicile que sur des congés ou passavans pris en son nom, et qu'il est tenu de représenter à toute réquisition des employés; il lui est interdit de recevoir ou receler

BOISSONS, sect. 5e, art. 1er, § 2.

chez lui aucunes boissons appartenant à autrui.— *Cass.*, 5 avr. 1811, Renault.

493. — Le débitant de boissons qui reprend son commerce après l'avoir cessé pendant dix-huit mois, ne peut pas être dispensé de payer le droit de vente au détail sur les eaux-de-vie existant en sa possession au moment de sa reprise du débit, sous le prétexte qu'elles ont déjà été soumises au droit de 15 % lors de la cessation de son commerce. — *Cass.*, 23 nov. 1818, Testu Monteau.

494. — Les débitans qui ont refusé de souffrir les exercices des employés, sont contraints, nonobstant les suites à donner aux procès-verbaux, au paiement du droit de détail sur toutes les boissons restant en charge lors du dernier exercice; ils sont tenus d'acquitter en outre le même droit pour tout le temps que les exercices demeurent suspendus, au prorata de la somme la plus élevée qu'ils ont payée pour un trimestre pendant deux années.—A l'égard des débitans qui n'auraient pas été soumis précédemment aux exercices, ils sont obligés d'acquitter une somme égale à celle payée par le débitant le plus imposé du même canton de justice de paix. — L. 28 avr. 1816, art. 68.

495. — La vente en détail des boissons ne peut être faite par les bouilleurs ou distillateurs pendant le temps que dure leur fabrication. Toutefois, cette vente peut être autorisée si le lieu du débit est totalement séparé de l'atelier de distillation. — *Ibid.*, art. 69.

496. — Les débitans peuvent avoir un registre sur un papier libre, coté et paraphé par un juge de paix, et les commis sont tenus d'y consigner le résultat de leurs exercices et les paiemens qui ont été faits, ou de mentionner dans leurs actes, au portatif, le refus fait par le débitant de se munir dudit registre ou de le représenter. — *Ibid*, art. 55.

ART. 2. — *Droit de vente en gros.—Obligations des marchands de boissons en gros.*

497. — Est considéré comme marchand en gros tout particulier qui reçoit ou expédie, soit pour son compte ou pour le compte d'autrui, des boissons, soit en futailles d'un hectolitre au moins, ou en plusieurs futailles qui réunies contiennent plus d'un hectolitre, soit en caisses et paniers de vingt cinq bouteilles et au-dessus.— L. 28 avr. 1816, art. 96.

498.—On devrait considérer comme marchand en gros le particulier qui reçoit et transporte à dos de cheval ou de mulet, soit pour son compte, soit pour le compte d'autrui, des futailles qui, réunies, contiennent plus d'un hectolitre de vin.

499.—Ne sont pas considérés comme marchands en gros les particuliers recevant accidentellement une pièce, une caisse ou un panier de vin, pour le partager avec d'autres personnes, pourvu que dans la déclaration l'expéditeur ait énoncé, outre le nom et le domicile du destinataire, ceux des copartageans et la quantité destinée à chacun d'eux. — Même loi, art. 99.

500. — La même exception sera applicable aux personnes qui, dans le cas de changement de domicile, vendent les boissons qu'elles ont reçues pour leur consommation. — Même article.

501. — Elle l'est également aux personnes qui vendent, immédiatement après le décès de celle à qui elles succèdent, les boissons dépendant de sa succession, et provenant de sa récolte ou de ses provisions, pourvu que le défunt ne fût ni marchand en gros, ni débitant, ni fabricant de boissons. — Même article.

502. — Les négocians, les marchands en gros, courtiers, facteurs, commissionnaires de roulage, dépositaires, distillateurs, bouilleurs de profession et autres, qui veulent faire le commerce des boissons en gros (qu'ils soient ou non entrepositaires, s'ils habitent un lieu sujet aux entrées), sont tenus de déclarer les quantités, espèces et qualités des boissons qu'ils possèdent, tant dans le lieu de leur domicile qu'ailleurs. — L. 28 avr. 1816, art. 97.

503.— Les commissionnaires en vins sont tenus de faire la déclaration de toutes les boissons qu'ils possèdent, à quelque titre que ce soit, et même de celles qui proviennent de leur propre récolte. — *Cass.*, 21 juill. 1808, Vaniseghem.

504. — Les personnes dénommées en l'art. 97 peuvent transvaser, mélanger et couper leurs boissons, hors la présence des employés. Les pièces ne sont pas marquées à l'arrivée, seulement il est tenu un compte d'entrée et de sortie, dont les charges sont établies d'après les congés, acquits à caution, ou passavans que les marchands en gros sont tenus de représenter sous peine de saisie, et les décharger d'après les quittances du droit de circulation. Les eaux-de-vie et esprits sont suivis par degrés d'alcool pur; les charges sont accrues, lors du réglement de compte, en proportion de l'affaiblissement du degré, des quantités expédiées, du restant en magasin. — *Ibid.*, art. 100; L. 24 juin 1824, art. 2.

505. — Le marchand de boissons en gros qui ne justifie pas d'un congé pour des eaux-de-vie trouvées dans ses magasins, ne peut pas y suppléer par la représentation d'un acquit à caution délivré à un commissionnaire qu'il prétend les lui avoir vendues quittes de tout droit à l'enlèvement. — *Cass.*, 19 janv. 1809, Beaupin.

506. — Le commissionnaire qui prétend avoir reçu des boissons pour autrui, et non pour son compte personnel, ne peut suppléer à l'acquit à caution dont elles auraient dû être accompagnées, en produisant un certificat des préposés de la régie, attestant que son nom a été substitué par erreur à celui de l'acheteur, et que le droit a été payé : c'est à l'administration seule qu'il appartient d'avoir égard à ce qui s'est passé avant le procès-verbal. — *Cass.*, 2 mars 1809, Guillemot.

507. — Le marchand de vins en gros qui n'a pas représenté aux commis, à l'instant de leurs exercices, les congés, passavans ou acquits-à-caution relatifs à des boissons trouvées en excédant dans ses magasins, est en contravention et ne peut pas être acquitté, sous le prétexte qu'il a rempli toutes les formalités nécessaires à l'enlèvement de ces boissons, et que l'expédition a été remise dans le délai au directeur des contributions indirectes. — *Cass.*, 25 sept. 1818, Duranton.

508.— Il ne pourrait être acquitté non plus sous le faux prétexte que la loi l'autorisait à transvaser, mélanger et couper ses boissons, sans être obligé d'appeler les commis. Les mélanges et coupures ne doivent se faire qu'avec les boissons des mêmes magasins, ce qui n'augmente point les quantités, et non avec de l'eau. — *Cass.*, 21 nov. 1817, Hello.

509. — Sous le décr. du 5 mai 1806, art. 6 et 11, un marchand de vins en gros qui avait deux magasins situés dans l'arrondissement d'un bureau différent, devait tenir un registre d'entrée et de sortie pour chaque magasin; il ne suffisait pas qu'il en tînt un dans le lieu de son domicile. — *Cass.*, 7 janv. 1808, Walhousen.

510. — Le droit de vente en gros ayant été supprimé par la loi du 25 nov. 1808, la prescription n'a pas pu, depuis cette loi, prendre cours à partir de la vente en gros des boissons faisant l'objet d'un acquit-à-caution, consentie par le porteur de l'acquit avant l'échéance du délai accordé pour l'apport de la décharge.—*Cass.*, 29 juin 1825, Tort.

511. — Les dénommés en l'art. 97 peuvent faire accidentellement des ventes de boissons en quantité supérieure à celles fixées par l'art. 98. Ils sont tenus de payer le droit de détail pour ces ventes, lorsque la quantité expédiée ne forme pas un hectolitre, si elle est en une ou plusieurs futailles, ou vingt-cinq litres, si elle est en bouteilles. Les vins, eaux-de-vie et liqueurs en bouteilles expédiés en quantité de vingt-cinq litres et au-dessus doivent être contenus dans des caisses ou paniers fermés et emballés suivant les usages du commerce. — L. 28 avr. 1816, art. 102.

512. — Une déduction annuelle est accordée aux marchands en gros, pour ouillage, coulage, soutirage et affaiblissement de degrés sur les vins et l'alcool. Cette déduction est fixée suivant les lieux et la nature des boissons, par une ordonnance royale rendue sous forme de réglement d'administration publique. Toutefois, elle ne peut être inférieure à 4 p. %. — L. 24 juin 1824 et 20 juill. 1837, art. 6.

513. — Tout manquant extraordinaire qui est reconnu chez les marchands en gros et entrepositaires de boissons, en sus du déchet légal accordé pour l'année entière, sur les quantités emmagasinées, est immédiatement soumis au droit.

514. — Ce droit doit être égal à celui de détail, d'après le prix courant du lieu de la résidence des marchands en gros. — L. 28 avr. 1816, art. 104.

515. — Sous le décret du 5 mai 1806, qui prescrivait (art. 6 et 11) aux marchands de vins en gros de représenter aux commis, lors de leurs exercices, les boissons précédemment prises à leur charge et portées sur leur compte ouvert, il y avait nécessité pour eux d'appeler les commis quand ils voulaient mettre des boissons en bouteilles ou transvaser dans des tonneaux des boissons précédemment mises en bouteilles, afin que ceux-ci fissent à leurs charges les changemens résultant de ces opérations. — Il avait été et dû être jugé que le marchand dans la cave duquel les commis avaient saisi une quantité de vins en bouteilles moindre que celle prise en charge, ne pouvait être excusé en alléguant une transvasion, s'il n'avait pas appelé les commis. — *Cass.*, 25 juin 1812, Vanhamme.

516. — Nul ne peut faire une déclaration de cesser le commerce en gros de boissons, tant qu'il conserve en sa possession des boissons, qu'il a reçues à raison de ce commerce, excepté toutefois lorsque la quantité n'excède pas celle reconnue nécessaire pour sa propre consommation. — *Ibid.*, art. 105.

517. — Le marchand de vins en gros dans la cour duquel a été trouvée une pièce de vin déchargée et adressée par le congé à un cabaretier, ne peut être dispensé du paiement du droit de vente en gros, en alléguant qu'à l'égard de ce cabaretier il n'est que commissionnaire. — *Cass.*, 10 avr. 1807, Bourganelle.

ART. 3. — *Visites et exercices. — Refus. — Cessation.*

518. — Les art. 52 et 101, L. 28 avr. 1816, soumettent aux visites et exercices des employés de la régie toutes les personnes qui se livrent à la vente en gros ou en détail des boissons de quelque espèce que ce soit. Ces exercices peuvent même, en certains cas, avoir lieu chez les simples particuliers.

519. — Il n'y a pas dans l'intérieur de la ville de Paris d'exercice sur les boissons autres que les bières. — L. 28 avr. 1816, art. 92.

520. — En général, les visites et vérifications que les employés sont autorisés à faire, soit chez les débitans et marchands en gros, soit chez les particuliers, ne peuvent avoir lieu que de jour et dans des intervalles de temps ci-après déterminés, savoir : pendant les mois de janv., fév., nov. et déc., depuis sept heures du matin jusqu'à six heures du soir; pendant les mois de mars, avr., sept. et oct., depuis six heures du matin jusqu'à sept heures du soir; pendant les mois de mai, juin, juill. et août, depuis cinq heures du matin jusqu'à huit heures du soir. Cependant, à l'égard des débitans, les visites peuvent être faites, même de nuit, pendant l'ouverture du débit. — *Ibid.*, art. 26, 56, 235 et 236.

521.— L'introduction des commis dans une maison ne peut être considérée comme nocturne, s'il est constaté qu'au moment où elle a eu lieu le soleil était levé. — *Cass.*, 11 mai 1821, Meoule.

522. — Les dispositions de la loi du 28 avr. 1816 qui règlent le temps du service n'empêchent pas que les employés des contributions indirectes ne puissent et ne doivent exercer en tout temps, de nuit comme de jour, leur surveillance extérieure sur tous les objets de fraude, les saisir et verbaliser. — Même arrêt.

§ 1er. — *Exercices chez les débitans.*

523. — Toute personne qui vend en détail des boissons de quelque espèce que ce soit, est sujette aux visites et exercices des employés de la régie. — L. 28 av. 1816, art. 52.

524. — Les débitans de boissons sont assujétis aux visites et exercices des commis, non seulement dans le local où se fait la vente, mais aussi dans celui de leur demeure. Cette règle ne reçoit pas d'exception pour le cas où les débitans auraient des domiciles communs avec des personnes non commerçantes.—*Cass.*, 19 mai 1837 (t. 1er 1838, p. 370), Parent.

525. — Le paiement des droits précédemment exigés par la régie ne peut dispenser un cafetier d'être soumis aux visites et exercices des commis sur toutes ses boissons. — *Cass.*, 9 déc. 1819, Brodet.

526. — Ainsi jugé que, lorsque la régie poursuit la condamnation d'un individu qui, soumis, suivant elle, au droit de détail, aurait été trouvé possesseur d'un certain nombre de bouteilles de vin, pour lesquelles il prétendait être exempt du droit, par la raison qu'elles sont destinées à sa consommation particulière, la circonstance que, antérieurement, un droit de circulation aurait déjà été perçu sur ces bouteilles, bien que le possesseur en fût affranchi par la loi du 25 mars 1817, ne forme pas contre elle une fin de non-recevoir, mais peut seulement donner lieu à la restitution du droit indûment perçu. — *Cass.*, 25 mai 1821, Brodet.

527. — Les débitans sont tenus d'ouvrir leurs caves, celliers et autres parties de leurs maisons aux employés pour y faire leurs visites, même les jours de fêtes et dimanches, hors les heures où, à raison du service divin, lesdits lieux sont ordinairement fermés; et, s'ils *étaient ouverts au public* pendant ces mêmes heures, les employés pourraient y pénétrer. — *Ibid.*, art. 56, 235.

528. — Le droit de visite des employés de la régie est illimité et s'étend à toutes les parties de la maison du débitant ainsi qu'aux meubles qui y sont contenus, tels que coffres, armoires et autres. — *Cass.*, 30 mars 1810, Kerckhove; 22 juin 1810, Manens et Simon, 27 déc. 1817, Butineau; 8 nov. 1839 (t. 2 1845. p. 88), Goulinet.

529.—Dès-lors, le débitant ne peut refuser d'ou-

vrir les armoires, coffres et autres meubles fermés où les employés jugent nécessaire de faire des perquisitions, sous le prétexte que le maire de la commune n'est pas présent. — Mêmes arrêts.

530. — En effet, les préposés des droits réunis n'ont pas besoin de se faire assister d'un officier de police dans les visites qu'ils font chez les individus qui, par état, y sont habituellement soumis; cette obligation ne leur est imposée qu'à l'égard des particuliers non débitans. — *Cass.*, 31 déc. 1807, Mallet; 27 mai 1808, Manens et Simon; 22 juin 1810, Guigliano.

531. — Les débitans doivent donc tenir constamment les clés de leurs caves, celliers et magasins à la disposition des employés de la régie; ils doivent confier ces clés aux personnes qui les représentent en leur absence. — *Cass.*, 14 sept. 1838 (t. 1er 1839, p. 355), Laine.

532. — La visite faite par les employés chez un débitant de boissons, en présence de sa femme, est aussi régulière que s'il y eût lui-même assisté. Aucune loi ne les oblige en ce cas à constater l'absence réelle du mari. Il y a présomption de droit que le mari est absent et qu'il a préposé sa femme à la conservation de ses intérêts. — *Cass.*, 14 mai 1818, Martin.

533. — Lorsqu'un marchand de boissons a chargé deux de ses agens d'assister pour lui aux visites et perquisitions des employés de la régie, la constatation de l'espèce et de la nature des marchandises saisies en contravention dans sa maison, est régulièrement faite en leur présence, et le procès-verbal de saisie ne peut pas être annulé, sous le prétexte que les commis n'ont pas sommé le marchand d'assister à cette constatation. — *Cass.*, 9 déc. 1819, Gallois.

534... — Et les exercices des préposés des droits réunis chez un débitant sont légalement constatés par leur inscription sur le registre portatif de ces préposés et par les aveux du débitant consignés dans un procès-verbal de saisie, quoiqu'ils n'aient pas été inscrits sur le registre qu'il a la faculté de tenir. — *Cass.*, 4 août 1809, Chrestien.

535. — Les congés, acquits à caution ou passavans, sans lesquels les boissons ne peuvent être introduites dans les domiciles, caves, celliers des débitans, doivent être produits lors des visites et exercices des employés, et sont relatés dans les actes de charge. — Les débitans domiciliés dans les lieux sujets aux droits d'entrée sont également tenus de produire aux employés, lors de leurs visites et exercices, les quittances des droits d'entrée, d'octroi ou de banlieue, pour les boissons qu'ils ont reçues, lorsque ces droits ont dû être acquittés. — L. 28 avr. 1816, art. 53.

536. — Un tribunal ne peut acquitter le cabaretier qui a introduit dans son domicile une pièce de vin, et qui n'a pu représenter au moment de la visite un congé ou passavant qui eût permis cette introduction. — *Cass.*, 9 mai 1807, Lavergne.

537. — Un débitant est tenu de représenter le congé et la quittance du droit d'entrée, pour les vins destinés à sa consommation, comme pour ceux destinés à la vente en détail. La loi ne fait aucune distinction. — *Cass.*, 4 janv. 1810, Douanes c. Lasnel.

538. — Un débitant est en contravention lorsqu'il ne représente qu'un congé qui n'énonce ni la quantité du vin transporté, ni le nom du destinataire. — *Cass.*, 1er sept. 1809, David Vigne.

539. — Le débitant qui ne produit pas des congés pour la totalité des boissons trouvées à son domicile, ne peut pas être excusé, sous le prétexte que les congés lui ont été réellement délivrés, mais qu'il en est resté deux dans les mains du voiturier qui a oublié de les lui remettre. — *Cass.*, 15 fév. 1811, Aubert.

540. — Et celui qui n'a pas représenté les expéditions d'une certaine quantité de vin trouvée dans une cave dépendant de la maison dont il est principal locataire, ne peut pas être acquitté, sous le prétexte que ce vin appartient à un tiers à qui il a sous-loué cette cave, s'il ne représente qu'un bail sous signature privée. — La contravention ne peut pas être excusée, sous le prétexte que le débitant de boissons avait passé un abonnement avec la régie. — *Cass.*, 8 juin 1827, Raab.

541. — Le débitant qui, lors du dernier exercice, n'a pas déclaré aux préposés deux futailles étant déjà, suivant lui, dans son cellier et dont le congé se trouvait expiré, ne peut être excusé, sous le prétexte que les préposés avaient à s'imputer de ne les avoir pas aperçues. La représentation du congé, lors des exercices postérieurs, est tardive et illégale. — *Cass.*, 4 août 1809, Chrestien.

542. — La production du congé, après la découverte des boissons recelées et après la sortie des commis du domicile du débitant, est insuffisante pour effacer la contravention. — *Cass.*, 26 déc. 1818, Vaudran. — En effet, c'est au moment même de la visite que les justifications demandées doivent être faites, et la contravention une fois établie par le refus de les faire ne peut disparaître par des actes et même une soumission postérieure.

543. — Ainsi jugé que le défaut de justification d'aucun congé pour une pièce de vin trouvée chez un débitant ne peut être excusé par la production tardive d'un congé qui lui aurait été délivré pour une pièce de vin d'une plus forte contenance. — *Cass.*, 1er sept. 1809, David Vigne.

544. — ... Que le débitant qui n'a pas représenté aux commis à l'instant de leur visite le congé dont il devait être muni pour un tonneau de vin existant dans sa cave, ne peut pas être dispensé de l'amende et de la confiscation quoiqu'il ait produit, après la sortie des commis et pendant qu'ils rédigeaient leur procès-verbal, un congé énonçant une contenance approximative. — *Cass.*, 19 avr. 1811, Litulle.

545. — De même, le débitant qui, sur la réquisition des employés, n'a représenté ni une expédition quelconque ni une quittance des droits de mouvement pour justifier la possession d'une certaine quantité d'eau-de-vie trouvée dans sa cave, ne peut obtenir son renvoi des poursuites de la régie, en produisant un congé à l'audience. — *Cass.*, 11 mai 1808, Gautier; 3 sept. 1813, Lehaire.

546. — Du reste, si un débitant traduit en justice pour n'avoir point représenté le congé d'une pièce de boisson faite avec de l'eau passée sur du marc de raisin et pour n'avoir point justifié du paiement des droits, soutient que cette boisson en est exempte, sa prétention élève une question préjudicielle sur le fond du droit, dont la connaissance doit être renvoyée au tribunal civil. — *Cass.*, 31 juill. 1812, Bandinelli.

547. — Mais l'assujéti qui soutiendrait qu'une partie de ses boissons n'est pas soumise aux exercices des commis, ne peut pas faire de sa prétention une contestation sur le fond du droit, en refusant de souffrir les exercices; il ne peut que former opposition à la contrainte, dans le cas où il en serait décerné une contre lui par la régie, à la suite des exercices, et plaider alors sur le fond du droit. — *Cass.*, 9 déc. 1819, Brodet.

548. — Le particulier chez lequel la possession d'une certaine quantité de boissons a été reconnue n'être que le résultat de la fraude, doit être assimilé à l'assujéti aux exercices, et tenu de justifier du paiement du droit de circulation et de représenter le congé, passavant ou acquit à caution exigé par l'art. 6, L. 28 avr. 1816. — A défaut de semblables justifications, il est en contravention et encourt l'amende et la confiscation prononcées en pareil cas. — *Cass.*, 17 oct. 1839 (t. 1er 1845, p. 86), Nayrac.

549. — Les débitans qui veulent s'affranchir des exercices, pour les eaux-de-vie, esprits ou liqueurs, soit dans les villes où la taxe unique sur les vins, cidres, poirés et hydromels, n'est pas adoptée, soit hors des villes, peuvent, comme les consommateurs, payer le droit général de consommation à l'arrivée, en représentant les boissons aux employés avant la décharge de l'acquit-à-caution. — L. 21 avr. 1832, art. 41.

550. — C'est seulement dans le cas d'abonnement d'une ville entière que les débitans de boissons sont dispensés des exercices des employés et de la représentation des expéditions: les abonnés par corporation ou individuels ne sont dispensés que de déclarer le prix de vente des boissons, conformément à l'art. 48, L. 28 avr. 1816, et se constituent en contravention lorsqu'ils refusent soit de souffrir les exercices, soit de produire leurs expéditions. — *Cass.*, 11 juin 1830, Desjardins.

§ 2. — *Exercices chez les marchands en gros.*

551. — Les employés peuvent faire chez les marchands en gros, à la fin de chaque trimestre, les vérifications nécessaires à l'effet de constater les quantités de boissons restant en magasin et le degré des eaux-de-vie et esprits. — Indépendamment de ces vérifications, ils peuvent également faire, dans le cours du trimestre, toutes celles qui sont nécessaires pour connaître si les boissons reçues ou expédiées ont été soumises aux droits dont elles peuvent être passibles. — Ces vérifications n'ont lieu que dans les magasins, caves et celliers, et seulement depuis le lever jusqu'au coucher du soleil. — L. 28 avr. 1816, art. 101.

552. — L'art. 31, L. 24 avr. 1806, soumettait déjà les marchands de boissons en gros aux exercices des employés: mais les droits à la vente et à la revente en gros, créés par l'art. 25 de la même loi, ayant été supprimés par l'art. 13, L. 25 nov. 1808, qui les avait remplacés par un droit de mouvement payable au moment de la délivrance du congé, la question s'était élevée de savoir si l'article 31 n'avait point été abrogé implicitement par ces nouvelles dispositions. — Mais la cour de Cassation, se fondant sur ce que l'art. 18, L. de 1808, créait des droits d'entrée sur les boissons dans certaines localités, que le décret du 21 déc. 1808 prévoyait, dans son tit. 2, le cas où les boissons ne passeraient qu'en passe debout et le cas de l'entrepôt, et que dès-lors les dispositions de l'art. 30, L. 1806, trouvaient sous cette nouvelle législation une application aussi exacte que sous la législation antérieure, a décidé, avec raison, que toute présomption de dérogation implicite disparaissait, et que, dès-lors, ledit art. 31 était toujours en vigueur. — *Cass.*, 20 oct. 1809, Berth.

553. — La vérification que les commis sont autorisés à faire, soit dans le cours, soit à la fin de chaque trimestre, chez les marchands de boissons en gros, doit avoir lieu dans les celliers et magasins de ces marchands, qui ne peuvent se dispenser d'ouvrir lesdits celliers et magasins à toute réquisition. — *Cass.*, 22 janv. 1820, Blanchard.

554. — Les vérifications qui peuvent être faites dans le cours de chaque trimestre ne sont pas restreintes à l'inspection des registres expéditions, portatifs et comptes courans; elles peuvent avoir lieu, comme celles qui se font à la fin du trimestre, par l'inspection du matériel des boissons existant dans les magasins, caves et celliers, et par comparaison avec les registres, expéditions et autres pièces. — *Cass.*, 14 nov. 1822, Galibert.

555. — Les vérifications des employés ne peuvent être empêchées par aucun obstacle du fait des marchands en gros, et ceux-ci doivent toujours être en mesure, soit par eux-mêmes, soit par leurs préposés s'ils sont absens, de déférer immédiatement aux réquisitions des employés. — L. 23 avr. 1836, article unique.

556. — Les marchands de boissons en gros ne sont assujétis aux vérifications des employés que dans leurs caves, celliers ou magasins; c'est là seulement qu'on peut demander l'ouverture des portes et faire les sommations légales, sauf à user, s'il en est besoin, des mesures autorisées par l'art. 245, L. 28 avr. 1816. — En conséquence, lorsque les employés, en se transportant chez un marchand en gros, l'ont rencontré à quelques pas de son habitation et l'ont sommé de les accompagner à son magasin, situé dans un autre quartier, pour être présent au recensement de ses boissons, le refus fait à ce moment par ce marchand en gros ne peut être légalement qualifié de refus d'exercice, et ne le constitue pas en état de délit et de contravention, alors d'ailleurs qu'après le refus de ce marchand les employés se sont rendus à son domicile, qu'ils y ont trouvé sa femme, et que, sur leur sommation de leur faire l'ouverture du magasin et de les y accompagner, cette dernière les a fait accompagner audit magasin où ils ont pu sans obstacle faire leur exercice. — Du moins l'arrêt qui, par appréciation des faits, l'a décidé ainsi, ne contient aucune violation de loi, et échappe dès-lors à la censure de la cour de Cassation. — *Cass.*, 4 avr. 1840 (t. 2 1840, p. 84), Chassefière.

557. — La présence du commissaire de police à la visite faite par les employés de la régie dans les magasins d'un marchand de vins en gros, ne saurait être considérée comme la preuve d'un obstacle qui aurait été opposé à leur exercice, s'il résulte du procès-verbal que ce magistrat avait été requis, par mesure de précaution, avant les sommations adressées à l'assujéti. — Même arrêt.

558. — Dans la banlieue de Paris, les entrepositaires et marchands en gros d'eaux-de-vie, d'esprits et liqueurs sont soumis à l'exercice de détail; mais ils jouissent pour ouillage et coulage des déductions accordées aux marchands en gros. — L. 22 juill. 1820, art. 3.

559. — Les marchands de boissons en gros et fabricans de liqueurs qui, dans une ville sujette aux droits d'entrée, ont tout à la fois un entrepôt et un lieu de débit, sont soumis à l'exercice des employés au lieu de leur débit comme à celui de leur entrepôt, bien que ces deux endroits soient distincts et séparés, et que, par la conversion des droits de licence, d'entrée et de détail en une taxe unique aux entrées, les débitans soient affranchis des exercices. — *Cass.*, 11 juin 1836, Forestier.

§ 3. — *Exercices chez les particuliers.*

560. — Les particuliers non sujets à l'exercice par la nature de leur profession, peuvent cependant être soumis à des visites ou vérifications dans les circonstances et de la manière ci-après expliquées.

561. — En cas de soupçon de fraude à l'égard des particuliers non sujets à l'exercice, les employés peuvent faire des visites dans l'intérieur de leurs habitations, en se faisant assister du juge de

paix, du maire, de son adjoint ou du commissaire de police, lesquels sont tenus de déférer à la réquisition qui leur en est faite, et qui est transcrite en tête du procès-verbal. — L. 28 avr. 1816, art. 237.

562. — Les préposés des droits réunis peuvent, en remplissant les formalités voulues, faire des visites chez tout particulier qu'ils suspectent de se livrer à la fraude. — L'art. 83, L. 5 vent. an XII, se référait, non seulement aux inventaires ordonnés par cette loi, mais encore à tous les cas de soupçons de fraude. — *Cass.*, 15 fév. 1811, Augur.

563. — Ainsi, ils ont incontestablement le droit de se transporter, avec l'assistance d'un officier de police, dans la maison d'un particulier non débitant, qu'ils soupçonnent de receler des boissons dans l'intérêt d'un cabaretier. — *Cass.*, 22 déc. 1808, Waffelaers.

564. — Toutefois, aucune loi n'impose aux commis, à peine de nullité, l'obligation de requérir l'assistance d'un officier de police pour faire des visites, en cas de suspicion de fraude, chez les particuliers; ceux-ci ont seulement le droit de leur refuser l'entrée de leurs caves à défaut de cette assistance. — *Cass.*, 25 janv. 1811, Vincent dit Deleuze.

565. — Dès-lors, le seul défaut de présence d'un officier de police à la visite faite par les préposés des droits réunis chez un particulier ne rend point leurs opérations nulles. — *Cass.*, 30 juill. 1807, Savart; 31 juill. 1807, Dutemple; 31 déc. 1807, Mallet.

566. — Celui qui n'étant point soumis par sa qualité aux exercices des employés des contributions indirectes a bien voulu s'y prêter sans exiger l'assistance d'un officier de police, ne peut tirer du défaut de cette assistance un moyen de nullité contre leur procès-verbal. — *Cass.*, 24 janv. 1818, Salles; 10 avr. 1823, Lebarbier.

567. — Toutefois le particulier qui était absent au moment où les employés se sont introduits dans son domicile sans être accompagnés d'un officier de police, est recevable à opposer la nullité, encore bien que lors de son arrivée les employés fussent assistés du maire dont ils avaient requis l'assistance dans le cours de leurs opérations. — Même arrêt du 10 avril.

568. — La loi n'exige pas non plus, à peine de nullité, que la réquisition faite à l'officier de police d'assister les employés dans leurs opérations soit transcrite en tête du procès-verbal de visite. — Même arrêt.

569. — Les visites faites, en cas de soupçon de fraude, chez les particuliers non assujétis, ne peuvent avoir lieu que d'après l'ordre d'un employé supérieur, du grade de contrôleur au moins, qui rend compte des motifs au directeur du département. — L. 28 avr. 1816, art. 237.

570. — Les employés doivent alors, à peine de nullité de leur procès-verbal, être munis de cet ordre, et le représenter si le particulier l'exige avant leur introduction. — *Cass.*, 10 avr. 1823, Lebarbier.

571. — Ainsi jugé que lorsque des employés des contributions indirectes qui ne poursuivaient pas des objets de fraude soustraits à leurs recherches au moment d'être saisis, se sont introduits, sans l'ordre d'un employé supérieur, au domicile d'un particulier qui n'était pas soumis à leurs exercices, leur procès-verbal est nul, et la nullité ne peut pas être couverte par le défaut d'opposition de ce citoyen. — *Cass.*, 4 déc. 1818, Arribert; 13 fév. 1819, Caubel; 24 sept. 1830, Courtois. — V. aussi *Nancy*, 10 mars 1837 (t. 2 1837, p. 321), Miniselle.

572. — Le particulier dont le domicile a ainsi été violé est recevable à exciper de l'irrégularité de l'exercice s'il était absent au moment où les opérations ont commencé, quand bien même ces opérations auraient été continuées et terminées en sa présence et avec l'assistance de l'officier de police requis intermédiairement. — *Cass.*, 18 avr. 1822, Drieux.

573. — Cet ordre devant être exhibé tant à l'officier de police dont l'assistance est requise qu'au particulier chez lequel s'opère la visite, un simple ordre verbal est insuffisant. — *Cass.*, 10 avr. 1823, Lebarbier.

574. — On ne peut considérer comme tenant lieu de l'ordre exigé par l'art. 237, L. 28 avr. 1816, un petit papier imprimé en forme d'ordre banal, sans date, et qui autorise à faire des visites en général, sans date, même chez les voisins. — Même arrêt.

575. — Mais la présence d'un contrôleur équivaut à l'ordre exigé par la loi. — *Cass.*, 24 sept. 1830, Courtois; 17 oct. 1839 (t. 1er 1845, p. 86), Nayrac.

576. — Un tribunal ne peut pas se dispenser d'annuler le procès-verbal d'une visite faite chez un particulier sans l'ordre d'un employé supérieur, sous le prétexte que les procès-verbaux des

employés font foi jusqu'à inscription de faux. La loi n'attache cet effet qu'aux procès-verbaux réguliers. — *Cass.*, 10 avr. 1823, Lebarbier.

577. — Les marchandises transportées en fraude qui, au moment d'être saisies sont introduites dans une habitation pour les soustraire aux employés, peuvent y être saisies par eux sans qu'ils soient tenus, dans ce cas, de se faire assister du juge de paix, du maire, de son adjoint ou du commissaire de police, et sans ordre d'un employé supérieur. — L. 28 avr. 1816, art. 237.

578. — Lorsqu'il y a impossibilité d'interrompre les communications entre l'établissement du débiteur et la demeure d'un voisin, ce voisin peut être soumis aux exercices des commis et au paiement du droit à la vente en détail lorsque la consommation apparente est évidemment supérieure à ses facultés et à la consommation réelle de sa famille, d'après les habitudes du pays. — L. 28 avr. 1816, art. 62.

579. — Dans le cas prévu par l'article précédent, et avant de procéder à aucune opération, les employés font, par écrit, un rapport à leur directeur. Le directeur le transmet au préfet, qui prononce définitivement, sur l'avis du maire, et autorise, s'il y a lieu, l'exercice chez le voisin du débitant. Les employés ne peuvent procéder à cet exercice sans exhiber l'arrêté du préfet qui l'a autorisé. — *Ibid.*, art. 63.

580. — L'arrêté du préfet qui soumet le voisin débitant aux exercices des commis est exécutoire tant qu'il n'a pas été rapporté ni modifié. En conséquence, l'exécution n'en peut être arrêtée ni par une opposition, ni par une déclaration de pourvoi à l'autorité supérieure. — *Cass.*, 7 juill. 1827, Chédane.

581. — Lorsqu'un particulier non débitant se plaint d'avoir été mal à propos soumis aux exercices des commis, à cause des communications de son logement avec celui d'un cabaretier, c'est à l'administration et non aux tribunaux qu'il appartient, soit de rapporter la mesure, soit d'apprécier le déficit trouvé chez lui. — *Cass.*, 3 sept. 1811, Gondamin.

582. — Si le résultat de cet exercice fait reconnaître une consommation évidemment supérieure à la consommation réelle de l'individu exercé, le directeur en réfère au préfet, qui, sur son rapport et après avoir pris l'avis du sous-préfet et du maire, détermine, chaque trimestre, la quantité qui lui est allouée pour consommation et celle qui est assujétie au paiement du droit. — L. 28 avr. 1816, art. 64.

583. — Le particulier non débitant qui, à cause de l'impossibilité d'interdire les communications entre lui et un cabaretier habitant la même maison a été soumis par la régie aux exercices des commis, ne peut être dispensé d'acquitter les droits sur les manquans, sous le prétexte qu'il les a employés à sa consommation. — *Cass.*, 3 sept. 1811, Gendamin.

584. — Le débitant de boissons qui refuse aux commis l'ouverture d'une cave dépendante d'une maison dont il est seul locataire, sous le prétexte que le propriétaire se l'est réservée, est en contravention de refus d'exercice s'il ne justifie pas par un bail authentique que le propriétaire s'est effectivement réservé cette cave. — *Cass.*, 11 juill. 1817, Mauger.

585. — L'obligation qui est imposée à un débitant de boissons d'ouvrir aux employés de la régie ses caves, celliers et autres parties de la maison comprend nécessairement les portes d'entrée; dès-lors son refus à cet égard équivaut à un refus de de visite et constitue une contravention. — *Cass.*, 17 nov. 1826, Teillet.

586. — En pareil cas, le débitant ne peut pas être acquitté, sous le prétexte que le procès-verbal ne constate pas qu'il ait aperçu les employés de la régie, ni qu'ils aient frappé à sa porte de manière à se faire entendre; qu'en effet il a pu ne pas les entendre, et qu'enfin ils ne lui ont pas annoncé leur qualité d'employés en exercice de leurs fonctions, etc. — Même arrêt.

587. — Le refus fait par un assujéti de souffrir les exercices des commis ne peut pas être excusé, sous le prétexte que ces derniers ne lui ont pas justifié de leurs pouvoirs et qualités pour procéder à des visites. La loi ne les oblige à aucune justification de leur qualité. — *Cass.*, 20 août 1818, Agasse.

588. — ... Ni sous le prétexte que les employés n'étaient point assistés d'un officier de police, cette mesure n'étant exigée qu'à l'égard des particuliers non débitans. — *Cass.*, 27 mai 1808, Guigliano; 27 déc. 1817, Rouillé; 20 nov. 1824, Lamothe.

589. — Quant au voisin d'un débitant qui a été soumis aux exercices des employés par arrêté du préfet, à cause de l'impossibilité qu'il a d'interdire

la communication entre leurs habitations, il ne peut pas plus que le débitant lui-même refuser de leur ouvrir sa cave, sous le prétexte qu'ils ne sont pas assistés du maire ou de son adjoint. Les commis ne sont tenus que de représenter l'arrêté du préfet. — *Cass.*, 9 avr. 1825, Calaly; 7 juill. 1827, Chédane.

590. — Il en est notoirement ainsi du refus d'ouvrir ses caisses, un placard ou une armoire. — *Cass.*, 30 mars 1810, Kerckhove; 22 juin 1810, Masseur et Simon.

591. — .. Alors même que le débitant prétendrait n'en pas avoir les clés. — *Cass.*, 30 mars 1810, Kerckove; 20 nov. 1824, Lamothe.

592. — ... Ou que le meuble ne lui appartient pas. — *Cass.*, 20 nov. 1824, Lamothe.

593. — Sous le décret du 5 mai 1806, le refus de la part d'un débitant de faire porter hors de sa cave des tonneaux démarqués pour les baissières être vidées en présence des commis, constituait également un véritable refus d'exercice. — *Cass.*, 20 janv. 1809, Montchaussé.

594. — Le domicile du mari étant celui de la femme, les boissons qui existent dans ce domicile sont soumises à l'exercice de la régie, bien que la femme soit seule débitante, séparée de biens, et qu'il n'existe aucune communication entre le domicile du mari et le local où a lieu le débit. — Dès-lors le refus du mari et de la femme de laisser procéder à la visite de leur domicile hors la présence d'un officier de police constitue un refus d'exercice. — *Cass.*, 19 mai 1837 (t. 1er 1838, p. 370), Parent.

595. — Un débitant de boissons est passible des peines portées par la loi pour refus d'exercice, encore bien que ce ne soit pas par lui personnellement, mais par la femme tenant son comptoir et distribuant les boissons de son commerce, que le refus ait été fait. — *Cass.*, 9 mai 1807, Ravend.

596. — La femme d'un débitant de boissons restée dans ses magasins pour les surveiller est son préposé naturel, et le mari devient responsable de l'opposition par elle formée aux exercices de la régie. — *Cass.*, 9 mai 1807, Ravend; 11 fév. 1808, Bichelaert; 12 août 1813, Kroger; 5 fév. 1819, Raynal; *Riom*, 28 janv. 1829, Venet.

597. — Ainsi, lorsqu'il est établi que la femme d'un individu soumis aux exercices des employés des contributions indirectes, a refusé de leur ouvrir ses magasins, sous le prétexte que son mari absent avait emporté les clés, et qu'après trois quarts d'heure d'attente, elle a refusé de l'envoyer chercher, ces faits constituent un refus de souffrir les exercices des commis. — *Cass.*, 15 mars 1828, Venet; 20 déc. 1828, même partie; *Riom*, 28 janv. 1829, même partie.

598. — De même, il y a refus de souffrir les exercices des commis lorsque, au lieu de les introduire dans ses caves, celliers et magasins, la femme d'un débitant répond à leur interpellation que son mari a emporté la clé de la cave et qu'elle n'est pas d'avis d'enfoncer la porte. — *Cass.*, 5 fév. 1819, Raynal.

599. — De même, lorsque la femme d'un individu soumis aux exercices n'a pas représenté aux employés, sur leur première réquisition, l'expédition d'une pièce de cidre introduite dans son domicile, il ne peut pas, en produisant ultérieurement le congé, être excusé, sous le prétexte que sa femme ignorait les obligations qui lui étaient imposées par la loi, et que l'absence du mari qui avait enfermé le congé s'opposait à ce qu'elle le produisît. — *Cass.*, 8 juin 1827, Poulard.

600. — Le fils qui refuse, en l'absence de son père, de souffrir les exercices des employés des contributions indirectes, est réputé en avoir reçu l'ordre de lui, et dès-lors le père est légalement responsable des suites de ce refus. — *Cass.*, 20 août 1818, Agasse.

601. — Il n'est pas nécessaire, pour constituer le débitant en contravention, qu'il y ait eu de sa part refus formel de souffrir les exercices : tout obstacle, tout retard provenant du fait des débitans à l'exécution des obligations que la loi leur impose à l'égard des visites et vérifications des employés, équivaut à un refus de visite ou d'exercice. — *Cass.*, 14 sept. 1838 (t. 1er 1839, p. 355), Lainé; 8 nov. 1839 (t. 2 1845, p. 88), Goulinet.

602. — Ainsi, il y a refus de souffrir les exercices, lorsqu'il est établi par un procès-verbal régulier, que les employés ont aperçu un débitant qui se dirigeait vers sa maison en courant, qu'ils l'ont suivi, qu'ils l'ont vu entrer chez lui et fermer sa porte; que l'ayant trouvée verrouillée en dedans, ils l'ont sommé à haute voix de l'ouvrir; qu'à défaut de réponse, ils ont requis l'assistance du maire, et que le débitant n'a ouvert qu'au moment où ce magistrat allait faire enfoncer la porte par un

voisin, avec une barre de fer. — *Cass.*, 17 nov. 1826, Teillet.

603. — Le débitant qui, sur la sommation à lui faite par les commis, a différé, au moyen de divers subterfuges, d'ouvrir la porte d'une chambre dépendante de son habitation, est en contravention de refus d'exercice, encore bien qu'il ait consenti ensuite à ce que la porte fût ouverte par un serrurier, et quoique le résultat de la visite dans cette chambre n'ait fait découvrir aucun objet de fraude. — *Cass.*, 29 juill. 1813, Pomme

604. — La contravention résultant du refus d'ouvrir les armoires et autres meubles fermés ne peut disparaître par suite de l'ouverture des meubles avant la déclaration de procès-verbal pour refus d'exercice, alors que les employés injuriés, et menacés par le débitant et sa famille, empêchés même par la présence et l'attitude hostile d'autres individus à eux inconnus, n'ont pu procéder qu'à une visite imparfaite, soit de ces meubles, soit même des autres parties de la maison. — D'ailleurs cette soumission tardive n'a pu ni réparer ni couvrir les retards, la résistance et les troubles qui avaient précédé. — *Cass.*, 8 nov. 1839 (t. 2 1845, p. 88), Goulinet.

605. — Les tribunaux ne sauraient même admettre une excuse fondée sur ce que le prévenu était momentanément absent de son domicile, lors de l'arrivée des employés ; que sa domestique a été le chercher aussitôt, et sur ce qu'il est arrivé au moment où les employés rédigeaient leur procès-verbal, et leur a offert de leur ouvrir ses magasins. — *Cass.*, 14 sept. 1838 (t. 1er 1839, p. 355), Laine.

606. — Le débitant de boissons qui a refusé de se soumettre aux exercices des commis ne peut pas être acquitté, sous le prétexte qu'il est le successeur d'un débitant qui, par une convention souscrite avec l'administration, a été exempté des visites et exercices des employés, ni sous le prétexte qu'il a été lui-même traité par eux depuis la cession comme les autres débitans. — *Cass.*, 2 avr. 1825, Ailhaud.

607. — Le débitant de boissons qui offre d'ouvrir ses caves et magasins à tous les employés de la régie, à l'exception de deux d'entre eux, avec lesquels il est en procès relativement à une inscription de faux, est réputé s'être opposé aux exercices. — *Cass.*, 11 fév. 1808, Bichelaert.

608. — Le marchand de boissons en gros qui refuse d'ouvrir ses caves à un contrôleur des contributions indirectes, hors la présence du commissaire de police, sous le prétexte qu'il a des griefs contre lui, se constitue en opposition aux exercices de la régie, encore bien qu'il offre en même temps de remettre ses clés aux deux employés accompagnant le contrôleur, et qu'il consente à les laisser opérer. — *Cass.*, 5 août 1825, Schattemann.

609. — Le marchand de boissons en gros ne pourrait même point, en pareille occurrence, tirer aucun avantage de ce que ce contrôleur a, sur son refus, requis l'assistance du commissaire de police. — Même arrêt.

610. — Le refus de la part d'un débitant de souffrir les exercices ne peut pas être excusé, sous le prétexte que les commis ne lui ont fait aucune sommation indiquant leur intention de les continuer. — *Cass.*, 7 mai 1813, Petit-Didier.

611. — Jugé cependant qu'un marchand de boissons en gros ne peut pas être considéré comme ayant refusé de souffrir les exercices des commis lorsqu'il ne résulte point de leur procès-verbal qu'ils l'aient sommé ni même requis de leur faire l'ouverture de ses magasins et celliers, et de leur expliquer les moyens par lesquels il offrait de leur administrer la preuve que toutes les boissons par lui reçues ou expédiées depuis le dernier trimestre avaient été prises en charge. — *Cass.*, 22 janv. 1820, Blanchard.

612. — La loi n'ayant déterminé aucun mode particulier de jaugeage, un débitant ne peut, sans se constituer en opposition aux exercices des employés, refuser de laisser percer son tonneau pour y introduire la sonde pliante. — *Cass.*, 24 janv. 1812, Térosso ; — d'Agar, *Man. des contrib. indir.*, t. 1er, p. 353, n° 308.

613. — Le débitant de boissons qui refuse de souffrir l'introduction dans une de ses barriques de la sonde pliante, ou de tout autre instrument pour en connaître le degré de vidange, se constitue en contravention. — *Cass.*, 4 nov. 1809, Sappa ; 5 mars 1819, Conty.

614. — Le marchand en gros qui, après avoir introduit les commis dans le lieu où se trouvent des huiles par lui fabriquées, s'oppose fortement à ce qu'ils apprécient ces huiles d'après le procédé indiqué par la régie, et refuse de les dépoter lui-même en leur présence, doit être considéré comme ayant refusé de souffrir les exercices des commis. — *Cass.*, 15 janv. 1820, Ferréol Sitger.

615. — Un débitant ne peut, sans se constituer en refus d'exercice, s'opposer à la dégustation de son vin par les commis. — *Cass.*, 6 août 1813, Tamisier.

616. — L'opposition d'un débitant, fût-elle purement verbale, constitue un refus d'exercice. — *Cass.*, 16 nov. 1810, Dupuy ; — d'Agar, *Tr. du contentieux des contrib. indir.*, t. 1er, p. 357, n° 312.

617. — A plus forte raison si elle a été faite avec emportement : les employés ne sont pas tenus d'attendre que l'opposant se soit porté à des violences ou à des voies de fait. — *Cass.*, 6 août 1813, Tamisier.

618. — Le débitant qui s'oppose, par des injures grossières, à ce que les employés confrontent le vin par lui servi aux buveurs avec celui de ses caves, et qui excite ces derniers à en faire autant, se constitue en contravention de refus d'exercice. — *Cass.*, 7 juin 1821, Tesseidre.

619. — Le débitant de boissons qui adresse aux commis, durant leurs exercices, des paroles outrageantes, en les traitant de *coquins* et de *voleurs*, les met dans la nécessité de discontinuer leur opération et se constitue en état d'opposition à leurs exercices, encore bien qu'il n'ait fait aucune menace. — *Cass.*, 10 oct. 1822, Benech.

620. — Les menaces et les injures adressées aux employés des droits réunis, pendant leurs exercices, constituent un refus de souffrir leurs exercices, encore bien que le débitant ne se soit pas mis en devoir d'exécuter ses menaces, et quoiqu'elles ne fussent pas de nature à intimider un homme courageux. — *Cass.*, 7 mai 1813, Petit-Didier.

621. — Les injures ou les menaces qui sont adressées aux employés de la régie, les voies de fait dont ils sont l'objet dans les visites qu'ils font chez les assujétis constituent, outre le caractère propre à ce genre de délit, un trouble et un empêchement apportés aux exercices et conséquemment une véritable contravention. — *Cass.*, 8 nov. 1839 (t. 2 1845, p. 88), Goulinet.

622. — Le débitant qui s'est opposé avec menaces aux exercices des préposés de la régie, ne peut détruire la foi due au procès-verbal dressé contre lui, en offrant de prouver que les employés se sont portés à des voies de fait envers ses enfans. Son refus doit entraîner sa condamnation, sauf à lui à se pourvoir par action séparée, à raison des voies de fait alléguées. — *Cass.*, 1er fév. 1811, Micol.

623. — Les rébellions ou voies de fait contre les employés sont poursuivies devant les tribunaux qui ordonnent l'application des peines prononcées par le Code pénal, indépendamment des amendes et confiscations qui peuvent être encourues par les contrevenans. — Quand les rébellions ou voies de fait ont été commises par un débitant de boissons, le tribunal ordonne, en outre, la clôture du débit, pendant un délai de trois mois au moins et de six mois au plus. — L. 28 avr. 1816, art. 238.

624. — Lorsqu'il est légalement établi qu'un débitant s'est opposé avec emportement et invectives à la dégustation par les préposés des boissons contenues dans ses caves, le tribunal ne peut prononcer son acquittement, sous le prétexte que la contravention n'est pas du nombre de celles attribuées à la police correctionnelle et punies par la loi. — *Cass.*, 8 juill. 1008, Schœffer.

625. — Des injures ou de simples menaces contre les préposés à la perception des contributions constituent la résistance qui, lorsqu'elle est accompagnée de voies de fait, est une rébellion qualifiée crime ou délit suivant les circonstances, et passible des peines portées aux art. 209 et suiv. du Code pénal.

§ 5. — *Dispositions pénales en cas de contravention.*

626. — Toute personne convaincue de faire le commerce des boissons en détail, sans déclaration préalable, ou après déclaration de cesser, est punie d'une amende de 100 à 1000 fr., et de la confiscation des boissons saisies. Les contrevenans peuvent néanmoins obtenir la restitution desdites boissons, en payant une somme de 1000 fr. indépendamment de l'amende prononcée par le tribunal. — L. 28 avr. 1816, art. 95.

627. — Toutes les autres contraventions relatives au droit de vente en détail sont punies de la confiscation des boissons saisies en fraude et d'une amende qui, pour la première fois, ne peut être moindre de cinquante francs, ni supérieure à trois cents francs, et qui est toujours de cinq cents francs en cas de récidive. — L. 28 avr. 1816, art. 96, n° 106.

628. — Lorsqu'un débitant a été trouvé en contravention, le tribunal doit prononcer la confiscation, non seulement des boissons faisant l'objet de cette contravention, mais encore de toutes celles trouvées en sa possession, et dont il n'avait point fait la déclaration. — *Cass.*, 1er août 1822, syndics des débitans de Rouen c. Masselin.

629. — L'autorisation que la loi donne aux commis d'exiger la fermeture d'une porte de communication entre un débitant et un tiers, n'est qu'un mode d'exécution qui n'empêche pas la saisie des boissons recelées. — *Cass.*, 7 déc. 1810, Cabal.

630. — Les personnes qui font le commerce des boissons en gros, sans déclaration préalable, ou après une déclaration de cesser, ou qui, ayant fait une déclaration de marchands en gros, exercent réellement le commerce des boissons en détail, sont punies d'une amende de cinq cents francs à deux mille francs, sans préjudice de la saisie et de la confiscation des boissons en leur possession. Elles peuvent en obtenir la main-levée, en payant une somme de deux mille francs, indépendamment de l'amende prononcée par le tribunal. — *Ibid.*, art. 106.

631. — Quant aux contraventions à l'art. 4, décr. 15 déc. 1813, qui défend d'ouvrir une boutique de marchand de vin, à Paris, sans une déclaration préalable et sans l'autorisation du préfet de police, elles sont punies de l'amende de 500 fr. portée par l'art. 38, L. 1er brum. an VII, et non des peines portées au Code pénal, contre ceux qui enfreignent les réglemens de simple police. — *Cass.*, 4 août 1827, Bry ; 26 avr. 1828, Cheminel.

632. — Le débitant d'eau-de-vie qui a refusé de souffrir les exercices des commis sur les vins étant en sa possession, doit être condamné, conformément à l'alinéa 2, art. 68, L. 28 avr. 1816, à payer une somme égale à celle payée par le débitant le plus imposé de tout le canton, s'il n'a pas été précédemment exercé sur toutes ses boissons ; le § 1er, même article, qui prend pour base du droit de détail à payer les boissons restant en charge, lors du dernier exercice et la somme la plus élevée payée par le prévenu pour un trimestre, pendant les deux années précédentes, ne lui est pas applicable, quoiqu'il ait été antérieurement exercé sur ces eaux-de-vie. — *Cass.*, 29 mai 1823, Delau.

633. — Le débitant chez lequel des boissons ont été trouvées en fraude ne peut s'affranchir de la responsabilité personnelle, qu'en mettant la régie à même d'exercer une action utile et efficace contre le véritable détenteur. — *Cass.*, 10 août 1832, Martin.

634. — Le mari est responsable de la confiscation prononcée à raison de la fraude faite par sa femme, dans sa demeure et sous ses yeux. — *Cass.*, 31 juill. 1807, Dutemple.

635. — Le débitant de boissons qui a négligé d'avoir une enseigne ou bouchon ne peut pas être excusé par un tribunal, sous le prétexte que sa qualité était connue des préposés. — *Cass.*, 25 fév. 1808, Barrandon.

636. — Quoique les lois infligent d'une manière absolue des peines aux débitans de boissons qui n'indiquent point leur qualité par une enseigne ou bouchon, l'excuse de force majeure, prouvée par le contrevenant, serait cependant admissible. — *Cass.*, 17 nov. 1809, N...

637. — Le débitant qui, n'ayant fait aucune déclaration de cesser son débit, a introduit en fraude, dans la cave de son voisin, du vin dont il ne représente aucune expédition, ne peut pas être renvoyé des poursuites de la régie, sous le prétexte qu'il ne vend plus de vin depuis longtemps, et qu'on n'a trouvé chez lui ni vin ni vaisseau destiné à en recevoir, si ce n'est pour les besoins de sa famille. — *Cass.*, 25 janv. 1811, Vincent dit Deleuze.

638. — Celui qui exerce la profession de cafetier, sans en avoir fait la déclaration à la régie, et sans s'être muni d'une licence, ne peut pas être acquitté, sous le prétexte qu'il ne débite aucune espèce de boissons spiritueuses, et qu'il se borne à vendre du café pur ou au lait. La profession de cafetier établit une présomption légale de débit de boissons. — *Cass.*, 22 mars 1828, Legouaille.

639. — L'aubergiste dans la maison duquel les employés ont découvert un tierçon et une barrique de vin dont il n'a point fait la déclaration à la régie, ne peut pas être acquitté, sous le prétexte qu'il n'est pas prouvé que ce vin soit sa propriété, et que l'opinion des employés ne fait, à cet égard, aucune preuve. Il y a présomption légale que les boissons trouvées chez lui sont sa propriété. — *Cass.*, 7 mars 1828, Parage.

640. — La contravention du débitant qui a dans sa cave une certaine quantité de bouteilles de vin dont il n'a fait aucune déclaration à la régie ne peut être excusée, sous le prétexte qu'il y avait nécessité à faire le soutirage pour la célérité du service pendant la fête du lendemain. — *Cass.*, 10 août 1810, Montjardet. — L'usage des bouteilles, quoique

compris dans la prohibition des vaisseaux de contenance inférieure à un hectolitre, chez les débitans était toléré par la régie, au moyen de l'apposition d'un cachet particulier sur les bouchons. La loi du 28 avr. 1816 a érigé en droit cette faculté; mais comme elle exige que les commis soient présens à la transvasion, et qu'ils apposent leur cachet sur les bouchons, la décision ci-dessus est toujours applicable.

641. — Le débitant au domicile duquel un pot rempli de vin non déclaré a été trouvé caché derrière une porte ne peut échapper aux peines du recelé frauduleux, sous le prétexte que ce vin n'était pas bon et marchand, s'il en a d'ailleurs empêché la vérification par son opposition aux exercices.— *Cass.*, 16 nov. 1810, Dupuy; — d'Agar, *Tr. du contentieux des contrib. ind.*, t. 1er, p. 325, n° 297.

642. — Lorsque dans une visite faite chez un débitant, les employés ont reconnu une grande différence de qualité entre le vin existant dans un broc trouvé dans sa cave et le vin de la pièce en débit, sans qu'il en ait produit le congé, acquit ou passavant, les tribunaux ne peuvent acquitter le prévenu, sous le prétexte que la différence reconnue par les employés, doit être attribuée au séjour du vin dans le broc, plutôt qu'à une diversité de nature. — *Cass.*, 22 août 1817, Gissot.

643. — La prohibition qui existe pour les débitans de boissons de faire usage de petits vaisseaux a pour objet de prévenir la fraude et ne peut être levée que par l'administration. Un tribunal excède ses pouvoirs en acquittant un prévenu sous le prétexte que ce n'est point pour frauder qu'il a fait usage d'un vaisseau de contenance inférieure à l'hectolitre. — *Cass.*, 5 juin 1812, Caron et Jobin; 12 août 1812, Rosetto.

644. — Lorsque les expéditions représentées par un marchand de vins en gros ne sont pas conformes au chargement sur la quantité, il y a lieu à saisie, confiscation et amende.—*Cass.*, 11 fév. 1825, Teysonnier.

645. — Lorsqu'il existe une porte de communication qui donne à un aubergiste un accès facile dans la cave de son voisin, les boissons trouvées dans cette cave sont de droit présumées appartenir à l'aubergiste dont la contravention ne peut pas être excusée, sous le prétexte que le voisin est un marchand d'eau-de-vie, soumis, comme lui, aux exercices de la régie.—*Cass.*, 8 juin 1827, Nauzé.

646. — Le débitant qui a fait introduire dans sa cave une pipe d'eau-de-vie, sans qu'elle fût accompagnée d'un congé, ne peut pas être admis à prouver par témoins qu'avant l'introduction il s'était présenté chez les employés des droits réunis, et qu'il ne les avait pas trouvés, cette excuse ne détruisant pas la contravention. — *Cass.*, 30 mars 1810, Griffon.

647. — Le propriétaire qui, voulant vendre en détail des vins de son cru, n'a pas fait la déclaration entière des boissons étant en sa possession et a refusé d'accompagner les préposés de la régie dans ses caves et celliers, ne peut pas être excusé, sous ce prétexte que dans le permis de vendre qui lui a été délivré, le blanc destiné à recevoir l'indication des vins étant en sa possession se trouve rempli par un trait de plume. — *Cass.*, 2 fév. 1809, Yuillez.

648. — Lorsqu'une vérification des congés et un jaugeage fait dans les formes légales établissent un déficit dans les vins d'un marchand en gros, le tribunal ne peut, sans violer la loi, admettre le prévenu à faire constater par des experts le déchet résultant du transport et du transvasage de ses vins. — *Cass.*, 23 avr. 1808, Sapit. — Les lois des 28 avr. 1816, art. 103, et 25 mars 1817, art. 87, ont proscrit cette opération en accordant aux marchands une déduction pour le déchet présumé.

649. — Lorsqu'il est établi par le registre portatif des employés de la régie que toutes les tonnes existantes dans les caves d'un débitant étaient marquées, s'il s'en trouve ultérieurement deux qui ne le soient pas et dont le congé ne puisse être représenté, le tribunal viole la foi qui est due au registre portatif jusqu'à inscription de faux, en acquittant le débitant, sous le prétexte que la mention insérée sur ce registre paraît avoir été faite après coup, et qu'il n'en résulte aucune preuve que toutes les tonnes fussent marquées. — *Cass.*, 8 juill. 1808, Vanderdunck.

650. — Lorsqu'il est constaté, par un procès-verbal régulier des employés de la régie, qu'un aubergiste a introduit dans sa maison un poinçon de vin rouge, sans déclaration ni congé, le tribunal ne peut, sans violer la foi due à ce procès-verbal jusqu'à inscription de faux, décharger le débitant du paiement du droit, sur sa simple allégation que la boisson introduite était du petit vin.— *Cass.*, 1er mai 1811, Brières.

651. — Lorsqu'il résulte d'un procès-verbal régulier des employés des contributions indirectes, qu'ils ont trouvé dans la cave d'un débitant une tonne contenant de l'hydromel bon, loyal et marchand, dont ce débitant n'a fait aucune déclaration, le tribunal ne peut, sans violer la foi due au procès-verbal jusqu'à inscription de faux, acquitter le prévenu, sous le prétexte qu'il a déclaré aux employés avoir de l'hydromel en préparation; que ceux-ci étaient à portée de s'assurer eux-mêmes du degré de fermentation qui pouvait ne pas lui être connu, que le fausset au bas de la barrique était nécessaire pour apprécier le degré de fermentation, et qu'enfin cette barrique n'était point en vidange; qu'ainsi, il n'y avait point tentative de fraude. — *Cass.*, 10 nov. 1826, Ferlicot.

652. —Lorsqu'un procès-verbal régulier des employés des contributions indirectes constate qu'ils ont trouvé des boissons en la possession d'un débitant qui ne leur a point représenté de congé, acquit à caution ou passavant, le tribunal ne peut, sans violer la foi due au procès-verbal, renvoyer des poursuites le prévenu, sur sa simple allégation qu'il aurait, depuis un certain temps, cessé son débit et fait sa déclaration, et sur le motif que l'administration des contributions indirectes n'a pas fait la preuve du contraire. — *Cass.*, 17 juill. 1835, Lefranc.

653. — Lorsqu'il est établi par un procès-verbal régulier que les commis ont découvert plusieurs pièces de vin chez le voisin d'un cabaretier, que ce voisin leur a fait des déclarations contradictoires, leur a confessé qu'il fournissait du vin au cabaretier pour alimenter son débit, et qu'il leur a même proposé un arrangement à l'amiable, le tribunal ne peut, sans violer la loi, prononcer son acquittement. — *Cass.*, 19 fév. 1813, Piguier et Vinault.

654. — Lorsqu'il est établi par les déclarations réitérées du capitaine d'un navire consignées au procès-verbal des préposés, ainsi que par un compte et une facture, que des vins saisis à son bord lui ont été vendus par un individu, sans qu'aucun congé justifie la déclaration et le paiement des droits de cette vente, le prévenu ne peut pas être renvoyé des poursuites de la régie, sur la production postérieurement faite d'un congé relatif à une vente consentie en sa faveur par un autre individu. — *Cass.*, 24 avr. 1807, Cabutto.

655. — Une cour de justice criminelle peut, sans violer aucune loi, trouver une preuve insuffisante de la contravention dans un procès verbal des préposés des droits réunis, qui rapporte d'une manière très vague qu'il a été trouvé dans la cave du prévenu des vaisseaux prohibés par la loi, sans mentionner aucun fait matériel établissant que le prévenu avait des boissons dans des vases de contenance moindre qu'un hectolitre. — *Cass.*, 7 avr. 1809, Guillot.

656.— Un procès-verbal des préposés des droits réunis fait foi jusqu'à inscription de faux des aveux et déclarations de la femme d'un débitant qui y sont consignés, encore bien qu'ils aient été désavoués en jugement par le mari. — *Cass.*, 7 déc. 1810, Cabal.

657.—En effet, le débitant de boissons qui laisse, en son absence, sa femme à son domicile, est réputé agir lui-même par le ministère de sa femme, et doit être poursuivi personnellement à raison des contraventions commises par elle ou constatées en sa présence. — *Cass.*, 15 janv. 1820, Silger.

658. — Le désistement de la plainte portée par les employés, en ce qui concerne des injures et des menaces relatives au procès-verbal, laisse néanmoins subsister la contravention dont la répression est à poursuivre, et ne porte aucune atteinte à la foi due audit procès-verbal relativement aux faits qui constituent cette contravention. — En conséquence, un semblable désistement ne peut motiver le renvoi des poursuites du contrevenant. — *Cass.*, 8 nov. 1839 (t. 2 1845, p. 88), Goulinet.

Sect. 6e. — *Droit général de consommation.*

659. — Le droit général de consommation est celui qui se perçoit sur les eaux-de-vie, esprits et liqueurs destinés à la consommation locale.

660. — Il remplace, à leur égard, les droits de circulation et de vente en détail.— L. 24 juin 1824, art. 2.

661. — Ce droit ne peut être l'objet d'un abonnement. — V. ABONNEMENT.

§ 1er. — *Assiette et perception du droit.*

662. — Toute quantité d'eau-de-vie, d'esprit ou de liqueur composée d'eau-de-vie ou d'esprit, adressée à une personne autre que celles assujéties aux exercices des employés, est soumise au droit général de consommation. — L. 28 avr. 1816, art. 87.

663. — Le droit n'est point exigé des personnes non soumises aux exercices, en cas de transport d'eaux-de-vie, d'esprits ou liqueurs, de l'une de leurs maisons dans une autre, ou dans un nouveau domicile, en justifiant, toutefois, aux employés appelés à décharger les acquits à caution, de leur droit à cette exemption. — L. 28 avr. 1816, art. 87 et 90.

664. — Mais des bouilleurs de crû, qui font transporter les produits de leurs distillations dans des caves ou magasins séparés de la brûlerie, n'ont droit à la même exemption qu'en soumettant ces caves ou magasins aux exercices des préposés de la régie. — L. 26 avr. 1816, art. 87 et 90.

665. — En sont affranchis : 1° les eaux-de-vie, esprits et liqueurs qui sont exportés à l'étranger. — L. 28 avr. 1816, ar. 87.

666. — 2° Les eaux-de-vie versées sur les vins, pourvu que la quantité d'eau-de-vie employée n'excède pas un vingtième de la quantité de vin soumise à cette opération, qui ne peut être faite qu'en présence des employés de la régie, et que les vins destinés au mélange ne contiennent pas plus de vingt-et-un centièmes d'alcool pur.—L. 28 avr. 1816, art. 91; 24 juin 1824, art. 7.

667. — Si les préposés estiment que les vins pour lesquels on réclame un versement d'eau-de-vie en franchise contiennent une quantité d'alcool supérieure à celle qui donne droit à la franchise, le versement doit être refusé; et si le réclamant insiste, on doit soumettre des échantillons de son vin à la distillation : les frais de l'opération restent à la charge de la partie qui est reconnue avoir eu tort. — Circul. n° 8; — Girard, *Man. des contrib. indir.*, art. 121, n° 2.

668. — 3° Les eaux-de-vie et esprits dénaturés conformément aux réglemens d'administration publique, sauf, dans ce cas, le droit de dénaturation, qui peut être établi par les mêmes réglemens. — L. 24 juill. 1843, art. 1er et 3.

669. — Le droit général de consommation est ordinairement payé, savoir : 1° après la vente, par les débitans de boissons exercés, sauf une déduction de 3 %, à titre de consommation de famille. — L. 24 juin 1824, art. 6.

670.—...2° Lors de la constatation des manquans par les marchands en gros et les entrepositaires, sur les quantités reconnues manquantes à leur charge, déduction faite des déchets ordinaires. — *Ibid.* art. 5.

671. — Au moment de la cessation de ce commerce par les marchands en gros et les entrepositaires, sur les boissons spiritueuses qu'ils possèdent encore à l'époque de cette cessation. — L. 28 avr. 1816, art. 89.

672. — Mais il doit être acquitté à l'arrivée des boissons et avant la décharge de l'acquit à caution : 1° par les simples particuliers, destinataires. — L. 28 avr. 1816, art. 88.

673. —... 2° Par les débitans qui veulent s'affranchir des exercices à l'égard des eaux-de-vie, esprits et liqueurs, par le paiement du droit immédiat. — L. 21 avr. 1832, art. 41.

674. — Enfin, tous les expéditeurs, sans distinction de profession, sont admis à payer le droit au lieu même de l'enlèvement, à la charge seulement de se munir d'un congé, au lieu d'un acquit à caution. — L. 28 avr. 1816, art. 88.

675. — Le droit général de consommation est fixé, en principal, à 34 fr. par hectolitre pour tout le royaume. — L. 12 déc. 1830, et tarif y annexé.

§ 2. — *Obligations des distillateurs et bouilleurs de profession.*

676. — Les distillateurs et bouilleurs de profession sont tenus de faire, par écrit, avant de commencer à distiller, toutes les déclarations nécessaires pour que les employés puissent surveiller leur fabrication, en constater les résultats et les prendre en charge sur leurs portatifs.— Il leur est délivré des ampliations de leurs déclarations, qu'ils doivent représenter à toute réquisition des employés, pendant la durée de la fabrication. — L. 28 avr. 1816, art. 138.

677. — La déclaration à faire par les distillateurs d'eau-de-vie de grains, de pommes de terre et autres substances farineuses, doit avoir lieu au moins quatre heures d'avance dans les villes, et vingt-quatre heures dans les campagnes. — Elle énonce : 1° le numéro et la contenance des chaudières et cuves de macération qui doivent être mises en activité; 2° le nombre des jours de travail; 3° le moment où le feu sera allumé et éteint sous les chaudières; 4° l'heure du chargement des cuves de macération; 5° la quantité de matière qui doit être employée pendant la durée de la fabrication; 6° enfin, et par approximation, la quantité et le degré d'alcool qui doit en provenir. —

La quantité de matière macérée est évaluée en comptant, pour chaque cuve, au moins les six septièmes de la capacité brute. Le rendement en alcool ne peut être déclaré au-dessous de deux litres et demi d'alcool par hectolitre de matière macérée. — L. 28 avr. 1816, art. 139; 20 juill. 1837, art. 9.

678. — Ceux qui distillent les produits des récoltes d'autrui sont réputés distillateurs de profession, et astreints à faire la déclaration prescrite par la loi, soit qu'ils distillent pour leur propre compte, soit qu'ils se livrent à cette distillation pour le compte des propriétaires. — *Cass.*, 24 sept. 1829, Sauce.

679. — Un pharmacien qui se livre à la fabrication des eaux-de-vie doit en faire la déclaration par écrit et se munir d'une licence, bien qu'il prétende que les produits de sa distillation ne soient employés que pour des opérations de pharmacie. — *Cass.*, 8 août 1834, Pallas.

680. — Le distillateur de pommes de terre qui veut employer des grains dans sa distillation est obligé de déclarer la quantité de grains qu'il entend y ajouter. Le défaut de déclaration constitue une fraude qui donne lieu à une poursuite correctionnelle contre lui et non pas à une simple action civile en paiement des droits. — *Cass.*, 31 oct. 1806, Scherger; — Merlin, *Répert.*, vo *Distillateur*, no 4.

681. — Le distillateur qui a fait à la régie la déclaration préalable imposée par l'art. 138, L. 28 avr. 1816, ne peut être considéré comme ayant contrevenu à la disposition de cet article qui prescrit de représenter l'ampliation de cette déclaration à toute réquisition des employés, lorsque c'est par suite du refus du préposé de la régie de recevoir sa déclaration et de lui en donner ampliation qu'il s'est trouvé dans l'impossibilité de la représenter, si, d'ailleurs, ce refus n'était pas fondé sur des motifs légitimes, sauf aux tribunaux à apprécier la légitimité des causes du refus. — *Cass.*, 26 déc. 1839 (t. 2 1845, p. 92), Schattenham.

682. — Les dispositions des art. 117, 118 et 125, L. 28 avr. 1816, relatives à la déclaration des vaisseaux en usage dans les brasseries, et aux vérifications que les brasseurs sont obligés de souffrir dans leurs ateliers et dépendances, sont applicables aux distillateurs de profession, sans distinction des matières qu'ils distillent. — *Ibid.*, art. 140; L. 20 juill. 1837, art. 8, § 2. — V. *infrà.*

683. — Les employés des droits réunis peuvent, pendant le jour, procéder à leurs exercices dans les appartemens et les dépendances quelconques des maisons des distillateurs, comme dans leurs distilleries mêmes et dans les magasins en dépendant, sans avoir besoin d'être assistés d'un officier de police. La disposition qui les oblige à requérir cette assistance n'est applicable qu'aux exercices de nuit. — *Cass.*, 5 août 1813, Van-Cède. — Un arrêtiste pense que l'art. 30, L. 25 nov. 1808, n'ayant pas été reproduit dans la loi du 28 avr. 1816, l'exception qu'il contenait doit être considérée comme tacitement abolie. Nous ne sommes point de cet avis. L'art. 235, L. 28 avr. 1816, dit expressément que les visites et exercices chez les redevables *ne pourront avoir lieu que pendant le jour.* Une seule exception est faite à cette règle, en ce qui concerne les brasseries et distilleries, pour le cas où il résulte des déclarations (V. les art. 120 et 139) que ces établissemens sont en activité. Il suit de là que, hors le seul cas déterminé par la loi, les exercices de nuit sont interdits chez les brasseurs et les distillateurs, et que leur domicile est inviolable comme celui de tout autre citoyen.

684. — La déclaration à faire par les bouilleurs de profession, pour les distilleries de vins, cidres, poirés, marcs, lies et fruits, doit avoir lieu également, au moins quatre heures d'avance dans les villes et douze heures dans les campagnes; elle énonce: 1o le nombre des pièces de travail; — 2o la quantité des vins, cidres, poirés, marcs, lies, fruits ou mélasse qui sont mis en distillation; — 3o par approximation la quantité et le degré de l'eau-de-vie qui doit être fabriquée; — 4o la force alcoolique du liquide mis en distillation, laquelle est vérifiée par les employés de la régie, et détermine le minimum de la prise en charge des produits de la fabrication; en cas de contestation, la force alcoolique est constatée par des expériences faites contradictoirement. Il en est de même pour la distillation des sirops de fécule, des mélasses et des autres résidus des fabriques ou raffineries de sucre. — LL. 28 avr. 1816, art. 141, et 20 juill. 1837, art. 10.

685. — Les directeurs de la régie sont autorisés à convenir, de gré à gré, avec les bouilleurs de profession, d'une base d'évaluation pour la conversion des vins, cidres, poirés, lies, marcs ou fruits,

en eaux-de-vie ou esprits. — L. 28 avr. 1816, art. 142.

686. — Le simple bouilleur de vin, qui se borne à distiller les marcs de sa vendange, n'est soumis ni à la déclaration préalable ni à la licence. — *Cass.*, 20 nov. 1818, Dornsteller.

687. — Sont seuls considérés comme bouilleurs de crû et exempts, à ce titre, du paiement de la licence et des autres obligations imposées aux distillateurs et bouilleurs de profession, les propriétaires ou fermiers qui distillent exclusivement les vins, cidres, poirés, marcs et lies, provenant de leurs récoltes. — L. 20 juill. 1837, art. 8, § 1er.

688. — Ainsi, ne jouit pas de l'exemption celui qui distille des grains, pommes de terre ou autres substances farineuses ou des fruits, quoiqu'ils puissent réellement provenir de sa récolte; il est au contraire, par le fait seul de la distillation assimilé au bouilleur de profession. — *Ann. contrib. indir.*, discuss. de la loi du 20 juill. 1837.

689. — Les distilleries sont interdites à Paris par la loi du 1er mai et par l'ord. du 11 mai 1822. Il en est de même des ateliers de rectification. — Ord. 20 juill. 1825.

690. — Sur la demande des conseils municipaux, cette interdiction peut aussi être prononcée dans les villes sujettes à l'octroi. — L. 24 mai 1834, art. 10.

691. — L'art. 9, L. 28 juin 1833, qui autorise la suppression des entrepôts à domicile dans les communes sujettes aux droits d'entrée et d'octroi, lorsqu'un entrepôt public y aura été établi, ne concerne que les négocians faisant le commerce des boissons destinées à la consommation, et n'est pas applicable aux bouilleurs et distillateurs qui emploient des vins pour être convertis en eau-de-vie ou esprit. — En conséquence, les bouilleurs et distillateurs ne peuvent être privés du droit d'avoir un entrepôt à domicile que par la suppression de leur industrie dans la commune après indemnité préalable. — *Cass.*, 9 oct. 1835, Anglade.

692. — Les entrepositaires distillateurs n'ont droit, comme les marchands en gros de vins et d'eaux-de-vie, qu'à la déduction légalement fixée, sur les vins et eaux-de-vie dont ils sont dépositaires, pour ouillage, coulage ou affaiblissement de degrés, et ils ne peuvent prétendre une seconde déduction pour la perte qu'ils font en fabriquant leurs liqueurs, soit par l'évaporation, soit par la négligence des ouvriers. — *Cass.*, 7 fév. 1831, Perret. — V. Carré, *Lois de la procéd.*, t. 1er, p. 415.

§ 3. — *Obligations des liquoristes, débitans et marchands en gros.*

693. — Nul ne peut exercer la profession de fabricant de liqueurs, sans avoir fait préalablement la déclaration au bureau de la régie. — Les liquoristes prennent la licence de débitant ou celle de marchand en gros, suivant qu'ils préfèrent se soumettre aux obligations imposées à l'une ou à l'autre de ces professions. — L. 24 juin 1824, art. 1er.

694. — Les liquoristes débitans sont soumis aux dispositions du chap. 3, tit. 1er, L. 28 avr. 1816, sous les modifications prononcées par la loi relative à la perception des droits sur l'eau-de-vie. — *Ibid.*, art. 2.

695. — Quant aux liquoristes marchands en gros, ils sont assujétis aux dispositions du chap. 6, tit. 1er, L. 28 avr. 1816, sauf les modifications ci-après. — *Ibid.*, art. 3.

696. — Les liquoristes, marchands en gros, domiciliés dans les lieux sujets aux droits d'entrée ou d'octroi, sont toujours considérés comme entrepositaires. — *Ibid.*, art. 4.

697. — Ils ne peuvent vendre de liqueur en détail, ni exercer le commerce en gros de vins, cidres et poirés, que dans des magasins séparés de leurs ateliers de fabrication, et qui n'ont avec ceux-ci et avec les habitations voisines aucune communication que par la voie publique; mais ils peuvent faire des envois de liqueurs en toute quantité et à toute destination, au moyen d'expéditions prises au bureau de la régie. — Il leur est interdit de placer dans les ateliers de leurs fabriques, des vins, cidres ou poirés, et de s'y livrer à la fabrication des eaux-de-vie; ils peuvent seulement rectifier les eaux-de-vie prises en charge à leur compte. — *Ibid.*, art. 5.

698. — La contenance des vaisseaux servant à la fabrication des liqueurs est reconnue par l'empotement, et marquée sur chacun d'eux, en présence des employés de la régie: les fabricans fournissent l'eau et les ouvriers nécessaires pour cette opération. — Dans tous les cas, il est tenu compte des vidanges pour le réglement des droits. — *Ibid.*, art. 6.

699. — La conversion des eaux-de-vie et esprits en liqueurs chez les liquoristes et marchands en

gros, doit s'opérer d'après la base uniforme de trente-cinq litres d'alcool pour un hectolitre de liqueur, quelle qu'en soit l'espèce ou la qualité. — L. 25 juin 1841, art. 22 et 23; ord. 21 août 1841, art. 1er.

700. — C'est la loi du 24 juin 1824, et après elle celle du 25 juin 1841 qui ont fixé pour la première fois, la base d'après laquelle, dans la conversion des eaux-de-vie et esprits en liqueurs, les déficits ou manquans des liquoristes seraient constatés: la loi du 28 avr. 1816 était muette sur ce point; aussi a-t-il été jugé que sous son empire, un tribunal avait pu, sans violer aucune loi, bien que cela pût constituer un mal jugé, décider que la régie serait tenue de s'en rapporter à la déclaration des liquoristes, et rejeter la constatation par voie d'expertise réclamée par la régie. — *Cass.*, 2 mai 1827, liquoristes de Lyon.

701. — Les manquans en eaux-de-vie et esprits sont considérés comme ayant été employés à la fabrication des liqueurs, dans la dite proportion de trente-cinq litres d'alcool pur pour un hectolitre de liqueur, sous la déduction légale accordée pour les déchets. — LL. 24 juin 1824, art. 7; 20 juill. 1837, art. 6; ordonn. 21 déc. 1838, art. 1er et 2.

702. — Avant la loi du 20 juillet 1837, les fabricans de liqueurs en gros avaient droit, comme les marchands d'eau-de-vie en gros, à la déduction de 8 °/o accordée par la loi du 24 juin 1824 sur les manquans, non à la fin de chaque trimestre, mais à la fin de chaque année. — *Cass.*, 24 mai 1830, liquoristes de Lyon.

703 — Les quantités de liqueurs non représentées et pour lesquelles il n'est point produit d'expédition légale, sont passibles du droit général de consommation, indépendamment des droits d'entrée et d'octroi dans les lieux sujets. Les excédans en liqueurs provenant de la différence entre le résultat éventuel de la fabrication et les bases de conversion, sont simplement prises en charge. — L. 24 juin 1824, art. 8.

704. — Les liquoristes marchands en gros ne peuvent faire sortir de leurs fabriques des eaux-de-vie ou esprits en nature qu'en futailles contenant au moins un hectolitre. — *Ibid.* art. 9.

705. — Les boissons prises en charge par un distillateur qui est en même temps débitant, ne peuvent sortir de sa distillerie qu'après qu'il en a eu décharge au portatif, ni être introduites dans sa cave, son cellier, ou magasin de débit que sur déclarations, congés ou passavans, quelque rapprochée que soit la distance, et encore bien que le délai fixé pour la fabrication ne soit pas expiré. — *Cass.*, 16 oct. 1812, Van Cutsem; même jour, Vanden-Kéroven.

706. — Le débitant qui, postérieurement à la prise en charge, a introduit de l'eau dans un baril d'eau-de-vie sans appeler les commis, ou substitué l'eau-de-vie inférieure de deux degrés, est en contravention. — Cette contravention ne peut pas être excusée, sous le prétexte que l'administration ne justifie pas que l'eau-de-vie à son arrivée chez le débitant ait été pesée contradictoirement avec lui. — *Cass.*, 3 avr. 1818, Bouchereau.

707. — Le registre portatif des commis fait foi jusqu'à inscription de faux du degré des eaux-de-vie prises en charge par un débitant, quoiqu'il n'énonce pas qu'elles ont été pesées en sa présence. — Même arrêt.

708. — Les débitans d'eaux-de-vie et de spiritueux ne peuvent plus, depuis la loi du 24 juin 1824, et même sous l'empire de celles des 17 oct. et 12 déc. 1830, s'exempter du droit de visite par un abonnement, comme les marchands de vin et autres boissons; ils ont seulement le choix de payer, comme les autres particuliers, le droit général de consommation au moment de l'arrivée des marchandises ou sur les manquans reconnus à leur charge. — *Cass.*, 4 fév. 1832, Billy-Boidard; même jour, Maline Campiomon; *Colmar*, 25 avr. 1832, même partie.

709. — La profession de débitant de liqueurs et celle de liquoriste ou fabricant de ces mêmes liqueurs sont deux industries distinctes à chacune desquelles des obligations spéciales sont imposées par la loi, et dont ne dispense point la réunion de ces deux qualités. — *Cass.*, 15 mai 1840 (t. 2 1845, p. 90), Leroux.

710. — L'art. 41 de la loi du 21 avr. 1832, qui donne aux débitans qui veulent s'affranchir des exercices pour les eaux-de-vie, esprits ou liqueurs, la faculté de payer à l'entrée le droit général et unique de consommation, ne s'applique qu'aux débitans et seulement pour les boissons qui entrent dans leurs magasins telles qu'elles doivent être débitées, mais il ne peut être étendu aux fabricans de liqueurs à l'égard desquels les dispositions des articles de la loi du 24 juin 1824 sont encore dans toute leur vigueur et n'ont été abrogées par au-

cune loi postérieure. — En conséquence, le débitant de liqueurs (fabricant) qui se livre à la fabrication des liqueurs sans avoir, au préalable, rempli les formalités prescrites par l'art 1er de la loi du 24 juin 1824, se rend passible de l'amende prononcée par l'art. 10 de ladite loi. — Même arrêt.

§ 4. — *Contraventions. — Peines.*

711. — Les contraventions relatives au droit général de consommation, sont punies de la confiscation des boissons saisies en fraude et d'une amende qui varie, savoir : de 200 à 600 francs pour les distillateurs et bouilleurs de profession, et de 500 à 2,000 francs pour les liquoristes, débitans et marchands en gros. — LL. 28 avr. 1816, art. 129, 143; 24 juin 1824, art. 10.

712. — Néanmoins l'altération des eaux-de-vie et esprits dont la densité a été changée par un mélange quelconque, dans le but de frauder les droits, est punie seulement, outre la confiscation, d'une amende de 100 à 600 francs, sans égard à la qualité du délinquant. — L. 24 juin 1824, art. 4.

713. — Lorsqu'il est établi, par un procès-verbal régulier, que les employés des contributions indirectes ont trouvé chez un individu non pourvu de licence, et qui avait été autorisé par la régie à faire des essais de distillation, une distillerie complétement en activité, le tribunal ne peut prononcer son acquittement, sous prétexte que les opérations auxquelles il se livrait n'excèdent pas les bornes de simples essais, et qu'il n'y a pas preuve qu'il ait livré ses produits à la consommation. — *Cass.*, 25 mars 1825, Say.

714. — De cela seul que dans les magasins d'un liquoriste marchand en gros il se trouve un excédant en liqueurs fabriquées, même disproportionné avec les manquans en alcool, il ne s'ensuit pas qu'il y ait eu fabrication clandestine ou introduction frauduleuse donnant lieu par conséquent à la confiscation avec amende. — En pareil cas, la régie doit se borner à prendre en charge les excédans constatés. — *Cass.*, 4 mai 1844 (t. 2 1844, p. 172), Liboz.

715. — La disposition de l'art. 5 de la loi du 24 juin 1824 sur le compte annuel des manquans en alcool, relativement aux liquoristes faisant le commerce en gros des eaux-de-vie, n'est point applicable aux manquans en liqueurs fabriquées. — En conséquence, lorsque l'existence en magasin d'une quantité déterminée de liqueurs a été constatée par un inventaire, les quantités sorties sans déclaration et sans acquittement des droits ne peuvent profiter du bénéfice d'une compensation avec les excédans pouvant résulter de la fabrication ultérieure d'autres liqueurs, moyennant un emploi d'alcool en quantité inférieure à la base de conversion légale. — *Cass.*, 24 avr. 1844 (t. 2 1844, p. 170), Faux et Fourcaud.

Sect. 7e. — *Brasseries. — Droit de fabrication.*

716. — Le droit de fabrication est celui qui se perçoit à la fabrication des bières.

717. — Il diffère des autres droits sur les boissons en ce qu'il frappe le fait seul de la fabrication, indépendamment de toute vente ou consommation ultérieure.

718. — Il peut former l'objet d'un abonnement (V. ce mot), et est le seul droit imposé sur les bières.

§ 1er. — *Assiette et perception du droit.*

719. — Le droit de fabrication se perçoit au moment de la fabrication de la bière et de toute boisson ainsi qualifiée, obtenue par les mêmes procédés, employée au même usage et quelles que soient les substances qui entrent dans sa confection. — Décis. de la régie (*Mémorial*, t. 9, p. 369).

720. — L'impôt sur les bières étant dû par le fabricant, indépendamment de toute vente ou consommation ultérieures, est acquis dès les premières opérations de la fabrication, quels qu'en soient les résultats, et le fabricant ne peut s'y soustraire, soit en affectant de ne pas compléter toute l'œuvre de la fabrication, soit en introduisant un système de fabrication autre que le système connu. — *Cass.*, 21 nov. 1840, et 21 juill. 1841, dans leurs motifs (rapportés tous deux au t. 2 1841, p. 654), Godard.

721. — En conséquence, on doit considérer comme bière un sirop composé des matières qui entrent dans la fabrication de la bière, et auquel il suffit d'ajouter une certaine quantité d'eau chaude et un ferment pour obtenir une boisson ayant toutes les qualités de la bière ordinaire, et les fabricans de ce produit doivent être assimilés aux brasseurs ordinaires et soumis aux mêmes obligations. — Mêmes arrêts.

722. — Le droit de fabrication est fixé dans tout le royaume à 2 fr. 40 c. par hectolitre sur la bière forte, et à 60 c. aussi par hectolitre sur la petite bière. — L. 12 déc. 1830 et tarif y annexé.

723. — Il ne peut être fait application de la taxe sur la petite bière que lorsqu'il a été préalablement fabriqué un brassin de bière forte avec la même drèche, et pourvu d'ailleurs que cette drèche ait subi, par le premier brassin, au moins deux trempes ; qu'il ne soit entré dans le second brassin aucune portion des métiers résultant des trempes données pour le premier ; qu'il n'ait été fait aucune addition ni aucun remplacement de drèche, et que le second brassin n'excède pas en contenance le brassin de bière forte. — S'il était fabriqué plus de deux brassins avec la même drèche, le dernier seulement est considéré comme petite bière. — L. 1er mai 1822, art. 8.

724. — Jugé cependant que le brasseur qui se borne à fabriquer deux brassins avec la même drèche a le droit de réclamer l'application de la taxe de la petite bière sur le produit du second et dernier brassin. Il en devrait être ainsi, même d'après les dispositions de la loi du 28 avr. 1816. — *Cass.*, 14 janv. 1824, Quentain-Delinal.

725. — Le produit des trempes données pour un brassin ne peut excéder de plus du vingtième la contenance de la chaudière déclarée pour sa fabrication ; la régie des contributions indirectes est autorisée à régler, suivant les circonstances, l'emploi de cet excédant, de manière qu'il ne puisse en résulter aucun abus. — L. 28 avr. 1816, art. 109.

726. — La faculté accordée à la régie des contributions indirectes par l'art. 109, L. 28 avr. 1816, de régler l'emploi de l'excédant du vingtième de la contenance de la chaudière destinée à la fabrication de la bière, ne doit, dans son exercice, nuire en aucune sorte au droit qui appartient aux brasseurs de fabriquer de la petite bière. Ainsi on ne saurait considérer comme obligatoire le règlement qui enjoint aux brasseurs de laisser à la drèche qui a déjà subi deux trempes, et avant la première trempe de la petite bière, un repos tel (par exemple neuf heures) qu'il aurait pour résultat de la faire arriver à l'état putride, ou au moins acéteux. — *Cass.*, 18 nov. 1837 (t. 2 1839, p. 54), Lesueur.

727. — C'est aux brasseurs, et non à la régie des contributions indirectes, qu'appartient, d'après les termes de la loi du 1er mai 1822, le droit de déterminer l'heure de la trempe de la petite bière. — Dès-lors est illégal et non obligatoire, comme tendant à leur enlever ce droit, le règlement par lequel la régie enjoint aux brasseurs « *de faire rentrer entièrement dans leurs chaudières de fabrication les excédans de matière de la bière forte* une heure avant la jetée de la première trempe de la petite bière, *sans que le moment de leur entière rentrée puisse, dans aucun cas, dépasser la neuvième heure à partir de la jetée ou du repassage de la dernière trempe de la bière forte sur les drèches.* » — Il en résulte, en effet, que le brasseur *ne peut* commencer sa trempe de petite bière *qu'une heure* après l'entier épuisement des réserves. — *Cass.*, 5 nov. 1836, Lesueur; *Douai*, 1er avr. 1837 (t. 2 1837, p. 510), mêmes parties.

728. — La quantité de bière passible du droit est évaluée, quelles qu'en soient l'espèce et la qualité, en comptant pour chaque brassin la contenance de la chaudière, lors même qu'elle ne serait pas entièrement pleine. Il est seulement déduit, sur cette contenance, vingt pour cent, pour tenir lieu de tous déchets de fabrication, d'ouillage, de coulage et autres accidens. — L. 28 avr. 1816, art. 110.

729. — Indépendamment de la déduction générale accordée aux brasseurs par la loi du 28 avr. 1816, pour déchet de fabrication, le règlement de l'octroi de la ville de Dijon accorde aux brasseurs de cette ville, comme entrepositaires, une déduction de dix pour cent pour ouillage, coulage et autres déchets. — *Cass.*, 30 juill. 1828, Pingaud et Regneau.

730. — Les employés de la régie sont autorisés à vérifier, dans les bacs et cuves, ou à l'entonnement, le produit de la fabrication de chaque brassin. Tout excédant à la contenance brute de la chaudière est saisi. Un excédant de plus du dixième suppose en outre la fabrication d'un brassin non déclaré, et le droit est perçu, en conséquence, indépendamment de l'amende encourue. Tout excédant à la quantité déclarée imposable par l'art. 110, est soumis au droit, quand il est de plus du dixième de cette quantité, lorsqu'on le constate sur les bacs ou à l'entonnement. — L. 28 avr. 1816, art. 111.

731. — Le premier bac, appelé bac à houblon, d'une brasserie, est soumis à la vérification des employés des contributions indirectes, et l'opposition, même simplement verbale, d'un brasseur à cette vérification, sous le prétexte que, dans ce bac, il se trouve avec la bière beaucoup de houblon et d'autres objets, constitue un refus d'exercice punissable. — *Cass.*, 7 (et non 3) oct. 1830, Dumoulin.

732. — Le brasseur dans la chaudière duquel les employés des contributions indirectes ont trouvé une quantité de bière supérieure à celle qu'il a déclarée, ne peut être excusé sous prétexte que l'excédant proviendrait d'ancienne bière par lui ajoutée au brassin, suivant son usage, dont il aurait précédemment averti l'administration. — *Cass.*, 17 oct. 1836, Brazil.

733. — Il ne peut être fait du même brassin qu'une seule espèce de bière; elle est retirée de la chaudière et mise aux bacs refroidissoirs sans interruption; les décharges partielles sont par conséquent défendues. — L. 28 avr. 1816, art. 118.

734. — La petite bière fabriquée sans ébullition sur des marcs qui ont déjà servi à la fabrication de tous les brassins déclarés, est exempte du droit, pourvu qu'elle ne soit que le produit d'eau froide versée dans la cuve-matière sur les marcs; qu'elle ne soit fabriquée que de jour; qu'elle n'excède pas en quantité le huitième des bières assujéties au droit pour un des brassins précédens; et qu'en sortant de la cuve-matière elle soit livrée de suite à la consommation sans être mélangée d'aucune autre espèce de bière. — A défaut d'une de ces conditions, toute la petite bière, fabriquée est soumise au droit, indépendamment des peines encourues pour fausse déclaration, s'il y a lieu. — *Ibid.*, art. 114.

735. — La petite bière, quoique faite sans ébullition, est assujétie aux droits, si elle a passé dans les bacs refroidissoirs sur le houblon et ensuite dans la cuve guilloire; elle n'en est exempte qu'autant qu'en sortant de la cuve-matière elle ne subit aucune autre opération. — *Cass.*, 14 mai 1816, de Surmont.

736. — Aussi est en contravention à la loi, le brasseur qui fabrique de la petite bière, sans ébullition, non pas avec de l'eau froide, mais avec de l'eau chauffée à sa cuisine et avec des ingrédiens autres que les marcs des précédens brassins. — *Cass.*, 4 juin 1830, Bourdillat.

737. — Les bières destinées à être converties en vinaigre sont assujéties au même droit de fabrication que les autres bières. Les quantités passibles du droit sont évaluées lorsque ces bières ont été fabriquées par infusion, en comptant pour chaque brassin la contenance de la cuve dans laquelle le produit des trempes a dû être réuni pour fermenter, lors même qu'elle ne serait pas entièrement pleine. Il est déduit sur la contenance de la chaudière ou de la cuve, quelles que soient les quantités fabriquées, pourvu qu'elles n'excèdent pas la contenance des vaisseaux, vingt pour cent pour tout déchet de fabrication, d'ouillage, de coulage, etc. En cas d'excédant à la contenance de la chaudière ou de la cuve, il est fait application des peines établies par l'art. 111 pour les autres bières. — L. 28 avr. 1816, art. 115.

738. — Les bières fabriquées dans Paris et qui sont expédiées hors du département de la Seine, sont soumises, à la sortie du département, au droit de fabrication. — Il en est de même des bières fabriquées dans les villes où l'abonnement avec les brasseurs a été consenti, lorsqu'elles ont été expédiées hors desdites villes. — L. 28 avr. 1816, art. 137.

739. — Le droit de fabrication est restitué sur les bières qui sont expédiées à l'étranger ou pour les colonies françaises. — L. 23 juill. 1820, art. 4.

740. — Quant aux bières fabriquées à l'étranger et importées en France, elles ne peuvent être soumises à ce droit, puisque leur fabrication, base essentielle de la perception, s'est opérée hors du royaume. — Décis. rég. (*Mémor.*, 3, 233).

§ 2. — *Obligations des brasseurs.*

741. — Indépendamment des formalités ci-dessus prescrites pour l'assiette et la perception du droit de fabrication, les brasseurs sont soumis aux obligations suivantes.

742. — Les brasseurs sont tenus de faire au bureau de la régie la déclaration de leur profession et du lieu où sont situés leurs établissemens, et d'y placer, aussitôt la mise en activité, une enseigne sur laquelle soit inscrit le mot *brasserie*. Ils sont, en outre, obligés à déclarer par écrit la contenance de leurs chaudières, cuves et bacs avant de s'en servir ; ils fournissent l'eau et les ouvriers nécessaires pour vérifier par l'empotement de ces vaisseaux les contenances déclarées ; cette opéra

tion est dirigée en leur présence par des employés de la régie, et il en est dressé procès-verbal. Chaque vaisseau porte un numéro et l'indication de la contenance en hectolitres. — L. 28 avril 1816, art. 117 et 124.

743. — La forme des vaisseaux et ustensiles employés dans les brasseries et distilleries ne permettant pas d'employer à leur égard le jaugeage usité pour les futailles, la loi a prescrit l'usage de l'empotement dont le mode d'exécution est indiqué avec détail par une instruction annexée au registre nº 57. L'opération par laquelle on vérifie la contenance de ces vaisseaux et ustensiles s'appelle *épalement*.

744. — Est, en contravention le brasseur qui emploie un vaisseau non déclaré par lui, ni épalé par les employés de la régie.— *Cass.*, 4 juin 1830, Bourdillat.

745. — Lorsqu'il est établi par un procès-verbal régulier des employés qu'ils ont trouvé chez un brasseur une chaudière à demeure de la contenance de deux cent quarante-quatre litres dont il n'a point fait la déclaration, et qu'il leur a avoué qu'elle lui servait quelquefois pour faire du levain de bière, le tribunal ne peut, sans violer la foi qui est due à ce procès-verbal, jusqu'à inscription de faux, admettre une expertise ou même une preuve vocale à l'effet de vérifier si cette chaudière est propre à la fabrication de la bière, ou si, au contraire, elle n'est propre qu'à des usages domestiques étrangers à cette fabrication. — *Cass.*, 15 juill. 1828, Freuden-Thaller. — Mangin (*Traité des procès-verbaux*, p. 88, nº 32)) dit que dans cet arrêt la cour a fait prévaloir l'opinion personnelle des employés. Cette interprétation nous semble inexacte. La cour a considéré que le contenance de la chaudière trouvée chez le prévenu, la manière dont elle était montée, sa possession clandestine et l'aveu par lui fait établissaient la preuve complète de sa destination et de son usage à la fabrication de la bière. Que pouvait, dans cet état, une expertise ? Si les experts eussent déclaré que la chaudière n'était propre qu'à des usages domestiques, leur opinion diamétralement contraire à la conséquence *nécessaire* des faits constatés par le procès-verbal eût été ou erronée ou incompatible avec leur existence, car, comme le dit la cour de Cassation, il est impossible d'admettre qu'une chaudière ainsi disposée ne soit pas propre à la fabrication de la bière. L'expertise violait donc, sinon directement, du moins implicitement, la foi due au procès-verbal ; et c'est avec raison, suivant nous, que dans l'état des faits la cour de Cassation a annulé l'arrêt qui l'avait ordonnée. Mais nous pensons avec Mangin que la preuve contraire aux assertions et opinions personnelles des employés est de droit ; nous pensons aussi que la constatation d'un aveu prouve seulement qu'il a été fait, sauf à en tirer ultérieurement telles conséquences que les circonstances de la cause peuvent comporter.

746. — La loi du 5 vent. an XII sur les droits réunis étant devenue exécutoire du moment de sa promulgation légale, un brasseur n'a pu, même avant l'organisation qu'elle prescrivait, se dispenser d'acquitter les droits établis par cette loi. La déclaration faite dans l'intervalle à un préposé de l'octroi a dû être considérée comme valable, à raison de la similitude de son service avec celui des préposés de la régie. — *Cass.*, 21 janv. 1806, Mercier ; 9 déc. 1806, N...

747. — L'exercice du droit attribué aux employés de la régie de vérifier par l'empotement la contenance des chaudières, cuves et bacs, déclarée par les brasseurs, ne peut être empêché par aucun obstacle du fait de ces brasseurs ; ceux-ci doivent toujours être prêts, par eux-mêmes ou par leurs préposés, à fournir l'eau et les ouvriers nécessaires et à déférer aux réquisitions des employés. — L. 23 avr. 1836, art. unique.

748. — Le brasseur qui refuse de fournir aux employés des contributions indirectes l'eau et les ouvriers nécessaires pour vérifier, par l'empotement, la contenance d'une chaudière, est réputé avoir refusé de souffrir leurs exercices. — *Cass.*, 28 févr. 1828, Boullé; même jour, Boscheron.

749. — Il ne peut être fait usage, pour la fabrication de la bière, que de chaudières de six hectolitres et au-dessus. Il est défendu de se servir de chaudières qui ne seraient pas fixées à demeure et maçonnées. Les brasseries ambulantes sont interdites ; la régie peut les permettre suivant les localités. — L. 28 avril 1816, art. 116.

750. — Il est défendu de changer, modifier ou altérer la contenance des chaudières, cuves et bacs, ou d'en établir de nouveaux sans en avoir fait la déclaration par écrit, vingt-quatre heures d'avance. Cette déclaration doit contenir soumission par le brasseur de ne faire usage desdits ustensiles qu'après que leur contenance aura été vérifiée par les employés. — *Ibid.*, art. 118.

751. — Le brasseur dont les chaudières sont reconnues avoir une contenance plus grande que celle déclarée à la régie, est en contravention, et doit être puni des peines portées par la loi, encore bien que l'administration n'ait pas pu préciser les moyens employés pour faire à son insu les altérations qu'elle a constatées. — *Cass.*, 15 mars 1828, Dumesnil ; même jour, Boullé et Janneret.

752. — Le brasseur qui a pratiqué sur une ou plusieurs de ses chaudières des changemens susceptibles d'en modifier la contenance, ou qui en a établi de nouvelles sans déclaration préalable à la régie, doit être puni des peines portées par l'art. 129, L. 28 avr. 1816, encore bien qu'il n'en ait pas fait usage, et lors même qu'il aurait déclaré ne vouloir point s'en servir.—*Cass.*, 15 déc. 1827, Villette.

753. — Le feu ne peut être allumé sous les chaudières que pour la fabrication de la bière. — Art. 119.

754. — Tout brasseur est tenu, chaque fois qu'il veut mettre le feu sous ses chaudières, de déclarer au moins quatre heures d'avance dans les villes et douze dans les campagnes : 1º le numéro et la contenance des chaudières qu'il veut employer et l'heure de la mise de feu pour chacune ; — 2º le nombre et la qualité des brassins qu'il doit fabriquer avec la même drèche ; — 3º l'heure à laquelle les trempes de chaque brassin doivent être données et l'heure de l'entonnement de chaque brassin ; — 4º le moment où l'eau sera versée sur les mares pour fabriquer la petite bière sans ébullition, exempte du droit, et celui où elle devra sortir de la brasserie. — L. 28 avr. 1816, art. 120, 1er mai 1822, art. 8.

755. — Les brasseurs qui veulent faire, pour la fabrication du vinaigre, un ou plusieurs brassins par infusion, sont tenus de déclarer, en outre, la contenance de la cuve dans laquelle toutes les trempes devront être réunies pour fermenter. — L. 28 avril 1816, art. 120 ; 1er mai 1822, art. 8.

756. — Lorsqu'il est établi par un procès-verbal régulier des employés qu'une chaudière en ébullition était placée dans la brasserie d'un individu qui exerce aussi la profession de distillateur, les tribunaux ne peuvent sans violer la foi qui est due à ce procès-verbal jusqu'à inscription de faux, déclarer que cette chaudière est un ustensile de distillerie et que c'était dans sa distillerie que le prévenu l'avait mise en ébullition. — Même arrêt.

757.—Un brasseur ne peut sous le prétexte qu'il exerce en même temps la profession de distillateur mettre le feu sous une chaudière d'alambic, dépourvue de son chapiteau, s'il n'en a fait la déclaration préalable, ou s'il n'y a été autorisé par l'administration. — L. 28 avr. 1816, art. 121. — *Cass.*, 3 déc. 1819, Pingault.

758. — La défense faite aux brasseurs, par un réglement municipal relatif à l'octroi, d'allumer aucuns fourneaux sous les chaudières sans en avoir obtenu l'autorisation motivée, d'après leur déclaration, comprend implicitement celle d'entretenir du feu sous lesdites chaudières, après que l'opération pour laquelle il a été permis d'en allumer est terminée.— *Cass.*, 25 prair. an XIII (Intér. de la loi), N.

759. — Toute déclaration de mise de feu, de la part d'un brasseur, doit nécessairement exprimer le jour et l'heure de cette mise de feu, afin que les employés de la régie soient mis en état de surveiller la fraude. — Mais sous la loi du 5 vent. an XII, aucune disposition pénale n'était attachée à l'omission de cette indication. — *Cass.*, 23 janv. 1813, Renault.

760.—Le brasseur qui a mis le feu sous sa chaudière, une heure avant celle indiquée dans sa déclaration, ne peut pas être acquitté sous le prétexte d'une erreur qui est reconnue ne pas exister dans sa déclaration, et de la bonne foi qui en serait résultée. — *Cass.*, 3 déc. 1829, Maes.

761. — Le préposé qui a reçu une déclaration en remet une ampliation signée de lui au brasseur, lequel est tenu de la représenter à toute réquisition des employés, pendant la durée de la fabrication. — L. 28 avr. 1816, art. 120, et 1er mai 1822, art. 8.

762. — De ce que les déclarations auxquelles les brasseurs sont tenus doivent être consignées sur un registre public et prouvées par une ampliation émanée d'un employé de la régie, il suit qu'une cour de justice criminelle ne peut remplacer cette preuve par des dépositions de témoins.—*Cass.*, 7 nov. 1806, Gebhard ; — Merlin, *Rép.*, vº *Déclaration au bureau des contrib. indir.*, nº 1er.

763. — La mise de feu sous une chaudière supplémentaire peut être autorisée, sans donner ouverture au paiement du droit de fabrication, pourvu qu'elle ne serve qu'à chauffer les eaux nécessaires à la confection de la bière et au lavage des ustensiles de la brasserie. Le feu doit être éteint sous la chaudière supplémentaire, et elle vidée aussitôt que l'eau destinée à la dernière trempe en a été retirée. — L. 28 avr. 1816, art. 121.

764. — La loi ayant accordé aux brasseurs une déduction en raison de la perte causée par l'ébullition, ils ne peuvent se permettre d'augmenter leurs brasseries et d'entretenir, par le moyen d'un remplissage, leurs chaudières toujours pleines, jusqu'à l'entière perfection de la cuisson de la bière. — *Cass.*, 23 janv. 1813, Renault. — D'Agar (*Manuel des contrib. indir*, vº *Brasseries*), dit que l'usage d'une chaudière supplémentaire ne doit être toléré que lorsque la totalité du brassin doit être convertie en bière forte.

765.—La réduction accordée aux brasseurs pour la fabrication de la bière, a été calculée sur l'évaporation qui s'opère par la cuisson, comme sur le coulage, ouillage, etc. En conséquence, le brasseur qui tient sur une chaudière en ébullition une tonne de bière servant à remplir la chaudière à mesure de l'évaporation, se met en contravention. — L. 20 avr. 1810, Morael.

766.—Par une circulaire ou instruction du 2 vent. an XIII, et autres subséquentes, la régie prenant en considération les procédés plus compliqués et plus étendus qu'il faut employer pour la fabrication de la bière rouge, et le plus long temps qui est nécessaire à sa cuisson, a jugé à propos de permettre aux brasseurs de cette espèce de bière de faire usage d'une chaudière, vase ou bac supplémentaire, pour remplacer le vide occasionné par une ébullition qui dure trente à quarante heures, tandis que huit à neuf heures suffisent pour faire cuire la bière blanche; mais elle a attaché à cette tolérance certaines conditions qui n'en peuvent évidemment pas être séparées, et à défaut d'observation desquelles elle cesse de les protéger.

767. — Ainsi jugé qu'il ne peut être fait usage, dans la fabrication de la bière rouge, d'une chaudière supplémentaire, pour remplacer le vide causé par l'ébullition de la chaudière de fabrication, qu'autant que le brasseur qui fait usage de ce moyen se conforme rigoureusement aux conditions prescrites par la régie, et desquelles elle fait dépendre l'exercice de cette tolérance. — *Cass.*, 23 janv. 1813, Renault.

768. — Les brasseurs sont autorisés à se servir de hausses mobiles, qui ne sont point comprises dans l'épalement, pourvu qu'elles n'aient pas plus d'un décimètre (environ 4 pouces) de hauteur, qu'elles ne soient placées sur les chaudières qu'au moment de l'ébullition de la bière, et qu'on ne se serve point de mastic ou autres matières pour les soutenir ou pour les élever.—L. 28 avr. 1816, art. 122.

769. — Les brasseurs peuvent se servir de hausses mobiles pour l'ébullition des trempes préparatoires ou d'une bière faible, comme pour la fabrication d'une bière de la meilleure qualité, pourvu que ces hausses ne soient placées sur leurs chaudières qu'au moment de l'ébullition. — *Cass.*, 22 fév. 1822, Libotton.

770. — Toutes constructions en charpente, maçonnerie ou autrement, qui sont fixées à demeure sur les chaudières, et qui s'étendent sur plus de moitié de leur contour, sont comprises dans l'épalement. Les brasseurs doivent, en conséquence, les détruire ou faire les dispositions convenables pour qu'elles puissent être épalées. — *Ibid*, art. 123.

771. — L'entonnement de la bière ne peut avoir lieu que de jour. — *Ibid.*, art. 112.

772. — Le brasseur qui, contrairement aux dispositions de la loi du 28 avr. 1816, a procédé à l'entonnement de la bière pendant la nuit, ne peut être renvoyé des poursuites, sous le prétexte que l'élévation de la température ne permettait pas de faire cet entonnement pendant le jour. — *Cass.*, 23 mai 1828, Villette.

773. — Les brasseurs de profession doivent apposer sur leurs tonneaux une marque particulière, dont une empreinte est par eux déposée au bureau de la régie, au moment où ils font la déclaration de leur profession. — *Ibid.*, art. 124.

774. — Les brasseurs sont soumis aux visites et vérifications des employés de la régie et tenus de leur ouvrir, à toute réquisition, leurs maisons, brasseries, ateliers, magasins, caves et celliers, ainsi que de leur représenter les bières qu'ils ont en leur possession. — Ces visites ne peuvent avoir lieu dans les maisons non contiguës aux brasseries, ou non enclavées dans la même enceinte. Ils sont également tenus de faire sceller toutes communications des brasseries avec les maisons voisines autres que leur maison d'habitation. — *Ibid.*, art. 125.

775. — Les visites et exercices des employés peuvent être faites la nuit dans les brasseries, lorsqu'il résulte des déclarations que les travaux de fabrication y sont en activité. — *Ibid.*, art. 235.

776. — Un brasseur ne peut refuser de laisser

procéder à la vérification de ses chaudières, sous le prétexte que les employés ne sont pas accompagnés du commissaire de police : l'assistance de ce fonctionnaire n'est nécessaire que pour les visites à faire chez les particuliers non soumis aux exercices. — *Cass.*, 28 fév. 1826, Boutté; même jour, Dumesnil et Jeannerel.

777. — Le procès-verbal constatant que les employés de la régie s'étant 1° rendus le 29 juin dans une brasserie y ont reconnu frais et tièdes dans une chaudière les marcs du houblon qui avait été employé à un brassin nouvellement confectionné, bien que la dernière déclaration du propriétaire de la brasserie remontât au 20 juin; — 2° introduits dans l'entonnerie malgré la résistance dudit propriétaire qui en avait fermé les portes et en les faisant enfoncer en présence du maire, y ont reconnu cinquante hectolitres de bière encore chaude et entonnée depuis peu de temps, établit à la charge de l'assujéti la double contravention de refus d'exercice et de fabrication d'un brassin sans déclaration préalable. — En conséquence, le tribunal saisi de la poursuite ne peut, sans méconnaître la foi due au procès-verbal, refuser de faire au prévenu l'application des peines par lui encourues et annuler la saisie des bières trouvées en contravention, sous le prétexte que ledit procès-verbal ne prouve pas suffisamment que le marc et la bière ne provenaient pas du brassin qui avait été l'objet de la dernière contravention. — *Cass.*, 18 août 1838 (t. 2 1845, p. 79), Mainbourneaux.

778. — Lorsqu'il est établi qu'après avoir vérifié l'état et le produit des deux brassins qu'un brasseur a déclaré vouloir fabriquer, les employés ont trouvé dans son domicile une certaine quantité de bière qu'on voulait soustraire à leurs regards, il y a contravention de la part du brasseur, d'abord pour n'avoir pas représenté cette bière aux commis sur leur réquisition, et en second lieu, soit pour avoir fait un troisième brassin sans déclaration, soit pour avoir fait des décharges partielles. *Cass.*, 20 mai 1826, Boutté.

779. — La preuve de la contravention résulte suffisamment de ce que: 1° la bière non représentée était encore chaude au moment de la saisie, tandis que le houblon avec lequel le prévenu prétend l'avoir faite était froid; — 2° les deux brassins étaient également refroidis; — 3° le houblon épuisé ne pouvait produire une aussi grande quantité de bière que celle qui a été découverte. — Même arrêt.

780. — Il y a de la part d'un brasseur refus de souffrir les exercices des commis, lorsqu'il résulte d'un procès-verbal qu'au moment de leur arrivée, pendant que la brasserie était en activité, ils n'ont obtenu que des réponses évasives, et se sont retirés après une attente d'un quart d'heure, sans que la porte leur fût ouverte. — *Cass.*, 7 mars 1828, Besson.

781. — La disposition qui veut que les visites et vérifications des employés de la régie chez les brasseurs soient faites en leur présence, ne peut pas être entendue en ce sens qu'en cas d'absence les employés soient tenus de les citer à jour et heure fixes : les brasseurs doivent être toujours prêts à déférer aux réquisitions des employés, sous peine d'être considérés comme ayant refusé de souffrir les exercices. — *Cass.*, 17 juin 1829, Boutté.

782. — Le premier garçon d'une brasserie est le représentant naturel de son maître, et les commis peuvent procéder contradictoirement avec lui à un empotement pour vérifier une chaudière, malgré l'absence du maître. — *Cass.*, 28 fév. 1828, Boutté.

783. — Sans doute les brasseurs sont tenus, sous peine d'amende, de représenter aux employés de la régie, sur leur réquisition, tant les bières en fabrication que les bières fabriquées; mais leur refus de représenter la bière en cours de fabrication ne constituerait pas une contravention, s'il était constaté que l'ouverture de la chaudière dût, soit à raison du mode spécial de fabrication, soit autrement, détruire ou altérer la bière. — *Cass.*, 18 mai 1838 et 16 juill. 1839 (t. 2 1839, p. 55), Botta.

784. — Les brasseurs peuvent avoir un registre coté et paraphé par le juge de paix, sur lequel les employés consignent le résultat des actes inscrits à leurs portatifs. — L. 28 avr. 1816, art. 126.

785. — Les brasseurs ont avec la régie un compte ouvert, pour les droits constatés à leur charge, qui est réglé et soldé à la fin de chaque année. — Les sommes dues peuvent être payées en obligations dûment cautionnées, à trois, six, neuf mois de terme, pourvu que chaque obligation soit au moins *de trois cents francs*. — L. 28 avr. 1816, art. 127. — V. au surplus BRASSERIES, BRASSEURS.

786. — Les particuliers qui ne brassent que pour leur consommation, les collèges, maisons d'instruction et autres établissemens publics, sont assujétis aux mêmes taxes que les brasseurs de profession et tenus aux mêmes obligations excepté au paiement du prix de la licence. — Néanmoins, les hôpitaux ne sont assujétis qu'à un droit proportionnel à la qualité de la bière qu'ils font fabriquer pour leur consommation intérieure : ce droit est réglé par deux experts dont l'un est nommé par la régie et l'autre par les administrateurs des hôpitaux : en cas de discord, le tiers arbitre est nommé par le préfet. — *Ibid.*, art. 128.

787. — La question de savoir si l'individu qui brasse pour la consommation de sa maison est exempt du paiement des droits réclamés par la régie engage nécessairement un débat sur le fond du droit et dont le tribunal correctionnel doit renvoyer la connaissance au tribunal civil. — *Cass.*, 27 flor. an XIII, Vigneron et Bignon.

788. — Sous la loi du 5 vent. an XII, l'exemption des droits accordée au particulier qui ne brassait que pour la consommation de sa maison ne pouvait pas être étendue aux établissemens renfermant un certain nombre de personnes étrangères les unes aux autres, tels que les hospices qui présentent une réunion d'individus se renouvelant sans cesse. — *Cass.*, 21 juill. 1806, Hosp. de Liége. — Cette jurisprudence fut confirmée par un décret du 13 fructid. an XIII, qui concédu néanmoins aux hospices et aux établissemens publics une déduction de dix-huit hectolitres de bière par année. — Merlin, *Rép.*, v° *Bière*, n° 3. — Cette question ne peut plus se reproduire sous l'empire de l'art. 128 que nous venons de citer.

§ 3. — *Dispositions pénales en cas de contravention.*

789. — Toute contravention aux dispositions relatives aux brasseries est punie d'une amende de 200 à 600 francs. — Les bières trouvées en fraude et les chaudières qui ne sont pas fixées à demeure et maçonnées, sont, en outre, saisies et confisquées. — LL. 28 avr. 1816, art. 129 et 143, et 1er mai 1822, art. 8.

790. — Lorsqu'il est établi par un procès-verbal régulier des employés, qu'un brasseur a commis des contraventions, le tribunal ne peut, sur ses simples allégations, le renvoyer des poursuites. — *Cass.*, 4 juin 1830, Bourdillat.

791. — La loi du 5 vent. an XII ordonnait seulement la confiscation des objets de fraude, en cas de contravention par un brasseur, et n'ordonnait point celle des moyens de fabrication ou de transport. — *Cass.*, 9 mars 1809, Wan-Waremberche et Maesfranck.

Sect. 8e. — *Droit d'octroi.*

792. — Le droit d'octroi se perçoit au profit des communes dont les revenus sont insuffisans pour couvrir leurs dépenses, non seulement sur les boissons, mais sur toutes les denrées et marchandises destinées à la consommation locale, qui y sont soumises par le Tarif. — Nous n'en parlons ici qu'à raison de ses rapports avec les droits perçus sur les boissons au profit du trésor.

793. — La plupart des règles applicables au droit d'entrée le sont aussi au droit d'octroi en ce qui concerne les boissons.

794. — Il ne peut être établi aucune taxe d'octroi supérieure au droit d'entrée qu'en vertu d'une loi. — L. 11 juin 1842, art. 9.

795. — Sur la demande des conseils municipaux, il peut être fait application, dans les villes sujettes à l'octroi, des dispositions de l'art. 10, L. 1er mars 1822, qui prohibe la fabrication et la distillation des eaux-de-vie dans la ville de Paris. — L. 24 mai 1834, art. 10.

796. — Au surplus, tout ce qui concerne ce droit en particulier est expliqué sous le mot *octroi*.

Sect 9e. — *Droit de licence.*

797. — Comme le droit d'octroi, celui de licence n'est considéré qu'en ce qui concerne les boissons. Bien qu'il ne soit pas imposé sur les boissons elles-mêmes, il n'en a pas moins pour effet indirect d'en augmenter le prix pour le consommateur, en grevant le commerçant.

798. — Le droit de licence ne peut plus être compris dans l'*abonnement*. — V. ce mot.

799. — Toute personne assujétie à une déclaration préalable, en raison d'un commerce quelconque de boissons, est tenue, en faisant ladite déclaration, et avant de commencer la fabrication ou le débit, de se munir d'une licence. — L. 28 avr. 1816, art. 144 et 171.

800. — Il résulte des dispositions de la loi du 28 avr. 1816 et du Tarif y annexé que l'obligation de la licence est imposée aux débitans et marchands en gros de boissons, aux distillateurs, bouilleurs, liquoristes et brasseurs.

801. — Cette obligation s'applique aux débitans de bière, comme à ceux de toute autre boisson. — *Cass.*, 13 août 1819, Delalonde.

802. — Les cabaretiers, aubergistes, traiteurs, restaurateurs, maîtres d'hôtels garnis, cafetiers, liquoristes, buvetiers, débitans d'eau-de-vie, concierges et autres donnant à manger au jour, au mois et à l'année, sont, par le seul fait de leur profession, légalement présumés faire le débit des boissons, et, par conséquent, ne peuvent, en alléguant qu'ils ne le font pas, être dispensés de faire la déclaration, ni de prendre la licence prescrite par la loi. — *Cass.*, 7 fév. 1829, Russuffat; même jour, Legonaille.

803. — La licence n'est valable que pour un seul établissement et pour l'année où elle est délivrée. — L. 28 avr. 1816, art. 171.

804. — Celui qui exerce la profession de bouilleur d'eau-de-vie, et qui vend en même temps du cidre de son crû, dans un magasin séparé de sa distillerie, n'est pas tenu de prendre la licence de marchand de boissons; celle de bouilleur suffit. — *Cass.*, 26 juill. 1825, Gaillard.

805. — L'art. 171, L. 28 avr. 1816, portant que les marchands de boissons ne pourront commencer le débit qu'après avoir obtenu une licence qui n'est valable que pour l'année, s'applique non seulement à ceux qui commencent un établissement, mais encore à ceux qui, ayant déjà obtenu une licence, ne l'ont pas renouvelée pour l'année suivante. — *Cass.*, 6 mars 1818, Héron.

806. — Le prix annuel de la licence varie, savoir : pour les débitans, de 6 à 20 fr., suivant que la population de la commune où sont établis leurs débits s'élève de quatre mille à cinquante mille ames; et pour les brasseurs, de 20 à 50 fr., selon le département dans lequel se trouvent leurs brasseries. Ce prix est fixé à 10 fr. pour les bouilleurs et distillateurs, et à 50 fr. pour les marchands en gros de boissons, dans toute l'étendue du royaume. — L. 28 avr. 1816, art. 144, Tarif y annexé.

807. — Le droit de la licence se paie par trimestre; le trimestre courant est toujours dû en entier, à quelque époque que commence ou cesse le commerce. — L. 21 avr. 1832, art. 44.

808. — Toute contravention relative au droit de licence est punie d'une amende de 300 fr., laquelle, en cas de fraude, est augmentée du quadruple des droits fraudés. — L. 28 avr. 1816, art. 171.

809. — Lorsqu'il résulte des aveux d'un individu, consignés dans un procès-verbal régulier des employés de la régie, que, sans avoir fait de déclaration ni s'être muni d'une licence, il a logé des étrangers et vendu du vin, le tribunal ne peut refuser de prononcer contre lui les amendes qu'il a encourues, fixées par la loi, sur le motif qu'il n'est pas suffisamment prouvé qu'il se soit livré à la vente des boissons. — *Cass.*, 2 oct. 1834, Mougin.

V. ABONNEMENT, ACQUIT A CAUTION, BRASSERIE, CANTINE, CONGÉ, CONTRIBUTIONS INDIRECTES, LAISSEZ-PASSER, OCTROI, PASSAVANT, PASSE-DEBOUT.

BOISSON D'EAU.

Peine à laquelle on condamnait un soldat pour fait d'ivrognerie. Elle consistait à boire, à l'heure de la garde montante, une chopine d'eau pendant trois jours de la semaine. Le décret du 4-9 mai 1792 l'a supprimée.

BOISSONS FALSIFIÉES OU NUISIBLES.

Table alphabétique.

BOISSONS FALSIFIÉES OU NUISIBLES. — 1. — La loi a attaché une qualification et, par suite, une répression différentes au fait d'avoir vendu et débité des boissons falsifiées, suivant que la falsification a ou non été opérée au moyen de mixtions *nuisibles à la santé*.

2. — Si la falsification a eu lieu sans mixtion nul-

sible à la santé, le débit ou la vente des boissons ainsi falsifiées constitue une simple contravention de police prévue et punie par l'art. 475, n° 6, C. pén.

3. — Si, au contraire, la falsification a eu lieu avec mixtions nuisibles à la santé, le débit ou la vente de boissons ainsi falsifiées constitue un délit prévu et puni par l'art. 318, C. pén.

4. — Ce délit participe à la fois de *l'attentat contre la propriété*, en ce que celui qui le commet n'a qu'un but, celui de faire un gain illicite en trompant l'acheteur, et de *l'attentat contre les personnes* à raison de ses résultats et de ses effets possibles sur la santé. C'est sous ce dernier rapport que le Code pénal l'a classé. « Il est encore, dit l'exposé des motifs, un genre d'attentat contre la vie dont le projet de loi indique la répression; ses auteurs sont les débitans des boissons falsifiées par des mixtions nuisibles à la santé; empoisonneurs publics qui, par des oxydes métalliques, cherchent à donner la saveur du vin à des liquides déjà chargés d'une couleur empruntée, et vendent en détail le poison et la mort; cette cupidité meurtrière n'était punie par la loi en vigueur que d'un emprisonnement qui ne pouvait excéder une année (V. *infrà*); le projet a doublé cette peine, et certes elle n'est pas trop sévère pour des hommes si dangereux. »

5. — Il importe de faire observer que dans les dispositions qui vont être analysées la loi ne s'occupe que du fait même de vendre ou débiter des boissons falsifiées, nuisibles ou non à la santé, abstraction faite de la maladie ou de l'incapacité de travail qui a pu en résulter. — Mais si les conséquences de la vente avaient été nuisibles, le vendeur pourrait, suivant les circonstances, tomber sous l'application d'autres dispositions pénales. — V. BLESSURES ET COUPS, HOMICIDE.

6. — *Caractères communs.* — Soit qu'il s'agisse de la contravention prévue par l'art. 475, n° 6, ou du délit réprimé par l'art 318, C. pén., un caractère essentiel pour constituer l'un ou l'autre, c'est qu'il s'agisse de *boissons*. — Quant aux autres denrées ou comestibles qui auraient pu être l'objet d'une altération, leur vente ou mise en vente constitue une contravention spéciale. — V. COMESTIBLES ET DENRÉES CORROMPUS OU NUISIBLES.

7. — Il résulte d'un arrêt de la cour de Cassation du 15 juin 1844 (t. 2 1844, p. 120, Palmire Descamps), que *le lait* doit être considéré comme boisson.

8. — En outre, la *falsification* est également un caractère essentiel et constitutif sans l'existence duquel la loi pénale ne saurait trouver son application. — Il y a *falsification* lorsqu'une boisson n'est pas dans son état naturel et est mélangée de quelque substance étrangère à sa nature. — V. au surplus *infrà* n°s 16 et suiv.

9. — L'art. 475, § 6, C. pén., comme aussi l'art. 318, ne parlent que du *débit ou de la vente* des boissons falsifiées sans s'expliquer sur l'exposition ou mise en vente; d'où MM. Chauveau et Hélie (*Théorie C. pén.*, t. 8, p. 379 et t. 5, p. 450) concluent que dans les cas prévus par ces articles, la simple exposition ou mise en vente pourrait tomber tout au plus sous l'application de la loi du 19-22 juillet 1791 (art. 20, tit. 1er) qui prononce une amende du tiers de la contribution mobilière (laquelle amende ne pourra être moindre de 3 livres) pour le cas *d'exposition* ou vente de comestibles gâtés, corrompus ou nuisibles. — D'ailleurs, les mêmes auteurs repoussent l'application qu'on voudrait faire du décret du 15 déc. 1813 (spécial au commerce de vins de Paris), lequel étend les dispositions des art. 318 et 475, C. pén., au fait d'exposition.

10. — Mais, d'une part, et malgré la résistance de la cour de Paris, plusieurs arrêts de la cour de Cassation ont décidé que le décret du 15 déc. 1813 n'avait pas cessé d'avoir force de loi même depuis la Charte constitutionnelle. — *Cass.*, 7 juill. 1827, Pichenot; 4 août 1827, Bry; 20 mars 1828 (et non 1827), Panseron; 26 avr. 1828, Cheminel; 1er mai 1828, Cottin; 23 mai 1828, Frion.

11. — Et, d'autre part, la cour de Cassation a définitivement consacré l'applicabilité du Code pénal au fait *d'exposition* en décidant, avec beaucoup de raison selon nous, que l'exposition en vente des boissons falsifiées constitue « autant qu'il dépend du vendeur » une véritable vente dans le sens de la loi; — « que l'art. 477 le suppose ainsi, puisqu'il ordonne de répandre les boissons falsifiées trouvées en la possession du vendeur, ce qui prouve que ces boissons n'ont été encore vendues ni livrées, et que, si l'on ne pouvait poursuivre celui qui a exposé en vente qu'après qu'il a vendu, ce serait frapper d'impuissance l'action publique dans la protection qu'elle doit et que la loi a voulu donner à la bonne foi du commerce, puisqu'on ne pourrait poursuivre que des faits dont la preuve serait à peu près impossible après la livraison des marchandises. » — *Cass.*, 10 août 1844, (t. 1er 1845, p. 436), Pardon. — V. en ce sens *Cass.*, 15 juin 1844 (t. 2 1844, p. 120), Palmire Descamps.

12. — La même cour avait au reste déjà jugé que la prohibition de l'art. 318, prononcée dans l'intérêt de la santé publique, renferme et implique nécessairement celle d'exposer en vente, et qu'en conséquence le seul fait par un fabricant de vinaigre d'avoir *mis en vente* des vinaigres mélangés d'acides minéraux et spécialement d'acides sulfuriques le rend passible des peines prononcées par l'art. 318, C. pén., alors même que par suite du refus fait par l'acheteur après dégustation la vente n'aurait pas été parfaite. — *Cass.*, 14 févr. 1840 (t. 2 1840, p. 570), Gauthier.

13. — Et l'arrêt du 15 juin 1844 précité a même décidé que *l'introduction* dans une ville par un marchand forain d'une boisson falsifiée constituait l'exposition et la mise en vente et tombait sous l'application de l'art. 475, § 6, C. pén. — On déciderait évidemment de même s'il s'agissait de l'application de l'art. 318.

14. — Comme on le voit, les art. 318 et 475, C. pén., ne s'occupent que de la vente, du débit, ce qui comprend, ainsi qu'il vient d'être dit, *l'exposition* ou *mise en vente*. — Mais ils ne disposent en aucune manière à l'égard du fait simple de fabrication, altération ou falsification, pris indépendamment de celui de vente, débit ou mise en vente. — Tout, à cet égard, a été réglé, au moins en ce qui concerne le commerce de Paris, par le décret déjà cité du 15 déc. 1813. — V. BOISSONS.

15. — Ces mêmes articles ne sont point encore applicables au cas prévu par l'art. 387, c'est-à-dire à l'altération commise par les voituriers et bateliers, au moyen de substances malfaisantes ou non, des vins ou toute autre espèce de liquide ou de marchandise dont le transport leur a été confié. — V. à cet égard le mot VOL.

16. — *Boissons simplement falsifiées.* — De ce que le débit ou la vente des boissons simplement falsifiées constitue une *contravention* et non un délit, il résulte que la loi pénale trouve son application alors même que le vendeur ou débitant aurait ignoré l'existence de la falsification. Le fait matériel du débit de la vente ou de la mise en vente suffit.

17. — C'est aux juges qu'il appartient de décider s'il y a eu falsification dans le sens de la loi pénale, et il paraît impossible de tracer une règle précise quant au point de savoir dans quelle proportion le mélange devra avoir eu lieu pour que la contravention existe. — Arr. du 28 oct. 1814, cité *infrà*, n° 28. — Ainsi, par exemple, il se peut et c'est ce qui arrivera le plus souvent, que le mélange de deux vins d'espèce différente, ou l'addition d'un peu d'alcool pour en augmenter les forces ne constitue pas une falsification; mais si le mélange ou l'addition a été faite pour donner à un vin commun l'apparence et *le nom* d'un vin plus estimé et d'un prix plus élevé, il y aura contravention.

18. — La cour de Cassation a jugé que le mélange de *deux tiers d'eau* avec des vins destinés au commerce altère la substance de ceux-ci et en opère la falsification. — *Cass.*, 19 fév. 1818 (intérêt la loi), Grelet.

19. — Et M. Rauter (*Tr. de dr. crim.*, t. 2, p. 237, n° 607), en citant cet arrêt, exprime l'opinion qu'il n'y aurait pas falsification si le mélange n'avait été que *d'un tiers* d'eau sur deux tiers de vin; que si le mélange avait eu lieu par moitié, la question serait plus délicate, que cependant il croit qu'il y aurait falsification. Mais nous ne voyons pas bien la raison de ces incertitudes; quand le mélange a eu lieu d'une façon appréciable et de manière à falsifier la boisson mise en vente, c'est-à-dire à en changer les principes constituans ou à en augmenter frauduleusement la quantité, la contravention existe.

20. — C'est donc avec raison que la cour de Cassation a posé en principe, dans l'un de ses arrêts : « qu'il est impossible de ne pas reconnaître dans une addition d'eau en *plus ou moins grande* quantité à une certaine quantité de vins, ou des eaux colorées et préparées, ou des vins altérés, et qu'on doit même considérer ces vins comme falsifiés ou mixtionnés, alors même que le mélange n'est pas nuisible à la santé. » — *Cass.*, 1er mai 1828, Cottin

21. — Et l'arrêt précité du 15 juin 1844 (t. 2 1844, p. 120. Palmire Descamps), reconnaît l'existence de la falsification dans le fait de l'immixtion *de moitié d'eau* dans du lait, mais sans qu'il résulte d'aucun de ses motifs qu'il soit nécessaire, pour l'application de la loi que l'immixtion ait eu lieu dans cette proportion (Chauveau et Hélie, *Th. C. pén.*, t. 8, p. 380). — Le mélange du lait avec de l'eau, disent ces auteurs, est une altération de la pureté naturelle du lait; il constitue, dès-lors, une falsification.

22. — *Boissons falsifiées et nuisibles.* — Le fait prévu par l'art. 318 constitue un *délit* : de là il résulte que pour l'application de cet article il faut que ce fait ait été commis *sciemment*, c'est-à-dire que le prévenu ait agi avec connaissance que les boissons falsifiées pouvaient être nuisibles. — Chauveau et Hélie, t. 8, p. 379.

23. — Mais il semble certain, par la combinaison de ce principe et de celui posé plus haut sur l'application de l'art. 475, que si le fait perdait son caractère de délit par l'ignorance dans laquelle se serait trouvé le vendeur sur le caractère *nuisible* de la boisson vendue, il conserverait au moins le caractère de contravention, puisque pour l'existence de la contravention il suffit qu'il y ait eu vente de boissons falsifiées, même *insciemment*.

24. — La circonstance que les mixtions au moyen desquelles la falsification se sera effectuée auront *été nuisibles à la santé* est caractéristique du délit.

25. — L'art. 318, il faut bien le remarquer, ne fait pas dépendre l'existence du délit de la nature même des substances au moyen desquelles la falsification aura eu lieu, mais bien des effets de la combinaison des diverses substances mêlées ensemble dont la boisson se composera. — C'est ce qui résulte des termes de cet article, qui parle *de mixtions nuisibles à la santé*, sans s'occuper des divers élémens pris isolément.

26. — C'est évidemment par le ministère d'experts que les juges arriveront à déterminer les effets des mixtions opérées. — Mais il en est de ce cas comme de tous ceux dans lesquels les juges recourent à des expertises; les opinions et les expériences n'enchaînent pas leur jugement. — Aussi a-t-il été décidé que lors même que les experts dégustateurs auraient déclaré des boissons falsifiées, et qu'elles ne contiendraient aucunes immixtions nuisibles à la santé, les tribunaux peuvent prononcer les peines légales s'ils ont l'intime conviction qu'elles en contiennent réellement. — *Cass.*, 25 juin 1813, N...; — Carnot sur l'art. 318, C. pén., t. 2, p. 67, n° 7; Chauveau et Hélie, t. 5, p. 452.

27. — Mais que doit-on entendre par ces mots : *nuisibles à la santé?* — Doivent-ils être pris *lato sensu*, et suffirait-il qu'au moyen de la mixtion opérée la boisson primitive et qui serait vendue comme pure et naturelle eût perdu la vertu médicamenteuse ou seulement sanitaire qui lui appartiendrait, pour que l'art. 318 fût applicable? — Nous ne le pensons point, et la loi nous paraît avoir voulu punir l'introduction dans les boissons d'une substance malsaine et activement nuisible et non celle d'une substance qui enlèverait sa vertu médicamenteuse ou sanitaire à une boisson qui serait vendue comme pure et naturelle.

28. — Au surplus, l'appréciation des tribunaux est souveraine et échappe à la censure de la cour de Cassation. — Ainsi, l'individu condamné pour avoir vendu ou débité des boissons falsifiées ne peut tirer un moyen de cassation de ce que les faits constatés ne présentaient pas le caractère d'une falsification dans le sens de la loi pénale. — *Cass.*, 28 oct. 1814, Wherlé.

29. — *Pénalité.* — La contravention prévue par l'art. 475, n° 6, est punie d'une amende de 6 à 10 fr. inclusivement. — En outre, l'art. 476 permet au juge de police d'appliquer, indépendamment de l'amende, la peine de l'emprisonnement pendant trois jours au plus. — En cas de récidive, la peine d'emprisonnement doit toujours être prononcée, mais pendant cinq jours au plus. — Art. 478.

30. — Quant au délit prévu par l'art. 318, il est puni d'un emprisonnement de six jours à deux ans, et d'une amende de 16 à 500 fr.

31. — La loi des 19-22 juill. 1791 (art. 38, tit. 2) avait une disposition analogue, mais moins sévère quant à l'emprisonnement, et plus sévère quant à l'amende. Elle disposait que « toutes personnes convaincues d'avoir vendu des boissons falsifiées par des mixtions nuisibles, serait condamnée à une amende qui ne pourrait excéder 1,000 liv., et à un emprisonnement qui ne pourrait excéder une année. — Que le jugement serait imprimé et affiché et que la peine serait double en cas de récidive. »

32. — En outre, les art. 477 et 318 disposent que les boissons falsifiées, trouvées appartenir au vendeur ou débitant, seront saisies et confisquées.

33. — De ce que ces articles ne parlent que des boissons trouvées *appartenir* au vendeur ou débitant, MM. Chauveau et Hélie (t. 5, p. 453) concluent que les boissons falsifiées qui n'*appartiennent* pas au débitant ne peuvent être ni saisies ni confisquées. « Restriction assez étrange, disent-ils, car la seule existence de ces boissons est une menace continue contre la santé publique. » — Pour nous, il nous semble que le mot *appartenir* ne doit pas être interprété dans un sens aussi *restrictif*, et qu'il suffira que le débitant ou vendeur soit en *possession* pour que la saisie et la confiscation soient de droit.

34. — Si les boissons n'ont pas été saisies, les juges peuvent-ils ordonner la confiscation? — Quelques

auteurs (V. Rauter, *Traité du droit crim.*, t. 2, p. 41;
Chauveau et Hélie (t. 5, p. 458) citent, comme jugeant l'affirmative, un arrêt de la cour de Cassation du 11 mars 1843; mais en même temps ils le critiquent en se fondant : 1° sur ce que la loi ne sépare pas les deux mesures qu'elle indique; — 2° sur le principe qu'en matière de confiscation : *point de saisie, point d'action.* — Ils dénient d'ailleurs aux juges le droit de substituer à la répresentation de boissons non saisies le paiement d'une somme équivalente; cette pénalité n'étant pas écrite dans la loi. — V. au surplus CONFISCATION.

55. — En outre, les boissons saisies et confisquées doivent être répandues. — Telle est la disposition formelle de l'art. 477, et, bien que l'art. 318 ne la reproduise pas, on ne peut douter qu'il ne doive en être ainsi dans l'un comme dans l'autre cas.

56. — L'art. 477, C. pén., n° 2, ordonnant que les boissons falsifiées seront répandues, il ne dépend pas du juge de changer cette peine et d'ordonner que les vins mélangés d'eau, par exemple, seront vendus aux enchères publiques au profit du marchand. — *Cass.,* 19 fév. 1848, Grellet. — V. Bourguignon, sur l'art. 475, n° 6, C. pén., t.13, p. 531.

— V. au surplus BOISSONS, CONTRIBUTIONS INDIRECTES.

BOITERIE.

1. — On appelle ainsi l'état de claudication d'un cheval. — On distingue la boiterie *permanente* de la boiterie *intermittente,* distinction importante au point de vue de la loi du 20 mai 1838 *sur les vices rédhibitoires dans les ventes et échanges d'animaux domestiques.*

2. — En effet, l'art. 1er de cette loi n'admet la boiterie rédhibitoire qu'en cas de boiterie intermittente, et l'article ajoute : *pour cause de vieux mal;* disposition fort rationnelle ; car accorder l'action pour boiterie permanente, c'est qu'elle fût ancienne ou nouvelle, c'eût été, comme cette boiterie est toujours visible, autoriser la rédhibition pour vice apparent ; de même, ne pas exiger, au cas de rédhibition pour boiterie intermittente, qu'elle provînt de *vieux mal,* c'eût été permettre la rédhibition pour boiterie du fait de l'acheteur.

3. — Quand l'expert est appelé pour juger si une boiterie est dans le cas de la loi, tous les soins doivent être en conséquence de s'assurer si la boiterie est avec intermittence, et si elle a pour cause un vieux mal, c'est-à-dire un mal antérieur à la vente. — Huzard et Harel, *De la garantie et des vices rédhibitoires,* p. 108 et suiv.

4. — Il y a plusieurs espèces de boiterie qui peuvent donner lieu à l'application de la loi : 1° la *boiterie à chaud* résulte, dans la plupart des cas, d'efforts articulaires ou musculaires, ou bien encore par suite de blessures, se manifeste chez le cheval lorsqu'il quitte l'écurie, mais disparaît après un exercice plus ou moins long, quelle que soit du reste l'extrémité malade ou la partie affectée, et quand bien même on ne pourrait pas déterminer le siège du mal. — Huzard et Harel, p. 113.

5. — 2° La *boiterie à chaud* ; c'est celle qui, par l'inverse du cas précédent) résulte pour le cheval de l'exercice, et qui disparaît lorsqu'il y a eu repos plus ou moins long.

6. — 3° On distingue encore une troisième espèce de boiterie qui *ne se manifeste que lorsque le cheval est soumis à un certain genre de travail.* Ainsi, il est des chevaux qui, attelés et soutenus pour ainsi dire par les harnais ou les brancards, ne paraissent pas boiteux, et qui le sont manifestement, si on les sort à la selle. —MM. Huzard et Harel (*loc. cit.*) ne voient pas ici un cas absolu de résolution de la vente; ils pensent toutefois qu'il y a lieu de décider différemment suivant les circonstances. — *Contrà* Galisset et Mignon (*Des vices rédhibitoires*) ; — l'auteur argumentant du texte formel de la loi, qui n'exige que deux conditions : 1° l'intermittence ; — 2° que la boiterie soit pour cause de vieux mal.

7. — ... 4° *Boiteries alternatives,* c'est-à-dire ayant tantôt les caractères de *boiterie à froid,* tantôt ceux de *boiterie à chaud.* Comme cette boiterie est due à des causes extérieures, dont l'acheteur au-rait pu se convaincre, les tribunaux ont quelquefois refusé la résolution de la vente; mais l'opinion contraire a généralement prévalu.

8. — ... 5° *Boiterie momentanée* résultant des maladies du sabot, qui peuvent être cachées par la ferrure. Cette boiterie rentre du reste dans la première ou la deuxième classe des boiteries intermittentes, suivant que l'animal boite à froid ou à chaud.

V. au surplus VICE RÉDHIBITOIRE.

BOITES ET BIJOUX A MUSIQUE.

1. — Les fabricans de mécaniques pour boîtes et bijoux à musique pour leur compte sont rangés par la loi du 25 avril 1844, sur les patentes, dans la cinquième classe des patentables, et imposés à : 1° un droit fixe basé sur le chiffre de la population de la ville ou commune où est situé l'établissement ; — 2° un droit proportionnel du vingtième de la valeur locative de la maison d'habitation et des locaux servant à l'exercice de la profession.

2. — Les fabricans à façon sont placés dans la septième classe, et imposés également à un droit fixe basé sur le chiffre de la population ; — 2° un droit proportionnel du quarantième de la valeur locative de la maison d'habitation et des locaux servant à l'exercice de la profession. — V. PATENTE.

BOMBAGISTES.

Les bombagistes sont rangés par la loi du 25 avril 1844, sur les patentes, dans la sixième classe des patentables, et imposés à : 1° un droit fixe basé sur le chiffre de la population de la ville ou commune où est situé l'établissement ; — 2° un droit proportionnel du vingtième de la valeur locative de la maison d'habitation et des locaux servant à l'exercice de la profession.—V. PATENTE.

BOMBEURS DE VERRE.

Les bombeurs sont rangés par la loi du 25 avril 1844, sur les patentes, dans la sixième classe des patentables, et imposés à : 1° un droit fixe basé sur le chiffre de la population de la ville ou commune où est situé l'établissement ; — 2° un droit proportionnel du vingtième de la valeur locative de la maison d'habitation et des locaux servant à l'exercice de la profession.—V. PATENTE.

BON.

On appelle ainsi des mandats de paiement, soit au profit d'un individu, soit au porteur. Il y a des bons du trésor, de la caisse du service, etc. — V. MANDAT DE PAIEMENT.

BON A VUE.

C'est un mandat de paiement payable au moment de sa présentation.—V. MANDAT DE PAIEMENT.

BON DE CHANGE.

1. — On appelle ainsi les bons délivrés par un directeur de monnaies à ceux qui apportent des matières premières pour la fabrication des espèces. — V. MONNAIE.

2. — Ces bons n'attribuent aux porteurs aucun privilége sur les espèces fabriquées. — *Grenoble,* 13 juill. 1837, sous *Cass.,* 8 janv. 1840 (t. 1er 1840, p. 168), Morel c. Caccia.

3. — Ils peuvent être déclarés la propriété du porteur, alors même qu'ils ne sont pas au nom de celui à qui ils ont été remis, et que leur remise n'a pas fait l'objet d'un transport régulier. — L'arrêt qui le décide ainsi échappe à la censure de la cour de Cassation. — *Cass.,* 8 janv. 1840 (t. 1er 1840, p. 168), Morel c. Caccia.

BON POUR.

1.—Termes employés pour exprimer l'approbation qui, dans certains cas, doit être mise au bas d'un billet. — V. APPROBATION DE SOMME, BILLET.

2.—Un *bon pour,* suivi d'une signature, constitue un blanc-seing dont l'abus est punissable. — *Cass.,* 14 janv. 1826, Ballet. — V. ABUS DE BLANC-SEING, n° 25, et BLANC-SEING.

BONS DE RÉQUISITION.

C'étaient des bons que les administrations des départemens, en vertu de la loi du 3 vendém. an V, délivraient aux contribuables pour le montant des fournitures faites par eux faites pour le service des armées, et qui étaient admissibles comme comptant en paiement des contributions.

BONS ROYAUX ou DU TRÉSOR.

1. — La loi des finances du 4 août 1824 fut la première qui autorisa le ministre des finances à créer, pour le service de la trésorerie et la négociations avec la Banque, des bons royaux portant intérêt et payables à échéance fixe.

2. — Chaque année, la loi des finances autorise la création de pareils effets pour une somme plus ou moins élevée, mais qui ordinairement est portée à 150 millions.

3. — Cette loi permet en outre, en cas d'insuffisance de la somme fixée, d'émettre des bons supplémentaires, qui doivent être autorisés par des ordonnances royales, lesquelles sont insérées au *Bulletin des Lois,* et soumises à la sanction législative à l'ouverture de la plus prochaine session des chambres.

4. — La loi du 24 juill. 1843 répète la même disposition dans son art. 42, qui porte à 200,000,000 francs le montant des bons royaux que le ministre des finances est autorisé à émettre, sans comprendre dans cette limite les bons royaux délivrés à la caisse d'amortissement, en vertu de la loi du 10 juin 1833, relative à la dotation de cet établissement.

V. DETTE PUBLIQUE, RENTES SUR L'ÉTAT.

BONI.

Sᵉ Terme de finances : se dit de la somme qui excède la dépense faite ou l'emploi de fonds projeté.

BONIFICATION.

Il arrive quelquefois que l'assureur stipule dans la police une diminution de tant pour cent, s'il paie le montant du sinistre dans un délai fixé; cette remise s'appelle *bonification pour prompt paiement.* — Émérigon, t. 2, p. 286. — V. aussi MARCHÉS DE FOURNITURES.

BONIS (In).

V. IN BONIS.

BONNE FOI.

1. — On entend par ces mots l'opinion où est une personne qu'elle agit selon son droit, légitimement. — Quelquefois aussi ces mots sont synonymes d'équité.

2. — La bonne foi est contraire au dol et à la fraude : *Fides bona contraria est fraudi et dolo.* — L. 3, § ult., ff., *Pro socio.* — Et réciproquement : *Dolus bonæ fidei contrarius est.*—L. 5, Cod., *De rescind. vend.*

3. — La bonne foi a souvent pour effet de donner au fait la force du droit même.

4. — Par exemple : si le mariage qui a été contracté de bonne foi vient à être annulé, il produit néanmoins les effets civils à l'égard des époux et à l'égard des enfans. C. civ., art. 200. — V. MARIAGE.

5. — La bonne foi est principalement à considérer en matière de possession et de prescription. — V. POSSESSION, PRESCRIPTION.

6. — Le possesseur de bonne foi fait les fruits siens.— C. civ., art. 438, 549 et 550.— V. FRUITS, POSSESSION.

7. — La bonne foi veut que les conventions reçoivent leur exécution : *Bona fides exigit ut quod conveni fiat.* — L. 24, ff., *Locati.*

8. — De plus, les mêmes conventions doivent être exécutées de bonne foi. C. civ., art. 1134. — L. 4, Cod., *De obl. et act.* — A cet égard, nous ferons remarquer qu'il n'y a plus lieu d'admettre la division que les Romains faisaient en contrats de bonne foi et contrats de droit étroit : *bonæ fidei et stricti juris.* Chez nous, tous les contrats sont également réputés de bonne foi. — V. ACTION (Dr. civ.), n° 48 et suiv. — V. OBLIGATION.

9. — Aussi, la bonne foi ne permet pas d'exiger deux fois une même chose : *Bona fides non patitur ut bis idem exigatur.*— L. 57, ff., *De reg. jur.*

10. — Celui qui a été mis en possession réelle d'un objet mobilier, qu'il a acquis de bonne foi, est préféré à un acquéreur antérieur du même objet. — C. civ., art. 1141. — V. OBLIGATION.

11. — Le débiteur de bonne foi peut être admis au bénéfice de cession. — C. civ., art. 1268. — V. CESSION DE BIENS.

12. — Le paiement fait de bonne foi à celui qui est en possession de la créance est valable, encore que le possesseur en soit par la suite évincé. — C. civ., art. 1240. — V. PAIEMENT.

13. — Le paiement fait au créancier avec une chose qui n'appartenait pas au débiteur ou que celui-ci n'était pas capable d'aliéner, ne peut être répété contre le créancier qui a consommé cette chose de bonne foi. — C. civ., art 1238. — V. RÉPÉTITION.

14. — Si celui qui a reçu de bonne foi une chose qui ne lui était pas due a vendu cette chose, il ne doit restituer que le prix de la vente. — V. QUASI-CONTRAT.

48

15. — Dans la vente, la bonne foi a également des effets importans. — C. civ., art. 1599, 1648 et 1646, V. HÉRITIER APPARENT, VENTE.

16. — Pour être valable, la dissolution d'une société civile par la renonciation de l'un des associés suppose que celui-ci est de bonne foi. — C. civ., art. 1869. — V. SOCIÉTÉ.

17. — L'héritier du dépositaire qui a vendu de bonne foi la chose dont il ignorait le dépôt n'est tenu que de rendre le prix qu'il a reçu ou de céder son action contre l'acheteur s'il n'a pas touché le prix. — C. civ., art. 1935. — V. DÉPÔT.

18. — Les engagemens pris par le mandataire, dans l'ignorance de la cessation de son mandat, doivent être exécutés à l'égard des tiers qui sont de bonne foi. — C. civ., art. 2009. — V. MANDAT.

19. — Dans les opérations commerciales la bonne foi n'est pas moins de rigueur. — V. ASSURANCE MARITIME, AVARIES, CHARTE-PARTIE.

20. — Sous l'ancienne législation, on agitait la question de savoir si la bonne foi existait de droit, ou s'il fallait qu'elle fût prouvée.

21. — Cette controverse a été tranchée par la législation moderne. La bonne foi est toujours présumée, et c'est à celui qui allègue la mauvaise foi à la prouver. — C. civ., art. 2268. — « La loi civile, dit Portalis (*Exposé des motifs*), ne scrute pas les consciences; les pensées ne sont pas de son ressort; à ses yeux le bien est toujours prouvé quand le mal ne l'est pas. »

22. — Quant aux élémens qui constituent la bonne foi, et à la question de savoir quand une personne peut être réputée avoir été de bonne ou de mauvaise foi, on sent que c'est là une appréciation de faits qui doit varier à l'infini, d'après les circonstances, la nature des contrats, la position et la qualité des parties.

23. — Aussi, l'appréciation des faits qui peuvent constituer la bonne ou la mauvaise foi, par exemple en matière de possession, est-elle abandonnée par la loi aux juges du fond, et leur décision sur ce point échappe-t-elle à la censure de la cour de Cassation. — *Cass.*, 13 déc. 1830, Quevremont c. Ballier.

24. — Il est contre la bonne foi de disputer sur des subtilités de droit : *Bonæ fidei non congruit de apicibus juris disputare.* — L. 29, § 4, ff., *Mandati.*

BONNES MŒURS.

1. — Ce sont les inclinations, les habitudes naturelles ou acquises, pour le bien, dans tout ce qui regarde la conduite de la vie. — *Dict. de l'académie.*

2. — Il y a des choses qui sont naturellement déshonnêtes et d'autres qui ne le sont que d'après le droit civil et les lois du pays. — Ulp, L. 42, ff., *De verb. sign.*

3. — Les choses qui sont naturellement contraires aux mœurs sont notamment celles qui blessent la piété, l'honneur et la pudeur. — L. 15, ff., *De condit. et dem.*

4. — Dans certains cas, la loi définit en quoi les mœurs peuvent être blessées et établit des peines contre ceux qui se rendent coupables de ce délit. — V. ATTENTAT AUX MŒURS.

5. — Mais, dans tous les autres cas, elle ne peut que poser des principes généraux et s'en rapporter aux juges pour décider quand un fait ou une stipulation ne sont pas marqués au coin de l'honnêteté naturelle. Ceux-ci ne doivent jamais perdre de vue qu'ils ne sont pas liés par le silence de la loi pénale; car *non omne quod licet honestum est.* — L. 144, ff., *De reg. juris.*

6. — On ne peut pas déroger par des conventions particulières aux lois qui intéressent les bonnes mœurs (C. civ., art. 6), c'est-à-dire aux lois par lesquelles certaines conventions, certaines actions immorales sont interdites ou réprimées. — Merlin, *Rép.*, vº *Loi*, § 8.

7. — La cause d'une obligation est illicite quand elle est contraire aux bonnes mœurs. — C. civ., art. 1131. — Les lois romaines contenaient une pareille disposition : *Pacta quæ contrà bonos mores fiunt, nullam vim habere indubitati juris est.* — L. 6, Cod., *De pactis.*

8. — En pareil cas, les faits qui sont contre les bonnes mœurs sont réputés impossibles. Dès-lors, on peut et on doit refuser de les exécuter. — L. 15, ff., *De condit. et dem.*; Instit., *De inutil. stip.*, § 4.

9. — Quant aux conséquences de cette inexécution relativement aux dispositions ou conventions dont elles font partie, il faut distinguer.

10. — Dans toute disposition à titre gratuit, entre-vifs ou testamentaire, les conditions contraires aux bonnes mœurs sont réputées non écrites. — C. civ., art. 900. — Ainsi la disposition conserve toujours son effet. — V. CONDITION, DISPOSITIONS A TITRE GRATUIT.

11. — Au contraire, dans une convention, toute condition d'une chose contraire aux bonnes mœurs est nulle, et rend nulle la convention qui en dépend. — C. civ., art. 1172. — L. 185, ff., *De reg. juris.* — V. CONDITION, CONVENTION.

12. — Relativement à l'association conjugale, les futurs époux peuvent faire, dans les limites tracées par la loi, telles conventions spéciales qu'ils jugent à propos, pourvu qu'elles ne soient pas contraires aux bonnes mœurs. — C. civ., art. 1387. — V. CONTRAT DE MARIAGE.

13. — La prescription ne saurait faire un titre en ce qui concerne les bonnes mœurs. Ainsi, de ce que la loi pardonne la faute après un certain temps, il ne s'ensuit pas qu'il y ait un droit acquis pour recommencer. — Dunod, *Tr. des prescript.*, p. 72; Troplong, *Prescript.*, t. 1er; nº 132. — V. PRESCRIPTION.

14. — Un brevet d'invention est nul et de nul effet, si la découverte, invention ou application qu'il a pour objet, est reconnue contraire aux bonnes mœurs. — L. 5 juill. 1844, art. 30, nº 4. — V. BREVET D'INVENTION.

BONNES VILLES.

1. — On trouve dans le *Bulletin des lois* et dans la *Collection* de M. Duvergier, un certain nombre de décrets et ordonnances qui ont conféré à diverses villes, à raison de services rendus (et le plus souvent ces motifs étaient politiques), la qualification de *bonnes villes.*

2. — L'ordonnance du 23 avr. 1821 détermine l'ordre suivant lequel les bonnes villes du royaume prendront rang.

3. — Au nombre des villes comprises dans cette ordonnance, il en est quelques unes auxquelles aucun acte n'a expressément conféré la qualification de bonnes villes. — La plupart sont celles dont les maires devaient assister, suivant le sénatus-consulte du 8 fructid. an X, au serment du citoyen désigné pour succéder au premier consul, et suivant le décret du 8 messid. an XII, au serment de l'empereur.

4. — Le titre de *bonne ville* est purement honorifique et n'emporte, d'ailleurs, aucun droit particulier pour les villes auxquelles il a été conféré.

BONNET VERT.

1. — Le bonnet vert servait autrefois à désigner ceux qui avaient fait cession de biens.

2. — L'usage du bonnet vert a été introduit en France, non par les ordonnances, mais par les arrêts des cours supérieures, et notamment celui rendu en forme de réglement par le parlement de Paris le 26 juin 1582. Cet arrêt confirmait une sentence du 7 sept. 1580, par laquelle le juge de Laval avait admis un prisonnier pour dettes à la cession de biens, et ordonné, sur la requête de Lemoyne, créancier poursuivant : « Que pour signe et marque ledit Bulygne portera à l'avenir un bonnet ou chapeau verd, en lui fournissant par icelui Lemoyne, et où il sera treuvé sans ledit bonnet ou chapeau verd, après que ledit Lemoyne lui aura fourni, permet à icelui Lemoyne et autres créanciers le faire remestre ès dites prisons. »

3. — A cette occasion fut publié un livre fort curieux, et qui paraît être le premier écrit en langue française sur les cessions et banqueroutes. Ce livre a pour titre : *Traité sur les cessions et banqueroutes, et les causes qui ont mû le sage et le souverain sénat et parlement de Paris de confirmer le jugement du juge de Laval, sur ce qu'il aurait condamné un cédant aux biens de porter le bonnet ou chapeau verd; et savoir s'il se peut donner à tous cédans indifféremment; et si aux femmes, au susdit cas, l'on peut donner le chaperon verd ou autre marque*, par Gabriel Bonnyn, conseiller et maître des requêtes ordinaire de feu monseigneur, avocat en la cour de parlement de Paris, et bailli de Châteauroux. Paris, 1586, in-8º de 159 pages. Cet ouvrage, écrit pour la défense de l'arrêt de 1582, le qualifie de « *ipsâ justitiâ justius*, et digne du calcul et suffrage de Bias. »

4. — Un arrêt du 1er déc. 1628 condamne l'individu qui, après avoir justifié la perte de ses biens sans fraude, est admis à la cession de biens à porter le bonne vert *continuellement*, sans distinction de jours de fêtes.

5. — Un autre arrêt du 10 mai 1622 décida qu'un *gentilhomme* qui faisait cession de biens devait porter le bonnet vert.

6. — Dans les années rapprochées de 1789, il suffisait que le cessionnaire, pour éviter la prison, portât sur lui le bonnet vert, et qu'il le montrât à son créancier lorsqu'il le rencontrait. — Denizart, vº *Bonnet verd*; Louet, *Lettre C, sommaire*, 56.

7. — L'usage du bonnet vert ne s'était, au surplus, conservé que dans quelques provinces du midi. — Merlin, *Rép.*, vº *Cession de biens*, nº 7.

8. — L'art. 1041, C. procéd., a fait disparaître complétement cette coutume, en prononçant l'abolition de *toutes lois, coutumes, usages et réglemens relatifs à la procédure civile.*

9. — Le bonnet vert est encore aujourd'hui employé, mais seulement dans les établissemens de répression connus sous le nom de bagnes, pour distinguer ceux des condamnés qui doivent subir les travaux forcés pour un temps excédant dix années. — V. BAGNE.

BONNETERIE.

V. BAS.

BORAX.

Les raffineries de borax et les fabriques de borax artificiel sont rangées parmi les établissemens insalubres. — V. ÉTABLISSEMENS INSALUBRES (nomenclature).

BORD (Pièces de).

V. PIÈCES DE BORD.

BORDAGE. — BORDIER.

1. — Ce mot désignait autrefois une sorte de tenure féodale usitée en Normandie et dans les provinces anglo-normandes. On donnait une *borde* (petite ferme) à quelqu'un pour remplir de vils services; et le détenteur ne pouvait ni la vendre, ni la donner, ni l'engager. — Ancienne Cout. de Normandie, ch. 29 et 53; — Guyot, *Rép.*, vº *Bordage.*

2. — Le bordier ne devait aucun hommage au seigneur. — *Ibid.*

3. — Suivant Houard (*Dict. de droit normand*), « dans tous les traités sur les coutumes anglo-normandes, les bordiers occupaient dans le manoir seigneurial les bâtimens où l'on élevait la volaille, où l'on serrait les grains destinés à la consommation du château, les bois et les autres matières propres à ces réparations; aussi, ajoute-t-il, en l'art. 18 des lois données par Guillaume-le-Conquérant aux Anglais, les bordiers sont mis au nombre des domestiques de l'homme libre. »

4. — On appelait aussi *bordiers*, selon certaines coutumes, les propriétaires qui avaient des héritages sur le bord de la mer. — *Encyclopédie méthodique* (Jurisprudence), vº *Bordier*, t. 2, p. 83.

BORDE. — BORDERIE.

1. — Coquille dit, dans sa question 52, que « bordes en ancien langage français, signifie un domaine ou tenement ès champs, que les latin disent *fundus*, et que le mot *borde* originellement est diction tudesque et germaine qui signifie une terre ou domaine chargé de revenus de fruits. » — V. également Le Let, *Sur Cout. de Poitou*, art. 177; Merlin, *Rép.*, vº *Borde.*

2 — Dans quelques coutumes, on appelait *borderie* une petite ferme, moins considérable que la métairie, tenue du seigneur, à la charge de certaines redevances en légumes ou volailles. — Merlin, *Rép.*, vis *Borde, Borderie.*

2. — Dans le Poitou, on désignait par le mot *borderie* la quantité de terre que deux ou quatre bœufs, suivant les localités, pouvaient labourer pendant un an. — Guyot, *Rép.*, vº *Borde.*

BORDELAGE. — BORDELIER.

1. — Le bordelage ou bourdelage était un droit seigneurial particulièrement établi dans le Nivernais, en vertu duquel le seigneur percevait sur les revenus des héritages tenus de lui une redevance consistant en argent, en blé et en *plume* (c'est-à-dire en volaille).

2. — On appelait bordelier soit celui qui tenait un héritage soumis au bordelage, soit l'héritage lui-même grevé de ce droit. — Renauldon, *Dict. des fiefs.*

3. — Le bordelage pouvait être constitué sur toutes sortes d'héritages. — Guyot, *Rép.*, vº *Bordelage.*

4. — Il comportait avec lui la directe seigneuriale. — *Encyclopédie méthod.* (Jurisprudence), vº *Bordelage.*

5. — Les droits de bordelage étaient portables lorsque le jour du paiement avait été déterminé par le contrat et que le bordelier n'était pas à plus de quatre lieues de la demeure de son seigneur;

lors au contraire qu'il était domicilié à plus de quatre lieues, la redevance était quérable, à moins de convention contraire. — Guyot, *Rép.*, v° *Bordelage*, et *Traité des Fiefs*.

6. — Lorsque le bordelier laissait passer trois ans consécutifs sans payer la redevance, le seigneur pouvait exercer la commise de l'héritage et s'en mettre en possession. — Cependant il devait faire confirmer sa possession par la justice, et ne pouvait expulser le tenancier qu'après avoir obtenu contre lui un jugement.

7. — La commise ne dispensait pas le bordelier de payer les arrérages échus jusqu'au jour où il avait été dépossédé; et s'il entrait en contestation avec le seigneur, il n'en devait pas moins restituer les fruits qu'il avait pu percevoir pendant qu'elle avait pu durer.

8. — Le bordelier pouvait bien améliorer les héritages dont il était détenteur, mais il ne pouvait les détériorer. — Il ne pouvait détruire les bâtimens pour les reconstruire hors des héritages qui lui avaient été laissés; il ne pouvait pas non plus arracher les arbres fruitiers, ni convertir la superficie du sol pour en faire un héritage de moindre valeur qu'auparavant. — S'il le faisait, le seigneur pouvait revendiquer ce qui se trouvait transporté hors de son fonds et conclure à des dommages-intérêts. — Guyot, *Rép.*, v° *Bordelage*.

9. — Lorsque le censitaire trouvait la redevance trop onéreuse, il pouvait faire au seigneur le délaissement de l'héritage qu'il tenait de lui, pourvu qu'il le remît en bon état et qu'il acquittât tous les arrérages échus. — Ce délaissement se faisait ou au seigneur en personne ou en justice en présence du procureur fiscal.

10. — La succession des héritages bordeliers était soumise à des règles spéciales. Ainsi, pour y succéder, il fallait: 1° être parent du défunt; — 2° se trouver en communauté soit de fait, soit de droit avec lui lors de son décès; autrement le seigneur succédait seul à ces sortes d'héritages. — Guyot, *loc. cit.*

11. — Toutefois, les héritiers en ligne directe descendante qui étaient au premier degré pouvaient succéder préférablement au seigneur, quoiqu'ils n'eussent pas été en communauté avec le défunt.

12. — Si, lors de la concession des héritages, il avait été dit par le titre que la chose serait égale, soit que le fonds citât *parti* ou non *parti*, l'héritier, quoique non commun, ne laissait pas d'y succéder.

13. — La veuve du détenteur d'un héritage en bordelage ne pouvait prétendre, au préjudice du seigneur, aucun douaire sur cet héritage.

14. — Nous avons dit plus haut (n° 3) que le bordelage pouvait être constitué sur toutes sortes d'héritages. Toutefois une exception avait été introduite à cette règle pour les maisons et les édifices de la ville de Nevers. Rien, disait-on, n'était plus contraire au vrai droit et à la régularité des bâtimens et à la décoration de la ville. Aussi avait-il été commué en un cens par divers arrêts du conseil privé obtenus par un duc de Nevers les 16 août 1577, 14 mai 1579 et 2 juillet 1579.

15. — Les droits de bordelage se sont trouvés compris dans l'abolition des droits féodaux prononcés par les lois des 4 août 1789, 15-28 mars 1790 et 1er juillet 1793.

16. — Jugé que dans la cout. du Nivernais, une rente n'était censée bordelière, malgré la qualité de seigneur de bordelage et tous autres caractères qu'il avait été ajouté dans le titre de création : *portant droit de seigneurie, tiers-denier, retenue, commise et récréation*; autrement ; la rente étant réputée foncière, elle n'a pas été atteinte par les lois abolitives de la féodalité. — *Bourges*, 7 avr. 1808, Marion c. Laforest.

BORDEREAU.

1. — État des différentes sommes d'un compte, qui doivent être tirées en lignes et qu'on met toutes de suite pour en avoir d'un coup d'œil le total. — *Ferrière*, *Dict. de pratiq.*, v° *Bordereau*.

2. — Un bordereau indique le détail et le résultat d'une opération de commerce : tels sont les bordereaux des agens de change ou des courtiers de commerce.

3. — Ou bien il contient l'état détaillé des espèces diverses dont se compose une somme ou des effets garnissant un portefeuille : tels sont les bordereaux de caisse ou états de situation que dans les faillites les syndics remettent au juge commissaire. — C. comm. art. 474.

4. — Lorsque quelqu'un se reconnaît débiteur ou dépositaire d'une certaine somme selon le bordereau des espèces joint à l'acte, c'est la somme due, désignée au bordereau qui est la somme due,

quoique celle exprimée par l'acte soit différente. La raison en est que cette dernière n'est que le résultat d'une erreur de calcul. — *Merlin*, *Rép.*, v° *Bordereau*.

5. — Dans la pratique judiciaire, un bordereau est l'analyse ou l'extrait d'une opération ou d'un acte. — V. BORDEREAU DE COLLOCATION, BORDEREAU D'INSCRIPTION HYPOTHÉCAIRE.

BORDEREAU D'AGENT DE CHANGE.

1. — C'est l'arrêté de compte signé par un agent de change, délivré par lui aux parties auxquelles il prête son ministère, et constatant l'opération dont elles l'ont chargé.

2. — Quant aux énonciations que doit contenir le bordereau délivré par un agent de change, aux signataires qu'il doit porter, et à la foi qui lui est due, V. AGENT DE CHANGE, n°s 178 à 186.

BORDEREAU DE COLLOCATION.

1. — C'est le nom qu'on donne à l'extrait du procès-verbal d'ordre que le greffier doit délivrer dans les dix jours de l'ordonnance du juge commissaire aux créanciers utilement colloqués dans l'ordre ouvert sur le prix des immeubles de leur débiteur. — C. procéd., art. 771 et 773. — V. ORDRE.

2. — En matière de distribution par contribution, l'acte en vertu duquel les créanciers ont droit de toucher les sommes afférentes à leur créance est à tort dans la pratique désigné par le mot *bordereau de collocation*. La dénomination que lui assignent les art. 665 et 674 est *mandement de collocation*. — V. DISTRIBUTION PAR CONTRIBUTION.

BORDEREAU DE COURTIER.

1. — Arrêté signé par un courtier et par les parties dont il a été l'intermédiaire, constatant les opérations qu'il a faites pour leur compte.

2. — Nous avons déjà fait remarquer (v° AGENT DE CHANGE, n° 179) quelle est la différence du bordereau de l'agent de change, le bordereau du courtier doit être signé des deux parties, qui peuvent se connaître et se rapprocher. — V. COURTIER DE COMMERCE.

BORDEREAU D'INSCRIPTION HYPOTHÉCAIRE.

État sommaire du nom, domicile et profession du créancier qui prend une inscription hypothécaire; des noms, domicile et profession du débiteur sur qui elle est prise; du montant du titre et de l'époque de l'exigibilité de la créance qui en est l'objet, de la nature, de l'étendue et de la situation des immeubles sur lesquels l'hypothèque doit frapper. — V. INSCRIPTION HYPOTHÉCAIRE.

BORDIGUE.

1. — C'est, en terme de pêche, un espace retranché avec des claies sur le *bord* de la mer pour prendre du poisson ou conserver du poisson vivant. — *Merlin*, *Rép.*, v° *Bordigue*.

2. — L'ord. de la marine de 1681, art. 1er, tit. 4, liv. 5, défendait, sous peine de confiscation et de 3000 liv. d'amende, d'en construire sans une permission du roi; M. Béaussant (*Code maritime*, t. 2, p. 363) dit qu'aujourd'hui encore une ordonnance royale est nécessaire pour une pareille construction et que la permission d'un chef d'administration ne suffirait pas. — La concession d'une bordigue peut être faite au double titre de fermage ou de propriété. — Induct. de l'art. 6, même ord.; Béaussant, p. 366.

3. — Les bordigues doivent être placées dans les lieux où elles ne puissent nuire à la navigation. L'ord. de 1681 dans ses art. 3, 4 et 6, prescrit donc le mode de leur établissement, et ce, à peine, pour le contrevenant, des dommages qui pourraient avoir faute de s'y être conformé. — V. *Merlin*, v° *Bordigue*.

4. — La même ordonnance (art. 7) défend, dans l'intérêt du frai et du poisson du premier âge, de fermer les bordigues du 1er mars au 30 juin, et cela sous peine de sa bordigue, en sorte qu'il y ait au tout temps quatre pieds d'eau au moins, et ce à peine de 300 liv. d'amende et d'y être mis ouvriers à leurs frais (art. 6). — Cette mesure de police est toujours en vigueur. — Beaussant, *Code maritime*, t. 2, p. 366.

5. — L'ordonnance prescrit aux propriétaires et fermiers des bordigues d'en curer annuellement les fossés et les canaux chacun à l'endroit et dans l'étendue de sa bordigue, en sorte qu'il y ait au tout temps quatre pieds d'eau au moins, et ce à peine de 300 liv. d'amende et d'y être mis ouvriers à leurs frais (art. 6). — Cette mesure de police est toujours en vigueur. — Beaussant, *Code maritime*, t. 2, p. 366.

6. — Suivant l'art. 8 de la même ordonnance, les propriétaires ou fermiers ne peuvent prétendre

de dommages-intérêts ni de dépens contre les mariniers dont les bateaux aborderaient leurs bordigues, à moins qu'ils ne justifient que l'abordage n'a eu lieu que par la faute de ces mariniers ou par leur malice.

BORNAGE.

Table alphabétique.

BORNAGE. — 1. — Fixation des limites d'un fonds ou la ligne séparative des fonds contigus, et établissement de signes extérieurs ou *bornes* destinés

à rendre ces limites ou cette ligne sensibles et immuables. — C'est cet établissement des bornes qu'on nomme plus spécialement *abornement*.

SECT. 1re. — *Historique. — Notions générales. — Effets du bornage* (nº 2).
SECT. 2e. — *Action en bornage* (nº 33).
§ 1er. — *Nature de cette action* (nº 34).
§ 2e. — *Qui peut intenter l'action en bornage* (nº 48).
§ 3e. — *Contre qui se donne l'action en bornage* (nº 76).
SECT. 3e. — *Compétence et procédure* (nº 90).
§ 1er. — *Compétence* (nº 90).
§ 2e. — *Procédure* (nº 115).
SECT. 4e. — *Propriétés d'une nature exceptionnelle* (nº 171).
SECT. 5e. — *Suppression ou déplacement des bornes* (nº 185).

—

Sect 1re. — *Historique. — Notions générales. — Effets du bornage.*

2. — La législation romaine a reconnu de tous temps aux propriétaires le droit de borner leurs héritages et de faire contribuer leurs voisins aux frais de ce bornage. La loi des Douze Tables voulait que le réglement des bornes fût fait par trois arbitres. — L. 1, ff., *Finium regundorum.*

3. — Pour assurer l'exercice du droit au bornage, le propriétaire avait contre son voisin l'action *Finium regundorum.* — *Ibid.*

4. — Cette action était *mixte*, en ce sens que le juge avait le pouvoir : — 1º de condamner chacune des parties aux indemnités qu'elle pouvait devoir à l'autre pour le profit tiré de la jouissance du terrain voisin ; — 2º d'ordonner la restitution des portions de terrain usurpées. — Toutefois, dans le sens propre, c'était une action purement personnelle, c'est-à-dire ayant une formule *in personam.* — L. 1, ff., *Finium regundorum* ; Domenget, *Institutes de Gaïus*, traduites et annotées, p. 399, note. — V. aussi ACTION (droit romain), nº 190.

5. — On l'appelait encore *mixte* en ce sens que chaque partie y remplissait à la fois le rôle de demandeur et celui de défendeur. — L. 10, ff., *eod. tit.*

6. — L'action *finium regundorum* n'était admise qu'en matière d'héritages ruraux. — L. 4, § 10, *ib.*

7. — Elle se donnait entre voisins, et n'était pas reçue pour un fonds commun. — L. 4, § 7, *ib.*

8. — Les signes du bornage étaient communément des pierres et des arbres.

9. — Un espace de cinq pieds devait être laissé entre les héritages. Cet espace était destiné au passage commun et au tour de la charrue. D'après la loi des Douze Tables, il était imprescriptible; mais Justinien le soumit à la prescription trentenaire. — L. 18, ff., *Finium regundorum*; L. ult., Cod., *eod. tit.*

10. — Le droit romain distinguait, comme le fait le droit moderne, l'action *en bornage* de celle en *déplacement de bornes*. Cette dernière était criminelle, car c'était un crime que d'arracher ou de déplacer les bornes. — L. 4, § 4, ff., *Finium regundorum.* — V. *infrà* nos 185 et suiv.

11. — Le bornage était également admis par notre droit coutumier. — Dans plusieurs coutumes, il devait être fait par des *commissaires* ou *experts arpenteurs*, lesquels avaient mission d'arranger à l'amiable, si cela était possible, les différends des parties. — Cout. de Bruxelles; Cout. de Nieuport, rubrique 5; — Millet, *Tr. du bornage*, p. 9.

12. — Si les parties ne pouvaient s'accorder en présence des experts, il fallait recourir au juge, qui, au besoin, devait se transporter sur les lieux.

13. — La plantation des bornes devait, pour être valable et faire foi, en cas de dissentiment des propriétaires voisins, être faite par les experts de l'autorité et en présence de justice. — Cout. de Lille, ch. 27 ; du Maine, art. 297, et d'Anjou, art. 280.

14. — Aucune prescription n'était admise contre l'action en bornage. — V. notamment Cout de Hainaut, ch. 107, art. 3 ; de Valenciennes, art. 96 ; de Lille, ch. 6, art. 8; de Douai, ch. 9, art, 2; d'Orchies, ch. 8, art. 2; de Cambray, art. 4.

15. — La loi du 28 sept.-6 oct. 1791, consacrait formellement par son art. 3, au profit de chaque propriétaire, le droit d'obliger ses voisins au bornage, à frais communs.

16. — Le Code civil a établi le même droit dans des termes presque identiques. « Tout propriétaire, porte l'art. 646, peut obliger son voisin au bornage de leurs propriétés contiguës. Le bornage se fait à frais communs. »

17. — Pour que le bornage puisse être exigé, il faut que les propriétés soient contiguës ; il ne suffirait point qu'elles fussent voisines : c'est-à-dire séparées par un intermédiaire, tel qu'un chemin, une rivière, etc., si peu étendu qu'il fût. — Curasson, *Compét. des juges de paix*, t. 2, p. 431; Mongis, *Encyclop. du dr.*, vº *Bornage*, nº 14; Fournel, *Du voisinage*, vº *Bornage*; Pardessus, *Servitudes*, t. 1er, nº 118.

18. — Mais un propriétaire ne peut se refuser au bornage demandé par son voisin, en se fondant sur ce que les limites de son héritage sont déterminées par des haies vives, des épines de foi ou par des arbres. — *Cass.*, 30 déc. 1818, Lotte c. Dupuis; *Rennes*, 11 juill. 1829, Rocherullé des Longrais c. Méaulle.

19. — Jugé aussi, mais à tort, selon nous, que l'art. 646, C. civ., ne s'applique pas au cas où il existe depuis plus de trente ans entre deux héritages des limites patentes, par exemple un sentier. — *Colmar*, 21 août 1821, Armbruster. — M. Solon (*Traité des servit. réelles*, nº 61) combat la décision de la cour de Colmar. « Que signifie, dit-il, une pareille borne ? Est-il quelque chose de plus incertain que les lignes formant un sentier d'exploitation ? Cette incertitude n'augmente-t-elle pas tous les ans quand les héritages contigus sont cultivés, et surtout lorsque la culture en est confiée à cette classe de cultivateurs dont la charrue incline toujours sur la propriété voisine ? »

20. — Le bornage ne concerne que les héritages *ruraux*, situés à la campagne ou à la ville, mais non les héritages *urbains*, ces biens étant plutôt voisins que limitrophes et les murs qui les séparent en déterminant l'étendue. — Pardessus, *Servitudes*, t. 1er, nº 117.

21. — Les propriétaires d'héritages urbains ont seulement le droit de se clore ou de contraindre leurs voisins à la clôture. — V. CLOTURE, SERVITUDES.

22. — Outre la *contiguïté*, le bornage suppose aussi des propriétés appartenant à des maîtres différens ; c'est pourquoi un communiste, associé ou autre, ne pourrait pas contraindre son copropriétaire à borner leur portion indivise de l'objet commun. La raison en est que le bornage est le réglement des limites entre propriétés distinctes, et que les communistes, tant qu'ils sont dans l'indivision, n'ont pas de part distincte dans l'héritage à partager. — L. 4, § 7, ff., *Finium regundorum.* — Vaudoré, *Droit civ. des juges de paix*, vº *Bornage*, nº 10.

23. — Mais le communiste pourrait demander le bornage d'un fonds qui lui est propre avec l'héritage commun : en pareil cas, il est, quant à cet héritage, dans la même position qu'un tiers. — Vaudoré, *loc. cit.* ; Pardessus, nº 118, *in fine*.

24. — Le bornage, quoique placé dans le Code civil au nombre des servitudes, n'a cependant aucun des caractères de ces droits réels. En effet, une servitude est une charge imposée sur un fonds pour l'usage et l'utilité d'un héritage appartenant à un autre propriétaire — C. civ., art. 637 et 638. — Or, quand le bornage est une fois opéré, l'héritage de celui qui l'a provoqué ne conserve aucun droit grevant l'héritage voisin. Il faut même dire qu'avant l'opération du bornage ce fonds n'avait sur l'autre aucun droit qui le grevât. Ce n'est qu'une conséquence de la propriété, qu'une restriction à ce droit. — Pardessus, *Tr. des servitudes*, t. 1er, nº 3. — V. aussi Marcadé, *Elém. de droit civ. français*, sous l'art. 646.

25. — On appelle *bornes*, *devises*, *mères*, *marques*, *termes*, etc., les signes représentatifs du bornage, quels qu'ils soient. — Les bornes sont *mobiles* ou *immobiles* : mobiles, quand elles peuvent être déplacées, comme une pierre ; immobiles, quand elles ne sont pas susceptibles d'un déplacement facile, comme un édifice.

26. — Les bornes *mobiles* étant d'un déplacement facile, on a soin, dans la pratique, de les placer au-dessus d'une substance de nature à se conserver pendant long-temps sans se corrompre, de manière à leur donner un caractère d'authenticité et de durée qu'elles n'ont pas par elles-mêmes. Cette substance varie suivant les usages et les localités : ce sont tantôt des tuiles, du charbon, des métaux, des pierres cassées ou même des tessons de bouteille. On appelle aujourd'hui ces signes *garans* ou *témoins*. Ils étaient connus autrefois sous les noms de *perdriaux*, *filleules*, *gardes*. — Brodeau, *Cout. du Maine*, art. 297; Vaudoré, *Dr. civ. des juges de paix*, nº 39. — V. aussi Marcadé, *Elém. de dr. civ. français*, sur l'art. 646, C. civ.

27. — On est aussi dans l'usage de graver sous les bornes une inscription qui est rappelée dans le procès-verbal de bornage, dans lequel on décrit également tous les signes placés sous les bornes, ce qui rend la fraude plus rare et en permet la preuve plus facilement. — Mongis, *Encyclop. du droit*, vº *Bornage*, nº 11.

28. — Le bornage comporte le plus souvent deux opérations distinctes : *le placement des bornes* et la *délimitation*. Le placement de bornes peut être demandé par tout propriétaire contigu, alors même que les voisins seraient parfaitement d'accord sur l'étendue de leurs propriétés respectives, c'est un signe apparent qu'il est utile de placer dans la prévision de l'avenir. La délimitation, au contraire, n'a lieu et ne peut être requise qu'alors qu'il s'agit d'apprécier des limites incertaines, qu'autant que les propriétaires ne sont pas d'accord sur l'étendue respective des lignes séparatives de leurs héritages. — Curasson, t. 1er, p. 428.

29. — Jugé ainsi qu'on ne doit pas confondre la délimitation avec le bornage : la délimitation ne sert qu'à indiquer la ligne où doivent être placées les bornes, tandis que le bornage a pour objet de constater d'une manière immuable cette délimitation. — *Cass.*, 30 déc. 1818, Lotte c. Dupuis.

30. — Toutefois, et bien que l'arrêt précité ait décidé qu'il ne fallait pas confondre *la délimitation avec le bornage*, et qu'ainsi l'action en bornage doit être accueillie, bien qu'il existe d'autres limites suffisamment indiquées, cependant, il faut remarquer que, dans l'espèce de cet arrêt, il n'existait entre les propriétés que des *épines de foi* et des *haies vives*, qui n'avaient pas *caractère usité de bornes*. Mais si ces haies ou épines avaient eu ce caractère, il est évident que la décision eût été autre, puisqu'on lit dans un des considérans de l'arrêt : — « Attendu que l'art. 646 est applicable toutes les fois qu'il n'existe pas de *bornes ayant un caractère usité.* » — Pothier, *Cont. de société*, nº 233; Pardessus, *Traité des servit.*, nº 117, et Frémy-Ligneville, *Cod. des architectes*, nº 88.

31. — Or, il paraît constant que, dans les pays de bois et de montagnes les *termes* (ou croix sur des rochers) ont le caractère légal de bornes aussi bien que les bornes ordinaires dans les plaines ou autres terrains dans lesquels, à la différence des rochers, il est possible de placer et enfoncer des bornes.

32. — Conformément à ces principes, on a jugé que, lorsqu'il existe entre deux propriétés contiguës une démarcation (par exemple des *termes* dans un pays de bois et de montagnes), il y a présomption qu'elle a été faite d'un consentement réciproque, et que dès-lors c'est au voisin qui la méconnaît en demandant un bornage à prouver par titre ou par possession qu'elle est inexacte. — Les énonciations cadastrales ne font pas preuve de l'inexactitude de la démarcation résultant de *termes* préexistans. — *Aix*, 17 juill. 1838 (t. 2 1838, p. 625), Gautier c. Ricard.

Sect. 2e. — *Action en bornage.*

33. — Du droit accordé par l'art. 646, C. civ., à chaque propriétaire de contraindre son voisin au bornage de sa propriété naît pour lui l'action en bornage, consacrée par ce même article.

§ 1er. — *Nature de l'action en bornage.*

34. — L'action en bornage est de sa nature une action mixte, c'est-à-dire qu'elle tient à la fois et de l'action réelle, en ce que celui qui l'intente réclame une partie de sa chose, et de l'action personnelle en ce que le voisin est obligé de contribuer au bornage. — V. Inst., *De obligationibus quæ quasi ex contractu nascuntur* ; L. 10, ff., *Finium regundorum* ; — Mongis, *Encyclop. du dr.*, vº *Bornage*, nº 7; Millet, *Tr. du bornage*, p. 23 et suiv. — V. aussi ACTION (droit romain), nº 190, et ACTION (droit français), nº 173.

35. — Mais doit-on la ranger au nombre des actions possessoires ? — Quelques auteurs ont soutenu l'affirmative en se fondant : 1º sur ce qu'elle est soumise, d'après la loi du 25 mai 1838, à la compétence des juges de paix, lesquels ne connaissent généralement que des questions de possession ; — 2º sur ce que, dans le projet de présentation de ladite loi, en 1837, il était dit que « le juge de paix étant juge ordinaire de la possession, s'il y a litige sur la propriété, l'examen des titres et une étude approfondie du droit devenant nécessaires, la juridiction des juges de paix devait cesser » ; — et enfin 3º sur ce que le paragraphe des demandes en bornage, tel qu'il se trouve placé au nº 2 de l'art. 6 de la loi du 25 mai 1838, suit immédiatement les actions possessoires dont il est question au 1º, ce qui paraît impliquer la création d'une nouvelle action possessoire sous le nom d'action en bornage. — Biret sur Levasseur, *Manuel des juges de*

paix, sur le § 2, art. 6, L. 1838; Belime, *Actions possessoires*, p. 229, nº 214; Giraudeau, *Commentaire de la loi du 25 mai* 1838, p. 84.

36. — Cette solution nous paraît inadmissible : en effet, la loi du 25 mai 1838 a eu pour but simplement d'étendre la compétence du juge de paix à une matière dont le règlement doit surtout se faire sur place, et non de rendre possessoire par le fait seul de son attribution à un juge appelé à statuer d'ordinaire sur la possession, une action qui, jusqu'alors, n'avait jamais été considérée comme telle. — L'historique même des divers projets qui ont précédé la loi de 1838, l'agencement successif de ses diverses propositions, démontrent qu'on a toujours soigneusement distingué les diverses actions possessoires et les actions en bornage, malgré leur rapprochement définitif dans un même article. — D'ailleurs, les élémens mêmes du possessoire, qui exige un fait extérieur, une entrave, un trouble à la libre possession d'un immeuble, et qui doit être exercé dans l'année, ne se retrouvent aucunement dans la simple absence de signes délimitatifs entre deux propriétés contiguës, et sont même en quelque sorte incompatibles à l'action qui en résulte et qui est imprescriptible (V. *infrà* nº 44). — Millet, *Traité du bornage*, p. 5 et 48; Augier, *Le Juge de paix*, t. 2, p. 274.

37. — Ce n'est pas, au reste, que le bornage ne puisse résulter d'une décision au possessoire, si, par exemple, des bornes déjà existantes ayant été déplacées, ou si, en l'absence de borne, une usurpation de terrain ayant été commise par labour, fauchage, etc., le juge a ordonné le rétablissement des bornes, ou a décidé qu'il en serait placé pour assurer le jugement au possessoire. — Mais ce n'est point là une demande principale, ce n'est qu'un accessoire, un mode d'exécution du jugement sur complainte ou réintégrande. — Millet, *loc. cit.*

38. — C'est ainsi que la cour de Cassation a décidé qu'il n'y a pas cumul du possessoire et du pétitoire lorsque dans une action en complainte fondée sur un déplacement de bornes, le demandeur a conclu à une plantation de bornes. — *Cass.*, 27 avr. 1814, Laurent c. Finel. — Alors surtout qu'en ordonnant cette plantation, le juge de paix a déclaré que lesdites bornes ne pourront nuire à l'exercice de l'action pétitoire si on voulait l'intenter. — *Cass.*, 26 janv. 1825, Gonord c. Comm. de Condé-sur-Yton.

39. — Mais si l'action en bornage n'est pas une action possessoire, faut-il dire, du moins, avec M. Giraudeau (*Comm. L. 25 mai* 1838, p. 84), qu'elle ne peut être intentée que dans l'état actuel de la possession ou de la jouissance; en d'autres termes, que le juge de paix ne peut en connaître qu'autant que le demandeur prétend au bornage dans l'état où se trouvent les propriétés au jour où il agit? — Nous ne le pensons pas, car ce serait en définitive ne faire produire à cette action que l'effet d'une action possessoire, et la loi de 1838 a voulu faire davantage. C'est, du reste, ce qui sera démontré ultérieurement, dans la section relative à la compétence (nos 100 et suiv).

40. — Dans l'action en bornage, la question de propriété est ordinairement engagée; c'est pourquoi on disait, en droit romain, que, bien que personnelle, elle avait pour objet la revendication d'une chose. — Avant la loi de 1838, elle était de la compétence des tribunaux de première instance comme action pétitoire ; et la connaissance qu'on en a donnée aux juges de paix n'en saurait changer la nature, car l'objet de cette action est aujourd'hui ce qu'il était auparavant, sauf la restriction apportée au pouvoir du juge de paix prononçant sur le pétitoire. — Millet, p. 84; Curasson, *Comp. des juges de paix*, t. 2, p. 435.

41. — Mais l'action en bornage est essentiellement différente de l'action en revendication. — Dans cette dernière, le demandeur doit prouver sa propriété sur les choses qui font l'objet de sa réclamation : le détenteur est réputé propriétaire jusqu'à preuve contraire. — Dans l'action en bornage, au contraire, la propriété des contendans est reconnue; il ne s'agit que de fixer l'étendue des héritages respectifs, d'où il suit que le détenteur de la portion réclamée par l'adversaire n'est pas présumé propriétaire jusqu'à preuve contraire. — Voët, *Ad pandectas*, lib. 10, tit. 1er, nº 3 Pothier, *Tr. du voisinage*, nº 231 ; Dumoulin, *Comment. in titulo* Finium regundorum, t. 3, p. 628.

42. — Du reste, toutes les fois que la possession des propriétaires sera parfaitement distincte, par exemple, lorsque leurs héritages seront séparés par une voie publique, comme il ne peut y avoir bornage qu'entre propriétés contiguës, l'action intentée sous le nom d'action en bornage sera une revendication. — Curasson, *Comp. des juges de paix*, t. 2, p. 437.

43. — A la différence du demandeur en revendication, qui ne triomphe qu'autant qu'il établit la preuve de son droit par un titre translatif de propriété ou par une possession suffisante pour assurer la prescription, celui qui agit en bornage pourra obtenir le règlement des limites par lui prétendues, alors même qu'il ne produirait un titre de nature à faire triompher la revendication. Ainsi, d'anciennes marques, d'anciens aveux, ou autres preuves semblables seront suffisans. — Pothier, *Propriété*, nº 323; Curasson, *loc. cit.*, p. 439.

44. — La demande en bornage étant un acte de pure faculté qui ne peut servir à la prescription, et nul n'étant contraint de demeurer dans l'indivision, soit quant à son champ, soit quant à la limite de son champ, il en résulte que la demande en bornage peut toujours être intentée, ou en d'autres termes, que l'action en bornage est imprescriptible. — Pardessus, *Servitudes*, t. 1er, nº 130; Toullier, *Droit civ.*, t. 3, nº 170; Augier, *Le Juge de paix*, t. 11, p. 279; Troplong, *Prescription*, t. 1er, p. 171; Duranton, *Cours de droit français*, t. 5, nº 245; Souquet, *Dict. des temps légaux*, vº *Bornage*; Millet, *Traité du bornage*, p. 168; Curasson, *Compét. des juges de paix*, t. 2, p. 441; Mongis, *Encyclopédie du dr.*, vº *Bornage*, nº 23.

45. — C'est en vain que pour repousser cette opinion on objecterait que le bornage n'est pas un fait qui intéresse seulement celui qui prétend l'exercer, mais qu'il engendre une obligation de la part du voisin, obligation qui doit s'éteindre par la prescription trentenaire, aux termes de l'art. 2262. — Et en effet, le bornage s'exerce sur soi-même plutôt que sur autrui, c'est un acte d'intérieur qui ne dépasse point les limites du chez soi : si le voisin est appelé, c'est pour rendre l'opération contradictoire et qu'il s'assure qu'on ne prend point sur son fonds. — C'est une mise en demeure pour veiller à sa sûreté qu'on lui adresse, une garantie qu'on lui assure, et non une obligation qu'on lui impose, non plus qu'une charge ou une servitude dont on lui demande l'application. — Troplong, *Prescript.*, t. 1er, p. 149; Mongis, *Encyclop. du droit*, vº *Bornage*, nº 24; Vazeille, *Prescript.*, t. 1er, p. 116. — V. aussi Dunod, *Prescript.*, t. 1er, p. 116; Poullain-Duparc, L. 4, chap. 7, nº 12.

46. — On ne pourrait donc repousser absolument l'action en bornage ni par la possession annale, ni même par la possession trentenaire, ou de dix et vingt ans; car, dans le premier cas, si, la possession étant prouvée, celui qui l'invoque s'y faisait maintenir par le juge de paix, ce ne serait que provisoirement et jusqu'à ce que, au moyen des titres ou de toute autre façon, il ait été statué par le juge du fond sur les limites véritables de la propriété. Dans le second cas, le bornage n'en devrait pas moins avoir lieu, sauf à tenir compte des modifications que la prescription pourrait avoir apportées aux titres. — Mongis, *loc. cit.*, nº 25.

47. — Jugé, il est vrai, que l'action en bornage au possessoire n'est pas recevable quand la clôture qui donne naissance au trouble existe depuis plus d'un an, et qu'il n'y a plus lieu, en ce cas, qu'à l'action en revendication. — *Besançon*, 10 mars 1828, Ravenet c. Rivière. — Mais il faut comprendre cet arrêt en ce sens que si le demandeur en bornage ne veut pas admettre l'établissement des bornes sur la limite de la possession actuelle, il doit, dès qu'il n'a pu démontrer le vice de la possession annale, agir au pétitoire pour se faire restituer son terrain; après quoi il demandera le bornage.

§ 2. — *Qui peut intenter l'action en bornage.*

48. — Aux termes de l'art. 646, C. civ., tout propriétaire peut obliger son voisin au bornage.

49. — Ainsi, le cohéritier, comme tout autre copropriétaire par indivis, a droit et qualité pour exercer, de son chef et avant tout partage, l'action en bornage, nonobstant l'inaction ou le refus de ses cohéritiers. — *Rennes*, 11 juill. 1829, Rocherullé des Longrais c. Méaulle.

50. — Mais n'y a-t-il que le propriétaire qui puisse l'intenter? — L'affirmative semble résulter, par argument *à contrario*, de l'art. 646. — Toutefois l'opinion contraire est généralement soutenue par les auteurs et admise par la jurisprudence. — Elle se fonde sur ce que l'expression *propriétaire*, de l'art. 646, n'est point limitative, et qu'on doit entendre par ce mot tout possesseur se disant propriétaire, sa possession devant le faire présumer tel et son droit de propriété ne devant pas nécessairement être prouvé par lui. — Perrin, *C. des constructions et de la contiguïté*, vº *Bornage*, nº 884.

51. — C'est ainsi que dans le droit romain, on accordait l'action *finium regundorum* à tous ceux qui avaient un droit réel sur un immeuble non borné. — L. 4, § 9, ff., *Finium regundorum.*

52. — ... Et que le droit coutumier reconnaissait le même droit à quiconque possédait un héritage *pro suo*. — Pothier, *Appendice au contrat de société*, nº 232; Merlin, *Répert.*, vº *Bornage*, nº 3; Denizart, vº *Bornage*, nº 3; Voët, *Ad pandectas, finium regundorum*, nº 6.

53. — Par conséquent, l'usufruitier peut agir en bornage. — Marcadé, *Elém. de dr. civ. fr.*, sous l'art. 646 C. civ.; Vaudoré, *Dr. civ. des juges de paix*, vº *Bornage*, nº 1er 2º.

54. — Comme l'usufruitier n'est que possesseur temporaire et non maître, il en résulte qu'il ne peut consentir seul un bornage définitif et opposable au nu-propriétaire. Le voisin actionné par l'usufruitier pourra donc, s'il ne veut pas s'en tenir à un bornage provisoire, mettre en cause le nu-propriétaire. — Toullier, *Dr. civ.*, t. 3, p. 125 ; Pardessus, *Tr. des servitudes*, t. 1er, p. 586, nº 118 ; Mongis, *Encycl. du dr.*, vº *Bornage*, nos 34 et 37; Proudhon, *Usufruit*, t. 3, nos 1243 et 1244 ; Curasson, *Compét. des juges de paix*, t. 2, p. 433 ; Duranton, *Cours de dr. fr.*, t. 5, nº 257 ; Pailliet, *Tr. des servit. réelles*, nº 666 ; Delvincourt, *Cours de Code civ.*, t. 1er, p. 544 ; Merlin, *Répert.*, vº *Bornage*, nº 3.

55. — Jugé ainsi, que l'action en bornage peut être intentée par tous ceux qui possèdent, et, par conséquent, par l'usufruitier. — Mais le bornage exécuté par l'usufruitier ne peut être opposé au nu-propriétaire, qui est toujours fondé, même pendant la durée de l'usufruit, à demander le bornage de sa propriété. — *Bordeaux*, 23 juin 1836 (t. 1er 1837, p. 179), Lauretet c. Bernard Gervais.

56. — Et pour éviter toute difficulté, l'usufruitier qui veut intenter l'action en bornage doit avoir soin de s'entendre avec le nu-propriétaire ; et, dans le cas où le voisin agit, il doit également mettre en cause le nu-propriétaire et l'usufruitier. — Curasson, *ibid.*; Perrin, *loc. cit.*, nº 884.

57. — M. Carou (*Tr. des act. possess.*, t. 2, p. 647, nº 198) et Favard (*Répert.*, vº *Servitude*) enseignent néanmoins une doctrine contraire. D'après ces auteurs, l'usufruitier aurait simplement le droit de forcer le propriétaire à faire fixer les limites de l'héritage. — V. dans le même sens Augier, *Le Juge de paix*, t. 11, p. 277 ; Millet, *Tr. du bornage*, p. 127. — Mais cette opinion nous paraît inadmissible : 1º parce qu'elle est contraire à ce qui était admis dans le droit romain et dans l'ancienne jurisprudence ; — 2º en ce qu'elle ne tient aucun compte de ce que l'usufruitier possède *pro suo* ; — 3º enfin, en ce qu'elle donne à l'usufruitier le droit de contraindre au bornage son nu-propriétaire, que le voisin seul peut forcer au bornage, d'après l'art. 646, C. civ.

58. — L'emphytéote nous paraît avoir le même droit que l'usufruitier : en effet, ses droits sont plus étendus que ceux de ce dernier, et les mêmes raisons développées au sujet de l'usufruitier s'appliquent *à fortiori* à l'emphytéote. — Marcadé, sous l'art. 646 ; Duranton, *loc. cit.* ; Mongis, *loc. cit*, nº 35 ; Perrin, *loc. cit.* — V. au surplus EMPHYTÉOSE.

59. — Nous croyons, avec M. Mongis (*loc. cit.*), que si le nu-propriétaire, non mis en cause avec l'usufruitier dans le cours de l'action en bornage débattue entre ce dernier et le voisin, faisait rendre un nouveau jugement définitif sur le bornage, le voisin ne pourrait pas se prévaloir, au regard de l'usufruitier, du premier jugement pour maintenir jusqu'à extinction de l'usufruit les bornes provisoires établies contradictoirement avec lui. La mesure définitive ne nous paraît anéantir le provisoire tant en ce qui concerne l'usufruit qu'en ce qui est relatif à la nue-propriété.

60. — Le mari étant usufruitier des biens dotaux de sa femme et ayant le droit d'intenter les actions pétitoires de sa femme alors qu'il y a régime dotal, a par conséquent l'action en bornage, et même avec plus d'étendue sous ce régime, en ce sens que ce qui sera jugé avec lui sera opposable à la femme, alors même qu'elle n'aurait pas été mise en cause. — Lonchampt, *Précis des lois rurales*, p. 50.

61. — Il en est différemment si les époux sont mariés sous le régime de la communauté ou sous le régime exclusif de communauté, quant aux biens propres de la femme, et quoique le mari en soit usufruitier, car l'art. 1428 ne lui donne que les actions mobilières et possessoires à l'égard des biens propres de sa femme, et l'action en bornage n'est point une action possessoire (*Suprà* nos 35 s.). — Duranton, t. 5, p. 239 ; Solon, *Servitudes*, p. 78 ; Masson, *Comm. de la loi de* 1838, p. 190; Vaudoré, *Dr. rural*, p. 82 ; Carou, *Act. possess.*, t. 1er, p. 651 ; Curasson, *Comp. des juges de paix*, t. 2, p. 329 ; Millet, p. 139.

62. — Sous ces deux régimes, l'action en bor-

nage ne pourra donc être intentée par le mari qu'avec le concours de la femme, sauf toutefois au mari à provoquer un bornage provisoire quant à sa jouissance, et au voisin à mettre en cause les deux époux pour obtenir une solution définitive. — Curasson, t. 2, p. 434.

63. — Quant aux biens dépendant de la communauté, il est clair que le mari peut provoquer le bornage définitif.

64. — Si les époux sont mariés sous le régime de séparation de biens, la femme pourra seule agir avec le concours du mari, ou à son défaut avec l'autorisation de justice. Il en serait de même relativement aux paraphernaux sous le régime dotal. — V. au surplus COMMUNAUTÉ, DOT.

65. — L'usager n'ayant qu'une servitude sur le fonds ne peut pas exercer l'action en bornage. Il peut seulement agir contre le propriétaire pour que celui-ci fasse fixer l'étendue de terrain soumis au droit d'usage. — Curasson, t. 2, p. 434. — V. toutefois Vaudoré, v° *Bornage*, n° 1er; Marcadé, *Élém. dr. civ. franc.*, sous l'art. 646, C. civ.

66. — Le curateur aux biens d'un absent, étant le mandataire légal de cet absent, peut diriger les actions qui lui appartiennent, par conséquent l'action en bornage. — Millet, p. 143.

67. — Les envoyés en possession définitive des biens de l'absent étant capables d'aliéner, peuvent aussi intenter l'action en bornage. — Arg. de l'art. 132.

68. — Quant aux envoyés en possession provisoire, comme ils n'ont les biens qu'en dépôt, l'action en bornage ne peut pas être intentée par eux. — Arg. de l'art. 125.

69. — Le tuteur ne peut intenter l'action en bornage sans obtenir l'autorisation du conseil de famille, homologuée du tribunal; en effet, cette action sort des limites de l'administration. — C. civ., art. 464; — Curasson, t. 2, p. 328; Carou, *Act. possess.*, t. 1er, p. 650; Marchand, *Code de la minorité*, n° 62; Pardessus, *Servitudes*, t. 2, p. 305, n° 333; Vaudoré, *Dr. rural*, t. 1er, p. 37; Solon, *Servitudes*, p. 78; Millet, p. 137. — V. *contrà* Toullier, t. 3, n° 182; Masson, p. 291; Lonchampt, p. 50.

70. — Toutefois, si le bornage n'avait pour objet qu'une plantation de bornes, comme il ne constituerait qu'un acte d'administration, le tuteur pourrait l'intenter seul. — Millet, *Tr. du bornage*, p. 134.

71. — Comme le fermier ne possède pas *pro suo*, qu'il n'a aucun droit réel sur l'immeuble affermé, on décide unanimement qu'il n'a pas l'action en bornage; il a seulement le droit de contraindre le bailleur à lui faire avoir la jouissance de la chose louée telle qu'elle se comporte. — Carré, *Lois de la compétence* t. 1er, n° 232; Augier, *Le Juge de paix*, t. 11, p. 278; Lepage, *Lois des bâtimens*, t. 1er, p. 28. — V. au surplus BAIL.

72. — Les mineurs émancipés, les interdits, les femmes mariées, les personnes ayant des curateurs, tuteurs ou conseils, ne peuvent agir en bornage, soit en demandant, soit en défendant qu'avec l'assistance de ceux qui doivent les diriger. — Vaudoré, *Dr. civ. des juges de paix*, v° *Bornage*, n° 4.

73. — Le préfet peut intenter l'action en bornage ou y défendre au nom de l'état, pour les biens de l'état et de tous ceux dont la surveillance lui est confiée. — V. L. 10 mai 1838, art. 36, 37; — Curasson, *Actions possess.*, p. 434.

74. — Le maire a le même droit pour les biens des communes. — V. COMMUNES.

75. — Quant aux biens appartenant aux établissemens de bienfaisance, hospices, fabriques, etc., V. ÉTABLISSEMENS DE BIENFAISANCE, FABRIQUES, HOSPICES.

§ 3. — *Contre qui on peut intenter l'action en bornage.*

76. — Nul propriétaire ne peut se soustraire à l'action en bornage : il ne le pourrait pas dans le cas où il prétendrait avoir planté une haie vive ou des pieds corniers. Rien ne peut le mettre à l'abri d'une action que la loi autorise formellement. — Pardessus, *Tr. des servit.*, n° 118; Duranton, t. 5, n° 259.

77. — Et l'existence de clôtures antérieures n'est pas un obstacle à l'action en bornage, lorsque les clôtures n'ont pas été faites contradictoirement avec le voisin, lorsque surtout l'étendue de la propriété est constatée par titre. — *Rennes*, 11 juil. 1829, Rocherullé des Longrais c. Méaulle; — Toullier, t. 3, n° 174; Duranton, t. 5, n° 260.

78. — Mais, suivant ce qui a été dit au paragraphe précédent, l'action en bornage pouvant être intentée par l'usufruitier, il en résulte qu'elle peut également être dirigée contre lui, sauf à mettre en cause le nu-propriétaire, pour que la décision intervenue puisse lui être opposée.

79. — A l'égard du fonds dotal, l'action en bornage peut être intentée utilement contre le mari, qui a l'exercice des actions pétitoires et possessoires. — Arg. de l'art. 1549.

80. — Quant aux biens propres de la femme sous tout autre régime, l'action en bornage ne peut être suivie régulièrement et jugée définitivement qu'autant que la femme a été mise en cause avec le mari. — Arg. de l'art. 1428.

81. — On peut agir régulièrement contre tout possesseur *pro suo*. — V. n° 52.

82. — ... Et contre le curateur aux biens d'un absent, de même que contre les envoyés en possession définitive de ses biens. — Arg. de l'art. 132.

83. — ... Mais non contre l'envoyé provisoire. — Arg. de l'art. 125. — V. aussi n° 68.

84. — ... L'action en bornage ne peut pas être intentée contre l'usager.

85. — ... Ni contre le fermier. — V. n° 71. — Vaudoré, *Dr. civ. des juges de paix*, v° *Bornage*, n° 6.

86. — Si le fermier est mis en cause, il doit nommer le bailleur, pour lequel il possède, et être mis hors d'instance. — C. civ., art 1727 et 2230. — Perrin, *C. des const.*, n° 884, 8°.

87. — Relativement aux biens de l'état, le bornage se poursuit contre le préfet du département où les immeubles sont situés. — Curasson, *Act. poss.*, p. 434.

88. — Quant aux immeubles communaux, c'est contre le maire que la poursuite est dirigée. — V. COMMUNES.

89. — Bien qu'en règle générale, le bornage ne puisse avoir lieu que pour les propriétés contiguës; toutefois, si le déficit éprouvé par le demandeur ne se trouve pas dans la propriété contiguë, il est nécessaire d'atteindre les arrière-voisins pour compléter ce déficit. Dans ce cas, le demandeur peut citer directement l'arrière-voisin, et si celui-ci opposait l'art. 646, qui n'accorde qu'au voisin le droit d'exiger le bornage, une citation directe lui serait donnée par le propriétaire contigu, qui aurait intérêt à agir ainsi pour ne pas supporter seul le déficit. — Millet, *Tr. du born.*, p. 150; Toullier, t. 3, n° 178; Vaudoré, *Dr. rur.*, t. 1er, p. 38; Rolland de Villargues, *Rép. du not.*, v° *Bornage*, n°s 23 et 24.

Sect. 3e. — *Compétence et procédure.*

§ 1er. — *Compétence.*

90. — L'action en bornage, quoique mixte, est toujours portée devant le juge de la situation des immeubles qu'on veut limiter. On ne concevrait pas, en effet, qu'on pût se prévaloir de l'art. 59, C. procéd. civ., pour soutenir qu'elle peut être intentée devant le juge du domicile qui ne serait pas celui de la situation. Le bornage nécessite des visites de lieu que le juge de la situation peut seul opérer. — Millet, p. 168; Curasson, t. 2, p. 458; Marcadé, *Elém. de dr. civ. franç.*, sous l'art 646, à la note. — V. aussi Brossard, *Tr. de la jurid. civ. des juges de paix*, éd. de 1843, p. 502.

91. — Et si les immeubles qu'il s'agit de borner sont situés dans plusieurs arrondissemens, nous pensons qu'on devra toujours saisir le juge du territoire du défendeur. Si le défendeur a plusieurs héritages faisant partie de la même exploitation, ce sera le juge du chef-lieu de l'exploitation qui devra être saisi. A défaut de chef-lieu, ce sera le juge de la situation du bien qui produit le plus grand revenu. — Arg. de l'art. 2210, C. civ., et de l'art. 235, C. procéd. — Carré, *Lois de la procéd.*, n° 230; Chauveau sur Carré, *ibid.*, n° 258.

92. — Avant la loi du 25 mai 1838, c'étaient les tribunaux de première instance qui étaient compétens pour statuer en matière de bornage : les juges de paix ne pouvaient connaître que des actions en déplacement de bornes comme actions possessoires. Ils ne pouvaient ordonner qu'une plantation de bornes provisoires, et par suite d'une demande en complainte. — L. 16-24 août 1790, tit. 3, art. 10; C. procéd., art 3.

93. — Mais l'art. 6 de la loi du 25 mai 1838, porte : « Les juges de paix connaissent, à charge d'appel, *des actions en bornage...*, lorsque la propriété ou les titres qui l'établissent ne sont pas contestés. »

94. — De ce que nous avons déjà dit *suprà*, n° 36, il résulte que le but du législateur a été de changer la compétence en matière de bornage; mais non de changer la nature de cette action qui est toute pétitoire. En conséquence, toutes les fois que la propriété sera reconnue ou que les titres qui l'établissent ne seront pas contestés, le juge de paix pourra, en se fondant sur ces titres, agir comme le pouvait, avant cette loi, le tribunal de première instance; c'est-à-dire qu'il ne sera pas seulement compétent pour opérer la plantation de bornes, alors que les parties s'accordent sur le lieu où elles doivent être placées (car s'il en était autrement le ministère du juge serait inutile); mais qu'il aura le pouvoir de rechercher les limites, alors que les voisins, étant d'accord sur la propriété ou sur les titres qui l'établissent, différeront cependant de sentiment sur la portée desdits titres.

95. — Cette interprétation nous paraît ressortir de la discussion du projet de loi présenté en 1837 à la chambre des députés, projet qui est devenu la loi du 25 mai 1838. — Sur l'objection présentée par M. Taillandier, qu'il ne pouvait y avoir de procès sans contestation de titres, M. Amilhau, rapporteur de la loi, répondit que : « La mission *du juge de paix*, quand les parties *ne sont pas d'accord sur leurs limites*, est de faire mesurer les terrains, d'y appliquer les titres et de les borner. S'il y a contestation de titres ou de propriété, il y a lieu au renvoi devant le tribunal d'arrondissement. »

96. — La pensée du rapporteur, laquelle n'a pas été contredite, se résume évidemment ainsi : quand les titres sont reconnus, quoique les parties soient en désaccord sur les limites, le juge de paix doit les fixer : donc il est plus qu'un simple surveillant chargé de planter des bornes, conformément aux indications qui lui seraient fournies par des voisins parfaitement d'accord en tous points.

97. — Mais toutes les fois qu'il y aura contestation sur la propriété ou que les titres seront contestés, le juge de paix devra se déclarer incompétent et renvoyer les parties devant le juge de première instance. — Curasson, *Comp. des juges de paix*, t. 2, p. 330 et suiv.; Brossard, *Jurid. civ. des juges de paix*, éd. de 1843, p. 499.

98. — Du reste, comme le fait observer M. Curasson (*Comp. des juges de paix*, t. 2. p. 447), entendue dans le sens que nous combattons, la disposition de l'art. 620 de la nouvelle loi serait tout-à-fait illusoire; car il n'y a pas de litige si les parties sont d'accord sur la délimitation, partant plus de besoin de l'intervention du juge. — Carou, *Jurid. civ.*, t. 1, p. 655; Millet, *Tr. du born.*, p. 46; Foucher, *Comm. de la loi de* 1838, p. 292.

99. — La disposition, qui accorde aux juges de paix la connaissance des actions en bornage, était réclamée par la nature même des attributions confiées à ces magistrats. Dans la crainte de supporter des procès ruineux pour arriver à la délimitation, la plupart des propriétaires aimaient mieux ne pas faire usage de l'art 646, C. civ. C'est dans le but de remédier à cet état de choses que le législateur a modifié la compétence. — Masson, *Comment. de la loi du 25 mai* 1838, n° 233.

100. — C'est toujours devant le juge de paix que la demande doit être portée, alors même que le défendeur a annoncé son intention de contester sur les titres ou sur la propriété, sauf au juge à se déclarer incompétent si la contestation s'élève; mais il n'appartient pas aux parties elles-mêmes de changer la juridiction. — Marc Deffaux, *Comm. L. du 25 mai* 1838, sous l'art. 6 2°, p. 109.

101. — Il y a évidemment contestation de propriété si l'un des voisins nie que son adversaire soit propriétaire du fonds dont il demande le bornage. — Vaudoré, *Droit civ. des juges de paix*, v° *Bornage*, n° 57, 1°.

102. — ... Ou s'il prétend qu'un copropriétaire n'a pas le droit d'intenter l'action en bornage. — Vaudoré, *ibid.*, n° 57 2°.

103. — ... Ou s'il allègue que la ligne indiquée comme divisoire ne l'est point. — Vaudoré, *ibid.*, n° 57 3°.

104. — Il y a aussi contestation sur la propriété alors que le défendeur revendique contre le demandeur la propriété litigieuse. — Curasson, *Compét. des juges de paix*, t. 2, p. 450; Marc Deffaux, *Comm. de la loi du 25 mai* 1838, p. 110; Giraudeau, *Annales*, t. 6, p. 188; Rogron, *Cod. de procéd. expl.*, sur l'art. 6; Millet, p. 279.

105. — Et cela, quelle que soit la cause sur laquelle la propriété est revendiquée; que ce soit en vertu d'un titre ou en vertu de la prescription opposée à la contenance portée dans les titres produits. — Millet, p. 283; Marc Deffaux, *Comment. L. 25 mai* 1838, sous l'art. 6, 2°, p. 110.

106. — Jugé ainsi que le juge de paix est incompétent pour connaître d'une action en bornage, lorsqu'en l'absence des titres les parties contestent sur l'étendue respective de leurs héritages limitrophes. — *Cass.*, 1er fév. 1842 (t. 1er 1842, p. 345), Olivier c. Truc.

107. — Nous croyons que la prescription par dix et vingt ans serait aussi utilement invoquée que la prescription trentenaire. Le Code civil ne distingue en effet entre ces deux prescriptions que quant à leurs conditions d'existence. Une fois accomplies, elles produisent les mêmes résultats. Nous n'admettons donc pas la distinction de la loi romaine entre les deux prescriptions, distinction que Po-

thier avait cependant admise. — Pothier, *Contrat de société*, n° 233; Dumay, *Append. au traité de la comp. des juges de paix*, de Curasson, n° 37.

108. — Il y a contestation sur les titres alors que leur validité est attaquée, soit pour vice de forme, soit pour cause d'incapacité de la part des parties, soit parce qu'ils auraient été annulés, ou si l'une des parties prétend que le titre invoqué par son adversaire, comme translatif de propriété, n'est qu'un titre précaire. —Curasson, *Comp. des juges de paix*, t. 2, p. 336; Giraudeau, *Annales*, t. 6, p. 138; Millet, p. 295; Vaudoré, *Droit civ. des juges de paix*, n° 57 4°.

109. — ... Mais non pas lorsque l'une d'elles prétend que le titre produit par l'autre n'est pas relatif à l'immeuble qu'il s'agit de borner. Il n'y a en effet, alors, lieu qu'à l'application et non à contestation de titre. — Millet, p. 296.

110.—Du reste, il ne suffira pas au défendeur de dire : « Je conteste la propriété et les titres » pour décliner la compétence; il est indispensable que la contestation ait quelque apparence de fondement. Le juge de paix doit, au surplus, motiver son jugement d'incompétence, ce qui nécessite un examen de l'exception proposée. — Curasson, t. 2, p. 452; M. Deffaux, *Comment. L. 25 mai* 1838, sous l'art. 6 2°, p. 109.

111. — Mais quel sera l'effet du jugement qui déclarera l'incompétence? Dessaisira-t-il le juge de paix d'une manière définitive ou l'obligera-t-il seulement à surseoir?

112. — Il est conforme aux principes de décider que le juge de paix sera définitivement dessaisi. En effet, le juge du principal est juge de l'accessoire, et comme le tribunal de première instance a la plénitude de juridiction, il n'y a pas de motif pour décider qu'après avoir statué sur la question préjudicielle de propriété, le tribunal devra renvoyer devant le juge de paix. Bien au contraire, il est logique d'admettre qu'après avoir nommé des experts chargés d'appliquer les titres, entendu les témoins et porté son jugement sur les limites, le tribunal charge les experts de placer les bornes si les parties ne procèdent pas amiablement à cette plantation. Ajoutons que le législateur, s'il eût voulu établir la compétence exclusive des juges de paix en matière de bornage, aurait eu soin de déclarer qu'en cas de contestation sur les titres ou sur la propriété, le juge de paix devrait surseoir. On peut citer à l'appui de cette proposition ce qui est décidé en matière forestière dans le cas d'abornement. L'art. 13, C. forest., dispose que les contestations élevées par les riverains seront portées devant les tribunaux compétens, et qu'il sera *sursis* à l'abornement jusqu'après leur décision. On peut encore citer plusieurs exemples de semblables dispositions, alors que le juge doit demeurer saisi malgré le renvoi d'une question préjudicielle hors de sa compétence (C. civ., art. 235, 327, 1319; C. procéd., art. 240 et 427; C. inst. crim., art. 3); — Curasson, t. 2, p. 456; Mongis, *Enc. du dr.*, v° *Bornage*, n° 81; Carou, n° 499; Vaudoré, *ibid.*, n° 58.

113. — Quand les titres ou la propriété sont contestés, le juge de paix est simplement conciliateur. Dans la pratique, le demandeur cite son adversaire en bornage, en déclarant que son assignation vaudra citation en conciliation pour le cas où il y aurait contestation sur les titres ou sur la propriété. — Curasson, t. 2, p. 458.

114. — Quant à la partie à laquelle l'incompétence est opposée à raison de la contestation qui s'élève sur la propriété, elle peut se prévaloir de sa possession et se faire maintenir en possession du terrain en litige jusqu'à la décision du tribunal civil. — Vaudoré, *ibid.*, n° 57.

§ 2. — *Procédure.*

115.—Le bornage ou abornement peut avoir lieu à l'amiable, si les parties sont d'accord et ont l'exercice de leurs droits. — Perrin, *C. de la contiguïté*, n° 892; Vaudoré, *Dr. civ. des juges de paix*, v° *Bornage*, n° 13.

116. — Si les parties, maîtresses de leurs droits, ne sont pas d'accord pour opérer elles-mêmes et à l'amiable le bornage de leurs propriétés, elles ont le choix ou de nommer des arbitres chargés de les arranger ou de recourir aux tribunaux. — Mongis, *Encycl. du dr.*, v° *Bornage*, n° 46.

117. — Si l'une d'elles n'est pas maîtresse de ses droits, il est nécessaire d'aller devant le juge. — Toullier, t. 3, n° 472; Duranton, t. 5, n° 253.—C'est au moyen d'une citation directe que le juge de paix est saisi. — Millet, *Tr. du Bornage*, p. 180.

118. — Les arbitres nommés par les parties procèdent comme le juge de paix lui-même dans le cas où ce magistrat saisi ne juge pas utile de nommer des experts. — Mongis, *Encycl. du dr.*, v° *Bornage*,

119. — Mais le juge de paix saisi n'est pas toujours dans l'obligation de nommer des experts. Il peut, toutes les fois que l'opération n'est pas compliquée de manière à nécessiter l'application des titres, la recherche des limites, *se servir à lui-même d'expert et de géomètre*, selon les expressions de M. Barthe, dans son discours de présentation à la chambre des députés, le 6 avril 1838, du projet devenu depuis la loi du 25 mai 1838.

120. — Dans le cas où le juge de paix estime nécessaire de nommer des experts, il rend un jugement à cet effet, aux termes de l'art. 42, C. procéd. civ.

121. — Mais est-il tenu de désigner plusieurs experts, ou peut-il n'en nommer qu'un seul, s'il lui paraît suffire à l'opération? — Si l'on s'en référait aux termes de l'art. 42, C. procéd., le juge de paix ne pourrait jamais nommer moins de deux experts, puisque cet article porte : « Si l'objet de la visite ou de l'appréciation exige des connaissances qui soient étrangères au juge, il ordonnera que *des gens de l'art*, qu'il nommera par son jugement, feront la visite avec lui et donneront leur avis. » — Toutefois, comme la nomination d'experts n'est pas essentielle en cette matière, que le juge peut, s'il trouve la chose praticable, *se servir d'expert géomètre à lui-même*, il faut dire que si un seul expert lui paraît suffisant pour éclairer sa religion, il n'en nommera qu'un. — Curasson, *Compét. des juges de paix*, t. 2, p. 459; Millet, *Tr. du bornage*, p. 202; Pardessus, *Tr. des servitudes*, t. 1er, nos 117 et 7 suiv.; Toullier, *Dr. civ*, t. 3, p. 11 et suiv.—V. aussi Voët, *Ad pandectas*, lib. 10, tit. 1er; Dunod, *Prescriptions*, p. 98;

122.—Nous admettons aussi, avec les auteurs que nous venons de citer, que le juge de paix n'est pas tenu de se transporter sur les lieux avec les experts nommés, et peut statuer sur leur rapport dans le cas où ses occupations ne lui ont pas permis de les accompagner, sauf à lui à compléter l'instruction si le rapport n'éclaire pas suffisamment sa religion.

123. — La nomination des experts doit toujours être faite d'office : le juge seul sait en effet si ses connaissances lui permettent d'apprécier le litige sans le secours d'autrui, sauf à lui à consulter les parties sur le choix à faire, si bon lui semble. — Carré et Chauveau, *L. de la procéd.*, sur l'art. 42; Curasson, *Comp. des juges de paix*, t. 1er, p. 113; Millet, *Tr. du Bornage*, p. 207.

124. — Les bases de l'opération sont le plus souvent les titres et la possession. — Perrin, n° 894.

125.—Lorsque les parties ont des titres, elles les remettent aux experts ou au juge, qui en font l'application sur le terrain, lorsque les parties ont déclaré s'y référer. — Toullier, t. 3, n° 474; Pardessus, n° 221; Perrin, n° 893.

126. —Lorsque les titres sont clairs et explicites, ils doivent être seuls consultés.—Ce n'est qu'à défaut de titres et lorsque ceux produits ne fournissent pas de renseignemens suffisans qu'il y a lieu de recourir à la possession. — Brillon, *Dict. des arrêts*, v° *Bornage*, Pothier, *Vente*, nos 251 et 252; Pardessus, n° 122; Toullier, t. 3, n° 176.

127. — Parmi les titres produits, la préférence doit être donnée d'abord à ceux émanés de l'auteur commun. A leur défaut, on consulte ceux qui sont spéciaux à chacune des parties, et si l'une d'elles n'en produit pas, on opère suivant les titres de l'autre, toujours, bien entendu, dans le cas où ils ne sont pas contestés. — Curasson, t. 2, p. 460; Vaudoré, *Droit civil des juges de paix*, v° *Bornage*, n° 16.

128. — Les titres anciens doivent généralement être préférés aux titres récens; toutefois, cette proposition ne doit pas être entendue dans un sens absolu. On conçoit, en effet, que les titres récens peuvent avoir modifié ceux qui étaient antérieurs, et le cas échéant, on devrait s'attacher de préférence à ceux qui fixent le dernier état de choses. — Curasson, *ibid.*; Vaudoré, *loc. cit.*; Perrin, n° 901.

129.—Un adjudicataire, défendeur à une action en bornage, peut invoquer, pour déterminer l'étendue de sa propriété, non seulement le jugement d'adjudication, mais encore les titres d'acquisition de ses auteurs. — *Cass.*, 10 mai 1825, Jacquinot de Pampelune c. Delmont.

130. — Entre deux titres, si l'un établit une contenance déterminée, alors que celui de l'adversaire n'exprime qu'une contenance approximative, on devra appliquer le titre précis. Si, par exemple, un titre établit au profit de Paul une contenance de dix hectares, au lieu que le titre produit par Pierre mentionne une contenance de dix hectares *environ*, il faut appliquer le titre qui mentionne les dix hectares contrairement à l'autre qui mentionne quinze ou vingt hectares environ, pourvu toutefois que l'attribution des dix hectares laisse au voisin les quinze hectares pour lesquels son titre est *exprès*. — Pardessus, t. 1er, nos 122 et 127; Curasson, t. 2, p. 460. — En tous cas, celui qui a un titre explicite ne doit rien obtenir au-delà de ce qui y est exprimé. — Perrin, n° 898; Toullier, t. 3, n° 176; Favart, v° *Servitude*, sect. 2e; Duranton, t. 5, n° 260.

131. — Mais quelque précis que soient les titres de l'un, si l'adversaire refuse d'adhérer à la contenance qu'ils expriment, et que des limites exactes et précises existent qui rendent une anticipation peu probable, les signes apparens devront l'emporter sur le titre. — Pardessus et Curasson, *ibid.*; Perrin, n° 899.

132. — Si les terrains soumis au bornage excédent la quantité énoncée dans les titres, ou si, au contraire, l'énonciation des titres est supérieure à la quantité relle, il y a lieu de répartir proportionnellement l'excédant ou la perte. — Pothier, *Pand. Justin. Finium regundorum*, n° 12; Legrand, *Cout. de Troyes*, art. 159; Brodeau, *Cout. de Paris*, art. 12, nos 7 et suiv.; Brunneman, *Ad leg.* 5, Cod. *Finium regundorum*, n° 9; Bonnelier sur Davot, *Traité du droit*, t. 2, p. 560; Mongis, n° 50; Vaudoré, *Droit civ. des juges de paix*, v° *Bornage*, n° 17; Pardessus, n° 123, Perrin, n° 897; Toullier, t. 3, n° 176.

133. — Il est possible que les parties en cause prétendent n'avoir une contenance moindre que celle à laquelle ils ont droit que parce que d'autres propriétaires contigus auraient plus qu'il ne leur faut : dans ce cas, ils peuvent les mettre en cause; ceux-ci pouvant agir de même à l'égard de leurs propres voisins, d'où il résultera qu'une simple demande en bornage entre deux parties peut amener l'arpentage et l'abornement de la plaine tout entière. — Vaudoré, *Droit civil des juges de paix*, n° 12.

134.—Mais jugé que le propriétaire qui demande le bornage ne peut exiger que les propriétés contigues soient préalablement arpentées, lorqu'il n'articule d'ailleurs aucune anticipation et qu'on lui oppose une possession trentenaire. — Le bornage doit alors se faire dans les limites de la possession actuelle des propriétaires. — *Orléans*, 24 août 1816, Arnauld c. Bertaud; *Metz*, 19 avr. 1822, Bouillard c. Dangluse; *Paris*, 1er mai 1826, de Luynes c. Prudhomme.

135. — Si les titres ne fixent l'étendue du terrain ni de l'une ni de l'autre des parties, il est partagé entre elles également, sauf les dérogations qui pouvaient résulter de la prescription ou de la possession. — Vaudoré, n° 20; Perrin, n° 902; Toullier, t. 3, n° 176.

136. — Si des bornes posées en vertu d'un titre non contesté étaient mal placées par suite d'une erreur, on réparerait cette erreur en mesurant le terrain et donnant à la partie lésée la part qu'elle devrait avoir, sauf l'exception de prescription que pourrait faire valoir la partie adverse. — Perrin, n° 903; Toullier, t. 3, n° 177.

137. — De même, si l'un des voisins a trop et l'autre pas assez, il faut parfaire, sauf toujours l'exception de prescription, la part de ce dernier avec l'excédant du premier. — L. 7, ff., *Fin. regund.*; Toullier, t. 3, n° 178; Vaudoré, *Droit civ. des juges de paix*, v° *Bornage*, n° 22. — Et celui-ci ne pourrait refuser de compléter la mesure du voisin lésé. — Poullain Duparc, L. 4, ch. 7, n° 11; Pardessus, n° 127.

138. — A défaut de titres, il est indispensable de se référer à la possession, soit annale soit même moins qu'annale, si aucun autre document ne venait en aide au juge, et on devrait borner suivant cette possession. — Mongis, *loc. cit.*, n° 53; Toullier, t. 3, n° 176.

139. — La possession pourrait et devrait être admise, même contre les titres, si elle était de nature à constituer la prescription : on comprend qu'ici il ne peut plus être question de la possession annale, elle devrait être, soit trentenaire, soit de dix ou vingt ans. — Pardessus, n° 130; Toullier, t. 3, n° 175; Delvincourt, t. 1er, p. 544, n° 8, notes; Solon, nos 73 et 74; Dumay, *Append. au traité de la compét. des juges de paix* de Curasson, t. 2, n° 36.

140. — Ajoutons que le juge devra se montrer très circonspect dans l'admission des faits tendant à établir la possession annale ou la prescription, dans l'appréciation des caractères de publicité et autres requis pour constituer la possession légale. En effet, l'abus est des plus faciles quant à la possession subreptice d'une portion de terrain avoisinant un héritage, d'autant plus que les anticipations se font insensiblement, sans que le propriétaire usurpé ait pu s'apercevoir quelle était la quantité de terrain qu'on lui enlevait chaque fois. Aussi le juge ne devra admettre la possession légale qu'autant qu'aucun des signes requis pour la

sonder ne sera douteux. — Pardessus, *Servitudes*, t. 1er, n° 126; Troplong, *Prescription*, t. 1er, p. 554 et suiv.; Curasson, t. 2, p. 441; Mongis, *loc. cit.*, n° 28.

141. — Ainsi, une jouissance équivoque ou furtive ne saurait être efficace, alors même que d'ailleurs elle ne saurait fonder la prescription. Toutefois, elle le serait si elle avait été l'objet d'une contradiction judiciaire ou extrajudiciaire. Alors elle aurait perdu le caractère équivoque qui la viciait. — Perrin, n° 909; Vaudoré, n° 26.

142. — Il faut aussi que la possession porte tout entière sur un même terrain, et non sur des terrains successivement usurpés, et parmi lesquels il y en aurait dont la possession ne serait pas aussi ancienne. — Dunod, *Prescript.*, p. 98; Favart de Langlade, *Rép.*, v° *Bornage*, sect. 2e, § 2, n° 2; Fournel, *Voisinage*, v° *Bornes*; Duranton, t. 5, n° 260; Delvincourt, t. 1er, p. 387.

143. — Mais si le possesseur avait consenti un bornage conforme aux titres, il ne pourrait plus invoquer sa possession. — Il serait présumé y avoir renoncé. — Pardessus, n° 125; Perrin, n° 913.

144. — Un propriétaire, sommé par acte extrajudiciaire de venir procéder au bornage de sa propriété, en présence d'un expert géomètre et d'un notaire, pourrait, si, malgré ses protestations, les bornes avaient été placées sur un terrain dont il a la possession annale, intenter l'action en complainte sans être tenu d'attaquer le procès-verbal constatant l'opération des experts. — *Cass.*, 27 août 1829, Benoist c. Juillet.

145. — Jugé que lorsqu'une demande en bornage contient en même temps une revendication, et que sur cette demande, le défendeur oppose la prescription, si cette prescription est rejetée, le bornage doit avoir lieu non d'après la possession, mais d'après les titres. — *Cass.*, 22 août 1837 (t. 2 1837, p. 224), Propriétaires du canal de Briare c. d'Harcourt.

146. — La possession annale, inefficace en présence de titres formels, le serait à plus forte raison devant la prescription acquise antérieurement, puisque cette prescription l'emporterait sur le titre lui-même. — Pardessus, n° 127; Delvincourt, t. 1er, p. 544, n° 8, notes.

147. — Pour éclairer la possession, le magistrat peut et doit même se reporter aux cadastres, livres d'arpentage communal, anciens plans, papiers terriers, etc., ou consulter les alignemens indiqués par les arbres, les plantes, les chemins, sentiers, fossés, ravins, cours d'eau, etc. — Vaudoré, *Droit civil des juges de paix*, v° *Bornage*, n° 18; Curasson, p. 462.

148. — Enfin, la preuve testimoniale pourra être invoquée utilement pour fixer les limites où doivent être rétablies les bornes. — Mongis, *Encyclopédie du droit*, v° *Bornage*, n° 47.

149. — Il est du reste bien entendu que les diverses règles d'interprétation ou de décision que nous venons d'énumérer ne peuvent être appliquées soit par le juge de paix, soit par le tribunal civil, que dans les limites de leur compétence, ainsi que nous les avons indiquées *suprà*, n°s 99 et suiv.; c'est-à-dire par le juge de paix en tant qu'il n'y a aucune contestation affectant la propriété, et par le tribunal civil pour statuer seulement sur les contestations au fond soulevées devant le juge de paix, et par suite desquelles il a dû se départir de la connaissance du litige.

150. — La partie qui est reconnue avoir un excédant qu'elle doit rendre à son véritable propriétaire ne peut le retenir malgré ce dernier, quelque minime qu'en soit la contenance, et offrît-elle même d'en payer la valeur. — Vaudoré, *Droit civil des juges de paix*, n° 44. — V. aussi un arrêt de *Cass.*, 22 avr. 1823, Hellot c. Leclerc Morlet, du moins dans ses faits.

151. — Si la partie obligée de restituer a joui de bonne foi, elle ne doit compte d'aucun fruit, si ce n'est à partir de la mise en demeure. — Vaudoré, *Dr. civ. des juges de paix*, v° *Bornage*, n° 50.

152. — Mais elle doit les fruits depuis son entrée en jouissance, et peut même être condamnée à des dommages-intérêts, si elle a été de mauvaise foi. — Pardessus, n° 129; Curasson, t. 2, p. 464; Perrin, n° 920. — Il ne faut toutefois point perdre de vue que la mauvaise foi ne se présume point et doit être prouvée contre elle.

153. — Une fois les limites fixées conformément aux règles qui précèdent, il y a lieu au placement de *bornes*. Le juge les fait planter lui-même en sa présence, ou ordonne qu'elles le soient par les experts, conformément à la délimitation qu'il a faite. — Curasson, t. 2, p. 464.

154. — Les fossés, ruisseaux, rideaux, haies, sentiers et autres passages non publics doivent être compris dans les fonds à délivrer aux parties. — S'ils traversent leurs héritages, ils leur sont attribués en entier; s'ils les bordent seulement, on les donne à chacun par moitié, sauf titres ou droits contraires. — Dans le doute, la mitoyenneté est présumée. — Pothier, *Société*, n° 238; Pardessus, n° 122; Vaudoré, *Dr. civ. des juges de paix*, n° 29 et 30; Curasson, t. 2, p. 461.

155. — Les rideaux ou *bos* à plan incliné sont réputés appartenir au fonds supérieur qu'ils soutiennent; ceux à plan horizontal se partagent également, sauf encore les usages des lieux, les titres et la possession contraires. — Vaudoré (*loc. cit.*), n° 31

156. — Le rivage de la mer n'y doit point être compris; il s'étend jusqu'où monte ordinairement la mer à l'équinoxe de mars. — Pardessus, n° 122; Perrin, n° 915; Valin, *Ord. de la marine*, L. 4, tit. 7, art. 1er. — V. MER.

157. — Les chemins de halage et marchepied faisant partie des fonds riverains des cours d'eau, doivent y être compris : ils constituent seulement une servitude à la charge de ces fonds. — Vaudoré, *ibid.*, n° 34; Pardessus, n° 122.

158. — Le lit des rivières, ruisseaux et ravins publics ne peut entrer dans les contenances; quant aux chaussées, digues, berges ou levées des rivières navigables ou flottables, elles ne sont point non plus comprises dans le bornage, à moins de titres contraires.

159. — Le bornage se fait à frais communs, aux termes de l'art. 646, C. civ. Cette disposition est juste, puisqu'il s'agit de faire jouir chacun des contendans de sa chose et que le bornage les intéresse tous également.

160. — Il importe peu que le bornage ait lieu judiciairement ou à l'amiable : la loi ne distingue point les frais de bornage comprenant la fourniture et le placement des bornes, le coût des actes constatant l'abornement, les droits dus aux experts et aux magistrats. — Pardessus, n° 129.

161. — Mais s'il a été nécessaire de procéder à un arpentage, les frais n'en devraient être supportés par les bordiers que proportionnellement à l'étendue de chaque héritage; autrement on arriverait au plus inique résultat, puisque le propriétaire d'un terrain dont le mesurage n'a pas pris plus d'une heure paierait autant que celui dont la propriété a occupé huit jours et plus. — Pardessus, t. 1er, n° 129; Vaudoré, n° 52.

162. — Si le refus d'une partie avait forcé à porter l'action devant le juge, les frais de l'incident devraient retomber à sa charge exclusive, fût-il prouvé en définitive qu'il n'avait pas plus qu'il ne lui revenait. — Pardessus, n° 129; Perrin, n° 923; Toullier, t. 3, n° 180; Solon, n° 78; Marcadé, *Elém. de dr. civ. franç.*, sous l'art. 656.

163. — Mais si l'action n'avait été portée devant le juge qu'à raison de la minorité, de l'interdiction de l'une des parties, ou par tout autre motif non imputable à la mauvaise foi, les frais nécessaires pour arriver au bornage doivent, comme ceux du bornage lui-même, rester communs. — Pardessus, n° 129. — V. aussi Perrin, n° 922; Merlin, *Rép.*, v° *Bornage*, et Vaudoré, *Dr. civ. des juges de paix*, n° 53.

164. — On doit, que le bornage ait eu lieu à l'amiable entre les parties ou judiciairement, dresser un procès-verbal de l'opération. Cet acte doit indiquer en détail la contenance et la configuration de chaque propriété. Outre la forme et le nombre des bornes, il est utile d'y rapporter la nature des *témoins*. De cette façon, la fraude, les déplacemens de bornes, etc., pourront être facilement prévenus ou au moins réprimés. — Millet, *Tr. du born.*, p. 365; Vaudoré, *Dr. civ. des juges de paix*, n° 42. — V. aussi Toullier, n° 171 et 172.

165. — Si les parties intéressées sont majeures et jouissent de leurs droits, les procès-verbaux peuvent être dressés à l'amiable, même sous seing-privés; mais si l'une est mineure, ou si étant majeures elles ne s'accordent point ou n'ont point l'exercice de leurs droits, le procès-verbal doit émaner du juge ou être rédigé par les experts et homologué par lui. — Vaudoré, *Dr. civ. des juges de paix*, n° 43.

166. — Ordinairement, ce procès-verbal contient : 1° les formalités communes à toutes les visites de lieux faites avec expertise; — 2° la décision du juge sur les difficultés matérielles d'exécution; — 3° les contenances matérielles selon les jouissances actuelles; — 4° les contenances d'après les titres représentés; — 5° les pièces de terres qui n'ont pas leur contenance; — 6° les reprises ordonnées sur telle ou telle pièce; — 7° la contenance de chaque pièce après l'effectuation des reprises; — 8° la condamnation aux restitutions au cas où les parties n'y consentent pas; — 9° la plantation des bornes; — 10° la restitution des fruits, s'il y a lieu de l'ordonner; — 11° enfin, la condamnation aux dépens. — Millet, p. 367.

167. — Ne perdons pas de vue que le juge de paix ne rend sa décision qu'à charge d'appel. — L. 25 mai 1838, art. 6. — Sur l'appel, le tribunal de première instance procède comme le juge de paix en premier ressort.

168. — Quand le bornage est une fois opéré, les voisins peuvent-ils prescrire au-delà des limites? — L'ancienne jurisprudence n'admettait pas la prescription dans ce cas, par le motif que les bornes s'opposent perpétuellement à la possession paisible de celui qui voudrait prescrire. — Dumay, *Append. au Tr. de la comp. de Curasson*, n° 36.

169. — Mais le droit romain admettait la prescription trentenaire, pour acquérir au-delà de la contenance. — L. ultim., Cod., *Finium regundorum*.

170. — Il ne nous paraît pas douteux que la prescription trentenaire ne soit admissible sous l'empire du Code civil comme sous la loi romaine. Nous pensons même que la prescription par dix et vingt ans pourrait être invoquée, car le voisin aura eu un moyen facile d'interrompre la prescription prétendue, puisqu'elle ne pourra être opposée qu'autant que la possession aura eu tous les caractères voulus par l'art. 2229, C. civ. — Dumay, *loc. cit.*

Sect. 4e. — *Propriétés d'une nature exceptionnelle.*

171. — Que les héritages contigus appartiennent à de simples particuliers ou qu'ils soient la pro-propriété de l'état ou des communes, le bornage n'en est pas moins obligatoire pour ceux qui les possèdent : toutefois, il est certaines natures de propriété qui, soit pour la compétence, soit pour les formalités à suivre, subissent des règles particulières.

172. — Ainsi, les choses du domaine public, telles que les routes, les terrains militaires dans les places de guerre et ports militaires, les zones de servitude établies pour la défense de ces places et de ces ports, etc., ne sont soumises, quant au réglement de leurs limites, qu'à l'autorité administrative. — V. ROUTES.

173. — Décidé en conséquence qu'il n'appartient qu'au ministre de la guerre de désigner pour les places de guerre, les capitales sur lesquelles doivent être mesurées les distances légales et placées les bornes dont la plantation est prescrite par l'art. 6, L. 17 juill. 1819, relative aux servitudes imposées à la propriété pour la défense de l'état. — *Cons. d'état*, 2 nov. 1832, Minist. de la guerre c. Gellé-Piérard.

174. — Jugé encore que c'est à l'autorité administrative qu'il appartient, à l'exclusion des tribunaux, de fixer les limites que doivent avoir les terrains militaires, et d'interpréter les actes et plans de délimitation des fortifications dressés en exécution de la loi du 10 juill. 1791. — *Cass.*, 1er avr. 1845 (t. 1er 1845, p. 692), Préfet du Doubs c. Ville de Besançon.

175. — Aujourd'hui, le mode de bornage des terrains militaires appartenant à l'état, est déterminé par l'art. 2, L. 17 juill. 1819. — V. PLACES DE GUERRE, SERVITUDES MILITAIRES.

176. — Mais les tribunaux sont compétens, et, par suite les juges de paix, pour reconnaître des actions en bornage formées par les communes contre les propriétaires contigus aux chemins vicinaux, et réciproquement. — *Cass.*, 25 (et non 15) nov. 1831, Larché c. comm. de Beyre. — Perrin, n° 926.

177. — La délimitation de territoire entre deux communes est également de la compétence exclusive de l'administration. — L. 20 mars-20 avr. 1790; arr. 22 brum. an XI; décr. 17 mars 1809. — Proudhon, *Dom. publ.*, t. 1er, n°s 74 et 148; Curasson, *Comp. des juges de paix*, t. 1er, p. 432.

178. — Jugé même qu'une commune, condamnée par un arrêt à la réparation d'un dommage, en vertu de la loi du 10 vend. an IV, est recevable à se pourvoir contre cet arrêt, par requête civile, pour non valable défense, lorsqu'on a négligé d'opposer dans son intérêt qu'une partie du dommage a eu lieu sur un territoire étranger à sa circonscription, encore qu'un arrêté de préfet ait déclaré, avant le dommage, réunir ce territoire à celui de la commune, si cet arrêté n'a été sanctionné que depuis par l'autorité supérieure. — *Cass.*, 23 mars 1830, comm. de Montagnac c. Cazelle. — V. COMMUNES.

179. — Jugé que le bornage, opéré par le préfet, d'un domaine national ne fait pas obstacle à ce que les tribunaux statuent sur la propriété de ce domaine. — *Cons. d'état*, 3 janv. 1828, Bellident et Viallard c. comm. d'Ardes.

180. — Jugé, sous l'empire du Code de procéd., que le tribunal de première instance est compé-

tent pour fixer le bornage d'un étang, quoique les propriétés riveraines aient été vendues par l'état, comme biens nationaux. — Les riverains dépossédés par ce bornage ne peuvent réclamer d'indemnités contre l'état. — *Rennes*, 30 mai 1816, Varni du Frambois c. M... — On devrait, sous la loi du 25 mais 1838, décider de même relativement à la compétence du juge de paix. — V. BIENS NATIONAUX.

181. — Le bornage des forêts faisant partie du domaine public est soumis à des formes particulières, prescrites par les art. 10 et 11, C. forest., et par les art. 57 et suiv. de l'ord. réglem. du 1er août 1827. — V. FORÊTS.

182. — Aux termes de l'art. 129 de la même ordonnance, la délimitation des bois des communes et des établissemens publics doit se faire de la même manière que la délimitation et le bornage des bois de l'état, sauf certaines modifications introduites par les art. 130 et suiv. — V. FORÊTS.

183. — L'art. 125 déclare applicables aux bois et forêts possédés par les princes à titre d'apanage, ou par des particuliers à titre de majorats réversibles à l'état, les dispositions relatives à la délimitation et au bornage des forêt de l'état. — V. FORÊTS.

184. — Il en est de même de l'art. 124 relativement aux bois et forêts de la couronne. — V. FORÊTS.

Sect. 5e. — *Suppression et déplacement des bornes.*

185. — La suppression ou le déplacement des bornes peut donner naissance soit à une action civile, soit à une action correctionnelle de la part de celui qui en éprouve un préjudice.

186. — L'action civile était mise, par la loi du 24 août 1790 et par le Code de procéd., art. 3, dans les attributions des juges de paix; c'était une simple action possessoire. — Il en serait ainsi encore aujourd'hui, car c'est de la part de l'auteur du déplacement une entreprise, un trouble à la jouissance dont le propriétaire lésé peut demander la cessation immédiate; mais dans ce cas son action est soumise à toutes les conditions des actions possessoires. — Marcadé, *Elém. de dr. civ. franç.*, sous l'art. 646. — Sinon, il pourrait agir simplement en bornage, comme il a été dit ci-dessus.

187. — Mais si l'auteur de l'entreprise a agi méchamment, et si la partie lésée préfère recourir à la voie correctionnelle, non seulement l'art. 456, C. pén., lui permet de faire punir le coupable, mais il peut de plus le faire condamner à des dommages-intérêts. — Le tout sans préjudice de l'initiative qui appartient au ministère public. — C. inst. crim., art. 1er et 3.

188. La loi romaine notait d'infamie celui qui avait été condamné pour suppression ou déplacement de bornes. Il y avait en outre lieu à une peine arbitraire contre les délinquans, suivant les circonstances du fait et la qualité du coupable. — L. 2, ff., *De termino moto.*

189. — L'action populaire était donnée contre l'auteur du délit. — L. 3, ff., *De termino moto.*

190. — Dans plusieurs coutumes, on considérait comme voleurs ceux qui avaient enlevé ou supprimé des bornes. — Cout. de Bretagne, art. 635; de Bailleul, tit. 29, art. 51.

191. — Le Code rural du 28 sept.-6 oct. 1791 (tit. 2, art. 32) punissait de deux années de détention (maximum) tout individu coupable d'un pareil fait.

192. — Aujourd'hui la peine est moins forte: l'art. 456, C. pén., est ainsi conçu : « Quiconque aura déplacé ou supprimé des bornes ou pieds corniers, ou autres arbres plantés ou reconnus pour établir des limites entre différens héritages, sera puni d'un emprisonnement qui ne pourra être au-dessous d'un mois ni excéder une année, et d'une amende égale au quart des restitutions et des dommages-intérêts qui, dans aucun cas, ne pourra être au-dessous de 50 francs. »

193. — Si le déplacement de bornes avait eu lieu pour arriver à la perpétration d'un vol, il y aurait lieu de prononcer la peine de la réclusion. — C. pén., art. 389. — V. VOL.

194. — Si les bornes déplacées n'avaient pas le caractère légal; si, par exemple, elles n'avaient été plantées que par l'un des propriétaires, la suppression qui en serait faite par l'autre ne constituerait pas le délit prévu et puni par l'art. 456, C. pén. Il n'y aurait lieu qu'à une action possessoire en complainte ou en réintégrande, suivant les distinctions faites au mot *Action possessoire*, nos 63 et suiv. et 142. — Perrin, no 939.

195. — L'action publique est portée devant la cour d'assises, alors que le déplacement de bornes a eu lieu pour commettre un vol. — C. pén., art. 6 et 7; C. inst. crim., art. 133, 231, 389. — Devant le tribunal de police correctionnelle, dans le cas de déplacement. — C. pén., art. 456; C. inst. crim., art. 179. — Et enfin devant le tribunal de simple police, alors qu'il y aura eu simple dégradation. — L. 28 sept.-6 oct. 1791, tit. 2, art. 17. — C. inst. crim., art. 137.

V. BAIL, BIENS NATIONAUX, CLOTURE, COMMUNAUTÉ, COMMUNES, DOT, EMPHYTÉOSE, ÉTABLISSEMENS DE BIENFAISANCE, FABRIQUES, HOSPICES, PLACES DE GUERRE, SERVITUDES, SERVITUDES MILITAIRES.

BORNES (déplacement de).

V. BORNAGE, VOL.

BORNES DÉPARTEMENTALES.

Bornes placées sur les routes aux limites de deux départemens, en exécution d'une circulaire du directeur général des ponts et chaussées du 11 fév. 1813; elles doivent avoir deux mètres de hauteur, et porter les noms des deux départemens limitrophes.

BORNES MILITAIRES.

Ce sont des bornes plantées autour des places de guerre ou des postes militaires pour indiquer et la limite du terrain militaire appartenant à l'état, et les limites extérieures aux terrains soumis aux servitudes militaires. — V. PLACES DE GUERRE et SERVITUDES MILITAIRES.

BOSSETIERS.

Les bossetiers sont rangés par la loi du 25 avril 1844, sur les patentes, dans la sixième classe des patentables, et imposés à : 1o un droit fixe basé sur le chiffre de la population de la ville ou commune où est situé l'établissement; — 2o un droit proportionnel du vingtième de la valeur locative de la maison d'habitation et des locaux servant à l'exercice de la profession. — V. PATENTE.

BOTTIERS.

1. — Les marchands bottiers sont rangés par la loi du 25 avril 1844, sur les patentes, dans la quatrième classe des patentables, et imposés à : 1o un droit fixe basé sur le chiffre de la population de la ville ou commune où est situé l'établissement; — 2o un droit proportionnel du vingtième de la valeur locative de la maison d'habitation et des locaux servant à l'exercice de la profession.

2. — Les bottiers et cordonniers en chambre et les marchands de bottes remontées sont placés dans la septième classe et imposés au droit fixe basé sur le chiffre de la population et à un droit proportionnel du quarantième de la valeur locative de la maison d'habitation et des locaux servant à l'exercice de la profession. — V. PATENTE.

BOUADE.

Espèce de corvée en usage dans les coutumes d'Auvergne ou de la Manche, et consistant, de la part des tenanciers, à fournir au seigneur une paire de bœufs ou une charrette pour le transport des vendanges. On donnait aussi à cette corvée le nom de *vinade*. — V. CORVÉE.

BOUCHE ET MAINS.

1. — Ces mots étaient employés par l'art. 3, tit. 1er, de la coutume de Paris, pour désigner l'hommage que le vassal devait à son seigneur.

2. — Dans l'origine, le vassal, en prêtant au seigneur le serment de fidélité, lui présentait *la bouche et les mains : la bouche* pour lui témoigner l'étroite union dans laquelle il désirait vivre avec lui; *les mains* en signe de sincérité et de fidélité.

3. — Dumoulin (sur *Coutume de Paris*), et plusieurs autres juriconsultes soutenaient que la formalité du baiser n'avait jamais été usitée pour l'hommage simple, et que cette interprétation donnée par d'autres auteurs aux termes de la coutume était aussi fausse qu'indécente. Cependant on voit dans Froissart qu'après l'hommage rendu à Philippe de Valois par Édouard III, le roi de France *baisa en la bouche le roi d'Angleterre, dont il tenait les mains entre les siennes*. Or, comme il est certain qu'alors le roi d'Angleterre ne rendait qu'un hommage simple, il en résulte que la coutume du baiser avait lieu même dans ce dernier cas. On pourrait en citer encore d'autres exemples.

4. — Cet usage tomba peu à peu en désuétude; aussi l'art. 63 de la coutume réformée, qui contient le détail des formalités de l'hommage, ne parle-t-il pas de ce baiser.

5. — Lorsque l'usage du baiser était encore en vigueur, c'était une grande question que de savoir si la femme vassale devait à son seigneur *la bouche et les mains*; quelques uns, notamment Loisel, prétendaient qu'elle ne devait que *la main*; mais d'autres étaient d'avis qu'elle devait également *le baiser*.

6. — Lorsque l'on disait que *le vassal ne devait à son seigneur que la bouche et les mains*, cela signifiait qu'il ne lui devait qu'un acte de foi et hommage, mais qu'il ne lui devait aucun des autres droits seigneuriaux, tels que le quint, requint, relief et autres. — V. FIEF.

BOUCHER. — BOUCHERIE.

Table alphabétique.

Abattage, 22 s., 53, 105, 109.
Abattoir, 55, 61, 105, 109.
Achat de bestiaux, 101.
Agneau, 43.
Anciens réglemens, 6, 20 s., 101, 103, 111.
Approvisionnement, 31 s., 115.
Autorisation, 90 s.
Autorité municipale, 9 s.
Balances, 47
Banlieue, 5, 79, 120.
Bestiaux, 101.
Bœufs, 103.
Bonne foi, 52.
Caisse de Poissy, 96, 100, 111.
Cautionnement, 83, 92 s., 108.
Certificat, 90.
Cessation de commerce, 19 s., 107 s.
Cession de biens, 73.
Cheville (vente à la), 104.
Commerçant, 70 s.
Compétence commerciale, 71.
Concurrence, 88.
Confiscation, 18, 107, 116, 119, 121.
Contrainte par corps, 5.
Contravention, 52 s., 57 s., 126 s.
Débit, 40 s.
Dégradation, 62.
Discipline, 97.
Droits de halles, 78.
Echaudoirs, 30, 62.
Echoppe, 76.
Enfant, 91.
Etal, 33, 37 s., 84 s., 89, 99, 118.
Etalage, 43, 58.
Etaliers, 4, 84, 97, 124 s.
Excuse, 52 s.
Faillite, 89.
Faubourg, 25.
Femme, 68 s.
Fonderies de suif, 30.
Forains, 51, 114 s.
Garçons à deux mains, 123, 125. — bouchers, 77, 91, 97, 123 s., 126 s. — d'échaudoirs, 123 — étaliers, 123.
Halle, 42, 104, 116, 119 s., 122.
Héritiers, 108.
Historique, 2 s.
Inscription, 124.
Inspecteurs, 106.
Intérêt de cautionnement, 93.
Issue, 110.
Liberté du commerce, 9, 15, 82.
Livret, 124.
Loyer, 120.
Marchands de bestiaux, 97, 103.
Marchés, 114 s., 117 s., 119 s., 122. — de Sceaux et de Poissy, 5, 100 s., 104.
Marque, 102.
Monopole, 17.
Moralité, 52.
Moutons, 56, 106.
Octroi, 24, 122.
Parcours, 5, 79.
Paris (ville de), 3 s., 12 s., 81 s.
Patente, 18, 70 s., 74 s.
Peine, 13, 63, 65 s., 83, 93, 101, 115, 121, 127.
Poids et mesures, 46, 72.
Précaution, 22, 26.
Préposé, 68 s.
Prescription, 80, 90.
Preuve, 54.
Privilége, 5, 35, 79 s., 113.
Procès-verbal, 54.
Prohibition, 15 s., 27 s., 36, 58, 116 s.
Rachat d'étal, 89, 93, 113.
Récidive, 60, 63, 65 s., 101.
Réglemens, 10 s. — de police, 7, 52, 57 s., 66.
Réjouissances, 110.
Réparations civiles, 61 s.
Restriction, 84, 89.
Revente, 104.
Saisie-arrêt, 111.
Salubrité, 27 s.
Sang, 28, 54.
Statuts, 95 s.
Surpoids, 44 s.
Syndicat, 94 s., 96, 98.
Taxe, 48 s., 59 s., 65, 112.
Triperies, 30.
Tueries, 30.
Vente en détail, 119.
Veuve, 91.
Viandes (espèces de), 1, 33, 35 s., 76. — gâtées, 63 s. — insalubres, 121, 126. — mortes, 29.
Visite, 29, 102.

BOUCHER, BOUCHERIE. — 1. — La boucherie consiste dans l'achat et le débit, après préparation, de la viande de bœuf, vache, veau et mouton. Le boucher est celui qui se livre à ce genre de commerce et d'industrie.

2. — Le commerce de la viande de boucherie se faisait à Rome par les *pecuarii*; ils étaient chargés du soin d'approvisionner la ville, achetaient les bestiaux, les engraissaient et les livraient à la consommation par le moyen des *lanii* ou *carnifices*, qui les tuaient et les dépeçaient. — L'inspection de ce commerce et la taxe des prix de la viande appartenaient au préfet de la ville. — L. 1, § 11, ff., *De officio præfecti urbis*.

3. — A Paris, le même commerce se faisait de temps immémorial par un certain nombre de fa-

milles organisées en communauté, sous la direction d'un chef, appelé *le maître des bouchers*; il était élu à vie, n'était révocable que pour prévarication, et prononçait comme juge sur toutes les contestations élevées entre eux, soit à raison de leur profession, soit à raison des biens de la communauté. — Ce privilége, confirmé par lettres patentes de Henri II, du mois de juin 1550, enregistrées au parlement le 20 nov. de la même année, fut supprimé par l'édit du mois de fév. 1673, portant réunion générale de toutes les justices au Châtelet de Paris.

4. — Il y eut d'abord à côté de la communauté des bouchers le corps des *étaliers*, organisé par un édit de François Ier du mois de nov. 1543, qui remplissaient le même office que les *lanii* à Rome. — Ils achetaient des bouchers de la *grande boucherie* le droit de vendre de la viande, et furent appelés bouchers de la *petite boucherie*; mais les abus qui se manifestèrent dans leur négoce les fit supprimer et réunir à la communauté principale, aux membres de laquelle il fut interdit de louer leurs étaux à d'autres qu'à des maîtres bouchers. — Elouin, Labat et Trébuchet, *Dictionn. de police*, t. 1er, p. 218.

5. — Autrefois le commerce de la boucherie jouissait de certains priviléges. — Ainsi, 1° un arrêt de réglement du 13 juillet 1699, défendait à tous huissiers et sergens de faire aucune exécution contre les bouchers pour raison des ventes et achats qui se faisaient dans les marchés de Sceaux et de Poissy, *ni dans lesdits marchés, ni sur le chemin en y allant de Paris et en revenant...* — On déclarait même nuls les emprisonnemens des bouchers faits dans Paris les lundi et mercredi après midi, et le jeudi toute la journée, parce qu'ils étaient présumés ces jours là aller ou revenir des marchés; — 2° ils avaient encore un droit de parcours pour leurs bestiaux sur les terres en jachères de la banlieue de Paris. — V. *infrà* n° 79.

6. — La loi du 2-17 mars 1791 ayant supprimé les maîtrises et jurandes, le commerce de la boucherie est devenu libre comme les autres. Cependant il a dû, dans l'intérêt de la santé et de la sécurité publique, être astreint à certaines mesures et à certains réglemens particuliers. Les anciens réglemens des officiers de police ont dû même être conservés comme obligatoires, en ce qu'ils n'ont pas été révoqués par les nombreux réglemens de l'autorité municipale. — Décis. du min. de l'int., 19 vent. an XI.

7. — Dans chaque ville, les réglemens municipaux sur la boucherie varient sur quelques points, suivant les localités. — A Paris, le commerce de la boucherie a son organisation particulière.

8. — Nous parlerons successivement : 1° des pouvoirs de l'autorité municipale sur le commerce de la boucherie; — 2° des obligations et des droits des bouchers en général; — 3° enfin, de la boucherie de Paris.

—

§ 1er. — *Pouvoirs de l'autorité municipale.*

9. — Malgré la liberté moderne du commerce, en général, celui de la viande, en particulier, ne pouvait être abandonné à lui-même. — Par son objet et par ses procédés il intéresse la sûreté, la santé et la salubrité publique. — L'art. 3, tit. 11, L. 16-24 août 1790, l'a placé sous ce triple rapport dans les attributions de l'autorité municipale.

10. — De plus, il a été permis à cette même autorité de faire, sauf réformation par l'autorité supérieure, les arrêtés commandés par des nécessités locales sur ces mêmes objets. — L. 19-22 juill. 1791, tit. 1er, art. 46; L. 18 juill. 1837, art. 11.

11. — Ainsi l'autorité municipale a le droit et le devoir d'assujétir à des réglemens spéciaux la profession de boucher, dont l'exercice intéresse au plus haut degré la santé et la sécurité publiques. — *Cass.* (ch. réunies), 17 mars 1841 (t. 2 1841, p. 380), Girard.

12. — Quoique le droit de faire ces réglemens soit essentiellement municipal, il a été exercé par l'autorité centrale pour quelques villes des départemens et par des ordonnances spéciales, et pour la ville de Paris d'abord par un arrêté des consuls du 8 vendém. an XI, et ensuite par des ordonnances royales des 9 oct. 1822, 12 janv. et 22 sept. 1825, et 18 oct. 1829. Toutes ces dispositions réglementaires sont légales et obligatoires.

13. — Ainsi jugé que l'ordonnance du 18 oct. 1829, portant réglement sur la boucherie de Paris, est légalement obligatoire, et qu'il doit être fait aux contrevenans application des peines qui en sont la sanction. — *Cass.*, 1er juill. 1831, Lainé.

14. — De ce que l'autorité municipale a le droit et le devoir d'assujétir la profession de boucher à des réglemens spéciaux, il suit qu'on doit considérer comme légaux et obligatoires ses arrêtés :

15. — 1° Sur les conditions imposées, dans l'intérêt public, pour l'exercice de la profession de boucher.

16. — Ainsi est légal et obligatoire le réglement de police qui soumet à l'obligation de se faire inscrire préalablement à la mairie tous ceux qui veulent exercer la profession de boucher dans la commune. — *Cass.*, 26 mars 1831, Tissot.

17. — Cette mesure ne porte point atteinte à la liberté de l'industrie proclamée par l'art. 7, L. 17 mars 1791, puisque cette liberté n'existe, aux termes du même article, « qu'à la charge de se con» former aux réglemens de police qui sont ou » pourront être faits. » — Elle ne constitue pas davantage un monopole, puisque tous ceux qui remplissent les conditions voulues ont droit d'être admis, et qu'en cas de refus non motivé ils peuvent s'adresser à l'autorité administrative supérieure.

18. — Mais le réglement de police qui prescrit à tout individu voulant exercer la profession de boucher dans une commune l'obligation de se munir d'une patente, à peine de confiscation des marchandises, ne rentre point dans les attributions de l'autorité municipale et, par suite, n'est pas obligatoire pour les tribunaux. — *Cass.*, 26 mars 1831, Tissot. — En effet, dans ce cas, il s'agit d'une mesure fiscale, qui est étrangère aux attributions de la police municipale.

19. — ... 2° Sur la prohibition faite aux bouchers de quitter leur profession avant qu'il se soit écoulé un certain délai depuis la déclaration qu'ils seront tenus de faire à la municipalité.

20. — Un édit de fév. 1776 (art. 6) avait défendu aux bouchers et aux boulangers d'abandonner leur profession avant l'expiration d'une année à partir de la déclaration qu'ils étaient tenus d'en faire à la municipalité, à peine de 500 liv. d'amende.

21. — On a, relativement aux boulangers, agité la question de savoir si les dispositions de cet édit étaient toujours en vigueur; et la cour de Cassation a décidé que l'édit de fév. 1776 n'ayant été abrogé par aucune loi subséquente devait conséquemment être considéré comme actuellement en vigueur; que cette disposition, dont l'utilité ne saurait être méconnue, ne se retrouvant pas dans le Code pén., et étant relative à une matière qui n'est pas réglée par ce Code, devait continuer d'être observée. — *Cass.*, 20 nov. 1812, Révol (sous *Cass.*, 18 mars 1834); — Merlin, *Quest.*, v[is] *Boucher* et *Boulanger*; Elouin et Trébuchet, t. 1er, chap. 3, p. 248. — Or, si l'édit de fév. 1766 est toujours en vigueur pour les boulangers, il doit l'être nécessairement pour les bouchers.

22. — ... 3° Sur le lieu où les bestiaux pourront être exclusivement abattus, ou sur les précautions à prendre en pareil cas.

23. — Ainsi l'arrêté par lequel un maire ordonne que tous les bouchers seront tenus d'abattre leurs bestiaux à l'abattoir public est pris dans le cercle de ses attributions. — *Cass.*, 1er juin 1832, Lauhire-Tachiès; Argum. *Cass.*, 18 oct. 1827, Berthomé; *Cass.*, 22 sept. 1836, Limoges. — V. ABATTOIR.

24. — Un pareil arrêté est obligatoire pour tous les bouchers qui habitent la commune. — En conséquence, ceux qui ont leur domicile hors des limites de l'octroi, ne peuvent refuser de s'y conformer sous le prétexte qu'il aurait pour effet de les soumettre au paiement du droit d'octroi dont ils étaient affranchis. — *Cass.*, 1er juin 1832, Lauhire-Tachiès.

25. — Le tribunal de simple police ne peut non plus acquitter le contrevenant, sous le prétexte que le bétail par lui abattu se trouvait placé hors des faubourgs de la ville et des limites de l'octroi, quoique sur le territoire de la commune. — *Cass.*, 18 oct. 1827, Berthomé.

26. — De même, l'arrêté par lequel un maire, pour prévenir des accidens fâcheux, enjoint aux bouchers de tenir leur porte fermée au moment de l'abattage des bœufs dans l'intérieur de leurs maisons, est pris dans le cercle des attributions municipales. — *Cass.*, 5 juin 1823, Carpentier.

27. — .... 4° Sur les prohibitions imposées aux bouchers dans l'intérêt de la propreté et de la salubrité publiques.

28. — Ainsi un réglement de police a pu défendre aux bouchers de laisser couler du sang dans le ruisseau. — Argum. *Cass.*, 18 fév. 1831, Delacourt.

29. — Ainsi encore, un arrêté du maire a pu défendre aux bouchers d'entrer dans la ville des viandes mortes sans les avoir fait visiter par la police locale. — Argum. *Cass.*, 7 avr. 1837 (t. 2 1840, p. 34), Chateigner.

30. — Les établissemens accessoires d'une boucherie tels que les tueries, échaudoirs, triperies, fonderies de suif, sont rangés par l'ordonnance du 14 janv. 1815, suivant les cas qu'elle détermine, dans la classe des établissemens insalubres ou incommodes et soumis à la nécessité d'une autorisation. Dans tous les cas, il appartient à l'autorité municipale d'exercer une surveillance attentive sur leur bonne tenue. — V. ABATTOIR, ÉTABLISSEMENS INSALUBRES.

31. — .... 5° Sur le mode d'approvisionnement des bouchers dans l'intérêt public.

32. — En effet, le droit et le devoir de l'autorité municipale est de veiller à ce que les bouchers soient constamment approvisionnés en qualités et quantités suffisantes pour satisfaire aux besoins journaliers de la consommation suivant les prix réglés par une taxe. — *Cass.* (ch. réun.), 17 mars 1841 (t. 2 1841, p. 380), Girard.

33. — Par conséquent est légal et obligatoire l'arrêté municipal qui désigne les animaux que les bouchers doivent offrir à la consommation publique, et qui porte qu'ils auront leurs étaux fournis de viande de bœuf. — *Cass.*, 11 sept. 1840 (t. 1er 1841, p. 42), Coulon; 17 mars 1841 (ch. réun., t. 2 1841, p. 380), Girard.

34. — Mais n'est pas obligatoire l'arrêté de police qui défend aux habitans d'une commune de s'approvisionner ailleurs que dans cette commune de la viande dont ils ont besoin pour leur subsistance personnelle. — *Cass.*, 11 août 1842 (t. 2 1842, p. 702), Jacquet.

35. — De même, il n'appartient point à l'autorité locale de concéder à un particulier le privilége exclusif de vendre une certaine nature de marchandises; par exemple, s'il s'agit d'un boucher, une certaine espèce de viande. L'exécution d'une telle concession ne peut être réclamée par aucune des parties. — *Cons. d'état*, 31 mai 1807, Négro.

36. — D'après une circulaire du 22 déc. 1825, serait illégale la disposition d'un arrêté qui défendrait la vente de quelques espèces de viandes à des époques déterminées de l'année. — Bost, *De l'organis. et des attrib. municip.*

37. — .... 6° Sur l'obligation pour les bouchers d'avoir un étal d'une manière déterminée.

38. — Ainsi est légal et obligatoire le réglement par lequel un maire défend aux bouchers de vendre s'ils n'ont dans leur maison un étal particulier dont il fixe la dimension et la position. — *Cass.*, 24 juin 1831, Bosseron.

39. — Le tribunal de police ne peut se refuser à réprimer les infractions à un semblable réglement, sous le prétexte qu'il excède les limites du pouvoir municipal et que son exécution entraînerait de graves inconvéniens. — Même arrêt.

40. — ... 7° Sur le lieu et le mode du débit de la viande.

41. — Ainsi un réglement de police a pu défendre aux bouchers de vendre ou étaler ailleurs qu'à la boucherie, et de conserver dans leurs maisons des morceaux découpés dont le poids fût inférieur au quart de la pièce entière. — *Cass.*, 3 mai 1811, Herrebault.

42. — De même l'arrêté d'un maire portant défense de vendre de la viande ailleurs que dans la halle aux boucheries, est pris dans la sphère de ses attributions, et les tribunaux ne peuvent se dispenser d'en assurer l'exécution, en prononçant des peines de simple police contre les infracteurs. — *Cass.*, 7 déc. 1826, Houel.

43. — Mais les réglemens de police qui défendent d'étaler en vente des agneaux sur la voie publique, ne peuvent être appliqués aux marchands domiciliés dans la ville, et qui ne vendent ces animaux que dans leur boutique. — *Cass.*, 19 avril 1834, Poc.

44. — ... 8° Sur le surpoids dans le débit de la viande.

45. — Ainsi est légal et obligatoire l'arrêté du maire portant que les bouchers ne pourront donner pour surpoids ni foie, ni tête, ni jambe, ni pied, ni fressure, et que le surpoids ne pourra pas excéder un hectogramme par kilogramme. — *Cass.*, 10 juin 1836, Ducasse.

46. — ... 9° Sur les obligations imposées aux bouchers de représenter, à toute réquisition, leurs poids et mesures aux agens de l'autorité. — Argum. *Cass.*, 3 juill. 1830, Vidal Giraud. — V. POIDS ET MESURES.

47. — Le tribunal de simple police ne peut se dispenser de prononcer les peines portées par la loi contre un boucher qui, contrairement à un réglement municipal, a refusé de déférer à la sommation qui lui était faite par le commissaire de police, de représenter ses balances. — Même arrêt.

48. — L'art. 30 du tit. 1er de la loi du 19-22 juill.

1791 reconnaît à la police municipale le droit de taxer la viande de boucherie.

49. — Ainsi un réglement de police a pu fixer le prix de la viande de première qualité. — Argum. Cass., 17 mars 1810, Forezy.

50. — Cependant, en fait, cette taxe n'existe presque nulle part, et les raisons que nous donnons (*infrà* n° 112), au sujet de la boucherie de Paris, sont évidemment applicables à la presque totalité des boucheries de province.

51. — L'autorité municipale n'a pas le droit d'interdire aux bouchers forains l'entrée des marchés de la commune. — Circul. 22 déc. 1825. — Toutefois, pour obtenir les résultats efficaces qu'on a droit d'attendre du concours des forains, il importe que la fixation du nombre des jours par semaine où le débit peut avoir lieu, soit en harmonie, avec les habitudes locales et proportionné aux besoins de la population. — Bost, *De l'organis. et des attrib. municip.*, t. 1er, p. 331.

§ 2. — *Obligations et droits des bouchers. — Répression des contraventions.*

52. — Les bouchers sont tenus de se conformer aux prescriptions de la loi sur leur profession, ainsi qu'aux réglemens de police légalement rendus, sans que les contraventions par eux commises puissent être excusées par des motifs tirés de leur bonne foi, de leur moralité, ni même de leur intérêt.

53. — Ainsi jugé que le tribunal de police ne peut acquitter les contrevenans à un arrêté de police qui enjoint aux bouchers de tenir leur porte fermée au moment de l'abattage des bœufs dans l'intérieur de leur maison, sous le prétexte que la position particulière des prévenus les mettait dans un cas d'exception et empêchait que l'arrêté ne leur fût applicable. — Cass., 5 juin 1823, Carpentier.

54. — ...Que lorsqu'il est régulièrement constaté par procès-verbal que, contrairement à un réglement de police, un boucher a fait couler du sang dans le ruisseau et que la preuve contraire n'a été ni offerte ni produite, le tribunal ne peut, sans violer la foi due à ce procès-verbal et sans excès de pouvoir, renvoyer le contrevenant des poursuites, en prenant en considération sa moralité et sous le prétexte qu'il n'est ni dans ses habitudes ni dans son intérêt de commettre de semblables contraventions. — Cass., 18 fév. 1831, Delacourt.

55. — ...Que lorsqu'un arrêté municipal interdit aux bouchers de tuer ailleurs que dans l'abattoir de la ville les bestiaux qu'ils livrent à la consommation, le boucher qui a tué un bœuf dans un local particulier ne peut être renvoyé des poursuites sur le motif qu'il lui avait été interdit d'introduire ce bœuf dans l'abattoir. — Cass., 22 sept. 1836, Limoges.

56. — Mais un tribunal de police ne peut, sans excéder ses pouvoirs, prononcer des peines contre un boucher, pour avoir remisé des moutons dans son étable située dans l'intérieur de la ville, lorsqu'un pareil fait n'est interdit par aucun réglement de police existant. — Cass., 14 pluv. an XI, Peyre.

57. — Les réglemens de police sont toujours obligatoires pour les bouchers tant qu'il n'est pas légalement établi qu'ils ont été rapportés ou suspendus.

58. — Ainsi celui qui a contrevenu à un réglement de police portant défense aux bouchers de vendre ou étaler ailleurs qu'à la boucherie, et de conserver dans leurs maisons des morceaux découpés dont le poids fût inférieur au quart de la pièce entière, ne peut être acquitté, sous le prétexte que le maire a suspendu lui-même l'exécution de son arrêté, s'il n'y a aucune preuve écrite ou testimoniale de cette suspension. — Cass., 3 mai 1811, Herrebault.

59. — Lorsqu'un réglement de police a fixé le prix de la viande de première qualité, le boucher qui vend au même prix la viande d'une qualité inférieure est en contravention à ce réglement, et ne peut être acquitté sous le prétexte que le prix de cette viande n'a pas été déterminé. — Cass., 17 mars 1810, Forezy.

60. — Le tribunal de simple police est compétent pour connaître de la contravention commise en récidive par un boucher qui a vendu de la viande au-dessus de la taxe. — Cass., 15 fév. 1828, Dupeyrot.

61. — Les bouchers sont tenus d'observer encore les réglemens relatifs aux abattoirs; toutefois dans ces réglemens il faut distinguer les obligations imposées aux bouchers dans l'un des intérêts confiés à la vigilance et à l'autorité des corps municipaux par la loi du 24 août 1790, de celles qui n'ont trait qu'aux intérêts civils de la commune. La violation des premières constitue une contravention de police; la violation des secondes, au contraire, ne peut donner lieu qu'à des réparations civiles.

62. — Dès-lors les bouchers qui ont négligé de réparer les dégradations provenant de leur fait dans les échaudoirs qu'ils occupent à l'abattoir d'une ville, et mises à leur charge par un arrêté spécial, ne sont, pour ce fait, passibles d'aucune peine; l'inobservation d'un semblable arrêté ne peut donner lieu qu'à une action civile. Le tribunal de police devant lequel les inculpés ont été cités ne peut, dès lors, après avoir déclaré que le fait ne constitue pas une contravention, retenir l'affaire et statuer sur les réparations civiles. — Cass., 4 déc. 1840 (t. 1er 1841, p. 615), N....

63. — Le Code pénal, par ses art. 475, n° 14, et 477, n° 4, soumet les bouchers pour exposition en vente de viande gâtée, corrompue ou nuisible, à une amende de 6 à 10 francs inclusivement, avec confiscation et destruction de la viande gâtée. L'art. 678 prononce un emprisonnement de cinq jours au plus en cas de récidive.

64. — Lorsqu'il est constaté que la viande provenant d'un abattage de bestiaux fait en contravention est malsaine et nuisible, le commissaire de police peut la faire enfouir, sans être obligé d'attendre qu'il ait été statué sur la contravention ni que le tribunal de simple police l'y ait autorisé. — Cass., 18 oct. 1827, Berthomé.

65. — Dans les lieux où la viande est taxée, les bouchers qui la vendraient au-delà du prix fixé par la taxe sont punis d'une amende de 11 à 15 fr. inclusivement, et d'un emprisonnement facultatif de cinq jours au plus, en vertu des art. 479, n° 6, et 480, n° 3 du même Code. — En cas de récidive, l'emprisonnement pendant cinq jours a toujours lieu aux termes de l'art. 482.

66. — Quant aux infractions, aux réglemens municipaux ou administratifs sur la police de la boucherie, elles étaient d'abord punies des peines de police déterminées par les art. 600 et 606, C. 3 brum. an IV. — En cas de récidive, l'amende, qui était de trois journées de travail, pouvait être doublée en vertu de l'art. 27, tit. 1er, L. 22 juill. 1791.

67. — Depuis la loi du 28 avril 1832, ces infractions donnent lieu à une amende de 1 fr. à 5 fr. inclusivement, et en outre, en cas de récidive, à un emprisonnement de trois jours au plus, en vertu des art. 471, n° 15, et 474, C. pén.

68. — Toutes ces peines sont prononcées contre les bouchers personnellement, quand bien même la contravention aurait été commise hors de leur présence, et par leur femme ou par un de leurs agens. — S'il en était autrement, toute surveillance et toute répression deviendraient impossibles.

69. — Ainsi, le boucher qui a contrevenu à un réglement de police relatif au surpoids ne peut pas être acquitté sur le motif que la contravention a été commise, non par lui, mais par sa femme et hors sa présence. Il doit répondre des personnes qu'il a préposées au service de son établissement, et qui sont présumées avoir agi d'après ses ordres. — Cass., 10 juin 1836, Ducasse.

70. — Les bouchers exerçant des actes de commerce, c'est-à-dire achetant des marchandises pour les revendre, et en faisant leur profession habituelle, sont nécessairement commerçans. — C. comm., art. 1er et 632. — Et comme tels ils sont assujétis à la patente. — V. PATENTE et *infrà*, n° 74 et suiv.

71. — Ainsi un boucher, patenté comme tel, doit être considéré comme marchand, et est par suite passible de la juridiction commerciale. — *Aix*, 15 janv. 1825, Petit c. Figuières.

72. — De plus, les bouchers doivent être munis des poids et mesures prescrits par la loi. — V. POIDS ET MESURES.

73. — Un ancien usage excluait les bouchers du bénéfice de cession de biens. — Rousseau de Lacombe, *Jurisprudence civile*, v° *Cession*, n° 2; Denizart, v° *Cession de biens*, n° 14. — Mais cet usage, a été aboli par les lois nouvelles. — *Aix*, 18 avr. 1807, Mathey c. Hugues.

74. — Les marchands bouchers sont rangés, par la loi du 25 avril 1844 sur les patentes, dans la quatrième classe des patentables, et imposés à : 1° un droit fixe basé sur le chiffre de la population de la ville ou commune où est situé l'établissement; — 2° un droit proportionnel du vingtième de la valeur locative de la maison d'habitation et des locaux servant à l'exercice de la profession.

75. — Les bouchers en détail sont rangés, par la même loi, dans la cinquième classe, et imposés à un droit fixe et à un droit proportionnel basés de la même manière. — V. PATENTE.

76. — Celui qui vend sous échoppe de la viande d'agneaux et de chevreaux doit être imposé à la patente de boucher et non à celle de simple revendeur. — *Cons. d'état*, 16 mars 1842, Artigues.

77. — Lorsqu'il est prouvé que le réclamant exerce la profession de boucher, il y a lieu de le maintenir sur le rôle de la contribution des patentes, bien qu'il prétende être resté garçon boucher et n'être pas établi. — *Cons. d'état*, 28 fév. 1834, Dreyfuss.

78. — Autrefois des droits de halles et boucheries étaient perçus par le roi, ou sa qualité de seigneur, sur un sol qui n'était pas sa propriété. Ces droits ont été supprimés par la loi du 15 mars 1790. — *Cons. d'état*, 16 mars 1807, Ville de Rennes c. domaines.

79. — Les bouchers, soit de Paris, soit de la province, n'ont plus le privilége de faire paître leurs troupeaux dans la banlieue de la ville qu'ils habitent. — V. BANLIEUE, n° 7. — Un avis du conseil d'état du 30 frim. an XII a déclaré qu'il n'y avait pas lieu de rendre aux bouchers de Paris l'exercice du droit de parcours. — Favard de Langlade, *Rép.*, v° *Boucher*, p. 349.

80. — Les bouchers ont un privilége sur les meubles et les immeubles de leur débiteur pour les fournitures de viandes faites à lui et à sa famille pendant les six derniers mois. — C. civ., art. 2101, n° 5, et 2104. — V. PRIVILÉGE. — Leur action se prescrit par un an (art. 2272). — V. PRESCRIPTION.

§ 3. — *Boucherie de Paris.*

81. — Les dispositions qui ont successivement régi le commerce de la boucherie à Paris se trouvent dans l'arrêté du gouvernement du 8 vendém. an XI, les décrets des 6 fév. 1811 et 15 mai 1813, spéciaux pour la caisse de la boucherie, les ordonnances royales des 9 oct. 1822, 12 janv. et 22 sept. 1825 (cette dernière non publiée au *Bulletin des lois*); l'ordonnance royale du 18 oct. 1829, qui a refondu en grande partie les réglemens antérieurs; enfin l'ordonnance du préfet de police du 25 mars 1830.

82. — En 1789, le nombre des bouchers à Paris ne pouvait s'élever qu'à deux cent trente. La loi du 2-17 mars 1791 ayant aboli les maîtrises et jurandes, la profession de boucher put s'exercer d'une manière illimitée.

83. — Mais il résulta de grands désordres de cet état de choses; la mise en vente dans les rues et sur les places de viandes gâtées compromettait la santé et la salubrité publiques. Un arrêté du 8 vendém. an XI vint remédier à ces inconvéniens. On imposa la nécessité d'une permission préalable du préfet de police pour l'exercice de la profession de boucher; les bouchers furent astreints à verser un cautionnement de 3,000 francs, 2,000 fr. ou 1,000 fr., suivant la classe de chacun d'eux. Différentes autres obligations leur furent prescrites dans l'intérêt général.

84. — Plus tard, on songea à limiter le nombre des bouchers; une ordonnance de police du 13 juin 1808 enjoignit aux étaliers, pour être admis, de se procurer deux fonds de boucherie, dont l'un serait supprimé. — Le décret du 6 fév. 1811 restreignit le nombre des bouchers à trois cents.

85. — Décidé, sous l'empire de ce décret, que le marchand boucher qui cédait son fonds perdait la qualité de boucher et ne pouvait plus la reprendre qu'en achetant deux étaux, dont l'un devait être supprimé. — *Cons. d'état*, 16 avr. 1823, Lafosse.

86. — Sous l'empire de ce même décret, le nombre des bouchers s'était réduit successivement à trois cent soixante-dix, lorsqu'une ordonnance royale du 9 oct. 1822 vint les reporter au nombre alors en exercice.

87. — Enfin, une ordonnance royale du 12 janv. 1825, portant réglement sur la profession de boucher, déclara que cent nouvelles permissions pourraient être accordées dans chacune des années 1825, 1826, 1827, et qu'à dater du 1er janv. 1828, le nombre des étaux cesserait d'être limité.

88. — Mais cette ordonnance, qui avait voulu ramener à un taux modéré le prix de la viande dans la ville de Paris, introduisit une concurrence dont les effets furent désastreux. « Ce ne sont pas les règles ordinaires de l'économie politique, disait le ministre de l'intérieur dans son rapport au roi, d'oct. 1829, qui doivent régir la profession de boucher dans un grand centre de population comme Paris; car il s'agit ici de la vente d'une denrée qu'on ne peut acheter qu'en grande quantité et qu'on ne peut revendre qu'en détail, et qui, par l'effet de la corruption, tombe, au bout de quelques heures en pure perte dans les mains du marchand. — Dès-lors nécessité de revenir aux restrictions.

89. — Le nombre des bouchers est fixé à quatre cents. — Ord. 18 oct. 1829, art. 1er. — Les étaux actuellement en activité pourront être successivement rachetés par le syndicat et supprimés jusqu'à réduction du nombre des bouchers à quatre cents; la suppression et le rachat n'auront lieu qu'en vertu d'une autorisation du préfet de police. — Art. 2. — Une ordonnance de police du 25 mars

1830 avait ajouté que, jusqu'à la réduction, tout aspirant qui voudrait s'établir devrait acheter deux étaux et en supprimer un; mais cette disposition a été rapportée par décision du ministre du commerce du 12 avr. 1832. — L'étal d'un boucher en faillite n'est supprimé qu'autant qu'il est racheté par le syndicat. — Ord. de police 25 mars 1830, art. 29.

90. — Le nouvel exploitant est tenu de se faire inscrire à la préfecture de police et d'y produire un certificat du maire de son domicile attestant sa moralité et sa capacité. Le préfet, sur l'avis des syndics, délivre l'autorisation d'exercer la profession de boucher, en nommant le quartier, la rue ou la place où le boucher sera établi. — Ord. 18 oct. 1829, art. 3.

91. — Il ne peut être délivré d'autorisation au même individu pour exploiter deux ou plusieurs étaux; chacun est tenu d'exploiter son étal par lui-même. — Ord. 18 oct. 1829, art. 4. — La veuve d'un boucher succède à l'étal de son mari et en reste titulaire, encore bien qu'elle se remarie. — Ord. de police 25 mars 1830, art. 23. — Le fils peut succéder à son père; il en est de même de la fille tenant le comptoir de son père, si elle épouse un garçon boucher. — Art. 24 et 25.

92. — Chaque boucher doit fournir ou compléter un cautionnement de 3,000 fr. Cette somme doit être versée à la caisse de Poissy dans les trois mois, sous peine du retrait de la permission. — Ord. 18 oct. 1829, art. 5. — V. CAISSE DE POISSY.

93. — L'intérêt du cautionnement est réservé pour subvenir : 1° au remboursement du prix des étaux dont le rachat aura été ordonné par le préfet de police; — 2° aux dépenses du syndicat; — 3° à celles qui concernent le service de la boucherie dans les abattoirs généraux; — 4° aux pensions et secours accordés par le syndicat à d'anciens bouchers ou employés de la boucherie ou à leurs familles; cet intérêt est à raison de 5 % sans retenue. — Art. 6.

94. — Le syndicat de la boucherie est rétabli. Le Préfet de police nomme parmi les bouchers trente individus, dont dix sont pris dans le nombre de ceux qui paient le droit proportionnel des patentes le moins considérable; ces trente individus ou bouchers-électeurs nomment pour tous les bouchers un syndic et six adjoints. — Art. 7. — Le syndic est élu pour un an; les adjoints le sont pour trois ans. Ils peuvent tous être réélus. — Ord. de police 25 mars 1830, art. 1er et 2.

95. — Les syndic et adjoints doivent faire leur rapport et donner leur avis au préfet de police sur toutes les dispositions de surveillance de police concernant le commerce de la boucherie; ils doivent lui présenter aussi un projet de statuts et réglemens relativement à l'exercice de leur profession; mais ces actes ne sont exécutoires qu'après l'homologation du ministre de l'intérieur, sur l'avis du préfet. — Ord. 18 oct. 1829, art. 8.

96. — Les syndic et adjoints présentent aussi, le 28 de chaque mois au plus tard, au préfet de police, un état indicatif du crédit individuel qui peut être accordé à chaque boucher de Paris, sur la caisse de Poissy, pour le mois suivant. Ce crédit ne peut être inférieur au montant du cautionnement de chacun, à moins d'une déclaration contraire de leur part. — Art. 9. — V. CAISSE DE POISSY.

97. — Il est encore dans les attributions du syndicat : 1° de connaître, sous le rapport de la discipline intérieure, de toutes les difficultés qui s'élèvent entre les marchands bouchers, les étaliers, les garçons bouchers et autres individus attachés au service; — 2° de connaître, par voie de conciliation, des contestations entre les bouchers, ou entre ceux-ci et les marchands de bestiaux. — Pour être valables, les décisions du syndicat doivent être prises par les deux tiers au moins des membres présens. — Ord. de police 25 mars 1830, art. 14 et 15.

98. — Le conseil du syndicat se compose d'un avocat aux conseils du roi et à la cour de Cassation, d'un avocat à la cour royale, d'un notaire et d'un avoué. — Ord. de police 25 mars 1830, art. 21.

99. — Tout étal qui cesse d'être garni de viande pendant trois jours consécutifs peut être fermé pendant six mois. — Ord. 18 oct. 1829, art. 10.

100. — Si les bouchers laissent s'écouler un certain temps sans aller aux marchés de Sceaux et de Poissy, ils peuvent être privés de leur crédit sur la caisse de Poissy. — Ord. de police 25 mars 1830, art. 190.

101. — Il ne peut être vendu et acheté des bestiaux pour l'approvisionnement de Paris nulle part ailleurs que dans les marchés de Sceaux, de Poissy, de la halle aux veaux et des vaches grasses. — Ord. 18 oct. 1829, art. 11. — Tout boucher qui fera des achats ailleurs sera interdit pendant six mois; en cas de récidive, il sera interdit définitivement et son étal sera fermé. — Art. 12. — Toutefois, les bouchers peuvent continuer à acheter des bestiaux hors du rayon de dix myriamètres de Paris; mais ils doivent les exposer sur les marchés de Sceaux ou de Poissy pour les faire agréer et marquer. — Réglem. 9 août 1703, 29 mars 1746, 14 avr. 1769, 18 mars 1777, 1er juin 1782; arr. min. de l'intér. 19 vent. an XI.

102. — Les bestiaux amenés sur les marchés ci-dessus désignés seront, avant l'ouverture de la vente, soumis à l'inspection de la police, afin de s'assurer s'ils sont en état d'être livrés à la boucherie; ils devront ensuite être frappés d'une marque particulière qui constate cette vérification. — Ord. 18 oct. 1829, art. 13.

103. — Les anciennes ordonnances, et notamment les arrêts de réglement du parlement de Paris des 4 sept. 1673 et 13 juill. 1699, qui déclarent les marchands forains approvisionnant les marchés de Sceaux et de Poissy responsables envers les marchands bouchers de la mort des bœufs arrivée dans les neuf jours de la vente de quelque maladie que ce soit, constituent une mesure exceptionnelle qui n'a pas été abrogée par la loi du 20 mai 1838 *sur les vices rédhibitoires.* — *Paris*, 18 mai 1839 (t. 1er 1839, p. 590), Doublet c. Bion; *Cass.*, 19 janv. 1841 (t. 1er 1841, p. 213), mêmes parties.

104. — Il est expressément défendu de revendre, ni sur pied ni à la cheville, les bestiaux achetés sur les marchés de Sceaux, de Poissy, de la halle aux veaux et des vaches grasses. — Ord. 18 oct. 1829, art. 14.

105. — Les bestiaux destinés à la boucherie de Paris, et introduits dans cette ville, doivent être abattus exclusivement dans les cinq abattoirs généraux situés aux barrières des Invalides, de Miromesnil, de Rochechouart, d'Ivry et de Popincourt. Défenses sont faites d'en abattre dans aucune boucherie, étable, bergerie et abattoir particulier. — Ord. 18 oct. 1829, art. 15.

106. — Le préfet de police nomme, sur la présentation du syndicat, six inspecteurs de la boucherie pour surveiller le service, deux surveillans des parquets à moutons des barrières du Maine et de Clichy, cinq conducteurs de bœufs, un conducteur de vaches, et, suivant les besoins, deux ou trois conducteurs de moutons. — Ord. de police 25 mars 1830, art. 7, 8, 9 et 13.

107. — Aucun boucher ne peut quitter son commerce que six mois après en avoir fait la déclaration au préfet de police, à moins qu'il n'ait obtenu sa permission. — Arr. 8 vendem. an XI, art. 13. — V. n° 21. — Tout boucher qui abandonnera son commerce sans avoir rempli cette condition perdra son cautionnement. Cependant, les créanciers d'un boucher failli peuvent réclamer la portion de ce cautionnement qui restera libre dans la caisse, pour le faire entrer dans son actif. — Art. 14. — Mais nous doutons fort que cette disposition concernant la confiscation ait conservé son empire, aujourd'hui que la confiscation générale a été abolie par la Charte, et qu'il est de principe, en jurisprudence, que la confiscation particulière ne peut avoir lieu qu'en vertu d'une disposition expresse de la loi.

108. — A la première réquisition de tout boucher qui, après les six mois de sa déclaration, renonce librement à sa profession, ou à la réquisition des héritiers ou ayant cause d'un boucher décédé dans l'exercice de sa profession, le cautionnement qu'il a fourni est restitué aux requérans. — Arr. 8 vendem. an XI, art. 16.

109. — Quant aux obligations imposées aux bouchers de n'abattre et n'habiller tous les bestiaux, sans exception, que dans les abattoirs généraux, V. ABATTOIR, n° 15.

110. — Il est défendu aux bouchers de faire entrer aucune issue rouge ou blanche dans leurs pesées, sous la dénomination de *réjouissance.* — Ord. de police 25 mars 1830, art. 259.

111. — D'après un édit de sept. 1453, les bestiaux destinés pour l'approvisionnement de Paris sont insaisissables, et les oppositions qui pourraient survenir ne peuvent en arrêter la vente. Toutefois, les oppositions tiennent sur le produit de la vente qui est déposé dans la caisse des fonds de cautionnement des bouchers. — Arr. minist. de l'intér. 19 vent. an XI; — Favart, *Rep.*, v° *Boucher*, p. 351; Roger, *Saisie-arrêt*, n° 323.

112. — Si la loi du 19-22 juill. 1791 donne à l'autorité municipale le droit de taxer la viande de boucherie, cette mesure peut avoir été prise dans quelques communes; mais elle ne l'a jamais été à Paris, si ce n'est dans certains temps calamiteux On sent en effet que l'établissement de la taxe présenterait trop de difficultés dans l'application. — Il y a trois espèces de viande de boucherie, savoir : le bœuf, le veau et le mouton, dans chacun desquels on reconnaît trois qualités de viande différentes; il faudrait donc déjà neuf taxes différentes. — Le prix des bestiaux est sujet à des fluctuations incessantes; de là nécessité de modifier souvent les taxes. — Les ventes de chaque mois de l'année ne produisent pas les mêmes résultats pour les bouchers. Pendant certains mois, il y a bénéfice à la vente, mais dans d'autres il y a perte; nécessité encore de faire subir des variations à la taxe. — Enfin, le boucher qui achète le plus beau bétail et au prix le plus élevé pour les pratiques de certains quartiers habités par les gens riches, gagne peu sur la viande, et n'est dédommagé que par le produit de la vente du cuir et du suif qui sont de qualité supérieure. Le contraire a lieu pour le boucher qui ne s'approvisionne que des deuxième et troisième qualités achetées à bas prix. Il faudrait donc une taxe pour chacun de ces bouchers; il en faudrait faire une aussi pour le boucher qui achète ses bestiaux sur le marché. — Trébuchet, *Encyclop. du Droit*, v° *Boucherie.*

113. — Pour sûreté du crédit qui est accordé aux bouchers, la ville de Paris a privilége sur leur cautionnement, sur la valeur estimative des étaux vendus à des tiers, ou supprimés et rachetés par le commerce de boucherie, et sur ce qui leur est dû pour viandes fournies ou pour peaux et suifs. — Décr. 6 fév. 1811, art. 31, et 15 mai 1813, art. 4. — V. CAISSE DE POISSY.

114. — Les bouchers forains sont admis, concurremment avec les bouchers de Paris, à vendre ou faire vendre en détail de la viande sur les marchés publics, en se conformant aux réglemens de police. — Ord. 18 oct. 1829, art. 17.

115. — Soixante-douze bouchers de Paris et vingt-quatre bouchers forains sont appelés à approvisionner le marché des Prouvaires à Paris. (Ordon. de police 25 mars 1830, art. 226.) — Les bouchers de Paris déclarent s'ils veulent concourir à l'approvisionnement de la halle. Dans ce cas, ils sont appelés à tour de rôle et par la voie du sort pendant un mois. Tout boucher qui, sans causes légitimes, et après en avoir été averti, manque à son tour d'approvisionner la halle, en est exclu pendant trois mois. — Art. 227. — Des dispositions pareilles sont ordonnées relativement à la vente en détail de la viande dans les marchés Saint-Germain, des Carmes et des Blancs-Manteaux.

116. — Les bouchers forains admis à la halle ne peuvent introduire de viande dans Paris que les mercredis et samedis, à peine de saisie des viandes. Ils doivent, sous la même peine, amener leur viande directement aux places qui leur sont assignées, sans la vendre ni déposer ailleurs. — Art. 246.

117. — Est légale l'ordon. de police du 25 mars 1830 qui, en exécution de l'ordonn. royale du 18 oct. 1829, ne permet aux bouchers forains d'exercer leur commerce dans la ville de Paris que sur les marchés publics. — *Cass.*, 26 mai 1843 (t. 2, 1843, p. 490), Belœil.

118. — Mais les bouchers forains ne pouvant exercer leur commerce dans la ville de Paris que sur les marchés publics, il en résulte qu'ils n'ont pas le droit de porter et livrer de la viande à domicile, lors même que le consommateur l'aurait réellement acheté dans leur étal hors de Paris. — Même arrêt.

119. — La vente ne peut se faire à la halle et dans les marchés publics autrement qu'en détail, à peine de saisie. — Art. 248.

120. — Tout boucher de Paris ou de la banlieue admis à vendre à la halle et dans les marchés publics qui n'a pas payé, le 15, le loyer du mois d'occupation de sa place, est exclu du tirage pour un mois. — Déc. du préfet de police 15 oct. 1832.

121. — Les viandes insalubres et celles provenant des veaux âgés de moins de six semaines sont confisquées et les contrevenans punis. — C. pén., art. 475, n° 14, et 477; ordonn. de police 25 mars 1830, art. 217 et 247.

122. — Quant à la police des marchés aux bestiaux et à la viande, V. HALLES ET MARCHÉS. — Et pour les droits d'octroi auxquels sont assujétis les bestiaux achetés pour la consommation de Paris, V. OCTROI.

123. — Les garçons bouchers se divisent en : 1° *garçons d'échaudoirs*, qui abattent les bestiaux et qui les *habillent*, c'est-à-dire les dépouillent et les coupent pour les transporter chez le boucher; — 2° *garçons étaliers*, qui tiennent la boutique et remplacent le maître boucher au besoin; — 3° et enfin *garçons à deux mains*, qui sont à la fois garçons d'échaudoirs et garçons étaliers.

124. — Les étaliers et garçons bouchers sont tenus : 1° de se faire inscrire à la préfecture de police dans les trois jours de leur arrivée à Paris, lorsqu'ils y viennent pour exercer leur état; — 2° de se pourvoir de livrets; — 3° de se faire inscrire au

bureau du syndicat de la boucherie, et d'y faire connaître leur nouvelle demeure chaque fois qu'ils passent d'un établissement dans un autre.—Ordonn. de police 25 mars 1830, art. 145, 146 et 147.

125. — Si un étalier ou un garçon boucher à deux mains quitte un étal où il est resté deux mois consécutifs, il est tenu, pendant un an, de laisser au moins cinq établissemens, en tous sens, entre celui où il entre et ceux de tous les bouchers chez lesquels il aura travaillé. — Art. 151, 152 et 153.

126. — Tout garçon boucher qui vend des veaux trouvés dans les entrailles des vaches qu'il a tuées et qui n'en fait pas la déclaration au préposé de la police ou à l'inspecteur de la boucherie, pour que les viandes insalubres soient coupées et jetées aux voiries, est poursuivi devant les tribunaux. — Art. 155.

127. — Indépendamment des poursuites à exercer devant les tribunaux contre les étaliers et garçons bouchers contrevenant aux dispositions ci-dessus, et de l'application des lois et réglemens de police, et notamment de l'ordonn. de 1777, qui prononce une amende de 20 fr., il est pris contre eux telles mesures de police administrative que de droit. — Art. 156.

V. ABATTOIR, ABONNEMENT (Contrib. indir.), BANLIEUE, CAISSE DE POISSY, ÉTABLISSEMENS INSALUBRES, HALLES ET MARCHÉS, PATENTE, PRESCRIPTION, PRIVILÉGE.

BOUCHON.

1. — Rameau de verdure ou de quelque autre chose semblable que les débitans de boissons sont tenus de placer, à défaut d'enseigne, au-dessus du lieu de leur débit pour indiquer leur qualité.

2. — Cette obligation, qui avait déjà été prescrite par les ordonnances des aides, et par l'arrêt du cons. du 5 juill. 1689, renouvelée depuis par les art. 14 et 34, L. 5 mai 1806, et 3, L. 24 avr. 1806, à peine de confiscation des boissons en vente et de 100 fr. d'amende, est aujourd'hui encore imposée à tous les cabaretiers, aubergistes, traiteurs, restaurateurs, maîtres d'hôtels garnis, cafetiers, liquoristes, buvetiers, débitans d'eau de vie, concierges et autres donnant à manger au jour, au mois ou à l'année, ainsi qu'à tous autres qui veulent se livrer à la vente en détail des vins, cidres, poirés, eaux-de-vie, esprits ou liqueurs composées d'eau-de-vie ou esprit. — L. 28 avr. 1816, art. 50.

3. — L'inaccomplissement de cette obligation constitue une contravention qui est punie, outre la confiscation des boissons trouvées en la possession des contrevenans, d'une amende de 50 à 300 fr., et même de 500 fr. en cas de récidive. — L. 28 avr. 1816, art. 96.

4. — Le débitant de boissons qui a négligé d'avoir une enseigne ou bouchon ne peut être excusé sous le prétexte que sa qualité était connue des employés des contributions indirectes. — *Cass.*, 25 fév. 1808, Barrandon.

5. — Si la destruction de l'enseigne ou bouchon par un accident de force majeure peut servir d'excuse légitime à la contravention, elle ne peut être considérée comme constante sur la simple allégation du prévenu. — *Cass.*, 7 avr 1809, Guillot.

6. — Les débitans qui ont déclaré cesser leur débit, sont tenus de retirer leur enseigne, ou bouchon, sous les mêmes peines que celles prononcées pour défaut d'enseigne ou bouchon. — V. *suprà* n° 3. — V. aussi BOISSONS.

BOUCHONS (Fabricans et Marchands de).

1. — Les bouchonniers sont rangés par la loi du 25 avr. 1844, sur les patentes, dans la sixième classe des patentables, et imposés à : 1° un droit fixe basé sur le chiffre de la population de la ville ou commune où est situé l'établissement ; — 2° un droit proportionnel du vingtième de la valeur locative de la maison d'habitation et des locaux servant à l'exercice de la profession.

2. — Les marchands de bouchons en gros sont rangés dans la troisième classe et imposés, sauf la différence de classe, aux mêmes droits fixe et proportionnel que les bouchonniers. — V. PATENTE.

3. — Les marchands en détail sont placés dans la sixième classe et soumis, sauf également la différence de classe aux mêmes droits fixe et proportionnel que les bouchonniers. — V. n° 1er.

4. — Enfin, les ajusteurs de bouchons de flacons sont rangés dans la huitième classe, et assujétis à un droit fixe basé sur le chiffre de la population, et à un droit proportionnel du quarantième de la valeur locative de tous les locaux qu'ils occupent, mais seulement dans les communes d'une population de 200,000 ames et au-dessus. — V. PATENTE.

BOUCHOT.

1. — C'est, en termes de pêche, une sorte de parc que l'on construit avec des claies sur le bord de la mer pour y arrêter le poisson.

2. — L'art. 6 de l'ordonn. de 1681 contenait sur la forme des bouchots la disposition suivante : « Ils seront construits de bois, entrelacés comme claies, et auront au fond, du côté de la mer, une ouverture de deux pieds, qui ne pourra être fermée de filets, grilles de bois, paniers, ni autre chose depuis le 1er mai, jusqu'au dernier août. »

3. — Mais, comme on le voit, cette ordonnance omettait de dire la nature des filets, grilles de bois, paniers ou autres choses qui pourraient, de septembre à mai, fermer les deux pieds de l'ouverture des bouchots. — Cette lacune paraît avoir été comblée, et l'ordonn. 1681 avoir été modifiée, quant à la forme des bouchots et à la manière de tenir ces pêcheries, par un arrêt du conseil du 2 mai 1739, rapporté dans Merlin, *Rép.*, v° *Bouchot*.

4. — Il est vrai que cet arrêt ne concerne proprement que les bouchots des seigneuries de Luçon et de Champagne. — Mais il a été étendu par la jurisprudence à d'autres bouchots (V. jugement des commissaires du conseil concernant les bouchots de la seigneurie de Charon dans l'Aunis, 22 avr. 1741) ; d'où les auteurs ont conclu que cet arrêt doit être considéré comme un réglement général. — Valin, sur l'ordonnance de 1681 ; Merlin, v° *Bouchot* ; Mars, *Corps de droit criminel*. — V. toutefois de Beaussant, *C. maritime*, t. 2, p. 353 et suiv.

BOUCHOYAGE.

1. — C'était une sorte de droit d'usage existant en Franche-Comté et consistant dans la faculté accordée aux habitans d'aller couper les épines et menus bois qui croissent dans les prés, bois ou terrains en broussailles, sur quelque fonds que ce soit.

2. — Ce droit paraît résulter du tit. 28 du Code des Bourguignons, promulgué vers la fin du cinquième siècle. — *Codex legum antiquarum*, p. 280.

3. — M. Proudhon pense que le terme bouchoyage dérive du mot *bouchet* qui, dans l'idiôme vulgaire, signifie *buisson*. L'étymologie du droit de bouchoyage, n'est autre, dit-il, qu'un droit de *buissonnage*.

4. — M. Curasson (*Code forestier*, t. 2, p. 304) cite le *Glossaire* de Ducange, d'après lequel le mot *buchagium* signifie *lignatio* et en français *chauffage*. « *Ad lignâ scindenda ad opus chauffagi : abbatis et conventûs in illis locis in quibus abbatia chauffagium secum, sive buchagium percipere consuevit.* » Il est vrai, ajoute M. Curasson, que les concessions du droit de bouchoyage ne sont ordinairement établies que sur des terrains vagues parsemés d'arbres et de buissons ; mais si ce droit portait sur une forêt, il ne signifierait autre chose que le droit de chauffage. — V. FORÊTS ET USAGES.

BOUCLE (Peine de la).

1. — L'ordonnance de la marine de 1681 (liv. 2, art. 22) indiquait la peine de la *boucle* comme une de celles qui de l'avis des pilotes et contre-maîtres pouvaient être infligées aux matelots mutins, ivrognes et désobéissans, et à ceux qui maltraitaient leurs camarades ou commettaient d'autres semblables fautes ou délits dans le cours du voyage.

2. — La peine de la boucle consistait à être attaché à une *boucle* ou anneau de fer *à fond de cale* ; elle différait de celle des fers en ce que celui qui subissait cette dernière peine était attaché *sur le pont, sous le gaillard*. — Toutes deux, du reste, réunissaient ce caractère commun de n'être qu'une peine disciplinaire. — De Beaussant, *Code marit.*, n° 141.

3. — Valin (*Comm. sur l'ord. de 1681*) fait observer : 1° qu'à bord des bâtimens de l'état, les seuls matelots et officiers mariniers, et non les officiers majors, pouvaient être mis sous boucle ; 2° qu'à bord des bâtimens marchands, le capitaine ne devait infliger cette punition que de l'avis des pilote, contre-maîtres et officiers majors s'il y en a. — Ord. 1681, *loc. cit.*

4. — Un passager pouvait-il être *mis sous la boucle ?* — L'ordonnance de 1681 gardait sur ce point le silence : de là une question controversée, tranchée depuis et d'une manière générale par la loi du 21-22 août 1790, tit. 2, art. 58, lequel déclare que : « *toute personne embarquée sur un vaisseau sera soumise... à toutes les règles de police établies dans le vaisseau.* »

5. — La peine de la boucle, maintenue d'abord par la loi du 21 août 1790, ne saurait plus être appliquée depuis la loi du 27 oct.-2 avr. 1790, qui, dans son art. 2, ne reconnaît plus comme peines de discipline que *le retranchement du vin, les fers sous le gaillard et la prison*.

6. — Cependant et par erreur, confondant la peine de la *boucle* avec celle *des fers*, la cour d'Aix, par arrêt rendu à l'occasion des peines disciplinaires appliquées à un passager, a décidé que la peine de la boucle était encore en vigueur. — *Aix*, 17 sept. 1827, Cannac et Cartini c. Violle.

V. CAPITAINE DE NAVIRE, PASSAGER.

BOUCLERIE (Fabricans de).

1. — Les fabricans de bouclerie pour leur compte sont rangés par la loi du 25 avr. 1844, sur les patentes, dans la cinquième classe des patentables, et imposés à : 1° un droit fixe basé sur le chiffre de la population de la ville ou commune où est situé l'établissement ; — 2° un droit proportionnel du vingtième de la valeur locative de la maison d'habitation et des locaux servant à l'exercice de la profession.

2. — Les fabricans à façon sont placés dans la huitième classe et imposés à un droit fixe basé également sur le chiffre de la population et à un droit proportionnel du quarantième de la valeur locative de tous les locaux qu'ils occupent, mais seulement dans les communes d'une population de 20,000 ames et au-dessus.

BOUÉE.

1. — On appelle ainsi un corps flottant fixé à la surface de l'eau, et destiné à signaler l'ancre d'un navire, les débris des bâtimens, les écueils et passages dangereux de la mer.

2. — Suivant l'ordonnance de la marine, les maîtres et patrons de navires qui veulent se tenir sur leurs ancres dans les ports, doivent y attacher une bouée ou graviteau pour les marquer, à peine de 50 liv. d'amende et de réparer le dommage occasionné par le défaut de bouée. — Ordonn. 1681, liv. 4, tit. 1er, art. 5. — V. AVARIE, n° 150.

3. — De plus, les maîtres ou capitaines de navires que la tempête a forcés de couper leurs câbles et d'y laisser quelques ancres dans les rades, sont tenus d'y mettre des hoirins, bouées ou graviteaux à peine d'amende arbitraire, et de perdre leurs ancres qui doivent appartenir à ceux qui les pêchent. — Ordonn. 1681, liv. 4, tit. 8, art. 2.

4. — Mais Valin (*Comment. sur cette ordonn.*) fait observer judicieusement sur cet article qu'on ne doit en appliquer la rigueur qu'au cas où il serait prouvé que le capitaine étant obligé de couper ses câbles, a néanmoins eu le temps et la facilité de mettre sur ses ancres des hoirins, bouées ou graviteaux. En effet, il ne serait pas juste de punir un capitaine pour n'avoir pas fait ce qu'il lui aurait été impossible de faire. — Merlin, *Rép.*, v° *Bouée*.

5. — Cette restriction a été depuis consacrée par le décret du 12 déc. 1806 sur le pilotage, dont l'art. 39 porte que les maîtres et capitaines de navire et les pilotes qui auront été forcés par la tempête ou autre accident de couper leurs câbles et de laisser leurs ancres en rade, sont tenus d'y attacher, si faire se peut, des hoirins et bouées en bon état et capables de lever lesdites ancres, et en faire la déclaration dans les vingt-quatre heures à l'officier militaire chef des mouvemens maritimes, au bureau du pilotage et au capitaine de port du commerce.

6. — Les pilotes lamaneurs chargés de visiter journellement les rivières et rades et entrées de ports où ils sont établis sont tenus de lever les ancres qui y auront été laissées sans bouées et d'en faire la déclaration comme il est dit dans le numéro précédent. — Art. 37.

7. — Ils doivent également faire la même déclaration s'ils reconnaissent que les bouées ne sont pas bien placées. — Art. 38.

8. — Quant aux peines encourues pour défaut de déclaration de bouées établies, ou au droit différent de sauvetage dû suivant qu'il y a ou qu'il n'y a pas de bouées, V. PILOTE.

9. — L'ordonn. de 1681 (liv. 5 tit. 4, art. 5), enjoint pareillement aux propriétaires de madragues de mettre sur les extrémités les plus avancées en mer, des bouées ou graviteaux, sous peine de dommages-intérêts et de privation de leurs droits.

10. — Quant aux droits qui peuvent être exigés des navires, pour l'entretien des bouées, V. BALISE.

BOUES ET IMMONDICES.

1. — Les dépôts de boues et immondices sont classés comme établissemens insalubres. —V. ÉTABLISSEMENS INSALUBRES (nomenclature). —V. aussi BALAYAGE ET NETTOIEMENT DE LA VOIE PUBLIQUE, BOUES ET LANTERNES.

2. — Les entrepreneurs partiels de l'enlèvement des boues sont rangés par la loi du 25 avril 1844 sur les patentes, dans la sixième classe des patentables et imposés à : 1° un droit fixe basé sur le chiffre de la population de la ville ou commune où est situé l'établissement ; — 2° un droit proportionnel du vingtième de la valeur locative de la maison d'habitation et des locaux servant à l'exercice de la profession.

BOUES ET LANTERNES.

1. — On désignait sous ce nom une taxe autrefois perçue sur les habitans de la ville de Paris, pour subvenir aux frais de l'enlèvement des boues et immondices, et à l'entretien des lanternes consacrées à l'éclairage de la voie publique.

2. — Dans l'origine, le nettoiement des rues et l'éclairage étaient à la charge exclusive des habitans, mais la négligence et la mauvaise volonté qu'ils apportaient dans l'accomplissement de cette double charge déterminèrent l'autorité à y faire procéder elle-même aux frais des habitans. — On établit en conséquence sur les propriétaires de la ville de Paris, une taxe annuelle dont le produit était affecté à cet usage.

5. — La taxe des boues et lanternes était perçue d'abord par des *receveurs bourgeois*; mais en 1701, un édit de Louis XIV, du mois de décembre, changea ce mode de perception et créa vingt offices de receveurs particuliers et deux offices de receveurs généraux des finances pour remplacer les *receveurs bourgeois.* Une déclaration du 12 déc. 1702 prescrivait quelques mesures relatives au mode de confection des rôles qui devraient être homologués au Châtelet par le lieutenant général de police. — La taxe était alors de 300,000 fr. par an.

4. — Par un autre édit de nov. 1704, Louis XIV créa quatre trésoriers payeurs et quatre contrôleurs généraux des deniers de police de la ville de Paris, et ordonna que les deniers destinés à l'entretien annuel des lanternes et au nettoiement des rues de la ville de Paris seraient remis aux dits trésoriers et par eux employés au paiement des entrepreneurs du nettoiement, chandeliers, vitriers et autres, sur les délégations certifiées par les directeurs et commissaires de chaque quartier, visées par le lieutenant-général de police, et qu'il ne serait seulement compté par-devant ledit lieutenant-général de police.

5. — A partir de ce moment, le roi fut chargé de toutes les dépenses relatives au nettoiement et à l'entretien des lanternes. — Le montant de la taxe annuelle sur les propriétaires de la ville de Paris fut compris dans ses finances.

6. — L'édit de 1704 força même les propriétaires à racheter ces taxes en payant le capital au denier vingt de la taxe qu'ils acquittaient.

7. — L'accroissement successif de la ville, l'augmentation du nombre des lanternes et du temps d'éclairage rendirent insuffisante la somme évaluée en 1704 (300,000 fr.). — Aussi les fonds nécessaires annuellement pour boues et lanternes furent-ils fixés à 450,000 fr. à partir de l'année 1722 (édit du 3 déc. 1743), à partir de l'année 1759 à 500,000 fr. (Arr. du cons. du 9 juill. 1758).

8. — Les propriétaires qui, en vertu de l'édit de 1704, avaient racheté leurs taxes, ne furent pas affranchis de l'augmentation portée par l'édit de 1743, et durent payer le supplément de taxe à partir de l'année 1722, et racheter ce supplément au denier vingt, comme il avait été fait déjà en vertu de l'édit de 1704 (édit de déc. 1757; déclarat. du 9 juill. 1758). — De même un arrêt du cons. du 30 avr. 1760 obligea également les propriétaires à racheter, chacun suivant sa taxe, le capital de 50,000 fr., ajouté par l'arrêt du 9 juill. 1758.

9. — Enfin, une nouvelle augmentation ayant été ordonnée, des lettres patentes du 15 nov. 1770 furent encore rendues pour inviter au rachat du supplément de taxe les propriétaires des rues nouvelles et du Gros-Caillou.

10. — Les dépenses du nettoiement et de l'éclairage retomberont, en 1790, à la charge de la municipalité de la ville de Paris, et y sont restées depuis cette époque : « à compter du 1er janv. prochain, porte le décr. du 6 juin 1790, les dépenses de police de la ville de Paris, celles de son guet et gardes, celles de son pavé, de son illumination, seront retranchées du compte de trésor public et resteront à la charge de la municipalité. »

11. — Au reste, les dépenses du nettoiement et de l'éclairage de la ville de Paris se sont singuliè-

---

rement accrues depuis lors. — En 1809, elles s'élevaient à 518,453 fr. 12 c. pour l'éclairage, et à 408,000 fr. pour le nettoiement ordinaire, le nettoyage des égoûts et l'arrosage. — En 1819, les dépenses de l'éclairage ont été de 675,331 fr. 98 c.; celles de nettoiement de 402,753 fr. 92 c.—En 1839, les dépenses de l'éclairage ont été de 1,008,704 fr. 53 c.; celles de nettoiement et de l'arrosement, de 848,442 fr.—Enfin, en 1843, elles se sont élevées pour l'éclairage jusqu'à 1,485,483 fr. 52 cent., et à 1,010, 590 fr. 81 c. pour le nettoiement. — V. au surplus BALAYAGE ET NETTOIEMENT DE LA VOIE PUBLIQUE, ÉCLAIRAGE, POUVOIR MUNICIPAL.

BOUGIES.

1. — Les fabricans de bougies, cierges, etc., sont rangés par la loi du 25 avr. 1844, sur les patentes, parmi les patentables et imposés à un droit fixe de 25 fr. pour cinq ouvriers et au-dessus, et de 8 fr. par chaque ouvrier en sus jusqu'au maximum de 300 fr.;—2° un droit proportionnel du vingtième de la valeur locative, 1° de la maison d'habitation, 2° des magasins servant de vente, complétement séparés de l'établissement industriel, 2° du vingt-cinquième de celle de l'établissement industriel.

2. — Les marchands de bougies sont placés dans la cinquième classe, et soumis à un droit fixe, basé sur le chiffre de la population de la ville ou commune où est situé l'établissement ; 2° un droit proportionnel du vingtième de la valeur locative de la maison d'habitation et des locaux servant à l'exercice de la profession.

3. — Les fabriques de bougies de blanc de baleines sont classées parmi les établissemens insalubres. — V. ÉTABLISSEMENS INSALUBRES (nomenclature). V. aussi BLANC DE BALEINE.

BOUILLER.

1. — Terme de pêche, qui exprime l'action de remuer la vase et de troubler l'eau avec la bouille afin que le poisson entre plus facilement dans le filet.

2. — L'art. 14, tit. 34, de l'ord. des *eaux et forêts* de 1669, défendait de bouiller, à peine de bannissement pendant trois ans et 50 livres d'amende. — Le même article prononçait 300 livres d'amende contre les maîtres particuliers ou lieutenans auxquels il pourrait arriver d'accorder la permission de bouiller.

3. — La prohibition édictée par l'ordonnance de 1669 était générale et s'appliquait même au cas où l'emploi de la bouille n'avait pas été accompagné de l'usage d'un filet prohibé. — Pau, 21 août 1829 (dans ses motifs), Fontan.

4. — Mais il a été jugé que depuis la promulgation de la loi du 15 avr. 1829, sur la pêche fluviale, la bouille ne constitue pas un délit, lors même que son emploi aurait été prohibé. — Même arrêt.

5. — Au surplus, l'art. 26 de la loi du 15 avr. 1829, sur la pêche fluviale, a disposé que des ordonnances royales détermineraient les modes de pêche prohibés, et l'art. 5 de l'ord. du 15 nov. 1830 a chargé de ce soin les préfets de département. V. PÊCHE.

BOUILLEURS.

1. — On désigne indistinctement sous la dénomination de *bouilleurs,* brûleurs d'eau-de-vie ou distillateurs, toutes personnes qui se livrent à la distillation des différens liquides ou substances contenant l'alcool pour les convertir en eaux-de-vie ou esprits.

2. — Les bouilleurs ou brûleurs d'eau-de-vie sont rangés, par la loi du 25 avr. 1844, sur les patentes, dans la sixième classe des patentables, et imposés à : 1° un droit fixe, basé sur le chiffre de la population de la ville ou commune où est situé l'établissement ;—2° un droit proportionnel du vingtième de la valeur locative de la maison d'habitation et des locaux servant à l'exercice de la profession. — V. PATENTE.

3. — Quant aux obligations diverses qui sont imposées aux bouilleurs de cru, V. BOISSONS.

BOUILLON (Marchands de).

Les marchands de bouillon et bœuf cuit sont rangés, par la loi du 25 avr. 1844, sur les patentes, dans la sixième classe des patentables, et imposés à : 1° un droit fixe basé sur le chiffre de la population de la ville ou commune où est situé l'établissement ;—2° un droit proportionnel du vingtième de la valeur locative de la maison d'habitation et des locaux servant à l'exercice de la profession. — V. PATENTE.

BOULANGER, BOULANGERIE.

Table alphabétique.

BOULANGER, BOULANGERIE. — 1. — La boulangerie est la fabrication et le commerce du pain, et le boulanger est celui qui se livre à cette fabrication et à ce commerce.

2. — La préparation du pain, comme celle des autres alimens, fut longtemps un soin domestique abandonné aux femmes, et tous les auteurs qui se sont occupés de l'origine de la boulangerie citent le verset 6, ch. 18 de la Genèse, où Abraham dit à Sara : « *Et fac subcineritios panes.* » On peut supposer pourtant que, même en ce temps reculés, cet usage n'était pas universel, puisqu'on trouve également dans la Genèse (ch. XL.) la preuve que les rois d'Égypte avaient dans leur maison des boulangers et un officier du titulaire qui dirigeait leurs travaux.

3. — Quoi qu'il en soit, ce n'est guère que six cents ans après la fondation de Rome qu'on y vit des boulangers. — Pline, XVIII, chap. 11. — On les appelait *pistores,* du verbe *pinsere,* piler, parce qu'autrefois on pilait le blé après l'avoir préalablement torréfié. Les boulangers ou pisteurs formaient un collége et jouissaient notamment du privilége de pouvoir se dispenser d'être tuteurs. L. 46, ff., *De excusat.* — Ils vendaient leur pain non seulement dans leur boutique, mais encore dans certains endroits de la ville où ils envoyaient leurs esclaves. Les marchés passés avec ces esclaves engageaient leurs maîtres.—L. 5, §9, ff., *Deinstit. actioni;* Cic., *in pisa.,* 27. — Leurs causes étaient jugées sans délai, comme les causes publiques et celles du fisc. — L. 4, § 1, Cod., *De feriis.*

4. — Il est difficile de se rendre compte de l'état de cette profession dans les premiers siècles de la monarchie française. Il semble résulter d'une ordonnance de Dagobert II, de l'an 630, que le lieu où se faisait le pain (*pistorium*) était alors une dépendance de la maison, comme les cuisines. — *Capit. reg. franc.,* t. 4, p. 120.

5. — Deux siècles plus tard, vers l'an 800, on voit dans les Capitulaires où Charlemagne règle avec un soin si minutieux tout ce qui est relatif à l'administration de ses métairies que la boulangerie était un état exercé par certains individus. « *Ut unusquisque judex* (dit-il, art. 45), *in suo ministerio bonos habeat artifices, id est, tuberus,... pistores qui similas ad opus nostrum faciant.* »

6. — Il paraît que les boulangers furent organi-

sés pour la première fois en communauté à Paris sous Philippe-Auguste, et saint Louis les plaça sous la juridiction de son grand pannetier. A partir de l'ordonnance d'Etienne Boileau, prévôt de Paris, de 1264, qui constate cet état de choses, on voit se succéder les réglemens qui, indépendamment des priviléges qu'ils accordent à la communauté des boulangers, prescrivent diverses mesures dont l'objet est, soit d'assurer leur approvisionnement, soit de les empêcher d'accaparer le commerce des blés en leur interdisant certaines professions, comme celles de meuniers et de mesureurs de grains, soit enfin de veiller à la bonne confection et au poids exact du pain.

7. — Aujourd'hui, c'est à l'autorité municipale qu'il appartient d'établir les règles auxquelles est soumis l'exercice de la profession de boulanger, en vertu de l'art. 3, nº 4, tit. 1, de la loi du 22 août 1790, qui confie à son autorité l'inspection sur la fidélité du débit des denrées... et sur la salubrité des comestibles exposés en vente publique.

8. — Cependant ce droit a été fréquemment exercé par l'autorité centrale, notamment pour la ville de Paris, par arrêté des consuls du 19 vendémiaire an X, et pour un grand nombre d'autres villes, par des décrets ou des ordonnances qui, présentant à peu près les mêmes dispositions, diffèrent sous quelques points, à raison des localités.

9. — Nous ne saurions présenter l'analyse de cette foule de décrets ou ordonnances dont on peut voir la liste dans les tables de la collection des lois de M. Duvergier. Toutefois, nous donnerons un exposé de la législation et des dispositions réglementaires qui régissent actuellement la boulangerie de Paris. Les mesures prescrites dans l'intérêt de la capitale ont dû servir plus ou moins de guide pour celles à suivre dans l'intérêt des populations moins agglomérées.

§ 1er. — *Pouvoirs de l'autorité municipale* (nº 10).

§ 2. — *Obligations et droits des boulangers. — Répression des contraventions.* — (nº 92).

§ 3. — *Boulangers de Paris* (nº 132).

—

§ 1er. — *Pouvoirs de l'autorité municipale.*

10. — Dans tous les temps, les professions dont l'exercice intéresse la sûreté ou la vie des hommes ont été soumises à une police et surveillance particulières. Les boulangers sont de ce nombre, puisque la subsistance du peuple dépend de leur exactitude à remplir les obligations qui leur sont imposées. — *Cass.*, 25 nov. 1812, Revol (dans ses motifs).

11. — On vient de voir (nº 7) que la police et la surveillance de la profession de boulanger appartiennent soit à l'autorité administrative, soit à l'autorité municipale.

12. — Les réglemens pour la taxe du pain sont des actes d'administration et de police qui ne peuvent être attaqués par la voix contentieuse. — *Cons. d'état*, 14 août 1822, boulangers de Montpellier.

13. — Il en est de même de la décision ministérielle qui rejette les réclamations des boulangers relativement à la police de la boulangerie réglée dans une ville par un décret impérial. — *Cons. d'état*, 17 mars 1835, boulangers de Lyon c. Détroya.

14. — De ce que la police et la surveillance de la profession de boulanger appartiennent à l'autorité soit administrative, soit municipale, il suit qu'on doit considérer comme obligatoire, lorsqu'il est émané d'elle tout décret, ordonnance, réglement, arrêté :

15. — ... 1º Sur la défense d'exercer la profession de boulanger sans être muni d'une permission.

16. — La permission ne doit être accordée qu'à ceux qui jouissent d'une moralité reconnue et justifient d'une capacité suffisante. Si la permission est refusée, le postulant peut se pourvoir auprès de l'autorité supérieure. — Bost., *Tr. de l'organis. muncip.*, t. 1er, p. 332.

17. — Les mesures qui ont pour objet de soumettre les boulangers à la nécessité d'obtenir l'autorisation du maire ne portent point atteinte à la liberté de l'industrie proclamée par l'art. 7 de la loi 17 mars 1791, puisque cette liberté n'existe, aux termes du même article, « qu'à la charge de se conformer aux réglemens de police qui sont ou pourront être faits. » Elle ne constitue pas davantage un monopole, puisque tous ceux qui remplissent les conditions voulues ont droit d'être admis, et qu'en cas de refus non motivé ils peuvent s'adresser à l'autorité administrative supérieure. — V. POUVOIR MUNICIPAL.

18. — Ainsi, l'arrêté par lequel un maire interdit l'exercice de la profession de boulanger sans une autorisation de sa part est pris dans le cercle de ses attributions, et le tribunal de police doit appliquer aux contrevenans les peines prononcées par la loi. — *Cass.*, 29 mai 1834, Olivier ; 30 mai 1834, Félix.

19. — La cour de Cassation avait jugé, en 1829, que lorsqu'une ordonnance royale contenant réglement pour l'exercice de la profession de boulanger dans une ville, dispose que les boulangers ne pourront continuer d'exercer leur profession sans la permission de l'autorité municipale, sous peine d'interdiction, cette mesure ne constitue qu'une peine administrative qu'il appartient au maire de prononcer, et qui ne peut être remplacée par des peines de simple police. — *Cass.*, 12 sept. 1829, Benoît.

20. — Cette décision fondée, en effet, sur le texte d'une ordonnance du 18 janv. 1826 rendue pour la ville du Puy, nous paraît une preuve du danger qu'il y a à ce que l'autorité centrale exerce les pouvoirs qui appartiennent à l'autorité municipale. L'arrêt recherche minutieusement quelle a été l'*intention royale* au lieu de rechercher quels étaient ses pouvoirs. Si le réglement de la boulangerie du Puy avait été signé par le maire au lieu de l'être par le roi, l'examen des magistrats ne se serait point égaré ; ils auraient décidé, suivant une jurisprudence constante, que l'application des peines administratives ne fait point obstacle à l'application des peines judiciaires, et qu'il n'appartient, dans tous les cas, à aucune autorité de substituer des peines de son choix à celles qui sont prononcées par la loi. — V. POUVOIR MUNICIPAL.

21. — Est légale et constitutionnelle l'ordonnance royale qui, fixant pour une localité l'exercice de la profession de boulanger, 1º subordonne cet exercice à la condition d'une permission spéciale ; 2º et établit contre le contrevenant la faculté d'une interdiction absolue ou momentanée de sa profession. — *Cass.*, 9 nov. 1839 (t. 1er 1840, p. 260), Dumas ; 16 juill. 1840 (chambres réunies, t. 2 1840, p. 424), Dumas.

22. — L'autorisation d'exercer la profession de boulanger, par exemple, dans la ville de Lyon, accordée à un particulier par l'autorité administrative, dans les limites de ses attributions fixées par le décret du 6 déc. 1813, est inattaquable par la voie contentieuse. — *Cons. d'état*, 17 mars 1835, boulangers de Lyon c. Détroya.

23. — L'individu prévenu d'avoir exercé la profession de boulanger sans autorisation du maire dans une ville où cette autorisation était nécessaire, aux termes d'un décret impérial, ne peut être renvoyé des poursuites sur le motif que cette contravention ne serait pas légalement punissable. — — *Cass.*, 13 nov. 1834, Poulat.

24. — Le droit d'exercer la profession de boulanger dans une ville est personnel à celui qui l'a obtenu de l'autorité municipale, et distinct de l'achalandage attaché à la maison dans laquelle il fait son commerce. — La vente de l'achalandage, à moins de stipulation contraire, n'emporte pas cession du titre du boulanger. — *Caen*, 6 fév. 1828, Elie.

25. — Dès-lors, le boulanger qui loue la maison dans laquelle il faisait son état, et qui la loue pour le même usage, n'est pas, par cela même, censé investir son locataire de son titre de boulanger ; il ne fait que lui céder momentanément les droits utiles qui y sont attachés. — Même arrêt.

26. — ... 2º Sur la défense de cumuler d'autres professions avec celle de boulanger.

27. — Ainsi jugé que l'arrêt du parlement d'Aix du 17 juin 1777, qui défend aux boulangers et fourgonniers de cumuler les deux métiers, est encore en vigueur dans le ressort de cette ancienne juridiction, alors d'ailleurs qu'un réglement de police en a rappelé les dispositions et en a prescrit l'observation à ceux qu'il concerne. — *Cass.*, 1er avr. 1830, Cugis.

28. — ... 3º Sur la défense faite à tout boulanger de quitter sa profession avant un certain délai depuis la déclaration qu'il en aura faite à l'autorité.

29. — Un édit du mois de fév. 1776 (art. 6) avait défendu aux boulangers d'abandonner leur profession avant qu'il se fût écoulé une année depuis la déclaration qu'ils en auraient faite, à peine de 500 livres d'amende. — Et cet édit n'avait pas été abrogé par celui du mois d'août suivant.

30. — Cette disposition de l'art. 6 de l'édit de fév. 1776 est encore en vigueur aujourd'hui, attendu qu'une telle disposition réglementaire, dont l'utilité ne saurait être méconnue, ne se retrouve pas dans le Code pén. — *Cass.*, 20 nov. 1812, Revol (sous *Cass.*, 13 mars 1834, à la note). — Merlin, *Quest.*, vis *Boucher* et *Boulanger* ; Elouin et Trébuchet, *Dictionn. de police*, vº *Boulanger*, t. 1er, p. 248.

31. — Ainsi il peut être interdit aux boulangers de quitter leur profession avant qu'il se soit écoulé un certain délai depuis la déclaration qu'ils seront tenus de faire à la muncipalité. — Cela résulte implicitement d'un arrêt de *Cass.*, 13 mars 1834, boulangers de Montauban.

32. — ... 4º Sur l'approvisionnement de farines que chaque boulanger est tenu de faire, suivant sa classe, soit pour sa consommation habituelle, soit comme fonds de réserve.

33. — Ainsi, est légale et constitutionnelle l'ordonnance royale qui, fixant pour une localité l'exercice de la profession de boulanger, oblige chaque boulanger à avoir constamment en réserve dans son magasin un approvisionnement de farine de première qualité, et établit contre le contrevenant la faculté d'une interdiction absolue ou momentanée de sa profession. — *Cass.*, 9 nov. 1839 (t. 1er 1840, p. 260), Dumas ; 16 juill. 1840 (chambres réunies, t. 2 1840, p. 424), Dumas.

34. — L'ordonnance royale du 11 juill. 1814, portant réglement d'administration publique sur l'exercice de la profession de boulanger à Toulon, et qui dispose que les boulangers qui n'auront pas chez eux l'approvisionnement en farine prescrit par ledit réglement, seront traduits devant le maire, qui est autorisé à prononcer contre eux par voie administrative l'interdiction momentanée ou absolue de leur profession, doit continuer à recevoir son exécution, puisqu'elle n'a pas été rapportée, et les boulangers qui n'ont pas chez eux la réserve prescrite ne doivent pas être seulement traduits devant le tribunal de simple police pour contravention à un réglement administratif. — *Cons. d'état*, 14 déc. 1837, Senez, Ange et Joussaud.

35. — La contravention à l'art. 2 du décret du 29 août 1813, qui prescrit aux boulangers de la ville de Troyes d'avoir dans leurs magasins le nombre de sacs de farine déterminé par cet article est de la compétence du tribunal de simple police. — *Cass.*, 4 août 1837 (t. 1er 1838, p. 551), Messager.

36. — Le décret du 29 août 1813, qui avait réservé exclusivement à l'administration le droit de réprimer la contravention résultant de ce que les boulangers n'avaient pas dans leurs magasins le nombre de sacs de farine déterminé par ce décret, n'a pas dépouillé irrévocablement le tribunal de police du droit d'en connaître, et ce tribunal est compétent alors que l'administration déclare ne vouloir profiter du droit exceptionnel dont elle a été investie par le décret de 1816. — Même arrêt.

37. — ... 5º Sur le nombre de sacs de farine que chaque boulanger devra cuire chaque jour, suivant sa classe.

38. — ... 6º Sur la nomination de syndics pris parmi les boulangers pour surveiller les approvisionnemens de chaque boulanger et la qualité des farines qu'il emploie.

39. — ... 7º Sur l'obligation imposée aux boulangers de fabriquer des pains de qualités déterminées.

40. — Ainsi jugé que les réglemens de police peuvent déterminer les diverses qualités de pain que les boulangers devront fabriquer. — *Cass.*, 11 vent. an XII, Manche ; 1er avr. 1830, Cugis.

41. — Lorsqu'un arrêté municipal a fixé le prix et les qualités du pain, le tribunal de simple police ne peut acquitter un boulanger qui a fabriqué du pain d'une qualité différente de celle qu'il détermine, et vendu cette qualité à une autre taxe, sous le prétexte que cet arrêté ne défend point aux boulangers de confectionner d'autres qualités de pain que celles spécifiées. — *Cass.*, 9 juin 1832, Ménard.

42. — Lorsqu'il a été défendu aux boulangers d'une ville par arrêté municipal de fabriquer plus de deux qualités de pain, savoir pain blanc et pain bis, il ne leur est pas permis d'admettre dans leur four du pain dit *ratione* ou de *ratière*, c'est-à-dire préparé par les particuliers. — *Cass.*, 1er avr. 1830, Cugis.

43. — Est obligatoire, tant qu'il n'a pas été réformé par l'autorité supérieure l'arrêté d'un maire qui, en se fondant sur ce qu'un boulanger emploie des farines de qualités inférieures, ordonne la fermeture du four de ce boulanger et lui fait défense de continuer la vente du pain. — *Cass.*, 9 nov. 1839 (t. 1er 1840, p. 260), Dumas ; 16 juill. 1840 (chambres réunies, t. 2 1840, p. 424), Dumas.

44. — Une pareille défense s'applique même aux pains qui auraient été fabriqués antérieurement à la notification de l'arrêté du maire. — *Cass.*, 9 nov. 1839 (t. 1er 1840, p. 260), Dumas.

45. — ... 8º Sur l'obligation imposée aux bou-

langers de fabriquer des pains de poids déterminés.

46. — Ainsi un arrêté par lequel un maire fixe les poids respectifs des différens pains qui peuvent être débités dans la ville, est obligatoire pour les tribunaux, comme pris dans le cercle des attributions municipales. — *Cass.*, 15 oct. 1818, Jeanneau; 1er juill. 1842 (t. 2 1842, p. 493), Girard.

47. — Il en est de même de l'arrêté d'un maire qui, après avoir fixé les poids respectifs des pains à débiter, défend aux boulangers d'en fabriquer d'un poids différent. — *Cass.*, 15 oct. 1818, Jeanneau.

48. — De même est valable et obligatoire l'arrêté d'un maire qui défend aux boulangers de vendre le pain par eux fabriqué autrement qu'en miches entières d'un certain poids.—*Cass.*, 24 avr. 1835, Fritsch.

49. — Et les boulangers ne pourraient se soustraire à l'exécution de cet arrêté en prévenant le public par un avis inséré dans un journal que désormais ils ne vendront leur pain qu'au poids, et après l'avoir pesé en présence de l'acheteur.—Même arrêt.

50. — Les arrêtés des maires sur le poids du pain sont immédiatement obligatoires, et n'ont pas besoin d'être revêtus de l'approbation supérieure, sauf le recours des parties intéressées. — *Cass.*, 1er avr. 1841 (t. 1er 1842, p. 206), Dru.

51. — Lorsqu'un réglement de police porte que, si par un accident quelconque les pains n'ont pas le poids voulu, ils doivent être coupés en deux ou plusieurs morceaux pour être vendus, après pesée, et au prix du tarif, le boulanger qui expose en vente les pains entiers est en contravention, quand bien même il ne les vendrait que suivant leur poids réel et au prix fixé par la taxe. — *Cass.*, 5 pluv. an XIII, Delmalle.

52. — .... 9o Sur la tolérance qui peut être admise dans le poids des pains suivant leur qualité et leur cuisson.

53. — Ainsi, est légal et obligatoire l'arrêté du maire qui fixe la tolérance que l'on peut, dans certains cas, admettre sur le poids du pain. — *Cass.*, 1er juill. 1842 (t. 2 1842, p. 493), Girard.

54. — Mais l'autorité municipale seule peut admettre cette tolérance. Si elle ne l'a pas expressément autorisée par son arrêté, le juge ne peut suppléer à son silence et excuser les boulangers. — V. *infrà* nos 103 et suiv.

55. — ... 10o Sur la taxe du pain.

56. — La taxe du pain est le prix que les boulangers ont la faculté de vendre chaque espèce de pain. Elle ne s'applique ordinairement qu'au pain blanc (ou première qualité), et au pain bis (deuxième qualité).

57. — La taxe s'établit ordinairement toutes les semaines ou tous les quinze jours, d'après le prix des blés ou farines vendus aux marchés de la localité pendant la huitaine ou la quinzaine précédente. — V. MERCURIALES.

58. — La théorie de la taxe du pain est fondée sur trois élémens : 1o le prix moyen d'un sac de farine; — 2o le rendement de cette farine convertie en pain; — 3o le prix alloué aux boulangers pour manutention de chaque sac de farine. — Bost, *Tr. de l'organ. municip.*, t. 1er, p. 335.

59. — Une circulaire du ministre de l'intérieur du 16 sept. 1819, trace à cet égard les règles suivantes : dans les localités où le pain se taxe, le maire fera procéder chaque année au mois de décembre, en présence des syndics ou adjoints de la boulangerie, au pesage du blé froment de la récolte de l'année pour en constater le poids. Pour cela on devra réunir trois hectolitres de froment de première qualité pris au marché chez trois vendeurs différens, les peser ensemble et constater leur poids par un procès-verbal signé de toutes les personnes appelées à l'expérience. La même épreuve étant faite à trois marchés consécutifs, de manière qu'il y ait au moins sept à huit jours entre chaque épreuve, on ajoute au dernier pesage le résultat des deux précédens; le tout, divisé par neuf, forme le poids d'un hectolitre, et ce poids déterminé devient la base de la taxe. — Pechaud, *Dict. de l'administr. départementale*, p. 121.

60. — Le droit de faire la taxe du pain, en vertu de l'art. 30, tit. 1er, L. 22 juill. 1791, est un droit qui appartient exclusivement à l'autorité municipale, et qui, par sa nature, a échappé à toute usurpation. — Bayard, *Man. municip.*, vo *Boulangerie*; Bost, *Tr. de l'organ. municipale*, t. 1er, p. 316 et 319.

61. — En conséquence l'ordonnance royale portant que, sur la proposition du maire, le préfet, avec l'autorisation du ministre de l'intérieur, fera tous les réglemens locaux nécessaires à la profession de boulanger, n'a pas pu avoir pour effet de dépouiller le maire du droit qui lui appartient de faire seul les réglemens concernant le poids et la marque du pain. — *Cass.*, 13 mars 1834, boulangers de Montauban.

62. — Un usage local consistant à suivre, avec une différence convenue, la taxe faite et publiée dans une commune voisine, ne peut suppléer la taxe faite par le maire, ni motiver par suite la condamnation du boulanger qui a vendu au-dessus du cours déterminé par cet usage.— *Cass.*, 14 nov. 1840 (t. 2 1841, p. 433), Moreau.

63. — La taxe des pains intéresse au plus haut degré l'ordre public; il n'est donc pas permis aux boulangers et aux consommateurs d'y déroger par des stipulations particulières; toutes conventions arrêtées entre eux dans ce but sont nulles de plein droit. — *Cass.*, 28 août 1839 (t. 2 1839, p. 239), Bannier.

64. — En conséquence, un tribunal de simple police ne peut renvoyer de l'action intentée contre lui par le ministère public, un boulanger prévenu d'avoir vendu du pain au-dessus de la taxe par le motif qu'un marché convenu avec le particulier pour le compte duquel les pains avaient été achetés, plaçait le boulanger en dehors des dispositions qui sont la sanction pénale du tarif. — Même arrêt.

65. — Une commune n'aurait pas le droit, pour favoriser l'établissement d'un moulin, d'autoriser son maire à faciliter entre les entrepreneurs et les boulangers de la ville un arrangement qui obligerait ceux-ci à payer un droit de mouture déterminé, sauf à les indemniser de l'élévation de ce droit en y ayant égard dans la taxe du prix du pain.— Un élément permanent de cette nature introduit dans la taxe du prix du pain aurait le caractère d'un subside.—*Cass.*, 30 janv. 1828, comm. de Marseille c. Barlatier; *Montpellier*, 6 août 1829, mêmes parties.

66. — Les arrêtés des maires sur le prix du pain sont obligatoires, et n'ont pas besoin d'être revêtus de l'approbation de l'autorité supérieure, sauf le recours des parties intéressées. — *Cass.*, 1er avr. 1841 (t. 1er 1842, p. 206), Dru.

67. — Ces mêmes arrêtés sont obligatoires dès l'instant où la taxe a été légalement faite et publiée; et cette taxe est exécutoire par cela seul que sa publication a eu lieu dans la forme que l'usage a consacrée pour chaque commune.—*Cass.*, 29 nov. 1838 (t. 2 1843, p. 702), Mavy.

68. — La taxe faite par le maire ne peut être réformée que par l'autorité administrative supérieure sur la demande des marchands, en vertu de l'art. 31, L. 22 juill. 1791.

69. — Dès-lors un tribunal de police excéderait ses pouvoirs en rejetant la taxe du maire, en ne faisant pas droit aux conclusions du ministère public contre les boulangers qui ont enfreint l'arrêté municipal sur cette taxe, et en faisant lui-même une autre taxe.—*Cass.*, 29 prair. an IX, Bissonnier.

70. — .... 11o Sur l'obligation imposée à tout boulanger de peser le pain qu'il vend.

71. — Si les réglemens de police prescrivent aux boulangers de peser les pains qu'ils vendent en boutique, sans qu'il soit besoin d'aucune réquisition à cet égard, le seul fait d'avoir livré, sans le peser, même du consentement de l'acheteur, un pain cuit de la veille, constitue une contravention punissable des peines de l'art. 471, no 15, C. pén., alors même que le boulanger eût été de bonne foi et que, sur l'observation d'un commissaire de police, il eût repris ce pain, et en eût livré un autre après l'avoir pesé. — *Cass.*, 26 fév. 1842 (t. 2 1842, p. 212), Worch.

72. — Si pour opérer cette pesée ils emploient des balances composées de plateaux d'une pesanteur inégale, ils doivent être renvoyés devant le tribunal de police correctionnelle comme prévenus du délit prévu par l'art. 423, C. pén.—*Cass.*, 30 août 1822, Coudret.

73. — Le boulanger qui a exposé en vente des pains au-dessous du poids fixé par les réglemens doit être renvoyé en simple police et non en police correctionnelle, quoiqu'on ait trouvé chez lui de fausses balances, parce que ces pains ne se vendant pas au poids, ses balances n'ont pas pu servir à induire le public en erreur. — Même arrêt.

74. — ... 12o Sur l'obligation imposée aux boulangers de marquer leur pain.

75. — Ainsi jugé que les maires peuvent ordonner que les boulangers marqueront leurs pains d'un numéro assigné à chacun d'eux. — *Cass.*, 13 mars 1834, boulangers de Montauban; 28 janv. 1837 (t. 2 1840, p. 282), Rouillard.

76. — La contravention à un arrêté municipal qui prescrit aux boulangers de marquer tous leurs pains d'un signe déterminé ne peut être excusée par le motif que le prévenu s'est conformé à l'usage ordinaire en ne marquant pas les pains d'une certaine espèce, et que cette marque d'ailleurs ferait perdre à ces pains leur forme et nuirait à leur débit. — *Cass.*, 28 janv. 1827 (t. 2 1840, p. 424), Rouillard.

77. — D'un autre côté, il n'appartient pas aux tribunaux, mais seulement à l'autorité administrative supérieure de décider si l'exécution d'un pareil réglement de police est, ou non, impossible.— *Cass.*, 13 mars 1834, boulangers de Montauban.

78. — Sous l'empire de la loi du 16 août 1790 et C. 3 brum. an IV, bien qu'aucune mesure pénale ne fût prescrite par un réglement municipal ordonnant à chaque boulanger d'apposer sur les pains qu'il fabriquait un numéro qui lui était assigné, cependant le tribunal de simple police devait réprimer par une peine de sa compétence, les contraventions à ce réglement. — *Cass.*, 20 vendém. an XII, (int. de la loi), Decock.

79. — ... 13o Sur l'obligation imposée aux boulangers d'afficher dans leur boutique la taxe du pain.

80. — Lorsque l'arrêté d'un maire astreint les boulangers à se procurer un exemplaire de la taxe du pain et à l'afficher dans leur boutique, celui d'entre eux qui n'a pas encore affiché le lendemain à dix heures un quart du matin, une taxe qui a été publiée la veille de deux à cinq heures et demie du soir, ne peut être renvoyé des poursuites, sous prétexte, soit que l'arrêté relatif à la taxe n'a pas été affiché par le maire, alors que l'usage n'est pas d'afficher ces sortes d'actes, soit qu'il ne se serait pas écoulé un temps suffisant pour que le prévenu pût s'en procurer un exemplaire à la mairie.— *Cass.*, 29 nov. 1828 (t. 2 1843, p. 702), Mavy.

81. — ... 14o Sur le regrat ou la revente du pain.

82. — Ainsi jugé que l'autorité municipale peut interdire aux boulangers par un réglement de police de faire vendre leurs pains par des revendeurs. — *Cass.*, 30 mai 1834, Félix.

83. — L'art. 3 de l'arrêté du maire de Marseille qui interdit à tous les marchands de comestibles, ou autres établis dans cette ville, la revente du pain, s'applique au regrat ou vente du pain ayant déjà passé sur la table des hôteliers et à la revente du pain entier et frais. — *Cass.*, 4 août 1838 (t. 1er 1840, p. 287), Gautier et Vialeton.

84. — ... 15o Sur les obligations imposées aux boulangers forains.

85. — Indépendamment des boulangers résidans, le commerce du pain se fait encore en certains lieux par des boulangers forains; — et les maires peuvent, sans porter atteinte à la liberté des professions et du commerce, fixer à ceux-ci les jours de la semaine et les lieux où il leur sera seulement permis de vendre du pain. — *Cass.*, 3 janv. 1835, Mauconduit.

86. — Ils peuvent également les obliger à avoir des échoppes au devant desquelles leurs noms et le numéro d'ordre qui leur est assigné seront placés d'une manière ostensible. — En pareil cas, le tribunal de police ne peut, au lieu de condamner les contrevenans aux peines voulues par la loi, les renvoyer devant l'autorité administrative. — *Cass.*, 26 vendém. an XIII (int. de la loi), Rousé et Baubé.

87. — Le boulanger forain qui a contrevenu à un arrêté municipal par lequel il lui était défendu de colporter du pain dans les rues et d'en vendre ailleurs que sur une place déterminée, ne peut pas être acquitté sous le prétexte que les pains qu'il a portés avaient été antérieurement commandés par ses pratiques, et qu'ils n'étaient pas destinés à être vendus publiquement. — *Cass.*, 11 juin 1830, Aubry; 22 juin 1832, Hamel et Crettet. — ... Et cela, quand bien même le préfet aurait invité le maire à modifier cette disposition, si, dans le fait, elle n'a pas été modifiée. — *Cass.*, 22 juin 1832, Hamel.

88. — Il en serait autrement si une décision postérieure du ministre du commerce avait *expliqué* que cette défense ne pouvait s'étendre jusqu'à empêcher le port du pain à domicile chez les pratiques attitrées. — *Cass.*, 5 janv. 1838 (t. 1er 1840, p. 163), Julien et Ferrand.

89. — Le réglement municipal qui prescrit aux boulangers de donner à leurs pains le poids intégral indiqué par leur conformation est applicable aussi bien aux pains fabriqués hors de la commune, mais qui y sont rendus et exposés, qu'aux pains fabriqués dans la commune elle-même. — Et le tribunal de simple police du lieu où ces pains sont mis en vente ne peut se déclarer incompétent pour appliquer le réglement, sous prétexte qu'il ne saurait atteindre les pains fabriqués hors de la commune. — *Cass.*, 7 mars 1845 (t. 2 1845, p. 34), Estel.

90. — ... 16o Sur les restrictions imposées momentanément aux boulangers dans l'exercice des droits communs à tous les citoyens, lorsque ces restrictions sont commandées par l'intérêt public qui aurait à souffrir de la concurrence.

91. — Ainsi, est valable et obligatoire l'arrêté du maire qui interdit aux meuniers, boulangers et blatiers l'entrée du marché d'une ville pendant les deux heures qui suivent son ouverture. — *Cass.*, 23 avr. 1841 (t. 1er 1842, p. 444), Lemoal, Lemoadec et Corvez.

§ 2. — *Obligations et droits des boulangers. — Répression des contraventions.*

92. — Les réglemens existant au moment où les boulangers commencent l'exercice de leur profession et auxquels ils se sont expressément soumis, n'empêchent pas que de nouvelles obligations puissent leur être régulièrement imposées, et ils ne pourraient pas se soustraire aux peines qu'ils auraient encourues pour contraventions aux derniers réglemens en cessant leur état. — *Cass.*, 13 mars 1834, boulangers de Montauban.

93. — Le recours devant l'autorité supérieure de la part des parties intéressées contre les arrêtés des maires sur le poids et le prix du pain ne peut en entraver l'exécution ni autoriser le tribunal de simple police à surseoir au jugement des contraventions jusqu'à la décision de l'autorité supérieure. — *Cass.*, 1er avr. 1841 (t. 1er 1842, p. 206), Dru.

94. — Les tribunaux de police doivent apporter une grande attention pour ne pas confondre entre elles les contraventions qui peuvent être commises par les boulangers en matière de fabrication, de taxe et de vente du pain. — Morin, *Dict. de droit crim.*, vo *Boulangerie*, p. 128; Bourguignon, *Jurisp. des Cod. crim.*, sur les art. 423 et 479, nos 5 et 6, C. pén., t. 3, p. 467, 536 et suiv.; Merlin, *Rép.* vo *Poids et mesures*, § 3, no 3.

95. — Ainsi il faut bien distinguer si le boulanger est prévenu d'avoir vendu ou sciemment exposé en vente des pains n'ayant pas le poids déterminé par les réglemens.

96. — Les boulangers qui vendent le pain au-delà du prix fixé par la taxe légalement faite et publiée sont punissables d'une amende de 11 à 15 fr. inclusivement (C. pén., art. 479, no 6), et même, selon les circonstances, de la peine d'emprisonnement pendant cinq jours au plus (art. 480). En cas de récidive, la peine d'emprisonnement pendant cinq jours doit toujours avoir lieu. —Art. 482.

97. — Si un boulanger a vendu des pains n'ayant pas le poids, par exemple, ne pesant que neuf cent trente grammes au lieu d'un kilogramme, il doit subir les peines portées par l'art. 479, no 6, C. pén., contre la vente du pain à un prix supérieur à la taxe. — *Cass.*, 5 mars 1842 (t. 2 1842, p. 322), Louchard. — En effet, donner pour le prix de la taxe une quantité de pain inférieure à celle fixée par les réglemens, c'est vendre au-delà du prix légal; il n'y a de différence que dans les mots.

98. — Dès-lors si le boulanger contrevenant est en récidive, et s'il n'existe en sa faveur aucune circonstance atténuante, il devra être condamné à la double peine de l'amende et de l'emprisonnement prononcées par les art. 479 et 482, C. pén. — Même arrêt.

99. — Il ne pourrait être excusé quand même il prétendrait que le pain a été choisi exprès par l'acheteur, et malgré l'avertissement qu'il lui avait donné que ce pain mis de côté pour son ménage personnel n'était pas destiné à être vendu. — *Cass.*, 9 août 1838 (t. 1er 1839, p. 357), Caumont.

100. — Mais si la prévention ne porte que sur l'exposition en vente de pain n'ayant pas le poids, il y a seulement violation du réglement municipal qui ne permet que la fabrication et l'exposition en vente des pains ayant un poids déterminé, et le juge ne pourra appliquer que l'art. 471, no 15, C. pén. — Pour appliquer l'art. 499, il faudrait considérer l'exposition en vente comme une tentative de vente; mais la tentative d'une contravention n'est assimilée par aucune loi à la contravention elle-même. — *Cass.*, 2 vent. an XIII, Jougeau; 12 août 1818, Brunnissen; 12 janv. 1821, Richet; 1er fév. 1833, Guilbaud; 15 mars 1834, Facoste; *Cass.*, 4 août 1838 (t. 2 1838, p. 440), Mayron et Bessac; 4 oct. 1839 (t. 1er 1841, p. 90), Poissonnier; 21 oct. 1841 (t. 2 1841, p. 699), Aubrier.

101. — Une pareille exposition ne peut non plus être assimilée à la vente de pain au-delà du prix fixé par la taxe légalement faite. — *Cass.*, 1er fév. 1833, Guilbaud.

102. — Cependant la cour de Cassation a jugé le contraire, et décidé que l'art. 479, no 6, C. pén., était applicable à un boulanger chez lequel on avait trouvé des pains qui devaient peser un demi-kilogramme, et auxquels il manquait 70 grammes (2 onces) chacun. — *Cass.*, 21 avr. 1837 (t. 2 1840, p. 50), Merle. — Mais cet arrêt unique, et combattu par des décisions contraires, si nombreuses et si bien motivées, ne nous paraît pas devoir faire jurisprudence.

103. — Les boulangers chez lesquels on avait saisi des pains n'ayant pas le poids voulu, se sont souvent défendus en soutenant que le déficit était le résultat, soit d'un excès de cuisson, soit d'un autre accident qui avait influé sur le résultat de la fournée depuis leur sortie du four, et l'autorité municipale a quelquefois pris ces circonstances en considération et admis une tolérance déterminée sur le poids légal.

104. — Dans ce dernier cas, lorsque le tribunal de police acquitte un boulanger, il doit déclarer dans son jugement, non pas simplement que le déficit reproché au contrevenant rentre dans les dispositions de l'arrêté, mais énoncer en termes explicites que le déficit n'excède pas la tolérance admise, et qu'il a été occasionné par la cause déterminée par l'arrêté. — *Cass.*, 30 août 1838 (t. 1er 1839, p. 348), Guyot.

105. — Mais la latitude accordée par l'autorité municipale n'admet ni extension ni interprétation. — Ainsi, dans les cas où un réglement du préfet déciderait qu'un certain déficit dans le poids serait toléré, mais seulement pour les pains cuits depuis vingt-quatre heures au moins, le juge de police ne pourrait admettre un déficit proportionnel pour les pains cuits depuis un moindre délai. — *Cass.*, 7 mars 1835, Gendre.

106. — Ainsi encore, si le réglement municipal n'admet de tolérance que sur le pain d'une certaine qualité, et stipule expressément que les autres devront peser le poids indiqué par la marque, le tribunal ne pourrait excuser un boulanger pris en contravention, sous prétexte que l'arrêté n'est applicable qu'aux pains cuits dans le jour; et que le léger déficit constaté dans les pains saisis est dû au dessèchement, et doit faire présumer qu'ils pesaient le poids voulu le jour où ils ont été cuits. — *Cass.*, 1er juill. 1842 (t. 2 1842, p. 498), Girard.

107. — Le juge ne peut non plus excuser les boulangers contrevenans, soit parce que la forme particulière des pains saisis les exposait davantage à l'action du feu, et a occasionné le déchet, que d'ailleurs ce déchet est si minime qu'il écarte toute idée de fraude. — *Cass.*, 1er avr. 1826, Bousquet.

108. — ... Soit à raison du temps qui se serait écoulé depuis la cuisson des pains. — *Cass.*, 6 juin 1835, Langevin.

109. — ... Soit parce que le boulanger les avait fabriqués pour deux de ses pratiques qui les lui avait commandés, et qu'il n'avait pas l'intention de tromper. — *Cass.*, 24 mai 1832, Pezue.

110. — ... Soit parce qu'il n'y avait de sa part ni intention ni habitude de fraude. — *Cass.*, 30 juill. 1831, Ducœur Joly.

111. — Les infractions aux réglemens sur la police de la boulangerie donnaient lieu d'abord à l'application des peines portées par les art. 600 et 606 du Code du 3 brum. an IV.

112. — L'art. 605, no 6, du même Code prévoyait spécialement, il est vrai, le cas de la vente du pain par un boulanger au-delà du prix fixé par la taxe légalement faite et publiée. — Mais cet art. 605 n'était pas limitatif, et ses énonciations n'empêchaient pas que toutes les autres contraventions de police qui n'y étaient pas prévues fussent également punies des mêmes peines en vertu de l'art. 5, tit. 11, L. 24 août 1790. — Bourguignon, *Jurisprudence des Codes criminels*, sur l'art. 137, C. inst. crim., t. 1er, p. 314, no 1er. — V. POUVOIR MUNICIPAL, no 71.

113. — Le boulanger qui vend du pain d'une qualité différente de celle prescrite par un arrêté municipal étant passible de peines de simple police, comme celui qui vend du pain à faux poids, un tribunal de simple police ne peut se déclarer incompétent pour connaître d'une contravention de cette nature. — *Cass.*, 11 vent. an XII, Manche.

114. — Depuis la loi du 28 avr. 1832, les contraventions aux réglemens sur la profession de boulanger sont punies des peines portées en l'art. 471, no 15, C. pén., excepté la vente du pain à un prix supérieur à la taxe, qui donne lieu à l'application de l'art. 479, no 6, et l'exposition en vente de pain gâté, corrompu ou nuisible, prévue par l'art. 475, no 14, du même Code.

115. — Jugé, avant la loi du 28 avr. 1832, que le mélange d'une substance nuisible, comme le vitriol, dans la préparation du pain, donnerait lieu contre le boulanger à l'application des peines portées par les art. 30, L. 22 juill. 1791, et 605, no 5, C. brum. an IV. — *Cass*, 21 mai 1829, Relaux. — V. FALSIFICATION DE DENRÉES ET BOISSONS.

116. — La peine de la confiscation des pains n'a jamais lieu pour contravention aux réglemens de police. Cette peine n'étant point écrite dans la loi, les décrets ou ordonnances sur la boulangerie qui la prononceraient seraient sans autorité à cet égard.

117. — Ainsi jugé que la peine de la confiscation n'est point prononcée par la loi et conséquemment applicable contre les boulangers qui vendent le pain au-dessous du poids fixé par les réglemens de police. — *Cass.*, 31 janv. 1833, Izard.

118. — ... Que la disposition de l'art. 12 du décret du 6 nov. 1813, relatif à la boulangerie de Lyon, qui prononce la confiscation contre ceux qui établissent des regrats de pain (ou reventes en seconde main), n'est pas obligatoire, aucune loi n'ayant permis de prononcer la confiscation dans ce cas. — *Cass.*, 22 nov. 1838 (t. 2 1839, p. 635), Desnolly.

119. — Il faut pourtant excepter de cette règle les pains gâtés, corrompus ou nuisibles qui seraient exposés en vente, et dont la confiscation et la destruction sont ordonnées par l'art. 477, no 4, C. pén., dans un intérêt de salubrité publique. — V. FALSIFICATION DE DENRÉES ET BOISSONS.

120. — L'art. 365, C. inst. crim., qui interdit la cumulation des peines, est inapplicable au cas où un boulanger est poursuivi tout à la fois pour déficit dans les poids et pour mauvaise qualité du pain par lui exposé en vente. — *Cass.*, 26 août 1830, Bruno-Rousseau.

121. — De même, lorsqu'un arrêté municipal enjoint aux boulangers de peser les pains qu'ils vendent, et qu'un procès-verbal régulier constate que des pains n'ont pas été pesés et qu'il existe un déficit dans le poids de ces pains, il résulte de cette constatation une double contravention qui doit être réprimée. — Un tribunal ne saurait déclarer que les deux contraventions n'ont pu exister simultanément, et que la répression de l'une ne permet pas de punir l'autre. — *Cass.*, 12 déc. 1844 (t. 1er 1845, p. 565), Niel.

122. — Les ordonnances rendues sur la police de la boulangerie portent ordinairement qu'en cas de contravention les jugemens de condamnation seront imprimés et affichés aux frais des contrevenans. — Une pareille disposition est-elle obligatoire? — La cour de Cassation a jugé que cette affiche, quand elle est ordonnée dans un intérêt public, ne peut être considérée que comme une mesure de police dont l'objet est de donner à la condamnation une plus grande publicité par *forme de réparations civiles*, et par ce moyen de rendre l'exemple plus utile. — *Cass.*, 26 mars 1819, Montcharmont.

123. — Nous ne saurions adopter cette décision qu'avec une certaine modification: — ou l'affiche du jugement est ordonnée par la loi, et alors elle a le caractère de peine; d'où la conséquence que les tribunaux ne peuvent la prononcer qu'autant que la loi y autorise formellement; — ou bien elle est une réparation civile, et alors les tribunaux peuvent l'ordonner sur la demande des parties; aucune loi ne s'y oppose. — V. au surplus ce que nous disons à cesujet, vis AFFICHE, nos 104 et suiv., et PEINE.

124. — Toutes les contraventions relatives à l'exercice de la profession de boulanger entraînent la condamnation du boulanger personnellement, quand bien même elles auraient été commises par sa femme ou par ses agens. — Les obligations qui sont la suite de l'exercice d'une profession soumise à des réglemens pèsent directement sur le titulaire de cette profession qui s'est engagé seul, vis-à-vis de l'administration, et qui seul présente à cette dernière les garanties dont elle a besoin.

125. — Jugé, en conséquence, que la vente de pains au-dessus de la taxe entraîne contre le boulanger la condamnation à l'amende, alors même qu'elle serait non son fait personnel, mais celui de son préposé (par exemple, de sa femme.) — *Cass.*, 27 sept. 1839 (t. 2 1839, p. 555), Louapre.

126. — Cette règle admet cependant une exception dans le cas où un réglement municipal aurait autorisé les boulangers à employer certains agens, et aurait mis à la charge de ceux-ci des obligations spéciales. — Ainsi l'ordonnance de police du 2 nov. 1840, qui permet aux boulangers de Paris de faire distribuer le pain au domicile des consommateurs par des *porteurs*, ordonne que ceux-ci seront toujours munis de balances et de poids, pour être prêts à faire le pesage du pain s'ils en sont requis. — Si le boulanger a remis à son porteur des balances et des poids, il a satisfait pour sa part au réglement, mais si le porteur s'en dessaisit, il commet une contravention qui lui est personnelle, et dont son maître ne peut être que *civilement* responsable. — *Cass.*, 25 févr. 1842 (t. 1er 1842, p. 258), Bullier.

127. — On peut encore citer comme exemple le cas où l'autorité municipale défend, ainsi qu'elle en a le droit, aux boulangers et *garçons boulangers* de pousser des cris bizarres ou des hurlemens pendant la nuit en pétrissant leur pain. — *Cass.*, 21 nov. 1828, Colombier. — V. BRUITS ET TAPAGES. — La contravention à cette défense de la part d'un *garçon boulanger* lui serait personnelle.

128. — Chaque boulanger est tenu de se munir des poids et mesures prescrits par les lois. — V. POIDS ET MESURES.

129. — Les boulangers sont rangés par la loi du 25 avr. 1844, sur les patentes, dans la cinquième classe des patentables, et imposés à : 1° un droit fixe basé sur le chiffre de la population de la ville ou commune où est situé l'établissement; — 2° un droit proportionnel du vingtième de la valeur locative de la maison d'habitation et des locaux servant à l'exercice de la profession. — V. PATENTE.

130. — Il a été jugé qu'un boulanger est commerçant. — *Colmar*, 28 nov. 1843 (t. 2 1844, p. 478), Clauss. — La conséquence, c'est qu'il est justiciable du tribunal de commerce.

131. — Les boulangers ont un privilége sur les meubles et les immeubles de leur débiteur pour les fournitures de pain faites à lui et à sa famille pendant les six derniers mois. — C. civ., art. 2101 n° 5, et 2104. — V. PRIVILÉGE. — Leur action se prescrit par un an. — Art. 2272. — V. PRESCRIPTION.

§ 3. — *Boulangerie de Paris.*

132. — Nul ne peut exercer dans Paris la profession de boulanger sans une permission spéciale du préfet de police. — Arr. des consuls, 19 vendém. an X, art. 1er. — Les boulangers munis de permission ont seuls le droit de vendre du pain dans Paris et la banlieue. — Ordonn. royale 4 fév. 1815, art. 1er.

133. — Suivant l'art. 2 (arr. 19 vendém. an X), la permission ne devait être accordée que sous la condition pour chaque boulanger d'avoir : 1° à titre de garantie au magasin de Sainte-Elisabeth (grenier d'abondance), quinze sacs de farine de 1re qualité et du poids de 159 kilogrammes, lesquels quinze sacs ne pouvaient être achetés à la halle; — 2° dans son magasin un approvisionnement de même farine, déterminé d'après le nombre de fournées qu'il faisait par jour.

134. — Mais comme le nombre de boulangers fut réduit depuis, et qu'il fallait que l'approvisionnement fût toujours le même, l'arrêté de l'an X a été modifié par l'art. 2, ord. royale du 21 oct. 1818.

135. — D'après cette ordonnance, chaque boulanger doit avoir : 1° à titre de garantie, au magasin de Sainte-Elisabeth (grenier d'abondance), vingt sacs de farine de 1re qualité et du poids de 159 kilogrammes; 2° et dans son magasin, un approvisionnement de même farine, ainsi qu'il suit : pour ceux qui cuisent par jour quatre sacs de farine et au-dessus (1re classe), 140 sacs; pour ceux qui cuisent trois sacs et au-dessus (2e classe), 110 sacs; pour ceux qui cuisent deux sacs et au-dessus (3e classe), 80 sacs; pour ceux qui cuisent au-dessous de deux sacs (4e classe), 30 sacs.

136. — Une ordonnance du roi du 19 juill. 1836 porte : — « Art. 1er. Le dépôt de garantie de vingt sacs de farine de 1re qualité et du poids de 159 kilogrammes le sac, que chaque boulanger est tenu de verser dans un magasin public fourni gratuitement par la ville de Paris, sera augmenté des trois cinquièmes de l'approvisionnement que chacun d'eux est tenu d'avoir dans ses magasins particuliers, savoir : pour le boulanger qui cuit chaque jour quatre sacs de farine et au-dessus, 84 sacs; *id.* trois sacs de farine et au-dessus, 66 sacs; *id.* deux sacs et au-dessus, 48 sacs; *id.* au-dessous de deux sacs, 18 sacs. — Art. 2. Le préfet de police est chargé de surveiller le dépôt de garantie des boulangers, de prescrire les mesures nécessaires pour le renouvellement, et pour en constater l'état; les réglemens qu'il arrêtera seront soumis à l'approbation du ministre du commerce et des travaux publics. — Mais il paraît que cette ordonnance est restée sans exécution, à raison des obstacles que cette exécution présentait.

137. — La permission délivrée par le préfet de police constate le versement qui a été fait à titre de garantie et la soumission souscrite par le boulanger pour la quotité de son approvisionnement; elle énonce la division dans laquelle chaque boulanger doit exercer sa profession. — Arr. 19 vendém. an X, art. 3.

138. — Le préfet de police doit s'assurer si les boulangers ont constamment en magasin la quantité de farine pour laquelle chacun d'eux a fait sa soumission. — Art. 4.

139. — D'après les art. 5 et 6 (arr. 29 vendém. an X), vingt-quatre boulangers pris par le préfet de police parmi les plus anciens, nommaient quatre syndics chargés de la surveillance et de l'administration des farines déposées à titre de garantie.

140. — Mais ce mode de nomination des syndics a été remplacé de la manière suivante : Les quatre syndics sont nommés par quarante-huit électeurs; chaque électeur est nommé par les boulangers de chaque quartier, réunis au bureau du commissaire de police. S'il y a moins de trois boulangers dans un quartier, il se réunissent à ceux du quartier le plus voisin, pour choisir d'abord l'électeur de ce dernier quartier et ensuite celui de l'autre quartier. — Les syndics sont nommés pour quatre ans; ils sont renouvelés par quart tous les ans, dans la première semaine de novembre, et par rang d'ancienneté. Ils peuvent être réélus après un intervalle de deux années. En cas de décès ou de démission d'un syndic, il n'est remplacé qu'à la fin de l'année, à moins de circonstances extraordinaires. — La durée des fonctions d'électeur est de deux ans; ils sont renouvelés dans la 2e semaine de novembre par moitié et par rang d'ancienneté. — Ordonn. de police, 10 août 1813 et 4 nov. 1823; arr. du direct. gén. de la police, 21 nov. et 7 déc. 1814. — Le bureau du syndicat est établi à Paris, rue Saint-Paul, n° 9; et les syndics s'y réunissent tous les jeudis à une heure.

141. — L'art. 7 (arr. du 19 vendém. an X) avait fait remise aux boulangers du droit de patente; mais ils y ont été déclarés assujétis par l'ordonn. royale du 2 déc. 1814. — V. aussi n° 129.

142. — Aucun boulanger ne peut quitter sa profession que six mois après avoir fait la déclaration au préfet de police. — Arr. 19 vendém. an X, art. 8.

143. — Nul boulanger ne peut restreindre ses fournées sans l'autorisation du préfet de police. — Art. 9.

144. — En cas de contravention à cette dernière disposition, ou à défaut de l'approvisionnement permanent, le préfet de police procède contre le contrevenant et peut, suivant les circonstances, prononcer, par voie administrative, une interdiction momentanée ou absolue de sa profession. — Art. 10.

145. — Tout boulanger qui quitte sa profession sans autorisation ou qui est définitivement interdit, ne peut réclamer ses quinze (vingt) sacs de garantie; dans ces deux cas, les farines sont vendues et le produit en est versé au trésor. — Art. 11. — V. cependant nos 116 et suiv.

146. — A la première réquisition de tout boulanger qui renonce librement à sa profession avec l'autorisation du préfet, ou, en cas de décès durant son exercice, à la réquisition de ses héritiers ou ayant-cause, les sacs de farine de garantie sont restitués à lui ou à ses héritiers ou ayant-cause. — Art. 12.

147. — Lorsqu'un boulanger quitte son commerce par l'effet d'une faillite et pour contravention à l'arrêté du 19 vendém. an X, les facteurs de la halle qui justifient, par le contrôle de l'inspecteur ou par toute autre pièce authentique, qu'il est leur débiteur pour farines livrées sur le carreau de la halle, ont un privilége sur le produit des quinze sacs (aujourd'hui vingt sacs, ordonn. 21 oct. 1818 et 19 juillet 1836) formant son dépôt de garantie, dont la confiscation aura été ordonnée. — Ils exercent au premier ordre et de préférence à tout autre créancier leurs droits sur le produit de la vente de ce dépôt, jusqu'à concurrence du montant de leur créance; les autres ayant-droit viennent après; le surplus appartient au gouvernement par forme d'amende. — Décr. 27 févr. 1811, art. 1er.

148. — L'arrêté du préfet de police qui admet l'acquéreur d'un fonds de boulanger failli sous la condition qu'il paiera les dettes contractées par celui-ci sur le carreau de la halle, n'établit pas un privilége de créances autre que celui que le décret du 27 févr. 1811 accorde aux facteurs de la halle sur le produit des quinze sacs formant le dépôt de garantie. — Dès-lors cet arrêté ne fait pas obstacle à ce que les tribunaux statuent conformément aux lois de la matière sur les droits des créanciers de la faillite. — *Cons. d'ét.*, 28 août 1827, Voisin c. Lesage.

149. — Il est défendu, sous peine de confiscation, de vendre du pain au regrat. Les traiteurs, cabaretiers, etc., ne peuvent tenir chez eux que le pain nécessaire à leur propre consommation et à celle de leurs hôtes. — Ordonn. royale 5 févr. 1815, art. 4.

150. — La vente du pain ne peut avoir lieu qu'en boutique et sur les marchés affectés à cette destination. — Ordonn. royale, 4 févr. 1815, art. 2. — Ces marchés sont au nombre de six, savoir : les marchés Saint-Jean, Saint-Martin, des grands et petits piliers de la Tonnellerie, de la place Maubert, Saint-Germain et Saint-Honoré. — Ordonn. de police 17 nov. 1808.

151. — L'ordonnance royale du 4 févr. 1815 porte (art. 5) qu'en cas de contravention à ses articles, le pain sera saisi et vendu et que le prix provenant de la vente sera déposé sous la réserve des droits de qui il appartiendra; et (art. 6) que le tribunal de simple police saisi de la répression des contraventions pourra ordonner l'impression et l'affiche du jugement aux frais des contrevenans. — Mais V. ce que nous avons dit *suprà*, sur le premier point, nos 116 et suiv., et, sur le second, nos 122 et suiv.

152. — La taxe du pain est faite tous les quinze jours d'après les mercuriales établissant le prix moyen des farines pendant la quinzaine précédente. — Ordonn. de police 24 févr. 1823, art. 1er et 2. — Il y a deux espèces de pain taxé : le pain blanc (1re qualité), et le pain bis (2e qualité.) — Il se fabrique ordinairement du poids de 2 kilog.

153. — La taxe du pain repose sur la théorie suivante. D'après les expériences faites sur le blé de la Beauce, de la Brie et de la Picardie, le produit d'un sac de farine de 159 kilogrammes (325 livres), a fourni 102 pains de 2 kilogrammes chacun. Pour fixer le prix du pain, on divise le total en numéraire du produit des ventes de farine de 1re et 2e qualité réunies qui ont eu lieu à la halle de Paris pendant la quinzaine précédente, par le nombre total des sacs de farines vendus pendant le même laps de temps. A ce prix moyen on ajoute, en vertu d'une décision ministérielle, onze francs pour frais de fabrication alloués aux boulangers par chaque sac de farine; puis, on divise la somme obtenue par le nombre 102 qui représente le rendement connu d'un sac (102 pains de 2 kilog.), et le quotient donne le prix à fixer pour le pain de 2 kilog. — Elouin et Trébuchet, *Dict. de police*, t. 1er, p. 252.

154. — Les boulangers ne peuvent vendre du pain non marqué de la marque particulière destinée à faire connaître l'établissement d'où provient le pain vendu. — Ordonn. de police 8 avr. 1824.

155. — Les règles actuellement en vigueur sur la taxe et la vente du pain dans Paris, sont résumées en peu de mots dans une ordonnance de la préfecture de police du 2 nov. 1840, ainsi conçue : — « Art. 1er. A compter du 16 nov. courant, la vente du pain dans Paris se fera au poids constaté entre le vendeur et l'acheteur, soit qu'elle s'applique à des pains entiers, soit qu'elle porte sur des fractions de pain. — Art. 2. En conséquence, la taxe fixera désormais le prix du kilogramme de pain, au lieu de déterminer, comme par le passé, le prix des pains de 2, 3, 4 et 6 kilogrammes. — Art. 3. Ne sont point soumis à la taxe : 1° tout pain d'un kilog. ou d'un poids inférieur; 2° tout pain de 1re qualité du poids de 2 kilog. dont la longueur excéderait 70 centimètres. Le prix de ces espèces de pains sera réglé de gré à gré entre les boulangers et le public. — Art. 4. Les boulangers seront tenus de peser, en le livrant, le pain qu'ils vendront dans leur boutique, sans qu'il soit besoin d'aucune réquisition de la part des acheteurs. — Quant au pain porté à domicile, l'exactitude des poids pour lequel il sera vendu, devra être vérifiée à toute réquisition de l'acheteur. A cet effet, les boulangers auront toujours sur leurs comptoirs des balances et les poids nécessaires, et ils devront en pourvoir leurs porteurs de pain. — Art. 5. Quelles que soient la forme et l'espèce de pain vendu, l'acheteur ne sera tenu de payer au prix de la taxe pour le pain taxé et au prix fixé de gré à gré pour le pain non taxé, que la quantité de pain réellement indiquée par le pesage, sans que les boulangers puissent prétendre à aucune espèce de tolérance. — Art. 6. A défaut de pain taxé, les boulangers devront livrer au prix de la taxe les espèces de pain non taxées. — Art. 7. Tout pain taxé ou non taxé doit être de bonne qualité et avoir le degré de cuisson convenable. — Art. 8. Tout pain taxé ou non taxé doit être marqué du numéro du boulanger. — Art. 9. Les boulangers sont tenus d'avoir, dans un cadre placé exclusivement et de la manière la plus apparente, l'affiche de la taxe du pain. — Ils doivent enfin, conformément à l'ordonnance du 8 avr. 1824, approuvée par le ministre de l'intérieur, avoir une plaque métallique portant leur numéro, clouée dans l'endroit le plus éclairé et le plus apparent de leur boutique. — Art. 10. Les dispositions qui précèdent, à l'exception de celles des art. 8 et 9, sont applicables aux boulangers de Paris et de la banlieue qui vendent du pain dans les marchés de la capitale. — Art. 11. Les contraventions aux articles précédens seront poursuivies devant les tribunaux, soit sur les procès-verbaux des agens de l'administration, soit sur la plainte de la partie lésée. »

156. — D'après l'ordonnance du préfet de police du 2 nov. 1840, les boulangers sont obligés de peser toute espèce de pains, c'est-à-dire ceux sujets à la taxe comme ceux qui n'y sont pas soumis.—Cass., 16 déc. 1842 (t. 1er 1844, p.756), Félix.

157. — Lorsque par suite du pesage d'un pain non sujet à la taxe, ce pain, indiqué comme du poids de deux kilogrammes, se trouve présenter une différence en moins, le boulanger est tenu de compléter le poids en nature. — Cette différence en moins sur le poids ne saurait être compensée par la différence sur le prix que le boulanger a le droit d'exiger pour cette sorte de pain et qui, d'après l'ordonnance de police, peut être fixée de gré à gré. — Cass., 16 déc. 1842 (t. 1er 1844, p.756), Félix.

158. — La vente du pain sur les marchés de Paris est aujourd'hui réglée par l'ordonnance de police du 10 nov. 1828. — Tous les boulangers de Paris et des communes rurales du ressort de la préfecture de police sont autorisés à apporter tous les jours, sur les marchés de la capitale, toute espèce de pain de bonne qualité, quels qu'en soient la forme et le poids (art. 1er). — Ils peuvent remporter le pain qu'ils n'auraient pas vendu dans la journée. — Art. 2.

159. — Ils peuvent, en cas d'empêchement légitime, faire tenir leurs places par des personnes de confiance. — Même ordonn., art. 3. — Le boulanger qui est pendant trois marchés consécutifs sans garnir sa place en cet privé pour toujours, s'il ne justifie pas d'empêchement légitime. — Ordonn. de police 15 oct. 1828, art. 9.

160. — Les garçons boulangers doivent être porteurs de livrets qu'ils remettront entre les mains du maître chez lequel ils entrent. Ceux qui arrivent à Paris se font inscrire dans les trois jours de leur arrivée, à la préfecture de police, où dès livrets nouveaux leur sont délivrés. — Ordonn. de police 26 mai 1827. — Là même ordonnance les soumet en outre à d'autres mesures, qui ont pour but de s'assurer de la fidélité et de la bonne conduite de ces garçons.

161. — Les garçons boulangers ne peuvent entrer chez un maître ni le quitter, sans que celui-ci en fasse la déclaration au commissaire de police. — Le garçon qui veut cesser sa profession le déclare à la préfecture de police, où il remet son livret. — Même ord.

V. BRUITS ET TAPAGES, FALSIFICATION DE DENRÉES ET BOISSONS, MERCURIALES, POUVOIR MUNICIPAL, PRESCRIPTION, PRIVILÈGE.

BOULES A TEINTURE.

Les fabricans de boules à teinture sont rangés par la loi du 25 avril 1844, sur les patentes, dans la quatrième classe des patentables, et imposés à un droit fixe basé sur le chiffre de la population de la ville ou commune où est situé l'établissement ; — 2° un droit proportionnel du vingtième de la valeur locative de la maison d'habitation et des locaux servant à l'exercice de la profession. — V. PATENTES.

BOULES VULNÉRAIRES (Fabricans de).

Les fabricans de boules vulnéraires dites d'acier ou de Nancy sont rangés par la loi du 25 avril 1844, sur les patentes, dans la septième classe des patentables, et imposés à — 1° un droit fixe basé sur le chiffre de la population de la ville ou commune où est situé l'établissement ; — 2° un droit proportionnel du quarantième de la valeur locative de la maison d'habitation ; mais ce droit n'est dû que dans les communes d'une population de 20,000 âmes et au-dessus. — V. PATENTE.

BOULET.

1. — On appelle ainsi la peine prononcée par l'art. 69 du Code pénal du 19 vendém. an XII contre le crime de désertion. — V. DÉSERTION.

2. — L'art. 46 du même arrêté détermine ainsi qu'il suit la peine du boulet : «Les condamnés doivent être employés sur les travaux, places ou chemins de leurs quartiers spéciaux. Ils traîneront un boulet de huit attaché à une chaîne de fer de deux mètres et demi de longueur. Ils travailleront huit heures par jour depuis le 1er brumaire (22 octob.) jusqu'au 1er germinal (22 mars), et dix heures pendant le reste de l'année. Leurs ateliers seront toujours isolés de tous autres ateliers. Ils porteront un vêtement particulier dont la forme et la couleur différeront absolument de la forme et de la couleur affectées à l'armée ; ils n'auront que des sabots pour chaussure. Ils ne pourront ni couper

ni raser leur barbe ; leurs cheveux et leurs moustaches seront rasés tous les huit jours. Hors le temps des travaux, ils seront détenus et enchaînés dans les prisons particulières destinées à cet effet. »

3. — MM. Chauveau et Hélie (Th. C. pén., t. 1er, p. 429) enseignent que la peine du boulet n'est pas au nombre des peines afflictives ou infamantes, et qu'elle ne place pas celui qui y a été condamné sous l'application de l'art. 56 du Code pénal relatif à la récidive. — V. RÉCIDIVE.

4. — Jugé que la condamnation à la peine du boulet prononcée par un conseil de guerre pour délit militaire n'entraîne point l'interdiction légale d'ester en justice.—Paris, 17 mars 1809, Fremyn.

5. — Suivant l'art. 15 du Code pénal, les hommes condamnés aux travaux forcés doivent traîner à leurs pieds un boulet ou être attachés deux à deux avec une chaîne. — V. PEINE.

BOULINE (Peine de la).

1. — Peine qui s'inflige sur les vaisseaux à ceux qui ont commis quelques méfaits, et qui consiste à les faire courir entre deux haies formées des hommes composant l'équipage, lesquels leur donnent chacun un coup de garcette ou corde qu'ils ont à la main.

2. — L'art. 6, tit. 2, de la loi du 21 août 1790 porte que l'homme condamné à courir la bouline ne pourra être frappé que par trente hommes au plus, et ne pourra l'être pendant plus de quatre courses.

3. — Depuis l'art. 32 du arrêté du 5 germin. an XII, relatif aux conseils de guerre maritimes spéciaux, a réduit le maximum à trois courses pour le cas de désertion, sauf l'addition d'une course pour chacune des circonstances suivantes : 1° si la désertion n'a pas été individuelle ; — 2° si le bâtiment était en partance.

4. — Outre le cas de désertion, dont il est question au numéro précédent, la loi du 21 août 1790 prononce la peine de la bouline : 1° contre tout matelot ou officier marinier ayant abandonné son poste pour se cacher au moment du danger (art. 22) ; — 2° contre tout homme, sans distinction de grade et d'emploi, coupable de vol à bord, avec récidive, des effets appartenant aux particuliers (art. 43) ; — 3° contre tout homme qui, descendu à terre, aura commis un vol n'excédant la valeur de 12 fr. ; — 4° comme aussi pour vol ou transport à terre des vivres, munitions, argent ou autres effets publics du vaisseau (art. 46), ou provenant d'une prise amarinée (art. 53)

5. — La peine de la bouline est afflictive. — Loi du 21 août 1790, tit. 2, art. 5.

6. — Aux termes du même article, la peine de la bouline ne pouvait être prononcée que par un conseil de justice ou par un conseil martial. — Mais l'arrêté du 3 germin. an XII a disposé que les marins déserteurs de l'intérieur seraient condamnés à la bouline par les conseils de guerre maritimes spéciaux ; et, suivant l'art. 34 du décret impérial du 22 juill. 1806, tout autre délit emportant peine de la bouline doit être jugé, dans tous les cas, par un conseil de justice, jamais par un conseil martial. — V. au surplus DÉSERTION.

7. — Le marin déserteur condamné à la bouline doit être conduit, soit à bord du bâtiment où il a déserté, soit à terre, soit à bord de l'amiral, ou dans un lieu désigné à cet effet, le lendemain du jour où il a été jugé. Il entend sa sentence de bout, après quoi il subit sa peine en présence des détachemens de marins des divers bâtimens ou de la caserne, rassemblés à cet effet. — Même décr., art. 34.

8. — Tout officier marinier condamné à la bouline sera, par l'effet même de cette condamnation, cassé de son grade d'officier marinier et réduit à la basse paie des matelots. Tout matelot qui aura subi pareille peine sera réduit à la basse-paie. — L. 21 août 1790, tit. 2, art. 8.

9. — Dans son Répertoire de l'administrateur de la marine, M. Barjot cite une lettre du ministre de la marine en date du 22 sept. 1806, qui aurait substitué la peine de la cale à celle de la bouline. — De Beaussant, Code marit., n° 441.

V. CALE, CAPITAINE, TRIBUNAL MARITIME.

BOUQUETIÈRES.

Les marchandes bouquetières en boutique sont rangées par la loi du 25 avril 1844, sur les patentes, dans la septième classe des patentables, et imposées à 1° un droit fixe basé sur le chiffre de la population de la ville ou commune où est situé l'établissement ; — 2° un droit proportionnel du quarantième de la valeur locative de tous les locaux qu'elles occupent, mais seulement dans les com-

munes d'une population de 20,000 âmes et au-dessus. — V. PATENTES.

BOUQUINISTES.

Les bouquinistes sont rangés par la loi du 25 avr. 1844, sur les patentes, dans la septième classe des patentables, et imposés à : 1° un droit fixe basé sur le chiffre de la population de la ville ou commune où est situé l'établissement ; — 2° un droit proportionnel du quarantième de la valeur locative de tous les locaux qu'ils occupent, mais seulement dans les communes d'une population de 20,000 âmes et au dessus. — V. PATENTE.

BOURBON (Ilè).

Table alphabétique.

§ 1er. — Historique et législation (n° 1er).

§ 2. — Gouvernement et administration (n° 53).

§ 3. — Dépendances (n° 75).

§ 1er. — Historique et législation.

BOURBON (Ile).—1. — L'île Bourbon, découverte en 1505, était d'abord appelée Mascareigne. Elle fut prise à deux fois, en 1642 et 1657, par le gouverneur des établissemens français à Madagascar, qui la nomma île Bourbon et y forma un établissement.

2. — Par une déclaration de mai 1664, Louis XIV concéda à la compagnie des Indes l'île Bourbon, ainsi que Madagascar, dont elle était une dépendance. Cette concession fut confirmée par un édit de 1671. C'est sous le régime de la compagnie des Indes que l'île Bourbon a été colonisée.

3. — Un édit de Louis XV d'août 1764 ordonna que la compagnie des Indes lui ferait la rétrocession des îles de France et de Bourbon. Cette remise fut faite en 1767. A partir de cette époque, l'administration eut lieu au nom du roi.

4. — C'est à partir de cette même époque qu'ont été recueillis les différens actes administratifs intervenus par le gouvernement ou l'administration de la colonie. — V. infra n° 5, sous LEX BOURBON.

5. — Lors de la révolution, l'île Bourbon partagea le sort des autres colonies, relativement aux

dispositions législatives dont ces colonies furent successivement l'objet. — V. COLONIES.

6. — En 1790, une assemblée coloniale se forma en vertu du décret du 8 mars de cette année. Mais les dissensions qui agitaient la métropole eurent leur contrecoup dans la colonie.

7. — Un décret du 18 août 1791 ordonna l'envoi de deux commissaires civils aux îles de France et de Bourbon, chargés d'y maintenir l'ordre et la tranquillité publique, de faciliter leur organisation et de veiller à l'exécution des décrets de l'assemblée nationale.

8. — Cette mesure ne put avoir qu'un résultat momentané. Forcée par la nécessité, l'assemblée coloniale se constitua en gouvernement et promulgua, dans l'intérêt du pays, des lois pour l'organisation et l'administration de la colonie. Ces lois, toutes de circonstance, ne furent point depuis sanctionnées par le gouvernement métropolitain.

9. — Par un décret du 19 mars 1793, le nom de l'île Bourbon fut changé en celui d'*île de la Réunion*.

10. — En l'an XI, l'île Bourbon fut tirée de l'état d'abandon et d'anarchie où elle était restée jusqu'alors.

11. — Un arrêté des consuls du 13 pluv. an XI établit pour régir les îles de France et de la Réunion trois magistrats, savoir : 1° un capitaine général, chargé exclusivement de la défense intérieure et extérieure des deux îles et de leurs dépendances, ayant sous ses ordres immédiats les forces de terre et de mer, et revêtu, sauf quelques dérogations particulières, de tous les pouvoirs attribués auparavant aux gouverneurs généraux des colonies; — 2° un préfet colonial chargé de l'administration civile et de la haute police, et ayant sous sa direction l'administration des finances et la comptabilité générale; — 3° enfin un commissaire de justice chargé de la surveillance des officiers ministériels, avec pouvoir de présider les tribunaux quand il le jugerait convenable.

12. — Un autre arrêté des consuls du 3 germin. an XI rétablit les tribunaux sur le même pied qu'en 1789. Toutefois, les dénominations de *juridiction royale* et de *conseil supérieur* furent remplacées par celles de *tribunal de première instance* et de *tribunal d'appel*. — Le même arrêté prescrivait l'exécution de l'ordonnance du 25 sept. 1766, qui avait institué un *tribunal terrier*. — V. ce mot.

13. — Le capitaine général, agissant en vertu de ses pouvoirs, fit divers réglemens pour le gouvernement et l'administration de la colonie.

14. — Un de ces réglemens entre autres, en date du 1er pluv. an XII, ordonna le recensement des esclaves noirs, sous peine d'une amende de 100 fr. par chaque tête d'esclave que tout citoyen n'aurait pas recensée; avec confiscation en cas de récidive (art. 5); lesquelles amendes et condamnations devaient être prononcées par le tribunal de première instance. — Art. 42.

15. — Jugé par suite que c'est aux tribunaux qu'il appartient de prononcer les amendes et condamnations portées par l'art. 5 de ce réglement, et qu'il n'a pas été dérogé à ce réglement par l'ordonnance locale du 8 mars 1819, qui attribue à l'autorité administrative la connaissance de tout ce qui concerne les contributions directes. — *Cons. d'état*, 9 juin 1824, Malavoix.

16. — Parmi d'autres réglemens émanés du même fonctionnaire, on remarque encore : 1° un arrêté du 14 thermid. an XII, qui institue des agens de change et des courtiers de commerce; — 2° du 28 fév. 1808, un réglement sur la procédure criminelle; — 3° du 28 mars 1808, un arrêté qui interdit certaines dispositions des Codes d'inst. crim. et pén.; — 4° du 11 août 1809, un arrêté relatif aux successions vacantes.

17. — Nous ne saurions, au reste, donner ici l'indication de tous ces divers arrêtés, dont quelques uns sans doute sont encore en vigueur, mais dont la plus grande partie ont été abrogés par la législation ultérieure. — V. à cet égard Delabarre de Nanteuil, *Législ. de l'île Bourbon*, *passim*.

18. — De plus, le même capitaine général promulgua les lois de la France, en apportant aux dispositions de quelques unes des modifications commandées par la position particulière et les besoins de la colonie.

19. — Ainsi : 1° promulgation du Code civil par un arrêté du 1er brum. an XIV, dans lequel se trouvent les modifications suivantes :

20. — « Art. 67. Les personnes de la population blanche ne pourront, par acte entre vifs ou par testament, disposer de leurs biens au profit de noirs libres ou affranchis; elles ne pourront non plus profiter des dispositions entre vifs ou testamentaires que les noirs libres ou affranchis feraient en leur faveur. »

21. — Jugé, par suite, que l'incapacité de recevoir d'un blanc par donation, à cause de mort, établie à l'égard des affranchis et gens de couleur domiciliés dans les colonies par l'ancienne législation commerciale coloniale, abrogée par la constitution de l'an III, a été rétablie par la loi du 30 flor. an X, et consacrée spécialement pour l'île Bourbon par un arrêté du gouverneur général de la colonie du 1er brum. an XIV. — Ce statut prohibitif personnel n'a pas seulement pour objet les immeubles de la colonie, mais frappe en même temps sur toutes les choses que les blancs possédaient en France. — *Cass.*, 2 juill. 1839 (t. 2 1839, p. 138), Ville-Feynier c. d'Aigny.

22. — « Art. 68. Toute disposition faite contre la prohibition ci-dessus sera nulle, soit qu'on la déguise sous la forme d'un contrat onéreux, soit qu'on la fasse sous le nom de personnes interposées. Les deux tiers des choses données ou léguées retourneront aux héritiers légitimes des donateurs ou testateurs, et l'autre tiers sera dévolu à la caisse de bienfaisance; le tout sans préjudice des alimens que les tribunaux trouveront juste d'accorder aux noirs ou affranchis donataires ou légataires. »

23. — Jugé, en conséquence, que, dans le cas où il est articulé qu'un legs fait par un blanc à un autre ne contenait en réalité qu'un fidéi-commis au profit d'un affranchi domicilié dans la colonie, cette interposition de personne et la qualité du véritable légataire ayant pour objet une fraude pratiquée contre la loi, la cour royale peut autoriser la recherche de la vérité par la preuve testimoniale, et par des présomptions graves, précises et concordantes. — *Cass.*, 2 juill. 1839 (t. 2 1839, p. 138), Ville-Feynier c. d'Aigny.

24. — ...Que cet arrêté du gouverneur général de Bourbon du 1er brum. an XIV, qui, au lieu d'accorder à l'hôpital le plus voisin la totalité des biens donnés par un blanc aux affranchis et gens de couleur, conformément à l'édit de 1723, attribue les deux tiers de ces mêmes biens aux héritiers légitimes, a pu servir de base à leur pétition d'hérédité. — Même arrêt.

25. — 2° Promulgation du régime hypothécaire par un arrêté du 1er brum. an XIV, qui contient entre autres modifications : — « Art. 1er. Les droits de priviléges et hypothèques antérieurs à la publication du présent seront inscrits, pour tout délai, dans les six mois qui suivront ladite publication. » — A défaut d'inscription dans les six mois, les priviléges devaient dégénérer en simple hypothèque et n'avoir rang que du jour de leur inscription. — Art. 3.

26. — Jugé toutefois que, nonobstant cet arrêté l'hypothèque légale des individus encore mineurs à l'époque de la publication du Code civil a été dispensée d'inscription à l'île Bourbon. — *Cass.*, 1er déc. 1824, Desbassyns c. Dujarday.

27. — 3° Promulgation de l'avis du conseil d'état du 18 avr. 1803, pour les militaires absens (arrêté 5 avr. 1806); — 4° de l'avis du conseil d'état du 30 avr. 1806 (arrêté 28 juin 1807); — 5° du décret du 4 juill. 1806 relatif à la rédaction des actes de l'état civil (arrêté 7 août 1807); — 6° de la loi du 29 mars 1806 sur la répression des délits commis dans les établissemens militaires, avec modifications (arrêté 1er nov. 1807); — 7° de la loi du 5 sept. 1807 sur le privilége du trésor (arrêté 23 mars 1808); — 8° de l'avis du conseil d'état du 1er juin 1807 sur la purge légale (arrêté 26 mars 1808); — 9° de la loi du 3 sept. 1807 sur l'intérêt de l'argent, avec modifications; le taux est de 9 %, argent de colonie, pour le civil, et de 12 % pour le commerce (arrêté 26 mars 1808); — 10° du Code de procéd., avec modifications (arrêté 20 juill. 1808); — 11° de la loi du 3 sept. 1807 sur les effets de l'art 2148, C. civ. (arrêté 7 déc. 1808); — de la loi du 13 sept. 1807 sur les travaux publics, avec modifications (arrêté 13 déc. 1808); — 13° du décret du 30 mars 1808, contenant réglement sur la police et la discipline des tribunaux (arrêté 30 déc. 1808); — du Code de comm., avec modifications (arrêté 14 juill. 1809).

28. — Par un décret du 2 fév. 1809, l'île Bourbon changea encore son nom d'*île de la Réunion* en celui d'*île Bonaparte*.

29. — Le 8 juill. 1810, l'île Bourbon, après une longue résistance, et sur une honorable capitulation de son gouverneur, fut occupée par les Anglais. — Durant cette occupation, différens actes d'administration furent publiés par le gouvernement anglais.

30. — Pendant cette même occupation, l'île Bourbon reprit son ancien nom, qu'elle a toujours conservé depuis.

31. — Par suite du traité de Paris, de 1814, l'île Bourbon fut restituée à la France, et remise en fut faite à ses commissaires le 6 avr. 1815. — Le même jour, ces derniers rendirent, en qualité d'administrateurs, un arrêté pour l'organisation provisoire de la colonie.

32. — L'île Bourbon étant rentrée sous la domination française à partir du 6 avr. 1815, et le recouvrement des contributions ayant dû, depuis cette époque, être effectué par les agens français, la validité d'un paiement qui n'a point été fait entre leurs mains a dû être jugée par l'administration française. — *Cons. d'état*, 25 oct. 1825, Jacquemin et Burdet.

33. — Lorsque le gouvernement anglais a, pendant son occupation de l'île Bourbon, concédé à un particulier certains immeubles, et que plus tard le gouvernement français ayant été réintégré dans la possession de cette île, l'administration locale a aussi, à son tour, concédé à une commune ces mêmes immeubles, il est nécessaire, avant que cette commune puisse saisir les tribunaux de son action en revendication des biens concédés, qu'il ait été statué par l'autorité administrative sur la validité de son acte de concession. — *Cons. d'état*, 12 fév. 1823, Min. de la marine.

34. — 12 juin 1815, ordonnance des administrateurs de l'île Bourbon, qui rapporte quelques dispositions supplémentaires ordonnées relativement aux Codes civil et de procédure, et promulgue, avec des modifications, les Codes d'inst. crim. et pénal.

35. — Alors furent successivement rendues diverses ordonnances du roi, dont plusieurs ne furent pas insérées au *Bulletin des lois*, savoir : ord. 13 nov. et 14 déc. 1816, sur l'organisation et la composition des tribunaux; — 2° ord. 13 nov. 1816, portant création d'un comité consultatif d'agriculture et de commerce; — 3° ord. 25 déc. suivant, sur l'organisation municipale; — 4° ord. 11 mars 1818, pour la concentration dans les mains d'un chef unique, sous le titre de commandant et administrateur, du gouvernement et de l'administration générale de l'île; — 5° ord. 26 avr. 1818, sur l'organisation administrative; — 6° ord. 22 nov. 1819, pour l'établissement d'un comité consultatif chargé d'émettre son avis sur l'assiette et la répartition des contributions publiques et sur le budget des recettes et dépenses du service intérieur ou municipal.

36. — De leur côté, les commissaires et le gouverneur qui les remplaça, agissant en vertu de leurs pouvoirs, rendirent différens arrêtés ou ordonnances, savoir : 1° 1er juill. 1817, sur la publication des lois dans un bulletin officiel; — 2° 26 juill., publication de l'ord. du 8 janv. sur l'abolition de la traite; — 3° 9 août, sur le mode d'instruction criminelle; — 4° 10 août, sur la maintenue provisoire des juges de paix; — 5° 14 nov., sur la juridiction contentieuse; — 6° 28 janv. 1818, promulgation de la loi du 19 mars 1817 sur les lettres de change; — 7° 1er mars 1818, sur les droits d'enregistrement et d'hypothèques; — 8° 14 oct. 1818, sur l'organisation de la gendarmerie; — 9° 18 nov. 1818, sur le mode de jugement des contraventions aux lois prohibitives de la traite; — 10° *id.* sur les attributions des tribunaux en matière de douanes; — 11° 6 mars 1819, sur la juridiction contentieuse et administrative; — 12° 15 mars 1819, sur les agens de change et les courtiers de commerce.

37. — Le 22 oct. 1823, ord. du roi qui, modifiant l'art. 6, ord. 13 nov. 1816, sur l'organisation judiciaire de l'île Bourbon, rend applicable à cette colonie la faculté, accordée aux autres possessions d'outre-mer, du recours en cassation contre les jugemens et arrêts prononcés en matière de traite des noirs.

38. — Avant la promulgation de cette ordonnance du 22 oct. 1823, le recours en cassation contre un arrêt de police correctionnelle rendu à l'île Bourbon, en matière de traite des noirs, n'était pas recevable. — *Cass.*, 2 déc. 1824, Redier.

39. — Le 21 août 1825, ord. du roi concernant le gouvernement de l'île Bourbon et de ses dépendances.

40. — Le 30 sept. 1827, ord. du roi concernant l'organisation de l'ordre judiciaire et l'administration de la justice à l'île Bourbon. — L'art. 14 de cette ordonnance porte que la colonie sera régie par le Code civ., le Code de procéd. civ., le Code de comm., le Code d'inst. crim. et le Code pén., modifiés et mis en rapport avec ses besoins.

41. — Le 19 juill. 1829, ord. du roi concernant l'enregistrement à l'île Bourbon et dans ses dépendances. — Cette ordonnance, promulguée dans la colonie le 2 avr. 1830, a été modifiée, quant à la perception des droits d'enregistrement, par les arrêtés du gouverneur des 18 avr. 1831, 7 janv., 26 juin et 14 juill. 1832. — Delabarre de Nanteuil, v° *Enregistrement*.

42. — Le 22 nov. 1829, ord. du roi concernant l'organisation de la conservation des hypothèques à l'île Bourbon.

43. — Le 8 mai 1832, ord. du roi concernant les pouvoirs du gouverneur de l'île Bourbon, en ce

qui concerne le mode de coopération du conseil privé à ses actes.

44. — A dater de cette époque, presque toutes les dispositions concernant l'île Bourbon sont communes à toutes les colonies. C'est donc sous ce mot qu'on en trouvera l'analyse. — V. COLONIES. — Ici nous nous contenterons d'indiquer les principales.

45. — Ord. 16 mai 1832, qui confère aux receveurs de l'enregistrement l'administration des successions vacantes.

46. — Ordonnances qui déclarent exécutoires, avec modification : 1° la loi du 16 avr. 1832, relative aux mariages entre beaux-frères et belles-sœurs (ord. 7 juin 1832); — 2° la loi du 17 avr. 1832 sur la contrainte par corps (ord. 12 juill. 1832).

47. — Ord. 16 août 1832, qui rend exécutoire la loi du 14 juin 1829 relative au cours des anciennes monnaies.

48. — Loi 24 avr. 1833, concernant le régime législatif des colonies. — Cette loi a été suivie d'ordonnances réglementaires contenant des dispositions communes aux colonies. On en trouvera l'indication et l'analyse au mot COLONIES.

49. — Par suite de cette loi du 24 avr. 1833, ord. du 22 août 1833 qui modifie celle du 21 août 1825 sur le gouvernement de l'île Bourbon et de ses dépendances.

50. — Loi 22 juin 1835, qui applique à l'île Bourbon ainsi qu'à d'autres colonies, sauf toutefois avec quelques changemens, la loi du 28 avr. 1832, modificative du C. d'instr. crim. et du C. pén.

51. — Loi 12 juill. 1837, qui autorise la création d'entrepôts réels de douanes dans l'île Bourbon. — Par suite, ord. du roi du 18 déc. 1839 relative à l'entrepôt de Saint-Denis.

52. — Loi 25 juin 1841, relative au régime financier de l'île Bourbon et des autres colonies.

§ 2. — *Gouvernement et administration.*

53. — Aujourd'hui, les dispositions qui régissent l'île Bourbon sont, à quelques légères différences près, les mêmes que celles qui régissent les trois autres principales colonies de la France (la Guadeloupe, la Martinique et la Guyane). De plus, depuis 1830, toutes les dispositions soit législatives, soit réglementaires leur sont le plus souvent appliquées en commun. Il a donc fallu, pour éviter des redites inutiles, présenter au mot *colonies* l'analyse de ces dispositions, avec l'indication des différences qui peuvent exister pour chacune des colonies en particulier.

54. — Nous ne parlerons ici que de ce qui est tout-à-fait spécial à l'île Bourbon.

55. — Le commandement général et la haute administration de l'île Bourbon et de ses dépendances sont confiés à un gouverneur. Ce gouverneur est le dépositaire de l'autorité royale dans la colonie. — Ord. 21 août 1825, art. 1er et 6, § 1er.

56. — Le gouverneur a sous ses ordres, et pour les différentes parties du service, trois chefs d'administration, savoir : un commissaire ordonnateur, un directeur-général de l'intérieur et un procureur général du roi (art. 2). — Depuis, on y a ajouté un commandant militaire. — Ord. 15 oct. 1836.

57. — Un contrôleur colonial veille à la régularité du service administratif, et requiert, à cet effet, l'exécution des lois, ordonnances et réglemens (art. 3). — Ce contrôleur a été remplacé par un inspecteur colonial. — Ord. 22 août 1833, art. 3.

58. — Un conseil privé, placé près du gouverneur, éclaire ses décisions et participe à ses actes dans les cas déterminés. — Ord. 21 août 1825, tit. 1er, art. 4, et tit. 5; 8 mai 1832. — V. COLONIES, CONSEIL PRIVÉ DES COLONIES.

59. — Le conseil colonial qui a remplacé le conseil général (Ord. 21 août 1825, art 5; L. 24 avr. 1833, art. 1er) règle par des décrets rendus, sur la proposition du gouverneur, les matières qui lui sont attribuées par les lois (L. 24 avr. 1833, art. 4, 5 et 6; L. 25 juin 1841, art. 1er), et, de plus, donne son avis ou fait connaître ses vœux sur les objets déterminés par ces mêmes lois. — L. 24 avr. 1833, art. 7 et 10. — V. COLONIES, CONSEIL COLONIAL.

60. — Le territoire de l'île Bourbon est divisé, relativement à l'administration de la justice, en deux arrondissemens, savoir : 1° l'arrondissement *du vent* : chef-lieu, Saint-Denis; 2° et l'arrondissement *sous le vent* : chef-lieu, Saint-Paul, L'un et l'autre comprend trois cantons de justice de paix. — Ord. 6 juill. 1828.

61. — La justice est administrée à l'île Bourbon : 1° par des tribunaux de paix (ord. 30 sept. 1827, art. 1er). Ils sont au nombre de six; et le siége de chacun d'eux est au chef-lieu de chacun des six cantons. — Art. 9.

62. — Chaque tribunal de paix est composé d'un juge de paix, d'un suppléant et d'un greffier. Les fonctions du ministère public sont remplies par le commissaire civil du canton. — Art. 10.

63. — 2° Par des tribunaux de première instance; il n'en existait d'abord qu'un (ord. 30 sept. 1827, art. 1er), dont le siége était fixé à Saint-Denis (art. 22). — Mais il en a été créé un second pour l'arrondissement sous le vent, et le siége en a été fixé à Saint-Paul. — Ord. 10 juill. 1831, art. 2.

64. — Chacun de ces tribunaux est composé d'un juge royal, d'un lieutenant de juge et d'un ou de deux juges auditeurs. — Il y a près de chacun d'eux un procureur du roi, un greffier et un commis greffier assermenté (ord. 30 sept. 1827, art. 23; ord. 10 juill. 1831, art. 3). — Un substitut du procureur du roi avait été attaché au tribunal de Saint-Denis (ord. 30 sept. 1827, art. 23), mais cette place a été supprimée (ord. 30 avr. 1832).

65. — 3° Par une cour royale (ord. 30 sept. 1827, art. 1er), dont le siége avait été d'abord fixé à Saint Paul (art. 35), mais qui depuis a été transféré à Saint-Denis, chef-lieu de la colonie. — Ord. 10 juill. 1831, art. 1er.

66. — La cour royale est composée de sept conseillers et de trois conseillers auditeurs. Elle est présidée par un des conseillers que le roi désigne tous les trois ans. — Il y a près de cette cour un procureur général ou un avocat général chargé d'en remplir les fonctions, un substitut, un greffier et un commis assermenté.

67. — 4° Par deux cours d'assises (ord. 30 sept. 1827, art. 1er), l'une pour l'arrondissement du vent et l'autre pour l'arrondissement sous le vent. Leur siége est pour la première à Saint-Denis, et pour la seconde à Saint-Paul. — Art. 57.

68. — Les cours d'assises se composent de trois conseillers de la cour royale et de quatre membres du collége des assesseurs. — V. COLLÉGE DES ASSESSEURS. — Le procureur général ou son substitut y porte la parole; le greffier de la cour ou son commis y tient la plume. — Ord. 30 sept. 1827, art. 58.

69. — De plus, le conseil privé, la commission des prises et les conseils de guerre (V. ces mots) restent chargés de la connaissance des matières qui leur sont spécialement attribuées par l'ordonnance du 21 août 1825, et par les lois, ordonnances et réglemens en vigueur dans la colonie. — Ord. 30 sept. 1827, art. 2.

70. — Il y a deux bureaux pour la conservation des hypothèques : l'un à Saint-Denis (ord. 22 nov. 1829, art. 1er); l'autre à Saint-Paul. — Ord. 7 sept. 1831, art. 1er.

71. — Les avoués sont au nombre de douze (ord. 30 sept. 1827, art. 166), savoir : huit à Saint-Denis, occupant indistinctement devant la cour royale et le tribunal de première instance, et quatre exerçant devant le tribunal de Saint-Paul. — Ord. 10 juill. 1831, art. 6.

72. — Il y a douze huissiers répartis pour le service entre la cour royale, les tribunaux de première instance et les tribunaux de paix. — Ord. 30 sept. 1827, art. 204.

73. — Le notariat a été organisé par deux arrêtés du capitaine général Decaen, des 14 pluv. et 16 prair. an XII. — En 1835, le conseil colonial a voté un décret portant une nouvelle organisation du notariat. Mais ce décret attend encore la sanction du gouvernement. — Delabarre de Nanteuil, v° *Notaires*, t. 2, p. 489.

74. — Le service des douanes est organisé par une ordonnance du roi du 17 avr. 1837.

§ 3. — *Dépendances de l'île Bourbon.*

75. — Les dépendances de l'île Bourbon sont l'île de Sainte-Marie et les établissements français à *Madagascar*. — Ord. 21 août 1825, art. 190.

76. — Il faut y ajouter encore aujourd'hui : 1° Les îles *Nos-Bé* et *Nos Cumba* (la prise de possession de la première a eu lieu le 5 avr. 1841. — Delabarre de Nanteuil, v° *Dépendances de Bourbon*); — 2° L'île *Mayotte*, cédée à la France par un traité du 25 avr. 1841. — La prise de possession en a été ordonnée par arrêté du 27 mai 1843. — Delabarre, *ibid.*, Supplément, p. 458.

77. — Les chefs de ces divers établissements sont placés sous l'autorité du gouverneur. Ils reçoivent ses ordres et lui rendent compte (ord. 21 août 1825, art. 191, § 1er). — Ils correspondent avec les chefs d'administration, qui leur transmettent les ordres du gouverneur sur les différentes parties du service dont ils sont respectivement chargés. — § 2.

78. — L'action de l'inspection coloniale s'étend sur le service administratif des dépendances de l'île Bourbon. — Art. 191, § 3.

79. — Le conseil privé connaît de toutes les affaires de sa compétence qui ont rapport à ces établissemens. — Art. 192.

80. — Des ordonnances spéciales devaient régler : 1° tout ce qui concerne le commandement et l'administration de l'île Sainte-Marie et des possessions françaises à Madagascar (ord. 21 août 1825, art. 193); 2° l'organisation judiciaire des établissemens dépendant du gouverneur de l'île Bourbon. — Ord. 30 sept. 1827, art. 8. — Mais ces ordonnances sont encore attendues.

81. — L'administration de la justice, dans ces dépendances, a été provisoirement réglée par un arrêté local du 1er nov. 1831; mais il n'a été exécutoire que pendant un an; depuis lors aucun acte n'a été rendu. — Delabarre de Nanteuil, *ibid.*

V. CODES DE L'ILE BOURBON, COLONIES, CONSEIL COLONIAL, CONSEIL PRIVÉ DES COLONIES.

BOURDAINE.

1. — Arbrisseau fort commun dans les bois, et qui, réduit en charbon, entre dans la composition de la poudre à canon.

2. — Pour assurer la réserve du bois de bourdaine au service de l'artillerie, des mesures législatives avaient été prises par l'arrêté consulaire du 25 fructid. an X et le décr. du 16 flor. an XIII.

3. — Mais cette affectation spéciale de cette nature de bois a été supprimée par le Code forest. — V. AFFECTATION, n° 12.

BOURG.

1. — C'est, suivant le Dictionnaire de l'Académie, un grand village où il se tient des marchés. — D'après Moréri, le bourg est ce qui est plus qu'un village et moins qu'une ville. — Merlin appelle bourgs les villages où il y a marché ou ceux qui sont clos de murs.

2. — La coutume de Poitou, art. 46, et celle de Saint-Jean d'Angély, art. 46, entendaient par *bourg* un lieu où il y avait paroisse, si peu considérable qu'il fût, et par *chef de bourg* le chef-lieu de la paroisse.

3. — La loi du 15-28 mars 1790 (tit. 2, art. 10) abolit les droits qui avaient pour objet l'entretien des clôtures et fortifications des *bourgs* et châteaux.

4. — Par le décret du 20-23 juin 1790, les villes, bourgs, villages et paroisses auxquelles les ci-devant seigneurs avaient donné leurs noms de famille ont été autorisés à reprendre leurs anciens noms.

5. — La Convention nationale décréta, le 10 brum. an II que toutes dénominations de *ville*, *bourg* et *village* seraient supprimées et que celle de *commune* leur serait substituée.

6. — Un bourg doit-il être considéré comme *campagne* dans le sens de l'art. 974, C. civ., qui permet que dans les campagnes le testament par acte public ne soit signé que par l'un des deux témoins, si ce testament est reçu par deux notaires, ou par deux des quatre, s'il est reçu par un notaire? — V. SIGNATURE, TÉMOIN, TESTAMENT.

BOURGAGE.

1. — L'art. 103 de la coutume de Normandie indiquait le *bourgage* comme une des quatre manières de tenir les biens fonds en cette province : « Le *bourgage* était un droit inhérent aux propriétés; la *bourgeoisie* était relative aux personnes. *Bourgage* venait de *burgus*, *bourg*; suivant Luitprand, *burgares vocant domorum congregationem*. De là l'extension du bourgage non seulement aux villes mais encore aux bourgs. » — Chéron, *Jurisp. de la cour de Rouen*, 1839, p. 460.

2. — L'origine du *bourgage* étant, suivant un ancien auteur, que les seigneurs avaient voulu engager les populations *à bâtir dans les villes et bourgs et à s'y habituer*, il importe de remarquer que cette tenure privilégiée ne s'étendait pas hors les villes et les bourgs fermés; aussi deux arrêts de règlement du parlement de Rouen des 16 mars 1697 et 20 juill. 1715 avaient déclaré que les paroisses de la banlieue de Rouen n'étaient point en *bourgage*.

3. — Toutefois, il faut bien se garder de confondre la *banlieue* avec le *faubourg*. — Par banlieue on entendait l'étendue d'une lieue ou une lieue et demie de terrain autour de la ville, sur laquelle le magistrat municipal avait autorité pour la répression des délits commis au préjudice des habitans, et c'est cette banlieue qu'avait en vue le parlement dans les arrêts précités de 1697 et 1715, et non le faubourg, qui était regardé comme faisant partie de la ville, et se rattachant à l'agglomération des maisons qui la constituaient.

4. — Jugé en conséquence que sous l'empire de

la coutume de Normandie, bien qu'un héritage payât une redevance à un seigneur, il a pu être déclaré en bourgage, lorsqu'il est constant qu'il tenait à l'agglomération d'un faubourg, lequel s'étendait au delà du point où cet héritage était situé, et que d'ailleurs ce même héritage avait déjà précédemment été partagé comme bien en bourgage. — *Rouen*, 8 juill. 1823, Heuguet c. Rousset. — Il s'agissait dans l'espèce d'un immeuble situé dans un faubourg de Rouen, dit le faubourg Saint-Sever.

5. — Mais une terre labourable ne pouvait être réputée en bourgage lorsqu'elle n'était pas en franc-aleu, et que d'ailleurs, séparée du faubourg de la ville, elle ne se rattachait pas à l'agglomération de ce faubourg; elle constituait, par conséquent, un héritage rural. — *Rouen*, 21 juin 1825, Baril.

6. — La nature de l'héritage n'était au surplus d'aucune considération pour déterminer s'il était ou non un bourgage; ce qu'il fallait consulter, c'était sa situation seule. — *Rouen*, 28 nov. 1836, Floquet c. Duboc. — Etait réputé en bourgage tout héritage *roturier* assis à villes et faubourgs.

7. — On peut comparer à ces propositions la décision suivante publiée par Marnier (*Assises et arrêts de l'échiquier de Normandie*, p. 128) : « Il fut jugié que masure o terre qui n'est pas arable, qui aquite par une rente, est apellée borgages. »

8. — Toutefois, les biens fonds ou héritages n'étaient pas les seuls biens susceptibles d'être tenus en *bourgage* : un arrêt de réglement du parlement de Rouen du 23 janv. 1780 portait que les places de *barbiers-perruquiers* devaient être réputées immeubles en *bourgage*.

9. — La tenure en bourgage offrait des avantages pour le possesseur de l'héritage; il était déclaré exempt de toute redevance censuelle et féodale envers le roi et le seigneur, et dispensé de tous droits seigneuriaux. A moins de convention ou possession contraire, le propriétaire en bourgage n'était tenu qu'à une simple déclaration en laquelle il devait exprimer les rentes et redevances qui étaient dues.

10. — Suivant l'ancien coutumier de Normandie, chap. 31, les biens assis en bourgage pouvaient y être vendus et achetés comme meubles et sans le consentement des seigneurs; mais depuis, ce consentement ayant été remplacé par le droit du treizième qui devait leur être payé à chaque mutation de propriété, la coutume réformée déclara, par son art. 138, les biens en bourgage exempts de payer ce treizième.

11. — La circonstance qu'un bien se trouvait ou non tenu en *bourgage* était d'une grande importance relativement aux droits des veuves et des filles.

12. — Quoique le statut normand n'admît point entre les époux le régime de communauté, néanmoins l'art. 329 de la coutume portait qu'à la mort de son mari la femme avait droit à la propriété des conquets *faits en bourgage* durant le mariage. — L'étendue de ce droit variait du reste suivant les localités.

13. — Relativement aux filles, bien qu'en règle générale elles ne fussent pas admises à partage égal des successions, l'art. 270 de la coutume voulait que les héritages *en bourgage*, même dans le pays de Caux, et pour le cas où les filles étaient admises à partager, fussent divisés par portions égales, sans distinction de sexe entre les héritiers. Et quoique d'ordinaire les filles ne pussent rien prétendre dans les bâtimens de *ménage* sis à la campagne, lorsque le nombre de ces bâtimens se trouvait inférieur à celui des frères appelés à la succession, cependant, aux termes de l'art. 271, les filles étaient admises *à prendre part ès maisons assises ès villes et bourgages*.

14. — Le bourgage étant une exception au droit commun de la coutume de Normandie, c'était à celui qui l'invoquait à l'établir. — *Rouen*, 21 juin 1825, Baril; 28 nov. 1836, Floquet c. Duboc.

15. — Jugé toutefois que lorsqu'après avoir partagé avec ses enfans, héritiers de leur mère des immeubles ruraux situés dans l'enceinte mais hors de la dépendance d'une ville, et leur avoir ainsi attribué la qualité de biens en bourgage, un mari normand revient contre l'acte de partage, c'est à lui de prouver que les biens étaient hors bourgage. — *Rouen*, 14 fév. 1839 (t. 2 1839, p. 524), Alépée.

16 — « Quant à la preuve du bourgage, dit M. Chéron (*loc. cit.*), elle se tirait tout à la fois de la situation des biens, de leur qualité de biens libres, des titres qui s'y rattachaient ou qui concernaient les propriétés voisines et qui les présentaient comme biens en bourgage, tels que des aveux ou des actes de partage. — Toutefois, chacun de ces élémens de preuve pris isolément ne suffisait pas, et leur concours seul devait être pris en considération. »

17. — Les redevances dues pour certains biens en bourgage en vertu de titre convenant ou de possession suffisante, pour employer les termes de l'art. 138, coutume de Normandie, ont été annulées par les lois des 4 août 1789 et 17 juill. 1793.

18. — Aucune distinction n'est admise aujourd'hui entre les divers biens pour leur partage en matière de succession ou de communauté. — L. 19-27 sept. 1792; C. civ., art. 732 et 1467 et suiv.

BOURGEOIS.

1. — Autrefois le mot *bourgeois* avait une acception propre; il signifiait l'habitant, jouissant des droits de bourgeoisie, dans une ville ayant droit de commune. — Loyseau, *Traité des ordres*, chap. 8, n° 9. — V. COMMUNE, DROIT DE COMMUNE.

2. — Pour être bourgeois, la coutume de Calais exigeait une attestation de bonne vie et mœurs, et voulait qu'on ne fût point issu de famille de lépreux. — *Coutumier général*, t. 1er, p. 1145.

3. — La coutume de Lille repoussait ceux qui étaient les ennemis du roi ou de la ville. — Partout l'infamie résultant du crime et de la condamnation était considérée comme une incapacité absolue, indélébile.

4. — C'était une maxime reconnue que nul serf ne pouvait être bourgeois; pour le rendre capable, on lui donnait des lettres d'affranchissement.

5. — Il en était de même des bâtards; pour les faire participer au droit de bourgeoisie, il fallait commencer par leur donner des lettres de légitimation.

6. — Quand on était admis dans la bourgeoisie d'une ville, on devait payer un droit d'*entrée*. — Ord. 1287, art. 1er.

7. — Il était dû aussi un droit de *sortie* lorsqu'après avoir sollicité des lettres de bourgeoisie, on quittait la commune pour se faire recevoir bourgeois dans une autre ville. — V. en ce sens un arrêt sans date rapporté dans les *Olim*, entre le maire et les jurats de Compiègne et le sieur Jean Leriche, bourgeois.

BOURGEOIS FIEFFÉS.

On donnait ce nom aux habitans d'une ville dont la mairie, l'échevinage et la commune étaient tenus en fief du roi ou d'un autre seigneur. — *Glossaire du dr. franç.*, v° *Bourgeois*.

BOURGEOIS FRANCS.

V. FRANCS BOURGEOIS.

BOURGEOISIE.

1. — Droit accordé aux habitans d'un bourg, d'une ville, d'une commune, de jouir, à certaines conditions, de priviléges communs. — Ord. du Louvre, t. 11, préface; Nouveau Denizart, t. 3, v° *Bourgeois*.

2. — Ces priviléges, dont la création avait été provoquée par les abus et les excès de la féodalité, étaient fort recherchés; ils avaient surtout pour objet d'affranchir ceux qui les avaient obtenus du pouvoir et de la juridiction des seigneurs.

3. — Suivant Brussel, les bourgeoisies ont pris naissance en même temps que les communes, c'est-à-dire dans les première années du douzième siècle. — *Usage des fiefs*, t. 2, chap. 15, p. 902. — V. COMMUNE, DROIT DE COMMUNE.

4. — Toutefois, il ne faut pas confondre le droit de bourgeoisie avec le *droit de commune*, non plus qu'avec le droit de *municipe*. Quoique ces droits se ressemblassent à beaucoup d'égards, il y avait cependant entre eux de notables différences. — Les municipes et les communes avaient leur magistrature tirée de leur corps; elles étaient administrées par leurs maires ou leurs consuls; elles pouvaient faire des statuts en matière civile et criminelle. Au contraire, les villes de simple bourgeoisie étaient réglées et administrées par les officiers des seigneurs ou du roi. — Nouv. Denizart, *loc. cit.*, v° *Bourgeois*, n° 8.

5. — Dans l'origine, le droit d'accorder des bourgeoisies fut regardé comme un droit, non de souveraineté, mais de féodalité. Ainsi, les seigneurs de fief, comme le roi dans ses domaines, eurent alors le droit, après avoir fait de leurs serfs des sujets libres, de faire de ces sujets libres des bourgeois, de les réunir en corps, de leur donner des exemptions, de régler leur administration, de rédiger et confirmer leurs coutumes.

6. — A une autre époque, les rois, en vertu de la suzeraineté combinée avec la souveraineté, créèrent des bourgeois dans les fiefs des seigneurs; ceux-ci ne purent réclamer leurs hommes devenus bourgeois du roi; mais le roi put toujours réclamer les siens lorsqu'ils tentèrent de devenir bourgeois d'un seigneur particulier.

7. — Enfin, et dans les derniers temps, le droit de créer des bourgeois devint l'apanage de la souveraineté et appartint au roi seul, à l'exclusion des seigneurs. Ce fut un des plus grands pas faits par nos rois pour absorber l'autorité. — V. *Ord. du Louvre*, t. 5, p. 480, art. 10.

8. — On devenait bourgeois de plusieurs manières : 1° par la naissance, lorsque l'on naissait de père et mère domiciliés dans la commune. La coutume de Lille était peut-être la seule de France où il n'en fût pas ainsi.

9. — ... 2° Par le domicile. — La coutume de Paris (art. 173) portait que, dans cette ville, on devenait bourgeois par la résidence d'an et jour. C'était aussi le prescrit d'un grand nombre de coutumes, notamment de celle de Valenciennes, où l'on décidait qu'au bout d'an et jour, les serfs ayant demeuré dans la ville jouissaient du droit de bourgeoisie, et, par suite nécessaire, se trouvaient affranchis, sans autre forme, de toute servitude.

10. — 3° Mais il y avait des coutumes où il ne suffisait pas de la résidence d'an et jour; la résidence, eût-elle même duré davantage, ne conférait pas le droit de bourgeoisie à celui qui ne réunissait pas certaines autres conditions; il fallait, en un mot, obtenir des lettres de bourgeoisie; souvent même la condition principale apposée à l'obtention de ces lettres était l'achat, c'est-à-dire le paiement d'une certaine redevance aux officiers municipaux. Ceux-ci ne pouvaient, du reste, refuser le droit de bourgeoisie à l'impétrant réunissant les conditions nécessaires, sans causes légitimes. — V. Merlin, *Rép.*, v° *Bourgeois*, § 1er, qui indique les diverses conditions exigées par les différentes coutumes.

11. — 4° Enfin, suivant certaines coutumes de Flandre, on devenait bourgeois par mariage, soit immédiatement, soit au bout d'un certain laps de temps; quelquefois aussi il fallait que le mariage eût été accompagné de certaines formalités. — Merlin, *loc. cit.*, § 5.

12. — Par un privilége spécial le titre de bourgeois était quelquefois conféré à des personnes non résidant dans la ville; les personnes qui recevaient ce titre étaient dites *bourgeois forains*. — La bourgeoisie foraine était en usage principalement dans les communes du Nord de la France, où ces concessions avaient d'ordinaire pour but de procurer à la commune des élémens de force plus puissans contre les tentatives des seigneurs voisins; elle se conférait par conséquent aux habitans des pays environnant la commune; quelquefois aussi à quelque personnage haut placé dont on acquérait par là l'appui : c'est ainsi que la cité d'Amiens conféra à un roi de Navarre le droit de bourgeoisie.

13. — Le main-mortable ni le serf de corps (homme de poote) ne pouvaient être reçus en aucune bourgeoisie; et s'ils l'avaient été par erreur ou surprise, le seigneur avait le droit de les réclamer. — Ord. de Philippe-le-Bel, 1287, art. 9. — V. BOURGEOIS.

14. — La perte du titre *de bourgeois* avait lieu : 1° par la perte de la qualité de Français; — 2° par le changement de domicile, tout bourgeois (autre que le bourgeois forain (V. *infrà* n° 16) étant tenu à la résidence : en effet, la translation de domicile impliquant nécessairement l'intention de devenir bourgeois du pays où l'on va s'établir, et nul ne pouvant être bourgeois de deux communes à la fois, il s'ensuivait évidemment abdication tacite du droit de bourgeoisie dans la commune que l'on abandonnait. — Mais le retour dans la commune rétablissait dans tous les droits perdus.

15. — Mais il fallait évidemment que cette retraite fût volontaire; si donc elle était forcée, si, par exemple, elle avait lieu par suite de bannissement, il n'y avait point là perte de bourgeoisie. — De même aussi, comme l'abdication du droit de cité ne devait pas aisément se supposer, certaines coutumes, notamment celle de Douai (tit. 14, art. 1er), ne faisaient perdre cette qualité qu'au bout d'un an d'absence, et encore au-delà de cette époque le bourgeois pouvait conserver cette qualité en se faisant publier au siége échevinal, et en payant à cet effet une modique redevance chaque année.

16. — Cependant il était un cas où l'abandon du domicile n'aurait pas fait perdre la qualité de bourgeois, c'est celui où la commune avait des bourgeois forains; seulement dans certaines coutumes c'était à la charge de remplir quelques formalités que l'on pouvait conserver la qualité de bourgeois forain.

17. — Les droits et priviléges des bourgeois

étaient nombreux, et variaient, du reste, suivant les chartes concédées aux différentes communes. Le plus notable de tous était celui qui accordait aux bourgeois des priviléges spéciaux en matière de juridiction : ainsi, les bourgeois de Paris ne pouvaient être contraints de plaider ailleurs que dans la capitale ; même au cas où ils étaient assignés en garantie, ils pouvaient faire évoquer l'affaire au Châtelet de Paris.

18. — Cependant il en était autrement lorsqu'il s'agissait d'un procès porté aux requêtes du Palais ou aux requêtes de l'hôtel, en vertu du droit de *committimus* : ce dernier privilége l'emportait sur celui du bourgeois de Paris. — V. COMMITTIMUS.

19. — On peut encore citer au nombre des prérogatives dont jouissaient les habitans de Paris, la garde bourgeoise de leurs enfans mineurs (V. GARDE BOURGEOISE), le droit de saisie-arrêt sur les effets de leurs débiteurs forains trouvés dans la ville (V. SAISIE FORAINE), et encore d'exemptions de droit sur denrées provenant de leurs terres et destinées à leur consommation.

20. — L'importance du titre de bourgeois a disparu avec la révolution ; la distinction entre les bourgeois et les non-bourgeois se trouve implicitement abrogée par les lois des 4 août 1789, art. 10 ; 44 déc. 1789 ; 10 juin 1792. — Les différentes constitutions qui se sont succédé en France ne mentionnent plus la qualité de bourgeois ; le sol de France ne contient aujourd'hui que deux classes d'habitans, les Français et les étrangers.

BOURRE DE SOIE.

Les marchands de bourre de soie sont rangés par la loi du 25 avr. 1844, sur les patentes, dans la sixième classe des patentables, et imposés à 10 un droit fixe basé sur le chiffre de la population de la ville ou commune où est situé l'établissement ; 2° un droit proportionnel du vingtième de la valeur locative de la maison d'habitation et des locaux servant à l'exercice de la profession.

BOURREAU.

V. EXÉCUTEUR DES ARRÊTS DE JUSTICE CRIMINELLE.

BOURRÉES (Marchands de).

V. FAGOTS.

BOURRELETS D'ENFANS.

Les fabricans et marchands de bourrelets d'enfans sont rangés par la loi du 25 avr. 1844, sur les patentes, dans la septième classe des patentables, et imposés à 10 un droit fixe basé sur le chiffre de la population de la ville où est situé l'établissement ; 2° un droit proportionnel du quarantième de la valeur locative de tous les locaux qu'ils occupent, mais seulement dans les communes d'une population de 20,000 ames et au-dessus. — V. PATENTE

BOURRELIERS.

Les bourreliers sont rangés par la loi du 25 avr. 1844 sur les patentes, dans la sixième classe des patentables, et imposés à 10 un droit fixe basé sur le chiffre de la population de la ville ou commune où est situé l'établissement ; 2° un droit proportionnel du vingtième de la valeur locative de la maison d'habitation et des locaux servant à l'exercice de la profession. — V. PATENTE.

BOURSE COMMUNE.

1. — Les diverses compagnies d'officiers publics ou ministériels organisées en corporations mettent en commun, soit en vertu d'une disposition légale, soit en vertu d'un réglement intérieur, certaines sommes destinées à couvrir les dépenses communes, à fournir des secours et pensions, et quelquefois à être partagées entre chacun des membres de la corporation. C'est ce qu'on appelle *bourse commune.*

2. — La bourse commune existait sous l'ancien régime ; elle était établie même dans les maîtrises et corporations d'arts ou métiers qui couvraient alors le sol de la France. Aujourd'hui, les avoués, les huissiers, les notaires, les agréés, les agens de change, les commissaires priseurs, les courtiers, les gardes du commerce ont des bourses communes ; mais elles n'ont pas un caractère uniforme.

3. — D'après l'art. 91, décr. 14 juin 1813, modifié par l'ord. du 26 juin 1822, les huissiers sont tenus de mettre dans la bourse commune une certaine partie de leurs émolumens. — Ces versemens sont destinés à couvrir les dépenses de la

chambre, à fournir des secours aux anciens huissiers dans la bourse commune et à former une réserve qui est placée en rentes sur l'état. — V. HUISSIER.

4. — Indépendamment de cette bourse commune, qui n'a, dans certaines localités, qu'une existence nominale, plusieurs corporations d'huissiers ont établi, à l'aide de cotisations volontaires, des bourses communes spéciales destinées à faire face à des dépenses communes ou à être partagées par portions égales entre tous les membres de la compagnie. — C'est ainsi, par exemple, qu'à Paris, les huissiers mettent en bourse commune le droit de copie des pièces qui sont signifiées en tête des commandemens tendant à saisie immobilière.

5. — La loi du 18 juin 1843 (art. 8) établit entre les commissaires priseurs d'une même résidence une bourse commune dans laquelle entre la moitié des droits proportionnels qui leur sont alloués sur chaque vente. — V. COMMISSAIRE-PRISEUR.

6. — D'après le décret du 44 mars 1808, les gardes du commerce doivent mettre en bourse commune le tiers des droits qui leur sont attribués pour procéder à une arrestation ou à une recommandation (art. 22). Cette partie de la bourse commune se partage entre eux tous les trois mois.

7. — D'autres salaires sont également mis en bourse commune pour subvenir aux frais du bureau et pour procurer au vérificateur un traitement annuel (art. 21, 23 et 24. — V. GARDE DU COMMERCE.

8. — La bourse commune des avoués n'a aucun caractère légal ; elle est le produit de cotisations volontaires ou de remises faites par chaque avoué, à raison de certaines espèces d'actes. — V. AVOUÉ.

9. — Il en est de même de la bourse commune des notaires. — V. NOTAIRE.

V. aussi AGRÉÉ, COURTIER DE COMMERCE.

BOURSE DE COLLÉGE.

Table alphabétique.

BOURSE DE COLLÉGE. — 1. — Pension fondée dans un collége par le gouvernement, une commune ou un particulier pour l'entretien et l'instruction d'un élève pendant la durée de ses études. On nomme *boursier* le titulaire d'une bourse.

2. — Les bourses sont ou royales, ou communales, ou particulières.

3. — Les bourses se divisent en bourses entières, trois-quarts de bourse et demi-bourses. Les titulaires des demi-bourses et des trois-quarts de bourse paient la moitié ou le quart du prix de la pension payée ordinairement au collége.

§ 1er. — *Historique.*

4. — L'institution des bourses remonte à une haute antiquité, et on peut assimiler à ces fondations les institutions de la Grèce et de Rome, qui autorisaient à faire élever, aux frais du trésor public, les enfans des citoyens qui avaient rendu de grands services à la patrie.

5. — Les bourses existaient sous l'ancien droit français. Celles qui avaient été fondées en grand nombre dans les établissemens de haut enseignement de Paris étaient, ainsi que l'atteste Denizart (v° *Bourses de collége*), administrées par messieurs qui partaient. La juridiction touchant les bourses appartenait au chancelier de l'Université.

6. — Les bourses, aux termes de l'ord. de Blois, art. 98, ne pouvaient être délivrées par les titulaires ni cédées à prix d'argent. Elles n'étaient pas non plus des bénéfices qu'on pût impétrer en cour de Rome. — Denizart, v° *Bourses de colléges* ; Merlin, *Rép.*, v° *Bourse*, § 1er.

7. — Il résulte d'un arrêt du 16 déc. 1664, rapporté par Soëfve, que les seuls écoliers étudians pouvaient posséder ces sortes de places ; qu'ils ne pouvaient plus en jouir aussitôt qu'ils avaient renoncé aux études, ou qu'ils avaient été jugés incapables d'y faire de progrès. — Merlin, *Répert.*, v° *Bourse*, § 1er.

8. — Un décret du 30 juill.-3 août 1792, relatif aux boursiers du collége Louis-le-Grand, a accordé à ceux qui allaient servir sur la frontière le droit de conserver leurs bourses.

9. — Deux autres décrets des 9-12 mars et 5 mai colléges seraient données de préférence aux enfans des citoyens qui auraient pris les armes pour la défense de la patrie.

10. — La loi du 25 messid. an V, considérant que la loi du 2 brum. qui suspendait la vente des biens des établissemens de bienfaisance était applicable aux biens donnés pour l'établissement de bourses, déclara que les dispositions de la loi du 16 vendém. an V, qui conserve les hospices civils dans la jouissance de leurs biens, devaient être communes aux biens affectés à l'entretien gratuit de jeunes gens dans les établissemens d'instruction publique.

§ 2. — *Dispositions générales.*

11. — Un élève ne peut être nommé boursier dans un collége royal ou communal qu'autant qu'il a neuf ans accomplis. — Ord. 16 nov. 1831, art. 1er. — Cet âge avait été fixé à 10 ans par l'art. 19 de l'ord. du 27 fév. 1821.

12. — Toutefois, les bourses royales ou communales reçoivent être attribuées qu'à des élèves qui n'auraient pas dépassé leur douzième année. Elles peuvent néanmoins être conférées à des élèves plus âgés, mais qui auraient suivi, sans interruption, depuis l'âge de douze ans, les classes d'un collége de l'université, et qui auraient une instruction proportionnée à leur âge. — Ord. 16 nov. 1831, art. 1er et 2 ; 24 juin 1829.

13. — Cette disposition a été modifiée par une ordonnance royale du 12 juill. 1836, portant qu'une bourse ou partie de bourse communale, à laquelle était joint l'admission aux candidats, âgés de plus de 12 ans, même lorsqu'ils n'auraient pas constamment suivi, depuis leur douzième année, les cours des colléges de l'Université.

14. — Sous le régime du décret du 5 mai 1841, toute bourse ou partie de bourse communale, à laquelle il était nommé au commencement d'une année scolaire, était censée remplie jusqu'à la fin de ladite année, quelle que fût la cause des vacances. — Cons. d'état, 26 août 1824, ville de Lyon c. Min. de l'intérieur.

15. — Mais actuellement, les bourses royales, communales ou particulières devenues vacantes pendant le cours d'un particulier après que l'élève qui en était pourvu a quitté le collége sans renouvellement de nomination, devront être acquittées pour le trimestre seulement ; il en est de même de la part de pension restant à la charge des élèves. — Ord. 12 mars 1817, art. 4, 11 et 14.

16. — Le paiement des sommes dues par les parens des boursiers royaux, communaux et particuliers, est poursuivi par les procureurs du roi, à la requête des proviseurs. — Ord. 12 mars 1817, art. 16.

§ 3. — *Bourses royales.*

17. — La nomination aux bourses royales appartient au grand-maître de l'Université. — Ord. 16 nov. 1821, art. 3.

18. — Les bourses royales sont acquittées par le trésor. — Ord. 17 fév. 1815, art. 79.

19. — Le nombre de pensions aux frais du gouvernement, que l'art. 17 mars 1817 avait fixé à 50 pour chaque collége royal, a successivement été réduit à 44, par l'ord. du 21 avr. 1821 ; à 34, par l'ord. du mois d'août 1827 ; à 32, par celle du 21 janv. 1829 ; à 30 par celle du 1er nov. 1829 ; à 28 4/2, par celle du 23 janv. 1831 ; à 26 enfin, par l'ord. du 3 janv. 1833. Ces 26 pensions, assignées aux colléges royaux à pensionnat, sont réparties ainsi qu'il suit : 8 pensions entières ; 8 trois-quarts de pension ; 24 demi-pen-

sions, total 26 bourses pour 40 élèves. — Ainsi, le nombre des bourses a été toujours en diminuant, mais il a été successivement créé de nouveaux colléges royaux.

20. — Les préfets, d'après les réglemens administratifs, sont appelés à donner des renseignemens sur toutes les demandes de bourses adressées au grand-maître, renseignemens qui s'appliquent aux titres et aux services par lesquels les pétitionnaires se recommandent, ainsi qu'à leur état de fortune.

21. — Une circulaire du 5 juill. 1845, insérée au *Moniteur* du 10 du même mois, enjoint d'ajouter à ces renseignemens : 1° une déclaration de la totalité des contributions des parens, affirmée par le père ou le tuteur, et certifiée par le préfet; — 2° une déclaration du nombre des enfans, également certifiée par celui-ci.

22. — Les bourses royales ne sont accordées qu'à des enfans dont les parens sont domiciliés dans l'arrondissement de l'Académie à laquelle appartient le collége où ces enfans doivent être placés. Les exceptions qui pourraient être faites à cette disposition, notamment en faveur des fils de militaires qui n'ont point de résidence fixe, ne peuvent jamais excéder le quart du nombre total des pensions affectées à chaque collége. — Ord. 8 avr. 1824, art. 5; 28 août 1827, art. 2.

23. — Les candidats, qui doivent savoir lire et écrire et connaître les élémens de la grammaire française et latine, ne peuvent obtenir en premier lieu que des demi-bourses. Les trois-quarts de bourse et les bourses entières ne sont accordés qu'à titre de promotion successive à ceux des élèves qui se sont le plus distingués par leur bonne conduite et par leurs progrès. — Ord. 28 août 1827, art. 3.

24. — Le boursier qui se rend coupable de fautes graves contre l'ordre ou contre les mœurs, peut être exclu du collége, et même, suivant les faits, à temps ou pour toujours, des divers colléges royaux et communaux, ou seulement de quelques uns. — Ord. 28 août 1827, art. 4 et 5.

25. — Tout élève boursier exclu d'un collége royal, et dont l'exclusion a été confirmée par le conseil royal, ne peut plus être replacé comme boursier dans un autre collége. — Ord. 28 août 1827, art. 6.

26. — Les élèves qui manqueraient entièrement d'aptitude ou d'application, et qui ne pourraient chaque année monter d'une classe dans une autre, doivent être remis à leurs parens, à moins que, sur l'avis des recteurs, le conseil royal ne leur accorde un délai d'épreuve qui ne peut excéder une année. — Ord. 28 août 1827, art. 7. — Cette décision s'applique aux boursiers entretenus par les communes dans les colléges royaux. — Ord. 25 déc. 1819, art. 13.

27. — Les boursiers royaux peuvent être transférés d'un collége dans un autre; mais ils ne peuvent obtenir qu'une demi-bourse dans ce dernier collége, sauf à concourir pour les promotions avec les autres élèves boursiers du même collége. — Ord. 28 août 1827, art 8.

28. — Les élèves ne peuvent être admis à occuper leurs bourses qu'après avoir acquitté d'avance le premier trimestre de la pension laissée à leur charge ainsi que les frais de trousseau, et en représentant l'engagement de payer, aussi d'avance, les trimestres suivans, souscrits par leurs parens ou toute autre personne avec caution suffisante, qui élira son domicile dans la ville où le collége royal est établi, conformément à l'art. 6 de l'ord. du 12 oct. 1821. La caution s'obligera, en outre, à recevoir l'élève s'il lui est renvoyé et à le faire remettre à ses parens. — Ord. 12 mars 1817, art. 6 et 9; 28 août 1827, art. 9.

29. — Le ministre de l'instruction publique peut accorder, sur le fonds à ce destiné, des dégrèvemens entiers ou partiels de trousseau et portion de bourse aux familles pauvres qui présentent le plus de titres à cette faveur, laquelle néanmoins ne peut être continuée qu'à l'égard des élèves dont la conduite et les progrès ne donneront lieu à aucune plainte. — Décr. 1er juill. 1809, art. 15; Ord. 12 mars 1817, art. 17; 28 août 1827, art. 10.

30. — Lorsque la portion de pension à la charge des parens n'est pas payée, l'élève peut leur être remis par les soins des préfets, et la bourse est considérée comme vacante, sans préjudice des poursuites judiciaires autorisées par les réglemens. Il en est de même si l'élève n'est point rendu au collége à l'époque fixée, ou s'il le quitte sans avoir obtenu un congé. — Décr. 1er juill. 1809, art. 11 et suiv.; Ord. 12 mars 1817, art. 18; 28 août 1827, art. 11.

31. — Les élèves conservent la jouissance de leurs bourses jusqu'à la fin du trimestre pendant lequel ils atteignent dix-huit ans. Mais le ministre peut accorder une prolongation d'une année au plus aux élèves qui n'auraient pas terminé leur cours d'études, et qui se seraient constamment distingués par leur bonne conduite et leur application. — Ord. 28 août 1827, art. 12.

32. — La liste des boursiers aux colléges royaux est rendue publique tous les ans, et distribuée aux chambres. Les noms des élèves sont accompagnés de leurs prénoms, du lieu de leur naissance et du titre sommaire à l'obtention de la bourse. — L. 21 avr. 1832, art. 9.

§ 4. — *Bourses communales.*

33. — Les dispositions relatives aux fondations de bourses dans les colléges royaux sont applicables aux fondations de même genre dans les colléges communaux. — Ord. 18 oct. 1820; 21 avr. 1831, art. 3.

34. — Les réglemens de l'instruction publique sur le renvoi des boursiers de l'état sont aussi observés à l'égard des élèves nommés aux bourses des villes dans les colléges communaux. — Même Ord., art. 4.

35. — Un acte du gouvernement du 10 mai 1808 ayant créé des bourses et des portions de bourses à la charge de certaines communes dans les colléges royaux, une ordonnace du 25 déc. 1819, portant réglement sur la répartition des bourses ou portion de bourses, a prescrit aux villes comprises dans un tableau y annexé de continuer à entretenir dans les colléges royaux des élèves boursiers assimilés aux boursiers de l'état. En conséquence, lesdites communes ont à porter chaque année dans leurs budgets les sommes affectées aux dites bourses, sans qu'il puisse être rien innové à cet égard, qu'en vertu d'une ordonnance royale, le conseil royal de l'instruction publique entendu. — Ord. 17 fév. 1815, art. 70, 25 déc. 1819, art. 1er et 2.

36. — Les bourses fondées par les communes ne peuvent être obtenues qu'au concours, et par suite d'examens. — Ord. 25 déc. 1819, art. 3.

37. — Lorsqu'une de ces bourses devient vacante, le proviseur du collége royal en donne immédiatement avis au maire de la ville fondatrice, qui sera prévenu, en outre, du jour où le concours aura lieu, trois semaines avant les époques ci-après fixés. — Même ord., art. 4.

38. — Les concours pour les bourses vacantes sont ouverts dans les communes fondatrices, aux mois de mai et de septembre de chaque année; et dans le cas où il est jugé convenable d'ouvrir un concours extraordinaire, le conseil municipal de la ville intéressée se concerte à cet effet avec le recteur de l'Académie. — Art. 5.

39. — Le conseil municipal forme une liste des candidats qu'il juge convenable de présenter au concours; ils doivent être nés ou domiciliés dans la ville fondatrice et remplir les conditions exigées par les réglemens sur l'intruction publique. La liste doit être triple, au moins, du nombre des bourses vacantes; elle est signée par le maire et remise à l'inspecteur chargé du concours. — Art. 6.

40. — Il est procédé au concours, soit par un inspecteur général des études, soit par l'inspecteur de l'académie, ou tout autre officier de l'instruction publique désigné par le recteur à cet effet, en présence du maire ou de l'adjoint à ce commis. Le concours est public. — Art. 7.

41. — Le procès-verbal du concours, signé par le maire ou par l'adjoint présent, est transmis avec les pièces exigées par les réglemens, au recteur de l'académie qui l'adresse sur-le-champ à la commission royale de l'instruction publique, et la commission nomme immédiatement aux bourses vacantes les élèves qui se sont le plus distingués au concours. — Art. 8.

42. — Dans la huitaine de la nomination, la commission en donne connaissance au maire de la commune intéressée, par l'intermédiaire du préfet, et au ministre de l'intérieur. Elle fait connaître, en même temps, l'époque à laquelle les élèves nommés doivent être rendus à leur destination. L'arrêté de nomination est trancrit sur les registres des délibérations du conseil municipal, et le maire en donne avis à chaque élève nommé, ainsi que du jour où il doit se rendre au collége royal. — Art. 9.

43. — Les bourses supérieures devant être la récompense des élèves déjà boursiers qui obtiennent le plus de succès dans l'intérieur des colléges royaux, les élèves admis au concours ne peuvent obtenir pour la première fois que des bourses à demi-pension ou à trois quarts de pension, à moins qu'il ne se soit présenté à l'examen des sujets particulièrement distingués, et dont les parens ne pourraient fournir le paiement de la moitié ou quart de la bourse mise au concours; ce qui est attesté par le maire. — Ord. 25 déc. 1819, art. 10.

44. — A l'exception de ce dernier cas, il ne peut être disposé des bourses supérieures entretenues par les communes qu'en faveur des titulaires des bourses inférieures fondées par les mêmes communes, qui se distinguent le plus par leurs progrès et leur bonne conduite. — Ord. 11 janv. 1826; 21 avr. 1831, art. 1er.

45. — Les promotions aux bourses supérieures sont faites au conseil royal de l'instruction publique, sur l'avis des proviseurs et des recteurs. — Ord. 11 janv. 1826; 21 avr. 1831, art. 2.

46. — Il ne peut, sous aucun prétexte, être nommé aux bourses communales vacantes que les élèves présentés par les conseils municipaux des villes fondatrices. — Ord. 25 déc. 1819, art. 11.

47. — Tout élève qui n'est pas rendu à sa destination dans les trois mois de sa nomination, à moins d'empêchement légitime constaté par le maire, est considéré comme démissionnaire, et il est pourvu à son remplacement d'après le procès-verbal du dernier concours et en suivant l'ordre des numéros donnés aux concurrens, sauf le cas d'un concours extraordinaire. — Ord. 25 déc. 1819, art. 12.

48. — Les communes qui veulent fonder une ou plusieurs bourses dans les colléges royaux doivent faire connaître leur vœu à cet égard au ministre de l'intérieur, et, sur l'avis du conseil de l'université, lesdites communes sont admises au bénéfice de la fondation, d'après les règles et aux conditions établies. — Ord. 25 déc. 1819, art. 15.

49. — Lorsque l'ordonnance d'autorisation est intervenue, l'acte de fondation est fait devant notaire et signé du maire de la commune fondatrice. On y annexe l'expédition de la délibération du corps municipal et du décret d'autorisation. — Décr. 15 avr. 1811, art. 182 et 186; — Magnitot et Delamarre, *Dict. de dr. adm.*, v° *Université*, sect. 3e, § 2.

50. — Les sommes dues par les communes pour des bourses doivent, à la demande des proviseurs, et dans les dix jours de l'invitation faite par les préfets, être ordonnancées par les maires et payées par les receveurs municipaux conformément aux allocations portées dans les budgets des communes. Au cas que les sommes ainsi ordonnancées s'appliquent à des années qui n'offrent aucune ressource disponible, les mandats des maires doivent être payés à titre d'avance, et sauf rappel de cette avance au plus prochain budget. — Ord. 12 mars 1817, art. 12.

51. — Les villes qui entretiennent des bourses dans les colléges royaux ou communaux peuvent exercer des retenues sur celles qui deviennent vacantes. — Ord. 30 août 1829. — Le contraire avait été décidé par l'art. 14 de l'ord. du 25 déc. 1819, et par l'art. 5 de l'ord. du 18 oct. 1820.

52. — Diverses ordonnances royales ont transféré dans les colléges communaux des bourses antérieurement établies dans les colléges royaux. — Un grand nombre de bourses ont été aussi successivement supprimées, depuis le décret du 10 mai 1808, qui avait créé dans chaque collége royal, cinquante bourses aux frais des communes.

§ 5. — *Bourses particulières.*

53. — Il est permis aux particuliers de fonder dans les colléges des bourses ou parties de bourses, et ils peuvent s'en réserver la nomination. — Décr. 10 mai 1808; 21 avr. 1831, art. 6.

54. — Lorsqu'un testateur a fondé, sous l'ancienne législation, des bourses gratuites destinées à ses parens et qu'il en a conféré la collation au curé et à l'un de ses plus proches parens, l'administration d'une telle fondation doit être aujourd'hui confiée au bureau de bienfaisance, à la place du curé. — La collation des bourses ainsi fondées appartient au préfet, sur la présentation du bureau de bienfaisance. La famille du testateur ne peut prétendre au droit exclusif de gérer ces fondations en conseil de famille, mais son intervention doit être accueillie dans la mesure de la volonté du testateur. — *Cons. d'état*, 20 sept. 1809, Fontaine c. le bureau de bienfaisance de Fourmies.

§ 6. — *Bourses de la marine.*

55. — Au nombre des élèves boursiers des colléges royaux et communaux, il en est d'entretenus aux frais de la marine. Ceux-ci doivent recevoir, outre l'éducation classique, une instruction appropriée aux services publics. Quant à ceux qui se destinent à la marine, ils doivent remplir au moment où ils se présentent à l'examen toutes les conditions déterminées pour l'admission à l'école navale; les nominations sont faites par le ministre de la marine. — Ord. 3 mai 1831, art. 4 et 5.

56. — Ces bourses ou portions de bourses doivent être accordées dans l'ordre suivant : 1° aux orphelins dont les pères auraient été tués au service de la marine, ou seraient morts des suites de leurs blessures; — 2° aux orphelins dont les pères seraient morts en activité ou en retraite; — 3° aux fils et

neveux des officiers des différents corps de la marine, en activité ou en retraite, qui n'auraient pas une fortune suffisante, et qui rémuniraient par leurs services des titres à la bienveillance du gouvernement; — 4o aux descendans des familles de marins dont la carrière aurait été marquée par des services honorables. — Ord. 3 mai 1831, art. 2.

37. — À moins de circonstances particulières, un élève ne peut d'abord obtenir que la moitié ou tout au plus les trois quarts de la pension aux frais de la marine, et une nouvelle concession n'est accordée qu'à ceux qui se rendent dignes de cette récompense par leur conduite et leurs progrès. — Ord. 3 mai 1831, art. 3.

BOURSE DE COMMERCE.

Table alphabétique.

BOURSE DE COMMERCE. — 1. — On nomme ainsi la réunion qui a lieu, sous l'autorité du gouvernement, dans un local et à des jours et heures déterminés, des commerçans, capitaines de navires, agens de change et courtiers, pour se livrer à des opérations commerciales. — C. comm., art. 71. — On appelle aussi *bourse* le lieu où se tiennent ces réunions.

2. — « Un grand nombre d'opérations commerciales qui ne sont pas de nature à se passer dans les marchés ou les foires, et surtout la négociation des papiers de crédit ou des effets publics, rendent nécessaire le rapprochement prompt et fréquent de ceux qui désirent s'y livrer. Autrement, la majeure partie des affaires ne pourrait souvent s'effectuer que par la voie des annonces, des journaux, des recherches particulières, moyens beau-

coup plus lents et beaucoup moins sûrs. — Ces réunions servent encore à éclairer sur le crédit dont jouissent ou méritent de jouir les commerçans. Souvent la qualité du papier qu'une maison émet, le genre des négociations auxquelles elle se livre, suffisent pour instruire de sa situation, de sa marche, de sa conduite, pour fortifier ou augmenter son crédit ou pour empêcher qu'elle n'abuse de celui dont elle jouit. — Enfin, elles offrent au gouvernement les moyens de reconnaître la situation du commerce, d'exercer une utile et presque invisible surveillance sur les négociations qui peuvent, dans certaines circonstances, se fier à l'ordre et à l'intérêt général, et de faciliter la connaissance sûre et légale des cours des marchandises et des effets. » — Pardessus, *Cours de droit commercial*, t. 1er, no 118.

SECT. 1re. — *Origine des bourses de commerce* (no 3).

SECT. 2e. — *Établissement des bourses de commerce* (no 16).

SECT. 3e. — *Opérations des bourses de commerce* (no 25).

SECT. 4e. — *Police des bourses de commerce* (no 31).

§ 1er. — *Police extérieure des bourses de commerce* (no 45).

§ 2. — *Police intérieure des bourses de commerce* (no 46).

SECT. 5e. — *Local affecté aux bourses de commerce* (no 79).

Sect. 1re. — *Origine des bourses de commerce.*

3. — Dès les temps les plus reculés, les commerçans comprirent l'avantage qu'il y aurait pour eux à se réunir pour aider aux développemens de l'industrie et aux transactions commerciales.

4. — Aussi voit-on que, dès l'an 249 de la fondation de Rome (492 ans avant J. C.), un édifice fut élevé dans cette ville pour servir de lieu de réunion aux commerçans. Cet édifice, dont il reste des vestiges nommés *Loggia*, la loge, fut appelé le collége des marchands. — De semblables constructions s'élevèrent nécessairement dans les principales villes commerçantes de l'empire.

5. — Le mot *bourse* fut, pour la première fois, employé pour désigner le lieu de réunion des commerçans, à Bruges, en Flandre, où le principal comptoir de la ligue anséatique se trouvait établi au seizième siècle. Le mot vint des trois bourses sculptées sur la porte de la maison où la réunion avait lieu, et qui appartenait à la famille Wander-Burse. — Savary, vo *Bourse*.

6. — Une des plus belles et des premières bourses construites en Europe est celle de Londres, bâtie par un riche négociant, Thomas Grasham. La reine Élisabeth s'y rendit avec un brillant cortége, en examina chaque partie, et fit annoncer à son de trompe que ce superbe bâtiment devait être appelé maison de change (*exchange-house*); ce qui eut lieu le 9 janv. 4574, jour de l'ouverture de cette bourse, où se rassemblent les négocians de Londres et tous ceux qui s'intéressent au commerce. — Montbrion, *Dict. univ. du commerce, de la banque et des manufactures*, t. 1er, p. 286.

7. — Cette dénomination fut successivement adoptée pour désigner les réunions de commerçans, en Flandre, en Hollande, en Allemagne, en Italie, à Londres, et enfin en France.

8. — La première bourse établie en dernier pays le fut à Toulouse, en 1549. Quelques années après, en 1556, fut fondée celle de Rouen, nommée Convention de Rouen, et, en 1691, celle de Montpellier.

9. — Les bourses de Paris, de Lyon, de Marseille furent instituées plus tard, les deux premières sous le nom de *Place du change*, et la dernière sous celui de *Loge du change* ou *Loge des marchands*.

10. — À Paris, les commerçans tinrent d'abord leurs assemblées dans la grande cour du Palais-de-Justice, au-dessous de la galerie Dauphine; ils furent, en 1720, transférés dans le jardin de l'hôtel de Soissons, afin d'enlever à la rue Quincampoix le commerce des actions de la Compagnie des Indes, qui s'y était fixé et maintenu, sans tenir compte des défenses plusieurs fois renouvelées du parlement et des officiers de police. — Savary, vo *Bourse*.

11. — Ce fut environ quatre ans après que la place de change de la ville de Paris changea l'existence de fait qu'elle avait eue jusque là contre une

existence légale. Un arrêt du conseil du 24 sept. 1724 établit la première bourse légale qu'ait possédée la ville de Paris. Le nom de *place de change* fut remplacé par celui de *bourse*, et le nouvel établissement fut fixé à l'hôtel de Nevers, dépendant de l'hôtel Mazarin, situé rue Vivienne.

12. — La bourse demeura établie dans cet hôtel jusqu'en 1793. Un décret du 27 juin de cette année ayant ordonné la fermeture de toutes les bourses, celle de Paris dut cesser, comme les autres, d'être ouverte aux commerçans.

13. — La bourse, sous l'ancien régime, était ouverte tous les jours, excepté les dimanches et fêtes, depuis dix heures du matin jusqu'à une heure après midi, aux négocians, marchands, banquiers, financiers, agens de change et de commerce, aux banquiers et autres personnes connues et domiciliées dans Paris, excepté aux femmes, qui n'y pouvaient entrer sous quelque prétexte que ce fût.

14. — Un arrêt du roi du 24 avr. 1766 ordonnait « qu'aucuns marchands, négocians, financiers, bourgeois et autres personnes, de quelque qualité et condition qu'ils soient, qui auraient obtenu des lettres de répit, fait faillite ou contrat d'atermoiement, ne pourront être admis à la bourse pour aucunes négociations, de quelque espèce que ce soit; veut Sa Majesté que l'entrée leur en soit refusée; et dans le cas où, au préjudice de ces défenses, ils prétendraient pouvoir y entrer, ordonne qu'ils seront arrêtés comme perturbateurs de l'ordre public, et punis suivant l'exigence des cas. »

15. — La réouverture de la bourse de Paris, fermée en 1793, fut ordonnée le 4 flor. an III. Les lois des 13 fruct. an III, 28 vendém. et 2 vent. an IV en réglèrent l'organisation.

Sect. 2e. — *Établissement des bourses de commerce.*

16. — La loi du 28 vent. an IX ayant accordé au gouvernement le droit d'établir des bourses de commerce dans les lieux où il le jugeait convenable, il fut procédé à une réorganisation générale de ces établissemens. Des arrêtés spéciaux rétablirent les anciennes et en créèrent de nouvelles. Il fut aussi établi des agens de change ou des courtiers, cumulant les deux fonctions dans les villes qui n'avaient pas une importance assez grande pour obtenir des bourses, mais dont le commerce réclamait cependant des agens intermédiaires. — Goujet et Merger, vo *Bourse de commerce*, nos 10 et 11. — V. AGENT DE CHANGE, no 23.

17. — Ainsi, les villes qui possèdent des agens de change sans avoir de bourse sont celles de Aurillac, Auxerre, Cahors, Colmar, Douarnenez, Fontenay-le-Comte, Gray, Luçon, Mâcon, Murans, Melle, Milhau, Mirande, Moissac, Poitiers, Rennes, Saint-Brieuc, Saint-Geniez, Saint-Jean-d'Angely, Saintes, Saumur, Vienne, Villefranche, Villeneuve-sur-Lot, etc.

18. — Dans les autres villes où nous avons vu (vo AGENT DE CHANGE, no 33) qu'il y avait des agens de change, il existe des bourses de commerce.

19. — Des bourses ont, en outre, été établies dans les villes suivantes : Agde, 2 fruct. an X ; — Agen, 7 thermid. an IX ; — Angers, 6 janv. 1825 ; — Angoulème, 3 niv. an X ; — Blois, 9 thermid. an IX ; — Carcassonne (la bourse en fut instaurée, mais les agens de change ont été supprimés le 38 août 1830) ; — Cette, 27 fructid. an IX ; — Châlons-sur-Saône, 3 germin. an XI; — Châtellerault, 9 vent. an IX ; — Cherbourg, 29 brum. an X ; — Dieppe, 23 vendém. an X ; — Honfleur, 22 oct. 1833 ; — Limoges, 25 vent. an X ; — Marennes, 22 août 1824 ; — Montauban, 27 vendém. an X ; — Narbonne, 17 vent. an X ; — Nevers, 16 frim. an IX ; — Orléans (les agens de change y ont été supprimés le 3 germin. an XII); — Pézénas, 13 frim. an X ; — Saint-Malo, 7 fruct. an IX ; — Saint-Omer, 7 thermid. an IX ; — Toulon, 9 thermid. an IX ; — Tours, 45 thermid. an IX ; — Troyes, 25 pluv. an X ; — Vannes, 9 vent. an X.

20. — Il existe aussi des bourses de commerce dans les colonies. Il en est ainsi à l'île Bourbon, à la Guadeloupe.

21. — Le gouvernement a seul le droit d'établir ou de supprimer les bourses de commerce suivant qu'il le juge convenable. Ces sortes d'établissemens sont établis sous son autorité. L. 28 vent. an IX, art. 1er ; Cod. comm., art. 71.

22. — La demande en création d'une bourse de commerce doit être adressée aux ministres du commerce et des finances par les chambres du commerce ou les autorités locales. Le gouvernement,

prenant en considération les besoins du commerce en général et ceux de chaque place en particulier, accorde ou repousse la demande qui lui est faite. — Mollot, *Bourses de commerce*, no 2.

23. — Les banquiers, négocians ou marchands autorisés à cet effet par le gouvernement, peuvent former des souscriptions pour construire les édifices devant servir de bourses de commerce.

24. — Le gouvernement pourvoit à l'entretien de ces édifices avec des sommes prélevées sur chaque patente. Le montant de ce prélèvement est fixé chaque année par le préfet du département. — L. 28 vent. an IX, art. 2 et 4.

Sect. 3e. — *Opérations des bourses de commerce.*

25. — Les bourses de commerce ont, comme nous l'avons dit, pour objet de faciliter les opérations de tout genre qui constituent le commerce continental ou maritime, intérieur ou extérieur. — Mollot, no 5; Pardessus, *Cours de dr. comm.*, no 118.

26. — Ces opérations sont : la vente des matières métalliques; la vente en gros de toute espèce de marchandises; les assurances du fret et nolis des bâtimens de commerce; l'affrétement des navires; les transports par terre et par eau; la négociation des lettres de change, billets à ordre, celle des effets publics et de tous ceux dont le cours est susceptible d'être coté. — C. comm., art. 72 et 76. — V. AGENT DE CHANGE, nos 81 et suiv.

27. — Disons aussi que l'institution de la bourse a pour objet la constatation officielle des cours des diverses transactions qui s'y concluent. — C. comm., art. 72 et 73. — On sent toute l'importance des cours cotés à la bourse, quand c'est d'après eux que les commerçans dirigent leurs spéculations. S'il s'élève des contestations sur des prix vaguement arrêtés, les tribunaux s'en rapportent aux cours légaux. — La constatation de ces cours se trouve dans les attributions des agens de change et courtiers; c'est aussi par ces agens intermédiaires que s'opèrent toutes les opérations de bourse. — V. AGENT DE CHANGE, nos 80 et s., COURTIER.

28. — Le cours de la bourse est le seul déclaré *légal*. Aussi est-il défendu de faire aucune négociation d'effets publics ailleurs que dans le local où se tiennent les assemblées de la bourse. — C. comm., art. 73.

29. — Les opérations sur les effets publics se font *au comptant, à terme, à prime* ou au moyen de *reports*. — V. AGENT DE CHANGE, nos 109, 111 et suiv., MARCHÉS A TERME, REPORTS.

30. — En temps de guerre maritime, les armateurs sont tenus d'envoyer des états ou inventaires détaillés des prises dans les principales bourses de commerce pour y être affichés, avec indication du jour de la vente des objets composant les prises, jour qui est fixé par l'officier supérieur de l'administration de la marine. Il en est délivré, sur les ordres du préfet de police à Paris, et sur ceux des préfets des départemens ou de leurs préposés dans les places où des bourses existent, un certificat dont il doit être fait mention dans le procès-verbal de vente. — Arrêté 2 prair. an XI, art. 82.

Sect. 4e. — *Police des bourses de commerce.*

31. — La police des bourses s'exerce au dehors et au dedans de l'établissement, c'est-à-dire qu'elle est *extérieure* et *intérieure*. Elle est réglée par la loi du 8 vent. an IX et l'arrêté du 27 prair. an X.

§ 1er. — *Police extérieure des bourses de commerce.*

32. — Sous le premier point de vue, il est défendu de s'assembler ailleurs qu'à la bourse et à d'autres heures que celles fixées par le réglement de la police, pour proposer et faire des négociations, à peine de destitution des agens de change ou courtiers, et pour les autres personnes sous les peines portées par la loi contre ceux qui s'immiscent dans les négociations sans titre légal. — Arrêté 27 prair. an X, art. 3. — V. AGENT DE CHANGE, nos 88 et suiv.

33. — Cette prohibition, qui a pour but d'empêcher qu'il ne se forme hors de la surveillance de l'autorité des réunions clandestines pour aider à l'agiotage, avait déjà été consacrée par arrêts du conseil des 24 sept. 1724, 26 sept. 1781, 7 août 1785, et par les lois des 13 fruct. an III, art. 2 et 3, et 28 vent. an IX.

34. — Les peines dont parle l'arrêté de l'an X sont celles fixées par l'arrêt du conseil du 26 nov. 1781, et par la loi du 28 vent. an IX, art. 8, savoir : — 1o la nullité des négociations; 2o une

amende que les juges ont à arbitrer d'après le cautionnement des agens de change ou courtiers de la place, en prenant pour limites le sixième au plus et le douzième au moins de ce cautionnement. — L'arrêt de 1781 prononçait aussi la *punition corporelle*, en cas de récidive, mais cette peine ne pourrait plus être appliquée d'après le système de nos lois pénales modernes. — Mollot, *Bourses de commerce*, no 17.

35. — Quant à l'amende, il faut prendre pour base de son *maximum* et de son *minimum* le cautionnement tel qu'il était fixé par l'art. 9 de la loi de vent. an IX, et non le cautionnement actuel, qui est plus que doublé par suite de la loi de 1816. Autrement on aggraverait la peine prononcée par le législateur. — Mollot, no 18; Rolland de Villargues, *Dict. du not.*, vo *Bourse de commerce*, no 13.

36. — Mais l'article 463, C. pén., qui accorde aux tribunaux la faculté de réduire l'amende encourue, à raison de circonstances atténuantes, ne serait pas applicable ici, car la faculté attribuée aux juges par le Code pénal ne peut s'appliquer qu'aux délits prévus par ce Code. — Goujet et Merger, vo *Bourse de commerce*, no 26; Mollot, no 19.

37. — L'arrêt de 1724 attribuait cette amende par moitié au dénonciateur et à l'hospice général. Elle appartient au fisc aujourd'hui, nonobstant cette disposition. — Mollot, no 20.

38. — Indépendamment des peines dont nous venons de parler, les contrevenans peuvent se voir interdire l'entrée de la bourse. En cas de récidive, ils peuvent être déclarés incapables d'exercer les fonctions d'agent de change ou de courtier. — Ord., 27 prair. an X, art 5.

39. — Si les contrevenans sont des agens de change ou des courtiers, et s'ils encourent la destitution, leur nom est écrit sur un tableau affiché à la bourse. — Arrêt du conseil 24 sept. 1724, art. 41; ord. de police du 1er thermid. an IX, art. 12; Arg. arr. 26 prair. an X, art. 13. — Mollot, no 22; Rolland, no 14; Goujet et Merger, no 26.

40. — Il faut remarquer, toutefois, que, pour que l'application de ces peines puisse avoir lieu, il est nécessaire : — 1o qu'il y ait *assemblée* ou *réunion*; les agens de change ou les courtiers peuvent, en effet, contrairement à l'arrêt de 1724, opérer légalement à l'extérieur de la bourse, pourvu que les négociations commerciales faites ainsi à domicile ou ailleurs aient lieu sans *rassemblement* et soient étrangères aux effets publics; les négocians peuvent aussi, individuellement, vendre ou acheter des marchandises, escompter du papier, etc.; — 2o que l'*assemblée* ait lieu hors de la bourse, quand même elle serait fermée aux heures de la bourse; et si elle est fermée dans l'intérieur de la bourse, il faut que ce soit à *d'autres heures* que celles fixées par le réglement de police; — 3o que l'*assemblée* ait pour but de proposer et de faire des négociations commerciales. — Mollot, no 46; Rolland, no 15; Goujet et Merger, no 27.

41. — La police de la bourse appartient : à Paris, au préfet de police; à Marseille, Lyon et Bordeaux, aux commissaires généraux de police; dans les autres villes, c'est aux maires à faire exécuter les lois sur la police extérieure de la bourse. — Arrêté 20 niv. an IV; 12 messid. an VIII; 29 germ. an IX, art. 14; 27 prair. an X, art. 4 et 5; décr. 28 vend. an IV, art. 20. — Sous l'ancienne jurisprudence, toutes les contestations qui pouvaient survenir au sujet de la police de la bourse étaient du ressort du lieutenant général de police de Paris.

42. — C'est à ces fonctionnaires que les contraventions doivent être dénoncées par les commissaires de police, les syndics et adjoints des agens de change et des courtiers. — Arr. 27 prair. an X, art. 5.

43. — Les contrevenans, étrangers à la bourse ou agens de change et courtiers, doivent ensuite être traduits devant les tribunaux correctionnels; ces infractions constituent des délits. Un projet de décret, tendant à donner à l'autorité administrative locale l'attribution de ces contraventions et d'autres prévues par la loi du 2 vend. an IX, a été rejeté sur un avis du cons. d'état du 17 mai 1809. — Cet avis porte, notamment, que « le ministre de la justice donnera aux procureurs généraux l'ordre de poursuivre, selon la rigueur des lois, tous agens de change, courtiers et négocians contrevenant aux lois sur les bourses de commerce et au Code de commerce, même par information et sans procès-verbaux préalables ni dénonciation des syndics et adjoints des courtiers et agens de change. »

44. — Il résulte de cet avis que le préfet de police, à Paris, les commissaires généraux et les maires dans les autres places, doivent faire exécuter les lois qui défendent les rassemblemens au dehors de la bourse, et qu'il leur appartient, sous ce rapport, de prendre toutes les mesures de police qui leur paraissent utiles. Toutefois, s'il s'agit de faire des réglemens locaux, le préfet de police, à Paris, doit obtenir l'approbation du ministre du commerce dans le cas où ces réglemens s'appliqueraient aux courtiers (arr. 29 germ. an IX), ou celle du ministre des finances, s'ils concernaient les agens de change. — Ord. 18 mai 1816; — Mollot, no 26.

45. — Dans les départemens, les réglemens doivent être approuvés par les préfets, qu'ils concernent les agens de change ou les courtiers. — L. 29 germ. an IX, art. 19; — Mollot, no 26.

§ 2. — *Police intérieure des bourses de commerce.*

46. — La police intérieure de la bourse comprend sa *tenue* intérieure proprement dite, l'*entrée* de la bourse, son *parquet*, son *crieur*.

47. — Elle est confiée aux mêmes fonctionnaires administratifs que la police du dehors. Aucun pouvoir militaire ne peut exercer de fonctions dans l'intérieur de la bourse. — Décr. 28 vend. an IV, art. 2; arr. 12 messid. an VIII, 29 germ. an IX, art. 14; 27 prair. an X, art. 2.

48. — Ces fonctionnaires peuvent faire pour la police intérieure des *réglemens locaux*. Lorsque les réglemens généraux faits et approuvés par le roi n'ont pas prévu certains cas particuliers, on leur laisse le droit de les modifier; mais ils doivent soumettre ces réglemens à l'approbation du ministre du commerce, s'ils intéressent les courtiers, à celle du ministre des finances, s'ils concernent les agens de change. — Dans les départemens, ils doivent être approuvés par les préfets, qu'ils regardent les agens de change ou les courtiers. — L. 29 germ. an IX, art. 19; ord. 28 mai 1816; — Pardessus, no 119.

49. — Il est bien entendu que ces réglemens locaux ne peuvent modifier les dispositions législatives concernant les bourses, ni les institutions organiques de celles-ci et qu'on nomme également réglemens des bourses. — Mollot, no 30.

50. — Les fonctionnaires à qui a été confiée la police de la bourse doivent désigner un des commissaires de police ou l'un des adjoints du maire pour être présent à la bourse et en exercer la police pendant sa tenue. — Arr. 29 germ. an IX, art. 14 et 19. — A Paris, c'est un commissaire de police qui assiste à chaque séance. — Ord. de police du 1er thermid. an IX, art. 3.

51. — Les fonctionnaires chargés de la police de la bourse ont à rechercher les délits et contraventions commis à l'intérieur de la bourse, à les constater et à les déférer aux tribunaux; à prendre les mesures nécessaires pour faire exécuter les lois et ordonnances; ils disposent des moyens les plus actifs pour rendre facile et accessible l'entrée de la bourse et dissiper tout attroupement (décr. 28 vendém. an IV, art. 8). Ils ont le droit d'interdire l'entrée de la bourse, par mesure de police, à tout individu, convaincu d'avoir contrevenu à l'art. 4 de l'arrêté du 27 prair. an X, qui défend l'immixtion dans les fonctions des agens de change et courtiers. — Arr. 27 prair. an X, art. 5.

52. — La police de la bourse de Paris est confiée, indépendamment de l'autorité administrative, à un syndic et à six adjoints nommés par les agens de changes. Toutefois, les pouvoirs de ces derniers n'ont pas la même étendue que ceux des fonctionnaires administratifs. Leur surveillance se renferme dans l'intérieur de la bourse, et ils se bornent à rechercher les contraventions aux lois et réglemens, et à les faire connaître à l'autorité publique. — Arr. 29 germin. an IX, art. 15; — Goujet et Merger, no 35.

53. — Les jours et heures d'ouverture, de tenue et fermeture de la bourse sont réglés, à Paris, de concert entre le préfet de police, quatre banquiers, quatre négocians, quatre agens de change et quatre courtiers désignés par le tribunal de commerce. Conformément à cette disposition, une ord. du 2 oct. 1809, modifiée successivement par celles des 2 nov. 1826, 8 nov. 1830 et 12 janv. 1831, a arrêté ce réglement.

54. — Dans les autres villes, ce réglement doit être fait par le commissaire général de police ou le maire, de concert avec le tribunal de commerce. Arr. 27 prair. an X, art. 2. — Il est en général calqué sur celui de Paris.

55. — A Paris, la bourse tient tous les jours, excepté les jours fériés, d'une heure et demie à trois heures de relevée, pour la négociation des effets publics. Les opérations commerciales ont lieu de deux à cinq heures de relevée. — Ord. de police des 8 mars 1830 et 12 janv. 1831.

56. — La bourse est ouverte à tous les citoyens, même aux étrangers. — Arr. 27 prair. an X, art. 1er.

57. — L'arrêt du conseil du 24 sept. 1724 exigeait, pour que les étrangers pussent entrer à la bourse, qu'ils fussent munis d'une carte ou connus d'un négociant ou d'un agent de change; mais ces conditions ne sont plus nécessaires aujourd'hui. — Mollot, nº 35.

58. — Par le mot *citoyen* il faut entendre tous les Français jouissant des droits civiques. La loi, en admettant les *étrangers* à la bourse sans aucune *condition* n'a pas voulu en employant le terme de *citoyen*, exclure les nationaux qui ne jouiraient pas des droits politiques. — Mollot, nº 35.

59. — L'entrée de la bourse est, toutefois défendue aux individus qui, par leur présence, pourraient troubler l'ordre et compromettre la bonne foi des transactions.

60. — Ainsi, nul commerçant failli ne peut se présenter à la bourse, s'il n'a obtenu sa réhabilitation. — C. comm., art. 613.

61. — Les individus condamnés à des peines afflictives et infamantes sont également exclus de la bourse. — Ord. de police, 1er thermid. an IX, art. 6.

62. — Les fonctionnaires investis de la police de la bourse doivent aussi, par mesure de police, en interdire l'entrée à tout individu convaincu de s'être immiscé dans les fonctions d'agent de change ou de courtier. — Arr. 27 prair. an X, art. 5.

63. — L'individu à qui l'entrée de la bourse a été défendue, conformément à cette dernière disposition, ne peut se pourvoir contre cette décision que devant le ministre de l'intérieur, à Paris, et devant les préfets, dans les départemens. — Mollot, nº 37.

64. — L'art. 11 de l'arrêt du conseil du 24 sept. 1724 interdisait, nous l'avons vu, l'entrée de la bourse aux femmes, sous quelque prétexte que ce fût; mais cette prohibition a-t-elle été abrogée par l'art. 1er de l'arrêté du 27 prair. an X, qui accorde, d'une manière générale, l'entrée de la bourse à tous les citoyens, et par la disposition du Code de commerce (art. 4 et 5) qui autorise les femmes à devenir marchandes publiques? — « Comme l'art. 1er de l'arrêté de prairial, disent MM. Goujet et Merger (nº 40), n'a pas abrogé d'une manière absolue les dispositions qui règlent la police de la bourse, on doit considérer comme étant encore en vigueur l'art. 11 de l'arrêt de 1724. Il importe peu qu'il s'agisse de femmes marchandes publiques. La règle est générale et ne fait aucune distinction. Pour compléter les mesures à prendre à cet égard, le tribunal de commerce de la Seine leur a défendu l'entrée des galeries supérieures de la bourse. — V. *contrà* Rolland de Villargues, nº 40.

65. — La prohibition portée par les ordonnances de police défendant toutes opérations faites à la bourse après les heures indiquées s'applique évidemment aux opérations qui auraient lieu avant les mêmes heures. — Arr. 27 prair. an X, art. 3.

66. — Les contraventions aux ordonnances de police interdisant ces opérations doivent être constatées, poursuivies et punies, de même que les contraventions aux réglemens interdisant de s'assembler ailleurs qu'à la bourse. — *Ibid.*, art. 3 et 13.

67. — L'art. 10, L. 28 vendém. an IV, défendait à tout agent de change « de prêter son ministère pour aucune négociation de papier *sur* l'étranger, dans l'intervalle d'une bourse à l'autre, à des prix plus chers que ceux qui auraient été cotés à l'issue de la bourse précédente, sous peine de destitution. » Bien qu'aucune loi n'ait abrogé cette disposition, elle n'est cependant plus observée à Paris. — Mollot, nº 47.

68. — Les noms et demeures de tous les agens de change et courtiers de commerce exerçant près la bourse de Paris doivent être inscrits sur un tableau placé dans un lieu apparent de la Bourse. — Ord. de police, 1er thermid. an IX, art. 7. — Mollot, nº 48.

69. — *Parquet.* — Pour remédier aux inconvéniens que présentait la dispersion des agens de change dans la salle, où rien ne pouvait les faire reconnaître, ainsi qu'à la difficulté où ils étaient de communiquer entre eux, un arrêt du conseil du 30 mars 1774 fut rendu qui ordonnait la construction d'une séparation de trois pieds de hauteur dans la salle de la bourse pour y placer les agens de change.

70. — Cette disposition a été renouvelée d'une manière plus précise par l'art. 23 de l'arrêté du 27 prair. an X, ainsi conçu : « Il sera établi à la bourse de Paris un lieu séparé et placé à la vue du public, dans lequel les agens de change se réuniront pour la négociation des effets publics et particuliers, en exécution des ordres qu'ils auront reçus avant la bourse ou pourront recevoir, pendant sa durée; l'entrée de ce lieu séparé ou *parquet* sera interdite à tout autre qu'aux agens de change. — Il sera également établi un lieu séparé convenable pour les courtiers de commerce. »

71. — Les agens de change étant sur le parquet, pourront prononcer à haute voix la vente ou l'achat d'effets publics ou particuliers. — Arr. 25 prair. an X, art. 24.

72. — Ajoutons que les opérations faites en dehors du parquet, mais à la Bourse et aux heures fixées, sont valables, aucune disposition n'en prononçant la nullité.

73. — Les commissaires généraux de police et les maires ont, aux termes de l'art. 19 de l'arr. du 29 germin. an X, le droit d'établir des parquets dans les bourses départementales. Cette mesure rentre dans les réglemens locaux sur la police intérieure. — Mollot, nº 52.

74. — *Crieur.* — Pour faciliter le service de la Bourse, l'ordonnance de police du 1er thermid. an IX, art. 16, a établi un *crieur* qui est chargé d'annoncer à haute voix le cours des effets publics.

75. — L'art. 16 de cette ordonnance attribuait aux syndic et adjoints des agens de change la nomination du crieur ; mais, en cas de prévarication, il ne pouvait être destitué que par le préfet de police, d'après le procès-verbal du commissaire de la bourse. Voulant faire cesser cette contradiction entre le droit de nommer et celui de destituer, le préfet a retiré aux syndic et adjoints le droit de nomination, et il s'est réservé aussi le droit de nommer, de payer et de destituer le crieur, s'il y a lieu.

76. — L'emploi de ce crieur est déterminé par l'arrêté du 27 prair. an X, qui porte, art. 24 : « Lorsque deux agens de change (étant sur le parquet) auront consommé une négociation, ils en donneront le cours à un crieur, qui l'annoncera sur-le-champ au public. »

77. — Quant aux actions de commerce, lettres de change et billets, tant de l'intérieur que de l'étranger, la négociation exigeant l'exhibition et l'examen des pièces, elle ne peut être faite à haute voix ; et les cours auxquels elle donne lieu sont recueillis après la bourse par les syndic et adjoints, et cotés sur le bulletin. — Arr. 27 prair. an X, art. 25.

78. — La disposition de l'arrêté de l'an X, portant qu'on ne peut crier à la Bourse que le cours des *effets publics*, a abrogé celles du 28 vend. an IX, art. 9 et 10, et du 20 niv. suivant, qui permettaient d'annoncer les ventes des matières métalliques. — Mollot, nº 55. — V. AGENT DE CHANGE, nº 85.

Sect. 5e. — *Local affecté aux bourses de commerce.*

79. — Pour ce qui est du local et de l'administration des bâtimens des bourses, l'art. 2 de la loi du 28 vent. an IX porte : « Le gouvernement pourra affecter à la tenue de la bourse les édifices et emplacemens qui ont été ou sont encore employés à cet usage, et qui ne sont pas aliénés. Il pourra assigner à cette destination tout ou partie d'un édifice national dans les lieux où il n'y a pas de bâtimens qui aient été ou soient assujétis à cet usage. Les banquiers, négocians et marchands peuvent faire des souscriptions pour construire des établissemens de ce genre, avec l'autorisation du gouvernement. »

80. — La loi du 28 germin. an IX, et d'autres décrets et ordonnances postérieurement rendus ont procédé à l'exécution de cette disposition.

81. — On ne peut mettre en doute que les édifices de l'état qui ont été affectés à l'établissement des bourses n'ont pas cessé d'être la propriété de l'état pour devenir celle des villes de la situation. Pareille décision doit être appliquée aux édifices construits en vertu des lois de l'an IX, même aux frais du commerce et des villes, sur le *terrain de l'état : ædificium solo cedit.*

82. — Il était juste que les dépenses annuelles occasionnées par l'entretien et la réparation des bourses fussent mises à la charge de ceux qui en profitent : aussi sont-elles supportées par les patentables des trois premières classes du tableau *A* annexé à la loi des patentes du 25 avr. 1844, et par ceux désignés par les tableaux *B* et *C*, comme passibles d'un droit égal ou supérieur à celui desdites classes. — Les associés des établissemens compris dans les classes et tableaux ci-dessus mentionnés doivent contribuer aux frais des bourses de commerce. — LL. 28 vent. an IX, art. 4 ; 23 juill. 1820, art. 11 et 12; 25 avr. 1844, art. 33.

83. — Chaque année, le montant de ces dépenses est fixé, en raison des besoins, par un arrêté du préfet du département. — L. 16 vent. an IX, art. 4.

84. — Le rôle relatif aux frais d'une bourse doit comprendre les seuls patentables de la ville où elle est établie, et qui sont ci-dessus désignés. — L. 23 juill. 1820, art. 14.

85. — La taxe pour le paiement des frais des chambres et bourses de commerce porte sur le principal de la cote de patente, consistant dans le droit fixe et le droit proportionnel. Il est ajouté cinq centimes à cette taxe pour subvenir aux non-valeurs. — L. 23 juill. 1820, art. 15.

86. — M. Duvergier (*Collect. des lois*) fait observer, sur la loi du 26 août 1829, que la contribution ne peut avoir pour objet que la *réparation* et l'*entretien* des bourses, et non leur *acquisition*.

87. — Le montant des recettes, pour subvenir aux réparations d'un bâtiment affecté à la tenue de la bourse, doit être versé dans les mains d'un négociant de la ville désigné par le préfet, lequel acquitte les mandats que le préfet délivre aux ouvriers qui ont fait les travaux. — Arr. 12 brum. an X, art. 4.

88. — C'est au gouvernement qu'il appartient de pourvoir à l'administration des édifices et emplacemens où se tiennent les bourses, et de ceux qui sont affectés à la même destination ou construits par le gouvernement. — L. 28 vent. an IX, art. 3.

89. — Le préfet détermine les travaux à faire aux bâtimens des bourses de commerce, avec les mêmes formalités que pour les travaux publics nationaux, et après adjudication au rabais, si le montant du devis estimatif excède 500 fr. — Arr. 12 brum. an X, art. 5.

90. — Il est chargé des autres détails de l'administration et nomme les préposés subalternes. A la fin de chaque année, le tribunal de commerce examine et le préfet du département arrête le compte des fonds provenant des contributions. — Arr. 12 brum. an X, art. 6.

91. — Dans le cas où les bâtimens des bourses appartiennent aux villes, ils sont administrés comme biens communaux. Le gouvernement en conserve cependant toujours le droit de surveillance et de police, dont l'exercice lui est exclusivement confié. — Mollot, nº 61.

92. — Chaque année, des ordonnances royales fixent les sommes à imposer pour subvenir aux dépenses des chambres et bourses de commerce. Pour les frais des chambres de commerce, la fixation se fait sur la proposition de ces chambres; pour les frais des bourses de commerce, elle a lieu sur la proposition desdites chambres ; à leur défaut, sur celle des conseils municipaux. — 23 juill. 1820, art. 16. — V. ord. 6 mars 1834 ; 20 janv. 1835; 27 déc. 1836; 7 janv. 1838; 31 déc. 1839; 9 janv. 1841 ; 22 janv., et 18 mai 1848.

93. — Quant aux impôts relatifs aux bourses de commerce, il est tous les ans rendu une loi pour les établir, et ils ne pourraient être perçus s'ils n'avaient été annuellement votés. Les seuls impôts indirects peuvent être votés pour plusieurs années. — Charte, art. 41.

94. — La destination des fonds applicables aux diverses dépenses des bourses et chambres de commerce, ainsi que l'examen et l'approbation des budgets de ces chambres, appartiennent à l'administration. — *Cons. d'état*, 12 avr. 1829, ville de Strasbourg.

95. — Les frais de perception des impositions à recouvrer pour les bourses de commerce sont ajoutés, à raison de trois centimes par franc, au montant desdites impositions, pour être recouvrés avec elles et versés dans les caisses des établissemens intéressés, à la charge par ces derniers d'en tenir compte aux percepteurs. — L. 14 juill. 1838, art. 4.

96. — La loi du 17 juin 1829, qui a autorisé l'abandon par l'état de la bourse à la ville de Paris, n'a pas entendu, en disposant qu'à l'avenir celle-ci demeurera chargée de son entretien, que des contributions spéciales ordonnées par les lois mentionnées plus haut ne pourraient être prélevées sur les commerçans qui y sont soumis. Mais, s'il arrivait que ces contributions fussent insuffisantes, la ville de Paris aurait à payer l'excédant des dépenses. C'est dans ce sens que doit être interprétée la loi du 2 août 1829, qui ordonnait que les impôts ordinaires affectés aux frais de bourse seraient perçus pour 1830, comme par le passé, sans en excepter Paris plus que les autres villes. — Mollot, nº 64; Sebire et Carteret, *Encyclop. du droit*, vº *Bourse*, nº 20; Goujet et Merger, nº 60.

BOURSE D'ÉCOLE.

1. — Pension fondée dans une école publique pour l'entretien et l'instruction d'un élève, durant le cours des études qu'il y doit faire.

2. — Les fils des professeurs et professeurs suppléans des écoles de droit sont admis gratuite-

ment aux études et à la réception de tous les degrés dans ces écoles. — Décr. 25 janv. 1807.

3. — Les communes doivent élever gratuitement dans les écoles primaires les enfans indigens. — Ord. 29 fév. 1816, art. 14.

4. — Des bourses entières ou partielles peuvent être fondées dans les écoles normales primaires par les départemens, les communes, l'université, des donateurs particuliers ou des associations bienfaisantes.

5. — Des bourses et demi-bourses sont établies aux frais de l'état au collége royal militaire de la Flèche. Mais les boursiers doivent payer leur trousseau.

6. — Le gouvernement a fondé à l'école militaire de Saint-Cyr des bourses dans la proportion d'un dixième de l'effectif, et des demi-bourses dans la proportion du sixième.

7. — Des pensions ou places gratuites susceptibles d'être partagées en demi-pensions sont accordées, sur les fonds de la marine, à l'école navale. Ces pensionnaires, qui ne peuvent dépasser le dixième du nombre total des élèves admis, doivent fournir leur trousseau.

8. — Il a été aussi institué à l'école Polytechnique, en faveur des élèves privés de fortune, vingt-quatre bourses susceptibles d'être partagées en demi-bourses. Douze de ces bourses sont à la nomination du ministre de la guerre, quatre à celle du ministre de la marine, huit sont données par le ministre de l'intérieur.

9. — L'ord. du 1er sept. 1825 a créé dans les trois écoles vétérinaires d'Alfort, de Lyon et de Toulouse, cent vingt bourses, dont une par département à la nomination du préfet, sous l'approbation du ministre du commerce et de l'agriculture, et trente-quatre à la disposition directe du même ministre. Elles peuvent être divisées en demi-bourses. — Les boursiers doivent se procurer à leurs frais les habillemens, instrumens et livres nécessaires à leur instruction. — Décr. 15 janv. 1813, art. 24 ; ord. 1er sept. 1825, art. 16. — Des places sont réservées dans les écoles vétérinaires pour les élèves destinés à devenir vétérinaires militaires. L'entretien des élèves militaires, surnuméraires ou titulaires, demeure à la charge du département de la guerre. Toutefois, les élèves surnuméraires ne reçoivent que le trousseau proprement dit; le supplément de ce trousseau n'est dû qu'aux élèves titulaires. — Décr. 28 juill. 1826, art. 1er; ord. 28 août 1832, art. 7.

10. — L'état a fondé dans les trois écoles d'arts et métiers de Châlons-sur-Marne, Angers et Aix soixante-quinze pensions entières, soixante-quinze pensions à trois quarts et soixante-quinze demi-pensions.

11. — Il existe des bourses dans les séminaires et dans les écoles secondaires ecclésiastiques. — V. ÉCOLES SECONDAIRES ECCLÉSIASTIQUES, SÉMINAIRES.

12. — Nous indiquerons sous les articles concernant chacun de ces établissemens d'instruction, les conditions et formalités à remplir pour obtenir la collation des bourses qui en dépendent.

BOURSIERS.

Les boursiers sont rangés par la loi du 25 avr. 1844 sur les patentes, dans la septième classe des patentables, et imposés à — : 1° un droit fixe basé sur le chiffre de la population de la ville ou commune où est situé l'établissement ; — 2° un droit proportionnel du quarantième de la valeur locative de la maison d'habitation et des locaux servant à l'exercice de la profession.

BOUTEILLAGE.

Droit seigneurial, particulièrement usité en Bretagne, qui se percevait sur les vins et autres boissons. — Les droits de bouteillage ont été supprimés par les lois des 15-28 mars 1790, tit. 2, art. 12, et 18-28 août 1790, art. unique.

BOUTEILLES.

1. — Les marchands de bouteilles de verre sont rangés par la loi du 25 avril 1844, sur les patentes, dans la cinquième classe des patentables, et imposés à : — 1° un droit fixe basé sur le chiffre de la population de la ville ou commune où est situé l'établissement ; — 2° un droit proportionnel du vingtième de la valeur locative de la maison d'habitation et des locaux servant à l'exercice de la profession. — V. PATENTE.

2. — A Paris, une ordonnance de police du 28 oct. 1833 défend expressément de déposer sur la voie publique les bouteilles cassées, les morceaux de verre, de poterie, de faïence et tous autres objets de même nature pouvant occasionner des accidens. — Ils doivent être portés directement aux voitures du nettoiement et remis aux desservans de ces voitures. — La contravention à cette prescription rentre dans les prévisions des art. 471 15° et 473, C. pén.

BOUTIQUE.

V. FONDS DE COMMERCE.

BOUTONS (Fabricans de).

1. — Les fabricans de boutons de métal, corne, cuir bouilli, etc., pour leur compte, sont rangés par la loi du 25 avr. 1844, sur les patentes, dans la cinquième classe des patentables, et imposés à : 1° un droit fixe basé sur le chiffre de la population de la ville ou commune où est situé l'établissement; — 2° un droit proportionnel du vingtième de la valeur locative de la maison d'habitation et des locaux servant à l'exercice de la profession.

2. — Les fabricans à façon sont rangés dans la huitième classe et imposés à un droit fixe basé sur le chiffre de la population, et à un droit proportionnel du quarantième de la valeur locative de tous les locaux qu'ils occupent, mais seulement dans les communes d'une population de 20,000 âmes et au-dessus.

3. — Les fabricans de boutons de soie pour leur compte sont placés dans la septième classe, et les fabricans à façon dans la huitième ; les uns et les autres sont également imposés, sauf la différence des classes, au droit fixe basé sur le chiffre de la population du lieu où est situé l'établissement ; et à un droit proportionnel du quarantième de la valeur locative de tous les locaux qu'ils occupent, mais seulement dans les communes d'une population de 20,000 âmes, et au-dessus. — V. PATENTE.

4. — De plus, les fabriques de boutons métalliques sont rangées parmi les établissemens insalubres. — V. ÉTABLISSEMENS INSALUBRES (Nomenclature).

BOYAUDIERS.

1. — Les boyaudiers sont rangés par loi du 25 avr. 1844, sur les patentes, dans la sixième classe des patentables, et imposés à : — 1° un droit fixe basé sur le chiffre de la population de la ville ou commune où est situé l'établissement ; — 2° un droit proportionnel du vingtième de la valeur locative de la maison d'habitation et des locaux servant à l'exercice de la profession. — V. PATENTE.

2. — Quant aux établissemens des boyaudiers, ils sont classés comme insalubres. — V. ÉTABLISSEMENS INSALUBRES (Nomenclature).

BRACONNIER.

1. — On appelle ainsi celui qui, d'habitude, chasse furtivement, soit de nuit, soit de jour sur le terrain d'autrui pour y *prendre* le gibier dans le but, non de satisfaire un plaisir, mais de tirer partie de sa chasse comme marchandise.

2. — Et l'on comprend, sous le nom de *braconniers*, non seulement ceux qui chassent furtivement avec un fusil, mais aussi tous les tendeurs de lacs, lacets, tirasses, tonnelles, traîneaux, bricolles, rets, collets, alliers, bourses, panneaux et autres engins propres à prendre du gibier. — Merlin, *Répert.*, v° *Braconnier*.

3. — Autrefois, la qualification de *braconnier* ne se prenait pas toujours en mauvaise part ; elle désignait un emploi licite et même nécessaire, consistant, comme de nos jours celui de piqueurs, à dresser et à conduire des chiens (appelés *bracs*) pendant la chasse. La fonction de braconnier était donc réputée tout aussi honnête que celle des fauconniers, louvetiers, etc., dont il est parlé dans les coutumes et dans les anciennes ordonnances ; et c'est en ce sens qu'on la trouve mentionnée dans l'ancienne charte du comté de Hainaut, réformée en 1538 par l'empereur Charles Quint, et dont les chapitres 99 et 100 intitulés : *De la vénerie et des braconniers*, et *Des braconniers, fauconniers, loutriers et autres*, contiennent certaines injonctions et exhibitions faites aux braconniers autorisés par leurs seigneurs à participer à la chasse. — Merlin *Répert.*, v° *Braconnier*.

4. — On trouve également des dispositions relatives à l'exercice de l'emploi de braconnier dans la nouvelle coutume de Hainault, réformée en 1619 sous les archiducs Albert et Isabelle, dont le chap. 132 est intitulé : « Touchant l'état et offices des veneurs, louvetiers, loutriers, et de l'ordre et conduite des *braconniers*, fauconniers, etc., du pays du Hainault. »

5. — Quant au fait de braconnage, pris dans sa mauvaise acception, il a été l'objet de plusieurs dispositions répressives fort sévères. Ainsi, nous voyons dans l'ordonnance de 1515 (art. 4 et 6), que la première récidive de chasse à la grosse bête (cerfs, biches, etc.), était punie « de verges sous la custode jusqu'à effusion de sang ; » la seconde, des verges autour des forêts ou garennes du délit, et en outre du bannissement à quinze lieues à l'entour; la troisième, des galères et des verges et du bannissement perpétuel ; la quatrième, s'il y avait eu infraction de ban, de la peine capitale ; et dans les art. 9 et 10 que les récidives de chasse au menu gibier étaient punies des peines précédentes, jusques et y compris celles de la seconde récidive seulement.

6. — L'ordonnance de 1601 maintenait ces diverses peines, mais elle s'en remettait à la conscience des juges pour la peine capitale et décidait (art. 24), « que les peines inflictives du corps ne seraient exécutoires que sur les personnes viles et abjectes. »

7. — L'ordonnance de juill. 1607, maintenait (art. 9), les peines de l'ord. 1601 et défendait de les modérer en aucune façon.

8. — Mais l'ordonnance de 1669, tit. 30, art. 1er et 2, tout en maintenant les ordonnances de 1601 à 1607, défendit aux juges de condamner au dernier supplice, pour fait de chasse, quelle que fût la contravention, s'il n'y avait d'autre crime mêlé, qui entraînât cette peine.

9. — Denizart, dans sa collection, rapporte qu'un individu, convaincu d'avoir braconné et chassé *avec attroupement* fut condamné au bannissement pendant neuf ans, par arrêt du 13 juin 1730, et que d'autres braconniers ont été condamnés au bannissement et à être préalablement attachés au carcan par arrêt du 1er juill. 1755. — Qu'enfin, l'un de ceux-ci qui avait menacé les gardes et couché en joue la maréchaussée a été condamné aux galères pour trois ans.

10. — Enfin, la déclaration du 9 mars 1780 prononçait la peine des galères contre tous ceux trouvés réunis sur les chemins ou dans les plaines et bois au nombre de quatre et au-dessus, sous prétexte de chasse ou autrement, avec port d'armes ou autres instrumens, et elle attribuait la connaissance de ce délit au prévôt des maréchaux, ce qui paraît en avoir exclu les officiers des eaux et forêts, seuls juges ordinaires alors de tous les délits de chasse.

11. — Aujourd'hui, le mot braconnier est toujours pris dans un sens défavorable, mais il n'existe plus, à proprement parler, dans la langue du droit. — Le fait de braconnage, c'est-à-dire de chasse illicite ou de destruction de gibier avec les caractères aggravans indiqués dans la définition, tombait sous l'application de la loi du 30 avr. 1790 qui ne prononçait d'ailleurs que des peines assez légères. — Il est aujourd'hui atteint par les art. 12 et suivans de la loi du 3 mai 1844. — V. CHASSE.

BRAIS, GOUDRONS, etc. (Fabricans de).

Les fabricans de brais, goudrons, poix, résines et autres matières analogues, sont rangés par la loi du 25 avr. 1844 sur les patentes, dans la classe des patentables et imposés à : — 1° un droit fixe de 25 fr. ; — 2° un droit proportionnel du vingtième de la valeur locative de la maison d'habitation et des magasins de vente complétement séparés de l'établissement ; du vingt-cinquième de celle de l'établissement industriel.

BRANCHAGE.

Ensemble des branches d'un arbre. — V. BRANCHE.

BRANCHE.

1. — En terme de botanique, on appelle branche le bois que pousse le tronc d'un arbre, d'un arbrisseau et qui s'allonge comme une sorte de bras.

2. — Celui sur la propriété duquel avancent les branches des arbres du voisin peut contraindre celui-ci à couper ces branches. — C. civ., art. 672. — V. PROPRIÉTÉ, SERVITUDE.

3. — Mais si des fruits étaient tombés des branches s'étendant au-dessus de sa propriété, il ne pourrait empêcher le propriétaire de l'arbre de venir les ramasser. — V. ARBRE, n° 47.

4. — Les propriétaires riverains des bois et forêts ne peuvent se prévaloir de l'art. 672, C. civ., pour l'élagage des lisières desdits bois et forêts, si ces ar-

bres de lisières ont plus de trente ans. — C. forest., art. 150. — V. ÉBRANCHAGE et ÉLAGAGE.

5. — Il a été jugé, antérieurement au Code forest. que lorsque le riverain d'une forêt prévenu d'avoir coupé les branches d'arbres qui avançaient sur son terrain, prétend qu'il en avait le droit, cette défense n'élève point une question préjudicielle, en ce que la loi donne seulement au riverain le droit de contraindre le propriétaire de la forêt à couper les branches qui avancent, et ne l'autorise pas à les couper lui-même. — *Gaz.*, 15 févr. 1841, Forêts c. Schmith. — V. SERVITUDE.

6. — Ceux qui dans les bois et forêts coupent les principales branches des arbres sont punis comme s'ils les avaient abattus sur pied. — C. forest., art. 196. — V. FORÊTS.

BRANCHE (Généalogie).

1. — L'expression *branche*, prise métaphoriquement, désigne dans la généalogie d'une famille nombreuse une portion de cette même famille sortant d'une souche ou d'une tige commune.

2. — L'art. 742, C. civ., dispose que dans le cas où, la représentation étant admise, le partage s'opère par souche, si une même souche a produit plusieurs branches, la subdivision se fait aussi par souche dans chaque branche et les membres de la même branche partagent entre eux par tête. — V. SUCCESSION.

BRANDON.
V. SAISIE-BRANDON.

BRAS SÉCULIER.

1. — On appelait ainsi l'autorité, la main ou la puissance, ou la force du pouvoir séculier que l'on employait pour faire exécuter les ordonnances du juge d'église, ou pour faire subir à un ecclésiastique coupable d'un délit privilégié les peines que l'église ne pouvait imposer, telles, par exemple, que celles allant jusqu'à effusion de sang.—Ferrière vº *Bras séculier*. — V. AUSSI APPEL COMME D'ABUS.

2. — L'Église recourait à cette autorité, non par des lettres préceptoriales ou de commande, mais par des lettres exécutoriales, tandis qu'au contraire, si le juge royal était obligé de recourir à l'autorité ecclésiastique, « par la raison, dit Ferrière, en son dictionnaire (*loc. cit.*) que les officiers royaux représentent le pouvoir du roi qu'il leur a confié, » et qu'ils ont sur l'autorité ecclésiastique. — En fait de juridiction, V. Chopin, *De sacrâ politicâ*, lib. 2, til. 2, nºˢ 4 et 2.

3. — Au mois d'avril 1695, le clergé obtint un édit qui permettait aux juges d'église d'exécuter leurs décrets sans aucune permission du juge royal. — Mais ce pouvoir accordé au clergé ne devait s'entendre que pour affaires de pure discipline et de simple correction des ecclésiastiques.

4. — L'Église n'a plus en France aucune juridiction contentieuse. Les recours au bras séculier ont par cela même cessé d'exister.

BRASSERIE. — BRASSEUR.

1. — On appelle brasserie, le lieu où se fabrique la bière, et brasseur celui qui la fabrique.

2. — Le mot *brasseur*, synonyme de l'ancien mot *cervoisier*, viendrait, selon Ducange, de *brace, brasium, bracium*, qui exprimaient une espèce de blé servant à faire la bière. — De ce mot seraient également venus *brasse, brassin, brasserie*. — Il semble cependant plus vrai de dire que le brasseur prend son étymologie dans le mot *bras* : en effet, brasser s'emploie, pour exprimer un travail des bras, dans plusieurs autres cas analogues.

3. — Les brasseries doivent à Paris être désignées par une enseigne portant en gros caractères les noms et les initiales de prénoms de leurs propriétaires (ord. de pol. du 7 sept. 1813, art. 3). Elles sont soumises aux exercices des préposés des contributions indirectes et de l'octroi. — V. BOISSONS, CONTRIBUTIONS INDIRECTES, OCTROI.

4. — Elles sont rangées par le décret du 15 oct. 1810, dans la troisième classe *des établissemens dangereux, insalubres ou incommodes*. — V. ÉTABLISSEMENS INSALUBRES.

5. — Les brasseurs ont à Paris des syndics et des délégués : l'origine de leur communauté paraît remonter jusqu'à 1268. — Leur commerce est placé sous la surveillance et la police.

6. — Il est défendu aux brasseurs de vendre aux nourrisseurs les marcs ou marcs d'orge appelés *drèche*, si cette drèche est vieillie et corrompue. — Elouin, Lubat et Trebuchet, vº *Brasseurs*.

7. — Les brasseurs sont rangés par la loi du

25 avr. 1844, sur les patentes, parmi les patentables, et imposés à : — 1º un droit fixe de 10 fr. pour chaque chaudière contenant moins de dix hectolitres; de 20 fr. pour chaque chaudière de dix à vingt hectolitres; de 30 fr. pour chaque chaudière de vingt à trente hectolitres; de 40 fr. pour chaque chaudière de trente à quarante hect. de 60 fr.; pour chaque chaudière de quarante à soixante hect.; de 100 fr. pour chaque chaudière au-dessus de soixante hectolitres, jusqu'au maximum de 400 fr. (ce droit est réduit de moitié pour les brasseries qui ne brassent que quatre fois au plus par an); — 2º à un droit proportionnel du vingtième de la valeur locative de la maison d'habitation, des magasins ou même lorsque complètement séparés de l'établissement, et du quarantième pour celle de l'établissement industriel.

8. — Les brasseurs à façon sont placés dans la sixième classe des patentables et imposés : 4º à un droit fixe basé sur le chiffre de la population de la ville ou commune où est situé l'établissement; — 2º un droit proportionnel du vingtième de la valeur locative de la maison d'habitation, et des locaux servant à l'exercice de la profession.

9. — Quant aux marchands ou débitans de bière, s'ils sont rangés, comme les brasseurs à façon, dans la sixième classe des patentables et imposés aux mêmes droits fixe et proportionnel. — V. PATENTE.

10. — Les obligations particulières des brasseurs concernant la fabrication de la bière sont expliquées au mot BOISSONS.
V. ABONNEMENT.

BREF DÉLAI.
V. ABRÉVIATION DE DÉLAI, CONCILIATION, RÉFÉRÉ.

BREFS.

1. — On appelle *bref* la lettre écrite par le pape au souverain pour des affaires particulières, brèves et légères, ou à d'autres personnes auxquelles il accorde cette marque de distinction. — Denizart, vº *Brefs apostoliques*. — Le bref est ainsi appelé à cause de sa brièveté; il ne contient ni préface ni préambule, mais seulement le nom du pape, ces mots : *Dilecto filio salutem et apostolicam benedictionem*, puis ce que le pape accorde.

2. — L'art. 1ᵉʳ de la loi organique du 18 germin. an X porte qu'aucune expédition de la cour de Rome, *même ne concernant que les particuliers*, ne peut être reçue, publiée, imprimée ni autrement mise à exécution, sans l'autorisation du gouvernement. Cette disposition, ainsi qu'on peut le voir au mot *Bulle*, n'est pas la consécration des règles antérieures.

3. — Toutefois, le décret du 28 fév. 1810 (art. 4ᵉʳ) a introduit une exception en faveur des *brefs de la pénitencerie* et a permis leur exécution, mais pour le for intérieur seulement, sans aucune autorisation. En disposant ainsi, le décret de 1810 n'a fait que reproduire les dispositions des lettres patentes du 18 janv. 1772 et de la déclaration du 8 mars 1772. — Merlin, vº *Bulle*.

4. — Les brefs de la pénitencerie sont ceux relatifs aux fautes cachées, aux cas d'absolution réservés au pape, aux censures ou à certaines dispenses concernant, soit les mariages, soit le ministère des paroisses.— Merlin, *Rep.*, vº *Bref*; Affre, *Tr. de l'admin. des paroisses*, p. 318.

5. — « L'usage, dit M. Affre (*loc. cit.*, note), a donné plus de latitude aux évêques que ne leur en donne le décret. Ils peuvent, sans autorisation, recevoir et exécuter les induits renfermant des pouvoirs spirituels, des brefs de facture, etc.; cela s'est même exécuté sous le dernier gouvernement.»

6. — Tout ce qui est dit au mot BULLE sous le rapport des infractions à la loi de germin. an X, concerne également les brefs.— V. BULLE.

7. — L'ANNEXE (droit d'), APPEL COMME D'ABUS, ATTACHE (droit d'), BULLE, CULTE.

BREFS DE CONDUITE.

1. — Espèce de congés que les souverains de Bretagne délivraient autrefois à des pilotes établis dans chaque port avec des barques et chaloupes pour conduire les bâtimens qui allaient en mer ou qui rentraient.

2. — C'est de là qu'est venue l'institution de nos *pilotes-lamaneurs*. — V. PILOTE.

3. — Les brefs de conduite, scellés des armes du souverain, étaient délivrés sur l'acquit d'un droit.

4. — Il y avait encore une autre espèce de brefs de conduite que délivraient les souverains de la Bretagne pour protéger le commerce de leurs sujets contre les pirateries des Normands et autres peuples du Nord.

5. — A cet effet, ils avaient établi des convois de vaisseaux armés, qui escortaient les marchands jusqu'au lieu de leur destination et les aidaient non seulement à se défendre contre les pirates, mais encore à faire sur eux des prises, dont une part appartenait au souverain. — Dans la suite, les marchands s'étant mis en état de se défendre par eux-mêmes, l'usage de ces sortes de convoi cessa peu à peu ; mais le droit du souverain sur les prises n'en continua pas moins à être payé jusqu'au dixième. C'est du moins l'opinion d'Argentré.— Bravard, *Manuel du dr. comm.*, p. 259. — V. ARMEMENT EN COURSE, PRISE MARITIME.

BREFS DE SAUVETÉ.

1. — C'étaient des espèces de sauvegarde contre la coutume barbare qui existait autrefois de confisquer, au profit des princes, les bâtimens, les marchandises et même les hommes qui faisaient naufrage sur les côtes. Ces brefs, délivrés par le souverain, s'obtenaient à prix d'argent.— V. NAUFRAGE.

2. — Aujourd'hui, une sage prévoyance a fait organiser, autant que possible, dans chaque port, des secours pour les navires en péril ou naufragés. — V. SAUVETAGE.

BREFS DE VICTUAILLES.

Espèce de congés ou passeports par lesquels le souverain conférait autrefois à ceux qui en étaient porteurs le droit exclusif d'acheter en Bretagne des vivres, qu'on refusait à tous autres, dans la crainte d'en fournir aux pirates dont la mer était alors infestée. — DOUANES.

BRETECQUE, BRETESCHE.

On donnait ce nom anciennement, dans les villes de Flandre, au lieu où se faisaient les publications de justice et proclamations publiques. — Ducange, *Glossaire*, vº *Bretachia*; Laurière, *Gloss. de dr. franç.*, vº *Bretesque*; — cout. d'Artois, art. 87; cout. de Lille, art. 455; 460, 466 et 485; cout. de Tournai, tit. 44, art. 4ᵉʳ, tit. 42, art. 4ᵉʳ.

2. — Le lieu était ordinairement élevé et avait la forme d'une chaire ou d'une tour; c'est de là que lui était venu son nom.

3. — Le mot *Bretesque*, dans la coutume d'Arras, était pris dans un autre sens; il signifiait une espèce de saillie de pierre ou de bois dans un bâtiment. — L'art. 48 de cette coutume défendait de faire ces bretesques ou saillies sur la rue, au préjudice du voisin.

BRETELLES (Marchands et fabricans de).

1. — Les marchands de bretelles et jarretières et les fabricans pour leur compte sont rangés par la loi du 25 avr. 1844, sur les patentes, dans la sixième classe des patentables, et imposés à : — 1º un droit fixe basé sur le chiffre de la population de la ville ou commune où est situé l'établissement; — 2º un droit proportionnel du vingtième de la valeur locative de la maison d'habitation et des locaux servant à l'exercice de la profession.

2. — Les fabricans à façon sont rangés dans la huitième classe, et également imposés au droit fixe basé sur le chiffre de la population de la ville ou commune où est situé l'établissement, et à un droit proportionnel du quarantième de la valeur locative de tous les locaux occupés par les patentables, mais seulement dans les communes de 20,000 ames et au-dessus.

BREVET (Acte en).

Table alphabétique.

BREVET (Acte en). 1. — On appelle ainsi l'acte dont il ne reste pas de minute, et qu'on délivre en original.

2. — Ce mot vient du latin *brevis* ou *breve*, ou encore de *brief*, qu'on trouve dans nos anciennes ordonnances, parce qu'il est, comme une vraie minute, écrit en petits caractères, et qu'il pourrait contenir des abréviations, tandis que les grosses ou expéditions sont écrites en gros caractères et avec le développement des abréviations existant dans le brevet ou la minute.

§ 1er. — *Actes susceptibles d'être délivrés en brevet* (n° 3).

§ 2. — *Actes simples non susceptibles d'être délivrés en brevet* (n° 34).

§ 3. — *Forme de la délivrance des actes en brevet. — Rapport pour minute* (n° 45).

§ 1er. — *Actes susceptibles d'être délivrés en brevet.*

3. — Dans l'origine, les notaires délivraient toujours leurs *briefs* aux parties. Ce ne fut que plus tard qu'ils furent astreints à tenir des registres ou protocoles où ces actes étaient transcrits. — Ord. juill. 1304, 1er déc. 1437, juin 1510, août 1539, (dite de *Villers-Cotterets*), janv. 1560, (dite d'*Orléans*), etc. — Et ce qui est remarquable, c'est que les notaires de Paris furent les derniers à se soumettre à cette mesure. — Rolland de Villargues, *Rép. du Notar.*, v° *Brevet (acte en)*, n° 1er.

4. — Depuis qu'on a imposé aux notaires l'obligation de garder des protocoles ou minutes, ce n'est que par exception que les actes ont pu être délivrés en brevet, et la règle est que les notaires doivent garder minute de tous les actes qu'ils reçoivent. — Ord. d'août 1539, art. 173 et 174; ord. de janv. 1560, art. 83; L. 25 vent. an XI, art. 10. — Rolland de Villargues, *ibid.*, n° 2. — *Contrà* Nouveau Denizart, v° *Brevet*, § 3.

5. — Quand la loi impose l'obligation de garder un acte en minute, la volonté des parties ne saurait autoriser les notaires à délivrer ce même acte en brevet. L'art. 84 de l'ordonnance d'Orléans de 1560 contenait une disposition contraire : « Et (les notaires) expédieront aux parties, *ce requérant*, lesdits contrats ou actes *en bref* et par eux soussignés, sans que lesdites parties soient tenues les lever en forme si bon leur semble. » — Mais cette disposition ne doit plus être suivie, alors même que l'acte serait rédigé en *double brevet*, dont chacun serait remis à chacune des parties contractantes. — *Parlem. Paris*, 19 avr. 1714, Leberche; — Rolland de Villargues, *ibid.*, nos 3 et 4.

6. — Les actes dont les notaires ne sont pas tenus de garder minute sont les certificats de vie, procurations, actes de notoriété, quittances de fermages, de loyers, de salaires, arrérages de pensions et rentes, et autres actes simples qui, d'après les lois, peuvent être délivrés en brevet ». — L. 25 vent. an XI, art. 20.

7. — Lors de la discussion de la loi, le tribunat avait proposé de retrancher ces mots *actes simples*, en disant que puisqu'ils étaient suivis de ceux *qui, d'après la loi, peuvent être délivrés en brevet*, il n'y avait plus lieu d'examiner si les actes étaient ou n'étaient pas simples, mais seulement si leur délivrance en brevet était autorisée par quelque loi. — Mais le retranchement n'ayant pas eu lieu, il en faut conclure que le législateur a voulu limiter l'exception relative à la délivrance des brevets aux *actes simples* en général, sauf les applications faites par des lois particulières. — Rolland de Villargues, n° 6.

8. — Mais que doit-on entendre par *actes simples?* — La déclaration du 7 déc. 1723, qui supprima le contrôle pour tous les actes des notaires, et y substitua un autre droit qui devait être payé sur le papier ou le parchemin employé, distingue entre les brevets, minutes et expéditions des actes.

9. — L'art. 4 porte : « Tous les actes seront et demeureront divisés en deux classes. — La première sera composée des *actes simples*, qui se passent ordinairement sans minute, savoir : les procurations, avis des parens, attestations ou certificats, autorisation d'un mari à sa femme, désaveu, répondant de domestique, désistement, consentement, mains-levées, élargissement, décharges de pièces, papiers et meubles, cautionnement et généralement tous actes simples qui n'ont rapport à aucun titre ou acte, et ne contiennent aucune obligation respective; les apprentissages ou alloués, transports d'iceux, quittances de gages de domestiques, arrérages de pensions ou rentes, quittances d'ouvriers, artisans, journaliers, manouvriers et autres personnes du commun, pour choses concernant leur état et métier, quittances de loyers et fermages, cautionnement des employés dans nos fermes et affaires; le tout à quelques sommes qu'ils puissent monter; les conventions, marchés, obligations qui n'excéderont point la somme de 300 livres; les commissions d'archidiacre pour desservir une cure... (Suivent plusieurs autres actes qu'il est inutile de désigner, attendu qu'ils ne concernent que des matières ecclésiastiques ou bénéficiales, matières devenues sans intérêt.) — Et la seconde classe sera composée de tous les autres actes non compris dans ladite première classe. »

10. — Puis, dans les art. 5 et 6, ladite déclaration indique le prix du papier timbré pour chacune de ces deux classes.

11. — La déclaration, comme on le voit, n'a pas eu directement pour objet de diviser les actes en brevets et en minutes, mais seulement d'assujétir à un droit de timbre plus ou moins considérable les actes, suivant leur importance. Aussi parle-t-elle des actes qui se passent *ordinairement* sans minute, et parmi les actes qu'elle énumère comme *actes simples*, il y en a qui ont le caractère de véritables conventions synallagmatiques. Cette déclaration, dit Massé (*Parfait Notaire*, t. 1er, ch. 24), ne doit donc pas être considérée comme établissant de véritables règles sur la matière; elle est seulement bonne à consulter pour apprécier ce qu'on doit entendre par actes simples dans le cas où la difficulté portera sur le plus ou moins d'importance des actes.

12. — La première rédaction de la loi du 25 vent an XI portait : « Les notaires sont tenus de garder minute de tous les actes synallagmatiques, ainsi que de tous ceux qui ouvrent des droits en faveur des parties non présentes à l'acte. » Puis venait l'exception relative aux actes simples telle qu'elle est écrite dans l'art. 20. — Ainsi, le législateur opposait aux actes simples les actes synallagmatiques et ceux qui intéressent les tiers.

13. — En présentant le projet de loi au corps législatif, M. Favard, orateur du tribunat, disait : « L'art. 20 veille à la conservation et à la perpétuité des conventions, en obligeant les notaires à garder minute de tous leurs actes : il n'admet d'exception que pour ceux dont le contenu, la nature et les effets *ne présentent qu'un objet ou qu'un intérêt simple en lui-même et passager.* » — Ces principes ne faisaient au reste que consacrer l'ancienne doctrine. — V. ancien *Répert. de jurisprudence*, v° *Acte notarié*; Langlois, ch. 53, sect. 2. — Cout. du Bourbonnais, art. 78; de la Marche, art. 38.

14. — Il suit donc de là, dit M. Rolland de Villargues (n° 7) : 1° que l'on ne doit entendre par *actes simples*, susceptibles d'être délivrés en brevet, que les actes unilatéraux, c'est-à-dire ceux par lesquels une seule partie s'engage; — 2° que ces mêmes actes cessent de pouvoir être délivrés en brevet s'ils contiennent des stipulations que les tiers aient le droit d'invoquer; — 3° qu'il en est de même lorsque l'intérêt qu'ils présentent, quoique concentré entre les parties, est un intérêt perpétuel et non pas simplement passager.

15. — Ainsi, malgré les termes de la déclaration de 1723, un notaire ne peut se permettre de délivrer en brevet un acte synallagmatique, quelque peu d'importance qu'il paraisse présenter. — Rolland de Villargues, *ibid.*, n° 9.

16 — ... Non plus qu'un brevet d'apprentissage, attendu qu'il contient des engagemens réciproques. — Rolland, *ibid.*, n° 10.

17. — D'un autre côté, contrairement à la déclaration de 1723, qui ne permettait pas de délivrer en brevet les obligations excédant 300 liv., une obligation pure et simple peut toujours être délivrée en brevet, à quelque somme qu'elle s'élève et lors même qu'elle contiendrait constitution d'hypothèque. — Délib. des not. de Paris, 31 mars 1808.

18. — Toutefois il est d'usage, pour peu que le montant de la créance soit considérable, de garder minute de l'acte. C'est une précaution prise pour la sûreté du titre. — Rolland, *ibid.*, n° 12.

19. — Les procurations en général pouvant être délivrées en brevet, il s'ensuit qu'elles peuvent l'être aussi lors même que la loi dans certains cas exige des procurations authentiques : telles sont les procurations exigées de ceux qui se font représenter dans des actes de l'état civil. — C. civ., art. 36. — Rolland, n° 15.

20. — On peut également délivrer en brevet les actes passés par les mandataires et auxquels des procurations sont annexées. En effet, 1° l'acte susceptible d'être délivré en brevet ne change pas de nature parce qu'un autre acte, tel qu'une procuration, y est annexé; — 2° le terme *minute*, employé dans l'art. 13 de la loi du 25 vent. an XI, doit être pris dans le sens du mot *acte*, qui domine dans le même article; — 3° enfin, il n'y a aucun inconvénient à redouter, attendu que celui à qui l'acte est délivré a intérêt de conserver l'annexe. Cependant cette question avait d'abord fait difficulté. — Rolland, n° 17.

21. — Les autorisations délivrées à l'effet de contracter, par exemple, celle donnée par un mari à sa femme, peuvent, comme les procurations, être délivrées en brevet. — Déclar. 1723, art. 4. — Rolland, *ibid.*, n° 16.

22. — Aux quittances de fermages, salaires et arrérages de pensions et rentes, comme susceptibles d'être délivrés en brevet, il faut ajouter toutes les quittances simples, c'est-à-dire qui ne portent point obligation, car il n'y a que le débiteur qui en ait besoin pour justifier des paiemens par lui faits, sauf à faire faire, de plus, mention du paiement sur la minute et à se faire remettre la grosse. — Massé, *Parf. Notaire*, l. 1er, ch. 24. — V. cependant *infrà* nos 39 et suiv.

23. — Lorsque le roi et les princes de sa famille donnent leur agrément à un contrat de mariage par un acte particulier, cet acte peut, à la rigueur, être délivré en brevet; car c'est bien là un acte simple dans l'acception légale du mot. Cependant, comme les parties ont intérêt à conserver cet acte qui devient un monument pour la famille, il est convenable que le notaire qui le reçoit en garde minute, ou que le brevet soit déposé au notaire qui a reçu le contrat de mariage. — Délib. Not. de Paris, 4 juill. 1822.

24. — Le procès-verbal de notification des actes respectueux peut-il être rédigé en brevet? — V. pour la négative : Hutteau d'Origny, p. 238; pour l'affirmative : *Annal. du Not.*, t. 3, p. 49. — En effet, dit M. Rolland de Villargues (v° *Acte respectueux*, n° 29), pourquoi l'original d'un acte respectueux ne pourrait-il pas être délivré en brevet, puisque cet original doit être annexé à l'acte de mariage, et alors surtout que le consentement à mariage peut lui-même être délivré en cette forme? — Toutefois, ajoute-t-il, tout en partageant cette dernière opinion nous dirons qu'à Paris l'usage est de délivrer les actes respectueux en expédition.

25. — Une police d'assurance maritime peut être délivrée en brevet. — V. ASSURANCE MARITIME, n° 444.

26. — Il en est de même d'une police d'assurance terrestre. — V. ASSURANCE TERRESTRE, n° 162.

27. — Un acte de désistement d'instance peut être délivré en brevet. — Rolland de Villargues, n° 20.

28. — « Généralement on peut ne pas garder minute d'un transport », disent Ferrière et Massé, (*Parf. Not.*, t. 1er, ch. 24). Il peut donc être délivré en brevet, sauf toutefois les modifications ci-après (*infrà* n° 41).

29. — ... Que doit-on décider relativement : 1° aux testamens? — V. TESTAMENT.

30. — ... 2° Aux consentemens à mariage? — V. MARIAGE.

31. — ... 3° A la reconnaissance d'un enfant naturel? — V. ENFANT NATUREL.

32. — Pour peu qu'il y ait doute si un acte peut être délivré en brevet, il est plus prudent de le passer en minute. Car on peut garder minute de tous les actes susceptibles d'être délivrés en brevet, et l'usage des brevets n'a été établi que pour économiser les frais. — Rolland de Villargues, n° 26.

33. — L'acte qui est délivré en brevet quand il aurait dû être passé en minute, est nul; toutefois s'il est signé des parties, il peut valoir comme acte sous seing-privé. En tous cas, le notaire est passible de dommages-intérêts. — L. 25 vent. an XI, art. 68.

§ 2. — *Actes simples non susceptibles d'être délivrés en brevet.*

34. — Les exceptions à l'obligation de garder minute sont purement facultatives; et les parties sont toujours libres de faire rédiger en minute les actes simples dont elles pourraient requérir la délivrance en brevet. — Déclar. 1723, art. 5; — Rolland de Villargues, n° 28.

35. — En pareil cas, le notaire n'a qu'un conseil à donner. — Toutefois, dans le cas de doute, il

peut mettre sa responsabilité à couvert en mentionnant dans l'acte la réquisition expresse qui lui a été faite par les parties. — Rolland, nos 29 et 30.

56. — Dans certaines circonstances, il est tellement évident que l'intérêt des parties exige qu'un acte simple soit conservé en minute, que la loi et la jurisprudence ont établi à ce sujet une exception dans l'exception. — Rolland, n° 31.

57. — Telles sont les obligations dont il importe que la minute soit conservée, comme celles qui contiennent promesses d'emploi ou de subrogation, remise d'un gage, antichrèse, prestation d'alimens. — Rolland, n° 32.

58. — Tels sont encore les actes simples se rattachant à un titre antérieur (arg. décl.1723, art. 4), ou qui présentent un intérêt perpétuel. — Rolland, n° 33.

39. — Ainsi, on ne doit point délivrer en brevet les quittances de remboursement de rentes et capitaux lorsqu'il existe une minute de l'obligation. D'ailleurs, l'art. 29, L. 25 vent. an XI, ne parle point de ces quittances. — Garnier-Deschesnes, Tr. élém. du notar., n° 90 ; Rolland de Villargues, Rép., n° 34 ; — Contrà Favard, Rép. du notar., v° Acte notarié, § 3, par le motif que ces quittances ne constituent point une convention synallagmatique.

40. — A plus forte raison, ces mêmes quittances ne pourraient plus être délivrées en brevet, si elles intéressaient des tiers comme si elles contenaient quelque subrogation. — Garnier-Deschesnes et Rolland de Villargues, ibid.

41. — De même, bien qu'un transport de créance puisse être délivré en brevet, cependant, il en faudrait garder minute, s'il avait lieu pour libérer le cédant envers le cessionnaire d'une somme due en vertu d'un jugement ou d'un titre dont il y aurait minute. — Ferrière et Massé, ibid.; Rolland de Villargues, n° 36.

42. — Les accentiations de donations entre vifs, quand elles sont faites par acte séparé, ne peuvent, non plus que les donations elles-mêmes, être délivrées en brevet. — C. civ., art. 931 et 932. — V. DONATION ENTRE VIFS.

43. — Il en est de même des procurations à l'effet d'accepter des donations entre-vifs. — C. civ., art 933. — V. au surplus DONATION ENTRE VIFS, MINUTE.

44. — Il y a certains actes de notoriété, dont il est nécessaire ou convenable de garder minute. — V. ACTE DE NOTORIÉTÉ, n° 100 et 118.

§ 3. — Forme de la délivrance des actes en brevet. — Rapport pour minute.

45. — La rédaction d'un acte en brevet est constatée authentiquement par la mention qui en est faite sur le répertoire. L'acte lui-même n'a pas besoin de porter cette mention. — Rolland de Villargues, Rép., v° Brevet (acte en), n° 41. — V. RÉPERTOIRE.

46. — L'acte en brevet peut, aussi bien que les minutes, être dressé en double original, c'est ce qui a lieu souvent pour les procurations destinées à être envoyées dans des pays éloignés ou au-delà des mers. Elles sont rédigées par duplicata et les deux duplicata sont adressés par des courriers ou des navires différens. — Rolland de Villargues, ibid., n° 42.

47. — De même que toutes les copies authentiques délivrées par les notaires, les brevets doivent porter l'empreinte de leur sceau ou cachet. — Rolland de Villargues, n° 44. — V. SCEAU.

48. — Un acte en brevet ne pourrait être rédigé avec la formule exécutoire. — Rolland de Villargues, ibid., n° 43. — V. GROSSE.

49. — En remettant la partie l'acte délivré en brevet, le notaire n'a pas besoin de demander une décharge. La mention portée sur le répertoire (V. suprà n° 45) lui suffit. Tel est d'ailleurs l'usage constant que ce point. — Rolland de Villargues, n° 45.

50. — Une fois, que l'acte en brevet est sorti des mains du notaire, celui-ci n'est plus responsable des ratures, surcharges et autres irrégularités qu'il pourrait offrir, et qui sont telles qu'elles peuvent avoir été faites après coup. — V. Deux jug. trib. de la Seine, 19 mai 1831, rapportés par le contrôleur de l'enregistrement (t. 22, p. 186).

51. — Lorsque le créancier veut obtenir une grosse exécutoire de l'acte en brevet qu'il a entre les mains, ce brevet doit être rapporté au notaire qui l'a reçu. — L. 25 vent. an XI, art. 24.

52. — Si le brevet d'une obligation est déposé chez un notaire autre que celui qui l'a reçu, ce notaire ne peut délivrer la grosse, quand le débiteur lui-même n'a point concouru au dépôt. — Rolland de Villargues, n° 48. — V. GROSSE.

V. ANNEXE DE PIÈCE, ASSURANCE MARITIME, ASSURANCE TERRESTRE, ENREGISTREMENT, LETTRE DE CHANGE, REMISE DE LA DETTE, TIMBRE.

BREVET D'APPRENTISSAGE.

Acte écrit qui constate le contrat d'apprentissage et ses conditions. — V. APPRENTISSAGE, n° 3, ENREGISTREMENT.

BREVET D'IMPRIMEUR ET DE LIBRAIRE.

1. — Acte que délivre l'autorité à un individu pour lui conférer le droit d'imprimer toute espèce d'écrits ou de vendre et distribuer tous livres ou imprimés.

2. — Un brevet de libraire ou d'imprimeur est personnel et ne donne pas à celui qui l'a obtenu le droit d'ouvrir par l'intermédiaire d'un mandataire ou commis voyageur une boutique ou un magasin de librairie, même temporairement, dans une ville autre que celle pour laquelle il a été accordé. — Cass, 15 mai 1823 (intérêt de la loi), Vermol. — De même, le fils, la veuve ou l'héritier d'un imprimeur ne peuvent continuer la profession d'imprimeur ou de libraire sans être pourvus d'un nouveau brevet, et sans avoir prêté serment. — De Grattier, Comm. sur les lois de la presse, t. 1er, p. 32, n° 3 ; Pic, Code des imprimeurs, p. 402.

3. — Du même principe de la délivrance du brevet par l'autorité administrative supérieure, il suit qu'en principe le brevet est inaliénable. — V. cependant IMPRIMERIE ET LIBRAIRIE.

4. — Une ordonnance du 8 oct. 1817 exige aussi le brevet et le serment pour l'exercice de la profession d'imprimeur lithographe.

5. — Les conditions d'admission au brevet et au serment sont réglées par les décrets des 5 fév. 1810, art. 7, et 2 févr. 1811, ainsi que par l'ordonnance du 6 avr. 1834. — V. IMPRIMERIE ET LIBRAIRIE.

6. — Le brevet d'imprimeur et libraire est conféré à vie, sauf le droit réservé à l'administration de le retirer dans des cas spécifiés par la loi. Il est concédé pour un lieu déterminé qu'il est défendu au titulaire de changer. — V. au surplus pour les développemens, les mots IMPRIMERIE et LIBRAIRIE.

BREVET D'INVENTION.

Table alphabétique.

BREVET D'INVENTION. — 1. — On appelle *brevet d'invention* le titre délivré par le gouvernement, et en vertu duquel l'auteur de toute nouvelle *découverte* ou *invention* dans tous les genres d'industries, peut revendiquer le droit exclusif d'exploiter à son profit cette découverte ou invention.

CHAPITRE 1er. — *Historique.* — *Législation.*
— *Principes généraux.*

2. — Avant 1790, les découvertes industrielles comme l s grands établissemens de manufacturiers et les grandes entreprises de commerce pouvaient être l'objet de privilèges exclusifs; mais ces privi-léges étaient pour les inventeurs un stérile bienfait en présence des prérogatives concédées aux cor-porations industrielles.

3. — La durée des privilèges concédés à prix d'argent était alors arbitrairement déterminée par les actes de concession; souvent même elle était illimitée; toutefois la déclaration de 1762 (24 déc.) disposa dans son art. 2 que « tous les privilèges qui avaient été ou seraient, dans la suite, ac-cordés définitivement et sans terme, devaient être de-meureraient fixés et réduits au terme de quinze années de jouissance à compter du titre de conces-sion, sauf à chaque privilégié à obtenir la prorogation des privilèges, s'il y avait lieu.

4. — Un tel état de choses, qui laissait le génie de l'invention sans protection réelle, avait pour ré-sultat nécessaire de décourager les inventeurs, et de les obliger en quelque sorte à aller chercher sur une terre étrangère l'aide et l'appui qui leur man-quait dans leur pays. — « Combien de citoyens pré-

cieux, disait plus tard M. de Boufflers devant l'as-semblée nationale (séance du 30 déc. 1790), après avoir négligé le soin de leur fortune, pendant les plus belles années d'une vie consumée en études, en recherches et méditations, après avoir épuisé leur patrimoine en fabrications, en frais inutiles, en essais infructueux, et surtout en vaines démar-ches, voyaient souvent leur espoir le plus cher et le mieux fondé s'évanouir tout à coup! » Et M. le ministre du commerce, en présentant devant la chambre des pairs le projet qui est devenu depuis la loi du 5 juill. 1844, ajoutait : « Le nom de Nico-las Briot, inventeur du balancier à frapper les mé-dailles; d'Argant, exécuteur des lampes à double courant d'air; de Réveillon, fondateur de la première manufacture de papiers peints ; de Lenoir, qui a porté à un si haut degré de perfection la fabrica-tion des instrumens de précision, retentissent en-core dans nos annales comme un acte d'accusa-tion contre les réglemens de cette époque. »

5. — Les progrès de la civilisation et le mouve-ment ascensionnel des esprits dans la sphère in-dustrielle ne pouvaient laisser subsister toujours d'aussi graves abus. Déjà Colbert, dans son *Testa-ment politique*, avait sollicité la suppression immé-diate de tous les réglemens funestes à l'industrie; et plus tard, Turgot, par son mémorable édit de février 1776, avait supprimé les jurandes et maî-trises : mais cette réforme, si éminemment libé-rale, repoussée par la masse des intérêts privés, et, chose étrange , par les plus savans apôtres de la philosophie du siècle, les *Encyclopédistes* (V. Ency-clopédie méthodique, partie de la *police et des mu-nicipalités*), ne put résister à de si puissantes atta-ques ; elle tomba avant le ministre qui l'avait con-çue. — V. Renouard, *des Brevets d'invention*, p. 70 ; Loiseau et Vergé, L. *sur les brevets d'invention*, p. 7 et 8. — V. JURANDES ET MAITRISES.

6. — Toutefois, cette tentative d'affranchisse-ment avait laissé dans les esprits l'espoir de reconqué-rir plus tard, pour l'industrie, cette indépendance nécessaire à sa prospérité. On parlait maintenant de l'incessante nécessité de détruire les abus naissant du monopole des privilégiés et des entraves ap-portées à l'invention. Les parlemens, le conseil du roi y étaient disposés; mais il voulaient y arriver par des actes successifs qui, sans détruire d'un seul trait ce que les privilèges appelaient des droits acquis, en affaibliraient peu à peu les déplorables résultats.

7. — Ainsi, le 5 mai 1779, des lettres patentes, données à Marly, enregistrées au parlement le 19, autorisèrent les fabricans et manufacturiers à sui-vre dans leur fabrication des dimensions et com-binaisons autres que celles fixées par les réglemens; seulement il fut ordonné qu'une marque appliquée aux produits signaleraît aux acheteurs ceux qui proviendraient de l'industrie nouvelle. — Renouard, p. 91. — Et ce qu'il y avait de plus remarquable dans cet acte, c'est que dans son préambule le tort causé aux droits et à la propriété des inventeurs par les anciens réglemens était reconnu. « Nous avons reconnu, y était-il dit, que si les régle-mens sont utiles pour servir de frein à la cupidité mal entendue, et pour assurer la confiance publi-que, ces mêmes institutions ne devaient pas s'é-tendre jusqu'au point de circonscrire l'imagination et le génie d'un homme industrieux, et encore moins jusqu'à résister à la succession des modes et à la diversité des goûts. »

8. — Des réglemens nouveaux de fabrication fu-rent faits en exécution des lettres patentes de 1779, et publiées en 1780 et 1781. « Et puis le temps mar-chait, dit M. Renouard (*loc. cit.*) plus les droits des inventeurs à la liberté de leur travail et à sa rému-nération, apparaissaient fréquemment , non seu-lement dans les réclamations privées et sous la plume des écrivains , mais encore dans le langage de l'administration publique. »

9. — Enfin, un arrêt du conseil, du 14 juill. 1787, non seulement reconnut les droits de l'inventeur comme principe, mais en fit une application for-melle en assurant pour quinze ans à tous les fa-bricans d'étoffes du royaume , la jouissance exclu-sive du dessin qu'ils avaient composé ou fait com-poser, à la charge pour eux de faire le dépôt de l'esquisse originale ou d'un échantillon. — Re-nouard, p. 93.

10. — C'est en cet état que se trouvait la législa-tion sur les inventions lorsque la révolution éclata. Dans la nuit du 4 au 5 août 1789, l'assemblée nationale vota l'abolition des jurandes et des maîtrises; le 31 déc. 1790, elle décrétait la loi qui , promulgée le 7 janvier, a formé avec celle du 25 mai, pendant plus de cinquante ans , le code spécial des brevets d'in-vention.

11. — Ces lois qui se bornaient à arrêter les principes généraux de la matière et à en régler l'exécution, en déterminant la forme des titres et

les formalités relatives à leur délivrance , ont été depuis suivies : — (1° de la loi du 20 sept. 1792, qui dé-fend de délivrer des brevets pour des établisse-mens relatifs aux finances, et qui supprime ceux qui auraient été accordés; — 2° de l'arrêté du 17 ven-dém. an VII, qui ordonne la publication des des-criptions annexées aux brevets expirés, et leur dé-pôt au conservatoire des Arts et Métiers ; — 3° de l'arrêté du 5 vendém. an IX, qui ajouta que les ti-tres seraient délivrés sans examen préalable aux risques et périls des demandeurs, et sans garantie de la priorité du mérite ou du succès de l'inven-tion ; — 4° du décret du 25 nov. 1806, qui permit d'exploiter les brevets par actions avec l'autorisa-tion du gouvernement; — 5° de celui du 25 janv. 1807, qui fixa le point du départ de la durée des brevets à la date des certificats délivrés par le ministre, et en cas de contestation entre deux brevets pour le même objet , accorda la priorité à celui qui au-rait fait le premier le dépôt de ses pièces au se-crétariat du département de son domicile; enfin —6° du décret du 13 août 1810, non inséré au *Bulle-tin des Lois*, qui fixa la durée des brevets d'impor-tation, d'après celle des brevets d'invention et de perfectionnement, c'est-à-dire à cinq, dix ou quinze années.

12. — Mais il arriva une époque où les lois de 1791 furent elles-mêmes en arrière du progrès et des besoins de l'industrie, et où l'expérience dé-montra la nécessité de quelques modifications im-portantes dans la législation. Ainsi les brevets de perfectionnement et d'importation avaient été l'objet de plaintes sérieuses de la part des inven-teurs et de la part de l'industrie ; la justice, le bon sens, l'intérêt national, protestaient contre la disposition qui portait que tout inventeur qui , après avoir obtenu une patente en France, serait convaincu d'en avoir pris une à l'étranger, serait déchu de son droit; enfin les inventeurs se plai-gnaient d'être sans cesse troublés dans leur jouis-sance et de ne pas recevoir de la loi protection ef-ficace et garantie effective des droits qu'elle leur avait promis en échange des avantages dont ils faisaient jouir la société. — V. l'exposé des motifs de la loi du 5 juill. 1844, séance du 10 janv. 1843.

13. — Ces plaintes éveillèrent l'attention de l'ad-ministration , et dès 1826 on s'occupa de l'amélio-ration des lois de 1791 ; des commissions d'exa-men furent nommées ; des enquêtes eurent lieu auprès des chambres de commerce et des manu-factures, et auprès des conseils de prud'hommes. Enfin un projet fut soumis à l'examen des con-seils généraux de l'agriculture, des manufactures et du commerce, et à celui du conseil d'état.

14. — C'est de ces divers élémens qu'est née la loi du 5 juill. 1844, qui régit aujourd'hui la matière des brevets d'invention. Cette loi , dont les diver-ses dispositions vont être analysées et comparées successivement avec celles qu'elles ont rempla-cées, a abrogé, dans son art. 52, toutes les lois an-térieures, relatives aux brevets d'invention, d'im-portation ou de perfectionnement, et spécialement celles qui ont été ci-dessus mentionnées.

15. — Toutefois et par une disposition transi-toire, l'art. 53 de la même loi a dit que les brevets d'invention, d'importation et de perfectionnement en exercice lors de sa promulgation , et délivrés conformément aux lois antérieures, ou prorogés par ordonnance royale , conserveraient leur effet pendant tout le temps qui aurait été assigné à leur durée.

16. — Les lois de 1791 créaient une ère nouvelle pour le génie de l'invention industrielle, et pour bien déterminer quelle devait être la nature et l'é-tendue de la protection à lui accorder, la première question qui se présentait alors était celle de la nature qu'il fallait assigner, en principe, à la na-ture et l'étendue des droits de l'inventeur. Fallait-il dire avec Mirabeau que les découvertes de l'industrie et des arts sont une *propriété*? Devait-on, au contraire, admettre « que la pensée n'est la propriété de celui qui l'a conçue que tant qu'elle ne s'est pas produite au dehors; qu'une fois mise au jour et livrée au monde, elle appartient au monde; que la matière seule peut être saisie, occupée, retenue; que l'invention, produit de la fermenta-tion générale des idées, fruit du travail des généra-tions successives, n'est jamais l'œuvre d'un seul homme, et ne peut devenir sa propriété exclusive que par le consentement de la société, dans le sein de laquelle il germe quand son génie a fécondé, »

17. — La loi du 7 janv. 1791 semble avoir ré-solu cette question en disant que « toute décou-verte ou nouvelle invention, dans tous les genres d'industrie, *est la propriété de son auteur* »; et tou-tefois, reconnaissant qu'il s'agissait là d'une pro-priété dont la nature particulière et exception-nelle nécessitait des règles spéciales, elle se réser-

vail de déterminer elle-même le mode et le temps de la jouissance de l'inventeur.

18. — La théorie de la loi de 1844 a été de ne pas reconnaître le *droit de propriété* au profit des inventeurs. Le rapporteur, M. Ph. Dupin, en donnait le motif suivant : « Une telle propriété est inaccessible comme la conscience, impénétrable comme la pensée; mais une fois émise, une fois jetée dans le vaste fonds des connaissances humaines, une idée n'est plus susceptible de cette jouissance exclusive et jalouse qu'on appelle propriété; on ne peut empêcher personne de la recueillir dans le livre où elle a été écrite, dans le cours où on la professe, dans les communications où elle circule. Celui qui l'acquiert ne l'enlève pas à celui qui l'avait acquise avant lui; à l'inverse des choses matérielles, que la propriété concentre dans les mains d'un seul, elle demeure entière pour chacun, quoique partagée entre un grand nombre; elle est comme l'air que tous respirent, comme la lumière qui luit pour tous. »

19. — Mais en même temps la même loi part de cette idée que toute découverte utile est la prestation d'un service rendu à la société; or il est juste que celui qui a rendu ce service en soit récompensé par la société qui le reçoit; c'est une transaction équitable, un véritable contrat, un échange qui s'opère entre les auteurs d'une découverte nouvelle et la société; les premiers apportent les nobles produits de leur intelligence, et la société leur garantit en retour les avantages d'une exploitation exclusive de leur découverte pendant un temps déterminé.

20. — La loi de 1844 n'a donc pas reproduit les mots *de propriété* que contenait la loi de 1791, et son article se borne à dire que « toute nouvelle découverte ou invention, dans tous les genres d'industrie, confère à son auteur (sous les conditions et pour un temps déterminés) *le droit exclusif d'exploiter à son profit ladite découverte et invention.* »

21. — Au surplus, ainsi qu'on le voit, la question de savoir si l'invention et la découverte constituent ou non une véritable propriété rentre dans le domaine de la pure métaphysique, dès qu'on reconnait que ce ne peut être dans tous les cas qu'une propriété limitée dans son exercice à raison même de sa nature. — Ce qu'il importe donc uniquement de constater en rentrant dans la réalité des faits, c'est la pensée sur laquelle reposent tant la loi de 1791 que la loi de 1844, pensée qui est restée la même, malgré la différence qui existe entre les termes dont se sont servies l'une et l'autre de ces lois. Voici comment M. le ministre du commerce s'exprimait à cet égard dans l'exposé des motifs de la loi de 1844 : « L'inventeur ne peut exploiter sa découverte sans la société; la société ne peut en jouir sans la volonté de l'inventeur. La loi, arbitre souverain, intervient. Elle garantit à l'un une jouissance exclusive, *temporaire*; à l'autre une jouissance différée, mais *perpétuelle*. Cette solution, *transaction nécessaire entre les principes et les intérêts*, constitue le droit des inventeurs, et, droit naturel ou droit concédé, propriété ou privilége, indemnité ou rémunération, ce résultat est le réglement le plus équitable des droits respectifs. » — Duvergier, *Collect. des lois*, t. 44, p. 544.

22. — Du reste, l'idée de cette transaction si équitable entre les droits de l'inventeur et ceux de la société n'était pas nouvelle même en 1791. « L'exemple de ce qui se pratiquait en Angleterre depuis le règne de Jacques Ier, en 1623 (disait le même exposé des motifs), celui des Etats-Unis, dont l'acte constitutionnel venait d'être arrêté le 17 septemb. 1787, les observations de la chambre de commerce de Normandie, l'avis des députés du commerce, publié au commencement de 1788, ceux des inspecteurs généraux et des intendans généraux du commerce, les vœux des bailliages, les cahiers du tiers état, et enfin les instances des inventeurs eux-mêmes, tout sollicitait l'application du système, dont les rapports remarquables de M. de Boufflers déterminèrent l'adoption. » — Duvergier, *Coll., loc. cit.*

23. — Ajoutons que tel est également le principe fondamental qu'ont successivement adopté dans leurs lois industrielles, la Russie en 1812, la Prusse en 1815, les Pays-Bas en 1817, l'Espagne en 1820 et 1826, l'Autriche en 1820 et 1832, la Bavière en 1834 et 1835, le Wurtemberg en 1836. — Loiseau et Vergé, p. 10.

24. — L'art. 51, L. 5 juill. 1844, a disposé que des ordonnances portant réglement d'administration publique pourraient régler l'application de la loi nouvelle dans les colonies avec les modifications qui seraient jugées nécessaires.

25. — Tout ce qui est relatif à la délivrance des brevets d'invention a été placé, par l'ord. du 6 avril 1834, dans les attributions du ministère du commerce. — La loi du 5 juillet 1844 a confirmé cette ordonnance.

CHAPITRE II. — *Des inventions ou découvertes brevetables, et de leurs caractères. — Additions et perfectionnemens. — Importations.*

26. — L'art. 1er, L. 5 juill. 1844, pose en principe que *toute nouvelle découverte ou invention, dans tous les genres d'industrie,* confère à son auteur, sous les conditions et pour le temps qu'elle détermine, le droit exclusif d'exploiter à son profit ladite découverte ou invention.

27. — Lors de la discussion à la chambre des députés, M. Delespaul avait proposé de substituer à ces mots de l'art. 1er : « *toute nouvelle découverte ou invention* », ceux-ci : « *toute découverte ou invention reposant sur une idée nouvelle* »; mais M. Ph. Dupin fit observer avec raison qu'une invention pouvait reposer sur une idée ancienne en y apportant un perfectionnement. En conséquence, cette rédaction nouvelle fut rejetée. — Loiseau et Vergé, sur l'art. 1er, note 2e.

28. — La loi du 7 janv. 1791 avait aussi réuni dans ses dispositions l'invention et la découverte; elle disait : « *Toute découverte ou nouvelle invention,* dans tous les genres d'industrie, est la propriété de son auteur, etc. »

29. — L'invention diffère de la découverte en ce qu'elle produit quelque chose qui n'existait pas auparavant, tandis que la découverte met en lumière quelque chose qui existait, mais qui, jusqu'alors, avait échappé à l'observation. — Renouard, no 34.

30. — La loi considère comme inventions ou découvertes nouvelles. 1o l'invention de *nouveaux produits industriels;* — 2o l'invention de *nouveaux moyens ou l'application nouvelle de moyens connus* pour l'obtention d'un résultat ou d'un produit industriel. — L. 5 juill. 1844, art. 2. — Ainsi cette énonciation résume les différentes espèces sous lesquelles les découvertes industrielles peuvent se produire, et elle n'enlève rien à la liberté du génie de l'invention. — *Exposé des motifs à la chambre des pairs,* séance du 10 janv. 1843.

31. — Au surplus, l'importance de l'invention n'est pas à considérer pour l'admission de l'inventeur au privilége du brevet : « Toute invention industrielle a droit à être brevetée, quelque faible que puisse être ou paraître son utilité réelle. » — Renouard, no 66.

32. — On entend par *produit industriel* « un corps certain et déterminé susceptible d'entrer dans le commerce, soit que la main des hommes l'ait fabriqué et façonné, soit que leur travail et leur intelligence l'ait conquis sur la nature matérielle. » — Renouard, no 62; Etienne Blanc, *Code des inventions*, p. 257.

33. — Les *moyens* sont les procédés, les combinaisons, la manière dont tels agens connus sont employés. — Etienne Blanc, p. 257.

34. — Par *application* il faut entendre le fait d'appliquer un agent connu à un usage nouveau. — Etienne Blanc, *loc. cit.* — Un député, M. Delespaul avait exprimé la crainte que les mots *application nouvelle de moyens connus* ne fussent pas assez compréhensifs. « Prenons, disait-il, pour exemple l'application de la vapeur pour le blanchiment du linge, de la dentelle. Dira-t-on que la vapeur est un moyen? non; c'est un *principe*, un *agent* connu qui reçoit une application nouvelle. » Il demandait donc que l'on ajoutât le mot *agens* au mot *moyens*. Mais cette proposition n'a pas été appuyée. « Et elle était inutile, dit M. Renouard (no 55); car l'emploi d'un agent naturel ou artificiel, d'une substance, d'une force, est manifestement un moyen de production. »

35. — Il ne faut pas confondre le *produit* avec le *résultat*; la commission de la chambre des pairs reconnut la nécessité de faire cette distinction, et le mot *résultat* fut inséré dans l'art. 2, L. 5 juill. 1844. — M. de Barthelemy, dans la séance du 24 mars 1843, expliquait très bien, par un exemple, ces deux effets distincts : « Lorsqu'on mettait de l'eau dans une chaudière destinée à produire de la vapeur, il s'incrustait à ses parois des matières blanchâtres qui détruisaient cette chaudière; on a trouvé le moyen, en y introduisant des pommes de terre, d'éviter l'incrustation. Il n'y a pas là un *produit* industriel, mais il y a un *résultat*, en ce sens que les chaudières ne sont plus minées par ces espèces de petites croûtes qui se formaient sur leurs parois. » — Loiseau et Vergé, sur l'art. 2, note 3e; Etienne Blanc, p. 258.

36. — En associant au bénéfice accordé à l'invention et à la découverte l'invention de *moyens nouveaux* et *l'application nouvelle* de moyens connus pour arriver à des produits ou résultats industriels, le législateur a étendu le domaine de l'*invention nouvelle*; en statuant ainsi, il a voulu récompenser tous les genres d'invention, toutes les nuances du génie industriel.

37. — Déjà la jurisprudence avait posé en principe que « l'application d'un procédé déjà connu peut constituer une nouvelle découverte, s'il est adapté à un nouvel usage. » — *Cass.*, 11 janv. 1825 (dans ses motifs), Laurens c. Lemarre.

38. — Et plus tard la même cour avait reconnu qu'un procédé industriel, bien qu'il soit déjà connu, peut cependant, en tant qu'appliqué à l'objet d'une découverte, devenir, aussi bien que celle-ci, la matière d'un brevet d'invention. — *Cass.*, 27 déc. 1837 (t. 1er 1844, p. 808), Rattier et Guibal c. Janvier.

39. — Jugé aussi que l'inventeur déclaré déchu de son brevet peut en prendre un autre pour la découverte d'un *nouveau système de procédés tendant à exploiter la même invention.* — *Douai*, 27 nov. 1841 (t. 1er 1844, p. 812), Hanoire c. Robert de Massy.

40. — Jugé encore que des élémens mécaniques, bien qu'ils soient tombés isolément dans le domaine public, par exemple des chariots de machines, peuvent, dans leur application à un système mécanique breveté, faire l'objet d'une propriété exclusive. — *Rouen*, 4 mars 1841 (sous *Cass.*, 24 mars 1842, t. 2 1842, p. 323), Rowcliffe et Urruty c. Pethion.

41. — Mais la cour de Cassation a également décidé que l'*application* d'un procédé déjà connu à une invention nouvelle ne conférait pas un privilége exclusif sur ce procédé, qui empêchât d'autres personnes de l'appliquer à des objets de leur invention. — *Cass.*, 11 janv. 1825, Laurens c. Lemarre.

42. — Ainsi qu'on le voit par les termes mêmes de la loi, un des premiers caractères de l'invention ou de la découverte, pour être susceptible de donner lieu à un brevet valable, c'est la *nouveauté*, et l'on verra plus bas que l'absence de ce caractère entraîne la nullité du brevet qui aurait été obtenu.

43. — Quant à la question de savoir dans quels cas l'invention et la découverte doivent ou non être considérées comme ayant le caractère de nouveauté exigé par la loi, V. nos 282 et suiv.

44. — Le second caractère que doit avoir l'invention ou la découverte, c'est d'être *industrielle*.

45. — « Une invention a le caractère industriel, dit M. Renouard (no 56), lorsqu'elle donne des produits que la main de l'homme ou les travaux qu'il dirige peuvent fabriquer, faire naître ou mettre en valeur, et de nature à entrer dans le commerce pour être achetés et vendus. S'il ne tire de ses observations aucune application spéciale et positive à certaines fabrications déterminées, sa découverte sera purement scientifique et nullement brevetable. » — V. aussi Etienne Blanc, p. 255.

46. — Ainsi l'art. 30, L. du 5 juill. 1844, déclare nuls les brevets obtenus pour une invention qui ne porte que sur des principes, méthodes, systèmes, découvertes et conceptions théoriques ou purement scientifiques dont on n'a pas indiqué les applications industrielles : elle n'est pas admise au bénéfice du brevet. — V. *infrà* no 326.

47. — « Il en est, en effet, disait l'Exposé des motifs à la Chambre des Pairs (séance du 10 janv. 1843) de ces créations du génie, comme des œuvres de l'imagination; la civilisation les accepte comme des bienfaits, mais aucune puissance au monde ne pouvant en assurer la possession exclusive à un seul, la société les paie en gloire et en renom et elle distribue aux inventeurs ces brevets d'immortalité qui font les Galilée, les Newton, les Lavoisier, les Volta. »

48. — Une invention à l'état de principe ou de théorie n'est donc pas susceptible d'être valablement brevetée; il faut, pour qu'elle puisse l'être, qu'elle produise une combinaison vénale et matérielle : « Toute invention, dit M. Etienne Blanc (*Tr. de la contrefaçon*, p. 49), qui n'a pas un résultat matériel, ne peut servir de base à un brevet. »

49. — Jugé, par suite de ce principe, qu'une découverte qui tient au domaine de l'intelligence et qui appartient à l'entendement humain sans le secours d'aucun objet matériel : par exemple, la découverte d'une méthode de lecture ou d'écriture, ne peut être une propriété privée et devenir l'objet d'un brevet. — *Grenoble*, 12 juin 1830, Augier c. Chonet; *Cass.*, 21 fév. 1837 (t. 2 1842, p. 383), Alvier c. de Laréol; 15 juin 1842 (t. 2 1842, p. 388), Flourens c. Morin; 22 août 1844 (t. 2 1844, p. 672), Bourrousse c. Longeot.

50. — Jugé de même que le procédé pour la coupe économique des vêtemens, qui ne dépend absolument que de l'adresse et de calculs à la portée de tout le monde, ne présente pas les caractères d'une invention susceptible d'être brevetée. — En tous cas le jugement ou l'arrêt qui le décide ainsi ne fait qu'une appréciation des faits du procès, et

échappe ainsi à la censure de la cour de Cassation. — *Cass*, 21 avr. 1840 (t. 2 1840, p. 388), Heintz c. Thadomme.

51. — Quant aux ouvrages d'esprit et aux compositions des beaux-arts qui supposent souvent aussi le génie de l'invention, ce ne sont pas néanmoins choses brevetables, puisqu'on ne peut les regarder comme des productions industrielles. La loi cependant en garantit la propriété par des dispositions spéciales. — Renouard, n° 57; Étienne Blanc, p. 235. — V. PROPRIÉTÉ LITTÉRAIRE.

52. — Dans les premiers temps qui ont suivi la promulgation des lois de 1791, on avait considéré comme inventions brevetables et industrielles les plans et combinaisons de crédit ou de finances; mais c'était là, dit M. Renouard, n° 58, se méprendre sur la portée et le but de l'institution. Aussi la loi du 20 sept. 1792 vint-elle interdire pour l'avenir et supprimer dans le passé les brevets d'invention pour établissement de finances. La loi du 5 juill. 1844 a renouvelé cette prohibition dans son art. 3 2°, qui déclare *non susceptibles d'être brevetés les plans et combinaisons de crédit ou de finances.*

53. — Le troisième caractère que doit avoir l'invention c'est d'être *licite*: si la découverte, invention ou application est reconnue contraire à l'ordre ou à la sûreté publique, aux bonnes mœurs ou aux lois du royaume, elle n'est pas susceptible de brevet valable. — L. 5 juill. 1844, art. 30 4°. — V. *infrà* nos 327 et suiv.

54. — La loi de 1844 (art. 3) déclare non susceptibles de brevets les compositions pharmaceutiques et remèdes de toute espèce, lesdits objets demeurant soumis aux lois et réglemens spéciaux qui les concernent et notamment au décret du 18 août 1810 relatif aux remèdes secrets. — V. à cet égard PHARMACIE, REMÈDES SECRETS.

55. — On entend par compositions pharmaceutiques toutes préparations destinées à la guérison des malades. — Étienne Blanc, p. 261.

56. — Cette disposition ne fut pas adoptée sans de sérieuses difficultés, ainsi qu'on peut s'en convaincre par la discussion qui eut lieu devant la chambre des pairs et la chambre des députés. — V. Duvergier, *Coll. des lois*, 1844, et Loiseau et Vergé, sur l'art. 3, L. 5 juill. 1844. — La Société d'encouragement, l'académie royale de médecine, l'école de pharmacie de Paris, la commission générale des pharmaciens du département de la Seine, avaient demandé la prohibition des brevets, tandis que l'opinion contraire était soutenue à la chambre des pairs par MM. Gay-Lussac et Dupin. « Je réclame, disait ce dernier orateur, au nom du droit commun, au nom de la liberté des citoyens, pour qu'une grande industrie, une industrie respectable et savante, ne soit pas déshéritée du privilége universel des inventeurs. » Mais l'intérêt de la santé publique, la haine du charlatanisme, la nécessité de maintenir cette matière sous le régime d'une législation spéciale, firent prévaloir la prohibition du brevet.

57. — Au surplus, la prescription formelle de la loi de 1844 semblait préparée par un arrêt de la cour de Cassation, qui avait jugé qu'un brevet d'invention pouvait être accordé pour des capsules servant d'enveloppe à un médicament; attendu que bien que l'enveloppe et le médicament soient liés d'une manière indivisible, *ces capsules ne constituent cependant pas une préparation pharmaceutique*, ce qui leur rend inapplicable le décret de 1810, suivant lequel un remède ne peut être l'objet d'un droit privatif. — *Cass.*, 12 nov. 1839 (t. 2 1839, p. 558), Duval c. Mothès.

58. — On doit, dans l'esprit de la loi de 1844, faire tomber sous l'application de l'art. 3, même les compositions pharmaceutiques préparées pour la médecine vétérinaire, c'est ce qui a été reconnu à la chambre des députés. — Renouard, n° 79; Étienne Blanc, p. 261.

59. — On avait proposé, devant la chambre des députés, d'étendre la prohibition *aux substances alimentaires et aux cosmétiques.* On en donnait pour raison que tous les jours le charlatanisme trompe le public en annonçant, à la faveur d'un brevet et sous des noms étrangers au *Codex*, des substances qui auraient la vertu de guérir une foule de maux; que cette industrie coupable porte le plus grave préjudice aux pharmaciens; mais la proposition n'a pas été appuyée.

60. — Il faut au surplus distinguer entre les diverses inventions celles qui ne sont pas susceptibles d'être brevetées et celles qui ne comportent pas de *brevet valable*. Les premières sont limitativement énumérées dans l'art. 3 de la loi 1844, ce sont les compositions pharmaceutiques et remèdes, ainsi que les plans et combinaisons de finances. L'administration *ne peut ni ne doit* délivrer des brevets pour de pareilles inventions. — Les autres au contraire sont admises à la concession du brevet, sauf à tomber sous l'action en nullité. — V. *infrà* nos 152 et suiv.

61. — *Perfectionnemens et importations.* — Indépendamment des brevets pour inventions ou découvertes principales, la législation antérieure à 1844 reconnaissait ce qu'elle appelait les *brevets de perfectionnement*: elle désignait sous ce nom ceux qui venaient se superposer à d'autres brevets déjà existans. On verra que la loi nouvelle ne reconnaît ni n'autorise, nominativement du moins, les brevets de perfectionnement. Elle s'occupe seulement de certificats d'addition et de brevets principaux pris pour perfectionnement. — V. *infrà* nos 172 et suiv.

62. — La loi du 7 janvier 1791 accordait à quiconque apportait le premier en France une découverte étrangère les mêmes avantages que s'il en était l'inventeur (art. 3): c'était là ce qu'on appelait les *brevets d'importation*, et l'art. 9 disposait que l'exercice des patentes accordées pour une découverte importée d'un pays étranger ne pourrait s'étendre au delà du terme fixé dans ce pays à l'exercice du premier inventeur.

63. — Les brevets d'importation avaient donné lieu à d'assez vives critiques (V. Renouard, p. 207 et suiv.); surtout depuis l'époque où, sous prétexte de concilier les art. 3 et 9, un décret du 13 août 1810 avait décidé que « la durée des brevets d'importation serait la même que celle des brevets d'invention et de perfectionnement, et que tout particulier qui aurait le premier apporté en France une découverte étrangère était libre de prendre des brevets de cinq, dix ou quinze ans à son choix, en se conformant aux dispositions des lois de 1791, ce qui était modifier essentiellement l'art. 9, L. du 7 janv. 1791. — La plupart des auteurs avaient même soutenu que ce décret, non publié dans les formes légales, n'avait pas force légale. — Renouard, p. 201 et suiv.; Regnault, *Lég. et jurisp. sur les brevets d'invention*, p. 147; Foucart, *Élém. de dr. administratif*, t. 1er, n° 408.

64. — Quoi qu'il en soit, les brevets d'importation ont été supprimés par la loi nouvelle comme étant moins une récompense accordée aux inventeurs qu'une prime offerte à ceux qui étaient assez heureux pour importer les premiers en France des découvertes qu'ils allaient chercher au pas de course en pays étranger.

65. — Toutefois leur suppression n'a pas été complète, car l'art. 29 accorde à « l'auteur d'une invention ou découverte déjà brevetée à l'étranger le droit d'obtenir un brevet en France. » Mais c'est là un privilége réservé à l'*auteur* de la découverte, et dont ne peut profiter *toute personne*, même étrangère à l'invention, comme sous la loi de 1791.

66. — Mais il est évident que ce droit ne serait susceptible d'être exercé qu'autant que malgré le brevet obtenu à l'étranger l'invention pourrait encore être réputée nouvelle. C'est ce qui ressort de la discussion à la chambre des députés où on soutenait même devant cette chambre que le droit reconnu par l'art. 29 était illusoire et qu'il impliquait contradiction avec l'art. 31 qui ne répute nouvelle que l'invention qui n'aura pas reçu de publicité, soit en France, soit à l'étranger. — V. *infrà* nos 286 et suiv. — Mais il a été répondu que dans certains pays, en Angleterre par exemple, l'inventeur n'est pas tenu, comme en France, de faire connaître son invention au moment de sa demande; il lui suffit de déclarer le titre de son invention; six mois lui sont accordés pour en donner la description, dont le dépôt a un effet rétroactif au jour où le brevet a été requis. — Loiseau et Vergé, sur l'art. 29.

67. — Il a été, au surplus, reconnu à la chambre des députés que le Français peut se faire breveter en France, même après avoir pris un brevet à l'étranger, s'il est encore en mesure d'accomplir toutes les conditions voulues par la loi française. — Loiseau et Vergé, *loc. cit.*

68. — Il a été jugé, sous les lois de 1791, que le Français qui invente en pays étranger une machine nouvelle qui n'a pas encore été brevetée à l'étranger doit prendre en France, pour s'assurer la jouissance exclusive de sa découverte, un brevet d'invention, et non pas un brevet d'importation. — *Paris*, 13 août 1840 (t. 2 1840, p. 692), Appert et Mazurier c. Claudet et Ganilh.

CHAPITRE III. — *Qui peut obtenir un brevet. — Étrangers.*

69. — Toute personne qui requiert un brevet, et qui justifie d'ailleurs de l'accomplissement des formalités prescrites par la loi, a droit à la délivrance du brevet, sans que l'administration ait le pouvoir de s'enquérir si la personne qui le demande est ou non auteur de l'invention. — Renouard, n° 83.

70. — L'administration ne doit pas non plus examiner la capacité civile du requérant. — Ainsi, elle ne doit pas rechercher s'il s'agit d'un mort civilement, d'un interdit, d'un failli, d'un mineur, d'une femme mariée, et si ces personnes justifient des consentemens et formalités qui leur sont nécessaires pour agir. — Renouard, n° 84; Ét. Blanc, p. 265.

71. — Un brevet peut être demandé par une société déjà existante (V. aussi *infrà* n° 226), par un corps, par un être moral composé d'un certain nombre d'individus; il peut l'être par plusieurs personnes réunies spécialement à cet effet. Dans ces cas, il est délivré soit à l'être moral, soit collectivement aux personnes qui se sont réunies pour former collectivement la demande. — Renouard, n° 86. — V. *infrà* nos 225 et suiv.

72. — Les étrangers peuvent, aussi bien que les Français, obtenir en France des brevets d'invention. — L. 5 juill. 1844, art. 27.

73. — ... Alors même qu'ils appartiendraient à un pays dans lequel il n'y aurait pas réciprocité en faveur des Français. — *Exposé des motifs et discussion à la chambre des pairs*; — Renouard, n° 87; Loiseau et Vergé, sur l'art. 27.

74. — Au reste, les législations des autres nations, la Prusse exceptée, admettent les étrangers à l'obtention des brevets. Ainsi, en fait, il y a réciprocité. — Renouard, n° 87.

75. — Le projet du gouvernement imposait comme condition à l'étranger qui voulait obtenir un brevet en France *d'y résider.* — Mais cette obligation a été écartée par le principal motif que l'art. 32, L. 5 juill. 1844, en exigeant, sous peine de déchéance, une exploitation réelle et suivie de la découverte dans les deux années du brevet (V. *infrà* nos 349 et suiv.), pourvoit à tous les intérêts.

76. — Les brevets demandés par les étrangers sont assujétis aux formalités et conditions déterminées par la loi de 1844.

CHAPITRE IV. — *Des demandes de brevets.*

77. — Sous l'empire de la loi du 25 mai 1791, celui qui voulait obtenir un brevet était obligé de s'adresser au secrétariat de son département, qui transmettait la demande au directoire des brevets d'invention. — L. 1791, art. 3.

78. — La loi nouvelle ne dit pas dans quelle forme doit être rédigée la demande; si elle doit être faite double, par lettre, mémoire ou requête; il est donc facultatif de prendre celle que l'on croit la plus convenable. Quoi qu'il en soit, la demande doit être adressée au ministre de l'agriculture et du commerce, et être déposée sous cachet, au secrétariat de la préfecture, dans le département où est domicilié l'impétrant, ou dans tout autre département, en y élisant domicile. — L. 5 juill. 1844, art. 5. — La facilité d'élire domicile en tel lieu qu'on le voudra est destinée à augmenter la liberté des transactions et à laisser plus de latitude au requérant, soit pour le choix du siége de ses affaires, soit pour l'accomplissement des formalités relatives à l'obtention du brevet. — Renouard, n° 114.

79. — La demande doit être limitée à un seul objet principal, avec les objets de détail qui le constituent, et les applications qui lui auront été indiquées. — L. 5 juill. 1844, art. 6, *in pr.* — On a voulu éviter qu'en cumulant dans une demande plusieurs objets de brevets, on n'arrivât à éluder les paiemens de taxes. « Ce cumul, ajoute M. Renouard (n° 115), serait aussi une cause d'erreur pour le public, qui ne pourrait chercher dans un seul brevet plusieurs objets de brevets. »

80. — La loi du 25 mai 1791, tit. 1er, art. 4, avait, au reste, une disposition à peu près semblable; elle décidait: « Les directoires des départemens, non plus que le directoire des brevets d'invention, ne recevront aucune demande qui contienne plus d'un objet principal, avec les objets de détail qui pourront y être relatifs. »

81. — Le projet originaire portait: « Aucune demande ne pourra comprendre *plus d'un objet distinct*; » — la chambre des pairs avait adopté la rédaction suivante: « *La demande sera limitée à un seul objet.* » Cette rédaction fut vivement critiquée à la chambre des députés: « Je ne veux pas, disait M. Bethmont (séance du 25 mars 1843), qu'un inventeur puisse, à l'occasion du même titre et sous un même titre, placer des inventions hétérogènes, qui n'auraient entre elles aucun lien; mais je demande que quand un inventeur aura décrit une invention principale, toutes les inventions accessoires qui s'y rattachent puissent être garanties par le même brevet. » — Sur cette observation, et après renvoi à la commission, la rédaction nouvelle fut adoptée.

82. — Bien que la demande doive être limitée

à un seul objet principal, M. Et. Blanc (p. 268) pense que si les inventions sont liées entre elles, elles peuvent être l'objet d'un brevet et d'une taxe unique.

83. — La demande doit mentionner la durée que les inventeurs entendent assigner à leur brevet dans les limites fixées par l'art. 4, c'est-à-dire qu'ils doivent dire si c'est pour cinq ans, ou pour dix, ou pour quinze, qu'ils veulent se le faire délivrer. — L. 5 juill. 1844, art. 6.

84. — La demande ne doit contenir ni restrictions, ni conditions, ni réserves. — M. Ph. Dupin, rapporteur, expliquait ainsi cette disposition (séance du 12 avr. 1844) : « Il arrive souvent qu'une demande de brevet est accompagnée de restrictions ou de conditions de natures diverses. Celui-ci veut que le brevet ne lui soit délivré que dans six mois ou un an; celui-là met pour condition que la jouissance pourra être prolongée d'une ou plusieurs années; un troisième veut que son invention soit garantie; enfin, chaque jour voit apparaître des conditions plus ou moins déraisonnables. L'administration, si la loi ne l'arme pas du droit de refus, devra donner un brevet dans tous les cas, et plus tard on pourra prétendre qu'il s'est formé avec elle un contrat dont les conditions sont violées. Cela ne doit pas être. Il était convenable de proscrire toute condition, restriction ou réserve apposée à une demande en brevet. »

85. — Si le brevet est délivré quoique la demande contienne des restrictions, des conditions ou des réserves, il n'en est pas moins valable, pourvu que l'inventeur ne se prévale pas des conditions, restrictions ou réserves. — Etienne Blanc, p. 274.

86. — La demande doit indiquer un titre renfermant la désignation sommaire et précise de l'objet de l'invention. — L. 5 juill. 1844, art. 6, § 3. — La législation de 1791 ne s'occupait pas de l'intitulé des brevets; et cependant, par la seule force des choses, chacun d'eux en avait un.

87. — Le motif de cette décision est qu'il faut que l'invention puisse être désignée par une dénomination brève qui l'individualise et la distingue des autres qui sont brevetées; c'est sous cette dénomination que les brevets sont enregistrés dans les catalogues officiels qui se publient actuellement. — Renouard, nº 119; Etienne Blanc, p. 274.

88. — M. *Senac*, commissaire du roi à la chambre des députés, faisait remarquer qu'en Angleterre les titres ont un degré d'utilité et d'importance qu'ils n'ont pas en France : « En Angleterre, disait il à la séance du 23 mars 1843, les brevets ne sont pas délivrés sur le dépôt d'une description ; le demandeur dépose un simple titre, la patente est expédiée sur ce titre, et le demandeur a un délai, qui varie et qui n'excède pas six mois, pour fournir la description de sa découverte. Il y a par conséquent un très grand intérêt à ce que le titre indique bien d'avance quel sera l'objet de la découverte. La législation anglaise devait donc attacher une grande importance à l'exactitude du titre; aussi a-t-elle assuré l'exécution de cette prescription par une pénalité sévère. Toutes les fois que la description, fournie six mois après la demande par le breveté, n'est pas conforme au titre déposé, le brevet est nul de plein droit. » — V. aussi Loiseau et Vergé, sur l'art. 5.

89. — L'administration peut rejeter le titre donné à l'invention, s'il ne fait pas suffisamment connaître l'objet et l'usage de l'invention. — Etienne Blanc, p. 271.

90. — Mais elle ne pourrait rejeter ce titre sous prétexte qu'il indiquerait frauduleusement un objet autre que le véritable objet de l'invention. — Ce serait là seulement un cas de nullité du brevet obtenu, et l'administration ne peut procéder à un examen *préalable*. — V. *infrà* nº 152; — Renouard, nº 121. — V. *infrà* nº 374.

91. — L'inventeur doit déposer avec la demande une description de la découverte, invention ou application faisant l'objet du brevet demandé. — L. 5 juill. 1844, art. 5. — L'art. 4, L. 7 janv. 1791, prescrivait également à l'inventeur de déposer sous cachet une description exacte des principes, moyens et procédés qui constituaient sa découverte.

92. — Cette description doit être suffisante pour l'exécution de l'invention et désigner d'une manière complète et loyale les véritables moyens de l'inventeur. — Et cela, à peine de nullité du brevet obtenu. — V., pour plus amples explications, nºs 286 et suiv.

93. — Quant à la loi du 7 janv. 1791, elle se contentait d'exiger de l'inventeur une description exacte des principes, moyens et procédés qui constituaient la découverte, ainsi que les plans, coupes, dessins et modèles qui pouvaient y être relatifs.

94. — Il avait donc été jugé que l'art. 4, L. 7 janv. 1791, n'imposait pas, à peine de nullité, l'obligation de joindre un mémoire descriptif à la demande d'un brevet d'invention. — *Cass.*, 12 juill. 1837 (t. 2 1837, p. 597), Descombes c. Rattier et Guibal.

95. — Si, après le dépôt de sa demande, l'inventeur reconnaît que sa description n'est pas complète, il peut la compléter par une note additionnelle; mais cette explication complémentaire n'est plus recevable après la délivrance du brevet. — Etienne Blanc, p. 265.

96. — La description ne peut être écrite en langue étrangère; elle doit être sans altération ni surcharge; les mots rayés nuls comptés, les pages et les renvois paraphés. Elle ne doit contenir aucune dénomination de poids ou mesures autres que ceux qui sont portés au tableau annexé à la loi du 4 juill. 1837, art. 6, § 4.

97. — « Quoique la loi, dit M. Renouard (nº 132), n'ait parlé que des descriptions et n'ait rien dit des titres dont la brève rédaction comporte rarement des dénominations de poids ou de mesures, il est néanmoins évident que la disposition qui précède s'appliquerait aux *titres*, si des poids et mesures venaient à y être indiqués. »

98. — L'impétrant doit également joindre à sa demande les dessins ou échantillons *qui seraient nécessaires pour l'intelligence de la description*. « Sans doute, dit M. Renouard (nº 127), il est une foule de descriptions qui pourront parfaitement se comprendre sans échantillon ni dessin ; mais il est essentiel que quiconque veut requérir un brevet sache bien qu'il commet la plus haute imprudence s'il n'en joint pas à toute description pour l'intelligence de laquelle ils seront, je ne dis pas seulement nécessaires, mais simplement même utiles ; car il a été dit que l'obscurité de la description s'interprète contre le breveté. »

99. — Les dessins doivent être tracés à l'encre et d'après une échelle métrique. — L. 5 juill. 1844, art. 6.

100. — M. Dubouchage avait demandé devant la chambre des pairs qu'on ajoutât que les dessins pourraient être *lithographiés* et *gravés*. — Cette addition était inutile, car il n'est pas douteux que de pareils dessins ne satisfassent à la prescription de la loi (Renouard, nº 128) ; mais elle pouvait être dangereuse; car, ainsi que le disait M. Senac, commissaire du roi, « si l'on s'adresse à un graveur, l'invention sera divulguée, et le brevet sera nul pour défaut de nouveauté. » — Les inventeurs doivent donc se tenir pour avertis qu'il ne peut être question de gravure ou de lithographie qu'autant qu'elle émanerait de l'inventeur lui-même. — *Discours à la chambre des pairs*.

101. — Un duplicata de la description et des dessins sera joint à la demande. — L. 1844, art. 6, § 6.

102. — Enfin doit également être joint à la demande un bordereau des pièces déposées. — Art. 5, nº 4.

103. — Toutes les pièces jointes à la demande doivent être signées par l'inventeur ou par un mandataire dont le pouvoir reste annexé à la demande. — L. 5 juill. 1844, art. 6 *in fine*.

104. — Aucun dépôt de demande n'est reçu que sur la production d'un récépissé constatant le versement d'une somme de 100 fr. à valoir sur le montant de la taxe du brevet. — L. 5 juill. 1844, art. 7 *in principio*.

105. — Ces mots, *à valoir sur le montant de la taxe*, pourraient faire penser que le paiement de cette somme de 100 fr. est un engagement pour tout ce qui reste de la taxe; mais ce serait une erreur; le breveté peut se dispenser de le payer. — Etienne Blanc, p. 273. — V. *infrà* 118 et suiv.

106. — Un procès-verbal dressé sans frais par le secrétaire général de la préfecture, sur un registre à ce destiné et signé par le demandeur, constate chaque dépôt, en énonçant le jour et l'heure de la remise des pièces. Une expédition dudit procès-verbal est remise au déposant, moyennant le remboursement des frais de timbre. — Art. 7.

CHAPITRE V. — *De la taxe des brevets.*

107. — Dans tous les pays les délivrances de brevets ont été soumises à une taxe. — « Le vrai caractère de cette taxe, dit M. Renouard (nº 134), est d'être un impôt. — Elle représente, d'une part, la contribution aux dépenses spéciales qu'exigent, sur les finances publiques l'établissement et l'entretien de l'institution des brevets; d'autre part, la contribution générale que versent tous les membres de la cité, comme subvention aux frais des services généraux et de la protection universelle que la société leur assure. — Elle se justifie par un autre motif; elle sert de frein aux demandes inconsidérées pour les fantaisies les plus puériles et les plus creuses. Si à l'absence d'examen préalable par l'administration (V. nºs 152 et suiv.) devait se joindre la gratuité des brevets, l'inondation, déjà si forte, de demandes futiles et vaines, déborderait sans retenue ni mesure. La taxe, cependant, a été fort attaquée; la pauvreté des inventeurs, la faveur due aux efforts du génie malheureux ont servi de texte à bien des réclamations..... Ce que veut le bon sens, c'est de ne rien exagérer : une taxe modérée est juste et utile; une taxe trop lourde serait injuste et dangereuse. »

108. — La loi du 25 mai 1791 avait créé trois classes de brevets de cinq, dix et quinze ans, et elle y avait attaché les taxes de 300 fr. (pour cinq ans), 800 fr. (pour dix ans) et 1500 fr. (pour quinze ans). Ainsi, les brevets de cinq ans payaient autant de fois soixante fr., ceux de dix ans autant de fois 80 fr., et ceux de quinze ans autant de fois 100 fr. qu'ils comptaient d'années de durée.

109. — Sous cette loi une moitié de la taxe était payée avant le dépôt de la demande; l'autre moitié pouvait n'être payée que dans le délai de six mois; le défaut de paiement était puni par la déchéance. — Art. 3 et 4.

110. — Le projet primitif présenté par le gouvernement, établissait une taxe calculée avec une égalité proportionnelle en multipliant par 100 fr. chaque année de durée : il exigait le versement de la totalité de la taxe avant la délivrance du brevet définitif; mais, par compensation, il autorisait moyennant une taxe de 200 fr., imputable sur la taxe définitive, la délivrance de brevets provisoires, dont on pouvait profiter pendant deux ans, temps pendant lequel on avait le droit de les faire convertir en brevets définitifs de cinq, dix ou quinze ans. Ce système avait été adopté par la chambre des pairs et par la commission de la chambre des députés.

111. — Mais un système tout autre a prévalu définitivement. — L'art. 4, L. 5 juill. 1844, dispose, il est vrai, que chaque brevet donne lieu au paiement d'une taxe qui est fixée de la manière suivante : 500 fr. pour un brevet de cinq ans, 1000 fr. pour un brevet de dix ans; 1500 fr. pour un brevet de quinze ans; mais le même article ajoute que la taxe est payable *par annuités*.

112. — Ce système de paiement par annuités a été signalé à la chambre comme emprunté à la loi autrichienne. — Loiseau et Vergé, sur l'art. 4, nº 3; Etienne Blanc, p. 262. — Mais, M. Renouard s'élève contre cette assertion (nº 138) : « La loi de 1844, dit-il, est sans précédens : elle aura, selon que l'expérience la démontrera bonne ou mauvaise, tout le mérite ou tout le tort d'une innovation. »

113. — On opposait contre le mode de paiement par annuités de 100 fr. qu'il aurait pour effet d'accroître considérablement le nombre des brevets : « Désormais, disait M. Ph. Dupin, rapporteur de la loi, pour avoir le titre de breveté sur son enseigne, dans ses prospectus, dans ses annonces, il n'y aura pas de fabricans ou de marchands qui ne se fassent donner un brevet sous un prétexte quelconque, pour appeler la clientèle et augmenter leurs moyens de concurrence contre leurs rivaux; ce serait à la fois un moyen de surprendre la crédulité publique et de se donner une apparence de supériorité sur les concurrens; or c'est là un mal véritable. Dans beaucoup de documens préparatoires qui ont été réunis pour la confection du projet, on voit se produire les plaintes du commerce contre la multiplicité des brevets et l'abus qu'on en fait, abus également funeste à la société et au commerce lui-même. » On pourrait ajouter à ces raisons puissantes que le nombre des brevets pris par le charlatanisme se multiplie tous les jours, sans que celui des brevets sérieux se soit augmenté d'une manière sensible.

114. — Mais on répondait que : « en maintenant la taxe, il faut prendre en considération la position de ces hommes qui n'ont pas la somme suffisante pour s'approprier l'idée qui leur appartient par la prise d'un brevet d'invention; il faut que le breveté puisse toujours apprécier lui-même si son brevet vaut bien la taxe qu'il va payer au gouvernement. En fractionnant le paiement de la taxe par annuités, l'inventeur comparera la première année les résultats, la dépense, les profits; si son invention vaut pour lui ce paiement, il paiera l'annuité, et il aura encore une année pour la jouissance; au cas contraire, l'invention tombera plus promptement dans le domaine public. » — Loiseau et Vergé, sur l'art. 4.

115. — Un effet presque nécessaire du paiement par annuités sera, d'après M. Renouard, d'amener toutes les demandes de brevets au maximum de quinze ans. Chaque requérant comprendra qu'il ne risque rien de demander quinze ans, puisqu'il pourra chaque année, en s'abstenant de payer l'annuité, faire abandon du brevet qui lui deviendrait onéreux : — « Or, ajoute cet auteur

(nº 139), l'incertitude qui planera désormais sur la durée des brevets est un inconvénient grave; car si l'existence d'un brevet suspend, pour les tiers, la faculté de concurrence, elle ne la détruit pas. Les industries gênées par le monopole de l'invention nouvelle ont en compensation la perspective d'en user librement, lorsque le brevet sera expiré. — Or, rien n'est plus favorable à la sécurité des spéculations commerciales que la certitude d'un terme fixe d'entrée en jouissance. »

116. — M. Etienne Blanc (p. 262) critique cette expression de l'art. 4 : *chaque brevet*; il dit qu'il eût été plus exact, dans la pensée même du législateur, de substituer ici le mot *invention* au mot *brevet*, car c'est chaque invention qui est passible de la taxe et non chaque brevet.

117. — Le breveté qui laisse écouler un terme sans l'acquitter est déchu du brevet. — Même article. — V. *infrà*, 344 et suiv.

CHAPITRE VI. — *Durée des brevets.*

118. — Sous l'ancienne monarchie, les priviléges étaient la plupart du temps illimités. — V. *suprà* nº 8.

119. — La loi du 5 juill. 1844 (art. 4) a classé les brevets par durée de cinq, dix et quinze ans; en adoptant cette classification, le législateur, dit M. Renouard (nº 186), a respecté les habitudes qu'avait créées la législation de 1791, contre laquelle, en ce point, on n'avait pas élevé de critiques sérieuses.

120. — M. Renouard (nº 188) donne certains détails historiques qu'il peut être intéressant de recueillir; nous en extrayons ce qui suit : « En Angleterre, avant 1623, la durée des brevets était de vingt et un ans. Un statut rendu sous le règne de Jacques Ier réduisit ce terme à quatorze ans. — En Amérique, cette durée est également fixée à quatorze ans. — En Prusse, en Autriche et en Bavière le choix du terme est laissé aux inventeurs, mais le maximum est limité à quinze ans. — Dans les Etats-Romains la durée varie de cinq à quinze ans pour les inventions, de trois à cinq ans pour les objets connus par l'importation. — En Russie, les brevets sont de trois, cinq ou dix ans. — Le maximum est de dix ans à Bade, en Saxe et dans le Wurtemberg. — Les brevets ne sont que de cinq ans à Brunswick et dans le Hanovre, mais ils peuvent être prolongés. — Dans le royaume de Sardaigne, la durée des brevets n'a d'autre limite que la volonté du prince.

121. — Sous la loi de 1844, comme sous la législation antérieure, l'option entre les trois classes de brevets est laissée à la volonté des requérans.

122. — Sous la législation de 1791, les prolongations de brevet donnaient lieu à quelques difficultés. — L'art. 8 de cette loi portait : « Les patentes seront données pour cinq, dix ou quinze années, au choix de l'inventeur; mais *ce dernier terme* ne pourra jamais être prolongé *sans un décret particulier du corps législatif.* » — Cet article était interprété, sans contestation, en ce sens que quand un brevet avait été demandé pour moins de quinze ans, une ordonnance royale pouvait accorder une prolongation, si, en faisant l'addition avec le temps du premier privilége, le tout ne dépassait pas quinze années.

123. — Il avait même été jugé que le droit de proroger la durée du privilége était de sa nature un acte d'administration suprême qui rentrait dans les attributions du gouvernement et non dans celle du pouvoir législatif; en d'autres termes que l'art. 8, L. 25 mai 1791, qui plaçait ce droit dans les attributions de l'autorité législative, avait été abrogé par la constitution de l'an VIII, et l'art. 14 de la charte constitutionnelle. — *Cass.*, 5 mars 1822, Brougnières c. Adam.

124. — On décidait encore que les tribunaux ne pouvaient annuler les prorogations de brevets d'invention accordées par l'autorité administrative, mais qu'ils étaient compétens pour en régler l'effet à l'égard des brevets de perfectionnement antérieurs à l'ordonnance royale de prorogation. — *Paris*, 10 oct. 1832, Bollen c. Saint-Etienne.

125. — ...... Qu'une ordonnance de prorogation ne pouvait être opposée à celui qui, antérieurement, avait pris un brevet de perfectionnement, de sorte que le premier breveté ne pouvait l'empêcher d'exercer l'industrie principale à partir de l'expiration du premier brevet jusqu'à celle de la prorogation. — Même arrêt.

126. — ..... Que l'exécution provisoire d'un jugement qui déclarait le brevet de perfectionnement nul, et qui n'avait été infirmé sur l'appel que *postérieurement à la publication de l'ordonnance de prorogation*, n'avait pas pu empêcher que le breveté de perfectionnement ne fût en droit d'exercer l'industrie principale à partir de l'expiration du premier brevet. — Même arrêt.

12. — On jugeait également que la décision par laquelle le ministre de l'intérieur a refusé à un breveté la prolongation de la durée d'un brevet d'invention, n'est pas un acte susceptible d'être attaqué par la voie contentieuse. — *Cons. d'ét.*, 30 déc. 1822, Prélat.

128. — La loi de 1844 dispose en termes formels que la durée des brevets ne peut être prolongée que par une loi (art. 15); et M. Renouard (nº 189) ajoute qu'une loi peut seule prolonger un brevet même *en dedans* de la limite de quinze années. — Il est évident que, dans ce cas, la loi qui intervient règle les effets de la prolongation.

129. — Peut-on, après avoir demandé un brevet pour une durée déterminée, le réduire volontairement à une durée moindre. Cette question peut avoir une grande importance pour le cas où le titulaire voudrait céder la propriété de son brevet; car l'art. 20 de la loi 1844, n'autorise cette cession qu'autant que *la totalité* de la taxe aura été préalablement payée. M. Renouard (nº 190) pense avec raison que la réduction est dans le droit de l'inventeur. — « La société, dit-il, n'a point intérêt à la longue durée du privilége. Les tiers ne peuvent pas être trompés, puisqu'aucune cession, ni totale, ni partielle, n'a pu encore être faite valablement. Quant aux inventeurs, ils sont juges de leur intérêt, et puisque les annuités ont été établies pour les favoriser, c'est se conformer à l'esprit de la loi que d'accorder la réduction de durée qu'ils réclameront pour plus de facilité dans leurs opérations. »

130. — Mais comme la loi ne reconnaît que des brevets de cinq, dix ou quinze ans, la durée ne pourra être réduite qu'à l'un de ces termes fixes.

131. — La réduction une fois obtenue, ne peut plus être rétractée : ce serait violer l'art. 15, L. 5 juill. 1844, qui défend toute prolongation de brevet. — Renouard, nº 190.

132. — Les lois de 1791 n'avaient fixé aucun point de départ pour la durée des brevets; cette lacune avait donné lieu à de sérieuses difficultés que le décret impérial du 25 janv. 1807, vint faire cesser en attachant tous les effets utiles du brevet au certificat de demande délivré par le ministre et en faisant commencer à la date de ce certificat le temps de durée du brevet. — Renouard, nº 191.

133. — La loi du 5 juill. 1844 dispose (art. 8) que la durée du brevet commence à courir du jour où le dépôt de la demande a été fait au secrétariat de la préfecture.

134. — Si la demande a été faite d'une manière irrégulière et que, conformément à l'art. 12, L. 5 juill. 1844, elle ait été rejetée, le même article dispose bien que la reproduction de la demande dans les trois mois donne droit à l'impétrant de recouvrer la totalité de la somme par lui versée (V. nºs 165 et suiv.); mais il résulte de la discussion qui a eu lieu à la chambre des députés que cette reproduction ne lui rend pas la priorité dans le cas où un tiers se serait, dans l'intervalle, fait breveter pour le même objet. — Duvergier, *Coll. des lois*, t. 44, p. 590. — De là il semble suivre qu'en réalité, et sauf ce qui se rattache à la taxe, le brevet ne prend date que du jour de la demande régulièrement formée, et que, en cas de régularisation devenue nécessaire, sa durée ne court pas du jour de la demande primitive. — V. cependant Blanc, p. 186.

135. — Le brevet prend fin, ou par l'expiration du terme de sa durée, ou par la nullité, ou la déchéance absolue prononcée par jugement ou arrêt passé en force de chose jugée. — Renouard, nº 192. — V. *infrà* chap. 11.

136. — Il faut remarquer que la nullité ou déchéance peut n'être que relative; alors le brevet continue de subsister à l'égard de ceux qui n'ont pas été parties au jugement ou arrêt. — Renouard, nº 192.

137. — Quant à la mort ou au changement d'état du propriétaire de brevet avant que le brevet ait pris fin, ils laissent au brevet toute la plénitude de son existence. — Renouard, nº 192.

138. — Un brevet dont la nullité est prononcée est censé n'avoir jamais existé; quant à celui qui est tombé en déchéance, il cesse d'exister non pas seulement à partir du jugement qui en prononce la déchéance, mais à partir des faits pour raison desquels la déchéance est prononcée. — L'annulation pour déchéance ne pourrait, non plus, équitablement remonter jusqu'à l'époque de la délivrance du brevet, c'est-à-dire jusqu'à une époque où les faits qui ont motivé la déchéance n'existaient pas encore. — Renouard, nº 193.

139. — La durée du brevet obtenu en France après un premier brevet obtenu à l'étranger ne peut excéder celle du brevet antérieurement pris. — L. 5 juillet 1844, art. 29.

140. — Cette disposition est la reproduction de l'art. 9, L. 7 janv. 1791. Elle est motivée sur ce qu'il ne faut pas que la protection accordée par la France devienne pour elle une cause d'infériorité, et que dans son sein on enchaîne par le monopole ce qui partout ailleurs serait libre de cette entrave. — V. le rapport de M. Ph. Dupin à la chambre des députés.

141. — Il est, au surplus, évident que la durée du brevet en France ne peut excéder la durée de quinze ans, alors même qu'en pays étranger l'auteur l'aurait obtenu pour un temps plus considérable. — Etienne Blanc, p. 314.

142. — Une disposition transitoire (L. 5 juill. 1844, art. 53), porte que « les brevets actuellement en exercice, délivrés conformément aux lois antérieures ou prorogés par ordonnances royales, conserveront leur effet pendant tout le temps qui aura été assigné à leur durée. »

CHAPITRE VII. — *Délivrance des brevets.*

143. — Aussitôt après l'enregistrement des demandes, et dans les cinq jours de la date du dépôt, les préfets transmettent les pièces, sous le cachet de l'inventeur, au ministère de l'agriculture et du commerce, en y joignant une copie certifiée du procès-verbal de dépôt, le récépissé constatant le versement de la taxe, et, s'il y a lieu, le pouvoir de l'inventeur si le dépôt n'a pas été fait par lui personnellement. — L. 5 juill. 1844, art. 9.

144. — Sous l'empire de la loi du 25 mai 1791 (art. 5), l'envoi devait être fait dans la semaine où la demande avait été présentée.

145. — Le préfet n'a pas le droit d'ouvrir le paquet; ce fonctionnaire doit l'envoyer au ministre dans l'état où il lui a été remis. — Etienne Blanc, 276; Loiseau et Vergé, sur l'art. 9 : — « Le préfet n'ouvre jamais rien, disait M. Dubouchage devant la Chambre des pairs; il n'a qu'à mettre à la poste. » — Duvergier, sur l'art. 9, t. 44, p. 585.

146. — A l'arrivée des pièces au ministère de l'agriculture et du commerce, il est procédé à l'ouverture, à l'enregistrement des demandes et à l'expédition des brevets, dans l'ordre de la réception desdites demandes. — L. 5 juill. 1844, art. 10.

147. — Cet ordre de réception est celui dans lequel les pièces sont arrivées au ministère de l'agriculture et du commerce, et non celui dans lequel elles ont été déposées au secrétariat de la préfecture. — Etienne Blanc, p. 277.

148. — On avait proposé d'ajouter que l'ouverture aurait lieu *en présence du demandeur ou de son fondé de pouvoirs*; mais cette proposition qui ne pouvait avoir en vue que de rendre impossible à l'avenir des indiscrétions dont personne ne s'était plaint dans le passé, eût été fort gênante pour les inventeurs; aussi n'y fut-il pas donné de suite. — Duvergier, *loc. cit.*

149. — Les brevets dont la demande est régulièrement formée sont délivrés *sans examen préalable*, aux risques et périls des demandeurs et sans garantie, soit de la réalité, de la nouveauté ou du mérite de l'invention, soit de la fidélité ou de l'exactitude de la description. — L. 5 juill. 1844, art. 11, *in pr.*

150. — Ces mots « *régulièrement formée* » ont donné lieu à une discussion assez vive, on disait : Lorsqu'une demande aura été formulée, qui sera juge de sa régularité? est-ce que l'administration pourra refuser d'accorder le certificat en s'autorisant de l'irrégularité de la demande? n'est-ce pas là l'autoriser à prononcer de sa propre autorité une nullité qui ne peut être l'objet que d'une appréciation judiciaire? M. Marie demandait donc le retranchement du mot *régulièrement*. (Séance du 12 avr. 1844.) — Loiseau et Vergé, sur l'art. 11.

151. — Malgré ces observations, ces mots *régulièrement formée* furent conservés sur les explications données par M. Ph. Dupin, explications qui en indiquent et limitent la portée : « Il y a une confusion d'idées; l'art. 30 parle de ce qui entraîne *la nullité d'un brevet accordé ou obtenu*. Ici il s'agit d'une procédure administrative qui a pour objet d'arriver à l'obtention du brevet, qui ne tient en rien à ce qui concerne le fond de l'invention, le mérite des descriptions, leur étendue, leur suffisance. Mais il y a des formes administratives à suivre; la demande doit être envoyée à la préfecture; elle doit être accompagnée de certaines pièces qui doivent concourir pour faire admettre le brevet : il s'agit uniquement de savoir si ces formalités ont été accomplies, si la demande a été envoyée, s'il y a une description bonne ou mauvaise. Refuser à l'administration cette vérification matérielle, c'est porter trop loin la défiance; et dire qu'il faut réserver un procès, c'est vouloir ôter à la loi sa simplicité et à l'administration le jugement de ce qui appartient à l'administration. » — Etienne Blanc, p. 278; Duvergier, p. 588.

152. — Au surplus, le principe qui domine la

matière des brevets, c'est que la délivrance doit être faite *sans examen préalable*, et c'est précisément parce que l'administration ne se livre à aucun examen préalable que les brevets sont délivrés sans aucune garantie et aux risques et périls des demandeurs.

153. — Les motifs sur lesquels repose ce principe ont été vivement combattus, mais toujours sans succès; dans la lutte qu'ils ont subie il est toujours resté certain : 1° que l'examen préalable compromettrait la propriété des inventeurs, par la nécessité d'en livrer préalablement leur secret; 2° qu'il les exposerait aux chances de refus immérités et à la ruine de justes espérances; 3° qu'il convertirait leur droit en une sollicitation de faveur administrative; 4° enfin qu'il serait pour l'administration une charge dangereuse et difficile à remplir, assumant sur sa tête une immense responsabilité — Renouard, n° 145; Duvergier, p. 587; Loiseau et Vergé, sur l'art. 11.

154. — Le non-examen préalable n'a pas été admis dans toutes les législations. Les Etats-Unis, la Russie, la Prusse, la Belgique, la Hollande, l'Espagne, la Sardaigne et les Etats-Romains, font subir à la demande une appréciation par le gouvernement qui est juge de son utilité. Il n'en est pas de même en Angleterre, où le système est celui du *non-examen*. — Renouard, n° 145.

155. — Au premier abord, la loi semble avoir fait exception au principe de non-examen, lorsque, dans l'art. 3 elle a signalé les inventions qui *n'étaient pas susceptibles de brevet*, établissant ainsi une différence entre ces inventions et celles à l'égard desquelles l'art. 30 se borne à prononcer *la nullité des brevets obtenus*. — Mais la portée de l'art. 3 (relatif aux compositions pharmaceutiques et remèdes, et aux combinaisons de finances) a été expliquée dans des termes qui demandent à être textuellement reproduits : « Il y a, disait M. le ministre de l'agriculture et du commerce, une distinction à faire pour expliquer comment le gouvernement, qui a combattu avec insistance et qui combattrait encore le principe de l'examen préalable, s'est défendu à la chambre des pairs contre l'amendement proposé pour l'interdiction de la délivrance de tout brevet relatif aux préparations pharmaceutiques. Dans la pensée explicite de la commission de la Chambre des pairs, la disposition impliquait l'examen préalable. Mais du moment que cette disposition eût été modifiée de manière à écarter la nécessité de l'examen préalable, le gouvernement n'a pas vu d'inconvénient au système proposé..... Maintenant qu'arrivera-t-il? Demandera-t-on un brevet pour un remède? On le refuse, sans examen *sur le simple titre*. La demande se présente-t-elle sous une dénomination mensongère? Le brevet est délivré sans examen également, mais l'art. 30 (relatif aux nullités) garantit la société. » — M. le rapporteur disait : « De deux choses l'une, ou celui qui vend un brevet pour une composition pharmaceutique le demande *ouvertement*, et il est repoussé sans autre examen par un refus péremptoire; ou bien il se cache et surprend le brevet sous une fausse dénomination, et alors l'art. 30 déclare que le brevet est entaché d'une nullité radicale, et cette nullité est prononcée par les tribunaux, de telle sorte que tous les principes sont respectés, et la fraude n'a aucun refuge.... » — Renouard, *loc. cit.*

156. — La mission de l'administration doit donc se borner à examiner si la demande a été régulièrement formée, et si l'invention déclarée est *brevetable*; ses investigations ne peuvent aller au-delà. Cette règle est absolue, d'où il faut conclure que les brevets doivent être délivrés, alors même *qu'ils sont contraires à la morale et à l'ordre public*, sauf aux tribunaux à prononcer la nullité des brevets obtenus pour de pareilles inventions. — Etienne Blanc, p. 279. — V. aussi, art. 30, L. 5 juill. 1844.

157. — Ce dernier point a donné naissance à une très vive discussion de la Chambre des pairs; divers orateurs voulaient que pour ce cas du moins il y eût *examen préalable*. — « Est-il possible, disaient-ils, que le roi proclame dans une ordonnance un brevet d'invention pour une chose contraire à la morale, à l'ordre public ou aux lois ? » Néanmoins on a préféré ne pas rendre l'administration seule juge de cette question qui pourra souvent être assez délicate, et en abandonner l'appréciation aux tribunaux.

158. — Quand la demande est reconnue régulière, un arrêté du ministre, constatant cette régularité, est délivré au demandeur et constitue *le brevet d'invention*. — L. 5 juill. 1844, art. 11.

159. — Le brevet accordé à l'auteur d'une découverte ne constate que la priorité de la demande et non point le mérite ou la priorité de la découverte. Il suit de là que le brevet ne constitue pas le titre de l'inventeur, mais qu'il le suppose. — Etienne Blanc, p. 83.

160. — Il a été jugé sous les lois de 1791 que la délivrance des brevets d'invention ayant lieu de la part de l'administration, qui n'est pas maîtresse de les refuser, sans examen préalable et aux risques et périls des impétrans, il en résulte que l'appréciation de leur validité et des droits qu'ils peuvent conférer quant à la priorité ou au mérite de l'invention, appartient dans tous les cas à l'autorité judiciaire, qui peut même décider si le procédé breveté était susceptible de l'être. — *Cass.*, 21 fév. 1837, Alvier c. Delaréol; 15 janv. 1842 (t. 2, 1842, p. 383), Flourens c. Morin.

161. — A l'arrêté du ministre est joint le duplicata certifié de la description et des dessins, mentionné dans l'art. 6, après que la conformité avec l'expédition en a été reconnue et établie au besoin; la première expédition des brevets est délivrée sans frais. Toute expédition ultérieure, demandée par le breveté ou ses ayant-cause, donne lieu au paiement d'une taxe de 25 fr. Les frais de dessins, s'il y a lieu, demeurent à la charge de l'impétrant. — Art. 11.

162. — Il résulte de l'art. 11, combiné avec l'art. 7, que la taxe établie par la loi de 1791, au profit du secrétariat du département pour la rédaction du procès-verbal et autres droits, a été complétement supprimée; c'est ce qui a été nettement expliqué sur les observations présentées par M. Taillandier, au sujet des mots *sans frais* contenus dans ces articles. — Duvergier, *Coll. des Lois*, p. 588.

163. — La demande *doit être rejetée* lorsque l'impétrant n'a pas observé les formalités prescrites par les n°s 2 et 3 de l'art. 5 (relatifs à l'annexe de la description et des dessins ou échantillons), (V. *suprà* n° 98) et par l'art. 6 (relatif aux énonciations que doit contenir la demande). — V. *suprà* n° 79.

164. — Ainsi, et comme application du principe de l'art. 11, on peut dire que le ministre devra refuser la demande si les dessins ne sont pas, conformément à l'art 6, tracés à l'encre ou dressés d'après une échelle métrique — Renouard, n° 128.

165. — Dans le cas de rejet de la demande prévu par le numéro qui précède, la moitié de la somme versée reste acquise au Trésor, mais il est tenu compte de la totalité de cette somme au demandeur, s'il reproduit sa demande dans un délai de trois mois à compter de la date de la notification du rejet de sa requête. — L. 5 juill. 1844, art. 12.

166. — Mais, ainsi qu'il a été dit plus haut (n° 134), si la nouvelle demande, régulièrement formée dans les trois mois, fait recouvrer l'argent, elle ne rend pas la priorité dans le cas où, dans l'intervalle des deux demandes, un tiers a sollicité un brevet pour le même objet. — Duvergier, p. 590.

167. — Sous l'empire de la législation de 1791, l'administration faisait également avertir l'inventeur pour qu'il eût à régulariser sa demande. — Etienne Blanc, p. 283.

168. — Lorsque la demande a été formée pour un objet non susceptible de brevet et que dès-lors, par application de l'art. 3, il n'y a pas lieu à délivrer un brevet, la taxe *est restituée* (dite loi, art. 13). — M. Dubouchage s'était, devant la Chambre des pairs, opposé à cette restitution, « attendu que la loi est censée connue de tout le monde. » On aurait pu ajouter que celui qui demande un brevet pour une chose non brevetable, essaie par cela même de surprendre la bonne foi de l'administration; or, n'est-il pas juste qu'il soit puni par la perte de son dépôt? — Mais la Chambre s'est décidée par cette observation de M. Teste : « Que le gouvernement ne peut attacher sa taxe qu'à la délivrance d'un brevet, et que toutes les fois que la porte est fermée au demandeur il est impossible de le laisser dehors et de garder son argent. » — En décidant ainsi on perdait de vue l'art. 12 qui, dans le cas où la demande est rejetée, attribue au Trésor la moitié de la somme versée. — Loiseau et Vergé, sur l'art. 13.

169. — On peut former opposition à la délivrance du brevet entre les mains du ministre. — Etienne Blanc, p. 278.

170. — Une ordonnance royale, insérée au bulletin des lois, proclame tous les trois mois les brevets délivrés. — L. 5 juill. 1844, art. 14.

171. — Des extraits de cette ordonnance peuvent être délivrés aux brevetés qui les demandent. — Etienne Blanc, p. 287.

CHAPITRE VIII. — *Certificats d'addition. — Perfectionnemens.*

172. — La législation de 1791 reconnaissait ce qu'elle appelait les *brevets de perfectionnement*. Elle désignait sous ce nom ceux qui venaient se superposer à d'autres brevets déjà existans, dénomination inexacte, dit M. Renouard (n° 68), puisque *perfectionner*, c'est *inventer*. Aussi la loi du 5 juill. 1844 l'a-t-elle supprimée.

173. — Mais le mot seul a été supprimé; quant aux brevets de perfectionnement considérés en eux-mêmes, ils ont été maintenus avec certaines modifications. — V. *infrà* n°s 198 et suiv.

174. — Des critiques sérieuses avaient été dirigées contre les anciens brevets de perfectionnement; ces critiques étaient tirées de l'intérêt des inventeurs et de l'infériorité de mérite du perfectionnement comparé à l'invention. — La loi nouvelle a eu pour but de concilier ce qu'il pouvait y avoir d'intéressant dans la position des inventeurs avec la faveur qui est due à la marche et aux progrès de l'industrie.

175. — Cette loi distingue donc, et elle règle des conditions différentes, suivant que l'auteur du perfectionnement est le propriétaire du brevet principal ou qu'il est étranger à ce dernier brevet.

176. — Quant au breveté ou à ses ayant-droits au brevet, elle dispose qu'ils ont, pendant toute la durée du brevet, le droit d'apporter à l'invention des changemens, perfectionnemens ou additions, en remplissant pour le dépôt de la demande les formalités déterminées par la loi (art. 5, 6 et 7). — L. 5 juill. 1844, art. 16, *in pr.*

177. — Il faut entendre par *ayant-droit* les *cessionnaires* de l'inventeur, ses *héritiers*, ses *donataires*, en un mot, tous ceux qui remplacent l'inventeur dans l'exploitation ou la jouissance du brevet. — Etienne Blanc, p. 288.

178. — Pour s'assurer la jouissance de ces changemens, perfectionnemens ou additions, le requérant peut demander des certificats d'addition, lesquels lui sont délivrés dans la même forme que le brevet principal (V. n°s 149 et suiv.), et qui produisent, à partir des dates respectives des demandes et de leur expédition, les mêmes effets que le brevet principal, *avec lequel ils prennent fin*. — L. 5 juill. 1844, art. 16, § 1er.

179. — Chaque demande de certificat d'addition donne lieu au paiement d'une taxe de 20 fr. — *Ibid.*, § 2.

180. — Le droit est toujours fixé à 20 fr., lors même qu'il y a plusieurs additions, pourvu qu'elles soient toutes comprises dans la même demande et qu'elles se rattachent au brevet principal. — V. la discussion à la chambre des pairs. — Duvergier, sur l'art. 16, p. 591, n° 4; Etienne Blanc, p. 291.

181. — Tout breveté a le droit, pour un changement, perfectionnement ou addition, à un brevet *principal* de cinq, dix ou quinze années, au lieu d'un certificat d'addition expirant avec le brevet primitif, et dans ce cas il doit remplir les formalités prescrites pour les demandes de brevet et acquitter la taxe que la loi détermine.

182. — Si le breveté ne prend aucune de ces deux voies et qu'il livre à la publicité ses perfectionnemens, ils sont acquis à la société. — Renouard, n° 71.

183. — Il avait déjà été jugé sous l'ancienne loi que la propriété de l'invention brevetée doit, relativement à l'action en contrefaçon formée par l'inventeur, être circonscrite dans les limites de la description jointe au brevet, constatée par les plans et dessins qui l'accompagnent, en sorte que toutes modifications de l'appareil postérieures à la délivrance du brevet constituent des perfectionnemens qui tombent dans le domaine public, s'ils ne sont eux-mêmes protégés par un brevet de perfectionnement. — *Trib. de Quimper*, 6 janv. 1843 (sous *Cass.*, 30 déc. 1843, t. 1er 1844, p. 539), Painchant c. Héau et Benoît.

184. — Les brevets et certificats d'addition ne sont pas valables, si les perfectionnemens n'ont le caractère de nouveauté. — Renouard, *loc. cit.*

185. — Les certificats d'addition pris par un des ayant-droits profitent à tous les autres. — L. 5 juill. 1844, art. 16, § 3.

186. — Un député, M. Delespaul, avait proposé, pour l'art. 17, une rédaction suivant laquelle le nouveau brevet, pris en conformité de cet article, devait, aussi bien que le certificat d'addition, profiter à tous ses cessionnaires ou ayant-droits. — Mais cette rédaction n'a pas été accueillie, d'où il résulte que le brevet principal nouveau ne profitera qu'à celui qui l'aura obtenu. — Duvergier, sur l'art. 17, p. 591.

187. — Le droit du breveté ou de ses ayant-droits à demander des certificats d'addition ou des brevets principaux pour les changemens, additions ou perfectionnemens apportés à l'invention qui fait l'objet du brevet primitif, n'est pas exclusif du droit des tiers; mais, par une faveur toute spéciale, l'art. 18 dispose que « nul autre que le breveté ou ses ayant-droits ne pourra obtenir de pareils certificats ou brevets *pendant une année*. »

— Ce qui doit s'entendre (ainsi qu'il a été dit dans la discussion) d'une année *à partir de la signature du brevet*. — Loiseau et Vergé, sur l'art. 18.

188. — Cette disposition est une concession légitime aux justes réclamations des inventeurs. « Voici, en effet, dit M. Renouard (nº 75), ce qui se passait dans la pratique : les perfectionneurs entravaient et rançonnaient les inventeurs. Une invention, au moment où elle se produit, peut rarement être arrivée à son meilleur état d'exécution ; un grand nombre d'améliorations accessoires se révèlent assez promptement par son usage ; une capacité médiocre et un esprit fort ordinaire d'observation suffisent à ce travail secondaire ; des industriels en sous-ordre, des spéculateurs à l'affut des moyens de mettre les inventeurs à contribution, se hâtaient de faire breveter les modifications qui naissaient naturellement de la découverte principale, et, lorsqu'elles venaient se présenter à l'esprit du premier inventeur, des priviléges exclusifs les avaient déjà envahies. Cet inconvénient était d'autant plus grave que l'appréhension d'une divulgation précoce, c'est-à-dire de la nullité du brevet, empêchait d'entreprendre, avant de l'avoir requis, des expériences sur une large échelle ; l'invention se produisait donc à demi combinée ; à peine mise au jour, elle ne tardait pas à être paralysée dans ses développemens par les priviléges des inventeurs à la suite. » — La loi du 5 juill. 1844 (art. 18) remédie en partie à ces inconvéniens.

189. — Au surplus, l'art. 18 n'est autre chose qu'une transaction entre les partisans et les adversaires des *brevets provisoires*. On sait, en effet, que, dans le projet primitif, le gouvernement, partant de cette idée qu'une découverte industrielle est une œuvre de patience et d'investigation et qu'elle ne jaillit pas complète, avait proposé un système de brevets provisoires ou d'essai ; dans ce système qui triompha devant la chambre des pairs et devant la commission de la chambre des députés, il était délivré des brevets pour deux années, moyennant 200 fr., à valoir sur le montant de la taxe ; avant l'expiration de cette période, les brevetés devaient déclarer, en acquittant le complément du droit, la durée qu'ils entendaient assigner à leur titre ; faute de déclaration dans le délai, les brevets étaient nuls et les inventions tombaient immédiatement dans le domaine public ; mais le breveté avait seul l'avantage de pouvoir apporter pendant ce délai de deux années des changemens, additions ou perfectionnemens à l'invention faisant l'objet de son titre. — Toutefois le système des brevets provisoires, combattu à la chambre des pairs par M. Gay-Lussac, et à la chambre des députés par M. Marie, comme créant une quatrième espèce de brevets (ceux à 200 fr.) et comme ayant le double inconvénient de donner à bon compte au charlatanisme un moyen d'annonce et de publicité, et de porter atteinte aux progrès de l'industrie, a été définitivement écarté. — L'adoption du principe de paiement *par annuités* semblait d'ailleurs le renverser complétement, et l'art. 18 est venu se substituer ainsi, d'un commun accord, au projet primitif. — Duvergier, *Coll. des lois*, sur l'art. 18, p. 591 ; Loiseau et Vergé, sur l'art. 18.

190. — L'institution des brevets provisoires avait quelque analogie avec le *caveat* de la législation anglaise. On entend par là un acte par lequel un individu qui est dans l'intention de prendre une patente requiert qu'il lui soit donné connaissance des demandes formées pour des inventions qui pourraient avoir de l'analogie avec la sienne. L'acte est remis aux bureaux de l'*attorney* et du *solliciteur général* ; sa durée est d'une année ; il peut être renouvelé. En vertu de cet acte, s'il est formé quelque demande, l'inventeur en est prévenu, et il doit déclarer, dans les sept jours, s'il veut former opposition à la demande.

191. — Malgré la disposition du § 1er, art. 18, toute personne qui veut prendre un brevet pour changement, addition ou perfectionnement à une découverte déjà brevetée, peut, *dans le cours de la dite année*, former une demande, qui est transmise et reste déposée sous cachet au ministère de l'agriculture et du commerce, et, l'année expirée, le cachet est brisé et le brevet délivré. — L. 5 juill. 1844, art. 18, § 2 et 3.

192. — Mais le breveté principal a la préférence pour les changemens, perfectionnemens ou additions pour lesquels il aurait lui-même, pendant l'année, demandé un certificat d'addition ou un brevet. — *Ibid.*, § 4.

193. — L'aliénation du brevet est un obstacle à ce que l'inventeur breveté prenne des certificats d'addition au brevet duquel il s'est dessaisi. Il est vrai, dit M. Renouard (nº 78), qu'un intérêt d'honneur, d'amour-propre, peut-être de gloire peut encore l'attacher au brevet ; mais tout l'intérêt de

l'exploitation, qui est celui dont la loi saisit et règle les résultats, a cessé pour lui ; il n'est plus recevable à en modifier le titre.

194. — Le droit qui restera au breveté originaire devenu étranger au brevet sera, comme pour toute autre personne, de prendre un brevet principal relatif à l'objet du perfectionnement. — Renouard, *loc. cit.*

195. — Si la propriété du breveté originaire est litigieuse ou demeure incertaine, dit M. Renouard (*loc. cit.*), l'administration ne se constituera pas juge, et la délivrance du certificat d'addition aura lieu néanmoins aux risques et périls de l'impétrant. Mais si la mutation totale du brevet a été définitive et officiellement proclamée, l'administration sera fondée à ne considérer le breveté originaire que comme un tiers, et à lui refuser un certificat d'addition, comme à tout autre étranger au brevet.

196. — La conséquence légale du concours de deux brevets s'appliquant à la même industrie est réglée ainsi qu'il suit : « Quiconque, dit l'art. 19, L. 1844, aura pris un brevet pour une découverte, invention ou application se rattachant à l'objet d'un autre brevet, n'a aucun droit d'exploiter l'invention déjà brevetée ; et réciproquement, le titulaire du brevet primitif ne peut exploiter l'invention objet du nouveau brevet. »

197. — L'art. 8, L. 25 mai 1791, avait une disposition à peu près semblable : « Si quelque personne, portait cet article, annonce un moyen de perfection pour une invention déjà brevetée, elle obtiendra, sur sa demande, un brevet pour l'exercice privatif dudit moyen de perfection, sans qu'il lui soit permis, sous aucun prétexte, d'exécuter ou de faire exécuter l'invention principale, et réciproquement, sans que l'inventeur puisse faire exécuter par lui-même le nouveau moyen de perfection. »

198. — La loi n'a pas dit ce qu'il faut entendre par les mots *changemens, perfectionnemens* ou *additions*. Les lois de 1791 étaient plus explicites : l'art. 2, L. 7 janv., disait d'abord que « tout moyen d'ajouter à quelque fabrication que ce puisse être un nouveau genre de perfection, sera considéré comme une invention ; » et l'art. 8, L. 25 mai, ajoutait : « Si quelque personne a un moyen de perfection pour une invention déjà brevetée, elle obtiendra, sur sa demande, un brevet pour l'exercice privatif dudit moyen de perfectionnement, sans qu'il lui soit permis, sous aucun prétexte, d'exécuter ou de faire exécuter l'invention principale, et réciproquement, sans que l'inventeur puisse faire exécuter par lui-même le nouveau moyen de perfection. — *Ne seront point mis au rang des perfections industrielles les changemens de forme ou de proportion, non plus que les ornemens de quelque genre que ce puisse être.* »

199. — C'est dans le même esprit qu'a été conçue la loi nouvelle ; quant à la dernière disposition de la loi de 1791, elle a été omise, « à cause de son évidence même, » suivant les expressions de M. de Barthélemy, rapporteur devant la chambre des pairs. — « En effet, disait-il, la loi n'a voulu breveter que les véritables inventeurs ; or, les auteurs de changemens dans la forme, les proportions ou les ornemens n'apportent rien à la société ; ils ne peuvent donc prétendre au privilége réservé aux découvertes. Cela a paru si évident au gouvernement, qu'il n'a pas reproduit la disposition contenue dans le dernier paragraphe de l'art. 8, L. 25 mai. Votre commission, après avoir hésité pendant quelque temps avant de se décider à ne pas la reprendre, y a renoncé par le même motif ; *elle m'a chargé d'en faire mention expresse dans le rapport.* »

200. — On devrait donc juger aujourd'hui, comme sous la loi de 1791, qu'un simple changement dans la forme d'un objet précédemment inventé ne doit pas être réputé un perfectionnement industriel. — *Cass.*, 2 mai 1822, Chedebois c. Fougerol.

201. — Il faut cependant remarquer que les changemens de forme ou de proportions et que les ornemens même peuvent constituer des inventions brevetables, *s'ils produisent des effets nouveaux.* — V. le rapport de M. de Barthélemy à la chambre des pairs (séance du 20 mars). — V. aussi Loiseau et Vergé, sur l'art. 16 ; Etienne Blanc, p. 296.

202. — Quant à la question de savoir si une découverte offre une *perfection industrielle* ou seulement un changement de forme et de proportion ou un ornement, c'est une question de fait dont l'appréciation par les juges du fond ne donne pas ouverture à cassation. — *Cass.*, 31 déc. 1822, Vermont c. Delarue.

203. — Cette décision a été rendue dans une espèce où le jugement attaqué avait décidé que « l'invention qui a pour objet de donner, à l'aide

de procédés mécaniques, aux nankins français le pli, l'odeur, la forme et l'apprêt du nankin des Indes, ne peut être restreinte à de simples changemens de formes ou de proportions, pour lesquels la loi ne permet pas de délivrer un brevet. » — *Trib. de Rouen*, 22 août 1820 (sous *Cass.*, 31 déc. 1822), Vermont c. Delarue.

204. — Les modifications à une invention ne constituent un perfectionnement qu'autant qu'elles sont le produit d'une idée distincte de l'idée fondamentale de l'invention brevetée, et, dans ce cas même, leur auteur ne pourrait en tirer avantage qu'autant qu'elles seraient susceptibles d'être exploitées séparément, ou que l'invention brevetée serait tombée dans le domaine public. — *Rouen*, 4 mars 1841 (sous *Cass.*, 24 mars 1842, t. 2 1842, p. 323), Rowcliffe et Urruty c. Pethion.

205. — Tout moyen d'ajouter à une fabrication un nouveau genre de perfection étant regardé comme une invention (L. 7 janv. 1791, art. 2), il en résulte qu'on doit considérer comme telle une découverte qui consiste à obtenir, à l'aide du mélange de plusieurs substances, des faïences ingerçables, avec des terres qui ne fourniraient que des faïences dont le vernis se gercerait. — *Paris*, 17 fév. 1844 (t. 1er 1844, p. 381), Pichenot c. Vogt, Birkel et Scheib.

CHAPITRE IX. — *Communication et publication des descriptions et dessins de brevets.*

206. — La destination expresse des brevets et de leurs descriptions est qu'ils soient rendus publics. — Il faut, en effet, d'une part, que le public, pour être tenu de les respecter, soit prévenu de leur existence. — D'un autre côté, on sait qu'après l'expiration du brevet, le droit d'exercer librement l'industrie brevetée est acquis à chaque citoyen, et que même pendant la durée du brevet les tiers peuvent apporter à l'invention qui en fait l'objet des changemens et perfectionnemens. La publicité est donc, suivant l'expression de M. Charles Dupin, une école d'industrie ouverte à tous ; et M. Renouard ajoute (nº 179) que, c'est, « comme la prise de possession, au nom de la société, de son entrée en jouissance dans l'industrie dévolue au domaine public. »

207. — La publicité a lieu par la voie de communication et de publication des descriptions et dessins des brevets.

208. — L'art. 11 de la loi du 7 janv. 1791 disposait « qu'il serait libre à tout citoyen domicilié d'aller consulter au dépôt établi à cet effet *les spécifications* des différentes patentes en exercice. »

209. — La loi nouvelle (art. 23) a consacré et réglé ainsi qu'il suit le principe de la *communication* : « Les descriptions, dessins, échantillons et modèles de brevets délivrés restent, jusqu'à l'expiration des brevets, déposés au ministère de l'agriculture et du commerce, où ils sont *communiqués sans frais à toute réquisition*. — Toute personne peut obtenir, à ses frais, copie desdites descriptions et dessins, suivant les formes qui seront déterminées par un réglement rendu dans la forme des réglemens d'administration publique. »

210. — La communication peut être exigée à toutes les époques, et même *pendant la première année*, bien que le breveté puisse seul, pendant cette année, prendre un certificat d'addition ou un brevet pour perfectionnement. — La raison en est qu'il n'est pas interdit aux tiers de former eux-mêmes pendant cette année des demandes de perfectionnement, malgré la préférence accordée, en cas de concurrence, à l'inventeur primitif. — En outre, il ne serait pas possible de suivre sur une plainte en contrefaçon si le contrefacteur pouvait prétexter de son ignorance en raison du refus de communication. — Loiseau et Vergé sur l'art. 23.

211. — Une copie peut être demandée, même contre l'opposition du breveté. — Renouard, nº 180. — Ce qui appartient, en effet, au breveté, c'est l'exploitation exclusive pendant un temps déterminé ; quant à la connaissance du brevet elle appartient au public comme au breveté lui-même ; on le décidait déjà ainsi sous les lois de 1791.

212. — Les lois de 1791 ne prescrivaient la publication officielle des descriptions qu'après l'expiration du brevet. — Seulement, suivant l'art. 11 de celle du 7 janv. « il était libre à tout citoyen d'aller consulter au secrétariat de son département le catalogue des inventions nouvelles. » — Et encore M. Renouard (nº 183) dit-il que pendant longtemps la disposition relative à la tenue des catalogues ne fut qu'imparfaitement observée. Ainsi, deux catalogues furent publiés, l'un le 15 juin 1803, l'autre le 1er janv. 1812. — Ce n'est qu'en 1825 que M. de Corbière fit imprimer un catalogue général, qui depuis, a augmenté et est tenu au cou-

rant par des supplémens annuels régulièrement publiés.

213. — La loi du 5 juill. 1844 s'exprime sous ce double rapport d'une manière catégorique : « Après le paiement de la deuxième annuité, dit l'art. 24, les descriptions et dessins *seront publiés soit textuellement, soit par extrait*; il sera en outre publié au *commencement de chaque année* un catalogue contenant les titres des brevets délivrés dans le courant de l'année précédente. »

214. — Relativement à la publication par extraits, un député, M. Bethmont, faisait remarquer qu'il y avait des inconvéniens à ce que le gouvernement se chargeât lui-même de faire les extraits. « Le breveté, disait-il, qui a donné sa description, tiendra souvent à des détails que l'administration croira devoir omettre dans ses extraits; c'est là une tâche délicate et difficile. » — Mais M. le rapporteur a répondu que l'on n'entendait pas morceler les descriptions et publier par analyse les brevets offrant quelque importance. — « Il est du devoir de l'administration, ajoutait M. Bethmont, de ne pas préjuger l'inutilité de certaines dispositions comprises dans quelques brevets, et d'imprimer *in extenso* ceux qui portent le cachet de la raison. »

215. — La loi du 7 janv. 1791 créait (dans son article 11) un cas d'exception où la communication ne devait pas avoir lieu : c'était lorsque « l'inventeur ayant jugé que des raisons politiques ou commerciales exigeaient le secret de sa découverte, se serait présenté au corps législatif pour lui exposer ses motifs et en aurait obtenu un décret particulier sur cet objet. » — La loi de 1844 n'a pas reproduit cette disposition.

216. — La seule exception apportée à la publicité est celle contenue dans l'art. 18 de la loi de 1844, pour le cas où un brevet est demandé pour un changement, perfectionnement ou addition à une invention déjà brevetée, mais depuis moins d'une année. — On sait que dans ce cas la demande des tiers reste, jusqu'à l'expiration de cette année, déposée sous cachet au ministère. — V. *suprà*, no 191.

217. — Le recueil des descriptions et dessins et le catalogue publié sont déposés au ministère de l'agriculture et du commerce et au secrétariat de la préfecture de chaque département, où ils peuvent être consultés sans frais. — L. 5 juill. 1844, art. 25.

218. — A l'expiration des brevets, les originaux des descriptions et dessins sont déposés au conservatoire royal des arts et métiers. — *Ibid.*, art. 26.

CHAPITRE X. — *Droits résultant du brevet.*

Sect. 1re. — *Exploitation.*

219. — Le droit *d'exploiter* une invention comprend celui de lui donner tous les développemens dont elle est susceptible, sauf les limites que les lois peuvent y apporter : ainsi, par exemple, si cette exploitation nécessitait l'établissement d'ateliers insalubres, l'inventeur serait obligé de se conformer aux lois qui les régissent; l'obtention du brevet ne l'en dispenserait pas. — V. ÉTABLISSEMENS INSALUBRES.

220. — Par application du même principe, il a été jugé avec raison que le délit résultant de la fabrication ou de la vente d'une arme prohibée peut et doit être poursuivi, alors même que le porteur aurait, pour cette arme même, obtenu un brevet d'invention. — *Trib. corr. de la Seine*, 20 mars 1840.

221. — Ainsi encore, « celui qui a obtenu un brevet d'invention pour une presse typographique sera passible des peines portées par la loi, s'il exécute des impressions par le moyen de cette presse sans être pourvu d'un brevet d'imprimeur. » — Renouard, no 78.

222. — Le projet du gouvernement portait, à la place des mots *droit exclusif d'exploiter*, ceux-ci : *droit de jouissance entière et exclusive.* — Si la rédaction de la commission a été conservée, c'est qu'il a été reconnu qu'elle exprimait la même idée que la rédaction primitive et qu'elle n'impliquait aucune contradiction avec le droit de cession qui lui est accordé, ainsi qu'il sera dit plus bas. — V. *infrà* nos 241 s.

223. — Le brevet obtenu pour la fabrication d'une chose qui ne peut être utile qu'autant qu'elle est employée à la fabrication d'un autre produit attribue à l'inventeur un droit privatif non seulement pour la confection de cette chose, mais encore pour celle des produits composés avec elle, bien que ceux-ci soient obtenus par des moyens déjà connus. — *Cass.*, 27 déc. 1837 (t. 1er 1844, p. 808), Rattier et Guibal c. Janvier.

224. — La loi du 25 mai 1791, tit. 2, art. 14, interdisait au breveté le droit d'établir son entreprise par actions, à peine de déchéance de l'exercice de son brevet. — Cette restriction, dit M. Renouard (no 106), était imitée de la loi anglaise, qui défendait de délivrer les *patentes pour inventions* à plus de cinq personnes, nombre depuis porté à douze. — Mais un décret du 25 nov. 1806 a abrogé cette prohibition. — Seulement ce décret a imposé à ceux qui voudraient exploiter leurs brevets par actions l'obligation de se pourvoir d'une autorisation du gouvernement.

225. — Le décret du 25 nov. 1806, qui concerne l'obligation pour les brevetés de se pourvoir de l'autorisation du gouvernement, a été lui-même abrogé par le Code de commerce, notamment en matière de société en commandite. — *Paris*, 13 juill. 1839 (t. 2 1839, p. 400), Doubliez c. Despréaux; 27 mai 1840 (t. 2 1840, p. 98), Hinord et Huchez c. les actionnaires de l'*Incombustible*.

226. — Et il a été jugé par suite que la société en nom collectif, formée pour l'exploitation d'un brevet d'invention, et dont le capital est divisé par actions, n'a pas besoin, comme les sociétés anonymes, de l'autorisation du gouvernement. — *Douai*, 27 nov. 1841 (t. 1er 1844, p. 812), Hanoire et autres c. Robert de Massy.

227. — ...Qu'en effet, la prohibition de la loi de 1791 et les conditions imposées par le décret de 1806, relatives aux sociétés par actions, étaient uniquement applicables, d'après la signification qu'avaient sous l'empire de ces lois les mots *sociétés par actions*, aux sociétés que le Code de commerce a qualifiées depuis *Sociétés anonymes.* — *Paris*, 15 juill. 1839 (t. 2 1839, p. 400), Doubliez c. Despréaux.

228. — Ces décisions doivent recevoir leur application sous la loi nouvelle, qui, en ne reproduisant pas les dispositions de loi de 1791 et celles du décret de 1806, lesquelles sont, au contraire, formellement abrogées (art. 52), a par cela même laissé la matière sous l'empire du Code de commerce. — Renouard, no 106.

229. — Lorsqu'un brevet a été mis en société et que la société vient à se liquider, M. Renouard (no 104) dit que rien ne s'oppose à ce que le brevet soit attribué à un associé autre que le breveté qui en a fait l'apport.

230. — Il en est de même à l'égard du brevet délivré collectivement à plusieurs titulaires. — Renouard, no 104.

231. — Mais il a été jugé qu'un brevet d'invention dont la jouissance a été mise en société avec réserve de la propriété « en tout état de choses, et particulièrement en cas de cessation ou de dissolution de la société », demeure la propriété exclusive du titulaire, si la société est déclarée nulle pour défaut de publication de l'acte social. — La jouissance de ce brevet ne peut dans ce cas être considérée comme une valeur sociale, et ne saurait être assimilée aux apports matériellement employés aux opérations commerciales qui se sont confondus avec les apports des autres associés. — *Paris*, 29 janv. 1842 (t. 1er 1844, p. 70), Garville c. Moreau. — V. aussi *Paris*, 17 fév. 1837 (t. 1er 1837, p. 253), Guébou et Pihet c. Robert. — V. SOCIÉTÉ.

232. — En cas d'indivision d'un brevet, sans société régulièrement formée, les brevetés ou leurs ayant-droit peuvent demander à en sortir. M. Renouard (no 105) dit qu'il n'y a pas lieu d'appliquer à ce cas les motifs tout spéciaux qui, suivant lui, retiennent dans un état d'indivision forcée les coauteurs d'une même œuvre littéraire. — V. PROPRIÉTÉ LITTÉRAIRE. — Et il ajoute qu'il sera procédé, conformément au droit commun, soit à un partage, soit à une licitation si le partage est reconnu impossible.

233. — Un brevet entre-t-il dans l'actif de la communauté conjugale, et comment les droits respectifs doivent-ils s'établir à la dissolution de cette communauté? — V. à cet égard COMMUNAUTÉ.

234. — Un brevet est essentiellement saisissable comme tous les biens du débiteur; et cette saisie peut porter non seulement sur les bénéfices survenus du brevet et les produits de sa fabrication, mais encore sur la propriété du brevet lui-même. — Renouard, no 108.

235. — Il peut faire aussi l'objet d'un gage; mais, ainsi qu'il sera dit *infrà* no 442, la mise en gage ne confère pas au créancier gagiste le droit d'exploitation.

236. — L'acquéreur soit d'un objet de brevet donné en gage, soit du même objet saisi à la requête des créanciers, acquerrait-il par cela même le droit d'exloitation ? A cet égard, M. Renouard (no 243) s'exprime en ces termes : « Ce sera aux tribunaux de déclarer si la machine, ainsi vendue judiciairement, le sera pour être détruite, et si la vente des matériaux suffira pour couvrir les créanciers, ou si, au contraire, elle sera vendue telle qu'elle est avec le droit de l'exploiter; dans ce dernier cas, le droit d'exploiter sera censé vendu par le breveté lui-même, et la cession forcée aura les effets d'une cession volontaire. » — MM. Goujet et Merger (vo *Contrefaçon*, no 81) vont plus loin et disent que, même dans le cas où la vente serait ordonnée purement et simplement, le droit de l'exploiter serait acquis à l'acheteur.

237. — Bien qu'un brevet assure à l'inventeur l'exploitation exclusive de sa découverte, ce n'est pas en fraude des droits de ses créanciers. Ainsi, lorsque le constructeur d'une machine pour laquelle il a été accordé un brevet d'invention, n'est pas payé, et qu'il y a même entre lui et l'inventeur contestation sur le prix, les juges peuvent, sans violer les lois relatives aux brevets d'invention, laisser au constructeur l'option de conserver la machine ou d'en recevoir le prix. — *Cass.*, 16 août 1826, Pinard c. Daret.

238. — L'inventeur d'un produit chimique qui n'a pas pris de brevet d'invention est sans droit pour exiger de l'inventeur breveté d'un procédé de fabrication que celui-ci ajoute à l'annonce du brevet d'invention que ce brevet ne concerne que la découverte du procédé, et non celle du produit. — *Paris*, 5 mars 1839 (t. 1er 1839, p. 280), Thiboumery et Dubosc c. Pelletier.

239. — Il a été jugé, sous la législation de 1791, qu'entre deux prétendans à l'exploitation d'une branche d'industrie, l'un en vertu d'un brevet d'invention, l'autre en vertu d'un bail de l'administration départementale, le tribunal civil n'a pas pu prononcer contre le mode d'instruction prescrit dans la cause par le directoire exécutif, en conformité de la loi du 25 mai 1791. — *Cass.*, 22 frim. an X (t. 2, p. 380), Duguey c. Bridet.

240. — V. aussi sur la manière dont le breveté peut annoncer sa qualité au public (*infrà* nos 331 et suiv.), et sur l'*obligation* dans laquelle il est d'exploiter son brevet, *infrà*, nos 349 et suiv.

Sect. 2e. — *Transmission et cession des brevets.*

241. — La propriété d'un brevet est transmissible, conformément aux règles du droit commun, comme toute autre propriété mobilière. La liberté des transactions commerciales veut qu'il en soit ainsi; mais la loi devait en déterminer les effets et prévenir autant que possible les fraudes dont cette transmission pouvait être entourée. — Loiseau et Vergé, sur l'art. 20. — Le mode dont s'occupe plus particulièrement la loi, c'est la cession; l'art. 20, § 1er, pose en principe : « Tout breveté pourra céder son brevet. »

242. — Sous la législation antérieure à la loi du 5 juill. 1844, la cession des brevets était aussi autorisée : l'acquéreur était soumis aux mêmes obligations que l'inventeur; s'il y contrevenait, la patente était révoquée, la découverte publiée, et l'usage en devenait libre dans tout le royaume. — L. 7 janv. 1791, art. 16.

243. — La cession peut avoir lieu soit à titre gratuit, soit à titre onéreux; elle peut porter soit *sur la totalité*, soit *sur partie* de la *propriété* du brevet. — L. 5 juill. 1844, art. 20, § 1er et 2.

244. — La commission de la chambre des pairs entendait que la cession partielle ne pourrait porter que « sur l'abandon du droit d'exploiter sur une partie du territoire, ou sur l'abandon d'une partie aliquote des produits dudit brevet, sans que dans aucun cas la découverte objet dudit brevet pût être divisée. » — Elle se fondait sur l'indivisibilité du brevet. — Mais cette interprétation n'a pas été admise, et la chambre a décidé que la cession même partielle pourrait porter sur la *propriété* du brevet.

245. — La cession est susceptible de toutes conditions, limitations et réserves autorisées dans la rédaction des conventions en général. — Renouard, no 163. — « Ainsi, dit cet auteur, on peut céder le droit de fabriquer en se réservant le droit de vendre, ou le droit de vendre en se réservant le droit de fabriquer; on peut limiter la cession à certaines parties du territoire. »

246. — De même, la cession peut porter non seulement sur l'abandon du droit d'exploiter dans une portion du territoire et sur l'abandon d'une partie aliquote des produits du brevet, mais aussi sur une partie de la découverte objet du brevet. — Loiseau et Vergé, sur l'art. 20, no 3. — V. aussi la discussion à la chambre des pairs.

247. — Mais il y a alors une grande différence dans ces diverses cessions quant aux résultats : dans la cession totale ou partielle de la propriété d'un brevet, la *propriété* même de la découverte est aliénée; au contraire, dans la cession de la faculté d'exploiter ou d'une partie aliquote des produits, la propriété de l'invention reste au breveté; il peut la céder à d'autres. En résumé, il faut dis-

tinguer la cession proprement dite du brevet de la cession du droit d'exploitation; ces deux actes sont autorisés par la loi nouvelle. C'est ce qui a été constaté dans les explications échangées à la chambre des députés. — Etienne Blanc, p. 300; Loiseau et Vergé, *loc. cit.*

248. — La cession totale ou partielle d'un brevet, soit à titre gratuit, soit à titre onéreux, ne peut être faite *que par acte notarié et après le paiement de la totalité de la taxe déterminée par la loi.* En outre, la loi ajoute qu'elle ne sera valable à l'égard des tiers qu'après avoir *été enregistrée au secrétariat de la préfecture du département dans lequel l'acte aura été passé.* — L. 5 juill. 1844, art. 20, § 2 et 3. — V. ACTE SOUS SEING-PRIVÉ, n° 30.

249. — Cette disposition, relative au paiement préalable de la taxe, est fondée sur ce qu'il fallait donner aux concessionnaires l'assurance entière qu'ils n'encourraient pas la déchéance faute par le cédant d'acquitter le montant des annuités, et sur ce qu'il fallait assurer le recouvrement au profit du trésor. « Il y a, disait-on à la séance de la chambre des députés du 15 avr. 1844, il y a telles découvertes qui, pour être exploitées, doivent se céder à cinquante ou soixante personnes. Comment voulez-vous que le gouvernement aille chercher sur toute la surface de la France qui devra payer? Dans quelle proportion chacun acquittera-t-il l'annuité? Celui qui vend son brevet ne le vend que parce qu'il en trouve de l'argent; et par cela même qu'il en réalise la valeur, il lui deviendra extrêmement facile d'acquitter la taxe. »

250. — Si la cession était passée en pays étranger, l'acte devrait être fait dans les formes usitées dans le pays pour donner aux actes le caractère d'authenticité. — Etienne Blanc, p. 300.

251. — La loi du 25 mai 1791 (art. 15) exigeait également *un acte notarié* pour la cession totale ou partielle du brevet et l'enregistrement de la cession au secrétariat des départemens respectifs du cédant et du cessionnaire.

252. — Mais on avait jugé que cette disposition ne devait s'entendre qu'à l'égard des tiers, et qu'en conséquence un pareil acte de cession, quoique fait *sous seing-privé* et *non enregistré*, était valable entre les parties contractantes et leurs héritiers, surtout s'il y avait commencement d'exécution. — *Cass.*, 20 nov. 1822, Bérard c. Cabanis.

253. — Bien que la loi nouvelle ne dise pas que le défaut d'*authenticité* est une nullité relative introduite en faveur des tiers, sans que ni le cédant, ni le cessionnaire, ni les héritiers de l'un ou de l'autre soient recevables à l'invoquer, et qu'elle ne le décide explicitement qu'à l'égard de l'enregistrement, cependant M. Renouard (n° 172) paraît penser que l'on devrait décider aujourd'hui comme sous la loi de 1791.

254. — Sous la législation de 1791 on avait agité la question de savoir si les tiers étaient censés avoir connaissance du transport par le seul fait de la passation de ce transport devant notaires et de son enregistrement au secrétariat de la préfecture. — Pour la négative on prétendait que, la cession ayant pour effet de transporter le droit privatif du breveté au cessionnaire, les tiers ne pouvaient en être avertis que par l'insertion au *Bulletin des lois*, qui leur en avait fait connaître l'objet principal; que l'enregistrement au secrétariat de la préfecture n'avait pour but que d'avertir le ministère pour qu'il pût en faire l'insertion au *Bulletin des lois* et le porter à la connaissance de tous, et que, s'il en était autrement, les tiers seraient toujours exposés aux contestations des cessionnaires, dans le cas où ils auraient traité avec l'inventeur ou opéré avec lui. — M. Et. Blanc (*Tr. de la contrefaçon*, p. 59) soutenait l'opinion contraire. — La question n'est plus susceptible de se reproduire sous la loi nouvelle, qui détermine à quelles conditions l'acte de cession sera valable à l'égard des tiers, et qui, en cela, est limitative.

255. — Le préfet ne peut, sous le prétexte qu'il existe des oppositions, se refuser à l'enregistrement de la cession, ni même la différer. — Renouard, n° 175.

256. — L'enregistrement des cessions et de tous autres actes emportant mutation est fait sur la production et le dépôt d'un extrait authentique de l'acte de cession ou de mutation. — L. 5 juil. 1844, art. 20, § 4.

257. — La formalité de l'enregistrement au secrétariat de la préfecture ne tient pas lieu de l'enregistrement fiscal pour lequel on applique l'art. 69, § 10, L. 22 frim. an VII; ce droit est de 2 fr. pour 100 fr. pour le prix stipulé dans l'acte. — V. une délibération de la régie du 22 mai 1832. — V. aussi Renouard, n° 174.

258. — Une expédition de chaque procès-verbal d'enregistrement accompagné de l'extrait de l'acte est transmise par les préfets au ministre de l'agriculture et du commerce dans les cinq jours de la date du procès-verbal. — L. 5 juill. 1844, art. 20, § 5.

259. — Il est tenu au ministère de l'agriculture et du commerce un registre sur lequel sont inscrites les mutations intervenues sur chaque brevet, et tous les trois mois une ordonnance royale proclame les mutations enregistrées pendant le trimestre expiré. — *Ibid.*, art. 21.

260. — C'est dans ce registre seul que les ayant-droit devront chercher la preuve des mutations de brevets survenues depuis leur délivrance, les registres des départemens ne contenant que les mutations opérées dans sa circonscription. — Etienne Blanc, *Code des inventions*, p. 304.

261. — Les effets de la cession se règlent entre le cédant et le cessionnaire d'après les principes du droit commun. — « La convention formée entre eux, dit M. Et. Blanc (*De la contrefaçon*, p. 62, et *Code des inventions*, p. 256), n'a aucune analogie avec le contrat survenu entre l'inventeur et le gouvernement. En accordant un brevet, le gouvernement ne consacre aucun droit: il ne fait que constater la priorité de la demande, il suppose seulement la qualité et le mérite de l'invention. Mais quand le breveté cède son privilége, il ne suppose pas, il l'affirme, et le cessionnaire ne contracte que sous la foi de cette affirmation. Son intention est d'acquérir un privilége valable, en un mot un brevet, un droit exclusif: la commune intention et l'équité seraient méconnues si, dans le cas où sa bonne foi a été trompée, on lui refusait son droit contre le cédant. »

262. — C'est donc avec raison qu'il a été jugé que celui qui, sur la foi d'annonces et circulaires, s'est rendu acquéreur d'une méthode de calligraphie pour laquelle le vendeur avait obtenu un brevet d'invention, peut, lorsque les résultats de cette méthode *sont à peu près illusoires,* demander la nullité de la vente comme faite sans cause et refuser de payer au vendeur les traites qu'il a souscrites pour prix de cette cession. — *Nîmes*, 21 déc. 1829, Roche c. Pelaud.

263. — De même, si le brevet objet de la cession se trouve frappé de déchéance, ou s'il se trouve seulement dans l'un des cas de déchéance prévus par la loi, le cessionnaire aura un droit contre le cédant. S'il n'a pas encore payé le prix, il peut se soustraire aux engagemens par lui contractés. La raison de décider ainsi se puise dans les principes du droit commun posés dans les art. 1131, 1541 et 1643, C. civ., qui frappent de nullité les obligations consenties sans cause ou sur fausse cause. — Etienne Blanc, p. 61.

264. — On a donc dû réputer nulle, comme faite sans cause, la cession d'un brevet obtenu pour *une méthode de lecture*, laquelle n'est pas susceptible de brevet. — *Grenoble*, 12 juin 1830, Augier c. Chenet. — V. aussi *Cass.*, 21 fév. 1837 (t. 2 1842, p. 883), Alvier c. de Favéol; 15 juin 1842 (*ibidem*), Flourens c. Morin; *Grenoble*, 24 déc. 1842 (sous *Cass.*, 22 août 1844, t. 2 1844, p. 672), Bourrousse c. Ronjat.

265. — Et le prix d'une pareille cession a dû être réputé sujet à répétition comme payé sans cause, encore bien que la cession eût été faite aux risques et périls de l'acheteur, et qu'il eût été stipulé que le vendeur garantissait seulement l'existence du brevet. — *Grenoble*, 24 déc. 1842 (sous *Cass.*, 22 août 1844, t. 2 1844, p. 672), Barrousse c. Ronjat.

266. — Il a été jugé aussi que, dans le cas où le propriétaire d'un brevet d'invention a permis, moyennant une redevance annuelle, à un manufacturier d'employer le procédé breveté, ce manufacturier ne peut, si la déchéance du brevet est plus tard prononcée par les tribunaux, réclamer du propriétaire de celui-ci la restitution des sommes qu'il lui a payées, en vertu de la convention antérieurement au jour de la demande en déchéance, quand surtout il est établi que ce manufacturier a retiré de grands avantages du procédé breveté. — *Cass.*, 27 mai 1839, de Wendel c. Taylor.

267. — Pour prévenir l'abus que le breveté pourrait, après la cession, faire de la faculté que la loi lui réserve de perfectionner son invention, l'art. 22 porte que « les cessionnaires d'un brevet, et ceux qui ont acquis d'un breveté ou de ses ayant-droit la faculté d'exploiter la découverte ou l'invention, profitent *de plein droit* des certificats d'addition qui ont été ultérieurement délivrés au breveté ou à ses ayant-droit. » — L. 5 juill. 1844, art. 22, § 1er.

268. — Le ministre expliquait ainsi cette disposition dans l'exposé des motifs de la loi: « En général, les inventions dans les arts et métiers n'arrivent à l'état de perfection qu'à l'aide d'améliorations successives, que le temps et la pratique ne manquent jamais d'y apporter. Le cessionnaire qui traite avec le breveté, le manufacturier qui achète son invention, n'acquièrent ainsi, la plupart du temps, qu'une œuvre incomplète, souvent même entachée des vices inhérens à la conception première. Il faut donc, sous peine de rester en arrière, que le cessionnaire ou le fabricant se résignent à payer à l'inventeur, pour chaque addition, outre la valeur juste et raisonnable du perfectionnement, le prix arbitraire du monopole qu'il lui convient d'exiger. — La loi existante, indépendamment même de toute supposition d'abus, était trop dure et imposait à l'industrie des sacrifices qu'elle ne peut supporter. »

269. — Le projet de loi allait plus loin encore; il donnait aux acquéreurs d'objets brevetés la faculté, *à moins de stipulations contraires*, d'appliquer à ces objets les perfectionnemens garantis par ces certificats, et, dans ce cas, de s'adresser aux brevetés pour cette application, ou de les faire exécuter eux-mêmes si l'inventeur se montrait trop exigeant. — Mais cette proposition n'a pas été accueillie, et il a été reconnu que c'était à celui qui achetait à faire ses conditions et à bien préciser les stipulations du contrat. — Loiseau et Vergé, sur l'art. 22.

270. — « Réciproquement, dit l'art. 22, le breveté ou ses ayant-droit profitent des certificats d'addition qui sont ultérieurement délivrés aux cessionnaires. »

271. — Mais la disposition de l'art. 22 doit être restreinte rigoureusement aux certificats d'addition, et ne doit jamais être étendue aux brevets principaux pris pour des perfectionnemens. C'est ce qui résulte de la discussion à la chambre des députés sur l'art. 22, du 5 juill. 1844. — V. aussi Renouard, n° 167.

272. — On a fait remarquer avec juste raison que cette distinction entre les certificats d'addition qui s'incorporent au brevet primitif, et les brevets principaux pris pour de simples perfectionnemens, tend à anéantir la disposition salutaire de l'art. 22 et à mettre le cessionnaire entièrement à la discrétion du cédant. — « Ainsi, disent MM. Loiseau et Vergé (sur cet article), la loi qui veut faire profiter sans indemnité le cessionnaire des certificats d'addition pris par l'inventeur, donne à celui-ci un moyen facile d'éluder cette prescription; il lui suffit de prendre, au lieu d'un certificat d'addition, un brevet pour perfectionnement. » Ce résultat n'échappait pas au rapporteur (M. Ph. Dupin); aussi voulait-il placer les brevets pour perfectionnement sur la même ligne que les certificats d'addition; mais la chambre a repoussé cette assimilation.

273. — Tous ceux qui ont droit de profiter des certificats d'addition peuvent en lever une expédition au ministère de l'agriculture, moyennant un droit de 20 fr. — L. 5 juill. 1844, art. 22, § 3.

274. — Le cessionnaire dont la cession est nulle est sans recours contre les tiers; ainsi, il serait sans qualité pour contester une seconde cession postérieure à la sienne, mais qui aurait été suivie de toutes les formalités légales. — Renouard, n° 172.

275. — Les annulations volontaires de cessions sont considérées comme des rétrocessions, et soumises comme telles à la formalité de l'enregistrement. — Renouard, n° 174. — V. ENREGISTREMENT.

276. — Il n'y a pas nécessité, mais il y a prudence à faire enregistrer au secrétariat de la préfecture les annulations prononcées par les tribunaux, afin que les tiers soient avertis et pour prévenir les erreurs ou les fraudes. — Renouard, n° 176.

277. — Les annulations de cessions doivent également être inscrites sur le registre du ministère et proclamées par ordonnances royales en la même forme que les cessions. — Renouard, n° 176.

278. — « Tout ce qui précède, dit M. Renouard (n° 188), n'est relatif qu'aux cessions de *brevets délivrés*. — Quant au contrat par lequel l'auteur d'une découverte transmet à un tiers tout ou partie de ses droits à la découverte et à l'obtention d'un brevet non encore délivré, ce contrat, lorsqu'il est formé régulièrement et de bonne foi, est valable, soit que le cessionnaire acquière tous les droits à la délivrance du brevet, soit qu'il acquière le droit d'obtenir une part dans le brevet futur, ou avec l'inventeur, ou avec toute autre personne dûment désignée. Ici les formalités de la loi sur les cessions de brevets seraient superflues; car il n'existe encore aucun titre liant le public, aucun privilége spécial, aucun traité avec la société. » — V. aussi Etienne Blanc, p. 266.

279. — La question de propriété d'un brevet d'invention portée devant la justice, purement et simplement sans autres circonstances qui s'y rattachent, doit entre les parties litigantes être examinée et jugée comme la concession du brevet lui-même a été faite par le gouvernement, c'est-à-dire sans garantir à celui qui l'a obtenu ni la priorité ni le mérite du brevet. — Vainement celui qui prétend droit à cette propriété alléguerait-il que l'inven-

tion ne se compose que de la réunion de pièces contrefaites ou tombées dans le commerce,.... : ce moyen de déchéance incidemment opposé est sans application à la question de propriété, et ne peut appartenir qu'à un procès en contrefaçon.— *Bourges*, 23 janv. 1841 (t. 2 1841, p. 618), Gemelle c. de Treuille.

CHAPITRE XI. — *Nullités et déchéances.*

280. — La loi divise en deux catégories les causes qui peuvent entraîner la chute du brevet : ce sont les nullités et les déchéances ; les premières sont réputées tenir à l'ordre public et les autres à l'intérêt privé. Nous allons successivement les parcourir.

281.—Ces causes de nullité et de déchéance sont-elles limitatives ? — C'est ce qui avait été jugé sous l'empire de la loi de 1791, où l'on décidait qu'il y avait lieu de casser, comme créant une déchéance non établie par la loi, l'arrêt qui prononçait la nullité du brevet, tout en reconnaissant que les moyens et procédés d'exécution n'étaient pas décrits dans les ouvrages publiés (V. *infrà* no 315); et qu'on devait le décider ainsi, alors même que l'arrêt aurait reconnu que la description exigée par la loi ne se trouvait pas non plus dans la demande du breveté. — *Cass.*, 13 fév. 1839 (t. 1er 1844, p. 811), Taylor c. Wendel.

Sect. 1re — *Nullités.*

282. — 1o Le brevet délivré est nul et de nul effet, si la découverte, invention ou application *n'est pas nouvelle.* — L. 5 juill. 1844, art. 30 1o.

283. — C'est au pouvoir judiciaire qu'il appartient de décider si le brevet concédé porte réellement sur une invention ou un perfectionnement nouveau. — *Cass.*, 11 janv. 1825, Laurens c. Lemarre.

284. — Et le jugement qui décide que le procédé commun au breveté et au contrefacteur n'étant pas nouveau, ne peut, par conséquent, constituer une découverte nouvelle, ne contrevient pas à l'autorité de la chose jugée par un précédent arrêt qui décide que l'application d'un procédé déjà connu peut constituer une nouvelle découverte, s'il est adapté à un nouvel usage. — Même arrêt.

285. — Quant à l'arrêt qui, en même temps qu'il constate la déchéance d'un brevet d'invention, attendu que la découverte est tombée dans le domaine public, refuse néanmoins de prononcer cette déchéance à l'égard du poursuivant, par la raison que ce dernier, en obtenant postérieurement un brevet semblable, a reconnu par là que la découverte pouvait faire l'objet d'une propriété privée, il crée une exception qui n'est pas dans la loi, et commet un excès de pouvoir. — *Cass.*, 4 juin 1839 (t. 1er 1844, p. 795), Lambert c. Pocquet.

286. — Mais il n'est pas toujours facile de déterminer quand l'invention doit être réputée manquer du caractère de nouveauté exigé par la loi. — C'est pourquoi la loi a dû se borner à poser aussi nettement que possible un principe général. —L'art. 31, L. 5 juill. 1844, dispose donc qu'on ne devra pas réputer nouvelle toute découverte, invention ou application qui, *en France* ou *à l'étranger*, et antérieurement à la date du dépôt de la demande, aurait reçu une publicité suffisante pour pouvoir être exécutée.

287.—Le projet du gouvernement expliquait les mots *publicité suffisante* par ceux-ci : « soit par la voie de l'impression, soit de toute autre manière ; » mais ces expressions ont été retranchées comme inutiles, le mot *publicité* ayant paru comprendre tous les modes par lesquels l'invention avait pu déjà se rendre publique, aussi bien l'impression que l'exécution ou tout autre.

288. — Voici, au surplus, comment répondait M. le rapporteur devant la chambre des députés, à M. Marie, qui demandait une explication précise du mot *publicité suffisante.* — « Les termes *publicité suffisante* sont généraux comme doit l'être un principe posé dans une loi ; ils embrassent tous les cas possibles dont l'application spéciale était abandonnée à la sagesse des tribunaux. Au lieu de cela, M. Marie propose de réduire à deux cas la publicité qui sera de nature à faire considérer une invention ou une découverte comme n'étant pas nouvelle. C'est, d'une part, la circonstance que l'invention ou la découverte a été industriellement pratiquée ; de l'autre, la circonstance que l'invention a été décrite d'une manière technique dans un ouvrage imprimé et publié. Mais, outre que ces expressions peuvent être le germe de bien des commentaires et la source de bien des procès, il y a un grand nombre d'autres moyens de publicité. Par exemple, une machine a pu figurer à l'exposition des produits de l'industrie ; elle a pu être déposée dans un conservatoire des arts et métiers, bien qu'elle n'ait pas été industriellement pratiquée, bien qu'elle n'ait pas été décrite d'une manière technique : viendrez-vous dire que c'est une découverte nouvelle, etc ? Les deux espèces signalées dans la rédaction de M. Marie formeraient une rédaction trop étroite qui n'embrasserait pas tous les cas, et je demande qu'il demeure exprimé que toutes les fois qu'une invention aura reçu une publicité telle quelle, mais une publicité suffisante pour qu'on puisse l'exécuter, elle tombe par cela même dans le domaine public, et ne soit plus susceptible d'être brevetée. » — Après ces considérations, la proposition de M. Marie fut rejetée.

289. — L'invention dont la description a été donnée au public dans un journal, un livre, un mémoire ou tout autre document livré à la publicité n'est pas réputée nouvelle. — Renouard, no 41.

290. — Mais M. Renouard ajoute avec raison que le fait seul de l'impression ne suffit pas pour que la communication ait été faite au public ; il faut de plus qu'il y ait eu publication, car un imprimé non publié n'existe pas pour le public.

291. — Aussi l'art. 16, § 3 de la loi du 7 janv. 1791, disposait-il que l'inventeur qui était convaincu d'avoir obtenu une patente pour des découvertes déjà consignées et décrites dans des ouvrages *imprimés et publiés*, était déchu de sa patente.

292. — Mais la publication, par quelque voie qu'elle ait été opérée, et alors même qu'elle serait demeurée restreinte et incomplète, a détruit la nouveauté ; peu importerait qu'après l'accomplissement des conditions extrinsèques de la publication le livre contenant la description se fût peu ou point vendu. — Renouard, *ibid.*

293. — Toutefois l'invention simplement mentionnée dans un écrit quelconque, n'est pas censée avoir été rendue publique, si d'après cette mention elle n'a pu être exécutée. — Renouard, no 41. — C'est ce qui résulte nettement des termes de la loi du 5 juill. 1844.

294. — Il est vrai qu'il a été jugé sous l'empire de la loi de 1791 que celui qui, après avoir été breveté à l'étranger pour fait seul d'une découverte scientifique, mais en laissant les moyens d'application de cette découverte à l'industrie dans le domaine public, avait obtenu en France et pour la même découverte, et non pour les moyens d'application, un brevet d'importation était déchu de ce brevet si antérieurement à son obtention la découverte avait été consignée, *bien que sans description des moyens d'application* dans des journaux étrangers.—*Paris*, 11 août 1836 (t. 2 1837, p. 303), Taylor c. Wendel.

295.— Mais cette décision a été cassée par un arrêt qui juge que la déchéance prévue par l'art. 16 de la loi de 1791 n'a lieu que si les ouvrages contiennent, indépendamment de l'énonciation de la découverte, la description des moyens et procédés nécessaires à son application. — *Cass.*, 13 fév. 1839 (t. 1er 1844, p. 811), Taylor c. Wendel ; et, sur le renvoi, *Amiens*, 18 mai 1839 (t. 2 1844, p. 382), mêmes parties.

296. — La loi de 1791 n'exigeait pas que la description à laquelle elle attachait la déchéance résultât de termes sacramentels. Il suffisait, pour qu'il y eût lieu de prononcer celle-ci, que la description fût de nature à rendre l'invention réalisable par chacun. La déchéance devait donc être prononcée du moment où les juges reconnaissaient qu'il existait une description antérieure du brevet.—*Cass.*, 20 mai 1844 (t. 1er 1844, p. 812), Hanoire c. Robert de Massy. — Il devrait en être de même sous la loi nouvelle.

297. — Le fait de la cession de l'invention par son auteur avant de l'avoir fait breveter ne doit pas être considéré comme équivalant à une obligation qui empêche la prise d'un brevet par le cessionnaire.—Etienne Blanc, *Traité de la contrefaçon*, p. 42.

298. — Quant à la question de savoir si la description publiée a été suffisante pour faire considérer l'invention comme réellement *publique* ; on comprend que c'est là une question dont l'appréciation est abandonnée aux juges du fond, et que la décision qu'ils rendront à cet égard sera à l'abri de la cassation.

299. — A moins toutefois que des faits relevés par le jugement lui-même, ne résultât la preuve que les faits qu'il contient sont erronés. — *Cass.*, 13 févr. 1839 (t. 1er 1844, p. 811), Taylor c. Wendel ; 20 mai 1844 (t. 1er 1844, p. 812), Hanoire c. Robert de Massy.

300. — L'identité de la description antérieure au brevet et de celle y contenue pourrait être reconnue exister par les juges, bien qu'il y eût entre elles, au dire des experts, de légères différences ; par exemple, si l'une portait que les matières à fabriquer doivent être traitées par l'*incinération*, et l'autre qu'elles doivent l'être par la *carbonisation*, alors que le brevet emploie indifféremment les deux termes. — *Cass.*, 30 mai 1844 (t. 1er 1844, p. 812), Hanoire c. Robert de Massy.

301.—Pour que l'invention soit réputée non nouvelle, il suffit qu'elle ait été publiée soit en France soit à l'étranger, encore que cette publication, même en France, aurait eu lieu *en langue étrangère.*—Renouard, no 43.— « Il n'est pas nécessaire, en effet, dit cet auteur, pour qu'une invention tombe dans le domaine public, qu'elle parvienne à la connaissance de tous les individus dont le public se compose..... Un ouvrage publié en France, dans quelque langue que ce soit, a été lu et compris ou pu l'être par quelqu'un en France, et l'intelligence de l'invention s'est propagée avec l'ouvrage. »

302. — On le décidait déjà ainsi sous la loi du 7 janv. 1791, qui avait effacé du projet soumis à l'assemblée constituante les mots *en langue européenne*, et qui parlait sans restriction et en termes généraux des ouvrages publiés et imprimés. — La loi nouvelle rendue à une époque où la connaissance des idiomes étrangers est beaucoup plus répandue s'exprime plus explicitement encore.— Renouard, *loc. cit.*

303. — On jugerait aujourd'hui, comme sous la loi de 1791, qu'il y avait lieu de prononcer la déchéance (aujourd'hui la nullité) d'un brevet d'invention, si la découverte pour laquelle il avait été délivré se trouvait consignée dans un ouvrage imprimé et publié même en pays étranger. — *Rouen*, 14 janv. 1829, Frossard c. Raimond.

304. — La déchéance fondée sur ce que la découverte aurait été antérieurement consignée et décrite dans des ouvrages imprimés s'étend-elle aux brevets d'importation ? Cette question, que la cour royale de Paris (11 août 1836 [t. 2 1837, p. 303], Taylor c. Wendel) et la cour d'Amiens (18 mai 1839 [t. 2 1844, p. 382], même affaire), avaient résolue affirmativement, et que la cour de Cassation (13 fév. 1839 [t. 1er 1844, p. 811], mêmes parties), semblent implicitement décider de même, ne pourra plus s'élever sous la loi nouvelle, puisque cette loi abolit les brevets d'importation.

305. — A côté de la publication par la voie de l'impression, une des causes les plus fréquentes du défaut de nouveauté est l'*usage* qui aurait été fait de l'industrie brevetée antérieurement au dépôt de la demande.

306. — Lorsque, antérieurement à la délivrance du brevet d'invention, il a été fait usage, soit par le prétendu contrefacteur, soit par d'autres, du procédé breveté, le porteur du brevet d'invention doit être déclaré non-recevable dans sa poursuite en contrefaçon. — *Cass.*, 16 mars 1825, Fougerol c. Fradelisy.

307. — Mais il est évident que l'usage que l'inventeur a fait *secrètement* de sa découverte, pendant un temps plus ou moins considérable, n'est pas un obstacle à ce qu'il obtienne dans la suite un brevet d'invention.— Merlin, *Rép.*, vo *Brevets d'invention*, no 6 ; Etienne Blanc, *loc. cit.* ; Renouard, no 44. — C'est ce que la loi de 1844 explique en disant que la publicité n'est réelle qu'autant qu'elle a été suffisante *pour rendre possible l'exécution de l'industrie.*

308. — La seule difficulté qui se présente est de pouvoir bien constater quand l'inventeur sera censé avoir tenu secret l'usage d'une invention industrielle. Les tribunaux, à qui est abandonnée cette appréciation des faits, verraient-ils par exemple une publication de l'invention dans de premiers essais faits uniquement dans l'objet de s'assurer de la réalité et de la nouveauté de l'industrie ? — Nous ne le pensons pas.

309. — Il a été jugé, en effet, par la cour de Paris « qu'on ne saurait légalement ni raisonnablement considérer un inventeur comme faisant usage en livrant au domaine public la machine qu'il aurait imaginée et construite, lorsque cet usage se couvre du secret et n'a pour objet que de reconnaître et constater avec quelques personnes les avantages ou les inconvéniens de sa découverte ; qu'il est manifeste que ce sont là des essais qui tiennent à la nécessité qu'impose toute espèce de découverte et d'invention, et que les défendre sous peine de déchéance serait réduire le plus souvent l'inventeur à l'impossible, et condamner dès-lors le génie à ne plus avancer dans la voie du progrès et de l'invention. » — *Paris*, 13 août 1840 (t. 2 1840, p. 692), Appert et Mazurier c. Claudet et Ganilh.

310. — Une pareille doctrine semble également résulter d'un arrêt de cour de Rouen (4 mars 1841, sous Cass., 24 mars 1842 [t. 2 1842, p. 323], Phowcaffe c. Pethion). — Mais M. Renouard (no 47)

fait remarquer avec raison que cette doctrine se trouve confondue par l'arrêt au milieu de certaines autres beaucoup moins justes, et qu'ainsi l'arrêt se fonde à tort, pour écarter l'idée de la divulgation, sur ce que la communication d'une machine, depuis brevetée, aurait eu lieu avant la prise de brevet, non aux contrefacteurs, mais à des tiers.— « Qu'importe, dit-il, à qui la communication ait eu lieu, si d'ailleurs elle a été suffisante pour que l'invention cessât d'être secrète ? »

311. — L'invention ne devrait pas être considérée comme non nouvelle, par cela seul que l'auteur l'aurait possédée pendant long-temps avant de demander le brevet. Il n'y a pas de délai fatal pour la demande du brevet. — Etienne Blanc, *De la contrefaçon*, p. 45.

312. — De même, le porteur d'un brevet d'invention n'est pas déchu de son privilége parce qu'il a souffert pendant plusieurs années que d'autres personnes se servissent de son procédé.— *Cass.*, 28 niv. an XI, Lange c. Moynat.

313.—Il est, dit M. Renouard (nº 45), des inventions que la vue du produit lui-même, son étude ou son analyse font suffisamment connaître et comprendre; dans ce cas, comme la mise en évidence du produit aura suffi pour livrer le procédé au public, l'invention ne pourra pas être réputée nouvelle, et le brevet obtenu par suite sera nul.

314. — La déchéance d'un brevet d'invention doit être prononcée, lorsque le produit industriel pour lequel le brevet a été obtenu était *connu dans le commerce* avant l'obtention du brevet, sans qu'il soit nécessaire que le procédé du prétendu inventeur ait été également connu.—*Cass.*, 24 déc. 1833, Endignoux c. Richard et Arquier.

315. — Jugé toutefois par la cour de Paris que, sous la loi de 1791, la déchéance d'un brevet d'invention n'était pas encourue par le seul fait que le procédé breveté avait été mis en usage avant délivrance du brevet et qu'il fallait nécessairement que ce procédé eût été antérieurement consigné ou décrit dans un ouvrage imprimé. — *Paris*, 19 mars 1842 (t. 1er 1842, p. 404), Furny et Loiseau c. Périlhat.

316. — Le produit est censé mis en évidence seulement lorsqu'il est *livré au commerce*; il ne faudrait pas, par exemple, le considérer comme tel, par cela seul qu'il aurait été fabriqué et montré à quelques personnes comme résultat d'une opération nouvelle. On comprend facilement qu'il est de ces produits qui ne peuvent être mis au jour sans que plusieurs personnes concourent à sa fabrication et prennent connaissance du procédé, des moyens de l'invention et de la nature de l'objet inventé. Les magistrats devront, dans ces diverses circonstances, user de la plus grande réserve, car la fraude ou la mauvaise foi pourrait trop facilement se prévaloir de certaines positions pour s'emparer d'une industrie nouvelle, achetée souvent par des sacrifices considérables de temps et d'argent.

317. — Il suffit, pour que l'invention ne soit pas réputée nouvelle, qu'elle ait été rendue publique, abstraction faite du point de savoir quel est l'auteur de cette publicité. — *Cass.*, 10 fév. 1810, Martin c. Miron; *Douai*, 27 nov. 1841 (t. 1er 1844, p. 813), Hanoire c. Robert de Massy.

318. — Mais que devrait-on décider si le fait de la divulgation, soit du produit, soit du procédé, avait eu lieu par une circonstance indépendante de la volonté de l'inventeur, et même par suite d'une fraude coupable? Ainsi, par exemple, si elle avait été amenée par l'infidélité et l'abus de confiance de ses ouvriers, ou par vol de ses plans ou de ses dessins?—M. Renouard (nº 46) pense que, même dans ce cas, le fait de la divulgation, quelle qu'en soit d'ailleurs la cause, a suffi pour enlever à l'invention son caractère essentiel de nouveauté, et qu'il n'y a plus matière à brevet, sauf le droit de l'inventeur contre les auteurs ou les complices de la fraude. — Et cet auteur donne pour motif de son opinion : 1º que l'inventeur, après une divulgation quelconque, ne peut plus traiter avec la société; comment le pourrait-il, dit cet auteur, puisqu'il serait hors d'état de lui fournir le prix du monopole temporaire qu'il réclamerait d'elle?—2º que l'art. 31 de la loi nouvelle ne s'attache manifestement qu'au fait de la publicité, sans s'attacher à la cause ou à l'auteur de la divulgation.

319. — Toutefois, cette doctrine peut paraître sévère, et dès-lors controversable, car il en résulterait que l'inventeur ne pourrait se livrer qu'avec les plus grands dangers aux essais que nécessiterait sa découverte, et qu'il ne pourrait même se faire aider par personne pour l'exécution de ses travaux, ce qui équivaudrait souvent à la mise au néant de son industrie. Quant à la raison tirée de ce que l'art. 31, L. 5 juill. 1844, ne s'attache ni à la cause de la divulgation, ni à la qualité de son auteur, ne peut-on pas répondre que si la loi n'a pas distingué, c'est qu'elle ne pouvait supposer la fraude, et que, d'ailleurs, en principe, les cas de fraude sont toujours appréciés exceptionnellement? —Est-il juste d'ailleurs que la société profite au détriment de l'inventeur de ce qui constituerait un vol, une absurde confiance. Nous avons quelque peine à nous ranger à cette opinion, qui est repoussée par M. Et. Blanc, *De la contrefaçon*, p. 43.

320. — On jugeait, sous l'empire des lois de 1791, que l'inventeur d'une machine peut, sans encourir la déchéance, en faire usage dans l'intervalle de la demande du brevet d'invention à la délivrance du certificat de demande. — *Paris*, 13 août 1840 (t. 2 1840, p. 692), Appert et Mazurier c. Claudet et Gaulh. — L'art. 31 de la loi nouvelle ne méconnaît le caractère de nouveauté qu'à l'invention dont il aurait été fait usage *avant le dépôt de la demande*.

321.—Ainsi qu'il a été dit plus haut, la publicité donnée à l'invention en pays étranger est assimilée à celle donnée en France.—L. 5 juill. 1844, art. 31. —La loi anglaise, au contraire, considère comme non avenu tout ce qui a lieu hors du territoire qu'elle régit. — Renouard, nºs 49 et 50.

322. — Les étrangers qui ont pris un brevet dans leur pays sont soumis à la condition de nouveauté de l'invention qu'ils veulent importer comme ceux qui en prennent un pour la première fois. — Renouard, nº 53.

323. — Et la nouveauté de l'invention en France est appréciée, non pas au moment de la prise du brevet en pays étranger, mais à celui où la demande est formée en France. — Renouard, nº 55.

324. — « On ne peut se dissimuler, disait à cette occasion M. Ph. Dupin dans son rapport à la chambre des députés, et la loyauté fait un devoir d'en donner hautement avis, que cette règle paralyse le bienfait de la loi nouvelle à l'égard des industriels qui auraient été brevetés dans les pays où, comme en Russie, les descriptions jointes aux demandes de brevets sont publiées immédiatement après la concession. Mais pouvait-on faire pour les étrangers plus qu'on ne fait pour les régnicoles? »

325.—2º Le brevet est également nul si la découverte, invention ou application n'est pas, aux termes de l'art. 3, L. de juill 1844, susceptible d'être brevetée (V. art 30 2º), par exemple s'il s'agit de compositions pharmaceutiques ou de remèdes de toute espèce, ou bien encore de plans et combinaisons de crédit ou de finances. — V. à cet égard, *suprà* nºs 52, 54 et suiv.

326. — 3º Le brevet est encore nul s'il a pour objet des principes, méthodes, systèmes, découvertes et conceptions théoriques ou purement scientifiques, dont on n'a pas indiqué les applications industrielles. — Art. 30 3º.

327. — 4º De même, il y a nullité du brevet si la découverte, invention ou application est reconnue contraire à l'ordre ou à la sûreté publique, aux bonnes mœurs et aux lois du royaume. — Art. 30, 4º.

328. — La loi du 7 janvier 1791 n'avait rien statué sur ce point, mais cette lacune importante fut remplie par la loi du 25 mai 1791; l'art 9 du tit. 2 portait : « Tout concessionnaire de brevet obtenu pour un objet que les tribunaux auront jugé contraire aux lois du royaume, à la sûreté publique ou aux réglemens de police, sera déchu de son droit sans pouvoir prétendre indemnité. »

329. — Ainsi, le brevet obtenu sous l'empire de cette loi pour une invention dont l'usage était prohibé était nul de plein droit. — Etienne Blanc, *De la Contrefaçon*, p. 49.

330. — Dans ce cas, l'obtention du brevet ne met pas obstacle aux poursuites contre les délits et contraventions qui naissent de son exercice, sans préjudice, dit la loi du 5 juill. 1844, art. 30, 4º, des peines qui pourraient être encourues pour la fabrication ou le débit d'objets prohibés. — Telle était aussi la disposition de la loi de 1791.

331. — 5º Il y a encore nullité du brevet si le titre sous lequel le brevet a été demandé indique frauduleusement un objet autre que le véritable objet de l'invention. — Art. 30, 5º.

332.—Le motif de cette disposition est qu'il fallait atteindre les titres mensongers à l'aide desquels on pourrait faire breveter une invention qui ne devait pas l'être; mais comme bien qualifier une invention, lui donner un titre exact, n'appartient qu'à un esprit droit et à un homme exercé au langage, qu'il pourrait en conséquence arriver que le titre fût faux et qu'il n'eût pas été donné dans une intention mauvaise, on introduisit dans l'article le mot *frauduleusement*, qui indique qu'on n'a eu que l'intention d'atteindre les qualifications trompeuses et de mauvaise foi. — V. la discussion à la chambre des députés, séance du 16 avr. 1844.

333.—6º Le brevet est nul si la description jointe au brevet n'est pas suffisante pour l'exécution de l'invention, ou si elle n'indique pas d'une manière complète et loyale les véritables moyens de l'inventeur. — Art. 30, 6º.

334. — L'art. 16, L. 7 janv. 1791, prononçait également la déchéance du brevet contre l'inventeur convaincu d'avoir, en donnant sa description, *recelé des véritables moyens d'exécution* et contre tout inventeur convaincu de s'être servi dans la fabrication de moyens secrets qui n'auraient point été détaillés dans sa description, ou dont il n'aurait pas donné sa déclaration pour les faire ajouter à ceux énoncés dans sa description.

335. — Et l'on jugeait sous cette loi qu'en admettant que les perfectionnemens postérieurs à la délivrance du brevet, et à l'égard desquels l'inventeur ne s'était pas pourvu d'un brevet spécial, ne pussent être assimilés à l'emploi de moyens recelés, et faire encourir la déchéance du brevet, les procédés nouveaux n'en pouvaient pas davantage être considérés comme compris au brevet obtenu, et, en cas d'imitation, donner lieu de la part du breveté à une action en contrefaçon. — *Trib. de Quimper*, 6 janv. 1843, sous *Cass.*, 30 déc. 1843 (t. 1er 1844, p. 539), Princhaut c. Huau et Benoit.

336. — La description doit être faite avec clarté, exactitude et sincérité; « elle n'est suffisante, dit M. Renouard (nº 125), que si elle est faite avec la clarté que la matière comporte; en telle sorte que chaque personne, douée d'une intelligence saine et de la connaissance de l'art spécial, soit mise par la description en état d'exécuter l'invention de la même manière et avec les mêmes avantages que le breveté. — L'exactitude doit s'étendre non seulement sur les moyens à employer, mais même sur les résultats à produire. Le brevet est nul si l'inventeur, soit par une négligence qui rend sa description incomplète, soit par une dissimulation qui la rend déloyale, n'a pas revélé ses moyens les plus efficaces, les plus prompts, les plus économiques, les plus simples; si, au lieu de déclarer les matériaux qu'il emploie, il en a indiqué de plus chers et de plus rares; car en agissant ainsi, il ne révèle pas au public l'invention véritable avec tous ses avantages; il s'en réserve certains profits qu'il ne communique pas à la société; il se ménage des ressources de prééminence personnelle destinées à écraser ses concurrens pour l'époque où l'invention appartiendra à l'usage général; enfin, il ne satisfait pas à la condition essentielle du contrat qui est de mettre la société dans tous les droits du breveté à l'expiration du brevet, et d'assurer au public la pleine et entière possession de ce qui a été l'objet du monopole temporaire. »

337. — On doit suivre à l'égard des descriptions la règle tracée par l'art. 1162, C. civ., qui porte que « dans le doute la convention s'interprète contre celui qui a stipulé et en faveur de celui qui a contracté l'obligation. » En conséquence, dans tous les cas où la description est obscure, équivoque, fallacieuse, elle s'interprète contre l'inventeur qui a déterminé la nature et l'étendue de l'invention et qui doit s'imputer les vices de sa description. — Renouard, *loc. cit.*

338. — Les lois étrangères ne sont pas moins sévères que les lois françaises sur la fidélité de la description : ainsi en Russie le brevet est annulé si en observant la description de l'inventeur on n'arrive pas au résultat indiqué.— En Autriche la déchéance du privilége accordé à l'inventeur est de droit, lorsque avec la description par lui donnée, on ne peut exécuter l'objet breveté. — Renouard, nº 125.

339.— En Angleterre, où la description prend le nom de *spécification*, la législation et la jurisprudence sont d'une extrême sévérité contre les spécifications infidèles.—(Renouard, nº 123).—Cette législation va même plus loin; aussi, dit M. Renouard, si celui qui veut obtenir une patente anglaise comprend dans sa spécification, indépendamment des parties par lui inventées, d'autres parties déjà connues, et qu'il néglige de les indiquer comme ne devant pas lui appartenir; si, dans l'annonce de ses produits, il en désigne certains appartenant antérieurement au domaine public et qu'il veuille les comprendre dans sa patente, *il y a nullité pour le tout*.

340. — La législation française est moins rigoureuse. Le brevet ne vaut que pour la partie vraiment nouvelle, mais le mélange des parties déjà connues, dûment introduites dans la description, ne la viciera donc pas tout entière, à moins qu'il n'y ait déloyauté dans ce mélange, c'est-à-dire intention de tromper le public, ou obscurité qui rende l'invention inexécutable. On n'a pas voulu que la simple erreur ou la surabondance de détails inutiles entraînât la perte de ce qui est réellement inventé. — Renouard, nº 126.

341. — 7° Il y a encore nullité du brevet, s'il a été pris en contravention de l'art. 18 de la loi du 5 juill. 1844 qui porte que « nul autre que le breveté ou ses ayant-droit, agissant comme il est dit ci-dessus, ne pourra, pendant une année, prendre valablement un brevet pour un changement, perfectionnement ou addition à l'invention qui fait l'objet du brevet primitif. »

342. — 8° Sont également nuls, et de nul effet, les certificats comprenant des changemens, perfectionnemens ou additions qui ne se rattacheraient pas au brevet principal. — Art. 30, 7°.

Sect. 2e. — *Déchéances.*

343. — La déchéance est une pénalité portée par la loi contre un brevet valable dans son origine, mais vicié dans son cours par l'une des circonstances énumérées dans la loi. — Etienne Blanc, *Code des invent.*, p. 325.

344. — La loi prononce la déchéance du brevet : — 1° lorsque le breveté n'a pas acquitté son annuité avant le commencement de chacune des années de la durée de son brevet. — L. 5 juill. 1844, art. 32, 1°.

345. — Suivant la loi du 25 mai 1791, le demandeur était tenu d'acquitter au secrétariat du département la taxe du brevet; toutefois, il était libre de n'en payer que la moitié en présentant sa requête, sauf à déposer la soumission d'acquitter le reste de la somme dans le délai de six mois; mais si à cette époque la soumission n'était pas remplie, l'inventeur était déchu de son brevet. — V. art. 3 et 4 de ladite loi.

346. — On jugeait sous cette loi que le demandeur en déchéance ne pouvait pas présenter comme moyen de nullité le défaut de paiement, dans les six mois, de la seconde partie de la taxe, ce tribut étant introduit seulement dans l'intérêt de l'état, qui, ayant le droit d'en faire remise pour tout ou partie, pouvait, à plus forte raison, donner des délais et accorder des facilités pour l'acquitter. — *Paris*, 13 août 1840 (t. 2 1840, p. 692), Appert et Mazurier c. Claudel et Ganilh.

347. — L'administration n'est pas tenue de donner aux brevetés avis de l'échéance de leur annuité. Ils sont suffisamment prévenus par la loi. — Renouard, n° 141.

348. — Suit-il de là que la déchéance pour non-paiement des annuités soit encourue par la seule expiration du terme fixé par la loi, ou bien faut-il admettre les excuses fondées sur des obstacles matériels de force majeure? M. Renouard pense que si on les admet, ce doit être dans des cas extraordinaires et encore avec une extrême circonspection. Pour nous, il nous semble qu'il peut se présenter des circonstances où aucun reproche de négligence ou de mauvais vouloir ne pourrait être adressé au débiteur; ainsi, dans le cas où le terme expire après le décès de l'inventeur et au moment où les papiers du défunt seraient encore sous les scellés, dans celui où les héritiers se trouveraient au moment du décès à une distance trop éloignée pour arriver à temps, etc.; dans de pareilles circonstances il y aurait une rigueur extrême à prononcer la déchéance. — V. Etienne Blanc, *Code des inventions*, p. 327.

349. — 2° La loi prononce aussi la déchéance dans le cas ou le breveté n'a pas mis en exploitation sa découverte ou invention en France, dans le délai de deux ans à dater de la signature du brevet, ou lorsqu'il a cessé de l'exploiter pendant deux années consécutives, à moins que dans l'un ou l'autre cas, il ne justifie des causes de son inaction. — Art. 32, 2°.

350. — Cette disposition a été empruntée en partie à la loi du 7 janvier 1791 qui, dans son art. 16, § 4, déclarait déchu tout inventeur qui, dans l'espace de deux ans, à compter de la date de sa patente, n'aurait pas mis sa découverte en activité, et qui n'aurait pas justifié les raisons de son inaction.

351. — Dans la rédaction première, la loi ne permettait à l'inventeur de s'excuser de son inaction qu'*en cas de force majeure*. M. Arago demandait le retranchement de l'article, par le motif que ses dispositions rigoureuses empêcheraient les inventeurs, gens généralement peu fortunés, de trouver des capitalistes, ceux-ci devant reculer devant la menace d'une déchéance prochaine. — Il faisait ressortir ce que cette conséquence aurait de fâcheux en étouffant dans leur germe les découvertes les plus importantes, en obligeant, comme cela ne s'était que trop souvent présenté, les inventeurs à transporter leur industrie sur la terre étrangère. Il rappelait que la loi de 1791, par le § 4 de l'art. 16, avait eu pour effet de faire mourir dans la misère la plupart des inventeurs. — Toutefois, l'honorable membre, ainsi que le faisait remarquer le ministre du commerce, reconnaissait lui-même les graves inconvéniens qu'il y avait à repousser la déchéance prononcée par l'art. 32. Mais un amendement de M. Delespaul, en substituant les mots : « à moins qu'il (le breveté) *ne justifie pas des causes de son inaction* », aux mots : « *en cas de force majeure* », fit, par son adoption, disparaître en partie les inconvéniens que redoutait M Arago. « Les tribunaux auront à apprécier, disait le ministre, les circonstances, pour savoir si la cessation d'exploitation vient d'un mauvais vouloir ou de suggestions anti-françaises, ou si elle est le résultat d'impuissance personnelle, de défaut de fonds, de circonstances particulières qui méritent intérêt et faveur (une maladie, une absence, les caprices de la mode, etc., disait l'auteur de l'amendement). Par là, ajoutait le ministre, se trouvent conciliés les intérêts de l'industrie nationale et les ménagemens que peut commander la position du breveté. »

352. — Ainsi le breveté, dit M. Etienne Blanc (p. 27), est obligé d'*exploiter*, c'est-à-dire, de *fabriquer*, s'il s'agit d'un *produit*, ou d'*appliquer* s'il s'agit d'un procédé.

353. — La raison de cette obligation est que l'inventeur fait un tort à la société, en ne lui livrant pas actuellement son invention et la privant ainsi des avantages qu'elle doit produire. « La société, dit avec raison M. Renouard (n° 29), ne donne pas le monopole, elle le vend. Le prix de cette vente ne consiste pas dans la taxe effectuée à la délivrance du brevet; ce n'est là qu'une disposition fiscale et secondaire; le véritable prix que l'inventeur doit fournir à la société pour cette vente ou cet échange, est la livraison efficace de son invention. »

354. — On jugeait sous la loi de 1791 (et on devrait juger de même sous la loi nouvelle), que la mise en activité d'une invention mécanique dans les deux ans du brevet peut être déclarée résulter de ce que dans cet espace de temps une des machines a été admise à l'exposition des produits de l'industrie française, et de ce qu'une autre a été vendue, s'il n'est pas d'ailleurs établi que d'autres commandes aient été adressées à l'inventeur dans les deux années et qu'il ait refusé d'y satisfaire. — *Cass.*, 13 juin 1837, Griolet c. Collier.

355. — La déclaration de 1772 (art. 6) frappait de nullité le privilége dont l'exercice *avait été suspendu* pendant une année seulement. Quant à la loi du 7 janv. 1791 elle n'avait pas prévu le *cas d'interruption*; aussi jugeait-on que le privilége d'exploitation exclusive attaché à l'obtention d'un brevet se trouvait conservé par cela seul que le procédé breveté avait été exploité dans les deux ans de cette obtention, encore bien qu'il eût cessé de l'être depuis. — *Rouen*, 4 mars 1841, sous *Cass.*, 24 mars 1842 (t. 2 1842, p. 323), Rowcliffe c. Pethion; — Renouard, p. 282; Regnault, p. 164.

356. — La loi nouvelle, ainsi qu'on l'a vu, a comblé cette lacune, en attachant la déchéance, à l'*interruption d'exploitation* pendant deux années consécutives.

357. — Le délai de deux ans s'applique aux additions et perfectionnemens; mais il ne court dans ces derniers cas que du jour de la demande qui les concerne. — Etienne Blanc, p. 328.

358. — 3° Enfin, il y a déchéance du brevet, lorsque le breveté a introduit en France des objets fabriqués en pays étranger et semblables à ceux qui sont garantis par son brevet. — L. 5 juill. 1844, art. 32 3°.

359. — ... Alors même que sans émaner directement du breveté, l'introduction en émanerait médiatement, comme provenant du fait d'un tiers par lui autorisé. — Renouard, n° 245.

360. — « L'intérêt du pays, dit l'exposé des motifs à la chambre des députés, veut qu'en échange du monopole qui lui est confié, le breveté fasse profiter le travail national de la main d'œuvre résultant de l'exploitation de son industrie; s'il en était autrement, ce brevet ne serait qu'une prime accordée à l'industrie étrangère. »

361. — L'introduction en France d'objets fabriqués est seule prohibée; celle des matières brutes ne l'est pas. — Etienne Blanc, p. 330.

362. — De même sont exceptés de la disposition les modèles de machines dont le ministre de l'agriculture et du commerce peut autoriser l'introduction dans le cas prévu par l'art. 29, L. 5 juill. 1844, art. 32, *in fine*.

363. — On a jugé, sous la loi de 1791, que dans le cas où le brevet d'invention avait pour objet non la fabrication, mais l'exploitation de la machine découverte, peu importait que l'inventeur eût fabriqué ou fait fabriquer cette machine à l'étranger, pourvu qu'il l'exploitât en France. — *Paris*, 13 août 1840 (t. 2 1840, p. 692), Appert et Mazurier c. Claudel et Ganihl.

364. — La loi du 7 janv. 1791, art. 16 (n° 5) déclarait déchu tout inventeur qui, après avoir pris une patente en France serait convaincu d'en avoir pris une pour le même objet en pays étranger. — Il résultait de là, disent MM. Loiseau et Vergé sur l'art. 29, que lorsqu'une industrie se trouvait en France dans les liens d'un brevet, et sous les inconvéniens du monopole, elle était libre à l'étranger où le Français ne pouvait se faire breveter.

365. — La loi nouvelle n'a pas reproduit cette cause de déchéance qui avait été signalée comme contraire aux saines doctrines d'économie politique. — Renouard, p. 283; Foucart, t. 1er, p. 477. — Elle a voulu que le Français breveté dans son propre pays, pût valablement obtenir un brevet à l'étranger.

366. — Il est à remarquer d'ailleurs que la déchéance dont il vient d'être parlé ne s'appliquait qu'au breveté français qui avait pris patente à l'étranger, et non à celui qui sans prendre patente à l'étranger, se serait borné à y exploiter sa découverte. — Renouard, *loc. cit.*

367. — « Quiconque, dit l'art. 33, L. 5 juill. 1844, dans des enseignes, annonces, prospectus, affiches, marques ou estampilles, prend la qualité de breveté, sans posséder un brevet délivré conformément aux lois, ou après l'expiration d'un brevet antérieur; ou qui étant breveté, mentionne la qualité de breveté, ou son brevet sans y ajouter ces mots : *sans garantie du gouvernement*, est puni d'une amende de 50 à 1,000 fr. En cas de récidive, l'amende peut être portée au double. » — Cette sage disposition a pour but de réprimer les abus du charlatanisme.

368. — Il a été entendu, sur les observations présentées à la chambre des députés par M. Delespaul, que les peines édictées par l'art. 33 seraient appliquées même aux possesseurs d'anciens brevets. « Le fait qui a été prohibé, disait M. le rapporteur, est un fait qui ne résulte pas du brevet ancien, pas plus que du nouveau. On interdit qu'à l'avenir tout individu qui a un brevet délivré antérieurement ou postérieurement, prenne la qualité de breveté sans y ajouter les mots *sans garantie du gouvernement*. L'article est voté, il s'applique à tous les faits à venir; il n'y a pas de rétroactivité. Ce n'est pas au brevet que la disposition s'applique, mais au fait abusif extérieur. » M. le président a ajouté : « Il s'agit en effet, d'une loi de police, qui saisit à l'instant même qu'elle est rendue; il ne peut y avoir de rétroactivité, car l'effet du brevet de 1791 n'est pas d'emporter la garantie du gouvernement, puisqu'il n'assure aucune garantie. »

Sect. 3e. — *Actions en nullité et déchéance.*

369. — Ainsi qu'il a été vu, lorsque le vice du brevet remonte jusqu'à la formation même du contrat passé entre le breveté et la société, le brevet est nul; s'il ne survient qu'après la délivrance d'un juste brevet, le contrat est résolu, et le brevet encourt la déchéance. — Renouard, n° 196.

370. — L'action en déchéance et l'action en nullité peuvent être exercées par toute personne ayant intérêt. — L. 5 juill. 1844, art. 34. *in princ.* — Telle était aussi, dit M. Renouard (n° 206), la vraie doctrine sous les lois de 1791, dont le silence laissait quelquefois matière à controverse.

371. — Les mots *ayant intérêt* ont donné lieu devant la chambre des pairs et la chambre des députés à une discussion que MM. Loiseau et Vergé (sur l'art. 34) résument en ces termes : « La nécessité d'un intérêt est-elle la consécration de la règle fondamentale qui refuse l'action à celui qui n'est pas intéressé à agir? Les tribunaux auront-ils à appliquer ici les principes du droit commun? Faudra-t-il, pour se dire partie intéressée, avoir fabriqué les mêmes choses que le breveté, ou bien admettra-t-on ceux qui pourront avoir besoin de la machine brevetée? Des explications assez contradictoires ont été données sur ce point dans les chambres. A la chambre des pairs, MM. Dubouchage et de Barthélemy entendaient que l'action appartenait à tous les citoyens indistinctement. « Dans l'intérêt de l'industrie et de la société, disait le premier, l'article n'exige pas que le poursuivant soit mécanicien ou fabricant comme l'inventeur; mais *toute personne peut être appelée, dans l'intérêt de la société en général et de l'industrie, à attaquer le brevet.* » — « Comme tout individu peut d'un instant à l'autre devenir fabricant, mécanicien, ajoutait le second, *chacun a le droit de faire prononcer la nullité d'une chose qui n'est pas nouvelle, qui était la propriété de tout le monde, et qu'un seul a voulu s'approprier.* » C'était donner à l'art. 34 une portée bien étendue, et introduire une grave exception au principe de notre droit, qui refuse l'action publique aux simples particuliers : il serait, en effet, exorbitant de per-

BREVET D'INVENTION, ch. 11, sect. 3e.

BREVET D'INVENTION, ch. 11, sect. 3e.

mettre au premier venu d'agir dans un intérêt non personnel, mais social. La chambre des députés a entendu ces mots : *ayant intérêt personnel*, dans le sens le plus général ; toutefois elle n'a pas pu ne pas exiger un intérêt *personnel*, quelque faible qu'il pût être. Ainsi, il n'est pas nécessaire qu'un individu, qui veut exercer l'action en nullité ou en déchéance, ait préalablement contrefait l'objet breveté ; il serait trop rigoureux de forcer le demandeur en déchéance à courir les risques d'une contrefaçon pour être recevable à agir contre le breveté. Mais il faut, comme l'a l'expliqué M. Ph. Dupin en réponse à une observation de M. Vivien, il faut un *intérêt réel, sérieux, justifié* ; autrement on verrait des spéculateurs d'une nouvelle espèce faire métier de plaider contre les brevetés. — La loi ne saurait déterminer à l'avance dans quelles circonstances il y aura ou non intérêt ; les tribunaux peuvent seuls se prononcer sur ce point ; mais l'intérêt peut être dans l'avenir comme dans le passé ou le présent. Ainsi un fabricant qui voudra faire usage d'une machine fabriquée aura le droit d'attaquer celui qui aurait pris un brevet irrégulier ; la seule intention de fabriquer pourra donc suffire et être regardée comme un intérêt suffisant ; en tous cas les tribunaux seront juges souverains, sans que leurs décisions, quelles qu'elles soient ; encourent la censure de la cour suprême ; ce sont là les vrais principes. »

372. — M. Renouard (nº 206) enseigne que la disposition de l'art. 34 doit être interprétée *largement*, tout citoyen ayant intérêt, même *comme consommateur*, à la plus grande liberté possible de l'industrie. Toutefois cette opinion, dans ce qu'elle a d'absolu, paraît peu en harmonie avec ce qui résulte de la discussion de la loi. — V. le numéro qui précède. — En effet, accorder la poursuite même au simple consommateur, c'est évidemment la rendre publique et facultative au premier venu, car il pourra dire : je suis consommateur, donc j'ai un intérêt, donc je suis dans les termes de la loi.

373. — M. Étienne Blanc (p. 332) fait à cet égard une distinction entre les industries dont le monopole froisse les intérêts de tous et celles qui n'intéressent que certaines industries. Dans le premier cas, toute personne, même le consommateur, a le droit d'agir ; dans le second, les étrangers à l'industrie brevetée sont non-recevables.

374. — Quant au ministère public, il peut agir par voie d'action en nullité dans les cas suivans, savoir : — 1º lorsque le brevet n'a pour objet qu'une découverte, invention ou application qui n'est pas susceptible d'être brevetée ; — 2º lorsque la découverte ou invention est reconnue contraire à l'ordre ou à la sûreté publique, aux bonnes mœurs ou aux lois du royaume ; — 3º lorsque le titre sous lequel le brevet a été demandé indique frauduleusement un objet autre que le véritable objet de l'invention. — L. 5 juill. 1844, art. 37.

375. — Mais dans aucun cas le ministère public ne peut agir par action principale lorsqu'il s'agit de déchéance. — Renouard, nº 196.

376. — Seulement, il peut se rendre partie intervenante dans toute instance en nullité ou en déchéance introduite à la requête d'un particulier, et prendre des réquisitions pour faire prononcer la nullité ou la déchéance *absolue du brevet*. — L. 5 juillet 1844, art. 37.

377. — Les lois de 1791 n'avaient rien statué sur l'action ou l'intervention du ministère public. — Toutefois, M. Renouard (nº 196) pense que, même sous cette loi, le droit d'action ou d'intervention existait en sa faveur ; mais, ajoute-t-il, cette doctrine demeura *à l'état de théorie*. La loi nouvelle a fait sagement de s'en expliquer catégoriquement.

378. — Le droit de se pourvoir en nullité ou déchéance appartient exclusivement aux intéressés et au ministère public. — Quant à l'administration, elle ne pourrait l'exercer alors même que la cause de déchéance proviendrait du défaut de paiement des annuités. — Ce qu'elle peut faire, c'est d'avertir les tiers et de les mettre en mesure de demander la déchéance, sauf au ministère public à intervenir dans l'instance ; à plus forte raison, l'administration ne peut-elle prononcer administrativement une déchéance.

379. — La nullité ou la déchéance prononcée par les tribunaux est ou relative ou absolue. Dans le premier cas, elle ne profite qu'aux individus qui ont obtenu le jugement ; dans le second, elle anéantit le brevet, personne ne peut en user. — Renouard, nº 197.

380. — Pour que la nullité ou la déchéance soit absolue, c'est-à-dire pour que le bénéfice en soit acquis à la société tout entière, il faut que le ministère public ait été *partie principale ou intervenante au jugement*. — Renouard, *loc. cit.*

381. — Cette distinction entre l'annulation absolue et l'annulation relative existait-elle sous la législation de 1791 ? — M. Renouard (nº 197) soutient l'affirmative, en se fondant sur les motifs de deux arrêts de la cour de Cassation, l'un du 24 mars 1842 (t. 2 1842, p. 323), Rowcliffe et Urrutis c. Pethion ; l'autre, du 4 mai 1844 (t. 1er 1844, p. 784), Pelisson c. Gobert. — « Mais, ajoute-t-il, comme dans la pratique, le ministère public n'usait pas de son droit d'agir ou d'intervenir, il résultait de là qu'une nullité absolue, une déchéance absolue, n'était jamais prononcée. »

382. — Le système de déchéance ou nullité absolue consacré explicitement par la loi nouvelle est une garantie pour la société contre les brevetés. — Toutefois, on le combattait devant la chambre des députés, en faisant remarquer que le même genre de garantie n'existe pas pour le breveté contre les tiers, qui pourront toujours renouveler contre le brevet des attaques dans lesquelles d'autres auront échoué ; et en même temps on avouait que la déclaration *absolue* de validité d'un brevet créait, en fait, d'intolérables abus, et que la justice pourrait malgré elle devenir complice de procédures collusoires. » On demandait donc le retranchement du droit réservé au ministère public de demander *la déchéance ou la nullité absolue*. — Mais la disposition a été maintenue sur les observations du rapporteur : « On n'a rien fait, a-t-il dit, quand on a attaqué un brevet et obtenu sa déchéance. Celui qui a gagné son procès s'entend avec son adversaire pour exploiter ensemble l'objet de l'invention. C'est le public seul qui perd son procès ; car, malgré la déchéance prononcée, le monopole continue et de nouveaux procès surgissent de toutes parts. C'est un fléau auquel il fallait mettre un terme, et c'est pour cela que le projet autorise le ministère public, toutes les fois qu'il y aura des causes graves de déchéance, à requérir l'anéantissement du brevet, de telle sorte qu'il n'y ait aucune contestation possible avec qui que ce soit. On peut s'en rapporter, du reste, à la sagesse et à la prudente réserve des magistrats pour être sûr que ces interventions ne seront pas faites à la légère et multipliées outre-mesure. »

383. — Jusqu'où doit s'étendre l'autorité de la chose jugée avec le ministère public ? Ainsi, lorsqu'une demande en nullité ou déchéance absolue aura été rejetée par un jugement ou arrêt passé en force de chose jugée, le ministère public, soit du même siége, soit d'un autre siége, pourra-t-il renouveler la demande ? — M. Renouard, qui pose cette question (nº 199), la résout par une distinction :

384. — « Ou bien, dit-il, le ministère public aura succombé sur une action *directe et principale* par lui intentée dans un des cas où la loi l'y autorise, et alors il ne sera plus recevable à intenter pour celui ou ceux des cas spéciaux qui auront été l'objet du jugement une nouvelle action principale et directe. — Le procès ainsi jugé sur un siége ne pourra plus être identiquement renouvelé par le ministère public près d'un autre siége, car le ministère public est indivisible. — Il y a chose jugée contre la partie publique au profit du breveté. — Si la première action repoussée avait été appuyée sur une cause spéciale de nullité, le ministère public pourrait en intenter une seconde fondée sur une autre cause. »

385. — Mais en est-il de même lorsqu'il s'agit de réquisitions faites par le ministère public, en qualité de partie intervenante sur un procès civil ? M. Renouard (nº 199) se décide et avec raison pour la négative : « Je pense, dit-il, que l'intervention du ministère public *ayant fait entrer la société en cause*, la décision qui aura rejeté la demande en nullité ou déchéance absolue, formera un obstacle légal à ce qu'une autre action du ministère public soit ultérieurement reçue, *si elle est appuyée sur les mêmes griefs* ; il faut que les procès aient un terme. »

386. — Quant aux simples particuliers, ils ne sont pas liés par le rejet des demandes antérieurement soutenues par le ministère public. — De leur part, dit M. Renouard (*loc. cit.*), l'action en nullité ou déchéance est un exercice du droit de défense contre la servitude dont ils sont grevés par l'existence d'un monopole ; ce droit ne peut être enchaîné par le fait du ministère public et par l'insuffisance des preuves fournies dans un procès précédent.

387. — De même, le jugement rendu contre le demandeur en déchéance ou en nullité, n'empêche pas que l'action ne soit de nouveau intentée par un autre intéressé, alors même qu'elle serait basée sur les mêmes moyens. — Et. Blanc, p. 336.

388. — Et même celui qui a succombé dans une poursuite basée sur un grief, peut la recommencer en se fondant sur un autre. — Et. Blanc, *loc. cit.*

389. — Dans les cas où le ministère public peut agir par action principale, tous les ayant-droit au brevet dont les titres sont enregistrés au ministère de l'agriculture et du commerce, doivent être mis en cause. — L. 5 juill. 1844, art. 38.

390. — Ceux qui auront négligé de s'y faire inscrire, ne sont pas reçus à se plaindre de n'avoir pas été appelés au procès. — Renouard, nº 204.

391. — On verra plus bas que la nullité ou la déchéance peut être demandée, soit devant le tribunal civil, par action principale, soit incidemment devant le tribunal correctionnel saisi d'une poursuite en contrefaçon. — Mais il résulte du rapport présenté à la chambre des pairs, que le ministère public ne peut requérir la nullité ou déchéance absolue d'un brevet, que devant le tribunal civil, et non devant le tribunal correctionnel. « On ne peut se dissimuler, toutefois, ajoutait le rapporteur, que cette doctrine ne doive aboutir à faire naître, dans un certain nombre de cas, cette contrariété de jugemens qu'on aurait voulu éviter ; mais on ne saurait consentir à laisser à un tribunal de répression, saisi incidemment d'une question civile, le droit de prononcer la déchéance absolue du brevet. — Renouard, nº 204 ; Et. Blanc, p. 339.

392. — Lorsque la nullité ou la déchéance absolue d'un brevet aura été prononcée par jugement ou arrêt passé en force de chose jugée, il en sera donné avis au ministre de l'agriculture et du commerce, et la nullité ou la déchéance sera publiée dans la forme déterminée pour la proclamation des brevets.

393. — Les lois des 7 janvier et 27 mai 1791 n'indiquaient pas la juridiction qui devait connaître des actions en nullité ou déchéance. Les tribunaux de paix, investis par ces lois de la connaissance des actions en contrefaçon (V. *infrà* nº 512), étaient par cela même presque toujours appelés à prononcer incidemment sur les questions de nullité ou de déchéance en vertu du principe que le juge de l'action est le juge de l'exception.

394. — Ainsi jugé que le juge de paix était compétent pour connaître de la déchéance d'un brevet d'invention proposée comme exception à une saisie-confiscation. — *Cass.*, 22 frim. an X, Duguey c. Bribet ; 29 messid. an XI, Toussaint c. Duval et Bailly.

395. — Jugé encore que le juge de paix, saisi par un breveté d'une demande en contrefaçon, était compétent pour prononcer sur l'exception de déchéance opposée par le défendeur. — *Cass.*, 21 avr. 1824, Binet et Blanchat c. Raimond et autres.

396. — Jugé, de même, que le juge de paix saisi d'une plainte en contrefaçon d'un brevet d'invention ou de perfectionnement, était compétent pour connaître de la demande reconventionnelle à fin de déchéance dudit brevet, et que le jugement du tribunal de première instance qui statuait sur l'appel formé contre la sentence du juge de paix, prononçait en dernier ressort sur la question de contrefaçon et sur celle de déchéance opposée exceptionnellement. — *Paris*, 10 août 1833, Breton c. Paques, Saleix et Ce.

397. — Jugé, néanmoins, que la demande en déchéance du brevet d'invention ne pouvait être formée que par action principale devant le tribunal civil, et non reconventionnellement à une demande en validité de saisie pour contrefaçon, demande dont la connaissance était attribuée au juge de paix. — *Cass.*, 27 déc. 1837 (t. 1er 1844, p. 808), Rattier et Guibal c. Janvier.

398. — Dans tous les cas, ce qui est certain, c'est que c'était à l'autorité judiciaire et non à l'autorité administrative à prononcer sur les contestations relatives à la déchéance d'un brevet (*Cass.*, 21 avr. 1824, Binet c. Raymond ; 11 janv. 1825, Laurens c. Lemarre ; — Foucart, t. 1er, nº 420). — Sauf, dit cet auteur, à considérer comme constans les faits attestés par les actes émanés de l'administration. — V. *suprà* nº 283.

399. — Aussi, jugeait-on qu'un tribunal pouvait, sans excéder les limites de sa compétence et sans empiéter sur les attributions de l'autorité administrative, décider qu'une découverte pour laquelle le gouvernement avait délivré *un brevet, n'était pas de sa nature susceptible d'être brevetée.* — *Grenoble*, 12 juin 1830, Augier c. Cheynet.

400. — Depuis, la loi du 25 mai 1838, art. 20, a fixé la compétence des tribunaux relativement aux contestations auxquelles donneraient lieu les brevets ; cet article dispose : « Les actions concernant les brevets d'invention seront portées, s'il s'agit de nullité ou de déchéance des brevets, devant les tribunaux civils de première instance, s'il s'agit de contrefaçon, devant les tribunaux correctionnels. »

401. — La loi du 5 juill. 1844 (art. 34), maintient et fixe cet état de choses en disposant que, « l'action en nullité et l'action en déchéance ainsi que toutes contestations relatives à la propriété des bre-

vets, seront portées devant les tribunaux civils de première instance. »

402. — Conformément au droit commun, l'action en nullité ou en déchéance est portée devant le tribunal du domicile du défendeur, qu'il soit, ou titulaire du brevet, ou ayant-cause de ce titulaire à titre universel ou particulier. — Renouard, nº 212.

403. — Si la demande est dirigée en même temps contre le titulaire du brevet et contre un ou plusieurs cessionnaires partiels, elle est portée devant le tribunal du domicile du titulaire du brevet. — L. 5 juill. 1844, art 35. — C'est là une dérogation à l'art. 59, C. procéd., d'après lequel l'action est portée, s'il y a plusieurs défendeurs, devant le tribunal civil de l'un d'eux, *au choix du demandeur*. — C. procéd. civ., art. 19 et 42. — La raison de cette exception est qu'il existe souvent des cessionnaires sur tous les points du territoire, ce qui rendrait le demandeur maître en quelque sorte de choisir le tribunal que bon lui semblerait. D'ailleurs, le titulaire est toujours le principal intéressé par suite de la garantie qu'il doit à ses cessionnaires. — Renouard, nº 212; Loiseau et Vergé, sur l'art. 35.

404. — L'affaire doit être instruite et jugée dans la forme prescrite pour les affaires sommaires par les art. 405 et suiv., C. procéd. — Elle doit être communiquée au procureur du roi.

405. — Mais elle n'est pas dispensée du préliminaire de conciliation. — Renouard, nº 214.

406. — Il est évident, en outre, que les demandes en nullité ou déchéance de brevet sont sujettes à appel. La faculté d'appel étant de droit, on n'a pas eu besoin de l'écrire dans la loi. — Renouard, nº 211.

407. — Depuis la promulgation de la loi du 25 mai 1838, on avait agité la question de savoir si, lorsqu'il s'agissait d'une action en contrefaçon et qu'on avait argué de nullité ou de déchéance le brevet, le tribunal correctionnel pouvait *se constituer juge de l'exception*.

408. — Il avait été jugé que les tribunaux correctionnels saisis d'une action en contrefaçon d'un brevet d'invention étaient compétens pour juger toutes les exceptions du prévenu *autres que celles ayant pour objet la nullité ou la déchéance du brevet;* qu'à cet égard, la loi de 1838 n'avait fait que transporter aux tribunaux correctionnels la connaissance des délits de contrefaçon attribués antérieurement aux juges de paix; et qu'ainsi un tribunal correctionnel était compétent pour statuer sur l'exception du prévenu de contrefaçon tendant à prouver qu'il était en possession du procédé breveté avant la délivrance du brevet, quand cette exception n'était proposée par le prévenu que *dans son intérêt personnel*, et non pour faire décider qu'il y a *une déchéance absolue applicable à d'autres*. — *Cass.*, 3 avr. 1841 (t. 2 1841, p. 861), Brillet et Nancy.

409. — ... Que les tribunaux correctionnels saisis d'une action en contrefaçon d'un procédé breveté, étaient compétens pour statuer sur la demande en nullité ou déchéance du brevet que le prévenu opposerait par voie d'exception *pour sa défense personnelle;* mais que la décision du tribunal correctionnel ne détruisait pas alors d'une manière absolue, comme l'aurait fait un jugement civil, la propriété du breveté, cette décision n'ayant d'effet qu'entre les parties en cause. — *Cass.*, 4 mai 1844 (t. 1er 1844, p. 784), Pélisson c. Gobert.

410. — Jugé, toutefois, par la cour royale de Bordeaux que, lorsqu'en matière de contrefaçon le prévenu soutenait que l'objet de l'invention était antérieur au brevet tombé dans le domaine public, le tribunal correctionnel devait surseoir jusqu'à ce que le tribunal civil, seul compétent en matière de déchéance de brevet, eût statué sur le point de savoir si l'objet breveté était ou non dans le domaine public. — *Bordeaux*, 16 janv. 1840 (t. 1er 1844, p. 785), Eyquem c. Coutures.

411. — La cour de Rouen avait également posé en principe que la déchéance du brevet ne pouvait être proposée devant le tribunal correctionnel, et que le tribunal civil en était seul juge. — *Rouen*, 4 mars 1841, sous *Cass.*, 24 mars 1842 (t. 2 1842, p. 323), Rowclife c. Pethion.

412. — La loi du 5 juillet 1844 a, par son art. 46, fait cesser ces doutes : « Le tribunal correctionnel, porte cet article, saisi d'une action pour délit de contrefaçon, statuera sur les exceptions qui seraient tirées par le prévenu, soit de la nullité ou de la déchéance du brevet, soit des questions relatives à la propriété dudit brevet. »

413. — Mais, ainsi qu'on l'a vu plus haut, le droit d'intervention pour demander la nullité ou la déchéance absolue du brevet, n'appartient pas au procureur du roi d'un tribunal correctionnel devant lequel serait portée une action pour délit de contrefaçon.

414. — Quand le ministère public succombe sur une demande en nullité ou en déchéance absolue d'un brevet, comment doit être jugée la question de dépens? — M. Renouard (nº 202) pense qu'il faut distinguer : ou bien le ministère public aura été partie simplement intervenante, et, dans ce cas, comme le procès n'aura existé avec lui que par suite de la mauvaise contestation soulevée par un tiers, aucun principe ne s'opposera à ce que ce tiers supporte les conséquences de sa demande spéciale et soit condamné en tous les dépens; ou bien le ministère public aura agi seul, comme partie principale, et, en pareil cas, si son aggression est jugée mal fondée, une condamnation aux dépens contre le breveté, injustement attaqué, n'outragerait-elle pas l'équité? — « Cette action civile, ajoute M. Renouard, donnée au ministère public dans des formes et conditions exceptionnelles, s'écarte assez des actions ordinaires pour que l'on tolère ici une exception à la règle ordinaire qui affranchit le ministère public des dépens. Je pense que le trésor public devra supporter les dépens si le ministère public succombe dans son action principale en nullité absolue d'un brevet. »

415. — Jugé qu'il n'y a pas litispendance entre la demande en nullité d'un brevet d'invention et la plainte en contrefaçon formée par le breveté devant le tribunal correctionnel; — et qu'en conséquence, le tribunal civil appelé à statuer sur la demande en nullité, ne doit pas renvoyer les parties devant le tribunal correctionnel antérieurement saisi d'une plainte en contrefaçon. — *Paris*, 14 janv. 1845 (t. 1er 1845, p. 111), Bruni c. Debain.

416. — Les nouvelles règles tracées par la loi de 1844 quant aux actions en nullité, en déchéance, sont devenues applicables à toutes les actions non intentées lors de la promulgation de cette loi, alors même qu'il se serait agi de brevets délivrés antérieurement. — L. 5 juill. 1844, art. 54.

417. — Mais le même article a disposé que les procédures commencées avant la promulgation de cette loi, seraient mises à fin conformément aux lois antérieures.

CHAPITRE XII. — *De la contrefaçon et de ses suites.*

Sect. 1re. — *De la contrefaçon.*

418. — Les lois de 1791 n'avaient pas défini la contrefaçon, et le Code pénal, dans son art. 425, n'avait défini que la contrefaçon artistique et littéraire; cette omission formait une lacune que la loi du 5 juill. 1844 a comblée.

419. — Suivant l'art. 40 de cette loi, la contrefaçon est *toute atteinte portée aux droits du breveté, soit par la fabrication des produits, soit par l'emploi de moyens faisant l'objet de son brevet.*

420. — Cette définition est fondée principalement sur ce que la jouissance résultant d'un brevet consiste dans l'exercice *exclusif* de la production ou fabrication, et dans la vente *exclusive* des produits. — V. L. 5 juill. 1844, art. 1er; — Renouard, nº 5 *infrà*.

421. — Il résulte des termes mêmes de la loi de 1844 qu'il ne suffit pas d'une *atteinte* aux droits du breveté pour que le délit de contrefaçon existe; la loi ne reconnaît de contrefaçon qu'autant que l'*atteinte* résulte, soit de la fabrication, soit de l'emploi des moyens faisant l'objet du brevet.

422. — C'est donc avec raison qu'il avait été jugé avant la loi de 1844, et que l'on jugerait encore aujourd'hui que le délit de contrefaçon se commet par la mise en pratique des procédés brevetés et non par l'obtention d'un brevet semblable; qu'ainsi il ne suffit pas qu'un tribunal saisi par un individu breveté d'une action en contrefaçon dirigée contre un autre individu breveté pour appareils de même espèce examine et compare les procédés décrits dans les spécifications jointes aux deux brevets; il doit comparer l'appareil saisi avec la description insérée au brevet du saisissant. — *Cass.*, 30 déc. 1843 (t. 1er 1844, p. 589), Painchant c. Huau et Benoit.

423. — De même il n'y a pas *contrefaçon* dans le fait d'usurpation du titre du brevet si la découverte même n'a pas été usurpée. — Etienne Blanc, p. 343.

424. — *L'atteinte* prévue par la loi est réprimée par elle, qu'elle soit totale ou partielle; il y aurait donc contrefaçon alors même qu'on n'aurait reproduit que quelque partie de l'invention. — Renouard, *loc. cit.*; Etienne Blanc, p. 344; Goujet et Merger, *Dict. dr. comm.*, vº *Contrefaçon*, nº 15.

425. — De même, il y a délit de contrefaçon alors même que, sans reproduire identiquement et dans chacun de ses détails l'invention du breveté, on y aurait introduit quelques modifications.

426. — Il a donc été jugé : — 1º que les différences légères dans les ornemens, quand elles n'ont été faites que pour déguiser les moyens employés à l'effet d'opérer la contrefaçon, n'empêchent pas le délit d'exister. — *Paris*, 9 fév. 1832, Ameling c. Duclos et Henrionnet.

427. — 2º Qu'une machine peut être considérée comme contrefaçon d'une autre lorsque l'idée-mère, les procédés employés et les résultats obtenus sont semblables, encore que les désignations des deux machines présentent des différences dans les expressions, si d'ailleurs les termes dont on s'est servi peuvent être regardés comme synonymes. — Et, spécialement, qu'un fabricant de machines à cambrer les tiges de bottes au moyen de *rainures* ou *cannelures* a pu être déclaré contrefacteur de celui qui a obtenu un brevet pour des machines produisant le même résultat au moyen de *dentelures*. — *Cass.*, 13 mai 1842 (t. 2 1842, p. 335), Diétrich c. Simon.

428. — Mais il n'y a pas contrefaçon si la reproduction porte, au contraire, sur ce qui ne constitue pas en réalité l'invention, sur ce qui n'est qu'un moyen d'action indifférent, et qu'on peut changer sans que l'idée de l'inventeur soit modifiée ou altérée, en un mot, sur les parties non essentielles. — Renouard, nº 8.

429. — Ainsi jugé que deux machines appliquées au même objet peuvent, bien que composées du même organe spécial (la crémaillère de cheminée), être déclarées constituer non la contrefaçon l'une de l'autre, mais deux inventions différentes, si le moyen de mettre en action cet organe est essentiellement différent dans l'un et l'autre système, et forme à lui seul le principe le plus important de ces inventions. — *Cass.*, 30 déc. 1843 (t. 1er 1844, p. 539), Painchaut c. Huaut et Benoit.

430. — Au surplus, c'est aux juges de paix qu'il appartient d'apprécier souverainement parmi les procédés à l'aide desquels le brevet se met en œuvre et s'exécute, ce qui constitue réellement l'invention, et quelles en sont les parties essentielles. Même arrêt.

431. — La cour de Cassation a également reconnu que c'est aux cours royales qu'il appartient d'apprécier souverainement les différences qui peuvent exister entre les procédés industriels décrits dans les brevets d'invention et ceux qui leur sont présentés comme en constituant la contrefaçon. — *Cass.*, 9 août 1844 (t. 2 1844, p. 676), Delisle c. Dulaurier; 18 janv. 1845 (t. 1er 1845, p. 492), Benoit c. Lacroix et Vallery.

432. — Et il a été jugé qu'on doit réputer à l'abri de la censure de la cour de Cassation l'arrêt qui déclare que deux procédés de pavage en bois, dont l'un est breveté, basés tous deux sur la section du cube en plateaux inclinés, et dont la juxtaposition constitue le principe d'une plus grande solidité, présentent entre eux des différences essentielles exclusives de la contrefaçon, en ce que le procédé breveté consiste dans un assemblage de blocs placés sur toute la ligne dans le même sens, solidaires entre eux, et chevillés avec les blocs de la rangée voisine, inclinée en sens inverse, tandis que le procédé argué de contrefaçon consiste à employer les blocs isolément et d'après la théorie des voûtes. — *Cass.*, 9 août 1844 (t. 2 1844, p. 676), Delisle c. Dulaurier.

433. — Mais il a été jugé aussi que le délit de contrefaçon ne pouvant exister relativement aux principes, moyens et procédés décrits dans la spécification jointe au brevet, le droit qu'ont les tribunaux d'interpréter un brevet n'allait pas jusqu'à substituer un procédé à un autre, ou à changer la position que le breveté s'est faite lui-même. — *Cass.*, 24 août 1842 (t. 2 1842, p. 323), Rowcliffe et Urruty c. Pethion. — Il n'y a point, en conséquence, contrefaçon dans le fait par exemple d'avoir imité les organes d'une machine, lorsque ces organes n'ont été ni prévus ni indiqués dans les mémoires descriptifs de la machine brevetée. — *Cass.*, 18 janv. 1845 (t. 1er 1845, p. 92), Benoit c. Lacroix et Vallery.

434. — La reproduction de l'objet original avec des additions que l'on pourrait facilement supprimer constituerait la contrefaçon; mais il ne suffirait pas, ajoute Etienne Blanc (p. 347), que l'objet incriminé pût, à l'aide de simples changemens de dimension, remplacer l'objet breveté. « Ce ne serait là qu'une éventualité, une possibilité de contrefaçon, il faut une reproduction actuelle. »

435. — Il y a encore délit de contrefaçon alors même que le contrefacteur n'aurait pas profité de l'exploitation, si d'ailleurs il a diminué les profits du breveté. Dans ce cas, en effet, l'atteinte aux droits du breveté existe. — Renouard, nº 9.

436. — Et il a été jugé que le délit de contrefaçon, indépendamment de l'imitation plus ou mois complète, doit être considéré sous le point de vue de la possibilité d'une concurrence commerciale sus-

ceptible de causer préjudice à l'auteur de l'ouvrage qui a été l'objet de l'imitation. — *Paris*, 14 (et non 3) déc. 1831, Bertren c. Viltoz.

437. — Le fait de fabrication suffit à lui seul et indépendamment de toute mise en vente, pour constituer la contrefaçon. — Art. 40, L. 5 juill. 1844; — Renouard, n° 9.

438. — Il n'est pas même nécessaire que la fabrication en soit achevée; il suffit qu'elle soit en cours d'exécution: car ce n'est pas là, dit M. Renouard (n° 10), une *simple tentative*; la contrefaçon partielle est commencée. — Arg. de *Cass.*, 2 juill. 1807, Clémendot c. Giguet et Michaud; *Paris*, 11 mars 1837 (cité par M. Renouard).

439. — Mais si la fabrication est restée imparfaite et a été ainsi abandonnée par l'auteur qui n'a pas voulu y donner suite, le délit de contrefaçon n'existerait pas. — Renouard, n° 10.

440. — De même le fait d'imiter pour se livrer à des études, à des expériences, et dans ce seul but, ne constituerait pas la contrefaçon. Mais M. Renouard (n° 9) fait remarquer que ce motif qui, le plus souvent pourrait n'être qu'un prétexte, ne sera pas facilement admis par les tribunaux. — Goujet et Merger, n° 25.

441. — Fabriquer pour les besoins de son commerce ou de son industrie une machine brevetée, c'est commettre le délit de contrefaçon aussi bien que si on la fabriquait pour la vendre. — Et. Blanc, p. 346.

442. — Celui à qui le breveté aurait donné en gage une machine servant à l'exploitation de son brevet et qui se serait permis de fabriquer serait réputé contrefacteur, ne pourrait se défendre en exigeant uniquement de son droit sur le gage; il en serait de même de l'ouvrier qui, au lieu de se borner à retenir la machine par lui construite pour le breveté, aurait, ou exploité lui-même l'invention, ou vendu la machine à un fabricant. — Renouard, n° 243.

443. — Chacun des moyens faisant l'objet du brevet est protégé par le brevet; l'usurpation d'un seul de ces moyens suffit donc pour constituer le délit de contrefaçon.

444. — Lorsqu'un brevet a été obtenu à la fois pour un procédé et pour le produit qu'il fournit, le changement de procédé ou d'appareil ne donne pas le droit de fabriquer le même produit. « Il y a là, dit M. Et. Blanc (p. 345), deux inventions distinctes qui engendrent chacune un droit exclusif, et chacune a son existence propre, bien qu'elles soient réunies dans un même titre. » — Goujet et Merger, n° 36.

445. — Un procédé n'est pas la contrefaçon d'un autre par cela seul que ce dernier en aurait donné l'idée. — Et. Blanc, p. 347.

446. — Sous l'empire de loi du 7 janv. 1791, qui n'avait pas de disposition expresse, on comprenait sous la dénomination de contrefacteurs les fabricans, les débitans, dépositaires et introducteurs. — V. aussi l'art 12. tit. 2, L. 25 mai 1791.

447. — Ainsi jugé que l'art. 12, L. 7 janv. 1791, ne distinguant pas entre les personnes qui fabriquent et celles qui débitent un objet contrefait, il en résultait que les marchands débitans et dépositaires d'objets contrefaits pouvaient être poursuivis et condamnés comme le fabricant lui-même. — *Cass.*, 12 nov. 1839 (t. 2 1839, p. 558). Duval c. Molhès.

448. — L'art. 41, L. 5 juill. 1844, dispose d'une manière expresse que ceux qui auront *recelé, vendu* ou *exposé* en vente les objets *contrefaits* (ou, pour mieux dire, *contrefaisans*, suivant l'expression de M. Renouard, n° 10, en note), sont assimilés aux contrefacteurs et punis des mêmes peines.

449. — *Recel.* — On appelle *receleur* celui qui reçoit en dépôt, pour les cacher, des objets contrefaisans.

450. — Il en est de même de celui qui, sans avoir caché lui-même les objets contrefaisans, les aurait fait cacher ou vendre par un autre. — Et. Blanc, 349 (induction d'un arrêt de *Cass.*, 26 sept. 1844, rendu en matière de vol).

451. — La détention ou l'usage d'un objet de brevet peut-il constituer le délit de contrefaçon et donner lieu à des poursuites contre le possesseur? — Cette question n'est pas sans difficulté en présence de l'art. 1er, L. 1844, qui confère à l'inventeur un droit *exclusif d'exploitation*. — M. Renouard, qui la pose (n° 20), la résout par quelques distinctions.

452. — Ou bien la détention et l'usage portent sur des objets vendus par le breveté lui-même, et, dans ce cas, il est par trop manifeste qu'elle est la conséquence nécessaire et légitime de l'acquisition elle-même.

453. — Ou bien la détention et l'usage portent sur un objet *contrefaisant*. Dans ce cas, l'acquéreur ne pourra, ni par fabrication, ni par vente, *en exploiter les produits*.

BREVET D'INVENTION, ch. 12, sect. 1re.

454. — Il est, en effet, constant que celui qui achète une machine contrefaite pour faire commerce de ses produits et établir par là une concurrence préjudiciable aux droits du breveté peut être poursuivi comme contrefacteur. — *Cass.*, 3 déc. 1841 (t. 2 1842, p. 606), Ganilh c. Viel.

455. — Jugé encore qu'il y a trouble à la jouissance privative du breveté, et dès-lors contrefaçon non seulement par la confection ou la vente d'une machine semblable à celle qui est due à son industrie, mais encore par l'emploi de cette machine contrefaite dans le but d'obtenir les produits pour la fabrication spéciale desquels la machine originale a été conçue et imaginée, emploi qui, s'il pouvait être toléré, stériliserait la propriété consacrée par le brevet, et rendrait impuissante la protection de la loi. — *Nancy*, 20 mars 1827, Germain c. Sevène; *Cass.*, 20 juill. 1830, mêmes parties.

456. — ... Et il résulte de l'arrêt de 1827 précité que le breveté pour une machine a le droit de poursuivre comme contrefaçon *tous les produits d'une machine contrefaisante qui seront mis dans le commerce.*

457. — Quant à la détention d'un objet contrefait qu'on appliquerait uniquement à ses besoins personnels, à son usage particulier, elle ne motiverait pas l'application de la loi. — *Cass.*, 3 déc. 1841 (t. 2 1842, p. 606), Ganilh c. Viel; — Goujet et Merger, n° 50.

458. — Mais à quels signes distinguera-t-on le simple usage personnel de l'usage pour la fabrication, pour l'exploitation des produits? — Un député, M. Delespaul, soutenait que le mot *exploiter* n'exprimait pas une idée bien nette. Que répondre, disait-il, au cultivateur détenteur d'un instrument agricole qui dirait: « Je n'exploite pas, c'est-à-dire je ne fabrique pas, je ne vends pas votre instrument; je n'en fais pas commerce, JE M'EN SERS. » — M. le rapporteur répondit: « Le mot *exploiter comprend tout*; il est assez étendu pour entraîner dans son application *toute manière d'utiliser le brevet*, soit qu'on l'exploite par soi-même, soit qu'on transmette à un autre la faculté d'en jouir. » M. Delespaul se déclara satisfait.

459. — Il semble toutefois que le cultivateur qui se servirait d'un instrument aratoire, même contrefaisant, *pour son exploitation* rurale, ne pourrait être condamné comme contrefacteur. — Renouard, nos 22 et 23.

460. — De même, l'outil de l'ouvrier devrait être considéré comme objet *à usage personnel*, bien qu'il soit un instrument de fabrication et que ses produits entrent dans le commerce. — Renouard, *loc. cit.*; Goujet et Merger, n° 54.

461. — L'art. 41 doit être interprété en ce sens que les *dépositaires* sont compris dans les *receleurs*. — Renouard, n° 13. — On le décidait ainsi sous la législation de 1791. — *Cass.* 12 nov. 1839 (t. 2 1839, p. 558), Duval c. Mothès. — V. *suprà* nos 449 et suiv.

462. — L'art 462, C. pén., se bornait à punir le *débit* des ouvrages contrefaits. — En substituant le mot *vente* au mot *débit*, que renfermait l'art. 426, la loi a voulu atteindre d'une manière plus sûre les *faits de vente, même isolés.*

463. — En outre, la simple exposition en vente est assimilée à la vente elle-même. — Et ces mots *exposition en vente* ne doivent pas eux-mêmes être entendus dans un sens restrictif; ainsi le marchand est considéré comme débitant, alors même qu'il n'a pas exposé publiquement en vente les objets contrefaisans; il est débitant, s'il résulte des circonstances qu'il a acheté avec l'intention de revendre; le fait même qu'il les a tenus cachés serait une charge contre lui. — Renouard, nos 9 et 12; Goujet et Merger, v° *Contrefaçon*, n° 63.

464. — Dans tous les cas, MM. Goujet et Merger (*loc. cit.*) font remarquer que si, dans les faits qui viennent d'être indiqués, on ne retrouvait pas le caractère de mise en vente, on y trouverait au moins celui du dépôt et du recel.

465. — « A plus forte raison, dit M. Et. Blanc (*loc. cit.*), celui qui, au lieu de vendre, livrerait ou distribuerait gratuitement des objets contrefaits, serait-il coupable, car il causerait au breveté un préjudice bien plus considérable que celui qui vend, et dont la concurrence à prix égal et même à prix inférieur peut être combattue. » — Toutefois, MM. Goujet et Merger (*loc. cit.*, n° 64) font remarquer que la distribution gratuite d'objets contrefaits par un autre ne constituerait à proprement parler, ni la fabrication, ni la vente, ni le recel, ni l'introduction; mais que le distributeur devrait tout au moins être réputé complice du fabricant.

466. — *Introduction.* — Le même art. 41, L. 1844, assimile aussi aux contrefacteurs ceux *qui ont introduit en France des objets contrefaisans fabriqués à l'étranger.*

467. — L'art. 426, C. pén., punissait déjà ces importations, et les lois sur les douanes prohibent l'entrée des objets contrefaisans.

BREVET D'INVENTION, ch. 12, sect. 1re.

468. — Et il a été jugé que celui qui a introduit en France une machine fabriquée en pays étranger, et semblable à celle pour laquelle un brevet d'importation et de perfectionnement avait été précédemment accordé en France, peut être déclaré coupable de participation au délit de contrefaçon et condamné comme tel, encore qu'il ait fait sa déclaration à la douane, qu'il y ait déposé le dessin et le plan de la machine, et qu'il en ait acquitté les droits. — *Cass.*, 20 juill. 1830, Germain c. Sevène.

469. — Toutefois les auteurs pensaient que la délivrance d'un brevet d'importation ne conférait pas à ceux qui les obtenaient le droit d'empêcher, soit l'introduction, soit la vente en France des produits étrangers d'une industrie de même nature que celle qui était l'objet du brevet, et que ceux-ci ne pouvaient que s'opposer à la fabrication en France de produits de l'industrie dont s'agit. — « Le public, a dit M. Renouard (p. 215), ne peut être dépouillé du droit qu'il avait, avant la délivrance du brevet, de s'approvisionner à l'étranger. »

470. — Il y aurait introduction punissable, alors même qu'elle n'aurait eu lieu que momentanément et seulement pour arriver en pays étranger. — Etienne Blanc, p. 351.

471. — ... Et même sans destination commerciale. — Goujet et Merger, n° 67.

472. — On avait agité, sous la loi de 1791, la question de savoir si le contrefacteur pouvait invoquer l'*excuse de bonne foi*, et la jurisprudence répondait négativement, sans faire de distinction entre ceux qui étaient contrefacteurs pour avoir fabriqué, ou pour avoir recelé, débité, etc.

473. — Ainsi, on jugeait sous cette législation: — 1° que l'insertion du brevet au *Bulletin des lois* faisant connaître à tous les citoyens le droit privatif qu'il confère, le contrefacteur ne saurait exciper de sa bonne foi pour échapper à la poursuite en contrefaçon. — *Cass.*, 27 déc. 1837 (t. 1er 1844, p. 808), Rallier et Guibal c. Janvier.

474. — ... 2° Que le contrefacteur ne pouvait faire valoir comme *excuse* la circonstance qu'il aurait acheté la chose employée par lui à un tiers autorisé par l'inventeur à la fabriquer. — Même arrêt.

475. — Le principe exclusif de l'excuse de bonne foi semble aussi résulter de l'arrêt qui juge qu'il y a contrefaçon lorsqu'un ouvrage est calqué sur un autre, de manière qu'il résulte entre les deux ouvrages une similitude parfaite, et qu'il n'est pas nécessaire que les juges qui reconnaissent qu'il y a entre les deux objets *similitude parfaite*, déclarent en termes exprès *qu'il y a eu contrefaçon.* — *Cass.*, 25 mai 1829, Roucairol c. Bérard.

476. — Jugé encore que celui qui a acquis un objet contrefaisant pour faire commerce de ses produits ne peut se prévaloir, à titre d'exception de bonne foi, de ce que celui dont il aurait acheté cet objet était lui-même breveté, si ce brevet était postérieur en date à un autre brevet obtenu. — *Cass.*, 3 déc. 1841 (t. 2 1842, p. 606), Ganilh c. Viel.

477. — Jugé de même (mais le principe se trouve ici posé d'une manière moins nette) que lorsque l'obtention d'un brevet d'invention a été rendue publique, non seulement par des moyens ordinaires prévus par la loi, mais encore par l'affiche des jugemens de condamnation rendus précédemment contre divers contrefacteurs, et par les circulaires et prospectus que le breveté a eu le soin de répandre chez les principaux négocians et dans les journaux, les débitans d'objets contrefaits sont non-recevables à invoquer leur ignorance et leur prétendue bonne foi. — *Paris*, 3 juill. 1839 (t. 2 1839, p. 187), Croquard et Paris c. Pujet.

478. — La loi du 5 juill. 1844 (art. 40 et 41) n'a adopté ces principes qu'avec une distinction. — Ainsi s'agit-il de la contrefaçon elle-même, il est certain, malgré la qualification de délit qui lui est donnée par l'art. 40, que le fait matériel suffit pour la constituer; c'est ce qui résulte de la discussion qui a eu lieu devant les chambres. — Loiseau et Vergé, sur l'art. 40.

479. — Toutefois l'excuse de bonne foi n'en doit pas moins être prise en considération pour l'application de la peine. — Et même M. Et. Blanc (*Inventeur breveté*, p. 344) dit qu'elle devrait effacer le délit, si le fabricant établissait, soit par la correspondance, soit par la preuve des faits, qu'il a dû croire à une autorisation de la part du breveté.

480. — Et il a été jugé que le cessionnaire d'une machine contrefaite et ses syndics ne peuvent être poursuivis comme complices du contrefacteur *qu'autant qu'ils ont eu connaissance de la contrefaçon.* — *Rouen*, 4 mars 1841, sous *Cass.*, 24 mars 1842 (t. 2 1842, p. 323), Rowcliffe et Urruty c. Pethion.

481.—... Mais ce cessionnaire et ces syndics sont passibles de dommages-intérêts envers le breveté, à raison de l'usage qu'ils ont fait de la machine.— Même arrêt.

482. — S'agit-il, au contraire, des receleurs, vendeurs, introducteurs, etc., la loi ne les punit (art. 41) que s'ils ont agi *sciemment*. L'exposé des motifs à la chambre des pairs explique ainsi la pensée du législateur sur ce point : « Le mot *sciemment* nous a paru devoir être ajouté dans la disposition relative aux introducteurs et débitans qui, à la différence du contrefacteur, peuvent même sans négligence ou imprudence véritablement imputable, ignorer l'existence du brevet ou la qualité des objets dont ils sont détenteurs. » — Le rapport à la chambre des députés justifie à peu près dans les mêmes termes l'intercalation du mot *sciemment* dans l'art. 41.

483. — Et M. Et. Blanc (p. 249) pense que le receleur et le vendeur qui refuseraient de faire connaître de qui ils tiennent les objets contrefaits par eux cachés ou mis en vente, seraient présumés connaître l'origine de ces objets et avoir agi sciemment.

Sect. 2e. — *Poursuite en contrefaçon.*

§ 1er. — *Constatation du délit, saisie, description.*

484.—La première chose à faire, dit M. Renouard (n° 234), par le propriétaire du brevet, est d'assurer la constatation du fait de contrefaçon, et de mettre à l'abri du doute, l'existence des objets contrefaisans. — A cet égard, la loi du 7 janv. 1791 (art. 12), disposait que « le propriétaire d'une patente... pourrait, en donnant caution bonne et suffisante, *requérir la saisie des objets contrefaits.* » — L'art. 15 parlait aussi de ce droit de saisie.

485. — Mais la loi rectificative du 25 mai 1791 retrancha des art. 12 et 13 de celle du 7 janv., ce qui avait rapport au droit de saisie. — La seule disposition de cette loi qui semble reconnaître le droit de saisie, est celle de l'art. 12 du titre 2 ainsi conçue : « *Dans le cas où une saisie juridique* n'aura pu faire découvrir aucun objet fabriqué ou débité en fraude, etc. »

486. — En présence de l'ambiguïté de ces textes, on tenait pour constant, sous la législation de 1791, que le breveté ne pouvait pratiquer de saisie sans l'autorisation du juge, et que sa saisie devait, au lieu de s'étendre à la totalité des objets argués de contrefaçon, se borner aux objets nécessaires pour constater la contrefaçon. Cette saisie, dit M. Renouard (n° 235), était un acte d'instruction et non une confiscation provisoire. —V. une circulaire du procureur du roi près le tribunal de la Seine aux commissaires de police, citée par M. Et. Blanc, *Tr. de la contrefaçon*, p. 427.

487. — Il a toutefois été jugé que la saisie juridique que, d'après l'art. 12 du décr. du 25 mai 1791, le titulaire d'un brevet d'invention avait le droit de faire pratiquer sur les objets contrefaits, pouvait être opérée par un commissaire de police, soit en vertu de l'ordre d'un magistrat, soit sur la simple réquisition du breveté. — *Paris*, 30 nov. 1842, (t. 1er 1843, p. 369), Bissomet c. Decache et Paufret.

488. — Quant à la forme et aux conditions de la saisie, ajoute M. Renouard (*loc. cit.*), elles n'avaient rien de fixe ; « ainsi l'autorisation de saisir fut long-temps donnée par le tribunal civil ; puis, plus tard, par le juge de paix. — Ce magistrat, suivant les cas, se transportait lui-même sur les lieux, ou déléguait soit un commissaire de police soit un huissier. Quelquefois un expert était commis pour décrire les objets. Tantôt on se contentait d'un procès-verbal de description, tantôt on apposait les scellés. »

489. — On jugeait que les experts nommés pour examiner s'il y avait contrefaçon, n'étaient assujétis à aucune condition particulière, par exemple, à se faire représenter le brevet, pour servir de base à leur vérification. — *Cass.*, 5 mars 1822, Brougnières c. Adam.

490. — La loi du 5 juill. 1844 (art. 47), contient à cet égard des règles fort précises. Elle dispose que les propriétaires de brevets peuvent faire procéder par huissiers à la désignation et description détaillées, avec ou sans saisie des *objets prétendus contrefaits*. — Ainsi se trouve consacré au profit des brevetés le double droit, ou de faire saisir avec désignation et description, ou de faire *décrire* même sans saisie.

491. — La mesure autorisée par cette disposition, ne peut avoir lieu qu'en vertu d'une ordonnance du président du tribunal de première instance, et cette ordonnance est rendue sur simple requête, et sur la représentation du brevet. —L. 5 juill. 1844, art. 47, § 2.

492. — Aujourd'hui la saisie n'a pas seulement pour but unique la constatation du délit de contrefaçon, comme sous la loi du 7 janv. 1791 ; elle a pour résultat, dans certains cas, une confiscation anticipée, faite dans le but de garantir au breveté les dommages-intérêts auxquels il peut avoir droit ; elle peut donc comprendre la totalité des objets contrefaits. — Renouard, n° 236.

493. — Toutefois le juge peut ne l'autoriser que partiellement et d'une manière restreinte (n° 236). — *Contrà* Et. Blanc (p. 360 et 362) pense, mais à tort, que le saisissant est le seul juge de l'opportunité et de l'étendue de sa saisie et que le magistrat ne peut refuser son autorisation, mais seulement imposer un cautionnement.

494. — De même la constatation par procès-verbal de description n'est, comme la saisie, qu'un mode facultatif pour la partie et pour le juge ; le président pourra donc refuser l'emploi de cette mesure s'il ne la juge pas utile.—Renouard, n° 237.

495. — Et il a été jugé que le président du tribunal, jugeant en référé peut ordonner la simple description des objets incriminés de contrefaçon sans saisie, lorsqu'il n'y a pas péril pour la disparition des objets. — Il peut aussi autoriser la continuation de la fabrication de la part du prétendu contrefacteur, le tout sous réserve de dommages-intérêts. — *Paris*, 8 mars 1845, Parisot c. Pauwels.

496. — La saisie pourrait-elle comprendre les instrumens qui auraient servi ou qui seraient destinés à servir à la contrefaçon ? — M. Et. Blanc (p. 361) fait remarquer que, bien que l'art. 47 soit muet sur ce point, l'art. 49 semble l'avoir résolu en permettant la confiscation de ces ustensiles, ce qui suppose qu'ils ont pu être mis sous la main de justice.

497.— Mais MM. Goujet et Merger (*loc. cit.*, n° 101) ajoutent avec raison qu'il n'en serait pas de même des matières premières dont on peut sans doute se servir pour la contrefaçon, mais dont on peut aussi faire un usage licite. Ainsi, disent-ils, en cas de contrefaçon, d'un procédé pour dorure, il est permis de saisir les instrumens du délit, les bains d'or destinés à la contrefaçon, mais non les lingots.

498. — Au surplus l'absence de saisie préalable de l'ouvrage argué de contrefaçon ou la nullité de la saisie pratiquée n'empêche pas l'exercice de l'action en contrefaçon. — *Cass.*, 27 mars 1835, Hacquart c. Pistole et Ridolet. — Renouard, n° 236.

499. — L'ordonnance du président doit contenir s'il y a lieu, la nomination d'un expert pour aider l'huissier dans sa description. — L. 5 juill. 1844, art. 47, § 2.

500. — Mais le président du tribunal qui peut désigner un expert pour aider l'huissier dans sa description n'a pas le même droit de distinction à l'égard de l'huissier ; *tout huissier peut procéder à la saisie.* — Renouard, *loc. cit.*

501. — Lorsqu'il y aura permission de saisie, soit totale, soit partielle, l'ordonnance pourra imposer au saisissant un cautionnement que celui-ci sera tenu de consigner avant d'y faire procéder. Le cautionnement est toujours imposé à l'étranger breveté qui requiert la saisie. — L. 5 juill. 1844, art. 47.

502. — Cette dernière disposition, relative à l'étranger, a été introduite sur une observation présentée à la chambre des députés par M. Boudet qui invoquait les principes relatifs à la caution *judicatum solvi*. — Toutefois, M. Ph. Dupin avait opposé la réfutation suivante. « Cette caution, disait-il, n'est jamais ordonnée en matière commerciale, et la question qui nous occupe est en effet une matière commerciale, industrielle. J'ajouterai que les étrangers brevetés en France, ont presque toujours des établissemens industriels qui sont une garantie de solvabilité. Enfin, il y a une considération qui doit rassurer tout le monde : le président qui accorde la faculté de saisir examinera la position de l'étranger, et s'il n'offre aucune garantie de solvabilité, on ordonnera la caution ; mais s'il présente des garanties, il faut laisser au magistrat la possibilité d'ordonner la saisie sans exiger de caution. » Malgré ces observations, l'amendement fut adopté sur le motif qu'il serait souvent fort difficile au président de pouvoir apprécier la position de fortune de l'étranger. Il ne fut rien répondu à la considération tirée de ce que la matière *était commerciale.*

503. — Reste toujours la question de savoir si, lorsque l'étranger intentera une action comme propriétaire du brevet, il devra fournir la caution *judicatum solvi*. — Evidemment cela ne sera pas nécessaire lorsqu'il y aura eu saisie préalable, puisqu'à raison même de cette saisie une caution aura déjà été fournie. Mais que faudra-t-il décider dans le cas où, sans saisie préalable, l'étranger se pourvoira directement en contrefaçon ? — Devra-t-on, adoptant l'avis de M. Ph. Dupin, dispenser l'étranger de la caution, parce que l'affaire sera commerciale, ou bien sera-t-il nécessaire de l'y soumettre comme en cas de saisie ?—M. Renouard (n° 97), qui examine la question, la décide dans le sens de la prestation de la caution, parce que, dit-il, l'affaire ne devant pas être jugée par un tribunal de commerce, c'est le droit commun qui doit être appliqué.—Nous avons quelque peine à adopter cet avis ; en effet, bien que l'affaire ne soit pas portée devant le tribunal de commerce, l'affaire ne change pas de nature, elle est essentiellement commerciale, et il semble par suite que la caution ne doit pas être ordonnée.

504. — La caution exigée en cas de saisie sera-t-elle imposée à l'étranger admis à la jouissance des droits civils ? — M. Renouard (n° 38) se décide pour l'affirmative ; il se fonde sur ce que la disposition ne fait pas d'exception : on peut néanmoins supposer que, dans le silence de la loi de 1844, il est juste de recourir au droit commun ; or, l'admission à la jouissance des droits civils n'entraîne-t-elle pas la faculté de plaider sans donner caution, et ne doit-on pas dire avec Boncenne (t. 8, p. 180) *que c'est essentiellement un droit civil que la liberté de plaider sans cautionnement.* — V. aussi en ce sens Boitard, t. 2, p. 11 ; Favard de Langlade, v° *Exception*, § 1er, n° 3 ; Chauveau sur Carré, *Quest.* 701.

505. — Lorsque la saisie a lieu, il est laissé copie au détenteur des objets décrits ou saisis, tant de l'ordonnance que de l'acte constatant le dépôt du cautionnement, le cas échéant ; le tout, à peine de nullité et de dommages-intérêts contre l'huissier. — L. 5 juill., art. 47, § 5.

506. — Il doit aussi, bien que l'article ne le dise pas, être laissé copie. — Renouard, n° 236 ; Goujet et Merger, n° 92.

507. — La saisie des objets contrefaits peut être opérée en tous lieux où ils sont mis en vente ou recelés ou déposés, et notamment, dit M. Et. Blanc (p. 361), à l'exposition de l'industrie.

508. — Si le contrefacteur demandait, en cours de la saisie, à en référer au juge, l'huissier devrait, alors même que l'ordonnance de ce magistrat autoriserait ce référé, pratiquer provisoirement la saisie, pour empêcher le contrefacteur de faire disparaître les preuves du délit.—Et. Blanc, p. 362.

509. — Les recherches que le breveté est autorisé à faire ne doivent pas s'étendre jusque sur les personnes, surtout lorsque les objets présumés contrefaits (des ceintures orthopédiques), concernent l'art de guérir. — Dès-lors le breveté commettrait une violence morale qui le rendrait passible de dommages-intérêts s'il contraignait le porteur de l'objet poursuivi (une jeune fille), et l'en dépouillait. Peu importerait que la saisie eût été pratiquée par un huissier et avec l'assistance du commissaire de police. — *Angers*, 18 fév. 1841, Perrier ; — Renouard, n° 238.

510.— A défaut par le breveté de s'être pourvu, soit par la voie civile, soit par la voie correctionnelle, dans le délai de huitaine, outre un jour par trois myriamètres de distance entre le lieu où se trouvent les objets *saisis ou décrits* et le contrefacteur, receleur, introducteur ou débiteur, *la saisie ou description* sera nulle de plein droit, sans préjudice des dommages-intérêts qui pourront être réclamés, s'il y a lieu, dans la forme prescrite par l'art. 36. — L. 5 juill. 1844, art. 48.

511. — Les tribunaux sont juges de la question de savoir s'il est dû des dommages et de leur quotité. — Renouard, n° 236 ; Et. Blanc, *Code des inventions*, p. 364.

§ 2. — *Compétence.*

512. — Sous l'empire des lois de 1791, l'action en contrefaçon était portée devant le juge de paix. —L. 25 mai, art. 10 ; — *Angers*, 1er juin 1842 (t. 1er 1843, p. 106), Brion c. Honard.

513.—Le juge de paix pouvait encore connaître des contestations qui s'élevaient entre deux individus brevetés pour le même objet.—Même loi.

514.—La loi du 25 mai 1838 a modifié cette compétence, en transportant aux tribunaux correctionnels la connaissance des actions en contrefaçon. — Art. 20.

515. — Et la loi du 5 juillet 1844 (art. 45 et suiv.) a maintenu sous ce rapport la loi du 25 mai 1838.

516. — Dans le cours de la discussion, M. Odilon Barrot a émis l'idée d'attribuer la connaissance de toutes les questions de contrefaçon à un jury spécial. « Si le jury n'était pas créé, a-t-il dit, il faudrait l'organiser spécialement pour ces sortes d'affaires ; car il y a un grand nombre de difficultés, soit dans la définition de ce qui constitue l'invention ou le perfectionnement, une appréciation tel-

lement arbitraire et étendue, qu'en vérité on ne sait comment ramener toutes ces questions à des formes de juridiction ordinaires. Un tribunal est saisi en contrefaçon, il renvoie à des experts spéciaux, constituant un jury non responsable; la responsabilité flotte incertaine entre les experts ainsi constitués et le tribunal qui prononce en définitive. Il vaudrait mieux que la responsabilité morale fût concentrée dans un jury spécial tout à la fois scientifique et industriel, composé de telle manière qu'il offrirait tout à la fois des garanties à la société et à l'inventeur. Déjà l'institution du jury a été appliquée aux affaires d'expropriation pour cause d'utilité publique, qui semblaient comporter beaucoup moins cette innovation que les questions relatives à la propriété industrielle. » — Il n'a pas été donné suite à la proposition de M. Barrot, qui ne pouvait être discutée à la fin de la loi.

517. — Conformément à l'art. 63 du Code d'instruction criminelle, l'action correctionnelle pour contrefaçon est portée devant le tribunal soit du lieu où le délit a été commis, soit du lieu de la résidence du prévenu, soit du lieu où il peut être trouvé.

518. — Et il a été jugé que le lieu de la saisie ne peut être considéré comme le lieu du délit, lorsqu'il est prouvé que les objets contrefaits n'ont été saisis qu'en cours d'expédition. — *Cass.*, 22 mai 1835, Chapsal c. Barbou.

519. — Le délit de fabrication et celui de vente, recel ou introduction peuvent être compris dans la même poursuite. — Renouard, nº 230.

520. — On a vu plus haut (nos 409 et suiv.) que le tribunal correctionnel saisi d'une action pour délit de contrefaçon est compétent pour statuer sur les exceptions qui seraient tirées par le prévenu, soit de la nullité ou de la déchéance du brevet, soit des questions relatives à la propriété du brevet. — Mais que doit-on décider à l'égard des demandes qui auraient été portées devant la juridiction civile par le prévenu depuis l'introduction de l'instance en contrefaçon? — Un député, M. Delespaul, proposait pour ce cas l'évocation d'une juridiction à l'autre; attendu que si la faculté de former des demandes devant les tribunaux civils, était pour le prévenu un moyen facile de retarder la décision du procès en contrefaçon, la loi en investissant les tribunaux correctionnels d'une compétence qui pourrait être éludée, n'aurait paré à aucun inconvénient.

521. — Toutefois cette proposition n'a pas été appuyée, et la chambre des pairs, malgré de vives sollicitations, s'est refusée à l'introduire dans la loi. — Voici ce que disait son rapporteur : « Il nous a paru que la disposition réclamée n'était point nécessaire; qu'elle pourrait même, dans certains cas, excéder le dessein que vous aviez eu en formulant l'art. 46, dont les termes paraissent suffire pour tarir, dans la plupart des cas, la source des abus signalés. *La jurisprudence fondée sur l'art. 182, C. for., pourra ou plutôt devra toujours servir de règle aux tribunaux.* Saisi du jugement des délits de contrefaçon, le tribunal correctionnel aura à apprécier les circonstances de la cause. Suivant que de ces circonstances résultera le plus ou moins de bonne foi des parties, ou il accordera le sursis, en fixant un délai raisonnable pendant lequel l'action civile sera jugée, ou il refusera le sursis demandé, s'il voit que ce sursis n'est qu'un prétexte pour échapper aux dispositions dudit art. 46, et pour reproduire ce circuit d'actions, ce double procès que le législateur a voulu éviter. C'est ainsi, nous l'espérons du moins, que l'on échappera, dans la pratique, aux inconvéniens que vous avez voulu prévenir, que l'on pourrait encore redouter. Nous nous confions à cet égard et sans réserve à la sagesse, à la prudence et au discernement des juges. » — Loiseau et Vergé sur l'art. 46.

522. — Ainsi le tribunal correctionnel reste libre d'accorder ou de refuser le sursis selon les circonstances; et c'est alors que M. Et. Blanc (p. 353) pense que si le prévenu veut assigner directement le propriétaire du brevet en déchéance ou en nullité, les juges correctionnels devront *nécessairement* surseoir. — Cette opinion va directement contre l'esprit de la loi. — Goujet et Merger, nº 115.

523. — Il est certain, au surplus, que le sursis peut être demandé en tout état de cause tant qu'il n'est pas intervenu de jugement. — Et. Blanc, et Goujet et Merger, *loc. cit.*

524. — Mais la compétence exceptionnelle attribuée par la loi aux tribunaux correctionnels en ce qui touche les questions de nullité, de déchéance ou de propriété du brevet doit elle-même être restreinte dans des termes raisonnables. - Les tribunaux correctionnels, dit M. Renouard (nº 22), n'ont d'attribution que pour dire si la plainte en contrefaçon est recevable et si elle est fondée, et pour déduire, de leurs décisions sur ces deux questions, les applications légales; lorsque des conventions consenties entre les parties seront soumises au juge correctionnel, il n'aura à les examiner que dans leurs rapports avec ces deux questions. L'action est-elle recevable? la contrefaçon existe-t-elle? Ce n'est que pour décider si l'action est recevable que la juridiction pénale a été investie par l'art. 46 du pouvoir de connaître des exceptions sur le déchéances et la propriété. Quand des questions concernant l'exécution des contrats surgiront dans le cours des débats et quand ces questions ne toucheront ni la recevabilité de l'action ni la vérification du fait de contrefaçon, le tribunal correctionnel devra se déclarer incompétent quant à ce point. »

§ 3. — *Poursuite, jugement, voie de recours.*

525. — Sous la législation de 1791, il n'existait pas d'action publique en contrefaçon, et la poursuite du ministère public ne pouvait avoir lieu que par la plainte de la partie lésée. — *Amiens*, 9 mai 1842 (t. 2 1842, p. 638), Beauvais; — Renouard, nº 232.

526. — Mais en attribuant la connaissance du délit de contrefaçon aux tribunaux correctionnels, il semble que la loi du 25 mai 1838 ait voulu le considérer comme placé sous l'empire des règles générales relatives à la répression des délits. — Renouard, *loc. cit.*

527. — On jugeait, dans tous les cas, sous l'empire de cette loi, que l'exception qui enlevait l'initiative au ministère public devant être renfermée dans ses termes, il en résultait qu'il suffisait qu'une plainte eût été portée pour que le ministère public recouvrât la plénitude de son pouvoir et devînt libre dans son action, et que, dès-lors, le retrait par le breveté de la plainte qu'il avait faite au procureur du roi ne faisait point obstacle à ce que l'action publique suivît son cours. — *Amiens*, 9 mai 1842 (t. 2 1842, p. 638), Beauvais.

528. — La loi du 5 juill. 1844 s'exprime à cet égard d'une manière formelle; elle dispose (art. 45) que « l'action correctionnelle, pour l'application des peines, ne peut être exercée par le ministère public *que sur la plainte de la partie lésée.* »

529. — Et M. Renouard (nº 233) pense que la loi parlant de l'*exercice* de l'action et non de *son introduction* seulement, on doit en conclure que l'intention du législateur a été de laisser le propriétaire du monopole maître du procès, et qu'en conséquence (contrairement à ce qui a été jugé sous la loi ancienne), si le plaignant se désiste, le ministère public ne pourra plus suivre l'action correctionnelle, ni le tribunal correctionnel prononcer une condamnation. — V. en ce sens Et. Blanc, p. 354; Goujet et Merger, vº *Contrefaçon*, nº 129.

530. — Le breveté qui se plaint d'une atteinte portée à son brevet peut, au surplus, comme en matière ordinaire, prendre la voie de la plainte ou celle de l'action directe.

531. — Le demandeur doit, devant le tribunal, pour justifier sa plainte, établir : — 1º sa qualité de propriétaire d'un brevet; — 2º que le poursuivi est fabricant, receleur, débitant ou introducteur des produits ou de la fabrication des objets en litige; — 3º que cette fabrication ou ces produits résultent, en tout ou en partie, de l'invention brevetée. — Renouard, nº 237. — V. nos 418 et suiv.

532. — Quant au prévenu de contrefaçon, il peut exciper de la validité du brevet, de sa déchéance ou de son expiration; il peut contester l'identité de l'objet en litige et de l'objet breveté; toutes ces questions, comme on l'a vu, peuvent être appréciées par le tribunal correctionnel.

533. — Quant à la preuve des faits opposés comme exception à l'action en contrefaçon, elle peut être faite par témoins, « quoique néanmoins, disent MM. Goujet et Merger (nº 134), cette preuve ne doive, en pareille matière, être admise qu'avec une extrême réserve. » — V. PREUVE TESTIMONIALE.

534. — Il a donc été jugé que celui qui est poursuivi en contrefaçon peut être admis à prouver par témoins que la découverte par laquelle le patenté s'est fait breveter était en usage avant l'obtention du brevet, et qu'il était antérieurement en possession d'employer les mêmes procédés. — *Cass.*, 22 frim. an X, Duguey c. Bridel; 29 messid. an XI, Toussaint c. Duval et Bally; 20 déc. 1808, Tellier et Lambert c. Caron; 30 avr. 1810, Bernard et Louvel c. Armitage et Moor; 8 fév. 1827, Adam c. Pastre; *Bordeaux*, 16 janv. 1840 (t. 1er 1844, p. 785), Eyquem c. Coutures.

535. — Il n'est pas nécessaire qu'il établisse que la prétendue découverte était déjà consignée et décrite dans les ouvrages imprimés et publiés à l'époque de cette délivrance, ou qu'il prouve qu'à la même époque il connaissait et pratiquait personnellement la méthode du breveté. — *Cass.*, 19 mars 1821, Tachouzin c. Baglioni.

536. — Néanmoins, la demande ayant pour objet cette preuve peut être rejetée, non pas comme inadmissible, mais comme inutile et non pertinente. — *Cass.*, 24 déc. 1833, Endignoux c. Richard et Arquier; — Et. Blanc, p. 128.

537. — Jugé aussi que l'usage personnel du procédé, par un tiers, antérieurement à l'obtention du brevet, peut être invoqué par celui-ci pour repousser la demande en contrefaçon dirigée contre lui en police correctionnelle, mais non pas pour appuyer la demande par lui formée devant le tribunal civil. — *Paris*, 19 mars 1842 (t. 1er 1842, p. 404), Fourny et Loiseau c. Périlhat.

538. — Mais lorsqu'un individu poursuivi comme contrefacteur oppose que l'appareil breveté a été publié dans un ouvrage imprimé avant l'obtention du brevet, *c'est à sa charge* que doit retomber la preuve de cette publication antérieure, par suite de la maxime *Reus excipiendo fit actor.* — *Cass.*, 35 mai 1829, Roucalrol c. Bérard; — Renouard, nº 242.

539. — L'allégation que le breveté se sert dans sa fabrication de moyens secrets non détaillés au brevet doit être rejetée si elle est produite dans des termes vagues et sans articulation précise. — 27 nov. 1841, sous *Cass*, 20 mai 1844 (t. 1er 1844, p. 812), Hanoire c. Robert de Massy.

540. — La faculté accordée à celui qui est poursuivi comme contrefacteur d'opposer qu'antérieurement à l'obtention du brevet du demandeur, il avait employé les procédés décrits dans le brevet, existe aussi bien au cas où le défendeur à l'action en contrefaçon a lui-même obtenu un brevet pour les mêmes procédés, postérieurement au poursuivant, qu'au cas où il n'est pas du tout breveté. — *Cass.*, 18 avr. 1832, Adam c. Pastré.

541. — Le prévenu de contrefaçon peut également se défendre en prouvant qu'il a régulièrement acquis la propriété totale ou partielle du brevet, ou le droit d'en faire usage, ou bien encore qu'il a reçu d'un précédent propriétaire, ou de toute autre personne ayant droit au brevet, l'autorisation de fabriquer, de vendre ou d'importer. — Renouard, nos 242 et suiv.

542. — Il avait été jugé sous la loi de 1791 que dans le cas où, sur une action en contrefaçon, on opposait devant le juge d'appel une convention de laquelle il résultait que le breveté avait permis, sous certaines conditions, l'importation des objets contrefaits, ce juge, pouvait, sans violer la règle des deux degrés de juridiction, prononcer des dommages-intérêts pour inexécution de ces conditions, tout en déclarant qu'il n'y avait pas eu contrefaçon. — *Cass.*, 13 juin 1837 (t. 1er 1844, p. 806), Griolet c. Collier.

543. — Sous l'empire de la loi nouvelle, si l'introduction en France d'objets fabriqués à l'étranger et semblables aux objets garantis par le brevet avait eu lieu avec l'autorisation du breveté, ce qui motiverait la déchéance du brevet (V. *suprà* nº 357), M. Renouard (nº 245) pense que non seulement le breveté ne serait pas recevable à en faire la base d'une action en contrefaçon, mais encore que l'importateur pourrait lui-même demander la déchéance contre le breveté.

544. — Le débitant poursuivi correctionnellement ne peut pas appeler en garantie son vendeur. L'action en garantie est essentiellement civile. « D'ailleurs, disent MM. Goujet et Merger (nº 138), elle n'a pas d'objet si le prévenu prouve son innocence, et elle n'est pas possible s'il est déclaré coupable. Comment un condamné serait-il garanti par son complice? » — V. aussi Et. Blanc, p. 351.

545. — En matière de brevet d'invention, la chose jugée contre un premier contrefacteur ne peut être opposée à aucun autre. — *Cass.*, 15 mars 1825, Fougerol c. Fradelisy.

546. — Les jugemens rendus en matière de contrefaçon sont, comme les jugemens rendus en matière ordinaire, susceptibles, soit d'opposition, soit d'appel, et l'appel est régi par le droit commun, c'est-à-dire qu'il doit être formé dans les dix jours de la prononciation. — V. APPEL CORRECTIONNEL.

547. — Mais le plaignant en contrefaçon ne peut, en appel, ajouter à sa demande première une demande nouvelle; et l'on doit considérer comme formant une demande nouvelle celui qui, après avoir produit à l'appui de sa plainte en première instance, un brevet de perfectionnement, se prévaut, pour la première fois, en cause d'appel, d'un brevet d'invention antérieur au brevet de perfectionnement. — *Cass.*, 8 fév. 1827, Adam c. Pastre.

548. — Il n'en est pas de même du prévenu, qui peut opposer, pour la première fois en cause d'appel, une exception de nullité, de déchéance, de

propriété : c'est là, en effet, une défense à l'action principale, autorisée par l'art. 454, C. procéd. civ. — Renouard, no 246.

549. — Lorsqu'une partie assignée en contrefaçon a été condamnée en première instance par le motif qu'elle n'appuyait sa défense d'aucune pièce ni document capable de mettre en doute la légitimité et la validité du brevet, si, devant la cour, elle offre pour la première fois de prouver par témoins des faits de nature à mettre en doute cette validité et cette légitimité, les juges ne peuvent, pour rejeter l'offre de preuve, se borner à adopter, sans motifs spéciaux à cet égard, les motifs des premiers juges. — *Cass.*, 26 août 1840 (t. 2 1840, p. 739), Maillard-Dumesté c. Guibal et Rallier. — V. au surplus sur le principe relatif aux motifs, JUGEMENT ET ARRÊT.

550. — Le breveté qui a obtenu un jugement passé en force de chose jugée, prononçant des condamnations pour cause de contravention, ne peut pas, pour de nouvelles contrefaçons commises par le même individu, saisir *de plano* la cour qui a rendu le jugement définitif. — Ét. Blanc, p. 141.

551. — On peut se pourvoir en cassation dans le délai de trois jours contre les jugemens rendus en matière de contrefaçon.

552. — Mais en cette matière comme en toute autre, la cour suprême n'est juge que du droit, et l'appréciation des faits qui peuvent ou non constituer la contrefaçon n'est pas soumise à sa censure. — Ét. Blanc, p. 183.

553. — Ainsi il a été jugé : — 1o qu'un jugement qui déclare en fait qu'un procédé était connu avant l'obtention du brevet d'invention accordé pour ce même procédé, et rejette par ce motif la plainte en contrefaçon, échappe à la censure de la cour de Cassation. — *Cass.*, 1er mars 1826, Sargent c. Daldringen.

554. — ... 2o Qu'on ne peut attaquer devant la cour de Cassation le jugement qui déclare que le breveté est déchu de son brevet, faute de l'avoir mis en activité dans les deux ans de sa date, sous le prétexte que le breveté a fait de nombreuses expériences qui constituent la mise en activité de son brevet. — *Cass.*, 21 avr. 1824, Binet et Blanchet c. Raymond.

555. — Lorsque, sur une demande en déchéance de brevet, il est intervenu un arrêt qui a donné gain de cause au breveté, le pourvoi en cassation contre cet arrêt peut-il suspendre l'action en contrefaçon intentée par le breveté devant les tribunaux correctionnels contre les contrefacteurs ? Cette question, agitée sous la loi ancienne, peut, même sous la loi nouvelle, se présenter dans deux hypothèses distinctes.

556. — Ou bien le prévenu de contrefaçon excipe directement devant le tribunal correctionnel, de la nullité du brevet, et, dans ce cas, la décision qui intervient doit avoir l'effet de tout jugement rendu en matière correctionnelle, et le pourvoi formé contre elle suspendre la marche de l'instance principale. Il est vrai que les questions de nullité ou de déchéance constituent en elles-mêmes des demandes purement civiles, puisqu'elles sont relatives à la propriété même du brevet. Mais la forme, les délais et les effets des pourvois en cassation sont déterminés, non par la nature même de la question jugée, mais d'après la juridiction dont émane le jugement. — Loiseau et Vergé, sur l'art. 46.

557. — Ou bien, au lieu d'être l'objet d'une exception, la nullité ou la déchéance fera la matière d'une demande principale introduite par le prévenu devant les tribunaux civils, depuis l'instance en contrefaçon, et dans ce cas MM. Loiseau et Vergé pensent que le pourvoi ne doit pas être suspensif. Il s'agit, en effet, d'une action civile par sa nature, et jugée par les tribunaux *civils* ; or, en cette matière, l'art. 16 de la loi du 1er décembre 1790, porte expressément que le pourvoi n'arrêtera pas l'exécution du jugement, et que, dans aucun cas et sous aucun prétexte, il ne pourra être accordé de surséance. Il résulte de cette disposition que, lorsqu'un arrêt de cour royale a statué sur un procès civil, le pourvoi en cassation n'empêche pas cet arrêt de produire les mêmes effets que s'il n'existait pas de pourvoi, ou que si le pourvoi avait été rejeté. — Mais, dit-on, l'arrêt rendu au civil réagit sur l'instance correctionnelle : il participe donc à cet égard de la nature des jugemens de répression ; dès-lors, le pourvoi doit avoir un effet suspensif, en tant qu'il s'agit de l'influence de l'arrêt attaqué sur ce procès correctionnel. La réponse est facile : de ce qu'un procès civil exerce de l'influence sur un procès correctionnel, il ne s'ensuit pas que les principes de la procédure civile doivent être modifiés et que cette procédure doive s'assimiler à la procédure correctionnelle. Il est évident, au contraire, que si deux instances, l'une correctionnelle, l'autre civile, sont liées entre les mêmes parties, bien que la même décision de la contestation civile doive influer sur l'instance correctionnelle, chacune des deux procédures conserve les règles qui lui sont particulières. Les arrêts rendus au civil ne cessent pas d'avoir, malgré le pourvoi, l'autorité de la chose jugée, et la partie qui les a obtenus peut s'en prévaloir, même dans l'instance correctionnelle, comme s'il n'y avait pas de pourvoi. — Ces principes s'appliquent naturellement aux instances en contrefaçon, à l'égard desquelles aucune exception n'a été et ne pouvait être faite. Autrement il eût été trop facile aux contrefacteurs d'éluder les poursuites dirigées contre eux. En matière civile, le délai est de trois mois, et les deux épreuves qu'il faut souvent subir : celle de la chambre des requêtes, et, en cas d'admission, celle de la chambre civile, exigent un nouveau délai de deux ou trois ans ; les contrefacteurs auront donc le droit d'exploiter, durant cet intervalle, leur coupable industrie, au détriment du privilége temporaire accordé aux inventeurs ? cela n'est pas possible. — Il est vrai que si le pourvoi n'est pas suspensif, le tribunal correctionnel pourra prononcer une condamnation par un jugement de nature à tomber plus tard, et que dans ce cas le préjudice serait peut-être irréparable. Mais cette circonstance ne peut influer sur le droit lui-même ; elle n'a pas empêché la loi de décider en principe que le pourvoi n'aurait aucun effet dans les matières civiles ; puis, en fait, le préjudice ne serait pas plus irréparable que dans les cas ordinaires, puisque, sauf le cas de récidive, les condamnations prononcées contre les contrefacteurs sont essentiellement pécuniaires et qu'elles peuvent être réparées, en cas de cassation ultérieure, par des restitutions et des dommages-intérêts en faveur du prévenu injustement condamné.

558. — Un jugement rendu au profit d'un breveté contre un contrefacteur ne peut être attaqué par la voie de la tierce opposition par un autre individu qui serait breveté pour le même objet. Celui-ci n'a contre le premier que l'action de contrefaçon. L'art. 474, C. procéd. civ., n'est pas applicable, car le jugement obtenu ne préjudicie nullement aux droits de celui qui se prétend breveté en premier. — Ét. Blanc, p. 182.

559. — La loi du 5 juillet 1844 a disposé (art. 54) que toutes les actions en contrefaçon non encore intentées lors de sa promulgation seraient suivies conformément aux dispositions de la présente loi, alors même qu'il s'agirait de brevets délivrés antérieurement.

560. — Mais le même article a ajouté que les procédures commencées avant la promulgation de la loi du 5 juill. 1844 seraient mises à fin conformément aux lois antérieures.

CHAPITRE XIII. — *Peines. — Réparations civiles. — Prescription.*

561. — La loi du 7 janv. 1791 avait fixé l'amende applicable au délit de contrefaçon au quart des dommages-intérêts accordés à la partie lésée, sans toutefois qu'elle pût excéder 3,000 fr. Elle ajoutait aussi que cette amende était applicable aux besoins des pauvres.

562. — La loi nouvelle a supprimé la destination spéciale de l'amende et adopté une autre base pour sa fixation. — Suivant l'art. 40, L. 5 juill. 1844, le délit de contrefaçon est puni d'une amende de 100 à 2,000 fr. Cette amende est égale à celle prononcée contre le contrefacteur littéraire par l'art. 427, C. pén.

563. — La peine est la même, qu'il s'agisse d'un fabricant, receleur, vendeur, ou d'un introducteur.

564. — La peine *peut* être portée à un emprisonnement d'un mois à six mois si le contrefacteur est un ouvrier ou un employé ayant travaillé dans les ateliers ou dans l'établissement du breveté, ou si le contrefacteur, s'étant associé avec un ouvrier ou un employé du breveté, a eu connaissance par ce dernier des procédés décrits au brevet. Dans ce dernier cas, l'ouvrier ou l'employé peut être poursuivi comme complice du délit de contrefaçon. — L. 5 juill. 1844, art. 43.

565. — Le délit spécial prévu par cet article en ce qui concerne l'ouvrier qui donne connaissance à un contrefacteur des *procédés décrits au brevet* ne doit pas se confondre avec le fait puni par l'art. 418 C. pén., et qui consiste à punir de peines beaucoup plus sévères tout « ouvrier de fabrique » qui aura communiqué, soit à des étrangers soit à des Français, en France ou à l'étranger, *des secrets de la fabrique* où il est employé. — Les procédés décrits au brevet sont, par le fait même de leur description, livrés à la publicité ; celui, dès-lors, qui les communique au contrefacteur ne divulgue pas un secret de fabrique, il ne fait que fournir à celui-ci des moyens plus faciles ou plus prompts d'arriver à son but. — Or, il y a évidemment une plus grande culpabilité de la part de celui qui divulgue un procédé secret que de la part de celui qui se borne à expliquer et faciliter la mise en œuvre d'un procédé rendu public.

566. — Toutefois, l'interprétation que nous donnons à cette disposition de la loi de 1844 ne paraît pas entièrement adoptée par M. Blanc, car cet auteur, dans son *Code des inventions* (p. 353), émet l'opinion que, pour qu'il y ait complicité de contrefaçon, il faut que la divulgation ait eu lieu *avant la délivrance du brevet* ; mais cette condition ne résulte pas du texte de la loi.

567. — Dans le cas de récidive, il est prononcé, outre l'amende, un emprisonnement d'un mois à six mois. — L. 5 juill. 1844, art. 43, § 1er.

568. — Il y a récidive, dit la loi, lorsqu'il a été rendu contre le prévenu, dans les cinq années antérieures, une première condamnation pour *un des délits prévus* par la loi. — *Ibid.*, art. 43, § 2.

569. — Il n'est pas nécessaire, pour l'application de la peine de la récidive, que la contrefaçon soit du même objet, vis-à-vis du même breveté ; il suffit qu'il y ait lieu à une seconde condamnation pour contrefaçon. — Ét. Blanc, p. 353 ; Renouard, no 252. — Un amendement en sens contraire proposé par M. Bethmont n'a pas eu de suite. — Toutefois, MM. Loiseau et Vergé (sur l'art. 43) pensent qu'en présence de la doctrine de l'art. 40, qui fait de la contrefaçon moins un délit qu'une contravention, et qui s'attache *au fait matériel* et non à *l'intention*, il peut être fort injuste d'appliquer dans tous les cas la peine de la récidive, et de condamner à un emprisonnement d'un mois à six mois un homme qui peut n'avoir à se reprocher qu'une erreur involontaire. Au reste, disent-ils, les pouvoirs donnés par l'art. 44 aux tribunaux leur permettront de faire la part des circonstances et de compter avec la bonne foi plus que ne l'a fait le législateur.

570. — Bien que l'art. 40 dise que la récidive existe lorsqu'il y a une *première condamnation* pour *un des délits prévus par la loi*, cependant M. Renouard (no 252) ne pense pas que le législateur ait voulu comprendre parmi les cas de récidive les délits spéciaux prévus par l'art. 33, c'est-à-dire l'usurpation de la qualité de breveté et l'omission de la mention de non-garantie dans une annonce du brevet. En effet, dit-il, l'art. 33, intercalé après coup dans la loi, ne se réfère pas à la rédaction antérieurement faite de l'art. 43 ; il concerne des délits d'un autre ordre que ceux dont s'occupe le titre 5, auquel l'art. 43 appartient et dont l'art. 33 ne fait pas partie. — Et MM. Goujet et Merger, qui adoptent avec raison cette opinion, ajoutent le motif suivant : « Ce qui le prouve, c'est que dans le système contraire, en cas de récidive, la peine serait l'emprisonnement, tandis que l'art. 33, par une disposition spéciale, prévoit précisément la récidive et permet seulement d'élever l'amende au double. »

571. — L'art. 463, C. pén., peut être appliqué aux délits prévus par la loi de 1844, et par conséquent aussi bien au délit spécial d'usurpation de la qualité de breveté qu'aux délits de fabrication, vente, etc. — V. CIRCONSTANCES ATTÉNUANTES.

572. — La peine d'emprisonnement ou d'amende applicable au délit de contrefaçon ne peut être prononcée que par les juges correctionnels et non par les juges civils que le propriétaire de brevet croirait devoir saisir d'une demande en réparation du préjudice à lui causé. — Cela ne saurait être douteux. — Renouard, no 254. — Il en était autrement sous la loi de 1791, mais la loi nouvelle n'a pas reproduit le même principe.

573. — Les peines établies par la loi ne peuvent être cumulées ; la peine la plus forte est seule prononcée pour tous les faits antérieurs au premier acte de poursuite. — L. 5 juill. 1844, art. 42.

574. — *Confiscation et remise des objets contrefaits.* — La confiscation des objets reconnus contrefaits, dit l'art. 49, L. 5 juill. 1844, et, *le cas échéant*, celle des instrumens ou ustensiles destinés spécialement à leur fabrication, sont, même en cas d'acquittement, prononcées contre le contrefacteur, le receleur, l'introducteur ou le débitant.

575. — En outre, les objets confisqués doivent être remis au propriétaire du brevet, sans préjudice de plus amples dommages-intérêts et de l'affiche du jugement s'il y a lieu. — L. 5 juill. 1844, art. 49.

576. — Il résulte de cet art. 49 que la confiscation des objets contrefaits n'est pas facultative, et qu'il suffit qu'ils soient reconnus tels pour qu'elle doive être ordonnée, alors même qu'elle n'aurait pas été demandée par le plaignant. — Blanc, p. 366.

577. — Quant à la confiscation des instrumens et ustensiles destinés spécialement à la fabrication, elle n'a lieu que *le cas échéant* ; les tribu-

naux sont donc appréciateurs des circonstances. — Goujet et Merger, v° *Contrefaçon*, n° 170.

578. — Les instrumens, *même non spécialement destinés à la fabrication*, doivent être confisqués si leur application à la contrefaçon est possible. — Et. Blanc, p. 365 et 366.

579. — Lorsque les objets contrefaisans sont réunis à d'autres objets non contrefaisans desquels ils ne peuvent être séparés, la confiscation du tout doit être prononcée. — *Cass.*, 2 mai 1822, Chedebois c. Fougerol; 31 déc. même année, Vermont et Delarue; —Goujet et Merger, v° *Confiscation*, n°s 179 et 180.

580. — La confiscation des objets contrefaisans et la remise au propriétaire lésé ont toujours lieu, et alors même qu'ils n'ont pas été saisis. — Renouard, *loc. cit.*

581. — La disposition de l'art. 49, qui ordonne la confiscation, *même en cas d'acquittement*, est fondée sur ce motif, « que ne pas prononcer l'acquittement dans ce cas, c'est autoriser la vente d'objets contrefaits, et, en d'autres termes, autoriser la contrefaçon. » — Mais il paraît évident, ainsi que le disait M. Barthélemy dans son dernier rapport devant la chambre des pairs, « que les tribunaux ne pourront faire l'application de cette dernière disposition que *dans les cas prévus par l'art. 41*, c'est-à-dire lorsqu'il est nécessaire que l'inculpé ait agi *sciemment* pour pouvoir être condamné; car dans le cas énoncé dans l'art. 40, le délit de contrefaçon existant indépendamment de toute circonstance frauduleuse, le fait matériel suffit pour qu'il y ait condamnation, et dès-lors on ne comprend pas la coexistence de la contrefaçon et de l'acquittement. » — Seulement, il faut reconnaître que la rédaction de l'art. 49 est mauvaise en ce qu'elle parle du *contrefacteur* en même temps que du *recéleur*, du *débitant* et de l'*introducteur*.

582. — Avant la loi de 1844, la confiscation des objets contrefaisans avait le caractère de peine. — C. pén., art. 11. — Aussi jugeait-on que la confiscation de machines contrefaites ne pouvait être prononcée que comme peine et non à titre de réparation civile. — *Rouen*, 4 mars 1841, sous *Cass.*, 24 mars 1842 (t. 2 1842, p. 328), Rowcliffe et Urruty c. Pethion.

583. — Il était donc naturel de penser que la confiscation ne pouvait être prononcée par la juridiction civile. — Et la cour de Colmar avait jugé que le tribunal de commerce saisi d'une action en dommages-intérêts à raison d'une contrefaçon n'est pas compétent pour ordonner la destruction des objets contrefaisans et des instrumens de contrefaçon. — *Colmar*, 30 juin 1828, Zuber c. Mœglin.

584. — De même, la cour de Rouen a jugé que « la confiscation des dessins déclarés contrefaits *ne peut*, s'il n'y a pas appel du ministère public, être prononcée par la cour sur la demande de la partie civile seule, encore bien que la cour réformerait le jugement qui acquittait le prévenu. — *Paris*, 17 mars 1843 (t. 1er 1844, p. 208), Barbet c. Deruque. — (C'est par une erreur typographique que dans le sommaire de cet arrêt la particule *ne* a été omise, ce qui semble donner à la question jugée un sens différent de celui qui lui appartient réellement.)

585. — Mais sous la loi nouvelle, la confiscation, comme le fait remarquer M. Renouard, reçoit un caractère civil des deux dispositions qui ordonnent la remise au propriétaire du brevet des objets confisqués, et qui ordonnent la confiscation des objets reconnus contrefaisans, même en cas d'acquittement. D'où il paraît juste de conclure que les tribunaux civils peuvent la prononcer. — C'est en ce sens que se décide M. Et. Blanc (p. 364 et 366). — V. aussi Goujet et Merger, n° 181.

586. — Et il a été jugé que la confiscation n'étant pas une peine, mais un complément d'indemnité, elle peut être prononcée par la cour, bien qu'il n'y ait appel que de la partie civile et non du ministère public. — *Paris*, 24 janv. 1845 (t. 1er 1845, p. 568), Demy-Doineau c. Roussel.

587. — Dans tous les cas, et en supposant que les juges civils ne puissent prononcer la confiscation, ils peuvent du moins ordonner la remise des objets contrefaisans au propriétaire lésé. — Renouard, n° 257; Goujet et Merger, n° 182. — « Mais, ajoute M. Renouard, les résultats ne seront pas identiques. S'il y a confiscation, les objets appréhendés par la justice seront remis en nature au propriétaire; s'il n'y a qu'un ordre à une partie de remettre l'objet à son adversaire, c'est une obligation de livrer qui peut se résoudre en dommages-intérêts. »

588. — La disposition qui ordonne la remise des objets confisqués au propriétaire lésé n'a pas été admise sans difficulté. M. Siméon, devant la chambre des pairs, demandait qu'on substituât la *destruction* à la *remise*. Il disait que « la remise des instrumens qui ont servi à la contrefaçon pouvait être utile au propriétaire, mais qu'il en était autrement des objets contrefaits; le propriétaire ne peut pas vendre de pareils objets, autrement il tromperait lui-même le public; ces objets sont sans doute inférieurs à ceux qu'il fabrique lui-même. » M. Dubouchage appuyait cet amendement en rappelant « qu'on peut contrefaire à l'étranger des objets brevetés en France; si donc l'on introduit en France des objets fabriqués en Belgique, et qu'on les remette au breveté pour les vendre, on contrevient à la loi; on empêche les travailleurs français de vivre en quelque sorte sur une industrie nouvelle; on nuit au travail national. » M. le commissaire du roi a répondu que « la remise des objets contrefaits était l'élément naturel de l'indemnité due au breveté. Leur destruction ne servirait à personne, tandis qu'ils sont conformes à ceux que le breveté fabrique lui-même; car le contrefacteur imite aussi exactement que possible. Il y a donc avantage à remettre ces objets au propriétaire; il les vendra pour son propre compte, en tirera le meilleur parti possible dans l'intérêt de sa propre fabrication, et trouvera l'indemnité qui lui est due en réparation du dommage qu'il aura éprouvé. » — L'amendement de M. Siméon n'a pas été accueilli. — Loiseau et Vergé, sur l'art. 49.

589. — On avait déjà jugé sous l'empire des lois de 1791 que lorsque des objets contrefaits avaient été saisis, le tribunal pouvait en ordonner, à titre d'indemnité la remise en nature à la partie civile. — *Paris*, 26 déc. 1833, Barbet et Girard c. Gros.

590. — Il peut, ainsi qu'il a été dit plus haut, être accordé au breveté des dommages-intérêts indépendamment de la remise des objets contrefaisans. Ce sera aux tribunaux à apprécier dans quelle mesure cette remise indemnise le propriétaire eu égard à la qualité, à la quantité et à la valeur des objets. — Renouard, n° 259.

591. — Et il a été jugé que les dommages-intérêts doivent être calculés non pas sur le produit et le gain obtenus par le contrefacteur, mais plutôt sur le tort et le dommage éprouvés par le propriétaire du brevet. — *Nancy*, 20 mars 1827, sous *Cass.*, 20 juill. 1830, Germain c. Sevene.

592. — Bien que la législation de 1791 fût muette relativement à l'affiche des jugemens, cependant on jugeait, en matière de contrefaçon, que les tribunaux civils pouvaient, en réparation du dommage, ordonner l'impression et l'affiche de leurs jugemens. — *Cass.*, 21 déc. 1822, Vermont c. Delarue. — La loi de 1844 est formelle à cet égard. — V. au surplus AFFICHE.

593. — L'art. 13, L. 7 janv. 1791, disposait que « dans le cas où la dénonciation de contrefaçon d'après laquelle une saisie aurait eu lieu serait dénuée de preuves, l'inventeur *serait* condamné envers sa partie adverse à des dommages-intérêts proportionnés au trouble et au préjudice qu'elle aurait pu en éprouver, et, en outre, à une amende. » Cet article, combiné avec l'art. 12, L. 25 mai suivant, laissait indécis le point de savoir si des dommages-intérêts ne devaient pas *toujours* être prononcés contre le plaignant qui succombait. — La question ne pourrait évidemment se présenter sous la loi nouvelle, qui ne fait nulle mention des dommages-intérêts à accorder au prévenu acquitté; on restera, à cet égard, sous l'empire du droit commun.

594. — La prescription des actions en contrefaçon se règle par le droit commun. — Elle court du jour où s'est accompli le fait spécial qui peut donner lieu à l'action. — Renouard, n° 266. — V. PRESCRIPTION CRIMINELLE. — M. Renouard (n° 266) donne, à cet égard, des indications qu'il importe de recueillir.

595. — Si le délit consiste dans la *fabrication*, « comme, dit-il, tant que la fabrication se continue et se complète, la perpétration du délit ne s'arrête pas, la prescription ne commence donc à courir que de l'époque où le dernier des actes de l'ensemble desquels le fait général et complexe de la fabrication se compose, a été accompli. »

596. — « De même, ajoute M. Renouard (*loc. cit.*), la prescription du délit de vente ne court pas à dater du jour de la première mise en vente; chaque fait de débit constitue un délit particulier, ouvre droit à une action, et ne donne cours à la prescription qu'à partir de sa date. »

597. — « Enfin, dit encore M. Renouard, les délits de contrefaçon, de vente, de recel, d'introduction, étant des délits distincts, il suit de là que la prescription d'un de ces délits, ou celle de faits particuliers constitutifs de chacun d'eux n'opère pas la prescription des autres délits ni des autres faits, alors même qu'ils émaneraient du même délinquant. »

598. — La prescription des condamnations varie suivant qu'il s'agit de peines ou de réparations civiles, et se règle par les principes du droit commun. — V. PRESCRIPTION CIVILE et PRESCRIPTION CRIMINELLE.

V. ACTE SOUS SEING-PRIVÉ, AFFICHE, APPEL CORRECTIONNEL, CIRCONSTANCES ATTÉNUANTES, COMMUNAUTÉ, ENREGISTREMENT, ÉTABLISSEMENS INSALUBRES, JUGEMENT ET ARRÊT, PHARMACIE, PRESCRIPTION CIVILE, PRESCRIPTION CRIMINELLE, PREUVE TESTIMONIALE, PROPRIÉTÉ LITTÉRAIRE, REMÈDES SECRETS.

BRÉVIAIRE.

V. LIVRES D'ÉGLISE.

BRÉVIAIRE D'ALARIC.

1. — Nom donné au Code qu'Alaric II, roi des Visigoths, fit rédiger en 506, un an avant la bataille de Vouglé.

2. — Selon toute apparence, le principal ordonnateur de ce recueil fut Anien, référendaire du roi Alaric. C'est du moins ce que suppose M. Laferrière (*Hist. du droit français*, t. 1er, p. 41), et c'est ce qu'avait déjà insinué avant lui Cujas, *Præf. ad Paulum* (Paris, 1558, in-4°).

3. — Mais M. de Savigny repousse cette conjecture. — « Anianus, dit-il (*Hist. du dr. romain au moyen-âge*, t. 2, p. 28), référendaire du roi, en certifiant de sa main les copies qu'il adressait à chaque comte, leur donna le sceau de l'autorité publique. Les auteurs qui l'ont cru rédacteur du recueil se sont évidemment trompés. » — V. aussi Berriat Saint-Prix, *Hist. du dr. romain*, p. 206 et 207.

4. — Du reste, on ignore les noms des jurisconsultes qui concoururent à cette compilation.

5. — Voici, en résumé, comment M. de Savigny explique l'origine du Bréviaire d'Alaric; il l'emprunte au *commonitorium* qui lui sert de préambule.

6. — Alaric avait nommé une commission de jurisconsultes romains qui, la vingt-deuxième année de son règne, terminèrent leur travail à Aire, en Gascogne. — Ce recueil, soumis à une assemblée d'évêques et de nobles laïques romains, fut confirmé par leur approbation, et adressé à chaque comte, accompagné d'un rescrit qui exposait l'origine du recueil et en prescrivait l'usage exclusif, sous les peines les plus sévères.

7. — On suppose que Godaric, comte du palais, fut celui sous la direction duquel le *breviarium* fut achevé, et qui fut chargé de le publier et de le promulguer.

8. — Le bréviaire d'Alaric ne reçut ce nom que dans le seizième siècle; on le trouve pour la première fois dans Contius (*Prætermissa in codicem*, 1566, liv. 3, tit. 12). — Jusque-là, il avait été désigné tantôt sous le nom de *lex romana*, tantôt sous celui de *lex Theodosii*, parce que la partie la plus importante et le commencement du recueil sont tirés du Code Théodosien.

9. — Deux espèces de sources ont servi à la composition de ce recueil, les constitutions (*leges*), et les écrits des jurisconsultes (*jus*).

10. — C'est parmi les traités de ces derniers que sont rangés les extraits empruntés aux Codes Grégorien et Hermogénien. Comme ils n'émanaient pas de l'autorité souveraine, on ne les a pas considérés comme des constitutions (*leges*).

11. — Voici, au surplus, dans quel ordre sont rangés les extraits qui composent le *Breviarium*: — I. Le Code Théodosien, 16 livres; — II. Les Novelles de Théodose, de Valentinien, de Marcien, de Majorien, de Sévère; — III. Les Institutes de Gaius; — IV. Paul, *Receptæ sententiæ*, liv. 5; — V. Le Code Grégorien, 13 titres; — VI. Le Code Hermogénien, 2 titres; — VII. Papinien, un fragment fort court du livre 1er de ses *réponses*.

12. — G. Hugo (*Hist. du dr. romain*, t. 2) trouve que le choix des édits impériaux a été fait sans beaucoup de discernement. — V. aussi Laferrière, *Hist. de dr. franç.*, t. 1er, p. 41.

13. — Toutes les parties du *Breviarium*, excepté les Institutes de Gaius, sont accompagnées d'un commentaire, qui a pour auteurs les jurisconsultes mêmes chargés de l'exécution.

14. — Malgré ses imperfections, ce recueil a pour nous une valeur inappréciable, à cause des sources importantes dont il est l'unique dépositaire, telles que Paul (*Receptæ sententiæ*), et les cinq premiers livres du Code Théodosien. — Savigny, *Hist. du dr. romain au moyen-âge*, t. 2, p. 36, n° 19.

15. — Quant aux Institutes de Gaius qui figurent dans le *Breviarium*, elles ont été refondues en entier, et le style en a été altéré: on y trouve beaucoup d'interpolations et la majeure partie du texte primitif a été omise. Peut-être le livre de Paul n'a-t-il pas été moins défiguré.

16. Le *Breviarium* est aussi connu sous le nom de *Code Anien* : il fut promulgué vingt-sept ans avant que les compilations de Justinien parussent en Orient.

BRIGAND.

1.—Il a été rendu, à diverses époques, plusieurs décrets destinés à réprimer le brigandage.—V. notamment décrets 2-3 juin 1790 ; 27 flor. an V ; 29 niv. an VI ; 24 messid. an VII ; 3 vent. an X.

2. — L'art. 61 du Code pén. est aujourd'hui le seul qui mentionne expressément le brigandage, et il résulte de ses termes que l'on doit comprendre sous ce mot les violences exercées par des malfaiteurs contre la sûreté de l'état, la paix publique, les personnes et les propriétés.

3.—Mais il n'existe aucune disposition qui fasse du brigandage, pris distinctement et isolément, l'objet d'une répression spéciale; tout, à cet égard, se trouve compris dans les dispositions générales relatives aux *associations de malfaiteurs* et aux *bandes armées*. — V. ces mots.

V. aussi ATTENTAT, ATTROUPEMENT, CRIMES CONTRE LA SÛRETÉ DE L'ÉTAT, VOL.

BRIEF.

Terme employé dans plusieurs coutumes et anciennes ordonnances comme synonyme de *bref* et de *brevet*. — V. ces mots.

BRIOLEURS.

Les brioleurs avec bêtes de somme sont rangés par la loi du 25 avr. 1844, sur les patentes, dans la huitième classe des patentables et imposés à : — 1° un droit fixe basé sur le chiffre de la population de la ville ou commune où est situé l'établissement;—2° un droit proportionnel du quarantième de la valeur locative de tous les locaux occupés par la patentable, mais seulement dans les communes de 20,000 ames et au-dessus.—V. PATENTE.

BRIOU (Fabricans de).

Les fabricans de briou sont rangés par la loi du 25 avr. 1844, sur les patentes, dans la sixième classe des patentables et imposés à : — 1° un droit fixe basé sur le chiffre de la population de la ville ou commune où est situé l'établissement ; — 2° un droit proportionnel du vingtième de la maison d'habitation et des locaux servant à l'exercice de la profession. — V. PATENTE.

BRIQUES, BRIQUETIERS.

1.—Les fabricans de briques sont rangés par la loi du 25 avr. 1844, sur les patentes, parmi les patentables et imposés à : — 1° un droit fixe de 15 fr. pour cinq ouvriers, et de 3 fr. pour chaque ouvrier en sus, jusqu'au maximum de 100 fr.;—2° un droit proportionnel du vingtième de la valeur locative de la maison d'habitation, des magasins de vente complètement séparés de l'établissement, du vingt-cinquième de celle de l'établissement industriel.

2. — Les marchands de briques sont rangés dans la sixième classe des patentables et imposés à : — 1° un droit fixe basé sur le chiffre de la population de la ville ou commune où est situé l'établissement ; — 2° un droit proportionnel du vingtième de la valeur locative de la maison d'habitation et des locaux servant à l'exercice de la profession — V. PATENTE

3.—Les briquetiers à façon sont placés dans la huitième classe et imposés également à : — 1° un droit fixe basé sur le chiffre de la population ; — 2° un droit proportionnel du quarantième de la valeur locative de tous les locaux occupés par le patentable, mais seulement dans les communes de 20,000 ames et au dessus. — V. PATENTE.

BRIQUETERIE.

1. — Il est défendu par l'art. 151 du Code forestier, d'établir aucune briqueterie dans l'intérieur et à moins d'un kilomètre des forêts sans l'autorisation du gouvernement, à peine d'une amende de 100 à 500 fr., et de démolition de l'établissement.

2. — L'art. 457, C. forest., a soumis les briqueteries construites avec autorisation du gouvernement dans l'intérieur ou dans le rayon d'un kilomètre des forêts, à une police particulière. Les agens et gardes forestiers peuvent y faire toutes perquisitions sans l'assistance d'un officier public, pourvu qu'ils se présentent au nombre de deux au moins, ou que l'agent ou garde forestier soit assisté de deux témoins domiciliés dans la commune.

3.—Cette surveillance particulière est inappli-

cable aux établissemens de ce genre qui se trouvant placés hors des distances prescrites, n'ont pas besoin d'autorisation.—Curasson, *Code forestier*, t. 2, p. 24. — V. FORÊTS.

4. — Les briqueteries sont, au surplus, rangées parmi les établissemens insalubres. — V. ÉTABLISSEMENS INSALUBRES (nomenclature.)

BRIQUETS.

1. — Les fabricans de briquets phosphoriques et autres sont rangés par la loi du 25 avr. 1844, sur les patentes, dans la sixième classe des patentables, et imposés à : — 1° un droit fixe basé sur le chiffre de la population de la ville ou commune où est situé l'établissement; — 2° un droit proportionnel du vingtième de la valeur locative de la maison d'habitation et des locaux servant à l'exercice de la profession.

2.—Les marchands sont placés dans la septième classe et imposés également à : — 1° un droit fixe basé sur le chiffre de la population de la ville ou commune où est situé l'établissement ; — 2° à un droit proportionnel du quarantième de la valeur locative de tous les locaux occupés par la patentable, mais seulement dans les commune de 20,000 ames et au-dessus.

3 — De plus, les fabriques de briquets phosphoriques et briquets oxigénés sont rangées dans la classe des établissemens insalubres. — V. ÉTABLISSEMENS INSALUBRES (nomenclature.)

BRIS DE CLÔTURE.

C'est l'action de détruire à dessein ce qui sert à enclore l'héritage d'autrui. Ce fait est prévu et puni par l'art. 456, C. pén., qui le désigne sous la qualification de *destruction de clôtures*. — V. ce mot.

BRIS DE NAVIRE.

1. — C'est l'action d'un navire qui échoue, après un combat ou dans une tempête, se brisant contre les bas fonds, les écueils ou le rivage.

2. — Cet accident, qui ne fait point disparaître le navire ou en disperse les débris, mais qui le fracture, l'entrouve ou le remplit d'eau, est aussi appelé un naufrage *présumé*. — V. ASSURANCE MARITIME, AVARIE, NAUFRAGE.

BRIS DE PRISON.
V. ÉVASION.

BRIS DE SCELLÉS.

Table alphabétique.

BRIS DE SCELLÉS. — 1. — C'est l'action de rompre à dessein les scellés apposés soit par ordre du gouvernement, soit par suite d'une ordonnance de justice.

2. — Le bris de scellés est rangé par la loi parmi les crimes et délits contre la paix publique, et dans la section relative aux actes de résistance, désobéissance et autres manquemens envers l'autorité publique. — En frappant ce fait d'une pénalité, le législateur n'a pas eu d'autre pensée que d'apporter une sanction aux actes des pouvoirs publics, et de garantir l'inviolabilité du sceau de l'autorité. C'est donc uniquement au bris de scellés apposé par ordre du gouvernement ou par autorité de justice que s'appliquent les dispositions qui vont suivre. Quant aux scellés apposés par de simples particuliers, le fait de les avoir brisés pourrait bien, suivant les circonstances, constituer un délit contre les particuliers, mais ne tomberait pas sous l'application des art. 249 et suiv., C. pén. — Chauveau et Hélie, *Théor. C. pén.*, t. 4, p. 476 ; Morin, *Dict. dr. crim.*, p. 714.

3. — Dans l'ancienne législation, le bris de scellés

n'était puni qu'autant qu'il était suivi de faux et de vol. — Autrement il ne donnait lieu qu'à des réparations civiles. — Serpillon, *Code criminel*, p. 940 ; Jousse, t. 4, p. 70 ; Chauveau et Hélie, *Th., du Code pén.*, t. 4, p. 477. — Toutefois, M. Merlin (*Rép.*, v° *Scellés*, § 4) semble supposer le contraire, lorsqu'en rapportant un arrêt du parlement de Rennes du 30 janv. 1784, rendu dans une affaire où il y avait eu bris de scellés, il ajoute : « Pourquoi Jean Dugas ne fut-il pas condamné au moins à une peine correctionnelle ?.... En brisant le scellé par voie de fait, Jean Dugas s'était rendu coupable d'un délit, *et ce délit* devait être puni d'*une peine quelconque*, alors surtout que les peines, non déterminées par la loi, étaient abandonnées à la discrétion des juges. »

4. — Le Code pénal de 1791 ne contenait aucune peine contre ce fait. — Une loi de nivôse an II vint suppléer à son silence. Ses art. 1er, 5 et 6 sont ainsi conçus : — « Art. 1er. Lorsque les scellés apposés par autorité publique se trouveront brisés, les personnes à qui la garde en était confiée et tous ceux qui seront prévenus d'avoir coopéré à leur rupture, seront sur-le-champ mis en état d'arrestation. » — « Art. 5. Tout gardien de scellés et tout individu qui aura volontairement, à dessein, et méchamment, et à dessein, brisé les scellés, sera, ainsi que ses complices, puni de mort, en cas de bris de scellés apposés sur des papiers et effets de personnes prévenues de crimes contre-révolutionnaires ; — de vingt-quatre années de fers, en cas de bris de scellés apposés sur des effets ou papiers appartenant à la république ; de douze années de fers en cas de bris de scellés apposés sur des effets appartenant à des particuliers. » — « Art. 6. Tout gardien de scellés qui ne sera pas convaincu d'être auteur ou complice de leur rupture, mais qui pourra pas qu'elle a eu l'effet d'une force majeure, sera déclaré incapable d'exercer aucune fonction ou agence publique, et condamné par forme de police correctionnelle, à deux années d'emprisonnement. »

5. — Le Code pénal de 1810 s'est montré moins rigoureux pour l'application de la peine ; il a pris en considération l'importance des objets mis sous les scellés, la qualité des personnes qui ont commis le bris, enfin les circonstances matérielles qui atténuent ou aggravent la criminalité de ce fait.

6. — Mais ses dispositions s'appliquent, dans leur généralité, à tous scellés apposés soit par ordre du gouvernement, soit par suite d'une ordonnance de justice *rendue en quelque matière que ce soit.*—C. pén., art. 249.

7. — Il suffit que les scellés aient été apposés, pour que le bris qui en serait commis constitue le fait punissable prévu par la loi, alors même que l'apposition aurait été faite sans droit. « C'est là, dit Merlin, une sorte de juridiction que bris doit être respecté jusqu'à ce qu'il ait été réformé par l'autorité supérieure. » — Merlin, v° *Scellés*, § 4, n° 2.

8. — Mais lorsqu'à la suite d'une apposition de scellés faite sur la réquisition d'un particulier et pour un intérêt particulier, il est intervenu une transaction authentique, à la suite de laquelle le juge appositeur des scellés a fait donner décharge par les intéressés, cette transaction et cette décharge équivalent à une main-levée des scellés et la partie qui les brise ne commet ni crime ni délit. — Cass., 4 brum. an V, Tanton.

9. — Il y a délit de bris de scellés, encore bien que les scellés brisés aient été apposés par le greffier, et non par le juge de paix, mais sous le concours et sous la présidence de ce magistrat, et encore bien que le procès-verbal d'apposition n'ait pas été dressé à l'instant. La loi n'exige pas que le juge de paix appose lui-même les bandes et le cachet ; d'une autre côté, le retard apporté dans la rédaction du procès-verbal ne purge pas l'apposition des scellés. — Cass., 17 mars 1812, Bug; Metz, 6 juin 1824, A....

10.—*Importance des objets.*—Comme nous l'avons dit, la loi, pour l'application de la peine, distingue l'importance relative des objets mis sous le scellé. — Ainsi, elle a des dispositions différentes suivant qu'il s'agit de papiers ou d'effets quelconques, ou des effets ou papiers d'un individu prévenu ou accusé d'un crime emportant la peine de mort, les *travaux forcés à perpétuité* ou de la *déportation*, ou condamné à l'une de ces peines.

11. — MM. Chauveau et Hélie considèrent l'aggravation de peine édictée pour ce dernier cas comme une reproduction de la pensée politique qui dans la loi de l'an II punissait de mort « le bris de scellés apposés sur les papiers et effets de personnes prévenues *de crimes contre-révolutionnaires.* » — C'est, disent-ils, les yeux fixés sur les crimes d'état, sur l'importance politique que les papiers des accusés de ces crimes peuvent avoir, sur l'intérêt que des complices auraient à les soustraire, que le législateur a cru devoir déployer dans ce cas

une sévérité plus grande. Mais il y a lieu de croire que cette prévoyance aura peu de fruit, et que cette disposition restera sans application. » — Chauveau et Hélie, t. 4, p. 483.

12. — Il est évident, au surplus, que l'aggravation est limitée au cas où il s'agit d'effets appartenant à des *prévenus* ou *condamnés* à raison de crimes emportant *peine perpétuelle ou la mort*, mais qu'elle ne pourrait être étendue à d'autres cas.

13. — S'il s'agissait d'effets appartenant à un simple *inculpé*, le bris des scellés ne prendrait pas, suivant Carnot, un caractère particulier de gravité, car, dit-il, un *inculpé* n'est encore ni un prévenu, ni un accusé, ni un condamné, et les lois pénales ne peuvent être étendues par analogie d'un cas à un autre. — Carnot, *Code pénal*, art. 250, nº 3.

14. — Carnot est également d'avis que l'aggravation pourrait ne pas recevoir son application si l'accusé était acquitté, parce qu'il n'y aurait pas eu de dommage causé. — Carnot, *ib.*, nº 2.

15. — *Qualité des personnes.* — La loi dispose d'une manière plus ou moins rigoureuse, suivant que le fait de bris de scellé est imputable à toute personne étrangère à la garde des scellés, ou au gardien lui-même.

16. — Toute personne qui se rend, à dessein, coupable de bris de scellé, ou qui participe au bris de scellé, est punie d'un emprisonnement de six mois à deux ans. — C. pén., art. 252.

17. — Peu importe d'ailleurs qu'il n'en résulte aucun préjudice pour les intéressés; ce que la loi en effet veut punir, ce n'est pas le délit contre la propriété, mais le manquement envers l'autorité publique. — *Cass.*, 22 juill. 1813, N...; — Chauveau et Hélie t. 4, p. 481.

18. — S'il s'agit des papiers ou effets d'un individu prévenu ou accusé d'un crime emportant la peine de mort, des travaux forcés à perpétuité ou de la déportation, la peine est celle de la réclusion. — C. pén., art. 251.

19. — *Gardien.* — Le gardien préposé à la garde des scellés a un devoir sérieux à remplir : si, par négligence ou autrement, il trahit la mission qui lui est confiée, s'il laisse commettre le délit de bris de scellés ou s'il se sert de ses fonctions pour le commettre lui-même, la loi veut qu'il soit puni d'une manière particulière.

20. — La *simple négligence* du gardien, lorsqu'elle a eu pour résultat le bris de scellé, est déjà un fait punissable. — L'art. 249 prononce en ce cas contre lui une peine d'emprisonnement de six jours à six mois.

21. — La peine applicable au gardien pour *simple négligence* est même de six mois à deux ans d'emprisonnement lorsque le bris de scellés concerne les papiers et effets d'un individu prévenu ou accusé d'un crime emportant la peine de mort, les travaux forcés à perpétuité ou de la déportation, ou qui soit condamné à l'une de ces peines. — C. pén., art. 250.

22. — Comme on le voit, les art. 249 et 250 ne s'occupent que de la simple négligence du gardien, abstraction faite de tout acte de participation au bris de scellés. La loi de nivôse précitée faisait au gardien une nécessité de prouver que le bris de scellés avait été le résultat d'*une force majeure*; mais le Code pénal, en ne maintenant pas la disposition de cette loi, l'a replacé dans le droit commun. Il faut, pour qu'il soit réputé coupable, que la négligence, cause du bris de scellé, soit établie à sa charge. — Carnot, *C. pén.*, art. 249, nº 4; Chauveau et Hélie, t. 4, p. 480; Morin, *Dict. du dr. crim.*, p. 714.

23. — Si le fait imputé au gardien n'est pas une *simple négligence*, mais une participation au bris de scellés, l'art. 252 le punit d'un emprisonnement de deux ans à cinq ans.

24. — Et s'il s'agit des papiers et effets d'un individu prévenu ou accusé d'un crime emportant la peine de mort, des travaux forcés à perpétuité ou de la déportation, la peine applicable au gardien est celle des *travaux forcés à temps.* — C. pén., art. 251.

25. — Ces dispositions sont personnelles au gardien, et prennent leur principe dans la nature même des fonctions qui lui sont confiées. — Aussi, Carnot dit-il que, bien qu'en cas de participation active, le gardien doive être condamné aux travaux forcés à temps, ses complices ne seront frappés que de la réclusion, ce qui est une dérogation aux dispositions de l'art. 59, C. pén. — Carnot, *C. pén.*, art. 249, nº 2. — V. COMPLICITÉ.

26. — Dans le cas où le gardien a cédé à la corruption, ou s'est rendu coupable de vol à l'aide du bris de scellés, la spécialité de l'acte ne l'absout pas d'ailleurs des peines attachées à ces délits. — Chauveau et Hélie, t. 4, p. 481.

27. — Si le bris de scellés est commis, non par le gardien, mais par le fonctionnaire public qui en a ordonné ou opéré l'apposition, de quelle peine ce fonctionnaire est-il passible? Doit-il être assimilé *au gardien*, ou bien à toutes autres personnes étrangères à la garde des scellés? — Dans le premier sens, on invoque par analogie l'art. 173, C. pén., et et on soutient qu'il y aurait anomalie à punir le fonctionnaire public moins sévèrement que le gardien. — Dans le second sens, on fait remarquer que les termes de l'art. 252, qui sont de droit étroit, sont restreints au gardien, et que, dès-lors, on ne saurait raisonner par voie d'analogie. — Cette dernière opinion nous paraît plus conforme aux principes qui doivent diriger l'application des lois pénales.

28. — *Circonstances aggravantes.* — Le bris de scellés s'aggrave lorsqu'il a été commis *avec violences* envers les personnes. Dans ce cas la peine est celle des travaux forcés à temps, sans préjudice de peines plus fortes, s'il y a lieu, d'après la nature des violences et des autres crimes qui y seraient joints. — C. pén., art. 256.

29. — L'art. 256 dispose en termes exprès et généraux contre *toute personne* qui aurait commis le bris de scellés avec violence. — D'où il résulte que, pour ce cas spécial, la peine reste la même, *quelle que soit la qualité des coupables*, et qu'il n'y a pas d'aggravation de la pénalité pour le gardien des scellés. — Carnot, *C. pén.*, art. 256, nº 2; Chauveau et Hélie, t. 4, p. 491.

30. — De même, dans ce cas, la loi ne distingue pas, comme pour les cas ordinaires, entre les papiers ou effets auxquels s'appliquerait le bris de scellés. — Chauveau et Hélie, *loc. cit.*

31. — Le bris de scellé, lorsqu'il est accompagné d'un vol, devient une circonstance aggravante de ce fait criminel. — L'art. 253 dispose que « tout vol commis à l'aide d'un bris de scellés sera puni comme vol commis à l'aide d'effraction ».

32. — L'art. 253 suppose, pour son application, *la soustraction de la chose d'autrui* placée sous les scellés. Il ne parle, en effet, que du cas de vol, et l'art. 379 ne considère comme vol que la soustraction de la chose qui n'est pas la propriété de celui qui s'en empare. — Carnot, *C. pén.*, art. 253, nº 1.

33. — L'effraction sera considérée tantôt comme intérieure, tantôt comme extérieure : intérieure, si les scellés avaient été mis sur des meubles qui garnissaient l'appartement; extérieure, s'ils avaient été apposés sur la porte d'entrée de l'appartement ou de la maison dans laquelle la soustraction aura été consommée. — Carnot, *ib.*

34. — L'art. 594, C. comm., aux termes duquel le conjoint, les descendans ou ascendans du failli, ou ses alliés au même degré, qui auraient détourné, diverti ou recelé des effets appartenant à la faillite sans avoir agi de complicité avec le failli, sont punis des peines du vol, n'a pas eu pour objet de déroger aux dispositions du Code pén. relatives aux circonstances aggravantes du vol. En conséquence, si le détournement a été commis avec bris de scellés et effraction d'un meuble, il constitue un crime justiciable de la cour d'assises. — *Cass.*, 13 mai 1841 (t. 1er 1842, p. 442), Saulnier.

BROCANTEUR.

1. — C'est celui qui, par état, achète pour les revendre ou échanger des objets d'occasion de toute espèce.

2. — Les brocanteurs d'objets d'habillemens prennent plus spécialement le nom de *fripiers.* — Mais les règles sont les mêmes pour les uns et pour les autres.

3. — Le commerce des brocanteurs n'ayant point été réglé par la législation nouvelle, reste soumis aux réglemens anciens, en vertu de l'art. 484, C. pén.

4. — Outre la déclaration du 29 mars 1778, qui réglemente d'une manière générale la profession de brocanteur, des mesures spéciales sont prises dans chaque localité par l'autorité municipale dans le but d'en rendre la surveillance plus facile. A Paris, c'est l'ordonnance du préfet de police du 15 juin 1831, laquelle d'ailleurs ne fait guère que reproduire et compléter les dispositions de la déclaration de 1778, qui règle la matière.

5. — D'après cette ordonnance (art. 1er), il est nécessaire, pour pouvoir exercer le métier de brocanteur, de se faire inscrire sur un registre spécial de la préfecture de police, où il est délivré à chaque requérant un bulletin d'inscription et une médaille en cuivre portant son nom, les initiales de ses prénoms et le numéro de son bulletin d'inscription. — Il doit porter cette médaille d'une manière apparente.

6. — Pour obtenir l'inscription, on est tenu de présenter une patente ou une lettre portant décharge de ce droit, et un certificat de domicile et d'individualité délivré par le commissaire de police ou par le maire. — Ordonn. 15 juin 1831.

7. — Dans les trois jours de la délivrance du bulletin d'inscription, il doit être présenté au visa du commissaire de police ou du maire, et en outre, tous les ans, à Paris, à celui du préfet de police. Le registre timbré est coté et paraphé par le commissaire de police ou le maire, qui l'examine et le vise tous les mois. — Même ord., art. 2 et suiv.

8. — Tout changement de demeure doit être déclaré au commissariat ou à la mairie. Il en est donné acte. — Art. 8.

9. — Si le brocanteur décède ou cesse son commerce, son bulletin et sa médaille sont déposés à la mairie ou chez le commissaire de police. — Art. 6.

10. — Les brocanteurs doivent avoir un registre timbré pour inscrire exactement, jour par jour, sans aucun blanc, rature, surcharge ni interlignes, les hardes, linges et autres objets qu'ils achètent, ainsi que les noms et demeures des vendeurs. — Ce registre doit être coté et paraphé par le commissaire de police ou par le maire du lieu de la résidence du fripier; il est en outre soumis au visa mensuel de ce fonctionnaire. — Ord. 8 nov. 1780, art. 3; déclar. 29 mars 1778, art. 7.

11. — Ils doivent être constamment porteurs, outre leur médaille, de leur bulletin d'inscription, patente et livre timbré; il leur est enjoint de les représenter à toute réquisition de l'autorité, ainsi que les effets, hardes et autres objets qu'ils ont achetés ou échangés. — Ord. 8 nov. 1780, art. 4; 15 juin 1831, art. 3, 5, 7 et 9.

12. — Il est défendu aux brocanteurs d'acheter aux enfans des objets *quelconques*, sans le consentement *écrit* des pères, mères ou tuteurs; aux soldats, leurs armes et effets d'habillement et d'équipement; à toute personne, des armes prohibées et des armes de guerre. — Ord. 15 juin 1831, art. 10 et 11.

13. — Ils ne peuvent pas rassembler et étaler leurs marchandises ailleurs que dans le lieu qui leur a été spécialement affecté par l'autorité. — Art. 12. — Ceux de Paris peuvent se réunir sur la seule place de la Rotonde, au devant des abris des marchés du Temple, depuis onze heures du matin jusqu'à deux heures de relevée, sans pouvoir néanmoins y former aucun étalage.

14. — En cas d'infraction aux réglemens, l'autorité administrative peut prendre contre eux telle mesure qu'il appartient, sans préjudice des peines portées par le Code pénal. — Art. 15.

15. — Les ferrailleurs, revendeurs, crieurs de vieux fers, ne peuvent limer ni repasser aucunes clés dans leurs boutiques, sous peine d'amende, et, en cas de récidive, de prison. — Ord. 8 nov. 1780, art. 8.

16. — Les brocanteurs en boutique ou magasin sont rangés par la loi du 25 avr. 1844, sur les patentes, dans la cinquième classe des patentables, et imposés à : — 1º un droit fixe basé sur le chiffre de la population de la ville ou commune où est situé l'établissement; — 2º un droit proportionnel du vingtième de la valeur locative de la maison d'habitation et des locaux servant à l'exercice de la profession. — V. PATENTE.

17. — Les brocanteurs d'habits ou fripiers en boutique sont placés dans la sixième classe des patentables et imposés, sauf la différence de classe, aux mêmes droits fixe et proportionnel que les précédens.

18. — Enfin, les brocanteurs d'habits ou fripiers sans boutiques, sont rangés dans la huitième classe et assujétis également à : — 1º un droit fixe basé sur chiffre de la population; — 2º un droit proportionnel du quarantième de la valeur locative de tous les locaux occupés par le patentable, mais seulement dans les communes de 20,000 ames et au-dessus.

BROCARD DE DROIT.

1. — Règles de droit accompagnées de preuves empruntées aux sources.

2. — Quelquefois ces règles étaient suivies de règles contraires avec leurs preuves à l'appui. — Savigny, *Hist. du dr. rom. au moyen âge*, t. 4, ch. 37.

3. — Les glossateurs affectionnaient ce genre d'ouvrages. Azo, dans ses *Brocardica*, s'est attaché à commenter les diverses règles qu'il avait rassemblées et à concilier les textes contradictoires. Ce livre, l'un des plus populaires pendant plusieurs siècles, est aujourd'hui tombé en oubli. — V. ADAGE.

BROCHES A FILATURE.

1. — Les fabricans de broches et cannelets pour la filature, pour leur compte, sont rangés par la loi du 25 avr. 1844, sur les patentes, dans la cinquième

classe des patentables, et imposés à : 1° un droit fixe basé sur le chiffre de la population de la ville ou commune où est situé l'établissement ; — 2° un droit fixe du vingtième de la valeur locative de la maison d'habitation, et des locaux servant à l'exercice de la profession.

2. — Les fabricans à façon sont rangés dans la huitième classe, et les rechargeurs de broches dans la septième ; les uns et les autres sont imposés, sauf la différence de classe, au droit fixe basé sur le chiffre de la population de la ville ou commune où est situé l'établissement, et à un droit proportionnel du quarantième de la valeur locative de tous les locaux occupés par le patentable, mais seulement dans les communes de 20,000 ames et au-dessus. — V. PATENTE.

BRODERIE.

1. — Les fabricans et marchands de broderies en gros sont rangés par la loi du 25 avr. 1844, sur les patentes, dans la troisième classe des patentables, et imposés à : 1° un droit fixe basé sur le chiffre de la population de la ville ou commune où est situé l'établissement ; — 2° un droit proportionnel du vingtième de la valeur locative de la maison d'habitation et des locaux servant à l'exercice de la profession.

2. — Les fabricans et marchands en détail sont rangés dans la cinquième classe des patentables, et imposés, sauf la différence de classe, aux mêmes droits fixe et proportionnel que les fabricans et marchands en gros.

3. — Les fabricans de broderie à façon, les blanchisseurs et apprêteurs, enfin les dessinateurs et imprimeurs de broderies sont placés dans la septième classe, et assujétis au droit fixe basé sur le chiffre de la population de la ville ou commune où est situé l'établissement, et à un droit proportionnel du quarantième de la valeur locative de tous les locaux occupés par le patentable, mais seulement dans les communes de 20,000 ames et au-dessus.

4. — Enfin les brodeurs sur étoffes, en or et en argent sont rangés dans la quatrième classe, et soumis également au droit fixe basé sur le chiffre de la population, et à un droit proportionnel du vingtième de la valeur locative de la maison d'habitation et des locaux servant à l'exercice de la profession. — V. PATENTE.

BRONZE, DORURE, ETC.

1. — Les marchands de bronzes, dorures et argentures sur métaux, en gros, sont rangés par la loi du 25 avr. 1844, sur les patentes, dans la première classe des patentables, et imposés à : — 1° un droit fixe basé sur le chiffre de la population de la ville ou commune où est situé l'établissement ; — 2° un droit proportionnel du quinzième de la valeur locative de la maison d'habitation et des locaux servant à l'exercice de la profession.

2. — Les marchands en détail sont placés dans la quatrième classe, et soumis à : — 1° un droit fixe basé sur le chiffre de la population de la ville ou commune où est situé l'établissement ; — 2° un droit proportionnel du vingtième de la valeur locative de la maison d'habitation et des locaux servant à l'exercice de la profession. — V. PATENTE.

BROSSIER.

1. — Les marchands brossiers et les fabricans pour leur compte sont rangés par la loi du 25 avr. 1844, sur les patentes, dans la sixième classe des patentables, et imposés à : — 1° un droit fixe basé sur le chiffre de la population de la ville ou commune où est situé l'établissement ; — 2° un droit proportionnel du vingtième de la valeur locative de la maison d'habitation et des locaux servant à l'exercice de la profession.

2. — Les fabricans brossiers à façon et les fabricans de bois pour brosses sont placés dans la huitième classe, et imposés également à : — 1° un droit fixe basé sur le chiffre de la population de la ville ou commune où est situé l'établissement ; — 2° un droit proportionnel du quarantième de la valeur locative de tous les locaux occupés par le patentable, mais seulement dans les communes de 20,000 ames et au-dessus.

BROUILLAGE.

Ce mot exprimait, dans l'ancienne province de Bresse, le droit de faire de l'herbe et de faire pâturer ses bestiaux dans un étang en eau : on appelait *champéage* le même droit à exercer quand l'étang était en état d'*assec*. — Prost de Royer, *Dict. de jurispr.*, v° *Assec*. — V. ASSEC, ÉTANG.

BROUILLON.

1. — Ce qu'on a écrit d'abord pour le mettre ensuite au net.

2. — Un notaire ne peut être tenu de représenter les mémoires ou brouillons sur lesquels un acte a été rédigé. — *Parlem. Paris*, 21 fév. 1558 ; — Bouchel, v° *Notaire* ; Rolland de Villargues, *Rép. du notar.*, v° *Brouillon*. — V. MINUTE, PROJET D'ACTE.

BRU.

Degré d'alliance entre l'épouse et les père et mère de son époux. — V. ALIMENS, ALLIANCE, MARIAGE.

BRUITS ET TAPAGES INJURIEUX OU NOCTURNES.

Table alphabétique

Action publique, 13, 43.
Auteur, 45, 50.
Boulanger, 31.
Bruits injurieux, 36 s., 42.
— nocturnes, 17 s.
Chants, 20.
Charivari, 38 s., 44.
Circonstances atténuantes, 54, 59.
Compétence, 67 s.
Complicité, 46 s.
Coups frappés sur des portes, croisées, etc., 2.
Cour commune, 23, 24.
Cour spéciale, 44.
Cris, 2, 20.
Culpabilité, 45.
Excuse, 61 s.
Fabrication de chocolat, 29.
Huées, 2.
Hurlemens, 2.
Individualité de l'amende, 56 s.
Instrumens bruyans, 32. — sonores et discordans, 2.
Intention, 16.
Menuisier, 28.
Nombre de personnes, 21.
Nuit, 36.
Pénalité, 34 s., 51 s.
Pouvoir municipal, 4, 26, 30 s.
Preuve, 9 14.
Profession bruyante, 27 s., 33.
Rassemblement, 21, 44.
Récidive, 55.
Salles de spectacle, 25.
Scènes de débauche, 5.
Sifflement, 2.
Tribunal de police, 33.
Trompettes et trombonnes, 32.
Trouble, 8 s., 14 s.
Violences, 23.
Voie publique, 20, 24.

BRUITS ET TAPAGES INJURIEUX OU NOCTURNES. — 1. — La loi comprend dans ces termes tous les bruits ou tapages en général, de quelque nature qu'ils soient et de quelque manière qu'ils soient produits.

2. — Ainsi les bruits ou tapages qui sont causés par des instrumens sonores et discordans, par des coups frappés sur des portes, des croisées, des meubles, par des huées, des cris, des sifflemens, des hurlemens sortant de voix humaines, rentrent également dans les termes de la loi. — Chauveau et Hélie, t. 8, p. 406.

3. — L'art. 479, C. pén., porte : « Seront punis d'une amende de 11 à 15 fr. inclusivement : 1°...... 8° les auteurs ou complices de bruits ou tapages injurieux ou nocturnes, troublant la tranquillité des habitans. »

4. — La loi du 24 août 1790 (tit. 11, art. 3) avait d'abord placé toute cette matière dans les attributions des corps municipaux ; mais depuis le Code pénal, le pouvoir réglementaire des maires, en ce qui le concerne, n'a plus pour objet, comme il sera indiqué plus bas, que l'exercice de certaines professions ou l'usage de certains instrumens pendant la nuit.

5. — La cour de Cassation a jugé, il est vrai, que le réglement de l'ancien Parlement de Bretagne, du 29 juill. 1786, qui défend les *scènes de débauche* et de tapages habituels *dans l'intérieur des maisons particulières* a été maintenu par l'art. 484, C. pén. — *Cass.*, 3 oct. 1823, Hudin.

6. — Mais nous ne saurions admettre la doctrine de cet arrêt. — L'art. 484, C. pén., n'a maintenu les réglemens anciens que pour les matières qui n'ont pas été réglées par ce Code ; et l'on doit considérer comme réglées toutes celles sur lesquelles le Code présente un système de législation complet, quand même on trouverait dans les réglemens anciens quelques cas sur lesquels il serait resté muet. — *Cons. d'état*, 8 fév. 1812. — Tout ce qui concerne la débauche a été réglé par la sect. 4ᵉ, chap. 1ᵉʳ, tit. 2, liv. 3, C. pén., et les bruits ou tapages ne sont punissables, en vertu de l'art. 479, n° 8, qu'autant qu'ils sont nocturnes ou injurieux. — Ceux qui ont lieu dans les maisons de débauche ne peuvent donc donner lieu à l'application d'aucune peine, s'ils ne retentissent pas au dehors de manière à troubler les habitans.

7. — La loi ne punit que les bruits ou tapages injurieux ou nocturnes ; d'où il faut conclure que ceux qui n'auraient aucun de ces deux caractères ne tomberaient pas sous son application.

8. — Mais il suffit qu'ils soient *ou nocturnes ou injurieux* ; il n'est pas nécessaire qu'ils aient en même temps ce double caractère ; seulement une condition essentielle, tant pour les bruits et tapages nocturnes que pour les bruits et tapages injurieux, c'est qu'ils aient troublé la tranquillité des habitans.

9. — Est-il nécessaire que ce trouble soit constaté ? La cour de Cassation avait d'abord jugé qu'il ne suffisait pas qu'un procès-verbal constatât le fait d'un tapage nocturne, si d'ailleurs cet acte, en l'absence d'aucune plainte des habitans n'établissait pas que leur tranquillité eût été troublée. — *Cass.*, 2 août 1828, Berry.

10. — Mais elle a depuis constamment décidé que les bruits ou tapages injurieux ou nocturnes ne pouvaient pas exister sans que la tranquillité des habitans en fût troublée ; et que par conséquent un tribunal violait la loi en acquittant les auteurs de ces bruits sous le prétexte que la tranquillité des habitans n'en avait pas été troublée. — *Cass.*, 2 avr. 1830, Briard ; 8 déc. 1832, Sallaberry et Haennel ; 25 avr. 1834, Lemerie ; 5 sept. 1835, Amen et Bonnafous ; 29 janv. 1842, (t. 1ᵉʳ 1842, p. 671), Palluenu.

11. — Elle a encore jugé qu'un tapage injurieux *troublait* la tranquillité des habitans, par cela seul qu'un grand bruit ayant été fait par un rassemblement tumultueux muni d'instrumens discordans, il se trouvait dans le quartier des malades pour qui ce bruit *pouvait* être dangereux. — *Cass.*, 13 oct. 1836 (t. 1ᵉʳ, 1837, p. 562), Goguet.

12. — Cette dernière interprétation de l'art. 479, moins littérale en apparence que celle de l'arrêt du 2 août 1828, nous paraît cependant préférable. Ce que la loi a voulu défendre, c'est le fait matériel des bruits et tapages injurieux ou nocturnes ; ce qu'elle a voulu protéger contre tout trouble, c'est la tranquillité des habitans. La tranquillité de la cité est troublée quand des bruits injurieux ou nocturnes y éclatent ; et s'il fallait donner au mot *troublant*, de l'art. 479, le sens judaïquement littéral que quelques tribunaux de police lui ont donné, il faudrait en faire autant du reste de la phrase, et on se demanderait de combien d'habitans le repos devrait avoir été troublé pour que l'article fût applicable.

13. — Ce serait d'ailleurs soumettre indirectement l'action du ministère public à la plainte des habitans, et les auteurs s'accordent avec la jurisprudence pour reconnaître qu'en matière de bruits et tapages injurieux ou nocturnes, le ministère public peut poursuivre d'office, bien que personne n'ait porté plainte. — *Cass.*, 2 avr. 1830, Briard ; 26 déc. 1834, Fezlend ; 5 sept. 1835, Amen et Bonnafous ; 13 oct. 1836 (t. 1ᵉʳ 1837, p. 562), Goguet ; 29 janv. 1842 (t. 1ᵉʳ 1842, p. 671), Palluenu. — Mangin, *Traité de l'action publique*, n° 16. — V. en sens contraire *Encyclop. du dr.*, v° *Bruits ou tapages*, n° 8.

14. — Toutefois, et quelle que soit la présomption établie par la jurisprudence relativement au trouble porté à la tranquillité des habitans, MM. Chauveau et Hélie (*Th. C. pén.*, t. 8, p. 408) pensent que cette présomption doit s'effacer devant la preuve contraire ; et que s'il était établi que, soit par l'isolement du lieu, soit par la faiblesse du bruit, la tranquillité n'a été nullement troublée, on ne saurait punir un fait qui n'est répréhensible, aux termes de la loi, qu'à raison du trouble qu'il apporte aux habitans.

15. — Et c'est en ce sens que la cour de Cassation a jugé qu'il n'y a pas lieu à l'application de l'art. 479, lorsqu'il résulte des faits déclarés constans par le jugement, que ni l'ordre public ni la tranquillité des habitans n'ont été troublés par les discussions accompagnées d'injures qui se sont élevées entre les prévenus. — *Cass.*, 1ᵉʳ sept. 1826, Conard.

16. — Dans tous les cas, pour que les bruits dont s'occupe l'art. 479 soient punissables, il faut qu'ils soient *volontaires* et personnels au contrevenant. S'ils étaient le résultat d'un fait purement accidentel, s'ils étaient produits par le dégagement du gaz hydrogène d'une fosse d'aisance, ils ne pourraient donner lieu à l'application d'aucune peine. — *Cass.*, 28 juin 1839 (t. 2 1839, p. 465), Gralaloup.

17. — *Bruits nocturnes.* — Les bruits et tapages doivent être considérés comme nocturnes dès qu'ils ont lieu après le coucher du soleil.

18. — ...A plus forte raison à huit heures du soir, dans le mois de février. — *Cass.*, 1ᵉʳ août 1829, Roux.

19. — ...Et à neuf heures et un quart du soir, le 28 septembre. — *Cass.*, 12 nov. 1829, Toussaint.

20. — Des chants ou des cris poussés à tue-tête, la nuit, sur la voie publique constituent la contravention prévue par l'art. 479, n° 8, C. pén. — Même en l'absence d'un réglement local qui le défende. — *Cass.*, 29 janv. 1842 (t. 1ᵉʳ 142, p. 671), Palluenu.

21. — ...Quand même ces chants ou ces cris seraient poussés par une seule personne. — *Cass.*, 2 août 1828, Berry; 12 nov. 1829, Toussaint. — Il n'est plus nécessaire, en effet, comme sous l'art. 605 de l'ancien code pénal, que les bruits soient commis par des attroupemens. — Chauveau et Hélie, t. 8, p. 406; Carnot, t. 2, p. 544.

22. — Le fait qu'un rassemblement considérable s'est formé pendant trois jours autour de la maison d'un habitant dès l'entrée de la nuit jusqu'à neuf heures et demie du soir; que les individus dont ce rassemblement était composé faisaient entendre des cris et des instrumens bruyans, tels que porte-voix, cornes, cloches; que ce rassemblement a même résisté aux ordres de l'autorité en ne se dissipant pas, offre les caractères de bruits ou tapages injurieux ou nocturnes prévus par l'art. 479, nº 8, C. pén. — *Cass.*, 26 mai 1826, Lavielle.

23. — Des violences accompagnées de cris, bruit et tapage, commises par un mari envers sa femme et son fils pendant la nuit, dans la cour commune sur laquelle donne son habitation, constituent la même contravention. — *Cass.*, 26 juill. 1827, Cabaretier. — V. le numéro qui suit.

24. — Le même arrêt a décidé qu'on devait considérer comme faisant partie de la voie publique une cour commune formée par plusieurs habitations et entourée de maisons occupées par plusieurs propriétaires ou locataires. — Cette question, toujours ainsi jugée (V. BALAYAGE, DIVAGATION), était indifférente dans l'espèce. Peu importait que la cour fût publique ou privée; l'art. 479, nº 8, C. pén., n'exige pas que la contravention ait été commise sur la voie publique pour la déclarer punissable; il suffit que les bruits ou tapages soient injurieux ou nocturnes, et qu'ils puissent troubler la tranquillité des habitans. — V. Bost et Daussy, *Législ. et jurisp. des trib. de simpl. pol.*, p. 214.

25. — La cour de Cassation a jugé que la participation à des désordres commis dans une salle de spectacle ne constituait pas *en droit* un tapage injurieux ou nocturne troublant la tranquillité des habitans, et qu'il ne devait donner lieu qu'à l'application de l'art. 471, C. pén., nº 15, sans doute en vertu d'un réglement municipal qui existait dans l'espèce. — *Cass.*, 21 sept. 1833, Pascal.

26. — La décision *en droit* de la cour de Cassation ne laissait, en effet, de place qu'à l'application d'un réglement municipal; car l'existence de celui-ci, dans le cas contraire, n'aurait pu empêcher de recourir à l'art. 479, nº 8, C. pén. — Les réglemens municipaux ne peuvent pas déroger à la loi. — V. POUVOIR MUNICIPAL.

27. — Cependant tous les bruits nocturnes, même volontaires, ne sont pas prohibés s'ils ont lieu dans l'exercice d'un droit légitime, comme celui d'une profession ou d'une industrie. — V. Carnot, *C. pén.*, art. 479, nº 38; Chauveau et Hélie, *loc. cit.*; *Encyclop. du droit*, vº *Bruits ou tapages*, etc., nº 10.

28. — ...Par exemple, le travail d'un menuisier occupé, à quatre heures du matin, le 22 août, à détacher une enseigne et à en clouer une autre. — *Cass.*, 12 sept. 1822, Legallais.

29. — ..... Ou la préparation du cacao pour la fabrication du chocolat. — *Cass.*, 16 avr. 1825, Escaramello.

30. — Mais comme le devoir de l'autorité municipale est de concilier les droits des citoyens avec les intérêts qu'elle est chargée de protéger, elle peut déterminer par des réglemens l'heure avant et après laquelle l'exercice des professions bruyantes sera interdit. — Mêmes arrêts de 1822 et 1825. — C'est ainsi qu'une ordonnance de police du 31 oct. 1829, porte, art. 1er : « Les serruriers, forgerons, taillandiers, charrons, ferblantiers, chaudronniers, maréchaux-ferrans, layetiers, et généralement tous entrepreneurs, ouvriers et autres, exerçant, dans Paris, des professions qui exigent l'emploi des marteaux, machines et appareils susceptibles d'occasionner des percussions et un bruit assez considérable pour retentir hors des ateliers et troubler ainsi la tranquillité des habitans, doivent interrompre chaque jour leurs travaux, savoir : de neuf heures du soir à quatre heures du matin, depuis le 1er avr. jusqu'au 30 sept., et de neuf heures du soir à cinq heures du matin depuis le 1er oct. jusqu'au 31 mars. »

31. — L'autorité municipale peut encore prohiber absolument pendant la nuit les bruits que ne comporte pas nécessairement l'exercice de certaines professions, tels que les cris poussés par les boulangers en pétrissant leur pain. — *Cass.*, 21 nov. 1828, Colombier.

32. — Enfin, elle peut défendre l'usage pendant certaines heures de la nuit, des instrumens bruyans tels que cor, trompette, trombonne et autres de même nature, capables de troubler le repos des habitans. — Une ordonnance de police du 31 oct. 1829, contient (art. 2) cette défense pour le ressort de la préfecture de police de Paris.

33. — Ce pouvoir n'appartient qu'à l'autorité municipale, et un tribunal de police excéderait les limites de sa compétence en ordonnant, par exemple, que des chaudronniers cesseraient leurs manipulations de cuivre dans les boutiques de leurs maisons, sises dans une certaine rue, sauf à eux à travailler partout ailleurs où ils ne pourraient préjudicier à leurs voisins. — *Cass.*, 23 flor. an IX (intérêt de la loi), Imbert et Royer.

34. — Lorsque des réglemens de cette nature ont été pris par l'autorité municipale, les infractions qui y sont commises donnent lieu à l'application des peines portées par l'art. 479, nº 8, C. pén., et non pas de celles portées par l'art. 471, nº 15. — En effet, les bruits nocturnes troublant la tranquillité des habitans ont été formellement prévus et définis par le Code; et l'arrêté municipal qui prohibe les bruits produits par certaines professions pendant la nuit, ne fait qu'ordonner à leur égard l'exécution d'une loi préexistante. — *Cass.*, 21 nov. 1828, Colombier. — V. cependant *Cass.*, 16 avr. 1825, Escaramello; — *Encyclop. du dr.*, vº *Bruits ou tapages*, etc., nº 10.

35. — On peut opposer encore, il est vrai, à cet arrêt celui du 21 sept. 1833 (Pascal), par lequel la même cour a décidé que les bruits commis dans une salle de spectacle ne constituant pas *en droit* la contravention prévue par l'art. 479, nº 8, C. pén., ne pouvaient donner lieu qu'à l'application des peines de l'art. 471, nº 15. — Mais il faut remarquer que par cet arrêt la cour écartait absolument *en droit* la contravention de bruits ou tapages injurieux ou nocturnes, et qu'il ne restait plus ainsi qu'une simple contravention à un arrêté municipal sur la police des lieux publics.

36. — *Bruits injurieux.* — Ainsi que nous l'avons exposé plus haut les bruits et tapages *injurieux* sont punissables en vertu de l'art. 479, nº 8, C. pén., quand bien même ils n'auraient pas eu lieu la nuit. — *Cass.*, 5 sept. 1835, Amen et Bonnafous.

37. — Les bruits ou tapages, disent MM. Chauveau et Hélie (t. 8, p. 406), sont nécessairement injurieux pour celui qui en est l'objet; car quel serait leur but, sinon d'imprimer l'outrage ou l'injure.

38. — La législation moderne a désigné principalement sous cette dénomination ce qu'on entendait autrefois par *charivari*.

39. — Les charivaris consistent dans le bruit confus fait par un attroupement, soit en poussant des cris, soit en frappant sur des ustensiles de fer, de cuivre ou autre matière, soit en employant ces instrumens discordans pour donner à quelqu'un une marque publique de désapprobation.

40. — Les charivaris se faisaient fréquemment autrefois en dérision de mariage entre personnes d'âge disproportionné, ou contre celles qui convolaient en seconde ou troisième noces. Dans certaines contrées ils étaient non seulement tolérés mais autorisés; Guyot (*Rép.*, vº *Charivari*) rapporte même que des juges du ressort de Beaune condamnèrent de nouveaux mariés à payer les frais d'un charivari.

41. — Les charivaris pour convol en seconde ou troisième noces ont été défendus sous peine d'excommunication et d'amende arbitraire par le concile de Tours de 1448, (et non de 1445, comme plusieurs auteurs l'ont imprimé). — Les dispositions du concile étaient ainsi conçues : « *Insultationes, clamores, sonos et alios tumultus fieri solitos in secundis vel tertiis quorumdam nuptiis, quos* charivarium *vulgo appellant propter multa et gravia inconvenientia quæ inde sequuntur, fieri omnino prohibemus sub excommunicationis sententiâ et aliâ pœnâ arbitrariâ.* » — *Concil. gén.*, t. 13, p. 1351.

42. — Les bruits de cette nature sont nécessairement injurieux par cela seul qu'ils sont dirigés contre une personne déterminée, bien qu'il n'ait été proféré aucune injure contre elle. — *Cass.*, 5 sept. 1835, Amen et Bonnafous; 13 oct. 1836 (t. 1er 1837, p. 562), Goguet; 23 avr. 1842 (t. 2 1842, p. 164), Bonnin.

43. — Mais, comme ce n'est pas précisément le fait injurieux, mais bien plutôt le désordre et le trouble apportés à la tranquillité publique que la loi a entendu punir, il en résulte que la poursuite a lieu d'office et indépendamment de la plainte de la partie offensée. — V. *suprà* nº 13.

44. — Jugé que l'attroupement nocturne ayant pour objet un charivari, sans aucune autre circonstance ne présente qu'une contravention de police et non un attroupement séditieux dont les cours spéciales aient pu connaître sous les lois des 18 pluv. an IX, et 19 pluv. an XIII. — *Cass.*, 6 oct. 1808, Cabrol.

45. — Pour être réputé auteur de cette contravention, il n'est pas nécessaire d'avoir été pris en flagrant délit, ou au moins d'être convaincu d'avoir poussé des cris ou fait usage d'instrumens bruyans; il suffit d'être saisi porteur de ces instrumens au milieu du rassemblement. — *Cass.*, 5 sept. 1835, Amen et Bonnafous.

46. — Tout individu qui a fait parti d'un rassemblement appelé *charivari* est réputé complice de la contravention prévue, par l'art. 479, nº 8, C. pen., encore bien qu'il n'ait été porteur d'aucuns instrumens sourds ou discordans, et qu'il n'ait poussé aucun cri. Exiger cette dernière circonstance, ce serait confondre la complicité avec le fait principal. Les individus qui composent l'attroupement du sein duquel s'élèvent les bruits injurieux ne peuvent en ignorer le but, et par le fait matériel de leur présence, ils prêtent aux auteurs de la contravention l'assistance prévue par l'art. 60, C. pén., dans les faits qui la facilitent et la consomment. — *Cass.*, 5 juill. 1822 (intérêt de la loi), David.

47. — Ainsi encore, jugé que lorsqu'un procès-verbal régulier du commissaire de police constate que des individus ont été trouvés parmi les auteurs de bruits injurieux, et que les instrumens qu'ils portaient ont été saisis, le tribunal ne peut, sans violer la foi due à ce procès-verbal, renvoyer ces individus des poursuites, sur les motifs qu'il n'est point établi qu'ils aient fait usage de ces instrumens, mais qu'au contraire ils étaient restés étrangers à ce qui se passait. — *Cass.*, 5 sept. 1835, Amen et Bonnafous.

48. — Si cependant il était établi en fait que les individus poursuivis comme complices d'un tapage nocturne opéré par ce rassemblement, bien qu'ils se fussent trouvés dans un rassemblement, n'avaient pas pris part au tumulte, avaient au contraire blâmé les excès qui s'y commettaient, et s'étaient retirés avant l'intervention de la force publique, il est évident qu'il n'y aurait pas eu de leur part l'assistance qui constitue la complicité, et qu'un tribunal de police ne violerait aucune loi en les acquittant. — *Cass.*, 30 nov. 1838 (t. 1er 1839, p. 329), Gente.

49. — Mais aucun doute ne peut s'élever sur la complicité de celui qui était présent sur le lieu du *charivari*, qui a fait partie du rassemblement, et qui avait même loué une chambre voisine à l'effet d'exciter et de fomenter le désordre. S'il avait fait usage d'instrumens bruyans ou pris une part active aux désordres, il ne serait plus complice, il serait auteur principal d'un tapage injurieux. — *Cass.*, 26 mai 1826, Favielle.

50. — Il a été jugé que le fait d'avoir *participé* à ces désordres entraîne de la part du tribunal de police l'application d'une peine, et lors même que les prévenus n'en auraient pas été les principaux moteurs. — *Cass.*, 21 sept. 1833, Pascal.

51. — L'art. 479, nº 8 C. pén., prononce une peine de douze à quinze francs d'amende contre les auteurs ou complices de bruits ou tapages injurieux ou nocturnes, troublant la tranquillité des habitans. L'art. 480, permet en outre de leur infliger un emprisonnement de cinq jours au plus. Le maximun de cet emprisonnement doit toujours être prononcé contre eux en cas de récidive, en vertu de l'art. 482.

52. — Ce serait violer ces dispositions que d'infliger aux auteurs de la contravention qu'elles punissent, les peines portées par le Code du 3 brum. an IV. — *Cass.*, 8 mars 1828, Jay.

53. — Il a été jugé, avant la loi du 28 avril 1832, que la peine de l'emprisonnement était facultative pour le juge qui la prononce cumulativement avec l'amende, suivant la gravité des circonstances; mais qu'en aucun cas elle ne pouvait être prononcée seule parce qu'elle n'était dans l'espèce qu'une peine accessoire, tandis que l'amende était la peine principale — *Cass.*, 13 mai 1831, Marcellin; 29 déc. 1815 (int. de la loi), Remy; 22 nov. 1811, Thirault.

54. — La loi du 28 avril 1832, qui a rendu l'art. 463, C. pén., applicable aux contraventions de police ne nous paraît devoir apporter aucun changement à cette jurisprudence. L'art. 463 n'autorise le juge à prononcer séparément soit l'amende, soit l'emprisonnement, que quand ces deux peines sont portées par le Code cumulativement, et comme peines principales et obligées. Il autorise bien la substitution de la peine de l'amende à celle de l'emprisonnement quand celle-ci est prononcée seule, mais il ne pouvait autoriser la substitution de l'emprisonnement à l'amende, puisqu'elle n'a d'autre but que d'affaiblir la pénalité quand les circonstances paraissent atténuantes, et que, dans l'échelle des peines, l'emprisonnement est une peine plus grave que celle de l'amende. — C. pén., art. 9 et 464.

55. — Cependant il en serait autrement en cas de récidive, puisqu'alors la peine de l'emprisonnement cesse d'être accessoire et devient obligée en vertu de l'art. 482.

56. — Quant à l'amende, elle doit être prononcée séparément et individuellement contre chacun des prévenus convaincus; chacun d'eux en prenant part au tapage injurieux ou nocturne a commis une contravention qui lui est personnelle, et qui doit avoir sa répression particulière; s'il en était autrement, la peine diminuerait en proportion du nombre des délinquans, et, par conséquent, de la gravité des délits, ce qui serait manifestement contraire au vœu du législateur, et à une bonne police.—*Cass.*, 7 déc. 1826, Cardaillac; — Chauveau et Hélie, *Th. C. pén.*, t. 1er, p. 262.

57. — Carnot (sur l'art. 479, C. pén., t. 2, p. 622, nº 9) pense au contraire qu'il suffit que l'amende encourue soit prononcée solidairement contre tous, et qu'il n'est pas nécessaire que chacun des prévenus soit condamné à une amende personnelle; il argumente d'un arrêt du 24 avr. 1828 (aff. Houdin), par lequel la cour de Cassation a décidé qu'en matière forestière l'amende est déterminée, non à raison du nombre des délinquans, mais à raison du mode d'enlèvement *par charretées ou tombereaux et par chaque bête attelée ou par chaque charge de bêtes de somme.* Il n'y a aucune espèce d'analogie entre les deux cas, et l'opinion de Carnot est évidemment inadmissible. — V. *Encyclop. du dr.*, vº *Bruits et tapages*, nº 26. — V. AMENDE.

58. — Enfin l'amende prononcée par l'art. 479, C. pén., étant de 11 à 15 fr., ne peut jamais être inférieure à ce minimum déterminé par cet article. Ce serait violer la loi que d'infliger une amende de 6 fr., par exemple, à un individu convaincu de tapage injurieux ou nocturne. — *Cass.*, 31 oct. 1822, Carrey.

59. — Il en serait autrement depuis la loi du 28 avr. 1832, et en vertu des art. 463 et 483, C. pén., s'il existait dans la cause des circonstances atténuantes, et à la charge par le juge de le déclarer expressément.

60.— Mais le tribunal ne peut modérer l'amende sous aucun prétexte, quand même pour éluder la loi il se bornerait à déclarer convaincu d'injures simples le prévenu poursuivi devant lui en vertu d'un procès-verbal constatant qu'il s'est rendu coupable de tapage injurieux ou nocturne, et qui n'aurait été démenti par aucune preuve contraire. — *Cass.*, 12 nov. 1829, Toussaint.

61. — Il ne peut pas davantage se contenter de condamner les prévenus aux dépens en leur faisant défense de récidiver, en alléguant que leur jeunesse et leur bonne conduite habituelle les rendent excusables. Ce serait empiéter sur le droit de faire grace, qui n'appartient qu'au roi. — *Cass.*, 22 nov. 1811, Thirault.

62. — Si le juge n'a pas le droit de modérer la peine, encore moins peut-il excuser les auteurs d'un tapage injurieux ou nocturne, sous quelque prétexte que ce soit, par exemple, d'une tolérance ancienne, et d'un prétendu vieil usage local. — *Cass.*, 26 mai 1826, Lavielle; 28 mars 1829, Martin; 26 déc. 1834, Lesieur; 13 oct. 1836 (t. 1er 1837, p. 562), Goguet.

63.—...Et alors même que le bruit n'aurait pas duré plus de cinq minutes. — *Cass.*, 23 avr. 1842 (t. 2 1842, p. 164), Bonnin.

64. —...... Et que les prévenus se seraient retirés aussitôt qu'ils en auraient reçu l'ordre. — *Cass.*, 28 mars 1829, Martin Debelut.

65.—... Ou même spontanément et avant l'heure à laquelle les habitans se livrent au repos de la nuit. — *Cass.*, 23 avr. 1842 (t. 2 1842, p. 164), Bonnin.

66. — Il en serait ainsi quand même les prévenus exciperaient d'une prétendue permission du maire. Les maires n'ont pas le droit de dispenser de l'exécution de la loi. — *Cass.*, 2 avr. 1830, Briard.

67.— La connaissance de la contravention prévue par l'art. 479, nº 8, appartient au tribunal de simple police.

68. — Il en est ainsi quand bien même le *charivari* aurait été accompagné d'injures et d'outrages envers une personne.... Surtout si cette personne n'a pas porté plainte, puisque, sans cette plainte, le ministère public n'a point d'action pour le délit d'injure. — *Cass.*, 5 juill. 1832, Kœnig.

69. — Le tribunal de police ne pourrait pas méconnaître sa compétence sous le prétexte qu'il y aurait eu des coups portés respectivement par les parties, si le procès-verbal constatant le tapage injurieux excluait cette circonstance, et si aucune plainte n'avait été portée à ce sujet. — *Cass.*, 29 août 1828, Fournier.

70. — Mais, si au contraire, il était prouvé que dans la rixe qui avait occasionné un tapage nocturne, des coups avaient été portés, et des blessures faites, le tribunal de police devrait renvoyer l'affaire au juge compétent, attendu que les coups et blessures donnent lieu à l'application des peines correctionnelles, qui excèdent ses pouvoirs.—*Cass.*, 30 oct. 1813 (intérêt de la loi), Hudelot.

BRULEURS D'EAU-DE-VIE.

V. BOUILLEUR.

BRUNISSEUR.

Les brunisseurs sont rangés par la loi du 25 avr. 1844, sur les patentes, dans la septième classe des patentables et imposés à : — 1º un droit fixe basé sur le chiffre de la population de la ville ou commune où est situé l'établissement; — 2º un droit proportionnel du quarantième de la valeur locative de tous les locaux occupés par le patentable, mais seulement dans les communes de 20,000 ames et au-dessus.

BRUYÈRES.

1. — On donne ce nom dans certaines parties de la France à des terrains couverts seulement de broussailles, et notamment de la plante ligneuse qui porte le nom de *bruyère*.

2. — La loi du 22 nov.-1er déc. 1790 (art. 31) a maintenu les aliénations qui avaient été faites jusqu'à sa promulgation, des terres vaines et vagues, landes et bruyères, etc., autres que celles situées dans les forêts ou à cent perches d'icelles. — V COMMUNES, TERRES VAINES ET VAGUES.

3. — L'art. 12, tit. 27, ord. 1669, défendait, sous les peines qu'il prononçait, d'enlever des terres de bruyère dans l'étendue et aux reins des forêts. — *Cass.*, 11 déc. 1812, Lullan.

4.—Aujourd'hui, toute extraction ou enlèvement non autorisé de bruyères donne lieu à des amendes fixées par l'art. 144, C. forest., selon le mode de transport employé pour déplacer les productions ainsi extraites. — L'amende doit être double si les enlèvemens sont pratiqués par des adjudicataires ou usagers. — C. forest., art. 57 et 58.

5. — Outre l'amende, des dommages-intérêts pourraient, s'il y avait lieu, être alloués en vertu des art. 1382, C. civ., et 202, C. forest. —V. FORÊTS.

BUANDERIES.

V. ÉTABLISSEMENS INSALUBRES (nomenclature).

BUCHE.

Gros morceau de bois de chauffage dont la longueur commune est de un mètre dix-huit centimètres environ.—Pour les diverses dénominations que reçoivent les bûches, V. BOIS.

BUCHER.

En terme forestier, ce mot signifie mettre en bûches du bois abattu.

BUCHERON.

1. — On nomme ainsi celui qui travaille à abattre du bois dans les forêts.

2. — Un bûcheron peut être chargé, par un contrat de louage d'industrie, de façonner les bois délivrés par l'administration aux communes propriétaires de ces bois; mais il est évident que dans ce cas ce bûcheron ne peut être assimilé à un adjudicataire de la coupe, bien que le contrat passé par l'administration avec lui ait été revêtu des formes d'une adjudication.

3. — Aussi est-ce avec raison qu'il a été jugé que la responsabilité prononcée par la loi contre les adjudicataires pour malversations commises dans leurs coupes ne s'applique pas à un simple bûcheron chargé seulement de façonner les bois délivrés par l'administration forestière aux communes propriétaires de ces bois. — Ord. 1669, tit. 16, art. 10; — C. for., art. 45. — *Cass.*, 8 oct. 1813, Forêts c. Schumann.

BUCHES ET BRIQUETTES FACTICES.

Les marchands de bûches et briquettes factices sont rangés, par la loi du 25 avril 1844, sur les patentes, dans la huitième classe des patentables, et imposés à : — 1º un droit fixe basé sur le chiffre de la population de la ville ou commune où est situé l'établissement; — 2º un droit proportionnel du quarantième de la valeur locative de tous les locaux occupés par les patentables, mais seulement dans les communes de 20,000 ames et au-dessus. — V. PATENTE.

BUDGET.

Table alphabétique.

Bons royaux, 13. — royaux supplémentaires, 13.
But du budget, 3.
Chambre des députés, 6.
Colléges royaux, 33.
Colonies, 33.
Communes, 33.
Cour des comptes, 29 s.
Crédits —(emploi), 24.— extraordinaires, 19 s. — ordinaires, 17. — supplémentaires, 18, 20, 22.
Départemens, 33. — ministériel, 9 s. — ministériel (répartition), 11.
Dépenses, 3, 7 s., 14, 21.
Emploi des impôts, 16, 32.
Etablissemens de bienfaisance, 33.
Examen, 15.
Exercice (spécialité), 24.
Fabriques, 33.
Garantie des contribuables, 31.
Historique, 2, 4.
Légion-d'honneur, 33.
Loi des comptes, 25 s.
Perception des impôts, 16, 32. — (mode), 32.
Pièces justificatives, 29.
Présentation aux chambres, 6, 14 s.
Promulgation, 16.
Recettes, 3, 7, 12, 14.
Réglement, définitif, 25, 26 s.
Responsabilité ministérielle, 21.
Sanction royale, 16.
Spécialité, 10.
Voies et moyens, 12.
Vote du budget, 5, 15.

BUDGET. — 1. — État estimatif des recettes et des dépenses publiques dressé à l'avance pour le cours de l'année qui doit suivre.

2. — Le mot *budget* vient d'une vieille expression française, *bougette*, signifiant valise ou sac de cuir. Les Anglais en ont fait le mot *budget* par allusion à l'usage suivi au parlement d'apporter dans un sac les documens qui doivent être soumis aux chambres. — Foucart, *Él. droit administratif*, t. 2, nº 1060; *Encycl. du droit*, vº *Budget*. — Ce mot se trouve employé pour la première fois en France dans la loi du 24 avril 1806; mais l'organisation des budgets ne date réellement que de l'établissement du système représentatif.

3.—Le budget a pour but de faire connaître aux chambres appelées à voter l'impôt, et par suite à en contrôler l'emploi, soit les ressources au moyen desquelles on doit faire face aux dépenses publiques, soit les dépenses elles-mêmes auxquelles ont été appliquées ces ressources. — De là division bien distincte du budget en deux parties : le budget des recettes et le budget des dépenses.

4. — Sous l'ancienne monarchie, et même sous la révolution et l'empire, la comptabilité générale de l'état n'était organisée que d'une manière confuse et incomplète, et laissait trop de prise à l'arbitraire : c'est seulement depuis la première restauration que le système général, tel qu'il existe aujourd'hui, fut établi, et qu'il est ainsi permis de s'assurer de l'emploi des impôts perçus.

5. — Le budget doit être voté tous les ans. Il ne peut être mis à exécution s'il n'a été consenti par les deux chambres et sanctionné par le roi. — Charte, art. 40 et 41. — V. IMPOT.

6. — Il doit être d'abord présenté à la chambre des députés. — *Ibid.*, art. 15.

7.—Le budget des dépenses contient l'évaluation de toutes les dépenses de l'année suivante; celui des recettes, la détermination et le taux des différens impôts de la même année. — *Encycl. du droit*, vº *Budget de l'état*, nº 4; Foucart, *Droit administr.*, t. 2, nº 1062.

8. — Le projet de loi relatif aux dépenses, après avoir rappelé la somme totale des dépenses à effectuer, la répartit sous cinq divisions principales consacrées : — la première à la dette publique, qui comprend d'abord le service de la dette publique et de l'amortissement, ensuite les sommes nécessaires au service des emprunts spéciaux ouverts pour les canaux et autres services divers, puis les intérêts des sommes déposées au trésor à titre de cautionnement et ceux de la dette flottante, enfin les intérêts de la dette viagère; — la deuxième aux dotations de la liste civile, des deux chambres, et au supplément de dotation de la légion-d'honneur; — la troisième aux services généraux des ministères pour chacun desquels le chiffre des dépenses est réglé; — la quatrième aux dépenses nécessitées par l'administration, la perception et l'exploitation, soit des domaines de l'état, soit des diverses branches des contributions directes et indirectes et autres services exploités pour le compte et aux frais du trésor public, tels que les forêts, les mines, les ponts et chemins, etc.; — la cinquième, enfin, aux remboursemens et non-valeurs sur les contributions directes, taxes perçues en vertu de rôles et autres produits directs, au paiement des primes, à l'exportation des marchandises, etc., etc. — *Encycl. du droit*, vº *Budget de l'état*, nºs 5 à 10.

9. — La troisième partie, relative aux services

généraux des ministères, est subdivisée en autant de parties que de départemens ministériels. — On donne à chacune de ces parties le nom spécial de budget *de tel ministère.* — Le budget de chaque ministère est divisé par chapitres et par articles. — Cette double division a pour but de limiter l'action ministérielle et de faciliter le contrôle des recettes et des dépenses.

10. — Les chapitres correspondent aux différentes natures de services. — D'après la loi du 15 mars 1817, le ministre pouvait affecter à tel service qu'il désignait les sommes allouées à son ministère, sans être tenu de les employer à tel service spécial. Mais l'art. 11 de la loi du 29 janvier 1831 a *spécialisé* les dépenses de chaque ministère, de telle sorte que les sommes votées pour tel chapitre ne peuvent plus être transportées à un autre service. — C'est ce qu'on appelle *la spécialité.* — Ord. 31 mai 1838, art. 30 et suiv. — Foucart, *Droit adm.*, t. 2, nº 1063; *Encycl. du droit*, vº *Budget de l'état*, nº 8.

11. — Les ministres proposent au roi la répartition de chaque chapitre en autant d'articles qu'ils le jugent nécessaire; et ils ne peuvent faire de dispositions sur le trésor avant que l'ordonnance de répartition ait été signée par le roi.

12. — Après le budget des dépenses vient celui des recettes qui se compose des impôts ou *voies et moyens* destinés à faire face aux prévisions des dépenses de l'année. Il est divisé en quatre titres. Le premier comprend les impôts directs et indirects et autres revenus à percevoir; le second récapitule les recettes générales à percevoir; le troisième règle les moyens de service mis à la disposition du ministre des finances; le quatrième contient la prohibition formelle de percevoir aucuns revenus autres que ceux autorisés par le budget. — *Encycl. du droit*, nº 14.

13. — Les moyens dont peut user le ministre des finances consistent dans un certain nombre de bons royaux qu'il est autorisé à émettre. — Si le nombre déterminé est insuffisant, le ministre peut, en vertu d'ordonnances royales, émettre des bons supplémentaires, à la charge de soumettre ces ordonnances à la sanction législative à la session suivante.

14. — Depuis 1832, les dépenses et les recettes sont l'objet de deux lois séparées. — Elles sont présentées aux chambres en même temps : mais c'est du budget des dépenses qu'on s'occupe d'abord : en effet, ce n'est qu'après que les dépenses ont été reconnues nécessaires et fixées qu'il est possible d'aviser, en votant le budget des recettes, aux moyens d'y pourvoir.

15. — Le budget étant présenté aux chambres, celles-ci se réunissent dans leurs bureaux pour l'examiner. — La chambre des députés se sépare dans ses neuf bureaux qui nomment chacun deux commissaires : la commission, après avoir voté par scrutin séparé sur chacune des dépenses et des recettes, nomme deux rapporteurs : l'un chargé du rapport sur le projet de loi des dépenses, l'autre chargé du rapport sur le projet de loi des recettes. — Ces rapports, après avoir été approuvés par la commission, sont déposés sur la tribune et discutés en séance publique. — La chambre des pairs se sépare également dans ses sept bureaux, dont chacun nomme deux commissaires : la commission et la chambre procèdent de la même manière qu'à la chambre des députés.

16. — La loi des recettes et la loi des dépenses une fois votées par les deux chambres, elles reçoivent la sanction royale et sont promulguées comme les lois ordinaires. Le budget se trouve alors arrêté et réglé pour l'exercice de l'année à laquelle il doit s'appliquer, et le pouvoir exécutif est chargé de la perception et de l'emploi des fonds accordés. — *Encyclopédie du droit*, vº *Budget de l'état*, nº 16.

17. — Les crédits ouverts par les budgets s'appellent *crédits ordinaires.*

18. — Il arrive souvent que les prévisions du législateur ne sont pas pleinement réalisées : en conséquence, les crédits ordinaires ne suffisant pas, des lois spéciales, et, en l'absence des chambres, des ordonnances royales rendues sur l'avis du conseil des ministres, ouvrent des *crédits supplémentaires*; ces ordonnances doivent être converties en lois dans la session suivante. — LL. 25 mars 1817, art. 152; 24 avr. 1833, art. 3.

19. — Si, après le vote des budgets, il survient des besoins imprévus et urgens, il y est pourvu au moyen de *crédits extraordinaires*, ouverts, comme les crédits supplémentaires, par des lois spéciales ou par des ordonnances royales qui doivent également être converties en lois. — L. 1er septembre 1827, art. 3.

20. — La conversion en loi doit être faite sur la proposition du ministre dans le département duquel se place la dépense, et avant le réglement définitif des budgets antérieurs, ordonné par l'art. 102 de la loi du 15 mai 1818. — L. 27 juin 1819, art. 21.

21. — Les dépenses ne peuvent excéder les fixations des budgets, sous peine de responsabilité des ministres. — L. 15 mai 1818, art. 10.

22. — Lorsque le compte général fait connaître que les divers crédits ont été dépassés, et que les ministres réclament de nouveaux crédits à titre de bill d'indemnité, ceux que les chambres accordent ainsi pour rétablir l'équilibre s'appellent *crédits complémentaires.* — L. 1er sept. 1827, art. 4.

23. — On ne règle les budgets qu'au bout de deux années : ce délai constitue *un exercice.* — Les crédits servent pendant vingt-deux mois à payer les dépenses faites pendant l'année qui donne son nom à l'exercice. — La durée de la période pendant laquelle doivent se consommer tous les faits de recette et de dépense de chaque exercice se prolonge : — 1º jusqu'au 1er mars de la deuxième année pour achever, dans la limite des crédits ouverts, les services du matériel dont l'exécution n'aurait pu, d'après la déclaration motivée de l'ordonnateur, être consommée avant le 31 décembre; — 2º jusqu'au 1er octobre de cette seconde année pour compléter les opérations relatives au recouvrement des produits, à la liquidation, à l'ordonnancement et au paiement des dépenses.

24. — Les crédits ouverts pour les dépenses de chaque exercice ne peuvent être employés aux dépenses d'un autre exercice. — L. 25 mars 1817, art. 151.

25. — Après l'exercice écoulé, les chambres sont de nouveau appelées à statuer sur les recettes et dépenses publiques effectuées : c'est ce qu'elles font par le *réglement définitif* du budget, ou *loi des comptes.* — Le budget proprement dit ne doit pas être confondu avec la loi des comptes : le budget statue sur l'avenir : il ne consiste qu'en des prévisions de recettes et de dépenses à effectuer ; la loi des comptes statue sur le passé, elle ne s'applique qu'à des recettes et dépenses effectuées.

26. — Aux termes de l'art. 102 de la loi de finances du 15 mai 1818, le réglement définitif des budgets doit être l'objet d'une loi particulière proposée aux chambres avant la présentation de la loi annuelle des finances. — Cependant, lorsque la session des chambres s'ouvre dans les derniers mois de l'année, la loi annuelle des finances peut, par dérogation au susdit art. 102, être présentée avant la loi pour le réglement définitif des budgets antérieurs, pourvu qu'elle soit présentée avec les comptes des ministres à l'appui, au plus tard dans les deux mois qui suivent la présentation du budget. — L. 28 juin 1833, art. 14.

27. — La loi de réglement du budget est soumise aux chambres dans le même cadre et la même forme que la loi de présentation du budget. — L. 24 avr. 1833, art. 11. — Il suit devant les chambres les mêmes conditions d'examen que le projet de loi du budget.

28. — Un budget n'est donc jamais réglé définitivement que trois ou quatre ans après qu'il a été voté : ainsi le budget de 1841, voté en 1840, n'a été réglé définitivement que par la loi des comptes du 17 mars 1844.

29. — Du reste, les chambres ne connaissent du réglement du budget que quant à ses résultats généraux. L'examen des pièces justificatives des perceptions et des dépenses est réservé à la cour des comptes. — V. ce mot. — Foucart, *Droit administratif*, t. 2, nº 1079.

30. — La cour des comptes constate et certifie, d'après le relevé des comptes individuels et des pièces justificatives que doivent lui produire les comptables, l'exactitude des comptes généraux publiés par le ministre des finances et par chaque ministre ordonnateur. — Chaque année le résultat général des travaux de la cour des comptes est l'objet d'un rapport soumis au roi et distribué aux chambres.

31. — Les garanties que possèdent les contribuables contre tout fait arbitraire, toutes prévarications, concussions, dilapidations dans le double fait de la perception et de l'emploi de l'impôt, sont, au reste, méthodiquement énumérées dans une ordonnance du roi du 31 mai 1838.

32. — Quant aux modes de percevoir et d'employer les impôts autorisés par la loi du budget, V. CONTRIBUTIONS DIRECTES, CONTRIBUTIONS INDIRECTES, IMPOT.

33. — Le nom de *budget*, appliqué d'abord uniquement au compte des recettes et dépenses de l'état, a, depuis, été étendu, et est aujourd'hui appliqué à ceux de tous les services publics, communautés et établissemens publics qui ont une comptabilité distincte : ainsi les départemens, les communes, les établissemens de bienfaisance, les fabriques, les colléges royaux, les colonies, la légion-d'honneur, etc, ont leur budget. — V. COLLÉGES ROYAUX, COLONIES, COMMUNES, CONSEIL GÉNÉRAL DE DÉPARTEMENT, ÉTABLISSEMENS DE BIENFAISANCE, FABRIQUES, LÉGION-D'HONNEUR, ORGANISATION ADMINISTRATIVE, etc.

BUFFLETIERS.

1. — Les marchands buffletiers sont rangés, par la loi du 25 avril 1844, sur les patentes, dans la sixième classe des patentables, et imposés à : — 1º un droit fixe basé sur le chiffre de la population de la ville ou commune où est situé l'établissement ; — 2º un droit proportionnel du vingtième de la valeur locative de la maison d'habitation et des locaux servant à l'exercice de la profession. — V. PATENTE.

2. — Les fabricans buffletiers pour leur compte sont rangés dans la septième et les fabricans à façon dans la huitième classe des patentables, et soumis à : — 1º un droit fixe basé également sur le chiffre de la population de la ville ou commune où est situé l'établissement; — 2º à un droit proportionnel du quarantième de la valeur locative de tous les locaux occupés par les patentables, mais seulement dans les communes de 20,000 ames et au-dessus. — V. PATENTE.

BUIS (Marchands de).

Les marchands de buis ou racines de buis sont rangés par la loi du 25 avr. 1844, sur les patentes, dans la sixième classe des patentables, et imposés à : 1º un droit fixe basé sur le chiffre de la population de la ville ou commune où est situé l'établissement ; — 2º un droit proportionnel du vingtième de la valeur locative de la maison d'habitation et des locaux servant à l'exercice de la profession. — V. PATENTE.

BULLE.—BULLAIRE.

1. — La bulle est une des formes particulières des expéditions de la cour de Rome. Ce mot vient de *bullare* (cacheter des lettres). La bulle diffère du bref en ce qu'elle est plus ample ; ainsi, elle renferme en plusieurs parties distinctes la narration du fait, la conception, les clauses et la date. — La bulle s'expédie en parchemin avec un sceau de plomb portant l'empreinte des images de saint Pierre et de saint Paul.

2. — Les bulles sont de deux natures : *générales* ou *spéciales.* Les bulles générales, dites *constitutions*, ont pour objet d'établir, de prescrire généralement des points de dogme, de doctrime ou de discipline. Les bulles spéciales décident, expliquent, dispensent, qualifient ou instituent dans des cas particuliers.

3. — La publication des bulles s'appelle *fulmination.*

4. — Le décret du 9-17 juin 1791 disposait (art. 1er) qu'aucuns brefs, bulles, rescrits, constitutions, décrets, et autres expéditions de la cour de Rome, sous quelque dénomination que ce soit, ne pouvaient être reconnus pour tels, reçus, publiés, imprimés, affichés, ni autrement mis à exécution dans le royaume, mais y seraient nuls et de nul effet s'ils n'avaient été présentés au corps législatif, vus et vérifiés par lui, et si leur publication ou exécution n'avaient été autorisés par un décret sanctionné par le roi et promulgué dans les formes établies pour la notification des lois.

5. — En outre, l'art. 2 du même décret punissait de la peine de la dégradation civique et ordonnait de poursuivre criminellement comme perturbateurs de l'ordre public les évêques, curés et tous autres fonctionnaires publics, soit ecclésiastiques, soit laïcs, qui, par contravention à l'art. 1er, liraient, distribueraient, feraient lire, distribuer, imprimer, afficher, ou autrement rendraient publics ou exécuteraient les bulles, brefs, etc., non autorisés par un décret du corps législatif sanctionné par le roi.

6. — Ces dispositions, renouvelées d'ailleurs des anciens principes (V. APPEL COMME D'ABUS, nº 19. — V. aussi arr. réglem. de Paris, 9 mai 1703; — Lettres-patentes du 18 janv. 1772, et déclar. 8 mars 1772; — Merlin, *Rép.*, vº *Bulle*) ont été reproduites, sauf la sanction pénale, par l'art. 1er, tit. 1er, de la loi du 18 germ. an X, qui dispose qu'aucune *bulle*, bref, rescrit, décret, mandat, provision, signature servant de provision, ni aucunes autres expéditions de la cour de Rome, même ne concernant que les particuliers, ne pourront être reçus, publiés, imprimés, ni autrement mis à exécution sans l'autorisation du gouvernement.

7. — L'infraction à la disposition précitée de la loi de l'an X constitue une contravention aux lois de l'état et un cas d'abus. — V. APPEL COMME D'ABUS, nºs 53 et suiv.

8. — Mais, en l'absence de toute autre sanction contenue dans la loi de l'an X, pourrait-on lui appliquer soit la pénalité contenue dans la loi de 1791, soit l'art. 207 du Code pénal relatif aux ministres d'un culte qui entretient sur des questions ou matières religieuses une correspondance avec une cour ou puissance étrangère sans en avoir préalablement informé le ministre des cultes, soit enfin le décret du 23 janv. 1811 relatif à un bref adressé au vicaire capitulaire et au chapitre de l'Église métropolitaine de Florence, bref rejeté comme contraire aux lois de l'empire et à la discipline ecclésiastique et dont la communication a été déclarée passible de peines spéciales? — Ces questions seront traitées au mot CULTE.

9. — Plusieurs recueils, non officiels, du reste, ont été publiés, contenant les bulles des souverains-pontifes. Ils portent le nom de BULLAIRES.

V. AGENT DIPLOMATIQUE, ANNEXE (DROIT D'), APPEL COMME D'ABUS, ATTACHE (DROIT D'), BREF, CULTE.

BULLETIN.

1. — C'est un petit papier sur lequel on donne son vote par écrit pour concourir à une délibération ou à une élection. — V. ÉLECTION.

2. — Ce mot s'emploie surtout dans les administrations ou dans les entreprises commerciales, pour désigner de petits billets ou écrits servant à constater certaines choses. — V. ENTREPRENEUR DE TRANSPORTS, LETTRE DE VOITURE.

BULLETIN D'AVERTISSEMENT.

1. — On donne ce nom dans certains tribunaux aux avertissemens écrits ou imprimés que le greffier est dans l'usage d'adresser aux avoués pour leur annoncer que telle cause dans laquelle ils occupent a été distribuée, remise, indiquée ou rayée du rôle.

2. — Quoique le tarif n'alloue aucun émolument pour ces avertissemens, à Paris il est d'usage de passer en taxe une somme de 15 cent. pour chaque bulletin ainsi envoyé : c'est un déboursé.

BULLETIN DE CORRESPONDANCE.

1. — C'était un exposé officiel des opérations des assemblées législatives et des événemens politiques les plus importans que publiaient chaque jour, par affiches, l'assemblée législative et la convention.

2. — Le décret du 15-20 sept. 1792 paraît être le premier qui se soit occupé du bulletin de correspondance : l'Exposé de cette loi explique en ces termes les raisons qui motivaient sa publication : «L'assemblée nationale, considérant que les ennemis de la chose publique cherchent à égarer l'opinion en dénaturant le récit des événemens transmis à l'assemblée nationale, en répandant des fausses nouvelles et des terreurs dénuées de fondement, considérant que de pareilles machinations pourraient devenir funestes à la liberté dans un moment où il importe que la vérité retentisse promptement sur tous les points de l'empire, pour y rallier tous les citoyens, pour y déconcerter les projets de la malveillance, pour entretenir enfin entre le peuple et ses représentans cette confiance et cette unité d'opinions qui fait la force des peuples libres : décrète, etc. »

3. — L'art. 1er de la loi de 1792 portait que le bulletin imprimé par ordre de l'assemblée nationale serait envoyé par le ministre de l'intérieur à tous les départemens et districts de l'empire. — D'autres lois vinrent en ordonner successivement l'envoi aux écoles nationales, aux sociétés patriotiques, aux hôpitaux militaires, aux corps administratifs, municipalités, armées de terre et de mer, aux bataillons de nouvelle réquisition, à diverses autorités civiles et militaires, aux tribunaux et juges de paix.

4. — Aux termes de l'art. 2, il devait être promptement répandu et affiché dans tous les chefs-lieux de districts et autres dont la population excédait 2,000 âmes. — Les corps administratifs étaient tenus de prendre à cet effet sous leur responsabilité les mesures convenables.

5. — L'art. 3 ordonnait de poursuivre comme ennemie du peuple et coupable d'offense à la loi, et punissait de 100 liv. d'amende pour la première fois, et de deux mois de prison en cas de récidive, toute personne convaincue d'avoir arraché les bulletins de correspondance, ou empêché leur publication et affiche.

6. — Du reste, on ne donnait point à cette publication, dans l'origine, le nom de bulletin de correspondance, qu'il ne tenait que de l'usage, ainsi que l'atteste Merlin. C'est le décret du 30 thermid. an II qui a introduit dans la loi l'appellation de *Bulletin de correspondance*.

7. — Les décrets des 6 pluv. et 30 therm. an II déterminèrent les actes qui devraient être insérés dans le bulletin de correspondance et ceux qui seraient réservés pour le *Bulletin des lois*. — Le bulletin de correspondance fut dès-lors réservé aux lois d'un intérêt individuel ou local, ou même aux lois générales qui ne faisaient qu'interpréter ou expliquer les premières. — V. au surplus BULLETIN DES LOIS, nº 3.

8. — L'impression d'une loi dans ce bulletin ne suffisait point pour la faire considérer comme promulguée; il fallait une mention expresse que cette impression était faite pour tenir lieu de promulgation. — Merlin, *Rép.*, vº *Bulletin de correspondance*, et *Quest.*, vº *Droits successifs* (Cession de), § 1er.

9. — Le bulletin de correspondance a été supprimé par le décret du 24 frim. an IV.

V. BULLETIN DES LOIS.

BULLETIN DE DÉPOT.

1. — Reconnaissance sur papier timbré délivrée par le conservateur des hypothèques à la partie, et par laquelle ce fonctionnaire reconnaît avoir reçu les actes ou pièces qui lui sont déposés.

2. — Ce bulletin, que le conservateur est tenu de délivrer, doit rappeler le numéro du registre sur lequel la remise aura été inscrite. — C. civ., art. 2200.

3. — Les actes de mutation ne peuvent être transcrits et les bordereaux inscrits qu'à la date et dans l'ordre des remises qui en ont été faites au conservateur des hypothèques. — C. civ., art. 2200.

4. — Les conservateurs des hypothèques sont autorisés à faire timbrer à l'extraordinaire les bulletins de dépôt qu'ils doivent délivrer aux requérans; le droit de timbre à percevoir pour chaque bulletin est de 35 cent. — Délibération du conseil de l'administration des domaines du 9 fév. 1832.

5. — Le timbre des bulletins de dépôt est toujours à la charge des parties. — Déc. min. 28 vent. an XIII; Inst. gén. 11 sept. 1806, nº 316.

6. — Il ne doit être délivré et payé qu'une seule reconnaissance de dépôt par la partie qui dépose deux bordereaux et plusieurs contrats à transcrire lors même que la formalité serait requise pour des personnes ayant des intérêts séparés et distincts. — Despréaux, *Dict. gén. des hypothèques*, vº *Bulletin de dépôt délivré par le conservateur*.

7. — Lorsque l'inscription ou la transcription requise peut s'opérer à l'instant même, en la présence du requérant, ce dernier peut dispenser le conservateur de lui délivrer un bulletin de dépôt. — Mais, comme le fait observer M. Despréaux (*loc. cit.*), ce cas est, pour ainsi dire, impossible.

8. — Quand la partie n'a pas voulu recevoir son bulletin de dépôt, le conservateur ne peut représenter ce bulletin à ses supérieurs. Dans ce cas, pour établir qu'il n'est resté dépositaire d'aucune des pièces à lui confiées, il doit faire souscrire par les parties une décharge de la reconnaissance de dépôt sur le registre à ce destiné, et cela en marge de l'article auquel cette décharge se rapporte. — Inst. gén. de l'enreg. et des domaines, 6 juin 1809, 23 déc. 1829 et 17 juin 1835.

V. CONSERVATEUR DES HYPOTHÈQUES, INSCRIPTION HYPOTHÉCAIRE, TRANSCRIPTION.

BULLETIN DES ARRÊTS.

1. — Recueil officiel dans lequel sont insérés, chaque mois, la notice et le dispositif des arrêts émanés de la cour suprême. — V. L. 27 nov.-1er déc. 1790, tit. 1er, art. 22; arrêté 28 vendém. an V.

2. — Aux termes de la loi du 27 vent. an VIII (art. 85), c'est le rapporteur qui doit rédiger, dans la quinzaine du prononcé, la notice de l'arrêt rendu sur son rapport. Cette notice est ensuite visée par le président de la chambre et remise au procureur général, qui la transmet à l'imprimerie royale.

3. — Quelque précise que soit la loi à cet égard, sa disposition n'est pas exactement observée. Ainsi, d'une part, le bulletin officiel ne contient pas tous les arrêts de cassation; de l'autre, ce n'est pas le rapporteur qui rédige la notice, c'est un employé du ministère de la justice; enfin beaucoup d'arrêts sont tronqués. De là le peu d'autorité de ce recueil, qui est loin d'offrir les avantages qu'avaient en vue les législateurs de 1790 et de l'an VIII. — « Dans cet état d'imperfection, dit M. Tarbé (*Cour de cassat.*, p. 276), le bulletin officiel est le PLUS MAUVAIS DES RECUEILS DE JURISPRUDENCE. »

4. — Le bulletin officiel est divisé en deux séries, l'une pour les matières civiles, l'autre pour les matières criminelles.

5. — Il a commencé en l'an II, et forme, chaque année, un volume. — Arrêté du 2 complém. an VI, art. 4.

6. — Dans le principe, le bulletin s'imprimait in-quarto et en placards, au nombre de quatre cents exemplaires seulement; mais ce mode de publication fut changé par l'arrêté du directoire du 28 vendém. an V, qui décida qu'à l'avenir les jugemens du tribunal de cassation seraient imprimés dans un bulletin in-octavo, de même format que le *Bulletin des lois*.

7. — Quoique, d'après la loi, le bulletin officiel ne doive contenir que les arrêts de cassation, on y trouve aussi des arrêts de réglement de juges.

8. — Meyer (*Instit. judic.*, t. 5, p. 187) est surpris que le bulletin ne contienne pas les arrêts de rejet. — C'est, dit M. Tarbé (*ubi suprà*, p. 143), un objet d'étonnement et de regret pour les étrangers. Cela prouve que les étrangers ne se font pas une idée exacte de la manière dont se prépare le bulletin. M. Tarbé avoue que, même pour les arrêts de cassation, il a été obligé souvent de recourir à des recueils privés; il ajoute que beaucoup d'arrêts de la chambre criminelle sont insérés au bulletin sans notices, de sorte qu'il faut recourir au rapport pour bien comprendre l'espèce. Toutes ces raisons expliquent le peu de popularité du bulletin.

9. — Pendant quelques années le bulletin de cassation fut confié à une entreprise particulière, dans les mains de laquelle sa publication souffrait des retards considérables. — Il est aujourd'hui rentré dans les mains du garde-des-sceaux.

10. — Le bulletin officiel des arrêts de cassation est envoyé à tous les membres de la cour, au conseil d'état, aux cours royales et aux tribunaux de première instance : il devrait l'être aussi aux juges de paix; mais ce serait un surcroît de dépense de 25,000 fr., devant lequel on a reculé jusqu'ici.

11. — C'est le ministre de la justice qui fait l'envoi gratuitement et en franchise. — Le bulletin est adressé au procureur du roi ou au procureur général, qui le dépose, soit à la bibliothèque, s'il y en a une, soit aux archives du greffe ou du parquet. — Arrêté 28 vendém. an V, et 2e complém. an VI.

12. — La réception du bulletin doit être constatée sur les registres du greffe et du parquet, comme celle du *Bulletin des lois*. — Arrêté 5 vendém. an V.

13. — Les premiers numéros du bulletin civil et criminel commencent aux jours complémentaires de l'an IV. Ils ont été réimprimés, pour la partie civile en 1815, pour la partie criminelle en 1818.

14. — D'après l'arrêté du 2e complém. an VI, qui n'a pas été inséré au *Bulletin des lois*, le ministre de la justice peut faire insérer au bulletin les arrêts de rejet qui décident des questions importantes et dont l'impression peut paraître utile; mais c'est une disposition tombée en désuétude.

15. — Le bulletin, indépendamment de la table annuelle, en possède une autre, de 1792 à 1824, pour le bulletin civil, et de 1798 à 1823 pour le bulletin criminel. Ces tables doivent être complétées par des tables décennales semblables à celles du *Bulletin des lois*. — Massabiau, *Manuel du procureur du roi*, t. 3, nº 3766.

BULLETIN DES LOIS.

1. — C'est la collection officielle des lois et actes du gouvernement.

2. — L'établissement du *Bulletin des lois* remonte au décret du 14—16 frim. an II (4 déc. 1793). « Les lois qui concernent l'intérêt public, porte l'art. 1er de ce décret, ou qui sont d'une exécution générale, seront imprimées séparément dans un bulletin numéroté, qui servira désormais à leur notification aux autorités constituées. Ce bulletin sera intitulé *Bulletin de la république*. »

3. — Les lois qui ne concernaient pas l'intérêt public ou n'étaient pas d'une exécution générale ne pouvaient être insérées dans le *Bulletin des lois*, à moins que la Convention n'en eût autrement ordonné : elles étaient imprimées dans un bulletin spécial appelé *Bulletin de correspondance*. — Décr. du 30 thermid. an II.

4. — Aux termes de l'art. 8 de la loi du 14 frim. an II, précitée, le *Bulletin des lois* devait être adressé directement, et jour par jour, à toutes les autorités constituées et à tous les fonctionnaires publics chargés ou de surveiller l'exécution ou de faire l'application des lois. « L'envoi de ce bulletin, porte l'art. 7, aura lieu par la poste aux lettres; le jour du départ ou le jour de la réception seront constatés de la même manière que les paquets chargés. » L'art. 6 déterminait les délais dans lesquels cet envoi devait être fait : c'était le lendemain de l'approbation de leur rédaction, pour les lois d'une exécution urgente,

Quant aux lois moins pressantes ou très volumineuses, leur expédition ne pouvait être retardée plus de trois jours après l'adoption de leur rédaction.

5. — La loi du 14 frim. an II ne paraît pas avoir reçu immédiatement son exécution. Le premier numéro du *Bulletin des lois* débute en effet par une loi du 22 prair. an II. — Quant aux lois antérieures, elles ont été recueillies dans la collection dite du Louvre, qui, en 23 vol. in-4°, comprend les lois et actes du pouvoir exécutif depuis le 7 juill. 1788 jusqu'au 22 prair. an II.

6. — Le décret du 12 vendém. an IV a maintenu l'établissement du *Bulletin des lois* et ordonné qu'il contiendrait, outre les lois et actes du corps législatif, les proclamations et arrêtés rendus par le directoire exécutif pour assurer l'exécution des lois. — Art. 1er.

7. — Le *Bulletin des lois* devait, aux termes du même décret (art. 2) être accompagné d'un feuilleton, intitulé *feuilleton des résolutions et des projets de résolution*, contenant toutes les résolutions du conseil des cinq-cents et tous les projets de résolution dont ce conseil aurait ordonné l'impression et l'ajournement : les rapports et les opinions dont l'impression et l'envoi avaient été ordonnés par une loi devaient également être insérés au feuilleton, en tête de chaque première page duquel on devait lire cet avertissement : *Les dispositions suivantes ne sont pas des lois ; elles n'obligent pas les citoyens.*

8. — Le bulletin et le feuilleton devaient être adressés par le ministre de la justice aux autres ministres, aux commissaires près les tribunaux, à leurs substituts, aux commissaires près les administrations départementales et municipales (même décr., art. 5), aux présidens des administrations départementales, municipales, et du bureau central dans les localités de plus de cent mille ames; aux présidens des tribunaux de cassation, civils, de commune, correctionnels et criminels; aux accusateurs publics, aux juges de paix, aux ambassadeurs, envoyés et consuls de la république (*ib.*, art. 4) ; aux commissaires ordonnateurs et ordinaires des guerres, aux chefs d'état-major et d'administration maritime, enfin à chacun des membres du corps législatif (art. 6). — De trois mois en trois mois, un exemplaire du *Bulletin des lois* rendues pendant le dernier trimestre devait être envoyé à chaque tribunal dans la personne du greffier, à chaque corps administratif dans celle du secrétaire, à chaque secrétariat d'ambassadeur de la république dans la personne du secrétaire d'ambassade, à chaque consulat dans la personne du chancelier, et enfin à chaque bibliothèque nationale dans la personne du principal bibliothécaire : lesdits exemplaires y devaient rester déposés à perpétuité pour l'utilité publique. — Art. 7.

9. — Aujourd'hui, l'envoi du *Bulletin des lois* est fait par les soins du directeur de l'imprimerie royale. — Décr. 25 juin 1811, art. 6.

10. — Au moyen de ces mesures, le décr. du 12 vendém. an IV supprima la publication des lois qui avait lieu précédemment par lecture publique, par réimpression et affiche, à son de trompe et de tambour (art. 11). — Néanmoins, ce décret ordonna que les lois et actes du corps législatif n'obligeraient, dans l'étendue de chaque département, que le jour auquel le bulletin officiel qui les contiendrait serait distribué au chef-lieu du département. Ce jour devait être constaté par un registre où les administrateurs de chaque département certifieraient l'arrivée de chaque numéro. — Art. 12.

11. — Le Code civil a introduit sur ce point un système nouveau. Les lois doivent bien encore être insérées au *Bulletin des lois* et envoyées aux départemens; mais ces formalités sont sans influence sur l'époque à laquelle ces lois deviennent obligatoires. L'art. 1er, C. civ., établit en effet en règle générale que les lois doivent être exécutées après l'expiration des délais qu'il détermine. Il présume qu'après l'expiration de ces délais tous les citoyens ont connu ou dû connaître la promulgation de la loi et par conséquent la loi elle-même.

12. — L'ord. du 27—30 nov. 1816, qui fait encore aujourd'hui loi en cette matière, porte qu'à l'avenir la promulgation des lois et ordonnances résultera de leur insertion au bulletin officiel (art. 1er); qu'elle sera réputée connue, conformément à l'art. 1er, C. civ., un jour après que le *Bulletin des lois* aura été reçu de l'imprimerie royale par le ministre de la justice, lequel constatera sur un registre l'époque de la réception (art. 2); et enfin que, dans chacun des autres départemens, les lois et ordonnances devront être exécutées après l'expiration du même délai, augmenté dans la proportion fixée par l'art. 1er, C. civ.

13. — Toutes les questions auxquelles ces diverses ordonnances ont donné lieu seront examinées et résolues sous le mot LOIS. — V. ce mot.

14. — Le *Bulletin des lois* reçoit son authenticité par l'application du sceau ordinaire du gouvernement, et par la signature, dans l'origine apposée au moyen d'une griffe, aujourd'hui imprimée, du garde des sceaux (arr. des 12 et 15 brum. an IV; 17 vent. an X). — Cependant, lors de la promotion aux fonctions de membre du directoire de Merlin, alors ministre de la justice, un arrêté du 25 fructid. an V décida que provisoirement son nom continuerait d'être apposé au bas de chaque bulletin, en supprimant toutefois les mots *le ministre de la justice*, qui le précédaient.

15. — L'authenticité du *Bulletin des lois* est telle, suivant M. Macarel (*El. dr. administ.*, p. 79), que l'insertion qui y serait faite d'une ordonnance du conseil d'état rendue par défaut équivaudrait à signification pour les actionnaires d'une société anonyme.

16. — Dans le principe, les lois et ordonnances étaient insérées dans le *Bulletin des lois* sous une seule série de numéros, mais indistinctement et sans méthode. — Les ordonnances d'intérêt individuel ou local, seules, n'étaient point comprises dans la pagination générale, et étaient placées sous des numéros *bis* qu'on tirait à un moins grand nombre d'exemplaires. — Il résultait de là une assez notable confusion, soit parce que les numéros *bis* interrompaient la pagination lorsqu'on les reliait à leur ordre dans les volumes, soit parce qu'ils n'étaient pas compris dans les tables.

17. — Après la révolution de juillet (le 31 juill. 1830), un directeur (M. Isambert) avait été nommé pour le *Bulletin des lois*; mais ces fonctions ne tardèrent point à être supprimées par une ord. du 3 déc. 1831. — C'est alors que fut présentée la division du bulletin en deux parties dont la première était exclusivement destinée à l'insertion des lois, et la seconde à celle des ordonnances ; les numéros *bis* continuèrent à être publiés comme par le passé.

18. — Cet état de choses fut régularisé par l'ord. du 31 déc. 1831 : elle ordonnait la même division en deux parties (art. 1er). — La seconde, consacrée aux ordonnances, se subdivisait en deux sections, contenant, l'une, les ordonnances d'intérêt public ou d'exécution générale; l'autre, destinée à remplacer les numéros *bis*, les ordonnances d'intérêt individuel ou local (art. 2). — Des tables chronologiques et alphabétiques annuelles ou semestrielles selon l'abondance des matières devaient compléter la première partie et chacune des sections de la deuxième (art. 3). — Les autorités civiles et militaires, les cours et tribunaux ainsi que les abonnés particuliers, devaient continuer à recevoir le bulletin complet : les communes seules ne recevraient point la deuxième section de la seconde partie (art. 4).

19. — Mais ces divisions et subdivisions placées sous des paginations différentes, cette répartition dans des volumes différens d'une loi, par exemple, et de l'ordonnance qui en règle l'exécution, rendaient encore les recherches assez difficiles : aussi de nombreuses réclamations s'élevèrent-elles, même dans le sein des chambres, et une nouvelle ordonnance, du 31 déc. 1835, vint-elle apporter encore quelques modifications à l'ordre établi par celle de 1831.

20. — La division en deux parties fut maintenue; mais dans la première durent entrer, outre les lois, les ordonnances d'intérêt public et général : la deuxième resta consacrée seulement aux ordonnances d'intérêt local ou individuel (art. 1er). — En conséquence, à dater du 1er janv. 1836, les lois et ordonnances d'intérêt public et général sont publiées sous une seule série de numéros faisant suite à l'ancienne série des ordonnances de la première section. — La seconde partie a pris le titre de *Partie supplémentaire* (art. 2); elle n'est, pas plus que l'ancienne section deuxième, envoyée aux communes; du reste, la distribution est la même que sous l'ord. de 1831 (art. 3) ; chaque semestre il est dressé et envoyé pour chacune des deux parties du bulletin des tables chronologiques et alphabétiques. — Art. 4.

21. — Le *Bulletin des lois* se divise en neuf séries : la première contient les lois faites par la Convention ; la deuxième, celles rendues sous le directoire ; la troisième, celles rendues sous le consulat; la quatrième, celles de l'empire ; la cinquième, celles de la première restauration ; la sixième, celles des cent-jours ; la septième, celles de la deuxième restauration jusqu'à la mort de Louis XVIII ; la huitième, celles du règne de Charles X; la neuvième enfin comprend les lois rendues depuis l'avénement de Louis-Philippe.

22. — Une table officielle contenant les actes du pouvoir législatif et du pouvoir réglementaire depuis le 5 mai 1789 jusqu'au 1er avr. 1814 a été publiée par les soins du gouvernement : deux autres tables décennales de 1814 à 1824 et de 1824 à 1834 ont paru depuis. — Ces tables, envoyées aussi gratuitement, doivent ainsi se continuer tous les dix ans.

23. — C'est l'imprimerie royale qui est chargée de l'impression du *Bulletin des lois* : le nombre des exemplaires qu'elle doit tirer et fournir gratuitement, fixé à six mille par l'ord. du 28 déc. 1814 (art. 12), porté à sept mille par l'ord. du 12 janv. 1820 (art. 8), a été maintenu à ce chiffre par l'ord. du 21 sept. 1830. — Art. 1er.

24. — Après l'impression du *Bulletin*, les lois, réglemens et arrêtés qui y ont été insérés doivent être imprimés dans le même format, chacun sur une feuille séparée. — Les lois ainsi détachées sont fournies aux ministres, aux conseillers d'état, aux présidens et commissaires des tribunaux d'appel et aux préfets (arr. 19 frim. an X, art. 12), sans pouvoir excéder le nombre de cinq cents exemplaires (décr. 25 mai 1811, art. 8). — On peut se procurer ces numéros détachés au prix de 3 décimes par feuille de seize pages. — *Ibid.*, art. 16.

25. — Du reste, il est défendu à toutes personnes d'imprimer et débiter les sénatus-consultes, codes, lois et réglemens d'administration publique avant leur insertion et publication par la voie du bulletin au chef-lieu de département, à peine de saisie et confiscation des éditions faites en contravention. — Décr. 3 juill. 1810. — V. aussi ord. 12 janv. 1820, art. 8.

26. — Toute personne à laquelle le *Bulletin des lois* ne doit pas être envoyé gratuitement peut s'en procurer des exemplaires par voie d'abonnement. — Le mode d'abonnement ou de soumission a été successivement réglé par le décret du 12 vendém. an IV, les arrêtés des 19 frim. an X et 29 prair. an VIII, le décret du 25 mai 1811. — Tous les maires sont tenus de prendre pour les communes un abonnement dont le prix fixé à 6 fr. par an fait partie des dépenses communales et est payé par les percepteurs entre les mains des receveurs particuliers. — Décr. 12 vendém. an IV, art. 8; arr. 20 prair. an VIII.

27. — L'abonnement annuel pour les particuliers est aujourd'hui fixé à 9 fr. (décr. 25 mai 1811, art. 1er); celui des communes est maintenu à 6 fr. (*ibid.*, art. 2). — Les numéros séparés doivent être payés à raison de 20 cent. la feuille de seize pages d'impression (*ibid.*, art. 5). — Quant aux lois imprimées séparément, le prix en est toujours de 30 c. (3 décimes) la feuille (*ibid.*, art. 8). — Moyennant ces prix, l'imprimerie royale est tenue de pourvoir à toutes demandes qui seraient adressées, quels que soient les frais de réimpression et autres qu'elles puissent exiger (art. 9). — Le mode d'abonnement ou de souscription est réglé par les arrêtés des 19 frim. an X, 28 prair. an VIII, décr. 25 mai 1811.

28. — Quant aux fonctionnaires publics qui reçoivent gratuitement le *Bulletin des lois*, ils n'en sont que dépositaires et sont tenus comme tels, lors de la cessation de l'exercice de leurs fonctions, d'en transmettre la collection entière et complète à leurs successeurs. — L. 8 pluv. an III, art. 14; arr. 10 frim. an IV, art. 1er.

29. — Leurs successeurs peuvent même, aux termes d'une circulaire du ministre de la justice du 18 avr. 1836, exercer un recours contre les fonctionnaires remplacés, si la collection transmise n'est point complète.

30. — Le *Bulletin des lois* est envoyé par la poste; il circule en franchise, *sous bandes*, ainsi que la correspondance y relative. — Les jours de départ et de réception sont constatés de la même manière que pour les paquets chargés (arr. 27 prair. an VIII, art. 8; décr. 25 juin 1811, art. 6; ord. 6 août 1817; 14 déc. 1825, état n° 1er, § 8). — A cet effet, les destinataires doivent signer un livre-journal portant décharge du directeur de la poste. — Arr. 16 vent. an V, art. 2 et 3.

31. — Il est d'usage que le ministère public présente à l'audience civile qui suit leur réception les numéros du bulletin qui lui ont été adressés et en requière la transcription sur les registres et la publication, ce que le tribunal fait immédiatement. La publication devait consister dans la lecture que le greffier faisait à l'audience du bulletin entier, mais comme cette lecture absorberait souvent un temps considérable, on se borne à lire le numéro et le titre de tous les documens qui y sont contenus, et le plus souvent même du document qui est en tête. — Cet usage paraît remonter à l'époque où la publication des lois devait avoir lieu par lecture publique (*suprà* n° 10), mais depuis que cette publication ne compte pour rien dans la promulgation des lois, la publication requise par le ministère public et ordonnée par les tribunaux n'a plus elle même aucune utilité et pourrait être complétement omise sans inconvénient. — Autre-

fois le ministère public devait aviser le ministre de la justice, dans la quinzaine de l'accomplissement de ces formalités, mais aujourd'hui ils s'en abstiennent complètement, et il n'y aurait, d'après ce que nous venons de dire, aucun intérêt ni aucune raison à la leur rappeler.

BUREAU.

On appelle ainsi tout endroit où travaillent des employés, commis, gens d'affaires, etc. — On désigne aussi par ce mot certains établissemens qui dépendent de l'administration publique ou sont destinés à quelque service public. — V. les mots suivans.
V. ENREGISTREMENT.

BUREAU ACADÉMIQUE (Ancien droit).

1. — Nom donné à un bureau d'écriture établi à Paris par lettres-patentes de 1779.

2. — Ce bureau était composé de 24 membres, de 24 agrégés, de 24 associés écrivains et graveurs, outre un nombre indéterminé de correspondans.

3. — Les membres du bureau académique devaient s'assembler tous les quinze jours, pour traiter de la perfection des écritures, du déchiffrement des anciens manuscrits, des calculs de commerce et de finances, mais surtout de la vérification des écritures.

4. — « L'établissement de cette académie, dit LE-NASLE, est de la plus grande utilité, et a un rapport immédiat à l'administration de la justice. On a tous les jours besoin de l'avis des experts-écrivains pour s'éclairer sur la vérité ou la fausseté d'un écrit dont dépendent la fortune, l'honneur et souvent même la vie d'un citoyen. Il serait à souhaiter que cette académie s'occupât des moyens de prouver que son art, en fait de vérification d'écritures, est moins conjectural et moins arbitraire qu'on ne se l'imagine communément. »

5. — L'existence du bureau académique n'a pas duré assez longtemps pour lui permettre de faire cette preuve: aussi les incertitudes de la vérification d'écriture sont-elles aussi grandes aujourd'hui qu'elles l'étaient autrefois. — V. VÉRIFICATION D'ÉCRITURES.

BUREAU CENTRAL.

1. — On donnait ce nom, sous le directoire, à une institution créée par la constitution de 5 fructid. an III (art. 184), pour les communes divisées en plusieurs municipalités, et dans les attributions de laquelle devaient rentrer les objets jugés indivisibles par le corps législatif.

2. — Les villes dans lesquelles il y avait un bureau central étaient Paris, qui comptait douze municipalités, et Lyon, Bordeaux et Marseille qui en comptaient trois chacune. — L. 19 vendém. an IV, art. 3.

3. — L'art. 9, L. 19 vendém. an IV, déclarait objets indivisibles d'administration dans lesdites villes la police et les subsistances.

4. — Ces bureaux devaient entrer en fonctions, aux termes de l'art. 38 de ladite loi de vendém., rectifié par la loi du 4 brum. suivant, un mois après l'installation du directoire exécutif.

5. — Chaque bureau central était composé de trois membres nommés par l'administration du département et confirmés par le pouvoir exécutif. — Const. 5 fructid. an III, art. 184. — Il nommait et révoquait les commissaires de police. — L. 19 vendém. an IV, art. 3.

6. — Mais la loi du 19 niv. an VIII attribua la nomination des membres des bureaux centraux, des commissaires de police et même des officiers de paix au premier consul, sur la présentation du ministre de la police générale.

7. — Le mode d'action des bureaux centraux était réglé par les art. 40 et 41, L. 21 fructid. an III; l'art. 42 les plaçait sous la surveillance et l'autorité immédiate du département.

8. — Les membres du bureau central avaient reçu de la loi du 24 flor. an IV le pouvoir de décerner des mandats d'amener, d'interroger les prévenus, de dresser procès-verbal de l'interrogatoire et de les renvoyer pardevant les juges de paix qui exerçaient les fonctions de police judiciaire, et procédaient aux premières informations d'instruction dans les procédures criminelles.

9. — A Paris, les administrateurs du bureau central agissaient, quant aux approvisionnemens de subsistance et quant aux objets de police intéressant la sûreté, sous l'autorité immédiate des ministres de l'intérieur et de la police générale. — Sur les autres points ils étaient soumis à l'administration centrale du département. — Elouin, Trébuchet et Labat, Dict. de police, Introd., p. 94.

10. — A Paris, le bureau central avait conservé les attributions de la commission administrative de police à laquelle il succédait; il était, en conséquence, chargé de l'exécution des lois de sûreté, de la surveillance des halles et marchés, des prisons, maisons d'arrêt et de détention, des subsistances, des approvisionnemens et de la navigation intérieure; enfin, il veillait à la conservation des monumens publics, à la réparation et à l'entretien des quais, ports, égouts, etc. — Les hospices, bureaux de bienfaisance étaient administrés sous son autorité; il nommait l'agent comptable des revenus de la ville de Paris, du produit desquels il disposait pour l'acquittement de ses dépenses. — Dict. de police, t. 1er, Introduction, p. 93.

11. — Un commissaire du gouvernement, nommé par le directoire en vertu de l'art. 191, const. an III, était, auprès de chaque bureau central, chargé de surveiller et requérir l'exécution des lois. — Mais un arrêté du 21 niv. an VIII supprima cette place.

12. — La loi du 28 pluv. an VIII, en organisant sur de nouvelles bases l'administration en France, n'a pas conservé les bureaux centraux dont les attributions se sont trouvées réparties entre les préfets, les maires et les commissaires généraux de police. — A Paris, la seule ville de France qui compte plusieurs municipalités, le bureau central a été remplacé par la préfecture de police: ce fut l'un des membres de ce bureau, M. Dubois qui, le premier, fut nommé, le 17 vent. an VIII, préfet de police.

BUREAU D'AFFAIRES.

V. ACTE DE COMMERCE, AGENT D'AFFAIRES.

BUREAU DE BIENFAISANCE.

Table alphabétique.

BUREAU DE BIENFAISANCE. — 1. — Les bureaux de bienfaisance, appelés pendant quelques années bureaux de charité, sont des établissemens chargés de l'administration des biens des pauvres devant être secourus à domicile, et de la distribution à ces derniers des secours dont ils peuvent avoir besoin.

2. — Les secours à domicile pourraient être considérés comme la branche la plus intéressante des secours publics. Les hospices n'en doivent être en quelque sorte que le supplément. On peut, en effet, considérablement diminuer le nombre de ceux qui demandent à entrer dans ces établissemens, en les retenant dans leurs familles.

3. — Car il est bien plus satisfaisant pour le pauvre malade ou infirme d'être assisté chez lui et d'y recevoir les soins de sa femme ou de ses enfans, que de se voir isolé dans un hospice au milieu de gens qui lui sont inconnus. — Aussi la morale publique ne peut que gagner à ce mode de secours, qui tend à resserrer les liens de la famille, et à aider des enfans ou des parens à remplir un devoir que leur prescrit la nature. — Code des hôpitaux de Paris, t. 2, p. 401.

4. — Un bureau de bienfaisance de Paris ayant demandé qu'une partie de ses ressources fût affectée à la création de lits nouveaux dans l'hospice des Incurables, le conseil d'état a repoussé cette demande comme contraire au but de l'institution des bureaux de bienfaisance. — Si les bureaux de bienfaisance peuvent faire des économies, ils doivent les placer en rentes sur l'état ou en bienfonds, pour pouvoir plus tard, dans des circonstances malheureuses, parer à des besoins extraordinaires. — Avis du cons. d'état, 27 sept. 1838.

5. — Un autre bureau ayant proposé sa réunion à l'hospice de sa commune, le ministre de l'intérieur répondit qu'ayant ses ressources propres, il devait continuer à les affecter à la distribution des secours à domicile. En effet, les deux services, ne se suppléant pas entièrement, doivent être conservés là où ils coexistent. — Décis. min. int. 3 nov. 1837. — Durieu et Roche, t. 1er, p. 322.

6. — On compte en France 6,275 bureaux de bienfaisance. D'après un rapport fait au roi le 5 avr. 1837 par M. de Gasparin, alors ministre de l'intérieur, on voit qu'en 1833 ces bureaux ont eu à leur disposition la somme de 40,345,746 fr. 80 c., et qu'ils ont dépensé 9,149,442 fr. 62 c. — 695,632 individus avaient pris part au secours, dont le terme moyen avait été conséquemment de 40 fr. 63 c. par individu.

§ 1er. — *Historique* (no 7).
§ 2. — *Organisation* (no 21).
§ 3. — *Biens et dotation. — Autorisation. — Compétence* (no 49).
§ 4. — *Administration* (no 89).
§ 5. — *Distribution des secours* (no 93).
§ 6. — *Comptabilité* (no 106).

§ 1er. — Historique.

7. — L'organisation des secours à domicile date, en France, d'une époque fort reculée. — Le deuxième concile de Tours ordonnait à chaque paroisse de nourrir ses pauvres; mais, cette tâche étant au-

dessus des ressources de la plupart, saint Louis suppléa à leur insuffisance, et il fut organisé des services de secours à domicile dont les rôles étaient dressés dans les provinces par des commissaires nommés à cet effet.

8. — En 1586, une ordonnance royale établit dans tout le royaume une distribution de secours à domicile, et y affecta le produit d'une taxe répartie sur tous les habitans par les curés, vicaires et marguilliers, sans le concours de l'autorité civile. — L'ord. de 1662 prescrivit de semblables mesures. — Un arrêt du parlement de Paris, rendu en 1740, assura l'exécution des ordonnances précitées. — Favart, *Rép.*, v° *Hospices*, sect. 3, § 1er, n° 1.

9. — Un édit du 9 juill. 1547 avait aussi organisé à Paris des travaux publics pour les pauvres valides, avec défense à eux de demander l'aumône, *sous peine, quant aux femmes, du fouet et d'être bannies de la prévôté et vicomté de Paris, et quant aux hommes, d'estre envoyés en galères pour là y tirer par force à la rame.* — Quant aux infirmes et malades ayant un domicile et ne pouvant se sustenter entièrement, des secours à domicile, d'après ce même édit, leur étaient distribués. Les malades et infirmes sans domicile et sans moyens d'existence étaient secourus dans les hôpitaux.

10. — François Ier avait, en 1544, institué à Paris un *bureau général des pauvres* composé de treize bourgeois nommés par le prévôt des marchands, et de quatre conseillers au parlement. Ce bureau était autorisé à lever annuellement sur les princes, les seigneurs, gens d'église, communautés, et sur toutes les propriétés une taxe d'aumône pour les pauvres, qui était encore prélevée en 1789. Il avait aussi juridiction pour contraindre les cotisés, sauf l'appel en surtaxe que pouvaient former ceux-ci. — Favart, v° *Hospices*, chap. 3, § 1er, n° 1er.

11. — En province, l'administration des établissemens de charité était confiée à des assemblées où siégeaient le curé, le seigneur, le juge et le procureur fiscal lorsqu'ils demeuraient en la ville, les marguilliers et principaux habitans. Les distributions étaient faites par le curé et les marguilliers, ou encore par un procureur de charité, qui s'adjoignait à cet effet des dames et demoiselles des pauvres.

12. — Pendant la révolution, les biens des bureaux de bienfaisance, comme ceux des hospices, furent saisis par l'état, et ces administrations furent bouleversées. Mais le législateur d'alors, pénétré de la nécessité des secours à domicile, voulut, par la loi du 19 mars 1793, reconstituer les bureaux de bienfaisance et promit à chaque département une somme annuelle pour les pauvres, *l'assistance du pauvre étant une dette nationale.*

13. — Une agence fut chargée, dans chaque canton, sous la surveillance des corps administratifs et du pouvoir exécutif, de la distribution du travail et des secours aux pauvres. — L. 19 mars 1793, art. 6.

14. — Les membres de ces agences n'étaient pas salariés. Leurs comptes étaient rendus publics et soumis à l'examen et à la vérification des corps administratifs. — Art. 7.

15. — Pour aider aux vues de prévoyance des citoyens qui voudraient se préparer des ressources, on décréta la formation d'un établissement public sous le nom de *caisse nationale de prévoyance.* — Art. 13. — Mais cette caisse nationale n'a jamais été fondée.

16. — A raison des moyens de secours établis par la loi, la mendicité fut prohibée, et dans chaque département, des maisons de répression devaient s'élever où les mendians seraient conduits pour une durée déterminée, et dans lesquelles le travail serait organisé. — Art. 14.

17. — Toute distribution de pain ou d'argent aux portes des maisons fut aussi interdite. — Art. 15. — Un décret du 15 oct. 1793 vint même frapper d'amende celui qui aurait fait l'aumône. Tout en secourant l'infortune, on voulait, comme le fait remarquer Favart, ôter aux riches tout moyen d'influencer les pauvres.

18. — Ce dernier décret organisait des ateliers de charité avec des moyens de répression, et fixait les règles devant servir à déterminer le domicile de ce secours. — V. DÉPOT DE MENDICITÉ, DOMICILE DE SECOURS.

19. — Le 22 floréal an II, la convention ordonna qu'il fût formé dans chaque département un livre de *bienfaisance nationale*, sur lequel figuraient un certain nombre d'individus qui devaient recevoir une pension annuelle plus ou moins élevée. — De plus, les personnes inscrites sur ce livre avaient droit à des secours gratuits à domicile pendant leurs maladies ou celles de leurs enfans.

20. — Le 7 frimaire an V, une loi supprima les agences et les remplaça par des bureaux de bienfaisance.

§ 2. — *Organisation des bureaux de bienfaisance.*

21. — Ces bureaux, composés de cinq membres, ont pour mission de diriger les travaux prescrits par les administrations municipales, de recevoir les dons faits en faveur des pauvres, et de faire la répartition des secours à domicile, lesquels, autant qu'il sera possible, seront donnés en nature. — L. 7 frim. an V, art. 3, 4, 8 et 10.

22. — Les membres des bureaux de bienfaisance ne reçoivent aucune rétribution. Les perceptions sont faites par un receveur nommé par le préfet sur une liste de trois candidats présentés par chaque bureau. Ce receveur fournit un cautionnement et a les mêmes attributions que les receveurs des hospices. — L. 7 frim. an V, art. 8; Ord. 6 juin 1830, art. 3, et 31 mai 1838, art. 50.

23. — Chaque mois, les bureaux de bienfaisance doivent rendre compte du produit de leur recette à l'administration qui les a nommés. — L. 7 frim. an V, art. 9.

24. — L'ordonnance du 31 oct. 1821, qui, avec la loi de l'an VII, sert de base à l'institution des bureaux de bienfaisance, porte (art. 4) que les règles prescrites pour les commissions administratives des hospices, en ce qui concerne le nombre, la nomination et le renouvellement de leurs membres, sont communes aux bureaux de bienfaisance.

25. — Ces bureaux peuvent, d'après le même article, nommer dans les divers quartiers des villes des adjoints et des dames de charité. Ces commissaires adjoints, ainsi que les dames de charité, n'ont que voix consultative dans le cas où ils assistent aux réunions des bureaux. Ils forment la *partie active* de chaque bureau.

26. — Les bureaux de bienfaisance peuvent aussi s'adjoindre des sœurs de charité.

27. — Dans certaines grandes villes, les adjonctions par quartier forment pour chacun de ceux-ci des espèces de bureaux secondaires relevant du bureau principal, auquel ils rendent compte. — Bost, *Organis. municip.*, t. 2, p. 548.

28. — Les règles prescrites pour la nomination des employés subalternes des hospices et la fixation de leurs traitemens sont applicables aux employés des bureaux de bienfaisance.

29. — Dans les villes où le maire est nommé par le roi, les membres du bureau de bienfaisance sont désignés par le ministre de l'intérieur. Mais c'est au préfet qu'appartient leur nomination dans les autres localités. — Ordonn. 6 fév. 1818.

30. — Le préfet ne peut révoquer les membres des bureaux de bienfaisance. Il a seulement le droit de proposer leur révocation et de les suspendre en cas d'urgence, sauf à en référer immédiatement au ministre de l'intérieur, qui statue définitivement sur sa proposition. — Ordonn. 6 juin 1830, art. 8.

31. — Le renouvellement du bureau se fait chaque année par cinquième, sur une liste de cinq candidats présentés par le bureau. Le membre sortant peut être réélu. La première fois, l'ordre de remplacement est déterminé par le sort; ensuite, c'est le membre le plus ancien qui est toujours à remplacer.

32. — Les retraits ou décès dans le cours d'une année comptent pour la sortie périodique. — Circul. minist. intér. du 4 fév. 1818.

33. — Les membres du bureau de bienfaisance doivent prêter serment entre les mains du maire avant d'entrer en fonctions. — Arg. de l'arrêté minist. du 24 sept. 1831.

34. — Ils peuvent être choisis parmi les membres des commissions administratives des hospices, et doivent avoir aussi leur domicile réel dans le lieu où siégent les bureaux. — Ord. 31 oct. 1821, art. 5.

35. — Bien que la loi ne le défende pas, il convient de ne pas faire entrer dans le même bureau deux ou plusieurs proches parens; autrement, le bureau deviendrait une espèce de conseil de famille, ce qui pourrait entraîner de fâcheux inconvéniens. — Instr. minist. intér., 14 fév. 1823.

36. — Le maire est président-né du bureau. En cas d'absence, il est remplacé par le premier adjoint. — Ord. 29 juill. 1831; Circul. minist. intér., 13 fév. 1828.

37. — Le droit accordé par la loi municipale aux membres des bureaux de bienfaisance de siéger dans les assemblées des électeurs communaux ne s'étend pas aux maires appelés à présider ces bureaux. Ainsi un maire n'a pas le droit, comme président d'un bureau de bienfaisance, et par suite de cette seule qualité, d'être inscrit sur la liste des électeurs municipaux. — *Cass.*, 25 fév. 1833, préfet d'Ille et-Vilaine c. Lebeschu.

38. — L'ordonnance du 31 oct. 1827 appelait le plus ancien curé des villes non épiscopales à siéger comme membre de droit dans les bureaux de bienfaisance, mais il a besoin pour cela d'une autorisation spéciale.

39. — Les membres des bureaux de bienfaisance exerçant des services fort laborieux quoique gratuits, l'autorité administrative supérieure les en récompense en considérant ces services comme publics et en les comptant pour la Légion-d'Honneur.

40. — Ils sont en outre considérés comme fonctionnaires publics, et ne peuvent être conséquemment poursuivis, à raison de leurs fonctions, qu'après que l'autorisation en a été accordée par le conseil d'état. — Décr. 4 juillet 1812.

41. — Les bureaux de bienfaisance ne peuvent être formés par canton, comme sous la loi de l'an V. Il en doit être établi un dans chaque commune, ou du moins dans toutes celles où l'autorité locale le croit utile. — Instr. minist. intér., 8 fév. 1823.

42. — Il peut y avoir plusieurs bureaux dans une même commune. En effet, un donateur a pu vouloir en établir un pour une section de commune seulement. Or, comme cette condition ne présente rien de défavorable, on ne voit pas pourquoi elle devrait être repoussée. — Avis du comité de l'intér., 25 août 1835.

43. — Si une commune vient à être divisée en deux, le bureau de bienfaisance est dissous, et il en est formé un pour chaque nouvelle commune. Les biens sont ensuite partagés entre eux dans la proportion de la population de chacune de ces communes. — Décis. minist., 13 avr. 1830.

44. — Les communes ne peuvent être forcées à établir des bureaux de bienfaisance; elles n'y sont tenues qu'autant qu'elles allouent des subsides pour les secours à domicile, ou que des dons et legs leur sont faits pour cet objet. — Durieu et Roche, *Rép. des établiss. de bienfaisance*, t. 1er, p. 315.

45. — A Paris, il existe par chaque arrondissement un bureau de bienfaisance composé du maire, président-né; des adjoints, membres-nés; de douze administrateurs; d'un nombre illimité de commissaires de bienfaisance et d'un secrétaire trésorier. Les bureaux de Paris sont placés sous la surveillance spéciale du préfet de la Seine et du conseil général des hospices. — Ordonn. 29 avr. 1831, art. 1er et 2; 2 juill. 1816, art. 2.

46. — Ils reçoivent les fonds par l'intermédiaire de ce conseil, et les répartissent d'après le recensement de la population indigente de chaque quartier.

47. — Un arrêté du ministre de l'intérieur, du 24 sept. 1831, rapporté par MM. Durieu et Roche (*Rép. des établiss. de bienfaisance*, t. 1er, p. 316), contient tout ce qui se rattache à l'organisation des bureaux de Paris. Un premier chapitre traite de l'organisation des bureaux, un second des personnes à secourir et des secours à donner, un troisième de la comptabilité, et enfin le quatrième contient quelques dispositions générales.

48. — Les bureaux de bienfaisance dressent chaque année un projet de budget qu'ils soumettent au conseil général des hospices, lequel rend sa décision, sauf l'approbation du ministre. Le conseil général ouvre, en outre, tous les trois mois un crédit à chaque bureau sur la caisse des hospices.

§ 3. — *Biens et dotations des bureaux de bienfaisance.*

49. — Les bureaux de bienfaisance ayant été, comme les hospices, dépossédés de leurs biens au commencement de la révolution, la loi du 20 vent. an V déclara que les dispositions de la loi du 5 vendém. même année, qui avait rendu aux hospices leurs biens non aliénés, et ordonné qu'il leur fût délivré des biens nationaux en remplacement de ceux qui avaient été vendus, seraient communes aux bureaux de bienfaisance.

50. — L'arrêté du 9 fructid. an IX leur rendit également communes les dispositions de la loi du 4 vent. an IX, qui avait affecté aux hospices les rentes celées au domaine et les biens usurpés sur l'état. — V. BIENS RÉVÉLÉS.

51. — C'est aux préfets à envoyer les bureaux de bienfaisance en possession des biens célés au domaine et réclamés par ces établissemens, en vertu de la loi du 4 vent. an IX et de l'arrêté du gouvernement du 9 fructid. suivant. — Le recours à l'autorité judiciaire n'est nécessaire qu'en cas de résistance de la part des détenteurs des biens; et, dans tous les cas, il appartient exclusivement aux conseils de préfecture d'interpréter les actes de vente. — *Cons. d'ét.*, 11 août 1819, Beke c. bureau de bienfais. de Watrelos.

52. — Un décret du 12 juill. 1807, faisant application de l'arrêté du 9 fructid. an IX, déclara que les biens et revenus qui avaient appartenu à des établissemens de bienfaisance sous le nom de *caisse de secours, de charité ou d'épargne*, etc., ayant en

général pour but le soulagement de la classe indigente, ne sont pas devenus la propriété de l'état par la suppression des corporations qui en profitaient, mais doivent être mis à la disposition des bureaux de bienfaisance dans l'arrondissement desquels ils se trouvent situés, à la charge par ces administrations de se conformer, pour l'emploi, au but institutif de chaque établissement, et que c'est à l'autorité administrative qu'il appartient de statuer sur les contestations relatives à ces attributions. —*Cons. d'état*, 12 juill. 1802, bureau de bienf. de Maestricht.

53. — La dotation des bureaux de bienfaisance se compose : 1° des biens que leur ont restitués ou attribués les lois des 16 vend., 20 vent. an V, 4 vent. an IX, l'arrêté du 27 prair. suivant et le décret du 12 juill. 1807 ; — 2° de ceux qu'ils ont pu acquérir depuis à titre onéreux ou gratuit ; — 3° des dons et legs qu'ils sont autorisés à recevoir ; — 4° de la part qui leur est attribuée dans la perception établie sur les amusemens publics ; — 5° des allocations que leur font les conseils municipaux ; — 6° et du produit des souscriptions, troncs, quêtes et collectes.

54. — L'autorité ecclésiastique ne peut s'opposer à ce qu'il soit fait une quête dans une église au profit des pauvres, lorsque le bureau de bienfaisance en fait la demande. — Décr. 30 déc. 1809, art. 75 ; — Bost, *Organis. municip.*, t. 2, p. 550.

55. — Les administrateurs des bureaux de bienfaisance peuvent, en outre, faire placer dans tous les temples et autres lieux où on peut être excité à la charité, des troncs pour recevoir les dons qu'on y voudrait déposer. — Arrêté min. int. 5 prair. an X, art. 1er et 2.

56. — Des collectes trimestrielles seront, en outre, faites dans leurs arrondissemens respectifs par les bureaux de bienfaisance. — Même arrêté, art. 3.

57. — Des quêtes ne pourraient être faites dans une église par les membres d'un comité de charité étranger au bureau de bienfaisance, celui-ci étant le seul représentant légal des pauvres, et ayant seul qualité pour faire des quêtes publiques au profit de ces derniers et en distribuer le montant. — Lettre du minist. de l'int. 14 mars 1838 ; du minist. des cultes, 5 déc. suiv. ; — Bost, t. 2, p. 551.

58. — Le droit établi au profit des pauvres sur les bals publics n'est pas applicable aux bals de réunion d'une société, alors que l'abonnement n'est pas public, qu'ils ne sont pas la chose d'un entrepreneur, et qu'il n'entre dans ces réunions aucun objet de spéculation. — *Cons. d'ét.*, 21 avr. 1836, bureau de bienfaisance de Saint-Quentin c. société dite de Bellevue.

59. — Le légataire universel ou exécuteur testamentaire à qui il a été enjoint de distribuer aux pauvres une certaine somme, peut faire cette distribution comme il le juge convenable, sans que le bureau de bienfaisance puisse, sous aucun prétexte, intervenir dans la distribution. — Avis du cons. d'état, 9 frim. an XII, et 15 janv. 1837. — Affre, *Admin. des par.*, p. 575 ; Bost, *Organis. municip.*, t. 2, p. 550.

60. — Jugé pareillement qu'on peut valablement léguer aux pauvres une rente perpétuelle et s'en référer, pour la distribution, à certaines personnes désignées, sans que l'autorité municipale ait le droit d'intervenir, à moins qu'il ne s'agisse *nommément* des pauvres d'une commune. — *Colmar*, 10 janv. 1839 (t. 1er 1839, p. 565), Stipende Boll c. maire d'Eguisheim et autres.

61. — Le legs consenti à certaines personnes afin qu'elles aient à en faire la distribution même à une classe de pauvres déterminée, est soumis à l'autorisation du gouvernement, qui peut prendre des mesures pour en régler l'exécution ; spécialement, ordonner que les capitaux seront placés en rentes sur l'Etat, pour les intérêts en être annuellement distribués aux pauvres. Mais ces intérêts doivent être remis aux intermédiaires désignés par le testateur, afin qu'ils les emploient conformément à ses intentions. — *Douai*, 11 fév. 1845 (t. 1er 1845, p. 593), hospices de Dunkerque c. Ollivier.

62. — On ne doit pas mettre à la disposition des bureaux de bienfaisance les legs affectés aux pauvres, lorsque les testateurs ou donateurs ont fait choix des curés ou autres fonctionnaires ecclésiastiques pour assurer l'exécution de leur volonté. — Avis cons. d'état du 9 frim. an XII.

63. — Dans le cas où un legs a été fait aux pauvres d'une commune possédant un hospice et un bureau de bienfaisance, s'il y a doute sur l'intention du testateur, le legs doit être partagé entre les deux établissemens, tous deux étant également consacrés au soulagement des pauvres. — Rolland, v° *Bureau de bienfaisance*, n° 34.

64. — Si la commune ne possède pas d'hospices, c'est au bureau de bienfaisance à recueillir le legs, après y avoir été autorisé. — Rolland, n° 28.

65. — Jugé en ce sens qu'un bureau de bienfaisance dûment autorisé peut revendiquer en justice les biens donnés aux pauvres de la commune. — *Angers*, 3 janv. 1844 (t. 1er 1844, p. 99), bureau de bienfaisance de Bazonges c. hospices de Boisgontier.

66. — S'il y a plusieurs bureaux de bienfaisance, le legs doit être réparti entre eux d'une manière égale, après que chacun s'est vu préalablement autorisé. — Rolland, n° 29.

67. — S'il n'y a pas de bureau de bienfaisance, l'acceptation doit être faite par le maire, autorisé à cet effet. — Ord. 2 avr. 1815, art. 3. — Affre, *De l'admin. des paroisses*, p. 573.

68. — Jugé, contrairement à ces principes, que lorsqu'il s'agit de réclamer le paiement d'un legs fait à un bureau de bienfaisance et de charité, c'est aux administrateurs de ce bureau et non à l'autorité municipale qu'appartient le droit d'intenter l'action. — *Cass.*, 10 juill. 1828, Dury c. bureau de charité de Villedieu.

69. — Si le donateur a voulu faire profiter de la donation les pauvres d'une circonscription ecclésiastique comprenant plusieurs communes, l'acceptation doit être faite par le préfet. — *Cons. d'état*, 25 janv. 1835 ; — Affre, p. 573 ; Bost, *Organis. municip.*, t. 2, p. 549.

70. — Elle devrait l'être par le ministre de l'intérieur, si le bénéfice du legs s'étendait à plusieurs départemens. — Avis du comité de l'int., 12 août 1831. — Affre, p. 574 ; Bost, p. 549.

71. — Lorsque le testateur n'a fait aucune désignation du lieu et que l'exécution du legs n'a pas été confiée à un légataire universel, ce legs est réputé fait aux pauvres de la commune où est décédé le testateur. — Avis du comité de l'int., 12 août 1831. — Affre, p. 575.

72. — Lorsque les bureaux de bienfaisance ont été autorisés à accepter les legs à eux faits, les tribunaux civils sont incompétens pour déclarer caducs les legs faits aux pauvres, bien qu'autorisés par le gouvernement, et pour décider que des bureaux de bienfaisance n'ont pas capacité pour accepter des legs qui leur sont faits. — *Cons. d'état*, 25 janv. 1807, préfet de la Sarthe c. Chénon de Brulon.

73. — Décidé cependant que l'ordonnance royale qui autorise un bureau de bienfaisance à accepter un legs fait aux pauvres de la commune est un acte de tutelle qui ne peut préjudicier à la contestation que les héritiers légitimes entendent élever devant les tribunaux sur la validité du testament. — *Cons. d'état*, 20 juin 1816, héritiers d'Hulleau c. bureau de bienfaisance de Vignoulet et de Françon.

74. — Il a été jugé dans ce même sens qu'encore bien que le gouvernement ait accordé à un établissement public l'autorisation d'accepter une donation ou un legs, les tribunaux sont fondés à examiner si le legs ou le don est valable. — *Colmar*, 31 juill. 1823, Meinrad Munch c. Estwiller.

75. — C'est au ministre de l'intérieur et non pas au ministre des cultes à proposer au roi, en conseil d'état, l'acceptation de tous les legs ayant pour objet le secours des pauvres, quel que soit la personne ou l'établissement chargé de l'emploi du legs ou de la distribution du secours. — Avis du cons. d'état du 5 août 1813.

76. — L'ordonnance portant que le legs fait aux pauvres d'une ville sera employé en achats de rentes sur l'état est un acte de tutelle administrative non susceptible d'être attaqué par la voie contentieuse. — *Cons. d'état*, 6 mai 1836, bureau de bienfaisance de Bray-sur-Seine.

77. — Si un ministre, par empiétement sur les attributions administratives du chef du gouvernement, voulait refuser l'autorisation d'accepter un legs, il y aurait excès de pouvoir et, partant, recours par la voie contentieuse. — *Cons. d'état*, 12 janv. 1835, hospices de Compiègne. — Tandis que le refus d'autoriser une acquisition ou une vente peut être fait par le ministre, et, comme acte de tutelle, reste inattaquable. — *Cons. d'état*, 19 juill. 1826, Rodde ; 17 janv. 1838, commune de Villeroi.

78. — L'arrêté d'un préfet qui concède à un bureau de bienfaisance des terres vaines et vagues n'est qu'un acte purement administratif qui n'a pu disposer de ces terres que sous la réserve des droits des tiers, et qui, dès-lors, ne fait pas obstacle à ce que les propriétaires de ces biens les revendiquent devant les tribunaux ordinaires. — *Cons. d'état*, 22 oct. 1817, Hamelin c. Bureau de bienfaisance de Saint-Mars de Locquenay.

79. — Nous avons déjà eu occasion de dire ailleurs qu'on ne peut intenter une action judiciaire contre un bureau de bienfaisance, et que celui-ci ne peut non plus y répondre sans qu'une autorisation préalable ait été obtenue. — C'est sous le mot AUTORISATION DE PLAIDER, et plus spécialement, pour les bureaux de bienfaisance, aux n°s 317 et suiv., et surtout 330 et suiv., qu'ont été exposés les principes relatifs à l'autorisation.

80. — L'autorisation de plaider a été refusée par le conseil d'état à un bureau de bienfaisance, parce qu'il résultait de l'avis de trois jurisconsultes nommés par le ministre de la justice que l'établissement n'avait ni titres valables, ni possession suffisante. — *Cons. d'état*, 26 mai 1824, commune de Lissy c. commune de May. — D'après la loi du 18 juill. 1837, le conseil d'état a cessé de demander ces consultations. — V. AUTORISATION DE PLAIDER, n° 133.

81. — Un bureau de bienfaisance dûment autorisé peut revendiquer en justice les biens donnés aux pauvres de la commune. — *Angers*, 3 janvier 1844, t. 1er 1844, p. 99, Bureau de bienfaisance de Bazonges c. Hospices de Boisgontier.

82. — Cependant un bureau de bienfaisance ne peut ester en justice, et, par exemple, réclamer un don à lui fait sans avoir obtenu du conseil de préfecture l'autorisation de se le faire délivrer. Cette autorisation n'est pas suppléée par l'ordonnance du roi qui permet d'accepter le don et qui lui enjoint de faire les diligences nécessaires pour en opérer le recouvrement. — *Nîmes*, 18 mars 1817 (sous *Cass.*, 22 nov. 1819), Pouzol c. Latour.

83. — Mais un hospice autorisé à poursuivre judiciairement l'envoi en possession d'un legs fait au profit d'un établissement de charité est par là même suffisamment autorisé à plaider contre tout intervenant dans la cause qui a pour objet cet envoi en possession. — *Trib. d'Abbeville*, 2 janv. 1837, sous *Cass.*, 16 juill. 1838 (t. 2 1838, p. 49), Hébert c. Hospices d'Abbeville. — V. aussi AUTORISATION DE PLAIDER, n° 333.

84. — Les arrêtés du conseil de préfecture qui autorisent un bureau de bienfaisance à intervenir dans une instance qui s'est terminée par arrêt souverain participent de l'autorité de la chose jugée, en ce qui concerne l'autorisation donnée. — *Cons. d'état*, 20 sept. 1809, Fontaine c. bureau de bienfaisance de Fourmies.

85. — Lorsque les agens d'un établissement public refusent de donner suite à un procès pour lequel ils ont reçu l'autorisation de plaider, l'autorité administrative peut nommer un agent spécial pour y suppléer. — *Colmar*, 31 juill. 1823, Meinard Monch c. Ettwiller.

86. — De ce que le gouvernement a autorisé un établissement de bienfaisance à transiger avec des tiers sur des contestations, en se réservant le droit d'approuver les transactions conclues, il ne suit pas qu'il ait entendu évoquer à lui par voie administrative la décision des difficultés qui s'élèvent au sujet de la transaction ; ces difficultés rentrent d'ailleurs dans la juridiction des tribunaux civils. — *Cons. d'état*, 21 janv. 1812, Hospice de Turin c. Lautard.

87. — Une ordonnance royale qui valide une transaction passée entre un bureau de charité et un particulier, ne fait pas obstacle à ce que ce particulier attaque cette transaction devant les tribunaux par une action en nullité pour défaut de consentement. Dès-lors le pourvoi formé par ce particulier contre l'ordonnance royale d'autorisation, est sans objet. — *Cons. d'état*, 24 févr. 1825, Gelly c. Bureau de charité de Chirac.

88. — Les poursuites en paiement de fermages dirigées par un bureau de bienfaisance, et l'opposition faite à ces poursuites sont de la compétence des tribunaux civils. — *Cons. d'état*, 29 avr. 1809, Bureau de bienfaisance d'Berzèce ; — Chevalier, *Jurisprudence administrative*, v° *Bureau de bienfaisance* p. 76, § 2.

§ 4. — *Administration des bureaux de bienfaisance.*

89. — L'ordonnance du 31 oct. 1821 enjoint aux préfets de prescrire la rédaction des réglemens pour les bureaux de bienfaisance, partout où il en est besoin. — Une instruction du ministre de l'intérieur, du 8 fév. 1823 a indiqué les points sur lesquels devaient porter surtout ces réglemens.

90. — Quant à la gestion des biens, il faut appliquer aux bureaux de bienfaisance toutes les règles relatives à la gestion des biens des hospices et à l'emploi de leurs fonds disponibles. — V. HOSPICES.

91. — Les bureaux de bienfaisance ne sont toutefois pas tenus d'obtenir l'autorisation des municipalités dont ils dépendent pour acquérir, transiger ou plaider. La commune ne peut prétendre leur imposer son concours, et l'avis préalable du conseil municipal pour les acquisitions gratuites ou non qu'ils peuvent faire, spécialement à l'égard des legs dont ils sont l'objet. Quoique nommés par les municipalités, les bureaux de bienfaisance ne

sont ni ses délégués ni ses mandataires.— Foucart, *Droit publ. et adm.*, t. 3, p. 212; Rolland de Villargues, *Rép. du not.*, v° *Bureau de bienfaisance*, n° 23; Magnitot et Delamarre, v° *Bureau de bienfaisance*, § 5. — V. AUTORISATION DE PLAIDER, n° 331. — V. cont. Durieu et Roche, t. 1er, p. 323, n° 28.

92.— Aussi, dans le cas où la commune n'a point participé aux engagemens onéreux contractés par le bureau de bienfaisance, elle ne saurait en être responsable, y étant absolument étrangère.—Affre, p. 576; Rolland, n° 24.

§ 5 — *Distribution des secours.*

93.— Tous les malheureux ont droit aux secours, toutes les fois qu'ils ne peuvent subvenir à leurs premiers besoins; ce sont donc ces besoins que les bureaux de bienfaisance doivent constater.— Inst. minist. 8 févr. 1823.

94.— Une des premières choses dont les bureaux de bienfaisance ont à s'occuper est de s'assurer si l'indigent qui se présente pour être secouru a le domicile de secours voulu par la loi du 15 oct. 1793. — Inst. minist., 8 févr. 1823.

95.—Le domicile de secours n'est acquis que par le laps d'une année de domicile réel dans la commune. — L. 4 vent. an II, art. 4; — Bost, *Organis. et attrib. municip.*, t. 2, p. 458.

96.—Les secours donnés aux pauvres sont *temporaires* ou *annuels*.— Les infirmités qui y donnent lieu doivent être soigneusement constatées par les médecins attachés au bureau de bienfaisance.

97. — Les secours fournis par les bureaux de bienfaisance doivent consister surtout en pain, soupes, vêtemens, combustibles et, en cas de maladie à domicile, en remèdes et alimens nécessaires. — L. 7 frim. an V, art. 10.

98. — Les bureaux de bienfaisance ne doivent pas borner leurs soins à la distribution des secours à domicile; ils doivent encore les étendre aux écoles de charité. Ces écoles font une des parties les plus intéressantes de leur administration, car s'il est bien de soutenir la vieillesse sans ressources, il ne l'est pas moins de disposer les enfans, par une éducation morale et religieuse, à se garantir du fléau de la misère, en leur inculquant l'amour du travail, l'esprit d'ordre, d'économie et de prévoyance. — Instruct. minist. 8 fév. 1823.

99. — Ils doivent aussi, s'ils ont des ressources suffisantes, placer en nourrice et en apprentissage les enfans de familles pauvres. Les traités d'apprentissage passés entre les parens et les maîtres, sous les auspices et avec garantie du bureau de bienfaisance, sont obligatoires pour les parties, et ils sont approuvés par l'administration supérieure, si l'engagement n'est pas au-dessus des forces du bureau et rentre dans les limites qui lui sont tracées. — Magnitot et Delamarre, *Dict. de droit administ.* v° *Bureau de bienfaisance*, p. 150; Rolland de Villargues, *Répert. du not.*, v° *Bureau de bienfaisance*, n° 19.

100. — Lorsqu'un testateur a fondé, sous l'ancienne législation, des bourses gratuites destinées à ses parens et qu'il en a conféré la collation au curé et à l'un de ses plus proches parens, l'administration d'une telle fondation doit être aujourd'hui confiée au bureau de bienfaisance à la place du curé. La collation des bourses ainsi fondées appartient au préfet, sur la présentation du bureau de bienfaisance.—*Cons. d'état*, 29 sept. 1809, Fontaine c. Bureau de bienfaisance de Fourmies. — V. BOURSE DE COLLÈGE.

101.— Les indigens inscrits sur les registres des bureaux de bienfaisance peuvent, avec des certificats délivrés par ces bureaux, obtenir des passeports gratuits, avec la subvention de quinze centimes par lieue, l'exemption des droits d'enregistrement, la remise ou modification des impôts et patentes, la délivrance gratuite des actes de l'état civil, et l'inhumation gratuite pour eux et leurs enfans.—Ord. 2 juill. 1816, art. 78; —Rolland, n° 20.

102. — Les quittances des indigens pour les secours à eux accordés sont aussi exemptes de timbre, à quelques sommes que ces secours s'élèvent. — L. 13 brum. an VII, art. 16.

103. — Il en est de même des comptes d'avances et des états récapitulatifs des secours distribués aux indigens par les sœurs de charité, et que celles-ci doivent remettre au receveur des bureaux de bienfaisance pour former leur compte général. — Décis. min. des finances, 27 avr. 1840.

104. —Mais les actes d'acquisition passés par les bureaux de bienfaisance, les donations et legs faits en leur faveur, sont frappés des mêmes droits d'enregistrement que ceux qui concernent les particuliers.—L. 18 avr. 1831, art. 17.—Rolland, n° 45.

105. — Les secours distribués par les bureaux de bienfaisance doivent l'être seulement dans leur circonscription. — Affre, *Traité de l'administration des paroisses*, p. 552.

§ 6. — *Comptabilité.*

106. — Les mêmes règles de comptabilité sont applicables aux hospices et aux bureaux de bienfaisance; seulement c'est aux préfets à régler dans tous les cas le budget de ces derniers, et quels que soient leurs revenus.—Ord. 31 oct. 1821, art 13; ord. 31 mai 1838, art. 504.

107. — La comptabilité des bureaux de bienfaisance est organisée par les instructions des 11 nov. 1827 et 15 avr. 1835, et l'ord. du 31 mai-26 juin 1838, chap. 21.

108. —Le compte à rendre par un simple particulier à un bureau de bienfaisance est soumis aux règles tracées par le C. de procéd., et non aux formes spécialement exigées pour les comptes entre les bureaux et leurs receveurs.—*Cass.*, 7 juin 1832, Bureau de charité de Fage c. Delamotte.

BUREAU DE CONCILIATION.

C'est le lieu où le juge de paix entend les parties qui se présentent devant lui pour tâcher de se concilier sur les contestations qui les divisent. — Merlin, *Rép.*, v° *Bureau de conciliation*.— V. AVEU, BUREAU DE PAIX, CONCILIATION, GREFFE (droits de), JUGE DE PAIX, TIMBRE.

BUREAU DE CONSULTATIONS.

1. — Bureau tenu par les avocats pour donner aux indigens des consultations gratuites et pourvoir à leur défense.

2. — Ce bureau, établi en vertu de l'art. 24 du décret du 14 déc. 1810, devait se tenir une fois par semaine; mais cela n'est possible que dans les grandes localités.

3. — Les jeunes avocats admis au stage sont tenus de suivre exactement les assemblées du bureau de consultation. — Décr. 14 déc. 1810, art. 24, § 4.

4. — Les causes que ce bureau trouve justes sont par lui renvoyées, avec son avis, au conseil de discipline, qui les distribue aux avocats par tour de rôle.— Art. 24, § 2.

5. — A Paris, il n'existe pas précisément de bureau de consultation; mais la conférence des avocats stagiaires présidée par le bâtonnier ou, à son défaut, par un membre du conseil, délibère sur toutes les consultations gratuites que réclament les indigens.

6. — D'après un arrêté du conseil de discipline du 15 nov. 1821, confirmé par deux arrêtés des 15 janv. et 15 nov. 1831, six avocats inscrits au tableau devaient être appelés à chaque conférence pour délibérer les consultations gratuites; mais cette mesure ne reçoit plus d'exécution.

7. — L'art. 24 du décret du 14 déc. 1810 conférait au procureur-général le pouvoir d'indiquer lui même, s'il le jugeait nécessaire, ceux des avocats qui devaient se rendre à l'assemblée du bureau de consultation. Cette disposition est abrogée par l'ordonnance du 20 nov. 1822, art. 45.

BUREAU DE DISTRIBUTION D'IMPRIMÉS (Entrepreneurs de).

Les entrepreneurs de bureaux de distribution d'imprimés sont rangés par la loi du 25 avr. 1844, sur les patentes, dans la cinquième classe des patentables, et imposés à : 1° un droit fixe basé sur le chiffre de la population dans la ville ou commune où est situé l'établissement; 2° un droit proportionnel du vingtième de la valeur locative de la maison d'habitation et des locaux servant à l'exercice de la profession. — V. PATENTE.

BUREAU DE GARANTIE.

Lieu dépendant de l'administration des contributions indirectes, où les lingots et ouvrages d'or et d'argent sont essayés, leurs titres constatés et les droits de garantie perçus. — V. MATIÈRES D'OR ET D'ARGENT, ENREGISTREMENT.

BUREAU DE JURISPRUDENCE CHARITABLE.

V. BUREAU DE PAIX, n°s 18 et suiv.

BUREAU DE L'ÉCRITOIRE.

C'était le lieu où les jurés experts et les greffiers des bâtimens s'assemblaient pour aller toiser et faire les vérifications et expertises, ou pour bien arrêter, rédiger et signer les rapports. — V. GREFFIER DES BATIMENS.

BUREAU DE LA VILLE (Droit ancien).

1. — Ancienne juridiction instituée pour régler la police et assurer l'arrivage des approvisionnemens de la ville de Paris, qui se faisaient par eau. —V. APPROVISIONNEMENT.

2. — Ce tribunal était présidé par le prévôt des marchands et composé des échevins. Il avait son greffier et ses procureurs à part.

3. — Il était investi du droit exclusif de police sur les rives de la Seine, depuis sa source jusqu'à son embouchure.

BUREAU DE PAIX.

1. — Bureau de conciliation créé par l'assemblée constituante, pour prévenir les procès en matière civile. — V. CONCILIATION.

2. — Il y avait deux espèces de bureaux de paix, ceux de canton et ceux de district.

3. — Les bureaux de paix de canton étaient composés du juge de paix et de quatre assesseurs ou prud'hommes.— L. 16-24 août 1790, tit. 10, art. 1er et 2. — Ils n'étaient appelés à tenter la conciliation qu'entre parties habitant le même canton.

4. — Les bureaux de district étaient composés de six membres et servaient de médiateurs aux parties habitant deux cantons différens. — L. 16-24 août 1790, tit. 10, art. 4.

5. — Les bureaux de paix de district avaient aussi exclusivement la mission de concilier les parties, même résidant dans le même canton, qui voulaient tenter la voie de l'appel. — Même loi, art. 7. — Ils formaient enfin un bureau de *jurisprudence charitable*, ainsi qu'il sera expliqué *infrà*, n°s 18 et suivans.

6. — Les membres du bureau de paix de district étaient choisis pour deux ans par le conseil général de la commune, « parmi les citoyens recommandables par leur patriotisme et leur probité. » — Deux membres au moins du bureau de paix devaient être hommes de loi.

7. — Nulle profession, nulle fonction n'était exclusive de celle de membre d'un bureau de paix. — *Manuel des bureaux de paix*, p. 6.

8. — Les membres du bureau de paix exerçaient leurs fonctions sans avoir besoin d'aucune installation. — L. 27 mars 1791, art. 20. — Ils n'étaient point réputés fonctionnaires publics et n'étaient point astreints à une prestation de serment. — *Manuel des bureaux de paix*, p. 16.

9. — Chaque bureau de paix de district avait un secrétaire salarié sur le produit des amendes et révocable.

10. — Les citations du bureau de paix devaient être d'un jour franc au moins, si la partie civile était domiciliée dans la ville où le bureau de paix était établi ou dans la distance de quatre lieues; et de trois jours francs, si la partie était domiciliée dans la distance de quatre lieues jusqu'à dix. — L. 26 oct. 1790, art. 7.

11. — La citation au bureau de paix pouvait être donnée par le greffier de la municipalité. — L. 26 oct. 1790, tit. 1er, art. 1er. — Il en était autrement à Paris; les huissiers de justice de paix avaient seuls caractère pour y délivrer les citations. — L. 21 sept. 1791.

12. — Ces citations n'étaient assujéties ni à la formalité ni au droit d'enregistrement. — L. 9 oct. 1791, art. 5; — *Manuel des bureaux de paix*, p. 36.

13. — En cas de non-comparution au bureau de paix, à moins d'impossibilité absolue, la partie qui succombait en première instance devant un tribunal de district était condamnée par ce même jugement à une amende de trente livres. — L. 27 mars 1791, art. 22.

14. — Si l'affaire était portée en appel, l'intimé qui n'avait pas comparu au bureau de paix était condamné, en cas d'infirmation, à l'amende de fol-appel. — L. 16-14 août 1790, tit. 10, art. 10.

15. — Le produit des amendes était versé dans la caisse de l'administration de chaque district et employé au service des bureaux de paix et de jurisprudence charitable. — Même loi, art. 11.

16. — Les parties qui se trouvaient dans l'impossibilité de comparaître au bureau de paix pouvaient s'y faire représenter, pourvu que ce ne fût pas par un avoué, un greffier, un huissier, un ancien procureur ou un ci-devant homme de loi. — L. 27 mars 1791, art. 16.

17. — Les bureaux de paix de district pouvaient accorder des saufs-conduits à ceux qui, cités devant eux, se trouvaient exposés à l'exécution d'une contrainte par corps. — L. 27 mars 1791, art. 23.

18. — Les bureaux de paix de district étaient en même temps *bureaux de jurisprudence charitable*, c'est-à-dire qu'ils étaient chargés d'examiner les affaires des pauvres qui s'adressaient à eux, de leur donner des conseils et de défendre ou faire dé-

fendre leur cause.—L. 16-24 août 1790, tit. 10, art. 8.

19. — Pour recourir au bureau de jurisprudence charitable, il fallait être domicilié dans le district, produire un certificat de pauvreté délivré par la municipalité ou le curé, et fournir un mémoire explicatif des bureaux de paix, p. 136 et suiv. — *Manuel des bureaux de paix*, p. 136 et suiv.

20. — Si la réclamation paraissait juste, et le rapport fait au bureau était favorable, le président écrivait à la partie adverse pour lui faire connaître la demande et tenter une conciliation. Après ces préliminaires, le bureau, en vertu d'une délibération portée au registre, intentait l'action à la requête de la partie, *poursuite et diligence du bureau*, et suivait l'instance même en appel ou en cassation. — *Journal des tribunaux*, t. 3, n° 79, p. 269.

21. — Suivant Guichard (*Mémorial*, t. 3, p. 256), lorsque le bureau estimait qu'il y avait lieu à se pourvoir en cassation, il devait en référer au ministre de la justice, afin de faire approuver l'avis du bureau et d'obtenir la dispense de la consignation d'amende; mais cette formalité n'était pas exigée par la loi.

V. COMMENCEMENT DE PREUVE PAR ÉCRIT.

BUREAU DE PLACEMENT.

Les personnes tenant un bureau d'indication et de placement sont rangées par la loi du 25 avr. 1844, sur les patentes, dans la cinquième classe des patentables, et imposées à : 1° un droit fixe basé sur le chiffre de la population de la ville ou commune où est situé l'établissement; — 2° un droit proportionnel du vingtième de la valeur locative de la maison d'habitation et des locaux servant à l'exercice de la profession. — V. PATENTE.

BUREAU DES AIDES.

Lieu où se percevaient les droits d'aide. — V. AIDES.

BUREAU DES CLASSES.

V. INSCRIPTION MARITIME.

BUREAU DES FABRIQUES D'ÉGLISE.

1. — Chaque fabrique d'église se divise en *conseil* et en *bureau*. Le conseil est composé de tous les membres de la fabrique; le bureau se recrute parmi les membres du conseil.

2. — Le bureau relève du conseil : c'est lui qui prépare les affaires dont le conseil doit connaître et qui exécute ses délibérations. Parmi les actes qui rentrent dans ses attributions, il en est qu'il ne peut faire sans l'assentiment et l'autorisation du conseil, d'autres, au contraire, pour lesquels il n'a pas besoin de cette autorisation.

3. — Les membres du bureau prennent le nom de *marguilliers*.

4. — Au surplus, tout ce qui concerne les opérations du bureau des fabriques est traité au mot FABRIQUES D'ÉGLISE.

BUREAU DES FINANCES.

1. — C'était autrefois une juridiction établie pour connaître des affaires qui concernaient le domaine du roi. — Merlin, *Rép.*, v° *Trésoriers de France*.

2. — Il y avait un bureau de finances dans les généralités et dans les principales villes du royaume. — Édit de Henri III de 1677.

3. — Les magistrats composant cette juridiction étaient appelés trésoriers de France. Leur compétence, bornée d'abord aux causes du domaine, avait reçu de notables accroissements et s'appliquait notamment, dans les derniers temps, à la juridiction contentieuse en matière de voirie, à la conservation du domaine du roi et de ses revenus, etc. — V. TRÉSORIERS DE FRANCE.

BUREAU DES HYPOTHÈQUES.

V. CONSERVATEUR DES HYPOTHÈQUES.

BUREAU DES NOURRICES.

V. NOURRICE.

BUREAU DES RENSEIGNEMENS.

1. — Bureau établi par la loi du 19 vendém. an IV, art. 26, en chaque greffe de tribunal correctionnel, et où devait être tenu un registre, par ordre alphabétique, de tous les individus appelés au tribunal correctionnel ou au jury d'accusation, avec une notice sommaire de leur affaire et des suites qu'elle avait eues.

2. — Cette disposition a été abrogée et remplacée par les art. 600, 601 et 602, C. inst. crim., ainsi conçus : « Les greffiers des tribunaux correctionnels et des cours d'assises seront tenus de consigner par ordre alphabétique sur un registre particulier les noms, prénoms, professions, âge et résidence de tous les individus condamnés à un emprisonnement correctionnel ou à une plus forte peine. — Art. 600.

3. — Ce registre contiendra une notice sommaire de chaque affaire et de la condamnation, à peine de 50 fr. d'amende pour chaque omission. Tous les trois mois les greffiers enverront, sous peine de 100 fr. d'amende, copie de ces registres au ministre de la justice et à celui de la police générale (aujourd'hui au ministre de l'intérieur). — Art. 601.

4. — Ces deux ministres feront tenir dans la même forme un registre général composé de ces diverses copies. — Art. 602. »

BUREAU DU COMMERCE ET DES COLONIES.

1. — On appelle ainsi un bureau chargé, sous l'autorité du président du conseil des ministres, de recueillir les faits et documens propres à éclairer les délibérations du conseil supérieur du commerce et des colonies, en tout ce qui touche l'action du gouvernement sur le commerce dans ses rapports avec l'étranger et avec les colonies.

2. — Ce bureau, créé par l'ord. du 6 janv. 1824, puis modifié quant à sa composition et à ses attributions par les ord. des 20 mars 1824, 4 et 20 janv. 1828, a été rétabli dans son même état par deux ord. des 5 août et 8 déc. 1829.

3. — Le bureau du commerce et des colonies peut proposer aux ministres compétens d'ordonner des enquêtes tendant à éclairer les points de commerce plus particulièrement susceptibles de controverse ; par suite, il propose au conseil supérieur, pour en être référé au roi, s'il y a lieu, toutes les mesures qu'il croit avantageuses au commerce général du pays.

4. — Tous les projets de lois et d'ordonnances en matière de commerce, de douanes et des colonies, sont d'abord communiqués au bureau du commerce et des colonies, pour être ensuite examinés et discutés en conseil supérieur.

5. — En 1834, il fut nommé une commission pour exercer les attributions du bureau du commerce et des colonies, jusqu'à ce qu'il en fût autrement ordonné. — Ord. 27 janv. 1834. — Une ordonnance ultérieure du 7 mai 1831 a consacré implicitement le maintien du bureau du commerce et des colonies en allouant des fonds pour ses dépenses, et en transportant le montant de ses crédits et dépenses dans la comptabilité du ministre du commerce et des travaux publics. — V. CONSEIL SUPÉRIEUR DU COMMERCE ET DES COLONIES.

BUREAUX D'ENREGISTREMENT, DE GREFFE, D'HYPOTHÈQUE ET DE TIMBRE.

1. — Lieux où ces divers droits sont perçus, soit au moyen de la formalité donnée aux actes, où ces déclarations des parties, soit par la distribution du papier timbré.

2. — Quelques uns de ces bureaux réunissent toutes les natures de recette, enregistrement, greffe, hypothèques, timbre. Les autres n'en ont qu'une partie dans leurs attributions; mais les règles générales sont les mêmes.

3. — Les bureaux de l'enregistrement, des domaines, du timbre et des hypothèques, doivent être ouverts tous les jours, excepté les dimanches et jours fériés reconnus par la loi, durant une seule séance de huit heures du matin à quatre heu-

res du soir, et le receveur ne peut donner aucune formalité après l'heure fixée pour la clôture. — L. 27 mai 1791, tit. 2, art. 2; déc. min. fin. 9 mars 1839.

— En ce qui concerne spécialement les bureaux d'enregistrement, V. ENREGISTREMENT.

V. aussi GREFFE (Droits de), HYPOTHÈQUE (Droits d'), TIMBRE.

BUSTES (Mouleurs et Fabricans de).

1. — Les mouleurs de bustes en plâtre sont rangés par la loi du 25 avr. 1844, sur les patentes, dans la sixième classe des patentables, et imposés à : 1° un droit fixe basé sur le chiffre de la population de la ville ou commune où est situé l'établissement ; — 2° un droit proportionnel du vingtième de la valeur locative de la maison d'habitation et des locaux servant à l'exercice de la profession.

2. — Les fabricans de bustes en cire pour les coiffeurs sont rangés dans la septième classe et imposés également au droit fixe basé sur le chiffre de la population de la ville ou commune où est situé l'établissement, et, dans les communes de 20,000 âmes et au-dessus, à un droit proportionnel du quarantième de la valeur locative de tous les locaux qu'ils occupent, mais seulement dans les communes d'une population de 20,000 âmes et au-dessus. — V. PATENTE.

BUT.

C'est la fin qu'on se propose dans une convention, dans une disposition. — V. CAUSE DES OBLIGATIONS, CONDITION.

BUT A BUT.

Ces mots indiquent qu'un contrat a lieu sans aucun avantage de part ni d'autre. On le emploie fréquemment dans les échanges faits sans soulte ni retour. — V. SOULTE.

BUTIN.

C'est ce qui est pris sur l'ennemi en temps de guerre. — V. PRISES MARITIMES, PROPRIÉTÉ.

BUVETTE (Droit ancien).

1. — Sorte de cabaret qui était situé près du Palais et quelquefois au Palais même, et où les officiers de judicature allaient habituellement déjeuner ou se rafraîchir.

2. — L'établissement d'une buvette n'était pas également ancien dans tous les tribunaux ; mais il avait fini par devenir général, surtout depuis que les fonctions de buvetier avaient été érigées en titre d'office.

3. — Anciennement, au parlement de Paris, la grand'chambre et la tournelle avaient seules une buvette; mais, par un arrêté de fév. 1524, les chambres des enquêtes voulurent participer au même avantage. — Bouchel, *Bibl.*, v° *Buvette*; Ferrière, *Dict. de dr. et de pratique*; Boucher d'Argis, *Répert.* (de Merlin), t. 2, p. 573.

4. — La buvette du Palais était placée dans l'une des tours du quai de l'Horloge. Son emplacement avait jadis servi de cabinet à saint Louis; il se trouve aujourd'hui occupé par les garçons de service de la cour de Cassation. On y voit encore les armoiries royales incrustées dans le mur, et une table grossière en bois de noyer qu'on regarde comme fort ancienne.

5. — Ce n'est qu'au commencement du dix-huitième siècle que les buvetiers furent érigés en titre d'office ; ils n'exerçaient auparavant qu'en vertu d'une commission ou d'une simple permission.

6. — Ils jouissaient anciennement de plusieurs privilèges, et entre autres de celui de faire entrer dans Paris une certaine quantité de vin sans payer aucun droit.

7. — Les buvetiers des tribunaux, obligés d'aller dans les provinces pour faire leurs approvisionnemens, pouvaient porter toutes sortes d'armes offensives et défensives.

8. — Les fonctions de buvetier étaient ordinairement réunies à celles de concierge.

C

CABAL OÙ CABAU.

1. — C'est le nom que la coutume de Bergerac donnait au bail à cheptel : « Si aucun, portait l'art. 114 de cette coutume, baille à un autre quelque bête à nourrir , et se retient sur icelle certain prix ou cabal, le gain qui excédera ledit prix ou cabal ou la perte seront répartis également. »

2. — Mais ce mot n'avait point ailleurs la même signification. La coutume de Bayonne (art. 22 et suiv.) appelait cabal un fonds de marchandises mises en société.

3. — De Laurière (*Gloss.*, v° *Cabal*) et Despeisses (t. 3, p. 270) lui donnent à peu près le même sens. Suivant le premier, le *cabal* est le fonds d'un marchand consistant en toutes sortes de denrées et de marchandises, et l'on dit vendre *son cabal* pour vendre les marchandises de sa boutique. Suivant Despeisses , ce mot vient de *caput* et désigne les *meubles lucratifs*. Ainsi, d'après cet auteur, les fonds de négoce sont appelés *cabaux*, parce que les cabaux consistent en meubles qui apportent du lucre et du profit au maître, à cause du trafic qu'on en fait.

4. — Le mot *cabal* se trouvait également dans quelques articles de la coutume de Bordeaux ; mais comme aucun de ces articles n'en déterminait l'acception , la question était élevée de savoir quel sens les rédacteurs avaient voulu lui donner. Suivant l'interprétation admise dans l'usage, ce mot ne s'appliquait qu'aux marchandises en boutique, et cette interprétation avait été consacrée par un arrêt du parlement de Bordeaux, du 21 août 1783. — Guyot, *Rép.*, v° *Cabal*.

CABANES DE GARDIENS.

1. — On appelle ainsi les maisonnettes destinées à abriter les personnes commises à la garde d'objets quelconques.

2. — Aux termes de l'art. 451 du Code pénal, toute rupture , toute destruction de cabanes de gardiens est punie d'un emprisonnement d'un mois au moins et d'un an au plus, et l'art. 455 ajoute qu'il est, en outre, prononcé une amende qui ne peut excéder le quart des restitutions et dommages-intérêts et être au-dessous de seize francs. — V. à cet égard DÉGRADATION ET DOMMAGES, DESTRUCTION.

CABARET, CABARETIER.

1. — On appelle *cabaret* un lieu public où l'on fait commerce de vendre du vin en détail et où l'on donne à boire et à manger, mais sans loger. — Celui qui exerce cette industrie s'appelle *cabaretier*.

2. — La loi du 16-24 août 1790 (tit. 11, art. 3, n° 3) confie à la vigilance et à l'autorité des corps municipaux le maintien du bon ordre dans les endroits où il se fait un grand rassemblement d'hommes, tels que... *cafés et autres lieux publics*, ce qui comprend incontestablement les lieux connus sous le nom de cabarets, restaurans, estaminets, etc., etc.

3. — Les maires (et à Paris, le préfet de police) ont donc le droit de déterminer par des réglemens spéciaux les heures auxquelles, pendant les diverses saisons, les établissemens ci-dessus indiqués, et spécialement les cabarets, doivent être fermés, comme aussi les mesures à prendre pour le maintien du bon ordre. Les infractions à ces réglemens tombent sous l'application de l'art. 471 , n° 15, C. pén., et de l'art. 474 du même Code. Tout ce qui concerne cette matière sera traité au mot LIEUX PUBLICS.

4. — « La surveillance qui, aux termes de la loi du 16-24 août 1790, s'exerce sur les lieux publics doit, disent MM. Elouin, Labat et Trébuchet (v° *Cabinets noirs*), s'étendre à la recherche des cabinets noirs disposés d'ordinaire chez les marchands de vins et de liqueurs pour favoriser la prostitution. Il importe de constater la présence dans ces cabinets de personnes de mauvaise vie, la preuve du fait même, si elles ne justifient pas leur position ou si elles sont soupçonnées d'attenter aux mœurs ou de quelque délit. »— Circulaire du directeur général de la police du 11 février 1815 ; instr. du préfet de police du 1er août 1819. — A Paris, il est défendu aux cabaretiers et autres marchands de boissons de recevoir chez eux des femmes de débauche, à peine de cent francs d'amende. — Ord. de police du 6 nov. 1778, art. 1er, et du 21 mai 1784, art. 7.

5. — Si les cabaretiers donnaient à loger , ils se raient alors soumis aux mêmes obligations que les *logeurs et hôteliers*. — V. ces mots.

6. — C'est une question assez grave que celle de savoir si le § 4 de l'art. 386 du C. pén., qui punit de la réclusion le vol commis par un aubergiste ou un hôtelier de tout ou partie des choses qui lui étaient confiées à ce titre , est applicable aux cabaretiers. L'affirmative résulte de plusieurs arrêts de la cour de cassation ; mais la thèse contraire est professée par MM. Chauveau et Hélie (*Th. C. pén.*, t. 7, p. 52 et suiv.). — V. au surplus VOL.

7. — Doit-on appliquer aux cabaretiers les dispositions des art. 1952 et 1953 du C. civ. sur le dépôt nécessaire ? — V. DÉPÔT.

8. — Les cabaretiers sont commerçans. — V. ACTE DE COMMERCE, n° 160.

9. — Ils sont rangés par la loi du 25 avril 1844, sur les patentes, dans la sixième classe des patentables, et imposés à : 1° un droit fixe basé sur le chiffre de la population de la ville ou commune où est situé l'établissement ; 2° un droit proportionnel du vingtième de la valeur locative de la maison d'habitation et des locaux servant à l'exercice de la profession. — V. PATENTE.

10. — Ceux qui ont billards sont rangés dans la cinquième classe et soumis aux mêmes droits, sauf la différence de classe. — V. PATENTE.

11. — Autrefois, il était défendu aux cabaretiers de passer des contrats dans les tavernes, sous peine de privation de leurs offices (*Parlem. Rennes*, 17 oct. 1559 ; *Parlem. Paris*, 1er juill. 1650), et même, dans certaines coutumes , de la résiliation ou nullité des actes ainsi passés. — Cout. *Bruges*, tit. 29, art. 1er ; charte gén. du Hainault, ch. 409, art. 18 ; Du Franc de Bruges , art. 136 ; d'Ypre , ch. 2. — Ainsi , dit Merlin (*Rép.*, v° *Cabaret*) , le droit commun de la Flandre flamande était qu'on pouvait , à compter du moment de la convention jusqu'au lendemain midi, résilier les contrats faits dans les cabarets, *entre les pots et les verres*, en payant la dépense ; à moins, toutefois, qu'il ne s'agît d'actes passés par les cabaretiers eux-mêmes ou par des personnes logées dans des cabarets, ou bien encore de ventes judiciaires.

12. — Nous avons déjà dit (v° ACTE NOTARIÉ, n° 312) que ces dispositions ne sont plus en vigueur. — V. HUISSIER, NOTAIRE.

13. — Une circulaire du ministre de la justice, du 17 mai 1821, porte qu'il est convenable que les adjudications ne soient pas faites dans des auberges ni dans d'autres lieux où l'on vend du vin ; mais que si cela est inévitable, le notaire doit empêcher qu'on apporte du vin dans la salle où se fait la vente.

14. — Après avoir établi la prohibition de construire aucunes maisons et clôtures de maçonnerie dans les faubourgs et aux avenues et place de guerre, l'ordonnance du roi du 9 déc. 1713 porte qu'il peut néanmoins être bâti à chacune des portes et principales avenues desdites places de guerre, *un cabaret* pour la commodité des voyageurs qui arrivent après la fermeture de la ville, et cela après une distance déterminée. — Cette faculté est-elle toujours en vigueur aujourd'hui ? — V. PLACE DE GUERRE, SERVITUDES MILITAIRES.

V. en outre ACTE DE COMMERCE , BOISSONS, COMMERÇANT , CONTRIBUTIONS INDIRECTES, VOL.

CABAS (Faiseur de).

Les faiseurs de cabas sont rangés par la loi du 25 avril 1844, sur les patentes, dans la huitième classe des patentables, et imposés à : 1° un droit fixe basé sur le chiffre de la population de la ville ou commune où est situé l'établissement ; — 2° un droit proportionnel du quarantième de la valeur locative de tous les locaux occupés par les patentables, mais seulement dans les communes d'une population de 20,000 ames et au-dessus. — V. PATENTE.

CABINET D'ANATOMIE.

1. — On appelle ainsi un lieu destiné à l'étude de l'anatomie pour la dissection des cadavres.

2. — Un arrêté du directoire exécutif du 3 vendémiaire an VII disposait : 1° qu'aucune salle de dissection, soit publique, *soit particulière*, aucun laboratoire d'anatomie ne pourrait être ouvert, sans l'agrément du bureau central dans les communes où il en existait, et ailleurs, sans celui de l'administration municipale ; 2° que tout individu ayant droit de s'occuper de dissection serait préalablement tenu : 1° de se faire inscrire chez le commissaire de police de son arrondissement ; 2° d'observer, pour obtenir des cadavres, les formalités qui lui seraient prescrites par la police ; 3° de désigner les lieux où seraient déposés les débris des corps dont il aurait fait usage, sous peine d'être privé à l'avenir de cette distribution, dans le cas où il ne les aurait pas fait porter aux lieux de sépulture.

3. — Jusqu'en 1813, et en vertu de cet arrêté, un grand nombre de laboratoires particuliers furent ouverts avec la permission de l'autorité ; mais de graves abus résultèrent de cette multiplication d'établissemens de ce genre qui , à Paris, s'élevaient à plus de quarante. En présence des réclamations que soulevait cet état de choses, le préfet de police rendit, à la date du 15 oct. 1813, une ordonnance qui supprimait, à Paris, tous les amphithéâtres particuliers.

4. — Cette ordonnance a été confirmée : 1° parcelle du 11 janv. 1813 dont l'art. 1er dispose qu'il est défendu d'ouvrir dans Paris aucun amphithéâtre particulier, soit pour professer l'anatomie ou la médecine opératoire, soit pour faire disséquer ou manœuvrer sur le cadavre les opérations chirurgicales ; 2° par un arrêté du conseil général des hospices du 21 déc. 1832, qui en reproduit les termes et qui règle tout ce qui concerne les opérations et dissections dans les hôpitaux et hospices. — V. à cet égard CHIRURGIE, MÉDECINE.

V. ANATOMIE.

CABINET DE FIGURES EN CIRE.

Les personnes tenant un cabinet de figures en cire sont rangées par la loi du 25 avr. 1844, sur les patentes, dans la septième classe des patentables, et imposées à : 1° un droit fixe basé sur le chiffre de la population de la ville ou commune où est situé l'établissement ; — 2° un droit proportionnel du quarantième de la valeur locative de tous les locaux occupés par les patentables, mais seulement dans les communes d'une population de 20,000 ames et au-dessus. — V. PATENTE.

CABINET DE LECTURE.

1. — Les personnes tenant un cabinet de lecture où l'on donne à lire les journaux et les nouveautés littéraires sont rangées par la loi du 25 avr. 1844, sur les patentes, dans la sixième classe des patentables, et imposées à : 1° un droit fixe basé sur le chiffre de la population de la ville ou commune où est situé l'établissement ; — 2° un droit proportionnel du vingtième de la valeur locative de la maison d'habitation et des locaux servant à l'exercice de la profession. — V. PATENTE.

2. — Celles qui tiennent un cabinet de lecture où l'on donne à lire les journaux seulement sont rangées dans la septième classe, et imposées à : 1° un droit fixe basé sur le chiffre de la population de la ville ou commune où est situé l'établissement ; — 2° un droit proportionnel du quarantième de la valeur locative de tous les locaux occupés par les patentables, mais seulement dans les communes d'une population de 20,000 ames et au-dessus. — V. LIBRAIRIE, PATENTE.

CABINET PARTICULIER DE TABLEAUX.

Les personnes tenant un cabinet particulier de tableaux, d'objets d'histoire naturelle ou d'anti-

quités sont rangées par la loi du 25 avr. 1844, sur les patentes, dans la septième classe des patentables, et imposées à : — 1° un droit fixe basé sur le chiffre de la population de la ville ou commune où est situé l'établissement ; — 2° un droit proportionnel du quarantième de la valeur locative de tous les locaux occupés par les patentables, mais seulement dans les communes d'une population de 20,000 ames et au-dessus. — V. PATENTE.

CABINETS D'AISANCES PUBLICS.

Les personnes tenant des cabinets d'aisances publics sont rangées par la loi du 25 avr. 1844, sur les patentes, dans la sixième classe des patentables, et imposées à : 1° un droit fixe basé sur le chiffre de la population de la ville ou commune où est situé l'établissement ; — 2° un droit proportionnel du vingtième de la valeur locative de la maison d'habitation et des locaux servant à l'exercice de la profession. — PATENTE.

CABLE.

1. — Les câbles d'un navire font partie des agrès. — V. AGRÈS.

2. — La perte des câbles constitue tantôt une avarie commune et tantôt une avarie particulière. — C. comm., art. 400 et 403. — V. AVARIES.

CABOTAGE.

Table alphabétique.

Acquit à caution, 49, 52 s.
Algérie, 27, 48, 50.
Amende, 56, 58 s.
Armateur, 36.
Arrivée, 36.
Barques, 48.
Bourbon (île), 13, 21.
Cabotage (grand), 6 s., 30 s.
— (petit), 6, 14 s., 30 s.
Capacité, 31.
Capitaine au long cours, 32.
Chaloupe, 48.
Chargeur, 36.
Chirurgien, 39.
Coffre de médicamens, 39.
Colonies, 11 s., 18 s., 30 s.
Confiscation, 56, 58 s.
Congé, 45.
Cours du voyage. 36.
Déclaration aux douanes, 51.
Départ, 36, 56.
Déficit, 56.
Douanes, 49 s.
Etranger (navire), 23 s.
Excédans, 59.
Expédition (droit d'), 47.
Fin de non-recevoir, 36.
Français (bâtimens), 23, 37, 47 s.
Guadeloupe, 11, 18.
Guyane, 11, 19.
Indes (établissement des), 13, 22.
Maitre au cabotage, 29 s.
Marine militaire, 33 s.
Martinique, 11, 18.
Mousse, 38.
Noms, 40.
Novices, 38.
Passavant, 52 s.
Patente, 35.
Patron, 29.
Pilote, 44.
Plombage, 52 s.
Prescription, 36.
Propriétaire, 36.
Responsabilité, 36.
Rôle d'équipage, 46.
Saint-Pétersbourg, 5.
Sandales algériennes, 28, 48.
Sénégal, 12, 20.
Tonnage (droit de), 47.
Visite, 41 s.
Voyage de long cours, 2 s., 41 s.

CABOTAGE (de l'espagnol *cabo* cap, ou, selon d'autres, du latin *caput agere*). — 1. — Navigation qui se fait, de cap en cap et de port en port, soit sur une même côte, soit sur des côtes peu éloignées les unes des autres.

§ 1er. — *Cabotage en général ; — ses espèces* (n° 2).

§ 2. — *Cabotage en marine* (n° 23).

§ 3. — *Cabotage en douane* (n° 49).

—

§ 1er. — *Cabotage en général ; — ses espèces.*

2. — Le cabotage ou voyage ordinaire ne doit pas être confondu avec le voyage de long cours.

3. — D'après l'art. 377, C. comm., sont réputés voyages de long cours ceux qui se font aux Indes orientales et occidentales, à la mer Pacifique, au Canada, à Terre-Neuve, au Groënland et autres côtes et îles de l'Amérique méridionale et septentrionale, aux Açores, aux Canaries, à Madère et dans toutes les côtes et pays situés sur l'Océan au delà des détroits de Gibraltar et du Sund.

4. — Tous les voyages qui ne sont pas compris dans cette énumération ne constituent que des voyages de cabotage.

5. — Ainsi doit être réputé de simple cabotage et non de long cours le voyage de Rouen à Saint-Pétersbourg, parce que cette dernière ville n'est pas nominativement désignée dans l'art. 377, C. comm., et que, si elle est située au delà du Sund, elle n'est pas non plus située sur l'Océan. — *Rouen*, 21 juin 1822, Carré c. Assurances marit. ; *Cass.*, 23 mai 1826, mêmes parties.

6. — Le cabotage lui-même se distingue en grand et en petit cabotage. Cette distinction est importante ; car plusieurs règles relatives, soit à la police et à la sûreté de la navigation, soit aux douanes, varient suivant la nature du cabotage.

7. — Pour les navires expédiés des différens ports de France, le grand cabotage comprend : — 1° les voyages des ports français de l'Océan en Angleterre, Ecosse, Irlande, Hollande, Danemark, à Hambourg et autres îles et terres en deça du Sund, en Espagne, Portugal et autres terres et îles en deça du détroit de Gibraltar. — Ord. 18 oct. 1740, art. 2.

8. — 2° Les voyages des ports français de la Méditerranée sur les côtes de cette mer, au delà de Naples à l'Est, de Malaga à l'Ouest, et aux côtes et îles de la même mer, autres que la Corse, la Sardaigne et les îles Baléares. — Arg. ord. 12 fév. 1815. — Ainsi, le voyage de France en Algérie est de grand cabotage. — Goujet et Merger, *Dict. de dr. comm.*, v° *Cabotage*, n° 5.

9. — 3° Les voyages de la Méditerranée à la mer Noire. — Déc. minist. 29 nov. 1827.

10. — 4° Ceux des ports français de la Méditerranée à l'Océan et réciproquement. — Beaussant, *C. marit.*, t. 1er, p. 153.

11. — Relativement aux navires expédiés des différentes colonies françaises, le grand cabotage comprend : — 1° pour les îles de la Martinique, de la Guadeloupe et de la Guyane française, l'étendue des côtes et toutes les îles situées entre le cap Saint-Roch et la partie septentrionale de Terre-Neuve. — Ord. 31 août 1828, art. 1er et 2.

12. — 2° Pour les établissemens français du Sénégal, les îles Canaries au Nord, Sierra-Leone au Sud, et dans l'Ouest les îles du Cap-Vert. — Même ord., art. 3.

13. — 3° Pour l'île Bourbon et les établissemens français de l'Inde, les côtes et les îles situées sur les mers qui s'étendent du cap de Bonne-Espérance jusques et y compris les îles de la Sonde. — Art. 4 et 5.

14. — Pour les navires expédiés des différens ports de France, le petit cabotage comprend : — 1° les voyages de Bretagne, Normandie, Picardie et Flandre, pour Ostende, Bruges, Newport, la Hollande, l'Angleterre, l'Ecosse et l'Irlande. — Ord. 18 oct. 1740, art. 3.

15. — 2° Ceux de Bayonne et Saint-Jean de Luz à Saint Sébastien, et à la Corogne en Espagne. — Même ordonnance.

16. — 3° Ceux de tous les ports français sur les côtes de l'Océan, jusques et y compris l'Escaut. — Ord. 18 oct. 1740, art. 3 ; arrêté des consuls 14 vent. an XI.

17. — 4° Les voyages des ports français sur la Méditerranée, du côté de l'Est, jusques et y compris Naples, du côté de l'Ouest, jusques et y compris Malaga et aux îles Baléares, de Corse et de Sardaigne. — Ord. 12 fév. 1815, art. 1er et 2.

18. — Relativement aux navires expédiés de différentes colonies françaises, le petit cabotage comprend : — 1° pour les îles de la Martinique et de la Guadeloupe, l'espace compris entre le huitième et le dix-neuvième degrés de latitude Nord, et depuis le soixante-unième degré de longitude occidentale du méridien de Paris jusqu'à une ligne partant de l'extrémité Ouest de l'île de Porto-Rico, et dirigé sur le cap Chichibaco, dans l'Amérique méridionale. — Ord. 31 août 1828, art. 1er.

19. — 2° Pour la Guyane, la navigation entre le fleuve des Amazones et celui de l'Orénoque. — Même ord., art. 2.

20. — 3° Pour les établissemens français du Sénégal, le banc d'Arguin jusqu'à la Gambie. — Même ord., art. 3.

21. — 4° Pour l'île Bourbon, la navigation des côtes de l'île et celle qui a lieu entre Bourbon et l'île Maurice. — Même ord., art. 4.

22. — 5° Pour les établissemens français de l'Inde, savoir : pour Mahé, la côte de Malabar depuis Surate jusqu'au cap Comorin, et pour les établissemens situés dans la partie orientale de la presqu'île, la côte de Coromandel, depuis le Gange jusqu'à la Pointe de Galles. — Art. 5.

§ 2. — *Cabotage en marine.*

23. — Le cabotage en France et dans les colonies de possessions françaises ne peut être fait que par des bâtimens français ; il est interdit aux navires étrangers. — L. 21 sept. 1793, art. 3 et 4.

24. — Il y a exception pour : — 1° les bâtimens étrangers frétés pour le compte du gouvernement. — L. 27 vend. an II, art. 3.

25. — 2° Les bâtimens espagnols, lorsqu'il ne s'élève aucun doute sur leur nationalité. — Traité de 1768 ; circ. 10 janv. 1827.

26. — 3° Les bâtimens liguriens qui veulent faire tonnage pour se rendre des ports de Cette et d'Agde jusqu'à Toulouse par les canaux. — Décis. min. 27 flor. an IV.

27. — 4° Les bâtimens étrangers qui font le cabotage d'un port à l'autre de l'Algérie et jusqu'à ce qu'il en soit autrement ordonné. — Ord. 16 déc. 1843, art. 2. — Ils ne pourront plus faire de transports entre la France et l'Algérie qu'en cas d'urgence et de nécessité absolue pour un service public. — Ord. 23 fév. 1837, art. 1er ; 16 déc. 1843, art. 1er.

28. — 5° Les sandales algériennes qui font le cabotage d'un port à un autre de l'Algérie. — Ord. 16 déc. 1843, art. 2.

29. — Les officiers qui commandent les bâtimens pour le cabotage portent le nom de *maîtres* ou *patrons*.

30. — On les distinguait autrefois entre maîtres au grand et au petit cabotage. Cette distinction a été supprimée par l'ord. du 25 nov. 1829, d'après laquelle ils sont tous désignés désormais sous le titre général de *maîtres au cabotage*. — Mais l'ord. du 31 août 1828 a maintenu la distinction dans les colonies.

31. — Quant aux conditions de capacité nécessaires pour obtenir le grade de maître au cabotage en France et de maître au grand ou au petit cabotage dans des colonies. — V. CAPITAINE DE NAVIRE.

32. — Les marins pourvus du grade de maître au cabotage sont autorisés, concurremment avec les capitaines au long cours, à commander les navires employés à la pêche de la morue, soit à Terre-Neuve et aux îles de Saint-Pierre et Miquelon, soit sur les côtes d'Islande. — L. 21 juin 1836, art. 1er.

33. — Les maîtres au cabotage, étant soumis à l'inscription maritime, peuvent être appelés à servir dans la marine militaire.

34. — Les maîtres au cabotage qui ne sont pas pourvus du grade d'officier marinier, et qui ne comptent pas encore une année de commandement, sont alors employés à bord des bâtimens de l'état comme quartiers-maîtres de deuxième classe ; et ceux qui ont commandé pendant un an et plus sont employés comme quartiers-maîtres de première classe. — L. 21 juin 1836, art. 2.

35. — Les maîtres au grand et au petit cabotage sont compris sous la dénomination générale de capitaines de navire du commerce et exempts, comme tels, du droit de patente lorsqu'ils ne naviguent pas pour leur compte. — Décr. 25 oct. 1806 ; arg. L. 25 avr. 1844, art. 13, n° 6. — V. CAPITAINE DE NAVIRE. — Il en serait autrement s'ils naviguaient pour leur compte. — V. ARMATEUR.

36. — Le maître au cabotage étant un véritable capitaine relativement aux batimens qu'il est chargé de conduire, les règles concernant le capitaine de navire lui sont nécessairement communes. C'est donc au mot CAPITAINE DE NAVIRE qu'il faut se reporter pour voir quels sont les droits et obligations du maître au cabotage : 1° avant le départ, pendant le cours du voyage, et à l'arrivée du bâtiment ; 2° à l'égard des propriétaires et armateurs ; 3° à l'égard des chargeurs ou affréteurs. On y verra aussi quelle est l'étendue de sa responsabilité et quand il peut repousser par des fins de non recevoir ou par la prescription les actions formées contre lui.

37. — Sur tout bâtiment employé au cabotage, les officiers doivent être Français, et l'équipage doit se composer, pour les trois quarts au moins, de marins français. — L. 21 sept. 1793, art. 3.

38. — Il doit y avoir un mousse pour trois hommes d'équipage, deux mousses pour vingt hommes et ainsi de suite, un mousse en plus par dix hommes. Mais, sur les navires expédiés pour le grand cabotage, les mousses peuvent être remplacés par les *novices* ou jeunes gens qui, avant d'avoir atteint quinze ans révolus, ont déjà fait deux années de navigation au moins. — Ord. 18 oct. 1740 et 4 juill. 1784 ; décis. min. 13 déc. 1827 ; — Beaussant, *C. marit.*, t. 1er, p. 310.

39. — L'ordonnance du 4 août 1819, concernant les chirurgiens et les coffres de médicamens à embarquer sur les navires du commerce, n'ayant parlé que des bâtimens expédiés, soit pour les voyages de long cours, soit pour la pêche de la baleine et autres poissons à lard et pour celle de la morue, il en résulte que les armateurs ou patrons de navires destinés au grand et au petit cabotage ne sont tenus d'y embarquer ni chirurgiens ni coffres de médicamens. Cependant la durée du voyage de cabotage peut être telle que la santé de l'équipage tout entier se trouve compromise par l'inobservation de ces formalités. — Goujet et Merger, *Dict. de dr. comm.*, v° *Cabotage*, n° 21.

40. — Les bâtimens servant au cabotage doivent être marqués à la poupe, en lettres blanches, d'un décimètre de hauteur, sur un fond noir des noms du bâtiment et du port auquel il appartient, sous

peine d'une amende de 500 fr., solidairement encourue par les propriétaires, agent ou capitaine, et pour sûreté de laquelle les bâtimens peuvent être retenus. — Les marques ne peuvent être effacées, altérées, couvertes ou masquées, sous la même peine. — L. 6 mai 1841, art. 21.

41. — La déclaration du roi du 17 août 1779 assujétissait tous les navires sans distinction à deux visites : la première avant de charger pour le départ, la seconde avant de charger pour le retour. Toutefois, à raison du délai d'un an et jour à partir de la première visite que la même déclaration accordait aux navires caboteurs pour faire la seconde visite, il arrivait que les navires caboteurs n'étaient réellement soumis qu'à une seule visite. Depuis, la loi du 9-13 août 1791, art. 14, n'assujétit aux formalités des deux visites que les navires destinés aux voyages de long cours et supprima toutes les visites précédemment ordonnées. Enfin l'art. 225, C. de comm., impose au capitaine l'obligation de faire visiter son navire aux termes et dans les formes prescrits par les réglemens. De là question de savoir si les navires destinés au cabotage étaient soumis à la visite.

42. — Jugé que la formalité de la visite du navire avant de prendre charge n'est exigée que pour les voyages de longs cours et non pour les voyages ordinaires ou de cabotage. — *Rouen*, 22 juin 1822, Carré c. Assur. commerciales ; *Bruxelles*, 6 mars 1823, N... ; *Bordeaux*, 27 février 1826, Comp. d'assurance c. Ferrière ; *Trib. comm. Paris*, 21 sept. 1831 (sous *Cass.* 17 avr. 1834), Assur. maritimes c. Danican.

43. — La visite n'est pas non plus exigée pour les barques et les chaloupes de pêche. — Beaussant, t. 1er p. 203.

44. — Les maîtres au grand et au petit cabotage, commandant des bâtimens français au-dessous de 80 tonneaux sont dispensés de l'obligation de prendre un pilote pour entrer dans un port ou en sortir, lorsqu'ils font habituellement la navigation de port en port et qu'ils pratiquent l'embouchure des rivières. Mais les propriétaires des navires, chargeurs ou tous autres intéressés pourront les y contraindre, et ils ont la faculté de les poursuivre devant les tribunaux en cas d'avaries, d'échouement et naufrage occasionnés par le refus de prendre un pilote. — Décr. 12 déc. 1806, art. 34.

45. — La durée du congé pour les navires caboteurs est d'un an, comme pour les autres navires. — L. 27 vendem. an II, art. 5 ; L. 6 mai 1841, art. 20. — V. CONGÉ.

46. — Le rôle d'équipage peut, en cabotage, n'être renouvelé que tous les ans. — Beaussant, *Code maritime*, t. 1er, p. 210. — V. RÔLE D'ÉQUIPAGE.

47. — Les bâtimens français qui font le cabotage d'un port à l'autre du royaume, comme ceux qui arrivent des possessions françaises d'outre-mer ou d'un port étranger, sont exempts du droit de tonnage et d'expédition. — L. 27 vendém. an II, art. 32 ; Ord. 23 juill. 1838, art. 5 ; L. 6 mai 1841, art. 20.

48. — Sont exempts de tous droits de navigation : 1° les navires français faisant le transport entre la France et l'Algérie ; 2° les navires français et les sandales algériennes faisant le cabotage d'un port à l'autre de l'Algérie. — Ord. 16 déc. 1843, art. 4.

§ 3. — *Cabotage en douane.*

49. — Les marchandises françaises ou étrangères qui ont payé les droits peuvent être exportées franches de tout droit d'un port français à un autre port français au moyen d'un acquit à caution. — L. 4 germin. an II, tit. 7, art. 1er.

50. — Les marchandises provenant de l'Algérie, qui, en vertu des art. 7 et 8 de l'ord. du 16 déc. 1843, y ont été admises en franchise, et celles qui, passibles des droits, les ont acquittés, peuvent être transportées en franchise de tout droit d'entrée et de sortie d'un port à un autre de l'Algérie, moyennant les formalités prescrites en France pour le cabotage. — Ord. 16 déc. 1843, art. 17.

51. — Les négocians ou commissionnaires qui expédient des marchandises d'un port français à destination d'un autre port français sont tenus d'en déclarer la valeur au bureau de la douane du lieu de l'enlèvement. — L. 8 flor. an XI, art. 74.

52. — Ces marchandises devant être vérifiées tant au départ qu'à l'arrivée, doivent, selon les circonstances, être accompagnées d'un acquit à caution ou d'un passavant (V. ces mots), et quelquefois même être soumises au plombage. — V. DOUANES.

53. — Les expéditions par cabotage d'un port du royaume à un autre ne sont assujéties à l'acquit à caution que dans les cas ci-après : — 1° Si les marchandises expédiées sont prohibées à la sortie ou si elles appartiennent à la classe des céréales. — 2° Pour les marchandises tarifées au poids, si elles sont passibles à la sortie d'un droit de plus de 50 cent. par 100 kilogrammes, et pour les autres, si le droit de sortie répond à plus d'un quart pour 100 de la valeur, décime compris. — Il n'est délivré qu'un simple passavant pour toutes autres marchandises ; et la douane peut aussi affranchir de l'acquit à caution les marchandises désignées par le précédent paragraphe lorsque la somme des droits dont elles seraient passibles à la sortie ne s'élève pas à plus de 3 francs par espèce et par expéditeur. — L. 2 juill. 1836, art. 19.

54. — L'identité des marchandises expédiées par cabotage, soit avec acquit à caution, soit avec passavant, n'est garantie par le plombage que dans les cas ci-après : — 1° si les marchandises sont prohibées à l'entrée ou à la sortie ; — 2° pour les marchandises tarifées au poids, si elles sont passibles d'un droit qui, avec le décime, s'élève à plus de 20 fr. par 100 kilogrammes, et pour les autres, si le droit d'entrée répond à plus du dixième de la valeur. — Art. 20.

55. — Toutes autres marchandises sont affranchies du plombage pour les cas ci-dessus, ainsi que pour les réexportations et mutations d'entrepôt par mer. — Des ordonnances du roi, révocables en cas d'abus, peuvent affranchir du plombage : — 1° celles des marchandises ci-dessus désignées, à l'égard desquelles l'exemption de la formalité est jugée sans inconvénient ; — 2° les marchandises dirigées sur un entrepôt intérieur, soit qu'elles soient expédiées d'un port ou d'un autre entrepôt maritime ou intérieur. — *Ibid.*

56. — Si, lors de la vérification *au départ*, les employés reconnaissent que la quantité est inférieure à celle portée sur la déclaration et que le déficit excède le vingtième des marchandises ou denrées déclarées, la valeur des quantités manquantes est réglée suivant le prix courant du commerce au moment de l'expédition, et le déclarant est obligé de payer, à titre de confiscation, la somme ainsi réglée et de plus l'amende de 500 fr. — L. 8 flor. an XI, art. 74.

57. — Par ces mots *au départ* dont elle se sert dans l'art. 74, la loi du 8 flor. an XI entend l'époque à laquelle le chargement est fait et déclaré complet par le chargeur lui-même, et non le départ effectif du navire. — *Cass.*, 30 mai 1827, Douanes c. Rebequi.

58. — Si les marchandises se trouvent être d'espèces différentes de celles déclarées, elles sont saisies et confisquées et le déclarant est condamné à payer, à titre de confiscation, une somme égale à la valeur des objets portés dans la déclaration, suivant le prix courant du commerce, et une amende de 500 fr. — L. 8 flor. an XI, art. 75.

59. — Dans le cas où, lors de la visite au bureau du port de destination, les préposés reconnaissent une quantité plus considérable que celle énoncée sur l'expédition délivrée au bureau du lieu de départ, cet excédant est saisi et la confiscation en est prononcée avec amende de 500 fr. — Cependant si l'excédant n'est que du vingtième de la quantité portée sur l'expédition, il n'y a lieu qu'à la perception des droits imposés sur les marchandises ou denrées de même nature venant de l'étranger.

V. ARMATEUR, ASSURANCE MARITIME, AVARIES, BACS ET BATEAUX, CAPITAINE DE NAVIRE, DOUANES.

CABRIOLETS.

Tout ce qui concerne les mesures de police applicables aux cabriolets, soit bourgeois, soit publics, est traité sous le mot générique VOITURES.

CABRIOLET (Loueurs de).

1. — Les loueurs de cabriolet sur place ou sous remise, s'ils ont plusieurs cabriolets, sont rangés par la loi du 25 avr. 1844, sur les patentes, dans la cinquième classe des patentables, et imposés à : 1° un droit fixe basé sur le chiffre de la population de la ville ou commune où est situé l'établissement ; — 2° un droit proportionnel du vingtième de la valeur locative de la maison d'habitation et des locaux servant à l'exercice de la profession.

2. — S'ils n'ont qu'un cabriolet, ils sont rangés dans la septième classe des patentables, et imposés, outre le droit fixe, à un droit proportionnel du quarantième de la valeur locative de tous les locaux occupés par les patentables, mais seulement dans les communes d'une population de 20,000 âmes et au-dessus. — V. PATENTE.

CACHEMIRES (Marchands de).

Les marchands de cachemires de l'Inde sont rangés, par la loi du 25 avr. 1844, sur les patentes, dans la première classe des patentables, et imposés à : 1° un droit fixe, basé sur le chiffre de la population de la ville ou commune où est situé l'établissement ; — 2° un droit proportionnel du quinzième de la valeur locative de la maison d'habitation et des locaux servant à l'exercice de la profession. — V. PATENTE.

CACHET.

1. — Enduit au moyen de l'application duquel le contenu d'une lettre ou d'un papier plié est dérobé au public.

2. — Il est défendu de briser le cachet des lettres. V. POSTE AUX LETTRES.

3. — La circonstance qu'un billet est cacheté suffit-elle pour le faire considérer comme lettre, et par suite entraîner la contravention d'immixtion dans le transport des lettres ? — V. POSTE AUX LETTRES.

4. — Le plus souvent le mot *cachet* est employé pour désigner : — 1° l'empreinte apposée sur une lettre cachetée ; — 2° et par suite des empreintes à peu près semblables apposées sur des actes. — Le même mot indique encore l'instrument à l'aide duquel ces empreintes sont apposées.

5. — Dans ces différens cas, le mot *cachet* est synonyme de petit sceau. Et c'est en ce sens qu'il est dit que certains fonctionnaires publics doivent avoir un cachet ou sceau. — V. SCEAU.

6. — Un testament mystique est nul lorsque le cachet qui le ferme n'est empreint d'aucun sceau. — *Cass.*, 7 août 1810, Buvet. — V. TESTAMENT.

7. — Un testament mystique qui est seulement clos avec de la cire, sans aucune empreinte de sceau ou cachet, n'est point scellé, comme la loi l'exige. — *Bruxelles*, 18 fév. 1818, Proot.

8. — Sous la loi du 25 sept.-6 oct. 1791, la contrefaçon des cachets des autorités constituées devait être rangée dans la classe des crimes de faux en écritures publiques et authentiques. — *Cass.*, 11 vent. an XII, Bronne. — V. CONTREFAÇON.

9. — Les différens cachets que les fonctionnaires publics placent dans les actes qu'ils délivrent, constituent les sceaux et timbres d'une autorité quelconque dont parle l'art. 142, C. pén. — Chauveau et Hélie, *C. pén.*, t. 3, p. 252.

CACHET (Lettre de).

V. LETTRE DE CACHET.

CACHOT.

1. — Partie basse, obscure et isolée d'une prison, dans laquelle sont momentanément renfermés les détenus dont on craint l'évasion ou dont on veut réprimer les violences et la brutalité.

2. — L'art. 19, tit. 13, ord. 1670, défendait aux geôliers de mettre, sans un ordre du juge, les prisonniers dans les cachots, sauf les cas d'impérieuse nécessité.

3. — Un arrêt de réglement du 1er sept. 1717, (art. 31) disposait que le droit d'ordonner qu'un accusé serait mis au cachot n'appartenait qu'au juge chargé de l'instruction, et non à celui qui avait la police des prisons.

4. — D'après le Code d'inst. crim. (art. 614), si quelque prisonnier use de menaces, injures ou violences, soit à l'égard du gardien ou de ses préposés, soit à l'égard des autres prisonniers, il doit être resserré plus étroitement, enfermé seul, même mis aux fers en cas de fureur ou de violence grave. — C'est dans ce cas qu'on a recours au cachot, lorsqu'il y en a un dans la prison.

5. — Le cachot ne doit être ordonné qu'en cas de nécessité. — Duverger, *Manuel du juge d'instruction*, t. 2, p. 271, 1re édit.

6. — Les femmes ne doivent jamais être enfermées dans les cachots, de quelque crime qu'elles soient accusées, mais on les met quelquefois au secret. — Merlin, *Rép.*, v° *Cachot*.

7. — Le cachot ne doit pas être confondu avec le secret : le secret n'est qu'un moyen d'instruction ; le cachot est un moyen de police et de répression. — V. PRISON, SECRET.

CADASTRE.

Table alphabétique.

CADASTRE. — 1. — C'est, à proprement parler, l'opération consistant dans la levée du plan, l'estimation, la détermination de la nature, de la valeur et de l'état de toutes les propriétés immobilières d'une commune. — Dans son acception la plus ordinaire, le mot *cadastre* désigne le registre public dont un double est déposé dans chaque mairie et contenant ce plan, cette estimation et cette détermination, pour servir de base à la répartition de la contribution foncière.

2. — Le mot *cadastre* vient, non de *caput* ou *capitatio* qui n'ont aucun rapport, mais éloigné, avec l'opération exprimée par le mot dérivé, mais de *capere*, c'est ainsi qu'on appelait autrefois *capitustrum* le registre qui renfermait le relevé des cadastres.

§ 1er. — *Historique.* — *Notions générales* (n° 3).

§ 2. — *Levée des plans ou arpentage* (n° 18).

§ 3. — *Expertise* (n° 43).

§ 4. — *Répartition individuelle* (n° 56).

§ 5. — *Réclamation.* — *Compétence* (n° 72).

§ 1er — *Historique.* — *Notions générales.*

3. — Le cadastre a une origine fort ancienne : il était en usage dans l'empire romain, et on en trouve des traces dans les tables de recensement de la Gaule aux quatrième et cinquième siècles.

4. — Plusieurs provinces de l'ancienne monarchie avaient leur cadastre. — Dès l'an 1359, Charles V ordonnait la révision du cadastre du Dauphiné. — En 1604 l'arpentage de l'Agénais fut vérifié par or-dre d'Henri IV. — En 1664 la même révision fut ordonnée relativement au cadastre de la Guyenne.

5. — Charles VII, en 1491, avait résolu de faire faire le cadastre du royaume. Depuis, Colbert, reprenant la même pensée, ordonna en 1670 la formation d'un cadastre général. Mais la mort de ce ministre empêcha la réalisation de ce projet.

6. — Mais, à défaut d'un cadastre général, plusieurs provinces en firent confectionner un particulier. L'île de France et la Champagne avaient commencé leur cadastre. Il en était de même de la Corse.

7. — L'uniformité en cette importante matière ne date que de l'Assemblée Constituante, par les décrets des 24-23 août (art. 30) et 16-23 sept. 1791, prescrivit l'institution du cadastre pour toute la France.

8. — Un décret de la Convention, du 21 mars 1793, chargea le comité des finances de présenter un plan d'organisation pour un cadastre général ; mais les dissensions publiques arrêtèrent encore l'exécution de ces décrets, dont le Consulat avait senti toute l'importance : « On n'a jamais rien fait en France pour la propriété, disait le premier consul en 1799 ; celui qui lèvera une bonne loi sur le cadastre méritera une statue. » — V. Jacques Bresson, *Hist. financ. de la France*, t. 2, p. 248.

9. — Le gouvernement nouveau, comprenant toute l'importance du cadastre, s'occupa sérieusement du règlement de son organisation. On procéda d'abord par masse de culture dans chaque commune; mais bientôt on s'aperçut que ce mode ne pouvait conduire à une répartition individuelle satisfaisante, et un arrêté du 20 oct. 1803 ordonna que les travaux par masses de culture s'étendraient à toute la France. Ensuite le cadastre parcellaire fut organisé par la loi du 15-25 sept. 1807, sur le budget de l'état, et par un règlement impérial du 27 janvier 1808.

10. — Mais les travaux, toujours entravés, restèrent suspendus jusqu'à la loi du 31 juillet 1821, qui donna au cadastre une impulsion nouvelle et dès-lors définitive en assurant des fonds pour les dépenses qu'il nécessite chaque année.

11. — Enfin, l'organisation des opérations fut réglée par une ordonnance du 3 octobre 1821, suivie d'un règlement général du ministre des finances en date du 10 du même mois, lesquels sont encore en vigueur. — V. Duvergier, *Collection des lois*, t. 21, p. 369, 380 et suiv.

12. — D'après l'art. 67, L. 24 avr. 1806, les dépenses du cadastre devaient être supportées par le trésor public ; mais la loi du 31 juill. 1821, art. 21, et, depuis, celle du 2 août 1829, art. 4, les ont mises à la charge des départemens, qui sont à cet effet autorisés à voter annuellement, pour l'achèvement de leur cadastre, des impositions dont le montant ne peut excéder cinq centimes du principal de la contribution foncière.

13. — Toutefois, indépendamment de cette imposition, le trésor vient, sur le fonds commun voté avec le budget annuel, au secours des départemens dont les ressources ne suffisent pas pour parer à ces dépenses. — L. 3 juill.-2 août 1829, art. 21.

14. — L'ord. du 3 oct. 1821, art. 6, avait fixé un délai de trois ans pour la confection des travaux relatifs à la répartition définitive du contingent départemental entre les arrondissemens et les communes, mais cette prescription n'a pu être exécutée que dans ces derniers temps, et encore y a-t-il quelques communes, qui ne sont pas cadastrées.

15. — Le but du cadastre est de fixer d'une manière nette et précise le revenu imposable de toutes les propriétés foncières, afin que chacun ait la possibilité de faire lui-même son décompte et ne puisse être imposé à une cote supérieure à celle que comportent réellement ses revenus.

16. — Le revenu ainsi déterminé se nomme *allivrement cadastral*. — V. ALLIVREMENT.

17. — Le cadastre embrasse plusieurs objets : — 1° la levée des plans ou arpentage, comprenant une série d'opérations qui constituent les *travaux d'art* ; — 2° l'expertise ; — 3° la répartition individuelle.

§ 2. — *Levée des plans ou arpentage.*

18. — La levée des plans comprend : — 1° la *délimitation* commune, sa division en *sections*, et la *triangulation* ; — 2° le *plan parcellaire*, ou plan de chaque pièce et parcelle de l'héritage, et représentation exacte et figurée. — Laferrière, *Cours de Dr. public et administr.*, t. 2, n° 794 ; Foucart, *Droit administ.*, t. 2, n° 794 ; Magnitot et Delamarre, *Dict. de droit adm.*, v° *Cadastre*, sect. 1re, § 1er.

19. — Les opérations cadastrales doivent marcher par canton. — Réglem. 10 oct. 1821, art. 4.

20. — Les opérations d'art sont confiées à un géomètre en chef, nommé par le préfet, d'après l'art. 1er du règlement du 10 oct. 1821, et par le ministre des finances, d'après une circulaire ministérielle du 29 juill. 1829.

21. — Le géomètre en chef a sous ses ordres des géomètres de première et de deuxième classe, dont il a le choix, à la condition de les faire agréer par l'administration; qu'il règle leur rétribution, et dont il est responsable. Ces derniers sont autorisés à s'adjoindre des élèves géomètres. — Réglem. 10 oct. 1821, art. 1er. — Bost, *Traité de l'organ. des corps municipaux*, t. 2, n° 559.

22. — Le géomètre en chef n'a pas de traitement fixe. Le préfet règle, sur l'avis du directeur des contributions, la rétribution qui doit lui être accordée, eu égard aux prix précédemment établis, à l'obligation où il est de payer ses collaborateurs, et aux difficultés plus ou moins grandes que la levée des plans parcellaires peut offrir dans son département. — Réglem. 10 oct. 1821, art. 2.

23. — Les géomètres ont le caractère d'agens de l'administration publique. — Dufour, *Droit admin. appliqué*, t. 2, n° 859.

24. — Les géomètres commencent par la délimitation de la commune. L'ouverture des travaux est annoncée par un avis que le préfet fait afficher dans les communes à arpenter et dans celles voisines. Les maires sont en même temps invités à fournir aux géomètres tous les renseignemens qu'ils ont à leur disposition, à les accréditer auprès des habitans, et à leur procurer des *indicateurs*, c'est-à-dire des personnes capables de leur donner les indications les plus sûres. — Bost, *Traité de l'organisation des corps municipaux*, t. 2, n° 559.

25. — La délimitation est constatée sur le terrain en présence des maires et des indicateurs des communes intéressées : si elle ne fait naître aucune contestation, il en est dressé procès-verbal signé par eux et par le géomètre en chef. Cette opération doit précéder l'arpentage de deux années au moins. — Réglem. 15 mars 1827, art. 7. — V. aussi Dufour, t. 2, n° 859 ; Magnitot et Delamarre, *loc. cit.*

26. — Dans le cas, au contraire, où il s'élève des contestations, le géomètre consigne en son procès-verbal les prétentions respectives des parties et y mentionne son avis. Le préfet prononce ensuite, si l'opération est relative à des communes d'un même département. Si les communes appartiennent à des départemens différens, c'est par une ordonnance royale qu'il est statué, sur l'avis des conseils municipaux, des sous-préfets et des préfets. — Réglem. 10 oct. 1821, art. 6 ; — Dufour, *ibid.*; Magnitot et Delamarre, *ibid.*; Foucart, t. 2, n° 794.

27. — Pour faciliter la confection du plan et la recherche des propriétés qui y sont contenues, le travail présente la division du territoire communal en *sections* à peu près égales et qui ne doivent pas être trop multipliées. — Réglem. 10 oct. 1821, art. 7. — Foucart, *loc. cit.*; Dufour, t. 2, n° 860.

28. — La délimitation une fois opérée, le triangulateur établit sur le terrain un réseau de triangles, dont il mesure les angles, et des côtés desquels il détermine la longueur. La triangulation facilite l'arpentage et donne le moyen de reconnaître les propriétés et de fixer les erreurs. Elle doit être faite pendant l'année qui précède l'arpentage. — Réglem. 15 mars 1827, art. 7. — Dufour, t. 2, n° 860.

29. — Cette opération est confiée à un seul géomètre de première classe, lequel ne peut être chargé de lever le plan d'aucune commune. — Réglem. 15 mars 1827, art. 8.

30. — Enfin, les géomètres de première classe et leurs auxiliaires procèdent à l'arpentage et à la levée du plan qui doit être parcellaire, c'est-à-dire indiquer la contenance de chaque parcelle. Par parcelle, on entend toute portion de terre distincte de celles qui l'avoisinent, soit par la différence de propriété, soit par la différence de culture. — Bost, *loc. cit.*; Brun, *Manuel des cons. de préfect.*, t. 1er, p. 277.

31. — Le géomètre en chef dresse procès-verbal de la constatation et de la vérification de l'opération, relève et calcule les contenances, forme un tableau qui indique le nom des propriétaires, la contenance, la situation, la nature et le numéro de chaque parcelle, et réunit dans un même bulletin les parcelles qui appartiennent au même propriétaire, et qui sont éparses au tableau indicatif. — Réglem. 10 oct. 1821, art. 9 ; — Foucart, t. 2, n° 795; Dufour, t. 2, n° 860.

32. — Le géomètre qui a levé le plan, communique ses bulletins aux propriétaires intéressés, qui peuvent sur le terrain même vérifier, de concert avec lui, l'exactitude des opérations. — Réglem. 10 oct. 1821, art. 14.

33. — A cet effet, quinze jours au moins à l'avance, le maire de la commune et ceux des com-

munes voisines sont prévenus de l'époque précise à laquelle le géomètre doit se rendre sur les lieux pour procéder à la communication des bulletins, et aux susdites vérifications. Les maires doivent donner à l'avis qu'ils reçoivent la plus grande publicité. — Brun, *Manuel des cons. de préfect.*, t. 1er, n° 277.

34. — Outre cet avis, le géomètre en chef adresse à chaque propriétaire une lettre spéciale pour lui indiquer l'époque où le géomètre, muni des plans, des tableaux indicatifs et des bulletins, se rendra dans les communes pour faciliter à chacun l'examen des parcelles comprises dans son bulletin. Cette lettre porte que le géomètre est tenu de faire gratuitement les vérifications demandées et d'opérer les vérifications nécessaires. — Réglem. 15 mars 1827, art. 40.

35. — Ces opérations sont surveillées par le géomètre en chef et par l'inspecteur des contributions directes, et dans le cas où elles ont été faites avec trop de précipitation, le préfet peut ordonner qu'elles soient recommencées. — Réglem. 15 mars 1827, art. 44.

36. — S'il s'élève des difficultés relatives à la propriété d'une parcelle, le géomètre essaie de les applanir par la conciliation, et à défaut d'arrangement il figure sur le plan les divisions qu'il trouve établies d'après les bornes ou limites apparentes; s'il n'en existe point, il ne fait qu'une parcelle de toute la propriété litigieuse, en lui donnant autant de numéros qu'il y a de prétendans, sauf à rectifier ultérieurement si la contestation est jugée avant la clôture du plan; si elle n'est pas jugée à cette époque, le géomètre porte les réclamans pour une part proportionnelle à celle qu'ils paient sur l'imposition actuelle du terrain contesté. — *Recueil méthodique du cadastre*, art. 176, 177 et 178; Réglem. général, art. 11, 12, 13 et 14; Réglem. 15 mars 1827, art. 39 à 45; — Magnitot et Delamarre, *Dict. de dr. admin.*, sect. 1re, § 1er; Foucart, t. 2, n° 795.

37. — Dès que le plan est arrêté, le géomètre en chef en fait faire une copie; il y joint un tableau d'assemblage qui réduit les feuilles et présente la circonscription de la commune, sa division en sections, les principaux chemins, les montagnes, les rivières, la position des chefs-lieux. — Réglem. gén. 10 oct. 1821, art. 15; — Dufour, t. 2, n° 860.

38. — Ladite copie est déposée au secrétariat de la mairie, la minute reste à la direction. — Réglem. 10 oct. 1821, art. 15.

39. — Pendant le premier mois du dépôt à la mairie, les propriétaires peuvent réclamer contre la confection du plan. — V. *infrà* nos 72 et suiv.

40. — Du reste, le propriétaire qui veut avoir un extrait du plan, en ce qui concerne ses propriétés, s'adresse au géomètre en chef, qui est tenu de lui en faire la délivrance d'après le tarif arrêté par le préfet (Réglem. 10 oct. 1821, art. 35). — L'utilité de ces extraits consiste en ce que, dans les contestations ordinaires, ils peuvent être produits, et, sinon faire preuve de propriété, du moins constituer un élément de nature à faciliter la solution des questions de possession. — Dufour, t. 2, n° 861; Bost, *loc. cit.* — V. aussi BORNAGE, n° 147.

41. — Ainsi jugé que les cadastres des communes ne constituent pas des titres de propriété; ils ne font foi que relativement aux contenances et aux limites des héritages. — *Toulouse*, 20 juill. 1818, Lévis-Mirepoix c. le Maire de Montferrier.

42. — Au surplus, les pièces cadastrales sont à la disposition des contribuables en tout temps, mais sans déplacement et en présence de témoins : défense est faite de les prêter à domicile en tout ou en partie. — Il est défendu également d'en prendre des copies entières ou partielles sans autorisation spéciale de l'administration départementale pour cause de service public : les maires n'en peuvent délivrer des extraits pour être produits en justice, ces pièces n'étant que des copies que les maires n'ont pas qualité pour certifier conformes à l'original. — C'est, ainsi que nous venons de le dire, le géomètre en chef qui, détenteur des originaux, est seul compétent pour délivrer des extraits certifiés. — Enfin, il est expressément défendu aux maires ou autres d'ajouter ou retrancher rien aux pièces cadastrales dont ils sont dépositaires : la direction des contributions indirectes peut seule le faire. — Bost, *loc. cit.*

§ 3. — *Expertise.*

43. — L'arpentage et la levée des plans terminés, il s'agit d'évaluer, d'après un type commun, le revenu que chaque parcelle de terrain est censée produire. C'est au moyen d'une *expertise* qu'on arrive à ce résultat.

44. — L'expertise est confiée à cinq propriétaires nommés par le conseil municipal, et dont deux doivent être domiciliés hors de la commune. A cet effet, le conseil municipal est spécialement convoqué par le préfet. — Il s'adjoint les plus fort imposés à la contribution foncière, en nombre égal à celui de ses membres. Les plus fort imposés, les veuves et les filles majeures peuvent se faire représenter par leurs fermiers ou régisseurs ou d'autres fondés de pouvoirs; les femmes sont représentées par leurs maris, les mineurs et les interdits par leur tuteurs. Le conseil municipal peut encore demander l'adjonction aux propriétaires qu'il a désignés d'un expert spécial que le préfet nomme sur sa présentation. — Ord. 3 oct. 1821, art. 4 et 5; Réglem. 10 oct. 1821, art. 18, 19 et 23; 15 mars 1827, art. 57 à 61; — Foucart, t. 2, n° 796.

45. — Les experts sont assistés du contrôleur des contributions, et forment ce qu'on appelle la commission des *vérificateurs* et *classificateurs*. — Réglem. 10 oct. 1821, art. 20 et 24. — V. CLASSIFICATEURS. — Laferrière, *C. de dr. publ. et admin.*, p. 188.

46. — L'expertise comprend la *classification*, l'*évaluation* et le *classement*.

47. — *Classification.* — La commission s'occupe d'abord de la classification, c'est-à-dire qu'elle détermine en combien de classes doit être divisée la nature (prés, vignes, bois, etc.) des propriétés de la commune, à raison des divers degrés de la fertilité du terrain et de la valeur du produit, sans pouvoir admettre plus de cinq classes pour chaque nature de culture (Réglem. du cadastre, art. 19 et 20). — On choisit à cet effet, dans chacune des classes de chaque nature de propriété, les fonds qui doivent servir de types. — Dufour, *Dr. admin. appliqué*, t. 2, n° 863.

48. — Quant aux maisons, celles des villes, bourgs et communes très peuplés n'ont pas de classes; elle sont évaluées séparément, de même que les usines, fabriques et manufactures. Dans les communes rurales, elles peuvent être divisées en dix classes au plus. — Réglem. 10 oct. 1821, art. 20; 15 mars 1827, art. 62 à 66; — Foucart, *ibid.*

49. — *Evaluation.* — Après la classification vient l'évaluation du revenu imposable de chaque classe de propriétés et de chaque nature de culture; elle s'effectue en prenant pour base d'estimation le terme moyen par hectare du produit net des parcelles choisies pour types. — Réglem. 15 mars 1827, art. 68; — Foucart, t. 2, n° 797. — V., pour le mode d'évaluation du revenu net imposable des diverses espèces de propriétés, terres, bois, étangs, marais, maisons, etc., le mot CONTRIBUTIONS DIRECTES.

50. — La commission fait ensuite l'application du tarif provisoire d'évaluation à un certain nombre de propriétés et rectifie les erreurs, s'il s'en trouve. Le projet de tarif est déposé à la mairie, où les particuliers peuvent en prendre connaissance et réclamer pendant quinze jours (V. *infrà* nos 72 et suiv.). — Après quoi le préfet, en conseil de préfecture, l'arrête définitivement.

51. — Le tarif ainsi arrêté par le préfet est transmis au directeur pour être procédé au classement.

52. — *Classement.* — Le classement consiste à répartir dans les classes définitivement établies toutes les parcelles relevées dans l'arpentage.

53. — Cette opération, faite par la commission, doit être annoncée par une affiche, afin que les intéressés puissent y assister et présenter leurs observations.

54. — Lorsqu'on n'a point fait de classe spéciale pour certaines cultures, elles se trouvent rangées dans celles avec lesquelles elles offrent le plus d'analogie. — Recueil méthod., art. 507; Réglem. 10 oct. 1821, art. 24 et 25; 15 mars 1827, art. 68, 69 et 72.

55. — Le préfet peut rejeter l'expertise. Dans ce dernier cas, il y a lieu à un contre-classement ou à une contre-expertise qui s'exécute sous la surveillance d'un inspecteur. — Foucart, *Droit admin.*, t. 2, n° 799.

§ 4. — *Répartitions individuelles.*

56. — L'expertise est suivie de la répartition individuelle à laquelle le directeur des contributions directes est chargé de procéder. — Réglem. 10 oct. 1821, art. 26.

57. — Il dresse à cet effet des *états de section* dans l'ordre des numéros du plan cadastral, et contenant pour chacune des sections établies par la délimitation (V. *suprà* nos 24 s.) : 1° les noms des propriétaires; 2° les numéros du plan cadastral; 3° les cantons ou lieux dits; 4° la nature de la propriété; 5° la contenance de chaque parcelle; 6° l'indication de la classe; 7° le revenu de chaque parcelle de propriété; 8° le nombre des ouvertures imposables. Ils sont terminés par une récapitulation des contenances et des revenus imposables additionnés au bas de chaque feuillet. — Réglem. 10 oct. 1821, art. 26; 15 mars 1827, art. 75.

58. — Les états de section servent principalement à former la *matrice des rôles* et le *rôle cadastral*.

59. — La matrice des rôles réunit, sous le nom de chaque propriétaire, toutes les parcelles qu'il possède dans l'étendue de la commune, et comprend, outre les détails des bulletins rédigés par le géomètre en chef, tous ceux des états de section. — Réglem. 10 oct. 1821, art. 27. — Magnitot et Delamarre, *Dict. de dr. admin.*, v° *Cadastre*, § 5.

60. — Dans les communes non cadastrées, les répartiteurs font eux-mêmes les matrices des rôles et les évaluations des revenus, avec l'assistance d'indicateurs et en présence des propriétaires ou de leurs fermiers. — LL. 3 frim. an VII, art. 9 à 43; 3 frim. an VIII, art. 5. — *Encycl. du droit*, v° *Cadastre*, n° 42.

61. — Quant au rôle cadastral, il contient le montant de la contribution foncière en principal et centimes additionnels auquel la commune est imposée, la somme de son revenu cadastral et la proportion dans laquelle chaque propriétaire doit acquitter ses contributions. — Réglem. 10 oct. 1821, art. 27.

62. — Après qu'ils ont été arrêtés par le préfet, les états de sections, les matrices et le rôle cadastral restent déposés à la mairie, où chaque propriétaire, averti par l'envoi d'un bulletin particulier, peut, soit en prendre communication, soit même prendre copie des articles au prix de cinq centimes par article (Réglem. 10 oct. 1821, art. 28), afin de faire, s'il y a lieu, ses réclamations (V. *infrà* nos 72 et suiv.). — Bost, *Traité de l'organis. municip.*, t. 2, n° 560.

63. — Enfin, tous les élémens du rôle cadastral se trouvant définitivement fixés, le préfet le met en recouvrement. Chaque année, il renouvelle l'émission du rôle avec les changemens qui ont dû être apportés dans l'intervalle. — V. CONTRIBUTIONS DIRECTES. — Les contribuables peuvent encore réclamer, soit après l'émission première, soit après les émissions annuelles. — *Infrà* nos 72 et suiv.

64. — C'est sur les états de section, les matrices de rôles et le rôle cadastral qu'a lieu tous les ans la répartition proportionnelle entre tous les propriétaires du contingent arrêté par le conseil d'arrondissement. Cette répartition est faite par le maire assisté de cinq répartiteurs. — V. CONTRIBUTIONS DIRECTES.

65. — Il est tenu par le contrôleur, pour chaque commune cadastrée, un registre destiné à constater les changemens qui se sont opérés, dans le cours de chaque année, dans l'état de la propriété foncière de la commune. Ce registre doit présenter les augmentations et diminutions survenues dans les contenances, les attributions et les revenus portés sur les matrices. — Réglem. 15 mars 1827, art. 108.

66. — A cet effet, les parties intéressées doivent faire la déclaration des mutations de propriétés qui se sont effectuées dans la commune par suite de ventes, échanges, donations, sucessions, et indiquer les noms de l'ancien et du nouveau propriétaire et les parcelles qui forment l'objet de sa déclaration. Les déclarations sont reçues par les percepteurs, qui les inscrivent à leur date sur un livre spécial : dans les villes partagées en plusieurs arrondissemens de perception, les déclarations sont reçues à la mairie par le secrétaire. — Brun, *Man. des conseill. de préfect.*, n° 319.

67. — Le contrôleur envoie chaque année toutes les déclarations au directeur, qui fait immédiatement sur les matrices déposées dans ses bureaux les changemens nécessaires. Les mutations sont opérées sur les matrices déposées dans les communes par le contrôleur lui-même. — Réglem. 10 oct. 1821, art. 37, 38, 41; instruction minist. 26 fév. 1841. — Brun, *loc. cit.*

68. — Les frais de mutation sont de 7 cent. par parcelle, d'après l'ordonnance du 23 mars 1836. Avant cette ordonnance, ils étaient de 14 centimes. — *Encycl. du Droit*, *ib.*

69. — Lorsque, sur le rapport du directeur des contributions directes, le préfet a reconnu que la matrice est trop surchargée par suite des mutations, additions et ratures qu'on y a successivement opérées, il en ordonne le renouvellement au moyen d'une transcription. — Dans ce cas, l'exemplaire déposé à la mairie et celui resté à la direction sont transmis simultanément. — Bost, *Traité de l'organisation des corps municipaux*, t. 2, n° 561. — Suivant l'*Encyclopédie du Droit* (v° *Cadastre*), il faudrait recourir, pour le renouvellement des matrices du rôle, au ministre des finances.

70. — L'art. 28, L, 15 sept. 1807, veut que lorsque toutes les communes du ressort d'une justice de paix ont été cadastrées, chaque conseil municipal nomme un propriétaire qui se rend au jour fixé par le préfet au chef-lieu de la sous-préfecture pour y prendre connaissance des évaluations des com-

munes du même ressort. — Selon l'art. 29, ces évaluations sont examinées et discutées dans une assemblée composée de ces divers délégués et présidée par le sous-préfet ; cette assemblée donne ses conclusions sur les changemens qu'elle estime devoir être faits aux estimations ou son adhésion formelle au travail (art. 32). Le sous-préfet envoie le procès-verbal qui en est dressé, avec ses observations au préfet qui, sur le rapport du directeur des contributions, et après avoir pris l'avis du conseil de préfecture, statue sur les réclamations par un arrêté qui fixe définitivement l'allivrement cadastral (revenu imposable) de chacune des communes intéressées. — Art. 33.

71. — Le recours contre cet arrêté du préfet ne peut être porté que devant le ministre des finances, car il s'agit seulement d'une mesure d'administration. — Laferrière, *Cours de droit administratif*, p. 190.

§ 5. — *Réclamations et compétence.*

72. — Les parties intéressées ont le droit de réclamer dans le cours des opérations cadastrales à trois époques principales : 1° après la confection parcellaire (*suprà* n° 39) ; 2° après l'expertise et la confection du tarif provisoire d'évaluation (n° 50) ; 3° après la confection des états de section, des matrices et du rôle cadastral. — Puis, le rôle cadastral étant, après sa confection définitive, mis en recouvrement, les intéressés ont encore six mois pour faire leurs réclamations, outre le délai de trois mois qui leur est donné chaque année après l'émission annuelle du rôle.

73. — Le délai pour faire les réclamations n'est pas le même dans chacune des circonstances où elles sont admises : les propriétaires, avertis chaque fois par l'envoi de bulletins ou avis individuels, sont mis à même de réclamer avec connaissance de cause par la communication qu'ils peuvent prendre à la mairie de leur commune, où elles sont déposées et restent à leur disposition, des pièces qui établissent l'opération dont l'examen est pendant.

74. — Les réclamations contre la confection du plan peuvent être faites pendant un mois à partir du dépôt qui en est fait à la mairie ; elles sont reçues par l'ingénieur vérificateur qui, pendant tout ce temps, est tenu de résider dans la commune. — LL. 24 flor. an VIII ; 15-25 sept. 1807, art. 23 et suiv. ; Réglem. gén. 10 oct. 1821, art. 15, et Exposé des motifs de ce réglement. — Duvergier, *Collect. des lois*, t. 21, p. 374 ; Magnitot et Delamarre, *Dict. de dr. administratif*, v° *Cadastre*, sect. 1re, § 2.

75. — Si l'ingénieur reconnaît l'erreur qui lui est signalée, il en opère la rectification. — *Ibid.*

76. — S'il conteste, il y a lieu à un réarpentage, dont les frais sont à la charge de la partie qui succombe. — *Ibid.*

77. — Le délai accordé aux propriétaires pour former leurs réclamations contre l'expertise faite par les commissaires vérificateurs est de quinze jours qui courent de celui du dépôt à la mairie de leur commune du tarif d'évaluation. Les observations des intéressés doivent être consignées sur papier libre et restent jointes au tarif.

78. — Après l'expiration des quinze jours, le conseil municipal prend communication du tarif et des observations auxquelles il a donné lieu, donne son avis sur le tout et propose lui-même, s'il y a lieu, les modifications qui lui paraissent convenables. Son avis doit être motivé.

79. — Puis, le tarif, les réclamations des intéressés, les observations et propositions du conseil municipal, sont transmis au préfet qui, sur l'avis de l'inspecteur et le rapport du directeur des contributions directes, prononce, en conseil de préfecture, sur son approbation ou sur sa modification. Cette décision doit être rendue dans la quinzaine de la remise des pièces. — L. 15 sept. 1807, art. 26 ; réglem. 15 mars 1827, art. 72, 73 et 74.

80. — Le dépôt des états de section, des matrices du rôle et du rôle cadastral, fait à la mairie après qu'ils ont été arrêtés par le préfet, dure deux mois. — Magnitot et Delamarre, *Dict. de dr. administ.*, v° *Cadastre*, sect. 2, § 6 ; Foucart, *Elém. de dr. publ. et administ.*, t. 2, n° 82 ; *Encyclop. du dr.*, v° *Cadastre*, n° 33.

81. — Pendant ces deux mois, chaque propriétaire prévenu, ainsi que nous l'avons vu, par un bulletin particulier contenant le résumé des travaux faits par la direction pour assigner à chacun sa part des contributions, peut encore prendre communication des pièces déposées et remettre ses réclamations à un expert délégué spécialement pour les recevoir, et qui fait les rectifications, si elles sont fondées. — Mêmes auteurs, *ibid.* ; Laferrière, *Cours de dr. publ. et administ.*, p. 189.

82. — Tous ces envois de bulletins, ces communications successives, la faculté d'assister à une partie des opérations, devraient avoir suffisamment mis les propriétaires à même de voir si elles se sont faites équitablement et de les faire rectifier dans le cas où ils en auraient été injustement lésés. — Toutefois, on a cru devoir leur donner une dernière occasion de rectification pour le cas où quelque irrégularité aurait encore échappé après tant de précautions prises.

83. — En conséquence, les réclamations contre le classement des fonds sont reçues pendant six mois encore, à partir de la première mise en recouvrement du rôle cadastral. — Ord. 3 oct. 1821, art. 9 ; réglem. 10 oct. 1821, art. 30.

84. — Après ce terme, les réclamations ne sont plus admises que pour des causes postérieures et étrangères au classement. — Ord. 3 oct. 1821, art. 9. — En effet, l'art. 31 du réglement du 10 oct. 1821 est ainsi conçu : « Les propriétaires sont admis à réclamer à toute époque lorsque la diminution qu'ils éprouvent dans leur revenu imposable provient de causes postérieures et étrangères au classement, telles que démolition, incendie de maisons, cession de terrain à la voie publique, disparition de fonds par l'effet de corrosion ou d'envahissement par les eaux. Enfin, perte de revenu dans quelque propriété dont la valeur, justement évaluée dans le principe, aurait été détériorée par suite d'événemens imprévus et indépendans de la volonté du propriétaire. — *Cons. d'état*, 1er nov. 1838, Charonceuil.

85. — Décidé en conséquence que les propriétaires ne sont admis à réclamer contre les opérations cadastrales que lorsque la diminution du revenu des terres cadastrées provient d'événemens imprévus et indépendans de leur volonté. — *Cons. d'état*, 14 févr. 1834, Delamotte ; 17 avr. 1834, Benoît ; 28 mai 1834, Calvet, 1er juin 1836, Martin de Mentque et Cliquot ; même date, Cagnard ; 4 juill. 1834, d'Espinay de Saint-Luc ; 1er août 1834, Maignant ; 1er août 1834, Jacob ; 21 nov. 1834, Elie Croq ; 5 déc. 1834, Dudouit ; 7 août 1835, Lançon ; 22 nov. 1836, Combe. — V. aussi *Cons. d'état*, 18 févr. 1840, Leblanc, Devau et Boulanger ; 23 juill. 1841, Roquelaine. — V. encore Serrigny, *Tr. de l'organ. et de la comp. administ.*, t. 1er, n° 472.

86. — ...Qu'ainsi n'est pas admissible la demande d'un propriétaire en réduction de l'impôt foncier, par suite de la conversion volontaire qu'il a faite de son jardin en terre labourable. — *Cons. d'état*, 14 févr. 1834, Delamotte ; 17 avr. 1834, Benoît.

87. — On ne peut considérer comme ayant le caractère d'imprévu et de spontanéité nécessaire la diminution de la valeur d'un pré provenant de la nouvelle direction donnée aux eaux qui l'arrosaient lorsque la dérivation est le fait même du propriétaire. — *Cons. d'état*, 1er août 1834, Maignant.

88. — N'ont pas n'ont plus ce caractère les changemens provenus du fait de l'ancien propriétaire. — *Cons. d'état*, 1er août 1834, Jacob.

89. — ... Ni les coupes de bois futaies faites volontairement par les auteurs du réclamant. — *Cons. d'état*, 21 nov. 1834, Elie Croq.

90. — ...Non plus que les abatages d'arbres fruitiers faits volontairement par l'auteur du réclamant. — *Cons. d'état*, 5 déc. 1834, Dudouit.

91. — Il faut toutefois excepter de ces prohibitions les propriétés bâties, relativement auxquelles les réclamations sont toujours admises. — L. 15 sept. 1807, art. 37 et 38 ; réglem. gén., art. 81. — *Cons. d'état*, 23 juin 1830, Abel ; 8 fév. 1833, Lasserre ; 8 août 1834, Bordet-Giey ; 6 mars 1835, Brûlé ; 22 juill. 1835, Delagarde ; — Chevalier, *Jurisp. admin.*, p. 251 ; Dufour, t. 2, n° 891.

92. — Jugé en conséquence que les propriétaires de propriétés bâties ont le droit de demander décharge ou réduction foncière dans le cas de destruction totale ou partielle de leurs bâtimens, alors même que la destruction a eu lieu par le fait du propriétaire. — *Cons. d'état*, 1er nov. 1838, Bougarel ; 5 févr. 1841, Dessaigne.

93. — Ce n'est que contre le classement que les réclamations individuelles sont admises ; un contribuable ne pouvant demander la refonte totale du cadastre de la commune, — *Cons. d'état*, 5 mai 1831, Dupasquier ; 28 janv. 1836, Schultz. — Les évaluations, au contraire, intéressent toute la commune ; car, étant faites sur une base unique, on ne peut changer cette base sans modifier le travail en entier. — Chevalier, *Jurisp. admin.*, v° *Contributions directes*, p. 250 ; Magnitot et Delamarre, v° *Cadastre*, sect. 2, § 6.

94. — Le terme de six mois ne s'applique qu'aux réclamations élevées après la première émission du rôle cadastral. — Chaque année une émission en est faite et les réclamations que peuvent avoir motivées les changemens survenus dans l'état de la propriété sont également admises ; mais alors elles doivent être faites dans les trois mois — L. 21 avr. 1832, art. 28. — Dufour, t. 2, n° 896. — V. CONTRIBUTIONS DIRECTES.

95. — Les réclamans adressent, par l'intermédiaire du sous-préfet, un mémoire au préfet, sur papier libre si la réclamation a pour objet une cote inférieure à trente francs, et sur papier timbré dans le cas contraire. — L. 21 avr. 1832, art. 28.

96. — L'instruction de la demande est faite par le contrôleur des contributions, qui prend l'avis des classificateurs. Si ces derniers n'admettent pas la réclamation, il en est donné avis au réclamant qui peut se pourvoir en contre-expertise dans le délai de vingt jours. Il y est procédé par deux experts choisis, l'un par le sous-préfet, l'autre par la partie, en présence d'un agent des contributions directes. — Réglem. 10 oct. 1821, art. 28 et suiv.

97. — C'est le conseil de préfecture qui statue : il doit le faire dans les dix jours de la remise des pièces et procès-verbaux au préfet, et sur le rapport du directeur des contributions directes. — Ord. 3 oct. 1821, art. 9 et 10 ; L. 15 sept. 1807, art. 25.

98. — Si la réclamation est admise, le montant de la réduction et les frais sont réimposés sur tous les contribuables de la commune. Si elle est repoussée, les frais sont supportés par le réclamant. — L. 15 sept. 1807, art. 38 ; Réglem. 10 oct. 1821, art. 28 ; 15 mars 1827, art. 82.

99. — On ne peut se pourvoir par la voie contentieuse contre l'évaluation des différentes classes de propriété ; cette évaluation constitue un acte d'administration auquel la loi ne reconnaît point un caractère contentieux ; c'est au préfet qu'il faut l'adresser. — Laferrière, *Cours de dr. publ. et admin.*, p. 189.

100. — Toutefois, dans le cas où les réclamations concernent des maisons ou des usines, ou quand elles sont formées par un propriétaire possédant à lui seul la totalité ou la presque totalité d'une nature de culture, on peut se pourvoir par la voie contentieuse même contre l'évaluation des différentes classes de propriété. — Réglem. 15 mars 1827, art. 81.

101. — Lorsque c'est le préfet qui est appelé à statuer, le recours contre sa décision est porté au ministre ; — quand c'est le conseil de préfecture, c'est le roi en son conseil d'état qui devient juge d'appel.

V. ALLIVREMENT, BORNAGE, CLASSIFICATEURS, CONTRIBUTIONS DIRECTES.

CADAVRE.

1. — C'est le corps d'une personne morte.

2. — Quand on trouve le corps d'une personne présumée morte, si l'on juge qu'il peut y avoir encore quelques moyens de la rappeler à la vie, on doit aussitôt les employer sans attendre aucune autorisation. — Elouin, Trébuchet et Labat, *Dict. de police*, v° *Cadavre*.

3. — Mais si la mort est certaine, il ne faut rien changer à l'état du cadavre avant l'arrivée des officiers de police compétens ; à eux seuls alors appartient de procéder à la levée des corps, et ils ne peuvent exécuter avec un soin trop scrupuleux les dispositions de l'art. 81 du Code civil.

4. — Toutefois, cette règle n'est prescrite qu'autant qu'il n'y a aucun espoir de rappeler le corps à la vie. Malheureusement, dans les campagnes et parfois même dans les villes, on en exagère l'observation à tel point que souvent on a refusé de porter à des personnes qui étaient victimes d'un accident ou d'un crime, ou qui avaient tenté de se donner la mort, des secours qui eussent suffi pour les rappeler à la vie. Nous le répétons, on ne doit respecter l'état d'un cadavre qu'autant que la mort est certaine.

5. — L'art. 358 du Code pénal punit de peines correctionnelles les personnes qui font inhumer un individu décédé, sans autorisation de l'officier de l'état civil et celles qui contreviennent aux lois et réglemens sur les inhumations précipitées. — V. INHUMATIONS.

6. — Au nombre de ces réglemens il faut placer toutes les dispositions qui prohibent de se livrer, avant l'expiration de certains délais, au moulage, à l'autopsie, à l'embaumement ou à la momification des cadavres par qui que ce soit ; les hommes de l'art en sont particulièrement tenus, car ils savent mieux que tout autre la nécessité d'apporter la plus extrême circonspection dans des opérations capables de modifier l'état des cadavres et de tranformer en décès réel une mort qui ne serait qu'apparente. Or, la science apprend que la mort n'est réellement certaine que lorsqu'il y a commencement de putréfaction.

7. — Aussitôt qu'on trouve un cadavre on doit donc, sans y rien changer, en donner avis sur-le-champ au commissaire de police ou au maire dans

les communes rurales. — Ord. 25 vent. an XIII, art. 8.

8. — En général, les levées de corps sont effectuées par les commissaires de police ou par les juges de paix. Mais il est convenable que le juge d'instruction se rende sur les lieux toutes les fois qu'il le peut facilement, alors même qu'il ne s'agirait que de vérifier un simple soupçon, et il doit y mettre encore plus d'empressement si les moindres indices de crime se manifestent. — Duverger, *Man. des juges d'inst.*, t. 2, p. 259 et 260, n° 228.

9. — Quoi qu'il en soit, dès que l'officier de police est informé de la découverte d'un cadavre, il doit se transporter immédiatement sur les lieux, en se faisant accompagner d'un ou de deux officiers de santé. — C. d'inst. crim., art. 44.

10. — Le procès-verbal qu'il doit rédiger contient : — 1° la désignation du sexe, le signalement, les noms, prénoms, qualités et âge de l'individu, s'il est possible de les savoir ; — 2° la déclaration de l'homme de l'art sur l'état actuel de l'individu ; — 3° les renseignemens recueillis sur cet accident ; — 4° les dépositions des témoins et de tous ceux qui ont pris part à l'événement. — Ord. du préf. de police du 22 déc. 1822, art. 7.

11. — C'est surtout à la reconnaissance de l'individu dont le cadavre a été trouvé que le magistrat doit donner ses premiers soins : toutes les fois qu'une personne a été trouvée morte et qu'on est parvenu à la reconnaître, on a bientôt découvert également les circonstances précises de sa mort ; et, si celle-ci a été l'effet d'une cause criminelle, il est devenu dès-lors possible de remonter jusqu'aux auteurs du crime. — Duverger, t. 2, p. 272, n° 239.

12. — Si l'individu est inconnu, il faut relever exactement son signalement, quand bien même il porterait sur lui des papiers indiquant son nom et sa profession ; car ces papiers peuvent avoir été substitués ou déposés dans les vêtemens du défunt par les assassins pour donner le change. — *Ibid.*, n° 240.

13. — S'il s'agit d'un individu mort par suite de blessures, il est essentiel d'examiner le corps dans la position où il a reçu le coup et dans laquelle il est mort. — Orfila, *Leçons de méd. lég.*, t. 11, p. 256 ; Devergie, *Tr. de méd. lég.*, t. 1er, p. 255.

14. — Il est également indispensable de constater avec exactitude l'état des vêtemens et, après avoir déshabillé le cadavre avec précaution, la couleur des différentes parties du corps, les contusions, piqûres et blessures de tout genre, leurs formes et leurs dimensions. — *Ibid.*, *loc. cit.*

15. — En règle générale, on doit toujours constater avec soin dans quel état et dans quelle position le cadavre a été trouvé, le lieu où gît le corps, sa nature et sa distance des habitations, quels sont les objets qui ont été trouvés près de lui, comment étaient placés les instrumens qui ont pu donner la mort. — Duverger, t. 2, p. 275, n° 242.

16. — En résumé, quelle que soit la cause de la mort, l'officier de police qui procède ne doit rien négliger pour qu'à la vue du procès-verbal le procureur du roi se trouve en mesure de permettre l'inhumation ou de prescrire les opérations supplétives auxquelles il jugerait utile de recourir.

17. — En examinant et constatant la putréfaction du cadavre, on aura égard à toutes les circonstances de température et de lieu, et on déterminera approximativement l'époque de la mort. — Chaussier, *Choix des rapports*, p. 87 ; Briand et Brosson, *Man. de méd. leg.*, p. 408.

18. — Si l'individu est reconnu et réclamé au moment de la levée du cadavre par des personnes domiciliées, la remise peut leur en être faite à la charge de faire inhumer le cadavre en la manière accoutumée ou d'en justifier à l'officier de police qui a fait la remise. Il leur est délivré en même temps un extrait du procès-verbal pour servir à dresser l'acte de décès. — Ord. de police du 25 vent. an XIII, art. 10.

19. — Dans le cas où l'individu n'est ni reconnu ni réclamé, le cadavre est à Paris transporté à la morgue avec ses vêtemens. Les papiers, argent monnayé et effets précieux sont envoyés à la préfecture de police. — *Ibid.*, art. 11.

20. — Tout cadavre envoyé à la morgue y est exposé, ainsi que ses vêtemens, aux regards du public, pendant trois jours consécutifs. — *Ibid.*, art. 13.

21. — La police judiciaire étant seule compétente pour prononcer sur toute mort suspecte ou extraordinaire, parût-elle naturelle, purement accidentelle, ou le résultat d'un suicide, l'inhumation ne peut avoir lieu qu'avec la permission écrite du procureur du roi, sur le vu du procès-verbal qui lui est envoyé sans retard.

22. — Cependant, lorsqu'il y a urgence d'inhumer à cause d'une décomposition hâtive, les officiers de police judiciaire, après avoir constaté l'état du cadavre et les causes de la mort, peuvent permettre eux-mêmes l'inhumation, à la charge d'en prévenir immédiatement le procureur du roi et de veiller à ce qu'il y ait toujours moyen de procéder à l'exhumation, pour le cas où ce magistrat la considérerait comme nécessaire.

23. — Le procès-verbal des opérations de l'officier de police étant destiné à servir de fondement à l'acte de décès, doit, autant que possible, contenir tous les renseignemens utiles à cet effet, et ces renseignemens sont de suite transmis à l'officier de l'état civil en exécution de l'art. 82 du C. civ.

24. — La connaissance de l'homicide commis sur une personne dont on trouve le corps dans un lieu, mais que l'on soupçonne avoir été tuée dans un autre, appartient au juge du lieu où le cadavre est trouvé. — *Cass.*, 20 flor. an XIII, Debout.

25. — Si le cadavre d'une personne homicidée a disparu ou qu'il soit trouvé caché, il importe de rechercher par qui il a été enlevé ou caché, parce que le recelé du cadavre peut faire suspecter une coopération à l'homicide.

26. — D'ailleurs, l'art. 359, C. pén., punit d'un emprisonnement de six mois à deux ans et d'une amende de 50 fr. à 400 fr. le seul fait d'avoir recelé ou caché le cadavre d'une personne homicidée ou morte des suites de coups ou blessures, sans préjudice de peines plus graves s'il a participé au crime.

27. — Les époux, père, mère, frères et sœurs de l'auteur d'un homicide, ne pouvant être tenus de le dénoncer, se trouvent par là même exceptés de la disposition de l'art. 359. — Carnot, *C. pén.*, t. 2, p. 176, n° 8.

28. — Jugé que le recel d'un cadavre n'est, dans tous les cas, un délit punissable aux termes de la loi que lorsqu'il suppose l'intention de cacher un crime, c'est-à-dire lorsqu'il s'agit du cadavre d'une personne homicidée volontairement. — *Bourges*, 6 mai 1842 (t. 1er 1848, p. 734), Magnard.

29. — Autrefois, les cadavres des personnes mises à mort par autorité de justice étaient exposés aux regards du public, et le juge pouvait les délivrer ensuite aux maîtres en chirurgie. — Ces dispositions ont été rapportées par l'art. 3 de la loi du 21 janv. 1790, et plus récemment par les art. 85 du C. civ. et 14 du C. pén.

30. — Une heureuse modification que l'on doit à l'humanité et aux progrès de la civilisation, c'est l'application entière de la maxime : *per mortem omne crimen extinguitur*. L'ord. de 1670 (tit. 22, art. 1er) avait établi quatre cas dans lesquels on devait faire le procès à un cadavre ou, si le cadavre n'existait pas, à la mémoire d'une personne morte : 1° pour crime de lèse-majesté divine ou humaine ; — 2° pour duel ; — 3° pour homicide volontaire de soi-même ; — 4° pour rébellion à justice avec force ouverte dans la rencontre de laquelle le mort avait été tué. — Les Romains ne connaissaient pas cette sorte de procès ; l'institution en était due aux jurisconsultes français : non pas qu'ils voulussent punir le cadavre ou la mémoire d'un mort ; mais ils jugeaient nécessaire d'épouvanter les vivans et de les faire trembler au spectacle d'une pareille rigueur déployée contre les morts eux-mêmes. — V. au surplus EXHUMATION, SÉPULTURE, VIOLATION DE SÉPULTURE.

31. — Lorsque des débris ou ossemens humains sont trouvés sur la voie publique, ou en faisant des fouilles, il en est donné avis à l'officier de police, qui doit en rechercher l'origine ; s'il n'acquiert pas la présomption d'un crime ou d'un délit, il prend les mesures nécessaires pour les faire inhumer dans le cimetière le plus voisin. — Elouin et Trébuchet, *Dict. de police*, v° *Cadavre*. — V. ASPHYXIE, AUTOPSIE, INSTRUCTION CRIMINELLE.

CADEAU.

Petit présent. — Il y a principalement le cadeau de mariage. — V. BAGUES ET JOYAUX, CONTRAT DE MARIAGE, PRÉSENT, RAPPORT A SUCCESSION.

CADET.

V. AINESSE (droit d'), SUCCESSION.

CADI.

1. — Magistrat chargé de rendre la justice chez les musulmans.

2. — Lorsqu'un Français a un différend avec un Turc ou autre sujet de l'empire, et qu'il se transporte chez le cadi, ce juge ne doit point écouter leur procès, à moins que le drogman français ne se trouve présent pour défendre la cause du Français ; le cadi doit remettre la cause à un autre temps ou la différer jusqu'à ce que l'interprète vienne ; de son côté le Français doit s'empresser de se représenter sans abuser de l'absence de l'interprète. — Tr. de 1604, art. 24 ; 1640, art. 26.

3. — Les cadis sont maintenus dans l'Algérie pour connaître de la plupart des contestations entre Musulmans. — Ord. 26 sept. 1842, art. 31. — V. ALGÉRIE.

CADRANS (Fabricans de).

1. — Les fabricans de cadrans de montres et de pendules pour leur compte sont rangés par la loi du 25 avr. 1844, sur les patentes, dans la sixième classe des patentables, et imposés à : 1° un droit fixe, basé sur le chiffre de la population de la ville ou commune où est situé l'établissement ; — 2° un droit proportionnel du vingtième de la valeur locative de la maison d'habitation et des locaux servant à l'exercice de la profession. — V. PATENTE.

2. — Les fabricans à façon sont rangés dans la huitième classe des patentables, et imposés, outre le droit fixe, à un droit proportionnel du quarantième de la valeur locative de tous les locaux occupés par les patentables, mais seulement dans les communes d'une population de 20,000 ames et au-dessus. — V. PATENTE.

CADRES (Marchands de).

Les marchands de cadres, pour glaces et tableaux, sont rangés par la loi du 25 avr. 1844, sur les patentes, dans la sixième classe des patentables, et imposés à : — 1° un droit fixe, basé sur le chiffre de la population de la ville ou commune où est situé l'établissement ; — 2° un droit proportionnel du vingtième de la valeur locative de la maison d'habitation et des locaux servant à l'exercice de la profession. — V. PATENTE.

CADUC, CADUCITÉ.

Ces expressions s'emploient à l'égard des dispositions entre-vifs ou testamentaires accidentellement déchues ou privées de leur effet pour autres causes qu'un vice qui les annule dans leur principe. — V. DONATION, DONATION ENTRE ÉPOUX, DONATION PAR CONTRAT DE MARIAGE, EXÉCUTEUR TESTAMENTAIRE, LEGS, QUOTITÉ DISPONIBLE, SUBSTITUTION, TESTAMENT.

CAFÉ, CAFETIER.

1. — Ce qui a été dit (v° *Cabaret*) sur les mesures de surveillance auxquelles les cabarets sont assujétis, ainsi que sur les questions que peut soulever à leur égard l'application des art. 386, C. pén., et 1952 et 1953, C. civ., s'applique également aux cafés. — V. DÉPOT, LIEUX PUBLICS, VOL.

2. — Les cafetiers sont commerçans. — V. ACTE DE COMMERCE, nos 93 et suiv.

3. — Les cafetiers sont rangés, par la loi du 25 avr. 1844, sur les patentes, dans la quatrième classe des patentables, et imposés à : 1° un droit fixe, basé sur le chiffre de la population de la ville ou commune où est situé l'établissement ; — 2° un droit proportionnel du vingtième de la valeur locative de la maison d'habitation et des locaux servant à l'exercice de la profession.

4. — Les fabricans de café de chicorée sont mis par la loi du 25 avr. 1844 sur les patentes, au nombre des patentables, et imposés à : 1° un droit fixe de 50 fr. ; — 2° un droit proportionnel du vingtième de la valeur locative de la maison d'habitation et des magasins de vente complètement séparés, et du vingt-cinquième de la valeur locative de l'établissement industriel.

5. — Les marchands de café de chicorée en poudre font partie de la sixième classe et sont imposés, outre le droit fixe, à un droit proportionnel du vingtième de la valeur locative de la maison d'habitation et des locaux servant à l'exercice de la profession.

6. — Les débitans de café tout préparé sont rangés dans la huitième classe et imposés, outre le droit fixe, à un droit proportionnel du quarantième de la valeur locative de tous les locaux occupés par les patentables, mais seulement dans les communes de 20,000 ames et au-dessus. — V. PATENTE.

V. en outre ABONNEMENT, COMPÉTENCE COMMERCIALE.

CAFETIÈRES (Fabricans de).

1. — Les fabricans de cafetières du Levant ou marabouts, pour leur compte, sont rangés, par la loi du 25 avr. 1844 sur les patentes, dans la sixième classe des patentables et imposés à : 1° un droit fixe, basé sur le chiffre de la population de la ville ou commune où est situé l'établissement ; — 2° un droit proportionnel du vingtième de la valeur locative de la maison d'habitation et des locaux servant à l'exercice de la profession. — V. PATENTE.

2. — Les fabricans à façon sont rangés dans la huitième classe et imposés, outre le droit fixe, à un

droit proportionnel du quarantième de la valeur locative de tous les locaux occupés par les patentables, mais seulement dans les communes d'une population de 20,000 ames et au-dessus. — V. PATENTE.

CAGES (Fabricans de).

Les fabricans de cages, souricières et tournettes sont rangés par la loi du 25 avr. 1844, sur les patentes, dans la huitième classe des patentables, et imposés à : 1° un droit fixe basé sur le chiffre de la population de la ville ou commune où est situé l'établissement; — 2° un droit proportionnel du quarantième de la valeur locative de tous les locaux occupés par les patentables, mais seulement dans les communes d'une population de 20,000 ames et au-dessus. — V. PATENTE.

CAHIER.

1. — Assemblage de plusieurs feuilles de papier ou de parchemin réunies.

2.—Les cahiers domestiques figurent au nombre des papiers qui peuvent servir de preuve : 1° soit des mariages, naissances et décès en cas de non existence ou de perte des registres des actes de l'état civil.—C. civ., art. 46.—Toullier, t. 2, n° 884. —V. ACTES DE L'ÉTAT CIVIL, n°s 201 et suiv.

3.—2° Soit d'une obligation ou d'une libération de la part de celui qui les a écrits.—C. civ., art. 1331. — Toullier, t. 8, n° 399.— V. PAPIERS DOMESTIQUES.

4. — On donne aussi le nom de *cahiers* aux mémoires contenant les demandes, propositions ou remontrances adressées au souverain par les membres d'un corps de l'état. Tels étaient autrefois les cahiers des états-généraux dressés dans chaque bailliage par les notables constituant les électeurs de l'époque.

CAHIER DE DISTRIBUTION.

Procès-verbal qui, dans la province d'Artois, était rédigé au prétoire par le greffier, en présence de deux commissaires, pour constater la distribution entre les créanciers du prix d'un immeuble adjugé par décret.

CAHIER D'INFORMATION.

1. — On désigne sous ce nom, en matière criminelle, l'acte judiciaire contenant les dépositions des témoins qui comparaissent, soit devant le juge d'instruction, soit devant tout autre officier de police judiciaire. Cet acte est quelquefois appelé *procès-verbal d'information*.

2.—Les dépositions (porte l'art. 76 C. inst. crim.) sont signées du juge, du greffier et du témoin, après que lecture lui en a été faite et qu'il a déclaré y persister : si le témoin ne veut ou ne peut signer, il en est fait mention. — Chaque page du cahier d'information est signée par le juge et par le greffier.

3. — Sous la loi du 7 pluv. an IX, le procès-verbal d'audition des témoins signé, non par le directeur du jury qui les avait entendus, mais par son successeur, était nul et ne pouvait servir de base à une déclaration du jury d'accusation, à peine de nullité.—*Cass.*, 19 déc. 1806, Vandenebaelle.

4.— Aujourd'hui, une pareille irrégularité n'influerait point sur l'arrêt de renvoi : la chambre d'accusation aurait simplement le droit d'ordonner une nouvelle audition des témoins.—C. inst crim., art. 299.— Teulet, Sulpicy et d'Auvilliers, *Codes annotés*, art. 76, C. inst. crim., n° 2.

5. — On n'exige la signature du témoin qu'au bas de sa déposition et sous l'approbation des renvois et des ratures. — Art. 76 et 78. — Duverger, *Man. du juge d'instruct.*, t. 2, n° 310.— Carnot, au contraire (*C. inst. crim.*, art. 76, n° 4), pense que la signature du témoin est exigée à toutes les pages du cahier d'information sur lesquelles se trouve écrite sa déposition.

6. — Les formalités prescrites par l'art. 76 doivent être remplies, à peine de 50 fr. d'amende contre le greffier, même s'il y a lieu de prise à partie contre le juge d'instruction.—C. inst. crim., art. 77.

7. — « Aucune interligne ne peut être faite : les ratures et les renvois doivent être approuvés et signés par le juge d'instruction, par le greffier et par le témoin, sous les peines portées en l'art. 77.— Les interlignes, ratures et renvois non approuvés sont réputés non avenus.»—C. inst. crim., art. 78.— V. INSTRUCTION CRIMINELLE.

8.—L'impartialité la plus complète doit présider à la rédaction du procès-verbal d'information. La déposition de chaque témoin doit y être consignée scrupuleusement, soit en ce qui tourne à la décharge du prévenu, soit en ce qui est à sa charge. —Ord. 1670, tit. 6, art. 10;—Rousseau de la Combe, *Mat. crim.*, p. 255; Serpillon, *Code crim.*, t. 1er, p. 463; Bornier, *Conf. des ord.*, t. 2, p. 80; Merlin, *Rép.*, v° *Déposition*; Bourguignon, *Inst. crim.*, t. 1er, p. 163; Legraverend, *Lég. crim.*, t. 1er, p. 256; Duverger, *Man. du juge d'inst.*, t. 2, n° 302.

9. — Dans la pratique, on est dans l'usage de recevoir les dépositions des témoins, soit en réunissant toutes les dépositions en un seul cahier, soit en rédigeant un procès-verbal séparé pour chaque déposition. Les procureurs généraux de Paris, Orléans et Poitiers ont recommandé aux magistrats de leurs ressorts de rédiger des procès-verbaux séparés, particulièrement pour les procédures en matière de *crimes*. — Circul. 15 sept. 1835; 21 mai 1836; 19 nov. 1841, § 11.

10. — Ce dernier mode d'opérer offre cet avantage qu'il permet de classer aisément les dépositions quand chacune d'elles se rapporte à un seul et même fait, et donne la facilité d'éliminer du dossier principal les dépositions insignifiantes et inutiles.

11. — Mais il a l'inconvénient de multiplier les actes, d'entraîner des répétitions d'écritures et des lenteurs et par suite un surcroît de dépenses. Une circulaire du ministre de la justice, du 16 mars 1817, l'avait proscrit.

12. — Quand on procède d'après la méthode qui consiste à réunir toutes les dépositions en un seul cahier, on peut se borner à énoncer dans le préambule l'accomplissement de toutes les formalités voulues à l'égard de chaque témoin, sans répétition ultérieure. On en retire une grande économie de temps et d'écritures. — Dans le cas contraire, chaque procès-verbal doit constater l'exécution de toutes ces formalités. — Duverger, t. 2, n° 312.

CAHIER DES CHARGES.

1.—Acte contenant les clauses et conditions moyennant lesquelles les biens soumis aux enchères doivent être mis à prix et vendus.

2. — Le cahier des charges est grossoyé, mais il ne peut être signifié dans aucun cas.

3. — C'est tantôt l'avoué, tantôt le notaire qui est chargé de la rédaction du cahier des charges. — V. VENTE JUDICIAIRE D'IMMEUBLES.

4. — L'émolument de l'avoué pour la grosse du cahier des charges est fixé par l'art. 11 du tarif du 10 octobre 1841. — D'après l'art. 14, l'émolument est le même quand c'est par le notaire que le cahier des charges a été rédigé.

5. — La rédaction du cahier des charges est exigée par la loi en matière de vente d'immeubles sur expropriation forcée, de vente d'immeubles appartenant à des mineurs ou autres incapables ou à des successions bénéficiaires, de licitation entre majeurs, de vente de rentes constituées sur particuliers.—V. SAISIE IMMOBILIÈRE, VENTES JUDICIAIRES D'IMMEUBLES, LICITATION, SAISIE DE RENTES.

CAHIER DES CHARGES (Matière administrative).

1. — C'est l'acte qui contient les charges, clauses et conditions d'une adjudication faite devant l'autorité administrative.

2. — La rédaction du cahier des charges est faite, suivant les circonstances, par les soins du maire, du sous-préfet, du préfet, de tout autre fonctionnaire ou préposé, ou même du ministre dans le ressort duquel se range la nature de l'entreprise. Les conseils municipaux et les conseils des ingénieurs sont appelés à donner leur avis lorsque l'opération concerne leurs attributions. — Magnitot et Delamarre, *Dict. de dr. pub. et admin.*, v° *Adjudication*, § 6.

3. — Le cahier des charges n'est valable qu'autant qu'il a reçu l'approbation définitive de l'autorité supérieure, lorsqu'il n'émane pas de celle-ci. Il doit être déposé dans un lieu désigné par les affiches indicatives de l'adjudication, où il est libre à chacun d'en prendre connaissance pendant les quinze jours ou le mois qui précèdent l'adjudication. — Magnitot et Delamarre, *ibid.*

4. — Les marchés au nom de l'état doivent, sauf certaines exceptions, être faits avec publicité et concurrence (Ord. 4 déc. 1836, art. 1er). — Les conditions des marchés sont, dans ce cas, exprimées dans un cahier des charges qui détermine la nature et l'importance des garanties que les fournisseurs ou entrepreneurs auront à produire, soit pour être admis aux adjudications, soit pour répondre de l'exécution de leurs engagemens, ainsi que l'action que l'administration exercera sur ces garanties en cas d'inexécution des engagemens du fournisseur. L'avis annonçant l'adjudication fait connaître le lieu où l'on peut prendre connaissance du cahier des charges. — Ord. 4 déc. 1836, art. 5 et 6.

5. — Le cahier des charges n'est en général rédigé que pour le cas où l'adjudication doit avoir lieu avec publicité et concurrence. Les conditions d'un marché de gré à gré peuvent cependant être réglées aussi par un cahier des charges, puisque l'art. 12, ord. 4 déc. 1836, porte que ces marchés de gré à gré ont lieu sur un engagement souscrit à la suite d'un cahier des charges.

6. — Les marchés de fournitures passés aux colonies ou hors du territoire français, ne sont pas soumis aux prescriptions de l'ordonnance précitée.

7. — En matière d'entreprise des travaux publics, on commence par rédiger un cahier des charges avant de procéder à l'adjudication au *rabais* ou sur soumissions isolées. — Magnitot et Delamarre, v° *Travaux publics*, § 2.

8.— Ces formes, et notamment la rédaction d'un cahier des charges, sont observées, soit qu'il s'agisse de marchés de fournitures, soit qu'il s'agisse d'ouvrages relatifs à des bâtimens civils appartenant à l'état.

9. — L'administration des ponts et chaussées a adopté un cahier des charges uniforme pour tout le royaume, renfermant les clauses et conditions générales imposées aux entrepreneurs de travaux publics. Ce cahier des charges auquel, selon les circonstances, il est ajouté des stipulations particulières, se compose de quarante-deux articles. Il est textuellement rapporté par Théodore Chevalier, *Livre de poche des entrepr. et concession. des trav. pub.*, p. 31.

10. — Le génie militaire a également rédigé, pour l'exécution des travaux publics qui lui sont confiés, un cahier des clauses et conditions générales imposées aux entrepreneurs, qui comprend cinquante-sept articles. Il est aussi rapporté par Théodore Chevalier, *Livre de poche des entrepr. et concession. de trav. publ.*, p. 48.

11. — Il doit être aussi dressé un cahier des charges pour l'adjudication des travaux des bâtimens de l'artillerie.

12. — La fourniture des approvisionnemens de la marine est adjugée sur un cahier des charges rédigé par le commissaire des approvisionnemens, présenté à l'examen des chefs de service que la fourniture concerne plus spécialement, puis à celui du commissaire général de la marine qui a la direction supérieure des approvisionnemens. Ce cahier des charges est ensuite soumis au conseil d'administration et à l'approbation du ministre.— Inst. min. mar., 29 janv. 1835; — Husson, *Législation des trav. publ.*, p. 439.

13. — Le cahier des charges pour les marchés des travaux hydrauliques de la marine, tels que les bassins, quais, cales, digues, et des bâtimens civils affectés au service de la marine, tels que les ateliers, magasins, hangars, casernes, bagnes, hôpitaux, phares, etc., se rapproche, quant aux conditions, de celles imposées aux entrepreneurs des ponts et chaussées; mais on leur applique aussi la plupart des conditions en usage pour les approvisionnemens et les constructions navales.— Husson, *Législat. des trav. publ.*, t. 2, p. 459.

14. — Les principes de l'ordonnance du 4 déc. 1836 ont été, sauf quelques différences, appliqués aux marchés des communes et des établissemens de bienfaisance par l'ordonnance du 14 nov. 1837.

15. — *Travaux publics des communes*. — Les cahiers des charges déterminent la nature et l'importance des garanties que les fournisseurs ou entrepreneurs doivent produire, soit pour être admis aux adjudications, soit pour répondre de l'exécution de leurs engagemens : ils déterminent aussi l'action que l'administration exercera sur ces garanties, en cas d'inexécution de ces engagemens. Il est toujours et nécessairement stipulé que tous les ouvrages exécutés par les entrepreneurs en dehors des autorisations régulières demeureront à la charge personnelle de ces derniers, sans répétition contre les communes ou les établissemens. L'avis des adjudications à passer fait connaître le lieu où l'on peut prendre connaissance du cahier des charges. — Ord. 14 nov. 1837.

16. — Avant le jour de l'adjudication, une expédition du cahier des charges doit être adressée par l'administration locale au receveur des finances de l'arrondissement, conformément à l'art. 5, ord. 17 sept. 1837; et toutes les fois que les adjudications doivent être passées au chef-lieu d'arrondissement, le cahier des charges doit stipuler que les dépôts de garantie et les cautionnemens seront versés directement, pour le compte des communes et des établissemens, à la caisse du receveur des finances. — Circul. 9 juin 1838, citée dans Boyard, *Manuel des Maires*, t. 1er, v° *Adjudication*.

17. — Lorsqu'il s'agit de travaux communaux, le cahier des charges fixe les conditions que doi-

vent remplir les adjudicataires ; il porte notamment que les entrepreneurs sont personnellement responsables, et sans recours contre les communes, des ouvrages faits en dehors des autorisations régulières. — Foucart, t. 3, n° 1618.

18. — En matière de baux des biens des communes, le conseil municipal rédige les conditions du cahier des charges. — Foucart, t. 3, n° 1613.

19. — Lorsque les communes et les fabriques font des emprunts, il est dressé un cahier des charges si l'adjudication a lieu avec publicité et concurrence. — Foucart, t. 3, n°s 1623 et 1780.

20. — Les baux des biens des hospices et autres établissemens publics sont faits aux enchères, par devant un notaire désigné par le préfet. — Décr. 12 août 1807, art. 1er.

21. — Le cahier des charges de l'adjudication et de la jouissance est préalablement dressé par la commission administrative, le bureau de bienfaisance ou le bureau d'administration, selon la nature de l'établissement. Le cahier des charges est approuvé de même, modifié par le préfet sur l'avis du sous-préfet. — *Ibid.*, art. 2 ; L. 25 mai 1835.

22. — En matière de plaçage et de hallage, les cahiers des charges sont rédigés par les soins du conseil municipal ; mais ils ne sont valables qu'après l'approbation du roi en son conseil d'état. — Foucart, t. 3, n° 1739.

23. — La vente des bois de l'état doit être précédée de la rédaction d'un cahier des charges.

24. — Les conditions générales des adjudications sont établies par le cahier des charges délibéré chaque année par la direction générale des forêts et approuvé par le ministre des finances. Les clauses particulières sont arrêtées par les conservateurs. — Les clauses et conditions, tant générales que particulières, sont toutes de rigueur, et ne peuvent jamais être réputées comminatoires. — Ordonnance pour l'exécution du Code forestier, du 1er août 1827, art. 82.

25. — Le cahier des charges doit rappeler les dispositions des lois relatives : 1° à l'adjudication ; — 2° à l'exploitation ; — 3° aux droits et devoirs de l'adjudicataire concernant les arbres propres à la marine et à l'artillerie ; — 4° aux opérations qui doivent avoir lieu après l'usance des coupes (arrêté 5 thermid. an V). — Il désigne aussi les portions de bois qui peuvent être défrichées. — V. au surplus, pour tout ce que doit contenir le cahier des charges, v° FORÊTS.

26. — Expédition du cahier des charges générales et des clauses particulières et locales est déposée par l'agent forestier, chef de service, au secrétariat de l'autorité administrative qui devra présider à la vente. — V. au surplus FORÊTS, MARINE, TRAVAUX PUBLICS.

CAISSE, CAISSIER.

1. — On appelle *caisse* le lieu où l'on dépose des sommes d'argent. Ce mot s'applique à l'établissement même du dépôt, à la compagnie ou aux personnes qui l'administrent.

2. — Il y a des caisses publiques ou particulières.

3. — Dans la première classe sont la *caisse d'amortissement*, la *caisse des consignations*, la *caisse de service du trésor*, etc. — V. les mots qui suivent.

4. — Au nombre des caisses particulières on compte principalement les *caisses d'épargne* et de *prévoyance*, la *caisse hypothécaire*, la *caisse de Poissy*, etc. — Toutefois, quand ces caisses sont autorisées par le gouvernement, elles prennent le nom d'*établissemens publics*.

5. — Le caissier est l'employé, soit d'une administration publique, soit d'une maison de commerce ou de banque, chargé de la direction de la caisse et des opérations qui se rattachent aux recettes et aux paiemens.

6. — Il est enjoint à tout dépositaire de deniers de l'état de n'avoir qu'une seule caisse pour tous les fonds qui lui sont versés à quelque titre que ce soit. — Du moins il faut que ces fonds soient tenus constamment dans une même pièce où ils puissent à chaque instant être représentés aux vérificateurs. — Lettre min. fin. 26 sept. 1821; instr. gén. 13 oct. suiv., n° 4000.

7. — Les receveurs de deniers publics répondent, en certains cas, du vol de leur caisse. — Arr. gouvern. 8 flor. an X, art. 1er ; Av. du cons d'état, 20 pluv. an XIII. — V. RESPONSABILITÉ, SAISIE-ARRÊT.

CAISSE D'AMORTISSEMENT.

1. — La caisse d'amortissement est une administration chargée de toutes les opérations relatives à l'extinction de la dette publique.

2. — Il y a successivement trois caisses d'a-

mortissement. La première, établie par l'art. 14 de l'édit de décembre 1764, a été supprimée par une déclaration du 30 juill. 1775, et remplacée en 1780 par une caisse dite *des arrérages* ; la seconde a été créée par la loi du 6 frim. an VIII ; enfin la troisième, qui subsiste encore aujourd'hui, a été organisée par la loi de finances du 28 avr. 1816.

3. — La loi du 28 avr. 1816, qui a établi une nouvelle caisse d'amortissement porte (art. 98) que la caisse alors existante sera liquidée, et que les sommes dont elle était débitrice passeront à la charge du trésor, qui sera tenu de rembourser les capitaux et de payer les intérêts dans les cas et aux époques où il y aura lieu auxdits remboursemens et paiemens.

4. — La loi du 6 juin 1840, art. 21, porte que les propriétaires des sommes versées à l'ancienne caisse d'amortissement à titre de dépôts ou consignations, et mises à la charge du trésor public par la loi du 28 avr. 1816, sont tenus, eux, leurs représentans ou ayant-cause, de fournir, sous peine de déchéance, dans le délai de cinq ans, qui courra à partir du 1er janv. 1841, toutes les pièces justificatives de leur droit, soit pour obtenir le remboursement, soit pour en faire opérer le versement à la caisse actuelle des dépôts et consignations.

5. — Sera définitivement éteinte et amortie au profit de l'état toute créance qui n'aurait pas été remboursée ou versée à la caisse des dépôts à l'expiration du délai ci-dessus fixé, faute d'avoir fait les justifications nécessaires. — Cette déchéance ne saurait être opposée aux réclamans si l'ordonnancement et le paiement n'avaient pas eu lieu dans ce délai par la faute de l'administration. Tout créancier a le droit de se faire délivrer par le ministre des finances un bulletin énonçant la date de sa demande avec production de pièces à l'appui. — Art. 21.

6. — La caisse d'amortissement créée par la loi du 28 avr. 1816 est surveillée par une commission composée d'un pair de France, de deux députés, d'un président de la cour des comptes, du gouverneur de la banque de France et du président du tribunal de commerce de Paris. Les nominations des membres sont renouvelées tous les trois ans. — L. 28 avr. 1816, art. 99.

7. — Elle est administrée par un directeur général, auquel il peut être adjoint un sous-directeur. Il y a un caissier responsable. — L. 28 avr. 1816, art. 100. — Le directeur général et, à son défaut le sous-directeur, est responsable de la gestion et du détournement des deniers de la caisse, s'il y a contribué ou consenti (art. 101). Le caissier est responsable du maniement des deniers. — Art. 102.

8. — Le revenu des postes avait d'abord été exclusivement et immuablement attribué à la caisse d'amortissement (L. 28 avr. 1816, art. 104), et en outre il devait être versé, chaque mois, par le trésor à la caisse une somme de 500,000 fr. — Art. 105.

9. — Depuis, la loi du 25 mars 1817 a affecté à la caisse d'amortissement une somme de 40 millions dans les produits nets de l'enregistrement, du timbre et des domaines, et ceux des administrations des postes et de la loterie. — Art. 129.

10. — De plus, tous les bois de l'état sont affectés à la caisse, à l'exception de la quantité nécessaire pour former un revenu net de 4 millions, destinés à la dotation des établissemens ecclésiastiques. — L. 25 mars 1817, art. 143. — Enfin, plusieurs autres lois sont successivement augmenté la dotation de la caisse de quelques millions.

11. — A mesure que les sommes sont versées dans la caisse, l'emploi en est fait en achats de rentes sur le grand-livre de la dette publique (L. 28 avr. 1816, art. 107 et 108). — Ces rentes ne peuvent être vendues ni mises en circulation à peine de faux et sous les peines peines de droit. — Art.109.

12. — Les rentes ainsi acquises sont inscrites au nom de la caisse. Il est fait mention sur le grand-livre qu'elles ne peuvent être transférées, et il est en outre, apposé sur les extraits de ces inscriptions délivrées au nom de la caisse un timbre portant ces mots : *Non transférables*. — Ord. 22 mai 1816, art. 25.

13. — Néanmoins, tous transferts de ces inscriptions faits malgré ces défenses sont valables à l'égard des acquéreurs. En pareil cas, le recours du gouvernement est exercé contre les agens du trésor et de la caisse d'amortissement, ainsi que contre tous autres fauteurs ou complices du délit. — Ord. 22 mai 1816, art. 26.

14. — La loi du 10 juin 1833 a prescrit, relativement à la dotation de la caisse d'amortissement, plusieurs mesures importantes dont les principales portent en substance ce qui suit :

15. — La dotation de la caisse et toutes les ren-

tes amorties dont il n'aura pas été disposé seront réparties, au marc le franc, entre les rentes de 3, 4 1/2, 4 et 3 %. Cette répartition indiquera séparément le montant des dotations et celui des rentes rachetées. Les divers fonds d'amortissement ainsi affectés à chaque espèce de dette continueront d'être employés au rachat des rentes dont le cours ne sera pas supérieur au pair. — L. 10 juin 1833, art. 1er.

16. — A l'avenir, tout emprunt, au moment de sa création, sera doté d'un fonds d'amortissement qui ne pourra être au-dessous de 1 p. % du capital nominal des rentes créées. — Art. 2.

17. — Il ne pourra être disposé d'aucune partie des rentes rachetées qu'en vertu d'une loi spéciale. — Art. 3.

18. — Le fonds d'amortissement appartenant à des rentes dont le cours serait supérieur au pair sera mis en réserve (art. 4). Il ne sera disposé du montant de la réserve que pour le rachat ou le remboursement de la dette consolidée (art. 5). Le remboursement n'aura lieu qu'en vertu d'une loi spéciale. — Art. 6.

19. — La précédente caisse d'amortissement était chargée de recevoir les dépôts et consignations forcées, et elle avait même été autorisée à recevoir les dépôts volontaires (L. 28 niv. an XIII). — Mais en créant pour un établissement spécial, sous le nom de *Caisse de dépôts et consignations*, l'art. 110, L. 28 avr. 1816, a défendu à la caisse d'amortissement de recevoir aucun dépôt ni consignation à quelque titre que ce soit. — V. CAISSE DES DÉPÔTS ET CONSIGNATIONS.

20. — La caisse d'amortissement et celle des dépôts et consignations sont soumises à la même administration et placées dans le même local. Toutefois, elles forment deux établissemens distincts, pour chacun desquels il est tenu des livres et registres séparés. — Ord. 22 mai 1826, art. 1er, 2 et 3.

21. — Les conseils de préfecture sont compétens pour connaître des contestations élevées sur les adjudications faites par la caisse d'amortissement. — Cons. d'état, 26 fév. 1823, Perrand.

22. — Mais les ventes des biens nationaux appartenant à la caisse d'amortissement, quoique faites et jugées, quant aux acquéreurs, dans les formes prescrites pour les domaines nationaux, doivent, à l'égard des tiers, être régies par les règles de droit commun. Ainsi, lorsque des biens nationaux acquis à la caisse d'amortissement ont été vendus tels qu'ils appartenaient à l'ancien propriétaire, les tribunaux sont seuls compétens, à l'exclusion des conseils de préfecture, pour décider s'il sur un terrain revendiqué par une commune faisait, ou non, partie desdits biens, ou est une propriété communale. — Cons. d'état, 15 juin 1825, Baudry.

V. CAISSE DES DÉPÔTS ET CONSIGNATIONS, ENREGISTREMENT.

CAISSE D'AVANCE, D'ESCOMPTE, DE PRÊT, etc.

V. COMPTOIR D'ESCOMPTE.

CAISSE D'ÉPARGNE.

Table alphabétique.

CAISSE D'ÉPARGNE. — **1.** — Établissement public qui a pour objet de recevoir en dépôt et de faire fructifier de petites sommes, et d'aider ainsi les classes laborieuses à utiliser leurs économies et à se créer des ressources.

—

CHAPITRE 1er. — *Historique et législation des caisses d'épargne.*

2. — Les classes inférieures de la société, quelque grand que soit pour elles le besoin de l'économie et de la prévoyance, ont toujours trouvé dans leur position même un obstacle réel à se créer des ressources pour l'âge où le repos devient indispensable à l'homme. En effet, en même temps qu'il est si difficile à un ouvrier de garder les habiles économies qu'il peut faire sur son travail journalier, et que les besoins autant que les plaisirs réclament, il lui est presque impossible, à cause de la faiblesse des sommes, d'en trouver un placement avantageux.

3. — Les caisses d'épargne ont eu pour objet de venir en aide à l'esprit d'ordre et d'avenir, de fournir à l'ouvrier un établissement où le fruit de ses labeurs sûrement placé, à l'abri même des entrainemens de son propriétaire, aurait encore l'avantage, quelque faible qu'il fût, de s'augmenter par une production d'intérêts.

4. — Par décret du 19 mars 1793, la Convention nationale décréta l'établissement d'une caisse nationale de prévoyance pour aider aux vues des citoyens qui voudraient se préparer des ressources pour l'avenir; mais ce projet ne fut pas réalisé.

5. — Les caisses d'épargne se formèrent presque en même temps en Allemagne, en Suisse, en Angleterre, en Écosse et en France. — de Gérando, *De la bienfaisance publique*, t. 3, p. 171.

6. — Ce fut en 1818 que les administrateurs de la compagnie royale d'assurance et quelques actionnaires de cette compagnie fondèrent à Paris, en la forme d'une société anonyme, un établissement qui, sous le titre de *Caisse d'épargne et de prévoyance*, eut pour objet de recevoir les petites sommes qui lui seraient confiées par les personnes économes et industrieuses. — Ord. 29 juill. 1818 et 23 avr. 1823.

7. — Des établissemens semblables se formèrent en 1819 à Bordeaux et à Metz; en 1820, à Rouen; en 1821, à Marseille, à Aix, à Nantes, à Troyes et à Brest; en 1822, au Havre et à Lyon; en 1823, à Reims, etc. La caisse de Metz fut fondée par le mont-de-piété, auquel elle procura une dotation de plus de 100,000 francs, et elle eut pour garantie

l'hypothèque des biens des hospices. La caisse de Troyes fut fondée par le conseil municipal, qui vota une dotation de 4,000 francs par an jusqu'à ce qu'elle fût en état de se passer de son concours. Plusieurs conseils municipaux ont imité cet exemple, mais le système des souscriptions individuelles pratiqué à Paris, à Bordeaux, à Rouen, à Marseille, etc., a été le plus suivi. — Durieu et Roche, *Répert. des établissemens de bienfaisance*, v° *Caisses d'épargne*, n° 5.

8. — La caisse d'épargne de Paris avait été constituée en 1819, sous la forme d'une société anonyme; mais le conseil d'état, par un avis du 25 août 1835, a déclaré qu'il conviendrait de ne plus proposer d'établissement de caisses d'épargne sous forme de société anonyme.

9. — L'ordonnance du 30 octobre 1822 autorisa les caisses d'épargne à faire transférer au nom de chaque déposant les rentes achetées de ses deniers, et pour diminuer le nombre des transferts et simplifier les écritures, l'ordonnance du 14 mai 1834 décida qu'à l'avenir les rentes seraient achetées chaque semaine en masse et inscrites *au nom des caisses d'épargne et de prévoyance, rentes appartenant aux déposans*, pour être transférées individuellement du compte général au compte des créanciers à leur première réquisition.

10. — L'ordonnance du 30 octobre 1822 avait pour résultat de laisser à la charge du déposant la perte que pouvait occasionner la dépréciation de la rente; pour remédier à cet inconvénient, l'ordonnance du 3 juin 1829 et la loi du 2 août 1829 autorisèrent les caisses d'épargne à placer leurs fonds en compte courant au trésor, qui doit leur en bonifier l'intérêt au taux réglé chaque année par le ministre des finances.

11. — L'ordonnance du 3 juin 1829 a été le premier règlement d'intérêt général relatif aux caisses d'épargne. Cette ordonnance avait principalement pour objet les rapports des caisses d'épargne avec le trésor; elle permettait aux caisses d'épargne autorisées par ordonnances royales de verser leurs fonds au trésor, qui leur en bonifierait l'intérêt à 4 p. %.

12. — Cette faveur n'était d'ailleurs accordée qu'aux caisses d'épargne dont l'administration supérieure était gratuite et qui limitaient les versemens d'un même déposant à 50 fr. par semaine, en même temps qu'elles n'admettaient pas de crédit supérieur à 3,000 fr. en capital. — Ord. 3 juin 1829, art. 4er et 8.

13. — Le taux des sommes à déposer par semaine fut élevé par l'ordonnance du 16 juill. 1833, et ces dispositions passèrent dans la loi du 5 juin 1835, qué modifièrent la loi du 31 mars 1837, qui a chargé la caisse des consignations d'administrer, sous la garantie du trésor, les fonds que les caisses d'épargne sont autorisées à verser au trésor, et enfin la loi du 22 juin 1845.

14. — C'est la loi du 5 juin 1835 qui, avec la loi du 22 juin 1845 pose les règles fondamentales en cette matière. Nous allons analyser rapidement les dispositions de ces deux lois dans les chapitres qui suivront.

CHAPITRE II. — *Organisation, administration et constitution des caisses d'épargne.*

13. — Toute caisse d'épargne doit être autorisée par ordonnance du roi, rendue dans la forme des règlemens d'administration publique. — L. 5 juin 1835, art. 1er. — Cette disposition n'est qu'une application des principes ordinaires du droit, quand les caisses d'épargne sont établies sous la forme anonyme. — V. au reste Duvergier, *Collect. des lois*, t. 35, p. 425, note sur l'art. 1er, L. 5 juin 1835.

16. — L'autorisation par ordonnance royale est exigée, non seulement pour les caisses d'épargne, mais pour leurs succursales. — Durieu et Roche, *Rép. des établissemens de bienfaisance*, n° 40.

17. — Il résulte des explications données à la chambre des pairs par le rapporteur de la loi du 5 juin 1835, que l'autorisation n'est pas nécessaire pour les sociétés de secours mutuels en cas de maladie, infirmité ou vieillesse, existant entre certaines classes d'ouvriers. En effet, ces sociétés ne sont, ni par leur dénomination ni par leur nature, des caisses d'épargne. — Durieu et Roche, n° 40.

18. — C'est au ministre de l'agriculture et du commerce (ordonn. 6 avr. 1834) que, par l'entremise du préfet, doivent être adressées les demandes en autorisation. L'acte constitutif de la fondation qui ne doit pas être une société anonyme doit être authentique.

19. — La seule condition préalable à remplir est de justifier d'un fonds de dotation suffisant pour couvrir les frais d'administration. Lorsque la caisse

est fondée par le conseil municipal ou le mont-de-piété, il suffit que le conseil municipal ou le mont-de-piété s'engage à pourvoir annuellement aux frais jusqu'à ce que l'accumulation des bénéfices de la caisse produise un capital assez élevé pour assurer ce service. — Durieu et Roche, n° 41.

20. — La durée d'existence assignée aux caisses d'épargne n'est pas uniforme. Les caisses fondées d'épargne n'est pas uniforme. Les caisses fondées par les particuliers ont choisi les termes de dix, vingt, trente ou trente-trois ans. La plupart de celles fondées par les conseils municipaux ou les monts-de-piété n'ont pas de durée fixe; leur existence peut donc être, chaque année, remise en question. MM. Durieu et Roche (n° 43) font remarquer les inconvéniens d'une telle incertitude.

21. — Il est une autre condition exigée par le gouvernement pour accorder l'autorisation, c'est que l'administration de ces caisses soit gratuite, c'est-à-dire que les *administrateurs supérieurs* ne prélèvent pas d'émolumens. — Durieu et Roche, n° 44.

22. — Les caisses d'épargne aujourd'hui constituées comptent trois classes d'administrateurs: 4° les directeurs, qui impriment la direction à l'établissement, délibèrent sur les actes qui l'intéressent, exercent la haute surveillance, nomment et révoquent les employés, fixent les traitemens, arrêtent les comptes annuels et fixent les budgets; le nombre des directeurs varie de neuf à vingt-cinq; 2° les *administrateurs*, qui concourent à tour de rôle aux opérations de chaque jour et à l'exécution des délibérations des directeurs; 3° les *censeurs*, qui contrôlent toutes les opérations et surveillent l'exécution des statuts et réglemens. Tous ces fonctionnaires sont pris parmi les souscripteurs et élus; leurs fonctions sont temporaires et essentiellement gratuites. Les renouvellemens s'opèrent par tiers. — Durieu et Roche, n° 54.

23. — Les actes faits par les directeurs et administrateurs engagent l'établissement; mais ils n'encourent de responsabilité pour leurs propres biens qu'autant qu'ils excèdent leur mandat ou commettent une faute grave. — Durieu et Roche, n° 55.

24. — Lorsque la caisse d'épargne est fondée par un mont-de-piété, elle est administrée par la commission de cet établissement. — Durieu et Roche, n° 56.

25. — La responsabilité se concentre sur un agent comptable salarié dont la gestion est garantie par un cautionnement fixé par le conseil d'administration de la caisse, sous l'approbation du préfet, et fourni en immeubles ou en rentes sur l'état. C'est à cet agent qu'est remise la comptabilité, dans laquelle les directeurs, administrateurs et censeurs ne peuvent s'ingérer que pour la surveiller.

26. — L'administration des biens, meubles et immeubles que les caisses d'épargne peuvent posséder doit être soumise à des règles analogues à celles relatives à l'administration des biens des hospices.

27. — Les caisses d'épargne pourront, dans les formes et selon les règles prescrites pour les établissemens d'utilité publique, recevoir les dons et legs qui seront faits en leur faveur. — L. 5 juin 1835, art. 10.

28. — Les caisses d'épargne, étant des établissemens publics, ne peuvent plaider devant les tribunaux, soit en demandant, soit en défendant, sans y être autorisées. — V. AUTORISATION DE PLAIDER.

29. — Les difficultés qui s'élèvent entre les caisses et les déposans sont de la compétence des tribunaux ordinaires. — Durieu et Roche, n° 62.

30. — En Angleterre, ces contestations sont jugées par deux arbitres; si les arbitres sont en désaccord, ils en réfèrent par écrit à l'avocat général nommé par les commissaires pour la réduction de la dette nationale. L'avis préféré par le magistrat forme le jugement, qui est définitif et sans appel. Toutes les pièces relatives à l'affaire sont exemptes du timbre.

31. — Selon MM. Durieu et Roche (n° 62), les contestations qui surgiraient entre la caisse et ses employés appartiendraient au contentieux administratif, et le conseil de préfecture pourrait être saisi en vertu de l'art. 4 de la loi du 28 pluv. an VIII. — Mais nous ne saurions admettre cette compétence exceptionnelle en l'absence d'une loi formelle, et la loi du 28 pluv. an VIII n'offre dans son art. 4 aucune hypothèse qui se rapproche de celle qui nous occupe.

Sect. 1re. — *Rapports des caisses d'épargne avec le trésor.*

32. — Les caisses d'épargne autorisées par ordonnance royale furent admises par la loi du 5 juin 1835 à verser leurs fonds au trésor public,

qui devait leur en bonifier l'intérêt à 4 o/o. — Art. 2 et 3.

35. — Mais le nombre des caisses d'épargne s'étant beaucoup augmenté, on reconnut l'inconvénient de laisser s'accumuler au trésor des sommes importantes qu'il ne pouvait faire valoir, et de l'exposer à des demandes de remboursement considérables dans des momens de crise où lui-même pourrait avoir d'autres besoins.

34. — Pour remédier à ce danger, la loi du 31 mars-2 avr. 1837 a décidé qu'à l'avenir les fonds des caisses d'épargne seraient reçus et administrés, sous la garantie du trésor et la surveillance de la commission instituée par l'art. 99 L. 28 avr. 1816, par la caisse des dépôts et consignations. — L. 31 mars 1837, art. 1er.

35. — La caisse des dépôts et consignations continue à bonifier les intérêts des fonds déposés par les caisses d'épargne à 4 %. — L. 31 mars 1837, art 1er. — C'est une première dérogation aux statuts de la caisse des dépôts et consignations.

36. — Une seconde dérogation a été apportée à ces statuts ; voici à quelle occasion. — La crainte fut exprimée, lors de la discussion de la loi du 31 mars 1837, que la caisse des dépôts et consignations, qui ordinairement ne bonifie pas l'intérêt à compter du jour du versement, mais seulement après un certain délai (V. CAISSE DES DÉPOTS ET CONSIGNATIONS, nos 47 et 60), ne voulût profiter de cette règle et l'opposer aux caisses d'épargne.

37. — Le ministre des finances (M. Duchâtel) fit remarquer que le trésor, tant qu'il avait reçu les fonds des caisses d'épargne, n'avait commencé à leur en payer les intérêts qu'à dater du dixième jour après le versement (ord. 3 juin 1829, art. 4), et qu'il était bien entendu que la caisse des dépôts et consignations bonifierait l'intérêt de manière à ce que rien ne fût changé au préjudice des déposans. — Duvergier, *Coll. des lois*, t. 37, p. 82, note 1re.

38. — L'art. 4 de l'ord. du 3 juin 1829, qui continue à régler les rapports des caisses d'épargne avec la caisse des dépôts et consignations, porte que l'intérêt des sommes remboursées par le trésor aux caisses d'épargne court du jour où le paiement en sera fait.

39. — Les remboursemens ne seront exigibles pour toutes sommes, entre les caisses d'épargne et le trésor (aujourd'hui la caisse des dépôts et consignations) que dix jours après l'avis donné à la caisse chargée de les effectuer. — Ord. 3 juin 1829, art. 4.

40. — La caisse des dépôts et consignations a la faculté de placer au trésor public, à l'intérêt de 4 o/o par an, soit en compte courant, soit en bons royaux à échéance fixe, les fonds provenant des caisses d'épargne et de prévoyance. — L. 31 mars 1837, art. 2.

41. — La caisse des dépôts et consignations ne pourra acheter ou vendre des rentes sur l'état qu'avec l'autorisation préalable du ministre des finances. Les achats et ventes ne pourront avoir lieu qu'avec concurrence et publicité. — Art. 3.

42. — Les achats s'effectuent successivement, jour par jour, jusqu'à l'épuisement de la somme fixée, dans une proportion qui ne pourra excéder celle affectée à l'amortissement par la loi du 10 juin 1833. — Même art. 3.

43. — Par l'art. 7 de la loi du 22 juin 1845, le ministre des finances a été autorisé à faire inscrire au grand-livre de la dette publique en rentes 4 o/o (à raison de 100 fr. pour 4 fr. de rente) la somme de 100 millions, solde du crédit de 450 millions de francs ouvert par l'art. 35 de la loi du 25 juin 1841. Ces rentes ont dû être transférées au pair au nom de la caisse des dépôts et consignations pour le compte des caisses d'épargne.

44. — En cas d'aliénation par la caisse des dépôts et consignations de tout ou partie des rentes transférées aux termes de l'art. précédent, l'art. 4 de la loi du 31 mars 1837 recevra son application. L. 22 juin 1845, art. 8. — V. CAISSE DES DÉPOTS ET CONSIGNATIONS.

Sect. 2e. — *Rapports des caisses d'épargne avec les déposans.*

§ 1er. — *Qui peut déposer.*

45. — L'opération qui intervient entre le déposant et la caisse d'épargne est un dépôt : or, pour former un contrat, il faut avoir la capacité de contracter.

46. — Un mineur peut déposer, puisqu'en agissant ainsi il améliore sa condition. D'ailleurs, ainsi que le font remarquer MM. Durieu et Roche (no 19), si le dépôt du mineur provient de son travail et de ses épargnes, il fructifie de la manière la plus utile pour lui ; s'il provient de larcins faits à ses parens ou à des tiers, il est toujours possible aux intéressés de le revendiquer, et l'enfant ne peut le retirer qu'avec l'autorisaion de son tuteur, car autre chose est le dépôt, autre chose le retrait. Au surplus, la caisse d'épargne, en recevant le dépôt fait par un incapable, se soumet à toutes les obligations d'un véritable dépositaire et elle peut être poursuivie en restitution par le tuteur ou administrateur de la personne qui a fait le dépôt. — C. civ., art. 1925.

47. — C'est par des raisons analogues que nous décidons que la femme mariée peut faire sans l'autorisation de son mari un dépôt qu'elle ne pourra retirer qu'avec cette autorisation.

48. — La caisse d'épargne ne devrait pas se prêter à un dépôt que, pour se soustraire à l'autorité de son mari, la femme ferait sous son nom de fille. — Durieu et Roche, no 19.

49. — L'interdit est frappé, par l'art. 302, C. civ., d'une incapacité absolue de contracter ; cependant si un interdit offrait une somme à une caisse d'épargne, nous pensons, avec MM. Durieu et Roche (*ibid.*), qu'elle devrait la recevoir pour empêcher qu'elle ne se perdît entre ses mains, sauf à rechercher ensuite le tuteur et à l'informer du dépôt.

50. — Le dépôt fait par une personne au profit d'un tiers est recevable, car 1o cette personne est mandataire verbal ou *negotiorum gestor*, et alors le dépôt est régulier ; 2o cette personne veut faire au profit d'un tiers une libéralité, et le dépôt est encore régulier, car on peut stipuler pour autrui quand telle est la condition d'une stipulation que l'on fait pour soi-même (C. civ., art. 1121) ; on peut constituer une rente viagère sur la tête d'un tiers (C. civ., art. 1973) ; et d'ailleurs l'art. 1937 permet au déposant d'indiquer la personne à laquelle il veut que le dépôt soit remis. — C. civ., art. 1937.

51. — Le dépôt peut aussi être fait par des associations de secours mutuel dûment autorisées.

52. — La loi du 22 juin 1845 ne s'est pas expliquée plus que celle du 5 juin 1835 sur ce que l'on doit entendre par une association de secours mutuels *dûment autorisée*. Nous croyons qu'il s'agit ici d'une autorisation délivrée par le préfet. — V. ASSOCIATION DE BIENFAISANCE, nos 4 et suiv.

53. — La faculté du dépôt n'étant accordée qu'aux associations autorisées, la caisse d'épargne doit exiger de celle qui se présente pour faire un dépôt la production des statuts et de l'approbation du préfet, afin de s'assurer qu'elle est dans le cas prévu par la loi.

§ 2. — *Quelle somme peut être déposée.*

54. — D'après la loi du 5 juin 1835 (art. 4), les statuts ne peuvent autoriser les déposans à verser plus de 300 fr. par semaine. C'est la même prohibition que, sous une autre forme, l'art. 1er, L. 22 juin 1845, a entendu porter en disposant que les déposans aux caisses d'épargne pourront verser de 1 fr. à 300 fr. par semaine.

55. — Ce maximum peut-il être restreint ? Il semble que les termes de la loi du 5 juin 1835 autorisent l'affirmative, qui paraît d'ailleurs justifiée par la raison. M. Duvergier (*Collect. des lois*, t. 35, p. 125, note 2e) ajoute que l'article fut rédigé dans cette intention sur la proposition de M. Pelet (de la Lozère). Cependant quelques mots qui se rencontrent dans la discussion de la loi à la chambre des pairs autoriseraient peut-être à concevoir des doutes sur cette solution.

56. — La fixation du minimum des versemens, d'après la loi du 5 juin 1835, était déterminée par les statuts des caisses d'épargne ; mais on vient de voir que la loi du 22 juin 1845, par son art. 1er, a fixé ce minimum à 1 fr.

57. — Sous la loi du 5 juin 1835 (art. 3), toutes les fois qu'un déposant était créancier d'une caisse d'épargne en capital et intérêts composés d'une somme de 3,000 fr., il ne devait lui être bonifié, sur les sommes qui excédaient ce maximum, aucun intérêt provenant de l'accumulation des intérêts. — L. 5 juin 1835, art. 5.

58. — Aujourd'hui la loi du 22 juin 1845 (art. 1er) porte qu'aucun versement ne pourra être reçu sur un compte dont le crédit aura atteint 1,500 fr., mais que ce crédit pourra néanmoins être porté à 2,000 fr. par la capitalisation des intérêts.

59. — Il résultait de la loi du 3 juin 1845 que, pour toutes les sommes déposées au-dessous de 3,000 fr., les intérêts étaient capitalisés chaque année et devenaient en même temps productifs d'intérêts ; tandis qu'arrivé à 3,000 fr., le capital continuait à produire des intérêts ; mais ces intérêts eux-mêmes, quelque long que fût le temps pendant lequel on les laissait accumuler, ne devenaient pas productifs d'intérêts.

60. — Aujourd'hui, selon l'art. 1er, L. 22 juin 1845, lorsque le dépôt atteint le maximum fixé par l'art. 1er, il cesse de porter intérêt.

61. — L'art. 5, L. 5 juin 1835, prononçait la même sanction pénale, mais il la rattachait à des infractions autrement constituées. Ainsi cet article exigeait que le déposant eût eu pour but de verser au delà de 3,000 fr., et par conséquent que l'infraction fût volontaire et intentionnelle de la part du déposant. Cet article ne proscrivait le dépôt par un même individu, dans plusieurs caisses d'épargne, qu'autant qu'il était fait sans avertissement préalable à chacune de ces caisses.

62. — Aujourd'hui l'art. 5, L. 22 juin 1845, porte que nul ne pourra avoir plus d'un livret dans la même caisse ou dans des caisses différentes, sous peine de perdre l'intérêt de la totalité des sommes déposées.

63. — Ainsi aujourd'hui l'avertissement préalable qu'il aurait donné à la caisse ne dispenserait pas le déposant contrevenant de l'application de la sanction pénale.

64. — Il résulte aussi de l'art. 5, L. 22 juin 1845, que la pluralité de dépôts n'est pas interdite seulement dans des caisses différentes, mais encore dans la même caisse. Le soin avec lequel les écritures de comptabilité sont tenues dans ces établissemens devrait empêcher un déposant de se procurer plus d'un livret dans la même caisse, et on aurait pu croire que l'erreur, si elle était commise, pourrait être imputée surtout aux employés de la caisse. Mais il ne faut pas oublier que si chaque dépôt est porté sur les livres de la caisse, il est en même temps constaté sur un livret qui est remis au déposant, et que c'est sur ce livret unique que doivent se trouver les mentions de tous les dépôts successifs. Ainsi le déposant aurait dû, en opérant un second dépôt, représenter le dépôt qui lui a été originairement délivré. Ce serait donc aussi par son fait intentionnel ou par sa négligence qu'un second livret lui serait délivré dans la même caisse. Dès-lors, il est juste de le frapper dans les deux cas de la privation d'intérêts.

65. — Dans la discussion qui, dans la chambre des députés, précéda le vote de la loi du 5 juin 1835, M. Gouin rappelait que le mot *versement* comprenait tout à la fois les sommes versées par le déposant et les intérêts qui se trouveraient capitalisés à la fin de chaque année.

66. — Ainsi le déposant perdrait dans ce cas, non seulement les intérêts à échoir, mais encore les intérêts échus. — Duvergier, *Collect. des lois*, t. 35, p. 127, note 1re.

67. — Le rapporteur à la chambre des pairs (M. Roy) a même fait observer que si on ne s'aperçoit de la fraude faite à la loi qu'après que les fonds ont été retirés, le contrevenant pourra être poursuivi en répétition.

68. — Le déposant qui retire une partie de ses 3,000 fr. peut recommencer ses dépôts jusqu'à ce qu'il ait atteint de nouveau ce chiffre. — Durieu et Roche, no 42.

69. — La loi du 22 juin 1845 a fait quelques exceptions à la règle générale posée par sa première disposition.

70. — Ainsi, les remplaçans dans les armées de terre et de mer seront admis à déposer, en un seul versement, le prix stipulé dans l'acte de remplacement, à quelque somme qu'il s'élève. — L. 22 juin 1845, art. 2.

71. — Les marins portés sur les contrôles de l'inscription maritime seront admis à déposer en un seul versement le montant de leur solde, décomptes et salaires, au moment, soit de leur embarquement, soit de leur débarquement, mais sans pouvoir excéder le maximum fixé par l'art. 1er. — L. 22 juin 1845, art. 2.

72. — Un réglement d'administration publique (c'est-à-dire une ordonnance royale rendue en conseil d'état) déterminera les formes dans lesquelles l'origine des fonds admis à ces versemens exceptionnels sera justifiée. — L. 22 juin 1845, art. 2.

73. — Le 1er alinéa de l'art. 3, L. 22 juin 1845, n'est pas applicable aux déposans désignés par le 1er paragraphe de l'art. 2, c'est-à-dire aux remplaçans des armées de terre et de mer, mais seulement pendant la durée du service. — L. 22 juin 1845, art. 3.

74. — Les associations de secours mutuels pour les cas de maladies, d'infirmités ou de vieillesse formées entre ouvriers ou autres individus, et dûment autorisées, sont admises à déposer tout ou partie de leurs fonds à la caisse d'épargne. — L. 5 juin 1835, art. 6.

75. — Toutes les règles précédentes leur sont applicables, si ce n'est que le maximum de leurs dépôts est élevé de 3,000 fr. à 6,000 fr. (L. 5 juin 1835, art. 6), et que, d'après l'art. 4 (L. 22 juin 1845), le crédit de ces sociétés peut s'élever, par l'accumulation des intérêts des capitaux, jusqu'à concurrence de 8,000 fr.

76. — A partir du 1er janvier 1847, les sommes

déposées antérieurement à loi du 22 juin 1845, et qui excéderaient 2,000 fr., cesseraient de produire intérêt jusqu'à ce qu'elles aient été ramenées au-dessous de ce maximum. — L. 22 juin 1845, art. 9.

77. — Tout déposant dont le crédit sera de somme suffisante pour acheter une rente de 10 fr. au moins pourra obtenir, sur sa demande, par l'intermédiaire de l'administration de la caisse d'épargne et sans frais, la conversion de sa créance en une inscription au grand-livre de la dette publique. — L. 22 juin 1845, art. 6.

78. — Tout déposant pourra faire transporter ses fonds d'une caisse à une autre. Les formalités relatives à ce transfert seront réglées par le ministre des finances. — L. 5 juin 1845, art. 8.

§ 3. — *Preuve et effets du dépôt.*

79. — Il sera délivré à chaque déposant un livret à son nom, sur lequel seront enregistrés tous les versemens et remboursemens. — L. 5 juin 1835, art. 7.

80. — Mais chaque membre d'une même famille peut avoir le sien. — Nous pensons cependant que si cette division des livrets avait pour but de violer la prohibition relative au maximum du chiffre des dépôts (V. *suprà* nos 54 et suiv.), elle ne soustrairait pas les contrevenans à la peine prononcée par l'art. 1er, L. 22 juin 1845.

81. — A défaut de livret la preuve du dépôt ne pourrait pas être reçue par témoins si la somme déposée excédait 150 fr.

82. — Les intérêts des fonds déposés par les caisses d'épargne au trésor, et depuis la loi du 31 mars 1837, à la caisse des dépôts et consignations, leur étant bonifiés à 4 %, il est naturel que les caisses elles-mêmes bonifient l'intérêt à 4 % au profit des déposans.

83. — Cependant cette règle n'a rien d'absolu. Les caisses d'épargne, si elles avaient des ressources particulières, pourraient fort bien payer aux déposans un intérêt plus élevé ou leur accorder des primes déterminées.

84. — L'art. 3 de la loi du 5 juin 1835 porte que la retenue à faire, s'il y a lieu, sur les intérêts par les administrations des caisses d'épargne, pour frais de loyer et de bureau ne pourra excéder un demi pour cent. On en peut conclure que les intérêts à payer aux déposans ne seront jamais moindres de 3 1/2 %.

§ 4. — *Retrait et disposition de la somme déposée.*

85. — La caisse d'épargne ne doit restituer la somme déposée et les accroissemens produits qu'à celui qui la lui a confiée, ou à celui au nom duquel le dépôt a été fait, ou à celui qui a été indiqué pour le recevoir. — C. civ., art. 1937.

86. — Le retrait d'une somme déposée ne peut être opéré par un mineur; lors même que le dépôt aurait été effectué par lui, le tuteur a seul qualité pour recevoir les deniers et en donner quittance.

87. — Si le mineur est émancipé, les intérêts peuvent lui être remis (C. civ., art. 481); mais le capital ne peut lui être payé qu'avec l'assistance de son curateur. — C. civ., art. 482.

88. — Le majeur, qui est pourvu d'un conseil judiciaire, ne peut recevoir un *capital* mobilier sans l'assistance de ce conseil (C. civ., art. 513); il peut donc, comme le mineur émancipé, toucher seul les intérêts.

89. — La femme séparée de biens, soit judiciairement, soit contractuellement, peut opérer le retrait du capital et des intérêts sans l'autorisation de son mari ou de justice, puisqu'elle a la libre administration de ses biens et qu'elle peut disposer de son mobilier et l'aliéner. — C. civ., art. 1449.

90. — Il en serait autrement de la femme mariée sous tout autre régime, lors même que le dépôt aurait été effectué par elle avant son mariage. — C. civ., art. 1940.

91. — L'administrateur d'hospices qui est chargé de la tutelle des enfans trouvés ou de l'administration provisoire des aliénés n'a pas qualité pour recevoir un dépôt appartenant aux enfans trouvés et aux aliénés. Il donne un ordre écrit au receveur de l'hospice, et celui-ci fait l'encaissement et délivre quittance.

92. — Le particulier qui a fait un dépôt dans l'intention de gratifier un tiers peut toujours le retirer, tant que ce tiers n'a pas manifesté l'intention de profiter du dépôt. — C. civ., art. 1121 et 1937.

93. — Dans le cas où le déposant faisant une libéralité indique les conditions sous lesquelles le retrait doit être opéré, la caisse d'épargne doit exiger l'accomplissement de ces conditions avant de se dessaisir du dépôt.

94. — En cas de mort naturelle ou civile du déposant ou de celui qui doit profiter du dépôt, le remboursement doit être fait à ses héritiers, même bénéficiaires.

95. — Lorsque le déposant meurt sans héritiers, les sommes qu'il a déposées à la caisse d'épargne appartiennent à l'état, aussi bien que le reste de sa succession. La chambre des députés avait admis une disposition contraire, qui fut rejetée par la chambre des pairs.

96. — Si la succession est vacante, et qu'elle ait été pourvue d'un curateur, ce curateur ne peut faire la perception dans l'intérêt de l'état appelé à recueillir la succession en déshérence, et le remboursement doit être fait au receveur des domaines. — Lettre du min. de la justice du 8 juill. 1806.

97. — L'identité de celui qui a droit au paiement est essentielle à constater avant de lui verser les fonds. Si la caisse d'épargne juge cette justification nécessaire, le réclamant est tenu de la faire par l'attestation de deux citoyens majeurs, domiciliés dans l'arrondissement et connus des administrateurs de la caisse.

98. — Lorsque la caisse fait des paiemens partiels, elle doit les mentionner sur le livret et en outre prendre une quittance du déposant. « Si le déposant ne sait ou ne peut écrire et qu'il ne s'agisse pas d'une somme supérieure à 150 fr., la caisse, ajoutent MM. Durieu et Roche (no 34), doit payer en présence de deux témoins, qui attestent le fait par leur signature sur le registre. S'il s'agit de plus de 150 fr., elle doit requérir une quittance notariée ou bien exiger que le déposant donne une procuration à un mandataire, qui reçoit pour lui et délivre la quittance. — Arg. C. civ., art. 1341. — Quand le paiement est pour solde, la caisse doit retirer le livret. »

99. — Si des saisies-arrêts sont frappées sur le bénéficiaire d'un dépôt, la caisse d'épargne ne peut payer qu'après que main-levée des oppositions a été rapportée.

100. — L'existence de saisie-arrêt impose aux caisses d'épargne le devoir de remplir les formalités prescrites par les art. 561 et 569, C. procéd., et par le décret impérial du 18 août 1807.

101. — Les sommes déposées à la caisse d'épargne ne sont pas susceptibles de cession; en conséquence la cession qui en aurait été faite à un tiers par le déposant n'empêche pas qu'elles puissent être saisies-arrêtées postérieurement, à la requête des créanciers du cessionnaire. — *Montpellier*, 22 avr. 1842, (t. 1er 1843, p. 319), Godechaud c. Prussein.

102. — MM. Durieu et Roche (*Rép. des établissemens de bienfais.*, vo *Caisse d'épargne*, no 37) semblent ne pas adopter le principe que renferme l'arrêt de la cour de Montpellier. « Les créanciers, disent-ils, ont à justifier de la cession ou de la décision de justice qui les investit. Si la cession est sous signature privée, les signatures doivent être légalisées par le maire. Il peut arriver que les sommes à recevoir de la caisse ne forment pas le solde de leur créance, et que le titre qu'ils ont en mains leur soit nécessaire pour recouvrer le surplus. Dans ce cas, la caisse doit exiger ou que le titre lui soit signifié par huissier, ou qu'il lui soit délivré des extraits authentiques. »

103. — Pour nous, nous pensons que, si la décision de la Cour royale de Montpellier peut trouver, en ce qui concerne la caisse d'épargne de cette ville, un appui dans cette clause imprimée sur le livret, que ce livret *ne peut être transféré d'une personne à une autre*, les considérations générales présentées par cette cour, toutes graves qu'elles soient, ne justifient pas l'indisponibilité que l'arrêt déclare et ne pourraient faire considérer comme incessibles les sommes déposées dans d'autre caisses d'épargne. En effet, la libre disposition de tous biens est de droit commun; les seules entraves qu'on puisse y apporter doivent, suivant nous, résulter des termes précis de la loi, et cette loi elle-même doit être fondée sur un motif d'intérêt général. Si l'on admet que les sommes déposées à la caisse d'épargne sont incessibles, il faut admettre, par les mêmes raisons, que ces sommes ne pourront faire l'objet d'une transmission gratuite. On peut, selon nous, opposer aux moyens allégués en faveur de l'incessibilité 1o que les dispositions de la loi qui limitent les dépôts dans les caisses d'épargne sont purement réglementaires; — 2o que de ce que les livrets sont nominatifs, il n'en résulte nullement qu'ils soient incessibles; — 3o qu'en instituant des caisses d'épargne, il était naturel de prévoir l'événement le plus ordinaire, celui où, le déposant changeant de localité, il devenait utile de lui faciliter, sans remboursement, le moyen de faire passer les sommes d'une caisse à une autre; mais que cette disposition, qui s'applique au cas le plus ordinaire, ne doit pas être considérée comme probibitive d'un transfert d'individu à individu; — 4o que le silence de la loi à cet égard est plutôt la reconnaissance implicite d'un principe général applicable en toutes matières pour lesquelles le législateur n'a pas établi d'exception que le signe d'une pensée prohibitive de transfert; — 5o que la faculté qu'a chaque déposant d'obtenir un duplicata de son livret soumettra seulement le cessionnaire à des actes de précaution, tels que la signification de sa cession au comptable, et l'obligera à n'accepter la cession d'un duplicata de livret qu'après s'être assuré de la bonne foi de son cédant; — 6o qu'enfin, si la cessibilité du livret peut exposer le déposant à devenir la victime d'avides spéculateurs, elle peut aussi lui fournir le moyen d'obtenir à l'instant, et souvent au prix de faibles sacrifices, un secours peut-être devenu impérieusement nécessaire.

CHAPITRE III. — *Avantages et garanties accordés aux caisses d'épargne.*

104. — Seront exempts du droit de timbre les registres et livrets à l'usage des caisses d'épargne. — L. 5 juin 1835, art. 9.

105. — On a rejeté, lors de la discussion de la loi, un article du projet qui dispensait du timbre et de l'enregistrement toutes procurations relatives aux fonds déposés dans la caisse d'épargne et toutes les pièces nécessaires pour retirer de ces caisses les fonds appartenant aux héritiers ou ayant-cause des déposans décédés.

106. — Les quittances ne sont toutefois assujéties au timbre que lorsqu'elles sont données par acte séparé, et non lorsqu'elles sont données, comme il arrive ordinairement, sur les registres de la caisse.

107. — Une décision du ministre des finances du 11 oct. 1834 porte que les administrateurs des caisses d'épargne n'étant point une autorité constituée, les procurations sous seing-privé peuvent être produites devant eux sans enregistrement préalable.

108. — Comme nous venons de le dire, (no 100), les formalités prescrites par les art. 561 et 569, C. procéd., et par le décret impérial du 18 août 1807, sont applicables aux fonds déposés dans les caisses d'épargne. — *Ibid.*, art. 11.

109. — Le projet de loi contenait un article qui attribuait à la caisse d'épargne les fonds versés au compte d'un déposant resté pendant trente années sans faire aucun versement, ni retrait, ni acte de possession ou revendication pour lui ou ses héritiers ou ayant-cause. Cette disposition ayant été rejetée, les caisses d'épargne rentrent, sous le rapport de la prescription, dans le droit commun.

110. — Par conséquent, après trente années, la prescription pourrait être opposée au déposant, à moins de suspension ou d'interruption. L'art. 2236, C. civ., n'est pas applicable ici, parce qu'il n'a trait qu'au dépôt de corps certain. — Vazeille, *Tr. des prescriptions*, no 138 : Henrys, liv. 4, quest. 165; Dunod, p. 101; Duvergier, *Coll. des Lois*, t. 35, p. 127.

111. — Les caisses d'épargne administrées gratuitement sont exemptes de la patente. — L. 25 avr. 1844.

112. — Il sera chaque année distribué aux chambres un rapport sommaire sur la situation et les opérations des caisses d'épargne. Ce rapport sera suivi d'un état général des sommes votées ou données par les conseils généraux, les conseils municipaux, et les citoyens, pour subvenir au service des frais des caisses d'épargne. — L. 5 juin 1835, art. 12.

CAISSE D'ESCOMPTE.

1. — Caisse créée par arrêt du conseil du 1er janv. 1767, supprimée et rétablie à diverses époques, et définitivement supprimée par la loi du 24 août 1793. Cette caisse avait à peu près le même but et les mêmes attributions que la banque de France actuelle. — V. BANQUE DE FRANCE.

2. — Les billets de cette caisse, dont le cours était originairement volontaire, ont eu cours comme papier monnaie depuis la loi du 17 avr. 1790 jusqu'au décret du 7 août suivant, qui créa une commission pour surveiller l'émission des assignats et l'extinction de ces billets.

3. — La liquidation de la caisse d'escompte a été définitivement prescrite par le décret du 8 flor. an III.

CAISSES D'ESCOMPTE.

1. — Les personnes tenant une caisse d'escompte sont rangées par la loi du 25 avr. 1844, sur les patentes, dans la première classe des patentables et imposées : à 1o un droit fixe basé sur le chiffre de la population de la ville ou commune où est situé l'établissement; — 2o un droit proportionnel du quinzième de la valeur locative de la maison d'habitation et des locaux servant à l'exercice de la profession. — V. PATENTE.

CAISSE DE POISSY.

Table alphabétique.

CAISSE DE POISSY. — 1. — Etablissement qui sert d'intermédiaire entre les marchands herbagers et les bouchers de Paris, pour le paiement des bestiaux destinés à la consommation de la ville.

2.— Cet établissement a pour but d'assurer l'approvisionnement nécessaire à l'immense population de la capitale, en donnant aux marchands de bestiaux, qui habitent presque toujours des pays éloignés, la certitude d'être immédiatement payés de leur prix de vente.

3.—Aussi, à mesure que la ville de Paris devint plus peuplée, des réglemens continrent quelques dispositions à cet égard. Il y eut successivement des facteurs et vendeurs jurés, puis des trésoriers de la bourse des marchands de Sceaux et de Poissy. Enfin un édit du 17 nov. 1733 créa la caisse des marchés de Sceaux et de Poissy.

4. — En supprimant les droits de halles et marchés, de dépôts de viandes, denrées et marchandises, la loi du 15-28 mars 1790 (tit. 2, art. 19 et 20) déclara ne pas comprendre, quant à présent, dans cette suppression le droit de la caisse des marchés de Sceaux et de Poissy.

5. — Depuis, un décret du 13-20 mai 1791 supprima, à compter du 15 juin, lors prochain, l'établissement de la caisse de Poissy et de Sceaux, et déclara résilié à compter du même jour, au profit du trésor national, le bail passé aux administrateurs de cette caisse; et un autre décret du 2-3 juin 1791 porta qu'à compter de ce jour le trésor cesserait d'avancer à la caisse de Sceaux et de Poissy aucune somme en écus.

6. — Mais si l'établissement avait été détruit par les lois de l'époque, la nécessité ne tarda pas à le faire revivre; une nouvelle caisse fut donc organisée sous le nom de *Caisse de commerce de la boucherie*, et son existence légale fut consacrée par un arrêté des Consuls du 28 vendém. an XI.

7. — Cette caisse était chargée de recevoir les cautionnemens des bouchers (arrêté 8 vendém. an XI, art. 7). De plus, elle était destinée à servir de secours aux bouchers qui éprouvaient des accidens dans leur commerce. Les prêts étaient faits, sur la demande des bouchers, sur l'avis des syndic et adjoints et la décision du préfet de police. — Art. 10.

8. — La caisse de Poissy a été organisée par le décret du 6 fév. 1811. Les dispositions de ce même décret ont été successivement complétées ou modifiées par le décret du 13 mai 1813, les ord. des 22 déc. 1819, 28 mars 1821, 12 janvier 1825 et 18 oct. 1829. Voici l'analyse des dispositions actuellement en vigueur.

9.— A partir du 1er mars 1811, la caisse de commerce de la boucherie a pris le titre de *Caisse de Poissy*. — Décr. 6 fév. 1811, art. 1er.

10. — La caisse de Poissy est au compte et au profit de la ville de Paris. — Décr. 6 fév. 1811, art. 1er.

11. — Elle est chargée de payer aux herbagers et marchands forains le prix de tous les bestiaux que les bouchers de Paris et du département de la Seine achètent aux marchés de Sceaux, de Poissy, au marché des vaches grasses et à la Halle aux veaux. — *Ibid.*

12.—Elle fait ses paiemens comptant et sans déplacement.—Décr. 6 fév. 1811, art. 1er; ord. 22 déc. 1819, art. 2. — A cet effet, elle fait transporter, sur chacun des marchés de bestiaux, aux jours où ils sont ouverts, les fonds nécessaires pour les achats. Ces fonds s'élèvent souvent de 1 million à 1,200,000 fr. par marché.

13.—Les herbagers ou forains peuvent, sur leur demande, être payés de tout ou partie de leurs ventes au moyen de mandats sur les départemens, qui leur sont délivrés par la caisse de service du trésor. — Décr. 6 fév. 1811, art. 18.

14. — Il ne peut être enlevé des marchés aucuns bestiaux qu'en vertu de *laissez-passer* délivrés par la caisse, soit aux bouchers de Paris pour le compte desquels elle paie, soit à tous autres bouchers non accrédités. — Quant aux bestiaux non vendus ou reconnus impropres à la boucherie, on suit les réglemens sur la police des marchés. — Ord. 22 déc. 1819, art. 3.

15. — L'administration de la caisse et la surveillance de toutes ses opérations appartiennent au préfet du département de la Seine. — Décr. 6 fév. 1811, art. 2.

16.— Le préfet de police intervient dans les rapports de la caisse avec les bouchers pour les avances et crédits qui leur sont faits, le versement de leur cautionnement, le rachat des étaux et autres opérations relatives aux bouchers et à leur communauté. — Décr. 6 fév. 1811, art. 3.

17. —La caisse est régie, sous les ordres du préfet de la Seine, par un directeur nommé par le roi, et ses opérations se font par un caissier nommé par le préfet de la Seine. —Art. 5.

18. — Le directeur 1° correspond avec le préfet de police pour tout ce qui regarde les bouchers; —2° surveille la gestion du caissier dans toutes ses parties et la perception des droits payés aux marchés; — 3° ordonne toutes opérations, paiemens et mouvemens de caisse. — Le caissier ne peut disposer d'aucuns fonds sans ses ordres. — Art. 6 et 7.

19.—Le caissier est nommé par le préfet de police, sur la présentation de trois sujets par les syndic et adjoints.—Arrêté 8 vendém. an XI, art 7.— Il fournit un cautionnement du dixième de sa recette, en tiers consolidé ou en immeubles.—Art. 8.

20.— Le directeur et le caissier ne peuvent faire directement ni indirectement le commerce de la boucherie, émettre aucun effet de circulation pour le compte de la caisse, ni s'intéresser au commerce des bouchers, sous les peines portées à l'art. 175 du Code des délits et des peines.—Décr. 6 fév. 1811, art. 7.

21. — En cas de contestation entre le caissier et les bouchers, herbagers, forains, employés et autres agens des marchés ou de la caisse, la difficulté est soumise au directeur, qui prononce. Sa décision est exécutée provisoirement, sauf de la part des parties le recours au préfet de la Seine et au conseil de préfecture. — Décr. 6 fév. 1811, art. 32.

22.—Le fonds de la caisse de Poissy est composé: 1° du montant des cautionnemens des bouchers; — 2° des sommes qui y sont versées par la caisse municipale d'après un crédit ouvert par le préfet de la Seine, jusqu'à concurrence de ce qui est nécessaire pour payer comptant tous les forains. — Art. 4.

23.—Dans les trois mois de l'autorisation qui lui a été donnée d'avoir un étal, chaque boucher doit, sous peine de retrait de la permission, verser à la caisse de Poissy son cautionnement fixé à 3,000 fr. — Ord. 18 oct. 1829, art. 5.

24. — L'intérêt de ce cautionnement est compté aux bouchers à raison de 5 % par an, sans retenue. — Décr. 6 fév. 1811, art. 35; ord. 18 oct. 1829, art. 6.

25.—Cet intérêt avait été d'abord déclaré réservé (décr. 6 fév. 1811, art. 33); puis il avait été dit que la caisse le paierait aux bouchers (ord. 12 janv. 1825, art. 5).—Mais depuis, ainsi que nous l'avons vu v° BOUCHER (n° 93), cet intérêt a été définitivement réservé pour subvenir: 1° au remboursement du prix des étaux dont le rachat était ordonné; 2° aux dépenses du syndicat; 3° à celles concernant le service de la boucherie dans les abattoirs généraux; 4° aux pensions et secours accordés par le syndicat à d'anciens bouchers ou employés de la boucherie ou à leurs familles.—Par ce moyen, a été révoquée l'ord. du 12 sept. 1825 qui mettait ces diverses dépenses à la charge de la ville de Paris, en attribuant à celle-ci les produits des fumiers des bouveries et bergeries, ainsi que celui des vidanges et voiries provenant de l'abattoir.—Ord. 18 oct. 1829, art. 6.

26.— Le directeur fait ouvrir à la caisse, pour le paiement des forains, un crédit général égal au montant présumé des ventes les plus considérables de chaque marché. Le montant de ce crédit est réglé par le directeur de la caisse, d'après les ordres du préfet de la Seine, qui prend l'avis du préfet de police et du syndicat de la boucherie. — Décr. 6 fév. 1811, art. 19.—Ce crédit est divisé entre tous les bouchers de Paris et du département de la Seine. — Art. 20.

27. — Le crédit individuel qui peut être accordé à tout boucher de Paris sur la caisse de Poissy, pour chaque mois, est indiqué par un état que les syndic et adjoints présentent au préfet de police le 28 au plus tard du mois précédent; ce crédit ne peut être inférieur au montant du cautionnement de chacun, à moins d'une déclaration contraire de leur part.— Ord. 18 oct. 1829, art. 9.—Un pareil état est adressé au préfet de police par les sous-préfets de Sceaux et de Saint-Denis, relativement au crédit à accorder à chacun des bouchers établis dans leurs arrondissemens. — Alors le préfet de police forme un état de distribution du crédit général entre tous les bouchers, et il l'adresse au préfet du département. — Décr. 6 fév. 1811, art. 21.

28.— L'effet du crédit ouvert d'un boucher peut être suspendu, même interdit par le préfet de police, en cas de dérangement de ses affaires. Alors, le montant en est réparti entre les autres bouchers. —Art. 22.

29.— Tout boucher dont le crédit est épuisé ou insuffisant pour couvrir le prix des achats est tenu de verser à la caisse, *marché tenant*, le montant ou le complément du prix des bestiaux qu'il a achetés; sinon, le directeur peut ordonner au caissier de faire consigner les bestiaux et de ne les délivrer au boucher qu'au fur et à mesure des versemens; dans ce cas il est tenu compte au caissier, par le boucher, des frais de nourriture seulement, pendant tout le temps que dure la consignation des bestiaux. — Art. 23.

30. — Les prêts sont faits aux bouchers: 1° dans les marchés de Sceaux et de Poissy, sur engagement emportant obligation par corps, de vingt-cinq à trente jours de date au choix des emprunteurs (décr. 6 fév. 1811, art. 24); — 2° à la halle aux veaux et au marché des vaches grasses, sur simples bordereaux à huit jours d'échéance.—Décr. 6 fév. 1811, art. 25; décr. 15 mai 1813, art. 1er.

31. — Ces prêts sont faits en outre moyennant l'intérêt de 5 % de leur montant.—Décr. 6 fév. 1811, art. 26; décr. 15 mai 1813, art. 1er et 2.—Cet intérêt, en ce qui concerne les droits à la halle aux veaux, a remplacé la rétribution de 50 cent. par veau fixée par l'art. 27 du décr. 6 fév. 1811.

32.—Tout boucher qui n'a pas, à l'échéance, remboursé les effets de commerce ou bordereaux susmentionnés, ne peut obtenir de nouveaux crédits; et si, dans le délai qui lui est accordé par le directeur, lequel sera de deux mois au plus, il ne s'acquitte pas, son étal peut être vendu, s'il est nécessaire pour acquitter ses effets, ou fermé sans être vendu si le paiement des effets peut être assuré autrement. — Décr. 6 févr. 1811, art. 28. — Dans ce cas, le boucher est tenu de payer à la caisse, outre l'intérêt des fonds, une commission de 2 % sur les fonds en retard. — Art. 29.

33. — Le directeur est tenu de faire contre les bouchers qui ne paient pas, et à leurs frais, toutes poursuites nécessaires. — Décr. 6 fév. 1811, art. 30.

34.—Le recouvrement des prêts faits au marché des vaches grasses et à la halle aux veaux, se fait par la voie de la contrainte; cette contrainte est décernée par le directeur de la caisse et visée par le juge de paix. — Décr. 15 mai 1813, art. 3.

35.—D'après l'ord. du 22 déc. 1819, laquelle avait abrogé les art. 8, 9, 10 et 11 du décr. du 6 fév. 1811, il avait été établi sur les bœufs, vaches, veaux et moutons achetés pour l'approvisionnement de Paris un droit de consommation de 3 % de leur valeur déterminé par leur prix d'achat. — En cas de difficulté sur l'application de cette valeur, les syndics des bouchers de Paris devaient intervenir et étaient appelés comme arbitres par la caisse.—Ord. 22 déc. 1819, art. 4.

36. — Depuis, ce droit a été remplacé par un autre de 10 fr. par bœuf, 6 par vache, 2 fr. 40 c. par veau, et 70 c. par mouton.—Ord. 28 mars 1821, art. 2.

37. — Ce droit constitue un véritable droit d'octroi, et a pu, dès-lors, être légalement établi par ordonnance royale, sans le concours du pouvoir législatif. — *Cass.*, 22 mars 1832, Bouchers de Paris c. Caisse de Poissy.

38. — Dans cette affaire, les bouchers de Paris avaient produit une consultation de M. Dupin aîné avec adhésion de MM. Barthe, Persil et Mérilhou, dans laquelle on soutenait que le droit n'étant ni payé à l'entrée de la ville de Paris, ni grevé du prélèvement du dixième au profit du trésor ne constituait pas un droit *d'octroi*, mais bien un véritable *impôt* qui n'avait pu être établi par de simples ordonnances royales.— Par suite de l'arrêt de

Cass. du 22 mars 1632 (Bouchers de Paris c. caisse de Poissy), le ministre des finances a réclamé de la caisse de la ville de Paris le dixième des droits perçus par la caisse de Poissy, et ce prélèvement a toujours lieu depuis.

39. — Les bouchers de Paris jouissent pour le paiement de ce droit d'un crédit de trente jours pour les achats faits aux marchés de Sceaux et de Poissy, et de huit jours pour les achats provenant du marché des vaches grasses et de la halle aux veaux. — Le directeur de la caisse est chargé d'exercer le recouvrement de ce droit sur les bouchers, simultanément avec celui des avances à eux faites par la caisse. — Ord. 22 déc. 1819, art. 5.

40. — Le droit est perçu au compte de la ville de Paris, et en régie par le directeur de la caisse. — Décr. 6 fév. 1811, art. 12. — A cet effet, il est alloué au directeur un traitement fixe pour lui, le caissier, ses agens, et les frais de bureau. Il est ainsi chargé des dépenses de tout genre pour frais de perception, transport d'argent, paiement d'employés, etc. — Art. 13 et 14.

41. — Le montant du droit perçu, déduction faite par douzième des sommes allouées pour frais de perception, est versé chaque mois entre les mains du receveur de la ville de Paris. — Décr. 6 fév. 1811, art. 14.

42. — La ville de Paris a un privilège : 1° sur le cautionnement des sommes versées par les bouchers, sur la valeur estimative de leurs étaux vendus à des tiers, rachetés ou supprimés, sur ce qui leur est dû pour viande fournie (décr. 6 fév. 1811, art. 31) ; — 2° sur leurs créances pour peaux et suifs. — Décr. 15 mai 1813, art. 4.

43. — Ce privilège a lieu jusqu'à concurrence du montant du crédit accordé aux bouchers, et des sommes restées en arrière en vertu de délais accordés. — Décr. 6 fév. 1811, art. 31.

44. — Le caissier : 1° tient en partie double le livre de compte avec les bouchers et ceux de perception, lesquels sont paraphés par l'administrateur (décr. 6 fév. 1811, art. 36) ; — 2° remet des états de situation chaque mois aux préfets du département et de police, et chaque jour au directeur (art. 37) ; — 3° dresse tous les ans les comptes du directeur. — Art. 38.

45. — Le directeur rend ses comptes tous les ans à une commission du conseil municipal. — Décr. 6 fév. 1811, art. 38. — Ces comptes sont arrêtés par le préfet de police et remis par lui au ministre de l'intérieur qui en rend compte au gouvernement. — Arrêté 2 vendém. an XI, art. 12. — Le directeur de la caisse et le préfet de la Seine présentent leurs observations sur les améliorations dont le service leur paraît susceptible, sur la gestion du caissier, et sur les abus existant soit dans les marchés, soit dans la perception du droit, soit dans la direction de la caisse, s'il en est remarqué. — Décr. 6 fév. 1811, art. 38.

46. — Tous les bénéfices résultant des prêts faits aux bouchers par le caissier, viremens de parties, négociations, et de toutes opérations quelconques, appartiennent à la ville de Paris, et sont versés à la caisse après l'arrêté du compte. — Art. 39.

47. — Il est établi un inspecteur de la caisse et des marchés, et le nombre de contrôleurs nécessaires pour la surveillance de la perception, le visa des bordereaux, la tenue des livres, les paiemens et prêts, et pour toutes les mesures d'ordre nécessaire. Ils reçoivent leurs instructions du directeur, selon les ordres qu'il a reçus lui-même du préfet de la Seine. — Le traitement et les fonctions de ces inspecteur et contrôleurs sont déterminés par le ministre de l'intérieur. — Art. 45. — Leur traitement est payé par la ville de Paris. — Art. 46.

48. — L'inspecteur et contrôleurs ne doivent pas être considérés comme agens de la force publique ; ils sont des agens de l'autorité municipale. — *Paris*, 24 juin 1838 (t. 2 1840, p. 39), Martin.

V. BOUCHER.

CAISSE DE SERVICE DU TRÉSOR.

V. TRÉSOR PUBLIC.

CAISSE DES DÉPÔTS ET CONSIGNATIONS.

Table alphabétique.

CAISSE DES DÉPÔTS ET CONSIGNATIONS. — 1. — On appelle ainsi une administration publique établie pour recevoir les consignations et dépôts forcés ou volontaires.

Sect. 1re. — Historique.

2. — En France il était d'usage, avant l'institution des receveurs des consignations, de faire les dépôts au greffe, lorsque les parties ne parvenaient pas à s'entendre sur le choix du dépositaire.—V. Loyseau, *Tr. des offices*, liv. 2, chap. 6, no 25.

3. — Cet état de choses, qui avait reçu au commencement du seizième siècle une consécration légale (V. ordonn. 1535, chap. 18, art. 6; 1546, art. 34), fut modifié sous le règne de Henri III. En effet, un édit de juin 1578 ordonna qu'à l'avenir les consignations seraient faites entre les mains de receveurs spéciaux dont les charges furent érigées en titre. — V. RECEVEUR DES CONSIGNATIONS.

4. — Indépendamment de ces receveurs, il existait aussi des commissaires aux saisies réelles, entre les mains desquels les consignations devaient être faites dans certains cas déterminés. — V. COMMISSAIRE AUX SAISIES.

5. — A partir de 1578, il fut rendu un grand nombre d'édits et de déclarations pour régler les fonctions, les droits et les obligations des préposés aux consignations (V. édits fév. 1627 ; avr. 1630 ; déc. 1633 ; 20 mars 1646 ; 29 fév. 1648 ; 18 juill. 1659 ; juin 1685 ; fév. 1689, etc...)—Rappelons seulement que, par une déclaration du 24 juin 1724, il fut enjoint aux receveurs des consignations de porter au trésor royal le montant des sommes et effets qu'ils avaient en caisse.

6. — Le décret du 30 sept. 1791 supprima les receveurs des consignations, mais les autorisa à continuer provisoirement leurs fonctions. Puis celui du 23 sept. 1793 les supprima définitivement, et ordonna de verser dans la caisse de la trésorerie nationale et dans celle des receveurs de district les dépôts qui se faisaient chez les officiers.

7. — Depuis, une loi du 24 niv. an XIII chargea la caisse d'amortissement de recevoir les consignations ordonnées soit par jugement, soit par décision administrative (art. 1er), et l'autorisa à recevoir également les consignations volontaires aux mêmes conditions que les consignations judiciaires (art. 7.)

8. — Tel était l'état des choses lorsque la loi du 28 avr. 1816 a institué une nouvelle caisse d'amortissement. — L'art. 110 de cette loi défend à la nouvelle caisse de recevoir aucun dépôt ni consignation, de quelque espèce que ce soit, et crée un établissement spécial sous le nom de *Caisse des dépôts et des consignations.*

Sect. 2e. — *Attributions de la caisse.*

9. — En créant une caisse des dépôts et consignations distincte de la caisse d'amortissement, l'art. 110 de la loi du 28 avr. 1816 a chargé des dépôts et consignations, des services relatifs à la légion d'honneur, à la compagnie des canaux, aux fonds de retraite, et les autres attributions (l'amortissement excepté) confiées à l'ancienne caisse d'amortissement.

10. — Depuis, plusieurs lois et ordonnances ont déclaré cette disposition applicable à d'autres cas. Ainsi, on doit verser à la caisse des dépôts et consignations :

11. — Les excédans en caisse des maisons centrales de détention et notamment le montant des retenues opérées sur les salaires des détenus, pour leur être remises à l'expiration de leur peine. — Ordonn. 2 avr. 1816, art. 47.

12. — Le fonds de réserve des droits d'octroi perçus dans la banlieue de Paris.—Ordonn. 11 juin 1817, art. 6.

13. — Les fonds provenant des ventes des navires capturés sur des Espagnols et abandonnés par le traité de Madrid du 5 janv. 1824. — Ordonn. 25 janv. 1824, art. 4.

14. — Les valeurs en matière d'or et d'argent apportées en France par les bâtimens de la marine militaire. — Déc. minist. 11 août 1827.

15. — Tous les cautionnemens en numéraire des entrepreneurs et comptables de la guerre.—Ordonn. 24 avr. 1826.

16. — Le fonds de réserve pour l'assurance des collèges royaux contre l'incendie. — Ordonn. 29 juill. 1829, art. 4.

17. — Les fonds destinés à la liquidation des créances sur la régence de Tripoli. — Ordonn. 30 sept. 1831, art. 4.

18. — La somme représentant la valeur du salpêtre des poudres de guerre non réclamée dans les magasins de l'état. — Décision ministér. 4 fév. 1833.

19. — Le montant des créances portant intérêts et notamment de celles résultant du prix d'immeubles, liquidées à la charge du trésor en exécution des art. 1er et 4 de la loi du 8 avr. 1834, relative à la liquidation de l'ancienne liste civile dont le paiement n'aura pas été effectué faute de productions ou justifications suffisantes dans le délai fixé doit être versé, en capital et intérêts, à la caisse des dépôts et consignations, à la conservation des droits des créanciers. Ce versement libère définitivement le trésor. — L. 9 juill. 1836, art. 42.

20. — Le montant des cautionnemens dont le remboursement n'aura pas été effectué par le trésor public, faute de productions ou justifications suffisantes, dans le délai d'un an à compter de la cessation des fonctions du titulaire, ou de la réception des fournitures et travaux, peut être versé, en capital et intérêts, à la caisse des dépôts et consignations, à la conservation des droits de qui il appartiendra. — L. 9 juill. 1836, art. 43.

21. — La caisse est chargée du dépôt des sommes versées et à verser le gouvernement de Haïti (Saint-Domingue), en exécution du traité du 12 fév. 1838. Ces sommes sont ensuite réparties entre les anciens colons, eu égard à leurs droits. — L. 18 mai 1840; Ord. 26 mai 1840.

22. — Lorsque les propriétaires d'immeubles expropriés pour cause d'utilité publique ne voudraient ou ne pourraient recevoir l'indemnité qui leur serait légalement offerte, le dépôt en doit être fait à la caisse des dépôts et consignations.— L. 3 mai 1841, art. 53, 6 et 76.

23. — Les départemens, communes et établissemens publics peuvent, même dans les villes autres que Paris, déposer à la caisse ou à ses préposés les fonds qui sont à leur disposition, ou l'excédant de leurs recettes sur leurs dépenses. — V. Ord. 3 juill. 1816, art. 8.

24. — La caisse des dépôts et consignations est chargée du recouvrement des rentes et des autres produits dont se compose la dotation de la légion-d'honneur. Le paiement des traitemens des légionnaires et des autres dépenses de la légion-d'honneur est fait, d'après les mandats de la grande chancellerie, à Paris, par le caissier de la caisse des dépôts, et dans les départemens, par les receveurs des finances.— Réglem. 22 déc. 1836, art. 1er; Ord. 31 mai 1838, art. 560.

25. — Elle est chargée de recevoir et d'administrer, sous la garantie du trésor et sous la surveillance d'une commission, les fonds des caisses d'épargne; elle bonifie l'intérêt de ces placemens à raison de 4 %, jusqu'à ce qu'il en ait été autrement décidé par une loi. — L. 31 mars 1837, art. 1er.

26. — Elle est également chargée de recevoir et d'administrer les fonds provenant des caisses d'épargne des instituteurs primaires communaux. — Ord. 13 fév. 1838.

27.—Le solde existant à la caisse des dépôts et consignations à l'époque de la promulgation de la loi du 6 juin 1843, des fonds affectés par l'art. 8 de la loi du 26 juillet 1821 aux indemnités autorisées par l'art. 98 de la loi du 13 mai 1818 en faveur des donataires de l'ancien domaine extraordinaire, a dû être versé au trésor public. — L. 6 juin 1843, art. 12.

28. — On voit, d'après ce qui précède, que les dépôts faits à la caisse proviennent de consignations forcées ou volontaires et de fonds de retraite. Des règles particulières à ces trois modes de dépôt sont consignées dans trois ordonnances spéciales du même jour 3 juillet 1816.

§ 1er. — *Consignations forcées.*

29. — Les consignations sont forcées quand elles sont commandées par une disposition précise de la loi, ou lorsqu'elles sont ordonnées par l'autorité judiciaire ou administrative. On peut voir, v° CONSIGNATION, la plupart des cas où de pareilles consignations ont lieu.

30. — La caisse des dépôts et consignations est chargée de recevoir seule toutes les consignations judiciaires. — 1re ord. 3 juill. 1816, art. 1er.

31. — Les tribunaux et administrations ne peuvent ordonner ou autoriser des consignations en d'autres caisses et dépôts publics ou particuliers, ni autoriser à les conserver sous le nom de séquestre ou autrement. Les consignations ainsi faites seraient nulles et non libératoires. — Ord. 3 juill. 1816, art. 3.

32. — Aucune distribution par contribution ni aucun ordre ne peut être ouvert sans que l'acte de réquisition ne mentionne la date et le numéro de la consignation des deniers. A défaut de cette mention, les présidens ne doivent pas commettre de juges; ceux-ci ne doivent pas opérer, et les greffiers ne doivent pas délivrer de bordereaux de collocation. — Ord. 3 juill. 1816, art. 4. — V. DISTRIBUTION PAR CONTRIBUTION, ORDRE.

33. — Tout officier ministériel qui a fait des offres réelles judiciairement ou extra-judiciairement, doit, à défaut d'acceptation, en consigner le montant dans les vingt-quatre heures, s'il n'en a été dispensé par ordre écrit de celui qui l'a chargé de faire les offres. — Ord. 3 juill. 1816, art. 5.

34. — Il en est de même des sommes que les gardes du commerce auront reçues pour éviter l'arrestation des débiteurs ou pour les faire mettre en liberté. — Il est enjoint aux gardes du commerce et aux huissiers d'énoncer au bas de leurs exploits et avant de les présenter à l'enregistrement, s'ils ont remis au créancier les sommes par eux reçues, et de mentionner également cette remise sur leurs répertoires. Les geôliers doivent faire cette mention sur leur registre d'écrou. — Ord. 3 juill. 1816, art. 6. — V. EMPRISONNEMENT.

35. — Tout officier ministériel qui a procédé à une vente de meubles doit déclarer, au pied de la minute du procès-verbal, en le présentant à l'enregistrement, et certifier par sa signature qu'il a ou n'a pas d'opposition, et qu'il a ou n'a pas connaissance d'oppositions aux scellés ou autres opérations qui ont précédé ladite vente.—Ord. 3 juill. 1816, art. 7.

36. — Le receveur de la caisse des dépôts et consignations a une action pour contraindre le curateur d'une succession vacante à justifier, qu'il a fait verser dans cette caisse les deniers provenant de la succession. — *Nancy*, 29 avr. 1843 (t. 1er 1844, p. 402), Wagnon.

37. — Faute par les créanciers de s'être entendus pour procéder à l'amiable dans le mois à la distribution par contribution dont parle l'art. 656, C. procéd., les sommes doivent être consignées dans la huitaine. Le mois court, savoir : en fait de saisie-arrêt, du jour de la signification au tiers saisi du jugement qui fixe ce qu'il doit rapporter; en fait de ventes par suite de saisies, ou même de ventes volontaires accompagnées d'oppositions, du jour de la dernière séance du procès-verbal de vente; enfin, en fait de ventes de rentes ou d'immeubles, du jour du jugement d'adjudication. — Ord. 3 juill. 1816, art. 8.

38. — Autrefois, l'adjudicataire d'un immeuble vendu judiciairement était obligé d'en consigner le prix, et s'il ne le faisait pas, le receveur des consignations pouvait décerner une contrainte contre lui. — Merlin, *Rép.*, v° *Consignation*; Toullier, t. 7, n° 213.

39. — Aujourd'hui le directeur général de la caisse des consignations a le droit de décerner, ou, si c'est dans les départemens, de faire décerner par les préposés de la caisse, des contraintes contre les officiers publics, pour les obliger à effectuer les consignations dont ils sont tenus. Il est procédé, pour l'exécution de ces contraintes, comme pour celles qui sont décernées en matière d'enregistrement, et la procédure est communiquée au ministère public. — Ord. 3 juill. 1816, art. 9.

40. — Dans tous les autres cas, le directeur de la caisse des consignations et ses préposés ne peuvent exercer aucune action pour l'exécution des jugemens ou décisions qui ont ordonné des consignations. — L. 28 niv. an XIII, art. 6; —Toullier, *Dr. civ.*, t. 7, n° 204.

41. — Tout notaire, courtier, commissaire-priseur, huissier ou geôlier qui aura conservé des sommes qui devaient être versées à la caisse des consignations, pourra être révoqué, sans préjudice des autres peines prononcées par les lois. — Ord. 3 juill. 1816, art. 10.

42. — La caisse des consignations est responsable des sommes reçues par ses préposés, lorsque les parties ont fait enregistrer, dans les cinq jours du versement, les reconnaissances de ces préposés, au bureau de l'enregistrement du lieu de la consignation. — L. 28 niv. an XIII, art. 3; Ord. 3 juill. 1816, art. 11. — Les reconnaissances sont sur papier timbré et le droit d'enregistrement est de 1 fr. fixe. — Instr. gén. de la régie 22 pluv. an XIII, 272; *Dict. des dr. d'enreg.*, v° *Caisse des dépôts et consignations.*

43. — Les reconnaissances de consignations délivrées à Paris par le caissier, et dans les départemens par les préposés de la caisse, doivent énoncer sommairement les arrêts, jugemens, actes ou causes qui donnent lieu à ces consignations; et dans le cas où les deniers consignés proviendraient d'un emprunt où il y aurait lieu à opérer une subrogation en faveur du prêteur, il doit être fait mention expresse de la déclaration faite par le déposant, conformément à l'art. 1250, C. civ., laquelle produit le même effet de subrogation que si elle était passée devant notaire. Le timbre et l'enregistrement sont aux frais de celui qui consigne, s'il est débiteur, ou prélevés sur la somme, s'il la dépose à un autre titre. — Ord. 3 juill. 1816, art. 12.

44. — Tous les frais et risques relatifs à la garde, conservation et mouvement des fonds consignés, sont à la charge de la caisse. — L. 28 niv. an XIII, art. 8; Ord. 3 juill. 1816, art. 13.—En effet, comme la caisse fait valoir les fonds consignés et en sert l'intérêt, les sommes consignées ne sont plus un simple dépôt pour elle. Par la même raison, c'est pour son compte que sont les augmentations et diminutions survenues dans les espèces depuis la consignation. — Toullier, t. 7, n° 235; Delvincourt, t. 2. p. 550, note. Rolland, *Rép.*, v° *Consignation*, n° 54.

45. — Il est défendu aux préposés de la caisse ou à leurs commis et employés de se faire payer par les déposans ou ceux qui retirent les sommes consignées aucun droit de garde, prompte expédition, travail extraordinaire ou autre, à tel titre que ce soit, à peine de destitution et d'être poursuivis comme concussionnaires. — Ord. 3 juill. 1816, art. 13.

46. — Une ordonnance du 2 juill. 1817 avait autorisé le directeur de la caisse des dépôts et consignations à faire payer un tiers pour cent de remise aux avoués près les tribunaux du département de la Seine sur le montant des consignations qu'ils auraient fait verser à cette caisse; mais cette ordonnance a été rapportée par celle du 1er fév. 1824.

47. — La caisse paie un intérêt de 3 % à compter du soixantième jour de la date de la consignation, jusques et non compris celui du remboursement. Les sommes qui restent consignées moins de soixante jours ne produisent aucun intérêt. — L. 28 niv. an XIII, art. 2; Ord. 3 juill. 1816, art. 14.

48. — Lorsque les sommes consignées sont retirées partiellement, l'intérêt des portions restantes continue de courir sans interruption.—Ord. 3 juill. 1816, art. 14.

49. — La caisse des dépôts et consignations doit, comme un débiteur ordinaire, imputer, conformément à l'art. 1254, C. civ., les paiemens partiels qu'elle fait, d'abord sur les intérêts de la somme déposée, et subsidiairement sur le capital. — *Paris*, 20 mars 1830, Caisse des consignat. c. Liénard; 7 janv. 1831, Lepescheux c. Caisse des consignations.

50. — Les sommes sont remboursées dans les dix jours de la réquisition de paiement qui en est faite, à moins qu'il n'y ait opposition ou que les pièces ne soient pas régulières. — L. 28 niv. an XIII, art. 4 et 5; Ord. 3 juill. 1816, art. 15 et 16.

51. — En cas de paiement requis par suite d'ordre ou de contribution, la caisse ne paie que sur la remise qui lui est faite par l'avoué poursuivant d'un extrait du procès-verbal du juge commissaire mentionnant : 1° les noms des créanciers; — 2° les sommes qui leur sont allouées; — 3° et l'ordonnance du juge qui ordonne la radiation des inscriptions et la main-levée des oppositions. Cet extrait est remis dans les dix jours de la clôture de l'ordre ou de la contribution; et la caisse, avant de l'avoir reçu, n'est tenue de payer aucun bordereau de collocation. — Ord. 3 juill. 1816, art. 17.

52. — Le préposé ou directeur de la caisse des dépôts et consignations ne doit pas nécessairement être appelé au jugement qui ordonne qu'une somme déposée à la caisse sera délivrée au profit d'un individu. Dès-lors, si ce jugement a été rendu entre tous les ayant-droit et qu'il soit passé en force de chose jugée, le préposé de la caisse ne peut se refuser à en exécuter les dispositions, et dans le cas où son refus donnerait lieu à une instance dans laquelle il viendrait à succomber, il devrait être condamné aux dépens. — *Bordeaux*, 6 sept. 1831, Receveur gén. de la Gironde c. Laporte.

53. — Pendant longtemps, la caisse des consignations avait exigé que les quittances qu'on lui donnait fussent notariées; elle exigeait de plus à Paris que ces quittances fussent reçues par son notaire. D'où il résultait que les parties prenantes, obligées de recourir au notaire, ne pouvaient appeler le leur qu'en second.—Rolland, *Rép.*, v° *Caisse des dépôts et consignations*, n° 12.

54.—Mais il a été jugé que la caisse des dépôts et consignations n'est pas en droit d'exiger, des parties prenantes, une quittance notariée des sommes qu'elle leur verse, et que les parties sont seulement tenues de lui délivrer à leurs frais une quittance sous seing privé sur papier timbré. — *Cass.*, 14 avr. 1836, Caisse des dép. et consig. c. Jourdain et Quesnel.

55. — En tout cas, lorsque le trésor est colloqué sur des sommes consignées ou déposées à la caisse, une quittance notariée n'est pas nécessaire pour les recevoir; il suffit de celle du préposé comptable de l'administration colloquée. — Décis. min. fin. 23 juill. 1811; — Rolland, *Rép.*, v° *Caisse des dépôts et consignations*, n° 13.

§ 2. — *Dépôts volontaires et particuliers.*

56. — La caisse des dépôts et consignations est autorisée à recevoir les dépôts volontaires des particuliers. — L. 28 niv. an XIII, art. 7; 2e ord. 3 juill. 1816, art. 1er.

57. — Ces dépôts ne peuvent être faits qu'à Paris et seulement en monnaie ayant cours ou en billets de la banque de France.— Ord. 3 juill. 1816, art. 2.

58. — La caisse et ses préposés ne peuvent exiger aucun droit de garde ni aucune rétribution.— Art. 3.

59. — La caisse est chargée des sommes versées sur les récépissés du caissier visés par le directeur général. Le déposant doit élire domicile à Paris. — Art. 4.

60. — Les sommes déposées portaient intérêt à

3 °/° pourvu qu'elles fussent restées à la caisse depuis trente jours (art. 5); mais cet intérêt a été réduit à 2°/°, et seulement à partir de soixante jours. — Ord. 19 janv. 1835, art. 1er et 2.

61. — Il n'est rien changé au taux de l'intérêt fixé pour l'art. 1er, ord. 3 juill. 1816, en ce qui concerne les dépôts faits par les établissemens publics. — Ord. 19 janv. 1835, art. 4.

62. — D'après la deuxième ordonnance du 3 juill. 1816, art. 6, le dépôt devait être rendu au déposant ou à son mandataire à l'époque convenue ou à simple présentation, sans autre condition que de remettre la reconnaissance et de donner quittance. — Aujourd'hui le remboursement n'est exigible que quarante-cinq jours après la demande; mais la caisse peut anticiper ce terme. — Ord. 19 janv. 1835, art. 3.

63. — Il ne peut être formé de saisies-arrêts sur des sommes déposées que dans les cas et suivant les formes prévues par les art. 557 et suiv., C. procéd. Toutefois est valable, sans ces formes, l'opposition du déposant qui déclare avoir perdu son titre; celles des agens ou syndics d'un failli dans le cas de l'art. 449, C. comm. — Ord. 3 juill. 1816, art. 15. — V. SAISIE-ARRÊT.

64. — Quand les départemens, communes et établissemens publics ont, dans les villes autres que Paris, déposé à la caisse ou à ses préposés les fonds à leur disposition, ou l'excédant de leurs recettes sur leurs dépenses, les remboursemens s'en font sur les mandats des préfets, maires ou administrateurs compétens. — 2° ord. 3 juill. 1816, art. 9.

65. — Le caissier et les préposés qui refusent illégalement de faire un remboursement, sont tenus, personnellement et par corps, de bonifier les intérêts à 5 °/° pour le capital et les intérêts, sans préjudice du recours du créancier contre la caisse. — Art. 10.

66. — En cas de perte d'un récépissé, le déposant forme une opposition, qui est insérée par extrait dans le journal officiel; un mois après, la caisse est libérée en lui remboursant le montant du dépôt sur sa quittance motivée. — Art. 11.

§ 3. — Fonds de retraite.

67. — Toutes les sommes provenant de retenues exercées dans les ministères, administrations et établissemens, sur les appointemens, salaires et autres rétributions seront versées à la caisse des dépôts et consignations. — Ord. 3 juill. 1816, art. 1er.

68. — La caisse ouvre un compte courant à chaque administration; et à la fin de l'année les sommes qui restent au crédit de chaque établissement après l'acquittement des retraites, sont employées en achats d'inscriptions sur le grand-livre, dont les arrérages doivent accroître d'autant les fonds de retraite. — Art. 3.

Sect. 3°. — Organisation de la caisse.
Dispositions générales.

69. — La caisse des dépôts et consignations et la caisse d'amortissement sont soumises à la même surveillance, à la même responsabilité et aux mêmes règles de responsabilité et de garantie. Il n'y a qu'un seul directeur général, un seul sous-directeur et un seul caissier pour ces deux caisses. — Toutefois, ces deux établissemens, quoique placés dans le même local et sous les mêmes chefs, sont invariablement distincts : il est tenu pour chacun des livres et des registres séparés; leurs écritures et leurs caisses ne sont jamais confondues. — Ordonn. 22 mai 1816, art. 1er, 2 et 3; 31 mai 1838, art. 516, 517 et 518.

70. — La caisse des consignations a des préposés dans toutes les villes où siége un tribunal de première instance. — Ordonn. 3 juill. 1816, art. 4. — Ces préposés sont les receveurs généraux et particuliers. — Ordonn. 22 mai 1816, art. 27; 31 mai 1838, art. 527.

71. — Le directeur général ordonne toutes les opérations et règle les diverses parties du service; il ordonnance les paiemens; il vise et arrête les divers états de toute nature; il est responsable de la gestion et du détournement des deniers de la caisse, s'il y a contribué ou consenti. — L. 28 avr. 1816, art. 102; ordonn. 22 mai 1816, art. 9; 31 mai 1838, art. 519 et 521. — En cas de maladie ou d'absence, il est remplacé par le sous-directeur, qui est soumis aux mêmes règles et à la même responsabilité. — Ordonn. 22 mai 1816, art. 13, et 31 mai 1838, art. 522.

72. — Le caissier est responsable du maniement des deniers; il est chargé de leur recette, garde et

conservation; il fait tous les paiemens; enfin il est responsable des erreurs et des déficits autres que ceux provenant de force majeure. — L. 28 avr. 1816, art. 103; ordonn. 22 mai 1816, art. 16 et 17; 31 mai 1838, art. 523 et suiv.

73. — Une ordonnance du 12 mai 1825 modifie celle du 22 mai 1816, quant à la présentation, à la vérification et au jugement définitif des comptes à présenter annuellement.

74. — Il est apposé un timbre avec ces mots : *Caisse des dépôts et consignations*, sur tous les effets au porteur qui entrent dans le portefeuille de la caisse. — Ordonn. 14 mai 1817, art. 1er. — Les effets ainsi timbrés ne peuvent être payés que sur l'acquit ou l'endossement du caissier (art. 2), et en outre sur le *visa* du directeur général, s'ils sont remis en circulation avant leur échéance.

75. — Tout versement en numéraire ou autres valeurs, fait à la caisse des dépôts et consignations à Paris et à celle des receveurs généraux et particuliers des finances, pour un service public, donne lieu à la délivrance immédiate d'un récépissé à talon. Ce récépissé est libératoire et forme titre envers le trésor public, à la charge toutefois par la partie versante de le faire viser et séparer de son talon, à Paris immédiatement, et dans les départemens dans les vingt-quatre heures de sa date par les fonctionnaires et agens administratifs chargés de ce contrôle. — L. 24 avr. 1833, art. 1er et 7; ordonn. 31 mai 1833, art. 542.

76. — Les saisies-arrêts, oppositions et significations de cession ou transport n'ont d'effet que pendant cinq ans à compter de leur date, si elles n'ont pas été renouvelées dans ce délai, quels que soient d'ailleurs les actes, traités ou jugemens intervenus à ce sujet. — L. 9 juill. 1836, art. 11. — Pour les oppositions et significations faites ailleurs qu'à la caisse ou à celle de ses préposés, le délai de cinq ans ne court que du jour du dépôt des sommes grevées d'oppositions et significations. — L. 8 juill. 1837, art. 11.

77. — Quant aux oppositions et significations existant lors de la publication de la loi du 8 juill. 1837, elles ont dû être renouvelées dans l'année, sous peine de radiation. — Art. 11.

78. — Les dispositions du décret du 18 août 1807 sur les saisies-arrêts ou oppositions sont applicables à la caisse des dépôts et consignations. — L. 8 juill. 1837, nrt. 11.

79. — Les créances versées à la caisse des dépôts et consignations sont à l'abri de la prescription. — *Exposé des motifs*, L. 8 juill. 1837; Duvergier, *Lois et décrets*, t. 37, p. 180. note.

80. — L'art. 9, L. 29 janv. 1831, qui prononçait la prescription quinquennale des créances pour l'état, portait, dans son dernier paragraphe, que le versement des créances frappées d'opposition serait versé en fin d'exercice à la caisse des dépôts et consignations. Cette dernière disposition a été rapportée par l'art. 10, L. 8 juill. 1837.

81. — A l'expiration de cinq ans, à partir du jour de tout dépôt fait d'office ou volontairement dans les caisses des chancelleries consulaires, la valeur en est transmise, pour le compte de qui de droit, à la caisse des dépôts et consignations de Paris. — Ord. 24 oct. 1833, art. 8.

82. — La caisse des dépôts et consignations ne doit être chargée que des services d'un intérêt général et analogue à ceux qui sont spécifiés dans les trois ordonnances du 3 juill. 1816. En conséquence, il a été ordonné qu'à l'avenir aucune ordonnance pour l'exécution exigerait le concours de la caisse des dépôts et consignations ne sera présentée à la signature du roi que sur le rapport et avec l'intervention du ministre des finances, lequel prendra l'avis de la commission de surveillance. — Ord. 24 déc. 1839.

V. CAISSE D'AMORTISSEMENT, COMMISSAIRE AUX SAISIES RÉELLES, CONSIGNATION OFFRES RÉELLES, PAIEMENT, RECEVEUR DES CONSIGNATIONS.

CAISSE DES GENS DE MER.

1. — C'est une caisse de dépôt établie dans l'intérêt des marins, sous l'autorité et la surveillance du ministre de la marine.

2. — Sur l'origine de la caisse des gens de mer, V. INVALIDES DE LA MARINE (établissement des).

3. — La caisse des gens de mer est un des trois services de l'établissement des invalides de la marine. — Ord. 31 mai 1838, art. 570. — V. ce mot.

4. — La caisse des gens de mer est chargée de

recueillir et de conserver, à titre de dépôt, pendant un temps déterminé, pour les marins absens ou leur famille, des valeurs, objets et produits qui leur sont attribués. — Ord. 31 mai 1838, art. 573.

5. — Elle verse à la caisse des invalides de la marine, dans le mois de septembre de chaque année, les sommes non réclamées pendant les délais fixés par les règlemens. — Règlem. 17 juill. 1816, art. 34 et 31 ; règlem. 30 sept. 1829, art. 24 ; ord. 31 mai 1838.

6. — La caisse se charge aussi de remettre aux familles des marins, pendant leur absence, les retenues opérées sur les traitemens et salaires sous le nom de *mois de famille*; ces remises sont faites, soit par mois, soit à raison d'une somme fixe pour un intervalle de temps moins long, selon que les besoins de la famille le réclament, ou que son ignorance ou son incurie font juger plus ou moins nécessaire de veiller pour elle à la conservation de ses ressources. — Magnitot et Delamarre, *Dict. de dr. admin.*, v° *Caisse des gens de mer*.

7. — La caisse des gens de mer est, de plus, un mode de transport de fonds de toute nature pour les marins des deux marines. Le transport des fonds privés donne lieu à un prélèvement de 1 °/° au profit de la caisse; mais aucun prélèvement n'est dû pour le transport et le paiement à domicile des décomptes de solde, des parts de prises et autres produits versés à la caisse. — Ord. 9 oct. 1837; — Beaussant, *Code maritime*, t. 1er, p. 114.

8. — Enfin, la caisse fait souvent aux marins, à l'occasion des conduites et rapatriemens, des avances qui lui sont remboursées par l'état ou par le commerce. — Elle paie aussi pour l'état les avances et conduites pour levées et c'en fait rembourser par lui. — Beaussant, t. 1er, p. 114.

9. — Toutes les rentes inscrites ou à inscrire au nom de la caisse des gens de mer sont immobilisées. — Ord. 21 oct. 1832, art. 1er.

10. — Les caissiers des gens de mer sont les mêmes que les trésoriers de la caisse des Invalides de la marine. — Ord. 22 mai 1816, art. 41; 31 mai 1838, art. 585. — V. CAISSE DES INVALIDES DE LA MARINE.

CAISSE DES INVALIDES DE LA MARINE.

Table alphabétique.

CAISSE DES INVALIDES DE LA MARINE. — 1. — C'est une caisse publique, auxiliaire de celle du trésor, quoique distincte, qui, au moyen : 1° de retenues opérées sur les traitemens et salaires des marins et des employés du ministère de la marine; 2° et d'autres revenus, — forme un fonds de pension pour ces marins et employés, leurs veuves, enfans, pères et mères.

2. — Sur l'origine de la caisse des invalides de la marine, V. INVALIDES DE LA MARINE (établissement des).

3. — La caisse des invalides de la marine a été composée et réorganisée par le décret du 30 avril

13 mai 1791. — Les dispositions de ce décret, confirmées, modifiées ou complétées par les décrets des 30 mai-8 juin 1792, 3-11 avril 1792, 1er oct. 1793, 15 germin. et 9 messid. an III, et par les arrêtés du directoire ou des consuls des 23 messid. an VI, 14 brum. an VIII, 3 brum. et 19 frim. an XI, ont été reproduites et refondues dans deux ordonnances des 22 mai 1816 et 31 mai 1838, dont voici l'analyse :

4. — La caisse des invalides de la marine est rétablie sur les bases de son institution, conformément aux dispositions de l'édit de 1720 et de la loi du 13 mai 1791. — Ord. 22 mai 1816, art. 1er.

5. — La caisse des invalides de la marine est un dépôt confié au ministre de la marine. Elle est placée sous sa surveillance immédiate et exclusive; et elle est essentiellement distincte et séparée du trésor public. — Ord. 22 mai 1816, art. 2; ord. 31 mai 1838, art. 568.

6. — Tous les agens nécessaires au service de la caisse des invalides sont exclusivement sous les ordres du ministre de la marine. — Ord. 22 mai 1816, art. 3. — V. *infrà* nos 45 et 53.

7. — Les fonds de cette caisse sont spécialement et uniquement destinés à la récompense des services des officiers militaires et civils, maîtres, officiers-mariniers, matelots, novices, mousses, sous-officiers, soldats, ouvriers et tous autres agens ou employés, entretenus ou non entretenus, du département de la marine, et au soulagement de leurs veuves et enfans, même de leurs pères et mères, ainsi qu'aux dépenses concernant l'administration et la comptabilité de l'établissement. — Ord. 22 mai 1816, art. 4; ord. 31 mai 1838, art. 569.

8. — La caisse des invalides est un des trois services de l'établissement des invalides de la marine. — Ord. 31 mai 1838 art. 570. — Les deux autres services sont la *caisse des prises* et la *caisse des gens de mer*. — V. ces mots.

9. — La caisse des invalides de la marine est chargée de recevoir les produits de la caisse des prises et de la caisse des gens de mer. — Elle centralise ces produits versés avec les autres revenus dont se compose sa dotation, et qu'elle perçoit directement (V. CAISSE DES PRISES) pour former un fonds de pensions en faveur des hommes de mer et de tous autres attachés au département de la marine et des colonies. — Réglem. 17 juill. 1816, art. 40 et suiv.; ord. 31 mai 1838, art. 574.

10. — La caisse conserve les dotations et revenus qui lui ont été attribués par les édits, lois, ordonnances et réglemens, et dont elle est actuellement en jouissance. — Ord. 22 mai 1816, art. 5; 31 mai 1838, art. 575.

11. — Ces dotations et revenus se composent : 1° de la retenue de trois centimes par franc sur toutes les dépenses de la marine et des colonies, tant pour le personnel que pour le matériel (ord. 22 mai 1816, art. 5, n° 1), sauf versement au trésor de la moitié de la retenue faite sur le matériel, conformément à l'art. 5 de la loi du 2 août 1829. — Ord. 31 mai 1838, art. 575.

12. — Les marchés à passer pour les services du matériel ont été affranchis de toute retenue à partir du 1er avr. 1843. — Quant aux marchés en cours d'exécution, la retenue des trois centimes par franc devait être faite jusqu'à leur expiration, mais le produit devait en être reversé intégralement au trésor. — L. 11 juin 1842, art. 3.

13. — ... 2° Des droits établis sur les armemens du commerce et de la pêche, savoir : — sur les gages des marins de commerce naviguant à salaire, trois centimes par franc; — sur les bénéfices des marins de commerce naviguant à la part et par mois : pour chaque capitaine, maître ou patron, 1 fr. 80 c.; pour chaque officier-marinier, 90 c.; pour chaque matelot indifféremment 45 c.; — sur les bateaux de pêche et par an, pour ceux de vingt tonneaux et au-dessous, de 1 fr. 20 c. par tonneau; pour ceux de vingt tonneaux, 1 fr. 50 c. par tonneau. — Ord. 22 mai 1816, art. 5, n° 2; 31 mai 1838, art. 575.

14. — Les retenues sur la marine militaire sont faites par la voie administrative. Quant aux retenues sur la marine marchande, elles sont versées directement par les armateurs au trésorier des invalides, et pour cela ils les précomptent eux-mêmes à leurs équipages. — La quotité des retenues à percevoir est fidèlement connue par suite de l'injonction faite : — 1° aux capitaines, maîtres et patrons, à leurs officiers mariniers, matelots et autres, de déclarer au bureau des classes les conditions de leurs engagemens avec leurs armateurs, à peine contre les contrevenans de perdre ce qui leur reviendrait pour leur voyage; — 2° et aux armateurs de faire les mêmes déclarations, à peine de 100 fr. d'amende; le tout applicable aux invalides. — Edit 1720, tit. 7, art. 18. — Beaussant, t. 1er, p. 122.

15. — ... 3° De la solde entière des déserteurs des bâtimens, arsenaux, chantiers et ateliers des ports de l'état, et de la moitié de la solde des déserteurs des bâtimens du commerce. — Ord. 22 mai 1816, art. 5, n° 3; 31 mai 1838, art. 575.

16. — ... 4° Du produit non réclamé des successions des marins et autres personnes mortes en mer, des parts de prises, gratifications, salaires, journées d'ouvriers et autres objets concernant le service de la marine. — Ord. 22 mai 1816, art. 5, n° 4; 31 mai 1838, art. 575.

17. — Toutefois, dit M. de Beaussant (*Code maritime*, t. 1er, p. 118), la caisse n'ayant pas l'habitude d'opposer des fins de non-recevoir ou des prescriptions, rend, quand on trouve les intéressés, ce qui lui a été versé à ce titre, même après les deux ans de dépôt à la caisse des gens de mer, où ces fonds sont d'abord placés.

18. — ... 5° De la totalité du produit non réclamé des bris et naufrages. — Ord. 22 mai 1816, art. 5, n° 5; 31 mai 1838, art. 575 et 576.

19. — L'art. 4 de l'ordonnance 12 déc. 1814 admettait la caisse de l'hôtel des Invalides de la guerre au partage de ce produit, et à celui des droits dont on va parler au numéro suivant. Cet article a été révoqué. - Ord. 22 mai 1816, art. 6.

20. — De droit, le produit des échouemens arrivés par un événement fortuit, ou par suite d'un malheur indépendant de la volonté de l'équipage, appartient à la caisse des Invalides de la marine. — *Cons. d'état*, 23 nov. 1811, Douanes c. Caisse des Invalides de la marine.

21. — ... 6° Des droits réglés sur le produit des prises, savoir : — sur les prises faites par les bâtimens de guerre, 2 1/2 % du produit brut de toutes les prises quelconques faites sur l'ennemi; 1 1/2 % du même produit en faveur des caissiers des prises, et, indépendamment des deux retenues ci-dessus, le tiers du produit net des corsaires, bâtimens et cargaisons pris sur le commerce ennemi; — sur les prises faites par les corsaires, 5 % du produit net desdites prises. — Ordonn. 22 mai 1816, art. 5, n° 6; 31 mai 1838, art. 575 et 576.

22. — Après le jugement de validité d'une prise, la transaction qui intervient entre le capteur et le capturé ne peut préjudicier aux droits de la caisse des Invalides de la marine, dont la retenue doit être prélevée aux dépens des capturés. — *Cons. d'état*, 4 juin 1809, Tilgham c. Andrian.

23. — Dans toute transaction en matière de prises maritimes, la caisse des Invalides prélève une retenue sur le montant de la transaction, d'après les droits qui lui sont attribués par les lois et réglemens. — *Cons. des prises*, 19 déc. 1821, Caisse des Invalides de la marine c. Duchesne et Pintedevin.

24. — Les fonds provenant des prises et versés dans la caisse des Invalides de la marine ne sont considérés que comme des dépôts, et ne peuvent être restitués qu'en vertu de jugemens. — *Cons. des prises*, 9 juill. 1820, Schloger.

25. — ... 7° De la plus-value des feuilles de rôles délivrées pour les armemens et désarmemens des bâtimens de commerce. — Ord. 22 mai 1816, art. 5, n° 7; 31 mai 1838, art. 575.

26. — Le budget des recettes de chaque année porte ordinairement : « Continuera d'être faite... la perception... du prix de la vente exclusive, au profit de la caisse des Invalides de la marine, des feuilles des rôles d'équipages des bâtimens de commerce, d'après le tarif du 8 messid. an XI (27 juin 1803) » — V. entre autres, L. 24 juill. 1843, art. 7; 4 août 1844, art. 16.

27. — ... 8° Du produit des amendes et confiscations légalement prononcées pour contraventions aux lois et réglemens maritimes. — Ord. 22 mai 1816, art. 5, n° 8; 31 mai 1838, art. 575.

28. — Telles sont les amendes prononcées pour contravention à l'ord. 4 août 1819, qui prescrit aux armateurs d'embarquer des chirurgiens sur leur navire et de leur fournir, après visite préalable, un coffre de médicamens et une caisse d'instrumens de chirurgie. — Art. 22.

29. — Telles sont encore les amendes pour défaut d'embarquement de mousses, de rôle d'équipage, etc. — Beaussant, t. 1er, p. 119.

30. — Quant aux confiscations, on en trouve un exemple dans l'art. 26, tit. 2, L. 21-22 août 1790, qui ordonne la confiscation de tous effets commerçables étrangers au service des vaisseaux, et embarqués sans ordre par tout commandant, officier d'état major, officier-marinier ou matelot. Le passager paie, en outre, dans ce cas, une amende double de la valeur de la marchandise. — Beaussant, t. 1er, p. 119.

31. — ... 9° Des produits de prises non répartissables. — Ord. 22 mai 1816, art. 5, n° 9; 31 mai 1838, art. 575.

32. — ... 10° Des arrérages de rentes appartenant à ladite caisse sur le grand livre de la dette publique et du revenu des autres placemens provenant de ses économies. — Ord. 22 mai 1816, art. 5, n° 10; 31 mai 1838, art. 575.

33. — Une ordonnance du roi du 29 mai 1816 autorisa la liquidation des créances de la caisse des Invalides de la marine, et porta que les capitaux résultant de cette liquidation seraient convertis en inscriptions au grand-livre, lesquelles seraient immobilisées. — Suivant une autre ordonnance du 21 oct. 1832, toutes les rentes sur l'état inscrites ou à inscrire au nom de la caisse des Invalides de la marine ont été immobilisées.

34. — ... 11° Enfin, des retenues à exercer : — 1° en cas de congés, sur la solde des officiers militaires et civils et sur celles des autres agens affectés, soit au service général, soit au service des colonies (ord. 12 nov. 1835; 31 mai 1838, art. 575); — 2° sur les appointemens des chefs et employés des bureaux du ministère de la marine et des colonies. — Ord. 11 déc. 1833; — V. aussi L. 11 avr. 1831, art. 36, et ordonn. 30 déc. 1831.

35. — La caisse des Invalides de la marine est chargée du paiement : — 1° Des demi-soldes et pensions accordées aux marins de l'état et du commerce, à leurs veuves et enfans, pères et mères, le tout dans les proportions déterminées par les lois, ordonnances et réglemens. — Ord. 22 mai 1816, art. 7, n° 1er; 31 mai 1838, art. 577.

36. — Une ord. du 27 août 1817 a appliqué aux pensionnaires de la caisse des invalides de la marine les dispositions de la loi du 25 mars 1817 concernant les pensionnaires du trésor royal. — Une autre ordonnance, du 5 oct. 1844 a apporté des améliorations dans le régime des pensions à la charge de la caisse des invalides de la marine.

37. — .... 2° Des pensions de retraite, pensions de veuves, pensions de réforme liquidées en faveur des officiers civils et militaires, et de tous autres attachés au département de la marine. — Ord. 22 mai 1816, art. 7, n° 2; 31 mai 1838 art. 577. — V. le n° qui précède.

38. — .... 3° Des gratifications et secours accordés aux marins, soldats, ouvriers et entretenus du département de la marine, à leurs veuves et à leurs enfans. — Ord. 22 mai 1816, art. 7, n° 3; 31 mai 1838, art. 577.

39. — ... 4° Du secours annuel de 6,000 fr. attribué à l'hospice de Rochefort pour la subsistance et l'entretien de douze veuves infirmes et de 40 orphelins de marins, ouvriers et militaires de la marine. — Arrêté des consuls, 9 messid. an X; ord. 22 mai 1816, art. 7, n° 4; 31 mai 1838, art. 577.

40 — ...... 5° Des gratifications allouées aux officiers et équipages des corsaires, en raison du nombre des prisonniers amenés dans les ports et du nombre et calibre des canons capturés. — Ord. 22 mai 1816, art. 7, n° 5; 31 mai 1838, art. 577.

41. — .... 6° Des appointemens attribués au bureau chargé de son administration, des traitemens, taxations et attributions accordés au trésorier général à Paris et aux trésoriers particuliers dans les ports. — Ord. 22 mai 1816, art. 7, n° 6; 31 mai 1838, art. 577.

42. — ... 7° Des frais du bureau administratif, des frais de service du trésorier général et des trésoriers particuliers; plus des frais d'impression, soit de rôles d'armement et de désarmement du commerce, soit des états de situation et généralement de tous autres frais et impressions uniquement relatifs à son administration. — Ord. 22 mai 1816, art. 7, n° 7; 31 mai 1838, art. 577.

43. — La caisse paie en outre le montant de la pension représentative de l'hôtel des Invalides de la guerre pour tout marin et militaire qui est admis à l'hôtel royal des Invalides. — Ord. 22 mai 1816, art. 8; 31 mai 1838, art. 578. — En 1840, il y avait à l'hôtel 100 marins. — Beaussant, t. 1er, p. 121.

44. — La caisse ne supporte aucuns frais ordinaires autres que ceux qui sont réglés par le ministre de la marine, pour le traitement des agens auxquels sont confiées l'administration et la comptabilité de l'établissement. — A l'égard des frais extraordinaires, il n'est alloué que ceux qui sont reconnus nécessaires pour assurer le recouvrement des sommes dues à l'établissement. — Ord. 22 mai 1816, art. 9; 31 mai 1838, art. 579.

45. — Aucune recette, ne peut être admise, aucune dépense ne peut être allouée sur la caisse des invalides qu'en vertu d'une ordonnanee signée par le ministre de la marine. — Ord. 22 mai 1816, art. 14; 31 mai 1838, art. 582.

46. — Les recettes et dépenses sont sous la surveillance spéciale des contrôleurs et sous-contrôleurs. Elles s'effectuent : 1° Dans les ports, sur les mandats du commissaire des classes appuyés des pièces justificatives, autant que possible; — 2° à Paris, sur des mandats spéciaux délivrés par le directeur des fonds des invalides. — Réglem. 17 juill.

1816, art. 11, 15, 28, 36, 64, 89 et 120; ord. 31 mai 1838, art. 584.

47. — Il y a un trésorier général de la caisse des Invalides de la marine à Paris, et des trésoriers particuliers dans chacun des ports où le roi juge convenable d'en établir. — Ces trésoriers sont en même temps caissiers des prises et des gens de mer; et ils fournissent un cautionnement dont la nature et la quotité sont fixées par le ministre de la marine, d'après l'importance relative de leur service. — Ord. 22 mai 1816, art. 11; 31 mai 1838, art. 583.

48. — Les consuls de France en pays étranger remplissent les fonctions de trésorier des Invalides et perçoivent, en cette qualité, tous les produits revenant aux trois caisses. Les trésoriers des colonies peuvent être désignés par le ministre pour remplir les mêmes fonctions. — Régiem. 17 juill. 1816, art. 5; ord 31 mai 1838, art. 586.

49.— Les trésoriers des ports sont tenus d'avoir, partout où besoin est, des préposés chargés, sous leurs ordres et leur responsabilité, des recettes locales et remises de fonds. — Ord. 22 mai 1816, art. 11; 31 mai 1838, art. 587.

50. — Les receveurs-généraux des départemens sont chargés des paiemens que la caisse des Invalides a à faire dans l'intérieur du royaume, ainsi que des remises de fonds nécessaires au service des trésoriers, suivant les directions du trésor. — Régl. 17 juill. 1816, art. 126 et 127; ord. 31 mai 1838, art. 588. — Ils reçoivent également, pour le compte du trésorier général, les fonds restant sans emploi dans les caisses de ces trésoriers et, à défaut de préposé du trésorier général dans le lieu de leur résidence, le montant des retenues que le payeur du département est chargé d'exiger au profit de la caisse des Invalides sur les paiemens effectués en vertu des ordonnances du ministre de la marine. — Instr. 15 déc. 1826, art. 433 à 437; ord. 31 mai 1838, art. 589.

51. — Le trésorier général à Paris est chargé de l'ensemble de la comptabilité. — Régiem. 17 juill. 1816, art. 3; ord. 31 mai 1838, art. 590. — Quant au mode de cette comptabilité, V. ord. 31 mai 1838, art. 591 et suiv.

52. — Tous les ans, chacun des trésoriers particuliers forme son compte de l'année précédente, dûment visé et certifié par l'administration de la marine et l'adresse au trésorier général à Paris. Le trésorier général réunit tous ces comptes à celui qu'il doit fournir pour sa propre gestion, et en dresse un compte général qui est soumis, dans les six mois de la clôture de la gestion, à l'examen et au jugement de la cour des comptes. — Ord. 22 mai 1816, art. 16; 31 mai 1838, art. 602, 607 et 611.

53. — Les trésoriers, en même temps caissiers des gens de mer et des prises, sont sous les ordres immédiats et exclusifs de l'administration de la marine. — Ordonn. 22 mai 1816, art. 11.

54. — L'administration de la marine est chargée des poursuites à faire pour la rentrée des sommes dues à l'établissement à quelque titre que ce soit. — Ordonn. 22 mai 1816, art. 15; 31 mai 1838, art. 583.

55. — L'administration de la caisse des Invalides de la marine n'est pas dispensée d'employer le ministère des avoués dans les contestations relatives aux droits qu'elle est chargée de prévoir. — *Cass.*, 12 août 1818, Admin. de la marine c. Larode.

56. — Quant à l'assimilation de la caisse des Invalides à une partie civile, dans les procès suivis soit à sa requête, soit d'office, V. ACTION CIVILE, nº 394.

CAISSE DES PRISES.

1. — C'est une caisse chargée de recueillir les produits des prises maritimes.

2. — La caisse des prises est un des trois services de l'établissement des Invalides de la marine. — Ord. 31 mai 1838, art. 570. — V. INVALIDES DE LA MARINE (établissement des).

3. — La caisse des prises est destinée à recevoir en dépôt le produit brut des prises faites par les bâtimens de l'état, jusqu'à la clôture des liquidations administratives qui en déterminent l'application, et aussi, pour les armemens en course, le produit des ventes provisoires des prises qui peuvent être opérées avant le prononcé des jugemens de confiscation. — Régl. 17 juill. 1836, art. 7; ord. 31 mai 1838, art. 571.

4. — Lorsque la liquidation des produits qui leur ont été déposés provisoirement a été arrêtée par l'autorité compétente, la caisse des prises paie les frais de vente et autres dépenses allouées, et elle verse à la caisse des gens de mer la somme revenant aux capteurs, et à la caisse des Invalides de la marine le montant des droits attribués à celle-ci dans la liquidation. — Régiem. 17 juill. 1816, art. 11; ord. 31 mai 1838, art. 572. — V. CAISSE DES GENS DE MER, CAISSE DES INVALIDES DE LA MARINE.

5. — Toutes les rentes sur l'état inscrites ou à inscrire au nom de la caisse des prises sont immobilisées. — Ord. 21 oct. 1832, art. 1er.

6. — Les caissiers des prises sont les mêmes que les trésoriers de la caisse des Invalides de la marine. — Ord. 22 mai 1816, art. 11; 31 mai 1836, art. 585. — V. CAISSE DES INVALIDES DE LA MARINE.

CAISSE HYPOTHÉCAIRE.

1. — La caisse hypothécaire est une société anonyme dont les statuts ont été approuvés par l'ordonnance royale du 12 juill. 1820.

2. — Cette société constituée pour trente ans a trois objets : 1º de prêter sur hypothèques; — 2º d'assurer les prêts faits et à faire par d'autres contrats; — 3º de prêter sur titres hypothécaires avec subrogation. — Statuts, art. 5.

3. — Ainsi, elle tend d'après son institution : 1º à venir au secours de la propriété foncière en prêtant dans toute la France à un taux uniforme et modéré; — 2º à procurer aux capitalistes et aux rentiers le placement de leurs capitaux.

4. — Le fonds social de la caisse hypothécaire est de 50 millions divisés en 50 mille actions de mille francs chacune. — Statuts, art. 6. — Elle possède, en outre, des obligations qui forment son propre crédit.

5. — Les opérations de la caisse hypothécaire sont préparées par des chambres de garantie formées dans les lieux où l'administration le juge convenable et dont l'arrondissement est déterminé d'après la circonscription des bureaux d'hypothèques. Les chambres de garantie qui sont composées de cinq membres au moins fournissent un cautionnement déterminé pour chacun par le conseil d'administration. — Statuts, art. 37, 38 et 39.

6. — Les cautionnemens réunis de chaque chambre de garantie répondront à la caisse hypothécaire de la valeur donnée par leurs estimations aux immeubles qui seront hypothéqués pour sûreté des paiemens des annuités dues par les emprunteurs. — Statuts, art. 40.

7. — Les membres de la chambre de garantie de la caisse hypothécaire ne sont tenus solidairement des actes de gestion de cette chambre que jusqu'à concurrence du cautionnement qu'ils ont fourni. Dès-lors les biens qu'ils possèdent en dehors de ce cautionnement sont à l'abri des poursuites de la caisse hypothécaire. — Du moins l'arrêt qui le décide ainsi par appréciation des statuts et réglemens qui tiennent lieu de contrat entre la caisse hypothécaire et les membres de la chambre de garantie ne viole aucune loi. — *Cass.*, 6 août 1844 (t. 1er 1845, p. 85), Caisse hypothécaire c. Schilt.

8. — Chaque prêt fait par la caisse hypothécaire donne lieu à la création d'obligations de cet établissement pour une somme égale au montant du prêt effectué. — Statuts, art. 46, 47 et 48.

9. — Le paiement des obligations est garanti par le fonds social réalisé de la caisse, qui s'élève à 30 millions.

10. — Ces obligations reposent, en outre, sur des immeubles de valeur double des sommes prêtées, sur les annuités souscrites par les emprunteurs (V. ANNUITÉS) et sur les cautionnemens des chambres de garantie. — Statuts, art. 47 et 51.

11. — Mais la garantie affectée par l'art. 51 des statuts, au paiement de chaque obligation, n'emporte, aux termes de l'art. 2 de l'ordonnance royale d'autorisation du 12 juill. 1820, aucune dérogation au droit commun et par conséquent aucune cause de préférence.

12. — L'échéance de ces obligations n'est pas déterminée lors de leur création. Un vingtième est payable chaque année par suite d'un tirage au sort. Néanmoins, la caisse peut fixer à l'avance, si la demande en est faite, les époques des remboursemens, et de cette manière les obligations offrent des placemens dont la durée est déterminée depuis un jusqu'à vingt ans.

13. — Ces obligations, qui sont en général au porteur, mais qu'on peut rendre nominatives, sont productives d'un intérêt de 4 % par an, payable de six en six mois.

14. — L'obligation de la caisse hypothécaire est, en réalité, un contrat hypothécaire par lequel le porteur est affranchi de toute inquiétude sur l'exactitude du paiement des intérêts et du remboursement du capital, du soin pénible et souvent onéreux des poursuites judiciaires, de toutes les chances relatives à la régularité des titres, etc. Le porteur jouit en un mot de tous les avantages du prêt sur hypothèque, sans avoir aucun de ses inconvéniens.

CAISSE LAFARGE.

V. TONTINE.

CAISSE MUNICIPALE.

1. — Caisse dans laquelle sont versés les revenus d'une commune et dans laquelle sont puisés les fonds nécessaires aux dépenses de cette commune.

2. — La caisse municipale est gérée, selon l'importance des localités, par le percepteur des contributions directes ou par un préposé spécialement nommé par le conseil municipal. — V. RECEVEUR MUNICIPAL.

3. — Les recettes des communes sont ordinaires ou extraordinaires et leurs dépenses sont obligatoires ou facultatives. — V. COMMUNES.

4. — Toutes les recettes municipales pour lesquelles des lois et réglemens n'ont pas prescrit un mode spécial de recouvrement, s'effectuent sur des états dressés par le maire. Ces états sont exécutoires après qu'ils ont été visés par le sous-préfet. — L. 18 juill. 1837, art. 63.

5. — C'est au receveur municipal, et non pas au maire, qu'il appartient d'*encaisser* les deniers; le maire doit seulement surveiller le recouvrement des recettes. — V. RECEVEUR MUNICIPAL.

6. — Les revenus de la commune ne peuvent être versés que dans la caisse municipale. Toute autre caisse où l'on verserait une portion quelconque des revenus communaux serait conséquemment un établissement illégal, et le receveur en titre a qualité, dans l'intérêt de la commune, pour attaquer un pareil abus.

7. — L'état des caisses municipales est constaté chaque année, le 31 décembre, par procès-verbal du maire assisté d'un des membres du conseil municipal. — Ord. 14 sept. 1822; 23 avr. 1823.

8. — Le décret du 27 fév. 1811 a placé la surveillance des caisses municipales dans les attributions du ministre des finances. Aussi ce ministre doit prescrire au receveur l'ordre des écritures et la comptabilité. — Inst. min. des 31 déc. 1811 et 1er mai 1813.

9. — Dans toutes les villes qui possèdent un octroi, les caisses municipales peuvent payer en tout ou en partie le contingent personnel et mobilier, sur la demande qu'en font aux préfets les conseils municipaux. — LL. 25 mars 1817; 21 avr. 1832, art. 20. — V. OCTROI, RECEVEUR MUNICIPAL.

CAISSE NATIONALE DE PRÉVOYANCE.

Caisse publique dont la fondation avait été ordonnée par l'art. 13, L. 19 mars 1793, pour aider aux vues de prévoyance des citoyens qui voudraient se préparer des ressources. Cette caisse n'a pas été fondée. Mais la pensée philantropique révélée par la loi du 19 mars 1793 a été réalisée par l'institution des caisses d'épargne. — V. CAISSE D'ÉPARGNE.

CAISSE PUBLIQUE.

V. CAISSE, CAISSIER, SAISIE-ARRÊT.

CAISSES DE TAMBOUR (Facteurs de).

Les facteurs de caisses de tambour sont rangés par la loi du 25 avr. 1844, sur les patentes, dans la sixième classe des patentables et imposés à : 1º un droit fixe basé sur le chiffre de la population de la ville ou commune où est situé l'établissement; — 2º un droit proportionnel du vingtième de la valeur locative de la maison d'habitation et des locaux servant à l'exercice de la profession.

CALANDREURS D'ETOFFES.

1. — Les calandreurs d'étoffes neuves sont rangés par la loi du 25 avril 1844, sur les patentes, dans la cinquième classe des patentables, et imposés à : 1º un droit fixe basé sur le chiffre de la population de la ville ou commune où est situé l'établissement; — 2º un droit proportionnel du vingtième de la valeur locative de la maison d'habitation et des locaux servant à l'exercice de la profession. — V. PATENTE.

2. — Les calandreurs de vieilles étoffes sont rangés dans la septième classe des patentables, et imposés, outre le droit fixe, à un droit proportionnel du quarantième de la valeur locative de tous les locaux occupés par les patentables, mais seulement dans les communes d'une population de 20,000 ames et au-dessus. — V. PATENTE.

CALCINATION D'OS D'ANIMAUX.

V. ÉTABLISSEMENS INSALUBRES (nomenclature.)

CALCUL (Erreur de).

V. ERREUR DE CALCUL.

CALCUL DÉCIMAL.

1. — Mode de compter qui est basé sur les fractions décimales.

2. — Le calcul décimal a eu pour but et pour résultat de faire disparaître les fractions duodécimales et autres, et de rendre par suite les opérations de comptabilité plus faciles. — V. CALENDRIER, MONNAIE, POIDS ET MESURES.

CALE (Peine de la).

1. — Peine infligée à bord des bâtimens, et qui consiste à suspendre un homme à la vergue du grand-mât pour le plonger plusieurs fois dans la mer.

2. — L'ordonnance de la marine de 1681 (liv. 2, tit. 23, art. 1er) indiquait la peine de *la cale* comme une de celles qui, *par l'avis* des pilotes et contre-maîtres, peuvent être infligées aux matelots mutins, ivrognes et désobéissans, et à ceux qui maltraitent leurs camarades ou commettent d'autres semblables fautes et délits dans le cours du voyage.

3. — Rangée dans la même catégorie que la peine de la boucle, celle de la cale donne lieu aux mêmes questions. — V. BOUCLE (peine de la).

4. — La loi du 21-22 août 1790 (tit. 2, art. 6) a déclaré la cale peine afflictive. — Aux termes du même article, elle ne pouvait être, en conséquence, prononcée que par un conseil de justice ou par un conseil martial; mais, suivant le décret du 22 juill. 1806 (art. 21), elle n'est plus aujourd'hui infligée que par un conseil de justice.

5. — En donnant la cale on ne peut plonger plus de trois fois dans l'eau l'homme qui a été condamné à cette peine. — L. 21-22 août 1790, tit. 2, art. 6.

6. — La peine de la cale est appliquée, en vertu de la loi du 21 août 1790 (tit. 2) : 1° à tout matelot ou officier marinier coupable de désobéissance accompagnée d'injures et menaces (art. 15); — 2° à tout matelot ou officier marinier en cas de récidive de transport à bord non autorisé de matières inflammables ou boissons spiritueuses (art. 27); — 3° à tout matelot coupable, en temps de guerre, d'avoir allumé ou tenu allumé pendant la nuit des feux défendus, ou, dans tous les temps, de les avoir allumés, soit le jour, soit la nuit, sans précaution et de manière à compromettre la sûreté du vaisseau (art. 28), ou qui n'aurait pas apporté l'attention prescrite étant préposé à la garde d'un feu (art. 29); — 4° à tout matelot ou officier marinier coupable de blessures dangereuses envers un autre homme de l'équipage, sans préjudice de la réparation civile (art. 31); — 5° à tout homme coupable d'un vol avec effraction d'objets appartenant à des particuliers, soit à bord, soit à terre (art. 44); 6° à tout homme qui, descendu à terre, a commis un vol sur le territoire étranger (art. 45).

7. — Le décret du 16 niv. an II, rendu pour le rétablissement de la discipline à bord des bâtimens de l'état, a prononcé encore la peine de la cale : 1° contre tout sous-officier, officier marinier, matelot canonnier ou soldat, coupable d'avoir levé la main contre un officier d'un grade supérieur pour le frapper (art. 6); — 2° tout condamné aux fers qui tenterait pour la seconde fois de se soustraire à sa peine en brisant les cadenas ou jetant à la mer les anneaux ou barres de justice (art. 31). — La même loi renouvelle par ses art. 5 et 27 les prohibitions et la peine portée par les art. 15 et 28 de la loi du 21 août 1790, tit. 2.

8. — Tout officier marinier condamné à la cale est, par l'effet même de cette condamnation, cassé de son grade et réduit à la basse paie des matelots; tout matelot ayant subi la même peine est réduit à la basse paie. — L. 21-22 août 1790, tit. 2, art. 8. — V. BOUCLE (peine de la), BOULINE (peine de la), TRIBUNAUX MARITIMES.

CALENDRIER.

Table alphabétique.

CALENDRIER. — 1. — C'est le tableau qui indique l'ordre et la suite des jours de chaque année.

2. — Le mot *calendrier* vient de *calendes*, qui était le premier jour de chaque mois chez les Romains. Depuis qu'on ne se sert plus de calendes, il eût mieux valu sans doute remplacer le mot *calendrier*. Mais un très long usage l'a consacré au point de faire oublier son origine. — Les synonymes *almanach* ou *annuaire*, moins employés, seraient plus exacts.

3. — L'année est le temps que le soleil met à parcourir les signes du zodiaque.

4. — L'année est composée d'un certain nombre de *jours* ou temps que la terre met à faire un tour sur elle-même.

5. — Le nombre de jours dont se compose l'année se divise en douze parties ou *mois*.

6. — Cette division de l'année en douze mois est, dit-on, due aux Égyptiens. Ils faisaient leurs mois égaux, chacun de trente jours, et complétaient l'année en la terminant par cinq jours *épagomènes* (ou surajoutés). — Depuis, les Babyloniens adoptèrent la même division.

7. — L'année des Romains a varié en différens temps. Sous Romulus elle était de trois cent quatre jours. Numa la régla sur le cours de la lune. Servius Tullius ou les décemvirs y firent d'autres changemens. — Jules César, devenu maître de la République, entreprit la réforme de l'année et la régla sur le cours du soleil.

8. — L'erreur cumulée qu'il attaquait avait produit, après plusieurs siècles, un tel dérangement dans les mois, que ceux d'hiver répondaient à l'automne, et que les mois consacrés aux cérémonies religieuses du printemps répondaient à l'hiver.

9. — Pour détruire cette discordance il intercala quatre-vingt-dix jours entre novembre et décembre. Cette année (l'an 708 de Rome) qui fut en conséquence de quatre cent quarante-cinq jours, fut appelée *l'année de confusion*.

10. — Il ordonna de plus que tous les quatre ans on intercalerait un jour après le sixième des calendes de mars. Ce jour fut appelé le second sixième, ou *bissextus*; de là le nom de *bissextile*, donné à l'année qui reçoit ce jour intercalaire.

11. — D'après cette réforme, l'année solaire était de trois cent soixante-cinq jours et six heures. — Cette année est appelée *Julienne*; et le tableau contenant l'ordre et la suite de tous les jours de cette année, *calendrier Julien*. — L'année Julienne fut suivie chez toutes les nations chrétiennes.

12. — Mais l'année Julienne se trouvait être trop longue de onze minutes onze secondes. Cette erreur, en s'accumulant avec le temps, était devenue considérable et avait produit un nouveau dérangement dans l'année. En 1582, le pape Grégoire XIII, entreprit avec des astronomes une nouvelle réforme; il ôta dix jours au mois d'octobre de cette année, de sorte, qu'au lieu du 5 on compta tout de suite le 15, et il ordonna que sur quatre années solaires une seule serait bissextile.

13. — Suivant cette nouvelle réforme, l'année est de trois cent soixante-cinq jours cinq heures quarante-neuf minutes. — C'est l'année *Grégorienne*; et on appelle *calendrier Grégorien* le tableau contenant l'ordre et la suite de tous les jours de cette année.

14. — Le calendrier grégorien fut adopté, dès son origine, par la France, l'Espagne, l'Italie et les pays catholiques d'Allemagne; en un mot, par tous les pays qui reconnaissaient le pape; mais les protestans le rejetèrent d'abord.

15. — En l'an 1700, l'erreur des dix jours ayant augmenté encore et étant devenue de onze, les protestans d'Allemagne, les Danois et les Hollandais se déterminèrent à accepter la réformation grégorienne. — Mais les Anglais et plusieurs peuples du nord de l'Europe conservèrent le calendrier Julien qu'ils ont enfin abandonné en 1752 pour adopter le calendrier grégorien. — La Russie conserve encore le calendrier Julien.

16. — Toutefois, il ne faut pas croire que l'année grégorienne soit parfaite. Comme la révolution de la terre autour du soleil qui, seule, règle les saisons et le rapport des jours aux nuits, est de trois cent soixante-cinq jours cinq heures quarante-huit minutes quarante-neuf secondes, il s'ensuit que l'année grégorienne est trop longue; d'où l'on a calculé qu'au bout de soixante-douze siècles il en résultera un jour de mécompte. — V. instruction à la suite du décr. du 4 frim. an II; Merlin, *Rép.*, v° *Année*, n° 1er.

17. — Le point de départ pour compter les années s'appelle *ère*. C'est presque toujours un événement important qui sert ainsi à fixer la mémoire des peuples. Les Tyriens dataient du recouvrement de leur liberté; les Romains de la fondation de Rome. — L'ère de toutes les nations chrétiennes commence à Jésus-Christ; c'est ce qu'on nomme *l'ère vulgaire*. — L'ère des mahométans, ou *l'hégire*, commence au jour où Mahomet fut obligé de s'enfuir de la Mecque, le 16 juill. 622 de l'ère vulgaire.

18. — L'année grégorienne est divisée en douze mois qui sont : *janvier, février, mars*, etc. — De ces douze mois sept sont de trente-un jours, savoir : *janvier, mars, mai, juillet, août, octobre et décembre*. — Quatre sont de trente jours, savoir : *avril, juin, septembre et novembre*. — Enfin, *février* est de vingt-huit jours. Dans les années bissextiles, on y ajoute le jour intercalaire, et il est alors de vingt-neuf jours. — Cette inégalité dans les mois donne matière à difficultés. — V. MOIS.

20. — Le jour grégorien est le temps qui s'écoule de minuit à minuit; il est divisé en vingt-quatre parties qu'on appelle *heures*. — Les heures se subdivisent elles-mêmes en soixante *minutes* et chaque minute en soixante *secondes*. — V. JOUR, HEURE.

21. — Le commencement de l'année a varié chez les peuples. Pendant long-temps, à Rome, l'année commençait au premier mars; c'est, au reste, ce qu'indiquent les noms des mois de *septembre*, d'*octobre*, etc., qui étaient alors les septième, huitième, etc., mois de l'année.

22. — Les juifs et la plupart des orientaux, dit Merlin (*Rép.*, v° *Année*, n° 2), ont une année civile qui commence avec la nouvelle lune de septembre, et une année ecclésiastique qui commence avec la nouvelle lune de mars. — Les Chinois et beaucoup de nations Indiennes commencent l'année avec la première lune de mars, et les Brachmanes avec la nouvelle lune d'avril. — Les Turcs commencent leur année lorsque le soleil entre dans le signe du bélier, et les Persans dans le mois de fernandin, qui répond à notre mois de juin.

23. — En France, sous la première race des rois, l'année commençait le premier de mars, jour auquel se faisait la revue des troupes. — Sous les rois Carlovingiens, elle commençait le jour de Noël, et sous les premiers Capétiens le jour de Pâques. — Ce fut Charles IX qui ordonna, en 1563, qu'elle commencerait dans la suite au premier de janvier : « Voulons et ordonnons, porte l'ordonnance dite de Roussillon, de janv. 1563, qu'en tous actes, registres, instrumens et contrats, l'année commence dorénavant et soit comptée à partir du premier jour de ce mois de janvier. »

24. — A Rome, on distingue deux sortes d'années; l'une commence à la Nativité de Jésus-Christ; c'est celle que les notaires suivent; ils datent *à Nativitate*. L'autre commence au 25 mars, jour de l'Incarnation, et sert à dater les bulles, *anno Incarnationis*. — Merlin, *Rép.*, v° *Année*, n° 1er.

25. — L'année ecclésiastique commence le premier dimanche de l'Avent, lequel est toujours le dimanche le plus proche de la Saint-André, c'est-à-dire du 30 novembre. Cette année est uniforme dans toute la chrétienté. — Merlin, *ibid.*

26. — Dans le calendrier grégorien, on reconnaît encore une computation des jours, abstraction faite des années et des mois, c'est de les diviser successivement entre eux par des périodes composées de sept jours, et qu'on nomme *semaines*. — Le premier jour de chaque période se nomme *lundi*, le second *mardi*, etc. Enfin, le septième et dernier *dimanche*. — Cette division par sept jours était également suivie en Egypte, à Rome, et chez les juifs. — V. DÉLAI, DIMANCHE.

27. — Enfin, dans le calendrier grégorien, à chaque jour de l'année correspond un nom de saint ou une fête.

28. — Lors de la révolution de 1789, on voulait remplacer l'ère vulgaire par une nouvelle ère, mais il y eut d'abord partage d'opinions sur le point de départ. Les uns prétendaient qu'il fallait prendre date de l'ouverture des états-généraux, c'est-à-dire du 5 mai 1789; d'autres préféraient le 17 juin, jour auquel le tiers-état s'était déclaré assemblée nationale; d'autres réclamaient la journée du 20 juin (séance du jeu de paume.) Mais ces opinions diverses vinrent bientôt se réunir en faveur du 14 juillet 1789, jour de la prise de la Bastille.

29. — Il fut donc arrêté que, désormais, tous les actes civils, judiciaires et diplomatiques, porteraient l'inscription de *l'ère de la liberté*; que l'année écoulée entre le 14 juillet 1789 et le 14 juillet 1790

serait signalée *an premier de la liberté*, et que la seconde année paraîtrait du 14 juillet 1790, ainsi de suite. Par suite, ordre aux tribunaux, greffiers, notaires, administrateurs de se conformer à cette indication dans la date de leurs actes.

50. — Dès le 14 juillet 1790, le *Moniteur*, journal officiel, bien que manquant pas de dater ainsi son n° 195 : « Mercredi, 14 juillet 1790, premier jour de la seconde année de la *liberté*. » — Cette date fut continuée pendant toute la durée de l'assemblée constituante, et même encore après, jusqu'au moment où l'assemblée législative la supprima par son décret du 2 janvier 1792.

51. — Ce décret, en laissant subsister l'*ère de la liberté*, en fit remonter au 1er janvier 1789, sur le motif que toute l'année devait être admise à l'honneur d'avoir donné naissance à la liberté. — V. *Moniteur*, n° 4, 2 janv. 1792, 3e année de la *liberté*.

52. — Mais la liberté perdit bientôt le privilège exclusif de donner son nom à l'ère française ; et, après la journée du 10 août, elle fut obligée de recevoir l'association de l'*ère de l'égalité*, de manière que l'année 1792 offrait une double computation, l'an IV *de la liberté* et l'an 1er *de l'égalité*.

53. — Depuis, un membre de la convention demanda que l'on datât les actes : l'*an 1er de la république française*. — Un autre membre proposa d'y joindre l'ère en usage : l'an IV *de la liberté*. — Cet amendement fut écarté, et il fut décrété que tous les actes publics porteraient dorénavant la date de l'*an 1er de la république française*. — Décr. 22-25 sept. 1792.

54. — Le 23 janvier 1793, décret qui porte que la seconde année de la république datera du 1er janvier 1793.

55. — Mais le 5 octobre 1793, un nouveau décret rapporta le précédent, fixa l'ère des Français à compter de la fondation de la république, c'est-à-dire du 22 septembre 1792 de l'ère vulgaire, et ordonna que les actes passés dans le courant du 1er janvier 1793 au 22 septembre seraient regardés comme appartenant à la première année de la république.

56. — Ce même décret du 5 octobre 1793 contenait en même temps une nouvelle division du temps, de l'année, du mois, etc. Mais comme ses dispositions ont été reproduites avec modifications par le décret du 4 frimaire an II (24 novembre 1793), nous nous bornerons à présenter l'analyse de ce second décret, en indiquant les changements qu'il a lui-même subis ultérieurement.

57. — Suivant l'art. 1er (nouveau art. 1er) : l'ère des Français compte de la fondation de la république, qui a eu lieu le 22 septembre 1792 de l'ère vulgaire, jour où le réel est arrivé à l'équinoxe vrai d'automne. — L'ère vulgaire est abolie pour les usages civils. (Art. 2.) — La constitution du 5 fructidor an III a beaucoup continué, par son art. 372, cette fixation de l'ère française.

58. — Chaque année commence à minuit, avec le jour où tombe l'équinoxe vrai d'automne pour l'Observatoire de Paris. — Décr. du 4 frim. an II, art. 3.

59. — La première année de la république française a commencé le 22 septembre 1792, et a fini à minuit le 21 du 22 septembre 1793. — Décr. du 4 frim. an II, art. 4. — La seconde année a commencé le 22 septembre 1793 à minuit. — Art. 5.

40. — Le décret qui fixait le commencement de la seconde année au 1er janvier 1793 est rapporté ; tous les actes datés de l'an II de la république passés dans le courant de 1er janvier au 21 septembre inclusivement, sont regardés comme appartenant à la première année de la république. — Décr. 4 frim. an II, art. 6.

41. — L'année est divisée en douze mois égaux de trente jours chacun ; après les douze mois, suivent cinq jours pour compléter l'année ordinaire ; ces cinq jours n'appartiennent à aucun mois. — Décr. 4 frim. an II, art. 7.

42. — Pour la division du mois et du jour, on emploie d'adopter la numération décimale déjà mise en usage pour les poids et mesures et pour les monnaies.

43. — Chaque mois est divisé en trois parties égales, de dix jours chacune, qui sont appelées *décades*. — Décr. 4 frim. an II, art. 9.

44. — Les noms des jours de la décade sont : *primidi*, *duodi*, *tridi*, *quartidi*, *quintidi*, *sextidi*, *septidi*, *octidi*, *nonidi*, *decadi*. — Décr. 4 frim. an II, art. 9.

45. — Les noms des mois sont, pour l'automne : *vendémiaire*, *brumaire*, *frimaire* ; pour l'hiver : *nivôse*, *pluviôse*, *ventôse* ; pour le printemps : *germinal*, *floréal*, *prairial* ; pour l'été : *messidor*, *thermidor*, *fructidor*. — Décr. 4 fructid. an II, art. 9.

46. — Les cinq derniers jours s'appellent les *sans-culotides*. (Décr. 4 fructid. an II, art. 9.) — Ce nom

a été depuis changé en celui de *jours complémentaires* qu'il avait dans l'origine. — Décr. 7 fructid. an III.

47. — L'année ordinaire reçoit un jour de plus, selon que la position de l'équinoxe le comporte, afin de maintenir la coïncidence de l'année civile avec les mouvemens célestes. Ce jour, appelé *jour de la révolution*, est placé à la fin de l'année et forme le sixième des *sans-culotides* (jours complémentaires). — La période de quatre ans, au bout de laquelle cette addition d'un jour est ordinairement nécessaire, est appelée la *franciade*, en mémoire de la révolution qui, après quatre ans d'efforts, a conduit la France au gouvernement républicain. — La quatrième année de la franciade est appelée *sextile*. — Décr. 4 frim. an II, art. 10.

48. — Le jour, de minuit à minuit, est divisé en dix parties ou *heures* ; chaque partie en dix autres, ainsi de suite, jusqu'à la plus petite portion commensurable de la durée. La centième partie de l'heure est appelée *minute décimale* ; la centième partie de la minute est appelée *seconde décimale*. Toutefois, comme les changemens que cette division demande dans l'horlogerie ne peuvent se faire que successivement, la disposition ne sera de rigueur, pour les actes publics, qu'à compter du 1er vendémiaire an III. — Décr. 4 frim. an II, art. 11.

49. — Quant aux noms des saints du calendrier grégorien, ils furent remplacés de la manière suivante : à chacun des décadis du mois, on fit correspondre le nom d'un instrument d'agriculture ; chaque quintidi avait le nom d'un animal utile ; enfin les autres jours de chaque décade portaient les noms des produits végétaux ou minéraux. — Ainsi, pour le mois du vendémiaire, les noms des trois décadis étaient : *cuve*, *pressoir*, *tonneau* ; ceux des trois quintidis étaient : *cheval*, *âne*, *bœuf*. Le primidi de la première décade portait le nom de *raisin* ; le duodi celui de *safran* ; le tridi celui de *châtaigne* ; le quartidi celui du *colchique*, etc. — Les *sans-culotides* (ou cinq jours complémentaires) étaient consacrées aux fêtes : 1er de la vertu ; 2e du génie ; 3e du travail ; 4e de l'opinion ; 5e des récompenses. — Dans l'année sextile, le sixième jour portait le nom de la *sans-culotide*. — Décr. 3 brum. an II.

50. — Tous les actes publics devaient être datés suivant la nouvelle organisation de l'année. — Décr. 4 frim. an II, art. 14. — Depuis, un arrêt du directoire du 14 germinal an VI et la loi du 23 fructidor suivant ont prescrit de nouvelles dispositions pour l'exacte observation du calendrier ou annuaire républicain.

51. — Dans tous les actes ecclésiastiques et religieux, porte l'art. 50 de la loi du 18 germinal an X, le concordat, on sera obligé de se servir du calendrier d'équinoxe établi par les lois de la république ; on désignera les jours par les noms qu'ils avaient dans le calendrier des solstices (calendrier grégorien).

52. — La loi du 11 germinal an XI ne permet de prendre pour prénoms, sur les registres de l'état civil, que les noms en usage dans les différents calendriers, et ceux des personnages connus de l'histoire ancienne. — Art. 1er.

55. — A compter du 1er nivôse an XIV, on (ce janvier 1806), le calendrier grégorien a été rémis en usage dans tout l'empire français. — Sénat. consult. 22 fructid. an XIII.

CALFAT, CALFATEUR.

1. — Ouvrier maritime dont le travail consiste à placer entre les joints des planches et madriers qui forment le navire, surtout à l'extérieur, des étoupes qu'il introduit à coups de maïl et qu'il enduit ensuite d'une couche de goudron en bain.

2. — Suivant l'art. 1er (tit. 9, liv. 2) de l'ord. d'août 1681 sur la marine, les métiers de calfateur, charpentier et le perceur de navire pouvaient être exercés par une même personne. — Merlin, *Rép.*, v° *Calfateur*. — V. OUVRIER MARITIME.

5. — Les calfateurs qui se sont point en même temps marins, et qui opèrent leur état dans les lieux maritimes ne sont point à proprement parler classés. — L. 3 brum. an IV, art. 45 et suiv. — Cependant ils sont inscrits sur un registre particulier pour être requis dans le cas de guerre, de préparatifs de guerre ou de travaux extraordinaires et considérables. — Beaussant, *Code maritime*, t. 1er, p. 52. — V. INSCRIPTION MARITIME.

4. — Les radoubeurs de navires (calfats) sont rangés par la loi du 25 avril 1844, sur les patentes, dans la sixième classe des patentables, et imposés à : 1° un droit fixe basé sur le chiffre de la population de la ville ou commune où est situé l'établissement ; 2° un droit proportionnel au vingtième de la valeur locative de la maison d'habitation et des locaux servant à l'exercice de la profession. — V. PATENTE.

CALOMNIE.

Table alphabétique.

CALOMNIE. — 1. — C'est l'imputation à un tiers de faits faux propres à le déshonorer. — De Broglie, *Rapport de la loi du 17 mai 1819*.

2. — La calomnie diffère de la diffamation en ce que celle-ci est un délit, même lorsque les faits imputés à autrui ne portant atteinte à l'honneur, sont vrais. Aussi, n'est-on pas admis à faire la preuve des faits diffamatoires, hormis le cas seulement lorsque la personne attaquée est un fonctionnaire public. (V. DIFFAMATION.) — On pouvait au contraire, avant la loi du 17 mai 1819, rapporter la preuve légale de la vérité des faits prétendus calomnieux, et l'on échappait ainsi à la peine prononcée par la loi. — C. pén. de 1810, art. 370.

3. — La calomnie a toujours été considérée comme un fait grave, comme un délit qui ne devait pas rester impuni. — Partout où l'empire des lois a régné, dit M. Chassan (*Délits et contraventions de la parole*, t. 1er, p. 321), les attaques, contre la réputation d'autrui, ont été réprimées.

4. — D'après la législation de Moïse, le calomniateur était condamné à subir la même peine que lui aurait dû infliger à l'accusé s'il eût réellement coupable. — *Exode*, chap. 20 et 28 ; *Deuter.*, chap. 19.

5. — A Athènes, le délateur était puni, s'il ne pouvait prouver la vérité de ce qu'il avait dit, ou écrit contre l'honneur d'autrui. — *Accusationem lex tribuit contra eum qui aliquod probrum alteri objecerit quod aperte demonstrare nequeat.* — Dion Chrysost., disc. 43. — Une loi de Solon et de Lysias (*Qui duello de vexerit ni proferit verum esse quod objecit probrum, muldietur*. — Chassan, *Délits et contraventions*, t. 1er, p. 321.

6. — A Rome, la loi des Douze Tables établissait contre les outrages et les libelles diffamatoires une peine infamante. — *Si qui pipul'occentassit (convicium fecit), carmenve condidsit quod infamiam fuxit, flagitium ve alteri, FUSTE FÉNITO.* — Cicéron, *Républ.*, liv. 4.

7. — La loi *Remmia* voulut, dans la suite, qu'on imprimât avec un fer chaud la lettre K sur le front des calomniateurs. — Guyot, *Répert.*, v° *Calomniateur*, § 2 ; *Encyclopéd. méthod.* (jurispr.), t. 2, v° *Calomniateur*, p. 459.

8. — En droit romain, la calomnie (*maledictum*) se divisait en deux grands catégories : 1° *convicium* ; 2° *libellus famosus*. Le *convicium* se faisait par la parole. Le *libellus famosus* était l'infraction commise par l'écrit. — L. 4, § 4, ff. *De injur. et famos. libell.* ; L. 45, § 40, et *passim*, *ibid.* ; L. unig. Cod., *De fam. libell.* — Voet, *Ad pandect.*, lib. 47, tit. 10, n° 10 ; Schopfer, *Synopsis juris priv. rom.*, lib. 47, tit. 10, n° 9.

9. — Pour constituer le délit, pour qu'il y eût conviction, il fallait que l'imputation calomnieuse

(*maledictum*) eût été proférée à haute voix (*vociferatione dictam*), ou prononcée dans une assemblée (*in cœtu*).—ff., L. 15, § 3, 11 et 12, *De injur. et fam. lib.*

10. — Quant au libelle, il suffisait qu'il eût été montré ou que son contenu eût été rapporté à un tiers pour que le délit existât. — « *Si quis famosum libellum, sive domi, sive in publico, vel quocumque loco ignarus repererit, aut corrumpat priusquam alter inveniat, aut nulli confiteatur inventum. — Si vero non statim easdem chartulas vel corruperit, vel igni consumpserit, sed vim earum manifestaverit; sciat se quasi auctorem hujusmodi delicti capitali sententiæ subjugandum.* » — L. unic., Cod., *De fam. lib.*

11. — Les condamnés pour libelles diffamatoires étaient frappés de verges s'ils étaient de basse condition; les autres étaient punis d'un exil temporaire ou de l'interdiction de certaines choses, et privés du droit de tester. — L. ult. ff., *De inj. et fam. lib.*, et L. 5, § 9, *h. tit.*

12. — Ces peines restèrent en vigueur jusque sous les empereurs Valentinien et Valens. A cette époque, il semble résulter de la loi unique au Code *de fam. libellis*, dit M. Chassan (*loc. cit.*, t. 1er, p. 324), que les libellistes furent punis de mort. Telle est du moins l'interprétation donnée à cette loi par Julius Clarus, Voët, Blackstone, Muyart de Vouglans, etc. — Mais cette opinion est combattue par Carpzovius, *Rerum crim. pars* 2, quæst. 98, n° 7.

13. — Sous l'ancienne jurisprudence, on confondait généralement la calomnie et la dénonciation calomnieuse. La dénonciation calomnieuse était punie d'une peine arbitraire, et quelquefois de la peine de mort. — Ord. 1670, tit. 3, art. 7; — Guyot, *Répert.*, v° *Calomniateur*, t. 2, p. 612. — V. DÉNONCIATION CALOMNIEUSE.

14. — Le Code pénal du 25 sept. 1791 garde un silence absolu sur la calomnie proprement dite. —L'action en dommages-intérêts devant les tribunaux civils était alors le seul moyen de répression.

15. — Jugé, en conséquence, sous l'empire de ce code, que les tribunaux correctionnels ne sont pas compétens pour connaître des injures et calomnies commises par écrit envers les fonctionnaires publics, hors l'exercice de leurs fonctions.—*Cass.*, 19 oct. 1792, Royer.

16. — Sous le Code du 3 brum. an IV, la calomnie n'était punie que lorsqu'elle se réduisait à des injures verbales. — Dans ce cas, la peine était une amende qui ne pouvait excéder la valeur de trois journées de travail, ou un emprisonnement qui ne pouvait excéder trois jours (art. 605). — *Cass.*, 2 vendém. an VII, Arrouin.

17. — Si la calomnie résultait d'écrits anonymes ou signés, si même elle avait le caractère de dénonciation calomnieuse, elle n'était punie d'aucune peine; elle ne pouvait donner lieu qu'à des condamnations en dommages-intérêts. — V. Merlin, *Rép.*, v° *Calomnie*, § 3.

18. — Jugé que, sous le Code du 3 brum. an IV, un tribunal de police ne pouvait condamner un prévenu à passer déclaration, au greffe, que c'était faussement et méchamment qu'il avait calomnié le plaignant. — *Cass.*, 2 vendém. an VII, Arrouin.

19. — Jugé, de même, qu'il y avait excès de pouvoir dans la disposition du jugement par laquelle un tribunal de police condamnait un prévenu à déclarer à l'audience que c'était à tort qu'il avait tenu les propos calomnieux faisant l'objet de la plainte, et ordonnait l'impression, la publication et l'affiche dudit jugement dans plusieurs communes. — *Cass.*, 19 messid. an VIII, Guertin c. Potel-Bodin.

20. — Le Code pénal de 1810 changea le système du Code pénal du 3 brum. an IV; il distingua la calomnie de la dénonciation calomnieuse. —V. art. 367 et suiv. et 373.

21. — La calomnie, d'après ce Code, était l'imputation publique d'un fait faux qui, s'il était vrai, aurait exposé celui contre lequel il était articulé à des poursuites criminelles ou correctionnelles, ou même au mépris ou à la haine des citoyens. — C. pén., art. 367.

22. — L'auteur de l'imputation prétendue calomnieuse était à l'abri de toute peine, si le fait imputé était *légalement prouvé vrai* (art. 367). — La loi ne considérait comme *preuve légale* que celle qui résultait d'un jugement ou de tout autre acte authentique. — Même article.

23. — Ainsi, l'auteur de l'imputation n'était pas admis, pour sa défense, à demander que la preuve en fût faite; il ne pouvait non plus alléguer comme moyen d'excuse que les pièces ou les faits étaient notoires, ou que les imputations étaient extraites de papiers étrangers. — Art. 368.

24. — Les calomnies mises au jour par la voie de papiers étrangers, pouvaient être poursuivies contre ceux qui avaient envoyé les articles ou donné l'ordre de les insérer, ou contribué à l'introduction ou à la distribution de ces papiers en France. — C. pén., art. 369.

25. — Le calomniateur était puni (si le fait imputé était de nature à mériter la peine de mort, des travaux forcés à perpétuité ou de la déportation), d'un emprisonnement de deux à cinq ans, et d'une amende de 200 à 5,000 fr.; dans tous les autres cas, d'un emprisonnement d'un mois à six mois, et d'une amende de 50 à 2,000 fr. — C. pén., art. 371.

26. — L'art. 374 prononçait de plus contre le calomniateur une interdiction des droits mentionnés dans l'art. 42, C. pén., pendant cinq ans au moins et dix ans au plus.

27. — Telle était l'économie de la loi d'après le Code pénal de 1810; mais ces dispositions ont été abrogées par la loi du 17 mai 1819, qui a établi un système tout nouveau. — V. DIFFAMATION, INJURE, OUTRAGE.

28. — Aujourd'hui, le mot *calomnie* n'est plus une expression légale; cependant il semble que les lois de 1819 et de 1822 auraient dû conserver ce mot à l'égard des agens de l'autorité; car, en ce qui les concerne, il n'y a délit que si l'imputation est fausse. — Aussi, M. le duc de Broglie regrettait-il que le mot *calomnie* eût été rayé de la loi. — V. *Rapport à la chamb. des pairs* sur la loi du 17 mai 1819.

29. — Quoique les dispositions du Code pénal soient abrogées, nous rappellerons cependant les divers monumens de jurisprudence rendus sous leur empire, d'abord parce qu'ils ont de l'intérêt au point de vue historique et législatif, et ensuite parce qu'ils ont encore toute leur autorité en Belgique, où le système du Code pénal est toujours en vigueur. — *Liége*, 24 juill. 1844, Desoër (*Jurispr. Belge*, 1845, p. 26). — V. cependant décr. nation. 20 juill. 1831.

30. — Il a été jugé qu'on ne peut considérer comme un délit de calomnie l'imputation faite d'une manière hypothétique, par exemple, en disant, si tel individu a fait telle chose, c'est un coquin, un brigand. — *Cass.*, 20 mars 1817, Toutain et Loisel-Précourt c. Chevalier.

31. — ... Qu'il n'y a pas délit de calomnie quand l'imputation du fait calomnieux n'a pas été faite sérieusement, mais ironiquement. — *Bruxelles*, 6 juin 1842, Simon et Sacré c. *Journal de Bruxelles* (*Jurispr. belge*, 1842, p. 298).

32. — ... Que ce n'est point calomnier un parent que de l'exclure de sa succession pour cause d'indignité. — *Angers*, 27 août 1824, Fournier.

33. — ... Que le fait d'avoir allégué publiquement qu'un individu a prêté un serment contraire à la vérité peut ne pas constituer le délit de calomnie, puisque le parjure consiste à affirmer sous serment une chose non point qu'on croit vraie, mais avec la conscience qu'elle est fausse. — *Bruxelles*, 23 déc. 1831, D...

34. — Jugé ainsi qu'avant la loi du 17 mai 1819, il ne pouvait y avoir lieu à l'application des peines du délit de calomnie pour des propos injurieux et outrageans, que lorsqu'ils réunissaient les caractères de gravité et de publicité déterminés par les art. 367 et 371, C. pén. — Qu'un presbytère qui n'est destiné qu'au logement du curé et de sa famille ne peut pas être considéré comme un lieu public. — *Cass.*, 2 août 1816, Duchemin.

35. — ... Qu'une imputation calomnieuse est réputée publique, lorsqu'elle a été proférée dans une réunion ou dans un lieu public, et particulièrement dans une salle de spectacle, soit qu'elle ait été entendue d'un grand nombre de personnes, soit qu'elle n'ait été entendue que de deux personnes, et même d'une seule. — *Cass.*, 12 juill. 1812, Broudetta.

36. — ... Que des propos calomnieux tenus à une personne, en présence de deux autres qui en étaient déjà informées, ne tombaient pas sous l'application de l'art. 367, C. pén. — *Cass.*, 23 juill. 1813, Pettironi.

37. — ... Que le fait d'avoir dit dans un cabaret qu'une personne est sur le point de tomber en faillite et qu'elle ne peut pas payer intégralement ses créanciers, ne constitue pas le délit de calomnie prévu par l'art. 367, C. pén. — *Bruxelles*, 10 juill. 1830, M... c. J... — V. DIFFAMATION.

38. — ... Qu'une dénonciation adressée au ministre de l'intérieur contre un maire et son adjoint pour les faire révoquer n'est qu'un écrit privé qui ne peut donner lieu à l'application des peines du délit de calomnie, si elle n'a été ni affichée ni distribuée, et si les imputations qu'elle renferme n'ont pas été répandues par ses auteurs dans les lieux ou réunions publics. — *Cass.*, 25 oct. 1816, Maury c. Labesse et Bullon.

39. — ... Que l'imputation d'être *un forçat libéré, un échappé de galères*, faite à un individu, en pleine campagne, et sans publicité, ne constitue pas le délit de calomnie réprimé par l'art. 367, C. pén. — *Bruxelles*, 17 mai 1834, M...

40. — Il importe de remarquer que les dispositions des art. 367 et 371, C. pén., n'étaient point applicables aux faits dont la loi autorise la publicité, ni à ceux que l'auteur de l'imputation était par la nature de ses fonctions ou de ses devoirs, obligé de révéler ou de réprimer.

41. — Ainsi, lorsque des officiers ministériels légalement formés en chambre de discipline, après avoir inutilement demandé des explications à l'un de leurs confrères, ont dénoncé au procureur du roi des faits de prévarication qui n'ont pas été confirmés par l'instruction qui s'en est suivie, cette dénonciation ne présente pas le caractère d'une intention criminelle de calomnier et ne constitue pas de délit. — *Rouen*, 8 juill. 1818, commiss.-priseurs de Rouen c. Blanpuin.

42. — Le délit de calomnie devait, sous l'empire du Code pénal, être poursuivi devant les tribunaux correctionnels.

43. — Il pouvait être poursuivi par le ministère public, sans qu'il existât une plainte de la part de la personne calomniée. — *Cass.*, 26 mars 1813, Ricci c. Tabrini.

44. — Jugé que le père a qualité à l'effet de poursuivre, en se constituant partie civile, la réparation des calomnies répandues contre sa fille majeure vivant dans la maison paternelle. — *Liége*, 24 mai 1823, B... c. L...

45. — La cour de Cassation a jugé, par un arrêt du 24 juin 1819 (Cochenet c. Legendre), que le tribunal saisi d'une plainte en calomnie peut, sans qu'il en résulte une ouverture à cassation, et en statuant sur un incident relatif à cette plainte, enjoindre au ministère public et au juge d'instruction d'informer sur le fait imputé à celui qui se prétend calomnié.

46. — Mais cette solution ne nous paraît pas devoir être admise. De quel droit le tribunal se permettrait-il donc d'enjoindre au procureur du roi de poursuivre et au juge d'instruction d'informer? —Ces magistrats ne relèvent que du procureur général (art. 27, 57 et 250, C. inst. crim.). La police judiciaire est placée *sous l'autorité des cours royales* (art. 9, même Code). Aucune disposition de loi ne confère aux tribunaux de première instance un pouvoir analogue à celui qui est défini dans les art. 235 et suiv. dudit Code. La chambre du conseil peut, il est vrai, ordonner des informations nouvelles dans les affaires qui lui sont rapportées; mais elle n'a point l'initiative des poursuites. Enfin, si les art. 193 et 214, C. inst. crim., autorisent le tribunal de police correctionnelle à renvoyer un prévenu en état de mandat de dépôt, ou sous mandat d'amener, devant le juge d'instruction compétent, c'est uniquement sur le fait même dont il se trouve saisi, et parce que l'action publique est déjà exercée par l'officier qui en a reçu la mission; mais on ne trouve sous la rubrique des tribunaux de police correctionnelle rien de semblable à ce qui est ordonné par l'art. 361, C. inst. crim., dans le cas où l'individu traduit devant une cour d'assises vient à être incriminé d'un fait *nouveau* dans le cours des débats. C'est donc à tort qu'il a été décidé par l'arrêt ci-dessus que le tribunal de police correctionelle peut ordonner des poursuites sur un fait autre que celui dont il est saisi. — Lorsque les faits imputés étaient punissables suivant la loi et que l'auteur de l'imputation les avait dénoncés, il y avait lieu pendant l'instruction sur ces faits à surseoir au jugement du délit de calomnie. — C. pén., art. 372.

47. — Le tribunal saisi d'une plainte en calomnie, ayant pour cause une imputation de faux témoignage, est tenu de surseoir à y statuer lorsque le prévenu de calomnie a dénoncé les faits au ministère public; il ne peut se permettre de juger si l'imputation de *faux témoignage est fondée ou vraisemblable*. — *Cass.*, 6 mars 1812, Pepin c. Vivier. — Il en est de la plainte en diffamation comme de la plainte en calomnie. L'art. 372, C. pén., est aujourd'hui remplacé par l'art. 25, L. 26 mai 1819. — V. DIFFAMATION.

48. — Mais il n'est pas tenu de surseoir au jugement sur la simple dénonciation faite au ministère public d'une prise à partie contre les juges, et d'une demande en renvoi pour suspicion légitime, qui n'ont pas encore été portées devant la cour compétente. — *Cass.*, 18 févr. 1820, Ricard c. Ozoux.

49. — La dénonciation faite à la chambre des avoués des faits imputés à deux membres de cette compagnie ne suffit pas pour autoriser le sursis à la plainte en calomnie formée par les deux officiers ministériels contre l'auteur de l'imputation. — *Cass.*, 28 sept. 1815, Selves c. Lemit et Normand.

50. — L'envoi fait à la chambre des avoués par le ministère de la justice et par le procureur du roi d'un écrit contenant des inculpations graves contre deux avoués, à l'effet par elle de les vérifier et de prononcer par voie disciplinaire, ne constitue pas une litispendance qui mette obstacle à l'exercice d'une action en calomnie de la part de ces

deux officiers ministériels contre l'auteur de l'écrit.

31. — Jugé que le tribunal qui reconnaît que les faits servant de base à une plainte en calomnie ne constituent qu'une simple injure, ne peut s'abstenir de prononcer sur les dommages-intérêts de la partie civile, sous le prétexte qu'elle en a seulement formé la demande pour fait de calomnie, et qu'elle ne l'a pas renouvelée pour fait d'injure. — *Cass.*, 22 oct. 1819, Devillière c. Routhier.

32. — Jugé aussi que celui qui s'est rendu coupable du délit de calomnie par la vente ou la distribution d'un écrit, est civilement responsable des ventes et distributions nouvelles qui se sont opérées par suite de celle qu'il a faite. — *Cass.*, 18 sept. 1818, Dunoyer c. Béchu.

V. AVOUÉ, DÉNONCIATION CALOMNIEUSE, DIFFAMATION ET INJURE, OUTRAGE A LA MÉMOIRE.

CALQUE.

V. CONTREFAÇON, CONTREFACTION DES SCEAUX, TIMBRES, MARTEAUX ET POINÇONS DE L'ÉTAT, FAUX, PROPRIÉTÉ LITTÉRAIRE.

CAMBIO CON LA RICORSA.

V. CHANGE.

CAMBREUR DE TIGES DE BOTTES.

Les cambreurs de tiges de bottes sont rangés par la loi du 25 avril 1844, sur les patentes, dans la septième classe des patentables, et imposés à : 1° un droit fixe basé sur le chiffre de la population de la ville ou commune où est situé l'établissement ; 2° un droit proportionnel du quarantième de la valeur locative de tous les locaux occupés par les patentables, mais seulement dans les communes d'une population de 20,000 âmes et au-dessus. — V. PATENTE.

CAMBUSE.

1. — La cambuse est la cantine des bagnes. — V. CANTINE.

2. — Dans le four du bagne, au milieu de la longueur de chaque salle ou dortoir, se trouve un espace entouré de grilles qui contient la cantine ou taverne, autrement dite *cambuse*, lieu de la distribution des vivres, du vin, du tabac. La cambuse est tenue par un forçat et à son profit. — V. Moreau Christophe, *De l'état actuel des prisons en France*, p. 185, 219, 245 et 300.

CAMÉES (Fabricans de).

Les fabricans de camées faux ou moulés sont rangés par la loi du 25 avril 1844, sur les patentes, dans la septième classe des patentables, et imposés à : 1° un droit fixe basé sur le chiffre de la population de la ville ou commune où est situé l'établissement ; — 2° un droit proportionnel du quarantième de la valeur locative de tous les locaux occupés par les patentables, mais seulement dans les communes d'une population de 20,000 âmes et au-dessus. — V. PATENTE.

CAMPAGNE.

1. — C'est tout ce qui n'est pas ville ou bourg.

2. — L'art. 974, C. civ., porte que dans les *campagnes* il suffit que la moitié des témoins requis à la rédaction d'un testament notarié signe ce testament. — De là la question de savoir ce qu'on devait entendre par *campagnes*. — V. à cet égard TESTAMENT.

CAMPHRE (Préparation et raffinage du).

V. ÉTABLISSEMENS INSALUBRES (nomenclature).

CANAUX.

CANAUX. — **1.** — On appelle *canal* un terrain creusé artificiellement en lit de rivière à l'effet de recevoir les eaux de la mer, des rivières, ruisseaux, ou les étangs, et de les conduire d'un lieu dans un autre pour les besoins du commerce, de l'industrie et de l'agriculture.

Sect. 1re. — *Notions générales.*

2. — De tout temps les hommes ont cherché à multiplier les communications par eau. Si l'on en croit l'historien Hérodote, les peuples de Carie, dans l'Asie Mineure, voulaient percer l'isthme qui joint la presqu'île de Cnide à la terre ferme, projet dont ils furent détournés par un oracle. On a souvent tenté de joindre la mer Méditerranée à l'Océan. Il paraît même que les traces existaient encore d'un ancien canal. Les Grecs et les Romains ont essayé de percer l'isthme de Corinthe, afin de passer directement de la mer Ionienne dans l'Archipel. Au temps de Néron, Lucius Vérus entreprit la jonction de la Saône et de la Moselle, et celle de la Méditerranée à la mer d'Allemagne. On attribue à Charlemagne l'intention de faire communiquer l'Océan et la mer Noire par le Rhin, la rivière d'Almutz et le Danube.

3. — Le plus ancien canal navigable de France est le canal de Briare, qui fut commencé en 1600, sous le règne de Henri IV ; l'un des plus importans est celui du Midi, destiné à joindre la Méditerranée à l'Océan, et qui proposé, ainsi que nous venons de le dire, sous Charlemagne, puis sous François 1er, sous Henri IV et Louis XIII, fut enfin exécuté en 1666, sous le règne de Louis XIV, par Pierre-Paul Riquet, baron de Bon-Repos.

4. — Depuis, bien d'autres aussi furent imaginés et achevés, mais ce n'est que sous le directoire qu'on s'occupa sérieusement de l'établissement d'un plan général de navigation intérieure, dont la réalisation, toutefois, est encore bien incomplète aujourd'hui.

5. — Dans les années 1820, 1821 et 1822, cette branche des travaux publics fit un pas immense ; tous les plans élaborés par le directoire furent repris, et plus de douze canaux importans furent votés, concédés et mis en cours d'exécution.

6. — Le système de canalisation propre à la France n'était pas d'ailleurs une œuvre incertaine. Il était nécessairement indiqué par la configuration de notre sol. — M. Thiers, séance de la chambre des députés du 29 avr. 1833 (V. au *Moniteur*).

7. — Son but devait être de réunir les principales vallées, d'établir des moyens de communication intérieure entre les grands cours d'eau qui arrosent la France, et de la couvrir ainsi d'un vaste réseau de navigation. — *Ibid.*

8. — Ce système, encore incomplet, se trouve néanmoins exécuté aujourd'hui dans ses grandes lignes de son ensemble ; ainsi, le canal du Midi réunit le Rhône à la Garonne, celui du Rhône remonte vers le nord et débouche dans le Rhin ; celui de Bourgogne traverse l'Alsace et vient trouver la Seine ; les canaux de Briare, d'Orléans et

du Nivernais traversent les pays les plus riches entre la Somme et la Loire. Le nord de la France, enfin, a été mis en communication avec cet ensemble et les fleuves de la Belgique par la canalisation de l'Oise, et les canaux de la Somme et des Ardennes. — M. Thiers, même *Rapport*.

9. — V. au surplus, à la suite de ce mot, la nomenclature, aussi exacte que possible, des canaux existant en France ou en cours d'exécution.

10. — On distingue parmi les canaux ceux qui sont navigables et flottables et ceux qui ne sont ni navigables ni flottables.

11. — Les canaux navigables et flottables sont ceux qui sont aptes, soit au transport sur bateaux, trains ou radeaux, des personnes et des marchandises, soit au transport seulement des bois par trains, billes ou à bûches perdues. — Dans le premier cas, on les nomme *canaux de navigation*; dans le second, *canaux de flottage*.

12. — Les canaux navigables et flottables sont ou *à points de partage*, c'est-à-dire joignant une mer à une autre mer, un fleuve à un autre fleuve ou une rivière à une autre rivière, en perçant la terre qui les sépare, par exemple, les canaux du Midi et de Briare; ou *latéraux*, qui longent le cours d'un fleuve ou de ses affluens, tels que le canal latéral à la Loire et le canal latéral à la Garonne; ou enfin *rivières canalisées*, dont le lit est accommodé à la navigation au moyen d'ouvrages de mains d'hommes, telles que le canal de l'Isle. Des règles communes régissent ces trois espèces de canaux, dont il est inutile dès-lors de faire l'objet d'un examen distinct.

13. — Les *canaux non navigables ni flottables* ont seulement pour objet le service des usines ou la conduite des eaux nécessaires, soit à l'alimentation d'autres canaux, soit aux besoins d'une ville, ou la distribution de celles destinées à l'arrosement et à la fertilisation des terres et prés, ou enfin l'assainissement de terrains inondés, afin de les rendre propres à la culture. — On les désigne sous le nom de canaux de *dérivation*, d'*irrigation* ou de *desséchement*.

14. — Chacune de ces espèces de canaux, étant soumise à des règles spéciales, fera l'objet d'une section particulière.

Sect. 2e. — *Canaux navigables et flottables.*

§ 1er. — *Etablissement des canaux navigables et flottables.*

15. — Aux termes des art. 3, L. 7 juill. 1833, et 3, L. 3 mai 1841, conformes du reste à l'art. 10, arr. 19 vent. an VI, la construction des canaux navigables et flottables ne peut avoir lieu qu'en vertu d'une loi ou d'une ordonnance du roi, en se conformant à toutes les formalités de l'expropriation pour cause d'utilité publique.

16. — Ceux des travaux de canalisation qui s'étendent sur une ligne de vingt mille mètres au moins ne peuvent être faits qu'en vertu d'une loi. Ceux qui ont une moindre étendue peuvent être faits en vertu d'une ordonnance royale. Ainsi se trouve abrogé implicitement l'art. 9, L. 21 avr. 1832, qui défendait de créer un canal, *aux frais de l'état*, sans une loi spéciale ou un crédit ouvert à un chapitre spécial du budget. — Garnier, *Régime des eaux*, t. 1er, no 397.

17. — Les ordonnances des 18 fév. 1834 et 15 fév. 1835 portent que les lois et ordonnances autorisant les travaux publics doivent être précédées d'enquêtes et en expliquer les formalités.

18. — L'expropriation qui doit précéder l'établissement des canaux de navigation porte ici, non seulement sur le terrain destiné au canal, mais encore sur l'espace nécessaire pour l'établissement des chemins de halage. — Proudhon, *Domaine public*, no 798. — V. EXPROPRIATION POUR UTILITÉ PUBLIQUE.

19. — Les motifs de cette différence avec les rivières navigables, où le chemin de halage est une servitude, s'expliquent par les avantages que ces dernières procurent aux riverains, et qui ne résultent point des canaux. Ils n'ont point, en effet, d'alluvion, et leurs eaux, en général peu propres aux usages domestiques, répandent souvent même des vapeurs malfaisantes.

20. — Du reste, cette servitude ne peut ici résulter ni de la nature, ni de la situation des lieux, car il n'est donné à personne de prévoir par avance les lieux où cette navigation artificielle sera établie. — Foucart, *Elémens de droit pub. et adm.*, t. 2, no 1294.

21. — L'état a le choix ou de faire établir à ses frais les canaux de navigation, ou d'en confier l'exécution à des compagnies auxquelles il accorde en retour un droit de péage pendant un certain temps, à l'expiration duquel il devient lui-même propriétaire de tous les travaux effectués. — Ord. 20 nov. 1814; Instruct. minist. 19-30 août 1822 et 5 juin 1823.

22. — Les projets de canaux que l'état fait exécuter directement par les ingénieurs des ponts et chaussées sont dressés et approuvés dans les formes tracées par les instructions. — Instr. citées au no précédent. — V. TRAVAUX PUBLICS.

23. — Les canaux concédés à des compagnies sont sous la surveillance de l'administration, qui doit veiller à la construction et au bon entretien des ouvrages. — Ord. 20 nov. 1814; — Husson, *Travaux publics*, t. 2, p. 184.

24. — Dans l'usage, les compagnies pourvoient à l'établissement des canaux à l'aide d'un fonds résultant d'un appel fait aux capitaux. Ce fonds est divisé en portions, qui sont représentées par des *actions* dont la valeur nominale ou d'émission varie avec les chances que présentent ces entreprises. — Goujet et Merger, *Dict. de droit comm.*, vo *Canal*, nos 1er et suiv.

25. — Plusieurs sociétés de canaux ont fait coter leurs actions à la bourse. Nous citerons notamment la *Société des quatre-canaux*, celle du *canal de Bourgogne*.

26. — Les actions des canaux, comme celles de la banque de France, peuvent être immobilisées pour la constitution des majorats. — Décr. 3 mars 1810, art. 34.

27. — Ces actions, ainsi immobilisées, soit qu'elles forment un majorat ou une simple dotation, peuvent être aliénées par les titulaires lorsqu'il s'agit de les convertir en fonds de terre, ou même en rentes immobilières, après autorisation préalable. — Même décret, art. 35.

28. — L'avantage qu'il y a pour l'état à concéder à des compagnies la construction des canaux consiste en ce que, au bout d'un temps déterminé pendant lequel les compagnies ont exercé le droit de péage pour elles-mêmes, l'état se trouve, sans avoir fait aucune avance, en possession d'une propriété productive. — Mais la construction par l'état offre cet avantage que les travaux qu'il exécute sont plus parfaits, parce qu'il a plus que l'industrie privée la possibilité de subvenir aux dépenses qu'ils emportent, et qu'une fois l'œuvre achevée, il élève moins les tarifs. En outre, l'état est souvent contraint de racheter à un haut prix les droits qu'il a aliénés. C'est ce qui a eu lieu notamment quant aux canaux de 1821 et 1822.

29. — La compétence est la même quant aux contestations nées à l'occasion des travaux de canalisation, soit qu'ils aient été exécutés par des compagnies ou par l'état. — V. *infrà* nos 121 et suiv.; — Husson, *loc. cit.*

30. — Les mesures prises par le gouvernement pour l'exécution d'un canal de navigation, que l'état exécute lui-même les travaux ou qu'il en ait fait concession à une compagnie, sont des mesures d'administration publique qui ne peuvent être attaquées par la voie contentieuse. — *Cons. d'état*, 26 déc. 1830, compagnie des canaux d'Aigues-Mortes; 10 sept. 1808, Canaux d'Orléans; 24 juin 1829, Salaux; 31 déc. 1831, Canaux de Saint Denis; 30 janv. 1828, Canaux d'Orléans et du Loing c. Guyenot de Châteaubourg; — Chevalier, *Jurisprud. adm.*, vo *Cours d'eau*, t. 1er, p. 329; Cormenin, *Droit adm.*, vis *Rejet des requêtes*, t. 1er, p. 113, et *Cours d'eau*, t. 1er, p. 536. — V. au surplus TRAVAUX PUBLICS.

31. — Les concessionnaires de canaux navigables avec péage sont mis par la loi du 25 avr. 1844, sur les patentes, dans la classe des patentables, et imposés à : 1o un droit fixe de 200 fr., plus 20 fr. par myriamètre complet, en sus du premier, jusqu'au maximum de 1,000 fr.; — 2o un droit proportionnel du quinzième de la valeur locative de la maison d'habitation et des locaux servant à l'exercice de la profession. — V. PATENTE.

§ 2. — *Propriété des canaux navigables et flottables. — Imprescriptibilité.*

32. — Les canaux de navigation, qu'ils aient été exécutés par l'état ou par des compagnies concessionnaires, font partie du domaine public, parce que leur destination est d'être utile à tous. — Garnier, *Des eaux*, t. 1er, no 405; Husson, *Travaux publics*, t. 2, p. 182; *Encyclop. du droit*, vo *Canal*, no 11; Daviel, *Cours d'eau*, t. 1er, no 33; Merlin, *Rép.*, vo *Canal*; Proudhon, *Domaine public*, nos 726 et suiv; Solon, *Rép. des juridictions*, t. 2, vo *Canal*, no 4.

33. — La loi romaine le décidait ainsi en ces termes : « *Si fossa manufacta sit, per quam fluit publicum flumen, nihilominus publica fit.* » — L. 1, § 8, ff., *De fluminibus*.

34. — L'art. 41, tit. 27, ord. de 1669, portait aussi : « Déclarons la propriété de tous les fleuves et rivières portant bateaux de leurs fonds, *sans artifice et ouvrage de main*, dans notre royaume et terres de notre obéissance, faire partie du domaine de notre couronne nonobstant tous titres et possessions contraires. »

35. — La loi du 21 vend. an V admit le même principe relativement à la propriété des cours d'eau navigables. — Merlin, *Rép.*, vo *Canal*; Daviel, *Cours d'eau*, t. 1er, no 33, note. — Déjà la loi du 8-10 juill. 1791, tit. 1er, art. 13, avait déclaré propriété nationale les canaux dépendant des fortifications dans les places de guerre ou postes militaires, et les canaux, ainsi que leurs francs-bords accompagnant les lignes défensives, ou tenant lieu des lignes défensives des frontières du royaume.

36. — Enfin, l'art. 538, C. civ., consacre implicitement la même solution en ces termes : « Généralement, toutes les portions du territoire national qui ne sont pas susceptibles d'une propriété privée sont considérées comme une dépendance du domaine public. »

37. — Dans le cas où l'exécution du canal a été faite par une compagnie, les concessionnaires ne sont, à proprement parler, que les fermiers du canal, jouissant de ses revenus à la condition de supporter les charges qui résultent de l'acte d'adjudication; par conséquent, le canal et ses accessoires, tels que chemin de halage, talus, bras de rivière, même non navigable, etc., n'en font pas moins partie du domaine public. — L. 8 juin 1825; — Garnier, *Rég. des eaux*, t. 1er, no 406; Solon, *loc. cit.*, no 3.

38. — Mais les concessionnaires, en leur qualité de représentans de l'état, jouissent, pour la confection des travaux, des mêmes priviléges que lui, et peuvent demander l'expropriation, pour utilité publique, de toutes les propriétés nécessaires à l'accomplissement de leur entreprise. — L. 7 juill. 1833, art. 63; — Garnier, no 407; *Encyclop. du droit*, vo *Canal*, no 13; Husson, *Travaux publics*, t. 1er, p. 442, et t. 2, p. 188; Daviel, *Cours d'eau*, t. 1er, no 198.

39. — L'ord. de 1669, tit. 27, art. 41, ne plaçait dans les domaines du roi (ainsi qu'on l'a vu no 33) que les rivières navigables et flottables de leur nature *et sans ouvrage de main d'homme*; mais cette distinction n'existe plus dans l'art. 538, C. civ., et la jurisprudence consacre le principe que tous les fleuves, rivières et *canaux ouverts à la navigation, soit naturellement, soit par ouvrages d'art*, sont également du domaine public. — *Cass.*, 29 juill. 1828, d'Harville c. Compagnie des canaux.

40. — Une ville substituée temporairement au domaine de l'état pour la propriété d'un canal peut invoquer les mêmes principes que lui à cet égard. — Même arrêt.

41. — Nous pensons qu'on doit assimiler les *canaux de flottage* à ceux qui sont flottables et navigables. Cela nous paraît résulter de ce que dans les anciennes ordonnances (notamment dans celle de 1669, tit. 27, art. 41, 42, 44 et autres) on se servait indistinctement du mot *navigable* seul ou des mots *navigable* et *flottable* réunis; de l'arrêt du conseil du 9 nov. 1694 qui dit, en parlant de la Garonne : « ... *Aux lieux où elle est navigable, soit par bateaux ou radeaux.* » Un avis du conseil d'état du 30 pluv. an XIII a décidé dans ce sens. — V. toutefois Proudhon, *Domaine public*, no 727.

42. — L'art. 538, C. civ., est d'ailleurs plus explicite que les anciennes ordonnances, puisqu'il déclare du domaine public *tous les fleuves ou rivières navigables ou flottables*. — V. aussi la loi du 15 avr. 1829, art. 1er.

43. — L'état, étant propriétaire des canaux alors même qu'ils sont exécutés par des concessionnaires, conserve la haute surveillance des travaux et stipule ordinairement dans le cahier des charges que les adjudicataires devront soumettre à l'approbation du ministre des travaux publics, du directeur général des ponts et chaussées et des mines, les projets concernant les écluses, les aqueducs, les déversoirs, les réservoirs, les ponts et canaux, et qu'ils ne pourront être commencés qu'après approbation. — Quand les travaux sont terminés, il est procédé à leur réception en présence de commissaires désignés par l'administration, et la jouissance des concessionnaires ne peut commencer qu'après l'approbation du travail par le gouvernement. L'état stipule aussi ordinairement que, faute par le concessionnaire mis en demeure d'avoir terminé les travaux dans les délais fixés, ou faute d'avoir rempli les obligations à lui imposées, il encourra la déchéance, et qu'il y aura lieu à l'adjudication des ouvrages déjà construits, des matériaux approvisionnés et des terrains, et que le concessionnaire évincé recevra le prix de cette adjudication. — V. TRAVAUX PUBLICS.

44. — On considère comme public, non seule-

ment le lit du canal, mais encore l'eau qu'il contient, les ruisseaux, sources, rigoles et réservoirs qui alimentent le canal, puisque tous ces agens sont nécessaires à sa viabilité. Il en faut dire autant des francs bords et du marche-pied, ainsi que du chemin de halage. — Proudhon, *Domaine publ.*, nº 794; Daviel, *Cours d'eau*, nº 203; *Encyclop. du droit*, vº *Canal*, nº 11; Merlin, *Rép.*, vº *Canal*; Perrin, *Code de la contiguïté*, nº 1224. — V. aussi *Cass.*, 22 août 1837 (t. 2 1837, p. 222), Propriétaires du canal de Briare c. d'Harcourt.

45. — Jugé toutefois que lorsqu'une rivière est canalisée, la propriété de l'état s'étend seulement sur les digues artificielles et non sur les digues naturelles. — *Cass.*, 30 mars 1840 (t. 1er 1840, p. 653), Bayard de la Vingtrie et Préf. du Nord c. Coqueriaux. — V. aussi dans ce sens Perrin, *loc. cit.*

46. — Quelque certain que soit le principe qui consacre la propriété de l'état sur les canaux navigables, il y a cependant des canaux et fossés navigables qui ne sont pas du domaine public : ce sont ceux qui existent dans des propriétés particulières qui sont entretenues par les propriétaires, et où la navigation n'est établie que pour le service et l'exploitation de ces fonds. — C. de la pêche fluviale, art. 1er; — Daviel, *Cours d'eau*, t. 1er, nº 34; Pardessus, *Servitudes*, nºs 75 et 77.

47. — On peut citer comme exemple de canaux servant à la navigation et restant la propriété des particuliers, les canaux qui sont à la fois navigables et de dessèchement. — V. *infrà* sect. 3e, § 3.

48. — De même, lorsque les canaux ont été construits, avec l'autorisation du gouvernement, pour le compte et aux risques des particuliers, ils peuvent ne former qu'une propriété particulière, soumise uniquement à la servitude perpétuelle de livrer passage à tous ceux qui le réclament, conformément aux réglemens et aux tarifs.

49. — Dans ce cas, si l'on demande aux propriétaires d'un canal d'autres services que ceux auxquels ils sont soumis par l'acte d'autorisation, notamment de laisser stationner les bateaux sur le canal, ils sont fondés à exiger, en leur qualité de propriétaires, une rétribution particulière que ne leur accordait pas le tarif. — C. civ., art. 537. — *Cass.*, 5 mars 1829, Fildier c. Propriétaires du canal de Briare.

50. — Du principe que les canaux de navigation font partie du domaine public, il résulte qu'ils sont imprescriptibles en ce sens que nul ne peut prescrire contre leur destination. Cette interprétation ressort de l'art. 2226, C. civ., qui déclare imprescriptibles les choses hors du commerce — Daviel, *Cours d'eau* t. 1er, nº 201; *Encyclop. du droit*, vº *Canal*, nº 53; Garnier, *Rég. des eaux*, t. 1er, nº 33; Proudhon, *Domaine public*, t. 1er, nºs 200, 205, 208, 269, 289; Troplong, *Prescription*, t. 1er, nº 155.

51. — Décidé ainsi que les communes ou les particuliers qui auraient pu former des empiétemens sur aucune des parties dépendantes de ce canal sont tenus de les abandonner ou restituer, quelles que soient les époques auxquelles ils auraient eu lieu, et que les propriétaires de moulins qui auraient relevé leurs radiers au-dessus des repères primitifs sont obligés de les réduire à ce niveau. — *Cons. d'état*, 2 avr. 1817, Canal Vauban.

52. — La même solution devrait être admise, alors même que le canal aurait été construit par une compagnie et que cette compagnie serait reconnue propriétaire. La raison en est que le service du canal est d'intérêt public, et partant hors du commerce quant à cet objet.

53. — Jugé ainsi que lorsqu'un canal navigable appartenant à des particuliers a été construit en vertu d'actes de l'autorité compétente déclaratifs d'utilité publique, et que l'emplacement des francs-bords de ce canal ou de l'une des rigoles qui l'alimentent a été cédé aux propriétaires de ce canal, en exécution de la déclaration d'utilité publique, les riverains ne peuvent prescrire ces francs-bords et en détacher ainsi la propriété de celle du canal. — Si le canal, pris dans son ensemble et avec toutes ses dépendances, peut être aliéné et prescrit, il n'en est pas de même de chacune de ses parties, qui, considérée seule et isolément, est hors du commerce, la propriété devant être conservée intacte. — *Cass.*, 22 août 1837 (t. 2 1837, p. 222), propriétaires du canal de Briare c. d'Harcourt.

54. — Cet arrêt décide implicitement, comme on le voit, que si chacune des parties du canal, alors même qu'il appartient à des particuliers, ne peut être prescrite, le canal entier pourrait dans ce cas être prescrit contre le propriétaire. En effet, il n'est plus chose du domaine public, si ce n'est quant à l'usage; il est aliénable en entier, par conséquent prescriptible pour le tout.

55. — Du reste, observons que, à la différence des autres biens composant le domaine public, les canaux de navigation sont susceptibles d'aliénation. Ainsi, en vertu de la loi du 23 déc. 1809, furent aliénés certains canaux en tout ou en partie; en 1825, on fit concession à perpétuité du canal de la Corrèze à la compagnie qui s'engagea à le construire. Déjà, sous Louis XIII, le canal de Briare avait été concédé à perpétuité, et sous Louis XIV le canal du Midi fut aussi aliéné au profit de Riquet. On en peut dire autant du canal de Givors.

§ 3. — *Droits et obligations de l'état ou des concessionnaires sur les canaux de navigation.*

56. — Outre le droit de propriété qui appartient à l'état sur les canaux qu'il a fait construire et sur les terrains qu'il a acquis par expropriation, il a aussi la faculté de percevoir sur les navigateurs un droit en retour du service qu'il rend au public en lui ouvrant cette voie de communication. Ce droit est ce qu'on appelle le *droit de péage*. — LL. 6 août 1821 et 14 août 1822; — Daviel, *Cours d'eau*, t. 1er, nºs 203 et 222; *Encyc. du dr.*, vº *Canal*, nº 31; Husson, *Trav. publics*, t. 2, p. 159 et 184.

57. — Le droit de péage appartient exclusivement à l'état quand il a fait construire le canal à ses frais. Si l'exécution en a été confiée à une compagnie, c'est elle qui a la jouissance du canal et qui perçoit les droits de péage. Cette jouissance lui est accordée par l'acte de concession, et elle est ordinairement fixée à quatre-vingt-dix-neuf ans, à dater du terme accordé pour l'achèvement des travaux. — Mêmes lois; Ord. 10 juill. 1835.

58. — Une loi du 29 flor. an X établit un droit de navigation intérieure sur les canaux qui n'y ont pas encore été assujétis. Elle détermine les formalités à remplir pour la fixation des tarifs, en raison des besoins de chaque localité. Un arrêté du gouvernement du 8 prair. an XI règle l'exécution de cette loi.

59. — Outre le droit au péage, l'état jouit encore des produits accessoires des canaux ou des rivières canalisées, notamment de ceux de pêche et de ceux de prise d'eau concédés à des particuliers pendant la construction et avant que le droit de navigation soit établi, c'est l'administration des domaines qui en fait la perception. Mais après que le tarif des droits de navigation a été réglé, c'est l'administration des contributions indirectes qui est chargée de les percevoir. — L. 15 avr. 1829, art. 1er; Ord. 20 fév. 1832; Décis. du ministre des fin., 6 nov. 1829, 26 déc. 1831, 13 sept. 1832; Instr. génér. des ponts et chaussées, 20 mars 1830; Circ. du dir. gén. des ponts et chaussées, 24 oct. 1832 et 20 janv. 1833.

60. — Jugé en conséquence que le droit de pêche n'appartient pas au propriétaire riverain d'un canal dépendant du domaine public. — *Cass.*, 29 juill. 1828, d'Harville c. Comp. des canaux. — Daviel, *Cours d'eau*, t. 1er, nº 206; Proudhon, *Domaine public*, nºs 888 et suiv. — V. PÊCHE.

61. — La jouissance des compagnies concessionnaires comprend non seulement la perception des droits de péage et de stationnement fixés par le tarif, mais encore l'exercice du droit de pêche (à moins que l'état n'en ait fait la retenue par l'acte de concession), la faculté de semer et de planter sur les talus, digues, levées et francs-bords du canal, et enfin la faculté de concéder une partie des eaux du canal, soit pour l'arrosement des terres, soit pour l'établissement de moulins et usines, pourvu toutefois que la prise d'eau n'excède pas celle qui est superflue relativement aux besoins de la navigation. — Ord. 10 juill. 1835; Daviel, *Cours d'eau*, t. 1er, nº 238. — V. PÊCHE.

62. — Cette concession de prise d'eau ne peut être accordée qu'avec l'autorisation du ministre des travaux publics, chargé d'apprécier la quantité d'eau nécessaire aux besoins de la navigation. L'eau qu'on est autorisé à faire dériver doit être prise en amont des écluses, pour qu'elle puisse être rendue au canal dans la partie inférieure, et augmenter à nouveau le volume d'eau de cette partie. — Ord. 6 fév. 1822, art. 13 et suiv.; Avis de l'admin. des ponts et chaussées du 5 avr. 1836. — Isambert, *Recueil des lois*, 1822, part. 2e, p. 208; Daviel, *Cours d'eau*, t. 1er, nº 254; *Encyc. du dr.*, vº *Canal*, nº 40; Husson, *Trav. publics*, t. 2, p. 190.

63. — Les tarifs des péages sont établis à la fois dans l'intérêt des concessionnaires et dans l'intérêt public; ils doivent sous ce rapport être réglés par l'autorité publique, qui seule peut les modifier. — *Cons. d'état*, 28 juill. 1824, Heurdelix Robichon c. concessionnaires du canal de Givors. — V. les diverses lois de concession de canaux, notamment celles de 5 août 1821 et 14 août 1822.

64. — D'ordinaire ces modifications peuvent, en vertu des lois de concession, être introduites par ordonnances royales; toutefois la plupart de ces lois exceptent le cas où il s'agirait d'augmenter le tarif fixé par la concession; l'intervention législative est alors exigée.

65. — C'est ainsi qu'il a pu être jugé qu'une ordonnance royale ne pourrait proroger la durée d'un péage, ni augmenter les prix portés au tarif, ni stipuler des droits qui n'y seraient pas indiqués. — *Trib. correct. de Paris*, 1er fév. 1828 (*Gaz. des Trib.*, nº 777).

66. — Mais une ordonnance royale pourrait valablement décider qu'une indemnité serait payée pour le stationnement des bateaux sur un canal au-delà du temps nécessaire pour le chargement, sauf le cas d'avarie. Nul n'étant contraint de stationner outre le temps nécessaire dans le canal, ce n'est point là augmenter le tarif de navigation. — *Cass.*, 5 mars 1819, Fildier c. Propriétaires du canal de Briare.

67. — On ne saurait, en effet, exiger des propriétaires ou concessionnaires du canal des usages auxquels ils ne sont pas soumis par l'acte de concession; si donc cet acte de concession n'a pas prévu ce cas, il appartient à l'autorité de fixer l'indemnité légitimement due pour ces usages. — Même arrêt.

68. — L'art. 8 du décret organique du 10 mars 1810, relatif au *Canal du midi*, en déclarant que ce canal ne pourrait être assujéti à aucune taxe particulière, n'a entendu parler que des taxes toutes spéciales à ce canal et hors du droit commun. Mais si, plus tard, une ordonnance interdit toute exception à la perception du droit, les matériaux et objets transportés par la voie de ce canal ne peuvent échapper à cette disposition. — *Cons. d'état*, 2 fév. 1825, Comp. du Canal du Midi c. villes de Carcassonne et de Toulouse.

69. — L'état est obligé, alors qu'il a fait la concession temporaire d'un canal de navigation, de respecter les concessions particulières de prises d'eau accordées aux individus qui les ont obtenues pour la mise en mouvement de leurs usines ou moulins. Sans cette obligation pour l'état, les concessions de prise d'eau seraient le plus souvent illusoires, et personne ne voudrait établir un moulin ou une usine si l'on pouvait craindre de se voir retirer la concession d'un moment à l'autre. L'obligation de l'état est d'autant plus incontestable que la prise d'eau n'a pu être accordée sans son autorisation. — V. *suprà* nº 62.

70. — C'est pourquoi on insère ordinairement dans le cahier des charges une clause par laquelle l'état s'engage à respecter les concessions faites à des particuliers par la compagnie, et à les maintenir à l'expiration de la concession, pourvu que ces particuliers continuent le paiement des redevances stipulées par les compagnies.

71. — Les prises d'eau ne sont accordées que moyennant une redevance annuelle et seulement pour un temps limité, qui, dans la plupart des cas, est fixé à trente-trois ans. L'administration s'engage d'ailleurs à renouveler le bail au prix qui doit être réglé, à l'époque du renouvellement, par le ministre des finances. — *Avis* de l'admin. des ponts et chaussées 5 avr. 1836.

72. — Du reste, il est bien entendu que l'état n'est obligé de respecter les prises d'eau concédées qu'autant qu'elles ne préjudicient pas à l'intérêt de la navigation. — Même avis.

73. — Une seconde obligation de l'état est celle de réparer le dommage causé aux riverains par suite d'un vice de construction ou du défaut d'entretien du canal. — *Cons. d'état*, 6 fév. 1831, Giraud; 16 juin 1831, Canal d'Aire à la Bassée c. Camus et comm. de Mont-Bernanchon. — Husson, t. 2, p. 187; Daviel, *Cours d'eau*, t. 1er, nº 203; Chevalier, *Jurisp. adm.*, vº *Cours d'eau*, t. 1er, p. 335; Magniot et Delamarre, *Dict. de droit adm.*, t. 1er, p. 167.

74. — La différence qui existe ici entre les riverains d'un canal et ceux d'une rivière (qui ne pourraient pas réclamer d'indemnité) tient à ce que dans le cas d'un dommage causé par une rivière il n'y a aucune faute à imputer à l'état, ce qui fait qu'on ne saurait le rendre responsable, au lieu que, si le dommage arrive par suite du mauvais état du canal, il y a faute de la part de l'état propriétaire, faute dont il doit tenir compte. — Daviel, *Cours d'eau*, t. 1er, nº 203.

75. — En outre, l'état est tenu de tous les dommages qui résultent pour les bateaux, soit de la négligence des employés, soit du mauvais état du canal, parce que l'état a seul le droit et par conséquent l'obligation de faire les travaux nécessaires à l'entretien du canal. — Daviel, *id.*; *Encyclop. du droit*, vº *Canal*, nº 44.

76. — La cour de Cassation a jugé implicitement dans ce sens par son arrêt du 27 juin 1832 (Frénoy-Tassart c. Préfet de la Somme), ainsi conçu : « Attendu que, s'il est constant que le bateau du demandeur a échoué à son entrée dans le canal de la Somme, et a éprouvé par suite des avaries dans sa cargaison, il ne résulte ni de la déclaration du

marinier qui le montait, ni des procès-verbaux d'expertise faite depuis, *qu'il fallait l'attribuer à la faute ou à la négligence des préposés à l'entretien du canal; que cependant l'état n'avait pu être astreint à la réparation du dommage qu'autant qu'il aurait été imputable à ses agens*; que, la preuve étant à la charge du demandeur, et celui-ci ne l'ayant pas faite, ainsi qu'il est déclaré par l'arrêt attaqué, sa demande en indemnité n'a pas dû être accueillie; — Rejette. »

77. — Les compagnies concessionnaires des canaux ou l'état, quand il exploite, sont tenus de les entretenir en bon état de navigation. La navigation doit toujours y être possible, sauf les cas de force majeure et les époques du chômage, qui sont fixées par le préfet. — Daviel, *Cours d'eau*, t. 1er, n° 203.

78. — Le gouvernement fait constater annuellement l'état du canal. Le concessionnaire doit payer les frais de visite, de surveillance et de réception des travaux, et ce, d'après la taxe arrêtée par le directeur général des ponts et chaussées, sur la proposition du préfet. — Husson, t. 2, p. 190.

79. — Les compagnies concessionnaires ne peuvent changer la destination ni l'usage du canal, puisque l'intérêt public est attaché à la conservation des canaux de navigation. — Husson, t. 2, p. 189; Perrin, *Code des constructeurs*, n° 960.

80. — Jugé ainsi qu'ils ne doivent louer aucun emplacement sur les ports, pour des établissemens à demeure, et affecter les magasins et hangars qui y sont construits à d'autres usages qu'à l'abri temporaire des marchandises, surtout lorsqu'il peut en résulter une gêne nuisible au commerce. — *Cons. d'état*, 11 janv. 1837, Honorez c. Ministre des travaux publics.

81. — Les concessionnaires sont en outre, comme l'état, tenus de réparer le dommage arrivé par suite du mauvais état du canal ou de la négligence des employés. — Daviel, *Cours d'eau*, t. 1er, n° 203.

82. — Il n'appartient qu'à l'administration de prendre toutes les mesures nécessaires pour la conservation des canaux, leur amélioration, leur agrandissement, pour le plus grand avantage enfin du service public auquel ils sont affectés. — Rés. cons. des Cinq-Cents, 29 therm. an V. — Solon, *Répert. des juridict.*, t. 2, n° 5.

83. — C'est elle seule encore qui peut fixer les alignemens, donner les autorisations de bâtir, réparer, planter, et statuer sur toutes les questions non contentieuses de grande voirie que peut soulever l'exercice des droits des riverains. — Cormenin, *Cours d'eau*, t. 1er, p. 539; Daviel, *Cours d'eau*, nos 201 et 450; Solon, *Répert. des juridict.*, t. 2, n° 5.

84. — Le curage des canaux de navigation est à la charge de l'état ou des concessionnaires. — Toutefois, lorsqu'un canal sert en même temps au desséchement de quelques propriétés privées, la part contributive du gouvernement et des propriétaires est réglée par voie de réglement d'administration publique. — L. 16 sept. 1807, art. 34.

§ 4. — *Droits des tiers contre l'état ou les concessionnaires.*

85. — Les droits des tiers sont à considérer ici à deux époques différentes: 1° au moment de l'établissement des canaux; — 2° après leur confection.

86. — *Droits des tiers au moment de l'établissement des canaux.* — L'ouverture d'un canal peut donner lieu à une *indemnité*, soit pour les portions de terrain qui sont prises aux particuliers, soit pour le dommage résultant de la privation de certains droits dont la jouissance est enlevée indirectement aux tiers par l'établissement du cours d'eau.

87. — L'indemnité que les tiers expropriés peuvent réclamer est de la valeur de tout le terrain qu'on leur enlève, soit pour former le lit du canal, soit pour le chemin de halage et le marche-pied, soit pour le terrain qui constitue la berge du canal, ou terrain existant entre le cours d'eau et le chemin de halage. — Proudhon, *Domaine public*, n° 798; Foucart, *Droit public et adm.*, n° 1294; Daviel, *Cours d'eau*, t. 1er, nos 184 et suiv.

88. — Si l'indemnité est due ici pour le marche-pied, à la différence de ce qui a lieu pour les marche-pied des rivières, c'est parce que le marche-pied du canal en fait partie inhérente et reçoit la destination de domaine public qui appartient au canal, ce qui empêche les riverains de profiter de l'alluvion, au lieu que le marche-pied des rivières n'est qu'un droit de servitude au profit de l'état, ce qui laisse subsister la propriété privée, et permet au riverain de profiter des alluvions. — V. au surplus LL. 19 nov.-30 janv. 1791, art. 2 et 5; 8-20 sept. 1792, art. 6; 18-20 déc. 1792, art. 2 et 3; 25 vent. an IX, art. 7; 20 mai 1818; 14 août 1822; et décret 26-28 juill. 1793, art. 4.

89. — La berge fait également partie du canal dont elle est l'accessoire; d'où il résulte qu'on enlève aux riverains la propriété du sol sur lequel elle est établie et qu'on ne peut s'en emparer sans expropriation. — Daviel, *Cours d'eau*, t. 1er, n° 185.

90. — S'il s'agit d'une rivière à canaliser, les riverains ont encore droit à une indemnité pour les alluvions qui leur seraient enlevées. Et nous ne croyons pas qu'on doive distinguer, avec M. Proudhon (*Dom. public*, nos 1013 et 1047), entre le cas où ils auraient *pris possession* des alluvions et le cas contraire. En effet, d'après l'art. 556, C. civ., les riverains deviennent propriétaires des alluvions et atterrissemens par cela seul que ceux-ci se sont formés, à la différence du cas où une portion distincte du champ supérieur s'est portée sur le fonds inférieur, laquelle n'est acquise au propriétaire inférieur qu'après l'année et qu'autant qu'il en a pris possession. — C. civ., art. 556 et 559. — V. dans ce sens Daviel, *Cours d'eau*, n° 188; et *Encyclop. du droit*, v° *Canal*, n° 21. — V. aussi ALLUVION, nos 18 et suiv.

91. — Si l'établissement du canal amenait l'expropriation d'une île appartenant à l'un des riverains, on devrait l'indemniser de la perte de cette île. — *Encyclop. du droit*, v° *Canal*, n° 20; Daviel, *Cours d'eau*, t. 1er, n° 187.

92. — L'indemnité due pour l'expropriation réelle des terrains qu'on enlève aux tiers pour l'établissement d'un canal n'est pas réglée par mesure administrative, mais dans les formes tracées par la loi du 3 mai 1841 sur les expropriations pour cause d'utilité publique. — En effet, cette loi décide généralement que tous les travaux d'utilité publique ne peuvent être entrepris sur les terrains qui sont l'objet d'une propriété privée qu'en se conformant aux mesures qui y sont tracées; d'où il suit que l'enlèvement de la propriété d'un particulier pour construire un canal doit être soumis à l'expropriation pour cause d'utilité publique. — V., pour les formes à suivre, EXPROPRIATION POUR CAUSE D'UTILITÉ PUBLIQUE.

93. — Nous pensons même que, relativement aux lits des sources et ruisseaux qui se trouvent dans les terrains supérieurs et qui peuvent servir à alimenter le canal, l'état ou les concessionnaires ne peuvent s'en emparer qu'en procédant par voie d'expropriation pour cause d'utilité publique, et non par simple mesure administrative. La raison en est que les terrains sur lesquels coulent les simples ruisseaux sont la propriété des riverains, et qu'on ne saurait incorporer le ruisseau au domaine public sans y comprendre le terrain sur lequel il coule. — Proudhon, *Domaine public*, n° 795; Daviel, *Cours d'eau*, t. 1er n° 189.

94. — Mais dans ce cas, les propriétaires expropriés de la source ou du ruisseau pourront-ils, indépendamment du terrain sur lequel l'eau passe, réclamer une indemnité pour la privation des avantages que leur procurait cette source ou ce ruisseau? De même, les riverains d'un cours d'eau non navigable ni flottable qui se servaient de ses eaux soit pour le jeu de moulins ou d'usines, soit pour l'irrigation de leurs propriétés, ont-ils droit à une indemnité à raison du préjudice que leur cause la privation de ces avantages, lorsque ce cours d'eau se trouve affecté à l'alimentation d'un canal? — Il ne nous paraît pas douteux que l'indemnité soit due dans ces divers cas, bien que quelques auteurs l'aient contesté. Au surplus, les développemens de cette question, ainsi que tous les détails relatifs au réglement de l'indemnité, se trouveront plus naturellement placés au mot COURS D'EAU. — V. ce mot.

95. — Jugé du reste que, lorsque le bief d'un moulin a perdu par filtration une partie de ses eaux pendant les constructions d'un canal, sans qu'il ait été fait aucune prise d'eau, soit au bief du moulin, soit au cours d'eau alimentaire, et que la perte d'eau résulte uniquement de la nature perméable du sol, l'état ne peut être tenu de payer une indemnité au propriétaire du moulin. — *Cons. d'état*, 20 juill. 1836, Klein.

96. — Les tiers ont encore droit à une indemnité pour le dommage qu'ils éprouvent du passage des voitures, pour transports de matériaux dans les terres ensemencées, et pour les extractions des pierres, sables ou autres matériaux qu'on leur enlève. — Pour le réglement de cette indemnité, V. *infrà* n° 146.

97. — Les intérêts de l'indemnité allouée à un propriétaire riverain pour l'indemniser du dommage causé à son fonds par un dépôt de déblais doivent remonter à l'époque du dommage, afin de lui tenir lieu des fruits qu'il a perdus, mais en tant seulement qu'ils n'excèdent pas ce qui pourrait être alloué pour la perte des fruits. — *Conseil d'état*, 31 déc. 1828, Bejot c. ville de Paris.

98. — *Droits des tiers après l'établissement du canal.* — Après l'établissement du canal, il peut arriver que les infiltrations qui s'opèrent causent un dommage aux terres voisines. Dans ce cas, il est dû une indemnité aux propriétaires des fonds inondés. — Proudhon, *Domaine public*, n° 1563.

99. — On ne peut construire ni élever des plantations sur les héritages adjacens, sans avoir obtenu l'alignement de l'autorité administrative. — *Cons. d'état*, 17 août 1825, Pinel; — Cormenin, *Droit adm.*, t. 1er, p. 524.

100. — Les riverains d'un canal n'ont pas le droit de laisser écouler les eaux pluviales dans ce cours d'eau, parce qu'il en résulterait des dégradations et la nécessité de dépenses onéreuses pour les réparer. — *Encyclop. du droit*, v° *Canal*, n° 48.

101. — Le droit d'alluvion n'appartient pas aux riverains d'un canal navigable, parce qu'ils ne sont pas propriétaires des francs-bords de ce cours d'eau, et qu'on ne devient propriétaire d'une alluvion qu'autant qu'elle se forme sur une chose qui nous appartenait déjà. — *Ibid.*, n° 49.

102. — Comme les particuliers ne sont pas obligés de se servir des canaux, ils n'ont pas qualité pour se pourvoir par opposition contre les actes qui fixent les tarifs des péages, en tant qu'ils sont rendus suivant les règles fixées plus haut (V. *suprà*, nos 63 et suiv.). — *Cons. d'état*, 28 juill. 1824, Fleurde lix Robichon c. Concessionnaires du canal de Givors; 14 nov. 1833, Miroir. — Cormenin, *Droit adm.*, v° *Cours d'eau*, t. 1er, p. 535; Daviel, *Cours d'eau*, t. 1er, n° 224; Chevalier, *Jurisp. adm.*, v° *Cours d'eau*, t. 1er, p. 330.

103. — Les propriétaires du *canal de Fouchy*, qui, en vertu des lettres patentes de 1676 et de la sentence du bureau de la ville de 1733, avaient droit à une rétribution pour le flottage des bois sur le canal, ne peuvent aujourd'hui, à cause des changemens survenus dans l'état des canaux, en réclamer l'exécution littérale. Néanmoins ils ont droit à une indemnité, qui doit être fixée par le ministre de l'intérieur. — *Cons. d'état*, 23 oct. 1816, Avial c. héritiers Lafaulotte et Godot.

104. — Des actions avaient été données sur plusieurs canaux à titre de dotation par le gouvernement impérial; mais il a été jugé, à ce sujet, en ce qui concerne le canal du Midi, que ces actions avaient fait retour à l'état, en vertu de la loi du 12 janv. 1816 et des ordonnances des 17 janv. et 25 mai de la même année, et que par suite elles avaient dû être restituées aux anciens propriétaires, en vertu de la loi du 25 déc. 1814, et ce, du jour de la publication de l'ordon. du 25 mai 1816. — *Cons. d'état*, 29 janv. 1823, Defermon c. Caraman. — V. aussi la loi du 26 juill. 1821, art. 11, 12 et 13, qui détermine les cas dans lesquels les actions assises en France sur les canaux seront restituées à leurs anciens propriétaires.

105. — Outre les anciennes actions provenant du domaine extraordinaire, des *actions sur certains canaux* ont été créées en exécution des lois des 5 et 14 août 1822. Elles sont *au porteur* ou *nominatives*: elles se transfèrent par endossement, et la négociation des unes et des autres s'opère de la même manière que celle des bons royaux.

§ 5. — *Rachat des concessions de canaux navigables.*

106. — Les concessionnaires, soit à temps, soit même à perpétuité, des canaux navigables et flottables, n'ayant, ainsi que nous l'avons vu, qu'une jouissance subordonnée et restreinte aux intérêts de la navigation, il en résulte que l'état a le droit de reprendre la jouissance concédée lorsque l'utilité publique l'exige, sauf toutefois le paiement d'une indemnité préalable. — *Encyclop. du droit*, v° *Canal*, n° 57.

107. — Mais, ainsi que le faisait observer avec raison M. le comte Daru à la chambre des pairs lors de la discussion de la loi du 3 mai 1841, les formalités de l'expropriation ordinaire n'étaient que difficilement applicables à l'expropriation des droits de concession. — En effet, si la concession était perpétuelle, comment exproprier une propriété consistant le plus souvent en actions cotées à la bourse, quelquefois immobilisées? Evidemment les règles ordinaires de l'expropriation ne présentaient point les garanties désirables.

108. — Touché de ces considérations, M. le ministre des travaux publics promit, à la séance du 3 mai 1840, de présenter, sans délai, un projet de loi sur cette matière.

109. — Cette loi était d'autant plus nécessaire que les conditions sous lesquelles avaient été faites les concessions de 1821 et 1822 étaient, entre l'état et les concessionnaires, une source de difficultés et préjudiciaient gravement aux intérêts du commerce.

110. — Ainsi il était impossible de s'entendre sur

la fixation des tarifs que le gouvernement voulait réduire et que les compagnies prétendaient avoir le droit de maintenir à un taux plus élevé. Mais le gouvernement violant, en 1844, les conditions faites aux concessionnaires et acceptées par eux, de ne modifier les tarifs que *d'un commun accord*, ordonna cette modification malgré le refus des concessionnaires.

111. — C'est pour remédier à ces inconvéniens et pour mettre entre les mains de l'état un moyen de donner satisfaction aux intérêts généraux, que fut présentée aux chambres la loi du 29 mai 1845, dont nous allons faire connaître les dispositions.

112. — Aux termes de l'art. 1er, les droits attribués aux compagnies par les lois des 5 août 1821 et 14 août 1822, représentés par les actions de jouissance des canaux exécutés par voie d'emprunt, pourront être rachetés par l'état pour cause d'utilité publique. — Les rachats ne pourront s'opérer, pour chaque compagnie, qu'en vertu de lois spéciales.

113. — Le prix du rachat sera fixé par une commission spéciale, instituée pour chaque compagnie par une ordonnance royale, et composée de neuf membres, dont trois seront désignés par le ministre des finances, trois par la compagnie et trois par le premier président et les présidens réunis de la cour royale de Paris. — Art. 2.

114. — Les trois membres dont le choix est réservé à la compagnie seront élus dans la forme établie par ses statuts pour la nomination des directeurs et administrateurs. — Art. 3.

115. — Si, dans le délai de deux mois, à partir de la mise en demeure, la compagnie n'a pas nommé les trois membres dont le choix lui appartient, le premier président et les présidens réunis de la cour royale de Paris y pourvoiront d'office, à la requête du ministre des finances. — Art. 4.

116. — La commission, en se constituant, élira, à la majorité des voix, son président et son secrétaire. — Elle ne pourra délibérer si elle ne compte au moins sept membres présens. — La constitution de la commission sera notifiée à la compagnie, en la personne de ses directeurs et administrateurs. — Art. 5.

117. — Si, pendant trois années consécutives, les trois membres nommés par la compagnie ou par le ministre des finances s'abstenaient de prendre part aux délibérations de la commission, il sera pourvu à leur remplacement conformément à l'art. 4. — V. *suprà* n° 115. — Art. 6.

118. — Après que la commission aura prononcé, le rachat ne deviendra définitif qu'en vertu d'une loi spéciale qui ouvrira, s'il y a lieu, les crédits nécessaires, et qui devra être proposée aux chambres dans l'année qui suivra la décision. — Art. 7.

119. — Toutefois, si dans l'année il n'intervient pas de loi portant allocation des crédits nécessaires pour le rachat des droits attribués à une compagnie, le rachat ne pourra plus avoir lieu qu'en vertu d'une loi nouvelle. — Même article.

120. — Les lois spéciales présentées en vertu de la présente loi fixeront le mode de paiement des actions de jouissance et détermineront les effets de l'expropriation. — Art. 8.

§ 6. — *Compétence.*

121. — La compétence est à considérer, soit relativement aux contraventions, soit quant au droit de police ou de réglementation, soit enfin quant à la fixation des indemnités réclamées.

122. — Les contraventions commises sur les canaux de navigation ou sur leurs dépendances sont poursuivies devant le conseil de préfecture, comme toutes les contraventions de grande voirie (L. 29 flor. an X, art. 1er). — *Cass.*, 18 mars 1825, Petit c. Courcy; — *Cons. d'état*, 8 avr. 1809, Hesse; 13 mai 1809, Deloince; 28 fév. 1831, Honnorez; — Cormenin, v° *Cours d'eau*, t. 1er, p. 538; Magnitot et Delamarre, *Dictionn. de dr. administr.*, v° *Canaux*, t. 1er, p. 165. — V. COMPÉTENCE ADMINISTRATIVE, CONSEIL DE PRÉFECTURE, COURS D'EAU, VOIRIE.

123. — Un conseil de préfecture a pu ordonner la destruction d'un lavoir reconstruit sans autorisation sur un canal même non navigable, mais dépendant d'une rivière navigable, alors surtout qu'il en résultait un obstacle au libre cours des eaux. — *Cons. d'état*, 28 janv. 1835, Deschamps.

124. — Le conseil de préfecture est compétent pour connaître de la contravention résultant d'œuvres nouvelles exécutées sans autorisation sur le rivage de la mer et sur des terrains destinés à former les quais d'un port et le chenal d'un canal. — *Cons. d'état*, 6 avr. 1836, Jullien.

125. — L'exception de propriété opposée par l'auteur des travaux ne fait point obstacle à ce que le conseil de préfecture statue sur la contravention, sauf au prévenu à porter devant les tribunaux toutes les questions de propriété et d'indemnité relatives aux terrains en litige. — Même ordonnance.

126. — Mais l'attribution accordée par la loi du 29 flor. an X aux conseils de préfecture en matière de grande voirie est uniquement relative aux contraventions qui auraient lieu au préjudice de l'intérêt public. — *Cons. d'état*, 28 juill. 1819, Jourdain c. Bourgeois; 25 avr. 1812, Brassac; — Chevalier, t. 1er, p. 306; Cormenin, v° *Cours d'eau*, t. 1er, p. 532; Garnier, *Rég. des eaux*, nos 616 et 628.

127. — Il suit de là que si la contravention prétendue ne lésait que l'intérêt privé, les tribunaux ordinaires seraient seuls compétens. — Garnier, *Rég. des eaux*, n° 617; *Encyc. du dr.*, v° *Canal*, n° 53. — V. aussi *Cons. d'état*, 9 janv. 1827, Gouy.

128. — Jugé ainsi que le tribunal de simple police est compétent pour connaître de toute contravention à un réglement de l'autorité administrative commise sur un canal non navigable ni flottable, mais dérivé d'une rivière navigable ou flottable, lorsqu'elle n'intéresse ni leur dérivation, ni leur décharge, ni leur hauteur, soit à l'endroit de leur prise, soit à celui où elles rentrent dans le lit de la rivière, et lorsqu'elle est relative seulement aux intérêts privés des propriétaires riverains et des usagers. — *Cass.*, 18 mars 1825, Petit c. de Courcy.

129. — Du reste, si la contravention est de nature à entraîner une peine de police correctionnelle ou criminelle, le conseil de préfecture doit renvoyer à l'autorité compétente pour l'application de la peine, car cette juridiction ne peut prononcer que de simples amendes et non des peines corporelles. — L. 16 sept. 1807, art. 28; décr. 16 déc. 1811, art. 114.

130. — Quant à la police ou à la réglementation des canaux de navigation, elle appartient à l'autorité administrative. — Chevalier, *Jurisp. admin.*, v° *Cours d'eau*, t. 1er, p. 304.

131. — Ainsi jugé qu'un réglement d'eau ne peut être accordé que par la voie administrative et après l'accomplissement des formalités prescrites par les lois et réglemens, et non par la voie contentieuse. — *Cons. d'état*, 31 oct. 1821, Vié.

132. — Mais comme sous tout autre rapport que celui de la navigation, les canaux concédés à des particuliers sont une propriété privée, les concessionnaires peuvent accorder tous les droits non incompatibles avec sa destination, tels, par exemple, que le droit d'établir une voûte sur ces canaux. — *Lyon*, 4 juill. 1839, sous *Cass.*, 17 fév. 1841 (t. 1er 1841, p. 643), Mortier c. Blacheyre.

133. — L'autorité administrative est exclusivement compétente pour statuer sur l'action intentée contre le concessionnaire d'un canal par le propriétaire d'une usine, tendant à la destruction d'un ouvrage d'art ordonné par l'administration, et à des dommages-intérêts contre l'entrepreneur qui a exécuté ce travail. — *Cons. d'état*, 23 mars 1836, Honnorez c. d'Estouilly.

134. — C'est à l'autorité administrative et non aux tribunaux qu'il appartient de connaître des contestations soulevées sur l'exécution d'un chirographe portant concession du droit d'ouvrir un canal par les propriétaires riverains, qui prétendent qu'il y a préjudice pour eux, par suite de l'inexécution des conditions de la concession. — *Cons. d'état*, 17 juin 1809, Roussel c. Crillon; 2 juill. 1836, canal d'Aire; — Cormenin, *Dr. admin.*, v° *Cours d'eau*, t. 1er, p. 539; Magnitot et Delamarre, *Dict. de dr. admin.*, v° *Canaux*, t. 1er, p. 165.

135. — Les questions relatives à la faculté de déposer sur les terres riveraines les vases et déblais provenant du curage du canal du Midi sont de la compétence de l'administration d'après la disposition du décret du 12 août 1807, art. 157. — Mais le réglement de l'indemnité due aux propriétaires riverains par suite de ce dépôt appartient à l'autorité judiciaire. — *Cons. d'état*, 11 fév. 1820, Lawles c. Segonnes.

136. — Les lois relatives aux cours d'eau navigables étant applicables aux bras non navigables de ces cours d'eau, un conseil de préfecture a pu prescrire la démolition d'ouvrages construits sans autorisation sur un canal de cette espèce. — *Cons. d'état*, 27 avr. 1825, Demolon.

137. — Jugé, sur une contestation intervenue entre l'administration publique des canaux d'Orléans et du Loing et des particuliers, que c'était à l'édit de concession de 1679 qu'il fallait avoir recours, lors même qu'entre ceux-ci et les propriétaires de canaux il fût intervenu une transaction avant que le gouvernement s'en fût emparé. — *Cons. d'état*, 27 août 1817, Compagnie des canaux d'Orléans et du Loing c. la commune de Prenoy.

138. — Les mesures du gouvernement relatives aux canaux de navigation sont des actes d'administration publique qui ne sont pas susceptibles d'être soumis au conseil d'état par la voie contentieuse. — *Cons. d'état*, 10 sept. 1808, canaux d'Orléans et du Loing; 24 juin 1829, Salaux; 26 déc. 1830, canaux d'Aigues-Mortes; 31 déc. 1831, canaux Saint-Denis; — Cormenin, *Dr. admin.*, vis *Rejet des requêtes*, t. 1er, p. 94, et *Cours d'eau*, t. 1er, p. 536 et 640.

139. — De même les questions qui peuvent s'élever à l'égard des tarifs de péage sont, de leur nature, administratives, et ne peuvent être portées devant le conseil d'état par la voie contentieuse. — *Cons. d'état*, 28 juill. 1824, Fleurdelix c. concess. du canal de Givors; — Cormenin, v° *Cours d'eau*, t. 1er, p. 535; Daviel, *Cours d'eau*, t. 1er, n° 422; Chevalier, *Jurisp. admin.*, v° *Bacs et bateaux*, t. 1er, p. 45.

140. — Quant aux contestations sur l'interprétation des clauses et conditions de l'adjudication du canal, elles doivent être jugées administrativement par le conseil de préfecture, sauf le recours au conseil d'état. Ainsi jugé notamment pour le canal d'Aire à la Bassée. — *Cons. d'état*, 2 juill. 1836, canal d'Aire.

141. — Les tribunaux ordinaires sont seuls compétens pour statuer sur l'interprétation des titres et sur les questions de propriété, de servitude et d'ancien usage des eaux. — *Cons. d'état*, 18 déc. 1822, Cardon c. canaux d'Orléans et du Loing.

142. — Ainsi l'action par laquelle celui qui se prétend possesseur depuis plus d'un an et jour d'un canal artificiel, et, par voie de présomption légale, des francs-bords de ce canal, ainsi que des bois qui garnissent ces francs-bords, se plaint de ce qu'un tiers a fait couper ces bois et a ouvert une brèche dans le canal, et demande le rétablissement des choses dans leur ancien état, constitue une action en réintégrande de la possession du canal et de ses francs bords, laquelle action rentre dans la compétence du juge de paix. Et s'il est nié que le canal soit fait de main d'homme, le demandeur peut provoquer et le juge de paix ordonner, pour apprécier le caractère et l'étendue de la possession articulée, une vérification tendant à fixer l'état du canal : ce n'est pas là cumuler le possessoire et le pétitoire. — *Cass.*, 14 avr. 1845 (t. 1er 1845, p. 589), Muzelles c. Marhic.

143. — En ce qui concerne les indemnités dues pour dommage causé par l'établissement d'un canal ou l'entretien qu'il exige, ce sont les conseils de préfecture qui sont compétens pour les apprécier. — L. 28 pluv. an VIII; L. 16 sept. 1807; décr. 18 août 1810.

144. — En conséquence, les concessionnaires de canaux de navigation sont justiciables des conseils de préfecture pour dommages imputés à leurs employés, parce qu'ils sont de véritables entrepreneurs de travaux publics. — *Cons. d'état*, 25 juill. 1834, canal d'Aire à la Bassée c. Desjardins; 23 mars 1836, Honnorez. — Cotelle, *Cours de dr. admin.*, t. 2, p. 513.

145. — Jugé ainsi spécialement pour les dommages causés par la construction du canal de l'Ourcq. — *Cons. d'état*, 12 mai 1824, Solent et Schenk.

146. — Le réglement des indemnités réclamées pour dommage causé par le passage des voitures, pour enlèvement de pierres, sables ou autres matériaux est fixé par des experts choisis, l'un par le préfet, l'autre par le réclamant, si le canal est construit par l'état; s'il est besoin d'un tiers expert, le géomètre en chef en remplit les fonctions. Si le canal est concédé à une compagnie, c'est elle qui choisit son expert et le préfet qui désigne le tiers expert, s'il y a lieu. — Le conseil de préfecture statue ensuite, sur rapport des experts, sauf recours au conseil d'état s'il y a lieu. — LL. 11 sept. 1790, art. 3 et suiv.; 28 pluv. an VIII, art. 4, § 3; 16 sept. 1807, art. 55; décr. 4 juin 1806. — *Cons. d'état*, 22 janv. 1823, Guideleur c. Richard-Duplessis; 8 juill. 1818, Rosier. — Cotelle, *Cours. de dr. adm.*, t. 2, p. 473; *Encyclop. du droit*, v° *Canal*, n° 28.

147. — Lorsque les travaux d'un canal ont été repris en vertu d'un décret spécial et sur les plans anciennement approuvés, toutes les indemnités auxquelles peuvent donner lieu les travaux dudit canal doivent être réglées administrativement dans les formes prescrites par la loi du 16 sept. 1807. — *Cons. d'état*, 22 nov. 1829, Léonard; — Cormenin, v° *Cours d'eau*, t. 1er, p. 537; Chevalier, v° *Cours d'eau*, t. 1er, p. 330; Garnier, *Rég. des eaux*, n° 627.

Sect. 3e. — *Canaux non navigables ni flottables.*

148. — Les canaux non navigables ni flottables, désignés sous le terme général de canaux *de déri-*

vation, peuvent être employés dans divers buts : — Quelquefois ils consistent dans des conduits alimentaires des canaux de navigation, à point de partage, lorsque ces conduits réunissent les eaux de plusieurs bassins pour les réunir au point culminant d'un canal et fournir à la dépense d'eau sur les versans opposés. — Alors ils sont une dépendance des canaux de navigation et sont soumis aux mêmes règles que ces canaux. — V. *suprà* nos 15 et suiv.

149. — Il sont à plus forte raison soumis à ces règles alors qu'ils sont déclarés et rendus canaux navigables.

150. — Quand ils ont pour objet de conduire les eaux pour arroser et fertiliser les terres et les prés, ils sont appelés canaux d'*irrigation*. — V. *infrà* § 2.

151. — On les appelle canaux *de desséchement* lorsqu'ils servent à procurer l'écoulement des eaux qui inondent les marais. — V. *infrà* § 3.

152. — Ils peuvent enfin être creusés pour le service d'usines ou de moulins qu'ils mettent en mouvement. — C'est sous ce point de vue qu'on leur donne plus spécialement le nom de canaux de *dérivation*.

§ 1er. — *Canaux de dérivation.*

153. — Les rivières navigables faisant partie du domaine public, aucun canal de dérivation ou prise d'eau ne peut y être fait sans autorisation.

154. — La loi romaine contenait une disposition semblable. — L. 10, § 2, ff., *De aq. et aq.*; L. 1, § 15, *ib.*, *De flum.*

155. — En France, l'ord. de 1291 défendait déjà *de faire mare ou fossé qui boive en rivière*. Les ord. de 1415, 1520, 1570, 1577, 1583, 1669 (tit. 27, art. 44) et 1672 (art. 1er) renouvelèrent la même défense.

156. — Abrogée par la loi du 6 oct. 1791, cette prohibition fut rétablie par l'arrêté du directoire du 13 niv. an V, et par celui du 19 vent. an VI.

157. — Ces dispositions législatives n'ont point été abrogées par le Code civ.; car, si, d'une part, l'art. 644 permet à celui dont la propriété borde une eau courante de s'en servir, c'est à la charge de la rendre à son cours ordinaire; et d'autre part, l'art. 714 du même Code dispose que les lois de police règlent la manière de se servir des choses dont l'usage est commun à tous, parlant des eaux courantes. — Proudhon, *Domaine public*, no 1532; Chevalier, *Jurisp. adm.*, vo *Cours d'eau*, p. 338; Foucart, *Droit public et adm.*, no 1311; Daviel, *Cours d'eau*, t. 2, no 559; Garnier, *Régime des eaux*, t. 4, no 1099; *Encycl. du dr.*, vo *Canal*, no 61.

158. — C'est à l'autorité administrative qu'il appartient de régler la police des canaux de dérivation. — Décr. 12-20 août 1790, chap. 6; Inst. min. des 21 germin. an VI, 19 thermid. an VI, 9 pluv. an VII, et les auteurs cités au numéro précédent. — V. aussi art. 714, C. civ.

159. — La propriété des canaux de dérivation appartient au maître du moulin ou de l'usine qu'ils sont destinés à faire mouvoir, sauf les droits de ceux qui auraient acquis cette propriété par les moyens reconnus par la loi.

160. — Cette propriété résulte, comme le dit Henrys (liv. 4, quest. 149, t. 2, p. 825), de ce que, l'usine ou le moulin ne pouvant exister sans prise d'eau, le canal qui lui porte sa force motrice doit être réputé partie intégrante de l'usine, puisqu'elle ne tient la vie que de lui et qu'il en constitue réellement la partie vitale ; que c'est même là une chose primitive par laquelle on a dû commencer l'établissement, attendu qu'il serait ridicule de supposer qu'on eût d'abord vaqué à la construction du moulin, pour chercher ensuite où l'on pourrait en prendre l'eau et par où l'on pourrait la faire passer. — Brillon, vo *Moulin* ; Rousseau de Lacombe, vo *Eau*, no 2 ; Nouveau Denizart, vo *Bief*; Favard de Langlade, vo *Servitude*, sect. 2e, § 1er, no 10 ; Solon, *Rép. des Jurid.*, t. 2, no 26; Proudhon, *Dom. publ.*, t. 3, no 1082 ; Garnier, *Régime des eaux*, t. 2, p. 229 ; Pardessus, *Servitudes*, no 112; Chardon, *De l'alluvion*, chap. 3, nos 25 et 26.

161. — C'est comme application de cette doctrine que l'art. 523, C. civ., porte que « les tuyaux servant à la conduite des eaux dans une maison ou *autre héritage* sont considérés comme faisant partie du fonds au service duquel ils sont attachés. »

162. — La jurisprudence est, du reste, venue la confirmer. — *Colmar*, 12 fév. 1813, Dupré c. Kilcher; *Bordeaux*, 24 juill. 1826, Pimerle c. Lamoureux ; *Cass.*, 14 août 1827, Dreux c. Garnier ; *Bordeaux*, 23 janv. 1828, Michaud c. Bilaudeau; *Lyon*, 16 juin 1835, Caquet c. Rouré; *Nancy*, 29 juill. 1842 (t. 2 1842, p. 669), Dandelarre c. Descontes.

163. — De même, tout canal de fuite est présumé, de plein droit, faire partie intégrante du moulin à eau au service duquel il est destiné, et les graviers adjacens, en l'absence de titre ou de prescription, doivent être réputés appartenir au propriétaire du moulin. — *Toulouse*, 1er juin 1827, Boué et Ferrage c. commune de Saint-Girons.

164. — Mais la décision qui juge qu'un bief de moulin qui traverse un terrain échangé, et qui se trouve dans ses confins, n'a pas été compris dans l'échange, et cela dans le silence de l'acte d'échange, lequel porte seulement que l'acquéreur pourra user de l'eau pour l'irrigation de sa propriété, ne viole ni l'art. 552, ni les art. 1602 et 1615, C. civ. Ce n'est là qu'une interprétation d'acte qui échappe à la censure de la cour de Cassation. — *Cass.*, 1er juill. 1834, Flachat c. Mas.

165. — MM. Daviel (*Cours d'eau*, t. 2, no 834) et Duranton (t. 5, no 240) et n'admettent pas cependant que le propriétaire de l'usine soit légalement présumé propriétaire du canal, attendu, disent-ils, qu'il peut aussi bien jouir du canal à titre de servitude qu'à titre de propriété.

166. — Jugé du reste, avec raison, que le canal qui conduit les eaux sur la roue d'un moulin n'est pas, dans tous les cas, une dépendance de ce moulin, de telle sorte que, dans le silence des contrats, il doive être compris dans la vente de ce moulin. L'acquéreur, au contraire, n'a droit en général qu'au volume d'eau nécessaire pour activer son moulin. — *Rouen*, 21 fév. 1824, Manneville c. Quesney; *Cass.*, 28 nov. 1815, Bernard c. Chauliac ; 9 déc. 1818, Bodin c. Regnault.

167. — Lorsqu'un canal se divise en deux bras, dont l'un met un moulin en mouvement et l'autre sert à l'arrosage des terres, le maître de l'usine ne peut prétendre à la propriété exclusive de la partie de ce canal supérieure au point de séparation, lors surtout qu'il résulte des titres produits que l'entretien est à la charge des riverains. Cette portion doit être déclarée commune entre eux et lui. — *Aix*, 8 juin 1841 (t. 1er 1843, p. 520), Martin c. Mireur ; 29 mai 1841 (t. 2 1841, p. 303), de Boudard c. de Montval ; — Proudhon, *Domaine public*, t. 3, no 1082.

168. — L'eau qui est contenue dans le canal est également la propriété du maître du moulin et de l'usine. — Fremy-Ligneville, *Code des architectes*, no 80.

169. — En conséquence, le propriétaire dont l'héritage borde un canal appartenant à son voisin ne peut faire des constructions sur ce canal pour prendre une partie des eaux qui y coulent, lors même qu'il n'en résulte aucun préjudice pour les usines que le canal est destiné à alimenter. — *Cass.*, 9 déc. 1818, Bodin c. Regnault ; — Delvincourt, *Cours de Code civ.*, t. 1er, p. 380 ; Pardessus, *Servitudes*, no 111 ; Garnier, *Rég. des eaux*, t. 2, no 76 ; Duranton, *Droit civil français*, t. 5, no 236 et 237 ; Favard, *Rép.*, vo *Servitude*, sect. 2e, no 1er ; Vaudoré, *Droit rural français*, t. 1er, no 353.

170. — De même, celui dont la propriété est traversée par un canal de main d'homme pour le service d'un moulin et appartenant à un autre propriétaire ne peut pratiquer sur ce canal aucune prise d'eau, ni établir aucun ouvrage de nature à nuire au propriétaire du moulin, surtout si l'état des lieux antérieur aux ouvrages dont il s'agit a été établi par destination du père de famille. — *Colmar*, 12 juill. 1812, Dupré.

171. — En principe, jugé que, quand le maître d'un moulin ou d'une usine est propriétaire des eaux qui les font mouvoir, les riverains ne peuvent pas se servir de ces eaux. En vain ils invoqueraient les art. 644 et 645, C. civ., qui ne disposent que relativement aux eaux courantes dont l'usage est commun à tous. — *Cass.*, 20 déc. 1842 (t. 1er 1843, p. 357), de Courcelles c. Garnot. — V. aussi *Paris*, 19 thermid. an IX, Aviat c. Quinot ; *Colmar*, 12 juill. 1812, Dupré c. N... ; 12 fév. 1813, Dupré c. Kilcher ; *Cass.*, 28 nov. 1815, Bernard c. Chauliac ; 14 août 1827, Dreux c. Garnier ; 5 avr. 1836, Mathieu c. Krantz ; — Garnier, *Régime des eaux*, t. 2, p. 300 ; Duranton, *Droit civil*, t. 5, no 231 ; Frémy-Ligneville, *C. des architectes* ; no 80.

172. — Et la clause par laquelle le propriétaire d'une usine et d'une prairie arrosée par un canal qui y conduit accorde à l'acquéreur de la prairie de jouir des eaux de ce canal comme tous les autres riverains, peut être considérée comme n'attribuant à cet acquéreur que le superflu des eaux servant au jeu de l'usine. — *Cass.*, 5 avr. 1836, Mathieu c. Krantz.

173. — Le droit de propriété ne va pas jusqu'à interdire aux riverains la faculté de satisfaire avec les eaux du canal aux besoins naturels de l'homme, tels que l'exercice des lavage, puisage et abreuvage, lorsque ces actes ne portent aucun préjudice au moulin. — *Cass.*, 13 juin 1827, Chotard c. Criteau. — V. cependant *Cass.*, 9 déc. 1818, Bodin c. Regnault ; — Solon, *Rép. des juridict.*, t. 2, no 27, note; Perrin, *Code des constructions*, nos 980 et 991.

174. — Jugé avec raison que si le propriétaire d'un domaine faisant corps avec un moulin, un canal, et avec les eaux qui font mouvoir le moulin, n'a, en aliénant ce moulin, vendu que l'eau *limitativement nécessaire* pour son jeu, l'acquéreur a pu être déclaré sans droit pour user des eaux autrement que pour le service de son moulin ; et l'arrêt qui, par appréciation des titres, lui ordonne, en conséquence, de détruire un canal qu'il avait établi pour dériver les eaux ne saurait tomber sous la censure de la cour de Cassation. — *Cass.*, 18 juill. 1822, Degro c. Clément.

175. — Le propriétaire exclusif d'un canal alimenté par une réserve ne saurait être contraint à élargir ce même canal pour y introduire une plus grande quantité d'eau dans le but d'en faire profiter les riverains. — *Grenoble*, 25 mars 1844 (t. 1er 1845, p. 122), Piallat Boveron.

176. — Mais les propriétaires riverains du canal de fuite d'une usine peuvent acquérir par la possession un droit utile à l'usage des eaux de ce canal. — C. civ., art. 523, 546, 551 et 2232. — *Cass.*, 17 janv. 1842 (t. 2 1842, p. 730), Bordères et Grand c. Danizan ; *Lyon*, 16 juin 1835, Caquet c. Rouré.

177. — Et celui qui, depuis plus d'un an, a détourné une partie des eaux du canal d'une usine pour l'irrigation de ses propriétés, au moyen d'un barrage mobile, peut remplacer ce barrage par une digue permanente et plus solide, pourvu que la servitude de prise d'eau n'en soit pas aggravée. — *Cass.*, 17 janv. 1842 (t. 2 1842, p. 730), Bordères et Grand c. Danizan.

178. — Dans tous les cas, le propriétaire de l'usine ne peut demander la destruction des travaux au possessoire s'il ne prouve pas que la partie du cours d'eau sur laquelle ils ont été faits dépend du canal de fuite, ou bien qu'il en a la possession annale. — Même arrêt.

179. — Le propriétaire qui a acquis par prescription un droit de prise d'eau sur le canal de son voisin, pour alimenter un moulin à tan, aggrave la servitude s'il transforme son établissement en un moulin à huile, faisant concurrence avec celui existant sur le fonds asservi. — *Riom*, 31 janv. 1829, Varagne c. Brun.

180. — La propriété des francs-bords appartient également au maître du canal.

181. — Cela est incontestable si les titres et les conventions qui ont eu lieu entre les parties se sont expliqués sur la propriété des rives : dans ce cas, on n'a qu'à suivre les termes de la convention.

182. — Et on doit admettre la même solution, même en l'absence de titres ou dans leur silence, car il y a en faveur du propriétaire de l'usine présomption de propriété.

183. — Tel est au surplus le sens dans lequel se prononcent la jurisprudence et la doctrine. Cette opinion se fonde sur ce qu'un canal ne peut pas exister sans bords, et que les bords qui doivent contenir les eaux ont dû nécessairement être acquis par le constructeur du canal si le terrain ne lui appartenait déjà, puisqu'il était contraint de s'en rendre propriétaire ou de renoncer à son entreprise. — Proudhon, nos 1082 et 1083, et les autres auteurs cités no 160 ; Perrin, *C. des construct.*, no 988. — V. toutefois Duranton et Daviel, no 147.

184. — Quelques cours ont même été jusqu'à décider que cette présomption était *légale*, c'est-à-dire n'admettait point la preuve contraire. — Mais nous pensons que c'est une erreur, et qu'on ne doit voir là qu'une présomption simple de nature à céder à la preuve contraire.

185. — Ainsi jugé dans le sens de la présomption, mais avec quelques nuances quant à la nature de la présomption, que les berges ou francs-bords d'un canal fait de main d'homme pour conduire l'eau à un moulin sont présumés être également la propriété du moulin. — *Paris*, 24 juin 1834, Papillon c. Lulfoy ; *Toulouse*, 30 janv. 1833, Delpeyro c. Hordat ; *Paris*, 12 fév. 1830, Leharle c. Durand ; *Nancy*, 29 juill. 1842 (t. 2 1842, p. 669), Dandelarre c. Descontes.

186. — ...Qu'un canal fait de main d'homme est non seulement l'accessoire mais une portion intégrante du moulin qu'il fait mouvoir, en telle sorte que la propriété du canal entraîne celle des francs bords, et que nul autre que le propriétaire du moulin ne peut prendre l'eau au canal, à moins d'une servitude établie par titres. — *Paris*, 22 mars 1841 (t. 1er 1841, p. 628), Garnot c. Courcelles.

187. — Lorsque deux titres sont émanés du même auteur, que l'un contient concession du local nécessaire pour la construction d'un mou-

lin à eau, et l'autre aliénation des pièces de terre confrontant le canal du moulin, c'est au premier titre qu'il faut rattacher la propriété des francs-bords. On ne peut soutenir qu'il a constitué une simple servitude sur les fonds riverains pour l'exécution des réparations à faire au canal. — *Toulouse*, 10 sept. 1832, Beauquesne c. Dussouy.

188. — De même, quoiqu'un moulin ait cessé d'être en activité depuis longues années, que le canal qui y conduit les eaux ait été en partie intercepté, il n'y a pas lieu de casser l'arrêt qui juge que, par le fait de l'écoulement continuel dans ce canal d'un certain volume d'eau, le propriétaire du moulin a conservé la possession du canal et de ses francs bords, même à l'égard des tiers acquéreurs des héritages latéraux qui ont cultivé les francs-bords et partie du sol pendant un temps suffisant pour prescrire. — *Cass.*, 6 déc. 1832, Delarox c. l'Hospital.

189. — On voit que cet arrêt évite de se prononcer sur le caractère de la *présomption* et qu'il maintient la propriété du maître du canal, en se fondant sur ce que *le fait continuel de l'écoulement dans ce canal d'un certain volume d'eau a conservé la possession du canal et de ses francs-bords au propriétaire du moulin*, ce qui empêche l'admission de la possession contraire du riverain. Du reste, la cour de Lyon, dont l'arrêt était soumis à la cour suprême, avait également omis de se prononcer sur le caractère de la présomption, mais avait rejeté la preuve de la prescription en se fondant sur ce que la possession du canal et de ses francs-bords avait toujours été maintenue au profit du propriétaire du moulin, et, en outre, sur ce que des poursuites judiciaires par lui intentées contre ses adversaires avaient interrompu la possession de ces derniers. — *Lyon*, 17 juin 1830, et, sur le pourvoi, *Cass.*, 6 déc. 1832, Delarox c. l'Hospital.

190. — Le propriétaire d'un moulin qui a fait élever une chaussée pour retenir les eaux de son canal, qui l'a entretenue à ses frais, qui a planté des arbres et qui y a constamment joui de la chaussée comme des arbres n'en a pas perdu la *propriété* par le fait du passage des habitans d'une ville voisine, lors même qu'il a souffert ce passage de tout temps, et lorsque ses devanciers l'ont facilité en établissant des ponts sur le canal. — *Cass.*, 20 avr. 1836 (t. 2 1837, p. 124), maire de Clamecy c. Quénisset.

191. — Jugé aussi que la propriété des francs-bords ne peut être acquise par prescription contre le propriétaire du canal, les actes de possession des tiers devant en ce cas être réputés de simple tolérance. — *Toulouse*, 30 janv. 1833, Delpeyre c. Lordat; *Paris*, 12 fév. 1830, Leharle c. Durand; *Nancy*, 29 juill. 1842 (t. 2 1842, p. 669), Dandelarre c. Descoutes.

192. — La prescription des francs-bords du canal ne saurait s'acquérir contre lui en présence d'une jouissance non interrompue de la part des propriétaires de l'usine ou de ses fermiers. — *Lyon*, 16 juin 1835, Caquet c. Roure.

193. — La propriété des francs-bords d'un canal n'est pas légalement présumée appartenir au propriétaire de ce canal; il ne résulte des termes de l'art. 546, C. civ., au profit de ce propriétaire qu'une présomption simple qui, de sa nature, cède à la preuve contraire. — *Cass.*, 13 janv. 1835, de Mazière c. N.... — V. conf. *Cass.*, 21 déc. 1830, Calvet c. Dommange; *Bourges*, 24 août 1838 (t. 1er 1841, p. 183), Dumay c. Dissoigne; *Grenoble*, 25 mars 1844 (t. 1er 1845, p. 122), Piallat c. Boveron; *Toulouse*, 10 sept. 1832, Beauquesne c. Dussouy.

194. — La possession d'un canal ne fait présumer que jusqu'à preuve contraire la possession des francs bords, qui en sont naturellement l'accessoire. — *Cass.*, 23 nov. 1840 (t. 1er 1841, p. 306), Gon c. Bernard. — V. Troplong, *Prescription*, nos 243 et suiv.; Curasson, *Comp. des juges de paix*, t. 2, p. 289; Garnier, *Rég. des eaux*, t. 4, no 1090.

195. — Et qu'on ne peut considérer comme présomptions contraires de propriété l'éloignement de la prise d'eau et le long parcours du canal, alors que la nature des lieux, le niveau des eaux et le besoin de ménager une chute suffisante pour le jeu du moulin, exigeaient qu'on remontât la prise d'eau jusqu'à son emplacement actuel, et que, d'un autre côté, les terrains parcourus sont de peu de valeur et ont probablement été réunis autrefois dans la main du même seigneur. — *Grenoble*, 25 mars 1844 (t. 1er 1845, p. 122), Piallat c. Boveron.

196. — Du reste, la propriété d'un canal et celle de ses francs-bords ne sont pas tellement unies et incorporées qu'elles forment un tout indivisible. Dès-lors, si la propriété d'un canal ou d'un cours d'eau emporte présomption de la propriété des francs-bords, cette présomption ne fait point obstacle à ce qu'on prouve qu'il y a eu séparation des deux propriétés, que celle des francs-bords a été ou vendue, ou perdue par la prescription. — *Cass.*, 6 mars 1844 (t. 2 1844, p. 230), Hubert c. Beldent; 16 juill. 1844 (t. 2 1844, p. 231), de Villette c. comm. de Sarron.

197. — La prescription même suffirait pour repousser la présomption de propriété des francs-bords invoquée par le maître du canal. Seulement l'admission des faits tendant à établir la possession contraire devra avoir lieu difficilement, parce que c'est souvent par pure tolérance que le propriétaire d'un cours d'eau laisse ses voisins accomplir certains actes sur les bords de son canal. Ainsi, nous considérerions comme actes précaires la récolte des herbes et les saignées nocturnes. — Garnier, *Rég. des eaux*, t. 4, no 1090.

198. — C'est ainsi qu'il a été jugé que la prescription de l'usage des eaux ou du superflu des eaux d'un canal privé pour l'irrigation des propriétés riveraines ne peut s'acquérir qu'à l'aide d'ouvrages apparens avec caractères de fixité ou de permanence pratiqués sur le canal ou sur les berges, tels que vannes, ouvrages en charpente ou maçonnerie, etc., ou au moyen de faits d'irrigation exercés ostensiblement, sans trouble, et avec une certaine régularité, pendant l'espace de trente ans. En pareil cas on ne saurait reconnaître les caractères exigés par la loi dans quelques rigoles ou coupures, ni dans quelques barrages mobiles au moyen desquels les eaux auraient été dérivées momentanément, et sans que le propriétaire du canal ait pu en avoir connaissance. — *Grenoble*, 25 mars 1844 (t. 1er 1845, p. 122), Piallat c. Boveron.

199. — Quoi qu'il en soit, en cas de prescription, le terrain des francs-bords reste assujéti à la servitude nécessaire pour assurer la continuation d'existence du canal. — *Cass.*, 16 juill. 1844 (t. 2 1844, p. 230), Hubert c. Beldent.

200. — Mais lorsqu'il s'agit, non d'un canal artificiel, mais d'un cours d'eau naturel, bien que canalisé de main d'homme pour alimenter des usines, la présomption change, et les francs-bords, qui appartenaient d'abord incontestablement aux riverains, ne peuvent devenir un accessoire indispensable de l'usine qu'autant qu'il ont été acquis sur les propriétés riveraines par titres ou prescription. — C'est ainsi que l'a décidé avec raison la cour de cassation. — *Cass.*, 25 mai 1840 (t. 1er 1841 p. 182), Deminuid c. Fabrique de Saint-Pantaléon; 4 déc. 1838 (t. 1er 1839, p. 30), Baud c. Papillon; *Bourges*, 1er avr. 1840 (t. 1er 1841, p. 190), Lebel.

201. — Jugé, en tous cas, qu'en supposant que la propriété d'un canal emporte, en principe, celle de ses francs-bords, on ne peut appliquer ce principe qu'autant que l'existence ancienne des francs-bords est constante. — *Pau*, 21 févr. 1838 (t. 1er 1840, p. 80), Camdauga c. Liabat.

202. — Il appartient aux juges du fait de décider souverainement, par appréciation des titres et des circonstances de la cause, si les bords du canal qui fait mouvoir une usine en sont un accessoire indispensable. — *Cass.*, 4 déc. 1838 (t. 1er 1839, p. 30), Baud c. Papillon. — Conf. *Bourges*, 1er avr. 1840 (t. 1er 1841, p. 190), Lebel.

203. — Mais en aucun cas la propriété d'un canal de conduite d'un moulin n'entraîne, en l'absence de titres ou de possession suffisante, la propriété des affluens. — *Aix*, 29 mai 1841 (t. 2 1841, p. 305), de Boudard c. de Montval.

204. — A défaut de titre formel ou d'une jouissance constante, la largeur des francs-bords doit être déterminée suivant l'usage des lieux ou les règles de l'art, en prenant en considération les besoins de l'usine et les circonstances de localité. — *Nancy*, 29 juill. 1842 (t. 2 1842, p. 669), Dandelarre c. Descoutes; *Lyon*, 16 juin 1835, Caquet c. Roure.

205. — La propriété du canal entraîne nécessairement le droit de le faire curer à volonté et de faire jeter les terres sur les bords latéraux. Quand l'étendue de ce droit de jet de pelle n'est pas fixée par le contrat, elle doit être déterminée par l'usage des lieux. — *Bordeaux*, 23 janv. 1828, Michaud c. Bilaudeau; *Toulouse*, 24 juin 1812, Roussillon c. Barthe et Capelle; *Bordeaux*, 24 juill. 1826, Pemerle c. Lamoureux; *Toulouse*, 1er juin 1827, Boué et Ferrage c. commune de Saint-Girons; *Cass.*, 14 août 1827, Dreux c. Garnier.

206. — Si le canal appartient à deux ou plusieurs personnes, elles doivent toutes contribuer, chacune suivant son droit, aux réparations, entretien et curage. — Cependant, l'un des propriétaires peut abandonner son droit; mais alors il doit cesser de jouir des avantages que lui présentait sa copropriété. — Cet abandon du propriétaire ne pourrait plus avoir lieu si l'intérêt public s'y opposait. — Perrin, *C. des construct.*, no 986.

207. — La propriété entraîne aussi le droit de pêche au profit du propriétaire du moulin, à l'exclusion des propriétaires riverains du canal. — *Cass.*, 3 mai 1830, Collin c. Leharle; 27 déc. 1810 (intérêt de la loi), Pochet; — Garnier, *Régime des eaux*, édit. 3e, t. 1er, p. 304, no 292. — V. aussi la discussion qui s'est engagée à la chambre des pairs sur la loi du 15 avr. 1829.

208. — Jugé que celui qui, pour les besoins de son usine et pour l'irrigation de ses propriétés, réunit dans un bassin, à l'aide de travaux d'art, les eaux des sources qui naissent dans son fonds et les eaux d'une rivière qui traversent ses héritages, ne peut être troublé dans sa jouissance par les riverains inférieurs, s'il est constaté en fait qu'il n'absorbe pas la totalité des eaux, si, à la sortie de ses fonds, il les rend à leur cours naturel, et s'il en jouit suivant l'usage ancien qui n'est pas restreint par la prescription. — *Cass.*, 23 mars 1830, Derrien c. Maistre.

209. — En l'absence de titres contraires, le propriétaire d'un moulin construit sur un canal alimenté par un cours d'eau privé et sur lequel existent plusieurs autres moulins, a droit de passer sur la douve de ce canal pour surveiller l'usage des eaux. — *Cass.*, 15 déc. 1835, Expilly c. Emeric et Escarrat; *Toulouse*, 24 juin 1812, Roussillon c. Barthe et Capelle.

210. — Jugé que le propriétaire du moulin a pu acquérir sans titre, par la possession trentenaire, un droit de servitude sur une digue formant l'un des côtés du canal; dès-lors, il a le droit de faire tous les ouvrages pour user de la servitude qui lui est due et pour la conserver. — *Bordeaux*, 24 juill. 1826, Pémerle c. Lamoureux.

211. — Lorsqu'un canal créé pour y construire deux moulins qui appartenaient d'abord à un même propriétaire se trouve divisé dans la suite, et qu'il est mis à sec par l'effet d'une trouée que les eaux ont pratiquée dans les terres voisines, si ce désastre est réparé par le propriétaire d'un des moulins, l'autre propriétaire est obligé de contribuer, suivant son intérêt, à ces réparations, qui ont rendu l'existence à son usine. — *Rennes*, 13 avr. 1812, Lelubois-Marsilly c. de Saint-Pierre.

212. — La connaissance des contestations qui s'élèvent au sujet des canaux de dérivation appartient aux tribunaux ordinaires. — *Cons. d'état*, 23 avr. 1823, Lacombe c. Chambon; — Solon, *Rép. des Juridictions*, vo *Canaux*, t. 2, no 28, Perrin; *C. des Construct.*, no 984.

§ 2. — *Canaux d'irrigation.*

213. — Les canaux d'irrigation ont pour objet spécial d'amener des eaux pour être répandues sur des terrains dont on veut corriger l'aridité en les humectant ou en y déposant des limons qui les fertilisent. — Garnier, t. 1er, no 121.

214. — Nous ne nous occupons point ici des canaux d'irrigation restreints à l'usage de propriétés particulières, et qui, étant complétement étrangers au service public, ne peuvent jamais, quant à leur établissement, à leur jouissance et à leur entretien, produire que des questions d'intérêt privé, et ensuite donner lieu qu'à des contestations soumises aux tribunaux ordinaires.

215. — Quant à ceux établis dans un but d'utilité générale, ils peuvent être créés de deux manières différentes, savoir : comme un objet de spéculation privée par un particulier ou par une société dite compagnie d'arrosans qui en fait les frais, et qui concède ensuite à des propriétaires l'eau dont ils ont besoin, moyennant le paiement d'un droit; ou par l'administration elle-même agissant en vertu du principe d'utilité publique.

216. — Ces canaux, devant apporter des changemens dans l'écoulement des eaux dont on veut disposer, et pouvant, par ce détournement d'une partie des eaux d'une rivière ou d'un canal navigable, nuire à d'autres services publics, doivent être autorisés soit par une ordonnance royale, soit par une loi, suivant les distinctions établies par l'art. 3, L. 7 juill. 1833. — Solon, *Rép. des Juridictions*, t. 2, vo *Canaux*, no 17.

217. — Il n'est donc pas exact de dire, comme M. Garnier (t. 1er, no 122), que les préfets ont qualité pour donner de semblables autorisations.

218. — Quand le canal a été construit par l'état, ou en son nom par des concessionnaires, les particuliers peuvent donc être expropriés dans la forme ordinaire, sauf à eux à réclamer les indemnités pour les terrains qu'on leur enlève. — V. *suprà* sect. 2e, § 4.

219. — Et les particuliers qui profitent de l'arrosement sont tenus de payer une contribution annuelle, qui est fixée par l'administration, dans la proportion de l'avantage que chacun retire des eaux. En cas de contestation sur cette fixation, c'est le conseil de préfecture qui statue. — L. 14

flor. an XI. — *Cons. d'état*, 31 mars 1819, Villiard c. assoc. de Saint-Andiol; 13 août 1823, Gabriac; — Cormenin, v° *Cours d'eau*, t. 1er, p. 554.

220. — Cette contribution n'est pas soumise au vote annuel spécial aux contributions publiques. — *Cons. d'état*, 29 oct. 1823, Garriga c. Arnaud; 23 oct. 1816, Cavagé; — Cormenin, v° *Cours d'eau*, t. 1er, p. 541, 542, 552; Chevalier, v° *Cours d'eau*, t. 1er, p. 333; Daviel, *Cours d'eau*, n° 830.

221. — Du reste, ces canaux ne font point partie du domaine public; mais, comme ils sont d'utilité publique, l'autorité doit en surveiller soit l'administration, soit le mode de construction, les réparations et le curage. — L. 14 flor. an XI.

222. — Jugé en conséquence que c'est à l'autorité administrative qu'il appartient d'ordonner les mesures de police sur les canaux d'irrigation. Les tribunaux et particulièrement les juges de paix sont incompétens à cet effet. — *Cass.*, 4 fév. 1807 (int. de la loi), Lenos et Laday.

223. — Le gouvernement est, en outre, autorisé à faire les réglemens nécessaires pour l'exécution et l'avancement des travaux. — L. 14 flor. an XI; déc. 12 août 1790, ch. 6.

224. — Il n'appartient qu'à lui de décider si des arrosans ont encouru la déchéance de leurs droits par l'inexécution des conditions qui leur étaient imposées. — *Cons. d'état*, 15 août 1821, Trincon.

225. — Les sommes nécessaires aux travaux d'entretien, de curage, de réparation ou de construction sont réparties au moyen de rôles dressés sous la surveillance des préfets et rendus exécutoires par eux; elles sont recouvrées comme les contributions publiques.

226. — Si, au contraire, le canal d'irrigation était entrepris comme spéculation privée par les propriétaires eux-mêmes ou par une compagnie d'arrosans, il suffirait d'une ordonnance royale pour accorder l'autorisation. — Décr. 12 août 1790, chap. 6; arr. du directoire 19 vent. an VI; Instr. minist. 19 vent. an VI. — Foucart, *ibid.*, n° 1307; *Encyclop. du droit*, v° *Canal*, n° 71.

227. — En pareil cas et aucune déclaration d'utilité publique n'ayant eu lieu, les terrains appartenant à des particuliers et qui sont reconnus nécessaires pour le service du canal, et pour la distribution des arrosages, sont acquis de gré à gré. — Proudhon, *Dom. public*, t. 5, nos 1533 et 1534; *Encyclop. du droit*. v° *Canal*, nos 72 et 78.

228. — Le canal est la propriété de ceux qui l'ont construit. — L. 23 pluv. an XII, art. 3. — Proudhon, *Dom. public*, n° 1538.

229. — En conséquence, les propriétaires des canaux d'irrigation ont les mêmes droits sur les canaux particuliers que la nation sur les canaux généraux: ils peuvent se pourvoir en justice pour obtenir la destruction de toute plantation ou construction nuisible au libre cours des eaux et non fondée en droit. — L. 19 vent. an VI, art. 11.

230. — Le droit de pêche appartient exclusivement au propriétaire du canal d'irrigation. — Proudhon, *Dom. public*, n° 1538.

231. — Jugé qu'un canal destiné depuis longtemps à l'irrigation d'une propriété et toujours entretenu par le maître du fonds, doit être présumé, jusqu'à preuve contraire, avoir été creusé par ses auteurs. — *Pau*, 11 juin 1838 (t. 1er 1840, p. 602), Pebay c. Lay.

232. — ...Et que la possession annale d'un canal peut, en l'absence de possession contraire, faire présumer aussi celle du bord. — *Cass.*, 22 fév. 1843 (t. 1er 1843, p. 620), Chaix c. Missiessy; 17 janv. 1842 (t. 2 1842, p. 729), Bordères et Grand c. Danizan.

233. — Les propriétaires de canaux d'irrigation doivent exécuter les conditions de leur établissement ou de la concession, à peine de voir prononcer même la déchéance: cette déchéance ne peut au reste être prononcée que par le gouvernement. — *Cons. d'état*, 15 août 1821, arrosans de la Crau d'Arles c. arrosans de Salon. — Cormenin, v° *Cours d'eau*, t. 1er, p. 336; Daviel, *Cours d'eau*, n° 985; Solon, *Rép. des jurid.*, v° *Canaux*, t. 2, n° 20; Dubreuil, *Législation sur les eaux*, p. 70.

234. — Chaque fonds appelé à profiter de l'irrigation a, moyennant la rétribution fixée, droit à sa prise d'eau: c'est là un droit de servitude active qui lui est dû sur le canal. — Proudhon, *Dom. publ.*, t. 5, n° 1541.

235. — Cette proposition n'est vraie que parce que, la destination du canal étant précisément l'irrigation, il ne peut dépendre des propriétaires qui l'ont mis à la disposition du public de priver arbitrairement les riverains de l'usage conforme à cette destination. — Il n'en est point de même dans le cas où la destination est autre: alors les principes qui veulent que le propriétaire qui a établi un canal à ses frais et pour son usage ou celui de sa propriété puisse seul jouir d'une chose qu'il a faite sienne, doivent seuls être suivis.

236. — C'est ainsi qu'il a été jugé que celui dont une eau ne borde la propriété que parce qu'elle coule dans un canal fait de main d'homme ne peut en réclamer l'usage. — *Cass.*, 5 juin 1832, Curé c. Laugère.

237. — ...Que le propriétaire dont l'héritage borde un canal appartenant à son voisin ne peut faire des constructions sur ce canal pour prendre une partie des eaux qui y coulent, lors même qu'il n'en résulte aucun préjudice pour les usines que ce canal est destiné à alimenter. — *Cass.*, 9 déc. 1818, Bodin c. Renault.

238. — ...Que la disposition de l'art. 644, C. civ., qui autorise celui dont l'héritage borde une eau courante à s'en servir pour l'irrigation de ses propriétés n'est pas applicable au cas où l'eau courante passe dans un canal ou bief servant à l'usage d'un moulin. — *Cass.*, 28 nov. 1815, Bernard c. Chauliac.

239. — Toutefois, bien que le canal ou cours d'eau artificiel qui conduit à un moulin soit la propriété du maître de ce moulin, le droit de propriété ne va pas jusqu'à interdire aux riverains la faculté de satisfaire avec les eaux de ce canal aux besoins naturels de l'homme, tels que l'exercice des lavage, puisage et abreuvage, lorsque ces actes ne portent aucun préjudice au moulin. — *Cass.*, 13 juin 1827, Cholard c. Criteau.

240. — L'arrêt qui décide que des riverains n'avaient pas le droit d'opérer une prise d'eau sur un canal artificiel pour l'irrigation de leurs propriétés, n'emporte point l'autorité de la chose jugée sur la question de savoir si le propriétaire de ce canal a droit à la totalité des eaux du ruisseau qui l'alimente. — *Cass.*, 22 avr. 1840 (t. 2 1840, p. 100), de Germigny c. Marel.

241. — Jugé que celui dont la propriété, enclavée en partie, est traversée par un canal artificiel sur lequel il exerce la servitude légale de passage peut y construire un pont appuyé des deux côtés sur son propre fonds; et le propriétaire du canal n'est pas fondé à se plaindre de cette construction, alors qu'elle ne lui cause aucun préjudice (C. civ., art. 697 et 698). — *Cass.*, 12 janv. 1841 (t. 2 1843, p. 148), Cordier c. Coulon.

242. — Sous l'empire des anciens principes, les riverains seuls d'un cours d'eau pouvaient profiter des avantages qu'il présente; quant aux propriétaires non contigus, ils n'y avaient aucun droit.

243. — Cependant celui qui n'était pas riverain pouvait, en vertu d'une convention faite avec les riverains, dériver une partie des eaux, et, au moyen de canaux, les faire servir à l'irrigation de sa propriété, bien qu'elle fût éloignée du lit du cours d'eau. — *Cass.*, 2 août 1827, Escalles c. comm. des Costes et d'Aubessagne.

244. — Cet état de choses était extrêmement nuisible à l'agriculture, puisqu'il dépendait entièrement du caprice ou du bon vouloir des riverains de fermer à des héritages desséchés l'accès d'une eau qui eût suffi à leur fertilisation. — Le législateur a été frappé de ce grave inconvénient, et par une loi du 29 avr. 1845 il a donné à tout propriétaire le droit d'obtenir pour l'irrigation de ses propriétés le passage des eaux dont il peut disposer sur les fonds intermédiaires, à la charge d'une préalable indemnité. — V. sur la nature de ce droit et pour l'examen de ladite loi le mot IRRIGATION.

245. — La loi du 23 frim. an VII et celle du 5 flor. an XI soumettent les canaux d'irrigation à la contribution foncière, d'après le terrain qu'ils occupent, au même taux que les propriétés riveraines. — *Cons. d'état*, 5 mai 1831, Moiroux.

246. — La connaissance des contestations relatives aux canaux d'irrigation appartient aux tribunaux ordinaires comme celle des canaux de dérivation. — *Cons. d'état*, 6 fév. 1822, Loubier; 25 juin 1817, syndics du canal de Dalt. — V. *suprà* n° 212.

247. — Jugé que lorsque la jouissance d'un canal particulier a été cédée aux riverains moyennant indemnité, et que, par un réglement administratif qui a fixé le temps et le mode de distribution des eaux d'arrosage entre les divers intéressés, il a été nommé un syndic auquel ceux-ci ont attribué la police des eaux et l'action en répression des contraventions au réglement, le droit de poursuivre les contrevenans appartient au syndic seul, à l'exclusion du propriétaire du canal. — *Cass.*, 27 août 1828, Charleval c. Pontié.

§ 3. — *Canaux de desséchement.*

248. — Ces canaux sont destinés à extraire les eaux stagnantes des marais pour les porter plus bas, soit dans le confluent d'une rivière, soit dans le fond de quelque vallée ou immédiatement dans la mer. — Proudhon, *Domaine public*, t. 5, n° 1633.

249. — Ils sont établis, soit par les propriétaires dans l'intérêt de leurs propriétés privées, soit par une compagnie dans l'intérêt de plusieurs propriétés privées, publiques ou communales, soit par l'état ou une compagnie concessionnaire, pour cause d'utilité publique.

250. — Quand les propriétaires veulent dessécher un marais pour assainir leurs propriétés, ils peuvent y procéder sans être tenus d'obtenir l'autorisation de l'administration; mais ils doivent se conformer aux prescriptions de la loi sur les cours d'eau et les servitudes qui en dérivent. — *Encycl. du droit*, v° *Canal*, n° 85; Perrin, *Code des construct.*, n° 982.

251. — Mais l'autorisation est indispensable à ceux qui veulent construire un canal pour opérer le desséchement de propriétés publiques ou communales, parce que l'état est intéressé dans l'entreprise, soit directement, soit indirectement, comme tuteur des communes. — *Encycl. du droit*, n° 86.

252. — Les canaux, une fois construits, deviennent la propriété privée des propriétaires du marais desséché qui en ont payé le prix comme acquéreurs en commun; ils en sont possesseurs en nom collectif. — Proudhon, *Dom. public*, t. 5, n° 1634.

253. — Les frais d'établissement d'un canal de desséchement, de même que ceux d'entretien, sont supportés par les propriétaires intéressés à sa construction. Si le canal est exécuté par une compagnie concessionnaire, c'est au moyen de l'indemnité stipulée en masse au profit de la compagnie que les frais d'établissement sont couverts. Ceux d'entretien sont répartis entre les propriétaires en proportion et suivant l'importance de leur intérêt dans l'entreprise. C'est au moyen d'un rôle de répartition rendu exécutoire par le préfet que la contribution de chacun est fixée. — Proudhon, *Dom. public*, n° 1634.

254. — Si le canal est à la fois canal de desséchement et de navigation, il est pourvu à son entretien et à son curage au moyen de réglemens d'administration qui fixent la part contributive du gouvernement et des propriétaires. — L. 16 sept. 1807, art. 34.

255. — Quoique employé accidentellement à la navigation intérieure, un canal de desséchement n'en reste pas moins la propriété exclusive et privée des possesseurs des terrains desséchés, jusqu'à ce qu'ils en aient été expropriés suivant les formes tracées par la loi. — Proudhon, n° 1635.

256. — Il en résulte que les droits utiles ne peuvent être exercés sur le canal que par les propriétaires ou avec leur permission. Ceci s'applique notamment au droit de pêche. — L. 15 avril 1829, art. 1er.

257. — Jugé ainsi qu'on ne peut accorder à des tiers l'autorisation d'élever des usines sur un canal de desséchement sans le consentement des propriétaires de ce canal. — *Cons. d'état*, 1er sept. 1825, Colombet; 6 janv. 1813, Riole.

258. — Dans le cas où des travaux exécutés pour le desséchement d'un marais doivent servir à l'assainissement d'un autre, le préfet peut autoriser celui-ci à en profiter, à la charge de payer une indemnité proportionnelle pour frais de première construction et de contribuer à l'entretien des ouvrages communs. — *Cons. d'état*, 24 janv. 1811, Réaud c. Arondel et Bouchillon. — V. Proudhon, n° 1640; Cormenin, *Dr. admin.*, v° *Marais*, t. 2, p. 300; Chevalier, *Jurispr. admin.*, v° *Desséchement*, t. 1er, p. 355; Garnier, *Rég. des eaux*, n° 935; Magnitot et Delamarre, *Dict. de dr. admin.*, v° *Canaux*, t. 1er, p. 168.

259. — Quand le desséchement est ordonné pour mesure d'utilité publique, l'état ou les concessionnaires ont le droit d'acquérir par voie d'expropriation publique les terrains nécessaires. — *Encyclopédie du droit*, v° *Canal*, n° 87; Garnier, *Rég. des eaux*, t. 3, n° 930.

260. — Alors les terrains expropriés et le canal appartiennent à l'état, qui fixe l'indemnité au moyen de laquelle chaque propriétaire pourra profiter de l'établissement du canal. — Garnier, *ibid*; Foucart, *Droit adm.*, t. 2, n° 1265; Cotelle, *Cours de droit adm.*, t. 1er, p. 373; Delalleau, *Tr. de l'expr.*, p. 539; Husson, *Trav. publics*, t. 2, p. 255.

161. — V. au surplus sur la matière des desséchemens de marais le mot MARAIS.

Sect. 4e. — *Nomenclature des travaux de navigation de France.*

AA (canaux divers du bassin de l'). — Ces canaux, destinés à faciliter la navigation à l'extrémité nord de la France, sont ceux: 1° de l'AA CANALISÉ; — 2° D'ARDRES; — 3° DE BERGUES A DUNKERQUE; — 4° DE BERGUES A FURNES; — 5° DE BOURBOURG — 6° DE CALAIS A

CANAUX, sect. 4e. CANAUX, sect. 4e.

SAINT-OMER; — 7o DE LA HAUTE-COLME; — 8o DE LA BASSE-COLME; — 9o DE DUNKERQUE A FURNES; — 10o DE GUINES.

AIGUES-MORTES (canal d'), appelé aussi GRANDE ROUBINE; *bassin du Rhône* et complément du *canal de Beaucaire, unissant Aigues-Mortes à la mer.* — La loi du 25 vent. an IX ordonna l'achèvement de ce canal, soumissionné par une compagnie anonyme, dont les statuts ont été approuvés par décret du 7 mars 1808.

AIGUILLON (canaux d') [*bassin de la Sèvre Niortaise*]. — L'extrémité du département de la Vendée est sillonnée aux abords de la rade d'Aiguillon de plusieurs canaux, dont le plus important est celui de LUÇON, joignant cette ville à la mer. — V. spécialement sur ce dernier canal : ordonnance du 19 mai 1824 pour sa reconstruction; 17 fév. 1839, fixant les droits de pilotage; 2 nov. 1840, modifiant les tarifs de navigation

AIRE A LA BASSÉE (canal d') [*bassin de l'Escaut*], *unissant le canal de Saint-Omer* (V. AA [canaux de l'], SAINT-OUEN [canal de]) *à celui de la Basse-Deule.* — La jouissance de ce canal, fixée d'abord à quatre-vingt-sept ans et onze mois par la loi de concession du 14 août 1822, art. 1er, a été depuis déclarée perpétuelle en faveur des soumissionnaires par une loi ultérieure du 29 juill. 1829, qui contient en même temps des modifications au tarif de navigation. La jouissance de ce canal a été mise depuis pour quatre-vingt-dix neuf années en société anonyme, autorisée par ordonnance du 7 fév. 1833. —Ordonnance ultérieure modificative du tarif de navigation, 29 juill. 1829.

AIX ET MARSEILLE (canal d') [*bassin du Rhône*] *partant de la Durance.* — La loi du 4 juill. 1838 a autorisé les villes d'Aix et de Marseille à faire ouvrir ces canaux à leurs frais.

ARCACHON *à l'étang* de MIMIZAN (canal du bassin d') [*bassin de la Garonne*] *évitant la navigation de l'Océan.*—La loi du 1er avr. 1834 a autorisé l'exécution de ce canal aux risques et périls du concessionnaire, suivant le cahier des charges accepté par lui.

ARDENNES (canal des) ou de CHAMPAGNE [*bassin de la Seine et de la Meuse*], *unissant l'Aisne à la Meuse.* — La loi du 5 août 1821 a fixé à cinquante ans, à partir de l'époque où les soumissionnaires de l'achèvement auront été remboursés par l'état du capital par eux avancé, la jouissance de moitié des produits en faveur de la compagnie, dont les statuts ont été réglés d'abord par diverses ordonnances des 20 fév. 1823, 25 fév. 1824, 6 janv. et 27 avr. 1825, et enfin par celle du 3 mars 1835, autorisant la société des *Trois-Canaux* (V. SOMME [canal de la]); une ordonnance du 21 mai 1839 a réduit les droits de navigation établis sur ce canal; son application a été successivement prorogée par les ordonnances des 5 mars 1841, 28 fév. et 8 déc. 1842, 27 nov. 1843 et 27 nov 1844.—V. encore un arrêté du préfet des Ardennes du 10 juill. 1838.

ARLES AU PORT DE BOUC (canal d') [*bassin du Rhône*], *unissant Arles à la mer.* — La loi du 14 août 1822, art 3, a concédé ce canal à une compagnie soumissionnaire, dont la jouissance a été fixée à quarante ans, à partir de l'époque du remboursement par l'état du capital avancé; les ordonnances royales des 13 nov. 1822, 31 oct. 1827 et 24 juin 1828, ont réglé les statuts de cette société. Diverses modifications ont été apportées au tarif de navigation par les ordonnances des 31 juill. 1838, 8 avr. et 30 déc. 1841; ces modifications ne doivent avoir qu'une application temporaire.

BASSE-DEULE (canal de la) [*bassin de l'Escaut*], *unissant Douai à Lille, et ensuite par la canalisation de la Deule à la rivière de Lys.* — V. SENSÉE (canal de la).

BEAUCAIRE (canal de) [*bassin du Rhône, unissant Beaucaire à Aigues-Mortes*]. — Les plus récentes ordonnances relatives à ce canal sont celles des 14 sept. 1835 et 24 déc. même année; cette dernière relative à l'établissement de bateaux-postes.

BERRI (canal du), appelé d'abord CANAL DU DUC DE BERRI, et aussi quelquefois CANAL DU CHER [*bassin de la Loire*], *partant du canal latéral à la Loire, puis suivant le cours du Cher jusqu'à Saint-Aignan, où le cours de la rivière est canalisé, reprenant ensuite en amont de Tours perpendiculairement du Cher à la Loire.* — La loi du 14 août 1822 établit, en faveur des soumissionnaires concessionnaires de l'achèvement et en même temps et aux mêmes charges et conditions de l'achèvement des canaux de Bretagne, latéral à la Loire, et du Nivernais, une jouissance de quarante années, à partir de l'époque du remboursement par l'état du capital à lui avancé par la compagnie dite des Quatre-Canaux.— Ordonnances modificatives des tarifs de navigation sur les Quatre-Canaux, 25 mai et 25 août 1843, 8 mars et 30 août 1844; spécialement au canal de Berri, 17 mars 1843.

BLAVET (canal du) [*bassin du Blavet*], *unissant la rivière du Blavet et par suite Lorient à Pontivy.* — Ce canal fait partie des canaux de Bretagne.—V. BRETAGNE (canaux de).

BOURGIDOU (canal du) [*bassin du Rhône, unissant Beaucaire à un bras du Rhône vers son embouchure*].

BOURGOGNE (canal de) [*bassin de la Seine et du Rhône*], *unissant l'Yonne et la Saône.* — Entrepris par l'ancien gouvernement, continué au moyen du produit de la vente de divers canaux (L. 23 déc. 1809), il a été concédé pour son achèvement par la loi du 14 août 1822 aux mêmes charges et conditions que les Quatre-Canaux (V. BERRI [canal du]). Les statuts de la compagnie adjudicataire ont été réglés par les ordonnances des 13 nov. 1822, 31 oct. 1827, 5 juin 1828. — Décret et ordonnance modificatifs du tarif de navigation : 17 mars 1812, 19 janv. 1840.

BRETAGNE (canaux de). — On appelle ainsi les canaux réunis du Blavet, d'Ille-et-Rance, et de Nantes à Brest. — Ces canaux font partie de ceux concédés à la compagnie des Quatre-Canaux (V. BERRI [canal du]). — Ordonnances spéciales aux canaux de Bretagne sur les tarifs de navigation: 19 déc. 1838, 3 mai 1839, 5 mars 1841, 12 mars, 11 sept., 16 déc. 1842.

BRIARE (canal de) [*bassin de la Loire*], *commençant à Briare* (Loiret), *unissant la Haute-Loire au canal du Loing et par suite à la Loire.* — Ce canal, le plus ancien de France, commencé sous Henri IV, en 1605, fut terminé en 1652 par une compagnie soumissionnaire de l'achèvement, et à qui fut concédée, par lettres-patentes du 16 sept. 1838, la propriété perpétuelle du canal. Les droits de jouissance de cette compagnie, tels qu'ils ont d'abord été fixés, ont subi depuis diverses modifications, notamment par lettres-patentes du 20 juill. 1651. — Ordonnance établissant un tarif de droit de stationnement dans le canal du Loing : 3 mars 1825.

BROUAGE (canal de) [*bassin de la Charente, qu'il unit à Brouage*].

BRUCHE (canal de la) [*bassin du Rhin, unissant Wolsheim à Strasbourg*]. — Ce canal, destiné à faciliter le commerce d'une partie du département du Bas-Rhin, est d'une assez courte étendue.

CAEN A LA MER (canal de) [*bassin de l'Orne*], *parallèle au cours de cette rivière.* — La loi du 19 juill. 1837 (art. 2) a affecté un crédit de 3,100,000 fr. pour l'établissement de ce canal.

CARCASSONNE (canal de) [*bassin de l'Aude*]. — Ce canal n'est véritablement qu'un embranchement destiné à relier Carcassonne au canal du Midi.—V. MIDI (canal du).

CENTRE (canal du), appelé d'abord canal du CHAROLAIS [*bassin de la Loire et du Rhône*], *unissant la Saône à la Loire au point de Digoin.* — Ce canal était en voie d'exécution au moment de la révolution; le 8 mai 1790, l'assemblée nationale vota une avance de 600,000 fr. pour activer son achèvement; il fut ouvert en effet en 1791, et resta la propriété de l'état jusqu'à la loi du 23 déc. 1809, qui en autorisa l'aliénation pour faciliter l'achèvement de divers canaux. — Arrêtés, décrets et ordonnances sur les tarifs de navigation : 26 fructid. an V, 27 vent., 2 flor. an VI, 16 messid. an VIII, 23 janv. 1806, 29 mai 1808, 5 août 1813, 15 oct. 1836, 17 nov. 1844.

CETTE (canal de) [*bassin de l'Hérault*], *unissant Cette et l'étang de Thau au canal des Étangs.* — V. ÉTANGS (canal des).

CHARRAS (canal de) [*bassin de la Charente, qu'il unit avec Surgères au moyen du cours de la Gère*].

CORNILLON (canal de) [*bassin de la Marne*], *ayant pour but d'abréger la navigation de cette rivière et d'éviter le passage de Meaux.* — Ce canal, qui n'a que trois cent soixante-dix mètres d'étendue, est réglé, quant à sa navigation, par un arrêté du préfet de Seine-et-Marne du 20 mars 1829.

CORRÈZE A LA VEZÈRE (canal de la), appelé pendant un temps canal du DUC DE BORDEAUX [*bassin de la Garonne*], *ayant pour objet d'abréger la navigation au passage de Brives.* — La loi du 8 juin 1825 autorisa l'ouverture de ce canal aux risques et périls du concessionnaire; mais, ce dernier ayant encouru la déchéance, une ordonnance du 4 mars 1830 autorisa la mise en adjudication de l'achèvement de ce canal.

CROZAT (canal du) [*bassin de la Somme et de la Seine, unissant la Somme à l'Oise*]. — Ce canal est aujourd'hui confondu dans celui de Saint-Quentin.—V. SAINT-QUENTIN (canal de).

DIGOIN A ROANNE (canal de) [*bassin de la Loire*], *latéral au fleuve, dont il est destiné à remplacer la navigation.* — La loi du 29 mai 1827 a décrété l'établissement de ce canal, avec concession à perpétuité; une ordonnance royale du 11 sept. 1830 a concédé l'exécution à une compagnie anonyme, dont les statuts ont été autorisés par une autre ordonnance du 2 juin 1831, et modifiés depuis par l'ordonnance du 21 juin 1837.

DIVE (canal de la) [*bassin de la Loire*], *unissant Montcontour à la rivière du Thouet et par suite à Saumur sur la Loire.* — Autorisé par arrêts successifs du conseil des 5 nov. 1776, 12 juin 1781, 1er mai 1787, continué en vertu de la loi du 16 nov. 1790, et de l'ordonnance du 21 mars 1825, rendue au profit des concessionnaires originaires, son achèvement a été concédé par l'ordonnance du 24 oct. 1835, suivant cahier des charges annexé.

ÉTANGS (canal des) [*bassin de l'Hérault et du Rhône*]. — Ce canal, qui traverse les étangs de Maguelonne, Péréols et Manguio, est destiné, avec les canaux de Cette et de la Radelle, ses points de départ et d'arrêt, à compléter la communication du canal du Midi à celui de Beaucaire (V. ces divers canaux). — Une ordonnance du 24 déc. 1835 a autorisé, sur les canaux réunis de Cette, de la Radelle et des Etangs, sous le nom général de canal des Etangs, l'établissement de bateaux-postes. — A ces canaux se rattachent un certain nombre de canaux secondaires, les uns indiqués spécialement dans cette nomenclature, les autres moins importans, et qui sont, pour ceux exécutés, les canaux de la Peytude et Sylvéréal; il en est un projeté sur Montpellier.

FOURCHY (canal de) [*bassin de la Seine, latéral au fleuve, s'étendant sur les communes de La Chapelle Saint-Luc et Barbcrey-Saint-Sulpice, en aval de Troyes*]. — Ouvert en vertu de lettres-patentes de 1676; l'amélioration de la navigation de la Seine l'a fait abandonner. — V. procès-verbaux de l'inspecteur général de navigation, 11 mars 1815, 26 juin 1816.

GIVORS (canal de) [*bassin du Rhône*], *unissant Rive-de-Gier au fleuve à Givors.* — Entrepris en vertu de la loi du 4 juin 1791, confirmant les lettres-patentes des 6 sept. 1761, 30 sept. 1770, 12 août 1779, déc. 1788, ce canal a dû être prolongé en vertu de l'ordonnance du 5 déc. 1831. — Depuis, une société anonyme, formée pour l'exploitation de ce canal, a été autorisée par ordonnance du 13 août 1838.

HAZEBROUCK (canaux d') [*bassin de l'Escaut*], *formés de la réunion des divers canaux de la Nieppe, d'Hazebrouck, de Preaven et de la Bourre.* —Le rétablissement et le curage de ces canaux, qui relient la ville d'Hazebrouck à la rivière de Lys et au canal d'Aire à la Bassée, a été ordonné par les ordonnances des 22 juill. 1834 et 14 sept. 1835, qui ont fixé en même temps les tarifs de navigation.

ILLE-ET-RANCE (canal d') [*bassin de la Rance et de la Vilaine*], *unissant les ports de la Roche-Bernard et de Saint-Malo.* — Ce canal fait partie des canaux de Bretagne. — V. BRETAGNE (canaux de).

LA FÈRE (canal de) [*bassin de la Seine, de La Fère au canal de Saint-Quentin*]. — Ce canal n'est que le complément du canal de la Sambre à l'Oise, qu'il relie ainsi au canal de Saint-Quentin. — V. SAMBRE (canal de la) A L'OISE.

LATÉRAL A LA GARONNE (canal) [*bassin de la Garonne, destiné à remplacer la navigation du fleuve entre Toulouse et Castets*].—La loi du 22 avr. 1832 avait autorisé son exécution aux risques et périls d'un concessionnaire et sur ses offres; mais le canal ne fut pas exécuté, et la loi du 9 juill. 1835 ayant inutilement relevé de sa déchéance le concessionnaire, et la société projetée n'ayant pu se former malgré la loi de prorogation du 9 juill. 1836, la loi du 2 juill. 1838, art. 3, a décrété l'établissement de ce canal, en accordant une indemnité de 150,000 fr. aux anciens concessionnaires (art. 5); un premier crédit de 40,000.000 fr. a été alloué par la même loi pour l'exécution de ces travaux.

LATÉRAL A LA LOIRE (canal) [*bassin de la haute Loire*], *destiné à remplacer la navigation du fleuve entre Digoin et Briare.* — Ce canal fait partie de ceux concédés à la compagnie des Quatre-Canaux (V. BERRI [canal du]).— Ordonnances spéciales du canal latéral à la Loire sur les tarifs de navigation : 10 fév. 1840, 5 mars, 18 mai, 19 oct. 1841, 12 mars, 11 sept., 16 déc. 1842; ordonnance relative à l'établissement de canaux d'embranchement pour communiquer en différens points avec la Loire, 7 sept. 1840.

LATÉRAL A LA LOIRE (canal) [*bassin de la basse Loire*], *destiné à remplacer la navigation du fleuve depuis Combleux* (Loiret), *point de départ du canal d'Orléans, jusqu'à l'embouchure de la Maine.* — La loi du 17 juin 1836 avait concédé l'exécution et la jouissance de ce canal à une compagnie, soumissionnaire à ses risques et périls, mais qui s'est bientôt dissoute. Ce canal ne paraît pas devoir être maintenant entrepris.

LATÉRAL AU LAC DE GRAND-LIEU (canal) [*bassin de la Loire*], *unissant l'embouchure de l'Acheneau et l'anse de l'Etier* (Loire-Inférieure). — L'ordonnance du 25 août 1841 a autorisé l'établissement de ce canal aux risques et périls du concessionnaire.

LOING (canal de) [*bassin de la Seine*], *parallèle à la rivière du Loing, et qui n'est véritablement que la continuation des canaux d'Orléans et de Briare; il complète la jonction de la Loire avec la Seine, où il aboutit à Moret.* — Ce canal et celui d'Orléans, devenus par l'effet de la révolution la propriété de l'etat, déclarés aliénables par la loi du 23 déc. 1809 pour faciliter l'achèvement de divers canaux, et cédés au domaine extraordinaire par acte du 28 fév. 1810, furent l'objet d'un décret spécial du 16 mars 1810, qui déclara les droits de propriété appartenant au domaine extraordinaire partagés en quatorze cents actions de 10,000 fr. chacune, pouvant être immobilisées, ainsi que celles de la banque de France. Une assemblée composée des trente plus forts actionnaires, présidée par le grand-chancelier de la Légion-d'Honneur, et en son absence par un membre élu à la majorité, doit, d'après le décret, se réunir chaque année pour répartir les dividendes et recevoir les comptes de l'administrateur général, nommé par l'empereur sur la proposition du grand chancelier de la Légion-d'Honneur, et qui, autant que possible, doit être l'administrateur du canal du Midi. — Ce décret fut modifié : 1o par l'ordonnance du 20 nov. 1814, qui confia la surveillance de l'administration de ces canaux, ainsi que de celui du Midi, au ministre de l'intérieur, et laquelle fut bientôt suivie de la loi du 5 déc. même année, qui, d'après le mode prescrit dans son art. 10, rétablissait les anciens propriétaires dans les portions non aliénées par l'état; 2o par l'ordonnance du 25 avr. 1823, qui, entre autres dispositions, supprima l'administrateur général des canaux du Midi, d'Orléans et du Loing, et les remplaça par

des administrateurs spéciaux nommés par l'assemblée générale de chaque compagnie; 3° par l'ordonnance du 24 fév. 1825, déterminant la forme nouvelle des actions sur les canaux d'Orléans et du Loing, d'abord affectées à des dotations, depuis rendues aux anciens propriétaires. — Lois, décrets, arrêtés et ordonnances: 1° sur la police, 19 mar. 1723, 1er oct. 1732, 10 déc. 1739, 11 sept. 1776, 15 fév. 1781, 23 frim. an V, 12 vendém. an VII, 21 frim. an IX, 30 frim. an XI; 3 messid. an XIII, 22 fév. 1813; — 2° sur les tarifs de navigation, 27 niv. an V, 27 vent. an VI, 3 prair. an VII, 30 juin 1813, 27 nov. 1823, 3 mars 1825.

LUNEL (canal de) [*bassin du Rhône*], *unissant Lunel au canal des Étangs.* — V. ÉTANGS (canal des).

MANICAMP (canal de) [*bassin de l'Oise*], *latéral à cette rivière depuis le canal de Crozat jusqu'à Compiègne.* — Ce canal est confondu dans celui de Saint-Quentin (V. SAINT-QUENTIN [canal de]). — L'ordonnance du 29 sept. 1819 a prescrit l'ouverture de ce canal, concédé par la loi du 5 août 1821 aux mêmes conditions que le canal de la Somme; une ordonnance du 27 mai 1836 a modifié les droits de navigation sur ce canal.

MARANS (canal de) [*bassin de la Sèvre Niortaise*], *qu'il unit à La Rochelle.* — Ce canal est le commencement d'une grande ligne de navigation projetée entre La Rochelle et Saumur.

MARNE AU RHIN (canal de la) [*bassin de la Marne et du Rhin*], *unissant Vitry à Strasbourg en passant par Nancy.* — L'exécution de ce canal a été prescrite par la loi du 2 juill. 1838, art. 2, qui a ouvert à cet effet un premier crédit de 45 millions.

MIDI (canal du), appelé aussi canal du LANGUEDOC ou DES DEUX MERS [*bassin de la Garonne*], *partant de Toulouse pour aboutir à la Méditerranée, qu'il unit ainsi à l'Océan par le moyen de la Garonne.* — Exécuté en quatorze années (1666-1680) sous le règne de Louis XIV, par Pierre-Paul Riquet, déclaré propriétaire à perpétuité lui et sa famille, et ouvert en 1681 par ses fils, la mort l'ayant enlevé au moment où il achevait son œuvre, ce canal a été l'objet de nombreuses dispositions législatives depuis la révolution. A cette époque, et par suite de l'émigration d'une partie des descendans de Riquet, le canal devint en partie la propriété de l'état. — Aliéné avec ses dépendances pour les mêmes causes que les canaux de Loing et d'Orléans par le même décret (23 déc. 1809), comme eux cédé au domaine extraordinaire par acte du 21 juill. 1809, ce canal fut l'objet du décret spécial du 10 mars 1810, complétement semblable dans ses dispositions à celui du 16 mars même année sur les canaux d'Orléans et du Loing, et comme eux modifié par la loi du 5 déc. 1814, art. 10, les ordonnances du 20 nov. 1814, 25 avr. 1823 (V. LOING [canal du]). Cette dernière ordonnance consacre en outre la création de deux cent quatre-vingt douze actions en faveur des héritiers Riquet, appelés à faire désormais partie de la Compagnie. — Lois, décrets et ordonnances sur la police et les droits de navigation: 23 vendém. an IV, 21 vendém. an V, 15 avr. 1829, 30 juill. 1838. — V. encore ordonn. 6 déc. 1842.

MONS A CONDÉ (canal de) [*bassin de l'Escaut*], *latéral à la Haisne.* — Ce canal, exécuté en vertu du décret, est aujourd'hui en grande partie hors du territoire de France.

NANTES A BREST (canal de) [*bassin de la Loire*], *unissant Nantes à Brest.* — Ce canal fait partie des canaux de Bretagne. — V. BRETAGNE [canaux de]. — Ordonnance spéciale sur le tarif de navigation, 21 août 1841.

NARBONNE (canal de) [*bassin de l'Aude*]. — Ce canal n'est véritablement qu'un embranchement destiné à relier Narbonne au canal du Midi. — V. MIDI [canal du].

NIORT A LA ROCHELLE (canal de) [*bassin de la Sèvre niortaise*], *devant unir ces deux villes.* — Ce canal n'est pas encore terminé.

NIVERNAIS (canal du) [*bassin de la Loire et de la Seine, unissant la Loire et l'Yonne*]. — Ce canal fait partie de ceux concédés à la Compagnie des Quatre-Canaux. — V. BERRI (canal de). — Réglemens spéciaux au canal du Nivernais: 20 nov. 1834, 25 janv. 1839. — Ordonnance spéciale 17 mars 1843 sur les tarifs de navigation.

NORD (grand canal du) [*bassins de l'Escaut et de la Meuse et du Rhin*], *devant unir l'Escaut au Rhin.* — La loi du 20 mai 1806 avait prescrit l'exécution de ce canal, qui devait traverser plusieurs départemens réunis alors à la France, et, à cet effet, une contribution extraordinaire était imposée pendant dix années à ces mêmes départemens, qui devaient pendant dix ans contribuer par moitié à l'établissement de ce canal, dont la loi du 23 déc. 1809 eut pour but d'activer l'exécution. Par suite des événemens de 1814, et ces départemens ayant cessé de faire partie de la France, ce canal n'a pas été achevé.

ORLÉANS (canal d') [*bassin de la Loire, commençant à Combleux, près d'Orléans*], *unissant la basse Loire au canal du Loing, et par suite à la Seine.* — Ce canal fut ouvert par le duc d'Orléans en vertu d'un édit de 1679, et les travaux en furent achevés en dix ans (1682-1692) — Toutes les dispositions concernant le canal du Loing sont applicables au canal d'Orléans. — V. LOING (canal du).

OURCQ (canal de l') [*bassin de la Seine*], *partant de la rivière d'Ourcq à Mareuil (Oise), et aboutissant au bassin de la Villette.* — La loi du 9 nov. 1790 autorisa l'ouverture de ce canal aux risques du sieur Brulée adjudicataire; ce canal, qui devait être destiné à la navigation, et qui ne prenait son point de départ qu'à Lisy sur la Marne, comprenait en outre deux embranchemens, l'un du bassin de la Villette à la Seine, près l'Arsenal (V. SAINT-MARTIN [canal]), l'autre du bassin de la Villette à Pontoise (SEINE-ET-OISE [canal de]). — La révolution suspendit l'exécution du canal, qui fut reprise en vertu de la loi du 29 flor. an X, mais seulement pour le canal de l'Ourcq proprement dit, pour l'ouverture duquel la loi du 25 therm. an X établit un supplément sur les droits d'octroi à l'entrée de la ville de Paris, autorisée depuis par la loi du 20 mai 1818 à un emprunt de sept millions pour l'achèvement de ce canal, concédé par la même loi pour quatre-vingt-dix-neuf années, ainsi que le canal Saint-Denis. — V. le traité annexé à la loi du 20 mai 1818, et qui comprend le tarif de navigation et de stationnement sur le canal Saint-Denis, ainsi que celui du canal de l'Ourcq. V. aussi ordonnances des 10 déc. 1823, 23 juin 1824, 18 juill. 1824, autorisant le duc d'Orléans à aliéner en faveur de la ville de Paris les droits qu'il pouvait avoir sur la rivière d'Ourcq.

PONT-DE-VAUX (canal de) [*bassin du Rhône*], *unissant Pont-de-Vaux à la Saône.* — La loi du 30 juin 1832 a autorisé la ville de Pont-de-Vaux à faire ouvrir ce canal par voie d'adjudication, et suivant cahier des charges annexé à la loi.

PYRÉNÉES (canal des) [*bassins de la Garonne et de l'Adour*], *unissant Toulouse, et par conséquent la Garonne et le canal du Midi, à Bayonne et à l'Océan.* — Entrepris en vertu de la loi du 20 fév. 1832 par un concessionnaire, suivant cahier des charges accepté par lui, ce canal est en cours d'exécution.

RADELLE (canal de la) [*bassin du Rhône*], *unissant le canal des Étangs à celui de Beaucaire.* — La loi du 25 vent. an IX eut pour objet l'achèvement de ce canal, et les statuts de la Compagnie anonyme concessionnaire furent approuvés par le décret du 27 oct. 1808. — V. ÉTANGS (canal des).

RHÔNE AU RHIN (canal du), appelé d'abord canal de NAPOLÉON, puis canal de MONSIEUR [*bassin du Rhône et du Rhin*], *unissant la Saône et le Rhin.* — Entrepris en vertu du décret du 6 sept. 1792, exécuté par l'état, achevé au moyen de subventions fournies spécialement par les divers départemens appelés à jouir plus particulièrement de ce canal (L. 11 avr. 1806), et aussi au moyen du produit de la vente de certains canaux (L. 23 déc. 1809), il a été concédé pour son achèvement par la loi du 5 août 1821 pour quatre-vingt-dix-neuf années de jouissance par moitié avec l'état, aux mêmes conditions que le canal des Ardennes, à une Compagnie dont les statuts ont été réglés par l'ordonnance du 10 oct. 1821. — Ordonnances modificatives des tarifs de navigation: 17 mars 1812, 18 janv., 19 avr. 1826, 2 juin 1839, 8 juill. 1840, 21 août 1841, 14 avr. 1844.

ROBINE DE NARBONNE (canal de) [*bassin de l'Aude*]. — Ce canal est destiné à mettre Narbonne en communication avec l'étang de Sigean, qui joint la mer. — Dans sa partie extrême il porte aussi le nom de canal de SAINTE-LUCIE. — V. NARBONNE (canal de).

ROUBAIX (canal de) [*bassin de l'Escaut*], *unissant le canal de la Basse-Deule à Roubaix.* — La loi du 8 juin 1825 autorisa l'établissement de ce canal, adjugé le 9 juillet 1826 par ordonnance royale. Mais l'adjudicataire n'ayant point exécuté les travaux, la loi du 9 juill. 1836 autorisa, avec prolongement jusqu'à la frontière, une adjudication nouvelle, dont les conditions ont été déterminées par ordonnances du 21 mars 1837, 31 août 1840.

SAINT-DENIS (canal) [*bassin de la Seine*], *unissant le bassin de la Villette, point d'arrêt du canal de l'Ourcq, à la Seine, au-dessous de Saint-Denis.* — Ce canal a été concédé à la même Société que le canal de l'Ourcq. — V. OURCQ (canal de l').

SAINT-MARTIN (canal) [*bassin de la Seine*], *unissant le bassin de la Villette à la Seine en amont de Paris.* — Arrêtée depuis longtemps comme complément des canaux de l'Ourcq et de Saint-Denis, l'exécution de ce canal a été votée par la loi du 5 août 1821, qui a autorisé la ville de Paris, chargée d'ouvrir ce canal, à contracter à cet effet un emprunt de 400,000 fr., et à consentir, en faveur des concessionnaires des travaux, une jouissance de quatre-vingt-dix-neuf années. — Une ordonnance de police en date du 20 avr. 1834 règle aujourd'hui la navigation et la police de ce canal, auquel la loi du 5 août 1821 a déclaré applicables les tarifs de navigation établis sur le canal Saint-Denis. — V. SAINT-DENIS (canal).

SAINT MAUR (canal de) [*bassin de la Marne*], *destiné à remplacer la navigation de cette rivière près de Saint-Maur.* — Exécuté en vertu du décret du 29 mars 1809, il a été achevé en 1825. — La loi du 17 avr. 1822 a autorisé la concession des eaux surabondantes de ce canal. — V. encore ordon. 14 août 1822 et 16 juill. 1823.

SAINT-OMER (canal de), appelé aussi de NEUF-FOSSÉ [*bassin de l'Escaut*]. — Ce canal sert à relier les nombreux canaux du bassin de l'Aa avec celui d'Aire à la Bassée. — V. AA (canaux du bassin de l'); AIRE A LA BASSÉE (canal d').

SAINT-PIERRE (canal de) [*bassin de la Garonne*]. — C'est un embranchement du canal du Midi, servant de communication entre la partie supérieure de la Garonne et le moulin de Basucle à Toulouse. — V. MIDI (canal du).

SAINT-QUENTIN (canal de) [*bassin de l'Escaut et de la Seine*], *unissant l'Escaut à l'Oise de Cambrai à Compiègne.* — Ce canal est composé de plusieurs parties distinctes: l'une, c'est le canal de Saint-Quentin proprement dit, traverse cette ville et s'étend de Cambrai à la Somme; son exécution a été assurée par le décret du 13 avr. 1806, imposant pendant six ans une contribution extraordinaire à divers départemens plus particulièrement intéressés à son exécution; les droits de navigation en ont été spécialement fixés par l'ordonnance du 31 déc. 1817. L'autre partie est formée de la réunion des canaux de Crozat et de Manicamp (V. ces canaux). — La réunion de ces canaux sous le nom générique de canal de Saint-Quentin est la conséquence de l'arrêté du 11 therm. an X, prescrivant de donner cette qualification à la ligne générale de navigation entre l'Escaut et l'Oise. — Aliénés dans les mêmes circonstances que le canal du centre (V. CENTRE [canal du]), les canaux de Saint-Quentin et de Crozat sont encore régis, quant aux droits de navigation, par l'ordonnance du 13 juin 1830.

SALINES DE L'EST (*bassin du Rhin*), *unissant Dieuze à la rivière de Rode et par suite à la Sarre.*

SAMBRE A L'OISE (canal de la) [*bassin de la Meuse et de la Seine*], *unissant Landrecies à La Fère.* — V. LA FÈRE (canal de). — Les décrets des 1er brum. et 8 prair. an III prescrivent l'ouverture de ce canal, dont l'exécution, long-temps retardée, a été assurée par la loi du 30 avr. 1833, accordant jouissance de quatre-vingt-dix-neuf années au profit des concessionnaires; une ordonnance du 30 oct. même année a sanctionné son adjudication.

SEDAN (canal de) [*bassin de la Meuse*], *unissant Sedan à Bonchery.* — Ce canal, d'une étendue fort limitée, a pour objet d'éviter en aval de Sedan une courbe assez forte de la Meuse.

SEINE A LA SEINE (canal de la) [*bassin de la Seine*], *ayant pour objet d'éviter la navigation du fleuve de l'entrée de Paris à Saint-Denis.* — On donne ce nom à la réunion des deux canaux Saint-Denis et Saint-Martin. — V. ces canaux.

SEINE-ET-OISE (canal de) [*bassin de la Seine*], *devant partir de la Seine au bastion de l'Arsenal à Paris et aboutir à Pontoise.* — La loi du 29 flor. an X, art. 2, avait arrêté l'ouverture de ce canal comme complément du canal de l'Ourcq, qu'il devait toucher au point de la Villette. — Une partie de ce canal seulement a été exécutée, c'est le canal Saint-Martin (V. ce canal); l'autre n'a pas été exécutée. — V. OURCQ (canal de l').

SENSÉE (canal de la) [*bassin de l'Escaut*], *unissant l'Escaut à la Scarpe à Douai.* — La loi du 13 mai 1818 autorisa l'exécution de ce canal, qui devait compléter la navigation entre Lille et Paris, par un adjudicataire, et aux offres par lui faites; l'ordonnance royale du 18 mai 1826 vint ensuite autoriser la société anonyme formée par le soumissionnaire pour l'exécution de ce canal.

SOMME (canal de la), appelé sous la restauration canal du DUC D'ANGOULÊME (*bassin de la Somme*), *destiné à faciliter et à remplacer la navigation de cette rivière et se reliant au canal de Saint-Quentin.* — Ce canal a été concédé pour son achèvement par la loi du 5 août 1821, aux mêmes conditions que le canal des Ardennes, à une compagnie dont les statuts ont été d'abord réglés par les ordonnances des 20 fév. 1823, 25 fév. 1824, 6 janv. et 27 avr. 1825; et depuis, par l'ordonnance du 3 mars 1835, autorisant la société des *trois-canaux*, formée pour l'exploitation des canaux des Ardennes, de la Somme et de l'Oise canalisée. — Ordonnances sur les tarifs de navigation: 12 sept. 1821, 5 mars 1841, 12 juin, 8 déc. 1842, 19 mai 1844.

VAUBAN (canal), appelé aussi de NEUF-BRISACH (*bassin du Rhin*), *unissant Mulhouse et Neuf-Brisach.* — La confection du canal du Rhône au Rhin, qui joint également Mulhouse et Neuf-Brisach et par une ligne droite, a diminué l'importance de ce canal, que l'ordonnance du 2 avril 1817 a déclaré dépendance du canal du Rhône au Rhin, en établissant en même temps certains réglemens pour sa navigation et sa police.

VIRE A LA TAUTE (canal de la) [*bassin de la Vire*], *unissant ces deux rivières.* — Ce canal a été autorisé en vertu de la loi du 30 avr. 1833, ordonnant en même temps la canalisation de la Vire; et, comme complément de cette navigation, pour relier Saint-Lô à la mer, la même loi a fixé le tarif de navigation de ce canal, concédé par l'ordonnance du 1er juill. 1835.

CANARD.

Imprimé contenant l'annonce d'événemens ou de nouvelles, et distribué dans les rues par les crieurs publics. — V. CRIEUR PUBLIC, IMPRIMERIE.

CANARDS.

V. ANIMAUX, nos 4, 15 et suiv.; CHASSE.

CANCELLATION.

1. — Du latin *cancelli*, barreaux. — C'est l'action de rendre un écrit nul, en le raturant ou en le déchirant.

2. — Le droit romain mettait la cancellation du titre de créance au nombre des présomptions légales de paiement ou de remise de la dette, sauf néanmoins la preuve contraire. — L. 24, ff., *De probat.*; — Vinnius, *Tract. de pact.*, cap. 12, nº 10; Menochius, lib. 3, *Præsumpt.*, 141. — Le Code prussien contient des dispositions semblables, 2ᵉ part., tit. 14, sect. *Du paiement*, art. 102 et 103.

3. — Domat (tit. *Des présompt.*, nº 12) donne à cette présomption la même force que la remise du billet au pouvoir du débiteur. Suivant Toullier (t. 7, nº 340), cette présomption a encore plus de force, car le titre est détruit lorsqu'il est raturé ou déchiré; il ne forme plus qu'un commencement de preuve par écrit qui autorise le créancier à prouver que le titre a été mis en cet état par quelque violence, quelque cas fortuit ou autre événement.

4. — Un arrêt du 6 août 1759, rapporté par Denizart (vº *Paiement*, nº 35) déclara nulle, comme acquittée, une obligation qui avait été déchirée, et dont les morceaux avaient été recollés.

5. — Jugé, depuis le Code, que la lacération d'un titre est une preuve du paiement et les fragmens ne peuvent plus servir au créancier que de commencement de preuve par écrit. — *Cass.*, 8 nov. 1827, Renaut.

6. — Il y a lieu de décider également pour les testamens, que la lacération de l'acte, ou les ratures qui s'y trouvent, sont présumées faites par le testateur ou de son consentement, lorsque ce testament a été trouvé en la possession du testateur. — Toullier, t. 5, nº 657, et t. 6, nº 127; Rolland de Villargues, *Rép. du notariat*, vº *Cancellation*, nº 4.

7. — Toutefois, la présomption de libération ou de révocation cesse dès qu'il peut être prouvé que le dommage est de pur accident, ou qu'il vient du fait du débiteur même ou d'un tiers, sans l'approbation et participation du créancier ou du testateur. — Domat; Toullier, *ibid.*; Rolland de Villargues, *ibid.*, nº 5.

8. — Comme c'est principalement au moyen de ratures que la cancellation d'un écrit a lieu, on peut voir plus en détail (vº RATURE) les principes sur la matière et les conséquences qu'il faut en tirer. — V. PRÉSOMPTION, REMISE DE LA DETTE, TESTAMENT.

CANDIDAT.

C'est celui qui se présente et que l'on désigne pour être élu à une charge. — V. ÉLECTEUR, ENSEIGNEMENT, OFFICE.

CANEVAS (Dessinateurs de).

Les dessinateurs de canevas sont rangés par la loi du 25 avr. 1844, sur les patentes, dans la huitième classe des patentables, et imposés à : 1º un droit fixe basé sur le chiffre de la population de la ville ou commune où est situé l'établissement; — 2º un droit proportionnel du quarantième de la valeur locative de tous les locaux occupés par les patentables, mais seulement dans les communes d'une population de 20,000 ames et au-dessus. — V. PATENTE.

CANNELETS POUR FILATURES.

V. BROCHES.

CANNELLES ET ROBINETS EN CUIVRE (Fabricans de).

1. — Les fabricans de canelles et robinets en cuivre pour leur compte sont rangés par la loi du 25 avr. 1844, sur les patentes, dans la sixième classe des patentables, et imposés à : 1º un droit fixe basé sur le chiffre de la population de la ville ou commune où est situé l'établissement; — 2º un droit proportionnel du vingtième de la valeur locative de la maison d'habitation et des locaux servant à l'exercice de la profession. — V. PATENTE.

2. — Les fabricans à façon sont rangés dans la septième classe des patentables, et imposés à un droit fixe et à un droit proportionnel du quarantième de la valeur locative de tous les locaux occupés par les patentables, mais seulement dans les communes d'une population de 20,000 ames et au-dessus. — V. PATENTE.

CANNES (Marchands et fabricans de).

1. — Les marchands de cannes en boutique sont rangés par la loi du 25 avr. 1844, sur les patentes, dans la sixième classe des patentables, et imposés à : 1º un droit fixe basé sur le chiffre de la population de la ville ou commune où est situé l'établissement; — 2º un droit proportionnel du vingtième de la valeur locative de la maison d'habitation et des locaux servant à l'exercice de la profession. — V. PATENTE.

2. — Les fabricans de cannes pour leur compte sont rangés dans la septième classe des patentables, et imposés, outre le droit fixe, à un droit proportionnel du quarantième de la valeur locative de tous les locaux occupés par les patentables, mais seulement dans les communes d'une population de 20,000 ames et au-dessus. — V. PATENTE.

3. — Les fabricans à façon sont rangés dans la huitième classe des patentables et imposés aux mêmes droits que les fabricans, sauf la différence de classe. — V. PATENTE.

CANNETILLES (Fabricans de).

Les fabricans de cannetilles sont rangés par la loi du 25 avr. 1844, sur les patentes, dans la septième classe des patentables, et imposés à : 1º un droit fixe basé sur le chiffre de la population de la ville ou commune où est situé l'établissement; — 2º un droit proportionnel du quarantième de la valeur locative de tous les locaux occupés par les patentables, mais seulement dans les communes d'une population de 20,000 ames et au-dessus. — V. PATENTE.

CANON.

Ce mot désigne une redevance, une prestation annuelle. Il s'applique plus particulièrement à la redevance que l'emphytéote paie au propriétaire foncier. — V. EMPHYTÉOSE.

CANON (Artillerie).

1. — Nous avons exposé sous le mot ARMES ce qui concerne la détention et la fabrication des armes de guerre, et spécialement des armes d'artillerie telles que les canons. — V. nºˢ 104 et suiv., 133, 134 et suiv.

2. — Dans certains cas les canons peuvent être rangés parmi les agrès d'un navire. — Pardessus, *Dr. comm.*, nº 599. — V. AGRÈS.

3. — Une ordonnance du 8 avr. 1721 défendait aux navires marchands de tirer des coups de canon même pour saluer les navires de l'état, en rade des colonies françaises, sous peine de 100 livr. d'amende et du double en cas de récidive, sauf le cas de danger ou de permission de l'autorité. — Le maintien ou l'abrogation de cette disposition dépend des gouverneurs des colonies. — Beaussant, *Code maritime*, t. 1ᵉʳ, p. 226.

4. — Ailleurs, le salut par coups de canon est permis, car l'art. 702 de l'ord. du 8 avr. 1721 veut que, lorsqu'un navire du commerce français a fait aux bâtimens du roi un salut de coups de canon, on le lui rende par un nombre de coups qui n'excédera pas le tiers de ceux qui auront été tirés par le navire. — Ainsi, le salut par coups de canon est facultatif, et le nombre même des coups laissé au choix du capitaine marchand. — Beaussant, *ibid.*

5. — Les capitaines peuvent, dans certains cas, être contraints à tirer des coups de canon, sans aucune indemnité, quand cela leur est ordonné par les ambassadeurs ou consuls, pour saluer les puissances du pays, et dans les occasions de réjouissances publiques. — Ord. 3 mars 1781, tit. 3, art. 40. — Beaussant, *ibid.*

6. — Quelquefois un coup de canon est une mise en demeure. Tel est le cas où un navire, en même temps qu'il arbore son pavillon, tire un coup de canon à poudre appelé *semonce*, pour avertir un autre navire de se faire reconnaître. — V. ARMEMENT EN COURSE, nºˢ 69 et suiv.

CANON D'ÉGLISE.

1. — Le mot *canon*, pris du grec κανων, et qui signifie *règle*, est employé pour désigner les règles ecclésiastiques.

2. — Les canons proprement dits sont les constitutions des conciles généraux et particuliers en matière de foi ou de règles de discipline ecclésiastique; on a quelquefois, mais à tort, appliqué ce nom aux décisions tirées des pères de l'église, ou bien encore aux décrétales du saint-siége.

3. — Dès les premiers siècles de l'église, on eût soin de rassembler les canons qui étaient prononcés dans les conciles, soit sur le dogme, soit sur la discipline; ces recueils formaient les *Codices canonum*, que l'on consultait ensuite dans les conciles postérieurs.

4. — Dans l'origine les collections étaient le recueil des textes mêmes en entier, quant à la partie qui formait la décision, mais dégagées des faits qui avaient préparé la prononciation des décisions. Les plus anciennes de ces collections ne contiennent que des canons proprement dits; les autres qui suivirent y ajoutèrent des épîtres décrétales des papes. — Denizart, *Rép.*, vº *Canon*.

5. — « Dans le moyen âge, continue le même auteur, on changea la forme des collections. La plupart des compilateurs voulurent distribuer les textes par ordre de matière, et, pour y parvenir, on les divisa, on les morcela en mille façons. On fut aussi beaucoup plus facile à admettre dans ces collections des textes auxquels la dénomination de canon ne convenait qu'improprement, et d'autres auxquels elles ne convenait point du tout. » — Doujat, *Hist. du dr. canon*, part. 1ʳᵉ, chap. 16.

6. — Outre les canons proprement dits, il existe encore dans l'église des canons *pénitentiaires*, règles établies, soit par les conciles, soit par les évêques particuliers, et qui établissent les peines satisfactoires qui doivent être imposées aux pénitens. Ces canons sont souvent appelés *libelli pœnitentiales*.

7. — « Quelque grande que soit par elle-même l'autorité des conciles généraux, les canons qu'ils font sur la discipline n'ont point force de loi dans l'église gallicane, qu'ils n'aient été publiés et acceptés *par les prélats* et par le roi, qui est le protecteur de la discipline ecclésiastique. » — D'Héricourt, *Lois ecclésiastiques*, part. 1ʳᵉ, ch. 14, nº 16; *Libertés de l'église gallicane*, art. 41.

8. — Aujourd'hui, les décrets qui, sous quelque nom qu'ils se produisent, émanent du saint-siége (*Articles organiques*, art. 1ᵉʳ), et ceux des synodes étrangers, même ceux des conciles généraux (art. 3) ne peuvent être publiés en France sans l'autorisation du gouvernement. — Le décret du 28 fév. 1810 a néanmoins excepté de cette règle les brefs pénitenciers, pour le for intérieur seulement. — V. BREF.

9. — Quant au point de savoir quelle est, dans leur rapport avec le droit civil, la puissance des canons reçus en France, V. DROIT CANON.

V. au surplus BULLE, CONCILE, DÉCRÉTALE, DROIT CANON, LIBERTÉS DE L'ÉGLISE GALLICANE, CONCORDAT ECCLÉSIASTIQUE.

CANONISTE.

Légiste versé dans la connaissance du droit canon.

CANOT.

1. — Petite embarcation employée à naviguer le plus souvent sur mer.

2. — Les canots sont confondus, par la loi, dans l'expression générique de *navire*, lorsqu'ils ne sont pas eux-mêmes des accessoires destinés au service d'un bâtiment plus considérable; dans ce dernier cas, ils font partie des *agrès*. — Pardessus, *Dr. comm.*, t. 3, nº 599. — V. NAVIRE.

3. — L'abandon forcé du canot peut, dans certains cas, être réputé avarie commune.

4. — L'administration peut quelquefois, et par mesure de police, imposer l'obligation d'avoir un canot ou batelet. — V. BACS ET BATEAUX, nº 72; et BATEAUX A VAPEUR, nº 18.

5. — Les constructeurs de canots sont assujétis au droit de patente comme les constructeurs de barques. — V. BARQUES, EMBARCATION, PATENTE.

CANTINE.

1. — Le mot *cantine* sert à désigner le lieu où, soit dans les places de guerre, casernes, et autres établissemens militaires, soit dans les maisons de répression, se vendent des boissons. Il exprime aussi une qualité de tabac inférieur à celle ordinaire qui se vend à prix réduit. — V. TABACS.

2. — On nomme cantinier celui qui tient une cantine.

3. — Les cantiniers de troupes sont soumis aux mêmes obligations que les débitans de boissons: ils doivent donc être munis d'une licence, faire les mêmes déclarations et justifications, acquitter le droit de détail, et être soumis aux exercices des employés de la régie. — L. 28 avr. 1816, art. 51 et 52.

4. — Toutefois l'art. 51, L. 28 avr. 1816, établit une exception en faveur des cantines établies dans les camps, forts et citadelles, pourvu qu'ils ne reçoivent que des militaires, et soient munis d'une commission du ministre de la guerre.

5. — Cette exception n'étant établie que pour le droit de vente en détail, ne dispense pas les canti-

niers des autres droits. — Girard, *Man. des cont. indir.*, n° 57, note 5e. — V. aussi d'Agard, *Man. alphab. des cont. indir.*, v° *Cantiniers.*

6. — Elle cesse d'être applicable quand les anciens forts ou citadelles ont changé de destination, ou lorsqu'ils reçoivent journellement des individus non militaires. — Girard, *ibid.*, note 3e.

7.—...A moins que ces anciens forts ou citadelles ne renferment des prisonniers de guerre, ou ne servent de dépôt de munitions, auquel cas les cantiniers continuent à jouir de l'exemption.— Décis. minist. de la guerre du 28 juin 1801, et du minis. des finances du 28 avr. 1807.

8. — Les cantiniers exempts des exercices et du droit de détail en vertu de l'art. 51 précité, rentrent par cela même dans la classe des simples particuliers, et sont, par suite, assujétis au paiement du droit de consommation sur les eaux-de-vie, esprits et liqueurs qu'ils reçoivent. — D'Agard, *loc. cit.*

9.—Les cantiniers des ateliers de condamnés aux travaux publics sont également soumis à l'exercice et au droit.— D'Agard, *loc. cit.*

10. —...Ainsi que ceux établis dans les arsenaux maritimes.

11.— Des cantines sont également établies dans les prisons, et fournissent aux détenus moyennant des prix fixés les boissons et comestibles dont l'usage leur est permis.

12. — Autrefois ces fournitures étaient faites par le geôlier (V. ce mot). Mais depuis 1821, il fut établi dans chaque prison de la Seine une cantine exploitée au compte de l'administration, par un gérant qui demeure étranger à l'achat des alimens, denrées et boissons qu'on y distribue et qui, au moyen des appointemens fixes qu'il reçoit, ne peut avoir aucun bénéfice quelconque sur les produits de la vente. — Arrêté cons. spéc. 12 févr. 1824, art. 1er, 4 et 11.

13. — Tous les objets vendus dans les cantines sont fournis au gérant par un ou plusieurs entrepreneurs, aux prix et conditions déterminés par le cahier des charges de leur fourniture.

14.— Les directeurs doivent surveiller les besoins, et contrôler les livraisons faites aux cantines. Un dégustateur est toujours appelé lorsqu'il s'agit d'une livraison de vin. — Lett. du préf. de police, 9 oct. 1832.

15. — L'administration ne doit faire aucun bénéfice sur le pain vendu dans les cantines; quant au vin et aux autres comestibles, le prix en est réglé par elle, de manière qu'elle soit seulement couverte de ses frais de gestion. Cette dernière disposition n'aurait pas été suivie à la lettre, car le bénéfice des années 1831 et 1832 s'est élevé à 53,831fr. portés en recette au budget départemental, suivant une décision ministérielle de mai 1832.

16. —Dans les maisons centrales, dont les services se font généralement par entreprise, l'entrepreneur a seul le droit d'exploiter la cantine, en se conformant au tarif qui est dressé tous les trois mois par le directeur, et approuvé par le préfet.

17. — Il y a toujours un gardien présent à la distribution des comestibles et boissons à la cantine. Il est responsable de l'état d'ivresse où se mettraient les détenus. — Réglement du 30 avr. 1822. — Malgré cette précaution, l'usage de la cantine donnait lieu à de nombreux abus.

18. — Un circulaire ministérielle de 1834 avait tenté de mettre un terme à ces abus, mais ses dispositions se trouvaient presque toujours éludées. — Aujoudhui ils sont moins nombreux; la vente du tabac et des liqueurs spritueuses, qui autrefois en était la source la plus fréquente, est interdite dans les maisons centrales. — V. Laferrière, *Cours de droit admin.*, p. 347, note 1re.

19.—L'exemption portée par l'art. 51, L. 28 avr. 1816 (*suprà* n° 4), n'est point applicable aux geôliers, concierges, ou autres tenant des cantines dans les prisons civiles et militaires.— Dès-lors ces derniers restent soumis, comme tous les autres cantiniers, à toutes les obligations imposées aux débitans.

20.— Il en est de même des économes des hôpitaux.

21. — Le prix de la licence des cantiniers doit être fixé, suivant la population de la ville où se trouve le régiment au commencement de l'année, ou lors de la déclaration de vente.— Girard, *Man. des contrib. indir.*, n° 170, note 6e.

22. — Les cantiniers, dans les prisons, hospices et autres établissemens publics, sont rangés par la loi du 25 avr. 1844, sur les patentes, dans la sixième classe des patentables, et imposés à : 1° un droit fixe basé sur le chiffre de la population de la ville ou commune où est situé l'établissement; — 2° un droit proportionnel du vingtième de la valeur locative de la maison d'habitation et des locaux servant à l'exercice de la profession. — V. PATENTE.

23. — Quant aux cantiniers attachés à l'armée, ils sont exempts de la patente. — L. 25 avr. 1844, art. 13.

CANTON.

1. — Circonscription territoriale formant une division de l'arrondissement.

2. — C'est la loi du 22 déc. 1789 qui créa cette subdivision du territoire. Elle portait (art. 1 à 3) que le territoire serait divisé en *départemens, districts, cantons* et *communes.* — V. ORGANISATION ADMINISTRATIVE.

3.—La loi du 3 sept. 1791 (t. 2, art. 1er) conserva cette circonscription administrative.

4. — Celle du 24 juin 1793 supprima les *cantons* et conserva les départemens, districts et communes. — Art. 78.

5. — Puis vint la constitution du 5 fruct. an III, qui rétablit les *cantons*; elle divisait chaque département en *cantons* et chaque canton en *communes*. Les *districts* étaient supprimés. — Art. 5.

6.—Enfin, la loi du 28 pluv. an VIII rétablit entre le département et le canton une division intermédiaire à laquelle elle donna le nom *d'arrondissement communal.*

7. — Cette division territoriale a été conservée, et la France se trouve aujourd'hui divisée en 86 départemens, 363 arrondissemens, 2,846 cantons et 37,040 communes. — V. ORGANISATION ADMINISTRATIVE.

8.—La division cantonnale, intéressante au point de vue administratif, et notamment en matière de recrutement, de nomination des membres des conseils généraux et d'arrondissement, etc., est importante surtout au point de vue judiciaire, puisque le canton constitue le centre d'une juridiction spéciale, celle des juges de paix. — En effet, il y a dans chaque canton un juge de paix et deux suppléans qui le remplacent pour les cas de maladie, absence ou autre empêchement. — L. 22 frim. an VIII, art. 60; senatus-consulte, 16 therm. an X, art. 8, L. 29 vent. an IX, art. 1, 2 et 3. — V. CONSEILS GÉNÉRAUX DE DÉPARTEMENT, CONSEIL D'ARRONDISSEMENT, ORGANISATION JUDICIAIRE, JUGE DE PAIX.

CANTONNEMENT.

1.—Le propriétaire d'un bois soumis à un droit d'usage ou à une affectation (V. AFFECTATION) peut éteindre ce droit d'usage ou cette affectation, en abandonnant en pleine propriété une partie des bois ainsi grevés. La concession doit former l'équivalent du droit à éteindre. On l'appelle *cantonnement.* — V. FORÊTS, et USAGE DANS LES FORÊTS.

2. — D'ordinaire les cantonnemens ont lieu pour les bois; mais aux termes de l'art. 8, L. 20-27 sept. 1790, on peut également le demander pour les prés, marais, terres vaines et vagues.

CANTONNIER.

1. — Ouvrier chargé par l'administration des travaux de main-d'œuvre qui ont pour but l'entretien d'une certaine étendue des routes, qui prend le nom de *canton.*

2.— Dans le principe, les cantonniers étaient de simples journaliers dont les travaux étaient appliqués aux portions de routes qui avaient besoin d'être réparées. Mais pour éviter les inconvéniens résultant de travaux faits par des ouvriers non exercés à ce genre d'ouvrage, le décret du 16 déc. 1811 avait prescrit de mettre en adjudication ce travail des cantonniers. L'expérience ayant démontré en peu de temps tous les vices de ce système, une circulaire du directeur général des ponts et chaussées, du 11 juin 1816, fit connaître aux préfets que généralement et par la force des choses, il avait fallu substituer des cantonniers à gage aux cantonniers adjudicataires. Ainsi, aujourd'hui les cantonniers sont des ouvriers stationnaires sur les routes, employés par l'administration.

3. — C'est à l'ingénieur en chef, sur la proposition de l'ingénieur ordinaire, qu'il appartient de nommer et de congédier les cantonniers. — Art. 2 du réglement dressé le 10 févr. 1835 par le directeur général des ponts et chaussées, pour le service des cantonniers; — Magnitot et Delamarre, *Dict. de dr. adm.*, v° *Cantonnier.*

4.—Les cantonniers sont divisés en trois classes.

5. — Le réglement du 10 févr. 1835, qui a remplacé celui du 29 juin 1816, a créé par son art. 4 une classe supérieure de cantonniers, désignés par le nom de *cantonniers-chefs*, et sous la surveillance desquels les autres sont organisés en brigade; chaque circonscription formant une brigade comprend au moins six cantons. L'administration a voulu, par cette création, arriver à ce qu'une surveillance plus efficace fût exercée sur l'emploi des fonds affectés aux travaux de main-d'œuvre, comme aussi exciter le zèle des simples cantonniers et récompenser ceux qui se font remarquer.

6. — Comme les cantonniers-chefs ont certains devoirs spéciaux à remplir, il leur est confié une station plus courte qu'aux autres cantonniers. — Régl. 10 févr. 1835, art. 4.

7. — Le travail des cantonniers consiste à maintenir et rétablir la route chaque jour, et, autant que possible, à chaque instant, de façon qu'elle soit sèche, nette et unie, sans danger en temps de glace, ferme et d'un aspect satisfaisant en toute saison. — Inst. des 30 sept. 1816; 17 juill. 1827; 25 nov. 1833 et 14 déc. 1833; 10 févr. 1835, art. 6; 30 juill. 1835; 30 avr. 1836.

8. — Ils doivent aussi se porter isolément ou se réunir sur les points qui leur sont indiqués, lorsque le besoin du service l'exige impérieusement.

9. — Les cantonniers peuvent s'adjoindre des ouvriers auxiliaires lorsqu'il leur est impossible de suffire aux travaux qui leur sont confiés.

10.—Lorsque les cantonniers négligent de faire exécuter les réparations dont ils sont chargés, les ingénieurs ordinaires, sur le rapport des conducteurs, doivent demander l'autorisation de faire exécuter ces réparations aux frais des cantonniers. — Dans les vingt-quatre heures, les sous-préfets statuent sur cette demande, et rendent ensuite compte aux préfets des décisions qu'ils ont prises. — Décr. 16 déc. 1811, art. 72.

11. — Les cantonniers doivent toujours être présens ou appelés à la réception qui est faite par les ingénieurs des matériaux qu'ils doivent employer et faire leurs observations sur ces matériaux. S'ils n'en ont presenté aucune, ils ne pourront plus tard être admis à se prévaloir du peu de valeur des matériaux pour excuser le mauvais état de leur canton de route.— Décr. 16 déc. 1811, art. 51 et 54.

12. — Les cantonniers doivent porter gratuitement aide et assistance aux voituriers et voyageurs, mais seulement dans les cas d'accidens. — Réglem. du 29 juin 1816, art. 1, 3 et 4; du 10 févr. 1835, art. 12.

13. — D'après l'art. 36 du décret du 16 déc. 1811 (art. 56), le travail de l'entretien des routes était payé aux cantonniers adjudicataires chaque mois et par douzième, au chef-lieu d'arrondissement, sauf la retenue d'un douzième qui avait lieu sur chaque paiement, pour la garantie de la bonne exécution des travaux subséquens. — Décr. 16 déc. 1813, art. 56.

14.— Aujourd'hui, le préfet fixe, sur la proposition de l'ingénieur, le salaire qui doit être accordé à chacune des trois classes de cantonniers.

15. — Pour obtenir leurs mandats de paiement, les cantonniers doivent envoyer chaque mois au préfet un certificat des maires et maîtres de poste de leur canton de route, constatant le bon état desdites routes. — Malgré ce certificat, le préfet peut, s'il a reçu quelque plainte, ordonner la visite du canton, et suspendre, jusqu'au résultat de celle-ci, la délivrance du mandat de paiement. — Décr. 16 déc. 1811, art. 67 et 68.

16. — Les cantonniers sont placés, pour tout ce qui concerne leur service, sous les ordres des ingénieurs, conducteurs et autres agens de l'administration des ponts et chaussées. — Réglement pour le service des cantonniers employés à l'entretien des routes, art. 1er.

17. — Ils sont aussi surveillés par la gendarmerie, quant à l'emploi de leur temps. —Instr. du direct. génér. des ponts et chaussées des 25 nov. 1833 et 27 mai 1834; inst. du minist. de la guerre du 25 mars 1834.

18. — Un droit de surveillance sur le service des cantonniers est également accordé au maire, qui ne peut toutefois interdire ni ordonner aucun travail à ces ouvriers, mais qui doit rendre compte au sous-préfet des résultats de sa surveillance. — Décr. 16 déc. 1811, art. 58 et 59.

19. — L'ingénieur en chef remet la liste de ces ouvriers au préfet, qui peut exiger le renvoi et le remplacement de ceux qui lui ont été signalés d'une manière défavorable. — Régl. 18 fév. 1835, art. 2. —Magnitot et Delamarre, v° *Cantonnier.*

20.—Il est enjoint aux cantonniers de faire connaître au maire les délits qui se commettent dans l'étendue de leur canton, et ce fonctionnaire doit à l'instant soumettre la plainte au sous-préfet, qui charge l'ingénieur de l'arrondissement de vérifier les faits; si la plainte désigne quelque individu comme auteur de la contravention, le maire en dressera ou veillera à ce qu'il en soit dressé procès-verbal. — Décr. 16 déc. 1811, art. 49 et 50.

21. — Les cantonniers doivent donner avis au maire et à la gendarmerie de tout ce qui pourrait intéresser la sûreté et la tranquillité publique. Les maires sont tenus de faire au sous-préfet de l'ar-

rondissement le rapport des déclarations du cantonnier. La gendarmerie en dresse procès-verbal sur-le-champ, et sans déplacer, et ils s'y ingèrent. — Décr. 16 déc. 1811, art. 55.

22. — D'après la loi du 29 flor. an X (19 mai 1802), les ingénieurs et les conducteurs des ponts et chaussées étaient les seuls agens de ce service, dont les procès-verbaux pouvaient faire foi en justice, mais leur action était évidemment insuffisante. Exerçant des fonctions plutôt sédentaires qu'actives, ou retenus sur les ateliers où s'exécutent d'importans travaux, ces employés ne peuvent s'occuper que d'une manière fort accessoire de la police de la grande voirie, tandis que derrière eux les piqueurs et cantonniers-chefs, appelés par la nature de leurs fonctions à circuler constamment sur les routes, sont placés dans les meilleures conditions possibles pour constater, à l'heure même, toutes les espèces de délits qui peuvent être commises au préjudice de l'intérêt public. — Exposé des motifs de la loi du 23 mars 1842, présenté devant la chambre des pairs par le ministre des travaux publics. — Il était donc important de conférer à ces agens la capacité légale de verbaliser; c'est ce qu'a fait la loi du 23 mars 1842, portant que les piqueurs des ponts et chaussées et les cantonniers-chefs, commissionnés et assermentés à cet effet, constateront tous les délits de grande voirie, concurremment avec les fonctionnaires et agens dénommés dans les lois et décrets antérieurs sur la matière.

23. — Les procès-verbaux dressés par ces agens doivent être affirmés devant le juge de paix ou indifféremment devant le maire du lieu. — Décr. 29 flor. an X, art. 2; 23 juin 1805, art. 32 et 41; 18 août 1810; 16 déc. 1811, art. 112. — Cons. d'état, 29 juin 1841, Schwartz.

24. — L'affirmation peut être faite, au gré du piqueur ou du cantonnier-chef, soit devant le juge de paix de leur résidence, soit devant le juge de paix du lieu du délit. — Cons. d'état, 31 août 1828, Ministre de l'intérieur c. Laurent; 24 oct. 1831, Leblanc; 9 mars 1836, Aubryol.

25. — Il en est de même pour l'affirmation faite devant le maire. Elle peut être reçue par le maire de la résidence aussi bien que par celui du lieu du délit.—Cons. d'état, 25 fév. 1844, Gomot; 23 juill. 1841, Ministre des travaux publics c. Lafleur Pompanion.

26. — Le procès-verbal devait être affirmé dans les vingt-quatre heures, d'après la loi des 28 sept.-6 oct. 1791; mais d'après les lois des 14 brum. an VII et 8 prair. an XI un délai de trois jours est accordé, en matière de grande voirie, pour l'affirmation des procès-verbaux. — Cons. d'état, 26 mai 1827, Ministre des travaux publics c. Baudery; 23 juill. 1841, Ministre des travaux publics c. Voilereau; — Trôltey, Cours de dr. administr., t. 2, p. 145; Husson, Législ. des trav. publ., t. 2, p. 48.

27. — Le procès-verbaux ne font foi que jusqu'à preuve contraire et non jusqu'à inscription de faux. — C. inst. crimin., art. 154; — Cons. d'état, 8 juin 1832, Eignez; 21 mars 1834, Piédard; 14 juill. 1841, Lahore; — Trôltey, t. 2, p. 116, n° 560. — Le conseil d'état a abandonné l'opinion contraire qu'avaient adoptée les ordonnances des 2 sept. 1829, (Lemoine-Desmares et Ministre de l'intérieur c. Poupart de Neuflize); 30 nov. 1830, Roger, et 26 déc. 1830, (Bonneau.) — V. au reste CHEMINS VICINAUX, PROCÈS-VERBAL, ROUTE, VOIRIE.

CAOUTCHOUC (Fabricans et marchands d'objets en).

Les fabricans et marchands d'objets confectionnés ou d'étoffes garnies en caoutchouc sont rangés par la loi du 25 avr. 1844, sur les patentes, dans la quatrième classe des patentables et imposés à : 1° un droit fixe basé sur le chiffre de la population de la ville ou commune où est situé l'établissement;—2° un droit proportionnel du vingtième de la valeur locative de la maison d'habitation et des locaux servant à l'exercice de la profession. — V. PATENTE.

CAPACITÉ.

1. — Qualité inhérente à une personne qui la rend apte à quelque fonction ou profession.

2. — Il ne suffit pas de vouloir s'immiscer dans l'exercice d'un état ou d'une profession quelconque pour y être admis sans examen ; il faut avoir des talens, des lumières et surtout de l'expérience pour s'en acquitter dignement. — Merlin, Rép., v° Capacité, n° 1er.

3. — Ceux qui aspirent à des professions qui intéressent essentiellement l'ordre public comme celles de la jurisprudence et de médecine, de la

chirurgie, de l'enseignement, doivent faire preuve de capacité avant qu'on s'y ingère; et ils n'y sont admis que sur le rapport qu'ils font des diplômes ou certificats attestant cette capacité. — Merlin, ibid. — V. AVOCAT, CHIRURGIEN, ENSEIGNEMENT, MÉDECIN, PHARMACIEN.

4. — Il en est de même de ceux qui doivent exercer des fonctions publiques; ils doivent faire preuve de toute la capacité requise pour les remplir. Cette capacité concerne l'âge, les mœurs, les talens, l'expérience. Elle est requise comme garantie pour le gouvernement qui les nomme, et pour les citoyens qui sont souvent obligés d'accorder aveuglément leur confiance à des fonctionnaires qu'ils ne connaissent pas personnellement. — Merlin, ibid.; Rolland de Villargues, Rép. du notariat, v° Capacité.—V. AVOUÉ, COMMISSAIRE-PRISEUR, HUISSIER, NOTAIRE, etc.

5. — Lorsque le roi a nommé à une fonction publique, il n'appartient à aucune autorité de vérifier la capacité de celui qui se trouve honoré du choix de Sa Majesté. — Merlin, ibid. — V. JUGE.

6. — Par capacité on entend encore plus particulièrement l'habileté à contracter, à disposer, à donner ou recevoir, soit par acte entre-vifs, soit par testament, à succéder, à se marier, etc. — V. AUTORISATION DE FEMME MARIÉE, CONVENTION, DISPOSITION A TITRE GRATUIT, DONATION, ÉTRANGER, MARIAGE, MINORITÉ, MORT CIVILE, OBLIGATION, TESTAMENT, etc.

7.—Dans ces différens cas, la capacité est active ou passive : active, quand elle consiste à agir ; passive, quand elle permet de profiter de ce que les autres ont fait pour nous. — Rolland de Villargues, Rép. du notariat, v° Capacité, n° 8.

8. — Elle est encore morale ou civile; morale, quand la personne jouit de ses facultés intellectuelles ; civile, lorsqu'on réunit les autres conditions requises par la loi.—Rolland de Villargues, ibid.

9. — Quelquefois la capacité se divise. Ainsi, on peut aliéner certains biens, tandis qu'on n'a pas la même faculté pour d'autres.—V. DOT, MINEUR, SÉPARATION DE BIENS.— Pour intenter une action du droit des gens, il faut être capable des effets du droit des gens; pour en intenter une du droit civil, il faut être citoyen. — Rolland de Villargues, ibid.

10. — Il faut toujours distinguer si, dans une matière, la capacité est posée en principe, ou si, au contraire, c'est l'incapacité qui est la règle.

11. — En droit français, la capacité est presque toujours la règle. C'est ainsi que l'art. 902, C. civ., porte que toutes personnes peuvent disposer et recevoir, soit par donation entre-vifs, soit par testament, excepté celles que la loi en déclare incapables.

12. — En droit romain, au contraire, la capacité de tester ne résultait que d'une permission spéciale du législateur : le droit de régler son héritage, dit M. Ortolan (Explic. hist. des instit., liv. 2, tit. 12), c'est-à-dire de se donner, après sa mort, dans une association juridique, ce droit n'était pas une conséquence nécessaire de la propriété; il fallait l'avoir reçu de la loi ; et ceux-là n'avaient pas la faction de testament auxquels on ne l'avait pas été concédée. »

13. — Chacun doit s'enquérir de la capacité de la personne avec laquelle il contracte et serait responsable des nullités résultant de l'incapacité de la partie avec laquelle il aurait fait l'acte nul.

14.—Cependant, dans certains cas, la capacité putative, c'est-à-dire celle qui n'est qu'apparente et fondée sur une erreur commune, peut tenir lieu de la capacité réelle.—V. ACTE NOTARIÉ, ERREUR COMMUNE, TÉMOIN INSTRUMENTAIRE.

15. — Les lois concernant la capacité des personnes s'appliquent, même résidant en pays étranger. — C. civ., art. 3. — V. STATUT PERSONNEL.

CAPARAÇONNIER.

1. — Les caparaçonniers pour leur compte sont rangés par la loi du 25 avr. 1844 sur les patentes, dans la sixième classe des patentables, et imposés à : 1° un droit fixe basé sur le chiffre de la population de la ville ou commune où est situé l'établissement; — 2° un droit proportionnel du vingtième de la valeur locative de la maison d'habitation et des locaux servant à l'exercice de la profession. — V. PATENTE.

2. — Les caparaçonniers à façon sont rangés dans la huitième classe des patentables, et imposés au droit fixe et à un droit proportionnel du quarantième de la valeur locative de tous les locaux occupés par les patentables, mais seulement dans les communes d'une population de 20,000 âmes et au-dessus. — V. PATENTE.

CAPE DE CAPITAINE.

C'est le nom qu'on donne quelquefois à la rétribution payée au capitaine de navire comme accessoire du fret. On la désigne plus souvent sous le nom de chapeau du capitaine. — V. CAPITAINE DE NAVIRE.

CAPITAINE.

V. ARMÉE.

CAPITAINE DE LAZARET.

1. — Officier chargé du commandement à un Lazaret. — V. LAZARET, POLICE SANITAIRE.

2. — Les capitaines de lazaret sont officiers de police judiciaire. — L. 3 mars 1822, art. 47. — Néanmoins ils ne peuvent être traduits devant la chambre civile de la cour royale lorsque les délits par eux commis ne l'ont pas été dans des circonstances où ils avaient à constater des délits, et où, dans l'exercice de leurs fonctions qu'après autorisation du conseil d'état. L. 22 frim. an VII, art. 75. — Aix, 9 déc. 1835, Melinos c. David.

3. — Comme agens du gouvernement, les capitaines de lazaret ne peuvent être poursuivis pour des faits relatifs à leurs fonctions qu'après autorisation du conseil d'état. L. 22 frim. an VII, art. 75. — Aix, 9 déc. 1835, Melinos c. David.

CAPITAINE DE NAVIRE.

Table alphabétique.

Rapport, 274 s., 297, 312
s., 318, 345, 347 s., 368 s.
— (grand), 346, 857 s.—
(petit), 346, 857. — au
conseil, 266 s., 280.
Ratification, 393.
Rats, 481.
Ravitaillement, 138.
Réception des marchandises,
565 s.
Recours, 387, 563.
Reçu, 514 s.
Refus, 395.
Règlement d'avaries, 444.
Relâche, 454, 230, 241,
248, 237, 272 s., 576 s.
291, 500 s.
Remise des marchandises,
511, 514.
Remplacement , 78 s., 89,
117 s., 229, 269.
Réparation, 405 s., 437.
Responsabilité , 184 , 205,
209, 306, 310 s., 407, 424
s., 445, 448 s., 454, 469
s., 505, 512 s., 524 s.,
528, 559 s.
Retard, 499, 501 s.
Revendication, 438 s.
Rôle d'équipage, 27, 95 s.,
125, 136, 163 s., 169 s.,
366, 373.
Rupture de voyage, 38, 111.
Russie, 344, 520.
Saisie-arrêt, 50 s.
Saisie-exécution, 49, 108.
Salaire, 54, 71, s., 76, 79,
160.
Sauvetage, 298, 300, 304.
Serment, 24, 578.
Société , 89, 133, 491 s.,
559.
Sommation, 397.
Subrécargue, 38, 448, 442,
474, 534, 554.
Subrogation, 490.
Surcharge, 455, 487.
Suspension, 425.
Testament, 245, 366.
Tiers, 321, 385 s., 878,
389, 419.
Tillac, 460 s.
Timbre, 325, 857 s.
Traite, 347.
Transbordement, 545.
Transport, 440.
Tribunal de commerce, 350,
386, 406, 408, 432.
Vaisseau de l'état, 423.
Vente, 518. — à l'enchère,
250. — de marchandises,
283, 408, 409, 503, 506
s., 545, 522 s. — de navire, 146, 431 s., 472.
Vérification, 318 s. — de

Sect. 1re. — Droits et obligations du capitaine en général.

§ 1er. — Capacité, choix, privilèges, etc.; salaires,
cessation de fonctions.

6. — Pour exercer les fonctions de capitaine d'un
navire marchand, il faut une double condition,
savoir : 1° offrir certaines garanties de capacité exigées par la loi ; 2° être choisi par les propriétaires
du navire.
7. — Conditions de capacité. — Les conditions de
capacité requises diffèrent, suivant qu'il s'agit du
grade de capitaine au long cours ou de maîtres au
grand ou au petit cabotage. — En France, les mêmes
garanties sont exigées des maîtres au grand et au
petit cabotage. — V. infra n° 11. — Il en est autrement pour les colonies. — V. infra n° 45 et suiv.
8. — Pour obtenir le grade de capitaine au long
cours ou maître au cabotage, il faut avoir vingt-quatre ans accomplis et avoir fait soixante mois de
navigation. — Décr. 3 brum. an IV, art. 9 et 40 ; arrêté 11 thermid. an X, et ordonn. 7 août 1825.
— Dans les soixante mois doivent se trouver douze
mois de navigation sur les bâtimens de l'état,
à moins que les candidats n'aient subi une détention de plus de deux années dans les prisons de
l'ennemi, ou n'aient été jugés impropres au service
de la marine royale. — Ord. 7 août 1825, art. 21 ; —
Beaussant, t. 1er, p. 153.
9. — Les candidats doivent en outre subir deux
examens publics, l'un sur la théorie, l'autre sur la
pratique de la navigation ; le premier est fait par
deux professeurs d'hydrographie nommés par le
roi , et le second par deux officiers de la marine
désignés par le ministre de la département. —
Ord. 7 août 1825, art. 1er, 18 et 21.
10. — Pour être admis à subir les examens de
théorie et de pratique, les candidats doivent se faire
inscrire au secrétariat de l'officier supérieur de la
marine du port d'examen, et produire les pièces
suivantes : 1° un acte de naissance ; 2° l'état de
leurs services dûment certifié ; 3° une attestation
de bonne conduite délivrée par le maire du domicile, et visée par le commissaire du quartier ; 4° les
certificats des capitaines des bâtimens à bord desquels ils ont navigué, attestant leur aptitude et leur
bonne conduite, et visés par le commissaire de marine du port dans lequel les bâtimens ont effectué
leur retour. — Ils déclarent, en outre, dans quelle
école ou auprès de quel professeur particulier ils
ont fait leurs cours, et ils font connaître le quartier d'inscription où ils désirent être immatriculés.
— Ordonn. 7 août 1825, art. 22. — Toutefois, pour
être admis à l'examen, il n'est pas besoin d'appartenir au quartier maritime où il se fait. — Beaussant, t. 1er, p. 157.
11. — Pour les capitaines au long cours, l'examen
pratique porte sur le gréement, la manœuvre des
bâtimens et des embarcations, le canonnage.
L'examen théorique porte sur l'arithmétique démontrée, la géométrie élémentaire, les deux trigonométries, la théorie de la navigation, l'usage des
instrumens et le calcul d'observation. — Ord.
7 août 1825, art. 22.
12. — Pour les maîtres au cabotage, l'examen

pratique porte sur le gréement, la manœuvre des bâtimens et des embarcations, les sondes, la connaissance des fonds, le gisement des terres et des écueils, les courans et les marées dans les limites indiquées pour la navigation du cabotage, soit sur les côtes de l'Océan, soit sur celles de la Méditerranée. — L'examen théorique porte sur l'usage de la boussole et de la carte, l'usage des instrumens nautiques, la pratique des calculs. — Ord. 7 août 1825, art. 24.

13. — Les candidats qui, après avoir satisfait aux conditions précédentes, ont été déclarés admissibles lors des examens de théorie et de pratique, obtiennent du ministre de la marine des brevets de capitaine au long cours ou de maître au cabotage.

14.—Ces différentes dispositions de l'ordonnance du 7 août 1825 que nous venons d'analyser ne s'appliquaient, en ce qui concernait les maîtres au cabotage, qu'aux maîtres au petit cabotage. Mais, d'après l'ordonnance du 25 nov. 1827, les maîtres au petit cabotage devant être désignés désormais sous le titre de *maîtres au cabotage*, avec pouvoir de commander des navires tant pour le grand que pour le petit cabotage, il s'ensuit qu'il y a eu suppression implicite : 1° de l'obligation précédemment imposée aux capitaines au petit cabotage de faire indiquer pour laquelle des deux mers, soit de l'Océan, soit de la Méditerranée, leur brevet était délivré; — 2° de l'interdiction pour eux de commander dans l'une des deux mers autre que celle pour laquelle le brevet avait été obtenu, sans subir un nouvel examen (Ord. 7 août 1825, art. 32; ord. 25 nov. 1827, art. 1 et 2). — Ainsi, sous le rapport de l'examen, il n'y a plus en France que des capitaines au long cours et des maîtres au cabotage. — Beaussant, t. 1er, p. 154.

15. — Dans les colonies, la distinction entre les maîtres au grand et au petit cabotage subsiste toujours.

16. — Nul n'est admis, dans les colonies, à commander au grand cabotage s'il n'est âgé de vingt-quatre ans révolus, s'il n'a précédemment navigué pendant soixante mois sur les bâtimens de la marine royale ou sur ceux du commerce français, et s'il n'a satisfait à un examen sur la théorie et la pratique de la navigation. — Ord. 31 août 1828, art. 6.

17. — L'examen pratique porte sur le gréement, sur la manœuvre des bâtimens ou embarcations et sur le canonnage. — L'examen théorique porte sur l'arithmétique, sur l'usage des instrumens de navigation, le calcul des observations d'après les formules connues, l'usage de la connaissance des temps et les tables de logarithmes. — *Ibid.*

18. — Pour être admis à subir les examens, les candidats doivent se faire inscrire au bureau de l'ordonnateur, et produire : — 1° leur acte de naissance; — 2° l'état de leurs services dûment certifié; — 3° les certificats des capitaines des bâtimens à bord desquels ils ont navigué, attestant leur aptitude et leur bonne conduite. Ces pièces sont visées par l'administrateur de l'inscription maritime du port où les bâtimens ont opéré leur retour. — Ord. 31 août 1828, art. 7.

19. — L'examen est fait en public, par une commission composée d'un officier commandant un bâtiment de la marine royale, du capitaine du port, de deux capitaines au long cours et, à défaut d'un professeur d'hydrographie, d'un professeur de mathématiques, désigné par le gouverneur sur la proposition de l'ordonnateur. — La commission est présidée par l'officier commandant le bâtiment de la marine royale ou par le capitaine de port (si ce dernier est en activité de service), selon leur grade, et, en cas d'égalité de grade, selon l'ancienneté. — Ord. 31 août 1828, art. 8.

20. — Quant aux maîtres ou patrons destinés à commander au petit cabotage, l'examen théorique varie dans chaque colonie. — Les candidats sont interrogés sur la pratique par une commission composée du premier pilote et des pratiques du pays. Cet examen porte sur les sondes, sur la connaissance des fonds, sur le gisement des terres et des écueils, sur la direction des courans, des marées et des vents, dans les limites assignées pour la navigation du petit cabotage. — Ord. 31 août 1828, art. 10. — V. CABOTAGE.

21. — Les candidats admis, après les examens prescrits, pour commander les navires au grand ou au petit cabotage, reçoivent du gouverneur, sur la proposition de l'ordonnateur, des lettres de commandement, qui sont enregistrées au greffe de première instance et au bureau de l'inscription maritime. — Ord. 31 août 1828, art. 11.

22. — Les patrons des chaloupes de passage sont assimilés aux petits caboteurs. — Les maîtres ou patrons de bateaux équipés pour la pêche du poisson frais, du hareng, etc., sont dispensés des examens et du brevet ou des lettres de commandement ; il leur suffit d'un congé ou d'une licence qui leur sont délivrés par le commissaire de marine. — Beaussant, t. 1er, p. 157.

23. — Jugé, avant l'ordonnance du 7 août 1825, qu'il n'était pas nécessaire que les capitaines, maîtres ou patrons de bâtimens au-dessous de vingt tonneaux sussent lire et écrire. — *Rennes*, 17 juin 1811, Levaillant c. Deval et Jubié.

24. — La prestation d'un serment n'est pas exigée des porteurs de brevet. — Seulement ils doivent présenter leurs titres au bureau des classes, afin de faire porter leurs noms au rôle des capitaines et maîtres, et de s'en assurer les avantages. — Beaussant, t. 1er, p. 158.

25. — *Choix des propriétaires.* — Le choix du capitaine appartient aux armateurs ou propriétaires du navire; mais il ne peuvent le prendre que parmi les marins pourvus légalement du titre nécessaire pour le commandement.

26. — L'armateur qui fait choix d'un capitaine doit, avant de prendre des engagemens avec lui, s'assurer s'il est délié de ceux qu'il a pu contracter avec d'autres; sans cela il s'exposerait à des dommages-intérêts envers ceux qui auraient pu traiter avec ce capitaine. — Pardessus, n° 625.

27. — Les conditions d'engagement du capitaine sont constatées par le rôle d'équipage ou par les conventions des parties. — C. comm., art. 250. — Ces conventions peuvent être établies par tous les genres de preuves. — Pardessus, *Cours de droit comm.*, n° 625; Dageville, *Code de comm.*, t. 2, p. 278; Boulay-Paty, t. 2, p. 167.

28. — *Priviléges*, *etc.* — En général, les capitaines, maîtres ou patrons reçus dans les formes prescrites sont seuls admis au commandement des navires de commerce pour les navigations que leur brevet leur donne le droit d'entreprendre. — Arg. ord. 7 août 1825, art. 33.

29. — Toutefois, les officiers de la marine ont, par leur seul titre, le droit de commander les navires marchands pour toute sorte de navigations, avec la permission du ministre s'ils sont capitaines de vaisseau, et du commandant de la marine s'ils ont un grade inférieur, et en justifiant de cette permission au commissaire du port d'armement. — Arr. 29 thermid. an VIII, art. 19; ordonn. 27 juill. 1814. — Beaussant, t. 1er, p. 157.

30. — Celui qui aurait monté un bâtiment en une qualité qui ne lui appartenait pas, et l'armateur qui l'aurait sciemment mis sur son vaisseau, sont passibles d'une amende de 300 fr. — Ordonn. 1681, liv. 2, tit. 1er, art. 2. — Cette amende a été réduite à 100 fr. pour tout matelot ou homme de mer qui a monté un bâtiment destiné au petit cabotage, et le propriétaire qui lui a donné le commandement. — Ord. 18 oct. 1740, art. 8; — Beaussant, t. 1er, p. 159.

31. — Tous les capitaines de la marine marchande faisant partie de l'inscription maritime peuvent être appelés à servir dans la marine royale, où ils prennent rang suivant leur qualité.

32. — Les capitaines au long cours sont appelés comme enseignes de vaisseau dans la marine militaire, et reçoivent du ministre une commission spéciale à cet effet. — Arr. 20 messid. an VIII, art. 24; ord. 31 oct. 1819, 1er mars 1831, 29 déc. 1836.

33. — Les marins qui, ayant fait une campagne de douze mois comme matelots, ont en outre navigué au long cours pendant deux années comme seconds capitaines ou maîtres d'équipage à bord d'un navire de quatorze hommes au moins, peuvent être employés, les seconds capitaines en qualité de quartiers-maîtres de première classe, et les maîtres d'équipage en qualité de quartiers-maîtres de deuxième classe. — Ord. 17 mars 1834, art. 9 et 10; — Beaussant, t. 1er, p. 161.

34. — Les maîtres au petit cabotage sont exempts du service, sauf ordres directs du ministre de la marine. — Arr. 21 vent. an IV, art. 10. — Beaussant, t. 1er, p. 161.

35. — Enfin, l'arrêté du 7 vendém. an IX porte : « Aucun maître ou patron de bateau ne sera exempt du service sur les vaisseaux de la république, s'il n'est propriétaire ou conducteur d'une embarcation du port au moins de quinze tonneaux ». — Beaussant, t. 1er, p. 162.

36. — Les capitaines des navires de commerce sont soumis à la discipline de la marine militaire, notamment en ce qui touche la police des ports et rades; dès-lors ils sont passibles des peines disciplinaires déterminées par les ordonnances de la marine pour les fautes par eux commises en contravention à ces ordonnances. — Ces punitions disciplinaires peuvent s'élever jusqu'à la déchéance du commandement. — *Cons. d'état*, 19 janv. 1836, Dufaitelle.

37. — L'autorité du capitaine, en ce qui concerne la conduite nautique du navire, le commandement des manœuvres et la discipline de l'équipage, est une délégation de l'autorité publique : dès-lors le capitaine ne peut abdiquer en faveur d'une personne étrangère à la marine. — Et la convention par laquelle le capitaine se soumettrait à une pareille délégation serait illicite et nulle. — *Cass.*, 4 juin 1834, Viard et Charlet c. François et Rivalz.

38. — Mais il n'en est pas de même de la convention par laquelle le capitaine s'est obligé, en ce qui concerne la gestion de la cargaison et la direction du voyage, à suivre les ordres du subrécargue préposé par l'armateur. — Cette convention est licite et obligatoire, et le capitaine qui, en y contrevenant, donne lieu à la rupture du voyage, est passible de dommages-intérêts envers l'armateur. — — Même arrêt.

39. — La hiérarchie des pouvoirs à bord des navires marchands est d'ordre public. — En conséquence, la convention par laquelle le capitaine titulaire en chef est privé du commandement du navire et subordonné au capitaine en second est illicite et nulle. — *Trib. de Marseille*, 2 août 1827 (*J. Mars.*, 9, 1, 38), Jausserand.

40. — Le capitaine qui est à bord ou qui, sur la chaloupe, se rend à bord pour faire voile ne peut être arrêté pour dettes civiles, si ce n'est à raison de celles qu'il avait contractées pour le voyage, et même dans ce dernier cas il ne peut être arrêté s'il donne caution. Il en est de même à l'égard des gens de l'équipage. — C. comm., art. 231. — V. à ce sujet GENS DE MER.

41. — Le quai où se trouve le capitaine débiteur au moment de s'embarquer, pour rejoindre son bâtiment et faire voile, est également inviolable. — Valin, sur l'art. 9, tit. 2, liv. 3; Dageville, t. 2. p. 199; Boulay-Paty, t. 2, p. 41.

42. — Emérigon (ch. 20, sect. 7e, § 8) pensait que, même dans le cas où le navire n'était pas sur le point de mettre à la voile, le capitaine ne pouvait être arrêté dans son navire. Mais cette opinion ne serait plus soutenable aujourd'hui, que toute personne peut être arrêtée pour dettes, même dans sa maison, en vertu d'une ordonnance spéciale du juge de paix. — C. procéd., art. 781.

43. — Quoique le Code ne parle que des *dettes civiles*, il faut néanmoins entendre par là toutes les autres dettes du capitaine, même celles qui sont commerciales : le mot *civiles* n'est employé, dans l'art. 231 que par opposition aux dettes qui résultent des condamnations prononcées par la justice répressive. — Delvincourt, *Inst. de dr. comm.*, t. 2, p. 206; Dageville, t. 2, p. 200; Pardessus, t. 3, n° 670; de Beaussant, *Code maritime*, t. 1er, p. 50.

44. — Si la caution présentée est un commerçant, il suffit qu'elle soit notoirement solvable et bien famée. — Si ce n'est pas un commerçant, elle doit réunir toutes les conditions prescrites par l'art. 2018, C. civ. — Boulay-Paty, t. 2, p. 44; Dageville, t. 2, p. 205.

45. — L'obligation de la caution consiste à payer, à défaut du débiteur, lorsque le voyage sera terminé. — Boulay-Paty, t. 2, p. 46; Dageville, t. 2, p. 102. — V. *contrà* Pardessus, t. 3, n° 670. — La caution ne s'oblige qu'à représenter le débiteur à la fin du voyage, et à payer, s'il déserte, ou si par tout autre fait volontaire, il ne revient pas à la fin de son engagement ; mais elle ne répond pas de l'insolvabilité du débiteur à cette époque.

46. — Si le capitaine débiteur périt en route, la caution doit payer, aussitôt la nouvelle du décès. En cas de naufrage, si le débiteur se sauve, la caution doit obtenir un délai jusqu'à ce que le débiteur puisse revenir au lieu du départ. — Dageville, t. 2, p. 203.

47. — L'art. 231 n'est pas applicable aux capitaines de navires étrangers; ils n'ont pas droit aux mêmes priviléges que les nationaux ; on doit pouvoir exiger d'eux, dans tous les cas, une caution solvable avant leur départ. — Boulay-Paty, t. 2, p. 48.

48. — Le privilége d'insaisissabilité accordé à la personne du capitaine ne s'étend pas aux choses qui lui appartiennent. — Ainsi, le créancier du capitaine peut faire saisir ou vendre tout ce qu'il trouve sur le navire appartenant à son débiteur, et le faire décharger en payant le demi-fret. — Arg. C procéd., art. 592; — Delvincourt, t. 2, p. 206; Pardessus, n° 670.

49. — Il faut toutefois excepter de cette mesure les hardes et effets personnels du débiteur, parce que ce serait lui enlever indirectement les moyens de partir. — Valin, sur le tit. 1er, liv. 2 de l'ord.; Dageville, t. 2, p. 200; Pardessus, t. 3, n° 670; Boulay-Paty, t. 2, p. 47; Delvincourt, t. 2, p. 206.

50. — Jugé que le privilége d'insaisissabilité établi par l'ord. du 1er nov. 1745 pour la solde des matelots ne peut s'étendre à la commission due à un capitaine sur le produit de la vente des prises. — *Cass.*, 11 vent. an IX, Malleux.

51. — ... Que les salaires des capitaines marins sont

saisissables aussi bien que ceux du pilote ou des officiers marins. Le privilége de l'insaisissabilité est limité à cette classe de gens de mer qu'on appelle *matelots*. — *Aix*, 3 juin 1829, Dou c. Bournichon, 24 janv. 1834, Lesse c. Basbarowich; — Pardessus, t. 3, nº 701; Boulay-Paty, t. 2, p. 162; Roger, *Saisie-arrêt*, nº 298.

52. — Le domicile d'un capitaine est à bord du navire qu'il commande, pour toutes les contestations qui peuvent concerner son bâtiment. — *Metz*, 15 (et non 13) août 1819, Baudry c. Assurances générales.

53. — En conséquence, il peut être valablement assigné à bord de son bâtiment. — *Bruxelles*, 16 mai 1815, Desmedt c. Grœnewert et Frisch; — Favard, *Rép.*, vº *Ajournement*, § 3.

54. — Par la même raison, la demande en mainlevée des oppositions mises à la délivrance des expéditions est valablement portée devant le tribunal du lieu où le navire se trouve. — *Metz*, 15 (et non 13) août 1819, Baudry c. Assurances générales.

55. — Les capitaines de la marine marchande, qu'ils soient ou non propriétaires du navire qu'ils commandent, doivent être rangés dans la classe des commerçans; car, dans le premier cas, ils font une opération maritime pour leur compte; et dans le second, il y a engagement de leur part pour le service de bâtimens de commerce. — C. comm., art. 633.

56. — Dès-lors, s'ils ne sont plus admis de droit à l'assemblée chargée d'élire les juges du tribunal de commerce (L. 16-24 juill. 1790, tit. 12, art. 7), ils sont du moins aptes à faire partie des notables commerçans dont la liste est dressée à cet effet par le préfet. — C. comm., art. 619.

57. — Les capitaines au petit cabotage et les patrons de barques faisant la pêche, sont exemptés de la patente pour le fait de leur commandement (décr. 25 oct. 1806). — Il doit en être de même des capitaines au long cours, par identité de motifs, à moins qu'ils ne soient propriétaires de leur navire. — Beaussant, t. 1er, p. 163.

58. — Ainsi, décidé qu'un capitaine au long cours, naviguant pour compte d'autrui, ne peut être considéré comme marinier en chef, et comme tel assujéti au droit de patente. — *Cons. d'état*, 6 déc. 1820, Vacquerie.

59. —...Qu'un capitaine de marine qui n'est point armateur ne peut être assujéti à la patente — *Cons. d'état*, 18 avr. 1821, Vacquerie c. Duvrac et Rondel.

60. — Aujourd'hui, sont formellement affranchis de la patente « les capitaines de navire de commerce ne naviguant pas pour leur compte. » (L. 25 avr. 1844, art. 13, nº 6). — Si un capitaine naviguait pour son propre compte, soit comme propriétaire, soit comme locataire du navire, il serait alors passible de la patente imposée aux armateurs. — V. ARMATEUR.

61. — Le capitaine est le mandataire des propriétaires du navire. Il répond, sauf les cas de force majeure, aux chargeurs de leurs marchandises, à l'état de son équipage (*Exposé des motifs du Code de commerce*). Il est également le plus souvent le mandataire des chargeurs.

62. — Dans tous les cas, il est un mandataire comptable. — *Rouen*, 10 fév. 1829, Levillain c. Brouck et Platel.

63. — De cette qualité de mandataire et de possesseur pour autrui (C. civ., art. 2231), il résulte que le capitaine ne peut acquérir la propriété du navire par voie de prescription. — C. comm., art. 430.

64. — Tout capitaine de navire, engagé pour un voyage, est tenu de l'achever, à peine de tous dépens, dommages-intérêts envers les propriétaires et les affréteurs. — C. Comm., art. 238.

65. — On ne doit pas conclure de cette expression *achever* que le capitaine puisse, avant le voyage commencé, rompre son engagement sans encourir de dommages-intérêts.

66. — Pour que le voyage soit réputé achevé, il ne suffit pas que le navire soit arrivé au lieu de destination, il faut encore qu'il soit revenu au port de départ, qu'il soit entièrement déchargé et amarré à quai, si le propriétaire veut le faire entrer dans le port, ou mis en lieu de sûreté, s'il veut le faire radouber. — Valin, sur l'ord. 1681, liv. 2, tit. 7, art 2 et 4; Delvincourt, *Inst. de dr. comm.*, t. 2, p. 204.

67. — Cependant il y a des circonstances où le capitaine peut être dispensé d'achever le voyage, par exemple, s'il tombe malade ou s'il se trouve dans le cas de quelque autre excuse légitime; mais il doit prévenir ses commettans, et attendre leurs ordres, à moins que les circonstances ne le lui permettent pas. — Boulay-Paty, t. 2, p. 92; Dageville, *Code de comm.*, t. 2, p. 238.

68. — Hormis les cas de force majeure, le capitaine ne peut se faire remplacer sans l'aveu des propriétaires du navire; et s'il le fait, outre les dommages-intérêts auxquels il s'expose, il demeure garant de celui qu'il s'est substitué. — Boulay-Paty, t. 2, p. 93; Dageville, t. 2, p. 237.

69. — Il est bien entendu, d'ailleurs, que l'art. 238 n'est pas applicable au cas où le capitaine reste au lieu de la destination pour y vendre la cargaison, d'après les ordres des armateurs, et fait repartir le navire sous commandement du second. — Boulay-Paty, t. 2, p. 93; Dageville, t. 2, p. 239.

70. — Un capitaine de navire muni de pouvoirs illimités peut réclamer une commission que ses ordres lui promettent, sur une somme par lui laissée pour le compte de son armateur, à un négociant de la Guadeloupe, et par ce dernier employée en achat de sucres expédiés en France sur un autre navire, à la déduction néanmoins de celle qu'il a perçue sur le fret d'une partie des sucres. — *Rennes*, 17 fév. 1821, Lebesque c. armateurs du *Jeune-Félix*.

71. — *Salaires.* — Toutes les dispositions concernant les loyers, paiemens et rachat des matelots sont en général applicables au capitaine. — C. comm., art. 272. — V. GENS DE MER.

72. — En conséquence, ses salaires sont privilégiés sur le navire et sur le fret. — C. comm., art. 271.

73. — Le capitaine d'un navire, mandataire comptable envers son armateur, ne peut exiger le paiement de ses salaires avant que sa comptabilité ait été apurée. — *Trib. de Mars.*, 18 mars 1831 (*J. Mars.*, 12, 1, 175), Delescouble; 15 mai 1833 (*J. Mars.*, 15, 1, 170), Jourde; *Aix*, 21 nov. 1833 (*J. Mars.*, 14, 1, 257), Blanchenay.

74. — Un armateur peut compenser les salaires qu'il doit à son capitaine, avec les dommages-intérêts dont celui-ci est redevable envers lui, à raison des fautes qu'il a commises. — *Aix*, 3 juin 1829, Dou c. Bournichon; *Trib. de Mars.*, 15 juill. 1835 (*J. Mars.*, 15, 1, 287), Aillet.

75. — Mais cette compensation ne peut être admise à l'égard des sommes dues au capitaine pour droit de conduite. — *Trib. de Mars.*, 15 juill. 1835 (*J. Mars.*, 15, 1, 287), Aillet.

76. — Le capitaine engagé pour voyager *à la part* ne peut en cas de naufrage avoir droit, pour le paiement de ses salaires, que sur le fret et non sur le produit du sauvetage du corps et de la cargaison opéré par les soins du consul de France au lieu du chargement. Par suite, si aucun fret n'a été gagné, le capitaine ne peut prétendre à aucun salaire. — Dans le même cas de naufrage, le capitaine n'a droit sur les fonds provenant du sauvetage, à l'encontre des assureurs sur corps et facultés, ni à une indemnité pour soins donnés à cette opération, ni à la conduite jusqu'au lieu de l'armement, s'il est reconnu qu'il a prolongé son séjour, au lieu du sauvetage, sans utilité pour les intéressés, et qu'il a négligé de profiter du passage procuré à à l'équipage pour retourner au lieu de l'armement. — *Trib. de Mars.*, 9 oct. 1833 (*J. Mars.*, 15, 1, 176), Lemoine.

77. — Le capitaine contre qui l'équipage obtient, en cette qualité, hors du lieu de l'armement une allocation pour les journées employées aux réparations ne doit pas être compris en même temps dans cette allocation pour les journées qu'il a employées lui-même à la direction des travaux. Il n'a droit à cet égard qu'à des réserves contre l'armateur du navire. — *Trib. de Mars.*, 24 déc. 1824 (*J. Mars.*, 15, 1, 181), l'équipage du *Dauphin*.

78. — Lorsque, par suite de son inconduite et de ses excès, le capitaine d'un navire a été atteint, pendant le cours de son voyage, d'une maladie qui l'a mis dans l'impossibilité de continuer son service, et a nécessité qu'on le déposât à terre et qu'on pourvût à son remplacement, ce capitaine est exclu, à partir du jour où il a quitté le navire, de toute participation aux produits faits depuis par ce navire, lorsque cette participation était la condition de son engagement, et il ne peut non plus réclamer de l'armateur du navire les frais occasionnés par le traitement de sa maladie pendant son séjour à terre. — *Rouen*, 18 fév. 1840 (t. 2 1842, p. 54), Guilbaut c. Durozelle.

79. — Le capitaine dépossédé de fait du commandement du navire en cours de voyage par le second et l'équipage, et qui, à l'arrivée dans un port qui n'est pas celui du reste, abandonne le bord sans avoir été congédié par les armateurs, ne peut exiger ses salaires et indemnités qu'au lieu du reste, c'est-à-dire au lieu où il avait pris le commandement. — *Trib. de Mars.*, 10 août 1831 (*J. Mars.*, 12, 1, 253), Mergier.

80. — Il est d'usage que les chargeurs fassent au capitaine une espèce de présent, désigné sous différens noms de *droit de chapeau* et *d'avarie, chausses et pot de vin de maître*; souvent même la charte-partie contient une stipulation à cet égard. — Ce droit est habituellement fixé à 10 % du fret.

81. — De quelque manière que ce droit soit stipulé, il doit être considéré, à moins de convention contraire, non comme une diminution du fret, mais comme une gratification personnelle au capitaine; par conséquent, celui-ci n'est pas tenu d'y faire participer, soit ses copropriétaires lors même qu'il serait copropriétaire, soit les gens de l'équipage. — *Trib. de Mars.*, 2 sept. 1842 (*J. Mars.*, t. 21, p. 288; Valin, tit. *Des charles-parties*, art. 3; Cleizac, *Us et coutumes de la mer*, p. 261. — V. *contrà* Emérigon, chap. 13, sect. 3e.

82. — Lorsque dans la charte-partie relative au voyage d'aller d'un navire, le fret a été stipulé à raison de tant par tonneau, *tout compris*, les 10 % d'avarie et chapeau que l'usage accorde au capitaine se trouvent englobés dans cette fixation; en telle sorte que le capitaine, quoique en même temps coarmateur propriétaire du navire, ne peut être présumé avoir renoncé à son droit de chapeau et est fondé à le retenir sur le fret dont il doit tenir compte aux prêteurs à la grosse dans le cas d'abandon du navire et du fret. — *Trib. de Mars.*, 5 janv. 1830 (*J. Mars.*, 11, 1, 222), Signoret et Gazan.

83. — Les propriétaires d'un navire qui, après avoir stipulé dans la charte-partie avec leurs affréteurs 10 % d'avarie et chapeau, ont ensuite, par une convention particulière avec le capitaine, promis à ce dernier, outre ses salaires, 10 % d'avarie et chapeau sur le fret, ne peuvent lui retenir 5 % comme accessoire du fret revenant au navire. — *Trib. de Mars.*, 25 oct. 1820 (*J. Mars.*, 2, 1, 1), Olivier.

84. — Lorsque la cargaison appartient au propriétaire du navire, et qu'aucun fret n'a été porté dans les connaissemens, le capitaine ne peut, en l'absence de toute stipulation, réclamer, outre ses salaires, le droit de chapeau. — *Trib. de Mars.*, 15 juill. 1835 (*J. Mars.*, 15, 1, 287), Aillet.

85. — Le capitaine qui a réglé ses salaires avec l'armateur et en a reçu le paiement sans protestation est non-recevable, en l'absence de toute convention, à réclamer ensuite le droit de chapeau. — *Marseille*, 2 sept. 1842 (*J. Mars.*, t. 21, p. 288).

86. — *Cessation de fonctions.* — Le propriétaire peut congédier le capitaine. — C. comm., art. 218.

87. — Et le propriétaire peut exercer ce droit à son gré et sans allégation de motifs. — *Rouen*, 16 mai 1838 (t. 1er 1839, p. 125), Deshayes c. Poisson; 20 janv. 1844 (t. 2 1844, p. 125), Cormevais Castel c. Turbé.

88. — C'est là une disposition d'ordre public à laquelle il n'est point permis de renoncer. — *Rouen*, 20 janv. 1844 (t. 2 1844, p. 125), Cormevais-Castel c. Turbé.

89. — En conséquence, l'armateur reste maître de congédier le capitaine, à sa volonté et sans allégation de motifs, alors même que celui-ci est copropriétaire du navire, et que le commandement lui en a été confié par un acte de société dont le terme n'est pas expiré. — *Rouen*, 16 mai 1838 (t. 1er 1839, p. 125), Deshayes c. Poisson.

90. — ..... Ou encore bien que par une clause formelle le propriétaire ait renoncé à ce droit, et quoique le capitaine soit co-propriétaire du navire. — *Rouen*, 20 janv. 1844 (t. 2 1844, p. 125), Cormevais-Castel c. Turbé.

91. — Il n'y a pas lieu à indemnité, s'il n'y a convention par écrit (C. comm., art. 218). En cela, le capitaine est plus maltraité que le matelot (art. 270); mais c'est que l'engagement du matelot est un louage, tandis qu'il n'y a entre le capitaine et l'armateur qu'un simple mandat auquel est applicable l'art. 2003, C. civ. — Delvincourt, t. 2, p. 205; Pardessus, nº 626.

92. — Mais que doit-on entendre par *convention par écrit*? Est-ce une convention qui constate l'engagement en général ou une convention spéciale sur l'indemnité même?

93. — Jugé que le capitaine congédié a droit à une indemnité, par cela seul qu'une convention constate son engagement, quoiqu'il n'existe aucune convention écrite sur l'indemnité elle-même. — *Trib. de Mars.*, 15 sept. 1808 (*J. de Mars.* 3, 1, 301), Isnard; — 2 août 1822 (*J. de Mars.*, 3, 1, 297), Gestin; 19 sept 1828 (*J. de Mars.*, 10, 1, 33), Abeille.

94. — ... Que le capitaine, qui est congédié sans qu'il ait en rien contrevenu à ses obligations, a droit à une indemnité pour le préjudice que ce congédiement lui fait éprouver, alors même qu'il n'est intervenu, relativement à cette indemnité, aucune convention écrite entre les parties. — *Rouen*, 20 janv. 1844 (t. 2 1844, p. 125), Cormevais-Castel c. Turbé.

95. — Jugé, au contraire, et avec plus de raison, que le capitaine d'un navire n'est qu'un mandataire qui, à la différence des matelots, lesquels sont locataires de service, n'a droit à une indemnité, dans le cas où il est congédié, qu'autant qu'il existe

à cet égard une convention expresse. L'inscription du capitaine en cette qualité sur le rôle d'équipage arrêté par le maître, ne pourrait être considérée comme une convention d'indemnité.—*Aix*, 10 août 1826, Lebastier de Rivry c. Boy de la Tour.

96.—...Qu'en déclarant qu'il n'y a pas lieu à indemnité envers le capitaine congédié, s'il n'y a convention par écrit, l'art. 218, C. comm., n'a pu entendre parler que de conventions sur l'indemnité elle-même en cas de congé, et non des conventions écrites qui peuvent exister sur tout autre objet entre le capitaine et le propriétaire; autrement, l'exception que la loi a entendu établir serait inutile, puisqu'il existe toujours des conventions écrites entre les parties, soit qu'elles résultent d'un accord exprès, soit qu'elles dérivent du rôle d'équipage seulement. — *Trib. de Marseille*, 20 oct. 1830 (*J. de Mars.*, 11e année, p. 287).

97. — Le capitaine qui est congédié avant le départ a droit à être indemnisé du temps qu'il a consacré à l'armement du navire. — Pardessus, t. 3, no 626; Dageville, t. 2, p. 146; Boulay-Paty, t. 1er, p. 331.

98. — S'il est d'usage qu'aucun salaire ne soit accordé au capitaine pour sa surveillance aux réparations et à l'armement du navire, par le motif que le capitaine trouve dans les avantages que le voyage lui présente une indemnité suffisante des peines et soins qu'il donne au navire pour le mettre en état de l'effectuer, il n'en est pas de même quand, par le congé que le capitaine reçoit en cours de voyage, il ne peut profiter de tous les avantages qu'il avait droit d'espérer. Dans ce cas, il est juste que le capitaine reçoive un salaire quelconque pour la surveillance qu'il a exercée. — *Trib. comm. de Marseille*, 20 oct. 1830 (*J. de Marseille*, 11e année, p. 287).

99. — De plus, le capitaine congédié pendant le voyage peut, sans qu'il y ait eu convention expresse, exiger, outre le paiement des appointemens qui lui sont dus jusqu'à cette époque, l'indemnité de retour, dont la quotité est spécialement déterminée en faveur du capitaine par l'arrêté du 5 germ. an XII. — Pardessus, Dageville (*loc. cit.*); Boulay-Paty, t. 1er, p. 331; Beaussant, t. 1er, p. 345.

100.—Jugé, en ce sens, que le capitaine congédié a droit à ses frais de retour, même en l'absence de convention expresse. — *Aix*, 10 août 1826, Lebastier de Rivry c. Roy de la Tour.

101. — Si toutefois l'armateur prouvait qu'il a été contraint par une cause valable de congédier le capitaine, celui-ci n'aurait droit à aucune indemnité de retour. — Beaussant, t. 1er, p. 345.

102. — Le propriétaire du navire peut congédier le capitaine désigné dans la charte-partie, nonobstant l'absence de toute réserve et l'opposition de l'affréteur.—*Trib. de Mars.*, 12 mai 1826 (*J. de Mars.* 7, 1, 135), Wielling.

103.—Si le capitaine congédié est copropriétaire du navire, il peut renoncer à la copropriété et exiger le remboursement du capital qui la représente. Le montant de ce capital est déterminé par des experts convenus ou nommés d'office. — C. comm., art. 219.

104.— Le capitaine ne peut être congédié que de l'avis de la majorité des intéressés au navire; si donc il a au moins la moitié d'intérêt dans le navire, il ne peut être congédié, parce qu'il n'y a pas de majorité possible contre lui.—Pardessus, *Cours de dr. comm.*, t. 3, no 626; Boulay-Paty, t. 1er, p. 332; Dageville, *C. de comm.*, 1, 2, p. 147; Delvincourt, *Inst. dr. comm.*, t. 2, p. 205; Locré, *Esprit du Code de comm.*, sur l'art. 219.

105. — Le droit du capitaine copropriétaire, de demander le remboursement de sa part est purement facultatif; s'il n'en use pas, ses coïntéressés ne peuvent l'y contraindre. —Pardessus, *ibid.*; Boulay-Paty, t. 1er, p. 335; Dageville, *loc. cit.*; Delvincourt, *ibid.*

106. — Le capitaine congédié qui était copropriétaire du navire et qui ayant opté pour la conservation de sa part dans la propriété, a demandé et obtenu en justice acte de sa déclaration à cet égard, ne peut plus, revenant contre cette déclaration, réclamer le remboursement du capital qui représente sa copropriété. — *Bordeaux*, 10 janv. 1832, Bernard c. Préaut.

107. — Si, au lieu d'exiger son remboursement, le capitaine vendait sa part dans le navire et faisait porter dans le contrat une somme supérieure au prix d'acquisition, par esprit de vengeance contre ses coïntéressés, ceux-ci pourraient faire estimer par experts la portion du capitaine, et exercer un droit de préemption au prix d'estimation. — Valin sur l'art. 4, tit. *Du propriétaire*; Dageville, t. 2, p. 148; Boulay-Paty, t. 1er, p. 335.

108. — Mais il en serait autrement si la part du capitaine était saisie et vendue par autorité de justice. Les autres intéressés auraient alors la faculté de se rendre adjudicataires. — Valin, Dageville et Boulay-Paty, *loc. cit.*

109. — Dans le cas où le capitaine est congédié par la majorité des copropriétaires, la minorité, c'est à dire ceux qui n'ont pas été d'avis du congédiement n'en sont pas moins forcés de contribuer au remboursement si le capitaine l'exige; c'est une conséquence de ce principe que la majorité doit faire loi pour tout ce qui concerne l'intérêt commun du navire. — Dageville, t. 2, p. 150; Boulay-Paty, t. 1er, p. 337; Favard, vo *Capitaine*, § 2, no 4. — *Contrà* Valin sur l'art. 4, tit. *Du propriétaire*; Pardessus, t. 3, no 626.

110.—Le tribunal du lieu où le navire est amarré est compétent pour connaître de la demande que forment les propriétaires d'un navire contre le capitaine pour le congédier et lui faire rendre compte.—*Bruxelles*, 16 mai 1815, Desmedt c. Groenewert et Frisch.

111. — La disposition de l'art. 218 doit être restreinte au seul cas de congé. Si les fonctions du capitaine venaient à cesser par l'effet d'une mesure commune à tout l'équipage, au cas de rupture de voyage par exemple, il devrait jouir des avantages accordés en pareil cas aux gens de mer. — Pardessus, t. 3, no 626.

112. — L'adjudication du navire sur saisie fait cesser les fonctions du capitaine, sauf à lui à se pourvoir en dédommagement contre qui de droit. — C. comm., art 208.

113. — Pour que le capitaine obtienne un dédommagement, il n'est pas nécessaire qu'une convention formelle existe, comme au cas où il est congédié par les propriétaires du navire. — Dageville, t. 2, p. 93; Boulay-Paty, t 1er, p. 220.—*Contrà* Pardessus, t. 3, no 627; Delvincourt, t. 2, p. 205; Favard, *Rép.*, vo *Capitaine*, § 1er, no 5.

114.—Le dédommagement dû au capitaine doit être proportionné au préjudice qu'il éprouve, et doit lui tenir lieu des gages et profits espérés pour le voyage rompu. — Dageville, t. 2, p. 92.

115. — Le recours du capitaine s'exerce d'abord contre l'armateur et sur le navire, conformément au no 6 de l'art. 191, et ensuite contre les cautions, s'il en a exigé. — Dageville, t. 2, p. 92; Locré sur l'art. 208.

116.—Les fonctions de capitaine ne cessent pas de plein droit par la perte du navire.

117. — En cas de décès ou de maladie pendant le voyage, le capitaine est remplacé de droit par le second, à moins que les armateurs n'envoient un autre capitaine.—Beaussant, *C. marit.*, t. 1er, p. 231.

118. — Lorsque le capitaine est décédé en cours de voyage, le second qui l'a remplacé dans le commandement du navire a droit, non seulement aux appointemens, mais encore à tous les autres avantages promis au capitaine.—*Trib. de Mars.*, 25 oct. 1820 (*J. de Mars.*, 2, 1, 1), Olivier.

119. — S'il n'y a pas de second à bord, ou si celui-ci ne peut pas remplacer le capitaine, la nomination du nouveau capitaine se fait par les soins du consul français le plus voisin, sur la requête à lui présentée par les consignataires ou par l'équipage. — Ord. 29 oct. 1833, art. 42 et suiv.

120. — Si le capitaine encourt des soupçons de crime ou de délit, et qu'une instruction doive être suivie contre lui, le commissaire des classes doit alors le débarquer et le remplacer par le second, à moins qu'on ne puisse trouver un autre capitaine au long cours, dans le cas où le second n'aurait pas ce grade. Cela s'applique tant aux crimes et délits commis pendant le voyage, qu'aux crimes et délits antérieurs, et par suite desquels la partie publique ferait arrêter le capitaine en relâche. — Beaussant, t. 1er, p. 230.

121.— De même en pays étranger, les consuls peuvent congédier un capitaine, qui aurait manqué aux règles de la discipline, ou dont la conduite serait de nature à compromettre les intérêts qui lui sont confiés. — Arrêté 5 germ. an XII.

122.—L'art. 218, C. comm., qui, en règle générale permet au propriétaire de congédier le capitaine de navire sans indemnité, n'a pas dérogé à l'arrêté du 5 germ. an XII, qui, en donnant aux consuls de France dans les pays étrangers le droit d'ordonner le débarquement du capitaine, lorsqu'ils jugent cette mesure nécessaire, leur donne en même temps celui de décider si les frais de conduite seront à la charge de ce dernier ou à celle du propriétaire.— En conséquence, le consul de France dans un port étranger a pu, dans l'ordre qu'il a donné du débarquement du capitaine d'un navire français, dire qu'il sera ramené en France aux frais de l'armement. — *Cass.*, 8 mars 1832, Platel c. Levillain.

123. — De ce que les capitaines de navire sont soumis à la discipline de la marine militaire, il suit qu'ils sont passibles des peines déterminées par les ordonnances de la marine pour les fautes par eux commises en contravention à ces ordonnances. — Ainsi un capitaine peut être valablement interdit ou suspendu par le ministre de la marine, pour contravention à l'ordon. du 25 mai 1745, qui défend, sous peine d'arrêts ou d'interdiction, aux capitaines arrivant dans une rade où se trouve un navire de l'état, de descendre à terre avant de s'être rendus à bord du vaisseau. — *Cons. d'état*, 19 janv. 1836, Dufaitelle.

124. — Le capitaine est, à plus forte raison, passible des peines disciplinaires prononcées par le ministre, s'il contrevient au régime des classes, en se rendant coupable de désertion.—Beaussant, t. 1er, p. 163 et suiv.

125. — L'action disciplinaire du ministre s'applique indistinctement aux contraventions relatives à la police de la navigation, comme à celles contre les règles de la discipline. — C'est ainsi que le ministre de la marine a suspendu temporairement un capitaine qui était parti sans rôle d'équipage et sans avoir fait visiter son navire, et un maître au cabotage, employé comme second, qui avait injurié le capitaine. — *Moniteur* 24 déc. 1832.

126.— De pareilles mesures sont rigoureuses de fait, et elles sont critiquées par M. de Beaussant (t. 1er, p. 171).—Cependant on peut dire, pour les justifier, qu'il importe de remédier très promptement à des infractions qui pourraient compromettre le sort du navire et de l'équipage, et que les poursuites ultérieures devant la justice ordinaire seraient impuissantes à réparer. Le pouvoir du ministre a pour base un intérêt puissant d'ordre public, et il se fonde sur une série de dispositions législatives dont les principes se trouvent dans les lois des 15 mai 1791, et 6 brum. an IV, et dans les ordonn. des 25 mai 1745; 25 mars 1765; 31 oct. 1827 et 29 oct. 1833. Cette dernière confère un pouvoir analogue au consul de France en pays étranger.—Goujet et Merger, *Dict. de dr. comm.*, vo *Capitaine*, no 303.—Au surplus, comme il faut qu'une ordonnance spéciale déclare qu'il sera rendu compte au ministre du fait qui motive l'action disciplinaire, cette mesure est de nature à tempérer la rigueur de la juridiction ministérielle. — Beaussant, t. 1er, p. 171.

127.— Le capitaine même interdit ou suspendu disciplinairement ne perd pas pour cela sa qualité de marin ni son brevet. Il ne peut perdre son grade que par: 1o démission acceptée par le roi;— 2o perte de sa qualité de Français prononcée par jugement; — 3o condamnation à une peine afflictive ou infamante; — 4o condamnation à une peine correctionnelle pour délits prévus par la section 1re et les art. 402, 403, 405, 406 et 407, chap. 2, tit. 2, liv. 3, C. pén.; — 5o condamnation à une peine correctionnelle d'emprisonnement avec condamnation sous la surveillance de la haute police, et interdiction des droits civiques, civils et de famille; — 6o destitution prononcée par jugement. — L. 19 mai 1834, art. 1er; — Beaussant, t. 1er, p. 173 et 174; Goujet et Merger, no 305.

128.—Indépendamment de l'action disciplinaire, les faits du capitaine peuvent, selon leur nature, donner lieu à une action, soit devant les tribunaux de commerce, soit devant les tribunaux correctionnels ou criminels. — L. 9-13 août 1791, tit. 1er, art. 12, et tit. 5, art 2.

129. — Les tribunaux français sont compétens pour connaître des délits commis par les capitaines étrangers envers des Français, dans les ports et rades soumis à la juridiction française. — C. civ., art. 3.

130.—Mais les tribunaux français sont incompétens pour connaître des crimes et délits dont un capitaine de navire étranger peut s'être rendu coupable envers un Français à bord de son navire, en pleine mer. Ces crimes et délits sont de la compétence de la nation dont le navire portait le pavillon. —*Bordeaux*, 31 janv. 1838 (t. 2 1838, p. 638), Maréchal c. Dénéchaud.

131.—Il en était autrement sous l'ancien droit.— *Parlem. de Paris*, 18 mai 1577, et 14 août 1632. — Dayrault, *Instit. jud.*, liv. 1er, art. 4; Jousse, *De la justice crim.*, t. 1er, p. 428; Goujet et Merger, no 309.

§ 2.— *Droits et obligations du capitaine avant le départ.*

132.— Avant le départ, le capitaine doit prendre toutes les mesures nécessaires pour mettre le navire en état de faire le voyage auquel il est destiné.

133. — Ainsi et en premier lieu il doit s'occuper de tout ce qui concerne l'équipement et l'avitaillement du navire.

134.—Il appartient au capitaine de former l'équipage du vaisseau et de choisir et louer les matelots et autres gens de l'équipage (C. comm. art. 223). Mais il doit le faire conjointement avec le propriétaire, lorsqu'il est dans le lieu de sa demeure. — *Ibid.* — V. *infrà* no 380.

135. — Le capitaine *à la part* a également le choix de l'équipage. — *Rennes*, 12 juill. 1816, N...

136. — Le capitaine doit composer son équipage de telle manière qu'il y ait un nombre d'hommes suffisant pour la manœuvre, d'après la force du navire. Il doit prendre des français pour officiers, et majors, et il ne peut engager qu'un tiers au plus d'étrangers parmi les officiers mariniers et les matelots. — L. 21 sept. 1793, art. 2. — Il mentionne sur le rôle d'équipage le nombre d'étrangers admis. — Beaussant, t. 1er, p. 209.

137. — Dans la composition de tout équipage, il doit y avoir : 1° sur un navire ayant trois hommes d'équipage ou sur tout bateau expédié pour la petite pêche, un mousse de 10 à 15 ans ; — 2° pour vingt hommes d'équipage, deux mousses ; — 3° et au-delà de ce nombre, un mousse en plus par dix hommes d'équipage. — Décr. 3 brum. an IV ; décis. minist. 13 déc. 1827. — A la place de mousses, les capitaines au long cours ou au grand cabotage peuvent embarquer de jeunes novices de 15 à 18 ans qui, avant d'avoir complété l'âge de 18 ans, ont fait deux années de navigation. — Beaussant, t. 1er, p. 311. — Le capitaine qui n'embarque pas le nombre de mousses portés sur son rôle d'équipage est passible d'une amende de 100 fr. et peut même être déclaré déchu de son commandement. — Régl. 23 janv. 1727 ; ord. de 1740.

138. — Le capitaine ne peut, pour former son équipage, débaucher les marins d'un autre navire, sous peine d'être privé de sa lettre de commandement. — Ord. 31 oct. 1784, tit. 14, art. 6 ; — Beaussant t. 1er, p. 213.

139. — Le capitaine est tenu d'embarquer un chirurgien dont la capacité est dûment constatée (V. CHIRURGIEN), 1° sur tout navire expédié soit pour des voyages de long cours, soit pour la pêche de la baleine et autres poissons à lard, lorsque l'équipage est de vingt hommes et au-dessus, non compris les mousses (ord. 4 août 1819, art. 1er) ; — 2° sur tout navire destiné aux pêches de la morue, quand l'équipage est de quarante hommes, non compris les mousses (art. 2). — Il n'est tenu d'embarquer deux chirurgiens que si l'équipage est de quatre-vingt-dix hommes, non compris les mousses. — Toutefois il en est dispensé pour la pêche de la morue (art. 3). — Le chirurgien doit être pourvu d'un coffre à médicamens, et d'une caisse d'instrumens de chirurgie (art. 9). — V. COFFRE DE MÉDICAMENS.

140. — Dans les voyages soit de long cours soit pour la pêche de la baleine ou de la morue, et pour lesquels il n'est pas tenu d'embarquer un chirurgien, le capitaine doit être muni d'un coffre de médicamens, lorsque l'équipage est de huit hommes, y compris les mousses. — Art. 13.

141. — Le capitaine doit déclarer au commissaire des classes, les conditions de son engagement sous peine de perdre le prix de son voyage ; s'il est armateur il doit en outre déclarer les conditions d'engagement de son équipage. — Edits de juill. 1720, tit. 6, art 18. — Il est tenu de présenter les hommes à la revue du commissaire des classes, et en pays étranger à celle du consul. — Ord. 31 oct. 1784, tit. 14, art. 1er et 9 ; 29 oct. 1833, art. 14 et 40.

142. — L'approvisionnement de vivres doit être proportionné au nombre des marins et des passagers qui se trouvent sur le navire. — Si les vivres sont insuffisans, ou de mauvaise qualité, le capitaine peut être contraint de les compléter ou de les remplacer. — Ord. 12 janv. 1717, tit. 3, art. 4 et 5 ; — Beaussant, t. 1er, p. 217.

143. — Les logemens destinés aux passagers doivent être convenables ; sinon, le capitaine peut être condamné à les approprier à leur destination. — Trib. comm. du Havre, 18 oct. 1827 ; — Beaussant, *Code maritime*, t. 1er, p. 215.

144. — Le capitaine est tenu, avant de prendre charge, de faire visiter son navire, aux termes et dans les formes prescrits par les réglemens. — Le procès-verbal de visite est déposé au greffe du tribunal de commerce ; il en est délivré extrait au capitaine. — C. comm., art. 225.

145. — S'il n'y a pas de tribunal de commerce dans le port, les procès-verbaux de visite pourront être reçus par le juge de paix du canton, lequel, à l'expiration du délai de vingt-quatre heures, les enverra au tribunal de commerce le plus voisin ; c'est-à-dire à celui qui étend sa juridiction sur le canton du juge de paix. — Ord. du 1er nov. 1826 ; — Beaussant, t. 1er, p. 203.

146. — La loi du 9-13 août 1791, qui a supprimé les *huissiers visiteurs* institués par l'ordonnance de 1681 (art. 1er, tit. 5, liv. 1er) a réglé en même temps comment devaient se faire les visites prescrites par les réglemens précédens. Ces visites sont faites par d'anciens navigateurs (art. 3) désignés par les tribunaux de commerce, et à défaut par les officiers municipaux, — Art. 6.

147. — Lorsqu'un capitaine ou armateur veut mettre un navire en armement, il est tenu d'appeler deux officiers visiteurs qui, après avoir reconnu l'état du navire, donnent leur certificat de visite, en y exprimant brièvement les travaux dont le navire leur paraît avoir besoin, pour être en état de prendre la mer. — Art. 12.

148. — Lorsque l'armement est fini et que le navire est prêt à prendre charge, il est requis une seconde visite ; le procès-verbal de la première est représenté, et le certificat doit exprimer le bon et dû état dans lequel se trouve alors le navire. — Art 13.

149. — Ne sont assujétis à ces formalités que les navires destinés aux voyages de long cours, et au moyen de ces dispositions, toutes autres visites ordonnées par les précédentes lois sont supprimées. — Art. 14.

150. — Jugé en conséquence que la formalité de la visite du navire avant de prendre charge n'est exigée que pour les voyages de long cours, et non pour les voyages ordinaires ou de cabotage. — *Rouen*, 22 juin 1822, Carré c. Assur. comm. ; *Bruxelles*, 6 mars 1823, N.. ; *Bordeaux*, 27 fév. 1826, Ferrière ; *Trib. com. Paris*, 21 sept. 1831, Ass. marit. c. Danican, sous *Cass.*, 17 avr. 1834. — V. CABOTAGE.

151. — De même, on n'a jamais exigé de visites pour les barques et chaloupes de pêche. — Beaussant, t. 1er, p. 203.

152. — En donnant aux consuls le droit de veiller à ce que les navires soient visités, l'ordonnance du 29 octobre 1833, art. 43, ne parle de la visite, avant de prendre charge des navires *armés* à l'étranger, que pour les voyages de long-cours, et rappelle l'art. 225, C. comm., et la loi du 9 août 1791. — Beaussant, t. 1er, p. 204.

153. — Un capitaine qui voyage au long cours doit faire visiter son navire, tant avant de prendre charge pour le voyage d'aller qu'avant de prendre charge pour le voyage de retour. — *Trib. de Marseille*, 18 mars 1822 (*J. de Marseille*, 3, 1, 110), Raspal.

154. — Quand un navire relâche pour avaries, il n'est pas besoin de visite à son départ, l'usage étant que les experts nommés pour constater les avaries fassent dans une dernière vacation l'examen des travaux qu'ils ont indiqués et qui ont été ordonnés et constatent leur bonne et entière exécution. — Beaussant, t. 1er, p. 204.

155. — L'obligation imposée par l'art. 225, C. comm., concerne les capitaines de navires étrangers comme ceux des navires nationaux. — C. civ., art. 3 ; — Pardessus, t. 3, no 630.

156. — Toutefois, un certificat de libre navigation délivré à un capitaine de navire étranger par les autorités de son pays équivalant en France aux certificats de visite prescrits pour les navires français, il s'ensuit que les affréteurs d'un pareil navire ne peuvent, après y avoir chargé leurs marchandises, soumettre le capitaine à une nouvelle visite, sur le seul motif que le navire n'a pas été visité en France, et qu'ils le croient hors d'état de tenir la mer. — *Rouen*, 9 oct. 1827, Ramsten c. Baudin.

157. — Les capitaines français doivent remplir en pays étrangers les formalités relatives à la visite de leurs navires, en se conformant aux usages du lieu ou aux réglemens sur les consulats. — Pardessus, t. 3, no 630.

158. — Les consuls ne peuvent pas faire visiter les navires qui ne sont pas *armés* dans leur consulat. — Circulaire du 21 mai 1827 ; — Beaussant, t. 1er, p. 204.

159. — La présomption résultant contre le capitaine du défaut de visite du navire cesse par la preuve que le sinistre survenu provient d'événemens de mer ou de force majeure. C'est là une simple présomption *juris* et non une présomption *juris et de jure*. — *Cass.*, 17 avr. 1834, Assurances maritimes c. Danican.

160. — Un navire doit toujours avoir un gardien à bord jusqu'au moment où l'équipage est embarqué ; en conséquence, les salaires de ce gardien doivent être remboursés par l'armateur au capitaine qui affirme en avoir fait l'avance. — *Trib. de Marseille*, 20 oct. 1830 (*J. de Mars.*, 11e année, p. 287).

161. — Le capitaine est tenu d'opérer et de surveiller le chargement des marchandises et leur arrimage, c'est-à-dire leur arrangement dans le navire. — Les affréteurs ou chargeurs mettent seulement les marchandises sur le quai, à la disposition du capitaine. — V. *infrà* nos 449 et suiv.

162. — Le capitaine doit veiller à ce que le navire n'ait pas une trop forte charge. Dans ce cas, il a droit de mettre à terre les objets formant un excès de chargement, sauf le recours des chargeurs contre ceux avec qui ils auraient traité de l'affrétement. — Pardessus, *Cours de droit commercial*, no 632.

163. — Le capitaine qui prend à bord des passagers doit les porter sur le rôle d'équipage (V. ce mot) ; mais il ne peut les inscrire sur ce rôle qu'autant qu'ils sont munis de passeports visés par l'autorité civile du lieu de l'embarquement et par le commissaire de la marine. — Lettre minist. 25 mars 1817. — Dans le Levant, le capitaine qui recevrait un passager qui n'aurait pas de passeport du consul devrait même être interdit et le passager condamné à 500 livres d'amende. — Ord. 3 mars 1781, tit. 2, art. 2 ; — Beaussant, t. 1er, p. 207.

164. — Les capitaines des bateaux à vapeur spécialement affectés au transport des passagers à l'étranger ou dans une colonie française doivent clore au moment d'appareiller du port de relâche ou de départ, et faire remettre au bureau de l'inscription maritime ou à la chancellerie du consulat, dans les vingt-quatre heures au plus tard après leur départ, une liste des passagers embarqués à leur bord, indiquant les noms, prénoms, âge, qualité, lieu de naissance et domicile des passagers, de laquelle liste ils doivent affirmer l'exactitude en y apposant leur signature. — Décis. minist. 23 janv. 1837 ; — Beaussant, t. 1er, p. 208.

165. — Mais ces règles ne sont pas applicables aux bateaux ou paquebots à vapeur faisant le service du littoral pour le transport des voyageurs. Les capitaines ne sont astreints à aucune obligation relativement au passeport ou à l'inscription des passagers. — Même décision.

166. — Le capitaine est tenu d'avoir à bord (C. comm., art. 226) : 1° *l'acte de propriété du navire* : — Si le propriétaire du navire ne l'a pas fait luimême construire, ce sera l'acte qui l'a rendu propriétaire, tel qu'une vente, un procès-verbal d'adjudication, etc. ; s'il l'a fait construire par un entrepreneur, ce sera le traité passé avec ce dernier ; et enfin, s'il en a lui-même dirigé la construction, ce seront les factures et quittances de ses fournisseurs et ouvriers. — Bravard, *Manuel de dr. comm.* p. 253.

167. — En Belgique, depuis la loi du 14 mars 1816, sur les lettres de mer, le capitaine d'un navire belge pourvu d'une lettre de mer, n'est plus encore tenu, conformément à l'art 226, C. comm., d'avoir à bord l'acte de propriété du navire. — *Bruxelles*, 6 mars 1823, N...

168. — ... 2° *L'acte de francisation* ou l'acte contenant la description du navire et attestant qu'il a été mesuré, reconnu bien construit et de construction française. — V. FRANCISATION.

169. — ... 3° *Le rôle d'équipage*, ou état dressé par le commissaire des classes, contenant les noms, prénoms, domiciles, professions, etc., des personnes qui montent le navire, même des passagers, quelles que soient leur condition et leur profession. — V. RÔLE D'ÉQUIPAGE.

170. — Le capitaine est tenu de faire viser son rôle d'équipage avant le départ au bureau des classes, sous peine d'une amende de 100 fr. — Ord. 1689, tit. 8, art. 18, 19 et 21.

171. — ... 4° *Les connaissemens*, ou états des marchandises que le capitaine reconnaît avoir reçues à son bord. — V. CONNAISSEMENT.

172 — ... 5° *Les chartes-parties* ou actes constatant les conventions pour le louage du navire. — V. CHARTE-PARTIE.

173. — Toutefois, les chartes-parties ne sont exigées que pour les affrétemens un peu considérables. Le capitaine en est dispensé en matière de petit cabotage. — Delvincourt, t. 2, p. 207 ; Pardessus, no 634.

174. — Le capitaine n'est pas tenu non plus d'avoir de charte-partie quand il a chargé à cueillette ou lorsque le chargement appartient au propriétaire même du navire. — Delvincourt, t. 2, p. 207 ; Pardessus, no 634.

175. — ... 6° *Les procès-verbaux de visite*, ou extraits délivrés au capitaine des procès-verbaux dressés conformément à ce qui a été dit *suprà* nos 144 et suiv.

176. — Une déclaration du capitaine, même affirmée par l'équipage, ne peut suppléer le certificat de visite destiné à constater le bon état d'un navire au moment du départ, alors d'ailleurs qu'aucune preuve n'en confirme la sincérité. — *Bordeaux*, 7 mai 1832, Hawighorst.

177. — Un certificat de libre navigation délivré à un capitaine de navire étranger par les autorités de son pays équivaut en France aux certificats de visite prescrits pour les navires français. — *Rouen*, 9 oct. 1827, Ramsten c. Baudin.

178. — ... 7° *Les acquits de paiement ou à caution des douanes*, ou expéditions qui constatent le paiement des droits de sortie ou la faculté accordée par la douane de sortir sans payer les droits. — V. DOUANES.

179. — De plus, le capitaine doit être encore pourvu d'un registre appelé *livre de bord*, espèce de livre-journal qui doit être coté et paraphé par l'un des juges du tribunal de commerce ou par le maire ou son adjoint, dans les lieux où il n'y a pas de tribunal de commerce. Ce registre doit contenir les résolutions prises pendant le voyage, la recette

et la dépense concernant le navire, et généralement tout ce qui concerne le fait de sa charge et tout ce qui peut donner lieu à un compte à rendre, à une demande à former. — C. comm., art. 224.

180. — L'ord. de 1681 prescrivait l'emploi d'un écrivain pour tenir ce registre; le Code de commerce, n'en parlant pas, ne reconnaît, par suite, aucune qualité à celui qui en remplirait les fonctions. Sa présence à bord ne dispenserait donc pas le capitaine de remplir les fonctions qui lui sont personnellement imposées. — Dageville, *Code de comm.*, t. 2, p. 177.

181. — Le registre de bord, quoique non tenu jour par jour, mais d'ailleurs régulier, fait foi de son contenu jusqu'à la preuve contraire. — *Trib. de Marseille*, 29 juill. 1825 (*J. de Marseille*, 7, 1, 260), Nègre.

182. — La perte du livre-journal est suffisamment constatée, par cela seul qu'il ne se trouve pas compris dans le nombre des effets sauvés désignés au rapport. — *Rennes*, 12 juill. 1816, N...

183. — La demande en avaries formée par les capitaines, maîtres ou patrons de bâtimens au-dessous de vingt tonneaux ne saurait être déclarée non-recevable à défaut des livres de bord, alors qu'elles ont été suffisamment constatées d'une autre manière. — *Rennes*, 17 juin 1811, Levaillant c. Deval et Jubié. — V. AVARIE, nos 44 et suiv.

184. — En cas de contravention aux obligations ci-dessus imposées au capitaine par les art. 224, 225 et 226, C. comm., il est responsable de tous les événemens envers les intéressés au navire et au chargement (C. comm., art. 228). — Et cette responsabilité ne cesse que par la preuve d'obstacles de force majeure. — *Ibid.*, art. 230.

185. — Le capitaine doit encore être muni de certaines pièces qui lui sont imposées par les lois spéciales sur les douanes ou sur la police de la navigation (L. 13 et 22 août 1791; 4 germin. an II); telles sont :

186. — .. 1o Le *congé* ou permission sans laquelle aucun navire ne peut sortir des ports du royaume; c'est le passeport du navire; il est délivré par la douane. — V. CONGÉ.

187. — Le congé contenant l'acte de francisation des navires, il en résulte que le capitaine qui prête son congé à un navire étranger se rend complice d'une francisation frauduleuse, et devient passible d'une amende de 6,000 liv. — Régl. 1er mars 1716; L. 27 vendém. an II, art. 15.

188. — ... 2o La *patente de santé* ou certificat qui fait connaître l'état sanitaire des lieux d'où vient le navire, et son propre état au moment du départ. — Beaussant, *Code marit.*, t. 1er, p. 218. — V. PATENTE DE SANTÉ ET POLICE SANITAIRE.

189. — ... 3o Le *manifeste* ou état général de la cargaison auquel doivent se rapporter exactement les acquits des douanes. — V. MANIFESTE.

190. — Les capitaines partant de France pour un port étranger sont obligés de recevoir, jusqu'au moment de mettre sous voiles, les dépêches et envois adressés aux consuls, ou ambassadeurs, ou envoyés diplomatiques, dans le pays où ce port est situé. — La remise de ces dépêches est mentionnée au rôle d'équipage. — Ordonn. 29 oct. 1833, art. 53. — La même obligation est imposée au capitaine qui part d'un port étranger pour revenir en France, quant aux dépêches des consuls ou agens diplomatiques aux ministres ou aux administrations publiques du royaume.

191. — Relativement aux dépêches de l'administration des postes, les capitaines en partance pour les colonies ou pour l'étranger sont tenus de prévenir cette administration quinze ou vingt jours à l'avance. — Lettre minist. 12 juill. 1816. — Ils ne peuvent partir que munis d'un certificat du directeur des postes constatant la remise des dépêches, la quantité de lettres et paquets, ou attestant qu'on n'a rien eu à leur remettre. — Arr. 19 germ. an VIII, art. 6.

192. — A l'époque déterminée par ses instructions ou ses obligations, le capitaine doit mettre à la voile. Néanmoins il est d'usage qu'il consulte préalablement les principaux de l'équipage. Nonobstant cette précaution, il y aurait faute grave de sa part s'il mettait à la voile par un temps évidemment mauvais, ou prohibé par des réglemens locaux. — Pardessus, no 632.

193. — La volonté du capitaine doit seule le diriger dans la conduite de son navire, de telle manière qu'il n'est point obligé de déférer à l'ordre qui lui est donné par le chargeur de mettre en mer lorsqu'il juge que le temps est contraire. — *Trib. de Marseille*, 16 fév. 1826 (*J. de Marseille*, 7, 1, 36), Pimenta.

194. — Avant de mettre à la voile, le capitaine doit faire arborer le pavillon tricolore, qui est le signe distinctif de la francisation du navire. — Décr. 27 pluv. an II; Charte, art. 67; ordonn. 1er août 1830.

§ 3. — *Droits et obligations du capitaine pendant le voyage.*

195. — Le capitaine ne peut, sous aucun prétexte, se dispenser de se rendre à sa destination; autrement il pourrait être poursuivi par ceux qui ont intérêt à ce que le voyage soit fait ou accompli. Il n'y aurait d'exception que pour le cas de force majeure, tel qu'une maladie ou autre cas semblable. — Pardessus, no 637.

196. — Le capitaine ayant la direction exclusive du navire et répondant de son salut, il est tenu de faire tout ce qui est nécessaire pour ce double but.

197. — Il est tenu d'être en personne dans son navire, à l'entrée et à la sortie des ports, hâvres ou rivières. — C. comm., art. 227.

198. — Il doit encore se trouver dans son navire, en personne, lorsqu'il est question de le mener en rade, de lui donner un bon mouillage et de le mettre en sûreté. — Ordonn. 1689, tit. 3, art. 5 et 10, et tit. 7, art. 11; — Boulay-Paty, t. 2, p. 23.

199. — Lorsque le navire est en rade et sur ses ancres, le capitaine peut s'absenter et aller coucher à terre. Cependant, en temps de guerre, cela lui est défendu par une ordonnance du 24 août 1772, rendue à l'occasion de navires qui avaient été enlevés dans la rade de La Rochelle par des corsaires. Cette ordonnance commande aux capitaines de coucher à bord, à peine de perdre leurs appointemens et d'être mis en prison pendant trois mois. — Valin sur l'art. 13, tit. *Du capitaine*; Boulay-Paty, t. 2, p. 22; Beaussant, *Code marit.*, t. 1er, p. 225.

200. — Pendant que le navire séjourne dans un port, le capitaine doit veiller à ce qu'il y ait toujours à bord un nombre de matelots suffisant pour faciliter le passage des navires entrant ou sortant de ce port, et pour exécuter toutes les manœuvres nécessaires, sous peine d'une amende de 50 liv. — Ord. 1681, liv. 4, tit. 1er, art. 2.

201. — Le capitaine est tenu, s'il n'est dans le cas des exceptions prononcées en certaines circonstances, de prendre des pilotes côtiers ou locmans, dont les fonctions et les droits sont déterminés par le décret du 12 déc. 1806. — En cas de refus, il peut y être contraint par les propriétaires du navire, chargeurs ou autres intéressés. — V. PILOTE.

202. — Ainsi jugé que les capitaines de navire excédant quinze tonneaux doivent, dans la traversée de Quillebœuf à Rouen, se faire diriger par un pilote lamaneur, et lui payer la rétribution qui lui est due. — *Cass.*, 8 flor. an X, Pilotes de Quillebœuf c. Eymelin et Carrey.

203. — ... Que l'arrêt de réglement du parlement de Rouen du 16 août 1759, qui oblige les maîtres de navires à se faire piloter dans un passage dangereux, spécialement dans le trajet de Villequier à Quillebœuf, est applicable aux conducteurs de simples barques. — *Cass.*, 20 messid. an XI, Pilotes de Quillebœuf c. Eymelin et Carrey. — V. *contrà Paris*, 23 thermid. an X, mêmes parties.

204. — Le capitaine qui s'est refusé à prendre un pilote côtier ou lamaneur n'en est pas moins tenu de payer le pilote préposé au lieu de son passage, comme s'il s'en était servi. — Décr. 12 déc. 1806, art. 34; — Pardessus, no 637.

205. — Il serait de plus responsable des événemens qui seraient la conséquence du défaut de pilote. En pareil cas, si le navire périt par la négligence ou l'ignorance du capitaine, celui-ci peut être condamné à trois ans de travaux forcés, et s'il a causé cette perte volontairement et dans une intention frauduleuse, il peut être puni de la peine de mort. — L. 21 août 1790, tit. 2, art. 40; décr. 12 déc. 1806, art. 31; L. 10 avr. 1825, art. 11.

206. — Toutefois, les maîtres au cabotage commandant des bâtimens français au-dessous de quatre-vingts tonneaux, sont dispensés de prendre un pilote côtier, lorsqu'ils naviguent habituellement de port en port et qu'ils pratiquent l'embouchure des rivières. — Décr. 12 déc. 1806, art. 34.

207. — Le capitaine dont le navire se trouve sous la conduite de pilotes ne peut s'opposer aux mesures que les pilotes jugent à propos de prendre pour le salut du navire et de la cargaison. — *Bordeaux*, 23 fév. 1829, Balguerie c. Fallander.

208. — Toutefois, le capitaine a le droit de faire des remontrances au pilote et d'arrêter sa manœuvre si elle est évidemment mauvaise. — *Rennes*, 3 août 1832 (dans ses motifs), Genevois c. Lamasne et Trattier.

209. — Quoi qu'il en soit, de ce qu'un navire se trouve sous le commandement d'un pilote chargé de le conduire, il ne s'ensuit pas que le capitaine soit absolument affranchi de toute responsabilité à raison des dommages résultant de l'abordage de son navire contre un autre. — *Trib. de Marseille*, 25 avr. 1830 (*J. de Marseille*, 11e année, p. 300.)

210. — Jugé également que le mandat légal qui investit le capitaine des actions actives et passives

du navire subsiste même à l'égard d'un navire en état d'embargo, et sous la conduite d'un pilote placé à bord par l'administration de la marine, et encore bien que, dans ce cas, le capitaine privé du commandement soit déchargé de toute responsabilité, et que cette responsabilité pèse sur l'administration. — Par suite, les actes de protestation et de recours signifiés de bonne foi à ce capitaine, à raison d'un abordage, dans les vingt-quatre heures de l'événement sont valables et conservent le droit du demandeur contre la personne responsable. — *Bordeaux*, 31 juill. 1833, Administration de la marine c. Noel dit Feuilhas.

211. — Si le navire voyage sous escorte, il n'est pas permis au capitaine de s'en écarter sans y être contraint par nécessité, sous peine de trois ans de travaux forcés. L. 22 mars 1716, art. 37; — Pardessus, no 639. — Quant aux rapports de ce navire avec le commandant en chef de l'escorte, ils sont réglés par l'ord. du 31 août 1827, art. 104 à 130.

212. — Quand le navire voyage de *conserve* avec d'autres, le capitaine est tenu de remplir les obligations qui lui sont imposées relativement à cette espèce d'association, soit par les conventions, soit par l'usage. — A défaut d'exécution, il serait passible de dommages-intérêts. — V. CONSERVE (Voyage de).

213. — Tout navire de commerce qui se trouve à portée d'un bâtiment de l'état, doit passer à poupe et sous le vent de ce bâtiment, hisser ses marques distinctives et saluer de son pavillon. — Ord. 31 oct. 1827, art. 708.

214. — Lorsqu'un navire court risque d'être abordé par un autre, ou est sur le point d'éprouver un dommage quelconque qui pourrait être évité par le déplacement de l'autre navire, le capitaine de celui-ci doit déférer à la réquisition qui lui est faite, et répond des suites de son refus et même de son retard. — Pardessus, no 655.

215. — Si, en pareil cas, le navire qui fait la manœuvre requise pour le salut de l'autre éprouvait un dommage sans la faute de son capitaine ou de son équipage, ce dommage serait à la charge du navire secouru, à moins que les réglemens locaux ne s'y opposassent ou n'ordonnassent le partage de la perte. — Pardessus, *ibid.*

216. — Le capitaine d'un navire qui, en manœuvrant pour éviter le choc d'un autre navire, cause, sans sa faute, un dommage à celui-ci, n'est point responsable de ce dommage. — Il en serait de même du capitaine d'un navire qui, violemment poussé contre un autre, serait forcé pour son salut d'endommager ce dernier; toutefois, dans ce cas, l'équité veut que le dommage soit supporté en commun. — Pardessus, *ibid.*

217. — Dans tous les autres cas, quand l'abordage des deux navires a lieu, les dommages éprouvés sont supportés conformément à l'art. 407, C. comm. — V. AVARIE.

218. — Le capitaine étant chargé de la surveillance de la police et du bon ordre sur le navire, il a droit d'être obéi en tout ce qu'il ordonne pour le service intérieur ou extérieur. — Pardessus, no 638.

219. — Pour apprécier l'étendue de cette autorité, il faut distinguer entre les faits d'indiscipline et les crimes, délits et contraventions prévus par les lois ordinaires; il faut distinguer encore les actes qui ont lieu en mer, et ceux qui sont commis à portée des autorités territoriales. — Beaussant, t. 1er, p. 177.

220. — Sont considérés comme délits contre la discipline et punissables comme tels : tout défaut d'obéissance d'un officier à son supérieur, d'un matelot à un officier marinier, lorsqu'il n'est point accompagné d'un refus formellement énoncé d'obéir; — l'ivresse, lorsqu'elle n'est point accompagnée de désordres; — les querelles entre les gens de l'équipage, lorsqu'il n'en résulte aucune plaie, et qu'on n'y a point fait usage d'armes ou de bâtons; — toute absence du vaisseau sans permission de celui qui doit la donner; — les feux allumés ou emportés de terre à bord du vaisseau, dans le temps et aux postes où ils sont défendus; — toute infraction aux règles de police; — tout manque à l'appel, au quart, et en général toutes les fautes contre la discipline, le service du vaisseau, provenant de négligence ou de paresse. — Ces délits sont toujours considérés comme plus graves lorsqu'ils ont lieu la nuit, et le temps de la punition est doublé. — L. 21-22 août 1790, tit. 2, art. 2 et 3.

221. — En cas de fautes contre la discipline, commises par des matelots et des officiers mariniers, le capitaine peut, d'accord avec le pilote et le contre-maître et les autres officiers majors, s'il y en a, infliger la privation de vin, les fers sous le gaillard, ou la prison pendant trois jours au plus. — Ord. 1681, liv. 2, art. 22; L. 21-22 août 1790, tit. 2, art. 1er; L. 27 oct.-2 nov. 1790; — Beaussant, t. 1er, p. 179 et suiv.

222. — Si la faute est commise par des officiers-majors, le capitaine ne peut les condamner qu'aux arrêts, à la prison, à la suspension de leurs fonctions pendant un mois au plus, avec ou sans privation de solde pendant le même temps. — L. 21-22 août 1790, tit. 2, art. 4. — En conséquence, ces officiers ne peuvent subir ni le retranchement de vin, ni la mise aux fers. — Beaussant, t. 1er, p. 181.

223. — Le pouvoir disciplinaire du capitaine s'étend même sur les passagers, qui ne doivent pas impunément pouvoir porter le désordre dans un équipage, troubler la tranquillité et compromettre la manœuvre. Le capitaine peut donc mettre aux arrêts ou faire emprisonner le passager turbulent, mais il ne peut lui infliger aucun des autres châtimens réservés aux matelots. — L. 21-22 août 1790, tit. 2, art. 58; — Beaussant, t. 1er, p. 183. — V. PASSAGER.

224. — Ainsi jugé, que lorsqu'un passager se révolte contre l'autorité du capitaine, celui-ci peut lui faire subir une détention à bord par mesure de police et de sûreté, d'après l'avis de son état-major, sans être coupable d'arrestation arbitraire. — *Aix*, 17 sept. 1827, Cannac et Cartini c. Violle.

225. — Jugé aussi que la peine de la boucle, des fers, et autres peines que l'art. 22, liv. 2, ord. 1681, permettait d'infliger aux matelots, en cas d'insubordination, et dont la loi du 21-22 août 1790 (art. 1er, tit. 2) a rendu passibles les matelots, officiers mariniers, n'ont pas cessé d'être en vigueur, et peuvent être appliquées sur les navires marchands aussi bien que sur les bâtimens de l'état, et aux simples passagers aussi bien qu'aux matelots et gens de l'équipage (solut. implic.). — *Aix*, 17 sept. 1827, Cannac et Cartini c. Violle. — V. BOUCLE (peine de la).

226. — Dans les ports et rades du Levant et de Barbarie, les capitaines, maîtres ou patrons des navires français ne peuvent infliger aucune peine à leur équipage sans en avoir obtenu la permission de l'ambassadeur, des consuls ou des vice-consuls. — Ord. 3 mars 1781, tit. 3, art. 26.

227. — S'il s'agit d'un crime ou délit commis à bord par un homme de l'équipage ou un passager, le capitaine est investi alors des fonctions d'un juge d'instruction. Il doit réunir tous les élémens de preuves, toutes les pièces de conviction utiles au jugement de l'affaire, pour les remettre, avec l'inculpé, au procureur du roi dans le port de relâche ou de déchargement en France, et au consul en pays étranger. Il peut également ordonner, en attendant, l'incarcération préventive, après avoir consulté les officiers majors. — Beaussant, t. 1er, p. 178.

228. — Si les faits qui exigent une répression ont lieu dans un port, hâvre, une rivière ou en rade, le capitaine doit faire conduire les prévenus devant le procureur du roi, et laisser le soin de l'instruction à la justice présente, qu'il ne remplace qu'en cas de nécessité. — Beaussant, t. 1er, p. 177.

229. — Si un homme de l'équipage déserte, le capitaine est tenu d'en donner avis au commissaire des classes en France, ou au consul en pays étranger. Cette déclaration est annotée sur le rôle, et les gages de cet homme courent jusqu'au jour de la dénonciation. — Ord. 1er juill. 1758, art. 6 et 8; ord. 1784, art. 18; L. 21 août 1790, art. 55. — S'il y a nécessité de remplacer, soit cet homme, soit tout autre homme décédé ou atteint de maladie, le capitaine doit s'adresser aux mêmes fonctionnaires. — Pardessus, *Cours de dr. comm.*, no 638.

230. — Le capitaine est tenu de veiller à la santé de son équipage, de faire soigner les malades, et, s'il le croit nécessaire, de les déposer dans les ports de relâche, avec les frais éventuels de maladie et de retour dans leur quartier, entre les mains des consuls. — Arg. ord. 29 déc. 1833, art. 50.

231. — Le capitaine ne peut vendre les victuailles de son navire. Cependant il peut, sur l'avis des officiers de l'équipage, en vendre aux navires qu'il trouve en pleine mer dans une disette absolue, pourvu toutefois qu'il lui en reste assez pour son voyage, et à la charge d'en tenir compte aux propriétaires. — Ord. 1681, art. 32 et 33.

232. — Si les victuailles du bâtiment manquent pendant le voyage, le capitaine, en prenant l'avis des principaux de l'équipage, pourra contraindre ceux qui auront des vivres en particulier de les mettre en commun, à la charge de leur en payer la valeur. — C. comm., art. 249.

233. — Avant de recourir à ce moyen, le capitaine devrait d'abord s'emparer des parties du chargement susceptibles d'être employées à la nourriture des hommes et des animaux. — Dageville, *C. Comm.*, t. 2, p. 278.

234. — Si personne à bord n'avait de vivres en particulier, le capitaine pourrait alors en acheter aux navires rencontrés en mer; il pourrait également en vendre aux navires qui se trouveraient dans une nécessité semblable, pourvu qu'il se réservât un approvisionnement suffisant pour le voyage. — Il devrait toutefois, dans ces deux cas, prendre l'avis des principaux de l'équipage. — Boulay-Paty, t. 2, p. 156; Dageville, t. 2, p. 273.

235. — Pendant la traversée, le capitaine remplit en outre les fonctions d'officier de police judiciaire, d'officier de l'état civil, et même en un point celles de notaire.

236. — S'il naît un enfant pendant le voyage, l'acte de naissance est dressé suivant les règles que nous avons rappelées Vo ACTES DE L'ÉTAT CIVIL, nos 319 et suiv.

237. — En cas de décès pendant le voyage, il en est dressé acte dans les vingt-quatre heures, dans les formes indiquées Vo ACTES DE L'ÉTAT CIVIL, nos 455 et suiv.

238. — S'il y avait des signes ou indices de mort violente, ou d'autres circonstances qui donneraient lieu de le soupçonner, le capitaine ne pourrait faire lancer le cadavre à la mer, avec les formes accoutumées, qu'après avoir dressé ou fait dresser par un chirurgien, s'il s'en trouve à bord, procès-verbal de l'état du cadavre et des circonstances y relatives. — C. civ., art. 81. — Beaussant, *C. maritime*, t. 1er, p. 188.

239. — Le jet du cadavre à la mer ne peut avoir lieu que vingt-quatre heures après le décès, sauf les circonstances impérieuses de contagion, infection, etc. — C. civ., art. 77. — Beaussant, *loc. cit.*

240. — Le capitaine ne peut procéder à la célébration d'aucun mariage, même *in extremis*. — Beaussant, t. 1er, p. 188.

241. — Les fonctions du capitaine, comme officier de l'état civil, cessent dans les ports où le navire aborde pendant le voyage, pour relâche ou pour toute autre cause, en France ou dans les pays étrangers qui sont la résidence d'un consul. — Beaussant, t. 1er, p. 189.

242. — Il en est autrement dans les rades. Par exemple, lorsqu'un marin français décède à terre ou sur le navire dans un port consulaire, le capitaine est tenu d'en donner sur-le-champ avis au consul, qui dresse l'acte de décès; tandis que si le marin décède en rade, le capitaine envoie au consul l'expédition de l'acte mortuaire. — Ord. 23 oct. 1833, art. 38; — Beaussant, t. 1er, p. 189.

243. — Si un consul découvre, soit par le rapport, soit par l'interrogatoire des gens de l'équipage ou par tout autre moyen, qu'un capitaine a négligé de dresser des actes de naissances ou de décès arrivés pendant la traversée, il en doit rédiger procès-verbal, recueillir tous les renseignemens propres à constater les faits omis, et informer du tout le ministre de la marine. — Ord. 23 oct. 1833, art. 6; — Beaussant, t. 1er, p. 189.

244. — Dans ce cas, le capitaine est-il passible de l'amende de 100 fr. que l'art. 50, C. civ., prononce contre l'officier de l'état civil qui a contrevenu à ses obligations? — Non. — Beaussant, t. 1er, p. 189.

245. — Le capitaine est aussi chargé de recevoir les testamens des gens de mer et des passagers. — V. TESTAMENT.

246. — Lorsqu'un homme de l'équipage ou un passager est décédé, le capitaine doit procéder incontinent à l'inventaire des effets du défunt, en présence des parens, s'il y en a, sinon, de deux témoins qui signeront. — Ord. de 1681, liv. 3, tit. 11, art. 4.

247. — Si le défunt, s'étant embarqué pour l'aller et le retour, avait commencé à faire décharger ses marchandises, le capitaine doit les faire recharger dans son navire, ainsi que les autres effets portés à terre et comprendre le tout dans son inventaire. — Valin, sur l'art. 5, tit. *Du captaine;* Beaussant, t. 1er, p. 195.

248. — Il doit en être de même des objets laissés à terre pendant une relâche chez un logeur ou toute autre personne, que ces objets appartiennent à un marin ou à un passager. — Beaussant, *loc. cit.*

249. Si le défunt a laissé des objets, pacotille ou autres choses, qu'il se proposait de vendre ou échanger, le capitaine peut faire la négociation à sa place et en rapporter le produit à son retour (art. 6, tit. 11, liv. 3, ord. 1681). — Dans ce cas, il est autorisé à toucher, outre le fret, une commission de vente et d'achat, suivant l'usage commercial. — Beaussant, t. 1er, p. 195.

250. — Cela s'applique également aux effets qui étaient destinés à être négociés, que le défunt ait ou n'ait pas fait de testament, mais à l'exclusion des objets légués en nature, tels que bijoux, diamans et vêtemens. — Beaussant, t. 1er, p. 195.

251. — Le capitaine peut aussi faire vendre à l'enchère au pied du grand mât les objets périssables, tels que provisions de voyage. — Ord. 1681, *loc. cit.*, art. 7. — Le procès-verbal dressé par le capitaine doit être signé de deux témoins. Le capitaine doit se borner aux seules mesures d'urgence, surtout pour la vente des hardes qui ne peuvent se vendre qu'à vil prix, et auxquelles les familles peuvent attacher un souvenir d'affection. — Beaussant, t. 1er, p. 196.

252. — Le prix des objets vendus, les objets non vendus ou achetés en retour doivent, au désarmement du navire, être remis avec les inventaires, factures, procès-verbaux de vente, savoir : l'argent au trésorier des Invalides de la marine, avec les sommes dues au défunt, s'il faisait partie de l'équipage, et le reste au bureau du commissaire des classes. — Réglement du 23 août 1739. — Pardessus, no 645.

253. — En pays étranger, le consul a le droit ou de faire effectuer le dépôt des effets et papiers du défunt, ainsi que le prix des objets vendus et payés comptant, à la chancellerie du consulat, ou de les faire rapporter en France par le capitaine, suivant les circonstances. — Ord. 29 oct. 1833, art. 16. — Beaussant, t. 1er, p. 196.

254. — Le trésorier de la caisse des Invalides donne quittance de l'argent au bas du rôle du désarmement des navires (art. 2, réglement du 23 août 1739), et le commissaire donne récépissé des effets. — Quand le dépôt a lieu à la chancellerie d'un consulat, on dresse procès-verbal du dépôt, et le capitaine en retire expédition pour sa décharge.

255. — Les préposés des douanes peuvent aller à bord de tous bâtimens, entrant dans les ports ou rades ou en sortant, montant ou descendant les rivières, y demeurer jusqu'au débarquement ou sortie, ouvrir les écoutilles, chambres, armoires, caisses, balles, ballots, tonneaux et autres enveloppes. — L. 4 germ. an 11, art. 8, tit. 1er, liv. 1er.

256. — Les bâtimens à l'ancre ou louvoyant à une distance de quatre lieues des côtes de France, hors les cas de force majeure, sont également tenus de souffrir la visite des préposés des douanes. — Beaussant, t. 1er, p. 235.

257. — En cas de relâche forcée, le capitaine doit, dans les vingt-qautre heures, déposer au bureau de la régie un rapport où il justifie des causes de la relâche. Le délai ne court point les jours de dimanches et fêtes. De plus, il doit représenter son manifeste et mentionner dans son rapport le nombre des caisses, balles, ballots et tonneaux de son chargement; représenter ses chartes-parties, connaissemens ou polices de chargement, indiquer le port de sa destination ultérieure et retirer un certificat du tout. Toutes ces formalités sont prescrites à peine de 500 liv. d'amende. — Déc. 6-22 août 1791, tit. 6, art. 1er et tit. 2, art. 4.

258. — Les avaries qui donnent lieu à une restitution proportionnelle des droits de douane sont régulièrement constatées par la déclaration du capitaine, vérifié par les gens de son équipage, conformément à la loi du 22 août 1791, et à celle du 4 germ. an II, sans qu'il soit besoin de se conformer aux art. 242, 243 et 247, C. comm., qui n'ont point dérogé à ces lois spéciales. — *Cass.*, 16 juin 1823, Douanes c. Morneau; 1er juin 1837 (t. 2 1837, p. 214), Douanes c. Giraudeau; — Beaussant, t. 1er, p. 236.

259. — La déclaration du capitaine, dûment certifiée par les gens de l'équipage, n'est pas une formalité indispensable pour constater, à l'égard de l'administration des douanes, les avaries des marchandises et l'échouement du navire, articulés par les souscripteurs d'un acquit à caution. — *Cass.*, 2 avr. 1817, Douanes c. Demolière et Rochery.

260. — La preuve des avaries et de l'échouement peut résulter d'un procès-verbal dressé par les agens des douanes ou d'un rapport fait par des experts nommés par le juge de paix et assermentés. — Même arrêt.

261. — Les avaries arrivées aux marchandises, chargées sur un navire peuvent être déclarées constantes par les tribunaux, quoique le capitaine ne les prouve pas par un rapport déposé dans les vingt-quatre heures de son arrivée et vérifié dans les formes légales. Ainsi, lorsqu'il est constant d'après l'expérience du commerce, que des marchandises, consistant en vins de champagne, ne passent jamais la ligne sans éprouver des avaries, les juges peuvent, sans violer la loi et sans donner ouverture à cassation, allouer au capitaine une somme quelconque pour cet objet. — *Cass.*, 22 avr. 1823, Jaudas c. Chatelain.

262. — Les provisions de voyage d'un navire en relâche dans un port, non débarquées et destinées exclusivement à la consommation de l'équipage, ne sont point sujettes aux droits d'octroi, nonobstant l'offre faite par la régie, d'un bulletin d'entrepôt. — *Cass.*, 24 juill. 1820, Contributions indirectes c. Leprince.

263. — Si, en arrivant dans une rade ou dans un port français ou étranger, le capitaine trouve des bâtimens de l'état, il doit se rendre à bord du commandant en chef à la mer, pour le prévenir de

son arrivée et de son départ, lui communiquer les avis qui peuvent intéresser le service et prendre ses ordres concernant la police de la rade. — Ord. 31 oct. 1827, art. 101.

264.—En cas de refus du capitaine, le commandant en chef peut le punir d'un à huit jours d'arrêts à son bord. Toutefois, si les intérêts confiés au capitaine ne permettaient pas l'application immédiate de cette punition, elle ne lui sera infligée qu'à son retour en France; et dans ce cas, la condamnation aux arrêts est inscrite sur son rôle d'équipage. — De plus, le commandant en chef rend compte de la conduite du capitaine au ministre de la marine, qui statue sur les peines plus graves qui ont pu être encourues.—Ord. 31 oct. 1827, art. 101.

265. — Pendant leur séjour à l'étranger, les capitaines doivent se conformer à la police des ports et rades, qui appartient aux consuls, à moins qu'il n'y ait dans la rade un vaisseau de l'état qui en aurait alors la police: ils ne peuvent, en conséquence, laisser descendre personne à terre sans la permission de cette autorité. — Beaussant, t. 1er, p. 232.

266. — Le capitaine qui aborde dans un port étranger est tenu de se présenter au consul de France, de lui faire un rapport et de prendre un certificat constatant l'époque de son arrivée et de son départ, l'état et la nature de son chargement. — C. comm., art. 244; ord. 29 oct. 1833, art. 45.

267.—Dans les lieux de relâche où les capitaines ne sont pas astreints à faire des déclarations relatives à la santé publique devant les autorités locales connues sous le nom de conservateurs de la santé, bureaux ou magistrats de santé et autres semblables dénominations, le capitaine doit présenter au consul sa patente de santé et faire connaître, indépendamment des détails contenus dans son rapport, quel était l'état de la santé publique du lieu d'où il est parti et de ceux où il a relâché au moment où il a mis à la voile; s'il a fait viser en quelque lieu sa patente de santé; s'il a eu pendant la traversée ou dans ses relâches des malades à bord et s'il en a encore; comment ses malades ont été traités; quelles mesures de purification il a prises par rapport au couchage, hardes et effets des malades ou morts; s'il a communiqué avec quelques navires; à quelle nation ils appartenaient; à quelle époque a eu lieu cette communication, en quoi elle a consisté; s'il a eu connaissance de l'état sanitaire de ces navires ou de toute autre circonstance y relative; si, dans ses relâches ou même dans sa traversée, il a embarqué des hommes, des bestiaux, des marchandises ou effets. — Le consul peut aussi interroger sur les mêmes objets les hommes de l'équipage et les passagers, s'il le juge convenable. — Ord. 29 oct. 1833, art. 13.

268. —Le capitaine prêt à quitter un port étranger doit remettre à la chancellerie du consulat un état exact des marchandises composant le chargement de son navire, signé et certifié par lui (Ord. 29 déc. 1833, art. 44).— Il doit de plus envoyer aux propriétaires du navire le compte prescrit par l'art. 235, C. comm. — V. *infrà* no 441.

269. — Les capitaines doivent recevoir les marins que les commissaires ou consuls leur donnent à conduire dans leurs quartiers (Ord. de 1784, art. 16), et qui ont été débarqués des navires marchands, laissés malades dans les hôpitaux, ou qui faisaient partie des équipages de navires désarmés ou condamnés, ainsi que les déserteurs. — Ord. 29 oct. 1833, art. 51; — Beaussant, *Code maritime*, t. 1er, p. 232.

270. — Les capitaines sont aussi tenus de recevoir les militaires français à l'étranger qui sont renvoyés en France. Le prix du passage est fixé à 3 fr. par jour pour les officiers, quel que soit leur grade, et à 1 fr. pour les sous-officiers et soldats.— Beaussant, t. 1er, p. 234.

271. — Si les capitaines se refusent à recevoir les militaires, on adresse au ministre des affaires étrangères, qui la transmet au ministre de la guerre, la déclaration par écrit des capitaines, ou, à défaut, le rapport des motifs qu'ils allèguent. — Ordonn. 16 déc. 1837, 3e part., tit. 5.

272. — Le capitaine ne doit jamais s'écarter de sa route sans y être absolument forcé; sans cela il s'expose à des dommages-intérêts envers l'armateur et les chargeurs (C. de comm., art. 221), et même à perdre l'assurance (art. 351); mais il peut avoir de justes motifs de relâcher, tels que le mauvais temps, la nécessité de radouber, de faire de l'eau, des vivres, d'éviter la poursuite de l'ennemi, etc.

273. — Un armateur ne peut reprocher au capitaine une relâche uniquement nécessitée par le besoin de vivres. — *Rennes*, 12 juill. 1816, N...

274. — Si, pendant le cours du voyage, le capitaine est obligé de relâcher dans un port français, il est tenu de déclarer au président du tribunal de commerce du lieu les causes de sa relâche. — Dans les lieux où il n'y a pas de tribunal de commerce, la déclaration est faite au juge de paix du canton. —Si la relâche forcée a lieu dans un port étranger, la déclaration est faite au consul de France, ou, à son défaut, au magistrat du lieu. — C. comm., art. 245.

275.—En cas de relâche forcée d'un navire dans un port étranger, le consul français, ou, à son défaut, le magistrat des lieux, est compétent pour recevoir du capitaine la déclaration des causes de relâche, et lui donner toutes les autorisations pour lesquelles, dans un port français, il devrait s'adresser au président du tribunal de commerce ou au juge de paix.— *Cass.*, 5 août 1839 (t. 2 1839, p. 374), Haranchipy c. Paranque.

276. — La déclaration des causes de relâche forcée d'un navire français dans un port étranger ne peut être valablement faite, à défaut de consul de France, devant un notaire du lieu, sous le prétexte que le magistrat de ce lieu aurait refusé de la recevoir, lorsque d'ailleurs le capitaine ne rapporte aucune justification de ce refus.—*Paris*, 8 av. 1839 (t. 1er 1839, p. 476), Pelletreau et Vivès c. la Chambre d'assurances maritimes.

277. — Cette formalité doit être accomplie quelque court que soit le séjour du navire dans le lieu de relâche. — Boulay-Paty, t. 2, p. 129; Dageville, *C. de comm.*, t. 2, p. 257.

278. — La déclaration du capitaine doit-elle être faite dans les vingt-quatre heures de son arrivée? Le Code, comme l'ordonnance de 1681, ne prescrit rien à cet égard; mais l'usage était que le rapport fût fait dans les vingt-quatre heures. — Valin sur l'art. 6, tit. *Des rapports*. — La même décision doit être adoptée aujourd'hui (arg. art. 242, C. comm.). — Boulay-Paty, t. 2, p. 130; Dageville, t. 2, p. 257.

279. — Jugé que l'obligation de faire le rapport dans les vingt-quatre heures n'existe rigoureusement qu'au cas d'entrée spontanée dans un port et dans une rade, et non en cas de relâche forcée. — *Cass.*, 1er sept. 1813, Thomaseau c. assureurs du Calvados. — En cas de naufrage, V. *infrà* nos 297, 312 et suiv.

280. — Bien que l'omission de la déclaration prescrite par l'art. 245, C. comm., en cas de relâche, fasse naître contre le capitaine la présomption que sa relâche a été volontaire, et le rende responsable de la perte du navire et de la cargaison, arrivée même par force majeure (par suite d'un naufrage, par exemple), cette présomption n'est pas cependant de telle nature, qu'on ne puisse lui opposer la preuve contraire. Il faudrait le décider ainsi dans le cas même où la présomption de relâche volontaire serait corroborée par la circonstance que le capitaine avait à son bord sa femme et un enfant de quelques mois qu'il devait désirer débarquer à l'endroit où il a relâché, lieu de son domicile, surtout si, alléguant qu'une voie d'eau s'était déclarée dans le navire, son assertion trouve un commencement de preuve dans la déclaration par lui faite au bureau des douanes et dans l'attestation des employés de cette administration. — *Caen*, 7 janv. 1845 (t. 1er 1845, p. 736), Couedel c. Hébert-Desroquettes.

281. — Dans le port où il existe un consul, le capitaine lui remet, conformément à l'art. 245, C. comm., une déclaration constatant les causes de sa relâche. — Si la relâche se prolonge au-delà de vingt-quatre heures, le capitaine est tenu de remettre au consul son rôle d'équipage. — Ordonn., 29 déc. 1833, art. 12; — Beaussant, t. 1er, p. 231. — De plus, et en cas de relâche prolongée pendant plus de vingt-quatre heures, le capitaine remet au consul les procès-verbaux qu'il a dû dresser contre les marins déserteurs, et des informations qu'il a dû faire à l'occasion des crimes et délits commis par des matelots ou passagers pendant le cours de la navigation.—Ord. 29 oct. 1833, art. 15.

282. — Doit être réputé déserteur, le marin qui, dans un port étranger, descend à terre sans permission quand le navire est prêt à partir. Le capitaine qui, après avoir reçu ses expéditions et avoir placé son navire en rade pour effectuer son départ, abandonne ce marin à terre sans en faire la déclaration au consul français ou à l'autorité du lieu, et qui se borne à dresser procès-verbal de l'absence du marin à bord sans autorisation, n'est pas en faute. — *Trib. Marseille*, 9 déc. 1833 (*Journ. Marseille*, t. 14, p. 33).

283. — Si, pendant le cours du voyage, il y a nécessité de radoub ou d'achat de victuailles, le capitaine, après l'avoir constaté par un procès-verbal signé des principaux de l'équipage, et en se faisant autoriser, peut soit emprunter sur le corps et quille du vaisseau, soit mettre en gage ou vendre des marchandises, jusqu'à concurrence de la somme que les besoins exigent. — C. comm., art. 234. — V. *infrà* nos 384 s., 395 s., 408 s., 502.

284. — Le capitaine peut emprunter non seulement par contrat à la grosse, mais sous toute autre forme. Ainsi, il peut souscrire une obligation ordinaire ou des lettres de change. — Delvincourt, *Inst. de dr. Comm.*, t. 2, p. 211; Boulay-Paty, t. 2, p. 71.

285. — Il n'a jamais droit de mettre en gage les apparaux du navire qui sont indispensables à la navigation, et dont l'absence rendrait tout emprunt inutile. — Locré, *Espr. du C. de comm.*, t. 3, p. 115.

286. — Si le navire ne peut être radoubé, le capitaine a la faculté d'en louer un autre pour continuer son voyage. — C. comm., art. 296.

287. — Quelquefois encore il arrive que le voyage du navire est interrompu par d'autres cas de force majeure; les principaux sont l'arrêt par ordre de puissance, l'interdiction de commerce, la prise, la perte ou l'innavigabilité du navire.

288.—Dans le cas d'arrêt par ordre de puissance, appelé encore *arrêt de prince* ou *embargo*, le capitaine dont le navire est frappé doit faire ce qu'il croit utile pour obtenir main-levée, et même le paiement du loyer du navire pendant le temps qu'il a été détenu ou employé.—Pardessus, no 640.

289. — Dans le cas d'interdiction de commerce prononcée pendant le voyage, il faut faire une distinction. Si le port de la destination est bloqué, le capitaine n'est pas obligé de s'y rendre, il doit alors, à moins d'instructions contraires, se diriger vers le port le plus voisin et non bloqué de la même nation. S'il y avait interdiction de commerce avec le territoire entier de cette nation, le capitaine devrait revenir. — Pardessus, no 641.

290. — Si le navire est attaqué par des ennemis, le capitaine doit, quel que soit son courage, se rendre plutôt que d'exposer son navire et les personnes qui le montent à périr. Mais il pourrait n'être pas répréhensible s'il mettait le feu au navire pour empêcher l'ennemi d'en profiter. Tout cela dépendrait des circonstances. — Pardessus, no 642.

291.—On ne doit pas considérer comme en faute le capitaine qui, apprenant en route l'existence d'une déclaration de guerre et la présence de corsaires ennemis sur les mers qu'il doit traverser, relâche dans le but de se soustraire à la prise. La relâche, en pareille occurrence, est un acte de prudence et de bonne administration.—*Trib. comm. de Marseille*, 29 août 1827, Fardel (*J. de Marseille*, t. 1er, p. 311).

292. — En cas de prise, le capitaine doit, comme mandataire de l'armateur et des chargeurs, faire dans leur intérêt tout ce qu'ils feraient eux-mêmes. Il doit donc employer tous les moyens qui sont en son pouvoir pour obtenir la restitution de la prise. — Pardessus, no 642.

293. — La qualité de ces moyens employés en pays étranger, s'ils ont eu pour résultat la libération des choses prises, ne devrait pas toujours être scrutée avec autant de scrupule et de rigueur que s'il s'agissait de faits passés en France. — Pardessus, *ibid.*

294. — Ainsi, les dons que le capitaine fait en pays étranger, après délibération de l'équipage, aux avocats et aux juges de la prise afin d'obtenir la libération du navire et de la cargaison, doivent être admis en avarie à la charge des assureurs; du moins, l'arrêt qui le décide ainsi est à l'abri de toute censure, lorsqu'il constate que les dons ont été faits pour le bien et le salut communs du navire et des marchandises, et que le capitaine qui savait que la commission était associée au bénéfice des prises, a agi prudemment en subissant la loi de la nécessité. — *Cass.*, 2 août 1827, Assurances c. Changeur.

295. — Si le capitaine ne peut raisonnablement obtenir main-levée, il a droit de procéder au *rachat*. Cette négociation s'effectue moyennant des valeurs comptant ou des lettres de change qu'il tire sur son commettant au profit du capteur. Les conventions sont constatées par un *billet de rançon*. — Quelquefois même, un des officiers du navire capturé est donné en otage pour sûreté du paiement. — Pardessus, no 642.

296. — Il y a perte du navire lorsqu'il fait naufrage, qu'il échoue, qu'il se brise, ou qu'il sombre. — Pardessus, no 643.

297. — Le capitaine qui s'est sauvé du naufrage doit immédiatement faire son rapport et le faire vérifier. — C. comm., art. 246. — Il doit également faire ce rapport en cas de capture, de pillage ou d'innavigabilité. — V. *infrà* no 313.

298.—Le capitaine doit, en outre, veiller au sauvetage ou recouvrement des débris du navire et du chargement, et il peut, s'il est nécessaire, pour payer les frais de cette opération, emprunter sur les débris sauvés et les affecter à la dette.— C. civ., art. 2102; — Pardessus, no 643.

299.— Toutefois, le capitaine et l'armateur d'un navire échoué qui ont dépassé dans les dépenses de réparation le montant de l'évaluation fixée par des experts contradictoirement nommés entre les intéressés, ne peuvent mettre cet excédant à la

charge des réclamateurs et assureurs. — *Cass.*, 13 juill. 1829, Pouilly c. Assurances maritimes.

300. — La présence de l'armateur sur le lieu du naufrage ne dispense pas le capitaine d'employer tous ses moyens au sauvetage du navire. — *Rennes*, 12 juill. 1816, N...

301. — Les autorités locales doivent concourir, et même, à défaut du capitaine, faire procéder d'office au sauvetage. — V. NAUFRAGE.

302. — Il y a innavigabilité pour le navire quand, par suite d'accidens le navire est réduit à une dégradation entière ou que certaines de ses parties essentielles sont dans un état tellement irréparable qu'il ne peut plus subsister et remplir sa destination. — Pardessus, no 644. — V. au surplus ASSURANCE MARITIME.

303. — Dans ces différens cas, et généralement pour quelque danger que ce soit, le capitaine ne peut abandonner son navire pendant le voyage sans l'avis des officiers et principaux de l'équipage. — C. comm., art. 241.

304. — La délibération dans laquelle a été reconnue la nécessité d'abandonner le navire doit être consignée sur le livre de bord par un procès-verbal signé des officiers et principaux de l'équipage, soit avant de quitter le bord, soit au moment de l'arrivée à terre. — Boulay-Paty, t. 2, p. 106; Dageville, t. 2, p. 224. — Dans le cas où il ne serait pas possible de sauver le livre de bord, le procès-verbal devrait être fait devant l'autorité compétente du lieu par le capitaine, et il devrait être affirmé par l'équipage. — Dageville, *loc. cit.*

305. — Un capitaine doit être réputé de plein droit n'avoir abandonné son navire que par nécessité lorsque son consulat atteste qu'il s'est déterminé à l'abandon pour cause de péril imminent, et après en avoir délibéré avec l'équipage. En pareille circonstance, le capitaine contre lequel il ne s'élève aucun soupçon de baraterie est censé avoir fait tout ce qui lui a été possible dans la situation où il se trouvait, et doit être exempt de tout reproche de faute, bien que les tiers attestent qu'il aurait pu manœuvrer de manière à sauver le navire. — *Trib. comm. de Marseille*, 27 déc. 1826 (*J. de Marseille*, 8, 1, 33), Pagano.

306. — Lorsque le capitaine est forcé d'abandonner son navire, il est tenu de sauver avec lui l'argent et ce qu'il peut des marchandises les plus précieuses de son chargement, sous peine d'en répondre en son propre nom. Si les objets ainsi tirés du navire sont perdus par quelque cas fortuit, le capitaine en demeurera déchargé. — C. comm., art. 241.

307. — Le capitaine doit aussi songer à sauver ses expéditions, les connaissemens et les autres papiers du navire, et surtout son livre de bord. — Dageville, t. 2, p. 244; Delvincourt, t. 2; Boulay-Paty, t. 2, p. 108.

308. — La disposition de l'art. 241 C. comm., qui prescrit au capitaine, en cas d'abandon du navire pendant le voyage, de sauver avec lui l'argent qu'il peut avoir à bord, ne doit être appliquée qu'autant qu'il est démontré qu'il a été au pouvoir du capitaine de s'y conformer. — *Aix*, 19 août 1840 (t. 1er 1841, p. 622), Rougemont c. Berenguier; — Valin, sur l'ord. 1681, l. 2, t. 1er, art. 26, p. 280; Dageville, t. 2, p. 244.

309. — Ainsi, lorsque le capitaine et son équipage sont contraints par un événement de mer d'abandonner précipitamment le navire en danger imminent de périr, le capitaine n'est pas responsable de la perte des sommes appartenant à son armateur, et qu'il n'a pu sauver. Il en est ainsi lors même que le capitaine n'a pas rédigé le connaissement des sommes qu'il aurait reçues et embarquées pour le compte de son armateur. — Même arrêt.

310. — Un capitaine qui, contraint par une voie d'eau d'abandonner son navire en mer, a été recueilli avec son équipage à bord d'un autre bâtiment, est en faute pour n'avoir pas sauvé les espèces d'or et d'argent chargées sur son navire, s'il est constant que le transbordement de son équipage à bord de l'autre bâtiment a été fait en plusieurs voyages, et que pendant ce temps il n'a requis aucune assistance pour le sauvetage des espèces. — *Trib. comm. de Marseille*, 18 août 1829 (*J. de Marseille*, 11e année, p. 19).

311. — Le capitaine n'est pas responsable de la perte des effets, même précieux, qui arrive pendant le désordre et la confusion du sauvetage de son navire échoué, alors surtout que les étrangers qui s'y sont introduits sous le prétexte de procéder au sauvetage s'en sont presque rendus maîtres, et que, raisonnablement, on ne peut lui imputer aucune faute. — *Bordeaux*, 6 déc. 1838 (t. 1er 1841, p. 464), assureurs c. Malvezin, Lagarde.

312. — Le capitaine qui a fait naufrage et qui s'est sauvé seul ou avec partie de son équipage est tenu de se présenter devant le juge du lieu, ou à défaut de juge, devant toute autre autorité civile, d'y faire son rapport, de le faire vérifier par ceux de son équipage qui se seraient sauvés et se trouveraient avec lui, et d'en lever expédition. — C. comm., art. 246.

313. — Ces dispositions de l'art. 246 du Code comm. ont été complétées par l'art. 17 de l'ord. du 29 oct. 1833, en ce qui concerne les rapports à faire devant les consuls : « Lorsqu'un capitaine aura éprouvé une capture en temps de guerre ou un pillage de la part d'un pirate, il devra en faire un rapport circonstancié ; il en agira de même s'il a été obligé d'abandonner son navire par fortune de mer ou pour cause d'innavigabilité. S'il a été capturé par un bâtiment ennemi, il déclarera quel en était le pavillon et dans quels parages il a été pris. Si son bâtiment a été relâché par l'ennemi, il exhibera le traité de rançon et toutes les pièces tendant à éclairer le consul sur les circonstances de sa navigation et la date de sa capture. Si, après avoir été capturé par l'ennemi, le bâtiment a été l'objet d'une recousse, il en sera fait mention. Dans le cas où le bâtiment aurait été pillé et l'équipage maltraité par un pirate, le capitaine donnera tous les renseignemens propres à signaler ce pirate; et, s'il est possible, à le faire capturer par les bâtimens de guerre français auxquels le consul s'efforcera de faire parvenir promptement à cet effet les communications nécessaires. Si le navire a été abandonné par fortune de mer, le capitaine fera connaître les circonstances et le lieu de l'événement. S'il a été obligé de le vendre pour cause d'innavigabilité, il produira les procès-verbaux et les autorisations du magistrat local. »

314. — Le rapport du capitaine doit être fait dans le délai de vingt-quatre heures. Quoique le Code ne rappelle pas ici la disposition impérative de l'art. 242 (V. *infrà* nos 345 et suiv.), elle doit être suppléée, parce qu'elle régit les articles subséquens. La permisssion que le législateur accorde au capitaine, dans ce cas seulement, de faire sa déclaration devant *toute autorité civile*, témoigne assez de l'urgence de cette formalité. — Boulay-Paty, t. 2, p. 136; Dageville, *C. comm.*, t. 2, p. 263. — *Contrà* Delvincourt, t. 2. — V. cependant *suprà* no 279.

315. — En cas de naufrage, le capitaine n'est pas tenu de faire son rapport dans les vingt-quatre heures; le délai n'est pas de rigueur. — *Rennes*, 12 juill. 1816, N... — En cas de relâche forcée, V. *suprà* no 279.

316. — Le rapport peut être fait devant le juge de paix. — *Rennes*, 12 juil. 1816, N...

317. — Si le capitaine n'a rien sauvé du naufrage, il peut faire traite sur l'armateur du navire, pour payer le coût de l'expédition de son rapport. — S'il ne trouvait pas de crédit, on ne pourrait pas lui imputer de n'avoir pas satisfait aux prescriptions de la loi. — Dageville, t. 2, p. 266.

318. — Pour vérifier le rapport du capitaine, le juge reçoit l'interrogatoire des gens de l'équipage, et, s'il est possible, des passagers, sans préjudice des autres preuves. — Les rapports non vérifiés ne sont point admis à la décharge du capitaine, et ne font pas foi en justice, excepté dans le cas où le capitaine naufragé s'est sauvé seul dans le lieu où il a fait son rapport. — La preuve des faits contraires est réservée aux parties. — C. comm., art. 247.

319. — L'ordonnancese contentant de la *déposition* des gens de l'équipage, le mot *interrogatoire*, dont se sert le Code, impose au fonctionnaire chargé de recevoir le rapport l'obligation d'adresser d'office toutes les interpellations qu'il jugera nécessaires dans l'intérêt de la vérité. — Locré, *Esprit du C. de comm.*, sur l'art. 247; Boulay-Paty, t. 2, p. 149; Dageville, t. 2, p. 267.

320. — Le rapport du capitaine doit être vérifié par le fonctionnaire même qui l'a reçu, à moins que des circonstances impérieuses, telles que la dispersion de l'équipage par suite du naufrage, ne nécessitassent une autre manière de procéder. — Émérigon-Boulay-Paty, *Assur. et contr. à la grosse*, t. 2, p. 149; Delvincourt, *Inst. de dr. comm.*, t. 2; Dageville, t. 2, p. 266.

321. — Les tiers intéressés doivent-ils être appelés à cette vérification? — Sous l'ancienne jurisprudence, on le décidait ainsi, lorsque les parties intéressées étaient présentes sur les lieux; mais le Code ne prescrit rien à cet égard, il réserve seulement aux parties intéressées la preuve des faits contraires. — Dageville, t. 2, p. 268; Boulay-Paty, t. 2, p. 150.

322. — Le capitaine n'est pas responsable du défaut d'interrogatoire des gens de l'équipage par celui auquel il a fait son rapport. Cet interrogatoire, d'ailleurs, est présumé avoir été fait, s'il est énoncé au procès-verbal que les gens de l'équipage ont affirmé la cincérité du contenu du rapport du capitaine. — *Rennes*, 12 juill. 1816, N...

323. — L'omission de l'interrogatoire d'un petit nombre de témoins désignés par l'art. 247, C. comm., pour la vérification du consulat du capitaine, ne suffit pas pour rendre cet acte irrégulier et nul, si d'ailleurs il est vérifié par l'affirmation du plus grand nombre des hommes de l'équipage. — *Aix*, 13 mai 1814, Robert.

324. — La loi n'impose pas au capitaine l'obligation de faire vérifier son rapport; cette formalité, en effet, est tout entière établie en sa faveur; mais il est important pour lui de s'y soumettre, à cause de la différence qui existe, quant aux effets, entre les rapports non vérifiés et ceux qui le sont. — Locré sur l'art. 247; Dageville, t. 2, p. 268.

325. — Les rapports des capitaines de navires capturés peuvent être visés pour timbre, et enregistrés en débet, comme les rapports des capitaines naufragés. — Déc. min. 4 juil. 1809.

326. — Les parties intéressées peuvent contester le rapport, même vérifié, du capitaine, sans être obligées de s'inscrire en faux. — Le rapport peut être détruit par des preuves contraires résultant ou des procès-verbaux du même capitaine, ou du rapport et des procès-verbaux d'un autre capitaine, ou de la déposition d'autres témoins, ou enfin de la combinaison de certaines circonstances avérées qui démontrent la fausseté de ce rapport. — Boulay-Paty, *Dr. comm. maritime*, t. 2, p. 151; Dageville, t. 2, p. 269; Delvincourt, t. 2; Locré, sur l'art. 247.

327. — Le capitaine, de son côté, peut, à l'appui de son rapport, produire les procès-verbaux qu'il a faits à bord et qui sont signés des principaux de l'équipage, et faire entendre des témoins. — Ces mots : *sans préjudice des autres preuves*, doivent s'entendre en faveur du capitaine. — Valin, sur l'art. 7, tit. *des rapports*; Boulay-Paty, t. 2, p. 151; Locré, sur l'art. 247; Delvincourt, t. 2.

328. — Le rapport fait en due forme et vérifié est une pièce authentique, qui fait foi par elle même en faveur du capitaine. — Boulay-Paty, t. 2 p. 152; Dageville, t. 2, p. 269; Delvincourt, t. 2.

329. — Le rapport fait devant l'autorité publique est une déclaration judiciaire qui ne peut être ni révoquée ni modifiée, à moins qu'on ne prouve qu'elle a été la suite d'une erreur de fait. — C. civ., art. 1356; — Valin, sur l'art. 7, tit. *Des rapports*; Locré, sur l'art. 247; Boulay-Paty, t. 2, p. 269.

330. — Le rapport du capitaine, même non vérifié, fait donc foi contre lui, en ce sens qu'il n'est pas recevable à rien alléguer de contraire. — Valin, sur l'art. 7, tit. *Des rapports*; Émérigon-Boulay-Paty, *loc. cit.*; Delvincourt, t. 2.

331. — Un capitaine ne peut être admis à prouver un événement de force majeure dont il n'a pas fait mention dans son rapport, rédigé dans les formes prescrites par l'art. 242, C. comm., et vérifié par les gens de l'équipage, conformément à l'art. 247. — *Aix*, 8 août 1818, Sauveur c. Asquaciaty.

332. — Un patron de barque qui, après un naufrage, ne fait ni déclaration de cet événement, ni procès-verbal du sinistre et de ses circonstances, qui, d'ailleurs, avoue et avoir voyagé par gros temps, et avoir négligé les précautions utiles et indiquées, est inadmissible à prouver que son naufrage a été occasionné par force majeure. — *Rennes*, 8 juill. 1811, Dubois et Chalmet c. Néel et Dronadaine.

333. — Le rapport fait par le capitaine ne peut pas être considéré comme une preuve légale des événemens de sa navigation, lorsque le registre de bord n'est pas représenté. — *Aix*, 21 juill. 1821 (*J. Mars.*, 2, 1, 371), Rougier.

334. — Le rapport du capitaine peut, bien qu'il n'ait pas été vérifié conformément à l'art. 247, C. comm., être pris en considération, lorsqu'on ne l'invoque pas pour la décharge du capitaine; notamment au cas où il s'agit d'établir, entre l'assuré et l'assureur, la vérité de l'avarie. — *Bordeaux*, 11 juill. 1826, Brandan c. Salignac.

335. — La règle posée par les art. 247 et 384, C. comm., d'après laquelle les armateurs, chargeurs, assureurs ou autres parties intéressées, peuvent faire la preuve contraire des faits consignés dans le rapport du capitaine, n'est applicable qu'au cas où la contestation s'élève entre les assureurs et les assurés, ou entre le capitaine et les intéressés au navire ou au chargement. — Mais ce rapport fait foi de son contenu contre ceux-ci lorsqu'il s'agit d'une contestation élevée entre eux et un tiers qu'ils veulent rendre responsable d'un dommage arrivé au navire. — *Aix*, 9 déc. 1836 (sous *Cass.*, 2 juill. 1838, t. 2 1838, p. 332), Bernard c. Chieusse et le préfet maritime de Toulon.

336. — Et si dans ce cas il résulte, soit expressément, soit tacitement, du rapport que ce tiers est resté étranger à la perte du navire, l'arrêt qui, par appréciation des termes de ce rapport, refuse d'admettre les armateurs ou assureurs à la preuve contraire, ne viole aucune loi. — Même arrêt de *Cass.*

337. — L'obligation de faire un rapport est applicable à la navigation des fleuves et des rivières. — Le maître ou patron d'un bateau ou d'un train de bateaux naufragés, doit sur-le-champ adresser son

rapport à l'autorité du lieu où l'accident est arrivé. — Boulay-Paty, t. 2, p. 154 ; Dageville, t. 2, p. 269.

§ 4. — *Droits et obligations du capitaine à l'arrivée.*

338. — Lorsque le navire est arrivé à sa destination, le capitaine n'a plus qu'à le mettre en sûreté et à rendre compte à l'autorité publique, aux armateurs et aux chargeurs respectivement, de la mission qui lui a été confiée.

339. — Le capitaine qui entre dans un port ou autre lieu de débarquement doit se conformer aux réglemens tant généraux que locaux, sur le placement de son navire et sur les précautions prescrites pour prévenir les abordages, les incendies, etc. — Pardessus, *Cours de dr. comm.*, n° 647 ; Favard, *Rép.*, v° *Capitaine*, § 4, n° 1er.

340. — Lorsqu'un réglement émané de l'autorité compétente impose aux capitaines de navires entrant dans un port l'obligation de prendre la place que leur assignera l'officier du port, ces capitaines sont tenus, par cela même, de faire audit officier du port la déclaration de leur entrée et la demande d'indication de la place à laquelle ils doivent aborder et décharger, ou même délester leur navire. — *Cass.*, 9 mars 1844 (t. 1er 1844, p. 818), Pillet.

341. — Tout ce qui concerne les navires marchands, leur visite, la déclaration des marchandises, leur vérification, etc., a dû, suivant le traité de commerce entre la France et la Russie, du 11 janv. 1787, être réglé d'après les lois et usages de chaque pays. — *Cass.*, 21 brum. an XIII, Gerret-Ziedzès c. Raimbert et Lemagnin.

342. — A l'égard de la police sanitaire, le capitaine arrivant dans un port français est tenu : 1° d'empêcher toute communication avant l'admission à libre pratique, s'il ne se trouve dans les exceptions prévues par l'ordonnance du 7 août 1822 ; — 2° de se conformer aux règles de la police sanitaire, ainsi qu'aux ordres donnés par les autorités chargées de cette police ; — 3° d'établir en conséquence son navire dans le lieu qui lui est réservé ; — 4° de se rendre, aussitôt qu'il y est invité, auprès des autorités sanitaires en attachant à son canot une flamme de couleur jaune, afin d'empêcher toute approche ; — 5° de produire auxdites autorités tous les papiers de bord, de répondre, après avoir prêté serment, à l'interrogatoire qu'elles lui feront subir, et de déclarer tous les renseignemens venus à sa connaissance qui pourront intéresser la santé publique. — Beaussant, *C. maritime*, t. 1er, p. 242.

343. — Les droits de reconnaissance et de quarantaine doivent être payés à l'administration de la santé par le capitaine désigné dans les expéditions, lors même qu'il allègue avoir été dépossédé de fait par un autre capitaine, du commandement du navire. — *Trib. comm. de Marseille*, 22 juin 1831 (*J. de Mars.*, 12, 1, 251), Administration sanitaire.

344. — Les capitaines de navire sont tenus à leur entrée dans les ports de présenter aux employés des douanes, dès que ceux-ci abordent le navire, le journal de bord, lequel sera visé, au bas de la dernière ligne d'écriture par le chef ou l'un des préposés des douanes. — L. 2 juill. 1836, art. 7. — Celui-ci doit biffer les blancs qui peuvent exister dans les pages et mentionner les ratures et surcharges. — Beaussant, t. 1er, p. 239.

345. — Le capitaine est tenu, dans les vingt-quatre heures de son arrivée, de faire viser son registre, et de faire son rapport. — Le rapport doit énoncer le lieu et le temps de son départ, la route qu'il a tenue, les hasards qu'il a courus, les désordres arrivés dans le navire, et toutes les circonstances remarquables de son voyage. — C. comm., art. 242. — Ce rapport prend le nom de *consulat* dans les ports de la Méditerranée.

346. — On distingue le *grand rapport*, qui se fait quand la navigation a présenté des accidens, des sinistres, des avaries pouvant donner lieu à des débats d'intérêt privé, et qui devient une pièce importante pour les intéressés, et le *petit rapport* qui est seulement un avis d'arrivée. — Beaussant, t. 1er, p. 238.

347. — Le délai de vingt-quatre heures commence à courir du moment où le capitaine a jeté l'ancre dans le port, ou dans la rade si le navire ne peut entrer dans le port. — Dageville, *C. comm.*, t. 2, p. 247.

348. — L'obligation imposée au capitaine de faire son rapport dans les vingt-quatre heures de l'arrivée au port n'est pas prescrite à peine de nullité. — *Rouen*, 26 nov. 1841 (t. 2 1842, p. 549), Gaultier Mauger c. l'Hôtellier.

349. — Cette obligation n'est pas non plus absolue. — Le rapport fait plus tard peut être réputé valable, suivant les circonstances ; et les juges peuvent même tirer des pièces produites, dont l'appréciation souveraine leur appartient, la preuve de l'accomplissement de la formalité. — *Cass.*, 3 juill. 1839 (t. 2 1839, p. 370), Prébois Bonhomme c. Biarnès.

350. — Le rapport est fait au greffe devant le président du tribunal de commerce. — Dans les lieux où il n'y a pas de tribunal de commerce, le rapport est fait au juge de paix de l'arrondissement. — Le juge de paix, qui a reçu le rapport, est tenu de l'envoyer, sans délai, au tribunal de commerce le plus voisin. — Dans l'un et l'autre cas, le dépôt en est fait au greffe du tribunal de commerce. — C. comm., art. 243.

351. — Un double du rapport du capitaine est déposé au bureau de la douane, mais sans les pièces originales qui doivent rester au greffe du tribunal de commerce, où l'administration peut s'en faire délivrer des expéditions. — Circ. 4 mars et 20 avr. 1808.

352. — Le *consulat* d'un capitaine, qui fait foi relativement aux faits qui lui sont personnels, fait également foi relativement aux faits qui lui sont étrangers. — *Trib. comm. de Mars.*, 9 juill. 1824 (*J. Mars.*, 6, 1, 246), Guerrero.

353. — L'obligation de faire un rapport, conformément à l'art. 242, est applicable même aux capitaines étrangers, lorsqu'ils arrivent dans un port français. Cette disposition est du droit des gens. — Pardessus, t. 3, n° 648 ; Dageville, t. 2, p. 246. — Si le capitaine ne sait pas la langue, il est assisté par un interprète juré. — Dageville, *loc. cit.*

354. — Le capitaine étranger qui arrive dans un port français avec une cargaison à la consignation d'un négociant français n'est pas tenu de faire devant le juge français le rapport de mer ou *consulat* prescrit par les art. 242 et 243, C. comm. — *Aix*, 14 mars 1840 (t. 2 1840, p. 79), Zizinia c. Mellema et assureurs de Marseille.

355. — Les droits et les devoirs de ce capitaine étranger à cet égard doivent être réglés d'après le principe de la réciprocité. Ainsi le rapport de mer ou *consulat* fait en France par le capitaine étranger devant le consul de sa nation ne doit être admis comme valable par les tribunaux français qu'autant que le serait dans son pays celui d'un capitaine français devant le consul de France. — Même arrêt.

356. — Le rapport d'un capitaine de navire étranger qui arrive dans un port français, est valablement fait devant le consul de sa nation ; sans qu'il soit obligé de le faire ou de le réitérer devant le président du tribunal de commerce. — Il n'en est pas de même du rapport exigé par la législation spéciale des douanes, lorsqu'il est question de réclamer une réduction de droit sur des marchandises avariées ; le capitaine étranger est alors dans l'obligation de faire son rapport à l'administration de la douane dans les vingt-quatre heures de son arrivée. Par suite, s'il néglige cette formalité, il est responsable envers les consignataires de la réduction de droit que la douane leur refuse faute de rapport ou déclaration d'avaries. — *Trib. comm. de Marseille*, 28 fév. 1837 (*J. de Marseille*, t. 16, p. 113), Peyron.

357. — Les petits rapports ou rapports sommaires sont affranchis des droits de timbre, de greffe et d'enregistrement ; les grands rapports ou rapports détaillés y sont seuls soumis. — Délib. de l'admin. de l'enreg., 1er fév. 1831.

358. — Les grands rapports sont enregistrés au droit fixe de 3 fr. — Mais les extraits ou relevés de ces mêmes rapports sont exempts des formalités du timbre et de l'enregistrement. — Décis. minist., 15 juill. 1808.

359. — La vérification des grands rapports de capitaines de navires, faite immédiatement et constatée par le même acte que le rapport, ne donne pas ouverture à un droit particulier. — Si elle fait l'objet d'un acte ou d'un procès-verbal distinct, cet acte, comme tout autre acte judiciaire, est assujéti à la formalité de l'enregistrement et aux droits qui en résultent. — Délib. de l'ad. de l'enreg., 1er fév. 1831.

360. — La mention faite dans le rapport d'engagemens pris durant le voyage ne donne ouverture à aucun droit, attendu qu'elle est une partie inhérente au rapport. — Dél. cons. d'ad., 11 janv. 1824.

361. — Hors les cas de péril imminent, le capitaine ne peut décharger aucune marchandise avant d'avoir fait son rapport, à peine de poursuites extraordinaires contre lui. — C. comm., art. 248.

362. — La poursuite extraordinaire dont parle l'art. 248, est indépendante de l'action de l'administration des douanes, pour introduction frauduleuse de marchandises. — Delvincourt, t. 2, p. 218.

363. — Le capitaine doit remettre, dans les vingt-quatre heures de son arrivée, au bureau des douanes, l'acte de francisation et le congé, qui y restent déposés jusqu'au prochain départ. — Arrêté du 27 vend. an II, art. 28.

364. — Il est tenu de déclarer, dans le même délai, à l'officier du port, la qualité et la quantité du lest qu'il a à bord, sous peine de 20 liv. d'amende. — Ord., 1681, liv. 4, tit. 4, art. 1er ; 1765, art. 647 ; — Beaussant, *C. maritime*, t. 1er, p. 600.

365. — Jugé que cette déclaration doit être faite, dans tous les cas. — *Cons. d'état*, 6 sept. 1842, Grenier.

366. — Dans les trois jours au plus tard, le capitaine doit remettre son rôle d'équipage au préposé de l'inscription maritime, à peine de 10 fr. d'amende. (Régl., 1727.) — Il lui fait également un rapport sur les délits commis pendant la traversée et la remise des testamens et des actes de l'état civil. — C. civ., art. 61, 87, 992 et 993 ; Beaussant, t. 1er, p. 239.

367. — Le capitaine est encore tenu de remettre au bureau des douanes le manifeste ou état de sa cargaison ; alors il acquitte les droits et fait décharger les acquits à caution. — V. DOUANES.

368. — Si le capitaine aborde dans un port étranger, il est tenu de se présenter au consul de France, de lui faire un rapport, et de prendre un certificat constatant l'époque de son arrivée et de son départ, l'état et la nature de son chargement. — C. comm., art. 244. — A défaut de consul, il doit s'adresser au magistrat du lieu. — Pardessus, t. 3, n° 648.

369. — Ces dispositions ont été complétées par l'ordonnance du 29 déc. 1833. — Lorsque le capitaine arrive au lieu de sa destination, il est tenu, conformément aux art. 242 et 248, C. comm., après avoir pourvu à la sûreté de son bâtiment, et au plus tard dans les vingt-quatre heures de son arrivée, de faire son rapport devant le consul. — Art. 10.

370. — Ce rapport du capitaine doit énoncer : 1° les noms, tonnage et cargaison du navire ; 2° les nom et domicile de l'armateur et des assureurs, s'ils lui sont connus ; le nom du port de l'armement et celui du lieu de départ ; — 3° la route qu'il a tenue ; — 4° les relâches qu'il a faites pour quelque cause que ce soit ; — 5° les accidens survenus pendant la traversée ; — 6° l'état du bâtiment, les avaries, les ventes d'agrès ou marchandises, ou les emprunts qu'il a pu faire pour les besoins du navire, les achats des vivres ou autres objets nécessaires auxquels il a été contraint. — Ord., 29 déc. 1833, art. 10.

371. — Le rapport du capitaine doit énoncer en outre : — les moyens de défense du bâtiment, l'état des victuailles existant à bord, la situation de la caisse des médicamens ; — les écueils qu'il a découverts et dont il a rectifié le gisement ; les vigies, phares, balises, tonnes qu'il a reconnus ou dont l'établissement ou la suppression est parvenu à sa connaissance ; — les navires et barques abandonnés qu'il aurait reconnus, et les objets pouvant provenir des jets, bris ou naufrages qu'il a recueillis ou aperçus ; — les flottes, escadres, stations, croisières françaises ou étrangères ; les navires de tout genre, suspects ou autres, les corsaires ou pirates qu'il a rencontrés, les bâtimens avec lesquels il a raisonné, les faits qui lui ont été annoncés dans ces communications ; — les changemens apportés aux réglemens de santé, de douanes, d'ancrage dans les ports où il a relâché ; enfin tout ce qu'il a appris qui peut intéresser le service de la marine et la prospérité du commerce français. — Ord. 29 déc. 1833, art. 10.

372. — Ce rapport, après avoir été affirmé par le capitaine, est signé de lui, du chancelier et du consul. — Ord., 29 déc. 1833, art. 10. — Il est ensuite déposé à la chancellerie du consulat.

373. — Le capitaine dépose, à l'appui de son rapport : 1° l'acte de propriété du navire ; — 2° l'acte de francisation ; — 3° le congé ; — 4° le rôle d'équipage ; — 5° les acquits à cautions, connaissemens et chartes-parties ; — 6° le journal de bord ; — 7° les procès-verbaux prescrits par les lois et réglemens pour appuyer les faits du rapport. — Il remet également au consul, conformément à l'art. 244, C. comm., un manifeste des marchandises composant son chargement, certifié et signé par lui. — Ord. 29 oct. 1833, art. 11.

374. — A défaut par le capitaine de se présenter au consul dans les délais déterminés par l'art. 10, le consul constate les faits par un procès-verbal, que le chancelier signifie au capitaine, à bord ou en personne ; au bas de cette signification, le chancelier constate la réponse qui lui a été faite, et le consul rend compte de cette infraction aux ministres des affaires étrangères et de la marine. — Ord. 29 oct. 1833, art. 18.

375. — Le capitaine doit de plus présenter au consul sa patente de santé, et lui faire les déclarations prescrites. — V. *suprà* n° 267 ; ord. 29 oct. 1833, art. 18.

376. — Enfin, le capitaine doit remettre au consul les procès-verbaux dressés contre les marins déserteurs et les informations à l'occasion des cri-

mes ou délits commis par des matelots ou passagers pendant la traversée. — Ord. 29 oct. 1833, art. 15.

Sect. 2e. — *Droits et obligations du capitaine envers les propriétaires ou armateurs.*

377. — La nomination du capitaine et son acceptation forment entre lui et les propriétaires du navire une espèce de contrat de mandat. Pour tout ce qui concerne le navire, il est leur représentant, leur mandataire.

378. — Les tiers ne sont point appelés à discuter ce mandat; pour eux le capitaine est le représentant légal des propriétaires, sauf l'accomplissement de certaines formalités prescrites par la loi. S'il arrive que, par des conventions particulières, le propriétaire juge convenable d'interdire au capitaine de faire certaines choses sans son autorisation, ces conventions ne peuvent avoir de force à l'égard des tiers.

379. — Toutefois, le jugement rendu contre un capitaine de navire comme représentant le propriétaire, mais postérieurement à la faillite de celui-ci, ne peut être opposé aux syndics de cette faillite, alors qu'ils n'y ont été ni appelés ni représentés. — *Cass.*, 4 mars 1835, Luce c. Risnich.

380. — S'il appartient au capitaine de former l'équipage du navire et de choisir et louer les matelots et autres gens de l'équipage, il doit néanmoins ne le faire que de concert avec les propriétaires, lorsqu'il est dans le lieu de leur demeure. — C. comm., art. 223.

381. — Lorsque le propriétaire est absent, et n'est pas représenté au lieu de l'armement par un fondé de pouvoir, il est présumé s'en être rapporté au capitaine, et l'avoir autorisé à contracter tous les engagemens que peut exiger l'armement du navire. — Boulay-Paty, t. 2, p. 57; Dageville, t. 2, p. 205; Pardessus, t. 3, n° 630.

382. — Mais, dans le lieu de la demeure des propriétaires ou de leurs fondés de pouvoir, il ne peut, sans leur autorisation spéciale, faire travailler au radoub du bâtiment, acheter des voiles, cordages et autres choses pour le bâtiment, prendre à cet effet de l'argent sur le corps du navire ni fréter le navire. — C. comm., art. 232.

383. — Ainsi jugé, qu'un capitaine ne peut, dans le port où réside l'armateur, faire procéder au radoub sans une autorisation spéciale. — *Rennes*, 8 sept. 1815, Métairie c. Rouxel.

384. — L'emprunt à la grosse fait par le capitaine d'un navire n'oblige le propriétaire de ce navire qu'autant qu'il est rapporté une autorisation spéciale de ce dernier, à l'effet de contracter l'emprunt, nonobstant l'allégation que l'opération a tourné à son profit. — *Cass.*, 17 fév. 1824, Dupont et Ancessy c. Delamarre.

385. — Spécialement, lorsque les propriétaires d'un navire sont en faillite, le capitaine ne peut contracter d'emprunt à la grosse pour les besoins du bâtiment, dans le lieu de leur domicile, sans l'autorisation du juge commissaire et des syndics. La seule autorisation de ceux-ci serait insuffisante; et le contrat n'en serait pas moins nul, lors même que le navire aurait été ravitaillé dans le lieu du domicile des syndics et du commissaire, et qu'il aurait fait un voyage sans opposition. — Même arrêt.

386. — Il suffit que l'armateur ait sa demeure légale dans le même arrondissement ou district maritime; c'est ainsi qu'il faut entendre ces mots: *Dans le lieu de la demeure des propriétaires.* — Emérigon-Boulay-Paty, *Assur. et contr. à la grosse*, t. 2, p. 56; Dageville, t. 2, p. 205.

387. — En cas de contravention à cette prohibition, le capitaine serait tenu de payer en son nom, sans aucun recours contre les propriétaires, et le prêteur n'aurait d'action et de privilége que sur la portion du capitaine, qui serait seul obligé. — Boulay-Paty, t. 2, p. 51; Pothier, *Contr. à la grosse*, n° 55.

388. — Cependant, si le capitaine justifiait d'un emploi utile de l'argent emprunté, si ses dépenses étaient nécessaires, il pourrait d'une part contraindre les propriétaires du navire à le garantir de ses propres engagemens, et d'autre part les fournisseurs ou prêteurs auraient contre les propriétaires l'action de *in rem verso*. — Valin, sur l'art. 17, tit. *Du capit.*; Locré, *Espr. du C. de comm.*, sur l'art. 232; Boulay-Paty, *Dr. comm. maritime*, t. 2, p. 52; Dageville, *Code de comm.*, t. 2, p. 206.

389. — Lorsque le lieu de l'armement n'est pas celui de la résidence de l'armateur, il faut que sa présence ou celle de son fondé de pouvoir soit notoire, pour être opposée aux tiers qui ont traité avec le capitaine. Si, en effet, ceux-ci avaient agi de bonne foi et dans l'ignorance qu'il y eût un fondé de pouvoir sur les lieux, l'armateur serait lié par les engagemens du capitaine, sauf son recours contre ce dernier. — Boulay-Paty, t. 2, p. 52; Pardessus, t. 3, n° 630; Dageville, t. 2, p. 206.

390. — Si l'argent emprunté par le capitaine avait été pris à la grosse, les propriétaires pourraient lui laisser l'emprunt pour son compte, en lui remboursant les dépenses utilement faites. — Il en serait ainsi, quand même le capitaine serait propriétaire d'une portion du navire, parce qu'il ne peut emprunter que jusqu'à concurrence de sa portion. — Arg. de l'art. 321, C. comm.; Valin, sur l'art. 17, tit. *du Capitaine*; Boulay-Paty, t. 2, p. 53; Locré, sur l'art. 232; Dageville, t. 2, p. 206.

391. — Si, malgré la défense de l'art. 232, le capitaine frète le navire sans autorisation, l'affrétement est-il valable à l'égard de l'affréteur, sauf le recours de l'armateur contre le capitaine? Emerigon enseignait l'affirmative et Valin la négative sous l'empire de l'ordonnance, dont la disposition n'était pas impérative comme celle du Code. — Il faut donc décider aujourd'hui que l'affrétement ne peut, dans ce cas, produire aucun effet à l'égard de l'armateur, et que l'affréteur n'a qu'une action en dommages-intérêts contre le capitaine. — Boulay-Paty, t. 2, p. 55; Dageville, t. 2, p. 207.

392. — Cependant cette décision doit souffrir quelques exceptions : au cas de cabotage, par exemple, l'usage veut que le capitaine puisse seul fréter valablement son navire; pareillement, lorsque tous les propriétaires ne sont pas présens et qu'aucun d'eux n'est le fondé de pouvoir de tous, l'affrétement conclu par le capitaine seul est valable; il est présumé dans ce cas avoir reçu une autorisation tacite. — Boulay-Paty, t. 2, p. 55; Dageville, t. 2, p. 208.

393. — En tout cas, l'affréteur ne peut demander la résiliation de la charte-partie, sous le prétexte que le capitaine a agi sans l'autorisation de l'armateur présent sur les lieux; le silence du propriétaire équivaut à une ratification. — Dageville, t. 2, p. 208; Boulay-Paty, t. 2, p. 56.

394. — Le capitaine d'un navire, quand il se trouve hors du lieu de la demeure des propriétaires, peut, en sa qualité de représentant légal de ces propriétaires, faire, sans leur autorisation spéciale, tous les actes nécessaires à la conservation et à l'exploitation du navire; il peut, par exemple, affréter le navire, encore que, par des conventions particulières intervenues entre lui et les propriétaires, ce droit lui ait été interdit. — Dans ce cas, le contrat d'affrétement est valable à l'égard des affréteurs, qui doivent en obtenir l'exécution lorsqu'ils ont traité de bonne foi avec le capitaine. — *Cass.*, 12 fév. 1840 (t. 1er 1840, p. 548), Blanchet c. Aube.

395. — Si le bâtiment était frété du consentement des propriétaires, et que quelques uns d'entre eux fissent refus de contribuer aux frais nécessaires pour l'expédition, le capitaine pourra, en ce cas, vingt-quatre heures après sommation faite aux refusans de fournir leur contingent, emprunter à la grosse pour leur compte sur leur portion d'intérêts dans le navire avec autorisation du juge. — C. comm., art. 233.

396. — Le *juge* compétent est le tribunal de commerce du lieu de l'armement, ou, à défaut, le tribunal civil faisant les fonctions de tribunal de commerce, et, en l'absence de l'un et de l'autre, le juge de paix de l'arrondissement. — Argum. de l'art. 234, C. comm.; Boulay-Paty, t. 2, p. 59; Dageville, t. 2, p. 210.

397. — Pour obtenir l'autorisation du juge, le capitaine présente une requête, à laquelle se trouve joint l'original de la sommation demeurée sans réponse. Une assignation en justice n'est plus nécessaire, ainsi que l'enseignait Valin sur l'art. 18, tit. *du Capitaine.* — Dageville, t. 2, p. 209; Boulay-Paty, t. 2, p. 59.

398. — A l'égard du propriétaire qui n'est pas domicilié dans le lieu de l'armement, la même procédure doit être suivie contre son représentant ou fondé de pouvoir indiqué au capitaine. — Boulay-Paty, t. 2, p. 60; Dageville, t. 2, p. 210.

399. — La disposition de l'art. 233 s'applique au capitaine qui n'a aucun intérêt dans le navire, comme à celui qui y est intéressé, parce que, dans cette circonstance, le capitaine est le coobligé et le garant des propriétaires, le chargeur ayant action aussi bien contre lui que contre eux. — Locré, sur l'art. 233; Dageville, t. 2, p. 209.

400. — Si le capitaine ne trouve pas à emprunter à la grosse, il peut se pourvoir en justice pour contraindre les propriétaires à contribuer aux frais nécessaires de l'expédition, sauf à eux à faire l'abandon de leur intérêt. — Émérigon, *Ass. et contr. à la grosse*, t. 2, p. 455; Boulay-Paty, t. 2, p. 60; Dageville, t. 2, p. 210.

401. — La disposition de l'article ne cesse pas d'être applicable, lors même que le refus de contribuer vient de la majorité des intéressés. — Pardessus, t. 3, nos 630 et 909; — V. *contrà* Boucher (*C. comm. marit.*, p. 406). Suivant lui, la majorité peut se refuser à la contribution. — Dageville (t. 2, p. 211) adopte une opinion mixte, qu'il justifie en distinguant plusieurs cas.

402. — L'action accordée au capitaine par l'art. 233, C. comm., contre ceux des copropriétaires du navire qui refusent de contribuer aux frais nécessaires pour l'expédier, ne peut être exercée que sur la portion d'intérêts à eux appartenant dans le navire, et non point sur leurs autres biens. — *Trib. de comm. de Marseille*, 31 mai 1833 (*J. de Marseille*, 13, 1, 180), Albert.

403. — Le capitaine ne peut, sous aucun prétexte, charger dans le navire aucune marchandise pour son compte, sans la permission des propriétaires, et sans payer le fret, s'il n'y est autorisé par l'engagement. — C. comm., art. 251.

404. — Lorsque le capitaine ne conteste pas avoir reçu une commission pour port permis, l'armateur peut être admis à affirmer par serment qu'il n'a pas autorisé le capitaine à charger à son profit. — *Rennes*, 8 sept. 1815, Métairie c. Rouxel.

405. — Le capitaine doit, dans l'intérêt des propriétaires, comme de tous autres intéressés, faire, en cours de voyage, toutes les réparations nécessaires pour la conservation du navire et la suite de la navigation.

406. — Il serait en faute s'il se contentait d'employer des moyens palliatifs et reconnus insuffisans. — *Trib. de comm. de Marseille*, 2 juin 1824 (*J. de Marseille*, 5, 1, 129), divers assureurs.

407. — Toutefois, ces réparations doivent être faites dans de justes limites. Le capitaine qui, en cours de de voyage, fait faire à son navire des réparations dont la dépense excède ou égale presque la valeur du navire même réparé, commet une faute dont il est responsable envers l'armateur. — *Aix*, 27 avr. 1830 (*J. de Marseille*, 10, 1, 288), Tolluire.

408. — Si, pendant le cours du voyage, il y a nécessité de radoub ou d'achat de victuailles, le capitaine, après l'avoir constaté par un procès-verbal signé des principaux de l'équipage, peut, en se faisant autoriser en France par le tribunal de commerce, ou à défaut par le juge de paix, chez l'étranger par le consul français, ou à défaut par le magistrat des lieux, emprunter sur le corps et la quille du vaisseau, mettre en gage ou vendre des marchandises, jusqu'à concurrence de la somme que les besoins constatés exigent. — Les propriétaires, ou le capitaine qui les représente, tiennent compte des marchandises vendues d'après le cours des marchandises de même nature et qualité dans le lieu de la décharge du navire à l'époque de son arrivée. — C. comm., art. 234.

409. — Cet art. 234, C. comm., a été modifié par la loi du 14 juin 1841, en ce qui concerne principalement les affréteurs ou chargeurs. — V. *infrà* n° 508.

410. — Les formalités prescrites par l'art. 234, C. comm., doivent-elles être rigoureusement observées pour la validité de l'emprunt? Les auteurs et la jurisprudence sont partagés à cet égard.

411. — Plusieurs auteurs pensent que les formalités prescrites sont une condition indispensable pour la validité de l'emprunt, et que le prêteur n'a de recours contre l'armateur qu'autant qu'il justifie de l'accomplissement de ces formalités. — Delaporte, *Pandectes françaises*, sur l'art. 234; Dageville, t. 2, p. 228; Boulay-Paty, t. 2, p. 65, et t. 3, p. 27; Pardessus, t. 3, n° 210.

412. — Jugé en ce sens que l'emprunt à la grosse fait par le capitaine en pays étranger est nul comme contrat à la grosse et n'oblige pas le propriétaire du navire envers le prêteur, si préalablement le capitaine n'a pas fait constater la nécessité de l'emprunt et obtenu l'autorisation du consul français, alors même que le capitaine aurait été porteur d'une lettre de crédit du propriétaire. Dans ce cas, le prêteur n'a pas même d'action contre le capitaine. — *Rouen*, 28 nov. 1818, Torladès c. Leveux.

413. — ...Que celui qui a fait des avances à un capitaine en cours de voyage pour les besoins de son navire contre une simple reconnaissance et sans l'observation des formalités prescrites par l'art. 234, C. comm., n'est pas recevable à exercer son action en remboursement contre les propriétaires du navire; il n'a, dans ce cas, qu'une action personnelle contre le capitaine. — *Trib. de comm de Marseille*, 28 août 1829 (*J. de Marseille*, 11, 1, 53), Sière.

414. — ...Que l'armateur d'un navire n'est responsable des emprunts à la grosse contractés par le capitaine qu'autant que ce dernier a préalablement rempli les formalités prescrites par l'art. 234, C. comm., surtout s'il n'est pas justifié que l'emprunt ait tourné au profit du navire. — *Amiens*, 30 août 1836 (t. 1er 1837, p. 199), Boullenger c. N...

415. — Jugé, au contraire, que les formalités

prescrites par l'art. 234, C. comm., au capitaine qui emprunte à la grosse, ne concernent que le capitaine à l'égard du propriétaire, sans que leur omission puisse être opposée au prêteur de bonne foi. — *Cass.*, 28 nov. 1821, Torladès c. Leveux.

416.—...Que le défaut d'autorisation du capitaine emprunteur à la grosse ne rend pas l'emprunt nul, relativement au prêteur, sauf le cas de fraude ou de collusion.—*Rennes*, 16 déc. 1811, Rateau c. Paul.

417. — ...Qu'un emprunt à la grosse contracté par le capitaine, en cours de voyage, est obligatoire en faveur du prêteur contre le propriétaire du navire ou l'armateur, quoique les formalités prescrites par l'art. 234, C. comm., n'aient pas été observées. — *Aix*, 18 déc. 1818, Bail et Richard c. Martin; *Cass.*, 28 nov. 1821, Torladès c. Leveux; 5 janv. 1841 (t. 1er 1841, p. 159), Boulenger c. Caillot.

418. — ...Alors surtout que l'emprunt a eu lieu avec l'assistance du subrécargue placé sur le navire par l'armateur. — *Aix*, 18 déc. 1818, Bail et Richard c. Martin.

419.—...Que la nullité ne peut non plus être opposée au tiers porteur de bonne foi du billet à la grosse. — *Cass.*, 5 janv. 1841 (t. 1er 1841, p. 159), Boulenger c. Caillot.

420. — Cette jurisprudence, dit M. Lehir (p. 54), nous semble destinée à prévaloir, aujourd'hui surtout que la loi nouvelle a fait disparaître la distinction admise entre les faits licites et illicites du capitaine, et qu'elle a permis l'abandon dans l'un et l'autre cas.

421.— Un emprunt à la grosse est valable, bien que la nécessité de l'emprunt lui-même n'ait pas été reconnue par délibération de l'équipage, si la nécessité du radoub ou des achats de victuailles a été constatée par un procès-verbal signé des principaux de l'équipage. — *Rouen*, 29 déc. 1831, Assureurs maritimes c. Heurtault.

422. — L'emprunt à la grosse est également valable, lorsqu'il a été contracté au port même de la destination du navire, parce que le voyage dure jusqu'au retour du navire au port de départ. — Lehir, p. 61.

423. — Le capitaine d'un navire peut valablement contracter un emprunt à la grosse pour réparer des avaries dûment constatées, bien qu'il ait en sa possession des fonds provenant d'une partie du fret touché avant son arrivée au terme du voyage, alors que le prix de ce fret a une destination spéciale pour le chargement de retour.—*Paris*, 20 mars 1841 (t. 1er 1841, p. 513), Violett c. l'Union des ports et l'indemnité.

424. — Le capitaine qui a, sans nécessité, pris de l'argent sur le corps, avitaillement ou équipement du navire, engagé ou vendu des marchandises ou des victuailles, ou qui a employé dans ses comptes des avaries et des dépenses supposées, est responsable envers l'armement, et personnellement tenu du remboursement de l'argent ou du paiement des objets, sans préjudice de la poursuite criminelle, s'il y a lieu. — C. comm., art. 226.

425. — Si le capitaine n'est pas propriétaire ou copropriétaire du navire, il n'est pas tenu personnellement des engagemens qu'il contracte pour son navire, comme capitaine, et dans la limite de ses pouvoirs.

426. — Le capitaine n'est pas personnellement responsable d'un emprunt à la grosse contracté par lui pour et au nom des propriétaires.—Il peut faire valoir pour la première fois en appel l'exception tirée de ce qu'il n'a agi que comme mandataire. — *Bruxelles*, 5 janv. 1822, Pedermach et Westrus c. Huning-Gogel; — Lehir, p. 95.

427.— Mais, un capitaine qui, en contractant un emprunt à la grosse, s'est obligé personnellement, ne peut invoquer la nullité du contrat qui doit être exécuté contre lui. — *Cass.*, 17 fév. 1824, Dupont et Ancessy c. Delamarre.

428.—Avant les modifications apportées au Code de commerce sur la loi du 14-17 juin 1841, il était généralement admis que le capitaine copropriétaire répondait, en cas de faillite de ses cointéressés, d'une manière indéfinie des engagemens par lui contractés. — Valin, liv. 2, tit. 8, art. 2; Pothier, *Louage marit.*, no 50; Pardessus, t. 3, no 661; Frémery, *Droit comm.*, p. 196. — V. *contrà* Lehir, p. 97.

429. — Mais aujourd'hui la question est tranchée par l'art. 1er de la loi nouvelle : « Lorsque le capitaine n'est que copropriétaire, il n'est responsable des engagemens contractés par lui, pour ce qui est relatif au navire et à l'expédition, que dans la proportion de son intérêt. »

430. — Du reste, cette disposition du nouvel art. 216 ne s'applique qu'*aux engagemens* contractés par le capitaine. Il répond indéfiniment et intégralement, copropriétaire ou non, des faits dommageables, délits et quasi-délits qu'il commet dans sa gestion. — Lehir, p. 98.

431. — Hors le cas d'innavigabilité légalement constatée, le capitaine ne peut, à peine de nullité de la vente, vendre le navire sans un pouvoir spécial des propriétaires. — C. comm., art. 237.

432.—Il faut que l'état d'*innavigabilité* du navire soit constaté par des experts dans un procès-verbal, qui doit être homologué par le tribunal de commerce, ou à l'étranger par le consul, ou bien, à défaut de consul, par le magistrat du lieu.— Boulay-Paty, t. 2, p. 88.

433. — Si même le capitaine peut prévenir à temps ses armateurs, il doit attendre leurs ordres avant de provoquer la vente; et s'ils ont un préposé sur les lieux, il ne doit rien faire que de concert avec lui. — Boulay-Paty, t. 2, p. 89.

434. — Sous l'ancienne jurisprudence, la vente ne pouvait avoir lieu qu'aux enchères publiques, afin d'empêcher toute possibilité de collusion; il doit en être de même sous l'empire du Code.— Dageville, t. 2, p. 236.

435.—Pour assurer l'exécution de l'art. 237, l'ordonnance du 29 oct. 1833, art. 32, veut que, si le capitaine ne fait pas la vente du navire dans la chancellerie du consulat, il se munisse préalablement d'un certificat du consul constatant que le pouvoir spécial exigé par l'article précité est régulier.

436.—La vente du navire pour cause d'innavigabilité peut être provoquée par le propriétaire présent sur les lieux, aussi bien que par le capitaine. — *Trib. de comm. de Marseille*, 14 mars 1834 (*J. de Marseille*, 14, 1, 167), Rostard-Vidal.

437.— Lorsqu'une première expertise a fait connaître, en cours de voyage, que les réparations à faire pour réparer les avaries souffertes par le navire coûteront une somme considérable par rapport à sa valeur, le capitaine doit provoquer une seconde expertise afin de savoir si, en raison de ce qu'il en coûtera pour réparer le navire, il ne convient pas mieux de le déclarer innavigable et de le vendre.— Celui qui, sans observer ces précautions, a emprunté à la grosse pour faire réparer son navire, est passible de dommages-intérêts envers son armateur, quoique l'emprunt ait été autorisé par le juge, si à l'arrivée l'armateur est dans la nécessité de faire abandon du navire et du fret, parce que la valeur en est absorbée, et au delà, par le montant de l'emprunt à la grosse. — *Trib. de comm. de Marseille*, 18 oct. 1829 (*J. de Marseille*, 19, 1, 274), Tolluire.

438. — De ce que la loi prononce la nullité de la vente faite au mépris de la prohibition contenue dans l'art. 237, il en résulte que le propriétaire du navire peut le revendiquer entre les mains de l'acheteur, sans être obligé de le rembourser, parce qu'il n'a pas pu l'acheter de bonne foi.— Boulay-Paty, t. 2, p. 89.

439. — Toutefois il en serait autrement si le navire avait été vendu, même hors le cas d'innavigabilité, par l'autorité administrative, par mesure de sûreté ou dans un intérêt public.—Dageville, t. 2, p. 236.

440. — L'innavigabilité et même la vente du navire n'empêchent pas que le capitaine ne soit tenu de veiller à la conservation et au transport de la cargaison, et de payer les loyers de l'équipage, ainsi que les frais occasionnés par le sinistre. — *Rouen*, 29 déc. 1831, Assur. marit. c. Leurtault. — V. *infrà* no 471.

441. — Le capitaine, avant son départ d'un port étranger ou des colonnies françaises pour revenir en France, est tenu d'envoyer à ses propriétaires ou à leurs fondés de pouvoir un compte signé de lui, contenant l'état de son chargement, le prix des marchandises de sa cargaison, les sommes par lui empruntées, les noms et demeures des prêteurs.— C. comm., art. 235 —Le consul a droit de s'assurer de la réalité de cet envoi. — Ord. 29 oct. 1833, art. 45.

442. — Si la gestion de la cargaison avait été confiée à un subrécargue, ce serait à ce dernier à envoyer aux propriétaires un état du chargement. — Dageville, t. 24, p. 231.

443.— Le capitaine est tenu d'appuyer de pièces justificatives chaque article du compte qu'il adresse à l'armateur; autrement celui-ci pourrait refuser d'allouer tout article non justifié. — Boulay-Paty, t. 2, p. 79.

444. — Le capitaine n'est pas responsable de la représentation des pièces relatives à des avaries qui ont été réglées au lieu de la demeure des fondés de pouvoir de l'armateur, lorsqu'il est constant que ces derniers n'ont pas remis les pièces au capitaine, et qu'ils ont écrit à l'armateur qu'ils les lui feraient passer.— *Cass.*, 8 mars 1832, Platel c. Levillain.

Sect. 3e. — *Droits et obligations du capitaine envers les chargeurs.*

445.— Le capitaine est responsable des marchandises dont il se charge.—C. comm., art. 222,—De plus, il est garant de ses fautes même les plus légères dans l'exercice de ses fonctions (art. 221), et sa responsabilité ne cesse que par la preuve d'obstacles de force majeure (art. 230). — De là plusieurs obligations particulières du capitaine envers les chargeurs ou affréteurs.

446. — Sa première obligation, à cet égard, est de fournir une reconnaissance des marchandises chargées sur son navire. Cette reconnaissance s'appelle *connaissement*. — C. comm., art. 222. — V. CONNAISSEMENT.

447. — L'engagement pris par un capitaine français, dans un connaissement, de porter en France une marchandise prohibée, sans en faire mention dans son manifeste, est illicite et nul comme contraire aux lois.— Mais le capitaine qui ne représente pas cette marchandise n'en doit pas moins la valeur aux chargeurs ou consignataires. —*Aix*, 30 déc. 1819, Chicallat c. Altaras.

448. — La seconde obligation du capitaine est de veiller au chargement et au placement ou arrimage des marchandises et effets qu'il reçoit.

449.— La responsabilité du capitaine commence du moment que les marchandises lui ont été remises, même sur le rivage (art. 1783, C. civ.; art. 97. C. com.), et continue jusqu'à ce qu'il les ait remises à quai, au lieu de la destination.— Boulay-Paty, t. 1er, p. 408.

450. — Le capitaine d'un navire a seul le droit, à l'exclusion des affréteurs, de donner des ordres pour le chargement et l'arrimage. — *Rouen*, 9 oct. 1827, Ramsten c. Baudin.

451. — Par réciprocité, c'est le capitaine et non l'affréteur ou le chargeur qui est responsable du défaut d'arrimage.—*Bordeaux*, 10 août 1822, Labens c. Huetard; *Cass.*, 7 juill. 1824, mêmes parties.

452. — Pendant le chargement, le capitaine doit prendre toutes les précautions nécessaires pour prévenir les accidens; il ne doit pas laisser charger plus de marchandises que le navire n'en peut recevoir sans danger.

453. — Il est responsable des accidens qui peuvent arriver à l'occasion du chargement, par défaut de soin, d'attention ou de précaution des matelots ou autres personnes employées à cette opération. — Dageville, *C. de comm.*, t. 2, p. 167; Boulay-Paty, t. 1er, p. 413.

454. — Le devoir du capitaine quant à l'arrimage se borne à disposer le chargement de la manière convenable à chaque espèce de marchandises, et à fermer ses écoutilles avec soin, sans qu'il soit obligé d'examiner si la marchandise qui lui est remise est bien ou mal confectionnée. — *Trib. comm. de Marseille*, 14 juin 1832 (*J. de Marseille*, 14, 1, 193), Borelly.

455. — Le capitaine est responsable de tous les dommages que pourrait occasionner un arrimage vicieux, par exemple, si des marchandises pesantes étaient placées sur des caisses legères et fragiles.— Boulay-Paty, t. 1er, p. 413; Dageville, t. 2, p. 167.

456.—Le capitaine qui a négligé de placer un fardage sous une marchandise sujette à s'avarier, contrevient aux règles de l'arrimage.— Par suite, il est responsable des avaries éprouvées par la marchandise. — *Trib. comm. de Marseille*, 8 avr. 1836 (*J. de Marseille*, 16, 1, 97), Puget.

457. — Bien que, d'après les règles générales de l'arrimage, les barriques se placent sur le premier plan du navire, il est néanmoins dans l'ordre d'un bon arrimage de les placer à fond de cale, s'il se trouve dans le chargement des marchandises lourdes. — En conséquence, le capitaine qui néglige de suivre cette disposition est en faute et, par suite, responsable de l'avarie éprouvée par les marchandises contenues dans les barriques, par l'effet du poids considérable des autres marchandises superposées. —*Trib. comm. de Marseille*, 11 janv. 1836 (*J. de Marseille*, 16, 181), Auffan.

458. — Le capitaine est responsable des avaries arrivées aux marchandises chargées sur son vaisseau, quand elles proviennent d'un vice dans l'arrimage, lors même qu'il s'est servi d'arrimeurs jurés pour faire le chargement.—*Rouen*, 14 déc. 1820, Fournier c. Dubost.

459. — En général, les principes qui concernent la responsabilité des commissionnaires pour les transports (art. 1782 et suiv., C. civ., et sect. 2e, tit. 6, C. com.) sont applicables au capitaine.— Dageville, t. 2, p. 166; Boulay-Paty, t. 1er, p. 406.

460.— Le capitaine répond également de tout le dommage qui peut arriver aux marchandises qu'il aurait chargées sur le tillac de son navire sans le consentement par écrit du chargeur.— Cette disposition n'est point applicable au petit cabotage.— C. com., art. 229.

461. — Le consentement des chargeurs doit être donné *par écrit*, quelque modique que puisse être la valeur des marchandises. La preuve testimoniale ne serait admissible en aucun cas. — Cepen-

dant le consentement donné verbalement pourrait être prouvé par l'aveu du chargeur. — Boulay-Paty, t. 2, p. 31; Delvincourt, t. 2.

462. — Il y a faute de la part du capitaine qui place sur le tillac des marchandises susceptibles de s'y détériorer, lors même que le propriétaire de ces marchandises ne s'y est pas opposé, s'il n'est pas établi d'ailleurs que ce dernier ait été informé par le capitaine du danger qu'elles couraient. — *Bruxelles*, 7 fév. 1829, Stupensky c. Schumaker.

463. — Les chargeurs ont ordinairement soin de stipuler que leurs marchandises seront chargées *sous le franc-tillac*, c'est-à-dire sous le plancher ou pont supérieur du navire.

464. — On doit considérer comme prohibitive du chargement sur le tillac la clause que les marchandises seront chargées sous le franc-tillac. — Lorsque le connaissement porte une pareille clause imprimée, cette clause lie les contractans, à moins que la radiation n'en ait été opérée. — *Rennes*, 24 janv. 1822, Litou c. Vincel.

465. — Un capitaine de navire n'est pas responsable des avaries arrivées aux marchandises chargées sous le *franc-tillac*. — *Rennes*, 9 janv. 1821, Savary c. Perchais.

466. — Les dunettes dont certains navires sont pourvus ne peuvent, quant à la sûreté et à la conservation des marchandises, être assimilées au *tillac*. — Ainsi, le capitaine ne peut être déclaré responsable de la perte des effets et des valeurs déposés dans la dunette, comme il le serait s'il les eût placés sur le tillac. — *Bordeaux*, 6 déc. 1838 (t. 1er 1841, p. 464), Assureurs c. Malvezin et Lagarde; 13 janv. 1841 (t. 1er 1841, p. 452), Assureurs c. Barrondo d'Abnour.

467. — Jugé, au contraire, que le capitaine qui est responsable du dommage survenu aux marchandises chargées sur le tillac sans le consentement par écrit du chargeur, est également responsable du dommage survenu aux marchandises chargées dans la dunette bâtie sur le pont du navire. — *Trib. comm. de Marseille*, 15 mai 1829, Lefelnil (*J. Marseille*, no 10, 1, 108).

468. — Le capitaine qui débarque la marchandise hors de la présence du consignataire, et sans faire constater le bien-être de son arrimage, est responsable des avaries reconnues à cette marchandise, et attribuées au contact ou au coulage d'autres marchandises chargées sur le même bord, bien que son consulat mentionne des tempêtes et des mauvais temps, alors d'ailleurs qu'il ne justifie pas d'événemens de navigation qui aient pu désarrimer la cargaison et produire l'avarie. De ce défaut de justification résulte la présomption que l'avarie est le résultat d'un vice d'arrimage ou d'un manque de précaution de la part du capitaine. — *Trib. comm. de Marseille*, 30 mars 1829 (*J. Marseille*, 10e année, p. 132).

469. — L'acconier qui transporte auprès du bord d'un navire des marchandises pour y être embarquées, en est suffisamment déchargé par la remise qu'il fait au capitaine du billet portant avis, de la part du chargeur, de l'envoi des marchandises destinées à l'embarquement. En conséquence, le capitaine est tenu, dès ce moment, de délivrer à l'acconier un récépissé des marchandises chargées sur la chatte que celui-ci a conduite et placée le long de son bord; et si, depuis l'arrivée des marchandises le long du bord du navire jusqu'au moment où le capitaine procède à l'embarquement, une partie éprouve fortuitement un dommage, le capitaine ne peut en rejeter la responsabilité sur l'acconier. — *Trib. comm. de Marseille*, 12 oct. 1829; (*J. Marseille*, 11e année, p. 293).

470. — Les marchandises une fois chargées ou arrimées, le capitaine doit veiller à leur conservation, et il est responsable des suites de tout défaut de précaution à cet égard.

471. — Toutefois, la responsabilité du capitaine serait moins grande s'il y avait un subrécargue à bord, chargé par l'armateur de tout ce qui concerne la gestion de la cargaison. — Boulay-Paty, t. 1er, p. 421; Dageville, *Code comm.*, t. 2, p. 172.

472. — Ainsi qu'on l'a vu au no 440, l'innavigabilité et même la vente du navire n'empêche pas que le capitaine ne soit tenu de veiller à la conservation et au transport de la cargaison. — *Rouen*, 29 déc. 1831, Assurances maritimes c. Heurtault.

473. — Le capitaine n'est pas responsable du déficit, même considérable, reconnu au débarquement sur la marchandise qu'il consigne, lorsque ce déficit ne peut être attribué qu'aux événemens de la navigation. — Spécialement, il doit en être ainsi à l'égard d'un chargement de blé, lorsqu'il résulte du consulat du capitaine que son navire a fait de l'eau par suite de mauvais temps, et que le blé sortait par les pompes en grande abondance, et lors surtout que le navire n'a fait aucune relâche. — *Trib. comm. de Marseille*, 10 nov. 1828 (*J. Marseille*, 14, 1, 26), Wessel.

474. — Lorsqu'une marchandise chargée sur un navire est sujette à un déchet naturel et inévitable, le capitaine, bien qu'il ait déclaré, lors du chargement, avoir reçu à son bord le poids indiqué dans le connaissement, n'est pas responsable de la totalité du déficit reconnu à l'arrivée; toutefois, il peut y avoir lieu à une retenue quelconque sur son fret, à raison de l'importance du déficit. — *Trib. comm. de Marseille*, 4 mai 1830, Subrano.

475. — De même, le capitaine est responsable, au moins en partie, du déficit reconnu au débarquement sur la marchandise qu'il consigne, quoiqu'il attribue ce déficit aux événemens de la navigation déclarés dans son consulat, si d'ailleurs il est trop considérable pour pouvoir être attribué uniquement à cette cause. — *Trib. comm. de Marseille*, 9 janv. 1834 (*J. Marseille*, 14, 1, 219), Taraboito.

476. — Le capitaine qui a signé avec la clause *que dit être*, n'est pas responsable du déficit, encore qu'il ait rendu les colis dans un état d'altération extérieure, si d'ailleurs il n'est pas prouvé que le déficit provient d'une soustraction commise à bord. — *Trib. comm. de Marseille*, 19 fév. 1821 (*J. Marseille*, 2, 1, 81), Treillard.

477. — Le capitaine peut, en cas de négligence, être responsable envers le destinataire, à défaut de représenter la quantité entière des marchandises, bien qu'il n'ait signé le connaissement qu'avec la réserve *qualité et poids à moi inconnus.* — *Bruxelles*, 11 janv. 1823 (*J. Bruxelles*, 1825, 1, 211).

478. — Lorsqu'un capitaine, après avoir reçu une marchandise en sacs, s'est permis, sans autorisation des chargeurs, de la mettre à refus, il est responsable envers les consignataires, nonobstant la clause *que dit être*, stipulée dans les connaissemens, du déficit reconnu au débarquement, et dont il ne peut indiquer la cause. — *Trib. comm. de Marseille*, 11 nov. 1829 (*J. Marseille*, 11, 1, 83), Petrochuino.

479. — Le capitaine et le propriétaire d'un navire qui ont entrepris le transport de vin pour le compte de l'état, sont responsables du coulage survenu pendant le voyage, bien qu'il soit constaté que cette avarie provient du vice des futailles et de l'arrimage fait par les soins de l'administration. — *Cons. d'état*, 1er juin 1807, Gozlan c. Min. de la marine.

480. — Lorsqu'une marchandise chargée à bord d'un navire a été pillée dans le port du chargement, par suite de l'invasion de l'ennemi, le capitaine qui a négligé d'instruire le chargeur de l'événement et qui n'en a fait déclaration devant aucune autorité quelconque, est responsable de la perte. — *Aix*, 8 août 1818, Sauveur c. Asquasciaty.

481. — Le capitaine n'est point responsable des dégâts causés aux marchandises par les rats, s'il a eu soin d'embarquer des chats; peu importe que ces chats soient morts durant le voyage, si le capitaine s'en est procuré d'autres dans le premier port où il a abordé. — *Consulat de la mer*, chap. 65 et 66.

482. — Le capitaine n'est pas responsable des suites de l'incendie occasionné par des matières inflammables chargées à son bord (par exemple de l'acide nitrique), alors que ces matières renfermées dans des caisses ne lui ont pas été déclarées par les chargeurs, qu'il *n'a su ni pu savoir* ce que les caisses contenaient, et qu'enfin il leur a donné tous les soins qu'il leur devait, suivant la nature du contenu indiqué. — *Cass.*, 20 fév. 1844 (t. 1er 1844, p. 643), Nouvelle c. Jouve.

483. — En cas de vol de marchandises chargées, le capitaine n'est pas responsable, s'il est également constaté que le vol a été commis par d'autres que des gens de l'équipage, et qu'il est le résultat d'une force majeure, qu'il n'a pas été en son pouvoir de prévenir ou d'empêcher. — Boulay-Paty, t. 1er, p. 416; Dageville, t. 2, p. 168. — Pour tout autre vol, le capitaine est responsable, sauf le recours contre les auteurs du vol. — Dageville, *loc. cit.*

484. — Si le vol a été commis à bord, pendant la traversée, ou bien pendant le chargement ou déchargement du navire, et qu'on ne puisse en découvrir les auteurs, le capitaine est personnellement responsable vis-à-vis du chargeur; mais il a le droit de faire supporter la valeur de l'objet volé à tout l'équipage indistinctement, au prorata des gages de chacun. — Valin sur l'art. 35, tit. *du capitaine*; Dageville, t. 2, p. 169; — *contrà* Boulay-Paty, t. 1er, p. 417.

485. — Lorsque le capitaine s'est chargé du transport de passagers, il est tenu de remplir à leur égard les obligations qui lui sont imposées, soit par la convention, soit par l'usage. — V. PASSAGER.

486. — Le capitaine d'un navire est responsable de ses fautes, même légères, à l'égard des marchandises et effets des voyageurs qu'il prend à bord moyennant un salaire convenu. — *Bruxelles*, 7 fév. 1829, Stupensky c. Schumaker.

487. — On doit considérer comme mandataire du chargeur, même en l'absence d'un mandat spécial, le capitaine qui, chargé du transport de marchandises dont l'exportation donne lieu à une prime, a reçu, lors du chargement, et le passavant et la feuille d'accompagnement, prescrivant certaines formalités pour la conservation de la prime: dès-lors, si, faute par le capitaine d'avoir rempli ces formalités, l'administration des douanes refuse la prime, celui-ci doit être déclaré responsable personnellement envers le chargeur. — *Bordeaux*, 2 juin 1829, Cuzol et Flouch c. Nordenholt.

488. — Si des marchandises sont confisquées par les douanes, parce que le capitaine aura négligé de faire les déclarations requises, ou qu'il aura manqué de se pourvoir des expéditions nécessaires pour leur transport, le capitaine est garant des suites de cette confiscation et de tous dommages-intérêts. — Boulay-Paty, t. 1er, p. 414; Dageville, t. 2, p. 171.

489. — Le capitaine qui a traité avec les acheteurs et non avec les raffineurs de sucres destinés à l'exportation n'est pas responsable de ce que le certificat de sortie de sucres n'a pas été dressé par les préposés des douanes, s'il n'y a ni faute ni imprudence de sa part, et si c'est tout à la fois par la négligence des raffineurs et par un fait de force majeure que l'exportation des sucres n'a pas été légalement constatée. — *Cass.*, 28 fév. 1834, Soulié c. Douanes.

490. — Le capitaine d'un navire étant légalement responsable du chargement qui lui est confié, dès qu'il a remboursé au chargeur les droits par lui payés à la régie des douanes sur les marchandises du chargement, il est subrogé de plein droit à l'action en restitution que ce dernier pourrait exercer en fournissant la preuve que le droit n'était pas dû. — *Cass.*, 16 juin 1823, Douanes c. Morneau.

491. — Le capitaine qui navigue à profit commun *sur le chargement*, c'est-à-dire qui est associé avec les chargeurs pour les pertes ou les bénéfices que doit procurer le chargement, ne peut faire aucun trafic ni commerce pour son compte particulier, s'il n'y a convention contraire. — C. comm., art. 239.

492. — Cette prohibition fondée sur les principes du contrat de société, ne doit s'appliquer qu'à l'objet de l'entreprise sociale; il ne faudrait pas en conclure que le capitaine n'aurait pas le droit de se livrer à toute autre entreprise commerciale, soit sur terre, soit au moyen d'autres navires dirigés soit par lui même, soit par ses associés. — Locré, sur l'art. 239; Boulay-Paty t. 2, p. 95; Dageville, t. 2, p. 239.

493. — Cependant, s'il chargeait des marchandises de même espèce sur d'autres batimens, partant à la même époque et pour la même destination, avant que la cargaison dans laquelle il est associé ne fût entièrement vendue, ce serait une infraction à la défense portée par l'art. 239, le préjudice éprouvé par la société serait le même: la grande quantité de marchandises apportées dans le lieu de la destination en ferait baisser le prix, et le capitaine serait exposé à négliger les marchandises de la société pour placer sa propre cargaison. — Valin sur l'art. 28, tit. *Du capitaine*; Boulay-Paty, t. 2, p. 95; Dageville, t. 2, p. 240; Delvincourt, t. 2.

494. — L'art. 239 est applicable, par identité de raison, à l'armateur du navire qui serait l'un des coïntéressés au chargement. — Valin, sur l'art. 28 tit. *du Capit.*; Boulay-Paty, t. 2, p. 248. — Cependant Delvincourt, t. 2, ne pense pas qu'il devrait encourir la peine de la confiscation; il devrait seulement tenir compte à ses associés des bénéfices que lui auraient procurés ses opérations faites en dehors de la société.

495. — Le capitaine qui naviguerait à profit commun sur fret ne se trouverait pas dans le cas de l'art. 239; il peut charger dans le navire telles marchandises qu'il lui plait pour son compte particulier, à condition d'en payer le fret: la société ne peut, dans ce cas, que gagner au chargement de ces marchandises. — Locré, sur l'art 239; Dageville, t. 2, p. 240; Boulay-Paty, t. 2, p. 97.

496. — Lorsque le capitaine a obtenu l'autorisation de charger des marchandises pour son compte particulier, les marchandises chargées au-delà des termes de la convention doivent être considérées comme ayant été chargées sans convention. — Boulay-Paty, t. 2, p. 96.

497. — En cas de contravention aux dispositions mentionnées dans l'art. 239, les marchandises embarquées par le capitaine, pour son compte particulier, sont confisquées au profit des autres intéressés. — C. com., art. 240.

498. — La confiscation n'a pas lieu de plein droit, il faut qu'elle soit prononcée par les tribunaux. La confiscation ayant lieu au profit des autres intéres-

sés, le capitaine n'a aucune part à prétendre dans les marchandises confisquées sur lui. — Dageville, t. 2, p. 241; Boulay-Paty, t. 2, p. 96.

499. — Le capitaine est tenu des dommages-intérêts envers l'affréteur, si par son fait le navire a été arrêté ou retardé au départ pendant sa route ou au lieu de sa décharge. — C. comm., art. 295.

500. — Le capitaine d'un navire auquel le connaissement accorde la faculté de toucher en des lieux désignés, et qui se permet, sans y être contraint par aucun événement de navigation, de relâcher dans un autre lieu, est en faute. — Toutefois, cette faute ne le soumet pas à des dommages-intérêts envers les chargeurs ou consignataires, si la relâche en lieux non désignés, faite dans le but de compléter le chargement, n'a pas excédé le temps qui eût été employé pour faire échelle dans les lieux désignés. — *Trib. comm. de Marseille*, 24 mars 1830 (*J. de Marseille*, 11, 1, 217), Imbert et Chateaud.

501. — Il en est de même du capitaine qui s'arrête en route sans autre motif que celui d'allonger son navire et d'en augmenter la capacité, il est passible de tous les dommages-intérêts qui résultent du retard dans l'arrivée des marchandises. — Les chargeurs qui ont connu le long séjour du navire dans un port de relâche, et qui n'ont pas protesté, sont néanmoins recevables, après l'arrivée au lieu du reste, à réclamer des dommages-intérêts contre le capitaine à raison du retard dans l'arrivée, si d'ailleurs ils ont ignoré le motif qui a déterminé la prolongation de séjour. — *Aix*, 29 août 1828 (*J. de Marseille* 9, 1, 261), Gros.

502. — Le capitaine qui s'est permis d'effectuer une relâche, sans y être autorisé par le contrat d'affrétement, est tenu à des dommages-intérêts envers son armateur, à raison du retard que l'arrivée du navire au lieu de sa destination a éprouvé par suite de sa relâche. — *Trib. comm. de Marseille*, 7 juin 1830 (*J. de Marseille* 11, 1, 241), Picciotto.

503. — Dans les cas prévus, et avec les formes prescrites par l'art. 234 C. com. (V. *suprà* no 408), le capitaine peut emprunter sur le corps et quille du vaisseau, mettre en gage ou vendre des marchandises jusqu'à concurrence de la somme que les besoins constatés exigent. Dans ce cas les propriétaires ou le capitaine qui les représente, doivent tenir compte des marchandises vendues, d'après le cours des marchandises de même nature et qualité dans le lieu de la décharge du navire à l'époque de son arrivée.

504. — Le droit accordé par la loi au capitaine de mettre en gage ou de vendre les marchandises du chargement au cas de nécessité de radoub ou d'achat de victuailles, emporte pour lui celui de les affecter à un prêt à la grosse. — *Rouen* 29 déc. 1831, Assur. mar. c. Heurtault; *Rennes*, 18 déc. 1832, Illiac c. Lebras.

505. — Mais s'il est vrai que, dans le silence de l'art. 234, C. comm., le capitaine puisse, au lieu de vendre et mettre en gage sa cargaison, être autorisé à emprunter à la grosse sur ces objets, comme sur les corps, quille, agrès, etc., au moins cet emprunt doit-il être limité à la part incombante aux chargeurs dans la dépense nécessitée par les besoins de la cargaison seule. — Le capitaine qui accède solidairement à un contrat à la grosse pareil, souscrit avec garantie de personne et de biens par son prédécesseur, qu'il a remplacé avant la fin du voyage, est réputé accepter la responsabilité du contrat dans tous ses termes et toute son étendue, et non pas seulement s'obliger en son nom qualifié. — *Rennes*, 25 juill. 1831, Delastelles c. Bugaul.

506. — Le capitaine qui aurait, sans nécessité, emprunté à la grosse, engagé ou vendu des marchandises, ou, encore, supposé des avaries et des dépenses, serait personnellement responsable du remboursement de l'argent ou du paiement des objets, sans préjudice de la poursuite criminelle, s'il y avait lieu. — C. comm., art. 236. — V. *suprà* no 423.

507. — Le capitaine qui a vendu en cours de voyage, et pour les besoins de son navire, des marchandises de la cargaison, doit tenir compte au consignataire du bénéfice qui a pu advenir de cette vente, comparativement à la valeur de la marchandise au lieu de la décharge. — *Trib. comm. de Marseille*, 24 avr. 1834 (*J. de Marseille*, 15, 1, 152), Ewalds.

508. — L'art. 234, C. comm. a été complété ainsi par la loi du 14 juin 1841 : « L'affréteur unique ou les chargeurs divers, qui sont tous d'accord, pourront s'opposer à la vente ou à la mise en gage de leurs marchandises, en les déchargeant et en payant le frêt en proportion de ce que le voyage est avancé. — A défaut du consentement d'une partie des chargeurs, celui qui voudra user de la faculté de décharger, sera tenu du frêt entier sur les marchandises.

509. — On a, à l'égard des chargeurs, comme à l'égard des propriétaires du navire ou armateurs, élevé la question de savoir si les formalités prescrites par l'art. 234, C. comm., doivent être observées à peine de nullité de l'emprunt, dans les rapports du prêteur au propriétaire de la marchandise. Les raisons de douter et de décider étant les mêmes que pour les propriétaires de navire, on peut voir *suprà* nos 410 et suiv., les opinions des auteurs et l'état de la jurisprudence sur la question.

510. — Jugé, à ce sujet, que le prêt à la grosse fait à un capitaine étranger en dehors des conditions qui lui sont imposées par la loi de son pays n'a d'effet que contre ce capitaine, et non contre le propriétaire de la marchandise. — *Rouen*, 21 août, 1841 (t. 1er 1843, p. 433), Delessert c. Meinel.

511. — Enfin la dernière obligation du capitaine consiste, lors de l'arrivée au port de destination, à faire décharger les marchandises et à les remettre aux consignataires désignés dans les connaissemens; et ces derniers sont tenus de lui donner, sur sa demande, un reçu des marchandises, à peine de tous dépens, dommages-intérêts, même ceux de retardement. — C. comm., art. 285.

512. — S'il ne représente pas tous les objets portés au connaissement, il est tenu de payer la valeur des objets non représentés, au prix du lieu de la décharge, déduction faite du fret entier dû par ces objets. — Boulay-Paty, t. 1er, p. 407; Delvincourt, t. 2. — S'il les représente avariés, il répond des dommages-intérêts, à moins qu'il ne prouve la force majeure. — Boulay-Paty et Delvincourt, *loc. cit.*

513. — Le capitaine étant strictement tenu d'avoir à son bord les connaissemens des marchandises qu'il est chargé de consigner, il s'ensuit que s'il égare ou s'il oublie un connaissement, et s'il ne peut, par cette raison, effectuer la consignation, il est responsable envers le chargeur de la valeur de la marchandise non consignée, sans pouvoir se libérer par l'offre de la représenter. — *Aix*, 12 juill. 1830, Roussier c. Chapvelon.

514. — La loi n'oblige pas le capitaine à exiger des consignataires un reçu des marchandises qu'il leur remet. — *Trib. de Marseille*, 10 nov. 1824 (*J. de Marseille*, 6, 1, 225), Plancheur.

515. — Le capitaine d'un navire qui, après avoir signé à plusieurs exemplaires le connaissement d'une marchandise chargée à son bord, laisse effectuer par les chargeurs le transbordement sur un autre navire et la remise de cette même marchandise à un autre capitaine, est responsable, et avec lui son armateur, envers le porteur du double de son connaissement, du défaut de consignation au lieu de la destination. — Il est, en conséquence, tenu de payer au consignataire ainsi lésé la valeur de la marchandise remise à un autre consignataire. Il n'a aucune garantie à exercer contre le nouveau capitaine qui a reçu la marchandise, alors que celui-ci lui en a délivré un simple récépissé, sans garantie formelle. — *Aix*, 24 juill. 1838 (t. 2 1838, p. 201), Sciama et Cohen c. Altaras, Combes et Pastre.

516. — Le capitaine qui s'est chargé de marchandises en vertu d'un connaissement à ordre et qui a délivré ces marchandises au destinataire, sans que celui-ci fût porteur de connaissement, devient, par ce fait, responsable envers le chargeurs des frais et déboursés dus à ce dernier. — Il encourt cette responsabilité, quoique le destinataire fût porteur du permis de débarquement délivré par la douane. — *Bruxelles*, 1er mai 1822, Oldenhoven c. Bouvier.

517. — Le capitaine est, sauf le cas d'obstacles résultant d'une force majeure, responsable du défaut de délivrance des marchandises chargées à la personne et dans le lieu désignés sur le connaissement. — Porteur d'un original de ce connaissement, il ne peut, pour s'excuser d'avoir disposé du chargement d'après les ordres d'un individu qui s'en est dit propriétaire, être admis à alléguer qu'il ignorait le nom du chargeur ou destinataire et les obligations que le chargement lui imposait. — *Cass.*, 26 mars 1838 (t. 1er 1838, p. 473), Simson de Péclère c. Joly de Sabla.

518. — Le capitaine commet une faute grave si, dans le manifeste qu'il publie à son arrivée au lieu de la destination, il n'indique pas le consignataire sous un nom exactement conforme à celui qui est porté dans le connaissement; et si, éprouvant de la difficulté à trouver le consignataire sous le nom désigné dans le connaissement, il remet la marchandise à la disposition d'une personne dont le nom n'est pas identique avec celui du consignataire qui lui est indiqué. — *Trib. comm. de Marseille*, 21 mars 1832 (*J. de Marseille*, 13, 204), Rabaud.

519. — Le capitaine qui, par la charte-partie, s'est engagé à débarquer la marchandise à ses frais au lazaret, ne doit pas néanmoins supporter le surcroît de frais occasionné par la sereine imposée extraordinairement aux marchandises, avant l'entrée au lazaret, par l'administration de la santé : ces frais sont à la charge des consignataires. — *Trib. comm. de Marseille*, 9 oct. 1835 (*J. de Marseille*, 15, 1, 350), Vallat.

520. — Tout ce qui concerne les navires marchands, leur visite, la déclaration des marchandises, leur vérification, etc., ayant dû, suivant le traité de commerce entre la France et la Russie, du 11 janv. 1787, être réglé d'après les lois et usages de chaque pays, il s'ensuit qu'un capitaine de navire marchand qui, conformément aux lois et usages de la Russie, a effectué son déchargement entre les mains des commis de la douane, ensuite de la vérification qui en avait été faite à la vue de son manifeste et de ses connaissemens, et qui a ensuite reçu son écu de mer (ou congé de partir avec faculté de prendre un nouveau chargement), a été pleinement libéré envers le propriétaire des marchandises, et n'a pu être forcé ultérieurement par celui-ci de déclarer, sous peine de dommages-intérêts, s'il avait réellement déposé sa cargaison dans les magasins de la douane. — *Cass.*, 21 brum. an XIII, Gerrit-Ziedzès c. Raimbert et Le Maguin.

521. — Le temps ordinaire pour le débarquement des navires dans les ports est limité aux heures pendant lesquelles les bureaux de la douane sont ouverts. En conséquence, les capitaines de navires ont le droit de discontinuer le déchargement dès le moment où les bureaux de la douane sont fermés. — *Trib. comm. de Marseille*, 19 janv. 1831 (*J. de Marseille*, 12, 1, 171), Lieutaud.

522. — Un capitaine de navire qui a reçu mandat de vendre des marchandises et d'en rapporter d'autres, en échange, avec mission d'agir *au mieux des intérêts du mandant*, *en gérant en bon père de famille*, peut, sans violer son mandat, ne vendre qu'une partie des marchandises et laisser l'autre déposée en pays étranger entre les mains d'une personne désignée par le mandant lui-même pour le cas où le mandataire ne trouverait pas à vendre avec un assez grand bénéfice. Du moins l'arrêt qui le décide ainsi ne donne pas ouverture à cassation. — *Cass.*, 22 avr. 1828, Jaudas c. Chatelain.

523. — Le capitaine d'un navire à qui des marchandises ont été remises pour les vendre, au mieux des intérêts de son commettant, dans le lieu de la destination du navire, ne contrevient pas nécessairement à son mandat si, dans l'espoir d'obtenir un prix plus avantageux, il laisse ces marchandises à un consignataire. Du moins, l'arrêt qui le décide ainsi par appréciation des termes du mandat, échappe à la censure de la cour de Cassation. Par suite, si le consignataire opère la vente dans un autre lieu que celui primitivement désigné, et à un prix inférieur à celui que le capitaine aurait pu lui-même en retirer, le capitaine n'est pas tenu de la différence envers son commettant. — *Cass.*, 18 mars 1835, Guestier c. Gassies.

Sect. 4e. — *Responsabilité à raison des faits du capitaine ou de ses préposés.*

§ 1er. — *Responsabilité personnelle du capitaine.*

524. — L'importance des fonctions du capitaine, des intérêts qui lui sont confiés et des devoirs qu'il a à remplir, a fait établir contre lui le principe de la plus rigoureuse responsabilité.

525. — Les fautes commises par le capitaine prennent le nom de *baraterie*. — La baraterie se divise en baraterie criminelle et en baraterie simple ou civile.

526. — La baraterie criminelle comprend les crimes, délits ou contraventions commis par le capitaine, et le rend passible de peines plus ou moins sévères, indépendamment des dommages-intérêts envers les parties lésées. On doit y comprendre aussi les fautes graves. — C'est cette espèce de baraterie que l'on désigne ordinairement sous le nom de *baraterie de patron*. — V. ce mot.

527. — La baraterie simple comprend les dols, fautes, imprudences ou impéritles qui, sans constituer un délit ou une contravention, entraînent néanmoins un préjudice pour les chargeurs ou pour les propriétaires du navire; elle donne lieu seulement à une action civile en responsabilité.

528. — Tout capitaine, maître ou patron chargé de la conduite d'un navire ou autre bâtiment, est garant de ses fautes, même légères, dans l'exercice de ses fonctions. — C. comm., art. 221.

529. — Cette responsabilité est applicable au capitaine à la part. — *Rennes*, 12 juill. 1816, N.

530. — A défaut par le capitaine : 1° d'avoir fait visiter son navire avant de prendre charge (C. comm., art 235); — 2° de s'être muni des pièces de bord (art. 225); — 3° d'avoir tenu un registre ou livre de bord (art. 224); — 4° et enfin de s'être trouvé en personne dans son navire à l'entrée et à

la sortie des ports, havres et rivières (art. 227), — il est responsable de tous les événemens envers les intéressés au navire et au chargement. — Art. 228.

531. — Cette responsabilité ne cesse que par la preuve d'obstacles de force majeure (C. comm., art. 230), c'est-à-dire d'obstacles qu'on n'a pu prévoir et auxquels on ne pouvait résister.

532. — Il serait difficile d'énumérer toutes les fautes que peut commettre un capitaine, cependant on en trouve dans les auteurs divers cas qu'on peut citer comme exemples.

533. — Ainsi un capitaine est en faute : 1° s'il n'a pas veillé avec soin à tout ce qui concerne l'équipement et l'avitaillement du navire. — Émérigon-Boulay-Paty, *Assur. et contr. à la grosse*, t. 1er, p. 381.

534. — ...2° S'il a chargé son navire outre-mesure, et si cette surcharge a occasionné quelque accident. — Boulay-Paty, t. 1er, p. 381.

535. — ...3° S'il n'a pas lesté et arrimé son navire d'une manière convenable. — Ord. 1681, art. 8, tit. *Du capitaine*; — Boulay-Paty, t. 1er, p. 382.

536. — ...4° S'il ne s'est pas procuré un bon équipage, à moins que les propriétaires du navire, présens sur les lieux, ne l'aient pas laissé libre dans son choix. — Boulay-Paty, t. 1er, p. 382.

537. — ...5° Si l'équipage par lui choisi est insuffisant pour la manœuvre du navire. Casareges-Straccha. — Boulay-Paty, t. 1er, p. 388.

538. — ...6° S'il met à la voile avec un temps évidemment mauvais, à moins que des circonstances de force majeure ne l'aient forcé de partir. — Boulay-Paty, t. 1er, p. 383.

539. — ...7° S'il diffère de mettre à la voile par un temps favorable, lorsque les préparatifs de son départ sont terminés, à moins d'empêchement légitime. — Boulay-Paty, t. 1er, p. 385.

540. — ...8° S'il a failli par ignorance de son art. — Straccha; Boulay-Paty, t. 1er, p. 384.

541. — Le capitaine qui avait à bord les cartes et instrumens connus et usités au port de départ, et dont le navire a échoué par suite d'une erreur dans laquelle il a été induit par la carte qu'il a consultée, n'est pas responsable des avaries produites par l'échouement. — *Trib. comm. de Marseille*, 24 déc. 1832, (*J. Marseille*, 13, 1, 337), Brinkon.

542. — Dans toutes les traversées, et notamment dans celle de France aux Antilles, les erreurs en longitude *par l'estime*, lors même qu'elles seraient considérables, peuvent ne pas être imputées comme faute au capitaine. — *Bordeaux*, 6 déc. 1838 (t. 1er 1841, p. 464), Assureurs c. Malvezin et Lagarde.

543. — ...9° S'il n'a pas prévu ce qu'il aurait dû prévoir. — Émérigon-Boulay-Paty, t. 1er, p. 381.

544. — Le capitaine qui, faute de soins, occasionne des dommages au navire qu'il commande et à un autre amarré près de lui, doit en répondre personnellement. — *Rennes*, 22 janv. 1819, Jefferson c. N.

545. — Dans la marine marchande, le capitaine n'est pas tenu, lorsqu'il commande la manœuvre, de se placer à l'arrière de son navire. Par suite, le capitaine qui était placé à l'avant de son navire au moment où il a donné un ordre mal compris, et exécuté en sens contraire par le timonier, n'est pas en faute. — *Trib. comm. de Marseille*, 22 déc. 1834 (*J. Marseille*, 15, 1, 24), Naud.

546. — Le capitaine est responsable des dommages causés par le choc de son bâtiment sur les filets d'une madrague signalée par des crins, bouées ou graviteaux. La présence d'un pilote à bord, au moment de l'événement, ne peut décharger le capitaine de cette responsabilité. — *Trib. comm. de Marseille*, 5 mars 1831 (*J. Marseille*, 12, 1, 201), Clauzel.

547. — L'incendie qui a lieu à bord d'un navire ne peut être rangé dans la classe des cas fortuits que lorsque le capitaine en indique la cause et qu'il prouve qu'il n'y a eu ni faute ni négligence de sa part ou de la part de l'équipage. — *Aix*, 11 juillet 1833, Signoret c. Hévy.

548. — De même lorsqu'un navire assuré a été détruit en mer par un incendie, cette cause doit, à défaut par le capitaine de l'avoir fait connaître, être réputée provenir de la faute du capitaine; il n'y a point présomption en ce cas que le sinistre soit arrivé par fortune de mer. — *Cass.*, 4 janv. 1832, Charbonnel c. Assureurs maritimes.

549. — ... 10° S'il a pu éviter l'ennemi et qu'il ne l'ait pas fait. — *Guidon de la mer*, chap. 11, art. 2; — Boulay-Paty, t. 1er, p. 385.

550. — Lorsqu'un navire a été pris par l'ennemi, le capitaine et les affréteurs ne peuvent être déclarés responsables de la perte, et à ce titre, condamnés à payer la valeur du navire, ainsi que le prix du fret et des marchandises, sous prétexte que la perte n'aurait pas été constatée dans les formes voulues par la loi. — *Cass.*, 11 fév. 1836 (t. 1er 1837, p. 121), Reboul c. Fouque.

551. — Le capitaine est responsable du fait des hommes qu'il a choisis. — Pardessus, n° 629.

552. — Toutefois, il n'en est responsable qu'en sa qualité de capitaine. — Ainsi, s'il est reconnu que la faute ou négligence qui a donné lieu à un incendie ne provient pas d'un fait personnel au capitaine, la responsabilité qui doit peser sur lui ne peut l'atteindre qu'en sa qualité de capitaine, et non personnellement. — *Aix*, 11 juill. 1833, Signoret c. Héry.

553. — Le capitaine n'est pas responsable des faits des hommes de son bord, alors que ces faits sont étrangers au service du navire. Spécialement il n'est point tenu de la perte d'une chaloupe empruntée par son second sans son ordre et hors de l'exercice de ses fonctions de second. — *Trib. comm. de Marseille*, 6 fév. 1832 (*J. Marseille*, 13, 1, 82), Ferry.

554. — Lorsque les armateurs ont placé sur le navire un subrécargue pour veiller à la conservation et à la vente des marchandises, comme ce subrécargue est le commis des armateurs, le capitaine n'en répond point. — Pardessus, n° 646.

555. — Le capitaine responsable d'une faute commise soit par lui soit par un de ses subordonnés, agissant en cette qualité, est tenu vis-à-vis de tout intéressé de réparer le préjudice causé. — Arg., art. 228, C. comm.

556. — Ainsi le capitaine qui, par sa faute, a fait couler bas son navire, est responsable envers l'état des frais occasionnés à ce dernier pour rendre la rivière navigable à l'endroit où le naufrage a eu lieu. — *C. d'assises Gironde*, 31 déc. 1831 (sous *Cass.*, 1er mars 1832), Décombe.

557. — Quant à la responsabilité du capitaine à l'égard des propriétaires et armateurs du navire, des chargeurs ou affréteurs, nous avons vu, dans les sections précédentes, dans quel cas principalement elle avait lieu et quelle était son étendue. — Mais ces cas ne sont pas limitatifs, et, dans le silence de la loi, il y aurait toujours lieu d'appliquer au capitaine la disposition de l'art. 1382, C. civ.

558. — Au surplus, les tribunaux apprécient souverainement les faits desquels on prétend faire résulter la responsabilité d'un capitaine de navire envers l'armateur. — *Cass.*, 8 mars 1832, Platel c. Levillain.

§ 2. — *Responsabilité des propriétaires ou armateurs.*

559. — La responsabilité du propriétaire ou de l'armateur peut avoir lieu soit vis-à-vis des tiers, soit vis-à-vis du capitaine lui-même.

560. — Tout propriétaire du navire est civilement responsable des faits du capitaine et tenu des engagemens contractés par ce dernier, pour ce qui est relatif au navire et à l'expédition. — C. comm., art. 216, modifié par la loi du 14 juin 1841. — V. NAVIRE.

561. — Il peut, dans tous les cas, s'affranchir des obligations ci-dessus par l'abandon du navire et du fret. — Toutefois, la faculté de faire abandon n'est point accordée à celui qui est en même temps capitaine et propriétaire, ou même copropriétaire du navire. Lorsque le capitaine n'est que copropriétaire, il n'est responsable des engagemens contractés par lui pour ce qui est relatif au navire et à l'expédition, que dans la proportion de son intérêt. — C. comm., art. 216, modifié par la loi du 14 juin 1841. — V. NAVIRE.

562. — Quant à la responsabilité du propriétaire ou de l'armateur vis-à-vis du capitaine, elle dérive de la qualité de mandataire de la part de ce dernier. Or, le mandant doit non-seulement rembourser au mandataire les avances et frais faits par celui-ci pour l'exécution du mandat, mais encore « l'indemniser des pertes que celui-ci a essuyées à l'occasion de sa gestion, sans imprudence qui lui soit imputable. C. civ., art. 1999 et 2000.

563. — Le capitaine d'un corsaire qui, après avoir fait une prise déclarée valable par les autorités françaises, passe au service d'un autre armateur, ne peut, s'il est pris à son tour par la puissance à laquelle appartenait le navire précédemment capturé et condamné par cette puissance à payer une indemnité aux intéressés, exercer, de ce chef, aucun recours contre le propriétaire du navire avec lequel il a fait la prise. C'est là un fait de force majeure qui ne soumet le mandant à aucune obligation envers le mandataire. — *Cass.*, 23 déc. 1840 (t. 1er 1841, p. 518), Perret c. Pollan.

564. — Le capitaine qui réclame comme lui appartenant des objets d'armement et autres effets qu'il aurait ou mis à bord lors de l'armement, ou achetés en cours de voyage, doit être déclaré non recevable dans sa demande s'il ne justifie pas d'une manière régulière que ces objets étaient sa propriété. En conséquence, à défaut de cette preuve, l'armateur du navire ne saurait être responsable vis-à-vis du capitaine du vol ou de la perte desdits objets. — *Rouen*, 18 fév. 1840 (t. 2 1842, p. 54), Guilbaut c. Durozelle.

§ 3. — *Fins de non-recevoir et prescription.*

565. — Sont non recevables : 1° toutes actions contre le capitaine pour dommages arrivés à la marchandise, si elle a été reçue sans protestation. — C. comm., art. 435.

566. — En conséquence, jugé que celui qui, après avoir reçu la marchandise, l'a fait jauger et placer dans son magasin hors la présence du capitaine, n'est plus recevable à exercer aucun recours contre celui-ci à raison d'un prétendu déficit dans cette marchandise. — *Trib. comm. de Marseille*, 20 août 1828 (*J. de Marseille*, t. 10, p. 63).

567. — ...Qu'il en est de même de celui qui n'a fait peser qu'à la douane la marchandise par lui reçue, et que le capitaine ne peut être responsable du déficit qu'autant que la marchandise a été pesée en sa présence par un peseur public. — *Trib. de Marseille*, 19 mai 1826 (*J. de Marseille*, t. 8, p. 107).

568. — La fin de non-recevoir est applicable non seulement au dommage matériel, mais à l'existence seule d'un déficit. Toutefois, elle ne s'étend pas au préjudice occasionné par une infraction aux conventions relatives au transport et à l'arrivée des marchandises. — *Trib. comm. de Marseille*, 7 juin 1830 (*J. de Marseille*, t. 11, p. 241).

569. — ... 2° Toutes actions en indemnité pour dommages causés par l'abordage dans un lieu où le capitaine a pu agir, s'il n'a point fait de réclamation. — C. comm., art. 435.

570. — Ces protestations et réclamations sont nulles, si elles ne sont faites et signifiées dans les vingt-quatre heures, et si, dans le mois de leur date, elles ne sont suivies d'une demande en justice. — C. comm., art. 436.

571. — Les fins de non-recevoir et la nullité établie par les art. 435 et 436, C. comm., sont uniquement introduites dans l'intérêt du capitaine, de telle sorte qu'elles peuvent être couvertes par la renonciation de ce dernier. — Ainsi, lorsqu'il y a eu des propositions d'accommodement de la part du capitaine, ou une promesse de payer le dommage, et que la protestation ou l'assignation n'a été différée que par ce motif, la fin de non-recevoir et la nullité prémentionnées ne peuvent être opposées par le capitaine. — *Bruxelles*, 16 janv. 1830 (*J. de Bruxelles*, 1830, t. 1er, p. 282).

572. — Toute demande en délivrance de marchandise est prescrite un an après l'arrivée du navire (C. comm., art. 433; Ord. 1681, liv. 1er, tit. 12, art. 4). — La responsabilité du capitaine, à l'égard des marchandises, est donc soumise à la même durée que cette prescription.

573. — Cette prescription ne s'applique pas seulement à l'action du destinataire, des marchandises, mais encore à celle du chargeur, à l'effet d'obtenir du capitaine la justification de la délivrance. Dans ce cas, la prescription court à partir du retour du navire dans le port de l'expédition. — *Rouen*, 31 mai 1825, Raymond c. Barnethe.

574. — Ainsi, *l'arrivée* dont parle l'art. 433, C. comm., est, pour le propriétaire ou chargeur, celle au lieu du départ, c'est-à-dire le retour; et pour le destinataire ou consignataire, celle au lieu de la destination. — Dageville, t. 4, p. 413; Goujet et Merger, v° *Capitaine*, n° 270.

575. — Cependant si le voyage vient à finir par un événement de force majeure avant l'arrivée du navire au lieu de destination ou de retour, la prescription court au profit du capitaine du jour où l'événement a été connu des réclamans. — Pardessus, n° 730; Dageville, t. 4, p. 217.

576. — Le capitaine qui, dans le manifeste qu'il a publié à son arrivée au lieu de sa destination, a sans dol ni fraude indiqué le consignataire sous un nom qui n'était pas exactement conforme à celui indiqué dans le connaissement, est néanmoins recevable à opposer la prescription annale à toute action dirigée contre lui par le véritable consignataire pour défaut de délivrance. — *Trib. comm. de Marseille*, 21 mars 1832 (*J. de Marseille*, t. 13, p. 204), Rabaud.

577. — La prescription est applicable à la demande en dommages-intérêts fondée sur le défaut de délivrance, comme à la demande en délivrance elle-même. — Même jugement.

578. — Les propriétaires, chargeurs ou destinataires de marchandises auxquels le capitaine oppose la prescription annale, peuvent lui déférer le serment sur la question de savoir si la marchandise a été réellement livrée (Boulay-Paty, t. 4, p. 602; Dageville, t. 4, p. 213. — V. *contrà* Goujet et Merger, v° *Capitaine*, n° 27), par le motif que la prescription ayant pour objet d'éteindre la dette,

le serment qui tend à le faire revivre ne saurait être déféré que par exception et en vertu d'une disposition spéciale qui ne se trouve pas dans l'art. 433.

579. — La prescription annale ne peut avoir lieu, s'il y a cédule, obligation, arrêté de compte ou interpellation judiciaire (C. comm., art. 434). — Alors il résulte de ces différens actes une action nouvelle qui n'est prescriptible que par trente ans. — C. civ., art. 2262.

V. ARMATEUR, ASSURANCE MARITIME, AVARIES, BARATERIE DE PATRON, CHARTE-PARTIE, COFFRE DE MÉDICAMENS, COMPÉTENCE COMMERCIALE, CONNAISSEMENT, DOUANES, GENS DE MER, FRANCISATION, FRET, MANIFESTE, NAUFRAGE, PATENTE DE SANTÉ, PILOTE, POLICE SANITAIRE, TESTAMENT, TIMBRE.

CAPITAINE DE PORT.

V. OFFICIER DE PORT.

CAPITAINE DE RECRUTEMENT.

1.—Ce grade n'existe pas, à proprement parler, dans l'armée. C'est la dénomination qu'on donne aux officiers du grade de capitaine, envoyés en mission dans les départemens, pour y activer et surveiller la levée des jeunes soldats et y commander les dépôts de recrutement (V. ARMÉE, n° 264). Il y a un dépôt semblable dans chaque département.

2. — Il a été jugé que les capitaines de recrutement, remplissant des fonctions purement militaires, peuvent être poursuivis sans autorisation préalable du conseil d'état. — *Cass.*, 6 mars 1807, Delauzière. — Merlin, *Rép.*, v° *Conscription militaire*, § 9; Carnot, sur l'art. 91, *Inst. crim.*, t. 1er, p. 390, n° 37.

V. FONCTIONNAIRE PUBLIC, RECRUTEMENT.

CAPITAINE GÉNÉRAL.

On appelait ainsi dans les colonies françaises, avant la restauration de 1814, le premier et le principal agent du gouvernement, qui était chargé de leur défense intérieure et extérieure. — V. BOURBON (île), COLONIES, GUADELOUPE, MARTINIQUE.

CAPITAINERIE.

1. — On désignait autrefois sous le nom de capitainerie une certaine étendue de terrain sur laquelle le roi, indépendamment des domaines qui lui appartenaient, s'était réservé le droit de chasse. — Les charges qui résultaient de cette réserve, au préjudice des propriétaires étaient plus ou moins lourdes suivant qu'il s'agissait, comme il va être dit, de telles ou telles capitaineries.

2.—François 1er est le premier des rois de France qui ait érigé en capitaineries certains cantons mis en réserve. — Merlin, *Rép.*, v° *Capitainerie*.

3. — On distinguait deux classes de capitaineries: les capitaineries des maisons royales et les capitaineries simples ou ordinaires.

4.—Les capitaineries des maisons royales étaient celles établies autour des maisons que le roi habitait ordinairement ou qu'il pouvait habiter quand il lui plaisait, y ayant des châteaux, ou encore celles tellement voisines des châteaux et palais occupés ordinairement par lui, qu'il pouvait commodément y aller chasser sans quitter son séjour ordinaire.

5. — Dans les capitaineries de maisons royales, il était défendu à toutes personnes de quelque qualité et condition qu'elles fussent, même aux seigneurs hauts justiciers, de chasser ou faire chasser sur leurs propres fiefs sans la permission du roi ou du capitaine, non seulement dans l'étendue des capitaineries, mais encore une lieue au-delà. — Ord. de 1669, art. 20, tit. 30.

6. — Mais les officiers hauts justiciers et les seigneurs de fiefs ayant censives et vassaux avaient le droit de chasser, ainsi que leurs enfans et amis dans l'étendue de leurs hautes justices et fiefs. — Art. 3 de la déclaration du 27 juill. 1701. — Cette même ordonnance accordait la faculté aux seigneurs ecclésiastiques de faire chasser, à condition que la personne commise serait tenue de faire enregistrer sa commission au greffe de la maîtrise des eaux et forêts.

7. — L'art. 16 du titre de l'ordonnance du mois d'août 1669 interdisait l'usage de tirer au vol, à trois lieues près des plaisirs du roi, sous des peines pécunaires, et du bannissement perpétuel dans l'étendue de la maîtrise en cas de récidive. Cette faculté de tirer au vol, était réservée, seulement, aux seigneurs, gentilshommes, nobles ou seigneurs de paroisses.

8. — L'art. 21 de la même ordonnance prescrivait, sous peine de 10 livres d'amende, aux propriétaires de parcs, jardins, vergers, et autres héritages dans l'étendue des capitaineries royales, de ne point faire en leurs murailles aucuns trous, coulisses ni autres passages pouvant donner entrée au gibier. — On ne pouvait non plus y faucher les foins avant la Saint-Jean; mais Denizart (v° *Capitainerie*, n° 6), ajoute que «comme ces prérogatives étaient très onéreuses aux peuples, nos rois les ont rarement étendues aux capitaineries simples, et qu'il y a même des capitaineries de maisons royales où le roi les a quelquefois modérées». — V. Décl. de 1687 et 1724.

9.—Il était enjoint aux propriétaires et fermiers des terres dépendantes des capitaineries, de faire épisser leurs terres immédiatement après leurs récoltes. — Règlement du roi, du 6 janv. 1712.—Il était également défendu d'envoyer cueillir des herbes dans les blés et autres récoltes *graminées*, sous peine d'amende.

10. — Un règlement général des chasses du 21 août 1719, lequel se renouvelait chaque année, défendait de chasser, de porter fusil et autres armes à feu dans l'étendue des capitaineries, et de mener des chiens dans la plaine, s'ils n'étaient en laisse et d'en laisser aller dans les villages, s'ils n'avaient un billot au col et le jarret coupé. En cas de contravention, il était enjoint aux gardes de se saisir des fusils et armes à feu, de tuer les chiens et de dresser leurs procès-verbaux.

11. — Défenses étaient faites aux pâtissiers, rotisseurs, cabaretiers et à tous autres d'acheter du gibier des soldats et des paysans, si ce n'était dans les marchés publics.

12.—Des peines très rigoureuses, telles que le bannissement, étaient prononcées, en cas de récidive, contre toutes personnes qui chasseraient, de quelle manière que ce fût, les bécasses, ramiers, pluviers, bisets et autres oiseaux de passage.

13. — Les seigneurs hauts justiciers étaient tenus de souffrir les visites que les capitaines pouvaient faire ou faire faire par leurs officiers pour la conservation du gibier, dans les parcs, clos et jardins de ces seigneurs, sauf aux propriétaires à faire accompagner ces officiers ou gardes dans leurs visites par tels de leurs gens que bon leur semblerait.—Arrêt du conseil du 17 oct. 1707, art. 2.

14. —L'art. 3 du même arrêt ordonnait que les capitaines pouvaient aussi tirer dans ces parcs, clos et jardins, quand bon leur semblerait, sans qu'ils pussent faire tirer d'autres personnes avec eux.

15. — Les capitaines et autres officiers des capitaineries des maisons royales jouissaient de tous priviléges accordés aux commensaux de la maison du roi; ils avaient juridiction pleine et entière sur le fait de chasse tant au civil qu'au criminel, sans partage ni concurrence avec les maîtrises des eaux et forêts.— Ord. des eaux et forêts, tit. *Des chasses*, art. 32. — Denizart, v° *Capitainerie*, n° 7.

16. — Les juridictions des capitaineries se composaient du capitaine, d'un lieutenant-général, d'un lieutenant de robe courte, de plusieurs autres lieutenans, d'un avocat et d'un procureur du roi, de plusieurs substituts, de plusieurs exempts et d'un greffier.

17. — Quant aux capitaineries simples, elles se subdivisaient en deux espèces. Il y en avait dont les officiers étaient du nombre des commensaux de la maison du roi et jouissaient du privilége de la commensalité. — L'ord. des eaux et forêts (tit. *Des chasses*, art. 33), leur attribuait, comme aux capitaineries des maisons royales, la pleine juridiction civile et criminelle sur les faits des chasses du territoire, à l'exclusion des maîtrises et forêts; on les désignait aussi sous le nom de *capitaineries royales simples*. — Denizart, n° 9.

18. —Mais ces capitaineries différaient de celles des maisons royales en ce que, dans leur étendue, les seigneurs conservaient la chasse sur leurs fiefs, et les propriétaires « la liberté de l'exploitation de leurs héritages, au moyen, ajoute Denizart (n° 10), de ce que l'interdiction de la chasse et les sujétions dans l'exploitation ne sont prononcées que dans les capitaineries des maisons royales par les art. 20, 23 et 24 du titre *des chasses* de l'ordonnance des eaux et forêts ».

19. — Il y avait aussi d'autres capitaineries simples dont les officiers ne jouissaient d'aucun des priviléges accordés aux commensaux, et dans lesquelles le capitaine n'avait que le droit d'arrestation et de capture tant des délinquans que des armes, bâtons, chiens, filets et engins de toute nature; mais l'instruction et le jugement appartenaient exclusivement aux maîtres des eaux et forêts. Toutefois, le capitaine et les lieutenans de chasse avaient la faculté d'assister au jugement avec voix délibérative.—Ord. des eaux et forêts, *ibid.*, art. 31. — V. aussi la déclaration du 12 oct. 1699.

20. — Les propriétaires d'héritage situés dans ces capitaineries n'étaient pas non plus gênés dans leur exploitation, et les seigneurs pouvaient, comme dans les capitaineries royales simples, chasser dans l'étendue de leurs seigneuries, à moins qu'ils n'en fussent nommément exclus par le titre d'érection ou par un autre.— Déclarations 6 sept. 1666 et 1694. — V. aussi arr. du *Conseil des dépêches* du 13 avr. 1726.

21. — Il est à remarquer que les capitaines des chasses de maisons royales étaient investis d'un pouvoir exorbitant, puisqu'ils pouvaient prononcer des peines afflictives, et on n'exigeait d'autre garantie de ces dignitaires que leur signature sur la minute de leurs jugemens, ainsi que celle du lieutenant de robe longue.

22. —Les capitaines prêtaient serment entre les mains du roi.—Les officiers inférieurs, tels que les lieutenans, avocats et procureurs du roi, exempts, inspecteurs, etc., étaient à la nomination du capitaine; leurs charges ne pouvaient, dans aucun cas, être héréditaires, ils prêtaient serment entre les mains du capitaine, qui seul avait le pouvoir de les destituer.

23.—La différence qui existait entre les titulaires des capitaineries royales et ceux des capitaineries simples non royales, c'est que ces derniers étaient dans l'obligation de se faire recevoir à la table de marbre où ressortissaient les appels des jugemens que les maîtrises pouvaient rendre sur leurs procès-verbaux. — Ordonnance d'août 1669, art. 29, tit. 30.

24. — Une déclaration du 18 oct. 1699 (enregistrée au parlement le 28 nov. suivant), tout en ordonnant l'exécution des ordonnances et réglemens concernant certaines capitaineries de maisons royales, avait éteint et supprimé plusieurs autres capitaineries « en faisant défenses aux capitaines, lieutenans, gardes et autres officiers de s'ingérer, par la suite, dans l'exercice et fonctions de leurs prétendues charges, d'en prendre la qualité, et aux officiers des tables de marbre, eaux et forêts et à tous autres de reconnaître d'autres capitaines des chasses que ceux réservés par la déclaration ».

25.— Le décret du 4 août 1789 (art. 3) a déclaré abolies toutes capitaineries, même royales, et toutes réserves de chasse, sous quelque dénomination que ce fût.

V. CHASSE.

CAPITAL.

1. — *Lato sensû* on appelle ainsi toute valeur mobilière.—Dans un sens plus restreint on désigne sous ce nom une somme d'argent en principal, lorsqu'on la prend par opposition aux intérêts qu'elle produit. — V. INTÉRÊTS, PRÊT.

2.—On nomme aussi *capitaux ruraux* les objets garnissant une ferme, métairie, domaine, etc. — Les animaux constituent les capitaux *vifs*, les instrumens aratoires et autres objets mobiliers forment les capitaux *morts*. — Vaudoré, *Dr. civil des juges de paix*, v° *Capital*.

3.—Capital se dit encore d'une somme d'argent qu'un négociant met dans son commerce, par opposition aux *gains* et *profits* qui souvent, du reste, se réunissent au capital et l'augmentent d'autant. — *Encyclop. méthod.* (jurisprudence), v° *Capital*.

CAPITALE (Place de guerre).

1. — En matière de fortifications, la capitale d'un ouvrage est la ligne qui passe par son saillant et par celui de son chemin couvert. — Dans les places régulières, la capitale d'un bastion ou d'une demi-lune partage son angle saillant en deux parties égales. — Vauban, *Défense des places*, p. 21.

2. — Les distances fixées par la loi du 8-10 juill. 1791 et par celle du 17 juill. 1819, pour l'exercice des servitudes imposées à la propriété en faveur de la défense des places de guerre ou postes militaires, sont mesurées à partir des lignes déterminées par ces lois sur les capitales de l'enceinte et des dehors.

V. PLACE DE GUERRE, SERVITUDE MILITAIRE.

CAPITALISATION.

1. — Transformation des intérêts d'un capital en un nouveau capital susceptible de produire lui-même de nouveaux intérêts.

2. — Les intérêts ne peuvent être capitalisés et produire eux-mêmes des intérêts qu'autant qu'ils sont dus pour une année entière.—C. civ., art. 1154.— On nomme anatocisme la convention par laquelle on stipule d'avance la capitalisation des intérêts produits par une somme d'argent. — V. ANATOCISME, ANTICHRÈSE, INTÉRÊTS, PRÊT.

CAPITATION.

1.—On appelait ainsi sous l'ancien droit une taxe par tête qui se prélevait annuellement sur chaque personne, suivant sa qualité, sa fortune ou son travail. — Guyot, *Rép.*, v° *Capitation*; Nouveau Denizart, *eod. verb.*, n° 1er; Brillon, *Dictionn. des arrêts*, v° *Capitation*; *Encyclop. méthod.*, v° *Capitation*.

2. — La capitation était connue à Rome sous le nom de *quote part d'une tête de citoyen*, et était également en usage dans plusieurs états de l'Europe, notamment en Angleterre. — Guyot, *ibid.*; Brillon, *loc. cit.*

3. — Charles II, roi d'Angleterre, ordonna qu'un duc payerait 100 livres de capitation, un marquis 80 liv., un baronnet 30 liv., un chevalier 20 liv., un écuyer 10 liv., et tout roturier 12 deniers. — Guyot, *Rép.*, *verb. cit.*

4. — La capitation a été établie en France par une déclaration du 18 janv. 1695, pour subvenir aux frais de la guerre terminée par le traité de Riswick. — Nouveau Denizart, v° *Capitation*, n° 2; Brillon, *Dict. des arrêts*, *loc. cit.*, n° 4; *Encyclop. méthod.*, v° *Capitation*.

5. — Elle fut fixée pour chaque individu dans la proportion assignée à la classe dans laquelle il se trouvait placé. On forma vingt-deux classes d'après les états, qualités et fonctions, et chacune fut inégalement taxée. — Déclaration 18 janv. 1695, art. 1er.

6. — La première classe fut taxée à 2,000 livres; la seconde à 1,500 liv.; la troisième à 1,000 liv., et ainsi des autres, dont la vingt-deuxième fut fixée à 20 sous.— Déclaration du 18 janv. 1695; — *Encyclop. méthodique*, v° *Capitation*, p. 250.

7. — Cette déclaration fut enregistrée au parlement de Rouen, le 3 mars 1695; le 18 du même mois au parlement de Besançon. — Brillon, *ibid.*

8. — Le tarif fixé par la déclaration du 18 janv. ayant été jugé insuffisant, il y fut fait un supplément le 12, et un second le 26 fév. 1695.

9. — La capitation fut supprimée par arrêt du conseil du 17 déc. 1697, ordonnant qu'elle ne serait levée que pour les trois premiers mois de 1698.

10. — Mais une déclaration du 12 mars 1701, enregistrée au parlement le 17 du même mois, rétablit la capitation, qui fut portée un tiers au-dessus de ce qu'elle était d'après la déclaration de 1695. — Guyot, *loc. cit.* — D'après le Nouveau Denizart l'augmentation fut de moitié en sus

11.—Un arrêt du 3 mars 1705, revêtu de lettres-patentes du 19 août, registrées le 4 septembre, ordonna que les particuliers taxés à la capitation, payeraient au-delà de leurs taxes deux sous pour livre ou le dixième en sus.

12.— Une déclaration du 9 juill. 1715 prorogea indéfiniment cette capitation augmentée du dixième. Un arrêt du 10 déc. 1747 porta à 4 sous pour livre l'augmentation du dixième, et la déclaration du 13 fév. 1780 autorisa cette dernière augmentation. — Nouveau Denizart, n° 6; Brillon, *Dict. des arrêts*, v° *Capitation*.

13. — Les rôles, les extraits des rôles, les quittances, les obligations et généralement tous les actes concernant la capitation, pouvaient être faits sur papier non timbré. — Déclaration du 18 janv. 1695.

14. — La compétence, en fait de capitation, était attribuée dans les provinces aux intendans, et à Paris au prévôt des marchands et aux échevins, sauf l'appel au conseil. — Déclaration du 18 janv. 1695.

15.—Dans les provinces d'élection, la capitation était arrêtée par le conseil, qui fixait un état d'après lequel le ministre des finances annonçait aux intendans la somme à laquelle le roi avait fixé la capitation de leur province. Mais par la déclaration du 13 fév. 1780, enregistrée à la cour des aides de Paris le 18 du même mois, il fut ordonné qu'à dater de 1781, il ne serait plus arrêté au conseil pour les vingt-quatre généralités de pays d'élection et pays conquis, qu'un seul brevet général. Cette déclaration portait aussi que le montant de ce brevet général demeurerait invariablement fixé à la somme imposée pour l'année 1780.

16. — En principe, la capitation frappait toutes les classes de la société. — Guyot, *Rép.*, v° *Capitation*; Nouveau Denizart, v° *Capitation*, § 1er, n° 5; *Encyclop. méthodique*, v° *Capitation*, p. 450.

17.—Pour y être assujéti il fallait avoir un état, une condition quelconque, ou tenir un feu, un ménage. — Nouveau Denizart, *ib.*, n° 5.

18. — En conséquence, les fils de famille, non mariés, n'ayant ni état, ni biens acquis, étant chez leurs père et mère, n'étaient pas sujets à la capitation. — A l'inverse, on y soumettait même les fils de famille mineurs, demeurant chez leurs père et mère, qui étaient mariés ou avaient des biens acquis. — Déclar. de 1701, art. 4.

19. — Il en était de même des femmes mariées, alors qu'elles étaient séparées. — Même déclaration, art. 25. — Les veuves y étaient pareillement soumises. — *Ibid.* — Mais les femmes mariées et sous puissance de mari n'y étaient pas soumises. — Règlement du 24 fév. 1773. — V. Brillon, n° 51.

20. — Les personnes qui possédaient plusieurs charges ou offices, ne devaient acquitter qu'une taxe, la plus forte, à raison de leur qualité. — *Encyclop. méthodique*, v° *Capitation*, p. 250, 2e col.

21. — Une déclaration du 18 déc. 1708 porta exemption de la capitation, moyennant finance, au profit des cent treize notaires au Châtelet de Paris, leur vie durant. — Brillon, *loc. cit.*, n° 40.

22. — Il y avait exemption en faveur des taillables dont les cotes étaient au dessous de quarante sous; des pauvres dont les curés des paroisses étaient chargés de donner des rôles signés et certifiés. — Déclaration 18 janv. 1695; — Guyot et Nouveau Denizart, *loc. cit.*

23. — Cette exemption fut restreinte, par arrêt du conseil du 22 fév. 1695, aux pays d'élection. Un autre arrêt du conseil restreignit cette exemption, dans les pays où la taille était réelle, aux individus dont la cote ne serait que de vingt sous et au-dessous. — *Encyclop. méthodique*, v° *Capitation*, p. 250 et 251.

24.—Les ministres étrangers et leur suite étaient exempts de la capitation.—Arrêts des 15 déc. 1722 et 24 fév. 1773, art. 14; — Nouveau Denizart, § 2, n° 4.

25. — Les Suisses, leurs veuves et enfans étaient déclarés exempts par l'arrêt du 15 déc. 1722. Mais l'exemption ne s'appliquait, d'après un autre arrêt du 24 juill. 1767, qu'à ceux qui étaient actuellement au service et à la solde du roi ou qui s'en étaient retirés avec congé en bonne forme après trois années de service. — Nouveau Denizart, *loc. cit.*

26. — L'édit du mois de déc. 1781, art. 3, déclarait exempts les Suisses, même domiciliés, qui ne possédaient aucuns biens fonds et n'avaient exercé aucuns commerce, métier, profession ou industrie. Il en était de même de ceux qui venaient en France pour vaquer à leurs études et des marchands qui y venaient pour y suivre les affaires de leur commerce, mais sans y établir domicile. — Nouveau Denizart, *ib.*

27.—Les domestiques vivant chez leurs maîtres étaient exempts. Ceux qui habitaient des logemens à leur charge y étaient sujets au *prorata* de leurs facultés apparentes. — Même règlement; — Nouveau Denizart, *loc. cit.*

28. — Les étrangers, après six mois de demeure actuelle dans le royaume, étaient assujétis à la capitation. — Arrêt 15 déc. 1722. — Mais un arrêt du 2 avr. 1767 en exempta ceux qui ne possédaient aucuns biens fonds, sans commerce ni industrie, ordonnant que leurs domestiques, tant étrangers que nationaux, y seraient sujets comme ceux des naturels français.—Brillon, *Dict. des arrêts*, v° *Capitation*, n° 53.

29. — La déclaration de 1695 avait autorisé le clergé à se rédimer de la capitation dans l'espoir qu'il continuerait à offrir un don gratuit annuel pendant la durée de la guerre. En effet, le clergé se détermina à payer, à titre de secours extraordinaire, quatre millions pour chacune des années que durerait la guerre, et même la capitation ayant été rétablie en 1701, il promit le 11 janv. 1701 de continuer le paiement de cette somme jusqu'à la fin de la guerre.—Nouveau Denizart, v° *Capitation*, § 2, n° 1er.

30.—En 1709, le besoin où l'on était de subsides fit qu'on proposa au clergé le rachat des quatre millions de capitation qu'il payait annuellement, moyennant une somme de vingt-quatre millions, proposition qui fut acceptée par lettres-patentes du 12 avr. 1710, enregistrées au parlement le 14 du même mois.

31.— A l'exemple du clergé qui avait été admis au rachat de sa capitation, plusieurs pays d'état se rachetèrent des deux sous pour livre imposés en 1705; d'autres se rachetèrent d'une partie du principal même, et obtinrent des abonnemens.— Nouveau Denizart, v° *Capitation*, § 2, n° 2, et § 4, n° 30; *Encyclopédie méthodique*, v° *Capitation*, p. 251, 2e col.

32.—Un arrêt du conseil d'état du roi, du 24 fév. 1773 ordonna de nouveau l'exécution des lois rendues sur la matière de la capitation. Cet arrêt formait, avec la déclaration du 13 fév. 1780, le dernier état de la législation, lorsque la révolution de 1789 vint bouleverser et changer complétement le système de nos contributions. — La capitation est aujourd'hui remplacée par la *contribution personnelle*. — V. CONTRIBUTIONS DIRECTES, IMPOT.

CAPITAU.

Ce mot, en droit coutumier, exprimait la somme principale à laquelle étaient estimés les bestiaux donnés à cheptel de perte et profit. — V. cout. de la Sole, tit. 20, art. 1er et 2.

CAPITOULS.

1. — C'est le nom que l'on donnait autrefois aux officiers municipaux de la ville de Toulouse. Ils y exerçaient la même juridiction que les échevins exerçaient à Paris, les jurats à Bordeaux, les conseillers des hôtels de ville en Lorraine et les consuls en Provence et en Languedoc. — Merlin, *Rép.*, v° *Capitouls*.

2. — La juridiction civile, criminelle et de police, même la connaissance des cas royaux dans la ville et gardiage de Toulouse, appartenaient aux capitouls en première instance, à la charge de l'appel au parlement de la même ville. — Denizart, v° *Capitouls*.

3. — Le nom de capitouls avait été donné aux officiers municipaux de Toulouse, parce qu'ils avaient la garde de la maison de ville, qu'on appelait le *Capitole*.

4. — La charge de capitoul attribuait la noblesse pour eux et leurs descendans à ceux qui en étaient pourvus. — Elle a été supprimée en 1789, comme tous les offices des anciennes municipalités. — L. 14 déc. 1789, § 2.

CAPITULAIRE.

1. — On désigne ainsi généralement les lois des rois francs qui n'étaient pas particulières à un seul peuple. — Savigny, *Hist. du droit romain au moyen âge*, ch. 3.

2. — Quoique ce terme soit consacré pour les deux premières races, il doit néanmoins s'appliquer plus spécialement à la législation carolingienne, parce que les lois publiées par les rois mérovingiens portaient plus spécialement le nom de *constitution*, d'*édit*, de *décret* ou de *convention* (*constitutio*, *edictum*, *decretum*, *conventus*).

3. — Le mot *capitulaire*, en général, désignait à cette époque tout ouvrage divisé par chapitres (*capitula*). De là, l'étymologie des *capitulaires* ou lois divisées par chapitres, l'usage s'étant introduit de diviser par chapitres tous les actes relatifs au gouvernement.

4. — Cette dénomination une fois adoptée, on l'étendit même aux lois renfermées dans un seul chapitre.

5. — Le nombre des capitulaires de la première race est peu considérable; mais il nous en reste un très grand nombre de la seconde, dans lesquels ceux de Charlemagne figurent pour la moitié environ.

6. — Quoique le nom de capitulaire fût générique et désignât, comme nous l'avons dit, des lois divisées par articles, cependant les mots *lex* et *capitulum* n'étaient pas synonymes; une foule de textes établissent une différence, une opposition entre les lois et les capitulaires.

7. — Des publicistes du dernier siècle ont essayé d'expliquer cette différence en assignant à la *loi* un caractère plus général, une autorité plus étendue qu'aux capitulaires proprement dits; mais nous croyons que c'est là une erreur: les lois et les capitulaires avaient, au point de vue législatif, la même force; seulement ils s'appliquaient à des objets différens.

8. — En effet, les capitulaires ne formaient pas, à eux seuls, toute la législation des deux premières races, il faut y joindre les lois barbares et la loi romaine. — Dans les premiers temps qui suivirent les établissemens des barbares sur le sol de la Gaule, l'unité de législation fut impossible au sein de cet assemblage disparate de nations. Aussi le système qui prévalut fut-il celui de la personnalité des lois. Chacun conserva sa loi indépendamment du territoire qu'il habitait; les Romains furent régis par la loi romaine, les Francs par la loi salique et la loi ripuaire, les Bourguignons par la loi bourguignonne et les Wisigoths par la loi des Wisigoths.

9. — Chacune de ces lois en particulier pouvait suffire aux besoins de la nation qui la suivait; mais l'insuffisance de ce système législatif ne tarda pas à se manifester, lorsque les diverses nationalités tendirent à se fondre en une nationalité unique. L'unité de croyance, l'unité de pouvoir, l'unité d'administration amenèrent le besoin d'une législation plus générale, qui s'établit au-dessus de ces lois diverses pour régler les nouveaux rapports de tous les peuples entre eux. Tels furent le but et l'origine des capitulaires qui sont demeurés l'expression la plus fidèle des besoins

et de la tendance de la société à cette époque.

10. — De cette différence entre la législation générale de l'empire et la législation spéciale à chaque peuple découle naturellement la distinction des capitulaires et des lois. — Le nom de loi fut spécialement consacré pour les usages des différens peuples dont se composait l'empire des Francs; c'est ainsi qu'on disait la *loi salique*, la *loi des Ripuaires*, etc. — Le nom de *capitulaires* fut réservé par opposition à toutes les lois nouvelles d'un intérêt plus général et qui s'appliquent à tous les habitans de l'empire, sans distinction de nation.

11. — On sait que le fondateur de la dynastie carolingienne, Pépin, remit en vigueur les assemblées périodiques ou *placités généraux* de la nation, et que Charlemagne leur donna une régularité et une importance qu'elles n'avaient pas eues jusque là. — V. CHAMP DE MAI, CHAMP DE MARS. — C'est au sein de ces placités qu'avait lieu en général la rédaction des capitulaires. Hincmar, qui nous a conservé en partie le traité *De ordine palatii*, écrit avant 826 par Adalbard, l'un des principaux conseillers de Charlemagne, nous fournit sur la composition et la tenue de ces placités les détails suivans :

12. — « C'était l'usage de ce temps, dit-il, de tenir chaque année deux assemblées et pas davantage. Dans la première, où on réglait les affaires générales de tout le royaume, se réunissait la généralité de tous les dignitaires tant ecclésiastiques que laïques (*generalitas universorum majorum tam clericorum quam laicorum*); les plus considérables (*seniores*), pour donner leur avis; les moins considérables (*minores*), pour entendre la discussion, quelquefois même y prendre part...... La seconde assemblée, dans laquelle on recevait les dons généraux du royaume, était seulement composée des dignitaires les plus considérables et des principaux conseillers.... »

13. — « Dans l'une et l'autre de ces assemblées, ajoute-t-il, on soumettait à l'examen et à la délibération des grands dignitaires, ainsi que des premiers sénateurs du royaume, et en vertu des ordres du roi, les articles de loi nommés *capitula*, que le roi lui-même avait rédigés par l'inspiration de Dieu, ou dont la nécessité lui avait été démontrée dans l'intervalle des réunions. Après avoir reçu ces communications, ils en délibéraient un, deux ou trois jours, ou plus, selon l'importance des affaires. Des messagers du palais, allant et venant, recevaient leurs questions et leur rapportaient les réponses; et aucun étranger n'approchait du lieu de leur réunion jusqu'à ce que le résultat de leur délibération pût être mis sous les yeux du grand prince qui, alors, avec la sagesse qu'il avait reçue de Dieu, adoptait une résolution à laquelle tous obéissaient. Les choses se faisaient ainsi pour un, deux capitulaires, ou un plus grand nombre, jusqu'à ce que, avec l'aide de Dieu, toutes les nécessités du temps eussent été réglées ».

14. — Ainsi la proposition des capitulaires, ou pour employer une expression moderne, l'initiative, appartenait à l'empereur, et la rédaction définitive dépendait toujours de lui seul, puisque l'assemblée avait plutôt voix consultative que délibérative. — Guizot, *Essais sur l'hist. de France*, p. 331.

15. — Les membres de l'assemblée pouvaient aussi faire de leur côté toutes les propositions qu'ils croyaient convenables; c'est du moins ce que paraît indiquer la formule suivante, reproduite dans le préambule de plusieurs capitulaires : *hortatu fidelium nostrorum*.

16. — La rédaction des capitulaires une fois arrêtée, on en donnait lecture à l'assemblée, l'empereur les scellait de son anneau, et tous ceux qui étaient présens les ratifiaient par leur signature (*subscriptio, manufirmatio*).

17. — Tous les capitulaires n'étaient pas décrétés dans les assemblées générales dont nous venons de parler (*in generali populi conventu*); il y en avait qui étaient donnés en plein synode d'évêques (*in plenâ synodo*), ainsi que le portent les préambules. — Souvent aussi les empereurs élevèrent de leur propre autorité au rang de capitulaires des canons de conciles.

18. — Il résulte du caractère que nous avons assigné plus haut aux capitulaires, que leur autorité s'étendait à tous les habitans de l'empire sans distinction de nation, et qu'ils pouvaient ajouter et déroger à chacune des lois particulières et faire même cesser l'observation de leurs principales dispositions par l'établissement de dispositions générales contraires.

19. — C'est ainsi que la loi salique a été réglée et publiée de nouveau sous le règne de Charlemagne, et que plusieurs autres lois nationales, notamment celles des Lombards, des Bavarois, ont été modifiées ou augmentées sous la forme de capitulaires.

20. — Les exemplaires originaux des capitulaires étaient conservés dans les archives du palais, et des copies en étaient remises aux évêques, aux comtes, aux *missi dominici*, en un mot à tous ceux qui étaient chargés de les faire promulguer et exécuter. Les copies étaient affichées dans les tribunaux, et lecture devait en être faite en public dans toutes les assemblées locales. Le soin de cette publication était surtout confié à la vigilance des *missi dominici*. — V. MISSI DOMINICI.

21. — De tous les exemplaires authentiques, soit des originaux déposés dans les archives du palais, soit des copies envoyées dans les provinces, il ne nous reste qu'un fragment de parchemin conservé dans le monastère de Saint-Paul en Carinthie, et contenant l'ordre donné par Charlemagne aux ôtages saxons transplantés en Allemagne de se rendre à Mayence. Le monastère de Saint-Gall possède aussi des circulaires originales de l'archevêque Riculfe.

22. — Mais les copies authentiques transmises aux évêques ou aux comtes servirent à en faire d'autres qui se multipliaient suivant les besoins de l'administration de la justice et du gouvernement, et c'est ainsi que les capitulaires nous sont parvenus dans des pièces détachées indiquant le nom du roi et souvent aussi la date de leur rédaction. Ils nous ont été aussi conservés dans plusieurs recueils qui contiennent des extraits empruntés aux copies manuscrites que nous connaissons et beaucoup de dispositions puisées dans des monumens étrangers aux capitulaires.

23. — Le premier de ces recueils fut composé, en 827, sous Louis-le-Débonnaire, par l'abbé Ansegise, abbé de Fontenelle, qui rassembla et classa les capitulaires de Charlemagne et ceux de Louis-le-Débonnaire, parus jusqu'à cette époque.

24. — Cette collection est divisée en quatre livres : le premier contient cent soixante-deux capitulaires de Charlemagne relatifs aux affaires ecclésiastiques; le second, quarante-huit capitulaires de Louis-le-Débonnaire sur le même sujet; le troisième, quatre-vingt-onze capitulaires de Charlemagne sur les affaires temporelles; le quatrième, soixante-dix-sept capitulaires de Louis-le-Débonnaire sur le même sujet. Ces dispositions y sont insérées sans indication de date ou de lieu et les préambules y sont supprimés. Trois appendices très courts sont à la suite de ces quatre livres.

25. — Ce recueil paraît avoir obtenu, dès sa publication, une sorte d'autorité publique, car on le rencontre fréquemment cité comme un code officiel dans les capitulaires de Louis-le-Débonnaire et de Charles-le-Chauve.

26. — L'exemple de l'abbé Ansegise ne tarda pas à être suivi. Un diacre de Mayence, appelé Benoît, *benedictus levita*, compila, vers 845, à la demande de son archevêque Otger, trois nouveaux livres de capitulaires qui devinrent les cinquième, sixième et septième du recueil d'Ansegise.

27. — « J'ai, dit-il dans sa préface, pour l'amour » du tout-puissant, pour l'utilité de l'église, de ses » serviteurs et de tout le peuple, recherché avec » soin les capitulaires de Pépin, de Charlemagne, » de Louis-le-Débonnaire, volontairement ou in» volontairement omis par Ansegise, et j'ai voulu » les mettre sous les yeux des nobles rois Louis-le» Germanique, Lothaire et Charles, fils de l'empe» reur Louis-le-Pieux, afin qu'ils connussent bien » la règle par laquelle leurs bisaïeul, aïeul et père » avaient mérité de gouverner le clergé et le peu» ple selon la volonté du Seigneur. »

28. — Mais un examen attentif a fait découvrir, parmi ces prétendus capitulaires omis par Ansegise ou postérieurs à son recueil, une foule d'actes tout-à-fait étrangers à la législation carolingienne, par exemple des canons des conciles, des nombreux fragmens empruntés aux saints Pères, au Code théodosien, au *Breviarium Alaricianum*, aux sentences de Paul, aux novelles du patrice Julien, au code des Wisigoths, aux lois salique et ripuaire, à la loi des Bavarois, etc. — Savigny, *Hist. du dr. romain au moyen âge*.

29. — L'insertion dans le recueil d'un grand nombre de fausses décrétales, dont l'apparition date de cette époque, et la conformité de doctrine entre ces fausses décrétales et les faux capitulaires, ont fait attribuer au diacre Benoît la fabrication des unes et des autres. — Laferrière, *Revue de législat.*, nov. 1843.

30. — Enfin, les sept livres compilés par l'abbé Ansegise et le diacre Benoît se grossirent plus tard de quatre supplémens dont les auteurs sont restés inconnus.

31. — On se ferait une fausse idée en parcourant l'ensemble des pièces qui nous sont parvenues sous le nom de capitulaires, si on croyait n'y rencontrer que des lois d'intérêt général; on y trouve, pour ainsi dire, tous les actes du gouvernement et de l'administration du temps.

32. — C'est ainsi qu'indépendamment des lois barbares modifiées, révisées, augmentées, dont il a été question plus haut, on rencontre sous le nom de capitulaires : — les ordonnances pour la convocation aux placités généraux; — les *capitula* soumis par les rois et les empereurs à l'examen et à la délibération de ces placités, autrement dits les projets de capitulaires; — les avis des grands dignitaires chargés de cet examen; — leurs rapports au prince; — les délibérations séparées des dignitaires civils et des dignitaires ecclésiastiques; — les *capitula* proposés au prince par les membres de l'assemblée; — enfin les capitulaires eux-mêmes; — en un mot tous les *travaux préparatoires* de la législation de l'époque.

33. — On y trouve également : — des instructions données par Charlemagne et ses successeurs à leurs *missi dominici* (V. ce mot) au moment de leur départ pour les provinces qui leur étaient assignées; — des circulaires de ces *missi* en tournée adressées aux évêques et comtes placés sous leur surveillance; — des rescripts de Charlemagne en réponse à des questions qui lui sont adressées par les comtes, les évêques ou les *missi dominici* dans l'exercice de leurs fonctions judiciaires ou administratives; — des questions que Charlemagne se proposait de faire, soit aux évêques, soit aux comtes, quand ils viendraient à l'assemblée générale; — de simples notes pour mémoire, des *memorandâ* sur des mesures à prendre, etc.; — et des actes d'administration financière, domestique même, parmi lesquels figure le célèbre capitulaire *De villis*.

34. — Enfin, les capitulaires renferment des circulaires d'évêques, des lettres écrites à l'occasion d'événemens politiques, des mesures de circonstance, des formules de prestation de serment, de recommandations, de couronnement, en un mot, toutes les pièces qui constituaient le mécanisme législatif et administratif du gouvernement.

35. — La législation de Charlemagne est surtout remarquable par les principes d'ordre et d'unité qu'il essaya de faire prévaloir dans une société où se manifestaient déjà de toutes parts les germes de dissolution qui devaient enfanter plus tard le régime féodal. Mais, sous ses successeurs, la centralisation administrative, si puissamment organisée par lui, alla en s'affaiblissant de jour en jour, et la législation se ressentit de cette décadence du pouvoir central. Le nombre des nouveaux capitulaires diminua progressivement à la fin de la seconde race, à tel point qu'il ne nous en est parvenu que deux ou trois à peine des derniers rois carlovingiens.

36. — L'autorité des capitulaires ne survécut pas long-temps à la chute de la dynastie carlovingienne; elle dut disparaître lors de l'établissement du régime féodal, pour faire place au droit coutumier qui naquit du nouvel état de choses.

37. — Beatus Rhenanus fut le premier qui, en 1501, ressuscita les capitulaires; en 1536, ils furent réimprimés par Joachim Videamus. Il en parut depuis plusieurs éditions dont la principale fut celle de Baluze (Paris 1677, 2 vol. in-fol.). Cette édition, revue et corrigée par de Chiniac, sur les notes de Baluze (Paris 1788, 2 vol. in-fol.), était la meilleure et la plus complète, jusqu'à la publication nouvelle qu'a faite de nos jours un savant allemand, M. Pertz, dans ses *Monumenta historiæ germanicæ*, t. 3 (Hanov. 1835). Dans cette dernière édition se trouvent beaucoup de capitulaires découverts depuis le recueil de Baluze ou dus à des recherches immenses de M. Pertz, et elle se recommande en outre par un nouveau travail de critique qui manquait presque entièrement au recueil de Baluze.

CAPITULATION.

1. — C'est le traité qui détermine les conditions sous lesquelles, 1° une place de guerre est abandonnée au commandant de l'armée qui en fait le siége (Merlin, *Rép.*, v° *Capitulation*); 2° le commandant d'une troupe armée en rase campagne dépose les armes et s'oblige à ne plus combattre.

2. — Une circulaire de Louis XIV du 6 avr. 1705 rappelait aux commandans de places assiégées qu'ils encourraient la peine de mort s'ils livraient les places qui leur étaient confiées sans avoir forcé l'ennemi à passer par les travaux lents et successifs des siéges, et avant d'avoir repoussé au moins un assaut au corps de la place sur des brèches praticables.

3. — Toute capitulation qui n'est pas en quelque sorte arrachée au commandant par une nécessité impérieuse et irrésistible est, de sa part, un crime

grave et contre lequel les lois se sont armées d'une grande rigueur. — Merlin, *Rép.*, vo *Capitulation*.

4. — La loi du 26 juillet 1792 (art. 1er) déclarait punissable de mort tout commandant de place forte qui, à moins qu'il ne manquât de munitions ou de vivres, la rendait à l'ennemi avant qu'il y eût brèche accessible et praticable au corps de ladite place, s'il n'y avait eu au moins un assaut soutenu, mais alors toutefois qu'il y avait un retranchement intérieur derrière la brèche.

5. — La même loi du 26 juillet 1792 portait (art. 2) : « Les places de guerre étant la propriété de l'état, les habitans ni les corps administratifs ne pourront, dans aucun cas, requérir un commandant de place de la rendre, sous peine d'être traités de révoltés et traîtres à la patrie. » — Puis une autre loi du 7 sept. suivant ajouta (art. 3) : « Pourront les commandans de places assiégées faire démolir et raser la maison de tout citoyen qui aurait parlé de se rendre. S'il n'a point de maison, ses meubles seront brûlés publiquement. Il sera saisi pour être puni conformément à la loi du 26 juillet dernier. — Merlin, *Rép.*, *ibid.* — V. ÉTAT DE SIÉGE.

6. — Les art. 1 et 2, sect. 2, tit. 1er, C. pén., militaire du 12 mai 1793, déclarent punissable de mort, comme coupable de trahison, tout commandant d'une place attaquée qui, sans cause légitime et sans l'autorisation des corps administratif, aura consenti à la reddition de la place avant que l'ennemi ait fait brèche praticable et qu'il ait soutenu trois assauts.

7. — L'art. 2, no 48, tit. 3, C. des délits et des peines du 22 brum. an V, contient la même disposition à l'égard du commandant d'une place assiégée qui, sans avoir pris l'avis, ou contre le vœu de la majorité du conseil militaire de la place, aura consenti à la reddition de la place avant que l'ennemi y ait fait une brèche praticable ou qu'elle ait soutenu un assaut.

8. — L'arrêté du Directoire exécutif du 16 mess. an VII, concernant la défense des places de guerre, porte : — Art. 1er. Tout commandant de place forte qui, à dater de l'ouverture de cette campagne, aurait capitulé avec l'ennemi pour rendre la place qui lui était confiée, sans avoir forcé les attaquans de passer par les travaux lents et successifs des siéges, et avant d'avoir repoussé au moins un assaut au corps de place sur des brèches praticables, sera traduit à un conseil de guerre pour y être jugé conformément aux lois. — Art. 2. Les membres du conseil de guerre qui auront signé ces honteuses capitulations, et ceux qui, ayant droit d'y assister, n'auront pas protesté contre, seront également traduits au conseil de guerre pour y être jugés conformément aux lois.

9. — Un décret du 24 déc. 1811 sur l'*état-major des places* règle, dans ses art. 83 et suiv., les devoirs des commandans relativement à la défense des places. « Tout gouverneur ou commandant à qui nous avons confié l'une de nos places de guerre, porte l'art. 110, doit se ressouvenir qu'il tient dans ses mains un des boulevarts de notre empire ou l'un des points d'appui de nos armées, et que sa reddition avancée ou retardée d'un seul jour peut être de la plus grande conséquence pour la défense de l'état et le salut de l'armée. »

10. — Lorsqu'il jugera que le dernier terme de la défense est arrivé, il consultera le conseil de défense sur les moyens de prolonger le siége..... Il prononcera seul, mais il suivra l'avis le plus ferme et le plus courageux, s'il n'est absolument impraticable. Dans tous les cas, il décidera seul de l'époque, des termes et du mode de la capitulation. — Dans aucun cas, il ne sortira lui-même pour parlementer. — Art. 112.

11. — Tout gouverneur ou commandant qui aura perdu une place sera tenu de justifier de la validité de ses motifs devant un conseil d'enquête. — Art. 114. — Si le conseil trouve qu'il y a lieu à accusation, le prévenu sera traduit devant le tribunal compétent. — Art. 115. — Si le gouverneur ou commandant est déclaré sans reproche, il sera acquitté honorablement, et le jugement du conseil sera publié et mis à l'ordre de l'armée et des places. — Art. 116.

12. — Les dispositions précédemment rapportées ont été définitivement complétées ou modifiées par le décret du 1er mai 1812, qui statue aussi sur les capitulations en rase campagne.

13. — Il est défendu à tout général, à tout commandant d'une troupe armée, quel que soit son grade, de traiter en rase campagne d'aucune capitulation par écrit ou verbale. — Décr. 1er mai 1812, art. 1er.

14. — Toute capitulation de ce genre dont le résultat aurait été de faire poser les armes est déclarée déshonorante et criminelle et sera punie de mort. Il en sera de même de toute autre capitulation, si le général ou commandant n'a pas fait tout ce que lui prescrivaient le devoir et l'honneur. — Art. 2.

15. — La capitulation dans une place de guerre assiégée et bloquée peut avoir lieu si les vivres et munitions sont épuisés après avoir été ménagés convenablement, si la garnison a soutenu un assaut à l'enceinte sans pouvoir en soutenir un second, et si le gouverneur ou commandant a satisfait à toutes les obligations qui lui sont imposées par le décr. du 24 fév. 1811. — Dans tous les cas, le gouverneur ou commandant, ainsi que les officiers, ne sépareront pas leur sort de celui de leurs soldats, et le partageront. — Décr. 1er mai 1812, art. 3 et 4.

16. — Lorsque les conditions ci-dessus prescrites n'auront pas été remplies, toute capitulation ou perte de la place qui s'ensuivra est déclarée déshonorante et criminelle, et sera punie de mort. — Art. 5.

17. — Tout commandant militaire prévenu des délits mentionnés aux art. 2 et 5 sera traduit devant un conseil de guerre extraordinaire, sur le rapport fait par le ministre de la guerre, à la suite d'une enquête. — Art. 6. — V. CONSEIL DE GUERRE.

CAPITULATIONS SUISSES.

On désigne ainsi les conventions en vertu desquelles les habitans de la Suisse jouissent en France de certains priviléges. — V. EXPLOIT, EXTRADITION, TRAITÉS DIPLOMATIQUES.

CAPSULES (Fabricans de).

1. — Les fabricans de capsules ou amorces de chasse sont mis, par la loi du 25 avr. 1844, au nombre des patentables et imposés à : 1o un droit fixe de 50 fr.; — 2o un droit proportionnel du vingtième de la valeur locative de la maison d'habitation, et des magasins de vente complétement séparés de l'établissement, et du vingt-cinquième de celle de l'établissement industriel.

2. — Les fabricans de capsules métalliques pour boucher les bouteilles, sont rangés par la loi du 25 avr. 1844, sur les patentes, dans la sixième classe des patentables, et imposés à : 1o un droit fixe, basé sur le chiffre de la population de la ville ou commune où est situé l'établissement; — 2o un droit proportionnel du vingtième de la valeur locative de la maison d'habitation et des locaux servant à l'exercice de la profession.

V. PATENTE.

CAPTATION.

1. — Insinuation artificieuse dont on se sert pour se procurer quelque avantage, en s'emparant de la volonté d'un autre de manière à le dominer et à lui enlever sa liberté d'esprit. — V. SUGGESTION.

2. — En matière d'obligation, le moyen de nullité tiré de la captation n'est pas distinct de celui qui résulte du dol ou de la fraude.

3. — Doit-il en être de même en matière de dispositions à titre gratuit?

4. — Le droit romain n'admettait, en cette matière, une pareille cause de nullité que lorsqu'elle portait le caractère de manœuvre frauduleuse.

5. — Sous l'ordonnance de 1735, il semblait que la captation était, indépendamment de toute idée de fraude, un moyen d'annulation. En effet, après avoir indiqué quelles étaient les conséquences de l'inobservation des formes déterminées par la loi, l'art. 47 de cette ordonnance disait : « sans préjudice des autres moyens tirés de la captation. » L'interprétation de cette législation a, du reste, donné naissance à une foule d'abus et de procès scandaleux.

6. — Enfin, le Code civil n'a énoncé nulle part d'une manière explicite que les faits de captation dussent être admis comme moyens de nullité des testamens. Mais ce n'est pas à dire pour cela que la captation ne puisse pas être invoquée contre les dispositions testamentaires. Il faut conclure seulement de ce silence que ce n'est pas là un moyen spécial, et que, pour que la captation entraîne la nullité, il suffit que les manœuvres reprochées portent le caractère de dol et de fraude. — V. DISPOSITIONS A TITRE GRATUIT, TESTAMENT.

CAPTIVITÉ.

1. — C'est l'état du prisonnier de guerre que l'ennemi a fait esclave.

2. — Cette expression n'est plus guère employée par nos codes que par rapport aux gens de mer. — V. C. com., art. 266 et suiv.; — V. aussi ESCLAVE, GENS DE MER.

CAPTURE.

1. — C'est l'appréhension qu'on fait d'un navire, soit parce qu'on le répute ennemi, soit pour violation des lois et réglemens. — V. CAPITAINE DE NAVIRE, PRISES MARITIMES, TRAITE DES NOIRS.

2. — On appelle encore capture la saisie d'un individu que l'on doit conduire devant le magistrat compétent pour ordonner son arrestation. — V. ARRESTATION.

CAPUCIN.

1. — Les capucins étaient des religieux qui faisaient profession de l'étroite observance de la règle des frères mineurs de Saint-François. — Denizart, vo *Capucins*. — Fondés dans le quinzième siècle, ils se sont introduits en France sous Charles IX, du consentement de Grégoire XIII, et les rois Henri III, Henri IV, Louis XIII et Louis XIV leur ont accordé successivement, par lettres patentes, divers priviléges, notamment ceux d'accepter les héritages qui leur seraient donnés pour construire des églises et des monastères, de ne payer aucun impôt, et de pouvoir quêter tant dans les villes que dans les campagnes. — Ces priviléges leur ont été confirmés par lettres patentes de juill. 1716. — Denizart, *loc. cit.*

2. — Un arrêt du conseil du 23 sept. 1668 déclara que la révocation portée par l'édit de déc. 1666, des permissions accordées aux différens ordres de s'établir en France, ne concernait pas les capucins, à la charge par eux d'observer cet édit pour les établissemens qu'ils voudraient faire par la suite.

3. — Les capucins étaient capables de recevoir des legs modiques en deniers une fois payés, à titre d'aumône, mais ils étaient incapables, par état, de posséder des rentes. — V. arr. des 22 juill. 1643 et 18 mars 1655, rapportés par Soëfve, et *Parlem. Aix*, 21 mai 1732.

4. — « On trouve, dit Denizart (vo *Capucins*, no 11), dans les preuves des libertés de l'église gallicane, que le 6 mai 1599, deux capucins ayant refusé de comparaître au parlement, sous prétexte qu'il ne leur était pas possible de reconnaître des juges séculiers, la cour ordonna que l'écrit signé des deux capucins serait lacéré et que l'arrêt serait lu au couvent en présence de tous les religieux. »

5. — L'ordre des capucins existe toujours dans l'église, et il a, comme tous les ordres religieux, son centre à Rome, où il tient le neuvième rang dans la chapelle pontificale. — En France, il n'a plus aujourd'hui aucune existence légale.

V. CONGRÉGATIONS RELIGIEUSES.

CARACTÈRE.

1. — C'est en général la qualité propre d'une personne ou d'une chose.

2. — Considéré par rapport aux personnes, le caractère est plus particulièrement le titre qui donne à celui qui en est revêtu le droit d'exercer les fonctions qui y sont attachées ou de recevoir certains actes qui autrement ne seraient d'aucune valeur. — V. FONCTIONNAIRE PUBLIC, OFFICIER MINISTÉRIEL, etc.

3. — Relativement aux choses, et spécialement relativement aux actes et contrats, les caractères de ces actes et contrats sont des choses qui les distinguent les uns des autres et constituent leur nature particulière.

4. — Les actes et les contrats, bien que pris quelquefois dans le même sens, ont des caractères propres qui les distinguent les uns des autres. — V. ACTE, no 6 et suiv.

5. — De plus, chaque espèce d'actes et chaque espèce de contrats a ses caractères propres, qui constituent son essence et sa nature. Ces caractères sont déterminés moins par la dénomination dont se sont servies les parties que par les stipulations réelles que renferme chaque acte ou chaque contrat. — V. ACTE, nos 17 et suiv.

CARACTÈRES D'IMPRIMERIE.

1. — Les fondeurs de caractères d'imprimerie sont rangés par la loi du 25 avr. 1844, sur les patentes, dans la troisième classe des patentables et imposés à : 1o un droit fixe, basé sur le chiffre de la population de la ville où commune où est situé l'établissement; — 2o un droit proportionnel du vingtième de la valeur locative de la maison d'habitation et des locaux servant à l'exercice de la profession. —

2. — Les fondeurs à façon sont rangés dans la septième classe des patentables, et imposés au droit

fixe et à un droit proportionnel du quarantième de la valeur locative de tous les locaux occupés par les patentables, mais seulement dans les communes d'une population de 20,000 ames et au-dessus. — V. PATENTE.

3. — Les graveurs en caractères d'imprimerie sont rangés dans la même classe que les fondeurs à façon et soumis au mêmes droits que les fondeurs à façon.

V. IMPRIMERIE, ÉTABLISSEMENS INSALUBRES (nomenclature).

CARACTÈRES MOBILES (Fabricans et marchands de).

1. — Les fabricans de caractères mobiles en métal sont rangés par la loi du 25 avr. 1844, sur les patentes, dans la cinquième classe des patentables, et imposés à : 1° un droit fixe, basé sur le chiffre de la population de la ville ou commune où est situé l'établissement; — 2° un droit proportionnel du vingtième de la valeur locative de la maison d'habitation et des locaux servant à l'exercice de la profession. — V. PATENTE.

2. — Les fabricans et marchands de caractères mobiles en bois ou en terre cuite sont rangés dans la septième classe des patentables, et imposés au droit fixe et à un droit proportionnel du quarantième de la valeur locative de tous les locaux occupés par les patentables, mais seulement dans les communes d'une population de 20,000 ames et au-dessus. — V. PATENTE.

CARAMEL (Fabrique de).

V. ÉTABLISSEMENS INSALUBRES (nomenclature).

CARAVANE (Voyage en).

1. — C'est le voyage qui a lieu quand un capitaine de navire se frète pour un port où il décharge tout ou partie de ses marchandises, puis se frète de nouveau pour un autre port, et ainsi de suite jusqu'à son arrivée au lieu désigné pour la fin du voyage ou son retour dans le port du départ. — V. ASSURANCE MARITIME, n°s 341 et suiv.

2. — Le navire destiné à la caravane a un passeport régulier, bien qu'il soit délivré sans une destination précise. — *Conseil des prises*, 10 therm. an VIII, Le Quintus c. L'Épervier.

3. — Par *caravane* on entend encore plus particulièrement des voyages que les navires français font ou plutôt allaient faire d'une Echelle du Levant à l'autre, pendant un temps donné, avant d'être obligés de retourner en France pour se munir de nouveaux congés. — E. Vincens, *Législation comm.*, t. 3, p. 158.

4. — Enfin, on donne le nom de *caravane* au voyage qu'un grand nombre d'individus font en commun à travers des déserts.

5. — Dans ces voyages, comme dans le cas d'une navigation, lorsque les vivres viennent à manquer, celui des voyageurs qui se trouve avoir des provisions de comestibles en réserve est tenu de les partager et mettre en commun avec les autres : c'est là un engagement sans convention, résultant d'un danger commun. — L. 2, § 2 *in fine*, *De Lege rhodiâ*. — Toullier, *Dr. civ.*, t. 11, n° 328.

CARBONISATION DU BOIS.

V. ÉTABLISSEMENS INSALUBRES (nomenclature).

CARCAN.

1. — Cercle de fer au moyen duquel les condamnés pour certains crimes étaient attachés par le cou à un poteau, par l'exécuteur des hautes œuvres. — De là le nom de carcan sous lequel on désigne la peine elle-même pour l'exécution de laquelle on se sert de ce cercle.

2. — L'emploi du carcan remonte à une époque très ancienne et qu'il serait difficile de déterminer. Tout ce qu'on sait de certain sur cette peine, c'est qu'elle ne pouvait être prononcée que par les juridictions des seigneurs hauts justiciers, et que nos plus vieilles coutumes font mention *des droits de carcan et de pilori*. — Chauveau et Hélie, *Théor. C. pén.*, t. 1er, p. 144, 2e édit.

3. — Le carcan était rangé parmi les peines corporelles. — Décl. 8 janv. 1719 et 5 juill. 1722. — Souvent on ordonnait que deux écriteaux seraient attachés au dos et sur la poitrine du coupable pour indiquer son crime.

4. — L'exécution de cette peine n'a pas toujours été la même; dans l'origine, on plaçait les condamnés dans une lanterne qui reposait sur un pivot que l'on faisait mouvoir à volonté. — Plus tard, le condamné fut attaché par un cercle de fer à un poteau planté sur la place publique, sous les halles et sur les marchés. — C'est encore ainsi que l'exécution se faisait sous le Code de 1810 et qu'a lieu aujourd'hui l'exposition publique; mais le poteau est placé sur un échafaud assez élevé pour que chacun puisse apercevoir le condamné. — Carnot, *Comment. C. pén.*, art. 22, n° 2.

5. — Aux termes de la déclaration du 11 juill. 1749, les condamnations par contumace à la peine du carcan devaient être transcrites sur un tableau que l'exécuteur de la haute justice attachait ensuite dans la place publique. — Merlin, *Rép.*, v° *Carcan*, n° 2.

6. — Les cas les plus fréquens pour lesquels on prononçait la peine du carcan étaient les banqueroutes, le faux, la bigamie, le maquerellage, l'escroquerie, les friponneries au jeu, les vols de fruits champêtres, le colportage des livres défendus, les insultes faites aux maîtres par leurs domestiques, etc. — Guyot, *Rép.*, v° *Carcan*.

7. — Le plus ordinairement le carcan n'était pas prononcé seul, et on y joignait une autre peine, plus réellement afflictive, telle que l'emprisonnement, le bannissement et même les galères. — Guyot, *Rép.*, v° *Carcan*.

8. — Le Code du 25 sept.-6 oct. 1791, conserva la peine du carcan (art. 1er); en même temps il supprimait le pilori (art. 35) et créait l'exposition publique. — Art. 28.

9. — Aux termes des art. 31 et 32 de ce Code, le carcan devait être appliqué à tout condamné à la dégradation civique. — Il était substitué à cette peine et appliqué seul dans les cas où, la loi la prononçant, c'était une femme, une fille, un étranger ou un repris de justice qui l'avait encourue.

10. — Le décret du 20 sept. 1791, sur l'organisation de la cour martiale maritime, énumérait divers crimes qui étaient passibles du carcan. — V. tit. 3, art. 8, 13 et 14.

11. — Les femmes enceintes au moment de leur condamnation en étaient exemptes, et devaient, pour en tenir lieu, garder prison pendant un mois. — L'arrêt était imprimé, affiché et attaché à un poteau sur la place publique. — Décr. 30 août 1792, art. 1er.

12. — Carnot (*C. instr. crim.*, art. 375, n° 11, et *C. pén.*, art. 24, n° 4) et Bourguignon (*C. pén.*, art. 22) enseignent que ce décret avait continué à être en vigueur même depuis le Code pénal de 1810. Quoi qu'il en soit, nous ne pensons point qu'aujourd'hui on puisse l'invoquer.

13. — L'exposition fut supprimée par le Code de 1810 et le carcan maintenu, par cette considération, porte l'exposé des motifs, que : « Le carcan isole le condamné; il le laisse seul avec son crime exposé à toutes les atteintes de la honte, principal ressort de cette peine. » C'était l'échelle des peines infamantes. — C. pén., art. 8.

14. — Le carcan était, sous l'empire du Code pénal de 1810, infligé soit comme peine accessoire, soit comme peine principale.

15. — Comme peine accessoire, il dut, aux termes de l'art. 22, être appliqué aux condamnés aux travaux forcés à perpétuité, à temps, ou à la réclusion. — L'art. 22 ne parlait point des condamnés à la dégradation civique; dès-lors, le carcan cessa d'être une conséquence nécessaire de leur peine.

16. — La peine du carcan était cependant quelquefois prononcée comme peine principale, notamment par l'art. 56 relatif à la récidive, et par les art. 111, 177, 179, 228, 263, même Code.

17. — La disposition de l'art. 22 ne devait pas être considérée comme une disposition pénale, mais comme un mode d'exécution de la peine principale à laquelle le carcan était attaché.

18. — D'où la conséquence que cet article devait être exécuté alors même que l'arrêt de condamnation ne l'ordonnait point, et qu'il avait pu être ordonné dans les pays réunis à la France, quoique la loi pénale dans ces localités n'eût pas prescrit ce mode d'exécution. — Telle est également l'opinion de Bourguignon (*Jurisp. C. crim.*, art. 22.) et Carnot (art. 411, *C. Instr. crim.*, n° 7), qui citent même des arrêts de Cassation des 10 et 11 janv. 1808 et 29 déc. 1814, qui l'auraient décidé ainsi.

19. — Au contraire, quand le carcan était prononcé comme peine principale, il devait être formellement ordonné par l'arrêt de condamnation.

20. — Ainsi jugé que l'arrêt d'une cour d'assises qui, en condamnant aux travaux forcés à temps un accusé en récidive, n'ordonne pas en même temps son exposition au carcan, viole formellement l'art. 22, C. pén. — *Cass.*, 26 août 1825, Joseph Arbey.

21. — Le condamné au carcan ne pouvait être juré, ni expert, ni être employé comme témoin dans les actes, ni déposer en justice autrement que pour y donner de simples renseignemens. — Il était incapable de tutelle et de curatelle, si ce n'est de ses enfans et sur l'avis seulement de la famille. — Il était déchu du droit de port d'armes et du droit de servir dans les armées. — C. pén., art. 28.

22. — Jugé qu'un individu condamné à la peine du carcan et de la dégradation civique, mais pour un délit antérieur à la publication du Code pénal de 1810, a capacité pour être témoin dans un testament, bien que la condamnation soit postérieure à ce Code. — *Caen*, 14 déc. 1825, Samson c. Pesnel.

23. — La peine du carcan était alors comme on le voit tout infamante et non plus afflictive; c'est ce qui résultait du reste explicitement de l'art. 602 du Code des délits et des peines du 3 brum. an IV, et de l'art. 8, C. pén. 1810. — Carnot, *Comm. C. pén.*, art. 8.

24. — Le condamné au carcan devait être conduit sur la place publique et exposé aux regards du peuple pendant une heure; au-dessus de sa tête devait être placé un écriteau portant, en caractères gros et lisibles, ses noms, sa profession, son domicile, sa peine et la cause de sa condamnation. — C. pén. 1810, art. 22 et 24. — L'art. 32, C. pén. 1791, voulait de plus que le greffier lui adressât publiquement et à haute voix ces mots : *Le pays vous a trouvé convaincu d'une action infâme*, et que l'exposition durât deux heures, parfois même elle pouvait durer jusqu'à six heures; mais ce surcroît de sévérité n'avait point été accueilli par le Code de 1810.

25. — La loi du 28 avr. 1832 a supprimé le carcan comme peine principale : outre les inconvéniens qu'il avait de communs avec l'exposition publique, on lui reprochait avec raison de ne séparer par aucun intervalle la plus éclatante infamie et la liberté. — En descendant de l'échafaud, le condamné rentrait dans la société et dans sa famille. — Chauveau, *C. pén. progressif*, p. 125.

26. — Dans les cas où il était appliqué comme peine accessoire, il a été remplacé par l'exposition publique qui est l'accessoire obligé de la condamnation aux travaux forcés à perpétuité, et qu'il est facultatif à la cour d'assises d'ajouter, sauf les cas de faux ou de récidive, aux condamnations aux travaux forcés à temps et à la réclusion. — C. pén., art. 22. — Chauveau et Hélie, *loc. cit.*; Rauter, t. 1er, n° 157. — V. EXPOSITION PUBLIQUE, PEINES.

CARCASSES OU MONTURES DE PARAPLUIES (Fabricans de).

1. — Les fabricans de carcasses ou montures de parapluie pour leur compte, sont rangés par la loi du 25 avril 1844, sur les patentes, dans la septième classe des patentables, et imposés à : 1° un droit fixe basé sur le chiffre de la population de la ville ou commune où est situé l'établissement; — 2° un droit proportionnel du quarantième de la valeur locative de tous les locaux occupés par les patentables, mais seulement dans les communes d'une population de 20,000 ames et au-dessus. — V. PATENTE.

2. — Les fabricans à façon sont rangés dans la huitième classe, et imposés aux mêmes droits. — V. PATENTE.

CARCASSES POUR MODES (Fabricans de).

Les fabricans de carcasses pour modes sont rangés par la loi du 25 avril 1844, sur les patentes, dans la huitième classe des patentables, et imposés à : 1° un droit fixe basé sur le chiffre de la population de la ville ou commune où est situé l'établissement; — 2° un droit proportionnel du quarantième de la valeur locative de tous les locaux occupés par les patentables, mais seulement dans les communes d'une population de 20,000 ames et au-dessus. — V. PATENTE.

CARDES (Fabricans de).

1. — Les manufacturiers de cardes par procédés mécaniques sont mis par la loi du 25 avr. 1844, sur les patentes, au nombre des patentables et imposés à : 1° un droit fixe de 200 fr.; — 2° un droit proportionnel du vingtième de la valeur locative de la maison d'habitation et des magasins de vente complètement séparés de l'établissement, et du cinquantième de l'établissement industriel. — V. PATENTE.

2. — Les fabricans par les procédés ordinaires, pour leur compte, sont rangés dans la sixième classe des patentables, et imposés au droit fixe et à un droit proportionnel du vingtième de la valeur locative de la maison d'habitation et des locaux servant à l'exercice de la profession. — V. PATENTE.

3. — Les fabricans à façon sont rangés dans la

huitième classe des patentables, et imposés au droit fixe et à un droit proportionnel du quarantième de la valeur locative de tous les locaux occupés par les patentables, mais seulement dans les communes d'une population de 20,000 ames et au-dessus. — V. PATENTE.

CARDEURS DE LAINE, COTON, etc.

Les cardeurs de laine, de coton, de bourre de soie, filasse, etc., sont rangés par la loi du 25 avr. 1844, sur les patentes, dans la septième classe des patentables, et imposés à : 1° un droit fixe basé sur le chiffre de la population de la ville ou commune où est situé l'établissement ; — 2° un droit proportionnel du quarantième de la valeur locative de tous les locaux occupés par les patentables, mais seulement dans les communes d'une population de 20,000 ames et au-dessus. — V. PATENTE.

CARDINAL.

1. — On donne ce titre aux princes ecclésiastiques qui font partie du sacré collége et concourent dans le conclave à l'élection des papes. Ce sacré collége est composé, suivant la bulle de Sixte V, du 3 déc. 1586, de soixante-dix cardinaux, partagés en trois ordres : six cardinaux évêques, titulaires des six évêchés voisins de Rome ; cinquante cardinaux-prêtres, et quatorze cardinaux-diacres, ayant chacun le titre d'une église de la métropole du monde chrétien.

2. — L'affectation du titre d'un évêché ou d'une église à la dignité de cardinal indique l'origine de cette institution : on appelait, en effet, *episcopus, presbyter* ou *diaconus cardinalis* le prêtre placé à la tête d'un évêché, d'une paroisse ou d'une diaconie. Cette dénomination n'était point particulière à la province de Rome ; c'est ainsi qu'en France il y eut long-temps certains curés appelés *curés-cardinaux* ; jusqu'au moment de la révolution, dans le diocèse d'Angers, douze curés portèrent le titre de *curés-cardinaux*. — Nouveau Denizart, *Rép.*, v° *Cardinaux*.

3. — Depuis le cinquième siècle, où le titre de cardinal paraît avoir été pour la première fois en usage, la dénomination de cardinal n'emportait donc aucune idée de dignité supérieure dans la hiérarchie ecclésiastique. Mais peu à peu ce titre, réservé plus particulièrement au clergé de Rome, acquit une grande importance dans l'église, jusqu'à ce qu'enfin le concile tenu à Rome en 1059, sous le pontificat de Nicolas II, conféra aux cardinaux le pouvoir d'élire le souverain pontife.

4. — Les cardinaux forment le conseil du pape ou *consistoire*. Ceux d'entre eux qui résident à Rome (car la condition de résidence dans la métropole du monde chrétien n'est pas nécessaire) sont placés à la tête des congrégations établies pour l'expédition des affaires de l'église, ou chargés de l'administration temporelle des états du saint-siége, soit à Rome même, soit dans les légations. — Les cardinaux peuvent encore être accrédités comme ambassadeurs auprès des princes souverains ; ils prennent alors le titre de *légats à latere*. — Walter, *Manuel de droit ecclésiastique*, p. 55 et 128.

5. — Le pape seul crée les cardinaux ; cependant c'est un usage constant qu'il n'use de ce droit qu'en consistoire, de l'avis et du gré du sacré-collége. Les cardinaux peuvent être choisis parmi tous les prêtres de la chrétienté : en principe, le choix du souverain pontife est entièrement libre ; soit qu'il proclame l'élu immédiatement, soit qu'il le réserve *in petto*, sauf, lorsqu'il jugera convenable, à lui conférer l'institution solennelle.

6. — Toutefois, il faut observer qu'un certain nombre de cardinalats sont, en vertu de décisions particulières, réservés spécialement au clergé des principales nations chrétiennes ; dans ces cas, la nomination a lieu par le pape, non plus directement, mais sur la présentation ou la recommandation du souverain de chaque pays. — La France notamment a de droit cinq places dans le sacré-collége, lesquelles ne peuvent être remplies que sur la présentation du roi.

7. — Le nombre de cinq peut même être dépassé, car le pape a le droit, parmi les titres qui sont à sa seule disposition, et c'est le plus grand nombre, d'en conférer tout ou partie à tout prêtre, quelle que soit sa nationalité ; c'est ainsi que le nombre de Français, revêtus du cardinalat, s'est élevé quelquefois à dix, et qu'il y a vingt ans environ, il s'est encore trouvé être un moment de sept.

8. — Mais tout prêtre français qui accepterait le cardinalat ainsi conféré sans l'assentiment du gouvernement, se trouverait frappé par les dispositions de l'art. 17, C. civ. — (Arg. analogie de plusieurs ordonnances du roi, et notamment celle du 2 août 1840 en faveur de l'archevêque *in partibus* de Calcédoine). — C'est en vertu du même principe que l'on décidait autrefois que la nomination d'un évêque au cardinalat donnerait lieu dans son diocèse à l'ouverture de la *régale*, jusqu'à sa prestation de serment entre les mains du roi. — Denizart, *loc. cit.*

9. — Les cardinaux nommés sur la présentation du roi prêtent serment entre ses mains et il leur donne lui-même la *barette*, insigne envoyé par le pape aux cardinaux après leur nomination ; mais le nouvel élu est tenu d'aller recevoir le *chapeau* des mains du pape, qui seul peut l'en revêtir. — Parmi les titres honorifiques dont jouissent les cardinaux, est le titre d'*éminentissime* que leur a conféré Urbain VIII, en 1644.

10. — Un décret du 11 vent. an VII, non inséré au *Bulletin des lois*, accorda à chaque cardinal ainsi nommé une somme de 45,000 fr. pour frais d'installation, et une somme annuelle de 30,000 fr. indépendamment de tous traitemens. Une ordonnance royale du 31 oct. 1830 avait supprimé ce décret, mais sur les observations de la cour de Rome, cette abrogation n'a pas été maintenue en ce qui concerne les frais d'installation, qui ont toujours été demandés aux chambres à chaque promotion au cardinalat (V. notamment L. 28 avr. 1836 ; 3 mars 1840 ; 17 juin 1841) ; et même, depuis le budget de 1836, une somme annuelle de 10,000 fr. est ajoutée au traitement des archevêques et évêques revêtus du cardinalat.

11. — Dans la hiérarchie du clergé de France, les cardinaux ont toujours eu le premier rang ; mais des difficultés nombreuses s'étaient élevées sur le rang qu'il convenait de leur assigner dans les cérémonies et les assemblées publiques. Les anciens recueils de jurisprudence font foi des contestations que faisaient naître les questions de préséance entre les cardinaux d'un côté, les *revêtus*, suivant l'expression du cardinal de Bouillon à Louis XIV, *de la première dignité du monde après la suprême*, et les princes du sang et les pairs ecclésiastiques de l'autre. — Nouveau Denizart et Guyot, *loc. cit.* — Toutefois, c'était un point constant que « les cardinaux de Rome n'ont aucun rang aux assemblées solennelles de France, s'ils ne l'ont pour les dignités qu'ils ont en France ou comme envoyés du pape. » — Coquille, *Dialogue sur les causes des misères de la France*, p. 224.

12. — Le décret du 24 messid. an XII, sur les préséances, a décidé que, dans les cérémonies publiques, les cardinaux prendraient rang immédiatement après les princes français et les grands dignitaires (art. 1er). — Le tit. 19 du même décret a fixé quels honneurs militaires et civils étaient dus aux cardinaux, en variant du reste les honneurs suivant que le cardinal était ou n'était pas grand officier de l'empire. — Mais le décret ajoute que les honneurs militaires ne sont dus qu'aux cardinaux qui sont archevêques ou évêques en France, à moins d'ordre spécial du ministre de la guerre. — Même décret, tit. 19, art. 8.

13. — A la mort d'un cardinal, toute la garnison doit prendre les armes. — Même décr., tit. 26, art. 2 ; et tous ceux qui occupent un rang inférieur dans l'ordre des préséances sont tenus d'y assister. — *Ibid.*, art. 16. — Un décret postérieur, du 26 mars 1811, appliqua pour leurs convois les règles du décret du 24 messid. an XII sur les honneurs civils dus aux princes et grands dignitaires de l'empire, et affecta à leur sépulture l'église Sainte-Geneviève, que le décret du 20 fév. 1806 avait rendue au culte catholique, et destinée à servir de sépulture à certaines personnes qu'il désignait. — Mais cette dernière disposition ne peut plus recevoir d'exécution depuis que l'ord. 26 août 1830, enlevant au culte l'église Sainte-Geneviève, lui a donné une autre destination. — Cette ordonnance d'ailleurs rapporte le décret du 20 fév. 1806.

14. — Le réglement sur les entrées dans le palais du roi, du 1er nov. 1820, accorde aux cardinaux les entrées du cabinet. — V. cette ord.

15. — Sous l'empire, le sénat compta quelques pontifes parmi ses membres ; le gouvernement de la restauration appela de même plusieurs hauts dignitaires de l'église dans la chambre des pairs, soixante-deux ; à cette époque où cette dernière chambre était partagée en plusieurs classes, les cardinaux pairs de France, suivant l'ord. 8 janv. 1823, siégeaient au banc des ducs. — Les dignités ecclésiastiques ne sont plus aujourd'hui un titre à la pairie. — V. CHAMBRE DES PAIRS.

16. — Outre les priviléges honorifiques, les cardinaux jouissaient autrefois en France de certains priviléges et droits utiles, qui n'ont plus aujourd'hui d'application. — V. BÉNÉFICES ECCLÉSIASTIQUES. — Rappelons encore ici, mais seulement pour mémoire, la prétention élevée quelquefois par les cardinaux, mais toujours sans succès, de ne relever que de la juridiction du pape, et d'être exempts par conséquent de toute juridiction royale ; prétention élevée pour la dernière fois en 1710 par le cardinal de Bouillon, et repoussée sur les conclusions du procureur général d'Aguesseau.

17. — Un des priviléges les plus notables des cardinaux titulaires d'archevêché ou d'évêché, était d'être dispensés de la résidence ; aujourd'hui, comme tout autre archevêque et évêque, le cardinal ne saurait quitter le diocèse qu'il administre sans l'autorisation du gouvernement.

V. CLERGÉ, CONSISTOIRE DES CARDINAUX, CULTE, ÉVÊQUE.

CARENCE (Procès-verbal de).

1. — Acte destiné à constater qu'il n'y a dans le lieu où l'officier public s'est présenté aucun effet mobilier susceptible d'être saisi, mis sous le scellé ou inventorié. — Nouveau Denizart, v° *Carence* ; Rolland de Villargues, *ibid.*

2. — On voit par cette définition que les procès-verbaux de carence sont dressés : 1° dans le cas où l'absence de meubles ou même d'immeubles empêche d'exécuter un jugement contre la partie condamnée ; — 2° dans le cas où il ne dépend aucun objet mobilier soit d'une succession, soit d'une communauté.

3. — Parmi ces procès-verbaux de carence, les uns sont dressés par les huissiers, les autres sont rédigés par les juges de paix. On donne aussi ce nom à des inventaires de description et de carence dressés par les notaires.

4. — *Huissiers.* — Lorsque l'huissier se présente pour exécuter un jugement et qu'il ne trouve qu'un mobilier insuffisant, même pour les frais, il convertit son procès-verbal de saisie-exécution en un procès-verbal de carence. Les formalités sont les mêmes que pour la saisie-exécution, et l'huissier doit être assisté de deux témoins.

5. — L'huissier doit se convaincre par ses propres yeux qu'il n'y a pas de meubles saisissables ; et à cet effet, si les portes sont fermées, il peut les faire ouvrir en présence du maire ou de l'adjoint. — *Limoges* (dans ses motifs), 18 mai 1822, Vincent c. Juge.

6. — Est nul le procès verbal de carence dans lequel l'huissier énonce, sur la déclaration d'un voisin, qu'il n'existe aucun meuble au domicile de la partie condamnée. — Même arrêt.

7. — Le défaut de signature du procès-verbal de carence, ou même simplement du renvoi placé en marge et constatant le *parlant à*, par les témoins qui ont accompagné l'huissier (à la Guadeloupe, par le recors qui les remplace), emporte nullité de ce procès-verbal. — Leur signature étant l'essence même de l'acte, la nullité qui résulte de son absence existe, alors même que la loi ne l'a pas expressément prononcée. — *Cass.*, 20 juin 1837 (t. 2 1837, p. 271), Ramondenq c. Gaigneron.

8. — La copie du procès-verbal de carence doit, en cas d'absence de la partie saisie, être, à peine de nullité, remise au maire ou à l'adjoint, ou au magistrat chargé de l'ouverture des portes, encore qu'il n'y ait pas eu refus d'ouverture ; elle ne peut être remise à un parent, serviteur ou voisin. — *Guadeloupe*, 23 déc. 1835, sous *Cass.*, 20 juin 1837 (t. 2 1837, p. 271), Ramondecq c. Gaigneron.

9. — La copie du procès-verbal de carence peut valablement être laissée à la partie défaillante en son domicile, en parlant à la personne de sa mère. — *Douai*, 15 juill. 1844 (t. 2 1844, p. 240), Gaucher c. Carré de Chelon.

10. — Les procès-verbaux de carence destinés à suppléer une saisie-exécution produisent plusieurs effets : — 1° Ils constituent une exécution suffisante pour empêcher la péremption des jugemens de *séparation de biens*. — C. civ., art. 1444. — V. ce mot. — 2° Ils suffisent pour qu'un jugement par défaut soit réputé exécuté et l'empêchent de tomber en péremption ; dans certains cas, ils rendent l'opposition non-recevable. — V. JUGEMENT PAR DÉFAUT ; OPPOSITION, PÉREMPTION. — 3° Ils tiennent lieu, lorsqu'ils sont faits au domicile du mineur ou de l'interdit, de la discussion prescrite par l'art. 2206, C. civ., avant qu'on puisse passer à la vente des immeubles de cet interdit ou de ce mineur. — *Poitiers*, 21 mars 1823, Montalembert c. Labonne ; — Berriat-Saint-Prix, *Procéd. civ.*, p. 578 ; Rolland de Villargues, *Rép. du notar.*, v° *Carence*.

11. — *Juges de paix.* — Lorsqu'il s'agit de constater quel est le mobilier dépendant d'une succession ou d'une communauté, l'apposition des scellés devient une formalité superflue, même en l'absence des héritiers, s'il n'y a aucun effet mobilier. Le juge de paix doit dresser en ce cas un procès-verbal de carence.

12. — Une veuve, pour suppléer à l'inventaire de la communauté après le décès de son mari, peut

faire dresser un acte de carence, et faire une renonciation valable. — Acte de notoriété du Châtelet du 23 fév. 1708 ; Nouveau Denizart, v° *Carence*.

13. — Les tuteurs et curateurs, pour se mettre à l'abri des recherches de leurs pupilles, doivent faire des actes de carence après la mort de ceux dont les successions sont déférées aux mineurs et interdits, si les biens dont elles se composent ne méritent pas un inventaire.

14. — Le juge de paix doit exiger des habitans de la maison le serment prescrit par l'art. 914, § 9, pour affirmer qu'ils n'ont rien détourné, ni vu détourner. — Chauveau sur Carré, *Lois de la procéd. civ.*, t. 2, quest.3094 ; Pineau, *Procéd. civ.*, t. 2, p. 261.

15. — Le juge de paix peut faire au tuteur l'interpellation prescrite par l'art. 451, C. civ., et l'interpeller de déclarer s'il lui est dû quelque chose par le mineur. — Rolland de Villargues, v° *Carences*.

16. — S'il y avait des papiers présentant un véritable intérêt, le juge de paix devrait les mettre sous le scellé. — V. au reste SCELLÉ. — Mais il n'a pas mission pour en faire l'inventaire. Ces formalités sont exclusivement propres aux notaires. — Rolland de Villargues, *Rép. du not.*, v° *Carence*, n° 7.

17. — A Paris, les actes de carence étaient faits autrefois par les greffiers *à la peau* du Châtelet, qui, en vertu d'une ordonnance du lieutenant civil, se transportaient dans la maison mortuaire à la requête des veuves et héritiers, et y dressaient un procès-verbal constatant que le défunt n'avait rien laissé ou n'avait laissé que tels effets que le procès-verbal détaillait. — Les notaires prétendaient avoir pour ces sortes d'actes la concurrence avec les greffiers *à la peau*. — Nouveau-Denizart, v° *Carence*, n°s 4 et 5.

18. — *Notaires*. — Sous la loi du 27 mars 1791 (art. 10), les notaires faisaient des inventaires de description et de carence ; mais il fallait apposer les scellés. *L'art.* 921 a supprimé dans ce cas l'intervention des notaires. — V. Rolland de Villargues, *loc. cit.* ; Biret, t. 2, p. 248.

19. — Mais hors le cas où il s'agit d'apposition de scellés, et toutes les fois qu'un notaire, requis par les parties conformément à l'art. 4er, L. 25 vent. an XI, ne trouvera pas de meubles suffisans, il aura le droit aussi de constater la carence, en observant d'ailleurs toutes les formalités prescrites pour les inventaires. — V. INVENTAIRE.

20. — Le procès-verbal de carence ne lient pas lieu de l'inventaire par commune renommée : c'est une opération qui ne peut être faite que d'autorité de justice. C'est une enquête que les tribunaux doivent ordonner. — V. COMMUNE RENOMMÉE.

V. ENRÉGISTREMENT.

CARGAISON.

C'est la totalité des objets qui composent le chargement d'un navire, par opposition au navire lui-même et aux objets composant son armement et son équipement. — On dit dans le même sens le *chargement* ou les *facultés* d'un navire. — V. ASSURANCE MARITIME, CAPITAINE DE NAVIRE, CHARTE-PARTIE, CONNAISSEMENT, NAVIRE, PRISE MARITIME.

CARNALAGE, CABNALAT, CARNALAU.

1. — Droit accordé par les coutumes d'Acqs, de La Sole et du Béarn, au propriétaire de tuer et de s'approprier les bestiaux qu'il trouverait en dommage dans ses bois ou dans ses champs.

2. — On ne pouvait, en général, user du droit de carnalage que sur une seule tête du troupeau trouvé en dommage. — Quand le dommage avait lieu pendant la nuit, la coutume de La Sole permettait de tuer des animaux en délit.

3. — La coutume d'Acqs n'autorisait le carnalage que sur les troupeaux entiers qui s'y fussent trouvés dans des bois défensables pendant la grande, dans des vignes, vergers ou jardins.

4. — La coutume du Béarn voulait que celui qui, se faisant justice à lui-même, exerçait le droit de *carnalau* pût prouver par un témoin digne de foi, que l'animal avait été tué en délit.

5. — Lorsqu'on avait usé du droit de carnalage, on ne pouvait plus agir en réparation du dommage éprouvé; l'animal *carnalé* tenait lieu d'indemnité.

CARNAVAL.

1. — On appelle ainsi un temps de plaisir qui commence le lendemain du jour de la Purification, et qui se prolonge jusqu'au mercredi des Cendres exclusivement.

---

2. — Il est d'usage pendant cette époque de permettre les déguisemens et les bals masqués. Au surplus, les observations que comporte cette matière sous le rapport historique et législatif trouveront mieux leur place V° BALS PUBLICS, DÉGUISEMENT.

CARNET D'AGENT DE CHANGE.

1. — Petit livre dont se servent les agens de changepour inscrire leurs négociations au moment même où ils les font.

2. — Le carnet, imposé par la loi aux agens de change, doit être dans le jour transcrit par ceux-ci sur leur livre journal. — V. AGENT DE CHANGE, n°s 160, 169.

CARNET D'ÉCHÉANCE.

On appelle carnet d'échéance un livre qui a pour objet de mettre le commerçant dans le cas de connaître avec certitude quel jour il doit acquitter ou recouvrer des effets négociables, et le montant des factures qu'il a fournies ou qui lui ont été fournies. — Pardessus, *Dr. comm.*, t. 4er, n°87. — Les commerçans ne sont pas tenus d'avoir un carnet d'échéance. — V. au surplus LIVRES DE COMMERCE.

CARRAIRE.

1. — Chemins pratiqués en Provence pour le passage périodique des troupeaux.

2. — L'établissement de ces chemins est encore régi par l'arrêt de réglement du parlement de Provence du 21 juillet 1782, dont la confirmation précède la loi du 19-22 juillet 1791. tit. 4er, art. 29, par laquelle ont été confirmés provisoirement ces réglemens qui subsistaient touchant la voirie.

3. — Aux termes de cet arrêt de réglement, c'est à l'administration qu'appartient le droit de rétablir les carraires dans leur largeur où il doit y en avoir, et d'en déterminer la direction et la dimension. — *Cons. d'Ét.* 26 déc. 1827, Bernard.

4. — Ces chemins spéciaux nous semblent devoir être considérés comme constituant des servitudes établies pour l'utilité publique de toute une contrée.

5. — Mais le dommage qui peut résulter pour un propriétaire du passage sur son fonds des bestiaux d'autrui, nous paraît devoir engendrer son profit le droit à une indemnité aux tribunaux civils seraient compétens pour déterminer.

6. — Aussi a-t-il été jugé que les décisions de l'administration à l'égard de l'établissement de cette sorte de chemin n'empêchent pas de déférer aux tribunaux les questions de propriété ou de servitude. — *Cons. d'ét.*, 26 déc., 1827, Bernard.

CARREAUX A CARRELER.

Les marchands de carreaux à carreler sont rangés par la loi du 25 avr.1844, sur les patentes, dans la sixième classe des patentables, et imposés à : 4° un droit fixe basé sur le chiffre de la population de la ville ou commune où est situé l'établissement; — 2° un droit proportionnel du vingtième de la valeur locative de la maison d'habitation et des locaux servant à l'exercice de la profession.

CARRELEUR.

Les carreleurs sont rangés par la loi du 25 avr. 1844, sur les patentes, dans la septième classe des patentables et imposés à : 4° un droit fixe basé sur le chiffre de la population de la ville ou commune où est situé l'établissement ; — 2° un droit proportionnel du quarantième de la valeur locative de tous les locaux occupés par les patentables, mais seulement dans les communes d'une population de vingt mille ames et au-dessus. — V. PATENTE.

CARRÉS DE MONTRE (Fabricans de).

1. — Les fabricans de carrés de montres, pour leur compte, sont rangés par la loi du 25 avr.1844 sur les patentes, dans la sixième classe des patentables, et imposés à : 4° un droit fixe basé sur le chiffre de la population de la ville ou commune où est situé l'établissement ; — 2° un droit proportionnel du vingtième de la valeur locative de la maison d'habitation et des locaux servant à l'exercice de la profession.

V. PATENTE.

2. — Les fabricans à façon, rangés dans la huitième classe des patentables, et imposés à un droit fixe et à un droit proportionnel du quarantième de la valeur locative de tous les locaux occupés par les patentables, mais seulement dans les communes d'une population de 20,000 ames, et au-dessus.

V. PATENTE.

CARRIÈRE.

Table alphabétique.

CARRIÈRE. — 1. — Les masses de substances minérales ou fossiles renfermées dans le sein de la terre ou existant à la surface, sont classées, par l'art. 4er de la loi du 21 avril 1810, sous les trois qualifications de *mines*, *minières* et *carrières*. — Il ne sera question dans cet article que des carrières ; quant aux mines et minières, V. ces mots.

2. — Les carrières, dit l'art. 4 de la même loi, renferment les ardoises, les grès, pierres à bâtir et autres, les marbres, granits, pierres à chaux, pierres à plâtre, les pozzolanes, le tras, les basaltes, les laves, les marnes, craies, sables, pierres à fusil, argiles, kaolin, terres à foulon, terres à poterie, les substances terreuses et les cailloux de toute nature, les terres pyriteuses regardées comme engrais; le tout exploité à ciel ouvert ou avec des galeries souterraines.

3. — Les produits des carrières fournissent les matières premières d'un grand nombre d'industries, notamment des verreries, cristalleries, tuileries, briqueteries, fabriques de porcelaines et autres poteries, de chaux, de plâtre et de produits chimiques. — Peyret-Lallier, *Traité sur la loi des mines, minières et carrières*, n° 652.

CHAP. Ier. — *De la propriété des carrières et de leur exploitation* (n° 4).

SECT. 1re. — *Principes généraux sur la propriété des carrières* (n° 4).

SECT. 2e. — *Exploitation des carrières* (n° 34).

§ 4er. — *Dispositions et réglemens relatifs à l'exploitation des carrières* (n° 34).

§ 2. — *Infractions aux réglemens relatifs à l'exploitation des carrières. Compétence et pénalité* (n° 78).

CHAP. II. — *Restrictions apportées au droit exclusif d'exploitation par les propriétaires ou possesseurs* (n° 98).

CHAPITRE Ier. — *De la propriété des carrières et de leur exploitation.*

Sect. 1re. — *Principes généraux sur la propriété des carrières.*

4. — La propriété du sol emportant celle du *dessous* (Cod. civ., art. 552), c'est au propriétaire du sol qui recouvre une carrière que la carrière elle-même est légalement réputée appartenir, et nul, sauf les restrictions qui seront indiquées ci-après, n'a le droit de l'exploiter sans son consentement.

5. — Mais la propriété de la carrière n'établirait pas la même présomption à l'égard de la propriété du dessus « attendu, dit la cour de Cassation, que si l'art. 552 du Code civil indique que le propriétaire de la surface d'un fonds de terre est légalement présumé propriétaire du *dessous*, l'art. 553 admet la possibilité que le propriétaire du *dessous* ne le soit pas du *dessus*. » — *Cass.*, 7 mai 1838 (t. 2 1838, p. 388), Parizelle c. comm. de Château-Regnault.

6. — Le propriétaire exclusif d'un banc calcaire a le droit de s'opposer à ce qu'une autre personne donne aux produits qu'elle exploite la même dénomination qu'à ceux qu'il peut tirer de son fonds. — Jugé implicitement par arr. de *Cass.* du 24 fév. 1840 (t. 2 1841, p. 320), De Laleu c. Grignon.

7. — Mais le fabricant de produits minéraux, tels que la chaux, qui, sans être propriétaire exclusif de la carrière où il puise la matière première, désigne ses produits par le nom générique du canton où la carrière est située, ne peut empêcher un autre fabricant puisant dans la même carrière de donner à ses produits la même dénomination, le nom du lieu d'où sont tirés les produits ne pouvant devenir la propriété exclusive d'un fabricant. — Même arrêt. — Peyret-Lallier, no 689.

8. — Le propriétaire d'un terrain sous lequel se trouve une carrière peut incontestablement vendre la carrière, séparément du sol qui la recouvre.

9. — Mais une question controversée est celle de savoir si une carrière peut être l'objet d'un contrat de louage. — Pour soutenir la négative, on invoque les principes généraux de la loi en matière de louage qui veulent que les choses qui se consomment par l'usage ne puissent être l'objet de ce contrat. Or, dit-on, les produits d'une carrière ne se composent d'autre chose que des substances renfermées dans cette carrière: elles seules la constituent; chaque extraction diminuant la masse, on peut assigner une époque où cette masse sera épuisée. Il n'y aurait pas dans l'espèce possibilité de restituer la chose entière et non diminuée: donc, bien que l'acte de cession fût qualifié bail, il faudrait le tenir comme renfermant une vente mobilière. — A l'appui de ce système, on tire argument d'un arrêt de *Cass.* du 31 juill. 1839 (t. 2, 1839, p. 163), Enregistr. c. Janvier, qui décide qu'une tourbière ne peut être l'objet d'un louage. — *Encyc. du droit*, nos 10 et suiv.

10. — Dans le sens contraire, on répond que sans doute la pierre une fois extraite ne peut se reproduire comme les fruits de la terre; mais que cependant la carrière consistant dans des agglomérations plus ou moins considérables ne s'épuise pas du premier coup; bien différente des choses fongibles que le premier usage fait disparaître, elle survit aux extractions annuelles; donc, tant que les substances contenues ne sont pas épuisées, la carrière constitue une propriété de beaucoup supérieure aux produits qu'on en retire, et peut être l'objet d'une location. D'ailleurs, si les principes généraux de la loi n'admettent pas le louage des choses *qui se consomment par l'usage*, du moins ils autorisent le louage de celles *qui se détériorent par l'usage*; et n'est-ce pas dans cette catégorie qu'il faudrait, en tous cas, ranger les carrières?

11. — C'est à cette dernière opinion qu'il convient de s'arrêter; elle est d'ailleurs consacrée par l'usage et la jurisprudence. — *Grenoble*, 5 mars 1835 (et non 1836), Clay et Béthoux c. Arnaud et Blondin; *Lyon*, 15 juillet 1836, sous *Cass.*, 20 déc. 1837 (t. 2 1843, p. 157), Comp. des mines de Saint-Etienne c. Négron. — Dans l'espèce soumise à la cour de Lyon, il s'agissait, il est vrai, de la location d'une mine; mais l'arrêt, pour décider que les mines étaient susceptibles de louage, s'est fondé sur ce *qu'elles ne pouvaient être rangées dans la classe des objets fongibles, mais qu'elles devaient être assimilées aux carrières de tout genre, dont* LA LOCATION N'A JAMAIS ÉTÉ CONTESTÉE. — V. conf. Peyret-Lallier, no 66; Troplong, *Louage*, no 83. — V. MINES.

12. — Toutefois, il est vrai de dire que les règles qui régissent les baux ordinaires dans lesquels la substance de la chose ne reçoit aucune atteinte ne peuvent s'appliquer d'une manière absolue ou exclusive aux baux des carrières. — V. à cet égard BAIL, nos 866 et suiv. et 1413.

13. — Si le louage d'une carrière est purement verbal ou s'il y a tacite reconduction après un bail écrit, on doit décider, par argument tiré du principe posé dans l'art. 1774 sur les baux à ferme, que le bail doit être réputé fait pour l'année entière; il ne serait pas juste d'admettre la règle des congés pour les baux des maisons, qui scinde l'année, suivant les usages locaux. — Peyret-Lallier, no 667. — V. BAIL.

14. — La carrière faisant partie intégrante du sol, et se trouvant par conséquent soumise aux mêmes charges, il faut en conclure que si elle venait à être aliénée par le propriétaire de la surface, le créancier hypothécaire aurait le droit de poursuivre le tiers détenteur et d'exercer tous les droits résultant pour lui des art. 2166 et suiv. du Code civil. — Peyret-Lallier, *loc. cit.*; *Encyc. du droit*, vo *Carrière*, nos 8 et 9. — Mais ce droit, bien entendu, ne s'appliquerait qu'à la carrière elle-même et au droit d'exploitation, et non sur les matériaux mobilisés par leur extraction.

15. — Mais un créancier hypothécaire pourrait-il s'opposer à ce que son débiteur ouvrît une carrière sur sa propriété? — L'art. 490 de la coutume d'Orléans voulait que le créancier d'une rente foncière pût empêcher le propriétaire d'un héritage d'y faire *perrière*, d'y fouiller ou enlever des pierres, à moins que ce ne fût pour les employer sur ledit héritage ou que, dès le temps du bail à rente, e lieu fût destiné à faire *perrière*. Cette disposition rop rigoureuse n'a pas été reproduite dans le Code civil; néanmoins, en présence de l'art. 2131, il semble naturel de penser que l'ouverture d'une carrière étant susceptible de déprécier le fonds, le débiteur, si cette dépréciation était constatée, pourrait être contraint au remboursement immédiat ou à fournir un supplément d'hypothèques. — Peyret-Lallier, no 686. — V. HYPOTHÈQUE.

16. — Tant que la propriété de la carrière reste confondue avec celle du sol, aucun doute ne peut s'élever sur son caractère incontestablement immobilier. Mais que doit-on décider si, par aliénation, elle vient à être séparée? La vente a-t-elle changé sa nature? La loi de 1810 n'ayant pas reproduit, quant aux carrières, la disposition de l'art. 8, portant *que les mines sont immeubles*, que conclure de ce silence?

17. — Pour résoudre cette question, il importe d'abord de distinguer quelle a pu être dans le contrat l'intention des parties. « Si, dit M. Cotelle (*Trav. publ.*, no 17), la vente avait consisté dans les parties souterraines à exploiter en carrières avec puits et galeries, et que le propriétaire eût entendu vendre les souterrains existans, ainsi que ceux qui seraient continués sous cette étendue de terrain, en ne considérant plus les matériaux à extraire que comme l'accessoire de la vente du dessous, évidemment un tel contrat serait licite, et constituerait une vente immobilière... Le dessous ainsi détaché du dessus deviendrait susceptible d'hypothèque par lui-même, dans l'esprit de l'art. 553 du Code civil. » — Ce point est hors de controverse.

18. — Si, au contraire, la vente n'a eu pour objet que l'exploitation, c'est-à-dire le droit indéfini d'extraction, mais sans aliénation de la propriété du dessous, *le tréfonds*, la vente doit-elle être réputée immobilière? — La solution de cette difficulté ne se trouve pas dans la loi de 1810, qui n'a point défini le caractère et la matière de la propriété des carrières à la différence de celle des mines. — V. MINES. — Il faut donc se reporter aux principes du droit commun. Or, dans la vente de l'exploitation d'une carrière, le propriétaire, évidemment, n'entend céder aucun droit sur la partie immobilière de son héritage; ce qu'il a vendu, c'est le droit d'extraire de son terrain des substances renfermées dans le sol, mais destinées à être mobilisées. De son côté, l'acquéreur n'a en vue que ce droit unique d'extraction, et cela est si vrai que si la carrière vient à s'épuiser, il n'a plus aucun droit sur le sol, dont l'aliénation n'a jamais été consentie en sa faveur. Il en est de ce contrat comme de celui qui aurait eu pour objet la vente des fruits pendans par racines, ou bien encore la vente d'une futaie à charge de l'abattre.

19. — Aussi a-t-il été jugé que la cession faite par le propriétaire de l'exploitation d'une carrière et des ustensiles qui y sont attachés constitue une vente mobilière. — *Cass.*, 19 mars 1816, enregistr. c. Merlin et Aubert; 31 août 1833, Enregistr. c. Mazard; — *Instruction de la régie* du 19 déc. 1831; — Cotelle, nos 15 et suiv.; Peyret-Lallier, no 687; *Encyc. du droit*, nos 2 et suiv.; — *Contrà* Troplong, *Hypothèque*, no 404 *bis*, qui s'étonne qu'un droit à une carrière ne soit pas immobilier lorsque le droit d'usage aurait ce caractère.

20. — Du reste, sous l'ancien droit, on décidait également, comme aujourd'hui, que la vente du droit de fouiller n'était qu'une vente de meubles; d'où la conséquence qu'elle ne pouvait donner lieu aux droits de mutation en faveur du seigneur, (V. DROITS SEIGNEURIAUX), ni au paiement du *centième denier*. — Nouveau Denizart, *Rép.*, vo *Carrières*, § 4, no 1er.

21. — L'exploitation d'une carrière par le propriétaire ne constitue pas un acte de commerce; ses produits, simples fruits du fonds, ne sont soumis à aucune redevance envers l'état. — Cotelle, t. 2, p. 355. — V. aussi ACTE DE COMMERCE, no 141. — Mais celui qui loue une carrière à l'effet d'extraire les matériaux pour les travailler et mettre en vente exerce véritablement une profession commerciale, et, comme tel, doit être soumis à la patente. — Peyret-Lallier, no 670.

22. — Les personnes exploitant des carrières souterraines ou à ciel ouvert sont mises au nombre des patentables, par la loi du 25 avr. 1844, et imposées à : 1o un droit fixe de 25 fr., lorsqu'elles ont moins de dix ouvriers, et plus 3 fr. par chaque ouvrier en sus, jusqu'au maximum de 200 fr.; — 2o un droit proportionnel du quinzième de la valeur locative de la maison d'habitation seulement.

23. — L'exploitation d'une carrière pouvant être mise en société, on s'est demandé, comme pour les mines, si la société formée à cet effet doit être réputée civile ou commerciale. — V. ACTE DE COMMERCE, nos 145 et suiv.

24. — L'emphytéote a-t-il le droit d'exploiter les carrières faisant partie du fonds soumis à l'emphytéose? — Oui, évidemment, quant aux carrières dont l'exploitation était commencée à l'époque de l'ouverture du droit de l'emphytéote. — Quant à la jouissance d'une carrière non encore ouverte à la même époque, V. EMPHYTÉOSE.

25. — Quant à l'usufruitier, l'art. 598, C. civ., ne lui accorde que la jouissance des carrières en exploitation à l'ouverture de l'usufruit. L'ancienne jurisprudence décidait également ainsi: toutefois on reconnaissait à l'usufruitier le droit de tirer du fonds les pierres nécessaires pour les réparations d'entretien des bâtimens et murs de clôture. — Pothier, *Du douaire*, no 198. — L'exercice de cette faculté peut, en effet, paraître présenter bien moins le caractère d'une exploitation dont les produits seraient vendus par l'usufruitier à l'effet de se procurer des bénéfices, qu'un acte d'administration de bon père de famille qui profite au propriétaire, et dont celui-ci serait mal fondé à se plaindre. Aussi Proudhon (*Usufruit*, no 1204) pense-t-il que ce tempérament si sage doit être admis encore aujourd'hui. — Cotelle, t. 2, p. 349. — V. au surplus USUFRUIT.

26. — Relativement aux carrières qui peuvent appartenir à une femme mariée, V. COMMUNAUTÉ, DOT, SÉPARATION DE BIENS.

27. — Une carrière peut-elle être grevée de servitude envers un fonds voisin? — V. SERVITUDE.

28. — Pourrait-elle faire l'objet d'un droit d'usage? — V. USAGE.

29. — Pourrait-elle être acquise par prescription? — V. PRESCRIPTION.

30. — Aux termes de l'art. 388, C. pén., le vol ou la tentative de vol de pierres dans les carrières est puni d'un emprisonnement d'un an au moins et de cinq ans au plus, et d'une amende de 16 fr. à 500 fr. — Et, en outre, mais facultativement seulement, de la privation de tout ou partie des droits mentionnés dans l'art. 42 pendant cinq ans au moins et dix ans au plus, et de la mise en surveillance de la haute police pendant le même nombre d'années. — V. VOL.

Sect. 2e. — *Exploitation des carrières.*

§ 1er. — *Dispositions et réglemens relatifs à l'exploitation des carrières.*

31. — La loi du 21 avril 1810 reconnaît deux modes d'exploitation des carrières : l'exploitation à ciel ouvert et celle qui a lieu par galeries souterraines (art. 81 et 82).

32. — Il est néanmoins des carrières dont certains réglemens ont disposé que l'exploitation ne pourrait avoir lieu qu'à ciel ouvert. Ainsi, par exemple, l'art. 3 du réglement du 22 mars 1813 (concernant les carrières de pierre à plâtre) dispose qu'on doit exploiter à découvert ou par tranchées ouvertes : 1o toute masse qui ne sera pas recouverte de plus de six mètres de terre ou qui aura été reconnue ne pouvoir être exploitée par cavage, soit à cause du manque de solidité des bancs du ciel, soit à cause de la trop grande quantité de fentes, filets ou filières; — 2o toute moyenne masse, lorsqu'elle ne sera pas recouverte de plus de trois ou quatre mètres de terre

ou qu'il n'y aura pas de ciel solide; — 3o les basses masses ou bancs de pierre franche, lorsqu'ils ne seront recouverts que de trois à quatre mètres de terre. » — On trouve des dispositions analogues dans les réglemens des 4 juillet 1813 sur les carrières à pierre à bâtir; 21 oct. 1814 (art. 2) sur les crayères et marnières. — Ces réglemens, approuvés par décrets ou ordonnances, quoique rendus spécialement pour les départemens de la Seine et de Seine-et-Oise, peuvent être rendus applicables par l'autorité dans tous les endroits où elle le juge nécessaire.

33. — Et il a été jugé que le titre 10 du décret du 4 juill. 1813, les art. 4 et 5 de ce décret, et l'art. 1er du réglement que ce décret approuve et met en activité, ont eu pour objet de régler non seulement l'exploitation d'une seule espèce de pierres appelée *pierre calcaire*, mais encore toutes les espèces de pierres propres à bâtir. — Et spécialement, que l'exploitation des pierres meulières, qui sont comprises dans la catégorie des pierres à bâtir, est régie par ce décret. — *Paris*, 14 fév. 1843 (t. 1er 1844, p. 751), Gauthier.

34. — Suivant l'art. 81 de cette loi, l'exploitation des carrières à ciel ouvert a lieu *sans permission*; elle n'est soumise qu'à la simple surveillance de la police et à l'observation des lois ou réglemens généraux ou locaux.

35. — Le principe que l'exploitation des carrières à ciel ouvert peut avoir lieu sans autorisation a été appliqué implicitement par une ordonnance du conseil d'état du 25 avril 1842 (Grandjean c. Despréaux Saint-Sauveur), dans laquelle on remarque le considérant suivant : « Attendu, *en ce qui touche l'ouverture de la carrière*, que ladite carrière *n'est pas à ciel ouvert; qu'ainsi elle est soumise aux dispositions de l'art. 1er du réglement du 22 mars* 1813 (relatif à l'autorisation préalable).

36. — De ces mots *sans permission*, M. Dufour (*Dr. adm. appliqué*, no 2221) conclut que le propriétaire qui veut exploiter une carrière à ciel ouvert n'a même *aucune déclaration* à faire.

37. — Et il ajoute que le maire, pour exercer la surveillance que la loi lui confère, procède en vertu des mêmes attributions et dans la même forme contre les carriers que contre tous les habitans de sa commune. « Qu'il enjoigne ou qu'il prohibe, dit-il (*loc. cit.*), dans l'intérêt du bon ordre, de la sécurité ou de la sûreté, ses arrêtés n'ont que l'autorité et ne doivent recevoir que l'exécution des lois garanties par la police municipale. » — V. POUVOIR MUNICIPAL.

38. — Toutefois, il résulte de diverses décisions de la jurisprudence que, si des réglemens prescrivaient à ceux qui voudraient ouvrir des carrières à ciel ouvert sur leurs terrains une déclaration préalable, ces réglemens devraient recevoir exécution. — *Paris*, 1er déc. 1842 (t. 1er 1843, p. 302), Beaufils; 14 fév. 1843 (t. 1er 1844, p. 751), Gauthier (arrêts rendus au sujet d'arrêtés préfectoraux pris par le préfet de Seine-et-Oise en vertu et exécution du réglement du 4 juillet 1813, relatif à ce département). — V. néanmoins *Colmar*, 22 nov. 1833, Schurdy.

39. — Quand l'exploitation a lieu par galeries souterraines, elle est soumise à la surveillance, non plus de la police locale, mais de l'administration. — L. 21 avril 1810, art. 82; Circul. 3 août 1810. — Le motif de cette différence entre l'exploitation à ciel ouvert et l'exploitation souterraine est que les précautions nécessitées par les travaux souterrains supposent une connaissance des règles de l'art et une expérience qu'on ne peut guère attendre complète et efficace que de l'administration elle-même, et non de l'autorité locale. — Dufour, no 2222.

40. — Les carrières de toute nature peuvent être exploitées de cette manière, lorsque les masses ont un recouvrement plus épais que celui des carrières, dont s'occupent les décrets ci-dessus cités (no 32), ou lorsqu'il est reconnu que le décombrement, pour en suivre l'exploitation à découvert, présenterait trop de difficultés, ou enfin lorsque les bancs supérieurs promettent un ciel solide. — *Encyc. du dr.*, vo *Carrières*, no 34.

41. — Si les masses sont recouvertes d'une telle épaisseur de terre qu'on ne puisse les attaquer sur aucun front, le mode d'exploitation s'exécute par *puits*, c'est-à-dire en creusant à la superficie du terrain des ouvertures qui descendent perpendiculairement au sein des masses. Dans toute autre circonstance, il s'exécute par *cavage à bouche*, c'est-à-dire par des ouvertures pratiquées horizontalement. — *Encyc. du dr.*, *ibid.*

42. — L'exercice de la surveillance de l'administration est réglé, comme pour l'exploitation des mines, par le titre 5 de la loi de 1810; il est confié aux ingénieurs des mines, sous l'ordre du ministre des travaux publics (autrefois du ministre de l'intérieur) et du préfet (art. 47), lesquels ingénieurs, porte l'art. 48, doivent observer la manière dont cette exploitation se fera, soit pour éclairer les propriétaires sur ses inconvéniens ou son amélioration, soit pour avertir l'administration des vices, abus ou dangers qui s'y trouveraient. »

43. — Aux termes des art. 49 et 50, les préfets doivent porter leur surveillance sur l'exploitation des mines, en tant : 1o qu'elle serait restreinte ou suspendue de manière à inquiéter la sûreté publique ou les besoins des consommateurs; 2o en tant qu'elle compromettrait la sûreté publique, la conservation des puits, la solidité des travaux, la sûreté des ouvriers mineurs ou des habitations de la surface. Or, la surveillance des carrières à galeries souterraines étant assimilée par la loi à celle des mines, il semble naturel de penser qu'elle doit s'exercer avec autant d'étendue.

44. — Toutefois M. Dufour (no 2222) émet l'opinion que les art. 49 et 50 précités ne peuvent avoir d'application à l'égard des carrières, qu'en ce qui concerne la sûreté des ouvriers ou des individus qui occupent les habitations de la surface. « La loi, dit-il, n'a pas cru que les produits des carrières fussent assez précieux pour que leur exploitation dût être assurée *dans l'intérêt de tous*... L'administration n'est donc pas autorisée à se prévaloir *des besoins des consommateurs* pour motiver son action. Quant à *la sûreté des habitations*, on n'a pas à protéger une propriété, celle de la surface, contre les conséquences de l'usage fait d'une autre propriété distincte, mais contiguë, celle du gîte minéral. Le sol et le gîte qu'il recouvre ne sont ici l'objet que d'une seule et même propriété; le propriétaire de la carrière n'est en aucune façon le maître de prolonger ses travaux au-delà des limites qui circonscrivent son terrain superficiel... Si le carrier exploite sous son terrain, il est maître d'user ou d'abuser à son gré des habitations qu'il supporte... S'il est acquéreur de la carrière, les difficultés à naître entre lui et son vendeur n'ont trait qu'à l'exécution des conventions privées..... Enfin, s'agit-il des dangers de l'exploitation pour les maisons bâties dans les héritages voisins, on n'a encore à prononcer que par application du principe qui veut que chacun, dans l'usage qu'il fait de sa chose, s'abstienne de porter atteinte aux droits d'autrui. »

45. — De ce qui vient d'être dit, M. Dufour (*loc. cit.*, no 2223) conclut que les dispositions insérées dans les réglemens relatifs à l'exploitation des carrières à galeries souterraines ne sont légales qu'autant qu'elles n'impliquent nulle atteinte à la liberté d'action et à l'intégrité des droits qui dérivent de ce que l'exploitation des carrières n'est considérée que comme un mode, pour le propriétaire, de disposer de sa chose. C'est, dit-il, dans ces limites que doit se renfermer l'exercice du pouvoir réglementaire accordé à l'administration par l'art. 81 de la loi de 1810.

46. — On ne peut se dissimuler néanmoins que l'administration s'est considérée, en ce qui concerne l'exploitation des carrières, comme investie d'un pouvoir plus étendu, ainsi qu'il est facile de s'en convaincre par l'examen des dispositions du réglement du 22 mars 1813 déjà cité. — Il n'est pas d'ailleurs sans intérêt de donner l'analyse de quelques unes des prescriptions de ce réglement.

47. — Ainsi, d'après les termes des art. 1, 2 et 3, le propriétaire qui veut ouvrir une carrière souterraine, ou celui qui est subrogé à ses droits, doit former une demande en autorisation, à laquelle sont jointes de nombreuses pièces justificatives, notamment le plan du terrain à exploiter, et une copie certifiée du rôle de ses contributions pour attester sa solvabilité pécuniaire.

48. — Cette demande, remise au sous-préfet et par lui communiquée au maire, tant de la commune du demandeur qu'au maire de celle où doit avoir lieu l'exploitation, est ensuite transmise par le sous-préfet, avec son avis, au préfet, lequel l'envoie à l'inspecteur général des carrières. Après le rapport de ce dernier, le préfet statue, sur l'avis des autorités locales. — Art. 4, 5, 6.

49. — Les permissions accordées sont publiées et affichées dans les communes respectives, à la diligence des maires, et sur des ampliations adressées au sous-préfet et à l'inspecteur général. Il doit être tenu, en outre, tant à la préfecture que chez l'inspecteur général, un registre de ces autorisations, par ordre de date et de nombre. — Art. 5, 6, 7.

50. — Les permissions sont personnelles et ne peuvent être transmises sans l'autorisation spéciale du préfet. Les héritiers eux-mêmes, s'ils exploitaient sans autorisation, seraient traités comme contrevenans. — Art. 10 et 11.

51. — Les art. 12 et 13 règlent l'exploitation, et statuent que l'exploitant doit : 1o placer, avant tout, à l'ouverture une plaque en tôle, portant le nom de la commune, le sien propre, et le numéro de sa permision d'enregistrement; — 2o se conformer aux instructions concernant la sûreté publique qui lui sont transmises; — 3o ne pas changer, sans autorisation, le mode d'exploitation prescrit; — 4o faire connaître au commencement de chaque année les augmentations de sa carrière pendant les années précédentes; — 5o faciliter aux inspecteurs toutes visites des travaux, et les y accompagner au besoin; — 6o n'employer que des ouvriers porteurs de livret, du fait desquels il est personnellement responsable. — Art. 12 à 18.

52. — Quant aux art. 19 et suiv., ils défendent de suspendre, interrompre, abandonner ou céder l'exploitation sans en demander permission à l'autorité supérieure, et se conformer aux instructions qui peuvent être transmises; et faute par l'exploitant de demander cette permission, il est responsable des événemens qui peuvent arriver, et tous les frais nécessaires pour faire sauter les parties menaçantes restent à sa charge. — Art. 25 et 26.

53. — Le retrait de la permission peut avoir lieu d'après le réglement du 22 mars 1813 : 1o s'il y a danger auquel on ne peut apporter des précautions suffisantes, auquel cas l'exploitant est tenu de combler à ses frais; — 2o si, hors le cas de force majeure, l'exploitation a été sans autorisation interrompue une année entière; — 3o si, après trois contraventions, l'exploitant est convaincu d'un nouveau délit; toutefois, l'autorisation retirée peut être de nouveau accordée. — Art. 27 à 33.

54. — Les décisions du préfet, dans tous les cas que nous venons d'indiquer, n'étant que des actes de juridiction gracieuse, dans lesquels le préfet n'agit qu'en qualité d'administrateur, ne sont pas de nature à être attaquées par la voie contentieuse; c'est ce qui a été décidé dans une espèce où le préfet avait refusé d'autoriser l'ouverture d'une carrière à plâtre. — *Cons. d'état*, 25 avr. 1842, Grandjean c. Despréaux Saint-Sauveur.

55. — Outre les réglemens ci-dessus indiqués, il en est d'autres spéciaux également approuvés par ordonnances : 22 nov. 1822, sur les carrières de Loir-et-Cher; 26 juin 1823, sur les ardoisières de Maine-et-Loire; 28 mars et 1er oct. 1831, sur les carrières de la Charente-Inférieure, de l'Aisne, de l'Orne et de Maine-et-Loire; 28 janv. 1834, sur les ardoisières des Ardennes; 24 mars 1836, sur les carrières à ciel ouvert de l'Orne; 21 mai 1837, sur les carrières du Finistère; 2 juin 1839 (*J. Pal.*, t. 1er 1842, p. 110 en note), sur les carrières de Loir-et-Cher; 7 mai 1840, sur les carrières d'Ille-et-Vilaine et de la Nièvre; 2 déc. 1844, sur les carrières de la Gironde.

56. — Ainsi qu'il a été dit plus haut (no 34), l'exploitation à ciel ouvert est soumise à l'observation des réglemens généraux ou locaux. — Or, deux arrêts du conseil des 14 mars 1741 et 5 avr. 1772, ont fait défense, sous peine de 500 fr. d'amende, de confiscation des outils et de dommages-intérêts, d'ouvrir des carrières de pierre, glaise, marne et autres matériaux, à moins de trente toises de distance du pied des arbres plantés au long des grandes routes, ou de pousser des rameaux ou galeries souterraines à une distance de moins de trente toises du bord des chemins et grandes routes à compter du pied des arbres plantés, de trente-deux toises du bord des routes, qui n'ont ni arbres ni fossés, huit toises des bords de chemins de traverse ou vicinaux. — Et les prohibitions furent renouvelées par la déclaration du 17 mars 1780, laquelle interdit encore l'exploitation des carrières à la distance de trente toises des habitations. On s'est donc demandé si, dans les départemens où il n'existe pas de réglement postérieur à la loi de 1810, les arrêts du conseil de 1741 et 1772 et la déclaration de 1780 étaient encore en vigueur, et si, par exemple, le propriétaire qui voulait ouvrir chez lui une carrière à ciel ouvert pouvait être tenu d'observer la distance prescrite par les arrêts du conseil précités et la déclaration de 1780.

57. — La cour de Colmar s'était prononcée pour la négative, en jugeant que les art. 4 et 6, décl. 17 mars 1780, qui imposaient des restrictions à l'établissement des carrières à ciel ouvert ont été abrogés par l'art. 81, L. 22 avr. 1810, d'après lequel une liberté pleine et entière est accordée. — *Colmar*, 22 nov. 1833, Schurby. — Cotelle, t. 2, p. 369.

58. — Mais cette opinion a été formellement repoussée par une décision du conseil d'état qui a posé en principe que les dispositions des réglemens de 1772 et de 1780 n'avaient point été abrogées par la loi de 1810. — *Cons. d'état*, 27 oct. 1837, Chatellier.

59. — Et la cour de Metz avait également jugé que la distance à laisser entre les excavations occasionnées par l'exploitation d'une carrière et un

chemin public n'étant pas réglées par la loi de 1810, il faut se conformer, quant à ce, aux anciens réglemens « lesquels doivent être envisagés comme des réglemens généraux ». — *Metz*, 6 févr. 1827, Hennequin.

60. — Toutefois, M. Peyret-Lallier (n° 680) fait observer que dans une grande partie des départemens, au centre et au midi de la France, les anciens réglemens ne sont pas observés, et que l'on y voit souvent, sans que l'administration s'y oppose, des carrières de pierre et autres matières à une grande proximité des routes et des édifices.

61. — L'art. 9 de l'arr. du conseil du 5 avril 1772 défend aux voituriers de pierres, moëllons, grès et autres matériaux provenant des carrières, de se frayer, pour aborder les grands chemins, d'autres passages que ceux qui auront été préparés pour leur usage, à peine de confiscation de ces matériaux et de 500 liv. d'amende, dont les propriétaires ou entrepreneurs des carrières doivent être tenus solidairement avec eux, ainsi que des dégradations occasionnées par de telles contraventions aux berges, fossés, plantations et accottemens des routes. — Guyot, cité par Merlin, v° *Carrières*.

62. — Quelques réglemens spéciaux pour certains départemens ont réglé la distance à observer pour l'ouverture des carrières. — Ainsi, l'art. 21 du réglem. du 4 juill. 1813, sur les carrières de pierres à bâtir dans les départemens de Seine et de Seine-et-Oise est ainsi conçu : « Les exploitations par cavage, de quelque classe qu'elles soient, ne pourront être poussées *qu'à dix mètres* de chaque côté des chemins à voiture, des édifices et constructions quelconques, en laissant une retraite en talus dans la masse d'un mètre par mètre de hauteur et largeur du cavage. » — Pareille disposition se rencontre dans divers réglemens spéciaux, notamment dans celui du 2 juin 1839, sur les carrières de Loir-et-Cher. — V. *suprà* n° 55.

63. — Et cet article a été interprété en ce sens qu'il devait être appliqué, non seulement aux carrières dirigées par galerie horizontale, c'est-à-dire par bouches de cavage ou à ciel ouvert, mais encore aux exploitations par puits ; et qu'en conséquence, la distance de dix mètres indiquée dans l'article précité devait être observée dans toutes les exploitations, de quelque genre qu'elles fussent. — *Paris*, 5 janv. 1838 (t. 1er 1838, p. 218), Lecars c. Clément.

64. — La déclaration de 1780, mettant fin à un usage abusif qui s'était introduit pour l'exploitation des carrières, *fit très expresses inhibitions et défenses* aux propriétaires et locataires desdites carrières de continuer à fouiller sur le fonds d'autrui, à peine de 500 fr. d'amende et de tous dommages-intérêts. Il faut tenir cette disposition comme étant encore en vigueur.

65. — En effet, le droit de propriétaire voisin est sacré, tant sur le fonds que sur la superficie ; aussi a-t-il été jugé que celui qui a acquis le droit d'exploiter une carrière ne peut, sans titre, prétendre à un chemin de service sur le terrain d'autrui..... Alors d'ailleurs qu'il ne fonde pas sa demande sur le fait d'enclave. — *Bordeaux*, 23 mai 1835, Estève et Beaufond c. Coudert.

66. — C'est par suite des mêmes principes de la déclaration de 1780 qu'un arrêté du ministre de l'intérieur, du 6 juin 1834, a décidé que la distance des habitations et constructions doit être observée pour l'exploitation à ciel ouvert, lors même que la construction ne consisterait que dans un simple mur et qu'elle serait postérieure à l'ouverture de la carrière. Un propriétaire est toujours libre de bâtir sur son terrain et d'empêcher par là l'approche des excavations. — *Encyc. du dr.*, v° *Carrières*, n° 57.

67. — Le préjudice qu'entraîne pour le propriétaire voisin l'exploitation d'une carrière doit être réparé, bien qu'il ne soit pas apparent, s'il est d'ailleurs constaté. On doit considérer comme préjudice actuel celui qui dépend d'un fait éventuel, mais dont la possibilité suffit pour causer un dommage. — *Paris*, 5 janv. 1838 (t. 1er 1838, p. 218), Lecars c. Clément.

68. — En outre, le défaut de précautions prises, quant à l'exploitation peut donner ouverture contre l'exploitant à une action en dommages-intérêts de la part des personnes lésées. — Ainsi jugé dans une espèce où la fermeture vicieuse d'une carrière avait donné naissance à un accident. Et dans cette espèce la responsabilité a été mise à la charge, non du propriétaire actuel du champ où la carrière était située, mais de l'ancien propriétaire auteur de la fermeture vicieuse. — *Douai*, 1er juill. 1835, Santerne et Beuguet c. Bartien.

69. — On ne peut, sans la permission de l'autorité administrative, ouvrir des carrières de pierres ou autres matières dans le rayon d'un kilomètre des places de guerre. — L. du 8 juill. 1791, art. 29.

70. — L'art. 20, tit. 27, de l'ordonnance des eaux et forêts, défendait de tirer du sable ou d'autres matériaux à six toises des rivières navigables, sous peine de 100 liv. d'amende ; et l'art. 12 du même titre défendait pareillement d'enlever, dans l'étendue et aux rives des forêts du roi, des sables, terres, marnes ou argiles, et de faire faire de la chaux à cent perches de distance, sauf une permission expresse, à peine de 500 liv. d'amende et de confiscation des chevaux et harnais. Ces dispositions ont été déclarées applicables aux carrières à plâtre par arrêts du conseil des 23 déc. 1690, 4 janv. 1729, 7 sept. 1755. — Merlin, *Rép.*, v° *Carrière*.

71. — Enfin, l'art. 14 de la loi du 21 mai 1836 veut que toutes les fois qu'un chemin vicinal sera habituellement ou temporairement dégradé par l'exploitation d'une carrière, l'exploitant soit tenu pour l'entretien du chemin d'une subvention spéciale, dont la quotité est proportionnée à la dégradation extraordinaire qui résulte de l'exploitation.

72. — L'exploitation d'une carrière qui nuirait à l'extraction d'une mine pourrait-elle être suspendue ? — Cette question, qui peut se présenter d'une manière plus générale pour le cas où l'exploitation de deux substances minérales distinctes se trouve connexe, a été réglée, en ce qui concerne spécialement les mines de houille, par une ordonnance du 18 fév. 1821, rendue pour le département de la Loire, mais dont les dispositions nous paraissent devoir être reçues comme règles générales. « L'intérêt public, dit M. Peyret-Lallier (n° 690), qui exige l'exploitation des mines est un motif suffisant pour prescrire la suspension des travaux d'une carrière, et même pour faire autoriser l'occupation temporaire de l'emplacement où elle est ouverte, par le concessionnaire de la mine, s'il est nécessaire à son exploitation, à la charge de payer indemnité... En général, les travaux d'une carrière ne doivent pas mettre obstacle à l'extraction du gîte minéral concédé ; La société est intéressée à assurer d'abord l'exploitation de la mine, ce qui n'empêche pas la reprise ultérieure des travaux de la carrière. — V. MINES.

§ 2. — *Infractions aux réglemens relatifs à l'exploitation. — Compétence et pénalités.*

73. — L'art. 93 de la loi du 21 avr. 1810 dispose que « les contraventions des propriétaires de mines exploitans non encore concessionnaires, *ou autres personnes, aux lois et réglemens*, seront dénoncées et constatées comme les contraventions *en matière de voirie et de police.*

74. — Et les art. 94 et 95 ajoutent que les procès-verbaux, affirmés dans les formes et délais prescrits par la loi, seront transmis aux procureurs généraux, qui seront tenus de poursuivre les contrevenans *devant les tribunaux de police correctionnelle.*

75. — Il importe de faire remarquer que par ces mots *autres personnes*, la loi a voulu désigner toutes celles auxquelles, dans ses dispositions précédentes, elle avait imposé des obligations à remplir ; et conséquemment, ceux qui ouvrent et exploitent des carrières. C'est ce qui résulte des termes formels de l'arrêt déjà cité de la cour de Paris du 14 févr. 1843 (t. 1er 1844, p. 751), Gauthier ; et de celui de la cour de Cassation du 26 mai 1831, Truchy.

76. — Dans les contraventions auxquelles peut donner lieu l'exploitation des carrières, il faut bien distinguer celles qui se rapportent uniquement aux obligations prescrites pour l'utilité ou la sûreté des carrières et celles qui constitueraient de véritables contraventions à des réglemens pris dans un intérêt tout autre que celui des carrières elles-mêmes, par exemple, à des réglemens de grande voirie. Ce n'est pas de ces dernières que la loi de 1810 a voulu parler. — Dufour, n° 2226.

77. — Ainsi, il a été décidé, avec raison, par le conseil d'état, que l'arrêt du conseil du 5 avr. 1772, constituant *un réglement de voirie*, n'était pas compris dans les lois et réglemens dont parle l'art. 93, L. 1810, et que, par suite, cet arrêt, dans celle de ses dispositions qui interdit aux entrepreneurs de carrières de pratiquer toute fouille ou établissement de carrière à moins de trente toises du pied des arbres ou du bord extérieur des fossés des grandes routes, devait être appliqué par le conseil de préfecture que la loi du 29 flor. an X appelle à connaître des contraventions de grande voirie. — *Cons. d'état* 27 oct. 1837, Minist. trav. publ. c. Chatelier. — V. VOIRIE.

78. — En présence de l'attribution de compétence déterminée par la loi, on peut se demander quelle est la valeur légale des dispositions par lesquelles certains réglemens spéciaux (par exemple, ceux des 22 mars et 4 juill. 1813) ont déféré aux conseils de préfecture la connaissance des contraventions aux règles qu'ils établissaient pour l'exploitation de certaines carrières. — M. Dufour (n° 2225) considère comme légales les attributions que les conseils de préfecture tiennent de ces réglemens, attendu que l'autorité dont ils émanaient réunissait en ses mains le pouvoir exécutif et le pouvoir législatif. — Au contraire, suivant les auteurs de l'*Encyclopédie du Droit*, (v° *Carrières*, n° 65), il est impossible d'admettre que ce décret, qui n'était qu'un acte purement réglementaire, complétement valable et exécutoire sous ce rapport, ait pu valablement créer pour deux départemens de France des règles de compétence en dehors du droit commun.

79. — Cette dernière opinion a, au moins implicitement, été consacrée par la cour de Paris dans ses arrêts du 1er déc. 1842 et du 14 fév. 1843, déjà cités (V. *suprà* n° 38 et *infrà* n° 87), puisqu'il s'agissait de contraventions au décr. du 4 juill. 1813, et qu'elle ne s'en est pas moins reconnue compétente pour statuer sur ces contraventions, et qu'en outre elle s'est uniquement préoccupée, quant à la question de pénalité, des peines édictées, soit par la loi de 1810, soit par l'art. 471, C. pén. (V. à cet égard *infrà* n° 87), et nullement des dispositions pénales que le décr. de 1813 pouvait renfermer.

80. — On peut se convaincre, au surplus, qu'à part le décr. de 1813, ceux des réglemens intervenus pour l'exploitation des carrières qui se sont occupés des contraventions et de leur poursuite, s'en sont référés aux termes du décr. de 1810. — V. ord. du 2 juin 1839 (sur le département de Loir-et-Cher) précité. — En tous cas, et depuis la charte de 1814, il paraît évident, malgré les dispositions formelles du décr. du 4 juill. 1813, qu'il ne peut plus appartenir au pouvoir exécutif d'étendre l'application du décr. à de nouveaux départemens, autrement que pour les dispositions réglementaires, et non pour la compétence que le pouvoir législatif a seul droit d'établir.

81. — Ce qui vient d'être dit sur la valeur des réglemens spéciaux relativement à la compétence, s'applique également aux dispositions de ces réglemens qui auraient modifié la pénalité.

82. — Quant à la *pénalité* elle-même, elle soulève une question assez grave. — D'une part, l'art. 96, L. 20 avr. 1810, placé au tit. 10 de la *police et de la juridiction relatives aux mines*, dispose que les peines seront d'une amende de 500 fr. au plus et de 100 fr. au moins, double en cas de récidive, et même de l'emprisonnement. » Tandis que l'art. 471, § 15., C. pén., ne punit que de peines de simple police les contraventions aux réglemens légalement faits par l'autorité administrative, ainsi qu'aux réglemens et arrêtés publics légalement faits par l'autorité municipale. — On s'est donc demandé laquelle de ces pénalités était encourue par celui qui contrevient aux réglemens administratifs concernant l'exploitation des carrières. — Et, à cet égard, la jurisprudence s'est partagée.

83. — Dans le sens de la non-application de la loi de 1810, on peut dire que si cette loi concerne tout à la fois les mines, les minières et les carrières, le mode d'exploitation de chacune d'elles est réglé par un titre particulier ; que c'est ainsi que les tit. 2, 3, 4, 5 et 6 déterminent ce qui a rapport à la propriété, à la concession et à l'exploitation des mines ; que le tit. 7 règle la propriété et l'exploitation des minières, et, enfin, que le tit. 8 est spécial aux carrières ; que, si le tit. 10 contient des mesures de police, il résulte de ces termes de son intitulé : *De la police et de la juridiction des mines*, que cette induction est d'ailleurs confirmée par l'art. 93 de ce même titre, qui prévoit les contraventions des propriétaires exploitans non encore concessionnaires, et ne saurait, dès-lors, s'appliquer aux carrières, puisque celles-ci ne sont pas susceptibles de concession, et qu'elle l'est encore, et surabondamment, par l'art. 81, tit. 8, lequel soumet l'exploitation des carrières à ciel ouvert à l'observation des réglemens généraux ou locaux ; d'où il suit que les contraventions à ces réglemens doivent être punies conformément au § 15, art. 471, C. pén., qui est la loi générale applicable à toutes les contraventions aux réglemens légalement faits par l'autorité administrative. — *Encyclopédie du droit.*, v° *Carrières.*

84. — Il a donc été jugé, en ce sens : 1° que les contraventions aux réglemens de haute police qui déterminent le mode d'exploitation des carrières et défendent notamment d'exploiter à ciel ouvert celles qui sont placées à moins de dix mètres des chemins à voitures, sont punissables, conformément au § 15, art. 471, C. pén., et non conformément à l'art. 96, L. 21 avr. 1810, *qui ne concerne que les mines.* — *Orléans*, 30 oct. 1841 (t. 1er 1842, p. 110), Bertheau.

85. — ... 2° Qu'il en est de même des contraventions aux dispositions du décr. du 4 juill. 1813, en ce qui concerne le défaut de déclaration préalable de la part des propriétaires qui (dans les départemens de Seine et de Seine-et-Oise) veulent exploiter des carrières à ciel ouvert. — *Paris*, 1er déc. 1842 (t. 1er 1843, p. 302), Beaufils.

86. — Mais l'opinion contraire nous paraît préférable, et plus conforme à l'esprit de la loi du 21 avr. 1810, par la raison : 1° qu'il n'est pas possible de supposer que le législateur n'ait voulu réprimer que les contraventions à la police des mines, et qu'il ait laissé sans répression les contraventions à la police des minières et carrières ; que l'ensemble de la loi démontre au contraire que, pour assurer l'exécution des mesures de police qui y sont prescrites, il a dû vouloir et a, en effet, voulu les sanctionner toutes par une disposition générale ;—2° que le tit. 10, tout restrictif qu'il semble paraître, doit s'interpréter par le titre général de la loi, parce que c'est lui qui indique quel est son véritable objet ;—3° que, si l'art. 81, tit. 8, soumet l'exploitation des carrières à l'observation des réglemens généraux ou locaux, il ne détermine pas de quelle peine doivent être punies les infractions à ces réglemens ;—4° que le § 15 de l'art. 471, ne peut recevoir d'application qu'au cas où les réglemens de police ne sont pas sanctionnés par une peine spéciale ;—5° enfin, que l'art. 93 ne parle pas seulement des contraventions des propriétaires de mines non encore concessionnaires, mais encore des *contraventions de toutes autres personnes aux lois et réglemens*, ce qui comprend nécessairement les propriétaires des mines et ceux des carrières.

87. — C'est dans ce dernier sens, au surplus, que s'est prononcée la cour de Cassation. — *Cass.*, 26 mai 1831, Trachy. — Et la cour de Paris elle-même est revenue à cette jurisprudence en jugeant que le propriétaire ou le concessionnaire qui a ouvert une carrière exploitée à ciel ouvert, sans en avoir fait au préalable la déclaration à l'autorité administrative, est passible des peines portées par l'art. 96, L. 21 avr. 1810, et non de celles portées au § 15, art. 471, C. pén. — *Paris*, 14 fév. 1843 (t. 1er 1844, p. 75), Gauthier.

CHAPITRE II. — *Restrictions apportées au droit exclusif d'exploitation par les propriétaires ou possesseurs.*

88. — Quelque absolu que soit le droit du propriétaire de la surface sur tout ce que peut renfermer le sol, néanmoins l'intérêt public peut exiger, dans certains cas, qu'il y soit dérogé. Diverses dispositions législatives ont consacré spécialement le principe de l'exploitation des carrières pour cause d'utilité publique.

89. — Ce droit d'exploitation faisait déjà l'objet d'une législation particulière sous notre ancien droit. — Un arrêt du conseil du 7 sept. 1755, étendant *à tous autres ouvrages ordonnés pour les ponts et chaussées et terrains du royaume* les prescriptions des arrêts du conseil des 3 oct. 1667, 3 déc. 1672, 22 juin 1706, relatifs au pavé de Paris, autorisait les entrepreneurs de travaux publics à prendre la pierre, le grès, le sable et autres matériaux, pour l'exécution des ouvrages dont ils étaient adjudicataires dans tous les lieux qui leur seraient indiqués par les devis. »

90. — Cet arrêt du conseil pouvait laisser quelque incertitude sur le droit de l'administration, quant aux carrières non encore ouvertes : mais aucun doute n'est plus possible en présence du texte formel de la loi du 12-18 juill. 1791, laquelle, après avoir consacré le droit du propriétaire, ajoute (art. 2) : « *A défaut d'exploitation de la part des propriétaires*, et dans le cas seulement de nécessité pour les grandes routes ou pour des travaux d'utilité publique, tels que ponts, canaux de navigation, monumens publics, ou tous autres établissemens et manufactures d'utilité générale, lesdites substances pourront être exploitées d'après la permission du directoire du département (aujourd'hui le préfet), sur l'avis du directoire du district (le sous-préfet), par tous entrepreneurs ou propriétaires desdites manufactures, en indemnisant le propriétaire tant du dommage fait à la surface que de la valeur des matières extraites, le tout de gré à gré ou à dire d'experts. »

91. — Toutefois, le Code rur. du 28 sept.-6 oct. 1791 (sect. 6, art. 1er), ajouta que « Les agens de l'administration ne pourraient fouiller dans un champ pour y chercher des pierres, de la terre ou du sable, nécessaires à l'entretien des grandes routes ou autres ouvrages publics, qu'au préalable ils n'eussent averti le propriétaire, et qu'il ne fût indemnisé à l'amiable ou à dire d'experts. »

92. — Enfin, l'art. 55, L. 3 déc. 1807, contient des dispositions relatives à la fixation de l'indemnité due par l'administration aux propriétaires. — V. *infrà* nos 106 et suiv.

93. — L'exercice du droit réservé à l'administration par les divers textes précités, a donné naissance à quelques difficultés qu'il importe de signaler.

94. — Et d'abord, il importe de constater que, suivant un décr. du 17 déc. 1807, les communes ne peuvent se prévaloir de la faculté d'extraction consacrée par l'art. 55, L. 16 sept. 1807, attendu que cet article ne doit pas être rigoureusement appliqué aux entreprises de simples travaux communaux, lesquels ne peuvent être entièrement assimilés aux travaux publics. — Peyret-Lallier, n° 659.

95. — Mais le bénéfice de cet article pourrait être incontestablement réclamé par les concessionnaires d'un canal ou d'un chemin de fer, subrogés aux droits de l'état, pour l'exécution de ces travaux publics. — *Nîmes*, 10 juin 1840 (t. 2 1840, p. 557), D... c. Chemin de fer du Gard.

96. — L'entrepreneur de travaux publics n'est pas libre de prendre des matériaux où bon lui semble, mais bien seulement dans les *lieux fixés par les devis*. — Ord. 1755. — *Cons. d'ét.*, 5 nov. 1828, Ducroc-Bernard ; même date, Pasquier ; 18 fév. 1829, Astier.

97. — ... Et si le devis ne les désigne pas, l'entrepreneur doit les faire déterminer par le directeur des travaux afin de mettre sa responsabilité à couvert. — Chevalier, *Livre de poche des entrepreneurs*, p. 180.

98. — Mais l'arrêt du conseil du 7 sept. 1755, accordant aux entrepreneurs le droit de prendre des matériaux dans *tous les lieux* indiqués par le devis, en exceptant néanmoins tous les lieux fermés de murs ou autres clôtures équivalentes, suivant les usages du pays ; on s'est demandé si les dispositions de cet arrêt sont encore en vigueur, ou si au contraire le droit de fouille et d'extraction appartenant à l'état ou à ses représentans pouvait s'exercer indirectement sur toutes propriétés closes ou non closes.

99. — A cet égard, la jurisprudence du conseil d'état est bien fixée ; elle décide que l'arrêt du conseil de 1755 est encore en vigueur, et qu'en conséquence lorsqu'un propriétaire a usé d'un droit légitime en faisant clore sa propriété (L. 6 oct. 1791, art. 4, sect. 4), les entrepreneurs ne peuvent plus y extraire des matériaux. — *Cons. d'état*, 5 nov. 1828, Pasquier ; 27 juin 1834, de Latour-Maubourg c. Dupont ; 24 oct. 1834, Tarbé des Sablons c. Plessier ; — Cormenin, *Dr. admin.*, v° *Travaux publics*, t. 2, p. 431 ; Chevalier, *Jurisp. admin.*, v° *Travaux publics*, t. 2, p. 434 ; Peyret Lallier, n° 665.

100. — Le texte de l'arrêt du conseil de 1755 parlant d'héritages *clos de murs ou autres clôtures équivalentes, suivant les usages du pays*, il nous paraît qu'on devrait réputer comme closes les propriétés entourées de palissades en pieux et planches, et qu'en conséquence il ne faudrait pas appliquer les prescriptions d'une ordonnance du bureau des finances pour la généralité de Paris, en date du 17 juill. 1781, suivant laquelle les murs pouvaient seuls être réputés clôtures dans cette généralité. — Mais des haies, fossés ou parapets en terre ne sauraient être regardés comme clôtures suffisantes à l'effet d'arrêter les entrepreneurs de travaux publics.

101. — M. Chevalier fait au surplus remarquer (*dans son livre de poche des entrepreneurs*, p. 179) que l'arrêt de 1755 a été interprété par arrêt subséquent du 20 mars 1730, en ce sens que la prohibition de prendre des matériaux dans les terrains clos ne s'applique « qu'aux jardins, vergers et autres possessions de ce genre, et non aux terres labourables, herbages, prés, bois, vignes et autres terres de la même nature, quoique closes. »

102. — L'art. 2 de la loi du 28 juill. 1791 autorisait, à défaut par les propriétaires d'exploiter les substances nécessaires à des établissemens ou manufactures d'utilité générale, les propriétaires de ces établissemens à les exploiter eux-mêmes ; cette disposition est-elle encore aujourd'hui en vigueur ? — S'il faut en croire quelques auteurs, la loi de 1791 serait totalement abrogée par la loi du 21 avr. 1810 ; mais d'abord, outre que nulle part nous ne trouvons cette abrogation expressément établie, car si l'on se reporte aux discussions du conseil-d'état sur la loi de 1810, on voit que l'intention du législateur était, non pas d'abroger, mais bien plutôt de compléter la loi de 1791 ; et c'est au surplus ce que déclarait le comte Regnault de Saint-Jean-d'Angely dans la séance du 20 juin 1809. — Locré, *Législ. des mines*, p. 93 ; Toullier, t. 2, n° 556 ; Proudhon, *Propriété*, n° 743.

103. — Diverses décisions du conseil d'état ont, au surplus, consacré la non-abrogation de la loi du 28 juill. 1791. — Peyret-Lallier, n° 663. — Spécialement, et à l'occasion de la question particulière qui nous occupe, le conseil général des mines, consulté, a déclaré que l'art. 2 de la loi du 28 juill. 1791 était encore en vigueur, et qu'en conséquence le propriétaire d'un fonds renfermant des terres à poterie, soit toute autre substance classée sous la qualification de carrières, était tenu de les exploiter, ou de les laisser exploiter, si ces substances étaient nécessaires *à des travaux d'utilité publique ou manufactures d'utilité générale.* — *Ann. des mines*, 3e série, t. 8, 1835 ; — Cotelle, p. 361.

104. — Dès-lors donc que la question d'utilité générale de l'établissement et de la nécessité d'exploitation pour l'existence de la fabrique a été résolue, si le propriétaire de la carrière refuse d'exploiter, il appartient au préfet de prendre un arrêté qui autorise le propriétaire de la fabrique à en faire lui-même l'exploitation, à la charge des indemnités qui seront dues à raison, tant du dommage causé à la surface que de la valeur des matières extraites.

105. — Les forêts de l'état sont soumises aux mêmes restrictions que les biens des particuliers, quant aux fouilles et extractions que peut exiger l'intérêt public. — C. forest., art. 145 ; ord. royale 1er août 1827, sur l'exécution du C. forest., art. 169 et 172. — V. FORÊTS, TRAVAUX PUBLICS.

106. — Les matériaux destinés à l'entretien des grandes routes ou à des constructions publiques sont payés différemment (art. 55, L. 16 sept. 1807), suivant qu'ils proviennent, ou non, de carrières en exploitation.

107. — Ainsi, s'il n'y a pas carrière ouverte ou en exploitation, l'indemnité due au propriétaire pour les matériaux extraits de son fonds est la valeur des terrains fouillés, comme s'ils eussent été occupés et pris pour la route elle-même.

108. — Mais il n'est rien dû pour les matériaux eux-mêmes. — Ainsi jugé dans une espèce où des matériaux avaient été pris dans un terrain en nature de culture au moment de l'extraction. — *Cons. d'état*, 20 juin 1839, Gréban.

109. — Si, au contraire, les matériaux sont extraits d'une carrière en exploitation, ils doivent alors être évalués d'après leur prix courant, abstraction faite de leur existence et des besoins de la route pour laquelle ils seraient pris, ou des constructions auxquelles on les destinerait.

110. — Le conseil d'état avait d'abord décidé que l'on ne devait réputer carrière *en exploitation* que celle qui offre au propriétaire un revenu assuré, soit qu'il l'exploite régulièrement par lui-même et pour ses besoins, soit qu'il en fasse un objet de commerce, en l'exploitant régulièrement par lui-même ou par autrui, et non celles dont l'exploitation avait été interrompue. — *Cons. d'état*, 6 sept. 1813, Lasalle.

111. — Depuis, revenant à une interprétation moins rigoureuse de la loi de 1807, il a décidé que, pour qu'une carrière soit réputée en exploitation, il n'est pas nécessaire que cette exploitation soit continue et actuelle, et qu'il suffit que l'extraction ait eu lieu avant le moment où l'entrepreneur fait enlever les matériaux. — *Cons. d'état*, 11 juill. 1825, d'Arthel ; 1er mars 1826, Gallichet c. de Bizemond ; 12 août 1829, Boirot-Desserviers c. Passant et Stergl ; 7 juin 1836, Brochet ; 27 avr. 1838, Fargeot c. Desfouchères ; 30 nov. 1841, Mercier de la Vendée c. Gois.

112. — Jugé aussi qu'une carrière doit être considérée en exploitation lorsque, ouverte par un premier entrepreneur, elle a continué à être exploitée par des maîtres carriers étrangers à l'administration. — *Cons. d'état*, 15 juill. 1841, Ardenne c. Halery.

113. — Jugé même qu'une extraction commencée à six cents mètres d'une carrière en exploitation, doit être censée faite dans la carrière, lorsque la nouvelle extraction a lieu dans la même propriété et dans le même banc de pierre, et que la distance n'excède pas celle que peut atteindre l'ancienne exploitation. — *Cons. d'état*, 4 mai 1826, Tiolier ; 9 janv. 1839, Caillaux c. Gaëtan.

114. — Si l'exploitation de la carrière était abandonnée, elle devrait être considérée comme un terrain ordinaire. — Peyret-Lallier, n° 658.

115. — Le réglement de l'indemnité dû au propriétaire de la carrière doit avoir lieu conformément aux dispositions de la loi du 16 sept. 1807. — *Cons. d'état*, 27 avr. 1838, Fargeot c. Desfougères. — V. EXPROPRIATION POUR UTILITÉ PUBLIQUE, TRAVAUX PUBLICS.

116. — ... Et il a été jugé que, malgré les termes de la loi du 28 sept.-6 oct. 1791, comme l'extraction des matériaux pour la confection et l'entretien des routes n'opère une dépossession ni totale ni partielle, il n'y a pas lieu au paiement préalable de

l'indemnité. — *Cons. d'état*, 20 juin 1839, Greban.

117. — Toutefois, M. Foucard (*Elém. dr. admin.*, t. 2, n° 866), après avoir fait remarquer ce que cet .système peut avoir de désastreux pour le propriétaire, dit qu'on rentrerait dans la pensée du législateur en donnant un à compte à ce propriétaire dans le cas où l'indemnité ne porterait que sur le dommage causé à la culture, et en payant les matériaux au fur et à mesure de leur enlèvement dans l'hypothèse opposée.

118. — La valeur des matériaux doit être celle courante au moment de l'extraction.—*Cons. d'état*, 27 avr. 1838, Fargeot c. Desfougères.

119. — Les intérêts de l'indemnité due par les entrepreneurs des matériaux qu'ils ont été autorisés à extraire d'une carrière ne courent qu'à dater du jour de la demande, et non au fur et à mesure de l'enlèvement de la pierre. — *Cons. d'état*, 29 juin 1832, Jouard et Bilhouet.

120. — Les difficultés qui s'élèvent entre les propriétaires des carrières et les entrepreneurs de travaux publics, pour matériaux extraits, ou dommages causés aux champs, soit que le point de savoir si les entrepreneurs sont sortis des limites fixées par le devis de travaux, ou s'ils ont rempli les formalités préalables, sont de la compétence du conseil de préfecture. — *Cass.*, 1er août 1837 (t. 2 1837, p. 93), Gilquin c. Dagier; 2 déc. 1839 (t. 2 1837, p. 636), Chambon c. Pradelle; 9 juin 1841 (t.2 1841, p. 67), de Clermont-Tonnerre c. Degay; — *Cons. d'état*, 2 avr. 1837, Devars c. Clichon (et la note qui comprend de nombreuses ordonnances); 23 juill. 1838, Pothier, c. Bayard de la Vingtrie. — Foucart, *Dr. admin.*, t. 2, n° 278.

121. — Cette compétence des tribunaux administratifs existe lors même que l'extraction aurait été opérée sur des terrains ayant une destination spéciale d'utilité publique, comme une digue, et pour laquelle naturellement il y a eu refus du propriétaire.—*Cons. d'état*, 19 mars 1823, Bordenave; 15 nov. 1826, Allezard.

122. — Elle s'étend aussi au cas où l'extraction aurait eu lieu avec dégâts, sans offre préalable d'indemnité ou convention. — *Cons. d'état*, 3 sept. 1823, Béthune.

123. — C'est encore la juridiction administrative qui est appelée à statuer sur la demande en indemnité formée par un entrepreneur pour dépôt sur son terrain, *même non désigné par l'administration*, de matériaux extraits d'une autre propriété par l'entrepreneur. — *Cons. d'état*, 30 juill. 1840, Jeannote c. Chassat (et la note qui indique plusieurs ordonnances dans le même sens); pourvu, bien entendu, que l'entrepreneur ait agi au nom et pour le but de l'administration.

124. — Si le propriétaire devait éprouver un dommage *permanent* par suite des travaux entrepris, des extractions pratiquées, ou des fouilles opérées, quelle serait la juridiction compétente pour statuer sur les demandes d'indemnité? Serait-ce la juridiction ordinaire ou la juridiction administrative? — V. pour l'examen de cette question, DOMMAGE PERMANENT, EXPROPRIATION POUR UTILITÉ PUBLIQUE, TRAVAUX PUBLICS.

125. — C'est l'extraction à en lieu *sur d'autres terrains* que ceux indiqués par les devis à l'entrepreneur, la juridiction ordinaire devient seule compétente. — *Cass.*, 16 avr. 1836, Godard; 3 août 1837 (t. 1er 1838, p. 560), Grevin; 4er juill. 1843 (t. 1er 1844, p. 11), Liétot.—*Cons. d'état*, 18 févr. 1829, Astier; 5 nov. 1838, Ducroc-Bernard; — *Contrà Bourges*, 3 mai 1834 (et la note qui indique plusieurs ordonnances du cons. d'état dans le même sens) ; — Cormenin, v° *Travaux publics*, sect. 2, n° 23; Magniton et Delamarre, *Dict. de dr. admin.*, v° *Travaux publics.*— V. au surplus TRAVAUX PUBLICS.

126. — C'est encore la juridiction ordinaire, et non la juridiction administrative, qui est compétente pour décider les difficultés qui s'élèvent entre un propriétaire et un entrepreneur, relativement à la convention intervenue entre eux pour l'extraction des matériaux, et prononcer sur les dommages-intérêts résultant de l'inexécution de la convention. — *Lyon*, 22 mars 1833, Comp. du chemin de fer de Saint-Étienne c. Bérotte; *Caen*, 24 avr. 1838 (t. 2 1838, p. 408), Cottin c. Fontaine. — *Cons. d'état*, 4 juin 1823, Pellion; 28 août 1827, Prévost; 20 janv. 1826, Best c. Bézier. — Macarel, *Elém. de jurisp. adm.*, t. 2, p. 102.

V. au surplus DOMMAGE PERMANENT, EXPROPRIATION POUR UTILITÉ PUBLIQUE, MINES, TRAVAUX PUBLICS.

CARRIÈRE (Voirie).

1. — C'était le nom donné dans quelques coutumes à un chemin de charroi plus large que les sentiers et les autres chemins les moins considérables, mais plus petit que le chemin appelé voie et que les chemins royaux.

2. — Ce terme, carrière, vient du mot latin *carrera*, qui signifie un chemin de charrette. Borel le dérive de charrière, vieux mot français qui signifie une rue ayant une largeur suffisante pour qu'une charrette y puisse passer. '

3. — La carrière devait avoir huit pieds de large d'après la cout. de Valois (art. 193) et d'après la cout. de Clermont en Beauvoisis (art. 226).

4. — Bouteiller énonce dans sa *Somme rurale* tous les chemins connus de son temps. Il y comprend la carrière. D'après cet auteur, la carrière devait avoir dix pieds de large pour la commodité commune tant des gens de pied que de cheval, des charrettes et voitures; aucune coutume ne donnait cette largeur à la carrière.

CARRIOLES (Loueurs de).

Les loueurs de carrioles sont rangés par la loi du 25 avr. 1844, sur les patentes, dans la septième classe des patentables et imposés à : 1° un droit fixe basé sur le chiffre de la population de la ville ou commune où est situé l'établissement, avec un droit proportionnel du quarantième de la valeur locative de tous les locaux occupés par les patentables, mais seulement dans les communes d'une population de vingt mille ames et au-dessus.

— V. PATENTE.

CARROSSES DE PLACE.
V. VOITURES DE PLACE.

CARROSSIER.

1. — Les fabricans carossiers sont rangés par la loi du 25 avr. 1844, sur les patentes, dans la deuxième classe des patentables, et imposés à : 1° un droit fixe basé sur le chiffre de la population de la ville ou commune où est situé l'établissement; — 2° un droit proportionnel du vingtième de la valeur locative de la maison d'habitation et des locaux servant à l'exercice de la profession.

2. — Les carossiers raccommodeurs sont rangés dans la cinquième classe des patentables, et imposés aux mêmes droits que les fabricans.

CARTE CIVIQUE ou DE SURETÉ.

1. — On désignait autrefois sous le nom de carte civique ou de sûreté la carte créée de la loi du 19 septembre 1792 (relative aux mesures de sûreté et de tranquillité pour la ville de Paris), tout citoyen domicilié à Paris depuis plus de huit jours devait se faire délivrer dans la section de son domicile.

2. — Cette carte contenait tous les documens concernant la personnalité du titulaire, tels que le lieu de son habitation ordinaire, l'époque de son arrivée à Paris, ses divers changemens de domicile et son occupation journalière. — Elle était signée par le président et les secrétaires de la section. — Même loi.

3. — Tout citoyen était tenu de présenter sa carte à la première réquisition des officiers de police et des commandans de la force armée, sous peine d'être conduit à sa section, d'être détenu dans une maison d'arrêt pendant trois mois s'il n'était pas réconnu par elle, et même d'être détenu pendant six mois s'il avait fait une fausse déclaration ou s'il était surpris avec une fausse carte. — *Ibid.*

4. — Les étrangers arrivant à Paris étaient tenus, dans les vingt-quatre heures de leur arrivée, de requérir leur inscription et de réclamer une carte civique. — Et ceux qui les logeaient étaient responsables de l'exécution de cette formalité, sous peine d'une amende qui pouvait être double de la contribution mobilière. — *Ibid.*

5. — Plusieurs décrets successifs ont renouvelé les dispositions de la loi de 1792 relative aux cartes civiques ou de sûreté. — Décr. 21 mars 1793, 27 niv. et 19 pluv. an III.

6. — Le décr. du 17 janv. 1806, rendu pour l'exécution des actes des constitutions de l'empire des 22 frim. an VIII, 16 therm. an X et 28 flor. an XII, en ce qui concerne les assemblées de canton, prescrivait la délivrance à tout citoyen âgé de vingt et un ans, inscrit sur le registre civique de son arrondissement, d'un extrait de son inscription, appelé *carte civique*, qui devait l'exhiber, s'il en était requis, lorsqu'il se présenterait pour voter dans une assemblée cantonale. — Art. 1er, 2, 7.

7. — La carte civique dont parlait le décret de

1806 et qui n'avait trait qu'à l'exercice des droits politiques, est connue aujourd'hui sous le nom de *carte d'électeur*. — V. ÉLECTIONS.

8. — Quant aux formalités prescrites par la loi du 19 septembre 1792, elles sont tombées en désuétude, et elles ont été remplacées à Paris par la délivrance des cartes de sûreté.

9. — Ces cartes, qui se délivrent sur la demande des administrés, sont un gage de sécurité pour les différentes situations dans lesquelles ils peuvent se trouver; elles servent notamment à faire reconnaître leur identité. Mais ceux qui ne s'en sont pas pourvus n'encourent aucune peine.

10. — Elles sont délivrées par le préfet de police (arrêté du gouvernement du 12 messid. an VIII, art. 4), sur la demande qui en est faite accompagnée de certaines pièces concernant la personnalité de l'impétrant, telles que son acte de naissance, ses papiers de sûreté, sa patente ou son livret, etc.

— Le renouvellement des cartes adirées s'obtient sur la présentation, à la préfecture de police, d'un certificat du commissaire de police du quartier du demandeur, délivré sur l'attestation de deux témoins domiciliés. — Avis du préfet de police du 13 thermid. an VIII.

11. — Suivant une instruction du préfet de police, du 30 mai 1816, les militaires congédiés obtiennent le certificat du commissaire de police du quartier dans lequel ils ont leur domicile, et, par suite, la carte de sûreté délivrée à la préfecture sur le vu de leurs actes de libération.

12. — Les cartes de sûreté, pour circuler en France et à l'étranger, ne sont autre chose que des *passeports* ; mais les passeports ne sont pas seulement facultatifs, ils sont obligatoires. — V. PASSEPORTS.

13. — On a plusieurs fois agité la question de savoir si l'autorité municipale peut défendre, soit aux logeurs de cartes de sûreté des individus non munis de cartes de sûreté, soit aux particuliers de recevoir comme domestiques des individus étrangers à la commune et non munis de ces cartes, soit , enfin , aux chefs d'atelier de recevoir des ouvriers qui n'en seraient pas munis. — Ces questions sont examinées v°s DOMESTIQUES, LOGEURS, OUVRIERS.

CARTEL.

C'est un écrit par lequel on provoque quelqu'un à un combat singulier. — A l'époque où tous les différens se jugeaient par la voie des armes , les cartels étaient d'un usage très fréquent. — Quand le combat judiciaire fut supprimé, le duel, et avec lui le cartel, qui avaient passé dans les mœurs, continuèrent de subsister. Ils ont résisté jusqu'à ce jour aux progrès de la civilisation et à l'action des lois. — V. COMBAT JUDICIAIRE, DUEL.

CARTEL D'ÉCHANGE.

C'est le traité qui intervient entre deux nations et qui fixe les conditions d'échange des prisonniers de guerre qu'elles ont faits respectivement. — V. PRISONNIERS DE GUERRE.

CARTES A JOUER.

Table alphabétique.

CARTES A JOUER. — 1. — La législation ne s'occupe spécialement des cartes à jouer que par rapport à l'impôt indirect dont elles sont l'objet.

Sect. 1re. — Historique.

2. — Le premier droit connu imposé sur les
cartes à jouer est celui établi par la déclaration du
21 fév. 1581, et qui était d'un sou par caisse de deux
cents livres, perceptible à la sortie du royaume
« sur tous papiers, cartes, tarots et drapeaux propres à les faire. » Cependant il y avait déjà des
droits perçus, car la même déclaration porte que
celui qu'elle crée sera perçu outre et par-dessus les
droits accoutumés; mais on ignore quels étaient
ces droits accoutumés.

3. — Le droit de traite fut supprimé par la déclaration du 22 mai 1583; qui y substitua un droit
de fabrication d'un sou parisis par chaque paire de
cartes, et du double par chaque jeu de tarots. —
C'est là l'origine du droit encore aujourd'hui en vigueur.

4. — Successivement suspendue, puis reprise, la
perception du droit, qui lui-même avait subi de
nombreuses variations, fut enfin et définitivement
rétabli par la déclaration du 16 fév. 1745. — Une
autre déclaration du 21 oct. 1746 assujétissait
au droit même les cartes exportées dans les colonies (art. 11), et prohibait l'entrée des cartes étrangères (art. 12).

5. — Le droit principal fixé par la déclaration du
13 janv. 1751 consistait en un denier par carte, et

il augmenta, en vertu des édits de nov. 1771 et
avr. 1781, de dix sous pour livre; il était perçu, à
raison du papier fourni par le régisseur, d'après le
prix fixé par les réglemens particuliers, tant sur
les cartes vendues dans le royaume que sur celles
destinées à l'exportation. — Aucune province n'en
était exempte, même le comtat d'Avignon. — Nouveau Denizart, vo Cartes, § 1er.

6. — C'est le règlement du 2 nov. 1751 qui formait, en dernier lieu, le dernier état de la législation sur la matière : il prévoyait et réglait tout ce
qui concernait la fabrication et les fabricans, les
ventes et les vendeurs, les fraudes et contraventions, enfin les visites et les exercices des commis. —
C'est ce règlement qui a servi de modèle aux dispositions encore aujourd'hui en vigueur, qui le
reproduisent même presque textuellement.

7. — Toutefois, les peines étaient généralement
plus fortes, parfois même exorbitantes : ainsi la
fabrication des cartes sans papier filigrané était
punie de 3,000 livres d'amende, de la confiscation
et de la déchéance de maîtrise (Règlement de 1751,
art. 1er et 2.) — La contrefaçon des filigranes et autres marques et cachets du régisseur, du carcan
et de 3,000 livres d'amende et, en cas de récidive,
de pareille amende et des galères (art. 23, ibid.). —
Ceux qui vendaient des cartes non munies d'une
bande marquée par le régisseur encouraient une
amende de 1,000 livres (ibid., art. 13.) — Le défaut de déclaration par les cartiers des noms de
leurs apprentis donnait lieu à une amende de 500
livres. (Art. 10.) — La vente des cartes réassorties
et recoupées était punie de 1,000 livres d'amende
(art. 7), etc., etc.

8. — Le droit sur les cartes dépendait de la régie générale des aides, à laquelle il avait été réuni
par arrêt du conseil du 26 nov. 1778, confirmé par
un second de 1780, relatif aux fermes et régies.

9. — Affranchis de tous droits par le décret du 2
mars 1791, les cartes n'ont point tardé à être frappées de nouveau par la loi du 9 vend. an VI d'un
droit de timbre à la fabrication, que les lois et
réglemens postérieurs ont constamment maintenu, et qui, encore aujourd'hui, est le seul dont
elles soient chargées.

10. — Les dispositions relatives au droit sur les
cartes, d'abord presque calquées, ainsi que nous
l'avons dit déjà, sur le règlement de 1751, se trouvent dans les arrêtés des 3 pluv. et 19 flor. an VI,
et le décret du 4er germ. an XIII; ces dispositions
forment, avec les décrets des 30 thermid. an XII,
1er germin., 4 pluv. et 9 fruct. an XIII, 16 juin
1808 et 9 fév. 1810, les lois des 28 avr. 1816 et 4
juin 1836, enfin les ordonnances des 18 juin 1817
et 4 juill. 1821, la législation actuelle sur les cartes
à jouer.

Sect. 2e. — Droits sur les cartes.

11. — La régie des contributions indirectes perçoit, au profit du trésor, un droit de timbre ou de
fabrication sur toutes les cartes fabriquées en
France et destinées à l'intérieur du royaume. Ce
droit varie selon que les cartes sont les ou les formes usitées en France.

12. — Pour les cartes de points ou de figures, fabriquées selon les formes françaises, ce droit de
fabrication est de 15 c. par jeu, quel que soit le
nombre de cartes dont le jeu se compose. — Décr.
9 fév. 1810, art. 6; L. 28 fév. 1816, art. 160.

13. — Pour les tarots ou cartes à dos grisaillé,
et pour les autres cartes dont la forme et les figures diffèrent de celles usitées en France, le droit
de fabrication est porté à 40 c. par jeu, quel que
soit aussi le nombre de cartes dont le jeu se compose. — Décr. 9 fév. 1810, art. 8.

14. — Le décret du 9 fév. 1810 n'a point abrogé
par son silence la remise du onzième du droit qui
était accordé aux fabricans de cartes par les décrets des 13 fructid. an XIII et 16 juin 1808. En
conséquence, cette remise a dû leur être faite jusqu'à la loi du 28 avr. 1816. — Cass., 30 avr. 1821,
Contrib. indir. c. Bancaud.

15. — Maintenant, il n'est plus accordé aux fabricans aucune déduction sur le droit de fabrication, sous prétexte d'avaries, de déchet, ou pour
toute autre cause que ce soit. — L. 28 avr. 1816,
art. 161.

16. — Le droit de 15 c. établi sur chaque jeu de
cartes à jouer par l'art. 160 , L. 28 avr. 1816 , n'est
pas dû sur les cartes détériorées dans la fabrication qui sont impropres à entrer dans la composition des jeux, lorsque le fabricant justifie par la
représentation des cartes brisées et détériorées, de
l'emploi du papier qui lui a été délivré par la régie. — L. 28 avr. 1816, art. 160, 161 et 163. — Cass.,
11 mars 1823, Contrib. indir. c. Ridan.

17. — Il en est de même pour le droit de 40 c.,
établi par le décret de 1810, puisqu'il est aussi im-

posé par jeu, et que les cartes détériorées ne peuvent servir à composer des jeux objets de l'impôt.

18. — Aucun droit de fabrication n'est dû sur
les cartes destinées à l'exportation, soit qu'il s'a-
gisse de cartes de points ou de cartes à portraits
français ou étrangers. — Arr. 19 flor. an XI, art. 17;
L. 4 juin 1836, art. 1er.

19. — En conséquence, il y a lieu au remboursement des droits qui ont été perçus sur les cartes
exportées à l'étranger. — Décr. 30 therm. an XII,
art. 1er et suiv.

20. — Mais la réintroduction des cartes ainsi exportées ne peut être autorisée que sous la condition du paiement des droits imposés à la fabrication. — L. 28 avr. 1816, art. 332.

21. — Les fabricans de cartes sont, en outre,
soumis au paiement annuel d'un droit de licence,
fixé à 50 fr., dans tous les lieux, payable par trimestre, et qui est toujours dû pour le trimestre en
entier, à quelque époque que commence ou cesse
le commerce. — L. 28 avr. 1816, art. 164, 474, tarif
no 4, y annexé; — 21 avr. 1832, art. 44. — V. LI-
CENCE.

22. — Le décime par franc, pour contributions
de guerre, est perçu en sus des droits ci-dessus
désignés. — L. 28 avr. 1816, art. 332.

Sect. 3e. — Formalités relatives à la fabri-
cation, à la vente, au colportage et à la circulation des cartes; exercices.

23. — Pour assurer la perception des droits sur
les cartes, le législateur a prescrit de nombreuses
formalités, qui se rapportent soit à la fabrication
soit à la vente ou à la circulation, tant à l'intérieur
du royaume qu'aux frontières dans la ligne des
douanes.

§ 1er. — Fabrication.

24. — Nul ne peut fabriquer des cartes qu'après
avoir fait inscrire à la régie ses noms, prénoms,
surnoms et domicile, les différens endroits où il entend fabriquer, le nombre des moules qu'il a en
sa possession, le nombre, les noms et signalement
de ses ouvriers, et après avoir reçu de la régie
une commission qu'elle ne peut refuser. — Arrêté
3 pluv. an VI, art. 9; 19 flor. an VI, art. 42.

25. — La commission de fabricant de cartes ne
pouvant être refusée, ne peut conséquemment être
retirée par la régie que dans le cas de fraude avec
récidive indiqués par l'art. 48 , arr. 19 flor. an VI;
— Girard, Man. des contrib. indir., no 486 4°.

26. — La fabrication des cartes ne peut être faite
en d'autres lieux que ceux déclarés par le fabricant. — Arr. 19 flor. an VI, art. 49.

27. — Les fabricans de cartes ne peuvent être établies hors des chefs-lieux de direction de la régie
des contributions indirectes. — Décr. 1er germ.
an XIII, art. 10.

28. — L'arrêté du 49 flor. an VI, art. 43, défendait : « aux graveurs, tant en cuivre qu'en bois, et à
tous autres de graver aucune planche propre à
imprimer des cartes, sans avoir déclaré au bureau
de la régie, le nom et la demeure du fabricant qui
avait fait la demande et avoir pris la reconnaissance du préposé sur la remise de ladite déclaration. » — Or, depuis le décret du 16 juin 1808, la
régie seule fait fabriquer les moules des cartes à
portraits français. En conséquence, la déclaration
dont parle cet article n'est plus admissible que
pour les moules des cartes de points ou à portrait
étranger. — Girard, loc. cit., art. 496, 1°.

29. — Il est, en outre, fait défense à toute personne de tenir dans ses maisons et domiciles aucun
moule propre à imprimer des cartes à jouer, de
même que de laisser travailler à la fabrique et recoupe
des cartes à tarots, aucuns cartiers, ouvriers et
fabricans qui ne seraient pas porteurs d'une commission de la régie. — Arrêté 19 flor. an VI, art. 46.

30. — Les fabricans ne peuvent employer pour
le devant des cartes de points que du papier timbré
au filigrane de la régie des contributions indirectes,
et qui leur est délivré par elle et dont le prix lui
est remboursé par eux. — Arrêtés 3 pluv. an VI,
art. 8; 19 flor. an VI, art. 4er et 2; L. 28 avr. 1816,
art. 162.

31. — Le papier filigrané est pris en charge sur
le portatif pour le prix auquel il doit être remboursé à la régie. — Girard, no 201 3°.

32. — Ce papier est de la dimension de celui
contenant vingt cartes par feuille, dont il est fait
usage pour les jeux de cartes ordinaires, c'est-à-
dire de 32 centimètres de hauteur sur 48 cent. de
largeur. — Arrêté 19 flor. an VI, art. 3.

33. — A l'aide de trèfle, ou tout autre au besoin, est
assujéti à une « marque particulière et distinctive
que la régie des contributions indirectes fait im-

primer sur le papier qu'elle fournit aux cartiers; et il est défendu aux fabricans de cartes à jouer d'employer pour les as de trèfle, dans la composition des jeux français, d'autre papier, que celui qui leur a été livré pour cet objet. — Ord. 18 juin 1817, art. 1er et 2.

34. — Pour les cartes à portrait français, les fabricans reçoivent de la régie, dans les bureaux établis à cet effet dans chaque direction, et ils sont tenus d'employer, les feuilles de moulage toutes préparées, c'est-à-dire sur papier filigrané portant les empreintes des moules uniformes, à vingt-quatre cartes, que la régie seule fait confectionner, et dont elle fait déposer l'empreinte aux greffes des tribunaux. — Décr. 16 juin 1808, art. 1er; 9 fév. 1810, art. 1, 3, 12; L. 28 avr. 1816, art. 162.

35. — Quant aux cartes à portrait étranger, les cartiers peuvent en faire fabriquer des moules, sous la surveillance du directeur des contributions indirectes, pourvu que les cartes à provenir de ces moules diffèrent, pour la dimension et les figures, de celles de la régie, et à la charge par eux de déposer ces moules, aussitôt leur confection, dans les bureaux de la direction, où ils sont tenus de tirer leurs moulages, en présence de deux employés qui les portent en charge sur le portatif, au compte de chaque fabricant — Décr. 16 juin 1808, art. 3; décis. min. des fin. 29 déc. 1814, art. 1er.

36. — Les cartes destinées à l'exportation, soit de points, soit à portraits français ou étrangers, sont fabriquées sur papier libre. — Arg. décr. 16 juin 1808, art. 4; L. 4 juin 1836, art. 1, 2.

37. — Pour le dessus de leurs cartes, soit de points, soit à portrait français ou étranger, les fabricans peuvent faire usage de papiers tarotés ou de couleur. — L. 28 avr. 1816, art. 165.

38. — Le prix du papier filigrané pour les cartes de points et celui des feuilles de moulage, pour les cartes à figures, sont déterminés, chaque année, par le ministre des finances, et doivent être payés par les fabricans, à l'instant même de la livraison. — L. 28 avr. 1816, art. 162.

39. — Après la formation des jeux, les fabricans les présentent au bureau de la direction de la régie où ils sont vérifiés. — Arrêté 3 pluv. an VI, art. 5.

40. — Les fabricans doivent mettre sur chaque jeu une enveloppe qui indique leurs noms, demeures, enseignes et signatures en forme de griffe, de laquelle enveloppe ils sont tenus de déposer une empreinte, tant au greffe du tribunal de première instance que dans les bureaux de la régie. — Ils ne peuvent changer la forme de leurs enveloppes sans en faire la déclaration auxdits bureaux et sans faire les mêmes dépôts de celles qu'ils substituent aux présentes. — Tout emploi et entrepôt de fausses enveloppes est prohibé. — Sont réputées fausses les enveloppes non conformes à celles déposées ou qui sont trouvées chez les fabricans autres que ceux y indiqués. — Les cartiers qui font des enveloppes par sixain ne peuvent les employer qu'en forme de bandes, de manière à laisser apparaître celles de contrôle. — Décr. 9 févr. 1810, art. 4.

41. — Chaque jeu de cartes doit être revêtu d'une bande de contrôle, sur laquelle est apposé le timbre sec de la régie, dont l'empreinte est déposée au greffe de la cour royale de Paris. — Le timbre sec est apposé chez les fabricans par les préposés de la régie, qui en dressent des actes réguliers. — Cette formalité est remplie sans frais. — Arrêté 3 pluv. an VI, art. 5; décr. 13 fruct. an XIII, art. 8; ord. 4 juill. 1821, art. 1er.

42. — Le filigrane du papier destiné à la fabrication des cartes, les bandes à timbre sec, nécessaires pour le contrôle des jeux et sixains de cartes, et les cachets et autres marques employés au service de la régie des contributions indirectes doivent porter l'écusson des armes du royaume, avec l'exergue distinctif de cette administration. — Décr. 11 therm. an XII, art. 1er.

43. — Le préposé à la distribution des feuilles timbrées au filigrane tient registre de sa distribution; celui qui applique le timbre sur la bande scellant chaque jeu inscrit aussi sur un registre le nombre des jeux et les noms des fabricans qui les ont présentés. — Arrêté 3 pluv. an VI, art. 7.

44. — Chaque fabricant de cartes doit tenir deux registres cotés et paraphés par le directeur de la régie et timbrés conformément à la loi; le premier, pour inscrire jour par jour les achats des feuilles timbrées en filigrane qu'il lève au bureau de la régie; le second, pour y porter les fabrications à mesure qu'elles sont parachevées. — Arrêtés 3 pluv. an VI, art. 10; 19 flor. an VI, art. 5. — Toutefois, la tenue des registres portatifs rend presque entièrement inutile la tenue de ces deux registres. — Girard, no 187 1o.

45. — Les fabricans qui ne peuvent justifier de l'existence ou de l'emploi du papier qui leur a été délivré par la régie, sont censés avoir employé à des jeux de trente-deux cartes toutes les feuilles manquantes. Le décompte en est fait d'après cette base, et ils doivent acquitter pour chaque jeu le double du droit établi. — L. 28 avr. 1816, art. 163.

46. — Les fabricans doivent tenir séparées, dans leurs magasins, ces différentes natures de jeux et de papiers. Ils ne peuvent confondre le papier filigrané avec celui qui forme le dessus de la carte, et ni l'un ni l'autre avec l'étresse ou main brune (espèce de papier qui entre dans la composition de la carte). Les feuilles à portrait et celles de point, peint ou non peint, doivent être également distinctes et séparées. — Décr. 13 fruct. an XIII, art. 3.

47. — En résumé, on doit considérer comme légales: 1o les cartes à portrait français fabriquées avec les moulages et papiers fournis par la régie, ainsi que nous l'avons dit plus haut, dont l'as de trèfle ou tout autre porte une marque particulière conformément à l'ord. du 18 juill. 1817, et qui, lorsqu'elles sont réunies en jeux, portent la bande de contrôle dont l'application est prescrite par l'ord. du 4 juill. 1821; 2o les cartes à portrait étranger portant sur toutes les figures la légende *France* et le nom du fabricant, et qui, lorsqu'elles sont en jeux, sont revêtues de bandes de contrôle intérieur, conformément à une décision du ministre des finances du 29 déc. 1814. — Art. 3.

48. — Sont au contraire prohibées ou de fraude les cartes non conformes aux indications ci-dessus, et de plus: 1o les cartes fabriquées en papier libre; 2o celles fabriquées antérieurement à l'émission des moulages de la régie; 3o celles fabriquées à l'étranger; 4o les cartes d'étrennes, lorsqu'il en est fait usage chez les assujétis; 5o les cartes fabriquées dans les ateliers clandestins avec des moules faux ou contrefaits. — Girard, no 225 2o et 3o.

49. — Les cartes d'étrennes, dites *jouets d'enfans*, fabriquées en papier libre, sont tolérées par la régie à condition: 1o que leur dimension ne dépasse pas vingt lignes sur quinze; 2o qu'il n'en sera fait usage que comme jouets d'enfans. — Décis. du cons. d'administration.

50. — Les employés devraient donc saisir les cartes d'étrennes qu'ils trouveraient dans leurs visites et dont les dimensions dépasseraient celles ci-dessus indiquées. — Il en serait de même s'il en était trouvé entre les mains des joueurs, eussent-elles d'ailleurs la dimension voulue.

51. — Les cartiers (fabricans de cartes à jouer) sont rangés par la loi du 25 avr. 1844, sur les patentes, dans la quatrième classe des patentables et imposés à: 1o un droit fixe basé sur le chiffre de la population de la ville ou commune où est situé l'établissement; — 2o un droit proportionnel du vingtième de la valeur locative de la maison d'habitation et des locaux servant à l'exercice de la profession.

§ 2. — *Vente et colportage. — Recoupe.*

52. — Il est défendu à tous particuliers de vendre aucun jeu de cartes, soit sous bande ou sans bande, neuves ou ayant servi. — Arrêté 19 flor. an VI, art. 11.

53. — Nul ne peut vendre des cartes à jouer, en tenir entrepôt, ni afficher les marques indicatives de leur débit, s'il n'est fabricant patenté, à moins d'avoir été agréé et commissionné par la régie. — Décr. 9 févr. 1810, art. 9.

54. — Pour obtenir une commission de simple marchand de cartes, il faut faire inscrire à la régie ses nom, prénoms et domicile. — Arr. 3 pluv. an VI, art. 9. — Cette commission, pas plus que celle de fabricant, ne peut être refusée par la régie. — *Encyclopédie du dr.*, vo *Cartes*, no 18; Girard, no 195 2o.

55. — Les fabricans ont le droit de débiter les cartes provenant de leur fabrication, mais ils ne peuvent faire ce débit que dans les lieux indiqués par leur commission. — Décision de la régie no 604 (*Mémorial*, t. 10, no 440). — Les simples marchands ne peuvent exposer des cartes en vente que dans le lieu indiqué par la commission pour leur débit. — *Ibid.*

56. — La recoupe des cartes est interdite aux fabricans et débitans, ainsi que les vente, entrepôt et colportage, sous bande ou sans bande, des cartes recoupées ou prises de divers jeux et réassorties. — Décr. 16 janv. 1808, art. 10. — La recoupe consiste dans la réunion en jeux, de cartes légales mais déjà salies dont on taille la tranche pour leur donner l'apparence de jeux neufs.

57. — L'assujéti qui donnant à jouer se bornerait à réassortir des jeux pour les faire servir plusieurs fois ne rentrerait point dans les prévisions de cet article et ne ferait rien d'illégal. — Girard, no 225.

58. — Chaque fabricant doit, indépendamment des deux registres indiqués (V. *suprà* no 44), tenir un troisième registre, également timbré, pour les ventes qu'il fait soit en détail, soit aux marchands commissionnés. — Arr. 3 pluv. an VI, art. 10; 19 flor. an VI, art. 5.

59. — Tout marchand de cartes, non fabricant, doit tenir deux registres cotés et paraphés par le directeur de la régie, et en papier timbré: sur l'un sont portés ses achats; il ne peut les faire que chez le fabricant directement; l'autre sert pour la recette journalière. — Arr. 3 pluv. an VI, art. 11.

60. — Les entrepreneurs et directeurs de bals, fêtes champêtres, réunions, billards, cafés et autres maisons où l'on donne à jouer, doivent avoir également un registre coté et paraphé sur lequel sont inscrits tous leurs achats de jeux de cartes, avec indication des noms et domicile des vendeurs. — *Ibid.*, art. 12.

61. — Les marchands non fabricans et les maîtres et locataires des maisons désignées en l'art. 12 de l'arr. 3 pluv. an VI, sont tenus, lorsqu'ils font leurs achats chez les fabricans, de présenter le registre qui leur est prescrit par les art. 11 et 12 du même arrêté, sur lequel le fabricant inscrit les quantités qui ont été levées. — Arr. 19 flor. an VI, art. 14.

§ 3. — *Circulation, exportation, importation, exercices.*

62. — Le décret du 16 juin 1808 (art. 6) porte ce qui suit: « Les cartes usitées en France ne peuvent circuler qu'autant qu'il en est fait déclaration au bureau des contributions indirectes du lieu de l'expédition, et qu'elles sont accompagnées d'un congé portant le nom de l'expéditeur, le lieu de la destination et le nom de celui à qui elles sont destinées. »

63. — Mais, dans l'état actuel de la législation, le droit étant suffisamment garanti, il n'y a pas lieu de rétablir le registre des congés. — Décision de la régie, no 654. — En effet, les cartes légales devant toujours être revêtues de la bande de contrôle et de l'enveloppe des cartiers, une expédition serait superflue pour les distinguer de celles dont l'usage est prohibé. — Girard, *Man. des contrib. indir.*, no 224, notes 1 et 2.

64. — Si les cartes prohibées trouvées à la circulation, appartiennent à un particulier et sont transportées avec ses effets ou dans ses propres voitures, ou si elles sont chargées comme marchandises par un voiturier, sans qu'il y ait aucun indice que le détenteur ou conducteur se livre à la vente, il n'y a lieu qu'aux peines prononcées par le décret du 4 prair. an XIII, c'est-à-dire d'une amende de 1,000 fr. et de la confiscation, et non de la peine de 1,000 à 3,000 fr. d'amende et un mois d'emprisonnement que l'art. 166, L. 28 avr. 1816, ne prononce que pour le cas de vente ou de colportage. — Girard, art. 224 3o.

65. — Les cartes destinées à l'exportation sont affranchies de l'application des bandes de contrôle, mais elles ne peuvent circuler dans l'intérieur du royaume jusqu'au point de sortie que renfermées dans des caisses ficelées, qui sont plombées par les employés des contributions indirectes. — L. 4 juin 1836, art. 2.

66. — A cet effet, les fabricans ou marchands de cartes à jouer qui désirent exporter à l'étranger font, entre les mains du directeur de la régie des contributions indirectes, la déclaration des quantités, qualités qu'ils sont dans l'intention d'exporter, ainsi que des bureaux de douanes par lesquels ils comptent en faire l'expédition. — Décr. 30 thermid. an XII, art. 2.

67. — Ces fabricans ou marchands déposent dans les bureaux de la régie, avec les déclarations ordonnées dans l'article précédent, les caisses ou ballots de cartes à jouer qui y sont indiqués. Après vérification faite, lesdits ballots ou caisses sont fermés et plombés en présence du directeur de la régie, qui délivre un permis d'exportation dans lequel sa déclaration est mentionnée. — *Ibid.*, art. 3.

68. — Le permis revêtu du certificat de sortie apposé au revers par les préposés du bureau de douanes indiqué dans la déclaration, est rapporté au directeur de la régie des contributions indirectes du lieu de la fabrication, et il ordonne le remboursement des droits payés pour les quantités de cartes expédiées. — *Ibid.*, art. 4.

69. — Si dans le délai de deux mois les fabricans ou marchands n'ont pas rapporté le certificat de sortie dans la forme prescrite dans le précédent article, ils ne peuvent prétendre le remboursement du droit de timbre payé sur les cartes dont la sortie n'est point justifiée. — *Ibid.*, art. 5.

70. — En cas de réintroduction en France des cartes exportées à l'étranger, les jeux doivent être timbrés au filigrane de la régie et revêtus de la

bande de contrôle. — Arr. 3 pluv. an VI, art. 17; L. 4 juin 1836, art. 3.

71. — L'introduction et l'usage en France des cartes fabriquées à l'étranger sont prohibés. — Décret 13 fructid. an XIII, art. 5. — A moins, toutefois, qu'ils ne soient autorisés par la régie. — Argum. de la L. 28 avr. 1816, art. 166.

72. — A défaut de cette autorisation, les préposés de douanes placés dans les ports et aux frontières doivent s'opposer, par tous les moyens mis à leur disposition, à ce que les cartes fabriquées à l'étranger soient reçues en France. — Décr. 13 fruct. an XIII, art. 5.

73. — Les préposés de la régie sont autorisés à se présenter, toutes les fois qu'ils le trouvent à propos, chez les fabricans et colporteurs de cartes et chez toutes les personnes tenant des établissemens publics où l'on se sert de jeux de cartes, pour s'y assurer de l'exécution des lois et réglemens sur les cartes, prendre communication des registres dont l'exhibition doit leur être faite, et en retirer telles notes ou extraits qu'ils jugent convenables. (Arr. 3 pluv. an VI, art. 13); et ces assujétis sont tenus de souffrir lesdits exercices. — L. 28 avr. 1816, art. 167.

74. — Les exercices pour établir la perception du droit n'ont évidemment d'utilité que chez les fabricans: quant à celles faites chez les débitans et autres assujétis, elles tendent uniquement à vérifier la tenue de leurs registres et à s'assurer qu'ils n'ont en leur possession aucunes cartes de fraude; ils peuvent même, lorsqu'ils ont des soupçons sur ce dernier point, visiter l'intérieur de leurs habitations. — Girard, art. 221, n° 1er.

75. — Du reste, le mode de visite, le temps pendant lequel elle peut être faite et les autres règles à suivre sont les mêmes que pour les exercices chez les débitans de boissons. — V. à cet égard BOISSONS.

76. — Les simples particuliers n'ont aucune justification à faire pour les cartes qu'ils ont chez eux. — Ce n'est qu'à la circulation qu'elles peuvent être saisies, à moins que par suite d'un débit clandestin ou d'un colportage il n'y ait un dépôt découvert. — Girard, art. 222, n° 2.

77. — Les membres d'un cercle ou d'une réunion où on joue aux cartes doivent souffrir les exercices dans le lieu même consacré aux réunions; et, s'ils y ont apporté quelque obstacle, ils sont passibles des mêmes peines que les autres assujétis. — Les procès-verbaux des préposés font à cet égard foi contre eux. — Girard, *ibid.*, n° 3.

78. — Celui qui tient un billard public où il admet à prix d'argent toute personne qui veut jouer, est assujéti aux visites et exercices des employés des contributions indirectes, et ne peut exiger que ces employés se conforment à l'art. 237, L. 28 avr. 1816, qui ne concerne que les particuliers. — *Cass.*, 18 fév. 1826, Contrib. indir. c. Cissey.

79. — Lorsqu'un procès-verbal régulier des employés des contributions indirectes constate qu'ils se sont introduits chez un individu comme tenant un billard public, et qu'ils lui ont déclaré procès-verbal en vertu de l'art. 13, arr. 3 pluv. an VI, relatif aux cartes à jouer, et de l'art. 167, L. 28 avr. 1816, le tribunal ne peut, sans violer la foi due à ce procès-verbal jusqu'à inscription de faux, déclarer que c'était pour y rechercher un débit de boissons et induire de là que cet individu n'est pas coupable de refus d'exercice. — Même arrêt.

Sect. 4e. — *Dispositions pénales.*

80. — Tout individu qui fabrique des cartes à jouer ou qui en introduit dans le royaume, qui en vend, distribue ou colporte, sans y être autorisé par la régie, est puni de la confiscation des objets de fraude, d'une amende de 1,000 à 3,000 fr. et d'un emprisonnement d'un mois. L'amende est toujours de 3,000 francs en cas de récidive. — L. 28 avr. 1816, art. 166.

81. — Lorsque la maison où une fabrique illicite de cartes a été découverte, est le domicile commun et indivis du père et du fils, le fils ne peut être mis hors de cause, s'il est majeur, et s'il exerce un état indépendant pour son propre compte. — Arr. 19 flor. an VI; — *Cass.*, 25 mai 1809, Droits réunis c. Vranken; — Merlin, *Rép.*, v° *Cartes*, n° 3.

82. — Le décret du 13 fructid. an XIII, art. 5, qui prohibe l'introduction en France des cartes de fabrique étrangère ne peut s'appliquer à un dépôt dont l'origine était antérieure à la publication des lois françaises dans le lieu de la contravention nouvellement réuni à la France.

83. — En conséquence, celui qui, avant la réunion de son pays à la France avait à son domicile des cartes de fabrique étrangère, a pu les y conserver postérieurement à la promulgation du décret du 13 fructid. an XIII dans ce pays, sans être en contravention, s'il n'en a point vendu. — *Cass.*, 27 fév. 1807, Droits réunis c. Mondino.

84. — Et le particulier au domicile duquel sont trouvées des cartes de fabrique étrangère peut être admis à prouver, par témoins, qu'elles y étaient depuis plusieurs années et avant la réunion de son pays à la France, sans avoir besoin de s'inscrire en faux contre le procès-verbal. Cette preuve n'est point contraire à son contenu. — Même arrêt.

85. — Le transport de jeux de cartes par un individu faisant le métier de colporteur et non autorisé par la régie constitue le délit de colportage prévu par l'art. 166, L. 28 avr. 1816. — Le délit de colportage existe surtout si les jeux de cartes saisis sont de fausse fabrique et ont été trouvés sous bande mêlés avec d'autres articles du commerce du prévenu. — *Cass.*, 28 nov. 1817, Contrib. indir. c. Dupont.

86. — Le marchand qui a été trouvé colportant des cartes fausses ne peut pas être acquitté, sous le prétexte qu'il n'y a pas preuve qu'il en ait vendu, ni sous celui qu'elles lui servaient à faire des adresses et des étiquettes sur ses envois; il est au contraire présumé les avoir destinées à la vente. — Même arrêt.

87. — Les cartes réimportées en fraude ou trouvées à l'intérieur du royaume sans bande de contrôle sont saisissables, et les contrevenans sont passibles des peines portées par l'art. 166, L. 28 avr. 1816. — L. 4 juin 1836, art. 3.

88. — Sont passibles des mêmes peines ceux qui tiennent des cafés, des auberges, des débits de boissons, et en général des établissemens où le public est admis, s'ils permettent que l'on se serve de jeux de cartes prohibées, lors même qu'elles seraient apportées par les joueurs. — L. 28 avr. 1816, art. 167.

89. — ...Ainsi que les fabricans qui emploient pour les as de trèfle, dans la composition des jeux à portraits français, d'autre papier que celui qui leur est livré pour cet objet par la régie. — Ord. 18 juin 1817, art. 2.

90. — Il résulte de l'art. 167 précité de la loi de 1816 que la simple possession de cartes prohibées ne constitue pas une contravention lorsqu'il n'en est pas fait usage. — D'Agar, *Traité du contentieux des contributions indirectes*, t. 1er, p. 274. — V. aussi Girard, art. 229, n° 2.

91. — Toutes contraventions aux lois sur les cartes des 9 vendém. an VI et 5 vent. an XII, ainsi qu'aux arrêtés des 3 pluv. et 19 flor. an VI, et au décret du 1er germin. an XIII, sont punies, indépendamment de la confiscation des objets de fraude ou servant à la fraude, de 1,000 francs d'amende; sans préjudice des poursuites extraordinaires et de la punition pour crime de faux encourue par la contrefaçon des moules, timbres et marques de la régie. — Décr. 4 prair. an XIII, art. 1er.

92. — Le fait pour un particulier d'avoir vendu, sans autorisation de la régie, de vieilles cartes au filigrane de la régie, non recoupées et réassorties, constitue une contravention à l'art. 166, L. 28 avr. 1816, mais à l'art. 11, arr. 19 flor. an VI. — En conséquence, l'amende applicable à cette contravention n'est pas celle prononcée par l'article précité de la loi de 1816, mais celle portée par l'art. 1er, décr. 4 prair. an XIII. — *Cass.*, 26 avr. 1822, Dumas. — Girard, n° 222.

93. — En cas de récidive par un fabricant, il ne peut continuer son exercice, et la commission de la régie lui est retirée. — Arr. 19 flor. an VI, art. 18.

94. — La régie peut révoquer la commission d'un marchand de cartes non fabricant, après une contravention. — Décr. 9 fév. 1810, art. 9. — Girard, art. 226.

95. — La loi du 28 avr. 1816, art. 168, porte ce qui suit: « Ceux qui ont contrefait ou imité les moules, timbres et marques employés par la régie pour distinguer les cartes légalement fabriquées et ceux qui se servent des véritables moules, timbres ou marques en les employant d'une manière nuisible aux intérêts de l'état sont punissables, indépendamment de l'amende fixée par l'art. 166, des peines portées par les art. 142 et 143 du Code pénal. »

96. — Quoique la peine portée en 1816 par l'art. 143, C. pén., fût celle du carcan, il est évident que cette peine ne peut plus être appliquée, puisqu'elle a été supprimée en 1832; mais la dégradation civique, substituée au carcan dans le nouvel art. 143, doit recevoir son application, car la loi de 1816, en renvoyant au Code pénal, a soumis d'avance la peine aux modifications que ce Code pourrait subir.

97. — Les employés des contributions indirectes, des douanes et des octrois, les gendarmes, les préposés forestiers, les gardes champêtres, et généralement tous employés assermentés peuvent constater la fraude et la contrebande sur les cartes à jouer, procéder à la saisie des objets de fraude, ustensiles et mécaniques prohibés, à celle des chevaux, voitures, bateaux et autres objets servant au transport, et constituer les fraudeurs et colporteurs prisonniers. — L. 28 avr. 1816, art. 169 et 223.

98. — Les commissaires de police ont qualité pour constater les fraudes en matière de fabrication de cartes à jouer. — Mais leurs procès-verbaux ne sont pas soumis aux formes prescrites, par le décret du 1er germin. an XIII, aux employés de l'administration des contributions indirectes. — *Cass.*, 10 fév. 1826, Dupré.

99. — Les procès-verbaux de contravention aux lois sur les cartes, dressés par les préposés des douanes, sont rédigés à la requête de la régie des contributions indirectes. — L. 28 avr. 1816, art. 160 à 170; circ. 7 therm. an XIII; 26 nov. 1840.

100. — Les cartes saisies à l'importation par les préposés des douanes sont remises aux agens de la régie. — Circ. 7 thermid. an XIII.

101. — Lorsqu'un fraudeur ou colporteur est arrêté, il est conduit sur-le-champ devant un officier de police judiciaire, ou remis à la force armée, qui le conduit devant le juge compétent, lequel statue de suite, par une décision motivée, sur son emprisonnement ou sa mise en liberté. — Néanmoins, si le prévenu offre bonne et suffisante caution de se présenter en justice, et d'acquitter l'amende encourue, ou s'il consigne lui-même le montant de ladite amende, il est mis en liberté s'il n'existe aucune autre charge contre lui. — L. 28 avr. 1816, art. 169 et 224.

102. — Quant au droit d'arrestation en matière de cartes, M. Girard fait remarquer (art. 231, n° 1er): — 1° que l'arrestation n'est autorisée que pour le cas de fraude et de contrebande prévus par la loi du 28 avr. 1816, et que par conséquent cette mesure n'est point applicable aux cas de contravention prévus par le décret du 4 prair. an XIII; — 2° que, dans le cas où les contrevenans ont encouru la peine d'un mois de prison ou celles portées par les art. 142 et 143, C. pén., l'emprisonnement a pour objet non seulement la sûreté des amendes, mais encore l'application des peines corporelles.

103. — Tout individu condamné pour fait de contrebande est détenu jusqu'à ce qu'il ait acquitté le montant des condamnations prononcées contre lui: cependant le temps de la détention ne peut excéder six mois; sauf le cas de récidive, où le terme peut être d'un an. — *Ibid.*, art. 169 et 225.

104. — La contrebande sur les cartes avec attroupement et à main armée est poursuivie et punie comme en matière de douanes. — L. 28 avr. 1816, art. 169 et 226.

V. CONTRIBUTIONS INDIRECTES, DOUANES.

CARTES DE GEOGRAPHIE.

1. — Les cartes de géographie, considérées comme biens meubles, sont l'objet du droit de propriété défini par l'art. 545, C. civ.; elles peuvent aussi être la matière d'une propriété littéraire. — V. PROPRIÉTÉ LITTÉRAIRE.

2. — Les cartes de géographie étaient, sous l'ancien droit, pour leur publication, soumises comme les autres ouvrages imprimés ou gravés, à la formalité du dépôt de neuf exemplaires à la chambre syndicale des imprimeurs de Paris. — V. IMPRIMERIE.

3. — La déclaration du 18 mars 1774, enregistrée au parlement de Paris le 26, défendait d'imprimer ou faire imprimer, vendre et distribuer aucune carte de géographie et autres planches et explications étant au bas d'icelles, sans privilége du grand sceau ou permission du lieutenant général de simple police.

4. — Il paraît, ajoute Pic (*Code des libraires et des imprimeurs*, t. 1er, n° 112) qu'on ne recourait à la chancellerie que pour acquérir le privilége de la propriété; hors ce cas, toutes les permissions se délivraient par la police.

5. — Les cartes de géographie doivent aujourd'hui être, à raison du mode de leur confection, soumises aux formalités et à l'autorisation que la loi du 9 sept. 1835 a prescrites pour la publication des estampes et gravures.

6. — Les marchands de cartes de géographie sont rangés par la loi du 25 avr. 1844, sur les patentes, dans la sixième classe des patentables, et imposés à: 1° un droit fixe basé sur le chiffre de la population de la ville ou commune où est situé l'établissement; — 2° un droit proportionnel du vingtième de la valeur locative de la maison d'habita-

tion et des locaux servant à l'exercice de la profession.—V. PATENTE.

CARTON OU CARTON-PIERRE (Marchands ou fabricans d'objets en):

Les marchands fabricans d'ornemens en pâte de carton ou carton-pierre, sont rangés par la loi du 25 avr. 1844, sur les patentes, dans la troisième classe des patentables, et imposés à : 1° un droit fixe basé sur le chiffre de la population de la ville ou commune où est situé l'établissement;—2° un droit proportionnel du vingtième de la valeur locative de la maison d'habitation et des locaux servant à l'exercice de la profession.—V. PATENTE.

CARTONNAGE, CARTONNIER.

1. — Les fabricans de cartonnage sont mis par la loi du 25 avr. 1844, au nombre des patentables, et imposés à : 1° un droit fixe de 30 fr. par cuve jusqu'au maximum de 450 fr. (Ce droit est réduit de moitié pour les fabriques qui sont forcées de chômer, par manque ou par crue d'eau, pendant une partie de l'année équivalente au moins à quatre mois;— 2° un droit proportionnel du vingtième de la valeur locative de la maison d'habitation et des magasins de vente complètement séparés de l'établissement, et du quarantième de celle de l'établissement industriel.—V. PATENTE.

2. — Les fabricans et marchands de cartonnage fin sont rangés dans la cinquième classe des patentables et imposés à : 1° un droit fixe basé sur le chiffre de la population de la ville ou commune où est situé l'établissement ; — 2° un droit proportionnel du vingtième de la valeur locative de la maison d'habitation et des locaux servant à l'exercice de la profession. — V. PATENTE.

3.—Les établissemens des cartonniers sont rangés parmi les établissemens insalubres. — V. ce mot (nomenclature).

CARTONS POUR BUREAUX (Fabricans de).

1. — Les fabricans de cartons pour bureaux et autres, pour leur compte, sont rangés par la loi du 25 avr. 1844, sur les patentes, dans la sixième classe des patentables et imposés à : 1° un droit fixe basé sur le chiffre de la population de la ville ou commune où est situé l'établissement ; — 2° un droit proportionnel du vingtième de la valeur locative de la maison d'habitation et des locaux servant à l'exercice de la profession.

2. — Les fabricans à façon sont rangés dans la huitième classe des patentables et imposés à un droit fixe et à un droit proportionnel du quarantième de la valeur locative des locaux occupés par les patentables, mais seulement dans les communes d'une population de vingt mille ames et au-dessus.—V. PATENTE.

CARTOUCHE DE GUERRE.

Charge entière d'une arme à feu placée dans un rouleau de papier, ou d'une pièce d'artillerie, enveloppée dans du carton. — V. ARMES, GARDE NATIONALE, POUDRES ET MUNITIONS DE GUERRE.

CARTOUCHE MILITAIRE.

1. — C'est le congé absolu ou limité donné à un militaire ou marin par un écrit scellé du sceau du corps auquel il appartient, et rédigé sur papier blanc, d'où lui est venu le nom de *cartouche blanche*.

2. — Autrefois, outre la cartouche blanche, il existait la *cartouche jaune* délivrée au soldat dégradé ou chassé du corps pour fautes par lui commises.

3. — La cartouche jaune n'existe plus aujourd'hui ; mais elle a été remplacée par la *cartouche rouge* pour le militaire condamné au boulet ayant achevé sa peine. Sa cartouche lui est délivrée par le commandant d'armes et par le commissaire des guerres (aujourd'hui par l'intendant militaire), approuvée par le général commandant la division. La cartouche doit mentionner, outre l'expiration de la peine, si le libéré ne doit pas être tenu de fixer sa résidence à plus de vingt lieues de l'endroit où siége le gouvernement.—En outre, il est fait mention de la délivrance de la cartouche dans le registre de la marge de l'enregistrement du jugement. — Déc. 9 vend. an XII, art. 81.

4. — Le militaire condamné au boulet, dont la peine vient à être commuée en celle des travaux publics , ne reçoit pas de cartouche ; seulement copie est faite des lettres de commutation en marge de l'enregistrement du jugement de condamnation. — *Ibid*, art. 82.

5. — Quant au militaire condamné aux travaux publics, à l'expiration de sa peine, ou s'il est gracié, attendu qu'aucune trace ne doit rester de la peine par lui subie , il reçoit une cartouche blanche portant qu'il a expié sa peine , et qu'il est à compter de cette époque à la disposition du gouvernement , pour le temps ordinaire du service militaire, qu'il doit faire dans l'un des corps de l'armée; il est inscrit comme reçu sans aucune mention de la peine subie. — Sa cartouche lui est délivrée par le maréchal des logis de la gendarmerie, visée et approuvée comme pour le condamné aux travaux publics , et comme elle mentionnée à la marge de l'enregistrement du jugement. — *Ibid.*, art. 83.

6. — Pour tout ce qui concerne l'obtention et la délivrance des cartouches ordinaires, V. CONGÉS MILITAIRES, CONSEIL D'ADMINISTRATION DES RÉGIMENS. — Notons seulement ici que les cartouches sont dispensées du timbre. — L. 13 brum. an VII, art. 16. — V. ENREGISTREMENT.

CARTULAIRE.

1. — Les Cartulaires , dit d'Acosta (*Hist. des revenus ecclés.*) , ne sont autre chose que les papiers terriers des églises ou des monastères , où étaient décrits les contrats d'achat, de vente, d'échange, les priviléges, immunités , exemptions et autres chartes. — Nouveau-Denizart, et Merlin, *Répert.*, v° *Cartulaire.* — V. PAPIERS TERRIERS.

2. — Cependant le mot *cartulaire* ou *chartulaire* est employé dans plusieurs lois du Code Justinien, notamment dans la loi 25 (tit. 2, liv. 1er), et dans le tit. 50, liv. 2, pour désigner des officiers qui étaient employés à la rédaction des actes et des chartes. — On trouve même dans une loi (8, *De testam.*) le mot *chartulaire* , si toutefois ce n'est pas une leçon fautive , pour désigner le recueil des actes d'un notaire. — Rolland de Villargues, *Répert. du not.*, v° *Cartulaire.*

FIN DU DEUXIÈME VOLUME.

www.ingramcontent.com/pod-product-compliance
Lightning Source LLC
Chambersburg PA
CBHW060920220326
41599CB00020B/3034